LAROUSSE

Diccionario Pocket

ESPAÑOL - INGLÉS
INGLÉS - ESPAÑOL

LAROUSSE

Para esta edición
For this edition

Dalila Abdelkader, Monika Al Mourabit, Teresa Alvarez,
Beata Assaf, Paloma Cabot, Willemine Jaspars,
Christine Lagoutte, Sinda Lopez, Sharareh Maljaei

Para las ediciones anteriores
For previous editions

Joaquín A. Blasco, Dileri Borunda Johnston, Isabel
Ferrer Marrades, Antonio Fortin, José A. Gálvez,
Sharon J. Hunter, Ana Cristina Llompart Lucas,
Janice McNeillie, Julie Muleba, Victoria Ordóñez Diví,
José María Ruiz Vaca, Carol Styles Carvajal,
David Tarradas Agea, Eduardo Vallejo

ISBN 978-2-03-570049-0

Distribución/Sales: Houghton Mifflin Company, Boston

LAROUSSE

Pocket Dictionary

SPANISH - ENGLISH

ENGLISH - SPANISH

LAROUSSE

A NUESTROS LECTORES

El nuevo Diccionario POCKET Larousse es la herramienta de trabajo ideal para todas las situaciones lingüísticas, desde el aprendizaje de idiomas en la escuela y en casa hasta los viajes al extranjero.

Este diccionario está pensado para responder de manera práctica y rápida a los diferentes problemas que plantea la lectura del inglés actual. Con sus más de 60.000 palabras y expresiones y por encima de las 88.000 traducciones, este diccionario permitirá al lector comprender con claridad un amplio espectro de textos y realizar traducciones del inglés de uso corriente con rapidez y corrección.

Esta nueva obra recoge también numerosas siglas y abreviaturas actuales, además de nombres propios y términos comerciales e informáticos. Gracias al análisis claro y detallado del vocabulario básico, así como de los indicadores de sentido que guían hacia la traducción más adecuada, se ayuda al usuario a escribir en inglés con precisión y seguridad.

Se ha puesto especial cuidado en la presentación de las entradas, tanto desde el punto de vista de su estructura como de la tipografía empleada. Para aquellos lectores que todavía están en un nivel básico o intermedio en su aprendizaje del inglés, el POCKET es el diccionario ideal.

Le invitamos a que se ponga en contacto con nosotros si tiene cualquier observación o crítica que hacer; entre todos podemos hacer del POCKET un diccionario aún mejor.

El Editor

TO OUR READERS

This new edition of the Larousse POCKET dictionary continues to be a reliable and user-friendly tool for all your language needs, from language learning at school and at home to travelling abroad. This handy dictionary is designed to provide fast and practical solutions to the various problems encountered when reading present-day Spanish. With over 60,000 references and 88,000 translations, it enables the user to read and enjoy a wide range of texts and to translate everyday Spanish quickly and accurately. This new dictionary also features up-to-date coverage of common abbreviations and acronyms; proper names, business terms and computing vocabulary. Writing basic Spanish accurately and confidently is no longer a problem thanks to the POCKET's detailed coverage of essential vocabulary, and helpful sense-markers which guide the user to the most appropriate translation.

Careful thought has gone into the presentation of the entries, both in terms of layout and typography. The POCKET is the ideal reference work for all learners from beginners up to intermediate level.

Send us your comments or queries — you will be helping to make this dictionary an even better book.

The Publisher

Abbreviations

Abreviaturas

English	Abbreviation	Español
abbreviation	*abbr/abrev*	abreviatura
adjective	*adj*	adjetivo
administration	ADMIN	administración
adverb	*adv*	adverbio
aeronautics, aviation	AERON	aeronáutica
agriculture	AGR	agricultura
Latin American Spanish	*Amér*	español latinoamericano
anatomy	ANAT	anatomía
Andean Spanish	*Andes*	español de los Andes
before noun	*antes de s*	antes de sustantivo
archeology	ARCHEOL	arqueología
architecture	ARCHIT/ARQUIT	arquitectura
Argentinian Spanish	*Arg*	español de Argentina
article	*art*	artículo
astrology	ASTROL	astrología
astronomy	ASTRON	astronomía
automobile, cars	AUT(OM)	automóviles
auxiliary	*aux*	auxiliar
biology	BIOL	biología
Bolivian Spanish	*Bol*	español de Bolivia
botany	BOT	botánica
Central American Spanish	*CAm*	español de Centroamérica
Caribbean Spanish	*Carib*	español del Caribe
chemistry	CHEM	química
Chilean Spanish	*Chile*	español de Chile
cinema, film-making	CIN(EMA)	cine
Colombian Spanish	*Col*	español de Colombia
commerce, business	COM(M)	comercio
comparative	*compar*	comparativo
information technology	COMPUT	informática
conjunction	*conj*	conjunción
construction, building	CONSTR	construcción
continuous	*cont*	continuo
Costa Rican Spanish	*CRica*	español de Costa Rica
Cono Sur Spanish	*CSur*	español del Cono Sur
Cuban Spanish	*Cuba*	español de Cuba
culinary, cooking	CULIN	cocina
definite	*def*	determinado
demonstrative	*demos*	demostrativo
sport	DEP	deporte
juridical, legal	DER	derecho
pejorative	*despec*	despectivo
dated	*desus*	desusado
ecology	ECOLOG	ecología
economics	ECON	economía
school, education	EDUC	educación, escuela
electricity, electronics	ELEC(TR)	electricidad, electrónica
especially	*esp*	especialmente
exclamation	*excl*	interjeccíon
feminine noun	*f*	sustantivo femenino
informal	*fam*	familiar
pharmacology, pharmaceuticals	FARM	farmacología, farmacia
figurative	*fig*	figurado
finance, financial	FIN	finanzas

Abbreviations

Abreviaturas

physics	FÍS	física
formal	*fml*	formal, culto
photography	FOTO	fotografía
soccer	FTBL	fútbol
inseparable	*fus*	inseparable
generally	*gen*	generalmente
geography	GEOGR	geografía
geology, geological	GEOL	geología
geometry	GEOM	geometría
grammar	GRAM(M)	gramática
Guatemalan Spanish	*Guat*	español de Guatemala
history	HIST	historia
humorous	*hum*	humorístico
industry	IND	industria
indefinite	*indef*	indeterminado
informal	*inf*	familiar
information technology	INFORM	informática
exclamation	*interj*	interjección
invariable	*inv*	invariable
ironic	*iro/irón*	irónico
juridical, legal	JUR	juridico, derecho
linguistics	LING	lingüística
literal	*lit*	literal
literature	LITER	literatura
phrase(s)	*loc*	locución, locuciones
masculine noun	*m*	sustantivo masculino
mathematics	MAT(H)	matemáticas
mechanical engineering	MEC	mecánica
medicine	MED	medicina
metallurgy	METAL	metalurgia
weather, meteorology	METEOR	meteorología
Mexican Spanish	*Méx*	español de México
military	MIL	militar
mining	MIN	mineralogía
mythology	MYTH/MITOL	mitología
music	MUS/MÚS	música
noun	*n*	sustantivo
nautical, maritime	NAUT/NÁUT	náutica
Nicaraguan Spanish	*Nic*	español de Nicaragua
numeral	*num/núm*	número
oneself	*o.s*	
Panamanian Spanish	*Pan*	español de Panamá
pejorative	*pej*	despectivo
personal	*pers*	personal
Peruvian Spanish	*Perú*	español de Perú
pharmacology, pharmaceuticals	PHARM	farmacología, farmacia
photography	PHOT	fotografía
phrase(s)	*phr*	locución, locuciones
physics	PHYS	física
plural	*pl*	plural
politics	POL(ÍT)	política
possessive	*poss/poses*	posesivo
past participle	*pp*	participio pasado
press, journalism	PRENS	periodismo

Abbreviations

Abreviaturas

English	Abbr	Español
preposition	*prep*	preposición
Porto Rican Spanish	*PRico*	español de Puerto Rico
pronoun	*pron*	pronombre
psychology	PSYCH/PSICOL	psicología
past tense	*pt*	pasado, pretérito
chemistry	QUÍM	química
registered trademark	®	marca registrada
railways	RAIL	ferrocarril
relative	*relat*	relativo
religion	RELIG	religión
River Plate Spanish	*RP*	español del Río de la Plata
noun	*s*	sustantivo
someone, somebody	*sb*	
school, education	SCH	educación, escuela
Scottish English	*Scot*	inglés de Escocia
separable	*sep*	separable
singular	*sg*	singular
slang	*sl*	argot
sociology	SOCIOL	sociología
Stock Exchange	ST EX	bolsa
something	*sthg*	
subject	*subj/suj*	sujeto
superlative	*superl*	superlativo
bullfighting	TAUROM	tauromaquia
theatre	TEATR	teatro
technical, technology	TECH/TECN	técnico, tecnología
telecommunications	TELEC(OM)	telecomunicaciones
television	TV	televisión
printing, typography	TYPO	imprenta
uncountable noun	*U*	sustantivo 'incontable'
British English	*UK*	inglés británico
university	UNI	universidad
Uruguayan Spanish	*Urug*	español de Uruguay
American English	*US*	inglés americano
verb	*vb/v*	verbo
Venezuelan Spanish	*Ven*	español de Venezuela
veterinary science	VETER	veterinaria
intransitive verb	*vi*	verbo intransitivo
impersonal verb	*v impers*	verbo impersonal
pronominal verb	*vpr*	verbo pronominal
transitive verb	*vt*	verbo transitivo
vulgar	*vulg*	vulgar
zoology	ZOOL	zoología
cultural equivalent	≃	equivalente cultural

La ordenación alfabética en español

En este diccionario se ha seguido la ordenación alfabética internacional. Esto significa que las entradas con **ch** aparecerán después de **cg** y no al final de **c**; del mismo modo las entradas con **ll** vendrán después de **lk** y no al final de **l**. Adviértase, sin embargo, que la letra **ñ** sí se considera letra aparte y sigue a la **n**.

Spanish alphabetical order

The dictionary follows international alphabetical order. Thus entries with **ch** appear after **cg** and not at the end of **c**. Similarly, entries with **ll** appear after **lk** and not at the end of **l**. Note, however, that **ñ** is treated as a separate letter and follows **n**.

Los compuestos en inglés

En inglés se llama compuesto a una locución sustantiva de significado único pero formada por más de una palabra; p.ej. **point of view**, **kiss of life** o **virtual reality**. Uno de los rasgos distintivos de este diccionario es la inclusión de estos compuestos con entrada propia y en riguroso orden alfabético. De esta forma **blood test** vendrá después de **bloodshot**, el cual sigue a **blood pressure**.

English compounds

A compound is a word or expression which has a single meaning but is made up of more than one word, e.g. **point of view**, **kiss of life** and **virtual reality**. It is a feature of this dictionary that English compounds appear in the A-Z list in strict alphabetical order. The compound **blood test** will therefore come after **bloodshot** which itself follows **blood pressure**.

Marcas registradas

Los nombres de marca aparecen señalados en este diccionario con el símbolo ®. Sin embargo, ni este símbolo ni su ausencia son representativos de la situación legal de la marca.

Trademarks

Words considered to be trademarks have been designated in this dictionary by the symbol ®. However, neither the presence nor the absence of such designation should be regarded as affecting the legal status of any trademark.

Phonetics

English vowels

[ɪ]	pit, big, rid
[e]	pet, tend
[æ]	pat, bag, mad
[ʌ]	run, cut
[ɒ]	pot, log
[ʊ]	put, full
[ə]	mother, suppose
[iː]	bean, weed
[ɑː]	barn, car, laugh
[ɔː]	born, lawn
[uː]	loop, loose
[ɜː]	burn, learn, bird

English diphthongs

[eɪ]	bay, late, great
[aɪ]	buy, light, aisle
[ɔɪ]	boy, foil
[əʊ]	no, road, blow
[aʊ]	now, shout, town
[ɪə]	peer, fierce, idea
[eə]	pair, bear, share
[ʊə]	poor, sure, tour

English semi-vowels

[j]	you, spaniel
[w]	wet, why, twin

English consonants

[p]	pop, people
[b]	bottle, bib
[t]	train, tip
[d]	dog, did
[k]	come, kitchen
[g]	gag, great
[tʃ]	chain, wretched
[dʒ]	jet, fridge
[f]	fib, physical
[v]	vine, live
[θ]	think, fifth
[ð]	this, with
[s]	seal, peace
[z]	zip, his
[ʃ]	sheep, machine

Fonética

Vocales españolas

[i]	piso, imagen
[e]	tela, eso
[a]	pata, amigo
[o]	bola, otro
[u]	luz, luna

Diptongos españoles

[ei]	ley, peine
[ai]	aire, caiga
[oi]	soy, boina
[au]	causa, aula
[eu]	Europa, deuda

Semivocales españoles

[j]	hierba, miedo
[w]	agua, hueso

Consonantes españoles

[p]	papá, campo
[b]	vaca, bomba
[β]	curvo, caballo
[t]	toro, pato
[d]	donde, caldo
[k]	que, cosa
[g]	grande, guerra
[ɣ]	aguijón, iglesia
[tʃ]	ocho, chusma
[f]	fui, afán
[θ]	cera, paz
[ð]	cada, pardo
[s]	solo, paso
[z]	andinismo
[x]	gemir, jamón

[ʒ]	usual, measure	[m]	madre, cama
[h]	how, perhaps	[n]	no, pena
[m]	metal, comb	[ŋ]	banca, encanto
[n]	night, dinner	[ɲ]	caña
[ŋ]	sung, parking	[l]	ala, luz
[l]	little, help	[ɾ]	atar, paro
[r]	right, carry	[r]	perro, rosa
		[ʎ]	llave, collar

Los símbolos ['] y [ˌ] indican que la sílaba siguiente lleva un acento primario o secundario respectivamente.

The symbol ['] indicates that the following syllable carries primary stress and the symbol [ˌ] that the following syllable carries secondary stress.

El símbolo [ʳ] en fonética inglesa indica que la r al final de palabra se pronuncia sólo cuando precede a una palabra que comienza por vocal. Adviértase que casi siempre se pronuncia en inglés americano.

The symbol [ʳ] in English phonetics indicates that the final r is pronounced only when followed by a word beginning with a vowel. Note that it is nearly always pronounced in American English.

CONJUGACIONES ESPAÑOLAS

ENGLISH VERB TABLES

Conjugaciones españolas

Llave: A = presente indicativo, B = imperfecto indicativo, C = pretérito perfecto simple, D = futuro, E = condicional, F = presente subjuntivo, G = imperfecto subjuntivo, H = imperativo, I = gerundio, J = participio

acertar A acierto, acertamos, etc., F acierte, acertemos, etc., H acierta, acierte, acertemos, acertad, etc.

adquirir A adquiero, adquirimos, etc., F adquiera, adquiramos, etc.,H adquiere, adquiramos, adquirid, etc.

AMAR A amo, amas, ama, amamos, amáis, aman, B amaba, amabas, amaba, amábamos, amabais, amaban, C amé, amaste, amó, amamos, amasteis, amaron, D amaré, amarás, amará, amaremos, amaréis, amarán, E amaría, amarías, amaría, amaríamos, amaríais, amarían, F ame, ames, ame, amemos, améis, amen, G amara, amaras, amara, amáramos, amarais, amaran, H ama, ame, amemos, amad, amen, I amando, J amado, -da

andar C anduve, anduvimos, etc., G anduviera, anduviéramos, etc.

avergonzar A avergüenzo, avergonzamos, etc., C avergoncé, avergonzó, avergonzamos, etc., F avergüence, avergoncemos, etc., H avergüenza, avergüence, avergoncemos, avergonzad, etc.

caber A quepo, cabe, cabemos, etc., C cupe, cupimos, etc., D cabré, cabremos, etc., E cabría, cabríamos, etc., F quepa, quepamos, cabed, etc., G cupiera, cupiéramos, etc., H cabe, quepa, quepamos, etc.

caer A caigo, cae, caemos, etc., C cayó, caímos, cayeron, etc., F caiga, caigamos, etc., G cayera, cayéramos, etc., H cae, caiga, caigamos, caed, etc., I cayendo

conducir A conduzco, conduce, conducimos, etc., C conduje, condujimos, etc., F conduzca, conduzcamos, etc., G condujera, condujé-ramos, etc., H conduce, conduzca, conduzcamos, conducid, etc.

conocer A conozco, conoce, conocemos, etc., F conozca, conozcamos, etc. H conoce, conozca, conozcamos,

dar A doy, da, damos, etc., C di, dio, dimos, etc., F dé, demos, etc., G diera, diéramos, etc., H da, dé, demos, dad, etc.

decir A digo, dice, decimos, etc., C dije, dijimos, etc., D diré, diremos, etc., E diría, diríamos, etc., F diga, digamos, etc., G dijera, dijéramos, etc., H di, diga, digamos, decid, etc., I diciendo, J dicho, -cha

dormir A duermo, dormimos, etc., C durmió, dormimos, durmieron, etc., F duerma, durmamos, etc., G durmiera, durmiéramos, etc., H duerme, duerma, durmamos, dormid, etc., I durmiendo

errar A yerro, erramos, etc., F yerre, erremos, etc., H yerra, yerre, erremos, errad, etc.

estar A estoy, está, estamos, etc., C estuve, estuvimos, etc., F esté, estemos, etc., G estuviera, estuviéramos, etc., H está, esté, estemos, estad, etc.

HABER A he, has, ha, hemos, habéis, han, B había, habías, había, habíamos, habíais, habían, C hube, hubiste, hubo, hubimos, hubisteis, hubieron, D habré, habrás, habrá, habremos, habréis, habrán, E habría, habrías, habría, habríamos, habríais, habrían, F haya, hayas, haya, hayamos, hayáis, hayan, G hubiera, hubieras, hubiera, hubiéramos, hubierais, hubieran, H he, haya, hayamos, habed, hayan, I habiendo, J habido, -da

hacer A hago, hace, hacemos, etc., C hice, hizo, hicimos, etc., D haré, haremos, etc., E haría, haríamos, etc., F haga, hagamos, etc., G hiciera, hiciéramos, etc., H haz, haga, hagamos, haced, etc., J hecho, -cha

huir A huyo, huimos, etc., C huyó, huimos, huyeron, F huya, huyamos, etc. G huyera, huyéramos, etc. H huye, huya, huyamos, huid, etc., I huyendo

ir A voy, va, vamos, etc., C fui, fue, fuimos, etc., F vaya, vayamos, etc., G fuera, fuéramos, etc., H ve, vaya, vayamos, id, etc., I yendo

leer C leyó, leímos, leyeron, etc., G leyera, leyéramos, etc., I leyendo

lucir A luzco, luce, lucimos, etc., F luzca, luzcamos, H luce, luzca, luzcamos, lucid, etc.

mover A muevo, movemos, etc., F mueva, movamos, etc., H mueve, mueva, movamos, moved, etc.

nacer A nazco, nace, nacemos, etc., F nazca, nazcamos, etc., H nace, nazca, nazcamos, naced, etc.

oír A oigo, oye, oímos, etc., C oyó, oímos, oyeron, etc., F oiga, oigamos, etc., G oyera, oyéramos, etc., H oye, oiga, oigamos, oíd, etc., I oyendo

oler A huelo, olemos, etc., F huela, olamos, etc., H huele, huela, olamos, oled, etc.

parecer A parezco, parece, parecemos, etc., F parezca, parezcamos, etc., H parece, parezca, parezcamos, pareced, etc.

PARTIR A parto, partes, parte, partimos, partís, parten, B partía, partías, partía, partíamos, partíais, partían, C partí, partiste, partió, partimos, partisteis, partieron, D partiré, partirás, partirá, partiremos, partiréis, partirán, E partiría, partirías, partiría, partiríamos, partiríais, partirían, F parta, partas, parta, partamos, partáis, partan, G partiera, partieras, partiera, partiéramos, partierais, partieran, H parte, parta, partamos, partid, partan, I partiendo, J partido, -da.

pedir A pido, pedimos, etc., C pidió, pedimos, pidieron, etc., F pida, pidamos, etc., G pidiera, pidiéramos, etc., H pide, pida, pidamos, pedid, etc., I pidiendo

poder A puedo, podemos, etc., C pude, pudimos, etc., D podré, podremos, etc., E podría, podríamos, etc., F pueda, podamos, etc., H puede, pueda, podamos, poded, etc., I pudiendo

poner A pongo, pone, ponemos, etc., C puse, pusimos, etc., D pondré, pondremos, etc., E pondría, pondríamos, etc., F ponga, pongamos, etc., G pusiera, pusiéramos, etc., H pon, ponga, pongamos, poned, etc., J puesto, -ta

querer A quiero, queremos, etc., C quise, quisimos, etc., D querré, querremos, etc., E querría, querríamos, etc., F quiera, queramos, etc., G quisiera, quisiéramos, etc., H quiere, quiera, queramos, quered, etc.

reír A río, reímos, etc., C rió, reímos, rieron, etc., F ría, riamos, etc., G riera, riéramos, etc., H ríe, ría, riamos, reíd, etc., I riendo

saber A sé, sabe, sabemos, etc., C supe, supimos, etc., D sabré, sabremos, etc., E sabría, sabríamos, etc., F sepa, sepamos, etc., G supiera, supiéramos, etc., H sabe, sepa, sepamos, sabed, etc.

salir A salgo, sale, salimos, etc., D saldré, saldremos, etc., E saldría, saldríamos, etc., F salga, salgamos, etc., H sal, salga, salgamos, salid, etc.

sentir A siento, sentimos, etc., C sintió, sentimos, sintieron, etc., F sienta, sintamos, etc., G sintiera, sintiéramos, etc., H siente, sienta, sintamos, sentid, etc., I sintiendo

SER A soy, eres, es, somos, sois, son, B era, eras, era, éramos, erais, eran, C fui, fuiste, fue, fuimos, fuisteis, fueron, D seré, serás, será, seremos, seréis, serán, E sería, serías, sería, seríamos, seríais, serían, F sea, seas, sea, seamos, seáis, sean, G fuera, fueras, fuera, fuéramos, fuerais, fueran, H sé, sea, seamos, sed, sean, I siendo, J sido, -da

sonar A sueno, sonamos, etc., F suene, sonemos, etc., H suena, suene, sonemos, sonad, etc.

TEMER A temo, temes, teme, tememos, teméis, temen, B temía, temías, temía, temíamos, temíais, temían, C temí, temiste, temió, temimos, temisteis, temieron, D temeré, temerás, temerá, temeremos, temeréis, temerán, E temería, temerías, temería, temeríamos, temeríais, temerían, F tema, temas, tema, temamos, temáis, teman, G temiera, temieras, temiera, temiéramos, temierais, temieran, H teme, tema, temamos, temed, teman, I temiendo, J temido, -da

tender A tiendo, tendemos, etc., F tienda, tendamos, etc., H tiende, tendamos, etc.

tener A tengo, tiene, tenemos, etc., C tuve, tuvimos, etc., D tendré, tendremos, etc., E tendría, tendríamos, etc., F tenga, tengamos, etc., G tuviera, tuviéramos, etc., H ten, tenga, tengamos, tened, etc.

traer A traigo, trae, traemos, etc., C traje, trajimos, etc., F traiga, traigamos, etc., G trajera, trajéramos, etc., H trae, traiga, traigamos, traed, etc., I trayendo

valer A valgo, vale, valemos, etc., D valdré, valdremos, etc., F valga, valga-mos, etc., H vale, valga, valgamos, valed, etc.

venir A vengo, viene, venimos, etc., C vine, vinimos, etc., D vendré, vendremos, etc., E vendría, vendríamos, etc., F venga, vengamos, etc., G viniera, viniéramos, etc., H ven, venga, vengamos, venid, etc., I viniendo

ver A veo, ve, vemos, etc., C vi, vio, vimos, etc., G viera, viéramos, etc., H ve, vea, veamos, ved, etc., I viendo, J visto, -ta.

English Irregular Verbs

Infinitive	Past Tense	Past Participle	Infinitive	Past Tense	Past Participle
arise	arose	arisen	forget	forgot	forgotten
awake	awoke	awoken	freeze	froze	frozen
be	was/were	been	get	got	got (US gotten)
bear	bore	born(e)			
beat	beat	beaten	give	gave	given
begin	began	begun	go	went	gone
bend	bent	bent	grind	ground	ground
bet	bet/ betted	bet/ betted	grow	grew	grown
			hang	hung/ hanged	hung/ hanged
bid	bid	bid	have	had	had
bind	bound	bound	hear	heard	heard
bite	bit	bitten	hide	hid	hidden
bleed	bled	bled	hit	hit	hit
blow	blew	blown	hold	held	held
break	broke	broken	hurt	hurt	hurt
breed	bred	bred	keep	kept	kept
bring	brought	brought	kneel	knelt/ kneeled	knelt/ kneeled
build	built	built			
burn	burnt/ burned	burnt/ burned	know	knew	known
burst	burst	burst	lay	laid	laid
buy	bought	bought	lead	led	led
can	could	-	lean	leant/ leaned	leant/ leaned
cast	cast	cast			
catch	caught	caught	leap	leapt/ leaped	leapt/ leaped
choose	chose	chosen			
come	came	come	learn	learnt/ learned	learnt/ learned
cost	cost	cost			
creep	crept	crept	leave	left	left
cut	cut	cut	lend	lent	lent
deal	dealt	dealt	let	let	let
dig	dug	dug	lie	lay	lain
do	did	done	light	lit/lighted	lit/lighted
draw	drew	drawn	lose	lost	lost
dream	dreamed/ dreamt	dreamed/ dreamt	make	made	made
			may	might	-
drink	drank	drunk	mean	meant	meant
drive	drove	driven	meet	met	met
eat	ate	eaten	mow	mowed	mown/ mowed
fall	fell	fallen			
feed	fed	fed	pay	paid	paid
feel	felt	felt	put	put	put
fight	fought	fought	quit	quit/ quitted	quit/ quitted
find	found	found			
fling	flung	flung	read	read	read
fly	flew	flown	rid	rid	rid

Infinitive	Past Tense	Past Participle	Infinitive	Past Tense	Past Participle
ride	rode	ridden	spin	spun	spun
ring	rang	rung	spit	spat	spat
rise	rose	risen	split	split	split
run	ran	run	spoil	spoiled/spoilt	spoiled/spoilt
saw	sawed	sawn			
say	said	said	spread	spread	spread
see	saw	seen	spring	sprang	sprung
seek	sought	sought	stand	stood	stood
sell	sold	sold	steal	stole	stolen
send	sent	sent	stick	stuck	stuck
set	set	set	sting	stung	stung
shake	shook	shaken	stink	stank	stunk
shall	should	-	strike	struck	struck/stricken
shed	shed	shed			
shine	shone	shone	swear	swore	sworn
shoot	shot	shot	sweep	swept	swept
show	showed	shown	swell	swelled	swollen/swelled
shrink	shrank	shrunk			
shut	shut	shut	swim	swam	swum
sing	sang	sung	swing	swung	swung
sink	sank	sunk	take	took	taken
sit	sat	sat	teach	taught	taught
sleep	slept	slept	tear	tore	torn
slide	slid	slid	tell	told	told
sling	slung	slung	think	thought	thought
smell	smelt/smelled	smelt/smelled	throw	threw	thrown
			tread	trod	trodden
sow	sowed	sown/sowed	wake	woke/waked	woken/waked
speak	spoke	spoken	wear	wore	worn
speed	sped/speeded	sped/speeded	weave	wove/weaved	woven/weaved
spell	spelt/spelled	spelt/spelled	weep	wept	wept
			win	won	won
spend	spent	spent	wind	wound	wound
spill	spilt/spilled	spilt/spilled	wring	wrung	wrung
			write	wrote	written

ESPAÑOL - INGLÉS

SPANISH - ENGLISH

A

a¹ (*pl* aes), **A** (*pl* Aes) sf [letra] a, A.

a² prep (*a + el = al*) **1.** [periodo de tiempo] : *a las pocas semanas* a few weeks later / *al día siguiente* the following day **2.** [momento preciso] at / *a las siete* at seven o'clock / *a los 11 años* at the age of 11 / *al caer la noche* at nightfall / *al oír la noticia, se desmayó* on hearing the news, she fainted **3.** [frecuencia] : *40 horas a la semana* 40 hours per o a week / *tres veces al día* three times a day **4.** [dirección] to / *voy a Sevilla* I'm going to Seville / *me voy al extranjero* I'm going abroad / *llegó a Barcelona /la fiesta* he arrived in Barcelona/at the party **5.** [distancia] : *a más de cien kilómetros de aquí* it's more than a hundred kilometres from here **6.** [posición] : *a la puerta* at the door **6.** [distancia] : *está a más de cien kilómetros de aquí* it's more than a hundred kilometres from here **7.** [con complemento indirecto] to / *dáselo a Juan* give it to Juan / *dile a Juan que venga* tell Juan to come **8.** [con complemento directo] : *quiere a sus hijos /su gato* she loves her children/ her cat **9.** [cantidad, medida, precio] : *a cientos /miles /docenas* by the hundred/thousand/ dozen / *a 90 km por hora* (at) 90 km per hour / *¿a cuánto están las peras?* how much are the pears? / *tiene las peras a tres euros* she's selling pears for o at three euros / *ganaron tres a cero* they won three nil **10.** [modo] : *lo hace a la antigua* he does it the old way / *a lo Mozart* in Mozart's style / *a cuadros* checked / *a escondidas* secretly / *poco a poco* little by little **11.** [instrumento] : *escribir a máquina* to use a typewriter / *a lápiz* in pencil / *a mano* by hand **12.** (*después de v y antes de infin*) [finalidad] to / *entró a pagar* he came in to pay / *aprender a nadar* to learn to swim **13.** (*después de sust y antes de infin*) [complemento de nombre] : *temas a tratar* matters to be discussed **14.** [en oraciones imperativas] : *¡a la cama!* go to bed! / *¡a bailar!* let's dance!

AA (*abr escrita de Alcohólicos Anónimos*) smpl AA.

abad, esa sm, f abbot (abbess).

abadía sf abbey.

abajeño, ña sm, f **Am** lowlander.

abajo ◆ adv **1.** [posición - gen] below / [- en edificio] downstairs / *vive (en el piso de) abajo* she lives downstairs ▶ *más abajo* further down **2.** [dirección] down / *ve abajo* [en edificio] go downstairs ▶ *hacia /para abajo* down, downwards / *calle /escaleras abajo* down the street/ stairs / *río abajo* downstream **3.** [en un texto] below. ◆ interj *¡abajo la dictadura!* down with the dictatorship! ◆ **de abajo** loc adj bottom / *la vecina de abajo* the downstairs neighbour **UK** o neighbor **US** / *la tienda de abajo* the shop below us.

abalanzarse [13] vprnl ▶ **abalanzarse sobre** to fall upon ▶ **abalanzarse hacia** to rush towards.

abalear vt **Andes** **CAm** **Ven** to shoot at.

abalorio sm (*gen pl*) [bisutería] trinket.

abanderado sm *lit* o *fig* standard-bearer.

abandonado, da adj **1.** [desierto] deserted **2.** [desamparado] abandoned **3.** [descuidado - jardín, casa] neglected / *dejar abandonado* to abandon.

abandonar vt **1.** [gen] to abandon ; [lugar, profesión, cónyuge] to leave / [desatender - obligaciones, estudios] to neglect. ◆ **abandonarse** vprnl [a una emoción] ▶ **abandonarse a** [desesperación, dolor] to succumb to ; [bebida, drogas] to give o.s. over to.

abandono sm **1.** [acción - gen] abandonment ; [- de lugar, profesión, cónyuge] leaving ; [- de obligaciones, estudios] neglect **2.** [estado] state of abandon **3.** DEP ▶ **ganar por abandono** to win by default.

abanicar [10] vt to fan. ◆ **abanicarse** vprnl to fan o.s.

abanico sm [para dar aire] fan.

abaratar vt to reduce the price of. ◆ **abaratarse** vprnl to become cheaper.

abarcar [10] vt [incluir] to embrace, to cover.

abarrotado, da adj ▶ **abarrotado (de)** a) [teatro, autobús] packed (with) b) [desván, baúl] crammed (with).

abarrotar vt ▶ **abarrotar algo (de o con)** a) [teatro, autobús] to pack sthg (with) b) [desván, baúl] to cram sthg full (of).

abarrotería sf **CAm** **Méx** grocer's (shop) **UK**, grocery store **US**.

abarrotero, ra sm, f **CAm** **Méx** grocer.

abarrotes smpl **Am** groceries.

abastecer [30] vt ▶ **abastecer algo /a alguien (de)** to supply sthg/sb (with). ◆ **abastecerse** vprnl ▶ **abastecerse (de algo)** to stock up (on sthg).

abastecimiento sm [cantidad] supply ; [acción] supplying.

abasto sm ▶ **no dar abasto para hacer algo** to be unable to cope with doing sthg ▶ **no doy abasto con tanto trabajo** I can't cope with all this work.

abatible adj reclining ▶ **de alas abatibles** gate-legged.

abatido, da adj dejected.

abatir vt **1.** [derribar - muro] to knock down ; [- avión] to shoot down **2.** [desanimar] to depress. ◆ **abatirse** vprnl ▶ **abatirse (sobre)** to swoop (down on).

abdicación sf abdication.

abdicar [10] vi to abdicate ▶ **abdicar de algo** fig to renounce sthg.

abdomen sm abdomen.

abdominal adj abdominal. ◆ **abdominales** smpl : *hacer abdominales* to do sit-ups.

abecé sm *lit + fig* ABC.

abecedario sm [alfabeto] alphabet.

abedul sm birch (tree).

abeja sf bee.

abejorro sm bumblebee.

aberración sf aberration ▶ **eso es una aberración** that's absurd.

abertura sf opening.

abertzale [aβer'tʃale] adj & smf Basque nationalist.

abeto sm fir (tree).

abiertamente adv [declarar, criticar, apoyar] openly ; [sonreír] widely.

abierto, ta ◆ pp → **abrir.** ◆ adj [gen] open / *dejar el grifo abierto* to leave the tap on ▶ **bien** o **muy abierto** wide open.

abigarrado, da adj multi-coloured ; fig motley.

abismal adj vast, colossal.

abismo sm [profundidad] abyss.

abjurar culto vi ▶ **abjurar de algo** to abjure sthg.

ablandar vt [material] to soften. ◆ **ablandarse** vprnl [material] to soften.

abnegación sf abnegation, self-denial.

abnegado, da adj self-sacrificing.

abochornado, da adj embarrassed.

abochornar vt to embarrass. ◆ **abochornarse** vprnl to get embarrassed.

abofetear vt to slap.

abogacía sf legal profession.

abogado, da sm, f lawyer, attorney US ▶ **abogado defensor** counsel for the defence ▶ **abogado del estado** public prosecutor.

abogar [16] vi fig [defender] ▶ **abogar por algo** to advocate sthg ▶ **abogar por alguien** to stand up for sb.

abolengo sm lineage.

abolición sf abolition.

abolir [78] vt to abolish.

abolladura sf dent.

abollar vt to dent.

abominable adj abominable.

abonable adj payable.

abonado, da sm, f [de teléfono, revista] subscriber ; [al fútbol, teatro, transporte] season-ticket holder.

abonar vt **1.** [pagar] to pay ▶ **abonar algo en la cuenta de alguien** to credit sb's account with sthg **2.** [tierra] to fertilize. ◆ **abonarse** vprnl ▶ **abonarse (a) a)** [revista] to subscribe (to) **b)** [fútbol, teatro, transporte] to buy a season ticket (for).

abonero, ra sm, f MÉX hawker, street trader.

abono sm **1.** [pase] season ticket **2.** [fertilizante] fertilizer **3.** [pago] payment **4.** MÉX [plazo] instalment.

abordar vt **1.** [embarcación] to board **2.** fig [tema, tarea] to tackle.

aborigen adj [indígena] indigenous ; [de Australia] aboriginal.

aborrecer [30] vt [actividad] to abhor ; [persona] to loathe.

abortar vi [MED - espontáneamente] to have a miscarriage ; [- intencionadamente] to have an abortion.

abortivo, va adj abortive.

aborto sm [MED - espontáneo] miscarriage ; [- intencionado] abortion.

abotargado, da adj **1.** [hinchado] bloated **2.** [alelado] dazed.

abotonar vt to button up. ◆ **abotonarse** vprnl to do one's buttons up ; [abrigo, camisa] to button up.

abovedado, da adj arched, vaulted.

abrasador, ra adj burning, scorching.

abrasar vt **1.** [quemar - casa, bosque] to burn down ; [- persona, mano, garganta] to burn / *murieron abrasados* they were burned to death **2.** [desecar - suj: sol, calor, lejía] to scorch ; [- suj: sed] to parch. ◆ **abrasarse** vprnl [casa, bosque] to burn down ; [persona] to burn o.s. ; [tierra, planta] to get scorched.

abrazadera sf TECNOL brace, bracket ; [en carpintería] clamp.

abrazar [13] vt [con los brazos] to hug, to embrace / *abrazar fuerte a alguien* to hold sb tight. ◆ **abrazarse** vprnl to hug o embrace (each other).

abrazo sm embrace, hug.

abreboca sm AM appetizer.

abrebotellas sm inv bottle opener.

abrecartas sm inv paper knife.

abrefácil adj inv easy-open.

abrelatas sm inv tin opener UK, can opener US

abreviar [8] vt [gen] to shorten ; [texto] to abridge ; [palabra] to abbreviate ; [viaje, estancia] to cut short.

abreviatura sf abbreviation.

abridor sm **1.** [abrebotellas] (bottle) opener **2.** [abrelatas] (tin) opener UK, (can) opener US.

abrigado, da adj [persona] wrapped up.

abrigar [16] vt **1.** [arropar - suj: persona] to wrap up ; [- suj: ropa] to keep warm **2.** fig [albergar - esperanza] to cherish ; [- sospechas, malas intenciones] to harbour. ◆ **abrigarse** vprnl [arroparse] to wrap up.

abrigo sm **1.** [prenda] coat, overcoat **2.** [refugio] shelter.

abril sm April. *Ver también* **septiembre**.

abrillantador sm polish.

abrillantar vt to polish.

abrir ◆ vt **1.** [gen] to open ; [alas] to spread ; [melón] to cut open **2.** [puerta] to unlock, to open ; [pestillo] to pull back ; [grifo] to turn on ; [cremallera] to undo **3.** [túnel] to dig ; [canal, camino] to build ; [agujero, surco] to make. ◆ vi [establecimiento] to open. ◆ **abrirse** vprnl **1.** [sincerarse] ▶ **abrirse a alguien** to open up to sb, to confide in sb **2.** [cielo] to clear.

abrochar vt [camisa, botón] to do up ; [cinturón] to fasten. ◆ **abrocharse** vprnl to do up ; [cinturón] to fasten.

abrumado, da adj overwhelmed.

abrumador, ra adj overwhelming.

abrumar vt [agobiar] to overwhelm.

abrupto, ta adj [escarpado] sheer ; [accidentado] rugged.

ABS (*abr de* Antiblockiersystem) sm ABS.

absceso sm abscess.

absentismo sm [de terrateniente] absentee landownership.

ábside sm apse.

absolución sf **1.** DER acquittal **2.** RELIG absolution.

absolutamente adv absolutely, completely / *absolutamente nada* nothing at all.

absoluto, ta adj [gen] absolute ; [silencio, obediencia] total. ◆ **en absoluto** loc adv [en negativas] at all ; [tras pregunta] not at all / *¿te gusta? — en absoluto* do you like it? — not at all ▶ **nada en absoluto** nothing at all.

absolver [24] vt ▶ **absolver a alguien (de algo) a)** DER to acquit sb (of sthg) **b)** RELIG to absolve sb (of sthg).

absorbente adj **1.** [que empapa] absorbent **2.** [actividad] absorbing.

absorber vt **1.** [gen] to absorb **2.** [consumir, gastar] to soak up.

absorción sf absorption.

absorto, ta adj ▶ **absorto (en)** absorbed o engrossed (in).

abstemio, mia adj teetotal.

abstención sf abstention.

abstenerse [72] vprnl ▶ **abstenerse (de algo / de hacer algo)** to abstain (from sthg/from doing sthg) / *le han recomendado que se abstenga del alcohol* she has been advised to stay off the alcohol.

abstinencia sf abstinence.

abstracción sf [gen] abstraction.

abstracto, ta adj abstract.

abstraer [73] vt to consider separately.

abstraído, da adj lost in thought.

absuelto, ta pp ⟶ **absolver**.

absurdo, da adj absurd. ◆ **absurdo** sm ▶ **decir / hacer un absurdo** to say / do something ridiculous.

abuchear vt to boo.

abuelo, la sm, f [familiar] grandfather (grandmother). ◆ **abuelos** smpl grandparents.

abulia sf apathy, lethargy.

abúlico, ca adj apathetic, lethargic.

abultado, da adj [paquete] bulky ; [labios] thick ; [cantidad, cifra] inflated.

abultar ◆ vt **1.** [hinchar] to swell **2.** [exagerar] to blow up. ◆ vi [ser muy grande] to be bulky.

abundancia sf **1.** [gran cantidad] abundance ▶ **en abundancia** in abundance **2.** [riqueza] plenty, prosperity.

abundante adj abundant.

abundar vi [ser abundante] to abound.

aburguesamiento sm [de sociedad] embourgeoisement ; [de zona] gentrification.

aburguesarse vprnl to adopt middle-class ways.

aburrido, da ◆ adj **1.** [harto, fastidiado] bored ▶ **estar aburrido de hacer algo** to be fed up with doing sthg **2.** [que aburre] boring. ◆ sm, f bore.

aburrimiento sm boredom / *¡qué aburrimiento!* what a bore!

aburrir vt to bore / *me aburre* I'm bored of it. ◆ **aburrirse** vprnl to get bored ; [estar aburrido] to be bored.

abusado, da adj MÉX astute, shrewd.

abusar vi **1.** [excederse] to go too far ▶ **abusar de algo** to abuse sthg / *abusar del alcohol* to drink too much ▶ **abusar de alguien** to take advantage of sb **2.** [forzar sexualmente] ▶ **abusar de alguien** to sexually abuse sb.

abusivo, va adj [trato] very bad, appalling ; [precio] extortionate.

abuso sm [uso excesivo] ▶ **abuso (de)** abuse (of) ▶ **abuso de confianza** breach of confidence ▶ **abusos deshonestos** sexual abuse *(U)*.

abyecto, ta adj *culto* vile, wretched.

a. C. (*abr escrita de* **antes de Cristo**) BC.

acá adv **1.** [lugar] here ▶ **de acá para allá** back and forth **2.** [tiempo] ▶ **de una semana acá** during the last week.

acabado, da adj **1.** [completo] perfect, consummate **2.** [fracasado] finished. ◆ **acabado** sm [de producto] finish ; [de piso] décor.

acabar ◆ vt **1.** [concluir] to finish **2.** [consumir - provisiones, dinero] to use up ; [- comida] to finish. ◆ vi **1.** [gen] to finish, to end ▶ **acabar de hacer algo** to finish doing sthg **2.** [haber hecho recientemente] ▶ **acabar de hacer algo** to have just done sthg / *acabo de llegar* I've just arrived **3.** [terminar por - persona] ▶ **acabar por hacer algo, acabar haciendo algo** to end up doing sthg **4.** [destruir] ▶ **acabar con a)** [gen] to destroy **b)** [salud] to ruin **c)** [paciencia] to exhaust **d)** [violencia, crimen] to put an end to. ◆ **acabarse** vprnl **1.** [agotarse] to be used up / *se nos ha acabado el petróleo* we're out of petrol / *se ha acabado la comida* there's no more food left, all the food has gone **2.** [concluir] to finish, to be over **3.** *loc* ▶ **¡se acabó!** a) **[**¡basta ya!] that's enough! b) [se terminó] that's it, then!

acabose sm *fam* ▶ **¡es el acabose!** it really is the limit!

academia sf **1.** [para aprender] school **2.** [institución] academy. ◆ **Real Academia Española** sf *institution that sets lexical and syntactical standards for Spanish*.

académico, ca adj academic.

acaecer v impers *culto* to occur.

acallar vt to silence.

acaloradamente adv heatedly, passionately.

acalorado, da adj **1.** [por calor] hot **2.** [apasionado - debate] heated.

acalorar vt [enfadar] ▶ **acalorar a alguien** to make sb hot under the collar. ◆ **acalorarse** vprnl [enfadarse] to get aroused o excited.

acampada sf **1.** [acción] camping / *ir de acampada* to go camping **2.** [lugar] camp site / *zona de acampada* camp site, campground US.

acampanado, da adj flared.

acampar vi to camp.

acanalado, da adj [columna] fluted ; [tejido] ribbed ; [hierro, uralita] corrugated.

acantilado sm cliff.

acaparar vt **1.** [monopolizar] to monopolize ; [mercado] to corner **2.** [guardarse] to hoard.

acápite sm Am paragraph.

acaramelado, da adj *fig* [pegajoso] sickly sweet.

acariciar [8] vt **1.** [persona] to caress ; [animal] to stroke **2.** *fig* [idea, proyecto] to cherish.

acarrear vt **1.** [transportar] to carry ; [carbón] to haul **2.** *fig* [ocasionar] to bring, to give rise to.

acartonado, da adj **1.** [papel, tejido] cardboardy **2.** *fam* [piel] wizened.

acaso adv perhaps / *¿acaso no lo sabías?* are you trying to tell me you didn't know? ▶ **por si acaso** (just) in case / *¿acaso es culpa mía?* is it my fault? ◆ **si acaso** ◆ loc adv [en todo caso] if anything. ◆ loc conj [en caso de que] if

acatar vt to respect, to comply with.

acatarrado, da adj : *estar acatarrado* to have a cold.

acatarrarse vprnl to catch a cold.

acaudalado, da adj well-to-do.

acaudillar vt to lead.

acceder vi **1.** [consentir] ▶ **acceder (a algo / hacer algo)** to agree (to sthg/to do sthg) **2.** [tener acceso] ▶ **acceder a** to enter **3.** [alcanzar] ▶ **acceder a a)** [trono] to accede to **b)** [poder] to come to **c)** [cargo] to obtain.

accesible adj [lugar] accessible.

accésit sm inv consolation prize.

acceso sm **1.** [entrada] ▶ **acceso (a)** entrance (to) **2.** [paso] ▶ **acceso (a)** access (to) / *acceso a Internet* Internet access ▶ **acceso remoto** remote access **3.** [carretera] access road, ramp US **4.** *fig* MED [de tos] fit ; [de fiebre, gripe] bout.

accesorio, ria adj incidental. ◆ **accesorio** (*gen pl*) sm accessory.

accidentado, da ◆ adj **1.** [vida, viaje] eventful **2.** [terreno, camino] rough, rugged. ◆ sm, injured person, victim.

accidental adj [imprevisto] accidental ; [encuentro] chance.

accidentarse vprnl to be involved in o have an accident.

accidente sm **1.** [desgracia] accident ▶ **accidente laboral/mortal** industrial/fatal accident ▶ **accidente de tráfico** road accident **2.** (*gen pl*) [del terreno] unevenness (U).

acción sf **1.** [gen] action **2.** [hecho] deed, act **3.** FIN share.

accionar vt to activate.

accionista smf shareholder.

acechar vt **1.** [vigilar] to keep under surveillance ; [suj: cazador] to stalk **2.** [amenazar] to be lying in wait for.

acecho sm ▶ **estar al acecho de a)** to lie in wait for **b)** *fig* to be on the lookout for.

aceite sm oil.

aceitero, ra adj oil-producing / *una región aceitera* an oil-producing region. ◆ **aceitera** sf oil can. ◆ **aceiteras** sfpl cruet sg.

aceitoso, sa adj oily.

aceituna sf olive.

aceleración sf acceleration.

acelerador, ra adj accelerating. ◆ **acelerador** sm accelerator.

acelerar ⬧ vt [avivar] to speed up ; TECNOL to accelerate. ⬧ vi to accelerate. ◆ **acelerarse** vprnl to hurry up.

acelga sf chard.

acento sm **1.** [gen] accent **2.** [intensidad] stress, accent.

acentuación sf accentuation.

acentuar [6] vt **1.** [palabra, letra - al escribir] to put an accent on ; [- al hablar] to stress **2.** fig [realzar] to accentuate. ◆ **acentuarse** vprnl [intensificarse] to deepen, to increase.

acepción sf meaning, sense.

aceptable adj acceptable.

aceptación sf **1.** [aprobación] acceptance **2.** [éxito] success, popularity.

aceptar vt to accept.

acequia sf irrigation channel.

acera sf [para peatones] pavement UK, sidewalk US ▶ **ser de la otra acera, ser de la acera de enfrente** fam & despec to be one of them, to be queer.

acerbo, ba adj culto [mordaz] caustic.

acerca ◆ **acerca de** loc adv about.

acercamiento sm [de personas, estados] rapprochement ; [de suceso, fecha] approach.

acercar [10] vt to bring nearer o closer / ¡acércame el pan! could you pass me the bread? ◆ **acercarse** vprnl [arrimarse - viniendo] to come closer ; [- yendo] to go over.

acero sm steel ▶ **acero inoxidable** stainless steel.

acérrimo, ma adj [defensor] diehard (antes de sust) ; [enemigo] bitter.

acertado, da adj **1.** [con acierto - respuesta] correct ; [- comentario] appropriate **2.** [oportuno] good, clever.

acertar [19] ⬧ vt **1.** [adivinar] to guess (correctly) **2.** [el blanco] to hit **3.** [elegir bien] to choose well. ⬧ vi **1.** [atinar] ▶ **acertar (al hacer algo)** to be right (to do sthg) **2.** [conseguir] ▶ **acertar a hacer algo** to manage to do sthg **3.** [hallar] ▶ **acertar con** to find.

acertijo sm riddle.

acervo sm [patrimonio] heritage.

achacable adj imputable / achacable a attributable to.

achacar [10] vt ▶ **achacar algo a alguien / algo** to attribute sthg to sb / sthg.

achantar vt fam to put the wind up. ◆ **achantarse** vprnl fam to get the wind up.

achaparrado, da adj squat.

achaque sm ailment.

achatado, da adj flattened.

achicar [10] vt **1.** [tamaño] to make smaller **2.** [agua - de barco] to bale out **3.** fig [acobardar] to intimidate.

achicharrado, da adj **1.** [quemado] burnt to a crisp **2.** [acalorado] : estar achicharrado to be baking o boiling.

achicharrante adj scorching.

achicharrar vt [chamuscar] to burn. ◆ **achicharrarse** vprnl **1.** fig [de calor] to fry **2.** [chamuscarse] to burn.

achicoria sf chicory.

achinado, da adj **1.** [ojos] slanting **2.** [persona] Chinese-looking **3.** RDom [como indio] Indian-looking.

achispado, da adj fam tipsy.

acholado, da adj Bol Chile Perú despec [mestizo - fisicamente] Indian-looking ; [culturalmente] who has adopted Indian ways.

achuchado, da adj fam hard, tough.

achuchar vt fam [abrazar] to hug.

aciago, ga adj culto black, fateful.

acicalar vt [arreglar] to do up. ◆ **acicalarse** vprnl to do o.s. up.

acicate sm fig [estímulo] incentive.

acidez sf **1.** [cualidad] acidity **2.** MED ▶ **acidez (de estómago)** heartburn.

ácido, da adj **1.** QUÍM acidic **2.** [bebida, sabor, carácter] acid, sour. ◆ **ácido** sm QUÍM acid ▶ **ácido clorhídrico / desoxirribonucleico / ribonucleico / sulfúrico** hydrochloric / deoxyribonucleic / ribonucleic / sulphuric acid.

acierto sm **1.** [a pregunta] correct answer **2.** [habilidad, tino] good o sound judgment **3.** [éxito] success.

aclamación sf [ovación] acclamation, acclaim ▶ **por aclamación** unanimously ▶ **entre aclamaciones** to great acclaim.

aclamar vt to acclaim.

aclaración sf explanation.

aclarar vt **1.** [ropa] to rinse **2.** [explicar] to clarify, to explain **3.** ▶ **aclarar la voz** [carraspeando] to clear one's throat. ◆ **aclararse** vprnl **1.** [entender] to understand **2.** [explicarse] to explain o.s.

aclaratorio, ria adj explanatory.

aclimatación sf acclimatization.

aclimatar vt **1.** [al clima] ▶ **aclimatar algo / a alguien (a)** to acclimatize sthg / sb (to) **2.** [al ambiente] ▶ **aclimatar algo / a alguien a algo** to get sthg / sb used to sthg. ◆ **aclimatarse** vprnl **1.** [al clima] ▶ **aclimatarse (a algo)** to acclimatize (to sthg) **2.** [al ambiente] to settle in ▶ **aclimatarse a algo** to get used to sthg.

acné sm acne.

acobardar vt to frighten, to scare. ◆ **acobardarse** vprnl to get frightened o scared ▶ **acobardarse ante** to shrink back from.

acodarse vprnl ▶ **acodarse (en)** to lean (on).

acogedor, ra adj [país, persona] welcoming ; [casa, ambiente] cosy.

acoger [14] vt 1. [recibir] to welcome 2. [dar refugio] to take in. **◆ acogerse a** vprnl [inmunidad parlamentaria etc] to take refuge in; [ley] to have recourse to.

acogida sf reception / *acogida familiar* fostering.

acolchar vt to pad.

acometer ◆ vt 1. [atacar] to attack 2. [emprender] to undertake. ◆ vi [embestir] **▶ acometer contra** to hurtle into.

acometida sf 1. [ataque] attack, charge 2. [de luz, gas etc] (mains) connection.

acomodado, da adj [rico] well-off.

acomodador, ra sm, f usher (usherette).

acomodar vt 1. [instalar - persona] to seat, to instal; [- cosa] to place 2. [adaptar] to fit. **◆ acomodarse** vprnl [instalarse] to make o.s. comfortable **▶ acomodarse en** to settle down in.

acomodaticio, cia adj [complaciente] accommodating.

acompañado, da adj accompanied.

acompañamiento sm CULIN & MÚS accompaniment.

acompañante smf [compañero] companion; MÚS accompanist.

acompañar vt 1. [ir con] **▶ acompañar a alguien a)** [gen] to go with o accompany sb **b)** [a la puerta] to show sb out **c)** [a casa] to walk sb home / *te acompaño* I'll come with you 2. [estar con] **▶ acompañar a alguien** to keep sb company 3. [adjuntar] to enclose 4. MÚS to accompany.

acompasar vt **▶ acompasar algo (a)** to synchronize sthg (with).

acomplejado, da ◆ adj inhibited, having a complex. ◆ sm, f inhibited person, person with a complex.

acomplejar vt to give a complex. **◆ acomplejarse** vprnl to develop a complex.

acondicionado, da adj equipped **▶ estar bien / mal acondicionado** to be in a fit/no fit state / *aire acondicionado* air conditioned.

acondicionador sm 1. [de aire] (air) conditioner 2. [de pelo] conditioner.

acondicionar vt 1. [reformar] to condition, to convert, to upgrade 2. [preparar] to prepare, to get ready.

acongojado, da adj [preocupado] distressed, worried sick; [apenado] very upset.

acongojar vt to distress.

aconsejable adj advisable.

aconsejar vt [dar consejos] **▶ aconsejar a alguien (que haga algo)** to advise sb (to do sthg) / *te aconsejo que vayas al médico* I'd advise you to see a doctor.

acontecer v impers to take place, to happen.

acontecimiento sm event.

acopio sm stock, store.

acoplar vt 1. [encajar] to attach, to fit together 2. FERROC to couple 3. *fig* [adaptar] to adapt, to fit. **◆ acoplarse** vprnl 1. [adaptarse] to adjust to each other, to fit together 3. [nave espacial] to dock.

acorazado, da adj armour-plated. **◆ acorazado** sm battleship.

acordado, da adj agreed / *según lo acordado* as agreed.

acordar [23] vt **▶ acordar algo / hacer algo** to agree on sthg/to do sthg. **◆ acordarse** vprnl **▶ acordarse (de algo / de hacer algo)** to remember (sthg/to do sthg) / *acordarse de haber hecho algo* to remember doing sthg.

acorde ◆ adj [en consonancia] **▶ acorde con** in keeping with. ◆ sm MÚS chord.

acordeón sm accordion.

acordonar vt [lugar] to cordon off.

acorralar vt *lit + fig* to corner.

acortar vt 1. [falda, pantalón etc] to take up; [cable] to shorten 2. [plazo, vacaciones] to cut short 3. [extensión] to shorten. **◆ acortarse** vprnl [días] to get shorter; [reunión] to end early.

acosador, ra ◆ adj relentless, persistent. ◆ sm, f INTERNET stalker.

acosar vt 1. [hostigar] to harass 2. [perseguir] to pursue relentlessly 3. INTERNET to stalk.

acoso sm [hostigamiento] harassment **▶ acoso escolar** bullying **▶ acoso laboral** harassment (in the workplace) **▶ acoso sexual** sexual harassment.

acostado, da adj [tumbado] lying down; [en la cama] in bed.

acostar [23] vt [en la cama] to put to bed. **◆ acostarse** vprnl 1. [irse a la cama] to go to bed 2. [tumbarse] to lie down 3. *fam* [tener relaciones sexuales] **▶ acostarse con alguien** to sleep with sb.

acostumbrado, da adj 1. [habitual] usual 2. [habituado] **▶ estar acostumbrado a** to be used to.

acostumbrar ◆ vt [habituar] **▶ acostumbrar a alguien a algo / a hacer algo** to get sb used to sthg/to doing sthg. ◆ vi [soler] **▶ acostumbrar a hacer algo** to be in the habit of doing sthg / *acostumbro a levantarme temprano* I usually get up early. **◆ acostumbrarse** vprnl [habituarse] **▶ acostumbrarse a algo / a hacer algo** to get used to sthg/to doing sthg.

acotación sf [nota] note in the margin.

acotamiento sm 1. [de terreno, campo] enclosing, demarcation 2. MÉX [arcén] hard shoulder UK, shoulder US.

acotar vt 1. [terreno, campo] to enclose; *fig* [tema etc] to delimit 2. [texto] to write notes in the margin of.

acrecentar [19] vt to increase.

acreditado, da adj **1.** [médico, abogado etc] distinguished ; [marca] reputable **2.** [embajador, representante] accredited.

acreditar vt **1.** [certificar] to certify ; [autorizar] to authorize **2.** [confirmar] to confirm **3.** [embajador] to accredit **4.** FIN to credit.

acreedor, ra ⬥ adj ▸ **hacerse acreedor de algo** to earn sthg, to show o.s. to be worthy of sthg. ⬥ sm, f creditor.

acribillar vt [herir] ▸ **acribillar (a)** to pepper o riddle (with) / **acribillar a balazos** to riddle with bullets.

acrílico, ca adj acrylic.

acrimonia = **acritud**.

acriollarse vprnl Am to adopt local ways.

acristalado, da adj glazed.

acritud, acrimonia sf **1.** [de olor] acridity, pungency ; [de sabor] bitterness **2.** fig [mordacidad] venom **3.** [desavenencia] acrimony.

acrobacia sf [en circo] acrobatics pl.

acróbata smf acrobat.

acta sf (el) **1.** [de junta, reunión] minutes pl ▸ **levantar acta** to take the minutes **2.** [de defunción etc] certificate ▸ **acta notarial** affidavit. ⬥ **actas** sfpl minutes.

actitud sf [disposición de ánimo] attitude.

activar vt **1.** [gen] to activate **2.** [explosivo] to detonate.

actividad sf [acción] activity ; [trabajo] work.

activo, va adj **1.** [gen & GRAM] active **2.** [trabajador] hard-working. ⬥ **activo** sm FIN assets pl ▸ **activo fijo / líquido / financiero** fixed / liquid / financial assets / **activo y pasivo** assets and liabilities.

acto sm **1.** [acción] act ▸ **hacer acto de presencia** to show one's face ▸ **acto de solidaridad** show of solidarity **2.** [ceremonia] ceremony **3.** TEATRO act. ⬥ **en el acto** loc adv on the spot / **murió en el acto** she died instantly.

actor, triz sm, f actor (actress) / **actor principal** o **primer actor** lead (actor) / **actor secundario** o **de reparto** supporting actor / **actriz principal** o **primera actriz** lead (actress) / **actriz secundaria** o **de reparto** supporting actress.

actuación sf **1.** [conducta, proceder] conduct, behaviour **2.** [interpretación] performance.

actual adj **1.** [existente] present, current **2.** [de moda] modern, present-day **3.** [de actualidad] topical.

actualidad sf **1.** [momento presente] current situation ▸ **de actualidad a)** [moderno] in fashion **b)** [de interés actual] topical ▸ **en la actualidad** at the present time, these days **2.** [noticia] news (U) ▸ **ser actualidad** to be making the news.

actualizar [13] vt [información] to update ; [tecnología, industria] to modernize ; INFORM to upgrade.

actualmente adv [hoy día] these days, nowadays ; [en este momento] at the (present) moment.

actuar [6] vi [gen] to act ▸ **actuar de** to act as.

acuarela sf watercolour.

acuario sm aquarium. ◆ **acuario** ⬥ sm [zodiaco] Aquarius. ⬥ smf [persona] Aquarius.

acuartelar vt to confine to barracks.

acuático, ca adj aquatic.

acuchillar vt **1.** [apuñalar] to stab **2.** [mueble, parqué] to grind down.

aciciar [8] vt culto [suj: persona] to goad ; [suj: necesidad, deseo] to press.

acuclillarse vprnl to squat (down).

acudir vi **1.** [ir] to go ; [venir] to come **2.** [recurrir] ▸ **acudir a** to go o turn to **3.** [presentarse] ▸ **acudir (a) a)** [escuela, iglesia] to attend **b)** [cita, examen] to turn up (for) **c)** fig [memoria, mente] to come (to).

acueducto sm aqueduct.

acuerdo sm agreement ▸ **de acuerdo** all right, O.K. ▸ **de acuerdo con** [conforme a] in accordance with ▸ **estar de acuerdo (con alguien / en hacer algo)** to agree (with sb / to do sthg).

acumulación sf accumulation.

acumular vt to accumulate. ◆ **acumularse** vprnl **1.** [cosas] to accumulate, to build up **2.** [gente] to crowd.

acunar vt to rock.

acuñar vt **1.** [moneda] to mint **2.** [palabra] to coin.

acuoso, sa adj watery.

acupuntura sf acupuncture.

acurrucarse [10] vprnl [por frío] to huddle up ; [en sitio agradable] to curl up.

acusación sf [inculpación] charge.

acusado, da ⬥ adj [marcado] marked. ⬥ sm, f [procesado] accused, defendant.

acusar vt **1.** [culpar] to accuse ; DER to charge ▸ **acusar a alguien de algo a)** [gen] to accuse sb of sthg **b)** DER to charge sb with sthg **2.** [mostrar] to show. ◆ **acusarse** vprnl **1.** [mutuamente] to blame one another **2.** [uno mismo] ▸ **acusarse de haber hecho algo** to confess to having done sthg **3.** [acentuarse] to become more pronounced **4.** fig [notarse] to show.

acusativo sm accusative.

acuse ◆ **acuse de recibo** sm acknowledgement of receipt.

acústico, ca adj acoustic. ◆ **acústica** sf [de local] acoustics pl.

AD sf (abr de **Acción Democrática**) Venezuelan political party.

adagio sm [sentencia breve] adage.

adaptable adj adaptable.

adaptación sf **1.** [aclimatación] **▶ adaptación (a)** adjustment (to) **2.** [modificación] adaptation.

adaptador smf ELECTR adapter.

adaptar vt **1.** [acomodar, ajustar] to adjust **2.** [modificar] to adapt. ◆ **adaptarse** vprnl **▶ adaptarse (a)** to adjust (to).

adecentar vt to tidy up.

adecuación sf adaptation.

adecuado, da adj appropriate, suitable.

adecuar [7] vt to adapt. ◆ **adecuarse a** vprnl **1.** [ser adecuado] to be appropriate for **2.** [adaptarse] to adjust to.

adefesio sm fam [persona fea] fright.

a. de JC., a.JC. (abr escrita de antes de Jesucristo) BC.

adelantado, da adj advanced / llevo el reloj adelantado my watch is fast **▶ por adelantado** in advance.

adelantamiento sm AUTO overtaking.

adelantar ◆ vt **1.** [dejar atrás] to overtake **2.** [mover hacia adelante] to move forward ; [pie, reloj] to put forward **3.** [en el tiempo - trabajo, viaje] to bring forward ; [- dinero] to pay in advance. ◆ vi **1.** [progresar] to make progress **2.** [reloj] to be fast. ◆ **adelantarse** vprnl **1.** [en el tiempo] to be early ; [frío, verano] to arrive early ; [reloj] to gain **▶ adelantarse a alguien** to beat sb to it **2.** [en el espacio] to go on ahead.

adelante ◆ adv forward, ahead **▶ (de ahora) en adelante** from now on, in future **▶ más adelante** [en el tiempo] later (on) **b)** [en el espacio] further on. ◆ interj **▶ ¡adelante! a)** [¡siga!] go ahead! **b)** [¡pase!] come in!

adelanto sm advance.

adelgazar [13] ◆ vi to lose weight, to slim. ◆ vt to lose.

ademán sm [gesto - con manos etc] gesture ; [- con cara] face, expression **▶ en ademán de** as if to.

además adv [con énfasis] moreover, besides ; [también] also **▶ además de** as well as, in addition to.

adentrarse vprnl **▶ adentrarse en a)** [jungla etc] to enter the heart of **b)** [tema etc] to study in depth.

adentro adv inside **▶ tierra adentro** inland **▶ mar adentro** out to sea.

adepto, ta adj **▶ adepto (a)** follower (of).

aderezar [13] vt [sazonar - ensalada] to dress ; [- comida] to season.

aderezo sm [aliño - de ensalada] dressing ; [- de comida] seasoning.

adeudar vt **1.** [deber] to owe **2.** COM to debit. ◆ **adeudarse** vprnl to get into debt.

adherente adj adhesive, sticky.

adherir [27] vt to stick. ◆ **adherirse** vprnl **1.** [pegarse] to stick **2.** [mostrarse de acuerdo] **▶ adherirse a** to adhere to.

adhesión sf [apoyo] support.

adhesivo, va adj adhesive. ◆ **adhesivo** sm [pegatina] sticker.

adicción sf **▶ adicción (a)** addiction (to).

adición sf addition.

adicional adj additional.

adictivo, va adj addictive.

adicto, ta ◆ adj **▶ adicto (a)** addicted (to). ◆ sm, f **▶ adicto (a)** addict (of).

adiestrar vt to train **▶ adiestrar a alguien en algo / para hacer algo** to train sb in sthg / to do sthg.

adinerado, da adj wealthy.

adiós ◆ sm goodbye. ◆ interj **▶ ¡adiós!** goodbye! ; [al cruzarse con alguien] hello!

adiposo, sa adj adipose.

aditivo sm additive.

adivinación sf [predicción] prediction, divination ; [adivinanza] guessing.

adivinanza sf riddle.

adivinar vt **1.** [predecir] to foretell ; [el futuro] to tell **2.** [acertar] to guess (correctly).

adivino, na sm, f fortune-teller.

adjetivo, va adj adjectival. ◆ **adjetivo** sm adjective **▶ adjetivo calificativo / demostrativo / numeral** qualifying / demonstrative / quantitative adjective.

adjudicación sf awarding.

adjudicar [10] vt [asignar] to award. ◆ **adjudicarse** vprnl [apropiarse] to take for o.s. **▶ adjudicarse un premio** to win a prize.

adjuntar vt to enclose.

adjunto, ta ◆ adj [incluido] enclosed **▶ 'adjunto le remito...'** 'please find enclosed...'. ◆ sm, f [auxiliar] assistant.

administración sf **1.** [suministro] supply ; [de medicamento, justicia] administering **2.** [gestión] administration **3.** [gerentes] management ; [oficina] manager's office / administración de loterías [ESP] lottery-ticket selling business in Spain. ◆ **Administración** sf [gobierno] administration **▶ Administración local** local government **▶ Administración pública** civil service.

administrador, ra sm, f **1.** [de empresa] manager **2.** [de bienes ajenos] administrator.

administrar vt **1.** [gestionar - empresa, finca etc] to manage, to run ; [- casa] to run **2.** [país] to run the affairs of **3.** [suministrar] to administer. ◆ **administrarse** vprnl [emplear dinero] to organize one's finances, to manage one's own money.

administrativo, va adj administrative.

admirable adj admirable.

admiración sf **1.** [sentimiento] admiration ▸ **causar admiración** to be admired ▸ **sentir admiración por alguien** to admire sb **2.** [signo ortográfico] exclamation mark.

admirar vt **1.** [gen] to admire **2.** [sorprender] to amaze. ◆ **admirarse** vprnl ▸ **admirarse (de)** to be amazed (by).

admisible adj acceptable.

admisión sf **1.** [de persona] admission **2.** [de solicitudes etc] acceptance ▸ **prueba de admisión** entrance exam.

admitir vt **1.** [acoger, reconocer] to admit ▸ **admitir a alguien en** to admit sb to **2.** [aceptar] to accept.

ADN (*abr de* **ácido desoxirribonucleico**) sm DNA.

adobado, da adj **1.** [alimentos] marinated **2.** [pieles] tanned.

adobar vt to marinate.

adobe sm adobe.

adobo sm [salsa] marinade.

adoctrinamiento sm indoctrination.

adoctrinar vt to instruct.

adolecer [30] ◆ **adolecer de** vi to suffer from.

adolescencia sf adolescence.

adolescente adj & smf adolescent.

adonde adv where / *la ciudad adonde vamos* the city we are going to, the city where we are going.

adónde adv where.

adopción sf [de hijo, propuesta] adoption ; [de ley] passing.

adoptar vt [hijo, propuesta] to adopt ; [ley] to pass.

adoptivo, va adj [hijo, país] adopted ; [padre] adoptive.

adoquín (*pl* **adoquines**) sm cobblestone.

adorable adj [persona] adorable ; [ambiente, película] wonderful.

adoración sf adoration ▸ **sentir adoración por alguien** to worship sb.

adorar vt **1.** [dios, ídolo] to worship **2.** [persona, comida] to adore.

adormecer [30] vt [producir sueño] to lull to sleep. ◆ **adormecerse** vprnl to nod off.

adormecido, da adj **1.** [persona] sleepy **2.** [pierna, brazo] numb.

adormilado, da adj dopey, half asleep.

adormilarse vprnl to doze.

adornar vt to decorate.

adorno sm decoration ▸ **de adorno a)** [árbol, figura] decorative, ornamental **b)** [person] serving no useful purpose.

adosado, da adj [casa] semi-detached.

adquirir [22] vt **1.** [comprar] to acquire, to purchase **2.** [conseguir - conocimientos, hábito, cultura] to acquire ; [- éxito, popularidad] to achieve ; [- compromiso] to undertake.

adquisición sf **1.** [compra, cosa comprada] purchase ▸ **ser una buena / mala adquisición** to be a good/bad buy **2.** [obtención] acquisition **3.** [de costumbres] adoption.

adquisitivo, va adj purchasing (*antes de sust*).

adrede adv on purpose, deliberately.

adrenalina sf adrenalin.

adscribir vt **1.** [asignar] to assign **2.** [destinar] to appoint o assign to. ◆ **adscribirse** vprnl ▸ **adscribirse (a) a)** [grupo, partido] to become a member (of) **b)** [ideología] to subscribe (to).

adscrito, ta ◆ pp ⟶ **adscribir.** ◆ adj assigned.

ADSL (*abr de* **asymmetric digital subscriber line**) sm INFORM & TELECOM ADSL.

aduana sf [administración] customs *pl* ▸ **pasar por la aduana** to go through customs.

aduanero, ra ◆ adj customs. ◆ sm, f customs officer.

aducir [33] vt to adduce.

adueñarse ◆ **adueñarse de** vprnl **1.** [apoderarse] to take over **2.** [dominar] to take hold of.

adulación sf flattery.

adulador, ra adj flattering.

adular vt to flatter.

adulterar vt [alimento] to adulterate.

adulterio sm adultery.

adúltero, ra ◆ adj adulterous. ◆ sm, f adulterer (adulteress).

adulto, ta adj & sm, f adult.

adusto, ta adj dour.

advenedizo, za adj & sm, f parvenu (parvenue).

advenimiento sm [llegada] advent ; [al trono] accession.

adverbio sm adverb ▸ **adverbio de cantidad / lugar / modo / tiempo** adverb of degree/place/manner/time.

adversario, ria sm, f adversary.

adversidad sf adversity.

adverso, sa adj [gen] adverse ; [destino] unkind ; [suerte] bad ; [viento] unfavourable.

advertencia sf warning ▸ **servir de advertencia** to serve as a warning ▸ **hacer una advertencia a alguien** to warn sb.

advertir [27] vt **1.** [notar] to notice **2.** [prevenir, avisar] to warn / *te advierto que no deberías hacerlo* I'd advise against you doing it / *te advierto que no me sorprende* mind you, it doesn't surprise me.

adviento sm Advent.

adyacente adj adjacent.

adyuvante adj & sm adjuvant.

aéreo, a adj **1.** [del aire] aerial **2.** AERON air *(antes de sust)*.

aeróbic sm aerobics *(sg)*.

aerocarril sm `Arg` `PRico` `Urug` cable car.

aeroclub *(pl* aeroclubes*)* sm flying club.

aerodeslizador sm hovercraft.

aerodinámico, ca adj **1.** FÍS aerodynamic **2.** [forma, línea] streamlined.

aeródromo sm airfield, aerodrome.

aeroespacial adj aerospace *(antes de sust)*.

aerogenerador sm wind turbine.

aerógrafo sm airbrush.

aerolínea sf airline.

aeromodelismo sm airplane modelling.

aeromozo, za sm, f `Am` air steward (air hostess).

aeronauta smf aeronaut.

aeronaval adj air and sea *(antes de sust)*.

aeronave sf [gen] aircraft ; [dirigible] airship.

aeroplano sm aeroplane.

aeropuerto sm airport.

aerosol sm aerosol.

aerostático, ca adj aerostatic.

aeróstato sm hot-air balloon.

aerotaxi sm light aircraft *(for hire)*.

afabilidad sf affability.

afable adj affable.

afamado, da adj famous.

afán sm **1.** [esfuerzo] hard work *(U)* **2.** [anhelo] urge ▸ **tener afán de algo** to be eager for sthg ▸ **afán de conocimiento** thirst for knowledge.

afanador, ra sm, f `Mex` cleaner.

afanar vt *fam* [robar] to pinch. ◆ **afanarse** vprnl [esforzarse] ▸ **afanarse (por hacer algo)** to do everything one can (to do sthg).

afanoso, sa adj **1.** [trabajoso] demanding **2.** [que se afana] eager.

afear vt to make ugly.

afección sf MED complaint, disease.

afectación sf affectation.

afectado, da adj **1.** [gen] affected **2.** [afligido] upset, badly affected.

afectar vt **1.** [gen] to affect **2.** [afligir] to upset, to affect badly.

afectísimo, ma adj [en cartas] ▸ 'suyo afectísimo' 'yours faithfully'.

afectivo, va adj **1.** [emocional] emotional **2.** [cariñoso] affectionate.

afecto sm affection, fondness ▸ **sentir afecto por alguien, tenerle afecto a alguien** to be fond of sb.

afectuoso, sa adj affectionate, loving.

afeitado sm **1.** [de pelo, barba] shave **2.** TAUROM *blunting of bull's horns for safety reasons*.

afeitar vt [pelo, barba] to shave. ◆ **afeitarse** vprnl to shave.

afeminado, da adj effeminate.

aferrarse vprnl ▸ **aferrarse a** *lit + fig* to cling to.

Afganistán npr Afghanistan.

AFI *(abr de* **alfabeto fonético internacional***)* IPA.

afianzar [13] vt [objeto] to secure. ◆ **afianzarse** vprnl to steady o.s. ▸ **afianzarse en algo a)** [opinión etc] to become sure o convinced of sthg **b)** [cargo, liderazgo] to consolidate sthg.

afiche sm `Am` poster.

afición sf **1.** [inclinación] fondness, liking ▸ **tener afición a algo** to be keen on sthg **2.** [en tiempo libre] hobby ▸ **por afición** as a hobby **3.** [aficionados] fans *pl*.

aficionado, da ✎ adj **1.** [interesado] keen ▸ **ser aficionado a algo** to be keen on sthg **2.** [no profesional] amateur. ✎ sm, f **1.** [interesado] fan ▸ **aficionado al cine** film buff **2.** [amateur] amateur.

aficionar vt ▸ **aficionar a alguien a algo** to make sb keen on sthg. ◆ **aficionarse** vprnl ▸ **aficionarse a algo** to become keen on sthg.

afiebrarse vprnl `Am` to get a temperature.

afilado, da adj [borde, filo] sharp ; [dedos] pointed.

afilar vt to sharpen.

afiliado, da sm, f ▸ **afiliado (a)** member (of).

afiliarse [8] vprnl ▸ **afiliarse a** to join, to become a member of.

afín adj [semejante] similar, like.

afinar vt **1.** MÚS [instrumento] to tune ▸ **afinar la voz** to sing in tune **2.** [perfeccionar, mejorar] to fine-tune **3.** [pulir] to refine.

afinidad sf [gen & QUÍM] affinity.

afirmación sf statement, assertion.

afirmar vt **1.** [confirmar] to confirm **2.** [decir] to say, to declare **3.** [consolidar] to reaffirm **4.** CONSTR to reinforce. ◆ **afirmarse** vprnl **1.** [asegurarse] to be confirmed **2.** [ratificarse] ▸ **afirmarse en algo** to reaffirm sthg.

afirmativo, va adj affirmative.

aflicción sf suffering, sorrow.

afligir [15] vt [afectar] to afflict ; [causar pena] to distress. ◆ **afligirse** vprnl to be distressed.

aflojar ✎ vt [destensar] to loosen ; [cuerda] to slacken. ✎ vi **1.** [disminuir] to abate, to die down **2.** *fig* [ceder] to ease off. ◆ **aflojarse** vprnl [gen] to come loose ; [cuerda] to slacken.

aflorar vi *fig* [surgir] to (come to the) surface, to show.

afluencia sf stream, volume.

afluente sm tributary.

afluir [51] ◆ **afluir a** vi **1.** [gente] to flock to **2.** [sangre, fluido] to flow to.

afonía sf loss of voice.

afónico, ca adj ▸ **quedarse afónico** to lose one's voice.

aforo sm [cabida] seating capacity.

afortunadamente adv fortunately.

afortunado, da adj **1.** [agraciado] lucky, fortunate **2.** [oportuno] happy, felicitous.

afrenta sf [ofensa, agravio] affront.

afrentar vt **1.** [deshonrar, avergonzar] to dishonour UK, to dishonor US **2.** [agraviar, ofender] to affront, to insult.

África npr Africa.

africano, na adj & sm, f African.

afrodisiaco, ca, afrodisíaco, ca adj aphrodisiac. ◆ **afrodisiaco, afrodisíaco** sm aphrodisiac.

afrontar vt [hacer frente a] to face.

afrutado, da adj fruity.

afta sf aphtha.

after sm late-night bar.

aftershave, after shave sm aftershave.

aftersun adj inv aftersun.

afuera adv outside ▸ **por (la parte de) afuera** on the outside. ◆ **afueras** sfpl ▸ **las afueras** the outskirts.

afuerita adv AM fam right outside.

afusilar vt AM fam to shoot.

agachar vt to lower; [la cabeza] to bow. ◆ **agacharse** vprnl [acuclillarse] to crouch down; [inclinar la cabeza] to stoop.

agalla sf ZOOL gill. ◆ **agallas** sfpl fig guts ▸ **tener agallas** to have guts.

agarradera sf **1.** AM [mango - alargado] handle; [redondo] knob **2.** BOL COL MÉX PRICO [abrazadera] hook, bracket.

agarradero sm **1.** [asa] hold **2.** fam & fig [pretexto] pretext, excuse.

agarrado, da adj **1.** [asido] ▸ **agarrado (de)** gripped (by) ▸ **agarrados del brazo** arm in arm ▸ **agarrados de la mano** hand in hand **2.** fam [tacaño] tight, stingy.

agarrar vt **1.** [asir] to grab **2.** [pillar - ladrón, resfriado] to catch; AM [-tomar] to take. ◆ **agarrarse** vprnl [sujetarse] to hold on ▸ **agarrarse de** o a **algo** to hold on to o clutch sthg.

agarrón sm [tirón] pull, tug.

agarrotado, da adj **1.** [rígido] stiff **2.** [mecanismo, motor] seized up.

agarrotar vt [parte del cuerpo] to cut off the circulation in; [mente] to numb. ◆ **agarrotarse** vprnl **1.** [parte del cuerpo] to go numb **2.** [mecanismo] to seize up.

agasajar vt to lavish attention on.

ágata sf (el) agate.

agazapado, da adj crouched.

agazaparse vprnl **1.** [para esconderse] to crouch **2.** [agacharse] to bend down.

agencia sf **1.** [empresa] agency ▸ **agencia matrimonial** marriage bureau ▸ **agencia de viajes** travel agency **2.** [sucursal] branch.

agenda sf **1.** [de notas, fechas] diary; [de teléfonos, direcciones] book **2.** [de trabajo] agenda.

agente ◆ sm, f [persona] agent ▸ **agente de policía** o **de la autoridad** policeman (policewoman) ▸ **agente de aduanas** customs officer ▸ **agente de cambio (y bolsa)** stockbroker ▸ **agente secreto** secret agent. ◆ sm [causa activa] agent.

ágil adj [movimiento, persona] agile.

agilidad sf agility.

agilizar [13] vt to speed up.

agitación sf **1.** [intranquilidad] restlessness **2.** [jaleo] racket, commotion **3.** [conflicto] unrest.

agitado, da adj agitated; [persona] anxious; [mar] rough / **una vida muy agitada** a very hectic life.

agitar vt **1.** [mover - botella] to shake; [-líquido] to stir; [-brazos] to wave **2.** [inquietar] to perturb, to worry **3.** [alterar, perturbar] to stir up. ◆ **agitarse** vprnl [inquietarse] to get worried.

aglomeración sf build-up; [de gente] crowd.

aglomerado sm chipboard.

aglomerar vt to bring together. ◆ **aglomerarse** vprnl to amass.

agnosticismo sm agnosticism.

agnóstico, ca adj & sm, f agnostic.

agobiado, da adj ▸ **agobiado (de)** a) [trabajo] snowed under (with) b) [problemas] weighed down (with).

agobiar [8] vt to overwhelm. ◆ **agobiarse** vprnl to feel overwhelmed, to let things get one down.

agobio sm **1.** [físico] choking, suffocation **2.** [psíquico] pressure.

agolparse vprnl [gente] to crowd round; [sangre] to rush.

agonía sf **1.** [pena] agony **2.** [del moribundo] death throes pl.

agonizante adj dying.

agonizar [13] vi [expirar] to be dying.

agosto sm **1.** [mes] August **2.** loc ▸ **hacer su agosto** to line one's pockets. Ver también septiembre.

agotado, da adj **1.** [cansado] ▸ **agotado (de)** exhausted (from) **2.** [producto] out of stock, sold out **3.** [pila, batería] flat.

agotador, ra adj exhausting.

agotamiento sm [cansancio] exhaustion.

agotar vt [gen] to exhaust ; [producto] to sell out of ; [agua] to drain. ◆ **agotarse** vprnl **1.** [cansarse] to tire o.s. out **2.** [acabarse] to run out ; [libro, disco, entradas] to be sold out ; [pila, batería] to go flat.

agraciado, da adj **1.** [atractivo] attractive, fetching **2.** [afortunado] ▶ **agraciado con algo** lucky enough to win sthg.

agraciar [8] vt [embellecer] to make more attractive o fetching.

agradable adj pleasant.

agradar vt to please.

agradecer [30] vt [suj: persona] ▶ **agradecer algo a alguien a)** [dar las gracias] to thank sb for sthg **b)** [estar agradecido] to be grateful to sb for sthg.

agradecido, da adj [ser] grateful ; [estar] appreciative.

agradecimiento sm gratitude.

agrado sm [gusto] pleasure ✱ *esto no es de mi agrado* this is not to my liking.

agrandar vt to make bigger.

agrario, ria adj [reforma] agrarian ; [producto, política] agricultural.

agravación sf worsening, exacerbation.

agravamiento sm = agravación.

agravante ◈ adj aggravating. ◈ sm o sf **1.** [problema] additional problem **2.** DER aggravating circumstance.

agravar vt [situación] to aggravate ; [impuestos etc] to increase (the burden of). ◆ **agravarse** vprnl to get worse.

agraviar [8] vt to offend.

agravio sm **1.** [ofensa] offence, insult **2.** [perjuicio] wrong.

agredir [78] vt to attack.

agregado, da sm, f **1.** EDUC assistant teacher **2.** [de embajada] attaché ▶ **agregado cultural** cultural attaché. ◆ **agregado** sm [añadido] addition.

agregar [16] vt ▶ **agregar (algo a algo)** to add (sthg to sthg). ◆ **agregarse** vprnl ▶ **agregarse a algo** to join (sthg).

agresión sf [ataque] act of aggression, attack.

agresividad sf aggression.

agresivo, va adj *lit + fig* aggressive.

agresor, ra sm, f attacker, assailant.

agreste adj [abrupto, rocoso] rugged.

agriar [9] vt [vino, leche] to (turn) sour. ◆ **agriarse** vprnl *lit + fig* to turn sour.

agrícola adj agricultural ; [pueblo] farming *(antes de sust)*.

agricultor, ra sm, f farmer.

agricultura sf agriculture.

agridulce adj bittersweet ; CULIN sweet and sour.

agrietado, da adj **1.** [muro] cracked **2.** [labios, manos] chapped.

agrietar vt **1.** [muro, tierra] to crack **2.** [labios, manos] to chap. ◆ **agrietarse** vprnl [la piel] to chap.

agringarse vprnl **Am** *despec* to become like a North American or European.

agrio, agria adj **1.** [ácido] sour **2.** *fig* [áspero] acerbic, bitter.

agrocarburante sm agrofuel.

agroindustrial adj agro-industrial.

agronomía sf agronomy.

agropecuario, ria adj farming and livestock *(antes de sust)*.

agrupación sf [asociación] group.

agrupamiento sm [concentración] grouping.

agrupar vt to group (together). ◆ **agruparse** vprnl **1.** [congregarse] to gather (round) **2.** [unirse] to form a group.

agua sf *(el)* water ▶ **agua bendita / dulce / destilada / potable / salada** holy / fresh / distilled / drinking / salt water ▶ **venir como agua de mayo** to be a godsend. ◆ **aguas** sfpl **1.** [manantial] waters, spring *sg* **2.** [de río, mar] waters ▶ **aguas territoriales o jurisdiccionales** territorial waters ▶ **aguas internacionales** international waters **3.** [de diamantes, telas] water (U). ◆ **agua de colonia** sf eau de cologne. ◆ **agua oxigenada** sf hydrogen peroxide. ◆ **aguas residuales** sfpl sewage (U).

aguacate sm [fruto] avocado (pear).

aguacero sm shower.

aguachirle sf dishwater (U), revolting drink.

aguado, da adj [con demasiada agua] watery ; [diluido a propósito] watered-down.

aguafiestas smf inv spoilsport.

aguafuerte sm etching.

aguamala sf **CARIB COL ECUAD MÉX** jellyfish.

aguamarina sf aquamarine.

aguamiel sf **Am** [bebida] *water mixed with honey or cane syrup* ; **CARIB MÉX** [jugo] maguey juice.

aguanieve sf sleet.

aguantar vt **1.** [sostener] to hold **2.** [resistir -peso] to bear **3.** [tolerar, soportar] to bear, to stand ✱ *no sé cómo la aguantas* I don't know how you put up with her **4.** [contener - risa] to contain ; [- respiración] to hold. ◆ **aguantarse** vprnl **1.** [contenerse] to restrain o.s. **2.** [resignarse] : *no quiere aguantarse* he refuses to put up with it.

aguante sm **1.** [paciencia] self-restraint **2.** [resistencia] strength ; [de persona] stamina.

aguar [45] vt **1.** [mezclar con agua] to water down **2.** *fig* [estropear] to spoil.

aguardar vt to wait for, to await.

aguardiente sm spirit, liquor.

aguarrás sm turpentine.

aguatero, ra sm, f [Am] water carrier, water seller.

aguaviva sf [RP] jellyfish.

agudeza sf [gen] sharpness.

agudización sf **1.** [de mente] sharpening **2.** [de situación] worsening.

agudizar [13] vt fig [acentuar] to exacerbate. ◆ **agudizarse** vprnl [crisis] to get worse.

agudo, da adj **1.** [gen] sharp ; [crisis, problema, enfermedad] serious, acute **2.** fig [perspicaz] keen, sharp **3.** fig [ingenioso] witty **4.** MÚS [nota, voz] high, high-pitched.

agüero sm ▸ **de buen/mal agüero** that bodes well/ill.

aguijón sm **1.** [de insecto] sting **2.** fig [estímulo] spur, stimulus.

aguijonear vt **1.** [espolear] ▸ **aguijonear a alguien para que haga algo** to goad sb into doing sthg **2.** fig [estimular] to drive on.

águila sf (el) **1.** [ave] eagle **2.** fig [vivo, listo] sharp o perceptive person.

aguileño, ña adj aquiline.

aguilucho sm eaglet.

aguinaldo sm Christmas box.

agüita sf [CHILE] (herbal) tea.

aguja sf **1.** [de coser, jeringuilla] needle ; [de hacer punto] knitting needle **2.** [de reloj] hand ; [de brújula] pointer ; [de iglesia] spire **3.** FERROC point **4.** [de tocadiscos] stylus, needle. ◆ **agujas** sfpl [de res] ribs.

agujerear vt to make a hole o holes in.

agujero sm hole ▸ **agujero negro** ASTRON black hole.

agujetas sfpl : **tener agujetas** to feel stiff.

aguzar [13] vt **1.** [afilar] to sharpen **2.** fig [apetito] to whet ; [ingenio] to sharpen.

ah interj ▸ **¡ah!** a) [admiración] ooh! b) [sorpresa] oh! c) [pena] ah!

ahí adv there ▸ **de ahí** he came that way ▸ **la solución está ahí** that's where the solution lies ▸ **¡ahí tienes!** here you are!, there you go! ▸ **ahí no más** [Am] just there ▸ **de ahí que** [por eso] and consequently, so ▸ **está por ahí a)** [en lugar indefinido] he/she is around (somewhere) b) [en la calle] he/she is out ▸ **por ahí, por ahí** fig something like that ▸ **por ahí va la cosa** you're not too far wrong.

ahijado, da sm, f [de padrinos] godson (goddaughter).

ahínco sm enthusiasm, devotion.

ahíto, ta adj culto [saciado] : **estar ahíto** to be full.

ahogado, da ◆ adj **1.** [en el agua] drowned ▸ **morir ahogado** to drown **2.** [falto de aliento - respiración] laboured ; [-persona] out of breath ; [-grito] muffled **3.** [estrecho] cramped **4.** fig [agobiado] overwhelmed, swamped. ◆ sm, f drowned person.

ahogar [16] vt **1.** [en el agua] to drown ; [asfixiar] to smother, to suffocate **2.** [estrangular] to strangle **3.** [extinguir] to extinguish, to put out **4.** fig [controlar - levantamiento] to quell ; [-pena] to hold back **5.** [motor] to flood. ◆ **ahogarse** vprnl **1.** [en el agua] to drown **2.** [asfixiarse] to suffocate.

ahogo sm **1.** [asfixia] breathlessness **2.** fig [económico] financial difficulty.

ahondar vi [profundizar] to go into detail ▸ **ahondar en a)** [penetrar] to penetrate deep into b) [profundizar] to study in depth.

ahora ◆ adv **1.** [en el presente] now ▸ **ahora mismo** right now ▸ **por ahora** for the time being ▸ **de ahora en adelante** from now on **2.** [pronto] in a second o moment ▸ **¡hasta ahora!** see you in a minute! ◆ conj [pero] but, however ▸ **ahora que** but, though ▸ **ahora bien** but, however.

ahorcar [10] vt to hang. ◆ **ahorcarse** vprnl to hang o.s.

ahorita, ahoritita, ahoritica adv [Am] fam **1.** [en el presente] (right) now / **ahorita voy** I'm just coming **2.** [pronto] in a second **3.** [hace poco] just now, a few minutes ago.

ahorrador, ra ◆ adj thrifty, careful with money. ◆ sm, f thrifty person.

ahorrar vt to save. ◆ **ahorrarse** vprnl ▸ **ahorrarse algo** to save o spare o.s. sthg.

ahorro sm **1.** [gen] saving **2.** (gen pl) [cantidad ahorrada] savings pl.

ahuecar [10] vt [poner hueco - manos] to cup.

ahuevado, da adj [ANDES] [CAm] fam [tonto] daft.

ahumado, da adj smoked.

ahumar vt **1.** [jamón, pescado] to smoke **2.** [habitación etc] to fill with smoke.

ahuyentar vt **1.** [espantar, asustar] to scare away **2.** fig [apartar] to drive away.

aimara, aimará ◆ adj & smf Aymara (Indian). ◆ sm [idioma] Aymara.

airado, da adj angry.

airar vt to anger, to make angry. ◆ **airarse** vprnl to get angry.

airbag ['erβaɣ, air'βaɣ] (pl airbags) sm airbag.

aire sm **1.** [fluido] air ▸ **al aire** exposed ▸ **al aire libre** in the open air ▸ **estar en el aire** to be in the air ▸ **saltar o volar por los aires** to be blown sky high, to explode ▸ **tomar el aire** to go for a breath of fresh air **2.** [viento] wind ; [corriente] draught ▸ **hoy hace (mucho) aire** it's (very) windy today **3.** fig [aspecto] air, appearance. ◆ **aires** smpl [vanidad] airs (and graces). ◆ **aire (acondicionado)** sm air-conditioning.

airear vt fig [contar] to air (publicly). ◆ **airearse** vprnl to get a breath of fresh air.

airoso, sa adj **1.** [garboso] graceful **2.** [triunfante] ▸ **salir airoso de algo** to come out of sthg with flying colours.

aislado, da adj **1.** [gen] isolated **2.** TECNOL insulated.

aislamiento sm **1.** [gen] isolation **2.** TECNOL insulation.

aislante ⋄ adj insulating / **cinta aislante** insulating tape. ⋄ sm insulator.

aislar vt **1.** [gen] to isolate **2.** TECNOL to insulate.

ajá interj ▸ **¡ajá!** [sorpresa] aha! ; fam [aprobación] great!

ajado, da adj old.

ajar vt [flores] to wither, to cause to fade ; [piel] to wrinkle ; [colores] to make faded ; [ropa] to wear out. ◆ **ajarse** vprnl [flores] to fade, to wither ; [piel] to wrinkle, to become wrinkled.

ajardinado, da adj landscaped.

ajedrez sm inv chess.

ajeno, na adj **1.** [de otro] of others / **jugar en campo ajeno** to play away from home **2.** [extraño] ▸ **ajeno a** having nothing to do with / **ajeno a nuestra voluntad** beyond our control.

ajete sm ESP young garlic.

ajetreado, da adj **1.** [persona] very busy **2.** [vida, día, ritmo] hectic.

ajetreo sm **1.** [tarea] running around, hard work **2.** [animación] (hustle and) bustle.

ají sm ANDES RDOM chilli (pepper).

ajiaceite sm garlic mayonnaise.

ajiaco sm ANDES CARIB chilli-based stew.

ajillo ◆ **al ajillo** loc adj CULIN in a sauce made with oil, garlic and chilli.

ajo sm garlic ▸ **andar** o **estar en el ajo** fig to be in on it.

ajonjolí (pl ajonjolís o ajonjolíes) sm sesame.

ajuar sm [de novia] trousseau.

ajustable adj adjustable.

ajustado, da adj [ceñido - ropa] tight-fitting ; [-tuerca, pieza] tight ; [-resultado, final] close.

ajustar vt **1.** [arreglar] to adjust **2.** [apretar] to tighten **3.** [encajar - piezas de motor] to fit ; [-puerta, ventana] to push to **4.** [pactar - matrimonio] to arrange ; [-pleito] to settle ; [-paz] to negotiate ; [-precio] to fix, to agree.

ajuste sm [de pieza] fitting ; [de mecanismo] adjustment ; [de salario] agreement.

ajusticiar vt to execute.

al prep ⟶ a.

ala sf (el). **1.** ZOOL & POLÍT wing **2.** [parte lateral - de tejado] eaves pl ; [- de sombrero] brim **3.** DEP winger, wing. ◆ **ala delta** sf [aparato] hang glider.

Alá npr Allah.

alabanza sf praise.

alabar vt to praise.

alabastro sm alabaster.

alacena sf kitchen cupboard.

alacrán sm [animal] scorpion.

alado, da adj [con alas] winged.

alambique sm still.

alambrar vt to fence with wire.

alambre sm wire ▸ **alambre de espino** o **púas** barbed wire.

alameda sf **1.** [sitio con álamos] poplar grove **2.** [paseo] tree-lined avenue.

álamo sm poplar.

alano sm [perro] mastiff.

alarde sm ▸ **alarde (de)** show o display (of) ▸ **hacer alarde de algo** to show sthg off, to flaunt sthg.

alardear vi ▸ **alardear de** to show off about.

alargado, da adj elongated.

alargar [16] vt **1.** [ropa] to lengthen **2.** [viaje, visita, plazo] to extend ; [conversación] to spin out. ◆ **alargarse** vprnl [hacerse más largo - días] to get longer ; [-reunión] to be prolonged.

alarido sm shriek, howl.

alarma sf [gen] alarm ▸ **dar la alarma** to raise the alarm / **alarma de coche** car alarm.

alarmante adj alarming.

alarmar vt **1.** [avisar] to alert **2.** fig [asustar] to alarm. ◆ **alarmarse** vprnl [inquietarse] to be alarmed.

alarmista adj & smf alarmist.

alazán, ana adj chestnut.

alba sf (el) [amanecer] dawn.

albacea smf executor (executrix).

albahaca sf basil.

albanés, esa adj & sm, f Albanian. ◆ **albanés** sm [lengua] Albanian.

Albania npr Albania.

albañil sm bricklayer.

albañilería sf [obra] brickwork.

albarán sm delivery note.

albarda sf packsaddle.

albaricoque sm apricot.

albatros sm inv albatross.

albedrío sm [antojo, elección] fancy, whim ▸ **a su albedrío** as takes his/her fancy ▸ **libre albedrío** free will / **a su libre albedrío** of his/her own free will.

alberca sf **1.** [depósito] water tank **2.** MEX [piscina] swimming pool.

albergar [16] vt **1.** [personas] to accommodate, to put up **2.** [odio] to harbour ; [esperanzas] to cherish. ◆ **albergarse** vprnl to stay.

albergue sm accommodation (U), lodgings pl ; [de montaña] shelter, refuge ▸ **albergue de juventud** o **juvenil** youth hostel.

alberguista smf youth hosteller UK, youth hosteler US.

albino, na adj & sm, f albino.

albis ◆ in albis loc adv ▸ **estar in albis** to be in the dark ▸ **quedarse in albis** not to have a clue o the faintest idea.

albóndiga sf meatball.

alborada sf [amanecer] dawn.

alborear v impers : *empezaba a alborear* dawn was breaking.

albornoz sm bathrobe.

alborotado, da adj **1.** worked up, agitated **2.** [desordenado] untidy, messy **3.** [mar] rough; [tiempo] stormy.

alborotar ◆ vi to be noisy o rowdy. **◆** vt [amotinar] to stir up, to rouse. **◆ alborotarse** vprnl [perturbarse] to get worked up.

alboroto sm **1.** [ruido] din **2.** [jaleo] fuss, to-do ▸ **armar un alboroto** to cause a commotion.

alborozado, da adj jubilant.

alborozar [13] vt to delight.

alborozo sm delight, joy.

albufera sf lagoon.

álbum (pl **álbumes**) sm album.

ALCA sf (abr de **Área de Libre Comercio de América**) LAFTA.

alcachofa sf BOT artichoke.

alcahuete, ta sm, f [mediador] go-between.

alcalde, esa sm, f mayor (mayoress).

alcaldía sf [cargo] mayoralty.

alcalino, na adj alkaline.

alcance sm **1.** [de arma, misil, emisora] range ▸ **de corto/largo alcance** short-/long-range **2.** [de persona] ▸ **a mi/a tu etc. alcance** within my/your etc. reach ▸ **al alcance de la vista** within sight ▸ **fuera del alcance de** beyond the reach of **3.** [de reformas etc] scope, extent.

alcanfor sm camphor.

alcantarilla sf sewer; [boca] drain.

alcantarillado sm sewers pl.

alcanzar [13] **◆** vt **1.** [llegar a] to reach **2.** [igualarse con] to catch up with **3.** [entregar] to pass **4.** [suj: bala etc] to hit **5.** [autobús, tren] to manage to catch. **◆** vi **1.** [ser suficiente] ▸ **alcanzar para algo/hacer algo** to be enough for sthg/to do sthg **2.** [poder] ▸ **alcanzar a hacer algo** to be able to do sthg.

alcaparra sf caper.

alcaucil sm [Am] [alcachofa] artichoke.

alcayata sf hook.

alcázar sm fortress.

alce sm elk, moose.

alcoba sf bedroom.

alcohol sm alcohol.

alcohólico, ca adj & sm, f alcoholic.

alcoholímetro, alcohómetro sm [para la sangre] Breathalyzer® [UK], drunkometer [US].

alcoholismo sm alcoholism.

alcoholizado, da adj & sm, f alcoholic.

alcoholizar [13] vt to turn into an alcoholic. **◆ alcoholizarse** vprnl to become an alcoholic.

alcohómetro sm = **alcoholímetro**.

alcohotest (pl **alcohotests**) sm Breathalyzer® [UK], drunkometer [US].

alcornoque sm **1.** [árbol] cork oak **2.** fig [persona] idiot, fool.

aldaba sf [llamador] doorknocker.

aldea sf small village.

aldeano, na sm, f villager.

aleación sf [producto] alloy ▸ **aleación ligera** light alloy.

aleatorio, ria adj [número] random; [suceso] chance (antes de sust).

alebrestarse vprnl **1.** [enojarse] to get annoyed o angry **2.** [Méx] [alborotarse, entusiasmarse] to get excited **3.** [Méx] [Col] [ponerse nervioso] to get nervous, to get worked up **4.** [Méx] [Ven] [rebelarse, indisciplinarse] to rebel.

aleccionar vt to instruct, to teach.

alegación sf allegation.

alegar [16] vt [motivos, pruebas] to put forward ▸ **alegar que** to claim (that).

alegato sm **1.** fig DER plea **2.** [ataque] diatribe.

alegoría sf allegory.

alegórico, ca adj allegorical.

alegrar vt [persona] to cheer up, to make happy ▸ **me alegra que me lo preguntes** I'm glad you asked me that; [fiesta] to liven up. **◆ alegrarse** vprnl [sentir alegría] ▸ **alegrarse (de algo/por alguien)** to be pleased (about sthg/for sb).

alegre adj **1.** [contento] happy **2.** [que da alegría] cheerful, bright **3.** fam [borracho] tipsy.

alegremente adv [con alegría] happily, joyfully; [irreflexivamente] blithely.

alegría sf **1.** [gozo] happiness, joy **2.** [motivo de gozo] joy.

alejado, da adj **1.** [lugar] remote **2.** [persona] estranged.

alejamiento sm **1.** [distancia] distance **2.** [separación - de objetos etc] separation; [- entre personas] estrangement.

alejar vt **1.** [poner más lejos] to move away **2.** fig [ahuyentar] to drive out. **◆ alejarse** vprnl ▸ **alejarse (de)** [ponerse más lejos] to go o move away (from); [retirarse] to leave.

aleluya interj ▸ **¡aleluya!** Hallelujah!

alemán, ana adj & sm, f German. **◆ alemán** sm [lengua] German.

Alemania npr Germany.

alentador, ra adj encouraging.

alentar [19] vt to encourage.

alergeno, alérgeno sm allergen.

alergia sf *lit* + *fig* allergy ▸ **tener alergia a algo** to be allergic to sthg ▸ **alergia primaveral** hay fever.

alérgico, ca adj *lit* + *fig* ▸ **alérgico (a)** allergic (to).

alergista smf allergist.

alergólogo, ga sm, f allergist.

alero sm **1.** [del tejado] eaves *pl* **2.** DEP winger, wing.

alerta ❖ adj inv & adv alert. ❖ sf alert.

alertar vt to alert.

aleta sf **1.** [de pez] fin ▸ **aleta dorsal** dorsal fin **2.** [de buzo, foca] flipper **3.** [de coche] wing.

aletargar [16] vt to make drowsy.
◆ **aletargarse** vprnl to become drowsy o sleepy.

aletear vi to flap o flutter its wings.

alevín sm **1.** [cría de pez] fry, young fish **2.** *fig* [persona] novice, beginner.

alevosía sf [traición] treachery.

alfabético, ca adj alphabetical.

alfabetización sf **1.** [de personas - acción] teaching to read and write ; [- estado] literacy / **campaña de alfabetización** literacy campaign **2.** [ordenación] alphabetization.

alfabetizar [13] vt **1.** [personas] to teach to read and write **2.** [ordenar] to put into alphabetical order.

alfabeto sm alphabet.

alfajor **RP** *biscuit or cookie with a sweet filling.*

alfalfa sf alfalfa, lucerne.

alfarería sf [técnica] pottery.

alfarero, ra sm, f potter.

alféizar sm window-sill.

alférez sm ≃ second lieutenant.

alfil sm bishop.

alfiler sm **1.** [aguja] pin **2.** [joya] brooch, pin.

alfombra sf [grande] carpet ; [pequeña] rug.

alfombrar vt to carpet.

alfombrilla sf **1.** [alfombra pequeña] rug **2.** [felpudo] doormat **3.** [del baño] bathmat **4.** INFORM : *alfombrilla (del ratón)* mouse mat.

alforja sf *(gen pl)* [de caballo] saddlebag.

alga sf *(el)* [de mar] seaweed *(U)* ; [de río] algae *pl*.

algarroba sf [fruto] carob o locust bean.

álgebra sf *(el)* algebra.

álgido, da adj [culminante] critical.

algo ❖ pron **1.** [alguna cosa] something ; [en interrogativas] anything / *¿te pasa algo?* is anything the matter? ▸ **algo es algo** something is better than nothing ▸ **por algo lo habrá dicho** he must have said it for a reason ▸ **o algo así** or something like that **2.** [cantidad pequeña] a bit, a little ▸ **algo de** some, a little **3.** *fig* [cosa importante] something / *se cree que es algo* he

thinks he's something (special). ❖ adv [un poco] rather, somewhat. ❖ sm ▸ **tiene un algo** there's something attractive about him.

algodón sm cotton ▸ **criado entre algodones** *fig* pampered, mollycoddled.

algoritmo sm INFORM algorithm.

alguacil sm [del juzgado] bailiff.

alguien pron **1.** [alguna persona] someone, somebody / *he visto a alguien en el jardín* I saw someone in the garden ; [en interrogativas] anyone, anybody / *¿hay alguien ahí?* is anyone there? / *¿alguien conoce la respuesta?* (does) anyone know the answer? **2.** *fig* [persona de importancia] somebody / *se cree alguien* she thinks she's somebody (special).

alguno, na ❖ adj *(antes de sm: algún)* **1.** [indeterminado] some ; [en interrogativas] any / *¿tienes algún libro?* do you have any books? / *algún día* some o one day / *ha surgido algún (que otro) problema* the odd problem has come up **2.** *(después de sust)* [ninguno] any / *no tengo interés alguno* I have no interest, I haven't any interest. ❖ pron **1.** [persona] someone, somebody ; *(pl)* some people ; [en interrogativas] anyone, anybody / *¿conocisteis a algunos?* did you get to know any? ▸ **algunos de, algunos (de) entre** some o a few of **2.** [cosa] the odd one, some *pl*, a few *pl* ; [en interrogativas] any / *me salió mal alguno* I got the odd one wrong.

alhaja sf [joya] jewel.

alhelí *(pl* **alhelíes**) sm wallflower.

aliado, da adj allied.

alianza sf **1.** [pacto, parentesco] alliance **2.** [anillo] wedding ring.

aliar [9] vt [naciones] to ally. ◆ **aliarse** vprnl to form an alliance.

alias ❖ adv alias. ❖ sm inv alias ; [entre amigos] nickname.

alicaído, da adj [triste] depressed.

alicates smpl pliers.

aliciente sm **1.** [incentivo] incentive **2.** [atractivo] attraction.

alienación sf **1.** [gen] alienation **2.** [trastorno psíquico] derangement.

aliento sm [respiración] breath ▸ **tener mal aliento** to have bad breath ▸ **cobrar aliento** to catch one's breath ▸ **sin aliento** breathless.

aligerar vt **1.** [peso] to lighten **2.** [ritmo] to speed up ; [el paso] to quicken **3.** *fig* [aliviar] to relieve, to ease.

alijo sm contraband *(U)*.

alimaña sf pest *(fox, weasel etc)*.

alimentación sf **1.** [acción] feeding **2.** [comida] food **3.** [régimen alimenticio] diet.

alimentar vt [gen] to feed ; [motor, coche] to fuel. ◆ **alimentarse** vprnl [comer] ▸ **alimentarse de** to live on.

alimenticio, cia adj nourishing ▸ **productos alimenticios** foodstuffs ▸ **valor alimenticio** food value.

alimento sm [gen] food ; [valor nutritivo] nourishment / **alimentos transgénicos** GM foods.

alineación sf 1. [en el espacio] alignment 2. DEP line-up.

alinear vt 1. [en el espacio] to line up 2. DEP to select. ◆ **alinearse** vprnl POLÍT to align.

aliñar vt [ensalada] to dress ; [carne] to season.

aliño sm [para ensalada] dressing ; [para carne] seasoning.

alioli sm garlic mayonnaise.

alisar vt to smooth (down).

aliscafo, alíscafo sm RP hydrofoil.

alistarse vprnl to enlist ; AM [aprontarse] to get ready.

alivianar vt 1. AM [ayudar] to help 2. MÉX [reconfortar] to comfort. ◆ **alivianarse** vprnl AM [descansar] to rest, to take a load off.

aliviar [8] vt 1. [atenuar] to soothe 2. [aligerar - persona] to relieve ; [- carga] to lighten. ◆ **aliviarse** vprnl [dolor] to diminish, to get better.

alivio sm relief ▸ **¡qué alivio!** what a relief!

aljibe sm [de agua] cistern.

allá adv 1. [espacio] over there ▸ **allá abajo / arriba** down/up there ▸ **más allá** further on ▸ **más allá de** beyond ▸ **¡allá voy!** I'm coming! 2. [tiempo] ▸ **allá por los años cincuenta** back in the 50s ▸ **allá para el mes de agosto** around August some time 3. loc ▸ **allá él/ella etc.** that's his/her etc. problem.

allanamiento sm forceful entry ▸ **allanamiento de morada** breaking and entering.

allanar vt 1. [terreno] to flatten, to level 2. [irrumpir en] to break into.

allegado, da sm, f 1. [familiar] relative 2. [amigo] close friend.

allí adv there ▸ **allí abajo / arriba** down/up there ▸ **allí mismo** right there ▸ **está por allí** it's around there somewhere ▸ **hasta allí** up until then.

alma sf (el) 1. [gen] soul 2. [de bastón, ovillo] core.

almacén sm warehouse. ◆ **(grandes) almacenes** smpl department store sg.

almacenar vt 1. [gen & INFORM] to store 2. [reunir] to collect.

almacenero, ra sm, f ANDES RP grocer.

almanaque sm calendar.

almeja sf [molusco] clam ; vulg [vulva] pussy.

almenas sfpl battlements.

almendra sf almond.

almendrado, da adj almond-shaped / ojos almendrados almond eyes. ◆ **almendrado** sm CULIN almond paste.

almendro sm almond (tree).

almíbar sm syrup.

almidón sm starch.

almidonado, da adj starched. ◆ **almidonado** sm starching.

almidonar vt to starch.

almirantazgo sm [dignidad] admiralty.

almirante sm admiral.

almirez sm mortar.

almizcle sm musk.

almohada sf pillow ▸ **consultarlo con la almohada** fig to sleep on it.

almohadilla sf [gen, TECNOL & ZOOL] pad ; [cojín] small cushion.

almorrana sf (gen pl) piles pl.

almorzar [37] ◆ vt [al mediodía] to have for lunch. ◆ vi [al mediodía] to have lunch.

almuerzo sm [al mediodía] lunch.

aló interj ANDES CARIB [al teléfono] hello?

alocado, da sm, f crazy person.

alojado, da sm, f ANDES MÉX guest.

alojamiento sm accommodation ▸ **buscar alojamiento** to look for accommodation.

alojar vt to put up. ◆ **alojarse** vprnl 1. [hospedarse] to stay 2. [introducirse] to lodge.

alondra sf lark.

alpargata sf (gen pl) espadrille.

Alpes smpl ▸ **los Alpes** the Alps.

alpinismo sm mountaineering.

alpinista smf mountaineer.

alpino, na adj Alpine / esquí alpino downhill skiing.

alpiste sm [semilla] birdseed.

alquilar vt [casa, TV, oficina] to rent ; [coche] to hire. ◆ **alquilarse** vprnl [casa, TV, oficina] to be for rent ; [coche] to be for hire ▸ **'se alquila'** 'to let'.

alquiler sm 1. [acción - de casa, TV, oficina] renting ; [- de coche] hiring UK, rental US ▸ **de alquiler a)** [casa] rented **b)** [coche] hire (antes de sust) UK, rental (antes de sust) US / **tenemos pisos de alquiler** we have flats to let UK, we have apartments to rent US 2. [precio - de casa, oficina] rent ; [- de televisión] rental ; [- de coche] hire UK, rental US.

alquimia sf alchemy.

alquitrán sm tar.

alrededor adv 1. [en torno] around ▸ **mira a tu alrededor** look around you ▸ **de alrededor** surrounding 2. [aproximadamente] ▸ **alrededor de** around, about. ◆ **alrededores** smpl surrounding area sg ▸ **en los alrededores de Londres**

in the area around London. ◆ **alrededor de** loc prep around.

Alsacia npr Alsace.

alta sf ⟶ **alto**.

altamente adv extremely / *altamente satisfechos* extremely satisfied.

altanero, ra adj haughty.

altar sm altar ▸ **conducir** o **llevar a alguien al altar** fig to lead sb down the aisle.

altavoz sm [gen] speaker ; [para anuncios] loudspeaker.

alteración sf 1. [cambio] alteration 2. [excitación] agitation 3. [alboroto] disturbance ▸ **alteración del orden público** breach of the peace.

alterar vt 1. [cambiar] to alter 2. [perturbar - persona] to agitate, to fluster ; [- orden público] to disrupt. ◆ **alterarse** vprnl [perturbarse] to get agitated o flustered.

altercado sm argument, row.

altermundialismo sm anti-globalization.

altermundialista smf alterglobalist.

alternar ◆ vt to alternate. ◆ vi 1. [relacionarse] ▸ **alternar (con)** to mix (with), to socialize (with) 2. [sucederse] ▸ **alternar con** to alternate with. ◆ **alternarse** vprnl 1. [en el tiempo] to take turns 2. [en el espacio] to alternate.

alternativa sf ⟶ **alternativo**.

alternativamente adv [moverse] alternately.

alternativo, va adj 1. [movimiento] alternating 2. [posibilidad] alternative. ◆ **alternativa** sf [opción] alternative.

alterno, na adj alternate ; ELECTR alternating.

alteza sf fig [de sentimientos] loftiness. ◆ **Alteza** sf [tratamiento] Highness ▸ **Su Alteza Real** His Royal Highness (Her Royal Highness).

altibajos smpl fig [de vida etc] ups and downs.

altillo sm 1. [armario] *small cupboard usually found above another cupboard* 2. [cerro] hillock 3. [desván] attic, loft.

altiplano sm high plateau.

altisonante adj high-sounding.

altitud sf altitude.

altivez sf haughtiness.

altivo, va adj haughty.

alto, ta adj 1. [gen] high ; [persona, árbol, edificio] tall ; [piso] top, upper ▸ **alta fidelidad** high fidelity ▸ **altos hornos** blast furnace 2. [ruidoso] loud 3. [avanzado] late / *a altas horas de la noche* late at night, in the small hours. ◆ **alto** ◆ sm 1. [altura] height 2. [interrupción] stop 3. [lugar elevado] height ▸ **en lo alto de** at the top of 4. MÚS alto 5. loc ▸ **pasar por alto algo** to pass over sthg ▸ **por todo lo alto** a) [lujoso] grand, luxurious b) [a lo grande] in (great) style. ◆ adv 1. [arriba] high (up) 2. [hablar etc] loud.

◆ interj ▸ **¡alto!** halt!, stop! ◆ **alta** sf (el) [del hospital] discharge.

altoparlante sm AM loudspeaker.

altramuz sm lupin.

altruismo sm altruism.

altruista ◆ adj altruistic. ◆ smf altruist.

altura sf 1. [gen] height ; [en el mar] depth ▸ **ganar altura** to climb 2. [nivel] level / *está a la altura del ayuntamiento* it's next to the town hall 3. [latitud] latitude. ◆ **alturas** sfpl [el cielo] Heaven sg ▸ **a estas alturas** fig this far on, this late.

alubia sf bean.

alucinación sf hallucination.

alucinado, da adj 1. MED hallucinating 2. fam [sorprendido] gobsmacked.

alucinante adj 1. MED hallucinatory 2. fam [extraordinario] amazing.

alucinar ◆ vi MED to hallucinate. ◆ vt fam & fig [seducir] to captivate.

alud sm lit + fig avalanche.

aludido, da sm, f ▸ **el aludido** the aforesaid ▸ **darse por aludido** a) [ofenderse] to take it personally b) [reaccionar] to take the hint.

aludir vi ▸ **aludir a** a) [sin mencionar] to allude to b) [mencionando] to refer to.

alumbrado sm lighting.

alumbramiento sm [parto] delivery.

alumbrar vt 1. [iluminar] to light up 2. [instruir] to enlighten 3. [dar a luz] to give birth to.

aluminio sm aluminium.

alumnado sm [de escuela] pupils pl ; [de universidad] students pl.

alumno, na sm, f [de escuela, profesor particular] pupil ; [de universidad] student.

alunizar [13] vi to land on the moon.

alusión sf [sin mencionar] allusion ; [mencionando] reference.

alusivo, va adj allusive.

aluvión sm 1. [gen] flood 2. GEOL alluvium.

alverja sf AM pea.

alza sf (el) rise ▸ **jugar al alza** FIN to bull the market.

alzamiento sm uprising, revolt.

alzar [13] vt 1. [levantar] to lift, to raise ; [voz] to raise ; [vela] to hoist ; [cuello de abrigo] to turn up ; [mangas] to pull up 2. [aumentar] to raise. ◆ **alzarse** vprnl 1. [levantarse] to rise 2. [sublevarse] to rise up, to revolt.

Alzheimer npr Alzheimer's (disease).

a.m. (abr escrita de ante merídiem) a.m.

ama ⟶ **amo**.

amabilidad sf kindness ▸ **¿tendría la amabilidad de...?** would you be so kind as to...?

amable adj kind ▸ **¿sería tan amable de...?** would you be so kind as to...?

amaestrado, da adj [gen] trained ; [en circo] performing.

amaestrar vt to train.

amagar [16] ◆ vt **1.** [dar indicios de] to show signs of **2.** [mostrar intención] to threaten / *le amagó un golpe* he threatened to hit him. ◆ vi [tormenta] to be imminent, to threaten.

amago sm **1.** [indicio] sign, hint **2.** [amenaza] threat.

amainar vi *lit + fig* to abate.

amalgama sf *fig* QUÍM amalgam.

amalgamar vt *fig* QUÍM to amalgamate.

amamantar vt [animal] to suckle ; [bebé] to breastfeed.

amancay sm ANDES golden hurricane lily.

amanecer [30] ◆ sm dawn ▶ *al amanecer* at dawn. ◆ v impers : *amaneció a las siete* dawn broke at seven.

amanerado, da adj [afectado] mannered, affected.

amansar vt **1.** [animal] to tame **2.** *fig* [persona] to calm down.

amante smf **1.** [querido] lover **2.** *fig* [aficionado] ▶ *ser amante de algo /hacer algo* to be keen on sthg/doing sthg / *los amantes del arte* art lovers.

amañar vt [falsear] to fix ; [elecciones, resultado] to rig ; [documento] to doctor.

amaño sm *(gen pl)* [treta] ruse, trick.

amapola sf poppy.

amar [1] vt to love. ◆ **amarse** vprnl to love each other.

amarar vi [hidroavión] to land at sea ; [vehículo espacial] to splash down.

amargado, da adj [resentido] bitter.

amargar [16] vt to make bitter ; *fig* to spoil. ◆ **amargarse** vprnl [suj: alimento, persona] to become bitter / *no te amargues por eso* don't let that make you bitter.

amargo, ga adj *lit + fig* bitter.

amargoso, sa adj Am bitter.

amargura sf [sentimiento] sorrow.

amarillear ◆ vt to turn yellow. ◆ vi to (turn) yellow.

amarillento, ta adj yellowish.

amarillo, lla adj [color] yellow. ◆ **amarillo** sm [color] yellow.

amarilloso, sa adj Am yellowish.

amarra sf mooring rope o line ▶ *largar o soltar amarras* to cast off.

amarradero sm **1.** [poste] bollard **2.** NÁUT [para barco] mooring.

amarrar vt **1.** NÁUT to moor **2.** [atar] to tie (up) ▶ *amarrar algo /a alguien a algo* to tie sthg/sb to sthg. ◆ **amarrarse** Am vprnl **1.** [pelo] to tie up **2.** [zapatos] to tie.

amarre sm mooring.

amarrete adj ANDES RP *fam & despec* mean, tight.

amasar vt **1.** [masa] to knead ; [yeso] to mix **2.** *fam & fig* [riquezas] to amass.

amasia sf CRICA MÉX PERÚ mistress.

amasiato sm CAM CHILE MÉX [concubinato] cohabitation, common-law marriage.

amasijo sm *fam & fig* [mezcla] hotchpotch.

amasio, sia sm, f CAM MÉX live-in lover, common-law partner.

amateur [ama'ter] *(pl* **amateurs)** adj inv & smf amateur.

amatista sf amethyst.

amazona sf *fig* [jinete] horsewoman.

Amazonas sm ▶ *el Amazonas* the Amazon.

amazónico, ca adj [gen] Amazon *(antes de sust)* ; [tribu, cultura] Amazonian.

ambages smpl ▶ *sin ambages* without beating about the bush, in plain English.

ámbar sm amber.

ambición sf ambition.

ambicionar vt to have as one's ambition.

ambicioso, sa adj ambitious.

ambidextro, tra ◆ adj ambidextrous. ◆ sm, f ambidextrous person.

ambientación sf **1.** CINE, LITER & TEATRO setting **2.** RADIO & TV sound effects *pl.*

ambientador sm air freshener.

ambiental adj **1.** [físico, atmosférico] ambient **2.** [ecológico] environmental.

ambientalista smf environmentalist.

ambiente sm **1.** [aire] air, atmosphere **2.** [circunstancias] environment **3.** [ámbito] world, circles *pl* **4.** [animación] life, atmosphere **5.** ANDES RDOM [habitación] room.

ambigüedad sf ambiguity.

ambiguo, gua adj [gen] ambiguous.

ámbito sm **1.** [espacio, límites] confines *pl* / *una ley de ámbito provincial* an act which is provincial in its scope **2.** [ambiente] world, circles *pl.*

ambivalente adj ambivalent.

ambos, bas ◆ adj pl both. ◆ pron pl both (of them).

ambulancia sf ambulance.

ambulante adj travelling ; [biblioteca] mobile.

ambulatorio sm state-run surgery o clinic.

ameba sf amoeba.

amedrentar vt to scare, to frighten.

amén adv [en plegaria] amen ▶ *decir amén a fig* to accept unquestioningly. ◆ **amén de** loc prep **1.** [además de] in addition to **2.** [excepto] except for, apart from.

amenaza sf threat ▶ *amenaza de bomba* bomb scare ▶ *amenaza de muerte* death threat.

amenazador, ra adj threatening.

amenazante adj threatening.

amenazar [13] vt to threaten ‣ **amenazar a alguien con hacerle algo** to threaten to do sthg to sb ‣ **amenazar a alguien con hacer algo** to threaten sb with doing sthg / *amenazar a alguien de muerte / con el despido* to threaten to kill/sack sb / *amenaza lluvia* it's threatening to rain.

amenidad sf [entretenimiento] entertaining qualities pl.

amenizar [13] vt fig to liven up.

ameno, na adj [entretenido] entertaining.

América npr America ‣ **América del Sur** South America ‣ **América Central** Central America.

americana → **americano**.

americano, na adj & sm, f American. ◆ **americana** sf [chaqueta] jacket.

ameritar vt Am to deserve.

amerizar [13] vi [hidroavión] to land at sea; [vehículo espacial] to splash down.

ametralladora sf machine gun.

ametrallar vt [con ametralladora] to machine-gun.

amianto sm asbestos.

amígdala sf tonsil.

amigdalitis sf inv tonsillitis.

amigo, ga ⬦ adj [gen] friendly. ⬦ sm, f **1.** [persona] friend ‣ **hacerse amigo de** to make friends with ‣ **hacerse amigos** to become friends ‣ **amigo íntimo** close friend **2.** fam [compañero, novio] partner; [amante] lover **3.** INTERNET friend.

amigote, amiguete sm fam pal.

amigovio, via sm, f fam & hum friend with benefits.

amiguismo sm : *hay mucho amiguismo* there are always jobs for the boys.

aminoácido sm amino acid.

aminorar vt to reduce.

amistad sf friendship. ◆ **amistades** sfpl friends.

amistoso, sa adj friendly.

amnesia sf amnesia.

amnistía sf amnesty.

amo, ama sm, f **1.** [gen] owner **2.** [de criado, situación etc] master (mistress). ◆ **ama de casa** sf housewife. ◆ **ama de llaves** sf housekeeper.

amodorrarse vprnl to get drowsy.

amolarse vprnl Am fam to lump it.

amoldar vt [adaptar] ‣ **amoldar (a)** to adapt (to). ◆ **amoldarse** vprnl [adaptarse] ‣ **amoldarse (a)** to adapt (to).

amonestación sf **1.** [reprimenda] reprimand **2.** DEP warning.

amonestar vt **1.** [reprender] to reprimand **2.** DEP to warn.

amoníaco, amoniaco sm [gas] ammonia.

amontonar vt **1.** [apilar] to pile up **2.** [reunir] to accumulate. ◆ **amontonarse** vprnl **1.** [personas] to form a crowd **2.** [problemas, trabajo] to pile up; [ideas, solicitudes] to come thick and fast.

amor sm love ‣ **hacer el amor** to make love ‣ **por amor al arte** for the love of it. ◆ **amor propio** sm pride.

amoral adj amoral.

amoratado, da adj [de frío] blue; [por golpes] black and blue.

amordazar [13] vt [persona] to gag; [perro] to muzzle.

amorfo, fa adj [sin forma] amorphous.

amorío sm fam [romance] fling.

amoroso, sa adj **1.** [gen] loving; [carta, relación] love (antes de sust) **2.** CSur [encantador] charming.

amortajar vt [difunto] to shroud.

amortiguador, ra adj [de ruido] muffling; [de golpe] softening, cushioning. ◆ **amortiguador** sm AUTO shock absorber.

amortiguar [45] vt [ruido] to muffle; [golpe] to soften, to cushion.

amortización sf ECON [de deuda, préstamo] paying-off; [de inversión, capital] recouping; [de bonos, acciones] redemption; [de bienes de equipo] depreciation.

amortizar [13] vt **1.** [sacar provecho] to get one's money's worth out of **2.** [ECON - deuda, préstamo] to pay off; [- inversión, capital] to recoup; [- bonos, acciones] to redeem.

amostazarse vprnl Andes Cam to go red, to be embarrassed.

amotinar vt to incite to riot; [a marineros] to incite to mutiny. ◆ **amotinarse** vprnl to riot; [marineros] to mutiny.

amparar vt **1.** [proteger] to protect **2.** [dar cobijo a] to give shelter to. ◆ **ampararse** vprnl **1.** fig [apoyarse] ‣ **ampararse en** [ley] to have recourse to; [excusas] to draw on **2.** [cobijarse] ‣ **ampararse de o contra** to (take) shelter from.

amparo sm [protección] protection ‣ **al amparo de a)** [persona, caridad] with the help of **b)** [ley] under the protection of.

amperio sm amp, ampere.

ampliación sf **1.** [aumento] expansion; [de edificio, plazo] extension ‣ **ampliación de capital** ECON increase in capital **2.** FOTO enlargement.

ampliamente adv **1.** [de manera amplia] easily **2.** [mucho] totally.

ampliar [9] vt **1.** [gen] to expand; [local] to add an extension to; [plazo] to extend **2.** FOTO to enlarge, to blow up.

amplificación sf amplification.

amplificador sm ELECTRÓN amplifier.

amplificar [10] vt to amplify.

amplio, plia adj **1.** [sala etc] roomy, spacious; [avenida, gama] wide **2.** [ropa] loose **3.** [explicación etc] comprehensive / *en el sentido más amplio de la palabra* in the broadest sense of the word.

amplitud sf **1.** [espaciosidad] roominess, spaciousness; [de avenida] wideness **2.** [de ropa] looseness **3.** fig [extensión] extent, comprehensiveness.

ampolla sf **1.** [en piel] blister **2.** [para inyecciones] ampoule **3.** [frasco] phial.

ampuloso, sa adj pompous.

amputar vt to amputate.

amueblado, da adj [apartamento] furnished. ◆ **amueblado** sm **1.** [muebles] furniture **2.** RDOM [en hotel] room hired for sex.

amueblar vt to furnish.

amuermar vt ESP fam [aburrir] to bore. ◆ **amuermarse** vprnl fam **1.** [atontarse] o zombify **2.** ESP [aburrirse] to get bored stiff.

amuleto sm amulet / *amuleto de la suerte* lucky charm.

amurallar vt to build a wall around.

anacronismo sm anachronism.

anagrama sm anagram.

anal adj ANAT anal.

anales smpl lit + fig annals.

analfabetismo sm illiteracy.

analfabeto, ta adj & sm, f illiterate.

analgésico, ca adj analgesic. ◆ **analgésico** sm analgesic.

análisis sm inv analysis ▸ *análisis de sangre* blood test.

analista smf **1.** [gen] analyst **2.** INFORM (computer) analyst ▸ *analista programador/de sistemas* programmer/systems analyst.

analítico, ca adj analytical. ◆ **analítica** sf MED clinical testing.

analizar [13] vt to analyse.

analogía sf similarity ▸ *por analogía* by analogy.

analógico, ca adj INFORM & TECNOL analogue, analog.

análogo, ga adj ▸ *análogo (a)* analogous o similar (to).

ananá, ananás sm RDOM pineapple.

anaquel sm shelf.

anaranjado, da adj orange.

anarquía sf **1.** [falta de gobierno] anarchy **2.** [doctrina política] anarchism.

anárquico, ca adj anarchic.

anarquista adj & smf anarchist.

anatema sm [maldición] curse.

anatomía sf anatomy.

anatómico, ca adj **1.** ANAT anatomical **2.** [asiento, calzado] orthopaedic.

anca sf (el) haunch ▸ *ancas de rana* frogs' legs.

ancestral adj ancestral; [costumbre] age-old.

ancho, cha adj [gen] wide; [prenda] loose-fitting / *te va* o *está ancho* it's too big for you ▸ *a mis/tus etc. anchas* fig at ease ▸ *quedarse tan ancho* not to care less. ◆ **ancho** sm width ▸ *a lo ancho* crosswise ▸ *cinco metros de ancho* five metres wide ▸ *a lo ancho de* across (the width of) ▸ *ancho de vía* gauge.

anchoa sf anchovy (salted).

anchura sf **1.** [medida] width **2.** [de ropa] bagginess.

anciano, na ◆ adj old. ◆ sm, f old person, old man (old woman). ◆ **anciano** sm [de tribu] elder.

ancla sf (el) anchor ▸ *echar/levar anclas* to drop/weigh anchor.

anclar vi to anchor.

andadas sfpl ▸ *volver a las andadas* fam & fig to return to one's evil ways.

andador, ra, andarín, ina adj fond of walking. ◆ **andador** sm baby walker. ◆ **andadores** smpl [para niño] harness sg.

andadura sf walking.

ándale interj CAM MÉX fam come on!

Andalucía npr Andalusia.

andaluz, za adj & sm, f Andalusian.

andamio sm scaffold.

andanada sf fig MIL broadside.

andando interj ▸ *¡andando!* come on!, let's get a move on!

andante adj [que anda] walking.

andanza sf (gen pl) [aventura] adventure.

andar [52] ◆ vi **1.** [caminar] to walk; [moverse] to move **2.** [funcionar] to work, to go / *las cosas andan mal* things are going badly **3.** [estar] to be / *andar preocupado* to be worried ▸ *andar tras algo/alguien* fig to be after sthg/sb **4.** (antes de gerundio) ▸ *andar haciendo algo* to be doing sthg / *anda echando broncas a todos* he's going round telling everybody off ▸ *anda buscando algo* he's looking for sthg **5.** [ocuparse] ▸ *andar en* [asuntos, líos] to be involved in; [papeleos, negocios] to be busy with **6.** [hurgar] ▸ *andar en* to rummage around in **7.** [alcanzar, rondar]: *anda por los 60* he's about sixty. ◆ vt **1.** [recorrer] to go, to travel **2.** CAM [llevar puesto] to wear. ◆ sm gait, walk. ◆ **andarse** vprnl [obrar] ▸ *andarse con cuidado/misterios* to be careful/secretive. ◆ **andares** smpl [de persona] gait sg. ◆ **anda** interj ▸ *¡anda!* **a)** [sorpresa, desilusión] oh! **b)** [¡vamos!] come on! **c)** [¡por favor!] go on! ▸ *¡anda ya!* [incredulidad] come off it! ◆ **ándele** interj CAM MÉX fam come on!

andén sm FERROC platform.

Andes smpl ▶ **los Andes** the Andes.

andinismo sm [Am] mountaineering.

andinista smf [Am] mountaineer.

andino, na adj & sm, f Andean.

Andorra npr Andorra.

andorrano, na adj & sm, f Andorran.

andrajo sm [harapo] rag.

andrajoso, sa adj ragged.

andrógino, na adj androgynous.

androide sm [autómata] android.

anduviera ⟶ **andar**.

anécdota sf anecdote.

anecdótico, ca adj **1.** [con historietas] anecdotal **2.** [no esencial] incidental.

anegar [16] vt [inundar] to flood. ◆ **anegarse** vprnl **1.** [inundarse] to flood / *sus ojos se anegaron de lágrimas* tears welled up in his eyes **2.** [ahogarse] to drown.

anejo, ja adj ▶ **anejo (a) a)** [edificio] connected (to) **b)** [documento] attached (to). ◆ **anejo** sm annexe.

anemia sf anaemia.

anémico, ca ◆ adj anaemic. ◆ sm, f anaemia sufferer.

anémona sf anemone.

anestesia sf anaesthesia ▶ **anestesia general / local** general/local anaesthesia.

anestésico, ca adj anaesthetic. ◆ **anestésico** sm anaesthetic.

anestesista smf anaesthetist.

anexar vt [documento] to attach.

anexión sf annexation.

anexionar vt to annex.

anexo, xa adj [edificio] connected; [documento] attached. ◆ **anexo** sm annexe.

anfetamina sf amphetamine.

anfibio, bia adj *lit + fig* amphibious.

anfiteatro sm **1.** CINE & TEATRO circle **2.** [edificio] amphitheatre.

anfitrión, ona sm, f host (hostess).

ánfora sf (el) [cántaro] amphora.

ángel sm *lit + fig* angel ▶ **ángel custodio** o **de la guarda** guardian angel ▶ **tener ángel** to have something special.

angelical, angélico, ca adj angelic.

angina sf (gen pl) [amigdalitis] sore throat ▶ **tener anginas** to have a sore throat. ◆ **angina de pecho** sf angina (pectoris).

anglicano, na adj & sm, f Anglican.

anglosajón, ona adj & sm, f Anglo-Saxon.

Angola npr Angola.

angora sf [de conejo] angora ; [de cabra] mohair.

angosto, ta adj *culto* narrow.

angostura sf [bebida] angostura.

anguila sf eel.

angula sf elver.

angular adj angular. ◆ **gran angular** sm FOTO wide-angle lens.

ángulo sm **1.** [gen] angle ▶ **ángulo de tiro** [para disparar] elevation **2.** [rincón] corner.

anguloso, sa adj angular.

angustia sf [aflicción] anxiety.

angustiado, da adj anguished, distressed.

angustiar [8] vt to distress. ◆ **angustiarse** vprnl [agobiarse] ▶ **angustiarse (por)** to get worried (about).

angustioso, sa adj [espera, momentos] anxious ; [situación, noticia] distressing.

anhelante adj ▶ **anhelante (por algo / hacer algo)** longing (for sthg / to do sthg), desperate (for sthg / to do sthg).

anhelar vt to long o wish for ▶ **anhelar hacer algo** to long to do sthg.

anhelo sm longing.

anhídrido sm anhydride ▶ **anhídrido carbónico** carbon dioxide.

anidar vi [pájaro] to nest.

anilla sf ring.

anillo sm [gen & ASTRON] ring ▶ **anillo de boda** wedding ring.

ánima sf (el) soul.

animación sf **1.** [alegría] liveliness **2.** [bullicio] hustle and bustle, activity **3.** CINE animation.

animadamente adv animatedly, in a lively way.

animado, da adj **1.** [con buen ánimo] cheerful **2.** [divertido] lively **3.** CINE animated.

animador, ra sm, f **1.** [en espectáculo] compere **2.** [en fiesta de niños] children's entertainer **3.** [en béisbol etc] cheerleader.

animadversión sf animosity.

animal ◆ adj **1.** [reino, funciones] animal *(antes de sust)* **2.** *fam* [persona - basto] rough ; [- ignorante] ignorant. ◆ smf *fam & fig* [persona] animal, brute. ◆ sm animal ▶ **animal doméstico a)** [de granja etc] domestic animal **b)** [de compañía] pet ▶ **animal de tiro** draught animal.

animar vt **1.** [estimular] to encourage ▶ **animar a alguien** o **para hacer algo** to encourage sb to do sthg **2.** [alegrar - persona] to cheer up **3.** [avivar - fuego, diálogo, fiesta] to liven up ; [comercio] to stimulate. ◆ **animarse** vprnl **1.** [alegrarse - persona] to cheer up ; [- fiesta etc] to liven up **2.** [decidir] ▶ **animarse (a hacer algo)** to finally decide (to do sthg).

anime sm anime.

ánimo ◆ sm **1.** [valor] courage **2.** [aliento] encouragement ▶ **dar ánimos a alguien** to encourage sb **3.** [humor] disposition. ◆ interj [para alentar] ▶ **¡ánimo!** come on!

animoso, sa adj [valiente] courageous ; [decidido] undaunted.

aniñado, da adj [comportamiento] childish ; [voz, rostro] childlike.

aniquilar vt to annihilate, to wipe out.

anís (pl **anises**) sm **1.** [grano] aniseed **2.** [licor] anisette.

aniversario sm [gen] anniversary ; [cumpleaños] birthday.

ano sm anus.

anoche adv last night, yesterday evening ▸ **antes de anoche** the night before last.

anochecer [30] ❖ sm dusk, nightfall ▸ **al anochecer** at dusk. ❖ v impers to get dark.

anodino, na adj [sin gracia] dull, insipid.

anomalía sf anomaly.

anómalo, la adj anomalous.

anón sm **Am** sugar apple.

anonimato sm anonymity ▸ **permanecer en el anonimato** to remain nameless.

anónimo, ma adj anonymous. ◆ **anónimo** sm anonymous letter.

anorak (pl **anoraks**) sm anorak.

anorexia sf anorexia.

anoréxico, ca adj & sm, f MED anorexic.

anormal adj [anómalo] abnormal.

anotación sf [gen] note ; [en registro] entry ▸ **anotación al margen** marginal note ▸ **anotación contable** COM book entry.

anotar vt **1.** [apuntar] to note down **2.** [tantear] to notch up. ◆ **anotarse** vprnl [matricularse] to enrol.

anquilosamiento sm **1.** [estancamiento] stagnation **2.** MED paralysis.

anquilosarse vprnl **1.** [estancarse] to stagnate **2.** MED to become paralysed.

ansia sf (el) **1.** [afán] ▸ **ansia de** longing o yearning for **2.** [ansiedad] anxiousness ; [angustia] anguish ▸ **comer con ansia** to eat ravenously.

ansiar [9] vt ▸ **ansiar hacer algo** to long o be desperate to do sthg.

ansiedad sf **1.** [inquietud] anxiety ▸ **con ansiedad** anxiously **2.** PSICOL nervous tension.

ansioso, sa adj [impaciente] impatient ▸ **estar ansioso por** o **de hacer algo** to be impatient to do sthg.

antagónico, ca adj antagonistic.

antagonista smf opponent.

antaño adv in days gone by.

antártico, ca adj Antarctic. ◆ **Antártico** sm ▸ **el Antártico** the Antarctic ▸ **el océano Glacial Antártico** the Antarctic Ocean.

Antártida sf ▸ **la Antártida** the Antarctic.

ante¹ sm **1.** [piel] suede **2.** [animal] elk.

ante² prep **1.** [delante de, en presencia de] before **2.** [frente a - hecho, circunstancia] in the face of. ◆ **ante todo** loc adv **1.** [sobre todo] above all **2.** [en primer lugar] first of all.

anteanoche adv the night before last.

anteayer adv the day before yesterday.

antebrazo sm forearm.

antecedente ❖ adj preceding, previous. ❖ sm [precedente] precedent. ◆ **antecedentes** smpl [de persona] record sg ; [de asunto] background sg ▸ **poner a alguien en antecedentes de** [informar] to fill sb in on ▸ **una persona sin antecedentes** a person with a clean record.

anteceder vt to precede.

antecesor, ra sm, f [predecesor] predecessor.

antedicho, cha adj aforementioned.

antelación sf ▸ **con antelación** in advance, beforehand / **con dos horas de antelación** two hours in advance.

antemano ◆ de antemano loc adv beforehand, in advance.

antena sf **1.** RADIO & TV aerial **UK**, antenna **US** ▸ **antena parabólica** satellite dish **2.** ZOOL antenna.

anteojo sm telescope. ◆ **anteojos** smpl **Am** [gafas] spectacles, glasses ; [binoculares] binoculars.

antepasado, da sm, f ancestor.

antepenúltimo, ma adj & sm, f last but two.

anteponer [65] vt ▸ **anteponer algo a algo** to put sthg before sthg.

anterior adj **1.** [previo] ▸ **anterior (a)** previous (to) ▸ **el día anterior** the day before **2.** [delantero] front (antes de sust).

anterioridad sf ▸ **con anterioridad** beforehand ▸ **con anterioridad a** before, prior to.

anteriormente adv previously.

antes adv **1.** [gen] before / **no importa si venís antes** it doesn't matter if you come earlier / **ya no nado como antes** I can't swim as I used to ▸ **mucho / poco antes** long / shortly before ▸ **lo antes posible** as soon as possible ▸ **mi coche de antes** my old car **2.** [primero] first / **esta señora está antes** this lady is first **3.** [expresa preferencia] ▸ **antes... que** rather... than / **prefiero la sierra antes que el mar** I like the mountains better than the sea / **iría a la cárcel antes que mentir** I'd rather go to prison than lie. ◆ **antes de** loc prep before ▸ **antes de hacer algo** before doing sthg. ◆ **antes (de) que** loc conj before / **antes (de) que llegarais** before you arrived.

antesala sf anteroom ▸ **hacer antesala** [esperar] to wait.

antiabortista ❖ adj anti-abortion, pro-life. ❖ smf anti-abortion o pro-life campaigner.

antiadherente adj non-stick.

antiaéreo, a adj anti-aircraft.

antiarrugas adj inv anti-wrinkle.

antibala, antibalas adj inv bullet-proof.

antibiótico, ca adj antibiotic.

◆ **antibiótico** sm antibiotic.

anticatarral sm cold remedy.

anticición sm anticyclone.

anticiclónico, ca adj high-pressure.

anticipación sf earliness ▶ **con anticipación** in advance / *con un mes de anticipación* a month in advance ▶ **con anticipación a** prior to.

anticipadamente adv in advance / *pagar anticipadamente* to pay in advance / *jubilarse anticipadamente* to take early retirement.

anticipado, da adj [elecciones] early ; [pago] advance ▶ **por anticipado** in advance.

anticipar vt **1.** [prever] to anticipate **2.** [adelantar] to bring forward **3.** [dinero] to pay in advance.

◆ **anticiparse** vprnl **1.** [suceder antes] to arrive early / *se anticipó a su tiempo* he was ahead of his time **2.** [adelantarse] ▶ **anticiparse a alguien** to beat sb to it.

anticipo sm [de dinero] advance.

anticonceptivo, va adj contraceptive.

◆ **anticonceptivo** sm contraceptive.

anticongelante adj & sm antifreeze.

anticonstitucional adj unconstitutional.

anticorrosivo, va adj anticorrosive.

anticrisis adj inv [precios, incentivos] credit-crunch *(before noun)*.

anticuado, da adj old-fashioned.

anticuario, ria sm, f [comerciante] antique dealer ; [experto] antiquarian.

anticucho sm ᴀɴᴅᴇꜱ [brocheta] kebab.

anticuerpo sm antibody.

antidepresivo, va adj antidepressant.

◆ **antidepresivo** sm antidepressant (drug).

antidisturbios smpl [policía] riot police.

antidolor ❖ adj inv : *un tratamiento anti-dolor* a treatment to help with the pain. ❖ sm pain relief.

antidopaje sm doping tests *pl.*

antidoping [antiˈðopin] adj doping *(antes de sust).*

antídoto sm antidote.

antier adv ᴀᴍ *fam* the day before yesterday.

antiestético, ca adj unsightly.

antifaz sm mask.

antigás adj inv gas *(antes de sust).*

antiglobalización sf antiglobalization.

antigualla sf *despec* [cosa] museum piece ; [persona] old fogey, old fossil.

antiguamente adv [hace mucho] long ago ; [previamente] formerly.

antigubernamental adj anti-government.

antigüedad sf **1.** [gen] antiquity **2.** [veteranía] seniority. ◆ **antigüedades** sfpl [objetos] antiques ▶ **tienda de antigüedades** antique shop.

antiguo, gua adj **1.** [viejo] old ; [inmemorial] ancient **2.** [anterior, previo] former.

antihéroe sm antihero.

antihielo adj inv de-icing.

antihigiénico, ca adj unhygienic.

antihistamínico sm antihistamine.

antiinflamatorio sm anti-inflammatory drug.

Antillas npr : *las Antillas* the West Indies, the Antilles.

antílope sm antelope.

antimanchas adj inv stain-resistant.

antinatural adj unnatural.

antiniebla ⟶ **faro.**

antinuclear adj antinuclear ; [refugio] nuclear.

antioxidante sm rustproofing agent.

antipatía sf dislike ▶ **tener antipatía a alguien** to dislike sb.

antipático, ca adj unpleasant.

antípodas sfpl ▶ **las antípodas** the Antipodes.

antirracista adj & smf antiracist.

antirrobo sm [en coche] antitheft device ; [en edificio] burglar alarm.

antisemita adj anti-Semitic.

antisemitismo sm anti-Semitism.

antiséptico, ca adj antiseptic.

◆ **antiséptico** sm antiseptic.

antisistema adj inv [grupo, movimiento] anti-establishment.

antitabaco adj inv antismoking.

antiterrorista adj anti-terrorist.

antítesis sf inv antithesis.

antitetánico, ca adj anti-tetanus *(antes de sust).*

antitranspirante ❖ adj antiperspirant. ❖ sm antiperspirant (deodorant).

antivirus sm inv ɪɴꜰᴏʀᴍ antivirus system.

antojarse vprnl **1.** [capricho] : *se le antojaron esos zapatos* he fancied those shoes / *se le ha antojado ir al cine* he felt like going to the cinema / *cuando se me antoje* when I feel like it **2.** [posibilidad] ▶ **se me antoja que...** I have a feeling that...

antojitos smpl ᴍᴇx snacks, appetizers.

antojo sm **1.** [capricho] whim ; [de embarazada] craving **2.** [en la piel] birthmark.

antología sf anthology.

antónimo sm antonym.

antonomasia sf ▶ **por antonomasia** par excellence.

antorcha sf torch.

antracita sf anthracite.

antro sm *despec* dive, dump.

antropófago, ga sm, f cannibal.

antropología sf anthropology.

anual adj annual.

anualidad sf annuity, yearly payment.

anualizar vt to annualize.

anuario sm yearbook.

anudar vt to knot, to tie in a knot.

anulación sf [cancelación] cancellation; [de ley] repeal; [de matrimonio, contrato] annulment.

anular¹ sm ⟶ **dedo**.

anular² vt **1.** [cancelar - gen] to cancel; [- ley] to repeal; [- matrimonio, contrato] to annul **2.** [DEP - gol] to disallow; [- resultado] to declare void.

anunciación sf announcement.
◆ **Anunciación** sf RELIG Annunciation.

anunciante smf advertiser.

anunciar [8] vt **1.** [notificar] to announce **2.** [hacer publicidad de] to advertise **3.** [presagiar] to herald. ◆ **anunciarse** vprnl ▸ **anunciarse en** to advertise in, to put an advert in.

anuncio sm **1.** [notificación] announcement; [cartel, aviso] notice; [póster] poster **2.** [anuncio (publicitario)] advertisement, advert ▸ **anuncios por palabras** classified adverts **3.** [presagio] sign, herald.

anverso sm [de moneda] head, obverse; [de hoja] front.

añadido, da adj ▸ **añadido (a)** added (to).

añadidura sf addition ▸ **por añadidura** in addition, what is more.

añadir vt to add.

añejo, ja adj **1.** [vino, licor] mature; [tocino] cured **2.** [costumbre] age-old.

añicos smpl ▸ **hacer** o **hacerse añicos** to shatter.

añil adj & sm [color] indigo.

año sm year / **en el año 1939** in 1939 ▸ **los años 30** the thirties ▸ **año académico / escolar / fiscal** academic/school/tax year ▸ **año bisiesto / solar** leap/solar year ▸ **año nuevo** New Year / **¡Feliz Año Nuevo!** Happy New Year! ◆ **años** smpl [edad] age sg ▸ **¿cuántos años tienes? — tengo 17 años** how old are you? — I'm 17 (years old) / **¿cuántos años vas a cumplir?** how old will you be? ▸ **los de 25 años** the 25-year-olds ▸ **cumplir años** to have one's birthday / **cumplo años el 25** it's my birthday on the 25th.

añoranza sf ▸ **añoranza (de) a)** [gen] nostalgia (for) **b)** [hogar, patria] homesickness (for).

añorar vt to miss.

anzuelo sm [para pescar] (fish) hook.

aorta sf aorta.

apabullante adj fam staggering.

apabullar vt to overwhelm.

apacentar [19] vt to graze.

apache adj & smf Apache.

apachurrar vt fam to squash, to crush.

apacible adj [gen] mild, gentle; [lugar, ambiente] pleasant.

apaciguar [45] vt **1.** [tranquilizar] to calm down **2.** [aplacar - dolor etc] to soothe. ◆ **apaciguarse** vprnl **1.** [tranquilizarse] to calm down **2.** [aplacarse - dolor etc] to abate.

apadrinar vt **1.** [niño] to act as a godparent to **2.** [artista] to sponsor.

apagado, da adj **1.** [luz, fuego] out; [aparato] off **2.** [color, persona] subdued **3.** [sonido] muffled; [voz] quiet.

apagar [16] vt **1.** [extinguir - fuego] to put out; [- luz] to put off; [- vela] to extinguish **2.** [desconectar] to turn o switch off ▸ **apaga y vámonos** fig we have nothing more to talk about **3.** [aplacar - sed] to quench **4.** [rebajar - sonido] to muffle. ◆ **apagarse** vprnl [extinguirse - fuego, vela, luz] to go out; [- dolor, ilusión, rencor] to die down; [- sonido] to die away.

apagón sm power cut.

apaisado, da adj oblong.

apalabrar vt [concertar] to make a verbal agreement regarding; [contratar] to engage on the basis of a verbal agreement.

apalancado, da adj : *se pasó la tarde apalancado delante del televisor* Esp fam he spent the afternoon lounging in front of the television.

apalancar [10] vt [para abrir] to lever open; [para mover] to lever. ◆ **apalancarse** mfam [apoltronarse] to install o.s. / *se apalancó en el sofá y no se movió de allí* he plonked himself on the sofa and didn't move from there.

apalear vt to beat up.

apañado, da adj fam [hábil, mañoso] clever, resourceful ▸ **estar apañado** fig to have had it.

apañar vt fam **1.** [reparar] to mend **2.** [amañar] to fix, to arrange. ◆ **apañarse** vprnl fam to cope, to manage ▸ **apañárselas (para hacer algo)** to manage (to do sthg) / *apañarse con* Méx [robar] to make off with, to steal.

apaño sm fam **1.** [reparación] patch **2.** [chanchullo] fix, shady deal **3.** [acuerdo] compromise.

apapachado, da adj Méx fam [mimado] cuddled.

apapachar vt Méx [mimar] to cuddle; [consentir] to spoil.

apapacho sm Méx fam [mimo] cuddle.

aparador sm [mueble] sideboard.

aparato sm **1.** [máquina] machine; [de laboratorio] apparatus (U); [electrodoméstico] appliance ▸ **aparato de radio** radio ▸ **aparato de televisión** television set **2.** [dispositivo] device **3.** [teléfono] ▸ **¿quién está al aparato?** who's speaking? **4.** [MED - prótesis] aid; [- para dientes] brace **5.** ANAT system **6.** POLÍT machinery **7.** [ostentación] pomp, ostentation.

aparatoso, sa adj **1.** [ostentoso] ostentatious **2.** [espectacular] spectacular.

aparcacoches smf inv valet parking.

aparcamiento sm **1.** [acción] parking **2.** [parking] car park UK, parking lot US ; [hueco] parking place.

aparcar [10] ❖ vt [estacionar] to park. ❖ vi [estacionar] to park.

aparcero, ra sm, f sharecropper.

aparear vt [animales] to mate. ◆ **aparearse** vprnl [animales] to mate.

aparecer [30] vi **1.** [gen] to appear **2.** [acudir] ▸ **aparecer por (un lugar)** to turn up at (a place) **3.** [ser encontrado] to turn up. ◆ **aparecerse** vprnl **1.** [Virgen etc] to appear **2.** AM fam [presentarse] to turn up.

aparejador, ra sm, f quantity surveyor.

aparejar vt **1.** [preparar] to get ready, to prepare **2.** [caballerías] to harness **3.** NÁUT to rig (out) **4.** [emparejar] to pair off.

aparejo sm **1.** [de caballerías] harness **2.** MECÁN block and tackle **3.** NÁUT rigging. ◆ **aparejos** smpl equipment *(U)* ; [de pesca] tackle *(U)*.

aparentar ❖ vt **1.** [fingir] to feign **2.** [edad] to look. ❖ vi [presumir] to show off.

aparente adj [falso, supuesto] apparent.

aparentemente adv apparently.

aparición sf **1.** [gen] appearance **2.** [de ser sobrenatural] apparition.

apariencia sf [aspecto] appearance ▸ **guardar las apariencias** to keep up appearances ▸ **las apariencias engañan** appearances can be deceptive.

apartado, da adj **1.** [separado] ▸ **apartado de** away from **2.** [alejado] remote. ◆ **apartado** sm [párrafo] paragraph ; [sección] section. ◆ **apartado de correos** sm PO Box.

apartamento sm apartment, flat UK.

apartar vt **1.** [alejar] to move away ; [quitar] to remove **2.** [separar] to separate **3.** [escoger] to take, to select. ◆ **apartarse** vprnl **1.** [hacerse a un lado] to move to one side **2.** [separarse] to separate ▸ **apartarse de a)** [gen] to move away from **b)** [tema] to get away from **c)** [mundo, sociedad] to cut o.s. off from.

aparte ❖ adv **1.** [en otro lugar, a un lado] aside, to one side ▸ **bromas aparte** joking apart ▸ **dejar algo aparte** to leave sthg aside ▸ **poner algo aparte** to put sthg aside ▸ **impuestos aparte** before tax **2.** [además] besides / *aparte de fea...* besides being ugly... **3.** [por separado] separately. ❖ sm **1.** [párrafo] new paragraph **2.** TEATRO aside. ◆ **aparte de** loc prep [excepto] apart from, except from.

apasionado, da ❖ adj passionate. ❖ sm, f lover, enthusiast.

apasionante adj fascinating.

apasionar vt to fascinate / *le apasiona la música* he's mad about music. ◆ **apasionarse** vprnl to get excited ▸ **apasionarse por o con** to be mad about.

apatía sf apathy.

apático, ca adj apathetic.

apátrida adj stateless.

apdo. *abr escrita de* apartado.

apeadero sm [de tren] halt.

apear vt [bajar] to take down. ◆ **apearse** vprnl [bajarse] ▸ **apearse (de) a)** [tren] to alight (from), to get off **b)** [coche] to get out (of) **c)** [caballo] to dismount (from).

apechugar [16] vi ▸ **apechugar con** to put up with, to live with.

apedrear vt [persona] to stone ; [cosa] to throw stones at.

apegarse [16] vprnl ▸ **apegarse a** to become fond of o attached to.

apego sm fondness, attachment ▸ **tener / tomar apego a** to be/become fond of.

apelación sf appeal.

apelar vi **1.** DER to (lodge an) appeal ▸ **apelar ante / contra** to appeal to/against **2.** [recurrir] ▸ **apelar a a)** [persona] to go to **b)** [sentido común, bondad] to appeal to **c)** [violencia] to resort to.

apelativo sm name.

apellidarse vprnl : *se apellida Suárez* her surname is Suárez.

apellido sm surname.

apelmazar [13] vt **1.** [jersey] to shrink **2.** [arroz, bizcocho] to make stodgy. ◆ **apelmazarse** vprnl **1.** [jersey] to shrink **2.** [arroz, bizcocho] to go stodgy.

apelotonar vt to bundle up. ◆ **apelotonarse** vprnl [gente] to crowd together.

apenado, da adj ANDES CAM CARIB MÉX [avergonzado] ashamed, embarrassed.

apenar vt to sadden. ◆ **apenarse** vprnl **1.** to be saddened **2.** ANDES CAM CARIB MÉX [avergonzarse] to be ashamed, to be embarrassed.

apenas adv **1.** [casi no] scarcely, hardly / *apenas me puedo mover* I can hardly move **2.** [tan sólo] only / *apenas hace dos minutos* only two minutes ago **3.** [tan pronto como] as soon as / *apenas llegó, sonó el teléfono* no sooner had he arrived than the phone rang.

apéndice sm appendix.

apendicitis sf inv appendicitis.

apercibir vt [amonestar] to reprimand. ◆ **apercibirse de** vprnl to notice.

aperitivo sm [bebida] aperitif ; [comida] appetizer.

apero sm (gen pl) tool ▸ **aperos de labranza** farming implements.

apertura sf **1.** (gen) opening ; [de año académico, temporada] start **2.** POLÍT [liberalización] liberalization (especially that introduced in Spain by the Franco regime after 1970).

aperturista adj & smf progressive.

apesadumbrado, da adj regretful, distressed.

apesadumbrar vt to weigh down.
◆ **apesadumbrarse** vprnl to be weighed down.

apestar vi ▸ **apestar (a)** to stink (of).

apetecer [30] vi : ¿te apetece un café? do you fancy a coffee? / me apetece salir I feel like going out.

apetecible adj [comida] appetizing, tempting ; [vacaciones etc] desirable.

apetito sm appetite ▸ **abrir el apetito** to whet one's appetite ▸ **perder el apetito** to lose one's appetite ▸ **tener apetito** to be hungry.

apetitoso, sa adj [comida] appetizing.

apiadar vt to earn the pity of. ◆ **apiadarse** vprnl to show compassion ▸ **apiadarse de** to take pity on.

ápice sm **1.** [pizca] iota ▸ **no ceder un ápice** not to budge an inch **2.** [punto culminante] peak, height.

apicultura sf beekeeping.

apilar vt to pile up. ◆ **apilarse** vprnl to pile up.

apiñado, da adj [apretado] packed, crammed.

apiñar vt to pack o cram together. ◆ **apiñarse** vprnl to crowd together ; [para protegerse, por miedo] to huddle together.

apio sm celery.

apisonadora sf steamroller.

aplacar [10] vt to placate ; [hambre] to satisfy ; [sed] to quench. ◆ **aplacarse** vprnl to calm down ; [dolor] to abate.

aplanar vt to level.

aplastante adj fig [apabullante] overwhelming, devastating.

aplastar vt **1.** [por el peso] to flatten **2.** [derrotar] to crush.

aplatanar vt fam to make listless.

aplaudir vt & vi to applaud.

aplauso sm **1.** [ovación] round of applause ▸ **aplausos** applause (U) **2.** fig [alabanza] applause.

aplazamiento sm postponement.

aplazar [13] vt **1.** [retrasar] to postpone **2.** RP [suspender] to fail.

aplicación sf [gen & INFORM] application.

aplicado, da adj [estudioso] diligent.

aplicar [10] vt [gen] to apply ; [nombre, calificativo] to give. ◆ **aplicarse** vprnl [esmerarse] ▸ **aplicarse (en algo)** to apply o.s. (to sthg).

aplique sm wall lamp.

aplomo sm composure ▸ **perder el aplomo** to lose one's composure.

apocado, da adj timid.

apocalipsis sm inv calamity. ◆ **Apocalipsis** sm Apocalypse.

apocarse [10] vprnl [intimidarse] to be frightened o scared ; [humillarse] to humble o.s.

apodar vt to nickname.

apoderado, da sm, f **1.** [representante] (official) representative **2.** TAUROM agent, manager.

apoderar vt [gen] to authorize ; DER to grant power of attorney to. ◆ **apoderarse de** vprnl **1.** [adueñarse de] to seize **2.** fig [dominar] to take hold of, to grip.

apodo sm nickname.

apogeo sm fig height, apogee ▸ **estar en (pleno) apogeo** to be at its height.

apolillar vt to eat holes in. ◆ **apolillarse** vprnl to get moth-eaten.

apolítico, ca adj apolitical.

apología sf apology, eulogy.

apoltronarse vprnl **1.** [apalancarse] ▸ **apoltronarse (en)** to become lazy o idle (in) **2.** [acomodarse] ▸ **apoltronarse en** to lounge in.

apoplejía sf apoplexy.

apoquinar vt & vi fam to fork out.

aporrear vt to bang.

aportación sf [contribución] contribution.

aportar vt [contribuir con] to contribute.

aporte sm contribution / aporte vitamínico vitamin content.

aposentar vt to put up, to lodge.
◆ **aposentarse** vprnl to take up lodgings.

aposento sm **1.** [habitación] room ▸ **retirarse a sus aposentos** desus & hum to withdraw (to one's chamber) **2.** [alojamiento] lodgings pl.

apósito sm dressing.

aposta adv on purpose.

apostar [23] ◆ vt **1.** [jugarse] to bet **2.** [emplazar] to post. ◆ vi ▸ **apostar (por)** to bet (on).
◆ **apostarse** vprnl [jugarse] to bet ▸ **apostarse algo con alguien** to bet sb sthg.

apostilla sf note.

apóstol sm lit + fig apostle.

apóstrofo sm GRAM apostrophe.

apoteósico, ca adj tremendous.

apoyabrazos sm inv armrest.

apoyar vt **1.** [inclinar] to lean, to rest **2.** fig [basar, respaldar] to support. ◆ **apoyarse** vprnl **1.** [sostenerse] ▸ **apoyarse en** to lean on **2.** fig [basarse] ▸ **apoyarse en a)** [suj: tesis, conclusiones] to be based on, to rest on **b)** [suj: persona] to base one's arguments on **3.** [respaldarse] to support one another.

apoyo sm *lit* + *fig* support.

APRA sf (*abr de* **Alianza Popular Revolucionaria Americana**) *Peruvian political party.*

apreciable adj **1.** [perceptible] appreciable **2.** *fig* [estimable] worthy.

apreciación sf [consideración] appreciation ; [estimación] evaluation.

apreciado, da adj [querido] esteemed, highly regarded.

apreciar [8] vt **1.** [valorar] to appreciate ; [sopesar] to appraise, to evaluate **2.** [sentir afecto por] to think highly of **3.** [percibir] to tell, to make out. ◆ **apreciarse** vprnl to be noticeable.

aprecio sm esteem.

aprehender vt [coger - persona] to apprehend ; [- alijo, mercancía] to seize.

aprehensión sf [de persona] arrest, capture ; [de alijo, mercancía] seizure.

apremiante adj pressing, urgent.

apremiar [8] ◆ vt [meter prisa] ▶ **apremiar a alguien para que haga algo** to urge sb to do sthg. ◆ vi [ser urgente] to be pressing.

apremio sm [urgencia] urgency.

aprender ◆ vt **1.** [estudiar] to learn **2.** [memorizar] to memorize. ◆ vi ▶ **aprender (a hacer algo)** to learn (to do sthg).

aprendiz, za sm, f **1.** [ayudante] apprentice, trainee **2.** [novato] beginner.

aprendizaje sm **1.** [acción] learning **2.** [tiempo, situación] apprenticeship.

aprensión sf ▶ **aprensión (por)** a) [miedo] apprehension (about) b) [escrúpulo] squeamishness (about).

aprensivo, va adj **1.** [miedoso] apprehensive **2.** [hipocondríaco] hypochondriac.

apresar vt [suj: animal] to catch ; [suj: persona] to capture.

aprestar vt **1.** [preparar] to prepare, to get ready **2.** [tela] to size. ◆ **aprestarse a** vprnl ▶ **aprestarse a hacer algo** to get ready to do sthg.

apresto sm size.

apresuradamente adv **1.** [con rapidez] hurriedly **2.** [con precipitación] hastily.

apresurado, da adj hasty, hurried.

apresurar vt to hurry along, to speed up ▶ **apresurar a alguien para que haga algo** to try to make sb do sthg more quickly. ◆ **apresurarse** vprnl to hurry.

apretado, da adj **1.** [gen] tight ; [triunfo] narrow ; [esprint] close ; [caligrafía] cramped **2.** [apiñado] packed.

apretar [19] ◆ vt **1.** [oprimir - botón, tecla] to press ; [- gatillo] to pull ; [- nudo, tuerca, cinturón] to tighten **/** *el zapato me aprieta* my shoe is pinching **2.** [estrechar] to squeeze ; [abrazar] to hug **3.** [comprimir - ropa, objetos]

to pack tight **4.** [juntar - dientes] to grit ; [- labios] to press together. ◆ vi [calor, lluvia] to intensify. ◆ **apretarse** vprnl [agolparse] to crowd together ; [acercarse] to squeeze up.

apretón sm [estrechamiento] squeeze ▶ **apretón de manos** handshake.

apretujar vt **1.** [gen] to squash **2.** [hacer una bola con] to screw up. ◆ **apretujarse** vprnl [en banco, autobús] to squeeze together ; [por frío] to huddle up.

apretujón sm *fam* [abrazo] bearhug.

aprieto sm *fig* fix, difficult situation ▶ **poner en un aprieto a alguien** to put sb in a difficult position ▶ **verse** o **estar en un aprieto** to be in a fix.

aprisa adv quickly.

aprisionar vt **1.** [encarcelar] to imprison **2.** [inmovilizar - atando, con camisa de fuerza] to strap down ; [- suj: viga etc] to trap.

aprobación sf approval.

aprobado, da adj [aceptado] approved. ◆ **aprobado** sm EDUC pass.

aprobar [23] vt **1.** [proyecto, moción, medida] to approve ; [ley] to pass **2.** [comportamiento etc] to approve of **3.** [examen, asignatura] to pass.

aprontar vt [preparar] to quickly prepare o get ready. ◆ **aprontarse** vprnl RP [prepararse] to get ready.

apropiación sf [robo] theft.

apropiado, da adj suitable, appropriate.

apropiar [8] vt ▶ **apropiar (a)** to adapt (to). ◆ **apropiarse de** vprnl *lit* + *fig* to appropriate.

aprovechable adj usable.

aprovechado, da adj **1.** [caradura] : *es muy aprovechado* he's always sponging off other people **2.** [bien empleado - tiempo] well-spent ; [- espacio] well-planned.

aprovechamiento sm [utilización] use.

aprovechar ◆ vt **1.** [gen] to make the most of ; [oferta, ocasión] to take advantage of ; [conocimientos, experiencia] to use, to make use of **2.** [lo inservible] to put to good use. ◆ vi [ser provechoso] to be beneficial ▶ **¡que aproveche!** enjoy your meal! ◆ **aprovecharse** vprnl ▶ **aprovecharse (de)** to take advantage (of).

aprovisionamiento sm supplying.

aprox. (*abr escrita de* **aproximadamente**) approx.

aproximación sf **1.** [acercamiento] approach **2.** [en cálculo] approximation.

aproximadamente adv approximately.

aproximado, da adj approximate.

aproximar vt to move closer. ◆ **aproximarse** vprnl to come closer.

aproximativo, va adj approximate.

aptitud sf ability, aptitude ▶ **tener aptitud para algo** to have an aptitude for sthg.

apto, ta adj **1.** [adecuado, conveniente] ▸ **apto (para)** suitable (for) **2.** [capacitado - intelectualmente] capable, able ; [- fisicamente] fit **3.** CINE ▸ **apto / no apto para menores** suitable/unsuitable for children.

apto. (*abr escrita de apartamento*) Apt.

apuesta sf bet.

apuesto, ta adj dashing.

apunado, da adj : *estar apunado* ANDES to have altitude sickness.

apunarse vprnl ANDES to get altitude sickness.

apuntador, ra sm, f prompter.

apuntalar vt *lit + fig* to underpin.

apuntar vt **1.** [anotar] to note down ▸ **apuntar a alguien** [en lista] to put sb down **2.** [dirigir - dedo] to point ; [- arma] to aim ▸ **apuntar a alguien a)** [con el dedo] to point at sb **b)** [con un arma] to aim at sb **3.** TEATRO to prompt **4.** *fig* [indicar] to point out. ◆ **apuntarse** vprnl **1.** [en lista] to put one's name down ; [en curso] to enrol **2.** [participar] ▸ **apuntarse (a hacer algo)** to join in (doing sthg).

apunte sm [nota] note. ◆ **apuntes** smpl EDUC notes.

apuñalar vt to stab.

apurado, da adj **1.** [necesitado] in need ▸ **apurado de** short of **2.** [avergonzado] embarrassed **3.** [dificil] awkward **4.** Am [con prisa] ▸ **estar apurado** to be in a hurry.

apurar vt **1.** [agotar] to finish off ; [existencias, la paciencia] to exhaust **2.** [meter prisa] to hurry **3.** [preocupar] to trouble **4.** [avergonzar] to embarrass. ◆ **apurarse** vprnl **1.** [preocuparse] ▸ **apurarse (por)** to worry (about) **2.** [darse prisa] to hurry.

apuro sm **1.** [dificultad] fix ▸ **estar en apuros** to be in a tight spot **2.** [penuria] hardship (*U*) **3.** [vergüenza] embarrassment ▸ **me da apuro (decírselo)** I'm embarrassed (to tell her).

aquejado, da adj ▸ **aquejado de** suffering from.

aquejar vt to afflict.

aquel, aquella (*mpl* **aquellos**, *fpl* **aquellas**) adj demos that, those.

aquél, aquélla (*mpl* **aquéllos**, *fpl* **aquéllas**) pron demos **1.** [ése] that (one), those (ones) *pl* / *este cuadro me gusta pero aquél del fondo no* I like this picture, but I don't like that one at the back / *aquél fue mi último día en Londres* that was my last day in London **2.** [nombrado antes] the former **3.** [con oraciones relativas] whoever, anyone who / *aquél que quiera hablar que levante la mano* whoever wishes o anyone wishing to speak should raise their hand ▸ **aquéllos que...** those who...

aquella ⟶ **aquel.**

aquélla ⟶ **aquél.**

aquello pron demos (*neutro*) that ▸ **aquello de su mujer es una mentira** all that about his wife is a lie.

aquellos, aquellas ⟶ **aquel.**

aquéllos, aquéllas ⟶ **aquél.**

aquí adv **1.** [gen] here ▸ **aquí abajo / arriba** down / up here ▸ **aquí dentro / fuera** in / out here ▸ **aquí mismo** right here ▸ **de aquí para allá** [de un lado a otro] to and fro ▸ **por aquí** over here **2.** [ahora] now ▸ **de aquí a mañana** between now and tomorrow ▸ **de aquí a poco** shortly, soon ▸ **de aquí a un mes** a month from now, in a month.

ara sf (*el*) [altar] altar. ◆ **en aras de** loc prep *culto* for the sake of.

árabe ⟷ adj Arab, Arabian. ⟷ smf [persona] Arab. ⟷ sm [lengua] Arabic.

Arabia Saudí, Arabia Saudita npr Saudi Arabia.

arábigo, ga adj **1.** [de Arabia] Arab, Arabian **2.** [numeración] Arabic.

arácnido sm ZOOL arachnid / *arácnidos* arachnids.

arado sm plough.

arancel sm tariff.

arándano sm bilberry, blueberry US.

arandela sf TECNOL washer.

araña sf **1.** [animal] spider **2.** [lámpara] chandelier.

arañar vt [gen] to scratch.

arañazo sm scratch.

arar vt to plough.

araucano, na adj & sm, f Araucanian. ◆ **araucano** sm [idioma] Araucanian.

arbitraje sm **1.** [DEP - en fútbol etc] refereeing ; [- en tenis, cricket] umpiring **2.** DER arbitration.

arbitrar ⟷ vt **1.** [DEP - en fútbol etc] to referee ; [- en tenis, cricket] to umpire **2.** DER to arbitrate. ⟷ vi **1.** [DEP - en fútbol etc] to referee ; [- en tenis, cricket] to umpire **2.** DER to arbitrate.

arbitrariedad sf [cualidad] arbitrariness.

arbitrario, ria adj arbitrary.

arbitrio sm [decisión] judgment.

árbitro sm **1.** [DEP - en fútbol etc] referee / *árbitro asistente* asisstant referee ; [en tenis, cricket] umpire **2.** DER arbitrator.

árbol sm **1.** BOT tree **2.** TECNOL shaft ▸ **árbol de levas** camshaft **3.** NÁUT mast. ◆ **árbol genealógico** sm family tree.

arboleda sf grove.

arbusto sm bush, shrub.

arca sf (*el*) [arcón] chest. ◆ **arcas** sfpl coffers ▸ **arcas públicas** Treasury *sg*.

arcada sf **1.** (*gen pl*) [de estómago] retching (*U*) ▸ **me dieron arcadas** I retched **2.** [ARQUIT - arcos] arcade ; [- de puente] arch.

arcaico, ca adj archaic.

arcángel sm archangel.

arce sm maple.

arcén sm [de autopista] hard shoulder UK, shoulder US ; [de carretera] verge.

archiconocido, da adj fam very well-known.

archiduque, esa sm, f archduke (archduchess).

archipiélago sm archipelago.

archivador, ra sm, f archivist.
- **archivador** sm filing cabinet.

archivar vt [guardar - documento, fichero etc] to file.

archivo sm 1. [lugar] archive ; [documentos] archives pl 2. [informe, ficha] file 3. INFORM file.

arcilla sf clay.

arco sm 1. GEOM arc 2. ARQUIT arch ▶ **arco de herradura** horseshoe arch ▶ **arco triunfal** o **de triunfo** triumphal arch 3. DEP, MIL & MÚS bow.
- **arco iris** sm rainbow.

arcón sm large chest.

arder vi to burn ; [sin llama] to smoulder ▶ **arder de** fig to burn with ▶ **está que arde a)** [persona] he's fuming **b)** [reunión] it's getting pretty heated.

ardid sm ruse, trick.

ardiente adj [gen] burning ; [líquido] scalding ; [admirador, defensor] ardent.

ardilla sf squirrel.

ardor sm 1. [quemazón] burning (sensation) ▶ **ardor de estómago** heartburn 2. fig [entusiasmo] fervour.

arduo, dua adj arduous.

área sf (el) 1. [gen] area ▶ **área de libre cambio** ECON free exchange area 2. DEP ▶ **área (de castigo** o **penalti)** (penalty) area.

arena sf 1. [de playa etc] sand ▶ **arenas movedizas** quicksand (U) 2. [para luchar] arena 3. TAUROM bullring.

ARENA sf (abr de Alianza Republicana Nacionalista) Salvadorean political party.

arenal sm sandy ground (U).

arenga sf harangue.

arenilla sf [polvo] dust.

arenoso, sa adj sandy.

arenque sm herring.

arepa sf CARIB COL pancake made of maize flour.

arequipe sm COL sweet caramelized milk used in desserts.

aretes smpl ANDES CUBA earrings.

argamasa sf mortar.

argan sm argan / aceite de argan argan oil.

Argelia npr Algeria.

Argentina npr Argentina.

argentino, na adj & sm, f Argentinian.

argolla sf 1. [aro] (large) ring 2. ANDES CUBA [alianza] wedding ring.

argot sm 1. [popular] slang 2. [técnico] jargon.

argucia sf sophism.

argüende sm MEX fam 1. [chisme] gossip 2. [fiesta] party, rave-up UK.

argüir [44] ❖ vt culto 1. [argumentar] to argue 2. [demostrar] to prove. ❖ vi [argumentar] to argue.

argumentación sf line of argument.

argumentar vt 1. [teoría, opinión] to argue 2. [razones, excusas] to allege.

argumento sm 1. [razonamiento] argument 2. [trama] plot.

aria sf MÚS aria.

aridez sf [gen] dryness ; [de zona, clima] aridity.

árido, da adj [gen] dry ; [zona, clima] arid.
- **áridos** smpl dry goods.

Aries ❖ sm [zodiaco] Aries. ❖ smf [persona] Aries.

ariete sm HIST & MIL battering ram.

ario, ria adj & sm, f Aryan.

arisco, ca adj surly.

arista sf edge.

aristocracia sf aristocracy.

aristócrata smf aristocrat.

aritmético, ca adj arithmetic.
- **aritmética** sf arithmetic.

arlequín sm harlequin.

arma sf (el) 1. [instrumento] arm, weapon ▶ **arma biológica / nuclear / química** biological / nuclear / chemical weapon ▶ **armas de destrucción masiva** weapons of mass destruction ▶ **arma blanca** blade, weapon with a sharp blade ▶ **arma de fuego** firearm ▶ **arma homicida** murder weapon 2. fig [medio] weapon.

armada sf ⟶ armado.

armadillo sm armadillo.

armado, da adj 1. [con armas] armed 2. [con armazón] reinforced. ◆ **armada** sf [marina] navy ; [escuadra] fleet.

armador, ra sm, f shipowner.

armadura sf 1. [de barco, tejado] framework ; [de gafas] frame 2. [de guerrero] armour.

armamentista, armamentístico, ca adj arms (antes de sust).

armamento sm [armas] arms pl.

armar vt 1. [montar - mueble etc] to assemble ; [- tienda] to pitch 2. [ejército, personas] to arm 3. fam & fig [provocar] to cause ▶ **armarla** fam to cause trouble. ◆ **armarse** vprnl 1. [con armas] to arm o.s. 2. [prepararse] ▶ **armarse de** [valor, paciencia] to summon up 3. loc ▶ **se armó la gorda** o **la de San Quintín** o **la de Dios es Cristo** fam all hell broke loose.

armario sm [para objetos] cupboard, closet US ; [para ropa] wardrobe UK, closet US ▶ **armario**

empotrado fitted cupboard/wardrobe **/** *salir del armario* fam to come out of the closet.

armatoste sm [mueble, objeto] unwieldy object ; [máquina] contraption.

armazón sf [gen] framework, frame ; [de avión, coche] chassis ; [de edificio] skeleton.

armería sf **1.** [museo] military o war museum **2.** [depósito] armoury **3.** [tienda] gunsmith's (shop).

armiño sm [piel] ermine ; [animal] stoat.

armisticio sm armistice.

armonía sf harmony.

armónico, ca adj harmonic. ◆ **armónica** sf harmonica.

armonioso, sa adj harmonious.

armonizar [13] ◆ vt **1.** [concordar] to match **2.** MÚS to harmonize. ◆ vi [concordar] ▶ **armonizar con** to match.

arnés sm armour. ◆ **arneses** smpl [de animales] harness *(U).*

aro sm **1.** [círculo] hoop ; TECNOL ring ▶ **los aros olímpicos** the Olympic rings ▶ **entrar** o **pasar por el aro** to knuckle under **2.** Am [pendiente] earring.

aroma sm [gen] aroma ; [de vino] bouquet ; CULIN flavouring.

aromaterapia sf aromatherapy.

aromático, ca adj aromatic.

aromatizante sm flavouring UK, flavoring US.

arpa sf *(el)* harp.

arpía sf *fig* [mujer] old hag.

arpillera sf sackcloth, hessian.

arpón sm harpoon.

arquear vt [gen] to bend ; [cejas, espalda, lomo] to arch. ◆ **arquearse** vprnl to bend.

arqueología sf archeology.

arqueólogo, ga sm, f archeologist.

arquero sm **1.** DEP & MIL archer **2.** Am [portero de fútbol] goalkeeper.

arquetipo sm archetype.

arquitecto, ta sm, f architect.

arquitectónico, ca adj architectural.

arquitectura sf *lit + fig* architecture.

arrabal sm [barrio pobre] slum *(on city outskirts)* ; [barrio periférico] outlying district.

arrabalero, ra adj **1.** [periférico] outlying **2.** [barriobajero] rough, coarse.

arracimarse vprnl to cluster together.

arraigado, da adj [costumbre, idea] deeply rooted ; [persona] established.

arraigar [16] vi *lit + fig* to take root. ◆ **arraigarse** vprnl [establecerse] to settle down.

arraigo sm roots *pl* ▶ **tener mucho arraigo** to be deeply rooted.

arrancar [10] ◆ vt **1.** [desarraigar - árbol] to uproot ; [- malas hierbas, flor] to pull up **2.** [quitar, separar] to tear o rip off ; [cable, página, pelo] to tear out ; [cartel, cortinas] to tear down ; [muela] to pull out ; [ojos] to gouge out **3.** [arrebatar] ▶ **arrancar algo a alguien** to grab o snatch sthg from sb **4.** AUTO & TECNOL to start ; INFORM to start up **5.** *fig* [obtener] ▶ **arrancar algo a alguien a)** [confesión, promesa, secreto] to extract sthg from sb **b)** [sonrisa, dinero, ovación] to get sthg out of sb **c)** [suspiro, carcajada] to bring sthg from sb. ◆ vi **1.** [partir] to set off **2.** [suj: máquina, coche] to start **3.** [provenir] ▶ **arrancar de** to stem from.

arranchar vt Andes Cam to stay with.

arranque sm **1.** [comienzo] start **2.** AUTO starter motor **3.** *fig* [arrebato] fit.

arrasar vt to destroy, to devastate.

arrastrar ◆ vt **1.** [gen] to drag o pull along ; [pies] to drag ; [carro, vagón] to pull ; [suj: corriente, aire] to carry away **2.** *fig* [convencer] to win over ▶ **arrastrar a alguien a algo/a hacer algo** to lead sb into sthg/to do sthg ▶ **dejarse arrastrar por algo/alguien** to allow o.s. to be swayed by sthg/sb **3.** INFORM to drag **/** *arrastrar y soltar algo* to drag and drop sthg **4.** *fig* [producir] to bring. ◆ vi [rozar el suelo] to drag (along) the ground. ◆ **arrastrarse** vprnl to crawl ; *fig* to grovel.

arrastre sm **1.** [acarreo] dragging **2.** [pesca] trawling **3.** Esp *fam* ▶ **estar para el arrastre** to have had it **4.** RDom *fam* ▶ **tener arrastre** to be popular with members of the opposite sex.

arre interj ▶ **¡arre!** gee up!

arrear vt **1.** [azuzar] to gee up **2.** *fam* [propinar] to give.

arrebatado, da adj **1.** [impetuoso] impulsive, impetuous **2.** [ruborizado] flushed **3.** [iracundo] enraged.

arrebatar vt **1.** [arrancar] ▶ **arrebatar algo a alguien** to snatch sthg from sb **2.** *fig* [cautivar] to captivate. ◆ **arrebatarse** vprnl [enfurecerse] to get furious.

arrebato sm **1.** [arranque] fit, outburst ▶ **un arrebato de amor** a crush **2.** [furia] rage.

arrebujar vt [amontonar] to bundle (up). ◆ **arrebujarse** vprnl [arroparse] to wrap o.s. up.

arrechar vt Cam Col Méx *mfam* to make horny, to turn on. ◆ **arrecharse** vprnl Cam Col Méx *mfam* to get horny.

arreciar [8] vi **1.** [temporal etc] to get worse **2.** *fig* [críticas etc] to intensify.

arrecife sm reef.

arreglado, da adj **1.** [reparado] fixed ; [ropa] mended **2.** [ordenado] tidy **3.** [bien vestido] smart **4.** [solucionado] sorted out **5.** *fig* [precio] reasonable.

arreglar vt **1.** [reparar] to fix, to repair; [ropa] to mend **2.** [ordenar] to tidy (up) **3.** [solucionar] to sort out **4.** MÚS to arrange **5.** [acicalar] to smarten up; [cabello] to do. ◆ **arreglarse** vprnl **1.** [apañarse] ▶ **arreglarse (con algo)** to make do (with sthg) ▶ **arreglárselas (para hacer algo)** to manage (to do sthg) / **saber arreglárselas** to know how to look after oneself, to manage perfectly well **2.** [acicalarse] to smarten up.

arreglo sm **1.** [reparación] mending, repair; [de ropa] mending **2.** [solución] settlement **3.** MÚS (musical) arrangement **4.** [acuerdo] agreement ▶ **llegar a un arreglo** to reach agreement.

arrellanarse vprnl to settle back.

arremangar = **remangar**.

arremeter ◆ **arremeter contra** vi to attack.

arremetida sf attack.

arremolinarse vprnl **1.** *fig* [personas] ▶ **arremolinarse alrededor de** to crowd around **2.** [agua, hojas] to swirl (about).

arrendamiento, arriendo sm **1.** [acción] renting, leasing **2.** [precio] rent, lease.

arrendar [19] vt **1.** [dar en arriendo] to let, to lease **2.** [tomar en arriendo] to rent, to lease.

arrendatario, ria sm, f leaseholder, tenant.

arreos smpl harness *(U)*.

arrepentido, da ◆ adj repentant. ◆ sm, f POLÍT *person who renounces terrorist activities*.

arrepentimiento sm regret, repentance.

arrepentirse [27] vprnl to repent.

arrestar vt to arrest.

arresto sm [detención] arrest.

arriar [9] vt to lower.

arriba ◆ adv **1.** [posición - gen] above; AM [- encima de] above; [- en edificio] upstairs / **vive (en el piso de) arriba** she lives upstairs / **está aquí/allí arriba** it's up here/there ▶ **arriba del todo** right at the top ▶ **más arriba** further up **2.** [dirección] up / **ve arriba** [en edificio] go upstairs ▶ **hacia/para arriba** up, upwards / **calle/escaleras arriba** up the street/stairs / **río arriba** upstream **3.** [en un texto] above ▶ **'el arriba mencionado...'** 'the above-mentioned...' **4.** *loc* ▶ **de arriba abajo a)** [cosa] from top to bottom **b)** [persona] from head to toe o foot ▶ **mirar a alguien de arriba abajo** [con desdén] to look sb up and down. ◆ prep ▶ **arriba (de)** AM [encima de] on top of / **¿dónde has dejado el libro? — creo que arriba de la mesa** where have you put the book? — I think I left it on top of the table. ◆ interj ▶ **¡arriba...!** up (with)...! / **¡arriba los mineros!** up (with) the miners! / **¡arriba las manos!** hands up! ◆ **arriba de** loc prep more than. ◆ **de arriba** loc adj top / **el**

estante de arriba the top shelf / **la vecina de arriba** the upstairs neighbour UK o neighbor US.

arribar vi to arrive; NÁUT to reach port.

arribeño, ña sm, f AM *fam* highlander.

arribista adj & smf arriviste.

arriendo sm = **arrendamiento**.

arriesgado, da adj [peligroso] risky.

arriesgar [16] vt to risk; [hipótesis] to venture, to suggest. ◆ **arriesgarse** vprnl to take risks/a risk.

arrimar vt [acercar] to move o bring closer ▶ **arrimar algo a** [pared, mesa] to move sthg up against. ◆ **arrimarse** vprnl [acercarse] to come closer o nearer ▶ **arrimarse a algo a)** [acercándose] to move closer to sthg **b)** [apoyándose] to lean on sthg.

arrinconar vt **1.** [apartar] to put in a corner **2.** [abandonar] to discard, to put away **3.** *fig* [persona - dar de lado] to cold-shoulder; [- acorralar] to pressure.

arroba sf **1.** [peso] = *11.5 kg* ▶ **por arrobas** *fig* by the sackful **2.** INFORM at, @ sign.

arrodillarse vprnl to kneel down; *fig* to go down on one's knees, to grovel.

arrogancia sf arrogance.

arrogante adj arrogant.

arrojar vt **1.** [lanzar] to throw; [con violencia] to hurl, to fling **2.** [despedir - humo] to send out; [- olor] to give off; [- lava] to spew out **3.** [echar] ▶ **arrojar a alguien de** to throw sb out of **4.** [resultado] to produce, to yield **5.** [vomitar] to throw up. ◆ **arrojarse** vprnl to hurl o.s.

arrojo sm courage, fearlessness.

arrollador, ra adj overwhelming; [belleza, personalidad] dazzling.

arrollar vt **1.** [atropellar] to run over **2.** [tirar - suj: agua, viento] to sweep away **3.** [vencer] to crush.

arropar vt [con ropa] to wrap up; [en cama] to tuck up. ◆ **arroparse** vprnl to wrap o.s. up.

arroyo sm [riachuelo] stream.

arroz sm rice ▶ **arroz blanco** white rice ▶ **arroz con leche** rice pudding.

arruga sf **1.** [en ropa, papel] crease **2.** [en piel] wrinkle, line.

arrugar [16] vt **1.** [ropa, papel] to crease, to crumple **2.** [piel] to wrinkle. ◆ **arrugarse** vprnl **1.** [ropa] to get creased **2.** [piel] to get wrinkled.

arruinado, da adj ruined.

arruinar vt *lit* + *fig* to ruin. ◆ **arruinarse** vprnl to go bankrupt, to be ruined.

arrullar vt to lull to sleep. ◆ **arrullarse** vprnl [animales] to coo.

arrumar vt ANDES VEN to pile up.

arrume sm COL VEN pile.

arsenal sm **1.** [de barcos] shipyard **2.** [de armas] arsenal **3.** [de cosas] array.

arsénico sm arsenic.

art. (*abr escrita de* **artículo**) art.

arte sm o sf (*en sg gen m; en pl f*) **1.** [gen] art ▶ **arte abstracto/figurativo** abstract/figurative art ▶ **arte dramático** drama **2.** [don] artistry **3.** [astucia] artfulness, cunning ▶ **malas artes** trickery (U). ◆ **artes** sfpl arts ▶ **bellas artes** fine arts.

artefacto sm [aparato] device ; [máquina] machine.

arteria sf lit + fig artery.

artesa sf trough.

artesanado sm **1.** [profesión] craft industry **2.** [profesionales] artisans (pl).

artesanal adj [hecho a mano] handmade.

artesanalmente adv : *fabricado artesanalmente* artisanally-made.

artesanía sf craftsmanship ▶ **de artesanía** [producto] handmade.

artesano, na sm, f craftsman (craftswoman).

ártico, ca adj arctic. ◆ **Ártico** sm ▶ **el Ártico** the Arctic ▶ **el océano Glacial Ártico** the Arctic Ocean.

articulación sf **1.** ANAT & TECNOL joint **2.** LING articulation.

articulado, da adj articulated.

articular vt [palabras, piezas] to articulate.

articulista smf feature writer.

artículo sm [gen] article ▶ **artículo básico** ECON basic product ▶ **artículo de fondo** editorial, leader ▶ **artículo de primera necesidad** basic commodity.

artífice smf fig architect.

artificial adj artificial.

artificio sm fig [falsedad] artifice ; [artimaña] trick.

artificioso, sa adj fig [engañoso] deceptive.

artillería sf artillery.

artillero sm artilleryman.

artilugio sm gadget, contrivance.

artimaña sf (gen pl) trick, ruse.

artista smf **1.** [gen] artist **2.** [de espectáculos] artiste ▶ **artista de cine** movie actor (actress).

artístico, ca adj artistic.

artritis sf inv arthritis.

arveja sf ANDES COL CSUR VEN pea.

arzobispo sm archbishop.

as sm **1.** [carta, dado] ace **2.** [campeón] : *un as del volante* an ace driver.

asa sf (el) handle.

asado, da adj roasted. ◆ **asado** sm **1.** [carne] roast **2.** COL CSUR [barbacoa] barbecue.

asador sm **1.** [aparato] roaster **2.** [varilla] spit.

asaduras sfpl offal (U) ; [de pollo, pavo] giblets.

asalariado, da ◆ adj wage-earning. ◆ sm, f wage earner.

asalmonado, da adj salmon (pink).

asaltante smf [agresor] attacker ; [atracador] robber.

asaltar vt **1.** [atacar] to attack ; [castillo, ciudad etc] to storm **2.** [robar] to rob **3.** fig [suj: dudas etc] to assail.

asalto sm **1.** [ataque] attack ; [de castillo, ciudad] storming **2.** [robo] robbery **3.** DEP round.

asamblea sf assembly ; POLÍT mass meeting.

asar vt [alimentos - al horno] to bake ; [- a la parrilla] to grill ; [- en asador] to roast. ◆ **asarse** vprnl fig to be boiling hot.

ascendencia sf **1.** [linaje] descent **2.** [extracción social] extraction **3.** fig [influencia] ascendancy.

ascendente ◆ adj rising. ◆ sm ASTROL ascendant.

ascender [20] ◆ vi **1.** [subir] to go up, to climb **2.** [aumentar, elevarse] to rise, to go up **3.** [en empleo, deportes] ▶ **ascender (a)** to be promoted (to) **4.** [totalizar - precio etc] ▶ **ascender a** to come o amount to. ◆ vt ▶ **ascender a alguien (a)** to promote sb (to).

ascendiente smf [antepasado] ancestor.

ascensión sf ascent. ◆ **Ascensión** sf RELIG Ascension.

ascenso sm **1.** [en empleo, deportes] promotion **2.** [escalada] ascent **3.** [de precios, temperaturas] rise.

ascensor sm lift UK, elevator US.

ascético, ca adj ascetic.

asco sm [sensación] revulsion / *siento asco* I feel sick / *¡qué asco de tiempo!* what foul weather! ▶ **me da asco** I find it disgusting ▶ **¡qué asco!** how disgusting o revolting! ▶ **hacer ascos a** to turn one's nose up at.

ascua sf (el) ember ▶ **en o sobre ascuas** on tenterhooks.

aseado, da adj [limpio] clean ; [arreglado] smart.

asear vt to clean. ◆ **asearse** vprnl to get washed and dressed.

asediar [8] vt to lay siege to ; fig to pester.

asedio sm siege ; fig pestering.

asegurado, da sm, f policy-holder.

asegurar vt **1.** [fijar] to secure **2.** [garantizar] to assure / *te lo aseguro* I assure you ▶ **asegurar a alguien que...** to assure sb that... **3.** COM ▶ **asegurar (contra)** to insure (against) ▶ **asegurar algo en** [cantidad] to insure sthg for. ◆ **asegurarse** vprnl [cerciorarse] ▶ **asegurarse de que...** to make sure that...

asemejar ◆ **asemejar a** vi to be similar to, to be like. ◆ **asemejarse** vprnl to be similar o alike ▶ **asemejarse a** to be similar to, to be like.

asentamiento sm [campamento] settlement.

asentar [19] vt **1.** [instalar - empresa, campamento] to set up ; [- comunidad, pueblo] to settle **2.** [asegurar] to secure ; [cimientos] to lay. ◆ **asentarse** vprnl **1.** [instalarse] to settle down **2.** [sedimentarse] to settle.

asentir [27] vi **1.** [estar conforme] ▶ **asentir (a)** to agree (to) **2.** [afirmar con la cabeza] to nod.

aseo sm [limpieza - acción] cleaning ; [- cualidad] cleanliness. ◆ **aseos** smpl toilets **UK**, restroom sg **US**.

aséptico, ca adj MED aseptic.

asequible adj **1.** [accesible, comprensible] accessible **2.** [precio, producto] affordable.

aserradero sm sawmill.

aserrar [19] vt to saw.

asesinar vt to murder ; [rey, jefe de estado] to assassinate.

asesinato sm murder ; [de rey, jefe de estado] assassination.

asesino, na sm, f murderer (murderess) ; [de rey, jefe de estado] assassin ▶ **asesino en serie** serial killer.

asesor, ra sm, f adviser ; FIN consultant ▶ **asesor fiscal** tax consultant.

asesorar vt to advise ; FIN to provide with consultancy services. ◆ **asesorarse** vprnl to seek advice ▶ **asesorarse de** to consult.

asesoría sf [oficina] consultant's office.

asestar vt [golpe] to deal ; [tiro] to fire.

aseveración sf assertion.

asfaltado sm [acción] asphalting, surfacing ; [asfalto] asphalt, (road) surface.

asfaltar vt to asphalt, to surface.

asfalto sm asphalt.

asfixia sf asphyxiation, suffocation.

asfixiante adj asphyxiating, suffocating ; fig [calor] stifling.

asfixiar [8] vt [ahogar] to asphyxiate, to suffocate. ◆ **asfixiarse** vprnl [ahogarse] to asphyxiate, to suffocate.

así ◆ adv [de este modo] in this way, like this ; [de ese modo] in that way, like that ▶ **era así de largo** it was this/that long ▶ **así es/era/fue como...** that is how... ▶ **así así** [no muy bien] so so ▶ **algo así como** [algo igual a] something like ▶ **así es** [para asentir] that is correct, yes ▶ **y así todos los días** and the same thing happens day after day ▶ **y así sucesivamente** and so on (and so forth) ▶ **así como a)** [también] as well as, and also b) [tal como] just as, exactly as ▶ **así no más** **Am** fam [de repente] just like that. ◆ conj **1.** [de modo que] ▶ **así (es) que** so **2.** [aunque] although **3.** [tan pronto como] ▶ **así que** as soon as **4.** **Am** [aun si] even if. ◆ adj inv [como éste] like this ; [como ése] like that. ◆ **así y todo, aun así** loc adv even so.

Asia npr Asia.

asiático, ca adj & sm, f Asian, Asiatic.

asidero sm [agarradero] handle.

asiduidad sf frequency.

asiduo, dua adj & sm, f regular.

asiento sm [en casa, teatro] seat ▶ **tomar asiento** to sit down.

asignación sf **1.** [atribución] allocation **2.** [sueldo] salary.

asignar vt **1.** [atribuir] ▶ **asignar algo a alguien** to assign o allocate sthg to sb **2.** [destinar] ▶ **asignar a alguien a** to send sb to.

asignatura sf EDUC subject.

asilado, da sm, f person living in an old people's home, convalescent home etc.

asilo sm **1.** [hospicio] home ▶ **asilo de ancianos** old people's home **2.** fig [amparo] asylum ▶ **asilo político** political asylum **3.** [hospedaje] accommodation.

asimilación sf [gen & LING] assimilation.

asimilar vt [gen] to assimilate.

asimismo adv [también] also, as well ; (a principio de frase) likewise.

asir [53] vt to grasp, to take hold of. ◆ **asirse a** vprnl lit + fig to cling to.

asistencia sf **1.** [presencia - acción] attendance ; [- hecho] presence **2.** [ayuda] assistance ▶ **asistencia letrada o jurídica** legal advice ▶ **asistencia médica** medical attention ▶ **asistencia sanitaria** health care ▶ **asistencia técnica** technical assistance **3.** [afluencia] audience **4.** DEP assist.

asistenta sf cleaning lady.

asistente smf **1.** [ayudante] assistant, helper ▶ **asistente personal** INFORM personal digital assistant ▶ **asistente social** social worker **2.** [presente] person present ▶ **los asistentes** the audience sg.

asistido, da adj AUTO power (antes de sust) ; INFORM computer-assisted.

asistir ◆ vt [ayudar] to attend to. ◆ vi ▶ **asistir a** to attend, to go to.

asma sf (el) asthma.

asmático, ca adj & sm, f asthmatic.

asno sm lit + fig ass.

asociación sf association ▶ **asociación de padres de alumnos** parent-teacher association ▶ **asociación de vecinos** residents' association.

asociado, da ◆ adj [miembro] associate. ◆ sm, f [miembro] associate, partner.

asociar [8] vt [relacionar] to associate. ◆ **asociarse** vprnl to form a partnership.

asolar [23] vt to devastate.

asomar ◆ vi [gen] to peep up ; [del interior de algo] to peep out. ◆ vt to stick / **asomar la cabeza por la ventana** to stick one's head out of the window. ◆ **asomarse a** vprnl [ventana] to stick one's head out of ; [balcón] to come/go out onto.

asombrar vt [causar admiración] to amaze; [causar sorpresa] to surprise. ◆ **asombrarse** vprnl ▶ **asombrarse (de) a)** [sentir admiración] to be amazed (at) **b)** [sentir sorpresa] to be surprised (at).

asombro sm [admiración] amazement; [sorpresa] surprise.

asombroso, sa adj [sensacional] amazing; [sorprendente] surprising.

asomo sm [indicio] trace, hint; [de esperanza] glimmer.

asorocharse vprnl ᴬᴺᴰᴱˢ **1.** [por la altitud] to get altitude sickness **2.** [sonrojarse] to blush.

aspa sf (el) X-shaped cross; [de molino] arms pl.

aspaviento sm (gen pl) furious gesticulations pl.

aspecto sm **1.** [apariencia] appearance **2.** [faceta] aspect ▶ **en todos los aspectos** in every respect.

aspereza sf roughness; fig sourness.

áspero, ra adj **1.** [rugoso] rough **2.** fig [desagradable] sharp, sour.

aspersión sf **1.** [de jardín] sprinkling; [de cultivos] spraying.

aspersor sm [para jardín] sprinkler; [para cultivos] sprayer.

aspiración sf **1.** [ambición & LING] aspiration **2.** [de aire - por una persona] breathing in; [- por una máquina] suction.

aspirador sm = aspiradora.

aspiradora sf vacuum cleaner, hoover® ▶ **pasar la aspiradora** to vacuum, to hoover.

aspirante smf ▶ **aspirante (a) a)** candidate (for) **b)** [en deportes, concursos] contender (for).

aspirar ◆ vt [aire - suj: persona] to breathe in, to inhale. ◆ vi ▶ **aspirar a algo** [ansiar] to aspire to sthg.

aspirina® sf aspirin.

asqueado, da adj disgusted / **estar asqueado de (hacer) algo** to have had enough of (doing) sthg.

asquear vt to disgust, to make sick.

asquerosidad sf disgusting o revolting thing / **¡que asquerosidad!** how revolting!

asqueroso, sa adj disgusting, revolting.

asta sf (el) **1.** [de bandera] flagpole, mast **2.** [de lanza] shaft; [de brocha] handle **3.** [de toro] horn.

asterisco sm asterisk.

astigmatismo sm astigmatism.

astilla sf splinter ▶ **hacer astillas** fig to smash to smithereens.

astillero sm shipyard.

astringente adj astringent.

astro sm ASTRON heavenly body; fig star.

astrofísica sf astrophysics (U).

astrología sf astrology.

astrólogo, ga sm, f astrologer.

astronauta smf astronaut.

astronomía sf astronomy.

astronómico, ca adj lit + fig astronomical.

astrónomo, ma sm, f astronomer.

astucia sf **1.** [picardía] cunning, astuteness **2.** (gen pl) [treta] cunning trick.

astuto, ta adj [ladino, tramposo] cunning; [sagaz, listo] astute.

asueto sm break, rest ▶ **unos días de asueto** a few days off.

asumir vt **1.** [gen] to assume **2.** [aceptar] to accept.

asunción sf assumption. ◆ **Asunción** sf ▶ **la Asunción** RELIG the Assumption.

Asunción npr GEOGR Asunción.

asunto sm **1.** [tema - general] subject; [- específico] matter; [- de obra, libro] theme ▶ **asuntos a tratar** agenda sg **2.** [cuestión, problema] issue **3.** [negocio] affair, business (U) ▶ **no es asunto tuyo** it's none of your business. ◆ **asuntos** smpl POLÍT affairs ▶ **asuntos exteriores** foreign affairs.

asustado, da adj frightened, scared.

asustar vt to frighten, to scare. ◆ **asustarse** vprnl ▶ **asustarse (de)** to be frightened o scared (of).

atacar [10] vt [gen] to attack / **me ataca los nervios** fig it gets on my nerves.

atadura sf lit + fig tie.

atajar ◆ vi [acortar] ▶ **atajar (por)** to take a short cut (through). ◆ vt [contener] to put a stop to; [hemorragia, inundación] to stem.

atajo sm **1.** [camino corto, medio rápido] short cut ▶ **coger o tomar un atajo** to take a short cut **2.** despec [panda] bunch.

atalaya sf **1.** [torre] watchtower **2.** [altura] vantage point.

atañer vi **1.** [concernir] ▶ **atañer a** to concern **2.** [corresponder] ▶ **atañer a** to be the responsibility of.

ataque sm **1.** [gen & DEP] attack **2.** fig [acceso] fit, bout ▶ **ataque cardíaco o al corazón** heart attack ▶ **ataque de nervios** nervous breakdown.

atar vt **1.** [unir] to tie (up) **2.** fig [constreñir] to tie down. ◆ **atarse** vprnl **1.** [zapatos] : **átate los zapatos** do your shoes up **2.** [comprometerse] to tie o.s. up in knots.

atardecer [30] ◆ sm dusk ▶ **al atardecer** at dusk. ◆ v impers to get dark.

atareado, da adj busy.

atascado, da adj **1.** [tubería] blocked (up) **2.** [mecanismo] jammed.

atascar [10] vt to block (up). ◆ **atascarse** vprnl **1.** [obstruirse] to get blocked up **2.** fig [detenerse] to get stuck; [al hablar] to dry up.

atasco sm **1.** [obstrucción] blockage **2.** AUTO traffic jam.

ataúd sm coffin.

ataviar [9] vt [cosa] to deck out; [persona] to dress up. ◆ **ataviarse** vprnl to dress up.

atavío sm [indumentaria] attire (U).

ate sm Méx quince jelly.

ateísmo sm atheism.

atemorizar [13] vt to frighten.
◆ **atemorizarse** vprnl to get frightened.

atenazar [13] vt 1. [sujetar] to clench 2. fig [suj: dudas] to torment, to rack; [suj: miedo, nervios] to grip.

atención ◆ sf 1. [interés] attention ▸ **poner** o **prestar atención** to pay attention ▸ **atención al cliente** customer service department ▸ **atención personalizada** personalized service ▸ **atención psiquiátrica** psychiatric treatment 2. [cortesía] attentiveness (U). ◆ interj ▸ **¡atención!** [en aeropuerto, conferencia] your attention please! ◆ **atenciones** sfpl attentions.

atender [20] ◆ vt 1. [satisfacer - petición, ruego] to attend to; [- consejo, instrucciones] to heed; [- propuesta] to agree to 2. [cuidar de - necesitados, invitados] to look after; [- enfermo] to care for; [- cliente] to serve / **¿le atienden?** are you being served? ◆ vi [estar atento] ▸ **atender (a)** to pay attention (to).

atenerse [72] ◆ **atenerse a** vprnl 1. [promesa, orden] to stick to; [ley, normas] to abide by 2. [consecuencias] to bear in mind.

atentado sm ▸ **atentado contra alguien** attempt on sb's life ▸ **atentado contra algo** crime against sthg.

atentamente adv [en cartas] Yours sincerely o faithfully.

atentar vi ▸ **atentar contra (la vida de) alguien** to make an attempt on sb's life ▸ **atentar contra algo** [principio etc] to be a crime against sthg.

atento, ta adj 1. [pendiente] attentive ▸ **estar atento a a)** [explicación, programa, lección] to pay attention to **b)** [ruido, sonido] to listen out for **c)** [acontecimientos, cambios, avances] to keep up with 2. [cortés] considerate, thoughtful.

atenuante sm DER extenuating circumstance.

atenuar [6] vt [gen] to diminish; [dolor] to ease; [luz] to filter.

ateo, a ◆ adj atheistic. ◆ sm, f atheist.

aterciopelado, da adj velvety.

aterrado, da adj terrified.

aterrador, ra adj terrifying.

aterrar vt to terrify.

aterrizaje sm landing ▸ **aterrizaje de emergencia** o **forzoso** emergency landing.

aterrizar [13] vi [avión] to land.

aterrorizar [13] vt to terrify; [suj: agresor] to terrorize. ◆ **aterrorizarse** vprnl to be terrified.

atesorar vt [riquezas] to amass.

atestado sm official report.

atestar vt 1. [llenar] to pack, to cram 2. DER to testify to.

atestiguar [45] vt to testify to.

atiborrar vt to stuff full. ◆ **atiborrarse** vprnl ▸ **atiborrarse (de)** fam & fig to stuff one's face (with).

ático sm [para vivir] penthouse; [desván] attic.

atinar vi [adivinar] to guess correctly; [dar en el blanco] to hit the target ▸ **atinar a hacer algo** to succeed in doing sthg ▸ **atinar con** to hit upon.

atingencia sf Am [relación] connection.

atípico, ca adj atypical.

atisbar vt 1. [divisar, prever] to make out 2. [acechar] to observe, to spy on.

atisbo sm (gen pl) trace, hint; [de esperanza] glimmer.

atizar [13] vt 1. [fuego] to poke, to stir 2. fam [puñetazo, patada] to land, to deal.

atlántico, ca adj Atlantic. ◆ **Atlántico** sm ▸ **el (océano) Atlántico** the Atlantic (Ocean).

atlas sm inv atlas.

atleta smf athlete.

atlético, ca adj athletic.

atletismo sm athletics (U).

atmósfera sf lit + fig atmosphere.

atmosférico, ca adj atmospheric.

atole, atol sm CAm Méx drink made of corn meal.

atolladero sm [apuro] fix, jam.

atolondrado, da adj 1. [precipitado] hasty, disorganized 2. [aturdido] bewildered.

atolondrar vt to confuse, to bewilder.
◆ **atolondrarse** vprnl to be confused, to be bewildered.

atómico, ca adj atomic; [central, armas] nuclear.

atomizador sm atomizer, spray.

átomo sm lit + fig atom ▸ **ni un átomo de** without a trace of.

atónito, ta adj astonished, astounded.

atontado, da adj 1. [aturdido] dazed 2. [tonto] stupid.

atontar vt [aturdir] to daze.

atorarse vprnl 1. [atragantarse] to choke 2. Am [atascarse] to get stuck 3. Am [meterse en un lío] to get into a mess.

atormentar vt to torture; fig to torment.

atornillar vt to screw.

atorón sm Méx traffic jam.

atorrante adj RDom [holgazán] lazy.

atosigar [16] vt fig to harass.

atracador, ra sm, f [de banco] armed robber; [en la calle] mugger.

atracar [10] ❖ vi NÁUT ▸ **atracar (en)** to dock (at). ❖ vt [banco] to rob ; [persona] to mug. ◆ **atracarse** vprnl ▸ **atracarse de** to eat one's fill of.

atracción sf **1.** [gen] attraction **2.** [espectáculo] act **3.** fig [centro de atención] centre of attention **4.** (gen pl) [atracción de feria] fairground attraction.

atraco sm robbery.

atracón sm fam feast ▸ **darse un atracón** to stuff one's face.

atractivo, va adj attractive. ◆ **atractivo** sm [de persona] attractiveness, charm ; [de cosa] attraction.

atraer [73] vt [gen] to attract.

atragantarse vprnl ▸ **atragantarse (con)** to choke (on).

atrancar [10] vt **1.** [cerrar] to bar **2.** [obturar] to block. ◆ **atrancarse** vprnl **1.** [atascarse] to get blocked **2.** fig [al hablar, escribir] to dry up.

atrapar vt [agarrar, alcanzar] to catch.

atrás adv **1.** [detrás - posición] behind, at the back ; [- movimiento] backwards ▸ **quedarse atrás** fig to fall behind **2.** [antes] earlier, before.

atrasado, da adj **1.** [en el tiempo] delayed ; [reloj] slow ; [pago] overdue, late ; [número, copia] back (antes de sust) **2.** [en evolución, capacidad] backward.

atrasar ❖ vt to put back. ❖ vi to be slow. ◆ **atrasarse** vprnl **1.** [demorarse] to be late **2.** [quedarse atrás] to fall behind.

atraso sm [de evolución] backwardness. ◆ **atrasos** smpl fam arrears.

atravesar [19] vt **1.** [interponer] to put across **2.** [cruzar] to cross **3.** [perforar] to go through **4.** fig [vivir] to go through. ◆ **atravesarse** vprnl [interponerse] to be in the way ▸ **se me ha atravesado la vecina** fig I can't stand my neighbour.

atrayente adj attractive.

atreverse vprnl ▸ **atreverse (a hacer algo)** to dare (to do sthg) ▸ **se atreve con todo** he can tackle anything.

atrevido, da adj [osado] daring ; [caradura] cheeky.

atrevimiento sm **1.** [osadía] daring **2.** [insolencia] cheek.

atribución sf **1.** [imputación] attribution **2.** [competencia] responsibility.

atribuir [51] vt [imputar] ▸ **atribuir algo a** to attribute sthg to. ◆ **atribuirse** vprnl [méritos] to claim for o.s. ; [poderes] to assume ▸ **atribuirse la responsabilidad** to claim responsibility.

atributo sm attribute.

atril sm [para libros] bookrest ; MÚS music stand.

atrio sm **1.** [pórtico] portico **2.** [claustro] cloister **3.** [patio interior] atrium.

atrocidad sf [crueldad] atrocity.

atropellado, da adj hasty.

atropellar vt **1.** [suj: vehículo] to run over **2.** fig [suj: persona] to trample on. ◆ **atropellarse** vprnl [al hablar] to trip over one's words.

atropello sm **1.** [por vehículo] running over **2.** fig [moral] abuse.

atroz adj atrocious ; [dolor] awful.

ATS (abr de **ayudante técnico sanitario**) smf Esp qualified nurse.

atte. abr escrita de **atentamente**.

atuendo sm attire.

atún sm tuna.

aturdido, da adj dazed.

aturdir vt [gen] to stun ; [suj: alcohol] to fuddle ; [suj: ruido, luz] to bewilder.

audacia sf [intrepidez] daring.

audaz adj [intrépido] daring.

audición sf **1.** [gen] hearing **2.** MÚS & TEATRO audition.

audiencia sf **1.** [público, recepción] audience ▸ **índice de audiencia** audience ratings ▸ **récord de audiencia** record viewing figures **2.** [DER - juicio] hearing ; [- tribunal, edificio] court.

audífono sm hearing aid.

audio ❖ adj inv [material, archivo, libro] audio. ❖ sm sound.

audiovisual adj audiovisual.

auditivo, va adj ear (antes de sust).

auditor, ra sm, f FIN auditor.

auditoría sf FIN **1.** [profesión] auditing **2.** FIN [despacho] auditing company **3.** FIN [balance] audit.

auditorio sm **1.** [público] audience **2.** [lugar] auditorium.

auge sm [gen & ECON] boom.

augurar vt [suj: persona] to predict ; [suj: suceso] to augur.

augurio sm omen, sign.

aula sf (el) [de escuela] classroom ; [de universidad] lecture room.

aullar vi to howl.

aullido sm howl.

aumentar ❖ vt **1.** [gen] to increase ; [peso] to put on **2.** [en óptica] to magnify **3.** [sonido] to amplify. ❖ vi to increase ; [precios] to rise. ◆ **aumentarse** vprnl to increase, to be on the increase.

aumento sm **1.** [incremento] increase ; [de sueldo, precios] rise ▸ **ir en aumento** to be on the increase **2.** [en óptica] magnification.

aun ❖ adv even. ❖ conj : aun estando cansado, lo hizo even though he was tired, he did it

/ **ni aun puesta de puntillas llega** she can't reach it, even on tiptoe ▶ **aun cuando** even though ▶ **aun así** even so.

aún adv [todavía] still; *(en negativas)* yet, still / **no ha llegado aún** he hasn't arrived yet, he still hasn't arrived.

aunar vt to join, to pool. ◆ **aunarse** vprnl [aliarse] to unite.

aunque conj **1.** [a pesar de que] even though, although ; [incluso si] even if **2.** [pero] although.

aúpa interj ▶ **¡aúpa!** [¡levántate!] get up! ▶ **¡aúpa el Atleti!** up the Athletic!

au pair [o'per] smf inv au pair.

aupar vt to help up ; *fig* [animar] to cheer on. ◆ **auparse** vprnl to climb up.

aureola sf **1.** ASTRON & RELIG halo **2.** *fig* [fama] aura.

auricular sm [de teléfono] receiver. ◆ **auriculares** smpl [cascos] headphones.

aurora sf first light of dawn.

auscultación sf auscultation.

auscultar vt to sound *(with a stethoscope)*.

ausencia sf absence ▶ **brillar por su ausencia** to be conspicuous by one's/its absence.

ausentarse vprnl to go away.

ausente ◆ adj **1.** [no presente] absent / **estará ausente todo el día** he'll be away all day **2.** [distraído] absent-minded. ◆ smf **1.** [no presente] : **criticó a los ausentes** he criticized the people who weren't there **2.** DER missing person.

auspicio sm [protección] protection ▶ **bajo los auspicios de** under the auspices of.

austeridad sf austerity.

austero, ra adj [gen] austere.

austral ◆ adj southern. ◆ sm [moneda] austral.

Australia npr Australia.

australiano, na adj & sm, f Australian.

Austria npr Austria.

austriaco, ca, austríaco, ca adj & sm, f Austrian.

autarquía sf **1.** POLÍT autarchy **2.** ECON autarky.

autenticación sf [gen & INFORM] authentification.

autenticar vt INFORM to authenticate.

autenticidad sf authenticity.

auténtico, ca adj [gen] genuine ; [piel, joyas] genuine, real / **un auténtico imbécil** a real idiot ▶ **es un tío auténtico** he's a genuine bloke.

autentificación sf INFORM authentification.

autentificar [10] vt to authenticate.

auto sm **1.** *fam* [coche] car ; CSur [vehículo] car **2.** DER judicial decree.

autoabastecerse vprnl to supply o.s., to be self-sufficient / **autoabastecerse de** to be self-sufficient in.

autoadhesivo, va adj self-adhesive.

autoaprendizaje sm self-learning, self-study / **materiales de autoaprendizaje** self-study materials.

autobiografía sf autobiography.

autobronceador, ra adj [crema, producto] self-tanning. ◆ **autobronceador** sm self-tanner, self-tanning lotion, self-tanning cream.

autobús sm bus.

autocar sm ESP coach.

autocarril sm Am *type of bus that travels along rails.*

autocontrol sm self-control.

autóctono, na adj indigenous.

autodefensa sf self-defence.

autodestruirse vprnl to self-destruct.

autodeterminación sf self-determination.

autodidacta adj self-taught.

autodominio sm self-control.

autoedición sf INFORM desktop publishing.

autoempleado, da sm, f self-employed person.

autoempleo sm self-employment.

autoempresario, ria sm, f self-employed businessman, self-employed businesswoman.

autoescuela sf driving school.

autoestop, autostop sm hitch-hiking ▶ **hacer autoestop** to hitch-hike.

autoestopista, autostopista smf hitch-hiker.

autogobernarse vprnl to self-govern.

autógrafo sm autograph.

autómata sm *lit + fig* automaton.

automático, ca adj automatic. ◆ **automático** sm [botón] press-stud.

automatización sf automation.

automoción sf **1.** [facultad, condición] transport **2.** [transporte] : **medio de automoción** mode of transport / **la industria de la automoción** the automotive industry, the car industry UK.

automóvil sm car UK, automobile US.

automovilismo sm motoring ; DEP motor racing.

automovilista smf motorist, driver.

automovilístico, ca adj motor *(antes de sust)* ; DEP motor-racing *(antes de sust)*.

autonomía sf [POLÍT - facultad] autonomy [- territorio] autonomous region.

autonómico, ca adj autonomous.

autónomo, ma ◆ adj **1.** POLÍT autonomous **2.** [trabajador] self-employed ; [traductor, periodista] freelance. ◆ sm, f self-employed person [traductor, periodista] freelance.

autopista sf motorway UK, freeway US.

autoproclamarse vprnl to declare o.s.

autopsia sf autopsy, post-mortem.

autor, ra sm, f **1.** LITER author **2.** [de crimen] perpetrator.

autoría sf LITER authorship ; [de crimen] perpetration ; [de atentado] responsibility.

autoridad sf **1.** [gen] authority **2.** [ley] ▶ **la autoridad** the authorities pl.

autoritario, ria adj & sm, f authoritarian.

autorización sf authorization.

autorizado, da adj **1.** [permitido] authorized **2.** [digno de crédito] authoritative.

autorizar [13] vt **1.** [dar permiso] to allow ; [en situaciones oficiales] to authorize **2.** [capacitar] to allow, to entitle.

autorregulación sf self-regulation.

autorretrato sm self-portrait.

autoservicio sm **1.** [tienda] self-service shop / **ser autoservicio** to be self-service **2.** [restaurante] self-service restaurant.

autostop = autoestop.

autostopista = autoestopista.

autosuficiencia sf self-sufficiency.

autosuficiente adj self-sufficient.

autosugestionarse vprnl to autosuggest, to use autosuggestion.

autovía sf dual carriageway UK, state highway US.

auxiliar [8] ◆ adj [gen & GRAM] auxiliary. ◆ smf assistant ▶ **auxiliar administrativo** office clerk. ◆ vt to assist, to help.

auxilio sm assistance, help ▶ **pedir/prestar auxilio** to call for/give help ▶ **primeros auxilios** first aid (U) ▶ **¡socorro, auxilio!** help! help!

auyama sf CARIB COL pumpkin.

av., avda. (abr escrita de avenida) Ave.

aval sm **1.** [persona] guarantor **2.** [documento] guarantee, reference.

avalancha sf lit + fig avalanche.

avalar vt to endorse, to guarantee.

avalista smf guarantor.

avance sm **1.** [gen] advance **2.** FIN [anticipo] advance payment **3.** RADIO & TV - meteorológico etc] summary ; [- de futura programación] preview ▶ **avance informativo** news (U) in brief.

avanzado, da adj **1.** [gen] advanced / **de avanzada edad** advanced in years **2.** [progresista] progressive. ◆ **avanzada** sf **1.** MIL advance patrol **2.** AM ▶ **de avanzada** cutting-edge ▶ **tecnología de avanzada** cutting-edge technology.

avanzar [13] ◆ vi to advance. ◆ vt **1.** [adelantar] to move forward **2.** [anticipar] to tell in advance.

avaricia sf greed, avarice.

avaricioso, sa adj avaricious.

avaro, ra adj miserly, mean.

avasallar vt [arrollar] to overwhelm.

avatar sm **1.** (gen pl) [vicisitud] vagary **2.** INFORM avatar.

avda. (abr escrita de avenida) = av.

ave sf (el) [gen] bird ▶ **ser un ave pasajera o de paso** fig to be a rolling stone.

AVE (abr de alta velocidad española) sm Spanish high-speed train.

avecinarse vprnl to be on the way.

avellana sf hazelnut.

avellano sm hazel (tree).

avemaría sf (el) [oración] Hail Mary.

avena sf [grano] oats pl.

avenencia sf [acuerdo] compromise.

avenida sf avenue.

avenido, da adj ▶ **bien/mal avenidos** on good/bad terms.

avenirse [75] vprnl [ponerse de acuerdo] to come to an agreement ▶ **avenirse a algo/a hacer algo** to agree on sthg/to do sthg.

aventajado, da adj [adelantado] outstanding.

aventajar vt [rebasar] to overtake ; [estar por delante de] to be ahead of ▶ **aventajar a alguien en algo** to surpass sb in sthg.

aventar [19] vt **1.** [abanicar] to fan **2.** [trigo] to winnow **3.** ANDES CAM MÉX [empujar] to push, to shove ; [tirar] to throw. ◆ **aventarse** vprnl MÉX **1.** [tirarse] to throw oneself **2.** [atreverse] : *aventarse a hacer algo* to dare to do sthg.

aventón sm CAM MÉX PERÚ ▶ **dar aventón a alguien** to give sb a lift.

aventura sf **1.** [gen] adventure **2.** [relación amorosa] affair.

aventurado, da adj risky.

aventurarse vprnl to take a risk o risks, to venture ▶ **aventurarse a hacer algo** to dare to do sthg.

aventurero, ra ◆ adj adventurous. ◆ sm, f adventurer (adventuress).

avergonzado, da adj ashamed.

avergonzar [38] vt **1.** [deshonrar] to shame **2.** [abochornar] to embarrass. ◆ **avergonzarse** vprnl ▶ **avergonzarse (de) a)** [por culpa] to be ashamed (of) **b)** [por timidez] to be embarrassed (about).

avería sf [de máquina] fault ; AUTO breakdown.

averiado, da adj [máquina] out of order ; [coche] broken down.

averiar [9] vt to damage. ◆ **averiarse** vprnl [máquina] to be out of order ; AUTO to break down.

averiguación sf investigation.

averiguar [45] vt to find out.

aversión sf aversion.

avestruz sm ostrich.

aviación sf **1.** [navegación] aviation **2.** [ejército] airforce.

aviador, ra sm, f aviator.

aviar [9] vt [comida] to prepare.

avicultura sf poultry farming.

avidez sf eagerness.

ávido, da adj ▶ **ávido de** eager for.

avinagrado, da adj *lit + fig* sour.

avío sm [preparativo] preparation. ◆ **avíos** smpl **1.** *fam* [equipo] things, kit *(U)* **2.** [víveres] provisions *pl*.

avión sm plane, airplane UK ▶ **en avión** by plane ▶ **avión a reacción** jet ▶ **avión de papel** paper aeroplane.

avioneta sf light aircraft.

avisar vt **1.** [informar] ▶ **avisar a alguien** to let sb know, to tell sb **2.** [advertir] ▶ **avisar (de)** to warn (of) **3.** [llamar] to call, to send for.

aviso sm **1.** [advertencia, amenaza] warning **2.** AM [anuncio] advertisement, advert ▶ **aviso clasificado** classified advertisement **3.** [notificación] notice ; [en teatros, aeropuertos] call ▶ **hasta nuevo aviso** until further notice ▶ **sin previo aviso** without notice.

avispa sf wasp.

avispado, da adj *fam* sharp, quick-witted.

avispero sm [nido] wasp's nest.

avituallamiento sm provisioning.

avituallar vt to provide with food.

avivar vt **1.** [sentimiento] to rekindle **2.** [color] to brighten **3.** [fuego] to stoke up.

axila sf armpit.

axioma sm axiom.

ay *(pl* ayes) interj ▶ **¡ay!** a) [dolor físico] ouch! b) [sorpresa, pena] oh! ▶ **¡ay de ti si te cojo!** Heaven help you if I catch you!

aya → **ayo**.

ayer ◆ adv yesterday ; *fig* in the past ▶ **ayer (por la) noche** last night ▶ **ayer por la mañana** yesterday morning ▶ **antes de ayer** the day before yesterday. ◆ sm *fig* yesteryear.

aymara ◆ adj & smf Aymara (Indian). ◆ sm [idioma] Aymara.

ayo, aya sm, f [tutor] tutor (governess).

ayuda sf help, assistance ; ECON & POLÍT aid ▶ **ayuda en carretera** breakdown service ▶ **ayuda humanitaria** humanitarian aid.

ayudante adj & smf assistant.

ayudar vt to help ▶ **ayudar a alguien a hacer algo** to help sb (to) do sthg / *¿en qué puedo ayudarle?* how can I help you? ◆ **ayudarse** vprnl ▶ **ayudarse de** to make use of.

ayunar vi to fast.

ayunas sfpl ▶ **en ayunas** a) [sin comer] without having eaten b) *fig* [sin enterarse] in the dark.

ayuno sm fast ▶ **hacer ayuno** to fast.

ayuntamiento sm **1.** [corporación] ≃ town council **2.** [edificio] town hall UK, city hall US.

azabache sm jet ▶ **negro como el azabache** jet-black.

azada sf hoe.

azafata sf ▶ **azafata (de vuelo)** air hostess UK, air stewardess.

azafate sm CAM CARIB MÉX PERÚ [bandeja] tray.

azafrán sm saffron, crocus.

azahar sm [del naranjo] orange blossom ; [del limonero] lemon blossom.

azalea sf azalea.

azar sm chance, fate ▶ **al azar** at random ▶ **por (puro) azar** by (pure) chance.

azorar vt to embarrass. ◆ **azorarse** vprnl to be embarrassed.

azotar vt (suj: persona) to beat ; [en el trasero] to smack ; [con látigo] to whip.

azote sm **1.** [golpe] blow ; [en el trasero] smack ; [latigazo] lash **2.** *fig* [calamidad] scourge.

azotea sf [de edificio] terraced roof ▶ **estar mal de la azotea** *fam & fig* to be funny in the head.

azteca adj & smf Aztec.

azúcar sm o sf sugar.

azucarado, da adj sweet, sugary.

azucarero, ra adj sugar *(antes de sust)*. ◆ **azucarero** sm sugar bowl. ◆ **azucarera** sf **1.** [fábrica] sugar factory **2.** [recipiente] sugar bowl.

azucena sf white lily.

azufre sm sulphur.

azul adj & sm blue.

azulado, da adj bluish.

azulejo sm (glazed) tile.

azuzar [13] vt [animal] to set on.

B

b, B sf [letra] b, B.

baba sf [saliva - de niño] dribble ; [- de adulto] saliva ; [- de perro] slobber ▶ **echar babas** to drool.

babear vi [niño] to dribble ; [adulto, animal] to slobber ; *fig* to drool.

babero sm bib.

babi sm child's overall.

bable sm Asturian dialect.

babor sm ▶ **a babor** to port.

babosada sf CAM MÉX *fam* daft thing.

baboso, sa adj 〈Am〉 *fam* [tonto] daft, stupid.
  ◆ **babosa** sf ZOOL slug.

babucha sf slipper.

baca sf roof o luggage rack.

bacalao sm 1. [fresco] cod ; [salado] dried salted
cod ▸ *partir* o *cortar el bacalao* *fam* & *fig* to
be the boss.

bacán 〈RDom〉 ◆ adj fine. ◆ sm toff ▸ *como
un bacán* like a real gentleman.

bacanal sf orgy.

bachata sm 〈Cuba〉 〈PRico〉 party / *estar de bachata* to party, to have a good time.

bache sm 1. [en carretera] pothole 2. *fig* [difi-
cultades] bad patch 3. [en un vuelo] air pocket.

bachillerato sm *Spanish two-year course of
secondary studies for academically orientated
16-18-year-olds.*

bacinica sf 〈Am〉 chamber pot.

bacon ['beikon] sm inv bacon.

bacteria sf germ ▸ *bacterias* bacteria.

badén sm [de carretera] ditch.

bádminton ['baðminton] sm inv badminton.

bafle, baffle sm loudspeaker.

bagaje sm *fig* background ▸ *bagaje cultural*
cultural baggage.

bagatela sf trifle.

Bahamas sfpl ▸ *las Bahamas* the Bahamas.

bahía sf bay.

bailable adj danceable.

bailaor, ra sm, f flamenco dancer.

bailar ◆ vt to dance. ◆ vi [danzar] to dance.

bailarín, ina sm, f dancer ; [de ballet] ballet dancer ▸ *prima bailarina* prima ballerina.

baile sm 1. [gen] dance ▸ *baile clásico* ballet
▸ *baile de salón* ballroom dancing 2. [fiesta] ball.

baja sf ⟶ **bajo**.

bajada sf 1. [descenso] descent ▸ *bajada de
bandera* [de taxi] minimum fare 2. [pendiente]
(downward) slope 3. [disminución] decrease, drop.

bajamar sf low tide.

bajar ◆ vt 1. [poner abajo - libro, cuadro etc]
to take/bring down ; [- telón, ventanilla, mano] to
lower 2. [descender - montaña, escaleras] to go/
come down 3. [precios, inflación, hinchazón] to
reduce ; [música, volumen, radio] to turn down ;
[fiebre] to bring down 4. [ojos, cabeza, voz] to
lower. ◆ vi 1. [descender] to go/come down
▸ *bajar por algo* to go/come down to get sthg
▸ *bajar corriendo* to run down 2. [disminuir]
to fall, to drop ; [fiebre, hinchazón] to go/come
down ; [Bolsa] to suffer a fall. ◆ **bajarse** vprnl
▸ *bajarse (de)* a) [coche] to get out (of) b) [moto,
tren, avión] to get off c) [árbol, escalera, silla] to
get/come down (from).

bajativo sm 〈Andes〉 〈RP〉 [licor] digestive liqueur ;
[tisana] herbal tea.

bajeza sf 1. [cualidad] baseness 2. [acción]
nasty deed.

bajial sm 〈Méx〉 〈Perú〉 lowland.

bajío sm 1. [en el mar] sandbank 2. [terreno
bajo] lowland.

bajo, ja adj 1. [gen] low ; [persona] short ; [plan-
ta] ground *(antes de sust)* ; [sonido] soft, faint ▸ *en
voz baja* in a low voice 2. [territorio, época]
lower / *el bajo Amazonas* the lower Amazon
3. [pobre] lower-class 4. [vil] base. ◆ **bajo**
◆ sm 1. *(gen pl)* [dobladillo] hem 2. [piso]
ground floor flat 3. [MÚS - instrumento, can-
tante] bass ; [- instrumentista] bassist. ◆ adv
1. [gen] low 2. [hablar] quietly. ◆ prep 1. [gen]
under 2. [con temperaturas] below. ◆ **baja** sf
1. [descenso] drop, fall 2. [cese] ▸ *dar de baja a
alguien* a) [en una empresa] to lay sb off b) [en
un club, sindicato] to expel sb ▸ *darse de baja
(de)* a) [dimitir] to resign (from) b) [salirse] to
drop out (of) 3. [por enfermedad - permiso] sick
leave *(U)* ; [- documento] sick note ▸ *estar/darse
de baja* to be on/to take sick leave ▸ *baja por
maternidad/paternidad* maternity/paternity
leave 4. MIL loss, casualty.

bajón sm slump ▸ *dar un bajón* to slump ; [suj
- mercado, producción] to slump ; [- persona] to
go downhill.

bala sf 1. [proyectil] bullet 2. [fardo] bale.

balacear vt 〈Am〉 [tirotear] to shoot.

balacera sf 〈Am〉 shoot-out.

balada sf ballad.

balance sm 1. [COM - operación] balance ; [- do-
cumento] balance sheet 2. [resultado] outcome
▸ *balance ecológico* ecological balance ▸ *hacer
balance (de)* to take stock (of).

balancear vt [cuna] to rock ; [columpio] to
swing. ◆ **balancearse** vprnl [en cuna, mecedo-
ra] to rock ; [en columpio] to swing ; [barco] to roll.

balanceo sm 1. [gen] swinging ; [de cuna,
mecedora] rocking ; [de barco] roll 2. 〈Am〉 AUTO
wheel balance.

balancín sm 1. [mecedora] rocking chair ; [en
jardín] swing hammock 2. [columpio] seesaw.

balanza sf 1. [báscula] scales *pl* 2. COM ▸ *balanza comercial/de pagos* balance of trade/
payments.

balar vi to bleat.

balaustrada sf balustrade.

balazo sm [disparo] shot ; [herida] bullet wound.

balboa sm balboa.

balbucear = balbucir.

balbuceo sm babbling.

balbucir [79], **balbucear** vi & vt to babble.

Balcanes smpl ▸ *los Balcanes* the Balkans.

balcón sm [terraza] balcony.

balde sm pail, bucket. ◆ **en balde** loc adv in vain ▶ **no ha sido en balde** it wasn't in vain.

baldosa sf [en casa, edificio] floor tile ; [en la acera] paving stone.

baldosín sm tile.

balear ◆ vt 𝐀𝐌 to shoot. ◆ adj Balearic.

Baleares sfpl ▶ **las (islas) Baleares** the Balearic Islands.

baleo sm 𝐀𝐌 shootout.

balido sm bleat, bleating (U).

balín sm pellet.

balístico, ca adj ballistic.

balística sf NÁUT marker buoy ; AERON beacon.

ballena sf [animal] whale.

ballesta sf 1. HIST crossbow 2. AUTO (suspension) spring.

ballet [ba'le] (pl ballets) sm ballet.

balneario sm 1. [con baños termales] spa 2. 𝐀𝐌 [con piscinas, etc] ≃ lido.

balompié sm football.

balón sm [pelota] ball ▶ **balón de reglamento** regulation ball.

baloncesto sm basketball.

balonmano sm handball.

balonvolea sm volleyball.

balsa sf 1. [embarcación] raft 2. [estanque] pond, pool.

balsámico, ca adj 1. [de bálsamo] balsamic / **vinagre balsámico** balsamic vinegar 2. [tranquilizante] soothing / **una pastilla balsámica** a soothing pastille.

bálsamo sm 1. [medicamento] balsam 2. [alivio] balm.

balsero, ra sm, f 𝐂𝐔𝐁𝐀 refugee fleeing Cuba on a raft.

Báltico sm ▶ **el (mar) Báltico** the Baltic (Sea).

baluarte sm 1. [fortificación] bulwark 2. fig [bastión] bastion, stronghold.

bambolear vi to shake. ◆ **bambolearse** vprnl [gen] to sway ; [mesa, silla] to wobble.

bambú (pl bambúes o bambús) sm bamboo.

banal adj banal.

banana sf 𝐀𝐌 banana.

banca sf 1. [actividad] banking ▶ **banca electrónica** INTERNET electronic banking, e-banking ▶ **banca por Internet** Internet banking ▶ **banca en línea** online banking ▶ **banca telefónica** telephone banking 2. [institución] ▶ **la banca** the banks pl 3. [en juegos] bank 4. 𝐀𝐍𝐃𝐄𝐒 𝐑𝐏 [escaño] seat.

bancario, ria adj banking (antes de sust).

bancarrota sf bankruptcy ▶ **en bancarrota** bankrupt.

banco sm 1. [asiento] bench ; [de iglesia] pew 2. FIN bank 3. [de peces] shoal 4. [de ojos,

semen etc] bank 5. [de carpintero, artesano etc] workbench. ◆ **banco de arena** sm sandbank. ◆ **Banco Mundial** sm ▶ **el Banco Mundial** the World Bank.

banda sf 1. [cuadrilla] gang ▶ **banda terrorista** terrorist organization 2. MÚS band 3. [faja] sash 4. [cinta] ribbon 5. [franja] stripe 6. RADIO waveband 7. [margen] side ; [en billar] cushion ; [en fútbol] touchline ▶ **fuera de banda** out of play ▶ **sacar de banda** to throw the ball in. ◆ **banda ancha** sf INFORM broadband. ◆ **banda magnética** sf magnetic strip. ◆ **banda sonora** sf soundtrack.

bandada sf [de aves] flock ; [de peces] shoal.

bandazo sm [del barco] lurch ▶ **dar bandazos** a) [barco, borracho] to lurch b) fig [ir sin rumbo] to chop and change.

bandeja sf tray ▶ **servir o dar algo a alguien en bandeja** fig to hand sthg to sb on a plate ▶ **bandeja de entrada** INFORM inbox ▶ **bandeja de salida** INFORM outbox.

bandera sf flag ▶ **jurar bandera** to swear allegiance (to the flag) ▶ **estar hasta la bandera** to be packed.

banderazo sm 1. DEP [señal de salida] starting signal ; [señal de llegada] chequered flag 𝐔𝐊, checkered flag 𝐔𝐒 2. 𝐌𝐄𝐗 𝐕𝐄𝐍 [en taxi] minimum fare.

banderilla sf TAUROM banderilla (barbed dart thrust into bull's back).

banderín sm [bandera] pennant.

bandido, da sm, f 1. [delincuente] bandit 2. [granuja] rascal.

bando sm 1. [facción] side ▶ **pasarse al otro bando** to change sides 2. [de alcalde] edict.

bandolero, ra sm, f bandit. ◆ **bandolera** sf [correa] bandoleer ▶ **en bandolera** slung across one's chest.

bandurria sf small 12-stringed guitar.

banjo ['banʒo] sm banjo.

banner ['baner] sm INFORM banner / banner publicitario banner (ad).

banquero, ra sm, f banker.

banqueta sf 1. [asiento] stool 2. 𝐂𝐀𝐌 𝐌𝐄𝐗 [acera] pavement 𝐔𝐊, sidewalk 𝐔𝐒.

banquete sm [comida] banquet.

banquillo sm 1. [asiento] low stool 2. DEP bench.

banquina sf 𝐑𝐏 [arcén] hard shoulder 𝐔𝐊, shoulder 𝐔𝐒.

bañadera sf 𝐀𝐑𝐆 [bañera] bath.

bañado sm 𝐁𝐎𝐋 𝐑𝐏 [terreno] marshy area.

bañador sm [for women] swimsuit ; [for men] swimming trunks pl.

bañar vt 1. [asear] to bath ; MED to bathe 2. [sumergir] to soak, to submerge 3. [revestir] to coat. ◆ **bañarse** vprnl 1. [en el baño] to have o take a bath, to bathe **US** **2.** [en playa, piscina] to go swimming.

bañera sf bathtub, bath ▸ **bañera de hidromasaje** whirlpool bath.

bañista smf bather.

baño sm **1.** [acción - en bañera] bath ; [en playa, piscina] swim ▸ **darse un baño a)** [en bañera] to have o take a bath **b)** [en playa, piscina] to go for a swim **2.** [bañera] bathtub, bath **3.** [cuarto de aseo] bathroom **4.** [capa] coat.

bar sm bar.

barahúnda sf racket, din.

baraja sf pack (of cards).

barajar vt **1.** [cartas] to shuffle **2.** [considerar - nombres, posibilidades] to consider ; [- datos, cifras] to marshal, to draw on.

baranda, barandilla sf [de escalera] handrail ; [de balcón] rail.

barata sf ⟶ **barato**.

baratero, ra sm, f **Am** [comerciante] discount retailer.

baratija sf trinket, knick-knack.

baratillo sm [tienda] junkshop ; [mercadillo] flea market.

barato, ta adj cheap. ◆ **barato** adv cheap, cheaply.

barba sf beard ▸ **barba incipiente** stubble ▸ **por barba** [cada uno] per head.

barbacoa sf barbecue.

barbaridad sf **1.** [cualidad] cruelty ▸ **¡qué barbaridad!** how terrible! **2.** [disparate] nonsense (U) **3.** [montón] ▸ **una barbaridad (de)** tons (of) / **se gastó una barbaridad** she spent a fortune.

barbarie sf [crueldad - cualidad] cruelty, savagery ; [- acción] atrocity.

barbarismo sm **1.** [extranjerismo] foreign word **2.** [incorrección] substandard usage.

bárbaro, ra ⟷ adj **1.** HIST barbarian **2.** [cruel] barbaric, cruel **3.** [bruto] uncouth, coarse **4.** fam [extraordinario] brilliant, great. ⟷ sm, f HIST barbarian. ◆ **bárbaro** adv fam [magníficamente] ▸ **pasarlo bárbaro** to have a wild time.

barbecho sm fallow (land) ▸ **estar en barbecho** to be left fallow.

barbería sf barber's (shop).

barbero, ra sm, f barber.

barbilampiño, ña adj beardless.

barbilla sf chin.

barbo sm barbel ▸ **barbo de mar** red mullet.

barbotar vi & vt to mutter.

barbudo, da adj bearded.

barca sf dinghy, small boat.

Barça sm DEP Barça (Catalan name of the Barcelona football team).

barcaza sf barge.

Barcelona npr Barcelona.

barcelonés, esa ⟷ adj of/relating to Barcelona. ⟷ sm, f native/inhabitant of Barcelona.

barco sm [gen] boat ; [de gran tamaño] ship ▸ **en barco** by boat ▸ **barco cisterna** tanker ▸ **barco de guerra** warship ▸ **barco mercante** cargo ship ▸ **barco de vapor** steamer, steamboat ▸ **barco de vela** sailing boat, sail boat **US**.

baremo sm [escala] scale.

bario sm barium.

barítono sm baritone.

barman ['barman] (pl **barmans**) sm barman, bartender **US**.

barniz sm [para madera] varnish ; [para loza, cerámica] glaze.

barnizado, da adj [madera] varnished ; [cerámica] glazed.

barnizar [13] vt [madera] to varnish ; [loza, cerámica] to glaze.

barómetro sm barometer.

barón, onesa sm, f baron (baroness).

barquero, ra sm, f boatman (boatwoman).

barquillo sm CULIN cornet, cone.

barra sf **1.** [gen] bar ; [de hielo] block ; [para cortinas] rod ; [en bicicleta] crossbar ▸ **la barra** [de tribunal] the bar ▸ **barra de labios** lipstick ▸ **barra de pan** baguette, French stick **2.** [de bar, café] bar (counter) ▸ **barra libre** unlimited drink for a fixed price **3.** [signo gráfico] slash, oblique stroke **4.** **ANDES** **RP** [de amigos] gang ▸ **barra brava** **RDom** group of violent soccer fans **5.** INFORM : barra de estado status bar / barra de herramientas tool bar / barra de menús menu bar.

barrabasada sf fam mischief (U).

barraca sf **1.** [chabola] shack **2.** [caseta de feria] stall **3.** [en Valencia y Murcia] thatched farmhouse.

barranco sm **1.** [precipicio] precipice **2.** [cauce] ravine.

barranquismo sm canyoning.

barraquismo sm shanty towns pl.

barrena sf drill.

barrenar vt [taladrar] to drill.

barrendero, ra sm, f street sweeper.

barreno sm **1.** [instrumento] large drill **2.** [agujero - para explosiones] blast hole.

barreño sm washing-up bowl.

barrer vt **1.** [con escoba, reflectores] to sweep **2.** [suj: viento, olas] to sweep away.

barrera sf **1.** [gen] barrier ; FERROC crossing gate ; [de campo, casa] fence ▸ **barreras arancelarias** tariff barriers ▸ **barrera de pago** INTERNET paywall **2.** DEP wall. ◆ **barrera de seguridad** sf [en carretera] safety barrier.

barriada sf **1.** neighbourhood, area **2.** **Am** [pobre] shanty town.

barricada sf barricade.

barrido sm **1.** [con escoba] sweep, sweeping (U) **2.** TECNOL scan, scanning (U) **3.** CINE pan, panning (U).

barriga sf belly.

barrigón, ona adj paunchy.

barril sm barrel ▶ **de barril** [bebida] draught.

barrio sm [vecindario] area, neighborhood US / **barrio ecológico** eco-friendly community / **irse al otro barrio** Esp fam to kick the bucket.

barriobajero, ra despec adj low-life (antes de sust).

barrizal sm mire.

barro sm **1.** [fango] mud **2.** [arcilla] clay **3.** [grano] blackhead.

barroco, ca adj ARTE baroque. ◆ **barroco** sm ARTE baroque.

barrote sm bar.

bartola ◆ **a la bartola** loc adv fam ▶ **tumbarse a la bartola** to lounge around.

bártulos smpl things, bits and pieces.

barullo sm fam **1.** [ruido] din, racket ▶ **armar barullo** to raise hell **2.** [desorden] mess.

basar vt [fundamentar] to base. ◆ **basarse en** vprnl (suj: teoría, obra etc) to be based on ; [suj: persona] to base one's argument on.

basca sf [náusea] nausea.

báscula sf scales pl.

bascular vi to tilt.

base sf **1.** [gen, MAT & MIL] base ; [de edificio] foundations pl ▶ **base naval** naval base **2.** [fundamento, origen] basis ▶ **sentar las bases para** to lay the foundations of **3.** [de partido, sindicato] ▶ **las bases** the grass roots pl , the rank and file **4.** loc ▶ **a base de** by (means of) / **me alimento a base de verduras** I live on vegetables ▶ **a base de bien** extremely well ▶ **a base de trabajar mucho** by working hard. ◆ **base de datos** sf INFORM database.

básicamente adv basically.

básico, ca adj basic ▶ **lo básico de** the basics of.

basílica sf basilica.

básquet, básquetbol sm Am basketball.

basquetbolista smf Am basketball player.

basta interj ▶ **¡basta!** that's enough! ▶ **¡basta de chistes/tonterías!** that's enough jokes/of this nonsense!

bastante ◇ adv **1.** [suficientemente] enough ▶ **es lo bastante lista para...** she's smart enough to... **2.** [considerablemente - antes de adj o adv] quite, pretty ; [- después de verbo] quite a lot / **me gustó bastante** I quite enjoyed it, I enjoyed it quite a lot. ◇ adj **1.** [suficiente] enough / **no tengo dinero bastante** I haven't enough money **2.** [mucho] : **éramos bastantes** there were quite a few of us / **tengo bastante frío** I'm quite o pretty cold.

bastar vi to be enough ▶ **basta con que se lo digas** it's enough for you to tell her / **con ocho basta** eight is enough ▶ **baste decir que...** suffice it to say that... ▶ **con la intención basta** it's the thought that counts. ◆ **bastarse** vprnl to be self-sufficient.

bastardilla ⟶ **letra**.

bastardo, da adj **1.** [hijo etc] bastard (antes de sust) **2.** despec [innoble] mean, base.

bastidor sm [armazón] frame. ◆ **bastidores** smpl TEATRO wings.

basto, ta adj coarse. ◆ **bastos** smpl [naipes] ≃ clubs.

bastón sm **1.** [para andar] walking stick **2.** [de mando] baton ▶ **empuñar el bastón** fig to take the helm **3.** [para esquiar] ski stick.

bastoncillo sm [para oídos] cotton bud UK, cotton swab US, Q-Tip® US.

basura sf lit + fig rubbish UK, garbage US, trash US ▶ **tirar algo a la basura** to throw sthg away ▶ **basura radiactiva** radioactive waste.

basurero sm **1.** [persona] dustman UK, garbage man US **2.** [vertedero] rubbish dump.

bata sf **1.** [de casa] housecoat ; [para baño, al levantarse] dressing gown, robe US / **bata de baño** Am bathrobe **2.** [de médico] white coat ; [de laboratorio] lab coat.

batacazo sm bump, bang.

batalla sf battle.

batallar vi [con armas] to fight.

batallón sm MIL batallion.

batata sf sweet potato.

bate sm DEP bat.

batear ◇ vt to hit. ◇ vi to bat.

batería sf **1.** ELECTR & MIL battery **2.** MÚS drums pl **3.** [conjunto] set ; [de preguntas] barrage ▶ **batería de cocina** pots pl and pans.

batido, da adj **1.** [nata] whipped ; [clara] whisked **2.** [senda, camino] well-trodden. ◆ **batido** sm [bebida] milkshake. ◆ **batida** sf **1.** [de caza] beat **2.** [de policía] combing, search.

batidora sf [eléctrica] mixer.

batín sm short dressing gown.

batir vt **1.** [gen] to beat ; [nata] to whip ; [récord] to break **2.** [suj: olas, lluvia, viento] to beat against **3.** [derribar] to knock down **4.** [explorar - suj: policía etc] to comb, to search. ◆ **batirse** vprnl [luchar] to fight.

batuta sf baton ▶ **llevar la batuta** fig to call the tune.

baúl sm **1.** [cofre] trunk **2.** Arg Col [maletero] boot UK, trunk US.

bautismo sm baptism.

bautizar [13] vt **1.** RELIG to baptize, to christen **2.** fam & fig [aguar] to dilute.

bautizo sm RELIG baptism, christening.

baya sf berry.

bayeta sf **1.** [tejido] flannel **2.** [para fregar] cloth ; [de gamuza] chamois.

bayo, ya adj bay.

bayoneta sf bayonet.

baza sf **1.** [en naipes] trick **2.** *loc* ▶ **meter baza en algo** to butt in on sthg / **no pude meter baza (en la conversación)** I couldn't get a word in edgeways ▶ **no jugó bien su baza** he didn't play his cards right.

bazar sm bazaar.

bazo sm ANAT spleen.

bazofia sf **1.** [comida] pigswill *(U)* **2.** *fig* [libro, película etc] rubbish *(U)*.

bazuca, bazooka sm bazooka.

BCE *(abr de* **Banco Central Europeo)** sm ECB.

be sf **Am** ▶ **be larga** o **grande** b.

beatificar [10] vt to beatify.

beato, ta adj **1.** [beatificado] blessed **2.** [piadoso] devout **3.** *fig* [santurrón] sanctimonious.

bebe, ba sm, f **CSur** *fam* baby.

bebé sm baby ▶ **bebé probeta** test-tube baby.

bebedero sm [de jaula] water dish.

bebedor, ra sm, f heavy drinker.

beber ❖ vt [líquido] to drink. ❖ vi [tomar líquido] to drink.

bebida sf drink / **bebida alcohólica** alcoholic drink ▶ **bebida energética** energy drink ▶ **darse** o **entregarse a la bebida** to take to the bottle.

bebido, da adj drunk.

beca sf [del gobierno] grant ; [de organización privada] scholarship.

becar [10] vt (suj: gobierno) to award a grant to ; (suj: organización privada) to award a scholarship to.

becario, ria sm, f **1.** [del gobierno] grant holder ; [de organización privada] scholarship holder **2.** [en prácticas] *person on a work placement,* intern **US**.

becerro, rra sm, f calf.

bechamel [betʃa'mel] = **besamel**.

bedel sm janitor.

befa sf jeer ▶ **hacer befa de** to jeer at.

begonia sf begonia.

beicon sm bacon.

beige [beis] adj inv & sm inv beige.

béisbol sm baseball.

belén sm [de Navidad] crib, Nativity scene.

belfo, fa adj thick-lipped.

belga adj & smf Belgian.

Bélgica npr Belgium.

Belice npr Belize.

bélico, ca adj [gen] war *(antes de sust)* ; [actitud] bellicose, warlike.

belicoso, sa adj bellicose ; *fig* aggressive.

beligerante adj & smf belligerent.

bellaco, ca sm, f villain, scoundrel.

belleza sf beauty.

bello, lla adj beautiful.

bellota sf acorn.

bemol ❖ adj flat. ❖ sm MÚS flat ▶ **tener (muchos) bemoles a)** [ser difícil] to be tricky **b)** [tener valor] to have guts **c)** [ser un abuso] to be a bit rich o much.

bencina sf **CHILE** petrol **UK**, gas **US**.

bencinera sf **CHILE** petrol station **UK**, gas station **US**.

bendecir [66] vt to bless.

bendición sf blessing.

bendito, ta adj **1.** [santo] holy ; [alma] blessed **2.** [dichoso] lucky **3.** [para enfatizar] damned.

benefactor, ra sm, f benefactor (benefactress).

beneficencia sf charity.

beneficiar [8] vt to benefit. ❖ **beneficiarse** vprnl to benefit ▶ **beneficiarse de algo** to do well out of sthg.

beneficiario, ria sm, f [de herencia, póliza] beneficiary ; [de cheque] payee.

beneficio sm **1.** [bien] benefit ▶ **a beneficio de** [gala, concierto] in aid of ▶ **en beneficio de** for the good of ▶ **en beneficio de todos** in everyone's interest ▶ **en beneficio propio** for one's own good **2.** [ganancia] profit ▶ **beneficio bruto / neto** gross/net profit.

beneficioso, sa adj ▶ **beneficioso (para)** beneficial (to).

benéfico, ca adj **1.** [favorable] beneficial **2.** [rifa, función] charity *(antes de sust)* ; [organización] charitable.

beneplácito sm consent.

benevolencia sf benevolence.

benevolente, benévolo, la adj benevolent.

bengala sf **1.** [para pedir ayuda, iluminar etc] flare **2.** [fuego artificial] sparkler.

benigno, na adj **1.** [gen] benign **2.** [clima, temperatura] mild.

benjamín, ina sm, f youngest child.

berberecho sm cockle.

berenjena sf aubergine **UK**, eggplant **US**.

berma sf **ANDES** [arcén] hard shoulder **UK**, shoulder **US**.

bermejo, ja adj reddish.

bermellón adj inv & sm vermilion.

bermudas sfpl Bermuda shorts.

berrear vi **1.** [animal] to bellow **2.** [persona] to howl.

berrido sm **1.** [del becerro] bellow, bellowing *(U)* **2.** [de persona] howl, howling *(U)*.

berrinche sm fam tantrum ▸ **coger o agarrarse un berrinche** to throw a tantrum.

berro sm watercress.

berza sf cabbage.

besamel, bechamel sf béchamel sauce.

besar vt to kiss. ◆ **besarse** vprnl to kiss.

beso sm kiss / *beso de tornillo* [Esp] fam French kiss ▸ **dar un beso a alguien** to kiss sb, to give sb a kiss.

bestia ◆ adj 1. [ignorante] thick, stupid 2. [torpe] clumsy 3. [maleducado] rude. ◆ smf [ignorante, torpe] brute. ◆ sf [animal] beast ▸ **bestia de carga** beast of burden.

bestial adj 1. [brutal] animal, brutal ; [apetito] tremendous 2. fam [formidable] terrific.

bestialidad sf 1. [brutalidad] brutality 2. fam [tontería] rubbish (U), nonsense (U) 3. fam [montón] ▸ **una bestialidad de** tons pl o stacks pl of.

best-seller [bes'seler] (pl best-sellers) sm best-seller.

besucón, ona fam adj kissy.

besugo sm 1. [pez] sea bream 2. fam [persona] idiot.

besuquear fam vt to smother with kisses. ◆ **besuquearse** vprnl fam to smooch.

betabel sf [Méx] beetroot [UK], beet [US].

betarraga sf [Andes] beetroot [UK], beet [US].

bético, ca adj [andaluz] Andalusian.

betún sm 1. [para calzado] shoe polish 2. QUÍM bitumen.

bianual adj 1. [dos veces al año] twice-yearly 2. [cada dos años] biennial.

biberón sm (baby's) bottle ▸ **dar el biberón a** to bottle-feed.

Biblia sf Bible.

bibliografía sf bibliography.

bibliorato sm [RDom] lever arch file.

biblioteca sf 1. [gen] library 2. [mueble] bookcase.

bibliotecario, ria sm, f librarian.

bicarbonato sm [medicamento] bicarbonate of soda.

bicentenario sm bicentenary.

bíceps sm inv biceps.

bicho sm 1. [animal] beast, animal ; [insecto] bug 2. [pillo] little terror.

bici sf fam bike.

bicicleta sf bicycle.

bicicross sm cyclo-cross.

bicitaxi sm cycle taxi.

bicolor adj two-coloured.

bidé sm bidet.

bidimensional adj two-dimensional.

bidón sm drum (for oil etc) ; [lata] can, canister ; [de plástico] (large) bottle.

biela sf connecting rod.

bien ◆ adv 1. [como es debido, adecuado] well / *has hecho bien* you did the right thing / *habla inglés bien* she speaks English well / *cierra bien la puerta* shut the door properly ▸ **hiciste bien en decírmelo** you were right to tell me 2. [expresa opinión favorable] ▸ **estar bien a)** [de aspecto] to be nice **b)** [de salud] to be o feel well **c)** [de calidad] to be good **d)** [de comodidad] to be comfortable / *está bien que te vayas, pero antes despídete* it's all right for you to go, but say goodbye first ▸ **oler bien** to smell nice ▸ **pasarlo bien** to have a good time ▸ **sentar bien a alguien a)** [ropa] to suit sb **b)** [comida] to agree with sb **c)** [comentario] to please sb 3. [muy, bastante] very / *hoy me he levantado bien temprano* I got up nice and early today / *quiero un vaso de agua bien fría* I'd like a nice cold glass of water 4. [vale, de acuerdo] all right, OK / *¿nos vamos? — bien* shall we go? — all right o OK 5. [de buena gana, fácilmente] quite happily / *ella bien que lo haría, pero no la dejan* she'd be happy to do it, but they won't let her 6. loc ▸ **¡está bien!** a) [bueno, vale] all right then! b) [es suficiente] that's enough! ▸ **¡ya está bien!** that's enough! ▸ **¡muy bien!** very good!, excellent! ◆ adj inv [adinerado] well-to-do. ◆ conj ▸ **bien... bien** either... or / *dáselo bien a mi hermano, bien a mi padre* either give it to my brother or my father. ◆ sm good / *el bien y el mal* good and evil ▸ **por el bien de** for the sake of / *lo hice por tu bien* I did it for your own good. ◆ **bienes** smpl 1. [patrimonio] property (U) ▸ **bienes inmuebles o raíces** real estate (U) ▸ **bienes gananciales** shared possessions ▸ **bienes muebles** personal property (U) 2. [productos] goods ▸ **bienes de consumo** consumer goods. ◆ **más bien** loc adv rather / *no estoy contento, más bien estupefacto* I'm not so much happy as stunned. ◆ **no bien** loc adv no sooner, as soon as / *no bien me había marchado cuando empezaron a...* no sooner had I gone than they started... ◆ **si bien** loc conj although, even though.

bienal sf biennial exhibition.

bienaventurado, da sm, f RELIG blessed person.

bienestar sm wellbeing.

bienhechor, ra sm, f benefactor (benefactress).

bienio sm [periodo] two years pl.

bienvenido, da ◆ adj welcome ▸ **¡bienvenido!** welcome! ◆ **bienvenida** sf welcome ▸ **dar la bienvenida a alguien** to welcome sb.

bies sm inv bias binding.

bife sm [Andes] [RP] steak / *bife ancho* entrecote.

bífido, da adj forked.

bifocal adj bifocal / *gafas bifocales* bifocals.

biftec = **bistec**.

bifurcación sf [entre calles] fork ; TECNOL bifurcation.

bifurcarse [10] vprnl to fork.

bigamia sf bigamy.

bígamo, ma ◆ adj bigamous. ◆ sm, f bigamist.

bigote sm moustache.

bigotudo, da adj with a big moustache.

bigudí (pl **bigudíes** o **bigudís**) sm curler.

bikini = **biquini**.

bilateral adj bilateral.

biliar adj bile (antes de sust).

bilingüe adj bilingual.

bilis sf inv lit + fig bile.

billar sm 1. [juego] billiards (U) 2. [sala] billiard hall.

billete sm 1. [dinero] note UK, bill US / **billete chico** AM small denomination note UK, small denomination bill US 2. [de rifa, transporte, cine etc] ticket ▸ **billete de ida** single (ticket) ▸ **billete de ida y vuelta** return (ticket) UK, round-trip (ticket) US ▸ **billete electrónico** e-ticket ▸ **billete sencillo** single (ticket) UK, one-way (ticket) US 3. [de lotería] lottery ticket.

billetera sf wallet.

billetero sm = **billetera**.

billón num billion UK, trillion US. Ver también seis.

binacional adj binational.

bingo sm 1. [juego] bingo 2. [sala] bingo hall 3. [premio] (full) house.

binóculo sm pince-nez.

biocombustible sm biofuel.

biodegradable adj biodegradable.

biodiversidad sf biodiversity.

bioética sf bioethics.

biografía sf biography.

biográfico, ca adj biographical.

biógrafo, fa sm, f [persona] biographer.

bioindustria sf bioindustry.

biología sf biology.

biológico, ca adj biological.

biólogo, ga sm, f biologist.

biombo sm (folding) screen.

biométrico, ca adj biometric / **pasaporte biométrico** biometric passport.

biopsia sf biopsy.

bioquímico, ca ◆ adj biochemical. ◆ sm, f [persona] biochemist. ◆ **bioquímica** sf [ciencia] biochemistry.

biorritmo sm biorhythm.

biotecnología sf biotechnology.

bipartidismo sm two-party system.

bipartito, ta adj bipartite.

biplaza sm two-seater.

biquini, bikini sm [bañador] bikini.

birlar vt fam to pinch, to nick.

Birmania npr Burma.

birome sf RP Biro®, ballpoint (pen).

birra sf fam beer.

birrete sm 1. [de clérigo] biretta 2. [de catedrático] mortarboard.

birria sf fam [fealdad - persona] sight, fright ; [- cosa] monstrosity.

bis (pl **bises**) ◆ adj inv : **viven en el 150 bis** they live at 150a. ◆ sm encore.

bisabuelo, la sm, f great-grandfather (great-grandmother) ▸ **bisabuelos** great-grandparents.

bisagra sf hinge.

bisección sf bisection.

bisectriz sf bisector.

biselar vt to bevel.

bisexual adj & smf bisexual.

bisiesto ⟶ **año**.

bisnieto, ta sm, f great-grandchild, great-grandson (great-granddaughter).

bisonte sm bison.

bisoño, ña sm, f novice.

bistec, biftec sm steak.

bisturí (pl **bisturíes** o **bisturís**) sm scalpel.

bisutería sf imitation jewellery.

bit [bit] (pl **bits**) sm INFORM bit.

bitácora sf 1. binnacle 2. INFORM blog.

bíter, bitter sm bitters (U).

bizco, ca adj cross-eyed.

bizcocho sm [de repostería] sponge.

bizquear vi to squint.

blanco, ca ◆ adj white. ◆ sm, f [persona] white (person). ◆ **blanco** sm 1. [color] white 2. [diana] target ▸ **dar en el blanco a)** DEP & MIL to hit the target **b)** fig to hit the nail on the head 3. fig [objetivo] target ; [de miradas] object 4. [espacio vacío] blank (space). ◆ **blanca** sf MÚS minim ▸ **estar** o **quedarse sin blanca** fig to be flat broke. ◆ **blanco del ojo** sm white of the eye. ◆ **en blanco** loc adv 1. [gen] blank / **se quedó con la mente en blanco** his mind went blank 2. [sin dormir] : **una noche en blanco** a sleepless night.

blancura sf whiteness.

blandengue adj lit + fig weak.

blandir [78] vt to brandish.

blando, da adj 1. [gen] soft ; [carne] tender 2. fig [persona - débil] weak ; [- indulgente] lenient, soft.

blandura sf 1. [gen] softness ; [de carne] tenderness 2. fig [debilidad] weakness ; [indulgencia] leniency.

blanquear vt **1.** [ropa] to whiten ; [con lejía] to bleach **2.** [con cal] to whitewash **3.** fig [dinero] to launder.

blanquecino, na adj off-white.

blanqueo sm **1.** [de ropa] whitening ; [con lejía] bleaching **2.** [encalado] whitewashing **3.** fig [de dinero] laundering.

blanquillo sm CAM MÉX [huevo] egg.

blasfemar vi RELIG ▸ **blasfemar (contra)** to blaspheme (against).

blasfemia sf RELIG blasphemy.

blasfemo, ma adj blasphemous.

blaugrana adj & smf Catalan term used to refer to the Barcelona football team based on the colour of their shirt.

bledo sm ▸ **me importa un bledo (lo que diga)** fam I don't give a damn (about what he says).

blindado, da adj armour-plated ; [coche] armoured.

blindar vt to armour-plate.

bloc [blok] (pl **blocs**) sm pad ▸ **bloc de dibujo** sketchpad ▸ **bloc de notas** notepad.

blog sm INTERNET blog.

blogosfera sf INTERNET blogosphere.

bloguear vi INTERNET to blog.

bloguero, ra sm, f fam INTERNET blogger.

bloque sm **1.** [gen & INFORM] block **2.** POLÍT bloc **3.** MECÁN cylinder block.

bloquear vt **1.** [gen & DEP] to block **2.** [aislar - suj: ejército, barcos] to blockade ; [- suj: nieve, inundación] to cut off **3.** FIN to freeze.

bloqueo sm **1.** [gen & DEP] blocking ▸ **bloqueo mental** mental block **2.** ECON & MIL blockade **3.** FIN freeze, freezing (U).

blues [blus] sm inv MÚS blues.

blúmer (pl **blúmers** o **blúmeres**) sm CAM CARIB panties, knickers UK.

blusa sf blouse.

blusón sm [camisa] long shirt ; [de pintor] smock.

bluyín sm jeans pl.

bluyínes AM ANDES VEN smpl = bluyín.

boa sf ZOOL boa.

bobada sf fam ▸ **decir bobadas** to talk nonsense.

bobina sf **1.** [gen] reel ; [en máquina de coser] bobbin **2.** ELECTR coil.

bobo, ba ⬥ adj **1.** [tonto] stupid, daft **2.** [ingenuo] naïve. ⬥ sm, f **1.** [tonto] idiot **2.** [ingenuo] simpleton.

boca sf **1.** [gen] mouth ▸ **boca arriba/abajo** face up/down ▸ **se me hace la boca agua** it makes my mouth water **2.** [entrada] opening ; [de cañón] muzzle ▸ **boca de metro** tube o underground entrance UK, subway entrance US. ◆ **boca a boca** sm mouth-to-mouth (resuscitation).

bocacalle sf [entrada] entrance (to a street) ; [calle] side street / **gire en la tercera bocacalle** take the third turning.

bocadillo sm CULIN sandwich.

bocadito sm RP canapé.

bocado sm **1.** [comida] mouthful ▸ **no probar bocado** a) [por estar desganado] not to touch one's food b) [no haber podido comer] not to have a bite (to eat) **2.** [mordisco] bite.

bocajarro ◆ **a bocajarro** loc adv [disparar] point-blank / **se lo dije a bocajarro** I told him to his face.

bocanada sf [de líquido] mouthful ; [de humo] puff ; [de viento] gust.

bocata sm fam sarnie.

bocazas smf inv fam & despec big mouth, blabbermouth.

boceto sm sketch, rough outline.

bocha sf [bolo] bowl. ◆ **bochas** sfpl [juego] bowls (U).

bochorno sm **1.** [calor] stifling o muggy heat **2.** [vergüenza] embarrassment.

bochornoso, sa adj **1.** [tiempo] muggy **2.** [vergonzoso] embarrassing.

bocina sf **1.** AUTO & MÚS horn **2.** [megáfono] megaphone, loudhailer.

bocón, ona sm, f AM fam [bocazas] : **ser bocón** to be a bigmouth o blabbermouth.

boda sf [ceremonia] wedding ; [convite] reception ▸ **bodas de diamante/oro/plata** diamond/golden/silver wedding sg.

bodega sf **1.** [cava] wine cellar **2.** [tienda] wine shop ; [bar] bar **3.** [en buque, avión] hold.

bodegón sm ARTE still life.

bodrio sm fam & despec [gen] rubbish (U) ; [comida] pigswill (U) / **¡qué bodrio!** what a load of rubbish!

body ['boði] (pl **bodies**) sm body.

BOE (abr de **Boletín Oficial del Estado**) sm official Spanish gazette.

bofetada sf slap (in the face).

bofetón sm hard slap (in the face).

bofia sf ▸ **la bofia** fam the cops pl.

boga sf ▸ **estar en boga** to be in vogue.

bogavante sm lobster.

Bogotá npr Bogotá.

bohemio, mia adj **1.** [vida etc] bohemian **2.** [de Bohemia] Bohemian.

bohío sm CARIB hut.

boicot (pl **boicots**) sm boycott.

boicotear vt to boycott.

bóiler sm MÉX boiler.

boina sf beret.

boj (pl **bojes**) sm [árbol] box.

bol (pl **boles**) sm bowl.

bola sf **1.** [gen] ball ; [canica] marble ▸ **bola del mundo** globe ▸ **bolas de naftalina** mothballs ▸ **convertirse en una bola de nieve** fig to snowball **2.** fam [mentira] fib.

bolada sf RDom fam opportunity.

bolea sf DEP volley.

bolear vt Méx [embetunar] to shine, to polish.

bolera sf bowling alley.

bolería sf Méx shoeshine store.

bolero, ra sm, f Méx shoeshine, bootblack UK.

boleta sf Am [recibo] receipt ; CAm CSur [multa] parking ticket ; Cuba Méx [para voto] ballot, voting slip.

boletería sf Am [de cine, teatro] box office ; [de estación] ticket office.

boletero, ra sm, f Am box office attendant.

boletín sm journal, periodical ▸ **boletín de noticias** o **informativo** news bulletin ▸ **boletín meteorológico** weather forecast ▸ **boletín de prensa** press release ▸ **Boletín Oficial del Estado** official Spanish gazette.

boleto sm **1.** [de lotería, rifa] ticket ; [de quinielas] coupon **2.** Am [para medio de transporte] ticket / boleto de ida y vuelta Am return (ticket) / boleto redondo Méx return (ticket) **3.** Méx fam [rápido] : ¡trae el pan, de boleto! hurry up with the bread!

boli sm fam Biro®.

boliche sm **1.** [en la petanca] jack **2.** [bolos] ten-pin bowling **3.** [bolera] bowling alley **4.** Am [tienda] small grocery store **5.** CSur fam [bar] cheap bar or café.

bólido sm racing car ▸ **ir como un bólido** fig to go like the clappers.

bolígrafo sm ballpoint pen, Biro®.

bolillo sm **1.** [en costura] bobbin **2.** Méx [panecillo] bread roll.

bolita sf CSur [bola] marble / jugar a las bolitas to play marbles.

bolívar sm bolivar.

Bolivia npr Bolivia.

boliviano, na adj & sm, f Bolivian.

bollera sf fam & despec dyke.

bollería sf **1.** [tienda] cake shop **2.** [productos] cakes pl.

bollo sm **1.** [para comer - de pan] (bread) roll ; [- dulce] bun **2.** [abolladura] dent ; [abultamiento] bump.

bolo sm **1.** DEP [pieza] skittle **2.** [actuación] show **3.** CAm fam [borracho] boozer. ◆ **bolos** smpl [deporte] skittles.

bolsa sf **1.** [gen] bag ▸ **bolsa de aire** air pocket ▸ **bolsa de basura** bin liner ▸ **bolsa de deportes** holdall, sports bag ▸ **bolsa de plástico** [en tiendas] carrier o plastic bag ▸ **bolsa de viaje** travel bag ▸ **bolsa de patatas fritas** packet of crisps **2.** FIN ▸ **bolsa (de valores)** stock exchange, stock market ▸ **la bolsa ha subido / bajado** share prices have gone up/down ▸ **jugar a la bolsa** to speculate on the stock market **3.** [acumulación de mineral] pocket **4.** ANAT sac **5.** RDom [saco de dormir] sleeping bag.

bolsillo sm pocket ▸ **de bolsillo** pocket (antes de sust) ▸ **lo pagué de mi bolsillo** I paid for it out of my own pocket.

bolsista smf CAm Méx pickpocket.

bolso sm bag ; [de mujer] handbag, purse US.

boludear vi RDom fam [decir tonterías] to talk nonsense ; [hacer tonterías, perder el tiempo] to mess about o around.

boludez sf RP **1.** vulg [tontería] : ¡son boludeces! that's just bollocks! **2.** mfam [pereza] laziness.

boludo, da sm, f RDom fam [estúpido] prat UK, jerk US ; [perezoso] lazy slob.

bomba ◆ sf **1.** [explosivo] bomb ▸ **bomba atómica** atom o nuclear bomb ▸ **bomba de mano** (hand) grenade **2.** [máquina] pump **3.** fig [acontecimiento] bombshell **4.** Chile Col Ecuad Ven [surtidor de gasolina] petrol station UK, gas station US **5.** loc ▸ **pasarlo bomba** fam to have a great time. ◆ adj inv fam astounding.

bombacha sf RP [braga] knickers UK, panties US / **bombachas** [pantalones] loose trousers worn by cowboys.

bombachos smpl baggy trousers.

bombardear vt lit + fig to bombard.

bombardeo sm bombardment.

bombardero sm [avión] bomber.

bombazo sm fig [noticia] bombshell.

bombear vt [gen & DEP] to pump.

bombero, ra sm, f **1.** [de incendios] fireman (firewoman) **2.** Ven [de gasolinera] petrol-pump UK o gas-pump US attendant.

bombilla sf **1.** [de lámpara] light bulb / **bombilla de ahorro de energía** energy saving bulb, low energy bulb **2.** RP [para mate] tube for drinking maté tea.

bombillo sm CAm Col Méx light bulb.

bombín sm bowler (hat).

bombita sf RP light bulb.

bombo sm **1.** MÚS bass drum ▸ **estar con bombo** fam & fig to be in the family way **2.** fam & fig [elogio] hype ▸ **a bombo y platillo** with a lot of hype **3.** MECÁN drum.

bombón sm [golosina] chocolate.

bombona sf cylinder ▸ **bombona de butano** (butane) gas cylinder.

bonachón, ona fam adj kindly.

bonanza sf **1.** [de tiempo] fair weather ; [de mar] calm at sea **2.** fig [prosperidad] prosperity.

bondad sf [cualidad] goodness; [inclinación] kindness ▸ **tener la bondad de hacer algo** to be kind enough to do sthg.

bondadoso, sa adj kind, good-natured.

boniato sm sweet potato.

bonificación sf **1.** [descuento] discount **2.** [mejora] improvement **3.** [dinero extra] bonus.

bonificar [10] vt **1.** [descontar] to give a discount of **2.** [mejorar] to improve.

bonito, ta adj pretty; [bueno] nice. ◆ **bonito** sm bonito (tuna).

bono sm **1.** [vale] voucher **2.** COM bond ▸ **bono del Estado / del tesoro** government/treasury bond.

bonobús sm ten-journey bus ticket.

bonoloto sm Spanish state-run lottery.

bonotrén sm train pass.

bonsái sm bonsai.

bonus (pl bonus) sm bonus.

boñiga sf cowpat.

boquerón sm (fresh) anchovy.

boquete sm hole.

boquiabierto, ta adj open-mouthed; fig astounded, speechless.

boquilla sf **1.** [para fumar] cigarette holder **2.** [de pipa, instrumento musical] mouthpiece **3.** [de tubo, aparato] nozzle.

Borbón npr [dinastía] Bourbon / **los Borbones** the Bourbons.

borbotear, borbotar vi to bubble.

borbotón sm ▸ **salir a borbotones** to gush out.

borda sf NÁUT gunwale ▸ **tirar o echar algo por la borda** fig to throw sthg overboard. ◆ **fuera borda** sm [barco] outboard motorboat; [motor] outboard motor.

bordado, da adj embroidered. ◆ **bordado** sm embroidery.

bordar vt [al coser] to embroider.

borde ◆ adj fam [antipático] stroppy, miserable. ◆ sm [gen] edge; [de carretera] side; [del mar] shore, seaside; [de río] bank; [de vaso, botella] rim ▸ **al borde de** fig on the verge o brink of.

bordear vt [estar alrededor de] to border; [moverse alrededor de] to skirt (round).

bordillo sm kerb.

bordo ◆ **a bordo** loc adv on board / **subir a bordo** to go on board.

bordó adj inv RP burgundy.

borla sf tassel; [pompón] pompom.

borra sf **1.** [pelusa] fluff **2.** [poso] sediment, dregs.

borrachera sf **1.** [embriaguez] drunkenness (U) ▸ **agarrar** o Esp **coger una borrachera** to get drunk **2.** fig [emoción] intoxication.

borracho, cha ◆ adj [ebrio] drunk. ◆ sm, f [persona] drunk. ◆ **borracho** sm [bizcocho] ≃ rum baba.

borrador sm **1.** [de escrito] rough draft; [de dibujo] sketch **2.** [goma de borrar] rubber UK, eraser US.

borrar vt **1.** [hacer desaparecer - con goma] to rub out UK, to erase US; [-en ordenador] to delete; [-en casete] to erase **2.** [tachar] to cross out; fig [de lista etc] to take off **3.** fig [olvidar] to erase. ◆ **borrarse** vprnl **1.** [desaparecer] to disappear **2.** fig [olvidarse] to be wiped away **3.** [de un club etc] to drop out, to withdraw.

borrasca sf area of low pressure.

borrego, ga sm, f [animal] lamb.

borrón sm blot; fig blemish ▸ **hacer borrón y cuenta nueva** to wipe the slate clean.

borroso, sa adj [foto, visión] blurred; [escritura, texto] smudgy.

boscoso, sa adj wooded.

Bosnia npr Bosnia.

bosnio, nia adj & sm, f Bosnian.

bosque sm [pequeño] wood; [grande] forest.

bosquejar vt [esbozar] to sketch (out).

bosquejo sm [esbozo] sketch.

bostezar [13] vi to yawn.

bostezo sm yawn.

bota sf **1.** [calzado] boot ▸ **botas camperas / de montar** cowboy/riding boots **2.** [de vino] small leather container in which wine is kept.

botana sf Méx snack, appetizer.

botánico, ca ◆ adj botanical. ◆ sm, f [persona] botanist. ◆ **botánica** sf [ciencia] botany.

botar ◆ vt **1.** NÁUT to launch **2.** fam [despedir] to throw o kick out **3.** [pelota] to bounce **4.** Andes Cám Carib Méx [tirar] to throw away. ◆ vi **1.** [saltar] to jump **2.** [pelota] to bounce. ◆ **botarse** vprnl Am [tirarse] to jump / **botarse al río** to jump into the river.

bote sm **1.** [tarro] jar **2.** [lata] can **3.** [botella de plástico] bottle **4.** [barca] boat ▸ **bote salvavidas** lifeboat **5.** [salto] jump ▸ **dar botes a)** [gen] to jump up and down **b)** [en tren, coche] to bump up and down **6.** [de pelota] bounce ▸ **dar botes** to bounce.

botella sf bottle ▸ **de botella** bottled; Cuba ▸ **pedir botella** to hitchhike ▸ **dar botella a alguien** to give sb a ride, to give sb a lift.

botellín sm small bottle.

boticario, ria sm, f desus pharmacist.

botijo sm earthenware jug.

botín sm **1.** [de guerra, atraco] plunder, loot **2.** [calzado] ankle boot.

botiquín sm [caja] first-aid kit; [mueble] first-aid cupboard; [enfermería] first-aid post.

botón sm button / *botón de marcado abreviado* TELECOM speed-dial button. ◆ **botones** sm inv [de hotel] bellboy, bellhop US; [de oficinas etc] errand boy.

bouquet [bu'ke] (*pl* **bouquets**) sm bouquet.

boutique [bu'tik] sf boutique.

bóveda sf ARQUIT vault.

bovino, na adj bovine / *ganado bovino* cattle.

box (*pl* **boxes**) sm **1.** [de coches] pit ▶ **entrar en boxes** to make a pit stop **2.** Am boxing.

boxeador, ra sm, f boxer.

boxear vi to box.

boxeo sm boxing.

bóxer (*pl* **boxers**) sm boxer.

boya sf **1.** [en el mar] buoy **2.** [de una red] float.

boyante adj **1.** [feliz] happy **2.** [próspero - empresa, negocio] prosperous; [- economía, comercio] buoyant.

bozal sm [gen] muzzle.

bracear vi [nadar] to swim.

braga (*gen pl*) sf knickers *pl*.

bragueta sf flies *pl* UK, zipper US ▶ **tienes la bragueta abierta** your flies are undone.

braille ['braile] sm Braille.

bramar vi **1.** [animal] to bellow **2.** [persona - de dolor] to groan; [- de ira] to roar.

bramido sm **1.** [de animal] bellow **2.** [de persona - de dolor] groan; [- de ira] roar.

brandy sm brandy.

branquia (*gen pl*) sf gill.

brasa sf ember ▶ **a la brasa** CULIN barbecued.

brasero sm brazier.

brasier, brassier sm Carib Col Méx bra.

Brasil npr Brazil.

brasileño, ña, brasilero, ra adj & sm, f Andes CSur Ven Brazilian.

brassier = brasier.

bravata (*gen pl*) sf **1.** [amenaza] threat **2.** [fanfarronería] bravado (U).

braveza sf bravery.

bravío, a adj [salvaje] wild; [feroz] fierce.

bravo, va adj **1.** [valiente] brave **2.** [animal] wild **3.** [mar] rough **4.** Méx *loc* ▶ **a la brava** any old how ▶ *hizo la tarea a la brava* he did his homework without putting any effort into it. ◆ **bravo** ◆ sm [aplauso] cheer. ◆ interj ▶ ¡**bravo!** bravo!

bravuconear vi *despec* to brag.

bravura sf **1.** [de persona] bravery **2.** [de animal] ferocity.

braza sf **1.** DEP breaststroke ▶ **nadar a braza** to swim breaststroke **2.** [medida] fathom.

brazada sf stroke.

brazalete sm **1.** [en la muñeca] bracelet **2.** [en el brazo] armband.

brazo sm **1.** [gen & ANAT] arm; [de animal] foreleg ▶ **cogidos del brazo** arm in arm ▶ **en brazos** in one's arms ▶ **luchar a brazo partido** [con empeño] to fight tooth and nail ▶ **ser el brazo derecho de alguien** to be sb's right-hand man (woman) **2.** [de árbol, río, candelabro] branch; [de grúa] boom, jib. ◆ **brazo de gitano** sm ≃ swiss roll.

brea sf **1.** [sustancia] tar **2.** [para barco] pitch.

brebaje sm concoction, foul drink.

brecha sf **1.** [abertura] hole, opening **2.** MIL breach **3.** *fig* [impresión] impression **4.** [disparidad] ▶ **brecha digital** digital divide.

brécol sm broccoli.

bregar [16] vi **1.** [luchar] to struggle **2.** [trabajar] to work hard **3.** [reñir] to quarrel.

bretel sm CSur strap / *un vestido sin breteles* a strapless dress.

breva sf [fruta] early fig.

breve ◆ adj brief ▶ **en breve** a) [pronto] shortly b) [en pocas palabras] in short. ◆ sf MÚS breve.

brevedad sf shortness ▶ **a o con la mayor brevedad** as soon as possible.

brevet sm CHILE [de avión] pilot's licence; Bol Ecuad Perú [de automóvil] driving licence UK, driver's license US; RP [de velero] sailor's licence.

brezo sm heather.

bribón, ona sm, f scoundrel, rogue.

bricolaje sm D.I.Y., do-it-yourself.

bricolajear vt *fam* to DIY.

brida sf [de caballo] bridle.

bridge [britʃ] sm bridge.

brigada ◆ sm MIL ≃ warrant officer. ◆ sf **1.** MIL brigade **2.** [equipo] squad, team.

brillante ◆ adj **1.** [reluciente - luz, astro] shining; [- metal, zapatos, pelo] shiny; [- ojos, sonrisa, diamante] sparkling **2.** [magnífico] brilliant. ◆ sm diamond.

brillantina sf brilliantine, Brylcreem®.

brillar vi *lit + fig* to shine.

brillo sm **1.** [resplandor - de luz] brilliance; [- de estrellas] shining; [- de zapatos] shine **2.** [lucimiento] splendour.

brilloso, sa adj Am shining.

brincar [10] vi [saltar] to skip (about) ▶ **brincar de alegría** to jump for joy.

brinco sm jump ▶ **en un brinco** *fig* in a second, quickly.

brindar ◆ vi to drink a toast ▶ **brindar por algo / alguien** to drink to sthg/sb. ◆ vt to offer. ◆ **brindarse** vprnl ▶ **brindarse a hacer algo** to offer to do sthg.

brindis sm inv toast.

brío sm [energía, decisión] spirit, verve.

brisa sf breeze.

británico, ca ❖ adj British. ❖ sm, f British person, Briton ▸ **los británicos** the British.

brizna sf **1.** [filamento - de hierba] blade ; [- de tabaco] strand **2.** fig [un poco] trace, bit.

broca sf (drill) bit.

brocha sf brush ▸ **brocha de afeitar** shaving brush.

brochazo sm brushstroke.

broche sm **1.** [cierre] clasp, fastener **2.** [joya] brooch **3.** RP [para papeles] staple **4.** MEX URUG [para el cabello] hair slide UK, barrette US **5.** ARG [para ropa] clothespin. ❖ **broche de oro** sm fig final flourish.

brocheta sf CULIN shish kebab ; [aguja] skewer.

brócoli, bróculi sm broccoli.

broma sf [ocurrencia, chiste] joke ; [jugarreta] prank, practical joke ▸ **en broma** as a joke ▸ **gastar una broma a alguien** to play a joke o prank on sb.

bromear vi to joke.

bromista smf joker.

bronca sf ⟶ **bronco**.

bronce sm [aleación] bronze.

bronceado, da adj tanned. ❖ **bronceado** sm tan.

bronceador, ra adj tanning (antes de sust), suntan (antes de sust). ❖ **bronceador** sm [loción] suntan lotion ; [leche] suntan cream.

broncear vt to tan. ❖ **broncearse** vprnl to get a tan.

bronco, ca adj **1.** [grave - voz] harsh ; [- tos] throaty **2.** fig [brusco] gruff. ❖ **bronca** sf **1.** [jaleo] row **2.** [regañina] scolding ▸ **echar una bronca a alguien** to give sb a row, to tell sb off **3.** RDOM fam [rabia] ▸ **me da bronca** it hacks me off ▸ **el jefe le tiene bronca** the boss has got it in for her.

bronquio sm bronchial tube.

bronquitis sf inv bronchitis.

brotar vi **1.** [planta] to sprout, to bud **2.** [agua, sangre etc] ▸ **brotar de** to well up out of **3.** fig [esperanza, sospechas, pasiones] to stir **4.** [en la piel] : **le brotó un sarpullido** he broke out in a rash.

brote sm **1.** [de planta] bud, shoot **2.** fig [inicios] sign, hint.

broza sf [maleza] brush, scrub.

bruces ❖ **de bruces** loc adv face down ▸ **se cayó de bruces** he fell headlong, he fell flat on his face.

bruja sf ⟶ **brujo**.

brujería sf witchcraft, sorcery.

brujo, ja adj [hechicero] enchanting. ❖ **brujo** sm wizard, sorcerer. ❖ **bruja** ❖ sf **1.** [hechicera] witch, sorceress **2.** [mujer fea] hag **3.** [mujer mala] (old) witch. ❖ adj inv MEX ▸ **estar bruja** fam to be broke.

brújula sf compass.

bruma sf [niebla] mist ; [en el mar] sea mist.

bruñido sm polishing.

brusco, ca adj **1.** [repentino, imprevisto] sudden **2.** [tosco, grosero] brusque.

Bruselas npr Brussels.

brusquedad sf **1.** [imprevisión] suddenness **2.** [grosería] brusqueness.

brutal adj [violento] brutal.

brutalidad sf [cualidad] brutality.

bruto, ta ❖ adj **1.** [torpe] clumsy ; [ignorante] thick, stupid ; [maleducado] rude **2.** [sin tratar] ▸ **en bruto** a) [diamante] uncut b) [petróleo] crude **3.** [sueldo, peso etc] gross. ❖ sm, f brute.

bucear vi [en agua] to dive.

buceo sm (underwater) diving.

buche sm [de ave] crop.

bucle sm [rizo] curl, ringlet.

bucólico, ca adj **1.** [campestre] country (antes de sust) / **un paisaje bucólico** a charmingly rural landscape **2.** LITER bucolic.

Buda npr Buddha.

budismo sm Buddhism.

buen ⟶ **bueno**.

buenas ⟶ **bueno**.

buenaventura sf [adivinación] fortune ▸ **leer la buenaventura a alguien** to tell sb's fortune.

bueno, na (mejor es el comparativo y el superlativo de **bueno**) adj (antes de sust m **buen**) **1.** [gen] good **2.** [bondadoso] kind, good ▸ **ser bueno con alguien** to be good to sb **3.** [curado, sano] well, all right **4.** [apacible - tiempo, clima] nice, fine **5.** [aprovechable] all right ; [comida] fresh **6.** [uso enfático] : **ese buen hombre** that good man / **un buen día** one fine day **7.** loc ▸ **de buen ver** good-looking, attractive ▸ **de buenas a primeras** a) [de repente] all of a sudden b) [a simple vista] at first sight, on the face of it ▸ **estar bueno** fam [persona] to be a bit of it ▸ **estar de buenas** to be in a good mood ▸ **lo bueno es que...** the best thing about it is that... ▸ **¡qué bueno!** AM great!, excellent! / **¡qué bueno que terminaste las clases!** that's great that you've finished your lessons! ❖ **bueno** ❖ sm CINE ▸ **el bueno** the goody. ❖ adv **1.** [vale, de acuerdo] all right, O.K. **2.** [pues] well. ❖ interj MEX [al teléfono] ▸ **¡bueno!** hello. ❖ **buenas** interj ▸ **¡buenas!** hello! ; COL MEX ▸ **¿bueno?** [al teléfono] hello.

Buenos Aires npr Buenos Aires.

buey (pl **bueyes**) sm ox.

búfalo sm buffalo.

bufanda sf scarf.

bufar vi [toro, caballo] to snort.

bufé, buffet (*pl* **buffets**) *sm* [en restaurante] buffet.

bufete *sm* lawyer's practice.

buffet = **bufé**.

bufido *sm* [de toro, caballo] snort.

bufón *sm* buffoon, jester.

buhardilla *sf* [habitación] attic.

búho *sm* owl.

buitre *sm lit + fig* vulture.

bujía *sf* AUTO spark plug.

bula *sf* [documento] (papal) bull.

bulbo *sm* ANAT & BOT bulb.

buldozer (*pl* **buldozers**), **bulldozer** (*pl* **bulldozers**) [bul'doθer] *sm* bulldozer.

bulerías *sfpl popular Andalusian song and dance.*

bulevar (*pl* **bulevares**) *sm* boulevard.

Bulgaria *npr* Bulgaria.

búlgaro, ra *adj & sm*, f Bulgarian. ◆ **búlgaro** *sm* [lengua] Bulgarian.

bulimia *sf* bulimia.

bulímico, ca *adj & sm*, f MED bulimic / **trastorno bulímico** bulimic episode.

bulín *sm* RDom bachelor pad.

bulla *sf* racket, uproar ▸ **armar bulla** to kick up a racket.

bullanguero, ra ❖ *adj* noisy, rowdy. ❖ *sm*, f noisy o boisterous person.

bulldozer = **buldozer**.

bullicio *sm* [de ciudad, mercado] hustle and bustle ; [de multitud] hubbub.

bullicioso, sa *adj* **1.** [agitado - reunión, multitud] noisy ; [- calle, mercado] busy, bustling **2.** [inquieto] rowdy.

bullir *vi* **1.** [hervir] to boil ; [burbujear] to bubble **2.** *fig* [multitud] to bustle ; [ratas, hormigas etc] to swarm ; [mar] to boil ▸ **bullir de** to seethe with.

bulo *sm* **1.** [noticia falsa] false rumour **2.** INTERNET hoax.

bulto *sm* **1.** [volumen] bulk, size ▸ **escurrir el bulto** a) [trabajo] to shirk b) [cuestión] to evade the issue **2.** [abombamiento - en rodilla, superficie etc] bump ; [- en maleta, bolsillo etc] bulge **3.** [forma imprecisa] blurred shape **4.** [paquete] package ; [maleta] item of luggage ; [fardo] bundle ▸ **bulto de mano** piece o item of hand luggage.

bumerán (*pl* **bumeranes**), **bumerang** (*pl* **bumerangs**) *sm* boomerang.

bungalow [buŋɡa'lo] (*pl* **bungalows**) *sm* bungalow.

búnquer (*pl* **búnquers**), **bunker** (*pl* **bunkers**) *sm* [refugio] bunker.

buñuelo *sm* [CULIN - dulce] ≃ doughnut ; [- de bacalao etc] ≃ dumpling.

BUP *sm academically oriented secondary-school course formerly taught in Spain for pupils aged 14-17, now known as the bachillerato.*

buque *sm* ship ▸ **buque nodriza** supply ship ▸ **buque de vapor** steamer, streamship.

burbuja *sf* bubble ▸ **con burbujas** fizzy ▸ **hacer burbujas** to bubble ▸ **burbuja inmobiliaria** housing bubble.

burbujear *vi* to bubble.

burdel *sm* brothel.

burdo, da *adj* [gen] crude ; [tela] coarse.

burger (*pl* **burgers**), **búrguer** (*pl* **búrguers**) *sm fam* burger bar, fast-food restaurant.

burgués, esa *adj* middle-class, bourgeois.

burguesía *sf* middle class ; HIST & POLÍT bourgeoisie.

burla *sf* **1.** [mofa] taunt ▸ **hacer burla de** to mock **2.** [broma] joke ▸ **burlas aparte** joking aside **3.** [engaño] trick. ◆ **burlas** *sfpl* ridicule (U), mockery (U).

burlar *vt* [esquivar] to evade ; [ley] to flout ▸ **burla burlando** *fig* without anyone noticing. ◆ **burlarse de** *vprnl* to make fun of.

burlesco, ca *adj* [tono] jocular ; LITER burlesque.

burlón, ona *adj* [sarcástico] mocking.

buró *sm* **1.** [escritorio] bureau, writing desk **2.** POLÍT executive committee **3.** MÉX bedside table.

burocracia *sf* bureaucracy.

burócrata *smf* bureaucrat.

burrada *sf* [acción, dicho] ▸ **hacer burradas** to act stupidly ▸ **decir burradas** to talk nonsense.

burrito *sm* MÉX CULIN burrito.

burro, rra *sm*, f **1.** [animal] donkey ▸ **apearse o bajarse del burro** *fam* to back down ▸ **no ver tres en un burro** *fam* to be as blind as a bat **2.** *fam* [necio] dimwit. ◆ **burro** *sm* **1.** CARIB MÉX [escalera] stepladder **2.** MÉX [tabla de planchar] ironing board.

bursátil *adj* stock-market (antes de sust).

bus (*pl* **buses**) *sm* AUTO & INFORM bus.

busca ❖ *sf* search ▸ **en busca de** in search of ▸ **la busca de** the search for ▸ **andar a la busca** *fig* to find a way of getting by. ❖ *sm* = **buscapersonas**.

buscador, ra *sm*, f hunter ▸ **buscador de oro** gold prospector. ◆ **buscador** *sm* INFORM [en Internet] search engine.

buscapersonas, busca *sm inv* bleeper.

buscar [10] ❖ *vt* **1.** [gen] to look for ; [provecho, beneficio propio] to seek / *voy a buscar el periódico* I'm going for the paper o to get the paper ▸ **ir a buscar a alguien** to pick sb up / *'se busca camarero'* 'waiter wanted' **2.** [en diccionario, índice, horario] to look up **3.** INFORM to search for. ❖ *vi* to look. ◆ **buscarse** *vprnl* ▸ **buscársela** to be asking for it.

buscón, ona sm, f [estafador] swindler.

buseta sf [COL] [CRICA] [ECUAD] [VEN] minibus.

búsqueda sf search.

busto sm **1.** [pecho] chest ; [de mujer] bust **2.** [escultura] bust.

butaca sf **1.** [mueble] armchair **2.** [en cine] seat.

butano sm butane (gas).

butifarra sf type of Catalan pork sausage.

buzo sm **1.** [persona] diver **2.** [ARG] [COL] [sudadera] sweatshirt **3.** [ARG] [CHILE] [PERÚ] [chándal] tracksuit **4.** [URUG] [suéter] sweater, jumper [UK].

buzón sm letter box ▶ **echar algo al buzón** to post sthg ▶ **buzón electrónico** electronic mailbox ▶ **buzón de sugerencias** suggestion box ▶ **buzón de voz** voice mail.

buzz sm INTERNET buzz.

byte [bait] sm INFORM byte.

c, C sf [letra] c, C.

c. (abr escrita de calle) St.

c / 1. (abr escrita de calle) St. **2.** (abr escrita de cuenta) a/c.

cabal adj **1.** [honrado] honest **2.** [exacto] exact ; [completo] complete. ◆ **cabales** smpl ▶ **no estar en sus cabales** not to be in one's right mind.

cábala sf (gen pl) [conjeturas] guess.

cabalgar [16] vi to ride.

cabalgata sf cavalcade, procession.

caballa sf mackerel.

caballería sf **1.** [animal] mount, horse **2.** [cuerpo militar] cavalry.

caballeriza sf stable.

caballero ◆ adj [cortés] gentlemanly. ◆ sm **1.** [gen] gentleman ; [al dirigir la palabra] sir ▶ **ser todo un caballero** to be a real gentleman **2.** [miembro de una orden] knight.

caballete sm **1.** [de lienzo] easel **2.** [de mesa] trestle **3.** [de nariz] bridge.

caballito sm small horse, pony.

◆ **caballitos** smpl [de feria] merry-go-round sg.

caballo sm **1.** [animal] horse ▶ **montar a caballo** to ride **2.** [pieza de ajedrez] knight **3.** [naipe] ≃ queen **4.** MECÁN ▶ **caballo (de fuerza o de vapor)** horsepower. ◆ **caballo de Troya** sm Trojan horse.

cabaña sf **1.** [choza] hut, cabin **2.** [ganado] livestock (U).

cabaré, cabaret (pl cabarets) sm cabaret.

cabecear vi **1.** [persona - negando] to shake one's head ; [- afirmando] to nod one's head **2.** [caballo] to toss its head **3.** [dormir] to nod (off).

cabecera sf **1.** [gen] head ; [de cama] headboard **2.** [de texto] heading ; [de periódico] headline **3.** [de río] headwaters pl.

cabecilla smf ringleader.

cabellera sf long hair (U).

cabello sm hair (U).

caber [54] vi **1.** [gen] to fit / no cabe nadie más there's no room for anyone else ▶ **no me cabe en el dedo** it won't fit my finger **2.** MAT : nueve entre tres caben a tres three into nine goes three (times) **3.** [ser posible] to be possible ▶ **cabe destacar que...** it's worth pointing out that...

cabestrillo ◆ **en cabestrillo** loc adj in a sling.

cabestro sm [animal] leading ox.

cabeza sf **1.** [gen] head ▶ **por cabeza** per head ▶ **obrar con cabeza** to use one's head ▶ **tirarse de cabeza (a)** to dive (into) ▶ **venir a la cabeza** to come to mind ▶ **cabeza (lectora)** a) [gen] head b) [de tocadiscos] pickup **2.** [pelo] hair **3.** [posición] front, head **4.** loc ▶ **alzar o levantar cabeza** to get back on one's feet, to recover ▶ **llevar de cabeza a alguien** [ESP] fam to drive sb mad ▶ **se le ha metido en la cabeza que...** he's got it into his head that... ▶ **quebrarse la cabeza** [MÉX] to rack one's brains ▶ **sentar la cabeza** to settle down. ◆ **cabeza de ajo** sf head of garlic. ◆ **cabeza rapada** smf skinhead. ◆ **cabeza de turco** sf scapegoat.

cabezada sf **1.** [de sueño] nod, nodding (U) ▶ **dar cabezadas** to nod off **2.** [golpe] butt.

cabezal sm [de aparato] head.

cabezón, ona adj [terco] pigheaded, stubborn.

cabida sf capacity ▶ **dar cabida a, tener cabida para** to hold, to have room for.

cabina sf **1.** [locutorio] booth, cabin ▶ **cabina de prensa** press box **2.** ▶ **cabina telefónica** phone box [UK], phone booth **3.** [de avión] cockpit ; [de camión] cab ▶ **cabina de mandos** flight deck **4.** [vestuario - en playa] bathing hut ; [- en piscina] changing cubicle.

cabinero, ra sm, f [COL] flight attendant.

cabizbajo, ja adj crestfallen.

cable sm cable ▶ **echar un cable** fam & fig to help out, to lend a hand ▶ **televisión por cable** cable television.

cableado, da adj INFORM hardwired. ◆ **cableado** sm INFORM hardwiring.

cablegrafiar [9] vt to cable.

cabo sm **1.** GEOGR cape **2.** NÁUT cable, rope **3.** MIL corporal **4.** [trozo] bit, piece ; [trozo final] stub, stump ; [de cuerda] end **5.** loc ▶ **llevar algo a cabo** to carry sthg out. ◆ **cabo suelto** sm loose end. ◆ **al cabo de** loc prep after.

cabra sf [animal] goat ▸ **estar como una cabra** *fam* to be off one's head ▸ **la cabra siempre tira al monte** *prov* you can't make a leopard change his spots.

cabré → **caber**.

cabreado, da adj *mfam* : *cabreado con* really annoyed with.

cabrear vt *mfam* ▸ **cabrear a alguien** to get sb's goat, to annoy sb. ◆ **cabrearse** vprnl *mfam* ▸ **cabrearse (con)** to get really narked **UK** o pissed **US** (with).

cabreo sm *mfam* rage, fit ▸ **cogerse** o **coger un cabreo** to get really narked **UK** o pissed **US**.

cabría → **caber**.

cabriola sf prance ▸ **hacer cabriolas** to prance about.

cabrito sm [animal] kid (goat).

cabro, bra sm, f **CHILE** *fam* kid.

cabrón, ona vulg ◆ adj : ¡qué cabrón eres! you bastard! ◆ sm, f bastard (bitch).

cabronada sf vulg dirty trick ▸ **hacerle una cabronada a alguien** to be a bastard to sb.

cabuya sf **CAM COL VEN** rope.

caca sf fam **1.** [excremento] pooh **2.** [cosa sucia] nasty o dirty thing.

cacahuate sm **CAM MEX** peanut.

cacahuete sm [fruto] peanut.

cacao sm **1.** [bebida] cocoa **2.** [árbol] cacao.

cacarear vi [gallo] to cluck, to cackle.

cacatúa sf [ave] cockatoo.

cacería sf hunt.

cacerola sf pot, pan.

cachaco, ca **COL** ◆ adj from Bogotá. ◆ sm, f native or inhabitant of Bogotá.

cachalote sm sperm whale.

cachar vt **1.** **ECUAD RP** [burlarse de] to tease **2.** **AM** [cornear] to gore **3.** **AM** fam [agarrar] to grab **4.** **AM** fam [sorprender, atrapar] to catch **5.** **ANDES** fam [entender] to understand, to get.

cacharro sm **1.** [recipiente] pot ▸ **fregar los cacharros** to do the dishes **2.** fam [trasto] junk (U), rubbish (U) **3.** [máquina] crock ; [coche] banger.

cachear vt to frisk.

cachemir sm cashmere.

cachemira sf = **cachemir**.

cacheo sm frisk, frisking (U).

cachet [ka'tʃe] sm **1.** [distinción] cachet **2.** [cotización de artista] fee.

cachetada sf fam smack.

cachete sm **1.** [moflete] chubby cheek **2.** [bofetada] slap.

cachila sf **RP** [automóvil] vintage car.

cachimba sf **1.** [pipa] pipe **2.** **RP** [pozo] well.

cachirulo sm [chisme] thingamajig.

cachivache sm fam knick-knack.

cacho sm **1.** fam [pedazo] piece, bit **2.** **ANDES VEN** [asta] horn.

cachondearse vprnl ▸ **cachondearse (de)** fam to take the mickey (out of).

cachondeo sm fam **1.** [diversión] lark **2.** despec [cosa poco seria] joke / *estar de cachondeo* **a)** [divertirse] to be having a great time **b)** [bromear] to be having a laugh, to be joking around.

cachondo, da fam adj **1.** [divertido] funny **2.** [salido] randy.

cachorro, rra sm, f [de perro] puppy ; [de león, lobo, oso] cub.

cacique sm **1.** [persona influyente] cacique, local political boss **2.** [jefe indio] chief.

caco sm fam thief.

cacto, cactus (*pl* cactus) sm cactus.

cada adj inv **1.** [gen] each ; [con números, tiempo] every / *cada dos meses* every two months / *cada cosa a su tiempo* one thing at a time ▸ **cada cual** each one, every one ▸ **cada uno de** each of **2.** [valor progresivo] ▸ **cada vez más** more and more / *cada vez más largo* longer and longer ▸ **cada día más** more and more each day **3.** [valor enfático] such / *¡se pone cada sombrero!* she wears such hats!

cadalso sm scaffold.

cadáver sm corpse, (dead) body.

cadena sf **1.** [gen] chain **2.** TV channel **3.** [RADIO -emisora] station ; [- red de emisoras] network **4.** [de proceso industrial] line ▸ **cadena de montaje** assembly line **5.** [aparato de música] sound system **6.** GEOGR range. ◆ **cadena perpetua** sf life imprisonment.

cadencia sf [ritmo] rhythm, cadence.

cadera sf hip.

cadete sm **1.** cadet **2.** **RDOM** [recadero] errand boy, office junior.

caducado, da adj expired.

caducar [10] vi **1.** [carné, ley, pasaporte etc] to expire **2.** [medicamento] to pass its use-by date ; [alimento] to pass its sell-by date.

caducidad sf expiry.

caduco, ca adj **1.** [viejo] decrepit ; [idea] outmoded **2.** [desfasado] no longer valid.

caer [55] vi **1.** [gen] to fall ; [diente, pelo] to fall out ▸ **dejar caer algo** to drop sthg ▸ **caer bajo** to sink (very) low ▸ **estar al caer** to be about to arrive **2.** [al perder equilibrio] to fall over o down ▸ **caer de un tejado /caballo** to fall from a roof /horse **3.** fig [sentar] ▸ **caer bien /mal (a alguien)** [comentario, noticia etc] to go down well /badly (with sb) **4.** fig [mostrarse] ▸ **me cae bien /mal** I like/don't like him **5.** fig [estar situado] : *cae cerca de aquí* it's not far from here **6.** fig [recordar] ▸ **caer (en algo)** to be able to remember (sthg). ◆ **caer en** vi **1.** [entender] to get, to understand; [solución] to hit upon **2.** [coincidir - fecha] to fall on / *cae en domingo* it falls on a Sunday **3.** [incurrir] to fall into. ◆ **caerse** *vprnl* **1.** [persona] to fall over o down ▸ **caerse de ingenuo /listo** *fig* to be incredibly naive / clever **2.** [objetos] to drop, to fall **3.** [desprenderse - diente, pelo etc] to fall out; [-botón] to fall off; [-cuadro] to fall down.

café *sm* **1.** [gen] coffee ▸ **café solo /con leche** black /white coffee **2.** [establecimiento] cafe.

cafeína *sf* caffeine.

cafetera *sf* ⟶ **cafetero**.

cafetería *sf* cafe.

cafetero, ra *sm, f* **1.** [cultivador] coffee grower **2.** [comerciante] coffee merchant. ◆ **cafetera** *sf* **1.** [gen] coffee pot **2.** [en bares] expresso machine; [eléctrica] percolator, coffee machine.

cafiche *sm* 𝐀𝐍𝐃𝐄𝐒 *fam* pimp.

cagar [16] *vulg vi* [defecar] to shit. ◆ **cagarse** *vprnl vulg & lit + fig* to shit o.s.

caído, da *adj* [árbol, hoja] fallen. ◆ **caída** *sf* **1.** [gen] fall, falling (U); [de diente, pelo] loss **2.** [de paro, precios, terreno] ▸ **caída (de)** drop (in) **3.** [de falda, vestido etc] drape. ◆ **caídos** *smpl* ▸ **los caídos** the fallen.

caiga ⟶ **caer**.

caimán *sm* **1.** [animal] alligator, cayman **2.** *fig* [persona] sly fox.

caja *sf* **1.** [gen] box; [para transporte, embalaje] crate ▸ **caja de zapatos** shoebox ▸ **una caja de cervezas** a crate of beer ▸ **caja torácica** thorax **2.** [de reloj] case; [de engranajes etc] housing ▸ **caja de cambios** gearbox **3.** [ataúd] coffin **4.** [de dinero] cash box ▸ **caja fuerte** o **de caudales** safe, strongbox **5.** [en tienda, supermercado] till; [en banco] cashier's desk **6.** [banco] ▸ **caja de ahorros** savings bank; ≃ savings and loan association 𝐔𝐒 **7.** [hueco - de chimenea, ascensor] shaft **8.** IMPR case **9.** [de instrumento musical] body ▸ **caja de resonancia** sound box ▸ **caja de ritmos** drum machine. ◆ **caja negra** *sf* black box. ◆ **caja registradora** *sf* cash register.

cajero, ra *sm, f* [en tienda] cashier; [en banco] teller. ◆ **cajero** *sm* ▸ **cajero (automático)** cash machine, cash dispenser, ATM 𝐔𝐒.

cajetilla *sf* **1.** [de cigarrillos] packet **2.** [de cerillas] box.

cajón *sm* **1.** [de mueble] drawer **2.** [recipiente] crate, case. ◆ **cajón de sastre** *sm* muddle, jumble.

cajuela *sf* 𝐌𝐄𝐗 boot 𝐔𝐊, trunk 𝐔𝐒.

cal *sf* lime.

cala *sf* **1.** [bahía pequeña] cove **2.** [del barco] hold.

calabacín *sm* courgette 𝐔𝐊, zucchini 𝐔𝐒.

calabaza *sf* pumpkin, squash 𝐔𝐒, gourd.

calabozo *sm* cell.

calada *sf* ⟶ **calado**.

calado, da *adj* soaked. ◆ **calado** *sm* NÁUT draught. ◆ **calada** *sf* [de cigarrillo] drag.

calamar *sm* squid.

calambre *sm* **1.** [descarga eléctrica] (electric) shock **2.** [contracción muscular] cramp (U).

calamidad *sf* calamity ▸ **ser una calamidad** *fig* to be a dead loss.

calaña *sf* ▸ **de esa calaña** *despec* of that ilk.

calar ◆ *vt* **1.** [empapar] to soak **2.** *fig* [persona] to see through **3.** [gorro, sombrero] to jam on **4.** [sandía, melón] to cut a sample of **5.** [perforar] to pierce. ◆ *vi* **1.** NÁUT to draw **2.** *fig* [penetrar] ▸ **calar en** to have an impact on. ◆ **calarse** *vprnl* **1.** [empaparse] to get soaked **2.** [motor] to stall.

calavera *sf* [cráneo] skull. ◆ **calaveras** *sfpl* 𝐌𝐄𝐗 [luces] tail lights.

calcar [10] *vt* **1.** [dibujo] to trace **2.** [imitar] to copy.

calce *sm* **1.** [cuña] wedge **2.** 𝐆𝐔𝐀𝐓 𝐌𝐄𝐗 𝐏𝐑𝐈𝐜𝐨 DER footnote.

calceta *sf* stocking ▸ **hacer calceta** to knit.

calcetín *sm* sock.

calcificarse [10] *vprnl* to calcify.

calcinar *vt* [quemar] to char.

calcio *sm* calcium.

calco *sm* **1.** [reproducción] tracing **2.** *fig* [imitación] carbon copy.

calcomanía *sf* transfer.

calculador, ra *adj lit + fig* calculating. ◆ **calculadora** *sf* calculator.

calcular *vt* **1.** [cantidades] to calculate **2.** [suponer] to reckon.

cálculo *sm* **1.** [operación] calculation **2.** [ciencia] calculus **3.** [evaluación] estimate **4.** MED stone, calculus.

caldear *vt* **1.** [calentar] to heat (up) **2.** *fig* [excitar] to warm up, to liven up.

caldera *sf* **1.** [recipiente] cauldron **2.** [máquina] boiler.

calderilla *sf* small change.

caldero *sm* cauldron.

caldo *sm* **1.** [sopa] broth **2.** [caldillo] stock **3.** [vino] wine.

calefacción *sf* heating ▸ **calefacción central** central heating.

calefaccionar *vt* 𝐂𝐒𝐔𝐑 [calentar] to heat (up), to warm (up).

calefactor *sm* heater.

calefón *sm* 𝐂𝐒𝐔𝐑 [calentador] water heater.

calendario *sm* calendar ▸ **calendario escolar / laboral** school /working year.

calentador sm **1.** [aparato] heater **2.** [prenda] legwarmer.

calentamiento sm **1.** [subida de temperatura] heating ▶ **calentamiento global** global warming **2.** [ejercicios] warm-up.

calentar [19] ❖ vt [subir la temperatura de] to heat (up), to warm (up). ❖ vi [entrenarse] to warm up. ◆ **calentarse** vprnl [por calor - suj: persona] to warm o.s., to get warm ; [- suj: cosa] to heat up.

calentura sf **1.** [fiebre] fever, temperature **2.** [herida] cold sore.

calesita sf RP merry-go-round, carousel US.

calibración sf calibration.

calibrar vt **1.** [medir] to calibrate, to gauge **2.** [dar calibre a - arma] to bore **3.** fig [juzgar] to gauge.

calibre sm **1.** [diámetro - de pistola] calibre ; [- de alambre] gauge ; [- de tubo] bore **2.** [instrumento] gauge **3.** fig [tamaño] size.

calidad sf **1.** [gen] quality ▶ **de calidad** quality (antes de sust) ▶ **calidad de vida** quality of life **2.** [clase] class **3.** [condición] ▶ **en calidad de** in one's capacity as.

cálido, da adj warm.

caliente adj **1.** [gen] hot ; [templado] warm ▶ **en caliente** fig in the heat of the moment **2.** fig [acalorado] heated.

calificación sf **1.** [de película] rating **2.** EDUC mark.

calificar [10] vt **1.** [denominar] ▶ **calificar a alguien de algo** to call sb sthg, to describe sb as sthg **2.** EDUC to mark **3.** GRAM to qualify.

calificativo, va adj qualifying. ◆ **calificativo** sm epithet.

caligrafía sf **1.** [arte] calligraphy **2.** [tipo de letra] handwriting.

calimocho sm ESP calimocho (red wine and coke cocktail).

cáliz sm RELIG chalice.

calizo, za adj chalky. ◆ **caliza** sf limestone.

callado, da adj quiet, silent.

callar ❖ vi **1.** [no hablar] to keep quiet, to be silent **2.** [dejar de hablar] to be quiet, to stop talking. ❖ vt **1.** [ocultar] to keep quiet about ; [secreto] to keep **2.** [acallar] to silence. ◆ **callarse** vprnl **1.** [no hablar] to keep quiet, to be silent **2.** [dejar de hablar] to be quiet, to stop talking ▶ **¡cállate!** shut up! **3.** [ocultar] to keep quiet about ; [secreto] to keep.

calle sf **1.** [vía de circulación] street, road ▶ **calle arriba/abajo** up/down the street ▶ **calle de dirección única** one-way street ▶ **calle peatonal** pedestrian precinct ▶ **calle sin salida** dead end, blind alley **2.** DEP lane **3.** loc ▶ **dejar a alguien en la calle** to put sb out of a job

▶ **traer** o **llevar a alguien por la calle de la amargura** to make sb's life a misery.

calleja sf narrow street.

callejear vi to wander the streets.

callejero, ra adj [gen] street (antes de sust) ; [perro] stray. ◆ **callejero** sm [guía] street map.

callejón sm alley ▶ **callejón sin salida** cul-de-sac ; fig blind alley, impasse.

callejuela sf backstreet, side street.

callista smf chiropodist.

callo sm [dureza] callus ; [en el pie] corn ▶ **dar el callo** fam & fig to slog. ◆ **callos** smpl CULIN tripe (U).

calma sf **1.** [sin ruido o movimiento] calm ▶ **en calma** calm **2.** [sosiego] tranquility ▶ **tómatelo con calma** take it easy **3.** [apatía] sluggishness, indifference.

calmante ❖ adj soothing. ❖ sm sedative.

calmar vt **1.** [mitigar] to relieve **2.** [tranquilizar] to calm, to soothe. ◆ **calmarse** vprnl to calm down ; [dolor, tempestad] to abate.

caló sm gypsy dialect.

calor sm [gen] heat ; [sin quemar] warmth ▶ **entrar en calor a)** [gen] to get warm **b)** [público, deportista] to warm up ▶ **hacer calor** to be warm o hot ▶ **tener calor** to be warm o hot.

caloría sf calorie.

calote sm RP fam swindle.

calumnia sf [oral] slander ; [escrita] libel.

calumniador, ra ❖ adj slanderous. ❖ sm, f slanderer.

calumniar vt [oralmente] to slander ; [por escrito] to libel.

calumnioso, sa adj [de palabra] slanderous ; [por escrito] libellous.

caluroso, sa adj **1.** [gen] hot ; [templado] warm **2.** fig [afectuoso] warm.

calva sf ⟶ **calvo**.

calvario sm fig [sufrimiento] ordeal.

calvicie sf baldness.

calvo, va adj bald. ◆ **calva** sf [en la cabeza] bald patch.

calza sf [cuña] wedge, block.

calzado, da adj [con zapatos] shod. ◆ **calzado** sm footwear. ◆ **calzada** sf road.

calzador sm shoehorn.

calzar [13] vt **1.** [poner calzado] to put on **2.** [llevar un calzado] to wear / **¿qué número calza?** what size do you take? **3.** [poner cuña a] to wedge. ◆ **calzarse** vprnl to put on.

calzo sm [cuña] wedge.

calzón sm **1.** ESP [deportivo] shorts **2.** ANDES MÉX RP [braga] knickers UK, panties US.

calzoncillo sm (gen pl) underpants pl, shorts pl US.

calzoneta sm CAm swimming trunks.

cama sf bed ▸ **estar en** o **guardar cama** to be in bed / **estar** o **quedar de cama** 🆀🆐 fam to be knackered 🆄🅺, to be dead tired ▸ **hacer la cama** to make the bed ▸ **hacerle** o **ponerle la cama a alguien** fig to plot against sb.

camada sf litter.

camafeo sm cameo.

camaleón sm lit + fig chameleon.

cámara ◆ sf **1.** [gen & TECNOL] chamber ▸ **cámara alta/baja** upper/lower house **2.** CINE, FOTO & TV camera ▸ **cámara de seguridad** security camera ▸ **cámara de vídeo** video camera **3.** [de balón, neumático] inner tube **4.** [habitáculo] cabin. ◆ smf [persona] cameraman (camerawoman).

camarada smf POLÍT comrade.

camarero, ra sm, f [de restaurante] waiter (waitress); [de hotel] steward (chambermaid).

camarilla sf clique; POLÍT lobby.

camarista sf 🅼🅴🆇 [en hotel] chambermaid.

camarón sm shrimp.

camarote sm cabin.

camarotero sm 🅰🅼 cabin steward (on cruise liners).

camastro sm ramshackle bed.

camba 🅱🅾🅻 fam ◆ adj of/from the forested lowland region of Bolivia. ◆ smf person from the forested lowland region of Bolivia.

cambalache sm fam **1.** [trueque] swap **2.** 🆁🅳🅾🅼 [tienda] junk shop.

cambiante adj changeable.

cambiar [8] ◆ vt **1.** [gen] to change ▸ **cambiar libras por euros** to change pounds into euros **2.** [canjear] ▸ **cambiar algo (por)** to exchange sthg (for). ◆ vi **1.** [gen] to change ▸ **cambiar de** [gen] to change ▸ **cambiar de casa** to move house / **cambiar de trabajo** to move jobs **2.** AUTO ▸ **cambiar de marcha** to change gear. ◆ **cambiarse** vprnl ▸ **cambiarse (de) a)** [ropa] to change **b)** [casa] to move / **cambiarse de vestido** to change one's dress.

cambio sm **1.** [gen] change ▸ **cambio climático** climate change ▸ **cambio de domicilio** change of address ▸ **cambio de guardia** changing of the guard **2.** [trueque] exchange ▸ **a cambio (de)** in exchange o return (for) **3.** [FIN - de acciones] price; [- de divisas] exchange rate ▸ **'cambio'** 'bureau de change' **4.** AUTO ▸ **cambio de marchas** o **velocidades** gear change ▸ **cambio de sentido** U-turn. ◆ **cambio de rasante** sm brow of a hill. ◆ **libre cambio** sm **1.** ECON [librecambismo] free trade **2.** FIN [de divisas] floating exchange rates pl. ◆ **en cambio** loc adv **1.** [por otra parte] on the other hand, however **2.** [en su lugar] instead.

cambur sm 🅰🅼 **1.** [empleo] job **2.** [empleado] clerk **3.** 🆅🅴🅽 banana.

camelar vt fam [seducir, engañar] to butter up, to win over.

camelia sf camellia.

camello, lla sm, f [animal] camel. ◆ **camello** sm fam [traficante] drug pusher o dealer.

camellón sm 🅲🅾🅻 🅼🅴🆇 central reservation 🆄🅺, median (strip) 🆄🆂.

camembert ['kamember] (pl **camemberts**) sm camembert.

camerino sm dressing room.

camilla ◆ sf [gen] stretcher; [de psiquiatra, dentista] couch. ◆ adj — **mesa**.

camillero, ra sm, f stretcher-bearer.

caminante smf walker.

caminar ◆ vi **1.** [a pie] to walk **2.** fig [ir] ▸ **caminar (hacia)** to head (for). ◆ vt [una distancia] to travel, to cover.

caminata sf long walk / **caminata nórdica** DEP Nordic walking.

camino sm **1.** [sendero] path, track; [carretera] road ▸ **camino de montaña** mountain path ▸ **abrir camino a** to clear the way for ▸ **abrirse camino** to get on o ahead **2.** [ruta] way ▸ **a medio camino** halfway / **estar a medio camino** to be halfway there ▸ **quedarse a medio camino** to stop halfway through ▸ **camino de** on the way to ▸ **en el** o **de camino** on the way ▸ **ir camino de** to be heading for **3.** [viaje] journey ▸ **ponerse en camino** to set off **4.** fig [medio] way.

camión sm **1.** [de mercancías] lorry 🆄🅺, truck 🆄🆂 ▸ **camión articulado** articulated lorry 🆄🅺 o truck 🆄🆂 ▸ **camión cisterna** tanker ▸ **camión de la mudanza** removal van **2.** 🅲🅰🅼 🅼🅴🆇 [bus] bus.

camionero, ra ◆ adj 🅲🅰🅼 🅼🅴🆇 bus. ◆ sm, f lorry driver 🆄🅺, trucker 🆄🆂.

camioneta sf van.

camisa sf **1.** [prenda] shirt **2.** loc ▸ **meterse en camisa de once varas** to complicate matters unnecessarily. ◆ **camisa de fuerza** sf straitjacket.

camisería sf [tienda] outfitter's.

camisero, ra ◆ adj shirt (antes de sust). ◆ sm, f **1.** [que confecciona] shirtmaker **2.** [que vende] outfitter.

camiseta sf **1.** [prenda interior] vest 🆄🅺, undershirt 🆄🆂 **2.** [de verano] T-shirt **3.** [DEP - de tirantes] vest; [- de mangas].

camisola sf **1.** [prenda interior] camisole **2.** 🅰🅼 DEP sports shirt.

camisón sm nightdress.

camomila sf camomile.

camorra sf trouble ▸ **buscar camorra** to look for trouble.

camote sm **1.** 🅰🅽🅳🅴🆂 🅲🅰🅼 🅼🅴🆇 [batata] sweet potato; [bulbo] tuber, bulb **2.** 🅼🅴🆇 fam [complicación] mess **/** *meterse en un camote* to get into a mess o pickle.

campamento sm camp.

campana sf bell ▶ **campana de buzo** o **de salvamento** diving bell ▶ **campana extractora de humos** extractor hood.

campanada sf **1.** [de campana] peal **2.** [de reloj] stroke **3.** *fig* [suceso] sensation.

campanario sm belfry, bell tower.

campanilla sf **1.** [de la puerta] (small) bell; [con mango] handbell **2.** [flor] campanula, bellflower.

campanilleo sm tinkling (U).

campante adj ▶ **estar** o **quedarse tan campante** *fam* to remain quite unruffled.

campaña sf **1.** [gen] campaign ▶ **hacer campaña (de/contra)** to campaign (for/against) ▶ **de campaña** MIL field *(antes de sust)* **2.** RDom [campo] countryside.

campechano, na adj *fam* genial, good-natured.

campeón, ona sm, f champion.

campeonato sm championship ▶ **de campeonato** *fig* terrific, great.

campero, ra adj country *(antes de sust)*; [al aire libre] open-air. ◆ **campera** sf **1.** [bota] ≃ cowboy boot **2.** RDom [chaqueta] jacket.

campesino, na sm, f [gen] farmer; [muy pobre] peasant.

campestre adj country *(antes de sust)*.

camping ['kampin] *(pl* **campings***)* sm **1.** [actividad] camping ▶ **ir de camping** to go camping **2.** [lugar de acampada] campsite.

campista smf camper.

campo sm **1.** [gen & INFORM] field ▶ **campo de aviación** airfield ▶ **campo de batalla** battlefield ▶ **campo de tiro** firing range **2.** [campiña] country, countryside ▶ **a campo traviesa** cross country **3.** [DEP - de fútbol] pitch; [- de tenis] court; [- de golf] course ▶ **jugar en campo contrario** to play away **4.** CSur [hacienda] cattle ranch **5.** Andes [lugar] room, space. ◆ **campo de concentración** sm concentration camp. ◆ **campo de trabajo** sm [de vacaciones] work camp; [para prisioneros] labour camp UK, labor camp US.

campus sm inv campus.

camuflaje sm camouflage.

camuflar vt to camouflage.

cana sf ⟶ **cano**.

Canadá npr ▶ **(el) Canadá** Canada.

canadiense adj & smf Canadian.

canal sm **1.** [cauce artificial] canal ▶ **canal de riego** irrigation channel **2.** GEOGR channel, strait **3.** RADIO & TV channel ▶ **canal por cable** cable channel **4.** ANAT canal, duct **5.** [de agua, gas] conduit, pipe **6.** *fig* [medio, vía] channel.

canalizar [13] vt **1.** [territorio] to canalize; [agua] to channel **2.** *fig* [orientar] to channel.

canalla smf swine, dog.

canalón sm [de tejado] gutter; [en la pared] drainpipe.

canapé sm **1.** CULIN canapé **2.** [sofá] sofa, couch.

Canarias sfpl ▶ **las (islas) Canarias** the Canary Islands, the Canaries.

canario, ria ⬥ adj of the Canary Islands. ⬥ sm, f [persona] Canary Islander. ◆ **canario** sm [pájaro] canary.

canasta sf [gen & DEP] basket.

canastilla sf **1.** [cesto pequeño] basket **2.** [de bebé] layette.

canasto sm large basket.

cancán *(pl* **cancanes***)* sm o sf RDom tights UK, pantyhose US.

cancela sf wrought-iron gate.

cancelación sf cancellation.

cancelar vt **1.** [anular] to cancel **2.** [deuda] to pay, to settle **3.** Chile Perú [cuenta] to pay.

cáncer sm *fig* MED cancer. ◆ **Cáncer** ⬥ sm [zodiaco] Cancer. ⬥ smf [persona] Cancer.

cancerígeno, na adj carcinogenic.

canceroso, sa adj [úlcera, tejido] cancerous; [enfermo] suffering from cancer.

cancha sf DEP [de tenis] court **/** *cancha de césped* Am grass court.

canciller sm **1.** [de gobierno, embajada] chancellor **2.** [de asuntos exteriores] foreign minister.

cancillería sf **1.** [de gobierno] chancellorship **2.** [de embajada] chancellery **3.** [de asuntos exteriores] foreign ministry.

canción sf song ▶ **canción de cuna** lullaby ▶ **la misma canción** *fig* the same old story.

cancionero sm songbook.

candado sm padlock.

candela sf **1.** [vela] candle **2.** Am [fuego] fire.

candelabro sm candelabra.

candelero sm candlestick.

candente adj **1.** [incandescente] red-hot **2.** *fig* [actual] burning *(antes de sust)*.

candidato, ta sm, f candidate.

candidatura sf [para un cargo] candidacy.

candidez sf ingenuousness.

cándido, da adj ingenuous, simple.

candil sm **1.** [lámpara] oil lamp **2.** Méx [araña] chandelier.

candilejas sfpl footlights.

canelo, la adj *fam & fig* [inocentón] gullible. ◆ **canela** sf cinnamon.

canelón sm CULIN cannelloni *pl*.

cangrejo sm crab.

canguro ❖ sm [animal] kangaroo. ❖ smf *fam* [persona] babysitter ▸ **hacer de canguro** to babysit.

caníbal smf cannibal.

canica sf [pieza] marble. ◆ **canicas** sfpl [juego] marbles.

caniche sm poodle.

canijo, ja adj sickly.

canilla sf 1. [espinilla] shinbone 2. RDOM [grifo] tap UK, faucet US 3. AM [pierna] leg.

canillera sf AM [temblor de piernas] : *tenía canillera* his legs were trembling o shaking.

canillita sm RDOM *fam* newspaper vendor.

canino, na adj canine. ◆ **canino** sm [diente] canine (tooth).

canje sm exchange.

canjeable adj exchangeable.

canjear vt to exchange.

cano, na adj grey. ◆ **cana** sf grey hair ▸ **echar una cana al aire** *fig* to let one's hair down.

canoa sf canoe.

canódromo sm greyhound track.

canon sm 1. [norma] canon ▸ **como mandan los cánones** according to the rules 2. [modelo] ideal 3. [impuesto] tax 4. MÚS canon.

canónico, ca adj canonical ; [derecho] canon (*antes de sust*).

canónigo sm canon.

canonizar [13] vt to canonize.

canoso, sa adj [pelo] grey ; [persona] grey-haired.

cansado, da adj 1. [agotado] tired ▸ **cansado de algo / de hacer algo** tired of sthg/of doing sthg 2. [pesado, cargante] tiring.

cansador, ra adj ANDES RP [que cansa] tiring ; [que aburre] tiresome, boring.

cansancio sm tiredness.

cansar ❖ vt to tire (out). ❖ vi to be tiring. ◆ **cansarse** vprnl ▸ **cansarse (de)** *lit* + *fig* to get tired (of).

Cantábrico sm ▸ **el (mar) Cantábrico** the Cantabrian Sea.

cantaleta sf AM nagging.

cantante ❖ adj singing. ❖ smf singer.

cantaor, ra sm, f flamenco singer.

cantar ❖ vt 1. [canción] to sing 2. [bingo, línea, el gordo] to call (out) ▸ **cantar victoria** to claim victory ▸ **cantar a alguien las cuarenta** to give sb a piece of one's mind. ❖ vi 1. [persona, ave] to sing ; [gallo] to crow ; [grillo] to chirp 2. *fam* & *fig* [confesar] to talk.

cántaro sm large pitcher ▸ **llover a cántaros** to rain cats and dogs.

cantautor, ra sm, f singer-songwriter.

cante sm ▸ **cante (jondo o hondo)** flamenco singing.

cantegril sm URUG shanty town.

cantera sf [de piedra] quarry.

cantero sm CSUR CUBA [de flores] flowerbed.

cantidad sf 1. [medida] quantity 2. [abundancia] abundance, large number ▸ **en cantidad** in abundance ▸ **cantidad de** lots of ▸ **en cantidads industriales** in industrial quantities 3. [número] number 4. [suma de dinero] sum (of money).

cantilena, cantinela sf ▸ **la misma cantilena** *fig* the same old story.

cantimplora sf water bottle.

cantina sf [de soldados] mess ; [en fábrica] canteen ; [en estación de tren] buffet ; [bar] snack bar.

cantinela = cantilena.

canto sm 1. [acción, arte] singing 2. [canción] song 3. [lado, borde] edge ▸ **de canto** edgeways 4. [de cuchillo] blunt edge 5. [guijarro] pebble ▸ **canto rodado a)** [pequeño] pebble **b)** [grande] boulder.

cantor, ra sm, f singer.

canturrear vt & vi *fam* to sing softly.

canutas sfpl ▸ **pasarlas canutas** *fam* to have a rough time.

canuto sm 1. [tubo] tube 2. *fam* [porro] joint.

caña sf 1. BOT cane ▸ **caña de azúcar** sugarcane 2. ESP [de cerveza] half ▸ **una caña** one beer 3. ANDES CUBA RP [aguardiente] type of rum made using sugar cane spirit. ◆ **caña de pescar** sf fishing rod.

cañabrava sf CUBA RDOM kind of cane.

cáñamo sm hemp.

cañaveral sm reedbed.

cañería sf pipe.

cañero, ra sm, f AM [trabajador] sugar plantation worker.

caño sm [de fuente] jet.

cañón sm 1. [arma] gun ; HIST cannon ; ▸ **cañón antiaéreo** anti-aircraft gun ▸ **cañón de nieve** snow cannon 2. [de fusil] barrel ; [de chimenea] flue ; [de órgano] pipe 3. GEOGR canyon.

cañonazo sm 1. [disparo de cañón] gunshot 2. [en fútbol] powerful shot.

caoba sf mahogany.

caos sm inv chaos.

caótico, ca adj chaotic.

cap. (*abr escrita de* **capítulo**) ch.

capa sf 1. [manto] cloak, cape ▸ **andar de capa caída** to be in a bad way ▸ **de capa y espada** cloak and dagger 2. [baño - de barniz, pintura] coat ; [- de chocolate etc] coating 3. [estrato] layer ; GEOL stratum ▸ **capa de ozono** ozone layer ▸ **capa de hielo** sheet of ice 4. [grupo social] stratum, class 5. TAUROM cape.

capacidad sf 1. [gen] capacity ▸ **con capacidad para 500 personas** with a capacity of 500 2. [aptitud] ability ▸ **no tener capacidad para**

algo / **para hacer algo** to be no good at sthg/at doing sthg. ◆ **capacidad de decisión** sf decision-making ability. ◆ **capacidad de trabajo** sf capacity for hard work.

capacitación sf training.

capacitador, ra adj & sm, f [Am] [entrenador] trainer.

capacitar vt ▸ **capacitar a alguien para algo a)** [habilitar] to qualify sb for sthg **b)** [formar] to train sb for sthg.

capar vt to castrate.

caparazón sm *lit + fig* shell.

capataz sm, f foreman (forewoman).

capaz adj **1.** [gen] capable ▸ **capaz de algo / de hacer algo** capable of sthg/of doing sthg **2.** [atrevido] ▸ **ser capaz** to dare ▸ **ser capaz de hacer algo** to bring oneself to do sthg **3.** [espacioso] : *muy / poco capaz* with a large/small capacity ▸ **capaz para** with room for.

capazo sm large wicker basket.

capellán sm chaplain.

caperuza sf [gorro] hood.

capicúa adj inv reversible.

capilar adj **1.** [del cabello] hair *(antes de sust)* / *loción capilar* hair lotion **2.** ANAT & FÍS capillary.

capilla sf chapel ▸ **capilla ardiente** funeral chapel.

cápita ◆ **per cápita** loc adj per capita.

capital ⋄ adj **1.** [importante] supreme **2.** [principal] main. ⋄ sm ECON capital. ⋄ sf [ciudad] capital ▸ **soy de Barcelona capital** I'm from the city of Barcelona.

capitalismo sm capitalism.

capitalista adj & smf capitalist.

capitalizar [13] vt **1.** ECON to capitalize **2.** *fig* [sacar provecho] to capitalize on.

capitán, ana sm, f captain.

capitanear vt DEP & MIL to captain.

capitanía sf **1.** MIL [empleo] captaincy **2.** MIL [oficina] military headquarters.

capitel sm capital.

capitoste smf *despec* big boss.

capitulación sf capitulation, surrender.

capitular vi to capitulate, to surrender.

capítulo sm **1.** [sección, división] chapter **2.** *fig* [tema] subject.

capó, capot [ka'po] sm bonnet [UK], hood [US].

capón sm **1.** [animal] capon **2.** [golpe] rap on the head.

caporal sm MIL ≃ corporal.

capot = **capó**.

capota sf hood [UK], top [US].

capote sm **1.** [capa] cape with sleeves ; [militar] greatcoat **2.** TAUROM cape.

capricho sm **1.** [antojo] whim, caprice ▸ **darse un capricho** to treat o.s. **2.** MÚS & ARTE caprice.

caprichoso, sa adj capricious.

Capricornio ⋄ sm [zodiaco] Capricorn. ⋄ smf [persona] Capricorn.

cápsula sf **1.** [gen & ANAT] capsule **2.** [tapón] cap. ◆ **cápsula espacial** sf space capsule.

captar vt **1.** [atraer - simpatía] to win ; [- interés] to gain, to capture **2.** [entender] to grasp **3.** [sintonizar] to pick up, to receive **4.** [aguas] to collect.

captura sf capture.

capturar vt to capture.

capucha sf hood.

capuchino, na adj Capuchin. ◆ **capuchino** sm **1.** [fraile] Capuchin **2.** [café] cappuccino.

capuchón sm cap, top.

capullo, lla *vulg* sm, f [persona] prat. ◆ **capullo** sm **1.** [de flor] bud **2.** [de gusano] cocoon.

caqui, kaki adj inv [color] khaki.

cara sf **1.** [rostro, aspecto] face ▸ **cara a cara** face to face ▸ **de cara** [sol, viento] in one's face / *me daba el sol de cara* I had the sun in my eyes **2.** [lado] side ; GEOM face **3.** [de moneda] heads *(U)* ▸ **cara o cruz** heads or tails ▸ **echar algo a cara o cruz** to toss (a coin) for sthg **4.** *fam* [osadía] cheek **5.** *loc* ▸ **de cara a** with a view to ▸ **decir algo a alguien en o a la cara** to say sthg to sb's face ▸ **echar en cara algo a alguien** to reproach sb for sthg ▸ **por su linda cara, por su cara bonita** because his/her face fits ▸ **verse las caras a)** [pelearse] to have it out **b)** [enfrentarse] to fight it out.

carabela sf caravel.

carabina sf **1.** [arma] carbine, rifle **2.** *fam & fig* [mujer] chaperone.

carabinero sm **1.** [marisco] scarlet shrimp *(type of large red prawn)* **2.** [CHILE] [policía] military policeman.

Caracas npr Caracas.

caracol sm **1.** [animal] snail **2.** [concha] shell **3.** [rizo] curl. ◆ **escalera de caracol** sf spiral staircase.

caracola sf conch.

caracolada sf CULIN *stew made with snails.*

carácter *(pl* caracteres*)* sm **1.** [de persona] character ▸ **tener buen / mal carácter** to be good-natured/bad-tempered **2.** [índole] nature ▸ **con carácter de urgencia** as a matter of urgency ▸ **una reunión de carácter privado / oficial** a private/official meeting **3.** INFORM character ▸ **carácter alfanumérico** alphanumeric character ▸ **caracteres de imprenta** typeface *sg* **4.** BIOL trait.

característico, ca adj characteristic. ◆ **característica** sf characteristic.

caracterización sf **1.** [gen] characterization **2.** [maquillaje] make-up.

caracterizar [13] vt **1.** [definir] to characterize **2.** [representar] to portray **3.** [maquillar] to make up. ◆ **caracterizarse por** vprnl to be characterized by.

caradura fam adj cheeky.

carajillo sm coffee with a dash of liqueur.

carajo mfam interj ▶ **¡carajo!** damn it!

caramba interj ▶ **¡caramba! a)** [sorpresa] good heavens! **b)** [enfado] for heaven's sake!

carambola sf **1.** cannon (in billiards) **2.** [fruta] starfruit. ◆ **carambolas** interj AM ▶ **¡carambolas!** good heavens!

caramelo sm **1.** [golosina] sweet **2.** [azúcar fundido] caramel ▶ **de caramelo** fig great.

caraota sf VEN bean.

carátula sf **1.** [de libro] front cover ; [de disco] sleeve **2.** [máscara] mask.

caravana sf **1.** [gen] caravan UK, trailer US **2.** [de coches] tailback. ◆ **caravanas** sfpl AM [pendientes] earrings.

caray interj ▶ **¡caray! a)** [sorpresa] good heavens! **b)** [enfado] damn it!

carbón sm [para quemar] coal ▶ **carbón mineral** o **de piedra** coal.

carboncillo sm charcoal ▶ **al carboncillo** in charcoal.

carbonilla sf [ceniza] cinder.

carbonizar [13] vt to char, to carbonize.

carbono sm carbon ▶ **de bajo carbono** ECOL low-carbon. ◆ **carbono cero** adj ECOL zero-carbon. ◆ **carbono neutro** adj ECOL carbon-neutral.

carburador sm carburettor.

carburante sm fuel.

carca fam & despec adj old-fashioned.

carcajada sf guffaw ▶ **reír a carcajadas** to roar with laughter.

carcamal smf fam & despec old crock.

cárcel sf prison ▶ **estar en la cárcel** to be in prison.

carcelero, ra sm, f warder, jailer.

carcoma sf **1.** [insecto] woodworm **2.** [polvo] wood dust.

carcomer vt lit + fig to eat away at.

cardar vt **1.** [lana] to card **2.** [pelo] to backcomb.

cardenal sm **1.** RELIG cardinal **2.** [hematoma] bruise.

cardiaco, ca, cardíaco, ca adj cardiac, heart (antes de sust).

cárdigan, cardigán sm cardigan.

cardinal adj cardinal.

cardiólogo, ga sm, f cardiologist.

cardo sm [planta] thistle.

carecer [30] vi ▶ **carecer de algo** to lack sthg.

carencia sf [ausencia] lack ; [defecto] deficiency.

carente adj ▶ **carente de** lacking (in).

carestía sf [escasez] scarcity, shortage.

careta sf **1.** [máscara] mask ▶ **careta antigás** gas mask **2.** fig [engaño] front.

carey sm [material] tortoiseshell.

carga sf **1.** [acción] loading ▶ **de carga frontal** front-loading **2.** [cargamento - de avión, barco] cargo ; [- de tren] freight ; [- de camión] load **3.** [peso] load **4.** fig [sufrimiento] burden **5.** [ataque, explosivo] charge ▶ **volver a la carga** fig to persist **6.** [de batería, condensador] charge **7.** [para mechero, bolígrafo] refill **8.** [impuesto] tax ▶ **carga fiscal** tax burden.

cargado, da adj **1.** [abarrotado] ▶ **cargado (de)** loaded (with) ▶ **un árbol cargado de fruta** a tree laden with fruit **2.** [arma] loaded **3.** [bebida] strong **4.** [bochornoso - habitación] stuffy ; [- tiempo] sultry, close ; [- cielo] overcast **5.** ▶ **cargado de hombros** round-shouldered (sust).

cargador sm [de arma] chamber.

cargamento sm cargo.

cargante adj fam & fig annoying.

cargar [16] ◆ vt **1.** [gen] to load ; [pluma, mechero] to refill **2.** [peso encima] to throw over one's shoulder **3.** ELECTR to charge ; INFORM to load **4.** fig [responsabilidad, tarea] to give, to lay upon ▶ **cargar a alguien de deudas** to encumber sb with debts **5.** [producir pesadez - suj: humo] to make stuffy ; [- suj: comida] to bloat **6.** [gravar] ▶ **cargar un impuesto a algo/alguien** to tax sthg/sb **7.** [importe, factura, deuda] ▶ **cargar algo (a)** to charge sthg (to) ▶ **cárguelo a mi cuenta** charge it to my account. ◆ vi [atacar] ▶ **cargar (contra)** to charge. ◆ **cargar con** vi **1.** [paquete etc] to carry away **2.** fig [coste, responsabilidad] to bear ; [consecuencias] to accept ; [culpa] to get. ◆ **cargarse** vprnl **1.** fam [romper] to break **2.** fam [matar - persona] to bump off ; [- animal] to kill **3.** [de humo] to get stuffy **4.** ELECTR to become charged ; INFORM to load.

cargo sm **1.** [gen, ECON & DER] charge ▶ **sin cargo** free of charge ▶ **correr a cargo de** to be borne by ▶ **estar a cargo de algo, tener algo a cargo de uno** to be in charge of sthg ▶ **las personas a mi cargo** the people in my care ▶ **hacerse cargo de a)** [asumir el control de] to take charge of **b)** [ocuparse de] to take care of **c)** [comprender] to understand **2.** [empleo] post ▶ **es un cargo público** he holds public office.

cargosear vt CSUR to annoy, to pester.

cargoso, sa adj CSUR annoying.

carguero sm cargo boat.

cariado, da adj decayed.

Caribe sm ▶ **el (mar) Caribe** the Caribbean (Sea).

caribeño, ña adj Caribbean.

caricatura sf **1.** [de personaje, situación] caricature **2.** Méx [dibujos animados] cartoon.

caricia sf [a persona] caress ; [a perro, gato etc] stroke.

caridad sf charity.

caries sf inv tooth decay ▶ **tengo dos caries** I have two cavities.

cariño sm **1.** [afecto] affection ▶ **tomar cariño a** to grow fond of ▶ **con mucho cariño** with great affection **2.** [cuidado] loving care **3.** [apelativo] love.

cariñoso, sa adj affectionate.

carisma sm charisma.

carismático, ca adj charismatic.

Cáritas sf charitable organization run by the Catholic Church.

caritativo, va adj charitable.

cariz sm look, appearance ▶ **tomar mal /buen cariz** to take a turn for the worse/better.

carmesí (pl carmesíes o carmesís) adj & sm crimson.

carmín ⟡ adj [color] carmine. ⟡ sm **1.** [color] carmine **2.** [lápiz de labios] lipstick.

carnada sf lit + fig bait.

carnal ⟡ adj **1.** [de la carne] carnal **2.** [primo] first (antes de sust). ⟡ sm Méx fam [amigo] mate.

carnaval sm carnival.

carnaza sf lit + fig bait.

carne sf **1.** [de persona, fruta] flesh ▶ **en carne viva** raw ▶ **entrado o metido en carnes** plump ▶ **ser de carne y hueso** fig to be human **2.** [alimento] meat ▶ **carne de cerdo** pork ▶ **carne de cordero** lamb ▶ **carne picada** Esp RP a) [de ternera] mince b) [de cerdo] minced UK o ground US pork ▶ **carne de ternera** veal ▶ **carne de vaca** beef ▶ **poner toda la carne en el asador** fig to go for broke ▶ **ser carne de cañón** to be cannon fodder ▶ **poner la carne de gallina a alguien** a) [de frío] to give sb goose pimples b) [de miedo] to give sb the creeps. ⟡ **carne de membrillo** sf quince jelly.

carné, carnet (pl carnets) sm [documento] card ▶ **carné de conducir** driving licence ▶ **carné de identidad** identity card ▶ **carné de estudiante** student card ▶ **carné de prensa** press pass ▶ **carné de socio** membership card.

carnear vt **1.** Andes RDom to slaughter, to butcher **2.** Chile [engañar] to deceive, to take in.

carnero sm [animal] ram ; CULIN mutton.

carnicería sf **1.** [tienda] butcher's **2.** fig [masacre] carnage (U).

carnicero, ra sm, f lit + fig [persona] butcher.

carnitas sfpl Méx small pieces of braised pork.

carnívoro, ra adj carnivorous. ⟡ **carnívoro** sm carnivore.

carnoso, sa adj fleshy ; [labios] full.

caro, ra adj [precio] expensive. ⟡ **caro** adv : costar caro a) to be expensive b) fig to cost dear / vender caro algo a) to sell sthg at a high price b) fig not to give sthg up easily ▶ **pagar caro algo** fig to pay dearly for sthg ▶ **salir caro a)** to be expensive b) fig to cost dear.

carozo sm RDom stone, pit US.

carpa sf **1.** [pez] carp **2.** [de circo] big top ; [para fiestas etc] marquee **3.** Am [tienda de campaña] tent.

carpeta sf file, folder.

carpintería sf **1.** [arte] carpentry ; [de puertas y ventanas] joinery **2.** [taller] carpenter's/joiner's shop.

carpintero, ra sm, f carpenter ; [de puertas y ventanas] joiner.

carraca sf [instrumento] rattle.

carraspear vi [toser] to clear one's throat.

carraspera sf hoarseness.

carrera sf **1.** [acción de correr] run, running (U) **2.** fig DEP race ▶ **carrera ciclista** cycle race ▶ **carrera de coches** motor race ▶ **carrera de obstáculos** steeplechase **3.** [trayecto] route **4.** [de taxi] ride **5.** [estudios] university course ▶ **hacer la carrera de derecho** to study law (at university) **6.** [profesión] career **7.** [en medias] ladder UK, run US.

carrerilla sf ▶ **coger o tomar carrerilla** to take a run-up. ⟡ **de carrerilla** loc adv by heart.

carreta sf cart.

carrete sm **1.** [de hilo] bobbin, reel ; [de alambre] coil **2.** FOTO roll (of film) **3.** [para pescar] reel **4.** [de máquina de escribir] spool.

carretera sf road ▶ **viaje por carretera** road journey ▶ **carretera de circunvalación** ring road ▶ **carretera comarcal** ≃ B road UK ▶ **carretera de cuota** Méx toll road ▶ **carretera nacional** ≃ A road UK, state highway US ; Méx ▶ **carretera de cuota** toll road.

carretero, ra ⟡ sm, f [conductor] carter ▶ **fumar como un carretero** fig to smoke like a chimney. ⟡ adj Am road ▶ **un accidente carretero** a road accident ▶ **tráfico carretero** road traffic.

carretilla sf wheelbarrow.

carril sm **1.** [de carretera] lane ▶ **carril bici** cycle lane ▶ **carril bus** bus lane **2.** [de vía de tren] rail.

carrillo sm cheek ▶ **comer a dos carrillos** fig to cram one's face with food.

carriola sf **1.** [cama] truckle bed **2.** Méx [coche de bebé] pram UK, baby carriage US.

carrito sm trolley UK, cart US.

carro sm **1.** [vehículo] cart ▶ **carro de combate** MIL tank **2.** [de máquina de escribir] carriage **3.** Andes Cam Carib Méx [automóvil] car

4. Mex ▸ **carro comedor** [en tren] dining car, restaurant car.

carrocería sf bodywork UK, body.

carromato sm [carro] wagon.

carroña sf carrion.

carroza sf [vehículo] carriage.

carruaje sm carriage.

carrusel sm [tiovivo] carousel.

carta sf **1.** [letter] ▸ **echar una carta** to post a letter ▸ **carta certificada / urgente** registered / express letter ▸ **carta de presentación** letter of introduction ▸ **carta de recomendación** reference (letter) **2.** [naipe] (playing) card ▸ **echar las cartas a alguien** to tell sb's fortune *(with cards)* **3.** [en restaurante] menu **4.** [mapa] map ; NÁUT chart **5.** [documento] charter ▸ **carta verde** green card **6.** *loc* ▸ **jugarse todo a una carta** to put all one's eggs in one basket ▸ **dar carta blanca a alguien** to give sb carte blanche. ◆ **carta de ajuste** sf test card. ◆ **Carta de Derechos** sf Bill of Rights. ◆ **Carta Magna** sf Constitution.

cartabón sm set square.

cartapacio sm [carpeta] folder.

cartearse vprnl to correspond.

cartel sm **1.** [póster] poster ▸ **'prohibido fijar carteles'** 'billposters will be prosecuted' **2.** [letrero] sign.

cártel sm cartel.

cartelera sf **1.** [tablón] hoarding, billboard **2.** PRENSA entertainments page ▸ **estar en cartelera** to be showing ▸ **lleva un año en cartelera** it's been running for a year.

cárter sm AUTO housing.

cartera sf **1.** [para dinero] wallet **2.** [para documentos] briefcase ; [sin asa] portfolio ; [de colegial] satchel **3.** COM, FIN & POLÍT portfolio / **cartera de clientes** client portfolio, client list **4.** [bolsillo] pocket flap **5.** Andes CSur [bolso] handbag UK, purse US.

carterista smf pickpocket.

cartero, ra sm, f postman (postwoman).

cartílago sm cartilage.

cartilla sf **1.** [documento] book ▸ **cartilla (de ahorros)** savings book **2.** [para aprender a leer] primer.

cartón sm **1.** [material] cardboard ▸ **cartón piedra** papier mâché **2.** [de cigarrillos, leche] carton ; [de huevos] box.

cartuchera sf cartridge belt.

cartucho sm [de arma] cartridge ▸ **quemar el último cartucho** *fig* to play one's last card.

cartujo, ja adj Carthusian.

cartulina sf card ▸ **cartulina amarilla / roja** FÚT yellow/red card.

casa sf **1.** [edificio] house ▸ **casa adosada** semidetached house ▸ **casa de campo** country house

▸ **casa piloto** show home UK, model home US ▸ **casa real** [palacio] palace ▸ **casa unifamiliar** *house (usually detached) on an estate* ▸ **se le cae la casa encima** [se deprime] it's the end of the world for him ▸ **en casa del herrero cuchillo de palo** *prov* the shoemaker's wife is always worst shod **2.** [hogar] home ▸ **en casa** at home ▸ **ir a casa** to go home ▸ **pásate por mi casa** come round to my place ▸ **jugar en casa / fuera de casa** to play at home/away **3.** [empresa] company ▸ **vino de la casa** house wine **4.** [organismo] ▸ **casa Consistorial** town hall ▸ **casa de gobierno** Am presidential palace ▸ **casa de huéspedes** guesthouse ▸ **casa de juego** gambling house ▸ **casa de putas** brothel ▸ **casa de socorro** first-aid post.

casaca sf frock coat.

casadero, ra adj marriageable.

casado, da adj ▸ **casado (con)** married (to).

casamiento sm wedding, marriage.

casar ◆ vt **1.** [en matrimonio] to marry **2.** [unir] to fit together. ◆ vi to match. ◆ **casarse** vprnl ▸ **casarse (con)** to get married (to).

cascabel sm (small) bell.

cascado, da adj **1.** *fam* [estropeado] bust ; [persona, ropa] worn-out **2.** [ronco] rasping. ◆ **cascada** sf [de agua] waterfall.

cascanueces sm inv nutcracker.

cascar [10] vt **1.** [romper] to crack **2.** *fam* [pegar] to thump. ◆ **cascarse** vprnl [romperse] to crack ▸ **cascársela** *vulg* to jerk off.

cáscara sf **1.** [de almendra, huevo etc] shell **2.** [de limón, naranja] skin, peel **3.** [de plátano] skin.

cascarilla sf husk.

cascarón sm eggshell ▸ **salir del cascarón** *fig* to leave the nest.

cascarrabias smf inv grouch.

casco sm **1.** [para la cabeza] helmet ; [de motorista] crash helmet **2.** [de barco] hull **3.** [de ciudad] ▸ **casco antiguo** old (part of) town ▸ **casco urbano** city centre **4.** [de caballo] hoof **5.** [envase] empty bottle.

caserío sm [casa de campo] country house.

casero, ra ◆ adj **1.** [de casa - comida] homemade ; [- trabajos] domestic ; [- reunión, velada] at home ; [de la familia] family *(antes de sust)* **2.** [hogareño] home-loving. ◆ sm, f [propietario] landlord (landlady).

caserón sm large, rambling house.

caseta sf **1.** [casa pequeña] hut **2.** [en la playa] bathing hut **3.** [de feria] stall, booth **4.** [para perro] kennel **5.** Mex ▸ **caseta de cobro** tollbooth ▸ **caseta telefónica** phone box, phone booth US.

casete, cassette [ka'sete] ◆ sf [cinta] cassette. ◆ sm [aparato] cassette recorder.

casi adv almost / *casi me muero* I almost o nearly died / *casi no dormí* I hardly slept at all ▶ **casi, casi** almost, just about ▶ **casi nunca** hardly ever ▶ **casi nada** hardly anything.

casilla sf **1.** [de caja, armario] compartment; [para cartas] pigeonhole ▶ **casilla de correos** [Andes] [RDom] PO Box ▶ **casilla postal** [CAM] [Carib] [Méx] PO Box **2.** [en un impreso] box **3.** [de ajedrez etc] square **4.** [Méx] [de votación] polling booth.

casillero sm **1.** [mueble] set of pigeonholes **2.** [casilla] pigeonhole.

casino sm [para jugar] casino.

caso sm **1.** [gen, DER & GRAM] case ▶ **el caso es que...** the fact is (that)... ▶ **en el mejor / peor de los casos** at best/worst ▶ **en todo caso** in any case ▶ **caso clínico** clinical case **2.** [ocasión] occasion ▶ **en caso de** in the event of ▶ **en caso de que** if / **(en) caso de que venga** should she come ▶ **en cualquier o todo caso** in any event o case **3.** loc ▶ **hacer caso a** to pay attention to ▶ **tú ni caso** take no notice.

casona sf pile.

caspa sf dandruff.

casquería sf **1.** [tienda] tripe shop **2.** [producto] offal.

casquete sm [gorro] skullcap.

casquillo sm [de munición] case ▶ **casquillo de bala** bullet shell.

cassette = **casete**.

casta sf ⟶ **casto**.

castaña sf ⟶ **castaño**.

castañetear vi [dientes] to chatter.

castaño, ña adj [color] chestnut.
◆ **castaño** sm **1.** [color] chestnut **2.** [árbol] chestnut (tree). ◆ **castaña** sf [fruto] chestnut.

castañuela sf castanet ▶ **estar como unas castañuelas** to be very happy.

castellano, na adj & sm, f Castilian.
◆ **castellano** sm [lengua] (Castilian) Spanish.

castidad sf chastity.

castigador, ra fam adj seductive.

castigar [16] vt **1.** [imponer castigo] to punish **2.** DEP to penalize **3.** [maltratar] to damage.

castigo sm **1.** [sanción] punishment **2.** [sufrimiento] suffering (U); [daño] damage (U) **3.** DEP penalty.

castillo sm [edificio] castle ▶ **castillos en el aire** o **de naipes** fig castles in the air ▶ **castillo de naipes** house of cards.

casting sm casting.

castizo, za adj pure; [autor] purist.

casto, ta adj chaste. ◆ **casta** sf **1.** [linaje] lineage **2.** [especie, calidad] breed **3.** [en la India] caste.

castor sm beaver.

castrante adj emasculating.

castrar vt [animal, persona] to castrate; [gato] to doctor.

castrense adj military.

casual adj chance, accidental.

casualidad sf coincidence ▶ **fue pura casualidad** it was sheer coincidence ▶ **dio la casualidad de que...** it so happened that... ▶ **por casualidad** by chance ▶ **¡qué casualidad!** what a coincidence!

casualmente adv by chance.

casulla sf chasuble.

cataclismo sm cataclysm.

catacumbas sfpl catacombs.

catador, ra sm, f taster.

catalán, ana adj & sm, f Catalan, Catalonian.
◆ **catalán** sm [lengua] Catalan.

catalejo sm telescope.

catalizador, ra adj fig [impulsor] catalysing (antes de sust). ◆ **catalizador** sm **1.** fig QUÍM catalyst **2.** AUTO catalytic converter.

catalogar [16] vt **1.** [en catálogo] to catalogue **2.** [clasificar] ▶ **catalogar a alguien (de)** to class sb (as).

catálogo sm catalogue.

Cataluña npr Catalonia.

catamarán sm catamaran.

cataplasma sf MED poultice.

catapulta sf catapult.

catar vt to taste.

catarata sf **1.** [de agua] waterfall **2.** (gen pl) MED cataract.

catarro sm cold.

catastro sm land registry.

catástrofe sf catastrophe; [accidente] disaster ▶ **catástrofe aérea** air disaster ▶ **catástrofe natural** natural disaster.

catastrófico, ca adj catastrophic.

catavinos smf inv wine taster.

catch [katʃ] sm DEP all-in wrestling.

catchup ['katʃup], **ketchup** sm inv ketchup.

cateado, da [Esp] fam ◇ adj failed. ◇ sm, f person who fails.

catear vt fam **1.** [Esp] ▶ **he cateado las matemáticas** I failed o flunked [US] maths **2.** [Am] [registrar] to search.

catecismo sm catechism.

Catedr. (abr escrita de **catedrático**) Prof.

cátedra sf **1.** [cargo - en universidad] chair; [- en instituto] post of head of department **2.** [departamento] department.

catedral sf cathedral.

catedrático, ca sm, f [de universidad] professor; [de instituto] head of department.

categoría sf **1.** [gen] category ▶ **categoría gramatical** part of speech **2.** [posición social] standing

▶ **de categoría** important **3.** [calidad] quality
▶ **de (primera) categoría** first-class.
categórico, ca adj categorical.
catequesis sf inv catechesis.
cateto, ta despec sm, f country bumpkin.
catire, ra adj `CARIB` [rubio] blond (blonde).
catolicismo sm Catholicism.
católico, ca ❖ adj Catholic. ❖ sm, f Catholic.
catorce num fourteen. *Ver también* seis.
catorceavo, va num fourteenth.
catre sm [cama] camp bed ▶ **irse al catre** fam
to hit the sack.
catrín, ina sm, f `CAm` `Méx` fam toff.
cauce sm **1.** fig AGRIC channel **2.** [de río] river-bed
▶ **volver a su cauce** to return to normal.
caucho sm [sustancia] rubber ▶ **caucho vulca-
nizado** vulcanized rubber.
caudal sm **1.** [cantidad de agua] flow, volume
2. [capital, abundancia] wealth.
caudaloso, sa adj **1.** [río] with a large flow
2. [persona] wealthy, rich.
caudillo sm [en la guerra] leader, head.
causa sf **1.** [origen, ideal] cause ▶ **por una buena
causa** for a good cause **2.** [razón] reason ▶ **a
causa de** because of **3.** DER case.
causalidad sf causality.
causante adj : *la razón causante* the cause.
causar vt [gen] to cause ; [impresión] to make ;
[placer] to give ▶ **causar asombro a alguien**
to amaze sb.
cáustico, ca adj lit + fig caustic.
cautela sf caution, cautiousness.
cauteloso, sa adj cautious, careful.
cautivador, ra ❖ adj captivating, enchanting.
❖ sm, f charmer.
cautivar vt **1.** [apresar] to capture **2.** [seducir]
to captivate, to enchant.
cautiverio sm captivity.
cautividad sf = cautiverio.
cautivo, va adj & sm, f captive.
cauto, ta adj cautious, careful.
cava ❖ sm [bebida] cava. ❖ sf [bodega]
wine cellar.
cavar vt & vi [gen] to dig ; [con azada] to hoe.
caverna sf cave ; [más grande] cavern.
cavernícola smf caveman (cavewoman).
caviar sm caviar.
cavidad sf cavity ; [formada con las manos] cup.
cavilar vi to think deeply, to ponder.
cayado sm [de pastor] crook.
cayera ⟶ caer.
cayuco sm [canoa] kayak ; [de inmigrantes] boat
used by sub-Saharan immigrants attempting to
reach the Canaries illegally.

caza ❖ sf **1.** [acción de cazar] hunting ▶ **dar
caza a** to hunt down ▶ **caza de brujas** fig witch-
hunt **2.** [animales, carne] game. ❖ sm fighter
(plane).
cazabe sm `Am` cassava bread.
cazabombardero sm fighter-bomber.
cazador, ra sm, f [persona] hunter ▶ **cazador
furtivo** poacher. ◆ **cazadora** sf [prenda]
bomber jacket.
cazalla sf [bebida] aniseed-flavoured spirit.
cazar [13] vt **1.** [animales etc] to hunt **2.** fig
[pillar, atrapar] to catch ; [en matrimonio] to trap.
cazatalentos smf inv [de ejecutivos] headhunt-
er ; [de artistas, deportistas] talent scout.
cazo sm saucepan.
cazoleta sf **1.** [recipiente] pot **2.** [de pipa] bowl.
cazuela sf **1.** [recipiente] pot ; [de barro] earthenware pot ; [para el horno] casserole (dish) **2.** [gui-
so] casserole, stew ▶ **a la cazuela** casseroled.
cazurro, rra adj [bruto] stupid.
cc 1. (*abr escrita de* centímetro cúbico) cc
(cubic centimetre) **2.** (*abr escrita de* copia de
carbón) cc (carbon copy).
c/c (*abr escrita de* cuenta corriente) a/c.
CC (*abr escrita de* corriente continua) DC.
CC OO (*abr de* Comisiones Obreras) sfpl Spanish
Communist-inspired trade union.
CD sm **1.** (*abr de* compact disc) CD **2.** (*abr
de* club deportivo) sports club ; [en fútbol] FC.
CD-ROM (*abr de* compact disc read only
memory) sm CD-ROM.
CD-RW (*abr de* compact disc rewritable) sm
CD-RW.
CE sf **1.** (*abr de* Comunidad Europea) EC
2. (*abr de* Comisión Europea) EC.
cebada sf barley.
cebar vt **1.** [sobrealimentar] to fatten (up)
2. [máquina, arma] to prime **3.** [anzuelo]
to bait **4.** `RDom` [mate] to prepare, to brew.
◆ **cebarse en** vprnl to take it out on.
cebiche = ceviche.
cebo sm **1.** [para cazar] bait **2.** fig [para atraer]
incentive.
cebolla sf onion.
cebolleta sf **1.** BOT spring onion **2.** [en vinagre]
pickled onion ; [muy pequeña] silverskin onion.
cebollino sm **1.** BOT chive ; [cebolleta] spring
onion **2.** fam [necio] idiot.
cebra sf zebra.
cecear vi to lisp.
ceceo sm lisp.
cecina sf dried, salted meat.
cedazo sm sieve.
ceder ❖ vt **1.** [traspasar, transferir] to hand
over **2.** [conceder] to give up ▶ **'ceda el paso'**

'give way' ▶ **ceder la palabra a alguien** to give the floor to sb. ❖ vi **1.** [venirse abajo] to give way **2.** [destensarse] to give, to become loose **3.** [disminuir] to abate **4.** [rendirse] to give up ▶ **ceder a** to give in to **5.** [ensancharse] to stretch.

cedro sm cedar.

cédula sf document ▶ **cédula hipotecaria** mortgage bond.

cegar [35] vt **1.** [gen] to blind **2.** [tapar - ventana] to block off; [- tubo] to block up. ◆ **cegarse** vprnl *lit + fig* to be blinded.

cegato, ta fam adj short-sighted.

ceguera sf *lit + fig* blindness.

ceja sf ANAT eyebrow ▶ **quemarse las cejas** fam to burn the midnight oil ▶ **tener a alguien entre ceja y ceja** fam not to be able to stand the sight of sb.

cejar vi ▶ **cejar en** to give up on.

CELAM sm (*abr de* Consejo Episcopal Latinoamericano) *Latin American Episcopal Council.*

celda sf cell ▶ **celda de castigo** solitary confinement cell.

celebración sf **1.** [festejo] celebration **2.** [realización] holding.

celebrar vt **1.** [festejar] to celebrate **2.** [llevar a cabo] to hold; [oficio religioso] to celebrate **3.** [alegrarse de] to be delighted with **4.** [alabar] to praise. ◆ **celebrarse** vprnl **1.** [festejarse] to be celebrated / *esa fiesta se celebra el 24 de julio* that festivity falls on 24th July **2.** [llevarse a cabo] to take place.

célebre adj famous, celebrated.

celebridad sf **1.** [fama] fame **2.** [persona famosa] celebrity.

celeridad sf speed.

celeste adj [del cielo] celestial, heavenly.

celestial adj celestial, heavenly.

celestina sf lovers' go-between.

celíaco, ca adj & sm, f coeliac UK, celiac US.

celibato sm celibacy.

célibe adj & smf celibate.

celo sm **1.** [esmero] zeal, keenness **2.** [devoción] devotion **3.** [de animal] heat ▶ **en celo** on heat, in season **4.** [cinta adhesiva] Sellotape® UK, Scotch tape® US. ◆ **celos** smpl jealousy (U) ▶ **dar celos a alguien** to make sb jealous ▶ **tener celos de alguien** to be jealous of sb.

celofán sm cellophane.

celosía sf lattice window, jalousie.

celoso, sa adj **1.** [con celos] jealous **2.** [cumplidor] keen, eager.

celta ❖ adj Celtic. ❖ smf [persona] Celt. ❖ sm [lengua] Celtic.

céltico, ca adj Celtic.

célula sf cell. ◆ **célula fotoeléctrica** sf photoelectric cell, electric eye. ◆ **célula madre** sf stem cell.

celular ❖ adj **1.** TELECOM cellular, cell (*antes de sust*) / **teléfono celular** Am mobile phone, cellphone **2.** [vehículo] : *coche celular* police van. ❖ sm Am mobile UK o cell US phone.

celulitis sf inv cellulitis.

celulosa sf cellulose.

cementerio sm **1.** [para personas] cemetery, graveyard **2.** [de cosas inutilizables] dump ▶ **cementerio nuclear** o **radioactivo** nuclear dumping ground.

cemento sm [gen] cement; [hormigón] concrete ▶ **cemento armado** reinforced concrete.

cena sf dinner, evening meal ▶ **cena de despedida** farewell dinner ▶ **cena de negocios** business dinner.

cenador sm arbour, bower.

cenagal sm bog, marsh.

cenagoso, sa adj muddy, boggy.

cenar ❖ vt to have for dinner. ❖ vi to have dinner.

cencerro sm cowbell ▶ **estar como un cencerro** fam & fig to be as mad as a hatter.

cenefa sf border.

cenicero sm ashtray.

cenit, zenit sm *lit + fig* zenith.

cenizo, za adj ashen, ash-grey. ◆ **cenizo** sm **1.** [mala suerte] bad luck **2.** [gafe] jinx. ◆ **ceniza** sf ash. ◆ **cenizas** sfpl [de cadáver] ashes.

censar vt to take a census of.

censo sm **1.** [padrón] census ▶ **censo de población** population census ▶ **censo electoral** electoral roll **2.** [tributo] tax.

censor, ra sm, f [funcionario] censor.

censura sf **1.** [prohibición] censorship **2.** [organismo] censors *pl* **3.** [reprobación] censure, severe criticism.

censurar vt **1.** [prohibir] to censor **2.** [reprobar] to censure.

centavo, va num hundredth.

centella sf **1.** [rayo] flash **2.** [chispa] spark.

centellear vi [luz] to sparkle; [estrella] to twinkle.

centelleo sm [de luz] sparkle, sparkling (U); [de estrella] twinkle, twinkling (U).

centena sf hundred ▶ **una centena de** a hundred.

centenar sm hundred ▶ **a centenares** by the hundred.

centenario, ria adj [persona] in one's hundreds; [cifra] three-figure (*antes de sust*). ◆ **centenario** sm centenary.

centeno sm rye.

centésimo, ma num hundredth.

centígrado, da adj centigrade.

centigramo sm centigram.

centilitro sm centilitre.

centímetro sm centimetre.

céntimo sm [moneda] cent ▸ **estar sin un céntimo** *fig* to be flat broke.

centinela sm sentry.

centollo sm spider crab.

centrado, da adj **1.** [basado] ▸ **centrado en** based on **2.** [equilibrado] stable, steady **3.** [rueda, cuadro etc] centred.

central ❖ adj central. ❖ sf **1.** [oficina] headquarters, head office ; [de correos, comunicaciones] main office **2.** [de energía] power station ▸ **central hidroeléctrica** o **hidráulica / nuclear / térmica** hydroelectric / nuclear / thermal power station ▸ **central camionera** MÉX bus station.

centralismo sm centralism.

centralista adj & smf centralist.

centralita sf switchboard.

centralización sf centralization.

centralizado, da adj centralized.

centralizar [13] vt to centralize.

centrar vt **1.** [gen & DEP] to centre **2.** [arma] to aim **3.** [persona] to steady **4.** [atención, interés] to be the centre of. ❖ **centrarse** vprnl **1.** [concentrarse] ▸ **centrarse en** to concentrate o focus on **2.** [equilibrarse] to find one's feet.

céntrico, ca adj central.

centrifugado sm [de ropa] spin-drying.

centrifugadora sf [para secar ropa] spin-dryer.

centrifugar [16] vt [ropa] to spin-dry.

centrista adj centre *(antes de sust)*.

centro sm **1.** [gen] centre ▸ **centro nervioso / óptico** nerve / optic centre ▸ **centro de desintoxicación** detoxification centre ▸ **centro de planificación familiar** family planning clinic ▸ **centro social** community centre **2.** [de ciudad] town centre / *me voy al centro* I'm going to town ▸ **centro urbano** town centre. ❖ **centro comercial** sm shopping centre. ❖ **centro de mesa** sm centrepiece. ❖ **centro de salud** sm health centre.

Centroamérica sf Central America.

centroamericano, na adj Central American.

centrocampista smf DEP midfielder.

centuria sf century.

ceñido, da adj tight.

ceñir [26] vt **1.** [apretar] to be tight on **2.** [abrazar] to embrace. ❖ **ceñirse** vprnl **1.** [apretarse] to tighten **2.** [limitarse] ▸ **ceñirse a** to keep o stick to.

ceño sm frown, scowl.

cepa sf *lit + fig* stock ▸ **de pura cepa a)** [auténtico] real, genuine **b)** [pura sangre] thoroughbred.

cepillar vt **1.** [ropa, pelo, dientes] to brush **2.** [madera] to plane. ❖ **cepillarse** vprnl **1.** [pelo, dientes] to brush **2.** *fam* [comida, trabajo etc] to polish off **3.** *fam* [suspender] to fail

4. *mfam* [matar] to bump off **5.** *vulg* [fornicar] to screw.

cepillo sm **1.** [para limpiar] brush ; [para pelo] hairbrush ▸ **cepillo de dientes** toothbrush **2.** [de carpintero] plane.

cepo sm **1.** [para cazar] trap **2.** [para vehículos] wheel clamp **3.** [para sujetar] clamp.

cera sf [gen] wax ; [de abeja] beeswax ▸ **hacerse la cera en las piernas** to wax one's legs ▸ **cera depilatoria** hair-removing wax.

cerámica sf **1.** [arte] ceramics *(U)*, pottery **2.** [objeto] piece of pottery.

ceramista smf potter.

cerca ❖ sf [valla] fence. ❖ adv near, close / *por aquí cerca* nearby ▸ **de cerca a)** [examinar, ver] closely **b)** [afectar, vivir] deeply. ❖ **cerca de** loc prep **1.** [en el espacio] near, close to **2.** [aproximadamente] nearly, about.

cercado sm **1.** [valla] fence **2.** [lugar] enclosure.

cercanía sf [proximidad] nearness. ❖ **cercanías** sfpl [de ciudad] outskirts, suburbs.

cercano, na adj **1.** [pueblo, lugar] nearby **2.** [tiempo] near **3.** [pariente, fuente de información] ▸ **cercano (a)** close (to).

cercar [10] vt **1.** [vallar] to fence (off) **2.** [rodear, acorralar] to surround.

cerciorar vt to assure.

cerco sm **1.** [gen] circle, ring **2.** [de puerta, ventana] frame **3.** [asedio] siege ▸ **poner cerco a** to lay siege to **4.** ÁM [valla] fence.

cerdo, da sm, f **1.** [animal] pig (sow) **2.** *fam & fig* [persona] pig, swine. ❖ **cerda** sf [pelo - de cerdo, jabalí] bristle ; [- de caballo] horsehair.

cereal sm cereal ▸ **cereales** (breakfast) cereal *(U)*.

cerebro sm **1.** [gen] brain **2.** *fig* [cabecilla] brains *sg* **3.** *fig* [inteligencia] brains *pl*.

ceremonia sf ceremony.

ceremonial adj & sm ceremonial.

ceremonioso, sa adj ceremonious.

cereza sf cherry.

cerezo sm [árbol] cherry tree.

cerilla sf match.

cerillo sm CAM ECUAD MÉX match.

cerner [20], **cernir** vt [cribar] to sieve. ❖ **cernerse** vprnl **1.** [ave, avión] to hover **2.** *fig* [amenaza, peligro] to loom.

cernícalo sm **1.** [ave] kestrel **2.** *fam* [bruto] brute.

cernir = cerner.

cero ❖ adj inv zero. ❖ sm **1.** [signo] nought, zero ; [en fútbol] nil ; [en tenis] love ▸ **dos goles a cero** two goals to nil, two nil **2.** [cantidad] nothing **3.** FÍS & METEOR zero ▸ **cero absoluto** absolute zero **4.** loc ▸ **ser un cero a la izquierda a)** *fam* [un inútil] to be useless **b)** [un don nadie] to be a nobody ▸ **partir de cero** to start from scratch. *Ver también* **seis**.

cerquillo sm Am fringe UK, bangs US pl.

cerrado, da adj **1.** [al exterior] closed, shut ; [con llave, pestillo etc] locked ▸ **cerrado a** closed to **2.** [tiempo, cielo] overcast ▸ **era noche cerrada** it was completely dark **3.** [rodeado] surrounded ; [por montañas] walled in **4.** [circuito] closed **5.** [curva] sharp, tight **6.** [vocal] close **7.** [acento, deje] broad, thick.

cerradura sf lock.

cerrajería sf **1.** [oficio] locksmithery **2.** [local] locksmith's (shop).

cerrajero, ra sm, f locksmith.

cerrar ❖ vt **1.** [gen] to close ; [puerta, cajón, boca] to shut, to close ; [puños] to clench ; [con llave, pestillo etc] to lock **2.** [tienda, negocio - definitivamente] to close down **3.** [apagar] to turn off **4.** [bloquear - suj: accidente, inundación etc] to block ; [- suj: policía etc] to close off **5.** [tapar - agujero, hueco] to fill, to block (up) ; [- bote] to put the lid o top on **6.** [cercar] to fence (off) **7.** [cicatrizar] to heal **8.** [ir último en] to bring up the rear of **9.** ▸ **cerrar un trato** to seal a deal. ❖ vi to close, to shut ; [con llave, pestillo etc] to lock up. ◆ **cerrarse** vprnl **1.** [al exterior] to close, to shut **2.** [incomunicarse] to clam up ▸ **cerrarse a** to close one's mind to **3.** [herida] to heal, to close up **4.** [acto, debate, discusión etc] to (come to a) close.

cerrazón sf fig stubbornness, obstinacy.

cerro sm hill ▸ **irse por los cerros de Úbeda** to stray from the point.

cerrojo sm bolt.

certamen sm competition, contest.

certero, ra adj **1.** [tiro] accurate **2.** [opinión, respuesta etc] correct.

certeza sf certainty.

certidumbre sf certainty.

certificación sf **1.** [hecho] certification **2.** [documento] certificate.

certificado, da adj [gen] certified ; [carta, paquete] registered. ◆ **certificado** sm certificate ▸ **certificado de depósito** BANCA certificate of deposit ▸ **certificado de estudios** school-leaving certificate ▸ **certificado de origen** COM certificate of origin.

certificar [10] vt **1.** [constatar] to certify **2.** [en correos] to register.

cerumen sm earwax.

cervato sm fawn.

cervecería sf **1.** [fábrica] brewery **2.** [bar] bar.

cervecero, ra sm, f [que hace cerveza] brewer.

cerveza sf beer ▸ **cerveza de barril** draught beer ▸ **cerveza negra** stout ▸ **cerveza rubia** lager.

cesante adj **1.** [destituido] sacked ; [ministro] removed from office **2.** CSur Méx [en paro] unemployed.

cesantear vt Chile RDom to make redundant.

cesar ❖ vt [destituir] to sack ; [ministro] to remove from office. ❖ vi [parar] ▸ **cesar (de hacer algo)** to stop o cease (doing sthg) ▸ **no cesaba de llorar** he didn't stop crying ▸ **no cesa de intentarlo** she keeps trying ▸ **sin cesar** nonstop, incessantly.

cesárea sf caesarean (section).

cese sm **1.** [detención, paro] stopping, ceasing **2.** [destitución] sacking ; [de ministro] removal from office.

cesión sf cession, transfer ▸ **cesión de bienes** surrender of property.

césped sm [hierba] lawn, grass (U). ◆ **césped artificial** sm artificial turf.

cesta sf basket. ◆ **cesta de la compra** sf **1.** fig cost of living **2.** [para compras en Internet] shopping basket. ◆ **cesta de Navidad** sf Christmas hamper.

cesto sm [cesta] (large) basket.

cetro sm **1.** [vara] sceptre **2.** fig [reinado] reign.

ceviche, cebiche sm (abr de **Méx**) dish with raw fish or seafood, marinated in onion, lemon juice and pepper.

cf., cfr. (abr escrita de **confróntese**) cf.

cg (abr escrita de **centigramo**) cg.

chabacano, na adj vulgar. ◆ **chabacano** sm Méx [fruto] apricot.

chabola sf shack ▸ **barrios de chabolas** shanty town sg.

chacal sm jackal.

chacarero, ra sm, f Andes RP [agricultor] farmer.

chacha sf maid.

chachachá sm cha-cha.

cháchara sf fam chatter, nattering ▸ **estar de cháchara** to have a natter.

chacinería sf charcuterie.

chacolí (pl chacolíes o chacolís) sm light wine from the Basque Country.

chacra sf Andes RP farm.

chafar vt **1.** [aplastar] to flatten **2.** fig [estropear] to spoil, to ruin. ◆ **chafarse** vprnl [estropearse] to be ruined.

chaflán sm [de edificio] corner.

chagra Am ❖ smf peasant, person from the country. ❖ sf farm.

chal sm shawl.

chalado, da fam adj crazy, mad.

chalar vt to drive round the bend.

chalé, chalet (pl chalets) sm [gen] detached house (with garden) ; [en el campo] cottage ; [de alta montaña] chalet ; ▶ **chalé pareado** semi-detached house.

chaleco sm waistcoat, vest US ; [de punto] tank-top ▶ **chaleco salvavidas** life jacket.

chalet = **chalé**.

chalupa sf **1.** NÁUT small boat **2.** MÉX [plato] small tortilla with a raised rim to contain a filling.

chamaco, ca sm, f MÉX fam kid.

chamarra sf sheepskin jacket.

chamba sf CAM MÉX PERÚ VEN fam odd job.

chambón, bona sm, f AM fam sloppy o shoddy worker.

chamiza sf [hierba] thatch.

chamizo sm **1.** [leña] half-burnt wood (U) **2.** [casa] thatched hut.

champa sf CAM **1.** [tienda de campaña] tent **2.** [cobertizo] shed.

champán, champaña sm champagne.

champiñón sm mushroom.

champú (pl **champús** o **champúes**) sm shampoo.

chamuscado, da adj [pelo, plumas] singed ; [tela, papel] scorched ; [tostada] burnt.

chamuscar [10] vt to scorch ; [cabello, barba, tela] to singe. ◆ **chamuscarse** vprnl [cabello, barba, tela] to get singed.

chamusquina sf scorch, scorching (U) ▶ **me huele a chamusquina** fam & fig it smells a bit fishy to me.

chance ◆ sf AM opportunity, chance. ◆ adv MÉX maybe.

chanchada sf AM [trastada] dirty trick.

chancho, cha AM adj [sucio] filthy.
◆ **chancho** sm **1.** [animal] pig (sow) **2.** [persona] slob **3.** [carne] pork.

chanchullo sm fam fiddle, racket.

chancla sf [chancleta] low sandal ; [para la playa] flip-flop.

chancleta sf low sandal ; [para la playa] flip-flop.

chanclo sm **1.** [de madera] clog **2.** [de plástico] galosh.

chándal (pl **chándales**), **chandal** (pl **chandals**) sm tracksuit.

changa sf BOL RP [trabajo temporal] odd job.

changador sm RP [cargador] porter.

changarro sm MÉX small store.

chanquete sm whitebait.

chantaje sm blackmail ▶ **hacer chantaje a** to blackmail ▶ **chantaje emocional** emotional blackmail.

chantajear vt to blackmail.

chantajista smf blackmailer.

chanza sf joke ▶ **estar de chanza** to be joking.

chao interj ▶ **¡chao!** fam bye!, see you!

chapa sf **1.** [lámina - de metal] sheet ; [- de madera] board ▶ **de tres chapas** three-ply **2.** [tapón] top, cap **3.** [insignia] badge **4.** [ficha de guardarropa] metal token o disc **5.** COL CUBA MÉX [cerradura] lock **6.** RDOM [de matrícula] number plate UK, license plate US. ◆ **chapas** sfpl [juego] children's game played with bottle tops.

chapado, da adj [con metal] plated ; [con madera] veneered ▶ **chapado a la antigua** fig stuck in the past, old-fashioned.

chapar ◆ vt [con metal] to plate ; [con madera] to veneer. ◆ vi ESP mfam [cerrar] to shut, to close.

chaparro, rra ◆ adj short and squat. ◆ sm, f [persona] short, squat person.

chaparrón sm downpour ; fam & fig [gran cantidad] torrent.

chapata sf ciabatta.

chapopote sm CARIB MÉX bitumen, pitch.

chapotear vi to splash about.

chapoteo sm [ruido] splashing.

chapucear vt to botch (up).

chapucería sf botch (job).

chapucero, ra ◆ adj [trabajo] shoddy ; [persona] bungling. ◆ sm, f bungler.

chapulín sm CAM MÉX **1.** [saltamontes] grasshopper **2.** fam [niño] kid.

chapurrear, chapurrar vt to speak badly.

chapuza sf **1.** [trabajo mal hecho] botch (job) **2.** [trabajo ocasional] odd job.

chapuzón sm dip ▶ **darse un chapuzón** to go for a dip.

chaqué sm morning coat.

chaqueta sf jacket ; [de punto] cardigan.

chaquetilla sf short jacket.

chaquetón sm short coat.

charanga sf [banda] brass band.

charca sf pool, pond.

charco sm puddle ▶ **cruzar el charco** fig to cross the pond o Atlantic.

charcutería sf **1.** [tienda] shop selling cold cooked meats and cheeses ; ≃ delicatessen **2.** [productos] cold cuts pl and cheese.

charla sf **1.** [conversación] chat **2.** [conferencia] talk.

charlar vi to chat.

charlatán, ana ◆ adj talkative. ◆ sm, f **1.** [hablador] chatterbox **2.** [mentiroso] trickster, charlatan.

charlotada sf [payasada] clowning around (U).

charlotear vi to chat.

charnego, ga sm, f pejorative term referring to immigrant to Catalonia from another part of Spain.

charol sm **1.** [piel] patent leather **2.** ANDES [bandeja] tray.

charola sf BOL CAM MÉX tray.

charque, charqui sm ANDES RP jerked o salted beef.

charro, rra ❖ adj **1.** [salmantino] Salamancan **2.** fig [recargado] gaudy, showy **3.** MÉX [líder sindical] in league with the bosses. ❖ sm, f **1.** Salamancan **2.** MÉX [jinete] horseman (horsewoman).

chárter adj inv charter (antes de sust).

chasca sf ANDES [greña] mop of hair.

chascar [10] ❖ vt **1.** [lengua] to click **2.** [dedos] to snap. ❖ vi **1.** [madera] to crack **2.** [lengua] to click.

chasco sm [decepción] disappointment ▸ **llevarse un chasco** to be disappointed.

chasis sm inv AUTO chassis.

chasquear ❖ vt **1.** [látigo] to crack **2.** [la lengua] to click. ❖ vi [madera] to crack.

chasquido sm [de látigo, madera, hueso] crack ; [de lengua, arma] click ; [de dedos] snap.

chat sm INTERNET chat room ▸ **chat de vídeo** INTERNET video chat.

chatarra sf **1.** [metal] scrap (metal) **2.** [objetos, piezas] junk.

chatarrero, ra sm, f scrap (metal) dealer.

chateador, ra sm, f fam INTERNET chatroom user.

chateo sm **1.** [en bar] pub crawl ▸ **ir de chateo** to go out drinking **2.** INFORM chatting.

chato, ta ❖ adj **1.** [nariz] snub ; [persona] snub-nosed **2.** [aplanado] flat **3.** RDOM [mediocre] commonplace. ❖ sm, f fam [apelativo] love, dear. ◆ **chato** sm [de vino] small glass of wine.

chau, chaucito interj BOL CSUR PERÚ fam bye!, see you!

chaucha sf **1.** ANDES RDOM [moneda] coin of little value **2.** ANDES [patata] early potato **3.** BOL RDOM [judía verde] green bean.

chauvinista = **chovinista**.

chava sf AM fam girl, chick fam.

chaval, la sm, f AM fam kid, lad (lass).

chaveta sf **1.** [clavija] cotter pin **2.** fam [cabeza] nut, head ▸ **perder la chaveta** to go off one's rocker **3.** ANDES [navaja] penknife.

chavo, va fam sm, f MÉX [joven] boy (girl). ◆ **chavo** sm [dinero] ▸ **no tener un chavo** to be penniless.

che interj RDOM fam ▸ **¿como andás, che?** hey, how's it going? ▸ **¡che, vení para acá!** hey, over here, you!

checar vt CAM ANDES MÉX **1.** [comprobar] to check **2.** [vigilar] to keep an eye on.

Chechenia Chechnya.

checheno adj & sm, f Chechen.

checo, ca adj & sm, f Czech. ◆ **checo** sm [lengua] Czech.

chef [tʃef] (pl **chefs**) sm chef.

chele, la CAM ❖ adj [rubio] blond (blonde) ; [de piel blanca] fair-skinned. ❖ sm, f [rubio] blond(e) ; [de piel blanca] fair-skinned person.

chelin sm shilling.

chelo, la ❖ adj AM blond (blonde). ❖ sm, f MÚS [instrumentista] cellist. ◆ **chelo** sm MÚS [instrumento] cello.

cheque sm cheque UK, check US ▸ **extender un cheque** to make out a cheque ▸ **cheque en blanco/sin fondos** blank/bad cheque ▸ **cheque cruzado o barrado** crossed cheque ▸ **cheque (de) gasolina** petrol voucher ▸ **cheque nominativo** cheque in favour of a specific person ▸ **cheque al portador** cheque payable to the bearer ▸ **cheque de viaje o de viajero** traveller's cheque ▸ **cheque regalo** gift voucher.

chequear vt **1.** MED ▸ **chequear a alguien** to examine sb, to give sb a checkup **2.** [comprobar] to check.

chequeo sm **1.** MED checkup **2.** [comprobación] check, checking (U).

chequera sf chequebook UK, checkbook US.

chévere adj ANDES CAM CARIB MÉX fam great, fantastic.

chic adj inv chic.

chica sf **1.** [criada] maid **2.** Ver también chico.

chicano, na adj & sm, f Chicano, Mexican-American. ◆ **chicano** sm [lengua] Chicano.

chicarrón, ona sm, f strapping lad (strapping lass).

chicha ❖ sf **1.** ESP fam [para comer] meat **2.** ESP fam [de persona] flesh. ❖ adj inv NÁUT ▸ **calma chicha** dead calm.

chícharo sm CAM MÉX pea.

chicharra sf ZOOL cicada.

chicharro sm [pez] horse mackerel.

chicharrón sm [frito] pork crackling. ◆ **chicharrones** smpl [embutido] cold processed meat made from pork.

chiche ❖ adj ANDES RP very easy. ❖ sm **1.** ANDES RDOM [adorno] adornment **2.** CSUR [juguete] toy **3.** ANDES MÉX mfam [pecho] tit.

chichón sm bump.

chicle sm chewing gum.

chiclé, chicler sm AUTO jet.

chico, ca ❖ adj [pequeño] small ; [joven] young ▸ **cuando era chico** when I was little. ❖ sm, f **1.** [joven] boy (girl) **2.** [tratamiento - hombre] sonny, mate ; [- mujer] darling. ◆ **chico** sm [recadero] messenger, office-boy.

chicote sm AM [látigo] whip.

chifla sf [silbido] whistle.

chiflado, da fam adj crazy, mad.

chiflar ❖ vt fam [encantar] : me chiflan las patatas fritas I'm mad about chips. ❖ vi [silbar] to whistle.

chiflido sm AM whistling.

chigüín, güina sm, f CAM fam kid.

chilango, ga MÉX fam ⬧ adj of/from Mexico City. ⬧ sm, f person from Mexico City.

chile sm chilli ▸ **chile con carne** CULIN chilli con carne.

Chile npr Chile.

chileno, na adj & sm, f Chilean.

chillar ⬧ vi 1. [gritar - personas] to scream, to yell ; [- ave, mono] to screech ; [- cerdo] to squeal ; [- ratón] to squeak 2. [chirriar] to screech ; [puerta, madera] to creak ; [bisagras] to squeak. ⬧ vt fam [reñir] to yell at.

chillido sm [de persona] scream, yell ; [de ave, mono] screech ; [de cerdo] squeal ; [de ratón] squeak.

chillón, ona adj 1. [voz] piercing 2. [persona] noisy 3. [color] gaudy.

chilote sm MÉX alcoholic drink made from pulque, chillies, and garlic.

chilpotle sm MÉX smoked or pickled jalapeño chile.

chimbo, ba adj COL VEN fam 1. [de mala calidad] crap, useless 2. [complicado] screwed-up.

chimenea sf 1. [hogar] fireplace 2. [en tejado] chimney.

chimichurri sm RP barbecue sauce made from garlic, parsley, oregano and vinegar.

chimpancé sm chimpanzee.

china ⟶ **chino**.

China npr ▸ **(la) China** China.

chinampa sf MÉX man-made island for growing flowers, fruit and vegetables, in Xochimilco near Mexico City.

chinchar vt fam to pester, to bug. ⬧ **chincharse** vprnl fam : ahora te chinchas now you can lump it.

chinche ⬧ adj fam & fig annoying. ⬧ sf [insecto] bedbug.

chincheta sf drawing pin UK, thumbtack US.

chinchín sm [brindis] toast ▸ **¡chinchín!** cheers!

chinchón sm strong aniseed liquor.

chinchulín sm ANDES RP [plato] piece of sheep or cow intestine, plaited and then roasted.

chinga sf MÉX mfam [paliza] ▸ **me dieron una chinga** they kicked the shit out of me ; [trabajo duro] ▸ **es una chinga** it's a bitch of a job.

chingado, da adj 1. fam [enfadado] cheesed off 2. ESP MÉX [estropeado] bust, knackered UK 3. MÉX vulg [jodido] fucking. ⬧ **chingada** sf 1. MÉX mfam [fastidio] crap 2. MÉX vulg ▸ **¡vete a la chingada!** fuck off! ▸ **¡hijo de la chingada!** bastard!

chingana sf ANDES fam cheap bar or café.

chingar [16] ESP MÉX ⬧ vt 1. mfam [molestar] ▸ **chingar a alguien** to get up sb's nose, to piss sb off

2. mfam [estropear] to bust, to knacker UK 3. vulg [acostarse con] to screw, to fuck. ⬧ vi vulg [fornicar] to screw. ⬧ **chingarse** vprnl MÉX mfam 1. [estropearse] : se nos chingó la fiesta the party was ruined 2. [beber mucho] : nos chingamos todas las botellas we downed all the bottles 3. [comer] to eat, to scoff UK fam 4. loc ▸ **¡chíngale!** shit!

chingón, gona adj AM fam great.

chinita sf AM ladybird, ladybug US.

chino, na adj & sm, f 1. Chinese 2. ANDES RP [mestizo] person of mixed ancestry. ⬧ **chino** sm 1. [lengua] Chinese 2. [piedra] pebble. ⬧ **china** sf 1. [piedra] pebble 2. [porcelana] china.

chip (pl **chips**) sm INFORM chip.

chipirón sm baby squid.

Chipre npr Cyprus.

chipriota adj & smf Cypriot.

chiquear vt MÉX to flatter.

chiqueo sm MÉX fam show of affection / hacerle chiqueos a alguien to kiss and cuddle sb.

chiquillo, lla sm, f kid.

chiquito, ta adj tiny ▸ **no andarse con chiquitas** fig not to mess about. ⬧ **chiquito** sm [de vino] small glass of wine.

chiribita sf [chispa] spark.

chirimbolo sm fam thingamajig.

chirimoya sf custard apple.

chiringuito sm fam [bar] refreshment stall.

chiripa sf fam & fig fluke ▸ **de o por chiripa** by luck.

chiripá (pl **chiripaes**) sm BOL CSUR garment worn by gauchos over trousers.

chirivía sf BOT parsnip.

chirla sf small clam.

chirona sf fam clink, slammer ▸ **en chirona** in the clink.

chirriar [9] vi [gen] to screech ; [puerta, madera] to creak ; [bisagra, muelles] to squeak.

chirrido sm [gen] screech ; [de puerta, madera] creak ; [de bisagra, muelles] squeak.

chis, chist interj ▸ **¡chis!** ssh!

chisme sm 1. [cotilleo] rumour, piece of gossip 2. fam [cosa] thingamajig.

chismorrear vi to spread rumours, to gossip.

chismoso, sa ⬧ adj gossipy. ⬧ sm, f gossip, scandalmonger.

chispa sf 1. [de fuego, electricidad] spark ▸ **echar chispas** fam to be hopping mad 2. [de lluvia] spot (of rain) 3. fig [pizca] bit ▸ **una chispa de sal** a pinch of salt 4. fig [agudeza] sparkle.

chispear ⬧ vi 1. [chisporrotear] to spark 2. [relucir] to sparkle. ⬧ v impers [llover] to spit (with rain).

chisporrotear vi [fuego, leña] to crackle ; [aceite] to splutter ; [comida] to sizzle.

chist = **chis**.

chistar vi ▸ **me fui sin chistar** I left without a word.

chiste sm joke ▸ **contar chistes** to tell jokes ▸ **chiste verde** dirty joke.

chistera sf [sombrero] top hat.

chistorra sf type of cured pork sausage typical of Aragon and Navarre.

chistoso, sa adj funny.

chita ◆ **a la chita callando** loc adv fam quietly, on the quiet.

chitón interj ▸ **¡chitón!** quiet!

chivar vt fam to tell secretly. ◆ **chivarse** vprnl fam ▸ **chivarse (de/a)** a) [niños] to split (on/to) b) [delincuentes] to grass (on/to).

chivatazo sm fam tip-off ▸ **dar el chivatazo** to grass.

chivato, ta sm, f fam [delator] grass, informer ; [acusica] telltale.

chivito sm **1.** ARG [carne] roast kid **2.** URUG steak sandwich (containing cheese and salad).

chivo, va sm, f kid, young goat ▸ **ser el chivo expiatorio** fig to be the scapegoat.

choc (pl chocs), **choque**, **shock** [tʃok] sm shock.

chocante adj startling.

chocar [10] ◆ vi **1.** [colisionar] ▸ **chocar (contra)** to crash (into), to collide (with) **2.** fig [enfrentarse] to clash. ◆ vt fig [sorprender] to startle.

chochear vi [viejo] to be senile.

chocho, cha adj **1.** [viejo] senile **2.** fam & fig [encariñado] soft, doting.

choclo sm ANDES RP corncob, ear of maize o corn US.

choco sm [sepia] cuttlefish.

chocolatada sf hot chocolate party.

chocolate sm [para comer, beber] chocolate ▸ **chocolate (a la taza)** thick drinking chocolate ▸ **chocolate blanco** white chocolate ▸ **chocolate con leche** milk chocolate.

chocolatería sf **1.** [fábrica] chocolate factory **2.** [establecimiento] café where drinking chocolate is served.

chocolatina sf chocolate bar.

chófer (pl chóferes) smf **1.** [como oficio - de automóvil] chauffeur ; [- de autobús] driver **2.** AM [conductor] driver.

chollo sm fam [producto, compra] bargain ; [trabajo, situación] cushy number.

cholo, la AM ◆ adj mestizo, mixed race. ◆ sm, f **1.** [mestizo] person of mixed race **2.** [indio] country bumpkin.

chomba, chompa sf ANDES sweater.

chompipe sm CAM MÉX turkey.

chongo sm MÉX [moño] bun.

chonta sf CAM PERÚ type of palm tree.

chop, chopp (pl chops o chopps) sm CSUR **1.** [jarra] beer mug **2.** [cerveza] (mug of) beer.

chopo sm poplar.

choque sm **1.** [impacto] impact ; [de coche, avión etc] crash ▸ **choque frontal** head-on collision **2.** fig [enfrentamiento] clash ▸ **choque cultural** culture shock **3.** = **choc**.

chorbo, ba sm, f fam [impacto] guy (chick).

chorizar [13] vt fam to nick, to pinch.

chorizo sm **1.** [embutido] highly seasoned pork sausage **2.** fam [ladrón] thief.

choro sm ANDES mussel.

chorrada sf mfam rubbish (U) ▸ **eso es una chorrada** that's rubbish ▸ **decir chorradas** to talk rubbish.

chorrear vi **1.** [gotear - gota a gota] to drip ; [- en un hilo] to trickle **2.** [brotar] to spurt (out), to gush (out).

chorro[1] sm **1.** [de líquido - borbotón] jet, spurt ; [- hilo] trickle ▸ **salir a chorros** to spurt o gush out ▸ **chorro de vapor** steam jet **2.** fig [de luz, gente etc] stream ▸ **tiene un chorro de dinero** she has loads of money ▸ **a chorros** in abundance.

chorro[2], **rra** sm, f RDOM fam [ladrón] thief. ◆ **chorra** mfam ◆ smf [tonto] wally, idiot ▸ **es un chorra** he's an idiot. ◆ sf [suerte] luck ▸ **tener chorra** to be lucky.

choteo sm fam joking, kidding ▸ **tomar algo a choteo** to take sthg as a joke.

choto, ta sm, f **1.** [cabrito] kid, young goat **2.** [ternero] calf.

chovinista, chauvinista [tʃoβi'nista] ◆ adj chauvinistic. ◆ smf chauvinist.

choza sf hut.

christmas = **crismas**.

chubasco sm shower.

chubasquero sm raincoat, mac.

chúcaro, ra adj ANDES CAM RP fam [animal] wild ; [persona] unsociable.

chuche sm sweet UK, candy US.

chuchería sf **1.** [golosina] sweet **2.** [objeto] trinket.

chucho sm fam mutt, dog.

chueco, ca adj AM [torcido] twisted ; MÉX fam [proyecto, razonamiento] shady ; AM [patizambo] bowlegged.

chufa sf [tubérculo] tiger nut.

chulear fam vi [fanfarronear] ▸ **chulear (de)** to be cocky (about).

chulería sf [descaro] cockiness.

chuleta sf **1.** [de carne] chop ▸ **chuleta de cordero** lamb chop **2.** fam [en exámenes] crib note.

chullo sm ᴀɴᴅᴇs woollen cap.

chulo, la ❖ adj **1.** [descarado] cocky ▸ **ponerse chulo** to get cocky **2.** fam [bonito] lovely. ❖ sm, f [descarado] cocky person. ◆ **chulo** sm [proxeneta] pimp.

chumbera sf prickly pear.

chumbo → **higo**.

chungo, ga adj fam [persona] horrible, nasty; [cosa] lousy. ◆ **chunga** sf ▸ **tomarse algo a chunga** fam to take sthg as a joke.

chuño sm ᴀɴᴅᴇs ʀᴘ potato starch.

chupa sf fam ▸ **chupa de cuero** leather jacket.

chupachup® (pl chupachups) sm lollipop.

chupachús (pl chupachuses) sm ᴇsᴘ lollipop.

chupado, da adj **1.** [delgado] skinny **2.** fam [fácil] ▸ **estar chupado** to be dead easy o a piece of cake. ◆ **chupada** sf [gen] suck; [fumando] puff, drag.

chupamedias smf inv ᴀɴᴅᴇs ʀᴘ ᴠᴇɴ fam toady.

chupar vt **1.** [succionar] to suck; [fumando] to puff at **2.** [absorber] to soak up **3.** [quitar] ▸ **chuparle algo a alguien** to milk sb for sthg ▸ **chuparle la sangre a alguien** fig to bleed sb dry. ◆ **chuparse** vprnl **1.** [adelgazar] to get thinner **2.** fam [aguantar] to put up with / **nos chupamos toda la película** we sat through the whole film.

chupe sm ᴀɴᴅᴇs ᴀʀɢ stew.

chupete sm dummy ᴜᴋ, pacifier ᴜs.

chupi adj fam great, brill.

chupito sm shot.

chupón, ona sm, f fam [gorrón] sponger, cadger. ◆ **chupón** sm ᴍᴇx [chupete] dummy ᴜᴋ, pacifier ᴜs.

churrasco sm barbecued meat.

churrasquería sf restaurant serving chargrilled meats.

churrería sf shop selling "churros".

churro sm [para comer] dough formed into sticks or rings and fried in oil.

churruscar vt to grill until crisp. ◆ **churruscarse** vprnl to frazzle, to burn to a crisp.

churrusco sm piece of burnt toast.

churumbel sm fam kid.

chusco, ca adj funny. ◆ **chusco** sm fam bread bun.

chusma sf rabble, mob.

chusmear vi to gossip.

chut (pl chuts) sm kick.

chutar vi [lanzar] to shoot. ◆ **chutarse** vprnl mfam to shoot up.

chute sm **1.** ꜰúᴛ shot **2.** mfam [de droga] fix.

CIA (abr de Central Intelligence Agency) sf CIA.

cía., Cía. (abr escrita de compañía) Co.

cianuro sm cyanide.

ciático, ca adj sciatic. ◆ **ciática** sf sciatica.

ciberacoso sm ɪɴᴛᴇʀɴᴇᴛ cyberbullying.

ciberataque sm ɪɴᴛᴇʀɴᴇᴛ cyberattack.

cibercafé sm ɪɴᴛᴇʀɴᴇᴛ cybercafe, Internet cafe.

cibercrimen sm ɪɴᴛᴇʀɴᴇᴛ cybercrime.

ciberespacio sm ɪɴᴛᴇʀɴᴇᴛ cyberspace.

ciberespiar vt ɪɴᴛᴇʀɴᴇᴛ to cyberspy.

ciberseguridad sf ɪɴᴛᴇʀɴᴇᴛ cybersecurity.

cicatero, ra adj stingy, mean.

cicatriz sf lit + fig scar.

cicatrizar [13] ❖ vi to heal (up). ❖ vt fig to heal.

cicerone smf guide.

cíclico, ca adj cyclical.

ciclismo sm cycling.

ciclista smf cyclist.

ciclo sm **1.** [gen] cycle ▸ **ciclo vital** life cycle **2.** [de conferencias, actos] series **3.** [de enseñanza] stage.

ciclocrós sm cyclo-cross.

ciclomotor sm moped.

ciclón sm cyclone.

cicloturismo sm cycle tourism.

ciclovía sf ᴀᴍ bike lane, cycle lane ᴜᴋ.

cicuta sf hemlock.

ciego, ga ❖ adj **1.** [invidente] blind ▸ **quedarse ciego** to go blind ▸ **a ciegas** lit + fig blindly **2.** fig [enloquecido] ▸ **ciego (de)** blinded (by) **3.** [pozo, tubería] blocked (up). ❖ sm, f [invidente] blind person ▸ **los ciegos** the blind.

cielo sm **1.** [gen] sky; [mina] opencast **2.** ʀᴇʟɪɢ heaven **3.** [nombre cariñoso] my love, my dear **4.** loc ▸ **clama al cielo** it's outrageous ▸ **ser un cielo** to be an angel. ◆ **cielos** interj ▸ **¡cielos!** good heavens!

ciempiés sm inv centipede.

cien → **ciento**.

ciénaga sf marsh, bog.

ciencia sf [gen] science. ◆ **ciencias** sfpl ᴇᴅᴜᴄ science (U). ◆ **ciencia ficción** sf science fiction. ◆ **a ciencia cierta** loc adv for certain.

cieno sm mud, sludge.

científico, ca ❖ adj scientific. ❖ sm, f scientist.

cientista smf ᴄsᴜʀ ▸ **cientista social** social scientist.

ciento, cien num a o one hundred / **ciento cincuenta** a o one hundred and fifty / **cien mil** a o one hundred thousand ▸ **cientos de** hundreds of ▸ **por ciento** per cent ▸ **ciento por ciento, cien por cien** a hundred per cent ▸ **cientos de veces** hundreds of times ▸ **a cientos** by the hundred. Ver también **seis**.

cierne ✦ **en ciernes** loc adv ▶ **estar en ciernes** to be in its infancy / *una campeona en ciernes* a budding champion.

cierre sm **1.** [gen] closing, shutting ; [con llave] locking ; [de fábrica] shutdown ; RADIO & TV close-down ▶ **cierre patronal** lockout **2.** [mecanismo] fastener ▶ **cierre metálico** [de tienda etc] metal shutter ▶ **cierre relámpago** **Andes** **Arg** **Méx** [cremallera] zip **UK**, zipper **US**.

ciertamente adv certainly.

cierto, ta adj **1.** [verdadero] true ▶ **estar en lo cierto** to be right ▶ **lo cierto es que...** the fact is that... **2.** [seguro] certain, definite **3.** [algún] certain / *cierto hombre* a certain man / *en cierta ocasión* once, on one occasion ▶ **durante cierto tiempo** for a while. ✦ **cierto** adv right, certainly. ✦ **por cierto** loc adv by the way.

ciervo, va sm, f deer, stag (hind).

CIF (*abr de* **código de identificación fiscal**) sm tax code.

cifra sf [gen] figure ▶ **cifra de negocios** ECON turnover ▶ **cifra de ventas** sales figures.

cifrar vt **1.** [codificar] to code **2.** *fig* [centrar] to concentrate, to centre. ✦ **cifrarse en** vprnl to amount to.

cigala sf Dublin Bay prawn.

cigarra sf cicada.

cigarrería sf **Am** tobacconist.

cigarrillo sm cigarette ▶ **cigarrillo electrónico** e-cigarette, electronic cigarette.

cigarro sm **1.** [habano] cigar **2.** [cigarrillo] cigarette.

cigüeña sf stork.

cigüeñal sm crankshaft.

cilindrada sf cylinder capacity.

cilíndrico, ca adj cylindrical.

cilindro sm [gen] cylinder ; [de imprenta] roller.

cima sf **1.** [punta - de montaña] peak, summit ; [- de árbol] top **2.** *fig* [apogeo] peak, high point.

cimborio, cimborrio sm dome.

cimbrear vt **1.** [vara] to waggle **2.** [caderas] to sway.

cimentar [19] vt **1.** [edificio] to lay the foundations of ; [ciudad] to found, to build **2.** *fig* [idea, paz, fama] to cement.

cimiento sm (*gen pl*) CONSTR foundation ▶ **echar los cimientos** *lit* + *fig* to lay the foundations.

cinc, zinc sm zinc.

cincel sm chisel.

cincelar vt to chisel.

cincha sf girth.

cinco num five ▶ **¡choca esos cinco!** *fig* put it there! ▶ **estar sin cinco** *fig* to be broke. *Ver también* **seis**.

cincuenta num fifty ▶ **los (años) cincuenta** the fifties. *Ver también* **seis**.

cincuentón, ona sm, f fifty-year-old.

cine sm cinema ▶ **hacer cine** to make films ▶ **cine de estreno / de verano** first-run/open-air cinema ▶ **cine de terror** horror films.

cineasta smf film maker o director.

cineclub sm **1.** [asociación] film society **2.** [sala] club cinema.

cinéfilo, la sm, f film buff.

cinematografía sf cinematography.

cinematográfico, ca adj film (*antes de sust*).

cinematógrafo sm [local] cinema.

cínico, ca ✦ adj cynical. ✦ sm, f cynic.

cinismo sm cynicism.

cinta sf **1.** [tira - de plástico, papel] strip, band ; [- de tela] ribbon ▶ **cinta durex®** **Am** Sello-tape® **UK**, Scotch tape® ▶ **cinta métrica** tape measure **2.** [de imagen, sonido, ordenadores] tape ▶ **cinta digital / magnética** digital/magnetic tape ▶ **cinta limpiadora** head-cleaning tape ▶ **cinta magnetofónica** recording tape ▶ **cinta de vídeo** videotape **3.** [mecanismo] belt ▶ **cinta transportadora** conveyor belt ▶ **cinta de equipajes** baggage carousel **4.** [película] film.

cintura sf waist.

cinturilla sf waistband.

cinturón sm **1.** [cinto] belt **2.** AUTO ring road **3.** [cordón] cordon. ✦ **cinturón de castidad** sm chastity belt. ✦ **cinturón de seguridad** sm seat o safety belt. ✦ **cinturón de miseria** sm **Am** *slum or shanty town area round a large city*.

cipote, ta sm, f **Cam** kid, lad (lass). ✦ **cipote** sm **1.** *vulg* prick, cock **2.** *fam* [bobo] dimwit, moron.

ciprés sm cypress.

circo sm [gen] circus.

circuito sm **1.** DEP & ELECTRÓN circuit **2.** [recorrido] tour.

circulación sf **1.** [gen] circulation ▶ **circulación de la sangre** circulation of the blood ▶ **circulación fiduciaria** o **monetaria** paper currency **2.** [tráfico] traffic.

circular ✦ adj & sf circular. ✦ vi **1.** [pasar] ▶ **circular (por)** a) [líquido] to flow o circulate (through) b) [persona] to move o walk (around) c) [vehículos] to drive (along) / *este autobús no circula hoy* this bus doesn't run today **2.** [moneda] to be in circulation.

círculo sm *lit* + *fig* circle. ✦ **círculos** smpl [medios] circles. ✦ **círculo polar** sm polar circle / *el círculo polar ártico / antártico* the Arctic/Antarctic Circle. ✦ **círculo vicioso** sm vicious circle.

circuncisión sf circumcision.

circundante adj surrounding.

circundar vt to surround.

circunferencia sf circumference.

circunloquio sm circumlocution.

circunscribir vt **1.** [limitar] to restrict, to confine **2.** GEOM to circumscribe. ◆ **circunscribirse a** vprnl to confine o.s. to.

circunscripción sf [distrito] district ; MIL division ; POLÍT constituency.

circunscrito, ta ◆ pp → circunscribir. ◆ adj restricted, limited.

circunstancia sf circumstance ▶ **en estas circunstancias** under the circumstances.

circunstancial adj [accidental] chance (antes de sust).

circunvalar vt to go round.

cirio sm (wax) candle ▶ **montar un cirio** to make a row.

cirrosis sf inv cirrhosis.

ciruela sf plum ▶ **ciruela pasa** prune.

ciruelo sm plum tree.

cirugía sf surgery ▶ **cirugía estética** o **plástica** cosmetic o plastic surgery.

cirujano, na sm, f surgeon.

cisco sm **1.** [carbón] slack ▶ **hecho cisco** fig shattered **2.** fam [alboroto] row, rumpus.

cisma sm **1.** [separación] schism **2.** [discordia] split.

cisne sm swan.

cisterna sf [de retrete] cistern.

cistitis sf inv cystitis.

cita sf **1.** [entrevista] appointment ; [de novios] date ▶ **concertar una cita** to make an appointment ▶ **darse cita** to meet ▶ **tener una cita** to have an appointment ▶ **citas en línea** INTERNET online dating **2.** [referencia] quotation.

citación sf DER summons sg.

citar vt **1.** [convocar] to make an appointment with **2.** [aludir] to mention ; [textualmente] to quote **3.** DER to summons. ◆ **citarse** vprnl ▶ **citarse (con alguien)** to arrange to meet (sb).

citología sf **1.** [análisis] smear test **2.** BIOL cytology.

cítrico, ca adj citric. ◆ **cítricos** smpl citrus fruits.

CIU (abr de **Convergència i Unió**) sf Catalan coalition party to the centre-right of the political spectrum.

ciudad sf [localidad] city ; [pequeña] town.
◆ **Ciudad del Cabo** sf Cape Town.
◆ **Ciudad del Vaticano** sf Vatican City.
◆ **Ciudad de México** sf Mexico City.

ciudadanía sf **1.** [nacionalidad] citizenship **2.** [población] citizens pl.

ciudadano, na sm, f citizen.

cívico, ca adj civic ; [conducta] public-spirited.

civil ◆ adj lit + fig civil. ◆ sm [no militar] civilian.

civilización sf civilization.

civilizado, da adj civilized.

civilizar [13] vt to civilize.

civismo sm **1.** [urbanidad] community spirit **2.** [cortesía] civility, politeness.

cizaña sf BOT darnel.

cl (abr escrita de **centilitro**) cl.

clamar ◆ vt **1.** [expresar] to exclaim **2.** [exigir] to cry out for. ◆ vi **1.** [implorar] to appeal **2.** [protestar] to cry out.

clamor sm clamour.

clamoroso, sa adj **1.** [rotundo] resounding **2.** [vociferante] loud, clamorous.

clan sm **1.** [tribu, familia] clan **2.** [banda] faction.

clandestino, na adj clandestine ; POLÍT underground.

claqué sm tap dancing.

claqueta sf clapperboard.

clara sf → claro.

claraboya sf skylight.

clarear v impers **1.** [amanecer] : empezaba a clarear dawn was breaking **2.** [despejarse] to clear up. ◆ **clarearse** vprnl [transparentarse] to be see-through.

claridad sf **1.** [transparencia] clearness, clarity **2.** [luz] light **3.** [franqueza] candidness **4.** [lucidez] clarity ▶ **explicar algo con claridad** to explain sthg clearly.

clarificar [10] vt **1.** [gen] to clarify ; [misterio] to clear up **2.** [purificar] to refine.

clarín sm [instrumento] bugle.

clarinete sm [instrumento] clarinet.

clarividencia sf farsightedness.

claro, ra adj **1.** [gen] clear ▶ **claro está que...** of course... ▶ **dejar algo claro** to make sthg clear ▶ **a las claras** clearly ▶ **pasar una noche en claro** to spend a sleepless night ▶ **poner algo en claro** to get sthg clear, to clear sthg up ▶ **sacar algo en claro (de)** to make sthg out (from) ▶ **tener algo claro** to be sure of sthg **2.** [luminoso] bright **3.** [color] light **4.** [diluido - té, café] weak. ◆ **claro** ◆ sm **1.** [en bosque] clearing ; [en multitud, texto] space, gap **2.** METEOR bright spell. ◆ adv clearly. ◆ interj ▶ **¡claro!** of course! ▶ **¡claro que no!** of course not! ▶ **¡claro que sí!** yes, of course. ◆ **clara** sf [de huevo] white.

clase sf **1.** [gen] class ▶ **clase alta / media** upper/middle class ▶ **clase obrera** o **trabajadora** working class ▶ **clase social** social class ▶ **clase salón** AM FERROC first class ▶ **primera clase** first class **2.** [tipo] sort, kind ▶ **toda clase de** all sorts o kinds of **3.** [EDUC -asignatura, alumnos] class ; [-aula] classroom ▶ **dar clases a)** [en un colegio] to teach **b)** [en una universidad] to lecture ▶ **clases particulares** private classes o lessons.

clásico, ca ⋄ adj **1.** [de la Antigüedad] classical **2.** [ejemplar, prototípico] classic **3.** [peinado, estilo, música etc] classical **4.** [habitual] customary **5.** [peculiar] ▶ **clásico de** typical of. ⋄ sm, f [persona] classic.

clasificación sf classification ; DEP (league) table.

clasificado sm Am small ad.

clasificador, ra adj classifying.

clasificar [10] vt to classify. ◆ **clasificarse** vprnl [ganar acceso] ▶ **clasificarse (para)** to qualify (for) ; DEP to get through (to).

clasista adj class-conscious ; despec snobbish.

claudicar [10] vi [ceder] to give in.

claustro sm **1.** ARQUIT & RELIG cloister **2.** [de universidad] senate.

claustrofobia sf claustrophobia.

claustrofóbico, ca adj claustrophobic.

cláusula sf clause.

clausura sf **1.** [acto solemne] closing ceremony **2.** [cierre] closing down **3.** RELIG religious seclusion.

clausurar vt **1.** [acto] to close, to conclude **2.** [local] to close down.

clavadista smf Cam Méx diver.

clavado, adj 1. [en punto - hora] on the dot **2.** [parecido] almost identical ▶ **ser clavado a alguien** to be the spitting image of sb.

clavar vt **1.** [clavo, estaca etc] to drive ; [cuchillo] to thrust ; [chincheta, alfiler] to stick **2.** [cartel, placa etc] to nail, to fix **3.** fig [mirada, atención] to fix, to rivet. ◆ **clavarse** vprnl [hincarse] : clavarse una astilla to get a splinter / me clavé un cristal en el pie I got a splinter in my foot.

clave ⋄ adj inv key ▶ **palabra clave** keyword. ⋄ sm MÚS harpsichord. ⋄ sf **1.** [código] code ▶ **en clave** in code **2.** fig [solución] key ▶ **la clave del problema** the key to the problem **3.** MÚS clef ▶ **clave de sol** treble clef **4.** INFORM key.

clavel sm carnation.

clavicémbalo sm harpsichord.

clavicordio sm clavichord.

clavícula sf collar bone.

clavija sf **1.** ELECTR & TECNOL pin ; [de auriculares, teléfono] jack **2.** MÚS peg.

clavo sm **1.** [pieza metálica] nail ▶ **agarrarse a un clavo ardiendo** to clutch at straws ▶ **dar en el clavo** to hit the nail on the head ▶ **¡por los clavos de Cristo!** for heaven's sake **2.** BOT & CULIN clove **3.** MED [para huesos] pin.

claxon® (pl **cláxones**) sm horn ▶ **tocar el claxon** to sound the horn.

clemencia sf mercy, clemency.

clemente adj [persona] merciful.

cleptomanía sf kleptomania.

cleptómano, na sm, f kleptomaniac.

clerical adj clerical.

clericó sm RP drink made of white wine and fruit.

clérigo sm [católico] priest ; [anglicano] clergyman.

clero sm clergy.

clic sm INFORM click ▶ **hacer clic en algo** to click on sthg ▶ **hacer doble clic** to double-click ▶ **clic derecho/izquierdo** right/left click.

cliché, clisé sm **1.** FOTO negative **2.** IMPR plate **3.** fig [tópico] cliché.

cliente, ta sm, f [de tienda, garaje, bar] customer ; [de banco, abogado etc] client ; [de hotel] guest ▶ **cliente habitual** regular customer.

clientela sf [de tienda, garaje] customers pl ; [de banco, abogado etc] clients pl ; [de hotel] guests pl ; [de bar, restaurante] clientele.

clima sm lit + fig climate ▶ **clima mediterráneo/tropical** Mediterranean/tropical climate.

climático, ca adj climatic.

climatizado, da adj air-conditioned.

climatizar [13] vt to air-condition.

climatología sf **1.** [tiempo] weather **2.** [ciencia] climatology.

clímax sm inv climax.

clínico, ca adj clinical. ◆ **clínica** sf clinic.

clip sm [para papel] paper clip.

clisé = cliché.

clítoris sm inv clitoris.

cloaca sf sewer.

cloquear vi to cluck.

cloro sm **1.** QUÍM chlorine **2.** Cam Chile [lejía] bleach.

clorofila sf chlorophyll.

cloruro sm chloride ▶ **cloruro de sodio** o **sódico** sodium chloride.

clóset, closets sm Am fitted cupboard.

clown [klawn] sm clown.

club (pl **clubes** o **clubs**) sm club ▶ **club de fans** fan club / **club de fútbol** football club ▶ **club náutico** yacht club / **club nocturno** nightclub.

cm (abr escrita de **centímetro**) cm.

CNT (abr de **Confederación Nacional del Trabajo**) sf Spanish anarchist trade union federation created in 1911.

Co. (abr escrita de **compañía**) Co.

coacción sf coercion.

coaccionar vt to coerce.

coach ['koutʃ] (pl **coachs**) smf coach.

coaching sm coaching.

coagular vt [gen] to coagulate ; [sangre] to clot ; [leche] to curdle. ◆ **coagularse** vprnl [gen] to coagulate ; [sangre] to clot ; [leche] to curdle.

coágulo sm clot.

coalición sf coalition / **formar una coalición** to form a coalition.

coartada sf alibi.

coartar vt to limit, to restrict.

coba sf fam [halago] flattery ▶ **dar coba a alguien a)** [hacer la pelota] to suck up o crawl to sb **b)** [aplacar] to soft-soap sb.

cobalto sm cobalt.

cobarde ⟷ adj cowardly. ⟷ smf coward.

cobardía sf cowardice.

cobertizo sm **1.** [tejado adosado] lean-to **2.** [barracón] shed.

cobertura sf **1.** [gen] cover **2.** [de un edificio] covering **3.** PRENSA ▶ **cobertura informativa** news coverage **4.** TELECOM ▶ **no tengo cobertura** my network doesn't cover this area.

cobija sf AM [manta] blanket.

cobijar vt **1.** [albergar] to house **2.** [proteger] to shelter. ⟷ **cobijarse** vprnl to take shelter.

cobijo sm shelter ▶ **dar cobijo a alguien** to give shelter to sb, to take sb in.

cobra sf cobra.

cobrador, ra sm, f [del autobús] conductor (conductress) ; [de deudas, recibos] collector.

cobrar ⟷ vt **1.** [COM - dinero] to charge ; [-cheque] to cash ; [-deuda] to collect ▶ **cantidades por cobrar** amounts due ▶ **¿me cobra, por favor?** how much do I owe you? **2.** [en el trabajo] to earn **3.** [adquirir - importancia] to get, to acquire ▶ **cobrar fama** to become famous **4.** [sentir - cariño, afecto] to start to feel. ⟷ vi [en el trabajo] to get paid. ⟷ **cobrarse** vprnl **1.** [víctimas] : *el accidente se cobró nueve vidas* nine people were killed in the crash **2.** [al pagar] : *¿se cobra?* how much is that?

cobre sm copper ▶ **no tener un cobre** AM to be flat broke.

cobrizo, za adj [color, piel] copper (antes de sust).

cobro sm [de talón] cashing ; [de pago] collection / **llamada a cobro revertido** reverse charge call UK, collect call US / **llamar a cobro revertido** to reverse the charges UK, to call collect US.

coca sf **1.** [planta] coca **2.** fam [cocaína] coke.

cocaína sf cocaine.

cocainómano, na sm, f cocaine addict.

cocalero, ra BOL PERÚ ⟷ adj : *región cocalera* coca-producing area / *productor cocalero* coca farmer o producer. ⟷ sm, f coca farmer o producer.

cocción sf [gen] cooking ; [en agua] boiling ; [en horno] baking.

cóccix, coxis sm inv coccyx.

cocear vi to kick.

cocedor sm boiler.

cocer [41] vt **1.** [gen] to cook ; [hervir] to boil ; [en horno] to bake **2.** [cerámica, ladrillos] to fire. ⟷ **cocerse** vprnl fig [plan] to be afoot.

cochayuyo sm ANDES seaweed.

coche sm **1.** [automóvil] car, automobile US / *ir en coche* **a)** [montado] to go by car **b)** [conduciendo] to drive / *coche de alquiler* hire car / *coche blindado* armoured car ▶ **coche de bomberos** fire engine ▶ **coche de carreras** racing car ▶ **coche celular** police van ▶ **coche familiar** estate car UK, station wagon US **2.** [de tren] coach, carriage ▶ **coche cama** sleeping car, sleeper ▶ **coche restaurante** restaurant o dining car **3.** [de caballos] carriage. ⟷ **coche bomba** sm car bomb.

cochecito sm [de niño] pram UK, baby carriage US.

cochera sf [para coches] garage ; [de autobuses, tranvías] depot.

cochinilla sf **1.** [crustáceo] woodlouse **2.** [insecto] cochineal.

cochinillo sm sucking pig.

cochino, na ⟷ adj **1.** [persona] filthy **2.** [tiempo, dinero] lousy. ⟷ sm, f [animal - macho] pig ; [- hembra] sow.

cocido sm stew ▶ **cocido madrileño** CULIN stew made with chickpeas, bacon, meat and root vegetables, typical of Madrid.

cociente sm quotient / *cociente intelectual* intelligence quotient, I.Q.

cocina sf **1.** [habitación] kitchen **2.** [electrodoméstico] cooker, stove ▶ **cocina eléctrica / de gas** electric/gas cooker **3.** [arte] cooking / *alta cocina* haute cuisine / *cocina casera* home cooking / *cocina española* Spanish cuisine o cooking ▶ **libro / clase de cocina** cookery book /class.

cocinar vt & vi to cook.

cocinero, ra sm, f cook / *haber sido cocinero antes que fraile* to know what one is talking about.

cocinilla sf camping stove.

cocker sm cocker spaniel.

coco sm [árbol] coconut palm ; [fruto] coconut.

cocodrilo sm crocodile.

cocoliche sm RP fam pidgin Spanish spoken by Italian immigrants.

cocotero sm coconut palm.

cóctel, coctel sm **1.** [bebida, comida] cocktail / *cóctel de gambas* prawn cocktail / *cóctel de frutas* CAM fruit cocktail **2.** [reunión] cocktail party. ⟷ **cóctel molotov** sm Molotov cocktail.

coctelera sf cocktail shaker.

coctelería sf cocktail bar.

codazo sm nudge, jab (with one's elbow) ▶ **abrirse paso a codazos** to elbow one's way through / *dar un codazo a alguien* **a)** [con disimulo] to give sb a nudge, to nudge sb **b)** [con fuerza] to elbow sb.

codearse vprnl ▶ **codearse (con)** to rub shoulders (with).

codera sf elbow patch.

codicia sf [avaricia] greed.

codiciar [8] vt to covet.

codicioso, sa adj greedy.

codificado, da adj [emisión de TV] scrambled.

codificar [10] vt 1. [ley] to codify 2. [un mensaje] to encode 3. INFORM to code.

código sm [gen & INFORM] code ▸ **código postal** post UK o zip US code ▸ **código territorial** area code ▸ **código de barras / de señales** bar/signal code ▸ **código de circulación** highway code ▸ **código civil / penal** civil/penal code ▸ **código máquina** machine code.

codillo sm [de jamón] shoulder.

codo sm [en brazo, tubería] elbow / *estaba de codos sobre la mesa* she was leaning (with her elbows) on the table / *dar con el codo* to nudge.

codorniz sf quail.

coeficiente sm 1. [gen] coefficient ▸ **coeficiente intelectual o de inteligencia** intelligence quotient, I.Q. 2. [índice] rate.

coercer [11] vt to restrict, to constrain.

coetáneo, a adj & sm, f contemporary.

coexistencia sf coexistence ▸ **coexistencia pacífica** peaceful coexistence.

coexistir vi to coexist.

cofia sf [de enfermera, camarera] cap ; [de monja] coif.

cofradía sf 1. [religiosa] brotherhood (sisterhood) 2. [no religiosa] guild.

cofre sm 1. [arca] chest, trunk 2. [para joyas] jewel box.

coger [14] ❖ vt 1. [asir, agarrar] to take ▸ **coger a alguien de o por la mano** to take sb by the hand 2. [atrapar - ladrón, pez, pájaro] to catch 3. [alcanzar - persona, vehículo] to catch up with 4. [recoger - frutos, flores] to pick 5. [quedarse con - propina, empleo, piso] to take 6. [quitar] ▸ **coger algo (a alguien)** to take sthg (from sb) 7. [tren, autobús] to take, to catch 8. [contraer - gripe, resfriado] to catch, to get 9. [sentir - manía, odio, afecto] to start to feel 10. [oír] to catch ; [entender] to get 11. [sorprender, encontrar] ▸ **coger a alguien haciendo algo** to catch sb doing sthg / *lo cogieron robando* they caught him stealing 12. [sintonizar - canal, emisora] to get, to receive 13. Méx RP Ven *vulg* [tener relaciones sexuales con] to screw, to fuck. ❖ vi [dirigirse] ▸ **coger a la derecha / la izquierda** to turn right/left. ❖ **cogerse** vprnl 1. [agarrarse] ▸ **cogerse de o a algo** to cling to o clutch sthg 2. [pillarse] : *cogerse los dedos / la falda en la puerta* to catch one's fingers/skirt in the door.

cogida sf [de torero] : *sufrir una cogida* to be gored.

cognac = **coñac.**

cogollo sm 1. [de lechuga] heart 2. [brote - de árbol, planta] shoot.

cogorza sf *fam* ▸ **agarrarse una cogorza** to get smashed, to get blind drunk ▸ **llevar una cogorza** to be smashed, to be blind drunk.

cogote sm nape, back of the neck.

cohabitar vi to cohabit, to live together.

cohecho sm bribery.

coherencia sf [de razonamiento] coherence.

coherente adj coherent.

cohesión sf cohesion.

cohesionar vt to bring cohesion to.

cohete sm rocket.

cohibido, da adj inhibited.

cohibir vt to inhibit. ❖ **cohibirse** vprnl to become inhibited.

COI (*abr de* **Comité Olímpico Internacional**) sm IOC.

coima sf Andes RDom *fam* bribe, backhander UK.

coincidencia sf coincidence / *¡qué coincidencia!* what a coincidence!

coincidir vi 1. [superficies, versiones, gustos] to coincide 2. [personas - encontrarse] to meet ; [- estar de acuerdo] to agree / *coincidimos en una fiesta* we saw each other at a party.

coito sm (sexual) intercourse.

coja ⟶ **coger.**

cojear vi 1. [persona] to limp 2. [mueble] to wobble.

cojera sf [acción] limp ; [estado] lameness.

cojín sm cushion.

cojinete sm [en eje] bearing ; [en un riel de ferrocarril] chair.

cojo, ja ❖ adj 1. [persona] lame 2. [mueble] wobbly. ❖ sm, f cripple. ❖ v ⟶ **coger.**

cojón sm (*gen pl*) *vulg* ball. ❖ **cojones** interj *vulg* ▸ **¡cojones!** [enfado] for fuck's sake!

cojonudo, da adj *vulg* bloody brilliant.

cojudez sf Andes *mfam* ▸ **¡que cojudez!** a) [acto] what a bloody UK o goddamn US stupid thing to do! b) [dicho] what a bloody UK o goddamn US stupid thing to say!

cojudo, da adj Andes *mfam* bloody UK o goddamn US stupid.

col sf cabbage ▸ **col de Bruselas** Brussels sprout / *entre col y col, lechuga fam* variety is the spice of life.

cola sf 1. [de animal, avión] tail 2. [fila] queue UK, line US / *¡a la cola!* get in the queue! UK, get in line! US ▸ **hacer cola** to queue (up) UK, to stand in line US / *ponerse a la cola* to join the end of the queue UK o line US 3. [de clase, lista] bottom ; [de desfile] end 4. [pegamento] glue 5. [peinado] ▸ **cola (de caballo)** pony tail 6. Am *fam* [nalgas] bum UK, fanny US.

colaboración sf 1. [gen] collaboration 2. [de prensa] contribution, article.

colaborador, ra sm, f 1. [gen] collaborator 2. [de prensa] contributor.

colaborar vi 1. [ayudar] to collaborate 2. [en prensa] ▶ **colaborar en** o **con** to write for 3. [contribuir] to contribute.

colaborativo, va adj collaborative.

colación sf ▶ **sacar** o **traer algo a colación** [tema] to bring sthg up.

colado, da adj 1. [líquido] strained 2. [enamorado] ▶ **estar colado por alguien** fam to have a crush on sb. ◆ **colada** sf [ropa] laundry ▶ **hacer la colada** to do the washing.

colador sm [para líquidos] strainer, sieve ; [para verdura] colander.

colapsar ◆ vt to bring to a halt, to stop. ◆ vi to come o grind to a halt.

colapso sm 1. MED collapse, breakdown / *sufrir un colapso* to collapse / *colapso nervioso* nervous breakdown 2. [de actividad] stoppage ; [de tráfico] traffic jam, hold-up.

colar [23] ◆ vt [verdura, té] to strain ; [café] to filter. ◆ vi fam [pasar por bueno] : *esto no colará* this won't wash. ◆ **colarse** vprnl 1. [líquido] ▶ **colarse por** to seep through 2. [persona] to slip, to sneak ; [en una cola] to jump the queue UK o line US / *colarse en una fiesta* to gatecrash a party.

colateral adj [lateral] on either side.

colcha sf bedspread.

colchón sm [de cama] mattress ▶ **colchón inflable** air bed.

colchoneta sf [para playa] beach mat ; [en gimnasio] mat.

cole sm fam school.

colear vi [animal] to wag its tail. ◆ **colearse** vprnl ARG VEN to skid about.

colección sf lit + fig collection.

coleccionable ◆ adj collectable. ◆ sm special supplement in serialized form.

coleccionar vt to collect.

coleccionismo sm collecting.

coleccionista smf collector.

colecta sf collection.

colectar vt 1. [dinero] to collect 2. [plantas, frutos] to pick.

colectividad sf community.

colectivo, va adj collective. ◆ **colectivo** sm 1. [grupo] group 2. ANDES [taxi] collective taxi 3. ANDES BOL [autobús] bus.

colector, ra ◆ **colector** sm 1. [sumidero] sewer ▶ **colector de basuras** chute 2. MECÁN [de motor] manifold.

colega smf 1. [compañero profesional] colleague 2. [homólogo] counterpart, opposite number 3. fam [amigo] mate.

colegiado, da adj who belongs to a professional association. ◆ **colegiado** sm DEP referee.

colegial, la sm, f schoolboy (schoolgirl).

colegio sm 1. [escuela] school / *colegio concertado* private school with state subsidy / *colegio de curas* school run by priests / *colegio de monjas* convent school 2. [de profesionales] ▶ **colegio (profesional)** professional association. ◆ **colegio electoral** sm [lugar] polling station ; [votantes] ward. ◆ **colegio mayor** sm hall of residence.

cólera ◆ sm MED cholera. ◆ sf [ira] anger, rage ▶ **montar en cólera** to get angry.

colérico, ca adj [carácter] bad-tempered.

colesterol sm cholesterol.

coleta sf pigtail.

coletilla sf postscript.

colgado, da adj 1. [cuadro, jamón etc] ▶ **colgado (de)** hanging (from) 2. [teléfono] on the hook.

colgador sm hanger, coathanger.

colgante ◆ adj hanging. ◆ sm pendant.

colgar [39] ◆ vt 1. [suspender, ahorcar] to hang ▶ **colgar el teléfono** to hang up 2. [imputar] ▶ **colgar algo a alguien** to blame sthg on sb. ◆ vi 1. [pender] ▶ **colgar (de)** to hang (from) 2. [hablando por teléfono] to hang up. ◆ **colgarse** vprnl ▶ **colgarse (de)** a) [gen] to hang (from) b) [ahorcarse] to hang o.s. (from).

colibrí sm hummingbird.

cólico sm stomachache ▶ **cólico nefrítico** o **renal** renal colic.

coliflor sf cauliflower.

colilla sf (cigarette) butt o stub.

colimba sf ARG fam military service.

colina sf hill.

colindante adj neighbouring, adjacent.

colirio sm eyewash, eyedrops pl.

colisión sf [de automóviles] collision, crash ; [de ideas, intereses] clash.

colisionar vi [coche] ▶ **colisionar (contra)** to collide (with), to crash (into).

colitis sf inv stomach infection, colitis.

colla BOL ◆ adj of/from the altiplano. ◆ smf indigenous person from the altiplano.

collage [ko'laʃ] sm collage.

collar sm 1. [de personas] necklace 2. [para animales] collar.

collarín sm surgical collar.

colmado, da adj ▶ **colmado (de)** full to the brim (with). ◆ **colmado** sm grocer's (shop).

colmar vt **1.** [recipiente] to fill (to the brim) **2.** fig [aspiración, deseo] to fulfil **/** *colmar a alguien de regalos / elogios* to shower gifts / praise on sb.

colmena sf beehive.

colmillo sm **1.** [de persona] eye-tooth **2.** [de perro] fang ; [de elefante] tusk.

colmo sm height **▶** *para colmo de desgracias* to crown it all **/** *es el colmo de la locura* it's sheer madness **▶** *¡eso es el colmo! fam* that's the last straw!

colocación sf **1.** [acción] placing, positioning ; [situación] place, position **2.** [empleo] position, job.

colocado, da adj **1.** [gen] placed **/** *estar muy bien colocado* to have a very good job **2.** fam [borracho] legless ; [drogado] high, stoned.

colocar [10] vt **1.** [en su sitio] to place, to put **2.** [en un empleo] to find a job for **3.** [invertir] to place, to invest. **◆ colocarse** vprnl **1.** [en un trabajo] to get a job **2.** fam [emborracharse] to get legless ; [drogarse] to get high o stoned.

colofón sm [remate, fin] climax.

Colombia npr Colombia.

colombiano, na adj & sm, f Colombian.

colon sm colon.

colonia sf **1.** [gen] colony **2.** [perfume] eau de cologne **3.** [MÉX] [barrio] district **▶** *colonia proletaria* shanty town, slum area.

coloniaje sm [AM] **1.** [época] period of Spanish colonialism in the American continent **2.** [gobierno] colonial government.

colonial adj colonial.

colonización sf colonization.

colonizador, ra sm, f colonist.

colonizar [13] vt to colonize.

colono sm settler, colonist.

coloquial adj colloquial.

coloquio sm **1.** [conversación] conversation **2.** [debate] discussion, debate.

color sm [gen] colour **▶** *color rojo* red **▶** *color azul* blue **/** *¿de qué color?* what colour? **/** *una falda de color rosa* a pink skirt **/** *a todo color* in full colour **▶** *de color* [persona] coloured.

coloración sf colouration.

colorado, da adj [color] red **▶** *ponerse colorado* to blush, to go red.

colorante sm colouring.

colorear vt to colour (in).

colorete sm rouge, blusher.

colorido sm colours pl.

colosal adj **1.** [estatura, tamaño] colossal **2.** [extraordinario] great, enormous.

coloso sm **1.** [estatua] colossus **2.** fig [cosa, persona] giant.

columna sf **1.** [gen] column **2.** fig [pilar] pillar. **◆ columna vertebral** sf spinal column.

columnista smf columnist.

columpiar [8] vt to swing. **◆ columpiarse** vprnl to swing.

columpio sm swing.

colza sf BOT rape.

coma **◆** sm MED coma **▶** *en coma* in a coma. **◆** sf **1.** GRAM comma **2.** MAT $\simeq$ decimal point.

comadre sf **1.** [mujer chismosa] gossip, gossipmonger ; [vecina] neighbour **2.** [CAM] [MÉX] [amiga] friend **3.** [madrina] godmother of one's child, or mother of one's godchild.

comadreja sf weasel.

comadrona sf midwife.

comal sm [CAM] [MÉX] flat clay or metal dish used for baking "tortillas".

comandancia sf **1.** [rango] command **2.** [edificio] command headquarters.

comandante sm [MIL - rango] major ; [- de un puesto] commander, commandant.

comandar vt MIL to command.

comando sm MIL commando.

comarca sf region, area.

comba sf **1.** [juego] skipping **2.** [cuerda] skipping rope.

combar vt to bend. **◆ combarse** vprnl [gen] to bend ; [madera] to warp ; [pared] to bulge.

combate sm [gen] fight ; [batalla] battle **▶** *dejar a alguien fuera de combate* a) [en boxeo] to knock sb out b) fig to put sb out of the running.

combatiente smf combatant, fighter.

combatir **◆** vt to combat, to fight. **◆** vi **▶** *combatir (contra)* to fight (against).

combativo, va adj combative.

combi sm [frigorífico] fridge-freezer.

combinación sf **1.** [gen] combination **2.** [de bebidas] cocktail **3.** [prenda] slip **4.** [de medios de transporte] connections pl.

combinado sm **1.** [bebida] cocktail **2.** DEP combined team **3.** [AM] [radiograma] radiogram.

combinar vt **1.** [gen] to combine **2.** [bebidas] to mix **3.** [colores] to match. **◆ combinarse** vprnl = combinar.

combustible **◆** adj combustible. **◆** sm fuel.

combustión sf combustion.

comecocos sm inv fam [para convencer] : *este panfleto es un comecocos* this pamphlet is designed to brainwash you.

comedia sf **1.** [obra, película, género] comedy **2.** fig [engaño] farce **/** *hacer la comedia* to pretend, to make believe.

comediante, ta sm, f actor (actress) ; fig [farsante] fraud.

comedido, da adj moderate.

comedirse [26] vprnl to be restrained.

comedor sm [habitación - de casa] dining room ; [- de fábrica] canteen ▶ **comedor social** soup kitchen.

comensal smf fellow diner.

comentar vt [opinar sobre] to comment on ; [hablar de] to discuss.

comentario sm **1.** [observación] comment, remark **2.** [crítica] commentary. ◆ **comentarios** smpl [murmuraciones] gossip (U).

comentarista smf commentator.

comenzar [34] ◆ vt to start, to begin ▶ **comenzar a hacer algo** to start doing o to do sthg ▶ **comenzar diciendo que...** to start o begin by saying that... ◆ vi to start, to begin.

comer ◆ vi [ingerir alimentos - gen] to eat ; [- al mediodía] to have lunch. ◆ vt **1.** [alimentos] to eat **2.** [en juegos de tablero] to take, to capture **3.** fig [consumir] to eat up. ◆ **comerse** vprnl **1.** [alimentos] to eat **2.** [desgastar - recursos] to eat up ; [- metal] to corrode **3.** [en los juegos de tablero] to take, to capture **4.** 🅰🅼 vulg [fornicar] to fuck.

comercial ◆ adj commercial / centro comercial shopping mall, shopping centre 🆄🅺. ◆ sm 🅰🅼 [anuncio] advert.

comercializar [13] vt to market.

comerciante smf tradesman (tradeswoman) ; [tendero] shopkeeper.

comerciar [8] vi to trade, to do business.

comercio sm **1.** [de productos] trade ▶ **comercio electrónico** INTERNET e-business, e-commerce ▶ **comercio exterior / interior** foreign / domestic trade ▶ **comercio justo** fair trade ▶ **libre comercio** free trade **2.** [actividad] business, commerce **3.** [tienda] shop.

comestible adj edible, eatable. ◆ **comestibles** smpl [gen] food (U) ; [en una tienda] groceries.

cometa ◆ sm ASTRON comet. ◆ sf kite.

cometer vt [crimen] to commit ; [error] to make.

cometido sm **1.** [objetivo] mission, task **2.** [deber] duty.

comezón sf [picor] itch, itching (U).

cómic (pl comics) sm (adult) comic.

comicios smpl elections.

cómico, ca ◆ adj **1.** [de la comedia] comedy (antes de sust), comic **2.** [gracioso] comic, comical. ◆ sm, f [actor de teatro] actor (actress) ; [humorista] comedian (comedienne), comic.

comida sf **1.** [alimento] food (U) / comida basura junk food ▶ **comida chatarra** 🅰🅼 junk food / comida rápida fast food **2.** [almuerzo, cena etc] meal **3.** [al mediodía] lunch / comida de negocios business lunch.

comidilla sf ▶ **ser / convertirse en la comidilla del pueblo** fam to be / to become the talk of the town.

comienzo sm start, beginning ▶ **a comienzos de los años 50** in the early 1950s ▶ **dar comienzo** to start, to begin.

comillas sfpl inverted commas, quotation marks ▶ **entre comillas** in inverted commas.

comilón, ona fam adj greedy.

comilona sf fam [festín] blow-out.

comino sm [planta] cumin, cummin ▶ **me importa un comino** fam I don't give a damn.

comisaría sf police station, precinct 🆄🆂.

comisario, ria sm, f **1.** [de policía] police superintendent **2.** [delegado] commissioner.

comisión sf **1.** [de un delito] perpetration **2.** COM commission ▶ **(trabajar) a comisión** (to work) on a commission basis ▶ **comisión fija** ECON flat fee **3.** [delegación] commission, committee ▶ **Comisión Europea** European Comission ▶ **comisión investigadora** committee of inquiry ▶ **comisión permanente** standing commission / Comisiones Obreras Spanish Communist-inspired trade union.

comisura sf corner (of mouth, eyes).

comité sm committee.

comitiva sf retinue.

como ◆ adv **1.** (compar) ▶ **tan... como...** as... as... / es (tan) negro como el carbón it's as black as coal ▶ **ser como algo** to be like sthg / vive como un rey he lives like a king ▶ **lo que dijo fue como para ruborizarse** his words were enough to make you blush ▶ **como ser** 🅰🅼 like / frutas exóticas como ser mangostinos exotic fruits like mangosteens **2.** [de la manera que] as / lo he hecho como es debido I did it as o the way it should be done / me encanta como bailas I love the way you dance **3.** [según] as / como te decía ayer... as I was telling you yesterday... **4.** [en calidad de] as / trabaja como bombero he works as a fireman / dieron el dinero como anticipo they gave the money as an advance **5.** [aproximadamente] about / me quedan como cien euros I've got about a hundred euros left / tiene un sabor como a naranja it tastes a bit like an orange. ◆ conj **1.** [ya que] as, since / como no llegabas, nos fuimos as o since you didn't arrive, we left **2.** [si] if / como no me hagas caso, lo pasarás mal if you don't listen to me, there will be trouble. ◆ **como que** loc conj **1.** [que] that / le pareció como que lloraban it seemed to him (that) they were crying **2.** [expresa causa] : pareces cansado — como que he trabajado toda la noche you seem tired — well, I've been up all night working. ◆ **como quiera** loc adv [de cualquier modo] anyway, anyhow. ◆ **como quiera que** loc conj **1.** [de cualquier modo que] whichever way, however / como quiera que sea whatever the case may be, however **2.** [dado que] since, given that. ◆ **como si** loc conj as if.

cómo adv **1.** [de qué modo, por qué motivo] how / *¿cómo lo has hecho?* how did you do it? / *¿cómo son?* what are they like? / *no sé cómo has podido decir eso* I don't know how you could say that ▸ *¿cómo que no la has visto nunca?* what do you mean you've never seen her? ▸ *¿a cómo están los tomates?* how much are the tomatoes? ▸ *¿cómo es eso? fam* [¿por qué?] how come? **2.** [exclamativo] how / *¡cómo pasan los años!* how time flies! ▸ *¡cómo no!* of course! ▸ *está lloviendo, ¡y cómo!* it isn't half raining!

cómoda sf chest of drawers.

comodidad sf comfort, convenience *(U)* ▸ **para su comodidad** for your convenience.

comodín sm [naipe] joker.

cómodo, da adj **1.** [confortable] comfortable / *ponte cómodo* make yourself comfortable, make yourself at home / *sentirse cómodo con alguien* to feel comfortable with sb **2.** [útil] convenient **3.** [oportuno, fácil] easy.

comodón, ona adj [amante de la comodidad] comfort-loving ; [vago] laid-back / *no seas comodón* don't be lazy.

comoquiera adv ▸ **comoquiera que a)** [de cualquier manera que] whichever way, however **b)** [dado que] since, seeing as.

compa smf *fam* pal, mate UK, buddy US.

compact ['kompak] sm inv CD, compact disc.

compactar vt to compress.

compact disk, compact disc sm compact disc.

compacto, ta adj compact.

compadecer [30] vt to pity, to feel sorry for. ◆ **compadecerse de** vprnl to pity, to feel sorry for.

compadre sm *fam* [amigo] friend, mate UK, buddy US.

compadrear vi RDom *fam* to brag, to boast.

compadreo sm *fam* [amistad] friendship.

compaginar vt [combinar] to reconcile. ◆ **compaginarse** vprnl ▸ **compaginarse con** to square with, to go together with.

compañerismo sm comradeship.

compañero, ra sm, f **1.** [acompañante] companion **2.** [pareja] partner / *compañero sentimental* partner **3.** [colega] colleague ▸ **compañero de clase** classmate ▸ **compañero de piso** flatmate.

compañía sf company / *le perdieron las malas compañías* he was led astray by the bad company he kept ▸ **en compañía de** accompanied by, in the company of ▸ **hacer compañía a alguien** to keep sb company / *compañía de seguros* insurance company / *compañía teatral* o *de teatro* theatre company.

comparación sf comparison ▸ **en comparación con** in comparison with, compared to.

comparar vt ▸ **comparar algo (con)** to compare sthg (to).

comparativo, va adj comparative.

comparecer [30] vi to appear.

comparsa ❖ sf TEATRO extras *pl.* ❖ smf **1.** TEATRO extra **2.** *fig* [en carreras, competiciones] also-ran ; [en organizaciones, empresas] nobody.

compartido, da adj shared.

compartimento, compartimiento sm compartment / *compartimiento de fumadores* smoking compartment.

compartir vt **1.** [ganancias] to share (out) **2.** [piso, ideas] to share.

compás sm **1.** [instrumento] pair of compasses **2.** [MÚS - periodo] bar ; [- ritmo] rhythm, beat ▸ **al compás (de la música)** in time (with the music) ▸ **llevar el compás** to keep time ▸ **perder el compás** to lose the beat.

compasión sf compassion, pity / *¡por compasión!* for pity's sake! / *tener compasión de* to feel sorry for.

compasivo, va adj compassionate.

compatibilizar [13] vt to make compatible.

compatible adj [gen & INFORM] compatible.

compatriota smf compatriot, fellow countryman (fellow countrywoman).

compay sm Cuba *fam* mate UK, buddy US.

compendiar [8] vt [cualidades, características] to summarize ; [libro, historia] to abridge.

compendio sm **1.** [libro] compendium **2.** *fig* [síntesis] epitome, essence.

compenetración sf mutual understanding.

compenetrado, da adj : *estar muy compenetrados* to be really close.

compenetrarse vprnl to understand each other.

compensación sf [gen] compensation ▸ **en compensación (por)** in return (for) / *compensación económica* financial compensation.

compensar vt **1.** [valer la pena] to make up for / *no me compensa (perder tanto tiempo)* it's not worth my while (wasting all that time) **2.** [indemnizar] ▸ **compensar a alguien (de o por)** to compensate sb (for) **3.** ECOL ▸ **compensar la huella de carbono** to carbon offset.

competencia sf **1.** [entre personas, empresas] competition / *hacer la competencia a* to compete with ▸ **competencia desleal** ECON unfair competition, dumping **2.** [incumbencia] field, province **3.** [aptitud, atribuciones] competence.

competente adj competent ▸ **competente en materia de** responsible for.

competer ◆ **competer a** vi [gen] to be up to, to be the responsibility of ; [una autoridad] to come under the jurisdiction of.

competición sf competition.

competidor, ra sm, f competitor.

competir [26] vi ▸ **competir (con / por)** to compete (with / for).

competitividad sf competitiveness.

competitivo, va adj competitive.

compilar vt [gen & INFORM] to compile.

compinche smf fam crony.

complacencia sf pleasure, satisfaction.

complacer [29] vt to please. ◆ **complacerse** vprnl to delight, to take pleasure.

complaciente adj 1. [amable] obliging, helpful 2. [indulgente] indulgent.

complejidad sf complexity.

complejo, ja adj complex. ◆ **complejo** sm complex ▸ **complejo de Edipo / de inferioridad / de superioridad** Oedipus/inferiority/superiority complex / *complejo deportivo* sports complex / *complejo hotelero* hotel complex ▸ **complejo industrial** industrial park ▸ **complejo turístico** tourist development ▸ **complejo vitamínico** vitamin complex.

complementar vt to complement.
◆ **complementarse** vprnl to complement each other.

complementario, ria adj complementary.

complemento sm 1. [añadido] complement 2. GRAM object, complement ▸ **complemento directo / indirecto** direct/indirect object.

completamente adv completely, totally.

completar vt to complete.

completo, ta adj 1. [entero, perfecto] complete ▸ **por completo** completely / *un deportista muy completo* an all-round sportsman 2. [lleno] full.

complexión sf build / *de complexión atlética* with an athletic build / *de complexión fuerte* well-built, with a strong constitution.

complicación sf 1. [gen] complication 2. [complejidad] complexity.

complicado, da adj 1. [difícil] complicated 2. [implicado] ▸ **complicado (en)** involved (in).

complicar [10] vt [dificultar] to complicate.
◆ **complicarse** vprnl [problema] to become complicated / *complicarse la vida* to make life difficult for oneself; [enfermedad] to get worse.

cómplice smf accomplice.

complicidad sf complicity.

complot, compló sm plot, conspiracy.

componente ◆ sm [gen & ELECTR] component. ◆ smf [persona] member.

componer [65] vt 1. [constituir, ser parte de] to make up 2. [música, versos] to compose 3. [arreglar - algo roto] to repair. ◆ **componerse** vprnl [estar formado] ▸ **componerse de** to be made up of, to consist of.

comportamiento sm behaviour.

comportar vt to involve, to entail.
◆ **comportarse** vprnl to behave.

composición sf composition.

compositor, ra sm, f composer.

compostelano, na ◆ adj of/relating to Santiago de Compostela. ◆ sm, f *native or inhabitant of Santiago de Compostela.*

compostura sf 1. [reparación] repair 2. [de persona, rostro] composure 3. [en comportamiento] restraint.

compota sf CULIN stewed fruit (*U*).

compra sf purchase ▸ **ir de compras** to go shopping ▸ **ir a o hacer la compra** to do the shopping ▸ **compra al contado** cash purchase ▸ **compra a plazos** hire purchase.

comprador, ra sm, f [gen] buyer; [en una tienda] shopper, customer.

comprar vt 1. [adquirir] to buy, to purchase / *comprar algo a alguien* to buy sthg from sb 2. [sobornar] to buy (off).

compraventa sf buying and selling, trading.

comprender vt 1. [incluir] to include, to comprise 2. [entender] to understand / *hacerse comprender* to make o.s. understood.
◆ **comprenderse** vprnl [personas] to understand each other.

comprensible adj understandable, comprehensible.

comprensión sf understanding.

comprensivo, va adj understanding.

compresa sf [para menstruación] sanitary towel UK, sanitary napkin US.

compresor, ra adj compressing. ◆ **compresor** sm compressor.

comprimido, da adj compressed.
◆ **comprimido** sm pill, tablet.

comprimir vt to compress.

comprobación sf checking.

comprobante sm [documento] supporting document, proof; [recibo] receipt.

comprobar [23] vt [averiguar] to check; [demostrar] to prove.

comprometer vt 1. [poner en peligro - éxito etc] to jeopardize; [- persona] to compromise 2. [avergonzar] to embarrass. ◆ **comprometerse** vprnl 1. [hacerse responsable] ▸ **comprometerse (a hacer algo)** to commit o.s. (to doing sthg) 2. [ideológicamente, moralmente] ▸ **comprometerse (en algo)** to become involved (in sthg).

comprometido, da adj 1. [con una idea] committed 2. [difícil] compromising, awkward.

compromiso sm 1. [obligación] commitment; [acuerdo] agreement 2. [cita] engagement / *sin compromiso* without obligation 3. [de matrimonio] engagement ▸ **compromiso matrimonial** engagement 4. [dificultad, aprieto] compromising o difficult situation / *me pones en un compromiso* you're putting me in an awkward position.

compuerta sf sluice, floodgate.

compuesto, ta ◇ pp ⟶ **componer**. ◇ adj [formado] ▸ **compuesto de** composed of, made up of. ◆ **compuesto** sm GRAM & QUÍM compound.

compungido, da adj contrite.

computación sf **1.** [cálculo] computation **2.** Am [ciencia] ICT *(Information and Communications Technology)* **3.** INTERNET ▸ **computación en la nube** cloud computing.

computacional adj computer.

computador sm = **computadora**.

computadora sf computer.

computar vt [calcular] to calculate.

cómputo sm calculation.

comulgar [16] vi RELIG to take communion.

común adj **1.** [gen] common ▸ **por lo común** generally ▸ **poco común** unusual **2.** [compartido - amigo, interés] mutual ; [-bienes, pastos] communal **3.** [ordinario - vino etc] ordinary, average / *común y corriente* perfectly ordinary.

comuna sf **1.** commune **2.** Am [municipalidad] municipality.

comunero, ra sm, f Perú Méx [indígena] member of an indigenous village community.

comunicación sf **1.** [gen] communication ▸ **ponerse en comunicación con alguien** to get in touch with sb **2.** [escrito oficial] communiqué ; [informe] report. ◆ **comunicaciones** sfpl communications.

comunicado, da adj ▸ **bien comunicado** [lugar] well-served, with good connections. ◆ **comunicado** sm announcement, statement ▸ **comunicado oficial** communiqué ▸ **comunicado a la prensa** press release.

comunicador, ra sm, f communicator.

comunicar [10] ◇ vt **1.** [transmitir - sentimientos, ideas] to convey ; [- movimiento, virus] to transmit **2.** [información] ▸ **comunicar algo a alguien** to inform sb of sthg, to tell sb sthg. ◇ vi **1.** [hablar - gen] to communicate ; [- al teléfono] to get through ; [escribir] to get in touch **2.** [dos lugares] ▸ **comunicar con algo** to connect with sthg, to join sthg **3.** [suj: el teléfono] to be engaged UK, to be busy US. ◆ **comunicarse** vprnl **1.** [hablarse] to communicate (with each other) **2.** [dos lugares] to be connected.

comunicativo, va adj communicative.

comunidad sf community ▸ **Comunidad Autónoma** autonomous region ▸ **Comunidad (Económica) Europea** HIST European (Economic) Community.

comunión sf *lit* & *fig* communion / *hacer la primera comunión* to take one's First Communion.

comunismo sm communism.

comunista adj & smf communist.

comunitario, ria adj **1.** [de la comunidad] community *(antes de sust)* **2.** [de la UE] Community *(antes de sust)*, of the European Community / *política comunitaria* EU o Community policy.

con prep **1.** [gen] with / *¿con quién vas?* who are you going with? / *lo ha conseguido con su esfuerzo* he has achieved it through his own efforts / *una cartera con varios documentos* a briefcase containing several documents **2.** [a pesar de] in spite of ▸ **con todo** despite everything / *con lo estudioso que es, lo suspendieron* for all his hard work, they still failed him **3.** [hacia] ▸ **para con** towards / *es amable para con todos* she is friendly towards o with everyone **4.** (+ infin) [para introducir una condición] by (+ gerundio) / *con hacerlo así* by doing it this way / *con salir a las diez es suficiente* if we leave at ten, we'll have plenty of time **5.** [a condición de que] ▸ **con (tal) que** (+ subj) as long as / *con que llegue a tiempo me conformo* I don't mind as long as he arrives on time.

conato sm attempt ▸ **conato de robo** attempted robbery ▸ **un conato de incendio** the beginnings of a fire.

concatenar, concadenar vt to link together.

concavidad sf [lugar] hollow.

cóncavo, va adj concave.

concebir [26] ◇ vt [plan, hijo] to conceive ; [imaginar] to imagine. ◇ vi to conceive.

conceder vt **1.** [dar] to grant ; [premio] to award **2.** [asentir] to admit, to concede.

concejal, la sm, f (town) councillor.

concentración sf **1.** [gen] concentration **2.** [de gente] gathering ▸ **concentración parcelaria** ECON land consolidation.

concentrado sm concentrate.

concentrar vt **1.** [gen] to concentrate **2.** [reunir - gente] to bring together ; [- tropas] to assemble. ◆ **concentrarse** vprnl to concentrate.

concéntrico, ca adj concentric.

concepción sf conception.

concepto sm **1.** [idea] concept **2.** [opinión] opinion / *te tiene en muy buen concepto* she thinks highly of you **3.** [motivo] ▸ **bajo ningún concepto** under no circumstances ▸ **en concepto de** by way of, as.

concernir [21] v impers to concern ▸ **en lo que concierne a** as regards ▸ **por lo que a mí me concierne** as far as I'm concerned.

concertación sf settlement.

concertado, da adj [centro de enseñanza] state-assisted ; ≃ grant-maintained UK / *hospital concertado* private hospital that has been *contracted to provide free treatment for social security patients.*

concertar [19] ❖ vt [precio] to agree on ; [cita] to arrange ; [pacto] to reach. ❖ vi [concordar] ▸ **concertar (con)** to tally (with), to fit in (with).

concertina sf concertina.

concesión sf **1.** [de préstamo etc] granting ; [de premio] awarding **2.** fig COM concession.

concesionario, ria sm, f [persona con derecho exclusivo de venta] licensed dealer ; [titular de una concesión] concessionaire, licensee.

concha sf **1.** [de los animales] shell **2.** [material] tortoiseshell **3.** Ven [de frutas] peel, rind.

conchabarse vprnl ▸ **conchabarse (contra)** fam to gang up (on).

concheto, ta RP fam ❖ adj posh. ❖ sm, f rich kid.

conchudo, da adj Perú RDom vulg bloody stupid / **ser bien conchudo** to have a real nerve, to have balls vulg.

conciencia, consciencia sf **1.** [conocimiento] consciousness, awareness ▸ **tener/tomar conciencia de** to be/become aware of / **conciencia de clase** class consciousness / **conciencia social** social conscience **2.** [moral, integridad] conscience ▸ **a conciencia** conscientiously ▸ **me remuerde la conciencia** I have a guilty conscience / **tener la conciencia tranquila** to have a clear conscience.

concienciar [8] vt to make aware.
◆ **concienciarse** vprnl to become aware.

concientizar Am vt ▸ **concientizar a alguien de algo** to make sb aware of sthg.
◆ **concientizarse** vprnl ▸ **concientizarse (de)** to become aware (of).

concienzudo, da adj conscientious.

concierto sm **1.** [actuación] concert **2.** [composición] concerto.

conciliación sf [en un litigio] reconciliation ; [en un conflicto laboral] conciliation.

conciliar [8] vt to reconcile ▸ **conciliar el sueño** to get to sleep.

concilio sm council.

concisión sf conciseness.

conciso, sa adj concise.

conciudadano, na sm, f fellow citizen.

cónclave, conclave sm conclave.

concluir [51] ❖ vt to conclude ▸ **concluir haciendo** o **por hacer algo** to end up doing sthg. ❖ vi to (come to an) end.

conclusión sf conclusion ▸ **llegar a una conclusión** to come to o to reach a conclusion ▸ **en conclusión** in conclusion.

concluyente adj conclusive.

concomerse vprnl ▸ **concomerse de** a) [envidia] to be green with b) [arrepentimiento] to be consumed with c) [impaciencia] to be itching with.

concordancia sf [gen & GRAM] agreement.

concordar [23] ❖ vt to reconcile. ❖ vi **1.** [estar de acuerdo] ▸ **concordar (con)** to agree o tally (with) **2.** GRAM ▸ **concordar (con)** to agree (with).

concordia sf harmony.

concretar vt [precisar] to specify, to state exactly. ◆ **concretarse** vprnl [materializarse] to take shape.

concreto, ta adj specific, particular ▸ **en concreto a)** [en resumen] in short b) [específicamente] specifically ▸ **nada en concreto** nothing definite. ◆ **concreto armado** sm Am reinforced concrete.

concubina sf concubine.

concurrencia sf **1.** [asistencia] attendance ; [espectadores] crowd, audience **2.** [de sucesos] concurrence.

concurrente ❖ adj concurrent. ❖ smf person present.

concurrido, da adj [bar, calle] crowded ; [espectáculo] well-attended.

concurrir vi **1.** [reunirse] ▸ **concurrir a algo** to go to sthg, to attend sthg **2.** [participar] ▸ **concurrir a a)** [concurso] to take part in, to compete in b) [examen] to sit UK, to take.

concursante smf [en concurso] competitor, contestant ; [en oposiciones] candidate.

concursar vi [competir] to compete ; [en oposiciones] to be a candidate.

concurso sm **1.** [prueba - literaria, deportiva] competition ; [- de televisión] game show / **fuera de concurso** out of the running **2.** [para una obra] tender ▸ **salir a concurso** to be put out to tender **3.** [ayuda] cooperation.

condado sm [territorio] county.

condal adj ▸ **la Ciudad Condal** Barcelona.

conde, esa sm, f count (countess).

condecoración sf [insignia] medal.

condecorar vt to decorate.

condena sf sentence.

condenado, da adj **1.** [a una pena] convicted, sentenced ; [a un sufrimiento] condemned **2.** fam [maldito] damned.

condenar vt **1.** [declarar culpable] to convict **2.** [castigar] ▸ **condenar a alguien a algo** to sentence sb to sthg **3.** [recriminar] to condemn. ◆ **condenarse** vprnl to be damned.

condensación sf condensation.

condensar vt lit + fig to condense. ◆ **condensarse** vprnl to condense.

condescendencia sf [benevolencia] graciousness ; [altivez] condescension.

condescender [20] vi ▸ **condescender a a)** [con amabilidad] to consent to, to accede to b) [con desprecio] to deign to, to condescend to.

condescendiente adj obliging.

condición sf **1.** [gen] condition ▶ **condiciones de un contrato** terms of a contract ▶ **con una sola condición** on one condition **2.** [naturaleza] nature **3.** [clase social] social class. ◆ **condiciones** sfpl **1.** [aptitud] talent (U), ability (U) **2.** [circunstancias] conditions ▶ **condiciones atmosféricas / de vida** weather / living conditions **3.** [estado] condition (U) ▶ **estar en condiciones de** o **para hacer algo a)** [físicamente] to be in a fit state to do sthg **b)** [por la situación] to be in a position to do sthg ▶ **estar en buenas condiciones a)** [casa, coche] to be in good condition **b)** [carne, pescado] to be fresh ▶ **estar en malas condiciones a)** [casa, coche] to be in bad condition **b)** [carne, pescado] to be off.

condicional adj & sm conditional.

condicionar vt ▶ **condicionar algo a algo** to make sthg dependent on sthg.

condimentar vt to season.

condimento sm seasoning (U).

condolencia sf condolence.

condolerse [24] vprnl ▶ **condolerse (de)** to feel pity (for).

condominio sm **1.** [de un territorio] condominium ; [de una cosa] joint ownership **2.** Am [edificio] block of flats UK, condominium US.

condón sm condom.

cóndor sm condor.

conducción sf [de vehículo] driving.

conducir [33] ◆ vt **1.** [vehículo] to drive **2.** [dirigir - empresa] to manage, to run ; [- ejército] to lead ; [- asunto] to handle **3.** [a una persona a un lugar] to lead. ◆ vi **1.** [en vehículo] to drive **2.** [a sitio, situación] ▶ **conducir a** to lead to.

conducta sf behaviour, conduct.

conducto sm **1.** [de fluido] pipe **2.** fig [vía] channel **3.** ANAT duct.

conductor, ra sm, f **1.** [de vehículo] driver **2.** FÍS conductor.

conectado, da adj **1.** ELECTR ▶ **conectado (a)** connected (to) **2.** INFORM connected, on-line.

conectar vt ▶ **conectar algo (a** o **con)** to connect sthg (to o up to).

conejera sf [madriguera] (rabbit) warren ; [jaula] rabbit hutch.

conejillo ◆ conejillo de Indias sm guinea pig.

conejo, ja sm, f rabbit (doe) ▶ **conejo a la cazadora** CULIN rabbit cooked in olive oil with chopped onion, garlic and parsley.

conexión sf **1.** [gen] connection **2.** RADIO & TV link-up ▶ **conexión a Internet** Internet connection ▶ **conexión vía satélite** satellite link.

conexo, xa adj related, connected.

confabular ◆ confabularse vprnl ▶ **confabularse (para)** to plot o conspire (to).

confección sf **1.** [de ropa] tailoring, dressmaking **2.** [de comida] preparation, making ; [de lista] drawing up.

confeccionar vt **1.** [ropa] to make (up) ; [lista] to draw up **2.** [plato] to prepare ; [bebida] to mix.

confederación sf confederation.

conferencia sf **1.** [charla] lecture ▶ **dar una conferencia** to give a talk o lecture **2.** [reunión] conference **3.** [por teléfono] (long-distance) call / **poner una conferencia** to make a long-distance call / **conferencia a cobro revertido** reverse-charge call UK, collect call US.

conferenciante smf lecturer.

conferencista smf Am lecturer.

conferir [27] vt **1.** ▶ **conferir algo a alguien a)** [honor, dignidad] to confer o bestow sthg upon sb **b)** [responsabilidades] to give sthg to sb **2.** [cualidad] to give.

confesar [19] vt [gen] to confess ; [debilidad] to admit. ◆ **confesarse** vprnl RELIG ▶ **confesarse (de algo)** to confess (sthg).

confesión sf **1.** [gen] confession **2.** [credo] religion, (religious) persuasion.

confesionario sm confessional.

confesor sm confessor.

confeti sm confetti (U).

confiado, da adj [seguro] confident ; [crédulo] trusting.

confianza sf **1.** [seguridad] ▶ **confianza (en)** confidence (in) ▶ **confianza en uno mismo** self-confidence **2.** [fe] trust ▶ **de confianza** trustworthy ▶ **ser digno de confianza** to be trustworthy **3.** [familiaridad] familiarity / **con toda confianza** in all confidence / **puedes hablar con toda confianza** you can talk quite freely ▶ **en confianza** in confidence / **en confianza, no creo que apruebe** don't tell anyone I said this, but I doubt she'll pass.

confiar [9] vt **1.** [secreto] to confide **2.** [responsabilidad, persona, asunto] ▶ **confiar algo a alguien** to entrust sthg to sb. ◆ **confiar en** vi **1.** [tener fe] to trust in **2.** [suponer] ▶ **confiar en que** to be confident that. ◆ **confiarse** vprnl [despreocuparse] to be too sure (of o.s.).

confidencia sf confidence, secret / **hacer confidencias a alguien** to confide in sb.

confidencial adj confidential.

confidencialidad sf confidentiality.

confidente smf **1.** [amigo] confidant (confidante) **2.** [soplón] informer.

configuración sf **1.** [gen & INFORM] configuration **2.** [del terreno] lie ; [de la costa] outline, shape ; [de ciudad] layout.

configurar vt [formar] to shape, to form.

confín (gen pl) sm **1.** [límite] border, boundary **2.** [extremo - del reino, universo] outer reaches pl ▸ **en los confines de** on the very edge of.

confinar vt **1.** [detener] ▸ **confinar (en)** to confine (to) **2.** [desterrar] ▸ **confinar (en)** to banish (to).

confirmación sf [gen & RELIG] confirmation.

confirmar vt to confirm.

confiscar [10] vt to confiscate.

confitado, da adj candied ▸ **frutas confitadas** crystallized fruit.

confite sm sweet UK, candy US.

confitería sf **1.** [tienda] sweetshop, confectioner's **2.** RDom [café] cafe.

confitura sf preserve, jam.

conflictivo, va adj [asunto] controversial ; [situación] troubled ; [trabajador] difficult.

conflicto sm [gen] conflict ; [de intereses, opiniones] clash ✳ **estar en conflicto** to be in conflict ▸ **conflicto armado** armed conflict ▸ **conflicto generacional** generation gap ▸ **conflicto laboral** industrial dispute.

confluencia sf confluence ✳ **la confluencia de las dos calles** the place where the two roads meet.

confluir [51] vi **1.** [corriente, cauce] ▸ **confluir (en)** to converge o meet (at) **2.** [personas] ▸ **confluir (en)** to come together o to gather (in).

conformar vt [configurar] to shape. ✦ **conformarse con** vprnl [suerte, destino] to resign o.s. to ; [apañárselas con] to make do with ; [contentarse con] to settle for.

conforme ✦ adj **1.** [acorde] ▸ **conforme a** in accordance with **2.** [de acuerdo] ▸ **conforme (con)** in agreement (with) **3.** [contento] ▸ **conforme (con)** happy (with). ✦ adv [gen] as ✳ **conforme envejecía** as he got older.

conformidad sf [aprobación] ▸ **conformidad (con)** approval (of).

conformismo sm conformity.

conformista adj & smf conformist.

confort (pl conforts) sm comfort ▸ **'todo confort'** 'all mod cons'.

confortable adj comfortable.

confortar vt to console, to comfort.

confrontación sf **1.** [enfrentamiento] confrontation **2.** [comparación] comparison.

confrontar vt **1.** [enfrentar] to confront **2.** [comparar] to compare.

confundido, da adj **1.** [confuso] confused **2.** [equivocado] : **estar confundido** to be mistaken.

confundir vt **1.** [trastocar] ▸ **confundir una cosa con otra** to mistake one thing for another ▸ **confundir dos cosas** to get two things mixed up **2.** [liar] to confuse **3.** [mezclar] to mix up. ✦ **confundirse** vprnl **1.** [equivocarse] to make

a mistake ✳ **confundirse de piso** to get the wrong flat **2.** [liarse] to get confused **3.** [mezclarse - colores, siluetas] ▸ **confundirse (en)** to merge (into) ; [personas] ✳ **confundirse entre la gente** to lose o.s. in the crowd.

confusión sf **1.** [gen] confusion **2.** [error] mix-up.

confuso, sa adj **1.** [incomprensible - estilo, explicación] obscure **2.** [poco claro - rumor] muffled ; [- clamor, griterío] confused ; [- contorno, forma] blurred **3.** [turbado] confused, bewildered.

congelación sf **1.** [de alimentos] freezing **2.** ECON [de precios, salarios] freeze.

congelador sm freezer.

congelados smpl frozen foods.

congelar vt [gen & ECON] to freeze. ✦ **congelarse** vprnl to freeze.

congeniar [8] vi ▸ **congeniar (con)** to get on (with).

congénito, ta adj [enfermedad] congenital ; [talento] innate.

congestión sf congestion.

congestionado, da adj congested.

congestionar vt to block. ✦ **congestionarse** vprnl **1.** AUTO & MED to become congested **2.** [cara - de rabia etc] to flush, to turn purple.

conglomerado sm **1.** GEOL & TECNOL conglomerate **2.** fig [mezcla] combination.

congoja sf anguish.

congraciarse [8] vprnl ▸ **congraciarse con alguien** to win sb over.

congratular vt ▸ **congratular a alguien (por)** to congratulate sb (on).

congregación sf congregation.

congregar [16] vt to assemble. ✦ **congregarse** vprnl = **congregar**.

congresista smf **1.** [en un congreso] delegate **2.** [político] congressman (congresswoman).

congreso sm **1.** [de una especialidad] congress **2.** [asamblea nacional] ▸ **congreso de diputados** a) [en España] lower house of Spanish Parliament b) UK ≃ House of Commons c) US ≃ House of Representatives ▸ **el Congreso** [en Estados Unidos] Congress.

congrí sm Cuban dish of rice and black beans.

congrio sm conger eel.

congruente adj consistent, congruous.

conjetura sf conjecture ▸ **hacer conjeturas, hacerse una conjetura** to conjecture.

conjugación sf GRAM conjugation.

conjugar [16] vt **1.** GRAM to conjugate **2.** [opiniones] to bring together, to combine ; [esfuerzos, ideas] to pool. ✦ **conjugarse** vprnl to combine ; LING to conjugate.

conjunción sf ASTRON & GRAM conjunction.

conjuntivitis sf inv conjunctivitis.

conjunto, ta adj [gen] joint ; [hechos, acontecimientos] combined. ◆ **conjunto** sm **1.** [gen] set, collection / *un conjunto de circunstancias* a number of reasons **2.** [de ropa] outfit **3.** [MÚS - de rock] group, band ; [- de música clásica] ensemble **4.** [totalidad] whole ▶ **en conjunto** overall, as a whole **5.** MAT set.

conjurar ◆ vi [conspirar] to conspire, to plot. ◆ vt **1.** [exorcizar] to exorcize **2.** [evitar - un peligro] to ward off, to avert.

conjuro sm spell, incantation.

conllevar vt [implicar] to entail.

conmemoración sf commemoration.

conmemorar vt to commemorate.

conmigo pron pers with me ▶ **conmigo mismo / misma** with myself.

conmoción sf **1.** [física o psíquica] shock ▶ **conmoción cerebral** concussion **2.** fig [trastorno, disturbio] upheaval.

conmocionar vt **1.** [psíquicamente] to shock **2.** [físicamente] to concuss.

conmovedor, ra adj moving, touching.

conmover [24] vt **1.** [emocionar] to move, to touch **2.** [sacudir] to shake.

conmutador sm **1.** ELECTR switch **2.** Am [centralita] switchboard.

connotación sf connotation / *una connotación irónica* a hint of irony.

connotado, da adj Am distinguished.

cono sm cone.

conocedor, ra sm, f ▶ **conocedor (de)** a) [gen] expert (on) **b)** [de vinos] connoisseur (of).

conocer [31] vt **1.** [gen] to know ▶ **darse a conocer** to make o.s. known ▶ **conocer bien un tema** to know a lot about a subject ▶ **conocer alguien de vista** to know sb by sight ▶ **conocer a alguien de oídas** to have heard of sb **2.** [descubrir - lugar, país] to get to know **3.** [a una persona - por primera vez] to meet **4.** [reconocer] ▶ **conocer a alguien (por algo)** to recognize sb (by sthg). ◆ **conocerse** vprnl **1.** [a uno mismo] to know o.s. **2.** [dos o más personas - por primera vez] to meet, to get to know each other ; [- desde hace tiempo] to know each other.

conocido, da ◆ adj well-known. ◆ sm, f acquaintance.

conocimiento sm **1.** [gen] knowledge **2.** MED [sentido] consciousness ▶ **perder / recobrar el conocimiento** to lose / regain consciousness. ◆ **conocimientos** smpl knowledge (U) ▶ **tener muchos conocimientos** to be very knowledgeable.

conozca → **conocer**.

conque conj so / *¿conque te has cansado?* so you're tired, are you?

conquista sf [de tierras, persona] conquest.

conquistador, ra sm, f **1.** [de tierras] conqueror **2.** HIST conquistador.

conquistar vt [tierras] to conquer.

consabido, da adj [conocido] well-known ; [habitual] usual.

consagrado, da adj **1.** RELIG consecrated **2.** [dedicado] dedicated **3.** [reconocido] recognized, established.

consagrar vt **1.** RELIG to consecrate **2.** [dedicar] ▶ **consagrar algo a algo / alguien a)** [tiempo, espacio] to devote sthg to sthg / sb **b)** [monumento, lápida] to dedicate sthg to sthg/sb **3.** [acreditar, confirmar] to confirm, to establish. ◆ **consagrarse** vprnl **1.** [dedicarse] ▶ **consagrarse (a)** to devote o dedicate o.s. (to) **2.** [alcanzar reconocimiento] to establish o.s.

consciencia = **conciencia**.

consciente adj conscious ▶ **ser consciente de** to be aware of ▶ **estar consciente** [físicamente] to be conscious.

conscripto sm Andes Arg conscript.

consecución sf [de un deseo] realization ; [de un objetivo] attainment ; [de un premio] winning.

consecuencia sf [resultado] consequence ▶ **a o como consecuencia de** as a consequence o result of / *atenerse a las consecuencias* to accept the consequences / *traer como consecuencia* to result in.

consecuente adj [coherente] consistent.

consecutivo, va adj consecutive.

conseguir [43] vt [gen] to obtain, to get ; [un objetivo] to achieve ▶ **conseguir hacer algo** to manage to do sthg ▶ **conseguir que alguien haga algo** to get sb to do sthg.

consejero, ra sm, f **1.** [en asuntos personales] counsellor ; [en asuntos técnicos] adviser, consultant **2.** [de un consejo de administración] member ; POLÍT [en España] minister *(in an autonomous government)*.

consejo sm **1.** [advertencia] advice (U) ▶ **dar un consejo** to give some advice **2.** [organismo] council ▶ **consejo de administración** board of directors **3.** [reunión] meeting. ◆ **Consejo de Europa** sm Council of Europe. ◆ **consejo de guerra** sm court martial. ◆ **consejo de ministros** sm cabinet.

consenso sm [acuerdo] consensus ; [consentimiento] consent.

consentido, da ◆ adj spoilt, spoiled. ◆ sm, f spoiled brat.

consentimiento sm consent.

consentir [27] ◆ vt **1.** [tolerar] to allow, to permit **2.** [mimar] to spoil. ◆ vi ▶ **consentir en algo / en hacer algo** to agree to sthg / to do sthg.

conserje smf [portero] porter ; [encargado] caretaker.

conserjería sf 1. [de un hotel] reception desk 2. [de un edificio público o privado] porter's lodge.

conserva sf ▶ **conserva de carne** tinned meat ▶ **en conserva** tinned, canned.

conservación sf [gen] conservation ; [de alimentos] preservation.

conservacionista ❖ adj conservation (antes de sust). ❖ smf conservationist.

conservador, ra adj & sm, f conservative ; POLÍT Conservative. ◆ **conservador** sm [de museo] curator.

conservante smf preservative.

conservar vt 1. [gen & CULIN] to preserve ; [amistad] to keep up ; [salud] to look after ; [calor] to retain 2. [guardar - libros, cartas, secreto] to keep. ◆ **conservarse** vprnl to keep ▶ **se conserva bien** he's keeping well.

conservatorio sm conservatoire.

considerable adj [gen] considerable ; [importante, eminente] notable.

consideración sf 1. [valoración] consideration 2. [respeto] respect ▶ **tratar a alguien con consideración** to be nice to sb ▶ **tratar a alguien sin consideración** to show no consideration to sb ▶ **en consideración a algo** in recognition of sth 3. [importancia] ▶ **de consideración** serious.

considerado, da adj [atento] considerate, thoughtful ; [respetado] respected.

considerar vt 1. [valorar] to consider 2. [juzgar, estimar] to think. ◆ **considerarse** vprnl to consider o.s. ▶ **me considero feliz** I consider myself happy.

consigna sf 1. [órdenes] instructions pl 2. [para el equipaje] left-luggage office UK, checkroom US.

consignar vt 1. [poner por escrito] to record, to write down 2. [enviar - mercancía] to dispatch 3. [equipaje] to deposit in the left-luggage office.

consigo pron pers with him/her, pl with them ; [con usted] with you ; [con uno mismo] with o.s. ▶ **consigo mismo / misma** with himself/herself ▶ **hablar consigo mismo** to talk to o.s.

consiguiente adj consequent ▶ **por consiguiente** consequently, therefore.

consistencia sf lit + fig consistency.

consistente adj 1. [sólido - material] solid 2. [coherente - argumento] sound 3. [compuesto] ▶ **consistente en** consisting of.

consistir ◆ **consistir en** vi 1. [gen] to consist of 2. [deberse a] to lie in, to be based on.

consistorio sm town council.

consola sf 1. [mesa] console table 2. INFORM & TECNOL console ▶ **consola de videojuegos** video console, games console.

consolación sf consolation.

consolar [23] vt to console. ◆ **consolarse** vprnl to console o.s.

consolidación sf consolidation.

consolidar vt to consolidate. ◆ **consolidarse** vprnl = **consolidar**.

consomé sm consommé.

consonancia sf harmony ▶ **en consonancia con** in keeping with.

consonante sf consonant.

consorcio sm consortium.

consorte smf spouse ▶ **príncipe consorte** prince consort.

conspiración sf plot, conspiracy.

conspirador, ra sm, f conspirator.

conspirar vi to conspire, to plot.

constancia sf 1. [perseverancia - en una empresa] perseverance ; [- en las ideas, opiniones] steadfastness 2. [testimonio] record ▶ **dejar constancia de algo a)** [registrar] to put sthg on record **b)** [probar] to demonstrate sthg.

constante ❖ adj 1. [persona - en una empresa] persistent 2. [acción] constant. ❖ sf constant.

constantemente adv constantly.

constar vi 1. [una información] ▶ **constar (en)** to appear (in), to figure (in) ▶ **constarle a alguien** to be clear to sb ▶ **me consta que...** I am quite sure that... ▶ **que conste que...** let it be clearly understood that..., let there be no doubt that... ▶ **hacer constar** to put on record ▶ **hacer constar por escrito** to confirm in writing 2. [estar constituido por] ▶ **constar de** to consist of.

constatación sf verification.

constatar vt [observar] to confirm ; [comprobar] to check.

constelación sf constellation.

consternación sf consternation.

constipado, da adj ▶ **estar constipado** to have a cold. ◆ **constipado** sm cold / **coger un constipado** to catch a cold.

constiparse vprnl to catch a cold.

constitución sf constitution.

constitucional adj constitutional.

constituir [51] vt 1. [componer] to make up 2. [ser] to be 3. [crear] to set up. ◆ **constituirse** vprnl : **constituirse en** to set oneself up as.

constituyente adj & sm constituent.

constreñir vt [oprimir, limitar] to restrict.

construcción sf 1. [gen] construction ▶ **en construcción** under construction 2. [edificio] building.

constructivo, va adj constructive.

constructor, ra adj building (antes de sust), construction (antes de sust). ◆ **constructor** sm [de edificios] builder.

construir [51] vt [edificio, barco] to build ; [aviones, coches] to manufacture ; [frase, teoría] to construct.

consuelo sm consolation, solace.

cónsul, consulesa sm, f consul.

consulado sm [oficina] consulate ; [cargo] consulship.

consulta sf **1.** [pregunta] consultation ▶ **hacer una consulta a alguien** to seek sb's advice / **consulta popular** referendum, plebiscite **2.** [despacho de médico] consulting room ▶ **horas de consulta** surgery hours.

consultar ◆ vt [dato, fecha] to look up ; [libro, persona] to consult. ◆ vi ▶ **consultar con** to consult, to seek advice from.

consultor, ra sm, f consultant.

consultorio sm **1.** [de un médico] consulting room **2.** [en periódico] problem page ; [en radio] programme answering listeners' questions **3.** [asesoría] advice bureau.

consumar vt [gen] to complete ; [un crimen] to perpetrate ; [el matrimonio] to consummate.

consumición sf **1.** [acción] consumption / *está prohibida la consumición de bebidas alcohólicas* the consumption of alcohol is prohibited **2.** [bebida] drink ; [comida] food / *consumición mínima* cover charge.

consumidor, ra sm, f [gen] consumer ; [en un bar, restaurante] patron.

consumir ◆ vt **1.** [gen] to consume / *consumieron los refrescos en el bar* they had their drinks at the bar **2.** [destruir - suj: fuego] to destroy. ◆ vi to consume. ◆ **consumirse** vprnl **1.** [persona] to waste away **2.** [fuego] to burn out.

consumismo sm consumerism.

consumo sm consumption / *no apto para el consumo* unfit for human consumption ▶ **bienes /** **sociedad de consumo** consumer goods/society.

contabilidad sf **1.** [oficio] accountancy **2.** [de persona, empresa] bookkeeping, accounting ▶ **llevar la contabilidad** to do the accounts.

contable smf accountant.

contacto sm **1.** [gen] contact ▶ **perder el contacto** to lose touch **2.** AUTO ignition.

contado, da adj [raro] rare, infrequent ▶ **contadas veces** very rarely. ◆ **al contado** loc adv ▶ **pagar al contado** to pay (in) cash.

contador, ra sm, f [AMÉR] [contable] accountant ▶ **contador público** chartered accountant [UK], certified public accountant [US]. ◆ **contador** sm [aparato] meter.

contaduría sf [AMÉR] ▶ **contaduría general** audit office.

contagiar [8] vt [persona] to infect ; [enfermedad] to transmit. ◆ **contagiarse** vprnl

[enfermedad, risa] to be contagious ; [persona] to become infected.

contagio sm infection, contagion.

contagioso, sa adj [enfermedad] contagious, infectious ; [risa etc] infectious.

container = **contenedor**.

contaminación sf [gen] contamination ; [del medio ambiente] pollution.

contaminado, da adj [alimento] contaminated ; [medio ambiente] polluted.

contaminar vt [gen] to contaminate ; [el medio ambiente] to pollute.

contar [23] ◆ vt **1.** [enumerar, incluir] to count **2.** [narrar] to tell / *¡a mí me lo vas a contar!* you're telling me!, tell me about it! ◆ vi to count. ◆ **contar con** vi **1.** [confiar en] to count on **2.** [tener, poseer] to have **3.** [tener en cuenta] to take into account / *con esto no contaba* I hadn't reckoned with that. ◆ **contarse** vprnl : *¿qué te cuentas? fam* how's it going?

contemplación sf contemplation.

contemplar vt [mirar, considerar] to contemplate.

contemporáneo, a adj & sm, f contemporary.

contenedor, ra adj containing.
◆ **contenedor, container** sm [gen] container ; [para escombros] skip ▶ **contenedor de basura** large rubbish bin for collecting rubbish from blocks of flats etc / **contenedor de vidrio reciclable** bottle bank.

contener [72] vt **1.** [encerrar] to contain **2.** [detener, reprimir] to restrain. ◆ **contenerse** vprnl to restrain o.s.

contenido sm [gen] contents pl ; [de discurso, redacción] content.

contentar vt to please, to keep happy.
◆ **contentarse** vprnl ▶ **contentarse con** to make do with.

contento, ta adj [alegre] happy ; [satisfecho] pleased ▶ **estar contento con alguien /algo** to be pleased withsb/sthg / **tener contento a alguien** to keep sb happy.

contestación sf answer.

contestador ◆ **contestador (automático)** sm answering machine.

contestar ◆ vt to answer / *contestó que vendría* she answered that she'd come. ◆ vi **1.** [responder] to answer / *no contestan* there's no answer **2.** [replicar] to answer back / *no contestes a tu madre* don't answer back to your mother.

contestatario, ria adj anti-establishment.

contexto sm context.

contienda sf [competición, combate] contest ; [guerra] conflict, war.

contigo pron pers with you ▶ **contigo mismo /** **misma** with yourself.

contiguo, gua adj adjacent.

continencia sf self-restraint.

continental adj continental.

continente sm GEOGR continent.

contingente ❖ adj unforeseeable. ❖ sm **1.** [grupo] contingent **2.** COM quota.

continuación sf continuation ▶ **a continuación** next, then.

continuamente adv continuously.

continuar [6] ❖ vt to continue, to carry on with. ❖ vi to continue, to go on ▶ **continuar haciendo algo** to continue doing o to do sthg / *continúa lloviendo* it's still raining ▶ '**continuará**' 'to be continued'.

continuidad sf [en una sucesión] continuity ; [permanencia] continuation.

continuo, nua adj **1.** [ininterrumpido] continuous **2.** [constante, perseverante] continual.

contonearse vprnl [hombre] to swagger ; [mujer] to swing one's hips.

contorno sm **1.** GEOGR contour ; [línea] outline **2.** *(gen pl)* [vecindad] neighbourhood ; [de una ciudad] outskirts *pl.*

contorsionarse vprnl [gen] to do contortions ; [de dolor] to writhe.

contra ❖ prep against / *un jarabe contra la tos* a cough syrup ▶ **en contra** against ▶ **estar en contra de algo** to be opposed to sthg ▶ **en contra de** [a diferencia de] contrary to. ❖ sm ▶ **los pros y los contras** the pros and cons.

contraataque sm counterattack.

contrabajo sm **1.** [instrumento] double-bass **2.** [voz, cantante] low bass.

contrabandista smf smuggler.

contrabando sm [acto] smuggling ; [mercancías] contraband ▶ **pasar algo de contrabando** to smuggle sthg in ▶ **contrabando de armas** gunrunning.

contracción sf contraction.

contrachapado, da adj made of plywood. ❖ **contrachapado** sm plywood.

contracorriente sf crosscurrent ▶ **ir a contracorriente** to go against the current o tide.

contractura sf contraction.

contradecir [66] vt to contradict.

contradicción sf contradiction ▶ **estar en contradicción con** to be in (direct) contradiction to.

contradicho, cha pp ⟶ **contradecir.**

contradictorio, ria adj contradictory.

contraer [73] vt **1.** [gen] to contract **2.** [costumbre, acento etc] to acquire **3.** [enfermedad] to catch. ❖ **contraerse** vprnl to contract.

contrafuerte sm ARQUIT buttress.

contraindicación sf ▶ '**contraindicaciones:...**' 'not to be taken with...'.

contraindicado, da adj : *está contraindicado beber durante el embarazo* alcohol should be avoided during pregnancy.

contralor sm CHILE inspector of public spending.

contraloría sf MEX RDOM comptroller's office ; office controlling public spending.

contralto sm [voz] contralto.

contraluz sm back lighting ▶ **a contraluz** against the light.

contramaestre sm **1.** NÁUT boatswain ; MIL warrant officer **2.** [capataz] foreman.

contraoferta sf counteroffer.

contrapartida sf compensation ▶ **como contrapartida** to make up for it.

contrapelo ❖ **a contrapelo** loc adv **1.** [acariciar] the wrong way **2.** [vivir, actuar] against the grain.

contrapesar vt [físicamente] to counterbalance.

contrapeso sm **1.** [en ascensores, poleas] counterweight **2.** *fig* [fuerza que iguala] counterbalance.

contraponer [65] vt [oponer] ▶ **contraponer (a)** to set up (against). ❖ **contraponerse** vprnl to oppose.

contraportada sf [de periódico, revista] back page ; [de libro, disco] back cover.

contraproducente adj counterproductive.

contrariar [9] vt **1.** [contradecir] to go against **2.** [disgustar] to upset.

contrariedad sf **1.** [dificultad] setback **2.** [disgusto] annoyance.

contrario, ria adj **1.** [opuesto - dirección, sentido] opposite ; [- parte] opposing ; [- opinión] contrary ▶ **ser contrario a algo** to be opposed to sthg **2.** [perjudicial] ▶ **contrario a** contrary to. ❖ **contrario** sm **1.** [rival] opponent **2.** [opuesto] opposite ▶ **al contrario, por el contrario** on the contrary ▶ **de lo contrario** otherwise ▶ **todo lo contrario** quite the contrary.

contrarreloj adj inv ▶ **etapa contrarreloj** time trial.

contrarrestar vt [neutralizar] to counteract.

contrasentido sm nonsense *(U)* / *es un contrasentido hacer eso* it doesn't make sense to do that.

contraseña sf password.

contrastar ❖ vi to contrast. ❖ vt **1.** [probar - hechos] to check, to verify **2.** [resistir] to resist.

contraste sm contrast / *hacer contraste con algo* to contrast with sthg / *en contraste con* in contrast to / *por contraste* in contrast.

contratar vt **1.** [obreros, personal, detective] to hire ; [deportista] to sign **2.** [servicio, obra, mercancía] ▶ **contratar algo a alguien** to contract for sthg with sb.

contratiempo sm [accidente] mishap ; [dificultad] setback.

contratista smf contractor.

contrato sm contract / *bajo contrato* under contract / *contrato matrimonial* marriage contract.

contraventana sf shutter.

contribución sf 1. [gen] contribution 2. [impuesto] tax.

contribuidor, ra sm, f contributor.

contribuir [51] vi 1. [gen] ▸ **contribuir (a)** to contribute (to) ▸ **contribuir con algo para** to contribute sthg towards 2. [pagar impuestos] to pay taxes.

contributivo, va adj contributive.

contribuyente smf taxpayer.

contrincante smf rival, opponent.

control sm 1. [gen] control ▸ **bajo control** under control / *fuera de control* out of control / *perder el control* to lose one's temper ▸ **control del estrés** stress management / *control remoto* remote control 2. [verificación] examination, inspection ▸ **(bajo) control médico** (under) medical supervision ▸ **control antidoping** dope test 3. [puesto policial] checkpoint / *control de pasaportes* passport control.

controlador, ra sm, f [gen & INFORM] controller ▸ **controlador aéreo** air traffic controller. ◆ **controlador de disco** sm disk controller.

controlar vt 1. [gen] to control ; [cuentas] to audit 2. [comprobar] to check. ◆ **controlarse** vprnl to control o.s.

controversia sf controversy.

controvertido, da adj controversial.

contundente adj 1. [arma, objeto] blunt ; [golpe] thudding 2. *fig* [razonamiento, argumento] forceful.

contusión sf bruise.

conuco sm CARIB [parcela] small plot of land.

conurbano sm RP suburbs *(pl)*.

convalecencia sf convalescence.

convaleciente adj convalescent.

convalidar vt [estudios] to recognize ; [asignaturas] to validate.

convencer [11] vt to convince ▸ **convencer a alguien de algo** to convince sb of sthg. ◆ **convencerse** vprnl ▸ **convencerse de** to become convinced of.

convencimiento sm [certeza] conviction ; [acción] convincing.

convención sf convention.

convencional adj conventional.

conveniencia sf 1. [utilidad] usefulness ; [oportunidad] suitability 2. [interés] convenience / *sólo mira su conveniencia* he only looks after his own interests.

conveniente adj [útil] useful ; [oportuno] suitable, appropriate ; [lugar, hora] convenient ; [aconsejable] advisable / *sería conveniente asistir* it would be a good idea to go.

convenio sm agreement.

convenir [75] vi 1. [venir bien] to be suitable / *conviene analizar la situación* it would be a good idea to analyse the situation / *no te conviene hacerlo* you shouldn't do it 2. [acordar] ▸ **convenir en** to agree on.

convento sm [de monjas] convent ; [de monjes] monastery.

converger [14] vi to converge.

conversación sf conversation / *cambiar de conversación* to change the subject / *trabar conversación con alguien* to strike up a conversation with sb. ◆ **conversaciones** sfpl [negociaciones] talks.

conversada sf AM chat.

conversar vi to talk, to converse.

conversión sf conversion.

converso, sa adj converted.

convertir [21] vt 1. RELIG to convert 2. [transformar] ▸ **convertir algo/a alguien en** to convert sthg/sb into, to turn sthg/sb into. ◆ **convertirse** vprnl 1. RELIG ▸ **convertirse (a)** to convert (to) 2. [transformarse] ▸ **convertirse en** to become, to turn into.

convexo, xa adj convex.

convicción sf conviction ▸ **tener la convicción de que** to be convinced that.

convicto, ta adj convicted.

convidado, da sm, f guest / *como el convidado de piedra* silent as the grave.

convidar vt [invitar] to invite.

convincente adj convincing.

convite sm 1. [invitación] invitation 2. [fiesta] banquet.

convivencia sf living together.

convivir vi to live together ▸ **convivir con** to live with.

convocar [10] vt [reunión] to convene ; [huelga, elecciones] to call.

convocatoria sf 1. [anuncio, escrito] notice 2. [de examen] diet.

convulsión sf 1. [de músculos] convulsion 2. [política, social] upheaval *(U)*.

convulsivo, va adj MED convulsive.

conyugal adj conjugal ▸ **vida conyugal** married life.

cónyuge smf spouse ▸ **los cónyuges** husband and wife.

coña sf *fam* 1. [guasa] joke ▸ **está de coña** she's joking ▸ **pasárselo de coña** to have a brilliant time 2. [molestia] drag, pain ▸ **dar la coña** to be a pain in the neck, to get on sb's nerves.

coñac *(pl* coñacs*)*, **cognac** *(pl* cognacs*)* sm brandy, cognac.

coñazo sm fam pain, drag.

coño vulg ❖ sm [genital] cunt. ❖ interj **1.** [enfado] ▸ **¡coño!** for fuck's sake! **2.** [asombro] ▸ **¡coño!** fucking hell!

cooperación sf cooperation.

cooperar vi ▸ **cooperar (con alguien en algo)** to cooperate (with sb in sthg).

cooperativo, va adj cooperative.
❖ **cooperativa** sf cooperative.

coordinación sf coordination.

coordinador, ra ❖ adj coordinating. ❖ sm, f coordinator.

coordinar vt **1.** [movimientos, gestos] to coordinate **2.** [esfuerzos, medios] to combine, to pool.

copa sf **1.** [vaso] glass ▸ **ir de copas** to go out drinking / **¿quieres (tomar) una copa?** would you like to (have) a drink? / **lleva unas copas de más** she's had one too many **2.** [de árbol] top / **es un profesional como la copa de un pino** fam he's a consummate professional / **es una mentira como la copa de un pino** fam it's a whopper of a lie **3.** [en deporte] cup. ❖ **copas** sfpl [naipes] suit with pictures of goblets in Spanish playing cards.

copado, da adj RP fam great.

copeo sm fam drinking / **ir de copeo** to go out boozing.

copete sm [de ave] crest.

copetín sm Am [bebida] aperitif ; [comida] appetizer.

copia sf [reproducción] copy / **sacar una copia** to make a copy / **copia al carbón** carbon copy ▸ **copia de seguridad** INFORM backup / **hacer una copia de seguridad de algo** to back sthg up, to make a back-up of sthg.

copiar [8] ❖ vt [gen] to copy ; [al dictado] to take down. ❖ vi [en examen] to cheat, to copy.

copiloto smf copilot.

copión, ona sm, f [imitador] copycat ; [en examen] cheat.

copioso, sa adj copious.

copla sf **1.** [canción] folksong, popular song **2.** [estrofa] verse, stanza.

copo sm [de nieve, cereales] flake ▸ **copos de avena** rolled oats / **copos de maíz** cornflakes.

copropietario, ria sm, f co-owner.

copular vi to copulate.

copulativo, va adj copulative.

copyright [ˌkopiˈrait] sm copyright.

coquetear vi to flirt.

coqueteo sm flirting.

coqueto, ta adj [persona - que flirtea] flirtatious, coquettish ; [- que se arregla mucho] concerned with one's appearance.

coraje sm **1.** [valor] courage **2.** [rabia] anger / **me da mucho coraje** it makes me furious.

coral ❖ adj choral. ❖ sm coral. ❖ sf **1.** [coro] choir **2.** [composición] chorale.

Corán sm ▸ **el Corán** the Koran.

coraza sf **1.** [de soldado] cuirasse, armour **2.** [de tortuga] shell.

corazón sm **1.** [órgano] heart **2.** [centro - de ciudad, alcachofa] heart ; [- de manzana] core **3.** ⟶ **dedo**.

corazonada sf **1.** [presentimiento] hunch **2.** [impulso] sudden impulse.

corbata sf tie.

Córcega npr Corsica.

corchea sf quaver.

corchete sm **1.** [broche] hook and eye **2.** [signo ortográfico] square bracket.

corcho sm cork.

cordel sm cord.

cordero, ra sm, f lit + fig lamb.

cordial adj cordial.

cordialidad sf cordiality.

cordillera sf mountain range ▸ **la cordillera Cantábrica** the Cantabrian Mountains / **la Cordillera** RP the Andes.

cordillerano, na RP ❖ adj Andean. ❖ sm, f person from the Andes.

cordón sm **1.** [gen & ANAT] cord ; [de zapato] lace ▸ **cordón umbilical** umbilical cord **2.** [cable eléctrico] flex **3.** fig [para protección, vigilancia] cordon ▸ **cordón sanitario** cordon sanitaire **4.** CSur [de la vereda] kerb UK, curb US.

cordura sf [juicio] sanity ; [sensatez] sense.

Corea npr ▸ **Corea del Norte / Sur** North / South Korea.

corear vt to chorus.

coreografía sf choreography.

coreógrafo, fa sm, f choreographer.

corista smf [en coro] chorus singer.

cornada sf goring.

cornamenta sf [de toro] horns pl ; [de ciervo] antlers pl.

córnea sf cornea.

corneja sf crow.

córner sm corner (kick) / **lanzar o sacar un córner** to take a corner.

corneta sf [instrumento] bugle.

cornete sm **1.** ANAT turbinate bone **2.** [helado] cornet, cone.

cornflakes® [ˈkɒnfleiks] smpl Cornflakes®.

cornisa sf ARQUIT cornice.

coro sm **1.** [gen] choir ▸ **contestar a coro** to answer all at once **2.** [de obra musical] chorus.

corona sf **1.** [gen] crown **2.** [de flores] garland ▸ **corona fúnebre / de laurel** funeral / laurel wreath **3.** [de santos] halo.

coronación sf [de monarca] coronation.

coronar vt **1.** [persona] to crown **2.** *fig* [terminar] to complete ; [culminar] to crown, to cap.

coronel sm colonel.

coronilla sf crown (of the head) ▶ **estar hasta la coronilla (de)** to be sick and tired (of).

corpiño sm **1.** bodice **2.** Arg [sostén] bra.

corporación sf corporation.

corporal adj corporal.

corporativo, va adj corporate.

corpulento, ta adj corpulent.

corpus sm corpus.

corral sm [gen] yard ; [para cerdos, ovejas] pen.

corralón sm Méx car pound.

correa sf **1.** [de bolso, reloj] strap ; [de pantalón] belt ; [de perro] lead, leash **2.** TECNOL belt ▶ **correa del ventilador** fan belt.

corrección sf **1.** [de errores] correction ▶ **corrección de pruebas** proofreading **2.** [de exámenes] marking **3.** [de texto] revision **4.** [de comportamiento] correctness.

correctivo, va adj corrective. ◆ **correctivo** sm punishment.

correcto, ta adj **1.** [resultado, texto, respuesta] correct **2.** [persona] polite ; [conducta] proper.

corredor, ra ◆ adj running. ◆ sm, f **1.** [deportista] runner **2.** [intermediario] ▶ **corredor de bolsa** stockbroker ▶ **corredor de comercio** COM registered broker ▶ **corredor de seguros** COM insurance broker. ◆ **corredor** sm [pasillo] corridor.

corregir [42] vt [gen] to correct ; [exámenes] to mark. ◆ **corregirse** vprnl to change for the better.

correlación sf correlation.

correo sm post UK, mail US ▶ **echar al correo** to post ▶ **a vuelta de correo** by return (of post) ▶ **correo aéreo** air mail ▶ **correo basura** INFORM junk mail, spam ▶ **correo comercial** direct mail ▶ **correo electrónico** e-mail ▶ **correo urgente** special delivery ▶ **correo de voz** voice mail. ◆ **Correos** sm [organismo] the post office.

correr ◆ vi **1.** [andar de prisa] to run ▶ **a todo correr** at full speed o pelt ▶ **(ella) corre que se las pela** she runs like the wind **2.** [conducir de prisa] to drive fast **3.** [pasar por - río] to flow ; [- camino, agua del grifo] to run / **deja correr el agua del grifo** leave the tap running **4.** [el tiempo, las horas] to pass, to go by **5.** [propagarse - noticia etc] to spread. ◆ vt **1.** [recorrer - una distancia] to cover / **corrió los 100 metros** he ran the 100 metres **2.** [deslizar - mesa, silla] to move o pull up **3.** [cortinas] to draw / **correr el pestillo** to bolt the door **4.** [experimentar - aventuras, vicisitudes] to have ; [- riesgo] to run **5.** Am fam [despedir] to throw out. ◆ **correrse** vprnl

1. [desplazarse - persona] to move over ; [- cosa] to slide **2.** [pintura, colores] to run.

correspondencia sf **1.** [gen] correspondence / **curso por correspondencia** correspondence course **2.** [de metro, tren] connection.

corresponder vi **1.** [compensar] ▶ **corresponder (con algo) a alguien / algo** to repay sb/sthg (with sthg) **2.** [pertenecer] to belong **3.** [coincidir] ▶ **corresponder (a / con)** to correspond (to/with) **4.** [tocar] ▶ **corresponderle a alguien hacer algo** to be sb's responsibility to do sthg **5.** [a un sentimiento] to reciprocate. ◆ **corresponderse** vprnl **1.** [escribirse] to correspond **2.** [amarse] to love each other.

correspondiente adj **1.** [gen] ▶ **correspondiente (a)** corresponding (to) **2.** [respectivo] respective.

corresponsal smf PRENSA correspondent.

corretear vi [correr] to run about.

corrido, da adj [avergonzado] embarrassed. ◆ **corrida** sf **1.** TAUROM bull fight **2.** [acción de correr] run / **dar una corrida** to make a dash / **en una corrida** inan instant o a flash. ◆ **de corrido** loc prep by heart.

corriente ◆ adj **1.** [normal] ordinary, normal ▶ **corriente y moliente** run-of-the-mill **2.** [agua] running **3.** [mes, año, cuenta] current. ◆ sf **1.** [de río, electricidad] current **2.** [de aire] draught **3.** *fig* [tendencia] trend, current ; [de opinión] tide **4.** *loc* ▶ **dejarse llevar de o por la corriente** to follow the crowd ▶ **ir contra corriente** to go against the tide / **llevarle o seguirle la corriente a alguien** to humour sb. ◆ sm ▶ **estar al corriente de** to be up to date with / **poner al corriente** to bring up to date / **ponerse al corriente** to bring o.s. up to date / **tener a alguien al corriente** to keep sb informed.

corro sm [círculo] circle, ring ▶ **en corro** in a circle.

corroborar vt to corroborate.

corroer [69] vt [gen] to corrode ; GEOL to erode.

corromper vt **1.** [pudrir - madera] to rot ; [- alimentos] to turn bad, to spoil **2.** [pervertir] to corrupt. ◆ **corromperse** vprnl **1.** [pudrirse] to rot **2.** [pervertirse] to become corrupted.

corrosivo, va adj *lit* + *fig* corrosive.

corrupción sf **1.** [gen] corruption ▶ **corrupción de menores** corruption of minors **2.** [de una substancia] decay.

corrusco sm hard crust.

corsario, ria adj pirate *(antes de sust)*. ◆ **corsario** sm corsair, pirate.

corsé sm corset.

corsetería sf ladies' underwear shop.

cortacésped *(pl* **cortacéspedes)** sm lawnmower.

cortado, da adj **1.** [labios, manos] chapped **2.** [leche] sour, off ; [salsa] curdled **3.** *fam & fig* [tímido] inhibited. ◆ **cortado** sm [café] *small coffee with just a little milk.*

cortafuego sm firebreak.

cortafuegos sm inv INFORM firewall.

cortante adj **1.** [afilado] sharp **2.** *fig* [frase] cutting ; [viento] biting ; [frío] bitter.

cortapisa sf limitation, restriction / **poner cortapisas a algo** to hinder sb.

cortar ⋄ vt **1.** [seccionar - pelo, uñas] to cut ; [- papel] to cut up ; [- ramas] to cut off ; [- árbol] to cut down **2.** [amputar] to amputate, to cut off **3.** [tela, figura de papel] to cut out **4.** [interrumpir - retirada, luz, teléfono] to cut off ; [- carretera] to block (off) ; [- hemorragia] to stop, to staunch ; [- discurso, conversación] to interrupt **5.** [labios, piel] to chap. ⋄ vi **1.** RDOM [comunicación] to hang up **2.** [producir un corte] to cut **3.** [cesar una relación] to break o split up / **he cortado con mi novio** I've split up with my boyfriend. ◆ **cortarse** vprnl **1.** [herirse] to cut o.s. **▶ cortarse el pelo** to have a haircut **2.** [alimento] to curdle **3.** *fam* [turbarse] to become tongue-tied.

cortaúñas sm inv nail clippers *pl.*

corte ⋄ sm **1.** [raja] cut ; [en pantalones, camisa etc] tear **▶ corte y confección a)** [para mujeres] dressmaking **b)** [para hombres] tailoring **2.** [interrupción] : *corte de digestión* stomach cramps **3.** [sección] section **4.** [concepción, estilo] style **5.** *fam* [vergüenza] embarrassment. ⋄ sf [palacio] court **▶ hacer la corte a alguien** *fig* to court sb. ◆ **Cortes** sfpl POLÍT *the Spanish parliament.*

cortejar vt to court.

cortejo sm retinue **▶ cortejo fúnebre** funeral cortège o procession.

cortés adj polite, courteous.

cortesía sf courtesy **▶ por cortesía de** courtesy of.

corteza sf **1.** [del árbol] bark **2.** [de pan] crust ; [de queso, tocino, limón] rind ; [de naranja etc] peel **3.** [terrestre] crust.

cortijo sm [finca] farm ; [casa] farmhouse.

cortina sf [de tela] curtain ; *fig* **▶ cortina de agua** sheet of water.

cortisona sf cortisone.

corto, ta adj **1.** [gen] short **2.** [escaso - raciones] meagre ; [- disparo] short of the target **▶ corto de** [dinero etc] short of **3.** *fig* [bobo] dim, simple **4.** *loc* : *ni corto ni perezoso* as bold as brass **▶ quedarse corto** [al calcular] to underestimate / *decir que es bueno es quedarse corto* it's an understatement to call it good.

cortocircuito sm short circuit.

cortometraje sm short (film).

cosa sf **1.** [gen] thing **▶ no es gran cosa** it's not important, it's no big deal **▶ poca cosa** nothing much **2.** [asunto] matter / *esto es otra cosa* that's another matter **3.** [ocurrencia] funny remark **▶ ¡qué cosas tienes!** you do say some funny things! **4.** *loc* **▶ eso es cosa mía** that's my affair o business / *son las cosas de la vida* that's life. ◆ **cosa de** loc adv about / *es cosa de tres semanas* it takes about three weeks.

coscorrón sm bump on the head.

cosecha sf **1.** [gen] harvest **▶ ser de la (propia) cosecha de alguien** to be made up o invented by sb **2.** [del vino] vintage.

cosechar ⋄ vt **1.** [cultivar] to grow **2.** [recolectar] to harvest. ⋄ vi to (bring in the) harvest.

coser ⋄ vt [con hilo] to sew. ⋄ vi to sew **▶ coser a cuchilladas** to stab repeatedly **▶ ser cosa de coser y cantar** to be child's play o a piece of cake.

cosido sm stitching.

cosmético, ca adj cosmetic *(antes de sust).* ◆ **cosmético** sm cosmetic. ◆ **cosmética** sf cosmetics *(U).*

cosmopolita adj & smf cosmopolitan.

cosmos sm inv cosmos.

coso sm **1.** [plaza] bullring **2.** CSUR [objeto] whatnot, thing / *¿para qué sirve ese coso?* [en aparato] what's this thing o thingumajig for?

cosquillas sfpl **▶ hacer cosquillas** to tickle **▶ buscarle las cosquillas a alguien** to wind sb up, to irritate sb.

cosquilleo sm tickling sensation.

costa sf GEOGR coast. ◆ **a costa de** loc prep at the expense of / *lo hizo a costa de grandes esfuerzos* he did it by dint of much effort / *vive a costa de sus padres* he lives off her parents. ◆ **a toda costa** loc prep at all costs.

costado sm side / *es francés por los cuatro costados* he's French through and through.

costal sm sack.

costanera sf CSUR promenade.

costar [23] ⋄ vt **1.** [dinero] to cost **2.** [tiempo] to take. ⋄ vi [ser difícil] **▶ costar caro a alguien** to cost sb dear.

Costa Rica npr Costa Rica.

costarricense, costarriqueño, ña adj & sm, f Costa Rican.

coste sm [de producción] cost ; [de un objeto] price **▶ coste unitario** ECON unit cost **▶ de bajo coste** [producto, viaje] low-cost / *compañías aéreas de bajo coste* low-cost airlines.

costear vt [pagar] to pay for.

costero, ra ⋄ adj coastal / *ciudad costera* seaside town. ⋄ sm, f AM [habitante] coastal dweller. ◆ **costera** sf MÉX promenade *(along the seafront).* ◆ **costero** sm [carretera] coastal road.

costilla sf **1.** [de persona, barco] rib **2.** [de animal] cutlet.

costo sm [de una mercancía] price ; [de un producto, de la vida] cost.

costoso, sa adj [operación, maquinaria] expensive.

costra sf [de herida] scab.

costumbre sf habit, custom ▸ **coger / perder la costumbre de hacer algo** to get into / out of the habit of doing sthg ▸ **como de costumbre** as usual / **por costumbre** through force of habit, out of habit.

costura sf **1.** [labor] sewing, needlework **2.** [puntadas] seam **3.** [oficio] dressmaking ▸ **alta costura** haute couture.

costurera sf dressmaker, seamstress.

costurero sm [caja] sewing box.

cota sf **1.** [altura] altitude, height above sea level **2.** *fig* [nivel] level, height.

cotarro sm riotous gathering / **alborotar el cotarro** to stir up trouble ▸ **dirigir el cotarro** to rule the roost.

cotejar vt to compare.

cotejo sm comparison.

cotidiano, na adj daily.

cotilla smf *fam* gossip, busybody.

cotillear vi *fam* to gossip.

cotilleo sm *fam* gossip, tittle-tattle.

cotillón sm New Year's Eve party.

cotización sf **1.** [valor] price **2.** [en Bolsa] quotation, price.

cotizar [13] ❖ vt **1.** [valorar] to quote, to price **2.** [pagar] to pay. ❖ vi to pay contributions. ❖ **cotizarse** vprnl **1.** [estimarse - persona] to be valued o prized **2.** ▸ **cotizarse a a)** [producto] to sell for, to fetch **b)** [bonos, valores] to be quoted at.

coto sm preserve ▸ **coto de caza** game preserve ▸ **poner coto a** to put a stop to.

cotorra sf [ave] parrot.

COU (*abr de* **Curso de Orientación Universitaria**) sm *formerly, a one-year course which prepared pupils aged 17-18 for Spanish university entrance examinations.*

country (*pl* countries) sm ARG *luxury suburban housing development.*

coxis = **cóccix**.

coyote sm **1.** [animal] coyote **2.** Méx *fam* [guía] guide **3.** Méx *fam* [intermediario] fixer, middleman.

coyuntura sf **1.** [situación] moment **2.** ANAT joint.

coz sf kick.

CPI (*abr de* **Corte Penal internacional**) sf ICC.

crac (*pl* cracs) sm FIN crash.

crack (*pl* cracks) sm **1.** FIN = **crac 2.** [droga] crack.

cráneo sm cranium, skull.

crápula smf libertine.

cráter sm crater.

creación sf creation.

creador, ra ❖ adj creative. ❖ sm, f creator ▸ **creador gráfico** creator *(of cartoon etc).*

crear vt **1.** [gen] to create **2.** [fundar - una academia] to found.

creatividad sf creativity.

creativo, va adj creative.

crecer [30] vi **1.** [persona, planta] to grow **2.** [días, noches] to grow longer **3.** [río, marea] to rise **4.** [aumentar - animosidad etc] to grow, to increase ; [- rumores] to spread. ❖ **crecerse** vprnl to become more self-confident.

creces ❖ **con creces** adv with interest.

crecido, da adj [cantidad] large ; [hijo] grown-up. ❖ **crecida** sf spate, flood.

creciente adj [gen] growing ; [luna] crescent.

crecimiento sm [gen] growth ; [de precios] rise ▸ **crecimiento económico** ECON economic growth.

credencial ❖ adj accrediting / (*cartas*) *credenciales* credentials. ❖ sf **1.** [de acceso a un lugar] pass **2.** [documento identificador] ID card. ❖ **credenciales** sfpl [diplomáticas] credentials.

credibilidad sf credibility.

crédito sm **1.** [préstamo] loan ▸ **a crédito** on credit ▸ **crédito personal** ECON personal loan **2.** [plazo de préstamo] credit **3.** [confianza] trust, belief ▸ **digno de crédito** trustworthy ▸ **dar crédito a algo** to believe sthg **4.** [en universidad] credit.

credo sm [religioso] creed.

crédulo, la adj credulous.

creencia sf belief.

creer [50] vt **1.** [gen] to believe / *¡ya lo creo!* of course!, I should say so! **2.** [suponer] to think / *creo que no* I don't think so / *creo que sí* I think so / *según creo* to the best of my knowledge **3.** [estimar] to think / *lo creo muy capaz de hacerlo* I think he's quite capable of doing it. ❖ **creer en** vi to believe in. ❖ **creerse** vprnl [considerarse] to believe o.s. to be.

creíble adj credible, believable.

creído, da sm, f [presumido] conceited.

crema sf **1.** [gen] cream / *crema batida* whipped cream / *la crema del mundo literario* the cream of the literary world **2.** [cosmético, betún] cream / *crema de afeitar* shaving cream / *crema dental* toothpaste / *crema depilatoria* hair remover / *crema facial* face cream / *crema hidratante* moisturizer **3.** [licor] crème **4.** [dulce, postre] custard.

cremallera sf [para cerrar] zip (fastener), zipper US.

crematorio, ria adj ▶ **horno crematorio** cremator. ◆ **crematorio** sm crematorium.

cremoso, sa adj creamy.

crepe [krep] sf crepe.

crepitar vi to crackle.

crepúsculo sm [al amanecer] first light; [al anochecer] twilight, dusk.

crespo, pa adj tightly curled, frizzy.

cresta sf 1. [gen] crest ▶ **estar en la cresta (de la ola)** to be riding high 2. [del gallo] comb.

cretino, na sm, f cretin.

creyente smf believer / **no creyente** non-believer.

cría ⟶ **crío**.

criadero sm [de animales] farm (breeding place); [de árboles, plantas] nursery.

criadillas sfpl bull's testicles.

criado, da sm, f servant (maid).

criador, ra sm, f [de animales] breeder; [de vinos] grower.

crianza sf 1. [de animales] breeding 2. [del vino] vintage 3. [educación] breeding.

criar [9] vt 1. [amamantar - suj: mujer] to breast-feed; [- suj: animal] to suckle 2. [animales] to breed, to rear; [flores, árboles] to grow 3. [vino] to mature, to make 4. [educar] to bring up. ◆ **criarse** vprnl [crecer] to grow up.

criatura sf 1. [niño] child; [bebé] baby 2. [ser vivo] creature.

criba sf 1. [tamiz] sieve 2. [selección] screening.

cricket ['kriket] sm cricket.

crimen sm crime.

criminal adj & smf criminal / **criminal de guerra** war criminal.

criminólogo, ga sm, f criminologist.

crin sf mane.

crío, cría sm, f [niño] kid. ◆ **cría** sf 1. [hijo del animal] young 2. [crianza - de animales] breeding; [- de plantas] growing.

criogenia sf cryogenics (sg).

criollo, lla adj 1. [persona] native to Latin America 2. [comida, lengua] creole.

cripta sf crypt.

criptografía sf cryptography.

críquet sm cricket.

crisantemo sm chrysanthemum.

crisis sf inv [gen] crisis / **crisis cardíaca** cardiac arrest, heart failure / **crisis de los cuarenta** midlife crisis ▶ **crisis económica** recession.

crisma sf fam bonce, nut / **romperle la crisma a alguien** to bash sb's head in.

crismas, christmas sm inv Christmas card.

crispado, da adj tense.

crispar vt [los nervios] to set on edge; [los músculos] to tense; [las manos] to clench.

cristal sm 1. [material] glass (U); [vidrio fino] crystal / **cristal de roca** rock crystal 2. [en la ventana] (window) pane 3. [en mineralogía] crystal.

cristalera sf [puerta] French window; [techo] glass roof; [armario] glass-fronted cabinet.

cristalería sf 1. [objetos] glassware 2. [tienda] glassware shop; [fábrica] glassworks sg.

cristalero, ra sm, f glazier. ◆ **cristalero** sm **Am** [de tienda] display case; [escaparate] shop window.

cristalino, na adj crystalline. ◆ **cristalino** sm crystalline lens.

cristalizar [13] vt 1. [una sustancia] to crystallize 2. fig [un asunto] to bring to a head. ◆ **cristalizarse** vprnl to crystallize. ◆ **cristalizarse en** vprnl fig to develop into.

cristiandad sf Christianity.

cristianismo sm Christianity.

cristiano, na adj & sm, f Christian.

cristo sm crucifix. ◆ **Cristo** sm Christ / **estar hecho un Cristo** fam to be a pitiful sight.

criterio sm 1. [norma] criterion ▶ **criterios de convergencia** [en UE] convergence criteria 2. [juicio] taste 3. [opinión] opinion.

crítica ⟶ **crítico**.

criticar [10] vt 1. [enjuiciar - literatura, arte] to review 2. [censurar] to criticize.

crítico, ca ⬥ adj critical. ⬥ sm, f [persona] critic. ◆ **crítica** sf 1. [juicio - sobre arte, literatura] review 2. [conjunto de críticos] ▶ **la crítico** the critics pl 3. [ataque] criticism.

criticón, ona ⬥ adj nit-picking. ⬥ sm, f nitpicker.

Croacia npr Croatia.

croar vi to croak.

croata ⬥ adj Croatian. ⬥ smf Croat.

crocanti sm nut brittle.

croissantería = **cruasantería**.

crol sm DEP crawl.

cromo sm 1. [metal] chrome 2. [estampa] picture card ▶ **ir hecho un cromo** to be dressed up to the nines.

cromosoma sm chromosome.

crónico, ca adj chronic. ◆ **crónica** sf 1. [de la historia] chronicle 2. [de un periódico] column; [de la televisión] feature, programme.

cronista smf [historiador] chronicler; [periodista] columnist.

cronología sf chronology.

cronometrar vt to time.

cronómetro sm DEP stopwatch; TECNOL chronometer.

croqueta sf croquette.

croquis sm inv sketch.

cross sm inv [carrera] cross-country race; [deporte] cross-country (running).

cruasán, croissant [krwa'san] (*pl* **croissants**) sm croissant.

cruasantería, croissantería [krwasante'ria] sf *shop selling filled croissants.*

cruce sm **1.** [de líneas] crossing, intersection; [de carreteras] crossroads **2.** [paso] crossing / *cruce a nivel* level crossing UK, grade crossing US / *cruce de peatones* pedestrian crossing **3.** [de animales] cross.

crucero sm **1.** [viaje] cruise **2.** [barco] cruiser **3.** [de iglesias] transept.

crucial adj crucial.

crucificar [10] vt [en una cruz] to crucify.

crucifijo sm crucifix.

crucifixión sf crucifixion.

crucigrama sm crossword (puzzle).

cruda sf ⟶ **crudo**.

crudeza sf **1.** [gen] harshness / *con crudeza* harshly **2.** [de descripción, imágenes] brutality.

crudo, da adj **1.** [natural] raw; [petróleo] crude **2.** [sin cocer completamente] undercooked **3.** [realidad, clima, tiempo] harsh; [novela] harshly realistic, hard-hitting **4.** [cruel] cruel. ◆ **crudo** sm crude (oil). ◆ **cruda** sf GUAT MÉX *fam* [resaca] hangover.

cruel adj [gen] cruel.

crueldad sf **1.** [gen] cruelty **2.** [acción cruel] act of cruelty.

crujido sm [de madera] creak, creaking (*U*); [de hojas secas] crackle, crackling (*U*).

crujiente adj [madera] creaky; [hojas secas] rustling; [patatas fritas] crunchy.

crujir vi [madera] to creak; [patatas fritas, nieve] to crunch; [hojas secas] to crackle; [dientes] to grind.

crustáceo sm crustacean.

cruz sf **1.** [gen] cross ▶ **cruz gamada** swastika **2.** [de una moneda] tails (*U*) **3.** *fig* [aflicción] burden. ◆ **Cruz Roja** sf Red Cross.

cruza sf AM cross, crossbreed.

cruzado, da adj **1.** [cheque, piernas, brazos] crossed **2.** [animal] crossbred **3.** [abrigo, chaqueta] double-breasted. ◆ **cruzada** sf *lit* + *fig* crusade.

cruzar [13] vt **1.** [gen] to cross / *cruzar los dedos* to cross one's fingers **2.** [unas palabras] to exchange. ◆ **cruzarse** vprnl **1.** [gen] to cross ▶ *cruzarse de brazos* to fold one's arms **2.** [personas] ▶ *cruzarse con alguien* to pass sb.

cta. (*abr escrita de* **cuenta**) a/c.

cte. (*abr escrita de* **corriente**) inst.

cuaderno sm [gen] notebook; [en el colegio] exercise book. ◆ **cuaderno de bitácora** sm logbook.

cuadra sf **1.** [de caballos] stable **2.** AM [en calle] block.

cuadrado, da adj [gen & MAT] square / *elevar al cuadrado* to square. ◆ **cuadrado** sm square.

cuadragésimo, ma num fortieth.

cuadrangular ⬦ adj quadrangular. ⬦ sm AM DEP [en béisbol] quadrangular tournament.

cuadrar ⬦ vi **1.** [información, hechos] ▶ **cuadrar (con)** to square o agree (with) **2.** [números, cuentas] to tally, to add up. ⬦ vt [gen] to square. ◆ **cuadrarse** vprnl MIL to stand to attention.

cuadrícula sf grid.

cuadriculado, da adj squared / *papel cuadriculado* square paper.

cuadrilátero sm **1.** GEOM quadrilateral **2.** DEP ring.

cuadrilla sf [de amigos, trabajadores] group; [de maleantes] gang.

cuadro sm **1.** [pintura] painting, picture **2.** [escena] scene, spectacle **3.** [descripción] portrait **4.** [cuadrado] square ▶ **a cuadros** check (*antes de sust*) / *quedarse a cuadros fam* to be gobsmacked, to be flabbergasted ▶ **quedarse en cuadros** to be down to a skeleton staff **5.** [equipo] team / *cuadros medios* middle management **6.** [gráfico] chart, diagram **7.** [de la bicicleta] frame **8.** TEATRO scene.

cuádruple sm quadruple.

cuajado, da adj **1.** [leche] curdled; [huevo] set **2.** [lleno] ▶ **cuajado de** full of. ◆ **cuajada** sf curd (cheese).

cuajar ⬦ vt [solidificar - leche] to curdle; [- huevo] to set; [- sangre] to clot, to coagulate. ⬦ vi **1.** [lograrse - acuerdo] to be settled; [- negocio] to take off, to get going **2.** [ser aceptado - persona] to fit in; [- moda] to catch on **3.** [nieve] to settle. ◆ **cuajarse** vprnl [leche] to curdle; [sangre] to clot, to coagulate.

cuajo sm rennet. ◆ **de cuajo** loc adv ▶ **arrancar de cuajo** a) [árbol] to uproot b) [brazo etc] to tear right off.

cual pron relat ▶ **el/la cualetc.** a) [de persona] (*sujeto*) who, (*complemento*) whom b) [de cosa] which ▶ **lo cual** which / *conoció a una española, la cual vivía en Buenos Aires* he met a Spanish girl who lived in Buenos Aires / *está muy enfadada, lo cual es comprensible* she's very angry, which is understandable ▶ **todo lo cual** all of which ▶ **sea cual sea** o **fuere su decisión** whatever his decision (may be).

cuál pron (*interrogativo*) what; [en concreto, especificando] which one / *¿cuál es tu nombre?* what is your name? / *¿cuál es la diferencia?* what's the difference? / *no sé cuáles son mejores* I don't know which are best / *¿cuál prefieres?* which one do you prefer?

cualesquiera ⟶ **cualquiera**.

cualidad sf quality.

cualificado, da adj skilled.

cualitativo, va adj qualitative.

cualquiera (pl **cualesquiera**) ❖ adj (antes de sust: **cualquier**) any / cualquier día vendré a visitarte I'll drop by one of these days ▶ en cualquier momento at any time ▶ en cualquier lugar anywhere. ❖ pron anyone / cualquiera te lo dirá anyone will tell you ▶ cualquiera que a) [persona] anyone who b) [cosa] whatever / cualquiera que sea la razón whatever the reason (may be). ❖ sm, f [don nadie] nobody.

cuan adv [todo lo que] : se desplomó cuan largo era he fell flat on the ground.

cuán adv how.

cuando ❖ adv when ▶ de cuando en cuando from time to time ▶ de vez en cuando now and again. ❖ conj 1. [de tiempo] when / cuando llegue el verano iremos de viaje when summer comes we'll go travelling 2. [si] if / cuando tú lo dices será verdad it must be true if you say so 3. (después de aun) [aunque] : no mentiría aun cuando le fuera en ello la vida she wouldn't lie even if her life depended on it. ❖ cuando más loc adv at the most. ❖ cuando menos loc adv at least. ❖ cuando quiera que loc conj whenever.

cuándo adv when / ¿cuándo vas a venir? when are you coming? / quisiera saber cuándo sale el tren I'd like to know when o at what time the train leaves.

cuantía sf [suma] quantity ; [alcance] extent.

cuantificar [10] vt to quantify.

cuantioso, sa adj large, substantial.

cuantitativo, va adj quantitative.

cuanto, ta ❖ adj 1. [todo] : despilfarra cuanto dinero gana he squanders all the money he earns ▶ soporté todas cuantas críticas me hizo I put up with every single criticism he made of me 2. (antes de adv) [compara cantidades] ▶ cuantas más mentiras digas, menos te creerán the more you lie, the less people will believe you. ❖ pron relat (gen pl) [de personas] everyone who ; [de cosas] everything (that) / cuantos fueron alabaron el espectáculo everyone who went said the show was excellent ▶ dio las gracias a todos cuantos le ayudaron he thanked everyone who helped him. ❖ cuanto ❖ pron relat (neutro) 1. [todo lo que] everything, as much as / come cuanto quieras eat as much as you like / comprendo cuanto dice I understand everything he says ▶ todo cuanto everything 2. [compara cantidades] ▶ cuanto más se tiene, más se quiere the more you have, the more you want. ❖ adv [compara cantidades] ▶ cuanto más come, más gordo está the more he eats, the fatter he gets. ❖ cuanto antes loc adv as soon as possible. ❖ en cuanto ❖ loc conj [tan pronto como] as soon as / en cuanto acabe as soon as I've finished. ❖ loc prep [en calidad de] as / en cuanto cabeza de familia as head of the family. ❖ en cuanto a loc prep as regards.

cuánto, ta ❖ adj 1. (interrogativo) how much, how many / ¿cuántas manzanas tienes? how many apples do you have? / ¿cuánto pan quieres? how much bread do you want? / no sé cuántos hombres había I don't know how many men were there 2. (exclamativo) what a lot of / ¡cuánta gente (había)! what a lot of people (were there)! ❖ pron (gen pl) 1. (interrogativo) how much, how many / ¿cuántos han venido? how many came? / dime cuántas quieres tell me how many you want 2. (exclamativo) : ¡cuántos quisieran conocerte! there are so many people who would like to meet you! ❖ cuánto pron (neutro) 1. (interrogativo) how much / ¿cuánto quieres? how much do you want? / me gustaría saber cuánto te costarán I'd like to know how much they'll cost you 2. (exclamativo) : ¡cuánto han cambiado las cosas! how things have changed!

cuarenta num forty ▶ los (años) cuarenta the forties. Ver también seis.

cuarentena sf [por epidemia] quarantine ▶ poner en cuarentena a) [enfermos] to (put in) quarantine b) [noticia] to put on hold.

cuaresma sf Lent.

cuarteamiento sm cutting up.

cuartear vt to cut o chop up.

cuartel sm MIL barracks pl ▶ cuartel general headquarters pl.

cuartelazo sm AMÉR military uprising.

cuarteto sm quartet.

cuartilla sf sheet of quarto.

cuarto, ta num fourth ▶ la cuarta parte a quarter. ❖ cuarto sm 1. [parte] quarter ▶ un cuarto de hora a quarter of an hour ▶ son las dos y cuarto it's a quarter past UK o after US two ▶ son las dos menos cuarto it's a quarter to UK o of US two 2. [habitación] room ▶ cuarto de baño bathroom ▶ cuarto de estar living room / cuarto de huéspedes guestroom / cuarto oscuro FOTO darkroom ▶ cuarto secreto R DOM voting booth. ❖ cuarta sf [palmo] span.

cuarzo sm quartz.

cuate, ta sm, f CAM ECUAD MÉX fam pal, mate UK, buddy US.

cuatro ❖ num four / más de cuatro quite a few ▶ cuatro por cuatro four-by-four. ❖ adj fig [poco] a few / hace cuatro días a few days ago. Ver también seis.

cuatrocientos, tas num four hundred. Ver también seis.

cuba sf barrel, cask / *beber como una cuba* to drink like a fish ▸ **estar como una cuba** to be legless o blind drunk.

Cuba npr Cuba.

cubalibre sm rum and coke.

cubano, na adj & sm, f Cuban.

cubertería sf set of cutlery, cutlery (U).

cubeta sf [cuba pequeña] bucket, pail ; [de barómetro] bulb ; FOTO tray.

cúbico, ca adj cubic.

cubierto, ta ⋄ pp ⟶ **cubrir**. ⋄ adj **1.** [gen] ▸ **cubierto (de)** covered (with) ▸ **estar a cubierto a)** [protegido] to be under cover **b)** [con saldo acreedor] to be in the black ▸ **ponerse a cubierto** to take cover **2.** [cielo] overcast. ◆ **cubierto** sm **1.** [pieza de cubertería] piece of cutlery **2.** [para cada persona] place setting. ◆ **cubierta** sf **1.** [gen] cover **2.** [de neumático] tyre **3.** [de barco] deck.

cubilete sm [en juegos] cup.

cubitera sf **1.** [bandeja] ice tray **2.** [cubo] ice bucket.

cubito sm **1.** [de hielo] ice cube **2.** [de caldo] stock cube.

cubo sm **1.** [recipiente] bucket ▸ **cubo de la basura** rubbish bin UK, trashcan US, garbage can US **2.** GEOM & MAT cube ▸ **elevar al cubo** to cube.

cubrecama sm bedspread.

cubrir vt **1.** [gen] to cover **2.** [proteger] to protect **3.** [disimular] to cover up, to hide **4.** [puesto, vacante] to fill. ◆ **cubrir de** vt ▸ **cubrir de algo a alguien** to heap sthg on sb. ◆ **cubrirse** vprnl **1.** [taparse] ▸ **cubrirse (de)** to become covered (with) **2.** [protegerse] ▸ **cubrirse (de)** to shelter (from) **3.** [con sombrero] to put one's hat on **4.** [con ropa] ▸ **cubrirse (con)** to cover o.s. (with) **5.** [cielo] to cloud over.

cucaracha sf cockroach UK, roach US.

cuchara sf [para comer] spoon / *cuchara de palo* wooden spoon / *cuchara de postre* dessert spoon / *meter la cuchara* fam to butt in.

cucharada sf spoonful.

cucharilla sf teaspoon.

cucharón sm ladle.

cucheta sf Am bunk.

cuchichear vi to whisper.

cuchilla sf blade ▸ **cuchilla de afeitar** razor blade.

cuchillo sm knife / *cuchillo de cocina* kitchen knife / *cuchillo de trinchar* carving knife.

cuchitril sm hovel.

cuclillas ◆ **en cuclillas** loc adv squatting ▸ **ponerse en cuclillas** to squat (down).

cuclillo sm cuckoo.

cuco, ca adj fam **1.** [bonito] pretty **2.** [astuto] shrewd, canny. ◆ **cuco** sm cuckoo.

cucufato, ta sm, f CSur fam nut.

cucurucho sm **1.** [de papel] paper cone **2.** [para helado] cornet, cone.

cuello sm **1.** [gen] neck / *alargar el cuello* to stretch o crane one's neck ▸ **cuello de botella** bottleneck / *cuello uterino* cervix **2.** [de prendas] collar / *cuello de pico* V-neck / *cuello alto* o *de cisne* polo neck UK, turtleneck US / *hablar para el cuello de su camisa* fam to talk to o.s.

cuenca sf **1.** [de río] basin **2.** [del ojo] (eye) socket **3.** [región minera] coalfield.

cuenco sm earthenware bowl.

cuenta sf **1.** [acción de contar] count ▸ **echar cuentas** to reckon up ▸ **llevar/perder la cuenta de** to keep/lose count of ▸ **cuenta atrás** countdown **2.** [cálculo] sum / *hacer* o *echar cuentas* to do sums, to do some calculations, to work out the cost **3.** BANCA & COM account ▸ **abonar algo en cuenta a alguien** to credit sthg to sb's account ▸ **cuenta de gastos** expenditure account ▸ **pagar mil euros a cuenta** to pay a thousand euros down ▸ **cuenta de ahorros** savings account ▸ **cuenta corriente** current account UK, checking account US ▸ **cuenta de crédito** current account with an overdraft facility ▸ **cuenta deudora** overdrawn account ▸ **cuenta a plazo fijo** deposit account **4.** [factura] bill UK, check US ▸ **pasar la cuenta** to send the bill ▸ **cuenta por cobrar/pagar** account receivable/payable **5.** [bolita - de collar, rosario] bead **6.** loc ▸ **a fin de cuentas** in the end ▸ **ajustarle a alguien las cuentas** to settle an account o a score with sb ▸ **caer en la cuenta de algo** to realize sthg ▸ **darse cuenta de algo** to realize sthg ▸ **más de la cuenta** too much ▸ **por mi/tu etc. cuenta** on my/your etc. own ▸ **tener en cuenta algo** to bear sthg in mind.

cuentagotas sm inv dropper ▸ **a** o **con cuentagotas** in dribs and drabs.

cuentakilómetros sm inv [de distancia recorrida] ≃ milometer ; [de velocidad] speedometer.

cuentarrevoluciones sm inv tachometer, rev counter.

cuento sm **1.** [fábula] tale ▸ **cuento de hadas** fairy tale ▸ **el cuento de la lechera** fig wishful thinking ▸ **cuento del tío** Am fam confidence game, con trick UK **2.** [narración] short story **3.** [mentira, exageración] story, lie / *¡puro cuento!* what nonsense! ▸ **cuento chino** tall story **4.** loc ▸ **tener cuento** to put it on.

cuerda sf **1.** [para atar - fina] string ; [- más gruesa] rope ▸ **cuerda floja** tightrope **2.** [de instrumento] string **3.** [de reloj] spring ▸ **dar cuerda a** [reloj] to wind up **4.** GEOM chord. ◆ **cuerdas vocales** sfpl vocal cords.

cuerdo, da adj **1.** [sano de juicio] sane **2.** [sensato] sensible.

cueriza sf ANDES *fam* beating, leathering.

cuerno sm [gen] horn ; [de ciervo] antler **/** *saber a cuerno quemado fam* to be fishy **/** *¡vete al cuerno! fam* go to hell!

cuero sm **1.** [piel de animal] skin ; [piel curtida] hide ▶ **cuero cabelludo** scalp ▶ **en cueros, en cueros vivos** stark naked **2.** [material] leather.

cuerpo sm **1.** [gen] body **/** *cuerpo celeste* heavenly body ▶ **a cuerpo** without a coat on ▶ **luchar cuerpo a cuerpo** to fight hand-to-hand ▶ **tomar cuerpo** to take shape ▶ **en cuerpo y alma** body and soul **2.** [tronco] trunk **3.** [corporación consular, militar etc] corps ▶ **cuerpo de bomberos** fire brigade ▶ **cuerpo diplomático** diplomatic corps.

cuervo sm crow.

cuesta sf slope ▶ **cuesta arriba** uphill ▶ **cuesta abajo** downhill ▶ **a cuestas** on one's back, over one's shoulders **/** *ir cuesta abajo* to decline, to go downhill.

cuestión sf **1.** [pregunta] question **2.** [problema] problem **3.** [asunto] matter, issue **/** *en cuestión* in question, at issue **/** *ser cuestión de* to be a question of.

cuestionamiento sm questioning.

cuestionar vt to question.

cuestionario sm questionnaire.

cueva sf cave **/** *cueva de ladrones* den of thieves.

cuico sm MEX *fam* cop.

cuidado ❖ sm care **/** *con cuidado* a) [con esmero] carefully b) [con cautela] cautiously ▶ **tener cuidado con** to be careful with ▶ **cuidados intensivos** intensive care *(U)* ▶ **eso me tiene o trae sin cuidado** I couldn't care less about that. ❖ interj ▶ **¡cuidado!** careful!, look out!

cuidadoso, sa adj careful.

cuidar vt [gen] to look after ; [estilo etc] to take care over ; [detalles] to pay attention to. ◆ **cuidar de** vi to look after **/** *cuida de que no lo haga* make sure she doesn't do it. ◆ **cuidarse** vprnl to take care of o to look after o.s. ▶ **cuidarse de** to worry about.

cuitlacoche sm CAM MEX corn smut *(edible fungus which grows on maize).*

culata sf **1.** [de arma] butt **2.** [de motor] cylinder head.

culebra sf snake.

culebrón sm TV soap opera.

culinario, ria adj culinary.

culminación sf culmination.

culminar ❖ vt ▶ **culminar (con)** to crown (with). ❖ vi to finish, to culminate.

culo sm *fam* **1.** [de personas] backside, bum UK **/** *caerse de culo fam* to be flabbergasted, to be gobsmacked ▶ *estar en el culo del mundo fam*

to be in the back of beyond **/** *lamer el culo a alguien fam* to lick sb's arse UK, to lick sb's ass US **/** *ser un culo de mal asiento* to be fidgety **2.** [de objetos] bottom.

culpa sf [responsabilidad] fault ▶ **tener la culpa de algo** to be to blame for sthg ▶ **echar la culpa a alguien (de)** to blame sb (for) ▶ **por culpa de** because of.

culpabilidad sf guilt.

culpable ❖ adj ▶ **culpable (de)** guilty (of) ▶ **declararse culpable** to plead guilty. ❖ smf DER guilty party **/** *tú eres el culpable* you're to blame.

culpar vt ▶ **culpar a alguien (de)** a) [atribuir la culpa] to blame sb (for) b) [acusar] to accuse sb (of).

cultivar vt [tierra] to farm, to cultivate ; [plantas] to grow. ◆ **cultivarse** vprnl [persona] to improve o.s.

cultivo sm **1.** [de tierra] farming ; [de plantas] growing **2.** [plantación] crop.

culto, ta adj [persona] cultured, educated ; [estilo] refined ; [palabra] literary. ◆ **culto** sm **1.** [devoción] worship **/** *libertad de culto* freedom of worship **2.** [religión] cult.

cultura sf **1.** [de sociedad] culture **2.** [sabiduría] learning, knowledge **/** *cultura general* general knowledge.

cultural adj cultural.

culturismo sm body-building.

cumbre sf **1.** [de montaña] summit **2.** *fig* [punto culminante] peak **3.** POLÍT summit (conference).

cumpleaños sm inv birthday.

cumplido, da adj **1.** [completo, lleno] full, complete **2.** [cortés] courteous. ◆ **cumplido** sm compliment **/** *andarse con cumplidos* to stand on ceremony **/** *visita de cumplido* courtesy call.

cumplidor, ra adj reliable.

cumplimentar vt **1.** [felicitar] to congratulate **2.** [cumplir - orden] to carry out ; [- contrato] to fulfil.

cumplimiento sm [de un deber] performance ; [de contrato, promesa] fulfilment ; [de la ley] observance ; [de órdenes] carrying out ; [de condena] completion ; [de plazo] expiry.

cumplir ❖ vt **1.** [orden] to carry out ; [promesa] to keep ; [ley] to observe ; [contrato] to fulfil **2.** [años] to reach **/** *mañana cumplo los 20* I'm 20 o it's my 20th birthday tomorrow **3.** [condena] to serve ; [servicio militar] to do. ❖ vi **1.** [plazo, garantía] to expire **2.** [realizar el deber] to do one's duty ▶ **para o por cumplir** out of politeness ▶ **cumplir con el deber** to do one's duty ▶ **cumplir con la palabra** to keep one's word. ◆ **cumplirse** vprnl **1.** [deseo, sueño] to be fulfilled, to come true **2.** [plazo] to expire.

cúmulo sm **1.** [de objetos] pile **2.** *fig* [de asuntos, acontecimientos] series.

cuna sf [para dormir] cot, cradle.

cundir vi **1.** [propagarse] to spread **2.** [dar de sí - comida, reservas, tiempo] to go a long way.

cuneta sf [de una carretera] ditch ; [de una calle] gutter.

cuña sf **1.** [pieza] wedge **2.** [de publicidad] commercial break **3.** ANDES RP *fam* ▶ **tener cuña** to have friends in high places.

cuñado, da sm, f brother-in-law (sister-in-law).

cuño sm **1.** [troquel] die **2.** [sello, impresión] stamp.

cuota sf **1.** [contribución - a entidad, club] membership fee, subscription **2.** [cupo] quota **3.** MEX [peaje] toll.

cupiera ⟶ **caber**.

cuplé sm popular song.

cupo ⟶ sm **1.** [cantidad máxima] quota **2.** [cantidad proporcional] share ; [de una cosa racionada] ration **3.** AM [cabida] capacity. ⟶ v ⟶ **caber**.

cupón sm [gen] coupon ; [de lotería, rifa] ticket.

cúpula sf **1.** ARQUIT dome, cupola **2.** *fig* [mandos] leaders *pl*.

cura ⟶ sm priest. ⟶ sf **1.** [curación] recovery / *tener cura* to be curable **2.** [tratamiento] treatment, cure / *cura de emergencia* first aid / *cura de reposo* rest cure.

curación sf **1.** [de un enfermo - recuperación] recovery ; [- tratamiento] treatment ; [de una herida] healing **2.** [de jamón] curing.

curado, da adj [alimento] cured ; [pieles] tanned ▶ **curado de espanto** unshockable.

curandero, ra sm, f quack.

curar ⟶ vt **1.** [gen] to cure **2.** [herida] to dress **3.** [pieles] to tan. ⟶ vi [enfermo] to recover ; [herida] to heal up. ⟶ **curarse** vprnl **1.** [sanar] ▶ **curarse (de)** to recover (from) **2.** [alimento] to cure.

curcuncho, cha ⟶ adj ANDES *fam* [jorobado] hunchbacked. ⟶ sm [joroba] hump ; [jorobado] hunchback.

curiosear ⟶ vi [fisgonear] to nose around ; [por una tienda] to browse round. ⟶ vt [libros, revistas] to browse through.

curiosidad sf curiosity ▶ **sentir** o **tener curiosidad por** to be curious about.

curioso, sa ⟶ adj **1.** [por saber, averiguar] curious, inquisitive **2.** [raro] odd, strange. ⟶ sm, f onlooker.

curita sm AM sticking plaster, Band-Aid® US.

currante adj *fam* hard-working.

currar, currelar vi *fam* to work.

curre = **curro**.

currelar = **currar**.

currículum (vitae) [ku'rrikulum('bite)] (*pl* currícula (vitae) o currículums), **currículo** (*pl* currículos) sm curriculum vitae UK, résumé US.

curro, curre, currele, currelo sm ESP *fam* work.

curry sm curry / *pollo al curry* chicken curry.

cursar vt **1.** [estudiar] to study **2.** [enviar] to send **3.** [dar - órdenes etc] to give, to issue **4.** [tramitar] to submit.

cursi adj *fam* [vestido, canción etc] naff, tacky ; [modales, persona] affected.

cursilería sf [cualidad] tackiness.

cursillo sm [curso] short course.

cursiva ⟶ **letra**.

curso sm **1.** [año académico] year **2.** [lecciones] course ▶ **curso intensivo** crash course / *curso por correspondencia* correspondence course **3.** [dirección - de río, acontecimientos] course ; [- de la economía] trend ▶ **seguir su curso** to go on, to continue / *el resfriado debe seguir su curso* you should allow the cold to run its course.

cursor sm INFORM cursor.

curtido, da adj **1.** [piel, cuero] tanned **2.** *fig* [experimentado] seasoned.

curtiembre sf ANDES RP tannery.

curtir vt **1.** [piel] to tan **2.** *fig* [persona] to harden.

curva ⟶ **curvo**.

curvado, da adj [gen] curved ; [doblado] bent.

curvatura sf curvature.

curvo, va adj [gen] curved ; [doblado] bent. ⟶ **curva** sf [gen] curve ; [en carretera] bend / *curva cerrada* sharp bend ▶ **curva de la felicidad** *fig* [barriga] paunch ▶ **curva de nivel** contour line.

cúspide sf **1.** [de montaña] summit, top **2.** *fig* [apogeo] peak **3.** GEOM apex.

custodia sf **1.** [de cosas] safekeeping **2.** [de personas] custody / *custodia preventiva* protective custody.

custodiar [8] vt **1.** [vigilar] to guard **2.** [proteger] to look after.

custodio sm guard.

cutáneo, a adj skin *(antes de sust)*.

cutícula sf cuticle.

cutis sm inv skin, complexion.

cutre adj *fam* **1.** [de bajo precio, calidad] cheap and nasty **2.** [sórdido] shabby **3.** [tacaño] tight, stingy.

cutter (*pl* cutters) sm (artist's) scalpel *(with retractable blade)*.

cuyo, ya adj [posesión - por parte de personas] whose ; [- por parte de cosas] of which, whose / *ésos son los amigos en cuya casa nos hospedamos* those are the friends in whose house we spent the night / *ese señor, cuyo hijo conociste* *ayer* that man, whose son you met yesterday / *un equipo cuya principal estrella* ... a team, the star player of which o whose star player ... ▶ **en cuyo caso** in which case.

CV (*abr de* **currículum vitae**) sm CV.

d, D sf [letra] d, D.

D. *abr escrita de* **don**.

dactilar ⟶ **huella**.

dádiva sf [regalo] gift; [donativo] donation.

dado, da adj given ▶ **en un momento dado** at a certain point ▶ **ser dado a** to be fond of. ◆ **dado** sm dice, die / *echar* o *tirar los dados* to throw the dice / *jugar a los dados* to play dice. ◆ **dado que** loc conj since, seeing as.

daga sf dagger.

dale interj *¡dale!* - *¡otra vez con lo mismo!* there you go again!

dalia sf dahlia.

dálmata adj & smf [perro] Dalmatian.

daltónico, ca adj colour-blind.

daltonismo sm colour blindness.

dama sf **1.** [mujer] lady ▶ **primera dama** a) TEA-TRO leading lady b) POLÍT first lady [US] **2.** [en damas] king; [en ajedrez, naipes] queen. ◆ **damas** sfpl [juego] draughts *(U)* [UK], checkers *(U)* [US].

damasco sm **1.** [tela] damask **2.** [ANDES] [RDOM] [albaricoque] apricot.

damisela sf *desus* damsel.

damnificar [10] vt [cosa] to damage; [persona] to harm, to injure.

danés, esa ◆ adj Danish. ◆ sm, f [persona] Dane. ◆ **danés** sm [lengua] Danish.

danza sf [gen] dancing; [baile] dance.

dañado, da adj damaged.

dañar vt [vista, cosecha] to harm, to damage; [persona] to hurt; [pieza, objeto] to damage. ◆ **dañarse** vprnl [persona] to hurt o.s.; [cosa] to become damaged.

danzar [13] vi **1.** [bailar] to dance **2.** *fig* [ir de un sitio a otro] to run about.

dañino, na adj harmful.

daño sm **1.** [dolor] pain, hurt ▶ **hacer daño a alguien** to hurt sb ▶ **hacerse daño** to hurt o.s. **2.** [perjuicio - a algo] damage; [- a persona] harm / *daños colaterales* collateral damage ▶ **daños y perjuicios** damages.

dar [56] ◆ vt **1.** [gen] to give; [baile, fiesta] to hold, to give; [naipes] to deal ▶ **dar algo a**

alguien to give sthg to sb, to give sb sthg **2.** [producir - gen] to give, to produce; [- frutos, flores] to bear; [- beneficios, intereses] to yield **3.** [suj: reloj] to strike / *el reloj ha dado las doce* the clock struck twelve **4.** [suministrar luz etc - por primera vez] to connect; [- tras un corte] to turn back on; [encender] to turn o switch on **5.** CINE, TEATRO & TV to show; [concierto, interpretación] to give **6.** [mostrar - señales etc] to show **7.** [untar con] to apply / *dar barniz a una silla* to varnish a chair **8.** [provocar - gusto, escalofríos etc] to give / *me da vergüenza/pena* it makes me ashamed/sad / *me da risa* it makes me laugh / *me da miedo* it frightens me **9.** [expresa acción] : *dar un grito* to give a cry / *darle un golpe/una puñalada a alguien* to hit/stab sb / *voy a dar un paseo* I'm going (to go) for a walk **10.** [considerar] ▶ **dar algo por** to consider sthg as ▶ **eso lo doy por hecho** I take that for granted ▶ **dar a alguien por muerto** to give sb up for dead. ◆ vi **1.** [repartir - en naipes] to deal **2.** [horas] to strike / *han dado las tres en el reloj* three o'clock struck **3.** [golpear] : *le dieron en la cabeza* they hit him on the head / *la piedra dio contra el cristal* the stone hit the window **4.** [accionar] ▶ **dar a a)** [llave de paso] to turn **b)** [botón, timbre] to press **5.** [estar orientado] ▶ **dar a a)** [suj: ventana, balcón] to look out onto, to overlook **b)** [suj: pasillo, puerta] to lead to **c)** [suj: casa, fachada] to face **6.** [encontrar] ▶ **dar con algo/alguien** to find sthg/sb / *he dado con la solución* I've hit upon the solution **7.** [proporcionar] : *dar de beber a alguien* to give sb sthg to drink / *le da de mamar a su hijo* she breast-feeds her son **8.** loc ▶ **dar de sí** [ropa, calzado] to give, to stretch. ◆ **darse** vprnl **1.** [suceder] to occur, to happen / *se da pocas veces* it rarely happens **2.** [entregarse] ▶ **darse a** [droga etc] to take to **3.** [golpearse] ▶ **darse contra** to bump into **4.** [tener aptitud] ▶ **se me da bien/mal el latín** I'm good/bad at Latin **5.** [considerarse] ▶ **darse por** to consider o.s. (to be) / *darse por vencido* to give in **6.** loc ▶ **dársela a alguien** [engañar] to take sb in ▶ **se las da de listo** he makes out (that) he is clever.

dardo sm dart.

dársena sf dock.

datar vt to date. ◆ **datar de** vi to date from.

dátil sm BOT & CULIN date.

dato sm [gen] piece of information, fact ▶ **datos a)** [gen] information **b)** INFORM data / *datos de acceso* login details ▶ **datos personales** personal details ▶ **datos bancarios** bank details.

dcha. (*abr escrita de* **derecha**) rt.

d. de JC., d.JC. (*abr escrita de* **después de Jesucristo**) AD.

de prep (de + el = del) **1.** [posesión, pertenencia] of / *el coche de mi padre / mis padres* my father's/parents' car / *es de ella* it's hers / *la pata de la mesa* the table leg **2.** [materia] (made) of / *un vaso de plástico* a plastic cup / *un reloj de oro* a gold watch **3.** [en descripciones] : *un vaso de agua* a glass of water / *de fácil manejo* user-friendly / *la señora de verde* the lady in green / *el chico de la coleta* the boy with the ponytail / *he comprado las peras de dos euros el kilo* I bought the pears that were o at two euros a kilo / *un sello de 50 céntimos* a 50 cent stamp **4.** [asunto] about / *hablábamos de ti* we were talking about you / *libros de historia* history books **5.** [uso] : *una bici de carreras* a racer / *ropa de deporte* sportswear **6.** [en calidad de] as / *trabaja de bombero* he works as a fireman **7.** [tiempo - desde] from ; [- durante] in / *trabaja de nueve a cinco* she works from nine to five / *de madrugada* early in the morning / *a las cuatro de la tarde* at four in the afternoon / *trabaja de noche y duerme de día* he works at night and sleeps during the day **8.** [procedencia, distancia] from / *salir de casa* to leave home / *soy de Bilbao* I'm from Bilbao **9.** [causa, modo] with / *morirse de hambre* to die of hunger / *.llorar de alegría* to cry with joy / *de una patada* with a kick / *de una sola vez* in one go **10.** [con superlativos] : *el mejor de todos* the best of all / *el más importante del mundo* the most important in the world **11.** [en comparaciones] ▶ **más / menos de ...** more / less than ... **12.** (antes de infin) [condición] if / *de querer ayudarme, lo haría* if she wanted to help me, she'd do it / *de no ser por ti, me hubiese hundido* if it hadn't been for you, I wouldn't have made it **13.** (después de adj y antes de sust) [enfatiza cualidad] : *el idiota de tu hermano* your stupid brother **14.** (adj) : *es difícil de creer* it's hard to believe.

dé ⟶ **dar**.

deambular vi to wander (about).

debajo adv underneath ▶ **debajo de** underneath, under ▶ **por debajo de lo normal** below normal.

debate sm debate.

debatir vt to debate. ◆ **debatirse** vprnl [luchar] to struggle / *se debate la vida y la muerte* she's fighting for her life.

debe sm debit (side).

deber ❖ vt [adeudar] to owe ▶ **deber algo a alguien** to owe sb sthg, to owe sthg to sb. ❖ vi **1.** (después de adj y antes de infin) [expresa obligación] : *debo hacerlo* I have to do it, I must do it / *deberían abolir esa ley* they ought to o should abolish that law / *debes dominar tus impulsos* you must o should control your impulses **2.** [expresa posibilidad] ▶ **deber de** : *el tren debe de llegar alrededor de las diez* the train should arrive at about ten / *deben de ser las diez* it must be ten o'clock / *no debe de ser muy mayor* she can't be very old. ❖ sm duty. ◆ **deberse a** vprnl **1.** [ser consecuencia de] to be due to **2.** [dedicarse a] to have a responsibility towards. ◆ **deberes** smpl [trabajo escolar] homework (U).

debidamente adv properly.

debido, da adj [justo, conveniente] due, proper / *a su debido tiempo* in due course ▶ **como es debido** properly. ◆ **debido a** loc conj (a principio de frase) owing to ; (en mitad de frase) due to.

débil adj **1.** [persona - sin fuerzas] weak **2.** [voz, sonido] faint ; [luz] dim.

debilidad sf [gen] weakness ▶ **tener debilidad por** to have a soft spot for.

debilitar vt to weaken. ◆ **debilitarse** vprnl to become o grow weak.

debut sm [de persona] debut ; [de obra] premiere.

debutar vi to make one's debut.

década sf decade / *la década de los sesenta* the sixties.

decadencia sf [gen] decadence.

decadente adj decadent.

decaer [55] vi [gen] to decline ; [enfermo] to get weaker ; [salud] to fail ; [entusiasmo] to flag ; [restaurante etc] to go downhill.

decaído, da adj [desalentado] gloomy, downhearted ; [débil] frail.

decaimiento sm [desaliento] gloominess ; [decadencia] decline ; [falta de fuerzas] weakness.

decano, na sm, f [de corporación, facultad] dean.

decapitar vt to decapitate, to behead.

decena sf ten ▶ **una decena de veces** about ten times.

decencia sf **1.** [gen] decency ; [en el vestir] modesty **2.** [dignidad] dignity.

decenio sm decade.

decente adj **1.** [gen] decent **2.** [en el comportamiento] proper ; [en el vestir] modest **3.** [limpio] clean.

decepción sf disappointment / *llevarse una decepción* to be disappointed.

decepcionado, da adj disappointed.

decepcionante adj disappointing.

decepcionar vt to disappoint.

decibelio sm decibel.

decidido, da adj determined.

decidir ❖ vt **1.** [gen] to decide ▶ **decidir hacer algo** to decide to do sthg **2.** [determinar] to determine. ❖ vi to decide. ◆ **decidirse** vprnl to decide, to make up one's mind ▶ **decidirse a hacer algo** to decide to do sthg ▶ **decidirse por** to decide on, to choose.

décima → décimo.

decimal adj [sistema] decimal.

décimo, ma num tenth ▶ **la décima parte** a tenth. ◆ **décimo** sm **1.** [fracción] tenth **2.** [en lotería] *tenth part of a lottery ticket.* ◆ **décima** sf [en medidas] tenth ▶ **una décima de segundo** a tenth of a second.

decir [57] vt **1.** [gen] to say ▶ *¿diga?, ¿dígame?* [al teléfono] hello? **2.** [contar, ordenar] to tell ▶ **decir a alguien que haga algo** to tell sb to do sthg ▶ **decir la verdad** to tell the truth **3.** fig [revelar] to tell, to show / *eso lo dice todo* that says it all **4.** loc ▶ **como quien dice, como si dijéramos** so to speak ▶ **decir para sí** to say to o.s. ▶ **es decir** that is, that's to say ▶ **(o) mejor dicho** or rather ▶ **querer decir** to mean / *¿qué quieres decir con eso?* what do you mean by that? ◆ **decirse** vprnl : *¿cómo se dice "mesa" en inglés?* how do you say "mesa" in English? ▶ **se dice que** they o people say (that).

decisión sf **1.** [dictamen, resolución] decision ▶ **tomar una decisión** to make o take a decision **2.** [empeño, tesón] determination ; [seguridad, resolución] decisiveness.

decisivo, va adj decisive.

declamar vt & vi to declaim, to recite.

declaración sf **1.** [gen] statement ; [de amor, guerra] declaration ▶ **prestar declaración** to give evidence / *declaración de derechos* bill of rights **2.** [de impuestos] tax return / *tengo que hacer la declaración* I have to do my tax return / *declaración conjunta* joint tax return ▶ **declaración del impuesto sobre la renta** income tax return.

declarado, da adj [manifiesto] open, professed / *es un homosexual declarado* he is openly gay / *hay un odio declarado entre ellos* there is open hostility between them.

declarar ◆ vt [gen] to declare ; [afirmar] to state, to say ▶ **declarar culpable / inocente a alguien** to find sb guilty / not guilty. ◆ vi DER to testify, to give evidence. ◆ **declararse** vprnl **1.** [incendio, epidemia] to break out **2.** [confesar el amor] to declare one's feelings o love **3.** [dar una opinión] ▶ **declararse a favor de algo** to say that one supports sthg ▶ **declararse en contra de algo** to say that one is opposed to sthg ▶ **declararse culpable / inocente** to plead guilty / not guilty.

declinar ◆ vt [gen & GRAM] to decline ; [responsabilidad] to disclaim. ◆ vi [día, tarde] to draw to a close ; [fiebre] to subside ; [economía] to decline.

declive sm **1.** [decadencia] decline, fall ▶ **en declive** in decline **2.** [pendiente] slope.

decodificador = descodificador.

decolaje sm Am take-off.

decolar vi Am to take off.

decoloración sf discolouration ; [del pelo] bleaching.

decoración sf **1.** [acción] decoration ; [efecto] décor **2.** [adorno] decorations pl.

decorado sm CINE & TEATRO set.

decorar vt to decorate.

decorativo, va adj decorative.

decoro sm [pudor] decency.

decoroso, sa adj [decente] decent ; [correcto] seemly, proper.

decrecer [30] vi [gen] to decrease, to decline ; [caudal del río] to go down.

decrépito, ta adj despec decrepit.

decretar vt to decree.

decreto sm decree ▶ **decreto ley** decree ; ≃ order in council UK.

dedal sm thimble.

dedicación sf dedication.

dedicar [10] vt **1.** [tiempo, dinero, energía] to devote **2.** [libro, monumento] to dedicate. ◆ **dedicarse a** vprnl **1.** [a una profesión] : *¿a qué se dedica usted?* what do you do for a living? / *se dedica a la enseñanza* she works as a teacher **2.** [a una actividad, persona] to spend time on / *los domingos me dedico al estudio* I spend Sundays studying.

dedicatoria sf dedication.

dedo sm **1.** [de la mano] finger / *contar con los dedos* to count on one's fingers ▶ **dos dedos de whisky** two fingers of whisky / *meterse el dedo en la nariz* to pick one's nose ▶ **dedo anular / corazón / meñique** ring/middle finger ▶ **dedo gordo** o **pulgar** thumb ▶ **dedo índice / meñique** index/ little finger **2.** [del pie] toe **3.** loc : *estar a dos dedos de* to be within an inch of ▶ **hacer dedo** fam to hitchhike ▶ **nombrar a alguien a dedo** to handpick sb / *no mover un dedo* not to lift a finger ▶ **pillarse** o **cogerse los dedos** fig to get one's fingers burnt ▶ **poner el dedo en la llaga** to put one's finger on it.

deducción sf deduction.

deducir [33] vt **1.** [inferir] to guess, to deduce **2.** [descontar] to deduct. ◆ **deducirse** vprnl : *de aquí se deduce que …* from this it follows that ….

defecar [10] vi to defecate.

defecto sm [físico] defect ; [moral] fault ▶ **defecto de pronunciación** speech defect. ◆ **por defecto** loc adv by default.

defectuoso, sa adj [mercancía] defective, faulty ; [trabajo] inaccurate.

defender [20] vt [gen] to defend ; [amigo etc] to stand up for. ◆ **defenderse** vprnl [protegerse] ▶ **defenderse (de)** to defend o.s. (against).

defensa ◆ sf defence / *defensa personal* self-defence. ◆ smf DEP defender ▶ **defensa**

central centre-back. ◆ **defensas** sfpl MED defences / *estoy baja de defensas* my body's defences are low.

defensivo, va adj defensive. ◆ **defensiva** sf ▸ **ponerse/estar a la defensiva** to go/be on the defensive.

defensor, ra ⬥ adj ⟶ **abogado.** ⬥ sm, f [gen] defender; [abogado] counsel for the defence; [adalid] champion ▸ **defensor del pueblo** ≃ ombudsman.

deferencia sf deference.

deficiencia sf [defecto] deficiency, shortcoming; [insuficiencia] lack.

deficiente adj [defectuoso -gen] deficient; [audición, vista] defective. ◆ **deficiente (mental)** smf mentally handicapped person.

déficit sm inv ECON deficit.

deficitario, ria adj [empresa, operación] loss-making; [balance] negative.

definición sf **1.** [gen] definition / *por definición* by definition **2.** [en televisión] resolution.

definir vt [gen] to define. ◆ **definirse** vprnl to take a clear stance.

definitivamente adv **1.** [sin duda] definitely **2.** [para siempre] for good.

definitivo, va adj [texto etc] definitive; [respuesta] definite ▸ **en definitiva** in short, anyway.

deforestación sf deforestation.

deformación sf [de huesos, objetos etc] deformation; [de la verdad etc] distortion ▸ **deformación física** (physical) deformity ▸ **tener deformación profesional** *to be always acting as if one were still at work.*

deformado, da adj deformed.

deformar vt **1.** [huesos, objetos etc] to deform **2.** *fig* [la verdad etc] to distort. ◆ **deformarse** vprnl to go out of shape.

deforme adj [cuerpo] deformed; [imagen] distorted; [objeto] misshapen.

defraudador, ra sm, f defrauder.

defraudar vt **1.** [decepcionar] to disappoint **2.** [estafar] to defraud ▸ **defraudar a Hacienda** to practise tax evasion.

defunción sf decease, death.

degeneración sf degeneration.

degenerado, da adj & sm, f degenerate.

degenerar vi ▸ **degenerar (en)** to degenerate (into).

degollar [23] vt [cortar la garganta] to cut o slit the throat of; [decapitar] to behead.

degradar vt **1.** [moralmente] to degrade **2.** [de un cargo] to demote. ◆ **degradarse** vprnl to degrade o lower o.s.

degustación sf tasting (of wines etc).

dehesa sf meadow.

dejadez sf neglect; [en aspecto] slovenliness.

dejado, da adj careless; [aspecto] slovenly.

dejar ⬥ vt **1.** [gen] to leave / *deja esa pera en el plato* put that pear on the plate / *deja el abrigo en la percha* leave your coat on the hanger ▸ **dejar a alguien en algún sitio** [con el coche] to drop sb off somewhere / *deja algo de café para mí* leave some coffee for me ▸ **dejar algo/a alguien a alguien** [encomendar] to leave sthg/sb with sb **2.** [prestar] ▸ **dejar algo a alguien** to lend sb sthg, to lend sthg to sb **3.** [abandonar -casa, trabajo, país] to leave; [-tabaco, estudios] to give up; [-familia] to abandon ▸ **dejar algo por imposible** to give sthg up as a lost cause ▸ **dejar a alguien atrás** to leave sb behind **4.** [permitir] ▸ **dejar a alguien hacer algo** to let sb do sthg, to allow sb to do sthg / *sus gritos no me dejaron dormir* his cries prevented me from sleeping / *deja que tu hijo venga con nosotros* let your son come with us ▸ **dejar correr algo** *fig* to let sthg be **5.** [omitir] to leave out ▸ **dejar algo por o sin hacer** to fail to do sthg / *dejó lo más importante por resolver* he left the most important question unsolved **6.** [esperar] ▸ **dejar que** to wait until / *dejó que acabara de llover para salir* he waited until it had stopped raining before going out. ⬥ vi **1.** [parar] ▸ **dejar de hacer algo** to stop doing sthg / *no deja de venir ni un solo día* he never fails to come **2.** [expresando promesa] ▸ **no dejar de** to be sure to / *¡no dejes de escribirme!* be sure to write to me! ◆ **dejarse** vprnl **1.** [olvidar] ▸ **dejarse algo en algún sitio** to leave sthg somewhere **2.** [permitir] ▸ **dejarse engañar** to allow o.s. to be taken in.

deje sm [acento] accent.

dejo sm [acento] accent.

del ⟶ **de.**

delantal sm apron.

delante adv **1.** [en primer lugar, en la parte delantera] in front ▸ **el de delante** the one in front / *el asiento de delante* the seat in front **2.** [enfrente] opposite **3.** [presente] present. ◆ **delante de** loc prep in front of.

delantero, ra ⬥ adj front. ⬥ sm, f DEP forward ▸ **delantero centro** centre forward. ◆ **delantera** sf **1.** DEP forwards *pl*, attack **2.** *loc* ▸ **coger o tomar la delantera** to take the lead ▸ **coger o tomar la delantera a alguien** to beat sb to it ▸ **llevar la delantera** to be in the lead.

delatar vt to denounce; *fig* [suj: sonrisa, ojos etc] to betray. ◆ **delatarse** vprnl to give o.s. away.

delator, ra sm, f informer.

delegación sf **1.** [autorización, embajada] delegation ▸ **delegación de poderes** devolution (of power) **2.** [sucursal] branch **3.** [oficina pública] local office **4.** Méx [comisaría] police station, precinct US, station house US.

delegado, da sm, f **1.** [gen] delegate ▶ **delegado de curso** class representative **2.** COM representative.

delegar [16] vt ▶ **delegar algo (en o a)** to delegate sthg (to).

deleite sm delight.

deletrear vt to spell (out).

deleznable adj *fig* [malo - clima, libro, actuación] appalling; [- excusa, razón] contemptible.

delfín sm [animal] dolphin.

delgado, da adj [gen] thin; [esbelto] slim.

deliberación sf deliberation.

deliberado, da adj deliberate.

deliberar vi to deliberate.

delicadeza sf **1.** [miramiento - con cosas] care; [- con personas] kindness, attentiveness / **tener la delicadeza de** to be thoughtful enough to **2.** [finura - de perfume, rostro] delicacy; [- de persona] sensitivity **3.** [de un asunto, situación] delicacy.

delicado, da adj **1.** [gen] delicate; [perfume, gusto] subtle; [paladar] refined **2.** [persona - sensible] sensitive; [- muy exigente] fussy; [- educado] polite ▶ **estar delicado de salud** to be very weak.

delicia sf delight.

delicioso, sa adj [comida] delicious; [persona] lovely, delightful.

delimitación sf delimitation.

delimitar vt [finca etc] to set out the boundaries of; [funciones etc] to define.

delincuencia sf crime ▶ **delincuencia juvenil** juvenile delinquency.

delincuente smf criminal / **delincuente habitual** habitual offender / **delincuente juvenil** juvenile delinquent.

delineante sm, f draughtsman (draughtswoman).

delinquir [18] vi to commit a crime.

delirante adj [gen] delirious.

delirar vi [un enfermo] to be delirious; [desbarrar] to talk nonsense.

delirio sm [por la fiebre] delirium; [de un enfermo mental] ravings *pl* ▶ **delirios de grandeza** delusions of grandeur / **con delirio** madly.

delito sm crime, offence / **delito común** common law offence / **delito ecológico** ecological crime / **delito fiscal** tax offence ▶ **delito informático** computer crime.

delta ❖ sm delta. ❖ sf delta.

demacrado, da adj gaunt.

demagogo, ga sm, f demagogue.

demanda sf **1.** [petición] request; [reivindicación] demand ▶ **demanda salarial** wage claim ▶ **en demanda de** asking for **2.** ECON demand **3.** DER lawsuit; [por daños y perjuicios] claim ▶ **presentar una demanda contra** to take legal action against.

demandante smf plaintiff.

demandar vt **1.** DER ▶ **demandar a alguien (por)** to sue sb (for) **2.** [pedir] to ask for.

demarcación sf **1.** [señalización] demarcation **2.** [territorio demarcado] area; [jurisdicción] district.

demarcar vt to demarcate.

demás ❖ adj other / **los demás invitados** the other o remaining guests. ❖ pron ▶ **lo demás** the rest ▶ **todo lo demás** everything else ▶ **los / las demás** the others, the rest ▶ **por lo demás** apart from that, otherwise ▶ **y demás** and so on.

demasiado, da ❖ adj too much, too many / **demasiada comida** too much food / **demasiados niños** too many children. ❖ adv [gen] too much; *(antes de adj o adv)* too / **habla demasiado** she talks too much ▶ **iba demasiado rápido** he was going too fast.

demencia sf madness, insanity / **demencia senil** senile dementia.

demencial adj [disparatado] chaotic.

demente adj mad.

democracia sf democracy.

demócrata ❖ adj democratic. ❖ smf democrat.

democrático, ca adj democratic.

democratizar [13] vt to democratize.

◆ **democratizarse** vprnl to become democratic.

demografía sf demography.

demoledor, ra adj [huracán, críticas] devastating; [razones] overwhelming.

demoler [24] vt [edificio] to demolish, to pull down; *fig* to destroy.

demolición sf demolition.

demonio sm **1.** *lit + fig* devil / **un pesado de mil demonios** one hell of a bore **2.** [para enfatizar] ▶ **¿qué / dónde demonios ...?** what/where the hell ...? ◆ **demonios** interj ▶ **¡demonios!** damn (it)!

demora sf delay.

demorar ❖ vt **1.** to delay **2.** **Am** [tardar] ▶ **demoraron 3 días en hacerlo** it took them three days to do it ▶ **demora una hora para vestirse** it takes her one hour to get dressed. ❖ vi **Am** [tardar] ▶ **¡no demores!** don't be late! ◆ **demorarse** vprnl **1.** [retrasarse] to be delayed **2.** [detenerse] to stop (somewhere).

demostración sf **1.** [gen] demonstration ▶ **hacer una demostración** a) [de cómo funciona algo] to demonstrate b) [de gimnasia etc] to put on a display / **demostración de afecto** show of affection **2.** [de un teorema] proof **3.** [exhibición] display; [señal] sign; [prueba] proof.

demostrar [23] vt **1.** [hipótesis, teoría, verdad] to prove **2.** [alegría, impaciencia, dolor] to show

3. [funcionamiento, procedimiento] to demonstrate, to show.

denegar [35] vt to turn down, to reject.

dengue sm **1.** MED dengue **2.** fam [afectación] fussiness.

denigrante adj [humillante] degrading ; [insultante] insulting.

denigrar vt [humillar] to denigrate, to vilify ; [insultar] to insult.

denominación sf naming ▶ 'denominación de origen' 'appellation d'origine'.

denominador sm denominator ▶ denominador común fig MAT common denominator.

denotar vt to indicate, to show.

densidad sf [gen & INFORM] density ▶ densidad de población population density ▶ alta / doble densidad INFORM high/double density.

denso, sa adj [gen] dense ; [líquido] thick.

dentadura sf teeth pl ▶ dentadura postiza false teeth pl, dentures pl.

dentera sf ▶ dar dentera a alguien to set sb's teeth on edge.

dentífrico, ca adj tooth (antes de sust).
◆ **dentífrico** sm toothpaste.

dentista smf dentist.

dentistería sf CAM COL ECUAD VEN [consultorio] dentist's, dental surgery.

dentro adv inside ▶ está ahí dentro it's in there ▶ hacia / para dentro inwards ▶ por dentro (on the) inside ; fig inside, deep down. ◆ **dentro de** loc prep in / dentro del coche in o inside the car ▶ dentro de poco / un año in a while/a year / dentro de un año terminaré los estudios I'll have finished my studies within a year ▶ dentro de lo posible as far as possible.

denuncia sf [acusación] accusation ; [condena] denunciation ; [a la policía] complaint ▶ presentar una denuncia contra to file a complaint against.

denunciante smf person who reports a crime.

denunciar [8] vt to denounce ; [delito] to report.

departamento sm **1.** [gen] department **2.** [división territorial] administrative district ; [en Francia] department **3.** [de maleta, cajón, tren] compartment **4.** ARG [apartamento] flat UK, apartment US.

dependencia sf **1.** [de una persona] dependence ; [de país, drogas, alcohol] dependency **2.** [departamento] section ; [sucursal] branch. ◆ **dependencias** sfpl [habitaciones] rooms ; [edificios] outbuildings.

depender vi to depend / depende ... it depends ...
◆ **depender de** vi ▶ depender de algo to depend on sthg ▶ depender de alguien to be dependent on sb / depende de ti it's up to you.

dependienta sf shop assistant, saleswoman.

dependiente ❖ adj dependent / un organismo dependiente del gobierno central a body which forms part of the central government. ❖ sm salesman, shop assistant UK, salesclerk US.

depiladora sf epilator.

depilar vt [gen] to remove the hair from ; [cejas] to pluck ; [con cera] to wax.

depilatorio, ria adj hair-removing.
◆ **depilatorio** sm hair-remover.

deplorable adj [suceso, comportamiento] deplorable ; [aspecto] sorry, pitiful.

deponer [65] vt **1.** [abandonar - actitud] to drop, to set aside ; [las armas] to lay down **2.** [destituir - ministro, secretario] to remove from office ; [- líder, rey] to depose.

deportar vt to deport.

deporte sm sport ▶ hacer deporte to do o practise sports / hacer deporte es bueno para la salud sport is good for your health ▶ practicar un deporte to do a sport / deportes de competición competitive sports / deportes extremos extreme sports / deportes náuticos water sports.

deportista sm, f sportsman (sportswoman).

deportivo, va adj **1.** [revista, evento] sports (antes de sust) **2.** [conducta, espíritu] sportsmanlike. ◆ **deportivo** sm sports car.

depositar vt **1.** [gen] to place ▶ depositar algo en alguien [confianza, ilusiones] to place sthg in sb **2.** [en el banco etc] to deposit. ◆ **depositarse** vprnl [asentarse] to settle.

depositario, ria sm, f **1.** [de dinero] trustee **2.** [de confianza etc] repository **3.** [de mercancías etc] depositary.

depósito sm **1.** [almacén - de mercancías] store, warehouse ; [- de armas] dump ▶ depósito de cadáveres morgue, mortuary / depósito de equipaje left luggage office UK, baggage room US **2.** [recipiente] tank / depósito de agua a) [cisterna] water tank b) [embalse] reservoir / depósito de gasolina petrol tank UK, gas tank US **3.** [de dinero] deposit.

depravado, da adj depraved.

depreciar [8] vt to (cause to) depreciate.
◆ **depreciarse** vprnl to depreciate.

depredador, ra ❖ adj predatory. ❖ sm, f predator.

depresión sf [gen] depression ▶ depresión nerviosa nervous breakdown / depresión posparto postnatal depression.

depresivo, va ❖ adj PSICOL depressive ; [deprimente] depressing. ❖ sm, f depressive.

depresor, ra adj depressant.

deprimido, da adj depressed.

deprimir vt to depress. ◆ **deprimirse** vprnl to get depressed.

deprisa, de prisa adv fast, quickly ▸ **¡deprisa!** quick!

depuración sf **1.** [de agua, metal, gas] purification **2.** fig [de organismo, sociedad] purge.

depurar vt **1.** [agua, metal, gas] to purify **2.** fig [organismo, sociedad] to purge.

derecha ⟶ **derecho**.

derecho, cha ❖ adj **1.** [diestro] right / *el margen derecho* the right-hand margin **2.** [vertical] upright / *siempre anda muy derecha* she always walks with a very upright posture **3.** [recto] straight. ❖ adv **1.** [en posición vertical] upright **2.** [en línea recta] straight / *todo derecho* straight ahead / *siga todo derecho y llegará al museo* continue straight ahead and you'll come to the museum **3.** [directamente] straight / *se fue derecha a casa* she went straight home. ◆ **derecho** sm **1.** [leyes, estudio] law / *un estudiante de derecho* a law student ▸ **derecho canónico / fiscal** canon/tax law **2.** [prerrogativa] right / *con derecho a* with a right to / *de pleno derecho* fully-fledged ▸ **el derecho al voto** the right to vote / *hacer valer sus derechos* to exercise one's rights ▸ **¡no hay derecho!** it's not fair! ▸ **reservado el derecho de admisión** the management reserves the right of admission / *derecho de asilo* right of asylum / *derecho de réplica* right to reply ▸ **derecho de retención** ECON right of retention **3.** [de una tela, prenda] right side ▸ **del derecho** right side out. ◆ **derecha** sf **1.** [contrario de izquierda] right, right-hand side ▸ **a la derecha** to the right / *girar a la derecha* to turn right **2.** POLÍT right (wing) ▸ **ser de derechas** to be right-wing. ◆ **derechos** smpl [tasas] duties; [profesionales] fees ▸ **derechos de aduana** customs duty *(U)* ▸ **derechos de inscripción** membership fee sg ▸ **derechos de autor a)** [potestad] copyright *(U)* **b)** [dinero] royalties.

deriva sf drift ▸ **a la deriva** adrift ▸ **ir a la deriva** to drift.

derivado, da adj GRAM derived. ◆ **derivado** sm **1.** [producto] by-product / *derivados lácteos* dairy products **2.** QUÍM derivative.

derivar ❖ vt **1.** [desviar] to divert **2.** MAT to derive. ❖ vi [desviarse] to change direction, to drift. ◆ **derivar de** vi **1.** [proceder] to derive from **2.** GRAM to be derived from. ◆ **derivar en** vi to result in, to lead to. ◆ **derivarse** vprnl **1.** [proceder] : *derivarse de* to result o stem from **2.** LING : *derivarse de* to be derived from.

dermoprotector adj skin-protecting.

derogación sf repeal.

derramamiento sm spilling ▸ **derramamiento de sangre** bloodshed.

derramar vt [por accidente] to spill; [verter] to pour. ◆ **derramarse** vprnl [por accidente] to spill.

derrame sm **1.** MED discharge **2.** [de líquido] spilling; [de sangre] shedding.

derrapar vi to skid.

derrape sm skid.

derretir [26] vt [gen] to melt; [nieve] to thaw. ◆ **derretirse** vprnl [metal, mantequilla] to melt; [hielo, nieve] to thaw.

derribar vt **1.** [construcción] to knock down, to demolish **2.** [hacer caer - árbol] to fell; [- avión] to bring down **3.** [gobierno, gobernante] to overthrow.

derribo sm [material] rubble.

derrocar [10] vt [gobierno] to bring down, to overthrow; [ministro] to oust.

derrochar vt [malgastar] to squander.

derroche sm [malgaste] waste, squandering.

derrota sf [fracaso] defeat.

derrotado, da adj & sm, f defeated.

derrotar vt to defeat.

derrotero sm [camino] direction / *tomar diferentes derroteros* to follow a different course.

derrotista adj & smf defeatist.

derruir [51] vt to demolish.

derrumbamiento sm **1.** [de puente, edificio - por accidente] collapse; [- intencionado] demolition **2.** fig [de imperio] fall; [de empresa etc] collapse.

derrumbar vt [puente, edificio] to demolish. ◆ **derrumbarse** vprnl [puente, edificio] to collapse; [techo] to fall o cave in.

desabotonar vt to unbutton. ◆ **desabotonarse** vprnl [suj: persona] to undo one's buttons; [suj: ropa] to come undone.

desabrochar vt to undo. ◆ **desabrocharse** vprnl [suj: persona] to undo one's buttons; [suj: ropa] to come undone.

desacato sm **1.** [gen] ▸ **desacato (a)** lack of respect (for), disrespect (for) **2.** DER contempt of court

desacierto sm [error] error.

desacompasado, da adj = descompasado.

desaconsejar vt ▸ **desaconsejar algo (a alguien)** to advise (sb) against sthg ▸ **desaconsejar a alguien que haga algo** to advise sb not to do sthg.

desacreditar vt to discredit.

desactivar vt to defuse.

desacuerdo sm disagreement.

desafiante adj defiant.

desafiar [9] vt **1.** [persona] to challenge ▸ **desafiar a alguien a algo / a que haga algo** to challenge sb to sthg/to do sthg **2.** [peligro] to defy

desafinar vi MÚS to be out of tune. ◆ **desafinarse** vprnl to go out of tune.

desafío sm challenge.

desaforado, da adj **1.** [excesivo - apetito] uncontrolled **2.** [furioso - grito] furious, wild.

desafortunadamente adv unfortunately.

desafortunado, da adj **1.** [gen] unfortunate **2.** [sin suerte] unlucky.

desagradable adj unpleasant.

desagradar vi to displease / *su actitud le desagradó* he was displeased at her attitude.

desagradecido, da sm, f ungrateful person.

desagrado sm displeasure ▶ **con desagrado** reluctantly.

desagraviar [8] vt ▶ **desagraviar a alguien por algo a)** [por una ofensa] to make amends to sb for sthg **b)** [por un perjuicio] to compensate sb for sthg.

desagüe sm [vaciado] drain; [cañería] drainpipe.

desaguisado sm [destrozo] damage (U).

desahogado, da adj **1.** [de espacio] spacious **2.** [de dinero] well-off.

desahogar [16] vt [ira] to vent; [pena] to relieve, to ease. ◆ **desahogarse** vprnl **1.** [contar penas] ▶ **desahogarse con alguien** to pour out one's woes o to tell one's troubles to sb **2.** [desfogarse] to let off steam.

desahogo sm **1.** [moral] relief **2.** [de espacio] space, room **3.** [económico] ease.

desahuciar [8] vt **1.** [inquilino] to evict **2.** [enfermo] ▶ **desahuciar a alguien** to give up all hope of saving sb.

desahucio sm eviction.

desaire sm snub, slight ▶ **hacer un desaire a alguien** to snub sb / *sufrir un desaire* to receive a rebuff.

desajuste sm **1.** [de piezas] misalignment; [de máquina] breakdown **2.** [de declaraciones] inconsistency; [económico etc] imbalance.

desaladora sf desalination plant.

desalar vt [pescado] to soak *(to remove the salt from)*; [agua del mar] to desalinate.

desalentador, ra adj disheartening.

desalentar [19] vt to discourage.

desaliento sm dismay, dejection.

desalinizadora sf desalination plant.

desaliñado, da adj scruffy.

desaliño sm scruffiness.

desalmado, da adj heartless.

desalojar vt **1.** [por una emergencia - edificio, personas] to evacuate [por la fuerza - suj: policía, ejército] to clear; [- inquilinos etc] to evict **3.** [por propia voluntad] to abandon, to move out of.

desamor sm [falta de afecto] indifference, coldness; [odio] dislike.

desamparado, da adj [niño] helpless; [lugar] desolate, forsaken.

desamparar vt to abandon.

desamparo sm [abandono] abandonment; [aflicción] helplessness.

desangrar vt **1.** [animal, persona] to bleed **2.** *fig* [económicamente] to bleed dry. ◆ **desangrarse** vprnl to lose a lot of blood.

desanimado, da adj [persona] downhearted.

desanimar vt to discourage. ◆ **desanimarse** vprnl to get downhearted o discouraged.

desánimo sm [gen] dejection; [depresión] depression.

desapacible adj unpleasant.

desaparecer [30] vi **1.** [gen] to disappear **2.** [en guerra, accidente] to go missing.

desaparecido, da sm, f missing person.

desaparición sf disappearance.

desapego sm indifference.

desapercibido, da adj ▶ **pasar desapercibido** to go unnoticed.

desaprensivo, va sm, f unscrupulous person.

desaprobar [23] vt [gen] to disapprove of; [un plan etc] to reject.

desaprovechar vt to waste.

desarmado, da adj unarmed.

desarmador sm Mex **1.** [herramienta] screwdriver **2.** [cóctel] vodka and orange.

desarmar vt **1.** [gen] to disarm **2.** [desmontar] to take apart, to dismantle.

desarme sm MIL disarmament.

desarraigado, da adj rootless.

desarraigar [16] vt **1.** [vicio, costumbre] to root out **2.** [persona, pueblo] to banish, to drive (out).

desarraigo sm [de árbol] uprooting; [de vicio, costumbre] rooting out; [de persona, pueblo] banishment.

desarreglar vt [armario, pelo] to mess up; [planes, horario] to upset.

desarreglo sm [de cuarto, persona] untidiness; [de vida] disorder.

desarrollado, da adj developed.

desarrollador, ra sm, f INFORM (software) developper.

desarrollar vt **1.** [mejorar - crecimiento, país] to develop **2.** [exponer - teoría, tema, fórmula] to expound **3.** [realizar - actividad, trabajo] to carry out. ◆ **desarrollarse** vprnl **1.** [crecer, mejorar] to develop **2.** [suceder - reunión] to take place; [- película] to be set.

desarrollo sm **1.** [mejora] development / *países en vías de desarrollo* developing countries **2.** [crecimiento] growth, development **3.** [de idea, argumento, acontecimiento] development.

desarticular vt **1.** [huesos] to dislocate **2.** *fig* [organización, banda] to break up; [plan] to foil.

desasosegado, da adj restless.

desasosegar [35] vt to make uneasy.

desasosiego sm **1.** [mal presentimiento] unease **2.** [nerviosismo] restlessness.

desastrado, da adj [deseaseado] scruffy ; [sucio] dirty.

desastre sm disaster / *su madre es un desastre* her mother is hopeless ▶ **desastre natural** natural disaster.

desastroso, sa adj disastrous.

desatado, da adj **1.** [nudo] undone **2.** *fam* [persona, sentimiento] wild, out of control.

desatar vt **1.** [nudo, lazo] to untie ; [paquete] to undo ; [animal] to unleash **2.** *fig* [tormenta, iras, pasión] to unleash ; [entusiasmo] to arouse ; [lengua] to loosen. ◆ **desatarse** vprnl **1.** [nudo, lazo] to come undone **2.** *fig* [desencadenarse - tormenta] to break ; [- ira, cólera] to erupt.

desatascador sm plunger.

desatascar [10] vt to unblock.

desatender [20] vt **1.** [obligación, persona] to neglect **2.** [ruegos, consejos] to ignore.

desatino sm **1.** [locura] foolishness **2.** [desacierto] foolish act.

desatornillar vt to unscrew.

desautorizar [13] vt **1.** [desmentir - noticia] to deny **2.** [prohibir - manifestación, huelga] to ban **3.** [desacreditar] to discredit.

desavenencia sf [desacuerdo] friction, tension ; [riña] quarrel.

desavenido, da adj : *estar desavenido con alguien* to be on bad terms with sb.

desavenirse [75] vprnl to fall out.

desaventajado, da adj **1.** [inferior] disadvantaged **2.** [poco ventajoso] disadvantageous.

desayunar ◆ vi to have breakfast. ◆ vt to have for breakfast.

desayuno sm breakfast / *desayuno continental* continental breakfast / *desayuno de trabajo* working breakfast.

desazón sf unease, anxiety.

desbancar [10] vt *fig* [ocupar el puesto de] to oust, to replace.

desbandada sf breaking up, scattering ▶ **a la desbandada** in great disorder.

desbarajuste sm disorder, confusion.

desbaratar vt to ruin, to wreck.

desbloquear vt [cuenta] to unfreeze ; [país] to lift the blockade on ; [negociación] to end the deadlock in.

desbocado, da adj [caballo] runaway.

desbocar vi : *desbocar en* a) [río] to flow into b) [calle, camino] to join, to lead into. ◆ **desbocarse** [10] vprnl [caballo] to bolt.

desbolado, da RP *fam* ◆ adj messy, untidy. ◆ sm, f untidy person.

desbolarse vprnl RP *fam* to undress, to strip.

desbole sm RDom *fam* mess, chaos.

desbordado, da adj overflowing.

desbordante adj overflowing.

desbordar vt **1.** [cauce, ribera] to overflow, to burst **2.** [límites, previsiones] to exceed ; [paciencia] to push beyond the limit. ◆ **desbordarse** vprnl **1.** [líquido] ▶ **desbordarse (de)** to overflow (from) **2.** [río] to overflow **3.** *fig* [sentimiento] to erupt.

descabalgar [16] vi to dismount.

descabellado, da adj crazy.

descacharrado, da adj = escacharrado.

descacharrar vt = escacharrar.

descacharrarse vprnl = escacharrarse.

descafeinado, da adj [sin cafeína] decaffeinated. ◆ **descafeinado** sm decaffeinated coffee.

descalabro sm setback, damage *(U)*.

descalcificar [10] vt to decalcify.

descalificar [10] vt **1.** [en una competición] to disqualify **2.** [desprestigiar] to discredit.

descalzar [13] vt ▶ **descalzar a alguien** to take sb's shoes off. ◆ **descalzarse** vprnl to take off one's shoes.

descalzo, za adj barefoot.

descaminado, da adj *fig* [equivocado] ▶ **andar** o **ir descaminado** to be on the wrong track.

descampado sm open country.

descansado, da adj **1.** [trabajo, vida] easy **2.** [aspecto, rostro] rested, refreshed.

descansar ◆ vi **1.** [reposar] to rest **2.** [dormir] to sleep / *¡que descanses!* sleep well! ◆ vt **1.** to rest / *descansar la vista* to rest one's eyes / *descansa la cabeza en mi hombro* rest your head on my shoulder **2.** [dormir] to sleep.

descansillo sm landing.

descanso sm **1.** [reposo] rest ▶ **tomarse un descanso** to take a rest ▶ **día de descanso** day off **2.** [pausa] break ; CINE & TEATRO interval ; DEP half-time **3.** *fig* [alivio] relief.

descapotable adj & sm convertible.

descarado, da adj **1.** [desvergonzado - persona] cheeky, impertinent **2.** [flagrante - intento etc] barefaced.

descarga sf **1.** [de mercancías] unloading **2.** [de electricidad] shock **3.** [disparo] firing, shots *pl* **4.** INFORM download.

descargar [16] vt **1.** [vaciar - mercancías, pistola] to unload **2.** [disparar - munición, arma, ráfaga] ▶ **descargar (sobre)** to fire (at) **3.** ELECTR to run down. ◆ **descargarse** vprnl **1.** [desahogarse] ▶ **descargarse con alguien** to take it out on sb **2.** ELECTR to go flat.

descargo sm **1.** [excusa] ▶ **descargo a** argument against **2.** DER defence **3.** [COM - de deuda] discharge ; [- recibo] receipt.

descarnado, da adj **1.** [descripción] brutal **2.** [persona, animal] scrawny.

descaro sm cheek, impertinence.

descarriarse [9] vprnl **1.** [ovejas, ganado] to stray **2.** fig [pervertirse] to go astray.

descarrilamiento sm derailment.

descarrilar vi to be derailed.

descartable adj ᴀᴍ [objeto] disposable.

descartar vt [ayuda] to refuse, to reject ; [posibilidad] to rule out. ◆ **descartarse** vprnl **1.** [en naipes] to discard cards / *me descarté de un cinco* I got rid of a five **2.** [idea, posibilidad] ▶ **descartarse (de)** to discard.

descendencia sf **1.** [hijos] offspring **2.** [linaje] lineage, descent.

descender [20] vi **1.** [en estimación] to go down ▶ **descender a segunda** to be relegated to the second division **2.** [cantidad, valor, temperatura, nivel] to fall, to drop. ◆ **descender de** vi **1.** [avión] to get off **2.** [linaje] to be descended from.

descendiente adj & smf descendant.

descenso sm **1.** [en el espacio] descent **2.** [de cantidad, valor, temperatura, nivel] drop.

descentralizar [13] vt to decentralize.

descentrar vt **1.** [sacar del centro] to knock off-centre **2.** fig [desconcentrar] to distract.

descifrar vt **1.** [clave, mensaje] to decipher **2.** [motivos, intenciones] to work out ; [misterio] to solve ; [problemas] to puzzle out.

descodificador, decodificador sm decoder.

descolgar [39] vt **1.** [una cosa colgada] to take down **2.** [teléfono] to pick up. ◆ **descolgarse** vprnl [bajar] ▶ **descolgarse (por algo)** to let oneself down o to slide down (sthg).

descolorido, da adj faded.

descompactar vt INFORM to unflatten.

descompasado, da, desacompasado, da adj excessive, uncontrollable.

descompensado, da adj unbalanced.

descomponer [65] vt **1.** [pudrir - fruta] to rot ; [- cadáver] to decompose **2.** [dividir] to break down ▶ **descomponer algo en** to break sthg down into **3.** [desordenar] to mess up **4.** [estropear] to damage. ◆ **descomponerse** vprnl **1.** [pudrirse - fruta] to rot ; [- cadáver] to decompose **2.** [averiarse] to break down.

descomposición sf **1.** [de elementos] decomposition **2.** [putrefacción - de fruta] rotting ; [- de cadáver] decomposition **3.** [alteración] distortion **4.** [diarrea] diarrhoea.

descompostura sf **1.** [falta de mesura] lack of respect, rudeness **2.** ᴍᴇx ʀᴅᴏᴍ [avería] breakdown **3.** ᴀᴍ [malestar] sickness **4.** ᴀᴍ [diarrea] diarrhoea **5.** ᴍᴇx ʀᴘ [avería] breakdown.

descompuesto, ta ⬧ pp ⟶ **descomponer**. ◆ adj **1.** [putrefacto - fruta] rotten ; [- cadáver] decomposed **2.** [alterado - rostro] distorted, twisted **3.** ᴍᴇx ʀᴘ [mecanismo, máquina] broken, broken down.

descomunal adj enormous.

desconcentrar vt to distract.

desconcertado, da adj disconcerted.

desconcertante adj disconcerting.

desconcertar [19] vt to disconcert, to throw. ◆ **desconcertarse** vprnl to be thrown o bewildered.

desconchado sm [de pintura] peeling paint ; [de enyesado] peeling plaster.

desconcierto sm [desorden] disorder ; [desorientación, confusión] confusion.

desconectado, da adj disconnected.

desconectar vt [aparato] to switch off ; [línea] to disconnect ; [desenchufar] to unplug.

desconexión sf **1.** [de aparato, alarma] disconnection, unplugging ; [de línea telefónica] disconnection **2.** [falta de relación] disconnect.

desconfianza sf distrust.

desconfiar [9] ◆ **desconfiar de** vi **1.** [sospechar de] to distrust **2.** [no confiar en] to have no faith in.

descongelar vt **1.** [producto] to thaw ; [nevera] to defrost **2.** fig [precios] to free ; [créditos, salarios] to unfreeze.

descongestionante sm decongestant.

descongestionar vt **1.** MED to clear **2.** fig [calle, centro de ciudad] to make less congested ▶ **descongestionar el tráfico** to reduce congestion.

desconocer [31] vt [ignorar] not to know.

desconocido, da ⬧ adj [no conocido] unknown. ⬧ sm, f stranger.

desconocimiento sm ignorance.

desconsiderado, da adj thoughtless, inconsiderate.

desconsolado, da adj disconsolate.

desconsolar [23] vt to distress.

desconsuelo sm distress, grief.

descontado, da adj discounted.

◆ **por descontado** loc adv obviously ▶ **dar algo por descontado** to take sthg for granted.

descontar [23] vt **1.** [una cantidad] to deduct **2.** COM to discount.

descontentar vt to upset.

descontento, ta adj unhappy, dissatisfied. ◆ **descontento** sm dissatisfaction.

descontrolado, da adj uncontrolled.

desconvocar [10] vt to cancel, to call off.

descorazonador, ra adj discouraging.

descorazonar vt to discourage.

descorchador sm corkscrew.

descorchar

descorchar vt to uncork.

descorrer vt **1.** [cortinas] to draw back **2.** [cerrojo, pestillo] to draw back.

descortés adj rude.

descoser vt to unstitch. ◆ **descoserse** vprnl to come unstitched.

descosido, da adj unstitched.

descoyuntar vt to dislocate.

descrédito sm discredit ▶ **ir en descrédito de algo/alguien** to count against sthg/sb.

descreído, da sm, f non-believer.

descremado, da adj skimmed.

describir vt to describe.

descripción sf description.

descrito, ta pp ⟶ **describir**.

descuartizar [13] vt [persona] to quarter; [res] to carve up.

descubierto, ta ⟷ pp ⟶ **descubrir**. ⟷ adj **1.** [gen] uncovered; [coche] open **2.** [cielo] clear **3.** [sin sombrero] bareheaded. ◆ **descubierto** sm [FIN - de empresa] deficit; [- de cuenta bancaria] overdraft. ◆ **al descubierto** loc adv **1.** [al raso] in the open **2.** BANCA overdrawn ▶ **quedar al descubierto** fig to be exposed o uncovered.

descubrimiento sm **1.** [de continentes, invenciones] discovery **2.** [de placa, busto] unveiling **3.** [de complots] uncovering; [de asesinos] detection.

descubrir vt **1.** [gen] to discover; [petróleo] to strike; [complot] to uncover **2.** [destapar - estatua, placa] to unveil **3.** [vislumbrar] to spot, to spy **4.** [delatar] to give away. ◆ **descubrirse** vprnl [quitarse el sombrero] to take one's hat off ▶ **descubrirse ante algo** fig to take one's hat off to sthg.

descuento sm discount ▶ **hacer descuento** to give a discount ▶ **con descuento** at a discount ▶ **un descuento del 10 %** a 10 % discount.

descuidado, da adj **1.** [desaseado - persona, aspecto] untidy; [- jardín] neglected **2.** [negligente] careless **3.** [distraído] off one's guard.

descuidar ⟷ vt [desatender] to neglect. ⟷ vi [no preocuparse] not to worry / **descuida, que yo me encargo** don't worry, I'll take care of it. ◆ **descuidarse** vprnl **1.** [abandonarse] to neglect one's appearance **2.** [despistarse] not to be careful.

descuido sm **1.** [falta de aseo] carelessness **2.** [olvido] oversight; [error] slip / **en un descuido** by mistake.

desde prep **1.** [tiempo] since / **no lo veo desde el mes pasado/desde ayer** I haven't seen him since last month/yesterday ▶ **desde ahora** from now on ▶ **desde hace mucho/un mes** for ages/a month ▶ **desde ... hasta ...** from... until... / **desde el lunes hasta el viernes** from Monday till Friday ▶ **desde entonces** since then ▶ **desde que** since / **desde que murió mi madre** since my mother died **2.** [espacio] from ▶ **desde ... hasta ...** from ... to ... / **desde aquí hasta el centro** from here to the centre. ◆ **desde luego** loc adv **1.** [por supuesto] of course **2.** [en tono de reproche] for goodness' sake!

desdecir [66] ◆ **desdecir de** vi [desmerecer] to be unworthy of; [no cuadrar con] not to go with, to clash with. ◆ **desdecirse** vprnl to go back on one's word ▶ **desdecirse de** to go back on.

desdén sm disdain, scorn.

desdentado, da adj toothless.

desdeñar vt to scorn.

desdeñoso, sa adj disdainful.

desdibujarse vprnl to become blurred.

desdicha sf [desgracia - situación] misery; [- suceso] misfortune / **por desdicha** unfortunately.

desdichado, da adj [decisión, situación] unfortunate; [persona - sin suerte] unlucky; [- sin felicidad] unhappy.

desdicho, cha pp ⟶ **desdecir**.

desdoblar vt [servilleta, carta] to unfold; [alambre] to straighten out.

desear vt **1.** [querer] to want; [anhelar] to wish ▶ **¿qué desea?** [en tienda] what can I do for you? / **desearía estar allí** I wish I was there ▶ **dejar mucho/no dejar nada que desear** to leave much/nothing to be desired **2.** [sexualmente] to desire.

desecar [10] vt to dry out. ◆ **desecarse** vprnl to dry out.

desechable adj disposable.

desechar vt **1.** [tirar - ropa, piezas] to throw out, to discard **2.** [rechazar - ayuda, oferta] to refuse, to turn down **3.** [desestimar - idea] to reject; [- plan, proyecto] to drop.

desecho sm [objeto usado] unwanted object; [ropa] castoff ▶ **material de desecho a)** [gen] waste products pl **b)** [metal] scrap. ◆ **desechos** smpl [basura] rubbish (U); [residuos] waste products / **desechos radiactivos** radioactive waste (U).

desembalar vt to unpack.

desembarazar [13] vt to clear. ◆ **desembarazarse** vprnl ▶ **desembarazarse de** to get rid of.

desembarcar [10] ⟷ vt [pasajeros] to disembark; [mercancías] to unload. ⟷ vi **1.** [de barco, avión] to disembark **2.** Am [de autobús, tren] to get off. ◆ **desembarcarse** vprnl Am to get off.

desembarco sm **1.** [de pasajeros] disembarkation **2.** MIL landing.

desembarque sm [de mercancías] unloading.

desembocadura sf [de río] mouth; [de calle] opening.

desembocar [10] ◆ **desembocar en** vi
1. [río] to flow into **2.** [asunto] to result in.
desembolso sm payment ▶ **desembolso inicial**
down payment.
desembozar [13] vt **1.** [rostro] to unmask, to
uncover **2.** [cañería] to unblock.
desempaquetar vt [paquete] to unwrap; [caja]
to unpack.
desempatar vi to decide the contest ▶ **jugar
para desempatar** to have a play-off.
desempate sm final result ▶ **partido de desempate** decider.
desempeñar vt **1.** [función, misión] to carry
out; [cargo, puesto] to hold **2.** [papel] to play
3. [joyas] to redeem.
desempeño sm **1.** [de función] carrying out
2. [de papel] performance **3.** [de objeto] redemption.
desempleado, da adj unemployed.
desempleo sm **1.** [falta de empleo] unemployment **2.** [subsidio] unemployment benefit / *cobrar el desempleo* to receive unemployment
benefit.
desempolvar vt **1.** [mueble, jarrón] to dust
2. fig [recuerdos] to revive.
desencadenante ◆ adj : *los factores des-
encadenantes de la crisis* the factors which trig-
gered the crisis. ◆ sm trigger.
desencadenar vt **1.** [preso, perro] to unchain
2. fig [suceso, polémica] to give rise to; [pasión,
furia] to unleash. ◆ **desencadenarse** vprnl
1. [pasiones, odios, conflicto] to erupt; [guerra]
to break out **2.** [viento] to blow up; [tormenta]
to burst; [terremoto] to strike.
desencajar vt **1.** [mecanismo, piezas - sin
querer] to knock out of place; [- intencionada-
mente] to take apart **2.** [hueso] to dislocate.
◆ **desencajarse** vprnl **1.** [piezas] to come
apart **2.** [rostro] to distort, to become distorted.
desencaminado, da adj : *andar* o *ir desencaminado* [equivocado] to be wrong.
desencanto sm disappointment.
desenchufar vt to unplug.
desenfadado, da adj [persona, conducta] relaxed, easy-going; [comedia, programa de TV]
light-hearted; [estilo] light; [en el vestir] casual.
desenfado sm [seguridad en sí mismo] self-
assurance; [desenvoltura] ease; [desparpajo]
uninhibited nature.
desenfocado, da adj [imagen] out of focus;
[visión] blurred.
desenfrenado, da adj [ritmo, baile] frantic, frenzied; [comportamiento] uncontrolled;
[apetito] insatiable.
desenfreno sm **1.** [gen] lack of restraint **2.** [vi-
cio] debauchery.

desenfundar vt [pistola] to draw.
desenganchar vt **1.** [vagón] to uncouple **2.** [ca-
ballo] to unhitch **3.** [pelo, jersey] to free.
desengañar vt **1.** [a persona equivocada]
▶ **desengañar a alguien** to reveal the truth
to sb **2.** [a persona esperanzada] to disillusion.
◆ **desengañarse** vprnl ▶ **desengañarse (de)**
to become disillusioned (with) / *desengáñate* stop
kidding yourself.
desengaño sm disappointment ▶ **llevarse un
desengaño con alguien** to be disappointed in sb.
desenlace sm denouement, ending.
desenmarañar vt **1.** [ovillo, pelo] to untangle
2. fig [asunto] to sort out; [problema] to resolve.
desenmascarar vt [descubrir] to unmask.
desenredar vt **1.** [hilos, pelo] to untangle
2. fig [asunto] to sort out; [problema] to resolve.
◆ **desenredarse** vprnl ▶ **desenredarse (de
algo)** to extricate oneself (from sthg).
desenrollar vt [hilo, cinta] to unwind; [persiana]
to roll down; [pergamino, papel] to unroll.
desenroscar [10] vt to unscrew.
desentenderse [20] vprnl to pretend not to
hear/know etc.
desenterrar [19] vt **1.** [cadáver] to disinter; [te-
soro, escultura] to dig up **2.** fig [recordar] ▶ **desenterrar algo (de)** to recall o revive sthg (from).
desentonar vi **1.** [MÚS - cantante] to sing out of
tune; [- instrumento] to be out of tune **2.** [color,
cortinas, edificio] ▶ **desentonar (con)** to clash
(with).
desentumecer [30] vt to stretch.
◆ **desentumecerse** vprnl to loosen up.
desenvoltura sf [al moverse, comportarse]
ease; [al hablar] fluency.
desenvolver [24] vt to unwrap.
◆ **desenvolverse** vprnl **1.** [asunto, proceso]
to progress; [trama] to unfold **2.** [persona] to
cope, to manage.
desenvuelto, ta ◆ pp ⟶ **desenvolver**.
◆ adj [al moverse, comportarse] natural; [al
hablar] fluent.
deseo sm **1.** [anhelo] wish, desire ▶ **su deseo
se hizo realidad** her wish came true ▶ **buenos
deseos** good intentions ▶ **pedir un deseo** to
make a wish **2.** [apetito sexual] desire.
deseoso, sa adj ▶ **estar deseoso de algo/hacer
algo** to long for sthg/to do sthg.
desequilibrado, da adj **1.** [persona] unbalanced **2.** [balanza, eje] off-centre.
desequilibrio sm [mecánico] lack of balance;
[mental] mental instability.
desertar vi to desert.
desértico, ca adj [del desierto] desert *(antes de
sust)*; [despoblado] deserted.

desertización sf [del terreno] desertification ; [de la población] depopulation.

desertizarse vprnl to become desert.

desertor, ra sm, f deserter.

desesperación sf [falta de esperanza] despair, desperation ▶ **con desesperación** in despair.

desesperado, da adj [persona, intento] desperate ; [estado, situación] hopeless ; [esfuerzo] furious.

desesperante adj infuriating.

desesperar ❖ vt to exasperate, to drive mad. ❖ vi to despair, to give up o lose hope. ◆ **desesperarse** vprnl **1.** [perder la esperanza] to be driven to despair **2.** [irritarse, enojarse] to get mad o exasperated.

desestabilizar [13] vt to destabilize.

desestatización sf **Am** privatization.

desestatizar vt **Am** to privatize, to sell off.

desestimar vt **1.** [rechazar] to turn down **2.** [despreciar] to turn one's nose up at.

desfachatez sf fam cheek.

desfalco sm embezzlement.

desfallecer [30] vi **1.** [debilitarse] to be exhausted ▶ **desfallecer de** to feel faint from **2.** [desmayarse] to faint.

desfasado, da adj [persona] out of touch ; [libro, moda] out of date.

desfase sm [diferencia] gap ▶ **desfase horario** jet lag.

desfavorable adj unfavourable.

desfavorecido, da adj disadvantaged.

desfigurado, da adj [persona] disfigured ; [verdad, hecho] distorted.

desfigurar vt **1.** [rostro, cuerpo] to disfigure **2.** fig [la verdad] to distort.

desfiladero sm narrow mountain pass.

desfilar vi MIL to parade.

desfile sm MIL parade ; [de carrozas] procession.

desfogar [16] vt to vent. ◆ **desfogarse** vprnl to let off steam.

desforestación sf deforestation.

desgajar vt [página] to tear out ; [rama] to break off ; [libro, periódico] to rip up ; [naranja] to split into segments. ◆ **desgajarse** vprnl [rama] to break off ; [hoja] to fall.

desgana sf **1.** [falta de hambre] lack of appetite **2.** [falta de ánimo] lack of enthusiasm ▶ **con desgana** unwillingly, reluctantly.

desganado, da adj [sin apetito] ▶ **estar desganado** to be off one's food.

desgarbado, da adj clumsy, ungainly.

desgarrador, ra adj harrowing.

desgarrar vt to rip ▶ **desgarrar el corazón** to break one's heart.

desgarro sm tear.

desgastado, da adj worn.

desgastar vt to wear out. ◆ **desgastarse** vprnl to wear o.s. out.

desgaste sm **1.** [de tela, muebles etc] wear and tear ; [de roca] erosion ; [de pilas] running down ; [de cuerdas] fraying ; [de metal] corrosion **2.** [de persona] wear and tear / **desgaste político** erosion of voter confidence.

desglosar vt to break down.

desglose sm breakdown.

desgracia sf **1.** [mala suerte] misfortune ▶ **por desgracia** unfortunately / **tener la desgracia de** to be unfortunate enough to **2.** [catástrofe] disaster ▶ **desgracias personales** casualties ▶ **es una desgracia que ...** it's a terrible shame that ... **3.** loc ▶ **caer en desgracia** to fall into disgrace ▶ **las desgracias nunca vienen solas** it never rains but it pours.

desgraciadamente adv unfortunately.

desgraciado, da adj **1.** [gen] unfortunate **2.** [sin suerte] unlucky **3.** [infeliz] unhappy.

desgravar vt to deduct from one's tax bill.

desgreñado, da adj dishevelled.

desguace sm [de coches] scrapping ; [de buques] breaking.

deshabitado, da adj uninhabited.

deshabituar [6] vt ▶ **deshabituar a alguien (de)** to get sb out of the habit (of).

deshacer [60] vt **1.** [costura, nudo, paquete] to undo ; [maleta] to unpack ; [castillo de arena] to destroy **2.** [disolver - helado, mantequilla] to melt ; [- pastilla, terrón de azúcar] to dissolve **3.** [poner fin a - contrato, negocio] to cancel ; [- pacto, tratado] to break ; [- plan, intriga] to foil ; [- organización] to dissolve **4.** [destruir - enemigo] to rout ; [- matrimonio] to ruin **5.** INFORM to undo. ◆ **deshacerse** vprnl **1.** [desvanecerse] to disappear **2.** fig [librarse] ▶ **deshacerse de** to get rid of **3.** fig ▶ **deshacerse en algo (con o hacia alguien)** a) [cumplidos] to lavish sthg (on sb) b) [insultos] to heap sthg (on sb).

desharrapado, da adj ragged.

deshecho, cha ❖ pp ⟶ **deshacer**. ❖ adj **1.** [costura, nudo, paquete] undone ; [cama] unmade ; [maleta] unpacked **2.** [enemigo] destroyed ; [tarta, matrimonio] ruined **3.** [derretido - pastilla, terrón de azúcar] dissolved ; [- helado, mantequilla] melted **4.** [afligido] devastated **5.** [cansado] tired out.

desheredar vt to disinherit.

deshidratado, da adj dehydrated.

deshidratar vt to dehydrate.

deshielo sm thaw.

deshilachar vt to unravel. ◆ **deshilacharse** vprnl to fray.

deshinchar vt **1.** [globo, rueda] to let down, to deflate **2.** [hinchazón] to reduce the swelling in. ◆ **deshincharse** vprnl [globo, hinchazón] to go down ; [neumático] to go flat.

deshojar vt [árbol] to strip the leaves off ; [flor] to pull the petals off ; [libro] to pull the pages out of. ◆ **deshojarse** vprnl [árbol] to shed its leaves ; [flor] to drop its petals.

deshonesto, ta adj [sin honradez] dishonest ; [sin pudor] indecent.

deshonor sm dishonour.

deshonra sf = deshonor.

deshonrar vt to dishonour.

deshora ◆ **a deshora, a deshoras** loc adv [en momento inoportuno] at a bad time ; [en horas poco habituales] at an unearthly hour.

deshuesar vt [carne] to bone ; [fruto] to stone.

desidia sf [en el trabajo] neglect ; [en el aspecto] slovenliness.

desierto, ta adj **1.** [gen] deserted **2.** [vacante - premio] deferred. ◆ **desierto** sm desert.

designar vt **1.** [nombrar] to appoint **2.** [fijar, determinar] to name, to fix.

designio sm intention, plan.

desigual adj **1.** [diferente] different ; [terreno] uneven **2.** [tiempo, persona, humor] changeable ; [alumno, actuación] inconsistent ; [lucha] unevenly matched, unequal ; [tratamiento] unfair, unequal.

desigualdad sf **1.** [gen] inequality ; [diferencia] difference ; [del terreno] roughness ; [de carácter] changeability ; [de actuación, rendimiento] inconsistency.

desilusión sf disappointment, disillusionment (U) ▶ **llevarse una desilusión** to be disappointed.

desilusionado, da adj disappointed, disillusioned.

desilusionar vt [desengañar] to reveal the truth to ; [decepcionar] to disappoint, to disillusion. ◆ **desilusionarse** vprnl [decepcionarse] to be disappointed o disillusioned ; [desengañarse] to realize the truth.

desinfección sf disinfection.

desinfectante ❖ adj disinfectant (antes de sust). ❖ sm disinfectant.

desinfectar vt to disinfect.

desinflar vt [quitar aire a] to deflate. ◆ **desinflarse** vprnl [perder aire - gen] to go down ; [- neumático] to go flat.

desinhibir vt to free from inhibitions. ◆ **desinhibirse** vprnl to lose one's inhibitions.

desinstalar vt INFORM uninstall.

desintegración sf **1.** [de objetos] disintegration **2.** [de grupos, organizaciones] breaking up.

desintegrar vt **1.** [objetos] to disintegrate ; [átomo] to split **2.** [grupos, organizaciones] to break up.

desinterés sm **1.** [indiferencia] disinterest **2.** [generosidad] unselfishness.

desinteresado, da adj unselfish.

desinteresarse vprnl ▶ **desinteresarse de** o **por algo** to lose interest in sthg.

desistir vi ▶ **desistir (de hacer algo)** to give up o to stop (doing sthg).

deslave sm landslide (caused by flooding or rain).

desleal adj [competencia] unfair ▶ **desleal (con)** disloyal (to).

deslealtad sf disloyalty.

desleír [28] vt [sólido] to dissolve ; [líquido] to dilute.

desligar [16] vt **1.** [desatar] to untie **2.** fig [separar] ▶ **desligar algo (de)** to separate sthg (from). ◆ **desligarse** vprnl **1.** [desatarse] to untie oneself **2.** fig [separarse] ▶ **desligarse de** to become separated from ▶ **desligarse de un grupo** to distance o.s. from a group.

deslindar vt **1.** [limitar] to mark out (the boundaries of) **2.** fig [separar] to define.

desliz sm slip, error ▶ **tener** o **cometer un desliz** to slip up.

deslizamiento sm sliding.

deslizar [13] vt [mano, objeto] ▶ **deslizar algo en** to slip sthg into ▶ **deslizar algo por algo** to slide sthg along sthg. ◆ **deslizarse** vprnl [resbalar] ▶ **deslizarse por** to slide along.

deslocalización sf offshoring (to reduce employment costs), relocation (of jobs to a cheaper country).

deslocalizar vt to offshore (to reduce employment costs), to relocate (jobs to a cheaper country).

deslomar vt [a golpes] to thrash.

deslucido, da adj **1.** [sin brillo] faded ; [plata] tarnished **2.** [sin gracia - acto, ceremonia] dull.

deslumbrar vt lit + fig to dazzle.

desmadrarse vprnl fam to go wild.

desmadre sm fam chaos.

desmán sm **1.** [con la bebida, comida etc] excess **2.** [abuso de poder] abuse (of power).

desmanchar vt [Am] to remove the stains from.

desmandarse vprnl **1.** [desobedecer] to be disobedient **2.** [insubordinarse] to get out of hand.

desmantelar vt [casa, fábrica] to clear out, to strip ; [organización] to disband ; [arsenal, andamio] to dismantle ; [barco] to unrig.

desmaquillador sm make-up remover.

desmaquillar vt to remove the make-up from. ◆ **desmaquillarse** vprnl to take one's make-up off.

desmayar vi to lose heart. ◆ **desmayarse** vprnl to faint.

desmayo sm [físico] fainting fit ▶ **sufrir desmayos** to have fainting fits.

desmedido, da adj excessive, disproportionate.

desmejorado, da adj deteriorated.

desmelenado, da adj **1.** [persona] reckless, wild **2.** [cabello] tousled.

desmembrar [19] vt **1.** [trocear - cuerpo] to dismember; [- miembro, extremidad] to cut off **2.** [disgregar] to break up.

desmemoriado, da adj forgetful.

desmentir [27] vt **1.** [negar] to deny **2.** [no corresponder] to belie.

desmenuzar [13] vt **1.** [trocear - pan, pastel, roca] to crumble; [- carne] to chop up; [- papel] to tear up into little pieces **2.** fig [examinar, analizar] to scrutinize.

desmerecer [30] ◆ vt to be unworthy of. ◆ vi to lose value ▶ **desmerecer (en algo) de alguien** to be inferior to sb (in sthg).

desmesurado, da adj [excesivo] excessive, disproportionate; [enorme] enormous.

desminar vt to demine.

desmitificar [10] vt to demythologize.

desmontar vt **1.** [desarmar - máquina] to take apart o to pieces; [- motor] to strip down; [- piezas] to dismantle; [- rueda] to remove, to take off; [- tienda de campaña] to take down; [- arma] to uncock **2.** [jinete - suj: caballo] to unseat; [- suj: persona] to help down.

desmoralizado, da adj demoralized.

desmoralizante adj demoralizing.

desmoralizar [13] vt to demoralize.

desmoronar vt [edificios, rocas] to cause to crumble. ◆ **desmoronarse** vprnl [edificio, roca, ideales] to crumble.

desmotivar vt to demotivate. ◆ **desmotivarse** vprnl to become demotivated.

desnatado, da adj skimmed.

desnaturalizado, da adj [sustancia] adulterated; [alcohol] denatured.

desnivel sm [del terreno] irregularity, unevenness (U).

desnivelado, da adj **1.** [terreno] uneven **2.** [sistema, situación, relaciones] unbalanced.

desnivelar vt to make uneven; [balanza] to tip. ◆ **desnivelarse** vprnl **1.** [mueble] to become wobbly **2.** [terreno] to become uneven.

desnucar [10] vt to break the neck of.

desnudar vt to undress. ◆ **desnudarse** vprnl to get undressed.

desnudez sf [de persona] nakedness, nudity; [de cosa] bareness.

desnudo, da adj **1.** [persona, cuerpo] naked **2.** fig [salón, hombro, árbol] bare; [verdad] plain; [paisaje] barren. ◆ **desnudo** sm nude.

desnutrición sf malnutrition.

desobedecer [30] vt to disobey.

desobediencia sf disobedience / **desobediencia civil** civil disobedience.

desobediente adj disobedient.

desocupado, da adj **1.** [persona - ocioso] free, unoccupied; [- sin empleo] unemployed **2.** [lugar] vacant.

desocupar vt [edificio] to vacate; [habitación, mesa] to leave.

desodorante sm deodorant.

desolación sf **1.** [destrucción] desolation **2.** [desconsuelo] distress, grief.

desolado, da adj devastated.

desolar [80] vt **1.** [destruir] to devastate, to lay waste **2.** [afligir] to cause anguish to.

desorbitado, da adj **1.** [gen] disproportionate; [precio] exorbitant **2.** loc ▶ **con los ojos desorbitados** pop-eyed.

desorden sm **1.** [confusión] disorder, chaos; [falta de orden] mess / **en desorden** topsy-turvy / **poner en desorden** to upset, to disarrange **2.** [disturbio] disturbance.

desordenado, da adj [habitación, persona] untidy, messy; [documentos, fichas] jumbled (up).

desordenar vt [habitación, cajón] to mess up; [documentos, fichas] to jumble up; [pelo] to ruffle.

desorganización sf disorganization.

desorganizado, da adj disorganized.

desorganizar [13] vt to disrupt, to disorganize.

desorientado, da adj disorientated.

desorientar vt **1.** [en el espacio] to disorientate, to mislead **2.** fig [aturdir] to confuse. ◆ **desorientarse** vprnl **1.** [en el espacio] to lose one's way o bearings **2.** fig [aturdirse] to get confused.

despabilado, da adj **1.** [despierto] wide-awake **2.** [listo] smart, quick.

despabilar vt **1.** [despertar] to wake up **2.** [hacer más avispado] to make streetwise. ◆ **despabilarse** vprnl **1.** [despertarse] to wake up **2.** [darse prisa] to hurry up.

despachar ◆ vt **1.** [mercancía] to dispatch **2.** [en tienda - cliente] to serve; [- entradas, bebidas etc] to sell **3.** fam & fig [terminar - trabajo, discurso] to finish off **4.** [asunto, negocio] to settle **5.** Am [equipaje] to check in. ◆ vi [en una tienda] to serve. ◆ **despacharse** vprnl [hablar francamente] ▶ **despacharse con alguien** to give sb a piece of one's mind.

despacho sm **1.** [oficina] office; [en casa] study **2.** [comunicación oficial] dispatch **3.** [venta] sale; [lugar de venta] ▶ **despacho de billetes / localidades** ticket/box office.

despacio adv **1.** [lentamente] slowly **2.** Am [en voz baja] quietly.

despampanante adj stunning.

desparpajo sm fam forwardness, self-assurance.

desparramar vt [líquido] to spill; [objetos] to spread, to scatter.

despecho sm [rencor, venganza] spite ; [desengaño] bitterness ▶ **(hacer algo) por despecho** (to do sthg) out of spite.

despectivo, va adj **1.** [despreciativo] contemptuous **2.** GRAM pejorative.

despedazar [13] vt **1.** [físicamente] to tear apart **2.** fig [moralmente] to shatter.

despedido, da adj **1.** [persona] dismissed, fired **2.** [objeto] : **salir despedido** to be ejected. ◆ **despedida** sf [adiós] farewell / *no me gustan las despedidas* I don't like goodbyes.

despedir [26] vt **1.** [decir adiós a] to say goodbye to / *fuimos a despedirle a la estación* we went to see him off at the station **2.** [echar - de un empleo] to dismiss, to sack ; [- de un club] to throw out **3.** [lanzar, arrojar] to fling ▶ **salir despedido de / por / hacia algo** to fly out of / through / towards sthg **4.** fig [difundir, desprender] to give off. ◆ **despedirse** vprnl ▶ **despedirse (de)** to say goodbye (to).

despegar [16] ❖ vt to unstick. ❖ vi [avión] to take off. ◆ **despegarse** vprnl [etiqueta, pegatina, sello] to come unstuck.

despegue sm takeoff / *despegue vertical* vertical takeoff.

despeinar vt [pelo] to ruffle ▶ **despeinar a alguien** to mess up sb's hair. ◆ **despeinarse** vprnl to mess up one's hair.

despejado, da adj **1.** [tiempo, día] clear **2.** fig [persona, mente] alert **3.** [espacio - ancho] spacious ; [- sin estorbos] clear, uncluttered.

despejar vt [gen] to clear. ◆ **despejarse** vprnl **1.** [persona - espabilarse] to clear one's head ; [- despertarse] to wake o.s. up **2.** [tiempo] to clear up ; [cielo] to clear.

despeje sm DEP clearance.

despellejar vt [animal] to skin.

despensa sf larder, pantry.

despeñadero sm precipice.

despeñar vt to throw over a cliff. ◆ **despeñarse** vprnl to fall over a cliff.

desperdiciar [8] vt [tiempo, comida] to waste ; [dinero] to squander ; [ocasión] to throw away.

desperdicio sm **1.** [acción] waste **2.** [residuo] ▶ **desperdicios** scraps.

desperdigar [16] vt to scatter, to disperse.

desperezarse [13] vprnl to stretch.

desperfecto sm [deterioro] damage *(U)* ; [defecto] flaw, imperfection.

despertador sm alarm clock.

despertar [19] ❖ vt **1.** [persona, animal] to wake (up) **2.** fig [reacción] to arouse **3.** fig [recuerdo] to revive, to awaken. ❖ vi to wake up. ❖ sm awakening. ◆ **despertarse** vprnl to wake up.

despiadado, da adj pitiless, merciless.

despido sm dismissal, sacking / *despido colectivo* collective dismissal.

despierto, ta adj **1.** [sin dormir] awake **2.** fig [espabilado, listo] sharp.

despilfarrador, ra adj & sm, f spendthrift.

despilfarrar vt [dinero] to squander ; [electricidad, agua etc] to waste.

despilfarro sm [de dinero] squandering ; [de energía, agua etc] waste.

despiole sm RDom fam rumpus, shindy.

despistado, da adj absent-minded.

despistar vt **1.** [dar esquinazo a] to throw off the scent **2.** fig [confundir] to mislead. ◆ **despistarse** vprnl **1.** [perderse] to lose one's way, to get lost **2.** fig [distraerse] to get confused.

despiste sm [distracción] absent-mindedness ; [error] mistake, slip.

desplante sm rude remark / *hacer un desplante a alguien* to snub sb.

desplazamiento sm **1.** [viaje] journey ; [traslado] move **2.** NÁUT displacement.

desplazar [13] vt **1.** [trasladar] to move **2.** fig [desbancar] to take the place of. ◆ **desplazarse** vprnl [viajar] to travel.

desplegable ❖ adj **1.** [mapa, libro] fold-out **2.** INFORM [fijo] drop-down ; [que desaparece al mover el ratón] pull-down / *menú desplegable* a) [fijo] drop-down menu b) [que desaparece al mover el ratón] pull-down menu. ❖ sm [folleto] folded leaflet.

desplegar [35] vt **1.** [tela, periódico, mapa] to unfold ; [alas] to spread, to open ; [bandera] to unfurl **2.** [cualidad] to display **3.** MIL to deploy. ◆ **desplegarse** vprnl **1.** [abrirse] to open (out), to spread (out) **2.** MIL to deploy.

despliegue sm **1.** [de cualidad] display **2.** MIL deployment.

desplomarse vprnl [gen] to collapse ; [techo] to fall in.

desplumar vt **1.** [ave] to pluck **2.** fig [estafar] to fleece.

despoblado, da adj unpopulated, deserted.

despoblarse vprnl **1.** [lugar] to become deserted **2.** [cabeza] to thin.

despojar vt ▶ **despojar a alguien de algo** to strip sb of sthg. ◆ **despojarse** vprnl ▶ **despojarse de algo** a) [bienes, alimentos] to give sthg up b) [abrigo, chandal] to take sthg off.

despojo sm [acción] plundering. ◆ **despojos** smpl **1.** [sobras, residuos] leftovers **2.** [de animales] offal *(U)*.

desposar vt to marry. ◆ **desposarse** vprnl to get married.

desposeer [50] vt ▶ **desposeer a alguien de** to dispossess sb of.

déspota smf despot.

despótico, ca adj despotic.

despotricar [10] vi ▶ **despotricar (contra)** to rant on (at).

despreciable adj despicable.

despreciar [8] vt **1.** [desdeñar] to scorn **2.** [rechazar] to spurn.

desprecio sm scorn, contempt.

desprender vt **1.** [lo que estaba fijo] to remove, to detach **2.** [olor, luz] to give off. ◆ **desprenderse** vprnl **1.** [caerse, soltarse] to come o fall off **2.** fig [deducirse] : *de sus palabras se desprende que ...* from his words it is clear o it can be seen that ... **3.** [librarse] ▶ **desprenderse de** to get rid of.

desprendimiento sm [separación] detachment ▶ **desprendimiento de tierras** landslide.

despreocupación sf indifference.

despreocupado, da adj [libre de preocupaciones] unworried, unconcerned ; [en el vestir] casual.

despreocuparse ◆ **despreocuparse de** vprnl [asunto] to stop worrying about.

desprestigiar [8] vt to discredit.

desprevenido, da adj unprepared ▶ **coger o pillar desprevenido a alguien** to catch sb unawares, to take sb by surprise.

desprolijidad sf **RP** messiness, untidiness.

desprolijo, ja adj **AM** [casa, cuaderno] untidy ; [persona] unkempt, dishevelled.

desproporcionado, da adj disproportionate.

despropósito sm stupid remark.

desprovisto, ta adj ▶ **desprovisto de** lacking in, devoid of.

después adv **1.** [en el tiempo - más tarde] afterwards, later ; [- entonces] then ; [- justo lo siguiente] next ▶ **poco después** soon after / *años después* years later / *ellos llegaron después* they arrived later / *llamé primero y después entré* I knocked first and then I went in / *yo voy después* it's my turn next **2.** [en el espacio] next, after / *¿qué viene después?* what comes next o after? / *hay una farmacia y después está mi casa* there's a chemist's and then there's my house **3.** [en una lista] further down. ◆ **después de** loc prep after / *llegó después de ti* she arrived after you / *después de él, nadie lo ha conseguido* since he did it, no one else has ▶ **después de hacer algo** after doing sthg. ◆ **después de todo** loc adv after all.

despuntar ◆ vt [romper] to break the point off ; [desgastar] to blunt. ◆ vi **1.** fig [persona] to excel **2.** [alba] to break ; [día] to dawn.

desquiciar [8] vt fig [desequilibrar] to derange ; [sacar de quicio] to drive mad.

desquite sm revenge.

desrielar vi **AM** [descarrilar] to derail.

destacable adj outstanding.

destacamento sm detachment / *destacamento de tropas* task force.

destacar [10] ◆ vt **1.** [poner de relieve] to emphasize, to highlight ▶ **cabe destacar que ...** it is important to point out that ... **2.** MIL to detach, to detail. ◆ vi [sobresalir] to stand out. ◆ **destacarse** vprnl ▶ **destacarse (de / por)** to stand out (from / because of).

destajo sm piecework ▶ **trabajar a destajo** a) [por trabajo hecho] to do piecework b) fig [afanosamente] to work flat out.

destapador sm **AM** bottle opener.

destapar vt **1.** [abrir - caja, botella] to open ; [olla] to take the lid off ; [descorchar] to uncork **2.** [descubrir] to uncover **3.** **RDom** [desobstruir] to unblock. ◆ **destaparse** vprnl [desabrigarse] to lose the covers.

destartalado, da adj [viejo, deteriorado] dilapidated ; [desordenado] untidy.

destello sm **1.** [de luz, brillo] sparkle ; [de estrella] twinkle **2.** fig [manifestación momentánea] glimmer.

destemplado, da adj **1.** [persona] out of sorts **2.** [tiempo, clima] unpleasant **3.** [carácter, actitud] irritable.

desteñir ◆ vt to fade, to bleach. ◆ vi to run, not to be colour fast. ◆ **desteñirse** vprnl to fade.

desternillarse vprnl ▶ **desternillarse de risa** to split one's sides laughing o with laughter.

desterrar [19] vt [persona] to banish, to exile.

destetar vt to wean.

destiempo ◆ **a destiempo** loc adv at the wrong time.

destierro sm exile ▶ **en el destierro** in exile.

destilación sf distillation.

destilar vt [agua, petróleo] to distil.

destilería sf distillery / *destilería de petróleo* oil refinery.

destinado, da adj **1.** [predestinado] destined **2.** [carta, paquete] : *destinado a alguien* addressed to sb ; : *destinado a Cartagena* bound for Cartagena.

destinar vt **1.** ▶ **destinar algo a o para a)** [cantidad, edificio] to set sthg aside for b) [empleo, cargo] to assign sthg to c) [carta] to address sthg to d) [medidas, programa, publicación] to aim sthg at **2.** ▶ **destinar a alguien a a)** [cargo, empleo] to appoint sb to b) [plaza, lugar] to post sb to.

destinatario, ria sm, f addressee.

destino sm **1.** [sino] destiny, fate **2.** [rumbo] destination ▶ **(ir) con destino a** (to be) bound for o going to / *un vuelo con destino a ...* a flight to ... **3.** [empleo, plaza] position, post **4.** [finalidad] function.

destitución sf dismissal.

destituir [51] vt to dismiss.

destornillador sm screwdriver.

destornillar vt to unscrew.

destreza sf skill, dexterity.

destrozado, da adj **1.** [objeto] shattered **2.** [plan, proyecto] ruined **3.** [persona, carrera] destroyed.

destrozar [13] vt **1.** [físicamente - romper] to smash; [-estropear] to ruin **2.** [moralmente - persona] to shatter, to devastate; [-vida] to ruin.

destrozo sm damage (U) ▶ **ocasionar grandes destrozos** to cause a lot of damage.

destrucción sf destruction.

destruir [51] vt **1.** [gen] to destroy; [casa, argumento] to demolish **2.** [proyecto] to ruin, to wreck; [ilusión] to dash.

desubicado, da sm, f : *es un desubicado* [Am] he has no idea of how to behave.

desubicar vt [Am] to disorientate [UK], to disorient [US]. ◆ **desubicarse** vprnl [Am] to get lost.

desuso sm disuse ▶ **caer en desuso** to become obsolete, to fall into disuse.

desvaído, da adj [color] pale, washed-out; [forma, contorno] blurred; [mirada] vague.

desvalido, da adj needy, destitute.

desvalijar vt [casa] to burgle, to burglarize [US]; [persona] to rob.

desván sm attic, loft.

desvanecer [30] vt **1.** [humo, nubes] to dissipate **2.** [sospechas, temores] to dispel. ◆ **desvanecerse** vprnl **1.** [desmayarse] to faint **2.** [disiparse - humo, nubes] to clear, to disappear; [-sonido, sospechas, temores] to fade away.

desvanecimiento sm [desmayo] fainting fit.

desvariar [9] vi [delirar] to be delirious; [decir locuras] to talk nonsense, to rave.

desvarío sm **1.** [dicho] raving; [hecho] act of madness **2.** [delirio] delirium.

desvelar vt **1.** [quitar el sueño a] to keep awake **2.** [noticia, secreto etc] to reveal. ◆ **desvelarse** vprnl [CAm] [Méx] [quedarse despierto] to stay up o awake. ◆ **desvelarse por** vprnl ▶ **desvelarse por hacer algo** to make every effort to do sthg.

desvelo sm [esfuerzo] effort.

desvencijado, da adj [silla, mesa] rickety; [camión, coche] battered.

desventaja sf disadvantage ▶ **en desventaja** at a disadvantage.

desventura sf misfortune.

desvergonzado, da adj shameless.

desvergüenza sf [atrevimiento, frescura] shamelessness.

desvestir [26] vt to undress. ◆ **desvestirse** vprnl to undress (o.s.).

desviación sf **1.** [de dirección, cauce, norma] deviation **2.** [en la carretera] diversion, detour.

desviado, da adj diverted.

desviar [9] vt [río, carretera, tráfico] to divert; [dirección] to change; [golpe] to parry; [pelota, disparo] to deflect; [pregunta] to evade; [conversación] to change the direction of; [mirada, ojos] to avert. ◆ **desviarse** vprnl [cambiar de dirección - conductor] to take a detour; [-avión, barco] to go off course ▶ **desviarse de** to turn off.

desvío sm diversion, detour.

desvirtuar [6] vt [gen] to detract from; [estropear] to spoil; [verdadero sentido] to distort.

desvivirse vprnl ▶ **desvivirse (por alguien / algo)** to do everything one can (for sb/sthg) ▶ **desvivirse por hacer algo** to bend over backwards to do sthg.

detallado, da adj detailed, thorough.

detallar vt [historia, hechos] to detail, to give a rundown of; [cuenta, gastos] to itemize.

detalle sm **1.** [gen] detail ▶ **con detalle** in detail ▶ **entrar en detalles** to go into detail **2.** [atención] kind gesture o thought / *¡qué detalle!* what a kind gesture!, how thoughtful! ▶ **tener un detalle con alguien** to be thoughtful o considerate to sb. ◆ **al detalle** loc adv COM retail.

detallista smf COM retailer.

detectar vt to detect.

detective smf detective.

detener [72] vt **1.** [arrestar] to arrest **2.** [parar] to stop; [retrasar] to hold up. ◆ **detenerse** vprnl **1.** [pararse] to stop **2.** [demorarse] to linger.

detenidamente adv carefully, thoroughly.

detenido, da ◆ adj **1.** [detallado] thorough **2.** [arrestado] ▶ **(estar) detenido** (to be) under arrest. ◆ sm, f prisoner.

detenimiento ◆ **con detenimiento** loc adv carefully, thoroughly.

detergente sm detergent / *detergente para la vajilla* [Am] washing-up liquid [UK], dishwashing liquid [US].

deteriorado, da adj dilapidated.

deteriorar vt to damage, to spoil. ◆ **deteriorarse** vprnl fig [empeorar] to deteriorate, to get worse.

deterioro sm [daño] damage; [empeoramiento] deterioration.

determinación sf **1.** [fijación - de precio etc] settling, fixing **2.** [resolución] determination, resolution **3.** [decisión] ▶ **tomar una determinación** to take a decision.

determinado, da adj **1.** [concreto] specific; [en particular] particular **2.** [resuelto] determined **3.** GRAM definite.

determinante ◆ adj decisive, determining. ◆ sm **1.** GRAM determiner **2.** MAT determinant.

determinar vt **1.** [fijar - fecha, precio] to settle, to fix **2.** [averiguar] to determine **3.** [motivar]

to cause, to bring about **4.** [decidir] to decide ▸ **determinar hacer algo** to decide to do sthg. ◆ **determinarse** vprnl ▸ **determinarse a hacer algo** to make up one's mind to do sthg.

detestable adj detestable.

detestar vt to detest.

detonante sm [explosivo] explosive.

detractor, ra sm, f detractor.

detrás adv **1.** [en el espacio] behind / *tus amigos vienen detrás* your friends are coming on behind / *el interruptor está detrás* the switch is at the back **2.** [en el orden] then, afterwards / *Portugal y detrás Puerto Rico* Portugal and then Puerto Rico. ◆ **detrás de** loc prep [gen] behind. ◆ **por detrás** loc adv at the back ▸ **hablar de alguien por detrás** to talk about sb behind his/her back.

detrimento sm damage ▸ **en detrimento de** to the detriment of.

detrito sm BIOL detritus. ◆ **detritos** smpl [residuos] waste (U).

deuda sf debt ▸ **deuda pública** ECON national debt UK, public debt US.

deudor, ra ⬦ adj [saldo] debit (antes de sust); [entidad] indebted. ⬦ sm, f debtor.

devaluación sf devaluation.

devaluar [6] vt to devalue.

devanar vt to wind. ◆ **devanarse** vprnl fam : *devanarse los sesos* to rack one's brains.

devaneos smpl [amoríos] affairs ; [coqueteos] flirting (U).

devastar vt to devastate.

devoción sf ▸ **devoción (por)** devotion (to).

devolución sf [gen] return ; [de dinero] refund.

devolver [24] ⬦ vt **1.** [restituir] ▸ **devolver algo (a) a)** [coche, dinero etc] to give sthg back (to) **b)** [producto defectuoso, carta] to return sthg (to) **2.** [restablecer, colocar en su sitio] ▸ **devolver algo a** to return sthg to **3.** [favor, agravio] to pay back for ; [visita] to return **4.** [vomitar] to bring o throw up. ⬦ vi to throw up. ◆ **devolverse** vprnl ANDES AM CARIB MÉX to come back.

devorar vt lit + fig to devour.

devoto, ta ⬦ adj [piadoso] devout ▸ **ser devoto de** to have a devotion for. ⬦ sm, f [admirador] devotee.

devuelto, ta pp ⟶ **devolver**.

dg (abr escrita de **decigramo**) dg.

DGT (abr de **Dirección General de Tráfico**) sf government department responsible for road transport.

di 1. ⟶ **dar 2.** ⟶ **decir**.

día sm **1.** [gen] day / *me voy el día ocho* I'm going on the eighth / *¿a qué día estamos?* what day is it today? / *¿qué tal día hace?* what's the weather like today? / *todos los días* every day / *día de la Madre* Mother's Day / *día de los enamorados* St Valentine's Day ▸ **día de los inocentes** 28th December ; ≃ April Fools' Day ▸ **día de pago** payday ▸ **día festivo** (public) holiday ▸ **día hábil o laborable o de trabajo** working day ▸ **de día en día** from day to day, day by day ▸ **del día** fresh ▸ **hoy (en) día** nowadays ▸ **todo el (santo) día** all day long ▸ **el día de mañana** in the future ▸ **al día siguiente** on the following day ▸ **un día sí y otro no** every other day ▸ **menú del día** today's menu **2.** [luz] daytime, day ▸ **es de día** it's daytime ▸ **hacer algo de día** to do sthg in the daytime o during the day ▸ **día y noche** day and night **3.** loc ▸ **estar/ponerse al día (de)** to be/get up to date (with) ▸ **poner algo/a alguien al día** to update sthg/sb ▸ **vivir al día** to live from hand to mouth. ◆ **buen día** interj AM ▸ **¡buen día!** good morning! ◆ **buenos días** interj ▸ **¡buenos días! a)** [gen] hello! **b)** [por la mañana] good morning!

diabetes sf inv diabetes (U).

diabético, ca adj & sm, f diabetic.

diablo sm lit + fig devil ▸ **pobre diablo** poor devil.

diablura sf prank.

diabólico, ca adj **1.** [del diablo] diabolic **2.** fig [muy malo, difícil] diabolical.

diadema sf [para el pelo] hairband.

diáfano, na adj **1.** [transparente] transparent, diaphanous **2.** fig [claro] clear.

diafragma sm diaphragm.

diagnosticar [10] vt to diagnose.

diagnóstico sm diagnosis / *diagnóstico precoz* early diagnosis.

diagonal adj & sf diagonal.

diagrama sm diagram / *diagrama de flujo* INFORM flow chart o diagram.

dial sm dial.

dialecto sm dialect.

dialogar [16] vi ▸ **dialogar (con) a)** [hablar] to have a conversation (with), to talk (to) **b)** [negociar] to hold a dialogue o talks (with).

diálogo sm [conversación] conversation ; LITER & POLÍT dialogue.

diamante sm [piedra preciosa] diamond / *diamante en bruto* uncut diamond / *ser un diamante en bruto* fig to have a lot of potential.

diámetro sm diameter.

diana sf **1.** [en blanco de tiro] bull's-eye, bull **2.** [en cuartel] reveille.

diapasón sm tuning fork.

diapositiva sf slide, transparency.

diariamente adv daily, every day.

diariero, ra sm, f ANDES RP newspaper seller.

diario, ria adj daily ▸ **a diario** every day / *de diario* daily, everyday ▸ **ropa de diario** everyday clothes.

◆ **diario** sm **1.** [periódico] newspaper, daily **2.** [relación día a día] diary ▶ **diario de sesiones** parliamentary report / *diario de vuelo* log, logbook.

diarrea sf diarrhoea / *diarrea verbal* fam verbal diarrhoea / *diarrea del viajero* fam traveller's diarrhoea 🇬🇧, traveler's diarrhea 🇺🇸.

dibujante sm, f [gen] sketcher; [de dibujos animados] cartoonist; [de dibujo técnico] draughtsman (draughtswoman).

dibujar vt & vi to draw, to sketch.

dibujo sm **1.** [gen] drawing / *no se le da bien el dibujo* he's no good at drawing ▶ **dibujos animados** cartoons ▶ **dibujo artístico** art ▶ **dibujo lineal** technical drawing / *dibujo al natural* drawing from life **2.** [de tela, prenda etc] pattern.

diccionario sm dictionary.

dice → decir.

dicha sf [alegría] joy.

dicho, cha ◆ pp → decir. ◆ adj said, aforementioned / *dichos hombres* the said men, these men ▶ **lo dicho** what I/we etc. said ▶ **o mejor dicho** or rather ▶ **dicho y hecho** no sooner said than done. ◆ **dicho** sm saying ▶ **del dicho al hecho hay un gran o mucho trecho** it's easier said than done.

dichoso, sa adj [feliz] happy; [afortunado] fortunate.

diciembre sm December. *Ver también* **septiembre**.

dictado sm dictation ▶ **escribir al dictado** to take dictation.

dictador, ra sm, f dictator.

dictadura sf dictatorship.

dictamen sm [opinión] opinion, judgment; [informe] report.

dictaminar vt to declare, to be of the opinion that.

dictar vt **1.** [texto] to dictate **2.** [emitir - sentencia, fallo] to pronounce, to pass; [- ley] to enact; [- decreto] to issue.

dictatorial adj dictatorial.

didáctico, ca adj didactic.

diecinueve num nineteen. *Ver también* **seis**.

dieciocho num eighteen. *Ver también* **seis**.

dieciséis num sixteen. *Ver también* **seis**.

diecisiete num seventeen. *Ver también* **seis**.

diente sm tooth / *está echando o le están saliendo los dientes* she's teething ▶ **diente de leche** milk tooth / *dientes postizos* false teeth ▶ **armado hasta los dientes** armed to the teeth ▶ **hablar entre dientes** to mumble, to mutter / *reírse entre dientes* to chuckle. ◆ **diente de ajo** sm clove of garlic.

diera → dar.

diéresis sf inv diaeresis.

dieron → dar.

diesel, diésel adj diesel.

diestro, tra adj [hábil] ▶ **diestro (en)** skilful (at) ▶ **a diestro y siniestro** fig left, right and centre, all over the place.

dieta sf MED diet ▶ **estar / ponerse a dieta** to be / go on a diet / *dieta blanda* soft-food diet / *dieta equilibrada* balanced diet / *dieta mediterránea* Mediterranean diet. ◆ **dietas** sfpl COM expenses.

dietético, ca adj dietetic, dietary. ◆ **dietética** sf dietetics (U).

dietista smf 🇦🇲 dietician.

diez ◆ num ten. ◆ sm [en la escuela] A, top marks pl. *Ver también* **seis**.

difamar vt [verbalmente] to slander; [por escrito] to libel.

diferencia sf difference / *con diferencia* by a long chalk, by far / *es, con diferencia, el más listo* he's the smartest by far / *partir la diferencia* to split the difference / *diferencia horaria* time difference.

diferenciar [7] ◆ vt ▶ **diferenciar (de)** to distinguish (from). ◆ vi ▶ **diferenciar (entre)** to distinguish o differentiate (between). ◆ **diferenciarse** vprnl [diferir] ▶ **diferenciarse (de / en)** to differ (from / in), to be different (from / in).

diferente ◆ adj ▶ **diferente (de o a)** different (from o to). ◆ adv differently.

diferido ◆ **en diferido** loc adv TV recorded.

diferir [27] vi [diferenciarse] to differ.

difícil adj difficult ▶ **difícil de hacer** difficult to do / *es difícil que ganen* they are unlikely to win.

dificultad sf **1.** [calidad de difícil] difficulty **2.** [obstáculo] problem.

dificultar vt [estorbar] to hinder; [obstruir] to obstruct.

difuminar vt to blur.

difundir vt **1.** [noticia, doctrina, epidemia] to spread **2.** [luz, calor] to diffuse; [emisión radiofónica] to broadcast. ◆ **difundirse** vprnl **1.** [noticia, doctrina, epidemia] to spread **2.** [luz, calor] to be diffused.

difunto, ta sm, f ▶ **el difunto** the deceased.

difusión sf **1.** [de cultura, noticia, doctrina] dissemination **2.** [de programa] broadcasting.

diga → decir.

digerir [27] vt to digest; fig [hechos] to assimilate, to take in.

digestión sf digestion / *hacer la digestión* to digest one's food.

digestivo, va adj digestive.

digitador, ra sm, f 🇦🇲 keyboarder.

digital adj INFORM & TECNOL digital.

digitalizado, da adj digitized.

digitar vt 🇦🇲 [teclear] to key, to type.

dígito sm digit.

dignarse vprnl ▸ **dignarse a** to deign to.

dignidad sf [cualidad] dignity.

digno, na adj **1.** [noble - actitud, respuesta] dignified ; [- persona] honourable, noble **2.** [merecedor] ▸ **digno de** worthy of ▸ **digno de elogio** praiseworthy ▸ **digno de mención / de ver** worth mentioning/seeing **3.** [adecuado] ▸ **digno de** appropriate for, fitting for **4.** [decente - sueldo, actuación etc] decent.

digo ⟶ **decir**.

dijera ⟶ **decir**.

dilapidar vt to squander, to waste.

dilatar vt **1.** [extender] to expand ; [retina, útero] to dilate **2.** [prolongar] to prolong **3.** [demorar] to delay.

dilema sm dilemma.

diligencia sf **1.** [esmero, cuidado] diligence **2.** [trámite, gestión] business *(U)* ▸ *hacer una diligencia* to run an errand **3.** [vehículo] stagecoach. ◆ **diligencias** sfpl DER proceedings ▸ **instruir diligencias** to start proceedings.

diligente adj diligent.

diluir [51] vt to dilute. ◆ **diluirse** vprnl to dissolve.

diluviar [8] v impers to pour with rain.

diluvio sm *lit + fig* flood / *el Diluvio Universal* the Flood.

dimensión sf dimension / *las dimensiones de la tragedia* the extent of the tragedy.

diminutivo sm diminutive.

diminuto, ta adj tiny, minute.

dimisión sf resignation ▸ **presentar la dimisión** to hand in one's resignation.

dimitir vi ▸ **dimitir (de)** to resign (from).

dimos ⟶ **dar**.

Dinamarca npr Denmark.

dinámico, ca adj dynamic.

dinamismo sm dynamism.

dinamita sf dynamite.

dinamizador, ra adj revitalizing.

dínamo, dinamo sf dynamo.

dinastía sf dynasty.

dineral sm *fam* fortune.

dinero sm money ▸ *andar bien / mal de dinero* to be well off for/short of money / *hacer dinero* to make money / *tirar el dinero* to throw money away ▸ **dinero electrónico** e-cash ▸ **dinero en metálico** cash.

dinosaurio sm dinosaur.

dintel sm ARQUIT lintel.

dio ⟶ **dar**.

diócesis sf diocese.

dios, osa sm, f god (goddess). ◆ **Dios** sm God ▸ **a la buena de Dios** any old how ▸ *Dios los cría y ellos se juntan* prov birds of a feather flock together *prov* ▸ *¡Dios me libre!* God o heaven forbid! ▸ **Dios mediante, si Dios quiere** God willing ▸ *¡Dios mío!* good God!, (oh) my God! ▸ **Dios sabe, sabe Dios** God (alone) knows ▸ *¡que Dios se lo pague!* God bless you! ▸ *¡por Dios!* for God's sake! ▸ *¡vaya por Dios!* for Heaven's sake!, honestly!

dióxido sm dioxide / *dióxido de carbono* carbon dioxide.

diploma sm diploma.

diplomacia sf [gen] diplomacy.

diplomado, da adj qualified.

diplomar vt to give a diploma to, to give a certificate to. ◆ **diplomarse** vprnl to get a diploma, to graduate / *diplomarse en periodismo* to graduate in journalism.

diplomático, ca ❖ adj *lit + fig* diplomatic. ❖ sm, f diplomat.

diplomatura sf EDUC ≃ diploma ; *qualification obtained after three years of university study.*

diptongo sm diphthong.

diputación sf [corporación] committee ▸ **diputación provincial** *governing body of each province of an autonomous region in Spain* ; ≃ county council **UK**.

diputado, da sm, f ≃ Member of Parliament, MP **UK** representative **US**.

dique sm **1.** [en río] dike **2.** [en puerto] dock / *estar en (el) dique seco fig* to be out of action.

dirá ⟶ **decir**.

dirección sf **1.** [sentido, rumbo] direction ▸ **calle de dirección única** one-way street / *'dirección prohibida'* 'no entry' ▸ **en dirección a** towards, in the direction of **2.** [domicilio] address / *dirección comercial* business address ▸ **dirección electrónica o de correo electrónico** e-mail address / *dirección particular* home address **3.** [mando - de empresa, hospital] management ; [- de partido] leadership ; [- de colegio] headship ; [- de periódico] editorship ; [- de película] direction ; [- de obra de teatro] production ; [- de orquesta] conducting **4.** [junta directiva] management **5.** [de vehículo] steering ▸ **dirección asistida** power steering. ◆ **Dirección** sf ▸ **Dirección General de Tráfico** *traffic department (part of the Ministry of the Interior).*

direccional ❖ adj directional. ❖ sm **AM** AUTO indicator.

directivo, va ❖ adj managerial. ❖ sm, f [jefe] manager. ◆ **directiva** sf [junta] board (of directors).

directo, ta adj **1.** [gen] direct **2.** [derecho] straight. ◆ **directo** adv straight ▸ **directo a** straight to. ◆ **directa** sf AUTO top gear. ◆ **en directo** loc adv live.

director, ra sm, f **1.** [de empresa] director; [de hotel, hospital] manager (manageress); [de periódico] editor; [de cárcel] governor **2.** [de obra artística] ▶ **director de cine** film director ▶ **director de orquesta** conductor **3.** [de colegio] headmaster (headmistress) **4.** [de tesis, trabajo de investigación] supervisor.

directorio sm **1.** [gen & INFORM] directory **2.** ▶ **directorio telefónico** ANDES CAM CA-RIB MÉX directory.

directriz sf GEOM directrix. ◆ **directrices** sfpl [normas] guidelines.

diría ⟶ **decir**.

dirigente smf [de partido político] leader; [de empresa] manager.

dirigir [15] vt **1.** [conducir - coche, barco] to steer; [- avión] to pilot; fig [- mirada] to direct **2.** [llevar - empresa, hotel, hospital] to manage; [- colegio, cárcel, periódico] to run; [- partido, revuelta] to lead; [- expedición] to head **3.** [película, obra de teatro] to direct; [orquesta] to conduct **4.** [carta, paquete] to address **5.** [guiar - persona] to guide **6.** [dedicar] ▶ **dirigir algo a** to aim sthg at. ◆ **dirigirse** vprnl **1.** [encaminarse] ▶ **dirigirse a o hacia** to head for **2.** [hablar] ▶ **dirigirse a** to address, to speak to **3.** [escribir] ▶ **dirigirse a** to write to.

discapacidad sf disability.

discar [10] vt ANDES RDOM to dial.

discernir [21] vt to discern, to distinguish.

disciplina sf discipline.

disciplinado, da adj disciplined.

discípulo, la sm, f disciple.

disco sm **1.** ANAT, ASTRON & GEOM disc **2.** [de música] record / parecer un disco rayado fam to go on like a cracked record ▶ **disco compacto** compact disc ▶ **disco de larga duración** LP, long-playing record **3.** [semáforo] (traffic) light **4.** DEP discus **5.** INFORM disk ▶ **disco de arranque / del sistema** startup/system disk.

discografía sf records previously released (by an artist or group).

discolibro sm audiobook.

disconforme adj in disagreement ▶ **estar disconforme con** to disagree with.

discontinuo, nua adj [esfuerzo] intermittent; [línea] broken, dotted.

discordancia sf **1.** [de sonidos, colores] clash **2.** [de opiniones] conflict.

discordante adj [sonidos] discordant; [opiniones] clashing.

discordia sf discord.

discoteca sf [local] disco.

discreción sf discretion. ◆ **a discreción** loc adv as much as one wants, freely.

discrecional adj [gen] optional; [parada] request (antes de sust).

discrepancia sf [diferencia] difference, discrepancy; [desacuerdo] disagreement.

discrepar vi ▶ **discrepar (de) a)** [diferenciarse] to differ (from) **b)** [disentir] to disagree (with).

discreto, ta adj **1.** [prudente] discreet **2.** [cantidad] moderate, modest **3.** [normal - actuación] fair, reasonable.

discriminación sf discrimination ▶ **discriminación racial / sexual** racial/sexual discrimination.

discriminador, da adj discriminatory.

discriminar vt **1.** [cosa] ▶ **discriminar algo de** to discriminate o distinguish sthg from **2.** [persona, colectividad] to discriminate against.

disculpa sf [pretexto] excuse; [excusa, perdón] apology ▶ **dar disculpas** to make excuses ▶ **pedir disculpas a alguien (por)** to apologize to sb (for).

disculpar vt to excuse ▶ **disculpar a alguien (de o por algo)** to forgive sb (for sthg). ◆ **disculparse** vprnl ▶ **disculparse (de o por algo)** to apologize for (sthg).

discurrir vi **1.** [pasar - personas] to wander, to walk; [- tiempo, vida, sesión] to go by, to pass; [- río, tráfico] to flow **2.** [pensar] to think, to reflect.

discurso sm speech.

discusión sf **1.** [conversación] discussion **2.** [pelea] argument.

discutible adj debatable.

discutir ◆ vi **1.** [hablar] to discuss **2.** [pelear] ▶ **discutir (de)** to argue (about). ◆ vt [hablar] to discuss; [contradecir] to dispute.

disecar [10] vt [animal] to stuff; [planta] to dry.

diseminar vt [semillas] to scatter; [ideas] to disseminate.

disentir [27] vi ▶ **disentir (de / en)** to disagree (with / on).

diseñador, ra sm, f designer ▶ **diseñador gráfico** graphic designer.

diseñar vt to design.

diseño sm design ▶ **ropa de diseño** designer clothes ▶ **diseño asistido por ordenador** IN-FORM computer-aided design ▶ **diseño gráfico** graphic design.

disertación sf [oral] lecture, discourse; [escrita] dissertation.

disfraz sm [gen] disguise; [para baile, fiesta etc] fancy dress (U).

disfrazar [13] vt to disguise. ◆ **disfrazarse** vprnl to disguise o.s. ▶ **disfrazarse de** to dress up as.

disfrutar ◆ vi **1.** [sentir placer] to enjoy o.s. **2.** [disponer de] ▶ **disfrutar de algo** to enjoy sthg. ◆ vt to enjoy.

disgregar [16] vt **1.** [multitud, manifestación] to disperse **2.** [roca, imperio, estado] to break up; [átomo] to split. ◆ **disgregarse** vprnl **1.** [multitud, manifestación] to disperse **2.** [roca, imperio, estado] to break up.

disgustado, da adj upset.

disgustar vt [suj: comentario, críticas, noticia] to upset. ◆ **disgustarse** vprnl ▶ **disgustarse (con alguien / por algo) a)** [sentir enfado] to get upset (with sb/about sthg) **b)** [enemistarse] to fall out (with sb/over sthg).

disgusto sm **1.** [enfado] annoyance; [pesadumbre] sorrow ▶ **dar un disgusto a alguien** to upset sb ▶ **llevarse un disgusto** to be upset **2.** [pelea] ▶ **tener un disgusto con alguien** to have a quarrel with sb.

disidente smf [político] dissident; [religioso] dissenter.

disimular ◆ vt to hide, to conceal. ◆ vi to pretend.

disimulo sm pretence, concealment.

disipar vt **1.** [dudas, sospechas] to dispel; [ilusiones] to shatter **2.** [fortuna, herencia] to squander, to throw away. ◆ **disiparse** vprnl **1.** [dudas, sospechas] to be dispelled; [ilusiones] to be shattered **2.** [niebla, humo, vapor] to vanish.

diskette = **disquete**.

dislexia sm dyslexia.

dislocado, da adj dislocated.

dislocar [10] vt to dislocate. ◆ **dislocarse** vprnl to dislocate.

disminución sf decrease, drop.

disminuido, da adj handicapped.

disminuir [51] ◆ vt to reduce, to decrease. ◆ vi [gen] to decrease; [precios, temperatura] to drop, to fall; [vista, memoria] to fail; [días] to get shorter; [beneficios] to fall off.

disolución sf **1.** [en un líquido] dissolving **2.** [de matrimonio, sociedad, partido] dissolution **3.** [mezcla] solution.

disolvente adj & sm solvent.

disolver [24] vt **1.** [gen] to dissolve **2.** [reunión, manifestación, familia] to break up. ◆ **disolverse** vprnl **1.** [gen] to dissolve **2.** [reunión, manifestación, familia] to break up.

disparar ◆ vt to shoot; [pedrada] to throw. ◆ vi to shoot, to fire. ◆ **dispararse** vprnl [arma] to go off.

disparatado, da adj absurd, crazy.

disparate sm [acción] silly thing; [comentario] foolish remark; [idea] crazy idea **/ hacer disparates** to do silly things **/ decir disparates** to make foolish remarks, to talk nonsense.

disparo sm shot **/ disparo de advertencia** warning shot **/ disparo de salida** starting shot.

dispensar vt **1.** [disculpar] to excuse, to forgive **2.** [rendir] ▶ **dispensar algo (a alguien) a)** [honores] to confer sthg (upon sb) **b)** [bienvenida, ayuda] to give sthg (to sb) **3.** [eximir] ▶ **dispensar a alguien de** to excuse o exempt sb from.

dispensario sm dispensary.

dispersar vt **1.** [esparcir - objetos] to scatter **2.** [disolver - gentío] to disperse; [- manifestación] to break up. ◆ **dispersarse** vprnl to scatter.

dispersión sf [de objetos] scattering.

disperso, sa adj scattered.

disponer [65] ◆ vt **1.** [gen] to arrange **2.** [cena, comida] to lay on **3.** [decidir - suj: persona] to decide; [suj: ley] to stipulate. ◆ vi **1.** [poseer] ▶ **disponer de** to have **2.** [usar] ▶ **disponer de** to make use of. ◆ **disponerse a** vprnl ▶ **disponerse a hacer algo** to prepare o get ready to do sthg.

disponibilidad sf [gen] availability.

disponible adj [gen] available; [tiempo] free, spare.

disposición sf **1.** [colocación] arrangement, layout **2.** [orden] order; [de ley] provision **3.** [uso] ▶ **a disposición de** at the disposal of **/ pasar a disposición policial** to be brought before the judge.

dispositivo sm device ▶ **dispositivo intrauterino** intrauterine device, IUD.

dispuesto, ta ◆ pp ⟶ **disponer**. ◆ adj [preparado] ready ▶ **estar dispuesto a hacer algo** to be prepared to do sthg **/ estar poco dispuesto a hacer algo** to be reluctant to do sthg.

disputa sf dispute.

disputar vt **1.** [cuestión, tema] to argue about **2.** [trofeo, puesto] to compete for; [carrera, partido] to compete in. ◆ **disputarse** vprnl [premio] to compete for.

disquera sf CUBA VEN record label.

disquete, diskette [dis'kete] sm INFORM diskette, floppy disk.

disquetera sf INFORM disk drive.

distancia sf **1.** [gen] distance ▶ **a distancia** from a distance ▶ **mantener a distancia** to keep at a distance **/ mantener las distancias** to keep one's distance **/ recorrer una gran distancia** to cover a lot of ground **2.** [en el tiempo] gap, space.

distanciar [8] vt [gen] to drive apart; [rival] to forge ahead of. ◆ **distanciarse** vprnl [alejarse - afectivamente] to grow apart; [- físicamente] to distance o.s.

distante adj **1.** [en el espacio] ▶ **distante (de)** far away (from) **2.** [en el trato] distant.

distar vi [hallarse a]: *ese sitio dista varios kilómetros de aquí* that place is several kilometres away from here.

diste ⟶ **dar**.

distendido, da adj [informal] relaxed, informal.

distensión sf **1.** [entre países] détente ; [entre personas] easing of tension **2.** MED strain.

distinción sf **1.** [diferencia] distinction ▸ **a distinción de** in contrast to, unlike ▸ **sin distinción** alike **2.** [privilegio] privilege **3.** [elegancia] refinement.

distinguido, da adj **1.** [notable] distinguished **2.** [elegante] refined.

distinguir [17] vt **1.** [diferenciar] to distinguish ▸ **distinguir algo de algo** to tell sthg from sthg **2.** [separar] to pick out **3.** [caracterizar] to characterize. ◆ **distinguirse** vprnl [destacarse] to stand out.

distintivo, va adj distinctive ; [señal] distinguishing. ◆ **distintivo** sm badge.

distinto, ta adj [diferente] different. ◆ **distintos, tas** adj pl [varios] various.

distorsión sf [de tobillo, rodilla] sprain ; [de imágenes, sonidos, palabras] distortion.

distracción sf **1.** [entretenimiento] entertainment ; [pasatiempo] hobby, pastime **2.** [despiste] slip ; [falta de atención] absent-mindedness.

distraer [73] vt **1.** [divertir] to amuse, to entertain **2.** [despistar] to distract. ◆ **distraerse** vprnl **1.** [divertirse] to enjoy o.s. ; [pasar el tiempo] to pass the time **2.** [despistarse] to let one's mind wander.

distraído, da adj **1.** [entretenido] amusing, entertaining **2.** [despistado] absent-minded.

distribución sf **1.** [gen] distribution ▸ **distribución de premios** prizegiving **2.** [de correo, mercancías] delivery **3.** [de casa, habitaciones] layout.

distribuidor, ra ◆ adj [entidad] wholesale ; [red] supply *(antes de sust)*. ◆ sm, f [persona] deliveryman (deliverywoman). ◆ **distribuidor** sm [aparato] vending machine.

distribuir [51] vt **1.** [gen] to distribute ; [carga, trabajo] to spread ; [pastel, ganancias] to divide up **2.** [correo, mercancías] to deliver **3.** [casa, habitaciones] to arrange.

distrito sm district.

disturbio sm disturbance ; [violento] riot / *disturbios raciales* race riots.

disuadir vt ▸ **disuadir (de)** to dissuade (from).

disuasión sf deterrence.

disuasivo, va adj deterrent.

disuelto, ta pp ⟶ **disolver**.

DIU (*abr de dispositivo intrauterino*) sm IUD.

diurno, na adj [gen] daytime *(antes de sust)* ; [planta, animal] diurnal.

diva ⟶ **divo**.

divagar [16] vi to digress.

diván sm divan ; [de psiquiatra] couch.

divergencia sf **1.** [de líneas] divergence **2.** [de opinión] difference of opinion.

divergente adj divergent.

divergir [15] vi **1.** [calles, líneas] to diverge **2.** *fig* [opiniones] ▸ **divergir (en)** to differ (on).

diversidad sf diversity.

diversificar [10] vt to diversify.

diversión sf entertainment, amusement.

diverso, sa adj [diferente] different. ◆ **diversos, sas** adj pl [varios] several, various.

divertido, da adj [entretenido - película, libro] entertaining ; [- fiesta] enjoyable ; [que hace reír] funny.

divertir [27] vt to entertain, to amuse. ◆ **divertirse** vprnl to enjoy o.s.

dividendo sm FIN & MAT dividend.

dividir vt ▸ **dividir (en)** to divide (into) ▸ **dividir entre a)** [gen] to divide between **b)** MAT to divide by. ◆ **dividirse** vprnl to divide, to split up.

divinidad sf divinity, god.

divino, na adj *lit + fig* divine.

divisa sf **1.** *(gen pl)* [moneda] foreign currency **2.** [distintivo] emblem.

divisar vt to spy, to make out.

división sf [gen] division ; [partición] splitting up.

divo, va sm, f [MÚS - mujer] diva, prima donna ; [- hombre] opera singer.

divorciado, da ◆ adj divorced. ◆ sm, f divorcé (divorcée).

divorciar [8] vt *lit + fig* to divorce. ◆ **divorciarse** vprnl to get divorced.

divorcio sm DER divorce.

divulgar [16] vt [noticia, secreto] to reveal ; [rumor] to spread ; [cultura, ciencia, doctrina] to popularize.

divulgativo, va adj informative.

dizque adv ᴬɴᴅᴇs ᴄᴀʀɪʙ ᴍᴇx *fam* apparently.

DNI (*abr de documento nacional de identidad*) sm ID card.

Dña *abr escrita de* **doña**.

do sm MÚS C ; [en solfeo] doh ▸ **dar el do de pecho** *fam* & *fig* to give one's all.

dobladillo sm [de traje, vestido] hem ; [de pantalón] turn-up ᴜᴋ, cuff ᴜs / *hacer un dobladillo* to turn up, to hem.

doblado, da adj **1.** [papel, camisa] folded **2.** [voz, película] dubbed.

doblaje sm dubbing.

doblar ◆ vt **1.** [duplicar] to double **2.** [plegar] to fold **3.** [torcer] to bend **4.** [esquina] to go round **5.** [voz, actor] to dub. ◆ vi **1.** [girar] to turn **2.** [campanas] to toll. ◆ **doblarse** vprnl [someterse] ▸ **doblarse a** to give in to.

doble ◆ adj double / *tiene doble número de habitantes* it has double o twice the number of inhabitants / *es doble de ancho* it's twice as wide ▸ *una frase de doble sentido* a phrase with a double meaning ▶ **doble clic** INFORM double click. ❖ smf [gen & CINE] double. ❖ sm [duplo] ▶ **el doble** twice as much / *gana el doble que yo* she earns twice as much as I do, she earns double what I do. ❖ adv double / *trabajar doble* to work twice as hard. ◆ **dobles** smpl DEP doubles.

doblegar [16] vt [someter] to bend, to cause to give in. ◆ **doblegarse** vprnl ▶ **doblegarse (ante)** to give in o yield (to).

doblez sm [pliegue] fold, crease.

doce num twelve. *Ver también* **seis**.

doceavo, va num twelfth.

docena sf dozen ▶ **a o por docenas** by the dozen.

docente adj teaching / *centro docente* educational institution.

dócil adj obedient.

doctor, ra sm, f ▶ **doctor (en)** doctor (of).

doctorado sm doctorate, PhD.

doctorar vt to confer a doctorate on. ◆ **doctorarse** vprnl ▶ **doctorarse (en)** to get one's doctorate (in).

doctrina sf doctrine.

documentación sf [identificación personal] papers *pl*.

documentado, da adj [informado - película, informe] researched ; [- persona] informed.

documental adj & sm documentary.

documentar vt **1.** [evidenciar] to document **2.** [informar] to brief. ◆ **documentarse** vprnl to do research.

documento sm **1.** [escrito] document ▶ **documento nacional de identidad** identity card **2.** [testimonio] record.

dogma sm dogma.

dogmático, ca adj dogmatic.

dólar sm dollar.

dolencia sf pain.

doler [24] vi to hurt / *me duele la pierna* my leg hurts / *¿te duele?* does it hurt? ◆ **dolerse** vprnl ▶ **dolerse de** o **por algo a)** [quejarse] to complain about sthg **b)** [arrepentirse] to be sorry about sthg.

dolido, da adj hurt.

dolor sm **1.** [físico] pain / *siento un dolor en el brazo* I have a pain in my arm ▶ **(tener) dolor de cabeza** (to have a) headache ▶ **dolor de estómago** stomachache ▶ **dolor de muelas** toothache **2.** [moral] grief, sorrow.

dolorido, da adj [físicamente] sore ; [moralmente] grieving, sorrowing.

doloroso, sa adj [físicamente] painful ; [moralmente] distressing.

domador, ra sm, f [de caballos] breaker ; [de leones] tamer.

domar vt [gen] to tame ; [caballo] to break in ; fig [personas] to control.

domesticado, da adj **1.** [gen] domesticated **2.** [animal] tame.

domesticar [10] vt *lit + fig* to tame.

doméstico, ca adj domestic.

domiciliación sf ▶ **domiciliación (bancaria)** standing order, direct debit (U).

domiciliar [8] vt [pago] to pay by direct debit o standing order.

domicilio sm **1.** [vivienda] residence, home / *domicilio particular* private residence **2.** [dirección] address ▶ **sin domicilio fijo** of no fixed abode ▶ **domicilio social** head office.

dominante adj **1.** [nación, religión, tendencia] dominant ; [vientos] prevailing **2.** [persona] domineering.

dominar ❖ vt **1.** [controlar - país, territorio] to dominate, to rule (over) ; [- pasión, nervios, caballo] to control ; [- situación] to be in control of ; [- incendio] to bring under control ; [- rebelión] to put down **2.** [divisar] to overlook **3.** [conocer - técnica, tema] to master ; [- lengua] to be fluent in. ❖ vi [predominar] to predominate. ◆ **dominarse** vprnl to control o.s.

domingo sm Sunday ▶ **domingo de Resurrección** o **Pascua** Easter Sunday. *Ver también* **sábado**.

dominguero, ra sm, f Sunday tripper/driver etc.

dominical adj Sunday (antes de sust).

dominicano, na adj & sm, f Dominican.

dominico, ca adj & sm, f Dominican.

dominio sm **1.** [dominación, posesión] ▶ **dominio (sobre)** control (over) / *dominio de* o *sobre sí mismo* self-control **2.** [autoridad] authority, power **3.** fig [territorio] domain ; [ámbito] realm **4.** [conocimiento - de arte, técnica] mastery ; [- de idiomas] command **5.** INFORM domain.

dominó sm **1.** [juego] dominoes (U) **2.** [fichas] set of dominoes.

don sm **1.** [tratamiento] : *don Luis García* **a)** [gen] Mr Luis García **b)** [en cartas] Luis García Esquire / *don Luis* not translated in modern English or translated as 'Mr' + surname, if known **2.** [habilidad] gift ▶ **el don de la palabra** the gift of the gab.

donaire sm [al expresarse] wit ; [al andar etc] grace.

donante smf donor ▶ **donante de sangre** blood donor.

donar vt to donate.

donativo sm donation.

doncella sf maid.

donde ❖ adv where / *el bolso está donde lo dejaste* the bag is where you left it / *puedes marcharte donde quieras* you can go wherever you want ▶ **hasta donde** as far as, up to where ▶ **por donde** wherever. ❖ pron where

/ la casa donde nací the house where I was born */ la ciudad de donde viene* the town (where) she comes from, the town from which she comes. ◆ **de donde** loc adv [de lo cual] from which.

dónde adv *(interrogativo)* where */ ¿dónde está el niño?* where's the child? */ no sé dónde se habrá metido* I don't know where she can be ▸ *¿a dónde vas?* where are you going? */ ¿de dónde eres?* where are you from? */ ¿hacia dónde vas?* where are you heading? ▸ *¿por dónde?* whereabouts? */ ¿por dónde se va al teatro?* how do you get to the theatre from here?

dondequiera ◆ **dondequiera que** adv wherever.

donostiarra ❖ adj from San Sebastian. ❖ smf native or inhabitant of San Sebastian.

dónut® *(pl* **dónuts)** sm doughnut.

doña sf : *doña Luisa García* Mrs Luisa García */ doña Luisa* not translated in modern English or translated as 'Mrs' + surname, if known.

dopado, da adj having taken performance-enhancing drugs.

dopaje sm DEP drug-taking.

dopar vt to dope. ◆ **doparse** vprnl to take drugs, to take artificial stimulants.

doping ['dopin] sm doping.

doquier ◆ **por doquier** loc adv everywhere.

dorado, da adj *lit + fig* golden. ◆ **dorada** sf [pez] gilthead.

dorar vt 1. [cubrir con oro] to gild 2. [alimento] to brown.

dormido, da adj 1. [persona] asleep 2. [parte del cuerpo] : *tengo el brazo dormido* my arm's gone to sleep.

dormilón, ona fam sm, f [persona] sleepyhead.

dormir [25] ❖ vt [niño, animal] to put to bed ▸ **dormir la siesta** to have an afternoon nap. ❖ vi to sleep. ◆ **dormirse** vprnl 1. [persona] to fall asleep 2. [brazo, mano] to go to sleep.

dormitar vi to doze.

dormitorio sm [de casa] bedroom ; [de colegio] dormitory.

dorsal ❖ adj dorsal. ❖ sm number *(on player's back).*

dorso sm back ▸ **al dorso, en el dorso** on the back ▸ **'véase al dorso'** 'see overleaf' */ dorso de la mano* back of one's hand.

dos num two ▸ **cada dos por tres** every five minutes, continually. *Ver también* **seis.**

doscientos, tas num two hundred. *Ver también* **seis.**

dosificación sf dosage.

dosificar [10] vt *fig* [fuerzas, palabras] to use sparingly.

dosis sf inv *lit + fig* dose */ en pequeñas dosis* in small doses */ dosis individual* individual dose.

dossier [do'sjer] sm inv dossier, file.

dotación sf 1. [de dinero, armas, medios] amount granted 2. [personal] personnel ; [tripulantes] crew ; [patrulla] squad.

dotado, da adj gifted ▸ **dotado de a)** [persona] blessed with **b)** [edificio, instalación, aparato] equipped with.

dotar vt 1. [proveer] ▸ **dotar algo de** to provide sthg with 2. *fig* [suj: la naturaleza] ▸ **dotar a algo/alguien de** to endow sthg/sb with.

dote sf [en boda] dowry. ◆ **dotes** sfpl [dones] qualities */ dotes de mando* leadership qualities.

doy ⟶ **dar.**

Dr. *(abr escrita de* **doctor)** Dr.

Dra. *(abr escrita de* **doctora)** Dr.

dragar [16] vt to dredge.

dragón sm dragon.

drama sm [gen] drama ; [obra] play.

dramático, ca adj dramatic.

dramatizar [13] vt to dramatize.

dramaturgo, ga sm, f playwright, dramatist.

drástico, ca adj drastic.

drenar vt to drain.

driblar vt DEP to dribble.

droga sf drug ▸ **la droga** drugs *pl* ▸ **droga blanda/dura** soft/hard drug */ droga de diseño* designer drug.

drogadicción sf drug addiction.

drogadicto, ta sm, f drug addict.

drogar [16] vt to drug. ◆ **drogarse** vprnl to take drugs.

droguería sf 1. [tienda] *shop selling paint, cleaning materials etc* 2. **Col** [farmacia] pharmacy, drugstore **US.**

dromedario sm dromedary.

dto. *abr escrita de* **descuento.**

dual adj dual.

Dublín npr Dublin.

ducha sf shower ▸ **una ducha de agua fría** *fam & fig* a bucket of cold water */ ducha de teléfono* hand-held shower.

duchar vt to shower. ◆ **ducharse** vprnl to have a shower.

duda sf doubt ▸ **poner algo en duda** to call sthg into question ▸ **salir de dudas** to set one's mind at rest ▸ **sin duda** doubtless, undoubtedly */ sin la menor duda* without the slightest doubt */ sin sombra de duda* beyond the shadow of a doubt ▸ **no cabe duda** there is no doubt about it.

dudar ❖ vi 1. [desconfiar] ▸ **dudar de algo/alguien** to have one's doubts about sthg/sb 2. [no estar seguro] ▸ **dudar sobre algo** to be unsure about sthg 3. [vacilar] to hesitate ▸ **dudar entre hacer una cosa u otra** to be unsure whether to do one thing or another. ❖ vt to doubt **/** *dudo que venga* I doubt whether he'll come.

dudoso, sa adj **1.** [improbable] ▶ **ser dudoso (que)** to be doubtful (whether), to be unlikely (that) **2.** [vacilante] hesitant, indecisive **3.** [sospechoso] suspect.

DUE (*abr de* **Diplomado Universitario en Enfermería**) sm nursing graduate.

duelo sm **1.** [combate] duel **/** *batirse en duelo* to fight a duel **2.** [sentimiento] grief, sorrow.

duende sm [personaje] imp, goblin.

dueño, ña sm, f [gen] owner ; [de piso etc] landlord (landlady) **/** *cambiar de dueño* to change hands.

duerma ⟶ **dormir**.

dulce ❖ adj **1.** [gen] sweet **2.** [agua] fresh **3.** [mirada] tender. ❖ sm [caramelo, postre] sweet ; [pastel] cake, pastry ▶ **a nadie le amarga un dulce** *fig* anything's better than nothing.

dulcificar [10] vt [endulzar] to sweeten.

dulzura sf [gen] sweetness.

duna sf dune.

dúo sm **1.** MÚS duet **2.** [pareja] duo ▶ **a dúo** together.

duodécimo, ma num twelfth.

dúplex, duplex sm inv [piso] duplex.

duplicado, da adj in duplicate. ◆ **duplicado** sm ▶ **(por) duplicado** (in) duplicate.

duplicar [10] vt **1.** [cantidad] to double **2.** [documento] to duplicate. ◆ **duplicarse** vprnl to double.

duque, esa sm, f duke (duchess).

durabilidad sf durability.

duración sf length **/** *de larga duración* a) [pila, bombilla] long-life b) [parado] long-term c) [disco] long-playing.

duradero, ra adj [gen] lasting ; [ropa, zapatos] hard-wearing.

durante prep during **/** *le escribí durante las vacaciones* I wrote to him during the holidays **/** *estuve escribiendo durante una hora* I was writing for an hour **/** *durante toda la semana* all week.

durar vi [gen] to last ; [permanecer, subsistir] to remain, to stay ; [ropa] to wear well **/** *aún dura la fiesta* the party's still going on.

durazno sm 𝗔𝗠 peach.

Durex® sm 𝗠𝗘𝗫 Sellotape® 𝗨𝗞, Scotch® tape 𝗨𝗦.

dureza sf **1.** [de objeto, metal etc] hardness **2.** [de clima, persona] harshness.

durmiera ⟶ **dormir**.

duro, ra adj **1.** [gen] hard ; [carne] tough **2.** [resistente] tough **3.** [palabras, clima] harsh. ◆ **duro** ❖ sm [moneda] five-peseta piece **/** *no*

tener ni un duro *fam* not to have a penny, to be broke. ❖ adv hard.

DVD (*abr de* **digital versatile disk**) sm DVD.

DVR (*abr de* **digital video recorder**) sm DVR.

e¹, E sf [letra] e, E. ◆ **E** sm (*abr de* **este**) E.

e² conj (*en lugar de* **y** *ante palabras que empiecen por* i *o* hi) and.

ebanista smf cabinet-maker.

ébano sm ebony.

ébola sm ebola.

ebrio, ebria adj [borracho] drunk.

Ebro sm ▶ **el Ebro** the Ebro.

ebullición sf boiling **/** *punto de ebullición* boiling point.

eccema sm eczema.

echar ❖ vt **1.** [tirar] to throw ; [red] to cast **2.** [añadir] ▶ **echar algo (a o en algo)** a) [vino etc] to pour sthg (into sthg) b) [sal, azúcar etc] to add sthg (to sthg) **3.** [carta, postal] to post **4.** [humo, vapor, chispas] to give off, to emit **5.** [hojas, flores] to shoot **6.** [expulsar] ▶ **echar a alguien (de)** to throw sb out (of) **7.** [despedir] ▶ **echar a alguien (de)** to sack sb (from) **8.** [accionar] ▶ **echar la llave / el cerrojo** to lock/bolt the door ▶ **echar el freno** to brake, to put the brakes on **9.** [acostar] to lie (down) **10.** *fam* [en televisión, cine] to show ▶ **¿qué echan esta noche en la tele?** what's on telly tonight? **11.** *loc* ▶ **echar abajo** a) [edificio] to pull down, to demolish b) [gobierno] to bring down c) [proyecto] to ruin ▶ **echar a perder** a) [vestido, alimentos, plan] to ruin b) [ocasión] to waste ▶ **echar de menos** to miss. ❖ vi [empezar] ▶ **echar a hacer algo** to begin to do sthg, to start doing sthg ▶ **echar a correr** to break into a run ▶ **echar a llorar** to burst into tears ▶ **echar a reír** to burst out laughing. ◆ **echarse** vprnl **1.** [acostarse] to lie down **2.** [apartarse] ▶ **echarse (a un lado)** to move (aside) ▶ **echarse atrás** *fig* to back out **3.** *loc* ▶ **echarse a perder** a) [comida] to go off, to spoil b) [plan] to fall through.

echarpe sm shawl.

eclesiástico, ca adj ecclesiastical.

eclipsar vt *lit + fig* to eclipse.

eclipse sm eclipse **/** *eclipse lunar o de luna* lunar eclipse, eclipse of the moon **/** *eclipse solar o de sol* solar eclipse, eclipse of the sun **/** *eclipse total* total eclipse.

eco sm [gen] echo ▸ **hacerse eco de** to report ▸ **tener eco** to arouse interest.

ecología sf ecology.

ecológico, ca adj [gen] ecological ; [alimentos] organic.

ecologista ❖ adj environmental, ecological. ❖ smf environmentalist.

economato sm company cooperative shop.

economía sf **1.** [gen] economy ▸ **economía sumergida** black economy o market **2.** [estudio] economics *(U)* ▸ **economía familiar** home economics **3.** [ahorro] saving.

económico, ca adj **1.** [problema, doctrina etc] economic **2.** [barato] cheap, low-cost **3.** [que gasta poco - motor etc] economical ; [- persona] thrifty.

economista smf economist.

economizar [13] vt *lit + fig* to save.

ecosistema sm ecosystem.

ecotasa sf ecotax.

ecoturismo sm ecotourism.

ecuación sf equation.

ecuador sm equator / *pasar el ecuador* to pass the halfway mark.

Ecuador npr Ecuador.

ecuánime adj **1.** [en el ánimo] level-headed **2.** [en el juicio] impartial.

ecuatoriano, na adj & sm, f Ecuadorian, Ecuadoran.

ecuestre adj equestrian.

edad sf age / *¿qué edad tienes?* how old are you? / *tiene 25 años de edad* she's 25 (years old) ▸ **una persona de edad** an elderly person / **edad adulta** adulthood / **edad avanzada** old age ▸ **edad del juicio** o **de la razón** age of reason ▸ **edad escolar** school age ▸ **Edad Media** Middle Ages *pl* / **edad mental** mental age ▸ **edad del pavo** awkward age.

edecán sm M̲e̲x̲ assistant, aide.

edén sm RELIG Eden ; *fig* paradise.

edición sf **1.** [acción - IMPR] publication ; [- INFORM, RADIO & TV] editing **2.** [ejemplares] edition.

edicto sm edict.

edificante adj [conducta] exemplary ; [libro, discurso] edifying.

edificar [10] vt [construir] to build.

edificio sm building.

edil sm (town) councillor.

Edimburgo npr Edinburgh.

editar vt **1.** [libro, periódico] to publish ; [disco] to release **2.** INFORM, RADIO & TV to edit.

editor, ra ❖ adj publishing *(antes de sust).* ❖ sm, f **1.** [de libro, periódico] publisher **2.** RADIO & TV editor.

editorial ❖ adj publishing *(antes de sust).* ❖ sm editorial, leader. ❖ sf publisher, publishing house.

edredón sm eiderdown, comforter U̲S̲ / *edredón nórdico* duvet.

educación sf **1.** [enseñanza] education ▸ **educación física / sexual** physical /sex education ▸ **educación primaria / secundaria** primary/ secondary education **2.** [modales] good manners *pl* / *¡qué poca educación!* how rude! ▸ **mala educación** bad manners *pl.*

educado, da adj polite, well-mannered ▸ **mal educado** rude, ill-mannered.

educador, ra sm, f teacher.

educar [10] vt **1.** [enseñar] to educate **2.** [criar] to bring up **3.** [cuerpo, voz, oído] to train.

educativo, va adj [juego, libro, método] educational ; [sistema] education *(antes de sust)* / *sistema educativo* education system.

edulcorante sm sweetener.

edulcorar vt to sweeten.

EE UU *(abr escrita de* **Estados Unidos**) smpl USA.

efectivamente adv [en respuestas] precisely, exactly.

efectividad sf effectiveness.

efectivo, va adj **1.** [útil] effective **2.** [real] actual, true ▸ **hacer efectivo a)** [gen] to carry out **b)** [promesa] to keep **c)** [dinero, crédito] to pay **d)** [cheque] to cash. ❖ **efectivo** sm [dinero] cash ▸ **en efectivo** in cash / *efectivo en caja* cash in hand. ❖ **efectivos** smpl [personal] forces.

efecto sm **1.** [gen] effect / *de efecto retardado* delayed-action ▸ **tener efecto** [vigencia] to come into o take effect / *efecto 2000* INFORM millennium bug / *efecto dominó* domino effect ▸ **efecto invernadero** greenhouse effect ▸ **efecto óptico** optical illusion ▸ **efectos sonoros / visuales** sound /visual effects ▸ **efectos especiales** special effects ▸ **efectos secundarios** side effects **2.** [finalidad] aim, purpose ▸ **a tal efecto** to that end ▸ **a efectos** o **para los efectos de algo** as far as sthg is concerned **3.** [impresión] impression ▸ **producir buen / mal efecto** to make a good/ bad impression **4.** [de balón, bola] spin ▸ **dar efecto a** to put spin on **5.** COM [documento] bill. ❖ **efectos personales** smpl personal possessions o effects. ❖ **en efecto** loc adv indeed.

efectuar [6] vt [gen] to carry out ; [compra, pago, viaje] to make. ❖ **efectuarse** vprnl to take place.

efeméride sf [suceso] major event ; [conmemoración] anniversary.

efervescencia sf [de líquido] effervescence ; [de bebida] fizziness.

efervescente adj [bebida] fizzy.

eficacia sf [eficiencia] efficiency ; [efectividad] effectiveness.

eficaz adj **1.** [eficiente] efficient **2.** [efectivo] effective.

eficiencia sf efficiency.

eficiente adj efficient.

efímero, ra adj ephemeral.

efusión sf [cordialidad] effusiveness.

efusivo, va adj effusive.

EGB (abr de **Educación General Básica**) sf former Spanish primary education system.

egipcio, cia adj & sm, f Egyptian.

Egipto npr Egypt.

egocéntrico, ca adj egocentric.

egoísmo sm selfishness, egoism.

egoísta ◆ adj egoistic, selfish. ◆ smf egoist, selfish person.

ególatra ◆ adj egotistical. ◆ smf egotist.

egresado, da sm, f [A̲m̲] graduate.

egresar vi [A̲m̲] to graduate.

egreso sm [A̲m̲] graduation.

eh interj ▸ ¡eh! hey!

ej. abr escrita de **ejemplo**.

eje sm **1.** [de rueda] axle ; [de máquina] shaft **2.** GEOM axis **3.** fig [idea central] central idea, basis.

ejecución sf **1.** [realización] carrying out **2.** [de condenado] execution **3.** [de concierto] performance, rendition.

ejecutar vt **1.** [realizar] to carry out **2.** [condenado] to execute **3.** [concierto] to perform **4.** INFORM [programa] to run.

ejecutivo, va ◆ adj executive. ◆ sm, f [persona] executive. ◆ **ejecutivo** sm POLÍT ▸ **el ejecutivo** the government.

ejem interj ▸ ¡ejem! a) [expresa duda] um! b) [expresa ironía] ahem!

ejemplar ◆ adj exemplary. ◆ sm [de libro] copy ; [de revista] issue ; [de moneda] example ; [de especie, raza] specimen ▸ **ejemplar de muestra** specimen copy.

ejemplificar [10] vt to exemplify.

ejemplo sm example ▸ **por ejemplo** for example ▸ **predicar con el ejemplo** to practise what one preaches.

ejercer [11] ◆ vt **1.** [profesión] to practise ; [cargo] to hold **2.** [poder, derecho] to exercise ; [influencia, dominio] to exert ▸ **ejercer presión sobre** to put pressure on. ◆ vi to practise (one's profession) ▸ **ejercer de** to practise o work as.

ejercicio sm **1.** [gen] exercise ▸ **hacer ejercicio** to (do) exercise / **ejercicio escrito** written exercise / **ejercicio físico** physical exercise / **ejercicios de calentamiento** warm-up exercises / **ejercicios de mantenimiento** keep-fit exercises **2.** [de profesión] practising ; [de cargo, funciones] carrying out **3.** [de poder, derecho] exercising **4.** MIL drill

5. ECON ▸ **ejercicio económico / fiscal** financial/tax year.

ejercitar vt [derecho] to exercise.
◆ **ejercitarse** vprnl ▸ **ejercitarse (en)** to train (in).

ejército sm fig MIL army.

ejote sm [C̲A̲m̲] [M̲ēx̲] green bean.

el, la (mpl **los**, fpl **las**) art (**el** antes de sf que empiece por 'a' o 'ha' tónica; a + el = **al**; de + el = **del**)
1. [gen] the ; [en sentido genérico] no se traduce / **el coche** the car / **la casa** the house / **los niños** the children / **el agua / hacha / águila** the water / axe /eagle / **fui a recoger a los niños** I went to pick up the children / **los niños imitan a los adultos** children copy adults **2.** [con sustantivo abstracto] no se traduce / **el amor** love / **la vida** life **3.** [indica posesión, pertenencia] : **se partió la pierna** he broke his leg / **se quitó los zapatos** she took her shoes off / **tiene el pelo oscuro** he has dark hair **4.** [con días de la semana] : **vuelven el sábado** they're coming back on Saturday **5.** [con nombres propios geográficos] / **el Sena** the (River) Seine / **el Everest** (Mount) Everest / **la España de la postguerra** post-war Spain **6.** [con complemento de nombre, especificativo] ▸ **el de** the one / **he perdido el tren, cogeré el de las nueve** I've missed the train, I'll get the nine o'clock one / **el de azul** the one in blue **7.** [con complemento de nombre, posesivo] : **mi hermano y el de Juan** my brother and Juan's **8.** [antes de frase] ▸ **el que a)** [cosa] the one, whichever b) [persona] whoever / **coge el que quieras** take whichever you like / **el que más corra** whoever runs fastest **9.** [antes de adjetivo] : **prefiero el rojo al azul** I prefer the red one to the blue one.

él, ella pron pers **1.** [sujeto, predicado - persona] he (she) ; [-animal, cosa] it / **mi hermana es ella** she's the one who is my sister **2.** (después de prep) [complemento] him (her) / **voy a ir de vacaciones con ella** I'm going on holiday with her / **díselo a ella** tell her it **3.** [posesivo] ▸ **de él** his ▸ **de ella** hers.

elaborar vt [producto] to make, to manufacture ; [idea] to work out ; [plan, informe] to draw up.

elasticidad sf [gen] elasticity.

elástico, ca adj [gen] elastic. ◆ **elástico** sm [cinta] elastic.

E / LE, ELE (abr de **español como lengua extranjera**) sm Spanish as a Foreign Language.

elección sf **1.** [nombramiento] election **2.** [opción] choice. ◆ **elecciones** sfpl POLÍT election sg.

electo, ta adj elect ▸ **el presidente electo** the president elect.

elector, ra sm, f voter, elector.

electorado sm electorate.

electoral adj electoral.

electricidad sf electricity / *electricidad estática* static electricity.

electricista smf electrician.

eléctrico, ca adj electric.

electrificar [10] vt to electrify.

electrizar [13] vt *fig* [exaltar] to electrify.

electrocutar vt to electrocute.

electrodoméstico *(gen pl)* sm electrical household appliance.

electromagnético, ca adj electromagnetic.

electrón sm electron.

electrónico, ca adj [de la electrónica] electronic. ◆ **electrónica** sf electronics *(U)*.

elefante, ta sm, f elephant.

elegancia sf elegance.

elegante adj **1.** [persona, traje, estilo] elegant **2.** [conducta, actitud, respuesta] dignified.

elegantoso, sa adj 𝐀𝐦 elegant.

elegía sf elegy.

elegir [42] vt **1.** [escoger] to choose, to select **2.** [por votación] to elect.

elemental adj **1.** [básico] basic **2.** [obvio] obvious.

elemento ❖ sm **1.** [gen] element **2.** [factor] factor **3.** [persona - en equipo, colectivo] individual. ❖ smf *fam* ▶ **una elementa de cuidado** a bad lot / *¡menudo elemento está hecho tu sobrino!* your nephew is a real tearaway!

elenco sm [reparto] cast.

elepé sm LP (record).

elevación sf **1.** [de pesos, objetos etc] lifting ; [de nivel, altura, precios] rise **2.** [de terreno] elevation, rise.

elevado, da adj [alto] high ; *fig* [sublime] lofty.

elevador sm **1.** [montacargas] hoist **2.** 𝐌𝐞𝐱 [ascensor] lift 𝐔𝐊, elevator 𝐔𝐒.

elevalunas sm inv window winder.

elevar vt **1.** [gen & MAT] to raise ; [peso, objeto] to lift **2.** [ascender] ▶ **elevar a alguien (a)** to elevate sb (to). ◆ **elevarse** vprnl [gen] to rise ; [edificio, montaña] to rise up ▶ **elevarse a a)** [altura] to reach **b)** [gastos, daños] to amount o come to.

elidir vt to elide.

eliminación sf elimination.

eliminar vt [gen] to eliminate ; [contaminación, enfermedad] to get rid of.

eliminatorio, ria adj qualifying *(antes de sust)*. ◆ **eliminatoria** sf [gen] qualifying round ; [en atletismo] heat.

elipse sf ellipse.

élite, elite sf elite.

elitista adj & smf elitist.

elixir, elíxir sm **1.** [producto medicinal] ▶ **elixir bucal** mouthwash **2.** *fig* [remedio milagroso] elixir.

ella ⟶ **él**.

ellas sfpl ⟶ **ellos**.

ello pron pers *(neutro)* it / *no nos llevamos bien, pero ello no nos impide formar un buen equipo* we don't get on very well, but it o that doesn't stop us making a good team / *no quiero hablar de ello* I don't want to talk about it / *por ello* for that reason.

ellos, ellas pron pers **1.** [sujeto, predicado] they / *los invitados son ellos* they are the guests, it is they who are the guests **2.** *(después de prep)* [complemento] them / *me voy al bar con ellas* I'm going with them to the bar / *díselo a ellos* tell them it **3.** [posesivo] ▶ **de ellos /ellas** theirs.

elocuencia sf eloquence.

elocuente adj eloquent / *se hizo un silencio elocuente* the silence said it all.

elogiar [8] vt to praise.

elogio sm praise.

elongación sf elongation.

elote sm 𝐂𝐚𝐦 𝐌𝐞𝐱 corncob, ear of maize o corn 𝐔𝐒.

El Salvador npr El Salvador.

elucidar vt to elucidate.

elucubración sf **1.** [reflexión] reflection, meditation **2.** *despec* [divagación] mental meandering.

elucubrar vt **1.** [reflexionar] to reflect o meditate upon **2.** *despec* [divagar] to theorize about.

eludir vt [gen] to avoid ; [perseguidores] to escape.

e-mail ['imeil] *(pl* e-mails*)* sm e-mail.

emanar ◆ **emanar de** vi to emanate from.

emancipación sf [de mujeres, esclavos] emancipation ; [de menores de edad] coming of age ; [de países] obtaining of independence.

emancipar vt [gen] to emancipate ; [países] to grant independence (to). ◆ **emanciparse** vprnl to free o.s., to become independent.

embadurnar vt ▶ **embadurnar algo (de)** to smear sthg (with).

embajada sf [edificio] embassy.

embajador, ra sm, f ambassador.

embalaje sm [acción] packing.

embalar vt to wrap up, to pack. ◆ **embalarse** vprnl [acelerar - corredor] to race away ; [- vehículo] to pick up speed.

embalsamar vt to embalm.

embalse sm reservoir.

embarazada ❖ adj f pregnant ▶ **dejar embarazada a alguien** to get sb pregnant ▶ **quedarse embarazada** to get pregnant. ❖ sf pregnant woman.

embarazar [13] vt **1.** [impedir] to restrict **2.** [cohibir] to inhibit.

embarazo sm **1.** [preñez] pregnancy / *interrumpir un embarazo* to terminate a pregnancy / *prueba del embarazo* pregnancy test / *embarazo ectópico* o *extrauterino* ectopic pregnancy **2.** [timidez] embarrassment.

embarazoso, sa adj awkward, embarrassing.

embarcación sf [barco] craft, boat / *embarcación pesquera* fishing boat / *embarcación de recreo* pleasure boat.

embarcadero sm jetty.

embarcar [10] ❖ vt [personas] to board ; [mercancías] to ship. ❖ vi to board. ◆ **embarcarse** vprnl [para viajar] to board.

embargar [16] vt **1.** DER to seize **2.** [suj: emoción etc] to overcome.

embargo sm **1.** DER seizure **2.** ECON embargo. ◆ **sin embargo** loc adv however, nevertheless.

embarque sm [de personas] boarding ; [de mercancías] embarkation.

embarrancar [10] vi to run aground.

embarullar vt *fam* to mess up. ◆ **embarullarse** vprnl *fam* to get into a muddle.

embaucar [10] vt to swindle, to deceive.

embeber vt to soak up. ◆ **embeberse** vprnl ▶ **embeberse (en algo)** [ensimismarse] to become absorbed (in sthg) ; *fig* [empaparse] to immerse o.s. (in sthg).

embellecer [30] vt to adorn, to embellish.

embestida sf [gen] attack ; [de toro] charge.

embestir [26] vt [gen] to attack ; [toro] to charge.

emblema sm **1.** [divisa, distintivo] emblem, badge **2.** [símbolo] symbol.

emblemático, ca adj emblematic.

embobar vt to captivate.

embocadura sf [de instrumento] mouthpiece.

embolarse vprnl ARG *fam* [aburrirse] to get really fed up.

embolia sf embolism.

émbolo sm AUTO piston.

embolsarse vprnl [ganar] to earn.

embonar vt ANDES CUBA MÉX *fam* **1.** [ajustar] to suit **2.** [abonar] to manure **3.** [ensamblar] to join.

emborrachar vt to make drunk. ◆ **emborracharse** vprnl to get drunk.

emborronar vt [garabatear] to scribble on ; [manchar] to smudge.

emboscada sf *lit + fig* ambush.

embotellado, da adj bottled.

embotellamiento sm [de tráfico] traffic jam.

embotellar vt [líquido] to bottle.

embragar [16] vi to engage the clutch.

embrague sm clutch / *embrague automático* automatic clutch.

embriagado, da adj drunk.

embriagar [16] vt **1.** [extasiar] to intoxicate **2.** [emborrachar] to make drunk. ◆ **embriagarse** vprnl [emborracharse] ▶ **embriagarse (con)** to get drunk (on).

embriaguez sf **1.** [borrachera] drunkenness **2.** [éxtasis] intoxication.

embrión sm embryo.

embrionario, ria adj embryonic.

embrollo sm **1.** [de hilos] tangle **2.** *fig* [lío] mess ; [mentira] lie.

embromado, da adj ANDES CARIB RP *fam* [complicado] tricky.

embromar vt **1.** [burlarse de] to tease **2.** ANDES CARIB RP [fastidiar] to annoy, to bother **3.** ANDES CARIB RP [estropear - máquina, objeto] to break ; [- fiesta, vacaciones] to spoil, to ruin.

embrujado, da adj **1.** [gen] bewitched **2.** [lugar] haunted.

embrujar vt *lit + fig* to bewitch.

embrujo sm [maleficio] curse, spell ; *fig* [de ciudad, ojos] charm, magic.

embrutecer [30] vt to brutalize. ◆ **embrutecerse** vprnl to become brutalized.

embuchado, da adj ▶ **carne embuchada** cured cold meat.

embudo sm funnel.

embuste sm lie.

embustero, ra ❖ adj lying. ❖ sm, f liar.

embute sm AmÉ *fam* bribe.

embutido sm [comida] cold cured meat.

embutir vt *lit + fig* to stuff.

emergencia sf **1.** [urgencia] emergency ▶ **en caso de emergencia** in case of emergency **2.** [brote] emergence.

emerger [14] vi [salir del agua] to emerge ; [aparecer] to come into view, to appear.

emigración sf [de personas] emigration ; [de aves] migration.

emigrante adj & smf emigrant.

emigrar vi [persona] to emigrate ; [ave] to migrate.

eminencia sf [persona] leading light. ◆ **Eminencia** sf ▶ **Su Eminencia** His Eminence.

eminente adj [distinguido] eminent.

emirato sm emirate.

Emiratos Árabes Unidos smpl ▶ **los Emiratos Árabes Unidos** United Arab Emirates.

emisión sf **1.** [de energía, rayos etc] emission **2.** [de bonos, sellos, monedas] issue ▶ **emisión de obligaciones** COM debentures issue **3.** [RADIO & TV - transmisión] broadcasting ; [- programa] programme, broadcast.

emisor, ra adj transmitting *(antes de sust)*. ◆ **emisora** sf radio station / *emisora pirata* pirate radio station.

emitir ⬦ vt **1.** [rayos, calor, sonidos] to emit **2.** [moneda, sellos, bonos] to issue **3.** [expresar - juicio, opinión] to express ; [- fallo] to pronounce **4.** RADIO & TV to broadcast. ⬦ vi to broadcast.

emoción sf **1.** [conmoción, sentimiento] emotion **2.** [expectación] excitement ▸ **¡qué emoción!** how exciting!

emocionado, da adj deeply moved o touched.

emocionante adj **1.** [conmovedor] moving, touching **2.** [apasionante] exciting, thrilling.

emocionar vt **1.** [conmover] to move **2.** [excitar, apasionar] to thrill, to excite. ⬦ **emocionarse** vprnl **1.** [conmoverse] to be moved **2.** [excitarse, apasionarse] to get excited.

emoji sm INFORM emoji.

emoticón sm INFORM emoticon.

emotivo, va adj [persona] emotional ; [escena, palabras] moving.

empacar vi AM to pack. ⬦ **empacarse** vprnl ANDES RP fam to dig one's heels in.

empachar vt to give indigestion to.
⬦ **empacharse** vprnl [hartarse] to stuff o.s. ; [sufrir indigestión] to get indigestion.

empacho sm [indigestión] upset stomach, indigestion.

empadronar vt ≃ to register on the electoral roll. ⬦ **empadronarse** vprnl ≃ to register on the electoral roll.

empalagoso, sa adj sickly, cloying.

empalizada sf [cerca] fence ; MIL stockade.

empalmar ⬦ vt [tubos, cables] to connect, to join. ⬦ vi **1.** [autocares, trenes] to connect **2.** [carreteras] to link o join (up). ⬦ **empalmarse** vprnl Esp vulg to get a hard-on.

empalme sm **1.** [entre cables, tubos] joint, connection **2.** [de líneas férreas, carreteras] junction.

empanada sf pasty.

empanadilla sf small pasty.

empanar vt CULIN to coat in breadcrumbs.

empantanar vt to flood. ⬦ **empantanarse** vprnl **1.** [inundarse] to be flooded o waterlogged **2.** fig [atascarse] to get bogged down.

empañar vt **1.** [cristal] to mist o steam up **2.** fig [reputación] to tarnish. ⬦ **empañarse** vprnl to mist o steam up.

empapado, da adj soaked.

empapar vt **1.** [mojar] to soak **2.** [absorber] to soak up. ⬦ **empaparse** vprnl **1.** [mojarse] to get soaked **2.** [enterarse bien] : *se empapó de sociología antes de dar la conferencia* she did a lot of reading up about sociology before giving her speech / *¡para que te empapes!* fam so there!

empapelar vt [pared] to paper.

empaque sm MEX [en paquetes, bolsas, cajas] packing ; [en latas] canning ; [en botellas] bottling.

empaquetar vt to pack, to package.

emparedado, da adj confined.
⬦ **emparedado** sm sandwich.

emparedar vt to lock away.

emparejar vt [aparejar - personas] to pair off ; [- zapatos etc] to match (up).

emparentado, da adj related.

emparentar [19] vi ▸ **emparentar con** to marry into.

empastar vt to fill.

empaste sm filling.

empatado, da adj : *estamos o vamos empatados* it's a draw.

empatar vi DEP to draw ; [en elecciones etc] to tie ▸ **empatar a cero** to draw nil-nil.

empate sm [resultado] draw ▸ **un empate a cero / dos** a goalless/two-all draw.

empatía sf empathy.

empatizar vi to empathize.

empedernido, da adj [bebedor, fumador] heavy ; [criminal, jugador] hardened.

empedrado sm paving.

empedrar [19] vt to pave.

empeine sm [de pie, zapato] instep.

empellón sm push, shove / *abrirse paso a empellones* to shove o push one's way through.

empeñado, da adj **1.** [en préstamo] in pawn **2.** [obstinado] determined ▸ **estar empeñado en hacer algo** to be determined to do sthg.

empeñar vt [joyas etc] to pawn. ⬦ **empeñarse** vprnl **1.** [obstinarse] to insist ▸ **empeñarse en hacer algo a)** [obstinarse] to insist on doing sthg **b)** [persistir] to persist in doing sthg **2.** [endeudarse] to get into debt.

empeño sm **1.** [de joyas etc] pawning ▸ **casa de empeños** pawnshop **2.** [obstinación] determination / *poner mucho empeño en algo* to put a lot of effort into sthg ▸ **tener empeño en hacer algo** to be determined to do sthg.

empeorar vi to get worse, to deteriorate.
⬦ **empeorarse** vprnl to deteriorate, to worsen.

empequeñecer [30] vt [quitar importancia a] to diminish ; [en una comparación] to overshadow, to dwarf.

emperador, emperatriz sm, f emperor (empress). ⬦ **emperador** sm [pez] swordfish.

emperifollar vt fam to doll o tart up.

emperrarse vprnl ▸ **emperrarse (en hacer algo)** to insist (on doing sthg).

empezar [34] ⬦ vt to begin, to start. ⬦ vi ▸ **empezar (a hacer algo)** to begin o start (to do sthg) ▸ **empezar (por hacer algo)** to begin o start (by doing sthg) ▸ **para empezar** to begin o start with / *por algo se empieza* you've got to start somewhere.

empinado, da adj steep.

empinar vt [levantar] to raise. ◆ **empinarse** vprnl **1.** [animal] to stand up on its hind legs **2.** [persona] to stand on tiptoe.

empírico, ca adj empirical.

emplasto sm poultice.

emplazamiento sm [ubicación] location.

emplazar [13] vt **1.** [situar] to locate ; MIL to position **2.** [citar] to summon ; DER to summons.

empleado, da sm, f [gen] employee ; [de banco, administración, oficina] clerk.

empleador, ra sm, f employer.

emplear vt **1.** [usar - objetos, materiales etc] to use ; [-tiempo] to spend ▶ **emplear algo en hacer algo** to use sthg to do sthg **2.** [contratar] to employ. ◆ **emplearse** vprnl **1.** [colocarse] to find a job **2.** [usarse] to be used.

empleo sm **1.** [uso] use ▶ '*modo de empleo*' instructions for use' **2.** [trabajo] employment ; [puesto] job ▶ **estar sin empleo** to be out of work.

emplomadura sf RDom [de diente] filling.

emplomar vt **1.** [cubrir con plomo] to lead **2.** RDom [diente] to fill.

empobrecer [30] vt to impoverish.

◆ **empobrecerse** vprnl to get poorer.

empollar ◆ vt **1.** [huevo] to incubate **2.** fam [estudiar] to swot up on. ◆ vi fam to swot.

empollón, ona fam sm, f swot.

empolvarse vprnl to powder one's face.

empotrado, da adj fitted, built-in.

empotrar vt to fit, to build in.

emprendedor, ra adj enterprising.

emprender vt **1.** [trabajo] to start ; [viaje, marcha] to set off on ▶ **emprender vuelo** to fly off **2.** loc ▶ **emprenderla con alguien** to take it out on sb ▶ **emprenderla a golpes con alguien** to start hitting sb.

empresa sf **1.** [sociedad] company ▶ **pequeña y mediana empresa** small and medium-sized business ▶ **empresa de trabajo temporal** temping agency **2.** [acción] enterprise, undertaking.

empresarial adj management (antes de sust). ◆ **empresariales** sfpl business studies.

empresario, ria sm, f [patrono] employer ; [hombre, mujer de negocios] businessman (businesswoman) ; [de teatro] impresario.

empréstito sm debenture loan.

empujar vt to push ▶ **empujar a alguien a que haga algo** to push sb into doing sthg.

empuje sm **1.** [presión] pressure **2.** [energía] energy, drive.

empujón sm [empellón] shove, push ▶ **abrirse paso a empujones** to shove o push one's way through.

empuñadura sf handle ; [de espada] hilt.

empuñar vt to take hold of, to grasp.

emular vt **1.** [gen & INFORM] to emulate **2.** [una persona] : **emular a alguien a)** [rivalizar] to vie with sb **b)** [imitar] to emulate sb.

emulsión sf emulsion.

en prep **1.** [lugar - en el interior de] in ; [-sobre la superficie de] on ; [-en un punto concreto de] at / *viven en la capital* they live in the capital / *tiene el dinero en el banco* he keeps his money in the bank / *en la mesa /el plato* on the table/ plate / *en casa /el trabajo* at home/work **2.** [dirección] into / *el avión cayó en el mar* the plane fell into the sea / *entraron en la habitación* they came into the room **3.** [tiempo - mes, año etc] in ; [-día] on / *nació en 1940 /mayo* he was born in 1940/May / *en aquel día* on that day / *en Nochebuena* on Christmas Eve / *en Navidades* at Christmas / *en aquella época* at that time, in those days / *en un par de días* in a couple of days **4.** [medio de transporte] by / *en tren / coche /avión /barco* to go by train/car/plane/ boat **5.** [modo] in / *en voz baja* in a low voice / *lo dijo en inglés* she said it in English / *pagar en libras* to pay in pounds / *la inflación aumentó en un 10 %* inflation increased by 10 % / *todo se lo gasta en ropa* he spends everything on clothes **6.** [precio] in / *las ganancias se calculan en millones* profits are calculated in millions / *te lo dejo en 5.000* I'll let you have it for 5,000 **7.** [tema] : *es un experto en la materia* he's an expert on the subject / *es doctor en medicina* he's a doctor of medicine **8.** [causa] from / *lo detecté en su forma de hablar* I could tell from the way he was speaking **9.** [materia] in, made of / *en seda* in silk **10.** [cualidad] in terms of / *le supera en inteligencia* she is more intelligent than he is.

enagua sf (gen pl) petticoat.

enajenación sf [locura] insanity ; [éxtasis] rapture.

enajenamiento sm = enajenación.

enajenar vt **1.** [volver loco] to drive mad ; [extasiar] to enrapture **2.** [propiedad] to alienate.

enaltecer [30] vt to praise.

enamoradizo, za adj who falls in love easily.

enamorado, da ◆ adj ▶ **enamorado (de)** in love (with). ◆ sm, f lover.

enamorar vt to win the heart of.

◆ **enamorarse** vprnl ▶ **enamorarse (de)** to fall in love (with).

enano, na adj & sm, f dwarf / *disfrutar como un enano* fam to have a whale of a time.

enarbolar vt [bandera] to raise, to hoist ; [pancarta] to hold up ; [arma] to brandish.

enardecer [30] vt [gen] to inflame ; [persona, multitud] to fill with enthusiasm.

encabezamiento sm [de carta, escrito] heading; [de artículo periodístico] headline; [preámbulo] foreword.

encabezar [13] vt **1.** [artículo de periódico] to headline; [libro] to write the foreword for **2.** [lista, carta] to head **3.** [marcha, expedición] to lead.

encabritarse vprnl **1.** [caballo, moto] to rear up **2.** *fam* [persona] to get shirty.

encadenar vt **1.** [atar] to chain (up) **2.** [enlazar] to link (together).

encajar ◆ vt **1.** [meter ajustando] ▶ **encajar (en)** to fit (into) **2.** [meter con fuerza] ▶ **encajar (en)** to push (into) **3.** [hueso dislocado] to set **4.** [recibir - golpe, noticia, críticas] to take. ◆ vi **1.** [piezas, objetos] to fit **2.** [hechos, declaraciones, datos] ▶ **encajar (con)** to square (with), to match.

encaje sm [tejido] lace.

encalar vt to whitewash.

encallar vi [barco] to run aground.

encaminar vt **1.** [persona, pasos] to direct **2.** [medidas, leyes, actividades] to aim ▶ **encaminado a** aimed at. ◆ **encaminarse** vprnl ▶ **encaminarse a/hacia** to set off for/towards.

encamotado, da adj ᴀɴᴅᴇꜱ ᴄᴀᴍ *fam* in love.

encamotarse vprnl ᴀɴᴅᴇꜱ ᴄᴀᴍ *fam* to fall in love.

encandilar vt to dazzle.

encantado, da adj **1.** [contento] delighted / *estar encantado con algo/alguien* to be delighted with sth/sb ▶ **encantado de conocerle** pleased to meet you **2.** [hechizado - casa, lugar] haunted; [- persona] bewitched.

encantador, ra adj delightful, charming.

encantar vt **1.** [gustar] ▶ **encantarle a alguien algo/hacer algo** to love sth/doing sth / *me encanta el chocolate* I love chocolate / *le encanta bailar* she loves dancing **2.** [embrujar] to cast a spell on.

encanto sm **1.** [atractivo] charm ▶ **ser un encanto** to be a treasure o a delight **2.** [hechizo] spell.

encapotado, da adj overcast.

encapotarse vprnl to cloud over.

encapricharse vprnl [obstinarse] ▶ **encapricharse con algo/hacer algo** to set one's mind on sthg/doing sthg.

encapuchado, da adj hooded.

encaramar vt to lift up. ◆ **encaramarse** vprnl ▶ **encaramarse (a o en)** to climb up (onto).

encarar vt [hacer frente a] to confront, to face up to. ◆ **encararse** vprnl [enfrentarse] ▶ **encararse a o con** to stand up to.

encarcelar vt to imprison.

encarecer [30] vt [productos, precios] to make more expensive. ◆ **encarecerse** vprnl to become more expensive.

encarecidamente adv earnestly.

encarecimiento sm [de producto, coste] increase in price.

encargado, da ◆ adj ▶ **encargado (de)** responsible (for), in charge (of). ◆ sm, f [gen] person in charge; COM manager (manageress) / *encargado de negocios* POLÍT chargé d'affaires.

encargar [16] vt **1.** [poner al cargo] ▶ **encargar a alguien de algo** to put sb in charge of sthg ▶ **encargar a alguien que haga algo** to tell sb to do sthg **2.** [pedir] to order. ◆ **encargarse** vprnl [ocuparse] ▶ **encargarse de** to be in charge of / *yo me encargaré de eso* I'll take care of o see to that.

encargo sm **1.** [pedido] order ▶ **por encargo** to order **2.** [recado] errand **3.** [tarea] task, assignment.

encariñarse vprnl ▶ **encariñarse con** to become fond of.

encarnación sf [personificación - cosa] embodiment; [- persona] personification.

encarnado, da adj **1.** [personificado] incarnate **2.** [color] red.

encarnizado, da adj bloody, bitter.

encarnizarse [13] vprnl ▶ **encarnizarse con a)** [presa] to fall upon **b)** [prisionero, enemigo] to treat savagely.

encarrilar vt *fig* [negocio, situación] to put on the right track.

encasillar vt [clasificar] to pigeonhole; TEATRO to typecast.

encasquetar vt **1.** [imponer] ▶ **encasquetar algo a alguien a)** [idea, teoría] to drum sthg into sb **b)** [discurso, lección] to force sb to sit through sthg **2.** [sombrero] to pull on.

encasquillarse vprnl to get jammed.

encausar vt to prosecute.

encauzar [13] vt **1.** [corriente] to channel **2.** [orientar] to direct.

encendedor sm lighter.

encender [20] vt **1.** [vela, cigarro, chimenea] to light **2.** [aparato] to switch on **3.** *fig* [avivar - entusiasmo, ira] to arouse; [- pasión, discusión] to inflame. ◆ **encenderse** vprnl **1.** [fuego, gas] to ignite; [luz, estufa] to come on **2.** *fig* [ojos] to light up; [persona, rostro] to go red, to blush; [de ira] to flare up.

encendido, da adj [luz, colilla] burning / *la luz está encendida* the light is on. ◆ **encendido** sm AUTO ignition / *encendido electrónico* electronic ignition.

encerado, da adj waxed, polished. ◆ **encerado** sm [pizarra] blackboard.

encerar vt to wax, to polish.

encerrado, da adj shut away.

encerrar [19] vt **1.** [recluir - gen] to shut (up o in); [- con llave] to lock (up o in); [- en la cárcel] to lock away o up **2.** [contener] to contain. ◆ **encerrarse** vprnl [gen] to shut o.s. away; [con llave] to lock o.s. away.

encestar vt & vi to score (in basketball).

enceste sm basket.

encharcar [10] vt to waterlog. ◆ **encharcarse** vprnl **1.** [terreno] to become waterlogged **2.** [pulmones] to become flooded.

enchilado, da adj MEX **1.** [alimento] seasoned with chilli UK, seasoned with chili US **2.** fam [persona] annoyed / estar enchilado to be livid. ◆ **enchilado** sm MEX CUBA spicy seafood stew. ◆ **enchilada** sf MEX filled tortilla.

enchilarse vprnl MEX fam [enfadarse] to get angry.

enchinar vt MEX to curl.

enchufado, da adj fam ▶ estar enchufado to get where one is through connections.

enchufar vt **1.** [aparato] to plug in **2.** fam [a una persona] to pull strings for.

enchufe sm **1.** [ELECTR - macho] plug; [- hembra] socket / enchufe múltiple adapter **2.** fam [recomendación] connections pl ▶ obtener algo por enchufe to get sthg by pulling strings o through one's connections.

encía sf gum.

encíclica sf encyclical.

enciclopedia sf encyclopedia.

encierro sm [protesta] sit-in.

encima adv **1.** [arriba] on top ▶ yo vivo encima I live upstairs ▶ por encima [superficialmente] superficially **2.** [además] on top of that **3.** [sobre sí] : lleva un abrigo encima she has a coat on / ¿llevas dinero encima? have you got any money on you? ◆ **encima de** loc prep **1.** [en lugar superior que] above / encima de tu casa above your house / vivo encima de tu casa I live upstairs from you **2.** [sobre, en] on (top of) / el pan está encima de la mesa the bread is on (top of) the table **3.** [además] on top of. ◆ **por encima de** loc prep **1.** [gen] over / vive por encima de sus posibilidades he lives beyond his means **2.** fig [más que] more than ▶ por encima de todo more than anything else.

encimero, ra adj top. ◆ **encimera** sf worktop.

encina sf holm oak.

encinta adj f pregnant.

enclave sm enclave.

enclenque adj sickly, frail.

encoger [14] ◇ vt **1.** [ropa] to shrink **2.** [miembro, músculo] to contract. ◇ vi to shrink. ◆ **encogerse** vprnl **1.** [ropa] to shrink;

[músculos etc] to contract / encogerse de hombros to shrug one's shoulders **2.** fig [apocarse] to cringe.

encolar vt [silla etc] to glue; [pared] to size, to paste.

encolerizar [13] vt to infuriate, to enrage. ◆ **encolerizarse** vprnl to get angry.

encomendar [19] vt to entrust. ◆ **encomendarse** vprnl ▶ encomendarse a a) [persona] to entrust o.s. to b) [Dios, santos] to put one's trust in.

encomienda sf **1.** [encargo] assignment, mission **2.** AM [paquete] parcel.

encontrado, da adj conflicting.

encontrar [23] vt **1.** [gen] to find **2.** [dificultades] to encounter **3.** [persona] to meet, to come across. ◆ **encontrarse** vprnl **1.** [hallarse] to be / se encuentra en París she's in Paris **2.** [coincidir] ▶ encontrarse (con alguien) to meet (sb) / me encontré con Juan I ran into o met Juan **3.** [de ánimo] to feel / ¿cómo te encuentras? how do you feel?, how are you feeling? / encontrarse bien / mal to feel fine / ill **4.** [chocar] to collide.

encoñarse vprnl ESP vulg to become obsessed.

encorvar vt to bend. ◆ **encorvarse** vprnl to bend down o over.

encrespar vt **1.** [pelo] to curl; [mar] to make choppy o rough **2.** [irritar] to irritate. ◆ **encresparse** vprnl **1.** [mar] to get rough **2.** [persona] to get irritated.

encriptar vt INFORM to encrypt.

encrucijada sf lit + fig crossroads sg.

encuadernación sf binding / encuadernación en cuero leather binding / encuadernación en tela cloth binding.

encuadernador, ra sm, f bookbinder.

encuadernar vt to bind.

encuadrar vt **1.** [enmarcar - cuadro, tema] to frame **2.** [encerrar] to contain **3.** [encajar] to fit.

encuadre sm FOTO composition; CINE & TV framing.

encubierto, ta ◇ pp ⟶ encubrir. ◇ adj [intento] covert; [insulto, significado] hidden.

encubridor, ra sm, f ▶ encubridor (de) accessory (to).

encubrir vt [delito] to conceal; [persona] to harbour.

encuentro sm **1.** [acción] meeting, encounter ▶ salir al encuentro de alguien a) [para recibir] to go to meet sb b) [para atacar] to confront sb **2.** DEP game, match **3.** [hallazgo] find.

encuesta sf **1.** [de opinión] survey, opinion poll **2.** [investigación] investigation, inquiry.

encuestador, ra sm, f pollster.

encuestar vt to poll.

endeble adj [persona, argumento] weak, feeble ; [objeto] fragile.

endémico, ca adj MED endemic.

endemoniado, da adj **1.** fam [molesto - niño] wicked ; [- trabajo] very tricky **2.** [desagradable] terrible, foul **3.** [poseído] possessed (of the devil).

endenantes adv ᴬᴹ fam before.

enderezar [13] vt **1.** [poner derecho] to straighten **2.** [poner vertical] to put upright **3.** fig [corregir] to set right. ◆ **enderezarse** vprnl [sentado] to sit up straight ; [de pie] to stand up straight.

endeudamiento sm debt.

endeudarse vprnl to get into debt.

endiablado, da adj [persona] wicked ; [tiempo, genio] foul ; [problema, crucigrama] fiendishly difficult.

endibia, endivia sf endive.

endiñar vt fam ▶ **endiñar algo a alguien a)** [golpe] to land o deal sb sth **b)** [trabajo, tarea] to lumber sb with sthg.

endivia = **endibia**.

endomingado, da adj fam dolled-up.

endorfina sf MED endorphin.

endosar vt **1.** [tarea, trabajo] ▶ **endosar algo a alguien** to lumber sb with sthg **2.** COM to endorse.

endrogarse vprnl CHILE MÉX PERÚ [endeudarse] to get into debt.

endulzar [13] vt [con azúcar] to sweeten ; fig [hacer agradable] to ease.

endurecer [30] vt **1.** [gen] to harden **2.** [fortalecer] to strengthen.

enemigo, ga ◇ adj enemy (antes de sust) ▶ **ser enemigo de algo** to hate sthg. ◇ sm, f enemy / **pasarse al enemigo** to go over to the enemy.

enemistad sf enmity.

enemistar vt to make enemies of. ◆ **enemistarse** vprnl ▶ **enemistarse (con)** to fall out (with).

energético, ca adj energy (antes de sust).

energía sf **1.** [gen] energy ▶ **energía atómica** o **nuclear** nuclear power ▶ **energía eléctrica / eólica / hidráulica** electric/wind/water power ▶ **energía solar** solar energy o power **2.** [fuerza] strength / **hay que empujar con energía** you have to push hard.

enérgico, ca adj [gen] energetic ; [carácter] forceful ; [gesto, medida] vigorous ; [decisión, postura] emphatic.

energúmeno, na sm, f madman (madwoman) / **gritaba como un energúmeno** he was screaming like one possessed.

enero sm January. Ver también **septiembre**.

enervar vt **1.** [debilitar] to sap, to weaken **2.** [poner nervioso] to exasperate.

enésimo, ma adj **1.** MAT nth **2.** fig umpteenth ▶ **por enésima vez** for the umpteenth time.

enfadado, da adj angry.

enfadar vt to anger. ◆ **enfadarse** vprnl ▶ **enfadarse (con)** to get angry (with).

enfado sm anger.

énfasis sm inv emphasis ▶ **poner énfasis en algo** to emphasize sthg.

enfático, ca adj emphatic.

enfatizar [13] vt to emphasize, to stress.

enfermar ◇ vt [causar enfermedad a] to make ill. ◇ vi to fall ill ▶ **enfermar del pecho** to develop a chest complaint. ◆ **enfermarse** vprnl = **enfermar**.

enfermedad sf illness / **contraer una enfermedad** to catch an illness / **enfermedad contagiosa** contagious disease / **enfermedad de Creutzfeldt-Jakob** Creutzfeldt-Jakob disease, CJD ▶ **enfermedad infecciosa / venérea** infectious/ venereal disease / **enfermedad mental** mental illness / **enfermedad profesional** occupational disease / **enfermedad terminal** terminal illness.

enfermera → **enfermero**.

enfermería sf sick bay.

enfermero, ra sm, f male nurse (nurse).

enfermizo, za adj lit + fig unhealthy.

enfermo, ma ◇ adj ill, sick / **caer enfermo** to fall ill. ◇ sm, f [gen] invalid, sick person ; [en el hospital] patient / **enfermo terminal** terminally ill patient.

enfiestarse vprnl ᴬᴹ to party.

enfilar vt **1.** [ir por - camino] to go o head straight along **2.** [apuntar - arma] to aim.

enflaquecer [30] vi to grow thin.

enfocar [10] vt **1.** [imagen, objetivo] to focus **2.** [suj: luz, foco] to shine on **3.** [tema, asunto] to approach, to look at.

enfoque sm **1.** [de imagen] focus **2.** [de asunto] approach, angle / **dar un enfoque nuevo a algo** to adopt a new approach to sthg.

enfrascar [10] vt to bottle. ◆ **enfrascarse en** vprnl [riña] to get embroiled in ; [lectura, conversación] to become engrossed in.

enfrentamiento sm confrontation.

enfrentar vt **1.** [hacer frente a] to confront, to face **2.** [poner frente a frente] to bring face to face. ◆ **enfrentarse** vprnl **1.** [luchar, encontrarse] to meet, to clash **2.** [oponerse] ▶ **enfrentarse con alguien** to confront sb.

enfrente adv **1.** [delante] opposite / **la tienda de enfrente** the shop across the road ▶ **enfrente de** opposite **2.** [en contra] : **tiene a todos enfrente** everyone's against her.

enfriamiento sm **1.** [catarro] cold **2.** [acción] cooling.

enfriar [9] vt lit + fig to cool. ◆ **enfriarse** vprnl **1.** [líquido, pasión, amistad] to cool down

2. [quedarse demasiado frío] to go cold **3.** MED to catch a cold.

enfundar vt [espada] to sheathe ; [pistola] to put away.

enfurecer [30] vt to infuriate, to madden. ◆ **enfurecerse** vprnl [gen] to get furious.

enfurecido, da adj **1.** [rostro, voz, gesto] furious **2.** [mar] raging.

enfurruñado, ra adj fam grumpy.

enfurruñarse vprnl fam to sulk.

engalanar vt to decorate. ◆ **engalanarse** vprnl to dress up.

enganchada sf fam : tener una enganchada con alguien to have a row with sb.

enganchar vt **1.** [agarrar - vagones] to couple ; [- remolque, caballos] to hitch up ; [- pez] to hook **2.** [colgar de un gancho] to hang up. ◆ **engancharse** vprnl **1.** [prenderse] ▶ engancharse algo con algo to catch sthg on sthg **2.** [alistarse] to enlist, to join up **3.** [hacerse adicto] ▶ engancharse (a) to get hooked (on).

enganche sm **1.** [de trenes] coupling **2.** [gancho] hook **3.** [reclutamiento] enlistment **4.** MÉX [depósito] deposit.

engañar vt **1.** [gen] to deceive / engaña a su marido she cheats on her husband **2.** [estafar] to cheat, to swindle. ◆ **engañarse** vprnl **1.** [hacerse ilusiones] to delude o.s. **2.** [equivocarse] to be wrong.

engaño sm [gen] deceit ; [estafa] swindle.

engañoso, sa adj [persona, palabras] deceitful ; [aspecto, apariencia] deceptive ; [consejo] misleading.

engarzar [13] vt **1.** [encadenar - abalorios] to thread ; [- perlas] to string **2.** [enlazar - palabras] to string together.

engatusar vt fam to get round ▶ engatusar a alguien para que haga algo to coax o cajole sb into doing sthg.

engendrar vt **1.** [procrear] to give birth to **2.** [originar] to give rise to.

engendro sm **1.** [obra de mala calidad] monstrosity **2.** [ser deforme] freak ; [niño] malformed child.

englobar vt to bring together.

engomar vt to stick, to glue.

engordar ❖ vt **1.** [cebar] to fatten up **2.** fig [aumentar] to swell. ❖ vi to put on weight.

engorroso, sa adj bothersome.

engranaje sm **1.** [piezas - de reloj, piñón] cogs pl ; AUTO gears pl **2.** [aparato - político, burocrático] machinery.

engrandecer [30] vt **1.** fig [enaltecer] to exalt **2.** [aumentar] to increase, to enlarge.

engrapadora sf AM stapler.

engrapar vt AM [grapar] to staple.

engrasar vt [gen] to lubricate ; [bisagra, mecanismo] to oil ; [eje, bandeja] to grease.

engreído, da adj conceited, full of one's own importance.

engriparse vprnl C SUR to get a cold.

engrosar [23] vt fig [aumentar] to swell.

engullir vt to gobble up.

enhebrar vt [gen] to thread ; [perlas] to string.

enhorabuena ❖ sf congratulations pl / dar la enhorabuena a alguien to congratulate sb. ❖ interj ▶ ¡enhorabuena (por ...)! congratulations (on ...)!

enigma sm enigma.

enigmático, ca adj enigmatic.

enjabonar vt [con jabón] to soap.

enjambre sm lit + fig swarm.

enjaular vt [en jaula] to cage ; fam [en prisión] to jail, to lock up.

enjuagar [16] vt to rinse.

enjuague sm rinse.

enjugar [16] vt **1.** [secar] to dry, to wipe away **2.** [pagar - deuda] to pay off ; [- déficit] to cancel out.

enjuiciar [8] vt **1.** DER to try **2.** [opinar] to judge.

enjuto, ta adj [delgado] lean.

enlace sm **1.** [acción] link **2.** [persona] go-between ▶ enlace sindical shop steward **3.** [casamiento] ▶ enlace (matrimonial) marriage **4.** [de trenes] connection ▶ estación de enlace junction ▶ vía de enlace crossover **5.** INFORM : enlace de datos data link / enlace hipertextual o de hipertexto hypertext link.

enlatado, da adj [alimento] canned, tinned UK. ◆ **enlatados** smpl AM tinned food UK, canned food US.

enlatar vt to can, to tin.

enlazar [13] ❖ vt ▶ enlazar algo a a) [atar] to tie sthg up to b) [trabar, relacionar] to link o connect sthg with. ❖ vi ▶ enlazar en [trenes] to connect at.

enlistar vt AM to list.

enloquecer [30] ❖ vt **1.** [volver loco] to drive mad **2.** fig [gustar mucho] to drive wild o crazy. ❖ vi to go mad.

enloquecido, da adj mad.

enlosar vt to tile.

enlutado, da adj in mourning.

enmarañar vt **1.** [enredar] to tangle (up) **2.** [complicar] to complicate. ◆ **enmarañarse** vprnl **1.** [enredarse] to become tangled **2.** [complicarse] to become confused o complicated.

enmarcar [10] vt to frame.

enmascarado, da adj masked.

enmascarar vt [rostro] to mask ; fig [encubrir] to disguise.

enmendar [19] vt [error] to correct; [ley, dictamen] to amend; [comportamiento] to mend; [daño, perjuicio] to redress. ◆ **enmendarse** vprnl to mend one's ways.

enmienda sf 1. [en un texto] corrections pl 2. POLÍT amendment.

enmohecer [30] vt [gen] to turn mouldy; [metal] to rust. ◆ **enmohecerse** vprnl [gen] to grow mouldy; [metal, conocimientos] to go rusty.

enmoquetar vt to carpet.

enmudecer [30] ❖ vt to silence. ❖ vi [callarse] to fall silent, to go quiet; [perder el habla] to be struck dumb.

ennegrecer [30] vt [gen] to blacken; [suj: nubes] to darken. ◆ **ennegrecerse** vprnl [gen] to become blackened; [nublarse] to darken, to grow dark.

ennoblecer [30] vt 1. fig [dignificar] to lend distinction to 2. [dar un título a] to ennoble.

enojado, da adj [irritado] angry; [molesto] annoyed.

enojar vt [enfadar] to anger; [molestar] to annoy. ◆ **enojarse** vprnl ▶ **enojarse (con)** a) [enfadarse] to get angry (with) b) [molestarse] to get annoyed (with).

enojo sm [enfado] anger; [molestia] annoyance.

enojoso, sa adj [molesto] annoying; [delicado, espinoso] awkward.

enorgullecer [30] vt to fill with pride. ◆ **enorgullecerse de** vprnl to be proud of.

enorme adj [en tamaño] enormous, huge; [en gravedad] monstrous.

enormidad sf [de tamaño] enormity, hugeness.

enraizado, da adj deep-rooted.

enraizar [13] vi [árbol] to take root; [persona] to put down roots. ◆ **enraizarse** vprnl to put down roots, to settle.

enrarecer [30] vt 1. [contaminar] to pollute 2. [rarificar] to rarefy. ◆ **enrarecerse** vprnl 1. [contaminarse] to become polluted 2. [rarificarse] to become rarefied 3. fig [situación, ambiente] to become tense.

enredadera sf creeper.

enredado, da adj 1. [lana, hilo, pelo] tangled 2. [asunto, situación] complicated, messy 3. [persona implicada] : estar enredado en algo to be mixed up in sthg.

enredar vt 1. [madeja, pelo] to tangle up; [situación, asunto] to complicate, to confuse 2. [implicar] ▶ **enredar a alguien (en)** to embroil sb (in), to involve sb (in). ◆ **enredarse** vprnl [plantas] to climb; [madeja, pelo] to get tangled up; [situación, asunto] to become confused.

enredo sm 1. [maraña] tangle, knot 2. [lío] mess, complicated affair; [asunto ilícito] shady affair 3. [amoroso] (love) affair.

enrejado sm 1. [barrotes - de balcón, verja] railings pl; [- de jaula, celda, ventana] bars pl 2. [de cañas] trellis.

enrevesado, da adj complex, complicated.

enriquecer [30] vt 1. [hacer rico] to make rich 2. fig [engrandecer] to enrich. ◆ **enriquecerse** vprnl to get rich.

enrojecer [30] ❖ vt [gen] to redden; [rostro, mejillas] to cause to blush. ❖ vi [por calor] to flush; [por turbación] to blush. ◆ **enrojecerse** vprnl [por calor] to flush; [por turbación] to blush.

enrolar vt to enlist. ◆ **enrolarse en** vprnl [la marina] to enlist in; [un buque] to sign up for.

enrollar vt 1. [arrollar] to roll up 2. fam [gustar] : me enrolla mucho I love it, I think it's great. ◆ **enrollarse** vprnl 1. fam [tener relaciones] ▶ **enrollarse (con)** to get involved o have an affair (with) ▶ **¡enróllate!** be cool! 2. [hablar] to go on (and on).

enroscar [10] vt 1. [atornillar] to screw in 2. [enrollar] to roll up; [cuerpo, cola] to curl up.

ensaimada sf cake made of sweet coiled pastry.

ensalada sf [de lechuga etc] salad / ensalada de frutas fruit salad / ensalada mixta mixed salad / ensalada rusa Russian salad.

ensaladera sf salad bowl.

ensaladilla sf ▶ **ensaladilla (rusa)** Russian salad.

ensalzar [13] vt to praise.

ensambladura sf = ensamblaje.

ensamblaje sm [acción] assembly; [pieza] joint.

ensanchar vt [orificio, calle] to widen; [ropa] to let out; [ciudad] to expand. ◆ **ensancharse** vprnl to get wider.

ensanche sm 1. [de calle etc] widening 2. [en la ciudad] new suburb.

ensangrentar [19] vt to cover with blood.

ensañarse vprnl ▶ **ensañarse con** to torment, to treat cruelly.

ensartar vt 1. [perlas] to string; [aguja] to thread 2. [atravesar - torero] to gore; [puñal] to plunge, to bury.

ensayar vt 1. [gen] to test 2. TEATRO to rehearse.

ensayista smf essayist.

ensayo sm 1. TEATRO rehearsal ▶ **ensayo general** dress rehearsal 2. [prueba] test / ensayo nuclear nuclear test 3. LITER essay 4. [en rugby] try.

enseguida adv [inmediatamente] immediately, at once; [pronto] very soon / llegará enseguida he'll be here any minute now.

ensenada sf cove, inlet.

enseñanza sf [gen] education; [instrucción] teaching ▶ **enseñanza superior/universitaria** higher/university education.

enseñar vt **1.** [instruir, aleccionar] to teach ▶ **enseñar a alguien a hacer algo** to teach sb (how) to do sthg **2.** [mostrar] to show.

enseres smpl **1.** [efectos personales] belongings **2.** [utensilios] equipment *(U)* / **enseres domésticos** household goods.

ensillar vt to saddle up.

ensimismarse vprnl [enfrascarse] to become absorbed; [abstraerse] to be lost in thought.

ensombrecer [30] vt *lit* & *fig* to cast a shadow over. ◆ **ensombrecerse** vprnl to darken.

ensoñación sf daydream.

ensopar vt ANDES RP VEN to soak.

ensordecer [30] ❖ vt [suj: sonido] to deafen. ❖ vi to go deaf.

ensuciar [8] vt to (make) dirty; *fig* [desprestigiar] to sully, to tarnish. ◆ **ensuciarse** vprnl to get dirty.

ensueño sm *lit* & *fig* dream ▶ **de ensueño** dream *(antes de sust)*, ideal.

entablado sm [armazón] wooden platform; [suelo] floorboards *pl*.

entablar vt **1.** [iniciar - conversación, amistad] to strike up **2.** [entablillar] to put in a splint.

entallar vt **1.** [prenda] to cut, to tailor **2.** [madera] to carve, to sculpt.

entarimado sm [plataforma] wooden platform; [suelo] floorboards *pl*.

ente sm **1.** [ser] being **2.** [corporación] body, organization ▶ **ente público a)** [gen] state-owned body o institution **b)** [televisión] Spanish state broadcasting company.

entenado, da sm, f MÉX stepson (stepdaughter).

entender [20] ❖ vt **1.** [gen] to understand / **¿tú qué entiendes por 'amistad'?** what do you understand by 'friendship'? ▶ **dar algo a entender** to imply sthg **2.** [darse cuenta] to realize **3.** [oír] to hear **4.** [juzgar] to think / **yo no lo entiendo así** I don't see it that way. ❖ vi **1.** [comprender] to understand **2.** [saber] ▶ **entender de** o **en algo** to be an expert on sthg ▶ **entender poco / algo de** to know very little / a little about. ❖ sm ▶ **a mi entender ...** the way I see it ... ◆ **entenderse** vprnl **1.** [comprenderse - uno mismo] to know what one means; [- dos personas] to understand each other **2.** [llevarse bien] to get on **3.** [ponerse de acuerdo] to reach an agreement **4.** [comunicarse] to communicate (with each other).

entendido, da sm, f ▶ **entendido (en)** expert (on). ◆ **entendido** interj ▶ **¡entendido!** all right!, okay!

entendimiento sm **1.** [comprensión] understanding; [juicio] judgment; [inteligencia] mind, intellect **2.** [acuerdo] understanding / **llegar a un entendimiento** to come to o reach an understanding.

enterado, da adj ▶ **enterado (en)** well-informed (about) ▶ **estar enterado de algo** to be aware of sthg / **darse por enterado** to get the message ▶ **no darse por enterado** to turn a deaf ear.

enterarse vprnl **1.** [descubrir] ▶ **enterarse (de)** to find out (about) **2.** *fam* [comprender] to get it, to understand **3.** [darse cuenta] ▶ **enterarse (de algo)** to realize (sthg).

entereza sf [serenidad] composure; [honradez] integrity; [firmeza] firmness.

enternecer [30] vt to move, to touch. ◆ **enternecerse** vprnl to be moved.

entero, ra adj **1.** [completo] whole **2.** [sereno] composed **3.** [honrado] upright, honest.

enterrador, ra sm, f gravedigger.

enterrar [19] vt [gen] to bury.

entibiar [8] vt **1.** [enfriar] to cool **2.** [templar] to warm. ◆ **entibiarse** vprnl [sentimiento] to cool.

entidad sf **1.** [corporación] body; [empresa] firm, company **2.** FILOS entity **3.** [importancia] importance.

entierro sm [acción] burial; [ceremonia] funeral.

entlo. *abr escrita de* **entresuelo**.

entoldado sm [toldo] awning; [para fiestas, bailes] marquee.

entonación sf intonation.

entonar ❖ vt **1.** [cantar] to sing **2.** [tonificar] to pick up. ❖ vi **1.** [al cantar] to sing in tune **2.** [armonizar] ▶ **entonar (con algo)** to match (sthg).

entonces ❖ adv then ▶ **desde entonces** since then ▶ **en** o **por aquel entonces** at that time. ❖ interj ▶ **¡entonces!** well, then!

entornar vt to half-close.

entorno sm **1.** [ambiente] environment, surroundings *pl* **2.** INFORM environment / **entorno gráfico** graphic environment / **entorno de programación** programming environment.

entorpecer [30] vt **1.** [debilitar - movimientos] to hinder; [- mente] to cloud **2.** [dificultar] to obstruct, to hinder.

entrada sf **1.** [acción] entry; [llegada] arrival ▶ **'prohibida la entrada'** 'no entry' **2.** [lugar] entrance; [puerta] doorway ▶ **'entrada'** 'way in', 'entrance' / **entrada principal** main entrance / **entrada de servicio** tradesman's entrance **3.** TECNOL inlet, intake / **entrada de aire** air intake **4.** [en espectáculos - billete] ticket; [- recaudación] receipts *pl*, takings *pl* / **entrada gratuita** admission free ▶ **entrada libre** admission free ▶ **sacar una entrada** to buy a ticket **5.** [público] audience; DEP attendance **6.** [pago inicial] down payment **7.** [en contabilidad] income **8.** [plato] starter **9.** [en la frente] ▶ **tener entradas** to have a receding hairline **10.** [en un

diccionario] entry **11.** [principio] ▶ **de entrada** right from the beginning o the word go.

entrante ❖ adj [año, mes] coming; [presidente, gobierno] incoming. ❖ sm **1.** [plato] starter **2.** [hueco] recess.

entraña (gen pl) sf **1.** [víscera] entrails pl, insides pl **2.** fig [centro, esencia] heart.

entrañable adj intimate.

entrañar vt to involve.

entrar ❖ vi **1.** [introducirse - viniendo] to enter, to come in; [- yendo] to enter, to go in ▶ **entrar en algo** to enter sthg, to come/go into sthg / **entré por la ventana** I got in through the window **2.** [penetrar - clavo etc] to go in ▶ **entrar en algo** to go in sthg **3.** [caber] ▶ **entrar (en)** to fit (in) / **este anillo no te entra** this ring won't fit you **4.** [incorporarse] ▶ **entrar (en algo)** a) [colegio, empresa] to start (at sthg) b) [club, partido político] to join (sthg) ▶ **entrar de** [botones etc] to start off as **5.** [estado físico o de ánimo] : **le entraron ganas de hablar** he suddenly felt like talking / **me está entrando frío** I'm getting cold / **me entró mucha pena** I was filled with pity **6.** [periodo de tiempo] to start ▶ **entrar en** a) [edad, vejez] to reach b) [año nuevo] to enter **7.** [cantidad] : **¿cuántos entran en un kilo?** how many do you get to the kilo? **8.** [concepto, asignatura etc] ▶ **no le entra la geometría** he can't get the hang of geometry **9.** AUTO to engage. ❖ vt [introducir] to bring in.

entre prep **1.** [gen] between ▶ **entre nosotros** [en confianza] between you and me, between ourselves / **entre una cosa y otra** what with one thing and another **2.** [en medio de muchos] among, amongst / **estaba entre los asistentes** she was among those present ▶ **entre sí** amongst themselves / **discutían entre sí** they were arguing with each other.

entreabierto, ta pp ⟶ entreabrir.

entreabrir vt to half-open.

entreacto sm interval.

entrecejo sm space between the brows ▶ **fruncir el entrecejo** to frown.

entrecortado, da adj [voz, habla] faltering; [respiración] laboured; [señal, sonido] intermittent.

entrecot, entrecote sm entrecôte.

entrecruzado sm crossbreed.

entredicho sm ▶ **estar en entredicho** to be in doubt ▶ **poner en entredicho** to question, to call into question.

entrega sf **1.** [gen] handing over; [de pedido, paquete] delivery; [de premios] presentation ▶ **entrega a domicilio** home delivery **2.** [dedicación] ▶ **entrega (a)** devotion (to) **3.** [fascículo] instalment / **publicar por entregas** to serialize.

entregado, da adj [dedicado] devoted, dedicated.

entregar [16] vt [gen] to hand over; [pedido, paquete] to deliver; [examen, informe] to hand in; [persona] to turn over. ◆ **entregarse** vprnl [rendirse - soldado, ejército] to surrender; [- criminal] to turn o.s. in. ◆ **entregarse a** vprnl **1.** [persona, trabajo] to devote o.s. to **2.** [vicio, pasión] to give o.s. over to.

entreguerras ◆ **de entreguerras** loc adj between the wars.

entrelazar [13] vt to interlace, to interlink. ◆ **entrelazarse** vprnl = entrelazar.

entremés sm (gen pl) CULIN hors d'œuvres.

entremeter vt to insert, to put in. ◆ **entremeterse** vprnl [inmiscuirse] ▶ **entremeterse (en)** to meddle (in).

entremezclar vt to mix up. ◆ **entremezclarse** vprnl to mix.

entrenador, ra sm, f coach; [seleccionador] manager.

entrenamiento sm training.

entrenar vt & vi to train. ◆ **entrenarse** vprnl to train.

entrepierna sf crotch.

entresacar [10] vt to pick out.

entresijos smpl ins and outs.

entresuelo sm mezzanine.

entretanto adv meanwhile.

entretención sf CHILE entertainment.

entretener [72] vt **1.** [despistar] to distract **2.** [retrasar] to hold up, to keep **3.** [divertir] to entertain. ◆ **entretenerse** vprnl **1.** [despistarse] to get distracted **2.** [divertirse] to amuse o.s. **3.** [retrasarse] to be held up.

entretenido, da adj entertaining, enjoyable.

entretenimiento sm **1.** [acción] entertainment **2.** [pasatiempo] pastime.

entretiempo sm **1.** CSUR half-time **2.** ▶ **de entretiempo** mild-weather (antes de sust) / **ropa de entretiempo** spring/autumn clothes.

entrever [76] vt [vislumbrar] to barely make out; [por un instante] to glimpse.

entreverar CSUR vt to mix. ◆ **entreverarse** vprnl to get tangled.

entrevero sm CSUR [lío] tangle, mess; [pelea] brawl.

entrevista sf **1.** [periodística, de trabajo] interview / **hacer una entrevista a alguien** to interview sb **2.** [reunión] meeting.

entrevistador, ra sm, f interviewer.

entrevistar vt to interview. ◆ **entrevistarse** vprnl ▶ **entrevistarse (con)** to have a meeting (with).

entrevisto, ta pp ⟶ entrever.

entristecer [30] vt to make sad. ◆ **entristecerse** vprnl to become sad.

entrometerse vprnl ▶ **entrometerse (en)** to interfere (in).

entrometido, da sm, f meddler.

entroncar [10] vi **1.** [trenes etc] to connect **2.** fig [relacionarse] ▶ **entroncar (con)** to be related (to).

entuerto sm wrong, injustice.

entumecer [30] vt to numb. ◆ **entumecerse** vprnl to become numb.

entumecido, da adj numb.

enturbiar [8] vt lit + fig to cloud. ◆ **enturbiarse** vprnl lit + fig to become cloudy.

entusiasmado, da adj excited, enthusiastic.

entusiasmar vt **1.** [animar] to fill with enthusiasm **2.** [gustar] : le entusiasma la música he loves music. ◆ **entusiasmarse** vprnl ▶ **entusiasmarse (con)** to get excited (about).

entusiasmo sm enthusiasm / con entusiasmo enthusiastically.

entusiasta ❖ adj enthusiastic. ❖ smf enthusiast.

enumeración sf enumeration, listing.

enumerar vt to enumerate, to list.

enunciar [8] vt to formulate, to enunciate.

envainar vt to sheathe.

envalentonar vt to urge on, to fill with courage. ◆ **envalentonarse** vprnl to become daring.

envanecer [30] vt to make vain. ◆ **envanecerse** vprnl to become vain.

envasado sm [en botellas] bottling ; [en latas] canning ; [en paquetes] packing.

envasar vt [en botellas] to bottle ; [en latas] to can ; [en paquetes] to pack.

envase sm **1.** [envasado - en botellas] bottling ; [- en latas] canning ; [- en paquetes] packing **2.** [recipiente] container ; [botella] bottle ▶ **envase desechable** disposable container / envase retornable returnable bottle ▶ **envase sin retorno** non-returnable bottle.

envejecer [30] ❖ vi [hacerse viejo] to grow old ; [parecer viejo] to age. ❖ vt to age.

envejecimiento sm ageing.

envenenamiento sm poisoning.

envenenar vt to poison.

envergadura sf **1.** [importancia] size, extent ; [complejidad] complexity ▶ **una reforma de gran envergadura** a wide-ranging reform **2.** [anchura] span.

envés sm reverse (side), back ; [de tela] wrong side.

enviado, da sm, f POLÍT envoy ; PRENSA correspondent.

enviar [9] vt to send / enviar a alguien a hacer algo to send sb to do sthg.

enviciar [8] vt to addict, to get hooked. ◆ **enviciarse** vprnl to become addicted.

envidia sf envy / era la envidia de todos it was the envy of everyone / dar envidia a alguien to make sb jealous o envious ▶ **tener envidia de alguien / algo** to envy sb/sthg, to be jealous o envious of sb/sthg / morirse de envidia to be green with envy.

envidiar [8] vt to envy.

envidioso, sa adj envious.

envilecer [30] vt to debase.

envío sm **1.** COM dispatch ; [de correo] delivery ; [de víveres, mercancías] consignment / gastos de envío postage and packing [UK], postage and handling [US] / envío a domicilio home delivery / envío contra reembolso cash on delivery **2.** [paquete] package.

enviudar vi to be widowed.

envoltorio sm wrapper, wrapping.

envoltura sf = envoltorio.

envolver [24] vt **1.** [embalar] to wrap (up) **2.** [enrollar] to wind **3.** [implicar] ▶ **envolver a alguien en** to involve sb in. ◆ **envolverse** vprnl **1.** [enrollarse] ▶ **envolverse en o con algo** to wrap o.s. in sthg **2.** [implicarse] to become involved.

envuelto, ta pp ⟶ envolver.

enyesar vt **1.** MED to put in plaster **2.** CONSTR to plaster.

enzarzar [13] vt to entangle, to embroil. ◆ **enzarzarse** vprnl ▶ **enzarzarse en** to get entangled o embroiled in.

enzima sf enzyme.

e.p.d. (abr escrita de en paz descanse) RIP.

épica ⟶ épico.

épico, ca adj epic. ◆ **épica** sf epic.

epidemia sf epidemic.

epidérmis sf inv epidermis.

epígrafe sm heading.

epilepsia sf epilepsy.

epílogo sm epilogue.

episodio sm [gen] episode.

epístola sf culto [carta] epistle ; RELIG Epistle.

epitafio sm epitaph.

epíteto sm epithet.

época sf period ; [estación] season ▶ **de época** period (antes de sust) ▶ **en aquella época** at that time / época dorada golden age.

epopeya sf **1.** [gen] epic **2.** fig [hazaña] feat.

equidad sf fairness.

equidistante adj equidistant.

equilibrado, da adj **1.** [gen] balanced **2.** [sensato] sensible.

equilibrar vt to balance.

equilibrio sm balance ▶ **hacer equilibrios** *fig* to perform a balancing act.

equilibrista smf [trapecista] trapeze artist; [funambulista] tightrope walker.

equino, na adj equine.

equinoccio sm equinox.

equipaje sm luggage UK, baggage US ▶ **hacer el equipaje** to pack ▶ **equipaje de mano** hand luggage.

equipar vt ▶ **equipar (de) a)** [gen] to equip (with) **b)** [ropa] to fit out (with).

equiparar vt to compare. ◆ **equipararse** vprnl to be compared.

equipo sm **1.** [equipamiento] equipment / *caerse con todo el equipo* *fam* to get it in the neck **2.** [personas, jugadores] team ▶ **equipo de rescate** rescue team **3.** [de música] system.

equis adj X / *un número equis de personas* x number of people.

equitación sf [arte] equestrianism; [actividad] horse riding.

equitativo, va adj fair, even-handed.

equivalente adj & sm equivalent.

equivaler [74] ◆ **equivaler a** vi to be equivalent to; *fig* [significar] to amount to.

equivocación sf mistake ▶ **por equivocación** by mistake.

equivocadamente adv by mistake.

equivocado, da adj mistaken.

equivocar [10] vt to choose wrongly ▶ **equivocar algo con algo** to mistake sthg for sthg. ◆ **equivocarse** vprnl to be wrong ▶ **equivocarse en** to make a mistake in ▶ **se equivocó de nombre** he got the wrong name.

equívoco, ca adj **1.** [ambiguo] ambiguous, equivocal **2.** [sospechoso] suspicious. ◆ **equívoco** sm misunderstanding.

era sf [periodo] era. ⟶ **ser**.

erario sm funds *pl*.

ERE (*abr de* expediente de regulación de empleo) sm *employment contract which allows employers the right to terminate agreements in times of difficulty.*

erección sf erection.

erecto, ta adj erect.

eres ⟶ **ser**.

erguido, da adj upright.

erguir [58] vt to raise. ◆ **erguirse** vprnl to rise up.

erigir [15] vt [construir] to erect, to build.

erizado, da adj [de punta] on end; [con púas o espinas] spiky.

erizar [13] vt to cause to stand on end. ◆ **erizarse** vprnl [pelo] to stand on end; [persona] to stiffen.

erizo sm **1.** [mamífero] hedgehog **2.** [pez] globefish ▶ **erizo de mar** sea urchin.

ermita sf hermitage.

erogar vt Am to pay, to settle.

erosionar vt to erode. ◆ **erosionarse** vprnl to erode.

erótico, ca adj erotic.

erotismo sm eroticism.

erradicación sf eradication.

erradicar [10] vt to eradicate.

errante adj wandering.

errar [47] ◆ vt [vocación, camino] to choose wrongly; [disparo, golpe] to miss. ◆ vi **1.** [vagar] to wander **2.** [equivocarse] to make a mistake **3.** [al disparar] to miss.

errata sf misprint.

erróneo, a adj mistaken.

error sm mistake, error / *cometer un error* to make a mistake ▶ **estar en un error** to be mistaken ▶ **salvo error u omisión** errors and omissions excepted / *error de cálculo* miscalculation / *error humano* human error ▶ **error de imprenta** misprint / *error judicial* miscarriage of justice / *error tipográfico* typo, typographical error.

ertzaintza [er'tʃaintʃa] sf *Basque regional police force.*

eructar vi to belch.

eructo sm belch.

erudito, ta adj erudite.

erupción sf **1.** GEOL eruption ▶ **en erupción** erupting / *entrar en erupción* to erupt **2.** MED rash.

es ⟶ **ser**.

esa ⟶ **ese**.

ésa ⟶ **ése**.

esbelto, ta adj slender, slim.

esbozar [13] vt to sketch, to outline; [sonrisa] to give a hint of.

esbozo sm sketch, outline.

escabechado, da adj CULIN marinated.

escabeche sm CULIN marinade.

escabechina sf destruction; [en examen] huge number of failures.

escabroso, sa adj **1.** [abrupto] rough **2.** [obsceno] risqué **3.** [espinoso] awkward, thorny.

escabullirse vprnl [desaparecer] ▶ **escabullirse (de)** to slip away (from).

escacharrado, da, descacharrado, da adj Esp *fam* [roto, averiado] bust.

escacharrar, descacharrar vt *fam* to knacker. ◆ **escacharrarse, descacharrarse** vprnl *fam* **1.** [mecanismo, aparato, coche] to bust **2.** *fig* [plan, proyecto] to fall apart.

escafandra sf diving suit.

escala sf **1.** [gen] scale ; [de colores] range ▶ **a escala** [gráfica] to scale ▶ **a escala mundial** fig on a worldwide scale ▶ **a gran escala** on a large scale / *a pequeña escala* small-scale / *en pequeña escala* on a small scale / *escala salarial* salary scale **2.** [en un viaje] stopover ▶ **hacer escala** to stop over / *escala técnica* refuelling stop 🇬🇧, refueling stop 🇺🇸.

escalada sf **1.** [de montaña] climb / *escalada libre* free climbing **2.** [de violencia, precios] escalation, rise.

escalador, ra sm, f [alpinista] climber.

escalafón sm scale, ladder.

escalar vt to climb / *escalar puestos* fam & fig to climb up the ladder.

escaldar vt to scald.

escalera sf **1.** [gen] stairs pl, staircase ; [escala] ladder ▶ **escalera mecánica** o **automática** escalator ▶ **escalera de caracol** spiral staircase **2.** [en naipes] run.

escalerilla sf [de piscina] steps ; NÁUT gangway ; AERON (boarding) ramp.

escalfar vt to poach.

escalinata sf staircase.

escalofriante adj spine-chilling.

escalofrío (gen pl) sm shiver ▶ **dar escalofríos a alguien** to give sb the shivers / *tener escalofríos* to have the shivers.

escalón sm step ; fig grade.

escalonar vt **1.** [gen] to spread out **2.** [terreno] to terrace.

escalope sm escalope.

escama sf **1.** [de peces, reptiles] scale **2.** [de jabón, en la piel] flake.

escamar vt fam & fig [mosquear] to make suspicious.

escamotear vt ▶ **escamotear algo a alguien a)** [estafar] to do o swindle sb out of sthg **b)** [hurtar] to rob sb of sthg.

escampar v impers to stop raining.

escandalizar [13] vt to scandalize, to shock. ◆ **escandalizarse** vprnl to be shocked.

escándalo sm **1.** [inmoralidad] scandal ; [indignación] outrage **2.** [alboroto] uproar ▶ **armar un escándalo** to kick up a fuss.

escandaloso, sa adj **1.** [inmoral] outrageous **2.** [ruidoso] very noisy.

Escandinavia npr Scandinavia.

escandinavo, va adj & sm, f Scandinavian.

escanear vt to scan.

escáner (pl escaners) sm **1.** [aparato] scanner **2.** [exploración] scan / *hacerse un escáner* to have a scan.

escaño sm **1.** [cargo] seat (in parliament) **2.** [asiento] bench (in parliament).

escapada sf **1.** [huida] escape, flight ; DEP breakaway **2.** [viaje] quick trip.

escapar vi [huir] ▶ **escapar (de)** to get away o escape (from). ◆ **escaparse** vprnl **1.** [huir] ▶ **escaparse (de)** to get away o escape (from) ▶ **escaparse de casa** to run away from home **2.** [salir - gas, agua etc] to leak.

escaparate sm **1.** [de tienda] (shop) window / *ir de escaparates* to go window shopping **2.** 🇨🇺 🇻🇪 [ropero] wardrobe.

escapatoria sf [fuga] escape ▶ **no tener escapatoria** to have no way out.

escape sm [de gas etc] leak ; [de coche] exhaust ▶ **a escape** in a rush, at high speed.

escaquearse vprnl fam to duck out ▶ **escaquearse de algo** o **de hacer algo** to worm one's way out of sthg/doing sthg.

escarabajo sm beetle.

escaramuza sf fig MIL skirmish.

escarbar vt to scratch, to scrape.

escarcha sf frost.

escarlata adj & sm scarlet.

escarlatina sf scarlet fever.

escarmentado, da adj : *estar/quedar escarmentado* to learn one's lesson.

escarmentar [19] vi to learn (one's lesson) / *¡no escarmienta!* he never learns! / *¡para que escarmientes!* that'll teach you!

escarmiento sm lesson ▶ **servir de escarmiento** to serve as a lesson.

escarnio sm mockery, ridicule.

escarola sf endive.

escarpado, da adj [inclinado] steep ; [abrupto] craggy.

escasear vi to be scarce.

escasez sf [insuficiencia] shortage ; [pobreza] poverty.

escaso, sa adj **1.** [insuficiente - conocimientos, recursos] limited, scant ; [- tiempo] short ; [- cantidad, número] low ; [- víveres, trabajo] scarce ; [- visibilidad, luz] poor ▶ **andar escaso de** to be short of **2.** [casi completo] : *un metro escaso* barely a metre.

escatimar vt [gastos, comida] to be sparing with, to skimp on ; [esfuerzo, energías] to use as little as possible / *no escatimar gastos* to spare no expense.

escay, skai sm Leatherette®.

escayola sf CONSTR plaster of Paris ; MED plaster.

escayolado, da adj in plaster.

escayolar vt to put in plaster.

escena sf **1.** [gen] scene ▶ **hacer una escena** to make a scene **2.** [escenario] stage ▶ **llevar a la escena** to dramatize ▶ **poner en escena** to stage / *salir a escena* to go on stage.

escenario sm **1.** [tablas, escena] stage ; CINE & TEATRO [lugar de la acción] setting **2.** fig [de suceso] scene.

escenificar [10] vt [novela] to dramatize ; [obra de teatro] to stage.

escenografía sf set design.

escepticismo sm scepticism.

escéptico, ca ◆ adj [incrédulo] sceptical. ◆ sm, f sceptic.

escindir vt to split. ◆ **escindirse** vprnl) **escindirse (en)** to split (into).

escisión sf [del átomo] splitting ; [de partido político] split.

esclarecer [30] vt to clear up, to shed light on.

esclava ⟶ **esclavo.**

esclavitud sf lit + fig slavery.

esclavizar [13] vt lit + fig to enslave.

esclavo, va sm, f lit + fig [persona] slave / es un esclavo del trabajo he's a slave to his work.

esclerosis sf inv MED sclerosis / esclerosis múltiple multiple sclerosis.

esclusa sf [de canal] lock ; [compuerta] floodgate.

escoba sf broom / pasar la escoba to sweep (up).

escobilla sf **1.** brush **2.** CHILE [de dientes] toothbrush.

escocedura sf [sensación] stinging.

escocer [41] vi lit + fig to sting. ◆ **escocerse** vprnl [piel] to get sore.

escocés, esa ◆ adj [gen] Scottish ; [whisky] Scotch ; [tejido] tartan, plaid. ◆ sm, f [persona] Scot, Scotsman (Scotswoman)) los escoceses the Scottish, the Scots. ◆ **escocés** sm [lengua] Scots (U).

Escocia npr Scotland.

escoger [14] vt to choose.

escogido, da adj [elegido] selected, chosen ; [selecto] choice, select.

escolar ◆ adj school (antes de sust). ◆ sm, f pupil, schoolboy (schoolgirl).

escolaridad sf schooling.

escolarizar [13] vt to provide with schooling.

escollo sm **1.** [en el mar] reef **2.** fig stumbling block.

escolta sf escort.

escoltar vt to escort.

escombros smpl rubble (U), debris (U).

esconder vt to hide, to conceal.
◆ **esconderse** vprnl) **esconderse (de)** to hide (from).

escondido, da adj [lugar] secluded.
◆ **a escondidas** loc adv in secret / hacer algo a escondidas de alguien to do sthg behind sb's back.

escondite sm **1.** [lugar] hiding place **2.** [juego] hide-and-seek.

escondrijo sm hiding place.

escopeta sf shotgun) escopeta de aire comprimido air gun.

escoria sf fig dregs pl, scum.

escorpiano, na sm, f AM fam Scorpio.

Escorpio, Escorpión ◆ sm [zodiaco] Scorpio) ser Escorpio to be (a) Scorpio. ◆ smf [persona] Scorpio.

escorpión sm scorpion. ◆ **Escorpión** sm = Escorpio.

escotado, da adj low-cut.

escote sm [de prendas] neckline ; [de persona] neck) pagar a escote to go Dutch / escote en pico V-neck / escote redondo round neck.

escotilla sf hatch, hatchway.

escozor sm stinging.

escrache sm RP fam public protest intended to expose people with criminal activities.

escribanía sf ANDES CRICA RP [notaría] ≃ notary public's office.

escribano, na sm, f ANDES CRICA RP [notario] notary (public).

escribir vt & vi to write / escribir a lápiz to write in pencil / escribir a mano to write by hand, to write in longhand / escribir a máquina to type.
◆ **escribirse** vprnl **1.** [personas] to write to one another **2.** [palabras] : se escribe con 'h' it is spelt with an 'h'.

escrito, ta ◆ pp ⟶ **escribir.** ◆ adj written) por escrito in writing. ◆ **escrito** sm [gen] text ; [documento] document ; [obra literaria] writing, work.

escritor, ra sm, f writer.

escritorio sm [mueble] desk, bureau.

escritura sf **1.** [arte] writing **2.** [sistema de signos] script **3.** DER deed.

escrúpulo sm **1.** [duda, recelo] scruple **2.** [minuciosidad] scrupulousness, great care **3.** [aprensión] qualm) le da escrúpulo he has qualms about it.

escrupuloso, sa adj **1.** [gen] scrupulous **2.** [aprensivo] particular, fussy.

escrutar vt [con la mirada] to scrutinize, to examine ; [votos] to count.

escrutinio sm count (of votes).

escuadra sf **1.** GEOM square **2.** [de buques] squadron **3.** [de soldados] squad.

escuadrilla sf squadron.

escuadrón sm squadron) escuadrón de la muerte death squad.

escuálido, da adj culto emaciated.

escucha sf listening-in, monitoring) estar o permanecer a la escucha to listen in) escuchas telefónicas telephone tapping (U).

escuchar ◆ vt to listen to. ◆ vi to listen.

escudería sf team *(in motor racing)*.

escudo sm **1.** [arma] shield **2.** [moneda] escudo **3.** [emblema] coat of arms.

escudriñar vt [examinar] to scrutinize, to examine ; [otear] to search.

escuela sf school ▸ **escuela normal** teacher training college / *escuela nocturna* night school / *escuela parroquial* parish school ▸ **escuela privada** private school, public school **UK** ▸ **escuela pública** state school ▸ **ser de la vieja escuela** to be of the old school.

escueto, ta adj [sucinto] concise ; [sobrio] plain, unadorned.

escuincle, cla sm, f **Méx** *fam* [muchacho] nipper, kid.

esculcar vt **Méx** to search.

esculpir vt to sculpt, to carve.

escultor, ra sm, f sculptor (sculptress).

escultura sf sculpture.

escupir ❖ vi to spit. ❖ vt [suj: persona, animal] to spit out ; [suj: volcán, chimenea etc] to belch out.

escupitajo sm gob, spit.

escurreplatos sm inv dish rack.

escurridizo, za adj *lit + fig* slippery.

escurridor sm colander.

escurrir ❖ vt [gen] to drain ; [ropa] to wring out ; [en lavadora] to spin-dry. ❖ vi [gotear] to drip. ◆ **escurrirse** vprnl [resbalarse] to slip.

escusado sm toilet.

ese¹ sf [figura] zigzag ▸ **hacer eses a)** [en carretera] to zigzag **b)** [al andar] to stagger about.

ese² *(pl* **esos)**, **esa** *(pl* **esas)** adj demos **1.** [gen] that, those **2.** *(después de sust) fam & despec* that, those / *el hombre ese no me inspira confianza* I don't trust that guy.

ése *(pl* **ésos)**, **ésa** *(pl* **ésas)** pron demos **1.** [gen] that one, those ones **2.** [mencionado antes] the former **3.** *fam & despec* : *ése fue el que me pegó* that's the guy who hit me **4.** *loc* ▸ **¡a ése!** stop that man! ▸ **ni por ésas** not even then / *no me lo vendió ni por ésas* even then he wouldn't sell it me.

esencia sf essence ▸ **quinta esencia** quintessence.

esencial adj essential.

esfera sf **1.** [gen] sphere ▸ **esfera terrestre** (terrestrial) globe **2.** [de reloj] face **3.** [círculo social] circle ▸ *esfera de influencia* sphere of influence **4.** INFORM : *esfera de arrastre* o *de desplazamiento* trackball.

esférico, ca adj spherical.

esfero sm **Col Ecuad** ballpoint pen.

esfinge sf sphinx ▸ *parecer una esfinge* to be inscrutable.

esforzar [37] vt [voz] to strain. ◆ **esforzarse** vprnl to make an effort ▸ **esforzarse en o por hacer algo** to try very hard to do sthg, to do one's best to do sthg.

esfuerzo sm effort / *hacer un esfuerzo* to make an effort, to try hard.

esfumarse vprnl [esperanzas, posibilidades] to fade away ; [persona] to vanish.

esgrima sf fencing.

esgrimir vt **1.** [arma] to brandish, to wield **2.** [argumento, hecho, idea] to use, to employ.

esguince sm sprain.

eslabón sm link ▸ **el eslabón perdido** the missing link.

eslalon *(pl* **eslalons)**, **slalom** *(pl* **slaloms)** sm slalom / *eslalon gigante* giant slalom.

eslam, slam sm **1.** [poesía] slam **2.** DEP slam / *gran eslam* Grand Slam.

eslip *(pl* **eslips)** sm men's briefs, underpants.

eslogan *(pl* **eslóganes)**, **slogan** *(pl* **slogans)** sm slogan.

eslora sf NÁUT length.

eslovaco, ca adj & sm, f Slovak, Slovakian. ◆ **eslovaco** sm [lengua] Slovak.

Eslovaquia npr Slovakia.

esloveno adj & sm, f Slovene.

esmaltar vt to enamel.

esmalte sm [sustancia - en dientes, cerámica etc] enamel ; [- de uñas] (nail) varnish o polish.

esmerado, da adj [persona] painstaking, careful ; [trabajo] polished.

esmeralda sf emerald.

esmerarse vprnl ▸ **esmerarse (en algo / hacer algo)** [esforzarse] to take great pains (over sthg / doing sthg).

esmerilar vt [pulir] to polish with emery.

esmero sm great care.

esmoquin *(pl* **esmóquines)**, **smoking** *(pl* **smokings)** sm dinner jacket **UK**, tuxedo **US**.

esnifar vt *fam* to sniff *(drugs)*.

esnob *(pl* **esnobs)**, **snob** *(pl* **snobs)** sm, f person who wants to be trendy.

eso pron demos *(neutro)* that / *eso es la Torre Eiffel* that's the Eiffel Tower / *eso es lo que yo pienso* that's just what I think / *eso que propones es irrealizable* what you're proposing is impossible ▸ *eso de vivir solo no me gusta* I don't like the idea of living on my own ▸ *¡eso, eso!* that's right!, yes! ▸ *¡eso es!* that's it ▸ *¿cómo es eso?, ¿y eso?* [¿por qué?] how come? / *para eso no me iba* if that's all it is, you might as well not go ▸ *por eso vine* that's why I came. ◆ **a eso de** loc prep (at) about o around. ◆ **en eso** loc adv at that very moment. ◆ **y eso que** loc conj even though.

esófago sm oesophagus.

esos, esas → **ese**.

ésos, ésas ⟶ **ése**.

esotérico, ca adj esoteric.

espabilar vt **1.** [despertar] to wake up **2.** [avispar] ▸ **espabilar a alguien** to sharpen sb's wits. ◆ **espabilarse** vprnl **1.** [despertarse] to wake up, to brighten up **2.** [darse prisa] to get a move on **3.** [avisparse] to sharpen one's wits.

espacial adj space (antes de sust).

espaciar [8] vt to space out.

espacio sm **1.** [gen] space / no tengo mucho espacio I don't have much room ▸ **a doble espacio** double-spaced ▸ **por espacio de** over a period of ▸ **espacio aéreo** air space **2.** RADIO & TV programme.

espacioso, sa adj spacious.

espada sf [arma] sword ▸ **espada de dos filos** fig double-edged sword. ◆ **espadas** sfpl [naipes] ≃ spades.

espagueti, spaghetti sm spaghetti (U).

espalda sf **1.** [gen] back ▸ **cargado de espaldas** round-shouldered ▸ **por la espalda a)** from behind **b)** fig behind one's back ▸ **tumbarse de espaldas** to lie on one's back ▸ **echarse algo sobre las espaldas** to take sthg on ▸ **tirar o tumbar de espaldas** to be amazing o stunning **2.** [en natación] backstroke.

espam, spam sm INFORM spam.

espantadizo, za adj nervous, easily frightened.

espantajo sm [persona fea] fright, sight.

espantapájaros sm inv scarecrow.

espantar vt **1.** [ahuyentar] to frighten o scare away **2.** [asustar] to frighten, to scare. ◆ **espantarse** vprnl to get frightened o scared.

espanto sm fright.

espantoso, sa adj **1.** [terrorífico] horrific **2.** [enorme] terrible **3.** [feísimo] frightful, horrible.

España npr Spain.

español, la ◆ adj Spanish. ◆ sm, f [persona] Spaniard. ◆ **español** sm [lengua] Spanish.

esparadrapo sm (sticking) plaster, Band-Aid® US.

esparcido, da adj scattered.

esparcir [12] vt [gen] to spread ; [semillas, papeles, objetos] to scatter. ◆ **esparcirse** vprnl to spread (out).

espárrago sm asparagus (U) ▸ **mandar a alguien a freír espárragos** fam to tell sb to get lost.

esparto sm esparto (grass).

espasmo sm spasm.

espasmódico, ca adj spasmodic.

espatarrarse vprnl fam to sprawl (with one's legs wide open).

espátula sf CULIN & MED spatula ; ARTE palette knife ; CONSTR bricklayer's trowel ; [de empapelador] stripping knife.

especia sf spice.

especial adj **1.** [gen] special ▸ **especial para** ▸ specially for ▸ **en especial** especially, particularly **2.** [peculiar - carácter, gusto, persona] peculiar, strange.

especialidad sf speciality, specialty US ▸ **especialidad de la casa** house speciality.

especialista sm, f **1.** [experto] ▸ **especialista (en)** specialist (in) **2.** CINE stuntman (stuntwoman).

especializado, da adj ▸ **especializado en** specialized (in).

especializar [13] vt to specialize. ◆ **especializarse** vprnl ▸ **especializarse (en)** to specialize (in).

especialmente adv [exclusivamente] specially ; [muy] especially.

especie sf **1.** BIOL species sg / especie protegida protected species **2.** [clase] kind, sort.

especiero sm spice rack.

especificar [10] vt to specify.

específico, ca adj specific.

espécimen (pl **especímenes**) sm specimen.

espectacular adj spectacular.

espectáculo sm **1.** [diversión] entertainment **2.** [función] show, performance ▸ **espectáculo de variedades** variety show **3.** [suceso, escena] sight.

espectador, ra sm, f TV viewer ; CINE & TEATRO member of the audience ; DEP spectator ; [de suceso, discusión] onlooker.

espectro sm **1.** [fantasma] spectre, ghost **2.** FÍS & MED spectrum.

especulación sf speculation.

especular vi ▸ **especular (sobre)** to speculate (about).

espejismo sm mirage ; fig illusion.

espejo sm lit + fig mirror / espejo retrovisor rear-view mirror.

espeleología sf potholing.

espeluznante adj hair-raising, lurid.

espera sf [acción] wait.

esperado, da adj **1.** [anhelado] eagerly awaited **2.** [previsto] expected.

esperanza sf [deseo, ganas] hope ; [confianza, expectativas] expectation / dar esperanzas to encourage, to give hope to ▸ **perder la esperanza** to lose hope ▸ **tener esperanza de hacer algo** to hope to be able to do sthg.

esperanzado, da adj hopeful.

esperanzar [13] vt to give hope to, to encourage.

esperar ◆ vt **1.** [aguardar] to wait for ▸ **esperar a que alguien haga algo** to wait for sb to do sthg **2.** [tener esperanza de] ▸ **esperar que** to hope that / espero que sí I hope so ▸ **esperar hacer algo** to hope to do sthg **3.** [tener confianza en] to expect ▸ **esperar que** to expect (that) **4.** [ser inminente para] to await, to be in store for. ◆ vi [aguardar] to wait / espera y verás wait and see ▶ **como era de esperar** as was to be expected. ◆ **esperarse** vprnl **1.** [imaginarse, figurarse] to expect **2.** [aguardar] to wait ▶ **esperarse a que alguien haga algo** to wait for sb to do sthg.

esperma ❖ sm o sf BIOL sperm. ❖ sf [Am] [vela] candle.

esperpento sm [persona] grotesque sight ; [cosa] piece of nonsense.

espeso, sa adj [gen] thick ; [bosque, niebla] dense ; [nieve] deep.

espesor sm **1.** [grosor] thickness ▶ **tiene 2 metros de espesor** it's 2 metres thick **2.** [densidad - de niebla, bosque] density ; [- de nieve] depth.

espesura sf **1.** [vegetación] thicket **2.** [grosor] thickness ; [densidad] density.

espía smf spy.

espiar [9] vt to spy on.

espiga sf **1.** [de trigo etc] ear **2.** [en telas] herring-bone **3.** [pieza - de madera] peg ; [- de hierro] pin.

espigado, da adj [persona] tall and slim.

espigón sm breakwater.

espina sf [de pez] bone ; [de planta] thorn ▶ **me da mala espina** it makes me uneasy, there's something fishy about it ▶ **tener una espina clavada** to bear a great burden / **sacarse la espina** to get even. ◆ **espina dorsal** sf spine. ◆ **espina bífida** sf spina bifida.

espinaca (gen pl) sf spinach (U).

espinazo sm spine, backbone.

espinilla sf **1.** [hueso] shin, shinbone **2.** [grano] blackhead.

espinoso, sa adj lit + fig thorny.

espionaje sm espionage.

espiral sf lit + fig spiral.

espirar vi & vt to exhale, to breathe out.

espiritismo sm spiritualism.

espiritista adj spiritualist.

espíritu sm [gen] spirit ; RELIG soul / **espíritu de equipo** team spirit. ◆ **Espíritu Santo** sm Holy Ghost.

espiritual adj & sm spiritual.

espléndido, da adj **1.** [magnífico] splendid, magnificent **2.** [generoso] generous, lavish.

esplendor sm **1.** [magnificencia] splendour **2.** [apogeo] greatness.

espliego sm lavender.

espoleta sf [de proyectil] fuse.

espolvorear vt to dust, to sprinkle.

esponja sf sponge / **esponja vegetal** loofah, vegetable sponge / **beber como una esponja** fam to drink like a fish / **tirar la esponja** to throw in the towel.

esponjoso, sa adj spongy.

espontaneidad sf spontaneity.

espontáneo, a adj spontaneous.

esporádico, ca adj sporadic.

esposa → **esposo**.

esposar vt to handcuff.

esposo, sa sm, f [persona] husband (wife). ◆ **esposas** sfpl [objeto] handcuffs.

espot (pl espots) = **spot**.

espray (pl esprays) sm spray.

esprint (pl esprints) sm sprint.

esprínter (pl esprínters) sm, f sprinter.

espuela sf [gen] spur.

espuma sf **1.** [gen] foam ; [de cerveza] head ; [de jabón] lather ; [de olas] surf ; [de caldo] scum / **hacer espuma** to foam / **crecer como la espuma** to mushroom / **espuma de afeitar** shaving foam / **espuma seca** carpet shampoo **2.** [para pelo] (styling) mousse.

espumadera sf skimmer.

espumoso, sa adj [gen] foamy, frothy ; [vino] sparkling ; [jabón] lathery.

esputo sm [gen] spittle ; MED sputum.

esqueje sm cutting.

esquela sf obituary.

esqueleto sm [de persona] skeleton ▶ **menear o mover el esqueleto** fam to boogie (on down).

esquema sm [gráfico] diagram ; [resumen] outline / **su respuesta me rompe los esquemas** her answer has thrown all my plans up in the air.

esquemático, ca adj schematic.

esquematizar vt **1.** [en forma de gráfico] to draw a diagram of **2.** [resumir] to outline.

esquí (pl esquís), **ski** (pl skis) sm **1.** [tabla] ski **2.** [deporte] skiing ▶ **esquí de fondo** o **nórdico** cross-country skiing.

esquiable adj : *pista esquiable* slope suitable for skiing.

esquiador, ra sm, f skier.

esquiar [9] vi to ski.

esquilar vt to shear.

esquimal adj & smf Eskimo.

esquina sf corner ▶ **a la vuelta de la esquina** just round the corner ▶ **doblar la esquina** to turn the corner.

esquinazo sm corner ▶ **dar (el) esquinazo a alguien** to give sb the slip.

esquirol sm fam blackleg, scab.

esquivar vt [gen] to avoid ; [golpe] to dodge.

esquivo, va adj shy.

esquizofrenia sf schizophrenia.

esta ⟶ **este**.

ésta ⟶ **éste**.

estabilidad sf stability.

estabilizar [13] vt to stabilize. ◆ **estabilizarse** vprnl to stabilize.

estable adj **1.** [firme] stable **2.** [permanente - huésped] permanent ; [- cliente] regular.

establecer [30] vt **1.** [gen] to establish ; [récord] to set **2.** [negocio, campamento] to set up **3.** [in- migrantes etc] to settle. ◆ **establecerse** vprnl **1.** [instalarse] to settle **2.** [poner un negocio] to set up a business.

establecimiento sm **1.** [gen] establishment ; [de récord] setting **2.** [de negocio, colonia] setting up.

establo sm cowshed.

estaca sf **1.** [para clavar, delimitar] stake ; [de tienda de campaña] peg **2.** [garrote] cudgel.

estacada sf [valla] picket fence ; MIL stockade, pal- isade / *dejar a alguien en la estacada* to leave sb in the lurch.

estación sf **1.** [gen & INFORM] station ▸ **esta- ción de autocares / de tren** coach/railway sta- tion ▸ **estación de esquí** ski resort ▸ **estación de gasolina** o **de servicio** service station, petrol sta- tion UK, gas station US ▸ **estación de trabajo** workstation ▸ **estación meteorológica** weather station **2.** [del año, temporada] season.

estacionamiento sm AUTO parking ▸ **estacio- namiento indebido** parking offence.

estacionar vt AUTO to park. ◆ **estacionarse** vprnl = estacionar.

estacionario, ria adj [gen] stationary ; ECON stagnant.

estada sf stay.

estadía sf CSur stay, stop.

estadio sm **1.** DEP stadium **2.** [fase] stage.

estadista smf statesman (stateswoman).

estadístico, ca adj statistical. ◆ **estadística** sf **1.** [ciencia] statistics (U) **2.** [datos] statistics pl.

estado sm state / *su estado es grave* his con- dition is serious ▸ **estar en buen / mal estado** a) [coche, terreno etc] to be in good/bad condition b) [alimento, bebida] to be fresh/off ▸ **estado de ánimo** state of mind ▸ **estado civil** mari- tal status ▸ **estado de bienestar** welfare state ▸ **estado de excepción** o **emergencia** state of emergency ▸ **estado de salud** (state of) health ▸ **estar en estado (de esperanza** o **buena es- peranza)** to be expecting. ◆ **Estado** sm [go- bierno] State ▸ **Estado Mayor** MIL general staff. ◆ **Estados Unidos (de América)** npr United States (of America).

estadounidense ◆ adj United States (antes de sust). ◆ smf United States citizen.

estafa sf [gen] swindle ; COM fraud.

estafador, ra sm, f swindler.

estafar vt [gen] to swindle ; COM to defraud.

estafeta sf sub-post office.

estalactita sf stalactite.

estalagmita sf stalagmite.

estallar vi **1.** [reventar - bomba] to explode ; [- neumático] to burst **2.** [guerra, epidemia etc] to break out.

estallido sm **1.** [de bomba] explosion ; [de trueno] crash ; [de látigo] crack **2.** [de guerra etc] outbreak.

estambre sm BOT stamen.

Estambul npr Istanbul.

estamento sm stratum, class.

estampa sf **1.** [imagen, tarjeta] print **2.** [aspecto] appearance.

estampado, da adj printed. ◆ **estampado** sm [dibujo] (cotton) print.

estampar vt **1.** [imprimir - gen] to print ; [- me- tal] to stamp **2.** [escribir] ▸ **estampar la firma** to sign one's name.

estampida sf stampede.

estampido sm report, bang.

estampilla sf **1.** [para marcar] rubber stamp **2.** Am [sello de correos] stamp.

estancado, da adj [agua] stagnant ; [situación, proyecto] at a standstill.

estancarse [10] vprnl [líquido] to stagnate ; [situación] to come to a standstill.

estancia sf **1.** [tiempo] stay **2.** [habitación] room **3.** CSur [hacienda] cattle ranch.

estanciero sm CSur ranch owner.

estanco, ca adj watertight. ◆ **estanco** sm tobacconist's.

estándar (pl estándares), **standard** (pl stan- dards) adj inv & sm standard.

estandarizar [13] vt to standardize.

estandarte sm standard, banner.

estanque sm **1.** [alberca] pond ; [para riego] reservoir **2.** Am [depósito] tank (of petrol).

estanquero, ra sm, f tobacconist.

estante sm shelf.

estantería sf [gen] shelves pl, shelving (U) ; [para libros] bookcase.

estaño sm tin.

estar [59] ◆ vi **1.** [hallarse] to be / *¿dónde está la llave?* where is the key? / *¿está María?* is Maria in? / *no está* she's not in **2.** [con fechas] : *¿a qué estamos hoy?* what's the date today? / *hoy estamos a martes / a 15 de julio* today is Tuesday/the 15th of July / *estábamos en octubre* it was October **3.** [quedarse] to stay, to be / *estaré un par de horas y me iré* I'll stay a couple of hours and then I'll go **4.** (antes de a) [expresa valores, grados] : *estamos a veinte grados* it's twenty degrees here / *están a dos euros el kilo* they're two euros a kilo **5.** [hallarse listo] to be ready / *¿aún no está ese trabajo?* is that piece of work still not ready? **6.** [servir] ▸ **estar para** to be (there) for / *para eso están los amigos* that's what friends are for **7.** (antes de gerundio) [expresa duración] to be **/ están golpeando la puerta** they're banging on the door **8.** *(antes de **sin** + infin)* [expresa negación] : *estoy sin dormir desde ayer* I haven't slept since yesterday **/ está sin acabar** it's not finished **9.** [faltar] : *eso está aún por escribir* that has yet to be written **10.** [hallarse a punto de] ▶ **estar por hacer algo** to be on the verge of doing sthg **11.** [expresa disposición] ▶ **estar para algo** to be in the mood for sthg. ❖ v cop **1.** *(antes de adj)* [expresa cualidad, estado] to be **/ los pasteles están ricos** the cakes are delicious **/ esta calle está sucia** this street is dirty **2.** *(antes de **con** o **sin** + sust)* [expresa estado] to be **/ estamos sin agua** we have no water, we're without water **3.** [expresa situación, acción] ▶ **estar de** : *estar de camarero* to work as a waiter, to be a waiter **/ estar de vacaciones** to be on holiday **/ estar de viaje** to be on a trip **/ estar de mudanza** to be (in the process of) moving **4.** [expresa permanencia] ▶ **estar en uso** to be in use ▶ **estar en guardia** to be on guard **5.** [expresa apoyo, predilección] ▶ **estar por** to be in favour of **6.** [expresa ocupación] ▶ **estar como** to be **/ está como cajera** she's a checkout girl **7.** [consistir] ▶ **estar en** to be, to lie in **/ el problema está en la fecha** the problem is the date **8.** [sentar - ropa] **/ este traje te está bien** this suit looks good on you **9.** *(antes de **que** + v)* [expresa actitud] : *está que muerde porque ha suspendido* he's furious because he failed. ❖ **estarse** vprnl [permanecer] to stay **/ te puedes estar con nosotros unos días** you can stay o spend a few days with us.

estárter *(pl estárters)*, **starter** *(pl starters)* sm starter.

estatal adj state *(antes de sust)*.

estático, ca adj [inmóvil] stock-still.

estatización sf [Am] nationalization.

estatizar vt [Am] to nationalize.

estatua sf statue.

estatura sf height **/ de estatura media** o **mediana** of average o medium height.

estatus, status sm inv status.

estatuto sm [gen] statute ; [de empresa] article (of association) ; [de ciudad] by-law.

este¹ ❖ adj [posición, parte] east, eastern ; [dirección, viento] easterly. ❖ sm east ▶ **los países del Este** the Eastern bloc countries.

este² *(pl estos)*, **esta** adj demos **1.** [gen] this, these **/ esta camisa** this shirt **/ este año** this year **2.** *fam & despec* that, those **/ no soporto a la niña esta** I can't stand that girl.

éste *(pl éstos)*, **ésta** pron demos **1.** [gen] this one, these ones **/ dame otro boli; éste no funciona** give me another pen; this one doesn't work **/ aquellos cuadros no están mal, aunque éstos me gustan más** those paintings aren't bad, but I

like these (ones) better **/ ésta ha sido la semana más feliz de mi vida** this has been the happiest week of my life **2.** [recién mencionado] the latter **/ entraron Juan y Pedro, éste con un abrigo verde** Juan and Pedro came in, the latter wearing a green coat **3.** *fam & despec* : *éste es el que me pegó* this is the guy who hit me. ❖ **en éstas** loc adv *fam* just then, at that very moment.

estela sf **1.** [de barco] wake ; [de avión, estrella fugaz] trail **2.** *fig* [rastro] trail.

estelar adj **1.** ASTRON stellar **2.** CINE & TEATRO star *(antes de sust)*.

estepa sf steppe.

estera sf [tejido] matting ; [alfombrilla] mat.

estéreo, stereo adj inv & sm stereo.

estereofónico, ca adj stereo.

estereotipo sm stereotype.

estéril adj **1.** [persona, terreno, imaginación] sterile **2.** [inútil] futile.

esterilizar [13] vt to sterilize.

esterlina ⟶ **libra**.

esternón sm breastbone, sternum.

estero sm **1.** [Am] [pantano] marsh, swamp **2.** [Ven] [charca] puddle, pool **3.** [Chile] [arroyo] stream.

esteroides smpl steroids.

estética ⟶ **estético**.

esteticista, esthéticienne [esteti'θjen] sf beautician.

estético, ca adj aesthetic. ❖ **estética** sf FILOS aesthetics *(U)*.

esthéticienne = esteticista.

estibador, ra sm, f stevedore, docker.

estiércol sm [excrementos] dung ; [abono] manure.

estigma sm *fig* [deshonor] stigma.

estilarse vprnl *fam* to be in (fashion).

estilizado, da adj stylized.

estilo sm **1.** [gen] style **/ al estilo de** in the style of ▶ **estilo de vida** lifestyle **2.** [en natación] stroke **3.** GRAM speech ▶ **estilo directo / indirecto** direct/indirect speech **4.** loc ▶ **algo por el estilo** something of the sort.

estilográfica sf fountain pen.

estima sf esteem, respect.

estimación sf **1.** [aprecio] esteem, respect **2.** [valoración] valuation **3.** [en impuestos] assessment.

estimado, da adj [querido] esteemed, respected ▶ **Estimado señor** Dear Sir.

estimar vt **1.** [valorar - gen] to value ; [- valor] to estimate **2.** [apreciar] to think highly of **3.** [creer] to consider.

estimulación sf stimulation.

estimulante ❖ adj [que excita] stimulating. ❖ sm stimulant.

estimular vt **1.** [animar] to encourage **2.** [excitar] to stimulate.

estímulo sm **1.** [aliciente] incentive ; [ánimo] encouragement **2.** [de un órgano] stimulus.

estio sm *culto* summer.

estipulación sf **1.** [acuerdo] agreement **2.** DER stipulation.

estipular vt to stipulate.

estirado, da adj [persona - altanero] haughty ; [-adusto] uptight.

estirar ❖ vt **1.** [alargar - gen] to stretch ; [-cuello] to crane **2.** [desarrugar] to straighten **3.** fig [dinero etc] to make last ; [discurso, tema] to spin out. ❖ vi ▶ **estirar (de)** to pull. ❖ **estirarse** vprnl **1.** [desperezarse] to stretch **2.** [tumbarse] to stretch out.

estirón sm [acción] tug, pull.

estirpe sf stock, lineage.

estival adj summer *(antes de sust)*.

esto pron demos *(neutro)* this thing / *esto es tu regalo de cumpleaños* this is your birthday present / *esto que acabas de decir no tiene sentido* what you just said doesn't make sense ▶ *esto de trabajar de noche no me gusta* I don't like this business of working at night ▶ **esto es** that is (to say). ❖ **a todo esto** loc adv meanwhile, in the meantime. ❖ **en esto** loc adv just then, at that very moment.

estofa sf ▶ **de baja estofa a)** [gente] low-class **b)** [cosas] poor-quality.

estofado sm stew.

estofar vt CULIN to stew.

estoicismo sm stoicism.

estoico, ca adj stoic, stoical.

estomacal adj [dolencia] stomach *(antes de sust)* ; [bebida] digestive.

estómago sm stomach / *revolver el estómago a alguien* to turn sb's stomach / *tener buen estómago* to be tough, to be able to stand a lot.

Estonia npr Estonia.

estop = stop.

estorbar ❖ vt [obstaculizar] to hinder ; [molestar] to bother. ❖ vi [estar en medio] to be in the way.

estorbo sm [obstáculo] hindrance ; [molestia] nuisance.

estornudar vi to sneeze.

estornudo sm sneeze.

estos, tas ⟶ **este**.

éstos, tas ⟶ **éste**.

estoy ⟶ **estar**.

estrabismo sm squint.

estrado sm platform.

estrafalario, ria adj outlandish, eccentric.

estragón sm tarragon.

estragos smpl ▶ **causar** o **hacer estragos en a)** [físicos] to wreak havoc with **b)** [morales] to destroy, to ruin.

estrambótico, ca adj outlandish.

estrangulador, ra sm, f strangler.

estrangular vt [ahogar] to strangle ; MED to strangulate.

estraperlo sm black market ▶ **de estraperlo** black market *(antes de sust)*.

estratagema sf MIL stratagem ; fig [astucia] artifice, trick.

estratega smf strategist.

estrategia sf strategy.

estratégico, ca adj strategic.

estrato sm fig GEOL stratum.

estrechar vt **1.** [hacer estrecho - gen] to narrow ; [-ropa] to take in **2.** fig [relaciones] to make closer **3.** [apretar] to squeeze, to hug ▶ **estrechar la mano a alguien** to shake sb's hand. ❖ **estrecharse** vprnl [hacerse estrecho] to narrow.

estrechez sf **1.** [falta de anchura] narrowness ; [falta de espacio] lack of space ; [de ropa] tightness ▶ **estrechez de miras** narrow-mindedness **2.** fig [falta de dinero] hardship ▶ **pasar estrecheces** to be hard up **3.** [intimidad] closeness.

estrecho, cha adj **1.** [no ancho - gen] narrow ; [-ropa] tight ; [-habitación] cramped ▶ **estrecho de miras** narrow-minded **2.** fig [íntimo] close. ❖ **estrecho** sm GEOGR strait.

estrella sf [gen] star ; fig [destino] fate / *estrella de cine* film star UK, movie star US ▶ **estrella fugaz** shooting star. ❖ **estrella de mar** sf starfish.

estrellado, da adj **1.** [con estrellas] starry **2.** [por la forma] star-shaped.

estrellar vt [arrojar] to smash. ❖ **estrellarse** vprnl [chocar] ▶ **estrellarse (contra) a)** [gen] to smash (against) **b)** [avión, coche] to crash (into).

estrellón sm ᴬᴹ crash.

estremecedor, ra adj chilling.

estremecer [30] vt to shake. ❖ **estremecerse** vprnl ▶ **estremecerse (de) a)** [horror, miedo] to tremble o shudder (with) **b)** [frío] to shiver (with).

estremecimiento sm [de miedo] shudder ; [de frío] shiver.

estrenar vt **1.** [gen] to use for the first time ; [ropa] to wear for the first time ; [piso] to move into **2.** CINE to release ; TEATRO to premiere. ❖ **estrenarse** vprnl [persona] to make one's debut, to start.

estreno sm [de espectáculo] premiere, first night ; [de cosa] first use ; [en un empleo] debut.

estreñido, da adj constipated.

estreñimiento sm constipation.

estrépito sm [ruido] racket, din; *fig* [ostentación] fanfare.

estrepitoso, sa adj **1.** [gen] noisy; [aplausos] deafening **2.** [derrota] resounding; [fracaso] spectacular.

estrés, stress sm inv stress.

estría sf [gen] groove; [en la piel] stretch mark.

estribar ◆ estribar en vi to be based on, to lie in.

estribillo sm MÚS chorus; LITER refrain.

estribo sm **1.** [de montura] stirrup **2.** [de coche, tren] step **3.** *loc : estar con un pie en el estribo* to be ready to leave ▸ *perder los estribos* to fly off the handle.

estribor sm starboard.

estricto, ta adj strict.

estridente adj **1.** [ruido] strident, shrill **2.** [color] garish, loud.

estrofa sf stanza, verse.

estropajo sm scourer.

estropeado, da adj **1.** [averiado] broken **2.** [dañado] damaged **3.** [echado a perder] ruined, spoiled.

estropear vt **1.** [averiar] to break **2.** [dañar] to damage **3.** [echar a perder] to ruin, to spoil. ◆ **estropearse** vprnl **1.** [máquina] to break down **2.** [comida] to go off, to spoil; [piel] to get damaged **3.** [plan] to fall through.

estropicio sm ▸ *hacer o causar un estropicio* to wreak havoc.

estructura sf structure ▸ *estructura profunda / superficial* deep/surface structure.

estruendo sm **1.** [estrépito] din, roar; [de trueno] crash **2.** [alboroto] uproar, tumult.

estrujar vt **1.** [limón] to squeeze; [trapo, ropa] to wring (out); [papel] to screw up; [caja] to crush **2.** [abrazar - persona, mano] to squeeze **3.** *fig* [sacar partido de] to bleed dry.

estuario sm estuary.

estuche sm **1.** [caja] case; [de joyas] jewellery box **2.** [utensilios] set.

estuco sm stucco.

estudiante smf student.

estudiantil adj student *(antes de sust)*.

estudiar [8] ◆ vt [gen] to study. ◆ vi to study ▸ *estudiar para médico* to be studying to be a doctor.

estudio sm **1.** [gen] study ▸ *estar en estudio* to be under consideration ▸ *estudio de mercado* **a)** [técnica] market research **b)** [investigación] market survey **2.** [oficina] study; [de fotógrafo, pintor] studio **3.** [apartamento] studio apartment **4.** *(gen pl)* CINE, RADIO & TV studio. ◆ **estudios** smpl **1.** [serie de cursos] studies; [educación] education *(U)* ▸ *dar estudios a alguien* to pay for sb's education / *tener estudios* to be well-educated

▸ *estudios primarios / secundarios* primary/secondary education.

estudioso, sa adj studious.

estufa sf **1.** [calefacción] heater, fire / *estufa de gas* gas heater / *estufa eléctrica* electric heater **2.** Col Méx [cocina] cooker.

estupefaciente sm narcotic, drug.

estupefacto, ta adj astonished.

estupendamente adv wonderfully ▸ *estoy estupendamente* I feel wonderful.

estupendo, da adj great, fantastic. ◆ **estupendo** interj ▸ *¡estupendo!* great!

estupidez sf stupidity ▸ *decir / hacer una estupidez* to say/do sthg stupid.

estúpido, da adj stupid.

estupor sm astonishment.

esturión sm sturgeon.

estuviera → estar.

esvástica sf swastika.

ETA *(abr de* Euskadi ta Askatasuna*)* sf ETA.

etapa sf stage ▸ *por etapas* in stages.

etarra smf member of ETA.

etc. *(abr escrita de* etcétera*)* etc.

etcétera adv etcetera.

etéreo, a adj *fig* ethereal.

eternidad sf eternity / *hace una eternidad que no la veo* fam it's ages since I last saw her.

eterno, na adj eternal; *fam* [larguísimo] never-ending, interminable.

ético, ca adj ethical. ◆ **ética** sf [moralidad] ethics *pl.*

etílico, ca adj QUÍM ethyl *(antes de sust)* ▸ *intoxicación etílica* alcohol poisoning.

etimología sf etymology.

Etiopía npr Ethiopia.

etiqueta sf **1.** [gen & INFORM] label / *etiqueta autoadhesiva* sticky label / *etiqueta del precio* price tag **2.** [ceremonial] etiquette ▸ *de etiqueta* formal / *vestir de etiqueta* to wear formal dress.

etiquetar vt *lit + fig* to label ▸ *etiquetar a alguien de algo* to label sb sthg.

etnia sf ethnic group.

étnico, ca adj ethnic.

ETT *(abr de* empresa de trabajo temporal*)* sf temping agency, temporary recruitment agency.

EUA *(abr escrita de* Estados Unidos de América*)* smpl USA.

eucalipto sm eucalyptus.

eucaristía sf ▸ *la Eucaristía* the Eucharist.

eufemismo sm euphemism.

euforia sf euphoria, elation.

eufórico, ca adj euphoric, elated.

eunuco sm eunuch.

euríbor *(abr de* Euro Inter-Bank Offered Rate*)* sm FIN Euribor.

euro sm [unidad monetaria] euro.

Eurocámara sf European Parliament.

eurocheque sm eurocheque UK, eurocheck US.

eurócrata adj & smf Eurocrat.

eurodiputado, da sm, f Euro-M.P., M.E.P.

Europa npr Europe.

europeo, a adj & sm, f European.

Euskadi npr the Basque Country.

euskara, euskera sm Basque.

eutanasia sf euthanasia.

evacuación sf evacuation.

evacuar [7] vt [gen] to evacuate; [vientre] to empty, to void.

evadir vt to evade; [respuesta, peligro] to avoid. ◆ **evadirse** vprnl ▶ **evadirse (de)** to escape (from).

evaluación sf **1.** [gen] evaluation **2.** [EDUC - examen] assessment.

evaluar [6] vt to evaluate, to assess.

evangélico, ca adj & sm, f evangelical.

evangelio sm gospel.

evangelización sf evangelization, evangelizing.

evaporar vt to evaporate. ◆ **evaporarse** vprnl [líquido etc] to evaporate.

evasión sf **1.** [huida] escape **2.** [de dinero] ▶ **evasión de capitales** o **divisas** capital flight ▶ **evasión fiscal** tax evasion **3.** [entretenimiento] amusement, recreation; [escapismo] escapism ▶ **de evasión** escapist.

evasivo, va adj evasive. ◆ **evasiva** sf evasive answer.

evento sm event.

eventual adj **1.** [no fijo - trabajador] temporary, casual; [- gastos] incidental **2.** [posible] possible.

eventualidad sf **1.** [temporalidad] temporariness **2.** [hecho incierto] eventuality; [posibilidad] possibility.

evidencia sf **1.** [prueba] evidence, proof ▶ *negar la evidencia* to refuse to accept the obvious / *rendirse ante la evidencia* to bow to the evidence **2.** [claridad] obviousness ▶ **poner algo en evidencia** to demonstrate sthg ▶ **poner a alguien en evidencia** to show sb up.

evidenciar [8] vt to show, to demonstrate. ◆ **evidenciarse** vprnl to be obvious o evident.

evidente adj evident, obvious.

evidentemente adv obviously.

evitar vt [gen] to avoid; [desastre, accidente] to avert / *evitar hacer algo* to avoid doing sthg ▶ **evitar que alguien haga algo** to prevent sb from doing sthg.

evocación sf recollection, evocation.

evocar [10] vt [recordar] to evoke.

evolución sf **1.** [gen] evolution; [de enfermedad] development, progress **2.** MIL manoeuvre.

evolucionar vi **1.** [gen] to evolve; [enfermedad] to develop, to progress; [cambiar] to change **2.** MIL to carry out manoeuvres.

ex prep ex / *el ex presidente* the ex-president, the former president.

exacerbar vt **1.** [agudizar] to exacerbate, to aggravate **2.** [irritar] to irritate, to infuriate.

exactamente adv exactly, precisely.

exactitud sf accuracy, precision.

exacto, ta adj **1.** [justo - cálculo, medida] exact / *tres metros exactos* exactly three metres **2.** [preciso] accurate, precise; [correcto] correct, right **3.** [idéntico] ▶ **exacto (a)** identical (to), exactly the same (as). ◆ **exacto** interj ▶ **¡exacto!** exactly!, precisely!

exageración sf exaggeration ▶ **este precio es una exageración** this price is over the top.

exagerado, da adj [gen] exaggerated; [persona] overly dramatic; [precio] exorbitant; [gesto] flamboyant.

exagerar vt & vi to exaggerate.

exaltado, da adj [jubiloso] elated; [acalorado - persona] worked up; [- discusión] heated; [excitable] hotheaded.

exaltar vt **1.** [elevar] to promote, to raise **2.** [glorificar] to exalt. ◆ **exaltarse** vprnl to get excited o worked up.

examen sm **1.** [ejercicio] exam, examination ▶ **pasar un examen** Am to pass an exam ▶ **presentarse a un examen** to sit an exam ▶ **reprobar un examen** Am to fail an exam ▶ **examen de conducir** driving test ▶ **examen final / oral** final / oral (exam) ▶ **examen parcial** ≃ end-of-term exam **2.** [indagación] consideration, examination / *someter algo a examen* to examine sthg, to subject sthg to examination.

examinar vt to examine. ◆ **examinarse** vprnl to sit o take an exam.

exánime adj **1.** [muerto] dead **2.** [desmayado] lifeless.

exasperar vt to exasperate. ◆ **exasperarse** vprnl to get exasperated.

excavación sf [lugar] dig, excavation.

excavar vt [gen] to dig; [en arqueología] to excavate.

excedencia sf leave (of absence); EDUC sabbatical / *excedencia por maternidad* maternity leave.

excedente ◆ adj [producción etc] surplus. ◆ sm COM surplus.

exceder vt to exceed, to surpass. ◆ **excederse** vprnl **1.** [pasarse de la raya] ▶ **excederse (en)** to go too far o overstep the mark (in) **2.** [rebasar el límite] : *se excede en el peso* it's too heavy.

excelencia sf [cualidad] excellence ▸ **por excelencia** par excellence. ◆ **Su Excelencia** sm, f His Excellency (Her Excellency).

excelente adj excellent.

excelentísimo, ma adj most excellent.

excentricidad sf eccentricity.

excéntrico, ca adj & sm, f eccentric.

excepción sf exception ▸ **la excepción confirma la regla** prov the exception proves the rule. ◆ **de excepción** loc adj exceptional.

excepcional adj exceptional.

excepto adv except (for).

exceptuar [6] vt ▸ **exceptuar (de) a)** [excluir] to exclude (from) **b)** [eximir] to exempt (from) ▸ **exceptuando a ...** excluding ...

excesivo, va adj excessive.

exceso sm [demasía] excess ▸ **exceso de equipaje** excess baggage ▸ **exceso de peso** [obesidad] excess weight.

excitación sf [nerviosismo] agitation ; [por enfado, sexo] arousal.

excitado, da adj [nervioso] agitated ; [por enfado, sexo] aroused.

excitante sm stimulant.

excitar vt **1.** [inquietar] to upset, to agitate **2.** [estimular - sentidos] to stimulate ; [- apetito] to whet ; [- pasión, curiosidad, persona] to arouse. ◆ **excitarse** vprnl [alterarse] to get worked up o excited.

exclamación sf [interjección] exclamation ; [grito] cry.

exclamar vt & vi to exclaim, to shout out.

excluir [51] vt to exclude ; [hipótesis, opción] to rule out ; [hacer imposible] to preclude ▸ **excluir a alguien de algo** to exclude sb from sthg.

exclusión sf exclusion.

exclusivo, va adj exclusive. ◆ **exclusiva** sf **1.** PRENSA exclusive **2.** COM exclusive o sole right.

Excma. abr escrita de **excelentísimo**.

Excmo. abr escrita de **excelentísimo**.

excombatiente smf ex-serviceman (ex-servicewoman) UK, war veteran US.

excomulgar [16] vt to excommunicate.

excomunión sf excommunication.

excremento (gen pl) sm excrement (U).

excursión sf [viaje] excursion, trip ▸ **ir de excursión** to go on an outing o a trip.

excursionista smf [en la ciudad] sightseer, tripper ; [en el campo] rambler ; [en la montaña] hiker.

excusa sf **1.** [gen] excuse ▸ **¡nada de excusas!** no excuses! / **buscar una excusa** to look for an excuse / **dar excusas** to make excuses **2.** [petición de perdón] apology ▸ **presentar uno sus excusas** to apologize, to make one's excuses.

excusar vt [disculpar a] to excuse ; [disculparse por] to apologize for. ◆ **excusarse** vprnl to apologize.

exento, ta adj exempt ▸ **exento de a)** [sin] free from, without **b)** [eximido de] exempt from / **exento de impuestos** tax free.

exequias sfpl funeral sg, funeral rites.

exhalación sf [emanación] exhalation, vapour ; [suspiro] breath.

exhalar vt **1.** [aire] to exhale, to breathe out ; [suspiros] to heave **2.** [olor] to give off **3.** [quejas] to utter.

exhaustivo, va adj exhaustive.

exhausto, ta adj exhausted.

exhibición sf **1.** [demostración] show, display **2.** [deportiva, artística etc] exhibition **3.** [de películas] showing.

exhibir vt **1.** [exponer - cuadros, fotografías] to exhibit ; [- modelos] to show ; [- productos] to display **2.** [lucir - joyas, cualidades etc] to show off **3.** [película] to show, to screen. ◆ **exhibirse** vprnl [alardear] to show off.

exhortación sf exhortation.

exhortar vt ▸ **exhortar a alguien a** to exhort sb to.

exigencia sf **1.** [obligación] demand, requirement **2.** [capricho] fussiness (U).

exigente adj demanding.

exigir [15] vt **1.** [gen] to demand ▸ **exigir algo de o a alguien** to demand sthg from sb **2.** [requerir, necesitar] to require.

exiguo, gua adj [escaso] meagre, paltry ; [pequeño] minute.

exilar vt to exile. ◆ **exilarse** vprnl to go into exile.

exiliado, da ❖ adj exiled, in exile. ❖ sm, f exile.

exiliar [8] vt to exile. ◆ **exiliarse** vprnl to go into exile.

exilio sm exile.

eximir vt ▸ **eximir (de)** to exempt (from).

existencia sf existence. ◆ **existencias** sfpl COM stock (U) / **reponer las existencias** to restock.

existir vi to exist / **existe mucha pobreza** there is a lot of poverty.

éxito sm **1.** [gen] success ▸ **con éxito** successfully ▸ **tener éxito** to be successful **2.** [libro] bestseller ; [canción] hit.

exitoso, sa adj successful.

éxodo sm exodus.

exonerar vt culto ▸ **exonerar a alguien (de) a)** [culpa, responsabilidad] to exonerate sb (from) **b)** [carga, obligación] to free sb (from) **c)** [de impuestos] to exempt (from) **d)** [empleo, cargo] to dismiss o remove sb (from).

exorbitante adj exorbitant.

exorcizar [13] vt to exorcize.

exótico, ca adj exotic.

expandible adj **1.** [sustancia, materia] expansible **2.** INFORM expandable.

expandir vt to spread ; FÍS to expand.
◆ **expandirse** vprnl to spread ; FÍS to expand.

expansión sf **1.** FÍS expansion **2.** ECON growth ▶ **en expansión** expanding **3.** [recreo] relaxation, amusement.

expansionarse vprnl **1.** [desahogarse] ▶ **expansionarse (con)** to open one's heart (to) **2.** [divertirse] to relax, to let off steam **3.** [desarrollarse] to expand.

expansivo, va adj **1.** [gen] expansive **2.** [persona] open, frank.

expatriar [9] vt to expatriate ; [exiliar] to exile.
◆ **expatriarse** vprnl to emigrate ; [exiliarse] to go into exile.

expectación sf expectancy, anticipation.

expectativa sf [espera] expectation ; [esperanza] hope ; [perspectiva] prospect ▶ **estar a la expectativa** to wait and see ▶ **estar a la expectativa de a)** [atento] to be on the lookout for **b)** [a la espera] to be hoping for ▶ **expectativa de vida** life expectancy.

expedición sf [viaje, grupo] expedition / *expedición militar* military expedition / *expedición de salvamento* rescue mission.

expediente sm **1.** [documentación] documents pl ; [ficha] file **2.** [historial] record ▶ **expediente académico** academic record UK, transcript US **3.** [investigación] inquiry ▶ **abrir expediente a alguien a)** [castigar] to take disciplinary action against sb **b)** [investigar] to start proceedings against sb.

expedir [26] vt [carta, pedido] to send, to dispatch ; [pasaporte, decreto] to issue ; [contrato, documento] to draw up.

expedito, ta adj clear, free.

expeler vt [humo - suj: persona] to blow out ; [- suj: chimenea, tubo de escape] to emit ; [- suj: extractor, volcán] to expel.

expendedor, ra sm, f dealer ; [de lotería] seller, vendor.

expendeduría sf [de tabaco] tobacconist's UK, cigar store US.

expendio sm Am shop UK, store US / *expendio de refrescos* soft drinks available.

expensas sfpl [gastos] expenses, costs.
◆ **a expensas de** loc prep at the expense of.

experiencia sf [gen] experience ▶ **por (propia) experiencia** from (one's own) experience.

experimentado, da adj [persona] experienced ; [método] tried and tested.

experimental adj experimental.

experimentar vt **1.** [gen] to experience ; [derrota, pérdidas] to suffer **2.** [probar] to test ; [hacer experimentos con] to experiment with o on.

experimento sm experiment.

experto, ta adj & sm, f expert / *ser experto en la materia* to be a specialist in the subject / *ser experto en hacer algo* to be an expert at doing sthg.

expiar [9] vt to atone for, to expiate.

expirar vi to expire.

explanada sf [llanura] flat o level ground (U).

explayar vt to extend. ◆ **explayarse** vprnl **1.** [divertirse] to amuse o.s., to enjoy o.s. **2.** [hablar mucho] to talk at length **3.** [desahogarse] ▶ **explayarse (con)** to pour out one's heart (to).

explicación sf explanation ▶ **dar / pedir explicaciones** to give/demand an explanation.

explicar [10] vt [gen] to explain ; [teoría] to expound. ◆ **explicarse** vprnl **1.** [comprender] to understand / *no me lo explico* I can't understand it **2.** [dar explicaciones] to explain o.s. **3.** [expresarse] to make o.s. understood.

explícito, ta adj explicit.

exploración sf [gen & MED] exploration.

explorador, ra sm, f explorer ; [scout] boy scout (girl guide).

explorar vt **1.** [gen] to explore ; MIL to scout **2.** MED to examine ; [internamente] to explore, to probe.

explosión sf lit + fig explosion ▶ **hacer explosión** to explode.

explosivo, va adj [gen] explosive. ◆ **explosivo** sm explosive.

explotación sf **1.** [acción] exploitation ; [de fábrica etc] running ; [de yacimiento minero] mining ; [agrícola] farming ; [de petróleo] drilling **2.** [instalaciones] ▶ **explotación agrícola** farm.

explotar ◆ vt **1.** [gen] to exploit **2.** [fábrica] to run, to operate ; [terreno] to farm ; [mina] to work. ◆ vi to explode.

expoliar [8] vt to pillage, to plunder.

exponente sm fig MAT exponent.

exponer [65] vt **1.** [gen] to expose **2.** [teoría] to expound ; [ideas, propuesta] to set out, to explain **3.** [cuadro, obra] to exhibit ; [objetos en vitrinas] to display **4.** [vida, prestigio] to risk.
◆ **exponerse** vprnl [arriesgarse] ▶ **exponerse (a)** [gen] to run the risk (of).

exportación sf **1.** [acción] export **2.** [mercancías] exports pl.

exportar vt COM & INFORM to export.

exposición sf **1.** [gen & FOTO] exposure **2.** [de arte etc] exhibition ; [de objetos en vitrina] display ▶ **exposición universal** world fair **3.** [de teoría] exposition ; [de ideas, propuesta] setting out, explanation.

expositor, ra sm, f [de arte] exhibitor; [de teoría] exponent.

exprés ❖ adj **1.** [tren] express **2.** [café] espresso. ❖ sm = **expreso**.

expresamente adv [a propósito] expressly; [explícitamente] explicitly.

expresar vt to express; [suj: rostro] to show. ◆ **expresarse** vprnl to express o.s.

expresión sf expression.

expresivo, va adj expressive; [cariñoso] affectionate.

expreso, sa adj [explícito] specific; [deliberado] express; [claro] clear. ◆ **expreso** ❖ sm **1.** [tren] express train **2.** [café] expresso. ❖ adv on purpose, expressly.

exprimidor sm squeezer.

exprimir vt [fruta] to squeeze; [zumo] to squeeze out.

expropiar [8] vt to expropriate.

expuesto, ta ❖ pp ⟶ **exponer**. ❖ adj **1.** [dicho] stated, expressed **2.** [desprotegido] ▶ **expuesto (a)** exposed (to) **3.** [arriesgado] dangerous, risky **4.** [exhibido] on display.

expulsar vt **1.** [persona - de clase, local, asociación] to throw out; [- de colegio] to expel **2.** DEP to send off **3.** [humo] to emit, to give off.

expulsión sf [gen] expulsion; [de clase, local, asociación] throwing-out; DEP sending-off.

exquisitez sf [cualidad] exquisiteness.

exquisito, ta adj exquisite; [comida] delicious, sublime.

extasiarse [9] vprnl ▶ **extasiarse (ante o con)** to go into ecstasies (over).

éxtasis sm inv ecstasy.

extender [20] vt **1.** [desplegar - tela, plano, alas] to spread (out); [- brazos, piernas] to stretch out **2.** [esparcir - mantequilla] to spread; [- pintura] to smear; [- objetos etc] to spread out **3.** [ampliar - castigo, influencia etc] to extend **4.** [documento] to draw up; [cheque] to make out; [pasaporte, certificado] to issue. ◆ **extenderse** vprnl **1.** [ocupar] ▶ **extenderse (por)** to stretch o extend across **2.** [hablar mucho] ▶ **extenderse (en)** to enlarge o expand (on) **3.** [durar] to extend, to last **4.** [difundirse] ▶ **extenderse (por)** to spread (across) **5.** [tenderse] to stretch out.

extendido, da adj **1.** [estirado] stretched out **2.** [diseminado] widespread.

extensión sf **1.** [superficie - de terreno etc] area, expanse **2.** [amplitud - de país etc] size; [- de conocimientos] extent **3.** [duración] duration, length **4.** [sentido - de concepto, palabra] range of meaning ▶ **en toda la extensión de la palabra** in every sense of the word **5.** INFORM & TELECOM extension.

extensivo, va adj extensive.

extenso, sa adj extensive; [país] vast; [libro, película] long.

extenuar [6] vt to exhaust completely.

exterior ❖ adj **1.** [de fuera] outside; [capa] outer, exterior **2.** [visible] outward **3.** [extranjero] foreign. ❖ sm **1.** [superficie] outside ▶ **en el exterior** outside **2.** [extranjero] foreign countries pl ▶ **en el exterior** abroad **3.** [aspecto] appearance. ◆ **exteriores** smpl CINE outside shots / **rodar en exteriores** to film on location.

exteriorizar [13] vt to show, to reveal.

exterminar vt [aniquilar] to exterminate.

exterminio sm extermination.

externalización sf outsourcing.

externalizar vt to outsource.

externar vt Mex to display.

externo, na adj **1.** [gen] external; [parte, capa] outer; [influencia] outside; [signo, aspecto] outward **2.** [alumno] day (antes de sust).

extinción sf [gen] extinction; [de esperanzas] loss.

extinguidor sm Am fire extinguisher.

extinguir [17] vt [incendio] to put out, to extinguish; [raza] to wipe out; [afecto, entusiasmo] to put an end to. ◆ **extinguirse** vprnl [fuego, luz] to go out; [animal, raza] to become extinct; [ruido] to die out; [afecto] to die.

extinto, ta adj extinguished; [animal, volcán] extinct.

extintor sm fire extinguisher.

extirpar vt [tumor] to remove; [muela] to extract; fig to eradicate.

extorsión sf **1.** [molestia] trouble, bother **2.** DER extortion.

extorsionista smf extortionist.

extra ❖ adj **1.** [adicional] extra **2.** [de gran calidad] top quality, superior. ❖ smf CINE extra. ❖ sm [gasto etc] extra. ❖ sf ⟶ **paga**.

extracción sf **1.** [gen] extraction **2.** [en sorteos] draw **3.** [de carbón] mining.

extracomunitario, ria adj non-EU / **países / ciudadanos extracomunitarios** non-EU countries/citizens.

extracto sm **1.** [resumen] summary, résumé ▶ **extracto de cuentas** statement (of account) **2.** [concentrado] extract.

extractor, ra adj extractor (antes de sust). ◆ **extractor** sm extractor fan.

extradición sf extradition.

extraditar vt to extradite.

extraer [73] vt ▶ **extraer (de) a)** [gen] to extract (from) **b)** [sangre] to draw (from) **c)** [carbón] to mine (from) **d)** [conclusiones] to come to o draw (from).

extraescolar adj EDUC out-of-school.

extralimitarse vprnl fig to go too far.

extramarital adj extramarital.

extramatrimonial adj extramarital.

extranjero, ra ❖ adj foreign. ❖ sm, f [persona] foreigner. ◆ **extranjero** sm [territorio] foreign countries pl **/** estar en el / ir al extranjero to be/go abroad.

extrañar vt **1.** [sorprender] to surprise **/** me extraña (que digas esto) I'm surprised (that you should say that) **2.** [echar de menos] to miss. ◆ **extrañarse de** vprnl [sorprenderse de] to be surprised at.

extrañeza sf [sorpresa] surprise.

extraño, ña ❖ adj **1.** [raro] strange **/** ¡qué extraño! how odd o strange! **2.** [ajeno] detached, uninvolved **3.** MED foreign. ❖ sm, f stranger.

extraoficial adj unofficial.

extraordinario, ria adj **1.** [gen] extraordinary **/** no tiene nada de extraordinario there's nothing extraordinary about that **2.** [gastos] additional; [edición, suplemento] special **3.** ⟶ **paga**. ◆ **extraordinario** sm PRENSA special edition.

extraparlamentario, ria adj non-parliamentary.

extrapolar vt to generalize about.

extrarradio sm outskirts pl, suburbs pl.

extraterrestre adj & smf extraterrestrial.

extravagancia sf eccentricity.

extravagante adj eccentric, outlandish.

extravertido, da, extrovertido, da adj & sm, f extrovert.

extraviado, da adj [perdido] lost ; [animal] stray.

extraviar [9] vt **1.** [objeto] to lose, to mislay **2.** [excursionista] to mislead. ◆ **extraviarse** vprnl **1.** [persona] to get lost **2.** [objeto] to go missing.

extravío sm [pérdida] loss, mislaying.

extremado, da adj extreme.

extremar vt to maximize. ◆ **extremarse** vprnl to take great pains o care.

extremaunción sf extreme unction.

extremidad sf [extremo] end. ◆ **extremidades** sfpl ANAT extremities.

extremista adj & smf extremist.

extremo, ma adj [gen] extreme ; [en el espacio] far, furthest. ◆ **extremo** sm **1.** [punta] end **2.** [límite] extreme **▸ en último extremo** as a last resort **▸** ir o pasar de un extremo al otro to go from one extreme to the other **/** ser el extremo opuesto to be the complete opposite.

extrovertido, da = **extravertido**.

exuberancia sf exuberance.

exuberante adj exuberant.

exudar vt to exude, to ooze.

exultante adj exultant.

eyaculación sf ejaculation.

eyacular vi to ejaculate.

f, F sf [letra] f, F. ◆ **23 F** sm 23rd February, day of the failed coup d'état in Spain in 1981.

f. 1. (abr escrita de factura) inv. **2.** (abr escrita de folio) f.

fa sm MÚS F ; [en solfeo] fa.

fabada sf Asturian stew made of beans, pork sausage and bacon.

fábrica sf [establecimiento] factory **/** fábrica de cerveza brewery **/** fábrica de conservas canning plant, cannery **▸ fábrica de papel** paper mill.

fabricación sf manufacture **▸ de fabricación casera** home-made **▸ fabricación en serie** mass production.

fabricante smf manufacturer.

fabricar [10] vt **1.** [producir] to manufacture, to make **2.** [construir] to build, to construct **3.** fig [inventar] to fabricate, to make up.

fábula sf LITER fable ; [leyenda] legend.

fabuloso, sa adj **1.** [ficticio] mythical **2.** [muy bueno] fabulous, fantastic.

facción sf POLÍT faction. ◆ **facciones** sfpl [rasgos] features.

faceta sf facet.

facha sf **1.** [aspecto] appearance, look **2.** [mamarracho] mess **/** vas hecho una facha you look a mess.

fachada sf ARQUIT façade.

facial adj facial.

fácil adj **1.** [gen] easy **▸ fácil de hacer** easy to do **2.** [probable] likely.

facilidad sf **1.** [simplicidad] ease, easiness **/** con facilidad easily **/** con la mayor facilidad with the greatest of ease **2.** [aptitud] aptitude **▸ tener facilidad para algo** to have a gift for sthg. ◆ **facilidades** sfpl [comodidades] facilities **/** dar facilidades a alguien para algo to make sthg easy for sb **▸ facilidades de pago** easy (payment) terms.

facilitar vt **1.** [simplificar] to facilitate, to make easy ; [posibilitar] to make possible **2.** [proporcionar] to provide **/** facilitar algo a alguien to provide o supply sb with sthg.

fácilmente adv **1.** [con facilidad] easily **2.** fam [probablemente] at least.

facsímil, facsímile sm facsimile.

factible adj feasible.

fáctico ⟶ **poder**.

factor sm [gen] factor / *factor humano* human factor / *factor de riesgo* risk factor.

factoría sf [fábrica] factory.

factorizar vt to factorize.

factura sf 1. [por mercancías, trabajo realizado] invoice ▸ **factura pro forma** o **proforma** COM proforma invoice 2. [de gas, teléfono] bill ; [en tienda, hotel] bill 3. RArg [repostería] cakes and pastries.

facturación sf 1. [ventas] turnover UK, net revenue US 2. [de equipaje - en aeropuerto] checking-in ; [-en estación] registration ▸ **mostrador de facturación** check-in desk.

facturar vt 1. [cobrar] ▸ **facturarle a alguien algo** to invoice o bill sb for sthg 2. [vender] to turn over 3. [equipaje - en aeropuerto] to check in ; [-en estación] to register.

facultad sf 1. [capacidad & UNIV] faculty / *facultades mentales* mental faculties 2. [poder] power, right.

facultativo, va ⬥ adj 1. [voluntario] optional 2. [médico] medical. ⬥ sm, f doctor.

faena sf [tarea] task, work *(U)* / *estar en plena faena* to be hard at work.

faenar vi to fish.

fagot sm [instrumento] bassoon.

fainá sf RUrug [plato] *baked dough made from chickpea flour, served with pizza*.

faisán sm pheasant.

faja sf 1. [prenda de mujer, terapéutica] corset ; [banda] sash, cummerbund 2. [de terreno - pequeña] strip ; [-grande] belt.

fajo sm [de billetes, papel] wad ; [de leña, cañas] bundle.

fake sm INFORM fake.

falacia sf deceit, trick.

falange sf 1. ANAT & MIL phalanx 2. POLÍT ▸ **la Falange (Española)** the Falange.

falda sf 1. [prenda] skirt / *estar pegado* o *cosido a las faldas de su madre* to be tied to one's mother's apron strings ▸ **falda escocesa** kilt ▸ **falda pantalón** culottes *pl* / *falda plisada* o *tableada* pleated skirt 2. [de montaña] slope, mountainside.

faldón sm [de ropa] tail ; [de cortina, mesa camilla] folds *pl*.

falencia sf 1. RAm COM [bancarrota] bankruptcy 2. CSur [error] fault.

falla sf [gen & GEOL] fault. ⬥ **fallas** sfpl [fiesta] *celebrations in Valencia during which cardboard figures are burnt*.

fallar ⬥ vt 1. [sentenciar] to pass sentence on ; [premio] to award 2. [equivocar - respuesta] to get wrong ; [-tiro] to miss. ⬥ vi 1. [equivocarse] to get it wrong ; [no acertar] to miss

2. [fracasar, flaquear] to fail ; [plan] to go wrong 3. [decepcionar] ▸ **fallarle a alguien** to let sb down 4. [sentenciar] ▸ **fallar a favor/en contra de** to find in favour of/against.

fallecer [30] vi to pass away, to die.

fallecido, da adj & sm, f *fml* deceased.

fallecimiento sm decease, death.

fallo sm 1. [error] mistake ; DEP miss / *¡qué fallo!* what a stupid mistake! / *fallo humano* human error 2. [sentencia - de juez, jurado] verdict.

falluto, ta ⬥ adj RDom *fam* phoney, hypocritical. ⬥ sm, f hypocrite.

falo sm phallus.

falsear vt [hechos, historia] to falsify, to distort ; [moneda, firma] to forge.

falsedad sf 1. [falta de verdad, autenticidad] falseness 2. [mentira] falsehood.

falsete sm falsetto.

falsificar [10] vt to forge.

falso, sa adj 1. [rumor, excusa etc] false, untrue 2. [dinero, firma, cuadro] forged ; [joyas] fake ▸ **jurar en falso** to commit perjury 3. [hipócrita] deceitful.

falta sf 1. [carencia] lack ▸ **hacer falta** to be necessary / *me hace falta suerte* I need some luck ▸ **por falta de** for want o lack of 2. [escasez] shortage 3. [ausencia] absence ▸ **echar en falta algo/a alguien a)** [notar la ausencia de] to notice that sthg/sb is missing **b)** [echar de menos] to miss sthg/sb 4. [imperfección] fault ; [error] mistake ▸ **falta de educación** bad manners *pl* ▸ **falta de ortografía** spelling mistake / *falta de respeto* disrespect, lack of respect 5. DEP foul ; [en tenis] fault / *doble falta* double fault 6. DER offence. ◆ **a falta de** loc prep in the absence of / *a falta de pan, buenas son tortas prov* half a loaf is better than none. ◆ **sin falta** loc adv without fail.

faltante sm RAm deficit.

faltar vi 1. [no haber] to be lacking, to be needed / *falta aire* there's not enough air / *falta sal* it needs a bit of salt 2. [estar ausente] to be absent o missing / *falta Elena* Elena is missing 3. [carecer] : *le faltan las fuerzas* he lacks o doesn't have the strength 4. [hacer falta] to be necessary / *me falta tiempo* I need time 5. [quedar] : *falta un mes para las vacaciones* there's a month to go till the holidays / *sólo te falta firmar* all you have to do is sign / *¿cuánto falta para Leeds?* how much further is it to Leeds? ▸ **falta mucho por hacer** there is still a lot to be done ▸ **falta poco para que llegue** it won't be long till he arrives 6. *loc* ▸ **¡no faltaba** o **faltaría más! a)** [asentimiento] of course! **b)** [rechazo] that tops it all!, that's a bit much! ◆ **faltar a** vi 1. [palabra, promesa] to break, not to keep ; [deber, obligación] to neglect 2. [cita, trabajo] not to turn up at ▸ **¡no faltes a la cita)!** don't miss it!, be there! 3. [no respetar] to be disrespectful towards ▶ **faltar a alguien en algo** to offend sb in sthg.

falto, ta adj ▶ **falto de** lacking in, short of.

fama sf **1.** [renombre] fame / *tener fama* to be famous **2.** [reputación] reputation ▶ **cría fama y échate a dormir** *prov* build yourself a good reputation, then you can rest on your laurels.

famélico, ca adj starving, famished.

familia sf family ▶ **en familia** in private / *ser de buena familia* to come from a good family / *ser como de la familia* to be like one of the family ▶ **familia de acogida** host family / *familia monoparental* one-parent family / *familia política* in-laws pl / *familia real* royal family.

familiar ◆ adj **1.** [de familia] family *(antes de sust)* **2.** [en el trato - agradable] friendly; [- en demasía] overly familiar **3.** [lenguaje, estilo] informal **4.** [conocido] familiar. ◆ smf relative, relation.

familiaridad sf familiarity.

familiarizado, da adj familiarized.

familiarizar [13] vt ▶ **familiarizar (con)** to familiarize (with). ◆ **familiarizarse** vprnl ▶ **familiarizarse con a)** [estudiar] to familiarize o.s. with **b)** [acostumbrarse a] to get used to.

famoso, sa adj famous.

fanático, ca ◆ adj fanatical. ◆ sm, f [gen] fanatic; DEP fan.

fanatismo sm fanaticism.

fandango sm [baile] fandango.

fanfarria sf **1.** *fam* [jactancia] bragging **2.** [pieza musical] fanfare; [banda] brass band.

fanfarrón, ona adj boastful.

fango sm mud.

fantasear vi to fantasize.

fantasía sf **1.** [imaginación] imagination; [cosa imaginada] fantasy ▶ **de fantasía** [ropa] fancy; [bisutería] imitation.

fantasma ◆ sm [espectro] ghost, phantom. ◆ smf *fam* [fanfarrón] show-off.

fantástico, ca adj fantastic.

fantoche sm **1.** [títere] puppet **2.** [mamarracho] (ridiculous) sight.

fardar vi **Esp** *fam* [llamar la atención] to stand out / *¡cómo farda esa moto!* wow! that bike certainly stands out! ▶ **fardar (de algo)** to show (sthg) off.

fardo sm bundle.

farfullar vt & vi to gabble, to splutter.

faringitis sf inv sore throat.

farmacéutico, ca ◆ adj pharmaceutical. ◆ sm, f chemist, pharmacist.

farmacia sf [establecimiento] chemist's (shop) **UK**, pharmacy, drugstore **US** ▶ **farmacia de turno o de guardia** duty chemist's.

fármaco sm medicine, drug.

faro sm **1.** [para barcos] lighthouse **2.** [de coche] headlight, headlamp ▶ **faro antiniebla** foglamp.

farol sm [farola] street lamp o light; [linterna] lantern, lamp.

farola sf [farol] street lamp o light; [poste] lamppost.

farolillo sm **1.** [de papel] paper o Chinese lantern / *ser el farolillo rojo* fig to bring up the rear **2.** [planta] Canterbury bell.

farsa sf *lit + fig* farce.

farsante adj deceitful.

fascículo sm part, instalment *(of serialization)*.

fascinante adj fascinating.

fascinar vt to fascinate.

fascismo sm fascism.

fascista adj & smf fascist.

fase sf phase / *en fase terminal* in terminal phase.

fashion ['faʃjon] adj hip, fashionable.

fashionista smf *fam* fashionista.

fastidiado, da adj [de salud] ill / *ando fastidiado del estómago* I've got a bad stomach.

fastidiar [8] vt **1.** [estropear - fiesta etc] to spoil, to ruin; [- máquina, objeto etc] to break **2.** [molestar] to annoy, to bother. ◆ **fastidiarse** vprnl **1.** [estropearse - fiesta etc] to be ruined; [- máquina] to break down **2.** [aguantarse] to put up with it.

fastidio sm **1.** [molestia] nuisance, bother / *¡qué fastidio!* what a nuisance! **2.** [enfado] annoyance.

fastidioso, sa adj [molesto] annoying.

fastuoso, sa adj lavish, sumptuous.

fatal ◆ adj **1.** [mortal] fatal **2.** [muy malo] terrible, awful **3.** [inevitable] inevitable. ◆ adv terribly / *pasarlo fatal* to have an awful time ▶ **sentirse fatal** to feel terrible.

fatalidad sf **1.** [destino] fate, destiny **2.** [desgracia] misfortune.

fatalismo sm fatalism.

fatídico, ca adj fateful, ominous.

fatiga sf [cansancio] tiredness, fatigue. ◆ **fatigas** sfpl [penas] hardships.

fatigar [16] vt to tire, to weary. ◆ **fatigarse** vprnl to get tired.

fatigoso, sa adj tiring, fatiguing.

fatuo, tua adj **1.** [necio] fatuous, foolish **2.** [engreído] conceited.

fauna sf fauna.

favor sm favour ▶ **a favor de** in favour of ▶ **hacerle un favor a alguien a)** [ayudar a] to do sb a favour **b)** *fam & fig* [acostarse con] to go to bed with sb ▶ **pedir un favor a alguien** to ask sb a favour ▶ **tener a o en su favor a alguien** to enjoy sb's support. ◆ **por favor** loc adv please.

favorable adj favourable ▶ **ser favorable a algo** to be in favour of sthg.

favorecer [30] vt **1.** [gen] to favour; [ayudar] to help, to assist **2.** [sentar bien] to suit.

favorecido, da sm, f **1.** [persona] priviliged person **2.** Am [ganador] lucky winner.

favoritismo sm favouritism.

favorito, ta adj & sm, f favourite UK, favorite US.

fax sm inv **1.** [aparato] fax (machine) ▶ **mandar algo por fax** to fax sthg **2.** [documento] fax.

fayuquero, ra sm, f Mex fam smuggler.

faz sf culto **1.** [cara] countenance, face **2.** [del mundo, de la tierra] face.

fe sf **1.** [gen] faith ▶ **hacer algo de buena fe** to do sthg in good faith / **tener fe en** to have faith in, to believe in **2.** [documento] certificate / **fe de bautismo** certificate of baptism ▶ **fe de erratas** errata pl **3.** loc ▶ **dar fe de que** to testify that.

fealdad sf [de rostro etc] ugliness.

febrero sm February. Ver también septiembre.

febril adj feverish; fig [actividad] hectic.

fecha sf [gen] date; [momento actual] current date / **a partir de esta fecha** from today ▶ **hasta la fecha** to date, so far ▶ **fecha de caducidad** a) [de alimentos] sell-by date b) [de carné, pasaporte] expiry date c) [de medicamento] 'use before' date / **fecha de nacimiento** date of birth ▶ **fecha tope** o **límite** deadline.

fechar vt to date.

fechoría sf bad deed, misdemeanour.

fécula sf starch (in food).

fecundación sf fertilization ▶ **fecundación artificial** artificial insemination / **fecundación asistida** assisted fertilization ▶ **fecundación in vitro** in vitro fertilization.

fecundar vt **1.** [fertilizar] to fertilize **2.** [hacer productivo] to make fertile.

fecundo, da adj [gen] fertile; [artista] prolific.

federación sf federation.

federal adj & smf federal.

federar vt to federate. ◆ **federarse** vprnl **1.** [formar federación] to become o form a federation **2.** [ingresar en federación] to join a federation.

felicidad sf happiness. ◆ **felicidades** interj ▶ **¡felicidades!** a) [gen] congratulations! b) [en cumpleaños] happy birthday!

felicitación sf **1.** [acción] ▶ **felicitaciones** congratulations **2.** [postal] greetings card / **felicitación de Navidad** Christmas card.

felicitar vt to congratulate / **¡te felicito!** congratulations! / **felicitar a alguien por algo** to congratulate sb on sthg.

feligrés, esa sm, f parishioner.

felino, na adj feline.

feliz adj **1.** [dichoso] happy / **hacer feliz a alguien** to make sb happy **2.** [afortunado] lucky **3.** [oportuno] timely.

felpa sf [de seda] plush; [de algodón] towelling.

felpudo sm doormat.

femenino, na adj **1.** [gen] feminine; BOT & ZOOL female. ◆ **femenino** sm GRAM feminine.

fémina sf woman, female.

feminismo sm feminism.

feminista adj & smf feminist.

fémur (pl fémures) sm femur, thighbone.

fénix sm inv [ave] phoenix.

fenomenal adj [magnífico] wonderful.

fenómeno ◆ sm [gen] phenomenon. ◆ adv fam brilliantly, fantastically ▶ **pasarlo fenómeno** to have a great time. ◆ interj ▶ **¡fenómeno!** great!, terrific!

feo, a adj **1.** [persona] ugly / **le tocó bailar con la más fea** he drew the short straw / **ser más feo que Picio** to be as ugly as sin **2.** [aspecto, herida, conducta] nasty / **es feo escupir** it's rude to spit.

féretro sm coffin.

feria sf **1.** [gen] fair ▶ **feria (de muestras)** trade fair **2.** [fiesta popular] festival.

feriado sm Am (public) holiday.

fermentación sf fermentation.

fermentar vt & vi to ferment.

ferocidad sf ferocity, fierceness.

feroz adj **1.** [animal, bestia] fierce, ferocious **2.** fig [criminal, asesino] cruel, savage **3.** fig [dolor, angustia] terrible.

férreo, a adj lit + fig iron (antes de sust).

ferretería sf ironmonger's (shop) UK, hardware store.

ferrocarril sm [sistema, medio] railway, railroad US; [tren] train ▶ **por ferrocarril** by train.

ferrocarrilero, ra adj Mex rail.

ferroviario, ria adj railway (antes de sust) UK, rail (antes de sust), railroad (antes de sust) US.

ferry sm ferry.

fértil adj lit + fig fertile.

fertilidad sf lit + fig fertility.

fertilizante sm fertilizer.

fertilizar [13] vt to fertilize.

ferviente adj fervent.

fervor sm fervour.

festejar vt [celebrar] to celebrate.

festejo sm [fiesta] party. ◆ **festejos** smpl [fiestas] public festivities.

festín sm banquet, feast.

festival sm festival.

festividad sf festivity.

festivo, va adj **1.** [de fiesta] festive ▶ **día festivo** (public) holiday **2.** [alegre] cheerful, jolly; [chistoso] funny, witty.

feta sf RP slice.

fetiche sm fetish.

fétido, da adj fetid, foul-smelling.

feto sm foetus.

feudal adj feudal.

FF AA (*abr escrita de* **Fuerzas Armadas**) sfpl *Spanish armed forces.*

fiable adj [máquina] reliable ; [persona] trust-worthy.

fiaca sf MEX CSUR *fam* [pereza] laziness / *¡qué fiaca tener que ponerme a planchar!* what a pain o fag UK having to do the ironing!

fiador, ra sm, f guarantor, surety ▶ **salir fiador por** to vouch for.

fiambre sm [comida] cold meat UK, cold cuts US.

fiambrera sf lunch o sandwich box.

fiambrería sf RP delicatessen *(tienda).*

fianza sf **1.** [depósito] deposit **2.** DER bail ▶ **bajo fianza** on bail **3.** [garantía] security, bond.

fiar [9] ❖ vt COM to sell on credit. ❖ vi COM to sell on credit ▶ **ser de fiar** to be trustworthy. ◆ **fiarse** vprnl : *¡no te fíes!* don't be too sure (about it)! ▶ **fiarse de algo / alguien** to trust sthg/sb.

fibra sf [gen] fibre ; [de madera] grain ▶ **fibra de vidrio** fibreglass.

ficción sf [gen] fiction.

ficha sf **1.** [tarjeta] (index) card ; [con detalles personales] file, record card **2.** [de guardarropa, aparcamiento] ticket **3.** [de teléfono] token **4.** [de juego - gen] counter ; [en ajedrez] piece ; [en casino] chip / *mover ficha* to act **5.** INFORM card.

fichaje sm DEP [contratación] signing (up) ; [importe] transfer fee.

fichar ❖ vt **1.** [archivar] to note down on an index card, to file **2.** [suj: policía] to put on police files o records **3.** DEP to sign up. ❖ vi **1.** [suj: trabajador - al entrar] to clock in ; [- al salir] to clock out **2.** DEP ▶ **fichar (por)** to sign up (for).

fichero sm **1.** [mueble] filing cabinet **2.** INFORM file.

ficticio, cia adj [imaginario] fictitious.

ficus sm inv rubber plant.

fidedigno, na adj reliable.

fidelidad sf **1.** [lealtad] loyalty ; [de cónyuge, perro] faithfulness **2.** [precisión] accuracy ▶ **alta fidelidad** high fidelity.

fidelizar vt COM to build up loyalty *(among customers).*

fideo sm noodle ▶ **estar** o **quedarse como un fideo** to be as thin as a rake.

fiebre sf fever ▶ **tener fiebre** to have a temperature / *fiebre aftosa* foot-and-mouth disease ▶ **fiebre amarilla / de Malta** yellow/Malta fever ▶ **fiebre del heno** hay fever.

fiel adj **1.** [leal - amigo, seguidor] loyal ; [- cónyuge, perro] faithful **2.** [preciso] accurate. ◆ **fieles** smpl RELIG ▶ **los fieles** the faithful.

fieltro sm felt.

fiero, ra adj savage, ferocious. ◆ **fiera** sf [animal] wild animal.

fierro sm AM **1.** [hierro] iron **2.** [navaja] pen-knife.

fiesta sf **1.** [reunión] party ; [de pueblo etc] (local) festivities *pl* / *fiesta benéfica* fête / *fiesta de disfraces* fancy-dress party ▶ **fiesta mayor** *local celebrations for the festival of a town's patron saint* / *no estar para fiestas* to be in no mood for joking **2.** [día] public holiday ▶ **ser fiesta** to be a public holiday ▶ **hacer fiesta** to be on holiday. ◆ **fiestas** sfpl [vacaciones] holidays.

fiestero, ra *fam* ❖ adj party-loving. ❖ sm, f party animal.

figura sf **1.** [gen] figure ; [forma] shape / *tener buena figura* to have a good figure **2.** [en naipes] picture card.

figuraciones sfpl imaginings.

figurado, da adj figurative.

figurar ❖ vi **1.** [aparecer] ▶ **figurar (en)** to appear (in), to figure (in) **2.** [ser importante] to be prominent o important. ❖ vt **1.** [representar] to represent **2.** [simular] to feign, to simulate. ◆ **figurarse** vprnl [imaginarse] to imagine / *ya me lo figuraba yo* I thought as much.

figurativo, va adj ARTE figurative.

figurín sm fashion sketch ▶ **ir / estar hecho un figurín** *fig* to be dressed up to the nines.

fijación sf **1.** [gen & FOTO] fixing **2.** [obsesión] fixation.

fijador sm [líquido] fixative ▶ **fijador de pelo a)** [crema] hair gel **b)** [espray] hair spray.

fijar vt **1.** [gen] to fix ; [asegurar] to fasten ; [cartel] to stick up ; [sello] to stick on **2.** [establecer] to establish ▶ **fijar el domicilio** to take up residence ▶ **fijar la mirada / la atención en** to fix one's gaze/attention on. ◆ **fijarse** vprnl to pay attention ▶ **fijarse en algo** [darse cuenta] to notice sthg ; [prestar atención] to pay attention to sthg.

fijo, ja adj **1.** [gen] fixed ; [sujeto] secure **2.** [cliente] regular **3.** [fecha] definite **4.** [empleado, trabajo] permanent.

fila sf [hilera - gen] line ; [- de asientos] row ▶ **en fila, en fila india** in line, in single file ▶ **ponerse en fila** to line up. ◆ **filas** sfpl MIL ranks ▶ **cerrar filas** *fig* to close ranks.

filántropo, pa sm, f philanthropist.

filarmónico, ca adj philharmonic.

filatelia sf philately.

filatélico, ca ❖ adj philatelic. ❖ sm, f philatelist.

filete sm [CULIN - grueso] (fillet) steak ; [- delgado] fillet ; [solomillo] sirloin.

filiación sf POLÍT affiliation.

filial ⋄ adj **1.** [de hijo] filial **2.** [de empresa] subsidiary. ⋄ sf subsidiary.

filigrana sf [en orfebrería] filigree.

Filipinas sfpl ▸ (las) Filipinas the Philippines *sg*.

filipino, na adj & sm, f Filipino. ◆ **filipino** sm [lengua] Filipino.

film = filme.

filmar vt to film, to shoot.

filme, film (*pl* films) sm film **UK**, movie **US**.

filmoteca sf [archivo] film library ; [sala de cine] film institute.

filo sm (cutting) edge ▸ **de doble filo, de dos filos** *lit* + *fig* double-edged. ◆ **al filo de** loc prep just before.

filología sf **1.** [ciencia] philology **2.** [carrera] language and literature.

filón sm **1.** [de carbón etc] seam **2.** *fig* [mina] gold mine.

filoso, sa, filudo, da adj **AM** sharp.

filosofar vi to philosophize.

filosofía sf [ciencia] philosophy.

filósofo, fa sm, f philosopher.

filtración sf **1.** [de agua] filtration **2.** *fig* [de noticia etc] leak.

filtrar vt **1.** [tamizar] to filter **2.** *fig* [datos, noticia] to leak. ◆ **filtrarse** vprnl **1.** [penetrar] ▸ **filtrarse (por)** to filter o seep (through) **2.** *fig* [datos, noticia] to be leaked.

filtro sm [gen] filter ; [de cigarrillo] filter, filter tip / **filtro del aceite** oil filter.

filudo, da = filoso.

fin sm **1.** [final] end ▸ **dar** o **poner fin a algo** to put an end to sthg ▸ **tocar a su fin** to come to a close ▸ **fin de semana** weekend ▸ **a fines de** at the end of ▸ **a** o **por fin** at last, finally ▸ **a fin de cuentas** after all ▸ **al fin y al cabo** after all **2.** [objetivo] aim, goal / **el fin justifica los medios** *prov* the end justifies the means. ◆ **a fin de** loc conj in order to. ◆ **a fin de que** loc conj so that. ◆ **en fin** loc adv anyway.

final ⋄ adj final, end (*antes de sust*). ⋄ sm end ▸ **final feliz** happy ending ▸ **a finales de** at the end of. ⋄ sf final.

finalidad sf aim, purpose.

finalista smf finalist.

finalizar [13] ⋄ vt to finish, to complete. ⋄ vi ▸ **finalizar (con)** to end o finish (in).

financiación sf financing ▸ **financiación colectiva** crowdfunding.

financiamiento sm **AM** financing.

financiar [8] vt to finance.

financiero, ra ⋄ adj financial. ⋄ sm, f [persona] financier. ◆ **financiera** sf [firma] finance company.

financista smf **AM** financier.

finanzas sfpl finance (*U*).

finca sf [gen] property ; [casa de campo] country residence.

fingir [15] ⋄ vt to feign. ⋄ vi to pretend. ◆ **fingirse** vprnl to pretend to be.

finiquito sm settlement.

finito, ta adj finite.

finlandés, esa ⋄ adj Finnish. ⋄ sm, f [persona] Finn. ◆ **finlandés** sm [lengua] Finnish.

Finlandia npr Finland.

fino, na adj **1.** [gen] fine ; [delgado] thin ; [cintura] slim **2.** [cortés] refined **3.** [agudo - oído, olfato] sharp, keen ; [- gusto, humor, ironía] refined. ◆ **fino** sm dry sherry.

finura sf [gen] fineness ; [delgadez] thinness ; [cortesía] refinement ; [de oído, olfato] sharpness, keenness ; [de gusto, humor, ironía] refinement.

fiordo sm fiord.

firma sf **1.** [rúbrica] signature ; [acción] signing **2.** [empresa] firm.

firmamento sm firmament.

firmar vt to sign ▸ **firmar algo en blanco** *fig* to rubber-stamp sthg.

firme adj **1.** [gen] firm ; [mueble, andamio, edificio] stable **2.** [argumento, base] solid **3.** [carácter, actitud, paso] resolute.

firmemente adv firmly.

firmeza sf **1.** [gen] firmness ; [de mueble, edificio] stability **2.** [de argumento] solidity **3.** [de carácter, actitud] resolution.

fiscal ⋄ adj tax (*antes de sust*), fiscal. ⋄ smf public prosecutor **UK**, district attorney **US**.

fiscalía sf **1.** [cargo] post of public prosecutor **UK** **2.** [oficina] office of public prosecutor **UK** o district attorney **US**.

fiscalidad sf [impuestos] taxation.

fisco sm treasury, exchequer.

fisgar [16], **fisgonear** vi [gen] to pry ; [escuchando] to eavesdrop.

fisgón, ona sm, f nosy parker.

fisgonear = fisgar.

físico, ca ⋄ adj physical. ⋄ sm, f [persona] physicist. ◆ **físico** sm [complexión] physique. ◆ **física** sf [ciencia] physics (*U*).

fisiológico, ca adj physiological.

fisionomía = fisonomía.

fisioterapeuta smf physiotherapist.

fisonomía, fisionomía sf features *pl*, appearance.

fisonomista, fisionomista smf person who is good at remembering faces.

fisura sf [grieta] fissure.

flacidez, flaccidez sf flabbiness.

flácido, da, fláccido, da adj flaccid, flabby.

flaco, ca ❖ adj thin, skinny. ❖ sm, f Am [como apelativo] ▶ **¿cómo estás, flaca?** hey, how are you doing?

flagelar vt to flagellate.

flagrante adj flagrant.

flamante adj [vistoso] resplendent ; [nuevo] brand-new.

flambear vt to flambé.

flamenco, ca ❖ adj **1.** MÚS flamenco (antes de sust) **2.** [de Flandes] Flemish **3.** [achulado] cocky / **ponerse flamenco** to get cocky. ❖ sm, f [de Flandes] Fleming. ◆ **flamenco** sm **1.** [ave] flamingo **2.** [lengua] Flemish **3.** MÚS flamenco.

flan sm crème caramel ▶ **estar hecho** o **como un flan** to shake like a jelly, to be a bundle of nerves.

flanco sm flank.

flanquear vt to flank.

flaquear vi to weaken ; fig to flag.

flaqueza sf weakness.

flash [flaʃ] (pl **flashes**) sm **1.** FOTO flash **2.** [informativo] newsflash.

flato sm ▶ **tener flato** to have a stitch.

flatulento, ta adj flatulent.

flauta ❖ sf flute ▶ **flauta dulce** recorder ▶ **de la gran flauta** CHILE RDom fig tremendous. ❖ interj ▶ **¡(la gran) flauta!** CHILE RDom good grief!, good heavens!

flecha sf [gen] arrow ; ARQUIT spire / **salir como una flecha** to shoot out, to fly out.

flechazo sm fam & fig [amoroso] ▶ **fue un flechazo** it was love at first sight.

fleco sm [adorno] fringe.

flema sf phlegm.

flemático, ca adj [tranquilo] phlegmatic.

flemón sm gumboil.

flequillo sm fringe, bangs pl US.

flete sm **1.** [precio] freightage **2.** [carga] cargo, freight.

flexibilidad sf flexibility.

flexible adj flexible.

flexión sf **1.** [doblegamiento] bending / **hacer flexiones a)** [de brazos] to do press-ups UK, to do push-ups US **b)** [de piernas] to do squats **2.** GRAM inflection.

flexo sm adjustable table lamp o light.

flipar fam vi **1.** [disfrutar] to have a wild time **2.** [asombrarse] to be gobsmacked **3.** [con una droga] to be stoned o high.

flirtear vi to flirt.

flojear vi **1.** [decaer - piernas, fuerzas etc] to weaken ; [- memoria] to be failing ; [- película, libro] to flag ; [- calor, trabajo] to ease off ; [- ventas] to fall off **2.** ANDES [holgazanear] to laze about o around.

flojera sf lethargy, feeling of weakness.

flojo, ja adj **1.** [suelto] loose **2.** [débil - persona, bebida] weak ; [- sonido] faint ; [- tela] thin ; [- salud] poor ; [- viento] light **3.** [inactivo - mercado, negocio] slack.

flor sf **1.** BOT flower / **de flores** flowered ▶ **echar flores a alguien** to pay sb compliments / **no tener ni flores (de)** fam not to have a clue (about) ▶ **ser flor de un día** fig to be a flash in the pan **2.** [lo mejor] ▶ **la flor (y nata)** the crème de la crème, the cream ▶ **en la flor de la edad** o **de la vida** in the prime of life. ◆ **a flor de** loc adv : a flor de agua / tierra at water / ground level.

flora sf flora.

florecer [30] vi to flower ; fig to flourish.

floreciente adj fig flourishing.

florero sm vase.

florido, da adj [con flores] flowery ; [estilo, lenguaje] florid.

florista smf florist.

floristería sf florist's (shop).

flota sf fleet.

flotación sf [gen & ECON] flotation.

flotador sm **1.** [para nadar] rubber ring **2.** [de caña de pescar] float.

flotar vi [gen & ECON] to float ; [banderas] to flutter.

flote ◆ **a flote** loc adv afloat ▶ **sacar algo a flote** fig to get sthg back on its feet / sacar a flote un negocio to put a business on a sound footing ▶ **salir a flote** fig to get back on one's feet.

flotilla sf flotilla.

fluctuar [6] vi [variar] to fluctuate.

fluidez sf **1.** [gen] fluidity ; [del tráfico] free flow ; [de relaciones] smoothness **2.** fig [en el lenguaje] fluency.

fluido, da adj **1.** [gen] fluid ; [tráfico] free-flowing **2.** [relaciones] smooth **3.** fig [lenguaje] fluent. ◆ **fluido** sm fluid ▶ **fluido eléctrico** electric current o power.

fluir [51] vi to flow.

flujo sm flow ▶ **flujo de caja** cash flow.

flúor sm fluorine.

fluorescente sm strip light.

fluvial adj river (antes de sust).

FM (abr de frecuencia modulada) sf FM.

FMI (abr de Fondo Monetario Internacional) sm IMF.

fobia sf phobia.

foca sf seal.

foco sm **1.** fig [centro] centre, focal point **2.** [lámpara - para un punto] spotlight ; [- para una zona] floodlight **3.** FÍS & GEOM focus **4.** COL ECUAD MÉX PERÚ [bombilla] light bulb.

fofo, fa adj flabby.

fogata sf bonfire, fire.

fogón sm [para cocinar] stove.

fogoso, sa adj passionate.

fogueo sm ▶ **de fogueo** blank.

foie-gras [fwa'yras] sm (pâté de) foie-gras.

folclore, folclor, folklor sm folklore.

folclórico, ca ⬦ adj traditional, popular. ⬦ sm, f flamenco singer.

fólder sm ANDES CAM MÉX [carpeta] folder.

folio sm [hoja] leaf, sheet; [tamaño] folio.

folklor = **folclore**.

follaje sm foliage.

follar vi *vulg* to fuck.

folletín sm [dramón] melodrama.

folleto sm [turístico, publicitario] brochure; [explicativo, de instrucciones] leaflet.

follón sm *fam* **1.** [discusión] row ▶ **se armó follón** there was an almighty row **2.** [lío] mess ▶ **¡vaya follón!** what a mess!

fomentar vt to encourage, to foster.

fomento sm encouragement, fostering.

fonda sf boarding house.

fondear ⬦ vi to anchor. ⬦ vt [sondear] to sound; [registrar - barco] to search.

fondo sm **1.** [de recipiente, mar, piscina] bottom ▶ **tocar fondo** a) [embarcación] to scrape along the sea/river bed b) *fig* to hit rock bottom ▶ **doble fondo** false bottom **2.** [de habitación etc] back ▶ **al fondo de** a) [calle, pasillo] at the end of b) [sala] at the back of **3.** [dimensión] depth **4.** [de tela, cuadro, foto] background ▶ **al fondo** in the background **5.** DEP stamina **6.** [de asunto, tema] heart, bottom **7.** ECON fund ▶ **a fondo perdido** non-returnable ▶ **fondo común** kitty **8.** [de biblioteca, archivo] catalogue, collection **9.** DEP stamina **10.** MÉX [combinación] petticoat. ⬥ **fondos** smpl ECON [capital] funds ▶ **recaudar fondos** to raise funds. ⬥ **a fondo** ⬦ loc adv thoroughly ▶ **emplearse a fondo** *fig* to do one's utmost. ⬦ loc adj thorough. ⬥ **en el fondo** loc adv **1.** [en lo más íntimo] deep down **2.** [en lo esencial] basically.

fonético, ca adj phonetic. ⬥ **fonética** sf [ciencia] phonetics (U).

fono sm AM *fam* phone.

fontanería sf plumbing.

fontanero, ra sm, f plumber.

football = **fútbol**.

footing ['futin] sm jogging ▶ **hacer footing** to go jogging.

forajido, da sm, f outlaw.

foráneo, a adj foreign.

forastero, ra sm, f stranger.

forcejear vi to struggle.

fórceps sm inv forceps.

forense ⬦ adj forensic. ⬦ smf pathologist.

forestal adj forest (antes de sust).

forfait [for'fe] sm **1.** DEP default **2.** [abono] pass **3.** [precio invariable] fixed rate.

forja sf [fragua] forge; [forjadura] forging.

forjar vt **1.** [metal] to forge **2.** *fig* [inventarse] to invent; [crear] to build up. ⬥ **forjarse** vprnl *fig* [labrarse] to carve out for o.s.

forma sf **1.** [gen] shape, form / **dar forma a** to shape, to form ▶ **en forma de** in the shape of / **tomar forma** to take shape ▶ **guardar las formas** to keep up appearances **2.** [manera] way, manner ▶ **de cualquier forma, de todas formas** anyway, in any case ▶ **de esta forma** in this way ▶ **de forma que** in such a way that, so that **3.** ARTE & LITER form **4.** [condición física] fitness ▶ **estar en forma** to be fit / **estar bajo de forma, estar en baja forma** to be in poor shape. ⬥ **formas** sfpl **1.** [silueta] figure sg **2.** [modales] social conventions.

formación sf **1.** [gen & MIL] formation **2.** [educación] training ▶ **formación profesional** vocational training **3.** [conjunto] grouping.

formal adj **1.** [gen] formal **2.** [que se porta bien] well-behaved, good **3.** [de confianza] reliable **4.** [serio] serious.

formalidad sf **1.** [gen] formality **2.** [educación] (good) manners pl **3.** [fiabilidad] reliability **4.** [seriedad] seriousness.

formalizar [13] vt to formalize.

formar ⬦ vt **1.** [gen] to form **2.** [educar] to train, to educate. ⬦ vi MIL to fall in. ⬥ **formarse** vprnl **1.** [gen] to form **2.** [educarse] to be trained o educated.

formatear vt INFORM to format.

formato sm [gen & INFORM] format.

formica® sf Formica®.

formidable adj [enorme] tremendous; [extraordinario] amazing, fantastic.

fórmula sf formula ▶ **fórmula uno** formula one / **por pura fórmula** purely as a matter of form.

formular vt to formulate.

formulario sm form.

fornido, da adj well-built.

foro sm **1.** [tribunal] court (of law) **2.** TEATRO back of the stage / **desaparecer por el foro** to slip away unnoticed **3.** [debate] forum / **foro de discusión** INFORM forum.

forofo, fa sm, f *fam* fan, supporter.

forraje sm fodder.

forrar vt ▶ **forrar (de)** a) [libro] to cover (with) b) [ropa] to line (with) c) [asiento] to upholster (with). ⬥ **forrarse** vprnl *fam* to make a packet.

forro sm **1.** [de libro] cover; [de ropa] lining; [de asiento] upholstery **2.** RDOM *fam* [preservativo] rubber, johnny UK.

fortalecer [30] vt to strengthen.

fortaleza sf **1.** [gen] strength **2.** [recinto] fortress.

fortificación sf fortification.

fortuito, ta adj chance *(antes de sust)*.

fortuna sf **1.** [suerte] (good) luck ▸ **por fortuna** fortunately, luckily **2.** [destino] fortune, fate **3.** [riqueza] fortune.

forúnculo, furúnculo sm boil.

forzado, da adj forced.

forzar [37] vt **1.** [gen] to force ▸ **forzar la vista** to strain one's eyes **2.** [violar] to rape.

forzosamente adv necessarily.

forzoso, sa adj [obligatorio] obligatory, compulsory ; [inevitable] inevitable ; [necesario] necessary.

forzudo, da adj strong.

fosa sf **1.** [sepultura] grave **2.** ANAT cavity ▸ **fosas nasales** nostrils **3.** [hoyo] pit ▸ **fosa marina** ocean trough.

fosfato sm phosphate.

fosforescente adj phosphorescent.

fósforo sm **1.** QUÍM phosphorus **2.** [cerilla] match.

fósil sm GEOL fossil.

foso sm [hoyo] ditch ; [de fortaleza] moat ; [de garaje] pit ; DEP & TEATRO pit.

foto sf photo, picture.

fotocomponer vt IMPR to typeset.

fotocopia sf [objeto] photocopy.

fotocopiadora sf photocopier.

fotocopiar [8] vt to photocopy.

fotoeléctrico, ca adj photoelectric.

fotogénico, ca adj photogenic.

fotografía sf **1.** [arte] photography **2.** [imagen] photograph.

fotografiar [9] vt to photograph.

fotográfico, ca adj photographic.

fotógrafo, fa sm, f photographer.

fotomatón sm passport photo machine.

fotonovela sf photo story.

fotorrobot (*pl* **fotorrobots**) sf Identikit® picture.

fotosíntesis sf inv photosynthesis.

FP (*abr de* **formación profesional**) sf *vocational training*.

frac (*pl* **fracs**) sm tails *pl*, dress coat.

fracasar vi ▸ **fracasar (en/como)** to fail (at/as).

fracaso sm failure / *todo fue un fracaso* the whole thing was a disaster.

fracción sf **1.** [gen] fraction / *en una fracción de segundo* in a split second **2.** POLÍT faction.

fraccionamiento sm **1.** [división] division, breaking up **2.** Méx [urbanización] housing estate.

fraccionario, ria adj fractional ▸ **moneda fraccionaria** small change.

fractura sf fracture.

fracturarse vprnl to fracture.

fragancia sf fragrance.

fraganti ◆ **in fraganti** loc adv ▸ **coger a alguien in fraganti** to catch sb red-handed o in the act.

fragata sf frigate.

frágil adj [objeto] fragile ; [persona] frail.

fragilidad sf [de objeto] fragility ; [de persona] frailty.

fragmentar vt [romper] to fragment ; [dividir] to divide.

fragmento sm fragment, piece ; [de obra] excerpt.

fragor sm [de batalla] clamour ; [de trueno] crash.

fragua sf forge.

fraguar [45] ◆ vt **1.** [forjar] to forge **2.** *fig* [idear] to think up. ◆ vi to set, to harden. ◆ **fraguarse** vprnl to be in the offing.

fraile sm friar.

frambuesa sf raspberry.

francamente adv frankly.

francés, esa ◆ adj French. ◆ sm, f Frenchman (Frenchwoman) ▸ **los franceses** the French ▸ **marcharse** o **despedirse a la francesa** to leave without even saying goodbye. ◆ **francés** sm [lengua] French.

Francia npr France.

franco, ca adj **1.** [sincero] frank, open ; [directo] frank **2.** [sin obstáculos, gastos] free **3.** CSur [de permiso] ▸ **me dieron el día franco** they gave me the day off. ◆ **franco** sm [moneda] franc.

francotirador, ra sm, f MIL sniper.

franela sf flannel.

franja sf strip ; [en bandera, uniforme] stripe / *franja horaria* time zone.

franquear vt **1.** [paso, camino] to clear **2.** [río, montaña etc] to negotiate, to cross **3.** [correo] to frank.

franqueo sm postage.

franqueza sf [sinceridad] frankness.

franquicia sf exemption.

franquismo sm ▸ **el franquismo a)** [régimen] the Franco regime **b)** [doctrina] Franco's doctrine.

frasco sm small bottle.

frase sf **1.** [oración] sentence **2.** [locución] expression ▸ **frase hecha a)** [modismo] set phrase **b)** [tópico] cliché.

fraternal adj brotherly, fraternal.

fraternidad, fraternización sf brotherhood, fraternity.

fraterno, na adj brotherly, fraternal.

fraude sm fraud / *fraude electoral* election o electoral fraud ▸ **fraude fiscal** tax evasion.

fraudulento, ta adj fraudulent.

fray sm RELIG brother.

frazada sf Am blanket ▸ **frazada eléctrica** electric blanket.

frecuencia sf frequency ▶ **con frecuencia** often ▶ **alta / baja frecuencia** high / low frequency ▶ **frecuencia modulada, modulación de frecuencia** frequency modulation.

frecuentar vt [lugar] to frequent ; [persona] to see, to visit.

frecuente adj [reiterado] frequent ; [habitual] common.

fregadero sm (kitchen) sink.

fregado, da adj `ANDES` `MÉX` `VEN` *fam* [persona - ser] annoying ; [- estar] ▶ **perdí las llaves, ¡estoy fregada!** I've lost my keys, I've had it! ; [roto] bust.

fregar [35] vt **1.** [limpiar] to wash ▶ **fregar los platos** to do the washing-up **2.** [frotar] scrub **3.** `Am` *fam* [molestar] to bother, to pester **4.** `ANDES` `MÉX` `VEN` [estropear] ▶ **vas a fregar la televisión** you're going to bust the television.

fregón, gona adj `COL` `ECUAD` `MÉX` [molesto] annoying. ◆ **fregona** sf **1.** *despec* [criada] skivvy **2.** [utensilio] mop ▶ **pasar la fregona** to mop.

freidora sf [gen] deep fat fryer ; [para patatas fritas] chip pan.

freír [28] vt CULIN to fry. ◆ **freírse** vprnl to be frying / **freírse de calor** fig to be roasting.

fréjol sm `ANDES` `CAm` `MÉX` bean.

frenar ◆ vt **1.** AUTO to brake **2.** [contener] to check. ◆ vi to stop ; AUTO to brake.

frenazo sm **1.** AUTO ▶ **dar un frenazo** to brake hard **2.** fig [parón] sudden stop.

frenesí (*pl* frenesíes o frenesís) sm frenzy.

frenético, ca adj **1.** [colérico] furious, mad **2.** [enloquecido] frenzied, frantic.

freno sm **1.** AUTO brake / **freno de mano** handbrake **2.** [de caballerías] bit **3.** fig [contención] check ▶ **poner freno a** to put a stop to.

frente ◆ sf forehead / **arrugar la frente** to knit one's brow, to frown ▶ **frente a frente** face to face / **con la frente muy alta** with one's head held high. ◆ sm front ▶ **estar al frente (de)** to be at the head (of) ▶ **hacer frente a** to face up to ▶ **frente cálido / frío** warm / cold front. ◆ **de frente** loc adv **1.** [hacia delante] forwards **2.** [uno contra otro] head on. ◆ **en frente** loc adv opposite. ◆ **en frente de** loc adv opposite. ◆ **frente a** loc prep **1.** [enfrente de] opposite **2.** [con relación a] towards.

fresa sf [planta, fruto] strawberry.

fresco, ca ◆ adj **1.** [gen] fresh ; [temperatura] cool ; [pintura, tinta] wet **2.** [caradura] cheeky / **¡qué fresco!** what a nerve ! ◆ sm, f [caradura] cheeky person. ◆ **fresco** sm **1.** ARTE fresco ▶ **al fresco** in fresco **2.** [frescor] coolness ▶ **hace fresco** it's chilly ▶ **tomar el fresco** to get a breath of fresh air.

frescor sm coolness, freshness.

frescura sf **1.** [gen] freshness **2.** [descaro] cheek, nerve.

fresno sm ash (tree).

fresón sm large strawberry.

fresquería sf `Am` soft-drinks shop `UK` o store `US`.

frialdad sf *lit + fig* coldness.

fricción sf [gen] friction ; [friega] rub, massage.

friega sf rub, massage.

friegaplatos sm inv dishwasher.

frigider sm `ANDES` refrigerator, fridge `UK`, icebox `US`.

frigidez sf frigidity.

frigorífico, ca adj [camión] refrigerator (*antes de sust*) ; [cámara] cold. ◆ **frigorífico** sm refrigerator, fridge `UK`, icebox `US`.

frijol, fríjol sm `ANDES` `CAm` `CARIB` `MÉX` bean.

friki smf *fam* **1.** [persona extravagante] weirdo **2.** [aficionado] fan.

frío, a adj [gen] cold ; [inmutable] cool ▶ **dejar a alguien frío** to leave sb cold. ◆ **frío** sm cold / **hace frío** it's cold / **coger** `Esp` o **tomar** `Am` frío to catch cold ▶ **hacer un frío que pela** to be freezing cold ▶ **tener frío** to be cold ▶ **no darle a alguien ni frío ni calor** fig to leave sb cold.

friolento, ta `Am` ◆ adj sensitive to the cold. ◆ sm, f ▶ **es un friolento** he really feels the cold.

friolero, ra adj sensitive to the cold.

fritada sf fry-up, dish of fried food.

fritanga sf **1.** `Esp` [comida frita] fry-up **2.** `Am` *despec* [comida grasienta] greasy food.

frito, ta ◆ pp ⟶ **freír**. ◆ adj **1.** [alimento] fried **2.** *fam & fig* [persona - harta] fed up (to the back teeth) ; [- dormida] flaked out, asleep. ◆ **frito** (*gen pl*) sm fried food (*U*).

fritura sf fry-up, dish of fried food.

frívolo, la adj frivolous.

frondoso, sa adj leafy.

frontal adj frontal.

frontenis sm *sport played on a pelota court*.

frontera sf border ; fig [límite] bounds *pl*.

fronterizo, za adj border (*antes de sust*).

frontispicio sm **1.** [de edificio - remate] pediment **2.** [de libro] frontispiece.

frontón sm [deporte] pelota ; [cancha] pelota court.

frotar vt to rub. ◆ **frotarse** vprnl ▶ **frotarse las manos** to rub one's hands.

fructífero, ra adj fruitful.

frugal adj frugal.

fruncir [12] vt **1.** [labios] to purse ▶ **fruncir el ceño** to frown **2.** [tela] to gather.

fruslería sf triviality, trifle.

frustración sf frustration.

frustrar vt [persona] to frustrate. ◆ **frustrarse** vprnl **1.** [persona] to get frustrated **2.** [ilusiones] to be thwarted ; [proyecto] to fail.

fruta sf fruit / *fruta confitada* candied fruit / *fruta de la pasión* passion fruit / *fruta del tiempo* seasonal fruit.

frutal sm fruit tree.

frutería sf fruit shop.

frutero, ra sm, f [persona] fruiterer. ◆ **frutero** sm [recipiente] fruit bowl.

frutilla sf Bol CSur Ecuad strawberry.

fruto sm **1.** [naranja, plátano etc] fruit ; [nuez, avellana etc] nut ▶ **frutos secos** dried fruit and nuts **2.** [resultado] fruit ▶ **dar fruto** to bear fruit ▶ **sacar fruto a o de algo** to profit from sthg.

FSLN sm (*abr de* **Frente Sandinista de Liberación Nacional**) SNLF.

FTP (*abr de* **File Transfer Protocol**) sm INFORM FTP (*File Transfer Protocol*).

fucsia sf [planta] fuchsia.

fue 1. ⟶ **ir 2.** ⟶ **ser**.

fuego sm **1.** [gen & MIL] fire ; [de cocina, fogón] ring, burner ▶ **pegar fuego a algo** to set sthg on fire, to set fire to sthg ▶ **pedir/dar fuego** to ask for/give a light ▶ **¿tiene fuego?** have you got a light? ▶ **fuegos artificiales** fireworks **2.** [apasionamiento] passion, ardour.

fuelle sm [gen] bellows *pl*.

fuente sf **1.** [manantial] spring **2.** [construcción] fountain **3.** [bandeja] (serving) dish **4.** [origen] source ▶ **fuentes oficiales** official sources / *fuente de información /ingresos* source of information/income **5.** *loc* ▶ **fuente de soda** Carib Chile Col Mex cafe.

fuera ⬥ adv **1.** [en el exterior] outside / *le echó fuera* she threw him out ▶ **hacia fuera** outwards ▶ **por fuera** (on the) outside **2.** [en otro lugar] away ; [en el extranjero] abroad ▶ **de fuera** [extranjero] from abroad **3.** *fig* [alejado] ▶ **fuera de** a) [alcance, peligro] out of b) [cálculos, competencia] outside ▶ **estar fuera de sí** to be beside o.s. (with rage) **4.** DEP ▶ **fuera de juego** offside. ⬥ interj ▶ **¡fuera!** a) [gen] (get) out! b) [en el teatro] (get) off! ⟶ **ir, ser** ◆ **fuera de** *loc prep* [excepto] except for, apart from. ◆ **fuera de serie** adj exceptional.

fueraborda sm inv outboard motor o engine.

fuero sm **1.** (*gen pl*) [ley local] *ancient regional law still existing in some parts of Spain* **2.** [jurisdicción] code of laws.

fuerte ⬥ adj **1.** [gen] strong **2.** [carácter] strong **3.** [frío, dolor, color] intense ; [lluvia] heavy ; [ruido] loud ; [golpe, pelea] hard **4.** [comida, salsa] rich **5.** [nudo] tight. ⬥ adv **1.** [intensamente - gen] hard ; [- abrazar, agarrar] tight **2.** [abundantemente] a lot **3.** [en voz alta] loudly.

⬥ sm **1.** [fortificación] fort **2.** [punto fuerte] strong point, forte.

fuerza sf **1.** [gen] strength ; [violencia] force ; [de sonido] loudness ; [dolor] intensity / *cobrar fuerza* to gather strength ▶ **por fuerza** of necessity / *tener fuerza* to be strong ▶ **tener fuerzas para** to have the strength to ▶ **fuerza mayor** a) DER force majeure b) [en seguros] act of God / *no llegué por un caso de fuerza mayor* I didn't make it due to circumstances beyond my control ▶ **a fuerza de** by dint of ▶ **a la fuerza** a) [contra la voluntad] by force b) [por necesidad] of necessity ▶ **por la fuerza** by force / *írsele a alguien la fuerza por la boca* to be all talk and no action, to be all mouth / *fuerza bruta* brute force ▶ **fuerza de voluntad** willpower **2.** FÍS & MIL *power* / *fuerza aérea* airforce / *fuerza disuasoria* deterrent / *fuerza de la gravedad* force of gravity / *fuerza motriz* a) [gen] motive power b) *fig* driving force ▶ **fuerzas armadas** armed forces ▶ **fuerzas del orden público** police *pl* / *fuerzas de seguridad* security forces **3.** ELECTR power / *fuerza hidráulica* water power. ◆ **fuerzas** sfpl [grupo] forces.

fuese 1. ⟶ **ir 2.** ⟶ **ser**.

fuete sm Am whip.

fuga sf **1.** [huida] escape / *fuga de capitales* flight of capital **2.** [escape] leak **3.** MÚS fugue.

fugarse [16] vprnl to escape ▶ **fugarse de casa** to run away from home ▶ **fugarse con alguien** to run off with sb.

fugaz adj fleeting.

fugitivo, va sm, f fugitive.

fui 1. ⟶ **ir 2.** ⟶ **ser**.

fulano, na sm, f what's his/her name, so-and-so. ◆ **fulana** sf [prostituta] tart, whore.

fulgor sm shining ; [de disparo] flash.

fulminante adj *fig* [despido, muerte] sudden ; [enfermedad] devastating ; [mirada] withering.

fulminar vt [suj: enfermedad] to strike down ▶ **fulminar a alguien con la mirada** to look daggers at sb.

fumador, ra sm, f smoker / *fumador empedernido* chain-smoker ▶ **fumador pasivo** passive smoker ▶ **no fumador** nonsmoker.

fumar vt & vi to smoke. ◆ **fumarse** vprnl to smoke / *fumarse un cigarro* to smoke a cigarette.

fumigar [16] vt to fumigate.

función sf **1.** [gen] function ; [trabajo] duty ▶ **director en funciones** acting director ▶ **entrar en funciones** to take up one's duties **2.** CINE & TEATRO show. ◆ **en función de** *loc prep* depending on.

funcional adj functional.

funcionamiento sm operation, functioning.

funcionar vi to work / *funcionar con gasolina* to run on petrol ▶ **'no funciona'** 'out of order'.

funcionario, ria sm, f civil servant.

funda sf [de sofá, máquina de escribir] cover ; [de almohada] case ; [de disco] sleeve ; [de pistola] sheath.

fundación sf foundation.

fundador, ra sm, f founder.

fundamental adj fundamental.

fundamentar vt **1.** *fig* [basar] to base **2.** CONSTR to lay the foundations of. ◆ **fundamentarse en** vprnl *fig* [basarse] to be based o founded on.

fundamento sm **1.** [base] foundation, basis **2.** [razón] reason, grounds *pl* ▶ **sin fundamento** unfounded, groundless.

fundar vt **1.** [crear] to found **2.** [basar] ▶ **fundar (en)** to base (on). ◆ **fundarse** vprnl [basarse] ▶ **fundarse (en)** to be based (on).

fundición sf **1.** [fusión - de vidrio] melting ; [- de metal] smelting **2.** [taller] foundry.

fundir vt **1.** [metalurgia] [plomo] to melt ; [hierro] to smelt **2.** ELECTR to fuse ; [bombilla, fusible] to blow **3.** *fig* COM to merge. ◆ **fundirse** vprnl **1.** ELECTR to blow **2.** [derretirse] to melt **3.** *fig* COM to merge **4.** **Am** [arruinarse] to go bust.

fúnebre adj funeral *(antes de sust)*.

funeral *(gen pl)* sm funeral.

funerario, ria adj funeral *(antes de sust)*. ◆ **funeraria** sf undertaker's **UK**, mortician's **US**.

funesto, ta adj fateful, disastrous.

fungir vi **Méx** **Perú** ▶ **fungir (de o como)** to act (as), to serve (as).

funicular sm **1.** [por tierra] funicular **2.** [por aire] cable car.

furgón sm AUTO van ; FERROC wagon / *furgón celular* o *policial* police van / *furgón de cola* guard's van **UK**, caboose **US**.

furgoneta sf van.

furia sf fury / *estar hecho una furia* to be furious.

furioso, sa adj furious.

furor sm **1.** [enfado] fury, rage **2.** *loc* ▶ **hacer furor** to be all the rage.

furtivo, va adj [mirada, sonrisa] furtive.

furúnculo = **forúnculo**.

fusible sm fuse.

fusil sm rifle.

fusilar vt [ejecutar] to execute by firing squad, to shoot.

fusión sf **1.** [agrupación] merging **2.** [de empresas, bancos] merger **3.** [derretimiento] melting **4.** FÍS fusion.

fusionar vt **1.** [gen & ECON] to merge **2.** FÍS to fuse. ◆ **fusionarse** vprnl ECON to merge.

fusta sf riding crop.

fustán sm **Am** petticoat.

fuste sm shaft.

fútbol, futbol **Cam** **Méx** ['fudbol] sm football, soccer **US** ▶ **fútbol sala** indoor five-a-side.

futbolín sm table football.

futbolista smf footballer.

fútil adj trivial.

futilidad sf triviality.

futón sm futon.

futuro, ra ◆ adj future. ◆ adv ▶ **a futuro** **CSur** **Méx** in the future. ◆ **futuro** sm [gen & GRAM] future / *en un futuro próximo* in the near future. ◆ **futuros** smpl ECON futures.

futurología sf futurology.

g¹, G sf [letra] g, G.

g² *(abr escrita de gramo)* g.

gabacho, cha *fam & despec* sm, f Frog.

gabán sm overcoat.

gabardina sf [prenda] raincoat, mac.

gabinete sm **1.** [gobierno] cabinet **2.** [despacho] office / *gabinete de prensa* press office **3.** [sala] study.

gacela sf gazelle.

gaceta sf gazette.

gachas sfpl CULIN (corn) porridge *(U)*.

gacho, cha adj drooping.

gafado, da adj **Esp** *fam* jinxed.

gafas sfpl glasses / *gafas bifocales* bifocals / *gafas de cerca* reading glasses / *gafas oscuras* dark glasses / *llevar gafas* to wear glasses ▶ **gafas graduadas** o **progresivas** varifocal glasses, varifocals ▶ **gafas de sol** sunglasses.

gafe ◆ adj jinxed. ◆ smf jinxed person.

gafete sm **Méx** badge.

gaita sf [instrumento] bagpipes *pl*.

gajes smpl ▶ **gajes del oficio** occupational hazards.

gajo sm [trozo de fruta] segment.

gala sf **1.** [fiesta] gala ▶ **ropa / uniforme de gala** [ropa] full dress / uniform ▶ **cena de gala** black tie dinner, formal dinner **2.** [ropa] ▶ **galas** finery *(U)*, best clothes **3.** [actuación] show **4.** *loc* ▶ **hacer gala de algo a)** [preciarse] to be proud of sthg **b)** [exhibir] to demonstrate sthg.

galán sm TEATRO leading man, lead.

galante adj gallant.

galantear vt to court, to woo.

galantería sf **1.** [cualidad] politeness **2.** [acción] gallantry, compliment.

galápago sm turtle.

galardón sm award, prize.

galaxia sf galaxy.

galera sf galley.

galería sf **1.** [gen] gallery ; [corredor descubierto] verandah **2.** fig [vulgo] masses pl. ◆ **galerías (comerciales)** sfpl shopping arcade sg.

Gales npr ▸ **(el país de) Gales** Wales.

galés, esa ◇ adj Welsh. ◇ sm, f Welshman m, Welshwoman f ▸ **los galeses** the Welsh. ◆ **galés** sm [lengua] Welsh.

galgo sm greyhound / ¡échale un galgo! you can forget it!

Galicia npr Galicia.

galimatías sm inv [lenguaje] gibberish (U) ; [lío] jumble.

gallardía sf **1.** [valentía] bravery **2.** [elegancia] elegance.

gallego, ga adj & sm, f **1.** Galician **2.** CSUR fam [español] sometimes pejorative term used to refer to someone or something Spanish. ◆ **gallego** sm [lengua] Galician.

galleta sf CULIN biscuit UK, cookie US / galleta salada cracker.

gallina ◇ sf [ave] hen ▸ **la gallina ciega** blind man's buff / acostarse con las gallinas to go to bed early / estar como gallina en corral ajeno to be like a fish out of water. ◇ smf fam [persona] chicken, coward.

gallinero sm **1.** [corral] henhouse **2.** fam TEATRO gods sg.

gallineta sf Am guinea fowl.

gallo sm **1.** [ave] cock UK, rooster US, cockerel ▸ **en menos que canta un gallo** fam in no time at all / otro gallo cantaría things would be very different **2.** [al cantar] false note ; [al hablar] squeak **3.** [pez] John Dory.

galo, la ◇ adj HIST Gallic ; [francés] French. ◇ sm, f [persona] Gaul.

galón sm **1.** [adorno] braid ; MIL stripe **2.** [medida] gallon.

galopar vi to gallop.

galope sm gallop ▸ **al galope** at a gallop ▸ **a galope tendido** at full gallop.

galpón sm ANDES CARIB RP shed.

gama sf [gen] range ; MÚS scale.

gamba sf prawn.

gamberro, rra ◇ adj loutish. ◇ sm, f vandal ; [en fútbol etc] hooligan / hacer el gamberro to behave loutishly.

gamo sm fallow deer.

gamonal sm ANDES CAM VEN [cacique] village chief ; [caudillo] cacique, local political boss.

gamuza sf **1.** [tejido] chamois (leather) ; [trapo] duster **2.** [animal] chamois.

gana sf **1.** [afán] ▸ gana (de) desire o wish (to) ▸ de buena gana willingly ▸ de mala gana unwillingly ▸ me da / no me da la gana hacerlo I damn well feel like/don't damn well feel like doing it **2.** [apetito] appetite. ◆ **ganas** sfpl [deseo] ▸ tener ganas de algo / hacer algo, sentir ganas de algo / hacer algo to feel like sthg/doing sthg / no tengo ganas de que me pongan una multa I don't fancy getting a fine / morirse de ganas de hacer algo to be dying to do sthg ▸ quedarse con ganas de hacer algo not to manage to do sthg ▸ tenerle ganas a alguien to have it in for sb.

ganadería sf **1.** [actividad] livestock farming **2.** [ganado] livestock.

ganadero, ra ◇ adj livestock-farming (antes de sust) ; [industria] livestock (antes de sust). ◇ sm, f livestock farmer.

ganado sm livestock, stock ▸ **ganado porcino** pigs pl ▸ **ganado vacuno** cattle pl.

ganador, ra ◇ adj winning. ◇ sm, f winner.

ganancia sf [rendimiento] profit ; [ingreso] earnings pl ▸ **ganancias y pérdidas** profit and loss ▸ **ganancia líquida** net profit.

ganancial ⟶ bien.

ganar ◇ vt **1.** [gen] to win ; [sueldo, dinero] to earn ; [peso, tiempo, terreno] to gain **2.** [derrotar] to beat / ganar a alguien a algo to beat sb at sthg **3.** [aventajar] ▸ ganar a alguien en algo to be better than sb as regards sthg. ◇ vi **1.** [vencer] to win **2.** [lograr dinero] to earn money **3.** [mejorar] ▸ ganar en algo to gain in sthg. ◆ **ganarse** vprnl **1.** [conquistar - simpatía, respeto] to earn ; [- persona] to win over **2.** [merecer] to deserve.

ganchillo sm [aguja] crochet hook ; [labor] crochet ▸ hacer ganchillo to crochet.

gancho sm **1.** [gen] hook ; [de percha] peg **2.** ANDES CAM MÉX VEN [percha] hanger **3.** [cómplice - de timador] decoy ; [- de vendedor] person who attracts buyers **4.** fam [atractivo] sex appeal.

gandul, la fam ◇ adj lazy. ◇ sm, f lazybones, layabout.

ganga sf fam snip, bargain.

gangrena sf gangrene.

gángster (pl gángsters) sm gangster.

ganso, sa sm, f **1.** [ave - hembra] goose ; [- macho] gander **2.** fam [persona] idiot, fool.

garabatear vi & vt to scribble.

garabato sm scribble.

garaje sm garage.

garante smf guarantor ▸ **salir garante** to act as guarantor.

garantía sf 1. [gen] guarantee ▸ **de garantía** reliable, dependable ▸ **ser garantía de algo** to guarantee sthg ▸ **garantías constitucionales** constitutional rights 2. [fianza] surety.

garantizar [13] vt 1. [gen] to guarantee ▸ **garantizar algo a alguien** to assure sb of sthg 2. [avalar] to vouch for.

garbanzo sm chickpea / **ser el garbanzo negro de la familia** to be the black sheep of the family.

garbeo sm fam stroll ▸ **dar un garbeo** to go for o take a stroll.

garbo sm [de persona] grace ; [de escritura] stylishness, style.

garete sm ▸ **ir o irse al garete** fam to come adrift.

garfio sm hook.

gargajo sm phlegm.

garganta sf 1. ANAT throat ▸ **lo tengo atravesado en la garganta** fig he/it sticks in my gullet 2. [desfiladero] gorge.

gargantilla sf choker, necklace.

gárgara (gen pl) sf gargle, gargling (U) ▸ **hacer gárgaras** to gargle ▸ **mandar a alguien a hacer gárgaras** fam to send sb packing / **¡vete a hacer gárgaras!** fam get lost!

gárgola sf [de catedral] gargoyle.

garita sf [gen] cabin ; [de conserje] porter's lodge ; MIL sentry box.

garito sm despec [casa de juego] gambling den ; [establecimiento] dive.

garra sf [de animal] claw ; [de ave de rapiña] talon ; despec [de persona] paw, hand ▸ **caer en las garras de alguien** to fall into sb's clutches ▸ **tener garra a)** [persona] to have charisma **b)** [novela, canción etc] to be gripping.

garrafa sf carafe.

garrafal adj monumental, enormous.

garrapata sf tick.

garrapiñar vt [fruta] to candy ; [almendras etc] to coat with sugar.

garrote sm 1. [palo] club, stick 2. [instrumento] garotte.

garúa sf ANDES RP VEN drizzle.

garza sf heron ▸ **garza real** grey heron.

gas sm gas / **con gas a)** [agua] sparkling, carbonated **b)** [refresco] fizzy, carbonated ▸ **gas ciudad / natural** town/natural gas ▸ **gas butano** butane (gas) ▸ **gas licuado de petróleo** liquified petroleum gas ▸ **gas lacrimógeno** tear gas. ❖ **gases** smpl [en el estómago] wind (U). ❖ **a todo gas** loc adv flat out.

gasa sf gauze.

gaseoducto sm gas pipeline.

gaseoso, sa adj gaseous ; [bebida] fizzy. ❖ **gaseosa** sf lemonade UK, soda US.

gasfitería sf CHILE ECUAD PERÚ plumber's (shop).

gasfitero, ra sm, f CHILE ECUAD PERÚ plumber.

gasoil, gasóleo sm diesel oil.

gasolina sf petrol UK, gas US ▸ **poner gasolina** to fill up (with petrol).

gasolinera, gasolinería MÉX sf petrol station UK, gas station US.

gastado, da adj [ropa, pieza etc] worn out ; [frase, tema] hackneyed ; [persona] broken, burnt out.

gastar ❖ vt 1. [gen] [consumir - dinero, tiempo] to spend ; [- gasolina, electricidad] to use (up) ; [- ropa, zapatos] to wear out 2. fig [usar - gen] to use ; [- ropa] to wear ; [- número de zapatos] to take ▸ **gastar una broma (a alguien)** to play a joke (on sb) 3. [malgastar] to waste. ❖ vi [despilfarrar] to spend (money). ❖ **gastarse** vprnl 1. [deteriorarse] to wear out 2. [terminarse] to run out.

gasto sm [acción de gastar] outlay, expenditure ; [cosa que pagar] expense ; [de energía, gasolina] consumption ; [despilfarro] waste ▸ **cubrir gastos** to cover costs, to break even ▸ **gasto deducible** ECON tax-deductible expense ▸ **gasto público** public expenditure / **gastos de envío** postage and packing ▸ **gastos fijos a)** COM fixed charges o costs **b)** [en una casa] overheads ▸ **gastos generales** overheads ▸ **gastos de mantenimiento** maintenance costs ▸ **gastos de representación** entertainment allowance sg.

gastritis sf inv gastritis.

gastronomía sf gastronomy.

gastronómico, ca adj gastronomic. ❖ **gastronómico** sf gastronomy.

gastrónomo, ma sm, f gourmet.

gatas ❖ **a gatas** loc adv on all fours.

gatear vi to crawl.

gatillo sm trigger / **apretar el gatillo** to press o pull the trigger.

gato, ta sm, f cat ▸ **dar gato por liebre a alguien** to swindle o cheat sb ▸ **buscar tres pies al gato** to overcomplicate matters / **jugar al gato y al ratón** to play cat and mouse / **llevarse el gato al agua** to pull it off ▸ **aquí hay gato encerrado** there's something fishy going on here / **el gato escaldado del agua fría huye** prov once bitten twice shy. ❖ **gato** sm AUTO jack.

gauchada sf CSUR favour ▸ **hacerle una gauchada a alguien** to do sb a favour.

gaucho, cha adj RDOM helpful, obliging. ❖ **gaucho** sm gaucho.

gaveta sf drawer.

gavilán sm sparrowhawk.

gavilla sf sheaf.

gaviota sf seagull.

gay adj inv & smf gay (homosexual).

gazmoño, ña adj sanctimonious.

gazpacho sm gazpacho (*Andalusian soup made from tomatoes, peppers, cucumbers and bread, served chilled*).

géiser (*pl* géiseres), **géyser** (*pl* géyseres) sm geyser.

gel sm gel.

gelatina sf [de carne] gelatine ; [de fruta] jelly.

gema sf gem.

gemelo, la ❖ adj twin (*antes de sust*). ❖ sm, f [persona] twin. ◆ **gemelo** sm [músculo] calf. ◆ **gemelos** smpl **1.** [de camisa] cufflinks **2.** [prismáticos] binoculars ; [para teatro] opera glasses.

gemido sm [de persona] moan, groan ; [de animal] whine.

geminiano, na sm, f Gemini.

Géminis ❖ sm [zodiaco] Gemini. ❖ smf [persona] Gemini.

gemir [26] vi **1.** [persona] to moan, to groan ; [animal] to whine **2.** [viento] to howl.

genealogía sf genealogy.

generación sf generation.

generador, ra adj generating. ◆ **generador** sm generator.

general ❖ adj **1.** [gen] general **›** **por lo general, en general** in general, generally **2.** [usual] usual. ❖ sm MIL general **›** **general de brigada** brigadier , brigadier general **›** **general de división** major general.

generalidad sf **1.** [mayoría] majority **2.** [vaguedad] generalization.

generalísimo sm supreme commander, generalissimo.

Generalitat [xenerali'tat] sf *autonomous government of Catalonia or Valencia*.

generalizado, da adj widespread, commonly-held.

generalizar [13] ❖ vt to spread, to make widespread. ❖ vi to generalize. ◆ **generalizarse** vprnl to become widespread.

generalmente adv generally.

generar vt [gen] to generate ; [engendrar] to create.

genérico, ca adj [común] generic.

género sm **1.** [clase] kind, type **2.** GRAM gender **3.** LITER genre **4.** BIOL genus **›** **el género humano** the human race **5.** [productos] merchandise, goods *pl* **6.** [tejido] cloth, material *∕* *géneros de punto* knitwear (U).

generosidad sf generosity.

generoso, sa adj generous.

genético, ca adj genetic. ◆ **genética** sf genetics (U).

genial adj **1.** [autor, compositor etc] of genius **2.** [estupendo] brilliant, great.

genio sm **1.** [talento] genius **2.** [carácter] nature, disposition **3.** [mal carácter] bad temper **›** **estar de ∕ tener mal genio** to be in a mood∕ bad-tempered **4.** [ser sobrenatural] genie.

genital adj genital. ◆ **genitales** smpl genitals.

genocidio sm genocide.

genoma sm genome *∕* *genoma humano* human genome.

gente sf **1.** [gen] people *pl* **›** **gente bien** well-to-do people **›** **gente menuda** kids *pl* **2.** *fam* [familia] folks *pl*.

gentil ❖ adj **1.** [amable] kind, nice **2.** [pagano] pagan. ❖ smf gentile.

gentileza sf courtesy, kindness.

gentío sm crowd.

gentuza sf riffraff.

genuflexión sf genuflection.

genuino, na adj genuine.

GEO (*abr de* **Grupo Especial de Operaciones**) sm *specially trained police force* ; ≃ SAS ; ≃ SWAT .

geografía sf geography ; *fig* : *varios puntos de la geografía nacional* several parts of the country *∕* *geografía física* physical geography *∕* *geografía política* political geography.

geógrafo, fa sm, f geographer.

geolocalización sf geolocation.

geolocalizar vt to geolocate.

geología sf geology.

geólogo, ga sm, f geologist.

geometría sf geometry *∕* *geometría del espacio* solid geometry.

geométrico, ca adj geometric.

geranio sm geranium.

gerencia sf [gen] management.

gerente smf manager, director.

geriatría sf geriatrics (U).

geriátrico sm retirement home.

germen sm *lit + fig* germ *∕* *germen de trigo* wheatgerm.

germinar vi *lit + fig* to germinate.

gerundio sm gerund.

gestante sf expectant mother.

gestar vi to gestate. ◆ **gestarse** vprnl : *se estaba gestando un cambio sin precedentes* the seeds of an unprecedented change had been sown.

gesticulación sf gesticulation ; [de cara] face-pulling.

gesticular vi to gesticulate ; [con la cara] to pull faces.

gestión sf **1.** [diligencia] step, thing that has to be done *∕* *tengo que hacer unas gestiones* I have a few things to do **2.** [administración] management **›** **gestión de cartera** ECON portfolio management

/ **gestión de datos** INFORM data management
/ **gestión de ficheros** INFORM file management.

gestionar vt **1.** [tramitar] to negotiate **2.** [administrar] to manage.

gesto sm **1.** [gen] gesture / **hacer gestos** to gesture, to gesticulate **2.** [mueca] face, grimace ▶ **torcer el gesto** to pull a face.

gestor, ra ◆ adj managing (antes de sust). ◆ sm, f person who carries out dealings with public bodies on behalf of private customers or companies, combining the role of solicitor and accountant.

gestoría sf office of a 'gestor'.

géyser = **géiser**.

ghetto = **gueto**.

giba sf [de camello] hump.

Gibraltar npr Gibraltar.

gibraltareño, ña adj & sm, f Gibraltarian.

gigabyte [xiɣa'βait] sm INFORM gigabyte.

gigahercio sm INFORM gigahertz.

gigante, ta sm, f giant. ◆ **gigante** adj gigantic.

gigantesco, ca adj gigantic.

gil, gila CSUR fam ◆ adj stupid. ◆ sm jerk, twit UK.

gilipollada, jilipollada sf fam ▶ **hacer / decir una gilipollada** to do/say sthg bloody stupid.

gilipollas, jilipollas fam ◆ adj inv daft, dumb US. ◆ smf inv prat.

gilipuertas mfam ◆ adj inv idiotic. ◆ smf inv jerk.

gimnasia sf [deporte] gymnastics (U) ; [ejercicio] gymnastics pl.

gimnasio sm gymnasium.

gimnasta smf gymnast.

gimotear vi to whine, to whimper.

gin [ʝin] ◆ **gin tonic** sm gin and tonic.

ginebra sf gin.

ginecología sf gynaecology.

ginecólogo, ga sm, f gynaecologist.

gin-tonic, gintonic [jin'tonik] (pl **gin-tonics** o **gintonics**) sm gin and tonic.

gira sf tour.

girar ◆ vi **1.** [dar vueltas, torcer] to turn ; [rápidamente] to spin **2.** fig [centrarse] ▶ **girar en torno a** o **alrededor de** to be centred around, to centre on. ◆ vt **1.** [hacer dar vueltas a] to turn ; [rápidamente] to spin **2.** COM to draw **3.** [dinero - por correo, telégrafo] to transfer, to remit. ◆ **girarse** vprnl to turn around.

girasol sm sunflower.

giratorio, ria adj revolving ; [silla] swivel (antes de sust).

giro sm **1.** [gen] turn / **giro de 180 grados** lit + fig U-turn **2.** [postal, telegráfico] money order ▶ **giro postal** postal order **3.** [de letras, órdenes de pago]

draft / **giro en descubierto** overdraft **4.** [expresión] turn of phrase.

gis sm MÉX chalk.

gitano, na sm, f gypsy.

glacial adj glacial ; [viento, acogida] icy.

glaciar ◆ adj glacial. ◆ sm glacier.

gladiolo, gladíolo sm gladiolus.

glándula sf gland / **glándula endocrina** endocrine gland / **glándula sebácea** sebaceous gland.

glicerina sf glycerine.

global adj global, overall.

globalización sf globalization.

globo sm **1.** [Tierra] globe, earth **2.** [aeróstato, juguete] balloon **3.** [esfera] sphere.

glóbulo sm MED corpuscle ▶ **glóbulo blanco / rojo** white/red corpuscle.

gloria sf **1.** [gen] glory **2.** [placer] delight.

glorieta sf **1.** [de casa, jardín] arbour **2.** [plaza - redonda] circus, roundabout UK, traffic circle US.

glorificar [10] vt to glorify.

glorioso, sa adj [importante] glorious.

glosa sf marginal note.

glosar vt **1.** [anotar] to annotate **2.** [comentar] to comment on.

glosario sm glossary.

glotón, ona ◆ adj gluttonous, greedy. ◆ sm, f glutton.

glúcido sm carbohydrate.

glucosa sf glucose.

gluten sm gluten.

gnomo, nomo sm gnome.

gobernador, ra sm, f governor.

gobernanta sf cleaning and laundry staff manageress.

gobernante ◆ adj ruling (antes de sust). ◆ smf ruler, leader.

gobernanza sf leadership.

gobernar [19] vt **1.** [gen] to govern, to rule ; [casa, negocio] to run, to manage **2.** [barco] to steer ; [avión] to fly.

gobiernista ANDES MÉX ◆ adj government. ◆ smf government supporter.

gobierno sm **1.** [gen] government **2.** [administración, gestión] running, management **3.** [control] control.

goce sm pleasure.

godo, da ◆ adj Gothic. ◆ sm, f HIST Goth.

gofio sm ANDES CARIB RP [harina] roasted maize o corn US meal.

gol (pl **goles**) sm goal / **marcar** o **meter un gol** to score a goal / **gol del empate** equalizer / **gol de penalti** penalty goal / **gol en propia meta** own goal / **meter un gol a alguien** to put one over on sb.

goleador, ra sm, f goalscorer.

golear vt to score a lot of goals against, to thrash.

golf sm golf.

golfear vi *fam* [vaguear] to loaf around.

golfista smf golfer.

golfo, fa sm, f [gamberro] lout ; [vago] layabout.
◆ **golfo** sm GEOGR gulf, bay. ◆ **Golfo Pérsico** sm ▶ **el Golfo Pérsico** the Persian Gulf.

golondrina sf [ave] swallow.

golosina sf [dulce] sweet ; [exquisitez] titbit, delicacy.

goloso, sa adj sweet-toothed.

golpe sm **1.** [gen] blow ; [bofetada] smack ; [con puño] punch ; [en puerta etc] knock ; [en tenis, golf] shot ; [entre coches] bump, collision ▶ **a golpes** a) by force b) *fig* in fits and starts ▶ **un golpe bajo** *fig* DEP a blow below the belt ▶ **golpe de castigo** [en rugby] penalty (kick) ▶ **golpe franco** free kick / **golpe de tos** coughing fit / **golpe de viento** gust of wind **2.** [disgusto] blow **3.** [atraco] raid, job, heist US **4.** POLÍT ▶ **golpe (de Estado)** coup (d'état) **5.** *loc* : **dar el golpe** *fam* to cause a sensation, to be a hit ▶ **errar o fallar el golpe** to miss the mark ▶ **no dar o pegar golpe** not to lift a finger, not to do a stroke of work. ◆ **de golpe** loc adv suddenly. ◆ **de un golpe** loc adv at one fell swoop, all at once. ◆ **golpe de gracia** sm coup de grâce. ◆ **golpe maestro** sm masterstroke. ◆ **golpe de suerte** sm stroke of luck. ◆ **golpe de vista** sm glance ▶ **al primer golpe de vista** at a glance.

golpear vt & vi [gen] to hit ; [puerta] to bang ; [con puño] to punch. ◆ **golpearse** vprnl [recibir un golpe] to hit, to bang / **se golpeó en la cabeza** he hit his head.

golpista smf person involved in military coup.

golpiza sf AM beating.

goma sf **1.** [sustancia viscosa, pegajosa] gum ▶ **goma arábiga** gum arabic ▶ **goma de mascar** chewing gum ▶ **goma de pegar** glue, gum **2.** [tira elástica] rubber band, elastic band UK ▶ **goma elástica** elastic **3.** [caucho] rubber ▶ **goma espuma** foam rubber ▶ **goma de borrar** rubber UK, eraser US **4.** CUBA CSUR [neumático] tyre UK, tire US **5.** CAM [fam] [resaca] hangover. ◆ **Goma 2** sf plastic explosive.

gomería sf CSUR tyre centre.

gomero sm ANDES RDOM **1.** [persona] rubber plantation worker **2.** [árbol] rubber tree.

gomina sf hair gel.

góndola sf **1.** [embarcación] gondola **2.** CHILE [autobús] bus **3.** PERÚ [autobús interurbano] (inter-city) bus **4.** BOL [autobús urbano] city bus **5.** [en supermercado] gondola.

gong sm inv gong.

gordinflón, ona sm, f fatty.

gordo, da ◆ adj **1.** [persona] fat ▶ **me cae gordo** I can't stand him **2.** [grueso] thick **3.** [grande] big **4.** [grave] big, serious. ◆ sm, f **1.** [persona obesa] fat man (fat woman) ▶ **armar la gorda** *fig* to kick up a row o stink **2.** AM [querido] sweetheart, darling **3.** AM [como apelativo] ▶ **¿cómo estás, gordo?** hey, how's it going? ◆ **gordo** sm [en lotería] first prize, jackpot ▶ **el gordo** *first prize in the Spanish national lottery*.

gordura sf fatness.

gorgorito sm warble.

gorila sm **1.** ZOOL gorilla **2.** [guardaespaldas] bodyguard **3.** [en discoteca etc] bouncer.

gorjear vi to chirp, to twitter.

gorjeo sm chirping, twittering.

gorra sf (peaked) cap ▶ **de gorra** for free / **vivir de gorra** to scrounge.

gorrear = gorronear.

gorrinada sf [guarrada - acción] disgusting behaviour (U) ; [- lugar] pigsty.

gorrión sm sparrow.

gorro sm [gen] cap ; [de niño] bonnet / **gorro de baño** a) [para ducha] shower cap b) [para piscina] swimming cap.

gorrón, ona *fam* sm, f sponger.

gorronear, gorrear vt & vi *fam* to sponge, to scrounge.

gota sf **1.** [de agua, leche, sangre] drop ; [de sudor] bead ▶ **caer cuatro gotas** to spit (with rain) / **la gota que colma el vaso** the last straw, the straw that breaks the camel's back ▶ **sudar la gota gorda** to sweat blood, to work very hard **2.** [cantidad pequeña] : **una gota de** a (tiny) drop of ▶ **ni gota** : **no se veía ni gota** you couldn't see a thing / **no tienes ni gota de sentido común** you haven't got an ounce of common sense **3.** [enfermedad] gout. ◆ **gotas** sfpl [medicamento] drops. ◆ **gota a gota** sm MED intravenous drip. ◆ **gota fría** sf METEOR *cold front that remains in one place for some time, causing continuous heavy rain*.

gotear ◆ vi [líquido] to drip ; [techo, depósito etc] to leak ; *fig* to trickle through. ◆ v impers [chispear] to spit, to drizzle.

gotera sf [filtración] leak.

gótico, ca adj Gothic.

gourmet (*pl* gourmets) sf gourmet.

gozada sf *fam* : **es una gozada** it's wonderful.

gozar [13] vi to enjoy o.s. ▶ **gozar de algo** to enjoy sthg ▶ **gozar con** to take delight in.

gozne sm hinge.

gozo sm joy, pleasure.

grabación sf recording / *grabación digital* digital recording / *grabación en vídeo* video recording.

grabado sm 1. [gen] engraving; [en madera] carving 2. [en papel - acción] printing; [- lámina] print.

grabar vt 1. [gen] to engrave; [en madera] to carve; [en papel] to print 2. [sonido, cinta] to record. ◆ **grabarse en** vprnl *fig* ▶ **grabársele a alguien en la memoria** to become engraved on sb's mind.

gracia sf 1. [humor, comicidad] humour ▶ **hacer gracia a alguien** to amuse sb / *no me hizo gracia* I didn't find it funny / *¡maldita la gracia!* it's not a bit funny! / *¡qué gracia!* how funny! ▶ **tener gracia** [ser divertido] to be funny ▶ *tiene gracia* [es curioso] it's funny ▶ **caer en gracia** to be liked 2. [arte, habilidad] skill, natural ability 3. [encanto] grace, elegance 4. [chiste] joke / *hacer una gracia a alguien* to play a prank on sb / *no le rías las gracias* don't laugh when he says something silly. ◆ **gracias** sfpl thank you, thanks / *gracia a Dios* thank God ▶ **dar las gracias a alguien (por)** to thank sb (for) ▶ **muchas gracias** thank you, thanks very much.

gracioso, sa ❖ adj [divertido] funny, amusing ▶ *¡qué gracioso!* how funny! ▶ *es gracioso que ...* it's funny how ... ❖ sm, f comedian / *hacerse el gracioso* to try to be funny.

grada sf 1. [peldaño] step 2. TEATRO row. ◆ **gradas** sfpl DEP terraces.

gradación sf [escalonamiento] scale.

gradería sf = **graderío**.

graderío sm TEATRO rows *pl*; DEP terraces *pl*.

gradiente ❖ sm gradient. ❖ sf CSUR ECUAD gradient, slope.

grado sm 1. [gen] degree 2. [fase] stage, level; [índice, nivel] extent, level ▶ **en grado sumo** greatly 3. [rango - gen] degree; MIL rank 4. EDUC year, class, grade US 5. [voluntad] ▶ **hacer algo de buen/mal grado** to do sthg willingly/unwillingly.

graduación sf 1. [acción] grading; [de la vista] eye-test 2. EDUC graduation 3. [de bebidas] strength; ≃ proof 4. MIL rank.

graduado, da sm, f [persona] graduate. ◆ **graduado** sm [título - gen] certificate.

gradual adj gradual.

gradualmente adv gradually.

graduar [6] vt 1. [medir] to gauge, to measure; [regular] to regulate; [vista] to test 2. [escalonar] to stagger 3. EDUC to confer a degree on 4. MIL to commission. ◆ **graduarse** vprnl ▶ **graduarse (en)** to graduate (in).

graffiti sm piece of graffiti.

grafía sf written symbol.

gráfico, ca adj graphic. ◆ **gráfico** sm [gráfica] graph, chart; [dibujo] diagram / *gráfico de barras* bar chart. ◆ **gráfica** sf graph, chart.

gragea sf MED pill, tablet.

grajo sm rook.

gral. (*abrev escrita de general*) gen.

gramática → **gramático**.

gramatical adj grammatical.

gramático, ca adj grammatical. ◆ **gramática** sf [disciplina, libro] grammar.

gramínea sf grass.

gramo sm gram.

gramófono sm gramophone.

gramola sf gramophone.

gran → **grande**.

granada sf 1. [fruta] pomegranate 2. [proyectil] grenade.

granate ❖ sm garnet. ❖ adj inv garnet-coloured.

Gran Bretaña sf Great Britain.

grande ❖ adj (*antes de sust*) 1. [de tamaño] big, large; [de altura] tall; [de intensidad, importancia] great / *un hombre grande* a big man / *un gran hombre* a great man / *este traje me está grande* this suit is too big for me 2. *loc*: *hacer algo a lo grande* to do sthg in style ▶ **pasarlo en grande** *fam* to have a great time / *vivir a lo grande* to live in style. ❖ sm [noble] grandee. ◆ **grandes** smpl [adultos] grown-ups. ◆ **a lo grande** loc adv in style.

grandeza sf 1. [de tamaño] (great) size 2. [de sentimientos] generosity.

grandioso, sa adj grand, splendid.

grandullón, ona sm, f big boy (big girl).

granel ◆ **a granel** loc adv [sin envase - gen] loose; [- en gran cantidad] in bulk / *vender/comprar vino a granel* to sell/buy wine from the barrel.

granero sm granary.

granito sm granite.

granizada sf METEOR hailstorm.

granizado sm iced drink.

granizar [13] v impers to hail.

granizo sm hail.

granja sf farm / *granja avícola* chicken o poultry farm.

granjearse vprnl to gain, to earn.

granjero, ra sm, f farmer.

grano sm 1. [semilla - de cereales] grain ▶ **grano de café** coffee bean ▶ **grano de pimienta** peppercorn 2. [partícula] grain 3. [en la piel] spot, pimple 4. *loc*: *apartar el grano de la paja* to separate the wheat from the chaff ▶ **aportar** o **poner uno su grano de arena** to do one's bit ▶ **ir al grano** to get to the point.

granuja smf [pillo] rogue, scoundrel; [canalla] trickster, swindler.

granulado, da adj granulated.

gránulo sm granule.

grapa sf **1.** [para papeles etc] staple; [para heridas] stitch, (wire) suture **2.** CSUR [bebida] grappa.

grapadora sf stapler.

grapar vt to staple.

grasa sf ⟶ **graso.**

grasiento, ta adj greasy.

graso, sa adj [gen] greasy; [con alto contenido en grasas] fatty. ◆ **grasa** sf **1.** [en comestibles] fat; [de cerdo] lard / *grasa animal* animal fat / *grasa saturada* saturated fat **2.** [lubricante] grease, oil **3.** [suciedad] grease.

gratén sm gratin ▸ **al gratén** au gratin.

gratificación sf **1.** [moral] reward **2.** [monetaria] bonus.

gratificante adj rewarding.

gratificar [10] vt [complacer] to reward; [retribuir] to give a bonus to; [dar propina a] to tip.

gratinado, da adj au gratin.

gratinar vt to cook au gratin.

gratis adv [sin dinero] free, for nothing; [sin esfuerzo] for nothing.

gratitud sf gratitude.

grato, ta adj pleasant ▸ **nos es grato comunicarle que ...** we are pleased to inform you that ...

gratuidad sf : *garantizar la gratuidad de algo* to guarantee that sthg is free.

gratuito, ta adj **1.** [sin dinero] free **2.** [arbitrario] gratuitous; [infundado] unfair, uncalled for.

grava sf gravel.

gravamen sm **1.** [impuesto] tax **2.** [obligación moral] burden.

gravar vt [con impuestos] to tax.

grave adj **1.** [gen] serious; [estilo] formal ▸ **estar grave** to be seriously ill **2.** [sonido, voz] low, deep.

gravedad sf **1.** [cualidad] seriousness **2.** FÍS gravity.

gravilla sf gravel.

gravitar vi to gravitate; fig [pender] ▸ **gravitar sobre** to hang o loom over.

graznar vi [cuervo] to caw; [ganso] to honk; [pato] to quack; [persona] to squawk.

graznido sm [de cuervo] caw, cawing (U); [de ganso] honk, honking (U); [de pato] quack, quacking (U); [de personas] squawk, squawking (U).

Grecia npr Greece.

gremio sm [sindicato] (trade) union; [profesión] profession, trade; HIST guild / *ser del gremio* to be in the trade.

greña (gen pl) sf tangle of hair / *andar a la greña (con alguien)* to be at daggers drawn (with sb).

gres sm stoneware.

gresca sf row.

griego, ga adj & sm, f Greek. ◆ **griego** sm [lengua] Greek.

grieta sf crack; [entre montañas] crevice; [que deja pasar luz] chink.

grifería sf taps pl, plumbing.

grifero, ra sm, f PERÚ petrol pump attendant UK, gas pump attendant US.

grifo sm [llave] tap UK, faucet US / *grifo monomando* mixer tap.

grill [gril] (pl grills) sm grill.

grillado, da adj fam crazy, loopy.

grillete sm shackle.

grillo sm cricket.

grima sf [dentera] ▸ **dar grima** to set one's teeth on edge.

gringo, ga ⬧ adj despec ESP [estadounidense] gringo, Yankee; AM [extranjero] gringo, foreign. ⬧ sm, f ESP [estadounidense] gringo, Yank; AM [extranjero] gringo, foreigner.

gripa sf COL MÉX flu.

gripal adj flu.

gripe sf flu / *gripe aviar* o *aviaria* bird flu, avian flu.

gris ⬧ adj [color] grey; [triste] gloomy, miserable. ⬧ sm grey.

gritar ⬧ vi [hablar alto] to shout; [chillar] to scream, to yell. ⬧ vt ▸ **gritar (algo) a alguien** to shout (sthg) at sb.

griterío sm screaming, shouting.

grito sm [gen] shout; [de dolor, miedo] cry, scream; [de sorpresa, de animal] cry ▸ **dar** o **pegar un grito** to shout o scream (out) ▸ **a grito limpio** o **pelado** at the top of one's voice ▸ **pedir algo a gritos** fig to be crying out for sthg ▸ **poner el grito en el cielo** to hit the roof ▸ **ser el último grito** to be the latest fashion o craze, to be the in thing.

Groenlandia npr Greenland.

grogui adj lit + fig groggy.

grosella sf redcurrant ▸ **grosella negra** blackcurrant ▸ **grosella silvestre** gooseberry.

grosería sf [cualidad] rudeness; [acción] rude thing; [palabrota] swear word.

grosero, ra adj **1.** [maleducado] rude, crude **2.** [tosco] coarse, rough.

grosor sm thickness.

grotesco, ca adj grotesque.

grúa sf **1.** CONSTR crane **2.** AUTO breakdown truck **3.** [de la policía] tow truck.

grueso, sa adj **1.** [espeso] thick **2.** [corpulento] thickset; [obeso] fat **3.** [grande] large, big **4.** [mar] stormy. ◆ **grueso** sm [grosor] thickness.

grulla sf crane.

grumete sm cabin boy.

grumo sm [gen] lump ; [de sangre] clot.

gruñido sm **1.** [gen] growl ; [de cerdo] grunt / **dar gruñidos** to growl, to grunt **2.** [de persona] grumble.

gruñir vi **1.** [gen] to growl ; [cerdo] to grunt **2.** [persona] to grumble.

gruñón, ona fam adj grumpy.

grupa sf hindquarters.

grupo sm [gen] group ; [de árboles] cluster ; TECNOL unit, set ▶ **en grupo** in a group / **grupo de discusión** INFORM forum ▶ **grupo electrógeno** generator / **grupo de noticias** INFORM newsgroup. ◆ **grupo sanguíneo** sm blood group.

gruta sf grotto.

guaca sf **1.** AM [sepultura] pre-Columbian Indian tomb **2.** AM [tesoro] hidden treasure **3.** CRICA CUBA [hucha] moneybox.

guacal sm CAM MÉX [calabaza] gourd ; COL MÉX CARIB [jaula] cage.

guacamayo sm macaw.

guacamol, guacamole sm guacamole, avocado dip.

guachada sf RDOM fam mean trick.

guachafita sf COL VEN fam racket, uproar.

guachimán sm AM night watchman.

guacho, cha sm, f ANDES RDOM fam bastard.

guaco sm AM pottery object found in pre-Columbian Indian tomb.

guadaña sf scythe.

guagua sf CARIB [autobús] bus ; ANDES [niño] baby.

guajiro, ra sm, f **1.** CUBA fam peasant **2.** [de Guajira] person from Guajira (Colombia, Venezuela).

guajolote sm CAM MÉX [pavo] turkey ; fig [tonto] fool, idiot.

guampa sf BOL CSUR horn.

guampudo, da adj RDOM horned.

guanábana sf AM soursop.

guanajo sm CARIB turkey.

guantazo sm fam slap.

guante sm glove ▶ **echar el guante a algo** fam to get hold of sthg, to get one's hands on sthg / **echar el guante a alguien** fam to nab sb.

guantera sf glove compartment.

guapo, pa adj **1.** [gen] good-looking ; [hombre] handsome ; [mujer] pretty **2.** fam [bonito] cool.

guaraca sf AM sling.

guarache sm MÉX [sandalia] crude sandal with a sole made from a tyre.

guarangada sf BOL CSUR rude remark.

guarango, ga adj BOL CSUR rude.

guarapo sm AM **1.** [zumo] guarapo juice (extracted from sugarcane) **2.** [bebida alcohólica] alcoholic drink based on fermented sugarcane.

guarapón sm ANDES large-brimmed hat.

guarda ◆ smf [vigilante] guard, keeper ▶ **guarda jurado** security guard. ◆ sf **1.** [tutela] guardianship **2.** [de libros] flyleaf.

guardabarros sm inv mudguard UK, fender US.

guardabosque smf forest ranger.

guardacoches smf inv parking attendant.

guardacostas sm inv [barco] coastguard boat.

guardaespaldas smf inv bodyguard.

guardafango sm ANDES CAM CARIB [de automóvil, bicicleta] mudguard UK, fender US.

guardameta smf goalkeeper.

guardapolvo sm overalls pl.

guardar vt **1.** [gen] to keep ; [en su sitio] to put away **2.** [vigilar] to keep watch over ; [proteger] to guard **3.** [reservar, ahorrar] ▶ **guardar algo (a o para alguien)** to save sthg (for sb) **4.** [cumplir - ley] to observe ; [- secreto, promesa] to keep. ◆ **guardarse de** vprnl ▶ **guardarse de hacer algo a)** [evitar] to avoid doing sthg **b)** [abstenerse de] to be careful not to do sthg.

guardarropa sm **1.** [gen] wardrobe ; [de cine, discoteca etc] cloakroom.

guardarropía sf TEATRO wardrobe.

guardavallas smf inv AM goalkeeper.

guardavida smf RP lifeguard.

guardería sf nursery ; [en el lugar de trabajo] crèche.

guardia ◆ sf **1.** [gen] guard ; [vigilancia] watch, guard ▶ **montar (la) guardia** to mount guard ▶ **guardia municipal** urban police **2.** [turno] duty ▶ **estar de guardia** to be on duty. ◆ sm, f [policía] policeman (policewoman) ▶ **guardia de tráfico** traffic warden. ◆ **Guardia Civil** sf ▶ **la Guardia Civil** the Civil Guard.

guardián, ana sm, f [de persona] guardian ; [de cosa] watchman, keeper.

guarecer [30] vt ▶ **guarecer (de)** to protect o shelter (from). ◆ **guarecerse** vprnl ▶ **guarecerse (de)** to shelter (from).

guarida sf lair ; fig hideout.

guarnición sf **1.** CULIN garnish **2.** MIL garrison.

guarrada sf fam [cosa repugnante] filthy thing ; [mala pasada] filthy o dirty trick.

guarrería sf **1.** [suciedad] filth, muck **2.** [acción] filthy thing.

guarro, rra ◆ adj filthy. ◆ sm, f **1.** [animal] pig **2.** fam [persona] filthy o dirty pig.

guarura sm MÉX fam bodyguard.

guasa sf fam [gracia] humour ; [ironía] irony ▶ **estar de guasa** to be joking.

guasca sf CAM CARIB whip.

guasearse vprnl fam ▶ **guasearse (de)** to take the mickey (out of).

guaso, sa adj **1.** CHILE [campesino] peasant **2.** ANDES RP : *ser un guaso* a) [grosero] to be crude o coarse b) [maleducado] to be rude.

guasón, ona sm, f joker, tease.

guata sf **1.** [de algodón] cotton padding **2.** CHILE *fam* [barriga] belly.

Guatemala npr **1.** [país] Guatemala **2.** [ciudad] Guatemala City.

guatemalteco, ca, guatemaltés, esa adj & sm, f Guatemalan.

guau sm woof.

guay adj *fam* cool, neat.

guayabera sf CAM CARIB COL guayabera *(lightweight safari-style shirt)*.

guayabo, ba sm, f AM *fam* [persona] gorgeous person. ◆ **guayabo** sm **1.** [árbol] guava tree **2.** COL *fam* [resaca] hangover **3.** VEN *fam* [nostalgia] homesickness. ◆ **guayaba** sf [fruta] guava.

guayín sm MÉX van.

gubernativo, va adj government (antes de sust).

guepardo sm cheetah.

güero, ra adj MÉX *fam* blond (blonde), fair-haired.

guerra sf war ; [referido al tipo de conflicto] warfare ; [pugna] struggle, conflict ; [de intereses, ideas] conflict ▶ **declarar la guerra** to declare war ▶ **en guerra** at war / *hacer la guerra* to wage war ▶ **guerra bacteriológica / química** germ / chemical warfare ▶ **guerra espacial** o **de las galaxias** star wars ▶ **guerra fría** cold war ▶ **guerra de guerrillas** guerrilla warfare / *guerra a muerte* fight to the death / *guerra psicológica* psychological warfare ▶ **dar guerra** to be a pain, to be annoying.

guerrear vi to (wage) war.

guerrero, ra ⬥ adj warlike. ⬥ sm, f [luchador] warrior.

guerrilla sf [grupo] guerrilla group.

guerrillero, ra sm, f guerrilla.

gueto, ghetto ['geto] sm ghetto.

güevón sm ANDES ARG VEN *vulg* prat UK, pillock UK, jerk US.

guía ⬥ smf [persona] guide ▶ **guía turístico** tourist guide. ⬥ sf **1.** [indicación] guidance **2.** [libro] guide (book) / *guía de carreteras* road atlas ▶ **guía de ferrocarriles** train timetable ▶ **guía telefónica** telephone book o directory.

guiar [9] vt **1.** [indicar dirección a] to guide, to lead ; [aconsejar] to guide, to direct **2.** AUTO to drive ; NÁUT to steer. ◆ **guiarse** vprnl ▶ **guiarse por algo** to be guided by o to follow sthg.

guijarro sm pebble.

guillotina sf guillotine.

guinda sf morello cherry.

guindilla sf chilli (pepper).

guineo sm ANDES CAM banana.

guiñapo sm [persona] (physical) wreck.

guiñar vt to wink.

guiño sm wink.

guiñol sm puppet theatre.

guion sm **1.** CINE & TV script **2.** GRAM [signo] hyphen.

guionista smf scriptwriter.

guiri *fam* & *despec* smf foreigner.

guirigay sm *fam* [jaleo] racket.

guirlache sm brittle sweet made of roasted almonds or hazelnuts and toffee.

guirnalda sf garland.

guisa sf way ▶ **a guisa de** by way of.

guisado sm stew.

guisante sm pea.

guisar vt & vi to cook. ◆ **guisarse** vprnl *fig* to be cooking, to be going on.

guiso sm dish.

güisqui, whisky sm whisky.

guita sf *fam* dosh.

guitarra sf guitar / *guitarra acústica* acoustic guitar.

guitarreada sf CSUR singalong (to guitars).

guitarrista smf guitarist.

gula sf gluttony.

gurí, risa sm, f RDOM *fam* [niño] kid, child ; [chico] lad, boy ; [chica] lass, girl.

guru, gurú sm guru.

gusanillo sm *fam* ▶ **el gusanillo de la conciencia** conscience ▶ **entrarle a uno el gusanillo de los videojuegos** to be bitten by the videogame bug ▶ **matar el gusanillo** a) [bebiendo] to have a drink on an empty stomach b) [comiendo] to have a snack between meals ▶ **sentir un gusanillo en el estómago** to have butterflies (in one's stomach).

gusano sm *lit* + *fig* worm.

gustar ⬥ vi **1.** [agradar] to be pleasing / *me gusta esa chica / ir al cine* I like that girl / going to the cinema / *me gustan las novelas* I like novels ▶ **como guste** as you wish **2.** INTERNET ▶ **me gusta** like ▶ **no me gusta** dislike. ⬥ vt **1.** to taste, to try **2.** INTERNET to like.

gustazo sm *fam* great pleasure ▶ **darse el gustazo de algo / hacer algo** to allow o.s. the pleasure of sthg / doing sthg.

gusto sm **1.** [gen] taste ; [sabor] taste, flavour ▶ **de buen / mal gusto** in good / bad taste **2.** [placer] pleasure ▶ **con mucho gusto** gladly, with pleasure ▶ **da gusto estar aquí** it's a real pleasure to be here / *dar gusto a alguien* to please sb ▶ **mucho** o **tanto gusto** pleased to meet you / *tener el gusto de* to have the pleasure of / *tengo el gusto de invitarle* I have the pleasure of inviting you ▶ **tomar gusto a algo** to take a liking to sthg **3.** [capricho] whim. ◆ **a gusto** loc adv ▶ **hacer algo a gusto** a) [de buena gana] to do sthg willingly o gladly b) [cómodamente] to do sthg comfortably ▶ **estar a gusto** to be comfortable o at ease.

gustosamente adv gladly.

gustoso, sa adj **1.** [sabroso] tasty **2.** [con placer] ▸ **hacer algo gustoso** to do sthg gladly o willingly.

gutural adj guttural.

h¹, H sf [letra] h, H ▸ **por h o por b** *fig* for one reason or another.

h², h. (*abr escrita de* hora) hr, h.

ha ⬥ v ⟶ **haber.** ⬥ (*abr escrita de* hectárea) ha.

haba sf broad bean.

habano, na adj Havanan. ◆ **habano** sm Havana cigar.

haber [4] ⬥ v aux **1.** [en tiempos compuestos] to have / *lo he/había hecho* I have/had done it / *los niños ya han comido* the children have already eaten / *en el estreno ha habido mucha gente* there were a lot of people at the premiere **2.** [expresa reproche] : *haber venido antes* you could have come a bit earlier / *¡haberlo dicho!* why didn't you say so? **3.** [expresa obligación] ▸ **haber de hacer algo** to have to do sthg / *has de estudiar más* you have to study more. ⬥ v impers **1.** [existir, estar] ▸ **hay** there is/are / *hay mucha gente en la calle* there are a lot of people in the street / *había/hubo muchos problemas* there were many problems / *habrá dos mil* a) [expresa futuro] there will be two thousand b) [expresa hipótesis] there must be two thousand / *hay 500 km entre Madrid y Granada* it's 500 km from Madrid to Granada **2.** [expresa obligación] ▸ **haber que hacer algo** to have to do sthg / *hay que hacer más ejercicio* one o you should do more exercise / *habrá que soportar su mal humor* we'll have to put up with his bad mood **3.** [tener lugar] : *habrá una fiesta* there will be a party / *hoy hay partido* there's a match today / *los accidentes habidos en esta carretera* the accidents which have happened on this road **4.** *loc* ▸ **algo habrá** there must be something in it ▸ **allá se las haya** that's his/her/ your etc. problem ▸ **habérselas con alguien** to face o confront sb ▸ **había una vez ...** once upon a time ... ▸ **¡hay que ver!** well I never! ▸ **no hay de qué** don't mention it ▸ **¿qué hay?** *fam* [saludo] how are you doing? ⬥ sm **1.** [bienes] assets *pl* **2.** [en cuentas, contabilidad] credit (side) / *en su haber* in his possession. ◆ **haberes** smpl [sueldo] remuneration (*U*).

habichuela sf bean.

hábil adj **1.** [diestro] skilful ; [inteligente] clever **2.** [utilizable - lugar] suitable, fit **3.** DER ▸ **días hábiles** working days.

habilidad sf [destreza] skill ; [inteligencia] cleverness ▸ **tener habilidad para algo** to be good at sthg.

habilitar vt **1.** [acondicionar] to fit out, to equip **2.** [autorizar] to authorize.

habiloso, sa adj `CHILE` *fam* shrewd, astute.

habitación sf [gen] room ; [dormitorio] bedroom ▸ **habitación doble a)** [con cama de matrimonio] double room **b)** [con dos camas] twin room ▸ **habitación individual o simple** single room / *habitación para invitados* guest room.

habitacional adj `CSur` `Méx` housing / *un complejo habitacional* a housing complex.

habitante sm [de ciudad, país] inhabitant ; [de barrio] resident.

habitar ⬥ vi to live. ⬥ vt to live in, to inhabit.

hábitat (*pl* hábitats) sm [gen] habitat.

hábito sm habit ▸ **tener el hábito de hacer algo** to be in the habit of doing sthg.

habitual adj habitual ; [cliente, lector] regular.

habituar [6] vt ▸ **habituar a alguien a** to accustom sb to. ◆ **habituarse** vprnl ▸ **habituarse a a)** [gen] to get used o accustomed to **b)** [drogas etc] to become addicted to.

habla sf (*el*) **1.** [idioma] language ; [dialecto] dialect ▸ **de habla española** Spanish-speaking **2.** [facultad] speech / *dejar a alguien sin habla* to leave sb speechless ▸ **quedarse sin habla** to be left speechless **3.** LING discourse **4.** [al teléfono] ▸ **estar al habla con alguien** to be on the line to sb.

hablado, da adj : *bien hablado* well-spoken, polite / *mal hablado* foul-mouthed.

hablador, ra adj talkative.

habladurías sfpl [rumores] rumours ; [chismes] gossip (*U*).

hablante ⬥ adj speaking. ⬥ smf speaker.

hablar ⬥ vi ▸ **hablar (con)** to talk (to), to speak (to) ▸ **hablar de** to talk about ▸ **hablar bien / mal de** to speak well/badly of / *hablar en español / inglés* to speak Spanish/English / *¡mira quién habla!*, *¡mira quién fue a hablar!* look who's talking! ▸ **¡ni hablar!** no way! ⬥ vt **1.** [idioma] to speak **2.** [asunto] ▸ **hablar algo (con)** to discuss sthg (with). ◆ **hablarse** vprnl to speak (to each other) ▸ **no hablarse** not to be speaking, not to be on speaking terms ▸ **'se habla inglés'** 'English spoken'.

habrá ⟶ **haber.**

hacendado, da sm, sf landowner.

hacer [60] ⬥ vt **1.** [elaborar, crear, cocinar] to make / *hacer un vestido / planes* to make a dress/plans / *hacer un poema / una sinfonía* to write a poem/symphony / *para hacer la carne ...* to cook the meat ... **2.** [construir] to build / *han hecho un edificio nuevo* they've put up a new building **3.** [generar] to produce / *el árbol hace sombra* the tree gives shade / *la carretera hace una curva* there's a bend in the road **4.** [movimientos, sonidos, gestos] to make / *le hice señas* I signalled to her / *el reloj hace tic-tac* the clock goes tick-tock ▶ **hacer ruido** to make a noise **5.** [obtener - fotocopia] to make ; [- retrato] to paint ; [- fotografía] to take **6.** [realizar - trabajo, estudios] to do ; [- viaje] to make ; [- comunión] to take / *hoy hace guardia* she's on duty today / *estoy haciendo segundo* I'm in my second year **7.** [practicar - gen] to do ; [- tenis, fútbol] to play / *debes hacer deporte* you should start doing some sport **8.** [arreglar - casa, colada] to do ; [- cama] to make **9.** [transformar en] ▶ **hacer a alguien feliz** to make sb happy / *la guerra no le hizo un hombre* the war didn't make him (into) a man / *hizo pedazos el papel* he tore the paper to pieces ▶ **hacer de algo / alguien algo** to make sth/sb into sth / *hizo de ella una buena cantante* he made a good singer of her **10.** [comportarse como] : *hacer el tonto* to act the fool / *hacer el vándalo* to act like a hooligan **11.** [causar] : *hacer daño a alguien* to hurt sb / *me hizo gracia* I thought it was funny **12.** CINE & TEATRO to play / *hace el papel de la hija del rey* she plays (the part of) the king's daughter **13.** [ser causa de] : *hacer que alguien haga algo* to make sb do sth / *me hizo reír* it made me laugh / *has hecho que se enfadara* you've made him angry **14.** [mandar] ▶ **hacer que se haga algo** to have sth done / *voy a hacer teñir este traje* I'm going to have the dress dyed. ◆ **vi 1.** [actuar] ▶ **hacer de a)** CINE & TEATRO to play **b)** [trabajar] to act as **2.** [aparentar] ▶ **hacer como si** to act as if / *haz como que no te importa* act as if you don't care **3.** [procurar, intentar] ▶ **hacer por hacer algo** to try to do sth / *haré por verle esta noche* I'll try to see him tonight **4.** *loc* ▶ **¿hace?** all right? ◆ **v impers 1.** [tiempo meteorológico] : *hace frío / sol / viento* it's cold/sunny/windy / *hace un día precioso* it's a beautiful day **2.** [tiempo transcurrido] : *hace diez años* ten years ago / *hace mucho / poco* a long time/not long ago / *hace un mes que llegué* it's a month since I arrived / *no la veo desde hace un año* I haven't seen her for a year. ◆ **hacerse** vprnl **1.** [formarse] to form **2.** [desarrollarse, crecer] to grow **3.** [guisarse, cocerse] to cook **4.** [convertirse] to become / *hacerse musulmán* to become a Moslem **5.** [crearse en la mente] : *hacerse ilusiones* to get one's hopes up / *hacerse una idea de algo* to imagine what sth is like **6.** [mostrarse] : *se hace el gracioso / el simpático* he tries to act the

comedian / the nice guy / *hacerse el distraído* to pretend to be miles away.

hacer click en me gusta vt INTERNET ▶ **hacer click en me gusta** to like ▶ **hacer click en no me gusta** to dislike.

hacha sf *(el)* axe / *enterrar el hacha de guerra* to bury the hatchet.

hachís, hash [xaˈʃis] sm hashish.

hacia prep **1.** [dirección, tendencia, sentimiento] towards ▶ **hacia aquí / allí** this/that way ▶ **hacia abajo** downwards ▶ **hacia arriba** upwards ▶ **hacia atrás** backwards ▶ **hacia adelante** forwards **2.** [tiempo] around, about / *hacia las diez* around o about ten o'clock.

hacienda sf **1.** [finca] country estate o property **2.** [bienes] property ▶ **hacienda pública** public purse **3.** RP [ganadería] ranch. ◆ **Hacienda** sf ▶ **Ministerio de Hacienda** the Treasury.

hackear vi to hack.

hada sf *(el)* fairy / *hada madrina* fairy godmother.

haga ⟶ **hacer**.

Haití npr Haiti.

hala interj ▶ **¡hala!** **a)** [para dar ánimo, prisa] come on! **b)** [para expresar incredulidad] no!, you're joking! **c)** [para expresar admiración, sorpresa] wow!

halagador, ra adj flattering.

halagar [16] vt to flatter.

halago sm flattery.

halagüeño, ña adj [prometedor] promising, encouraging.

halal adj halal.

halcón sm **1.** ZOOL falcon, hawk **2.** AM *fam* [matón] *government-paid killer.*

hálito sm [aliento] breath.

halitosis sf inv bad breath.

hall [xol] *(pl* halls*)* sm foyer.

hallar vt [gen] to find ; [averiguar] to find out. ◆ **hallarse** vprnl **1.** [en un lugar - persona] to be, to find o.s. ; [- cosa etc] to be (situated) **2.** [en una situación] to be / *hallarse enfermo* to be ill.

hallazgo sm **1.** [descubrimiento] discovery **2.** [objeto] find.

halo sm [de astros, santos] halo ; [de objetos, personas] aura.

halógeno, na adj QUÍM halogenous ; [faro] halogen *(antes de sust).*

halterofilia sf weightlifting.

hamaca sf **1.** [para colgar] hammock **2.** [tumbona - silla] deckchair ; [- canapé] sunlounger **3.** RP [columpio] swing **4.** RP [mecedora] rocking chair.

hambre sf **1.** [apetito] hunger ; [inanición] starvation ▶ **tener hambre** to be hungry / *matar de hambre a alguien* to starve sb to death ▶ **matar el hambre** to satisfy one's hunger / *morirse de* *hambre* to be starving, to be dying of hunger / *pasar hambre* to starve **2.** [epidemia] famine **3.** *fig* [deseo] ▸ **hambre de** hunger o thirst for.

hambriento, ta adj starving.

hambruna sf famine.

hamburguesa sf hamburger.

hampa sf (*el*) underworld.

hámster ['xamster] (*pl* **hámsters**) sm hamster.

hándicap ['xandikap] (*pl* **hándicaps**) sm handicap.

hangar sm hangar.

hará ⟶ **hacer**.

haraganear vi to laze about.

harapiento, ta adj ragged, tattered.

harapo sm rag, tatter.

hardware ['xar'wɛr] sm INFORM hardware.

harén sm harem.

harina sf flour / *estar metido en harina* to be right in the middle of sthg.

harinoso, sa adj floury; [manzana] mealy.

hartar vt **1.** [atiborrar] to stuff (full) **2.** [fastidiar] ▸ **hartar a alguien** to annoy sb, to get on sb's nerves. ◆ **hartarse** vprnl **1.** [atiborrarse] to stuff o gorge o.s. **2.** [cansarse] ▸ **hartarse (de)** to get fed up (with) **3.** [no parar] ▸ **hartarse de algo** to do sthg non-stop.

hartazgo, hartón sm fill ▸ **darse un hartazgo (de)** to have one's fill (of).

harto, ta adj **1.** [de comida] full **2.** [cansado] ▸ **harto (de)** tired (of), fed up (with) **3.** ᴀɴᴅᴇꜱ ᴄᴀᴍ ᴄᴀʀɪʙ ᴍᴇ́x [mucho] a lot of, lots of ▸ **tiene harto dinero** she has a lot of o lots of money ▸ **de este aeropuerto salen hartos aviones** a lot of o lots of planes fly from this airport. ◆ **harto** adv **1.** somewhat, rather **2.** ᴀɴᴅᴇꜱ ᴄᴀᴍ ᴄᴀʀɪʙ ᴍᴇ́x *fam* [mucho] a lot, very much; [muy] very, really.

hartón = **hartazgo**.

hash = **hachís**.

hashtag (*pl* **hashtags**) sm INTERNET hashtag.

hasta ⟶ prep **1.** [en el espacio] as far as, up to / *desde aquí hasta allí* from here to there / *¿hasta dónde va este tren?* where does this train go? **2.** [en el tiempo] until, till ▸ **hasta ahora** (up) until now, so far ▸ **hasta el final** right up until the end ▸ **hasta luego** o **pronto** o **la vista** see you (later) **3.** [con cantidades] up to. ⟶ adv **1.** [incluso] even **2.** ᴄᴀᴍ ᴄᴏʟ ᴇᴄᴜᴀᴅ ᴍᴇ́x [no antes de] ▸ **pintaremos la casa hasta fin de mes** we won't start painting the house until the end of the month. ◆ **hasta que** loc conj until, till.

hastiar [9] vt [aburrir] to bore; [asquear] to sicken, to disgust. ◆ **hastiarse de** vprnl to tire of.

hastío sm [tedio] boredom (*U*); [repugnancia] disgust.

hatillo sm bundle of clothes.

haya ⟶ v ⟶ **haber**. ◆ sf [árbol] beech (tree); [madera] beech (wood).

haz sm **1.** [de leña] bundle; [de cereales] sheaf **2.** [de luz] beam. ⟶ **hacer**.

hazaña sf feat, exploit.

hazmerreír sm laughing stock.

he ⟶ **haber**.

he adv : *he ahí/aquí …* there/here you have …

heavy ['xeβi] ◆ adj **1.** [música, grupo] heavy metal **2.** *fam* [duro] hard. ◆ sm [música] heavy metal.

hebilla sf buckle.

hebra sf **1.** [de hilo] thread; [de judías, puerros] string; [de tabaco] strand (of tobacco) **2.** *loc* : *pegar la hebra fam* to strike up a conversation / *perder la hebra* to lose the thread.

hebreo, a adj & sm, f Hebrew. ◆ **hebreo** sm [lengua] Hebrew.

hechicero, ra sm, f wizard (witch), sorcerer (sorceress).

hechizar [13] vt to cast a spell on; *fig* to bewitch, to captivate.

hechizo sm **1.** [maleficio] spell **2.** *fig* [encanto] magic, charm.

hecho, cha ◆ pp ⟶ **hacer**. ◆ adj **1.** [acabado, realizado] done / *bien/mal hecho* well/badly done **2.** [manufacturado] made ▸ **hecho a mano** handmade ▸ **hecho a máquina** machine-made **3.** [convertido en] ▸ **estás hecho un artista** you've become quite an artist **4.** [formado] ▸ **una mujer hecha y derecha** a fully-grown woman **5.** [carne] done. ◆ **hecho** sm **1.** [obra] action, deed **2.** [suceso] event **3.** [realidad, dato] fact. ◆ **de hecho** loc adv in fact, actually.

hechura sf **1.** [de traje] cut **2.** [forma] shape.

hectárea sf hectare.

heder [20] vi [apestar] to stink, to reek.

hediondo, da adj [pestilente] stinking.

hedor sm stink, stench.

hegemonía sf [gen] dominance; POLÍT hegemony.

helada ⟶ **helado**.

heladera sf ᴄꜱᴜʀ [nevera] refrigerator, fridge ᴜᴋ, icebox ᴜꜱ.

heladería sf [tienda] ice-cream parlour; [puesto] ice-cream stall.

helado, da adj **1.** [hecho hielo - agua] frozen; [- lago] frozen over **2.** [muy frío - manos, agua] freezing. ◆ **helado** sm ice-cream. ◆ **helada** sf frost.

helar [19] ◆ vt [líquido] to freeze. ◆ v impers : *ayer heló* there was a frost last night. ◆ **helarse** vprnl to freeze; [plantas] to be frostbitten.

helecho sm fern, bracken.

hélice sf **1.** TECNOL propeller **2.** [espiral] spiral.

helicóptero sm helicopter.

helio sm helium.

helitransporte sm helicopter transport.

hematoma sm bruise; MED haematoma.

hembra sf **1.** BIOL female; [mujer] woman; [niña] girl **2.** [del enchufe] socket.

hemiciclo sm [en el parlamento] floor.

hemisferio sm hemisphere.

hemofilia sf haemophilia.

hemorragia sf haemorrhage ▶ **hemorragia nasal** nosebleed.

hemorroides sfpl haemorrhoids, piles.

hender [20], **hendir** [27] vt [carne, piel] to carve open, to cleave; [piedra, madera] to crack open; [aire, agua] to cut o slice through.

hendidura sf [en carne, piel] cut, split; [en piedra, madera] crack.

hendir = **hender**.

heno sm hay.

hepatitis sf inv hepatitis.

herbicida sm weedkiller.

herbolario, ria sm, f [persona] herbalist.

herboristería sf herbalist's (shop).

hercio, hertz ['erθjo] sm hertz.

heredar vt ▶ **heredar (de)** to inherit (from).

heredero, ra sm, f heir (heiress) / *heredero forzoso* heir apparent / *heredero universal* residuary legatee.

hereditario, ria adj hereditary.

hereje smf heretic.

herejía sf heresy.

herencia sf [de bienes] inheritance; [de características] legacy; BIOL heredity.

herido, da ❖ adj [gen] injured; [en lucha, atentado] wounded; [sentimentalmente] hurt, wounded. ❖ sm, f [gen] injured person; [en lucha, atentado] wounded person / *no hubo heridos* there were no casualties ▶ **los heridos** the wounded. ◆ **herida** sf [lesión] injury; [en lucha, atentado] wound / *herida superficial* flesh wound / *heridas múltiples* multiple injuries.

herir [27] vt **1.** [físicamente] to injure; [en lucha, atentado] to wound; [vista] to hurt; [oído] to pierce **2.** [sentimentalmente] to hurt. ◆ **herirse** vprnl to injure o hurt oneself.

hermanado, da adj [gen] united, joined; [ciudades] twinned.

hermanar vt [ciudades] to twin.

hermanastro, tra sm, f stepbrother (stepsister).

hermandad sf [asociación] association; [RELIG - de hombres] brotherhood; [- de mujeres] sisterhood.

hermano, na sm, f brother (sister) / *hermano gemelo* twin brother / *hermano mayor* older brother, big brother / *hermano menor* younger brother, little brother / *hermano de sangre* blood brother.

hermético, ca adj **1.** [al aire] airtight, hermetic; [al agua] watertight, hermetic **2.** *fig* [persona] inscrutable.

hermoso, sa adj [gen] beautiful, lovely; [hombre] handsome; [excelente] wonderful.

hermosura sf [gen] beauty; [de hombre] handsomeness.

hernia sf hernia, rupture / *hernia discal* slipped disc.

herniarse [8] vprnl MED to rupture o.s.

héroe sm hero.

heroico, ca adj heroic.

heroína sf **1.** [mujer] heroine **2.** [droga] heroin.

heroinómano, na sm, f heroin addict.

heroísmo sm heroism.

herpes sm inv herpes (U).

herradura sf horseshoe.

herramienta sf tool.

herrería sf [taller] smithy, forge.

herrero sm blacksmith, smith.

herrumbre sf [óxido] rust.

hertz = **hercio**.

hervidero sm **1.** [de pasiones, intrigas] hotbed **2.** [de gente - muchedumbre] swarm, throng; [- sitio] place throbbing o swarming with people.

hervidor sm [para líquidos] kettle.

hervir [27] ❖ vt to boil. ❖ vi **1.** [líquido] to boil **2.** *fig* [lugar] ▶ **hervir de** to swarm with.

hervor sm boiling ▶ **dar un hervor a algo** to blanch sthg.

heteróclito, ta adj heteroclite.

heterodoxo, xa adj unorthodox.

heterogéneo, a adj heterogeneous.

heterosexual adj & smf heterosexual.

hexágono sm hexagon.

hez sf *lit + fig* dregs *pl.* ◆ **heces** sfpl [excrementos] faeces.

hibernar vi to hibernate.

híbrido, da adj *lit + fig* hybrid. ◆ **híbrido** sm [animal, planta] hybrid.

hice ⟶ **hacer**.

hidalgo, ga sm, f nobleman (noblewoman).

hidratante sm moisturizing cream.

hidratar vt [piel] to moisturize; QUÍM to hydrate.

hidrato sm ▶ **hidrato de carbono** carbohydrate.

hidráulico, ca adj hydraulic.

hidroavión sm seaplane.

hidroeléctrico, ca adj hydroelectric.

hidrógeno sm hydrogen.

hidroplano sm [barco] hydrofoil.

hidrovía sf Am waterway.

hiedra sf ivy.

hiel sf **1.** [bilis] bile / *echar la hiel* to sweat blood **2.** [mala intención] spleen, bitterness.

hielera sf CSur Méx cool box UK, cooler US.

hielo sm ice / *con hielo* [whisky] with ice, on the rocks ▶ **romper el hielo** *fig* to break the ice / *ser más frío que el hielo* to be as cold as ice.

hiena sf hyena.

hierático, ca adj solemn.

hierba, yerba sf **1.** [planta] herb ▶ **mala hierba** weed **2.** [césped] grass **3.** *fam* [droga] grass.

hierbabuena sf mint.

hierro sm [metal] iron ▶ **de hierro** [severo] iron *(antes de sust)* ▶ **hierro forjado** wrought iron ▶ **hierro fundido** cast iron / *hierro laminado* sheet metal.

hígado sm liver.

higiene sf hygiene / *higiene personal* personal hygiene.

higiénico, ca adj hygienic / *papel higiénico* toilet paper.

higienizar [13] vt to sterilize.

higo sm fig ▶ **higo chumbo** prickly pear ▶ **de higos a brevas** once in a blue moon / *me importa un higo* *fam* I couldn't care less.

higuera sf fig tree ▶ **estar en la higuera** *fig* to live in a world of one's own.

hijastro, tra sm, f stepson (stepdaughter).

hijo, ja sm, f [descendiente] son (daughter) / *hijo adoptivo* adopted child ▶ **hijo de la chingada** Méx **o de puta** *vulg* fucking bastard, motherfucker (fucking bitch) ▶ **hijo de papá** *fam* daddy's boy ▶ **hijo ilegítimo o natural** illegitimate child / *hijo no deseado* unwanted child ▶ **hijo político** son-in-law ▶ **hijo único** only child ▶ **cualquier o todo hijo de vecino** *fam* & *fig* any Tom, Dick or Harry. ◆ **hijo** sm [hijo o hija] child. ◆ **hijos** smpl children.

hilacha sf loose thread.

hilada sf row.

hilar vt [hilo, tela] to spin ; [ideas, planes] to think up.

hilaridad sf hilarity.

hilera sf row.

hilo sm **1.** [fibra, hebra] thread ▶ **colgar o pender de un hilo** to be hanging by a thread ▶ **mover los hilos** to pull some strings **2.** [tejido] linen **3.** [de metal, teléfono] wire / *sin hilos* wireless **4.** [de agua, sangre] trickle **5.** [de pensamiento] train ; [de discurso, conversación] thread ▶ **perder el hilo** to lose the thread ▶ **seguir el hilo** to follow (the thread).

hilvanar vt **1.** [ropa] to tack UK, to baste US **2.** [coordinar - ideas] to piece together.

himno sm hymn ▶ **himno nacional** national anthem.

hincapié sm ▶ **hacer hincapié en a)** [insistir] to insist on **b)** [subrayar] to emphasize, to stress.

hincar [10] vt ▶ **hincar algo en** to stick sthg into. ◆ **hincarse** vprnl ▶ **hincarse de rodillas** to fall to one's knees.

hincha smf [seguidor] fan.

hinchable adj inflatable.

hinchado, da adj **1.** [rueda, globo] inflated ; [cara, tobillo] swollen **2.** *fig* [persona] bigheaded, conceited ; [lenguaje, estilo] bombastic.

hinchar vt *lit + fig* to blow up. ◆ **hincharse** vprnl **1.** [pierna, mano] to swell (up) **2.** *fig* [de comida] ▶ **hincharse (a)** to stuff o.s. (with). ◆ **hincharse a** vprnl [no parar de] ▶ **hincharse a hacer algo** to do sthg a lot.

hinchazón sf swelling.

hindú *(pl* **hindúes o hindús)** adj & smf **1.** [de la India] Indian **2.** RELIG Hindu.

hinduismo sm Hinduism.

hinojo sm fennel.

hipar vi to hiccup, to have hiccups.

híper sm *fam* hypermarket.

hiperactivo, va adj hyperactive.

hipérbola sf hyperbola.

hiperenlace sm INFORM hyperlink.

hipermercado sm hypermarket.

hipermetropía sf long-sightedness.

hipertensión sf high blood pressure.

hipertexto sm INFORM hypertext.

hipervínculo sm INFORM hyperlink.

hípico, ca adj [de las carreras] horseracing *(antes de sust)* ; [de la equitación] showjumping *(antes de sust)*. ◆ **hípica** sf [carreras de caballos] horseracing ; [equitación] showjumping.

hipismo sm horse riding, horesback riding.

hipnosis sf inv hypnosis.

hipnótico, ca adj hypnotic.

hipnotismo sm hypnotism.

hipnotizador, ra adj hypnotic ; *fig* spellbinding, mesmerizing.

hipnotizar [13] vt to hypnotize ; *fig* to mesmerize.

hipo sm hiccups *pl* ▶ **tener hipo** to have (the) hiccups ▶ **quitar el hipo a uno** *fig* to take one's breath away.

hipoalergénico, ca, hipoalérgico, ca adj hypoallergenic.

hipocondriaco, ca, hipocondríaco, ca adj & sm, f hypochondriac.

hipocresía sf hypocrisy.

hipócrita ❖ adj hypocritical. ❖ smf hypocrite.

hipodérmico, ca adj hypodermic.

hipódromo sm racecourse, racetrack.

hipopótamo sm hippopotamus.

hipoteca sf mortgage.

hipotecar [10] vt [bienes] to mortgage.

hipotecario, ria adj mortgage *(antes de sust)*.

hipotenusa sf hypotenuse.

hipótesis sf inv hypothesis.

hipotético, ca adj hypothetical.

hippy, hippie ['xipi] (pl **hippies**) adj & smf hippy.

hiriente adj [palabras] hurtful, cutting.

hirsuto, ta adj [cabello] wiry ; [brazo, pecho] hairy.

hispánico, ca adj & sm, f Hispanic, Spanish-speaking.

hispanidad sf [cultura] Spanishness ; [pueblos] Spanish-speaking world.

hispano, na ◆ adj [español] Spanish ; [hispanoamericano] Spanish-American ; [en Estados Unidos] Hispanic. ◆ sm, f [español] Spaniard ; [estadounidense] Hispanic.

Hispanoamérica sf Latin America.

hispanoamericano, na ◆ adj Spanish-American. ◆ sm, f Spanish American.

hispanohablante ◆ adj Spanish-speaking. ◆ smf Spanish speaker.

histeria sf fig MED hysteria.

histérico, ca adj fig MED hysterical ▶ **ponerse histérico** to get hysterical.

histerismo sm fig MED hysteria.

historia sf 1. [gen] history ▶ **historia antigua / universal** ancient/world history ▶ **historia del arte** art history / **hacer historia** to make history ▶ **pasar a la historia** to go down in history 2. [narración, chisme] story ▶ **dejarse de historias** to stop beating about the bush.

historiador, ra sm, f historian.

historial sm [gen] record ; [profesional] curriculum vitae, résumé US.

historiar vt to recount the story of.

histórico, ca adj 1. [de la historia] historical 2. [verídico] factual 3. [importante] historic.

historieta sf 1. [chiste] funny story, anecdote 2. [tira cómica] comic strip.

hito sm lit + fig milestone.

hizo —→ **hacer**.

Hno. (abr escrita de **hermano**) Br.

Hnos. (abr escrita de **hermanos**) Bros.

hobby ['xoβi] (pl **hobbies**) sm hobby.

hocico sm [de perro] muzzle ; [de gato] nose ; [de cerdo] snout.

hockey ['xokei] sm hockey ▶ **hockey sobre hielo / patines** ice / roller hockey ▶ **hockey sobre hierba** (field) hockey.

hogar sm 1. [de chimenea] fireplace ; [de horno, cocina] grate 2. [domicilio] home / **artículos para el hogar** household goods / **labores del hogar** housework / **hogar, dulce hogar** home, sweet home / **hogar de ancianos** old people's home.

hogareño, ña adj [gen] family (antes de sust) ; [amante del hogar] home-loving.

hogaza sf large loaf.

hoguera sf bonfire ▶ **morir en la hoguera** to be burned at the stake.

hoja sf 1. [de plantas] leaf / **de hoja caduca** deciduous / **de hoja perenne** evergreen ; [de flor] petal ; [de hierba] blade 2. [de papel] sheet (of paper) ; [de libro] page 3. [de cuchillo] blade ▶ **hoja de afeitar** razor blade 4. [de puertas, ventanas] leaf. ◆ **hoja de cálculo** sf INFORM spreadsheet.

hojalata sf tinplate.

hojaldre sm puff pastry.

hojarasca sf 1. [hojas secas] (dead) leaves pl ; [frondosidad] tangle of leaves 2. fig [paja] rubbish.

hojear vt to leaf through.

hola interj ▶ **¡hola!** hello!

Holanda npr Holland.

holandés, esa ◆ adj Dutch. ◆ sm, f [persona] Dutchman (Dutchwoman). ◆ **holandés** sm [lengua] Dutch. ◆ **holandesa** sf [papel] piece of paper measuring 22 x 28 cm.

holding ['xoldin] (pl **holdings**) sm holding company.

holgado, da adj 1. [ropa] baggy, loose-fitting ; [habitación, espacio] roomy 2. [victoria, situación económica] comfortable.

holgar [39] vi [sobrar] to be unnecessary ▶ **huelga decir que ...** needless to say ...

holgazán, ana ◆ adj idle, good-for-nothing. ◆ sm, f good-for-nothing.

holgazanear vi to laze about.

holgura sf 1. [anchura - de espacio] room ; [- de ropa] bagginess, looseness ; [- entre piezas] play, give 2. [bienestar] comfort, affluence.

hollar [23] vt to tread (on).

hollín sm soot.

holocausto sm holocaust.

hombre ◆ sm man ▶ **el hombre de la calle o de a pie** the man in the street ▶ **hombre de las cavernas** caveman ▶ **hombre de negocios** businessman ▶ **hombre de palabra** man of his word ▶ **un pobre hombre** a nobody ▶ **¡pobre hombre!** poor chap UK o guy! ▶ **de hombre a hombre** man to man / **ser un hombre hecho y derecho** to be a grown man / **hombre precavido vale por dos** prov forewarned is forearmed prov. ◆ interj ▶ **¡hombre! ¡qué alegría verte!** (hey,) how nice to see you! ◆ **hombre orquesta** (pl **hombres orquesta**) sm one-man band. ◆ **hombre rana** (pl **hombres rana**) sm frogman.

hombrera sf [de traje, vestido] shoulder pad ; [de uniforme] epaulette.

hombría sf manliness.

hombrillo sm VEN [arcén - de carretera] verge ; [de autopista] hard shoulder UK, shoulder US.

hombro sm shoulder ▶ **a hombros** over one's shoulders / *hombro con hombro* shoulder to shoulder ▶ **encogerse de hombros** to shrug one's shoulders ▶ **arrimar el hombro** *fig* to lend a hand ▶ **mirar por encima del hombro a alguien** *fig* to look down one's nose at sb.

hombruno, na *adj* mannish.

homenaje sm [gen] tribute ; [al soberano] homage ▶ **partido (de) homenaje** testimonial (match) ▶ **en homenaje de** o **a** in honour of, as a tribute to ▶ **rendir homenaje a** to pay tribute to.

homenajeado, da sm, f guest of honour.

homenajear vt to pay tribute to.

homeopatía sf homeopathy.

homicida ◇ adj [mirada etc] murderous ▶ **arma homicida** murder weapon. ◈ smf murderer.

homicidio sm homicide, murder / *homicidio frustrado* attempted murder.

homilía sf homily, sermon.

homogeneizar [13] vt to homogenize.

homogéneo, a adj homogenous.

homologar [16] vt **1.** [equiparar] ▶ **homologar (con)** to bring into line (with), to make comparable (with) **2.** [dar por válido - producto] to authorize officially ; [- récord] to confirm officially.

homólogo, ga ◇ adj [semejante] equivalent. ◈ sm, f counterpart.

homoparental adj [familia] same-sex.

homosexual adj & smf homosexual.

hondo, da adj **1.** *lit* + *fig* [gen] deep / *tiene tres metros de hondo* it's three metres deep ▶ **lo hondo** the depths *pl* ▶ **calar hondo en** to strike a chord with ▶ **en lo más hondo de** in the depths of **2.** ⟶ **cante.** ◈ **honda** sf sling.

hondonada sf hollow.

hondura sf depth.

Honduras npr Honduras.

hondureño, ña adj & sm, f Honduran.

honestidad sf [honradez] honesty ; [decencia] modesty, decency ; [justicia] fairness.

honesto, ta adj [honrado] honest ; [decente] modest, decent ; [justo] fair.

hongo sm **1.** [planta - comestible] mushroom ; [- no comestible] toadstool **2.** [enfermedad] fungus.

honor sm honour ▶ **hacer honor a** to live up to ▶ **en honor a la verdad** to be (quite) honest. ◈ **honores** smpl [ceremonial] honours.

honorable adj honourable.

honorario, ria adj honorary. ◈ **honorarios** smpl fees.

honorífico, ca adj honorific.

honra sf honour ▶ **¡y a mucha honra!** and proud of it! ◈ **honras fúnebres** sfpl funeral *sg*.

honradez sf honesty.

honrado, da adj honest.

honrar vt to honour. ◈ **honrarse** vprnl ▶ **honrarse (con algo / de hacer algo)** to be honoured (by sthg / to do sthg).

honroso, sa adj **1.** [que da honra] honorary **2.** [respetable] honourable, respectable.

hora sf **1.** [del día] hour ▶ **a primera hora** first thing in the morning ▶ **a última hora a)** [al final del día] at the end of the day **b)** [en el último momento] at the last moment ▶ **dar la hora** to strike the hour ▶ **de última hora a)** [noticia] latest, up-to-the-minute **b)** [preparativos] last-minute ▶ **'última hora'** 'stop press' ▶ **(pagar) por horas** (to pay) by the hour / *hora de dormir* bedtime ▶ **hora de mayor audiencia** TV prime time / *un programa emitido a la hora de mayor audiencia* a programme [UK] o program [US] broadcast at prime time ▶ **horas de oficina / trabajo** office / working hours ▶ **hora local / oficial** local / official time ▶ **hora punta** o **pico** [Am] rush hour ▶ **horas extraordinarias** overtime (U) / *horas libres* free time (U) ▶ **horas de visita** visiting times / *horas de vuelo* flying time *sg* ▶ **media hora** half an hour **2.** [momento determinado] time / *¿a qué hora sale?* what time o when does it leave? / *es hora de irse* it's time to go / *es hora de cenar* it's time for supper ▶ **a la hora** on time / *cada hora* hourly ▶ **en su hora** when the time comes, at the appropriate time ▶ **¿qué hora es?** what time is it? / *hora de cerrar* closing time **3.** [cita] appointment ▶ **pedir / dar hora** to ask for / give an appointment ▶ **tener hora en / con** to have an appointment at / with **4.** *loc* ▶ **a altas horas de la noche** in the small hours ▶ **en mala hora** unluckily ▶ **la hora de la verdad** the moment of truth ▶ **¡ya era hora!** and about time too!

horadar vt to pierce ; [con máquina] to bore through.

horario, ria adj time *(antes de sust)*. ◈ **horario** sm timetable ▶ **horario comercial / laboral** opening / working hours *pl* ▶ **horario intensivo** *working day without a long break for lunch* ▶ **horario de visitas** visiting hours *pl*.

horca sf **1.** [patíbulo] gallows *pl* **2.** AGRIC pitchfork.

horcajadas ◈ **a horcajadas** *loc adv* astride.

horchata sf *cold drink made from ground tiger nuts or almonds, milk and sugar.*

horchatería sf *bar where 'horchata' is served.*

horizontal adj horizontal.

horizonte sm horizon.

horma sf [gen] mould, pattern ; [para arreglar zapatos] last ; [para conservar zapatos] shoe tree ; [de sombrero] hat block.

hormiga sf ant ▶ **ser una hormiga** *fig* to be hard-working and thrifty.

hormigón sm concrete ▸ **hormigón armado** reinforced concrete.

hormigonera sf concrete mixer.

hormigueo sm pins and needles pl.

hormiguero sm ants' nest. —→ **oso**.

hormona sf hormone.

hornada sf lit + fig batch.

hornear vt to bake.

hornillo sm [para cocinar] camping o portable stove ; [de laboratorio] small furnace.

horno sm CULIN oven ; TECNOL furnace ; [de cerámica, ladrillos] kiln ▸ **alto horno** blast furnace ▸ **altos hornos** [factoría] iron and steelworks ▸ **horno eléctrico** electric oven / *horno de gas* gas oven ▸ **horno microondas** microwave (oven).

horóscopo sm **1.** [signo zodiacal] star sign **2.** [predicción] horoscope.

horquilla sf [para el pelo] hairpin, bobby pin US.

horrendo, da adj [gen] horrendous ; [muy malo] terrible, awful.

hórreo sm *raised granary typical of Asturias and Galicia*.

horrible adj [gen] horrible ; [muy malo] terrible, awful.

horripilante adj [terrorífico] horrifying, spine-chilling.

horripilar vt to terrify.

horror sm **1.** [miedo] terror, horror ▸ **¡qué horror!** how awful! **2.** (gen pl) [atrocidad] atrocity.

horrorizado, da adj terrified, horrified.

horrorizar [13] vt to terrify, to horrify.

◆ **horrorizarse** vprnl to be terrified o horrified.

horroroso, sa adj **1.** [gen] awful **2.** [muy feo] horrible, hideous.

hortaliza sf (garden) vegetable.

hortelano, na sm, f market gardener.

hortensia sf hydrangea.

hortera fam adj tasteless, tacky.

horticultura sf horticulture.

hosco, ca adj [persona] sullen, gruff ; [lugar] grim, gloomy.

hospedar vt **1.** to put up **2.** INFORM to host.

◆ **hospedarse** vprnl to stay.

hospicio sm [para niños] children's home ; [para pobres] poorhouse.

hospital sm hospital.

hospitalario, ria adj [acogedor] hospitable.

hospitalidad sf hospitality.

hospitalizar [13] vt to hospitalize, to take o send to hospital.

hostal sm guesthouse.

hostelería sf catering.

hostería sf **1.** guesthouse **2.** CSUR country hotel.

hostia sf **1.** RELIG host **2.** *vulg* [bofetada] bash, punch **3.** *vulg* [accidente] smash-up ▸ **dar-**

se o pegarse una hostia to have a smash-up.

◆ **hostias** interj *vulg* ▸ **¡hostias!** bloody hell!, damn it!

hostiar [9] vt *vulg* to bash.

hostigar [16] vt **1.** [acosar] to pester, to bother **2.** MIL to harass.

hostigoso, sa adj ANDES CAM MÉX annoying.

hostil adj hostile.

hostilidad sf [sentimiento] hostility.

◆ **hostilidades** sfpl MIL hostilities.

hotel sm hotel.

hotelero, ra adj hotel (antes de sust).

hoy adv **1.** [en este día] today ▸ **de hoy en adelante** from now on / *hoy mismo* this very day / *por hoy* for now, for the time being **2.** [en la actualidad] nowadays, today ▸ **hoy día, hoy en día, hoy por hoy** these days, nowadays.

hoyo sm [gen] hole, pit ; [de golf] hole.

hoyuelo sm dimple.

hoz sf sickle ▸ **la hoz y el martillo** the hammer and sickle.

HTML (*abr de* hypertext markup language) sm INFORM HTML.

HTTP (*abr de* hypertext transfer protocol) sm INFORM HTTP / *el lenguaje HTTP* HTTP language.

huacal sm MÉX **1.** [jaula] cage **2.** [cajón] drawer.

huasipungo sm ANDES *small plot of land given by landowner to Indians in exchange for their labour*.

huaso, sa sm, f CHILE fam farmer, peasant.

huasteco, ca MÉX adj & sm, f Huastec.

◆ **huasteco** sm [idioma] Huastec.

hubiera —→ **haber**.

hucha sf moneybox.

hueco, ca adj **1.** [vacío] hollow **2.** [sonido] resonant, hollow **3.** [sin ideas] empty. ◆ **hueco** sm **1.** [cavidad - gen] hole ; [- en pared] recess **2.** [tiempo libre] spare moment **3.** [espacio libre] space, gap ; [de escalera] well ; [de ascensor] shaft / *hacer un hueco a alguien* to make space for sb.

huela —→ **oler**.

huelga sf strike ▸ **estar/declararse en huelga** to be/to go on strike ▸ **huelga de brazos caídos** o **cruzados** sit-down (strike) ▸ **huelga de celo** work-to-rule ▸ **huelga de hambre** hunger strike ▸ **huelga general** general strike ▸ **huelga salvaje** wildcat strike.

huelguista smf striker.

huella sf **1.** [de persona] footprint ; [de animal, rueda] track ▸ **huella digital** o **dactilar** fingerprint ▸ **huella digital** INTERNET digital footprint ▸ **huella de carbono** ECOL carbon footprint **2.** *fig* [vestigio] trace / *sin dejar huella* without (a) trace **3.** *fig* [impresión profunda] mark ▸ **dejar huella** to leave one's mark.

huérfano, na adj & sm, f orphan / *es huérfano de madre* his mother is dead, he's lost his mother.

huerta sf [huerto] market garden 🇬🇧, truck farm 🇺🇸.

huerto sm [de hortalizas] vegetable garden ; [de frutales] orchard.

hueso sm **1.** [del cuerpo] bone **/** *estar calado hasta los huesos* to be soaked to the skin **▶** *ser un hueso duro de roer* to be a hard nut to crack **2.** [de fruto] stone 🇬🇧, pit 🇺🇸 **3.** 🇦🇲 🇲🇽 *fam* [enchufe] contacts pl, influence **4.** 🇲🇽 *fam* [trabajo fácil] cushy job.

huésped, da sm, f guest.

huesudo, da adj bony.

hueva sf roe.

huevada sf 🇦🇳🇩🇪🇸 *mfam* crap **/** *lo que dijiste es una huevada* what you said is a load of crap.

huevo sm **1.** [de animales] egg **▶** *huevo a la copa* o *tibio* 🇦🇳🇩🇪🇸 soft-boiled egg **▶** *huevo escalfado / frito* poached / fried egg **▶** *huevo pasado por agua / duro* soft-boiled / hard-boiled egg **/** *huevo de Pascua* Easter egg **▶** *huevos revueltos* scrambled eggs **/** *parecerse como un huevo a una castaña* to be like chalk and cheese **2.** (gen pl) vulg [testículos] balls pl.

huevón, ona sm, f 🇦🇳🇩🇪🇸 🇦🇷🇬 🇻🇪🇳 vulg prat 🇬🇧, pillock 🇬🇧, jerk 🇺🇸.

huida sf escape, flight.

huidizo, za adj shy, elusive.

huipil sm 🇨🇦🇲 🇲🇽 colourful embroidered dress or blouse traditionally worn by Indian women.

huir [51] vi **1.** [escapar] **▶** *huir (de)* a) [gen] to flee (from) b) [de cárcel etc] to escape (from) **/** *huir del país* to flee the country **2.** [evitar] **▶** *huir de algo* to avoid sthg, to keep away from sthg.

hule sm oilskin.

humanidad sf humanity.
  ◆ humanidades sfpl [letras] humanities.

humanitario, ria adj humanitarian.

humanizar [13] vt to humanize.

humano, na adj **1.** [del hombre] human **2.** [compasivo] humane. **◆ humano** sm human being **▶** *los humanos* mankind (U).

humareda sf cloud of smoke.

humear vi [salir humo] to (give off) smoke ; [salir vapor] to steam.

humedad sf **1.** [gen] dampness ; [en pared, techo] damp ; [de algo chorreando] wetness ; [de piel, ojos etc] moistness **2.** [de atmósfera etc] humidity **/** *humedad absoluta / relativa* absolute / relative humidity.

humedecer [30] vt to moisten.
  ◆ humedecerse vprnl to become moist **/** *humedecerse los labios* to moisten one's lips.

húmedo, da adj **1.** [gen] damp ; [chorreando] wet ; [piel, ojos etc] moist **2.** [aire, clima, atmósfera] humid.

humidificar [10] vt to humidify.

humildad sf humility.

humilde adj humble.

humillación sf humiliation.

humillado, da adj humiliated.

humillante adj humiliating.

humillar vt to humiliate. **◆ humillarse** vprnl to humble o.s.

humita sf **1.** 🇨🇭🇮🇱🇪 [pajarita] bow tie **2.** 🇦🇳🇩🇪🇸 🇦🇷🇬 [pasta de maíz] *paste made of mashed (Br) maize* o *(US) corn kernels mixed with cheese, chilli, onion and other ingredients, wrapped in a (Br) maize* o *(US) corn husk and steamed*.

humo sm [gen] smoke ; [vapor] steam ; [de coches etc] fumes pl **/** *echar humo* a) [gen] to smoke b) *fig* to be fuming **/** *tragarse el humo* [al fumar] to inhale. **◆ humos** smpl *fig* [aires] airs **▶** *bajarle a alguien los humos* to take sb down a peg or two **/** *tener muchos humos* to put on airs.

humor sm **1.** [estado de ánimo] mood ; [carácter] temperament **▶** *estar de buen / mal humor* to be in a good / bad mood **2.** [gracia] humour **▶** *un programa de humor* a comedy programme **▶** *humor negro* black humour **3.** [ganas] mood **▶** *no estoy de humor* I'm not in the mood.

humorismo sm humour ; TEATRO & TV comedy.

humorista smf humorist ; TEATRO & TV comedian (comedienne).

humorístico, ca adj humorous.

hundido, da adj **1.** [ojos] sunken **2.** *fig* [desmoralizado] demoralized.

hundimiento sm **1.** [naufragio] sinking **2.** [ruina] collapse.

hundir vt **1.** [gen] to sink **▶** *hundir algo en el agua* to put sthg underwater **2.** [afligir] to devastate, to destroy **3.** [hacer fracasar] to ruin. **◆ hundirse** vprnl **1.** [sumergirse] to sink ; [intencionadamente] to dive **2.** [derrumbarse] to collapse ; [techo] to cave in **3.** [fracasar] to be ruined.

húngaro, ra adj & sm, f Hungarian.
  ◆ húngaro sm [lengua] Hungarian.

Hungría npr Hungary.

huracán sm hurricane.

huraño, ña adj unsociable.

hurgar [16] vi **▶** *hurgar (en)* a) [gen] to rummage around (in) b) [con el dedo, un palo] to poke around (in). **◆ hurgarse** vprnl **▶** *hurgarse la nariz* to pick one's nose **▶** *hurgarse los bolsillos* to rummage around in one's pockets.

hurón sm ZOOL ferret.

hurra interj **▶** ¡hurra! hurray!

hurtadillas ◆ a hurtadillas loc adv on the sly, stealthily.

hurtar vt to steal.

hurto sm theft.

husmear ❖ vt [olfatear] to sniff out, to scent. **❖** vi [curiosear] to nose around.

huso sm spindle ; [en máquina] bobbin.

huy interj ▶ **¡huy!** a) [dolor] ouch! b) [sorpresa] gosh!

i (pl **íes**), **I** (pl **Íes**) sf [letra] i, I.

I+D (abr de **investigación y desarrollo**) sf R & D.

IAE (abr de **impuesto sobre actividades económicas**) sm Spanish tax paid by professionals and shop owners.

iba —→ **ir**.

ibérico, ca adj Iberian.

íbero, ra, ibero, ra adj & sm, f Iberian.
◆ **íbero, ibero** sm [lengua] Iberian.

Iberoamérica npr Latin America.

iberoamericano, na adj & sm, f Latin American.

iceberg (pl **icebergs**) sm iceberg.

Icona (abr de **Instituto Nacional para la Conservación de la Naturaleza**) sm Spanish national institute for conservation ; ≃ NCC **UK**.

icono sm icon.

iconoclasta smf iconoclast.

id —→ **ir**.

ida sf outward journey ▶ **(billete de) ida y vuelta** return (ticket).

idea sf **1.** [gen] idea ; [propósito] intention ▶ **con la idea de** with the idea o intention of / hacerse a la idea de que... to get used to the idea that... / hacerse una idea de algo to get an idea of sthg ▶ **idea fija** obsession / idea preconcebida preconception / cuando se le mete una idea en la cabeza... when he gets an idea in his head... / ¡ni idea! fam search me!, I haven't got a clue! ▶ **no tener ni idea (de)** not to have a clue (about) **2.** [opinión] impression ▶ **cambiar de idea** to change one's mind.

ideal adj & sm ideal / lo ideal sería hacerlo mañana ideally, we would do it tomorrow.

idealismo sm idealism.

idealista ◆ adj idealistic. ◆ smf idealist.

idealizar [13] vt to idealize.

idear vt **1.** [planear] to think up, to devise **2.** [inventar] to invent.

ideario sm ideology.

ídem pron ditto.

idéntico, ca adj ▶ **idéntico (a)** identical (to).

identidad sf [gen] identity.

identificación sf identification.

identificar [10] vt to identify.
◆ **identificarse** vprnl ▶ **identificarse (con)** to identify (with).

ideología sf ideology.

idílico, ca adj idyllic.

idilio sm love affair.

idioma sm language.

idiosincrasia sf individual character.

idiota ◆ adj despec [tonto] stupid. ◆ smf idiot.

idiotez sf [tontería] stupid thing, stupidity (U).

ido, ida adj **1.** [loco] mad, touched **2.** [distraído] : estar ido to be miles away.

idolatrar vt to worship ; fig to idolize.

ídolo sm idol.

idóneo, a adj ▶ **idóneo (para)** suitable (for).

iglesia sf church.

iglú (pl **iglúes** o **iglús**) sm igloo.

ignorancia sf ignorance.

ignorante ◆ adj ignorant. ◆ smf ignoramus.

ignorar vt **1.** [desconocer] not to know, to be ignorant of **2.** [no tener en cuenta] to ignore.
◆ **ignorarse** vprnl to be unknown.

igual ◆ adj **1.** [idéntico] ▶ **igual (que)** the same (as) / llevan jerseys iguales they're wearing the same jumper / son iguales they're the same **2.** [parecido] ▶ **igual (que)** similar (to) **3.** [equivalente] ▶ **igual (a)** equal (to) **4.** [liso] even **5.** [constante - velocidad] constant ; [- clima, temperatura] even **6.** MAT : A más B es igual a C A plus B equals C. ◆ smf equal ▶ **sin igual** without equal, unrivalled. ◆ adv **1.** [de la misma manera] the same / yo pienso igual I think the same, I think so too ▶ **al igual que** just like ▶ **por igual** equally **2.** [posiblemente] perhaps / igual llueve it could well rain **3.** DEP : van iguales the scores are level **4.** loc ▶ **dar o ser igual a alguien** to be all the same to sb / es o da igual it doesn't matter, it doesn't make any difference.

igualado, da adj level.

igualar vt **1.** [gen] to make equal ; DEP to equalize ▶ **igualar algo a o con** to equate sthg with **2.** [persona] to be equal to / nadie le iguala en generosidad nobody is as generous as he is **3.** [terreno] to level ; [superficie] to smooth.
◆ **igualarse** vprnl **1.** [gen] to be equal ▶ **igualarse a o con** to be equated with **2.** [a otra persona] ▶ **igualarse a o con alguien** to treat sb as an equal.

igualdad sf **1.** [equivalencia] equality ▶ **en igualdad de condiciones** on equal terms ▶ **igualdad de oportunidades** equal opportunities pl **2.** [identidad] sameness.

igualitario, ria adj egalitarian.

igualmente adv **1.** [también] also, likewise **2.** [fórmula de cortesía] the same to you, likewise.

ikurriña sf Basque national flag.

ilegal adj illegal.

ilegible adj illegible.

ilegítimo, ma adj illegitimate.

ileso, sa adj unhurt, unharmed ▶ **salir o resultar ileso** to escape unharmed.

ilícito, ta adj illicit.

ilimitado, da adj unlimited, limitless.

ilógico, ca adj illogical.

iluminación sf **1.** [gen] lighting ; [acción] illumination **2.** RELIG enlightenment.

iluminar vt [gen] to illuminate, to light up.
◆ **iluminarse** vprnl to light up.

ilusión sf **1.** [esperanza - gen] hope ; [- infundada] delusion, illusion ▶ **hacerse o forjarse ilusiones** to build up one's hopes / **hacerse la ilusión de** to imagine that / **tener ilusión por** to look forward to **2.** [emoción] thrill, excitement (U) / **¡qué ilusión!** how exciting! ▶ **me hace mucha ilusión** I'm really looking forward to it **3.** [espejismo] illusion / **ilusión óptica** optical illusion.

ilusionar vt **1.** [esperanzar] ▶ **ilusionar a alguien (con algo)** to build up sb's hopes (about sthg) **2.** [emocionar] to excite, to thrill.
◆ **ilusionarse** vprnl [emocionarse] ▶ **ilusionarse (con)** to get excited (about).

ilusionista smf conjurer.

iluso, sa adj gullible.

ilusorio, ria adj illusory ; [promesa] empty.

ilustración sf **1.** [estampa] illustration **2.** [cultura] learning. ◆ **Ilustración** sf HIST ▶ **la Ilustración** the Enlightenment.

ilustrado, da adj **1.** [publicación] illustrated **2.** [persona] learned **3.** HIST enlightened.

ilustrar vt **1.** [explicar] to illustrate, to explain **2.** [publicación] to illustrate. ◆ **ilustrarse** vprnl to acquire knowledge, to learn.

ilustre adj [gen] illustrious, distinguished.

imagen sf [gen] image ; TV picture ▶ **ser la viva imagen de alguien** to be the spitting image of sb / **imagen borrosa** blur / **imagen congelada** freeze frame / **imagen corporativa** corporate identity.

imaginación sf **1.** [facultad] imagination / **se deja llevar por la imaginación** he lets his imagination run away with him ▶ **pasar por la imaginación de alguien** to occur to sb, to cross sb's mind **2.** (gen pl) [idea falsa] delusion.

imaginar vt **1.** [gen] to imagine **2.** [idear] to think up, to invent. ◆ **imaginarse** vprnl to imagine / **¡imagínate!** just think o imagine! / **me imagino que sí** I suppose so.

imaginario, ria adj imaginary.

imaginativo, va adj imaginative.

imán sm [para atraer] magnet.

imbécil ❖ adj stupid. ❖ smf idiot.

imbecilidad sf stupidity ▶ **decir /hacer una imbecilidad** to say/do sthg stupid.

imborrable adj fig indelible ; [recuerdo] unforgettable.

imbuir [51] vt ▶ **imbuir (de)** to imbue (with).

imitación sf imitation ; [de humorista] impersonation ▶ **a imitación de** in imitation of ▶ **piel de imitación** imitation leather.

imitador, ra sm, f imitator ; [humorista] impersonator.

imitar vt [gen] to imitate, to copy ; [a personajes famosos] to impersonate ; [producto, material] to simulate.

impaciencia sf impatience.

impacientar vt to make impatient.
◆ **impacientarse** vprnl to grow impatient.

impaciente adj impatient ▶ **impaciente por hacer algo** impatient o anxious to do sthg.

impactante adj [imagen] hard-hitting ; [belleza] striking.

impactar ❖ vt [suj: noticia] to have an impact on. ❖ vi [bala] to hit.

impacto sm **1.** [gen] impact ; [de bala] hit **2.** [señal] (impact) mark / **impacto de bala** bullethole.

impagado, da adj unpaid.

impar adj MAT odd.

imparable adj unstoppable.

imparcial adj impartial.

impartir vt to give.

impase, impasse [im'pas] sm impasse.

impasible adj impassive.

impávido, da adj [valeroso] fearless, courageous ; [impasible] impassive.

impecable adj impeccable.

impedido, da adj disabled ▶ **estar impedido de un brazo** to have the use of only one arm.

impedimento sm [gen] obstacle ; [contra un matrimonio] impediment.

impedir [26] vt **1.** [imposibilitar] to prevent ▶ **impedir a alguien hacer algo** to prevent sb from doing sthg **2.** [dificultar] to hinder, to obstruct.

impenetrable adj lit + fig impenetrable.

impensable adj unthinkable.

imperante adj prevailing.

imperar vi to prevail.

imperativo, va adj **1.** [gen & GRAM] imperative **2.** [autoritario] imperious. ◆ **imperativo** sm [gen & GRAM] imperative.

imperceptible adj imperceptible.

imperdible sm safety pin.

imperdonable adj unforgivable.

imperfección sf **1.** [cualidad] imperfection **2.** [defecto] flaw, defect.

imperfecto, ta adj [gen] imperfect ; [defectuoso] faulty, defective. ◆ **imperfecto** sm GRAM imperfect.

imperial adj imperial.

imperialismo sm imperialism.

impericia sf lack of skill; [inexperiencia] inexperience.

imperio sm **1.** [territorio] empire **2.** [dominio] rule.

imperioso, sa adj **1.** [autoritario] imperious **2.** [apremiante] urgent.

impermeable ❖ adj waterproof. ❖ sm raincoat, mac **UK**.

impersonal adj impersonal.

impertinencia sf **1.** [gen] impertinence **2.** [comentario] impertinent remark.

impertinente adj impertinent.

imperturbable adj imperturbable.

ímpetu sm **1.** [brusquedad] force **2.** [energía] energy **3.** FÍS impetus.

impetuoso, sa adj **1.** [olas, viento, ataque] violent **2.** [persona] impulsive, impetuous.

impío, a adj godless, impious.

implacable adj implacable, relentless.

implantar vt **1.** [establecer] to introduce **2.** MED to insert. ◆ **implantarse** vprnl [establecerse] to be introduced.

implicación sf **1.** [participación] involvement **2.** (gen pl) [consecuencia] implication.

implicancia sf **CSur** implication.

implicar [10] vt **1.** [involucrar] ▶ **implicar (en)** to involve (in); DER to implicate (in) **2.** [significar] to mean. ◆ **implicarse** vprnl DER to incriminate o.s. ▶ **implicarse en** to become involved in.

implícito, ta adj implicit.

implorar vt to implore.

imponente adj **1.** [impresionante] imposing, impressive **2.** [estupendo] sensational, terrific.

imponer [65] ❖ vt **1.** ▶ **imponer algo (a alguien) a)** [gen] to impose sthg (on sb) **b)** [respeto] to command sthg (from sb) **2.** [moda] to set; [costumbre] to introduce. ❖ vi to be imposing. ◆ **imponerse** vprnl **1.** [hacerse respetar] to command respect, to show authority **2.** [prevalecer] to prevail **3.** [ser necesario] to be necessary **4.** DEP to win, to prevail.

impopular adj unpopular.

importación sf [acción] importing; [artículo] import.

importador, ra sm, f importer.

importancia sf importance ▶ **dar importancia a algo** to attach importance to sthg ▶ **quitar importancia a algo** to play sthg down ▶ **darse importancia** to give o.s. airs, to show off.

importante adj **1.** [gen] important; [lesión] serious **2.** [cantidad] considerable.

importar ❖ vt **1.** [gen & INFORM] to import **2.** [suj: factura, coste] to amount to, to come to. ❖ vi **1.** [preocupar] to matter / **no me importa**

I don't care, it doesn't matter to me / **¿y a ti qué te importa?** what's it got to do with you? ▶ **me importa un bledo o comino o pito** fam I don't give a damn, I couldn't care less **2.** [en preguntas] to mind / **¿le importa que me siente?** do you mind if I sit down? / **¿te importaría acompañarme?** would you mind coming with me? ❖ v impers to matter / **no importa** it doesn't matter.

importe sm [gen] price, cost; [de factura] total.

importunar vt to bother, to pester.

importuno, na = inoportuno.

imposibilidad sf impossibility / **su imposibilidad para contestar la pregunta** his inability to answer the question.

imposibilitado, da adj disabled ▶ **estar imposibilitado para hacer algo** to be unable to do sthg.

imposibilitar vt ▶ **imposibilitar a alguien para hacer algo** to make it impossible for sb to do sthg, to prevent sb from doing sthg.

imposible adj **1.** [irrealizable] impossible **2.** [insoportable] unbearable, impossible.

imposición sf **1.** [obligación] imposition **2.** [impuesto] tax **3.** BANCA deposit ▶ **hacer o efectuar una imposición** to make a deposit.

impostor, ra sm, f [suplantador] impostor.

impotencia sf impotence.

impotente adj impotent.

impracticable adj **1.** [irrealizable] impracticable **2.** [intransitable] impassable.

imprecisión sf imprecision, vagueness (U).

impreciso, sa adj imprecise, vague.

impredecible adj unforeseeable; [variable] unpredictable.

impregnar vt ▶ **impregnar (de)** to impregnate (with). ◆ **impregnarse** vprnl ▶ **impregnarse (de)** to become impregnated (with).

imprenta sf **1.** [arte] printing **2.** [máquina] (printing) press **3.** [establecimiento] printing house.

imprescindible adj indispensable, essential.

impresentable adj unpresentable.

impresión sf **1.** [gen] impression; [sensación física] feeling ▶ **causar (una) buena / mala impresión** to make a good/bad impression ▶ **dar la impresión de** to give the impression of ▶ **tener la impresión de que** to have the impression that **2.** [huella] imprint **3.** [IMPR - acción] printing; [- edición] edition.

impresionable adj impressionable.

impresionante adj impressive; [error] enormous.

impresionar ❖ vt **1.** [maravillar] to impress **2.** [conmocionar] to move **3.** [horrorizar] to shock **4.** FOTO to expose. ❖ vi [maravillar] to make an impression. ◆ **impresionarse** vprnl **1.** [maravillarse] to be impressed **2.** [conmocionarse] to be moved **3.** [horrorizarse] to be shocked.

impreso, sa ⋄ pp ⟶ **imprimir.** ⋄ adj printed. ◆ **impreso** sm **1.** [texto] printed matter (U) **2.** [formulario] form.

impresor, ra sm, f [persona] printer. ◆ **impresora** sf INFORM printer ▸ **impresora láser / térmica** laser/thermal printer ▸ **impresora de matriz** o **de agujas** dot-matrix printer ▸ **impresora de chorro de tinta** ink-jet printer.

imprevisible adj unforeseeable ; [variable] unpredictable.

imprevisto, ta adj unexpected. ◆ **imprevisto** sm [hecho] ▸ **salvo imprevistos** barring accidents.

imprimir vt **1.** [gen] to print ; [huella, paso] to leave **2.** fig [transmitir] ▸ **imprimir algo a** to impart o bring sth to.

improbable adj improbable, unlikely.

improcedente adj **1.** [inoportuno] inappropriate **2.** DER inadmissible.

improperio sm insult.

impropio, pia adj ▸ **impropio (de)** improper (for), unbecoming (to).

improvisación sf improvisation ; MÚS extemporization.

improvisado, da adj [gen] improvised ; [discurso, truco] impromptu ; [comentario] ad-lib ; [cama etc] makeshift.

improvisar ⋄ vt [gen] to improvise ; [comida] to rustle up / **improvisar una cama** to make (up) a makeshift bed. ⋄ vi [gen] to improvise ; MÚS to extemporize.

improviso ◆ **de improviso** loc adv unexpectedly, suddenly ▸ **coger a alguien de improviso** to catch sb unawares.

imprudencia sf [en los actos] carelessness (U) ; [en los comentarios] indiscretion.

imprudente adj [en los actos] careless, rash ; [en los comentarios] indiscreet.

impúdico, ca adj immodest, indecent.

impuesto, ta pp ⟶ **imponer.** ◆ **impuesto** sm tax / **impuesto de circulación** road tax ▸ **impuesto sobre el valor añadido** value-added tax ▸ **impuesto sobre la renta** ≃ income tax.

impugnar vt to contest, to challenge.

impulsar vt **1.** [empujar] to propel, to drive **2.** [promocionar] to stimulate.

impulsivo, va adj impulsive.

impulso sm **1.** [progreso] stimulus, boost **2.** [fuerza] momentum **3.** [motivación] impulse, urge.

impulsor, ra sm, f dynamic force.

impune adj unpunished.

impunidad sf impunity.

impureza (gen pl) sf impurity.

impuro, ra adj lit + fig impure.

imputación sf accusation.

imputar vt [atribuir] ▸ **imputar algo a alguien** a) [delito] to accuse sb of sthg b) [fracaso, error] to attribute sthg to sb.

inacabable adj interminable, endless.

inaccesible adj inaccessible.

inaceptable adj unacceptable.

inactividad sf inactivity.

inactivo, va adj inactive.

inadaptado, da adj maladjusted.

inadecuado, da adj [inapropiado] unsuitable, inappropriate.

inadmisible adj inadmissible.

inadvertido, da adj unnoticed ▸ **pasar inadvertido** to go unnoticed.

inagotable adj inexhaustible.

inaguantable adj unbearable.

inalámbrico, ca adj cordless ; INFORM wireless. ◆ **inalámbrico** sm cordless telephone.

inalcanzable adj unattainable.

inalterable adj **1.** [gen] unalterable ; [salud] stable ; [amistad] undying **2.** [color] fast **3.** [rostro, carácter] impassive **4.** [resultado, marcador] unchanged.

inamovible adj immovable, fixed.

inanición sf starvation.

inanimado, da adj inanimate.

inánime adj lifeless.

inapreciable adj **1.** [incalculable] invaluable **2.** [insignificante] imperceptible.

inapropiado, da adj inappropriate.

inaudito, ta adj unheard-of.

inauguración sf inauguration, opening.

inaugurar vt to inaugurate, to open.

inca adj & smf Inca.

incalculable adj incalculable.

incalificable adj unspeakable.

incandescente adj incandescent.

incansable adj untiring, tireless.

incapacidad sf **1.** [imposibilidad] inability **2.** [inaptitud] incompetence **3.** DER incapacity.

incapacitado, da adj [DER - gen] disqualified ; [- para testar] incapacitated ; [- para trabajar] unfit.

incapacitar vt ▸ **incapacitar (para)** a) [gen] to disqualify (from) b) [para trabajar etc] to render unfit (for).

incapaz adj **1.** [gen] ▸ **incapaz de** incapable of **2.** [sin talento] ▸ **incapaz para** incompetent at, no good at **3.** DER incompetent.

incautación sf seizure, confiscation.

incautarse ◆ **incautarse de** vprnl DER to seize, to confiscate.

incauto, ta adj gullible.

incendiar [8] vt to set fire to. ◆ **incendiarse** vprnl to catch fire.

incendiario, ria ◈ adj **1.** [bomba etc] incendiary **2.** [artículo, libro etc] inflammatory. ◈ sm, f arsonist.

incendio sm fire / *incendio forestal* forest fire ▶ **incendio provocado** arson.

incentivo sm incentive / *incentivo fiscal* tax incentive.

incertidumbre sf uncertainty.

incesto sm incest.

incidencia sf **1.** [repercusión] impact, effect **2.** [suceso] event.

incidente sm incident / *incidente diplomático* diplomatic incident.

incidir ◆ **incidir en** vi **1.** [incurrir en] to fall into, to lapse into **2.** [insistir en] to focus on **3.** [influir en] to have an impact on, to affect.

incienso sm incense.

incierto, ta adj **1.** [dudoso] uncertain **2.** [falso] untrue.

incineración sf [de cadáver] cremation ; [de basura] incineration.

incinerador sm [para basura] incinerator.

incinerar vt [cadáver] to cremate ; [basura] to incinerate.

incipiente adj incipient ; [estado, etapa] early.

incisión sf incision.

incisivo, va adj **1.** [instrumento] sharp, cutting **2.** *fig* [mordaz] incisive.

inciso, sa adj cut. ◆ **inciso** sm passing remark.

incitante adj provocative.

incitar vt ▶ **incitar a alguien a algo** [violencia, rebelión etc] to incite sb to sthg / *incitar a alguien a la fuga /venganza* to urge sb to flee/avenge himself ▶ **incitar a alguien a hacer algo a)** [rebelarse etc] to incite sb to do sthg **b)** [fugarse, vengarse] to urge sb to do sthg.

inclemencia sf harshness, inclemency.

inclinación sf **1.** [desviación] slant, inclination ; [de terreno] slope **2.** *fig* [afición] ▶ **inclinación (a o por)** penchant o propensity (for) **3.** [cariño] ▶ **inclinación hacia alguien** fondness towards sb **4.** [saludo] bow.

inclinado, da adj **1.** [edificio, torre] leaning **2.** [tendente] inclined.

inclinar vt **1.** [doblar] to bend ; [ladear] to tilt **2.** [cabeza] to bow. ◆ **inclinarse** vprnl **1.** [doblarse] to lean **2.** [para saludar] ▶ **inclinarse (ante)** to bow (before). ◆ **inclinarse a** vi [tender a] to be o feel inclined to. ◆ **inclinarse por** vi [preferir] to favour, to lean towards.

incluido, da adj **1.** [después del sustantivo] included ; [antes del sustantivo] including / *desayuno incluido* breakfast included / *IVA incluido* including VAT / *servicio no incluido* service not included / *todos pagan, incluidos los niños* everyone has to pay, including children **2.** [adjunto] enclosed.

incluir [51] vt [gen] to include ; [adjuntar - en cartas] to enclose.

inclusive adv inclusive.

incluso, sa adj enclosed. ◆ **incluso** adv & prep even.

incógnito, ta adj unknown. ◆ **incógnita** sf **1.** MAT unknown quantity **2.** [misterio] mystery. ◆ **de incógnito** loc adv incognito.

incoherencia sf **1.** [cualidad] incoherence **2.** [comentario] nonsensical remark.

incoherente adj **1.** [inconexo] incoherent **2.** [inconsecuente] inconsistent.

incoloro, ra adj *lit* + *fig* colourless.

incomodar vt **1.** [causar molestia] to bother, to inconvenience **2.** [enfadar] to annoy. ◆ **incomodarse** vprnl [enfadarse] ▶ **incomodarse (por)** to get annoyed (about).

incomodidad sf **1.** [de silla etc] uncomfortableness **2.** [de situación, persona] awkwardness.

incómodo, da adj **1.** [silla etc] uncomfortable **2.** [situación, persona] awkward, uncomfortable / *sentirse incómodo* to feel awkward o uncomfortable.

incomparable adj incomparable.

incompatibilidad sf incompatibility / *incompatibilidad de caracteres* incompatibility.

incompatible adj ▶ **incompatible (con)** incompatible (with).

incompetencia sf incompetence.

incompetente adj incompetent.

incompleto, ta adj **1.** [gen] incomplete **2.** [inacabado] unfinished.

incomprendido, da adj misunderstood.

incomprensible adj incomprehensible.

incomprensión sf lack of understanding.

incomunicado, da adj **1.** [gen] isolated **2.** [por la nieve etc] cut off **3.** [preso] in solitary confinement.

inconcebible adj inconceivable.

inconcluso, sa adj unfinished.

incondicional ◈ adj unconditional ; [ayuda] wholehearted ; [seguidor] staunch. ◈ smf staunch supporter.

inconexo, xa adj [gen] unconnected ; [pensamiento, texto] disjointed.

inconformista adj & smf nonconformist.

inconfundible adj unmistakable ; [prueba] irrefutable.

incongruente adj incongruous.

inconsciencia sf **1.** [gen] unconsciousness **2.** *fig* [falta de juicio] thoughtlessness.

inconsciente adj **1.** [gen] unconscious **2.** fig [irreflexivo] thoughtless.

inconsecuente adj inconsistent.

inconsistente adj [tela, pared etc] flimsy ; [salsa] runny ; [argumento, discurso etc] lacking in substance.

inconstancia sf **1.** [en el trabajo, la conducta] unreliability **2.** [de opinión, ideas] changeability.

inconstante adj **1.** [en el trabajo, la conducta] unreliable **2.** [de opinión, ideas] changeable.

inconstitucional adj unconstitutional.

incontable adj [innumerable] countless.

incontestable adj indisputable.

incontinencia sf incontinence.

incontrolable adj uncontrollable.

inconveniencia sf **1.** [inoportunidad] inappropriateness **2.** [comentario] tactless remark ; [acto] mistake.

inconveniente ⬥ adj **1.** [inoportuno] inappropriate **2.** [descortés] rude. ⬥ sm **1.** [dificultad] obstacle, problem ▶ **no tener inconveniente en hacer algo** to have no objection to doing sthg **2.** [desventaja] drawback.

incordiar [8] vt fam to bother, to pester.

incorporación sf ▶ **incorporación (a)** a) [gen] incorporation (into) **b)** [a un puesto] induction (into).

incorporar vt **1.** [añadir] ▶ **incorporar (a)** a) [gen] to incorporate (into) **b)** CULIN to mix (into) **2.** [levantar] to sit up. ⬥ **incorporarse** vprnl **1.** [empezar] ▶ **incorporarse (a)** a) [equipo] to join **b)** [trabajo] to start **2.** [levantarse] to sit up.

incorrección sf **1.** [inexactitud] incorrectness ; [error gramatical] mistake **2.** [descortesía] lack of courtesy, rudeness (U).

incorrecto, ta adj **1.** [equivocado] incorrect, wrong **2.** [descortés] rude, impolite.

incorregible adj incorrigible.

incredulidad sf incredulity.

incrédulo, la adj sceptical, incredulous ; RELIG unbelieving.

increíble adj **1.** [difícil de creer] unconvincing **2.** fig [extraordinario] incredible **3.** fig [inconcebible] unbelievable **/ es increíble que pasen cosas así** it's hard to believe that such things can happen.

incrementar vt to increase. ⬥ **incrementarse** vprnl to increase.

incremento sm increase ; [de temperatura] rise **/ incremento salarial** pay increase.

increpar vt **1.** [reprender] to reprimand **2.** [insultar] to abuse, insult.

incriminar vt to accuse.

incrustar vt **1.** TECNOL to inlay ; [en joyería] to set **2.** fam & fig [empotrar] ▶ **incrustar algo en algo** to sink sthg into sthg. ⬥ **incrustarse** vprnl [cal etc] to become encrusted.

incubadora sf incubator.

incubar vt **1.** [huevo] to incubate **2.** [enfermedad] to be sickening for.

inculcar [10] vt ▶ **inculcar algo a alguien** to instil sthg into sb.

inculpado, da ⬥ adj accused ; DER charged. ⬥ sm, f accused.

inculpar vt ▶ **inculpar a alguien (de)** a) [gen] to accuse sb (of) **b)** DER to charge sb (with).

inculto, ta ⬥ adj [persona] uneducated. ⬥ sm, f ignoramus.

incumbencia sf ▶ **no es asunto de tu incumbencia** it's none of your business.

incumbir ⬥ **incumbir a** vi ▶ **incumbir a alguien** to be a matter for sb ▶ **esto no te incumbe** this is none of your business.

incumplimiento sm [de deber] failure to fulfil ; [de orden, ley] non-compliance ; [de promesa] failure to keep ▶ **incumplimiento de contrato** breach of contract.

incumplir vt [deber] to fail to fulfil, to neglect ; [orden, ley] to fail to comply with ; [promesa] to break ; [contrato] to breach.

incurable adj incurable.

incurrir ⬥ **incurrir en** vi **1.** [delito, falta] to commit ; [error] to make **2.** [desprecio etc] to incur.

incursión sf incursion.

incursionar vi **1.** [territorio] to make an incursion ; [en ciudad] to make a raid **2.** [en tema, asunto] to dabble.

indagación sf investigation, inquiry.

indagar [16] ⬥ vt to investigate, to inquire into. ⬥ vi to investigate, to inquire.

indecencia sf **1.** [cualidad] indecency **2.** [acción] outrage, crime.

indecente adj **1.** [impúdico] indecent **2.** [indigno] miserable, wretched.

indecible adj [alegría] indescribable ; [dolor] unspeakable.

indecisión sf indecisiveness.

indeciso, sa ⬥ adj **1.** [persona - inseguro] indecisive ; [- que está dudoso] undecided **2.** [pregunta, respuesta] hesitant ; [resultado] undecided. ⬥ sm, f undecided voter.

indefenso, sa adj defenceless.

indefinido, da adj **1.** [ilimitado] indefinite ; [contrato] open-ended **2.** [impreciso] vague **3.** GRAM indefinite.

indeleble adj culto indelible.

indemne adj unhurt, unharmed.

indemnización sf [gen] compensation ; [por despido] severance pay ▶ **indemnización por daños y perjuicios** DER damages pl.

indemnizar [13] vt ▶ **indemnizar a alguien (por)** to compensate sb (for).

independencia sf independence ▶ **con independencia de** independently of.

independiente adj **1.** [gen] independent **2.** [aparte] separate.

independizar [13] vt to grant independence to. ◆ **independizarse** vprnl ▶ **independizarse (de)** to become independent (of).

indeseable adj undesirable.

indeterminación sf indecisiveness.

indeterminado, da adj **1.** [sin determinar] indeterminate ▶ **por tiempo indeterminado** indefinitely **2.** [impreciso] vague.

indexar vt INFORM to index.

India npr ▶ **(la) India** India.

indiano, na sm, f **1.** [indígena] (Latin American) Indian **2.** [emigrante] *Spanish emigrant to Latin America who returned to Spain having made his fortune.*

indicación sf **1.** [señal, gesto] sign, signal **2.** (gen pl) [instrucción] instruction ; [para llegar a un sitio] directions pl **3.** [nota, corrección] note.

indicado, da adj suitable, appropriate.

indicador, ra adj indicating (antes de sust). ◆ **indicador** sm [gen] indicator ; TECNOL gauge, meter ▶ **indicador económico** economic indicator / **indicador de velocidad** speedometer.

indicar [10] vt [señalar] to indicate ; [suj: aguja etc] to read.

indicativo, va adj indicative. ◆ **indicativo** sm GRAM indicative.

índice sm **1.** [gen] index ; [proporción] level, rate / **índice alfabético** alphabetical index ▶ **índice del coste de la vida** cost of living index / **índice de materias** o **temático** table of contents ▶ **índice de natalidad** birth rate **2.** [señal] sign, indicator ▶ **índice económico** economic indicator **3.** [catálogo] catalogue **4.** [dedo] index finger.

indicio sm sign ; [pista] clue ; [cantidad pequeña] trace.

índico sm ▶ **el (océano) Índico** the Indian Ocean.

indiferencia sf indifference.

indiferente adj indifferent.

indígena ◆ adj indigenous, native. ◆ smf native.

indigencia sf culto destitution.

indigente adj destitute.

indigestarse vprnl to get indigestion / *se me ha indigestado esa chica* fam & fig I can't stomach that girl.

indigestión sf indigestion.

indigesto, ta adj indigestible ; fam & fig [pesado] stodgy, heavy.

indignación sf indignation.

indignado, da adj indignant.

indignante adj shocking, outrageous.

indignar vt to anger. ◆ **indignarse** vprnl ▶ **indignarse (por)** to get angry o indignant (about).

indigno, na adj **1.** [gen] ▶ **indigno (de)** unworthy (of) **2.** [impropio] not fitting, wrong **3.** [vergonzoso] contemptible.

indio, dia ◆ adj Indian. ◆ sm, f Indian / *indio americano* Native American ▶ **hacer el indio** to play the fool.

indirecto, ta adj indirect. ◆ **indirecta** sf hint ▶ **lanzar una indirecta a alguien** to drop a hint to sb.

indisciplina sf indiscipline.

indiscreción sf **1.** [cualidad] indiscretion **2.** [comentario] indiscreet remark ▶ **si no es indiscreción** if you don't mind my asking.

indiscreto, ta adj indiscreet.

indiscriminado, da adj indiscriminate.

indiscutible adj [gen] indisputable ; [poder] undisputed.

indispensable adj indispensable.

indisponer [65] vt **1.** [enfermar] to make ill, to upset **2.** [enemistar] to set at odds.

indisposición sf [malestar] indisposition.

indispuesto, ta ◆ pp ⟶ **indisponer.** ◆ adj indisposed, unwell.

indistinto, ta adj **1.** [indiferente] ▶ **es indistinto** it doesn't matter, it makes no difference **2.** [cuenta, cartilla] joint **3.** [perfil, figura] indistinct, blurred.

individual adj **1.** [gen] individual ; [habitación, cama] single ; [despacho] personal **2.** [prueba, competición] singles (antes de sust). ◆ **individuales** smpl DEP singles.

individualizado, da adj individualized.

individualizar [13] vi to single people out.

individuo, dua sm, f person ; despec individual.

indocumentado, da adj **1.** [sin documentación] without identity papers **2.** [ignorante] ignorant.

índole sf [naturaleza] nature ; [tipo] type, kind.

indolencia sf indolence, laziness.

indoloro, ra adj painless.

indómito, ta adj **1.** [animal] untameable **2.** [carácter] rebellious ; [pueblo] unruly.

Indonesia npr Indonesia.

inducir [33] vt [incitar] ▶ **inducir a alguien a algo / a hacer algo** to lead sb into sthg / into doing sthg ▶ **inducir a error** to mislead.

inductor, ra adj instigating.

indudable adj undoubted.

indulgencia sf indulgence.

indultar vt to pardon.

indulto sm pardon.

indumentaria sf attire.

industria sf [gen] industry.

industrial ❖ adj industrial. ❖ smf industrialist.
industrializado, da adj industrialized / *países industrializados* industrialized countries.
industrializar [13] vt to industrialize.
INE sm (*abr de* **Instituto Nacional de Estadísticas**) *National Institute of Statistics in Bolivia, Chile, Guatemala and Uruguay.*
inédito, ta adj **1.** [no publicado] unpublished **2.** [sorprendente] unprecedented.
inefable adj ineffable, inexpressible.
ineficaz adj **1.** [de bajo rendimiento] inefficient **2.** [de baja efectividad] ineffective.
ineficiente adj **1.** [de bajo rendimiento] inefficient **2.** [de baja efectividad] ineffective.
ineludible adj unavoidable.
INEM (*abr de* **Instituto Nacional de Empleo**) sm *Spanish department of employment.*
inenarrable adj spectacular.
ineptitud sf ineptitude.
inepto, ta adj inept.
inequívoco, ca adj [apoyo, resultado] unequivocal; [señal, voz] unmistakeable.
inercia sf *lit + fig* inertia.
inerme adj [sin armas] unarmed; [sin defensa] defenceless.
inerte adj **1.** [materia] inert **2.** [cuerpo, cadáver] lifeless.
inesperado, da adj unexpected.
inestable adj *lit + fig* unstable.
inevitable adj inevitable.
inexacto, ta adj **1.** [impreciso] inaccurate **2.** [erróneo] incorrect, wrong.
inexistente adj nonexistent.
inexperiencia sf inexperience.
inexperto, ta adj **1.** [falto de experiencia] inexperienced **2.** [falto de habilidad] unskilful.
inexpresivo, va adj expressionless.
infalible adj infallible.
infame adj vile, base.
infamia sf [deshonra] infamy, disgrace.
infancia sf [periodo] childhood.
infante, ta sm, f **1.** [niño] infant **2.** [hijo del rey] infante (infanta), prince (princess).
infantería sf infantry ▶ **infantería ligera** light infantry.
infantil adj **1.** [para niños] children's; [de niños] child *(antes de sust)* **2.** *fig* [inmaduro] infantile, childish.
infarto sm ▶ **infarto cerebral** stroke ▶ **de infarto** *fam* heart-stopping.
infatigable adj indefatigable, tireless.
infección sf infection.
infeccioso, sa adj infectious.
infectar vt to infect. ◆ **infectarse** vpronl to become infected.

infeliz adj **1.** [desgraciado] unhappy **2.** *fig* [ingenuo] gullible.
inferior ❖ adj ▶ **inferior (a)** a) [en espacio, cantidad] lower (than) b) [en calidad] inferior (to). ❖ smf inferior.
inferioridad sf inferiority ▶ **estar en inferioridad de condiciones** to be at a disadvantage.
inferir [27] vt **1.** [deducir] ▶ **inferir (de)** to deduce (from), to infer (from) **2.** [ocasionar - herida] to inflict; [- mal] to cause.
infernal adj *lit + fig* infernal.
infestar vt to infest; [suj: carteles, propaganda etc] to be plastered across.
infición sf [MÉX] pollution.
infidelidad sf [conyugal] infidelity; [a la patria, un amigo] disloyalty.
infiel ❖ adj **1.** [desleal - cónyuge] unfaithful; [- amigo] disloyal **2.** [inexacto] inaccurate, unfaithful. ❖ smf RELIG infidel.
infiernillo sm portable stove.
infierno sm *lit + fig* hell ▶ **en el quinto infierno** in the middle of nowhere ▶ **¡vete al infierno!** go to hell!
infiltrado, da sm, f infiltrator.
infiltrar vt [inyectar] to inject. ◆ **infiltrarse en** vpronl to infiltrate.
ínfimo, ma adj [calidad, categoría] extremely low; [precio] giveaway; [importancia] minimal.
infinidad sf ▶ **una infinidad de** an infinite number of; [gente] masses of.
infinitivo sm infinitive.
infinito, ta adj *lit + fig* infinite. ◆ **infinito** sm infinity.
inflable adj inflatable.
inflación sf ECON inflation / *inflación subyacente* underlying inflation.
inflamable adj inflammable.
inflamación sf MED inflammation. ◆ **inflamarse** vpronl [hincharse] to become inflamed.
inflamar vt *fig* MED to inflame.
inflamatorio, ria adj inflammatory.
inflar vt **1.** [soplando] to blow up, to inflate; [con bomba] to pump up **2.** *fig* [exagerar] to blow up, to exaggerate. ◆ **inflarse** vpronl ▶ **inflarse (de)** [hartarse] to stuff o.s. (with).
inflexible adj *lit + fig* inflexible.
inflexión sf inflection.
infligir [15] vt to inflict; [castigo] to impose.
influencia sf influence / *bajo la influencia del alcohol* under the influence of alcohol.
influenciable adj easily influenced.
influenciar [8] vt to influence.
influir [51] ❖ vt to influence. ❖ vi to have influence ▶ **influir en** to influence.
influjo sm influence.

influyente adj influential.

infografía sf computer graphics.

infografista smf computer graphics expert.

información sf **1.** [conocimiento] information **2.** [PRENSA - noticias] news *(U)*; [- noticia] report, piece of news; [- sección] section, news *(U)* ▶ **información meteorológica** weather report o forecast **3.** [oficina] information office; [mostrador] information desk **4.** TELECOM directory enquiries *pl* **UK**, directory assistance **US**.

informado, da adj informed.

informal adj **1.** [desenfadado] informal **2.** [irresponsable] unreliable.

informalidad sf **1.** [desenfado] informality **2.** [irresponsabilidad] unreliability.

informante smf informant.

informar ❖ vt ▶ **informar a alguien (de)** to inform o tell sb (about). ❖ vi to inform; PRENSA to report. ❖ **informarse** vprnl to find out (details) ▶ **informarse de** to find out about.

informático, ca ❖ adj computer *(antes de sust)*. ❖ sm, f [persona] computer expert.
❖ **informática** sf [ciencia] information technology, computing.

informativo, va adj **1.** [instructivo, esclarecedor] informative **2.** [que da noticias] news *(antes de sust)*; [que da información] information *(antes de sust)*. ❖ **informativo** sm news (bulletin).

informatizar [13] vt to computerize.

informe ❖ adj shapeless. ❖ sm **1.** [gen] report **2.** DER plea. ❖ **informes** smpl [gen] information *(U)*; [sobre comportamiento] report *sg*; [para un empleo] references.

infortunio sm misfortune, bad luck *(U)*.

infracción sf infringement; [de circulación] offence.

infraccionar **Am** ❖ vt to violate. ❖ vi [contra reglamento] to break the rules; [contra la ley] to break the law.

infraestructura sf [de organización] infrastructure.

in fraganti loc adv red-handed, in the act / *coger a alguien in fraganti* to catch sb red-handed o in the act.

infrahumano, na adj subhuman.

infranqueable adj impassable; *fig* insurmountable.

infrarrojo, ja adj infrared.

infravalorar vt to undervalue, to underestimate.

infringir [15] vt [quebrantar] to infringe, to break.

infundado, da adj unfounded.

infundir vt ▶ **infundir algo a alguien** to fill sb with sthg, to inspire sthg in sb ▶ **infundir miedo** to inspire fear.

infusión sf infusion ▶ **infusión de manzanilla** camomile tea.

ingeniar [8] vt to invent, to devise.
❖ **ingeniarse** vprnl ▶ **ingeniárselas** to manage, to engineer it ▶ **ingeniárselas para hacer algo** to manage o contrive to do sthg.

ingeniería sf engineering.

ingeniero, ra sm, f engineer ▶ **ingeniero de caminos, canales y puertos** civil engineer.

ingenio sm **1.** [inteligencia] ingenuity **2.** [agudeza] wit **3.** [máquina] device / *ingenio nuclear* nuclear device.

ingenioso, sa adj [inteligente] ingenious, clever; [agudo] witty.

ingenuidad sf ingenuousness, naivety.

ingenuo, nua adj ingenuous, naive.

ingerir [27] vt to consume, to ingest.

Inglaterra npr England.

ingle sf groin.

inglés, esa ❖ adj English. ❖ sm, f [persona] Englishman (Englishwoman) ▶ **los ingleses** the English. ❖ **inglés** sm [lengua] English.

ingratitud sf ingratitude.

ingrato, ta adj ungrateful; [trabajo] thankless.

ingrávido, da adj weightless.

ingrediente sm ingredient.

ingresar ❖ vt BANCA to deposit, to pay in. ❖ vi ▶ **ingresar (en) a)** [asociación, ejército] to join **b)** [hospital] to be admitted (to) **c)** [convento, universidad] to enter ▶ **ingresar cadáver** to be dead on arrival.

ingreso sm **1.** [gen] entry; [en asociación, ejército] joining; [en hospital, universidad] admission **2.** BANCA deposit / *hacer un ingreso* to make a deposit. ❖ **ingresos** smpl **1.** [sueldo etc] income *(U)* ▶ **ingresos brutos/netos** gross/net income **2.** [recaudación] revenue *(U)*.

inhabilitar vt to disqualify.

inhabitable adj uninhabitable.

inhabitado, da adj uninhabited.

inhalador sm inhaler.

inhalar vt to inhale.

inherente adj ▶ **inherente (a)** inherent (in).

inhibición sf inhibition.

inhibir vt to inhibit. ❖ **inhibirse de** vprnl [gen] to keep out of, to stay away from; [responsabilidades] to shirk.

inhóspito, ta adj inhospitable.

inhumano, na adj [despiadado] inhuman; [desconsiderado] inhumane.

iniciación sf **1.** [gen] initiation **2.** [de suceso, curso] start, beginning.

inicial adj & sf initial.

inicializar [13] vt INFORM to initialize.

iniciar [8] vt [gen] to start, to initiate; [debate, discusión] to start off. ❖ **iniciarse** vprnl

1. [aprender] : *iniciarse en algo* to start to study sthg **2.** [empezar] to begin, to start.

iniciativa sf initiative / *no tener iniciativa* to lack initiative / *por iniciativa propia* on one's own initiative / *iniciativa de paz* peace initiative.

inicio sm start, beginning.

inigualable adj unrivalled.

inimaginable adj unimaginable.

ininteligible adj unintelligible.

ininterrumpido, da adj uninterrupted.

injerencia sf interference, meddling.

injerir [27] vt to introduce, to insert. ◆ **injerirse** vprnl [entrometerse] ▶ **injerirse (en)** to interfere (in), to meddle (in).

injertar vt to graft.

injerto sm graft.

injuria sf [insulto] insult, abuse (U); [agravio] offence ; DER slander.

injuriar [8] vt [insultar] to insult, to abuse ; [agraviar] to offend ; DER to slander.

injurioso, sa adj insulting, abusive ; DER slanderous.

injusticia sf injustice / *¡es una injusticia!* that's unfair! / *cometer una injusticia con alguien* to do sb an injustice.

injustificado, da adj unjustified.

injusto, ta adj unfair, unjust.

inmadurez sf immaturity.

inmaduro, ra adj [persona] immature.

inmediaciones sfpl [de localidad] surrounding area sg ; [de lugar, casa] vicinity sg.

inmediatamente adv immediately.

inmediato, ta adj **1.** [gen] immediate ▶ *de inmediato* immediately, at once **2.** [contiguo] next, adjoining.

inmejorable adj unbeatable.

inmensidad sf [grandeza] immensity.

inmenso, sa adj [gen] immense.

inmersión sf immersion ; [de submarinista] dive / *inmersión lingüística* language immersion.

inmerso, sa adj ▶ **inmerso (en)** immersed (in).

inmigración sf immigration.

inmigrante smf immigrant.

inmigrar vi to immigrate.

inminente adj imminent, impending.

inmiscuirse [51] vprnl ▶ **inmiscuirse (en)** to interfere o meddle (in).

inmobiliario, ria adj property (antes de sust), real estate US (antes de sust). ◆ **inmobiliaria** sf [agencia] estate agency UK, real estate agent US.

inmoral adj immoral.

inmortal adj immortal.

inmortalizar [13] vt to immortalize.

inmóvil adj motionless, still ; [coche, tren] stationary.

inmovilizar [13] vt to immobilize.

inmueble ◆ adj ▶ **bienes inmuebles** real estate (U). ◆ sm [edificio] building.

inmundicia sf [suciedad] filth, filthiness ; [basura] rubbish.

inmundo, da adj filthy, dirty.

inmune adj MED immune.

inmunidad sf immunity ▶ **inmunidad diplomática / parlamentaria** diplomatic / parliamentary immunity.

inmunizar [13] vt to immunize.

inmunológico, ca adj immune.

inmutar vt to upset, to perturb. ◆ **inmutarse** vprnl to get upset, to be perturbed / *ni se inmutó* he didn't bat an eyelid.

innato, ta adj innate.

innecesario, ria adj unnecessary.

innoble adj ignoble.

innovación sf innovation.

innovador, ra ◆ adj innovative. ◆ sm, f innovator.

innovar vt [método, técnica] to improve on.

innumerable adj countless, innumerable.

inocencia sf innocence.

inocentada sf practical joke, trick.

inocente adj **1.** [gen & DER] innocent / *declarar inocente a alguien* to find sb innocent o not guilty **2.** [ingenuo - persona] naive, innocent **3.** [sin maldad - persona] harmless.

inodoro, ra adj odourless. ◆ **inodoro** sm toilet UK, washroom US.

inofensivo, va adj inoffensive, harmless.

inoficioso, sa adj AM useless.

inolvidable adj unforgettable.

inoperable adj RP [aeropuerto] closed.

inoperante adj ineffective.

inoportuno, na, importuno, na adj **1.** [en mal momento] inopportune, untimely **2.** [molesto] inconvenient **3.** [inadecuado] inappropriate.

inoxidable adj rustproof ; [acero] stainless.

inquebrantable adj unshakeable ; [lealtad] unswerving.

inquietar vt to worry, to trouble.

◆ **inquietarse** vprnl to worry.

inquieto, ta adj **1.** [preocupado] ▶ **inquieto (por)** worried o anxious (about) **2.** [agitado, emprendedor] restless.

inquietud sf [preocupación] worry, anxiety.

inquilino, na sm, f tenant.

inquirir [22] vt culto to inquire into, to investigate.

inquisición sf [indagación] inquiry, investigation. ◆ **Inquisición** sf [tribunal] Inquisition.

inquisidor, ra adj inquisitive.

◆ **inquisidor** sm inquisitor.

inrayable adj scratch-resistant.

insaciable adj insatiable.

insalubre adj *culto* insalubrious, unhealthy.

insatisfacción sf **1.** [disgusto, descontento] dissatisfaction **2.** [falta, carencia] lack of fulfilment.

insatisfecho, cha adj **1.** [descontento] dissatisfied **2.** [no saciado] not full, unsatisfied.

inscribir vt **1.** [grabar] ▶ **inscribir algo (en)** to engrave o inscribe sthg (on) **2.** [apuntar] ▶ **inscribir algo / a alguien (en)** to register sthg/sb (on). ◆ **inscribirse** vprnl ▶ **inscribirse (en)** a) [gen] to enrol (on) b) [asociación] to enrol (with) c) [concurso] to enter.

inscripción sf **1.** EDUC registration, enrolment ; [en censo, registro] registration ; [en partido etc] enrolment ; [en concursos etc] entry **2.** [escrito] inscription.

inscrito, ta pp ⟶ **inscribir**.

insecticida sm insecticide.

insecto sm insect.

inseguridad sf **1.** [falta de confianza] insecurity **2.** [duda] uncertainty **3.** [peligro] lack of safety.

inseguro, ra adj **1.** [sin confianza] insecure **2.** [dudoso] uncertain **3.** [peligroso] unsafe.

inseminación sf insemination ▶ **inseminación artificial** artificial insemination.

insensatez sf foolishness ▶ **hacer / decir una insensatez** to do/say sthg foolish.

insensato, ta ◆ adj foolish, senseless. ◆ sm, f fool.

insensibilidad sf [emocional] insensitivity ; [física] numbness.

insensible adj **1.** [indiferente] ▶ **insensible (a)** insensitive (to) **2.** [entumecido] numb **3.** [imperceptible] imperceptible.

inseparable adj inseparable.

insertar vt [gen & INFORM] ▶ **insertar (en)** to insert (into).

inservible adj useless, unserviceable.

insidioso, sa adj malicious.

insigne adj distinguished, illustrious.

insignia sf **1.** [distintivo] badge ; MIL insignia **2.** [bandera] flag, banner.

insignificante adj insignificant.

insinuar [6] vt ▶ **insinuar algo (a)** to hint at o insinuate sthg (to). ◆ **insinuarse** vprnl **1.** [amorosamente] ▶ **insinuarse (a)** to make advances (to) **2.** [asomar] : **insinuarse detrás de algo** to peep out from behind sthg.

insípido, da adj *lit + fig* insipid.

insistencia sf insistence.

insistir vi ▶ **insistir (en)** to insist (on).

insociable adj unsociable.

insolación sf MED sunstroke (U) / **coger una insolación** to get sunstroke.

insolencia sf insolence.

insolente adj [descarado] insolent ; [orgulloso] haughty.

insolidario, ria adj lacking in solidarity.

insólito, ta adj very unusual.

insoluble adj insoluble.

insolvencia sf insolvency.

insolvente adj insolvent.

insomnio sm insomnia.

insondable adj *lit + fig* unfathomable.

insonorizar [13] vt to soundproof.

insoportable adj unbearable, intolerable.

insostenible adj untenable.

inspección sf inspection ; [policial] search / **inspección ocular** visual inspection.

inspeccionar vt to inspect ; [suj: policía] to search.

inspector, ra sm, f inspector ▶ **inspector de aduanas** customs official ▶ **inspector de Hacienda** tax inspector.

inspiración sf **1.** [gen] inspiration **2.** [respiración] inhalation, breath.

inspirar vt **1.** [gen] to inspire **2.** [respirar] to inhale, to breathe in. ◆ **inspirarse** vprnl ▶ **inspirarse (en)** to be inspired (by).

instagram sm INTERNET instagram.

instalación sf **1.** [gen] installation ▶ **instalación eléctrica** wiring **2.** [de gente] settling. ◆ **instalaciones** sfpl [deportivas etc] facilities.

instalar vt **1.** [montar - antena etc] to instal, to fit ; [- local, puesto etc] to set up **2.** [situar - objeto] to place ; [- gente] to settle. ◆ **instalarse** vprnl [establecerse] ▶ **instalarse en a)** to settle (down) in b) [nueva casa] to move into.

instancia sf **1.** [solicitud] application (form) **2.** [ruego] request ▶ **a instancias de** at the request o bidding of ▶ **en última instancia** as a last resort.

instantáneo, a adj **1.** [momentáneo] momentary **2.** [rápido] instantaneous. ◆ **instantánea** sf snapshot, snap.

instante sm moment ▶ **a cada instante** all the time, constantly ▶ **al instante** instantly, immediately ▶ **en un instante** in a second.

instar vt ▶ **instar a alguien a que haga algo** to urge o press sb to do sthg.

instaurar vt to establish, to set up.

instigar [16] vt ▶ **instigar a alguien (a que haga algo)** to instigate sb (to do sthg) ▶ **instigar a algo** to incite to sthg.

instintivo, va adj instinctive.

instinto sm instinct ▶ **por instinto** instinctively / **instinto maternal** maternal instinct / **instinto de supervivencia** survival instinct.

institución sf **1.** [gen] institution ▶ **ser una institución** *fig* to be an institution **2.** [de ley, sistema] introduction ; [de organismo] establish-ment ; [de premio] foundation.

institucional adj institutional.

instituir [51] vt [fundar - gobierno] to establish ; [- premio, sociedad] to found ; [- sistema, reglas] to introduce.

instituto sm **1.** [corporación] institute **2.** EDUC ▶ **instituto (de Enseñanza Secundaria)** state secondary school ▶ **instituto de Formación Profesional** ≃ technical college. ◆ **instituto de belleza** sm beauty salon.

institutriz sf governess.

instrucción sf **1.** [conocimientos] education ; [docencia] instruction **2.** [DER - investigación] preliminary investigation ; [- curso del proceso] proceedings *pl*. ◆ **instrucciones** sfpl [de uso] instructions.

instructivo, va adj [gen] instructive ; [juguete, película] educational.

instructor, ra ❖ adj training. ❖ sm, f [gen] instructor, teacher ; DEP coach.

instruido, da adj educated.

instruir [51] vt [enseñar] to instruct.

instrumental sm instruments *pl*.

instrumentista smf **1.** MÚS instrumentalist **2.** MED surgeon's assistant.

instrumento sm **1.** *fig* MÚS instrument **2.** [he-rramienta] tool, instrument.

insubordinado, da adj insubordinate.

insubordinar vt to incite to rebellion.
◆ **insubordinarse** vprnl to rebel.

insubstancial = **insustancial**.

insuceso sm [AM] unfortunate incident.

insuficiencia sf **1.** [escasez] lack, shortage **2.** MED failure ▶ **insuficiencia cardiaca / renal** heart/kidney failure.

insuficiente ❖ adj insufficient. ❖ sm [nota] fail.

insufrible adj intolerable, insufferable.

insular adj insular, island *(antes de sust)*.

insulina sf insulin.

insulso, sa adj *lit + fig* bland, insipid.

insultante adj insulting, offensive.

insultar vt to insult.

insulto sm insult.

insumiso, sa ❖ adj rebellious. ❖ sm, f [gen] rebel ; MIL *person who refuses to do military or community service*.

insuperable adj **1.** [inmejorable] unsurpassable **2.** [sin solución] insurmountable, insuperable.

insurrección sf insurrection, revolt.

insustancial, insubstancial adj insubstantial.

intachable adj irreproachable.

intacto, ta adj untouched ; *fig* intact.

integración sf integration ▶ **integración racial** racial integration.

integral adj **1.** [total] total, complete **2.** [sin refinar - pan, harina, pasta] wholemeal ; [- arroz] brown.

integrante ❖ adj integral, constituent / *estado integrante de la CE* member state of the EC. ❖ smf member.

integrar vt **1.** [gen & MAT] to integrate **2.** [com-poner] to make up. ◆ **integrarse** vprnl to in-tegrate.

integridad sf [gen] integrity ; [totalidad] whole-ness.

íntegro, gra adj **1.** [completo] whole, entire ; [versión etc] unabridged **2.** [honrado] honourable.

intelecto sm intellect.

intelectual adj & smf intellectual.

inteligencia sf intelligence ▶ **inteligencia artificial** INFORM artificial intelligence / *inteligencia emocional* emotional intelligence.

inteligente adj [gen & INFORM] intelligent.

inteligible adj intelligible.

intemperie sf ▶ **a la intemperie** in the open air.

intempestivo, va adj [clima, comentario] harsh ; [hora] ungodly, unearthly ; [proposición, visita] inopportune.

intención sf intention / *con intención* intention-ally / *sin intención* without meaning to ▶ **tener la intención de** to intend to / *tener malas intenciones* to be up to no good ▶ **buena / mala intención** good/bad intentions *pl* / *segunda intención* underhandedness, duplicity / *intención de voto* voting intention / *de buenas intenciones está el infierno lleno* prov the road to hell is paved with good intentions.

intencionado, da adj intentional, deliberate ▶ **bien intencionado** a) [acción] well-meant b) [persona] well-meaning.

intendencia sf **1.** [gen] management, admin-istration **2.** [RP] [corporación municipal] town council [UK], city council [US] **3.** [RP] [edificio] town hall, city hall [US] **4.** [CHILE] [gobernación] regional government.

intendente sm **1.** [militar] quartermaster **2.** [RP] [alcalde] mayor **3.** [CHILE] [gobernador] provincial governor.

intensidad sf [gen] intensity ; [de lluvia] heavi-ness ; [de luz, color] brightness ; [de amor] pas-sion, strength.

intensificar [10] vt to intensify.
◆ **intensificarse** vprnl to intensify.

intensivo, va adj intensive.

intenso, sa adj [gen] intense ; [lluvia] heavy ; [luz, color] bright ; [amor] passionate, strong.

intentar vt ▶ **intentar (hacer algo)** to try (to do sthg).

intento sm [tentativa] attempt ; [intención] intention ▶ **intento de golpe / robo** attempted coup / robbery / *intento de suicidio* suicide attempt.

interactivo, va adj INFORM interactive.

intercalar vt to insert, to put in.

intercambiable adj interchangeable.

intercambiador sm : *intercambiador (de transportes)* Esp (rail/bus) interchange.

intercambiar [8] vt to exchange ; [lugares, posiciones] to change, to swap.

intercambio sm exchange / *hacer un intercambio* to go on an exchange programme ▶ **intercambio comercial** trade.

interceder vi ▶ **interceder (por alguien)** to intercede (on sb's behalf).

interceptar vt 1. [detener] to intercept 2. [obstruir] to block.

intercity [inter'θiti] sm [tren] intercity (train).

interés sm 1. [gen & FIN] interest ▶ **de interés** interesting / *esperar algo con interés* to await sthg with interest ▶ **tener interés en o por** to be interested in / *tengo interés en que venga pronto* it's in my interest that he should come soon / *interés acumulado* accrued interest / *interés compuesto* compound interest / *interés simple* simple interest ▶ **intereses creados** vested interests 2. [egoísmo] self-interest ▶ **por interés** out of selfishness.

interesado, da ⬦ adj 1. [gen] ▶ **interesado (en o por)** interested (in) 2. [egoísta] selfish, self-interested. ⬦ sm, f [gen] interested person ▶ **los interesados** those interested.

interesante adj interesting / *hacerse el /la interesante* to try to draw attention to oneself.

interesar vi to interest / *le interesa el arte* she's interested in art. ➤ **interesarse** vprnl ▶ **interesarse (en o por)** to take an interest (in), to be interested (in) / *se interesó por tu salud* she asked after your health.

interfaz sf INFORM interface.

interferencia sf interference.

interferir [27] ⬦ vt 1. TELECOM, RADIO & TV to jam 2. [interponerse] to interfere with. ⬦ vi ▶ **interferir (en)** to interfere (in).

interfono sm intercom.

interino, na ⬦ adj [gen] temporary ; [presidente, director etc] acting ; [gobierno] interim. ⬦ sm, f [gen] stand-in ; [médico, juez] locum ; [profesor] supply teacher. ➤ **interina** sf [asistenta] cleaning lady.

interior ⬦ adj 1. [gen] inside, inner ; [patio, jardín etc] interior, inside ; [habitación, vida] inner 2. POLÍT domestic 3. GEOGR inland. ⬦ sm 1. [parte de dentro] inside, interior 2. GEOGR interior 3. [de una persona] inner self / *en mi interior* deep down. ➤ **interiores** sfpl CINE interiors.

interiorismo sm interior design.

interiorizar [13] vt to internalize ; [sentimientos] to bottle up.

interjección sf interjection.

interlocutor, ra sm, f interlocutor, speaker / *su interlocutor* the person she was speaking to.

intermediario, ria sm, f [gen] intermediary ; COM middleman ; [en disputas] mediator.

intermedio, dia adj 1. [etapa] intermediate, halfway ; [calidad] average ; [tamaño] medium 2. [tiempo] intervening ; [espacio] in between. ➤ **intermedio** sm [gen & TEATRO] interval ; CINE intermission.

interminable adj endless, interminable.

intermitente ⬦ adj intermittent. ⬦ sm indicator.

internación sf hospitalization.

internacional adj international.

internado, da adj [en manicomio] confined ; [en colegio] boarding ; POLÍT interned. ➤ **internado** sm [colegio] boarding school.

internar vt ▶ **internar (en)** a) [internado] to send to boarding school (at) b) [manicomio] to commit (to) c) [campo de concentración] to intern (in). ➤ **internarse** vprnl ▶ **internarse (en)** a) [un lugar] to go o penetrate deep (into) b) [un tema] to become deeply involved (in).

internauta smf Internet user.

Internet sf ▶ **(la) Internet** the Internet ▶ **en Internet** on the Internet.

interno, na ⬦ adj 1. [gen] internal ; POLÍT domestic 2. [alumno] boarding. ⬦ sm, f 1. [alumno] boarder 2. ⟶ **médico** 3. [preso] prisoner, inmate.

interpelación sf formal question.

interpolar vt to interpolate, to put in.

interponer [65] vt 1. [gen] to interpose, to put in 2. DER to lodge, to make. ➤ **interponerse** vprnl to intervene.

interpretación sf 1. [explicación] interpretation / *mala interpretación* misinterpretation 2. [artística] performance 3. [traducción] interpreting.

interpretar vt 1. [gen] to interpret 2. [artísticamente] to perform.

intérprete smf 1. [traductor & INFORM] interpreter 2. [artista] performer.

interpuesto, ta pp ⟶ **interponer**.

interrail sm InterRail pass.

interrogación sf 1. [acción] questioning 2. [signo] question mark.

interrogante sm o sf [incógnita] question mark.

interrogar [16] vt 1. [gen] to question ; [con amenazas etc] to interrogate.

interrogatorio sm [gen] questioning ; [con amenazas] interrogation.

interrumpir vt **1.** [gen] to interrupt **2.** [discurso, trabajo] to break off ; [viaje, vacaciones] to cut short.

interrupción sf **1.** [gen] interruption / *interrupción (voluntaria) del embarazo* termination of pregnancy **2.** [de discurso, trabajo] breaking-off ; [de viaje, vacaciones] cutting-short.

interruptor sm switch.

intersección sf intersection.

interurbano, na adj inter-city ; TELECOM long-distance.

intervalo sm **1.** [gen & MÚS] interval ; [de espacio] space, gap ▸ **a intervalos** at intervals **2.** [duración] : *en el intervalo de un mes* in the space of a month.

intervención sf **1.** [gen] intervention **2.** [discurso] speech ; [interpelación] contribution **3.** COM auditing **4.** MED operation **5.** TELECOM tapping.

intervenir [75] ◇ vi **1.** [participar] ▸ **intervenir (en) a)** [gen] to take part (in) **b)** [pelea] to get involved (in) **c)** [discusión etc] to make a contribution (to) **2.** [dar un discurso] to make a speech **3.** [interferir] ▸ **intervenir (en)** to intervene (in) **4.** MED to operate. ◇ vt **1.** MED to operate on **2.** TELECOM to tap **3.** [incautar] to seize **4.** COM to audit.

interventor, ra sm, f COM auditor.

interviú (pl **interviús**) sf interview.

intestino, na adj internecine. ◆ **intestino** sm intestine ▸ **intestino delgado / grueso** small / large intestine.

intimar vi ▸ **intimar (con)** to become intimate o very friendly (with).

intimidad sf **1.** [vida privada] private life ; [privacidad] privacy ▸ **en la intimidad** in private **2.** [amistad] intimacy.

íntimo, ma ◇ adj **1.** [vida, fiesta] private ; [ambiente, restaurante] intimate **2.** [relación, amistad] close **3.** [sentimiento etc] innermost ▸ **en lo (más) íntimo de su corazón / alma** deep down in her heart/soul. ◇ sm, f close friend.

intocable adj **1.** [impalpable] untouchable **2.** [persona, institución] above criticism.

intolerable adj intolerable, unacceptable ; [dolor, ruido] unbearable.

intolerancia sf [actitud] intolerance.

intolerante ◇ adj intolerant. ◇ smf intolerant person.

intoxicación sf poisoning (U) ▸ **intoxicación alimenticia** food poisoning / *intoxicación etílica* alcohol poisoning.

intoxicar [10] vt to poison.

intranquilizar [13] vt to worry. ◆ **intranquilizarse** vprnl to get worried.

intranquilo, la adj [preocupado] worried, uneasy ; [nervioso] restless.

intransferible adj non-transferable.

intransigente adj intransigent.

intransitable adj impassable.

intrascendente adj insignificant, unimportant.

intrépido, da adj intrepid.

intriga sf **1.** [curiosidad] curiosity ▸ **de intriga** suspense *(antes de sust)* **2.** [maquinación] intrigue **3.** [trama] plot.

intrigar [16] vt & vi to intrigue.

intrincado, da adj [problema etc] intricate.

intríngulis sm inv *fam* : *tiene su intríngulis* it is quite tricky.

intrínseco, ca adj intrinsic.

introducción sf ▸ **introducción (a)** introduction (to).

introducir [33] vt **1.** [meter - llave, carta etc] to put in, to insert **2.** [mercancías etc] to bring in, to introduce **3.** [dar a conocer] ▸ **introducir a alguien en** to introduce sb to ▸ **introducir algo en** to introduce o bring sthg to. ◆ **introducirse** vprnl ▸ **introducirse en** to get into.

introductorio, ria adj introductory.

intromisión sf meddling, interfering.

introspectivo, va adj introspective.

introvertido, da adj & sm, f introvert.

intruso, sa sm, f intruder / *intruso informático* hacker.

intuición sf intuition.

intuir [51] vt to know by intuition, to sense.

intuitivo, va adj intuitive.

inundación sf flood, flooding (U).

inundar vt to flood ; *fig* to inundate. ◆ **inundarse** vprnl to flood ▸ **inundarse de** *fig* to be inundated o swamped with.

inusitado, da adj uncommon, rare.

inusual adj unusual.

inútil adj **1.** [gen] useless ; [intento, esfuerzo] unsuccessful, vain **2.** [inválido] disabled.

inutilidad sf [gen] uselessness ; [falta de sentido] pointlessness.

inutilizar [13] vt [gen] to make unusable ; [máquinas, dispositivos] to disable.

invadir vt to invade / *la invade la tristeza* she's overcome by sadness.

invalidez sf **1.** MED disability ▸ **invalidez permanente / temporal** permanent/temporary disability **2.** DER invalidity.

inválido, da ◇ adj **1.** MED disabled **2.** DER invalid. ◇ sm, f invalid, disabled person ▸ **los inválidos** the disabled.

invalorable adj [C.SUR] invaluable.

invariable adj invariable.

invasión sf invasion.

invasor, ra ◇ adj invading. ◇ sm, f invader.

invención sf invention.

inventar vt [gen] to invent ; [narración, false-dades] to make up. ◆ **inventarse** vprnl to make up.

inventariar vt to inventory.

inventario sm inventory.

inventiva sf inventiveness.

invento sm invention.

inventor, ra sm, f inventor.

invernadero, invernáculo sm greenhouse.

invernar [19] vi [pasar el invierno] to (spend the) winter ; [hibernar] to hibernate.

inverosímil adj unlikely, improbable.

inversión sf **1.** [del orden] inversion **2.** [de dinero, tiempo] investment.

inversionista smf investor.

inverso, sa adj opposite, inverse ▸ **a la inversa** the other way round ▸ **en orden inverso** in reverse order.

inversor, ra sm, f COM & FIN investor.

invertebrado, da adj invertebrate.
◆ **invertebrado** sm invertebrate.

invertido, da adj **1.** [al revés] reversed, inverted ; [sentido, dirección] opposite **2.** [homosexual] homosexual.

invertir [27] vt **1.** [gen] to reverse ; [poner boca abajo] to turn upside down **2.** [dinero, tiempo, esfuerzo] to invest **3.** [tardar - tiempo] to spend.

investidura sf investiture.

investigación sf **1.** [estudio] research ▸ **investigación y desarrollo** research and development **2.** [indagación] investigation, inquiry ▸ **investigación judicial** judicial inquiry.

investigador, ra sm, f **1.** [estudioso] researcher **2.** [detective] investigator.

investigar [16] ◆ vt **1.** [estudiar] to research **2.** [indagar] to investigate. ◆ vi **1.** [estudiar] to do research **2.** [indagar] to investigate.

investir [26] vt ▸ **investir a alguien con algo** to invest sb with sth.

inveterado, da adj deep-rooted.

inviable adj impractical, unviable.

invidente smf blind o sightless person ▸ **los invidentes** the blind.

invierno sm winter / **invierno nuclear** nuclear winter.

invisible adj invisible.

invitación sf invitation.

invitado, da sm, f guest.

invitar ◆ vt **1.** [convidar] ▸ **invitar a alguien (a algo / a hacer algo)** to invite sb (to sth / to do sth) **2.** [pagar] : *os invito* it's my treat, this one's on me / *te invito a cenar fuera* I'll take you out for dinner. ◆ vi to pay / *invita la casa* it's on the house. ◆ **invitar a** vi *fig* [incitar] ▸ **invitar a algo** to encourage sth / *la lluvia invita a*

quedarse en casa the rain makes you want to stay at home.

in vitro loc adv **1.** [de probeta] in vitro **2.** → **fecundación**.

invocar [10] vt to invoke.

involucrado, da adj involved.

involucrar vt ▸ **involucrar a alguien (en)** to involve sb (in). ◆ **involucrarse** vprnl ▸ **involucrarse (en)** to get involved (in).

involuntario, ria adj [espontáneo] involuntary ; [sin querer] unintentional.

invulnerable adj ▸ **invulnerable (a)** immune (to), invulnerable (to).

inyección sf injection.

inyectar vt to inject. ◆ **inyectarse** vprnl [drogas] to take drugs intravenously ▸ **inyectarse algo** to inject o.s. with sth.

iodo = **yodo**.

ion sm ion.

IPC (*abr de* índice de precios al consumo) sm *Spanish cost of living index* ; ≃ RPI **UK**.

iPhone® ['aifon, 'ifon] sm iPhone®.

iPod® ['aipod, 'ipod] sm iPod®.

ir [61] vi **1.** [gen] to go ▸ **ir hacia el sur / al cine** to go south / to the cinema / **ir en autobús / coche** to go by bus / car / **ir en avión** to fly / **ir en bicicleta** to ride / **ir andando** to go on foot, to walk / *¡vamos!* let's go! **2.** [expresa duración gradual] ▸ **ir haciendo algo** to be (gradually) doing sth / *va anocheciendo* it's getting dark / *voy mejorando mi estilo* I'm working on improving my style **3.** [expresa intención, opinión] ▸ **ir a hacer algo** to be going to do sth / *voy a decírselo a tu padre* I'm going to tell your father **4.** [cambiar] : *ir a mejor / peor etc.* to get better / worse etc. **5.** [funcionar] to work / *la manivela va floja* the crank is loose / *la televisión no va* the television isn't working **6.** [desenvolverse] to go / *le va bien en su nuevo trabajo* things are going well for him in his new job / *su negocio va mal* his business is going badly ▸ *¿cómo te va?* how are you doing? **7.** [vestir] ▸ **ir en / con** to wear / *iba en camisa y con corbata* he was wearing a shirt and tie / *ir de azul / de uniforme* to be dressed in blue / in uniform **8.** [tener aspecto físico] to look like / *iba hecho un pordiosero* he looked like a beggar **9.** [vacaciones, tratamiento] ▸ **irle bien a alguien** to do sb good **10.** [ropa] ▸ **irle (bien) a alguien** to suit sb ▸ **ir con algo** to go with sth **11.** [comentario, indirecta] ▸ **ir con o por alguien** to be meant for sb, to be aimed at sb **12.** *loc* : *fue y dijo que ...* he went and said that ... ▸ **ni me va ni me viene** *fam* I don't care ▸ *¿pero tú de qué vas?* **ESP** who do you think you are? ▸ *¡qué va!* you must be joking! ▸ **ser el no va más** to be the ultimate. ◆ **ir de** vi **1.** [película, novela] to be about **2.** *fig* [persona] to think o.s. / **va de listo** he thinks he's clever. ◆ **ir por** vi **1.** [buscar] ▸ **ir por algo/alguien** to go and get sthg/sb, to go and fetch sthg/sb **2.** [alcanzar] : **va por el cuarto vaso de vino** he's already on his fourth glass of wine / **vamos por la mitad de la asignatura** we covered about half the subject. ◆ **irse** vprnl **1.** [marcharse] to go, to leave ▸ **irse a** to go to / **¡vete!** go away! **2.** [gastarse, desaparecer] to go **3.** loc ▸ **irse abajo a)** [edificio] to fall down **b)** [negocio] to collapse **c)** [planes] to fall through.

ira sf anger, rage.

iracundo, da adj angry, irate ; [irascible] irascible.

Irán npr ▸ **(el) Irán** Iran.

iraní (pl **iraníes** o **iranís**) adj & smf Iranian.

Iraq npr ▸ **(el) Iraq** Iraq.

iraquí (pl **iraquíes** o **iraquís**) adj & smf Iraqi.

irascible adj irascible.

iris sm inv iris.

Irlanda npr Ireland.

irlandés, esa ◆ adj Irish. ◆ sm, f [persona] Irishman (Irishwoman) ▸ **los irlandeses** the Irish. ◆ **irlandés** sm [lengua] Irish.

ironía sf irony.

irónico, ca adj ironic, ironical.

ironizar [13] ◆ vt to ridicule. ◆ vi ▸ **ironizar (sobre)** to be ironical (about).

IRPF (abr de **impuesto sobre la renta de las personas físicas**) sm Spanish personal income tax.

irracional adj irrational.

irradiar [8] vt lit + fig to radiate.

irreal adj unreal.

irreconciliable adj irreconcilable.

irreconocible adj unrecognizable.

irrecuperable adj irretrievable.

irreductible adj unyielding.

irreflexión sf rashness.

irreflexivo, va adj rash.

irrefutable adj irrefutable.

irregular adj [gen] irregular ; [terreno, superficie] uneven.

irregularidad sf [gen] irregularity ; [de terreno, superficie] unevenness.

irrelevante adj irrelevant.

irremediable adj irremediable.

irremplazable adj irreplaceable.

irreparable adj irreparable.

irresistible adj irresistible.

irresoluto, ta adj culto irresolute.

irrespetuoso, sa adj disrespectful.

irrespirable adj unbreathable.

irresponsable adj irresponsible.

irrestricto, da adj **Am** unconditional, complete.

irreverente adj irreverent.

irreversible adj irreversible.

irrevocable adj irrevocable.

irrigar [16] vt to irrigate.

irrisorio, ria adj **1.** [excusa etc] laughable, derisory **2.** [precio etc] ridiculously low.

irritable adj irritable.

irritación sf irritation.

irritado, da adj irritated.

irritante adj irritating.

irritar vt to irritate. ◆ **irritarse** vprnl **1.** [enfadarse] to get angry o annoyed **2.** [suj: piel etc] to become irritated.

irrompible adj unbreakable.

irrupción sf bursting in.

isla sf island.

islam sm Islam.

islamismo sm Islam.

islamista adj & smf Islamist.

islandés, esa ◆ adj Icelandic. ◆ sm, f [persona] Icelander. ◆ **islandés** sm [lengua] Icelandic.

Islandia npr Iceland.

isleño, ña ◆ adj island (antes de sust). ◆ sm, f islander.

islote sm small, rocky island.

Israel npr Israel.

israelí (pl **israelíes** o **israelís**) adj & smf Israeli.

istmo sm isthmus.

itacate sm **Méx** packed lunch.

Italia npr Italy.

italiano, na adj & sm, f Italian. ◆ **italiano** sm [lengua] Italian.

itálico, ca adj ⟶ **letra**.

item, ítem sm **1.** [cosa & DER] item **2.** INFORM element.

iteración sf **1.** [repetición] reiteration **2.** INFORM iteration.

itinerancia sf TELECOM roaming.

itinerante adj itinerant ; [embajador] roving.

itinerario sm route, itinerary.

ITV (abr de **inspección técnica de vehículos**) sf annual technical inspection for motor vehicles of ten years or more ; ≃ MOT **UK**.

IVA (abr de **impuesto sobre el valor añadido**) sm VAT.

izar [13] vt to raise, to hoist.

izda (abr escrita de **izquierda**) L, l.

izqda (abr escrita de **izquierda**) L, l.

izquierda sf ⟶ **izquierdo**.

izquierdo, da adj left. ◆ **izquierda** sf **1.** [lado] left ▸ **a la izquierda (de)** on o to the left (of) / **girar a la izquierda** to turn left **2.** [mano] left hand **3.** POLÍT left (wing) ▸ **de izquierdas** left-wing.

J

J, J sf [letra] j, J.

ja interj ▸ ¡ja! ha!

jabalí (*pl* jabalíes o jabalís) sm wild boar.

jabalina sf DEP javelin.

jabato, ta adj brave.

jabón sm soap.

jabonar vt to soap.

jabonera sf soap dish.

jaca sf [caballo pequeño] pony ; [yegua] mare.

jacal sm [Méx] hut.

jacinto sm hyacinth.

jactarse vprnl ▸ jactarse (de) to boast (about o of).

jacuzzi® [ja'kusi] sm Jacuzzi®.

jade sm jade.

jadear vi to pant.

jadeo sm panting.

jaguar (*pl* jaguars) sm jaguar.

jaiba sf [ANDES] [CAM] [CARIB] [MÉX] crayfish.

jalar ◆ vi *mfam* to pig (out), to scoff. ◆ vt [ANDES] [CAM] [CARIB] [MÉX] [tirar] to pull.

jalea sf jelly ▸ jalea real royal jelly.

jalear vt to cheer on.

jaleo sm **1.** *fam* [alboroto] row, rumpus **2.** *fam* [lío] mess, confusion.

jalón sm **1.** [palo] marker pole **2.** [Am] pull.

jalonar vt to stake o mark out ; *fig* to mark.

Jamaica npr Jamaica.

jamás adv never / *no lo he visto jamás* I've never seen him / *la mejor película que jamás se haya hecho* the best film ever made ▸ jamás de los jamases never ever.

jamón sm ham ▸ jamón (de) York o (en) dulce boiled ham ▸ jamón serrano cured ham ; ≃ Parma ham.

Japón npr ▸ (el) Japón Japan.

japonés, esa adj & sm, f Japanese. ◆ japonés sm [lengua] Japanese.

jaque sm ▸ jaque mate checkmate.

jaqueca sf migraine.

jarabe sm syrup ▸ jarabe para la tos cough mixture o syrup.

jarana sf [juerga] ▸ estar/irse de jarana to be/go out on the town.

jaranero, ra adj fond of partying.

jardín sm garden, yard [US] ▸ jardín botánico botanical garden / *jardín zoológico* zoological garden, zoo. ◆ jardín de infancia sm kindergarten, nursery school.

jardinera ⟶ jardinero.

jardinería sf gardening.

jardinero, ra sm, f gardener. ◆ jardinera sf flowerpot stand.

jarra sf **1.** [para servir] jug **2.** [para beber] tankard. ◆ en jarras loc adv [postura] hands on hips.

jarro sm jug.

jarrón sm vase.

jaspeado, da adj mottled, speckled.

jauja sf *fam* paradise.

jaula sf cage.

jauría sf pack of dogs.

jazmín sm jasmine.

jazz [jas] sm jazz.

JC (*abr escrita de* Jesucristo) JC.

je interj ▸ ¡je! ha!

jeep [jip] (*pl* jeeps) sm jeep.

jefa ⟶ jefe.

jefatura sf **1.** [cargo] leadership **2.** [organismo] headquarters, head office.

jefe, fa sm, f [gen] boss ; COM manager (manageress) ; [líder] leader ; [de tribu, ejército] chief ; [de departamento etc] head ▸ en jefe MIL in-chief ▸ jefe de cocina chef ▸ jefe de estación stationmaster ▸ jefe de Estado head of state ▸ jefe de estudios deputy head ▸ jefe de producción / ventas production/sales manager ▸ jefe de redacción editor-in-chief.

jején sm [Am] [insecto] ≃ midge.

jengibre sm ginger.

jeque sm sheikh.

jerarquía sf **1.** [organización] hierarchy **2.** [persona] high-ranking person, leader.

jerárquico, ca adj hierarchical.

jerez sm sherry.

jerga sf jargon ; [argot] slang.

jeringuilla sf syringe.

jeroglífico, ca adj hieroglyphic.
◆ jeroglífico sm **1.** [inscripción] hieroglyphic **2.** [pasatiempo] rebus.

jerséi (*pl* jerséis), **jersey** (*pl* jerseys) sm jumper, pullover.

Jerusalén npr Jerusalem.

Jesucristo npr Jesus Christ.

jesuita adj & sm Jesuit.

Jesús interj ▸ ¡jesús! a) [sorpresa] good heavens! b) [tras estornudo] bless you!

jet [jet] (*pl* jets) sm jet.

jeta *mfam* sf [cara] mug, face ▸ tener (mucha) jeta to be a cheeky bugger.

jet-set ['jetset] sf jet set.

jíbaro, ra ◆ adj Jívaro (antes de sust). ◆ sm, f **1.** [indio] Jívaro **2.** [Ven] *fam* [traficante] pusher.

Jibuti npr Djibouti.

jícama sf yam bean, jicama.

jícara sf **CAM MÉX VEN 1.** [calabaza] calabash, gourd **2.** [taza] mug.

jilguero sm goldfinch.

jilipollada = gilipollada.

jilipollas = gilipollas.

jinete smf rider ; [yóquey] jockey.

jinetera sf **CUBA** fam prostitute.

jirafa sf ZOOL giraffe.

jirón sm [andrajo] shred, rag ▸ **hecho jirones** in tatters.

jitomate sm **CAM MÉX** tomato.

JJ OO (abr escrita de **juegos olímpicos**) smpl Olympic Games.

jockey ['jokei] = **yóquey**.

jocoso, sa adj jocular.

joda sf **RP VEN** mfam **1.** [fastidio] pain in the arse **UK** o ass **US 2.** [broma] piss-take / ¡no te enojes!, lo dije / hice en joda don't be angry, I was just pissing around **3.** [fiesta] : los espero el sábado en casa, va a haber joda I'll see you at my place on Saturday, we're having a bash.

joder vulg vi **1.** [copular] to fuck **2.** [fastidiar] to be a pain in the arse ▸ **¡no jodas!** [incredulidad] bollocks!, pull the other one! ◆ **joderse** vprnl vulg **1.** [aguantarse] to fucking well put up with it / ¡que se joda! he can fuck off! / ¡hay que joderse! you'll just have to grin and bear it! **2.** [estropearse] to get fucked (up) **3.** [romperse] to go bust.

jofaina sf wash basin.

jogging ['joyin] sm **1.** jogging / hacer jogging to go jogging **2.** **RP** [ropa] tracksuit, jogging suit.

jolgorio sm merrymaking.

jolín, jolines interj fam ▸ **¡jolín!** hell!, Christ!

jondo — **cante**.

Jordania npr Jordan.

jornada sf **1.** [de trabajo] working day ▸ **jornada intensiva** working day from 8 to 3 with only a short lunch break ▸ **jornada laboral** working day ▸ **media jornada** half day ▸ **jornada partida** typical Spanish working day from 9 to 1 and 4 to 7 **2.** [de viaje] day's journey **3.** DEP round of matches, programme. ◆ **jornadas** sfpl [conferencia] conference sg.

jornal sm day's wage.

jornalero, ra sm, f day labourer.

joroba sf hump.

jorobado, da ◆ adj [con joroba] hunchbacked. ◆ sm, f hunchback.

jorongo sm **MÉX 1.** [manta] blanket **2.** [poncho] poncho.

jota sf **1.** [baile] Aragonese folk song and dance **2.** [loc] ▸ **no entender** o **saber ni jota** fam not to understand o know a thing.

joto sm **MÉX** fam despec queer **UK**, faggot **US**.

joven ◆ adj young. ◆ smf young man (young woman) ▸ **los jóvenes** young people.

jovial adj jovial, cheerful.

joya sf jewel ; fig gem.

joyería sf **1.** [tienda] jeweller's (shop) **2.** [arte, comercio] jewellery.

joyero, ra sm, f [persona] jeweller. ◆ **joyero** sm [estuche] jewellery box.

joystick ['joistik] (pl joysticks) sm joystick.

JPEG (abr de **Joint Photographic Expert Group**) sm INFORM JPEG.

juanete sm bunion.

jubilación sf [retiro] retirement ▸ **jubilación anticipada** early retirement / jubilación forzosa compulsory retirement / jubilación voluntaria voluntary retirement.

jubilado, da ◆ adj retired. ◆ sm, f pensioner **UK**, senior citizen.

jubilar vt ▸ **jubilar a alguien (de)** to pension sb off o retire sb (from). ◆ **jubilarse** vprnl to retire.

jubileo sm RELIG jubilee.

júbilo sm jubilation, joy.

judaísmo sm Judaism.

judía sf bean.

judicial adj judicial.

judío, a ◆ adj Jewish. ◆ sm, f Jew (Jewess).

judo = **yudo**.

juega → **jugar**.

juego sm **1.** [gen & DEP] game ; [acción] play, playing ; [con dinero] gambling ▸ **abrir / cerrar el juego** to begin/finish the game ▸ **juego de azar** game of chance ▸ **juego de manos** conjuring trick ▸ **juego de palabras** play on words, pun ▸ **juego sucio / limpio** foul/clean play ▸ **descubrirle el juego a alguien** to see through sb ▸ **estar (en) fuera de juego** a) DEP to be offside b) fig not to know what's going on **2.** [conjunto de objetos] set ▸ **juego de herramientas** tool kit ▸ **juego de llaves / sábanas** set of keys/sheets ▸ **hacer juego (con)** to match. ◆ **Juegos Olímpicos** smpl Olympic Games.

juerga sf fam rave-up.

juerguista smf fam reveller.

jueves sm inv Thursday ▸ **Jueves Santo** Maundy Thursday. Ver también **sábado**.

juez smf **1.** DER judge ▸ **juez de paz** Justice of the Peace **2.** [DEP - gen] judge ; [- en atletismo] official ▸ **juez de línea** a) [fútbol] linesman b) [rugby] touch judge ▸ **juez de salida** starter ▸ **juez de silla** umpire.

jugada sf **1.** DEP period of play ; [en tenis, pingpong] rally ; [en fútbol, rugby etc] move ; [en ajedrez etc] move ; [en billar] shot **2.** [treta] dirty trick ▸ **hacer una mala jugada a alguien** to play a dirty trick on sb.

jugador, ra sm, f [gen] player ; [de juego de azar] gambler.

jugar [40] ❖ vi **1.** [gen] to play / *jugar al ajedrez* to play chess ▶ **jugar en un equipo** to play for a team / *te toca jugar* it's your turn o go ▶ **jugar limpio/sucio** to play clean/dirty / *jugar con algo* to play with sthg / *jugar contra alguien* to play (against) sb **2.** [con dinero] ▶ **jugar (a)** to gamble (on) ▶ **jugar (a la Bolsa)** to speculate (on the Stock Exchange). ❖ vt **1.** [gen] to play ; [ficha, pieza] to move **2.** [dinero] ▶ **jugar algo (a algo)** to gamble sthg (on sthg). ◆ **jugarse** vprnl **1.** [apostarse] to bet **2.** [arriesgar] to risk **3.** *loc* ▶ **jugársela a alguien** to play a dirty trick on sb.

jugarreta sf *fam* dirty trick.

juglar sm minstrel.

jugo sm **1.** [gen & ANAT] juice ; BOT sap / *jugos gástricos* gastric juices **2.** [interés] meat, substance ▶ **sacar jugo a algo/alguien** to get the most out of sthg/sb.

jugoso, sa adj **1.** [con jugo] juicy **2.** *fig* [picante] juicy ; [sustancioso] meaty, substantial.

juguete sm *lit + fig* toy *(antes de sust)* / *juguete educativo* educational toy.

juguetear vi to play (around) ▶ **juguetear con algo** to toy with sthg.

juguetería sf toy shop.

juguetón, ona adj playful.

juicio sm **1.** DER trial / *juicio civil* civil action / *juicio criminal* criminal trial **2.** [sensatez] (sound) judgement ; [cordura] sanity, reason ▶ **estar/no estar en su (sano) juicio** to be/not to be in one's right mind ▶ **perder el juicio** to lose one's reason, to go mad **3.** [opinión] opinion ▶ **a mi juicio** in my opinion. ◆ **Juicio Final** sm ▶ **el Juicio Final** the Last Judgement.

juicioso, sa adj sensible, wise.

julepe sm **1.** [juego de naipes] *type of card game* **2.** PRico RP *fam* [susto] scare, fright / *dar un julepe a alguien* to give sb a scare.

julio sm **1.** [mes] July **2.** FÍS joule. *Ver también* septiembre.

jumper sm CSur Méx [prenda] pinafore dress.

junco sm **1.** [planta] rush, reed **2.** [embarcación] junk.

jungla sf jungle.

junio sm June. *Ver también* septiembre.

júnior *(pl* juniors*)* adj inv **1.** DEP under-21 **2.** [hijo] junior.

junta sf **1.** [gen] committee ; [de empresa, examinadores] board ▶ **junta directiva** board of directors ▶ **junta militar** military junta **2.** [reunión] meeting **3.** [juntura] joint ▶ **junta de culata** gasket.

juntar vt [gen] to put together ; [fondos] to raise ; [personas] to bring together. ◆ **juntarse** vprnl **1.** [reunirse - personas] to get together ; [- ríos, caminos] to meet **2.** [arrimarse] to draw o move closer **3.** [convivir] to live together.

junto, ta ❖ adj **1.** [gen] together **2.** [próximo] close together. ❖ adv ▶ **todo junto a)** [ocurrir etc] all at the same time **b)** [escribirse] as one word. ◆ **junto a** loc prep **1.** [al lado de] next to **2.** [cerca de] right by, near. ◆ **junto con** loc prep together with.

juntura sf joint.

Júpiter sm Jupiter.

jurado, da adj **1.** [declaración etc] sworn **2.** → **guarda**. ◆ **jurado** sm **1.** [tribunal] jury **2.** [miembro] member of the jury.

juramento sm **1.** [promesa] oath **2.** [blasfemia] oath, curse.

jurar ❖ vt to swear ; [constitución etc] to pledge allegiance to / *te lo juro* I promise, I swear it ▶ **jurar por ... que** to swear by ... that. ❖ vi [blasfemar] to swear / *tenérsela jurada a alguien* to have it in for sb. ◆ **jurarse** vprnl : *jurársela(s) a alguien* *fam* to have it in for sb.

jurel sm scad, horse mackerel.

jurídico, ca adj legal.

jurisdicción sf jurisdiction.

jurisdiccional adj jurisdictional ; [aguas] territorial.

jurisprudencia sf [ciencia] jurisprudence ; [casos previos] case law.

jurista smf jurist.

justa sf HIST joust.

justamente adv **1.** [con justicia] justly **2.** [exactamente] exactly.

justicia sf **1.** [gen] justice ; [equidad] fairness, justice ▶ **hacer justicia** to do justice ▶ **ser de justicia** to be only fair ▶ **la justicia** the law.

justiciero, ra adj righteous.

justificación sf [gen & IMPR] justification.

justificante sm documentary evidence (U).

justificar [10] vt **1.** [gen & IMPR] to justify **2.** [excusar] ▶ **justificar a alguien** to make excuses for sb. ◆ **justificarse** vprnl (suj: persona) to justify o excuse o.s.

justo, ta ❖ adj **1.** [equitativo] fair **2.** [merecido - recompensa, victoria] deserved ; [- castigo] just **3.** [exacto - medida, hora] exact **4.** [idóneo] right **5.** [apretado] tight ▶ **estar** o **venir justo** to be a tight fit. ◆ **justo** adv just / *justo ahora iba a llamarte* I was just about to ring you / *justo en medio* right in the middle.

juvenil adj youthful ; DEP youth *(antes de sust).*

juventud sf **1.** [edad] youth / *¡juventud, divino tesoro!* what it is to be young! **2.** [conjunto] young people *pl*.

juzgado sm [tribunal] court ▶ **juzgado de guardia** court open during the night or at other times when ordinary courts are shut.

juzgar [16] vt **1.** [enjuiciar] to judge ; DER to try ▶ **juzgar mal a alguien** to misjudge sb ▶ **a juzgar por (como)** judging by (how) **2.** [estimar] to consider, to judge.

k, K sf [letra] k, K.

kaki = caqui.

karaoke sm karaoke.

kárate, cárate sm karate.

karateka smf karateist.

kart (*pl* **karts**) sm go-kart.

Kazajstán npr Kazakhstan.

Kenia npr Kenya.

ketchup ['ketʃup] sm ketchup.

kg (*abr escrita de* **kilogramo**) kg.

kibutz [ki'βuθ] (*pl* **kibutzim**) sm kibbutz.

kilo, quilo sm [peso] kilo.

kilogramo, quilogramo sm kilogram.

kilometraje, quilometraje sm ≃ mileage distance in kilometres.

kilométrico, ca, quilométrico, ca adj [distancia] kilometric.

kilómetro, quilómetro sm kilometre ▶ **kilómetro cuadrado** square kilometre / *kilómetros por hora* kilometres per hour.

kilovatio, quilovatio sm kilowatt.

kimono = quimono.

kínder sm ANDES CUBA nursery school UK, kindergarten US.

kiosco = quiosco.

kitesurf ['kaitsurf] sm kitesurf.

kiwi sm [fruto] kiwi (fruit).

kleenex® ['klines, 'klineks] sm inv paper hanky, (paper) tissue.

km (*abr escrita de* **kilómetro**) km.

km/h (*abr escrita de* **kilómetro por hora**) km/h.

KO (*abr de* **knockout**) sm KO.

kurdo, da ❖ adj Kurdish. ❖ sm, f Kurd.

Kuwait [ku'βait] npr Kuwait.

l¹, L sf [letra] l, L.

l² (*abr escrita de* **litro**) l.

la¹ sm MÚS A ; [en solfeo] lah.

la² ❖ art ⟶ **el**. ❖ pron ⟶ **lo**.

laberinto sm *lit + fig* labyrinth.

labia sf *fam* smooth talk ▶ **tener mucha labia** to have the gift of the gab.

labio sm **1.** ANAT lip / *leer los labios* to lip-read **2.** [borde] edge.

labor sf **1.** [trabajo] work ; [tarea] task ▶ **labores domésticas** household chores ▶ **ser de profesión sus labores** to be a housewife ▶ **no estar por la labor a)** [distraerse] not to have one's mind on the job **b)** [ser reacio] not to be keen on the idea **2.** [de costura] needlework / *labores de punto* knitting.

laborable adj **1.** [no festivo] : *día laborable* working day **2.** AGRIC arable.

laboral adj labour ; [semana, condiciones] working (*antes de sust*).

laboratorio sm laboratory / *laboratorio espacial* space laboratory / *laboratorio fotográfico* photographic laboratory ▶ **laboratorio de ideas** ideas lab ▶ **laboratorio de idiomas** o **lenguas** language laboratory.

laborioso, sa adj [difícil] laborious.

laborista ❖ adj Labour. ❖ smf Labour Party supporter o member ▶ **los laboristas** Labour.

labrador, ra sm, f [agricultor] farmer ; [trabajador] farm worker.

labranza sf farming.

labrar vt **1.** [campo - cultivar] to cultivate ; [- arar] to plough **2.** [piedra, metal etc] to work **3.** *fig* [desgracia etc] to bring about ; [porvenir, fortuna] to carve out. ❖ **labrarse** vprnl [porvenir etc] to carve out for o.s.

labriego, ga sm, f farmworker.

laburar vi RDOM *fam* [trabajar] to work.

laburo sm RDOM *fam* [trabajo] job.

laca sf **1.** [gen] lacquer ; [para cuadros] lake **2.** [para el pelo] hairspray.

lacar [10] vt to lacquer.

lacayo sm footman ; *fig* lackey.

lacerar vt to lacerate ; *fig* to wound.

lacio, cia adj **1.** [cabello - liso] straight ; [- sin fuerza] lank **2.** [planta] wilted **3.** *fig* [sin fuerza] limp.

lacón sm shoulder of pork.

lacónico, ca adj laconic.

lacra sf scourge.

lacrar vt to seal with sealing wax.

lacre sm sealing wax.

lacrimógeno, na adj **1.** [novela etc] weepy, tear-jerking **2.** ⟶ **gas**.

lacrimoso, sa adj **1.** [ojos etc] tearful **2.** [historia etc] weepy, tear-jerking.

lactancia sf lactation / *lactancia artificial* bottlefeeding ▶ **lactancia materna** breastfeeding.

lactante smf breast-fed baby.

lácteo, a adj [gen] milk *(antes de sust)*; [industria, productos] dairy.

ladear vt to tilt.

ladera sf slope, mountainside.

ladino, na ◆ adj crafty. ◆ sm, f CAM MEX VEN [mestizo hispanohablante] *non-white Spanish-speaking person*. ◆ **ladino** sm [dialecto] Ladino.

lado sm **1.** [gen] side / *en el lado de arriba/abajo* on the top/bottom / *a ambos lados* on both sides / *al otro lado de* on the other side of / *estoy de su lado* I'm on her side ▶ **de lado** [torcido] crooked ▶ **dormir de lado** to sleep on one's side / *de lado a lado* from side to side / *echar a un lado* to push aside ▶ **echarse o hacerse a un lado** to move aside / *ponerse del lado de alguien* to side with sb ▶ **por un lado** on the one hand ▶ **por otro lado** on the other hand **2.** [lugar] place / *debe estar en otro lado* it must be somewhere else ▶ **de un lado para o a otro** to and fro / *por todos lados* on all sides, all round **3.** *loc* ▶ **dar de lado a alguien** to cold-shoulder sb. ◆ **al lado** *loc adv* [cerca] nearby. ◆ **al lado de** *loc prep* [junto a] beside. ◆ **de al lado** *loc adj* next door ▶ **la casa de al lado** the house next door.

ladrar vi *lit* + *fig* to bark.

ladrido sm *lit* + *fig* bark, barking *(U)*.

ladrillo sm **1.** CONSTR brick **2.** [sector inmobiliario] construction industry.

ladrón, ona sm, f [persona] thief, robber. ◆ **ladrón** sm [para varios enchufes] adapter.

lagartija sf (small) lizard.

lagarto, ta sm, f ZOOL lizard.

lago sm lake.

lágrima sf tear / *deshacerse en lágrimas* to dissolve into tears ▶ **llorar a lágrima viva** to cry buckets.

lagrimal sm corner of the eye.

laguna sf **1.** [lago] lagoon **2.** *fig* [en colección, memoria] gap; [en leyes, reglamento] loophole.

La Habana npr Havana.

laicismo sm laicism.

laico, ca adj lay, secular.

lama sm lama.

lamber vt AM *fam* to lick.

La Meca npr Mecca.

lamentable adj **1.** [triste] terribly sad **2.** [malo] lamentable, deplorable.

lamentablemente adv regrettably.

lamentar vt to regret, to be sorry about / *lo lamento* I'm very sorry. ◆ **lamentarse** vprnl ▶ **lamentarse (de o por)** to complain (about).

lamento sm moan.

lamer vt to lick. ◆ **lamerse** vprnl to lick o.s.

lametazo sm big lick.

lamido, da adj skinny. ◆ **lamido** sm lick.

lámina sf **1.** [plancha] sheet; [placa] plate **2.** [rodaja] slice **3.** [plancha grabada] engraving **4.** [dibujo] plate.

laminar vt to laminate, to roll.

lámpara sf **1.** [aparato] lamp ▶ **lámpara de pie** standard lamp / *lámpara de soldar* blowtorch / *lámpara de techo* ceiling lamp **2.** [bombilla] bulb **3.** TECNOL valve.

lamparón sm grease stain.

lampiño, ña adj [sin barba] beardless; [sin vello] hairless.

lamprea sf lamprey.

lana sf **1.** [gen] wool ▶ **de lana** woollen / *pura lana virgen* pure new wool ▶ **ir a por lana y volver trasquilado** *prov* to be hoist by one's own petard / *unos cardan la lana y otros llevan la fama* *prov* some do all the work and others get all the credit **2.** ANDES CUBA *fam* [dinero] dough, cash.

lance sm **1.** [en juegos, deportes] incident; [acontecimiento] event **2.** [riña] dispute.

lanceta sf ANDES CUBA sting.

lancha sf **1.** [embarcación - grande] launch; [- pequeña] boat / *lancha motora* motorboat, motor launch ▶ **lancha salvavidas** lifeboat.

lanero, ra adj wool *(antes de sust)*.

langosta sf **1.** [crustáceo] lobster **2.** [insecto] locust.

langostino sm king prawn.

languidecer [30] vi to languish; [conversación, entusiasmo] to flag.

languidez sf [debilidad] listlessness; [falta de ánimo] disinterest.

lánguido, da adj [débil] listless; [falto de ánimo] disinterested.

lanilla sf **1.** [pelillo] nap **2.** [tejido] flannel.

lanolina sf lanolin.

lanza sf [arma - arrojadiza] spear; [- en justas, torneos] lance / *estar lanza en ristre* to be ready for action / *romper una lanza por alguien* to fight for sb.

lanzado, da adj [atrevido] forward; [valeroso] fearless.

lanzagranadas sm inv grenade launcher.

lanzamiento sm **1.** [de objeto] throwing; [de cohete] launching **2.** [DEP - con la mano] throw; [- con el pie] kick; [- en béisbol] pitch ▶ **lanza-**

miento de peso shot put **3.** [de producto, artista] launch ; [de disco] release.

lanzamisiles sm inv rocket launcher.

lanzar [13] vt **1.** [gen] to throw ; [con fuerza] to hurl, to fling ; [de una patada] to kick ; [bomba] to drop ; [flecha, misil] to fire ; [cohete] to launch **2.** [proferir] to let out ; [acusación, insulto] to hurl ; [suspiro] to heave **3.** [COM - producto, artista, periódico] to launch ; [- disco] to release. ◆ **lanzarse** vprnl **1.** [tirarse] to throw o.s. **2.** [abalanzarse] ▶ **lanzarse (sobre)** to throw o.s. (upon).

lapa sf ZOOL limpet.

La Paz npr La Paz.

lapicera sf **CSur** ballpoint (pen), Biro®.

lapicero sm **1.** pencil **2.** **CAm** **Perú** [bolígrafo] ballpoint pen, Biro®.

lápida sf memorial stone ▶ **lápida mortuoria** tombstone.

lapidar vt to stone.

lapidario, ria adj solemn.

lápiz (pl **lápices**) sm pencil / **escribir algo a lápiz** to write sthg in pencil / **lápiz de cejas** eyebrow pencil ▶ **lápiz de labios** lipstick ▶ **lápiz de ojos** eyeliner ▶ **lápiz óptico** INFORM light pen.

lapón, ona adj & sm, f Lapp. ◆ **lapón** sm [lengua] Lapp.

lapso sm space, interval / **lapso de tiempo** space o interval of time.

lapsus sm inv lapse, slip.

larga ⟶ **largo**.

largar [16] vt **1.** [aflojar] to pay out **2.** fam [dar, decir] to give / **le largué un bofetón** I gave him a smack. ◆ **largarse** vprnl fam to clear off.

largavistas sm inv **Bol** **CSur** binoculars pl.

largo, ga adj **1.** [en espacio, tiempo] long **2.** [alto] tall **3.** [sobrado] : **media hora larga** a good half hour. ◆ **largo** ⬥ sm length ▶ **a lo largo** lengthways ▶ **tiene dos metros de largo** it's two metres long ▶ **pasar de largo** to pass by ▶ **a lo largo de a)** [en el espacio] along b) [en el tiempo] throughout ▶ **¡largo de aquí!** go away!, get out of here! ⬥ adv at length ▶ **largo y tendido** at great length. ◆ **larga** sf ▶ **a la larga** in the long run ▶ **dar largas a algo** to put sthg off.

largometraje sm feature film.

larguero sm **1.** CONSTR main beam **2.** DEP crossbar.

largura sf length.

laringe sf larynx.

laringitis sf inv laryngitis.

larva sf larva.

las ⬥ art ⟶ **el**. ⬥ pron ⟶ **lo**.

lasaña sf lasagne, lasagna.

lascivo, va adj lascivious, lewd.

láser ⬥ adj inv ⟶ **rayo**. ⬥ sm inv laser.

lástima sf **1.** [compasión] pity **2.** [pena] shame, pity / **da lástima ver gente así** it's sad to see people in that state / **es una lástima que** it's a shame o pity that ▶ **¡qué lástima!** what a shame o pity! / **tener o sentir lástima de** to feel sorry for ▶ **quedarse hecho una lástima** to be a sorry o pitiful sight.

lastimadura sf **Am** graze.

lastimar vt to hurt. ◆ **lastimarse** vprnl to hurt o.s.

lastimoso, sa adj pitiful, woeful.

lastre sm **1.** [peso] ballast **2.** fig [estorbo] burden.

lata sf **1.** [envase] can, tin ; [de bebidas] can ▶ **en lata** tinned, canned **2.** fam [fastidio] pain ▶ **¡qué lata!** what a pain! ▶ **dar la lata a alguien** to pester sb.

latente adj latent.

lateral ⬥ adj [del lado - gen] lateral ; [- puerta, pared] side. ⬥ sm **1.** [lado] side **2.** DEP ▶ **lateral derecho/izquierdo** right/left back.

latido sm [del corazón] beat ; [en dedo etc] throb, throbbing (U).

latifundio sm large rural estate.

latigazo sm **1.** [golpe] lash **2.** [chasquido] crack (of the whip).

látigo sm whip.

latín sm Latin ▶ **latín de cocina** o **macarrónico** dog Latin ▶ **saber (mucho) latín** fig to be sharp, to be on the ball.

latinajo sm fam & despec Latin word used in an attempt to sound academic.

latino, na adj & sm, f Latin.

Latinoamérica sf Latin America.

latinoamericano, na adj & sm, f Latin American.

latir vi [suj: corazón] to beat.

latitud sf GEOGR latitude. ◆ **latitudes** sfpl [parajes] region sg, area sg.

latón sm brass.

latoso, sa fam adj tiresome.

laucha sf **CSur** **1.** [ratón] baby o small mouse **2.** fam [persona] : **es una laucha** he's a tiny little thing.

laúd sm lute.

laureado, da adj prize-winning.

laurel sm BOT laurel ; CULIN bay leaf. ◆ **laureles** smpl [honores] laurels ▶ **dormirse en los laureles** fig to rest on one's laurels.

lava sf lava.

lavabo sm **1.** [objeto] washbasin **2.** [habitación] lavatory **UK**, washroom **US** / **ir al lavabo** to go to the toilet.

lavadero sm [en casa] laundry room ; [público] washing place.

231

leído

lavado sm wash, washing *(U)* **/** *lavado a mano* hand-wash ▸ **lavado de cerebro** brainwashing **/** *lavado de dinero* money-laundering **/** *lavado en seco* dry cleaning.

lavadora sf washing machine **/** *lavadora secadora* washer-drier.

lavamanos sm inv washbasin.

lavanda sf lavender.

lavandería sf laundry ; [automática] launderette.

lavaplatos sm inv **1.** [aparato] dishwasher **2.** `CHILE` `COL` `MEX` `VEN` [fregadero] kitchen sink.

lavar vt [limpiar] to wash **/** *lavar a mano* to wash by hand **/** *lavar en seco* to dry-clean ▸ **lavar y marcar** shampoo and set. ◆ **lavarse** vprnl [gen] to wash o.s. ; [cara, manos, pelo] to wash ; [dientes] to clean.

lavarropas sm inv `RP` washing machine.

lavaseco sm `AM` dry cleaner's.

lavativa sf enema.

lavatorio sm **1.** [en misa] lavabo **2.** `ANDES` `RP` [lavabo] washbasin `UK`, washbowl `US`.

lavavajillas sm inv dishwasher.

laxante sm laxative.

laxar vt [vientre] to loosen.

lazada sf bow.

lazarillo sm **1.** [persona] blind person's guide **2.** ⟶ **perro**.

lazo sm **1.** [atadura] bow **/** *hacer un lazo* to tie a bow **2.** [trampa] snare ; [de vaquero] lasso **3.** *(gen pl) fig* [vínculo] tie, bond.

Lda. *abr escrita de* **licenciado**.

Ldo. *abr escrita de* **licenciado**.

le pron pers **1.** *(complemento indirecto)* [hombre] (to) him ; [mujer] (to) her ; [cosa] to it ; [usted] to you **/** *le expliqué el motivo* I explained the reason to him/her **/** *le tengo miedo* I'm afraid of him/her **/** *ya le dije lo que pasaría* [a usted] I told you what would happen **2.** *(complemento directo)* him ; [usted] you.

leal adj ▸ **leal (a)** loyal (to).

lealtad sf ▸ **lealtad (a)** loyalty (to).

leasing ['lisin] *(pl leasings)* sm *system of leasing whereby the lessee has the option of purchasing the property after a certain time*.

lección sf lesson **/** *aprenderse la lección* to learn one's lesson.

lechal sm sucking lamb.

lechazo sm sucking lamb.

leche sf **1.** [gen] milk ▸ **leche esterilizada / homogeneizada** sterilized/homogenized milk ▸ **leche merengada** drink made from milk, egg whites, sugar and cinnamon **2.** *mfam* [bofetada] ▸ **pegar una leche a alguien** to belt o clobber sb **3.** *mfam* [mal humor] bloody awful mood ▸ **estar de mala leche** to be in a bloody awful mood ▸ **tener mala leche** to be a miserable git.

lechera ⟶ **lechero**.

lechería sf dairy.

lechero, ra ◆ adj milk *(antes de sust)*, dairy. ◆ sm, f [persona] milkman (milkwoman). ◆ **lechera** sf [para transportar] milk churn ; [para beber] milk jug.

lecho sm [gen] bed **/** *lecho de muerte* deathbed.

lechón sm sucking pig.

lechoso, sa adj milky. ◆ **lechosa** sf `CARIB` papaya.

lechuga sf lettuce **/** *lechuga iceberg/romana* iceberg/cos lettuce **/** *ser más fresco que una lechuga* to be a cheeky devil.

lechuza sf (barn) owl.

lectivo, va adj school *(antes de sust)*.

lector, ra sm, f **1.** [gen] reader **2.** EDUC language assistant. ◆ **lector** sm [de microfilms etc] reader, scanner ▸ **lector electrónico** e-reader ▸ **lector óptico** optical scanner.

lectorado sm post of language assistant.

lectura sf **1.** [gen] reading **/** *dar lectura a algo* to read sthg out loud **2.** [de tesis] viva voce **3.** [escrito] reading (matter) *(U)* **4.** [de datos] scanning ▸ **lectura óptica** optical scanning.

leer [50] ◆ vt [gen & INFORM] to read. ◆ vi to read ▸ **leer de corrido** to read fluently.

legado sm **1.** [herencia] legacy **2.** [representante - persona] legate.

legajo sm file.

legal adj **1.** [gen] legal ; [hora] standard **2.** *fam* [persona] honest, decent.

legalidad sf legality.

legalizar [13] vt [gen] to legalize.

legañoso, sa adj full of sleep.

legar [16] vt **1.** [gen] to bequeath **2.** [delegar] to delegate.

legendario, ria adj legendary.

legible adj legible.

legión sf *lit + fig* legion.

legionario, ria adj legionary. ◆ **legionario** sm HIST legionary ; MIL legionnaire.

legislación sf [leyes] legislation.

legislar vi to legislate.

legislatura sf [periodo] period of office.

legitimar vt **1.** [legalizar] to legitimize **2.** [certificar] to authenticate.

legítimo, ma adj [gen] legitimate ; [auténtico] real, genuine ; [oro] pure.

lego, ga ◆ adj **1.** [gen] lay **2.** [ignorante] ignorant. ◆ sm, f [gen] layman (laywoman).

legua sf league ▸ **legua marina** marine league.

legumbre *(gen pl)* sf pulse, pod vegetable.

lehendakari = lendakari.

leído, da adj [persona] well-read. ◆ **leída** sf reading.

lejanía sf distance.

lejano, na adj distant / *no está lejano* it's not far (away).

lejía sf bleach.

lejos adv **1.** [en el espacio] far (away) / *¿está lejos?* is it far? ▸ **a lo lejos** in the distance ▸ **de** *o* **desde lejos** from a distance **2.** [en el pasado] long ago ; [en el futuro] far in the future / *eso queda ya lejos* that happened a long time ago **3.** *loc* : *ir demasiado lejos* to go too far / *llegar lejos* to go far / *sin ir más lejos* indeed. ◆ **lejos de** *❖ loc conj* far from / *lejos de mejorar ...* far from getting better ... *❖ loc prep* far (away) from.

lelo, la *❖* adj stupid / *quedarse lelo* to be stunned. *❖* sm, f idiot.

lema sm **1.** [norma] motto ; [político, publicitario] slogan **2.** LING & MAT lemma.

lencería sf **1.** [ropa] linen **2.** [tienda] draper's.

lendakari, lehendakari [lenda'kari] sm *president of the autonomous Basque government.*

lengua sf **1.** [gen] tongue / *sacarle la lengua a alguien* to stick one's tongue out at sb / *con la lengua fuera* out of breath ▸ **lengua de gato** CULIN ≃ chocolate finger (biscuit) / *lengua de fuego/tierra* tongue of flame/land ▸ **lengua de víbora** *o* **viperina** malicious tongue / *darle a la lengua fam* to chatter ▸ **irse de la lengua** to let the cat out of the bag / *las malas lenguas dicen que...* according to the gossip... ▸ **morderse la lengua** to bite one's tongue / *¿te ha comido la lengua el gato?* has the cat got your tongue?, have you lost your tongue? ▸ **tirar a alguien de la lengua** to draw sb out **2.** [idioma, lenguaje] language ▸ **lengua materna** mother tongue / *lengua oficial* official language.

lenguado sm sole.

lenguaje sm [gen & INFORM] language ▸ **lenguaje coloquial/comercial** colloquial/business language ▸ **lenguaje cifrado** code ▸ **lenguaje corporal** body language ▸ **lenguaje gestual** gestures *pl* ▸ **lenguaje máquina** machine language ▸ **lenguaje de alto nivel/de bajo nivel** high-level/low-level language ▸ **lenguaje de programación** programming language ▸ **lenguaje de los sordomudos** sign language.

lengüeta sf [gen & MÚS] tongue.

lengüetada sf = **lengüetazo**.

lengüetazo sm lick.

lente sf lens / *lente de aumento* magnifying glass ▸ **lentes de contacto** contact lenses. ◆ **lentes** smpl [gafas] glasses.

lenteja sf lentil / *ganarse las lentejas* to earn one's daily bread.

lentejuela sf sequin.

lentilla *(gen pl)* sf contact lens / *llevar lentillas* to wear contact lenses / *lentillas blandas/duras* soft/hard lenses.

lentitud sf slowness ▸ **con lentitud** slowly.

lento, ta adj slow ; [veneno] slow-working ; [agonía, enfermedad] lingering.

leña sf [madera] firewood ▸ **echar leña al fuego** to add fuel to the flames *o* fire / *llevar leña al monte* to carry coals to Newcastle.

leñador, ra sm, f woodcutter.

leño sm [de madera] log ▸ **dormir como un leño** to sleep like a log.

Leo *❖* sm [zodiaco] Leo. *❖* smf [persona] Leo.

león, ona sm, f lion (lioness) ; *fig* fierce person ▸ **no es tan fiero el león como lo pintan** *prov* he/it etc. is not as bad as he/it etc. is made out to be. ◆ **león marino** sm sea lion.

leonera sf *fam* & *fig* [cuarto sucio] pigsty.

leonino, na adj [contrato, condiciones] one-sided.

leopardo sm leopard.

leotardo sm **1.** *(gen pl)* [medias] stockings *pl*, thick tights *pl* **2.** [de gimnasta etc] leotard.

lépero, ra adj CAm Méx *fam* [vulgar] coarse, vulgar ; Cuba *fam* [astuto] smart, crafty.

leproso, sa sm, f leper.

lerdo, da adj [idiota] dim, slow-witted ; [torpe] useless.

les pron pers pl **1.** *(complemento indirecto)* (to) them ; [ustedes] (to) you / *les expliqué el motivo* I explained the reason to them / *les tengo miedo* I'm afraid of them / *ya les dije lo que pasaría* [a ustedes] I told you what would happen **2.** *(complemento directo)* them ; [ustedes] you.

lesbiano, na adj lesbian. ◆ **lesbiana** sf lesbian.

leseras sfpl Chile *fam* nonsense, rubbish UK.

lesión sf **1.** [herida] injury / *lesión cerebral* brain damage **2.** DER ▸ **lesión grave** grievous bodily harm.

lesionado, da *❖* adj injured. *❖* sm, f injured person.

lesionar vt to injure ; *fig* to damage, to harm. ◆ **lesionarse** vprnl to injure o.s.

letal adj lethal.

letanía *(gen pl)* sf *lit* + *fig* litany.

letargo sm ZOOL hibernation.

Letonia npr Latvia.

letra sf **1.** [signo] letter **2.** [caligrafía] handwriting **3.** [estilo] script ; IMPR typeface ▸ **letra bastardilla** *o* **cursiva** *o* **itálica** italic type, italics *pl* ▸ **letra de imprenta** *o* **molde** a) IMPR print b) [en formularios etc] block capitals *pl* ▸ **letra mayúscula/minúscula** capital/small letter ▸ **letra negrita** *o* **negrilla** bold (face) / *letra versalita* small capital / *la letra con sangre entra* *prov* spare the rod and spoil the child ▸ **leer la letra pequeña** to read the small print ▶ **mandar cuatro letras a alguien** to drop sb a line **4.** [de canción] lyrics pl **5.** COM ▶ **letra (de cambio)** bill of exchange. ◆ **letras** sfpl EDUC arts.

letrado, da ⟿ adj learned. ⟿ sm, f lawyer.

letrero sm sign / **letrero luminoso** neon sign.

letrina sf latrine.

leucemia sf leukaemia.

leva sf MIL levy.

levadura sf yeast ▶ **levadura de cerveza** brewer's yeast / **levadura en polvo** baking powder.

levantamiento sm **1.** [sublevación] uprising **2.** [elevación] raising ▶ **levantamiento de pesas** DEP weightlifting **3.** [supresión] lifting, removal.

levantar vt **1.** [gen] to raise ; [peso, capó, trampilla] to lift ▶ **levantar el ánimo** to cheer up ▶ **levantar la vista o mirada** to look up **2.** [separar - pintura, venda, tapa] to remove **3.** [recoger - campamento] to strike ; [- tienda de campaña, puesto] to take down ; [- mesa] to clear **4.** [encender - protestas, polémica] to stir up ▶ **levantar a alguien contra** to stir sb up against **5.** [suspender - embargo, prohibición] to lift ; [- pena, castigo] to suspend ; [- sesión] to adjourn **6.** [redactar - acta, atestado] to draw up. ◆ **levantarse** vprnl **1.** [ponerse de pie] to stand up **2.** [de la cama] to get up / **levantar tarde** to sleep in **3.** [elevarse - avión etc] to take off ; [- niebla] to lift **4.** [sublevarse] to rise up **5.** [empezar - viento, oleaje] to get up ; [- tormenta] to gather.

levante sm **1.** [este] east ; [región] east coast **2.** [viento] east wind.

levar vt to weigh.

leve adj **1.** [gen] light ; [olor, sabor, temblor] slight **2.** [pecado, falta, herida] minor **3.** [enfermedad] mild, slight.

levedad sf lightness ; [de temblor etc] slightness ; [de pecado, falto, herida] minor nature ; [de enfermedad] mildness.

levita sf frock coat.

levitar vi to levitate.

léxico, ca adj lexical. ◆ **léxico** sm [vocabulario] vocabulary.

lexicografía sf lexicography.

lexicón sm lexicon.

ley sf **1.** [gen] law ; [parlamentaria] act / **aprobar una ley** to pass a law ▶ **ley de incompatibilidades** act regulating which other positions may be held by people holding public office ▶ **ley marcial** martial law ▶ **ley del silencio** code of silence ▶ **con todas las de la ley** in due form, properly **2.** [regla] rule ▶ **ley del embudo** one law for o.s. and another for everyone else ▶ **ley de la ventaja** DEP advantage (law) ▶ **ley de la oferta y de la demanda** law of supply and demand. [de un

metal] ▶ **de ley** a) [oro] pure b) [plata] sterling. ◆ **leyes** sfpl [derecho] law sg.

leyenda sf [narración] legend.

liado, da adj fam **1.** [complicado] complicated, difficult **2.** [ocupado] busy **3.** [Esp] [sentimentalmente] : **estar liado (con alguien)** to be involved (with sb).

liar [9] vt **1.** [atar] to tie up **2.** [envolver - cigarrillo] to roll ▶ **liar algo en a)** [papel] to wrap sthg up in b) [toalla etc] to roll sthg up in **3.** [involucrar] ▶ **liar a alguien (en)** to get sb mixed up in **4.** [complicar - asunto etc] to confuse / **¡ya me has liado!** now you've really got me confused! ◆ **liarse** vprnl **1.** [enredarse] to get muddled up **2.** [empezar] to begin, to start.

Líbano sm ▶ **el Líbano** the Lebanon.

libélula sf dragonfly.

liberación sf [gen] liberation ; [de preso] release.

liberado, da adj [gen] liberated ; [preso] freed.

liberal adj & smf liberal.

liberar vt [gen] to liberate ; [preso] to free ▶ **liberar de algo a alguien** to free sb from sthg. ◆ **liberarse** vprnl to liberate o.s. ▶ **liberarse de algo** to free o liberate o.s. from sthg.

Liberia npr Liberia.

libertad sf freedom, liberty ▶ **tener libertad para hacer algo** to be free to do sthg ▶ **tomarse la libertad de hacer algo** to take the liberty of doing sthg ▶ **libertad de circulación de capitales / trabajadores** ECON free movement of capital / workers / **libertad de conciencia** freedom of conscience ▶ **libertad condicional** probation ▶ **libertad de expresión** freedom of speech.

libertador, ra ⟿ adj liberating. ⟿ sm, f liberator.

libertar vt [gen] to liberate ; [preso] to set free.

libertino, na ⟿ adj licentious. ⟿ sm, f libertine.

Libia npr Libya.

libido sf libido.

libra sf [peso, moneda] pound ▶ **libra esterlina** pound sterling. ◆ **Libra** ⟿ sm [zodiaco] Libra. ⟿ smf [persona] Libran.

librador, ra sm, f drawer.

libramiento sm order of payment.

librano, na sm, f [Am] Libra.

libranza sf = **libramiento**.

librar ⟿ vt **1.** [eximir] ▶ **librar a alguien (de algo / de hacer algo)** a) [gen] to free sb (from sthg / from doing sthg) b) [pagos, impuestos] to exempt sb (from sthg / from doing sthg) **2.** [entablar - pelea, lucha] to engage in ; [- batalla, combate] to join, to wage **3.** COM to draw. ⟿ vi [no trabajar] to be off work. ◆ **librarse** vprnl **1.** [salvarse] ▶ **librarse (de hacer algo)** to escape (from doing sthg) / **de buena te libraste** you had a narrow escape **2.** [deshacerse] ▶ **librarse de algo /alguien** to get rid of sthg/sb.

libre adj **1.** [gen] free ; [rato, tiempo] spare ; [camino, vía] clear ; [espacio, piso, lavabo] empty, vacant / *200 metros libres* 200 metres freestyle ▶ **libre de a)** [gen] free from **b)** [exento] exempt from ▶ **libre de franqueo** post-free ▶ **libre de impuestos** tax-free ▶ **ser libre de o para hacer algo** to be free to do sthg ▶ **ir por libre** to go it alone ▶ **estudiar por libre** `Esp` to study for free, to pay no university fees ▶ **trabajar por libre** `Esp` to work freelance **2.** [alumno] external ▶ **estudiar por libre** to be an external student.

librecambio sm free trade.

librería sf **1.** [tienda] bookshop / *librería de ocasión* second-hand bookshop **2.** [mueble] bookcase.

librero, ra ❖ sm, f [persona] bookseller. ❖ sm `Cam` `Col` `Méx` [mueble] bookcase.

libreta sf **1.** [para escribir] notebook / *libreta de direcciones* address book **2.** [del banco] ▶ **libreta (de ahorros)** savings book.

libretista smf `Am` [guionista] screenwriter, scriptwriter.

libreto sm **1.** MÚS libretto **2.** `Am` [guión] script.

libro sm [gen & COM] book ▶ **llevar los libros** to keep the books ▶ **libro de bolsillo** paperback ▶ **libro de cuentas o contabilidad** accounts book / *libro de ejercicios* workbook ▶ **libro electrónico** e-book, electronic book ▶ **libro de escolaridad** school report ▶ **libro de familia** document containing personal details of the members of a family ▶ **libro de reclamaciones** complaints book ▶ **libro de registro (de entradas)** register ▶ **libro de texto** textbook / *libro de visitas* visitor's book / *colgar los libros* to give up one's studies / *ser como un libro abierto* to be an open book.

Lic. abr escrita de **licenciado**.

liceal smf `Urug` secondary school `UK` o high school `US` pupil.

liceano, na sm, f `Chile` = **liceal**.

liceísta smf `Ven` = **liceal**.

licencia sf **1.** [documento] licence, permit ; [autorización] permission ▶ **licencia de exportación / importación** export/import licence ▶ **licencia de obras** planning permission ▶ **licencia poética** poetic licence **2.** MIL discharge **3.** [confianza] licence, freedom.

licenciado, da sm, f **1.** EDUC graduate ▶ **licenciado en económicas** economics graduate **2.** MIL discharged soldier.

licenciar [8] vt MIL to discharge.

◆ **licenciarse** vprnl **1.** EDUC ▶ **licenciarse (en)** to graduate (in) **2.** MIL to be discharged.

licenciatura sf degree.

licencioso, sa adj licentious.

liceo sm **1.** EDUC lycée **2.** `CSur` `Ven` [instituto] secondary school `UK`, high school `US`.

lícito, ta adj **1.** [legal] lawful **2.** [correcto] right **3.** [justo] fair.

licor sm liquor.

licorería sf **1.** [fábrica] distillery **2.** [tienda] ≃ off-licence.

licuado sm `Am` [batido] milk shake.

licuadora sf liquidizer, blender.

licuar [6] vt CULIN to liquidize.

líder ❖ adj leading. ❖ smf leader.

liderato, liderazgo sm **1.** [primer puesto] lead ; [en liga] first place **2.** [dirección] leadership.

lidia sf **1.** [arte] bullfighting **2.** [corrida] bullfight.

lidiar [8] ❖ vi [luchar] ▶ **lidiar (con)** to struggle (with). ❖ vt TAUROM to fight.

liebre sf ZOOL hare.

lienzo sm **1.** [para pintar] canvas **2.** [cuadro] painting.

lifting ['liftin] (pl **liftings**) sm facelift.

liga sf **1.** [gen] league **2.** [de medias] suspender.

ligadura sf **1.** MED & MÚS ligature **2.** [atadura] bond, tie.

ligamento sm ANAT ligament.

ligar [16] ❖ vt [gen & CULIN] to bind ; [atar] to tie (up). ❖ vi **1.** [coincidir] ▶ **ligar (con)** to tally (with) **2.** fam [conquistar] ▶ **ligar (con)** to get off with (with). ◆ **ligarse** vprnl : *ligarse a alguien* `Esp` fam to get off with sb `UK`, to make out with sb `US`.

ligazón sf link, connection.

ligeramente adv **1.** [levemente] lightly ; [un poco] slightly.

ligereza sf **1.** [levedad] lightness **2.** [agilidad] agility **3.** [irreflexión - cualidad] rashness ; [- acto] rash act / *con ligereza* in a superficial manner.

ligero, ra adj **1.** [gen] light ; [dolor, rumor, descenso] slight ; [traje, tela] thin **2.** [ágil] agile, nimble **3.** [rápido] quick, swift **4.** [irreflexivo] flippant ▶ **hacer algo a la ligera** to do sthg without much thought ▶ **juzgar a alguien a la ligera** to be quick to judge sb / *tomarse algo a la ligera* not to take sthg seriously.

light [lait] adj inv [comida] low-calorie ; [refresco] diet (antes de sust) ; [cigarrillos] light.

ligón, ona fam adj : *es muy ligón* he's always getting off with sb or other.

ligue sm mfam **1.** [acción] ▶ **ir de ligue** to go cruising ▶ **tener un ligue (con alguien)** to have a date (with sb) **2.** [persona] pick-up **3.** [novio] bloke `UK`, squeeze `US` ; [novia] bird `UK`, squeeze `US`. ⟶ **ligar**.

liguero, ra adj DEP league (antes de sust).

◆ **liguero** sm suspender belt `UK`, garter belt `US`.

lija sf [papel] sandpaper.

lijar vt to sand down.

lila ❖ sf [flor] lilac. ❖ adj inv & sm [color] lilac.

lima sf **1.** [utensilio] file ▶ **lima de uñas** nail file **2.** BOT lime.

Lima npr Lima.

limar vt **1.** [pulir] to file down **2.** [perfeccionar] to polish.

limitación sf **1.** [restricción] limitation, limit **2.** [distrito] boundaries pl.

limitado, da adj **1.** [gen] limited **2.** [poco inteligente] dim-witted.

limitar ❖ vt **1.** [gen] to limit **2.** [terreno] to mark out **3.** [atribuciones, derechos etc] to set out, to define. ❖ vi ▶ **limitar (con)** to border (on). ❖ **limitarse a** vprnl to limit o.s. to.

límite ❖ adj inv **1.** [precio, velocidad, edad] maximum **2.** [situación] extreme ; [caso] borderline. ❖ sm **1.** [tope] limit ▶ **dentro de un límite** within limits ▶ **su pasión no tiene límite** her passion knows no bounds ▶ **límite de velocidad** speed limit **2.** [confín] boundary.

limítrofe adj [país, territorio] bordering ; [terreno, finca] neighbouring.

limón sm lemon.

limonada sf lemonade.

limonero, ra adj lemon (antes de sust).
❖ **limonero** sm lemon tree.

limosna sf alms pl ▶ **pedir limosna** to beg.

limpia sf Am cleaning.

limpiabotas smf inv shoeshine, bootblack UK.

limpiacristales sm inv window-cleaning fluid.

limpiador, ra ❖ adj cleaning. ❖ sm, f [persona] cleaner. ❖ **limpiador** sm [producto] cleaner.

limpiamente adv **1.** [con destreza] cleanly **2.** [honradamente] honestly.

limpiaparabrisas sm inv windscreen wiper UK, windshield wiper US.

limpiar [8] vt **1.** [gen] to clean ; [con trapo] to wipe ; [mancha] to wipe away ; [zapatos] to polish **2.** fig [desembarazar] ▶ **limpiar algo de algo** to clear sthg of sthg.

limpieza sf **1.** [cualidad] cleanliness **2.** [acción] cleaning ▶ **limpieza en seco** dry cleaning **3.** [destreza] skill, cleanness **4.** [honradez] honesty.

limpio, pia adj **1.** [gen] clean ; [pulcro] neat ; [cielo, imagen] clear **2.** [neto - sueldo etc] net **3.** [honrado] honest ; [intenciones] honourable ; [juego] clean **4.** [sin culpa] ▶ **estar limpio** to be in the clear. ❖ **limpio** adv cleanly, fair ▶ **pasar a** o **poner en limpio** to make a fair copy of ▶ **sacar algo en limpio de** to make sthg out from.

linaje sm lineage.

linaza sf linseed.

lince sm lynx ▶ **ser un lince para algo** to be very sharp at sthg.

linchar vt to lynch.

lindar ❖ **lindar con** vi **1.** [terreno] to adjoin, to be next to **2.** [conceptos, ideas] to border on.

linde sm o sf boundary.

lindero, ra adj [terreno] adjoining.
❖ **lindero** sm boundary.

lindo, da adj pretty, lovely ▶ **de lo lindo** a great deal.

línea sf **1.** [gen, DEP & TELECOM] line ▶ **cortar la línea (telefónica)** to cut off the phone ▶ **línea aérea** airline ▶ **línea de conducta** course of action ▶ **línea continua** AUTO solid white line ▶ **línea de mira** o **tiro** line of fire ▶ **línea de puntos** dotted line **2.** [de un coche etc] lines pl, shape **3.** [silueta] figure ▶ **guardar la línea** to watch one's figure **4.** [estilo] style / de línea clásica classical **5.** [categoría] class, category ▶ **de primera línea** first-rate **6.** INFORM ▶ **en línea** on-line ▶ **fuera de línea** off-line **7.** loc ▶ **en líneas generales** in broad terms ▶ **en toda la línea** [completamente] all along the line ▶ **leer entre líneas** to read between the lines.

lineamientos smpl Am [generalidades] outline ; [directrices] guidelines.

lingote sm ingot.

lingüista smf linguist.

lingüístico, ca adj linguistic.
❖ **lingüística** sf linguistics.

linier [li'njer] (pl **liniers**) sm linesman.

linimento sm liniment.

lino sm **1.** [planta] flax **2.** [tejido] linen.

linterna sf **1.** [farol] lantern, lamp **2.** [de pilas] torch UK, flashlight US.

linyera smf RP [vagabundo] tramp, bum US.

lío sm **1.** [paquete] bundle **2.** fam [enredo] mess ▶ **hacerse un lío** to get muddled up ▶ **meterse en líos** to get into trouble **3.** fam [jaleo] racket, row **4.** fam [amorío] affair.

liofilizado, da adj freeze-dried.

liofilizar [13] vt to freeze-dry.

liposucción sf liposuction.

liquen sm lichen.

liquidación sf **1.** [pago] settlement, payment **2.** [rebaja] clearance sale **3.** [fin] liquidation.

liquidar vt **1.** [pagar - deuda] to pay ; [- cuenta] to settle **2.** [rebajar] to sell off **3.** [malgastar] to throw away **4.** [acabar - asunto] to settle ; [- negocio, sociedad] to wind up. ❖ **liquidarse** vprnl fam **1.** [gastar] to spend **2.** : liquidarse a alguien [matar] to bump sth off.

líquido, da adj **1.** [gen] liquid **2.** ECON [neto] net. ❖ **líquido** sm **1.** [gen] liquid **2.** ECON liquid assets pl **3.** MED fluid.

lira sf **1.** MÚS lyre **2.** [moneda] lira.

lírico, ca adj LITER lyrical. ❖ **lírica** sf lyric poetry.

lirio sm iris.

lirón sm ZOOL dormouse ▶ **dormir como un lirón** to sleep like a log.

lisiado, da ⬥ adj crippled. ⬥ sm, f cripple.

lisiar [8] vt to maim, to cripple.

liso, sa ⬥ adj **1.** [llano] flat ; [sin asperezas] smooth ; [pelo] straight ▶ **los 400 metros lisos** the 400 metres ▶ **lisa y llanamente** quite simply / *hablando lisa y llanamente* to put it plainly **2.** [no estampado] plain. ⬥ sm, f **ANDES CAM VEN** [insolente] cheeky person.

lisonja sf flattering remark.

lisonjear vt to flatter.

lista sf **1.** [enumeración] list ▶ **pasar lista** to call the register **2.** [de tela, madera] strip ; [de papel] slip ; [de color] stripe. ⬥ **lista de correos** sf poste restante.

listado, da adj striped.

listar vt **1.** INFORM to list **2.** **Am** [hacer una lista de] to list.

listín ⬥ **listín (de teléfonos)** sm (telephone) directory.

listo, ta adj **1.** [inteligente, hábil] clever, smart ▶ **dárselas de listo** to make o.s. out to be clever ▶ **pasarse de listo** to be too clever by half ▶ **ser más listo que el hambre** to be nobody's fool **2.** [preparado] ready / *¿estáis listos?* are you ready?

listón sm lath ; DEP bar ▶ **poner el listón muy alto** *fig* to set very high standards.

lisura sf **Arg** **Perú** **1.** rude remark, bad language (U) **2.** **ANDES CAM VEN** [atrevimiento] cheek **3.** **Perú** [donaire] grace.

litera sf **1.** [cama] bunk (bed) ; [de barco] berth ; [de tren] couchette **2.** [vehículo] litter.

literal adj literal.

literario, ria adj literary.

literato, ta sm, f writer.

literatura sf literature.

litigar [16] vi to go to law.

litigio sm DER litigation (U) ; *fig* dispute ▶ **en litigio** in dispute.

litografía sf **1.** [arte] lithography **2.** [grabado] lithograph.

litoral ⬥ adj coastal. ⬥ sm coast.

litro sm litre.

Lituania npr Lithuania.

liturgia sf liturgy.

liviano, na adj **1.** [ligero - blusa] thin ; [- carga] light **2.** [sin importancia] slight.

lívido, da adj **1.** [pálido] very pale **2.** [amoratado] livid.

living ['liβin] sm **CSur** living room.

ll, Ll sf [letra] ll, Ll.

llaga sf *lit* + *fig* wound.

llagar [16] vt to wound.

llama sf **1.** [de fuego, pasión] flame ▶ **en llamas** ablaze **2.** ZOOL llama.

llamada sf **1.** [gen] call ; [a la puerta] knock ; [con timbre] ring **2.** TELECOM telephone call / *devolver una llamada* to phone back ▶ **hacer una llamada** to make a phone call.

llamado, da adj so-called. ⬥ **llamado** sm **Am** [de teléfono] call.

llamamiento sm [apelación] appeal, call.

llamar ⬥ vt **1.** [gen] to call ; [con gestos] to beckon **2.** [por teléfono] to phone, to call **3.** [convocar] to summon, to call ▶ **llamar (a filas)** MIL to call up **4.** [atraer] to attract, to call. ⬥ vi **1.** [a la puerta etc - con golpes] to knock ; [- con timbre] to ring / *están llamando* there's somebody at the door **2.** [por teléfono] to phone. ⬥ **llamarse** vprnl [tener por nombre] to be called / *¿cómo te llamas?* what's your name? / *me llamo Pepe* my name's Pepe.

llamarada sf [de fuego, ira etc] blaze.

llamativo, va adj [color] bright, gaudy ; [ropa] showy.

llamear vi to burn, to blaze.

llano, na adj **1.** [campo, superficie] flat **2.** [trato, persona] natural, straightforward **3.** [pueblo, clase] ordinary **4.** [lenguaje, expresión] simple, plain. ⬥ **llano** sm [llanura] plain.

llanta sf **1.** rim **2.** **Am** [cubierta] tyre **UK**, tire **US**.

llanto sm tears *pl*, crying.

llanura sf plain.

llapa sf **Am** freebie.

llave sf **1.** [gen] key ▶ **bajo llave** under lock and key / *cerrar con llave* to lock ▶ **echar la llave** to lock up ▶ **llave en mano** [vivienda] ready for immediate occupation ▶ **llave de contacto** ignition key ▶ **llave maestra** master key **2.** [del agua, gas] tap **UK**, faucet **US** ; [de la electricidad] switch ▶ **cerrar la llave de paso** to turn the water/gas off at the mains **3.** [herramienta] spanner ▶ **llave inglesa** monkey wrench **4.** [de judo etc] hold, lock **5.** [signo ortográfico] curly bracket.

llavero sm keyring.

llavín sm latchkey.

llegada sf **1.** [gen] arrival **2.** DEP finish.

llegar [16] vi **1.** [a un sitio] ▶ **llegar (de)** to arrive (from) ▶ **llegar a un hotel / una ciudad** to arrive at a hotel/in a city / *llegaré pronto* I'll be there early **2.** [un tiempo, la noche etc] to come **3.** [durar] ▶ **llegar a o hasta** to last until **4.** [alcanzar] ▶ **llegar a** to reach / *no llego al techo* I can't reach the ceiling ▶ **llegar hasta** to reach up to **5.** [ser suficiente] ▶ **llegar (para)** to be enough (for) **6.** [lograr] ▶ **llegar a (ser) algo** to get to be sthg, to become sthg / *si llego a saberlo* if I get to know of it. ⬥ **llegarse** vprnl to go round to.

llenar vt **1.** [ocupar] ▶ **llenar algo (de)** a) [vaso, hoyo, habitación] to fill sthg (with) b) [pared, suelo] to cover sthg (with) **2.** [satisfacer] to satisfy **3.** [rellenar - impreso] to fill in o out **4.** [colmar] ▶ **llenar a alguien de** to fill sb with. ◆ **llenarse** vprnl **1.** [ocuparse] to fill up **2.** [saciarse] to be full **3.** [cubrirse] ▶ **llenarse de** to become covered in.

lleno, na adj **1.** [gen] full ; [cubierto] covered ▶ **lleno de** a) [gen] full of b) [manchas, pósters] covered in / *lleno hasta los topes* full to bursting, packed out **2.** fam [regordete] chubby. ◆ **de lleno** loc adv full in the face / *acertó de lleno* he was bang on target.

llenadero, ra adj bearable.

llevar ◆ vt **1.** [gen] to carry **2.** [acompañar, coger y depositar] to take ▶ **llevar algo/a alguien a** to take sthg/sb to / *me llevó en coche* he drove me there ▶ **para llevar** [comida] takeaway **3.** [prenda, objeto personal] to wear / *llevo gafas* I wear glasses / *no llevo dinero* I haven't got any money on me **4.** [caballo, coche etc] to handle **5.** [conducir] ▶ **llevar a alguien a algo** to lead sb to sthg ▶ **llevar a alguien a hacer algo** to lead o cause sb to do sthg **6.** [ocuparse de, dirigir] to be in charge of ; [casa, negocio] to run / *lleva la contabilidad* she keeps the books **7.** [hacer - de alguna manera] / *lleva muy bien sus estudios* he's doing very well in his studies **8.** [tener - de alguna manera] to have / *llevar el pelo largo* to have long hair / *llevas las manos sucias* your hands are dirty **9.** [soportar] to deal o cope with **10.** [mantener] to keep ▶ **llevar el paso** to keep in step **11.** [pasarse - tiempo] / *lleva tres semanas sin venir* she hasn't come for three weeks now, it's three weeks since she came last **12.** [ocupar - tiempo] to take / *me llevó un día hacer este guiso* it took me a day to make this dish **13.** [sobrepasar en] : *te llevo seis puntos* I'm six points ahead of you / *me lleva dos centímetros* he's two centimetres taller than me **14.** loc ▶ **llevar consigo** [implicar] to lead to, to bring about ▶ **llevar las de perder** to be heading for defeat. ◆ vi **1.** [conducir] ▶ **llevar a** to lead to / *esta carretera lleva al norte* this road leads north **2.** (antes de pp) [haber] : *llevo leída media novela* I'm halfway through the novel / *llevo dicho esto mismo docenas de veces* I've said the same thing time and again **3.** (antes de gerundio) [estar] : *llevar mucho tiempo haciendo algo* to have been doing sthg for a long time. ◆ **llevarse** vprnl **1.** [coger] to take, to steal **2.** [conseguir] to get / *se ha llevado el premio* she has carried off the prize / *yo me llevo siempre las culpas* I always get the blame **3.** [recibir - susto, sorpresa etc] to get, to receive / *me llevé un disgusto* I was upset **4.** [entenderse] ▶ **llevarse bien/mal (con alguien)** to get on well/badly (with sb) **5.** [estar

de moda] to be in (fashion) / *este año se lleva el verde* green is in this year **6.** MAT : *me llevo una* carry (the) one.

llorar vi [con lágrimas] to cry.

lloriquear vi to whine, to snivel.

lloro sm crying (U), tears pl.

llorón, ona sm, f crybaby.

lloroso, sa adj tearful.

llover [24] v impers to rain / *está lloviendo* it's raining.

llovizna sf drizzle.

lloviznar v impers to drizzle.

lluvia sf METEOR rain ▶ **bajo la lluvia** in the rain ▶ **lluvia ácida** acid rain ▶ **lluvia radiactiva** (nuclear) fallout / *lluvia torrencial* torrential rain.

lluvioso, sa adj rainy.

lo, la (mpl los, fpl las) pron pers (complemento directo) [cosa] it, them ; [persona] him (her), them ; [usted] you. ◆ **lo** ◆ pron pers (neutro, predicado) it / *su hermana es muy guapa pero él no lo es* his sister is very good-looking, but he isn't / *es muy bueno aunque no lo parezca* it's very good, even if it doesn't look it. ◆ art det (neutro) : *lo antiguo me gusta más que lo moderno* I like old things better than modern things / *lo mejor/peor* the best/worst part / *no te imaginas lo grande que era* you can't imagine how big it was. ◆ **lo de** loc prep : *¿y lo de la fiesta?* what about the party, then? / *siento lo de ayer* I'm sorry about yesterday. ◆ **lo que** loc conj what / *acepté lo que me ofrecieron* I accepted what they offered me.

loa sf **1.** [gen] praise **2.** LITER eulogy.

loable adj praiseworthy.

loar vt to praise.

lobato, lobezno sm wolf cub.

lobby ['loβi] (pl lobbies) sm lobby, pressure group.

lobezno = lobato.

lobo, ba sm, f wolf. ◆ **lobo de mar** sm [marinero] sea dog.

lóbrego, ga adj gloomy, murky.

lóbulo sm lobe.

local ◆ adj local. ◆ sm **1.** [edificio] premises pl **2.** [sede] headquarters pl.

localidad sf **1.** [población] place, town **2.** [asiento] seat **3.** [entrada] ticket ▶ **'no hay localidades'** 'sold out'.

localización sf localization, tracking down.

localizar [13] vt **1.** [encontrar] to locate **2.** [circunscribir] to localize.

loción sf lotion.

loco, ca ◆ adj **1.** [gen] mad ▶ **volverse loco por** to be mad about ▶ **loco de atar** o **remate** stark raving mad **2.** [extraordinario - interés, ilusión] tremendous ; [- amor, alegría] wild. ◆ sm, f **1.** lit + fig madman (madwoman), lunatic / *con-*

duce como un loco he drives like a madman **2.** CHILE [molusco] false abalone.

locomoción sf transport **/** *los gastos de locomoción* transport costs; [de tren] locomotion.

locomotor, ratriz adj locomotive.
◆ **locomotora** sf engine, locomotive.

locuaz adj loquacious, talkative.

locución sf phrase.

locura sf **1.** [demencia] madness **2.** [imprudencia] folly **/** *hacer locuras* to do crazy things **/** *ser una locura* to be madness.

locutor, ra sm, f [de radio] announcer; [de televisión] presenter.

locutorio sm **1.** TELECOM phone box o booth **2.** RADIO & TV studio.

lodo sm *lit + fig* mud.

logaritmo sm logarithm.

lógico, ca adj logical **/** *es lógico que se enfade* it stands to reason that he should get angry.
◆ **lógica** sf [ciencia] logic.

logístico, ca adj logistic. ◆ **logística** sf logistics *pl*.

logopeda smf speech therapist.

logotipo sm logo.

logrado, da adj [bien hecho] accomplished.

lograr vt [gen] to achieve; [puesto, beca, divorcio] to get, to obtain; [resultado] to obtain, to achieve; [perfección] to attain; [victoria, premio] to win; [deseo, aspiración] to fulfil **)** **lograr hacer algo** to manage to do sthg **)** **lograr que alguien haga algo** to manage to get sb to do sthg.

logro sm achievement.

LOGSE (*abr de* **Ley de Ordenación General del Sistema Educativo**) sf *Spanish Education Act.*

lolita sf Lolita.

loma sf hillock.

lombarda sf red cabbage.

lombriz sf earthworm, worm.

lomo sm **1.** [espalda] back **2.** [carne] loin **3.** [de libro] spine.

lona sf canvas.

loncha sf slice; [de beicon] rasher.

lonchar vi MÉX to have lunch.

lonche sm PERÚ VEN **1.** [merienda] *snack eaten during break time* **2.** MÉX [torta] filled roll.

lonchería sf MÉX VEN *small fast food restaurant selling snacks, sandwiches etc.*

londinense ◆ adj London (*antes de sust*).
◆ smf Londoner.

Londres npr London.

longaniza sf *type of spicy, cold pork sausage.*

longitud sf **1.** [dimensión] length **)** **tiene medio metro de longitud** it's half a metre long **)** **longitud de onda** wavelength **2.** ASTRON & GEOGR longitude.

lonja sf **1.** [loncha] slice **2.** [edificio] exchange **)** **lonja de pescado** fish market.

loro sm **1.** [animal] parrot **2.** *loc* : *estar al loro vulg* to have one's finger on the pulse.

los ◆ art —→ **el**. ◆ pron —→ **lo**.

losa sf **1.** [gen] paving stone, flagstone; [de tumba] tombstone **2.** **)** **losa radiante** RDOM underfloor heating.

loseta sf floor tile.

lote sm **1.** [parte] share **2.** [conjunto] batch, lot **3.** AM [de tierra] plot (of land).

loteamiento sm BOL URUG parcelling out, division into plots.

loteo sm ANDES MÉX RP parcelling out, division into plots.

lotería sf **1.** [gen] lottery **)** **jugar a la lotería** to play the lottery **)** **le tocó la lotería** she won the lottery **)** **lotería primitiva** *twice-weekly state-run lottery* **2.** [juego de mesa] lotto.

lotización sf ECUAD PERÚ parcelling out, division into plots.

loza sf **1.** [material] earthenware; [porcelana] china **2.** [objetos] crockery.

lozanía sf [de persona] youthful vigour.

lozano, na adj **1.** [planta] lush **2.** [persona] youthfully vigorous.

lubina sf sea bass.

lubricante, lubrificante ◆ adj lubricating.
◆ sm lubricant.

lubricar [10], **lubrificar** [10] vt to lubricate.

lucero sm bright star.

lucha sf fight; *fig* struggle **/** *abandonar la lucha* to give up the struggle **/** *lucha armada* armed struggle **)** **lucha libre** all-in wrestling.

luchador, ra ◆ adj fighting. ◆ sm, f DEP wrestler; *fig* fighter.

luchar vi to fight; *fig* to struggle **)** **luchar contra/por** to fight against/for.

lucidez sf lucidity, clarity.

lúcido, da adj lucid.

luciérnaga sf glow-worm.

lucimiento sm [de ceremonia etc] sparkle; [de actriz etc] brilliant performance.

lucir [32] ◆ vi **1.** [gen] to shine **2.** [llevar puesto] to wear **3.** AM [parecer] to look. ◆ vt [gen] to show off; [ropa] to sport. ◆ **lucirse** vprnl **1.** [destacar] **)** **lucirse (en)** to shine (at) **2.** *fam, fig & irón* [quedar mal] to mess things up.

lucrativo, va adj lucrative **)** **no lucrativo** non profit-making.

lucro sm profit, gain.

lucubrar vt to rack one's brains over.

lúdico, ca adj [del juego] game (*antes de sust*); [ocioso] of enjoyment, of pleasure.

ludoeducativo, va adj educational.

ludopatía sf pathological addiction to gambling.

luego ❖ adv **1.** [justo después] then, next / *primero aquí y luego allí* first here and then there **2.** [más tarde] later / *¡hasta luego!* see you!, bye! / *hazlo luego* do it later **3.** CHILE MEX VEN [pronto] soon. ❖ conj **1.** [así que] so, therefore **2.** ▶ **luego luego a)** MEX *fam* [inmediatamente] immediately, straight away **b)** [de vez en cuando] from time to time.

lugar sm **1.** [gen] place ; [localidad] place, town ; [del crimen, accidente etc] scene ; [para acampar, merendar etc] spot ▶ **en primer lugar** in the first place, firstly / *en último lugar* lastly, last ▶ **fuera de lugar** out of place ▶ **no hay lugar a duda** there's no room for doubt / *ponte en mi lugar* put yourself in my place / *sin lugar a dudas* without a doubt, undoubtedly ▶ **yo en tu lugar** if I were you / *dejar a alguien en buen / mal lugar* to make sb look good/bad / *poner las cosas en su lugar* to set things straight ▶ **tener lugar** to take place / *lugar de nacimiento* birthplace / *lugar de trabajo* workplace **2.** [motivo] cause, reason ▶ **dar lugar a** to bring about, to cause **3.** [puesto] position. ◆ **en lugar de** *loc prep* instead of. ◆ **lugar común** sm platitude.

lugareño, ña sm, f villager.

lúgubre adj gloomy, mournful.

lujo sm luxury ; *fig* profusion ▶ **permitirse el lujo de algo / de hacer algo** to be able to afford sthg / to do sthg.

lujoso, sa adj luxurious.

lujuria sf lust.

lumbago sm lumbago.

lumbre sf [fuego] fire ▶ **dar lumbre a alguien** to give sb a light.

lumbrera sf *fam* leading light.

luminoso, sa adj [gen] bright ; [fuente, energía] light *(antes de sust)*.

luminoterapia sf light therapy.

luna sf **1.** [astro] moon **2.** [cristal] window (pane) **3.** *loc* : *estar de mala luna* to be in a bad mood ▶ **estar en la luna** to be miles away. ◆ **luna de miel** sf honeymoon.

lunar ❖ adj lunar. ❖ sm **1.** [en la piel] mole, beauty spot **2.** [en telas] spot ▶ **a lunares** spotted.

lunático, ca sm, f lunatic.

lunes sm inv Monday. *Ver también* sábado.

luneta sf [de coche] windscreen ▶ **luneta térmica** demister.

lupa sf magnifying glass.

lustrabotas sm inv ANDES RDOM shoeshine, bootblack UK.

lustrador sm ANDES RP shoeshine, bootblack UK.

lustrar vt to polish.

lustre sm [brillo] shine.

lustro sm five-year period.

lustroso, sa adj shiny.

luto sm mourning ▶ **de luto** in mourning.

luxación sf dislocation.

Luxemburgo npr Luxembourg.

luxemburgués, esa ❖ adj Luxembourg *(antes de sust)*. ❖ sm, f Luxembourger.

luz sf [gen] light ; [electricidad] electricity ; [destello] flash (of light) ▶ **apagar la luz** to switch off the light / *a plena luz del día* in broad daylight ▶ **cortar la luz** to cut off the electricity supply ▶ **dar o encender la luz** to switch on the light ▶ **pagar (el recibo de) la luz** to pay the electricity (bill) ▶ **se ha ido la luz** the lights have gone out / *luz eléctrica* electric light ▶ **luz solar** sunlight ▶ **a la luz de a)** [una vela, la luna etc] by the light of **b)** [los acontecimientos etc] in the light of ▶ **arrojar luz sobre** to shed light on ▶ **dar a luz (un niño)** to give birth (to a child) ▶ **sacar algo a la luz a)** [secreto] to bring to light **b)** [obra] to bring out, to publish / *salir a la luz a)* [descubrirse] to come to light **b)** [publicarse] to come out / *ver la luz* to see the light. ◆ **luces** sfpl AUTO lights ▶ **poner las luces de carretera o largas** to put (one's headlights) on full beam ▶ **luces de tráfico o de señalización** traffic lights.

lycra® sf Lycra®.

m¹, M sf [letra] m, M.

m² *(abr escrita de* **metro***)* m.

m. *(abr escrita de* **muerto***)* d.

macabro, bra adj macabre.

macana sf CSUR PERÚ VEN *fam* [disparate] stupid thing ; [fastidio] pain, drag ; [pena] shame.

macanear vi CSUR *fam* [decir tonterías] to talk nonsense ; [hacer tonterías] to be stupid.

macanudo, da adj *fam* great, terrific.

macarra sm *fam* [de prostitutas] pimp ; [rufián] thug.

macarrón sm [tubo] sheath *(of cable)*. ◆ **macarrones** smpl [pasta] macaroni *(U)*.

macedonia sf salad ▶ **macedonia de frutas** fruit salad.

macerar vt CULIN to soak, to macerate.

maceta sf [tiesto] flowerpot.

macetero sm flowerpot holder.

machaca smf [trabajador] dogsbody.

machacar [10] ❖ vt **1.** [triturar] to crush **2.** *fig* [insistir] to keep going on about. ❖ vi *fig* ▸ **machacar (sobre)** to go on (about).

machete sm machete.

machismo sm machismo.

machista adj & smf male chauvinist.

macho ❖ adj **1.** BIOL male **2.** *fig* [hombre] macho. ❖ sm **1.** BIOL male **2.** *fig* [hombre] he-man **3.** TECNOL male part ; [de enchufe] pin. ❖ interj *fam* ▸ **¡oye, macho!** oy, mate!

machote, ta ❖ adj brave ▸ *dárselas de machote* to act like a he-man. ❖ sm, f [niño] big boy (big girl). ◆ **machote** sm Am [modelo] rough draft.

macizo, za adj solid ▸ **estar macizo a)** *fam* [hombre] to be hunky **b)** [mujer] to be gorgeous. ◆ **macizo** sm **1.** GEOGR massif **2.** BOT ▸ **macizo de flores** flowerbed.

macramé sm macramé.

macro sf INFORM macro.

macrobiótico, ca adj macrobiotic.

mácula sf spot ; *fig* blemish.

macuto sm backpack.

madeja sf hank, skein ▸ *enredar la madeja* to complicate matters.

madera sf **1.** [gen] wood ; CONSTR timber ; [tabla] piece of wood ▸ **de madera** wooden ▸ **madera contrachapada** plywood ▸ *tocar madera* to touch wood UK, to knock on wood US **2.** [disposición] ▸ **tener madera de algo** to have the makings of sthg.

madero sm [tabla] log.

madrastra sf stepmother.

madre sf **1.** [gen] mother ▸ *es madre de tres niños* she's a mother of three ▸ **madre adoptiva / de alquiler** foster / surrogate mother ▸ *madre biológica* biological mother ▸ *madre de familia* mother ▸ **madre política** mother-in-law ▸ **madre soltera** single mother ▸ **madre superiora** mother superior **2.** [poso] dregs *pl.* ◆ **madre mía** interj ▸ **¡madre mía!** Jesus!, Christ!

madreselva sf honeysuckle.

Madrid npr Madrid.

madridista adj & sm, f [hincha] Real Madrid supporter ; [jugador] Real Madrid player.

madriguera sf *lit + fig* den ; [de conejo] burrow.

madrileño, ña sm, f native/inhabitant of Madrid.

madrina sf [gen] patroness ; [de boda] bridesmaid ; [de bautizo] godmother.

madroño sm **1.** [árbol] strawberry tree **2.** [fruto] strawberry-tree berry.

madrugada sf **1.** [amanecer] dawn ▸ *de madrugada* at daybreak **2.** [noche] early morning ▸ *las tres de la madrugada* three in the morning.

madrugador, ra adj early-rising.

madrugar [16] vi to get up early ; *fig* to be quick off the mark ▸ **no por mucho madrugar amanece más temprano** *prov* time must take its course.

madurar ❖ vt **1.** [gen] to mature ; [fruta, mies] to ripen **2.** [idea, proyecto etc] to think through. ❖ vi [gen] to mature ; [fruta] to ripen.

madurez sf **1.** [cualidad - gen] maturity ; [- de fruta, mies] ripeness **2.** [edad adulta] adulthood.

maduro, ra adj [gen] mature ; [fruta, mies] ripe ▸ *de edad madura* middle-aged.

maestra ⟶ maestro.

maestría sf **1.** [habilidad] mastery, skill **2.** Am [título] master's degree.

maestro, tra ❖ adj **1.** [perfecto] masterly **2.** [principal] main ; [llave] master *(antes de sust).* ❖ sm, f **1.** [profesor] teacher **2.** [sabio] master **3.** MÚS maestro **4.** Méx [de universidad] lecturer UK, professor US **5.** [director] ▸ **maestro de ceremonias** master of ceremonies ▸ **maestro de cocina** chef ▸ **maestro de obras** foreman ▸ **maestro de orquesta** conductor.

mafia sf mafia.

mafioso, sa sm, f mafioso.

magdalena sf fairy cake.

magia sf magic ▸ **magia blanca / negra** white / black magic.

mágico, ca adj **1.** [con magia] magic **2.** [atractivo] magical.

magisterio sm **1.** [enseñanza] teaching **2.** [profesión] teaching profession.

magistrado, da sm, f [juez] judge.

magistral adj **1.** [de maestro] magisterial **2.** [genial] masterly.

magistratura sf **1.** [jueces] magistrature **2.** [tribunal] tribunal ▸ **magistratura de trabajo** industrial tribunal.

magnánimo, ma adj magnanimous.

magnate sm magnate ▸ **magnate del petróleo / de la prensa** oil/press baron.

magnesia sf magnesia.

magnesio sm magnesium.

magnético, ca adj *lit + fig* magnetic.

magnetizar [13] vt to magnetize ; *fig* to mesmerize.

magnetófono sm tape recorder.

magnicidio sm assassination *(of somebody important).*

magnificencia sf magnificence.

magnífico, ca adj wonderful, magnificent.

magnitud sf magnitude.

magnolia sf magnolia.

mago, ga sm, f **1.** [prestidigitador] magician **2.** [en cuentos etc] wizard.

magrebí *(pl* magrebíes *o* magrebís*)* adj & sm, f Maghrebi.

magro, gra adj **1.** [sin grasa] lean **2.** [pobre] poor. ◆ **magro** sm lean meat.

magulladura sf bruise.

magullar vt to bruise.

Mahoma npr Mohammed.

mahometano, na adj & sm, f Muslim.

mahonesa = **mayonesa**.

maicena® sf cornflour UK, cornstarch US.

mail sm INFORM mail.

maillot [ma'jot] (pl **maillots**) sm **1.** [prenda femenina] maillot **2.** [malla] leotard ; [para ciclistas] jersey ▸ **maillot amarillo** DEP yellow jersey.

maíz sm maize UK, corn US ▸ **maíz dulce** sweetcorn.

maja ⟶ **majo**.

majadero, ra sm, f idiot.

majareta fam ◆⟶ adj nutty. ◆⟶ smf nutcase.

majestad sf majesty. ◆ **Su Majestad** sf His/Her Majesty.

majestuoso, sa adj majestic.

majo, ja adj **1.** [simpático] nice **2.** [bonito] pretty.

mal ◆⟶ adj ⟶ **malo**. ◆⟶ sm **1.** [perversión] ▸ **el mal** evil **2.** [daño] harm, damage **3.** [enfermedad] illness ▸ **mal de montaña** altitude o mountain sickness ▸ **mal de ojo** evil eye **4.** [inconveniente] bad thing ▸ **un mal necesario** a necessary evil. ◆⟶ adv **1.** [incorrectamente] wrong / *esto está mal hecho* this has been done wrong / *has escrito mal esta palabra* you've spelt that word wrong **2.** [inadecuadamente] badly / *la fiesta salió mal* the party went off badly / *oigo/veo mal* I can't hear/see very well ▸ **encontrarse mal a)** [enfermo] to feel ill **b)** [incómodo] to feel uncomfortable ▸ **oler mal** [tener mal olor] to smell bad ; fam [tener mal cariz] to smell fishy ▸ **sentar mal a alguien a)** [ropa] not to suit sb **b)** [comida] to disagree with sb ; [comentario, actitud] to upset sb ▸ **tomar algo a mal** to take sthg the wrong way **3.** [dificilmente] hardly / *mal puede saberlo si no se lo cuentas* he's hardly going to know it if you don't tell him **4.** loc ▸ **estar a mal con alguien** to have fallen out with sb ▸ **ir de mal en peor** to go from bad to worse ▸ **no estaría mal que ...** it would be nice if ... ◆ **mal que** loc conj although, even though. ◆ **mal que bien** loc adv somehow or other.

malabarismo sm lit + fig juggling (U).

malabarista smf juggler.

malacostumbrado, da adj spoiled.

malaria sf malaria.

Malasia npr Malaysia.

malcriado, da adj spoiled.

malcriar [9] vt to spoil.

maldad sf **1.** [cualidad] evil **2.** [acción] evil thing.

maldecir [66] ◆⟶ vt to curse. ◆⟶ vi to curse.

maldición sf curse.

maldito, ta adj **1.** [embrujado] cursed **2.** fam [para enfatizar] damned ▸ **¡maldita sea!** damn it!

maleable adj lit + fig malleable.

maleante smf crook.

malecón sm [atracadero] jetty.

maleducado, da adj rude.

maleficio sm curse.

malentendido sm misunderstanding.

malestar sm **1.** [dolor] upset, discomfort / *siento un malestar en el estómago* I've got an upset stomach ▸ **sentir malestar general** to feel unwell **2.** [inquietud] uneasiness, unrest.

maleta sf suitcase ▸ **hacer o preparar la maleta** to pack (one's bags).

maletero sm boot UK, trunk US.

maletín sm briefcase.

malévolo, la adj malevolent, wicked.

maleza sf [arbustos] undergrowth ; [malas hierbas] weeds pl.

malformación sf malformation / *malformación congénita* congenital malformation.

malgastar vt [dinero, tiempo] to waste ; [salud] to ruin.

malhablado, da adj foul-mouthed.

malhechor, ra adj & sm, f criminal.

malhumorado, da adj bad-tempered ; [enfadado] in a bad mood.

malicia sf [maldad] wickedness, evil ; [mala intención] malice.

malicioso, sa adj [malo] wicked, evil ; [malintencionado] malicious.

maligno, na adj malignant.

malintencionado, da ◆⟶ adj ill-intentioned. ◆⟶ sm, f ill-intentioned person.

malinterpretar vt to misinterpret.

malla sf **1.** [tejido] mesh ▸ **malla de alambre** wire mesh **2.** [red] net **3.** RDom [traje de baño] swimsuit. ◆ **mallas** sfpl **1.** [de gimnasia] leotard sg ; [de ballet] tights **2.** [de portería] net sg.

Mallorca npr Majorca.

malnutrición sf malnutrition.

malo, la (**peor** es el comparativo y el superlativo de *malo*; delante de sm sg: **mal**) adj **1.** [gen] bad ; [calidad] poor, bad / *lo malo fue que ...* the problem was (that) ... / *más vale malo conocido que bueno por conocer* prov better the devil you know (than the one you don't) **2.** [malicioso] wicked **3.** [enfermo] ill, sick ▸ **estar/ponerse malo** to be/fall ill **4.** [travieso] naughty. ◆⟶ sm, f [de película etc] villain, baddie. ◆⟶ **malas** sfpl ▸ **estar de malas** to be in a bad mood ▸ **por las malas** by force.

malograr vt **1.** to waste **2.** Andes [estropear] to make a mess of, to ruin. ◆⟶ **malograrse** vprnl **1.** [fracasar] to fail **2.** [morir] to die before one's time **3.** `ANDES` [estropearse - máquina] to break down ; [- alimento] to go off, to spoil.

malparado, da adj ▸ **salir malparado de algo** to come out of sthg badly.

malpensado, da adj malicious, evil-minded.

malsano, na adj unhealthy.

malsonante adj rude.

malta sm malt.

malteada sf `Am` [batido] milkshake.

maltés, esa adj & sm, f Maltese.

maltratado, da adj ill-treated, misteated.

maltratador, ra sm, f abuser.

maltratar vt **1.** [pegar, insultar] to ill-treat **2.** [estropear] to damage.

maltrecho, cha adj battered / **dejar maltrecho a alguien** to leave sb in a bad way.

malva ❖ sf BOT mallow ▸ **criar malvas** fam & fig to push up daisies. ❖ adj inv mauve. ❖ sm [color] mauve.

malvado, da adj evil, wicked.

malversación sf ▸ **malversación (de fondos)** embezzlement (of funds).

malversar vt to embezzle.

Malvinas sfpl ▸ **las (islas) Malvinas** the Falkland Islands, the Falklands.

malviviente smf `CSUR` criminal.

malvivir vi to scrape together an existence.

mama sf **1.** [órgano - de mujer] breast ; [- ZOOL] udder **2.** fam [madre] mum.

mamá sf **1.** fam mum, mummy **2.** ▸ **mamá grande** `COL` `MÉX` fam grandma.

mamacita sf `Am` [mamá] mum `UK`, mom `US`.

mamadera sf `CSUR` `PERÚ` [biberón] (baby's) bottle.

mamar ❖ vt **1.** [suj: bebé] to suckle **2.** [aprender] : *lo mamó desde pequeño* he was immersed in it as a child. ❖ vi to suckle.

mamarracho sm [fantoche] mess.

mambo sm mambo.

mameluco sm **1.** fam [torpe, necio] idiot **2.** `MÉX` [con mangas] overalls `UK`, coveralls `US` ; `CSUR` [de peto] dungarees `UK`, overalls `US`.

mamey sm **1.** [árbol] mamey, mammee **2.** [fruto] mamey, mammee (apple).

mamífero, ra adj mammal. ◆ **mamífero** sm mammal.

mamografía sf **1.** MED [técnica] breast scanning, mammography **2.** MED [resultado] breast scan, mammogram.

mamotreto sm **1.** despec [libro] hefty tome **2.** [objeto grande] monstrosity.

mampara sf screen.

mamut sm mammoth.

manada sf [ZOOL - gen] herd ; [- de lobos] pack ; [- de ovejas] flock ; [- de leones] pride.

manager (pl **managers**) sm manager.

Managua npr Managua.

manantial sm spring ; fig source.

manar vi lit + fig ▸ **manar (de)** to flow (from).

manazas adj inv clumsy.

mancha sf **1.** [gen] stain, spot ; [de tinta] blot ; [de color] spot, mark / *extenderse como una mancha de aceite* to spread like wildfire **2.** ASTRON spot **3.** [deshonra] blemish / *sin mancha* unblemished.

manchar vt **1.** [ensuciar] ▸ **manchar algo (de o con)** a) [gen] to make sthg dirty (with) b) [con manchas] to stain sthg (with) c) [emborronar] to smudge sthg (with) **2.** [deshonrar] to tarnish. ◆ **mancharse** vprnl [ensuciarse] to get dirty.

manchego, ga adj of/relating to La Mancha. ◆ **manchego** sm ⟶ **queso**.

manco, ca adj [sin una mano] one-handed ; [sin manos] handless ; [sin un brazo] one-armed ; [sin brazos] armless ▸ **no ser manco para o en** to be a dab hand at.

mancomunidad sf association.

mancorna, mancuerna sf `ANDES` `CAM` `MÉX` `VEN` cufflink.

mandado, da sm, f [subordinado] underling. ◆ **mandado** sm [recado] errand.

mandamás (pl **mandamases**) smf bigwig.

mandamiento sm **1.** [orden - militar] order, command ; [- judicial] writ **2.** RELIG commandment / *los diez mandamientos* the Ten Commandments.

mandar ❖ vt **1.** [dar órdenes a] to order ▸ **mandar a alguien hacer algo** to order sb to do sthg ▸ **mandar hacer algo** to have sthg done **2.** [enviar] to send **3.** [dirigir, gobernar] to lead, to be in charge of ; [país] to rule. ❖ vi **1.** [gen] to be in charge ; [jefe de estado] to rule / *aquí mando yo* I'm in charge here / *mandar en algo* to be in charge of sthg **2.** despec [dar órdenes] to order people around **3.** loc ▸ **¿mande?** fam eh?, you what?

mandarina sf mandarin.

mandatario, ria sm, f representative, agent ▸ **primer mandatario** [jefe de estado] head of state.

mandato sm **1.** [gen] order, command **2.** [poderes de representación, disposición] mandate ▸ **mandato judicial** warrant **3.** POLÍT term of office ; [reinado] period of rule.

mandíbula sf jaw.

mandil sm [delantal] apron.

Mandinga sm `Am` the devil.

mando sm **1.** [poder] command, authority ▸ **al mando de** in charge of / *entregar el mando* to hand over command **2.** [periodo en poder] term

of office **3.** (gen pl) [autoridades] leadership (U);
MIL command (U) ▶ **alto mando** MIL high command ▶ **mandos intermedios** middle management sg **4.** [dispositivo] control ▶ **mando automático/a distancia** automatic/remote control.

mandolina sf mandolin.

mandón, ona ⬧ adj bossy. ⬧ sm, f bossyboots.

manecilla sf [del reloj] hand.

manejable adj [gen] manageable; [herramienta] easy to use.

manejar ⬧ vt **1.** [conocimientos, datos] to use, to marshal **2.** [máquina, mandos] to operate; [caballo, bicicleta] to handle; [arma] to wield **3.** [negocio etc] to manage, to run; [gente] to handle **4.** [Am] [vehículo] to drive. ⬧ vi [Am] [conducir] to drive. ◆ **manejarse** vprnl **1.** [moverse] to move o get about **2.** [desenvolverse] to manage.

manejo sm **1.** [de máquina, mandos] operation; [de armas, herramientas] use ▶ **de fácil manejo** user-friendly **2.** [de conocimientos, datos] marshalling; [de idiomas] command **3.** [de caballo, bicicleta] handling **4.** [de negocio etc] management, running **5.** (gen pl) fig [intriga] intrigue.

manera sf way, manner / lo haremos a mi manera we'll do it my way / a mi manera de ver the way I see it ▶ **de cualquier manera a)** [sin cuidado] any old how **b)** [de todos modos] anyway, in any case ▶ **de esta manera** in this way / de la misma manera similarly, in the same way ▶ **de ninguna manera, en manera alguna a)** [refuerza negación] by no means, under no circumstances **b)** [respuesta exclamativa] no way!, certainly not! ▶ **de todas maneras** anyway ▶ **en cierta manera** in a way ▶ **manera de ser** way of being, nature ▶ **de manera que** [para] so (that) ▶ **no hay manera** there is no way, it's impossible / ¡qué manera de...! what a way to...! ◆ **maneras** sfpl [modales] manners / buenas/malas maneras good/bad manners.

manga sf **1.** [de prenda] sleeve ▶ **en mangas de camisa** in shirtsleeves / sin mangas sleeveless ▶ **manga raglán** o **ranglán** raglan sleeve / andar manga por hombro to be a mess ▶ **ser de manga ancha, tener manga ancha** to be over-indulgent **2.** [manguera] hosepipe **3.** [de pastelería] forcing o piping bag **4.** DEP stage, round.

mangante fam smf thief.

mango sm **1.** [asa] handle **2.** [árbol] mango tree; [fruta] mango.

mangonear vi fam **1.** [entrometerse] to meddle **2.** [mandar] to be bossy **3.** [manipular] to fiddle about.

manguera sf hosepipe; [de bombero] fire hose.

maní, manises sm [Andes] [Carib] [RP] peanut.

manía sf **1.** [idea fija] obsession **2.** [peculiaridad] idiosyncrasy **3.** [mala costumbre] bad habit **4.** [afi-

ción exagerada] mania, craze **5.** fam [ojeriza] dislike **6.** PSICOL mania.

maniaco, ca, maníaco, ca ⬧ adj manic. ⬧ sm, f maniac.

maniatar vt to tie the hands of.

maniático, ca ⬧ adj fussy. ⬧ sm, f fussy person / es un maniático del fútbol he's football-crazy.

manicomio sm mental o psychiatric hospital [UK], insane asylum [US].

manicuro, ra sm, f [persona] manicurist. ◆ **manicura** sf [técnica] manicure.

manido, da adj [tema etc] hackneyed.

manifestación sf **1.** [de alegría, dolor etc] show, display; [de opinión] declaration, expression; [indicio] sign **2.** [por la calle] demonstration / hacer una manifestación to hold a demonstration.

manifestante smf demonstrator.

manifestar [19] vt **1.** [alegría, dolor etc] to show **2.** [opinión etc] to express. ◆ **manifestarse** vprnl **1.** [por la calle] to demonstrate **2.** [hacerse evidente] to become clear o apparent.

manifiesto, ta adj clear, evident ▶ **poner de manifiesto algo a)** [revelar] to reveal sthg **b)** [hacer patente] to make sthg clear. ◆ **manifiesto** sm manifesto.

manigua, manigual sf [Carib] [Col] [selva] marshy tropical forest.

manilla (gen pl) sf **1.** [del reloj] hand **2.** [grilletes] manacle **3.** [Esp] [Am] [manivela] crank.

manillar sm handlebars pl.

maniobra sf **1.** [gen] manoeuvre / estar de maniobras MIL to be on manoeuvres **2.** [treta] trick.

maniobrar vi to manoeuvre.

manipulación sf **1.** [gen] handling **2.** [engaño] manipulation.

manipular vt **1.** [manejar] to handle **2.** [mangonear - información, resultados] to manipulate; [- negocios, asuntos] to interfere in.

maniquí (pl maniquíes o maniquís) ⬧ sm dummy. ⬧ sm, f [modelo] model.

manirroto, ta ⬧ adj extravagant. ⬧ sm, f spendthrift.

manitas smf inv handy person.

manito sm [Méx] fam pal, mate [UK], buddy [US].

manivela sf crank.

manjar sm delicious food (U).

mano ⬧ sf **1.** [gen] hand ▶ **a mano armada** armed ▶ **dar** o **estrechar la mano a alguien** to shake hands with sb ▶ **darse** o **estrecharse la mano** to shake hands ▶ **echar/tender una mano** to give/offer a hand ▶ **¡manos arriba!, ¡arriba las manos!** hands up! ▶ **mano de obra a)** [capacidad de trabajo] labour **b)** [trabajadores] workforce **2.** [ZOOL - gen] forefoot; [- de perro, gato] (front) paw; [- de cerdo] (front) trotter

3. [lado] ▶ **a mano derecha /izquierda** on the right/left **4.** ▶ **calle de una sola mano** $\boxed{\text{RDoM}}$ one-way street **5.** [de pintura etc] coat **6.** [influencia] influence **7.** [partida de naipes] game **8.** [serie, tanda] series **9.** loc ▶ **bajo mano** secretly ▶ **caer en manos de alguien** to fall into sb's hands ▶ **con las manos cruzadas, mano sobre mano** sitting around doing nothing ▶ **coger a alguien con las manos en la masa** to catch sb red-handed o in the act ▶ **de primera mano** a) [coche etc] brand new b) [noticias etc] first-hand ▶ **de segunda mano** second-hand ▶ **mano a mano** tête-à-tête ▶ **¡manos a la obra!** let's get down to it! ▶ **manos libres** [dispositivo] hands-free set ▶ **tener buena mano para algo** to have a knack for sthg. ❖ sm $\boxed{\text{ANDES}}$ $\boxed{\text{CAm}}$ $\boxed{\text{Carib}}$ $\boxed{\text{Méx}}$ pal, mate $\boxed{\text{UK}}$, buddy $\boxed{\text{US}}$.

manojo sm bunch.

manoletina sf [zapato] type of open, low-heeled shoe, often with a bow.

manómetro sm pressure gauge.

manopla sf mitten.

manosear vt **1.** [gen] to handle roughly ; [papel, tela] to rumple **2.** [persona] to fondle.

manotazo sm slap.

mansalva ❖ **a mansalva** loc adv [en abundancia] in abundance.

mansedumbre sf [gen] calmness, gentleness ; [de animal] tameness.

mansión sf mansion.

manso, sa adj **1.** [apacible] calm, gentle **2.** [domesticado] tame **3.** $\boxed{\text{CHILE}}$ [extraordinario] tremendous.

manta sf [para abrigarse] blanket / **manta eléctrica** electric blanket / **manta de viaje** travelling rug ▶ **liarse la manta a la cabeza** to take the plunge.

manteca sf fat ; [mantequilla] butter ▶ **manteca de cacao** cocoa butter ▶ **manteca de cerdo** lard.

mantecado sm **1.** [pastel] shortcake **2.** [helado] ice-cream made of milk, eggs and sugar.

mantel sm tablecloth.

mantelería sf table linen.

mantener [72] vt **1.** [sustentar, aguantar] to support **2.** [conservar] to keep ; [en buen estado] to maintain, to service **3.** [tener - relaciones, conversación] to have **4.** [defender - opinión] to stick to, to maintain ; [- candidatura] to refuse to withdraw. ❖ **mantenerse** vprnl **1.** [sustentarse] to subsist, to support o.s. **2.** [permanecer, continuar] to remain ; [edificio] to remain standing ▶ **mantenerse aparte** [en discusión] to stay out of it.

mantenimiento sm **1.** [sustento] sustenance **2.** [conservación] upkeep, maintenance.

mantequilla sf butter.

mantilla sf **1.** [de mujer] mantilla **2.** [de bebé] shawl.

manto sm [gen] cloak.

mantón sm shawl.

manual ❖ adj [con las manos] manual. ❖ sm manual.

manubrio sm **1.** crank **2.** $\boxed{\text{Am}}$ [manillar] handlebars pl.

manufacturar vt to manufacture.

manuscrito, ta adj handwritten. ◆ **manuscrito** sm manuscript.

manutención sf **1.** [sustento] support, maintenance **2.** [alimento] food.

maña sf **1.** [destreza] skill / **tener maña para** to have a knack for **2.** [astucia] wits pl, guile (U).

mañana ❖ sf morning / **a la mañana siguiente** the next morning / **a las dos de la mañana** at two in the morning / **por la mañana** in the morning. ❖ sm ▶ **el mañana** tomorrow, the future. ❖ adv tomorrow / **a partir de mañana** starting tomorrow, as of tomorrow ▶ **¡hasta mañana!** see you tomorrow! ▶ **mañana por la mañana** tomorrow morning ▶ **pasado mañana** the day after tomorrow.

manzana sf **1.** [fruta] apple **2.** [grupo de casas] block (of houses).

manzanilla sf **1.** [planta] camomile **2.** [infusión] camomile tea.

mañanitas sfpl $\boxed{\text{Méx}}$ birthday song sg.

manzano sm apple tree.

mañoco sm $\boxed{\text{Ven}}$ tapioca.

mañoso, sa adj skilful.

mapa sm map / **mapa de carreteras** road map.

mapamundi sm world map.

maqueta sf **1.** [reproducción a escala] (scale) model **2.** [de libro] dummy.

maquila sf $\boxed{\text{Am}}$ [de máquinas] assembly ; [de ropas] making-up.

maquiladora sf $\boxed{\text{Am}}$ assembly plant.

maquilar vt $\boxed{\text{CAm}}$ $\boxed{\text{Méx}}$ [producto, piezas] to assemble.

maquillaje sm **1.** [producto] make-up **2.** [acción] making-up.

maquillar vt [pintar] to make up. ◆ **maquillarse** vprnl to make o.s. up.

máquina sf **1.** [gen] machine ▶ **a toda máquina** at full pelt / **coser a máquina** to machine-sew ▶ **escribir a máquina** to type ▶ **hecho a máquina** machine-made / **máquina de afeitar** electric razor ▶ **máquina de coser** sewing machine ▶ **máquina de escribir** typewriter ▶ **máquina fotográfica** camera ▶ **máquina tragaperras** o **traganíqueles** $\boxed{\text{Am}}$ slot machine, fruit machine $\boxed{\text{UK}}$ **2.** [locomotora] engine ▶ **máquina de vapor** steam engine **3.** [mecanismo] mechanism **4.** $\boxed{\text{Cuba}}$

[vehículo] car **5.** [de estado, partido etc] machinery *(U).*

maquinación sf machination.

maquinal adj mechanical.

maquinar vt to machinate, to plot.

maquinaria sf **1.** [gen] machinery **2.** [de reloj etc] mechanism.

maquinilla sf ▶ **maquinilla de afeitar** razor ▶ **maquinilla eléctrica** electric razor.

maquinista smf [de tren] engine driver **UK**, engineer **US**; [de barco] engineer.

mar sm o sf *lit + fig* sea ▶ **alta mar** high seas *pl* ▶ **mar de fondo** *lit + fig* groundswell / *mar gruesa* heavy sea ▶ **el mar del Norte** the North Sea ▶ **llover a mares** to rain buckets.

mara sf **SALV** gang.

marabunta sf [muchedumbre] crowd.

maraca sf maraca.

maracujá sf **AM** passion fruit.

maraña sf **1.** [maleza] thicket **2.** *fig* [enredo] tangle.

maratón sm o sf *lit + fig* marathon.

maravilla sf **1.** [gen] marvel, wonder / *es una maravilla* it's wonderful ▶ **hacer maravillas** to do o work wonders ▶ **a las mil maravillas, de maravilla** wonderfully ▶ **venir de maravilla** to be just the thing o ticket **2.** BOT marigold.

maravillar vt to amaze. ◆ **maravillarse** vprnl ▶ **maravillarse (con)** to be amazed (by).

maravilloso, sa adj marvellous, wonderful.

marca sf **1.** [señal] mark ; [de rueda, animal] track ; [en ganado] brand ; [en papel] watermark / *marca de nacimiento* birthmark **2.** [COM - de tabaco, café etc] brand ; [- de coche, ordenador etc] make ▶ **de marca** designer *(antes de sust)* ▶ **marca blanca** own brand ▶ **marca de fábrica** trademark ▶ **marca registrada** registered trademark **3.** [etiqueta] label **4.** [DEP - gen] performance ; [- en carreras] time ; [- plusmarca] record.

marcado, da adj [gen] marked. ◆ **marcado** sm **1.** [señalado] marking **2.** [peinado] set.

marcador, ra adj marking. ◆ **marcador** sm **1.** [tablero] scoreboard **2.** [DEP - defensor] marker ; [- goleador] scorer **3.** **AM** [rotulador] felt-tip pen ; **MÉX** [fluorescente] highlighter pen.

marcapasos sm inv pacemaker.

marcar [10] ◆ vt **1.** [gen] to mark **2.** [poner precio a] to price **3.** [indicar] to indicate **4.** [resaltar] to emphasise **5.** [número de teléfono] to dial **6.** [suj: termómetro, contador etc] to read ; [suj: reloj] to say **7.** [DEP - tanto] to score ; [- a un jugador] to mark **8.** [cabello] to set. ◆ vi **1.** [dejar secuelas] to leave a mark **2.** DEP [anotar un tanto] to score. ◆ **marcarse** vprnl *fam* : *marcarse un detalle* to do sthg nice o kind / *marcarse un tanto* to earn a Brownie point.

marcha sf **1.** [partida] departure **2.** [ritmo] speed ▶ **en marcha** [motor] running ; [plan] underway ▶ **poner en marcha a)** [gen] to start **b)** [dispositivo, alarma] to activate ▶ **ponerse en marcha a)** [persona] to start off **b)** [máquina] to start ▶ **hacer algo sobre la marcha** to do sthg as one goes along **3.** AUTO gear ▶ **marcha atrás** reverse **4.** MIL & POLÍT march **5.** MÚS march **6.** [transcurso] course ; [progreso] progress **7.** DEP walk **8.** *fam* [animación] liveliness, life ▶ **hay mucha marcha** there's a great atmosphere.

marchante, ta sm, f **1.** dealer **2.** **CAM** **MÉX** **VEN** [cliente] customer, patron.

marchar vi **1.** [andar] to walk **2.** [partir] to leave, to go **3.** [funcionar] to work **4.** [desarrollarse] to progress ▶ **el negocio marcha** business is going well. ◆ **marcharse** vprnl to leave, to go.

marchitar vt *lit + fig* to wither. ◆ **marchitarse** vprnl **1.** [planta] to fade, to wither **2.** *fig* [persona] to languish.

marchito, ta adj [planta] faded.

marchoso, sa *fam* ◆ adj lively. ◆ sm, f livewire.

marcial adj martial.

marciano, na adj & sm, f Martian.

marco sm **1.** [cerco] frame **2.** *fig* [ambiente, paisaje] setting **3.** [ámbito] framework **4.** [moneda] mark **5.** [portería] goalmouth.

marea sf [del mar] tide ▶ **marea alta / baja** high / low tide ▶ **marea negra** oil slick.

mareado, da adj **1.** [con náuseas] sick, queasy ; [en coche, avión etc] travelsick ; [en el mar] seasick **2.** [aturdido] dizzy **3.** *fig* [fastidiado] fed up to the back teeth **4.** *eufem* [bebido] tipsy.

mareante adj **1.** [provocar náuseas] heady, dizzying **2.** [persona] deadly, tedious.

marear vt **1.** [provocar náuseas a] to make sick ; [en coche, avión etc] to make travelsick ; [en barco] to make seasick **2.** [aturdir] to make dizzy **3.** *fam* [fastidiar] to annoy. ◆ **marearse** vprnl **1.** [tener náuseas] to feel sick ; [en coche, avión etc] to feel travelsick ; [en barco] to get seasick **2.** [estar aturdido] to get dizzy **3.** [emborracharse] to get drunk.

marejada sf [mar rizada] heavy sea.

maremoto sm tidal wave.

mareo sm **1.** [náuseas] sickness ; [en coche, avión etc] travelsickness ; [en barco] seasickness **2.** [aturdimiento] dizziness **3.** *fam & fig* [fastidio] drag, pain.

marfil sm ivory.

margarina sf margarine.

margarita sf **1.** BOT daisy ▶ **echar margaritas a los cerdos** to cast pearls before swine **2.** IMPR daisy wheel.

margen sm o sf **1.** *(gen f)* [de río] bank ; [de camino] side **2.** *(gen m)* [de página] margin **3.** *(gen m)* COM margin **4.** *(gen m)* [límites] leeway ▶ **dejar al**

margen to exclude ▶ **estar al margen de** to have nothing to do with ▶ **mantenerse al margen de** to keep out of ▶ **margen de error** margin of error **5.** (gen m) [ocasión] ▶ **dar margen a alguien para hacer algo** to give sb the chance to do sthg.

marginación sf exclusion.

marginado, da ❖ adj excluded. ❖ sm, f outcast.

mariachi sm **1.** [música] mariachi (music) **2.** [orquesta] mariachi band ; [músico] mariachi (musician).

marica sm mfam & despec queer, poof.

Maricastaña ⟶ **tiempo**.

maricón sm mfam & despec queer, poof.

marido sm husband.

marihuana sf marijuana.

marimacho sm fam mannish woman ; despec butch woman.

marina ⟶ **marino**.

marinero, ra adj [gen] sea (antes de sust) ; [buque] seaworthy ; [pueblo] seafaring. ❖ **marinero** sm sailor.

marino, na adj sea (antes de sust), marine. ❖ **marino** sm sailor. ❖ **marina** sf MIL ▶ **marina (de guerra)** navy.

marioneta sf [muñeco] marionette, puppet. ❖ **marionetas** sfpl [teatro] puppet show sg.

mariposa sf **1.** [insecto] butterfly **2.** [en natación] butterfly.

mariquita sf [insecto] ladybird UK, ladybug US.

mariscada sf seafood dish.

marisco sm seafood (U), shellfish (U).

marisma sf salt marsh.

marisquería sf seafood restaurant.

marítimo, ma adj [del mar] maritime ; [cercano al mar] seaside (antes de sust).

marketing ['marketin] sm marketing ▶ **marketing direct** direct marketing.

mármol sm marble.

marmota sf marmot.

mar Muerto sm ▶ **el mar Muerto** the Dead Sea.

mar Negro sm ▶ **el mar Negro** the Black Sea.

marqués, esa sm marquis (marchioness).

marquesina sf glass canopy ; [parada de autobús] bus-shelter.

marrano, na sm, f **1.** [animal] pig **2.** fam & fig [sucio] (filthy) pig.

mar Rojo sm ▶ **el mar Rojo** the Red Sea.

marrón adj & sm brown.

marroquí (pl **marroquíes** o **marroquís**) adj & sm, f Moroccan.

Marruecos npr Morocco.

Marte sm Mars.

martes sm inv Tuesday ▶ **martes de Carnaval** Shrove Tuesday ▶ **martes y trece** ≈ Friday 13th. Ver también **sábado**.

martillear, martillar vt to hammer.

martillero sm CSur auctioneer.

martillo sm **1.** hammer **2.** Col [subasta] auction.

mártir smf lit + fig martyr.

martirio sm **1.** RELIG martyrdom **2.** fig [sufrimiento] trial, torment / **ser un martirio chino** to be torture.

martirizar [13] vt **1.** [torturar] to martyr **2.** fig [hacer sufrir] to torment.

marxismo sm Marxism.

marxista adj & smf Marxist.

marzo sm March. Ver también **septiembre**.

mas conj but.

más ❖ adv **1.** (compar) more / **Pepe es más alto / ambicioso** Pepe is taller / more ambitious / **tener más hambre** to be hungrier o more hungry ▶ **más de / que** more than ▶ **más ... que ...** more ... than ... / **Juan es más alto que tú** Juan is taller than you ▶ **de más** [de sobra] left over / **hay diez euros de más** there are ten euros left over / **eso está de más** that's not necessary **2.** (superl) ▶ **el / la / lo más** the most / **el más listo / ambicioso** the cleverest / most ambitious **3.** (en frases negativas) any more / **no necesito más** (trabajo) I don't need any more (work) **4.** (con pronombres interrogativos e indefinidos) else / **¿qué / quién más?** what / who else? / **nadie más vino** nobody else came **5.** [indica suma] plus / **dos más dos igual a cuatro** two plus two is four **6.** [indica intensidad] : **no le aguanto, ¡es más tonto!** I can't stand him, he's so stupid! / **¡qué día más bonito!** what a lovely day! **7.** [indica preferencia] : **más vale que nos vayamos a casa** it would be better for us to go home **8.** loc ▶ **el que más y el que menos** everyone ▶ **es más** indeed, what is more ▶ **más bien** rather ▶ **más o menos** more or less ▶ **¿qué más da?** what difference does it make? ▶ **sin más (ni más)** just like that. ❖ sm inv MAT plus (sign) ▶ **tiene sus más y sus menos** it has its good points and its bad points. ❖ **por más que** loc conj however much / **por más que lo intente no lo conseguirá** however much o hard she tries, she'll never manage it.

masa sf **1.** [gen] mass **2.** CULIN dough **3.** RDom [pastelillo] cake. ❖ **masas** sfpl ▶ **las masas** Am [pueblo] the masses.

masacre sf massacre.

masaje sm massage.

masajista smf masseur (masseuse).

mascar [10] vt & vi to chew.

máscara sf [gen] mask ▶ **máscara antigás** gas mask ▶ **máscara de oxígeno** oxygen mask.

mascarilla sf **1.** MED mask **2.** [cosmética] face pack.

mascota sf mascot.

masculino, na adj **1.** BIOL male **2.** [varonil] manly **3.** GRAM masculine.

mascullar vt to mutter.

masía sf traditional Catalan or Aragonese farmhouse.

masificación sf overcrowding.

masilla sf putty.

masivo, va adj mass (antes de sust).

masón, ona ❖ adj masonic. ❖ sm, f mason, freemason.

masoquista ❖ adj masochistic. ❖ smf masochist.

máster (pl masters) sm Master's (degree).

masticar [10] vt [mascar] to chew.

mástil sm **1.** NÁUT mast **2.** [palo] pole **3.** MÚS neck.

mastín sm mastiff.

masturbación sf masturbation.

masturbar vt to masturbate. ◆ **masturbarse** vprnl to masturbate.

mata sf [arbusto] bush, shrub ; [matojo] tuft ▸ **matas** scrub. ◆ **mata de pelo** sf mop of hair.

matadero sm abattoir, slaughterhouse.

matador, ra fam adj [cansado] killing, exhausting. ◆ **matador** sm matador.

matambre sm ANDES VEN [carne] flank o UK skirt steak ; [plato] flank steak rolled with boiled egg, olives and red pepper, which is cooked and then sliced and served cold.

matamoscas sm inv [pala] flyswat ; [esprai] flyspray.

matanza sf [masacre] slaughter.

matar vt **1.** [gen] to kill ▸ **matarlas callando** to be up to sthg on the quiet **2.** [apagar - sed] to quench ; [- hambre] to stay. ◆ **matarse** vprnl **1.** [morir] to die **2.** [suicidarse, esforzarse] to kill o.s.

matarratas sm inv **1.** [veneno] rat poison **2.** fig [bebida] rotgut.

matasellos smf inv postmark.

mate ❖ adj matt. ❖ sm **1.** [en ajedrez] mate, checkmate **2.** [en baloncesto] dunk ; [en tenis] smash **3.** BOT [bebida] maté.

matemático, ca ❖ adj mathematical. ❖ sm, f [científico] mathematician. ◆ **matemáticas** sfpl [ciencia] mathematics (U).

materia sf **1.** [sustancia] matter **2.** [material] material ▸ **materia prima, primera materia** raw material **3.** [tema, asignatura] subject ▸ **en materia de** on the subject of, concerning.

material ❖ adj **1.** [gen] physical ; [daños, consecuencias] material **2.** [real] real, actual. ❖ sm

1. [gen] material **2.** [instrumentos] equipment ▸ **material bélico** o **de guerra** war material ▸ **material de oficina** office stationery.

materialismo sm materialism ▸ **materialismo dialéctico / histórico** dialectical / historical materialism.

materialista ❖ adj materialistic. ❖ smf materialist.

materializar [13] vt **1.** [idea, proyecto] to realize **2.** [hacer tangible] to produce. ◆ **materializarse** vprnl to materialize.

maternal adj motherly, maternal.

maternidad sf **1.** [cualidad] motherhood **2.** [hospital] maternity hospital.

materno, na adj maternal ; [lengua] mother (antes de sust).

mates (abr de matemáticas) sfpl maths UK, math US.

matinal adj morning (antes de sust).

matiz sm **1.** [variedad - de color, opinión] shade ; [- de sentido] nuance, shade of meaning **2.** [atisbo] trace, hint.

matizar [13] vt **1.** [teñir] ▸ **matizar (de)** to tinge (with) **2.** fig [distinguir - rasgos, aspectos] to distinguish ; [- tema] to explain in detail **3.** fig [dar tono especial] to tinge **4.** ARTE to blend.

matojo sm [mata] tuft ; [arbusto] bush, shrub.

matón, ona sm, f fam bully.

matorral sm thicket.

matraca sf [instrumento] rattle.

matrero, ra sm, f ANDES RP [fugitivo] outlaw.

matriarcado sm matriarchy.

matrícula sf **1.** [inscripción] registration **2.** [documento] registration document **3.** AUTO number plate. ◆ **matrícula de honor** sf top marks pl.

matricular vt to register. ◆ **matricularse** vprnl to register.

matrimonial adj marital ; [vida] married.

matrimonio sm **1.** [gen] marriage ▸ **fuera del matrimonio** out of wedlock ▸ **matrimonio de conveniencia** marriage of convenience ▸ **matrimonio religioso** church wedding **2.** [pareja] married couple.

matriz ❖ sf **1.** ANAT womb **2.** [de talonario] (cheque) stub **3.** [molde] mould **4.** MAT matrix. ❖ adj [empresa] parent (antes de sust) ; [casa] head (antes de sust) ; [iglesia] mother (antes de sust).

matrona sf **1.** [madre] matron **2.** [comadrona] midwife.

matutino, na adj morning (antes de sust).

maullar vi to miaow.

maullido sm miaow, miaowing (U).

maxilar sm jaw.

máxima ⟶ máximo.

máxime adv especially.

maximizar vt to maximize.

máximo, ma ❖ superl = **grande.** ❖ adj maximum ; [galardón, puntuación] highest. ◆ **máximo** sm maximum ▶ **al máximo** to the utmost ▶ **llegar al máximo** to reach the limit ▶ **como máximo a)** [a más tardar] at the latest **b)** [como mucho] at the most. ◆ **máxima** sf **1.** [sentencia, principio] maxim **2.** [temperatura] high, highest temperature.

maya ❖ adj Mayan. ❖ smf Maya, Mayan. ❖ sm [lengua] Maya.

mayo sm May. *Ver también* **septiembre**.

mayonesa, mahonesa sf mayonnaise.

mayor ❖ adj **1.** *(compar)* ▶ **mayor (que)** **a)** [de tamaño] bigger (than) **b)** [de importancia etc] greater (than) **c)** [de edad] older (than) **d)** [de número] higher (than) **2.** *(superl)* ▶ **el/la mayor ... a)** [de tamaño] the biggest ... **b)** [de importancia etc] the greatest ... **c)** [de edad] the oldest ... **d)** [de número] the highest ... **3.** [adulto] grown-up ▶ **hacerse mayor** to grow up **4.** [anciano] elderly **5.** MÚS : *en do mayor* in C major **6.** *loc* ▶ **al por mayor** COM wholesale. ❖ sm ▶ **el/la mayor** [hijo, hermano] the eldest. ❖ sm MIL major. ◆ **mayores** smpl **1.** [adultos] grown-ups **2.** [antepasados] ancestors.

mayoral sm [capataz] foreman.

mayordomo sm butler.

mayoreo sm [AM] wholesale ▶ **al mayoreo** wholesale.

mayoría sf majority ▶ **la mayoría de** most of / *la mayoría de los españoles* most Spaniards ▶ **la mayoría de las veces** usually, most often ▶ **en su mayoría** in the main ▶ **mayoría simple** simple majority. ◆ **mayoría de edad** sf ▶ **llegar a la mayoría de edad** to come of age.

mayorista smf wholesaler.

mayoritario, ria adj majority *(antes de sust)*.

mayúscula → **letra.**

mayúsculo, la adj tremendous, enormous.

maza sf mace ; [del bombo] drumstick.

mazapán sm marzipan.

mazmorra sf dungeon.

mazo sm **1.** [martillo] mallet **2.** [de mortero] pestle **3.** [conjunto - de naipes] balance (of the deck).

MDSMA sm *(abr de* **Ministerio de Desarrollo Sostenible y Medio Ambiente)** *Bolivian Department of Sustainable Development and the Environment.*

me pron pers **1.** *(complemento directo)* me / *le gustaría verme* she'd like to see me **2.** *(complemento indirecto)* (to) me / *me lo dio* he gave it to me / *me tiene miedo* he's afraid of me **3.** *(reflexivo)* myself.

mear vi *vulg* to piss. ◆ **mearse** vprnl *vulg* to piss o.s. ▶ **mearse en la cama** to wet one's bed.

MEC sm *(abr de* **Ministerio de Educación y Cultura)** *Uruguayan Department of Education and Culture.*

mecachis interj *fam* & *eufem* ▶ **¡mecachis!** sugar! [UK], shoot! [US].

mecánico, ca ❖ adj mechanical. ❖ sm, f [persona] mechanic. ◆ **mecánica** sf **1.** [ciencia] mechanics *(U)* **2.** [funcionamiento] mechanics *pl.*

mecanismo sm [estructura] mechanism.

mecanografía sf typing.

mecanógrafo, fa sm, f typist.

mecapal sm [CAm] [Méx] porter's leather harness.

mecedora sf rocking chair.

mecenas smf inv patron.

mecer [11] vt to rock. ◆ **mecerse** vprnl to rock back and forth ; [en columpio] to swing.

mecha sf **1.** [de vela] wick **2.** [de explosivos] fuse **3.** [de pelo] streak.

mechero sm (cigarette) lighter.

mechón sm [de pelo] lock ; [de lana] tuft.

medalla sf medal ▶ **ponerse medallas** *fig* to show off.

medallón sm **1.** [joya] medallion **2.** [rodaja] médaillon ▶ **medallón de pescado** [empanado] fishcake.

media sf **1.** → **medio 2.** [AM] [calcetín] sock.

mediación sf mediation ▶ **por mediación de** through.

mediado, da adj [medio lleno] half-full / *mediada la película* halfway through the film. ◆ **a mediados de** loc prep in the middle of, halfway through.

medialuna sf [AM] croissant.

mediana → **mediano.**

mediano, na adj **1.** [intermedio - de tamaño] medium ; [- de calidad] average / *de mediana edad* middle-aged / *de mediana estatura* of medium o average height **2.** [mediocre] average, ordinary. ◆ **mediana** sf **1.** GEOM median **2.** [de carretera] central reservation.

medianoche *(pl* **medianoches)** sf [hora] midnight ▶ **a medianoche** at midnight.

mediante prep by means of.

mediar [8] vi **1.** [llegar a la mitad] to be halfway through / *mediaba julio* it was mid-July **2.** [estar en medio - tiempo, distancia, espacio] ▶ **mediar entre** to be between / *media un jardín/un kilómetro entre las dos casas* there is a garden/one kilometre between the two houses / *medió una semana* a week passed by **3.** [intervenir] ▶ **mediar (en/entre)** to mediate (in/between) **4.** [interceder] ▶ **mediar (en favor de o por)** to intercede (on behalf of o for).

mediatizar [13] vt to determine.

medicación sf medication.

medicalizado, do adj medically-equipped.

medicamento sm medicine.
medicar [10] vt to give medicine to.
◆ **medicarse** vprnl to take medicine.
medicina sf medicine.
medicinal adj medicinal.
medición sf measurement.
médico, ca ❖ adj medical. ❖ sm, f doctor
▶ **médico de cabecera** o **familia** family doctor, general practitioner ▶ **médico de guardia** duty doctor ▶ **médico interno** houseman `UK`, intern `US`.
medida sf **1.** [gen] measure ; [medición] measurement **2.** [disposición] measure, step ▶ **tomar medidas** to take measures o steps / *medida cautelar* precautionary measure / *medidas de seguridad* security measures **3.** [moderación] moderation **4.** [grado] extent, degree ▶ **en cierta/ gran medida** to some/a large extent ▶ **en la medida de lo posible** as far as possible / *en mayor/menor medida* to a greater/lesser extent ▶ **a medida que entraban** as they were coming in. ◆ **medidas** sfpl [del cuerpo] measurements.
medidor sm `Am` meter.
medieval adj medieval.
medievo, medioevo sm Middle Ages *pl*.
medio, dia adj **1.** [gen] half / *a medio camino* **a)** [en viaje] halfway there **b)** [en trabajo etc] halfway through / *media docena/hora* half a dozen/ an hour / *medio pueblo estaba allí* half the town was there / *a media luz* in the half-light ▶ **hacer algo a medias** to half-do sthg ▶ **pagar a medias** to go halves, to share the cost ▶ **un kilo y medio** one and a half kilos / *son (las dos) y media* it's half past (two) **2.** [intermedio - estatura, tamaño] medium ; [- posición, punto] middle **3.** [de promedio - temperatura, velocidad] average. ❖ **medio** ❖ adv half / *medio borracho* half drunk ▶ **a medio hacer** half done. ❖ sm **1.** [mitad] half **2.** [centro] middle, centre ▶ **en medio (de)** in the middle (of) ▶ **estar por (en) medio** to be in the way ▶ **meterse o ponerse de por medio a)** to get in the way **b)** *fig* to interfere ▶ **quitar de en medio a alguien** to get rid of sb, to get sb out of the way **3.** [sistema, manera] means, method ▶ **por medio de** by means of, through **4.** [elemento físico] environment ▶ **medio ambiente** environonment **5.** [ambiente social] circle / *en medios bien informados* in well-informed circles **6.** DEP midfielder. ❖ **medios** smpl [recursos] means, resources ▶ **medios sociales** INTERNET social media. ◆ **media** sf **1.** [promedio] average **2.** [hora] : *al dar la media* on the half-hour **3.** *(gen pl)* [prenda] tights *pl*, stockings *pl* **4.** DEP midfielders *pl*.
medioambiental adj environmental.
mediocre adj mediocre, average.
mediocridad sf mediocrity.

mediodía *(pl* **mediodías)** sm [hora] midday, noon ▶ **al mediodía** at noon o midday.
medioevo = **medievo**.
medir [26] vt **1.** [gen] to measure / *¿cuánto mides?* how tall are you? / *mido 1,80* ≃ I'm 6 foot (tall) / *mide diez metros* it's ten metres long **2.** [pros, contras etc] to weigh up **3.** [palabras] to weigh carefully. ◆ **medirse** vprnl **1.** [tomarse medidas] to measure o.s. **2.** `Méx` *fig* [probarse] to try on.
meditar ❖ vi ▶ **meditar (sobre)** to meditate (on). ❖ vt **1.** [gen] to meditate, to ponder **2.** [planear] to plan, to think through.
mediterráneo, a adj Mediterranean.
◆ **Mediterráneo** sm ▶ **el (mar) Mediterráneo** the Mediterranean (Sea).
médium smf inv medium.
médula sf **1.** ANAT (bone) marrow ▶ **médula espinal** spinal cord / *médula ósea* bone marrow **2.** [esencia] core / *hasta la médula* to the core.
medusa sf jellyfish.
megafonía sf public-address system / *llamar por megafonía a alguien* to page sb.
megáfono sm megaphone.
mejicano, na = **mexicano**.
Méjico npr = **México**.
mejilla sf cheek.
mejillón sm mussel.
mejor ❖ adj **1.** *(compar)* better ▶ **mejor (que)** better (than) **2.** *(superl)* ▶ **el/la mejor ...** the best ... / *su mejor amigo* his best friend / *la mejor alumna* the best student / *con la mejor voluntad* with the best will in the world. ❖ smf ▶ **el/la mejor (de)** the best (in) / *el mejor de todos* the best of all / *lo mejor fue que ...* the best thing was that ... ❖ adv **1.** *(compar)* ▶ **mejor (que)** better (than) / *ahora veo mejor* I can see better now / *es mejor que no vengas* it would be better if you didn't come ; [recuperado] to be better / *¡mejor para ella!* good for her! **2.** *(superl)* ▶ **el que la conoce mejor** the one who knows her best. ◆ **a lo mejor** loc adv maybe, perhaps. ◆ **mejor dicho** loc adv (or) rather.
mejora sf [progreso] improvement.
mejorar ❖ vt [gen] to improve ; [enfermo] to make better. ❖ vi to improve, to get better.
◆ **mejorarse** vprnl to improve, to get better / *¡que te mejores!* get well soon!
mejoría sf improvement.
mejunje sm *lit* + *fig* concoction.
melancolía sf melancholy.
melancólico, ca adj melancholic.
melaza sf molasses *pl*.

melena sf **1.** [de persona] long hair *(U)* **/** *soltarse la melena* to let one's hair down **2.** [de león] mane.

melenudo, da *despec* adj with a mop of hair.

mella sf [gen] nick ; [en plato, taza etc] chip ; [en dentadura] gap **/ hacer mella en algo** [dañar] to dent sthg **/ hacer mella en alguien** to make an impression on sb.

mellado, da adj **1.** [con hendiduras] nicked **2.** [sin dientes] gap-toothed.

mellizo, za adj & sm, f twin.

melocotón sm peach.

melocotonero sm peach tree.

melodía sf **1.** MÚS melody, tune **2.** [de teléfono móvil] ring tone.

melódico, ca adj melodic.

melodioso, sa adj melodious.

melodrama sm melodrama.

melodramático, ca adj melodramatic.

melómano, na sm, f music lover.

melón sm [fruta] melon.

meloso, sa adj **1.** [como la miel] honey ; *fig* sweet **2.** [empalagoso] sickly.

membrana sf membrane.

membresía sf Am membership.

membrete sm letterhead.

membrillo sm **1.** [fruto] quince **2.** [dulce] quince jelly.

memela sf Méx *thick corn tortilla, oval in shape.*

memorable adj memorable.

memorándum (*pl* **memorándum** o **memorandos**) sm **1.** [cuaderno] notebook **2.** [nota diplomática] memorandum.

memoria sf **1.** [gen & INFORM] memory **/** *si la memoria no me falla* if my memory serves me right **/** *¡qué memoria la mía!* what a memory I have! **/ memoria USB** USB stick **/ de memoria** by heart **/** *falta de memoria* forgetfulness **/ hacer memoria** to try to remember **/** *tener buena/mala memoria* to have a good/bad memory **/ traer a la memoria** to call to mind **/** *venir a la memoria* to come to mind **2.** [recuerdo] remembrance **/ ser de feliz/ingrata memoria** to be a happy/an unhappy memory **3.** [disertación] (academic) paper **4.** [informe] **/ memoria (anual)** (annual) report. **➤ memorias** sfpl [biografía] memoirs.

memorizar [13] vt to memorize.

menaje sm household goods and furnishings *pl* **/ menaje de cocina** kitchenware.

mención sf mention **/** *mención honorífica* honourable mention.

mencionar vt to mention.

menda ➤ pron *fam* [el que habla] yours truly. ➤ smf [uno cualquiera] : *vino un menda y ...* this bloke came along and ...

mendigar [16] ➤ vt to beg for. ➤ vi to beg.

mendigo, ga sm, f beggar.

mendrugo sm crust (of bread).

mene sm Ven *deposit of oil at surface level.*

menear vt [mover - gen] to move ; [- cabeza] to shake ; [- cola] to wag ; [- caderas] to wiggle. ➤ **menearse** vprnl **1.** [moverse] to move (about) ; [agitarse] to shake ; [oscilar] to sway **2.** [darse prisa, espabilarse] to get a move on.

menester sm necessity. ➤ **menesteres** smpl [asuntos] business *(U)*, matters *pl.*

menestra sf vegetable stew.

mengano, na sm, f so-and-so.

menguante adj [luna] waning.

menguar [45] ➤ vi [disminuir] to decrease, to diminish ; [luna] to wane. ➤ vt [disminuir] to lessen, to diminish.

menopausia sf menopause.

menor ➤ adj **1.** *(compar)* **/ menor (que)** a) [de tamaño] smaller (than) b) [de edad] younger (than) c) [de importancia etc] less o lesser (than) d) [de número] lower (than) **2.** *(superl)* **/ el/la menor ...** a) [de tamaño] the smallest ... b) [de edad] the youngest ... c) [de importancia] the slightest ... d) [de número] the lowest ... **3.** [de poca importancia] minor **/** *un problema menor* a minor problem **4.** [joven] **/ ser menor de edad** a) [para votar, conducir etc] to be under age b) DER to be a minor **5.** MÚS : *en do menor* in C minor **6.** *loc* **/ al por menor** COM retail. ➤ smf **1.** *(superl)* **/ el/la menor** [hijo, hermano] the youngest **2.** DER [niño] minor.

Menorca npr Minorca.

menos ➤ adj inv **1.** *(compar)* [cantidad] less ; [número] fewer **/** *menos aire* less air **/** *menos manzanas* fewer apples **/ menos ... que ...** less/fewer ... than ... **/** *tiene menos experiencia que tú* she has less experience than you **/** *hace menos calor que ayer* it's not as hot as it was yesterday **2.** *(superl)* [cantidad] the least **/** *lo menos posible* the least possible ; [número] the fewest **/** *el que compró menos acciones* the one who bought the fewest shares **/** *lo que menos tiempo llevó* the thing that took the least time **3.** *fam* [peor] : *éste es menos coche que el mío* that car isn't as good as mine. ➤ adv **1.** *(compar)* less **/ menos de/que** less than **/** *estás menos gordo* you're not as fat **2.** *(superl)* **/ el/la/lo menos** the least **/** *él es el menos indicado para criticar* he's the last person who should be criticizing **/** *ella es la menos adecuada para el cargo* she's the least suitable person for the job **/** *es lo menos que puedo hacer* it's the least I can do **3.** [expresa resta] minus **/** *tres menos dos igual a uno* three minus two is one **4.** [con las horas] to **/** *son (las dos) menos diez* it's ten to (two) **5.** *loc* **/ es lo de menos** that's the least of it, that's of no importance ▸ **hacer de menos a alguien** to snub sb ▸ **¡menos mal!** just as well!, thank God! ▸ **no es para menos** not without (good) reason ▸ **venir a menos** to go down in the world. ❖ sm inv MAT minus (sign). ❖ prep [excepto] except (for) / *todo menos eso* anything but that. ◆ **al menos, por lo menos** loc adv at least. ◆ **a menos que** loc conj unless / *no iré a menos que me acompañes* I won't go unless you come with me. ◆ **de menos** loc adj [que falta] missing / *de menos* less / *hay dos euros de menos* there's two euros missing.

menoscabar vt [fama, honra etc] to damage ; [derechos, intereses, salud] to harm ; [belleza, perfección] to diminish.

menospreciar [8] vt [despreciar] to scorn, to despise ; [infravalorar] to undervalue.

menosprecio sm scorn, contempt.

mensaje sm [gen & INFORM] message ▸ **mensaje de texto** [en teléfono móvil] text message ▸ **mensaje instantáneo** INTERNET intant message.

mensajero, ra sm, f [gen] messenger ; [de mensajería] courier.

menso, sa adj Méx fam foolish, stupid.

menstruación sf menstruation.

menstruar [6] vi to menstruate, to have a period.

mensual adj monthly / *1.000 euros mensuales* 1,000 euros a month.

mensualidad sf **1.** [sueldo] monthly salary **2.** [pago] monthly payment o instalment.

menta sf mint.

mental adj mental.

mentalidad sf mentality.

mentalizar [13] vt to put into a frame of mind. ◆ **mentalizarse** vprnl to get into a frame of mind.

mentar [19] vt to mention.

mente sf [gen] mind ▸ **traer a la mente** to bring to mind.

mentecato, ta sm, f idiot.

mentir [27] vi to lie.

mentira sf lie ; [acción] lying ▸ **aunque parezca mentira** strange as it may seem ▸ **de mentira** pretend, false ▸ **parece mentira (que ...)** it hardly seems possible (that ...) / *mentira piadosa* white lie.

mentirijillas ◆ de mentirijillas fam ❖ loc adv [en broma] as a joke, in fun. ❖ loc adj [falso] pretend, make-believe.

mentiroso, sa ❖ adj lying ; [engañoso] deceptive. ❖ sm, f liar.

mentón sm chin.

menú (*pl* menús) sm **1.** [lista] menu ; [comida] food ▸ **menú del día** set menu (offered by many restaurants for a reasonable fixed price) **2.** INFORM menu.

menudencia sf trifle, insignificant thing.

menudeo sm Am COM retailing.

menudillos smpl giblets.

menudo, da adj **1.** [pequeño] small **2.** [insignificante] trifling, insignificant **3.** (antes de sust) [para enfatizar] what! / *¡menudo lío/gol!* what a mess/goal! ◆ **a menudo** loc adv often.

meñique ⟶ **dedo**.

meollo sm core, heart / *llegar al meollo de la cuestión* to come to the heart of the matter.

mercader smf trader.

mercadería sf merchandise, goods pl.

mercadillo sm flea market.

mercado sm market ▸ **mercado común** Common Market ▸ **mercado laboral** labour market UK, labor market US ▸ **mercado libre/negro** free/black market ▸ **Mercado Único Europeo** European Single Market.

mercancía sf merchandise (U), goods pl. ◆ **mercancías** sm inv FERROC goods train, freight train US.

mercante adj merchant.

mercantil adj mercantile, commercial.

mercenario, ria adj & sm, f mercenary.

mercería sf [tienda] haberdasher's (shop) UK, notions store US.

MERCOSUR sm (*abr de* Mercado Común del Sur) MERCOSUR.

mercurio sm mercury.

Mercurio sm Mercury.

merecedor, ra adj ▸ **merecedor de** worthy of.

merecer [30] ❖ vt to deserve, to be worthy of / *la isla merece una visita* the island is worth a visit / *no merece la pena* it's not worth it. ❖ vi to be worthy. ◆ **merecerse** vprnl to deserve.

merecido sm ▸ **recibir su merecido** to get one's just deserts.

merendar [19] ❖ vi to have tea (as a light afternoon meal). ❖ vt to have for tea.

merendero sm open-air café or bar (in the country or on the beach).

merengue sm **1.** CULIN meringue **2.** [baile] merengue.

meridiano, na adj **1.** [hora etc] midday **2.** fig [claro] crystal-clear. ◆ **meridiano** sm meridian.

meridional ❖ adj southern. ❖ smf southerner.

merienda sf tea (as a light afternoon meal) ; [en el campo] picnic.

mérito sm **1.** [cualidad] merit **2.** [valor] value, worth / *tiene mucho mérito* it's no mean achievement ▸ **de mérito** worthy, deserving.

merluzo, za adj & sm, f Esp fam [persona] idiot, cretin. ◆ **merluza** sf [pez, pescado] hake.

merma sf decrease, reduction.

mermar ❖ vi to diminish, to lessen. ❖ vt to reduce, to diminish.

mermelada sf jam ▸ **mermelada de naranja** marmalade.

mero, ra adj (antes de sust) mere.
◆ **mero** sm grouper.

merodear vi ▸ **merodear (por)** to snoop o prowl (about).

mes sm **1.** [del año] month **2.** [salario] monthly salary.

mesa sf **1.** [gen] table ; [de oficina, despacho] desk ▸ **bendecir la mesa** to say grace ▸ **mesa camilla** small round table under which a heater is placed / **mesa de billar** billiard table ▸ **mesa de mezclas** mixing desk ▸ **mesa plegable** folding table **2.** [comité] board, committee ; [en un debate etc] panel ▸ **mesa directiva** executive board o committee. ◆ **mesa redonda** sf [coloquio] round table.

mesada sf **1.** Am [mensualidad] monthly payment, monthly instalment **2.** RDom [encimera] worktop.

mesero, ra sm, f Cam Col Méx waiter (waitress).

meseta sf plateau, tableland.

mesías sm fig Messiah.

mesilla sf small table ▸ **mesilla de noche** bedside table.

mesita sf side table / **mesita (de noche)** bedside table.

mesón sm **1.** HIST inn **2.** [bar-restaurante] old, country-style restaurant and bar.

mesonero, ra sm, f **1.** innkeeper **2.** Ven [camarero] waiter (waitress).

mestizo, za ❖ adj [persona] half-caste ; [animal, planta] cross-bred. ❖ sm, f half-caste.

mesura sf **1.** [moderación] moderation, restraint **2.** [cortesía] courtesy.

meta sf **1.** [DEP - llegada] finishing line ; [- portería] goal **2.** [objetivo] aim, goal.

metabolismo sm metabolism.

metáfora sf metaphor.

metal sm **1.** [material] metal **2.** MÚS brass.

metálico, ca ❖ adj [sonido, color] metallic ; [objeto] metal. ❖ sm ▸ **pagar en metálico** to pay (in) cash.

metalizado, da adj [pintura] metallic.

metalurgia sf metallurgy.

metamorfosis sf inv lit + fig metamorphosis.

metate sm Guat Méx grinding stone.

metedura ◆ **metedura de pata** sf clanger.

meteorito sm meteorite.

meteoro sm meteor.

meteorología sf meteorology.

meteorológico, ca adj meteorological.

meteorólogo, ga sm, f meteorologist ; RADIO & TV weatherman (weatherwoman).

meter vt **1.** [gen] to put in ▸ **meter algo/a alguien en algo** to put sthg/sb in sthg / **meter la llave en la cerradura** to get the key into the lock / **lo metieron en la cárcel** they put him in prison / **meter dinero en el banco** to put money in the bank **2.** [hacer participar] ▸ **meter a alguien en algo** to get sb into sthg **3.** [obligar a] ▸ **meter a alguien a hacer algo** to make sb start doing sthg **4.** [causar] : **meter prisa/miedo a alguien** to rush/scare sb / **meter ruido** to make a noise **5.** fam [asestar] to give / **le metió un puñetazo** he gave him a punch **6.** [estrechar - prenda] to take in ▸ **meter el bajo de una falda** to take up a skirt.
◆ **meterse** vprnl **1.** [entrar] to get in ▸ **meterse en** to get into **2.** (en frase interrogativa) [estar] to get to / **¿dónde se ha metido ese chico?** where has that boy got to? **3.** [dedicarse] ▸ **meterse a** to become / **meterse a torero** to become a bullfighter **4.** [involucrarse] ▸ **meterse (en)** to get involved (in) **5.** [entrometerse] to meddle ▸ **se mete en todo** he never minds his own business ▸ **meterse por medio** to interfere **6.** [empezar] ▸ **meterse a hacer algo** to get started on doing sthg. ◆ **meterse con** vprnl **1.** [incordiar] to hassle **2.** [atacar] to go for.

meterete smf Csur fam busybody, nosey-parker UK.

metete smf Andes Cam fam busybody, nosey-parker UK.

metiche smf Méx Ven fam busybody, nosy-parker UK.

meticuloso, sa adj meticulous.

metido, da adj **1.** [envuelto] ▸ **andar o estar metido en** to be involved in **2.** [abundante] ▸ **metido en años** elderly ▸ **metido en carnes** plump.

metódico, ca adj methodical.

método sm **1.** [sistema] method **2.** EDUC course.

metodología sf methodology.

metomentodo fam smf busybody.

metralla sf shrapnel.

metralleta sf submachine gun.

métrico, ca adj [del metro] metric.

metro sm **1.** [gen] metre **2.** [transporte] underground UK, tube UK, subway US **3.** [cinta métrica] tape measure.

metrópoli sf [ciudad] metropolis.

metrópolis sf inv = **metrópoli**.

metropolitano, na adj metropolitan.

mexicanismo sm Mexicanism (Mexican word or expression).

mexicano, na, mejicano, na adj & sm, f Mexican.

México, Méjico npr Mexico.

mezanín, mezanine sm Am mezzanine.

mezcla sf **1.** [gen] mixture; [tejido] blend; [de grabación] mix **2.** [acción] mixing.

mezclar vt **1.** [gen] to mix; [combinar, armonizar] to blend **2.** [confundir, desordenar] to mix up **3.** [implicar] ▶ **mezclar a alguien en** to get sb mixed up in. ◆ **mezclarse** vprnl **1.** [gen] ▶ **mezclarse (con)** to mix (with) **2.** [esfumarse] ▶ **mezclarse entre** to disappear o blend into **3.** [implicarse] ▶ **mezclarse en** to get mixed up in.

mezclilla sf CHILE MÉX denim / **pantalones de mezclilla** jeans.

mezquino, na adj mean, cheap US.

mezquita sf mosque.

mg (*abr escrita de* **miligramo**) mg.

MHz (*abr escrita de* **megahercio**) MHz.

mi¹ sm MÚS E; [en solfeo] mi.

mi² (*pl* **mis**) adj poses. my / **mi casa** my house / **mis libros** my books.

mí pron pers (*después de prep*) **1.** [gen] me / **este trabajo no es para mí** this job isn't for me / **no se fía de mí** he doesn't trust me **2.** (*reflexivo*) myself **3.** loc ▶ **¡a mí qué!** so what?, why should I care? ▶ **para mí** [yo creo] as far as I'm concerned, in my opinion ▶ **por mí** as far as I'm concerned / **por mí, no hay inconveniente** it's fine by me.

mía ⟶ **mío**.

miaja sf crumb; *fig* tiny bit.

miau sm miaow.

miche sm VEN [aguardiente] *cane spirit flavoured with herbs and spices.*

michelines smpl *fam* spare tyre *sg*.

mico sm *fam* [persona] ugly devil / **se volvió mico para abrir la puerta** he had a hell of a job opening the door.

micro ◆ sm *fam* (*abr de* **micrófono**) mike. ◆ sm o sf CHILE [microbús] bus, coach UK.

microbio sm germ, microbe.

microbús sm **1.** minibus **2.** MÉX [taxi] (collective) taxi.

microchip sm INFORM microchip.

microcosmos sm inv microcosm.

microfilm (*pl* **microfilms**), **microfilme** sm microfilm.

micrófono sm microphone.

microonda sf microwave / **un (horno) microondas** a microwave (oven).

microondas sm inv microwave (oven).

microordenador sm INFORM microcomputer.

microprocesador sm INFORM microprocessor.

microscópico, ca adj microscopic.

microscopio sm microscope ▶ **microscopio electrónico** electron microscope.

MIDA sm (*abr de* **Ministerio de Desarrollo Agropecuario**) *Panamanian Department of Agricultural Development.*

miedo sm fear / **coger miedo a algo** to develop a fear of sthg ▶ **dar miedo** to be frightening / **me de miedo conducir** I'm afraid o frightened of driving / **por miedo de que...** for fear that... ▶ **temblar de miedo** to tremble with fear / **tener miedo** to be frightened o scared ▶ **de miedo** *fam* : **esta película está de miedo** this film is brilliant / **lo pasamos de miedo** we had a whale of a time.

miedoso, sa adj fearful.

miel sf honey.

miembro sm **1.** [gen] member **2.** [extremidad] limb, member ▶ **miembros superiores/inferiores** upper/lower limbs ▶ **miembro (viril)** penis.

mientras ◆ conj **1.** [al mismo tiempo que] while **2.** [durante el tiempo que] when, while / **mientras viví en Barcelona** when I lived in Barcelona **3.** [por el contrario] **mientras que** whereas **4.** *fam* [cuanto más] : **mientras más/ menos ...** the more/less .... ◆ adv : **mientras (tanto)** meanwhile, in the meantime.

miércoles sm Wednesday ▶ **miércoles de ceniza** Ash Wednesday. *Ver también* **sábado**.

mierda *vulg* sf **1.** [excremento] shit **2.** [suciedad] filth, shit **3.** [cosa sin valor] ▶ **es una mierda** it's (a load of) crap / **tienes un buga de mierda** you've got a shit car **4.** loc ▶ **¡vete a la mierda!** go to hell!, piss off!

mies sf [cereal] ripe corn. ◆ **mieses** sfpl [campo] cornfields.

miga sf [de pan] crumb ▶ **tener miga a)** *fam* [ser sustancioso] to have a lot to it **b)** [ser complicado] to have more to it than meets the eye. ◆ **migas** sfpl CULIN fried breadcrumbs ▶ **hacer migas a alguien** *fam* [desmoralizar] to shatter sb.

migaja sf **1.** [trozo] bit; [de pan] crumb **2.** *fig* [pizca] scrap. ◆ **migajas** sfpl [restos] leftovers.

migra sf MÉX *fam* & *despec* ▶ **la migra** *US police border patrol.*

migración sf migration.

migraña sf migraine.

migrar vi to migrate.

migratorio, ria adj migratory.

mijo sm millet.

mil num thousand / **dos mil** two thousand / **mil euros** a thousand euros. *Ver también* **seis**.

milagro sm miracle ▶ **de milagro** miraculously.

milagroso, sa adj miraculous; *fig* amazing.

milenario, ria adj ancient. ◆ **milenario** sm millennium.

milenio sm millennium.

milésimo, ma num thousandth.

mileurista ◆ adj ▶ **generación mileurista** the thousand-euros-a-month generation. ◆ sm, f *someone who earns around 1,000 euros a month.*

mili sf *fam* military service ▸ **hacer la mili** to do one's military service.

milicia sf **1.** [profesión] military (profession) **2.** [grupo armado] militia.

miliciano, na sm, f militiaman (female soldier).

milico sm ANDES RP **1.** *fam & despec* [militar] soldier / *los milicos tomaron el poder* the military took power **2.** [policía] pig.

miligramo sm milligram.

mililitro sm millilitre.

milímetro sm millimetre.

militante adj & smf militant.

militar ❖ adj military. ❖ smf soldier ▸ **los militares** the military. ❖ vi ▸ **militar (en)** to be active (in).

milla sf mile ▸ **milla (marina)** nautical mile.

millar sm thousand ▸ **un millar de personas** a thousand people.

millón num million / *dos millones* two million ▸ **un millón de personas** a million people ▸ **un millón de cosas que hacer** a million things to do ▸ **un millón de gracias** thanks a million. ❖ **millones** smpl [dineral] a fortune *sg*.

millonario, ria sm, f millionaire (millionairess).

millonésimo, ma num millionth.

milonga sf *popular song or dance from Argentina*.

milpa sf CAm Méx cornfield.

mimado, da adj spoilt.

mimar vt to spoil, to pamper.

mimbre sm wicker ▸ **de mimbre** wickerwork.

mímica sf **1.** [mimo] mime **2.** [lenguaje] sign language.

mimo sm **1.** [zalamería] mollycoddling **2.** [cariño] show of affection **3.** TEATRO mime.

mimosa sf BOT mimosa.

min (*abr escrita de* **minuto**) min.

mina sf GEOL & MIL mine ▸ **mina de carbón** coalmine.

minar vt **1.** MIL to mine **2.** *fig* [aminorar] to undermine.

minarete sm minaret.

mineral ❖ adj mineral. ❖ sm **1.** GEOL mineral **2.** [en mineralogía] ore.

minería sf **1.** [técnica] mining **2.** [sector] mining industry.

minero, ra ❖ adj mining (*antes de sust*); [producción, riqueza] mineral. ❖ sm, f miner.

miniatura sf miniature.

minibar sm minibar.

minicadena sf midi system.

minifalda sf mini skirt.

minigolf (*pl* **minigolfs**) sm [juego] crazy golf.

mínimo, ma ❖ superl ⟶ **pequeño.** ❖ adj **1.** [lo más bajo posible o necesario] minimum **2.** [lo más bajo temporalmente] lowest **3.** [muy pequeño - efecto, importancia etc] minimal, very small ; [- protesta, ruido etc] slightest / *no tengo la más mínima idea* I haven't the slightest idea ▸ **como mínimo** at the very least ▸ **en lo más mínimo** in the slightest. ❖ **mínimo** sm [límite] minimum. ❖ **mínima** sf METEOR low, lowest temperature.

ministerio sm **1.** POLÍT ministry UK, department US **2.** RELIG ministry. ❖ **Ministerio de Asuntos Exteriores** sm ≃ Foreign Office UK; ≃ State Department US. ❖ **Ministerio de Economía y Hacienda** sm ≃ Treasury UK; ≃ Treasury Department US. ❖ **Ministerio del Interior** sm ≃ Home Office UK; ≃ Department of the Interior US.

ministro, tra sm, f POLÍT minister UK, secretary US ▸ **primer ministro** prime minister.

miniturismo sm ARG short trip.

minivolumen sm AUTO mini-MPV (*mini-multipurpose vehicle*).

minoría sf minority / *estar en minoría* to be in a o the minority ▸ **minorías étnicas** ethnic minorities.

minorista ❖ adj retail. ❖ smf retailer.

minoritario, ria adj minority (*antes de sust*).

minucia sf trifle, insignificant thing.

minucioso, sa adj **1.** [meticuloso] meticulous **2.** [detallado] highly detailed.

minúsculo, la adj **1.** [tamaño] tiny, minute **2.** [letra] small ; IMPR lower-case. ❖ **minúscula** sf small letter ; IMPR lower-case letter.

minusvalía sf [física] handicap, disability.

minusválido, da ❖ adj disabled, handicapped. ❖ sm, f disabled o handicapped person.

minuta sf **1.** [factura] fee **2.** [menú] menu **3.** RDom [comida] quick meal.

minutero sm minute hand.

minuto sm minute / *guardar un minuto de silencio* to observe a minute's silence.

mío, mía ❖ adj poses mine / *este libro es mío* this book is mine / *un amigo mío* a friend of mine / *no es asunto mío* it's none of my business. ❖ pron poses ▸ **el mío** mine / *el mío es rojo* mine is red ▸ **esta es la mía** *fam* this is the chance I've been waiting for ▸ **lo mío es el teatro** [lo que me va] theatre is what I should be doing ▸ **los míos a)** *fam* [mi familia] my folks **b)** [mi bando] my lot, my side.

miope adj shortsighted, myopic.

miopía sf shortsightedness, myopia.

mira ❖ sf sight ; *fig* intention ▸ **con miras a** with a view to, with the intention of. ❖ interj ▸ **¡mira!** look!

mirado, da adj [prudente] careful ▸ **bien mirado** [bien pensado] if you look at it closely. ❖ **mirada** sf [gen] look ; [rápida] glance ;

[de cariño, placer, admiración] gaze ▶ **apartar la mirada** to look away ▶ **dirigir** o **lanzar la mirada a** to glance at ▶ **echar una mirada (a algo)** to glance o to have a quick look (at sthg) ▶ **fulminar con la mirada a alguien** to look daggers at sb / **hay miradas que matan** if looks could kill ▶ **levantar la mirada** to look up ▶ **mirada fija** stare.

mirador sm **1.** [balcón] enclosed balcony **2.** [para ver un paisaje] viewpoint.

miramiento sm circumspection ▶ **andarse con miramientos** to stand on ceremony ▶ **sin miramientos** just like that, without the least consideration.

mirar ❖ vt **1.** [gen] to look at; [observar] to watch; [fijamente] to stare at ▶ **mirar algo de cerca/lejos** to look at sthg closely/from a distance ▶ **mirar algo por encima** to glance over sthg, to have a quick look at sthg **2.** [fijarse en] to keep an eye on **3.** [examinar, averiguar] to check, to look through / **le miraron todas las maletas** they searched all her luggage / **mira si ha llegado la carta** go and see if the letter has arrived **4.** [considerar] to consider, to take a look at. ❖ vi **1.** [gen] to look; [observar] to watch; [fijamente] to stare ▶ **mira, yo creo que ...** look, I think that ... **2.** [buscar] to check, to look / **he mirado en todas partes** I've looked everywhere **3.** [orientarse] ▶ **mirar a** to face **4.** [cuidar] ▶ **mirar por alguien/algo** to look after sb/sthg. ❖ **mirarse** vprnl [uno mismo] to look at o.s.

mirilla sf spyhole.

mirlo sm blackbird.

mirón, ona fam sm, f **1.** [espectador] onlooker **2.** [curioso] nosy parker **3.** [voyeur] peeping Tom.

misa sf mass ▶ **cantar/decir/oír misa** to sing/say/hear mass.

misal sm missal.

misántropo, pa sm, f misanthropist.

miscelánea sf **1.** miscellany **2.** Méx [tienda] small general store.

miserable ❖ adj **1.** [pobre] poor; [vivienda] wretched, squalid **2.** [penoso, insuficiente] miserable **3.** [vil] contemptible, base **4.** [tacaño] mean. ❖ smf [ruin] wretch, vile person.

miseria sf **1.** [pobreza] poverty / **vivir en la miseria** to live in poverty **2.** [cantidad muy pequeña] pittance **3.** [desgracia] misfortune **4.** [tacañería] meanness.

misericordia sf compassion ▶ **pedir misericordia** to beg for mercy.

mísero, ra adj [pobre] wretched ▶ **ni un mísero ...** not even a measly o miserable ...

misil (pl misiles) sm missile ▶ **misil de crucero** cruise missile.

misión sf **1.** [gen] mission; [cometido] task **2.** [expedición científica] expedition.

misionero, ra adj & sm, f missionary.

misiva sf culto missive.

mismo, ma ❖ adj **1.** [igual] same / **el mismo piso** the same flat ▶ **del mismo color que** the same colour as **2.** [para enfatizar] : **yo mismo** I myself / **en este mismo cuarto** in this very room / **en su misma calle** right in the street where he lives ▶ **por mí/ti mismo** by myself/yourself / **¡tú mismo!** it's up to you. ❖ pron ▶ **el mismo** the same ▶ **el mismo que vi ayer** the same one I saw yesterday ▶ **lo mismo** the same (thing) ▶ **lo mismo que** the same as ▶ **da** o **es lo mismo** it doesn't matter, it doesn't make any difference / **me da lo mismo** I don't care. ❖ **mismo** (después de sust) adv **1.** [para enfatizar] : **lo vi desde mi casa mismo** I saw it from my own house ▶ **ahora/aquí mismo** right now/here ▶ **ayer mismo** only yesterday ▶ **por eso mismo** precisely for that reason **2.** [por ejemplo] : **escoge uno — cualquiera este mismo** choose any — this one, for instance.

misógino, na adj misogynistic.

misterio sm mystery.

misterioso, sa adj mysterious.

mística ⟶ **místico**.

místico, ca adj mystical. ❖ **mística** sf [práctica] mysticism.

mitad sf **1.** [gen] half ▶ **a mitad de precio** at half price ▶ **a mitad de camino** halfway there ▶ **a mitad de película** halfway through the film ▶ **la mitad de** half (of) / **la mitad del tiempo no está** half the time she's not in ▶ **mitad y mitad** half and half **2.** [centro] middle ▶ **en mitad de** in the middle of ▶ **(cortar algo) por la mitad** (to cut sthg) in half.

mítico, ca adj mythical.

mitigar [16] vt **1.** [gen] to alleviate, to reduce; [ánimos] to calm; [sed] to slake; [hambre] to take the edge off; [choque, golpe] to soften; [dudas, sospechas] to allay **2.** [justificar] to mitigate.

mitin (pl mítines) sm rally, meeting.

mito sm [gen] myth.

mitología sf mythology.

mitote sm Méx fam [bulla] racket.

mixto, ta adj mixed; [comisión] joint.

ml (abr escrita de mililitro) ml.

mm (abr escrita de milímetro) mm.

mobiliario sm furniture / **mobiliario urbano** street furniture.

mocasín sm moccasin.

mochila sf backpack.

mochilero, ra sm, f fam backpacker.

mochuelo sm little owl.

moción sf motion.

moco sm *fam* snot *(U)* ; MED mucus *(U)* ▸ **limpiarse los mocos** to wipe one's nose / *sorberse los mocos* to sniffle, to snuffle.

mocoso, sa sm, f *fam & despec* brat.

moda sf [gen] fashion ; [furor pasajero] craze ▸ **estar de moda** to be fashionable o in fashion ▸ **estar pasado de moda** to be unfashionable o out of fashion / *ponerse de moda* to come into fashion / *moda pasajera* fad.

modal adj modal. ◆ **modales** smpl manners.

modalidad sf form, type ; DEP discipline.

modelar vt to model ; *fig* to shape.

modélico, ca adj exemplary, model.

modelo ◇ adj model. ◇ smf model. ◇ sm **1.** [gen] model ▸ **modelo económico** ECON economic model **2.** [prenda de vestir] number.

módem ['moðem] (*pl* modems) sm INFORM modem ▸ **módem fax** fax modem.

moderación sf moderation.

moderado, da adj & sm, f moderate.

moderador, ra sm, f chair, chairperson.

moderar vt **1.** [gen] to moderate ; [velocidad] to reduce **2.** [debate] to chair. ◆ **moderarse** vprnl to restrain o.s.

modernizar [13] vt to modernize.

moderno, na adj modern.

modestia sf modesty.

modesto, ta adj modest.

módico, ca adj modest.

modificación sf alteration.

modificar [10] vt **1.** [variar] to alter **2.** GRAM to modify.

modista sm, f **1.** [diseñador] fashion designer **2.** [que cose] tailor (dressmaker).

modisto sm **1.** [diseñador] fashion designer **2.** [sastre] tailor.

modo sm [manera, forma] way ▸ **a modo de** as, by way of / *a mi modo* (in) my own way ▸ **de ese modo** in that way ▸ **de ningún modo** in no way ▸ **de todos modos** in any case, anyway ▸ **de un modo u otro** one way or another ▸ **en cierto modo** in some ways ▸ **modo de empleo** instructions *pl* for use / *modo de pensar/ser* way of thinking/being / *modo de vida* way of life ▸ **de modo que a)** [de manera que] in such a way that **b)** [así que] so. ◆ **modos** smpl [modales] manners ▸ **buenos/malos modos** good/bad manners.

modorra sf *fam* drowsiness.

modoso, sa adj [recatado] modest ; [formal] well-behaved.

modular vt to modulate.

módulo sm **1.** [gen] module / *módulo lunar* lunar module **2.** [de muebles] unit.

mofa sf mockery.

mofarse vprnl to scoff ▸ **mofarse de** to mock.

moflete sm chubby cheek.

mogollón sm *mfam* **1.** [muchos] ▸ **mogollón de** tons *pl* of, loads *pl* of **2.** [lío] row, commotion ▸ **entraron/salieron a mogollón** everyone rushed in/out at once.

moho sm **1.** [hongo] mould / *criar moho* to go mouldy **2.** [herrumbre] rust.

mohoso, sa adj **1.** [con hongo] mouldy **2.** [oxidado] rusty.

moisés sm inv Moses basket.

mojado, da adj wet ; [húmedo] damp.

mojar vt [sin querer] to get wet ; [a propósito] to wet ; [humedecer] to dampen ; [comida] to dunk / *moja el pan en la salsa* dip your bread in the sauce. ◆ **mojarse** vprnl [con agua] to get wet.

mojigato, ta adj **1.** [beato] prudish **2.** [con falsa humildad] sanctimonious.

mojito sm [cóctel] mojito *(cocktail made with rum, lemon juice, sugar, and fresh mint)*.

mojón sm [piedra] milestone ; [poste] milepost.

molar fam vi to be bloody gorgeous.

molcajete sm `Méx` mortar.

molde sm mould.

moldeado sm **1.** [del pelo] soft perm **2.** [de figura, cerámica] moulding.

moldear vt **1.** [gen] to mould **2.** [modelar] to cast **3.** [cabello] to give a soft perm to.

mole ◇ sf hulk. ◇ sm `Méx` [salsa] thick, cooked chilli sauce ; [guiso] *dish served in 'mole' sauce*.

molécula sf molecule.

moler [24] vt **1.** [gen] to grind ; [aceitunas] to press ; [trigo] to mill **2.** *fam* [cansar] to wear out.

molestar vt **1.** [perturbar] to annoy / *¿le molesta que fume?* do you mind if I smoke? / *perdone que le moleste ...* I'm sorry to bother you ... **2.** [doler] to hurt **3.** [ofender] to offend. ◆ **molestarse** vprnl **1.** [incomodarse] to bother ▸ **molestarse en hacer algo** to bother to do sthg ▸ **molestarse por alguien/algo** to put o.s. out for sb/sthg **2.** [ofenderse] ▸ **molestarse (por algo)** to take offence (at sthg).

molestia sf **1.** [incomodidad] nuisance / *disculpen las molestias* we apologize for any inconvenience ▸ **si no es demasiada molestia** if it's not too much trouble **2.** [malestar] discomfort / *siento una molestia en el estómago* my stomach doesn't feel too good.

molesto, ta adj **1.** [incordiante] annoying ; [visita] inconvenient **2.** [irritado] ▸ **molesto (con)** annoyed (with) **3.** [con malestar] in discomfort.

molestoso, sa adj `Am` *fam* annoying, upsetting.

molido, da adj *fam* [cansado] worn out ▸ **estar molido de** to be worn out from.

molinero, ra sm, f miller.

molinillo sm grinder / *molinillo de café* coffee mill o grinder.

molino sm mill ▶ **molino de viento** windmill.

molla sf [parte blanda] flesh.

molleja sf gizzard.

mollera sf *fam* [juicio] brains *pl* ▶ **ser duro de mollera a)** [estúpido] to be thick in the head **b)** [testarudo] to be pig-headed.

molote sm Méx [tortilla] *filled Mexican tortilla.*

molusco sm mollusc.

momentáneo, a adj [de un momento] momentary ; [pasajero] temporary.

momento sm [gen] moment ; [periodo] time / *llegó un momento en que ...* there came a time when ... ▶ **a cada momento** all the time ▶ **al momento** straightaway / *a partir de este momento* from this moment (on) ▶ **de momento, por el momento** for the time being o moment ▶ **del momento** [actual] of the day ▶ **de un momento a otro** any minute now ▶ **dentro de un momento** in a moment ▶ **desde el momento (en) que ...** **a)** [tiempo] from the moment that ... **b)** [causa] seeing as ... / *en algún momento* sometime / *momentos después* moments later / *¡un momento!* just a minute! / *momento decisivo* turning point.

momia sf mummy.

monada sf *fam* **1.** [persona] : *su novia es una monada* his girlfriend is gorgeous / *¡qué monada de bebé!* what a cute baby! **2.** [cosa] lovely thing / *¡qué monada de falda!* what a lovely skirt! ◆ **monadas** sfpl [gracias] antics ▶ **hacer monadas** to monkey o clown around.

monaguillo sm altar boy.

monarca sm monarch.

monarquía sf monarchy ▶ **monarquía absoluta / constitucional / parlamentaria** absolute / constitutional / parliamentary monarchy.

monárquico, ca adj monarchic.

monasterio sm [de monjes] monastery ; [de monjas] convent.

Moncloa sf ▶ **la Moncloa** *residence of the Spanish premier.*

monda sf [acción] peeling ; [piel] peel ▶ **ser la monda a)** *mfam* [extraordinario] to be amazing **b)** [gracioso] to be a scream.

mondadientes sm inv toothpick.

mondadura sf [piel] peel.

mondar vt to peel. ◆ **mondarse** vprnl ▶ **mondarse (de risa)** *fam* to laugh one's head off.

moneda sf **1.** [pieza] coin ▶ **pagar a alguien con o en la misma moneda** to pay sb back in kind ▶ **ser moneda corriente** to be commonplace **2.** [divisa] currency.

monedero sm **1.** [gen] purse **2.** [tarjeta] ▶ **monedero electrónico** electronic purse.

monegasco, ca adj & sm, f Monegasque.

monetario, ria adj monetary.

monetizar vt ECON to monetize.

mongólico, ca sm, f MED Down's syndrome person.

mongolismo sm Down's syndrome.

monigote sm **1.** [muñeco] rag o paper doll **2.** [dibujo] doodle **3.** *fig* [persona] puppet.

monitor, ra sm, f [persona] instructor. ◆ **monitor** sm INFORM & TECNOL monitor.

monitorear, monitorizar vt Am to monitor.

monja sf nun.

monje sm monk.

mono, na ◆ adj **1.** [bonito] lovely **2.** Col [rubio] blond(e). ◆ sm, f **1.** [animal] monkey ▶ **aunque la mona se vista de seda, mona se queda** *prov* you can't make a silk purse out of a sow's ear *prov* / *mandar a alguien a freír monas* *fam* to tell sb to get lost ▶ **ser el último mono** to be bottom of the heap **2.** Col [rubio] blond(e). ◆ **mono** sm **1.** [prenda - con peto] dungarees *pl* ; [- con mangas] overalls *pl* **2.** *fam* [abstinencia] cold turkey.

monoambiente sm Arg studio.

monobloque sm Arg tower block.

monóculo sm monocle.

monodosis sf single dose.

monogamia sf monogamy.

monografía sf monograph.

monolingüe adj monolingual.

monólogo sm monologue ; TEATRO soliloquy.

monopatín sm skateboard.

monopolio sm monopoly.

monopolizar [13] vt *lit* + *fig* to monopolize.

monosílabo, ba adj monosyllabic. ◆ **monosílabo** sm monosyllable.

monotonía sf [uniformidad] monotony.

monótono, na adj monotonous.

monovolumen sm people carrier.

monseñor sm Monsignor.

monserga sf *fam* drivel (U) / *déjate de monsergas, no me vengas con monsergas* don't give me that rubbish.

monstruo ◆ adj inv [grande] enormous, monster *(antes de sust).* ◆ sm **1.** [gen] monster **2.** [prodigio] giant, marvel.

monstruosidad sf **1.** [crueldad] monstrosity, atrocity **2.** [fealdad] hideousness **3.** [anomalía] freak.

monstruoso, sa adj **1.** [cruel] monstrous **2.** [feo] hideous **3.** [enorme] huge, enormous **4.** [deforme] terribly deformed.

monta sf [importancia] importance ▶ **de poca monta** of little importance.

montacargas sm inv goods lift **UK**, freight elevator **US**.

montado sm **Esp** [tapa] *small canapé-style sandwiches served as tapas in the Basque country.*

montaje sm **1.** [de máquina] assembly **2.** TEATRO staging **3.** FOTO montage **4.** CINE editing **5.** [farsa] put-up job.

montante sm **1.** [ventanuco] fanlight **2.** [importe] total ▸ **montantes compensatorios** COM compensating duties **3.** *loc : coger el montante* to go away, to leave.

montaña sf *lit + fig* mountain / *ir de excursión a la montaña* to go on a trip to the mountains ▸ **montaña rusa** roller coaster ▸ **hacer una montaña de un grano de arena** to make a mountain out of a molehill.

montañero, ra sm, f mountaineer.

montañismo sm mountaineering.

montañoso, sa adj mountainous.

montar ◈ vt **1.** [ensamblar - máquina, estantería] to assemble ; [- tienda de campaña, tenderete] to put up **2.** [encajar] ▸ **montar algo en algo** to fit sthg into sthg **3.** [organizar - negocio, piso] to set up **4.** [cabalgar] to ride **5.** [poner encima] ▸ **montar a alguien en** to lift sb onto **6.** [CULIN - nata] to whip ; [- claras, yemas] to beat **7.** TEATRO to stage **8.** CINE to cut, to edit. ◈ vi **1.** [subir] to get on ; [en coche] to get in ▸ **montar en a)** [gen] to get onto **b)** [coche] to get into **c)** [animal] to mount **2.** [ir montado] to ride ▸ **montar en bicicleta/a caballo** to ride a bicycle/a horse. ◆ **montarse** vprnl [gen] to get on ; [en coche] to get in ; [en animal] to mount ▸ **montarse en a)** [gen] to get onto **b)** [coche] to get into **c)** [animal] to mount.

monte sm [elevación] mountain ; [terreno] woodland ▸ **monte bajo** scrub ▸ **no todo el monte es orégano** *prov* life's not a bowl of cherries. ◆ **monte de piedad** sm state pawnbroker's.

montepío sm mutual aid society.

montera sf bullfighter's hat.

montés adj wild.

montículo sm hillock.

monto sm total.

montón sm **1.** [pila] heap, pile ▸ **a o en montón** everything together o at once ▸ **del montón** ordinary, run-of-the-mill **2.** [muchos] loads ▸ **un montón de** loads of.

montura sf **1.** [cabalgadura] mount **2.** [arreos] harness ; [silla] saddle **3.** [soporte - de gafas] frame.

monumental adj **1.** [ciudad, lugar] famous for its monuments **2.** [fracaso etc] monumental.

monumento sm monument.

moña sf *fam* [borrachera] ▸ **coger una moña** to get smashed.

moño sm **1.** [de pelo] bun *(of hair)* ▸ **agarrarse del moño** [pegarse] to pull each other's hair out ▸ **estar hasta el moño (de)** to be sick to death (of) **2.** **Am** [lazo] bow.

monzón sm monsoon.

moquear vi to have a runny nose.

moqueta sf fitted carpet.

mora sf **1.** [de la zarzamora] blackberry **2.** [del moral] mulberry.

morada sf *culto* dwelling.

morado, da adj purple. ◆ **morado** sm [color] purple.

moradura sf [en la piel] bruise.

moral ◈ adj moral. ◈ sf **1.** [ética] morality **2.** [ánimo] morale.

moraleja sf moral.

moralista ◈ adj moralistic. ◈ smf moralist.

moralizar [13] vi to moralize.

moratón sm [en la piel] bruise.

morbo sm *fam* [placer malsano] morbid pleasure.

morboso, sa adj morbid.

morcilla sf CULIN ≃ black pudding **UK** ; ≃ blood sausage **US** ▸ **¡que te/os den morcilla!** *mfam* you can stuff it, then!

mordaz adj caustic, biting.

mordaza sf gag.

mordedura sf bite.

morder [24] ◈ vt **1.** [con los dientes] to bite **2.** [gastar] to eat into. ◈ vi to bite ▸ **estar que muerde** to be hopping mad. ◆ **morderse** vprnl ▸ **morderse la lengua/las uñas** to bite one's tongue/nails.

mordida sf **Cam** **Mex** *fam* [soborno] bribe.

mordisco sm bite.

mordisquear vt to nibble (at).

moreno, na ◈ adj **1.** [pelo, piel] dark ; [por el sol] tanned ▸ **ponerse moreno** to get a tan **2.** [pan, azúcar] brown. ◈ sm, f [de pelo] dark-haired person ; [de piel] dark-skinned person.

morera sf white mulberry.

moretón sm bruise.

morfina sf morphine.

moribundo, da adj dying.

morir [25] vi **1.** [gen] to die ▸ **morir de algo** to die of sthg **2.** [río, calle] to come out **3.** [fuego] to die down ; [luz] to go out ; [día] to come to a close. ◆ **morirse** vprnl **1.** [fallecer] ▸ **morirse (de)** to die (of) **2.** [sentir con fuerza] ▸ **morirse de envidia/ira** to be burning with envy/rage / *me muero de ganas de ir a bailar* I'm dying to go dancing / *me muero de hambre/frío* I'm starving/freezing ▸ **morirse por algo** to be dying for sthg ▸ **morirse por alguien** to be crazy about sb.

mormón, ona adj & sm, f Mormon.

moro, ra ❖ adj HIST Moorish. ❖ sm, f **1.** HIST Moor ▸ **moros y cristianos** traditional Spanish festival involving mock battle between Moors and Christians **2.** [árabe] Arab (N.B.: the term 'moro' is considered to be racist).

morocho, cha ❖ adj ANDES RP [persona] dark-haired; VEN [mellizo] twin. ❖ sm, f ANDES RP [moreno] dark-haired person; VEN [mellizo] twin.

moronga sf CAM MÉX black pudding UK, blood sausage US.

moroso, sa ❖ adj COM defaulting. ❖ sm, f COM defaulter, bad debtor.

morralla sf **1.** despec [personas] scum; [cosas] junk **2.** [pescado] small fry **3.** MÉX [suelto] loose change.

morrear mfam vt & vi to snog.

morreo sm fam snogging UK, necking US / **darse un morreo** to have a snog UK, to neck US.

morriña sf [por el país de uno] homesickness; [por el pasado] nostalgia.

morro sm **1.** [hocico] snout **2.** fam [de coche, avión] nose.

morsa sf walrus.

morse sm (en aposición invariable) Morse (code).

mortadela sf Mortadella.

mortaja sf shroud.

mortal ❖ adj mortal; [caída, enfermedad] fatal; [aburrimiento, susto, enemigo] deadly. ❖ smf mortal.

mortalidad sf mortality.

mortandad sf mortality.

mortero sm mortar.

mortífero, ra adj deadly.

mortificar [10] vt to mortify.

mosaico, ca adj Mosaic. ◆ **mosaico** sm mosaic.

mosca sf fly ▸ **no se oía ni una mosca** you could have heard a pin drop ▸ **por si las moscas** just in case ▸ **¿qué mosca te ha picado?** what's up with you? ◆ **mosca muerta** smf slyboots.

moscardón sm ZOOL blowfly.

moscatel sm Muscatel (dessert wine made from muscat grapes) / **uvas de moscatel** muscat grapes.

moscón sm ZOOL bluebottle.

moscovita adj & smf Muscovite.

mosquearse vprnl fam [enfadarse] to get cross; [sospechar] to smell a rat.

mosquete sm musket.

mosquetero sm musketeer.

mosquitera sf mosquito net.

mosquitero sm mosquito net.

mosquito sm mosquito.

mosso d'Esquadra sm member of the Catalan police force.

mostacho sm moustache.

mostaza sf mustard.

mosto sm [residuo] must; [zumo de uva] grape juice.

mostrador sm [en tienda] counter; [en bar] bar.

mostrar [23] vt to show. ◆ **mostrarse** vprnl to appear, to show o.s. / **se mostró muy interesado** he expressed great interest.

mota sf [de polvo] speck; [en tela] dot.

mote sm **1.** nickname / **poner un mote a alguien** to nickname sb **2.** ANDES [maíz] stewed maize UK o corn US.

motel sm motel.

motín sm [del pueblo] uprising, riot; [de las tropas] mutiny.

motivación sf motive, motivation (U).

motivar vt **1.** [causar] to cause; [impulsar] to motivate **2.** [razonar] to explain, to justify.

motivo sm **1.** [causa] reason, cause; [de crimen] motive / **bajo ningún motivo** under no circumstances ▸ **dar motivo a** to give reason to ▸ **tener motivos para** to have reason to **2.** ARTE, LITER & MÚS motif.

moto sf motorbike UK, motorcycle.

motocicleta sf motorbike, motorcycle.

motociclismo sm motorcycling.

motociclista smf motorcyclist.

motocross sm motocross.

motoesquí sm [vehículo] snowmobile.

motoneta sf AM (motor) scooter.

motonetista smf AM scooter rider.

motor, motoramotriz adj motor. ◆ **motor** sm **1.** [aparato] motor, engine ▸ **motor fuera borda** outboard motor **2.** [fuerza] dynamic force. ◆ **motora** sf motorboat.

motorismo sm motorcycling.

motorista smf motorcyclist.

motriz → **motor**.

mousse [mus] sm inv CULIN mousse.

movedizo, za adj [movible] movable, easily moved.

mover [24] vt **1.** [gen & INFORM] to move; [mecánicamente] to drive **2.** [cabeza - afirmativamente] to nod; [- negativamente] to shake **3.** [suscitar] to provoke **4.** fig [empujar] ▸ **mover a alguien a algo / a hacer algo** to drive sb to sthg / to do sthg. ◆ **mover a** vi **1.** [incitar] to incite to **2.** [causar] to provoke, to cause. ◆ **moverse** vprnl **1.** [gen] to move; [en la cama] to toss and turn **2.** [darse prisa] to get a move on.

movido, da adj **1.** [debate, torneo] lively; [persona] active, restless; [jornada, viaje] hectic **2.** FOTO blurred, fuzzy. ◆ **movida** sf fam [ambiente] scene ▸ **la movida madrileña** *the Madrid scene of the late 1970s.*

móvil ⬦ adj mobile, movable. ⬦ sm **1.** [motivo] motive **2.** [juguete] mobile.

movilidad sf mobility.

movilizar [13] vt to mobilize. ◆ **movilizarse** vprnl [ponerse en movimiento] to mobilize, to get moving.

movimiento sm **1.** [gen & POLÍT] movement ▸ **movimiento obrero / pacifista** working-class/pacifist movement **2.** FÍS & TECNOL motion ▸ **movimiento continuo / de rotación** perpetual/rotational motion ▸ **movimiento sísmico** earth tremor **3.** [circulación - gen] activity ; [- de personal, mercancías] turnover ; [- de vehículos] traffic **4.** [MÚS - parte de la obra] movement.

moviola sf editing projector.

moza ⟶ **mozo**.

mozárabe ⬦ adj Mozarabic. ⬦ sm [lengua] Mozarabic.

mozo, za ⬦ adj [joven] young ; [soltero] single. ⬦ sm, f **1.** young boy (young girl), young lad (young lass) **2.** ⟨ANDES⟩ ⟨RP⟩ [camarero] waiter (waitress). ◆ **mozo** sm **1.** [trabajador] assistant (worker) ▸ **mozo de cordel** o **de cuerda** porter ▸ **mozo de estación** (station) porter **2.** [recluta] conscript.

MP3 sm INFORM [formato] MP3 ; [archivo] MP3 (file).

MP4 sm INFORM [formato] MP4 ; [archivo] MP4 (file).

mu sm [mugido] moo ▸ **no decir ni mu** not to say a word.

mucamo, ma sm, f ⟨ANDES⟩ ⟨RP⟩ [en casa] maid ; [en hotel] chamberperson (chambermaid).

muchachada sf ⟨AM⟩ group of youngsters.

muchacho, cha sm, f boy (girl). ◆ **muchacha** sf [sirvienta] maid.

muchedumbre sf [de gente] crowd, throng ; [de cosas] great number, masses *pl*.

mucho, cha ⬦ adj **1.** (*en sg*) [gran cantidad] a lot of ; (*pl*) many, a lot of ; (*en interrogativas y negativas*) much, a lot of / **tengo mucho sueño** I'm very sleepy / **muchos días** several days / **no tengo mucho tiempo** I haven't got much time **2.** (*en sg*) [demasiado] : **hay mucho niño aquí** there are too many kids here. ⬦ pron (*en sg*) a lot ; (*pl*) many, a lot / **tengo mucho que contarte** I have a lot to tell you / **¿queda dinero? - no mucho** is there any money left? - not much o not a lot / **muchos piensan igual** a lot of o many people think the same. ◆ **mucho** adv **1.** [gen] a lot / **habla mucho** he talks a lot / **me canso mucho** I get really o very tired / **me gusta mucho** I like it a lot o very much / **no me gusta mucho** I don't like it much ▸ **(no) mucho más tarde** (not) much later **2.** [largo tiempo] : **hace**

mucho que no vienes I haven't seen you for a long time / **¿dura mucho la obra?** is the play long? ▸ **mucho antes / después** long before/after **3.** [frecuentemente] : **¿vienes mucho por aquí?** do you come here often? **4.** *loc* ▸ **como mucho** at the most ▸ **con mucho** by far, easily / **ni con mucho** not by a long chalk / **ni mucho menos** by no means / **no está ni mucho menos decidido** it is by no means decided. ◆ **por mucho que** *loc conj* no matter how much, however much / **por mucho que insistas** no matter how much o however much you insist.

mucosidad sf mucus.

muda sf [ropa interior] change of underwear.

mudanza sf move ▸ **estar de mudanza** to be moving.

mudar ⬦ vt **1.** [gen] to change ; [casa] to move / **cuando mude la voz** when his voice breaks **2.** [piel, plumas] to moult. ⬦ vi [cambiar] ▸ **mudar de a)** [opinión, color] to change b) [domicilio] to move. ◆ **mudarse** vprnl ▸ **mudarse (de casa)** to move (house) ▸ **mudarse (de ropa)** to change.

mudéjar adj & smf Mudejar.

mudo, da adj **1.** [sin habla] dumb **2.** [callado] silent, mute / **se quedó mudo** he was left speechless **3.** [sin sonido] silent.

mueble ⬦ sm piece of furniture ▸ **los muebles** the furniture (*U*) / **salvar los muebles** to save face. ⬦ adj ⟶ **bien**.

mueca sf [gen] face, expression ; [de dolor] grimace.

muela sf [diente - gen] tooth ; [- molar] molar ▸ **muela del juicio** wisdom tooth.

muelle sm **1.** [de colchón, reloj] spring **2.** [en el puerto] dock, quay ; [en el río] wharf.

muera ⟶ **morir**.

muérdago sm mistletoe.

muermo sm *fam* bore, drag.

muerte sf **1.** [gen] death ▸ **a muerte** to the death, to the bitter end ▸ **un susto de muerte** a terrible shock ▸ **muerte natural / violenta** natural/violent death / **muerte súbita a)** [de bebé] cot death b) FÚT sudden death c) [en tenis] tiebreak, tiebreaker / **estar de muerte a)** *fam* [comida] to be yummy b) [persona] to be gorgeous **2.** [homicidio] murder.

muerto, ta ⬦ pp ⟶ **morir**. ⬦ adj **1.** [gen] dead / **caer muerto** to drop dead / **estar muerto (de cansancio)** to be dead tired ▸ **estar muerto de miedo / frío** to be scared/freezing to death **2.** *loc* ▸ **no tener donde caerse muerto** not to have a penny to one's name. ⬦ sm, f dead person ; [cadáver] corpse ▸ **cargar con el muerto a)** [trabajo, tarea] to be left holding the baby b) [culpa] to get the blame / **el muerto**

al hoyo y el vivo al bollo prov dead men have no friends *prov*.

muesca sf **1.** [concavidad] notch, groove **2.** [corte] nick.

muestra sf **1.** [pequeña cantidad] sample ▸ **para muestra (basta) un botón** one example is enough **2.** [señal] sign, show ; [prueba] proof ; [de cariño, aprecio] token **3.** [modelo] model, pattern **4.** [exposición] show, exhibition.

muestrario sm collection of samples.

muestreo sm sample ; [acción] sampling.

mugido sm [de vaca] moo, mooing (U) ; [de toro] bellow, bellowing (U).

mugir [15] vi [vaca] to moo ; [toro] to bellow.

mugre sf filth, muck.

mugriento, ta adj filthy.

mujer sf woman ; [cónyuge] wife ▸ **mujer fatal** femme fatale ▸ **mujer de la limpieza** cleaning lady.

mujeriego, ga adj fond of the ladies.
◆ **mujeriego** sm womanizer.

mujerzuela sf *despec* loose woman.

mulá sm RELIG mullah.

mulato, ta adj & sm, f mulatto.

muleta sf **1.** [para andar] crutch ; *fig* prop, support **2.** TAUROM muleta *(red cape hanging from a stick used to tease the bull)*.

mullido, da adj soft, springy.

mulo, la sm, f ZOOL mule.

multa sf fine ▸ **poner una multa a alguien** to fine sb.

multar vt to fine.

multicentro sm shopping mall, shopping centre [UK].

multiconfesional adj [sociedad, organización] multifaith.

multicopista sf duplicator.

multimedia adj inv INFORM multimedia.

multimillonario, ria sm, f multimillionaire.

multinacional adj & sf multinational.

múltiple adj [variado] multiple.
◆ **múltiples** adj pl [numerosos] many, numerous.

multiplicación sf multiplication.

multiplicar [10] vt & vi to multiply.
◆ **multiplicarse** vprnl **1.** [persona] to do lots of things at the same time **2.** BIOL to multiply.

múltiplo, pla adj multiple. ◆ **múltiplo** sm multiple / *mínimo común múltiplo* lowest common multiple.

multirriesgo adj inv fully-comprehensive, all-risks.

multisala sm inv [cine] multiplex cinema.

multitud sf [de personas] crowd ▸ **una multitud de cosas** loads of o countless things.

multitudinario, ria adj extremely crowded ; [manifestación] mass *(antes de sust)*.

multiuso adj inv multipurpose.

mundanal adj worldly.

mundano, na adj **1.** [del mundo] worldly, of the world **2.** [de la vida social] (high) society.

mundial ❖ adj [política, economía, guerra] world *(antes de sust)* ; [tratado, organización, fama] worldwide. ❖ sm World Championships *pl* ; [en fútbol] World Cup.

mundialización sf globalization / *la mundialización de la información /economía* globalization of information /the economy.

mundo sm **1.** [gen] world ▸ **el otro mundo** the next world, the hereafter / *irse al otro mundo* to pass away ▸ **por nada del mundo** not for (all) the world ▸ **se le cayó el mundo encima** his world fell apart ▸ **todo el mundo** everyone, everybody ▸ **venir al mundo** to come into the world, to be born **2.** [experiencia] ▸ **ver o correr mundo** to see life.

munición sf ammunition.

municipal ❖ adj town *(antes de sust)*, municipal ; [elecciones] local ; [instalaciones] public. ❖ smf ⟶ **guardia**.

municipio sm **1.** [corporación] town council **2.** [territorio] town, municipality.

muñeco, ca sm, f [juguete] doll ; [marioneta] puppet / *muñeco de peluche* cuddly o soft toy / *muñeco de trapo* rag doll. ◆ **muñeco** sm *fig* puppet. ◆ **muñeca** sf **1.** ANAT wrist **2.** [ANDES] [RDOM] *fam* [enchufe] ▸ **tener muñeco** to have friends in high places. ◆ **muñeco de nieve** sm snowman.

muñeira sf popular Galician dance and music.

muñequera sf wristband.

muñón sm stump.

mural ❖ adj [pintura] mural ; [mapa] wall. ❖ sm mural.

muralismo sm ARTE mural painting.

muralla sf wall.

murciélago sm bat.

murmullo sm [gen] murmur, murmuring (U) ; [de hojas] rustle, rustling (U) ; [de insectos] buzz, buzzing (U).

murmuración sf gossip (U).

murmurar ❖ vt to murmur. ❖ vi **1.** [susurrar -persona] to murmur, to whisper ; [-agua, viento] to murmur, to gurgle **2.** [criticar] ▸ **murmurar (de)** to gossip o backbite (about) **3.** [rezongar, quejarse] to grumble.

muro sm *lit* + *fig* wall ▸ **muro de las lamentaciones** Wailing Wall.

mus sm inv *card game played in pairs with bidding and in which players communicate by signs*.

musa sf [inspiración] muse.

musaraña sf ZOOL shrew ▸ **pensar en las musarañas** to have one's head in the clouds.

muscular adj muscular.

musculatura sf muscles *pl.*

músculo sm muscle.

musculoso, sa adj muscular.

museo sm museum.

musgo sm moss.

música ⟶ **músico**.

musical adj & sm musical.

músico, ca ◆ adj musical. ◆ sm, f [persona] musician / *músico callejero* street musician, busker. ◆ **música** sf music / *poner música a algo* to set sthg to music ▸ **música ligera / pop** light / pop music ▸ **música ambiental** background music.

musitar vt to mutter, to mumble.

muslo sm thigh ; [de pollo] drumstick.

mustio, tia adj **1.** [flor, planta] withered, wilted **2.** [persona] gloomy.

musulmán, ana adj & sm, f Muslim.

mutación sf [cambio] sudden change ; BIOL mutation.

mutante adj & smf mutant.

mutar vt to mutate.

mutilado, da adj mutilated.

mutilar vt [gen] to mutilate ; [estatua] to deface.

mutismo sm [silencio] silence.

mutua ⟶ **mutuo**.

mutual sf C SUR PERÚ friendly society UK, mutual benefit society US.

mutualidad sf [asociación] mutual benefit society.

mutuo, tua adj mutual. ◆ **mutua** sf mutual benefit society.

muy adv **1.** [mucho] very / *muy bueno / cerca* very good / near / *muy de mañana* very early in the morning ▸ *¡muy bien!* a) [vale] OK!, all right! b) [qué bien] very good!, well done! / *es muy hombre* he's a real man ▸ *eso es muy de ella* that's just like her ▸ *eso es muy de los americanos* that's typically American ▸ *¡el muy idiota!* what an idiot! **2.** [demasiado] too / *es muy joven para votar* she's too young to vote.

n, N sf [letra] n, N. ◆ **N** sm **1.** (*abr de* **norte**) N **2.** ▸ *el 20 N* 20th November, the date of Franco's death.

n.° (*abr escrita de* **número**) no.

nabo sm turnip.

nácar sm mother-of-pearl.

nacatamal sm CAM *type of meat-filled corn pasty steamed in banana leaves.*

nacer [29] vi **1.** [venir al mundo - niño, animal] to be born ; [- planta] to sprout ; [- pájaro] to hatch (out) / *nacer de familia humilde* to be born into a poor family ▸ **nacer para algo** to be born to be sthg / *ha nacido cantante* she's a born singer ▸ **volver a nacer** to have a lucky escape **2.** [surgir - pelo] to grow ; [- río] to rise ; [- costumbre, actitud, duda] to have its roots.

nacho sm nacho.

nacido, da ◆ adj born. ◆ sm, f : *los nacidos hoy* those born today ▸ **recién nacido** new-born baby ▸ **ser un mal nacido** to be a wicked o vile person.

naciente adj **1.** [día] dawning ; [sol] rising **2.** [gobierno, estado] new, fledgling ; [interés] growing.

nacimiento sm **1.** [gen] birth ; [de planta] sprouting **2.** [de río] source **3.** [origen] origin, beginning **4.** [belén] Nativity scene.

nación sf [gen] nation ; [territorio] country. ◆ **Naciones Unidas** sfpl United Nations.

nacional adj national ; [mercado, vuelo] domestic ; [asuntos] home (*antes de sust*).

nacionalidad sf nationality ▸ **doble nacionalidad** dual nationality.

nacionalismo sm nationalism.

nacionalista adj & smf nationalist.

nacionalizar [13] vt **1.** [banca, bienes] to nationalize **2.** [persona] to naturalize. ◆ **nacionalizarse** vprnl to become naturalized.

naco, ca CAM MÉX *fam & despec* ◆ adj plebby, common. ◆ sm, f pleb.

nada ◆ pron nothing ; (*en negativas*) anything / *no he leído nada de este autor* I haven't read anything by this author / *no hay nada como un buen libro* there is nothing like a good book ▸ **nada más** nothing else, nothing more / *no quiero nada más* I don't want anything else ▸ *te he traído un regalito de nada* I've brought you a little something ▸ **de nada** [respuesta a 'gracias'] you're welcome ▸ *esto no es nada* that's nothing. ◆ adv **1.** [en absoluto] at all / *la película no me ha gustado nada* I didn't like the film at all / *no es nada extraño* it's not at all strange **2.** [poco] a little, a bit / *no hace nada que salió* he left just a minute ago ▸ **nada menos que** a) [cosa] no less than b) [persona] none other than. ◆ sf ▸ **la nada** nothingness, the void / *salir de la nada* to appear out of o from nowhere. ◆ **nada más** loc conj no sooner, as soon as / *nada más salir de casa se puso a*

llover no sooner had I left the house than it started to rain, as soon as I left the house, it started to rain.

nadador, ra sm, f swimmer.

nadar vi [gen] to swim; [flotar] to float.

nadería sf trifle, little thing.

nadie pron nobody, no one / **casi nadie** hardly anybody / **no se lo dije a nadie** I didn't tell anybody / **no ha llamado nadie** nobody phoned.

nado ◆ **a nado** loc adv swimming.

nafta sf **1.** QUÍM naphtha **2.** RDom [gasolina] petrol UK, gas US, gasoline US.

nagual sm CAm Méx [hechicero] sorcerer.

náhuatl ❖ adj Nahuatl. ❖ smf Nahuatl (indian).

naíf [na'if] adj naïve, primitivistic.

nailon, nilón, nylon® sm nylon.

naipe sm (playing) card. ◆ **naipes** smpl cards.

nalga sf buttock.

nana sf **1.** [canción] lullaby **2.** Col Méx [niñera] nanny.

nanómetro sm nanometre.

nanopartícula sf FÍS nanoparticle.

nanotecnología sf nanotechnology.

naranja ❖ adj inv orange. ❖ sm [color] orange. ❖ sf [fruto] orange. ◆ **media naranja** sf fam other o better half.

naranjada sf orangeade.

naranjo sm [árbol] orange tree.

narciso sm BOT narcissus.

narcótico, ca adj narcotic. ◆ **narcótico** sm narcotic; [droga] drug.

narcotizar [13] vt to drug.

narcotraficante smf drug trafficker.

narcotráfico sm drug trafficking.

nardo sm nard, spikenard.

narigudo, da adj big-nosed.

nariz sf **1.** [órgano] nose / **hablar por la nariz** to talk through one's nose / **tener la nariz tapada** to have a stuffed up o blocked nose **2.** [orificio] nostril **3.** [olfato] sense of smell **4.** loc ◆ **de narices** fam [estupendo] great, brilliant ◆ **estar hasta las narices (de algo)** fam to be fed up to the back teeth (with sthg) ◆ **meter las narices en algo** fam to poke o stick one's nose into sthg.

narración sf **1.** [cuento, relato] narrative, story **2.** [acción] narration.

narrador, ra sm, f narrator.

narrar vt [contar] to recount, to tell.

narrativo, va adj narrative. ◆ **narrativa** sf narrative.

nasal adj nasal.

nata sf **1.** fig [gen] cream ◆ **nata batida** o **montada** whipped cream **2.** [de leche hervida] skin.

natación sf swimming.

natal adj [país] native; [ciudad, pueblo] home (antes de sust).

natalidad sf birth rate.

natillas sfpl custard (U).

nativo, va adj & sm, f native.

nato, ta adj [gen] born; [cargo, título] ex officio.

natural ❖ adj **1.** [gen] natural; [flores, fruta, leche] fresh / **soy rubia natural** I'm a natural blonde ◆ **al natural a)** [persona] in one's natural state **b)** [fruta] in its own juice ◆ **ser natural en alguien** to be natural o normal for sb **2.** [nativo] native ◆ **ser natural de** to come from. ❖ smf [nativo] native. ❖ sm [talante] nature, disposition.

naturaleza sf **1.** [gen] nature ◆ **por naturaleza** by nature **2.** [complexión] constitution.

naturalidad sf naturalness ◆ **con naturalidad** naturally.

naturalizar [13] vt to naturalize. ◆ **naturalizarse** vprnl to become naturalized.

naturista smf person favouring return to nature.

naufragar [16] vi [barco] to sink, to be wrecked; [persona] to be shipwrecked.

naufragio sm [de barco] shipwreck.

náufrago, ga sm, f castaway.

náusea (gen pl) sf nausea (U), sickness (U) ◆ **me da náuseas** it makes me sick / **tener náuseas** to feel nauseated, to feel sick.

nauseabundo, da adj nauseating.

náutico, ca adj [gen] nautical; DEP water (antes de sust). ◆ **náutica** sf navigation, seamanship.

navaja sf **1.** [cuchillo - pequeño] penknife; [- más grande] jackknife **2.** [molusco] razor-shell.

navajero, ra sm, f thug who carries a knife.

naval adj naval.

Navarra npr Navarre.

navarro, rra adj & sm, f Navarrese.

nave sf **1.** [barco] ship ◆ **quemar las naves** to burn one's boats o bridges **2.** [vehículo] craft ◆ **nave espacial** spaceship **3.** [de fábrica] shop, plant; [almacén] warehouse **4.** [de iglesia] nave.

navegable adj navigable.

navegación sf navigation.

navegador sm INFORM browser.

navegante smf navigator.

navegar [16] ❖ vi [barco] to sail; [avión] to fly / **navegar por Internet** INFORM to surf the Net. ❖ vt [barco] to sail; [avión] to fly.

Navidad sf **1.** [día] Christmas (Day) **2.** (gen pl) [periodo] Christmas (time) ◆ **felices Navidades** Merry Christmas.

navideño, ña adj Christmas (antes de sust).

naviero, ra adj shipping. ◆ **naviero** sm [armador] shipowner. ◆ **naviera** sf [compañía] shipping company.

navío sm large ship.

nazareno, na adj & sm, f Nazarene. ◆ **nazareno** sm penitent in Holy Week processions. ◆ **Nazareno** sm ▶ **el Nazareno** Jesus of Nazareth.

nazi adj & smf Nazi.

nazismo sm Nazism.

neblina sf mist.

neblinoso, sa adj misty.

nebuloso, sa adj **1.** [con nubes] cloudy ; [de niebla] foggy **2.** [idea, mirada] vague. ◆ **nebulosa** sf ASTRON nebula.

necedad sf **1.** [estupidez] stupidity, foolishness **2.** [dicho, hecho] stupid o foolish thing ▶ **decir necedades** to talk nonsense.

necesario, ria adj necessary / un mal necesario a necessary evil / es necesario hacerlo it needs to be done / no es necesario que lo hagas you don't need to do it ▶ **si fuera necesario** if need be.

neceser sm toilet bag o case.

necesidad sf **1.** [gen] need / tener necesidad de algo to need sthg / hacer de la necesidad virtud to make a virtue of necessity / la necesidad aguza el ingenio prov necessity is the mother of invention prov **2.** [obligación] necessity ▶ **por necesidad** out of necessity **3.** [hambre] hunger. ◆ **necesidades** sfpl ▶ **hacer (uno) sus necesidades** eufem to answer the call of nature.

necesitado, da ◆ adj needy. ◆ sm, f needy o poor person ▶ **los necesitados** the poor.

necesitar vt to need / necesito que me lo digas I need you to tell me / 'se necesita piso' 'flat wanted'. ◆ **necesitar de** vi to have need of.

necio, cia adj stupid, foolish ; MÉX [fastidioso] boring.

nécora sf fiddler crab.

necrología sf obituary ; [lista de esquelas] obituary column.

necrológico, ca adj obituary (antes de sust). ◆ **necrológica** sm, f obituary / necrológicas [sección de periódico] obituaries, obituary column.

néctar sm nectar.

nectarina sf nectarine.

nefasto, ta adj [funesto] ill-fated ; [dañino] bad, harmful ; [pésimo] terrible, awful.

negación sf **1.** [desmentido] denial **2.** [negativa] refusal **3.** [lo contrario] antithesis, negation **4.** GRAM negative.

negacionismo sm denial.

negacionista smf denier.

negado, da adj useless.

negar [35] vt **1.** [rechazar] to deny **2.** [denegar] to refuse, to deny ▶ **negarle algo a alguien** to re-

fuse o deny sb sthg. ◆ **negarse** vprnl ▶ **negarse (a)** to refuse (to).

negativo, va adj [gen] negative. ◆ **negativo** sm FOTO negative. ◆ **negativa** sf **1.** [rechazo] refusal / una negativa rotunda a flat refusal **2.** [mentís] denial.

negligencia sf negligence.

negligente adj negligent.

negociable adj negotiable.

negociación sf negotiation.

negociado sm **1.** department, section **2.** ANDES RP shady deal.

negociador, ra ◆ adj negotiating / comité negociador negotiating committee. ◆ sm, f negotiator.

negociante sm, f [comerciante] businessman (businesswoman).

negociar [8] ◆ vi **1.** [comerciar] to do business ▶ **negociar con** to deal o trade with **2.** [discutir] to negotiate. ◆ vt to negotiate.

negocio sm **1.** [gen] business ▶ **el mundo de los negocios** the business world **2.** [transacción] deal, (business) transaction ▶ **negocio sucio** shady deal, dirty business (U) **3.** [operación ventajosa] good deal, bargain ▶ **hacer negocio** to do well **4.** [comercio] trade.

negra sf ⟶ negro.

negrero, ra sm, f **1.** HIST slave trader **2.** [explotador] slave driver.

negrita, negrilla ⟶ letra.

negro, gra ◆ adj **1.** [gen] black **2.** [furioso] furious ▶ **ponerse negro** to get mad o angry **3.** CINE ▶ **cine negro** film noir. ◆ sm, f black man (black woman). ◆ **negro** sm [color] black. ◆ **negra** sf **1.** MÚS crotchet **2.** loc ▶ **tener la negra** fam to have bad luck.

negrura sf blackness.

nem sm CULIN nem.

nene, na sm, f fam [niño] baby.

nenúfar sm water lily.

neocelandés, esa = neozelandés.

neologismo sm neologism.

neón sm QUÍM neon.

neopreno® sm neoprene.

neoyorquino, na ◆ adj New York (antes de sust), of/relating to New York. ◆ sm, f New Yorker.

neozelandés, esa, neocelandés, esa sm, f New Zealander.

Nepal npr ▶ **el Nepal** Nepal.

Neptuno npr Neptune.

nervio sm **1.** ANAT nerve / nervio óptico optic nerve **2.** [de carne] sinew **3.** [vigor] energy, vigour / sus niños son puro nervio her kids never sit still for five minutes. ◆ **nervios** smpl [estado mental] nerves ▶ **tener nervios** to be nervous ▶ **poner los**

nervios de punta a alguien to get on sb's nerves ▶ **tener los nervios de punta** to be on edge.

nerviosismo sm nervousness, nerves pl.

nervioso, sa adj **1.** [ANAT - sistema, enfermedad] nervous ; [- tejido, célula, centro] nerve (antes de sust) **2.** [inquieto] nervous ▶ **ponerse nervioso** to get nervous **3.** [irritado] worked-up ▶ **ponerse nervioso** to get uptight o worked up.

nervudo, da adj sinewy.

netiqueta sf INFORM netiquette.

neto, ta adj **1.** [claro] clear, clean ; [verdad] simple, plain **2.** [peso, sueldo] net.

neumático, ca adj pneumatic.
◆ **neumático** sm tyre ▶ **neumático de repuesto** spare tyre.

neumonía sf pneumonia.

neurálgico, ca adj **1.** MED neuralgic **2.** [importante] critical.

neurastenia sf nervous exhaustion.

neurología sf neurology.

neurólogo, ga sm, f neurologist.

neurona sf neuron, nerve cell.

neurosis sf inv neurosis.

neurótico, ca adj & sm, f neurotic.

neutral adj & smf neutral.

neutralidad sf neutrality.

neutralizar [13] vt to neutralize.

neutro, tra adj **1.** [gen] neutral **2.** BIOL & GRAM neuter.

neutrón sm neutron.

nevado, da adj snowy. ◆ **nevada** sf snowfall.

nevar [19] v impers to snow.

nevera sf fridge UK, icebox US.

nevería sf CARIB MÉX [heladería] ice cream parlour.

nevisca sf snow flurry.

nexo sm link, connection ; [relación] relation, connection.

ni ◆ conj ▶ **ni ... ni ...** neither ... nor ... / **ni mañana ni pasado** neither tomorrow nor the day after ▶ **no ... ni ...** neither ... nor ..., not ... or ... (either) / **no es alto ni bajo** he's neither tall nor short, he's not tall or short (either) / **no es rojo ni verde ni azul** it's neither red nor green nor blue ▶ **ni un/una ...** not a single ... / **no me quedaré ni un minuto más** I'm not staying a minute longer ▶ **ni uno/una** not a single one / **no he aprobado ni una** I haven't passed a single one ▶ **ni que** as if / **¡ni que yo fuera tonto!** as if I were that stupid! ◆ adv not even / **anda tan atareado que ni tiene tiempo para comer** he's so busy he doesn't even have time to eat.

Nicaragua npr Nicaragua.

nicaragüense adj & smf Nicaraguan.

nicho sm niche / **nicho ecológico** ecological niche.

nicotina sf nicotine.

nido sm [gen] nest.

niebla sf [densa] fog ; [neblina] mist / **hay niebla** it's foggy.

nieto, ta sm, f grandson (granddaughter).

nieve sf **1.** METEOR snow **2.** CULIN : **a punto de nieve** beaten stiff **3.** CARIB MÉX [granizado] drink of flavoured crushed ice. ◆ **nieves** sfpl [nevada] snows, snowfall sg.

NIF (abr de número de identificación fiscal) sm ≃ National Insurance number UK.

Nilo sm ▶ **el Nilo** the (river) Nile.

nilón = **nailon**.

nimiedad sf **1.** [cualidad] insignificance, triviality **2.** [dicho, hecho] trifle.

nimio, mia adj insignificant, trivial.

ninfa sf nymph.

ninfómana sf nymphomaniac.

ninguno, na ◆ adj (antes de sm: **ningún**) no / **no dieron ninguna respuesta** no answer was given / **no tengo ningún interés en hacerlo** I've no interest in doing it, I'm not at all interested in doing it / **no tengo ningún hijo / ninguna buena idea** I don't have any children / good ideas / **no tiene ninguna gracia** it's not funny. ◆ pron [cosa] none, not any ; [persona] nobody, no one / **ninguno funciona** none of them works / **no hay ninguno** there aren't any, there are none / **ninguno lo sabrá** no one o nobody will know ▶ **ninguno de** none of / **ninguno de ellos** none of them / **ninguno de los dos** neither of them.

niña ⟶ **niño**.

niñería sf **1.** [cualidad] childishness (U) **2.** [tontería] silly o childish thing.

niñero, ra adj fond of children. ◆ **niñera** sf nanny.

niñez sf childhood.

niño, ña ◆ adj young. ◆ sm, f [crío] child, boy (girl) ; [bebé] baby ▶ **los niños** the children ▶ **niño prodigio** child prodigy ▶ **ser el niño bonito de alguien** to be sb's pet o blue-eyed boy. ◆ **niña** sf [del ojo] pupil.

nipón, ona adj & sm, f Japanese.

níquel sm nickel.

niquelar vt to nickel-plate.

niqui sm T-shirt.

níspero sm medlar.

nitidez sf clarity ; [de imágenes, colores] sharpness.

nítido, da adj clear ; [imágenes, colores] sharp.

nitrato sm nitrate.

nitrógeno sm nitrogen.

nivel sm **1.** [gen] level ; [altura] height ▶ **al nivel de** level with ▶ **al nivel del mar** at sea level / *nivel del agua* water level **2.** [grado] level, standard ▶ **al mismo nivel (que)** on a level o par (with) / *a nivel europeo* at a European level ▶ **nivel de vida** standard of living / *niveles de audiencia* ratings.

nivelador, ra adj levelling. ◆ **niveladora** sf bulldozer.

nivelar vt **1.** [allanar] to level **2.** [equilibrar] to even out ; FIN to balance.

no ◆ adv **1.** [expresa negación - gen] not ; [- en respuestas] no ; [- con sustantivos] non- / *no sé* I don't know / *no veo nada* I can't see anything / *no es fácil* it's not easy, it isn't easy / *no tiene dinero* he has no money, he hasn't got any money / *todavía no* not yet / *¿no vienes? - no, no creo* aren't you coming? - no, I don't think so / *no fumadores* non-smokers ▶ **no bien** as soon as ▶ **no ya ... sino que ...** not only ... but (also) ... / *no sólo... sino que no sólo... but... / no sólo se equivoca, sino que encima es testarudo* not only is he wrong but he's also pig-headed ▶ **¡a que no lo haces!** I bet you don't do it! ▶ **¿cómo no?** of course ▶ **pues no, eso sí que no** certainly not ▶ **¡que no!** I said no! **2.** [expresa duda, extrañeza] : *¿no irás a venir?* you're not coming, are you? / *estamos de acuerdo, ¿no?* we're agreed then, are we? / *es español, ¿no?* he's Spanish, isn't he? ◆ smf no.

nobiliario, ria adj noble.

noble adj & smf noble ▶ **los nobles** the nobility.

nobleza sf nobility.

noche sf night ; [atardecer] evening / *al caer la noche* at nightfall ▶ **ayer por la noche** last night ▶ **esta noche** tonight ▶ **hacer noche en** to stay the night in ▶ **hacerse de noche** to get dark ▶ **por la noche, de noche** at night ▶ **buenas noches a)** [despedida] good night **b)** [saludo] good evening / *noche cerrada* dark night / *noche de bodas* wedding night / *noche del estreno* first o opening night / *noche toledana* sleepless night ▶ **de la noche a la mañana** overnight.

Nochebuena sf Christmas Eve.

nochero sm **1.** CSur night watchman **2.** Am [mesita] bedside table.

Nochevieja sf New Year's Eve.

noción sf [concepto] notion ▶ **tener noción (de)** to have an idea (of). ◆ **nociones** sfpl [conocimiento básico] ▶ **tener nociones de** to have a smattering of.

nocivo, va adj [gen] harmful ; [gas] noxious.

noctámbulo, la sm, f night owl.

nocturno, na adj **1.** [club, tren, vuelo] night *(antes de sust)* ; [clase] evening *(antes de sust)* **2.** [animales, plantas] nocturnal.

nodriza sf wet nurse.

nogal sm BOT walnut (tree).

nómada ◆ adj nomadic. ◆ smf nomad.

nomás adv Am **1.** [sólo] just / *hasta ahí nomás* just to there **2.** [mismo] just / *así nomás* just like that / *ayer nomás* only yesterday.

nombramiento sm appointment.

nombrar vt **1.** [citar] to mention **2.** [designar] to appoint.

nombre sm **1.** [gen] name / *conocer a alguien de nombre* to know somebody by name / *poner nombre a* to name / *sin nombre* nameless ▶ **nombre artístico / comercial** stage / trade name ▶ **nombre y apellidos** full name ▶ **nombre compuesto** compound name ▶ **nombre de dominio** [inform] domain name ▶ **nombre de pila** first o Christian name ▶ **nombre de soltera** maiden name ▶ **en nombre de** on behalf of / *lo que hizo no tiene nombre* what he did is outrageous **2.** [fama] reputation / *hacerse un nombre* to make a name for o.s. ▶ **tener mucho nombre** to be renowned o famous **3.** GRAM noun ▶ **nombre abstracto / colectivo** abstract/collective noun.

nomenclatura sf nomenclature.

nomeolvides sm inv **1.** BOT forget-me-not **2.** [pulsera] identity bracelet.

nómina sf **1.** [lista de empleados] payroll **2.** [hoja de salario] payslip.

nominal adj nominal.

nominar vt to nominate.

nomo, gnomo sm gnome.

non sm odd number. ◆ **nones** adv [no] no way.

nonagésimo, ma num ninetieth.

nordeste = noreste.

nórdico, ca adj **1.** [del norte] northern, northerly **2.** [escandinavo] Nordic.

noreste, nordeste ◆ adj [posición, parte] northeast, northeastern ; [dirección, viento] northeasterly. ◆ sm north-east.

noria sf **1.** [para agua] water wheel **2.** [de feria] big wheel UK, Ferris wheel.

norma sf **1.** [estándar ; regla] rule ▶ **es la norma hacerlo así** it's usual to do it this way / *tener por norma hacer algo* to make it a rule to do sthg / *normas de seguridad* safety regulations.

normal adj normal / *normal y corriente* run-of-the-mill / *es una persona normal y corriente* he's a perfectly ordinary person.

normalidad sf normality.

normalizar [13] vt **1.** [volver normal] to return to normal **2.** [estandarizar] to standardize. ◆ **normalizarse** vprnl to return to normal.

normativo, va adj normative. ◆ **normativa** sf regulations *pl.*

noroeste ◆ adj [posición, parte] northwest, northwestern ; [dirección, viento] northwesterly. ◆ sm northwest.

norte ⟷ adj [posición, parte] north, northern ; [dirección, viento] northerly. ⟷ sm GEOGR north / el Norte a) [punto cardinal] North b) Am [Estados Unidos] the US, America.

Norteamérica npr North America.

norteamericano, na adj & sm, f North American, American.

Noruega npr Norway.

noruego, ga adj & sm, f Norwegian.
◆ **noruego** sm [lengua] Norwegian.

nos pron pers **1.** (complemento directo) us / le gustaría vernos she'd like to see us **2.** (complemento indirecto) (to) us / nos lo dio he gave it to us / nos tiene miedo he's afraid of us **3.** (reflexivo) ourselves **4.** (recíproco) each other / nos enamoramos we fell in love (with each other).

nosocomio sm Am hospital.

nosotros, tras pron pers **1.** (sujeto) we **2.** (predicado) : somos nosotros it's us **3.** (después de prep, complemento) us / vente a comer con nosotros come and eat with us **4.** loc ▸ entre nosotros between you and me, just between the two of us.

nostalgia sf [del pasado] nostalgia ; [de país, amigos] homesickness.

nostálgico, ca ⟷ adj [del pasado] nostalgic ; [de país, amigos] homesick. ⟷ sm, f nostalgic person.

nota sf **1.** [gen & MÚS] note ▸ tomar nota de algo a) [apuntar] to note sthg down b) [fijarse] to take note of sthg / tomar notas to take notes / nota al margen marginal note ▸ nota dominante prevailing mood **2.** EDUC mark **3.** [cuenta] bill **4.** loc ▸ dar la nota to make o.s. conspicuous.

notable ⟷ adj remarkable, outstanding. ⟷ sm EDUC merit, second class.

notar vt **1.** [advertir] to notice / te noto cansado you look tired to me ▸ hacer notar algo to point sthg out **2.** [sentir] to feel / noto un dolor raro I can feel a strange pain. ◆ **notarse** vprnl to be apparent / se nota que le gusta you can tell she likes it.

notaría sf [oficina] notary's office.

notario, ria sm, f notary (public).

noticia sf news (U) ▸ una noticia a piece of news / ¿tienes noticias suyas? have you heard from him? / noticia bomba fam bombshell.
◆ **noticias** sfpl ▸ las noticias RADIO & TV the news.

noticiario, noticiero Am sm [telediario] television news ; CINE newsreel.

notificación sf notification.

notificar [10] vt to notify, to inform.

notoriedad sf [fama] fame.

notorio, ria adj **1.** [evidente] obvious **2.** [conocido] widely-known.

novatada sf **1.** [broma] ragging (U) **2.** [error] beginner's mistake ▸ pagar la novatada to learn the hard way.

novato, ta ⟷ adj inexperienced. ⟷ sm, f novice, beginner.

novecientos, tas num nine hundred. Ver también seis.

novedad sf **1.** [cualidad - de nuevo] newness ; [- de novedoso] novelty **2.** [cambio] change **3.** [noticia] news (U) ▸ sin novedad a) without incident b) MIL all quiet. ◆ **novedades** sfpl [libros, discos] new releases ; [moda] latest fashion sg.

novedoso, sa adj novel, new.

novel adj new, first-time.

novela sf novel ▸ novela policíaca detective story.

novelesco, ca adj **1.** [de la novela] fictional **2.** [fantástico] fantastic.

novelista smf novelist.

noveno, na num ninth.

noventa num ninety ▸ los (años) noventa the nineties. Ver también seis.

noviar vi Csur Mex ▸ noviar con alguien to go out with sb, to date sb US ▸ están noviando they are going out together, they are dating US.

noviazgo sm engagement.

noviembre sm November. Ver también septiembre.

novillada sf TAUROM bullfight with young bulls.

novillero, ra sm, f TAUROM apprentice bullfighter.

novillo, lla sm, f young bull or cow ▸ hacer novillos fam to play truant UK, to play hooky US.

novio, via sm, f **1.** [compañero] boyfriend (girlfriend) **2.** [prometido] fiancé (fiancée) **3.** [recién casado] bridegroom (bride) ▸ los novios the newly-weds.

nubarrón sm storm cloud.

nube sf **1.** fig [gen] cloud / nube atómica mushroom cloud / nube de tormenta thundercloud **2.** [de personas, moscas] swarm **3.** INFORM cloud **4.** loc ▸ poner algo /a alguien por las nubes to praise sthg/sb to the skies ▸ por las nubes [caro] sky-high, terribly expensive.

nublado, da adj **1.** [encapotado] cloudy, overcast **2.** fig [turbado] clouded.

nublar vt lit & fig to cloud. ◆ **nublarse** vprnl to cloud over.

nubosidad sf cloudiness, clouds pl.

nuboso, sa adj cloudy.

nuca sf nape, back of the neck.

nuclear adj nuclear.

núcleo sm **1.** [centro] nucleus ; fig centre UK, center US / núcleo de población population centre UK, population center US **2.** [grupo] core.

nudillo sm knuckle.

nudismo sm nudism.

nudista adj & smf nudist.

nudo sm **1.** [gen] knot ▸ **se le hizo un nudo en la garganta** she got a lump in her throat **2.** [cruce] junction **3.** [vínculo] tie, bond **4.** [punto principal] crux.

nudoso, sa adj knotty, gnarled.

nuera sf daughter-in-law.

nuestro, tra ⬦ adj poses our ▸ *nuestro coche* our car ▸ *este libro es nuestro* this book is ours, this is our book ▸ *un amigo nuestro* a friend of ours ▸ *no es asunto nuestro* it's none of our business. ⬦ pron poses ▸ **el nuestro** ours ▸ *el nuestro es rojo* ours is red ▸ **ésta es la nuestra** fam this is the chance we have been waiting for ▸ **lo nuestro es el teatro** [lo que nos va] theatre is what we should be doing ▸ **los nuestros** a) fam [nuestra familia] our folks b) [nuestro bando] our lot, our side.

nueva → nuevo.

Nueva York npr New York.

Nueva Zelanda npr New Zealand.

nueve num nine. *Ver también* seis.

nuevo, va ⬦ adj [gen] new; [patatas, legumbres] new, fresh; [vino] young ▸ *esto es nuevo para mí, no lo sabía* that's news to me, I didn't know it ▸ **ser nuevo en** to be new to ▸ **estar / quedar como nuevo** to be as good as new. ⬦ sm, f newcomer. ◆ **buena nueva** sf good news (U). ◆ **de nuevo** loc adv again.

nuez sf **1.** BOT [gen] nut; [de nogal] walnut **2.** ANAT Adam's apple. ◆ **nuez moscada** sf nutmeg.

nulidad sf **1.** [no validez] nullity **2.** [ineptitud] incompetence.

nulo, la adj **1.** [sin validez] null and void **2.** fam [incapacitado] ▸ **nulo (para)** useless (at).

núm. (abr escrita de número) No.

numeración sf **1.** [acción] numbering **2.** [sistema] numerals pl, numbers pl.

numeral adj numeral.

numerar vt to number.

numérico, ca adj numerical.

número sm **1.** [gen] number ▸ **número de matrícula** AUTO registration number ▸ *número de serie* serial number ▸ *número de teléfono* telephone number ▸ **número redondo** round number ▸ **en números rojos** in the red ▸ **hacer números** to reckon up **2.** [tamaño, talla] size **3.** [de publicación] issue ▸ **número atrasado** back number **4.** [de lotería] ticket **5.** [de un espectáculo] turn, number ▸ **montar el número** fam to make o cause a scene.

numeroso, sa adj numerous ▸ **un grupo numeroso** a large group.

numismático, ca ⬦ adj numismatic. ⬦ sm, f [persona] numismatist.

◆ **numismática** sf [estudio] numismatics (U).

nunca adv (en frases afirmativas) never; (en frases negativas) ever ▸ *casi nunca viene* he almost never comes, he hardly ever comes ▸ *¿nunca le has visto?* have you never seen her?, haven't you ever seen her? ▸ **más que nunca** more than ever ▸ **nunca jamás** o **más** never more o again.

nuncio sm nuncio.

nupcial adj wedding (antes de sust).

nupcias sfpl wedding sg, nuptials ▸ *casarse en segundas nupcias* to remarry, to marry again.

nutria sf otter.

nutrición sf nutrition.

nutricionista smf Am dietician.

nutrido, da adj **1.** [alimentado] nourished ▸ **mal nutrido** undernourished **2.** [numeroso] large.

nutriente sm nutrient.

nutrir vt **1.** [alimentar] ▸ **nutrir (con o de)** to nourish o feed (with) **2.** [fomentar] to feed, to nurture **3.** [suministrar] ▸ **nutrir (de)** to supply (with). ◆ **nutrirse** vprnl **1.** [gen] ▸ **nutrirse de o con** to feed on **2.** [proveerse] ▸ **nutrirse de o con** to supply o provide o.s. with.

nutritivo, va adj nutritious.

nylon® ['nailon] = nailon.

ñ, Ñ sf [letra] ñ, Ñ.

ñame sm CAM CARIB COL [planta] yam.

ñapa sf VEN fam bonus, extra.

ñato, ta adj ANDES RP snub-nosed.

ñeque adj CAM ANDES [fuerte] strong.

ñoñería, ñoñez sf inanity, insipidness (U).

ñoño, ña adj **1.** [remilgado] squeamish; [quejica] whining **2.** [soso] dull, insipid.

ñoqui (gen pl) sm CULIN gnocchi pl.

ñudo Am ◆ **al ñudo** loc adv in vain.

o¹ (pl oes), **O** (pl Oes) sf [letra] o, O.

o² conj or ▸ **o ... o** either ... or ▸ **o sea (que)** in other words.

o / abr escrita de orden.

O sm (abr escrita de oeste) W.

oasis sm inv *lit + fig* oasis.

obcecar [10] vt to blind. ◆ **obcecarse** vprnl to become stubborn ▶ **obcecarse en hacer algo** to insist on doing sthg.

obedecer [30] ◆ vt ▶ **obedecer (a alguien)** to obey (sb). ◆ vi **1.** [acatar] to obey / *hacerse obedecer* to command obedience **2.** [someterse] ▶ **obedecer a** to respond to **3.** [estar motivado] ▶ **obedecer a** to be due to.

obediencia sf obedience.

obediente adj obedient.

obertura sf overture.

obesidad sf obesity.

obeso, sa adj obese.

óbice sm ▶ **no ser óbice para** not to be an obstacle to.

obispo sm bishop.

objeción sf objection ▶ **poner objeciones a** to raise objections to ▶ **tener objeciones** to have objections ▶ **objeción de conciencia** conscientious objection.

objetar vt to object to / *no tengo nada que objetar* I have no objection.

objetividad sf objectivity.

objetivo, va adj objective. ◆ **objetivo** sm **1.** [finalidad] objective, aim **2.** MIL target **3.** FOTO lens.

objeto sm **1.** [gen] object ▶ **ser objeto de** to be the object of / *objeto volante no identificado* unidentified flying object ▶ **objetos de valor** valuables ▶ **objetos perdidos** lost property *(U)* **2.** [propósito] purpose, object ▶ **sin objeto** [inútilmente] to no purpose, pointlessly ▶ **al o con objeto de** [para] in order to.

objetor, ra sm, f objector ▶ **objetor de conciencia** conscientious objector.

oblicuo, cua adj [inclinado] oblique ; [mirada] sidelong.

obligación sf **1.** [gen] obligation, duty ▶ **por obligación** out of a sense of duty **2.** *(gen pl)* FIN bond, security.

obligar [16] vt ▶ **obligar a alguien (a hacer algo)** to oblige o force sb (to do sthg). ◆ **obligarse** vprnl ▶ **obligarse a hacer algo** to undertake to do sthg.

obligatorio, ria adj obligatory, compulsory.

oboe sm [instrumento] oboe.

obra sf **1.** [gen] work *(U)* / *es obra suya* it's his doing ▶ **poner en obra** to put into effect ▶ **obra de caridad** [institución] charity ▶ **obras sociales** community work *(U)* ▶ **por obra (y gracia) de** thanks to / *obras son amores y no buenas razones* actions speak louder than words *prov* **2.** ARTE work (of art) ; TEATRO play ; LITER book ; MÚS opus ▶ **obra maestra** masterpiece ▶ **obras completas** complete works **3.** CONSTR [lugar] building site ; [reforma] alteration ▶ **'obras'** [en carretera] 'roadworks' ▶ **obras públicas** public works.

obrar ◆ vi **1.** [actuar] to act **2.** [causar efecto] to work, to take effect **3.** [estar en poder] ▶ **obrar en manos de** to be in the possession of. ◆ vt to work.

obrero, ra ◆ adj [clase] working ; [movimiento] labour *(antes de sust)*. ◆ sm, f [en fábrica] worker ; [en obra] workman ▶ **obrero cualificado** skilled worker.

obscenidad sf obscenity.

obsceno, na adj obscene.

obscurecer [30] = oscurecer.

obscuridad = oscuridad.

obscuro, ra = oscuro.

obsequiar [8] vt ▶ **obsequiar a alguien con algo** to present sb with sthg.

obsequio sm gift, present.

observación sf **1.** [gen] observation / *en o bajo observación* under observation **2.** [comentario] remark, observation / *hacer una observación* to make a remark **3.** [nota] note **4.** [cumplimiento] observance.

observador, ra ◆ adj observant. ◆ sm, f observer.

observar vt **1.** [contemplar] to observe, to watch **2.** [advertir] to notice, to observe **3.** [acatar - ley, normas] to observe ; [- conducta, costumbre] to follow. ◆ **observarse** vprnl to be noticed.

observatorio sm observatory.

obsesión sf obsession.

obsesionar vt to obsess. ◆ **obsesionarse** vprnl to be obsessed.

obsesivo, va adj obsessive.

obseso, sa ◆ adj obsessed. ◆ sm, f obsessed o obsessive person.

obstaculizar [13] vt to hinder, to hamper.

obstáculo sm obstacle ▶ **un obstáculo para** an obstacle to ▶ **poner obstáculos a algo/alguien** to hinder sthg/sb.

obstante ◆ **no obstante** loc adv nevertheless, however.

obstetricia sf obstetrics *(U)*.

obstinado, da adj [persistente] persistent ; [terco] obstinate, stubborn.

obstinarse vprnl to refuse to give way ▶ **obstinarse en** to persist in.

obstrucción sf *lit + fig* obstruction.

obstruir [51] vt **1.** [bloquear] to block, to obstruct **2.** [obstaculizar] to obstruct, to impede. ◆ **obstruirse** vprnl to get blocked (up).

obtener [72] vt [beca, cargo, puntos] to get ; [premio, victoria] to win ; [ganancias] to make ; [satisfacción] to gain. ◆ **obtenerse** vprnl : *obtenerse de* [provenir] to come from.

obturar vt to block.

obtuso, sa adj **1.** [sin punta] blunt **2.** [tonto] obtuse, stupid.

obús (pl **obuses**) sm [proyectil] shell.

obviar [8] vt to avoid, to get round.

obvio, via adj obvious.

oca sf [ave] goose.

ocasión sf **1.** [oportunidad] opportunity, chance **2.** [momento] moment, time ; [vez] occasion / *en dos ocasiones* on two occasions ▶ **en alguna ocasión** sometimes ▶ **en cierta ocasión** once ▶ **en otra ocasión** some other time **3.** [motivo] ▶ **con ocasión de** on the occasion of ▶ **dar ocasión para algo /hacer algo** to give cause for sthg/to do sthg **4.** [ganga] bargain ▶ **de ocasión** [precio, artículos etc] bargain *(antes de sust)*.

ocasional adj **1.** [accidental] accidental **2.** [irregular] occasional.

ocasionar vt to cause.

ocaso sm **1.** [puesta del sol] sunset **2.** [decadencia] decline.

occidental adj western.

occidente sm west. ◆ **Occidente** sm [bloque de países] the West.

OCDE (*abr de* **Organización para la Cooperación y el Desarrollo Económico**) sf OECD.

Oceanía npr Oceania.

océano sm ocean ; [inmensidad] sea, host.

ochenta num eighty ▶ **los (años) ochenta** the eighties. *Ver también* **seis**.

ocho num eight ▶ **de aquí en ocho días** [en una semana] a week today. *Ver también* **seis**.

ochocientos, tas num eight hundred. *Ver también* **seis**.

ocio sm [tiempo libre] leisure ; [inactividad] idleness.

ocioso, sa adj **1.** [inactivo] idle **2.** [innecesario] unnecessary ; [inútil] pointless.

ocre ◈ sm ochre. ◈ adj inv ochre.

octágono, na adj octagonal.
◆ **octágono** sm octagon.

octano sm octane.

octava ⟶ **octavo**.

octavilla sf **1.** [de propaganda política] pamphlet, leaflet **2.** [tamaño] octavo.

octavo, va num eighth. ◆ **octavo** sm [parte] eighth. ◆ **octava** sf MÚS octave.

octeto sm INFORM byte.

octogenario, ria adj & sm, f octogenarian.

octogésimo, ma num eightieth.

octubre sm October. *Ver también* **septiembre**.

ocular adj eye *(antes de sust)*.

oculista smf ophthalmologist.

ocultar vt **1.** [gen] to hide **2.** [delito] to cover up. ◆ **ocultarse** vprnl to hide.

oculto, ta adj hidden.

ocupación sf **1.** [gen] occupation ▶ **ocupación ilegal de viviendas** squatting **2.** [empleo] job.

ocupado, da adj **1.** [persona] busy **2.** [teléfono, lavabo etc] engaged **3.** [lugar - gen, por ejército] occupied ; [plaza] taken.

ocupante smf occupant ▶ **ocupante ilegal de viviendas** squatter.

ocupar vt **1.** [gen] to occupy **2.** [superficie, espacio] to take up ; [habitación, piso] to live in ; [mesa] to sit at ; [sillón] to sit in **3.** [actividad] to take up **4.** [cargo] to hold **5.** [dar trabajo a] to find o provide work for **6.** **CAm** **Méx** [usar] to use. ◆ **ocuparse** vprnl [encargarse] ▶ **ocuparse de a)** [gen] to deal with **b)** [niños, enfermos, finanzas] to look after.

ocurrencia sf **1.** [idea] bright idea **2.** [dicho gracioso] witty remark.

ocurrir vi **1.** [acontecer] to happen **2.** [pasar, preocupar] : *¿qué le ocurre a Juan?* what's up with Juan? ◆ **ocurrirse** vprnl [venir a la cabeza] : *no se me ocurre ninguna solución* I can't think of a solution ▶ **¡ni se te ocurra!** don't even think about it! ▶ **se me ocurre que ...** it occurs to me that ...

ODECA sf (*abr de* **Organización de Estados Centroamericanos**) OCAS.

odiar [8] vt & vi to hate.

odio sm hatred.

odioso, sa adj hateful, horrible.

odontólogo, ga sm, f dentist, dental surgeon.

OEA (*abr de* **Organización de Estados Americanos**) sf OAS.

oeste ◈ adj [posición, parte] west, western ; [dirección, viento] westerly. ◈ sm west.

ofender vt [injuriar] to insult ; [palabras] to offend, to hurt. ◆ **ofenderse** vprnl ▶ **ofenderse (por)** to take offence (at).

ofensa sf **1.** [acción] ▶ **ofensa (a)** offence (against) **2.** [injuria] slight, insult.

ofensivo, va adj offensive. ◆ **ofensiva** sf offensive.

oferta sf **1.** [gen] offer ▶ **'ofertas de trabajo'** 'situations vacant' **2.** ECON [suministro] supply ▶ **la oferta y la demanda** supply and demand ▶ **oferta monetaria** money supply **3.** [rebaja] bargain, special offer ▶ **de oferta** bargain *(antes de sust)*, on offer **4.** FIN [proposición] bid, tender ▶ **oferta pública de adquisición** COM takeover bid.

ofertar vt to offer.

oficial, la sm, f [obrero] journeyman ; [aprendiz] trainee. ◆ **oficial** ◈ adj official. ◈ sm **1.** MIL officer **2.** [funcionario] clerk.

oficialismo sm AM ▶ **el oficialismo a)** [gobierno] the Government **b)** [partidarios del gobierno] government supporters.

oficialista adj AM pro-government.

oficiar [8] vt to officiate at.

oficina sf office ▶ **oficina de empleo** job centre ▶ **oficina de turismo** tourist office.

oficinista smf office worker.

oficio sm **1.** [profesión manual] trade ▶ **de oficio** by trade **2.** [trabajo] job **3.** [experiencia] ▶ **tener mucho oficio** to be very experienced **4.** RELIG service.

oficioso, sa adj unofficial.

ofimática sf office automation.

ofrecer [30] vt **1.** [gen] to offer ; [fiesta] to give, to throw ▶ **ofrecerle algo a alguien** to offer sb sthg **2.** [aspecto] to present. ◆ **ofrecerse** vprnl [presentarse] to offer, to volunteer ▶ **ofrecerse a** o **para hacer algo** to offer to do sthg.

ofrecimiento sm offer.

ofrenda sf RELIG offering ; [por gratitud, amor] gift.

ofrendar vt to offer up.

oftálmico, ca adj MÉD ophthalmic.

oftalmología sf ophthalmology.

ofuscar [10] vt **1.** [deslumbrar] to dazzle **2.** [turbar] to blind. ◆ **ofuscarse** vprnl ▶ **ofuscarse (con)** to be blinded (by).

ogro sm ogre.

oh interj ▶ **¡oh!** oh!

oídas ◆ **de oídas** loc adv by hearsay.

oído sm **1.** [órgano] ear ▶ **de oído** by ear ▶ **hacer oídos sordos** to turn a deaf ear **2.** [sentido] (sense of) hearing ▶ **ser duro de oído** to be hard of hearing.

oír [62] ◆ vt **1.** [gen] to hear **2.** [atender] to listen to. ◆ vi to hear ▶ **¡oiga, por favor!** excuse me! ▶ **¡oye!** fam hey!

ojal sm buttonhole.

ojalá interj ▶ **¡ojalá!** if only (that were so)! / **¡ojalá lo haga!** I hope she does it! / **¡ojalá fuera ya domingo!** I wish it were Sunday!

ojeada sf glance, look ▶ **echar una ojeada a algo/alguien** to take a quick glance at sthg/sb, to take a quick look at sthg/sb.

ojear vt to have a look at.

ojera (gen pl) sf bags pl under the eyes.

ojeriza sf fam dislike ▶ **tener ojeriza a alguien** to have it in for sb.

ojeroso, sa adj haggard.

ojo ◆ sm **1.** ANAT eye ▶ **ojos saltones** popping eyes **2.** [agujero - de aguja] eye ; [- de puente] span ▶ **ojo de la cerradura** keyhole **3.** loc ▶ **a ojo (de buen cubero)** roughly, approximately ▶ **andar con (mucho) ojo** to be (very) careful ▶ **comerse con los ojos a alguien** fam to drool

over sb ▶ **echar el ojo a algo** to have one's eye on sthg ▶ **en un abrir y cerrar de ojos** in the twinkling of an eye ▶ **estar ojo alerta** o **avizor** to be on the lookout ▶ **mirar algo con buenos / malos ojos** to look favourably/unfavourably on sthg ▶ **no pegar ojo** not to get a wink of sleep ▶ **tener (buen) ojo** to have a good eye ▶ **ojos que no ven, corazón que no siente** prov what the eye doesn't see, the heart doesn't grieve over. ◆ interj ▶ **¡ojo!** be careful!, watch out!

ojota sf **1.** ANDES [zapatilla] sandal **2.** RP [chancleta] flip-flop UK, thong US AUSTR.

okupa smf mfam squatter.

ola sf wave ▶ **ola de calor** heatwave ▶ **ola de frío** cold spell.

ole, olé interj ▶ **¡ole!** bravo!

oleada sf **1.** [del mar] swell **2.** fig [avalancha] wave.

oleaje sm swell.

óleo sm oil (painting).

oleoducto sm oil pipeline.

oler [49] ◆ vt to smell. ◆ vi **1.** [despedir olor] ▶ **oler (a)** to smell (of) **2.** fam [indicando sospecha] ▶ **oler a** to smack of. ◆ **olerse** vprnl ▶ **olerse algo** fam to sense sthg.

olfatear vt **1.** [olisquear] to sniff **2.** [barruntar] to smell, to sense. ◆ **olfatear en** vi [indagar] to pry into.

olfato sm **1.** [sentido] sense of smell **2.** fig [sagacidad] nose, instinct ▶ **tener olfato para algo** to be a good judge of sthg.

oligarquía sf oligarchy.

olimpiada, olimpíada sf Olympic Games pl ▶ **las olimpiadas** the Olympics.

olímpico, ca adj **1.** DEP olympic / **Juegos Olímpicos** Olympic Games **2.** fig [altanero] Olympian, haughty.

olisquear vt to sniff (at).

oliva sf olive.

olivar sm olive grove.

olivera sf olive tree.

olivo sm olive tree.

olla sf pot ▶ **olla exprés** o **a presión** pressure cooker ▶ **olla podrida** CULIN stew.

olmeca adj & smf Olmec.

olmo sm elm (tree).

olor sm smell ▶ **olor a** smell of.

oloroso, sa adj fragrant. ◆ **oloroso** sm oloroso (sherry).

OLP (abr de Organización para la Liberación de Palestina) sf PLO.

olvidadizo, za adj forgetful.

olvidar vt **1.** [gen] to forget **2.** [dejarse] to leave / **olvidé las llaves en la oficina** I left my keys at the office. ◆ **olvidarse** vprnl **1.** [gen] to forget

▶ **olvidarse de algo /hacer algo** to forget sthg/ to do sthg **2.** [dejarse] to leave.

olvido sm **1.** [de un nombre, hecho etc] forgetting ▶ **caer en el olvido** to fall into oblivion **2.** [descuido] oversight.

ombligo sm **1.** ANAT navel **2.** loc : **mirarse el ombligo** fam to be wrapped up in o.s.

OMG (abr de **organismo modificado genéticamente**) sm GMO (genetically modified organism).

omisión sf omission.

omitir vt to omit.

ómnibus sm inv **1.** omnibus ; FERROC local train **2.** CUBA URUG [urbano] bus ; ANDES CUBA URUG [interurbano, internacional] intercity bus.

omnipotente adj omnipotent.

omnipresente adj omnipresent.

omnívoro, ra adj omnivorous.

omoplato, omóplato sm shoulder-blade.

OMS (abr de **Organización Mundial de la Salud**) sf WHO.

once num eleven. Ver también **seis.** ◆ **onces** sm ANDES [por la mañana] elevenses ; [por la tarde] tea.

ONCE (abr de **Organización Nacional de Ciegos Españoles**) sf Spanish association for the blind, famous for its national lottery.

onceavo, va num eleventh.

onda sf wave ▶ **onda eléctrica** o **hertziana** Hertzian wave ▶ **onda expansiva** shock wave ▶ **onda luminosa / sonora** light/sound wave ▶ **estar en la onda** fam to be on the ball ▶ **¿que onda?** MÉX RP fam how's it going?, how are things?

ondear vi to ripple.

ondulación sf [acción] rippling.

ondulado, da adj wavy.

ondular ◆ vi [agua] to ripple ; [terreno] to undulate. ◆ vt to wave.

ONG (abr de **organización no gubernamental**) sf NGO.

ónice, ónix smf onyx.

on-line [onlajn] adj inv INFORM online.

onomástico, ca adj culto onomastic. ◆ **onomástica** sf culto name day.

ONU (abr de **Organización de las Naciones Unidas**) sf UN.

onza sf [unidad de peso] ounce.

OPA (abr de **oferta pública de adquisición**) sf takeover bid.

opaco, ca adj opaque.

ópalo sm opal.

opción sf **1.** [elección] option / no hay opción there is no alternative ▶ **opciones sobre acciones** stock options **2.** [derecho] right ▶ **dar opción a**

to give the right to ▶ **tener opción a** [empleo, cargo] to be eligible for.

opcional adj optional.

OPEP (abr de **Organización de Países Exportadores de Petróleo**) sf OPEC.

ópera sf opera ▶ **ópera bufa** comic opera, opera buffa.

operación sf **1.** [gen] operation ▶ **operación quirúrgica** (surgical) operation **2.** COM transaction.

operador, ra sm, f **1.** INFORM & TELECOM operator **2.** [de la cámara] cameraman ; [del proyector] projectionist. ◆ **operador** sm MAT operator. ◆ **operador turístico** sm tour operator. ◆ **operadora** sf [empresa] operator.

operar ◆ vt **1.** [enfermo] ▶ **operar a alguien (de algo)** [enfermedad] to operate on sb (for sthg) ▶ **lo operaron del hígado** they've operated on his liver **2.** [cambio etc] to bring about, to produce. ◆ vi **1.** [gen] to operate **2.** [actuar] to act **3.** COM & FIN to deal. ◆ **operarse** vprnl **1.** [enfermo] to be operated on, to have an operation ▶ **me voy a operar del hígado** I'm going to have an operation on my liver **2.** [cambio etc] to occur.

operario, ria sm, f worker.

operativo, va adj operative. ◆ **operativo** sm AM operation.

opereta sf operetta.

opinar ◆ vt to believe, to think. ◆ vi to give one's opinion.

opinión sf [parecer] opinion ▶ **la opinión pública** public opinion.

opio sm opium.

opíparo, ra adj sumptuous.

oponente smf opponent.

oponer [65] vt **1.** [resistencia] to put up **2.** [argumento, razón] to put forward, to give. ◆ **oponerse** vprnl **1.** [no estar de acuerdo] to be opposed ▶ **oponerse a algo a)** [desaprobar] to be opposed to sthg, to oppose sthg **b)** [contradecir] to contradict sthg ▶ **me opongo a creerlo** I refuse to believe it **2.** [obstaculizar] ▶ **oponerse a** to impede.

oporto sm port (wine).

oportunidad sf [ocasión] opportunity, chance / **darle una /otra oportunidad a alguien** to give sb a/another chance.

oportunismo sm opportunism.

oportunista smf opportunist.

oportuno, na adj **1.** [pertinente] appropriate **2.** [propicio] timely / **el momento oportuno** the right time.

oposición sf **1.** [gen] opposition **2.** [resistencia] resistance **3.** (gen pl) [examen] public entrance examination ▶ **oposición a profesor** public examination to be a teacher ▶ **preparar oposiciones** to be studying for a public entrance examination.

opositar vi ▶ **opositar (a)** to sit a public entrance examination (for).

opositor, ra sm, f **1.** [a un cargo] *candidate in a public entrance examination* **2.** [oponente] opponent.

opresión sf *fig* [represión] oppression.

opresivo, va adj oppressive.

opresor, ra sm, f oppressor.

oprimido, da adj oppressed.

oprimir vt **1.** [apretar - botón etc] to press ; [- garganta, brazo etc] to squeeze **2.** [zapatos, cinturón] to pinch **3.** *fig* [reprimir] to oppress **4.** *fig* [angustiar] to weigh down on, to burden.

optar vi [escoger] ▶ **optar (por algo)** to choose (sthg) ▶ **optar por hacer algo** to choose to do sthg ▶ **optar entre** to choose between.

optativo, va adj optional.

óptico, ca ❖ adj optic. ❖ sm, f [persona] optician. ◆ **óptica** sf **1.** FÍS optics *(U)* **2.** [tienda] optician's (shop) **3.** *fig* [punto de vista] point of view.

optimismo sm optimism.

optimista ❖ adj optimistic. ❖ smf optimist.

óptimo, ma ❖ superl = **bueno**. ❖ adj optimum.

opuesto, ta ❖ pp ⟶ **oponer**. ❖ adj **1.** [contrario] conflicting ▶ **opuesto a** opposed o contrary to **2.** [de enfrente] opposite.

opulencia sf [riqueza] opulence ; [abundancia] abundance.

opulento, ta adj [rico] opulent.

oración sf **1.** [rezo] prayer **2.** GRAM sentence.

orador, ra sm, f speaker.

oral ❖ adj oral. ❖ sm ⟶ **examen**.

órale interj [Méx] *fam* [de acuerdo] right!, sure! ; [¡venga!] come on!

orangután sm orangutang.

orar vi to pray.

oratorio, ria adj oratorical. ◆ **oratorio** sm **1.** [lugar] oratory **2.** MÚS oratorio. ◆ **oratoria** sf oratory.

órbita sf **1.** ASTRON orbit ▶ **entrar / poner en órbita** to go/put into orbit **2.** [de ojo] eye socket.

orca sf killer whale.

orden ❖ sm **1.** [gen] order ▶ **por orden** in order ▶ **las fuerzas del orden** the forces of law and order ▶ **orden de compra** COM purchase order ▶ **orden público** law and order **2.** [tipo] type, order / *problemas de orden económico* economic problems. ❖ sf order ▶ **por orden de** by order of ▶ **¡a la orden!** MIL (yes) sir! ▶ **estar a la orden del día** to be the order of the day. ◆ **del orden de** loc prep around, approximately. ◆ **orden del día** sm agenda.

ordenado, da adj [lugar, persona] tidy.

ordenador sm INFORM computer / *ordenador de despacho* o *de mesa* desktop computer ▶ **ordenador personal** personal computer ▶ **ordenador portátil** laptop computer.

ordenanza ❖ sm [de oficina] messenger. ❖ sf *(gen pl)* ordinance, law ▶ **ordenanzas municipales** by-laws.

ordenar vt **1.** [poner en orden - gen] to arrange ; [- habitación, armario etc] to tidy (up) **2.** [mandar] to order **3.** RELIG to ordain **4.** [Am] [solicitar] to order. ◆ **ordenarse** vprnl RELIG to be ordained.

ordeñar vt to milk.

ordinariez sf commonness, coarseness.

ordinario, ria adj **1.** [común] ordinary, usual **2.** [vulgar] common, coarse **3.** [no selecto] unexceptional **4.** [no especial - presupuesto, correo] daily ; [- tribunal] of first instance.

orégano sm oregano.

oreja sf ANAT ear.

orfanato, orfelinato sm orphanage.

orfandad sf orphanhood ; *fig* abandonment.

orfebre smf [de plata] silversmith ; [de oro] goldsmith.

orfebrería sf [obra - de plata] silver work ; [- de oro] gold work.

orfelinato = **orfanato**.

orgánico, ca adj organic.

organigrama sm [gen & INFORM] flowchart.

organillo sm barrel organ.

organismo sm **1.** BIOL organism **2.** ANAT body **3.** *fig* [entidad] organization, body.

organización sf organization ▶ **Organización Mundial del Comercio** COM World Trade Organization.

organizador, ra ❖ adj organizing. ❖ sm, f organizer.

organizar [13] vt to organize. ◆ **organizarse** vprnl **1.** [persona] to organize o.s. **2.** [pelea etc] to break out.

órgano sm organ.

orgasmo sm orgasm.

orgía sf orgy.

orgullo sm pride.

orgulloso, sa adj proud.

orientación sf **1.** [dirección - acción] guiding ; [- rumbo] direction **2.** [posicionamiento - acción] positioning ; [- lugar] position **3.** *fig* [información] guidance ▶ **orientación profesional** careers advice o guidance.

oriental ❖ adj **1.** [gen] eastern ; [del Lejano Oriente] oriental **2.** [Am] [de Uruguay] Uruguayan. ❖ smf **1.** oriental **2.** [Am] [de Uruguay] Uruguayan.

orientar vt **1.** [dirigir] to direct ; [casa] to build facing **2.** *fig* [medidas etc] ▶ **orientar hacia** to direct towards o at **3.** *fig* [aconsejar] to give advice o guidance to. ◆ **orientarse** vprnl **1.** [dirigirse - foco etc] ▶ **orientarse a** to point towards o at **2.** [encontrar el camino] to get one's bearings **3.** *fig* [encaminarse] ▶ **orientarse hacia** to be aiming at.

oriente sm east. ◆ **Oriente** sm ▶ **el Oriente** the East, the Orient ▶ **Oriente Medio / Próximo** Middle/Near East ▶ **Lejano** o **Extremo Oriente** Far East.

orificio sm hole ; TECNOL opening.

origen sm **1.** [gen] origin ; [ascendencia] origins *pl*, birth ▶ **de origen español** of Spanish origin **2.** [causa] cause ▶ **dar origen a** to give rise to.

original ◈ adj **1.** [gen] original **2.** [raro] eccentric, different. ◈ sm original.

originalidad sf **1.** [gen] originality **2.** [extravagancia] eccentricity.

originar vt to cause. ◆ **originarse** vprnl to be caused.

originariamente adv originally.

originario, ria adj **1.** [inicial, primitivo] original **2.** [procedente] ▶ **ser originario de a)** [costumbres etc] to come from (originally) **b)** [persona] to be a native of.

orilla sf **1.** [ribera - de río] bank ; [- de mar] shore ▶ **a orillas de** [río] on the banks of ▶ **a orillas del mar** by the sea **2.** [borde] edge **3.** [acera] pavement.

orillar vt [dificultad, obstáculo] to skirt around.

orillero, ra adj RP VEN common, low-class.

orín sm [herrumbre] rust. ◆ **orines** smpl [orina] urine (U).

orina sf urine.

orinal sm chamberpot.

orinar vi & vt to urinate. ◆ **orinarse** vprnl to wet o.s.

orita adv MÉX *fam* right now.

oriundo, da adj ▶ **oriundo de** native of.

ornamentación sf ornamentation.

ornamento sm [objeto] ornament.

ornar vt to decorate, to adorn.

ornitología sf ornithology.

oro sm gold ; *fig* riches *pl* ▶ **hacerse de oro** to make one's fortune ▶ **pedir el oro y el moro** to ask the earth. ◆ **oros** smpl [naipes] *suit of Spanish cards bearing gold coins*. ◆ **oro negro** sm oil.

orografía sf [relieve] terrain.

orquesta sf **1.** [músicos] orchestra ▶ **orquesta de cámara / sinfónica** chamber/symphony orchestra **2.** [lugar] orchestra pit.

orquestar vt to orchestrate.

orquestina sf dance band.

orquídea sf orchid.

ortiga sf (stinging) nettle.

ortodoxia sf orthodoxy.

ortodoxo, xa adj orthodox.

ortografía sf spelling.

ortográfico, ca adj spelling (antes de sust).

ortopedia sf orthopaedics (U).

ortopédico, ca adj orthopaedic.

ortopedista smf orthopaedist.

oruga sf caterpillar.

orujo sm *strong spirit made from grape pressings*.

orzuelo sm stye.

os pron pers **1.** (complemento directo) you / *me gustaría veros* I'd like to see you **2.** (complemento indirecto) (to) you / *os lo dio* he gave it to you / *os tengo miedo* I'm afraid of you **3.** (reflexivo) yourselves **4.** (recíproco) each other / *os enamorasteis* you fell in love (with each other).

osadía sf **1.** [valor] boldness, daring **2.** [descaro] audacity, cheek.

osado, da adj **1.** [valeroso] daring, bold **2.** [descarado] impudent, cheeky.

osamenta sf skeleton.

osar vi to dare.

oscarizado, da adj CINE oscar-winning.

oscilación sf **1.** [movimiento] swinging ; FÍS oscillation **2.** *fig* [variación] fluctuation.

oscilar vi **1.** [moverse] to swing ; FÍS to oscillate **2.** *fig* [variar] to fluctuate.

oscurecer [30]**, obscurecer** ◈ vt **1.** [privar de luz] to darken **2.** *fig* [mente] to confuse, to cloud. ◈ v impers [anochecer] to get dark. ◆ **oscurecerse, obscurecerse** vprnl to grow dark.

oscuridad, obscuridad sf **1.** [falta de luz] darkness **2.** [zona oscura] ▶ **en la oscuridad** in the dark **3.** *fig* [falta de claridad] obscurity.

oscuro, ra, obscuro, ra adj **1.** [gen] dark ▶ **a oscuras** in the dark **2.** [nublado] overcast **3.** *fig* [inusual] obscure **4.** *fig* [intenciones, asunto] shady.

óseo, a adj bone (antes de sust).

oso, osa sm, f bear (she-bear) ▶ **oso de felpa** o **peluche** teddy bear ▶ **oso hormiguero** anteater ▶ **oso panda** panda ▶ **oso polar** polar bear.

ostensible adj evident, clear.

ostentación sf ostentation, show.

ostentar vt [poseer] to hold, to have.

ostentoso, sa adj ostentatious.

osteópata smf osteopath.

ostión sm **1.** MÉX [ostra] Portuguese oyster, Pacific oyster **2.** CHILE [vieira] scallop.

ostra sf oyster ▶ **aburrirse como una ostra** *fam* to be bored to death. ◆ **ostras** interj *fam* ▶ **¡ostras!** blimey!

OTAN (abr de **Organización del Tratado del Atlántico Norte**) sf NATO.

OTI (*abr de* **Organización de Televisiones Iberoamericanas**) sf *association of all Spanish-speaking television networks.*

otitis sf inv inflammation of the ear.

otoñal adj autumn **UK** *(antes de sust)*, autumnal **US**, fall **US** *(antes de sust)*.

otoño sm *lit + fig* autumn **UK**, fall **US**.

otorgar [16] vt to grant ; [premio] to award, to present ; DER to execute.

otorrino, na sm, f *fam* ear, nose and throat specialist.

otorrinolaringología sf ear, nose and throat medicine.

otorrinolaringólogo, ga sm, f ear, nose and throat specialist.

otro, tra ◆ adj **1.** [distinto] another, other / *otro chico* another boy / *el otro chico* the other boy / *(los) otros chicos* (the) other boys ▶ **no hacer otra cosa que llorar** to do nothing but cry ▶ **el otro día** [pasado] the other day **2.** [nuevo] another / *estamos ante otro Dalí* this is another Dalí / *otros tres goles* another three goals. ◆ pron *(sg)* another (one), *(pl)* others / *dame otro* give me another (one) / *el otro* the other one / *(los) otros* (the) others / *yo no lo hice, fue otro* it wasn't me, it was somebody else / *otro habría abandonado, pero no él* anyone else would have given up, but not him ▶ **¡otra!** [en conciertos] encore!, more!

output ['autput] *(pl* **outputs)** sm INFORM output *(U).*

ovación sf ovation.

ovacionar vt to give an ovation to.

oval adj oval.

ovalado, da adj oval.

ovario sm ovary.

oveja sf sheep, ewe. ◆ **oveja negra** sf black sheep.

overol, overoles sm **Am** [ropa - con peto] dungarees *pl* **UK**, overalls *pl* **US** ; [- para bebé] rompers *pl*.

ovillo sm ball *(of wool etc)* ▶ **hacerse un ovillo** to curl up into a ball.

ovino, na adj ovine, sheep *(antes de sust).*

ovni ['ofni] sm *(abr de* **objeto volador no identificado)** UFO.

ovulación sf ovulation.

ovular ◆ adj ovular. ◆ vi to ovulate.

oxidación sf rusting.

oxidado, da adj **1.** [por óxido] rusty **2.** *fam & fig* [anquilosado] rusty.

oxidar vt to rust ; QUÍM to oxidize. ◆ **oxidarse** vprnl to get rusty.

óxido sm **1.** QUÍM oxide **2.** [herrumbre] rust.

oxigenado, da adj **1.** QUÍM oxygenated **2.** [cabello] peroxided *(antes de sust)*, bleached.

oxigenar vt QUÍM to oxygenate. ◆ **oxigenarse** vprnl [airearse] to get a breath of fresh air.

oxígeno sm oxygen.

oye —→ **oír.**

oyente smf **1.** RADIO listener **2.** [alumno] unregistered student.

ozono sm ozone.

p, P sf [letra] p, P.

p. 1. = **pág. 2.** *abr escrita de* **paseo.**

pabellón sm **1.** [edificio] pavilion **2.** [parte de un edificio] block, section **3.** [en parques, jardines] summerhouse **4.** [tienda de campaña] bell tent **5.** [bandera] flag.

PAC *(abr de* **Política Agrícola Común)** sf CAP.

pacer [29] vi to graze.

pachá *(pl* **pachás** *o* **pachaes)** sm pasha ▶ **vivir como un pachá** *fam* to live like a lord.

Pachamama sf **ANDES** Mother Earth.

pachanga sf *fam* rowdy celebration.

pacharán sm *liqueur made from anis and sloes.*

pachorra sf *fam* calmness.

pachucho, cha adj *fam* under the weather.

paciencia sf patience ▶ **perder la paciencia** to lose one's patience ▶ **tener paciencia** to be patient.

paciente adj & smf patient.

pacificación sf pacification.

pacificar [10] vt **1.** [país] to pacify **2.** [ánimos] to calm.

pacífico, ca adj [gen] peaceful ; [persona] peaceable.

Pacífico sm ▶ **el (océano) Pacífico** the Pacific (Ocean).

pacifismo sm pacifism.

pacifista adj & smf pacifist.

pack [pak] *(pl* **packs)** sm pack / *un pack de seis* a six-pack.

paco, ca sm, f **ANDES** **PAN** *fam* cop.

pacotilla sf ▶ **de pacotilla** trashy, third-rate.

pactar ◆ vt to agree to. ◆ vi ▶ **pactar (con)** to strike a deal (with).

pacto sm [gen] agreement, pact ; [entre países] treaty.

padecer [30] ◆ vt to suffer, to endure ; [enfermedad] to suffer from. ◆ vi to suffer ; [enfermedad] ▶ **padecer de** to suffer from.

padecimiento sm suffering.

pádel ['paðel] sm *ball game for two or four players, played with a small rubber bat on a two-walled court.*

padrastro sm **1.** [pariente] stepfather **2.** [pellejo] hangnail.

padre ❖ sm [gen & RELIG] father. ❖ adj inv **1.** Esp fam [enorme] incredible **2.** Mex fam [estupendo] fantastic, great. ◆ **padres** smpl [padre y madre] parents.

padrenuestro (pl **padrenuestros**) sm Lord's Prayer.

padrino sm **1.** [de bautismo] godfather ; [de boda] best man **2.** [en duelos, torneos etc] second **3.** fig [protector] patron. ◆ **padrinos** smpl [padrino y madrina] godparents.

padrísimo adj Mex fam great.

padrón sm [censo] census ; [para votar] electoral roll o register.

padrote sm Mex fam pimp.

paella sf paella.

paellera sf *large frying pan or earthenware dish for cooking paella.*

pág., p. (abr escrita de **página**) p.

paga sf payment ; [salario] salary, wages pl ; [de niño] pocket money ▶ **paga extra** o **extraordinaria** bonus paid twice a year to Spanish workers.

pagadero, ra adj payable ▶ **pagadero a 90 días / a la entrega** payable within 90 days / on delivery.

pagado, da adj paid.

pagano, na adj & sm, f pagan, heathen.

pagar [16] ❖ vt [gen] to pay ; [deuda] to pay off, to settle ; [ronda, gastos, delito] to pay for ; [ayuda, favor] to repay ▶ **me las pagarás** fam you'll pay for this ▶ **pagar el pato / los platos rotos** fam to carry the can. ❖ vi to pay ▶ **pagar en efectivo** o **metálico** to pay (in) cash. ◆ **pagarse** vprnl Am to pay o.s.

pagaré (pl **pagarés**) sm COM promissory note, IOU ▶ **pagaré del Tesoro** Treasury note.

página sf page ▶ **página inicial** o **de inicio** INFORM home page ▶ **página Web** Web page ▶ **las páginas amarillas** the Yellow Pages.

pago sm payment ; fig reward, payment ▶ **en pago de a)** [en recompensa por] as a reward for **b)** [a cambio de] in return for ▶ **pago anticipado / inicial** advance / down payment ▶ **pago por clic** INTERNET pay-per-click ▶ **pago por visión** pay-per-view. ◆ **pagos** smpl [lugar] ▶ **por estos pagos** around here.

pai sm Cam Mex pie.

paila sf **1.** Andes Cam Carib [sartén] frying pan **2.** Chile [huevos fritos] fried eggs pl.

país sm country, land / **vino del país** local wine.

paisaje sm [gen] landscape ; [vista panorámica] scenery (U), view.

paisano, na sm, f [del mismo país] compatriot. ◆ **paisano** sm [civil] civilian ▶ **de paisano** MIL in civilian clothes ▶ **de paisano** [policía] in plain clothes.

Países Bajos smpl ▶ **los Países Bajos** the Netherlands.

País Vasco sm ▶ **el País Vasco** the Basque Country.

paja sf **1.** [gen] straw **2.** fig [relleno] waffle **3.** vulg [masturbación] wank.

pajar sm straw loft.

pájara sf fig crafty o sly woman.

pajarería sf pet shop.

pajarita sf Esp [corbata] bow tie.

pájaro sm ZOOL bird ▶ **pájaro bobo** penguin ▶ **pájaro carpintero** woodpecker ▶ **pájaro de mal agüero** bird of ill omen ▶ **más vale pájaro en mano que ciento volando** prov a bird in the hand is worth two in the bush ▶ **matar dos pájaros de un tiro** to kill two birds with one stone ▶ **tener pájaros en la cabeza** to be scatterbrained o empty-headed.

paje sm page.

pajilla, pajita sf (drinking) straw.

pajuerano, na Rdom ❖ adj [de pueblo] countrified. ❖ sm, f [palurdo] bumpkin, hick US.

Pakistán = **Paquistán**.

pala sf **1.** [herramienta] spade ; [para recoger] shovel ; CULIN slice **2.** [de frontón, ping-pong] bat **3.** [de remo, hélice] blade.

palabra sf **1.** [gen] word ▶ **de palabra** by word of mouth ▶ **no tener palabra** to go back on one's word ▶ **palabra divina** o **de Dios** word of God ▶ **palabra de honor** word of honour **2.** [habla] speech **3.** [derecho de hablar] right to speak ▶ **dar la palabra a alguien** to give the floor to sb **4.** loc ▶ **en cuatro** o **dos palabras** in a few words ▶ **en una palabra** in a word. ◆ **palabras** sfpl [discurso] words.

palabrear vt Am fam to agree on.

palabrería sf fam hot air.

palabrota sf swearword ▶ **decir palabrotas** to swear.

palacete sm mansion, small palace.

palacio sm palace ▶ **palacio de congresos** conference centre.

palada sf **1.** [al cavar] spadeful, shovelful **2.** [de remo] stroke.

paladar sm palate.

paladear vt to savour.

palanca sf [barra, mando] lever ▶ **palanca de cambio** gear lever o stick, gearshift US ▶ **palanca de mando** joystick.

palangana sf [para fregar] washing-up bowl ; [para lavarse] wash bowl.

palco sm box *(at theatre)* ▶ **palco de autoridades** VIP box.

Palestina npr Palestine.

palestino, na adj & sm, f Palestinian.

paleta sf [gen] small shovel, small spade ; [llana] trowel ; CULIN slice ; ARTE palette ; [de ping-pong] bat ; **MEX** [helado] ice lolly **UK**, Popsicle® **US**.

paletilla sf shoulder blade.

paleto, ta **ESP** ◆ adj coarse, uncouth. ◆ sm, f yokel, hick **US**.

paliar [8] vt [atenuar] to ease, to relieve.

palidecer [30] vi [ponerse pálido] to go o turn pale.

palidez sf paleness.

pálido, da adj pale ; fig dull.

palillero sm toothpick holder.

palillo sm **1.** [mondadientes] toothpick **2.** [baqueta] drumstick **3.** [para comida china] chopstick.

palique sm **ESP** fam chat, natter ▶ **estar de palique** to chat, to natter.

paliza sf **1.** [golpes, derrota] beating **2.** [esfuerzo] hard grind.

palma sf **1.** [de mano] palm **2.** [palmera] palm (tree) ; [hoja de palmera] palm leaf. ◆ **palmas** sfpl [aplausos] applause *(U)* ▶ **batir palmas** to clap (one's hands).

palmada sf **1.** [golpe] pat ; [más fuerte] slap **2.** [aplauso] clap ▶ **palmadas** clapping *(U)*.

palmar[1] sm palm grove.

palmar[2] fam vi to kick the bucket.

palmarés sm **1.** [historial] record **2.** [lista] list of winners.

palmear vi to clap, to applaud.

palmera sf [árbol] palm (tree) ; [datilera] date palm.

palmito sm **1.** [árbol] palmetto, fan palm **2.** CULIN palm heart.

palmo sm handspan ; fig small amount ▶ **palmo a palmo** bit by bit ▶ **dejar a alguien con un palmo de narices** to let sb down.

palmotear vi to clap.

palo sm **1.** [gen] stick ; [de golf] club ; [de portería] post ; [de la escoba] handle **2.** [mástil] mast **3.** [golpe] blow *(with a stick)* **4.** [de baraja] suit **5.** fig [pesadez] bind, drag **6.** loc ▶ **a palo seco a)** [gen] without anything else **b)** [bebida] neat.

paloma ⟶ **palomo**.

palomar sm dovecote ; [grande] pigeon shed.

palomilla sf **1.** [insecto] grain moth **2.** [tornillo] wing nut **3.** [soporte] bracket.

palomita sf ▶ **palomitas** popcorn *(U)*.

palomo, ma sm, f dove, pigeon ▶ **paloma mensajera** carrier o homing pigeon.

palpable adj touchable, palpable ; fig obvious, clear.

palpar ◆ vt **1.** [tocar] to feel, to touch ; MED to palpate **2.** fig [percibir] to feel. ◆ vi to feel around.

palpitación sf beat, beating *(U)* ; [con fuerza] throb, throbbing *(U)*. ◆ **palpitaciones** sfpl MED palpitations.

palpitante adj **1.** [que palpita] beating ; [con fuerza] throbbing **2.** fig [interesante - interés, deseo, cuestión] burning.

palpitar vi [latir] to beat ; [con fuerza] to throb.

palta sf **ANDES RDOM** avocado.

paludismo sm malaria.

palurdo, da sm, f yokel, hick **US**.

pamela sf sun hat.

pampa sf ▶ **la pampa** the pampas pl.

pamplina (gen pl) sf fam trifle, unimportant thing.

pan sm **1.** [alimento] bread ▶ **pan integral** wholemeal bread ▶ **pan lactal** **ARG** sliced bread ▶ **pan moreno o negro a)** [integral] wholemeal bread **b)** [con centeno] black o rye bread ▶ **pan rallado** breadcrumbs pl ▶ **pan tostado** **AM** toast **2.** [hogaza] loaf **3.** loc ▶ **contigo pan y cebolla** I'll go through thick and thin with you ▶ **llamar al pan pan y al vino vino** to call a spade a spade ▶ **ser pan comido** to be a piece of cake, to be as easy as pie ▶ **ser el pan nuestro de cada día** to be a regular occurrence, to be commonplace ▶ **ser más bueno que el pan** to be kindness itself ▶ **no sólo de pan vive el hombre** man cannot live on bread alone.

PAN sm **1.** (*abr de* **Partido Acción Nacional**) Mexican political party **2.** (*abr de* **Partido de Avanzada Nacional**) Guatemalan political party.

pana sf corduroy.

panacea sf lit + fig panacea.

panadería sf bakery, baker's.

panadero, ra sm, f baker.

panal sm honeycomb.

Panamá npr Panama.

panameño, ña adj & sm, f Panamanian.

Panamericana sf ▶ **la Panamericana** the Pan-American Highway.

panamericano, na adj Pan-American. ◆ **Panamericana** npr : *la Panamericana* the Pan-American Highway.

pancarta sf placard, banner.

panceta sf bacon.

pancho, cha adj fam calm, unruffled ▶ **estar / quedarse tan pancho** to be / remain perfectly calm. ◆ **pancho** sm **RDOM** [comida] hot dog.

páncreas sm inv pancreas.

panda ◆ sm ⟶ **oso**. ◆ sf **ESP** gang.

pandereta sf tambourine.

pandero sm MÚS tambourine.

pandilla sf gang.

panecillo sm **ESP** bread roll.

panecito sm Am bread roll.

panegírico, ca adj panegyrical.

◆ **panegírico** sm panegyric.

panel sm **1.** [gen] panel **2.** [pared, biombo] screen **3.** [tablero] board ▶ **panel solar** solar panel.

panera sf [para servir] bread basket ; [para guardar] bread bin.

pánfilo, la adj simple, foolish.

panfleto sm pamphlet.

pánico sm panic.

panificadora sf (large) bakery.

panocha sf ear, cob.

panorama sm **1.** [vista] panorama **2.** fig [situación] overall state ; [perspectiva] outlook.

panorámico, ca adj panoramic.

◆ **panorámica** sf panorama.

panqueque sm Am pancake.

pantaletas sfpl CAM CARIB MÉX [bragas] panties, knickers UK.

pantalla sf **1.** [gen & INFORM] screen ▶ **pantalla ancha** widescreen ▶ **pantalla de cristal líquido** LCD screen, liquid crystal display ▶ **pantalla plana** flatscreen ▶ **la pequeña pantalla** the small screen, television **2.** [de lámpara] lampshade.

pantallazo sm screenshot.

pantalón (gen pl) sm trousers pl, pants pl US ▶ **pantalón tejano** o **vaquero** jeans pl ▶ **pantalón pitillo** drainpipe trousers pl.

pantano sm **1.** [ciénaga] marsh ; [laguna] swamp **2.** [embalse] reservoir.

pantanoso, sa adj **1.** [cenagoso] marshy, boggy **2.** fig [difícil] tricky.

panteón sm pantheon ; [familiar] mausoleum, vault.

pantera sf panther.

pantimedias sfpl MÉX tights UK, pantyhose US.

pantorrilla sf calf.

pantry sm VEN [comedor diario] family dining area off kitchen.

pants smpl MÉX [traje] tracksuit, jogging suit ; [pantalón] tracksuit bottoms o pants US.

pantufla (gen pl) sf slipper.

panty (pl **pantys**) sm tights pl.

panza sf belly.

panzada sf [en el agua] belly flop.

pañal sm nappy UK, diaper US ▶ **estar en pañales a)** [en sus inicios] to be in its infancy **b)** [sin conocimientos] not to have a clue.

pañería sf [producto] drapery ; [tienda] draper's (shop), dry-goods store US.

paño sm **1.** [tela] cloth, material **2.** [trapo] cloth ; [para polvo] duster ; [de cocina] tea towel **3.** [lienzo] panel. ◆ **paños** smpl [vestiduras] drapes ▶ **en paños menores** in one's underwear.

pañoleta sf shawl, wrap.

pañuelo sm [de nariz] handkerchief ; [para el cuello] scarf ; [para la cabeza] headscarf ▶ **pañuelo de papel** paper handkerchief, tissue.

papa sf potato ▶ **papas fritas** Am **a)** [de sartén] chips UK, (French) fries US **b)** [de bolsa] crisps UK, (potato) chips US ▶ **no saber ni papa** fam not to have a clue. ◆ **Papa** sm Pope.

papá sm fam dad, daddy, pop US. ◆ **Papá Noel** sm Father Christmas.

papachador, ra adj MÉX comforting.

papachar vt MÉX to spoil.

papada sf [de persona] double chin ; [de animal] dewlap.

papagayo sm **1.** [pájaro] parrot **2.** VEN [cometa] kite.

papalote sm CAM CARIB MÉX kite.

papamoscas sm inv flycatcher.

papanatas smf inv sucker.

papaya sf [fruta] papaya, pawpaw.

papear vi fam to eat.

papel sm **1.** [gen] paper ; [hoja] sheet of paper ▶ **papel celofán** Cellophane ▶ **papel confort** CHILE toilet paper ▶ **papel continuo** INFORM continuous paper ▶ **papel de embalar** o **de embalaje** wrapping paper ▶ **papel de fumar** cigarette paper ▶ **papel de lija** sandpaper ▶ **papel higiénico** toilet paper ▶ **papel madera** RDOM cardboard ▶ **papel milimetrado** graph paper ▶ **papel pintado** wallpaper ▶ **papel reciclado** recycled paper ▶ **papel tapiz** INFORM wallpaper **2.** fig CINE & TEATRO role, part ▶ **desempeñar** o **hacer el papel de** to play the role o part of ▶ **papel principal / secundario** main / minor part **3.** FIN stocks and shares pl ▶ **papel moneda** paper money, banknotes pl. ◆ **papeles** smpl [documentos] papers.

papeleo sm paperwork, red tape.

papelera ⟶ **papelero**.

papelería sf stationer's (shop).

papelero, ra adj paper (antes de sust). ◆ **papelera** sf [cesto - en oficina etc] wastepaper basket o bin ; [- en la calle] litter bin.

papeleta sf **1.** [boleto] ticket, slip (of paper) ; [de votación] ballot paper **2.** EDUC slip of paper with university exam results.

papeo sm fam grub.

paperas sfpl mumps.

papi sm fam daddy, dad.

papilla sf [para niños] baby food ▶ **echar** o **arrojar la primera papilla** fam to be as sick as a dog ▶ **hecho papilla a)** fam [cansado] shattered **b)** [cosa] smashed to bits.

papilomavirus sm papillomavirus, Human papillomavirus *(HPV)*.

papiro sm papyrus.

paquete sm **1.** [de libros, regalos etc] parcel ▶ **paquete bomba** parcel bomb ▶ **paquete postal** parcel **2.** [de cigarrillos, klínex, folios etc] pack, packet; [de azúcar, arroz] bag **3.** [de medidas] package ▶ **paquete turístico** package tour **4.** INFORM package / *paquete (de programas o de software)* software package.

Paquistán, Pakistán npr Pakistan.

paquistaní (*pl* paquistaníes *o* paquistanís), **pakistaní** (*pl* pakistaníes *o* pakistanís) adj & sm, f Pakistani.

par ❖ adj **1.** MAT even ▶ **echar algo a pares o nones** to decide something between two people by a game involving another person is holding out behind his/her back **2.** [igual] equal. ❖ sm **1.** [pareja - de zapatos etc] pair **2.** [dos - veces etc] couple **3.** [número indeterminado] few, couple / *un par de copas* a couple of o a few drinks **4.** [en golf] par **5.** [noble] peer. ❖ **a la par** loc adv **1.** [simultáneamente] at the same time **2.** [a igual nivel] at the same level. ❖ **de par en par** loc adj ▶ **abierto de par en par** wide open. ❖ **sin par** loc adj matchless.

para prep **1.** [finalidad] for / *es para ti* it's for you / *una mesa para el salón* a table for the living room / *esta agua no es buena para beber* this water isn't fit for drinking o to drink / *te lo repetiré para que te enteres* I'll repeat it so you understand / *¿para qué?* what for? **2.** [motivación] (in order) to / *para conseguir sus propósitos* in order to achieve his aims / *lo he hecho para agradarte* I did it to please you **3.** [dirección] towards / *ir para casa* to head (for) home / *salir para el aeropuerto* to leave for the airport **4.** [tiempo] for / *tiene que estar acabado para mañana* it has to be finished by o for tomorrow **5.** [comparación] : *está muy delgado para lo que come* he's very thin considering how much he eats / *para ser verano hace mucho frío* considering it's summer, it's very cold **6.** *(después de adj y antes de infin)* [inminencia, propósito] to / *la comida está lista para servir* the meal is ready to be served / *el atleta está preparado para ganar* the athlete is ready to win. ❖ **para con** loc prep towards / *es buena para con los demás* she is kind towards other people.

parabeno sm paraben.

parabién (*pl* parabienes) sm congratulations *pl*.

parábola sf **1.** [alegoría] parable **2.** GEOM parabola.

parabólico, ca adj parabolic.
❖ **parabólica** sf satellite dish.

parabrisas sm inv windscreen, windshield [US].

paracaídas sm inv parachute.

paracaidista smf parachutist; MIL paratrooper.

paracetamol sm paracetamol.

parachoques sm inv AUTO bumper, fender [US]; FERROC buffer.

parada ⟶ **parado**.

paradero sm **1.** [de persona] whereabouts *pl* **2.** [CHILE] [COL] [MÉX] [PERÚ] [parada de autobús] bus stop.

paradisiaco, ca, paradisíaco, ca adj heavenly.

parado, da ❖ adj **1.** [inmóvil - coche] stationary, standing; [- persona] still, motionless; [- fábrica, proyecto] at a standstill **2.** [ESP] [sin empleo] unemployed **3.** *loc* ▶ **salir bien / mal parado de algo** to come off well/badly out of sthg. ❖ sm, f [ESP] [desempleado] unemployed person ▶ **los parados** the unemployed.
❖ **parada** sf **1.** [detención] stop, stopping *(U)* **2.** DEP save **3.** [de autobús] (bus) stop; [de taxis] taxi rank [UK] o stand [US]; [de metro] (underground) station ▶ **parada discrecional** request stop **4.** MIL parade.

paradoja sf paradox.

paradójico, ca adj paradoxical, ironical.

parador sm [hotel] ▶ **parador (nacional)** [ESP] state-owned luxury hotel, usually a building of historic or artistic importance.

parafernalia sf paraphernalia.

parafrasear vt to paraphrase.

paráfrasis sf inv paraphrase.

paragolpes smpl inv [RP] bumper, fender [US].

paraguas sm inv umbrella.

Paraguay npr ▶ **(el) Paraguay** Paraguay.

paraguayo, ya adj & sm, f Paraguayan.

paragüero sm umbrella stand.

paraíso sm RELIG Paradise; *fig* paradise.

paraje sm spot, place.

paralelismo sm **1.** GEOM parallelism **2.** [semejanza] similarity, parallels *pl*.

paralelo, la adj ▶ **paralelo (a)** parallel (to).
❖ **paralelo** sm GEOGR parallel. ❖ **paralela** sf GEOM parallel (line).

parálisis sf inv paralysis ▶ **parálisis cerebral** cerebral palsy.

paralítico, ca adj & sm, f paralytic.

paralizar [13] vt to paralyse. ❖ **paralizarse** vprnl to become paralysed; [producción etc] to come to a standstill.

parámetro sm parameter.

páramo sm moor, moorland *(U)*; *fig* wilderness.

parangón sm paragon ▶ **sin parangón** unparalleled.

paranoia sf paranoia.

paranormal adj paranormal.

parapente sm [deporte] parapenting, para-gliding ; [paracaídas] parapente.

parapetarse vprnl *lit + fig* ▶ **parapetarse (tras)** to take refuge (behind).

parapeto sm [antepecho] parapet ; [barandilla] bannister ; [barricada] barricade.

parapléjico, ca adj & sm, f paraplegic.

parapsicología sf parapsychology.

parapúblico, ca adj public-sector.

parar ◆ vi 1. [gen] to stop ▶ **parar de hacer algo** to stop doing sthg ▶ **sin parar** non-stop 2. [alojarse] to stay 3. [recaer] ▶ **parar en manos de alguien** to come into the possession of sb 4. [acabar] to end up / *¿en qué parará este lío?* where will it all end? ◆ vt 1. [gen] to stop ; [golpe] to parry 2. [preparar] to prepare 3. AM [levantar] to raise. ◆ **pararse** vprnl 1. [detenerse] to stop 2. AM [ponerse de pie] to stand up 3. MEX VEN [salir de la cama] to get up.

pararrayos sm inv lightning conductor.

parásito, ta ◆ adj BIOL parasitic. ◆ **parásito** sm *fig* BIOL parasite. ◆ **parásitos** smpl [interferencias] statics *pl*.

parasol sm parasol.

parcela sf 1. [de tierra] plot (of land) 2. [de saber] area.

parche sm 1. [gen] patch 2. [chapuza - para salir del paso] makeshift solution.

parchís sm inv ludo.

parcial ◆ adj 1. [no total] partial 2. [no ecuánime] biased. ◆ sm [examen] end-of-term exam at university.

parcialidad sf [tendenciosidad] bias, partiality.

parco, ca adj [escaso] meagre ; [cena] frugal ; [explicación] brief, concise.

pardillo, lla ESP ◆ adj 1. [ingenuo] naive 2. [palurdo] countrified. ◆ sm, f 1. [ingenuo] naive person 2. [palurdo] bumpkin, hick US.

pardo, da adj greyish-brown, dull brown.

parecer [30] ◆ sm 1. [opinión] opinion 2. [apariencia] ▶ **de buen parecer** good-looking. ◆ vi *(antes de sust)* to look like / *parece un palacio* it looks like a palace. ◆ v cop to look, to seem / *pareces cansado* you look o seem tired. ◆ v impers 1. [opinar] : *me parece que ...* I think o it seems to me that ... / *me parece que sí / no* I think / don't think so / *¿qué te parece?* what do you think (of it)? 2. [tener aspecto de] ▶ **parece que va a llover** it looks like it's going to rain ▶ **parece que le gusta** it looks as if o it seems that she likes it ▶ **eso parece** it so seems ▶ **al parecer** apparently. ◆ **parecerse** vprnl ▶ **parecerse (en)** to be alike (in) ▶ **parecerse a alguien** [físicamente] to look like sb ; [en carácter] to be like sb.

parecido, da adj similar ▶ **bien parecido** [atractivo] good-looking. ◆ **parecido** sm ▶ **parecido (con / entre)** resemblance (to / between).

pared sf 1. [gen] wall ▶ **las paredes oyen** walls have ears ▶ **subirse por las paredes** to hit the roof 2. [de montaña] side.

paredón sm (thick) wall ; [de fusilamiento] (execution) wall.

parejo, ja adj ▶ **parejo (a)** similar (to). ◆ **pareja** sf 1. [gen] pair ; [de novios] couple ▶ **pareja de hecho** civil partner *(common-law heterosexual or homosexual relationship)* / *son una pareja de hecho* they live together as man and wife ▶ **por parejas** in pairs 2. [miembro del par - persona] partner.

parentela sf *fam* relations *pl*, family.

parentesco sm relationship.

paréntesis sm inv 1. [signo] bracket ▶ **entre paréntesis** in brackets, in parentheses 2. [intercalación] digression 3. [interrupción] break.

pareo sm wraparound skirt.

paria smf pariah.

parida sf *fam* ▶ **eso es una parida** that's a load of nonsense ▶ **decir paridas** to talk nonsense.

pariente, ta sm, f [familiar] relation, relative.

parir ◆ vi to give birth. ◆ vt to give birth to.

París npr Paris.

parking ['parkin] *(pl* **parkings***)* sm car park UK, parking lot US.

parlamentar vi to negotiate.

parlamentario, ria ◆ adj parliamentary. ◆ sm, f member of parliament.

parlamento sm POLÍT parliament.

parlanchín, ina *fam* ◆ adj chatty. ◆ sm, f chatterbox.

parlante adj talking. ◆ **parlante** sm AM speaker.

parlotear vi *fam* to chatter.

paro sm 1. ESP [desempleo] unemployment 2. ESP [subsidio] unemployment benefit 3. [cesación - acción] shutdown ; [- estado] stoppage ▶ **paro cardíaco** cardiac arrest 4. AM [huelga] strike.

parodia sf parody.

parodiar [8] vt to parody.

parpadear vi 1. [pestañear] to blink 2. [centellear] to flicker.

párpado sm eyelid.

parque sm 1. [gen] park ▶ **parque acuático** waterpark ▶ **parque de atracciones** amusement park ▶ **parque comercial** retail park UK, shopping mall US ▶ **parque eólico** wind farm ▶ **parque nacional** national park ▶ **parque tecnológico** science park ▶ **parque temático** theme park ▶ **(parque) zoológico** zoo 2. [vehículos] fleet 3. [para niños] playpen.

parqué, parquet [par'ke] (*pl* **parquets**) sm parquet (floor).

parqueadero sm ᴀᴍ car park, parking lot ᴜs.

parquear vt ᴀᴍ to park.

parquet = **parqué**.

parquímetro sm parking meter.

parra sf grapevine.

parrafada sf earful, dull monologue.

párrafo sm paragraph.

parranda sf *fam* [juerga] ▸ **irse de parranda** to go out on the town.

parrilla sf [utensilio] grill ▸ **a la parrilla** grilled, broiled ᴜs.

parrillada sf mixed grill.

párroco sm parish priest.

parronal sm ᴄʜɪʟᴇ vineyard.

parroquia sf **1.** [iglesia] parish church **2.** [jurisdicción] parish **3.** [clientela] clientele.

parroquiano, na sm, f **1.** [feligrés] parishioner **2.** [cliente] customer.

parsimonia sf deliberation ▸ **con parsimonia** unhurriedly.

parte ❖ sm report ▸ **dar parte (a alguien de algo)** to report (sthg to sb) ▸ **parte facultativo** o **médico** medical report ▸ **parte meteorológico** weather forecast. ❖ sf [gen] part ; [bando] side ; DER party / *la mayor parte de la gente* most people / *la tercera parte de un* / *en alguna parte* somewhere / *no lo veo por ninguna parte* I can't find it anywhere ▸ **en parte** to a certain extent, partly ▸ **por mi parte** for my part ▸ **por parte de padre / madre** on one's father's/mother's side ▸ **por partes** bit by bit ▸ **por una parte ... por la otra ...** on the one hand ... on the other (hand) ... ▸ **tomar parte en algo** to take part in sthg. ❖ **de parte de** loc prep on behalf of, for / *¿de parte de (quién)?* TELECOM who is calling, please? ❖ **por otra parte** loc adv [además] what is more, besides.

partera sf midwife.

parterre sm ᴇsᴘ flowerbed.

partición sf [reparto] sharing out ; [de territorio] partitioning.

participación sf **1.** [colaboración] participation **2.** [de lotería] share of a lottery ticket **3.** [comunicación] notice.

participante smf participant.

participar ❖ vi [colaborar] ▸ **participar (en) a)** to take part o participate (in) **b)** FIN to have a share (in). ❖ vt ▸ **participar algo a alguien** to notify sb of sthg.

partícipe ❖ adj ▸ **partícipe (de)** involved (in) ▸ **hacer partícipe de algo a alguien a)** [notificar] to notify sb of sthg of sthg **b)** [compartir] to share sthg with sb. ❖ smf participant.

partícula sf particle.

particular ❖ adj **1.** [gen] particular / *tiene su sabor particular* it has its own particular taste ▸ **en particular** in particular **2.** [no público - domicilio, clases etc] private **3.** [no corriente - habilidad etc] uncommon. ❖ smf [persona] member of the public. ❖ sm [asunto] matter.

particularizar [13] ❖ vt [caracterizar] to characterize. ❖ vi **1.** [detallar] to go into details **2.** [personalizar] ▸ **particularizar en alguien** to single sb out.

partida sf **1.** [marcha] departure **2.** [en juego] game **3.** [documento] certificate ▸ **partida de defunción / matrimonio / nacimiento** death/ marriage/birth certificate **4.** [COM - mercancía] consignment ; [- entrada] item, entry.

partidario, ria ❖ adj ▸ **partidario de** in favour of, for. ❖ sm, f supporter.

partidista adj partisan, biased.

partido sm **1.** POLÍT party **2.** DEP match ▸ **partido amistoso** friendly (match) **3.** *loc* ▸ **sacar partido de** to make the most of ▸ **tomar partido por** to side with.

partir ❖ vt **1.** [dividir] to divide, to split **2.** [repartir] to share out **3.** [romper] to break open ; [cascar] to crack ; [tronco, loncha etc] to cut. ❖ vi **1.** [marchar] to leave, to set off **2.** [basarse] ▸ **partir de** to start from. ❖ **partirse** vprnl **1.** [romperse] to split **2.** [rajarse] to crack. ❖ **a partir de** loc prep starting from / *a partir de aquí* from here on.

partitura sf score.

parto sm birth ▸ **estar de parto** to be in labour ▸ **parto natural / prematuro** natural /premature birth.

parvulario sm nursery school, kindergarten.

pasa sf [fruta] raisin ▸ **pasa de Corinto** currant ▸ **pasa de Esmirna** sultana.

pasable adj passable.

pasaboca sm ᴄᴏʟ snack, appetizer.

pasacalle sm **1.** [procesión] street procession *(during town festival)* **2.** ᴄᴏʟ ᴜʀᴜɢ [banderola] banner *(hung across street).*

pasada ⟶ **pasado.**

pasadizo sm passage.

pasado, da adj **1.** [gen] past / *pasado un año* a year later ▸ **lo pasado, pasado está** let bygones be bygones **2.** [último] last / *el año pasado* last year **3.** [podrido] off, bad **4.** [hecho - filete, carne] well done. ❖ **pasado** sm [gen] past ; GRAM past (tense). ❖ **pasada** sf [con el trapo] wipe ; [con la brocha] coat. ❖ **de pasada** loc adv in passing. ❖ **mala pasada** sf dirty trick.

pasador sm **1.** [cerrojo] bolt **2.** [para el pelo] slide.

pasaje sm **1.** [billete] ticket **2.** [pasajeros] passengers *pl* **3.** [calle] passage **4.** [fragmento] passage.

pasajero, ra ❖ adj passing. ❖ sm, f passenger.

pasamanos sm inv [de escalera interior] bannister ; [de escalera exterior] handrail.

pasamontañas sm inv balaclava (helmet).

pasapalos smpl 𝗠𝗘𝗫 𝗩𝗘𝗡 snacks, appetizers.

pasaporte sm passport.

pasapuré sm food mill.

pasapurés sm inv = **pasapuré**.

pasar ❖ vt **1.** [gen] to pass ; [noticia, aviso] to pass on / *¿me pasas la sal?* would you pass me the salt? ▸ **pasar algo por** [filtrar] to pass sth through **2.** [cruzar] to cross / *pasar la calle* to cross the road / *pasé el río a nado* I swam across the river **3.** [traspasar] to pass through **4.** [trasladar] ▸ **pasar algo a** to move sth to **5.** [llevar adentro] to show in / *el criado nos pasó al salón* the butler showed us into the living room **6.** [contagiar] ▸ **pasar algo a alguien** to give sth to sb, to infect sb with sth / *me has pasado la tos* you've given me your cough **7.** [admitir - instancia etc] to accept **8.** [consentir] ▸ **pasar algo a alguien** to let sb get away with sth **9.** [rebasar - en el espacio] to go through ; [- en el tiempo] to have been through / *pasar un semáforo en rojo* to go through a red light **10.** [emplear - tiempo] to spend / *pasó dos años en Roma* he spent two years in Rome **11.** [padecer] to go through, to suffer ▸ **pasarlo mal** to have a hard time of it **12.** [sobrepasar] : *ya ha pasado los veinticinco* he's over twenty-five now / *mi hijo me pasa ya dos centímetros* my son is already two centimetres taller than me **13.** [adelantar - coche, contrincante etc] to overtake **14.** CINE to show. ❖ vi **1.** [gen] to pass, to go / *pasó por mi lado* he passed by my side / *el autobús pasa por mi casa* the bus goes past o passes in front of my house / *el Manzanares pasa por Madrid* the Manzanares goes o passes through Madrid / *he pasado por tu calle* I went down your street ▸ **pasar de ... a ...** to go o pass from ... to ... ▸ **pasar de largo** to go by **2.** [entrar] to go/come in / *¡pase!* come in! **3.** [poder entrar] ▸ **pasar (por)** to go (through) / *por ahí no pasa* it won't go through there **4.** [ir un momento] to pop in / *pasaré por mi oficina / por tu casa* I'll pop into my office / round to your place **5.** [suceder] to happen / *¿qué pasa aquí?* what's going on here? / *¿qué pasa?* what's the matter? ▸ **pase lo que pase** whatever happens, come what may **6.** [terminarse] to be over / *pasó la Navidad* Christmas is over **7.** [transcurrir] to go by **8.** [cambiar - acción] ▸ **pasar a** to move on to / *pasemos a otra cosa* let's move on to something else **9.** [conformarse] ▸ **pasar (con / sin algo)** to make do (with / without sth) / *tendrá que pasar sin coche* she'll have to make do without a car **10.** [servir] to be all

right, to be usable / *puede pasar* it'll do **11.** fam [prescindir] ▸ **pasar de algo / alguien** to want nothing to do with sth/sb / *paso de política* I'm not into politics **12.** [tolerar] ▸ **pasar por algo** to put up with sth. ❖ **pasarse** vprnl **1.** [acabarse] to pass / *siéntate hasta que se te pase* sit down until you feel better **2.** [emplear - tiempo] to spend, to pass / *se pasaron el día hablando* they spent all day talking **3.** [desaprovecharse] to slip by / *se me pasó la oportunidad* I missed my chance **4.** [estropearse - comida] to go off ; [- flores] to fade **5.** [cambiar de bando] ▸ **pasarse a** to go over to **6.** [omitir] to miss out / *te has pasado una página* you've missed a page out **7.** [olvidarse] ▸ **pasársele a alguien** to slip sb's mind / *se me pasó decírtelo* I forgot to mention it to you **8.** [no fijarse] ▸ **pasársele a alguien** to escape sb's attention / *no se le pasa nada* he never misses a thing **9.** [excederse] ▸ **pasarse de generoso / bueno** to be far too generous / kind **10.** fam [propasarse] to go over the top / *te has pasado diciéndole eso* what you said went too far o was over the top **11.** [divertirse] : *¿qué tal te lo estás pasando?* how are you enjoying yourself?

pasarela sf **1.** [puente] footbridge ; [para desembarcar] gangway **2.** [en un desfile] catwalk.

pasatiempo sm [hobby] pastime, hobby.

Pascua sf **1.** [de los judíos] Passover **2.** [de los cristianos] Easter ▸ **hacer la Pascua a alguien a)** fam [ser pesado] to pester sb **b)** [poner en apuros] to land sb in it. ❖ **Pascuas** sfpl [Navidad] Christmas sg ▸ **¡felices Pascuas!** Merry Christmas! ▸ **de Pascuas a Ramos** fam once in a blue moon.

pascualina sf 𝗥𝗣 𝗩𝗘𝗡 tart with spinach and hard-boiled egg.

pase sm **1.** [gen, DEP & TAUROM] pass **2.** 𝗘𝘀𝗽 [proyección] showing, screening **3.** [desfile] parade ▸ **pase de modelos** fashion parade.

pasear ❖ vi to go for a walk. ❖ vt to take for a walk ; [perro] to walk ; fig to show off, to parade. ❖ **pasearse** vprnl [caminar] to go for a walk.

paseíllo sm parade of bullfighters when they come out into the ring before the bullfight starts.

paseo sm **1.** [acción - a pie] walk ; [- en coche] drive ; [- a caballo] ride ; [- en barca] row ▸ **dar un paseo** [a pie] to go for a walk **2.** [lugar] avenue ▸ **paseo marítimo** promenade.

pasillo sm corridor.

pasión sf passion. ❖ **Pasión** sf RELIG ▸ **la pasión** the Passion.

pasividad sf passivity.

pasivo, va adj **1.** [gen & GRAM] passive **2.** [población etc] inactive. ❖ **pasivo** sm COM liabilities pl.

pasmado, da adj **1.** [asombrado] astonished, astounded **2.** [atontado] stunned.

pasmar vt to astound. ◆ **pasmarse** vprnl to be astounded.

pasmo sm astonishment.

pasmoso, sa adj astonishing.

paso sm **1.** [gen] step ; [huella] footprint **2.** [acción] passing ; [cruce] crossing ; [camino de acceso] way through, thoroughfare ▶ **abrir paso a alguien** *lit + fig* to make way for sb ▶ **ceder el paso (a alguien)** a) to let sb past b) AUTO to give way (to sb) ▶ **'ceda el paso'** 'give way' ▶ **'prohibido el paso'** 'no entry' ▶ **paso elevado** flyover ▶ **paso a nivel** level crossing ▶ **paso de cebra** zebra crossing **3.** [forma de andar] walk ; [ritmo] pace **4.** [GEOGR - en montaña] pass ; [- en el mar] strait **5.** *(gen pl)* [gestión] step ; [progreso] advance ▶ **dar los pasos necesarios** to take the necessary steps **6.** *loc* ▶ **a cada paso** every other minute ▶ **está a dos o cuatro pasos** it's just down the road ▶ **estar de paso** to be passing through ▶ **paso a paso** step by step ▶ **salir del paso** to get out of trouble. ◆ **de paso** loc adv in passing.

pasodoble sm paso doble.

pasota [Esp] *fam* ◆ adj apathetic. ◆ smf dropout.

pasta sf **1.** [masa] paste ; [de papel] pulp ▶ **pasta dentífrica** toothpaste **2.** [CULIN - espagueti etc] pasta ; [- de pasteles] pastry ; [- de pan] dough **3.** [pastelillo] pastry **4.** [Esp] *fam* [dinero] dough **5.** [encuadernación] ▶ **en pasta** hardback.

pastar vi to graze.

pastel sm **1.** [CULIN - dulce] cake ; [- salado] pie **2.** ARTE pastel.

pastelería sf **1.** [establecimiento] cake shop, patisserie **2.** [repostería] pastries *pl*.

pastelero, ra ◆ adj pastry *(antes de sust)*. ◆ sm, f [cocinero] pastry cook ; [vendedor] owner of a patisserie.

pasteurizado, da [pasteuri'θaðo, da], **pasterizado, da** adj pasteurized.

pasteurizar [13] [pasteuri'θar] vt to pasteurize.

pastiche sm pastiche.

pastilla sf **1.** MED pill, tablet **2.** [de jabón, chocolate] bar **3.** [de caldo] cube.

pasto sm **1.** [sitio] pasture **2.** [hierba] fodder **3.** [Am] [hierba] lawn, grass **4.** *loc* ▶ **ser pasto de las llamas** to go up in flames.

pastón sm *fam* : **vale un pastón** it costs a bomb.

pastor, ra sm, f [de ganado] shepherd (shepherdess). ◆ **pastor** sm **1.** [sacerdote] minister **2.** —→ **perro**.

pastoreo sm shepherding.

pastoso, sa adj **1.** [blando] pasty ; [arroz] sticky **2.** [seco] dry.

pata ◆ sf **1.** [pierna] leg **2.** [pie - gen] foot ; [- de perro, gato] paw ; [- de vaca, caballo] hoof **3.** *fam* [de persona] leg ▶ **a cuatro patas** on all fours ▶ **ir a la pata coja** to hop **4.** [de mueble] leg ; [de gafas] arm **5.** *loc* ▶ **meter la pata** to put one's foot in it ▶ **poner / estar patas arriba** to turn / be upside down ▶ **tener mala pata** to be unlucky. ◆ sm [Perú] [amigo] pal, mate [UK], buddy [US]. ◆ **patas** sfpl [Chile] *fam* [poca vergüenza] cheek *(U)*. ◆ **pata de gallo** sf [en la cara] crow's feet *pl*.

patada sf kick ; [en el suelo] stamp ▶ **dar una patada a** to kick ▶ **tratar a alguien a patadas** to treat sb like dirt.

patalear vi to kick about ; [en el suelo] to stamp one's feet.

pataleo sm kicking *(U)* ; [en el suelo] stamping *(U)*.

pataleta sf tantrum.

patán sm bumpkin.

patata sf potato ▶ **patatas fritas a)** [de sartén] chips [UK], french fries [US] **b)** [de bolsa] crisps [UK], chips [US] ▶ **patata caliente** *fig* hot potato.

paté sm paté.

patear ◆ vt [dar un puntapié] to kick ; [pisotear] to stamp on. ◆ vi [patalear] to stamp one's feet.

patena sf paten.

patentado, da adj patent, patented.

patente ◆ adj obvious ; [demostración, prueba] clear. ◆ sf **1.** [de invento] patent **2.** [Csur] [matrícula] number plate [UK], license plate [US].

paternal adj fatherly, paternal.

paternidad sf fatherhood ; DER paternity.

paterno, na adj paternal.

patético, ca adj pathetic, moving.

patetismo sm pathos *(U)*.

patidifuso, sa adj *fam* stunned.

patilla sf **1.** [de pelo] sideboard, sideburn **2.** [de gafas] arm.

patín sm **1.** [calzado - de cuchilla] ice skate ; [- de ruedas] roller skate ; [- en línea] roller blade **2.** [patinete] scooter **3.** [embarcación] pedal boat.

pátina sf patina.

patinaje sm skating.

patinar vi **1.** [sobre hielo] to skate ; [sobre ruedas] to roller-skate **2.** [resbalar - coche] to skid ; [- persona] to slip **3.** *fam* [meter la pata] to put one's foot in it.

patinazo sm **1.** [de coche] skid ; [de persona] slip **2.** *fam* [planchazo] blunder.

patinete sm scooter.

patio sm [gen] patio, courtyard ; [de escuela] playground ; [de cuartel] parade ground.

patitieso, sa adj *fam* **1.** [de frío] frozen stiff **2.** [de sorpresa] aghast, amazed.

pato, ta sm, f duck ▶ **pagar el pato** to carry the can.

patológico, ca adj pathological.

patoso, sa adj *fam* clumsy.

patota sf PERÚ RP [de gamberros] street gang.

patria ⟶ **patrio**.

patriarca sm patriarch.

patrimonio sm **1.** [bienes - heredados] inheritance ; [- propios] wealth **2.** *fig* [de una colectividad] exclusive birthright.

patrio, tria adj native. ◆ **patria** sf native country.

patriota smf patriot.

patriótico, ca adj patriotic.

patriotismo sm patriotism.

patrocinador, ra sm, f sponsor.

patrocinar vt to sponsor.

patrocinio sm sponsorship.

patrón, ona sm, f **1.** [de obreros] boss ; [de criados] master (mistress) **2.** [de pensión etc] landlord (landlady) **3.** [santo] patron saint. ◆ **patrón** sm **1.** [de barco] skipper **2.** [en costura] pattern.

patronal ◆ adj [empresarial] management (antes de sust). ◆ sf **1.** [de empresa] management **2.** [de país] employers' organization.

patronato sm [gen] board ; [con fines benéficos] trust.

patronazgo sm patronage.

patronista smf pattern maker.

patrono, na sm, f **1.** [de empresa - encargado] boss ; [- empresario] employer **2.** [santo] patron saint.

patrulla sf patrol ▸ **patrulla urbana** vigilante group.

patrullar vt & vi to patrol.

patrullero, ra adj patrol (antes de sust).
◆ **patrullero** sm **1.** [barco] patrol boat ; [avión] patrol plane **2.** CSUR [vehículo] police (patrol) car, cruiser US.

paulatino, na adj gradual.

pausa sf pause, break ; MÚS rest ▸ **con pausa** unhurriedly / *hacer una pausa* to pause / *pausa publicitaria* commercial break.

pausado, da adj deliberate, slow.

pauta sf **1.** [gen] standard, model / *marcar la pauta* to set the standard **2.** [en un papel] guideline.

pava ⟶ **pavo**.

pavada sf RP **1.** *fam* [estupidez] : *decir una pavada* to say something stupid / *decir pavadas* to talk nonsense **2.** [cosa sin importancia] silly little thing.

pavimentación sf [de carretera] road surfacing ; [de acera] paving ; [de suelo] flooring.

pavimento sm [de carretera] road surface ; [de acera] paving ; [de suelo] flooring.

pavo, va sm, f [ave] turkey ▸ **pavo real** peacock (peahen) / *se le subió el pavo* she turned as red

as a beetroot. ◆ **pava** sf CAM [flequillo] fringe UK, bangs US **2.** CHILE PERÚ [broma] coarse o tasteless joke **3.** ARG [hervidor] kettle.

pavonearse vprnl *despec* ▸ **pavonearse (de)** to boast o brag (about).

pavor sm terror.

pay sm CHILE MÉX VEN pie.

paya sf AM improvised poem accompanied by guitar.

payasada sf clowning (U) ▸ **hacer payasadas** to clown around.

payaso, sa sm, f clown.

payo, ya sm, f non-gipsy.

paz sf peace ; [tranquilidad] peacefulness ▸ **dejar a alguien en paz** to leave sb alone o in peace ▸ **estar o quedar en paz** to be quits ▸ **hacer las paces** to make (it) up / *poner paz entre* to reconcile, to make peace between ▸ **que en paz descanse, que descanse en paz** may he/ she rest in peace.

pazo sm Galician country mansion.

PC sm (abr de personal computer) PC.

PD (abr escrita de posdata) PS.

pdo. abr escrita de pasado.

peaje sm toll.

peana sf pedestal.

peatón sm pedestrian.

peatonal adj pedestrian (antes de sust) / *calle peatonal* pedestrian street.

peca sf freckle.

pecado sm sin / *estar en pecado* to be in sin / *morir en pecado* to die unrepentant / *pecado mortal* mortal sin / *sería un pecado tirar este vestido* it would be a crime to throw out this dress.

pecador, ra sm, f sinner.

pecaminoso, sa adj sinful.

pecar [10] vi RELIG to sin.

pecera sf fish tank ; [redonda] fish bowl.

pecho sm **1.** [tórax] chest ; [de mujer] bosom **2.** [mama] breast ▸ **dar el pecho a** to breastfeed **3.** AM [en natación] breaststroke ▸ **nadar pecho** to swim the breaststroke **4.** loc ▸ **a lo hecho, pecho** it's no use crying over spilt milk ▸ **tomarse algo a pecho** to take sthg to heart.

pechuga sf [de ave] breast (meat).

pecoso, sa adj freckly.

pectoral adj ANAT pectoral, chest (antes de sust).

peculiar adj **1.** [característico] typical, characteristic **2.** [curioso] peculiar.

peculiaridad sf **1.** [cualidad] uniqueness **2.** [detalle] particular feature o characteristic.

pedagogía sf education, pedagogy.

pedagogo, ga sm, f educator ; [profesor] teacher.

pedal sm pedal / *pedal de embrague* clutch (pedal) / *pedal de freno* brake pedal.

pedalear vi to pedal.

pedante adj pompous.

pedantería sf pomposity (U).

pedazo sm piece, bit / *a pedazos* in pieces o bits / *caerse a pedazos* to fall to pieces.

pedestal sm pedestal, stand ▸ **poner/tener a alguien en un pedestal** to put sb on a pedestal.

pedestre adj on foot.

pediatra smf paediatrician.

pediátrico, ca adj paediatric **UK**, pediatric **US**.

pedicuro, ra sm, f chiropodist **UK**, podiatrist **US**. ◆ **pedicura** sf pedicure.

pedido sm COM order ▸ **hacer un pedido** to place an order.

pedigrí, pedigree [peðiɣri] sm pedigree.

pedir [26] ◆ vt **1.** [gen] to ask for ; [en comercios, restaurantes] to order ▸ **pedir a alguien que haga algo** to ask sb to do sthg ▸ **pedir a alguien (en matrimonio)** to ask for sb's hand (in marriage) ▸ **pedir prestado algo a alguien** to borrow sthg from sb **2.** [exigir] to demand **3.** [requerir] to call for, to need **4.** [poner precio] ▸ **pedir (por)** to ask (for) / *pide un millón por la moto* he's asking a million for the motorbike. ◆ vi [mendigar] to beg.

pedo sm fam [ventosidad] fart ▸ **tirarse un pedo** to fart.

pedrada sf [golpe] ▸ **a pedradas** by stoning / *matar a alguien a pedradas* to stone sb to death.

pedregoso, sa adj stony, rocky.

pedregullo sm **RDom** gravel.

pedrería sf precious stones pl.

pedrisco sm hail.

pedrusco sm rough stone.

pega sf [obstáculo] difficulty, hitch ▸ **poner pegas (a)** to find problems (with).

pegadizo, za adj **1.** [música] catchy **2.** [contagioso] catching.

pegajoso, sa adj sticky ; despec clinging.

pegamento sm glue.

pegar [16] ◆ vt **1.** [adherir] to stick ; [con pegamento] to glue ; [póster, cartel] to fix, to put up ; [botón] to sew on **2.** [arrimar] ▸ **pegar algo a** to put o place sthg against / *pega la silla a la pared* put the chair against the wall **3.** [golpear] to hit **4.** [propinar - bofetada, paliza etc] to give ; [- golpe] to deal **5.** [contagiar] ▸ **pegar algo a alguien** to give sb sthg, to pass sthg on to sb. ◆ vi **1.** [adherir] to stick **2.** [golpear] to hit **3.** [armonizar] to go together, to match ▸ **pegar con** to go with **4.** [sol] to beat down. ◆ **pegarse** vprnl **1.** [adherirse] to stick **2.** [agredirse] to fight **3.** [golpearse] ▸ **pegarse (un golpe) con algo** to hit o.s. against sthg **4.** [contagiarse - enfermedad] to be transmitted.

pegatina sf sticker.

pegote sm fam **1.** [masa pegajosa] sticky mess **2.** [chapucería] botch.

peinado sm hairdo ; [estilo, tipo] hairstyle.

peinar vt lit + fig to comb. ◆ **peinarse** vprnl to comb one's hair.

peine sm comb / *pasarse el peine* to comb one's hair ▸ **enterarse de** o **saber lo que vale un peine** fam to find out what's what o a thing or two.

peineta sf comb worn in the back of the hair.

p.ej. (*abr escrita de* por ejemplo) e.g.

Pekín npr Peking, Beijing.

pela sf fam peseta ▸ **no tengo pelas** I'm skint.

peladilla sf sugared almond.

pelado, da ◆ adj **1.** [cabeza] shorn **2.** [piel, cara etc] peeling ; [fruta] peeled **3.** [habitación, monte, árbol] bare **4.** [número] exact, round / *saqué un aprobado pelado* I passed, but only just **5.** fam [sin dinero] broke, skint. ◆ sm, f **Andes** fam [niño] kid. ◆ **pelado** sm **Esp** haircut.

pelaje sm [de gato, oso, conejo] fur ; [de perro, caballo] coat.

pelapatatas sm inv potato peeler.

pelar vt **1.** [persona] to cut the hair of **2.** [fruta, patatas] to peel ; [guisantes, marisco] to shell **3.** [aves] to pluck ; [conejos etc] to skin. ◆ **pelarse** vprnl **1.** [cortarse el pelo] to have one's hair cut **2.** [piel, espalda etc] to peel.

peldaño sm step ; [de escalera de mano] rung.

pelea sf **1.** [a golpes] fight **2.** [riña] row, quarrel.

pelear vi **1.** [a golpes] to fight **2.** [a gritos] to have a row o quarrel **3.** [esforzarse] to struggle. ◆ **pelearse** vprnl **1.** [a golpes] to fight **2.** [a gritos] to have a row o quarrel.

pelele sm fam & despec [persona] puppet.

peletería sf [tienda] fur shop, furrier's.

peliagudo, da adj tricky.

pelicano, pelícano sm pelican.

película sf [gen] film ▸ **echar** o **poner una película** to show a film ▸ **película muda/de terror** silent/horror film ▸ **película de suspense AM** thriller ▸ **película del Oeste** western ▸ **de película** amazing.

peligro sm danger ▸ **correr peligro (de)** to be in danger (of) ▸ **estar/poner en peligro** to be/put at risk / *en peligro de extinción* [especie, animal] endangered ▸ **fuera de peligro** out of danger / *peligro de incendio* fire hazard ▸ **¡peligro de muerte!** danger!

peligroso, sa adj dangerous.

pelín sm fam mite, tiny bit.

pelirrojo, ja ◆ adj ginger, red-headed. ◆ sm, f redhead.

pellejo sm [piel, vida] skin.

pellizcar [10] vt [gen] to pinch.

pellizco sm pinch / *dar un pellizco a alguien* to give sb a pinch.

pelma, pelmazo, za *fam & despec* ❖ adj annoying, tiresome. ❖ smf, f bore, pain.

pelo sm **1.** [gen] hair **2.** [de oso, conejo, gato] fur ; [de perro, caballo] coat **3.** [de una tela] nap **4.** *loc* ▸ **con pelos y señales** with all the details ▸ **no tener pelos en la lengua** *fam* not to mince one's words ▸ **poner a alguien los pelos de punta** *fam* to make sb's hair stand on end ▸ **por los pelos, por un pelo** by the skin of one's teeth ▸ **tomar el pelo a alguien** *fam* to pull sb's leg. ◆ **a contra pelo** *loc adv lit + fig* against the grain.

pelota ❖ sf **1.** [gen & DEP] ball ▸ **jugar a la pelota** to play ball ▸ **pelota vasca** pelota ▸ **hacer la pelota (a alguien)** *fam* to suck up (to sb) **2.** *fam* [cabeza] nut. ❖ smf [persona] crawler, creep.

pelotari sm pelota player.

pelotera sf *fam* scrap, fight.

pelotón sm [de soldados] squad ; [de gente] crowd ; DEP pack.

pelotudo, da RDOM *fam* ❖ adj stupid. ❖ sm, f jerk.

peluca sf wig.

peluche sm plush.

peludo, da adj hairy.

peluquería sf **1.** [establecimiento] hairdresser's (shop) **2.** [oficio] hairdressing.

peluquero, ra sm, f hairdresser.

peluquín sm toupee / *¡ni hablar del peluquín!* *fam* it's out of the question!

pelusa sf **1.** [de tela] fluff **2.** [vello] down.

pelvis sf inv pelvis.

Pemex smpl (*abr de* Petróleos Mexicanos) Mexican Oil.

pena sf **1.** [lástima] shame, pity / *¡qué pena!* what a shame o pity! ▸ **dar pena** to inspire pity / *el pobre me da pena* I feel sorry for the poor chap **2.** [tristeza] sadness, sorrow **3.** (gen pl) [desgracia] problem, trouble **4.** (gen pl) [dificultad] struggle (U) ▸ **a duras penas** with great difficulty **5.** [castigo] punishment ▸ **so o bajo pena de** under penalty of ▸ **pena capital o de muerte** death penalty **6.** AM [vergüenza] shame, embarrassment ▸ **me da pena** I'm ashamed of it **7.** *loc* ▸ **(no) valer o merecer la pena** (not) to be worthwhile o worth it.

penacho sm **1.** [de pájaro] crest **2.** [adorno] plume.

penal ❖ adj criminal. ❖ sm prison.

penalidad (gen pl) sf suffering (U), hardship.

penalización sf **1.** [acción] penalization **2.** [sanción] penalty.

penalti, penalty sm DEP penalty.

penar ❖ vt [castigar] to punish. ❖ vi [sufrir] to suffer.

pendejo sm *fam* **1.** [cobarde] coward **2.** [tonto] prat, idiot. ◆ **pendejo, ja** sm, f **1.** RP *fam & despec* [adolescente] spotty teenager **2.** AM *mfam* [tonto] jerk, tosser UK.

pender vi **1.** [colgar] ▸ **pender (de)** to hang (from) **2.** [amenaza etc] ▸ **pender sobre** to hang over.

pendiente ❖ adj **1.** [por resolver] pending ; [deuda] outstanding ▸ **estar pendiente de a)** [atento a] to keep an eye on **b)** [a la espera de] to be waiting for **2.** [asignatura] failed. ❖ sm earring. ❖ sf slope.

pendón, ona sm, f *fam* libertine.

pendrive, pen drive ['pen'draif] sm INFORM pen drive, flash drive, USB drive.

péndulo sm pendulum.

pene sm penis.

penene smf *untenured teacher or lecturer*.

penetración sf **1.** [gen] penetration ▸ **penetración de mercado** ECON market penetration **2.** [sagacidad] astuteness.

penetrante adj **1.** [intenso - dolor] acute ; [- olor] sharp ; [- frío] biting ; [- mirada] penetrating ; [- voz, sonido etc] piercing **2.** [sagaz] sharp, penetrating.

penetrar ❖ vi ▸ **penetrar en a)** [internarse en] to enter **b)** [filtrarse por] to get into, to penetrate **c)** [perforar] to pierce **d)** [llegar a conocer] to get to the bottom of. ❖ vt **1.** [introducirse en - arma, sonido etc] to pierce, to penetrate ; [- humedad, líquido] to permeate ; [- emoción, sentimiento] to pierce **2.** [llegar a conocer - secreto etc] to get to the bottom of **3.** [sexualmente] to penetrate.

penicilina sf penicillin.

península sf peninsula.

peninsular adj peninsular.

penitencia sf penance.

penitenciaría sf penitentiary.

penitente smf penitent.

penoso, sa adj **1.** [trabajoso] laborious **2.** [lamentable] distressing ; [aspecto, espectáculo] sorry **3.** CAM CARIB COL MÉX [vergonzoso] shy.

pensador, ra sm, f thinker.

pensamiento sm **1.** [gen] thought ; [mente] mind ; [idea] idea **2.** BOT pansy.

pensar [19] ❖ vi to think / *pensar bien / mal de alguien* to think well/ill of sb ▸ **pensar en algo / en alguien / en hacer algo** to think about sthg/about sb/about doing sthg ▸ **pensar sobre algo** to think about sthg / *piensa en un número / buen regalo* think of a number/good present ▸ **dar que pensar a alguien** to give sb food for thought. ❖ vt **1.** [reflexionar] to think about o over **2.** [opinar, creer] to think ▸ **pensar algo de alguien / algo** to think sthg of sb/sthg / *pienso que no vendrá* I don't think she'll come **3.** [idear]

to think up **4.** [tener la intención de] ▶ **pensar hacer algo** to intend to do sthg. ◆ **pensarse** vprnl ▶ **pensarse algo** to think sthg over.

pensativo, va adj pensive, thoughtful.

pensión sf **1.** [dinero] pension ▶ **pensión de jubilación/de viudedad** retirement/widow's pension **2.** [de huéspedes] ≃ guest house ▶ **media pensión** [en hotel] half board / **estar a media pensión** [en colegio] to have school dinners ▶ **pensión completa** full board.

pensionista smf [jubilado] pensioner.

pentágono sm pentagon.

pentagrama sm MÚS stave.

penthouse [pent'xaus] sm **Csur** **Ven** penthouse.

penúltimo, ma adj & sm, f penultimate, last but one.

penumbra sf half-light.

penuria sf **1.** [pobreza] penury, poverty **2.** [escasez] paucity, dearth.

peña sf [grupo de amigos] circle, group; [club] club; [quinielística] pool.

peñasco sm large crag o rock.

peñón sm rock. ◆ **Peñón** sm ▶ **el Peñón (de Gibraltar)** the Rock (of Gibraltar).

peón sm **1.** [obrero] unskilled labourer **2.** [en ajedrez] pawn.

peonza sf (spinning) top.

peor ⬦ adj **1.** (compar) ▶ **peor (que)** worse (than) / **peor para él** that's his problem **2.** (superl) ▶ **el/la peor ...** the worst ... ⬦ pron ▶ **el/la peor (de)** the worst (in) / **el peor de todos** the worst of all / **lo peor fue que ...** the worst thing was that ... ⬦ adv **1.** (compar) ▶ **peor (que)** worse (than) / **ahora veo peor** I see worse now ▶ **estar peor** [enfermo] to get worse **2.** (superl) worst / **el que lo hizo peor** the one who did it (the) worst.

pepa sf **1.** **Am** [pepita] pip; [hueso] stone **2.** **Méx** **RP** **Ven** mfam [vulva] pussy **3.** **Ven** [en la piel] blackhead.

pepenador, ra sm, f **Cam** **Méx** scavenger (on rubbish tip).

pepián sm **Andes** **Cam** **Méx** **1.** [salsa] sauce thickened with ground nuts or seeds **2.** [guiso] type of stew in which the sauce is thickened with ground nuts or seeds.

pepinillo sm gherkin.

pepino sm BOT cucumber ▶ **me importa un pepino** I couldn't care less.

pepita sf **1.** [de fruta] pip **2.** [de oro] nugget.

pepito sm grilled meat sandwich.

peppermint = **pipermín.**

pequeñez sf **1.** [gen] smallness **2.** fig [insignificancia] trifle ▶ **discutir por pequeñeces** to argue over silly little things.

pequeño, ña adj small / **me queda pequeño** it's too small for me; [hermano] little; [posibilidad] slight; [ingresos, cifras etc] low.

pequinés sm [perro] Pekinese.

pera sf **1.** [fruta] pear **2.** [para ducha etc] (rubber) bulb **3.** **Csur** [barbilla] chin **4.** loc ▶ **pedir peras al olmo** to ask (for) the impossible ▶ **ser la pera** fam to be the limit / **ser una pera en dulce** fam to be a gem.

peral sm pear tree.

percance sm mishap.

percatarse vprnl ▶ **percatarse (de algo)** to notice (sthg).

percebe sm [pez] barnacle.

percepción sf [de los sentidos] perception / **percepción extrasensorial** extrasensory perception.

perceptible adj [por los sentidos] noticeable, perceptible.

percha sf **1.** [de armario] (coat) hanger **2.** [de pared] coat rack **3.** [para pájaros] perch.

perchero sm [de pared] coat rack; [de pie] coat stand.

percibir vt **1.** [con los sentidos] to perceive, to notice; [por los oídos] to hear; [ver] to see **2.** [cobrar] to receive, to get.

percusión sf percussion.

perdedor, ra sm, f loser.

perder [20] ⬦ vt **1.** [gen] to lose / **llevas las de perder** you can't hope to win / **salir perdiendo** to come off worst **2.** [desperdiciar] to waste **3.** [tren, oportunidad] to miss. ⬦ vi **1.** [salir derrotado] to lose **2.** loc ▶ **echar algo a perder** to spoil sthg ▶ **echarse a perder** [alimento] to go off. ◆ **perderse** vprnl **1.** [gen] to get lost / **¡piérdete!** mfam get lost! **2.** [desaparecer] to disappear **3.** [desperdiciarse] to be wasted **4.** [desaprovechar] : **¡no te lo pierdas!** don't miss it! **5.** fig [por los vicios] to be beyond salvation.

perdición sf ruin, undoing.

pérdida sf **1.** [gen] loss ▶ **no tiene pérdida** you can't miss it **2.** [de tiempo, dinero] waste **3.** [escape] leak. ◆ **pérdidas** sfpl **1.** FIN & MIL losses / **pérdidas humanas** loss of life **2.** [daños] damage (U).

perdidamente adv hopelessly.

perdido, da adj **1.** [extraviado] lost; [animal, bala] stray **2.** [sucio] filthy **3.** fam [de remate] complete, utter **4.** loc : **dar algo por perdido** to give sthg up for lost ▶ **estar perdido** to be done for o lost.

perdigón sm pellet.

perdiz sf partridge.

perdón sm pardon, forgiveness ▶ **no tener perdón** to be unforgivable ▶ **¡perdón!** sorry! / **perdón, ¿me deja pasar?** excuse me, could you let me through?

perdonar ❖ vt **1.** [gen] to forgive ▶ perdonarle algo a alguien to forgive sb for sthg / *perdone que le moleste* sorry to bother you **2.** [eximir de -deuda, condena] ▶ perdonar algo a alguien to let sb off sthg ▶ perdonarle la vida a alguien to spare sb their life. ❖ vi : *perdone, ¿cómo ha dicho?* excuse me, what did you say?

perdonavidas smf inv *fam* bully.

perdurar vi **1.** [durar mucho] to endure, to last **2.** [persistir] to persist.

perecedero, ra adj **1.** [productos] perishable **2.** [naturaleza] transitory.

perecer [30] vi to perish, to die.

peregrinación sf RELIG pilgrimage.

peregrinaje sm RELIG pilgrimage.

peregrino, na ❖ adj **1.** [ave] migratory **2.** *fig* [extraño] strange. ❖ sm, f [persona] pilgrim.

perejil sm parsley.

perenne adj BOT perennial.

pereza sf idleness.

perezoso, sa adj [vago] lazy.

perfección sf perfection / *es de una gran perfección* it's exceptionally good.

perfeccionar vt **1.** [redondear] to perfect **2.** [mejorar] to improve.

perfeccionista adj & smf perfectionist.

perfectamente adv **1.** [sobradamente] perfectly **2.** [muy bien] fine / *¿cómo estas? - estoy perfectamente* how are you? - I'm fine **3.** [de acuerdo] ▶ ¡perfectamente! fine!, great!

perfecto, ta adj perfect.

perfidia sf perfidy, treachery.

perfil sm **1.** [contorno] outline, shape **2.** [de cara, cuerpo] profile ▶ de perfil in profile **3.** *fig* [característica] characteristic **4.** *fig* [retrato moral] profile **5.** GEOM cross section.

perfilar vt to outline. ❖ **perfilarse** vprnl **1.** [destacarse] to be outlined **2.** [concretarse] to shape up.

perforación sf **1.** [gen & MED] perforation **2.** [taladro] bore-hole.

perforar vt [horadar] to perforate ; [agujero] to drill ; INFORM to punch.

perfumar vt to perfume. ❖ **perfumarse** vprnl to put perfume on.

perfume sm perfume.

perfumería sf **1.** [tienda, arte] perfumery **2.** [productos] perfumes *pl*.

pergamino sm parchment.

pérgola sf pergola.

pericia sf skill.

periferia sf periphery ; [alrededores] outskirts *pl*.

periférico, ca adj peripheral ; [barrio] outlying.

perifollos smpl *fam* frills (and fripperies).

perífrasis sf inv ▶ perífrasis (verbal) compound verb.

perilla sf goatee ▶ venir de perilla(s) to be just the right thing.

perímetro sm perimeter.

periódico, ca adj [gen] periodic. ❖ **periódico** sm newspaper / *periódico dominical* Sunday paper.

periodismo sm journalism.

periodista smf journalist.

periodo, período sm period ; DEP half.

peripecia sf incident, adventure.

peripuesto, ta adj *fam* dolled-up.

periquete sm ▶ en un periquete *fam* in a jiffy.

periquito sm parakeet.

periscopio sm periscope.

peritaje sm **1.** [trabajo] expert work ; [informe] expert's report **2.** [estudios] professional training / *peritaje industrial* industrial studies / *peritaje mercantil* business studies.

peritar vt [casa] to value ; [coche] to assess the damage to.

perito sm **1.** [experto] expert ▶ perito agrónomo agronomist **2.** [ingeniero técnico] technician.

perjudicado, da adj : *los más perjudicados* those worst off, the people worst affected.

perjudicar [10] vt to damage, to harm.

perjudicial adj ▶ perjudicial (para) harmful (to).

perjuicio sm harm (U), damage (U).

perjurar vi [jurar en falso] to commit perjury.

perla sf pearl / *perla de cultivo* cultured pearl ; *fig* [maravilla] gem, treasure ▶ de perlas great, fine ▶ me viene de perlas it's just the right thing.

perlé sm beading.

permanecer [30] vi **1.** [en un lugar] to stay **2.** [en un estado] to remain, to stay.

permanencia sf **1.** [en un lugar] staying, continued stay **2.** [en un estado] continuation.

permanente ❖ adj permanent ; [comisión] standing. ❖ sf perm ▶ hacerse la permanente to have a perm.

permeable adj permeable.

permisible adj permissible, acceptable.

permisivo, va adj permissive.

permiso sm **1.** [autorización] permission ▶ con permiso if I may, if you'll excuse me / *dar permiso para hacer algo* to give permission to do sthg **2.** [documento] licence, permit ▶ permiso de armas gun licence ▶ permiso de conducir driving licence [UK], driver's license [US] / *permiso de residencia* residence permit **3.** [vacaciones] leave.

permitir vt to allow ▶ permitir a alguien hacer algo to allow sb to do sthg ▶ ¿me permite? may I?

◆ **permitirse** vprnl to allow o.s. (the luxury of) / *no puedo permitírmelo* I can't afford it.

permuta, permutación sf exchange.

pernicioso, sa adj damaging, harmful.

pernoctar vi to stay overnight.

pero ⟺ conj but / *la casa es vieja pero céntrica* the house may be old, but it's central / *pero ¿qué es tanto ruido?* what on earth is all this noise about? ⟺ sm snag, fault ▸ **poner peros a todo** to find fault with everything.

perol sm casserole (dish).

perorata sf long-winded speech.

perpendicular adj perpendicular ▸ **ser perpendicular a algo** to be at right angles to sthg.

perpetrar vt to perpetrate, to commit.

perpetuar [6] vt to perpetuate. ◆ **perpetuarse** vprnl to last, to endure.

perpetuo, tua adj 1. [gen] perpetual 2. [para toda la vida] lifelong ; DER life *(antes de sust)*.

perplejo, ja adj perplexed, bewildered.

perra sf 1. [rabieta] tantrum ▸ **coger una perra** to throw a tantrum 2. [dinero] penny ▸ **estoy sin una perra** I'm flat broke 3. ⟶ **perro.**

perrera ⟶ **perrero.**

perrería sf *fam* ▸ **hacer perrerías a alguien** to play dirty tricks on sb.

perrero, ra sm, f [persona] dogcatcher.
◆ **perrera** sf 1. [lugar] kennels *pl* 2. [vehículo] dogcatcher's van.

perro, rra sm, f [animal] dog (bitch) ▸ **perro callejero** stray dog ▸ **perro de caza** hunting dog / *perro de compañía* pet dog / *perro faldero* lapdog ▸ **perro lazarillo** guide dog ▸ **perro lobo** alsatian ▸ **perro pastor** sheepdog ▸ **perro policía** police dog / *echar los perros a alguien* to have a go at sb ▸ **ser perro viejo** to be an old hand.
◆ **perro caliente** sm hot dog.

persa ⟺ adj & smf Persian. ⟺ sm [idioma] Persian, Farsi.

persecución sf 1. [seguimiento] pursuit 2. [acoso] persecution.

perseguir [43] vt 1. [seguir, tratar de obtener] to pursue 2. [acosar] to persecute 3. [mala suerte, problema etc] to dog.

perseverante adj persistent.

perseverar vi ▸ **perseverar (en)** to persevere (with), to persist (in).

persiana sf blind, shade [US] / *enrollarse como una persiana* *fam* to go on and on.

persistente adj persistent.

persistir vi ▸ **persistir (en)** to persist (in).

persona sf 1. [individuo] person / *cien personas* a hundred people / *de persona a persona* person to person ▸ **en persona** in person ▸ **por persona** per head ▸ **ser buena persona** to be

nice ▸ **persona mayor** adult, grown-up 2. DER party 3. GRAM person.

personaje sm 1. [persona importante] important person, celebrity / *ser todo un personaje* *fam* to be a real big shot 2. [de obra] character.

personal ⟺ adj [gen] personal ; [teléfono, dirección] private, home *(antes de sust)*. ⟺ sm [trabajadores] staff, personnel.

personalidad sf 1. [características] personality 2. [persona importante] important person, celebrity.

personalizado, da adj personalized, customized.

personalizar [13] vi [nombrar] to name names.

personarse vprnl to turn up.

personero, ra sm, f [Am] 1. [representante] representative 2. [portavoz] spokesperson.

personificar vt to personify.

perspectiva sf 1. [gen] perspective 2. [paisaje] view 3. [futuro] prospect ▸ **en perspectiva** in prospect.

perspicacia sf insight, perceptiveness.

perspicaz adj sharp, perceptive.

persuadir vt to persuade ▸ **persuadir a alguien para que haga algo** to persuade sb to do sthg.
◆ **persuadirse** vprnl to convince o.s. ▸ **persuadirse de algo** to become convinced of sthg.

persuasión sf persuasion.

persuasivo, va adj persuasive.

pertenecer [30] vi 1. [gen] ▸ **pertenecer a** to belong to 2. [corresponder] to be a matter for.

perteneciente adj ▸ **ser perteneciente a** to belong to.

pertenencia sf 1. [propiedad] ownership 2. [afiliación] membership. ◆ **pertenencias** sfpl [enseres] belongings.

pértiga sf 1. [vara] pole 2. DEP pole-vault.

pertinaz adj 1. [terco] stubborn 2. [persistente] persistent.

pertinente adj 1. [adecuado] appropriate 2. [relativo] relevant, pertinent.

pertrechos smpl 1. MIL supplies and ammunition 2. *fig* [utensilios] gear *(U)*.

perturbación sf 1. [desconcierto] disquiet, unease 2. [disturbio] disturbance ▸ **perturbación del orden público** breach of the peace 3. MED mental imbalance.

perturbado, da adj 1. MED disturbed 2. [desconcertado] perturbed.

perturbador, ra ⟺ adj unsettling. ⟺ sm, f troublemaker.

perturbar vt 1. [trastornar] to disrupt 2. [inquietar] to disturb, to unsettle 3. [enloquecer] to perturb.

Perú npr ▸ **(el) Perú** Peru.

peruano, na adj & sm, f Peruvian.

perversión sf perversion.

perverso, sa adj depraved.

pervertido, da sm, f pervert.

pervertir [27] vt to corrupt. ◆ **pervertirse** vprnl to be corrupted.

pesa sf **1.** [gen] weight **2.** (gen pl) DEP weights pl / alzar pesas to lift weights.

pesadez sf **1.** [peso] weight **2.** [sensación] heaviness **3.** [molestia, fastidio] drag, pain **4.** [aburrimiento] ponderousness.

pesadilla sf nightmare.

pesado, da ◆ adj **1.** [gen] heavy **2.** [caluroso] sultry **3.** [lento] ponderous, sluggish **4.** [duro] difficult, tough **5.** [aburrido] boring **6.** [molesto] annoying, tiresome / ¡qué pesado eres! you're so annoying! ◆ sm, f bore, pain.

pesadumbre sf grief, sorrow.

pésame sm sympathy, condolences pl ▸ **dar el pésame** to offer one's condolences / mi más sentido pésame my deepest sympathies.

pesar ◆ sm **1.** [tristeza] grief **2.** [arrepentimiento] remorse **3.** loc ▸ **a pesar mío** against my will. ◆ vt **1.** [determinar el peso de] to weigh **2.** [examinar] to weigh up. ◆ vi **1.** [tener peso] to weigh **2.** [ser pesado] to be heavy **3.** [importar] to play an important part **4.** [entristecer] : me pesa tener que decirte esto I'm sorry to have to tell you this. ◆ **a pesar de** loc prep despite / a pesar de todo in spite of everything. ◆ **a pesar de que** loc conj in spite of the fact that.

pesca sf **1.** [acción] fishing ▸ **ir de pesca** to go fishing / pesca con caña angling / pesca con red net fishing **2.** [lo pescado] catch.

pescadería sf fishmonger's (shop).

pescadero, ra sm, f fishmonger.

pescadilla sf whiting.

pescado sm fish.

pescador, ra sm, f fisherman (fisherwoman).

pescar [10] ◆ vt **1.** [peces] to catch **2.** fig [enfermedad] to catch **3.** fam & fig [conseguir] to get o.s., to land **4.** fam & fig [atrapar] to catch. ◆ vi to fish, to go fishing.

pescuezo sm neck.

pese ◆ **pese a** loc prep despite / pese a que even though.

pesebre sm **1.** [para los animales] manger **2.** [belén] crib, Nativity scene.

pesero sm CAM MEX fixed-rate taxi service.

peseta sf [unidad] peseta. ◆ **pesetas** sfpl fig [dinero] money (U).

pesetero, ra adj moneygrubbing.

pesimismo sm pessimism.

pesimista ◆ adj pessimistic. ◆ smf pessimist.

pésimo, ma ◆ superl = **malo.** ◆ adj terrible, awful.

peso sm **1.** [gen] weight ▸ **tiene un kilo de peso** it weighs a kilo ▸ **peso atómico / molecular** atomic/molecular weight ▸ **peso bruto / neto** gross/net weight ▸ **peso muerto** dead weight **2.** [moneda] peso **3.** [de atletismo] shot **4.** [balanza] scales pl.

pesquero, ra adj fishing. ◆ **pesquero** sm fishing boat.

pesquisa sf investigation, inquiry.

pestaña sf [de párpado] eyelash / pestañas postizas false eyelashes ▸ **quemarse las pestañas** fig to burn the midnight oil.

pestañear vi to blink ▸ **sin pestañear** without batting an eyelid.

peste sf **1.** [enfermedad, plaga] plague ▸ **peste bubónica** bubonic plague **2.** fam [mal olor] stink, stench **3.** loc ▸ **decir pestes de alguien** to heap abuse on sb.

pesticida sm pesticide.

pestilencia sf stench.

pestillo sm [cerrojo] bolt ; [mecanismo, en verjas] latch ▸ **correr o echar el pestillo** to shoot the bolt.

pestiño sm CULIN type of honey fritter.

petaca sf **1.** [para cigarrillos] cigarette case ; [para tabaco] tobacco pouch **2.** [para bebidas] flask **3.** MEX [maleta] suitcase. ◆ **petacas** sfpl MEX fam buttocks.

pétalo sm petal.

petanca sf game similar to bowls played in parks, on beach etc.

petardo sm [cohete] firecracker.

petate sm kit bag ▸ **liar el petate a)** fam [marcharse] to pack one's bags and go **b)** [morir] to kick the bucket.

petenera sf Andalusian popular song ▸ **salir por peteneras** to go off at a tangent.

petición sf **1.** [acción] request ▸ **a petición de** at the request of sb. **2.** DER [escrito] petition.

petiso, sa, petizo, za ◆ adj ANDES RDOM fam [person] short. ◆ sm ANDES RDOM [caballo] small horse.

peto sm [de prenda] bib / pantalón con peto overalls.

petrificar [10] vt lit + fig to petrify.

petrodólar sm petrodollar.

petróleo sm oil, petroleum.

petrolero, ra adj oil (antes de sust). ◆ **petrolero** sm oil tanker.

petrolífero, ra adj oil (antes de sust).

petulancia sf arrogance.

petulante adj opinionated.

petunia sf petunia.

peúco (gen pl) sm bootee.

peyorativo, va adj pejorative.

pez sm fish / *pez de colores* goldfish ▶ **pez de río** freshwater fish ▶ **pez espada** swordfish ▶ **estar pez (en algo)** to have no idea (about sthg). ◆ **pez gordo** sm *fam* & *fig* big shot.

pezón sm [de pecho] nipple.

pezuña sf hoof.

piadoso, sa adj **1.** [compasivo] kind-hearted **2.** [religioso] pious.

pianista smf pianist.

piano sm piano.

pianola sf pianola.

piar [9] vi to cheep, to tweet.

PIB (*abr de* **producto interior bruto**) sm GDP.

pibe, ba sm, f RDom *fam* kid.

pica sf **1.** [naipe] spade **2.** [lanza] pike ▶ **poner una pica en Flandes** to do the impossible. ◆ **picas** sfpl [palo de baraja] spades.

picada sf **1.** ⟶ **picado 2.** RP snacks pl, appetizers pl **3.** RP mince UK, ground beef US **4.** Am [de avión] nosedive / *hacer una picada* to dive.

picadero sm [de caballos] riding school.

picadillo sm **1.** [de carne] mince ; [de verdura] chopped vegetables pl / *hacer picadillo a alguien fam* to beat sb to a pulp **2.** CHILE [tapas] snacks, appetizers.

picado, da adj **1.** [marcado - piel] pockmarked ; [- fruta] bruised **2.** [agujereado] perforated ▶ **picado de polilla** moth-eaten **3.** [triturado - alimento] chopped ; [- carne] minced ; [- tabaco] cut **4.** [vino] sour **5.** [diente] decayed **6.** [mar] choppy **7.** *fig* [enfadado] annoyed.

picador, ra sm, f TAUROM picador.

picadora sf mincer.

picadura sf **1.** [de mosquito, serpiente] bite ; [de avispa, ortiga, escorpión] sting **2.** [tabaco] (cut) tobacco (U).

picaflor sm Am **1.** [colibrí] hummingbird **2.** [galanteador] womanizer.

picante ⬦ adj **1.** [comida etc] spicy, hot **2.** *fig* [obsceno] saucy. ⬦ sm [comida] spicy food ; [sabor] spiciness.

picantería sf ANDES cheap restaurant.

picaporte sm [aldaba] doorknocker ; [barrita] latch.

picar [10] ⬦ vt **1.** [suj: mosquito, serpiente] to bite ; [suj: avispa, escorpión, ortiga] to sting **2.** [escocer] to itch ▶ *me pican los ojos* my eyes are stinging **3.** [triturar - verdura] to chop ; [- carne] to mince **4.** [suj: ave] to peck **5.** [aperitivo] to pick at **6.** [tierra, piedra, hielo] to hack at **7.** *fig* [enojar] to irritate **8.** *fig* [estimular - persona, caballo] to spur on ; [- curiosidad] to prick **9.** [perforar - billete, ficha] to punch. ⬦ vi **1.** [alimento] to be spicy o hot **2.** [pez] to bite **3.** [escocer] to itch **4.** [ave] to peck **5.** [tomar un aperitivo] to nibble **6.** [sol] to burn **7.** [dejarse engañar] to

take the bait. ◆ **picarse** vprnl **1.** [vino] to turn sour **2.** [mar] to get choppy **3.** [diente] to get a cavity **4.** [oxidarse] to go rusty **5.** *fig* [enfadarse] to get annoyed o cross.

picardía sf **1.** [astucia] craftiness **2.** [travesura] naughty trick, mischief (U).

picaresco, ca adj mischievous, roguish. ◆ **picaresca** sf **1.** LITER picaresque literature **2.** [modo de vida] roguery.

pícaro, ra sm, f **1.** [astuto] sly person, rogue **2.** [travieso] rascal. *Ver también* **picaresca**.

picatoste sm crouton.

pichi sm pinafore (dress).

pichichi sm DEP top scorer.

pichincha sf RDom *fam* bargain.

pichón sm ZOOL young pigeon.

pickles smpl RP pickles.

picnic (*pl* **picnics**) sm picnic.

pico sm **1.** [de ave] beak **2.** [punta, saliente] corner **3.** [herramienta] pick, pickaxe **4.** [cumbre] peak **5.** [cantidad indeterminada] ▶ **cincuenta y pico** fifty-odd, fifty-something / *llegó a las cinco y pico* he got there just after five **6.** *fam* [boca] gob, mouth ▶ **ser o tener un pico de oro** to be a smooth talker, to have the gift of the gab.

picor sm [del calor] burning ; [que irrita] itch.

picoso, sa adj MÉX spicy, hot.

picotear vt [suj: ave] to peck.

picoteo sm [entre las comidas] snacking (*in between meals*).

pida, pidiera ⟶ **pedir.**

pie sm **1.** [gen & ANAT] foot ▶ **a pie** on foot ▶ **estar de** o **en pie** to be on one's feet o standing ▶ **ponerse de** o **en pie** to stand up ▶ **de pies a cabeza** *fig* from head to toe ▶ **seguir en pie** [vigente] to be still valid ▶ **en pie de igualdad** on an equal footing ▶ **en pie de guerra** at war ▶ **pie de foto** caption **2.** [de micrófono, lámpara etc] stand ; [de copa] stem **3.** *loc* ▶ **al pie de la letra** to the letter, word for word ▶ **andar con pies de plomo** to tread carefully ▶ **buscarle (los) tres pies al gato** to split hairs ▶ **dar pie a alguien para que haga algo** to give sb cause to do sthg ▶ **no tener ni pies ni cabeza** to make no sense at all ▶ **no tenerse de** o **en pie a)** [por cansancio] not to be able to stand up a minute longer **b)** *fig* [por ser absurdo] not to stand up ▶ **pararle los pies a alguien** to put sb in their place ▶ **tener un pie en la tumba** to have one foot in the grave.

piedad sf **1.** [compasión] pity / *por piedad* for pity's sake ▶ **tener piedad de** to take pity on **2.** [religiosidad] piety.

piedra sf **1.** [gen] stone ▶ **piedra angular** *lit* + *fig* cornerstone ▶ **piedra pómez** pumice stone ▶ **piedra preciosa** precious stone ▶ **piedra de toque** touchstone **2.** [de mechero] flint.

piel sf **1.** ANAT skin ▶ **piel roja** redskin (N.B.: the term 'piel roja' is considered to be racist) / **piel de gallina** goose bumps **2.** [cuero] leather **3.** [pelo] fur **4.** [cáscara] skin, peel.

piensa → **pensar**.

piercing ['pirsiŋ] sm piercing.

pierda → **perder**.

pierna sf leg ▶ **estirar las piernas** to stretch one's legs.

pieza sf **1.** [gen] piece ; [de mecanismo] part ▶ **dejar / quedarse de una pieza** to leave / be thunderstruck **2.** [obra dramática] play **3.** [habitación] room.

pifiar [8] vt ▶ **pifiarla** fam to put one's foot in it.

pigmento sm pigment.

PIIGS (abr de Portugal, Italy, Ireland, Greece and Spain) smpl ECON PIGS.

pijama sm pyjamas pl.

pila sf **1.** [generador] battery **2.** [montón] pile / **tiene una pila de deudas** he's up to his neck in debt **3.** [fregadero] sink.

pilar sm lit + fig pillar.

píldora sf pill ; [anticonceptivo] ▶ **la píldora** the pill / **píldora del día siguiente** morning after pill ▶ **dorar la píldora** to sugar the pill.

pileta sf RDom [piscina] swimming pool ; [en baño] washbasin ; [en cocina] sink.

pillaje sm pillage.

pillar ◆ vt **1.** [gen] to catch **2.** [chiste, explicación] to get **3.** [atropellar] to knock down. ◆ vi fam [hallarse] : **me pilla lejos** it's out of the way for me / **me pilla de camino** it's on my way / **no me pilla de nuevas** it doesn't surprise me. ◆ **pillarse** vprnl [dedos etc] to catch.

pillín sm fam rascal.

pillo, lla fam ◆ adj **1.** [travieso] mischievous **2.** [astuto] crafty. ◆ sm, f [pícaro] rascal.

pilotar vt [avión] to fly, to pilot ; [coche] to drive ; [barco] to steer.

piloto ◆ smf [gen] pilot ; [de coche] driver ▶ **piloto automático** automatic pilot. ◆ sm **1.** [luz - de coche] tail light ; [- de aparato] pilot lamp **2.** CSur [impermeable] raincoat. ◆ adj inv pilot (antes de sust).

piltrafa (gen pl) sf scrap ; fam [persona débil] wreck.

pimentero sm pepper pot UK, pepper shaker US.

pimentón sm **1.** [dulce] paprika **2.** [picante] cayenne pepper.

pimienta sf pepper ▶ **pimienta blanca / negra** white / black pepper.

pimiento sm [fruto] pepper, capsicum ; [planta] pimiento, pepper plant ▶ **pimiento morrón** sweet pepper / **me importa un pimiento** fam I couldn't care less.

pimpollo sm **1.** [de rama, planta] shoot ; [de flor] bud **2.** fam & fig [persona atractiva] gorgeous person.

pin (pl **pins**) sm pin, (lapel) badge.

pinacoteca sf art gallery.

pinar sm pine wood o grove.

pinaza sf pine needles pl.

pincel sm [para pintar] paintbrush ; [para maquillar etc] brush.

pinchadiscos smf inv disc jockey.

pinchar ◆ vt **1.** [punzar - gen] to prick ; [- rueda] to puncture ; [- globo, balón] to burst **2.** [penetrar] to pierce **3.** fam [teléfono] to tap **4.** fig [irritar] to torment **5.** fig [incitar] ▶ **pinchar a alguien para que haga algo** to urge sb to do sthg. ◆ vi **1.** [rueda] to get a puncture **2.** [barba] to be prickly. ◆ **pincharse** vprnl **1.** [punzarse - persona] to prick o.s. ; [- rueda] to get a puncture **2.** [inyectarse] **pincharse (algo)** a) [medicamento] to inject o.s. (with sthg) b) fam [droga] to shoot up (with sthg).

pinchazo sm **1.** [punzada] prick **2.** [marca] needle mark **3.** [de neumático, balón etc] puncture, flat US.

pinche ◆ sm, f kitchen boy (kitchen maid). ◆ adj Méx fam lousy, damn.

pinchito sm **1.** CULIN [tapa] aperitif on a stick **2.** CULIN [pincho moruno] shish kebab.

pincho sm **1.** [punta] (sharp) point **2.** [espina - de planta] prickle, thorn **3.** CULIN aperitif on a stick ▶ **pincho moruno** shish kebab **4.** INFORM dongle.

pinga sf Andes Méx vulg prick, cock.

pingajo sm fam & despec rag.

ping-pong® [pin'pon] sm table-tennis.

pingüino sm penguin.

pinitos smpl ▶ **hacer pinitos** lit + fig to take one's first steps.

pino sm pine ▶ **en el quinto pino** in the middle of nowhere.

pinol, pinole sm Cam Méx [harina] maize flour UK, corn flour US.

pinta → **pinto**.

pintado, da adj **1.** [coloreado] coloured ▶ '**recién pintado**' 'wet paint' **2.** [maquillado] made-up **3.** [moteado] speckled. ◆ **pintada** sf [escrito] graffiti (U).

pintalabios sm inv lipstick.

pintar ◆ vt **1.** to paint ▶ **pintar algo de negro** to paint sthg black **2.** [significar, importar] to count / **aquí no pinto nada** there's no place for me here / **¿qué pinto yo en este asunto?** where do I come in? ◆ vi [con pintura] to paint. ◆ **pintarse** vprnl [maquillarse] to make o.s. up.

pinto, ta adj speckled, spotted. ◆ **pinta** sf **1.** [lunar] spot **2.** fig [aspecto] appearance ▶ **tener pinta de algo** to look o seem like sthg / **tiene**

buena pinta it looks good **3.** [unidad de medida] pint **4.** Mɛx [pintada] graffiti *(U).*

pintor, ra sm, f painter.

pintoresco, ca adj picturesque; *fig* [extravagante] colourful.

pintura sf **1.** ARTE painting ▶ **pintura a la acuarela** watercolour ▶ **pintura al óleo** oil painting **2.** [materia] paint.

piña sf **1.** [del pino] pine cone **2.** [ananás] pineapple **3.** *fig* [conjunto de gente] close-knit group.

pinza *(gen pl)* sf **1.** [gen] tweezers *pl*; [de tender ropa] peg, clothespin US **2.** [de animal] pincer, claw **3.** [pliegue] fold.

piñata sf *pot full of sweets which blindfolded children try to break open with sticks at parties.*

piñón sm **1.** [fruto] pine nut **2.** [rueda dentada] pinion.

pío, a adj pious. ◆ **pío** sm cheep, cheeping *(U)*; [de gallina] cluck, clucking *(U)* ▶ **no decir ni pío** *fig* not to make a peep.

piojo sm louse / *piojos* lice.

piola ◆ adj Arg *fam* **1.** [astuto] shrewd **2.** [estupendo] fabulous. ◆ sf Am [cuerda] cord.

piolet sm ice axe.

piolín sm Andes RP cord.

pionero, ra sm, f pioneer.

pipa sf **1.** [para fumar] pipe **2.** [pepita] seed, pip ▶ **pipas (de girasol)** *sunflower seeds coated in salt* **3.** *loc* ▶ **pasarlo** o **pasárselo pipa** to have a whale of a time.

pipermín, peppermint [piper'min] sm peppermint liqueur.

pipí sm *fam* wee-wee ▶ **hacer pipí** to have a wee-wee.

pique sm **1.** [enfado] grudge **2.** [rivalidad] rivalry **3.** *loc* ▶ **irse a pique a)** [barco] to sink **b)** [negocio] to go under **c)** [plan] to fail.

piquete sm [grupo] ▶ **piquete de ejecución** firing squad ▶ **piquete (de huelga)** picket.

pirado, da adj *fam* crazy.

piragua sf canoe.

piragüismo sm canoeing.

pirámide sf pyramid.

piraña sf piranha.

pirarse vprnl *fam* to clear off.

pirata ◆ adj pirate *(antes de sust)*; [disco] bootleg. ◆ smf *lit* + *fig* pirate ▶ **pirata informático** hacker.

piratear ◆ vi **1.** [gen] to be involved in piracy **2.** INFORM to hack. ◆ vt INFORM to hack into.

pirateo sm *fam* piracy; INFORM hacking.

pirenaico, ca adj Pyrenean.

pírex, pyrex® sm Pyrex®.

Pirineos smpl ▶ **los Pirineos** the Pyrenees.

piripi adj *fam* tipsy.

pirómano, na sm, f pyromaniac.

piropo sm *fam* flirtatious remark; ≃ wolf whistle.

pirotecnia sf pyrotechnics *(U).*

pirrarse vprnl *fam* ▶ **pirrarse por algo/alguien** to be dead keen on sthg/sb.

pirueta sf pirouette.

piruleta sf lollipop.

pirulí *(pl pirulís)* sm lollipop.

pis *(pl pises)* sm *fam* pee.

pisada sf **1.** [acción] footstep ▶ **seguir las pisadas de alguien** to follow in sb's footsteps **2.** [huella] footprint.

pisapapeles sm inv paperweight.

pisar vt **1.** [con el pie] to tread on **2.** [uvas] to tread **3.** *fig* [llegar a] to set foot in **4.** *fig* [despreciar] to trample on **5.** *fig* [anticiparse] ▶ **pisar un contrato a alguien** to beat sb to a contract / *pisar una idea a alguien* to think of sthg before sb ▶ **pisar fuerte** *fig* to be firing on all cylinders.

piscina sf swimming pool / *piscina al aire libre* open air swimming pool / *piscina climatizada* heated swimming pool.

Piscis ◆ sm [zodiaco] Pisces. ◆ smf [persona] Pisces.

pisco sm pisco *(Andean grape brandy).*

piscolabis sm inv *fam* snack.

piso sm **1.** [vivienda] flat **2.** [planta] floor **3.** [suelo - de carretera] surface; [- de edificio] floor **4.** [capa] layer.

pisotear vt **1.** [con el pie] to trample on **2.** [humillar] to scorn.

pisotón sm *fam* stamp *(of the foot)* / *me dio un pisotón* he stood on my foot.

pista sf **1.** [gen] track ▶ **pista de aterrizaje** runway ▶ **pista de baile** dance floor / *pista cubierta* indoor track ▶ **pista de esquí** ski slope ▶ **pista de hielo** ice rink ▶ **pista de tenis** tennis court **2.** *fig* [indicio] clue.

pistacho sm pistachio.

pisto sm ≃ ratatouille.

pistola sf **1.** [arma - con cilindro] gun; [- sin cilindro] pistol **2.** [pulverizador] spraygun ▶ **pintar a pistola** to spray-paint.

pistolero, ra sm, f [persona] gunman. ◆ **pistolera** sf [funda] holster.

pistón sm **1.** MECÁN piston **2.** [MÚS - corneta] cornet; [- llave] key.

pitada sf Am *fam* drag, puff.

pitar ◆ vt **1.** [arbitrar - partido] to referee; [- falta] to blow for **2.** [abuchear] ▶ **pitar a alguien** to whistle at sb in disapproval **3.** Am *fam* [fumar] to puff (on). ◆ vi **1.** [tocar el pito] to blow a whistle; [del coche] to toot one's horn **2.** *loc* ▶ **salir/irse pitando** to rush out/off.

pitido sm whistle.

pitillera sf cigarette case.

pitillo sm [cigarrillo] cigarette.

pito sm **1.** [silbato] whistle **2.** [claxon] horn.

pitón sm [cuerno] horn.

pitonisa sf fortune-teller.

pitorrearse vprnl *fam* ▶ **pitorrearse (de)** to take the mickey (out of).

pitorro sm spout.

píxel ['piksel] sm INFORM pixel.

pixelización sf INFORM pixelation.

pixelizar vt INFORM to pixelate.

piyama sm o sf 𝘼𝙈 [pijama] pyjamas ▶ **un piyama** a pair of pyjamas.

pizarra sf **1.** [roca, material] slate **2.** [encerado] blackboard, chalkboard 𝙐𝙎 ▶ **pizarra digital (interactiva)** interactive whiteboard.

pizarrón sm 𝘼𝙈 blackboard.

pizca sf *fam* **1.** [gen] tiny bit ; [de sal] pinch **2.** 𝙈𝙀𝙓 [cosecha] harvest, crop.

pizza ['pitsa] sf pizza.

pizzería [pitse'ria] sf pizzeria.

placa sf **1.** [lámina] plate ; [de madera] sheet ▶ **placa solar** solar panel **2.** [inscripción] plaque ; [de policía] badge **3.** [matrícula] number plate **4.** [de cocina] ring **5.** ELECTRÓN board **6.** ▶ **placa dental** dental plaque.

placenta sf placenta.

placentero, ra adj pleasant.

placer sm pleasure ▶ **ha sido un placer (conocerle)** it has been a pleasure meeting you.

plácido, da adj [persona] placid ; [día, vida, conversación] peaceful.

plafón sm ELECTR ceiling rose.

plaga sf **1.** [gen] plague ; AGRIC blight ; [animal] pest **2.** [epidemia] epidemic.

plagado, da adj ▶ **plagado (de)** infested (with).

plagar [16] vt ▶ **plagar de a)** [propaganda etc] to swamp with **b)** [moscas etc] to infest with.

plagiar [8] vt [copiar] to plagiarize.

plagiario, ria sm, f 𝘼𝙈 kidnapper.

plagio sm [copia] plagiarism.

plan sm **1.** [proyecto, programa] plan **2.** *fam* [ligue] date **3.** *fam* [modo, forma] : *lo dijo en plan serio* he was serious about it / *¡vaya plan de vida!* what a life! / *si te pones en ese plan ...* if you're going to be like that about it ...

plana ⟶ **plano**.

plancha sf **1.** [para planchar] iron / *plancha de vapor* steam iron **2.** [para cocinar] grill ▶ **a la plancha** grilled **3.** [placa] plate ; [de madera] sheet **4.** IMPR plate.

planchado sm ironing.

planchar vt to iron.

planeador sm glider.

planear ⟶ vt to plan. ⟶ vi **1.** [hacer planes] to plan **2.** [en el aire] to glide.

planeta sm planet.

planicie sf plain.

planificación sf planning ▶ **planificación familiar** family planning.

planificar [10] vt to plan.

planilla sf 𝘼𝙈 [formulario] form.

plano, na adj flat. ◆ **plano** sm **1.** [diseño, mapa] plan **2.** [nivel, aspecto] level **3.** CINE shot ▶ **primer plano** close-up ▶ **en segundo plano** *fig* in the background **4.** GEOM plane. ◆ **plana** sf **1.** [página] page ▶ **en primera plana** on the front page **2.** [loc] : *enmendarle la plana a alguien* to find fault with sb.

planta sf **1.** BOT plant **2.** [fábrica] plant ▶ **planta depuradora** purification plant ▶ **planta de envase** o **envasadora** packaging plant **3.** [piso] floor ▶ **planta baja** ground floor **4.** [del pie] sole.

plantación sf **1.** [terreno] plantation **2.** [acción] planting.

plantado, da adj standing, planted ▶ **dejar plantado a alguien a)** *fam* [cortar la relación] to walk out on sb **b)** [no acudir] to stand sb up ▶ **ser bien plantado** to be good-looking.

plantar vt **1.** [sembrar] ▶ **plantar algo (de)** to plant sthg (with) **2.** [fijar - tienda de campaña] to pitch ; [- poste] to put in **3.** *fam* [asestar] to deal, to land. ◆ **plantarse** vprnl **1.** [gen] to plant o.s. **2.** [en un sitio con rapidez] ▶ **plantarse en** to get to, to reach.

planteamiento sm **1.** [exposición] raising, posing **2.** [enfoque] approach.

plantear vt **1.** [exponer - problema] to pose ; [- posibilidad, dificultad, duda] to raise **2.** [enfocar] to approach. ◆ **plantearse** vprnl ▶ **plantearse algo** to consider sthg, to think about sthg.

plantel sm *fig* [conjunto] group.

plantilla sf **1.** [de empresa] staff **2.** [suela interior] insole **3.** [patrón] pattern, template.

plantón sm ▶ **dar un plantón a alguien** *fam* to stand sb up.

plañidero, ra adj plaintive.

plañir vi to moan, to wail.

plasmar vt **1.** *fig* [reflejar] to give shape to **2.** [modelar] to shape, to mould. ◆ **plasmarse** vprnl to take shape.

plasta ⟼ adj *mfam* ▶ **ser plasta** to be a pain. ⟼ smf *mfam* [pesado] pain, drag.

plástico, ca adj [gen] plastic. ◆ **plástico** sm [gen] plastic.

plastificar [10] vt to plasticize.

plastilina® sf ≃ Plasticine®.

plata sf **1.** [metal] silver ▶ **plata de ley** sterling silver ▶ **hablar en plata** *fam* to speak bluntly **2.** [objetos de plata] silverware **3.** 𝘼𝙈 [dinero] money.

plataforma sf **1.** [gen] platform / *plataforma espacial* space station ▶ **plataforma petrolífera**

oil rig **2.** *fig* [punto de partida] launching pad **3.** GEOL shelf.

platal sm `AM` *fam* ▶ **un platal** a fortune, loads of money.

plátano sm **1.** [fruta] banana **2.** [banano] banana tree ; [árbol platanáceo] plane tree.

platea sf stalls *pl.*

plateado, da adj **1.** [con plata] silver-plated **2.** *fig* [color] silvery.

platense ◆ adj from the River Plate. ◆ smf *native or inhabitant of the River Plate region.*

plateresco, ca adj plateresque.

plática sf `CAM` `MÉX` talk, chat.

platicar [10] vi `CAM` `MÉX` to talk, to chat.

platillo sm **1.** [plato pequeño] small plate ; [de taza] saucer **2.** [de una balanza] pan **3.** *(gen pl)* MÚS cymbal. ◆ **platillo volante** sm flying saucer.

platina sf [de microscopio] slide.

platino sm [metal] platinum. ◆ **platinos** smpl AUTO & MECÁN contact points.

plato sm **1.** [recipiente] plate, dish ▶ **lavar los platos** to do the washing-up ▶ **pagar los platos rotos** to carry the can **2.** [parte de una comida] course ▶ **primer plato** first course, starter / *de primer plato* for starters ▶ **segundo plato** second course, main course ▶ **plato fuerte a)** [en una comida] main course **b)** *fig* main part **3.** [comida] dish ▶ **plato combinado** *single-course meal which usually consists of meat or fish accompanied by chips and vegetables* ▶ **plato principal** main course **4.** [de tocadiscos, microondas] turntable.

plató sm set.

platónico, ca adj Platonic.

platudo, da adj `AM` *fam* loaded, rolling in it.

plausible adj **1.** [admisible] acceptable **2.** [posible] plausible.

playa sf **1.** [en el mar] beach / *ir a la playa de vacaciones* to go on holiday to the seaside **2.** ▶ **playa de estacionamiento** `AM` car park `UK`, parking lot `US`.

play-back ['pleiβak] *(pl* play-backs*)* sm ▶ **hacer play-back** to mime (the lyrics).

playero, ra adj beach *(antes de sust).* ◆ **playera** sf `CAM` `MÉX` [camiseta] T-shirt. ◆ **playeras** sfpl **1.** [de deporte] tennis shoes **2.** [para la playa] canvas shoes.

plaza sf **1.** [en una población] square / *plaza mayor* main square **2.** [sitio] place **3.** [asiento] seat ▶ **de dos plazas** two-seater *(antes de sust)* **4.** [puesto de trabajo] position, job ▶ **plaza vacante** vacancy **5.** [mercado] market, marketplace **6.** TAUROM ▶ **plaza (de toros)** bullring.

plazo sm **1.** [de tiempo] period (of time) / *en un plazo de un mes* within a month / *mañana termina el plazo de inscripción* the deadline for

registration is tomorrow ▶ **a corto /largo plazo a)** [gen] in the short/long term **b)** ECON short/long term **2.** [de dinero] instalment ▶ **a plazos** in instalments, on hire purchase.

plazoleta sf small square.

plebe sf ▶ **la plebe** *lit + fig* the plebs.

plebeyo, ya adj **1.** HIST plebeian **2.** [vulgar] common.

plebiscito sm plebiscite.

plegable adj collapsible, foldaway ; [chair] folding.

plegar [35] vt to fold ; [mesita, hamaca] to fold away.

plegaria sf prayer.

pleito sm **1.** DER [litigio] legal action *(U)*, lawsuit ; [disputa] dispute **2.** `AM` [discusión] argument.

plenario, ria adj plenary.

plenilunio sm full moon.

plenitud sf [totalidad] completeness, fullness.

pleno, na adj full, complete ▶ **en pleno día** in broad daylight ▶ **en plena guerra** in the middle of the war ▶ **le dio en plena cara** she hit him right in the face ▶ **en pleno uso de sus facultades** in full command of his faculties ▶ **en plena forma** on top form. ◆ **pleno** sm [reunión] plenary meeting.

pletórico, ca adj ▶ **pletórico de** full of.

pliego sm **1.** [hoja] sheet (of paper) **2.** [carta, documento] *sealed document* o *letter* ▶ **pliego de condiciones** specifications *pl.*

pliegue sm **1.** [gen & GEOL] fold **2.** [en un plisado] pleat.

plisado sm pleating.

plomería sf `MÉX` `RP` `VEN` plumber's.

plomero sm `CAM` `CARIB` `MÉX` `RP` plumber.

plomizo, za adj [color] leaden.

plomo sm **1.** [metal] lead ▶ **caer a plomo** to fall o drop like a stone **2.** [pieza de metal] lead weight **3.** [fusible] fuse.

plotter *(pl* plotters*)* sm INFORM plotter.

pluma ◆ sf **1.** [de ave] feather **2.** [para escribir] (fountain) pen ; HIST quill ▶ **pluma estilográfica** fountain pen **3.** `CARIB` `MÉX` [bolígrafo] ballpoint pen **4.** `CARIB` `COL` `MÉX` [grifo] tap. ◆ adj inv DEP featherweight.

plumaje sm **1.** [de ave] plumage **2.** [adorno] plume.

plum-cake [pluŋ'keik] *(pl* plum-cakes*)* sm fruit cake.

plumero sm feather duster ▶ **vérsele a alguien el plumero** *fam* to see through sb.

plumier *(pl* plumiers*)* sm pencil box.

plumilla sf nib.

plumón sm **1.** [de ave] down **2.** `CHILE` `MÉX` [rotulador] felt-tip pen.

plural adj & sm plural.

pluralidad sf diversity.

pluralismo sm pluralism.

pluralizar [13] vi to generalize.

pluriempleo sm ▶ **hacer pluriempleo** to have more than one job.

plurilingüismo sm multilingualism.

plus (pl **pluses**) sm bonus.

pluscuamperfecto adj & sm pluperfect.

plusmarca sf record.

plusmarquista smf record breaker.

plusvalía sf ECON appreciation, added value.

Plutón npr Pluto.

pluvial adj rain (antes de sust).

p.m. (abr escrita de post merídiem) p.m.

PM (abr de policía militar) sf MP.

PMF (abr escrita de preguntas más frecuentes) sfpl INFORM FAQ (Frequently Asked Questions).

PNB (abr de producto nacional bruto) sm GNP.

PNV (abr de Partido Nacionalista Vasco) sm Basque nationalist party.

población sf **1.** [ciudad] town, city ; [pueblo] village **2.** CHILE [chabola] shanty town **3.** [habitantes] population.

poblado, da adj **1.** [habitado] inhabited / una zona muy poblada a densely populated area **2.** fig [lleno] full / poblado de algo full of sthg ; [barba, cejas] bushy. ◆ **poblado** sm settlement.

poblador, ra sm, f settler.

poblar [23] vt **1.** [establecerse en] to settle, to colonize **2.** fig [llenar] ▶ **poblar (de) a)** [plantas, árboles] to plant (with) **b)** [peces etc] to stock (with) **3.** [habitar] to inhabit. ◆ **poblarse** vprnl **1.** [colonizarse] to be settled with **2.** fig [llenarse] to fill up ▶ **poblarse (de)** to fill up (with).

pobre ◆ adj poor / ¡pobre hombre! poor man! ▶ ¡pobre de mí! poor me! ◆ smf [gen] poor person ▶ los pobres the poor, poor people ▶ ¡el pobre! poor thing!

pobreza sf [escasez] poverty ▶ **pobreza de** lack o scarcity of.

pochismo sm AM fam language mistake caused by English influence.

pocho, cha adj **1.** [persona] off-colour **2.** [fruta] over-ripe **3.** MÉX fam [americanizado] Americanized.

pochoclo sm ARG popcorn.

pocilga sf lit + fig pigsty.

pocillo sm AM small cup.

pócima sf [poción] potion.

poción sf potion.

poco, ca ◆ adj little, few, not much, not many / poca agua not much water / de poca importancia of little importance / hay pocos árboles there aren't many trees / pocas personas lo saben few o not many people know it / tenemos poco tiempo we don't have much time / hace poco tiempo not long ago / dame unos pocos días give me a few days. ◆ pron little, few, not much, not many / queda poco there's not much left / tengo muy pocos I don't have very many, I have very few / pocos hay que sepan tanto not many people know so much ▶ un poco a bit / ¿me dejas un poco? can I have a bit? ▶ un poco de a bit of / un poco de sentido común a bit of common sense / unos pocos a few. ◆ poco adv **1.** [escasamente] not much / este niño come poco this boy doesn't eat much / es poco común it's not very common / es un poco triste it's rather sad ▶ por poco almost, nearly **2.** [brevemente] : tardaré muy poco I won't be long ▶ al poco de ... shortly after ... ▶ dentro de poco soon, in a short time ▶ hace poco a little while ago, not long ago ▶ poco a poco [progresivamente] little by little ▶ ¡poco a poco! [despacio] steady on!, slow down!

podadera sf pruning knife.

podar vt to prune.

podcast sm podcast.

podenco sm hound.

poder¹ sm **1.** [gen] power ▶ estar en / hacerse con el poder to be in / to seize power ▶ poder adquisitivo purchasing power ▶ tener poder de convocatoria to be a crowd-puller ▶ poderes fácticos the church, military and press **2.** [posesión] ▶ estar en poder de alguien to be in sb's hands **3.** (gen pl) [autorización] power, authorization ▶ dar poderes a alguien para que haga algo to authorize sb to do sthg ▶ por poderes by proxy.

poder² [64] ◆ vi **1.** [tener facultad] can, to be able to / no puedo decírtelo I can't tell you, I'm unable to tell you **2.** [tener permiso] can, may / no puedo salir por la noche I'm not allowed to o I can't go out at night / ¿se puede fumar aquí? may I smoke here? **3.** [ser capaz moralmente] can / no podemos portarnos así con él we can't treat him like that **4.** [tener posibilidad, ser posible] may, can / podías haber cogido el tren you could have caught the train / puede estallar la guerra war could o may break out / ¡hubiera podido invitarnos! [expresa enfado] she could o might have invited us! **5.** [ser capaz de dominar - enfermedad, rival] ▶ poder con to be able to overcome **6.** [ser capaz de realizar - tarea] ▶ poder con to be able to cope with **7.** loc ▶ a o hasta más no poder as much as can be / es avaro a más no poder he's as miserly as can be ▶ no poder más a) [estar cansado] to be too tired to carry on b) [estar harto de comer] to be full (up) c) [estar enfadado] to have had enough ▶ ¿se puede? may I come in? ▶ no poder con algo / alguien [soportar] not to be able to stand sthg / sb / no puedo con la hipocresía I can't stand hypocrisy. ◆ v impers [ser posible] may / pue-

de que llueva it may o might rain **/** *¿vendrás mañana? - puede* will you come tomorrow? - I may do ▶ **puede ser** perhaps, maybe. ❖ vt [ser más fuerte que] to be stronger than.

poderío sm [poder] power.

poderoso, sa adj powerful.

podio, podium sm podium.

podólogo, ga sm, f chiropodist.

podrá ⟶ **poder**.

podrido, da ❖ pp ⟶ **pudrir.** ❖ adj **1.** rotten **2.** RDOM [persona] ▶ **estoy podrido** I'm fed up.

poema sm poem.

poesía sf **1.** [género literario] poetry **2.** [poema] poem.

poeta smf poet.

poético, ca adj poetic.

poetisa sf female poet.

póker = **póquer**.

polaco, ca adj & sm, f Polish. ❖ **polaco** sm [lengua] Polish.

polar adj polar.

polarizar [13] vt *fig* [miradas, atención, esfuerzo] to concentrate. ❖ **polarizarse** vprnl [vida política, opinión pública] to become polarized.

polaroid® sf inv Polaroid®.

polca sf polka.

polea sf pulley.

polémico, ca adj controversial. ❖ **polémica** sf controversy.

polemizar [13] vi to argue, to debate.

polen sm pollen.

poleo sm pennyroyal.

polera sf **1.** ARG CHILE [polo] polo shirt **2.** URUG [de cuello alto] turtleneck o polo neck UK sweater.

poli *fam* ❖ smf cop. ❖ sf cops *pl*.

polichinela sm **1.** [personaje] Punchinello **2.** [títere] puppet, marionette.

policía ❖ sm, f policeman (policewoman). ❖ sf ▶ **la policía** the police.

policiaco, ca, policíaco, ca adj police *(antes de sust)* ; [novela, película] detective *(antes de sust)*.

policial adj police *(antes de sust)*.

polideportivo, va adj multi-sport ; [gimnasio] multi-use. ❖ **polideportivo** sm sports centre.

poliéster sm inv polyester.

polietileno sm polythene UK, polyethylene US.

polifacético, ca adj multifaceted, versatile.

poligamia sf polygamy.

polígamo, ma adj polygamous.

políglota, polígloto, ta adj & sm, f polyglot.

polígono sm **1.** GEOM polygon **2.** [terreno] ▶ **polígono industrial / residencial** industrial / housing estate ▶ **polígono de tiro** firing range.

polilla sf moth.

polipiel sf artificial skin.

Polisario (*abr de* **Frente Popular para la Liberación de Sakiet el Hamra y Río de Oro**) sm ▶ **el (Frente) Polisario** the Polisario Front.

politécnico, ca adj polytechnic. ❖ **politécnica** sf polytechnic.

político, ca adj **1.** [de gobierno] political **2.** [pariente] ▶ **hermano político** brother-in-law ▶ **familia política** in-laws *pl*. ❖ **político** sm politician. ❖ **política** sf **1.** [arte de gobernar] politics *(U)* **2.** [modo de gobernar, táctica] policy.

politizar [13] vt to politicize. ❖ **politizarse** vprnl to become politicized.

polivalente adj [vacuna, suero] polyvalent ; [edificio, sala] multipurpose.

póliza sf **1.** [de seguro] (insurance) policy **2.** [sello] *stamp on a document showing that a certain tax has been paid.*

polizón sm stowaway.

polla ⟶ **pollo**.

pollera sf CSUR skirt.

pollería sf poultry shop.

pollito sm chick.

pollo, lla sm, f ZOOL chick. ❖ **pollo** sm CULIN chicken. ❖ **polla** sf *vulg* cock, prick.

polluelo sm chick.

polo sm **1.** [gen] pole ▶ **polo de atracción** o **atención** *fig* centre of attraction **2.** ELECTR terminal ▶ **polo negativo / positivo** negative / positive terminal **3.** [helado] ice lolly **4.** [jersey] polo shirt **5.** DEP polo.

pololear vi CHILE *fam* ▶ **pololear con alguien** to go out with sb.

pololeo sm CHILE *fam* relationship.

pololo, la sm, f CHILE *fam* boyfriend (girlfriend).

Polonia npr Poland.

polución sf [contaminación] pollution.

polvareda sf dust cloud ▶ **levantar una gran polvareda** *fig* to cause a commotion.

polvera sf powder compact.

polvo sm **1.** [en el aire] dust ▶ **limpiar** o **quitar el polvo** to do the dusting **2.** [de un producto] powder ▶ **en polvo** powdered ▶ **polvos de talco** talcum powder ▶ **polvos picapica** itching powder ▶ **estar hecho polvo** *fam* to be knackered ▶ **hacer polvo algo** to smash sthg **/** *limpio de polvo y paja* including all charges. ❖ **polvos** smpl [maquillaje] powder *(U)* ▶ **ponerse polvos** to powder one's face.

pólvora sf [sustancia explosiva] gunpowder ▶ **correr como la pólvora** to spread like wildfire.

polvoriento, ta adj [superficie] dusty ; [sustancia] powdery.

polvorín sm munitions dump.

polvorón sm *crumbly sweet made from flour, butter and sugar.*

pomada sf ointment.

pomelo sm [fruto] grapefruit.

pómez —→ **piedra**.

pomo sm knob.

pompa sf **1.** [suntuosidad] pomp **2.** [ostentación] show, ostentation **3.** ▶ **pompa (de jabón)** (soap) bubble. ◆ **pompas** sfpl MÉX *fam* behind, bottom. ◆ **pompas fúnebres** sfpl [servicio] undertaker's *sg.*

pompis sm inv *fam* bottom, backside.

pompón sm pompom.

pomposo, sa adj **1.** [suntuoso] sumptuous; [ostentoso] showy **2.** [lenguaje] pompous.

pómulo sm [hueso] cheekbone.

ponchar vt CAM CARIB MÉX [rueda] to puncture.

ponchar vt CAM MÉX [rueda] to puncture. ◆ **poncharse** vprnl **1.** CAM MÉX [rueda] to puncture **2.** AM [en béisbol] to strike out.

ponche sm punch.

poncho sm poncho.

ponderar vt **1.** [alabar] to praise **2.** [considerar] to weigh up.

ponencia sf [conferencia] lecture, paper; [informe] report.

poner [65] ◆ vt **1.** [gen] to put; [colocar] to place, to put **2.** [vestir] ▶ **poner algo a alguien** to put sthg on sb **3.** [contribuir, invertir] to put in / **poner dinero en el negocio** to put money into the business ▶ **poner algo de mi/tu etc. parte** to do my/your etc. bit **4.** [hacer estar de cierta manera] : **poner a alguien en un aprieto/de mal humor** to put sb in a difficult position/in a bad mood / **le has puesto colorado** you've made him blush **5.** [calificar] ▶ **poner a alguien de algo** to call sb sthg **6.** [oponer] : **poner obstáculos a algo** to hinder sthg / **poner pegas a algo** to raise objections to sthg **7.** [asignar - precio, medida] to fix, to settle ; [- multa, tarea] to give / **le pusieron Mario** they called him Mario **8.** [TELECOM - telegrama, fax] to send ; [- conferencia] to make / **¿me pones con él?** can you put me through to him? **9.** [conectar - televisión etc] to switch o put on; [- despertador] to set; [- instalación, gas] to put in **10.** CINE, TEATRO & TV to show / **¿qué ponen en la tele?** what's on the telly? **11.** [montar - negocio] to set up / **ha puesto una tienda** she has opened a shop **12.** [decorar] to do up / **han puesto su casa con mucho lujo** they've done up their house in real style **13.** [suponer] to suppose / **pongamos que sucedió así** (let's) suppose that's what happened / **pon que necesitemos cinco días** suppose we need five days / **poniendo que todo salga bien** assuming everything goes according to plan **14.** [decir] to say / **¿qué pone**

ahí? what does it say? **15.** [huevo] to lay. ◆ vi [ave] to lay (eggs). ◆ **ponerse** ◆ vprnl **1.** [colocarse] to put o.s. / **ponerse de pie** to stand up / **ponte en la ventana** stand by the window **2.** [ropa, gafas, maquillaje] to put on **3.** [estar de cierta manera] to go, to become / **se puso rojo de ira** he went red with anger / **se puso colorado** he blushed / **se puso muy guapa** she made herself attractive **4.** [iniciar] ▶ **ponerse a hacer algo** to start doing sthg **5.** [de salud] ▶ **ponerse malo** o **enfermo** to fall ill ▶ **ponerse bien** to get better **6.** [llenarse] ▶ **ponerse de algo** to get covered in sthg / **se puso de barro hasta las rodillas** he got covered in mud up to the knees **7.** [suj: astro] to set **8.** [llegar] ▶ **ponerse en** to get to. ◆ v impers AM *fam* [parecer] ▶ **se me pone que ...** it seems to me that ...

pongo —→ **poner**.

poniente sm [occidente] West; [viento] west wind.

ponqué sm COL VEN *fruit or custard-filled cake.*

pontífice sm Pope, Pontiff.

pop adj pop.

popa sf stern.

popote sm MÉX drinking straw.

populacho sm *despec* mob, masses *pl.*

popular adj **1.** [del pueblo] of the people; [arte, música] folk **2.** [famoso] popular.

popularidad sf popularity / **gozar de popularidad** to be popular.

popularización sf popularization.

popularizar [13] vt to popularize. ◆ **popularizarse** vprnl to become popular.

pop-up sm INFORM pop-up.

popurrí sm potpourri.

póquer, póker sm [juego] poker.

por prep **1.** [causa] because of / **se enfadó por tu comportamiento** she got angry because of your behaviour **2.** (antes de infin) [finalidad] (in order) to ; (antes de sust, pron) for / **lo hizo por complacerte** he did it to please you / **lo hice por ella** I did it for her **3.** [medio, modo, agente] by / **por mensajero/fax** by courier/fax / **por escrito** in writing / **lo cogieron por el brazo** they took him by the arm / **el récord fue batido por el atleta** the record was broken by the athlete **4.** [tiempo aproximado] : **creo que la boda será por abril** I think the wedding will be some time in April **5.** [tiempo concreto] ▶ **por la mañana/tarde** in the morning/afternoon ▶ **por la noche** at night / **ayer salimos por la noche** we went out last night / **por unos días** for a few days **6.** [lugar - aproximadamente en] / **¿por dónde vive?** whereabouts does he live? / **vive por las afueras** he lives somewhere on the outskirts / **había papeles por el suelo** there were papers all over the floor **7.** [lugar - a través de] through / *iba paseando por el bosque /la calle* she was walking through the forest /along the street / *pasar por la aduana* to go through customs **8.** [a cambio de, en lugar de] for / *lo ha comprado por poco dinero* she bought it for very little / *cambió el coche por la moto* he exchanged his car for a motorbike / *él lo hará por mí* he'll do it for me **9.** [distribución] per / *dos euros por unidad* 2 euros each / *20 kms por hora* 20 km an o per hour **10.** MAT : *dos por dos igual a cuatro* two times two is four **11.** [en busca de] for / *baja por tabaco* go down to the shops for some cigarettes, go down to get some cigarettes ▶ **a por** for / *vino a por las entradas* she came for the tickets **12.** [concesión] : *por más o mucho que lo intentes no lo conseguirás* however hard you try o try as you might , you'll never manage it / *no me cae bien, por (muy) simpático que te parezca* you may think he's nice, but I don't like him. ◆ **por qué** pron why / *¿por qué lo dijo?* why did she say it? / *¿por qué no vienes?* why don't you come?

porcelana sf [material] porcelain, china.

porcentaje sm percentage / *trabaja a porcentaje* he works on a commission basis.

porche sm [soportal] arcade ; [entrada] porch.

porción sf portion, piece.

pordiosero, ra sm, f beggar.

porfía sf [insistencia] persistence ; [tozudez] stubbornness.

porfiar [9] vi [empeñarse] ▶ **porfiar en** to be insistent on.

pormenor (gen pl) sm detail / *entrar en pormenores* to go into detail.

porno adj fam porno.

pornografía sf pornography.

pornográfico, ca adj pornographic.

poro sm pore.

poroso, sa adj porous.

poroto sm ᴀɴᴅᴇꜱ ʀᴘ kidney bean.

porque conj **1.** [debido a que] because / *¿por qué lo hiciste? — porque sí* why did you do it? — just because **2.** [para que] so that, in order that.

porqué sm reason ▶ **el porqué de** the reason for.

porquería sf **1.** [suciedad] filth **2.** [cosa de mala calidad] rubbish (U).

porra sf **1.** [palo] club ; [de policía] truncheon **2.** ᴍᴇx DEP [hinchada] supporters **3.** loc ▶ **mandar a alguien a la porra** fam to tell sb to go to hell / *¡y una porra!* like hell!

porrazo sm [golpe] bang, blow ; [caída] bump.

porro sm fam [de droga] joint.

porrón sm glass wine jar used for drinking wine from its long spout.

portaaviones, portaviones sm inv aircraft carrier.

portabultos sm inv ᴍᴇx roof rack.

portada sf **1.** [de libro] title page ; [de revista] (front) cover ; [de periódico] front page **2.** [de disco] sleeve.

portador, ra sm, f carrier, bearer ▶ **al portador** COM to the bearer.

portaequipajes sm inv **1.** [maletero] boot ᴜᴋ, trunk ᴜꜱ **2.** [baca] roofrack.

portafolio sm = **portafolios**.

portafolios sm inv [carpeta] file ; [maletín] attaché case.

portal sm **1.** [entrada] entrance hall ; [puerta] main door **2.** INFORM [página web] portal.

portalámparas sm inv [para bombilla] socket.

portamaletas sm inv ᴀᴍ boot ᴜᴋ, trunk ᴜꜱ.

portamonedas sm inv purse.

portapapeles sm inv INFORM clipboard.

portar vt to carry. ◆ **portarse** vprnl to behave / *se ha portado bien conmigo* she has treated me well ▶ **portarse mal** to misbehave.

portarrollos sm inv [de papel de cocina] kitchen roll holder ; [de papel higiénico] toilet roll holder.

portátil adj portable.

portavoz sm, f [persona] spokesman (spokeswoman).

portazo sm ▶ **dar un portazo** to slam the door.

porte sm **1.** (gen pl) [gasto de transporte] carriage ▶ **porte debido /pagado** COM carriage due/paid **2.** [transporte] carriage, transport **3.** [aspecto] bearing, demeanour.

portento sm wonder, marvel.

portentoso, sa adj wonderful, amazing.

porteño, ña adj from the city of Buenos Aires.

portería sf **1.** [de casa, colegio] caretaker's ᴜᴋ o super(intendant)'s ᴜꜱ office o lodge ; [de hotel, ministerio] porter's office o lodge **2.** DEP goal, goalmouth.

portero, ra sm, f **1.** [de casa, colegio] caretaker ᴜᴋ, super(intendant) ᴜꜱ ; [de hotel, ministerio] porter ▶ **portero automático** o **electrónico** o **eléctrico** entry-phone **2.** DEP goalkeeper.

portezuela sf **1.** [puerta pequeña] small door **2.** AUTO fuel filler door.

pórtico sm **1.** [fachada] portico **2.** [arcada] arcade.

portorriqueño, ña sm, f = **puertorriqueño**.

portuario, ria adj port (antes de sust) ; [de los muelles] dock (antes de sust) ▶ **trabajador portuario** docker.

Portugal npr Portugal.

portugués, esa adj & sm, f Portuguese.

◆ **portugués** sm [lengua] Portuguese.

porvenir sm future.

pos ◆ **en pos de** loc prep **1.** [detrás de] behind **2.** [en busca de] after / **correr en pos de alguien** to run after sb.

posada sf **1.** [fonda] inn, guest house **2.** [hospedaje] lodging, accommodation.

posaderas sfpl *fam* backside *sg*, bottom *sg*.

posar ❖ vt to put o lay down; [mano, mirada] to rest. ❖ vi to pose. ◆ **posarse** vprnl **1.** [gen] to settle **2.** [pájaro] to perch; [nave, helicóptero] to come down.

posavasos sm inv coaster; [de cartón] beer mat.

posdata, postdata sf postscript.

pose sf pose / **adoptar una pose** to strike a pose.

poseedor, ra sm, f owner; [de cargo, acciones, récord] holder.

poseer [50] vt [ser dueño de] to own; [estar en poder de] to have, to possess.

poseído, da adj ▶ **poseído por** possessed by.

posesión sf possession.

posesivo, va adj possessive.

poseso, sa sm, f possessed person.

posgraduado, da, postgraduado, da adj & sm, f postgraduate.

posguerra, postguerra sf post-war period.

posibilidad sf possibility, chance ▶ **cabe la posibilidad de que ...** there is a chance that ...

posibilitar vt to make possible.

posible adj possible / **es posible que llueva** it could rain ▶ **dentro de lo posible, en lo posible** as far as possible ▶ **de ser posible** if possible ▶ **hacer (todo) lo posible** to do everything possible ▶ **lo antes posible** as soon as possible / **¡no es posible!** surely not!

posición sf **1.** [gen] position / **en posición de descanso** standing at ease **2.** [categoría - social] status (U) / **de buena posición** of high social status; [económica] situation **3.** DEP position.

posicionarse vprnl to take a position o stance.

pósit sm Post-it®.

positivar vt FOTO to develop.

positivizar vi to think positive.

positivo, va adj [gen & ELECTR] positive.

posmoderno, na adj & sm & f, f postmodernist.

poso sm sediment; *fig* trace.

posponer [65] vt **1.** [relegar] to put behind, to relegate **2.** [aplazar] to postpone.

pospuesto, ta pp ⟶ **posponer**.

post sm INFORM post.

posta ◆ **a posta** loc adv on purpose.

postal ❖ adj postal. ❖ sf postcard.

postdata = **posdata**.

poste sm post, pole / **poste de alta tensión** electricity pylon; DEP post.

postear vt INTERNET to post on, to post.

póster (*pl* **posters**) sm poster.

postergar [16] vt **1.** [retrasar] to postpone **2.** [relegar] to put behind, to relegate.

posteridad sf **1.** [generación futura] posterity **2.** [futuro] future.

posterior adj **1.** [en el espacio] rear, back **2.** [en el tiempo] subsequent, later.

posteriori ◆ **a posteriori** loc adv later, afterwards.

posterioridad sf ▶ **con posterioridad** later, subsequently.

posteriormente adv subsequently.

postgraduado = **posgraduado**.

postguerra = **posguerra**.

postigo sm [contraventana] shutter.

postín sm showiness ▶ **darse postín** to show off ▶ **de postín** posh.

postizo, za adj [falso] false. ◆ **postizo** sm hairpiece.

postor, ra sm, f bidder.

postre sm dessert, pudding ▶ **para postre** *fig* to cap it all.

postrero, ra adj *(antes de sm sg: postrer) culto* last.

postrimerías sfpl final stages.

postulado sm postulate.

postular ❖ vt [exigir] to call for. ❖ vi [para colectas] to collect. ◆ **postularse** vprnl AM **1.** POLÍT [para cargo] to stand, to run **2.** CSUR [para trabajo] to apply.

póstumo, ma adj posthumous.

postura sf **1.** [posición] position, posture **2.** [actitud] attitude, stance / **tomar postura** to adopt an attitude.

potable adj [bebible] drinkable ▶ **agua potable** drinking water.

potaje sm [CULIN - guiso] vegetable stew; [- sopa] vegetable soup.

potasio sm potassium.

pote sm pot.

potencia sf [gen, MAT & POLÍT] power / **tiene mucha potencia** it's very powerful.

potencial ❖ adj [gen & FÍS] potential. ❖ sm **1.** [fuerza] power **2.** [posibilidades] potential **3.** GRAM conditional.

potenciar [8] vt **1.** [fomentar] to encourage, to promote **2.** [reforzar] to boost.

potente adj powerful.

potito sm [comida para bebés] baby food.

potra ⟶ **potro**.

potrero sm AM [prado] field, pasture.

potro, tra sm, f ZOOL colt (filly). ◆ **potro** sm DEP vaulting horse.

pozo sm well; [de mina] shaft.

pozole sm CAM CARIB MÉX [guiso] stew made with maize kernels, pork or chicken and vegetables.

PP (*abr de* **Partido Popular**) sm *Spanish political party to the right of the political spectrum.*

ppp (*abr escrita de* **puntos por pulgada**) IN-FORM dpi.

práctica ⟶ **práctico**.

practicante ⬦ adj practising. ⬦ smf **1.** [de deporte] practitioner ; [de religión] practising member of a church **2.** MED medical assistant.

practicar [10] ⬦ vt **1.** [gen] to practise ; [deporte] to play **2.** [realizar] to carry out, to perform. ⬦ vi to practise.

practicidad sf CSUR practicality.

práctico, ca adj practical. ⬥ **práctica** sf **1.** [gen] practice ; [de un deporte] playing ▸ **llevar algo a la práctica, poner algo en práctica** to put sthg into practice ▸ **en la práctica** in practice / **prácticas de tiro** target practice **2.** [clase no teórica] practical.

pradera sf large meadow, prairie.

prado sm meadow. ⬥ **Prado** sm ▸ **el (Museo del) Prado** the Prado (Museum).

pragmático, ca ⬦ adj pragmatic. ⬦ sm, f [persona] pragmatist.

pral. *abr escrita de* **principal**.

praliné sm praline.

PRD sm (*abr de* **Partido de la Revolución Democrática**) *Mexican political party.*

preacuerdo sm draft agreement.

preámbulo sm [introducción - de libro] foreword, preface ; [- de congreso, conferencia] introduction.

precalentar [19] vt **1.** CULIN to pre-heat **2.** DEP to warm up.

precario, ria adj precarious.

precaución sf **1.** [prudencia] caution, care **2.** [medida] precaution ▸ **tomar precauciones** to take precautions.

precaver vt to guard against. ⬥ **precaverse** vprnl to take precautions ▸ **precaverse de** o **contra** to guard (o.s.) against.

precavido, da adj [prevenido] prudent / *es muy precavido* he always comes prepared.

precedente ⬦ adj previous, preceding. ⬦ sm precedent.

preceder vt to go before, to precede.

preceptivo, va adj obligatory, compulsory. ⬥ **preceptiva** sf rules *pl*.

precepto sm precept ▸ **fiestas de precepto** RELIG days of obligation.

preciado, da adj valuable, prized.

preciarse [8] vprnl to have self-respect ▸ **preciarse de** to be proud of.

precintar vt to seal.

precinto sm seal.

precio sm *lit + fig* price ▸ **a cualquier precio** at any price / *poner precio a la cabeza de alguien*

to put a price on sb's head / *¿qué precio tiene esto?* how much is this? / *subir/bajar los precios* to raise/lower prices ▸ **al precio de** *fig* at the cost of ▸ **precio de salida** starting price ▸ **precio de venta (al público)** retail price.

preciosidad sf [cosa bonita] : *¡es una preciosidad!* it's lovely o beautiful!

precioso, sa adj **1.** [valioso] precious **2.** [bonito] lovely, beautiful.

precipicio sm precipice.

precipitación sf **1.** [apresuramiento] haste **2.** [lluvia] rainfall (*U*).

precipitado, da adj hasty.

precipitar vt **1.** [arrojar] to throw o hurl down **2.** [acelerar] to speed up. ⬥ **precipitarse** vprnl **1.** [caer] to plunge (down) **2.** [acelerarse - acontecimientos etc] to speed up **3.** [apresurarse] ▸ **precipitarse (hacia)** to rush (towards) **4.** [obrar irreflexivamente] to act rashly.

precisamente adv [justamente] ▸ **¡precisamente!** exactly!, precisely! ▸ **precisamente por eso** for that very reason / *precisamente tú lo sugeriste* in fact it was you who suggested it.

precisar vt **1.** [determinar] to fix, to set ; [aclarar] to specify exactly **2.** [necesitar] to need, to require.

precisión sf accuracy, precision.

preciso, sa adj **1.** [determinado, conciso] precise **2.** [necesario] ▸ **ser preciso (para algo/hacer algo)** to be necessary (for sthg/to do sthg) / *es preciso que vengas* you must come **3.** [justo] just / *en este preciso momento* at this very moment.

precocinado, da adj pre-cooked ▸ ⬥ **precocinado** sm pre-cooked dish.

preconcebido, da adj [idea] preconceived ; [plan] drawn up in advance.

preconcebir [26] vt to draw up in advance.

preconizar [13] vt to recommend.

precoz adj [persona] precocious.

precursor, ra sm, f precursor.

predecesor, ra sm, f predecessor.

predecir [66] vt to predict.

predestinado, da adj ▸ **predestinado (a)** predestined (to).

predestinar vt to predestine.

predeterminar vt to predetermine.

predicado sm GRAM predicate.

predicador, ra sm, f preacher.

predicar [10] vt & vi to preach.

predicción sf prediction ; [del tiempo] forecast.

predicho, cha pp ⟶ **predecir**.

predilección sf ▸ **predilección (por)** preference (for).

predilecto, ta adj favourite.

predisponer [65] vt ▸ **predisponer (a)** to predispose (to).

predisposición sf **1.** [aptitud] ▸ **predisposición para** aptitude for **2.** [tendencia] ▸ **predisposición a** predisposition to.

predispuesto, ta ⬦ pp ⟶ **predisponer.** ⬦ adj ▸ **predispuesto (a)** predisposed (to).

predominante adj predominant; [viento, actitudes] prevailing.

predominar vi ▸ **predominar (sobre)** to predominate o prevail (over).

predominio sm preponderance, predominance (U).

preelectoral adj pre-election (antes de sust).

preeminente adj preeminent.

preescolar adj nursery (antes de sust), preschool.

prefabricado, da adj prefabricated.

prefabricar [10] vt to prefabricate.

prefacio sm preface.

preferencia sf preference ▸ **con** o **de preferencia** preferably / **dar preferencia (a)** to give priority (to) ▸ **tener preferencia** AUTO to have right of way ▸ **tener preferencia por** to have a preference for.

preferencial adj preferential.

preferente adj preferential.

preferentemente adv preferably.

preferible adj ▸ **preferible (a)** preferable (to).

preferido, da adj favourite.

preferir [27] vt ▸ **preferir algo (a algo)** to prefer sthg (to sthg) / **prefiero que vengas** I'd rather you came.

prefijo sm **1.** GRAM prefix **2.** TELECOM (telephone) dialling code.

pregón sm [discurso] speech; [bando] proclamation.

pregonar vt **1.** [bando etc] to proclaim **2.** fig [secreto] to spread about.

pregonero, ra sm, f **1.** [de pueblo] town crier **2.** despec [bocazas] blabbermouth.

pregunta sf question ▸ **hacer una pregunta** to ask a question ▸ **andar a la cuarta** o **última pregunta** to be broke.

preguntar ⬦ vt to ask ▸ **preguntar algo a alguien** to ask sb sthg. ⬦ vi ▸ **preguntar por** to ask about o after. ⬦ **preguntarse** vprnl ▸ **preguntarse (si)** to wonder (whether).

prehispánico, ca adj pre-hispanic.

prehistoria sf prehistory.

prehistórico, ca adj prehistoric.

prejuicio sm prejudice.

preliminar ⬦ adj preliminary. ⬦ sm (gen pl) preliminary.

preludio sm [gen & MÚS] prelude.

premamá adj inv maternity.

prematrimonial adj premarital.

prematuro, ra adj premature.

premeditación sf premeditation.

premeditar vt to think out in advance.

premiado, da adj winning.

premiar [8] vt **1.** [recompensar] to reward **2.** [dar un premio a] to give a prize to.

premier (pl **premiers**) sm British prime minister.

premio sm [en competición] prize; [recompensa] reward ▸ **premio gordo** first prize.

premisa sf premise.

premonición sf premonition.

premura sf [urgencia] haste.

prenatal adj prenatal, antenatal.

prenda sf **1.** [vestido] garment, article of clothing **2.** [garantía] pledge ▸ **dejar algo en prenda** to leave sthg as a pledge **3.** [de un juego] forfeit / **jugar a las prendas** to play forfeits **4.** loc ▸ **no soltar prenda** not to say a word.

prendarse vprnl to fall in love with.

prender ⬦ vt **1.** [arrestar] to arrest, to apprehend **2.** [sujetar] to fasten **3.** [encender] to light **4.** [agarrar] to grip. ⬦ vi [arder] to catch (fire). ⬦ **prenderse** vprnl [arder] to catch fire.

prendido, da adj caught.

prensa sf **1.** [gen] press ▸ **prensa del corazón** romantic magazines pl ▸ **tener buena / mala prensa** fig to have a good/bad press **2.** [imprenta] printing press.

prensar vt to press.

preñado, da adj **1.** [mujer] pregnant / **quedarse preñada** to get pregnant **2.** fig [lleno] ▸ **preñado de** full of.

preocupación sf concern, worry.

preocupado, da adj ▸ **preocupado (por)** worried o concerned (about).

preocupar vt **1.** [inquietar] to worry **2.** [importar] to bother. ⬦ **preocuparse** vprnl **1.** [inquietarse] ▸ **preocuparse (por)** to worry (about), to be worried (about) **2.** [encargarse] ▸ **preocuparse de algo** to take care of sthg ▸ **preocuparse de hacer algo** to see to it that sthg is done ▸ **preocuparse de que ...** to make sure that ...

prepa sf MÉX EDUC ≃ sixth form UK; ≃ high school US.

preparación sf **1.** [gen] preparation **2.** [conocimientos] training.

preparado, da adj **1.** [dispuesto] ready; [de antemano] prepared **2.** CULIN ready-cooked. ⬦ **preparado** sm [sustancia] preparation.

preparar vt **1.** [gen] to prepare; [trampa] to set, to lay; [maletas] to pack **2.** [examen] to prepare for **3.** DEP to train. ⬦ **prepararse** vprnl ▸ **prepararse (para algo)** to prepare o.s. o get ready (for sthg) ▸ **prepararse para hacer algo** to prepare o get ready to do sthg.

preparativo, va adj preparatory, preliminary. ⬦ **preparativos** smpl preparations.

preparatorio, ria adj preparatory.

prolongar [16] vt [gen] to extend; [espera, visita, conversación] to prolong; [cuerda, tubo] to lengthen. ◆ **prolongarse** vprnl [continuar] to carry on.

promedio sm average / *como promedio* on average.

promesa sf [compromiso] promise / *hacer una promesa* to make a promise / *romper una promesa* to break a promise.

prometer ◆ vt to promise. ◆ vi [tener futuro] to show promise. ◆ **prometerse** vprnl to get engaged.

prometido, da ◆ sm, f fiancé (fiancée). ◆ adj [para casarse] engaged.

prominente adj **1.** [abultado] protruding **2.** [elevado, ilustre] prominent.

promiscuo, cua adj promiscuous.

promoción sf **1.** [gen & DEP] promotion **2.** [curso] class, year.

promocionar vt to promote.

promotor, ra sm, f promoter; [de una rebelión] instigator ▶ **promotor inmobiliario** COM real estate developer.

promover [24] vt **1.** [iniciar - fundación etc] to set up; [- rebelión] to stir up **2.** [impulsar] to stimulate **3.** [ocasionar] to cause **4.** [ascender] ▶ **promover a alguien a** to promote sb to.

promulgar [16] vt [ley] to enact.

pronombre sm pronoun.

pronosticar [10] vt to predict, to forecast.

pronóstico sm **1.** [predicción] forecast / *pronóstico del tiempo* weather forecast **2.** MED prognosis ▶ **de pronóstico grave** serious, in a serious condition.

pronto, ta adj quick, fast; [respuesta] prompt, early; [curación, tramitación] speedy. ◆ **pronto** ◆ adv **1.** [rápidamente] quickly ▶ **tan pronto como** as soon as **2.** [temprano] early / *salimos pronto* we left early **3.** [dentro de poco] soon ▶ **¡hasta pronto!** see you soon! ◆ sm *fam* sudden impulse. ◆ **al pronto** loc adv at first. ◆ **de pronto** loc adv suddenly. ◆ **por lo pronto** loc adv **1.** [de momento] for the time being **2.** [para empezar] to start with.

pronunciación sf pronunciation.

pronunciado, da adj [facciones] pronounced; [curva] sharp; [pendiente, cuesta] steep; [nariz] prominent.

pronunciamiento sm **1.** [sublevación] uprising **2.** DER pronouncement.

pronunciar [8] vt **1.** [decir - palabra] to pronounce; [- discurso] to deliver, to make **2.** DER to pass. ◆ **pronunciarse** vprnl **1.** [definirse] ▶ **pronunciarse (sobre)** to state an opinion (on) **2.** [sublevarse] to revolt.

propagación sf **1.** [gen] spreading (U) **2.** BIOL & FÍS propagation.

propaganda sf **1.** [publicidad] advertising (U) **2.** [política, religiosa] propaganda.

propagar [16] vt [gen] to spread; [razas, especies] to propagate. ◆ **propagarse** vprnl **1.** [gen] to spread **2.** BIOL & FÍS to propagate.

propasarse vprnl ▶ **propasarse (con algo)** to go too far (with sthg) ▶ **propasarse con alguien** [sexualmente] to take liberties with sb.

propensión sf propensity, tendency.

propenso, sa adj ▶ **propenso a algo / a hacer algo** prone to sthg / doing sthg.

propiciar [8] vt to be conducive to.

propicio, cia adj **1.** [favorable] propitious, favourable **2.** [adecuado] suitable, appropriate.

propiedad sf **1.** [derecho] ownership; [bienes] property ▶ **propiedad privada** private property ▶ **propiedad pública** public ownership **2.** [facultad] property **3.** [exactitud] accuracy ▶ **usar una palabra con propiedad** to use a word properly.

propietario, ria sm, f [de bienes] owner.

propina sf tip / *dar de propina* to tip.

propinar vt [paliza] to give; [golpe] to deal.

propio, pia adj **1.** [gen] own / *tiene coche propio* she has a car of her own, she has her own car ▶ **por tu propio bien** for your own good **2.** [peculiar] ▶ **propio de** typical o characteristic of / *no es propio de él* it's not like him **3.** [apropiado] ▶ **propio (para)** suitable o right (for) **4.** [en persona] himself (herself) / *el propio compositor* the composer himself.

proponer [65] vt **1.** to propose; [candidato] to put forward. ◆ **proponerse** vprnl ▶ **proponerse hacer algo** to plan o intend to do sthg.

proporción sf **1.** [gen & MAT] proportion / *en proporción a* in proportion to **2.** (gen pl) [importancia] extent, size. ◆ **proporciones** sfpl [tamaño] size *sg*.

proporcionado, da adj ▶ **proporcionado (a)** a) [estatura, sueldo] commensurate (with) b) [medidas] proportionate (to) ▶ **bien proporcionado** well-proportioned.

proporcionar vt **1.** [facilitar] ▶ **proporcionar algo a alguien** to provide sb with sthg **2.** *fig* [conferir] to lend, to add.

proposición sf [propuesta] proposal.

propósito sm **1.** [intención] intention **2.** [objetivo] purpose. ◆ **a propósito** ◆ loc adj [adecuado] suitable. ◆ loc adv **1.** [adrede] on purpose **2.** [por cierto] by the way. ◆ **a propósito de** loc prep with regard to.

propuesta sf proposal / *a propuesta de* at the suggestion of; [de empleo] offer.

propuesto, ta pp ⟶ **proponer**.

propugnar vt to advocate, to support.

propulsar vt **1.** [impeler] to propel **2.** *fig* [promover] to promote.

propulsión sf propulsion ▶ **propulsión a chorro** jet propulsion.

propulsor, ra sm, f [persona] promoter. ◆ **propulsor** sm **1.** [dispositivo] engine **2.** [combustible] propellent.

propusiera ⟶ **proponer**.

prórroga sf **1.** [gen] extension ; [de estudios, servicio militar] deferment **2.** DEP extra time.

prorrogar [16] vt [alargar] to extend ; [aplazar] to defer, to postpone.

prorrumpir vi ▶ **prorrumpir en** to burst into.

prosa sf LITER prose.

proscrito, ta ⟜ adj [prohibido] banned. ⟜ sm, f [desterrado] exile.

proseguir [43] ⟜ vt to continue. ⟜ vi to go on, to continue.

prosiga ⟶ **proseguir**.

prosiguiera ⟶ **proseguir**.

prospección sf [gen] exploration ; [petrolífera, minera] prospecting.

prospecto sm leaflet ; COM & EDUC prospectus.

prosperar vi [mejorar] to prosper.

prosperidad sf **1.** [mejora] prosperity **2.** [éxito] success.

próspero, ra adj prosperous.

prostíbulo sm brothel.

prostitución sf [gen] prostitution.

prostituir [51] vt *lit* + *fig* to prostitute. ◆ **prostituirse** vprnl to become a prostitute.

prostituta sf prostitute.

protagonista sm, f [gen] main character, hero (heroine) ; TEATRO lead, leading role.

protagonizar [13] vt **1.** [obra, película] to play the lead in, to star in **2.** *fig* [crimen] to be one of the main people responsible for ; *fig* [hazaña] to play a leading part in.

protección sf protection / *bajo la protección de alguien* under the protection of sb ▶ **protección de datos** INFORM data protection.

proteccionismo sm protectionism.

protector, ra ⟜ adj protective. ⟜ sm, f [persona] protector.

proteger [14] vt [gen] to protect ▶ **proteger algo de algo** to protect sthg from sthg. ◆ **protegerse** vprnl to take cover o refuge.

protegeslip sm panty pad o liner.

protegido, da sm, f protégé (protégée).

proteína sf protein / *rico en proteínas* rich in protein.

prótesis sf inv MED prosthesis ; [miembro] artificial limb.

protesta sf protest ; DER objection.

protestante adj & smf Protestant.

protestar vi **1.** [quejarse] ▶ **protestar (por / contra)** to protest (about/against) ▶ **¡protesto!** DER objection! **2.** [refunfuñar] to grumble.

protocolo sm **1.** [gen & INFORM] protocol **2.** [ceremonial] etiquette.

prototipo sm **1.** [modelo] archetype **2.** [primer ejemplar] prototype.

protuberancia sf protuberance, bulge.

provecho sm **1.** [gen] benefit ▶ **buen provecho** enjoy your meal! ▶ **sacar provecho de** to make the most of, to take advantage of **2.** [rendimiento] good effect.

provechoso, sa adj **1.** [ventajoso] beneficial, advantageous **2.** [lucrativo] profitable.

proveedor, ra sm, f supplier ▶ **proveedor de servicios** service provider ▶ **proveedor de acceso a Internet** Internet access provider.

proveer [50] vt **1.** [abastecer] to supply, to provide **2.** [puesto, cargo] to fill. ◆ **proveerse de** vprnl **1.** [ropa, víveres] to stock up on **2.** [medios, recursos] to arm o.s. with.

provenir [75] vi : *provenir de* to come from.

proverbial adj proverbial.

proverbio sm proverb.

providencia sf [medida] measure.

providencial adj *lit* + *fig* providential.

proviene ⟶ **provenir**.

provincia sf [división administrativa] province. ◆ **provincias** sfpl [no la capital] the provinces.

provinciano, na adj & sm, f *despec* provincial.

proviniera ⟶ **provenir**.

provisión sf **1.** *(gen pl)* [suministro] supply, provision ; [de una plaza] filling *(U)* **2.** [disposición] measure.

provisional adj provisional.

provisorio, ria adj 𝐀𝐦 provisional.

provisto, ta pp ⟶ **proveer**.

provocación sf [hostigamiento] provocation.

provocar [10] vt **1.** [incitar] to incite ▶ **provocar a alguien a hacer algo** a) [gen] to cause sb to do sthg, to make sb do sthg b) [matar, luchar etc] to provoke sb to do sthg **2.** [irritar] to provoke **3.** [ocasionar - gen] to cause **4.** [excitar sexualmente] to arouse **5.** ▶ **¿te provoca hacerlo?** 𝐂𝐚 𝐑𝐈𝐁 𝐂𝐨𝐥 𝐌𝐞𝐱 [te apetece] would you like to do it?

provocativo, va adj provocative.

próximamente adv soon, shortly ; CINE coming soon.

proximidad sf [cercanía] closeness, proximity. ◆ **proximidades** sfpl **1.** [de ciudad] surrounding area *sg* **2.** [de lugar] vicinity *sg*.

próximo, ma adj **1.** [cercano] near, close / *próximo a algo* close to sthg ; [casa, ciudad] nearby / *en fecha próxima* shortly **2.** [siguiente] next / *el próximo año* next year.

proyección sf **1.** [gen & GEOM] projection **2.** CINE screening **3.** fig [trascendencia] importance.

proyectar vt **1.** [dirigir - focos etc] to shine, to direct **2.** [mostrar - película] to screen ; [- sombra] to cast ; [- diapositivas] to show **3.** [planear - viaje, operación, edificio] to plan ; [- puente, obra] to design **4.** [arrojar] to throw forwards.

proyectil sm projectile, missile.

proyecto sm **1.** [intención] project **2.** [plan] plan **3.** [diseño - ARQUIT] design ; [- TECNOL] plan **4.** [borrador] draft ▶ **proyecto de ley** bill **5.** EDUC ▶ **proyecto fin de carrera** design project forming part of doctoral thesis for architecture students etc ▶ **proyecto de investigación** [de un grupo] research project ; [de una persona] dissertation.

proyector, ra adj projecting. ◆ **proyector** sm [de cine, diapositivas] projector.

prudencia sf [cuidado] caution, care ; [previsión, sensatez] prudence ; [moderación] moderation ▶ **con prudencia** in moderation.

prudente adj **1.** [cuidadoso] careful, cautious ; [previsor, sensato] sensible **2.** [razonable] reasonable.

prueba ◆ v ⟶ **probar.** ◆ sf **1.** [demostración] proof ; DER evidence, proof / no tengo pruebas I have no proof **2.** [manifestación] sign, token ▶ **en o como prueba de** in o as proof of **3.** EDUC & MED test / prueba de alcoholemia Breathalyser® test ▶ **prueba de acceso** entrance examination / prueba de aptitud aptitude test / prueba del embarazo pregnancy test **4.** [comprobación - trabajador] ▶ **a o de prueba** **a)** [trabajador] on trial **b)** [producto comprado] on approval ▶ **poner a prueba** to (put to the) test **5.** DEP event **6.** IMPR proof.

PS (abr escrita de post scriptum) PS.

PSC sf (abr de **Partido Conservador** o **Partido Social Conservador**) Colombian political party.

psicoanálisis, sicoanálisis sm inv psychoanalysis.

psicoanalista, sicoanalista smf psychoanalyst.

psicodélico, ca, sicodélico, ca adj psychedelic.

psicología, sicología sf lit + fig psychology.

psicológico, ca, sicológico, ca adj psychological.

psicólogo, ga, sicólogo, ga sm, f psychologist.

psicópata, sicópata smf psychopath.

psicosis, sicosis sf inv psychosis.

psicosomático, ca, sicosomático, ca adj psychosomatic.

psicoterapeuta smf psychotherapist.

psiquiatra, siquiatra smf psychiatrist.

psiquiátrico, ca, siquiátrico, ca adj psychiatric.

psíquico, ca, síquico, ca adj psychic.

PSOE [pe'soe] (abr de **Partido Socialista Obrero Español**) sm major Spanish political party to the centre-left of the political spectrum.

pta. (abr escrita de peseta) pta.

púa sf **1.** [de planta] thorn ; [de erizo] quill ; [de peine] tooth ; [de tenedor] prong **2.** MÚS plectrum.

pub [paβ] (pl pubs) sm bar.

pubertad sf puberty.

pubis sm inv pubes pl.

publicación sf publication / publicación periódica periodical.

publicar [10] vt **1.** [editar] to publish **2.** [difundir] to publicize ; [ley] to pass ; [aviso] to issue.

publicidad sf **1.** [difusión] publicity ▶ **dar publicidad a algo** to publicize sthg **2.** COM advertising ; TV adverts pl, commercials pl.

publicitario, ria adj advertising (antes de sust).

público, ca adj public ▶ **ser público** [conocido] to be common knowledge ▶ **en público** in public. ◆ **público** sm **1.** CINE, TEATRO & TV audience ; DEP crowd **2.** [comunidad] public ▶ **el gran público** the (general) public.

publirreportaje sm [anuncio de televisión] promotional film ; [en revista] advertising spread.

pucha interj ANDES RP fam **1.** [lamento, enojo] sugar! UK, shoot! US **2.** [expresa sorpresa] wow! **3.** [expresa enojo] damn!

puchero sm **1.** [perola] cooking pot **2.** [comida] stew. ◆ **pucheros** smpl [gesto] pout sg ▶ **hacer pucheros** to pout.

pucho sm CSUR fam [colilla] cigarette butt ; [cigarillo] cigarette.

pudding = pudin.

púdico, ca adj **1.** [recatado] modest **2.** [tímido] bashful.

pudiente adj wealthy.

pudiera ⟶ **poder.**

pudin (pl púdines), **pudding** ['puðin] (pl puddings) sm (plum) pudding.

pudor sm **1.** [recato] (sense of) shame **2.** [timidez] bashfulness.

pudoroso, sa adj **1.** [recatado] modest **2.** [tímido] bashful.

pudrir vt **1.** [descomponerse] to rot **2.** [fastidiar] to be fed up. ◆ **pudrirse** vprnl to rot.

puebla ⟶ **poblar.**

pueblerino, na adj village (antes de sust) ; despec provincial.

pueblo sm **1.** [población - pequeña] village ; [- grande] town **2.** [nación] people.

pueda ⟶ **poder.**

puente sm **1.** [gen] bridge / puente peatonal footbridge / tender un puente to build bridges **2.** [días festivos] ▶ **hacer puente** to take an extra day off between two public holi-

days. ◆ **puente aéreo** sm [civil] air shuttle; [militar] airlift.

puenting sm bungee-jumping.

puerco, ca ⬥ adj filthy. ⬥ sm, f [animal] pig (sow).

puercoespín sm porcupine.

puericultor, ra sm, f nursery nurse.

pueril adj *fig* childish.

puerro sm leek.

puerta sf **1.** [de casa] door; [de jardín, ciudad etc] gate ▶ **de puerta en puerta** from door to door / *llamar a la puerta* to knock on the door / *puerta de embarque* boarding gate ▶ **puerta blindada/vidriera** reinforced/glass door **2.** *fig* [posibilidad] gateway, opening **3.** DEP goalmouth **4.** *loc* ▶ **a las puertas de** on the verge of.

puerto sm **1.** [de mar] port ▶ **puerto deportivo** marina ▶ **puerto franco o libre** free port / *puerto pesquero* fishing port **2.** [de montaña] pass **3.** INFORM port ▶ **puerto paralelo/serie/USB** parallel/serial/USB port **4.** *fig* [refugio] haven.

Puerto Rico npr Puerto Rico.

puertorriqueño, ña, portorriqueño, ña ⬥ adj Puerto Rican. ⬥ sm, f Puerto Rican.

pues conj **1.** [dado que] since, as **2.** [por lo tanto] therefore, so / *creo, pues, que ...* so, I think that ... **3.** [así que] so / *querías verlo, pues ahí está* you wanted to see it, so here it is **4.** [enfático] : *¡pues ya está!* well, that's it! / *¡pues claro!* but of course!

puestero, ra sm, f [AM] stallholder.

puesto, ta ⬥ pp —→ **poner.** ⬥ adj ▶ **ir muy puesto** to be all dressed up. ◆ **puesto** sm **1.** [lugar] place **2.** [empleo] post, position / *puesto de trabajo* job **3.** [en fila, clasificación etc] place **4.** [tenderete] stall, stand **5.** MIL post ▶ **puesto de mando/vigilancia** command/sentry post ▶ **puesto de policía** police station ▶ **puesto de socorro** first-aid post. ◆ **puesta** sf [acción] ▶ **puesta a punto a)** [de una técnica] perfecting **b)** [de un motor] tuning ▶ **puesta al día** updating ▶ **puesta en escena** staging, production ▶ **puesta en marcha a)** [de máquina] starting, start-up **b)** [de acuerdo, proyecto] implementation / *puesta en práctica* implementation. ◆ **puesta de sol** sf sunset. ◆ **puesto que** loc conj since, as.

puf (*pl* **pufs**) sm pouf, pouffe.

púgil sm boxer.

pugna sf fight, battle.

pugnar vi *fig* [esforzarse] ▶ **pugnar por** to struggle o fight for.

puja sf [en subasta - acción] bidding; [- cantidad] bid.

pujar ⬥ vi [en subasta] to bid higher. ⬥ vt to bid.

pulcro, cra adj neat, tidy.

pulga sf flea.

pulgada sf inch.

pulgar —→ **dedo.**

pulgón sm aphid.

pulidor, ra adj polishing. ◆ **pulidora** sf polisher.

pulimentar vt to polish.

pulir vt to polish. ◆ **pulirse** vprnl [gastarse] to blow.

pulmón sm lung ▶ **a pleno pulmón a)** [gritar] at the top of one's voice **b)** [respirar] deeply / *tener buenos pulmones* to have a powerful voice.

pulmonía sf pneumonia.

pulpa sf pulp.

pulpería sf [AM] general store.

púlpito sm pulpit.

pulpo sm [animal] octopus.

pulque sm [CAM] [MÉX] pulque *(fermented agave cactus juice).*

pulquería sf [CAM] [MÉX] "pulque" bar.

pulsación sf [del corazón] beat, beating (U).

pulsador sm button, push button.

pulsar vt [botón, timbre etc] to press; [teclas de ordenador] to hit, to strike; [teclas de piano] to play; [cuerdas de guitarra] to pluck.

pulsera sf bracelet / *pulsera de tobillo* ankle bracelet.

pulso sm **1.** [latido] pulse ▶ **tomar el pulso a algo/alguien** *fig* to sound sthg/sb out **2.** [firmeza] ▶ **tener buen pulso** to have a steady hand ▶ **a pulso** unaided / *ganarse algo a pulso* to deserve sthg.

pulular vi to swarm.

pulverizador, ra adj spray *(antes de sust).* ◆ **pulverizador** sm spray.

pulverizar [13] vt **1.** [líquido] to spray **2.** [sólido] to reduce to dust; TECNOL to pulverize **3.** *fig* [aniquilar] to pulverize.

puma sm puma.

puna sf [ANDES] **1.** [llanura] Andean plateau **2.** [mal de altura] altitude sickness.

punción sf puncture.

punk [pank] (*pl* **punks**) adj, sm & smf punk.

punki ['panki] adj & smf punk.

punta sf **1.** [extremo - gen] point; [- de pan, pelo] end; [- de dedo, cuerno] tip / *de punta a punta* from one end to the other / *en punta* pointed / *en la otra punta de algo* at the other end of sthg ▶ **sacar punta a (un lápiz)** to sharpen (a pencil) ▶ **a punta (de) pala** by the dozen o bucket ▶ **tener algo en la punta de la lengua** *fig* to have sthg on the tip of one's tongue **2.** [pizca] touch, bit; [de sal] pinch.

puntada sf [pespunte] stitch.

puntaje sf [AM] [calificación] mark, grade [US]; [en concursos, competiciones] score.

puntal sm [madero] prop; *fig* [apoyo] mainstay.

puntapié sm kick ∕ **dar un puntapié a alguien** to kick sb ▸ **tratar a alguien a puntapiés** *fig* to be nasty to sb.

puntear vt to pluck.

puntera → puntero.

puntería sf **1.** [destreza] marksmanship ∕ **hacer puntería** to take aim **2.** [orientación] aim.

puntero, ra ⬧ adj leading. ⬧ sm, f [líder] leader. ◆ **puntera** sf [de zapato] toecap.

puntiagudo, da adj pointed.

puntilla sf point lace ▸ **dar la puntilla** *fig* to give the coup de grâce. ◆ **de puntillas** loc adv on tiptoe.

puntilloso, sa adj **1.** [susceptible] touchy **2.** [meticuloso] punctilious.

punto sm **1.** [gen] point ▸ **punto débil / fuerte** weak / strong point; *fig* backup, support ▸ **punto culminante** high point ▸ **puntos a tratar** matters to be discussed ▸ **poner punto final a algo** to bring sthg to a close **2.** [signo ortográfico] dot ▸ **punto y coma** semi-colon ▸ **puntos suspensivos** dots, suspension points ▸ **dos puntos** colon **3.** [marca] spot, dot **4.** [lugar] spot, place ▸ **punto de venta** COM point of sale **5.** [momento] point, moment ▸ **estar a punto** to be ready ▸ **estar a punto de hacer algo** to be on the point of doing sthg **6.** [estado] state, condition ▸ **llegar a un punto en que ...** to reach the stage where ... ▸ **estar en su punto a)** [gen] to be just right **b)** [comida] to be done to a turn **7.** [cláusula] clause **8.** [puntada - en costura, cirugía] stitch ▸ **punto de cruz** cross-stitch ▸ **hacer punto** to knit ▸ **un jersey de punto** a knitted jumper **9.** [estilo de tejer] knitting ▸ **punto de ganchillo** crochet **10.** [objetivo] target. ◆ **en punto** loc adv on the dot. ◆ **hasta cierto punto** loc adv to some extent, up to a point. ◆ **punto de partida** sm starting point. ◆ **punto de vista** sm point of view. ◆ **punto muerto** sm **1.** AUTO neutral **2.** [en un proceso] deadlock ▸ **estar en un punto muerto** to be deadlocked.

puntuación sf **1.** [calificación] mark; [en concursos, competiciones] score **2.** [ortográfica] punctuation.

puntual adj **1.** [en el tiempo] punctual ∕ **ser puntual** to be on time **2.** [exacto, detallado] detailed **3.** [aislado] isolated, one-off.

puntualidad sf [en el tiempo] punctuality.

puntualización sf clarification.

puntualizar [13] vt to specify, to clarify.

puntuar [6] ⬧ vt **1.** [calificar] to mark; DEP to award marks to **2.** [escrito] to punctuate. ⬧ vi **1.** [calificar] to mark **2.** [entrar en el cómputo] ▸ **puntuar (para)** to count (towards).

punzada sf [dolor intenso] stabbing pain (U); *fig* pang.

punzante adj **1.** [que pincha] sharp **2.** [intenso] sharp **3.** [mordaz] caustic.

puñado sm handful.

puñal sm dagger.

puñalada sf stab; [herida] stab wound.

puñeta ⬧ sf *fam* [tontería] ▸ **mandar a alguien a hacer puñetas** to tell sb to get lost ∕ **en la quinta puñeta** in the back of beyond. ⬧ interj *fam* **¡puñeta(s)!** damn it!

puñetazo sm punch ∕ **lo derribó de un puñetazo** he knocked him to the ground.

puñetero, ra *fam* ⬧ adj **1.** [persona] damn ∕ **tu puñetero marido** your damn husband **2.** [cosa] tricky. ⬧ sm, f damn.

puño sm **1.** [mano cerrada] fist ▸ **de su puño y letra** in his/her own handwriting ▸ **meter o tener a alguien en un puño** to have sb under one's thumb **2.** [de manga] cuff **3.** [empuñadura - de espada] hilt; [- de paraguas] handle.

punzón sm punch.

pupa sf **1.** [erupción] blister **2.** [herida] cold sore **3.** *fam* [daño] pain ▸ **hacerse pupa** to hurt o.s.

pupila sf pupil.

pupilo, la sm, f [discípulo] pupil.

pupitre sm desk.

puré sm CULIN purée; [sopa] thick soup ▸ **puré de patatas** mashed potatoes *pl* ∕ **hacer puré a alguien** to beat sb to a pulp.

pureza sf purity.

purga sf *fig* [depuración] purge.

purgante adj & sm purgative.

purgar [16] vt *lit* + *fig* to purge.

purgatorio sm purgatory.

purificar [10] vt to purify; [mineral, metal] to refine.

puritano, na adj & sm, f puritan.

puro, ra adj **1.** [gen] pure; [oro] solid **2.** [conducta, persona] chaste, innocent **3.** [mero] sheer; [verdad] plain ∕ **por pura casualidad** by pure chance. ◆ **puro** sm cigar.

púrpura ⬧ adj inv purple. ⬧ sm purple.

pus sm pus.

pusilánime adj cowardly.

puso ⟶ **poner**.

puta ❖ adj ⟶ **puto**. ❖ sf *vulg* whore **/** *ir de putas* to go whoring **/** *de puta madre* fucking brilliant.

puteada sf **RP** *mfam* [insulto] swearword.

puteado, da adj *vulg* pissed off.

putear vt *mfam* **1.** [fastidiar] : *putear a alguien* to screw o bugger sb around **2.** **AM** [insultar] : *putear a alguien* to call sb for everything, to call sb every name under the sun.

puto, ta adj *vulg* [maldito] bloody. ◆ **puto** sm *vulg* male prostitute.

putrefacción sf rotting, putrefaction.

puzzle ['puθle], **puzle** sm jigsaw puzzle.

PVP (*abr de* precio de venta al público) sm ≃ RRP.

PYME (*abr de* Pequeña y Mediana Empresa) sf SME.

pyrex® = **pírex**.

pza. (*abr escrita de* plaza) Sq.

q, Q sf [letra] q, Q.

q.e.p.d. (*abr escrita de* que en paz descanse) RIP.

que ❖ pron relat **1.** *(sujeto)* [persona] who, that; [cosa] that, which **/** *la mujer que me saluda* the woman (who o that is) waving to me **/** *el que me lo compró* the one who bought it from me **/** *la moto que me gusta* the motorbike (that) I like **2.** *(complemento directo)* [persona] whom, that; [cosa] that, which **/** *el hombre que conociste ayer* the man (whom o that) you met yesterday **/** *ese coche es el que me quiero comprar* that car is the one (that o which) I want to buy **3.** *(complemento indirecto)* ▶ *al /a la que* (to) whom **/** *ese es el chico al que presté dinero* that's the boy to whom I lent some money **4.** *(complemento circunstancial)* : *la playa a la que fui* the beach where o to which I went **/** *la mujer con la que hablas* the woman to whom you are talking **/** *la mesa sobre la que escribes* the table on which you are writing **5.** *(complemento de tiempo)* ▶ *(en) que* when **/** *el día (en) que me fui* the day (when) I left. ❖ conj **1.** *(con oraciones de sujeto)* that **/** *es importante que me escuches* it's important that you listen to me **2.** *(con oraciones de complemento directo)* that **/** *me ha confesado que me quiere* he has told me that he loves me **3.** *(comparar)* than **/** *es más rápido que tú* he's quicker than you **/** *antes morir que vivir la guerra* I'd rather

die than live through a war **4.** [expresa causa] : *hemos de esperar, que todavía no es la hora* we'll have to wait, as it isn't time yet **5.** [expresa consecuencia] that **/** *tanto me lo pidió que se lo di* he asked me for it so insistently that I gave it to him **6.** [expresa finalidad] so (that) **/** *ven aquí que te vea* come over here so (that) I can see you **7.** (+ subj) [expresa deseo] that **/** *quiero que lo hagas* I want you to do it **/** *espero que te diviertas* I hope (that) you have fun **8.** (en oraciones exclamativas) : *¡que te diviertas!* have fun! **/** *¡que te doy un bofetón!* do that again and I'll slap you! **9.** (en oraciones interrogativas) : *¿que quiere venir? pues que venga* so she wants to come? then let her **10.** [expresa disyunción] or **/** *quieras que no, harás lo que yo mando* you'll do what I tell you, whether you like it or not **11.** [expresa hipótesis] **/** *que no quieres hacerlo, pues no pasa nada* it doesn't matter if you don't want to do it **12.** [expresa reiteración] and **/** *estaban charla que charla* they were talking and talking.

qué ❖ adj [gen] what; [al elegir, al concretar] which **/** *¿qué hora es?* what's the time? **/** *¿qué coche prefieres?* which car do you prefer? **/** *¿a qué distancia?* how far away? ❖ pron (interrogativo) what **/** *¿qué te dijo?* what did he tell you? **/** *no sé qué hacer* I don't know what to do ▶ *¿qué?* [¿cómo?] sorry?, pardon? ❖ adv **1.** [exclamativo] how **/** *¡qué horror!* how awful! **/** *¡qué tonto eres!* how stupid you are!, you're so stupid! **/** *¡qué casa más bonita!* what a lovely house! ▶ *¡y qué!* so what? **2.** [expresa gran cantidad] ▶ *¡qué de ...!* what a lot of ...! **/** *¡qué de gente hay aquí!* what a lot of people there are here!, there are so many people here!

Quebec npr : (*el*) *Quebec* Quebec.

quebequense ❖ adj Quebec. ❖ smf Quebecker, Quebecker.

quebrada ⟶ **quebrado**.

quebradero ◆ **quebradero de cabeza** sm headache, problem.

quebradizo, za adj **1.** [frágil] fragile, brittle **2.** [débil] frail **3.** [voz] weak.

quebrado, da adj [terreno] rough, uneven; [perfil] rugged. ◆ **quebrada** sf **1.** [desfiladero] gorge **2.** **AM** [arroyo] stream.

quebrantar vt **1.** [incumplir - promesa, ley] to break; [- obligación] to fail in **2.** [debilitar] to weaken; [moral, resistencia] to break. ◆ **quebrantarse** vprnl [debilitarse] to deteriorate.

quebranto sm [debilitamiento] weakening, debilitation.

quebrar [19] ❖ vt [romper] to break. ❖ vi FIN to go bankrupt. ◆ **quebrarse** vprnl **1.** [romperse] to break **2.** [voz] to break, to falter.

quechua sm [idioma] Quechua.

quedada sf fam meetup.

quedar vi **1.** [permanecer] to remain, to stay **2.** [haber aún, faltar] to be left, to remain / ¿queda azúcar? is there any sugar left? ▶ **nos quedan 10 euros** we have 10 euros left / ¿cuánto queda para León? how much further is it to León? ▶ **quedar por hacer** to remain to be done / queda por fregar el suelo the floor has still to be cleaned **3.** [mostrarse] ▶ **quedar como** to come across as ▶ **quedar bien/mal (con alguien)** to make a good/bad impression (on sb) **4.** [llegar a ser, resultar] : el trabajo ha quedado perfecto the job turned out perfectly / el cuadro queda muy bien ahí the picture looks great there **5.** [acabar] ▶ **quedar en** to end in ▶ **quedar en nada** to come to nothing **6.** [sentar] to look / te queda un poco corto el traje your suit is a bit too short ▶ **quedar bien/mal a alguien** to look good/bad on sb ▶ **quedar bien/mal con algo** to go well/badly with sthg **7.** [citarse] ▶ **quedar (con alguien)** to arrange to meet (sb) / hemos quedado el lunes we've arranged to meet on Monday **8.** [acordar] ▶ **quedar en algo/en hacer algo** to agree on sthg/to do sthg / quedamos en traer cada uno una cosa we agreed we would each bring one thing ▶ **quedar en que ...** to agree that ... ▶ ¿en qué quedamos? what's it to be, then? **9.** fam [estar situado] to be / ¿por dónde queda? whereabouts is it? ◆ **quedarse** vprnl **1.** [permanecer - en un lugar] to stay, to remain **2.** [terminar - en un estado] / quedarse ciego/sordo to go blind/deaf / quedarse triste to be o feel sad / quedarse sin dinero to be left penniless / la pared se ha quedado limpia the wall is clean now **3.** [comprar] to take / me quedo éste I'll take this one. ◆ **quedarse con** vprnl **1.** [retener, guardarse] to keep **2.** [preferir] to go for, to prefer.

quedo, da adj quiet, soft. ◆ **quedo** adv quietly, softly.

quehacer (gen pl) sm task ▶ **quehaceres domésticos** housework (U).

queja sf **1.** [lamento] moan, groan **2.** [protesta] complaint / presentar una queja to lodge o make a complaint.

quejarse vprnl **1.** [lamentar] to groan, to cry out ▶ **quejarse de algo/alguien** to bemoan sthg/ sb **2.** [protestar] to complain ▶ **quejarse de** to complain about.

quejica despec adj whining, whingeing.

quejido sm cry, moan.

quejoso, sa adj ▶ **quejoso (de)** annoyed o upset (with).

quemado, da adj **1.** [gen] burnt / oler a quemado to smell burning; [por agua hirviendo] scalded; [por electricidad] burnt-out; [fusible]

blown **2.** [por sol] sunburnt **3.** 𝐀𝐦 [bronceado] tanned **4.** loc ▶ **estar quemado a)** [agotado] to be burnt-out **b)** [harto] to be fed up.

quemador sm burner.

quemadura sf [por fuego] burn / quemadura en tercer grado third-degree burning; [por agua hirviendo] scald.

quemar ◆ vt **1.** [gen] to burn; [suj: agua hirviendo] to scald; [suj: electricidad] to blow **2.** fig [malgastar] to fritter away **3.** fig [desgastar] to burn out **4.** fig [hartar] to make fed up. ◆ vi [estar caliente] to be (scalding) hot. ◆ **quemarse** vprnl **1.** [por fuego] to burn down; [por agua hirviendo] to get scalded; [por calor] to burn; [por electricidad] to blow **2.** [por el sol] to get burned **3.** fig [desgastarse] to burn out **4.** fig [hartarse] to get fed up.

quemarropa ◆ **a quemarropa** loc adv point-blank.

quemazón sf burning; [picor] itch.

quena sf quena flute.

quepa ⟶ **caber.**

queque sm 𝐀𝐍𝐃𝐄𝐒 𝐂𝐀𝐌 𝐌𝐄𝐗 sponge (cake).

querella sf **1.** DER [acusación] charge / presentar una querella contra alguien to bring an action against sb **2.** [discordia] dispute.

querer [67] ◆ vt **1.** [gen] to want / quiero una bicicleta I want a bicycle / ¿quieren ustedes algo más? would you like anything else? ▶ **querer que alguien haga algo** to want sb to do sthg / quiero que lo hagas tú I want you to do it ▶ **querer que pase algo** to want sthg to happen / queremos que las cosas te vayan bien we want things to go well for you / quisiera hacerlo, pero ... I'd like to do it, but ... **2.** [amar] to love **3.** [en preguntas - con amabilidad] / ¿quiere decirle a su amigo que pase? could you tell your friend to come in, please? **4.** [pedir - precio] ▶ **querer algo (por)** to want sthg (for) / ¿cuánto quieres por el coche? how much do you want for the car? **5.** fig & irón [dar motivos para] : tú lo que quieres es que te pegue you're asking for a smack **6.** loc ▶ **como quien no quiere la cosa** as if it were nothing ▶ **quien bien te quiere te hará llorar** prov you have to be cruel to be kind prov. ◆ vi to want / ven cuando quieras come whenever you like o want / no me voy porque no quiero I'm not going because I don't want to ▶ **queriendo** on purpose ▶ **sin querer** accidentally ▶ **querer decir** to mean / ¿qué quieres decir con eso? what do you mean by that? ▶ **querer es poder** where there's a will there's a way. ◆ v impers [haber atisbos] : parece que quiere llover it looks like rain. ◆ sm love. ◆ **quererse** vprnl to love each other.

querido, da ❖ adj dear. ❖ sm, f lover ; [apelativo afectuoso] darling.

quesadilla sf CAM MÉX filled fried tortilla.

queso sm cheese ▶ **queso gruyère / parmesano / roquefort** Gruyère/Parmesan/Roquefort (cheese) ▶ **queso de bola** Dutch cheese ▶ **queso manchego** hard mild yellow cheese made in La Mancha / **queso para untar** cheese spread ▶ **queso rallado** grated cheese / **dárselas con queso a alguien** to fool sb.

quicio sm jamb ▶ **estar fuera de quicio** fig to be out of kilter ▶ **sacar de quicio a alguien** fig to drive sb mad.

quiebra sf **1.** [ruina] bankruptcy / **ir a la quiebra** to go bankrupt ; [en bolsa] crash ▶ **quiebra fraudulenta** DER fraudulent bankruptcy **2.** fig [pérdida] collapse.

quiebro sm [ademán] swerve.

quien pron **1.** (relativo) [sujeto] who ; [complemento] whom / **fue mi hermano quien me lo explicó** it was my brother who explained it to me / **era Pepe a quien vi / de quien no me fiaba** it was Pepe (whom) I saw/didn't trust **2.** (indefinido) : **quienes quieran verlo que se acerquen** whoever wants to see it will have to come closer ▶ **hay quien lo niega** there are those who deny it **3.** loc ▶ **quien más quien menos** everyone.

quién pron (interrogativo) [sujeto] who ; [complemento] who, whom / **¿quién es ese hombre?** who's that man? / **no sé quién viene** I don't know who is coming / **¿a quiénes has invitado?** who o whom have you invited? ▶ **¿de quién es?** whose is it? ▶ **¿quién es?** a) [en la puerta] who is it? b) [al teléfono] who's calling?

quienquiera (pl **quienesquiera**) pron whoever ▶ **quienquiera que venga** whoever comes.

quiera ⟶ **querer**.

quieto, ta adj [parado] still ▶ **¡estáte quieto!** keep still! ▶ **¡quieto ahí!** don't move!

quietud sf **1.** [inmovilidad] stillness **2.** [tranquilidad] quietness.

quijada sf jaw.

quijotesco, ca adj quixotic.

quilate sm carat.

quilla sf NÁUT keel.

quillango sm ARG CHILE fur blanket.

quilo = **kilo**.

quilombo sm **1.** mfam [prostíbulo] whorehouse **2.** mfam [lío] mess.

quimbambas sfpl : **¡vete a las quimbambas!** fam get lost!

quimera sf fantasy.

quimérico, ca adj fanciful.

químico, ca ❖ adj chemical. ❖ sm, f [científico] chemist. ◆ **química** sf [ciencia] chemistry.

quina sf [bebida] quinine.

quincalla sf trinket.

quince num fifteen ▶ **quince días** a fortnight. Ver también seis.

quinceañero, ra sm, f teenager.

quinceavo, va num fifteenth.

quincena sf fortnight.

quincenal adj fortnightly.

quincenalmente adv fortnightly.

quincho sm ANDES RP **1.** [techo] thatched roof **2.** [refugio] thatched shelter.

quincuagésimo, ma num fiftieth.

quiniela sf [boleto] pools coupon. ◆ **quinielas** sfpl [apuestas] (football) pools / **jugar a las quinielas** to play the pools. ◆ **quiniela hípica** sf sweepstake.

quinientos, tas num five hundred. Ver también seis.

quinina sf quinine.

quinqué sm oil lamp.

quinquenio sm [periodo] five-year period.

quinqui smf fam delinquent.

quinta ⟶ **quinto**.

quinteto sm quintet.

quinto, ta num fifth. ◆ **quinto** sm **1.** [parte] fifth **2.** MIL recruit. ◆ **quinta** sf **1.** [finca] country house **2.** MIL call-up year.

quintuplicar [10] vt to increase fivefold. ◆ **quintuplicarse** vprnl to increase fivefold.

quiosco, kiosco sm kiosk ; [de periódicos] newspaper stand ▶ **quiosco de música** bandstand.

quiosquero, ra sm, f owner of a newspaper stand.

quipos, quipus smpl ANDES quipus ; knotted cords used for record keeping by the Incas.

quirófano sm operating theatre.

quiromancia sf palmistry, chiromancy.

quiromasaje sm (manual) massage.

quirúrgico, ca adj surgical.

quisiera ⟶ **querer**.

quisque sm ▶ **cada** o **todo quisque** every man Jack.

quisquilla sf **1.** [crustáceo] shrimp **2.** [pequeñez] triviality.

quisquilloso, sa adj **1.** [detallista] pernickety **2.** [susceptible] touchy.

quiste sm cyst.

quitaesmalte sm nail-polish remover.

quitaipón ◆ **de quitaipón** loc adj removable ; [capucha] detachable.

quitamanchas sm inv stain remover.

quitanieves sm inv snow plough.

quitar vt **1.** [gen] to remove ; [ropa, zapatos etc] to take off ▶ **quitarle algo a alguien** to take sthg away from sb ▶ **de quita y pon a)** removable **b)** [capucha] detachable **2.** [dolor, ansiedad] to take away, to relieve ; [sed] to quench **3.** [tiempo] to take up **4.** [robar] to take, to steal **5.** [impedir] : *esto no quita que sea un vago* that doesn't change the fact that he's a layabout **6.** [exceptuar] : *quitando el queso, me gusta todo* apart from cheese, I'll eat anything **7.** [desconectar] to switch off. ◆ **quitarse** vprnl **1.** [apartarse] to get out of the way **2.** [ropa] to take off **3.** [suj: mancha] to come out **4.** *loc* ▶ **quitarse a alguien de encima o de en medio** to get rid of sb.

quitasol sm sunshade UK, parasol.

quite sm DEP parry ▶ **estar al quite** to be on hand to help.

Quito npr Quito.

quizá, quizás adv perhaps / *quizá llueva mañana* it might rain tomorrow / *quizá no lo creas* you may not believe it ▶ **quizá sí** maybe ▶ **quizá no** maybe not.

R

r, R sf [letra] r, R.

rábano sm radish / *coger el rábano por las hojas* to get the wrong end of the stick ▶ **me importa un rábano** I couldn't care less, I don't give a damn.

rabí sm rabbi.

rabia sf **1.** [ira] rage ▶ **me da rabia** it makes me mad **2.** [enfermedad] rabies.

rabiar [8] vi **1.** [sufrir] to writhe in pain **2.** [enfadarse] to be furious.

rabieta sf fam tantrum / *tener una rabieta* to throw a tantrum.

rabillo sm corner ▶ **mirar algo con el rabillo del ojo** to look at sthg out of the corner of one's eye.

rabioso, sa adj **1.** [furioso] furious **2.** [excesivo] terrible **3.** [enfermo de rabia] rabid **4.** [chillón] loud, gaudy.

rabo sm **1.** [de animal] tail ▶ **rabo de buey** oxtail ▶ **irse o salir con el rabo entre las piernas** to go off with one's tail between one's legs **2.** [de hoja, fruto] stem.

rácano, na fam adj [tacaño] mean, stingy.

RACE (*abr de* Real Automóvil Club de España) sm *Spanish automobile association* ; ≃ AA UK ; ≃ AAA US.

racha sf **1.** [ráfaga] gust (of wind) **2.** [época] spell ; [serie] string ▶ **buena / mala racha** good / bad patch ▶ **a rachas** in fits and starts.

racial adj racial.

racimo sm **1.** [de frutos] bunch **2.** [de flores] raceme.

raciocinio sm [razón] (power of) reason.

ración sf **1.** [porción] portion **2.** [en bar, restaurante] large portion of a dish served as a snack.

racional adj rational.

racionalizar [13] vt to rationalize.

racionar vt to ration.

racismo sm racism.

racista adj & smf racist.

radar (*pl* **radares**) sm radar.

radiación sf radiation.

radiactivo, va, radioactivo, va adj radioactive.

radiador sm radiator.

radial adj **1.** [gen] radial **2.** Am [emisión, cadena] radio (*antes de sust*).

radiante adj radiant / *lucía un sol radiante* it was brilliantly sunny.

radiar [9] vt **1.** [irradiar] to radiate **2.** [por radio] to broadcast.

radical adj & smf radical.

radicar [10] vi ▶ **radicar en** a) [suj: problema etc] to lie in b) [suj: población] to be (situated) in. ◆ **radicarse** vprnl [establecerse] ▶ **radicarse (en)** to settle (in).

radio ◆ sm **1.** ANAT & GEOM radius **2.** [de rueda] spoke **3.** QUÍM radium. ◆ sf radio ▶ **oír algo por la radio** to hear sthg on the radio / *oír algo por radio macuto* fam to hear sthg on the bush telegraph ▶ **radio digital** digital radio ▶ **radio por Internet** Internet radio ▶ **radio pirata** pirate radio station.

radioactivo = radiactivo.

radioaficionado, da sm, f radio ham.

radiocasete sm radio cassette (player).

radiocontrol sm remote control.

radiodespertador sm clock radio.

radiodifusión sf broadcasting.

radioescucha smf inv listener.

radiofónico, ca adj radio (*antes de sust*).

radiograbador, radiograbadora sm CSur radio cassette.

radiografía sf [fotografía] X-ray / *hacerse una radiografía* to be X-rayed ; [ciencia] radiography.

radiólogo, ga sm, f radiologist.

radionovela sf radio soap opera.

radiorreloj sm clock radio.

radiotaxi sm taxi (with radio link).

radioteléfono sm radiotelephone.

radioterapia sf radiotherapy.

radioyente smf listener.

RAE (*abr de* Real Academia Española) *institution that sets lexical and syntactic standards for Spanish*.

raer [68] vt to scrape (off).

ráfaga sf [de aire, viento] gust ; [de disparos] burst ; [de luces] flash.

rafting sm DEP rafting.

raído, da adj threadbare ; [por los bordes] frayed.

raigambre sf [tradición] tradition.

raíl, rail sm rail.

raíz (pl **raíces**) sf [gen & MAT] root ▶ **raíz cuadrada/cúbica** square/cube root ▶ **a raíz de** as a result of, following ▶ **echar raíces** to put down roots.

raja sf 1. [porción] slice 2. [grieta] crack.

rajar vt 1. [partir] to crack ; [melón] to slice 2. mfam [apuñalar] to slash. ◆ **rajarse** vprnl 1. [partirse] to crack 2. fam [echarse atrás] to chicken out.

rajatabla ◆ **a rajatabla** loc adv to the letter, strictly.

ralentí sm neutral.

ralentizar vt to slow down. ◆ **ralentizarse** vprnl to slow down.

rallado, da adj grated.

rallador sm grater.

ralladura (gen pl) sf grating.

rallar vt to grate.

rally ['rali] (pl **rallies**) sm rally.

RAM (abr de random access memory) sf INFORM RAM.

rama sf branch ▶ **andarse por las ramas** fam to beat about the bush / **irse por las ramas** fam to go off at a tangent.

ramaje sm branches pl.

ramal sm [de carretera, ferrocarril] branch.

ramalazo sm 1. fam [hecho que delata] giveaway sign / **tener un ramalazo** fam to be effeminate 2. [ataque] fit.

rambla sf 1. [avenida] avenue, boulevard 2. RP [paseo marítimo] seafront.

ramera sf whore, hooker US.

ramificación sf 1. [gen] ramification 2. [de carretera, ferrocarril, ciencia] branch.

ramificarse [10] vprnl 1. [bifurcarse] to branch out 2. [subdividirse] ▶ **ramificarse (en)** to subdivide (into).

ramillete sm bunch, bouquet.

ramo sm 1. [de flores] bunch, bouquet 2. [rama] branch ▶ **el ramo de la construcción** the building industry.

rampa sf 1. [para subir y bajar] ramp 2. [cuesta] steep incline.

rana sf frog.

ranchero, ra sm, f rancher. ◆ **ranchera** sf 1. MÚS popular Mexican song 2. AUTO estate car.

rancho sm 1. [comida] mess 2. [granja] ranch 3. loc : **hacer rancho aparte** to keep to o.s.

4. CSur VEN [choza] shack, shanty ; VEN [chabola] shanty town.

rancio, cia adj 1. [pasado] rancid 2. [antiguo] ancient 3. [añejo - vino] mellow.

rango sm 1. [social] standing 2. [jerárquico] rank.

ranking ['raŋkin] (pl **rankings**) sm ranking.

ranura sf groove ; [de máquina tragaperras, cabina telefónica] slot.

rap sm [música] rap.

rapaces ⟶ **rapaz**.

rapapolvo sm fam ticking-off ▶ **dar o echar un rapapolvo a alguien** to tick sb off.

rapar vt [barba, bigote] to shave off ; [cabeza] to shave ; [persona] to shave the hair of.

rapaz, za sm, f fam lad (lass). ◆ **rapaz** adj [que roba] rapacious, greedy. ◆ **rapaces** sfpl ZOOL birds of prey.

rape sm monkfish ▶ **cortar el pelo al rape a alguien** to crop sb's hair.

rapé sm (en aposición invariable) snuff.

rápel, rapel sm abseiling.

rapero, ra sm, f rapper.

rápidamente adv quickly.

rapidez sf speed.

rápido, da adj quick, fast ; [coche] fast ; [beneficio, decisión] quick. ◆ **rápido** ◆ adv quickly ▶ **más rápido** quicker ▶ **¡ven, rápido!** come, quick ! ◆ sm [tren] express train. ◆ **rápidos** smpl [de río] rapids.

rapiña sf [robo] robbery with violence.

rapsodia sf rhapsody.

raptar vt to abduct, to kidnap.

rapto sm 1. [secuestro] abduction, kidnapping 2. [ataque] fit.

raqueta sf [para jugar - al tenis] racquet ; [- al ping pong] bat.

raquítico, ca adj 1. MED rachitic 2. [insuficiente] miserable.

rareza sf 1. [poco común, extraño] rarity 2. [extravagancia] eccentricity.

raro, ra adj 1. [extraño] strange ▶ **¡qué raro!** how odd o strange! 2. [excepcional] unusual, rare ; [visita] infrequent 3. [extravagante] odd, eccentric 4. [escaso] rare ▶ **rara vez** rarely.

ras sm ▶ **a ras de** level with ▶ **a ras de tierra** at ground level ▶ **volar a ras de tierra** to fly low.

rasante sf [de carretera] gradient.

rasca sf fam [frío] : **¡qué rasca que hace aquí!** it's freezing here!

rascacielos sm inv skyscraper.

rascador sm [herramienta] scraper.

rascar [10] ◆ vt 1. [con uñas, clavo] to scratch 2. [con espátula] to scrape (off) ; [con cepillo] to scrub. ❖ vi to be rough. ◆ **rascarse** vprnl to scratch o.s.

rasgar [16] vt to tear ; [sobre] to tear open.

rasgo sm **1.** [característica] trait, characteristic **2.** [trazo] flourish, stroke. ◆ **rasgos** smpl **1.** [del rostro] features **2.** [letra] handwriting (U). ◆ **a grandes rasgos** loc adv in general terms.

rasguear vt to strum.

rasguñar vt to scratch.

rasguño sm scratch.

raso, sa adj **1.** [cucharada etc] level **2.** [a poca altura] low **3.** MIL : *soldado raso* private. ◆ **raso** sm [tela] satin.

raspa sf backbone (of fish).

raspadura sf (gen pl) scraping ; [señal] scratch.

raspar vt **1.** [rascar] to scrape (off) **2.** [rasar] to graze, to shave. ◆ **rasparse** vprnl to scratch o.s.

rasposo, sa adj rough.

rastras ◆ **a rastras** loc adv ▶ **llevar algo /a alguien a rastras** lit + fig to drag sthg /sb along.

rastreador, ra sm, f tracker.

rastrear vt [seguir las huellas de] to track.

rastrero, ra adj despicable.

rastrillo sm **1.** [en jardinería] rake **2.** [mercado] flea market ; [benéfico] jumble sale **3.** Méx [para afeitarse] safety razor.

rastro sm **1.** [pista] trail ▶ **perder el rastro de alguien** to lose track of sb ▶ **sin dejar rastro** without trace **2.** [vestigio] trace **3.** [mercado] flea market.

rastrojo sm stubble.

rasurador sm electric razor.

rasurar vt to shave. ◆ **rasurarse** vprnl to shave.

rata sf rat.

ratero, ra sm, f petty thief.

ratificación sf ratification.

ratificar [10] vt to ratify. ◆ **ratificarse en** vprnl to stand by.

rato sm while / *estuvimos hablando mucho rato* we were talking for quite a while ▶ **al poco rato (de)** shortly after ▶ **pasar el rato** to kill time, to pass the time ▶ **pasar un mal rato** to have a hard time of it ▶ **ratos libres** spare time (U) ▶ **a ratos** at times ▶ **un rato (largo)** fig really, terribly.

ratón sm [gen & INFORM] mouse.

ratonera sf **1.** [para ratas] mousetrap **2.** fig [trampa] trap.

raudal sm **1.** [de agua] torrent **2.** fig [montón] abundance ; [de lágrimas] flood ; [de desgracias] string ▶ **a raudales** in abundance, by the bucket.

ravioli (gen pl) sm ravioli (U).

raya sf **1.** [línea] line ; [en tejido] stripe ▶ **a rayas** striped **2.** [del pelo] parting ▶ **hacerse la raya** to part one's hair **3.** [de pantalón] crease **4.** fig [límite] limit ▶ **pasarse de la raya** to overstep the mark ▶ **mantener o tener a raya a alguien** to

keep sb in line **5.** [señal - en disco, pintura etc] scratch **6.** [pez] ray **7.** [guión] dash.

rayado, da adj **1.** [a rayas - tela] striped ; [-papel] ruled **2.** [estropeado] scratched. ◆ **rayado** sm [rayas] stripes pl.

rayar ❖ vt **1.** [marcar] to scratch **2.** [trazar rayas] to rule lines on. ❖ vi **1.** [aproximarse] ▶ **rayar en algo** to border on sthg / *raya en los cuarenta* he's pushing forty **2.** [alba] to break. ◆ **rayarse** vprnl to get scratched.

rayo sm **1.** [de luz] ray ▶ **rayo solar** sunbeam **2.** FÍS beam, ray ▶ **rayo láser** laser beam ▶ **rayos infrarrojos / ultravioleta / uva** infrared / ultraviolet / UVA rays ▶ **rayos X** X-rays ▶ **caer como un rayo** fig to be a bombshell **3.** METEOR bolt of lightning ▶ **rayos** lightning (U).

rayón sm rayon.

rayuela sf hopscotch.

raza sf **1.** [humana] race ▶ **raza humana** human race **2.** [animal] breed **3.** Perú fam [cara] cheek, nerve.

razón sf **1.** [gen] reason / *con razón no vino* no wonder he didn't come ▶ **dar la razón a alguien** to say that sb is right ▶ **en razón de** o **a** in view of ▶ **razón de ser** raison d'être ▶ **tener razón (en hacer algo)** to be right (to do sthg) ▶ **no tener razón** to be wrong / *razón de más para hacer algo* all the more reason to do sthg ▶ **y con razón** and quite rightly so **2.** [información] : *se vende piso: razón aquí* flat for sale: enquire within ▶ **dar razón de** to give an account of **3.** MAT ratio. ◆ **a razón de** loc adv at a rate of.

razonable adj reasonable.

razonamiento sm reasoning (U).

razonar ❖ vt [argumentar] to reason out. ❖ vi [pensar] to reason.

RDSI (abr de **Red Digital de Servicios Integrados**) sf INFORM ISDN.

re sm MÚS D ; [en solfeo] re.

reacción sf reaction ▶ **reacción en cadena** chain reaction.

reaccionar vi to react / *reaccionar a algo* to react to sthg.

reaccionario, ria adj & sm, f reactionary.

reacio, cia adj stubborn.

reactivación sf revival.

reactividad sf reactivity.

reactor sm **1.** [propulsor] reactor **2.** [avión] jet (plane).

readmitir vt to accept o take back.

reafirmante adj [statement] reaffirming ; [product] firming.

reafirmar vt to confirm. ◆ **reafirmarse** vprnl to assert o.s. ▶ **reafirmarse en algo** to become confirmed in sthg.

reajuste sm 1. [cambio] readjustment ▸ **reajuste ministerial** cabinet reshuffle 2. [ECON - de precios, impuestos] increase ; [- de sector] streamlining ; [- de salarios] reduction ▸ **reajuste de plantilla** redundancies pl.

real adj 1. [verdadero] real 2. [de monarquía] royal.

realce sm 1. [esplendor] glamour ▸ **dar realce a algo/alguien** to enhance sthg/sb 2. [en pintura] highlight.

realeza sf [monarcas] royalty.

realidad sf 1. [mundo real] reality ▸ **realidad virtual** INFORM virtual reality 2. [verdad] truth ▸ **en realidad** actually, in fact.

realismo sm realism.

realista ⬥ adj realistic. ⬥ smf ARTE realist.

reality show sm reality show.

realizable adj feasible.

realización sf 1. [ejecución] carrying-out ; [de proyecto, medidas] implementation ; [de sueños, deseos] fulfilment 2. [obra] achievement 3. CINE production.

realizador, ra sm, f CINE & TV director.

realizar [13] vt 1. [ejecutar - esfuerzo, viaje, inversión] to make ; [- operación, experimento, trabajo] to perform ; [- encargo] to carry out ; [- plan, reformas] to implement 2. [hacer real] to fulfil, to realize 3. CINE to produce. ◆ **realizarse** vprnl 1. [en un trabajo] to find fulfilment 2. [hacerse real - sueño, predicción, deseo] to come true ; [- esperanza, ambición] to be fulfilled 3. [ejecutarse] to be carried out.

realmente adv 1. [en verdad] in fact, actually 2. [muy] really, very.

realquilado, da sm, f sub-tenant.

realquilar vt to sublet.

realzar [13] vt 1. [resaltar] to enhance 2. [en pintura] to highlight.

reanimación sf 1. [física, moral] recovery 2. MED resuscitation.

reanimar vt 1. [físicamente] to revive 2. [moralmente] to cheer up 3. MED to resuscitate.

reanudar vt [conversación, trabajo] to resume ; [amistad] to renew.

reaparición sf reappearance.

rearme sm rearmament.

reavivar vt to revive.

rebaja sf 1. [acción] reduction 2. [descuento] discount / **hacer una rebaja** to give a discount. ◆ **rebajas** sfpl COM sales ▸ **'grandes rebajas'** 'massive reductions' ▸ **estar de rebajas** to have a sale on.

rebajado, da adj 1. [precio] reduced 2. [humillado] humiliated.

rebajar vt 1. [precio] to reduce ▸ **te rebajo 2 euros** I'll knock 2 euros off for you 2. [persona]

to humiliate 3. [intensidad] to tone down 4. [altura] to lower. ◆ **rebajarse** vprnl [persona] to humble o.s. ▸ **rebajarse a hacer algo** to lower o.s. o stoop to do sthg / **rebajarse ante alguien** to humble o.s. before sb.

rebanada sf slice.

rebanar vt [pan] to slice ; [dedo etc] to slice off.

rebañar vt to scrape clean.

rebaño sm flock ; [de vacas] herd.

rebasar vt to exceed, to surpass ; [agua] to overflow ; AUTO to overtake.

rebatir vt to refute.

rebeca sf cardigan.

rebelarse vprnl to rebel.

rebelde ⬥ adj 1. [sublevado] rebel (antes de sust) 2. [desobediente] rebellious. ⬥ smf [sublevado, desobediente] rebel.

rebeldía sf 1. [cualidad] rebelliousness 2. [acción] (act of) rebellion.

rebelión sf rebellion / **rebelión militar** military uprising.

rebenque sm 𝗖𝗦𝘂𝗿 riding crop.

reblandecer [30] vt to soften.

rebobinar vt to rewind.

rebosante adj ▸ **rebosante (de)** brimming o overflowing (with).

rebosar ⬥ vt to overflow with. ⬥ vi to overflow ▸ **rebosar de a)** to be overflowing with **b)** fig [persona] to brim with.

rebotar vi ▸ **rebotar (en)** to bounce (off), to rebound (off).

rebote sm 1. [bote] bounce, bouncing (U) 2. DEP rebound ▸ **de rebote** on the rebound.

rebozado, da adj CULIN coated in batter o breadcrumbs.

rebozar [13] vt CULIN to coat in batter o breadcrumbs.

rebozo sm 1. wrap, muffler 2. 𝗔𝗺 wrap, shawl 3. loc : **sin rebozo** [con franqueza] frankly.

rebuscado, da adj recherché, pretentious.

rebuznar vi to bray.

recabar vt [pedir] to ask for ; [conseguir] to obtain.

recadero, ra sm, f messenger.

recado sm 1. [mensaje] message / **mandar recado de que...** to send word that... 2. [encargo] errand ▸ **hacer recados** to run errands.

recaer [55] vi 1. [enfermo] to have a relapse 2. [ir a parar] ▸ **recaer sobre** to fall on 3. [reincidir] ▸ **recaer en** to relapse into.

recaída sf relapse.

recalcar [10] vt to stress, to emphasize.

recalcitrante adj recalcitrant.

recalentar [19] vt 1. [volver a calentar] to warm up 2. [calentar demasiado] to overheat.

recámara sf **1.** [de arma de fuego] chamber **2.** CAM COL MEX [dormitorio] bedroom.

recamarera sf CAM COL MEX chambermaid.

recambio sm spare (part); [para pluma] refill ▶ **de recambio** spare.

recapacitar vi to reflect, to think / *recapacitar sobre* to think about.

recapitulación sf recap, recapitulation.

recarga sf recharge / *desconectar tras la recarga* unplug after recharging.

recargado, da adj [estilo etc] overelaborate.

recargar [16] vt **1.** [volver a cargar - encendedor, recipiente] to refill; [- batería, pila] to recharge; [- fusil, camión] to reload; [- teléfono móvil] to top up **2.** [cargar demasiado] to overload **3.** [adornar en exceso] to overelaborate **4.** [cantidad] ▶ **recargar 20 euros a alguien** to charge sb 20 euros extra **5.** [poner en exceso] ▶ **recargar algo de algo** to put too much of sthg in sthg. ◆ **recargarse** vprnl MEX [apoyarse] to lean.

recargo sm extra charge, surcharge.

recatado, da adj [pudoroso] modest, demure.

recato sm [pudor] modesty, demureness.

recaudación sf **1.** [acción] collection **2.** [cantidad] takings pl; DEP gate; [de un cine] box-office takings.

recaudador, ra sm, f ▶ **recaudador (de impuestos)** tax collector.

recaudar vt to collect.

recelar vi ▶ **recelar de** to mistrust.

recelo sm mistrust, suspicion.

receloso, sa adj mistrustful, suspicious.

recepción sf [gen] reception.

recepcionista smf receptionist.

receptáculo sm receptacle.

receptivo, va adj receptive.

receptor, ra sm, f [persona] recipient. ◆ **receptor** sm [aparato] receiver.

recesión sf recession.

receta sf **1.** fig CULIN recipe **2.** MED prescription.

recetar vt to prescribe.

rechazar [13] vt **1.** [gen & MED] to reject; [oferta] to turn down **2.** [repeler - a una persona] to push away; MIL to repel.

rechazo sm **1.** [gen & MED] rejection; [hacia una ley, un político] disapproval ▶ **rechazo a hacer algo** refusal to do sthg **2.** [negación] denial.

rechinar vi **1.** [puerta] to creak; [dientes] to grind; [frenos, ruedas] to screech; [metal] to clank **2.** [dando dentera] to grate.

rechistar vi to answer back.

rechoncho, cha adj fam chubby.

rechupete ◆ **de rechupete** loc adv fam [gen] brilliant, great; [comida] scrumptious.

recibidor sm entrance hall.

recibimiento sm reception, welcome.

recibir ◆ vt **1.** [gen] to receive; [clase, instrucción] to have **2.** [dar la bienvenida a] to welcome **3.** [ir a buscar] to meet. ◆ vi [atender visitas] to receive visitors. ◆ **recibirse** vprnl AM ▶ **recibirse (de)** to graduate, to qualify (as).

recibo sm receipt ▶ **acusar recibo de** to acknowledge receipt of / *no ser de recibo* to be unacceptable.

reciclable adj recyclable.

reciclado, da adj recycled. ◆ **reciclado** sm [reciclaje] recycling.

reciclaje sm **1.** [de residuos] recycling **2.** [de personas] retraining.

reciclar vt [residuos] to recycle.

recién adv **1.** recently, newly / *el recién casado* the newly-wed / *los recién llegados* the newcomers / *el recién nacido* the newborn baby **2.** AM [hace poco] just / *recién llegó* he has just arrived.

reciente adj **1.** [acontecimiento etc] recent **2.** [pintura, pan etc] fresh.

recientemente adv recently.

recinto sm [zona cercada] enclosure; [área] place, area; [alrededor de edificios] grounds pl ▶ **recinto ferial** fairground (of trade fair).

recio, cia adj **1.** [persona] robust **2.** [voz] gravelly **3.** [objeto] solid **4.** [material, tela] tough, strong.

recipiente sm container, receptacle.

reciprocidad sf reciprocity.

recíproco, ca adj mutual, reciprocal.

recital sm **1.** [de música clásica] recital; [de rock] concert **2.** [de lectura] reading.

recitar vt to recite.

reclamación sf **1.** [petición] claim, demand **2.** [queja] complaint / *hacer una reclamación* to lodge a complaint.

reclamar ◆ vt [pedir, exigir] to demand, to ask for. ◆ vi [protestar] ▶ **reclamar (contra)** to protest (against), to complain (about).

reclamo sm **1.** [para atraer] inducement **2.** [para cazar] decoy, lure **3.** AM [queja] complaint; AM [reivindicación] claim.

reclinar vt ▶ **reclinar algo (sobre)** to lean sthg (on). ◆ **reclinarse** vprnl to lean back / *reclinarse contra algo* to lean against sthg.

recluir [51] vt to shut o lock away. ◆ **recluirse** vprnl to shut o.s. away.

reclusión sf **1.** [encarcelamiento] imprisonment **2.** fig [encierro] seclusion.

recluso, sa sm, f [preso] prisoner.

recluta sm [obligatorio] conscript; [voluntario] recruit.

reclutamiento sm [de soldados - obligatorio] conscription; [- voluntario] recruitment.

recobrar vt [gen] to recover ; [conocimiento] to regain ; [tiempo perdido] to make up for.
◆ **recobrarse** vprnl ▸ **recobrarse (de)** to recover (from).

recodo sm bend.

recogedor sm dustpan.

recoger [14] vt **1.** [coger] to pick up **2.** [ordenar, limpiar - mesa] to clear ; [- habitación, cosas] to tidy o clear up **3.** [ir a buscar] to pick up, to fetch **4.** [albergar] to take in **5.** [cosechar] to gather, to harvest ; [fruta] to pick. ◆ **recogerse** vprnl **1.** [a dormir, meditar] to retire **2.** [cabello] to put up.

recogido, da adj **1.** [lugar] withdrawn, secluded **2.** [cabello] tied back. ◆ **recogida** sf **1.** [gen] collection **2.** [cosecha] harvest, gathering ; [de fruta] picking.

recolección sf **1.** [cosecha] harvest, gathering **2.** [recogida] collection.

recolector, ra sm, f **1.** [gen] collector **2.** [de cosecha] harvester ; [de fruta] picker.

recomendación sf (gen pl) **1.** [gen] recommendation **2.** [referencia] reference.

recomendado, da ⬥ sm, f protégé (protégée).
⬥ adj AM [correspondencia] registered.

recomendar [19] vt to recommend ▸ **recomendar a alguien que haga algo** to recommend that sb do sthg.

recompensa sf reward ▸ **en recompensa por** in return for.

recompensar vt [premiar] to reward.

recomponer [65] vt to repair, to mend.

recompuesto, ta pp ⟶ **recomponer**.

reconciliación sf reconciliation.

reconciliar [8] vt to reconcile.
◆ **reconciliarse** vprnl to be reconciled.

reconcomerse vprnl ▸ **reconcomerse (de)** to be consumed (with o by).

recóndito, ta adj hidden, secret.

reconfortar vt **1.** [anímicamente] to comfort **2.** [físicamente] to revitalize.

reconocer [31] vt **1.** [gen] to recognize **2.** MED to examine **3.** [terreno] to survey. ◆ **reconocerse** vprnl **1.** [identificarse] to recognize each other **2.** [confesarse] : *reconocerse culpable* to admit one's guilt.

reconocido, da adj **1.** [admitido] recognized, acknowledged **2.** [agradecido] grateful / *quedo muy reconocido* I am very much obliged to you.

reconocimiento sm **1.** [gen] recognition ▸ **reconocimiento del habla** INFORM & LING speech recognition **2.** [agradecimiento] gratitude **3.** MED examination **4.** MIL reconnaissance.

reconquista sf reconquest, recapture.

◆ **Reconquista** sf ▸ **la Reconquista** HIST the Reconquest of Spain, when the Christian Kings retook the country from the Muslims.

reconstruir [51] vt **1.** [edificio, país etc] to rebuild **2.** [suceso] to reconstruct.

reconversión sf restructuring ▸ **reconversión industrial** rationalization of industry.

recopilación sf [texto - de poemas, artículos] compilation, collection ; [- de leyes] code.

recopilar vt **1.** [recoger] to collect, to gather **2.** [escritos, leyes] to compile.

récord (pl records) ⬥ sm record ▸ **batir un récord** to break a record. ⬥ adj inv record.

recordar [23] ⬥ vt **1.** [acordarse de] to remember / *recordar a alguien algo / que haga algo* to remind sb to do sthg **2.** [traer a la memoria] to remind / *me recuerda a un amigo mío* he reminds me of a friend of mine. ⬥ vi to remember ▸ **si mal no recuerdo** as far as I can remember.

recordatorio sm [aviso] reminder.

recordman [re'korman] (pl recordmen o recordmans) sm record holder.

recorrer vt **1.** [atravesar - lugar, país] to travel through o across, to cross ; [- ciudad] to go round **2.** [distancia] to cover **3.** fig [con la mirada] to look over.

recorrida sf AM [ruta, itinerario] route ; [viaje] journey.

recorrido sm **1.** [trayecto] route, path **2.** [viaje] journey.

recortado, da adj **1.** [cortado] cut **2.** [borde] jagged.

recortar vt **1.** [cortar - lo que sobra] to cut off o away ; [- figuras de un papel] to cut out **2.** [pelo, flequillo] to trim **3.** fig [reducir] to cut. ◆ **recortarse** vprnl [figura etc] to stand out / *recortarse sobre algo* to stand out against sthg.

recorte sm **1.** [pieza cortada] cut, trimming ; [de periódico, revista] cutting **2.** [reducción] cut, cutback / *recortes presupuestarios* budget cuts.

recostar [23] vt to lean (back). ◆ **recostarse** vprnl to lie down.

recoveco sm **1.** [rincón] nook **2.** [curva] bend **3.** fig [lo más oculto] ▸ **los recovecos del alma** the innermost recesses of the mind.

recreación sf re-creation.

recrear vt **1.** [volver a crear] to recreate **2.** [entretener] to amuse, to entertain. ◆ **recrearse** vprnl **1.** [entretenerse] to amuse o.s., to entertain o.s. **2.** [regodearse] to take delight o pleasure.

recreativo, va adj recreational.

recreo sm **1.** [entretenimiento] recreation, amusement **2.** [EDUC - en primaria] playtime UK, recess US ; [- en secundaria] break UK, recess US.

recriminar vt to reproach.

recrudecerse [30] vprnl to get worse.

recta —→ recto.

rectangular adj [de forma] rectangular.

rectángulo sm rectangle.

rectificar [10] vt **1.** [error] to rectify, to correct **2.** [conducta, actitud etc] to improve **3.** [ajustar] to put right.

rectitud sf straightness ; fig rectitude.

recto, ta adj **1.** [sin curvas, vertical] straight **2.** fig [íntegro] honourable. ◆ **recto** ⬦ sm ANAT rectum. ⬦ adv straight on o ahead. ◆ **recta** sf straight line.

rector, ra ⬦ adj governing. ⬦ sm, f [de universidad] vice-chancellor **UK**, president **US**. ◆ **rector** sm RELIG rector.

recuadro sm box.

recubrir vt [gen] to cover ; [con pintura, barniz] to coat.

recuento sm recount.

recuerdo sm **1.** [rememoración] memory **2.** [objeto - de viaje] souvenir ; [- de persona] keepsake / **de recuerdo** as a souvenir. ◆ **recuerdos** smpl [saludos] regards ▸ **dale recuerdos de mi parte** give her my regards.

recular vi [retroceder] to go o move back.

recuperable adj [gen] recoverable ; [fiestas, horas de trabajo] that can be made up later.

recuperación sf **1.** [de lo perdido, la salud, la economía] recovery / **recuperación de datos** INFORM data recovery **2.** [fisioterapia] physiotherapy.

recuperar vt [lo perdido] to recover ; [horas de trabajo] to catch up ; [conocimiento] to regain. ◆ **recuperarse** vprnl **1.** [enfermo] to recuperate, to recover **2.** [de una crisis] to recover ; [negocio] to pick up ▸ **recuperarse de algo** to get over sthg.

recurrir vi **1.** [buscar ayuda] ▸ **recurrir a alguien** to turn to sb ▸ **recurrir a algo** to resort to sthg **2.** DER to appeal / **recurrir contra algo** to appeal against sthg.

recurso sm **1.** [medio] resort ▸ **como último recurso** as a last resort **2.** DER appeal. ◆ **recursos** smpl [fondos] resources / **es una mujer llena de recursos** she's a resourceful woman ; [financieros] means / **sin recursos** with no means of support ▸ **recursos propios** ECON equities.

red sf **1.** [malla] net ; [para cabello] hairnet **2.** [sistema] network, system ; [de electricidad, agua] mains sg ▸ **red viaria** road network o system **3.** [organización - de espionaje] ring ; [- de tiendas] chain **4.** INFORM network ▸ **red neuronal** neural network ▸ **red de área local** local area network (LAN) ▸ **red de área extendida** wide area network (WAN) ▸ **red social** social network. ◆ **Red** sf ▸ **la Red** the Net ▸ **navegar por la Red** to surf the Net ▸ **Red Digital de Servicios Integrados** integrated services digital network (ISDN).

redacción sf **1.** [acción - gen] writing ; [- de periódico etc] editing **2.** [estilo] wording **3.** [equipo de redactores] editorial team o staff **4.** [oficina] editorial office **5.** EDUC essay.

redactar vt to write (up) ; [carta] to draft.

redactor, ra sm, f [PRENSA - escritor] writer ; [- editor] editor ▸ **redactor jefe** editor-in-chief.

redada sf [de policía - en un solo lugar] raid ; [- en varios lugares] round-up.

redención sf redemption.

redil sm fold, pen.

redimir vt **1.** [gen] to redeem **2.** [librar] to free, to exempt. ◆ **redimirse** vprnl to redeem o.s.

redirigir vt to redirect.

redistribución sf redistribution.

redistribuir [51] vt to redistribute.

rédito sm interest (U), yield (U).

redoblar ⬦ vt to redouble. ⬦ vi to roll.

redomado, da adj out-and-out.

redondeado, da adj rounded.

redondear vt **1.** [hacer redondo] to make round **2.** [negocio, acuerdo] to round off **3.** [cifra, precio] to round up/down.

redondel sm **1.** [gen] circle, ring **2.** TAUROM bullring.

redondo, da adj **1.** [circular, esférico] round ▸ **a la redonda** around ▸ **caerse redondo** fig to collapse in a heap / **girar en redondo** to turn around **2.** [perfecto] excellent.

reducción sf **1.** [gen] reduction / **reducción de gastos** reduction in costs **2.** [sometimiento] suppression.

reducido, da adj **1.** [pequeño] small **2.** [limitado] limited **3.** [estrecho] narrow.

reducir [33] vt **1.** [gen] to reduce **2.** [someter - país, ciudad] to suppress ; [- sublevados, atracadores] to bring under control **3.** MAT [convertir] to convert. ◆ **reducirse a** vprnl **1.** [limitarse a] to be reduced to **2.** [equivaler a] to boil o come down to.

reducto sm **1.** [fortificación] redoubt **2.** fig [refugio] stronghold, bastion.

redundancia sf redundancy / **y valga la redundancia** if you'll excuse the repetition.

redundante adj redundant, superfluous.

redundar vi ▸ **redundar en algo** to have an effect on sthg / **redunda en beneficio nuestro** it is to our advantage.

reeditar vt to bring out a new edition of ; [reimprimir] to reprint.

reelección sf re-election.

reembolsar, rembolsar vt [gastos] to reimburse ; [fianza, dinero] to refund ; [deuda] to repay.

reembolso, rembolso sm [de gastos] reimbursement ; [de fianza, dinero] refund ; [de deuda] repayment ▶ **contra reembolso** cash on delivery.

reemplazar [13], **remplazar** vt [gen & INFORM] to replace / *reemplazar algo/alguien por algo/alguien* to replace sthg/sb with sthg/sb.

reemplazo, remplazo sm **1.** [gen & INFORM] replacement **2.** MIL call-up, draft.

reemprender vt to start again.

reencarnación sf reincarnation.

reencuentro sm reunion.

reenviar vt INTERNET to resend.

reestreno sm CINE rerun / *cine de reestreno* second-run cinema ; TEATRO revival.

reestructurar vt to restructure.

ref. (*abr escrita de referencia*) ref.

refacción sf ANDES CAM RP VEN repair ; MÉX [recambio] spare part.

refaccionar vt ANDES CAM VEN to repair.

refaccionaria sf AM repair workshop.

referencia sf reference ▶ **con referencia a** with reference to. ◆ **referencias** sfpl [informes] references / *tener buenas referencias* to have good references.

referéndum (*pl* referendos o referéndum) sm referendum / *convocar un referéndum* to call a referendum.

referente adj ▶ **referente a** concerning, relating to ▶ **en lo referente a** regarding.

referir [27] vt **1.** [narrar] to tell, to recount **2.** [remitir] ▶ **referir a alguien a** to refer sb to **3.** [relacionar] ▶ **referir algo a** to relate sthg to. ◆ **referirse a** vprnl to refer to / *¿a qué te refieres?* what do you mean? ▶ **por lo que se refiere a ...** as far as ... is concerned.

refilón ◆ **de refilón** loc adv **1.** [de lado] sideways / *mirar algo de refilón* to look at sthg out of the corner of one's eye **2.** *fig* [de pasada] briefly.

refinado, da adj refined.

refinamiento sm refinement.

refinar vt to refine.

refinería sf refinery.

reflectante adj reflective.

reflector sm ELECTR spotlight ; MIL searchlight.

reflejar vt *lit + fig* to reflect. ◆ **reflejarse** vprnl *lit + fig* ▶ **reflejarse (en)** to be reflected (in).

reflejo, ja adj [movimiento, dolor] reflex (*antes de sust*). ◆ **reflejo** sm **1.** [gen] reflection **2.** [destello] glint, gleam **3.** ANAT reflex. ◆ **reflejos** smpl [de peluquería] highlights.

reflexión sf reflection ▶ **con reflexión** on reflection / *sin previa reflexión* without thinking.

reflexionar vi to reflect, to think / *reflexionar sobre algo* to think about sthg.

reflexivo, va adj **1.** [que piensa] thoughtful **2.** GRAM reflexive.

reflujo sm ebb (tide).

reforestación sf reforestation.

reforma sf **1.** [modificación] reform ▶ **reforma agraria** agrarian reform **2.** [en local, casa etc] alterations *pl* / *hacer reformas* to renovate. ◆ **Reforma** sf ▶ **la Reforma** RELIG the Reformation.

reformar vt **1.** [gen & RELIG] to reform **2.** [local, casa etc] to renovate. ◆ **reformarse** vprnl to mend one's ways.

reformatorio sm ≃ youth custody centre UK ; ≃ borstal UK reformatory US ; [de menores de 15 años] ≃ remand home.

reforzar [37] vt to reinforce.

refractario, ria adj **1.** [material] refractory **2.** [opuesto] ▶ **refractario a** averse to.

refrán sm proverb, saying.

refregar [35] vt **1.** [frotar] to scrub **2.** *fig* [reprochar] ▶ **refregar algo a alguien** to reproach sb for sthg.

refrenar vt to curb, to restrain.

refrendar vt [aprobar] to approve.

refrescante adj refreshing.

refrescar [10] ◆ vt **1.** [gen] to refresh ; [bebidas] to chill **2.** *fig* [conocimientos] to brush up. ◆ vi **1.** [tiempo] to cool down **2.** [bebida] to be refreshing. ◆ **refrescarse** vprnl **1.** [tomar aire fresco] to get a breath of fresh air **2.** [beber algo] to have a drink **3.** [mojarse con agua fría] to splash o.s. down.

refresco sm **1.** [bebida] soft drink ▶ **refrescos** refreshments **2.** [relevo] ▶ **de refresco** new, fresh.

refriega sf scuffle ; MIL skirmish.

refrigeración sf **1.** [aire acondicionado] air-conditioning **2.** [de alimentos] refrigeration **3.** [de máquinas] cooling.

refrigerado, da adj [gen] cooled ; [local] air-conditioned ; [alimentos] refrigerated.

refrigerador, ra adj cooling. ◆ **refrigerador** sm [de alimentos] refrigerator, fridge UK, icebox US.

refrigerar vt **1.** [alimentos] to refrigerate **2.** [local] to air-condition **3.** [máquina] to cool.

refrigerio sm snack.

refrito, ta adj [demasiado frito] over-fried ; [frito de nuevo] re-fried. ◆ **refrito** sm *fig* [cosa rehecha] rehash.

refuerzo sm reinforcement.

refugiado, da sm, f refugee.

refugiar [8] vt to give refuge to. ◆ **refugiarse** vprnl to take refuge ▶ **refugiarse de algo** to shelter from sthg.

refugio sm **1.** [lugar] shelter, refuge ▶ **refugio atómico** nuclear bunker **2.** *fig* [amparo, consuelo] refuge, comfort.

refulgir [15] vi to shine brightly.

refunfuñar vi to grumble.

refutar vt to refute.

regadera sf **1.** [para regar] watering can **2.** COL MEX VEN [ducha] shower.

regadío sm irrigated land.

regalado, da adj **1.** [muy barato] dirt cheap **2.** [agradable] comfortable.

regalar vt **1.** [dar - de regalo] to give (as a present) ; [- gratis] to give away **2.** [agasajar] ▶ **regalar a alguien con algo** to shower sb with sthg.

regaliz sm liquorice.

regalo sm **1.** [obsequio] present, gift / *un regalo del cielo* a godsend **2.** [placer] joy, delight.

regalón, ona adj RDOM CHILE *fam* spoilt.

regañadientes ◆ a regañadientes loc adv *fam* unwillingly, reluctantly.

regañar ◆ vt [reprender] to tell off. **◆** vi [pelearse] to fall out, to argue.

regañina sf [reprimenda] ticking off.

regar [35] vt **1.** [con agua - planta] to water ; [- calle] to hose down **2.** [suj: río] to flow through.

regata sf NÁUT regatta, boat race.

regatear ◆ vt **1.** [escatimar] to be sparing with / *no ha regateado esfuerzos* he has spared no effort **2.** DEP to beat, to dribble past **3.** [precio] to haggle over. **◆** vi **1.** [negociar el precio] to barter **2.** NÁUT to race.

regateo sm bartering, haggling.

regazo sm lap.

regeneración sf regeneration ; [moral] reform.

regenerar vt to regenerate ; [moralmente] to reform.

regentar vt [país] to run, to govern ; [negocio] to run, to manage ; [puesto] to hold.

regente ◆ adj regent. **◆** sm, f **1.** [de un país] regent **2.** [administrador - de tienda] manager ; [- de colegio] governor **3.** MEX [alcalde] mayor (mayoress).

regidor, ra sm, f TEATRO stage manager ; CINE & TV assistant director.

régimen (*pl* regímenes) sm **1.** [sistema político] regime ▶ **Antiguo régimen** ancient régime **2.** [normativa] rules *pl* **3.** [dieta] diet ▶ **estar / ponerse a régimen** to be/go on a diet **4.** [de vida, lluvias etc] pattern / *régimen de vida* lifestyle.

regimiento sm *fig* MIL regiment.

regio, gia adj **1.** *lit + fig* royal **2.** AM *fam & fig* fantastic.

región sf region ; MIL district.

regional adj regional.

regir [42] **◆** vt **1.** [reinar en] to rule, to govern **2.** [administrar] to run, to manage **3.** *fig* [determinar] to govern, to determine. **◆** vi [ley] to be in force, to apply. **◆ regirse por** vprnl to trust in.

registrado, da adj **1.** [grabado] recorded **2.** [patentado] registered / *marca registrada*

registered trademark **3.** AM [correspondencia] registered.

registradora sf AM cash register.

registrar vt **1.** [inspeccionar - zona, piso] to search ; [- persona] to frisk **2.** [nacimiento, temperatura etc] to register, to record. **◆ registrarse** vprnl **1.** [suceder] to occur **2.** [observarse] to be recorded.

registro sm **1.** [oficina] registry (office) ▶ **registro civil** registry (office) **2.** [libro] register **3.** [inspección] search, searching *(U)* **4.** INFORM record **5.** LING & MÚS register.

regla sf **1.** [para medir] ruler, rule **2.** [norma] rule ▶ **en regla** in order ▶ **por regla general** as a rule **3.** MAT operation **4.** *fam* [menstruación] period.

reglaje sm adjustment.

reglamentación sf [acción] regulation ; [reglas] rules *pl*, regulations *pl*.

reglamentar vt to regulate.

reglamentario, ria adj lawful ; [arma, balón] regulation *(antes de sust)* ; DER statutory.

reglamento sm regulations *pl*, rules *pl* / *reglamento de tráfico* traffic regulations *pl*.

regocijar ◆ regocijarse vprnl ▶ **regocijarse (de o con)** to rejoice (in).

regocijo sm joy, delight.

regodeo sm delight, pleasure ; [malicioso] (cruel) delight o pleasure.

regordete adj chubby.

regresar ◆ vi [yendo] to go back, to return ; [viniendo] to come back, to return. **◆** vt ANDES CAM CARIB MEX [devolver] to give back. **◆ regresarse** vprnl ANDES CAM CARIB MEX [yendo] to go back ; [viniendo] to come back, to return.

regresión sf **1.** [de epidemia] regression **2.** [de exportaciones] drop, decline.

regresivo, va adj regressive.

regreso sm return ▶ **estar de regreso** to be back.

reguero sm [de sangre, agua] trickle ; [de harina etc] trail ▶ **correr como un reguero de pólvora** to spread like wildfire.

regulable adj adjustable.

regulación sf [gen] regulation ; [de nacimientos, tráfico] control ; [de mecanismo] adjustment.

regulador, ra adj regulatory.

regular ◆ adj **1.** [gen] regular ; [de tamaño] medium ▶ **de un modo regular** regularly **2.** [mediocre] average, fair **3.** [normal] normal, usual. **◆** adv all right ; [de salud] so-so. **◆** vt [gen] to control, to regulate ; [mecanismo] to adjust. **◆ por lo regular** loc adv as a rule, generally.

regularidad sf regularity ▶ **con regularidad** regularly.

regularizar [13] vt [legalizar] to regularize.

regusto sm aftertaste ; [semejanza, aire] flavour, hint.

rehabilitación sf **1.** [de personas] rehabilitation ; [en un puesto] reinstatement **2.** [de local] restoration.

rehabilitar vt **1.** [personas] to rehabilitate ; [en un puesto] to reinstate **2.** [local] to restore.

rehacer [60] vt **1.** [volver a hacer] to redo, to do again **2.** [reconstruir] to rebuild **3.** INFORM redo. ◆ **rehacerse** vprnl [recuperarse] to recuperate, to recover.

rehecho, cha pp ⟶ **rehacer**.

rehén (pl **rehenes**) sm hostage / tomar como rehén to take hostage.

rehidratarse vprnl to rehydrate.

rehogar [16] vt to fry over a low heat.

rehuir [51] vt to avoid.

rehusar vt & vi to refuse.

reimpresión sf [tirada] reprint ; [acción] reprinting.

reina sf [monarca] queen / reina de belleza beauty queen / reina madre queen mother.

reinado sm lit + fig reign.

reinante adj **1.** [monarquía, persona] reigning, ruling **2.** [viento] prevailing ; [frío, calor] current.

reinar vi lit + fig to reign.

reincidir vi ▶ **reincidir en** a) [falta, error] to relapse into, to fall back into **b)** [delito] to repeat.

reincorporar vt to reincorporate. ◆ **reincorporarse** vprnl ▶ **reincorporarse (a)** to rejoin, to go back to.

reino sm BIOL & POLÍT kingdom ; fig realm.

Reino Unido npr ▶ **el Reino Unido** the United Kingdom.

reinstalar vt re-install.

reintegrar vt **1.** [a un puesto] to reinstate **2.** [dinero] to reimburse. ◆ **reintegrarse** vprnl ▶ **reintegrarse (a)** to return (to).

reintegro sm **1.** [de dinero] reimbursement ; BANCA withdrawal **2.** [en lotería] return of one's stake (in lottery).

reír [28] ◆ vi to laugh. ◆ vt to laugh at. ◆ **reírse** vprnl ▶ **reírse (de)** to laugh (at).

reiteradamente adv repeatedly.

reiterar vt to reiterate.

reiterativo, va adj repetitious.

reivindicación sf **1.** [de derechos] claim, demand **2.** [de atentado] claiming of responsibility.

reivindicar [10] vt **1.** [derechos, salario etc] to claim, to demand **2.** [atentado] to claim responsibility for.

reivindicativo, va adj : plataforma reivindicativa (set of) demands / jornada reivindicativa day of protest.

reja sf [gen] bars pl ; [en el suelo] grating ; [celosía] grille.

rejego, ga adj Am fam [terco] stubborn.

rejilla sf **1.** [enrejado] grid, grating ; [de ventana] grille ; [de cocina] grill (on stove) ; [de horno] gridiron **2.** [para sillas, muebles] wickerwork **3.** [para equipaje] luggage rack.

rejón sm TAUROM type of "banderilla" used by mounted bullfighter.

rejoneador, ra sm, f TAUROM bullfighter on horseback who uses the "rejón".

rejuntarse vprnl fam to live together.

rejuvenecer [30] vt & vi to rejuvenate.

relación sf **1.** [nexo] relation, connection ▶ **con relación a, en relación con** in relation to / tener relación con algo to bear a relation to sthg ▶ **relación precio-calidad** value for money **2.** [comunicación, trato] relations pl, relationship **3.** [lista] list **4.** [descripción] account **5.** [informe] report **6.** (gen pl) [noviazgo] relationship **7.** MAT ratio / en una relación de tres a uno in a ratio of three to one. ◆ **relaciones** sfpl [contactos] connections.

relacionar vt [vincular] to relate, to connect. ◆ **relacionarse** vprnl ▶ **relacionarse (con)** [alternar] to mix with.

relajación sf relaxation.

relajado, da adj relaxed.

relajar vt to relax. ◆ **relajarse** vprnl to relax.

relajo sm Am fam [alboroto] racket, din.

relamer vt to lick repeatedly. ◆ **relamerse** vprnl **1.** [persona] to lick one's lips **2.** [animal] to lick its chops.

relamido, da adj prim and proper.

relámpago sm [descarga] flash of lightning, lightning (U) ; [destello] flash.

relampaguear vi fig to flash.

relatar vt [suceso] to relate, to recount ; [historia] to tell.

relatividad sf relativity.

relativo, va adj **1.** [gen] relative **2.** [escaso] limited.

relato sm [exposición] account, report ; [cuento] tale.

relax sm inv **1.** [relajación] relaxation **2.** [sección de periódico] personal column.

relegar [16] vt ▶ **relegar (a)** to relegate (to) / relegar algo al olvido to banish sthg from one's mind.

relevante adj outstanding, important.

relevar vt **1.** [sustituir] to relieve, to take over from **2.** [destituir] ▶ **relevar (de)** to dismiss (from), to relieve (of) **3.** [eximir] ▶ **relevar (de)** to free (from) **4.** [DEP -en partidos] to substitute ; [-en relevos] to take over from. ◆ **relevarse** vprnl to take turns.

relevo sm **1.** MIL relief, changing **2.** DEP [acción] relay **3.** loc ▶ **tomar el relevo** to take over. ◆ **relevos** smpl DEP [carrera] relay (race) sg.

relieve sm **1.** [gen, ARTE & GEOGR] relief ▶ **bajo relieve** bas-relief **2.** [importancia] importance ▶ **poner de relieve** to underline (the importance of).

religión sf religion.

religioso, sa ◇ adj religious. ◇ sm, f [monje] monk (nun).

relinchar vi to neigh, to whinny.

relincho sm neigh, neighing (U).

reliquia sf relic ; [familiar] heirloom.

rellano sm [de escalera] landing.

rellenar vt **1.** [volver a llenar] to refill **2.** [documento, formulario] to fill in o out **3.** [pollo, cojín etc] to stuff ; [tarta, pastel] to fill.

relleno, na adj [gen] stuffed ; [tarta, pastel] filled. ◆ **relleno** sm [de pollo] stuffing ; [de pastel] filling.

relocalizar vt to relocate.

reloj sm [de pared] clock ; [de pulsera] watch ▶ **reloj analógico / digital** analogue / digital watch ▶ **reloj de arena** hourglass ▶ **reloj de pulsera** watch, wristwatch ▶ **hacer algo contra reloj** to do sthg against the clock ▶ **ser como un reloj** fig to be like clockwork.

relojería sf [tienda] watchmaker's (shop).

relojero, ra sm, f watchmaker.

reluciente adj shining, gleaming.

relucir [32] vi lit + fig to shine ▶ **sacar algo a relucir** to bring sthg up, to mention sthg / **salir a relucir** to come to the surface.

remachar vt **1.** [machacar] to rivet **2.** fig [recalcar] to drive home, to stress.

remache sm [clavo] rivet.

remanente sm **1.** [de géneros] surplus stock ; [de productos agrícolas] surplus **2.** [en cuenta bancaria] balance.

remangar [16], **arremangar** vt to roll up. ◆ **remangarse** vprnl to roll up one's sleeves.

remanso sm still pool.

remar vi to row.

rematado, da adj utter, complete.

rematar ◇ vt **1.** [acabar] to finish / y **para rematarla** fam to cap it all **2.** [matar - persona] to finish off ; [- animal] to put out of its misery **3.** DEP to shoot **4.** [liquidar, vender] to sell off cheaply **5.** [subastar] to auction. ◇ vi [en fútbol] to shoot ; [de cabeza] to head at goal.

remate sm **1.** [fin, colofón] end ▶ **para remate** [colmo] to cap it all **2.** [en fútbol] shot ; [de cabeza] header at goal. ◆ **de remate** loc adv totally, completely.

rembolsar = **reembolsar**.

rembolso = **reembolso**.

remedar vt to imitate ; [por burla] to ape.

remediar [8] vt [daño] to remedy, to put right ; [problema] to solve ; [peligro] to avoid.

remedio sm **1.** [solución] solution, remedy ▶ **como último remedio** as a last resort ▶ **no hay o queda más remedio que ...** there's nothing for it but ... ▶ **no tener más remedio** to have no alternative o choice **2.** [consuelo] consolation **3.** [medicamento] remedy, cure.

rememorar vt to remember, to recall.

remendar [19] vt to mend, to darn.

remero, ra sm, f [persona] rower. ◆ **remera** sf RDom [prenda] T-shirt.

remesa sf [de productos] consignment ; [de dinero] remittance.

remeter vt to tuck in.

remezcla sf MÚS remix.

remezclar vt MÚS to remix.

remezón sm Andes RDom earth tremor.

remiendo sm [parche] mend, darn.

remilgado, da adj **1.** [afectado] affected **2.** [escrupuloso] squeamish ; [con comida] fussy.

remilgo sm **1.** [afectación] affectation **2.** [escrupulosidad] squeamishness ; [con comida] fussiness.

reminiscencia sf reminiscence ▶ **tener reminiscencias de** to be reminiscent of.

remise sm RP taxi (in private car without meter).

remisero, ra sm, f RP taxi driver (of private car without meter).

remiso, sa adj ▶ **ser remiso a hacer algo** to be reluctant to do sthg.

remite sm sender's name and address.

remitente smf sender.

remitir ◇ vt **1.** [enviar] to send **2.** [traspasar] ▶ **remitir algo a** to refer sthg to. ◇ vi **1.** [en texto] ▶ **remitir a** to refer to **2.** [disminuir] to subside. ◆ **remitirse a** vprnl **1.** [atenerse a] to abide by **2.** [referirse a] to refer to.

remo sm **1.** [pala] oar **2.** [deporte] rowing.

remoción sf Andes RP [de escombros] removal ; [de heridos] transport.

remodelar vt [gen] to redesign ; [gobierno] to reshuffle.

remojar vt [humedecer] to soak.

remojo sm ▶ **poner en remojo** to leave to soak ▶ **estar en remojo** to be soaking.

remolacha sf beetroot UK, beet US ; [azucarera] (sugar) beet.

remolcador, ra adj [coche] tow (antes de sust) ; [barco] tug (antes de sust). ◆ **remolcador** sm [camión] breakdown lorry ; [barco] tug, tugboat.

remolcar [10] vt [coche] to tow ; [barco] to tug.

remolino sm **1.** [de agua] eddy, whirlpool ; [de viento] whirlwind ; [de humo] cloud, swirl **2.** [de gente] throng, mass **3.** [de pelo] cowlick.

remolón, ona adj lazy.

remolque sm **1.** [acción] towing ▸ **ir a remolque a)** fig [voluntariamente] to go in tow, to tag along **b)** [obligado] to be dragged along **2.** [vehículo] trailer.

remontar vt [pendiente, río] to go up ; [obstáculo] to overcome. ◆ **remontarse** vprnl **1.** [ave, avión] to soar, to climb high **2.** [gastos] ▸ **remontarse a** to amount o come to **3.** fig [datar] ▸ **remontarse a** to go o date back to.

remorder [24] vt fig ▸ **remorderle a alguien** to fill sb with remorse.

remordimiento sm remorse / **tener remordimientos de conciencia** to suffer pangs of conscience.

remotamente adv vaguely, remotely.

remoto, ta adj remote / **no tengo ni la más remota idea** I haven't got the faintest idea.

remover [24] vt **1.** [agitar - sopa, café] to stir ; [- ensalada] to toss ; [- bote, frasco] to shake ; [- tierra] to dig up **2.** [reavivar - recuerdos, pasado] to rake up **3.** Am [despedir] to dismiss, to sack. ◆ **removerse** vprnl to move about.

remplazar [13] = reemplazar.

remplazo = reemplazo.

remuneración sf remuneration.

remunerar vt [pagar] to remunerate.

renacer [29] vi **1.** [gen] to be reborn ; [flores, hojas] to grow again **2.** [alegría, esperanza] to return, to revive.

renacimiento sm rebirth ; [de flores, hojas] budding. ◆ **Renacimiento** sm ▸ **el Renacimiento** the Renaissance.

renacuajo sm tadpole ; fam & fig tiddler.

renal adj renal, kidney (antes de sust).

rencilla sf quarrel.

rencor sm resentment, bitterness.

rencoroso, sa adj resentful, bitter.

rendición sf surrender.

rendido, da adj **1.** [agotado] exhausted / **caer rendido** to collapse **2.** [sumiso] submissive ; [admirador] devoted.

rendija sf crack, gap.

rendimiento sm **1.** [de inversión, negocio] yield, return ; [de trabajador, fábrica] productivity ; [de tierra, cosecha] yield / **a pleno rendimiento** at full capacity **2.** [de motor] performance.

rendir [26] ◆ vt **1.** [cansar] to tire out **2.** [rentar] to yield **3.** [vencer] to defeat, to subdue **4.** [ofrecer] to give, to present ; [pleitesía] to pay. ◆ vi [máquina] to perform well ; [negocio] to be profitable ; [fábrica, trabajador] to be productive. ◆ **rendirse** vprnl **1.** [entregarse] to surrender **2.** [ceder] ▸ **rendirse a** to give in to **3.** [desanimarse] to give in o up.

renegado, da adj & sm, f renegade.

renegar [35] vi **1.** [repudiar] ▸ **renegar de a)** [ideas] to renounce **b)** [familia] to disown **2.** fam [gruñir] to grumble.

Renfe (abr de Red Nacional de los Ferrocarriles Españoles) sf Spanish state railway network.

renglón sm line ; COM item ▸ **a renglón seguido** fig in the same breath, straight after.

rengo, ga adj ANDES RP lame.

renguear vi ANDES RP to limp, to hobble.

reno sm reindeer.

renombrar vt INFORM to rename.

renombre sm renown, fame / **de renombre** famous.

renovación sf [de carné, contrato] renewal ; [de mobiliario, local] renovation.

renovado, da adj [edificio] renovated.

renovar [24] vt **1.** [cambiar - mobiliario, local] to renovate ; [- vestuario] to clear out ; [- personal, plantilla] to shake out **2.** [rehacer - carné, contrato, ataques] to renew **3.** [restaurar] to restore **4.** [innovar] to rethink, to revolutionize ; POLÍT to reform.

renquear vi to limp, to hobble.

renta sf **1.** [ingresos] income ▸ **renta fija** fixed income ▸ **renta variable / vitalicia** variable / life annuity **2.** [alquiler] rent **3.** [beneficios] return **4.** [intereses] interest.

rentable adj profitable.

rentar ◆ vt **1.** [rendir] to produce, to yield **2.** MÉX [alquilar] to rent. ◆ vi to be profitable.

rentista smf person of independent means.

renuncia sf [abandono] giving up ; [dimisión] resignation / **presentar la renuncia** to resign.

renunciar [8] vi **1.** [abandonar] to give up **2.** [dimitir] to resign. ◆ **renunciar a** vi **1.** [prescindir de] to give up ; [plan, proyecto] to drop / **renunciar al tabaco** to give up o stop smoking **2.** [rechazar] ▸ **renunciar (a hacer algo)** to refuse (to do sthg).

reñido, da adj **1.** [enfadado] ▸ **reñido (con)** on bad terms o at odds (with) ▸ **están reñidos** they've fallen out **2.** [disputado] hard-fought **3.** [incompatible] ▸ **estar reñido con** to be incompatible with.

reñir [26] ◆ vt **1.** [regañar] to tell off **2.** [disputar] to fight. ◆ vi [enfadarse] to argue, to fall out.

reo, a sm, f [culpado] offender, culprit ; [acusado] accused, defendant.

reojo sm ▸ **mirar algo de reojo** to look at sthg out of the corner of one's eye.

repantigarse [16] vprnl to sprawl out.

reparación sf **1.** [arreglo] repair, repairing (U) ▸ **en reparación** under repair **2.** [compensación] reparation, redress.

reparador, ra adj [descanso, sueño] refreshing.

reparar ⇌ vt [coche etc] to repair, to fix ; [error, daño etc] to make amends for ; [fuerzas] to restore. ⇌ vi [advertir] ▶ **reparar en algo** to notice sthg ▶ **no reparar en gastos** to spare no expense.

reparo sm **1.** [objeción] objection **2.** [apuro] ▶ **no tener reparos en** not to be afraid to.

repartición sf [reparto] sharing out.

repartidor sm, f [gen] distributor ; [de butano, carbón] deliveryman (deliverywoman) ; [de leche] milkman (milklady) ; [de periódicos] paperboy (papergirl).

repartir vt **1.** [dividir - gen] to share out, to divide ; [- territorio, nación] to partition **2.** [distribuir - leche, periódicos, correo] to deliver ; [- naipes] to deal (out) **3.** [asignar - trabajo, órdenes] to give out, to allocate ; [- papeles] to assign.

reparto sm **1.** [división] division, distribution ▶ **reparto de beneficios** ECON profit sharing ▶ **reparto de premios** prizegiving **2.** [distribución - de leche, periódicos, correo] delivery **3.** [asignación] allocation / **reparto a domicilio** home delivery **4.** CINE & TEATRO cast.

repasador sm RDom tea towel.

repasar vt **1.** [revisar] to go over ; [lección] to revise UK, to review US **2.** [zurcir] to darn, to mend.

repaso sm [revisión] revision ; [de ropa] darning, mending / **dar un repaso a algo** to look over sthg / **dar un último repaso a algo** to give sthg a final check ▶ **curso de repaso** refresher course.

repatriar [9] vt to repatriate.

repecho sm steep slope.

repelente adj **1.** [desagradable, repugnante] repulsive **2.** [ahuyentador] repellent.

repeler vt **1.** [rechazar] to repel **2.** [repugnar] to repulse, to disgust.

repelús sm : *me da repelús* it gives me the shivers.

repente sm [arrebato] fit. ◆ **de repente** loc adv suddenly.

repentino, na adj sudden.

repercusión sf **1.** *fig* [consecuencia] repercussion **2.** [resonancia] echoes *pl*.

repercutir vi *fig* [afectar] ▶ **repercutir en** to have repercussions on.

repertorio sm **1.** [obras] repertoire **2.** *fig* [serie] selection.

repesca sf **1.** EDUC resit **2.** DEP repêchage.

repetición sf repetition ; [de una jugada] action replay.

repetidamente adv repeatedly.

repetidor, ra sm, f EDUC student repeating a year. ◆ **repetidor** sm ELECTR repeater.

repetir [26] ⇌ vt to repeat ; [ataque] to renew ; [en comida] to have seconds of. ⇌ vi **1.** [alumno] to repeat a year **2.** [sabor, alimento] ▶ **repetir**

(a alguien) to repeat (on sb) **3.** [comensal] to have seconds. ◆ **repetirse** vprnl **1.** [fenómeno] to recur **2.** [persona] to repeat o.s.

repicar [10] vi [campanas] to ring.

repique sm peal, ringing (U).

repiqueteo sm [de campanas] pealing ; [de tambor] beating ; [de timbre] ringing ; [de lluvia, dedos] drumming.

repisa sf [estante] shelf ; [sobre chimenea] mantelpiece.

replantear vt **1.** [reenfocar] to reconsider, to restate **2.** [volver a mencionar] to bring up again.

replegar [35] vt [ocultar] to retract. ◆ **replegarse** vprnl [retirarse] to withdraw, to retreat.

repleto, ta adj ▶ **repleto (de)** packed (with).

réplica sf **1.** [respuesta] reply **2.** [copia] replica.

replicar [10] ⇌ vt [responder] to answer ; [objetar] to answer back, to retort. ⇌ vi [objetar] to answer back.

repliegue sm **1.** [retirada] withdrawal, retreat **2.** [pliegue] fold.

repoblación sf [con gente] repopulation ; [con peces] restocking ▶ **repoblación forestal** reafforestation.

repoblar [23] vt [con gente] to repopulate ; [con peces] to restock ; [con árboles] to replant.

repollo sm cabbage.

reponer [65] vt **1.** [gen] to replace **2.** CINE & TEATRO to rerun ; TV to repeat **3.** [replicar] ▶ **reponer que** to reply that. ◆ **reponerse** vprnl ▶ **reponerse (de)** to recover (from).

reportaje sm RADIO & TV report ; PRENSA article.

reportar vt **1.** [traer] to bring **2.** Méx [denunciar] to report ; Andes Cam Méx Ven [informar] to report. ◆ **reportarse** vprnl Cam Méx Ven ▶ **reportarse (a)** to report (to).

reporte sm Cam Méx [informe] report ; [noticia] news item o report.

reportero, ra, repórter sm, f reporter.

reposado, da adj relaxed, calm.

reposar vi **1.** [descansar] to (have a) rest **2.** [sedimentarse] to stand.

reposera sf RDom sun-lounger UK, beach recliner US.

reposición sf **1.** CINE rerun ; TEATRO revival ; TV repeat **2.** [de existencias, pieza etc] replacement.

reposo sm [descanso] rest.

repostar ⇌ vi [coche] to fill up ; [avión] to refuel. ⇌ vt **1.** [gasolina] to fill up with **2.** [provisiones] to stock up on.

repostería sf [oficio, productos] confectionery.

reprender vt [a niños] to tell off ; [a empleados] to reprimand.

reprensión sf [a niños] telling-off ; [a empleados] reprimand.

represalia *(gen pl)* sf reprisal ▶ **tomar represalias** to retaliate, to take reprisals.

representación sf **1.** [gen & COM] representation ▶ **en representación de** on behalf of **2.** TEATRO performance.

representante ⬥ adj representative. ⬥ smf **1.** [gen & COM] representative / *representante de la ley* officer of the law **2.** [de artista] agent.

representar vt **1.** [gen & COM] to represent **2.** [aparentar] to look / *representa unos 40 años* she looks about 40 **3.** [significar] to mean / *representa el 50 % del consumo interno* it accounts for 50 % of domestic consumption **4.** [TEATRO - función] to perform ; [-papel] to play.

representativo, va adj **1.** [simbolizador] ▶ **ser representativo de** to represent **2.** [característico, relevante] ▶ **representativo (de)** representative (of).

represión sf repression.

represor, ra ⬥ adj repressive. ⬥ sm, f [que oprime] oppressor.

reprimenda sf reprimand.

reprimir vt [gen] to suppress ; [minorías, disidentes] to repress. ◆ **reprimirse** vprnl ▶ **reprimirse (de hacer algo)** to restrain o.s. (from doing sthg).

reprobar [23] vt **1.** to censure, to condemn **2.** Am [suspender] to fail.

reprochar vt ▶ **reprochar algo a alguien** to reproach sb for sthg. ◆ **reprocharse** vprnl ▶ **reprocharse algo (uno mismo)** to reproach o.s. for sthg.

reproche sm reproach.

reproducción sf reproduction / *reproducción asistida* assisted reproduction.

reproducir [33] vt [gen & ARTE] to reproduce ; [gestos] to copy, to imitate. ◆ **reproducirse** vprnl **1.** [volver a suceder] to recur **2.** [procrear] to reproduce.

reptar vi to crawl.

reptil sm reptile.

república sf republic.

República Checa sf Czech Republic.

República Dominicana sf Dominican Republic.

República Popular de China npr : *la República Popular de China* the People's Republic of China.

republicano, na adj & sm, f republican.

repudiar [8] vt **1.** [condenar] to repudiate **2.** [rechazar] to disown.

repuesto, ta ⬥ pp ⟶ **reponer.** ⬥ adj ▶ **repuesto (de)** recovered (from). ◆ **repuesto** sm [gen] reserve ; AUTO spare part / *la rueda de repuesto* the spare wheel.

repugnancia sf disgust.

repugnante adj disgusting.

repugnar vt : *me repugna ese olor/su actitud* I find that smell/her attitude disgusting / *me repugna hacerlo* I'm loath to do it.

repujar vt to emboss.

repulsa sf [censura] condemnation.

repulsión sf repulsion.

repulsivo, va adj repulsive.

repuntar vi Am [mejorar] to improve.

repunte sm [aumento] rise, increase / *un repunte en las ventas* an improvement o increase in sales.

reputación sf reputation ▶ **tener mucha reputación** to be very famous.

requerimiento sm **1.** [demanda] entreaty / *a requerimiento de alguien* at sb's request **2.** [DER - intimación] writ, injunction ; [-aviso] summons *sg*.

requerir [27] vt **1.** [necesitar] to require **2.** [ordenar] to demand **3.** [pedir] ▶ **requerir a alguien (para) que haga algo** to ask sb to do sthg **4.** DER to order. ◆ **requerirse** vprnl [ser necesario] to be required o necessary.

requesón sm cottage cheese.

requisa sf [requisición - MIL] requisition ; [-en aduana] seizure.

requisito sm requirement ▶ **requisito previo** prerequisite.

res sf **1.** [animal] beast, animal **2.** Am ▶ **carne de res** beef. ◆ **reses** mpl Am [ganado vacuno] cattle.

resabio sm **1.** [sabor] nasty aftertaste **2.** [vicio] persistent bad habit.

resaca sf **1.** *fam* [de borrachera] hangover **2.** [de las olas] undertow.

resalado, da adj *fam* charming.

resaltar ⬥ vi **1.** [destacar] to stand out **2.** [en edificios - decoración] to stand out. ⬥ vt [destacar] to highlight.

resarcir [12] vt ▶ **resarcir a alguien (de)** to compensate sb (for). ◆ **resarcirse** vprnl to be compensated ▶ **resarcirse de a)** [daño, pérdida] to be compensated for **b)** [desengaño, derrota] to make up for.

resbalada sf Am *fam* slip.

resbaladizo, za adj *lit + fig* slippery.

resbalar vi **1.** [deslizarse] to slide **2.** [estar resbaladizo] to be slippery. ◆ **resbalarse** vprnl to slip (over).

resbalón sm slip ▶ **dar o pegar un resbalón** to slip.

rescatar vt **1.** [liberar, salvar] to rescue ; [pagando rescate] to ransom **2.** [recuperar - herencia etc] to recover.

rescate sm **1.** [liberación, salvación] rescue **2.** [dinero] ransom **3.** [recuperación] recovery.

rescindir vt to rescind.

rescisión sf cancellation.

rescoldo sm ember ; fig lingering feeling.

resecar [10] vt [piel] to dry out. ◆ **resecarse** vprnl **1.** [piel] to dry out **2.** [tierra] to become parched.

reseco, ca adj **1.** [piel, garganta, pan] very dry **2.** [tierra] parched **3.** [flaco] emaciated.

resentido, da adj bitter, resentful ▶ **estar resentido con alguien** to be really upset with sb.

resentimiento sm resentment, bitterness.

resentirse [27] vprnl **1.** [debilitarse] to be weakened ; [salud] to deteriorate **2.** [sentir molestias] ▶ **resentirse de** to be suffering from **3.** [ofenderse] to be offended.

reseña sf [de libro, concierto] review ; [de partido, conferencia] report.

reseñar vt **1.** [criticar - libro, concierto] to review ; [- partido, conferencia] to report on **2.** [describir] to describe.

reserva sf **1.** [de hotel, avión etc] reservation **2.** [provisión] reserves pl ▶ **tener algo de reserva** to keep sthg in reserve **3.** [objeción] reservation **4.** [de indígenas] reservation **5.** [de animales] reserve ▶ **reserva natural** nature reserve **6.** MIL reserve. ◆ **reservas** sfpl **1.** [energía acumulada] energy reserves **2.** [recursos] resources.

reservación sf MÉX reservation.

reservado, da adj **1.** [gen] reserved **2.** [tema, asunto] confidential. ◆ **reservado** sm [en restaurante] private room ; FERROC reserved compartment.

reservar vt **1.** [habitación, asiento etc] to reserve, to book **2.** [guardar - dinero, pasteles etc] to set aside ; [- sorpresa] to keep **3.** [callar - opinión, comentarios] to reserve. ◆ **reservarse** vprnl **1.** [esperar] ▶ **reservarse para** to save o.s. for **2.** [guardar para sí - secreto] to keep to o.s. ; [- dinero, derecho] to retain (for o.s.).

resfriado, da adj ▶ **estar resfriado** to have a cold. ◆ **resfriado** sm cold / **pescar un resfriado** to catch a cold.

resfriar [9] ◆ **resfriarse** vprnl [constiparse] to catch a cold.

resfrío sm ANDES RP cold.

resguardar vt & vi ▶ **resguardar de** to protect against. ◆ **resguardarse** vprnl ▶ **resguardarse de a)** [en un portal] to shelter from **b)** [con abrigo, paraguas] to protect o.s. against.

resguardo sm **1.** [documento] receipt **2.** [protección] protection.

residencia sf **1.** [estancia] stay **2.** [localidad, domicilio] residence / **segunda residencia** second home / **residencia canina** kennels **3.** [establecimiento - de estudiantes] hall of residence ; [- de ancianos] old people's home ; [- de oficiales]

residence **4.** [hospital] hospital **5.** [permiso para extranjeros] residence permit.

residencial adj residential.

residente adj & smf resident.

residir vi **1.** [vivir] to reside **2.** [radicar] ▶ **residir en** to lie in, to reside in.

residuo sm (gen pl) [material inservible] waste ; QUÍM residue ▶ **residuos nucleares** nuclear waste (U) / **residuos tóxicos** toxic waste (U).

resignación sf resignation.

resignarse vprnl ▶ **resignarse (a hacer algo)** to resign o.s. (to doing sthg).

resina sf resin.

resistencia sf **1.** [gen, ELECTR & POLÍT] resistance ▶ **ofrecer resistencia** to put up resistance **2.** [de puente, cimientos] strength **3.** [física - para correr etc] stamina.

resistente adj [gen] tough, strong / **resistente al calor** heat-resistant.

resistir ◆ vt **1.** [dolor, peso, críticas] to withstand **2.** [tentación, impulso, deseo] to resist **3.** [tolerar] to tolerate, to stand **4.** [ataque] to resist, to withstand. ◆ vi **1.** [ejército, ciudad etc] ▶ **resistir (a algo / a alguien)** to resist (sthg/sb) **2.** [corredor etc] to keep going ▶ **resistir a algo** to stand up to sthg, to withstand sthg **3.** [mesa, dique etc] to take the strain ▶ **resistir a algo** to withstand sthg **4.** [mostrarse firme - ante tentaciones etc] to resist (it) ▶ **resistir a algo** to resist sthg. ◆ **resistirse** vprnl ▶ **resistirse (a algo)** to resist (sthg) / **me resisto a creerlo** I refuse to believe it / **se le resisten las matemáticas** she just can't get the hang of maths.

resollar [23] vi to gasp (for breath) ; [jadear] to pant.

resolución sf **1.** [solución - de una crisis] resolution ; [- de un crimen] solution **2.** [firmeza] determination **3.** [decisión] decision ; DER ruling **4.** [de Naciones Unidas etc] resolution.

resolver [24] vt **1.** [solucionar - duda, crisis] to resolve ; [- problema, caso] to solve **2.** [decidir] ▶ **resolver hacer algo** to decide to do sthg **3.** [partido, disputa, conflicto] to settle. ◆ **resolverse** vprnl **1.** [solucionarse - duda, crisis] to be resolved ; [- problema, caso] to be solved **2.** [decidirse] ▶ **resolverse a hacer algo** to decide to do sthg.

resonancia sf **1.** [gen & FÍS] resonance (U) **2.** fig [importancia] repercussions pl.

resonar [23] vi to resound, to echo.

resoplar vi [de cansancio] to pant ; [de enfado] to snort.

resoplido sm [por cansancio] pant ; [por enfado] snort.

resorte sm spring / *saltar como movido por un resorte* to spring up ; *fig* means *pl* ▶ **tocar todos los resortes** to pull out all the stops.

respaldar vt to back, to support.

◆ **respaldarse** vprnl *fig* [apoyarse] ▶ respaldarse en to fall back on.

respaldo sm **1.** [de asiento] back **2.** *fig* [apoyo] backing, support.

respectar v impers ▶ **por lo que respecta a alguien / a algo, en lo que respecta a alguien / a algo** as far as sb/sthg is concerned.

respectivo, va adj respective ▶ **en lo respectivo a** with regard to.

respecto sm ▶ **al respecto, a este respecto** in this respect / *no sé nada al respecto* I don't know anything about it.

respetable adj **1.** [venerable] respectable **2.** [bastante] considerable.

respetar vt [gen] to respect ; [la palabra] to honour.

respeto sm ▶ **respeto (a o por)** respect (for) ▶ **es una falta de respeto** it shows a lack of respect ▶ **por respeto a** out of consideration for.

respetuoso, sa adj ▶ **respetuoso (con)** respectful (of).

respingo sm [movimiento] start, jump.

respingón, ona adj snub.

respiración sf breathing ; MED respiration ▶ **quedarse sin respiración** [asombrado] to be stunned.

respirar ◆ vt [aire] to breathe. ◆ vi to breathe ; *fig* [sentir alivio] to breathe again ▶ **no dejar respirar a alguien** *fig* not to allow sb a moment's peace ▶ **sin respirar a)** [sin descanso] without a break **b)** [atentamente] with great attention.

respiratorio, ria adj respiratory.

respiro sm **1.** [descanso] rest **2.** [alivio] relief, respite / *dar un respiro a alguien fam* to give sb a break.

resplandecer [30] vi **1.** [brillar] to shine **2.** *fig* [destacar] to shine, to stand out.

resplandeciente adj shining ; [sonrisa] beaming ; [época] glittering ; [vestimenta, color] resplendent.

resplandor sm **1.** [luz] brightness ; [de fuego] glow **2.** [brillo] gleam.

responder ◆ vt to answer. ◆ vi **1.** [contestar] ▶ **responder (a algo)** to answer (sthg) **2.** [reaccionar] ▶ **responder (a)** to respond (to) **3.** [responsabilizarse] ▶ **responder de algo / por alguien** to answer for sthg/for sb **4.** [replicar] to answer back.

respondón, ona adj insolent.

responsabilidad sf responsibility ; DER liability / *exigir responsabilidades a alguien* to hold

sb accountable ▶ **tener la responsabilidad de algo** to be responsible for sthg ▶ **responsabilidad civil / penal** DER civil/criminal liability ▶ **responsabilidad limitada** limited liability.

responsabilizar [13] vt ▶ **responsabilizar a alguien (de algo)** to hold sb responsible (for sthg).

◆ **responsabilizarse** vprnl ▶ **responsabilizarse (de)** to accept responsibility (for).

responsable ◆ adj responsible ▶ **responsable de** responsible for. ◆ smf **1.** [culpable] person responsible **2.** [encargado] person in charge.

respuesta sf **1.** [gen] answer, reply ; [en exámenes] answer ▶ **en respuesta a** in reply to **2.** *fig* [reacción] response.

resquebrajar vt to crack.

◆ **resquebrajarse** vprnl to crack.

resquicio sm **1.** [abertura] chink ; [grieta] crack **2.** *fig* [pizca] glimmer.

resta sf MAT subtraction.

restablecer [30] vt to reestablish, to restore.

◆ **restablecerse** vprnl [curarse] ▶ **restablecerse (de)** to recover (from).

restallar vt & vi [látigo] to crack ; [lengua] to click.

restante adj remaining ▶ **lo restante** the rest.

restar ◆ vt **1.** MAT to subtract **2.** [disminuir] ▶ **restar importancia a algo / méritos a alguien** to play down the importance of sthg/sb's qualities. ◆ vi [faltar] to be left.

restauración sf restoration.

restaurador, ra ◆ sm, f restorer. ◆ adj restoring.

restaurante sm restaurant.

restaurar vt to restore.

restitución sf return.

restituir [51] vt [devolver - objeto] to return ; [- salud] to restore.

resto sm ▶ **el resto a)** [gen] the rest **b)** MAT the remainder. ◆ **restos** smpl **1.** [sobras] leftovers **2.** [cadáver] remains **3.** [ruinas] ruins.

restregar [35] vt to rub hard ; [para limpiar] to scrub. ◆ **restregarse** vprnl [frotarse] to rub.

restricción sf restriction.

restrictivo, va adj restrictive.

restringir [15] vt to limit, to restrict.

resucitar ◆ vt [person] to bring back to life ; [costumbre] to revive. ◆ vi [persona] to rise from the dead.

resuello sm gasp, gasping *(U)* ; [jadeo] pant, panting *(U)*.

resuelto, ta ◆ pp ⟶ **resolver**. ◆ adj [decidido] determined.

resulta sf ▶ **de resultas de** as a result of.

resultado sm result ▶ **dar buen / mal resultado** to be a success/failure.

resultante adj & sf resultant.

resultar ❖ vi **1.** [acabar siendo] ▸ **resultar (ser)** to turn out (to be) / *resultó ileso* he was uninjured / *nuestro equipo resultó vencedor* our team came out on top **2.** [salir bien] to work (out), to be a success **3.** [originarse] ▸ **resultar de** to come of, to result from **4.** [ser] to be / *resulta sorprendente* it's surprising / *me resultó imposible terminar antes* I was unable to finish earlier **5.** [venir a costar] ▸ **resultar a** to come to, to cost. ❖ v impers [suceder] ▸ **resultar que** to turn out that / *ahora resulta que no quiere alquilarlo* now it seems that she doesn't want to rent it.

resumen sm summary ▸ **en resumen** in short.

resumidero sm Am drain.

resumir vt to summarize ; [discurso] to sum up. ◆ **resumirse en** vprnl **1.** [sintetizarse en] to be able to be summed up in **2.** [reducirse a] to boil down to.

resurgir [15] vi to undergo a resurgence.

resurrección sf resurrection.

retablo sm altarpiece.

retaguardia sf [tropa] rearguard ; [territorio] rear.

retahíla sf string, series.

retal sm remnant.

retardar vt [retrasar] to delay ; [frenar] to hold up, to slow down.

retardo sm delay.

retazo sm remnant ; *fig* fragment.

rete adv Am *fam* very.

retén sm **1.** reserve **2.** Am [de menores] reformatory, reform school.

retención sf **1.** [en el sueldo] deduction **2.** *(gen pl)* [de tráfico] hold-up.

retener [72] vt **1.** [detener] to hold back ; [en comisaría] to detain **2.** [hacer permanecer] to keep **3.** [contener - impulso, ira] to hold back, to restrain **4.** [conservar] to retain **5.** [quedarse con] to hold on to, to keep **6.** [memorizar] to remember **7.** [deducir del sueldo] to deduct.

reticente adj [reacio] unwilling, reluctant.

retina sf retina.

retintín sm [ironía] sarcastic tone.

retirado, da adj **1.** [jubilado] retired **2.** [solitario, alejado] isolated, secluded. ◆ **retirada** sf **1.** MIL retreat ▸ **batirse en retirada** to beat a retreat **2.** [de fondos, moneda, carné] withdrawal **3.** [de competición, actividad] withdrawal.

retirar vt **1.** [quitar - gen] to remove ; [- dinero, moneda, carné] to withdraw ; [- nieve] to clear **2.** [jubilar - a deportista] to force to retire ; [- a empleado] to retire **3.** [retractarse de] to take back. ◆ **retirarse** vprnl **1.** [gen] to retire **2.** [de competición, elecciones] to withdraw ; [de reunión] to leave **3.** [de campo de batalla] to retreat **4.** [apartarse] to move away.

retiro sm **1.** [jubilación] retirement ; [pensión] pension **2.** [refugio, ejercicio] retreat.

reto sm challenge.

retocar [10] vt to touch up.

retoño sm BOT sprout, shoot ; *fig* offspring (U).

retoque sm touching-up (U) ; [de prenda de vestir] alteration ▸ **dar los últimos retoques a** to put the finishing touches to.

retorcer [41] vt [torcer - brazo, alambre] to twist ; [- ropa, cuello] to wring. ◆ **retorcerse** vprnl [contraerse] ▸ **retorcerse (de) a)** [risa] to double up (with) **b)** [dolor] to writhe about (in).

retorcido, da adj **1.** [torcido - brazo, alambre] twisted **2.** *fig* [rebuscado] complicated.

retórico, ca adj rhetorical. ◆ **retórica** sf *lit + fig* [discurso] rhetoric.

retornable adj returnable / *no retornable* non-returnable.

retornar vt & vi to return.

retorno sm [gen & INFORM] return ▸ **retorno de carro** carriage return ▸ **(tecla de) retorno** return key.

retortijón *(gen pl)* sm stomach cramp.

retozar [13] vi to frolic ; [amantes] to romp about.

retractarse vprnl [de una promesa] to go back on one's word ; [de una opinión] to take back what one has said ▸ **retractarse de** [lo dicho] to retract, to take back.

retraer [73] vt [encoger] to retract. ◆ **retraerse** vprnl **1.** [encogerse] to retract **2.** [retroceder] to withdraw, to retreat.

retraído, da adj withdrawn, retiring.

retransmisión sf broadcast ▸ **retransmisión en directo / diferido** live / recorded broadcast ▸ **retransmisión en directo** INTERNET livestream.

retransmitir vt **1.** [gen] to broadcast **2.** INTERNET ▸ **retransmitir en directo** to livestream.

retrasado, da ❖ adj **1.** [país, industria] backward ; [reloj] slow ; [tren] late, delayed **2.** [en el pago, los estudios] behind **3.** MED retarded, backward. ❖ sm, f ▸ **retrasado (mental)** mentally retarded person.

retrasar vt **1.** [aplazar] to postpone **2.** [demorar] to delay, to hold up **3.** [hacer más lento] to slow down, to hold up **4.** [en el pago, los estudios] to set back **5.** [reloj] to put back. ◆ **retrasarse** vprnl **1.** [llegar tarde] to be late **2.** [quedarse atrás] to fall behind **3.** [aplazarse] to be put off **4.** [reloj] to lose time.

retraso sm **1.** [por llegar tarde] delay ▸ **llegar con (15 minutos de) retraso** to be (15 minutes) late **2.** [por sobrepasar una fecha] : *llevo en mi trabajo un retraso de 20 páginas* I'm 20 pages behind with my work **3.** [subdesarrollo] backwardness **4.** MED mental deficiency.

retratar

332

retratar vt **1.** [fotografiar] to photograph **2.** [dibujar] to do a portrait of **3.** fig [describir] to portray. ◆ **retratarse** vprnl **1.** fig [describirse] to describe o.s. **2.** FOTO to have one's photograph taken.

retrato sm **1.** [dibujo] portrait; [fotografía] photograph ▸ **retrato robot** photofit picture ▸ **ser el vivo retrato de alguien** to be the spitting image of sb **2.** fig [reflejo] portrayal.

retrete sm toilet.

retribución sf [pago] payment; [recompensa] reward.

retribuir [51] vt **1.** [pagar] to pay; [recompensar] to reward **2.** Am [favor, obsequio] to return.

retro adj old-fashioned.

retroactivo, va adj [ley] retroactive; [pago] backdated.

retroceder vi to go back; fig to back down.

retroceso sm [regresión - gen] backward movement; [- en negociaciones] setback; [- en la economía] recession.

retrógrado, da adj & sm, f reactionary.

retroproyector sm overhead projector.

retrospectivo, va adj retrospective.

retrovisor sm rear-view mirror.

retuit sm INTERNET retweet.

retuitear vt INTERNET to retweet.

retumbar vi [resonar] to resound.

reuma, reúma sm o sf rheumatism.

reumatismo sm rheumatism.

reunión sf meeting.

reunir vt **1.** [público, accionistas etc] to bring together **2.** [objetos, textos etc] to collect, to bring together; [fondos] to raise **3.** [requisitos] to meet; [cualidades] to possess, to combine. ◆ **reunirse** vprnl [congregarse] to meet.

reutilizable adj reusable.

revalidar vt **1.** [ratificar] to confirm **2.** Am [estudios, diploma] to validate.

revalorizar [13] vt **1.** [aumentar el valor] to increase the value of; [moneda] to revalue **2.** [restituir el valor] to reassess in a favourable light. ◆ **revalorizarse** vprnl [aumentar de valor] to appreciate; [moneda] to be revalued.

revancha sf **1.** [venganza] revenge **2.** DEP return match.

revelación sf revelation.

revelado sm FOTO developing.

revelador, ra adj [aclarador] revealing.

revelar vt **1.** [declarar] to reveal **2.** [evidenciar] to show **3.** FOTO to develop. ◆ **revelarse** vprnl ▸ **revelarse como** to show o.s. to be.

revendedor, ra sm, f ticket tout.

reventa sf resale; [de entradas] touting.

reventar [19] ◆ vt **1.** [explotar] to burst **2.** [echar abajo] to break down; [con explosivos] to blow up. ◆ vi [explotar] to burst. ◆ **reventarse** vprnl [explotar] to explode; [rueda] to burst.

reventón sm [pinchazo] blowout, puncture UK, flat US.

reverberación sf [de sonido] reverberation; [de luz, calor] reflection.

reverberar vi [sonido] to reverberate; [luz, calor] to reflect.

reverdecer [30] vi fig [amor] to revive.

reverencia sf **1.** [respeto] reverence **2.** [saludo - inclinación] bow; [- flexión de piernas] curtsy.

reverenciar [8] vt to revere.

reverendo, da adj reverend. ◆ **reverendo** sm reverend.

reverente adj reverent.

reversa sf Méx reverse.

reversible adj reversible.

reverso sm back, other side.

revertir [27] vi **1.** [volver, devolver] to revert **2.** [resultar] ▸ **revertir en** to result in ▸ **revertir en beneficio / perjuicio de** to be to the advantage / detriment of.

revés sm **1.** [parte opuesta - de papel, mano] back; [- de tela] other o wrong side ▸ **al revés a)** [en sentido contrario] the wrong way round **b)** [en forma opuesta] the other way round ▸ **del revés a)** [lo de detrás, delante] the wrong way round, back to front **b)** [lo de dentro, fuera] inside out **c)** [lo de arriba, abajo] upside down **2.** [bofetada] slap **3.** DEP backhand **4.** [contratiempo] setback.

revestimiento sm covering.

revestir [26] vt **1.** [recubrir] ▸ **revestir (de) a)** [gen] to cover (with) **b)** [pintura] to coat (with) **c)** [forro] to line (with) **2.** [poseer - solemnidad, gravedad etc] to take on, to have.

revisar vt **1.** [repasar] to go over again **2.** [inspeccionar] to inspect; [cuentas] to audit **3.** [modificar] to revise.

revisión sf **1.** [repaso] revision **2.** [inspección] inspection ▸ **revisión de cuentas** audit ▸ **revisión médica** check-up **3.** [modificación] amendment **4.** [AUTO - puesta a punto] service; [- anual] ≃ MOT (test).

revisor, ra sm, f [en tren] ticket inspector, conductor US; [en autobús] (bus) conductor.

revista sf **1.** [publicación] magazine ▸ **revista del corazón** gossip magazine / revista de modas fashion magazine **2.** [sección de periódico] section, review **3.** [espectáculo teatral] revue **4.** [inspección] inspection ▸ **pasar revista a a)** MIL to inspect, to review **b)** [examinar] to examine.

revistero sm [mueble] magazine rack.

revivir ⬦ vi to revive. ⬦ vt [recordar] to revive memories of.

revocar [10] vt [gen] to revoke.

revolcar [36] vt to upend. ◆ **revolcarse** vprnl to roll about.

revolotear vi to flutter (about).

revoltijo, revoltillo sm jumble.

revoltoso, sa adj **1.** [travieso] mischievous **2.** [sedicioso] rebellious.

revolución sf revolution.

revolucionar vt [transformar] to revolutionize.

revolucionario, ria adj & sm, f revolutionary.

revolver [24] vt **1.** [dar vueltas] to turn around; [líquido] to stir **2.** [mezclar] to mix; [ensalada] to toss **3.** [desorganizar] to mess up; [cajones] to turn out **4.** [irritar] to upset. ◆ **revolver en** vi [cajones etc] to rummage around in. ◆ **revolverse** vprnl [volverse] to turn around.

revólver sm revolver.

revuelo sm [agitación] commotion ▶ **armar un gran revuelo** to cause a great stir.

revuelto, ta ⬦ pp —→ **revolver.** ⬦ adj **1.** [desordenado] in a mess **2.** [alborotado - época etc] turbulent **3.** [clima] unsettled **4.** [aguas] choppy. ◆ **revuelto** sm CULIN scrambled eggs pl. ◆ **revuelta** sf [disturbio] riot, revolt.

revulsivo, va adj fig stimulating, revitalizing. ◆ **revulsivo** sm fig kick-start.

rey sm king. ◆ **Reyes** smpl ▶ **los Reyes** the King and Queen ▶ **(Día de) Reyes** Twelfth Night.

reyerta sf fight, brawl.

rezagado, da adj ▶ **ir rezagado** to lag behind.

rezar [13] vi **1.** [orar] ▶ **rezar (a)** to pray (to) / **rezar por algo / alguien** to pray for sthg/sb **2.** [decir] to read, to say **3.** [corresponderse] ▶ **rezar con** to have to do with.

rezo sm [oración] prayer.

rezumar ⬦ vt **1.** [transpirar] to ooze **2.** fig [manifestar] to be overflowing with. ⬦ vi to ooze o seep out.

ría sf estuary.

riachuelo sm brook, stream.

riada sf lit + fig flood.

ribera sf [del río] bank; [del mar] shore.

ribete sm edging (U), trimming (U); fig touch, nuance.

ricino sm [planta] castor oil plant.

rico, ca ⬦ adj **1.** [gen] rich **2.** [abundante] ▶ **rico (en)** rich (in) **3.** [sabroso] delicious **4.** [simpático] cute. ⬦ sm, f rich person ▶ **los ricos** the rich.

rictus sm inv **1.** [de ironía] smirk **2.** [de desprecio] sneer **3.** [de dolor] wince.

ridiculez sf **1.** [payasada] silly thing, nonsense (U) **2.** [nimiedad] trifle / **cuesta una ridiculez** it costs next to nothing.

ridiculizar [13] vt to ridicule.

ridículo, la adj ridiculous; [precio, suma] laughable, derisory. ◆ **ridículo** sm ridicule ▶ **hacer el ridículo** to make a fool of o.s. ▶ **poner o dejar en ridículo a alguien** to make sb look stupid ▶ **quedar en ridículo** to look like a fool.

riego sm [de campo] irrigation; [de jardín] watering.

riel sm **1.** [de vía] rail **2.** [de cortina] (curtain) rail.

rienda sf [de caballería] rein ▶ **dar rienda suelta a** fig to give free rein to. ◆ **riendas** sfpl fig [dirección] reins ▶ **llevar o tener las riendas** to hold the reins, to be in control.

riesgo sm risk.

riesgoso, sa adj **AM** risky.

rifa sf raffle.

rifar vt to raffle. ◆ **rifarse** vprnl fig to fight over.

rifle sm rifle.

rigidez sf **1.** [de un cuerpo, objeto etc] rigidity **2.** [del rostro] stoniness **3.** fig [severidad] strictness, harshness.

rígido, da adj **1.** [cuerpo, objeto etc] rigid **2.** [rostro] stony **3.** [severo - normas etc] harsh; [- carácter] inflexible.

rigor sm **1.** [severidad] strictness **2.** [exactitud] accuracy, rigour **3.** [inclemencia] harshness. ◆ **de rigor** loc adj usual.

riguroso, sa adj **1.** [severo] strict **2.** [exacto] rigorous **3.** [inclemente] harsh.

rima sf rhyme.

rimar vt & vi to rhyme / **rimar con algo** to rhyme with sthg.

rimbombante adj [estilo, frases] pompous.

rímel, rimmel® sm mascara.

rincón sm corner (inside).

rinconera sf corner piece.

ring (pl **rings**) sm (boxing) ring.

rinoceronte sm rhinoceros.

riña sf [disputa] quarrel; [pelea] fight.

riñón sm kidney ▶ **tener el riñón bien cubierto** fig to be well-heeled.

riñonera sf [pequeño bolso] bum bag **UK**, fanny pack **US**.

río sm lit + fig river ▶ **a río revuelto, ganancia de pescadores** prov it's an ill wind that blows nobody any good prov ▶ **cuando el río suena, agua lleva** prov there's no smoke without fire prov.

rioja sm Rioja (wine).

riojano, na adj & sm, f Riojan.

riqueza sf **1.** [fortuna] wealth **2.** [abundancia] richness.

risa sf laugh, laughter (U) / *me da risa* I find it funny / *¡qué risa!* how funny! ▶ **de risa** funny.

risotada sf guffaw / *soltar una risotada* to laugh loudly.

ristra sf *lit + fig* string.

ristre ◆ **en ristre** loc adv at the ready.

risueño, ña adj [alegre] smiling.

ritmo sm **1.** [gen] rhythm / *al ritmo de* to the rhythm of / *llevar el ritmo* to keep time / *perder el ritmo* to get out of time ; [cardíaco] beat **2.** [velocidad] pace.

rito sm **1.** RELIG rite **2.** [costumbre] ritual.

ritual adj & sm ritual.

rival adj & smf rival / *sin rival* unrivalled.

rivalidad sf rivalry.

rivalizar [13] vi ▶ **rivalizar (con)** to compete (with).

rizado, da adj **1.** [pelo] curly **2.** [mar] choppy. ◆ **rizado** sm [en peluquería] ▶ **hacerse un rizado** to have one's hair curled.

rizar [13] vt [pelo] to curl. ◆ **rizarse** vprnl [pelo] to curl.

rizo sm **1.** [de pelo] curl **2.** [del agua] ripple **3.** [de avión] loop **4.** *loc* ▶ **rizar el rizo** to split hairs.

RNE (*abr de* **Radio Nacional de España**) sf *Spanish state radio station.*

roast-beef = rosbif.

robar vt **1.** [gen] to steal ; [casa] to burgle, burglarize US ▶ **robar a alguien** to rob sb **2.** [en naipes] to draw **3.** [cobrar caro] to rob.

roble sm **1.** BOT oak **2.** *fig* [persona] strong person / *más fuerte que un roble* as strong as an ox.

robo sm [delito] robbery, theft ; [en casa] burglary ▶ **ser un robo** [precios etc] to be daylight robbery.

robot (*pl* **robots**) sm [gen & INFORM] robot.

robótica sf robotics (U).

robustecer [30] vt to strengthen.

◆ **robustecerse** vprnl to get stronger.

robusto, ta adj robust.

roca sf rock / *firme como una roca* solid as a rock.

rocalla sf rubble.

roce sm **1.** [rozamiento - gen] rub, rubbing (U) ; [- suave] brush, brushing (U) ; FÍS friction **2.** [desgaste] wear **3.** [rasguño - en piel] graze ; [- en zapato, puerta] scuffmark ; [- en metal] scratch **4.** [trato] close contact **5.** [desavenencia] brush / *tener un roce con alguien* to have a brush with sb.

rociar [9] vt **1.** [arrojar gotas] to sprinkle ; [con espray] to spray **2.** [con vino] to wash down.

rocío sm dew.

rock, rock and roll sm inv rock and roll.

rockero, ra = roquero.

rocoso, sa adj rocky.

rodaballo sm turbot.

rodado, da adj **1.** [piedra] rounded **2.** [tráfico] road (*antes de sust*) **3.** *loc* ▶ **estar muy rodado** [persona] to be very experienced ▶ **venir rodado para** to be the perfect opportunity to.

rodaja sf slice.

rodaje sm **1.** [filmación] shooting **2.** [de motor] running-in **3.** [experiencia] experience.

Ródano sm ▶ **el Ródano** the (River) Rhône.

rodapié sm skirting board.

rodar [23] ◆ vi **1.** [deslizar] to roll / *echar algo a rodar* *fig* to set sthg in motion **2.** [circular] to travel, to go **3.** [caer] ▶ **rodar (por)** to tumble (down) **4.** [ir de un lado a otro] to go around **5.** CINE to shoot. ◆ vt **1.** CINE to shoot **2.** [automóvil] to run in.

rodear vt **1.** [gen] to surround / *le rodeó el cuello con los brazos* she put her arms around his neck / *rodear algo de algo* to surround sthg with sthg **2.** [dar la vuelta a] to go around **3.** [eludir] to skirt around. ◆ **rodearse** vprnl ▶ **rodearse de** to surround o.s. with.

rodeo sm **1.** [camino largo] detour ▶ **dar un rodeo** to make a detour **2.** (gen pl) [evasiva] evasiveness (U) **3.** [espectáculo] rodeo.

rodilla sf knee ▶ **de rodillas** on one's knees.

rodillera sf [protección] knee pad.

rodillo sm [gen] roller ; [para repostería] rolling pin.

rodríguez sm inv grass widower ▶ **estar o quedarse de rodríguez** to be a grass widower.

roedor, ra adj ZOOL rodent (*antes de sust*). ◆ **roedor** sm rodent.

roer [69] vt **1.** [con dientes] to gnaw (at) **2.** *fig* [gastar] to eat away (at).

rogar [39] vt [implorar] to beg ; [pedir] to ask ▶ **rogar a alguien que haga algo** to ask o beg sb to do sthg / *le ruego me perdone* I beg your pardon ▶ *'se ruega silencio'* 'silence, please'.

rogativa (gen pl) sf rogation.

rojizo, za adj reddish.

rojo, ja ◆ adj red ▶ **ponerse rojo a)** [gen] to turn red **b)** [ruborizarse] to blush. ◆ sm, f POLÍT red. ◆ **rojo** sm [color] red ▶ **al rojo vivo a)** [en incandescencia] red hot **b)** *fig* heated.

rol (*pl* **roles**) sm [papel] role.

rollizo, za adj chubby, plump.

rollo sm **1.** [cilindro] roll ▶ **rollo de primavera** CULIN spring roll **2.** CINE roll **3.** *fam* [discurso] ▶ **el rollo de costumbre** the same old story ▶ **tener mucho rollo** to witter on **4.** *fam* [embuste] tall story **5.** *fam* [pelmazo, pesadez] bore, drag.

ROM (*abr de* **read-only memory**) sf INFORM ROM.

romana sf CULIN : *calamares a la romana* squid in batter.

romance sm **1.** LING Romance language **2.** [idilio] romance.

románico, ca adj **1.** ARQUIT & ARTE Romanesque **2.** LING Romance.

romano, na sm, f Roman.

romanticismo sm **1.** ARTE & LITER Romanticism **2.** [sentimentalismo] romanticism.

romántico, ca adj & sm, f **1.** ARTE & LITER Romantic **2.** [sentimental] romantic.

rombo sm GEOM rhombus.

romería sf [peregrinación] pilgrimage.

romero, ra sm, f [peregrino] pilgrim.
◆ **romero** sm BOT rosemary.

romo, ma adj [sin filo] blunt.

rompecabezas sm inv **1.** [juego] jigsaw **2.** fam [problema] puzzle.

rompeolas sm inv breakwater.

romper ◆ vt **1.** [gen] to break ; [hacer añicos] to smash ; [rasgar] to tear **2.** [interrumpir - monotonía, silencio, hábito] to break ; [- hilo del discurso] to break ; [- tradición] to put an end to **3.** [terminar - relaciones etc] to break off. ◆ vi **1.** [terminar una relación] **) romper (con alguien)** to break o split up (with sb) **2.** [olas, el día] to break ; [hostilidades] to break out **) al romper el alba o día** at daybreak **3.** [empezar] **) romper a hacer algo** to suddenly start doing sthg **) romper a llorar** to burst into tears **) romper a reír** to burst out laughing. ◆ **romperse** vprnl [partirse] to break ; [rasgarse] to tear / *se ha roto una pierna* he has broken a leg.

rompevientos sm AM [anorak] anorak ; RDOM [suéter] polo-neck jersey.

rompimiento sm **1.** breaking ; [de relaciones] breaking-off **2.** AM [de relaciones, conversaciones] breaking-off ; [de pareja] break-up ; [de contrato] breach.

ron sm rum.

roncar [10] vi to snore.

roncha sf red blotch.

ronco, ca adj **1.** [afónico] hoarse / *se quedó ronco de tanto gritar* he shouted himself hoarse **2.** [bronco] harsh.

ronda sf **1.** [de vigilancia, visitas] rounds pl **) hacer la ronda** to do one's rounds **2.** fam [de bebidas, en el juego etc] round **3.** CSUR [corro] circle, ring.

rondar ◆ vt **1.** [vigilar] to patrol **2.** [rayar - edad] to be around. ◆ vi [merodear] **) rondar (por)** to wander o hang around.

rondín sm ANDES **1.** [vigilante] watchman, guard **2.** [armónica] mouth organ.

ronquera sf hoarseness.

ronquido sm snore, snoring (U).

ronronear vi to purr.

ronroneo sm purr, purring (U).

roña ◆ adj fam [tacaño] stingy. ◆ sf **1.** [suciedad] filth, dirt **2.** [veterinaria] mange.

roñoso, sa ◆ adj **1.** [sucio] dirty **2.** [tacaño] mean. ◆ sm, f miser.

ropa sf clothes pl **) ropa blanca** linen **) ropa de abrigo** warm clothes pl **) ropa de cama** bed linen **) ropa hecha** ready-to-wear clothes **) ropa interior** underwear / *ropa sucia* laundry **) nadar y guardar la ropa** fig to cover one's back.

ropaje sm robes pl.

ropero sm **1.** [armario] wardrobe **2.** [habitación] walk-in wardrobe ; TEATRO cloakroom.

roquefort [roke'for] sm Roquefort (cheese).

roquero, ra, rockero, ra sm, f **1.** [músico] rock musician **2.** [fan] rock fan.

rosa ◆ sf [flor] rose **) estar (fresco) como una rosa** to be as fresh as a daisy / *no hay rosa sin espinas* there's no rose without a thorn. ◆ sm [color] pink. ◆ adj inv [color] pink **) verlo todo de color (de) rosa** fig to see everything through rose-tinted spectacles. ◆ **rosa de los vientos** sf NÁUT compass.

rosado, da ◆ adj pink. ◆ sm [vino] rosé.

rosal sm [arbusto] rose bush.

rosario sm **1.** RELIG rosary **) rezar el rosario** to say one's rosary **2.** [sarta] string.

rosbif (pl **rosbifs**), **roast-beef** [ros'βif] (pl **roast-beefs**) sm roast beef.

rosca sf **1.** [de tornillo] thread **2.** [forma - anillo] ring ; [- espiral] coil **3.** CULIN ring doughnut.

rosco sm ring-shaped bread roll.

roscón sm ring-shaped cake **) roscón de reyes** cake eaten on 6th January.

rosetón sm [ventana] rose window.

rosquilla sf ring doughnut.

rosticería sf CHILE shop selling roast chicken.

rostro sm face **) tener (mucho) rostro** fam & fig to have a real nerve.

rotación sf **1.** [giro] rotation **) rotación de cultivos** crop rotation **2.** [alternancia] rota **) por rotación** in turn.

rotar vi to rotate.

rotativo, va adj rotary, revolving.
◆ **rotativo** sm newspaper. ◆ **rotativa** sf rotary press.

roto, ta ◆ pp ⟶ **romper**. ◆ adj **1.** [gen] broken ; [tela, papel] torn **2.** fig [deshecho - vida etc] destroyed ; [- corazón] broken **3.** fig [exhausto] shattered. ◆ sm, f CHILE fam & despec [trabajador] worker. ◆ **roto** sm [en tela] tear, rip.

rotonda sf **1.** [glorieta] roundabout UK, traffic circle US **2.** [plaza] circus.

rotoso, sa adj ANDES RDOM fam ragged.

rótula sf kneecap.

rotulador sm felt-tip pen ; [fluorescente] marker pen.

rótulo sm **1.** [letrero] sign **2.** [encabezamiento] headline, title.

rotundo, da adj **1.** [categórico - negativa, persona] categorical ; [- lenguaje, estilo] emphatic **2.** [completo] total.

rotura sf [gen] break, breaking *(U)* ; [de hueso] fracture ; [en tela] rip, hole.

roulotte [ru'lot] sf caravan UK, trailer US.

rozadura sf **1.** [señal] scratch, scrape **2.** [herida] graze.

rozamiento sm [fricción] rub, rubbing *(U)* ; FÍS friction *(U)*.

rozar [13] vt **1.** [gen] to rub ; [suavemente] to brush ; [suj: zapato] to graze **2.** [pasar cerca de] to skim. ◆ **rozar con** vi **1.** [tocar] to brush against **2.** *fig* [acercarse a] to verge on. ◆ **rozarse** vprnl **1.** [tocarse] to touch **2.** [pasar cerca] to brush past each other **3.** [herirse - rodilla etc] to graze **4.** *fig* [tener trato] ◆ **rozarse con** to rub shoulders with.

Rte. *abr escrita de* **remitente**.

RTVE (*abr de* **Radiotelevisión Española**) sf *Spanish state broadcasting company.*

ruana sf **1.** ANDES [cerrado] poncho **2.** RP [abierto] wraparound poncho.

rubeola, rubéola sf German measles *(U)*.

rubí (*pl* **rubíes** o **rubís**) sm ruby.

rubio, bia ⇔ adj **1.** [pelo, persona] blond (blonde), fair / *teñirse de rubio* to dye one's hair blond / *rubia platino* platinum blonde **2.** [tabaco] Virginia (*antes de sust*) **3.** [cerveza] lager (*antes de sust*). ⇔ sm, f [persona] blond (blonde).

rubor sm **1.** [vergüenza] embarrassment / *causar rubor* to embarrass **2.** [sonrojo] blush.

ruborizar [13] vt [avergonzar] to embarrass. ◆ **ruborizarse** vprnl to blush.

rúbrica sf **1.** [de firma] flourish **2.** [conclusión] final flourish ▶ **poner rúbrica a algo** to complete sthg.

rubricar [10] vt **1.** *fig* [confirmar] to confirm **2.** *fig* [concluir] to complete.

rucio, cia adj [gris] grey.

rudeza sf **1.** [tosquedad] roughness **2.** [grosería] coarseness.

rudimentario, ria adj rudimentary.

rudimentos smpl rudiments.

rudo, da adj **1.** [tosco] rough **2.** [brusco] sharp, brusque **3.** [grosero] rude, coarse.

rueda sf **1.** [pieza] wheel ▶ **rueda delantera / trasera** front/rear wheel ▶ **rueda de repuesto** spare wheel ▶ **comulgar con ruedas de molino** *fig* to be very gullible ▶ **ir sobre ruedas** *fig* to go smoothly **2.** [corro] circle. ◆ **rueda de prensa** sf press conference.

ruedo sm TAUROM bullring.

ruega ⟶ **rogar**.

ruego sm request ▶ **ruegos y preguntas** any other business.

rufián sm villain.

rugby sm rugby.

rugido sm [gen] roar ; [de persona] bellow.

rugir [15] vi [gen] to roar ; [persona] to bellow.

rugoso, sa adj **1.** [áspero - material, terreno] rough **2.** [con arrugas - rostro etc] wrinkled ; [- tejido] crinkled.

ruido sm **1.** [gen] noise ; [sonido] sound ▶ **mucho ruido y pocas nueces** much ado about nothing **2.** *fig* [escándalo] row ▶ **hacer** o **meter ruido** to cause a stir.

ruidoso, sa adj [que hace ruido] noisy.

ruin adj **1.** [vil] low, contemptible **2.** [avaro] mean.

ruina sf **1.** [gen] ruin ▶ **dejar en** o **llevar a la ruina a alguien** to ruin sb ▶ **estar en la ruina** to be ruined / *ser una ruina* to cost a fortune **2.** [destrucción] destruction **3.** [fracaso - persona] wreck ▶ **estar hecho una ruina** to be a wreck. ◆ **ruinas** sfpl [históricas] ruins / *en ruinas* in ruins.

ruinoso, sa adj **1.** [poco rentable] ruinous **2.** [edificio] ramshackle.

ruiseñor sm nightingale.

ruleta sf roulette.

ruletear vi CAM MEX *fam* to drive a taxi.

ruletero sm CAM MEX *fam* taxi driver.

rulo sm [para el pelo] roller.

ruma sf ANDES VEN heap, pile.

Rumanía, Rumania npr Romania.

rumano, na adj & sm, f Romanian. ◆ **rumano** sm [lengua] Romanian.

rumba sf rumba.

rumbo sm **1.** [dirección] direction, course / *caminar sin rumbo fijo* to walk aimlessly ▶ **ir con rumbo a** to be heading for ▶ **perder el rumbo a)** [barco] to go off course **b)** *fig* [persona] to lose one's way / *tomar otro rumbo* to take a different tack **2.** *fig* [camino] path, direction.

rumiante adj & sm ruminant.

rumiar [8] ⇔ vt [suj: rumiante] to chew ; *fig* to chew over. ⇔ vi [masticar] to ruminate, to chew the cud.

rumor sm **1.** [ruido sordo] murmur **2.** [chisme] rumour / *corre el rumor de que* there's a rumour going around that.

rumorearse v impers ▶ **rumorearse que ...** to be rumoured that ...

runrún sm [ruido confuso] hum, humming *(U)*.

rupestre adj cave (*antes de sust*).

ruptura sf [gen] break ; [de relaciones, conversaciones] breaking-off ; [de contrato] breach.

rural adj rural.

Rusia npr Russia.

ruso, sa adj & sm, f Russian. ◆ **ruso** sm [lengua] Russian.

rústico, ca adj **1.** [del campo] country *(antes de sust)* **2.** [tosco] rough, coarse. ◆ **en rústica** loc adj paperback.

ruta sf route ; *fig* way, course.

rutina sf [gen & INFORM] routine ▸ **por rutina** as a matter of course.

rutinario, ria adj routine.

s¹, s sf [letra] s, S.

s.² *(abr escrita de siglo)* c *(century)*.

S³ 1. *(abr escrita de sur)* S **2.** *(abr escrita de san)* St.

SA *(abr de sociedad anónima)* sf ≃ Ltd ; ≃ PLC.

sábado sm Saturday / *¿qué día es hoy? - (es) sábado* what day is it (today)? - (it's) Saturday ▸ **cada sábado, todos los sábados** every Saturday ▸ **cada dos sábados, un sábado sí y otro no** every other Saturday ▸ **caer en sábado** to be on a Saturday / *te llamo el sábado* I'll call you on Saturday ▸ **el próximo sábado, el sábado que viene** next Saturday ▸ **el sábado pasado** last Saturday ▸ **el sábado por la mañana / tarde / noche** Saturday morning/afternoon/night ▸ **en sábado** on Saturdays / *nací en sábado* I was born on a Saturday ▸ **este sábado a)** [pasado] last Saturday **b)** [próximo] this (coming) Saturday / *¿trabajas los sábados?* do you work (on) Saturdays? / *un sábado cualquiera* on any Saturday.

sábana sf sheet.

sabandija sf *fig* [persona] worm.

sabañón sm chilblain.

sabático, ca adj [del sábado] Saturday *(antes de sust)*.

saber [70] ❖ sm knowledge. ❖ vt **1.** [conocer] to know / *ya lo sé* I know ▸ **hacer saber algo a alguien** to inform sb of sthg, to tell sb sthg / *¿se puede saber qué haces?* would you mind telling me what you are doing? **2.** [ser capaz de] ▸ **saber hacer algo** to know how to do sthg, to be able to do sthg / *sabe hablar inglés / montar en bici* she can speak English/ride a bike **3.** [enterarse] to learn, to find out / *lo supe ayer* I only found out yesterday **4.** [entender de] to know about / *sabe mucha física* he knows a lot about physics. ❖ vi **1.** [tener sabor] ▸ **saber (a)** to taste (of) ▸ **saber bien / mal** to taste good/bad ▸ **saber mal**

a alguien *fig* to upset o annoy sb **2.** [entender] ▸ **saber de algo** to know about sthg **3.** [tener noticia] ▸ **saber de alguien** to hear from sb ▸ **saber de algo** to learn of sthg **4.** [parecer] : *eso me sabe a disculpa* that sounds like an excuse to me **5.** ᴀɴᴅᴇꜱ ᴀʀɢ ᴄʜɪʟᴇ *fam* [soler] ▸ **saber hacer algo** to be wont to do sthg **6.** *loc* ▸ **que yo sepa** as far as I know ▸ **¡quién sabe!, ¡vete a saber!** who knows! ◆ **saberse** vprnl ▸ **saberse algo** to know sthg ▸ **sabérselas todas** *fig* to know all the tricks. ◆ **a saber** loc adv [es decir] namely.

sabiduría sf **1.** [conocimientos] knowledge, learning **2.** [prudencia] wisdom / *sabiduría popular* popular wisdom.

sabiendas ◆ **a sabiendas** loc adv knowingly.

sabihondo = sabiondo.

sabio, bia adj **1.** [sensato, inteligente] wise **2.** [docto] learned.

sabiondo, da, sabihondo, da adj & sm, f know-all.

sablazo sm *fam* & *fig* [de dinero] scrounging *(U)* ▸ **dar un sablazo a alguien** to scrounge money off sb.

sable sm sabre.

sablear vi *fam* to scrounge money.

sabor sm **1.** [gusto] taste, flavour ▸ **tener sabor a algo** to taste of sthg ▸ **dejar mal / buen sabor (de boca)** *fig* to leave a nasty taste in one's mouth/a warm feeling **2.** *fig* [estilo] flavour.

saborear vt *lit* + *fig* to savour.

sabotaje sm sabotage.

sabotear vt to sabotage.

sabrá ⟶ saber.

sabroso, sa adj **1.** [gustoso] tasty **2.** *fig* [substancioso] tidy, considerable.

sabrosón, sona adj ᴄᴀʀɪʙ ᴄᴏʟ ᴍᴇx **1.** [gustoso] tasty ; [delicioso] delicious **2.** [agradable] delightful.

sabueso sm **1.** [perro] bloodhound **2.** *fig* [policía] sleuth.

saca sf sack.

sacacorchos sm inv corkscrew.

sacapuntas sm inv pencil sharpener.

sacar [10] ❖ vt **1.** [poner fuera, hacer salir] to take out ; [lengua] to stick out ▸ **sacar algo de** to take sthg out of / *nos sacaron algo de comer* they gave us something to eat / *sacar a alguien a bailar* to ask sb to dance **2.** [quitar] ▸ **sacar algo (de)** to remove sthg (from) **3.** [librar, salvar] **4.** [conseguir] : *no sacas nada mintiéndole* you don't gain anything by lying to him **5.** [obtener - carné, buenas notas] to get, to obtain ; [- premio] to win ; [- foto] to take ; [- fotocopia] to make ; [- dinero del banco] to withdraw **6.** [sonsacar] ▸ **sacar algo a alguien** to get sthg out of sb

7. [extraer - producto] ▸ **sacar algo de** to extract sthg from **8.** [fabricar] to produce **9.** [crear - modelo, disco etc] to bring out **10.** [exteriorizar] to show **11.** [resolver - crucigrama etc] to do, to finish **12.** [deducir] to gather, to understand ; [conclusión] to come to **13.** [mostrar] to show / **lo sacaron en televisión** he was on television **14.** [comprar - entradas etc] to get, to buy **15.** [prenda - de ancho] to let out ; [- de largo] to let down **16.** [aventajar] : **sacó tres minutos a su rival** he was three minutes ahead of his rival **17.** [DEP - con la mano] to throw in ; [- con la raqueta] to serve. ◆ vi DEP to put the ball into play ; [con la raqueta] to serve. ◆ **sacarse** vprnl [carné etc] to get. ◆ **sacar adelante** vt **1.** [hijos] to bring up **2.** [negocio] to make a go of.

sacarina sf saccharine.

sacerdote, tisa sm, f [pagano] priest (priestess). ◆ **sacerdote** sm [cristiano] priest.

saciar [8] vt [satisfacer - sed] to quench ; [- hambre] to satisfy.

saco sm **1.** [bolsa] sack, bag ▸ **saco de dormir** sleeping bag **2.** [chaqueta] coat **3.** loc : **dar por saco a alguien** mfam to screw sb ▸ **entrar a saco en** to sack, to pillage / **mandar a alguien a tomar por saco** mfam to tell sb to get stuffed ▸ **no echar algo en saco roto** to take good note of sthg.

sacramento sm sacrament.

sacrificar [10] vt **1.** [gen] to sacrifice ▸ **sacrificar algo a** lit + fig to sacrifice sthg to **2.** [animal - para consumo] to slaughter. ◆ **sacrificarse** vprnl ▸ **sacrificarse (para hacer algo)** to make sacrifices (in order to do sthg) ▸ **sacrificarse por** to make sacrifices for.

sacrificio sm lit + fig sacrifice.

sacrilegio sm lit + fig sacrilege.

sacristán, ana sm, f sacristan, sexton.

sacristía sf sacristy.

sacro, cra adj [sagrado] holy, sacred.

sacudida sf **1.** [gen] shake ; [de la cabeza] toss ; [de tren, coche] jolt / **dar sacudidas** to jolt ▸ **sacudida eléctrica** electric shock **2.** [terremoto] tremor.

sacudir vt **1.** [agitar] to shake **2.** [golpear - alfombra etc] to beat **3.** [hacer temblar] to shake **4.** fig [conmover] to shake, to shock **5.** fam & fig [pegar] to smack.

sádico, ca ◆ adj sadistic. ◆ sm, f sadist.

sadismo sm sadism.

saeta sf **1.** [flecha] arrow **2.** MÚS flamenco-style song sung on religious occasions.

safari sm [expedición] safari / **ir de safari** to go on safari.

saga sf saga.

sagacidad sf astuteness.

sagaz adj astute, shrewd.

sagitariano, na sm, f AM Sagittarius.

Sagitario ◆ sm [zodiaco] Sagittarius. ◆ smf [persona] Sagittarian.

sagrado, da adj holy, sacred ; fig sacred.

Sáhara, Sahara sm ▸ **el (desierto del) Sáhara** the Sahara (Desert).

sal sf CULIN & QUÍM salt / **la sal de la vida** fig the spark of life. ◆ **sales** sfpl **1.** [para reanimar] smelling salts **2.** [para baño] bath salts.

sala sf **1.** [habitación - gen] room ; [- de una casa] lounge, living room ; [- de hospital] ward / **sala de embarque** departure lounge ▸ **sala de espera** waiting room ▸ **sala de estar** lounge, living room ▸ **sala de partos** delivery room **2.** [local - de conferencias, conciertos] hall ; [- de cine, teatro] auditorium ▸ **sala de fiestas** discothèque **3.** [DER - lugar] court (room) ; [- magistrados] bench.

saladito sm RP savoury snack o appetizer.

salado, da adj **1.** [con sal] salted ; [agua] salt (antes de sust) ; [con demasiada sal] salty **2.** fig [gracioso] witty **3.** CAM CARIB MÉX [desgraciado] unfortunate.

salamandra sf **1.** [animal] salamander **2.** [estufa] salamander stove.

salami, salame sm CSUR salami.

salar vt **1.** [para conservar] to salt **2.** [para cocinar] to add salt to.

salarial adj wage (antes de sust).

salario sm salary, wages pl ; [semanal] wage.

salchicha sf sausage.

salchichón sm ≃ salami.

salchichonería sf MÉX delicatessen.

saldar vt **1.** [pagar - cuenta] to close ; [- deuda] to settle **2.** fig [poner fin a] to settle **3.** COM to sell off. ◆ **saldarse** vprnl [acabar] ▸ **saldarse con** to produce / **la pelea se saldó con 11 heridos** 11 people were injured in the brawl.

saldo sm **1.** [de cuenta] balance **2.** [de deudas] settlement **3.** (gen pl) [restos de mercancías] remnant ; [rebajas] sale ▸ **de saldo** bargain **4.** fig [resultado] balance.

saldrá ⟶ **salir.**

saledizo, za adj projecting.

salero sm **1.** [recipiente] salt cellar UK, salt shaker US **2.** fig [gracia] wit ; [donaire] charm.

salga ⟶ **salir.**

salida sf **1.** [acción de partir - gen] leaving ; [- de tren, avión] departure / **salidas nacionales / internacionales** domestic/international departures **2.** DEP start / **dar la salida** to start the race **3.** [lugar] exit, way out ▸ **salida de emergencia / incendios** emergency/fire exit **4.** [momento] : **quedamos a la salida del trabajo** we agreed to meet after work **5.** [viaje] trip **6.** [aparición - de sol, luna] rise ; [- de revista, nuevo modelo] appearance **7.** [COM - posibilidades] market ; [- producción] output **8.** fig [solución] way out / si no hay otra salida if there's no alternative **9.** fig [futuro - de carreras etc] opening, opportunity.

salido, da adj **1.** [saliente] projecting, sticking out ; [ojos] bulging **2.** [animal] on heat **3.** mfam [persona] horny.

saliente ❖ adj POLÍT outgoing. ❖ sm projection.

salina ⟶ salino.

salino, na adj saline. ❖ **salina** sf **1.** [en la tierra] salt mine **2.** (gen pl) [en el mar] saltworks sg.

salir [71] vi **1.** [ir fuera] to go out ; [venir fuera] to come out ▸ **salir de** to go/come out of / ¿salimos al jardín? shall we go out into the garden? / ¡sal aquí fuera! come out here! **2.** [ser novios] ▸ **salir (con alguien)** to go out (with sb) **3.** [marcharse] ▸ **salir (de/para)** to leave (from/for) / salir corriendo to go off like a shot **4.** [desembocar - calle] ▸ **salir a** to open out onto **5.** [resultar] to turn out / ha salido muy estudioso he has turned out to be very studious / ¿qué salió en la votación? what was the result of the vote? / salir elegida actriz del año to be voted actress of the year ▸ **salir bien/mal** to turn out well/badly ▸ **salir ganando/perdiendo** to come off well/badly **6.** [proceder] ▸ **salir de** to come from / el vino sale de la uva wine comes from grapes **7.** [surgir - luna, estrellas, planta] to come out ; [- sol] to rise ; [- dientes] to come through / le ha salido un sarpullido en la espalda her back has come out in a rash **8.** [aparecer - publicación, producto, traumas] to come out ; [- moda, ley] to come in ; [- en imagen, prensa, televisión] to appear / ¡qué bien sales en la foto! you look great in the photo! / ha salido en los periódicos it's in the papers / hoy salió por la televisión he was on television today ▸ **salir de** CINE & TEATRO to appear as **9.** [costar] ▸ **salir (a o por)** to work out (at) ▸ **salir caro a)** [de dinero] to be expensive **b)** [por las consecuencias] to be costly **10.** [parecerse] ▸ **salir a alguien** to turn out like sb, to take after sb **11.** [en juegos] to lead / te toca salir a ti it's your lead **12.** [quitarse - manchas] to come out **13.** [librarse] ▸ **salir de a)** [gen] to get out of **b)** [problema] to get round **14.** INFORM ▸ **salir (de)** to quit, to exit. ❖ **salirse** vprnl **1.** [marcharse - de lugar, asociación etc] ▸ **salirse (de)** to leave **2.** [filtrarse] ▸ **salirse (por) a)** [líquido, gas] to leak o escape (through) **b)** [humo, aroma] to come out (through) **3.** [rebosar] to overflow ; [leche] to boil over / el río se salió del cauce the river broke its banks **4.** [desviarse] ▸ **salirse (de)** to come off / el coche se salió de la carretera the car came off o left the road **5.** fig [escaparse] ▸ **salirse de a)** [gen] to deviate from **b)** [límites] to go beyond / salirse del tema to

digress **6.** loc ▸ **salirse con la suya** to get one's own way. ◆ **salir adelante** vi **1.** [persona, empresa] to get by **2.** [proyecto, propuesta, ley] to be successful.

salitre sm saltpetre.

saliva sf saliva ▸ **tragar saliva** fig to bite one's tongue.

salmo sm psalm.

salmón ❖ sm [pez] salmon. ❖ adj & sm inv [color] salmon (pink).

salmonete sm red mullet.

salmuera sf brine.

salobre adj salty.

salón sm **1.** [habitación - en casa] lounge, sitting room / salón comedor living room-dining room ; [en residencia, edificio público] reception hall **2.** [local - de sesiones etc] hall ▸ **salón de actos** assembly hall **3.** [feria] show, exhibition / salón de exposiciones exhibition hall **4.** [establecimiento] shop ▸ **salón de belleza/masaje** beauty/massage parlour ▸ **salón de té** tea-room.

salpicadera sf MÉX mudguard UK, fender US.

salpicadero sm dashboard.

salpicar [10] vt [rociar] to splash.

salpicón sm **1.** CULIN cold dish of chopped fish, seasoned with pepper, salt, vinegar and onion **2.** [bebida] splash.

salpimentar [19] vt to season with salt and pepper.

salpullido = sarpullido.

salsa sf **1.** [CULIN - gen] sauce ; [- de carne] gravy ▸ **salsa bearnesa/tártara** bearnaise/tartar sauce ▸ **salsa rosa** thousand island dressing / salsa de tomate tomato sauce ▸ **en su propia salsa** fig in one's element **2.** fig [interés] spice **3.** MÚS salsa.

salsera sf gravy boat.

saltamontes sm inv grasshopper.

saltar ❖ vt **1.** [obstáculo] to jump (over) **2.** [omitir] to skip, to miss out. ❖ vi **1.** [gen] to jump / saltar de alegría to jump for joy ; [a la comba] to skip ; [al agua] to dive ▸ **saltar sobre alguien** [abalanzarse] to set upon sb ▸ **saltar de un tema a otro** to jump (around) from one subject to another **2.** [levantarse] to jump up / saltar de la silla to jump out of one's seat **3.** [salir para arriba - objeto] to jump (up) ; [- champán, aceite] to spurt (out) ; [- corcho, válvula] to pop out **4.** [explotar] to explode, to blow up **5.** [romperse] to break **6.** [reaccionar violentamente] to explode. ◆ **saltarse** vprnl **1.** [omitir] to skip, to miss out **2.** [salir despedido] to pop off **3.** [no respetar - cola, semáforo] to jump ; [- ley, normas] to break.

salteado, da adj **1.** CULIN sautéed **2.** [espaciado] unevenly spaced.

salteador, ra sm, f ▸ **salteador de caminos** highwayman.

saltear vt CULIN to sauté.

saltimbanqui smf acrobat.

salto sm **1.** [gen & DEP] jump / *levantarse de un salto* to leap to sb's feet; [grande] leap; [al agua] dive ▸ *dar* o *pegar un salto* a) to jump b) [grande] to leap **2.** *fig* [diferencia, omisión] gap **3.** *fig* [progreso] leap forward. ◆ **salto de agua** sm waterfall. ◆ **salto de cama** sm negligée.

saltón, ona adj [ojos] bulging; [dientes] sticking out.

salubre adj healthy.

salud ◆ sf *lit* + *fig* health. ◆ interj ▸ **¡salud!** [para brindar] cheers! / **¡a su salud!** a) your health! b) [después de estornudar] bless you!

saludable adj **1.** [sano] healthy **2.** *fig* [provechoso] beneficial.

saludar vt to greet / *saludar con la mano a alguien* to wave to sb; MIL to salute / *saluda a Ana de mi parte* give my regards to Ana ▸ *le saluda atentamente* yours faithfully. ◆ **saludarse** vprnl to greet one another.

saludo sm greeting / *retirarle el saludo a alguien* to stop speaking to sb; MIL salute / *Ana te manda saludos* a) [en cartas] Ana sends you her regards b) [al teléfono] Ana says hello ▸ **un saludo afectuoso** [en cartas] yours sincerely / *saludos* best regards.

salva sf MIL salvo ▸ **una salva de aplausos** *fig* a round of applause.

salvación sf **1.** [remedio] ▸ **no tener salvación** to be beyond hope **2.** [rescate] rescue **3.** RELIG salvation.

salvado sm bran.

salvador, ra sm, f [persona] saviour.
◆ **Salvador** sm GEOGR ▸ **El Salvador** El Salvador.

salvadoreño, ña adj & sm, f Salvadoran.

salvaguardar vt to safeguard.

salvaje ◆ adj **1.** [gen] wild **2.** [pueblo, tribu] savage. ◆ smf **1.** [primitivo] savage **2.** [bruto] maniac.

salvamanteles sm inv [llano] table mat; [con pies] trivet.

salvamento sm rescue, saving / *equipo de salvamento* rescue team.

salvapantallas sm inv INFORM screensaver.

salvar vt **1.** [gen & INFORM] to save / *salvar algo/a alguien de algo* to save sthg/sb from sthg **2.** [rescatar] to rescue **3.** [superar - moralmente] to overcome; [- físicamente] to go over o around **4.** [recorrer] to cover **5.** [exceptuar] / *salvando algunos detalles* except for a few details. ◆ **salvarse** vprnl **1.** [librarse] to escape **2.** RELIG to be saved.

salvaslip sm panty liner.

salvavidas ◆ adj inv life (antes de sust). ◆ sm [chaleco] lifejacket; [flotador] lifebelt.

salvedad sf exception.

salvia sf sage.

salvo, va adj safe ▸ **estar a salvo** to be safe / **poner algo a salvo** to put sthg in a safe place. ◆ **salvo** adv except ▸ **salvo que** unless.

salvoconducto sm safe-conduct, pass.

san adj Saint / *san José* Saint Joseph.

sanador, ra sm, f healer.

sanar ◆ vt [persona] to cure; [herida] to heal. ◆ vi [persona] to get better; [herida] to heal.

sanatorio sm sanatorium, nursing home.

sanción sf [castigo] punishment; ECON sanction.

sancionar vt [castigar] to punish.

sancocho sm ANDES [comida] stew of beef, chicken or fish, vegetables and green bananas.

sandalia sf sandal.

sandez sf silly thing, nonsense (U) / *decir sandeces* to talk nonsense.

sandía sf watermelon.

sánduche sm AM sandwich.

sándwich ['sanwitʃ] (pl sándwiches) sm **1.** [con pan de molde] sandwich **2.** AM [con pan de barra] filled baguette **3.** CSUR [feriado] day(s) taken off between two public holidays.

saneamiento sm **1.** [higienización - de edificio] disinfection **2.** *fig* [FIN - de moneda etc] stabilization; [- de economía] putting back on a sound footing.

sanear vt **1.** [higienizar - tierras] to drain; [- un edificio] to disinfect **2.** *fig* [FIN - moneda] to stabilize; [- economía] to put back on a sound footing.

sanfermines smpl *festival held in Pamplona when bulls are run through the streets of the town*.

sangrar ◆ vi to bleed. ◆ vt **1.** [sacar sangre] to bleed **2.** IMPR to indent.

sangre sf blood ▸ **no llegó la sangre al río** it didn't get too nasty. ◆ **sangre fría** sf sangfroid ▸ **a sangre fría** in cold blood.

sangría sf **1.** [bebida] sangria **2.** MED bloodletting **3.** *fig* [ruina] drain.

sangriento, ta adj [ensangrentado, cruento] bloody.

sánguche sm AM sandwich.

sanguijuela sf *lit* + *fig* leech.

sanguinario, ria adj bloodthirsty.

sanguíneo, a adj blood (antes de sust).

sanidad sf **1.** [salubridad] health, healthiness **2.** [servicio] public health; [ministerio] health department.

sanitario, ria adj health (antes de sust).
◆ **sanitarios** smpl [instalación] bathroom fittings pl.

sanjacobo sm CULIN *breaded escalope with cheese filling*.

San José npr San José.

sano, na adj **1.** [saludable] healthy ▸ **sano y salvo** safe and sound **2.** [positivo - principios, persona etc] sound ; [- ambiente, educación] wholesome **3.** [entero] intact.

San Salvador npr San Salvador.

Santa Claus, Santa Clos Méx Ven npr Santa Claus.

santería sf Am [tienda] *shop selling religious mementoes such as statues of saints*.

santero, ra adj pious.

Santiago (de Chile) npr Santiago.

santiamén ◆ en un santiamén loc adv *fam* in a flash.

santidad sf saintliness, holiness.

santiguar [45] vt to make the sign of the cross over. **◆ santiguarse** vprnl [persignarse] to cross o.s.

santo, ta ◇ adj **1.** [sagrado] holy **2.** [virtuoso] saintly **3.** *fam* & *fig* [dichoso] damn / *todo el santo día* all day long. **◇** sm, f RELIG saint. **◆ santo** sm **1.** [onomástica] saint's day **2.** *loc* ▸ **¿a santo de qué?** why on earth? **◆ santo y seña** sm MIL password.

Santo Domingo npr Santo Domingo.

santuario sm shrine ; *fig* sanctuary.

saña sf viciousness, malice.

sapo sm toad ▸ **echar sapos y culebras** *fig* to rant and rave.

saque sm **1.** [en fútbol] ▸ **saque de banda** throw-in ▸ **saque inicial** o **de centro** kick-off **2.** [en tenis etc] serve.

saquear vt **1.** [rapiñar - ciudad] to sack ; [- tienda etc] to loot **2.** *fam* [vaciar] to ransack.

saqueo sm [de ciudad] sacking ; [de tienda etc] looting.

sarampión sm measles *(sg)*.

sarao sm [fiesta] party.

sarcasmo sm sarcasm.

sarcástico, ca adj sarcastic.

sarcófago sm sarcophagus.

sardana sf *traditional Catalan dance and music*.

sardina sf sardine ▸ **como sardinas en canasta** o **en lata** like sardines.

sardónico, ca adj sardonic.

sargento smf MIL ≃ sergeant.

sarna sf MED scabies *(U)* ; [veterinaria] mange ▸ **sarna con gusto no pica** *prov* some things are a necessary evil.

sarpullido, salpullido sm rash.

sarro sm [de dientes] tartar.

sarta sf *lit + fig* string / *una sarta de mentiras* a pack of lies.

sartén sf frying pan ▸ **tener la sartén por el mango** to be in control.

sashimi sm sashimi.

sastre, tra sm, f tailor.

sastrería sf [oficio] tailoring ; [taller] tailor's (shop).

Satanás sm Satan.

satélite ◇ sm satellite. **◇** adj *fig* satellite *(antes de sust)*.

satén sm satin ; [de algodón] sateen.

satinado, da adj glossy.

sátira sf satire.

satírico, ca ◇ adj satirical. **◇** sm, f satirist.

satirizar [13] vt to satirize.

satisfacción sf satisfaction.

satisfacer [60] vt **1.** [gen] to satisfy ; [sed] to quench **2.** [deuda, pago] to pay, to settle **3.** [ofensa, daño] to redress **4.** [duda, pregunta] to answer **5.** [cumplir - requisitos, exigencias] to meet.

satisfactorio, ria adj satisfactory.

satisfecho, cha ◇ pp ⟶ **satisfacer. ◇** adj satisfied ▸ **satisfecho de sí mismo** self-satisfied ▸ **darse por satisfecho** to be satisfied.

saturar vt to saturate. **◆ saturarse** vprnl ▸ **saturarse (de)** to become saturated (with).

saturnismo sm lead poisoning.

Saturno npr Saturn.

sauce sm willow ▸ **sauce llorón** weeping willow.

sauna sf sauna.

savia sf sap ; *fig* vitality ▸ **savia nueva** *fig* new blood.

saxo sm [instrumento] sax.

saxofón = saxófono.

saxófono, saxofón sm [instrumento] saxophone.

sazón sf **1.** [madurez] ripeness ▸ **en sazón** ripe **2.** [sabor] seasoning. **◆ a la sazón** loc adv then, at that time.

sazonado, da adj seasoned.

sazonar vt to season.

scanner [es'kaner] = **escáner**.

scout [es'kaut] *(pl* scouts*)* sm scout.

SCT sf *(abr de* Secretaría de Comunicaciones y Transportes*)* *Mexican Department of Communication and Transport*.

se pron pers **1.** *(reflexivo)* [de personas] himself (herself), themselves ; [usted mismo] yourself, yourselves ; [de cosas, animales] itself, themselves / *se está lavando, está lavándose* she is washing (herself) / *se lavó los dientes* she cleaned her teeth / *espero que se diviertan* I hope you enjoy yourselves / *el perro se lame* the dog is licking itself / *se lame la herida* it's licking its wound / *se levantaron y se fueron* they got up and left **2.** *(reflexivo impersonal)* oneself / *hay que afeitarse todos los días* one has to shave every day, you have to shave every day **3.** *(recíproco)* each other, one another **/** *se aman* they love each other **/** *se escriben cartas* they write to each other **4.** [en construcción pasiva] : *se ha suspendido la reunión* the meeting has been cancelled **/** *'se prohíbe fumar'* 'no smoking' **/** *'se habla inglés'* 'English spoken' **5.** *(impersonal)* : *en esta sociedad ya no se respeta a los ancianos* in our society old people are no longer respected ▸ **se dice que ...** it is said that ..., people say that ... **6.** *(en vez de* **le** *o* **les** *antes de* **lo, la, los** *o* **las**) *(complemento indirecto)* [gen] to him (to her), to them ; [de cosa, animal] to it, to them ; [usted, ustedes] to you **/** *se lo dio* he gave it to him/her etc. **/** *se lo dije, pero no me hizo caso* I told her, but she didn't listen **/** *si usted quiere, yo se lo arreglo en un minuto* if you like, I'll sort it out for you in a minute.

SE sf (*abr de* **Secretaría de Economía**) *Mexican Department of Economy.*

sé ⟶ **saber**.

sebo sm fat ; [para jabón, velas] tallow.

secador sm dryer ▸ **secador de pelo** hair-dryer.

secadora sf clothes o tumble dryer.

secamanos sm inv hand dryer.

secano sm unirrigated o dry land.

secar [10] vt **1.** [desecar] to dry **2.** [enjugar] to wipe away ; [con fregona] to mop up. ◆ **secarse** vprnl [gen] to dry up ; [ropa, vajilla, suelo] to dry.

secarropas sm inv **RP** dryer.

sección sf **1.** [gen & GEOM] section **2.** [departamento] department.

seccionar vt **1.** [cortar ; TECNOL] to section **2.** [dividir] to divide (up).

secesión sf secession.

seco, ca adj **1.** [gen] dry ; [plantas, flores] withered ; [higos, pasas] dried ▸ **lavar en seco** to dry-clean **2.** [tajante] brusque **3.** *loc* ▸ **dejar a alguien seco a)** [matar] to kill sb stone dead **b)** [pasmar] to stun sb ▸ **parar en seco** to stop dead. ◆ **a secas** loc adv simply, just **/** *llámame Juan a secas* just call me Juan.

secretaría sf **1.** [oficina, lugar] secretary's office **2.** [organismo] secretariat **/** *secretaría general* general secretariat.

secretariado sm EDUC secretarial skills *pl* **/** *curso desecretariado* secretarial course.

secretario, ria sm, f secretary.

secreto, ta adj [gen] secret ; [tono] confidential ▸ **en secreto** in secret. ◆ **secreto** sm **1.** [gen] secret **/** *guardar un secreto* to keep a secret **/** *secreto bancario* banking confidentiality **/** *declarar el secreto de sumario* to deny access to information regarding a judicial enquiry **2.** [sigilo] secrecy.

secta sf sect.

sector sm **1.** [gen] sector ; [grupo] group **2.** [zona] area.

secuaz smf *despec* minion.

secuela sf consequence.

secuencia sf sequence.

secuestrador, ra sm, f **1.** [de persona] kidnapper **2.** [de avión] hijacker.

secuestrar vt **1.** [raptar] to kidnap **2.** [avión] to hijack **3.** [embargar] to seize.

secuestro sm **1.** [rapto] kidnapping **2.** [de avión, barco] hijack **3.** [de bienes etc] seizure, confiscation.

secular adj **1.** [seglar] secular, lay **2.** [centenario] age-old.

secundar vt to support, to back (up) ; [propuesta] to second.

secundario, ria adj secondary. ◆ **secundaria** sf secondary education.

secuoya sf sequoia.

sed ⟶ v ⟶ **ser**. ⟶ sf thirst **/** *el calor da sed* heat makes you thirsty ▸ **tener sed** to be thirsty.

seda sf silk.

sedal sm fishing line.

sedante ⟶ adj MED sedative ; [música] soothing. ⟶ sm sedative.

sede sf **1.** [emplazamiento] headquarters *pl* ; [de gobierno] seat ▸ **sede social** head office **2.** [de campeonato] host **3.** RELIG see. ◆ **Santa Sede** sf ▸ **la Santa Sede** the Holy See.

sedentario, ria adj sedentary.

sedición sf sedition.

sediento, ta adj **1.** [de agua] thirsty **2.** *fig* [deseoso] ▸ **sediento de** hungry for.

sedimentar vt to deposit. ◆ **sedimentarse** vprnl [líquido] to settle.

sedimento sm **1.** [poso] sediment **2.** GEOL deposit.

sedoso, sa adj silky.

seducción sf **1.** [cualidad] seductiveness **2.** [acción - gen] attraction, charm ; [- sexual] seduction.

seducir [33] vt **1.** [atraer] to attract, to charm ; [sexualmente] to seduce **2.** [persuadir] ▸ **seducir a alguien para que haga algo** to tempt sb to do sthg.

seductor, ra ⟶ adj [gen] charming ; [sexualmente] seductive ; [persuasivo] tempting. ⟶ sm, f seducer.

segador, ra sm, f [agricultor] reaper. ◆ **segadora** sf [máquina] reaping machine.

segar [35] vt **1.** AGRIC to reap **2.** [cortar] to cut off **3.** *fig* [truncar] to put an end to.

seglar sm lay person.

segmento sm **1.** GEOM & ZOOL segment **2.** [trozo] piece **3.** [sector] sector.

segregación sf **1.** [separación, discriminación] segregation ▸ **segregación racial** racial segregation **2.** [secreción] secretion.

segregar [16] vt **1.** [separar, discriminar] to segregate **2.** [secretar] to secrete.

seguidamente adv **1.** [inmediatamente] immediately **2.** [acto continuo] immediately after.

seguidilla sf **1.** (gen pl) [baile] traditional Spanish dance **2.** [cante] mournful flamenco song.

seguido, da adj **1.** [consecutivo] consecutive / diez años seguidos ten years in a row **2.** [sin interrupción - gen] one after the other ; [- línea, pitido etc] continuous. ◆ **seguido** adv **1.** [inmediatamente después] straight after **2.** [en línea recta] straight on **3.** Am [frecuentemente] often. ◆ **en seguida** loc adv straight away, at once / en seguida nos vamos we're going in a minute.

seguidor, ra sm, f follower.

seguimiento sm [de noticia] following ; [de clientes] follow-up.

seguir [43] ◆ vt **1.** [gen & INTERNET] to follow / seguir de cerca algo to follow sthg closely / seguir de cerca a alguien to tail sb **2.** [perseguir] to chase **3.** [reanudar] to continue, to resume. ◆ vi **1.** [sucederse] ▶ **seguir a algo** to follow sthg / a la tormenta siguió la lluvia the storm was followed by rain **2.** [continuar] to continue, to go on / seguir adelante to carry on / ¡sigue! ¡no te pares! go o carry on, don't stop! / sigo trabajando en la fábrica I'm still working at the factory / debes seguir haciéndolo you should keep on o carry on doing it / sigo pensando que está mal I still think it's wrong / sigue enferma / en el hospital she's still ill / at the hospital. ◆ **seguirse** vprnl to follow ▶ **seguirse de algo** to follow o be deduced from sthg / de esto se sigue que estás equivocado it therefore follows that you are wrong.

según ◆ prep **1.** [de acuerdo con] according to / según su opinión, ha sido un éxito in his opinion o according to him , it was a success ▶ **según yo / tú etc.** in my / your etc. opinion **2.** [dependiendo de] depending on / según la hora que sea depending on the time. ◆ adv **1.** [como] (just) as / todo permanecía según lo recordaba everything was just as she remembered it / actuó según se le recomendó he did as he had been advised **2.** [a medida que] as / entrarás en forma según vayas entrenando you'll get fit as you train **3.** [dependiendo] : ¿te gusta la música? - según do you like music? - it depends / lo intentaré según esté de tiempo I'll try to do it, depending on how much time I have. ◆ **según que** loc adv depending on whether. ◆ **según qué** loc adj certain / según qué días la clase es muy aburrida some days the class is really boring.

segunda ⟶ segundo.

segundero sm second hand.

segundo, da ◆ num & adj second. ◆ num m y f **1.** [en orden] ▶ **el segundo** the second one / llegó el segundo he came second **2.** [mencionado antes] : vinieron Pedro y Juan, el segundo con ... Pedro and Juan arrived, the latter with ... **3.** [ayudante] number two ▶ **segundo de abordo** NÁUT first mate. ◆ **segundo** sm **1.** [gen] second **2.** [piso] second floor. ◆ **segunda** sf **1.** AUTO second (gear) / meter la segunda to go into second (gear) **2.** AERON & FERROC second class / viajar en segunda to travel second class **3.** DEP second division. ◆ **con segundas** loc adv with an ulterior motive.

seguramente adv probably / seguramente iré, pero aún no lo sé the chances are I'll go, but I'm not sure yet.

seguridad sf **1.** [fiabilidad, ausencia de peligro] safety ; [protección, estabilidad] security ▶ **de seguridad** a) [cinturón, cierre] safety (antes de sust) b) [puerta, guardia] security (antes de sust) / seguridad ciudadana public safety ▶ **seguridad vial** road safety **2.** [certidumbre] certainty ▶ **con seguridad** for sure, definitely **3.** [confianza] confidence ▶ **seguridad en sí mismo** self-confidence. ◆ **Seguridad Social** sf Social Security.

seguro, ra adj **1.** [fiable, sin peligro] safe ; [protegido, estable] secure **2.** [infalible - prueba, negocio etc] reliable **3.** [confiado] sure ▶ **estar seguro de algo** to be sure about sthg **4.** [indudable - nombramiento, fecha etc] definite, certain ▶ **tener por seguro que** to be sure that **5.** [con aplomo] self-confident / estar seguro de sí mismo to be self-confident. ◆ **seguro** sm **1.** [contrato] insurance (U) ▶ **seguro a todo riesgo / a terceros** comprehensive / third party insurance ▶ **seguro de incendios / de vida** fire / life insurance ▶ **seguro del coche** car insurance ▶ **seguro de invalidez o incapacidad** disability insurance ▶ **seguro mutuo** joint insurance / seguro de vida life insurance **2.** [dispositivo] safety device ; [de armas] safety catch **3.** CAm Mex [imperdible] safety pin. ◆ adv for sure, definitely / seguro que vendrá she's bound to come.

seis ◆ num & adj inv **1.** [para contar] six / tiene seis años she's six (years old) **2.** [para ordenar] (number) six / la página seis page six. ◆ num m **1.** [número] six / el seis number six / doscientos seis two hundred and six / treinta y seis thirty-six **2.** [en fechas] sixth / el seis de agosto the sixth of August **3.** [en direcciones] : calle Mayor (número) seis number six calle Mayor **4.** [en naipes] six / el seis de diamantes the six of diamonds ▶ **echar** o **tirar un seis** to play a six. ◆ num & smpl **1.** [referido a grupos] : invité a diez y sólo vinieron seis I invited ten and only six came along / somos seis there are six of us ▶ **de seis**

en seis in sixes ▶ **los seis** the six of them **2.** [en temperaturas] : *estamos a seis bajo cero* the temperature is six below zero **3.** [en puntuaciones] ▶ **empatar a seis** to draw six all ▶ **seis a cero** six-nil. ◆ num f pl [hora] ▶ **las seis** six o'clock / *son las seis* it's six o'clock.

seiscientos, tas num six hundred. *Ver también* seis.

seísmo sm earthquake.

selección sf **1.** [gen] selection ; [de personal] recruitment **2.** [equipo] team ▶ **selección nacional** national team.

seleccionador, ra sm, f **1.** DEP selector ; ≃ manager **2.** [de personal] recruiter.

seleccionar vt to pick, to select.

selectividad sf [examen] university entrance examination.

selectivo, va adj selective.

selecto, ta adj **1.** [excelente] fine, excellent **2.** [escogido] exclusive, select.

selector, ra adj selecting. ◆ **selector** sm selector (button).

selfi sm selfie.

self-service [self'serβis] sm inv self-service restaurant.

sellar vt **1.** [timbrar] to stamp **2.** [lacrar] to seal.

sello sm **1.** [gen] stamp **2.** [tampón] rubber stamp **3.** [lacre] seal **4.** ANDES VEN [de monedas] tails **5.** *fig* [carácter] hallmark.

selva sf [gen] jungle ; [bosque] forest.

semáforo sm traffic lights *pl*.

semana sf week ▶ **entre semana** during the week / *la semana próxima / que viene* next week ▶ **semana laboral** working week. ◆ **Semana Santa** sf Easter ; RELIG Holy Week.

semanada sf AM (weekly) pocket money.

semanal adj weekly.

semanalmente adv weekly.

semanario, ria adj weekly. ◆ **semanario** sm [publicación semanal] weekly.

semántico, ca adj semantic. ◆ **semántica** sf semantics *(U)*.

semblante sm countenance, face.

semblanza sf portrait, profile.

sembrado, da adj *fig* [lleno] ▶ **sembrado de** scattered o plagued with.

sembrar [19] vt **1.** [plantar] to sow / *sembrar algo de algo* to sow sthg with sthg **2.** *fig* [llenar] to scatter **3.** *fig* [confusión, pánico etc] to sow.

semejante ◆ adj **1.** [parecido] ▶ **semejante (a)** similar (to) **2.** [tal] such / *jamás aceptaría semejante invitación* I would never accept such an invitation. ◆ sm *(gen pl)* fellow (human) being.

semejanza sf similarity / *a semejanza de* similar to.

semejar vt to resemble. ◆ **semejarse** vprnl to be alike.

semen sm semen.

semental sm stud ; [caballo] stallion.

semestral adj half-yearly, six-monthly.

semestre sm period of six months, semester US / *cada semestre* every six months.

semidesnatado, da adj semi-skimmed.

semidesnudo, da adj half-naked.

semidirecto adj express.

semifinal sf semifinal.

semilla sf seed.

seminario sm **1.** [escuela para sacerdotes] seminary **2.** [EDUC - curso, conferencia] seminar ; [- departamento] department.

semiprecioso, sa adj semi-precious.

sémola sf semolina.

Sena sm ▶ **el Sena** the (river) Seine.

senado sm senate.

senador, ra sm, f senator.

sencillez sf **1.** [facilidad] simplicity **2.** [modestia] unaffectedness **3.** [discreción] plainness.

sencillo, lla adj **1.** [fácil, sin lujo, llano] simple **2.** [campechano] unaffected **3.** [billete, unidad etc] single. ◆ **sencillo** sm **1.** [disco] single **2.** ANDES CAM MEX *fam* [cambio] loose change.

senda sf = senda.

senderismo sm hiking.

senderista smf hiker.

sendero sm path.

sendos, das adj pl each, respective / *llegaron los dos con sendos paquetes* they arrived each carrying a parcel, they both arrived with their respective parcels.

Senegal npr ▶ **(el) Senegal** Senegal.

senil adj senile.

sénior *(pl seniores)* adj inv & sm senior.

seno sm **1.** [pecho] breast **2.** [pechera] bosom ▶ **en el seno de** *fig* within **3.** [útero] ▶ **seno (materno)** womb **4.** *fig* [amparo, cobijo] refuge, shelter **5.** ANAT [de la nariz] sinus.

sensación sf **1.** [percepción] feeling, sensation **2.** [efecto] sensation **3.** [premonición] feeling.

sensacional adj sensational.

sensacionalismo sm sensationalism.

sensacionalista adj sensationalist.

sensatez sf wisdom, common sense.

sensato, ta adj sensible.

sensibilidad sf **1.** [perceptibilidad] feeling **2.** [sentimentalismo] sensitivity / *tener la sensibilidad a flor de piel* to be very sensitive **3.** [don especial] feel **4.** [de emulsión fotográfica, balanza etc] sensitivity.

sensibilizar [13] vt **1.** [concienciar] to raise the awareness of **2.** FOTO to sensitize.

sensible adj **1.** [gen] sensitive **2.** [evidente] perceptible ; [pérdida] significant.

sensiblero, ra adj *despec* mushy, sloppy.

sensitivo, va adj **1.** [de los sentidos] sensory **2.** [receptible] sensitive.

sensor sm sensor **/** *sensor de humo* smoke detector.

sensorial adj sensory.

sensual adj sensual.

sentado, da adj **1.** [en asiento] seated ▶ **estar sentado** to be sitting down **2.** [establecido] ▶ **dar algo por sentado** to take sthg for granted ▶ **dejar sentado que ...** to make it clear that ...

sentar [19] **◇** vt **1.** [en asiento] to seat, to sit **2.** [establecer] to establish. **◇** vi **1.** [ropa, color] to suit **2.** [comida] ▶ **sentar bien / mal a alguien** to agree/disagree with sb **3.** [vacaciones, medicamento] ▶ **sentar bien a alguien** to do sb good **4.** [comentario, consejo] ▶ **le sentó mal** it upset her ▶ **le sentó bien** she appreciated it. **◆ sentarse** vprnl to sit down.

sentencia sf **1.** DER sentence **2.** [proverbio, máxima] maxim.

sentenciar [8] vt DER ▶ **sentenciar (a alguien a algo)** to sentence (sb to sthg).

sentido, da adj [profundo] heartfelt.
◆ sentido sm **1.** [gen] sense **/** *en cierto sentido* in a sense **/** *en sentido literal* in a literal sense ▶ **tener sentido** to make sense ▶ **sentido común** common sense ▶ **sentido del humor** sense of humour ▶ **sexto sentido** sixth sense **2.** [conocimiento] consciousness **3.** [significado] meaning, sense ▶ **doble sentido** double meaning **4.** [dirección] direction ▶ **de sentido único** one-way.

sentimental adj sentimental.

sentimentaloide adj mushy, sloppy.

sentimiento sm **1.** [gen] feeling **2.** [pena, aflicción] ▶ **le acompaño en el sentimiento** my deepest sympathy.

sentir [27] **◇** vt **1.** [gen] to feel **2.** [lamentar] to regret, to be sorry about ▶ **siento que no puedas venir** I'm sorry you can't come ▶ **lo siento (mucho)** I'm (really) sorry **3.** [oír] to hear. **◇** sm feelings *pl*, sentiments *pl*. **◆ sentirse** vprnl to feel **/** *me siento mareada* I feel sick.

seña sf [gesto, indicio, contraseña] sign, signal.
◆ señas sfpl **1.** [dirección] address *sg* ▶ **señas personales** (personal) description *sg* **2.** [gesto, indicio] signs ▶ **dar señas de algo** to show signs of sthg ▶ **(hablar) por señas** (to talk) in sign language ▶ **hacer señas (a alguien)** to signal (to sb) **3.** [detalle] details ▶ **para** o **por más señas** to be precise.

señal sf **1.** [gen & TELECOM] signal ▶ **señal de alarma / salida** alarm/starting signal ; [de teléfo-

no] tone **/** *señal de ocupado* engaged tone, busy signal US **2.** [indicio, símbolo] sign ▶ **dar señales de vida** to show signs of life ▶ **señal de la Cruz** sign of the Cross ▶ **señal de tráfico** road sign ▶ **en señal de** as a mark o sign of **3.** [marca, huella] mark ▶ **no dejó ni señal** she didn't leave a trace **4.** [cicatriz] scar, mark **5.** [fianza] deposit.

señalado, da adj [importante - fecha] special ; [- personaje] distinguished.

señalar vt **1.** [marcar, denotar] to mark ; [hora, temperatura etc] to indicate, to say **2.** [indicar - con el dedo, con un comentario] to point out **3.** [fijar] to set, to fix.

señalero sm Urug indicator UK, turn signal US.

señalización sf **1.** [conjunto de señales] signs *pl* **/** *señalización vial* roadsigns *pl* **2.** [colocación de señales] signposting.

señalizar [13] vt to signpost.

señor, ra adj [refinado] noble, refined.
◆ señor sm **1.** [tratamiento - antes de nombre, cargo] Mr ; [- al dirigir la palabra] Sir **/** *el señor López* Mr López **/** *¡señor presidente!* Mr President! **/** *¿qué desea el señor?* what would you like, Sir? ▶ **Muy señor mío** [en cartas] Dear Sir **2.** [hombre] man **3.** [caballero] gentleman **4.** [dueño] owner **5.** [amo - de criado] master. **◆ señora** sf **1.** [tratamiento - antes de nombre, cargo] Mrs ; [- al dirigir la palabra] Madam **/** *la señora López* Mrs López **/** *¡señora presidenta!* Madam President! **/** *¿qué desea la señora?* what would you like, Madam? ▶ **¡señoras y señores! ...** Ladies and Gentlemen! ... ▶ **Estimada señora** [en cartas] Dear Madam **2.** [mujer] lady **/** *señora de la limpieza* cleaning woman **3.** [dama] lady **4.** [dueña] owner **5.** [ama - de criado] mistress **6.** [esposa] wife. **◆ señores** smpl [matrimonio] ▶ **los señores Ruiz** Mr & Mrs Ruiz.

señoría sf lordship (ladyship) ▶ **su señoría a)** [gen] his lordship **b)** [a un noble] your lordship **c)** [a un parlamentario] the right honourable gentleman/lady **d)** [a un juez] your Honour.

señorial adj [majestuoso] stately.

señorío sm **1.** [dominio] dominion, rule **2.** [distinción] nobility.

señorito, ta adj *fam* & *despec* [refinado] lordly.
◆ señorito sm **1.** *desus* [hijo del amo] master **2.** *fam* & *despec* [niñato] rich kid. **◆ señorita** sf **1.** [soltera, tratamiento] Miss **2.** [joven] young lady **3.** [maestra] ▶ **la señorita** miss, the teacher **4.** *desus* [hija del amo] mistress.

señuelo sm **1.** [reclamo] decoy **2.** *fig* [trampa] bait, lure.

seo sf cathedral.

SEP sf (*abr de* **Secretaría de Educación Pública**) *Mexican Department of Public Education.*

sepa ⟶ saber.

separación sf **1.** [gen] separation **2.** [espacio] space, distance.

separado, da adj **1.** [gen] separate / **está muy separado de la pared** it's too far away from the wall ▸ **por separado** separately **2.** [del cónyuge] separated.

separar vt **1.** [gen] to separate ▸ **separar algo de** to separate sthg from **2.** [desunir] to take off, to remove **3.** [apartar - silla etc] to move away **4.** [reservar] to put aside **5.** [destituir] ▸ **separar de** to remove o dismiss from. ◆ **separarse** vprnl **1.** [apartarse] to move apart **2.** [ir por distinto lugar] to part company **3.** [matrimonio] ▸ **separarse (de alguien)** to separate (from sb) **4.** [desprenderse] to come away o off.

separatismo sm separatism.

separatista adj & smf separatist.

separo sm [MÉX] (prison) cell.

sepia sf [molusco] cuttlefish.

septentrional adj northern.

septiembre, setiembre sm September / **el 1 de septiembre** the 1st of September / **uno de los septiembres más lluviosos de la última década** one of the rainiest Septembers in the last decade ▸ **a principios / mediados / finales de septiembre** at the beginning / in the middle / at the end of September ▸ **el pasado / próximo (mes de) septiembre** last / next September ▸ **en septiembre** in September ▸ **en pleno septiembre** in mid-September ▸ **este (mes de) septiembre a)** [pasado] (this) last September **b)** [próximo] next September, this coming September ▸ **para septiembre** by September.

séptimo, ma, sétimo, ma num seventh.

septuagésimo, ma num seventieth.

sepulcral adj fig [profundo - voz, silencio] lugubrious, gloomy.

sepulcro sm tomb.

sepultar vt to bury.

sepultura sf **1.** [enterramiento] burial / **dar sepultura a alguien** to bury sb **2.** [fosa] grave.

sepulturero, ra sm, f gravedigger.

sequedad sf **1.** [falta de humedad] dryness **2.** fig [antipatía] brusqueness.

sequía sf drought.

séquito sm [comitiva] retinue, entourage.

ser [5] ◆ v aux (antes de pp forma la voz pasiva) to be / **fue visto por un testigo** he was seen by a witness. ◆ v cop **1.** [gen] to be / **es alto / gracioso** he is tall / funny / **es azul / difícil** it's blue / difficult / **es un amigo / el dueño** he is a friend / the owner **2.** [empleo, dedicación] to be / **soy abogado / actriz** I'm a lawyer / an actress / **son estudiantes** they're students. ◆ vi **1.** [gen] to be / **fue aquí** it was here / **lo importante es decidirse** the important thing is to reach a de-

cision ▸ **ser de a)** [estar hecho de] to be made of **b)** [provenir de] to be from **c)** [ser propiedad de] to belong to **d)** [formar parte de] to be a member of / **¿de dónde eres?** where are you from? / **los juguetes son de mi hijo** the toys are my son's **2.** [con precios, horas, números] to be / **¿cuánto es?** how much is it? / **son 30 euros** that'll be 30 euros / **¿qué (día) es hoy?** what day is it today?, what's today? / **mañana será 15 de julio** tomorrow (it) will be the 15th of July / **¿qué hora es?** what time is it?, what's the time? / **son las tres (de la tarde)** it's three o'clock (in the afternoon), it's three (pm) **3.** [servir, ser adecuado] ▸ **ser para** to be for / **este trapo es para (limpiar) las ventanas** this cloth is for (cleaning) the windows / **este libro es para niños** this book is (meant) for children **4.** (uso partitivo) ▸ **ser de los que ...** to be one of those (people) who ... / **ése es de los que están en huelga** he is one of those on strike. ◆ v impers **1.** [expresa tiempo] to be / **es muy tarde** it's rather late / **era de noche / de día** it was night / day **2.** [expresa necesidad, posibilidad] ▸ **es de desear que ...** it is to be hoped that ... / **es de suponer que aparecerá** presumably, he'll turn up **3.** [expresa motivo] : **es que no vine porque estaba enfermo** the reason I didn't come is that I was ill **4.** loc ▸ **a no ser que** unless ▸ **como sea** one way or another, somehow or other ▸ **de no ser por** had it not been for ▸ **érase una vez, érase que se era** once upon a time ▸ **no es para menos** not without reason ▸ **o sea** that is (to say), I mean ▸ **por si fuera poco** as if that wasn't enough. ◆ sm [ente] being ▸ **ser humano / vivo** human / living being.

Serbia npr Serbia.

serenar vt [calmar] to calm. ◆ **serenarse** vprnl [calmarse] to calm down.

serenata sf MÚS serenade.

serenidad sf **1.** [tranquilidad] calm **2.** [quietud] tranquility.

sereno, na adj calm. ◆ **sereno** sm [vigilante] night watchman.

serial sm serial.

serie sf **1.** [gen & TV] series sg ; [de hechos, sucesos] chain ; [de mentiras] string **2.** [de sellos, monedas] set **3.** loc ▸ **ser un fuera de serie** to be unique. ◆ **de serie** loc adj [equipamiento] (fitted) as standard. ◆ **en serie** loc adv [industria] mass ▸ **producir / fabricar en serie** to mass produce ; INFORM serial ▸ **puerto en serie** serial port.

seriedad sf **1.** [gravedad] seriousness **2.** [responsabilidad] sense of responsibility **3.** [formalidad - de persona] reliability.

serio, ria adj **1.** [gen] serious / **estar serio** to look serious **2.** [responsable, formal] responsible **3.** [sobrio] sober. ◆ **en serio** loc adv seriously **/** *lo digo en serio* I'm serious **▸ tomar(se)** **algo / a alguien en serio** to take sthg/sb seriously.

sermón sm *lit* + *fig* sermon **/** *echar un sermón por algo* to give a lecture for sthg.

seropositivo, va ◆ adj MED HIV-positive. ◆ sm, f MED HIV-positive person.

serpentear vi **1.** [río, camino] to wind **2.** [culebra] to wriggle.

serpentina sf streamer.

serpiente sf [culebra] snake ; LITER serpent.

serranía sf mountainous region.

serrano, na adj **1.** [de la sierra] mountain *(antes de sust)* **2.** [jamón] cured.

serrar [19] vt to saw (up).

serrín sm sawdust.

serrucho sm handsaw.

servicentro sm CAM RP service station.

servicial adj attentive, helpful.

servicio sm **1.** [gen] service **/** *fuera de servicio* out of order **▸ servicio de inteligencia** o **secreto** intelligence o secret service **▸ servicio de mesa** dinner service **▸ servicio militar** military service **▸ servicio de té** tea set **2.** [servidumbre] servants *pl* **3.** [turno] duty **4.** *(gen pl)* [WC] toilet, lavatory, bathroom US **5.** DEP serve, service.

servidor, ra sm, f **1.** [en cartas] **▸ su seguro servidor** yours faithfully **2.** [yo] yours truly, me. ◆ **servidor** sm INFORM server **▸ servidor seguro** secure server.

servidumbre sf **1.** [criados] servants *pl* **2.** [dependencia] servitude.

servil adj servile.

servilleta sf serviette, napkin.

servilletero sm serviette o napkin ring.

servir [26] ◆ vt to serve **/** *sírvanos dos cervezas* bring us two beers **/** *¿te sirvo más patatas?* would you like some more potatoes? **▸ ¿en qué puedo servirle?** what can I do for you? ◆ vi **1.** [gen] to serve **▸ servir en el gobierno** to be a government minister **2.** [valer, ser útil] to serve, to be useful **/** *no sirve para estudiar* he's no good at studying **▸ de nada sirve que se lo digas** it's no use telling him **▸ servir de algo** to serve as sthg. ◆ **servirse** vprnl **1.** [aprovecharse] **▸ servirse de** to make use of **▸ sírvase llamar cuando quiera** please call whenever you want **2.** [comida, bebida] to help o.s.

sésamo sm sesame.

sesenta num sixty **▸ los (años) sesenta** the sixties. *Ver también seis.*

sesgo sm **1.** [oblicuidad] slant **2.** *fig* [rumbo] course, path **3.** [enfoque] bias.

sesión sf **1.** [reunión] meeting, session ; DER sitting, session **▸ abrir / levantar la sesión** to open/ to adjourn the meeting **2.** [proyección, representación] show, performance **▸ sesión continua**

continuous showing **▸ sesión matinal** matinée **▸ sesión de tarde** afternoon matinée **▸ sesión de noche** evening showing **3.** [periodo] session.

seso *(gen pl)* sm **1.** [cerebro] brain **2.** [sensatez] brains *pl*, sense **▸ calentarse o devanarse los sesos** to rack one's brains **▸ sorber el seso o los sesos a alguien** to brainwash sb.

sesudo, da adj [inteligente] brainy.

set *(pl sets)* sm DEP set.

seta sf mushroom **/** **seta venenosa** toadstool.

setecientos, tas num seven hundred. *Ver también seis.*

setenta num seventy **▸ los (años) setenta** the seventies. *Ver también seis.*

setiembre = **septiembre.**

sétimo = **séptimo.**

seto sm fence **▸ seto vivo** hedge.

seudónimo sm pseudonym.

severidad sf **1.** [rigor] severity **2.** [intransigencia] strictness.

severo, ra adj **1.** [castigo] severe, harsh **2.** [persona] strict.

Sevilla npr Seville.

sevillano, na adj & sm, f Sevillian. ◆ **sevillanas** sfpl *Andalusian dance and song.*

sexagésimo, ma num sixtieth.

sexismo sm sexism.

sexista adj & smf sexist.

sexo sm [gen] sex **▸ sexo tántrico** tantric sex.

sexteto sm MÚS sextet.

sexto, ta num sixth.

sexual adj [gen] sexual ; [educación, vida] sex *(antes de sust).*

sexualidad sf sexuality.

sexy adj *fam* sexy.

sha [sa, ʃa] sm shah.

shock = **choc.**

shorts [ʃorts] smpl shorts.

show [ʃou] *(pl shows)* sm show **▸ montar un show** *fig* to cause a scene.

sí[1] *(pl sis)* sm MÚS B ; [en solfeo] ti.

sí[2] conj **1.** *(condicional)* if **/** *si viene él yo me voy* if he comes, then I'm going **/** *si hubieses venido te habrías divertido* if you had come, you would have enjoyed yourself **2.** *(en oraciones interrogativas indirectas)* if, whether **/** *ignoro si lo sabe* I don't know if o whether she knows **3.** [expresa protesta] but **/** *¡si te dije que no lo hicieras!* but I told you not to do it!

sí *(pl síes)* ◆ adv **1.** [afirmación] yes **/** *¿vendrás? - sí, iré* will you come? - yes, I will **/** *claro que sí* of course **/** *creo que sí* I think so **/** *¿están de acuerdo? - algunos sí* do they agree? - some do **2.** [uso enfático] **▸ sí que** really, certainly **/** *sí que me gusta* I really o certainly like it **3.** *loc*

▶ **no creo que puedas hacerlo - ¡a que sí!** I don't think you can do it - I bet I can! ▶ **¿por qué lo quieres? — porque sí** why do you want it? — because I do o just because ▶ **¿sí?** [incredulidad] really? ❖ pron pers **1.** (reflexivo) [de personas] himself (herself), themselves ; [usted] yourself, yourselves ; [de cosas, animales] itself, themselves / *lo quiere todo para sí (misma)* she wants everything for herself / *se acercó la silla hacia sí* he drew the chair nearer (himself) ▶ **de (por) sí** [cosa] in itself **2.** (reflexivo impersonal) oneself / *cuando uno piensa en sí mismo* when one thinks about oneself, when you think about yourself. ❖ sm consent ▶ **dar el sí** to give one's consent.

siamés, esa adj Siamese. ◆ **siamés** sm [gato] Siamese.

Siberia npr ▶ **(la) Siberia** Siberia.

Sicilia npr Sicily.

sicoanálisis = psicoanálisis.

sicoanalista = psicoanalista.

sicodélico = psicodélico.

sicología = psicología.

sicológico = psicológico.

sicólogo, ga = psicólogo.

sicópata = psicópata.

sicosis = psicosis.

sicosomático = psicosomático.

sida (*abr de* síndrome de inmunodeficiencia adquirida) sm AIDS.

sidecar (*pl* sidecares) sm sidecar.

siderurgia sf iron and steel industry.

siderúrgico, ca adj iron and steel (*antes de sust*).

sidra sf cider.

siega sf **1.** [acción] reaping, harvesting **2.** [época] harvest (time).

siembra sf **1.** [acción] sowing **2.** [época] sowing time.

siempre adv [gen] always ▶ **como siempre** as usual ▶ **de siempre** usual / *lo de siempre* the usual / *somos amigos de siempre* we've always been friends ▶ **es así desde siempre** it has always been that way ▶ **para siempre, para siempre jamás** for ever and ever. ◆ **siempre que** loc conj **1.** [cada vez que] whenever **2.** [con tal de que] provided that, as long as. ◆ **siempre y cuando** loc conj provided that, as long as.

sien sf temple.

sienta ⟶ sentar, sentir.

sierra sf **1.** [herramienta] saw **2.** [cordillera] mountain range **3.** [región montañosa] mountains *pl*.

siervo, va sm, f **1.** [esclavo] serf **2.** RELIG servant.

siesta sf siesta, nap ▶ **dormir o echarse la siesta** to have an afternoon nap.

siete ❖ num seven. ❖ sf RDom *fig* ▶ **de la gran siete** amazing, incredible ▶ **¡la gran siete!** *fam* sugar! UK, shoot! US. *Ver también* seis.

sífilis sf inv syphilis.

sifón sm **1.** [agua carbónica] soda (water) **2.** [tubo] siphon.

sigilo sm [gen] secrecy ; [al robar, escapar] stealth.

sigiloso, sa adj [discreto] secretive ; [al robar, escapar] stealthy.

siglas sfpl acronym.

siglo sm **1.** [cien años] century ▶ **el siglo XX** the 20th century / *el siglo III antes de Cristo* the third century before Christ **2.** *fig* [mucho tiempo] : *hace siglos que no la veo* I haven't seen her for ages.

signatura sf **1.** [en biblioteca] catalogue number **2.** [firma] signature.

significación sf **1.** [importancia] significance **2.** [significado] meaning.

significado, da adj important. ◆ **significado** sm [sentido] meaning.

significar [10] ❖ vt **1.** [gen] to mean **2.** [expresar] to express. ❖ vi [tener importancia] : *no significa nada para mí* it means nothing to me.

significativo, va adj significant.

signo sm **1.** [gen] sign ▶ **signo de multiplicar / dividir** multiplication/division sign ▶ **signo del zodiaco** sign of the zodiac **2.** [en la escritura] mark ▶ **signo de admiración / interrogación** exclamation/question mark **3.** [símbolo] symbol.

sigo ⟶ seguir.

siguiente ❖ adj **1.** [en el tiempo, espacio] next **2.** [a continuación] following. ❖ smf **1.** [el que sigue] ▶ **el siguiente** the next one ▶ **¡el siguiente!** next, please! **2.** [lo que sigue] ▶ **lo siguiente** the following.

sílaba sf syllable.

silbar ❖ vt **1.** [gen] to whistle **2.** [abuchear] to hiss. ❖ vi **1.** [gen] to whistle **2.** [abuchear] to hiss **3.** *fig* [oídos] to ring.

silbato sm whistle.

silbido, silbo sm **1.** [gen] whistle **2.** [para abuchear, de serpiente] hiss, hissing (U).

silenciador sm silencer.

silenciar [8] vt to hush up, to keep quiet.

silencio sm **1.** [gen] silence ▶ **guardar silencio (sobre algo)** to keep silent (about sthg) / *reinaba el silencio más absoluto* there was complete silence ▶ **romper el silencio** to break the silence **2.** MÚS rest.

silencioso, sa adj silent, quiet.

silicona sf silicone.

silla sf **1.** [gen] chair ▶ **silla de ruedas** wheelchair ▶ **silla eléctrica** electric chair / *silla de tijera* folding chair **2.** [de caballo] ▶ **silla (de montar)** saddle.

sillín sm saddle, seat.

sillita sf buggy, stroller `US`.

sillón sm armchair.

silueta sf **1.** [cuerpo] figure **2.** [contorno] outline **3.** [dibujo] silhouette.

silvestre adj wild.

simbólico, ca adj symbolic.

simbolizar [13] vt to symbolize.

símbolo sm symbol.

simetría sf symmetry.

simétrico, ca adj symmetrical.

simiente sf *culto* seed.

símil sm **1.** [paralelismo] similarity, resemblance **2.** LITER simile.

similar adj ▸ **similar (a)** similar (to).

similitud sf similarity.

simio, mia sm, f simian, ape.

simpatía sf **1.** [cordialidad] friendliness **2.** [cariño] affection ▸ **coger simpatía a alguien** to take a liking to sb ▸ **tener simpatía a, sentir simpatía por** to like **3.** MED sympathy.

simpático, ca adj **1.** [gen] nice, likeable ; [abierto, cordial] friendly ▸ *Juan me cae simpático* I like Juan **2.** [anécdota, comedia etc] amusing, entertaining **3.** [reunión, velada etc] pleasant, agreeable.

simpatizante smf sympathizer.

simpatizar [13] vi ▸ **simpatizar (con) a)** [persona] to hit it off (with) **b)** [cosa] to sympathize (with).

simple ⬦ adj **1.** [gen] simple **2.** [fácil] easy, simple **3.** [único, sin componentes] single / *dame una simple razón* give me one single reason **4.** [mero] mere / *por simple estupidez* through sheer stupidity. ⬦ smf [persona] simpleton.

simplemente adv simply.

simpleza sf **1.** [de persona] simple-mindedness **2.** [tontería] trifle.

simplicidad sf simplicity.

simplificar [10] vt to simplify.

simplista adj simplistic.

simposio, simposium sm symposium.

simulacro sm simulation ▸ **simulacro de combate** mock battle / *simulacro de incendio* fire drill.

simular vt **1.** [sentimiento, desmayo etc] to feign / *simuló que no me había visto* he pretended not to have seen me **2.** [enfermedad] to fake **3.** [combate, salvamento] to simulate.

simultáneo, nea adj simultaneous.

sin prep without / *sin alcohol* alcohol-free / *estoy sin un euro* I'm penniless / *ha escrito cinco libros sin (contar) las novelas* he has written five books, not counting his novels / *está sin hacer* it hasn't been done yet / *estamos sin vino* we're out of wine ▸ **sin que** (+ *subjuntivo*) without (+

gerundio) / *sin que nadie se enterara* without anyone noticing. ◆ **sin embargo** conj however.

sinagoga sf synagogue.

sincerarse vprnl ▸ **sincerarse (con alguien)** to open one's heart (to sb).

sinceridad sf sincerity ; [llaneza, franqueza] frankness ▸ **con toda sinceridad** in all honesty.

sincero, ra adj sincere ; [abierto, directo] frank ▸ **para ser sincero** to be honest.

síncope sm blackout / *le dio un síncope* she blacked out.

sincronizar [13] vt [regular] to synchronize.

sindical adj (trade) union (antes de sust).

sindicalista smf trade unionist.

sindicar [10] vt **1.** to unionize **2.** `ANDES` `RP` `VEN` to accuse / *sindicar a alguien de algo* to accuse sb of sthg. ◆ **sindicarse** vprnl to join a union.

sindicato sm trade union, labor union `US`.

síndrome sm syndrome ▸ **síndrome de abstinencia** withdrawal symptoms pl ▸ **síndrome de clase turista** economy-class syndrome ▸ **síndrome de Down** Down's syndrome / *síndrome de inmunodeficiencia adquirida* acquired immune deficiency syndrome / *síndrome premenstrual* premenstrual syndrome ▸ **síndrome tóxico** toxic syndrome caused by ingestion of adulterated rapeseed oil.

sinfín sm vast number / *un sinfín de problemas* no end of problems.

sinfonía sf symphony.

sinfónico, ca adj symphonic. ◆ **sinfónica** sf symphony orchestra.

singani sm `BOL` grape brandy.

Singapur npr Singapore.

single ['singel] sm **1.** single **2.** `CSUR` [habitación] single room.

singular ⬦ adj **1.** [raro] peculiar, odd **2.** [único] unique **3.** GRAM singular. ⬦ sm GRAM singular ▸ **en singular** in the singular.

singularidad sf **1.** [rareza, peculiaridad] peculiarity **2.** [exclusividad] uniqueness.

singularizar [13] vt to distinguish, to single out. ◆ **singularizarse** vprnl to stand out / *singularizarse por algo* to stand out because of sthg.

siniestro, tra adj **1.** [perverso] sinister **2.** [desgraciado] disastrous. ◆ **siniestro** sm disaster ; [accidente de coche] accident, crash ; [incendio] fire.

sinnúmero sm ▸ **un sinnúmero de** countless.

sino conj **1.** [para contraponer] but / *no lo hizo él, sino ella* he didn't do it, she did ▸ **no sólo es listo, sino también trabajador** he's not only clever but also hardworking **2.** [para exceptuar] except, but / *¿quién sino tú lo haría?* who else but you would do it? / *no quiero sino que se haga justicia* I only want justice to be done.

sinónimo, ma adj synonymous / *ser sinónimo de algo* to be synonymous with sthg.
◆ **sinónimo** sm synonym.

sinopsis sf inv synopsis.

sinsentido sm absurdity.

síntesis sf inv synthesis ▶ **en síntesis** in short ▶ **síntesis del habla** INFORM & LING speech synthesis.

sintético, ca adj [artificial] synthetic.

sintetizador, ra adj synthesizing.
◆ **sintetizador** sm synthesizer.

sintetizar [13] vt **1.** [resumir] to summarize **2.** [fabricar artificialmente] to synthesize.

sintiera ⟶ **sentir**.

síntoma sm symptom.

sintonía sf **1.** [música] signature tune **2.** [conexión] tuning **3.** *fig* [compenetración] harmony / *en sintonía con* in tune with.

sintonizar [13] ◆ vt [conectar] to tune in to.
◆ vi **1.** [conectar] ▶ **sintonizar (con)** to tune in (to) **2.** *fig* [compenetrarse] ▶ **sintonizar en algo (con alguien)** to be on the same wavelength (as sb) about sthg.

sinuoso, sa adj **1.** [camino] winding **2.** [movimiento] sinuous.

sinvergüenza smf **1.** [canalla] rogue **2.** [fresco, descarado] cheeky person.

sionismo sm Zionism.

siquiatra = psiquiatra.

siquiátrico = psiquiátrico.

síquico = psíquico.

siquiera ◆ conj [aunque] even if / *ven siquiera por pocos días* do come, even if it's only for a few days. ◆ adv [por lo menos] at least / *dime siquiera tu nombre* (you could) at least tell me your name. ◆ **ni (tan) siquiera** loc conj not even / *ni (tan) siquiera me hablaron* they didn't even speak to me.

sirena sf **1.** MITOL mermaid, siren **2.** [señal] siren.

Siria npr Syria.

sirimiri sm drizzle.

sirviente, ta sm, f servant.

sisa sf [en costura] dart ; [de manga] armhole.

sisear vt & vi to hiss.

sísmico, ca adj seismic.

sistema sm **1.** [gen & INFORM] system ▶ **sistema monetario / nervioso / solar** monetary/nervous/solar system ▶ **sistema métrico (decimal)** metric (decimal) system ▶ **sistema monetario europeo** European Monetary System ▶ **sistema montañoso** mountain chain o range ▶ **sistema periódico de los elementos** periodic table of elements **2.** [método, orden] method. ◆ **por sistema** loc adv systematically.

Sistema Ibérico sm ▶ **el Sistema Ibérico** the Iberian mountain chain.

sistemático, ca adj systematic.

sistematizar [13] vt to systematize.

sitiar [8] vt [cercar] to besiege.

sitio sm **1.** [lugar] place ▶ **cambiar de sitio (con alguien)** to change places (with sb) ▶ **en otro sitio** elsewhere / *poner a alguien en su sitio* to put sb in his/her place **2.** [espacio] room, space ▶ **hacer sitio a alguien** to make room for sb / *ocupar sitio* to take up space **3.** [cerco] siege **4.** INFORM ▶ **sitio Web** Web site **5.** 𝗠𝗘𝗫 [de taxi] taxi rank 𝗨𝗞 o stand 𝗨𝗦.

situación sf **1.** [circunstancias] situation ; [legal, social] status **2.** [condición, estado] state, condition **3.** [ubicación] location.

situado, da adj **1.** [acomodado] comfortably off / *estar bien situado* to be well off **2.** [ubicado] located.

situar [6] vt **1.** [colocar] to place, to put ; [edificio, ciudad] to site, to locate **2.** [en clasificación] to place, to rank **3.** [localizar] to locate, to find.
◆ **situarse** vprnl **1.** [colocarse] to take up position **2.** [ubicarse] to be located **3.** [acomodarse, establecerse] to get o.s. established **4.** [en clasificación] to be placed / *se sitúa entre los mejores* he's (ranked) amongst the best.

skai [es'kai] = escay.

ski [es'ki] = esquí.

skin head [es'kinxeð] (*pl* **skin heads**) sm, f skinhead.

SL (*abr de* **sociedad limitada**) sf ≃ Ltd.

slam sm = eslam.

slip [es'lip] sm briefs *pl*.

slogan [es'loɣan] = eslogan.

smartphone® [es'martfon] sm smartphone.

smoking [es'mokin] = esmoquin.

SMS (*abr de* **short message service**) sm SMS.

s /n (*abr escrita de* **sin número**) abbreviation used in addresses after the street name, where the building has no number.

snob = esnob.

snowboard sm snowboard *m*.

so ◆ prep under / *so pretexto de* under / *so pena de* under penalty of. ◆ adv : *¡so tonto!* you idiot! ◆ interj ▶ **¡so!** whoa!

sobaco sm armpit.

sobado, da adj **1.** [cuello, puños etc] worn, shabby ; [libro] dog-eared **2.** *fig* [argumento, excusa] hackneyed. ◆ **sobado** sm CULIN shortcrust pastry.

sobar vt **1.** [tocar] to finger, to paw **2.** *despec* [acariciar, besar] to touch up.

soberanía sf sovereignty.

soberano, na ◆ adj **1.** [independiente] sovereign **2.** *fig* [grande] massive ; [paliza] thorough ; [belleza, calidad] unrivalled. ◆ sm, f sovereign.

soberbio, bia adj **1.** [arrogante] proud, arrogant **2.** [magnífico] superb. ◆ **soberbia** sf **1.** [arrogancia] pride, arrogance **2.** [magnificencia] grandeur.

sobornar vt to bribe.

soborno sm **1.** [acción] bribery **2.** [dinero, regalo] bribe.

sobra sf excess, surplus / *lo sabemos de sobra* we know it only too well. ◆ **sobras** sfpl [de comida] leftovers.

sobradamente adv perfectly.

sobrado, da adj **1.** [de sobra] more than enough, plenty of **2.** [de dinero] well off.

sobrante adj remaining.

sobrar vi **1.** [quedar, restar] to be left over / *nos sobró comida* we had some food left over **2.** [haber de más] to be more than enough / *parece que van a sobrar bocadillos* it looks like there are going to be too many sandwiches **3.** [estar de más] to be superfluous / *lo que dices sobra* that goes without saying.

sobrasada sf Mallorcan spiced sausage.

sobre[1] sm **1.** [para cartas] envelope **2.** [para alimentos] sachet, packet.

sobre[2] prep **1.** [encima de] on (top of) / *el libro está sobre la mesa* the book is on (top of) the table **2.** [por encima de] over, above / *el pato vuela sobre el lago* the duck is flying over the lake **3.** [acerca de] about, on / *un libro sobre el amor* a book about o on love / *una conferencia sobre el desarme* a conference on disarmament **4.** [alrededor de] about / *llegarán sobre las diez* they'll arrive at about ten o'clock **5.** [acumulación] upon / *nos contó mentira sobre mentira* he told us lie upon lie o one lie after another **6.** [cerca de] upon / *la desgracia estaba ya sobre nosotros* the disaster was already upon us.

sobreactuar vt & vi to overact.

sobrecarga sf **1.** [exceso de carga] excess weight **2.** [saturación] overload.

sobrecargo sm [de avión] purser.

sobrecoger [14] vt **1.** [asustar] to startle **2.** [impresionar] to move. ◆ **sobrecogerse** vprnl **1.** [asustarse] to be startled **2.** [impresionarse] to be moved.

sobrecoste sm overspend.

sobrecualificado, da adj overqualified.

sobredosis sf inv overdose.

sobreentender = **sobrentender**.

sobreexposición sf overexposure.

sobregiro sm COM overdraft.

sobrehumano, na adj superhuman.

sobreinformación sf information overload.

sobremesa sf after-dinner period ▶ **de sobremesa** [programación etc] mid-afternoon *(antes de sust)*.

sobrenatural adj [extraordinario] supernatural.

sobrenombre sm nickname.

sobrentender, sobreentender [20] vt to understand, to deduce. ◆ **sobrentenderse** vprnl to be inferred o implied.

sobrepasar vt **1.** [exceder] to exceed **2.** [aventajar] ▶ **sobrepasar a alguien** to overtake sb. ◆ **sobrepasarse** vprnl to go too far.

sobrepeso sm excess weight.

sobreponer vt = **superponer**.
◆ **sobreponerse** vprnl ▶ **sobreponerse a algo** to overcome sthg.

sobreproducción, superproducción sf ECON overproduction *(U)*.

sobrepuesto, ta ◆ adj = **superpuesto**.
◆ pp ⟶ **sobreponer**.

sobresaliente ◆ adj [destacado] outstanding. ◆ sm [en escuela] excellent; ≃ A; [en universidad] ≃ first class.

sobresalir [71] vi **1.** [en tamaño] to jut out **2.** [en importancia] to stand out.

sobresaltado, da adj startled.

sobresaltar vt to startle. ◆ **sobresaltarse** vprnl to be startled, to start.

sobresalto sm start, fright.

sobrestimar vt to overestimate.

sobretiempo sm ANDES **1.** [en trabajo] overtime **2.** [en deporte] extra time UK, overtime US.

sobretodo sm AM overcoat.

sobrevenir [75] vi to happen, to ensue / *sobrevino la guerra* the war intervened.

sobreviviente = **superviviente**.

sobrevivir vi to survive.

sobrevolar [23] vt to fly over.

sobrexposición sf = **sobreexposición**.

sobriedad sf **1.** [moderación] restraint, moderation **2.** [no embriaguez] soberness.

sobrino, na sm, f nephew (niece).

sobrio, bria adj **1.** [moderado] restrained **2.** [no excesivo] simple **3.** [austero, no borracho] sober.

socarrón, ona adj sarcastic.

socavar vt [excavar por debajo] to dig under; *fig* [debilitar] to undermine.

socavón sm [hoyo] hollow; [en la carretera] pothole.

sociable adj sociable.

social adj **1.** [gen] social **2.** COM company *(antes de sust)*.

socialdemócrata smf social democrat.

socialismo sm socialism.

socialista adj & smf socialist.

sociedad sf **1.** [gen] society ▶ **sociedad de consumo** consumer society ▶ **sociedad deportiva** sports club ▶ **sociedad literaria** literary society **2.** COM [empresa] company ▶ **sociedad anóni-**

ma public (limited) company UK, incorporated company US ▸ **sociedad (de responsabilidad) limitada** private limited company.

socio, cia sm, f **1.** COM partner **2.** [miembro] member.

socioeducativo, va adj socio-educational.

sociología sf sociology.

sociológico, ca adj sociological.

sociólogo, ga sm, f sociologist.

socorrer vt to help.

socorrismo sm first aid ; [en la playa] lifesaving.

socorrista smf first aid worker ; [en la playa] lifeguard.

socorro ⬥ sm help, aid. ⬥ interj ▸ **¡socorro!** help!

soda sf [bebida] soda water, club soda US.

sodio sm sodium.

soez adj vulgar, dirty.

sofá sm sofa ▸ **sofá cama** o **nido** sofa bed.

sofisticación sf sophistication.

sofisticado, da adj sophisticated.

sofocante adj suffocating, stifling / *hacía un calor sofocante* it was unbearably hot.

sofocar [10] vt **1.** [ahogar] to suffocate **2.** [incendio] to put out **3.** fig [rebelión] to quell **4.** fig [avergonzar] to mortify. ⬥ **sofocarse** vprnl **1.** [ahogarse] to suffocate **2.** fig [irritarse] ▸ **sofocarse (por)** to get hot under the collar (about).

sofoco sm **1.** [ahogo] breathlessness (U) ; [sonrojo, bochorno] hot flush **2.** fig [vergüenza] mortification **3.** fig [disgusto] ▸ **llevarse un sofoco** to have a fit.

sofreír [28] vt to fry lightly over a low heat.

sofrito, ta pp ⟶ **sofreír**. ⬥ **sofrito** sm fried tomato and onion sauce.

software ['sofwer] sm INFORM software.

soga sf rope ; [para ahorcar] noose.

sois ⟶ **ser**.

soja sf soya.

sol sm **1.** [astro] sun / *a pleno sol* in the sun / *al salir / ponerse el sol* at sunrise / sunset ▸ **hace sol** it's sunny ▸ **no dejar a alguien ni a sol ni a sombra** not to give sb a moment's peace **2.** [rayos, luz] sunshine, sun ▸ **tomar el sol** to sunbathe **3.** MÚS G ; [en solfeo] so **4.** [moneda] sol.

solamente adv only, just / *vino solamente él* only he came.

solapa sf **1.** [de prenda] lapel **2.** [de libro, sobre] flap.

solapado, da adj underhand, devious.

solar ⬥ adj solar. ⬥ sm undeveloped plot (of land).

solárium (pl **soláriums**), **solario** sm solarium.

solazar [13] vt **1.** to amuse, to entertain **2.** [aliviar] to solace, to entertain.

soldada sf pay.

soldado sm soldier ▸ **soldado raso** private.

soldador, ra sm, f [persona] welder. ⬥ **soldador** sm [aparato] soldering iron.

soldar [23] vt to solder, to weld.

soleá sf typical folk song and dance from Andalusia with a melancholic tone.

soleado, da adj sunny.

soledad sf loneliness / *en soledad* alone ; culto solitude.

solemne adj **1.** [con pompa] formal **2.** [grave] solemn **3.** fig [enorme] utter.

solemnidad sf [suntuosidad] pomp, solemnity / *de solemnidad* extremely.

soler [81] vi ▸ **soler hacer algo** to do sthg usually / *aquí suele llover mucho* it usually rains a lot here / *solíamos ir a la playa cada día* we used to go to the beach every day.

solera sf **1.** [tradición] tradition **2.** [del vino] sediment ▸ **de solera** vintage **3.** CSUR [vestido] sundress **4.** CHILE [de acera] kerb.

solfeo sm MÚS solfeggio, singing of scales.

solicitar vt **1.** [pedir] to request ; [un empleo] to apply for ▸ **solicitar algo a** o **de alguien** to request sthg of sb **2.** [persona] to pursue ▸ **estar muy solicitado** to be very popular, to be much sought after.

solícito, ta adj solicitous, obliging.

solicitud sf **1.** [petición] request / *presentar una solicitud* to submit a request **2.** [documento] application **3.** [atención] care.

solidaridad sf solidarity / *en solidaridad con* in solidarity with.

solidario, ria adj **1.** [adherido] ▸ **solidario (con)** sympathetic (to), supporting (of) **2.** [obligación, compromiso] mutually binding.

solidez sf [física] solidity.

solidificar [10] vt to solidify. ⬥ **solidificarse** vprnl to solidify.

sólido, da adj **1.** [gen] solid ; [cimientos, fundamento] firm **2.** [argumento, conocimiento, idea] sound. ⬥ **sólido** sm solid.

soliloquio sm soliloquy.

solista ⬥ adj solo. ⬥ smf soloist.

solitario, ria ⬥ adj **1.** [sin compañía] solitary **2.** [lugar] lonely, deserted. ⬥ sm, f [persona] loner. ⬥ **solitario** sm [juego] patience.

sollozar [13] vi to sob.

sollozo sm sob.

solo, la adj **1.** [sin nadie] alone / *dejar solo a alguien* to leave sb alone / *se quedó solo a temprana edad* he was on his own from an early age ▸ **a solas** alone, by oneself **2.** [sin nada] on its own ; [café] black ; [whisky] neat **3.** [único] single, sole / *ni una sola gota* not a (single) drop

/ dame una sola cosa give me just one thing **4.** [solitario] lonely. ◆ **solo** sm MÚS solo.

sólo adv only, just ▶ **no sólo ... sino (también) ...** not only ... but (also) ... ▶ **con sólo, sólo con** just by ▶ **sólo que ...** only ...

solomillo sm sirloin.

soltar [23] vt **1.** [desasir] to let go of **2.** [desatar - gen] to unfasten ; [- nudo] to untie ; [- hebilla, cordones] to undo **3.** [dejar libre] to release **4.** [desenrollar - cable etc] to let o pay out **5.** [patada, grito, suspiro etc] to give **/ no suelta ni un duro** you can't get a penny out of her **6.** [decir bruscamente] to come out with. ◆ **soltarse** vprnl **1.** [desasirse] to break free **2.** [desatarse] to come undone **3.** [desprenderse] to come off **4.** [perder timidez] to let go.

soltero, ra ❖ adj single, unmarried. ❖ sm, f bachelor (single woman).

solterón, ona ❖ adj unmarried. ❖ sm, f old bachelor (spinster, old maid).

soltura sf **1.** [gen] fluency **2.** [seguridad de sí mismo] assurance.

soluble adj **1.** [que se disuelve] soluble **2.** [que se soluciona] solvable.

solución sf solution.

solucionar vt to solve ; [disputa] to resolve.

solventar vt **1.** [pagar] to settle **2.** [resolver] to resolve.

solvente adj **1.** [económicamente] solvent **2.** fig [fuentes etc] reliable.

Somalia npr Somalia.

sombra sf **1.** [proyección - fenómeno] shadow ; [- zona] shade ▶ **dar sombra a** to cast a shadow over **/ tener mala sombra** to be a nasty swine **2.** [en pintura] shade **3.** fig [anonimato] background ▶ **permanecer en la sombra** to stay out of the limelight **4.** [suerte] ▶ **buena / mala sombra** good/bad luck **5.** TAUROM most expensive seats in bullring, located in the shade. ◆ **sombra de ojos** sf eyeshadow.

sombrero sm [prenda] hat ▶ **quitarse el sombrero** fig to take one's hat off.

sombrilla sf sunshade, parasol ▶ **me vale sombrilla** Méx fig I couldn't care less.

sombrío, bría adj **1.** [oscuro] gloomy, dark **2.** fig [triste] sombre, gloomy.

somero, ra adj superficial.

someter vt **1.** [a rebeldes] to subdue **2.** [presentar] ▶ **someter algo a la aprobación de alguien** to submit sthg for sb's approval ▶ **someter algo a votación** to put sthg to the vote **3.** [subordinar] to subordinate **4.** [a operación, interrogatorio etc] ▶ **someter a alguien a algo** to subject sb to sthg. ◆ **someterse** vprnl **1.** [rendirse] to surrender **2.** [conformarse] ▶ **someterse a algo** to yield o

bow to sthg **3.** [a operación, interrogatorio etc] ▶ **someterse a algo** to undergo sthg.

somier (pl **somieres**) sm [de muelles] bed springs pl ; [de tablas] slats (of bed).

somnífero, ra adj somniferous. ◆ **somnífero** sm sleeping pill.

somos ⟶ ser.

son ❖ sm **1.** [sonido] sound ▶ **bailar al son que le tocan** fig to toe the line **2.** [estilo] way ▶ **en son de** in the manner of **/ en son de paz** in peace. ❖ v ⟶ ser.

sonajero sm rattle.

sonambulismo sm sleepwalking.

sonámbulo, la sm, f sleepwalker.

sonar¹ sm sonar.

sonar² [23] vi **1.** [gen] to sound ▶ **suena a falso / chiste** it sounds false/like a joke ▶ **(así o tal) como suena** literally, in so many words **2.** [timbre] to ring **3.** [hora] : **sonaron las doce** the clock struck twelve **4.** [ser conocido, familiar] to be familiar **/ me suena** it rings a bell **/ no me suena su nombre** I don't remember hearing her name before **5.** [pronunciación - letra] to be pronounced **6.** [rumorearse] to be rumoured. ◆ **sonarse** vprnl to blow one's nose.

sonda sf **1.** MED & TECNOL probe **2.** NÁUT sounding line **3.** [en una mina] drill, bore.

sondear vt **1.** [indagar] to sound out **2.** [terreno] to test ; [roca] to drill.

sondeo sm **1.** [encuesta] (opinion) poll **2.** [de un terreno] drilling (U) **3.** NÁUT sounding.

sonero, ra sm, f CUBA Cuban singer.

sonido sm sound.

sonoro, ra adj **1.** [gen] sound (antes de sust) ; [película] talking **2.** [ruidoso, resonante, vibrante] resonant.

sonreír [28] vi [reír levemente] to smile. ◆ **sonreírse** vprnl to smile.

sonriente adj smiling.

sonrisa sf smile.

sonrojar vt to cause to blush. ◆ **sonrojarse** vprnl to blush.

sonrojo sm blush, blushing (U).

sonrosado, da adj rosy.

sonsacar [10] vt ▶ **sonsacar algo a alguien a)** [conseguir] to wheedle sthg out of sb **b)** [hacer decir] to extract sthg from sb ▶ **sonsacar a alguien** to pump sb for information.

sonso, sa ❖ adj Am fam foolish, silly. ❖ sm, f fool, idiot.

soñado, da adj dream **/ mi casa soñada** my dream home.

soñador, ra sm, f dreamer.

soñar [23] ❖ vt lit + fig to dream ▶ **¡ni soñarlo!** not on your life! ❖ vi lit + fig ▶ **soñar (con)** to dream (of o about).

soñoliento, ta adj sleepy, drowsy.

sopa sf **1.** [guiso] soup **2.** [de pan] piece of soaked bread.

sopapo sm fam slap.

sope sm MEX fried corn tortilla, with beans and cheese or other toppings.

sopero, ra adj soup (antes de sust). ❖ **sopera** sf [recipiente] soup tureen.

sopesar vt to try the weight of; fig to weigh up.

sopetón ❖ **de sopetón** loc adv suddenly, abruptly.

soplar ❖ vt **1.** [vela, fuego] to blow out **2.** [ceniza, polvo] to blow off **3.** [globo etc] to blow up **4.** [vidrio] to blow **5.** fig [pregunta, examen] to prompt. ❖ vi [gen] to blow.

soplete sm blowlamp.

soplido sm blow, puff.

soplo sm **1.** [soplido] blow, puff **2.** MED murmur **3.** fam [chivatazo] tip-off.

soplón, ona sm, f fam grass.

soponcio sm fam fainting fit ▶ **le dio un soponcio** a) [desmayo] she passed out b) [ataque] she had a fit.

sopor sm drowsiness.

soporífero, ra adj lit + fig soporific.

soportable adj bearable.

soportal sm [pórtico] porch. ❖ **soportales** smpl [arcadas] arcade sg.

soportar vt **1.** [sostener] to support **2.** [resistir, tolerar] to stand / ¡no le soporto! I can't stand him! **3.** [sobrellevar] to endure, to bear.

soporte sm **1.** [apoyo] support **2.** INFORM medium ▶ **soporte físico** hardware ▶ **soporte lógico** software.

soprano smf soprano.

sor sf RELIG sister.

sorber vt **1.** [beber] to sip; [haciendo ruido] to slurp **2.** [absorber] to soak up **3.** [atraer] to draw o suck in.

sorbete sm sorbet.

sorbetería sf CAM [tienda] ice-cream parlour UK o parlor US.

sorbo sm [acción] gulp, swallow / beber algo de un sorbo to drink sthg in one gulp; [pequeño] sip ▶ **beber a sorbos** to sip.

sordera sf deafness.

sórdido, da adj **1.** [miserable] squalid **2.** [obsceno, perverso] sordid.

sordo, da ❖ adj **1.** [que no oye] deaf **2.** [ruido, dolor] dull. ❖ sm, f [persona] deaf person ▶ **los sordos** the deaf.

sordomudo, da ❖ adj deaf and dumb. ❖ sm, f deaf-mute.

sorna sf sarcasm.

soroche sm ANDES ARG altitude sickness.

sorprendente adj surprising.

sorprender vt **1.** [asombrar] to surprise **2.** [atrapar] ▶ **sorprender a alguien (haciendo algo)** to catch sb (doing sthg) **3.** [coger desprevenido] to catch unawares. ❖ **sorprenderse** vprnl to be surprised.

sorprendido, da adj surprised / quedarse sorprendido to be surprised.

sorpresa sf surprise.

sorpresivo, va adj AM unexpected.

sortear vt **1.** [rifar] to raffle **2.** [echar a suertes] to draw lots for **3.** fig [esquivar] to dodge.

sorteo sm **1.** [lotería] draw **2.** [rifa] raffle.

sortija sf ring.

sortilegio sm [hechizo] spell.

SOS (abr de save our souls) sm SOS.

sosa sf soda.

sosegado, da adj calm.

sosegar [35] vt to calm. ❖ **sosegarse** vprnl to calm down.

soseras smf inv fam dull person, bore.

sosias sm inv double, lookalike.

sosiego sm calm.

soslayo ❖ **de soslayo** loc adv [oblicuamente] sideways, obliquely ▶ **mirar a alguien de soslayo** to look at sb out of the corner of one's eye.

soso, sa adj **1.** [sin sal] bland, tasteless **2.** [sin gracia] dull, insipid.

sospecha sf suspicion ▶ **despertar sospechas** to arouse suspicion.

sospechar ❖ vt [creer, suponer] to suspect / sospecho que no lo terminará I doubt whether she'll finish it. ❖ vi ▶ **sospechar de** to suspect.

sospechoso, sa ❖ adj suspicious. ❖ sm, f suspect.

sostén sm **1.** [apoyo] support **2.** [sustento] main support; [alimento] sustenance **3.** [sujetador] bra.

sostener [72] vt **1.** [sujetar] to support, to hold up **2.** [defender - idea, opinión, tesis] to defend; [- promesa, palabra] to stand by, to keep ▶ **sostener que ...** to maintain that ... **3.** [tener - conversación] to hold, to have; [- correspondencia] to keep up. ❖ **sostenerse** vprnl to hold o.s. up; [en pie] to stand up; [en el aire] to hang.

sostenido, da adj **1.** [persistente] sustained **2.** MÚS sharp.

sota sf ≃ jack.

sotana sf cassock.

sótano sm basement.

soterrar [19] vt [enterrar] to bury; fig to hide.

soufflé [su'fle] sm soufflé.

soul sm MÚS soul (music).

soviético, ca ❖ adj **1.** [del soviet] soviet **2.** [de la URSS] Soviet. ❖ sm, f Soviet.

soy ⟶ **ser**.

spaghetti [espa'γeti] = espagueti.

spam sm = espam.

spanglish [es'paŋglis] sm Spanglish.

SPE (abr de **Servicios Públicos de Empleo**) smpl Spanish national job search service ; ≃ job centre (in UK) **/** una oficina de los SPE ≃ a job centre office (in UK).

spot [es'pot], **espot** sm advertising spot, commercial.

spray [es'prai] = espray.

sprint [es'prin] = esprint.

squash [es'kuaʃ] sm inv squash.

Sr. (abr escrita de señor) Mr.

Sra. (abr escrita de señora) Mrs.

SRE sf (abr de **Secretaría de Relaciones Exteriores**) Mexican Department of Foreign Affairs.

Sres. (abr escrita de señores) Messrs.

Srta. (abr escrita de señorita) Miss.

Sta. (abr escrita de santa) St.

standard [es'tandar] = estándar.

starter [es'tarter] = estárter.

status [es'tatus] = estatus.

stereo [es'tereo] = estéreo.

Sto. (abr escrita de santo) St.

stock [es'tok] sm stock.

stop, estop [es'top] sm **1.** AUTO stop sign **2.** [en telegrama] stop.

streaming sm INFORM streaming.

stress [es'tres] = estrés.

strip-tease [es'triptis] sm inv striptease.

su (pl sus) adj poses [de él] his ; [de ella] her ; [de cosa, animal] its ; [de uno] one's ; [de ellos, ellas] their ; [de usted, ustedes] your.

suave adj **1.** [gen] soft **2.** [liso] smooth **3.** [sabor, olor, color] delicate **4.** [apacible - persona, carácter] gentle ; [- clima] mild **5.** [fácil - cuesta, tarea, ritmo] gentle ; [- dirección de un coche] smooth.

suavidad sf **1.** [gen] softness **2.** [lisura] smoothness **3.** [de sabor, olor, color] delicacy **4.** [de carácter] gentleness **5.** [de clima] mildness **6.** [de cuesta, tarea, ritmo] gentleness ; [de la dirección de un coche] smoothness.

suavizante sm conditioner ▶ **suavizante para la ropa** fabric conditioner.

suavizar [13] vt **1.** [gen] to soften ; [ropa, cabello] to condition **2.** [ascensión, conducción, tarea] to ease ; [clima] to make milder **3.** [sabor, olor, color] to tone down **4.** [alisar] to smooth.

subacuático, ca adj subaquatic.

subalquilar vt to sublet.

subalterno, na sm, f [empleado] subordinate.

subasta sf **1.** [venta pública] auction ▶ **sacar algo a subasta** to put sthg up for auction **2.** [contrata pública] tender ▶ **sacar algo a subasta** to put sthg out to tender.

subastar vt to auction.

subcampeón, ona sm, f runner-up.

subconsciente adj & sm subconscious.

subdesarrollado, da adj underdeveloped.

subdesarrollo sm underdevelopment.

subdirector, ra sm, f assistant manager.

subdirectorio sm INFORM subdirectory.

súbdito, ta sm, f **1.** [subordinado] subject **2.** [ciudadano] citizen, national.

subdivisión sf subdivision.

subestimar vt to underestimate ; [infravalorar] to underrate. ◆ **subestimarse** vprnl to underrate o.s.

subido, da adj **1.** [intenso] strong, intense **2.** fam [atrevido] risqué. ◆ **subida** sf **1.** [cuesta] hill **2.** [ascensión] ascent, climb **3.** [aumento] increase, rise.

subir ◆ vi **1.** [a piso, azotea] to go/come up ; [a montaña, cima] to climb **2.** [aumentar - precio, temperatura] to go up, to rise ; [- cauce, marea] to rise **3.** [montar - en avión, barco] to get on ; [- en coche] to get in **/** sube al coche get into the car **4.** [cuenta, importe] ▶ **subir a** to come o amount to **5.** [de categoría] to be promoted. ◆ vt **1.** [ascender - calle, escaleras] to go/come up ; [- pendiente, montaña] to climb ; [poner arriba] to lift up ; [llevar arriba] to take/bring up **3.** [aumentar - precio, peso] to put up, to increase ; [- volumen de radio etc] to turn up **4.** [montar] ▶ **subir algo / a alguien a** to lift sthg/sb onto **5.** [alzar - mano, bandera, voz] to raise ; [- persiana] to roll up ; [- ventanilla] to wind up. ◆ **subirse** vprnl **1.** [ascender] ▶ **subirse a a)** [árbol] to climb up **b)** [mesa] to climb onto **c)** [piso] to go/come up to **2.** [montarse] ▶ **subirse a a)** [tren, avión] to get on, to board **b)** [caballo, bicicleta] to mount **c)** [coche] to get into **/** el taxi paró y me subí the taxi stopped and I got in **3.** [alzarse - pernera, mangas] to roll up ; [- cremallera] to do up ; [- pantalones, calcetines] to pull up.

súbito, ta adj sudden **/** de súbito suddenly.

subjetivo, va adj subjective.

sub júdice [suβ'djuðiθe] adj DER sub judice.

subjuntivo, va adj subjunctive. ◆ **subjuntivo** sm subjunctive.

sublevación sf uprising.

sublevamiento sm = sublevación.

sublevar vt **1.** [amotinar] to stir up **2.** [indignar] to infuriate. ◆ **sublevarse** vprnl [amotinarse] to rebel.

sublime adj sublime.

submarca sf related brand, Offshoot.

submarinismo sm skin-diving.

submarinista smf skin-diver.

submarino, na adj underwater.
◆ **submarino** sm submarine.

subnormal ❖ adj **1.** despec [minusválido] subnormal **2.** fig & despec [imbécil] moronic. ❖ smf fig & despec [imbécil] moron.

suboficial sm MIL non-commissioned officer.

subordinado, da adj & sm, f subordinate.

subordinar vt [gen & GRAM] to subordinate / *subordinar algo a algo* to subordinate sthg to sthg.

subproducto sm by-product.

subrayar vt *lit + fig* to underline.

subsanar vt **1.** [solucionar] to resolve **2.** [corregir] to correct.

subscribir = suscribir.

subscripción = suscripción.

subscriptor = suscriptor.

subsecretario, ria sm, f **1.** [de secretario] assistant secretary **2.** [de ministro] undersecretary.

subsidiario, ria adj DER ancillary.

subsidio sm benefit, allowance ▶ **subsidio de invalidez** disability allowance ▶ **subsidio de paro** unemployment benefit.

subsiguiente adj subsequent.

subsistencia sf [vida] subsistence.
◆ **subsistencias** sfpl [provisiones] provisions.

subsistir vi **1.** [vivir] to live, to exist **2.** [sobrevivir] to survive.

substancia = sustancia.

substancial = sustancial.

substancioso = sustancioso.

substantivo = sustantivo.

substitución = sustitución.

substituir [51] = sustituir.

substituto = sustituto.

substracción = sustracción.

substraer [73] = sustraer.

subsuelo sm subsoil.

subte sm [R Dom] metro, underground [UK], subway [US].

subterráneo, a adj subterranean, underground.
◆ **subterráneo** sm **1.** underground tunnel **2.** [ARG] [metro] underground.

subtítulo sm [gen & CINE] subtitle.

subtotal sm subtotal.

suburbio sm poor suburb.

subvención sf subsidy.

subvencionar vt to subsidize.

subversión sf subversion.

subversivo, va adj subversive.

subyacer vi [ocultarse] ▶ **subyacer bajo algo** to underlie sthg.

subyugante adj subjugating.

subyugar [16] vt **1.** [someter] to subjugate **2.** fig [dominar] to quell, to master **3.** fig [atraer] to captivate.

succionar vt [suj: raíces] to suck up ; [suj: bebé] to suck.

sucedáneo, a adj ersatz, substitute.
◆ **sucedáneo** sm substitute.

suceder ❖ v impers [ocurrir] to happen ▶ **suceda lo que suceda** whatever happens. ❖ vi [venir después] ▶ **suceder a** to come after, to follow / *a la guerra sucedieron años muy tristes* the war was followed by years of misery.
◆ **sucederse** vprnl to follow one another, to come one after the other.

sucesión sf [gen] succession.

sucesivamente adv successively ▶ **y así sucesivamente** and so on.

sucesivo, va adj **1.** [consecutivo] successive, consecutive **2.** [siguiente] : *en días sucesivos les informaremos* we'll let you know over the next few days ▶ **en lo sucesivo** in future.

suceso sm **1.** [acontecimiento] event **2.** (gen pl) [hecho delictivo] crime ; [incidente] incident / *sección de sucesos* accident and crime reports.

sucesor, ra sm, f successor.

suciedad sf **1.** [cualidad] dirtiness (U) **2.** [porquería] dirt, filth (U).

sucinto, ta adj [conciso] succinct.

sucio, cia adj **1.** [gen] dirty ; [al comer, trabajar] messy ▶ **en sucio** in rough **2.** [juego] dirty.

suculento, ta adj tasty.

sucumbir vi **1.** [rendirse, ceder] ▶ **sucumbir (a)** to succumb (to) **2.** [fallecer] to die **3.** [desaparecer] to fall.

sucursal sf branch.

sudadera sf [prenda] sweatshirt.

Sudáfrica npr South Africa.

sudafricano, na adj & sm, f South African.

Sudamérica, Suramérica npr South America.

sudamericano, na, suramericano, na adj & sm, f South American.

Sudán npr Sudan.

sudar vi [gen] to sweat.

sudeste, sureste ❖ adj [posición, parte] southeast, southeastern ; [dirección, viento] south-easterly. ❖ sm southeast.

sudoeste, suroeste ❖ adj [posición, parte] southwest, southwestern ; [dirección, viento] southwesterly. ❖ sm southwest.

sudor sm [gen] sweat (U) / *sudor frío* cold sweat.

sudoroso, sa adj sweaty.

Suecia npr Sweden.

sueco, ca ❖ adj Swedish. ❖ sm, f [persona] Swede. ◆ **sueco** sm [lengua] Swedish.

suegro, gra sm, f father-in-law (mother-in-law).

suela sf sole ▶ **no llegarle a alguien a la suela del zapato** fig not to hold a candle to sb.

sueldo sm salary, wages pl ; [semanal] wage.

suelo ⟷ sm **1.** [pavimento - en interiores] floor ; [- en el exterior] ground **/** *caerse al suelo* to fall over **/** *besar el suelo* to fall flat on one's face **2.** [terreno, territorio] soil ; [para edificar] land **3.** [base] bottom **4.** *loc* ▸ **echar por el suelo un plan** to ruin a project ▸ **estar por los suelos a)** [persona, precio] to be at rock bottom **b)** [productos] to be dirt cheap ▸ **poner o tirar por los suelos** to run down, to criticize. ⟷ v ⟶ **soler.**

suelto, ta adj **1.** [gen] loose ; [cordones] undone **/** *¿tienes cinco euros sueltos?* have you got five euros in loose change? ▸ **andar suelto a)** [en libertad] to be free **b)** [en fuga] to be at large **c)** [con diarrea] to have diarrhoea **2.** [separado] separate ; [desparejado] odd **/** *no los vendemos sueltos* we don't sell them separately **3.** [arroz] fluffy **4.** [lenguaje, estilo] fluent **5.** [desenvuelto] comfortable. ◆ **suelto** sm [calderilla] loose change.

suena ⟶ **sonar.**

sueño sm **1.** [ganas de dormir] sleepiness ; [por medicamento etc] drowsiness ▸ **¡qué sueño!** I'm really sleepy! ▸ **tener sueño** to be sleepy **2.** [estado] sleep ▸ **coger el sueño** to get to sleep **3.** [imagen mental, objetivo, quimera] dream ▸ **en sueños** in a dream ▸ **ni en sueños** *fig* no way, under no circumstances.

suero sm **1.** MED serum ▸ **suero artificial** saline solution **2.** [de la leche] whey.

suerte sf **1.** [azar] chance ▸ **echar o tirar algo a suertes** to draw lots for sthg ▸ **la suerte está echada** the die is cast **2.** [fortuna] luck **/** *desear suerte a alguien* to wish sb luck **/** *estar de suerte* to be in luck ▸ **por suerte** luckily ▸ **¡qué suerte!** that was lucky! **/** *tener (buena) suerte* to be lucky **/** *tener mala suerte* to be unlucky **3.** [destino] fate ▸ **tocar o caer en suerte a alguien** to fall to sb's lot **/** *traer mala suerte* to bring bad luck **4.** [situación] situation, lot **5.** *culto* [clase] ▸ **toda suerte de** all manner of **6.** *culto* [manera] manner, fashion ▸ **de suerte que** in such a way that.

suéter (*pl* **suéteres**) sm sweater.

suficiencia sf **1.** [capacidad] proficiency **2.** [presunción] smugness.

suficiente ⟷ adj **1.** [bastante] enough ; [medidas, esfuerzos] adequate **/** *no llevo (dinero) suficiente* I don't have enough (money) on me **/** *no tienes la estatura suficiente* you're not tall enough **2.** [presuntuoso] smug. ⟷ sm [nota] pass.

sufragar [16] ⟷ vt [costes] to defray. ⟷ vi Am [votar] to vote.

sufragio sm suffrage.

sufragista smf suffragette.

sufrido, da adj **1.** [resignado] patient, uncomplaining ; [durante mucho tiempo] long-suffering

2. [resistente - tela] hardwearing ; [- color] that does not show the dirt.

sufrimiento sm suffering.

sufrir ⟷ vt **1.** [gen] to suffer ; [accidente] to have **2.** [soportar] to bear, to stand **/** *tengo que sufrir sus manías* I have to put up with his idiosyncrasies **3.** [experimentar - cambios etc] to undergo. ⟷ vi [padecer] to suffer ▸ **sufrir de** [enfermedad] to suffer from **/** *sufrir del estómago etc.* to have a stomach etc. complaint.

sugerencia sf suggestion **/** *hacer una sugerencia* to make a suggestion.

sugerente adj evocative.

sugerir [27] vt **1.** [proponer] to suggest **/** *sugerir a alguien que haga algo* to suggest that sb should do sthg **2.** [evocar] to evoke.

sugestión sf suggestion.

sugestionar vt to influence.

sugestivo, va adj **1.** [atrayente] attractive **2.** [que sugiere] stimulating, suggesting.

suiche sm COL VEN switch.

suicida ⟷ adj suicidal. ⟷ smf [por naturaleza] suicidal person ; [suicidado] person who has committed suicide.

suicidarse vprnl to commit suicide.

suicidio sm suicide.

suite [swit] sf [gen & MÚS] suite.

Suiza npr Switzerland.

suizo, za adj & sm, f Swiss.

sujeción sf **1.** [atadura] fastening **2.** [sometimiento] subjection.

sujetador sm bra.

sujetar vt **1.** [agarrar] to hold down **2.** [aguantar] to fasten ; [papeles] to fasten together **3.** [someter] to subdue ; [a niños] to control. ◆ **sujetarse** vprnl **1.** [agarrarse] ▸ **sujetarse a** to hold on to, to cling to **2.** [aguantarse] to keep in place **3.** [someterse] ▸ **sujetarse a** to keep o stick to.

sujeto, ta adj **1.** [agarrado - objeto] fastened **2.** [expuesto] ▸ **sujeto a** subject to. ◆ **sujeto** sm **1.** [gen & GRAM] subject **2.** [individuo] individual ▸ **sujeto pasivo** ECON taxpayer.

sulfato sm sulphate.

sulfurar vt [encolerizar] to infuriate. ◆ **sulfurarse** vprnl [encolerizarse] to get mad.

sultán sm sultan.

sultana sf sultana.

suma sf **1.** [MAT - acción] addition ; [- resultado] total **2.** [conjunto - de conocimientos, datos] total, sum ; [- de dinero] sum **3.** [resumen] ▸ **en suma** in short.

sumamente adv extremely.

sumar vt **1.** MAT to add together **/** *sumar algo a algo* to add sthg to sthg **/** *tres y cinco suman ocho* three and five are o make eight **2.** [costar]

to come to. ◆ **sumarse** vprnl **1.** ▶ **sumarse (a)** [unirse] to join (in) **2.** [agregarse] to be in addition to.

sumario, ria adj **1.** [conciso] brief **2.** DER summary. ◆ **sumario** sm **1.** DER indictment **2.** [resumen] summary.

sumergible adj waterproof.

sumergir [15] vt [hundir] to submerge ; [con fuerza] to plunge ; [bañar] to dip. ◆ **sumergirse** vprnl [hundirse] to submerge ; [con fuerza] to plunge.

sumidero sm drain.

suministrador, ra sm, f supplier.

suministrar vt to supply ▶ **suministrar algo a alguien** to supply sb with sthg.

suministro sm [gen] supply ; [acto] supplying.

sumir vt ▶ **sumir a alguien en** to plunge sb into. ◆ **sumirse en** vprnl **1.** [depresión, sueño etc] to sink into ; [estudio, tema] to immerse o.s. in.

sumisión sf **1.** [obediencia - acción] submission ; [- cualidad] submissiveness **2.** [rendición] surrender.

sumiso, sa adj submissive.

sumo, ma adj **1.** [supremo] highest, supreme **2.** [gran] extreme, great.

sunnita ❖ adj Sunni. ❖ smf Sunnite.

suntuoso, sa adj sumptuous.

supeditar vt ▶ **supeditar (a)** to subordinate (to) ▶ **estar supeditado a** to be dependent on. ◆ **supeditarse** vprnl ▶ **supeditarse a** to submit to.

super- pref super-, really.

súper ❖ sm fam supermarket. ❖ sf ▶ (gasolina) **súper** ≃ four-star (petrol).

superable adj surmountable.

superación sf overcoming / afán de superación drive to improve.

superar vt **1.** [mejorar] to beat ; [récord] to break ▶ **superar algo / a alguien en algo** to beat sthg/sb in sthg **2.** [ser superior] to exceed, to surpass **3.** [adelantar - corredor] to overtake, to pass **4.** [época, técnica] ▶ **estar superado** to have been superseded **5.** [vencer - dificultad etc] to overcome. ◆ **superarse** vprnl **1.** [mejorar] to better o.s. **2.** [lucirse] to excel o.s.

superávit sm inv surplus.

superdotado, da sm, f extremely gifted person.

superficial adj lit + fig superficial.

superficie sf **1.** [gen] surface / salir a la superficie to surface **2.** [área] area.

superfluo, flua adj superfluous ; [gasto] unnecessary.

superior, ra sm, f RELIG superior (mother superior). ◆ **superior** ❖ adj **1.** [de arriba] top **2.** [mayor] ▶ **superior (a)** higher (than) **3.** [mejor] ▶ **superior (a)** superior (to) **4.** [excelente]

excellent **5.** ANAT & GEOGR upper **6.** EDUC higher. ❖ sm (gen pl) [jefe] superior.

superioridad sf lit + fig superiority / superioridad sobre algo / alguien superiority over sthg/sb.

superlativo, va adj **1.** [belleza etc] exceptional **2.** GRAM superlative.

supermercado sm supermarket.

superpoblación sf overpopulation.

superponer [65], **sobreponer** vt fig [anteponer] ▶ **superponer algo a algo** to put sthg before sthg.

superpotencia sf superpower.

superpuesto, ta, **sobrepuesto, ta** ❖ adj superimposed. ❖ pp ⟶ **superponer**.

supersónico, ca adj supersonic.

superstición sf superstition.

supersticioso, sa adj superstitious.

supervisar vt to supervise.

supervisor, ra sm, f supervisor.

supervivencia sf survival.

superviviente, **sobreviviente** ❖ adj surviving. ❖ smf survivor.

supiera ⟶ saber.

suplementario, ria adj supplementary, extra.

suplemento sm **1.** [gen & PRENSA] supplement **2.** [complemento] attachment.

suplente smf **1.** [gen] stand-in **2.** TEATRO understudy **3.** DEP substitute.

supletorio, ria adj additional, extra. ◆ **supletorio** sm TELECOM extension.

súplica sf **1.** [ruego] plea, entreaty **2.** DER petition.

suplicar [10] vt [rogar] ▶ **suplicar algo (a alguien)** to plead for sthg (with sb) ▶ **suplicar a alguien que haga algo** to beg sb to do sthg.

suplicio sm lit + fig torture.

suplir vt **1.** [sustituir] ▶ **suplir algo / a alguien (con)** to replace sthg/sb (with) **2.** [compensar] ▶ **suplir algo (con)** to compensate for sthg (with).

supo ⟶ saber.

suponer [65] ❖ vt **1.** [creer, presuponer] to suppose **2.** [implicar] to involve, to entail **3.** [significar] to mean **4.** [conjeturar] to imagine / lo suponía I guessed as much / te suponía mayor I thought you were older. ❖ sm ▶ **ser un suponer** to be conjecture. ◆ **suponerse** vprnl to suppose / se supone que es el mejor he's supposed to be the best.

suposición sf assumption.

supositorio sm suppository.

supremacía sf supremacy.

supremo, ma adj lit + fig supreme.

supresión sf **1.** [de ley, impuesto, derecho] abolition ; [de sanciones, restricciones] lifting **2.** [de palabras, texto] deletion **3.** [de puestos de trabajo, proyectos] axing.

suprimir vt **1.** [ley, impuesto, derecho] to abolish ; [sanciones, restricciones] to lift **2.** [palabras, texto] to delete **3.** [puestos de trabajo, proyectos] to axe.

supuesto, ta ⬦ pp ⟶ **suponer**. ⬦ adj supposed ; [culpable, asesino] alleged ; [nombre] falso ▶ **por supuesto** of course. ⬦ **supuesto** sm assumption ▶ **en el supuesto de que ...** assuming ... / **partimos del supuesto de que...** we work on the assumption that...

supurar vi to fester.

sur ⬦ adj [posición, parte] south, southern ; [dirección, viento] southerly. ⬦ sm south.

surcar [10] vt [tierra] to plough ; [aire, agua] to cut o slice through.

surco sm **1.** [zanja] furrow **2.** [señal - de disco] groove ; [- de rueda] rut **3.** [arruga] line, wrinkle.

sureño, ña ⬦ adj southern ; [viento] southerly. ⬦ sm, f southerner.

sureste = **sudeste**.

surf, surfing sm surfing.

surfear vt & vi *fam* INFORM to surf.

surfista smf surfer.

surgir [15] vi **1.** [brotar] to spring forth **2.** [aparecer] to appear **3.** *fig* [producirse] to arise.

suroeste = **sudoeste**.

surrealista adj & smf surrealist.

surtido, da adj [variado] assorted.
⬦ **surtido** sm **1.** [gama] range **2.** [caja surtida] assortment.

surtidor sm [de gasolina] pump ; [de un chorro] spout.

surtir vt [proveer] ▶ **surtir a alguien (de)** to supply sb (with). ⬦ **surtirse de** vprnl [proveerse de] to stock up on.

susceptible adj **1.** [sensible] sensitive **2.** [propenso a ofenderse] touchy **3.** [posible] ▶ **susceptible de** liable to.

suscitar vt to provoke ; [interés, dudas, sospechas] to arouse.

suscribir, subscribir vt **1.** [firmar] to sign **2.** [ratificar] to endorse **3.** COM [acciones] to subscribe for. ⬦ **suscribirse, subscribirse** vprnl **1.** PRENSA ▶ **suscribirse (a)** to subscribe (to) **2.** COM ▶ **suscribirse a** to take out an option on.

suscripción, subscripción sf subscription.

suscriptor, ra, subscriptor, ra sm, f subscriber.

sushi sm CULIN sushi.

susodicho, cha adj above-mentioned.

suspender vt **1.** [colgar] to hang (up) / *suspender algo de algo* to hang sthg from sthg **2.** EDUC to fail **3.** [interrumpir] to suspend ; [sesión] to adjourn **4.** [aplazar] to postpone **5.** [de un cargo] to suspend.

suspense sm suspense.

suspensión sf **1.** [gen & AUTO] suspension **2.** [aplazamiento] postponement ; [de reunión, sesión] adjournment.

suspenso, sa adj **1.** [colgado] ▶ **suspenso de** hanging from **2.** [no aprobado] ▶ **estar suspenso** to have failed **3.** *fig* [interrumpido] ▶ **en suspenso** pending. ⬦ **suspenso** sm failure.

suspensores smpl ANDES ARG braces UK, suspenders US.

suspicacia sf suspicion.

suspicaz adj suspicious.

suspirar vi [dar suspiros] to sigh.

suspiro sm [aspiración] sigh.

sustancia, substancia sf **1.** [gen] substance ▶ **sin sustancia** lacking in substance **2.** [esencia] essence **3.** [de alimento] nutritional value.

sustancial, substancial adj substantial, significant.

sustancioso, sa, substancioso, sa adj substantial.

sustantivación, substantivación sf nominalization.

sustantivar, substantivar vi nominalize.

sustantivo, va, substantivo, va adj GRAM noun *(antes de sust)*.
⬦ **sustantivo, substantivo** sm GRAM noun.

sustentar vt **1.** [gen] to support **2.** *fig* [mantener - argumento, teoría] to defend.

sustento sm **1.** [alimento] sustenance ; [mantenimiento] livelihood **2.** [apoyo] support.

sustitución, substitución sf [cambio] replacement / *la sustitución de Elena por Luis* the substitution of Luis for Elena.

sustituir [51], **substituir** [51] vt ▶ **sustituir (por)** to replace (with) / *sustituir a Elena por Luis* to replace Elena with Luis, to substitute Luis for Elena.

sustituto, ta, substituto, ta sm, f substitute, replacement.

susto sm fright ▶ **darse** o **pegarse un susto** to get a fright.

sustracción, substracción sf **1.** [robo] theft **2.** MAT subtraction.

sustraer [73], **substraer** [73] vt **1.** [robar] to steal **2.** MAT to subtract. ⬦ **sustraerse, substraerse** vprnl ▶ **sustraerse a** o **de** [obligación, problema] to avoid.

susurrar vt & vi to whisper.

susurro sm whisper ; *fig* murmur.

sutil adj [gen] subtle ; [velo, tejido] delicate, thin ; [brisa] gentle ; [hilo, línea] fine.

sutileza sf subtlety ; [de velo, tejido] delicacy, thinness ; [de brisa] gentleness ; [de hilo, línea] fineness.

sutura sf suture.

suyo, ya ❖ adj poses [de él] his; [de ella] hers; [de uno] one's (own); [de ellos, ellas] theirs; [de usted, ustedes] yours / *este libro es suyo* this book is his/hers etc. / *un amigo suyo* a friend of his/hers etc. / *no es asunto suyo* it's none of his/her etc. business ▶ **es muy suyo** *fam* & *fig* he/she is really selfish. ❖ pron poses **1.** ▶ **el suyo** [de él] his; [de ella] hers; [de cosa, animal] its (own); [de uno] one's own; [de ellos, ellas] theirs; [de usted, ustedes] yours **2.** *loc* ▶ **hacer de las suyas** to be up to his/her etc. usual tricks ▶ **hacer suyo** to make one's own ▶ **lo suyo es el teatro** he/she etc. should be on the stage ▶ **lo suyo sería volver** the proper thing to do would be to go back.

t¹, T sf [letra] t, T.

t² (*abr escrita de* **tonelada**) t.

tabacalero, ra adj tobacco (*antes de sust*).

tabaco sm **1.** [planta] tobacco plant **2.** [picadura] tobacco ▶ **tabaco negro / rubio** dark /Virginia tobacco **3.** [cigarrillos] cigarettes *pl*.

tábano sm horsefly.

tabarra sf *fam* ▶ **dar la tabarra** to be a pest.

tabasco® sm Tabasco®.

taberna sf *country-style bar, usually cheap*.

tabernero, ra sm, f [propietario] landlord (landlady); [encargado] barman (barmaid).

tabique sm [pared] partition (wall).

tabla sf **1.** [plancha] plank ▶ **tabla de planchar** ironing board **2.** [pliegue] pleat **3.** [lista, gráfico] table ▶ **tabla de multiplicación** o **pitagórica** multiplication o Pythagorean table / *tabla periódica* o *de los elementos* periodic table **4.** NÁUT [de surf, vela etc] board **5.** ARTE panel. ❖ **tablas** sfpl **1.** TEATRO stage *sg*, boards **2.** TAUROM *fence surrounding bullring*.

tablado sm [de teatro] stage; [de baile] dancefloor; [plataforma] platform.

tablao sm flamenco show.

tablero sm **1.** [gen] board **2.** [en baloncesto] backboard **3.** ▶ **tablero (de mandos)** [de avión] instrument panel; [de coche] dashboard.

tablet sf tablet.

tableta sf **1.** MED tablet **2.** [de chocolate] bar **3.** INFORM tablet ▶ **tableta de lectura digital** e-reader ▶ **tableta táctil** (touchscreen) tablet.

tabloide sm tabloid.

tablón sm plank; [en el techo] beam ▶ **tablón de anuncios** notice board.

tabú (*pl* **tabúes** o **tabús**) adj & sm taboo.

tabular vt & vi to tabulate.

taburete sm stool.

tacaño, ña adj mean, miserly.

tacha sf [defecto] flaw, fault ▶ **sin tacha** faultless **2.** [clavo] tack.

tachar vt **1.** [lo escrito] to cross out **2.** *fig* [acusar] ▶ **tachar a alguien de mentiroso etc.** to accuse sb of being a liar etc.

tachero sm RP *fam* [de taxi] taxi driver.

tacho sm ANDES RP waste bin.

tachón sm **1.** [tachadura] correction, crossing out **2.** [clavo] stud.

tachuela sf tack.

tácito, ta adj tacit; [norma, regla] unwritten.

taciturno, na adj taciturn.

taco sm **1.** [tarugo] plug **2.** [cuña] wedge **3.** *fam* [palabrota] swearword / *soltar un taco* to swear **4.** [de billar] cue **5.** [de hojas, billetes de banco] wad; [de billetes de autobús, metro] book **6.** [de jamón, queso] hunk **7.** ANDES RP [tacón] heel **8.** [tortilla de maíz] taco.

tacón sm heel.

táctico, ca adj tactical. ❖ **táctica** sf *lit* + *fig* tactics *pl*.

tacto sm **1.** [sentido] sense of touch **2.** [textura] feel **3.** *fig* [delicadeza] tact.

taekwondo [taeˈkwondo] sm tae kwon do.

tafetán sm taffeta.

Tailandia npr Thailand.

taimado, da adj crafty.

Taiwán [taiˈwan] npr Taiwan.

tajada sf **1.** [rodaja] slice **2.** *fig* [parte] share ▶ **sacar tajada de algo** to get sthg out of sthg.

tajante adj [categórico] categorical.

tajo sm **1.** [corte] deep cut **2.** [acantilado] precipice.

Tajo sm ▶ **el (río) Tajo** the (River) Tagus.

tal ❖ adj **1.** [semejante, tan grande] such / *¡jamás se vio cosa tal!* you've never seen such a thing! / *lo dijo con tal seguridad que ...* he said it with such conviction that ... ▶ **dijo cosas tales como ...** he said such things as ... **2.** [sin especificar] such and such / *a tal hora* at such and such a time **3.** [desconocido] ▶ **un tal Pérez** a (certain) Mr Pérez. ❖ pron **1.** [alguna cosa] such a thing **2.** *loc* ▶ **que si tal que si cual** this, that and the other ▶ **ser tal para cual** to be two of a kind ▶ **tal y cual, tal y tal** this and that ▶ **y tal** [etcétera] and so on. ❖ adv ▶ **¿qué tal?** how's it going?, how are you doing? / *¿qué tal fue el viaje?* how was the trip? ▶ **déjalo tal cual** leave it just as it is. ◆ **con tal de** loc prep as long as, provided / *con tal de volver pronto* ... as long as we're back early ... ◆ **con tal (de) que** loc conj as long as, provided. ◆ **tal (y) como** loc conj just as o like. ◆ **tal que** loc prep *fam* [como por ejemplo] like.

taladrador, ra adj drilling. ◆ **taladradora** sf drill.

taladrar vt to drill; *fig* [suj: sonido] to pierce.

taladro sm **1.** [taladradora] drill **2.** [agujero] drill hole.

talante sm **1.** [humor] mood ▶ **estar de buen talante** to be in good humour **2.** [carácter] character, disposition.

talar vt to fell.

talasoterapia sf thalassotherapy.

talco sm talc, talcum powder.

talego sm **1.** [talega] sack **2.** *mfam* [mil pesetas] 1000 peseta note.

talento sm **1.** [don natural] talent / *de talento* talented **2.** [inteligencia] intelligence.

Talgo (*abr de* tren articulado ligero Goicoechea Oriol) sm Spanish intercity high-speed train.

talibán ❖ adj taliban. ❖ sm taliban.

talismán sm talisman.

talla sf **1.** [medida] size / *¿qué talla usas?* what size are you? **2.** [estatura] height **3.** *fig* [capacidad] stature ▶ **dar la talla** to be up to it **4.** [ARTE - en madera] carving; [-en piedra] sculpture.

tallado, da adj [madera] carved; [piedras preciosas] cut.

tallar vt [esculpir - madera, piedra] to carve; [- piedra preciosa] to cut.

tallarín (*gen pl*) sm noodle.

talle sm **1.** [cintura] waist **2.** [figura, cuerpo] figure.

taller sm **1.** [gen] workshop **2.** AUTO garage **3.** ARTE studio.

tallo sm stem; [brote] sprout, shoot.

talón sm **1.** [gen & ANAT] heel ▶ **talón de Aquiles** *fig* Achilles' heel ▶ **pisarle a alguien los talones** to be hot on sb's heels **2.** [cheque] cheque; [matriz] stub ▶ **talón cruzado / devuelto / en blanco** crossed/bounced/blank cheque ▶ **talón bancario** cashier's cheque UK, cashier's check US.

talonario sm [de cheques] cheque book; [de recibos] receipt book.

tamal sm Am tamale.

tamaño, ña adj such / *¡cómo pudo decir tamaña estupidez!* how could he say such a stupid thing! ◆ **tamaño** sm size ▶ **de gran tamaño** large / *de tamaño familiar* family-size ▶ **de tamaño natural** life-size.

tambalearse vprnl **1.** [bambolearse - persona] to stagger; [- mueble] to wobble; [- tren] to sway **2.** *fig* [gobierno, sistema] to totter.

tambero sm **1.** RP [granjero] dairy farmer **2.** [dueño - de una tienda] storekeeper; [de un tenderete] stall holder.

también adv also, too / *yo también* me too / *Juan está enfermo - Elena también* Juan is sick - so is Elena / *también a mí me gusta* I like it too, I also like it.

tambo sm **1.** $ANDES$ [posada] wayside inn **2.** $ANDES$ [tienda] shop; [tenderete] stall **3.** RP [granja] dairy farm **4.** MEX [recipiente] drum.

tambor sm **1.** MÚS & TECNOL drum; [de pistola] cylinder **2.** ANAT eardrum **3.** AUTO brake drum.

Támesis sm ▶ **el (río) Támesis** the (River) Thames.

tamiz sm [cedazo] sieve / *pasar algo por el tamiz* to sift sthg.

tamizar [13] vt **1.** [cribar] to sieve **2.** *fig* [seleccionar] to screen.

tampoco adv neither, not ... either / *ella no va y tú tampoco* she's not going and neither are you, she's not going and you aren't either.

tampón sm **1.** [sello] stamp; [almohadilla] ink-pad **2.** [para la menstruación] tampon.

tan adv **1.** [mucho] so / *tan grande / deprisa* so big/quickly / *¡qué película tan larga!* what a long film! ▶ **tan ... que ...** so ... that ... ▶ **tan es así que ...** so much so that ... **2.** [en comparaciones] ▶ **tan ... como ...** as ... as ... ◆ **tan sólo** loc adv only.

tanda sf **1.** [grupo, lote] group, batch **2.** [serie] series **3.** [de inyecciones] course **3.** [turno de trabajo] shift.

tándem (*pl* tándemes o tándems o *inv*) sm **1.** [bicicleta] tandem **2.** [pareja] duo, pair.

tanga sm tanga, thong US.

tangente ❖ adj tangent ▶ **irse o salirse por la tangente** to go off at a tangent.

tangible adj tangible.

tango sm tango.

tanque sm **1.** MIL tank **2.** [vehículo cisterna] tanker **3.** [depósito] tank.

tantear ❖ vt **1.** [sopesar - peso, precio, cantidad] to try to guess; [- problema, posibilidades, ventajas] to weigh up **2.** [probar, sondear] to test (out) **3.** [toro, contrincante etc] to size up. ❖ vi **1.** [andar a tientas] to feel one's way **2.** [apuntar los tantos] to (keep) score.

tanteo sm **1.** [prueba, sondeo] testing out; [de posibilidades, ventajas] weighing up; [de contrincante, puntos débiles] sizing up **2.** [puntuación] score.

tanto, ta ❖ adj **1.** [gran cantidad] so much, so many / *tanto dinero* so much money, such a lot of money / *tanta gente* so many people ▶ **tiene tanto entusiasmo / tantos amigos que ...** she has so much enthusiasm / so many friends that ... **2.** [cantidad indeterminada] so much, so many **/** *nos daban tantos euros al día* they used to give us so many euros per day **▶ cuarenta y tantos** forty-something, forty-odd **/** *nos conocimos en el sesenta y tantos* we met sometime in the Sixties **3.** [en comparaciones] **▶ tanto ... como** as much ... as, as many ... as. **⬥ pron 1.** [gran cantidad] so much, so many **/** *¿cómo puedes tener tantos?* how can you have so many? **2.** [cantidad indeterminada] so much, so many **▶ a tantos de agosto** on such and such a date in August **3.** [igual cantidad] as much, so many **/** *había mucha gente aquí, allí no había tanta* there were a lot of people here, but not as many there **▶ otro tanto** as much again, the same again **/** *otro tanto le ocurrió a los demás* the same thing happened to the rest of them **4.** *loc* **▶ ser uno de tantos** to be nothing special. **⬥ tanto ⬥ sm 1.** [punto] point ; [gol] goal **▶ marcar un tanto** to score **2.** *fig* [ventaja] point **▶ apuntarse un tanto** to earn o.s. a point **3.** [cantidad indeterminada] **▶ un tanto** so much, a certain amount **▶ tanto por ciento** percentage **4.** *loc* **▶ estar al tanto (de)** to be on the ball (about). **⬥ adv 1.** [mucho] **▶ tanto (que ...)** **a)** [cantidad] so much (that ...) **b)** [tiempo] so long (that ...) **/** *no bebas tanto* don't drink so much **▶ tanto mejor/peor** so much the better/worse **▶ tanto más cuanto que ...** all the more so because ... **2.** [en comparaciones] **▶ tanto como** as much as **▶ tanto hombres como mujeres** both men and women **▶ tanto si estoy como si no** whether I'm there or not **3.** *loc* **▶ ¡y tanto!** most certainly!, you bet! **⬥ tantas** sfpl *fam* : *eran las tantas* it was very late. **⬥ en tanto (que)** loc conj while. **⬥ entre tanto** loc adv meanwhile. **⬥ por (lo) tanto** loc conj therefore, so. **⬥ tanto (es así) que** loc conj so much so that. **⬥ un tanto** loc adv [un poco] a bit, rather.

tanzano, na adj & sm, f Tanzanian.

tañido sm [de instumento] sound ; [de campana] ringing.

tapa sf **1.** [de caja, baúl, recipiente] lid **▶ levantarse o volarse la tapa de los sesos** *fam* to blow one's brains out **2.** [aperitivo] snack, tapa **▶ irse de tapas** to go for some tapas **3.** [de libro] cover **4.** [de zapato] heel plate **5.** ᴀɴᴅᴇs ʀᴅᴏᴍ [de botella] top ; [de frasco] stopper.

tapadera sf **1.** [tapa] lid **2.** [para encubrir] front.

tapado sm **1.** ʀᴘ [abrigo] overcoat **2.** ᴍᴇx *fam* [candidato] undeclared electoral candidate.

tapar vt **1.** [cerrar - ataúd, cofre] to close (the lid of) ; [- olla, caja] to put the lid on ; [- botella] to put the top on **2.** [ocultar, cubrir] to cover ; [no dejar ver] to block out ; [obstruir] to block **3.** [abrigar - con ropa] to wrap up ; [- en la cama] to tuck in **4.** [encubrir] to cover up **5.** ᴄʜɪʟᴇ ᴍᴇx [empaste]

to fill. **⬥ taparse** vprnl **1.** [cubrirse] to cover (up) **2.** [abrigarse - con ropa] to wrap up ; [- en la cama] to tuck o.s. in.

taparrabos sm inv **1.** [de hombre primitivo] loincloth **2.** *fam* [tanga] tanga briefs *pl*.

tapear vi to have some tapas **/** *ir a tapear* to go for tapas.

tapeo sm : *ir de tapeo* to go for tapas.

tapete sm **1.** [paño] runner ; [de billar, para cartas] baize **2.** ᴄᴏʟ ᴍᴇx [alfombra] rug.

tapia sf (stone) wall.

tapiar [8] vt **1.** [cercar] to wall in **2.** [enladrillar] to brick up.

tapicería sf **1.** [tela] upholstery **2.** [tienda - para muebles] upholsterer's **3.** [oficio - de muebles] upholstery **4.** [tapices] tapestries *pl*.

tapiz sm [para la pared] tapestry ; *fig* [de nieve, flores] carpet.

tapizado sm **1.** [de mueble] upholstery **2.** [de pared] tapestries *pl*.

tapizar [13] vt [mueble] to upholster ; *fig* [campos, calles] to carpet, to cover.

tapón sm **1.** [para tapar - botellas, frascos] stopper ; [- de corcho] cork ; [- de metal, plástico] cap, top ; [- de bañera, lavabo] plug **2.** [en el oído - de cerumen] wax *(U)* in the ear ; [- de algodón] earplug **3.** [atasco] traffic jam **4.** [en baloncesto] block **5.** ᴀᴍ [fusible] fuse.

taponar vt [cerrar - lavadero] to put the plug in ; [- salida] to block ; [- tubería] to stop up.

tapujo sm **▶ andarse contapujos** [rodeos] to beat around the bush **▶ hacer algo sin tapujos** to do sthg openly.

taquería sf ᴍᴇx [quiosco] taco stall ; [restaurante] taco restaurant.

taquigrafía sf shorthand.

taquilla sf **1.** [ventanilla - gen] ticket office ; [- ᴄɪɴᴇ & ᴛᴇᴀᴛʀᴏ] box office **▶ en taquilla** at the ticket/box office **2.** [recaudación] takings *pl* **3.** [armario] locker.

taquillero, ra ⬥ adj : *es un espectáculo taquillero* the show is a box-office hit. **⬥ sm, f** ticket clerk.

taquimecanógrafo, fa sm, f shorthand typist.

tara sf **1.** [defecto] defect **2.** [peso] tare.

tarántula sf tarantula.

tararear vt to hum.

tardanza sf lateness.

tardar vi **1.** [llevar tiempo] to take **▶ esto va a tardar** this will take time **▶ tardó un año en hacerlo** she took a year to do it **▶ ¿cuánto tardarás (en hacerlo)?** how long will you be (doing it)?, how long will it take you (to do it)? **2.** [retrasarse] to be late ; [ser lento] to be slow **/** *¡no tardéis!* don't be long! **▶ tardar en hacer algo** to take a long time to do sthg **/** *no tardaron en* *hacerlo* they were quick to do it ▸ **a más tardar** at the latest. ◆ **tardarse** vprnl : *¿cuánto se tarda en llegar?* how long does it take to get there?

tarde ❖ sf [hasta las cinco] afternoon ; [después de las cinco] evening ▸ **por la tarde** a) [hasta las cinco] in the afternoon b) [después de las cinco] in the evening ▸ **buenas tardes** a) [hasta las cinco] good afternoon b) [después de las cinco] good evening ▸ **de tarde en tarde** from time to time / *muy de tarde en tarde* very occasionally. ❖ adv [gen] late ; [en exceso] too late / *ya es tarde para eso* it's too late for that now ▸ **tarde o temprano** sooner or later.

tardío, a adj [gen] late ; [intento, decisión] belated.

tarea sf [gen] task ; EDUC homework ▸ **tareas de la casa** housework (U).

tarifa sf **1.** [precio] charge ; COM tariff ; [en transportes] fare ▸ **tarifa plana** flat rate **2.** (gen pl) [lista] price list.

tarima sf **1.** [estrado] platform **2.** [suelo] floorboards pl.

tarjeta sf [gen & INFORM] card ▸ **tarjeta amarilla / roja** DEP yellow/red card ▸ **tarjeta de cliente** store card ▸ **tarjeta de crédito / débito** credit/debit card ▸ **tarjeta electrónica** e-card ▸ **tarjeta de embarque** boarding pass ▸ **tarjeta de felicitación** greetings card ▸ **tarjeta postal** postcard ▸ **tarjeta de recarga** top-up card ▸ **tarjeta de sonido / vídeo** sound/video card ▸ **tarjeta telefónica** postcard ▸ **tarjeta de visita** visiting o calling card.

tarot sm tarot.

tarrina sf tub.

tarro sm [recipiente] jar.

tarta sf [gen] cake ; [plana, con base de pasta dura] tart ; [plana, con base de bizcocho] flan.

tartaleta sf tartlet.

tartamudear vi to stammer, to stutter.

tartamudo, da ❖ adj stammering. ❖ sm, f stammerer.

tartana sf fam [coche viejo] banger.

tártaro, ra ❖ adj [pueblo] Tartar. ❖ sm, f Tartar.

tartera sf [fiambrera] lunch box.

tarugo sm **1.** [de madera] block of wood ; [de pan] chunk (of stale bread) **2.** fam [necio] blockhead.

tasa sf **1.** [índice] rate ▸ **tasa de paro** o **desempleo** (level of) unemployment **2.** [impuesto] tax ▸ **tasas de aeropuerto** airport tax **3.** EDUC ▸ **tasas** fees **4.** [tasación] valuation.

tasación sf [valuation].

tasar vt **1.** [valorar] to value **2.** [fijar precio] to fix a price for.

tasca sf ≃ pub.

tata ❖ sm **Am** fam [padre] dad, daddy, pop **US**. ❖ sf ⟶ **tato**.

tatarabuelo, la sm, f great-great-grandfather(grandmother).

tato, ta sm **Am** fam [hermano] big brother (big sister). ◆ **tata** sf [niñera] nanny.

tatuaje sm **1.** [dibujo] tattoo **2.** [acción] tattooing.

tatuar [6] vt to tattoo.

taurino, na adj bullfighting (antes de sust).

tauro ❖ sm [zodiaco] Taurus. ❖ smf [persona] Taurean.

tauromaquia sf bullfighting.

taxativo, va adj precise, exact.

taxi sm taxi.

taxidermista smf taxidermist.

taxímetro sm taximeter.

taximoto sm motorcycle taxi.

taxista smf taxi driver.

Tayikistán sm Tajikistan, Tadjikistan.

taza sf **1.** [para beber] cup / *una taza de té* a) [recipiente] a teacup b) [contenido] a cup of tea **2.** [de retrete] bowl.

tazón sm bowl.

te pron pers **1.** (complemento directo) you / *le gustaría verte* she'd like to see you **2.** (complemento indirecto) (to) you / *te lo dio* he gave it to you / *te tiene miedo* he's afraid of you **3.** (reflexivo) yourself **4.** (valor impersonal) fam : *si te dejas pisar, estás perdido* if you let people walk all over you, you've had it.

té (pl tés) sm tea.

tea sf [antorcha] torch.

teatral adj **1.** [de teatro - gen] theatre (antes de sust) ; [- grupo] drama (antes de sust) **2.** [exagerado] theatrical.

teatro sm **1.** [gen] theatre ▸ **teatro de la ópera** opera house **2.** fig [fingimiento] playacting.

tebeo® sm (children's) comic ▸ **estar más visto que el tebeo** to be old hat.

techo sm **1.** [gen] roof ; [dentro de casa] ceiling ▸ **techo solar** AUTO sun roof ▸ **bajo techo** under cover **2.** fig [límite] ceiling. ◆ **sin techo** smf ▸ **los sin techo** the homeless.

techumbre sf roof.

tecla sf [gen, INFORM & MÚS] key.

teclado sm [gen & MÚS] keyboard.

teclear vt & vi [en ordenador etc] to type ; [en piano] to play.

técnico, ca ❖ adj technical. ❖ sm, f **1.** [mecánico] technician **2.** [experto] expert **3.** DEP [entrenador] coach, manager **UK**. ◆ **técnica** sf **1.** [gen] technique **2.** [tecnología] technology.

tecnicolor sm Technicolor®.

tecnócrata smf technocrat.

tecnología sf technology ▸ **tecnologías de la información** information technology ▸ **tecnología limpia** INFORM clean technology ▸ **tecnología ponible** INTERNET wearable technology ▸ **tecnología punta** state-of-the-art technology.

tecnológico, ca adj technological.

tecolote sm CAm Méx [búho] owl ; [policía] cop (on night patrol).

tecomate sm CAm Méx calabash.

tedio sm boredom, tedium.

tedioso, sa adj tedious.

Tegucigalpa npr Tegucigalpa.

teja sf [de tejado] tile ▸ **color teja** brick red.

tejado sm roof.

tejano, na ◆ adj 1. [de Texas] Texan 2. [tela] denim. ◆ sm, f [persona] Texan. ◆ **tejanos** smpl [pantalones] jeans.

tejemaneje sm fam 1. [maquinación] intrigue 2. [ajetreo] to-do, fuss.

tejer ◆ vt 1. [gen] to weave ; [labor de punto] to knit 2. [telaraña] to spin. ◆ vi [hacer ganchillo] to crochet ; [hacer punto] to knit.

tejido sm 1. [tela] fabric, material ; [en industria] textile 2. ANAT tissue.

tejo sm 1. [juego] hopscotch 2. BOT yew.

tejón sm badger.

tel., teléf. (abr escrita de **teléfono**) tel.

tela sf 1. [tejido] fabric, material ; [retal] piece of material ▸ **tela de araña** cobweb ▸ **tela metálica** wire netting 2. ARTE [lienzo] canvas 3. fam [dinero] dough 4. Esp fam [cosa complicada] ▸ **tener (mucha) tela** [ser difícil] to be (very) tricky 5. loc ▸ **poner en tela de juicio** to call into question.

telar sm 1. [máquina] loom 2. (gen pl) [fábrica] textiles mill.

telaraña sf spider's web, cobweb ▸ **la telaraña mundial** INFORM the (World Wide) Web.

tele sf fam telly.

telearrastre sm ski-tow.

teleasistencia sf telecare.

telebanca sf telebanking, telephone banking, home banking.

telecabina sf cable-car.

telecomedia sf television comedy programme.

telecompra sf teleshopping.

telecomunicación sf [medio] telecommunication. ◆ **telecomunicaciones** sfpl [red] telecommunications.

telediario sm television news (U).

teledirigido, da adj remote-controlled.

teléf. (abr escrita de **teléfono**) = tel.

telefax sm inv telefax, fax.

teleférico sm cable-car.

telefilme, telefilm (pl telefilms) sm TV film.

telefonazo sm fam ring, buzz ▸ **dar un telefonazo a alguien** to give sb a ring o buzz.

telefonear vt & vi to phone.

telefonía sf telephony.

telefónico, ca adj telephone (antes de sust).

telefonista smf telephonist.

teléfono sm 1. [gen] telephone, phone ▸ **coger el teléfono** to answer the phone ▸ **descolgar / colgar el teléfono** to pick up/hang up the phone ▸ **hablar por teléfono** to be on the phone ▸ **llamar por teléfono** to phone ▸ **teléfono fijo / inalámbrico / móvil** land line/cordless/mobile UK o cell US phone ▸ **teléfono público** public phone ▸ **teléfono WAP** WAP phone 2. ▸ **(número de) teléfono** telephone number.

telegrafía sf telegraphy.

telegráfico, ca adj lit + fig telegraphic.

telégrafo sm [medio, aparato] telegraph.

telegrama sm telegram.

telele sm ▸ **le dio un telele** [desmayo] he had a fainting fit ; [enfado] he had a fit.

telemando sm remote control.

telemática sf telematics (U).

telenovela sf television soap opera.

teleobjetivo sm telephoto lens.

telepago sm electronic payment / telepago segurizado secure electronic payment.

telepatía sf telepathy.

telepeaje sm electronic road toll.

telerrealidad sf TV reality tv.

telescópico, ca adj telescopic.

telescopio sm telescope.

telesilla sm chair lift.

telespectador, ra sm, f viewer.

telesquí sm ski lift.

teletexto sm Teletext®.

teletienda sf home shopping programme.

teletipo sm 1. [aparato] teleprinter 2. [texto] Teletype®.

teletrabajo sm teleworking.

televenta sf 1. [por teléfono] telesales pl 2. [por televisión] TV advertising in which a phone number is given for clients to contact.

televidente smf viewer.

televisar vt to televise.

televisión sf 1. [sistema, empresa] television ▸ **televisión en blanco y negro / en color** black and white/colour television ▸ **televisión digital** digital television ▸ **televisión privada / pública** commercial/public television 2. [televisor] television (set).

televisor sm television (set) ▸ **televisor de pantalla plana** flatscreen television.

télex sm inv telex.

telón sm [de escenario - delante] curtain ; [- detrás] backcloth ▶ **el telón de acero** HIST the Iron Curtain.

telonero, ra sm, f [cantante] support artist ; [grupo] support band.

tema sm **1.** [asunto] subject **2.** MÚS [de composición, película] theme ; [canción] song **3.** EDUC [de asignatura, oposiciones] topic ; [en libro de texto] unit.

temario sm [de asignatura] curriculum ; [de oposiciones] list of topics.

temático, ca adj thematic. ◆ **temática** sf subject matter.

temblar [19] vi **1.** [tiritar] ▶ **temblar (de) a)** [gen] to tremble (with) **b)** [de frío] to shiver (with) ▶ **tiemblo por lo que pueda pasarle** I shudder to think what could happen to him **2.** [vibrar - suelo, edificio, vehículo] to shudder, to shake ; [- voz] to tremble, to shake.

temblor sm shaking (U), trembling (U).

tembloroso, sa adj trembling, shaky.

temer ◆ vt **1.** [tener miedo de] to fear, to be afraid of **2.** [sospechar] to fear. ◆ vi to be afraid **/ no temas** don't worry ▶ **temer por** to fear for. ◆ **temerse** vprnl ▶ **temerse que** to be afraid that, to fear that **/ me temo que no vendrá** I'm afraid she won't come.

temerario, ria adj rash ; [conducción] reckless.

temeridad sf **1.** [cualidad] recklessness **2.** [acción] folly (U), reckless act.

temeroso, sa adj [receloso] fearful.

temible adj fearsome.

temor sm ▶ **por temor a o de** for fear of.

temperamental adj **1.** [cambiante] temperamental **2.** [impulsivo] impulsive.

temperamento sm temperament.

temperatura sf temperature.

tempestad sf storm.

tempestuoso, sa adj lit + fig stormy.

templado, da adj **1.** [tibio - agua, bebida, comida] lukewarm **2.** GEOGR [clima, zona] temperate **3.** [nervios] steady ; [persona, carácter] calm, composed.

templanza sf **1.** [serenidad] composure **2.** [moderación] moderation.

templar vt **1.** [entibiar - lo frío] to warm (up) ; [- lo caliente] to cool down **2.** [calmar - nervios, ánimos] to calm ; [- ira] to restrain **3.** TECNOL [metal etc] to temper **4.** MÚS to tune. ◆ **templarse** vprnl [lo frío] to warm up ; [lo caliente] to cool down.

temple sm **1.** [serenidad] composure **2.** TECNOL tempering **3.** ARTE tempera.

templete sm pavilion.

templo sm lit + fig temple ▶ **como un templo** fig huge.

temporada sf **1.** [periodo concreto] season ; [de exámenes] period ▶ **de temporada** [fruta, trabajo] seasonal ▶ **temporada alta / baja** high / low season ▶ **temporada media** mid-season **2.** [periodo indefinido] (period of) time **/ pasé una temporada en el extranjero** I spent some time abroad.

temporal ◆ adj **1.** [provisional] temporary **2.** [del tiempo] time (sust) **3.** ANAT & RELIG temporal. ◆ sm [tormenta] storm ▶ **capear el temporal** lit + fig to ride out the storm.

temporario, ria adj [Am] temporary.

temporero, ra sm, f casual labourer.

temporizador sm timing device.

temprano, na adj early. ◆ **temprano** adv early.

ten v ⟶ **tener.** ◆ **ten con ten** sm tact.

tenacidad sf tenacity.

tenacillas sfpl tongs ; [para vello] tweezers ; [para rizar el pelo] curling tongs.

tenaz adj [perseverante] tenacious.

tenaza (gen pl) sf **1.** [herramienta] pliers pl **2.** [pinzas] tongs pl **3.** ZOOL pincer.

tendedero sm **1.** [cuerda] clothes line ; [armazón] clothes horse **2.** [lugar] drying place.

tendencia sf tendency ▶ **tendencia a hacer algo** tendency to do sthg **/ nuevas tendencias** [en moda, arte] new trends.

tendencioso, sa adj tendentious.

tender [20] vt **1.** [colgar - ropa] to hang out **2.** [tumbar] to lay (out) **3.** [extender] to stretch (out) ; [mantel] to spread **4.** [dar - cosa] to hand ; [- mano] to hold out, to offer **5.** [entre dos puntos - cable, vía] to lay ; [- puente] to build **6.** fig [preparar - trampa etc] to lay **7.** [Am] [cama] to make ; [mesa] to set, to lay. ◆ **tender** a vi **1.** [propender] ▶ **tender a hacer algo** to tend to do something **/ tender a la depresión** to have a tendency to get depressed **2.** MAT to approach. ◆ **tenderse** vprnl to stretch out, to lie down.

tenderete sm [puesto] stall.

tendero, ra sm, f shopkeeper.

tendido, da adj **1.** [extendido, tumbado] stretched out **2.** [colgado - ropa] hung out, on the line. ◆ **tendido** sm **1.** [instalación - de cable, vía] laying ▶ **tendido eléctrico** electrical installation **2.** TAUROM front rows pl.

tendón sm tendon.

tendrá v ⟶ **tener.**

tenebroso, sa adj dark, gloomy ; fig shady, sinister.

tenedor¹ sm [utensilio] fork.

tenedor², ra sm, f [poseedor] holder ▶ **tenedor de libros** COM bookkeeper.

teneduría sf COM bookkeeping.

tenencia sf possession ▶ **tenencia ilícita de armas** illegal possession of arms. ◆ **tenencia de alcaldía** sf deputy mayor's office.

tener [72] ❖ v aux **1.** *(antes de pp)* [haber] : *teníamos pensado ir al teatro* we had thought of going to the theatre ▶ **te lo tengo dicho** I've told you many times **2.** *(antes de adj)* [hacer estar] : *me tuvo despierto* it kept me awake / *eso la tiene despistada* that has confused her **3.** [expresa obligación] ▶ **tener que hacer algo** to have to do sthg / *tiene que ser así* it has to be this way **4.** [expresa propósito] : *tenemos que ir a cenar un día* we ought to go for dinner some time. ❖ vt **1.** [gen] to have / *tengo un hermano* I have o I've got a brother ▶ **tener fiebre** to have a temperature / *tuvieron una pelea* they had a fight ▶ **tener un niño** to have a baby ▶ **¡que tengan buen viaje!** have a good journey! ▶ **hoy tengo clase** I have to go to school today **2.** [medida, edad, sensación, cualidad] to be / *tiene 3 metros de ancho* it's 3 metres wide / *¿cuántos años tienes?* how old are you? / *tiene diez años* she's ten (years old) / *tener hambre / miedo* to be hungry/afraid / *tener mal humor* to be bad-tempered / *le tiene lástima* he feels sorry for her **3.** [sujetar] to hold / *¿puedes tenerme esto?* could you hold this for me, please? / *tenlo por el asa* hold it by the handle **4.** [tomar] : *ten el libro que me pediste* here's the book you asked me for ▶ **¡aquí tienes!** here you are! **5.** [recibir] to get / *tuve un verdadero desengaño* I was really disappointed / *tendrá una sorpresa* he'll get a surprise **6.** [valorar] : *me tienen por tonto* they think I'm stupid ▶ **tener a alguien en mucho** to think the world of sb **7.** [guardar, contener] to keep **8.** ⓐⓜ [llevar] ▶ **tengo tres años aquí** I've been here for three years **9.** *loc* ▶ **no las tiene todas consigo** he is not too sure about it ▶ **tener a bien hacer algo** to be kind enough to do sthg ▶ **tener que ver con algo / alguien a)** [estar relacionado] to have something to do with sthg/sb **b)** [ser equiparable] to be in the same league as sthg/sb. ◆ **tenerse** vprnl **1.** [sostenerse] ▶ **tenerse de pie** to stand upright **2.** [considerarse] ▶ **se tiene por listo** he thinks he's clever.

tengo ⟶ **tener**.

tenia sf tapeworm.

teniente ❖ sm lieutenant ▶ **teniente coronel / general** lieutenant colonel/general. ❖ adj *fam* [sordo] deaf (as a post).

tenis sm inv tennis ▶ **tenis de mesa** table tennis.

tenista smf tennis player.

tenor sm **1.** MÚS tenor **2.** [estilo] tone. ◆ **a tenor de** loc prep in view of.

tensar vt [cable, cuerda] to tauten ; [arco] to draw.

tensión sf **1.** [gen] tension ▶ **tensión nerviosa** nervous tension **2.** TECNOL [estiramiento] stress

3. MED ▶ **tensión (arterial)** blood pressure ▶ **tener la tensión alta / baja** to have high/low blood pressure ▶ **tomar la tensión a alguien** to take sb's blood pressure **4.** ELECTR voltage ▶ **alta tensión** high voltage.

tenso, sa adj taut ; *fig* tense.

tentación sf temptation ▶ **caer en la tentación** to give in to temptation ▶ **tener la tentación de** to be tempted to / *estos bombones son una tentación* these chocolates are really tempting.

tentáculo sm tentacle.

tentador, ra adj tempting.

tentar [19] vt **1.** [palpar] to feel **2.** [atraer, incitar] to tempt.

tentativa sf attempt ▶ **tentativa de asesinato** attempted murder ▶ **tentativa de suicidio** suicide attempt.

tentempié *(pl* **tentempiés)** sm snack.

tenue adj **1.** [tela, hilo, lluvia] fine **2.** [luz, sonido, dolor] faint **3.** [relación] tenuous.

teñir [26] vt **1.** [ropa, pelo] ▶ **teñir algo (de rojoetc.)** to dye sthg (redetc.) **2.** *fig* [matizar] ▶ **teñir algo (de)** to tinge sthg (with). ◆ **teñirse** vprnl ▶ **teñirse (el pelo)** to dye one's hair.

teología sf theology ▶ **teología de la liberación** liberation theology.

teólogo, ga sm, f theologian.

teorema sm theorem.

teoría sf theory ▶ **en teoría** in theory.

teórico, ca ❖ adj theoretical ▶ **clase teórica** theory class. ❖ sm, f [persona] theorist.

teorizar [13] vi to theorize.

tepache sm ⓜⓔⓧ *non-alcoholic drink made from fermented pineapple juice.*

tequila sm o sf tequila.

terapeuta smf therapist.

terapéutico, ca adj therapeutic.

terapia sf therapy.

tercer ⟶ **tercero**.

tercera ⟶ **tercero**.

tercerización sf ⓐⓜ COM outsourcing ▶ **tercerización masiva** INTERNET crowdsourcing.

tercermundista adj third-world *(antes de sust)*.

tercero, ra num *(antes de sm sg: tercer)* third. ◆ **tercero** sm **1.** [piso] third floor **2.** [curso] third year **3.** [mediador, parte interesada] third party. ◆ **tercera** sf AUTO third (gear).

terceto sm MÚS trio.

terciar [8] ❖ vt [poner en diagonal - gen] to place diagonally ; [- sombrero] to tilt. ❖ vi **1.** [mediar] ▶ **terciar (en)** to mediate (in) **2.** [participar] to intervene, to take part. ◆ **terciarse** vprnl to arise ▶ **si se tercia** if the opportunity arises.

tercio sm **1.** [tercera parte] third **2.** TAUROM stage (of bullfight).

terciopelo sm velvet.

terco, ca adj stubborn.

tereré sm ARG PAR [mate] cold maté.

tergal® sm Tergal®.

tergiversar vt to distort, to twist.

termal adj thermal.

termas sfpl [baños] hot baths, spa sg.

térmico, ca adj thermal.

terminación sf **1.** [finalización] completion **2.** [parte final] end **3.** GRAM ending.

terminal ❖ adj [gen] final ; [enfermo] terminal. ❖ sm ELECTR & INFORM terminal. ❖ sf [de aeropuerto] terminal ; [de autobuses] terminus.

terminante adj categorical ; [prueba] conclusive.

terminar ❖ vt to finish. ❖ vi **1.** [acabar] to end ; [tren] to stop, to terminate ▶ **terminar en** [objeto] to end in **2.** [ir a parar] ▶ **terminar (de/en)** to end up (as/in) ▶ **terminar por hacer algo** to end up doing sthg. ◆ **terminarse** vprnl **1.** [finalizar] to finish **2.** [agotarse] to run out / se nos ha terminado la sal we have run out of salt.

término sm **1.** [fin, extremo] end ▶ **poner término a algo** to put a stop to sthg **2.** [territorio] ▶ **término (municipal)** district **3.** [plazo] period / en el término de un mes within (the space of) a month **4.** [lugar, posición] place ▶ **en primer término** ARTE & FOTO in the foreground ▶ **en último término a)** ARTE & FOTO in the background **b)** fig [si es necesario] as a last resort **c)** [en resumidas cuentas] in the final analysis **5.** [situación, punto] point ▶ **término medio a)** [media] average **b)** [compromiso] compromise, happy medium ▶ **por término medio** on average **6.** LING & MAT term / a mí no me hables en esos términos don't talk to me like that / los términos del contrato the terms of the contract ▶ **en términos generales** generally speaking.

terminología sf terminology.

termita sf termite.

termo sm Thermos® (flask).

termómetro sm thermometer ▶ **poner el termómetro a alguien** to take sb's temperature.

termostato sm thermostat.

terna sf POLÍT shortlist of three candidates.

ternasco sf suckling lamb.

ternero, ra sm, f [animal] calf. ◆ **ternera** sf [carne] veal.

terno sm **1.** [trío] trio **2.** [traje] three-piece suit.

ternura sf tenderness.

terquedad sf stubbornness.

terracota sf terracotta.

terraja adj RP fam [persona] flashy, tacky ; [decoración, ropa, canción] tacky, naff UK.

terrajada sf : esos zapatos son una terrajada RP fam those shoes are tacky.

terral, tierral sm AM dust cloud.

terraplén sm embankment.

terráqueo, a adj Earth (antes de sust), terrestrial.

terrateniente smf landowner.

terraza sf **1.** [balcón] balcony **2.** [de café] terrace, patio **3.** [azotea] terrace roof **4.** [bancal] terrace.

terremoto sm earthquake.

terrenal adj earthly.

terreno, na adj earthly. ◆ **terreno** sm **1.** [suelo - gen] land ; [- GEOL] terrain ; [- AGRIC] soil **2.** [solar] plot (of land) **3.** DEP ▶ **terreno (de juego)** field, pitch **4.** fig [ámbito] field.

terrestre adj **1.** [del planeta] terrestrial **2.** [de la tierra] land (antes de sust).

terrible adj **1.** [enorme, insoportable] terrible **2.** [aterrador] terrifying.

terrícola smf earthling.

territorial adj territorial.

territorio sm territory ▶ **por todo el territorio nacional** across the country, nationwide.

terrón sm **1.** [de tierra] clod of earth **2.** [de harina etc] lump.

terror sm [miedo, persona terrible] terror ; CINE horror ▶ **película de terror** horror movie ▶ **dar terror** to terrify.

terrorífico, ca adj **1.** [enorme, insoportable] terrible **2.** [aterrador] terrifying.

terrorismo sm terrorism.

terrorista adj & smf terrorist.

terroso, sa adj **1.** [parecido a la tierra] earthy **2.** [con tierra] muddy.

terso, sa adj **1.** [piel, superficie] smooth **2.** [aguas, mar] clear **3.** [estilo, lenguaje] polished.

tersura sf **1.** [de piel, superficie] smoothness **2.** [de aguas, mar] clarity.

tertulia sf regular meeting of people for informal discussion of a particular issue of common interest ▶ **tertulia literaria** literary circle.

tertuliar vi AM to get-together to discuss politics, the arts, etc.

tesina sf (undergraduate) dissertation.

tesis sf inv [gen & UNIV] thesis.

tesitura sf [circunstancia] circumstances pl.

tesón sm **1.** [tenacidad] tenacity, perseverance **2.** [firmeza] firmness.

tesorero, ra sm, f treasurer.

tesoro sm **1.** [botín] treasure **2.** [hacienda pública] treasury, exchequer. ◆ **Tesoro** sm ECON ▶ **el Tesoro (Público)** the Treasury.

test (pl tests) sm test.

testamentario, ria ❖ adj testamentary. ❖ sm, f executor.

testamento sm will; *fig* [artístico, intelectual] legacy ▶ **hacer testamento** to write one's will.
◆ **Antiguo Testamento** sm Old Testament.
◆ **Nuevo Testamento** sm New Testament.

testar ❖ vi [hacer testamento] to make a will.
❖ vt [probar] to test.

testarudo, da adj stubborn.

testear vt CSUR to test.

testículo sm testicle.

testificar [10] ❖ vt to testify; *fig* to testify to.
❖ vi to testify, to give evidence.

testigo ❖ smf [persona] witness ▶ **testigo de cargo / descargo** witness for the prosecution / defence ▶ **testigo ocular** o **presencial** eyewitness.
❖ sm DEP baton. ◆ **testigo de Jehová** smf Jehovah's Witness.

testimonial adj [documento, prueba etc] testimonial.

testimoniar [8] vt to testify; *fig* to testify to.

testimonio sm **1.** [relato] account; DER testimony ▶ **prestar testimonio** to give evidence **2.** [prueba] proof ▶ **como testimonio de** as proof of ▶ **dar testimonio de** to prove.

teta sf **1.** *fam* [de mujer] tit **2.** [de animal] teat.

tétanos sm inv tetanus.

tetera sf teapot.

tetero sm COL VEN [biberón] baby's bottle.

tetilla sf **1.** [de hombre, animal] nipple **2.** [de biberón] teat.

tetina sf teat.

tetrabrik® (*pl* tetrabriks) sm tetrabrik® / *un tetrabrik® de leche* a carton of milk.

tetrapléjico, ca adj & sm, f quadriplegic.

tétrico, ca adj gloomy.

textil adj & sm textile.

texto sm **1.** [gen] text ▶ **el Sagrado Texto** the Holy Scripture, the Bible **2.** [pasaje] passage.

textual adj **1.** [del texto] textual **2.** [exacto] exact.

textura sf texture.

tez sf complexion.

ti pron pers (*después de prep*) **1.** [gen] you / *siempre pienso en ti* I'm always thinking about you / *me acordaré de ti* I'll remember you **2.** [reflexivo] yourself / *sólo piensas en ti (mismo)* you only think about yourself.

tía ⟶ **tío.**

tianguis sm inv CAM MEX open-air market.

tibia sf shinbone, tibia.

tibieza sf [calidez] warmth; [falta de calor] lukewarmness.

tibio, bia adj **1.** [cálido] warm; [falto de calor] tepid, lukewarm **2.** *fig* [frío] lukewarm.

tiburón sm [gen] shark.

tic sm tic.

TIC (*abr de* Tecnologías de la información y la comunicación) sfpl ICT.

ticket = tíquet.

tico, ca adj & sm, f AM *fam* Costa Rican.

tictac sm tick tock.

tiempo sm **1.** [gen] time ▶ **al poco tiempo** soon afterwards ▶ **a tiempo (de hacer algo)** in time (to do sthg) ▶ **con el tiempo** in time ▶ **no me dio tiempo a terminarlo** I didn't have (enough) time to finish it ▶ **estar a** o **tener tiempo de** to have time to ▶ **fuera de tiempo** at the wrong moment ▶ **ganar tiempo** to save time ▶ **perder el tiempo** to waste time ▶ **tiempo libre** o **de ocio** spare time ▶ **a tiempo parcial** part-time ▶ **en tiempos de Maricastaña** donkey's years ago ▶ **matar el tiempo** to kill time **2.** [periodo largo] long time ▶ **con tiempo** in good time ▶ **hace tiempo que** it is a long time since / *hace tiempo que no vive aquí* he hasn't lived here for some time ▶ **tomarse uno su tiempo** to take one's time **3.** [edad] age / *¿qué tiempo tiene?* how old is he? **4.** [movimiento] movement / *motor de cuatro tiempos* four-stroke engine **5.** METEOR weather ▶ **hizo buen / mal tiempo** the weather was good/bad ▶ **si el tiempo lo permite** o **no lo impide** weather permitting ▶ **hace un tiempo de perros** it's a foul day **6.** DEP half **7.** GRAM tense **8.** [MÚS - compás] time; [- ritmo] tempo.

tienda sf **1.** [establecimiento] shop ▶ **ir de tiendas** to go shopping ▶ **tienda de abarrotes** CAM ANDES MEX grocery, grocer's ▶ **tienda libre de impuestos** duty-free shop UK, duty-free store US ▶ **tienda virtual** online retailer **2.** [para acampar] ▶ **tienda (de campaña)** tent.

tiene ⟶ **tener.**

tienta sf TAUROM trial (*of the bulls*). ◆ **a tientas** loc adv blindly ▶ **andar a tientas** to grope along.

tierno, na adj **1.** [blando, cariñoso] tender **2.** [del día] fresh.

tierra sf **1.** [gen] land ▶ **tierra adentro** inland ▶ **tierra firme** terra firma ▶ **tierra prometida** o **de promisión** Promised Land **2.** [materia inorgánica] earth, soil / *un camino de tierra* a dirt track ▶ **pista de tierra batida** clay court **3.** [suelo] ground ▶ **caer a tierra** to fall to the ground ▶ **quedarse en tierra** [pasajero] to miss the plane/boat/train ▶ **tomar tierra** to touch down **4.** [patria] homeland, native land ▶ **de la tierra** [vino, queso] local **5.** ELECTR earth UK, ground US ▶ **conectado a tierra** earthed UK, grounded US. ◆ **Tierra** sf ▶ **la Tierra** the Earth.

tierral = terral.

tieso, sa adj **1.** [rígido] stiff **2.** [erguido] erect **3.** *fam* [muerto] stone dead **4.** *fam* [sin dinero] broke **5.** *fig* [engreído] haughty.

tiesto sm flowerpot.

tifoideo, a adj typhoid *(antes de sust)*.

tifón sm typhoon.

tifus sm inv typhus.

tigre sm tiger.

tigresa sf tigress.

tijera *(gen pl)* sf scissors *pl* ; [de jardinero, esquilador] shears *pl* ▶ **unas tijeras** a pair of scissors / shears ▶ **de tijera** [escalera, silla] folding ▶ **meter la tijera** *lit + fig* to cut.

tijereta sf [insecto] earwig.

tila sf [infusión] lime blossom tea.

tildar vt ▶ **tildar a alguien de algo** to brand o call sb sthg.

tilde sf **1.** [signo ortográfico] tilde **2.** [acento gráfico] accent.

tiliches smpl CAm Méx bits and pieces.

tilín sm tinkle, tinkling *(U)* ▶ **me hace tilín** *fam* I fancy him.

tilma sf Méx woollen blanket.

tilo sm [árbol] linden o lime tree.

timar vt [estafar] ▶ **timar a alguien** to swindle sb ▶ **timar algo a alguien** to swindle sb out of sthg.

timbal sm [MÚS - de orquesta] kettledrum.

timbrar ◈ vt to stamp. ◈ vi CAm Andes Méx [llamar] to ring the bell.

timbre sm **1.** [aparato] bell ▶ **tocar el timbre** to ring the bell **2.** [de voz, sonido] tone ; TECNOL timbre **3.** [sello - de documentos] stamp ; [- de impuestos] seal ; CAm Méx [- de correos] stamp.

timidez sf shyness.

tímido, da adj shy.

timo sm [estafa] swindle.

timón sm **1.** AERON & NÁUT rudder **2.** *fig* [gobierno] helm ▶ **llevar el timón de** to be at the helm of **3.** Andes Cuba [volante] steering wheel.

timonel, timonero sm NÁUT helmsman.

timorato, ta adj [mojigato] prudish.

tímpano sm ANAT eardrum.

tina sf **1.** [tinaja] pitcher **2.** [gran cuba] vat **3.** CAm Col Méx [bañera] bathtub.

tinaja sf (large) pitcher.

tinglado sm **1.** [cobertizo] shed **2.** [armazón] platform **3.** *fig* [lío] fuss **4.** *fig* [maquinación] plot.

tinieblas sfpl darkness *(U)* ; *fig* confusion *(U)*, uncertainty *(U)* ▶ **entre tinieblas** *lit + fig* in the dark.

tino sm **1.** [puntería] good aim **2.** *fig* [habilidad] skill **3.** *fig* [juicio] sense, good judgment.

tinta sf ink ▶ **tinta china** Indian ink ▶ **cargar o recargar las tintas** to exaggerate ▶ **saberlo de buena tinta** to have it on good authority ▶ **sudar tinta** to sweat blood. ◆ **medias tintas** sfpl : *andarse con medias tintas* to be wishy-washy.

tinte sm **1.** [sustancia] dye **2.** [operación] dyeing **3.** [tintorería] dry cleaner's **4.** *fig* [tono] shade, tinge.

tintero sm [frasco] ink pot ; [en la mesa] inkwell.

tintinear vi to jingle, to tinkle.

tinto, ta adj **1.** [manchado] stained ▶ **tinto en sangre** bloodstained **2.** [vino] red. ◆ **tinto** sm **1.** [vino] red wine **2.** Col Ven [café] black coffee.

tintorera sf ZOOL blue shark.

tintorería sf dry cleaner's.

tiña sf MED ringworm.

tío, a sm, f **1.** [familiar] uncle (aunt) ▶ **el tío Sam** *fig* Uncle Sam **2.** *fam* [individuo] guy (bird) **3.** *fam* [como apelativo] mate (darling).

tiovivo sm merry-go-round UK, carousel US.

tipear ◈ vt Am to type. ◈ vi to type.

típico, ca adj typical ; [traje, restaurante etc] traditional ▶ **típico de** typical of.

tipificar [10] vt **1.** [gen & DER] to classify **2.** [simbolizar] to typify.

tiple smf [cantante] soprano.

tipo, pa sm, f *fam* guy (woman). ◆ **tipo** sm **1.** [clase] type, sort ▶ **todo tipo de** all sorts of **2.** [cuerpo - de mujer] figure ; [- de hombre] build **3.** ECON rate **4.** IMPR & ZOOL type.

tipografía sf [procedimiento] printing.

tipográfico, ca adj typographical.

tipógrafo, fa sm, f printer.

tíquet *(pl* tiquets*)*, **ticket** ['tiket] *(pl* tickets*)* sm ticket.

tiquismiquis ◈ adj inv *fam* [maniático] pernickety. ◈ smf inv *fam* [maniático] fusspot. ◈ smpl **1.** [riñas] squabbles **2.** [bagatelas] trifles.

tira sf **1.** [banda cortada] strip **2.** [de viñetas] comic strip **3.** *loc* ▶ **la tira de** *fam* loads *pl* of ▶ **la tira** Méx *fam* [la policía] the cops, the fuzz UK. ◆ **tira y afloja** sm give and take.

tirabuzón sm [rizo] curl.

tirachinas sm inv catapult.

tiradero sm Am rubbish dump.

tirado, da adj **1.** *fam* [barato] dirt cheap **2.** *fam* [fácil] simple, dead easy ▶ **estar tirado** to be a cinch **3.** *loc* ▶ **dejar tirado a alguien** *fam* to leave sb in the lurch. ◆ **tirada** sf **1.** [lanzamiento] throw **2.** [IMPR - número de ejemplares] print run ; [- reimpresión] reprint ; [- número de lectores] circulation **3.** [distancia] : *hay una tirada hasta allí* it's a fair way o quite the stretch ▶ **de o en una tirada** in one go.

tirador, ra sm, f [con arma] marksman. ◆ **tirador** sm [mango] handle. ◆ **tiradores** smpl Bol RDom [tirantes] braces UK, suspenders US.

tiraje sm Am print run.

tiranía sf tyranny.

tirano, na ◈ adj tyrannical. ◈ sm, f tyrant.

tirante ◈ adj **1.** [estirado] taut **2.** *fig* [violento, tenso] tense. ◈ sm **1.** [de tela] strap **2.** ARQUIT brace. ◆ **tirantes** smpl [para pantalones] braces 🇬🇧, suspenders 🇺🇸.

tirantez sf *fig* tension.

tirar ❖ vt **1.** [lanzar] to throw ▸ **tirar algo a alguien/algo** [para hacer daño] to throw sthg at sb/sthg / *tírame una manzana* throw me an apple / *tírale un beso* blow him a kiss **2.** [dejar caer] to drop; [derramar] to spill; [volcar] to knock over **3.** [desechar, malgastar] to throw away **4.** [disparar] to fire; [bomba] to drop; [petardo, cohete] to let off; [foto] to take **5.** [derribar] to knock down **6.** [jugar - carta] to play; [- dado] to throw **7.** [DEP - falta, penalti etc] to take; [- balón] to pass **8.** [imprimir] to print **9.** *fam* [suspender] to fail. ❖ vi **1.** [estirar, arrastrar] ▸ **tirar (de algo)** to pull (sthg) ▸ **tira y afloja** give and take **2.** [suj: prenda, pernera, manga] to be too tight **3.** [disparar] to shoot **4.** *fam* [atraer] to have a pull ▸ **me tira la vida del campo** I feel drawn towards life in the country **5.** [cigarrillo, chimenea etc] to draw **6.** [dirigirse] to go, to head **7.** *fam* [apañárselas] to get by ▸ **ir tirando** to get by / *voy tirando* I'm O.K., I've been worse **8.** [parecerse] ▸ **tira a gris** it's greyish / *tira a su abuela* she takes after her grandmother ▸ **tirando a** approaching, not far from **9.** [tender] ▸ **tirar para algo** [persona] to have the makings of sthg / *este programa tira a (ser) hortera* this programme is a bit on the tacky side / *el tiempo tira a mejorar* the weather looks as if it's getting better **10.** [DEP - con el pie] to kick; [- con la mano] to throw; [- a meta, canasta etc] to shoot. ◆ **tirarse** vprnl **1.** [lanzarse] ▸ **tirarse (a)** a) [al agua] to dive (into) b) [al vacío] to jump (into) ▸ **tirarse sobre alguien** to jump on top of sb **2.** [tumbarse] to stretch out **3.** [pasar tiempo] to spend.

tirilla® sf ≃ neckband.

tirita® sf (sticking) plaster 🇬🇧; ≃ Bandaid® 🇺🇸.

tiritar vi ▸ **tiritar (de)** to shiver (with).

tiro sm **1.** [gen] shot ▸ **pegar un tiro a alguien** to shoot sb ▸ **pegarse un tiro** to shoot o.s. ▸ **ni a tiros** never in a million years **2.** [acción] shooting ▸ **tiro al blanco** a) [deporte] target shooting b) [lugar] shooting range ▸ **tiro con arco** archery **3.** [huella, marca] bullet mark; [herida] gunshot wound **4.** [alcance] range ▸ **a tiro de** within the range of ▸ **a tiro de piedra** a stone's throw away ▸ **ponerse/estar a tiro** a) [de arma] to come/be within range b) *fig* [de persona] to come/be within one's reach **5.** [de chimenea, horno] draw **6.** [de caballos] team **7.** *fam* [de cocaína] line.

tiroides sm o sf *inv* thyroid (gland).

tirón sm **1.** [estirón] pull **2.** [robo] bagsnatching **3.** MED ▸ **tirón (muscular)** strained muscle **4.** *fam* [popularidad] pull. ◆ **de un tirón** loc adv in one go.

tirotear ❖ vt to fire at. ❖ vi to shoot.

tiroteo sm [tiros] shooting; [intercambio de disparos] shootout.

tisana sf herbal tea.

tisis sf *inv* MED (pulmonary) tuberculosis.

tisú sm tissue, paper hankie.

titánico, ca adj titanic.

títere sm *lit + fig* puppet. ◆ **títeres** smpl [guiñol] puppet show *sg*.

titilar vi [estrella, luz] to flicker.

titiritero, ra sm, f **1.** [de títeres] puppeteer **2.** [acróbata] acrobat.

titubeante adj **1.** [actitud] hesitant; [voz] stuttering **2.** [al andar] tottering.

titubear vi [dudar] to hesitate; [al hablar] to stutter.

titubeo (*gen pl*) sm **1.** [duda] hesitation; [al hablar] stutter, stuttering (*U*) **2.** [al andar] tottering.

titulado, da sm, f [diplomado] holder of a qualification; [licenciado] graduate.

titular ❖ adj [profesor, médico] official. ❖ smf [poseedor] holder. ❖ sm (*gen pl*) PRENSA headline. ❖ vt [llamar] to title, to call. ◆ **titularse** vprnl **1.** [llamarse] to be titled o called **2.** [licenciarse] ▸ **titularse (en)** to graduate (in) **3.** [diplomarse] ▸ **titularse (en)** to obtain a qualification (in).

título sm **1.** [gen] title ▸ **título de propiedad** title deed ▸ **títulos de crédito** CINE credits **2.** [licenciatura] degree; [diploma] diploma / *tiene muchos títulos* she has a lot of qualifications **3.** *fig* [derecho] right ▸ **a título de** as.

tiza sf chalk ▸ **una tiza** a piece of chalk.

tiznar vt to blacken.

tizne sm o sf soot.

tizón sm burning stick o log.

tlapalería sf 🇲🇽 ironmonger's (shop).

TLC, TLCAN sm (*abr de* Tratado de Libre Comercio de América del Norte) NAFTA.

toalla sf [para secarse] towel ▸ **toalla de ducha/manos** bath/hand towel ▸ 🇦🇲 **toalla higiénica** o **sanitaria** sanitary towel 🇬🇧 o napkin 🇺🇸 ▸ **arrojar** o **tirar la toalla** to throw in the towel.

toallero sm towel rail.

toallita sf (wet-)wipe.

tobillo sm ankle.

tobogán sm [rampa] slide; [en parque de atracciones] helter-skelter; [en piscina] flume.

toca sf wimple.

tocadiscos sm *inv* record player.

tocado, da adj *fam* [chiflado] soft in the head. ◆ **tocado** sm [prenda] headgear (*U*).

tocador sm **1.** [mueble] dressing table **2.** [habitación - en lugar público] powder room; [- en casa] boudoir.

tocar [10] ❖ vt **1.** [gen] to touch; [palpar] to feel **2.** [instrumento, canción] to play; [bombo]

to bang; [sirena, alarma] to sound; [campana, timbre] to ring / *el reloj tocó las doce* the clock struck twelve **3.** [abordar - tema etc] to touch on **4.** *fig* [conmover] to touch **5.** *fig* [concernir] ▸ *por lo que a mí me toca / a eso le toca* as far as I'm/that's concerned ▸ *tocar a alguien de cerca* to concern sb closely. ❖ *vi* **1.** [entrar en contacto] to touch **2.** [estar próximo] ▸ *tocar (con) a)* [gen] to be touching **b)** [país, jardín] to border (on) **3.** [llamar - a la puerta, ventana] to knock **4.** [corresponder en reparto] ▸ *tocar a alguien* to be due to sb / *tocamos a mil cada uno* we're due a thousand each / *le tocó la mitad* he got half of it ▸ *te toca a ti hacerlo a)* [turno] it's your turn to do it **b)** [responsabilidad] it's up to you to do it **5.** [caer en suerte] : *me ha tocado la lotería* I've won the lottery / *le ha tocado sufrir mucho* he has had to suffer a lot **6.** [llegar el momento] : *nos toca pagar ahora* it's time (for us) to pay now. ❖ *tocarse* vprnl to touch.

tocayo, ya *sm, f* namesake.

tocinería *sf* pork butcher's (shop).

tocino *sm* [para cocinar] lard; [para comer] fat *(of bacon).* ❖ **tocino de cielo** *sm* CULIN dessert made of syrup and eggs.

tocuyo *sm* ᴀɴᴅᴇѕ ᴀʀɢ coarse cotton cloth.

todavía *adv* **1.** [aún] still; [con negativo] yet, still / *todavía no lo he recibido* I still haven't got it, I haven't got it yet / *todavía ayer* as late as yesterday ▸ **todavía no** not yet **2.** [sin embargo] still **3.** [incluso] even ▸ **todavía mejor** even better.

todo, da ❖ *adj* **1.** [gen] all / *todo el mundo* everybody / *todo el libro* the whole book, all (of) the book / *todo el día* all day **2.** [cada, cualquier] ▸ **todos los días / lunes** every day / Monday / *todo español* every Spaniard, all Spaniards **3.** [para enfatizar] : *es todo un hombre* he's every bit a man / *ya es toda una mujer* she's a big girl now / *fue todo un éxito* it was a great success. ❖ *pron* **1.** [todas las cosas] everything, all of them *pl* / *lo vendió todo* he sold everything, he sold it all / *todos están rotos* they're all broken, all of them are broken ▸ **ante todo a)** [principalmente] above all **b)** [en primer lugar] first of all ▸ **con todo** despite everything ▸ **sobre todo** above all ▸ **está en todo** he/she always makes sure everything is just so ▸ **todo lo más** at (the) most **2.** [todas las personas] ▸ **todos** everybody / *todas vinieron* everybody o they all came. ❖ **todo** *sm* whole. ❖ *adv* completely, all. ❖ **del todo** *loc adv* : *no estoy del todo contento* I'm not entirely happy / *no lo hace mal del todo* she doesn't do it at all badly.

todopoderoso, sa *adj* almighty.

todoterreno *sm* all-terrain vehicle.

tofe *sm* coffee-flavoured toffee.

toga *sf* **1.** [manto] toga **2.** [traje] gown.

toldo *sm* [de tienda] awning; [de playa] sunshade.

tolerancia *sf* tolerance.

tolerante *adj* tolerant.

tolerar *vt* **1.** [consentir, aceptar] to tolerate ▸ *tolerar que alguien haga algo* to tolerate sb doing sthg **2.** [aguantar] to stand.

tolteca *adj & smf* Toltec.

toma *sf* **1.** [de biberón, papilla] feed; [de medicamento] dose **2.** [de sangre] sample **3.** [de ciudad etc] capture **4.** [de agua, aire] inlet ▸ **toma de corriente** ᴇʟᴇᴄᴛʀ socket ▸ **toma de tierra** ᴇʟᴇᴄᴛʀ earth **5.** CINE [de escena] take. ❖ **toma de posesión** *sf* **1.** [de gobierno, presidente] investiture **2.** [de cargo] undertaking.

tomacorriente *sm* ᴀᴍ socket.

tomado, da *adj* **1.** [voz] hoarse **2.** ᴀᴍ *fam* [persona] tight, tanked up **3.** : *tenerla tomada con alguien* to have it in for sb.

tomar ❖ *vt* **1.** [gen] to take; [actitud, costumbre] to adopt **2.** [datos, información] to take down **3.** [medicina, drogas] to take; [comida, bebida] to have ▸ *¿qué quieres tomar?* what would you like (to drink/eat)? **4.** [autobús, tren etc] to catch; [taxi] to take **5.** [considerar, confundir] ▸ *tomar a alguien por algo / alguien* to take sb for sthg / sb ▸ *tomarla con alguien fam* to have it in for sb ▸ *¡toma!* a) [al dar algo] here you are! b) [expresando sorpresa] well I never! ▸ *¡toma (ésa)!* *fam* [expresa venganza] take that! ❖ *vi* **1.** [encaminarse] to go, to head **2.** ᴀᴍ [beber alcohol] to drink. ❖ **tomarse** *vprnl* **1.** [comida, bebida] to have / *tomarse una cerveza* to have a beer; [medicina, drogas] to take **2.** [interpretar] to take.

tomate *sm* [fruto] tomato.

tómbola *sf* tombola.

tomillo *sm* thyme.

tomo *sm* [volumen] volume.

ton ❖ **sin ton ni son** *loc adv* for no apparent reason.

tonada *sf* tune.

tonadilla *sf* ditty.

tonalidad *sf* [de color] tone.

tonel *sm* [recipiente] barrel.

tonelada *sf* tonne.

tonelaje *sm* tonnage.

tongo *sm* [engaño] : *en la pelea hubo tongo* the fight was fixed.

tónico, ca *adj* **1.** [reconstituyente] revitalizing **2.** GRAM & MÚS tonic. ❖ **tónico** *sm* [reconstituyente] tonic. ❖ **tónica** *sf* **1.** [bebida] tonic water **2.** [tendencia] trend **3.** MÚS tonic.

tonificar [10] *vt* to invigorate.

tono *sm* **1.** [gen] tone ▸ *fuera de tono* out of place **2.** [MÚS - tonalidad] key; [- altura] pitch **3.** [de color] shade ▸ **tono de piel** complexion.

tonsura sf tonsure.

tontear vi [hacer el tonto] to fool about.

tontería sf **1.** [estupidez] stupid thing ▶ **decir una tontería** to talk nonsense ▶ **hacer una tontería** to do sthg foolish **2.** [cosa sin importancia o valor] trifle.

tonto, ta ⬥ adj stupid ▶ **tonto de capirote** o **remate** daft as a brush. ⬥ sm, f idiot ▶ **hacer el tonto** to play the fool ▶ **hacerse el tonto** to act innocent. ◆ **a tontas y a locas** loc adv haphazardly.

top (pl **tops**) sm [prenda] short top.

topacio sm topaz.

topadora sf RDom bulldozer.

topar vi [encontrarse] ▶ **topar con alguien** to bump into sb ▶ **topar con algo** to come across sthg.

tope ⬥ adj inv [máximo] top, maximum ; [fecha] last. ⬥ sm **1.** [pieza] block ; [para puerta] doorstop **2.** FERROC buffer **3.** [límite máximo] limit ; [de plazo] deadline **4.** Méx [para velocidad] speed bump **5.** [freno] ▶ **poner tope a** to rein in, to curtail **6.** loc ▶ **estar hasta los topes** to be bursting at the seams. ◆ **a tope** loc adv [de velocidad, intensidad] flat out. ⬥ loc adj fam [lleno - lugar] packed.

topetazo sm bump ▶ **darse un topetazo** [en la cabeza] to bump o.s. on the head.

tópico, ca adj **1.** [manido] clichéd **2.** MED topical. ◆ **tópico** sm cliché.

top manta ['top 'manta] sm fam illegal selling of goods, especially pirate CDs and DVDs.

topo sm **1.** fig ZOOL mole **2.** [lunar] polka dot.

topógrafo, fa sm, f topographer.

topónimo sm place name.

toque sm **1.** [gen] touch ▶ **dar los últimos toques a algo** to put the finishing touches to sthg **2.** [aviso] warning **3.** [sonido - de campana] chime, chiming (U) ; [- de tambor] beat, beating (U) ; [- de sirena etc] blast ▶ **toque de diana** reveille ▶ **toque de difuntos** death knell ▶ **toque de queda** curfew.

toquetear vt [manosear - cosa] to fiddle with ; [- persona] to fondle.

toquilla sf shawl.

tórax sm inv thorax.

torbellino sm **1.** [remolino - de aire] whirlwind ; [- de agua] whirlpool ; [- de polvo] dustcloud **2.** fig [mezcla confusa] spate.

torcedura sf [esguince] sprain.

torcer [41] ⬥ vt **1.** [gen] to twist ; [doblar] to bend **2.** [girar] to turn. ⬥ vi [girar] to turn. ◆ **torcerse** vprnl **1.** [retorcerse] to twist ; [doblarse] to bend / **me tuerzo al andar / escribir** I can't walk / write in a straight line **2.** [dislocarse]

to sprain **3.** [ir mal - negocios, día] to go wrong ; [- persona] to go astray.

torcido, da adj [enroscado] twisted ; [doblado] bent ; [cuadro, corbata] crooked.

tordo, da adj dappled. ◆ **tordo** sm [pájaro] thrush.

torear ⬥ vt **1.** [lidiar] to fight (bulls) **2.** fig [eludir] to dodge **3.** fig [burlarse de] ▶ **torear a alguien** to mess sb about. ⬥ vi [lidiar] to fight bulls.

toreo sm bullfighting.

torero, ra sm, f [persona] bullfighter. ◆ **torera** sf [prenda] bolero (jacket).

tormenta sf lit + fig storm.

tormento sm torment ▶ **ser un tormento a)** [persona] to be a torment **b)** [cosa] to be torture.

tormentoso, sa adj stormy ; [sueño] troubled.

tornado sm tornado.

tornar culto ⬥ vt [convertir] ▶ **tornar algo en (algo)** to turn sthg into (sthg). ⬥ vi **1.** [regresar] to return **2.** [volver a hacer] ▶ **tornar a hacer algo** to do sthg again. ◆ **tornarse** vprnl [convertirse] ▶ **tornarse (en)** to turn (into), to become.

torneado, da adj [cerámica] turned.

torneo sm tournament.

tornillo sm screw ; [con tuerca] bolt ▶ **le falta un tornillo** fam he has a screw loose.

torniquete sm MED tourniquet.

torno sm **1.** [de alfarero] (potter's) wheel **2.** [para pesos] winch. ◆ **en torno a** loc prep **1.** [alrededor de] around **2.** [acerca de] about ▶ **girar en torno a** to be about.

toro sm bull. ◆ **toros** smpl [lidia] bullfight sg, bullfighting (U).

toronja sf grapefruit.

torpe adj **1.** [gen] clumsy **2.** [necio] slow, dimwitted.

torpedear vt to torpedo.

torpedero sm torpedo boat.

torpedo sm [proyectil] torpedo.

torpeza sf **1.** [gen] clumsiness / **fue una torpeza hacerlo / decirlo** it was a clumsy thing to do / say **2.** [falta de inteligencia] slowness.

torre sf **1.** [construcción] tower ; ELECTR pylon ▶ **torre (de apartamentos)** tower block ▶ **torre de control** control tower ▶ **torre de marfil** fig ivory tower ▶ **torre de perforación** oil derrick **2.** [en ajedrez] rook, castle **3.** MIL turret.

torrefacto, ta adj high-roast (antes de sust).

torrencial adj torrential.

torrente sm torrent ▶ **un torrente de a)** fig [gente, palabras etc] a stream o flood of **b)** [dinero, energía] masses of ▶ **un torrente de voz** a powerful voice.

torreta sf **1.** MIL turret **2.** ELECTR pylon.

torrezno sm chunk of fried bacon.

tórrido, da adj *lit* + *fig* torrid.

torrija sf French toast (U) (dipped in milk or wine).

torsión sf **1.** [del cuerpo, brazo] twist, twisting (U) **2.** MECÁN torsion.

torso sm *culto* torso.

torta sf **1.** CULIN cake **2.** ⟨ANDES⟩ ⟨COL⟩ ⟨RP⟩ ⟨VEN⟩ [tarta] cake **3.** *fam* [bofetada] thump **4.** *fam* [accidente] crash. ◆ **ni torta** loc adv *fam* not a thing.

tortazo sm **1.** *fam* [bofetada] thump **2.** *fam* [accidente] crash ▸ **darse o pegarse un tortazo** to crash.

tortería sf ⟨MÉX⟩ sandwich shop.

tortícolis sf inv crick in the neck.

tortilla sf **1.** [de huevo] omelette ▸ **tortilla (a la) española** Spanish o potato omelette ▸ **tortilla (a la) francesa** French o plain omelette ▸ **se dio la vuelta o se volvió la tortilla** the tables turned **2.** [de maíz] tortilla.

tortita sf pancake.

tórtola sf turtledove.

tortolito, ta sm, f (gen pl) *fam* [enamorado] lovebird.

tortuga sf **1.** [terrestre] tortoise ; [marina] turtle ; [fluvial] terrapin **2.** *fam* [persona o cosa lenta] snail.

tortuoso, sa adj **1.** [sinuoso] tortuous, winding **2.** *fig* [perverso] devious.

tortura sf torture.

torturar vt to torture.

tos sf cough ▸ **tos ferina** whooping cough.

tosco, ca adj **1.** [basto] crude **2.** *fig* [ignorante] coarse.

toser vi to cough.

tostado, da adj **1.** [pan, almendras] toasted **2.** [color] brownish **3.** [piel] tanned. ◆ **tostada** sf piece of toast / **café con tostados** coffee and toast.

tostador sm toaster.

tostadora sf = **tostador**.

tostar [23] vt **1.** [dorar, calentar - pan, almendras] to toast ; [- carne] to brown **2.** [broncear] to tan **3.** INFORM to burn. ◆ **tostarse** vprnl to get brown ▸ **tostarse (al sol)** to sunbathe.

tostón sm *fam* [rollo, aburrimiento] bore, drag.

total ◆ adj **1.** [absoluto, completo] total **2.** *mfam* [estupendo] brill, ace. ◆ sm **1.** [suma] total **2.** [totalidad, conjunto] whole / **el total del grupo** the whole group ▸ **en total** in all. ◆ adv anyway / **total que me marché** so anyway, I left.

totalidad sf whole ▸ **en su totalidad** as a whole.

totalitario, ria adj totalitarian.

totalizar [13] vt to amount to.

totuma sf ⟨AM⟩ squash.

tóxico, ca adj toxic, poisonous. ◆ **tóxico** sm poison.

toxicomanía sf drug addiction.

toxicómano, na sm, f drug addict.

toxina sf toxin.

tozudo, da adj stubborn.

TPI (*abr de* **Tribunal Penal Internacional**) sm ICC.

traba sf *fig* [obstáculo] obstacle ▸ **poner trabas (a alguien)** to put obstacles in the way (of sb).

trabajador, ra ◆ adj hard-working. ◆ sm, f worker.

trabajar ◆ vi **1.** [gen] to work ▸ **trabajar de / en** to work as/in / **trabajar en una empresa** to work for a firm **2.** CINE & TEATRO to act. ◆ vt **1.** [hierro, barro, tierra] to work ; [masa] to knead **2.** [mejorar] to work on o at.

trabajo sm **1.** [gen] work ▸ **hacer un buen trabajo** to do a good job ▸ **trabajo intelectual / físico** mental/physical effort ▸ **trabajo manual** manual labour ▸ **trabajos forzados o forzosos** hard labour (U) ▸ **trabajos manuales** [en el colegio] arts and crafts **2.** [empleo] job / **no tener trabajo** to be out of work **3.** [estudio escrito] essay **4.** ECON & POLÍT labour **5.** *fig* [esfuerzo] effort.

trabajoso, sa adj **1.** [difícil] hard, difficult **2.** [molesto] tiresome.

trabalenguas sm inv tongue-twister.

trabar vt **1.** [sujetar] to fasten ; [con grilletes] to shackle **2.** [unir] to join **3.** [iniciar - conversación, amistad] to strike up **4.** [obstaculizar] to hinder **5.** CULIN to thicken. ◆ **trabarse** vprnl **1.** [enredarse] to get tangled **2.** *loc* ▸ **se le trabó la lengua** he got tongue-tied.

trabazón sf [de ideas, episodios] connection ; [de discurso, novela] consistency.

trabucar vt to mix up. ◆ **trabucarse** vprnl [al hablar] to get tongue-tied.

traca sf string of firecrackers.

tracción sf traction ▸ **tracción a las cuatro ruedas** four-wheel drive.

tractor sm tractor.

tradición sf tradition.

tradicional adj traditional.

tradicionalismo sm traditionalism ; POLÍT conservatism.

traducción sf translation ▸ **traducción directa / inversa** translation into/out of one's own language.

traducir [33] ◆ vt [a otro idioma] to translate. ◆ vi ▸ **traducir (de / a)** to translate (from/into). ◆ **traducirse** vprnl [a otro idioma] ▸ **traducirse (por)** to be translated (by o as).

traductor, ra sm, f translator.

traer [73] vt **1.** [trasladar, provocar] to bring ; [consecuencias] to carry, to have ▸ **traer consigo** [implicar] to mean, to lead to **2.** [llevar] to carry / **¿qué traes ahí?** what have you got there? **3.** [llevar adjunto, dentro] to have **/** *trae un artículo interesante* it has an interesting article in it **4.** [llevar puesto] to wear. ✦ **traerse** vprnl ▸ **traérselas** *fam* & *fig* to be a real handful.

traficante smf [de drogas, armas etc] trafficker.

traficar [10] vi ▸ **traficar (en/con algo)** to traffic (in sthg).

tráfico sm [de vehículos] traffic ; [de drogas, armas] trafficking, dealing.

tragaluz sm skylight.

traganíqueles sf inv [Am] *fam* ⟶ **máquina**.

tragaperras sf inv slot machine.

tragar [16] ✦ vt **1.** [ingerir, creer] to swallow **2.** [absorber] to swallow up **3.** *fig* [soportar] to put up with. ✦ vi **1.** [ingerir] to swallow **2.** [aguantar] to grin and bear it ; [acceder, ceder] to give in. ✦ **tragarse** vprnl *fig* [soportarse] : *no se tragan* they can't stand each other.

tragedia sf tragedy.

trágico, ca adj tragic.

tragicomedia sf tragicomedy.

trago sm **1.** [de líquido] mouthful ▸ **dar un trago de algo** to take a swig of sthg ▸ **de un trago** in one gulp **2.** *fam* [copa] drink **3.** *fam* [disgusto] ▸ **ser un trago para alguien** to be tough on sb.

tragón, ona *fam* ✦ adj greedy. ✦ sm, f pig, glutton.

traición sf **1.** [infidelidad] betrayal **2.** DER treason.

traicionar vt [persona, país, ideales] to betray.

traicionero, ra adj [desleal] treacherous ; DER treasonous.

traidor, ra ✦ adj treacherous ; DER treasonous. ✦ sm, f traitor.

traiga ⟶ **traer**.

tráiler ['trailer] (pl **trailers**) sm **1.** CINE trailer **2.** AUTO articulated lorry **3.** [Méx] [caravana] caravan [UK], trailer [US].

traje sm **1.** [con chaqueta] suit ; [de una pieza] dress ▸ **ir de traje** to wear a suit ▸ **traje de baño** swimsuit ▸ **traje de ceremonia o de gala** dress suit, formal dress (U) ▸ **traje de chaqueta** woman's two-piece suit **2.** [regional, de época etc] costume ▸ **traje de luces** matador's outfit **3.** [ropa] clothes pl ▸ **traje de paisano a)** [de militar] civilian clothes **b)** [de policía] plain clothes.

trajeado, da adj *fam* [arreglado] spruced up.

trajín sm *fam* [ajetreo] bustle.

trajinar vi *fam* to bustle about.

trajo ⟶ **traer**.

trama sf **1.** [de hilos] weft **2.** [argumento] plot **3.** [conspiración] intrigue.

tramar vt [planear] to plot ; [complot] to hatch **/** *estar tramando algo* to be up to something.

tramitar vt **1.** [suj: autoridades - pasaporte, permiso] to take the necessary steps to obtain ; [- solicitud, dimisión] to process **2.** [suj: solicitante] : *tramitar un permiso/visado* to be in the process of applying for a licence/visa.

trámite sm [gestión] formal step ▸ **de trámite** routine, formal. ✦ **trámites** smpl **1.** [proceso] procedure sg **2.** [papeleo] paperwork (U).

tramo sm [espacio] section, stretch ; [de escalera] flight (of stairs).

tramontana sf north wind.

tramoya sf TEATRO stage machinery (U).

trampa sf **1.** [para cazar] trap ; *fig* [engaño] trick ▸ **tender una trampa (a alguien)** to set o lay a trap (for sb) ▸ **hacer trampas** to cheat **2.** *fam* [deuda] debt.

trampear vi *fam* [estafar] to swindle money.

trampilla sf [en el suelo] trapdoor.

trampolín sm [de piscina] diving board ; [de esquí] ski jump ; [en gimnasia] springboard.

tramposo, sa ✦ adj [fullero] cheating. ✦ sm, f [fullero] cheat.

tranca sf **1.** [en puerta, ventana] bar **2.** [arma] cudgel **3.** *loc* ▸ **a trancas y barrancas** with great difficulty.

trancarse vprnl [Am] [atorarse] to get blocked, to get clogged up.

trance sm **1.** [apuro] difficult situation ▸ **estar en trance de hacer algo** to be about to do sthg ▸ **pasar por un mal trance** to go through a bad patch **2.** [estado hipnótico] trance.

tranquilidad sf peacefulness, calmness ▸ **para mayor tranquilidad** to be on the safe side.

tranquilizante sm MED tranquilizer.

tranquilizar [13] vt **1.** [calmar] to calm (down) **2.** [dar confianza] to reassure. ✦ **tranquilizarse** vprnl **1.** [calmarse] to calm down **2.** [ganar confianza] to feel reassured.

tranquillo sm [Esp] *fam* ▸ **coger el tranquillo a algo** to get the knack of sthg.

tranquilo, la adj **1.** [sosegado - lugar, música] peaceful ; [- persona, tono de voz, mar] calm ▸ **¡(tú) tranquilo!** *fam* don't you worry! **2.** [velada, charla, negocio] quiet **3.** [mente] untroubled ; [conciencia] clear **4.** [despreocupado] casual, laid-back.

transacción sf COM transaction.

transar vi [Am] [negociar] to come to an arrangement, to reach a compromise ; [transigir] to compromise, to give in.

transatlántico, ca, trasatlántico, ca adj transatlantic. ✦ **transatlántico, trasatlántico** sm NÁUT (ocean) liner.

transbordador, trasbordador sm **1.** NÁUT ferry **2.** AERON ▸ **transbordador (espacial)** space shuttle.

transbordar, trasbordar vi to change (trains etc).

transbordo, trasbordo sm ▸ **hacer transbordo** to change *(trains etc)*.

transcendencia = trascendencia.

transcendental = trascendental.

transcender [20] = trascender.

transcribir, trascribir vt [escribir] to transcribe.

transcurrir, trascurrir vi **1.** [tiempo] to pass, to go by **2.** [ocurrir] to take place.

transcurso, trascurso sm **1.** [paso de tiempo] passing **2.** [periodo de tiempo] ▸ **en el transcurso de** in the course of.

transeúnte smf [viandante] passer-by.

transexual adj & smf transsexual.

transferencia, trasferencia sf transfer.

transferir [27], **trasferir** [27] vt to transfer.

transfigurarse, trasfigurarse vprnl to become transfigured.

transformación, trasformación sf **1.** [cambio, conversión] transformation **2.** [en rugby] conversion.

transformador, trasformador sm ELECTRÓN transformer.

transformar, trasformar vt **1.** [cambiar radicalmente] ▸ **transformar algo/a alguien (en)** to transform sthg/sb (into) **2.** [convertir] ▸ **transformar algo (en)** to convert sthg (into) **3.** [en rugby] to convert. ◆ **transformarse, trasformarse** vprnl **1.** [cambiar radicalmente] to be transformed **2.** [convertirse] ▸ **transformarse en algo** to be converted into sthg.

tránsfuga, trásfuga smf POLÍT defector.

transfuguismo, trasfuguismo sm POLÍT defection.

transfusión, trasfusión sf transfusion.

transgredir [78], **trasgredir** [78] vt to transgress.

transgresor, ra, trasgresor, ra sm, f transgressor.

transición sf transition ▸ **periodo de transición** transition period ▸ **transición democrática** transition to democracy.

transido, da adj ▸ **transido (de)** stricken (with) / *transido de pena* grief-stricken.

transigir [15] vi **1.** [ceder] to compromise **2.** [ser tolerante] to be tolerant.

transistor sm transistor.

transitar vi to go (along).

tránsito sm **1.** [circulación - gen] movement ; [- de vehículos] traffic ▸ **pasajeros en tránsito a...** passengers with connecting flights to... **2.** [transporte] transit.

transitorio, ria adj [gen] transitory ; [residencia] temporary ; [régimen, medida] transitional, interim.

translúcido, da, traslúcido, da adj translucent.

transmisión, trasmisión sf **1.** [gen & AUTO] transmission **2.** RADIO & TV broadcast, broadcasting *(U)* **3.** [de herencia, poderes etc] transference.

transmisor, ra, trasmisor, ra adj transmission *(antes de sust)* / *estación transmisora* transmitter. ◆ **transmisor, trasmisor** sm transmitter.

transmitir, trasmitir vt **1.** [gen] to transmit ; [saludos, noticias] to pass on **2.** RADIO & TV to broadcast **3.** [ceder] to transfer.

transparencia, trasparencia sf transparency.

transparentarse, trasparentarse vprnl [tela] to be see-through ; [vidrio, líquido] to be transparent.

transparente, trasparente adj [gen] transparent ; [tela] see-through.

transpiración, traspiración sf perspiration.

transpirar, traspirar vi to perspire.

transponer [65], **trasponer** [65] vt [cambiar] to switch. ◆ **transponerse, trasponerse** vprnl [adormecerse] to doze off.

transportador sm [para medir ángulos] protractor.

transportar, trasportar vt **1.** [trasladar] to transport **2.** [embelesar] to captivate. ◆ **transportarse, trasportarse** vprnl [embelesarse] to go into raptures.

transporte sm transport UK, transportation US ▸ **transporte público o colectivo** public transport UK o transportation US.

transportista smf carrier.

transvase, trasvase sm **1.** [de líquido] decanting **2.** [de río] transfer.

transversal, trasversal adj transverse.

tranvía sm tram, streetcar US.

trapecio sm [de gimnasia] trapeze.

trapecista smf trapeze artist.

trapero, ra sm, f rag-and-bone man (rag-and-bone woman).

trapío sm TAUROM good bearing.

trapisonda sf *fam* [enredo] scheme.

trapo sm **1.** [trozo de tela] rag **2.** [gamuza, bayeta] cloth ▸ **pasar el trapo a algo** to wipe sthg with a cloth ▸ **poner a alguien como un trapo** to tear sb to pieces. ◆ **trapos** smpl *fam* [ropa] clothes.

tráquea sf windpipe ; MED trachea.

traqueteo sm [ruido] rattling.

tras prep **1.** [detrás de] behind **2.** [después de, en pos de] after / *uno tras otro* one after the other ▸ **andar tras algo** to be after sthg.

trasatlántico, ca = transatlántico.

trasbordador = transbordador.

trasbordar = transbordar.

trasbordo = transbordo.

trascendencia, transcendencia sf importance ▸ **tener una gran trascendencia** to be deeply significant.

trascendental, transcendental adj **1.** [importante] momentous **2.** [meditación] transcendental.

trascendente adj momentous.

trascender [20], **transcender** [20] vi **1.** [extenderse] ▸ **trascender (a algo)** to spread (across sthg) **2.** [filtrarse] to be leaked **3.** [sobrepasar] ▸ **trascender de** to transcend, to go beyond.

trascribir = transcribir.

trascurrir = transcurrir.

trascurso = transcurso.

trasegar [35] vt [desordenar] to rummage about amongst.

trasero, ra adj back (antes de sust), rear (antes de sust). ◆ **trasero** sm fam backside, butt US.

trasferencia = transferencia.

trasferir [27] = transferir.

trasfigurarse = transfigurarse.

trasfondo sm background ; [de palabras, intenciones] undertone.

trasformación = transformación.

trasformador = transformador.

trasformar = transformar.

trásfuga = tránsfuga.

trasfusión = transfusión.

trasgredir [78] = transgredir.

trasgresor, ra = transgresor.

trashumante adj seasonally migratory.

trasiego sm [movimiento] comings and goings pl.

traslación sf ASTRON passage.

trasladar vt **1.** [desplazar] to move **2.** [a empleado, funcionario] to transfer **3.** [reunión, fecha] to postpone. ◆ **trasladarse** vprnl **1.** [desplazarse] to go **2.** [mudarse] to move / me traslado de piso I'm moving flat.

traslado sm **1.** [de casa, empresa, muebles] move, moving (U) **2.** [de trabajo] transfer **3.** [de personas] movement.

traslúcido, da = translúcido.

trasluz sm reflected light ▸ **al trasluz** against the light.

trasmisión = transmisión.

trasmisor, ra = transmisor.

trasmitir = transmitir.

trasnochar vi to stay up late.

traspapelar vt to mislay.

trasparencia = transparencia.

trasparentarse = transparentarse.

trasparente = transparente.

traspasar vt **1.** [perforar, atravesar] to go through, to pierce ; [suj: líquido] to soak through

2. [cruzar] to cross (over) ; [puerta] to pass through **3.** [cambiar de sitio] to move **4.** [vender - jugador] to transfer ; [- negocio] to sell (as a going concern) **5.** fig [exceder] to go beyond.

traspaso sm [venta - de jugador] transfer ; [- de negocio] sale (as a going concern).

traspié (pl traspiés) sm **1.** [resbalón] trip, stumble ▸ **dar un traspié** to trip up **2.** fig [error] slip.

traspiración = transpiración.

traspirar = transpirar.

trasplantar vt to transplant.

trasplante sm transplant, transplanting (U).

trasponer [65] = transponer.

trasportar = transportar.

trasquilar vt [esquilar] to shear.

trastabillar vi [tambalearse] to stagger ; [tropezar] to stumble ; [tartamudear] to stutter.

trastada sf fam dirty trick ▸ **hacer una trastada a alguien** to play a dirty trick on sb.

traste sm **1.** MÚS fret **2.** CSur fam [trasero] bottom **3.** Andes CAm Carib Méx ▸ **trastes** utensils **4.** loc ▸ **dar al traste con algo** to ruin sthg ▸ **irse al traste** to fall through.

trastero sm junk room.

trastienda sf backroom.

trasto sm **1.** [utensilio inútil] piece of junk, junk (U) **2.** fam [persona traviesa] menace, nuisance. ◆ **trastos** smpl fam [pertenencias, equipo] things, stuff (U) ▸ **tirarse los trastos a la cabeza** to have a flaming row.

trastocar [36] vt [cambiar] to turn upside down. ◆ **trastocarse** vprnl [enloquecer] to go mad.

trastornado, da adj disturbed, unbalanced.

trastornar vt **1.** [volver loco] to drive mad **2.** [inquietar] to worry, to trouble **3.** [alterar] to turn upside down ; [planes] to disrupt. ◆ **trastornarse** vprnl [volverse loco] to go mad.

trastorno sm **1.** [mental] disorder ▸ **trastorno bipolar** bipolar disorder ; [digestivo] upset **2.** [alteración - por huelga, nevada] disruption (U) ; [- por guerra etc] upheaval.

trasvase = transvase.

tratable adj easy-going, friendly.

tratado sm **1.** [convenio] treaty **2.** [escrito] treatise.

tratamiento sm **1.** [gen & MED] treatment **2.** [título] title, form of address **3.** INFORM processing ▸ **tratamiento de datos/textos** data/word processing ▸ **tratamiento por lotes** batch processing.

tratar ◆ vt **1.** [gen & MED] to treat **2.** [discutir] to discuss **3.** INFORM to process **4.** [dirigirse a] ▸ **tratar a alguien de** [usted, tú etc] to address sb as. ◆ vi **1.** [intentar] ▸ **tratar de hacer algo** to try to do sthg **2.** [versar] ▸ **tratar de/sobre** to be about **3.** [tener relación] ▸ **tratar con alguien** to mix with sb, to have dealings with sb **4.** [comerciar] ▸ **tratar en** to deal in. ◆ **tratarse** vprnl **1.** [relacionarse] ▸ **tratarse con** to mix with, to have dealings with **2.** [versar] ▸ **tratarse de** to be about / ¿*de qué se trata?* what's it about?

tratativas sfpl CSur negotiation sg.

trato sm **1.** [comportamiento] treatment / *de trato agradable* pleasant ▸ **malos tratos** battering (U) (of child, wife) **2.** [relación] dealings pl **3.** [acuerdo] deal ▸ **cerrar** o **hacer un trato** to do o make a deal ▸ **¡trato hecho!** it's a deal! **4.** [tratamiento] title, term of address.

trauma sm trauma.

traumatólogo, ga sm, f traumatologist.

traveller ['traβeler] sm [cheques] traveller's cheque UK, traveler's check US.

través ◆ **a través de** loc prep **1.** [de un lado a otro de] across, over **2.** [por, por medio de] through. ◆ **de través** loc adv [transversalmente] crossways ; [de lado] sideways.

travesaño sm **1.** ARQUIT crosspiece **2.** DEP crossbar **3.** [de escalera] rung.

travesía sf **1.** [viaje - por mar] voyage, crossing **2.** [calle] cross-street.

travestido, da, travestí (*pl* **travestís**) sm, f transvestite.

travesura sf [acción] prank, mischief (U) ▸ **hacer travesuras** to play pranks, to get up to mischief.

traviesa sf **1.** FERROC sleeper (on track) **2.** CONSTR crossbeam.

travieso, sa adj mischievous.

trayecto sm **1.** [distancia] distance **2.** [viaje] journey, trip **3.** [ruta] route ▸ **final de trayecto** end of the line.

trayectoria sf **1.** [recorrido] trajectory **2.** fig [evolución] path.

traza sf [aspecto] appearance (U), looks pl ▸ **tener trazas de hacer algo** to show signs of doing sthg ▸ **esto no tiene trazas de acabar pronto** this doesn't look as if it's going to finish soon.

trazado sm **1.** [trazo] outline, sketching **2.** [diseño] plan, design **3.** [recorrido] route.

trazar [13] vt **1.** [dibujar] to draw, to trace ; [ruta] to plot **2.** [indicar, describir] to outline **3.** [idear] to draw up.

trazo sm **1.** [de dibujo, rostro] line **2.** [de letra] stroke.

trébol sm [planta] clover. ◆ **tréboles** smpl [naipes] clubs.

trece num thirteen. Ver también **seis**.

treceavo, va num thirteenth.

trecho sm [espacio] distance ; [tiempo] time.

tregua sf truce ; fig respite.

treinta num thirty ▸ **los (años) treinta** the Thirties. Ver también **seis**.

treintena sf thirty.

trekking ['trekin] sm trekking.

tremendo, da adj [enorme] tremendous, enormous.

trémulo, la adj [voz] trembling ; [luz] flickering.

tren sm **1.** [ferrocarril] train ▸ **ir en tren** to go by train ▸ **estar como (para parar) un tren** to be really gorgeous ▸ **perder el tren** fig to miss the boat ▸ **subirse al tren** fig to climb on the bandwagon **2.** TECNOL line ▸ **tren de aterrizaje** undercarriage, landing gear ▸ **tren de lavado** car wash.

trenza sf **1.** [de pelo] plait **2.** [de fibras] braid.

trenzar [13] vt **1.** [pelo] to plait **2.** [fibras] to braid.

trepa smf fam social climber.

trepador, ra ◆ adj ▸ **planta trepadora** creeper. ◆ sm, f fam social climber.

trepar ◆ vt to climb. ◆ vi **1.** [subir] to climb **2.** fam [medrar] to be a social climber.

trepidar vi to shake, to vibrate.

tres num three ▸ **ni a la de tres** fig for anything in the world, no way. Ver también **seis**. ◆ **tres cuartos** sm inv [abrigo] three-quarter-length coat. ◆ **tres en raya** sm noughts and crosses (U) UK, tick-tack-toe US.

trescientos, tas num three hundred. Ver también **seis**.

tresillo sm [sofá] three-piece suite.

treta sf trick.

trial sm DEP trial.

triangular adj triangular.

triángulo sm GEOM & MÚS triangle ▸ **triángulo equilátero / rectángulo** equilateral / right-angled triangle.

triates smpl Am triplets.

tribu sf tribe.

tribulación sf tribulation.

tribuna sf **1.** [estrado] rostrum, platform ; [del jurado] jury box **2.** [DEP - localidad] stand ; [- graderío] grandstand **3.** PRENSA ▸ **tribuna de prensa** press box ▸ **tribuna libre** open forum.

tribunal sm **1.** [gen] court **2.** [de examen] board of examiners ; [de concurso] panel.

tributar vt [homenaje] to pay ; [respeto, admiración] to have.

tributo sm **1.** [impuesto] tax **2.** fig [precio] price **3.** [homenaje] tribute.

triciclo sm tricycle.

tricornio sm three-cornered hat.

tricotar vt & vi to knit.

tricotosa sf knitting machine.

tridimensional adj three-dimensional.

trifulca sf fam row, squabble.

trigésimo, ma num thirtieth.

trigo sm wheat.

trigonometría sf trigonometry.

trigueño, ña adj **1.** [tez] olive ; [cabello] corn-coloured **2.** VEN [pelo] dark brown ; [persona] olive-skinned.

trillado, da adj fig trite.

trilladora sf [máquina] threshing machine.

trillar vt to thresh.

trillizo, za sm, f triplet.

trillón sm trillion UK, quintillion US.

trilogía sf trilogy.

trimestral adj three-monthly, quarterly ; [exámenes, notas] end-of-term (antes de sust).

trimestre sm three months pl, quarter ; [en escuela, universidad] term.

trinar vi to chirp ▶ **está que trina** fig she's fuming.

trincar [10] fam ❖ vt **1.** [agarrar] to grab **2.** [detener] to nick, to arrest. ❖ vi [beber] to guzzle.

trinchar vt to carve.

trinchera sf **1.** MIL trench **2.** [abrigo] trench coat.

trineo sm [pequeño] sledge ; [grande] sleigh.

Trinidad sf ▶ **la (Santísima) Trinidad** the (Holy) Trinity.

Trinidad y Tobago npr Trinidad and Tobago.

trino sm [de pájaros] chirp, chirping (U) ; MÚS trill.

trío sm [gen] trio.

tripa sf **1.** [intestino] gut, intestine **2.** fam [barriga] gut, belly. ❖ **tripas** sfpl fig [interior] insides.

triple ❖ adj triple. ❖ sm **1.** [tres veces] ▶ **el triple** three times as much / el triple de gente three times as many people **2.** [en baloncesto] three-pointer.

triplicado sm second copy, triplicate.

triplicar [10] vt to triple, to treble. ❖ **triplicarse** vprnl to triple, to treble.

trípode sm tripod.

tripulación sf crew.

tripulante smf crew member.

tripular vt to man.

tris sm ▶ **estar en un tris de (hacer algo)** to be within a whisker of (doing sthg).

trisomía sf trisomy / trisomía 21 trisomy 21.

triste adj **1.** [gen] sad ; [día, tiempo, paisaje] gloomy, dreary / es triste que it's a shame o pity that **2.** fig [color, vestido, luz] pale **3.** (antes de sust) [humilde] poor ; [sueldo] sorry, miserable ▶ **ni un triste** fig not a single.

tristeza sf [gen] sadness ; [de paisaje, día] gloominess, dreariness.

triturador sm [de basura] waste-disposal unit ; [de papeles] shredder.

triturar vt **1.** [moler, desmenuzar] to crush, to grind ; [papel] to shred **2.** [masticar] to chew.

triunfador, ra sm, f winner.

triunfal adj triumphant.

triunfalista adj triumphalist.

triunfar vi **1.** [vencer] to win, to triumph **2.** [tener éxito] to succeed, to be successful.

triunfo sm [gen] triumph ; [en encuentro, elecciones] victory, win.

trivial adj trivial.

trivializar [13] vt to trivialize.

trizas sfpl ▶ **hacer trizas algo a)** [hacer añicos] to smash sthg to pieces **b)** [desgarrar] to tear sthg to shreds ▶ **estar hecho trizas** [persona] to be shattered.

trocar [36] vt **1.** [transformar] ▶ **trocar algo (en algo)** to change sthg (into sthg) **2.** [intercambiar] to swap.

trocear vt to cut up (into pieces).

trocha sf [senda] path ; [atajo] shortcut.

troche ❖ **a troche y moche** loc adv haphazardly.

trofeo sm trophy.

troglodita smf **1.** [cavernícola] cave dweller, troglodyte **2.** fam [bárbaro, tosco] roughneck.

troia sf fam fib, lie.

trolebús sm trolleybus.

trombón smf [instrumento] trombone ; [músico] trombonist.

trombosis sf inv thrombosis.

trompa sf **1.** [de elefante] trunk ; [de oso hormiguero] snout ; [de insecto] proboscis **2.** MÚS horn.

trompazo sm fam bang ▶ **darse o pegarse un trompazo con** to bang into.

trompear vt AM fam to punch.
❖ **trompearse** vprnl AM fam to have a fight.

trompeta sf trumpet.

trompetista smf trumpeter.

trompicón sm [tropezón] stumble ▶ **a trompicones** in fits and starts.

trompo sm **1.** [juguete] spinning top **2.** [giro] spin.

trona sf [silla] highchair.

tronado, da adj fam [loco] nuts, crazy.

tronar ❖ v impers & vi to thunder. ❖ vt MÉX fam [fracasar] to fail. ❖ **tronarse** vprnl AM fam to shoot o.s.

tronchar vt [partir] to snap. ❖ **troncharse** vprnl fam ▶ **troncharse (de risa)** to split one's sides laughing.

tronco, ca sm, f mfam [tipo] guy (bird) ; [como apelativo] pal, mate. ❖ **tronco** sm ANAT & BOT trunk ; [talado y sin ramas] log ▶ **dormir como un tronco, estar hecho un tronco** to sleep like a log.

tronera sf **1.** ARQUIT & HIST embrasure **2.** [en billar] pocket.

trono sm throne ▶ **subir al trono** to ascend the throne.

tropa sf *(gen pl)* MIL troops *pl*.

tropecientos, tas adj *fam* loads of.

tropel sm [de personas] mob, crowd.

tropero sm RDoM cowboy.

tropezar [34] vi [con el pie] ▶ **tropezar (con)** to trip o stumble (on). ◆ **tropezarse** vprnl [encontrarse] to bump into each other ▶ **tropezarse con alguien** to bump into sb. ◆ **tropezar con** vi [problema, persona] to run into, to come across.

tropezón sm **1.** [con el pie] trip, stumble ▶ **dar un tropezón** to trip up, to stumble **2.** *fig* [desacierto] slip-up. ◆ **tropezones** smpl CULIN small chunks.

tropical adj tropical.

trópico sm tropic.

tropiezo sm **1.** [con el pie] trip, stumble ▶ **dar un tropiezo** to trip up, to stumble **2.** *fig* [equivocación] slip-up ; [revés] setback.

troquel sm [molde] mould, die.

trotamundos smf inv globe-trotter.

trotar vi to trot ; *fam & fig* [de aquí para allá] to dash o run around.

trote sm [de caballo] trot ▶ **al trote** at a trot.

troupe [trup, 'trupe] *(pl* **troupes)** sf troupe.

trovador sm troubadour.

trozar vt AM [carne] to cut up ; [res, tronco] to butcher, to cut up.

trozo sm [gen] piece ; [de sendero, camino] stretch ; [de obra, película] extract ▶ **cortar algo en trozos** to cut sthg into pieces ▶ **hacer algo a trozos** to do sthg in bits.

trucado, da adj [cuentas] rigged ; [fotos] retouched.

trucar [10] vt to doctor ; [motor] to soup up.

trucha sf [pez] trout.

truco sm **1.** [trampa, engaño] trick ▶ **truco de magia** magic trick **2.** [habilidad, técnica] knack ▶ **coger el truco** to get the knack ▶ **truco publicitario** advertising gimmick.

truculento, ta adj horrifying, terrifying.

trueno sm METEOR clap of thunder, thunder *(U)*.

trueque sm **1.** COM & HIST barter **2.** [intercambio] exchange, swap.

trufa sf [hongo, bombón] truffle.

truhan, ana sm, f rogue, crook.

truncar [10] vt [frustrar - vida, carrera] to cut short ; [- planes, ilusiones] to spoil, to ruin.

trusa sf CARIB [traje de baño] swimsuit ; RDoM [faja] girdle.

tu *(pl* **tus)** adj poses *(antes de sust)* your.

tú pron pers you / *es más alta que tú* she's taller than you / ▶ **de tú a tú** [lucha] evenly matched ▶ **hablar o tratar de tú a alguien** to address sb as 'tú'.

tubérculo sm tuber, root vegetable.

tuberculosis sf inv tuberculosis.

tubería sf **1.** [cañerías] pipes *pl*, pipework **2.** [tubo] pipe.

tubo sm **1.** [tubería] pipe ▶ **tubo de escape** AUTO exhaust (pipe) ▶ **tubo del desagüe** drainpipe **2.** [recipiente] tube ▶ **tubo de ensayo** test tube **3.** ANAT tract ▶ **tubo digestivo** digestive tract, alimentary canal.

tuerca sf nut.

tuerto, ta adj [sin un ojo] one-eyed ; [ciego de un ojo] blind in one eye.

tuétano sm ANAT (bone) marrow.

tufillo sm whiff.

tufo sm [mal olor] stench.

tugurio sm hovel.

tuit sm INTERNET tweet.

tuitear vt INTERNET to tweet.

tuitero, ra ◆ adj Twitter® *(before noun)*. ◆ sm, f tweeter.

tul sm tulle.

tulipa sf [de lámpara] tulip-shaped lampshade.

tulipán sm tulip.

tullido, da ◆ adj crippled. ◆ sm, f cripple, disabled person.

tumba sf grave, tomb ▶ **ser (como) una tumba** to be as silent as the grave.

tumbado, da adj **1.** [recostado] lying down **2.** [derribado] knocked over.

tumbar vt [derribar] to knock over o down. ◆ **tumbarse** vprnl [acostarse] to lie down.

tumbo sm jolt, jerk ▶ **ir dando tumbos** *fig* [persona] to have a lot of ups and downs.

tumbona sf [en la playa] deck chair ; [en el jardín] (sun) lounger.

tumor sm tumour.

tumulto sm **1.** [disturbio] riot, disturbance **2.** [alboroto] uproar, tumult / *un tumulto de gente* a crowd of people.

tumultuoso, sa adj **1.** [conflictivo] tumultuous **2.** [turbulento] rough, stormy.

tuna sf **1.** = **tuno 2.** CAM MEX [fruta] prickly pear.

tunante, ta sm, f crook, scoundrel.

tunda sf *fam* [paliza] thrashing.

túnel sm tunnel ▶ **salir del túnel** *fig* to turn the corner. ◆ **túnel de lavado** sm AUTO car wash.

Túnez npr **1.** [capital] Tunis **2.** [país] Tunisia.

túnica sf tunic.

Tunicia npr Tunisia.

tuno, na sm, f rogue, scoundrel. ◆ **tuna** sf group of student minstrels.

tuntún ◆ **al tuntún** loc adv without thinking.

tupé sm [cabello] quiff.

tupido, da adj thick, dense.

turba sf **1.** [combustible] peat, turf **2.** [muchedumbre] mob.

turbación sf **1.** [desconcierto] upset, disturbance **2.** [azoramiento] embarrassment.

turbante sm turban.

turbar vt **1.** [alterar] to disturb **2.** [emocionar] to upset **3.** [desconcertar] to trouble, to disconcert. ◆ **turbarse** vprnl **1.** [alterarse] to get upset **2.** [aturdirse] to get embarrassed.

turbina sf turbine.

turbio, bia adj **1.** [agua etc] cloudy **2.** [vista] blurred **3.** *fig* [negocio etc] shady **4.** *fig* [época etc] turbulent.

turbulencia sf **1.** [de fluido] turbulence **2.** [alboroto] uproar, clamour.

turbulento, ta adj **1.** [gen] turbulent **2.** [revoltoso] unruly, rebellious.

turco, ca ◆ adj Turkish. ◆ sm, f [persona] Turk. ◆ **turco** sm [lengua] Turkish.

turismo sm **1.** [gen] tourism ▸ **hacer turismo (por)** to go touring (round) ▸ **turismo espacial** space tourism ▸ **turismo rural** rural tourism **2.** AUTO private car.

turista smf tourist.

turístico, ca adj tourist *(antes de sust)*.

túrmix® sf inv blender, liquidizer.

turnarse vprnl ▸ **turnarse (con alguien)** to take turns (with sb).

turno sm **1.** [tanda] turn, go / *le ha llegado el turno de hacerlo* it's his turn to do it **2.** [de trabajo] shift / *trabajar por turnos* to work shifts ▸ **turno de día/noche** day/night shift.

turquesa ◆ sf [mineral] turquoise. ◆ adj inv [color] turquoise. ◆ sm [color] turquoise.

Turquía npr Turkey.

turrón sm *Christmas sweet similar to marzipan or nougat, made with almonds and honey.*

tute sm [juego] *card game similar to whist.*

tutear vt to address as 'tú'. ◆ **tutearse** vprnl to address each other as 'tú'.

tutela sf **1.** DER guardianship **2.** [cargo] ▸ **tutela (de)** responsibility (for) ▸ **bajo la tutela de** under the protection of.

tutelar ◆ adj DER tutelary. ◆ vt to act as guardian to.

tutor, ra sm, f **1.** DER guardian **2.** [profesor - privado] tutor ; [- de un curso] form teacher.

tutoría sf DER guardianship.

tutú sm tutu.

tuviera ⟶ **tener**.

tuyo, ya ◆ adj poses yours / *este libro es tuyo* this book is yours / *un amigo tuyo* a friend of yours / *no es asunto tuyo* it's none of your business. ◆ pron poses ▸ **el tuyo** / *el tuyo es rojo* yours is red ▸ **ésta es la tuya** *fam* this is the chance you've been waiting for ▸ **lo tuyo es el**

teatro [lo que haces bien] you should be on the stage ▸ **los tuyos a)** *fam* [tu familia] your folks **b)** [tu bando] your lot.

TV (*abr de* **televisión**) sf TV.

TVE (*abr de* **Televisión Española**) sf *Spanish state television network.*

twittear vt & vi to tweet.

Twitter® npr Twitter®.

u¹ (*pl* **úes**), **U** (*pl* **Úes**) sf [letra] u, U.

u² conj (*u en vez de* **o** *antes de palabras que empiezan por* **o** *u* **ho**) or. *Ver también* **o**.

ubicación sf position, location.

ubicar [10] vt to place, to position ; [edificio etc] to locate. ◆ **ubicarse** vprnl [edificio etc] to be situated.

ubre sf udder.

UCI (*abr de* **unidad de cuidados intensivos**) sf ICU.

Ucrania npr the Ukraine.

Ud., Vd. *abr escrita de* **usted**.

Uds., Vds. *abr escrita de* **usted**.

UE (*abr de* **Unión Europea**) sf EU.

UEFA (*abr de* **Unión de Asociaciones Europeas de Fútbol**) sf UEFA.

ufanarse vprnl ▸ **ufanarse de** to boast about.

ufano, na adj **1.** [satisfecho] proud, pleased **2.** [engreído] boastful, conceited.

Uganda npr Uganda.

UGT (*abr de* **Unión General de los Trabajadores**) sf *major socialist Spanish trade union.*

UHF (*abr de* **ultra high frequency**) sf UHF.

ujier (*pl* **ujieres**) sm usher.

újule interj 🇲🇽 ▸ **¡újule!** wow!

úlcera sf MED ulcer.

ulcerar vt to ulcerate. ◆ **ulcerarse** vprnl MED to ulcerate.

ulterior adj *culto* [en el tiempo] subsequent, ulterior.

ulteriormente adv *culto* subsequently.

ultimador, ra sm, f 🇲🇽 killer.

últimamente adv recently, of late.

ultimar vt **1.** [gen] to conclude, to complete **2.** 🇲🇽 [matar] to kill.

ultimátum (*pl* **ultimatos** *o* **ultimátum**) sm ultimatum.

último, ma ◆ adj **1.** [gen] last ▸ **por último** lastly, finally ▸ **ser lo último a)** [lo final] to come last **b)** [el último recurso] to be a last resort **c)** [el colmo] to be the last straw **2.** [más reciente] latest, most recent **3.** [más remoto] furthest, most remote **4.** [más bajo] bottom **5.** [más alto] top **6.** [de más atrás] back. ❖ sm, f **1.** [en fila, carrera etc] ▶ **el último** the last (one) ▶ **llegar el último** to come last **2.** (en comparaciones, enumeraciones) ▶ **éste último ...** the latter ...

ultra smf POLÍT right-wing extremist.

ultraderecha sf extreme right (wing).

ultraizquierda sf extreme left (wing).

ultrajar vt to insult, to offend.

ultraje sm insult.

ultramar sm overseas pl ▶ **de ultramar** overseas (antes de sust).

ultramarino, na adj overseas (antes de sust). ◆ **ultramarinos** ❖ smpl [comestibles] groceries. ❖ sm [tienda] grocer's (shop) sg.

ultranza ◆ **a ultranza** loc adv **1.** [con decisión] to the death **2.** [acérrimamente] out-and-out.

ultrarresistente adj extra-resistant.

ultrasonido sm ultrasound.

ultratumba sf ▶ **de ultratumba** from beyond the grave.

ultravioleta adj inv ultraviolet.

ulular vi **1.** [viento, lobo] to howl **2.** [búho] to hoot.

umbilical ⟶ **cordón**.

umbral sm **1.** [gen] threshold **2.** fig [límite] bounds pl, realms pl.

un, una ❖ art (antes de sf que empiece por « a » o « ha » tónica: **un**) a, an (ante sonido vocálico) / **un hombre** / **coche** a man/car / **una mujer** / **mesa** a woman/table / **un águila** / **hacha** an eagle/axe / **una hora** an hour. ❖ adj ⟶ **uno**.

unánime adj unanimous.

unanimidad sf unanimity ▶ **por unanimidad** unanimously.

unción sf unction.

undécimo, ma num eleventh.

UNED (abr de Universidad Nacional de Educación a Distancia) sf Spanish open university.

ungüento sm ointment.

únicamente adv only, solely.

único, ca adj **1.** [sólo] only / **es lo único que quiero** it's all I want **2.** [excepcional] unique **3.** [precio, función, razón] single.

unicornio sm unicorn.

unidad sf **1.** [gen, MAT & MIL] unit / **25 euros la unidad** 25 euros each ▶ **unidad de cuidados intensivos** o **vigilancia intensiva** intensive care (unit) ▶ **unidad central de proceso** INFORM central processing unit ▶ **unidad de disco** INFORM

disk drive / **unidad monetaria** monetary unit **2.** [cohesión, acuerdo] unity.

unido, da adj united ; [familia, amigo] close.

unifamiliar adj detached / **vivienda unifamiliar** house (detached or terraced).

unificación sf **1.** [unión] unification **2.** [uniformización] standardization.

unificar [10] vt **1.** [unir] to unite, to join ; [países] to unify **2.** [uniformar] to standardize.

uniformar vt **1.** [igualar] to standardize **2.** [poner uniforme] to put into uniform.

uniforme ❖ adj uniform ; [superficie] even. ❖ sm uniform.

uniformidad sf uniformity ; [de superficie] evenness.

unión sf **1.** [gen] union ▶ **en unión de** together with ▶ **Unión Africana** African Union **2.** [suma, adherimiento] joining together **3.** TECNOL join, joint.

Unión Europea sf ▶ **la Unión Europea** the European Union.

unipersonal adj individual.

unir vt **1.** [pedazos, habitaciones etc] to join **2.** [empresas, estados, facciones] to unite **3.** [comunicar - ciudades etc] to link **4.** [suj: amistad, circunstancias etc] to bind **5.** [casar] to join, to marry **6.** [combinar] to combine / **unir algo a algo** to combine sthg with sthg **7.** [mezclar] to mix o blend in. ◆ **unirse** vprnl **1.** [gen] to join together ▶ **unirse a algo** to join sthg **2.** [casarse] ▶ **unirse en matrimonio** to be joined in wedlock.

unisexo, unisex adj inv unisex.

unísono ◆ **al unísono** loc adv in unison.

unitario, ria adj **1.** [de una unidad - estado, nación] single ; [- precio] unit (antes de sust) **2.** POLÍT unitarian.

universal adj **1.** [gen] universal **2.** [mundial] world (antes de sust).

universidad sf university, college US, school US.

universitario, ria ❖ adj university (antes de sust). ❖ sm, f [estudiante] university student.

universo sm **1.** ASTRON universe **2.** fig [mundo] world.

unívoco, ca adj univocal, unambiguous.

uno, una ❖ adj **1.** [indefinido] one / **un día volveré** one o some day I'll return / **había unos coches mal aparcados** there were some badly parked cars / **había unos 12 muchachos** there were about o some 12 boys there **2.** [numeral] one / **un hombre, un voto** one man, one vote / **la fila uno** row one. ❖ pron **1.** [indefinido] one / **coge uno** take one ▶ **uno de vosotros** one of you ▶ **unos ... otros ...** some ... others ... ▶ **uno a otro, unos a otros** each other, one another ▶ **uno tras otro** one after the other ▶ **uno y otro** both ▶ **unos y otros** all of them **2.** fam [cierta persona] someone, somebody / *hablé con uno que te conoce* I spoke to someone who knows you / *me lo han contado unos* certain people told me so **3.** [yo] one / *uno ya no está para estos trotes* one isn't really up to this sort of thing any more **4.** *loc* ▸ **a una** [en armonía, a la vez] together ▸ **de uno en uno, uno a uno, uno por uno** one by one ▸ **juntar varias cosas en una** to combine several things into one ▸ **lo uno por lo otro** it all evens out in the end ▸ **más de uno** many people ▸ **una de dos** it's either one thing or the other ▸ **unos cuantos** a few ▸ **una y no más** once was enough, once bitten, twice shy. ◆ **uno** *sm* [número] (number) one ▸ **el uno** number one. *Ver también* **seis.** ◆ **una** *sf* [hora] ▸ **la una** one o'clock.

untar *vt* **1.** [pan, tostada] ▸ **untar (con)** to spread (with) ; [piel, cara etc] to smear (with) **2.** [máquina, bisagra etc] to grease.

untuoso, sa *adj* [graso] greasy, oily.

uña *sf* **1.** [de mano] fingernail, nail ▸ **ser uña y carne** to be as thick as thieves **2.** [de pie] toenail **3.** [garra] claw ▸ **enseñar o sacar las uñas** to get one's claws out.

uralita® *sf* CONSTR *material made of asbestos and cement, usually corrugated and used mainly for roofing.*

uranio *sm* uranium.

Urano *npr* Uranus.

urbanidad *sf* politeness, courtesy.

urbanismo *sm* town planning.

urbanización *sf* **1.** [acción] urbanization **2.** [zona residencial] (housing) estate.

urbanizar [13] *vt* to develop, to urbanize.

urbano, na *adj* urban, city *(antes de sust).*

urbe *sf* large city.

urdir *vt* **1.** [planear] to plot, to forge **2.** [hilos] to warp.

urgencia *sf* **1.** [cualidad] urgency **2.** MED emergency / *de urgencia* emergency **3.** [necesidad] urgent need ▸ **en caso de urgencia** in case of emergency. ◆ **urgencias** *sfpl* MED casualty (department) *sg* / *ingresar por urgencias* to be admitted as an emergency.

urgente *adj* **1.** [apremiante] urgent **2.** MED emergency *(sust)* **3.** [correo] express.

urgir [15] *vi* to be urgently necessary / *me urge hacerlo* I urgently need to do it / *urgir a alguien a que haga algo* to urge sb to do sthg.

urinario, ria *adj* urinary. ◆ **urinario** *sm* urinal, comfort station US.

URL *(abr de* **uniform resource locator***) sf* INFORM URL.

urna *sf* **1.** [vasija] urn **2.** [caja de cristal] glass case **3.** [para votar] ballot box.

urraca *sf* magpie.

URSS *(abr de* **Unión de Repúblicas Socialistas Soviéticas***) sf* HIST USSR.

urticaria *sf* nettle rash.

Uruguay *npr* ▸ **(el) Uruguay** Uruguay.

uruguayo, ya *adj & sm, f* Uruguayan.

usabilidad *sf* TELECOM usability.

usado, da *adj* **1.** [utilizado] used ▸ **muy usado** widely used **2.** [de segunda mano] second-hand **3.** [gastado] worn-out, worn.

usanza *sf* ▸ **a la vieja usanza** in the old way o style.

usar *vt* **1.** [gen] to use / *usar algo/a alguien de o como algo* to use sthg/sb as sthg **2.** [prenda] to wear. ◆ **usarse** *vprnl* **1.** [emplearse] to be used **2.** [estar de moda] to be worn.

USB *(abr de* **universal serial bus***) sm* INFORM USB.

usina *sf* [Am] ▸ **usina eléctrica** power station ▸ **usina nuclear** nuclear power station.

uso *sm* **1.** [gen] use ▸ **al uso** fashionable ▸ **al uso andaluz** in the Andalusian style ▸ **'de uso externo'** MED 'for external use only' **2.** *(gen pl)* [costumbre] custom **3.** LING usage **4.** [desgaste] wear and tear.

usted *pron pers* **1.** [tratamiento de respeto - sg] you ; [-pl] ▸ **ustedes** you *pl* / *contesten ustedes a las preguntas* please answer the questions / *me gustaría hablar con usted* I'd like to talk to you / *¡oiga, usted!* hey, you! / *tratar a alguien de usted* to address sb using the 'usted' form **2.** [tratamiento de respeto - posesivo] ▸ **de usted/ ustedes** yours.

usual *adj* usual.

usuario, ria *sm, f* user.

usufructo *sm* DER usufruct, use.

usura *sf* usury.

usurero, ra *sm, f* usurer.

usurpar *vt* to usurp.

utensilio *sm* [gen] tool, implement ; CULIN utensil ▸ **utensilios de pesca** fishing tackle.

útero *sm* womb, uterus.

útil ◆ *adj* [beneficioso, aprovechable] useful. ◆ *sm (gen pl)* [herramienta] tool / *útiles de jardinería* gardening tools ; AGRIC implement / *útiles de labranza* agricultural implements.

utilidad *sf* **1.** [cualidad] usefulness **2.** [beneficio] profit.

utilitario, ria *adj* AUTO utility. ◆ **utilitario** *sm* AUTO utility car, compact US.

utilización *sf* use.

utilizar [13] *vt* [gen] to use.

utopía *sf* utopia.

utópico, ca *adj* utopian.

UV *(abr de* **ultravioleta***)* UV.

uva *sf* grape / *uva de mesa* dessert grape / *uva moscatel* muscatel grape / *uva pasa* raisin ▸ **estar de mala uva** to be in a bad mood ▸ **tener**

mala uva to be a nasty piece of work ▶ **uvas de la suerte** grapes eaten for good luck as midnight chimes on New Year's Eve.

uy interj ▶ **¡uy!** ahh!, oh!

v, V ['uβe] sf [letra] v, V. ◆ **v doble** sf W.

v. = **vid.**

va ⟶ **ir.**

vaca sf 1. [animal] cow ▶ **vaca lechera / sagrada** dairy/sacred cow / **ponerse como una vaca** to put on a lot of weight 2. [carne] beef.

vacacional adj holiday UK, vacation.

vacaciones sfpl holiday sg, holidays UK, vacation sg US ▶ **estar / irse de vacaciones** to be/ go on holiday.

vacacionista smf Am holidaymaker UK, vacationer US.

vacante ◆ adj vacant. ◆ sf vacancy.

vaciar [9] vt 1. [gen] ▶ **vaciar algo (de)** to empty sthg (of) 2. [dejar hueco] to hollow (out) 3. ARTE to cast, to mould. ◆ **vaciarse** vprnl to empty.

vacilación sf 1. [duda] hesitation ; [al elegir] indecision 2. [oscilación] swaying ; [de la luz] flickering.

vacilante adj 1. [gen] hesitant ; [al elegir] indecisive 2. [luz] flickering ; [pulso] irregular ; [paso] swaying, unsteady.

vacilar vi 1. [dudar] to hesitate ; [al elegir] to be indecisive 2. [voz, principios, régimen] to falter 3. [fluctuar - luz] to flicker ; [- pulso] to be irregular 4. [tambalearse] to wobble, to sway 5. fam [chulear] to swank 6. fam [bromear] to take the mickey.

vacilón, ona fam sm, f 1. [chulo] show-off 2. [bromista] tease. ◆ **vacilón** sm CAM CARIB MÉX [fiesta] party.

vacío, a adj empty. ◆ **vacío** sm 1. FÍS vacuum ▶ **envasar al vacío** to vacuum-pack / **vacío de poder** power vacuum 2. [abismo, carencia] void 3. [hueco] space, gap.

vacuna sf vaccine / **poner una vacuna a alguien** to vaccinate sb.

vacunación sf vaccination.

vacunar vt to vaccinate / **vacunar contra algo** to vaccinate against sthg. ◆ **vacunarse** vprnl to get vaccinated.

vacuno, na adj bovine.

vadear vt to ford ; fig to overcome.

vado sm 1. [en acera] lowered kerb ▶ **'vado permanente'** 'keep clear' 2. [de río] ford.

vagabundear vi [vagar] ▶ **vagabundear (por)** to wander, to roam.

vagabundo, da ◆ adj [persona] vagrant ; [perro] stray. ◆ sm, f tramp, bum US.

vagancia sf 1. [holgazanería] laziness, idleness 2. [vagabundeo] vagrancy.

vagar [16] vi ▶ **vagar (por)** to wander, to roam.

vagina sf vagina.

vago, ga adj 1. [perezoso] lazy, idle 2. [impreciso] vague.

vagón sm [de pasajeros] carriage, car US ; [de mercancías] wagon.

vagoneta sf wagon.

vaguedad sf 1. [cualidad] vagueness 2. [dicho] vague remark.

vahído sm blackout, fainting fit.

vaho sm 1. [vapor] steam 2. [aliento] breath.

vaina sf 1. [gen] sheath 2. [BOT - envoltura] pod 3. Am fam [engreído] pain in the neck ▶ **¡qué vaina!** COL MÉX VEN mfam what a pain! 4. COL PERÚ VEN [problema] pain 5. COL PERÚ VEN [cosa] thing.

vainilla sf vanilla.

vaivén sm 1. [balanceo - de barco] swaying, rocking ; [- de péndulo, columpio] swinging 2. [altibajo] ups-and-downs pl.

vajilla sf crockery ▶ **una vajilla** a dinner service.

vale ◆ sm 1. [bono] coupon, voucher 2. [comprobante] receipt 3. [pagaré] I.O.U. 4. MÉX VEN fam [amigo] pal, mate UK, buddy US. ◆ interj ⟶ **valer.**

valedero, ra adj valid.

valenciano, na adj & sm, f [de Valencia] Valencian.

valentía sf [valor] bravery.

valentonada sf brag.

valer [74] ◆ vt 1. [costar - precio] to cost ; [tener un valor de] to be worth / **¿cuánto vale?** [de precio] how much does it cost?, how much is it? 2. [ocasionar] to earn 3. [merecer] to deserve, to be worth 4. [equivaler] to be equivalent o equal to. ◆ vi 1. [merecer aprecio] to be worthy ▶ **hacerse valer** to show one's worth 2. [servir] ▶ **valer para algo** to be for sthg / **eso aún vale** you can still use that / **¿para qué vale?** what's it for? 3. [ser válido] to be valid ; [en juegos] to be allowed 4. [ayudar] to help, to be of use 5. [tener calidad] to be of worth / **no valer nada** to be worthless o useless 6. [equivaler] ▶ **valer por** to be worth 7. loc ▶ **más vale tarde que nunca** better late than never ▶ **más vale que te calles / vayas** it would be better if you shut up / left ▶ **¿vale?** okay?, all right? ▶ **¡vale!** okay!, all right! ◆ **valerse** vprnl 1. [servirse] ▶ **valerse de algo / alguien**

to use sthg/sb **2.** [desenvolverse] ▸ **valerse (por sí mismo)** to manage on one's own **3.** MEX *loc* : *¡no se vale!* that's not fair!

valeriana *sf* valerian, allheal.

valeroso, sa *adj* brave, courageous.

valía *sf* value, worth.

validación *sf* validation.

validar *vt* to validate.

validez *sf* validity ▸ **dar validez a** to validate.

válido, da *adj* valid.

valiente *adj* [valeroso] brave.

valija *sf* **1.** [maleta] case, suitcase ▸ **valija diplomática** diplomatic bag **2.** [de correos] mailbag.

valioso, sa *adj* **1.** [gen] valuable **2.** [intento, esfuerzo] worthy.

valla *sf* **1.** [cerca] fence **2.** DEP hurdle.
◆ **valla publicitaria** *sf* billboard, hoarding.

vallar *vt* to put a fence round.

valle *sm* valley.

valor *sm* **1.** [gen, MAT & MÚS] value ▸ **joyas por valor de ...** jewels worth ... ▸ **sin valor** worthless **2.** [importancia] importance ▸ **dar valor a** to give o attach importance to ▸ **quitar valor a algo** to take away from sthg **3.** [valentía] bravery.
◆ **valores** *smpl* **1.** [principios] values **2.** FIN securities, bonds ▸ **valores en cartera** investments.

valoración *sf* **1.** [de precio, pérdidas] valuation **2.** [de mérito, cualidad, ventajas] evaluation, assessment.

valorar *vt* **1.** [tasar, apreciar] to value **2.** [evaluar] to evaluate, to assess.

vals (*pl* valses) *sm* waltz.

válvula *sf* valve. ◆ **válvula de escape** *sf fig* means of letting off steam.

vampiresa *sf fam* vamp, femme fatale.

vampiro *sm* [personaje] vampire.

vanagloriarse [8] *vprnl* ▸ **vanagloriarse (de)** to boast (about), to show off (about).

vandalismo *sm* vandalism.

vanguardia *sf* **1.** MIL vanguard ▸ **ir a la vanguardia de** *fig* to be at the forefront of **2.** [cultural] avant-garde, vanguard ∕ *de vanguardia* avant-garde.

vanguardista ❖ *adj* avant-garde. ❖ *smf* avant-gardist.

vanidad *sf* **1.** [orgullo] vanity **2.** [inutilidad] futility.

vanidoso, sa *adj* vain, conceited.

vano, na *adj* **1.** [gen] vain ▸ **en vano** in vain **2.** [vacío, superficial] shallow, superficial.

vapor *sm* **1.** [emanación] vapour ; [de agua] steam ▸ **al vapor** CULIN steamed ▸ **de vapor** [máquina etc] steam (antes de sust) ∕ *a todo vapor* at full speed **2.** [barco] steamship.

vaporizador *sm* **1.** [pulverizador] spray **2.** [para evaporar] vaporizer.

vaporoso, sa *adj* [fino - tela etc] diaphanous.

vapulear *vt* to beat, to thrash ; *fig* to slate.

vaquero, ra ❖ *adj* cowboy (antes de sust).
❖ *sm, f* [persona] cowboy (cowgirl), cowherd.
◆ **vaqueros** *smpl* [pantalón] jeans.

vara *sf* **1.** [rama, palo] stick **2.** [de metal etc] rod **3.** [insignia] staff.

variable *adj* changeable, variable.

variación *sf* variation ; [del tiempo] change.

variado, da *adj* varied ; [galletas, bombones] assorted.

variante ❖ *adj* variant. ❖ *sf* **1.** [variación] variation ; [versión] version **2.** AUTO by-pass.

variar [9] ❖ *vt* **1.** [modificar] to alter, to change **2.** [dar variedad] to vary. ❖ *vi* [cambiar] ▸ **para variar** *irón* (just) for a change.

varicela *sf* chickenpox.

varicoso, sa *adj* varicose.

variedad *sf* variety. ◆ **variedades, varietés** *sfpl* TEATRO variety (U), music hall (U).

varilla *sf* **1.** [barra larga] rod, stick **2.** [tira larga - de abanico, paraguas] spoke, rib ; [- de gafas] arm ; [- de corsé] bone, stay.

vario, ria *adj* [variado] varied, different.
◆ **varios, rias** *adj & pron pl* several.

variopinto, ta *adj* diverse.

varita *sf* wand ▸ **varita mágica** magic wand.

variz (*gen pl*) *sf* varicose vein.

varón *sm* [hombre] male, man ; [chico] boy.

varonil *adj* masculine, male.

vasallo, lla *sm, f* [siervo] vassal.

vasco, ca *adj & sm, f* Basque. ◆ **vasco** *sm* [lengua] Basque.

vascuence *sm* [lengua] Basque.

vasectomía *sf* vasectomy.

vaselina® *sf* Vaseline®.

vasija *sf* vessel.

vaso *sm* **1.** [recipiente, contenido] glass ∕ *un vaso de plástico* a plastic cup **2.** ANAT vessel ▸ **vasos sanguíneos** blood vessels.

vástago *sm* **1.** [descendiente] offspring (U) **2.** [brote] shoot **3.** [varilla] rod.

vasto, ta *adj* vast.

váter (*pl* váteres), **water** (*pl* wateres) *sm* toilet.

vaticano, na *adj* Vatican (antes de sust).
◆ **Vaticano** *sm* ▸ **el Vaticano** the Vatican.

vaticinar *vt* to prophesy, to predict.

vatio, watio ['batjo] *sm* watt.

vaya ❖ *interj* **1.** [sorpresa] ▸ **¡vaya!** well! **2.** [énfasis] : *¡vaya moto!* what a motorbike! ❖ *v* ⟶ *ir*.

VB *abr escrita de* **visto bueno**.

Vd. (*abr escrita de* **usted**) = **Ud**.

Vda. *abr escrita de* viuda.

Vds. (*abr escrita de* ustedes) = Uds.

ve —→ ir.

véase —→ ver.

vecinal adj [camino, impuestos] local.

vecindad sf **1.** [vecindario] neighbourhood **2.** [alrededores] vicinity **3.** MEX [vivienda] tenement house.

vecindario sm [de barrio] neighbourhood ; [de población] community, inhabitants *pl*.

vecino, na ❖ adj [cercano] neighbouring. ❖ sm, f **1.** [de la misma casa, calle] neighbour ; [de un barrio] resident **2.** [de una localidad] inhabitant.

vector sm vector.

veda sf **1.** [prohibición] ban (*on hunting and fishing*) ▶ **levantar la veda** to open the season **2.** [periodo] close season.

vedado, da adj prohibited. ❖ **vedado** sm reserve.

vedar vt to prohibit.

vedette [be'det] sf star.

vegano, na adj & sm, f vegan.

vegetación sf vegetation.

vegetal ❖ adj **1.** BIOL vegetable, plant (*antes de sust*) **2.** [sandwich] salad (*antes de sust*). ❖ sm vegetable.

vegetar vi to vegetate.

vegetariano, na adj & sm, f vegetarian.

vehemencia sf [pasión, entusiasmo] vehemence.

vehemente adj [apasionado, entusiasta] vehement.

vehicular vt to transport.

vehículo sm [gen] vehicle ; [de infección] carrier.

veinte num twenty ▶ **los (años) veinte** the twenties. *Ver también* seis.

veinteavo, va num twentieth.

veintena sf **1.** [veinte] twenty **2.** [aproximadamente] ▶ **una veintena (de)** about twenty.

vejación sf humiliation.

vejamen sm = vejación.

vejestorio sm *despec* old fogey.

vejez sf old age.

vejiga sf bladder.

vela sf **1.** [para dar luz] candle / ¿*quién le ha dado vela en este entierro?* who asked you to stick your oar in? ▶ **estar a dos velas** not to have two halfpennies to rub together **2.** [de barco] sail **3.** DEP sailing / **hacer vela** to go sailing **4.** [vigilia] vigil ▶ **pasar la noche en vela a)** [adrede] to stay awake all night **b)** [desvelado] to have a sleepless night.

velada sf evening.

velado, da adj **1.** [oculto] veiled, hidden **2.** FOTO fogged.

velador, ra adj watching. ❖ **velador** sm **1.** [mesa] table **2.** ANDES CUBA [mesita] bedside table **3.** MEX RP [luz] bedside lamp **4.** MEX [centinela] night watchman. ❖ **veladora** sf AM [vela] candle.

velar ❖ vi **1.** [cuidar] ▶ **velar por** to look after, to watch over **2.** [no dormir] to stay awake. ❖ vt **1.** [de noche - muerto] to keep a vigil over **2.** [ocultar] to mask, to veil. ❖ **velarse** vprnl FOTO to get fogged.

velcro® sm Velcro®.

veleidad sf **1.** [inconstancia] fickleness **2.** [antojo, capricho] whim, caprice.

velero sm sailing boat/ship.

veleta sf weather vane.

velista smf [hombre] yachtsman ; [mujer] yachtswoman.

veliz sf MEX suitcase.

vello sm **1.** [pelusilla] down **2.** [pelo] hair / *vello púbico* pubic hair.

velloso, sa adj hairy.

velo sm *lit + fig* veil ▶ **correr o echar un (tupido) velo sobre algo** to draw a veil over sthg.

velocidad sf **1.** [gen] speed / *cobrar velocidad* to pick up speed / *perder velocidad* to lose speed / *velocidad máxima* top speed ; TECNOL velocity ▶ **a toda velocidad** at full speed ▶ **de alta velocidad** high-speed ▶ **velocidad punta** top speed **2.** AUTO [marcha] gear ▶ **cambiar de velocidad** to change gear.

velocímetro sm speedometer.

velódromo sm cycle track, velodrome.

velomotor sm moped.

velorio sm wake.

veloz adj fast, quick.

ven —→ venir.

vena sf **1.** [gen, ANAT & GEOL] vein **2.** [inspiración] inspiration **3.** [don] vein, streak ▶ **tener vena de algo** to have a gift for doing sthg.

venado sm ZOOL deer ; CULIN venison.

vencedor, ra ❖ adj winning, victorious. ❖ sm, f winner.

vencejo sm [ave] swift.

vencer [11] ❖ vt **1.** [ganar] to beat, to defeat **2.** [derrotar - suj: sueño, cansancio, emoción] to overcome **3.** [aventajar] ▶ **vencer a alguien a o en algo** to outdo sb at sthg **4.** [superar - miedo, obstáculos] to overcome ; [- tentación] to resist. ❖ vi **1.** [ganar] to win, to be victorious **2.** [caducar - garantía, contrato, plazo] to expire ; [- deuda, pago] to fall due ; [- bono] to mature **3.** [prevalecer] to prevail. ❖ **vencerse** vprnl [estante etc] to give way, to collapse.

vencido, da adj **1.** [derrotado] defeated ▶ **darse por vencido** to give up **2.** [caducado - garantía, contrato, plazo] expired ; [- pago, deuda] due, payable.

vencimiento sm [término - de garantía, contrato, plazo] expiry ; [- de pago, deuda] falling due.

venda sf bandage / *venda de gasa* gauze bandage ▶ **tener una venda en o delante de los ojos** *fig* to be blind.

vendaje sm bandaging / *poner un vendaje* to put on a dressing.

vendar vt to bandage ▶ **vendar los ojos a alguien** to blindfold sb.

vendaval sm gale.

vendedor, ra sm, f [gen] seller ; [en tienda] shop o sales assistant ; [de coches, seguros] salesman (saleswoman).

vender vt *lit* + *fig* to sell ▶ **vender algo a o por** to sell sthg for. ◆ **venderse** vprnl **1.** [ser vendido] to be sold o on sale ▶ **'se vende'** 'for sale' **2.** [dejarse sobornar] to sell o.s., to be bribed.

vendimia sf grape harvest.

vendimiador, ra sm, f grape picker.

vendimiar [8] ◆ vt to harvest *(grapes)*. ◆ vi to pick grapes.

vendrá ⟶ **venir**.

veneno sm [gen] poison ; [de serpiente, insecto] venom.

venenoso, sa adj **1.** [gen] poisonous **2.** *fig* [malintencionado] venomous.

venerable adj venerable.

venerar vt to venerate, to worship.

venéreo, a adj venereal.

venezolano, na adj & sm, f Venezuelan.

Venezuela npr Venezuela.

venga interj ▶ **¡venga!** come on!

venganza sf vengeance, revenge.

vengar [16] vt to avenge. ◆ **vengarse** vprnl ▶ **vengarse (de)** to take revenge (on).

vengativo, va adj vengeful, vindictive.

vengo ⟶ **venir**.

venia sf **1.** [permiso] permission **2.** DER [perdón] pardon ▶ **con la venia** [tomando la palabra] by your leave.

venial adj petty, venial.

venida sf [llegada] arrival.

venidero, ra adj coming, future.

venir [75] ◆ vi **1.** [gen] to come ▶ **venir a / de hacer algo** to come to do sthg / from doing sthg ▶ **venir de algo** [proceder, derivarse] to come from sthg / *no me vengas con exigencias* don't come to me making demands / *venir a por algo* to come to pick up sthg ▶ **el año que viene** next year **2.** [llegar] to arrive / *vino a las doce* he arrived at twelve o'clock **3.** [hallarse] to be / *su foto viene en primera página* his photo is o appears on the front page / *el texto viene en inglés* the text is in English **4.** [acometer, sobrevenir] :

me viene sueño I'm getting sleepy / *le vinieron ganas de reír* he was seized by a desire to laugh / *le vino una tremenda desgracia* he suffered a great misfortune **5.** [ropa, calzado] ▶ **venir a alguien** to fit sb / *¿qué tal te viene?* does it fit all right? / *el abrigo le viene pequeño* the coat is too small for her **6.** [convenir] ▶ **venir bien / mal a alguien** to suit / not to suit sb **7.** [aproximarse] : *viene a costar un millón* it costs almost a million **8.** *loc* ▶ **¿a qué viene esto?** what do you mean by that?, what's that in aid of? ▶ **venir a menos a)** [negocio] to go downhill **b)** [persona] to go down in the world ▶ **venir a parar en** to end in ▶ **venir a ser** to amount to. ◆ v aux **1.** *(antes de gerundio)* [haber estado] ▶ **venir haciendo algo** to have been doing sthg **2.** *(antes de participio)* [estar] : *los cambios vienen motivados por la presión de la oposición* the changes have resulted from pressure on the part of the opposition **3.** *(antes de infin)* [estar] : *esto viene a costar unos veinte euros* it costs almost twenty euros. ◆ **venirse** vprnl **1.** [volver] ▶ **venirse (de)** to come back o return (from) **2.** *loc* ▶ **venirse abajo a)** [techo, estante etc] to collapse **b)** [ilusiones] to be dashed.

venta sf **1.** [acción] sale, selling ▶ **estar en venta** to be for sale ▶ **venta al contado** cash sale ▶ **venta a plazos** sale by instalments **2.** *(gen pl)* [cantidad] sales *pl*.

ventaja sf **1.** [hecho favorable] advantage **2.** [en competición] lead ▶ **llevar ventaja a alguien** to have a lead over sb.

ventajoso, sa adj advantageous.

ventana sf [gen & INFORM] window ▶ **ventana de información** INFORM pop-up.

ventanilla sf **1.** [de vehículo, sobre] window **2.** [taquilla] counter.

ventero, ra sm, f innkeeper.

ventilación sf ventilation.

ventilador sm ventilator, fan.

ventilar vt **1.** [airear] to air **2.** [resolver] to clear up **3.** [discutir] to air. ◆ **ventilarse** vprnl [airearse] to air.

ventisca sf blizzard.

ventiscar [10], **ventisquear** v impers to blow a blizzard.

ventolera sf [viento] gust of wind.

ventosa sf [gen & ZOOL] sucker.

ventosidad sf wind, flatulence.

ventoso, sa adj windy.

ventrílocuo, cua sm, f ventriloquist.

ventura sf **1.** [suerte] luck ▶ **a la (buena) ventura a)** [al azar] at random, haphazardly **b)** [sin nada previsto] without planning o a fixed plan **2.** [casualidad] fate, fortune.

Venus npr Venus.

ver [76] ❖ vi **1.** [gen] to see **2.** loc ▶ **a ver** [veamos] let's see ▶ **¿a ver?** [mirando con interés] let me see, let's have a look ▶ **¡a ver!** [¡pues claro!] what do you expect? ; [al empezar algo] right! ▶ **dejarse ver (por un sitio)** to show one's face (somewhere) ▶ **eso está por ver** that remains to be seen / **verás, iba a ir pero...** listen, I was thinking of coming but... ▶ **ya veremos** we'll see. ❖ vt **1.** [gen] to see ; [mirar] to look at ; [televisión, partido de fútbol] to watch / **¿ves algo?** can you see anything? / **he estado viendo tu trabajo** I've been looking at your work / **ya veo que estás de mal humor** I can see you're in a bad mood / **¿ves lo que quiero decir?** do you see what I mean? / **ir a ver lo que pasa** to go and see what's going on / **es una manera de ver las cosas** that's one way of looking at it / **yo no lo veo tan mal** I don't think it's that bad **2.** loc ▶ **eso habrá que verlo** that remains to be seen ▶ **¡hay que ver qué lista es!** you wouldn't believe how clever she is! ▶ **no puedo verle (ni en pintura)** fam I can't stand him ▶ **si no lo veo, no lo creo** you'll never believe it ▶ **ver venir a alguien** to see what sb is up to. ❖ sm ▶ **estar de buen ver** to be good-looking. ❖ **verse** vprnl **1.** [mirarse, imaginarse] to see o.s. / **verse en el espejo** to see o.s. in the mirror **2.** [percibirse] : **desde aquí se ve el mar** you can see the sea from here **3.** [encontrarse] to meet, to see each other / **verse con alguien** to see sb / **hace mucho que no nos vemos** we haven't seen each other for a long time **4.** [darse, suceder] to be seen **5.** loc : **vérselas venir** fam to see it coming ▶ **vérselas y deseárselas para hacer algo** to have a real struggle doing sthg. ❖ **véase** vprnl [en textos] see / **véase anexo 1** see appendix 1. ❖ **por lo visto, por lo que se ve** loc adv apparently.

vera sf **1.** [orilla - de río, lago] bank ; [- de camino] edge, side **2.** fig [lado] side ▶ **a la vera de** next to.

veracidad sf truthfulness.

veraneante smf holidaymaker, (summer) vacationer US.

veranear vi ▶ **veranear en** to spend one's summer holidays in.

veraneo sm summer holidays pl ▶ **de veraneo** holiday (antes de sust).

veraniego, ga adj summer (antes de sust).

verano sm summer.

veras sfpl truth (U) ▶ **de veras a)** [verdaderamente] really **b)** [en serio] seriously.

veraz adj truthful.

verbal adj verbal.

verbena sf [fiesta] street party (on the eve of certain saints' days).

verbo sm GRAM verb.

verdad sf **1.** [gen] truth ▶ **a decir verdad** to tell the truth **2.** [principio aceptado] fact **3.** loc : no te

gusta, ¿verdad? you don't like it, do you? / está bueno, ¿verdad? it's good, isn't it? ❖ **verdades** sfpl [opinión sincera] true thoughts ▶ **cantar las verdades** fig to speak one's mind ▶ **cantarle o decirle a alguien cuatro verdades** fig to tell sb a few home truths. ❖ **de verdad** ❖ loc adv **1.** [en serio] seriously **2.** [realmente] really. ❖ loc adj [auténtico] real.

verdadero, ra adj **1.** [cierto, real] true, real / **fue un verdadero lío** it was a real mess **2.** [sin falsificar] real **3.** [enfático] real.

verde ❖ adj **1.** [gen] green / **estar verde de envidia** to be green with envy ▶ **poner verde a alguien** to criticize sb **2.** [fruta] unripe, green **3.** fig [obsceno] blue, dirty **4.** fig [inmaduro - proyecto etc] in its early stages. ❖ sm [color] green. ❖ **Verdes** smpl [partido] ▶ **los Verdes** the Greens.

verdor sm [color] greenness.

verdugo sm **1.** [de preso] executioner ; [que ahorca] hangman **2.** [pasamontañas] balaclava helmet.

verdulería sf greengrocer's (shop).

verdulero, ra sm, f [tendero] greengrocer.

verdura sf vegetables pl, greens pl.

vereda sf **1.** [senda] path ▶ **hacer entrar o meter a alguien en vereda** to bring sb into line **2.** CSUR PERÚ [acera] pavement UK, sidewalk US.

veredicto sm verdict.

vergonzoso, sa adj **1.** [deshonroso] shameful **2.** [tímido] bashful.

vergüenza sf **1.** [turbación] embarrassment ▶ **dar vergüenza** to embarrass ▶ **¡qué vergüenza!** how embarrassing! ▶ **sentir vergüenza** to feel embarrassed **2.** [timidez] bashfulness **3.** [remordimiento] shame ▶ **sentir vergüenza** to feel ashamed **4.** [deshonra, escándalo] disgrace / **¡es una vergüenza!** it's disgraceful!

verídico, ca adj [cierto] true, truthful.

verificar [10] vt **1.** [comprobar - verdad, autenticidad] to check, to verify **2.** [examinar - funcionamiento, buen estado] to check, to test **3.** [confirmar - fecha, cita] to confirm **4.** [llevar a cabo] to carry out. ❖ **verificarse** vprnl [tener lugar] to take place.

verja sf **1.** [puerta] iron gate / **la verja de Gibraltar** the border between Spain and Gibraltar **2.** [valla] railings pl **3.** [enrejado] grille.

vermú, vermut (pl **vermuts**) sm **1.** [bebida] vermouth **2.** ANDES RP [en cine] early-evening showing ; ANDES RP [en teatro] early-evening performance.

vernáculo, la adj vernacular.

verosímil adj **1.** [creíble] believable, credible **2.** [probable] likely, probable.

verruga sf wart.

versado, da adj ▸ **versado (en)** versed (in).

versar vi ▸ **versar sobre** to be about, to deal with.

versátil adj **1.** [voluble] fickle **2.** *(considerado incorrecto)* [polifacético] versatile.

versículo sm verse.

versión sf [gen] version ; [en música pop] cover version ▸ **versión original** CINE original (version).

verso sm **1.** [género] verse ▸ **verso blanco / libre** blank /free verse **2.** [unidad rítmica] line *(of poetry)* **3.** [poema] poem.

vértebra sf vertebra.

vertebrado, da adj vertebrate.

◆ **vertebrados** smpl ZOOL vertebrates.

vertedero sm [de basuras] rubbish tip o dump ; [de agua] overflow.

verter [20] vt **1.** [derramar] to spill **2.** [vaciar - líquido] to pour (out) ; [- recipiente] to empty **3.** [tirar - basura, residuos] to dump **4.** fig [decir] to tell. ◆ **verterse** vprnl [derramarse] to spill.

vertical ◆ adj GEOM vertical ; [derecho] upright. ◆ sf GEOM vertical.

vértice sm [gen] vertex ; [de cono] apex.

vertido sm **1.** *(gen pl)* [residuo] waste *(U)* **2.** [acción] dumping.

vertiente sf **1.** [pendiente] slope **2.** fig [aspecto] side, aspect.

vertiginoso, sa adj **1.** [mareante] dizzy **2.** fig [raudo] giddy.

vértigo sm [enfermedad] vertigo ; [mareo] dizziness / *trepar me da vértigo* climbing makes me dizzy.

vesícula sf ▸ **vesícula biliar** gall bladder.

vespertino, na adj evening *(antes de sust)*.

vestíbulo sm [de casa] (entrance) hall ; [de hotel, oficina] lobby, foyer.

vestido, da adj dressed / *ir vestido* to be dressed / *iba vestido de negro* he was dressed in black. ◆ **vestido** sm **1.** [indumentaria] clothes pl **2.** [prenda femenina] dress / *vestido de noche* evening dress.

vestidura *(gen pl)* sf clothes pl ; RELIG vestments pl ▸ **rasgarse las vestiduras** to make a fuss.

vestigio sm vestige ; fig sign, trace.

vestimenta sf clothes pl, wardrobe.

vestir [26] ◆ vt **1.** [gen] to dress **2.** [llevar puesto] to wear **3.** [cubrir] to cover **4.** fig [encubrir] ▸ **vestir algo de** to invest sthg with. ◆ vi **1.** [llevar ropa] to dress **2.** fig [estar bien visto] to be the done thing. ◆ **vestirse** vprnl **1.** [ponerse ropa] to get dressed, to dress / *vestirse de* to wear **2.** [adquirir ropa] ▸ **vestirse en** to buy one's clothes at.

vestuario sm **1.** [vestimenta] clothes pl, wardrobe ; TEATRO costumes pl **2.** [para cambiarse] changing room ; [de actores] dressing room.

veta sf **1.** [filón] vein, seam **2.** [faja, lista] grain.

vetar vt to veto.

veterano, na adj & sm, f veteran.

veterinario, ria ◆ adj veterinary. ◆ sm, f [persona] vet, veterinary surgeon. ◆ **veterinaria** sf [ciencia] veterinary science o medicine.

veto sm veto ▸ **poner veto a algo** to veto sthg.

vetusto, ta adj culto ancient, very old.

vez sf **1.** [gen] time / *una vez* once / *dos veces* twice / *tres veces* three times / *¿has estado allí alguna vez?* have you ever been there? ▸ **a mi / tu etc. vez** in my/your etc. turn ▸ **a la vez (que)** at the same time (as) ▸ **cada vez (que)** every time / *cada vez más* more and more / *cada vez menos* less and less / *cada vez la veo más feliz* she seems happier and happier ▸ **de una vez** in one go ▸ **de una vez para siempre** o **por todas** once and for all ▸ **muchas veces** often, a lot ▸ **otra vez** again ▸ **pocas veces, rara vez** rarely, seldom ▸ **por última vez** for the last time ▸ **una** o **alguna que otra vez** occasionally ▸ **una vez más** once again ▸ **una y otra vez** time and again ▸ **érase una vez** once upon a time **2.** [turno] turn / *pedir la vez* to ask who is last. ◆ **a veces, algunas veces** loc adv sometimes, at times. ◆ **de vez en cuando** loc adv from time to time, now and again. ◆ **en vez de** loc prep instead of. ◆ **tal vez** loc adv perhaps, maybe. ◆ **una vez que** loc conj once, after.

VHF *(abr de very high frequency)* sf VHF.

VHS *(abr de video home system)* sm VHS.

vía ◆ sf **1.** [medio de transporte] route ▸ **por vía aérea a)** [gen] by air **b)** [correo] (by) airmail ▸ **por vía marítima** by sea ▸ **por vía terrestre** overland, by land ▸ **por vía fluvial** waterway **2.** [calzada, calle] road ▸ **vía pública** public thoroughfare **3.** [FERROC - raíl] rails pl, track ; [- andén] platform ▸ **vía férrea** [ruta] railway line **4.** [proceso] ▸ **estar en vías de** to be in the process of ▸ **país en vías de desarrollo** developing country / *una especie en vías de extinción* an endangered species **5.** ANAT tract **6.** [opción] channel, path ▸ **por vía oficial / judicial** through official channels/the courts **7.** [camino] way ▸ **dar vía libre a)** [dejar paso] to give way **b)** [dar libertad de acción] to give a free rein **8.** DER procedure. ◆ prep vía. ◆ **Vía Láctea** sf Milky Way.

viabilidad sf viability.

viable adj fig [posible] viable.

viaducto sm viaduct.

viajante smf travelling salesperson.

viajar vi **1.** [trasladarse, irse] ▸ **viajar (en)** to travel (by) **2.** [circular] to run.

viaje sm **1.** [gen] journey, trip ; [en barco] voyage ▸ **¡buen viaje!** have a good journey o trip! ▸ **estar / ir de viaje** to be/go away (on a trip) ▸ **hay 11 días de viaje** it's an 11-day journey ▸ **viaje de ida / de vuelta** outward/return journey ▸ **viaje de ida y vuelta** return journey o trip / **viaje de negocios** business trip ▸ **viaje de novios** honeymoon / **viaje organizado** package tour **2.** fig [recorrido] trip. ◆ **viajes** smpl [singladuras] travels.

viajero, ra ⇔ adj [persona] travelling ; [ave] migratory. ⇔ sm, f [gen] traveller ; [en transporte público] passenger.

vial adj road (antes de sust).

vianda sf **1.** [alimento] food (U) **2.** Méx RP [tentempié] packed lunch **3.** Am [recipiente] lunchbox.

viandante smf **1.** [peatón] pedestrian **2.** [transeúnte] passer-by.

viario, ria adj road (antes de sust).

víbora sf viper.

vibración sf vibration.

vibrante adj **1.** [oscilante] vibrating **2.** fig [emocionante] vibrant **3.** [trémulo] quivering.

vibrar vi **1.** [oscilar] to vibrate **2.** fig [voz, rodillas etc] to shake **3.** fig [público] to get excited.

vicaría sf [residencia] vicarage.

vicario sm vicar.

vicepresidente, ta sm, f [de país, asociación] vice-president ; [de comité, empresa] vice-chairman.

viceversa adv vice versa.

viciado, da adj [aire] stuffy ; [estilo] marred.

viciar [8] vt [pervertir] to corrupt. ◆ **viciarse** vprnl [enviciarse] to take to vice.

vicio sm **1.** [mala costumbre] bad habit, vice ▸ **llorar** o **quejarse de vicio** to complain for no (good) reason **2.** [libertinaje] vice **3.** [defecto físico, de dicción etc] defect.

vicioso, sa ⇔ adj dissolute, depraved. ⇔ sm, f dissolute person, depraved person.

vicisitud sf (gen pl) [avatar] vicissitude / **las vicisitud de la vida** life's ups and downs.

víctima sf victim ; [en accidente, guerra] casualty ▸ **ser víctima de** to be the victim of.

victimar vt Am to kill, to murder.

victimario, ria sm, f Am killer, murderer.

victoria sf victory ▸ **cantar victoria** to claim victory.

victorioso, sa adj victorious.

vid sf vine.

vid., v. (abr escrita de **véase**) v., vid.

vida sf life ▸ **de por vida** for life ▸ **en vida de** during the life o lifetime of ▸ **en mi/tu etc. vida** never (in my/youretc.) life ▸ **estar con vida** to be alive ▸ **ganarse la vida** to earn a living ▸ **pasar a mejor vida** to pass away / **pasarse la vida haciendo algo** to spend one's life doing sthg ▸ **perder la vida** to lose one's life ▸ **quitar la vida a alguien** to kill sb ▸ **¡así es la vida!** that's life!, such is life!

vidente smf clairvoyant.

vídeo, video sm **1.** [gen] video ▸ **grabar en vídeo** to videotape ▸ **vídeo a la carta** video on demand **2.** [aparato reproductor] video, VCR US.

videoblog sm INTERNET videoblog.

videocámara sf camcorder.

videocasete sm video, videocassette.

videoclip (pl **videoclips**) sm (pop) video.

videoclub (pl **videoclubes** o **videoclubs**) sm video club.

videoconsola sf games console.

videojuego sm video game.

videoteléfono sm videophone.

videotex sm inv = **videotexto**.

videotexto sm [por señal de televisión] teletext ; [por línea telefónica] videotext, viewdata.

vidriero, ra sm, f **1.** [que fabrica cristales] glass merchant o manufacturer **2.** [que coloca cristales] glazier. ◆ **vidriera** sf **1.** [puerta] glass door ; [ventana] glass window **2.** [en catedrales] stained glass window.

vidrio sm **1.** [material] glass **2.** Am [de anteojos] glass **3.** Am [de vehículo] window.

vidrioso, sa adj **1.** fig [tema, asunto] thorny, delicate **2.** fig [ojos] glazed.

vieira sf scallop.

viejo, ja ⇔ adj old ▸ **hacerse viejo** to get o grow old. ⇔ sm, f **1.** [anciano] old man (old lady) ▸ **los viejos** the elderly ▸ **viejo verde** dirty old man (dirty old woman) **2.** fam [padres] old man (old girl) ▸ **mis viejos** my folks **3.** Am fam [amigo] pal, mate. ◆ **Viejo de Pascua** sm Chile ▸ **Viejo de Pascua** o **Pascuero** Father Christmas.

viene ⟶ **venir**.

vienés, esa adj & sm, f Viennese.

viento sm **1.** [aire] wind / **hace viento** it's windy **2.** MÚS wind **3.** loc ▸ **contra viento y marea** in spite of everything ▸ **despedir** o **echar a alguien con viento fresco** to send sb packing ▸ **mis esperanzas se las llevó el viento** my hopes flew out of the window ▸ **viento en popa** splendidly.

vientre sm ANAT stomach.

viera ⟶ **ver**.

viernes sm inv Friday. Ver también **sábado**. ◆ **Viernes Santo** sm RELIG Good Friday.

Vietnam npr Vietnam.

vietnamita adj & smf Vietnamese.

viga sf [de madera] beam, rafter ; [de metal] girder.

vigencia sf [de ley etc] validity ; [de costumbre] use ▸ **estar/entrar en vigencia** to be in/come into force.

vigente adj [ley etc] in force ; [costumbre] in use.

vigésimo, ma num twentieth.

vigía smf lookout.

vigilabebés sm inv baby monitor.

vigilancia sf **1.** [cuidado] vigilance, care **/** *estar bajo vigilancia* to be under surveillance **2.** [vigilantes] guards *pl*.

vigilante ◆ adj vigilant. ◆ smf guard ▸ **vigilante nocturno** night watchman.

vigilar ◆ vt [enfermo] to watch over ; [presos, banco] to guard ; [niños, bolso] to keep an eye on ; [proceso] to oversee. ◆ vi to keep watch.

vigilia sf [vela] wakefulness ▸ **estar de vigilia** to be awake.

vigor sm **1.** [gen] vigour **2.** [vigencia] ▸ **entrar en vigor** to come into force, to take effect.

vigorizar [13] vt [fortalecer] to fortify.

vigoroso, sa adj [gen] vigorous, energetic.

vikingo, ga adj & sm, f Viking.

vil adj vile, despicable ; [metal] base.

vileza sf **1.** [acción] vile o despicable act **2.** [cualidad] vileness.

villa sf **1.** [población] small town **2.** [casa] villa, country house **3.** ▸ **villa miseria** ᴀʀɢ ʙᴏʟ shanty town.

villancico sm [navideño] Christmas carol.

villano, na sm, f villain.

vilo ◆ **en vilo** loc adv **1.** [suspendido] in the air, suspended **2.** [inquieto] on tenterhooks ▸ **tener a alguien en vilo** to keep sb in suspense.

vinagre sm vinegar.

vinagrera sf [vasija] vinegar bottle. ◆ **vinagreras** sfpl CULIN [convoy] cruet *sg*.

vinagreta sf vinaigrette, French dressing.

vincha sf ᴀɴᴅᴇꜱ ʀᴘ headband.

vinculación sf link, linking (U).

vincular vt **1.** [enlazar] to link **/** *vincular algo con algo* to link sthg with o to sthg ; [por obligación] to tie, to bind **2.** DER to entail.

vínculo sm [lazo - entre hechos, países] link ; [- personal, familiar] tie, bond.

vinícola adj [país, región] wine-producing *(antes de sust)* ; [industria] wine *(antes de sust)*.

vinicultura sf wine producing.

vino sm wine ▸ **vino blanco/tinto** white/red wine ▸ **vino rosado** rosé. ⟶ **venir**.

viña sf vineyard.

viñedo sm (large) vineyard.

viñeta sf **1.** [de tebeo] (individual) cartoon **2.** [de libro] vignette.

vio ⟶ **ver**.

viola sf viola.

violación sf **1.** [de ley, derechos] violation, infringement **2.** [de persona] rape.

violador, ra adj & sm, f rapist.

violar vt **1.** [ley, derechos, domicilio] to violate, to infringe **2.** [persona] to rape.

violencia sf **1.** [agresividad] violence ▸ **violencia doméstica** domestic violence **2.** [fuerza - de viento, pasiones] force **3.** [incomodidad] embarrassment, awkwardness.

violentar vt **1.** [incomodar] to embarrass **2.** [forzar - domicilio] to break into. ◆ **violentarse** vprnl [incomodarse] to feel awkward.

violento, ta adj **1.** [gen] violent ; [goce] intense **2.** [incómodo] awkward.

violeta ◆ sf [flor] violet. ◆ adj inv & sm [color] violet.

violín sm violin.

violinista smf violinist.

violón sm double bass.

violonchelo, violoncelo sm cello.

VIP [bip] *(abr de* **very important person**) smf VIP.

viperino, na adj *fig* venomous.

viraje sm **1.** [giro - AUTO] turn ; NÁUT tack **2.** *fig* [cambio] change of direction.

viral adj MED & INTERNET viral.

virar ◆ vt [girar] to turn (round) ; NÁUT to tack. ◆ vi [girar] to turn (round).

virgen ◆ adj [gen] virgin ; [cinta] blank ; [película] unused. ◆ smf [persona] virgin. ◆ sf ARTE Madonna. ◆ **Virgen** sf ▸ **la Virgen** RELIG the (Blessed) Virgin **/** *¡Virgen santa!* good heavens!

virginiano, na sm, f ᴀᴍ Virgo.

virgo sm [virginidad] virginity. ◆ **Virgo** ◆ sm [zodiaco] Virgo. ◆ smf [persona] Virgo.

virguería sf *fam* gem.

viril adj virile, manly.

virilidad sf virility.

virtual adj **1.** [posible] possible, potential **2.** [casi real] virtual.

virtud sf **1.** [cualidad] virtue ▸ **virtud cardinal / teologal** cardinal/theological virtue **2.** [poder] power ▸ **tener la virtud de** to have the power o ability to. ◆ **en virtud de** loc prep by virtue of.

virtuoso, sa ◆ adj [honrado] virtuous. ◆ sm, f [genio] virtuoso.

viruela sf **1.** [enfermedad] smallpox **2.** [pústula] pockmark ▸ **picado de viruelas** pockmarked.

virulé ◆ **a la virulé** loc adj **1.** [torcido] crooked **2.** [hinchado] : *un ojo a la virulé* a black eye.

virulencia sf *fig* MED virulence.

virus sm inv [gen & INFORM] virus ▸ **virus informático** computer virus.

viruta sf shaving.

visa sf ᴀᴍ visa.

visado sm visa.

víscera sf internal organ ▸ **vísceras** entrails.

visceral adj *fig* ANAT visceral.

viscoso, sa adj [gen] viscous ; [baboso] slimy. ◆ **viscosa** sf [tejido] viscose.

visera sf **1.** [de gorra] peak **2.** [de casco, suelta] visor **3.** [de automóvil] sun visor.

visibilidad sf visibility.

visible adj visible ▸ **estar visible** [presentable] to be decent o presentable.

visigodo, da sm, f Visigoth.

visillo (gen pl) sm net/lace curtain.

visión sf **1.** [sentido, lo que se ve] sight **2.** [alucinación, lucidez] vision ▸ **ver visiones** to be seeing things **3.** [punto de vista] (point of) view.

visionar vt to view privately.

visionario, ria adj & sm, f visionary.

visita sf **1.** [gen] visit; [breve] call ▸ **hacer una visita a alguien** to visit sb, to pay sb a visit **2.** [visitante] visitor ▸ **tener visita** o **visitas** to have visitors **3.** [a página web] hit.

visitante smf visitor.

visitar vt [gen] to visit; [suj: médico] to call on.

vislumbrar vt **1.** [entrever] to make out, to discern **2.** [adivinar] to have an inkling of.
◆ **vislumbrarse** vprnl **1.** [entreverse] to be barely visible **2.** [adivinarse] to become a little clearer.

vislumbre sm o sf *lit* + *fig* glimmer.

viso sm **1.** [aspecto] ▸ **tener visos de** to seem / **tiene visos de hacerse realidad** it could become a reality **2.** [reflejo - de tejido] sheen; [- de metal] glint.

visón sm mink.

víspera sf [día antes] day before, eve ▸ **en vísperas de** on the eve of / **víspera de festivo** day prior to a public holiday.

vista —→ **visto**.

vistazo sm glance, quick look.

visto, ta ⇔ pp —→ **ver**. ⇔ adj ▸ **estar bien / mal visto** to be considered good/frowned upon.
◆ **vista** ⇔ v —→ **vestir**. ⇔ sf **1.** [sentido] sight, eyesight; [ojos] eyes pl **2.** [observación] watching **3.** [mirada] gaze / *alzar / bajar la vista* to look up/down ▸ **fijar la vista en** to fix one's eyes on ▸ **a primera** o **simple vista** [aparentemente] at first sight, on the face of it ▸ **estar a la vista a)** [visible] to be visible **b)** [muy cerca] to be staring one in the face **4.** [panorama] view **5.** DER hearing / *vista oral* hearing **6.** loc / **conocer a alguien de vista** to know sb by sight ▸ **hacer la vista gorda** to turn a blind eye ▸ **¡hasta la vista!** see you! ▸ **no perder de vista a alguien / algo a)** [vigilar] not to let sb/sthg out of one's sight **b)** [tener en cuenta] not to lose sight of sb/sthg ▸ **perder de vista a)** [dejar de ver] to lose sight of **b)** [perder contacto] to lose touch with ▸ **saltar a la vista** to be blindingly obvious. ▸ **vistas** sfpl [panorama] view sg ▸ **con vistas al mar** with a sea view. ◆ **visto bueno** sm ▸ **el visto bueno** the go-ahead ▸ **'visto bueno'** 'approved'. ◆ **a la vista** loc adv BANCA at sight. ◆ **con vistas a** loc prep with a view to. ◆ **en vista de** loc prep in view of. ◆ **en vista de que** loc conj since, seeing as. ◆ **por lo visto** loc adv apparently. ◆ **visto que** loc conj seeing o given that.

vistoso, sa adj eye-catching.

visual ⇔ adj visual. ⇔ sf line of sight.

visualizador sm visual display unit.

visualizar [13] vt **1.** [gen] to visualize **2.** INFORM to display.

vital adj [gen] vital; [ciclo] life (antes de sust); [persona] full of life, vivacious.

vitalicio, cia adj for life, life (antes de sust).

vitalidad sf vitality.

vitamina sf vitamin.

vitaminado, da adj vitamin-enriched.

vitamínico, ca adj vitamin (antes de sust).

vitícola adj grape-producing.

viticultor, ra sm, f wine grower.

viticultura sf wine growing, viticulture.

vitorear vt to cheer.

vítreo, a adj vitreous.

vitrina sf **1.** [en casa] display cabinet; [en tienda] showcase, glass case **2.** ᴀɴᴅᴇꜱ ᴠᴇɴ [escaparate] (shop) window.

vitro ◆ **in vitro** loc adv in vitro.

vitrocerámica sf [cocina] glass ceramic hob.

vituperar vt to criticize harshly.

viudedad sf **1.** [viudez - de mujer] widowhood; [- de hombre] widowerhood **2.** ▸ **(pensión de) viudedad** widow's/widower's pension.

viudo, da sm, f widower (widow).

viva ⇔ sm cheer / **dar vivas** to cheer. ⇔ interj ▸ **¡viva!** hurrah! / **¡viva el rey!** long live the King!

vivac = **vivaque**.

vivacidad sf liveliness.

vivales smf inv crafty person.

vivamente adv **1.** [relatar, describir] vividly **2.** [afectar, emocionar] deeply.

vivaque, vivac sm bivouac.

vivaquear vi to bivouac.

vivaz adj **1.** [color, descripción] vivid **2.** [persona, discusión, ojos] lively **3.** [ingenio, inteligencia] alert, sharp.

vivencia (gen pl) sf experience.

víveres smpl provisions, supplies.

vivero sm **1.** [de plantas] nursery **2.** [de peces] fish farm; [de moluscos] bed.

viveza sf **1.** [de colorido, descripción] vividness **2.** [de persona, discusión, ojos] liveliness; [de ingenio, inteligencia] sharpness.

vívido, da adj vivid.

vividor, ra sm, f despec scrounger.

vivienda sf **1.** [alojamiento] housing **2.** [morada] dwelling.

viviente adj living.

vivir ❖ vt [experimentar] to experience, to live through. ❖ vi [gen] to live ; [estar vivo] to be alive ▸ **vivir para ver** who'd have thought it?

vivito adj ▸ **vivito y coleando** fam alive and kicking.

vivo, va adj **1.** [existente - ser, lengua etc] living ▸ **estar vivo** [persona, costumbre, recuerdo] to be alive **2.** [dolor, deseo, olor] intense ; [luz, color, tono] bright **3.** [gestos, ojos, descripción] lively, vivid **4.** [activo - ingenio, niño] quick, sharp ; [- ciudad] lively **5.** [genio] quick, hot. ❖ **vivos** smpl ▸ **los vivos** the living. ❖ **en vivo** loc adv [en directo] live.

Vizcaya npr Vizcaya ▸ **Golfo de Vizcaya** Bay of Biscay.

vizconde, esa sm, f viscount (viscountess).

vlog sm INTERNET vlog.

vocablo sm word, term.

vocabulario sm [riqueza léxica] vocabulary.

vocación sf vocation.

vocacional adj vocational.

vocal ❖ adj vocal. ❖ sf vowel.

vocalizar [13] vi to vocalize.

voceador, ra sm, f **COL** **ECUAD** **MÉX** newspaper seller.

vocear ❖ vt **1.** [gritar] to shout o call out **2.** [llamar] to shout o call to **3.** [pregonar - mercancía] to hawk. ❖ vi [gritar] to shout.

vocero, ra sm, f **ESP AM** spokesperson, spokesman (spokeswoman).

vociferar vi to shout.

vodcast sm INTERNET vodcast.

vodka ['boθka] sm o sf vodka.

vol. (abr escrita de **volumen**) vol.

volador, ra adj flying.

volandas ❖ **en volandas** loc adv in the air.

volante ❖ adj flying. ❖ sm **1.** [para conducir] (steering) wheel ▸ **estar** o **ir al volante** to be at the wheel **2.** [de tela] frill, flounce **3.** [del médico] (referral) note **4.** [en bádminton] shuttlecock.

volantín sm **CARIB** **CHILE** kite.

volar [23] ❖ vt [en guerras, atentados] to blow up ; [caja fuerte, puerta] to blow open ; [edificio en ruinas] to demolish (with explosives) ; [en cantera] to blast. ❖ vi **1.** [gen] to fly ; [papeles etc] to blow away ▸ **volar a a)** [una altura] to fly at **b)** [un lugar] to fly to ▸ **echar(se) a volar** to fly away o off **2.** fam [desaparecer] to disappear, to vanish. ❖ **volarse** vprnl [papeles etc] to be blown away.

volátil adj fig QUÍM volatile.

vol-au-vent = **volován**.

volcán sm volcano.

volcánico, ca adj volcanic.

volcar [36] ❖ vt **1.** [tirar] to knock over ; [carretilla] to tip up **2.** [vaciar] to empty out. ❖ vi [coche, camión] to overturn ; [barco] to

capsize. ❖ **volcarse** vprnl [esforzarse] ▸ **volcarse (con / en)** to bend over backwards (for/in).

volea sf volley.

voleibol sm volleyball.

voleo sm volley ▸ **a o al voleo** [arbitrariamente] randomly, any old how.

volován (pl volovanes), **vol-au-vent** [bolo'βan] (pl vol-au-vents) sm vol-au-vent.

volquete sm dumper truck, dump truck **US**.

voltaje sm voltage.

voltear ❖ vt **1.** [heno, crepe, torero] to toss ; [tortilla - con plato] to turn over ; [mesa, silla] to turn upside-down **2.** **AM** [derribar] to knock over ; **ANDES** **CAM** **CARIB** **MÉX** [volver] to turn. ❖ vi **MÉX** [torcer] to turn, to go round. ❖ **voltearse** vprnl **ANDES** **CAM** **CARIB** **MÉX** [volverse] to turn around.

voltereta sf [en el suelo] handspring ; [en el aire] somersault ▸ **voltereta lateral** cartwheel.

voltio sm volt.

voluble adj changeable, fickle.

volumen sm **1.** [gen & COM] volume / a todo volumen at full blast ▸ **volumen de negocio** o **ventas** turnover **2.** [espacio ocupado] size, bulk.

voluminoso, sa adj bulky.

voluntad sf **1.** [determinación] will, willpower ▸ **voluntad de hierro** iron will **2.** [intención] intention ▸ **buena voluntad** goodwill ▸ **mala voluntad** ill will **3.** [deseo] wishes pl, will ▸ **contra la voluntad de alguien** against sb's will **4.** [albedrío] free will ▸ **a voluntad** [cuanto se quiere] as much as one likes ▸ **por voluntad propia** of one's own free will.

voluntariado sm voluntary enlistment.

voluntario, ria ❖ adj voluntary. ❖ sm, f volunteer.

voluntarioso, sa adj [esforzado] willing.

voluptuoso, sa adj voluptuous.

volver [24] ❖ vt **1.** [dar la vuelta a] to turn round ; [lo de arriba abajo] to turn over **2.** [poner del revés - boca abajo] to turn upside down ; [- lo de dentro fuera] to turn inside out ; [- lo de detrás delante] to turn back to front **3.** [cabeza, ojos etc] to turn **4.** [convertir en] : eso le volvió un delincuente that made him a criminal, that turned him into a criminal. ❖ vi [ir de vuelta] to go back, to return ; [venir de vuelta] to come back, to return / volver de to come back from / volver atrás to turn back / yo allí no vuelvo I'm not going back there / vuelve, no te vayas come back, don't go ▸ **volver en sí** to come to, to regain consciousness. ❖ **volver a** vi [reanudar] to return to ▸ **volver a hacer algo** [hacer otra vez] to do sthg again. ❖ **volverse** vprnl **1.** [darse la vuelta, girar la cabeza] to turn round **2.** [ir de vuelta] to go back, to return ; [venir de vuelta] to come back, to return **3.** [convertirse en] to become / volverse loco / pálido to go mad/pale **4.** loc ▶ **volverse atrás a)** [de una afirmación, promesa] to go back on one's word **b)** [de una decisión] to change one's mind, to back out ▶ **volverse (en) contra (de) alguien** to turn against sb.

vomitar ❖ vt [devolver] to vomit, to bring up. ❖ vi to vomit, to be sick.

vómito sm [substancia] vomit (U).

voraz adj **1.** [persona, apetito] voracious **2.** fig [fuego, enfermedad] raging.

vos pron pers Am [tú - sujeto] you ; [- objeto] you.

VOSE (abr de versión original subtitulada en español) sf CINE original language version subtitled in Spanish.

voseo sm practice of using the 'vos' pronoun.

vosotros, tras pron pers you pl.

votación sf vote, voting (U) ▶ **decidir algo por votación** to put sthg to the vote ▶ **votación a mano alzada** show of hands.

votante smf voter.

votar ❖ vt **1.** [partido, candidato] to vote for ; [ley] to vote on **2.** [aprobar] to pass, to approve (by vote). ❖ vi to vote ▶ **votar por a)** [emitir un voto por] to vote for **b)** fig [estar a favor de] to be in favour of ▶ **votar por que ...** to vote (that) ... ▶ **votar en blanco** to return a blank ballot paper.

voto sm **1.** [gen] vote **2.** RELIG vow.

voy ⟶ ir.

voz sf **1.** [gen & GRAM] voice ▶ **a media voz** in a low voice, under one's breath ▶ **aclarar o aclararse la voz** to clear one's throat ▶ **alzar o levantar la voz a alguien** to raise one's voice to sb ▶ **en voz alta** aloud ▶ **en voz baja** softly, in a low voice ▶ **voz en off** CINE voice-over ; TEATRO voice offstage **2.** [grito] shout ▶ **a voces** shouting ▶ **dar voces** to shout **3.** [vocablo] word **4.** [derecho a expresarse] say, voice ▶ **no tener ni voz ni voto** to have no say in the matter.

VPO (abr de vivienda de protección oficial) sf ≃ council house/flat UK ; ≃ public housing unit US.

vudú (en aposición invariable) sm voodoo.

vuelco sm upset ▶ **dar un vuelco a)** [coche] to overturn **b)** [relaciones] to change completely **c)** [empresa] to go to ruin ▶ **me dio un vuelco el corazón** my heart missed o skipped a beat.

vuelo sm **1.** [gen & AERON] flight ▶ **alzar o emprender o levantar el vuelo a)** [despegar] to take flight, to fly off **b)** fig [irse de casa] to fly the nest ▶ **coger algo al vuelo a)** [en el aire] to catch sthg in flight **b)** fig [rápido] to catch on to sthg very quickly ▶ **remontar el vuelo** to soar ▶ **vuelo libre** hang gliding ▶ **vuelo sin motor** gliding ▶ **vuelo** **2.** [de vestido] ▶ **una falda de vuelo** a full skirt.

vuelta sf **1.** [gen] turn ; [acción] turning ▶ **dar una vuelta (a algo)** [recorriéndolo] to go round

(sthg) / **dar la vuelta al mundo** to go around the world ▶ **darse la vuelta** to turn round ▶ **dar vueltas (a algo)** [girándolo] to turn (sthg) round ▶ **vuelta al ruedo** TAUROM bullfighter's lap of honour **2.** DEP lap ▶ **vuelta (ciclista)** tour **3.** [regreso, devolución] return / **billete de ida y vuelta** return ticket ▶ **a la vuelta a)** [volviendo] on the way back **b)** [al llegar] on one's return ▶ **estar de vuelta** to be back **4.** [paseo] ▶ **dar una vuelta** to go for a walk **5.** [dinero sobrante] change **6.** [ronda, turno] round **7.** [parte opuesta] back, other side ▶ **a la vuelta de la esquina** lit + fig round the corner ▶ **a la vuelta de la página** over the page **8.** [cambio, avatar] change **9.** loc ▶ **a vuelta de correo** by return of post ▶ **dar la vuelta a la tortilla** fam to turn the tables ▶ **dar una vuelta / dos etc. vueltas de campana** [coche] to turn over once/twice etc. ▶ **darle vueltas a algo** to turn sthg over in one's mind ▶ **estar de vuelta de algo** to be blasé about sthg ▶ **no tiene vuelta de hoja** there are no two ways about it.

vuelto, ta ❖ pp ⟶ **volver.** ❖ adj turned. ❖ **vuelto** sm Am change.

vuestro, tra ❖ adj poses your / vuestro libro / amigo your book/friend / este libro es vuestro this book is yours / un amigo vuestro a friend of yours / no es asunto vuestro it's none of your business. ❖ pron poses ▶ **el vuestro** yours / los vuestros están en la mesa yours are on the table ▶ **lo vuestro es el teatro** [lo que hacéis bien] you should be on the stage ▶ **los vuestros a)** fam [vuestra familia] your folks **b)** [vuestro bando] your lot.

vulgar adj **1.** [no refinado] vulgar **2.** [corriente, ordinario] ordinary, common / vulgar y corriente ordinary.

vulgaridad sf **1.** [grosería] vulgarity ▶ **hacer / decir una vulgaridad** to do/say sthg vulgar **2.** [banalidad] banality.

vulgarizar [13] vt to popularize.

vulgo sm despec ▶ **el vulgo a)** [plebe] the masses pl **b)** [no expertos] the lay public (U).

vulnerable adj vulnerable.

vulnerar vt **1.** [prestigio etc] to harm, to damage **2.** [ley, pacto etc] to violate, to break.

vulva sf vulva.

w, W sf [letra] w, W.

walkie-talkie ['walki'talki] (pl **walkie-talkies**) sm walkie-talkie.

walkman® ['walman] (*pl* **walkmans**) sm Walkman®.

Washington ['waʃiŋton] npr Washington.

water ['bater] (*pl* **wateres**) = **váter**.

waterpolo [water'polo] sm water polo.

watio = **vatio**.

WC (*abr de* water closet) sm WC.

web [weβ] sf ▶ **la (World Wide) Web** the (World Wide) Web ▶ **una (página) web** a web page ▶ **un sitio web** a website.

webcam ['weβkam] (*pl* **webcams**) sf INFORM webcam.

webcast sm INTERNET webcast.

weblog sm INTERNET weblog.

webmáster, webmaster [weβ'master] smf INFORM webmaster.

whisky ['wiski] = **güisqui**.

wi-fi, wifi ['wifi] (*abr de* **Wireless Fidelity**) sm inv INFORM Wi-Fi.

wiki sm o sf INTERNET wiki.

windsurf ['winsurf], **windsurfing** ['winsurfin] sm windsurfing.

windsurfista smf windsurfer.

WWW (*abr escrita de* **World Wide Web**) sf WWW.

x, X sf [letra] x, X. ◆ **X** smf : *la señora X* Mrs X.

xenofobia sf xenophobia.

xenófobo, ba ❖ adj xenophobic. ❖ sm, f xenophobe.

xerocopia sf photocopy.

xilófón, xilófono sm xylophone.

y¹, Y sf [letra] y, Y.

y² conj **1.** [gen] and / *un ordenador y una impresora* a computer and a printer / *horas y horas de espera* hours and hours of waiting **2.** [pero] and yet / *sabía que no lo conseguiría y seguía intentándolo* she knew she wouldn't manage it and yet she kept on trying **3.** [en pre-

guntas] what about / *¿y tu mujer?* what about your wife?

ya ❖ adv **1.** [en el pasado] already / *ya me lo habías contado* you had already told me / *ya en 1926* as long ago as 1926 **2.** [ahora] now; [inmediatamente] at once / *hay que hacer algo ya* something has to be done now/at once / *bueno, yo ya me voy* right, I'm off now / *ya no es así* it's no longer like that **3.** [en el futuro] : *ya te llamaré* I'll give you a ring some time / *ya hablaremos* we'll talk later / *ya nos habremos ido* we'll already have gone / *ya verás* you'll (soon) see **4.** [refuerza al verbo] : *ya entiendo /lo sé* I understand/know. ❖ conj [distributiva] ▶ **ya (sea) por ... ya (sea) por ...** whether for ... or ... ❖ interj ▶ **¡ya!** a) [expresa asentimiento] right! b) [expresa comprensión] yes! ▶ **¡ya, ya!** *irón* sure!, yes, of course! ◆ **ya no** loc adv ▶ **ya no... sino** not only... but. ◆ **ya que** loc conj since / *ya que has venido, ayúdame con esto* since you're here, give me a hand with this.

yacaré sm 🅰🅼 cayman.

yacer [77] vi to lie.

yacimiento sm **1.** [minero] bed, deposit ▶ **yacimiento de petróleo** oilfield **2.** [arqueológico] site.

yanqui smf **1.** HIST Yankee **2.** *fam* [estadounidense] yank.

yaraví sm 🅰🅼 *type of melancholy Indian song*.

yate sm yacht.

yaya sf **1.** 🅿🅴🆁🆄 [insecto] mite **2.** 🅲🆄🅱🅰 🅿🆁🅸🅲🅾 [árbol] lancewood.

yayo, ya sm, f *fam* grandad (grandma).

yegua sf mare.

yema sf **1.** [de huevo] yolk **2.** [de planta] bud, shoot **3.** [de dedo] fingertip.

Yemen npr ▶ **(el) Yemen** Yemen.

yen (*pl* **yenes**) sm yen.

yerba = hierba; ▶ **yerba mate** 🆁🅳🅾🅼 yerba maté.

yerbatero sm 🅰🅽🅳🅴🆂 🅲🅰🆁🅸🅱 [curandero] healer; [vendedor de hierbas] herbalist.

yermo, ma adj [estéril] barren.

yerno sm son-in-law.

yeso sm **1.** GEOL gypsum **2.** CONSTR plaster **3.** ARTE gesso.

yeyé adj sixties.

yihadista ❖ adj jihadi, jihadist. ❖ sm, f jihadi, jihadist.

yo pron pers **1.** (*sujeto*) I / *yo me llamo Luis* I'm called Luis **2.** (*predicado*) : *soy yo* it's me **3.** loc ▶ **yo que tú /él** etc. if I were you/him etc.

yodo, iodo sm iodine.

yoga sm yoga.

yogur (pl yogures), **yogurt** (pl yogurts) sm yoghurt.

yonqui smf fam junkie.

yóquey (pl yóqueys), **jockey** (pl jockeys) sm jockey.

yoyó sm yoyo.

yuca sf **1.** BOT yucca **2.** CULIN cassava.

yudo, judo ['juðo] sm judo.

yugo sm lit + fig yoke.

Yugoslavia npr HIST Yugoslavia.

yugoslavo, va ❖ adj HIST Yugoslavian. ❖ sm, f Yugoslav.

yugular adj & sf jugular.

yunque sm anvil.

yunta sf [de bueyes etc] yoke, team.

yuxtaponer [65] vt to juxtapose.

yuxtaposición sf juxtaposition.

yuxtapuesto, ta pp ⟶ **yuxtaponer**.

yuyería sf RP herbalist shop UK o store US.

yuyo sm **1.** CSUR [mala hierba] weed ; [hierba medicinal] medicinal herb **2.** ANDES [hierba silvestre] wild herb.

z, Z sf [letra] z, Z.

zacate sm CAM MÉX fodder.

zafio, fia adj rough, uncouth.

zafiro sm sapphire.

zaga sf DEP defence ▸ **a la zaga** behind, at the back ▸ **no irle a la zaga a alguien** to be every bit o just as good as sb.

zaguán sm (entrance) hall.

Zaire npr HIST Zaire.

zalamería (gen pl) sf flattery (U) / **hacerle zalamerías a alguien** to sweet talk sb.

zalamero, ra sm, f flatterer ; despec smooth talker.

zamarra sf sheepskin jacket.

zambo, ba sm, f **1.** [persona] knock-kneed person **2.** AM [hijo de persona negra y otra india] person who has one black and one Indian parent.

zambullida sf dive ▸ **darse una zambullida** [baño] to go for a dip.

zambullir vt to dip, to submerge.
❖ **zambullirse** vprnl ▸ **zambullirse (en)** a) [agua] to dive (into) b) [actividad] to immerse o.s. (in).

zampar fam vi to gobble. ❖ **zamparse** vprnl to wolf down.

zanahoria sf carrot.

zanca sf [de ave] leg, shank.

zancada sf stride.

zancadilla sf trip ▸ **poner una o la zancadilla a alguien** a) [hacer tropezar] to trip sb up b) [engañar] to trick sb.

zancadillear vt [hacer tropezar] to trip up.

zanco sm stilt.

zancudo, da adj long-legged. ❖ **zancudo** sm AM mosquito.

zángano, na sm, f fam [persona] lazy oaf. ❖ **zángano** sm [abeja] drone.

zanja sf ditch.

zanjar vt [poner fin a] to put an end to ; [resolver] to settle, to resolve.

zapallito sm CSUR courgette UK, zucchini US.

zapallo sm ANDES RP [calabaza] pumpkin.

zapata sf [de freno] shoe.

zapateado sm type of flamenco music and dance.

zapatear vi to stamp one's feet.

zapatería sf **1.** [oficio] shoemaking **2.** [taller] shoemaker's **3.** [tienda] shoe shop.

zapatero, ra sm, f **1.** [fabricante] shoemaker **2.** [vendedor] shoe seller.

zapatilla sf **1.** [de baile] shoe, pump ; [de estar en casa] slipper ; [de deporte] sports shoe, trainer **2.** [de grifo] washer.

zapato sm shoe / **zapato de salón** court shoe / **zapato de tacón** high heeled shoe.

zapear vi to channel-hop.

zapping ['θapin] sm inv channel-hopping ▸ **hacer zapping** to channel-hop.

zar, zarina sm, f tsar (tsarina), czar (czarina).

zarandear vt **1.** [cosa] to shake **2.** [persona] to jostle, to knock about. ❖ **zarandearse** vprnl **1.** [dar bandazos] to bounce around **2.** AM [contonearse] to strut about.

zarpa sf [de animal - uña] claw ; [- mano] paw.

zarpar vi to weigh anchor, to set sail / **zarpar rumbo a** to set sail for.

zarpazo sm clawing (U).

zarza sf bramble, blackberry bush.

zarzal sm bramble patch.

zarzamora sf blackberry.

zarzaparrilla sf sarsaparilla.

zarzuela sf MÚS Spanish light opera.

zas interj ▸ **¡zas!** wham!, bang!

zenit = cenit.

zepelín (pl zepelines) sm zeppelin.

zigzag (pl zigzags o zigzagues) sm zigzag / **caminar en zigzag** to walk in a zigzag.

zigzaguear vi to zigzag.

zinc = cinc.

zíper sm CAM MÉX VEN zip UK, zipper US.

zipizape sm fam squabble, set-to.

zócalo sm **1.** [de pared] skirting board **2.** [de edificio, pedestal] plinth **3.** Méx [plaza] main square.

zoco sm souk, Arabian market.

zodiaco, zodíaco sm zodiac.

zombi, zombie smf *lit + fig* zombie.

zona sf zone, area **/** *zona de exclusión* exclusion zone **▸** *zona eura* FIN euro zone **▸** *zona verde* **a)** [grande] park **b)** [pequeño] lawn.

zoo sm zoo.

zoología sf zoology.

zoológico, ca adj zoological. ◆ **zoológico** sm zoo.

zoólogo, ga sm, f zoologist.

zopenco, ca *fam* sm, f nitwit.

zopilote sm CAm Méx black vulture.

zoquete ◆ sm CSur [calcetín] ankle sock. ◆ smf [tonto] blockhead.

zorro, rra sm, f *lit + fig* fox. ◆ **zorro** sm [piel] fox (fur).

zozobra sf anxiety, worry.

zozobrar vi **1.** [naufragar] to be shipwrecked **2.** *fig* [fracasar] to fall through.

zueco sm clog.

zulo sm hideout.

zulú (*pl* **zulúes** o **zulús**) adj & sm, f Zulu.

zumbado, da *fam* ◆ adj crazy. ◆ sm, f crazy person.

zumbar vi [gen] to buzz; [máquinas] to whirr, to hum **/** *me zumban los oídos* my ears are buzzing.

zumbido sm [gen] buzz, buzzing *(U)*; [de máquinas] whirr, whirring *(U)*.

zumo sm juice.

zurcido sm **1.** [acción] darning **2.** [remiendo] darn.

zurcir [12] vt to darn.

zurdo, da adj [mano etc] left; [persona] left-handed. ◆ **zurda** sf [mano] left hand.

zurrar vt [pegar] to beat, to thrash.

zutano, na sm, f so-and-so, what's-his-name (what's-her-name).

ENGLISH - SPANISH
INGLÉS - ESPAÑOL

a¹ (*pl* **as** *or* **a's**), **A** (*pl* **As** *or* **A's**) [eɪ] n [letter] a f, A f. ◆ **A** n **1.** MUS la *m* **2.** SCH [mark] ≃ sobresaliente *m*.

a² (*stressed* [eɪ], *unstressed* [ə]) (*before vowel or silent 'h'* **an**) *indef art* **1.** [gen] un (una) / *a boy* un chico / *a table* una mesa / *an orange* una naranja / *an eagle* un águila / *a hundred / thousand pounds* cien/mil libras **2.** [referring to occupation] : *to be a dentist/teacher* ser dentista/maestra **3.** [to express prices, ratios etc] por / *£10 a person* 10 libras por persona / *50 kilometres an hour* 50 kilómetros por hora / *20p a kilo* 20 peniques el kilo / *twice a week / month* dos veces a la semana/al mes.

A3 ◆ n [paper size] formato *m* A3. ◆ adj : *A3 paper* papel *m* (de formato) A3.

A4 n **UK** DIN *m* A4.

AA n **1.** (*abbr of* **Automobile Association**) *asociación británica del automóvil* ; ≃ RACE *m* **2.** (*abbr of* **Alcoholics Anonymous**) AA *mpl*.

AAA n (*abbr of* **American Automobile Association**) *asociación automovilística estadounidense* ; ≃ RACE *m*.

aback [ə'bæk] adv ▶ *to be taken aback* quedarse desconcertado(da).

abandon [ə'bændən] ◆ vt [gen] abandonar ; [soccer, rugby match] suspender. ◆ n ▶ *with abandon* con desenfreno.

abashed [ə'bæʃt] adj avergonzado(da).

abate [ə'beɪt] vi [storm] amainar ; [noise] disminuir ; [fear] apaciguarse.

abattoir ['æbətwɑːr] n matadero *m*.

abbey ['æbɪ] n abadía f.

abbot ['æbət] n abad *m*.

abbreviate [ə'briːvɪeɪt] vt abreviar.

abbreviation [ə,briːvɪ'eɪʃn] n abreviatura f.

ABC n *lit & fig* abecé *m*.

abdicate ['æbdɪkeɪt] ◆ vi abdicar. ◆ vt [responsibility] abdicar de.

abdomen ['æbdəmen] n abdomen *m*.

abduct [əb'dʌkt] vt raptar.

abduction [æb'dʌkʃn] n rapto *m*.

aberration [,æbə'reɪʃn] n aberración f.

abeyance [ə'beɪəns] n ▶ **in abeyance a)** [custom] en desuso **b)** [law] en suspenso.

abhor [əb'hɔːr] vt aborrecer.

abide [ə'baɪd] vt soportar, aguantar. ◆ **abide by** vt insep [law, ruling] acatar ; [principles, own decision] atenerse a.

ability [ə'bɪlətɪ] n [capability] capacidad f.

abject ['æbdʒekt] adj **1.** [poverty] vil, indigente **2.** [person] sumiso(sa) ; [apology] humillante.

ablaze [ə'bleɪz] adj [on fire] en llamas.

able ['eɪbl] adj **1.** [capable] ▶ *to be able to do sthg* poder hacer algo ▶ *to feel able to do sthg* sentirse capaz de hacer algo **2.** [skilful] capaz, competente.

able-bodied [-,bɒdɪd] adj (físicamente) sano(na).

ably ['eɪblɪ] adv competentemente.

abnormal [æb'nɔːml] adj anormal.

aboard [ə'bɔːd] ◆ adv a bordo. ◆ prep [ship, plane] a bordo de ; [bus, train] en.

abode [ə'bəʊd] n *fml* ▶ *of no fixed abode* sin domicilio fijo.

abolish [ə'bɒlɪʃ] vt abolir.

abolition [,æbə'lɪʃn] n abolición f.

abominable [ə'bɒmɪnəbl] adj abominable, deplorable.

aborigine [,æbə'rɪdʒənɪ] n aborigen *mf* de Australia.

abort [ə'bɔːt] vt **1.** [pregnancy, plan, project] abortar ; [pregnant woman] provocar el aborto a **2.** COMPUT abortar.

abortion [ə'bɔːʃn] n aborto *m* ▶ *to have an abortion* abortar.

abortive [ə'bɔːtɪv] adj frustrado(da).

abound [ə'baʊnd] vi **1.** [be plentiful] abundar **2.** [be full] ▶ *to abound with* oʀ *in* abundar en.

about [ə'baʊt] ◆ adv **1.** [approximately] más o menos, como / *there were about fifty/a hundred* había (como) unos cincuenta/cien o así / *at about five o'clock* a eso de las cinco **2.** [referring to place] por ahí / *to leave things lying about* dejar las cosas por ahí / *to walk about* ir andando por ahí / *to jump about* dar saltos **3.** [on the point of] ▶ *to be about to do sthg* estar a punto de hacer algo ▶ *about time too!* ¡ya era hora! ◆ prep **1.** [relating to, concerning] sobre, acerca de / *a film about Paris* una película sobre París / *what is it about?* ¿de qué trata? / *there's something odd about that man* hay algo raro en ese hombre **2.** [referring to place] por / *to wander about the streets* vagar por las calles.

about-turn UK, **about-face US** n MIL media vuelta f ; *fig* cambio *m* radical.

above [ə'bʌv] ◆ adv **1.** [on top, higher up] arriba / *the flat above* el piso de arriba ▶ *see above* [in text] véase más arriba **2.** [more, over] :

children aged five and above niños de cinco años en adelante. ❖ prep **1.** [on top of] encima de **2.** [higher up than, over] por encima de **3.** [more than, superior to] por encima de / *children above the age of 15* niños mayores de 15 años. ▸ **above all** adv sobre todo.

aboveboard [ə,bʌv'bɔːd] adj limpio(pia).

above-mentioned [ə'bʌvmenʃənd] adj susodicho(cha).

abrasive [ə'breɪsɪv] adj **1.** [substance] abrasivo(va) **2.** [person] mordaz.

abreast [ə'brest] ❖ adv ▸ **they were walking four abreast** caminaban en fila de a cuatro. ❖ prep ▸ **to keep abreast of** mantenerse al día de.

abridged [ə'brɪdʒd] adj abreviado(da).

abroad [ə'brɔːd] adv en el extranjero ▸ **to go abroad** ir al extranjero.

abrupt [ə'brʌpt] adj **1.** [sudden] repentino(na) **2.** [brusque] brusco(ca).

abs [æbz] pl n *inf* [abdominal muscles] abdominales mpl / *I'm working on my abs* estoy trabajando los abdominales ▸ **to have killer abs** marcar abdominales.

abscess ['æbsɪs] n absceso m.

abscond [əb'skɒnd] vi ▸ **to abscond (with / from)** escaparse OR fugarse (con /de).

abseil ['æbseɪl] vi ▸ **to abseil (down sthg)** descolgarse OR descender haciendo rápel (por algo).

abseiling ['æbseɪlɪŋ] n rappel m.

absence ['æbsəns] n **1.** [of person] ausencia f **2.** [of thing] falta f.

absent ['æbsənt] adj [not present] ausente ▸ **to be absent from** faltar a.

absentee [,æbsən'tiː] n ausente mf ▸ **absentee ballot** US voto m por correo.

absent-minded [-'maɪndɪd] adj [person] despistado(da) ; [behaviour] distraído(da).

absolute ['æbsəluːt] adj absoluto(ta) ▸ **that's absolute rubbish!** ¡menuda tontería es eso!

absolutely ['æbsəluːtlɪ] ❖ adv [completely] absolutamente, completamente ▸ **it was absolutely delicious** estuvo riquísimo. ❖ excl ¡desde luego!

absolve [əb'zɒlv] vt ▸ **to absolve sb (from)** absolver a alguien (de).

absorb [əb'sɔːb] vt [gen] absorber ▸ **to be absorbed in sthg** *fig* estar absorto OR embebido en algo.

absorbent [əb'sɔːbənt] adj absorbente ▸ **absorbent cotton** US algodón m hidrófilo.

absorption [əb'sɔːpʃn] n [of liquid] absorción f.

abstain [əb'steɪn] vi [refrain, not vote] ▸ **to abstain (from)** abstenerse (de).

abstemious [æb'stiːmjəs] adj *fml* sobrio(bria), moderado(da).

abstention [əb'stenʃn] n abstención f.

abstract ❖ adj ['æbstrækt] abstracto(ta). ❖ n ['æbstrækt] [summary] resumen m, sinopsis f.

absurd [əb'sɜːd] adj absurdo(da).

ABTA ['æbtə] (*abbr of* **Association of British Travel Agents**) n *asociación británica de agencias de viajes.*

abundant [ə'bʌndənt] adj abundante.

abuse ❖ n [ə'bjuːs] (U) **1.** [offensive remarks] insultos mpl **2.** [misuse, maltreatment] abuso m. ❖ vt [ə'bjuːz] **1.** [insult] insultar **2.** [maltreat, misuse] abusar de.

abusive [ə'bjuːsɪv] adj [person] grosero(ra) ; [behaviour, language] insultante.

abysmal [ə'bɪzml] adj pésimo(ma), nefasto(ta).

abyss [ə'bɪs] n abismo m.

a / c (*written abbr of* **account (current)**) c/c.

AC n (*abbr of* **alternating current**) CA f.

academic [,ækə'demɪk] ❖ adj **1.** [of college, university] académico(ca) **2.** [studious] estudioso(sa) **3.** [hypothetical] ▸ **that's completely academic now** eso carece por completo de relevancia. ❖ n **1.** [university lecturer] profesor m universitario, profesora f universitaria **2.** [intellectual] académico(ca).

academy [ə'kædəmɪ] n academia f.

ACAS ['eɪkæs] (*abbr of* **Advisory, Conciliation and Arbitration Service**) n *organización británica para el arbitraje en conflictos laborales* ; ≃ IMAC m.

accede [æk'siːd] vi **1.** [agree] ▸ **to accede to** acceder a **2.** [monarch] ▸ **to accede to the throne** subir al trono.

accelerate [ək'seləreɪt] vi **1.** [car, driver] acelerar **2.** [inflation, growth] acelerarse.

acceleration [ək,selə'reɪʃn] n aceleración f.

accelerator [ək'seləreɪtə*r*] n acelerador m.

accent ['æksent] n *lit & fig* acento m.

accept [ək'sept] vt **1.** [gen] aceptar **2.** [difficult situation, problem] asimilar **3.** [defeat, blame, responsibility] asumir **4.** [agree] ▸ **to accept that** admitir que **5.** [subj: machine - coins, tokens] admitir.

acceptable [ək'septəbl] adj aceptable.

acceptance [ək'septəns] n **1.** [gen] aceptación f **2.** [of piece of work, article] aprobación f **3.** [of defeat, blame, responsibility] reconocimiento m **4.** [of person - as part of group etc] admisión f.

access ['ækses] n **1.** [entry] acceso m ▸ **access card** tarjeta f de acceso **2.** [opportunity to use or see] libre acceso m ▸ **to have access to** tener acceso a.

accessible [ək'sesəbl] adj **1.** [place] accesible **2.** [service, book, film] asequible **3.** [for the disabled] para discapacitados.

accessory [ək'sesərɪ] n **1.** [of car, vacuum cleaner] accesorio m **2.** LAW cómplice mf. ◆ **accessories** pl n complementos mpl.

accident ['æksɪdənt] n accidente m ▶ **to have an accident a)** [gen] tener un accidente **b)** [in car] tener un accidente de coche ▶ **it was an accident** fue sin querer ▶ **by accident** [by chance] por casualidad.

accidental [,æksɪ'dentl] adj accidental.

accidentally [,æksɪ'dentəlɪ] adv **1.** [by chance] por casualidad **2.** [unintentionally] sin querer.

accident-prone adj propenso(sa) a los accidentes.

acclaim [ə'kleɪm] ◆ n (U) elogios mpl, alabanza f. ◆ vt elogiar, alabar.

acclimatize, acclimatise [ə'klaɪmətaɪz], **acclimate** ['æklɪmeɪt] US vi ▶ **to acclimatize (to)** aclimatarse (a).

accolade ['ækəleɪd] n [praise] elogio m, halago m ; [award] galardón m.

accommodate [ə'kɒmədeɪt] vt **1.** [provide room for people - subj: person] alojar ; [- subj: building, place] albergar **2.** [oblige] complacer.

accommodating [ə'kɒmədeɪtɪŋ] adj complaciente, servicial.

accommodation UK [ə,kɒmə'deɪʃn] n [lodging] alojamiento m.

accommodations [ə,kɒmə'deɪʃnz] pl n US = accommodation.

accompany [ə'kʌmpənɪ] vt acompañar.

accomplice [ə'kʌmplɪs] n cómplice mf.

accomplish [ə'kʌmplɪʃ] vt [aim, goal] conseguir, alcanzar ; [task] realizar.

accomplished [ə'kʌmplɪʃt] adj [person] competente, experto(ta) ; [performance] logrado(da).

accomplishment [ə'kʌmplɪʃmənt] n **1.** [action] realización f **2.** [achievement] logro m.

accord [ə'kɔːd] ◆ n ▶ **to do sthg of one's own accord** hacer algo por propia voluntad ▶ **the situation improved of its own accord** la situación mejoró por sí sola. ◆ vt ▶ **to accord sthg to sb, to accord sthg to sb** conceder algo a alguien.

accordance [ə'kɔːdəns] n ▶ **in accordance with** de acuerdo con, conforme a.

according [ə'kɔːdɪŋ] ◆ **according to** prep **1.** [as stated or shown by] según ▶ **to go according to plan** ir según lo planeado **2.** [with regard to] de acuerdo con, conforme a.

accordingly [ə'kɔːdɪŋlɪ] adv **1.** [appropriately] como corresponde **2.** [consequently] por lo tanto.

accordion [ə'kɔːdjən] n acordeón m.

accost [ə'kɒst] vt abordar.

account [ə'kaʊnt] n **1.** [with bank, shop etc] cuenta f **2.** [report - spoken] relato m ; [- written] informe m **3.** [client] cuenta f, cliente m ▶ **to take account of sthg, to take sthg into account** tener en cuenta algo ▶ **of no account** sin importancia ▶ **it is of no account to me** me es indiferente ▶ **on no account** bajo ningún pretexto OR concepto. ◆ **accounts** pl n [of business] cuentas fpl. ◆ **by all accounts** adv a decir de todos, según todo el mundo. ◆ **on account of** prep debido a. ◆ **account for** vt insep **1.** [explain] justificar **2.** [represent] representar.

accountable [ə'kaʊntəbl] adj [responsible] ▶ **accountable (for)** responsable (de).

accountancy [ə'kaʊntənsɪ] n contabilidad f.

accountant [ə'kaʊntənt] n contable mf, contador m, -ra f AM.

accounting [ə'kaʊntɪŋ] n contabilidad f.

accrue [ə'kruː] vi acumularse.

accumulate [ə'kjuːmjʊleɪt] ◆ vt acumular. ◆ vi [money, things] acumularse ; [problems] amontonarse.

accuracy ['ækjʊrəsɪ] n **1.** [of description, report] veracidad f **2.** [of weapon, marksman] precisión f ; [of typing, figures] exactitud f.

accurate ['ækjʊrət] adj **1.** [description, report] veraz **2.** [weapon, marksman, typist] preciso(sa) ; [figures, estimate] exacto(ta).

accurately ['ækjʊrətlɪ] adv **1.** [truthfully] verazmente **2.** [precisely] con precisión.

accusation [,ækju:'zeɪʃn] n **1.** [charge] acusación f **2.** LAW denuncia f.

accuse [ə'kjuːz] vt ▶ **to accuse sb of sthg / of doing sthg** acusar a alguien de algo / de hacer algo.

accused [ə'kjuːzd] (pl inv) n LAW ▶ **the accused** el acusado, la acusada.

accustom [ə'kʌstəm] vt acostumbrar ▶ **to be accustomed to doing sthg** estar acostumbrado(da) a hacer algo.

accustomed [ə'kʌstəmd] adj ▶ **accustomed to** acostumbrado(da) a ▶ **to grow accustomed to** acostumbrarse a.

ace [eɪs] ◆ n **1.** [playing card] as m ▶ **to be within an ace of** fig estar al borde de **2.** [in tennis] ace m. ◆ vt US : **to ace an exam** bordar un examen.

ache [eɪk] ◆ n [pain] dolor m. ◆ vi [hurt] doler / my back aches me duele la espalda.

achieve [ə'tʃiːv] vt [success, goal, fame] alcanzar, lograr ; [ambition] realizar.

achievement [ə'tʃiːvmənt] n **1.** [accomplishment] logro m, éxito m **2.** [act of achieving] consecución f, realización f.

Achilles' tendon [ə'kɪliːz-] n tendón m de Aquiles.

acid ['æsɪd] ◆ adj **1.** CHEM ácido(da) **2.** [sharp-tasting] agrio (agria) **3.** fig [person, remark] mordaz. ◆ n [chemical, drug] ácido m.

acid house n acid house m.

acid rain n lluvia f ácida.

acknowledge [ək'nɒlɪdʒ] vt **1.** [accept] reconocer **2.** [greet] saludar **3.** [letter etc] ▸ **to acknowledge receipt of** acusar recibo de **4.** [recognize] ▸ **to acknowledge sb as** reconocer oʀ considerar a alguien como.

acknowledg(e)ment [ək'nɒlɪdʒmənt] n **1.** [acceptance] reconocimiento m **2.** [confirmation of receipt] acuse m de recibo. ◆ **acknowledg(e)ments** pl n agradecimientos mpl.

acne ['æknɪ] n acné m.

acorn ['eɪkɔːn] n bellota f.

acoustic [ə'kuːstɪk] adj acústico(ca). ◆ **acoustics** pl n acústica f.

acquaint [ə'kweɪnt] vt [make familiar] ▸ **to acquaint sb with sthg a)** [information] poner a alguien al corriente de algo **b)** [method, technique] familiarizar a alguien con algo.

acquaintance [ə'kweɪntəns] n [person] conocido m, -da f ▸ **to make sb's acquaintance** fml conocer a alguien.

acquire [ə'kwaɪəʳ] vt **1.** [buy, adopt] adquirir **2.** [obtain - information, document] procurarse.

acquisitive [ə'kwɪzɪtɪv] adj consumista.

acquit [ə'kwɪt] vt **1.** LAW ▸ **to acquit sb of sthg** absolver a alguien de algo **2.** [perform] ▸ **to acquit o.s. well/badly** hacer un buen/mal papel.

acquittal [ə'kwɪtl] n LAW absolución f.

acre ['eɪkəʳ] n acre m.

acrid ['ækrɪd] adj lit & fig acre.

acrimonious [ˌækrɪ'məʊnjəs] adj [words] áspero(ra); [dispute] enconado(da).

acrobat ['ækrəbæt] n acróbata mf.

acrobatic [ˌækrə'bætɪk] adj **1.** [somersault, display] acrobático(ca) **2.** [person] ágil.

acronym ['ækrənɪm] n siglas fpl.

across [ə'krɒs] ◆ adv **1.** [from one side to the other] de un lado a otro **2.** [in measurements]: *the river is 2 km across* el río tiene 2 kms de ancho. ◆ prep **1.** [from one side to the other of] a través de, de un lado a otro de ▸ **to look across sthg** mirar hacia el otro lado de algo **2.** [on the other side of] al otro lado de. ◆ **across from** prep enfrente de.

acrylic [ə'krɪlɪk] ◆ adj acrílico(ca). ◆ n acrílico m.

act [ækt] ◆ n **1.** [action, deed] acto m, acción f ▸ **to catch sb in the act** coger a alguien con las manos en la masa **2.** [pretence] farsa f **3.** [in parliament] ley f **4.** [THEAT - part of play] acto m; [- routine, turn] número m. ◆ vi **1.** [gen] actuar ▸ **to act as a)** [person] hacer de **b)** [thing] actuar como **2.** [behave] ▸ **to act (as if/like)** comportarse (como si/como) **3.** fig [pretend] fingir. ◆ vt [part - in play, film] interpretar. ◆ **act out** vt sep **1.** [feelings, thoughts] exteriorizar **2.** [scene, event]

representar. ◆ **act up** vi **1.** [machine] no ir bien **2.** [child] dar guerra.

acting ['æktɪŋ] ◆ adj [interim] en funciones. ◆ n actuación f / *I like acting* me gusta actuar.

action ['ækʃn] n **1.** [gen & MIL] acción f ▸ **to take action** tomar medidas ▸ **to put sthg into action** poner algo en práctica oʀ marcha ▸ **out of action a)** [person] fuera de combate **b)** [machine] averiado(da) **2.** [deed] acto m, acción f **3.** LAW demanda f.

activate ['æktɪveɪt] vt [device] activar; [machine] poner en funcionamiento.

active ['æktɪv] adj **1.** [person, campaigner, encouragement etc] activo(va) **2.** [volcano] en actividad; [bomb] activado(da) / *on active duty* US MIL en servicio activo.

actively ['æktɪvlɪ] adv [encourage, discourage] activamente.

activewear ['æktɪvweəʳ] n ropa f de deporte.

activity [æk'tɪvətɪ] n **1.** [movement, action] actividad f **2.** [pastime, hobby] afición f.

actor ['æktəʳ] n actor m.

actress ['æktrɪs] n actriz f.

actual ['æktʃʊəl] adj [emphatic]: *the actual cost is £10* el coste real es de 10 libras / *the actual spot where it happened* el sitio mismo en que ocurrió.

actually ['æktʃʊəlɪ] adv **1.** [really, in truth]: *do you actually like him?* ¿de verdad que te gusta? / *no-one actually saw her* en realidad, nadie la vio **2.** [by the way]: *actually, I was there yesterday* pues yo estuve ayer por allí.

acumen ['ækjʊmen] n ▸ **business acumen** vista f para los negocios.

acupuncture ['ækjʊpʌŋktʃəʳ] n acupuntura f.

acute [ə'kjuːt] adj **1.** [illness, pain] agudo(da); [danger] extremo(ma) **2.** [perceptive - person] perspicaz **3.** [hearing, smell] muy fino(na).

ad [æd] (abbr of advertisement) n anuncio m.

AD (abbr of Anno Domini) d. C.

adamant ['ædəmənt] adj ▸ **to be adamant (that)** insistir (en que).

Adam's apple ['ædəmz-] n bocado m oʀ nuez f de Adán.

adapt [ə'dæpt] ◆ vt adaptar. ◆ vi ▸ **to adapt (to)** adaptarse (a).

adaptable [ə'dæptəbl] adj [person] adaptable.

adapter, adaptor [ə'dæptəʳ] n [ELEC - for several devices] ladrón m; [- for different socket] adaptador m.

add [æd] vt **1.** [gen] ▸ **to add sthg (to sthg)** añadir algo (a algo) **2.** [numbers] sumar. ◆ **add on** vt sep [to bill, total] ▸ **to add sthg on (to sthg)** añadir oʀ incluir algo (en algo). ◆ **add to** vt insep aumentar, acrecentar. ◆ **add up**

❖ vt sep [numbers] sumar. ❖ vi *inf* [make sense] ▶ **it doesn't add up** no tiene sentido.
adder ['ædər] n víbora f.

addict ['ædɪkt] n **1.** [taking drugs] adicto m, -ta f ▶ **drug addict** drogadicto m, -ta f, toxicómano m, -na f **2.** *fig* [fan] fanático m, -ca f.

addicted [ə'dɪktɪd] adj **1.** [to drug] ▶ **addicted (to)** adicto(ta) (a) **2.** *fig* [to food, TV] ▶ **to be addicted (to)** ser un fanático (de).

addiction [ə'dɪkʃn] n **1.** [to drug] ▶ **addiction (to)** adicción f (a) **2.** *fig* [to food, TV] ▶ **addiction (to)** vicio m (por).

addictive [ə'dɪktɪv] adj *lit & fig* adictivo(va).

addition [ə'dɪʃn] n **1.** MATH suma f **2.** [extra thing] adición f, añadido m **3.** [act of adding] incorporación f ▶ **in addition** además ▶ **in addition to** además de.

additional [ə'dɪʃənl] adj adicional.

additive ['ædɪtɪv] n aditivo m.

address [ə'dres] ❖ n **1.** [of person, organization] dirección f, domicilio m **2.** COMPUT dirección f **3.** [speech] discurso m. ❖ vt **1.** [letter, parcel, remark] ▶ **to address sthg to** dirigir algo a **2.** [meeting, conference] dirigirse a **3.** [issue] abordar ▶ **to address o.s. to sthg** enfrentarse a OR abordar algo.

address book n agenda f de direcciones.

adenoids ['ædɪnɔɪdz] pl n vegetaciones fpl (adenoideas).

adept ['ædept] adj ▶ **to be adept (at sthg /at doing sthg)** ser experto(ta) (en algo /en hacer algo).

adequate ['ædɪkwət] adj **1.** [sufficient] suficiente **2.** [good enough] aceptable.

adhere [əd'hɪər] vi **1.** [to surface, principle] ▶ **to adhere (to)** adherirse (a) **2.** [to rule, decision] ▶ **to adhere to** respetar, observar.

adhesive [əd'hi:sɪv] ❖ adj adhesivo(va), adherente. ❖ n adhesivo m.

adhesive tape n cinta f adhesiva.

adjacent [ə'dʒeɪsənt] adj ▶ **adjacent (to)** adyacente OR contiguo(gua) (a).

adjective ['ædʒɪktɪv] n adjetivo m.

adjoining [ə'dʒɔɪnɪŋ] ❖ adj [table] adyacente; [room] contiguo(gua). ❖ prep junto a.

adjourn [ə'dʒɜ:n] vt [session] levantar; [meeting] interrumpir.

adjudge [ə'dʒʌdʒ] vt declarar.

adjudicate [ə'dʒu:dɪkeɪt] vi actuar como juez ▶ **to adjudicate on** OR **upon sthg** emitir un fallo OR un veredicto sobre algo.

adjust [ə'dʒʌst] ❖ vt [machine, setting] ajustar; [clothing] arreglarse. ❖ vi ▶ **to adjust (to)** adaptarse OR amoldarse (a).

adjustable [ə'dʒʌstəbl] adj [machine, chair] regulable.

adjustment [ə'dʒʌstmənt] n **1.** [modification] modificación f, reajuste m ▶ **to make an adjustment to sthg** hacer un reajuste a algo **2.** (U) [change in attitude] ▶ **adjustment (to)** adaptación f OR amoldamiento m (a).

ad lib [,æd'lɪb] ❖ adj [improvised] improvisado(da). ❖ adv [without preparation] improvisando ; [without limit] a voluntad. ◆ **ad-lib** vi improvisar.

administer [əd'mɪnɪstər] vt [gen] administrar ; [punishment] aplicar.

administration [əd,mɪnɪ'streɪʃn] n [gen] administración f; [of punishment] aplicación f.

administrative [əd'mɪnɪstrətɪv] adj administrativo(va).

administrator [əd'mɪnɪstreɪtər] n administrador m, -ra f.

admirable ['ædmərəbl] adj admirable.

admiral ['ædmərəl] n almirante m.

admiration [,ædmə'reɪʃn] n admiración f.

admire [əd'maɪər] vt ▶ **to admire sb (for)** admirar a alguien (por).

admirer [əd'maɪərər] n admirador m, -ra f.

admission [əd'mɪʃn] n **1.** [permission to enter] admisión f, ingreso m **2.** [cost of entrance] entrada f **3.** [of guilt, mistake] reconocimiento m ▶ **by his/her etc. own admission** como él mismo/ella misma etc. reconoce.

admit [əd'mɪt] ❖ vt **1.** [acknowledge, confess] ▶ **to admit (that)** admitir OR reconocer (que) ▶ **to admit doing sthg** reconocer haber hecho algo ▶ **to admit defeat** *fig* darse por vencido **2.** [allow to enter or join] admitir ▶ **'admits two'** [on ticket] 'válido para dos (personas)'. ❖ vi ▶ **to admit to sthg** [crime] confesar algo.

admittance [əd'mɪtəns] n ▶ **to gain admittance to** conseguir entrar en ▶ **'no admittance'** 'prohibido el paso'.

admittedly [əd'mɪtɪdlɪ] adv sin duda.

admonish [əd'mɒnɪʃ] vt amonestar.

ad nauseam [,æd'nɔ:zɪæm] adv hasta la saciedad.

ado [ə'du:] n ▶ **without further** OR **more ado** sin más preámbulos, sin mayor dilación.

adolescence [,ædə'lesns] n adolescencia f.

adolescent [,ædə'lesnt] ❖ adj **1.** [teenage] adolescente **2.** *pej* [immature] pueril. ❖ n [teenager] adolescente mf.

adopt [ə'dɒpt] vt & vi adoptar.

adopted [ə'dɒptɪd] adj : *adopted child* hijo m adoptivo, hija f adoptiva.

adoption [ə'dɒpʃn] n adopción f.

adorable [ə'dɔ:rəbl] adj encantador(ra), adorable.

adore [ə'dɔ:r] vt **1.** [love deeply] adorar **2.** [like very much] : *I adore chocolate* me encanta el chocolate.

adorn [ə'dɔːn] vt adornar.

adrenalin(e) [ə'drenəlɪn] n adrenalina f.

Adriatic [ˌeɪdrɪ'ætɪk] n : *the Adriatic (Sea)* el (mar) Adriático.

adrift [ə'drɪft] ❖ adj [boat] a la deriva. ❖ adv ▶ **to go adrift** *fig* irse a la deriva.

ADSL (*abbr of* Asymmetric Digital Subscriber Line) n ADSL m.

adult ['ædʌlt] ❖ adj **1.** [fully grown] adulto(ta) **2.** [mature] maduro(ra) **3.** [suitable for adults only] para adultos OR mayores. ❖ n adulto m, -ta f.

adultery [ə'dʌltərɪ] n adulterio m.

adulthood ['ædʌlthʊd] n edad f adulta.

advance [əd'vɑːns] ❖ n **1.** [gen] avance m **2.** [money] anticipo m. ❖ comp ▶ **advance notice** OR **warning** previo aviso m ▶ **advance booking** reserva f anticipada. ❖ vt **1.** [improve] promover **2.** [bring forward in time] adelantar **3.** [give in advance] ▶ **to advance sb sthg** adelantarle algo a alguien. ❖ vi avanzar.
❖ **advances** pl n ▶ **to make advances to sb a)** [sexual] hacerle proposiciones a alguien, insinuarse a alguien **b)** [business] hacerle una propuesta a alguien. ❖ **in advance** adv [pay] por adelantado ; [book] con antelación ; [know, thank] de antemano.

advanced [əd'vɑːnst] adj **1.** [developed] avanzado(da) ▶ **advanced in years** *euph* entrado(da) en años **2.** [student, pupil] adelantado(da) ; [studies] superior.

advantage [əd'vɑːntɪdʒ] n ▶ **advantage (over)** ventaja f (sobre) ▶ **to be to one's advantage** ir en beneficio de uno ▶ **to take advantage of sthg** aprovechar algo ▶ **to have** OR **hold the advantage (over sb)** tener OR llevar ventaja (sobre alguien) ▶ **advantage Hewitt** [in tennis] ventaja de Hewitt.

advent ['ædvənt] n [arrival] advenimiento m.
❖ **Advent** n RELIG Adviento m.

adventure [əd'ventʃər] n aventura f.

adventure playground n UK parque m infantil.

adventurous [əd'ventʃərəs] adj **1.** [daring] aventurero(ra) **2.** [dangerous] arriesgado(da).

adverb ['ædvɜːb] n adverbio m.

adverse ['ædvɜːs] adj adverso(sa).

advert ['ædvɜːt] n anuncio m.

advertise ['ædvətaɪz] ❖ vt anunciar. ❖ vi anunciarse, poner un anuncio ▶ **to advertise for** buscar (mediante anuncio).

advertisement [əd'vɜːtɪsmənt] n anuncio m ▶ **to be a great advertisement for** *fig* hacerle una propaganda excelente a.

advertiser ['ædvətaɪzər] n anunciante mf.

advertising ['ædvətaɪzɪŋ] n publicidad f.

advice [əd'vaɪs] n (U) consejos mpl ▶ **to take sb's advice** seguir el consejo de alguien ▶ **a piece of advice** un consejo ▶ **to give sb advice** aconsejar a alguien ▶ **advice slip** [from ATM] comprobante m.

advisable [əd'vaɪzəbl] adj aconsejable.

advise [əd'vaɪz] ❖ vt **1.** [give advice to] ▶ **to advise sb to do sthg** aconsejar a alguien que haga algo ▶ **to advise sb against sthg / against doing sthg** desaconsejar a alguien algo/que haga algo **2.** [professionally] ▶ **to advise sb on sthg** asesorar a alguien en algo **3.** [recommend: caution] recomendar **4.** *fml* [inform] ▶ **to advise sb (of sthg)** informar a alguien (de algo). ❖ vi **1.** [give advice] ▶ **to advise against sthg** desaconsejar algo ▶ **to advise against doing sthg** aconsejar no hacer algo **2.** [professionally] ▶ **to advise on** asesorar en (materia de).

advisedly [əd'vaɪzɪdlɪ] adv [deliberately] deliberadamente ; [after careful consideration] con conocimiento de causa.

adviser UK, **advisor** US [əd'vaɪzər] n [of politician etc] consejero m, -ra f; [financial, professional] asesor m, -ra f.

advisory [əd'vaɪzərɪ] adj [body] consultivo(va), asesor(ra) ▶ **in an advisory capacity** OR **role** en calidad de asesor.

advocate ❖ n ['ædvəkət] **1.** LAW abogado m defensor **2.** [supporter] defensor m, -ra f. ❖ vt ['ædvəkeɪt] abogar por.

Aegean [iː'dʒiːən] n : *the Aegean (Sea)* el mar Egeo.

aerial ['eərɪəl] ❖ adj aéreo(a). ❖ n UK [antenna] antena f.

aerobics [eə'rəʊbɪks] n (U) aerobic m.

aerodynamic [ˌeərəʊdaɪ'næmɪk] adj aerodinámico(ca).

aeroplane ['eərəpleɪn] n UK avión m.

aerosol ['eərəsɒl] n aerosol m.

aesthetic, esthetic US [iːs'θetɪk] adj estético(ca).

afar [ə'fɑːr] adv ▶ **from afar** desde lejos.

affable ['æfəbl] adj afable.

affair [ə'feər] n **1.** [concern, matter] asunto m **2.** [extra-marital relationship] aventura f (amorosa) **3.** [event, do] acontecimiento m.

affect [ə'fekt] vt **1.** [influence, move emotionally] afectar **2.** [put on] fingir.

affected [ə'fektɪd] adj [insincere] afectado(da).

affection [ə'fekʃn] n cariño m, afecto m.

affectionate [ə'fekʃnət] adj cariñoso(sa).

affinity [ə'fɪnətɪ] (pl -ies) n **1.** [close feeling] afinidad f ▶ **to have an affinity with** sentirse afín a **2.** [similarity] similitud f ▶ **to have an affinity with** tener un parecido con.

affirm [ə'fɜːm] vt afirmar.

affirmative [əˈfɜːmətɪv] ◆ adj afirmativo(va). ◆ n respuesta f afirmativa ▶ **in the affirmative** afirmativamente.

affix [əˈfɪks] vt fijar, pegar.

afflict [əˈflɪkt] vt aquejar, afligir ▶ **to be afflicted with sthg** estar aquejido de algo.

affluence [ˈæfluəns] n prosperidad f.

affluent [ˈæfluənt] adj pudiente.

afford [əˈfɔːd] vt **1.** [gen] ▶ **to be able to afford** poder permitirse (el lujo de) / **we can't afford to let this happen** no podemos permitirnos el lujo de dejar que esto ocurra **2.** fml [provide, give] brindar.

affordable [əˈfɔːdəbl] adj asequible.

affront [əˈfrʌnt] n afrenta f.

Afghanistan [æfˈɡænɪstæn] n Afganistán.

afield [əˈfiːld] adv ▶ **further afield** más lejos.

afloat [əˈfləʊt] adj lit & fig a flote.

afoot [əˈfʊt] adj [plan] en marcha ▶ **there is a rumour afoot that** corre el rumor de que.

afraid [əˈfreɪd] adj **1.** [gen] asustado(da) ▶ **to be afraid of sb** tenerle miedo a alguien ▶ **I'm afraid of them** me dan miedo ▶ **to be afraid of sthg** tener miedo de algo ▶ **to be afraid of doing** OR **to do sthg** tener miedo de hacer algo **2.** [in apologies] ▶ **to be afraid that** temerse que.

afresh [əˈfreʃ] adv de nuevo.

Africa [ˈæfrɪkə] n África.

African [ˈæfrɪkən] ◆ adj africano(na). ◆ n africano m, -na f.

African(-)American ◆ adj afroamericano(na). ◆ n afroamericano m, -na f.

aft [ɑːft] adv en popa.

after [ˈɑːftər] ◆ prep **1.** [gen] después de / **after all my efforts** después de todos mis esfuerzos ▶ **after you!** ¡usted primero! ▶ **day after day** día tras día / **the day after tomorrow** pasado mañana / **the week after next** no la semana que viene sino la otra **2.** inf [in search of] ▶ **to be after sthg** buscar algo ▶ **to be after sb** andar detrás de alguien **3.** [towards retreating person] ▶ **to call after sb** llamar a alguien ▶ **to run after sb** correr tras alguien **4.** US [telling the time] : **it's twenty after three** son las tres y veinte. ◆ adv más tarde, después. ◆ conj después (de) que / **after you had done it** después de que lo hubieras hecho. ◆ **afters** pl n UK inf postre m. ◆ **after all** adv **1.** [in spite of everything] después de todo **2.** [it should be remembered] al fin y al cabo.

after-effect [ˈɑːftərɪfekt] n efecto m secundario.

afterlife [ˈɑːftəlaɪf] (pl -lives) n más allá m, vida f de ultratumba.

aftermath [ˈɑːftəmæθ] n [time] periodo m posterior ; [situation] situación f posterior.

afternoon [ˌɑːftəˈnuːn] n tarde f ▶ **in the after-noon** por la tarde ▶ **at three in the afternoon** a las tres de la tarde ▶ **good afternoon** buenas tardes.

after-sales service [ˌɑːftəseɪlzˈsɜːvɪs] n COMM servicio m posventa.

aftershave [ˈɑːftəʃeɪv] n loción f para después del afeitado.

aftertaste [ˈɑːftəteɪst] n **1.** [of food, drink] resabio m **2.** fig [of unpleasant experience] mal sabor m de boca.

afterthought [ˈɑːftəθɔːt] n idea f a posteriori.

afterward(s) [ˈɑːftəwəd(z)] adv después, más tarde.

again [əˈɡen] adv [gen] otra vez, de nuevo ▶ **never again** nunca jamás ▶ **he's well again now** ya está bien ▶ **to do sthg again** volver a hacer algo ▶ **to say sthg again** repetir algo ▶ **again and again** una y otra vez ▶ **all over again** otra vez desde el principio ▶ **time and again** una y otra vez ▶ **half as much again** la mitad otra vez ▶ **twice as much again** dos veces lo mismo otra vez ▶ **then** OR **there again** por otro lado, por otra parte.

against [əˈɡenst] ◆ prep contra / **I'm against it** estoy (en) contra (de) ello ▶ **to lean against sthg** apoyarse en algo ▶ **(as) against** a diferencia de. ◆ adv contra.

age [eɪdʒ] ◆ n **1.** [gen] edad f ▶ **to be of age** US ser mayor de edad ▶ **to come of age** alcanzar la mayoría de edad ▶ **to be under age** ser menor (de edad) ▶ **what age are you?** ¿qué edad tienes? ▶ **to be forty years of age** tener cuarenta años (de edad) ▶ **at the age of thirty** a los treinta años **2.** [state of being old] vejez f. ◆ vt & vi (cont **ageing** or **aging**) envejecer. ◆ **ages** pl n [long time] ▶ **ages ago** hace siglos / **I haven't seen her for ages** hace siglos que no la veo.

aged pl n [ˈeɪdʒɪd] ▶ **the aged** los ancianos.

age group n (grupo m de) edad f.

agency [ˈeɪdʒənsɪ] n **1.** [business] agencia f **2.** [organization, body] organismo m, instituto m.

agenda [əˈdʒendə] n **1.** [of meeting] orden m del día **2.** [intentions] intenciones fpl.

agent [ˈeɪdʒənt] n **1.** COMM [of company] representante mf ; [of actor] agente mf **2.** [substance] agente m **3.** [secret agent] agente m (secreto).

aggravate [ˈæɡrəveɪt] vt **1.** [make worse] agravar, empeorar **2.** [annoy] irritar.

aggregate [ˈæɡrɪɡət] ◆ adj total. ◆ n [total] total m.

aggressive [əˈɡresɪv] adj **1.** [belligerent - person] agresivo(va) **2.** [forceful - person, campaign] audaz, emprendedor(ra).

aggrieved [əˈɡriːvd] adj ofendido(da).

aghast [əˈɡɑːst] adj ▶ **aghast (at)** horrorizado(da) (ante).

agile [UK ˈædʒaɪl, US ˈædʒəl] adj ágil.

agitate ['ædʒɪteɪt] ❖ vt **1.** [disturb, worry] inquietar **2.** [shake about] agitar. ❖ vi [campaign] ▶ **to agitate for /against** hacer campaña a favor de /en contra de.

agitated ['ædʒɪteɪtɪd] adj inquieto(ta).

AGM n abbr of **annual general meeting**.

agnostic [æg'nɒstɪk] ❖ adj agnóstico(ca). ❖ n agnóstico m, -ca f.

ago [ə'gəʊ] adv : a long time /three days /three years ago hace mucho tiempo/tres días/tres años.

agog [ə'gɒg] adj ansioso(sa), expectante.

agonizing ['ægənaɪzɪŋ] adj angustioso(sa).

agony ['ægənɪ] n **1.** [physical pain] dolor m muy intenso ▶ **to be in agony** morirse de dolor **2.** [mental pain] angustia f ▶ **to be in agony** estar angustiado.

agony aunt n 🇬🇧 inf consejera f sentimental.

agree [ə'griː] ❖ vi **1.** [be of same opinion] ▶ **to agree (with sb about sthg)** estar de acuerdo (con alguien acerca de algo) ▶ **to agree on sthg** [reach agreement] ponerse de acuerdo en algo ▶ **to agree on sthg** [be in agreement] estar de acuerdo en algo **2.** [consent] ▶ **to agree (to sthg)** acceder (a algo) **3.** [approve] ▶ **to agree with sthg** estar de acuerdo con algo **4.** [be consistent] concordar **5.** [food] ▶ **to agree with sb** sentarle bien a alguien **6.** GRAM ▶ **to agree (with)** concordar (con). ❖ vt **1.** [fix: date, time] acordar, convenir **2.** [be of same opinion] ▶ **to agree that** estar de acuerdo en que **3.** [agree, consent] ▶ **to agree to do sthg** acordar hacer algo **4.** [concede] ▶ **to agree (that)** reconocer que.

agreeable [ə'griːəbl] adj **1.** [pleasant] agradable **2.** [willing] ▶ **to be agreeable to sthg /doing sthg** estar conforme con algo/hacer algo.

agreed [ə'griːd] ❖ adj ▶ **to be agreed on sthg** estar de acuerdo sobre algo ▶ **at the agreed time** a la hora acordada OR convenida. ❖ adv [admittedly] de acuerdo que.

agreement [ə'griːmənt] n **1.** [accord, settlement, contract] acuerdo m ▶ **to be in agreement with** estar de acuerdo con **2.** [consent] aceptación f **3.** [consistency] correspondencia f **4.** GRAM concordancia f.

agricultural [ˌægrɪ'kʌltʃərəl] adj agrícola.

agriculture ['ægrɪkʌltʃəʳ] n agricultura f.

agritourism ['ægrɪtʊərɪzəm] n agroturismo m.

agro-industry ['ægrəʊ-] n agroindustria f.

aground [ə'graʊnd] adv ▶ **to run aground** encallar.

ahead [ə'hed] adv **1.** [in front] delante **2.** [forwards] adelante, hacia delante ▶ **go ahead!** ¡por supuesto! ▶ **right** OR **straight ahead** todo recto OR de frente **3.** [in football, rugby etc] ir ganando **4.** [in better position] por delante ▶ **to get ahead** [be successful] abrirse camino **5.** [in

time] : to look OR think ahead mirar hacia el futuro. ❖ **ahead of** prep **1.** [in front of] frente a **2.** [beating] : to be two points ahead of llevar dos puntos de ventaja a **3.** [in better position than] por delante de **4.** [in time] con anterioridad a ▶ **ahead of schedule** por delante de lo previsto.

aid [eɪd] ❖ n ayuda f ▶ **medical aid** asistencia f médica ▶ **to go to the aid of sb** OR **to sb's aid** ir en auxilio de alguien ▶ **in aid of** a beneficio de. ❖ vt [help] ayudar.

aide [eɪd] n POL ayudante mf.

AIDS, Aids [eɪdz] (abbr of acquired immune deficiency syndrome) ❖ n SIDA m. ❖ comp : AIDS patient sidoso m, -sa f.

ailing ['eɪlɪŋ] adj **1.** [ill] achacoso(sa) **2.** fig [economy] renqueante.

ailment ['eɪlmənt] n achaque m, molestia f.

aim [eɪm] ❖ n **1.** [objective] objetivo m **2.** [in firing gun] puntería f ▶ **to take aim at** apuntar a. ❖ vt **1.** [weapon] ▶ **to aim sthg at** apuntar algo a **2.** [plan, action] ▶ **to be aimed at doing sthg** ir dirigido OR encaminado a hacer algo **3.** [campaign, publicity, criticism] ▶ **to aim sthg at sb** dirigir algo a alguien. ❖ vi **1.** [point weapon] ▶ **to aim (at sthg)** apuntar (a algo) **2.** [intend] ▶ **to aim at** OR **for sthg** apuntar a OR pretender algo ▶ **to aim to do sthg** pretender hacer algo.

aimless ['eɪmlɪs] adj sin un objetivo claro.

ain't [eɪnt] inf **1.** (abbr of am not) ⟶ be **2.** (abbr of are not) ⟶ be **3.** (abbr of is not) ⟶ be **4.** (abbr of ave not) ⟶ have **5.** (abbr of has not) ⟶ have.

air [eəʳ] ❖ n **1.** [gen] aire m ▶ **into the air** al aire ▶ **by air** en avión ▶ **to be (up) in the air** fig [plans] estar en el aire ▶ **to clear the air** fig aclarar las cosas **2.** RADIO & TV ▶ **on the air** en el aire. ❖ comp aéreo(a). ❖ vt **1.** [clothes, sheets] airear; [cupboard, room] ventilar **2.** [views, opinions] expresar **3.** [make publicly known] airear, ventilar **4.** 🇺🇸 [broadcast] emitir. ❖ vi **1.** [clothes, sheets] airearse; [cupboard, room] ventilarse **2.** 🇺🇸 RADIO & TV : the movie airs next week la película sale la próxima semana.

airbag ['eəbæg] n AUTO airbag m.

airbase ['eəbeɪs] n base f aérea.

airbed ['eəbed] n 🇬🇧 colchón m inflable.

airborne ['eəbɔːn] adj **1.** [troops] aerotransportado(da); [attack] aéreo(a) **2.** [plane] en el aire, en vuelo.

air-conditioned [-kən'dɪʃnd] adj climatizado(da), con aire acondicionado.

air-conditioning [-kən'dɪʃnɪŋ] n aire m acondicionado.

aircraft ['eəkrɑːft] (pl inv) n [plane] avión m; [any flying machine] aeronave f.

aircraft carrier n portaaviones m inv.

airfield ['eəfi:ld] n campo m de aviación.

airforce ['eəfɔ:s] n ▸ **the airforce** las fuerzas aéreas.

airgun ['eəgʌn] n pistola f de aire comprimido.

airhostess ['eə,həustıs] n azafata f, aeromoza f AM.

airlift ['eəlıft] ❖ n puente m aéreo.
❖ vt transportar por avión.

airline ['eəlaın] n línea f aérea.

airliner ['eəlaınər] n avión m (grande) de pasajeros.

airlock ['eəlɒk] n **1.** [in tube, pipe] bolsa f de aire **2.** [airtight chamber] cámara f OR esclusa f de aire.

airmail ['eəmeıl] n ▸ **by airmail** por correo aéreo.

airplane ['eəpleın] n US avión m.

airport ['eəpɔ:t] n aeropuerto m.

air raid n ataque m aéreo.

airsick ['eəsɪk] adj ▸ **to be airsick** marearse (en el avión).

airspace ['eəspeɪs] n espacio m aéreo.

air steward n auxiliar m de vuelo, aeromozo m AM.

airstrip ['eəstrɪp] n pista f de aterrizaje.

air terminal n terminal f aérea.

airtight ['eətaɪt] adj hermético(ca).

air-traffic controller n controlador aéreo m, controladora aérea f.

airy ['eəri] adj **1.** [room] espacioso(sa) y bien ventilado(da) **2.** [fanciful] ilusorio(ria) **3.** [nonchalant] despreocupado(da).

aisle [aıl] n **1.** [in church] nave f lateral **2.** [in plane, theatre, supermarket] pasillo m.

ajar [ə'dʒɑ:r] adj entreabierto(ta).

aka (abbr of also known as) alias.

akin [ə'kɪn] adj ▸ **akin to sthg / to doing sthg** semejante a algo/a hacer algo.

alacrity [ə'lækrətɪ] n presteza f.

alarm [ə'lɑ:m] ❖ n alarma f ▸ **to raise** OR **sound the alarm** dar la (voz de) alarma. ❖ vt alarmar, asustar.

alarm clock n despertador m.

alarming [ə'lɑ:mɪŋ] adj alarmante.

alas [ə'læs] ❖ adv desgraciadamente. ❖ excl liter ¡ay!

Albania [æl'beɪnjə] n Albania.

Albanian [æl'beɪnjən] ❖ adj albanés(esa). ❖ n **1.** [person] albanés m, -esa f **2.** [language] albanés m.

albeit [ɔ:l'bi:ɪt] conj fml aunque, si bien.

album ['ælbəm] n **1.** [of stamps, photos] álbum m **2.** [record] elepé m.

alcohol ['ælkəhɒl] n alcohol m.

alcoholic [,ælkə'hɒlɪk] ❖ adj alcohólico(ca). ❖ n alcohólico m, -ca f.

alcopop ['ælkəupɒp] n refresco gaseoso que contiene un cierto porcentaje de alcohol.

alcove ['ælkəuv] n hueco m.

alderman ['ɔ:ldəmən] (pl -men) n ≃ concejal m, -la f.

ale [eɪl] n tipo de cerveza.

alert [ə'lɜ:t] ❖ adj **1.** [vigilant] atento(ta) **2.** [perceptive] despierto(ta) **3.** [aware] ▸ **to be alert to** ser consciente de. ❖ n [gen & MIL] alerta f ▸ **to be on the alert** estar alerta. ❖ vt alertar ▸ **to alert sb to sthg** alertar a alguien de algo.

A level (abbr of Advanced level) n UK SCH nivel escolar necesario para acceder a la universidad.

alfresco [æl'freskəu] adj & adv al aire libre.

algae ['ældʒi:] pl n algas fpl.

algebra ['ældʒɪbrə] n álgebra f.

Algeria [æl'dʒɪərɪə] n Argelia.

Algerian [æl'dʒɪərɪən] ❖ adj argelino(na). ❖ n argelino m, -na f.

alias ['eɪlɪəs] ❖ adv alias. ❖ n (pl -es) alias m inv.

alibi ['ælɪbaɪ] n coartada f.

alien ['eɪljən] ❖ adj **1.** [from outer space] extraterrestre **2.** [unfamiliar] extraño(ña), ajeno(na). ❖ n **1.** [from outer space] extraterrestre mf **2.** LAW [foreigner] extranjero m, -ra f.

alienate ['eɪljəneɪt] vt [make unsympathetic] ganarse la antipatía de.

alight [ə'laɪt] ❖ adj [on fire] ardiendo ▸ **to set sthg alight** prender fuego a algo. ❖ vi (pt & pp -ed) fml **1.** [land] posarse **2.** [get off] ▸ **to alight from** apearse de.

align [ə'laɪn] vt [line up] alinear.

alike [ə'laɪk] ❖ adj parecido(da). ❖ adv [treat] de la misma forma ▸ **to look alike** parecerse.

alimony ['ælɪmənɪ] n pensión f alimenticia.

alive [ə'laɪv] adj **1.** [living] vivo(va) **2.** [active, lively] lleno(na) de vida.

alkali ['ælkəlaɪ] (pl -s or -ies) n álcali m.

all [ɔ:l] ❖ adj **1.** (with sg n) todo(da) / all the drink toda la bebida / all day todo el día / all night toda la noche / all the time todo el tiempo OR el rato **2.** (with pl n) todos(das) / all the boxes todas las cajas / all men todos los hombres / all three died los tres murieron. ❖ pron **1.** (sg) [the whole amount] todo m, -da f / she drank it all, she drank all of it se lo bebió todo **2.** (pl) [everybody, everything] todos mpl, -das f / all of them came, they all came vinieron todos **3.** (with superl) : he's the cleverest of all es el más listo de todos / the most amazing thing of all lo más impresionante de todo / best / worst of all ... lo mejor/peor de todo es que ... ❖ adv **1.** [entirely] completamente / I'd forgotten all about that me había olvidado completamente de eso / anything at all will do cualquier cosa valdrá / do *you know her at all?* ¿la conoces de algo? ▸ **all alone** completamente solo(la) ▸ **not at all** [when thanked] de nada, no hay de qué **/** *she's not at all happy* no está nada contenta **2.** [in sport, competitions] : *the score is two all* el resultado es de empate a dos **3.** *(with compar)* : *to run all the faster* correr aun más rápido. ◆ **all but** adv casi. ◆ **all in all** adv en conjunto. ◆ **all that** adv : *she's not all that pretty* no es tan guapa. ◆ **in all** adv en total.

Allah ['ælə] n Alá *m*.

all-around 🇺🇸 = **all-round**.

allay [ə'leɪ] vt *fml* [suspicions, doubts] despejar ; [fears] apaciguar.

all clear n **1.** [signal] señal *f* de cese de peligro **2.** *fig* [go-ahead] luz *f* verde.

allegation [,ælɪ'geɪʃn] n acusación *f*.

allege [ə'ledʒ] vt alegar ▸ **to be alleged to have done/said** ser acusado de haber hecho/dicho.

allegedly [ə'ledʒɪdlɪ] adv presuntamente.

allegiance [ə'liːdʒəns] n lealtad *f*.

allergenic [ælə'dʒenɪk] adj alérgeno(na).

allergic [ə'lɜːdʒɪk] adj *lit & fig* ▸ **allergic (to sthg)** alérgico(ca) (a algo).

allergy ['ælədʒɪ] n alergia *f*.

alleviate [ə'liːvɪeɪt] vt aliviar.

all-expenses-paid adj con todos los gastos pagados.

alley(way) ['ælɪ(weɪ)] n callejuela *f*.

alliance [ə'laɪəns] n alianza *f*.

allied ['ælaɪd] adj **1.** [powers, troops] aliado(da) **2.** [subjects] afín.

alligator ['ælɪgeɪtər] *(pl inv or -s)* n caimán *m*.

all-important adj crucial.

all-in adj 🇬🇧 [inclusive] todo incluido. ◆ **all in** ◆ adj *inf* [tired] hecho(cha) polvo. ◆ adv [inclusive] todo incluido.

all-night adj [party etc] que dura toda la noche ; [chemist, bar] abierto(ta) toda la noche.

allocate ['æləkeɪt] vt ▸ **to allocate sthg to sb a)** [money, resources] destinar algo a alguien **b)** [task, tickets, seats] asignar algo a alguien.

allot [ə'lɒt] vt [job, time] asignar ; [money, resources] destinar.

allotment [ə'lɒtmənt] n **1.** 🇬🇧 [garden] *parcela municipal arrendada para su cultivo* **2.** [share - of money, resources] asignación *f* ; [- of time] espacio *m* (de tiempo) concedido.

all-out ['ɔːlaʊt] ◆ adj [effort] supremo(ma) ; [attack] concentrado(da). ◆ adv ▸ **to go all-out to do sthg** emplearse a fondo para hacer algo.

allow [ə'laʊ] vt **1.** [permit] permitir, dejar **2.** [set aside - money] destinar ; [- time] dejar **3.** [officially accept - subj: person] conceder ; [- subj: law] admitir **4.** [concede] ▸ **to allow that** admitir or reconocer que. ◆ **allow for** vt insep contar con.

allowance [ə'laʊəns] n **1.** [money received - from government] subsidio *m* ; [- from employer] dietas *fpl* 🇺🇸 [pocket money] paga *f* **3.** FIN desgravación *f* **4.** *phr* ▸ **recommended daily allowance** [food] valor *m* diario recomendado ▸ **to make allowances for sthg/sb a)** [forgive] disculpar algo/a alguien **b)** [take into account] tener en cuenta algo/a alguien.

alloy ['ælɔɪ] n aleación *f*.

all-purpose ['ɔːl'pɜːpəs] adj [cleaner, adhesive] multiuso.

all right ◆ adv **1.** [gen] bien **2.** [only just acceptably] (más o menos) bien **3.** [in answer - yes] vale, bueno. ◆ adj **1.** [gen] bien **2.** [not bad] : *it's all right, but ...* no está mal, pero... **3.** [OK] ▸ **sorry — that's all right** lo siento — no importa.

all-round 🇬🇧, **all-around** 🇺🇸 adj [multiskilled] polifacético(ca).

all-terrain vehicle n todoterreno *m*.

all-time adj [favourite] de todos los tiempos ; [high, low] histórico(ca).

allude [ə'luːd] vi ▸ **to allude to** aludir a.

alluring [ə'ljʊərɪŋ] adj [person] atrayente ; [thing] tentador(ra).

allusion [ə'luːʒn] n alusión *f*.

ally n ['ælaɪ] aliado *m*, -da *f*.

almighty [ɔːl'maɪtɪ] adj *inf* [very big] descomunal.

almond ['ɑːmənd] n [nut] almendra *f*.

almost ['ɔːlməʊst] adv casi.

alms [ɑːmz] pl n *dated* limosna *f*.

aloft [ə'lɒft] adv [in the air] en lo alto.

alone [ə'ləʊn] ◆ adj solo(la) ▸ **to be alone with** estar a solas con. ◆ adv **1.** [without others] solo(la) **2.** [only] sólo ▸ **to leave sthg/sb alone** dejar algo/a alguien en paz. ◆ **let alone** conj y mucho menos.

along [ə'lɒŋ] ◆ adv **1.** [forward] hacia delante ▸ **to go or walk along** avanzar **/** *she was walking along* iba andando **2.** [to this or that place] ▸ **to come along** venir ▸ **to go along** ir. ◆ prep [towards one end of, beside] por, a lo largo de. ◆ **all along** adv todo el rato **/** *she knew all along* lo sabía desde el principio. ◆ **along with** prep junto con.

alongside [ə,lɒŋ'saɪd] ◆ prep **1.** [next to] junto a **2.** [together with] junto con. ◆ adv ▸ **to come alongside** ponerse a la misma altura.

aloof [ə'luːf] ◆ adj frío(a), distante. ◆ adv distante ▸ **to remain aloof (from)** mantenerse a distancia (de).

aloud [ə'laʊd] adv en alto, en voz alta.

alphabet ['ælfəbet] n alfabeto *m*.

alphabetical [,ælfə'betɪkl] adj alfabético(ca) ▸ **in alphabetical order** en or por orden alfabético.

Alps [ælps] pl n ▸ **the Alps** los Alpes.

already [ɔːˈredɪ] adv ya.

alright [ˌɔːlˈraɪt] = **all right**.

Alsatian [ælˈseɪʃn] n [dog] pastor m alemán.

also [ˈɔːlsəʊ] adv también.

altar [ˈɔːltər] n altar m.

alter [ˈɔːltər] ❖ vt [modify] alterar, modificar. ❖ vi cambiar.

alteration [ˌɔːltəˈreɪʃn] n **1.** [gen] alteración f ▶ **to make an alteration / alterations to** hacer una modificación / modificaciones en **2.** [to dress] arreglo m.

alternate ❖ adj [UK ɔːlˈtɜːnət, US ˈɒːltərnət] **1.** [by turns] alterno(na) **2.** [every other] ▶ **on alternate days / weeks** cada dos días / semanas. ❖ n [UK ɔːlˈtɜːnət, US ˈɒːltərnət] [US] substituto(ta). ❖ vi [ˈɔːltəneɪt] ▶ **to alternate (with / between)** alternar (con / entre).

alternating current [ˈɔːltəneɪtɪŋ-] n ELEC corriente f alterna.

alternative [ɔːlˈtɜːnətɪv] ❖ adj alternativo(va). ❖ n alternativa f, opción f ▶ **to have no alternative (but to do sthg)** no tener más remedio (que hacer algo).

alternatively [ɔːlˈtɜːnətɪvlɪ] adv o bien.

alternator [ˈɔːltəneɪtər] n ELEC alternador m.

although [ɔːlˈðəʊ] conj aunque.

altitude [ˈæltɪtjuːd] n altitud f.

alto [ˈæltəʊ] (pl -s) n [female singer] contralto f; [male singer] contralto m.

altogether [ˌɔːltəˈgeðər] adv **1.** [completely] completamente ▶ **not altogether** no del todo **2.** [considering all things] en conjunto **3.** [in total] en total.

aluminium [UK] [ˌæljʊˈmɪnɪəm], **aluminum** [US] [əˈluːmɪnəm] n aluminio m.

always [ˈɔːlweɪz] adv siempre.

am [æm] vb ⟶ **be**.

a.m. (abbr of ante meridiem) : **at 3 a.m.** a las tres de la mañana.

AM (abbr of amplitude modulation) n AM f.

amalgamate [əˈmælgəmeɪt] ❖ vt [ideas] amalgamar; [companies, organizations] fusionar. ❖ vi [of ideas] amalgamarse; [of companies, organizations] fusionarse.

amass [əˈmæs] vt [fortune, wealth] amasar.

amateur [ˈæmətər] ❖ adj aficionado(da); pej chapucero(ra). ❖ n aficionado m, -da f; pej chapucero m, -ra f.

amateurish [ˌæməˈtɜːrɪʃ] adj chapucero(ra).

amaze [əˈmeɪz] vt asombrar.

amazed [əˈmeɪzd] adj asombrado(da).

amazement [əˈmeɪzmənt] n asombro m.

amazing [əˈmeɪzɪŋ] adj **1.** [surprising] asombroso(sa) **2.** [excellent] genial.

Amazon [ˈæməzn] n **1.** [river] ▶ **the Amazon** el Amazonas **2.** [region] ▶ **the Amazon (Basin)**

la cuenca amazónica ▶ **the Amazon rainforest** la selva amazónica.

ambassador [æmˈbæsədər] n embajador m, -ra f.

amber [ˈæmbər] ❖ adj **1.** [amber-coloured] de color ámbar **2.** [UK] [traffic light] ámbar. ❖ n ámbar m.

ambiguous [æmˈbɪgjʊəs] adj ambiguo(gua).

ambition [æmˈbɪʃn] n ambición f.

ambitious [æmˈbɪʃəs] adj ambicioso(sa).

ambivalent [æmˈbɪvələnt] adj ambivalente.

amble [ˈæmbl] vi [walk] deambular.

ambulance [ˈæmbjʊləns] n ambulancia f.

ambush [ˈæmbʊʃ] ❖ n emboscada f. ❖ vt emboscar.

amenable [əˈmiːnəbl] adj receptivo(va) ▶ **amenable to** favorable a.

amend [əˈmend] vt [law] enmendar; [text] corregir; [schedule] modificar. ◆ **amends** pl n ▶ **to make amends for sthg** reparar algo.

amendment [əˈmendmənt] n [change - to law] enmienda f; [- to text] corrección f; [- to schedule] modificación f.

amenities [əˈmiːnətɪz] pl n [of town] facilidades fpl; [of building] comodidades fpl.

America [əˈmerɪkə] n América.

American [əˈmerɪkn] ❖ adj americano(na). ❖ n [person] americano m, -na f.

American Indian n amerindio m, -dia f.

amiable [ˈeɪmjəbl] adj amable, agradable.

amicable [ˈæmɪkəbl] adj amigable, amistoso(sa).

amid(st) [əˈmɪd(st)] prep fml entre, en medio de.

amiss [əˈmɪs] ❖ adj ▶ **something's amiss** algo va mal. ❖ adv ▶ **to take sthg amiss** tomarse algo a mal.

ammonia [əˈməʊnjə] n amoniaco m.

ammunition [ˌæmjʊˈnɪʃn] n (U) MIL municiones fpl.

amnesia [æmˈniːzjə] n amnesia f.

amnesty [ˈæmnəstɪ] n amnistía f.

amok [əˈmɒk], **amuck** adv ▶ **to run amok** enloquecer atacando a gente de forma indiscriminada.

among(st) [əˈmʌŋ(st)] prep entre.

amoral [ˌeɪˈmɒrəl] adj amoral.

amorous [ˈæmərəs] adj apasionado(da).

amount [əˈmaʊnt] n cantidad f. ◆ **amount to** vt insep **1.** [total] ascender a **2.** [be equivalent to] venir a ser.

amp [æmp] n abbr of **ampere**.

ampere [ˈæmpeər] n amperio m.

amphibian [æmˈfɪbɪən] n anfibio m.

ample [ˈæmpl] adj **1.** [enough] suficiente; [more than enough] sobrado(da) ▶ **to have ample time** tener tiempo de sobra **2.** [garment, room] amplio(plia); [stomach, bosom] abundante.

amplifier [ˈæmplɪfaɪər] n amplificador m.

amplify ['æmplıfaı] ❖ vt **1.** [sound] amplificar **2.** [idea, statement] desarrollar, ampliar. ❖ vi (*pt & pp* **-ied**) ▶ **to amplify (on sthg)** ampliar (algo).

amputate ['æmpjuteıt] vt & vi amputar.

Amsterdam [,æmstə'dæm] n Amsterdam.

Amtrak ['æmtræk] n *organismo que regula y coordina las líneas férreas en Estados Unidos.*

amuck [ə'mʌk] = **amok**.

amuse [ə'mju:z] vt **1.** [make laugh, smile] divertir **2.** [entertain] distraer ▶ **to amuse o.s. (by doing sthg)** distraerse (haciendo algo).

amused [ə'mju:zd] adj **1.** [person, look] divertido(da) / *I was not amused at* OR *by that* no me hizo gracia eso **2.** [entertained] ▶ **to keep o.s. amused** entretenerse, distraerse.

amusement [ə'mju:zmənt] n **1.** [enjoyment] regocijo m, diversión f **2.** [diversion, game] atracción f.

amusement arcade n salón m de juegos.

amusement park n parque m de atracciones.

amusing [ə'mju:zıŋ] adj divertido(da).

an (stressed [æn], unstressed [ən]) ⟶ **a**.

anabolic steroid [,ænə'bɒlık-] n esteroide m anabolizante.

anaemic UK, **anemic** US [ə'ni:mık] adj [ill] anémico(ca).

anaesthetic UK, **anesthetic** US [,ænıs-'θetık] n anestesia f.

analogue, analog US ['ænəlɒg] ❖ adj [watch, clock] analógico(ca). ❖ n *fml* equivalente m.

analogy [ə'nælədʒı] n analogía f.

analyse UK, **analyze** US ['ænəlaız] vt analizar.

analysis [ə'næləsıs] (*pl* **analyses** [ə'næləsi:z]) n **1.** [examination] análisis m inv **2.** [psychoanalysis] psicoanálisis m inv.

analyst ['ænəlıst] n **1.** [gen] analista mf **2.** [psychoanalyst] psicoanalista mf.

analytic(al) [,ænə'lıtık(l)] adj analítico(ca).

analyze US = **analyse**.

anarchist ['ænəkıst] n anarquista mf.

anarchy ['ænəkı] n anarquía f.

anathema [ə'næθəmə] n : *the idea is anathema to me* la idea me parece aberrante.

anatomy [ə'nætəmı] n anatomía f.

ANC (*abbr of* **African National Congress**) n ANC m.

ancestor ['ænsestər] n *lit & fig* antepasado m.

anchor ['æŋkər] ❖ n NAUT ancla f ▶ **to drop anchor** echar el ancla ▶ **to weigh anchor** levar anclas. ❖ vt **1.** [secure] sujetar **2.** US TV presentar. ❖ vi NAUT anclar.

anchovy ['æntʃəvı] (*pl inv* or **-ies**) n [salted] anchoa f; [fresh, in vinegar] boquerón m.

ancient ['eınʃənt] adj **1.** [gen] antiguo(gua) **2.** *hum* [very old] vetusto(ta).

ancillary [æn'sılərı] adj auxiliar.

and (strong form [ænd], weak form [ən]) conj **1.** [gen] y ; (before 'i' or 'hi') e / *fish and chips* pescado con patatas fritas / *faster and faster* cada vez más rápido / *it's nice and easy* es sencillito **2.** [in numbers] : *one hundred and eighty* ciento ochenta / *one and a half* uno y medio / *2 and 2 is 4* 2 y 2 son 4 **3.** [to] ▶ **try and come** intenta venir / *come and see the kids* ven a ver a los niños ▶ **wait and see** espera a ver. ❖ **and so on, and so forth** adv etcétera, y cosas así.

Andalusia [,ændə'lu:zıə] n Andalucía.

Andes ['ændi:z] pl n : *the Andes* los Andes.

Andorra [æn'dɔ:rə] n Andorra.

anecdote ['ænıkdəʊt] n anécdota f.

anemic US = **anaemic**.

anesthetic etc. US = **anaesthetic**.

anew [ə'nju:] adv de nuevo, nuevamente.

angel ['eındʒəl] n RELIG ángel m.

anger ['æŋgər] ❖ n ira f, furia f. ❖ vt enfadar.

angina [æn'dʒaınə] n angina f de pecho.

angle ['æŋgl] n **1.** [gen] ángulo m **2.** [point of view] enfoque m.

angler ['æŋglər] n pescador m, -ra f (con caña).

Anglican ['æŋglıkən] ❖ adj anglicano(na). ❖ n anglicano m, -na f.

angling ['æŋglıŋ] n pesca f con caña.

Anglo-Saxon [,æŋgləʊ'sæksn] ❖ adj anglosajón(ona). ❖ n **1.** [person] anglosajón m, -ona f **2.** [language] anglosajón m.

angry ['æŋgrı] adj [person] enfadado(da) ; [letter, look, face] furioso(sa), airado(da) ▶ **to be angry at** OR **with sb** estar enfadado con alguien ▶ **to get angry with sb** enfadarse con alguien.

anguish ['æŋgwıʃ] n angustia f.

angular ['æŋgjʊlər] adj [face, body] anguloso(sa).

animal ['ænıml] ❖ adj [instincts, kingdom] animal ; [rights] de los animales. ❖ n [creature] animal m ; *pej* [person] animal mf.

animate ['ænımət] adj animado(da).

animated ['ænımeıtıd] adj animado(da).

animation [,ænı'meıʃn] n **1.** [excitement] emoción f, entusiasmo m **2.** [of cartoons] animación f.

aniseed ['ænısi:d] n anís m.

ankle ['æŋkl] ❖ n tobillo m. ❖ comp ▶ **ankle boots** botines mpl ▶ **ankle socks** calcetines mpl cortos.

annex US ['æneks] ❖ n edificio m anejo. ❖ vt anexionar.

annexe UK ['æneks] n edificio m anejo.

annihilate [ə'naıəleıt] vt [destroy] aniquilar.

anniversary [,ænı'vɜ:sərı] n aniversario m.

announce [ə'naʊns] vt anunciar.

announcement [ə'naʊnsmənt] n anuncio m.

announcer [ə'naʊnsər] n ▶ **radio/television announcer** presentador m, -ra f OR locutor m, -ra f de radio/televisión.

annoy [ə'nɔɪ] vt fastidiar, molestar.

annoyance [ə'nɔɪəns] n molestia f.

annoyed [ə'nɔɪd] adj ▶ **to be annoyed at sthg/ with sb** estar molesto(ta) por algo/con alguien ▶ **to get annoyed at sthg/with sb** molestarse por algo/con alguien.

annoying [ə'nɔɪŋ] adj fastidioso(sa).

annual ['ænjʊəl] ⬦ adj anual. ⬦ n **1.** [plant] planta f anual **2.** [book] anuario m.

annual general meeting n asamblea f general anual.

annually ['ænjʊəlɪ] adv anualmente.

annul [ə'nʌl] vt anular.

annum ['ænəm] n ▶ **per annum** al año.

anomaly [ə'nɒməlɪ] n anomalía f.

anonymous [ə'nɒnɪməs] adj anónimo(ma).

anorak ['ænəræk] n **1.** UK [garment] chubasquero m, anorak m **2.** UK inf [boring person] petardo m, -da f.

anorexia [,ænə'reksɪə] n anorexia f.

anorexic [,ænə'reksɪk] ⬦ adj anoréxico(ca). ⬦ n anoréxico m, -ca f.

another [ə'nʌðər] ⬦ adj otro(tra) / **another one** otro(tra) / **in another few minutes** en unos minutos más. ⬦ pron otro m, -tra f ▶ **one after another** uno tras otro, una tras otra ▶ **one another** el uno al otro, la una a la otra / **we love one another** nos queremos.

answer ['ɑ:nsər] ⬦ n **1.** [gen] respuesta f ▶ **in answer to** en respuesta a **2.** [to problem] solución f. ⬦ vt **1.** [reply to] responder a, contestar a **2.** [respond to] ▶ **to answer the door** abrir la puerta ▶ **to answer the phone** coger OR contestar el teléfono. ⬦ vi responder, contestar. ◆ **answer back** vt sep & vi replicar. ◆ **answer for** vt insep **1.** [accept responsibility for] responder por ▶ **they have a lot to answer for** tienen mucho que explicar **2.** [suffer consequences of] responder de.

answerable ['ɑ:nsərəbl] adj ▶ **answerable (to sb/for sthg)** responsable (ante alguien/de algo).

answering machine ['ɑ:nsərɪŋ-] n contestador m automático.

ant [ænt] n hormiga f.

antagonism [æn'tægənɪzm] n antagonismo m.

antagonize, antagonise [æn'tægənaɪz] vt provocar la hostilidad de.

Antarctic [æn'tɑ:ktɪk] ⬦ adj antártico(ca). ⬦ n ▶ **the Antarctic** el Antártico.

Antarctica [æn'tɑ:ktɪkə] n (la) Antártida.

antelope ['æntɪləʊp] (pl inv or -s) n antílope m.

antenatal [,æntɪ'neɪtl] adj prenatal.

antenatal clinic n clínica f de preparación al parto.

antenna [æn'tenə] n **1.** (pl -nae) [of insect] antena f **2.** (pl -s) US [aerial] antena f.

anthem ['ænθəm] n himno m.

anthology [æn'θɒlədʒɪ] n antología f.

antibiotic [,æntɪbaɪ'ɒtɪk] n antibiótico m.

antibody ['æntɪ,bɒdɪ] n anticuerpo m.

anticipate [æn'tɪsɪpeɪt] vt **1.** [expect] prever **2.** [look forward to] esperar ansiosamente **3.** [preempt] adelantarse a.

anticipation [æn,tɪsɪ'peɪʃn] n [excitement] expectación f ▶ **in anticipation of** en previsión de.

anticlimax [,æntɪ'klaɪmæks] n decepción f.

anticlockwise [,æntɪ'klɒkwaɪz] UK adv en sentido contrario al de las agujas del reloj.

antics ['æntɪks] pl n payasadas fpl.

anticyclone [,æntɪ'saɪkləʊn] n anticiclón m.

antidepressant [,æntɪdɪ'presnt] n antidepresivo m.

antidote ['æntɪdəʊt] n lit & fig ▶ **antidote (to)** antídoto m (contra).

antifreeze ['æntɪfri:z] n anticongelante m.

antiglobalization, antiglobalisation [,æntɪgləʊbəlaɪ'zeɪʃən] ⬦ n POL antiglobalización f. ⬦ adj POL antiglobalización (inv).

antihistamine [,æntɪ'hɪstəmɪn] n antihistamínico m.

antiperspirant [,æntɪ'pɜ:spərənt] n antitranspirante m.

antiquated ['æntɪkweɪtɪd] adj anticuado(da).

antique [æn'ti:k] ⬦ adj [furniture, object] antiguo(gua). ⬦ n antigüedad f.

antique shop n tienda f de antigüedades.

anti-Semitic [-sɪ'mɪtɪk] adj [person] antisemita; [beliefs, remarks] antisemítico(ca).

anti-Semitism [-'semɪtɪzm] n antisemitismo m.

antiseptic [,æntɪ'septɪk] ⬦ adj antiséptico(ca). ⬦ n antiséptico m.

antisocial [,æntɪ'səʊʃl] adj **1.** [against society] antisocial **2.** [unsociable] poco sociable.

antivirus ['æntɪ'vaɪrəs] adj COMPUT antivirus (inv).

anus ['eɪnəs] n ano m.

anvil ['ænvɪl] n yunque m.

anxiety [æŋ'zaɪətɪ] n **1.** [worry] ansiedad f, inquietud f **2.** [cause of worry] preocupación f **3.** [keenness] afán m, ansia f.

anxious ['æŋkʃəs] adj **1.** [worried] preocupado(da) ▶ **to be anxious about** estar preocupado por **2.** [keen] ▶ **to be anxious that/to do sthg** estar ansioso(sa) por que/por hacer algo.

any ['enɪ] ⬦ adj **1.** (with neg) ninguno(na) / **I haven't read any books** no he leído ningún libro / **I haven't got any money** no tengo nada de dinero **2.** [some] algún(una) **/** *are there any cakes left?* ¿queda algún pastel? **/** *is there any milk left?* ¿queda algo de leche? **/** *have you got any money?* ¿tienes dinero? **3.** [no matter which] cualquier **/** *any box will do* cualquier caja vale **4.** ⟶ **case, day, moment, rate.** ❖ pron **1.** (with neg) ninguno *m*, -na *f* **/** *I didn't get any* a mí no me tocó ninguno **2.** [some] alguno *m*, -na *f* **/** *can any of you do it?* ¿sabe alguno de vosotros hacerlo? **/** *I need some matches, do you have any?* necesito cerillas, ¿tienes? **3.** [no matter which] cualquiera **/** *take any you like* coge cualquiera que te guste. ❖ adv **1.** (with neg): *I can't see it any more* ya no lo veo **/** *he's not feeling any better* no se siente nada mejor **/** *I can't stand it any longer* no lo aguanto más **2.** [some, a little] : *do you want any more potatoes?* ¿quieres más patatas? **/** *is that any better / different?* ¿es así mejor/diferente?

anybody ['enɪˌbɒdɪ] **= anyone.**

anyhow ['enɪhaʊ] adv **1.** [in spite of that] de todos modos **2.** [carelessly] de cualquier manera **3.** [in any case] en cualquier caso.

anyone ['enɪwʌn], **anybody** pron **1.** (in negative sentences) nadie **/** *I don't know anyone* no conozco a nadie **2.** (in questions) alguien **3.** [any person] cualquiera.

anyplace ['enɪpleɪs] [US] **= anywhere.**

anything ['enɪθɪŋ] pron **1.** (in negative sentences) nada **/** *I don't want anything* no quiero nada **2.** (in questions) algo **/** *would you like anything else?* ¿quiere algo más? **3.** [any object, event] cualquier cosa.

anytime ['enɪtaɪm] adv **1.** [at any time] en cualquier momento **/** *call me anytime* llámame en cualquier momento **/** *they can flower anytime between May and September* pueden florecer en cualquier momento entre mayo y septiembre **2.** [you're welcome] de nada, cuando quieras **/** *thanks for driving me to the airport — anytime!* gracias por llevarme al aeropuerto — ¡de nada!

anyway ['enɪweɪ] adv **1.** [in any case] de todas formas **OR** maneras **2.** [in conversation] en cualquier caso.

anywhere ['enɪweər], **anyplace** [US] ['enɪpleɪs] adv **1.** (in negative sentences) en ningún sitio **/** *I didn't go anywhere* no fui a ninguna parte **2.** (in questions) en algún sitio **/** *did you go anywhere?* ¿fuiste a algún sitio? **3.** [wherever] cualquier sitio **▸ anywhere you like** donde quieras.

AP ['eɪ'piː] (abbr of **Advanced Placement**) n [US] SCH examen de nivel universitario al que puede presentarse un alumno de secundaria para obtener créditos universitarios.

apart [ə'pɑːt] adv **1.** [separated] **▸ we're living apart** vivimos separados **2.** [aside] aparte

▸ joking apart bromas aparte. ❖ **apart from** prep **1.** [except for] aparte de, salvo **2.** [as well as] aparte de.

apartheid [ə'pɑːtheɪt] n apartheid *m*.

apartment [ə'pɑːtmənt] n [US] piso *m*, apartamento *m*, departamento *m* [AM].

apartment building n [US] bloque *m* de pisos, bloque *m* de departamentos [AM].

apathy ['æpəθɪ] n apatía *f*.

ape [eɪp] ❖ n simio *m*. ❖ vt pej imitar.

aperitif [əperə'tiːf] n aperitivo *m*.

aperture ['æpətjʊər] n abertura *f*.

apex ['eɪpeks] (pl **-es** or **apices**) n [top] vértice *m*.

APEX ['eɪpeks] (abbr of **advance purchase excursion**) n [UK] (tarifa *f*) APEX *f*.

apices ['eɪpɪsiːz] pl n ⟶ **apex.**

apiece [ə'piːs] adv cada uno(na).

apocalypse [ə'pɒkəlɪps] n apocalipsis *m inv*.

apologetic [əˌpɒlə'dʒetɪk] adj [tone, look] lleno(na) de disculpas **▸ to be very apologetic (about)** no hacer más que disculparse (por).

apologize, apologise [ə'pɒlədʒaɪz] vi **▸ to apologize (to sb for sthg)** disculparse (ante alguien por algo) **▸ I apologized to her** le pedí perdón.

apology [ə'pɒlədʒɪ] n disculpa *f* **▸ Tom sends his apologies** [can't come] Tom se excusa por no poder asistir.

apostle [ə'pɒsl] n RELIG apóstol *m*.

apostrophe [ə'pɒstrəfɪ] n apóstrofo *m*.

app [æp] (abbr of **application**) n COMPUT aplicación *f*, programa *m*.

appal [UK], **appall** [US] [ə'pɔːl] vt horrorizar.

appalling [ə'pɔːlɪŋ] adj [shocking] horroroso(sa).

apparatus [ˌæpə'reɪtəs] (pl inv or **-es**) n **1.** [equipment] aparatos *mpl* **/** *a piece of apparatus* un aparato **2.** POL aparato *m*.

apparel [ə'pærəl] n [US] ropa *f*.

apparent [ə'pærənt] adj **1.** [evident] evidente, patente **2.** [seeming] aparente.

apparently [ə'pærəntlɪ] adv **1.** [it seems] por lo visto **2.** [seemingly] aparentemente.

appeal [ə'piːl] ❖ vi **1.** [request] **▸ to appeal (to sb for sthg)** solicitar (de alguien algo) **2.** [to sb's honour, common sense] **▸ to appeal to** apelar a **3.** LAW **▸ to appeal (against)** apelar (contra) **4.** [attract, interest] **▸ to appeal (to)** atraer (a). ❖ n **1.** [request] llamamiento *m*, súplica *f*; [fund-raising campaign] campaña *f* para recaudar fondos **2.** LAW apelación *f* **3.** [charm, interest] atractivo *m*.

appealing [ə'piːlɪŋ] adj [attractive] atractivo(va).

appear [ə'pɪər] vi **1.** [gen] aparecer **2.** [seem] **▸ to appear (to be / to do sthg)** parecer (ser / hacer algo) **▸ it would appear that ...** parece que ... **3.** [in play, film, on TV] **▸ to appear on**

TV /**in a film** salir en televisión /en una película **4.** LAW ▸ **to appear (before)** comparecer (ante).

appearance [ə'pɪərəns] n **1.** [gen] aparición f ▸ **to make an appearance** aparecer **2.** [of sportsman] actuación f **3.** [look - of person, place, object] aspecto m.

appease [ə'pi:z] vt aplacar, apaciguar.

append [ə'pend] vt fml [add] ▸ **to append sthg (to sthg)** agregar algo (a algo).

appendices [ə'pendɪsi:z] pl n ⟶ **appendix**.

appendicitis [ə,pendɪ'saɪtɪs] n (U) apendicitis f inv.

appendix [ə'pendɪks] (pl **-dixes** or **-dices**) n [gen & ANAT] apéndice m ▸ **to have one's appendix out** operarse de apendicitis.

appetite ['æpɪtaɪt] n **1.** [for food] apetito m ▸ **I no longer have any appetite for my food** ya no tengo ganas de comer **2.** fig [enthusiasm] ▸ **appetite for** entusiasmo m por.

appetizer, appetiser ['æpɪtaɪzə'] n aperitivo m.

appetizing, appetising ['æpɪtaɪzɪŋ] adj [food] apetitoso(sa).

applaud [ə'plɔ:d] vt & vi lit & fig aplaudir.

applause [ə'plɔ:z] n (U) aplausos mpl.

apple ['æpl] n manzana f ▸ **candy apple** US manzana f de caramelo.

apple tree n manzano m.

appliance [ə'plaɪəns] n aparato m.

applicable [ə'plɪkəbl] adj ▸ **to be applicable (to)** aplicarse (a).

applicant ['æplɪkənt] n ▸ **applicant (for)** solicitante mf (de).

application [,æplɪ'keɪʃn] n **1.** [gen] aplicación f **2.** [for job, college, club] ▸ **application (for)** solicitud f (para) **3.** COMPUT aplicación f.

application form n impreso m de solicitud.

applied [ə'plaɪd] adj [science] aplicado(da).

apply [ə'plaɪ] ❖ vt [gen] aplicar ; [brakes] echar ▸ **to apply o.s. (to sthg)** aplicarse (en algo). ❖ vi **1.** [for work, grant] presentar una solicitud ▸ **to apply to sb for sthg** solicitar a alguien algo **2.** [be relevant] ▸ **to apply to** concernir a.

appoint [ə'pɔɪnt] vt [to job, position] ▸ **to appoint sb (to sthg)** nombrar a alguien (para algo).

appointment [ə'pɔɪntmənt] n **1.** [to job, position] nombramiento m **2.** [job, position] puesto m, cargo m **3.** [with businessman, lawyer] cita f ; [with doctor, hairdresser] hora f ▸ **to have an appointment a)** [with businessman] tener una cita **b)** [with doctor] tener hora ▸ **to make an appointment** concertar una cita.

apportion [ə'pɔ:ʃn] vt [money] repartir ; [blame] adjudicar.

appraisal [ə'preɪzl] n evaluación f.

appreciable [ə'pri:ʃəbl] adj [difference] apreciable, sensible.

appreciate [ə'pri:ʃɪeɪt] ❖ vt **1.** [value, like] apreciar **2.** [recognize, understand] darse cuenta de **3.** [be grateful for] agradecer. ❖ vi FIN revalorizarse.

appreciation [ə,pri:ʃɪ'eɪʃn] n **1.** [liking] aprecio m **2.** [recognition, understanding] entendimiento m **3.** [gratitude] agradecimiento m **4.** FIN revalorización f.

appreciative [ə'pri:ʃətɪv] adj [person, remark] agradecido(da) ; [audience] entendido(da).

apprehend [,æprɪ'hend] vt fml [arrest] capturar, aprehender.

apprehensive [,æprɪ'hensɪv] adj aprensivo(va).

apprentice [ə'prentɪs] n aprendiz m, -za f.

apprenticeship [ə'prentɪʃɪp] n aprendizaje m.

approach [ə'prəʊtʃ] ❖ n **1.** [arrival] llegada f **2.** [way in] acceso m **3.** [method] enfoque m **4.** [to person] ▸ **to make approaches to sb** hacerle propuestas a alguien. ❖ vt **1.** [come near to] acercarse a **2.** [ask] ▸ **to approach sb about sthg** dirigirse a alguien acerca de algo **3.** [problem, situation] abordar **4.** [level, speed] aproximarse a. ❖ vi acercarse.

approachable [ə'prəʊtʃəbl] adj accesible.

appropriate ❖ adj [ə'prəʊprɪət] apropiado(da), adecuado(da). ❖ vt [ə'prəʊprɪeɪt] LAW [take] apropiarse de.

approval [ə'pru:vl] n **1.** [admiration] aprobación f **2.** [official sanctioning] visto m bueno **3.** COMM ▸ **on approval** a prueba.

approve [ə'pru:v] ❖ vi estar de acuerdo ▸ **to approve of sthg /sb** ver con buenos ojos algo /a alguien. ❖ vt aprobar.

approving [ə'pru:vɪŋ] adj aprobatorio(ria).

approx. [ə'prɒks] (abbr of **approximately**) aprox.

approximate adj [ə'prɒksɪmət] aproximado(da).

approximately [ə'prɒksɪmətlɪ] adv aproximadamente.

apricot ['eɪprɪkɒt] n [fruit] albaricoque m, chabacano m MÉX, damasco m ANDES.

April ['eɪprəl] n abril m. See also **September**.

April Fools' Day n primero m de abril ; ≃ Día m de los Santos Inocentes.

apron ['eɪprən] n [clothing] delantal m, mandil m ▸ **to be tied to sb's apron strings** inf estar pegado a las faldas de alguien.

apt [æpt] adj [pertinent] acertado(da).

aptitude ['æptɪtju:d] n aptitud f.

aptly ['æptlɪ] adv apropiadamente.

aqualung ['ækwəlʌŋ] n escafandra f autónoma.

aquarium [ə'kweərɪəm] (pl **-riums** or **-ria**) n acuario m.

Aquarius [ə'kweərɪəs] n Acuario m.

aquatic [ə'kwætɪk] adj acuático(ca).

aqueduct ['ækwɪdʌkt] n acueducto m.

Arab ['ærəb] ◆ adj árabe. ◆ n [person] árabe mf.

Arabian [ə'reɪbjən] adj árabe, arábigo(ga).

Arabic ['ærəbɪk] ◆ adj árabe. ◆ n [language] árabe mf.

Arabic numeral n número m arábigo.

arable ['ærəbl] adj cultivable.

Arab Spring n primavera f árabe.

arbitrary ['ɑ:bɪtrərɪ] adj [random] arbitrario(ria).

arbitration [,ɑ:bɪ'treɪʃn] n arbitraje m.

ARC (abbr of AIDS-related complex) n enfermedad relacionada con el sida.

arcade [ɑ:'keɪd] n 1. [shopping arcade] galería f comercial 2. [covered passage] arcada f, galería f.

arcade game n videojuego m.

arch [ɑ:tʃ] ◆ n 1. ARCHIT arco m 2. [of foot] puente m. ◆ vt arquear.

archaeologist, archeologist [,ɑ:kɪ'ɒlədʒɪst] n arqueólogo m, -ga f.

archaeology, archeology [,ɑ:kɪ'ɒlədʒɪ] n arqueología f.

archaic [ɑ:'keɪɪk] adj arcaico(ca).

Aries ['eəri:z] n Aries m.

archbishop [,ɑ:tʃ'bɪʃəp] n arzobispo m.

archenemy [,ɑ:tʃ'enɪmɪ] n peor enemigo m, enemigo acérrimo.

archeologist = archaeologist.

archeology = archaeology.

archer ['ɑ:tʃər] n arquero m.

archery ['ɑ:tʃərɪ] n tiro m con arco.

archetypal [,ɑ:kɪ'taɪpl] adj arquetípico(ca).

architect ['ɑ:kɪtekt] n 1. [of buildings] arquitecto m, -ta f 2. fig [of plan, event] artífice mf.

architecture ['ɑ:kɪtektʃər] n [gen & COMPUT] arquitectura f.

archives ['ɑ:kaɪvz] pl n [of documents] archivos mpl.

archway ['ɑ:tʃweɪ] n [passage] arcada f; [entrance] entrada f en forma de arco.

arctic ['ɑ:ktɪk] adj ártico(ca). ◆ **Arctic** n ▶ the Arctic el Ártico.

ardent ['ɑ:dənt] adj [supporter, admirer, desire] ardiente, ferviente.

ardour UK, **ardor** US ['ɑ:dər] n ardor m.

arduous ['ɑ:djʊəs] adj arduo(dua).

are (weak form [ər], strong form [ɑ:r]) ⟶ be.

area ['eərɪə] n 1. [region, designated space] zona f, área f ▶ in the area en la zona 2. [of town] zona f, barrio m 3. fig [approximate size, number] ▶ in the area of del orden de, alrededor de 4. [surface size] superficie f, área f 5. [of knowledge, interest] campo m.

area code n US prefijo m (telefónico).

arena [ə'ri:nə] n 1. SPORT pabellón m 2. fig [area of activity] : she entered the political arena saltó al ruedo político.

aren't [ɑ:nt] (abbr of are not) ⟶ be.

Argentina [,ɑ:dʒən'ti:nə] n (la) Argentina.

Argentine ['ɑ:dʒəntaɪn] adj argentino(na).

Argentinian [,ɑ:dʒən'tɪnɪən] ◆ adj argentino(na). ◆ n argentino m, -na f.

arguable ['ɑ:gjʊəbl] adj 1. [questionable] discutible 2. [possible] : it is arguable that ... se podría afirmar que ...

arguably ['ɑ:gjʊəblɪ] adv probablemente.

argue ['ɑ:gju:] ◆ vi 1. [quarrel] ▶ to argue (with sb about sthg) discutir (con alguien de algo) 2. [reason] ▶ to argue (for) abogar (por) ▶ to argue (against) oponerse (a). ◆ vt ▶ to argue that argumentar que.

argument ['ɑ:gjʊmənt] n 1. [gen] discusión f ▶ to have an argument (with) tener una discusión (con) 2. [reason] argumento m.

argumentative [,ɑ:gjʊ'mentətɪv] adj propenso(sa) a discutir.

arid ['ærɪd] adj lit & fig árido(da).

arise [ə'raɪz] (pt arose, pp arisen [ə'rɪzn]) vi [appear] ▶ to arise (from) surgir (de).

aristocracy [,ærɪ'stɒkrəsɪ] (pl -ies) n aristocracia f.

aristocrat [UK 'ærɪstəkræt, US ə'rɪstəkræt] n aristócrata mf.

arithmetic [ə'rɪθmətɪk] n aritmética f.

ark [ɑ:k] n arca f.

arm [ɑ:m] ◆ n 1. [of person, chair, player] brazo m ▶ arm in arm del brazo ▶ to keep sb at arm's length fig guardar las distancias con alguien 2. [of garment] manga f. ◆ vt armar. ◆ vi armarse. ◆ **arms** pl n [weapons] armas fpl.

armaments ['ɑ:məmənts] pl n armamento m.

armband ['ɑ:mbænd] n 1. [indicating mourning, rank] brazalete m 2. [for swimming] flotador m (en los brazos).

armchair ['ɑ:mtʃeər] n sillón m.

armed [ɑ:md] adj 1. [police, thieves] armado(da) 2. fig [with information] ▶ armed with provisto(ta) de.

armed forces pl n fuerzas fpl armadas.

armhole ['ɑ:mhəʊl] n sobaquera f, sisa f.

armistice ['ɑ:mɪstɪs] n armisticio m.

armour UK, **armor** US ['ɑ:mər] n 1. [for person] armadura f 2. [for military vehicle] blindaje m.

armoured car UK, **armored car** US [ɑ:məd-] n MIL carro or coche m blindado.

armoury UK, **armory** US ['ɑ:mərɪ] n arsenal m.

armpit ['ɑ:mpɪt] n sobaco m, axila f.

armrest ['ɑ:mrest] n brazo m.

arms control ['ɑ:mz-] n control m armamentístico.

army ['ɑ:mɪ] ❖ n lit & fig ejército m. ❖ comp del ejército, militar.

aroma [ə'rəʊmə] n aroma m.

aromatherapy [ərəʊmə'θerəpɪ] n aromaterapia f.

aromatic [,ærə'mætɪk] adj aromático(ca).

arose [ə'rəʊz] pt ⟶ **arise**.

around [ə'raʊnd] ❖ adv **1.** [about, round] por ahí ▶ **to walk/look around** andar/mirar por ahí **2.** [on all sides] alrededor **3.** [present, available] : is John around? a) [there] ¿está John por ahí? b) [here] ¿está John por aquí? **4.** [turn, look] ▶ **to turn around** volverse ▶ **to look around** volver la cabeza. ❖ prep **1.** [on all sides of] alrededor de **2.** [about, round - place] por **3.** [in the area of] cerca de **4.** [approximately] alrededor de.

arouse [ə'raʊz] vt [excite - feeling] despertar ; [- person] excitar.

arrange [ə'reɪndʒ] vt **1.** [books, furniture] colocar ; [flowers] arreglar **2.** [event, meeting, party] organizar ▶ **to arrange to do sthg** acordar hacer algo / we've arranged to meet at nine hemos quedado a las nueve ▶ **to arrange for sb to do sthg** hacer lo necesario para que alguien haga algo **3.** MUS arreglar.

arrangement [ə'reɪndʒmənt] n **1.** [agreement] acuerdo m ▶ **to come to an arrangement** llegar a un acuerdo **2.** [of furniture] disposición f ; [of flowers] arreglo m **3.** MUS arreglo m. ❖ **arrangements** pl n preparativos mpl.

array [ə'reɪ] n [of objects] surtido m.

arrears [ə'rɪəz] pl n [money owed] atrasos mpl ▶ **in arrears a)** [retrospectively] con retraso b) [late] atrasado en el pago.

arrest [ə'rest] ❖ n detención f, arresto m ▶ **under arrest** detenido(da), bajo arresto. ❖ vt **1.** [subj: police] detener **2.** [sb's attention] captar **3.** fml [stop] poner freno a.

arrival [ə'raɪvl] n llegada f ▶ **late arrival** [of train, bus, mail] retraso m ▶ **new arrival a)** [person] recién llegado m, recién llegada f b) [baby] recién nacido m, recién nacida f.

arrive [ə'raɪv] vi **1.** [gen] llegar ▶ **to arrive at** [conclusion, decision] llegar a **2.** [baby] nacer.

arrogance ['ærəgəns] n arrogancia f.

arrogant ['ærəgənt] adj arrogante.

arrow ['ærəʊ] n flecha f.

arse [ɑ:s], **ass** [æs] n v inf [bottom] culo m.

arsenic ['ɑ:snɪk] n arsénico m.

arson ['ɑ:sn] n incendio m premeditado.

art [ɑ:t] n arte m. ❖ **arts** pl n **1.** SCH & UNIV [humanities] letras fpl **2.** [fine arts] ▶ **the arts** las bellas artes. ❖ **arts and crafts** pl n artesanía f.

artefact ['ɑ:tɪfækt] = **artifact**.

artery ['ɑ:tərɪ] n arteria f.

art gallery n [public] museo m (de arte) ; [commercial] galería f (de arte).

arthritis [ɑ:'θraɪtɪs] n artritis f inv.

artichoke ['ɑ:tɪtʃəʊk] n alcachofa f.

article ['ɑ:tɪkl] n artículo m ▶ **article of clothing** prenda f de vestir.

articulate ❖ adj [ɑ:'tɪkjʊlət] [person] elocuente ; [speech] claro(ra), bien articulado(da). ❖ vt [ɑ:'tɪkjʊleɪt] [express clearly] expresar.

articulated lorry [ɑ:'tɪkjʊleɪtɪd-] n UK camión m articulado.

artifact ['ɑ:tɪfækt] n artefacto m.

artificial [,ɑ:tɪ'fɪʃl] adj artificial.

artillery [ɑ:'tɪlərɪ] n [guns] artillería f.

artist ['ɑ:tɪst] n artista mf.

artiste [ɑ:'ti:st] n artista mf.

artistic [ɑ:'tɪstɪk] adj **1.** [gen] artístico(ca) **2.** [good at art] ▶ **to be artistic** tener sensibilidad artística.

artistry ['ɑ:tɪstrɪ] n maestría f.

artless ['ɑ:tlɪs] adj ingenuo(nua).

arty ['ɑ:tɪ] adj inf [person] que se interesa por las artes.

as (unstressed [əz], stressed [æz]) ❖ conj **1.** [referring to time - while] mientras ; [- when] cuando / she told it to me as we walked along me lo contó mientras paseábamos / as time goes by a medida que pasa el tiempo / she rang (just) as I was leaving llamó justo cuando iba a salir **2.** [referring to manner, way] como / do as I say haz lo que te digo **3.** [introducing a statement] como / as you know, ... como (ya) sabes, ... **4.** [because] como, ya que ▶ **as it is** (ya) de por sí. ❖ prep como / I'm speaking as a friend te hablo como amigo / she works as a nurse trabaja de OR como enfermera / as a boy, I lived in Spain de niño vivía en España / it came as a shock fue una gran sorpresa. ❖ adv (in comparisons) ▶ **as ... as** tan ... como / as tall as I am tan alto como yo / I've lived as long as she has he vivido durante tanto tiempo como ella / twice as big el doble de grande / it's just as fast es igual de rápido ▶ **as much as** tanto como ▶ **as many as** tantos(tas) como / as much wine as you like tanto vino como quieras. ❖ **as for, as to** prep en cuanto a. ❖ **as from, as of** prep a partir de. ❖ **as if, as though** conj como si. ❖ **as to** prep UK con respecto a.

asap, a.s.a.p. [eɪeseɪ'pi:] (abbr of **as soon as possible**) cuanto antes, lo antes posible, a la mayor brevedad posible.

asbestos [æs'bestəs] n amianto m, asbesto m.

ascend [ə'send] ❖ vt subir. ❖ vi ascender.

ascendant [ə'sendənt] n ▶ **in the ascendant** en auge.

ascent [ə'sent] n **1.** [climb] ascensión f **2.** [upward slope] subida f, cuesta f **3.** fig [progress] ascenso m.

ascertain [,æsə'teɪn] vt determinar.

ASCII ['æskɪ] (abbr of American Standard Code for Information Interchange) n ASCII m.

ascribe [ə'skraɪb] vt ▶ **to ascribe sthg to** atribuir algo a.

ash [æʃ] n **1.** [from cigarette, fire] ceniza f **2.** [tree] fresno m.

ashamed [ə'ʃeɪmd] adj avergonzado(da), apenado(da) ANDES CAM MEX ▶ **I'm ashamed to do it** me da vergüenza hacerlo ▶ **I'm ashamed of...** me da vergüenza...

ashen-faced ['æʃn,feɪst] adj ▶ **to be ashen-faced** tener la cara pálida.

ashore [ə'ʃɔːr] adv [swim] hasta la orilla ▶ **to go ashore** desembarcar.

ashtray ['æʃtreɪ] n cenicero m.

Ash Wednesday n miércoles m inv de ceniza.

Asia UK 'eɪʃə, US 'eɪʒə] n Asia.

Asian UK 'eɪʃn, US 'eɪʒn] ❖ adj asiático(ca) ▶ **Asian American** americano(na) de origen asiático. ❖ n asiático m, -ca f.

aside [ə'saɪd] ❖ adv **1.** [to one side] a un lado ▶ **to move aside** apartarse ▶ **to brush OR sweep sthg aside** dejar algo aparte OR de lado **2.** [apart] aparte ▶ **aside from** aparte de. ❖ n **1.** [in play] aparte m **2.** [remark] inciso m.

ask [ɑːsk] ❖ vt **1.** [put - question] ▶ **to ask a question** hacer una pregunta **2.** [request, demand] pedir ▶ **to ask sb (to do sthg)** pedir a alguien (que haga algo) ▶ **to ask sb for sthg** pedirle algo a alguien **3.** [invite] invitar. ❖ vi **1.** [question] preguntar **2.** [request] pedir. ◆ **ask after** vt insep preguntar por. ◆ **ask for** vt insep **1.** [person] preguntar por **2.** [thing] pedir. ◆ **ask out** vt sep [ask to be boyfriend, girlfriend] pedir salir.

askance [ə'skæns] adv ▶ **to look askance at sb** mirar a alguien con recelo.

askew [ə'skjuː] adj torcido(da).

asking price ['ɑːskɪŋ-] n precio m inicial.

asleep [ə'sliːp] adj dormido(da) ▶ **she's asleep** está dormida OR durmiendo ▶ **to fall asleep** quedarse dormido ▶ **to be fast OR sound asleep** estar profundamente dormido.

asparagus [ə'spærəgəs] n (U) [plant] espárrago m; [shoots] espárragos mpl.

aspect ['æspekt] n **1.** [of subject, plan] aspecto m **2.** [appearance] cariz m, aspecto m **3.** [of building] orientación f.

aspersions [ə'spɜːʃnz] pl n ▶ **to cast aspersions on sthg** poner en duda algo.

asphalt ['æsfælt] n asfalto m.

asphyxiate [əs'fɪksɪeɪt] vt asfixiar.

aspiration [,æspə'reɪʃn] n aspiración f.

aspire [ə'spaɪər] vi ▶ **to aspire to** aspirar a.

aspirin ['æsprɪn] n aspirina f.

ass [æs] n **1.** [donkey] asno m, -na f **2.** UK inf [idiot] burro m, -rra f **3.** US v inf = **arse**.

assailant [ə'seɪlənt] n agresor m, -ra f.

assassin [ə'sæsɪn] n asesino m, -na f.

assassinate [ə'sæsɪneɪt] vt asesinar.

assassination [ə,sæsɪ'neɪʃn] n asesinato m.

assault [ə'sɔːlt] ❖ n MIL ▶ **assault (on)** ataque m (contra). ❖ vt [physically] asaltar, agredir; [sexually] abusar de.

assemble [ə'sembl] ❖ vt **1.** [gather] juntar, reunir **2.** [fit together] montar. ❖ vi reunirse.

assembly [ə'semblɪ] n **1.** [meeting, law-making body] asamblea f **2.** [gathering together] reunión f **3.** UK [at school] reunión de todos los profesores y alumnos de un centro al comienzo de cada día escolar **4.** [fitting together] montaje m.

assembly line n cadena f de montaje.

assent [ə'sent] ❖ n consentimiento m. ❖ vi ▶ **to assent (to)** asentir (a).

assert [ə'sɜːt] vt **1.** [fact, belief] afirmar **2.** [authority] imponer.

assertion [ə'sɜːʃn] n afirmación f.

assertive [ə'sɜːtɪv] adj enérgico(ca).

assess [ə'ses] vt evaluar.

assessment [ə'sesmənt] n **1.** [evaluation] evaluación f **2.** [calculation] cálculo m.

assessor [ə'sesər] n tasador m, -ra f.

asset ['æset] n **1.** [valuable quality - of person] cualidad f positiva; [- of thing] ventaja f **2.** [valuable person] elemento m importante. ◆ **assets** pl n COMM activo m.

assign [ə'saɪn] vt **1.** [gen] ▶ **to assign sthg (to sb)** asignar algo (a alguien) ▶ **to assign sb to sthg** asignar a alguien algo ▶ **to assign sb to do sthg** asignar a alguien que haga algo **2.** [designate for specific use, purpose] ▶ **to assign sthg (to)** destinar algo (a).

assignment [ə'saɪnmənt] n **1.** [task] misión f; SCH trabajo m **2.** [act of assigning] asignación f.

assimilate [ə'sɪmɪleɪt] vt **1.** [learn] asimilar **2.** [absorb] ▶ **to assimilate sb (into)** integrar a alguien (en).

assist [ə'sɪst] ❖ vt ▶ **to assist sb (with sthg / in doing sthg)** ayudar a alguien (con algo / a hacer algo). ❖ vi ayudar.

assistance [ə'sɪstəns] n ayuda f, asistencia f ▶ **to be of assistance (to)** ayudar (a).

assistant [ə'sɪstənt] ❖ n ayudante mf ▶ **(shop) assistant** dependiente m, -ta f. ❖ comp adjunto(ta) ▶ **assistant headmaster** SCH subdirector *m*, -ra f ▶ **assistant manager** director adjunto *m*, directora adjunta f ▶ **assistant principal** US SCH subdirector *m*, -ra f ▶ **assistant referee** árbitro *m*, asistente f.

associate ❖ adj [ə'səʊʃɪət] asociado(da). ❖ n [ə'səʊʃɪət] socio *m*, -cia f. ❖ vt [ə'səʊʃɪeɪt] asociar ▶ **to associate sthg / sb with** asociar algo/a alguien con ▶ **to be associated with a)** [organization, plan, opinion] estar relacionado con **b)** [people] estar asociado con. ❖ vi [ə'səʊʃɪeɪt] ▶ **to associate with sb** relacionarse con alguien.

association [ə,səʊsɪ'eɪʃn] n **1.** [organization, act of associating] asociación f ▶ **in association with** en colaboración con **2.** [in mind] connotación f.

assorted [ə'sɔ:tɪd] adj **1.** [of various types] variado(da) **2.** [biscuits, sweets] surtido(da).

assortment [ə'sɔ:tmənt] n surtido *m*.

assume [ə'sju:m] vt **1.** [suppose] suponer **2.** [power, responsibility] asumir **3.** [appearance, attitude] adoptar.

assumed name [ə'sju:md-] n nombre *m* falso.

assuming [ə'sju:mɪŋ] conj suponiendo que.

assumption [ə'sʌmpʃn] n **1.** [supposition] suposición f **2.** [of power] asunción f.

assurance [ə'ʃʊərəns] n **1.** [promise] garantía f **2.** [confidence] seguridad f de sí mismo **3.** [insurance] seguro *m*.

assure [ə'ʃʊə*] vt asegurar, garantizar ▶ **to assure sb of sthg** garantizar a alguien algo ▶ **to be assured of sthg** tener algo garantizado ▶ **rest assured that ...** ten por seguro que ...

assured [ə'ʃʊəd] adj [confident] seguro(ra).

asterisk ['æstərɪsk] n asterisco *m*.

astern [ə'stɜ:n] adv NAUT a popa.

asthma ['æsmə] n asma f.

astonish [ə'stɒnɪʃ] vt asombrar.

astonishing [ə'stɒnɪʃɪŋ] adj asombroso(sa).

astonishment [ə'stɒnɪʃmənt] n asombro *m*.

astound [ə'staʊnd] vt asombrar.

astounding [ə'staʊndɪŋ] adj asombroso(sa), pasmoso(sa).

astray [ə'streɪ] adv ▶ **to go astray** [become lost] extraviarse ▶ **to lead sb astray** [into bad ways] llevar a alguien por el mal camino.

astride [ə'straɪd] ❖ adv a horcajadas. ❖ prep a horcajadas en.

astrology [ə'strɒlədʒɪ] n astrología f.

astronaut ['æstrənɔ:t] n astronauta *mf*.

astronomer [ə'strɒnəmə*] n astrónomo *m*, -ma f.

astronomical [,æstrə'nɒmɪkl] adj *lit & fig* astronómico(ca).

astronomy [ə'strɒnəmɪ] n astronomía f.

astute [ə'stju:t] adj astuto(ta).

asylum [ə'saɪləm] n **1.** [mental hospital] manicomio *m* **2.** [protection] asilo *m*.

asylum seeker [ə'saɪləm'si:kə*] n peticionario *m*, -ria f de asilo.

at (*unstressed* [ət], *stressed* [æt]) prep **1.** [indicating place] en / *at my father's* en casa de mi padre / *standing at the window* de pie junto a la ventana / *at the bottom of the hill* al pie de la colina ▶ **at school / work / home** en la escuela/el trabajo/casa **2.** [indicating direction] a **3.** [indicating a particular time] : *at a more suitable time* en un momento más oportuno / *at midnight / noon / eleven o'clock* a medianoche/ mediodía/las once ▶ **at night** por la noche ▶ **at Christmas / Easter** en Navidades/Semana Santa **4.** [indicating speed, rate, price] a / *at 100 mph / high speed* a 100 millas por hora/gran velocidad / *at £50 (a pair)* a 50 libras (el par) **5.** [indicating particular state, condition] ▶ **at peace / war** en paz/guerra / *she's at lunch* está comiendo / *to work hard at sthg* trabajar duro en algo **6.** [indicating a particular age] a / *at 52 / your age* a los 52/tu edad **7.** (*after adjectives*) ▶ **delighted at** encantado con ▶ **experienced at** experimentado en / **puzzled / horrified at** perplejo/horrorizado ante / *he's good / bad at sport* se le dan bien/ mal los deportes. ◆ **at all** adv **1.** (*with neg*) ▶ **not at all a)** [when thanked] de nada **b)** [when answering a question] en absoluto / *she's not at all happy* no está nada contenta **2.** [in the slightest] : *anything at all will do* cualquier cosa valdrá / *do you know her at all?* ¿la conoces (de algo)?

ate [UK et, US eɪt] pt ⟶ **eat**.

atheist ['eɪθɪɪst] n ateo *m*, -a f.

Athens ['æθɪnz] n Atenas.

athlete ['æθli:t] n atleta *mf*.

athletic [æθ'letɪk] adj atlético(ca). ◆ **athletics** pl n atletismo *m*.

Atlantic [ət'læntɪk] ❖ adj atlántico(ca). ❖ n ▶ **the Atlantic (Ocean)** el océano (Atlántico) Atlántico.

atlas ['ætləs] n atlas *m inv*.

ATM (*abbr of* **automatic teller machine**) n cajero automático.

atmosphere ['ætmə,sfɪə*] n **1.** [of planet] atmósfera f **2.** [air in room, mood of place] ambiente *m*.

atmospheric [,ætməs'ferɪk] adj **1.** [pressure, pollution] atmosférico(ca) **2.** [attractive, mysterious] sugerente.

atom ['ætəm] n PHYS átomo *m*.

atom bomb, atomic bomb n bomba f atómica.

atomic [ə'tɒmɪk] adj atómico(ca).

atomic bomb = **atom bomb**.

atomizer, atomiser ['ætəmaɪzə*] n atomizador *m*.

atone [ə'təʊn] vi ▸ **to atone for** reparar.

A to Z n guía f alfabética ; [map] callejero m.

at-risk ['æt'rɪsk] adj ▸ **an at-risk group** un grupo de riesgo.

atrocious [ə'trəʊʃəs] adj [very bad] atroz.

atrocity [ə'trɒsətɪ] n [terrible act] atrocidad f.

at sign n TYPO & COMPUT arroba f.

attach [ə'tætʃ] vt **1.** [with pin, clip] ▸ **to attach sthg (to)** sujetar algo (a) ; [with string] atar algo (a) **2.** [document & COMPUT] adjuntar **3.** [importance, blame] ▸ **to attach sthg (to sthg)** atribuir algo (a algo).

attaché case n maletín m.

attached [ə'tætʃt] adj [fond] ▸ **to be attached to** tener cariño a.

attachment [ə'tætʃmənt] n **1.** [device] accesorio m **2.** COMPUT archivo m adjunto **3.** [fondness] ▸ **attachment (to)** cariño m (por).

attack [ə'tæk] ◆ n ▸ **attack (on)** ataque m (contra) ▸ **terrorist attack** atentado m terrorista ▸ **to be under attack** estar siendo atacado. ◆ vt **1.** [gen] atacar **2.** [job, problem] acometer. ◆ vi atacar.

attacker [ə'tækər] n atacante mf.

attain [ə'teɪn] vt lograr, alcanzar.

attainment [ə'teɪnmənt] n logro m.

attempt [ə'tempt] ◆ n ▸ **attempt (at doing sthg)** intento m (de hacer algo) ▸ **attempt on sb's life** atentado m contra la vida de alguien. ◆ vt ▸ **to attempt sthg/to do sthg** intentar algo/hacer algo.

attend [ə'tend] ◆ vt [go to] asistir a. ◆ vi **1.** [be present] asistir **2.** [pay attention] ▸ **to attend (to)** atender (a). ◆ **attend to** vt insep **1.** [matter] ocuparse de **2.** [customer] atender a ; [patient] asistir a.

attendance [ə'tendəns] n asistencia f ▸ **the attendance for the match was over 10,000** más de 10.000 personas asistieron al partido.

attendant [ə'tendənt] ◆ adj concomitante. ◆ n [at museum] vigilante mf ; [at petrol station, in swimming pool] encargado m, -da f.

attention [ə'tenʃn] ◆ n (U) **1.** [gen] atención f ▸ **to bring sthg to sb's attention, to draw sb's attention to sthg** llamar la atención de alguien sobre algo ▸ **to attract** OR **catch sb's attention** atraer OR captar la atención de alguien ▸ **to pay/pay no attention (to)** prestar/no prestar atención (a) ▸ **for the attention of** COMM a la atención de ▸ **your attention please!** ¡atención! **2.** [care] asistencia f. ◆ excl MIL ¡firmes!

attentive [ə'tentɪv] adj atento(ta).

attic ['ætɪk] n desván m, entretecho m **Am**.

attitude ['ætɪtjuːd] n [posture] postura f.

attn. (*abbr of* for the attention of) a/a.

attorney [ə'tɜːnɪ] n **US** abogado m, -da f.

attorney general (*pl* **attorneys general**) n fiscal m general del estado.

attract [ə'trækt] vt **1.** [gen] atraer **2.** [support, criticism] suscitar.

attraction [ə'trækʃn] n **1.** [gen] ▸ **attraction (to sb)** atracción f (hacia OR por alguien) **2.** [attractiveness - of thing] atractivo m.

attractive [ə'træktɪv] adj atractivo(va).

attribute ◆ vt [ə'trɪbjuːt] ▸ **to attribute sthg to** atribuir algo a. ◆ n ['ætrɪbjuːt] atributo m.

attrition [ə'trɪʃn] n desgaste m ▸ **war of attrition** guerra f de desgaste.

aubergine ['əʊbəʒiːn] n **UK** berenjena f.

auburn ['ɔːbən] adj castaño rojizo.

auction ['ɔːkʃn] ◆ n subasta f ▸ **to put sthg up for auction** sacar algo a subasta. ◆ vt subastar.

auctioneer [,ɔːkʃə'nɪər] n subastador m, -ra f.

audacious [ɔː'deɪʃəs] adj [daring] audaz ; [cheeky] atrevido(da).

audacity [ɔː'dæsətɪ] n **1.** [daring] audacia f **2.** [cheek] osadía f, atrevimiento m.

audible ['ɔːdəbl] adj audible.

audience ['ɔːdjəns] n **1.** [of play, film] público m **2.** [formal meeting, TV viewers] audiencia f.

audiobook ['ɔːdɪəʊbʊk] n libro m de audio.

audio tour n audioguía f.

audiotypist ['ɔːdɪəʊ,taɪpɪst] n mecanógrafo m, -fa f por dictáfono.

audiovisual ['ɔːdɪəʊ-] adj audiovisual / *audiovisual aids* apoyo m audiovisual.

audit ['ɔːdɪt] ◆ n auditoría f. ◆ vt auditar.

audition [ɔː'dɪʃn] n prueba f (a un artista).

auditor ['ɔːdɪtər] n auditor m, -ra f.

auditorium [,ɔːdɪ'tɔːrɪəm] (*pl* **-riums** or **-ria**) n auditorio m.

augment [ɔːg'ment] vt acrecentar.

augur ['ɔːgər] vi ▸ **to augur well/badly** ser un buen/mal augurio.

August ['ɔːgəst] n agosto m. *See also* **September**.

Auld Lang Syne [,ɔːldlæŋ'saɪn] n *canción escocesa en alabanza de los viejos tiempos que se canta tradicionalmente en Nochevieja.*

aunt [ɑːnt] n tía f.

auntie, aunty ['ɑːntɪ] n *inf* tita f.

au pair [,əʊ'peər] n au pair f.

aura ['ɔːrə] n aura f, halo m.

aural ['ɔːrəl] adj auditivo(va).

auspices ['ɔːspɪsɪz] pl n ▸ **under the auspices of** bajo los auspicios de.

auspicious [ɔː'spɪʃəs] adj prometedor(ra).

Aussie ['ɒzɪ] n *inf* australiano m, -na f.

austere [ɒ'stɪər] adj austero(ra).

austerity [ɒ'sterətɪ] n austeridad f.

Australia [ɒ'streɪljə] n Australia.

Australian [ɒˈstreɪljən] ❖ adj australiano(na). ❖ n australiano m, -na f.

Austria [ˈɒstrɪə] n Austria.

Austrian [ˈɒstrɪən] ❖ adj austriaco(ca). ❖ n austriaco m, -ca f.

authentic [ɔːˈθentɪk] adj auténtico(ca).

author [ˈɔːθəʳ] n [by profession] escritor m, -ra f; [of particular book, text] autor m, -ra f.

authoritarian [ɔːˌθɒrɪˈteərɪən] adj autoritario(ria).

authoritative [ɔːˈθɒrɪtətɪv] adj **1.** [person, voice] autoritario(ria) **2.** [study] autorizado(da).

authority [ɔːˈθɒrɪtɪ] n **1.** [gen] autoridad f ▸ to be an authority on ser una autoridad en **2.** [permission] autorización f. ❖ **authorities** pl n ▸ the authorities las autoridades fpl.

authorization [ɔːθəraɪˈzeɪʃən] n autorización f.

authorize, authorise [ˈɔːθəraɪz] vt ▸ to authorize (sb to do sthg) autorizar (a alguien a hacer algo).

autism [ˈɔːtɪzm] n autismo m.

autistic [ɔːˈtɪstɪk] adj autista.

auto [ˈɔːtəʊ] (pl -s) US coche m.

autobiography [ˌɔːtəbaɪˈɒɡrəfɪ] n autobiografía f.

autocratic [ˌɔːtəˈkrætɪk] adj autocrático(ca).

autograph [ˈɔːtəɡrɑːf] ❖ n autógrafo m. ❖ vt autografiar.

automate [ˈɔːtəmeɪt] vt automatizar.

automatic [ˌɔːtəˈmætɪk] ❖ adj automático(ca). ❖ n **1.** [car] coche m automático **2.** [gun] arma f automática **3.** [washing machine] lavadora f automática.

automatically [ˌɔːtəˈmætɪklɪ] adv automáticamente.

automation [ˌɔːtəˈmeɪʃn] n automatización f.

automobile [ˈɔːtəməbiːl] n US coche m, automóvil m.

autonomous [ɔːˈtɒnəməs] adj autónomo(ma).

autonomy [ɔːˈtɒnəmɪ] n autonomía f.

autopsy [ˈɔːtɒpsɪ] n autopsia f.

autumn [ˈɔːtəm] n otoño m.

auxiliary [ɔːɡˈzɪljərɪ] ❖ adj auxiliar. ❖ n [medical worker] auxiliar sanitario m, auxiliar sanitaria f.

Av. (written abbr of avenue) Av.

avail [əˈveɪl] ❖ n ▸ to no avail en vano. ❖ vt ▸ to avail o.s. of sthg aprovechar algo.

availability [əˌveɪləˈbɪlətɪ] n disponibilidad f.

available [əˈveɪləbl] adj **1.** [product, service] disponible ▸ this product is no longer available ya no comercializamos este producto **2.** [person] libre, disponible.

avalanche [ˈævəlɑːnʃ] n lit & fig avalancha f, alud m.

avant-garde [ˌævɒŋˈɡɑːd] adj de vanguardia, vanguardista.

avarice [ˈævərɪs] n avaricia f.

avatar n COMPUT avatar m.

Ave. (written abbr of avenue) Avda.

avenge [əˈvendʒ] vt vengar.

avenue [ˈævənjuː] n **1.** [wide road] avenida f **2.** fig [method, means] vía f.

average [ˈævərɪdʒ] ❖ adj **1.** [mean, typical] medio(dia) **2.** [mediocre] regular. ❖ n media f, promedio m ▸ on average de media, por término medio. ❖ vt alcanzar un promedio de.
◆ **average out** vi ▸ to average out at salir a una media de.

aversion [əˈvɜːʃn] n [dislike] ▸ aversion (to) aversión f (a).

avert [əˈvɜːt] vt **1.** [problem, accident] evitar, prevenir **2.** [eyes, glance] apartar, desviar.

aviary [ˈeɪvjərɪ] n pajarera f.

aviation [ˌeɪvɪˈeɪʃn] n aviación f.

avid [ˈævɪd] adj ▸ avid (for) ávido(da) (de).

avocado [ˌævəˈkɑːdəʊ] (pl -s or -es) n ▸ avocado (pear) aguacate m, palta f ANDES RP.

avoid [əˈvɔɪd] vt ▸ to avoid (sthg/doing sthg) evitar(algo/hacer algo) ▸ she's been avoiding me ha estado esquivándome.

avoidable [əˈvɔɪdəbl] adj evitable.

avoidance [əˈvɔɪdəns] = tax avoidance.

await [əˈweɪt] vt esperar, aguardar.

awake [əˈweɪk] ❖ adj [not sleeping] despierto(ta). ❖ vt (pt awoke or awaked, pp awoken) lit & fig despertar. ❖ vi lit & fig despertarse.

awaken [əˈweɪkən] (pt awakened, pp awoken) vt & vi = awake.

awakening [əˈweɪknɪŋ] n lit & fig despertar m.

award [əˈwɔːd] ❖ n **1.** [prize] premio m, galardón m **2.** [compensation] indemnización f. ❖ vt ▸ to award sb sthg, to award sthg to sb a) [prize] conceder or otorgar algo a alguien b) [compensation] adjudicar algo a alguien.

aware [əˈweəʳ] adj **1.** [conscious] ▸ aware of consciente de ▸ to become aware of darse cuenta de **2.** [informed, sensitive] informado(da), al día ▸ aware of sthg al día de algo ▸ to be aware that estar informado de que.

awareness [əˈweənɪs] n conciencia f.

awash [əˈwɒʃ] adj lit & fig ▸ awash (with) inundado(da) (de).

away [əˈweɪ] ❖ adv **1.** [move, walk, drive] ▸ to walk away (from) marcharse (de) ▸ to drive away (from) alejarse (de) (en coche) ▸ to turn or look away apartar la vista **2.** [at a distance - in space, time] ▸ away from a distancia de / 4 miles away a 4 millas de distancia / a long way away muy lejos / the exam is two days away faltan dos días para el examen **3.** [not at home or office) fuera **4.** [in safe place] ▸ **to put sthg away** poner algo en su sitio **5.** [indicating removal or disappearance] ▸ **to fade away** desvanecerse ▸ **to give sthg away** regalar algo ▸ **to take sthg away from sb** quitarle algo a alguien **6.** [continuously] : *he was working away when ...* estaba muy concentrado trabajando cuando ... ❖ adj SPORT [team, supporters] visitante ▸ **away game** partido *m* fuera de casa.

awe [ɔː] n sobrecogimiento *m* ▸ **to be in awe of sb** sentirse intimidado por alguien.

awesome ['ɔːsəm] adj alucinante Esp, macanudo(da) Andes RDom, padrísimo(ma) Méx.

awful ['ɔːfʊl] adj **1.** [terrible] terrible, espantoso(sa) ▸ **I feel awful** me siento fatal **2.** inf [very great] tremendo(da) ▸ **I like it an awful lot** me gusta muchísimo.

awfully ['ɔːflɪ] adv inf [very] tremendamente.

awhile [ə'waɪl] adv liter un rato.

awkward ['ɔːkwəd] adj **1.** [clumsy - movement] torpe ; [- person] desgarbado(da) **2.** [embarrassed, embarrassing] incómodo(da) **3.** [unreasonable] difícil **4.** [inconvenient - shape, size] poco manejable ; [- moment] inoportuno(na).

awning ['ɔːnɪŋ] n toldo *m*.

awoke [ə'wəʊk] pt ⟶ **awake.**

awoken [ə'wəʊkn] pp ⟶ **awake.**

awry [ə'raɪ] ❖ adj torcido(da), ladeado(da). ❖ adv ▸ **to go awry** salir mal.

axe UK, **ax** US [æks] ❖ n hacha *f*. ❖ vt [project, jobs] suprimir.

axes ['æksiːz] pl n ⟶ **axis.**

axis ['æksɪs] (pl axes) n eje *m*.

axle ['æksl] n eje *m*.

aye [aɪ] ❖ adv sí. ❖ n sí *m*.

azalea [ə'zeɪljə] n azalea *f*.

Aztec ['æztek] ❖ adj azteca. ❖ n [person] azteca *mf*.

B

b (pl b's or bs), **B** (pl B's or Bs) [biː] n [letter] b *f*, B *f*. ◆ **B** n **1.** MUS si *m* **2.** SCH [mark] ≃ bien *m*.

B & B abbr of bed and breakfast.

BA n (abbr of Bachelor of Arts) (titular de una) licenciatura de letras.

babble ['bæbl] vi [person] farfullar.

baboon [bə'buːn] n babuino *m*.

baby ['beɪbɪ] ❖ n **1.** [newborn child] bebé *m* ; [infant] niño *m* **2.** inf [term of affection] cariño *m*.

❖ comp ▸ **baby brother** hermanito *m* ▸ **baby sister** hermanita *f*.

baby buggy n **1.** UK [foldable pushchair] sillita *f* de niño (con ruedas) **2.** US = **baby carriage**.

baby carriage n US cochecito *m* de niños.

baby food n papilla *f*.

baby-sit vi cuidar a niños.

baby-sitter [-'sɪtər] n canguro *mf*.

bachelor ['bætʃələr] n soltero *m* ▸ **bachelor party** US despedida *f* de soltero.

Bachelor of Arts n ≃ licenciado *m* en Letras.

Bachelor of Science n ≃ licenciado *m* en Ciencias.

back [bæk] ❖ adv **1.** [in position] atrás ▸ **stand back!** ¡échense para atrás! ▸ **to push back** empujar hacia atrás **2.** [to former position or state] de vuelta ▸ **to come back** volver ▸ **to go back** volver ▸ **to look back** volver la mirada ▸ **to walk back** volver andando ▸ **to give sthg back** devolver algo ▸ **to be back (in fashion)** estar de vuelta ▸ **he has been there and back** ha estado allí y ha vuelto ▸ **I spent all day going back and forth** pasé todo el día yendo y viniendo **3.** [in time] : *two weeks back* hace dos semanas ▸ **it dates back to 1960** data de 1960 ▸ **back in March** allá en marzo **4.** [phone, write] de vuelta ▸ **to pay sb back** [give back money] devolverle el dinero a alguien. ❖ n **1.** [of person] espalda *f* ; [of animal] lomo *m* / lying on one's back tumbado de espaldas ▸ **to break the back of** fig pasar lo peor OR la peor parte de **2.** [of hand, cheque] dorso *m* ; [of coin, page] reverso *m* ; [of car, book, head] parte *f* trasera ; [of chair] respaldo *m* ; [of queue] final *m* ; [of room, cupboard] fondo *m* **3.** SPORT [player] defensa *m*. ❖ adj (in compounds) **1.** [at the back - door, legs, seat] trasero(ra) ; [- page] último(ma) **2.** [overdue - pay, rent] atrasado(da). ❖ vt **1.** [support] respaldar **2.** [bet on] apostar por **3.** [strengthen with material] reforzar. ❖ vi [drive backwards] ir marcha atrás ; [walk backwards] ir hacia atrás. ◆ **back to back** adv [with backs facing] espalda con espalda. ◆ **back to front** adv al revés. ◆ **back away** vi retroceder. ◆ **back down** vi echarse OR volverse atrás. ◆ **back off** vi echarse atrás. ◆ **back out** vi echarse OR volverse atrás. ◆ **back up** ❖ vt sep **1.** [support] apoyar **2.** COMPUT hacer una copia de seguridad de. ❖ vi **1.** [reverse] ir marcha atrás **2.** COMPUT hacer copias de seguridad.

backache ['bækeɪk] n dolor *m* de espalda.

backbencher [ˌbæk'bentʃər] n UK diputado sin cargo en el gabinete del gobierno o la oposición.

backbone ['bækbəʊn] n lit & fig columna *f* vertebral.

backcloth ['bækklɒθ] UK = **backdrop**.

backdate [ˌbækˈdeɪt] vt : *a pay rise backdated to March* un aumento de sueldo con efecto
retroactivo desde marzo.

back door n puerta *f* trasera ▸ **the team qualified through the back door** *fig* el equipó se
clasificó por la puerta trasera.

backdrop [ˈbækdrɒp], **backcloth** n *lit & fig*
telón *m* de fondo.

backer [ˈbækə] n promotor *m*, -ra *f*, patrocinador *m*, -ra *f*.

backfire [ˌbækˈfaɪə] vi 1. [motor vehicle] pe-
tardear 2. [go wrong] ▸ **it backfired on him** le
salió el tiro por la culata.

backgammon [ˈbækˌgæmən] n backgammon *m*.

background [ˈbækgraʊnd] n 1. [in picture,
view] fondo *m* ▸ **in the background a)** [of
painting etc] al fondo **b)** [out of the limelight]
en la sombra 2. [of event, situation] trasfondo *m*
3. [upbringing] origen *m* ▸ **family background**
antecedentes *mpl* familiares 4. [knowledge, experi-
ence] ▸ **a background in** conocimientos *mpl* de.

backhand [ˈbækhænd] n revés *m*.

backhanded [ˈbækhændɪd] adj *fig* equívoco(ca).

backhander [ˈbækhændə] n **UK** *inf* ▸ **to
give sb a backhander** untarle la mano a alguien, coimear a alguien **ANDES** **RDOM**, morder
a alguien **CAM** **MEX**.

backing [ˈbækɪŋ] n 1. [support] apoyo *m*, respaldo *m* 2. [lining] refuerzo *m* 3. MUS acompañamiento *m*.

backlash [ˈbæklæʃ] n reacción *f* violenta.

backlog [ˈbæklɒg] n acumulación *f*.

back number, **back issue** n número *m*
atrasado.

backpack [ˈbækpæk] n mochila *f*.

back pay n *(U)* atrasos *mpl*.

back seat n asiento *m* trasero OR de atrás ▸ **to
take a back seat** *fig* situarse en segundo plano.

backside [ˌbækˈsaɪd] n *inf* trasero *m*.

backslash [ˈbækslæʃ] n COMPUT barra *f* inversa.

backstage [ˌbækˈsteɪdʒ] adv entre bastidores.

backstreet [ˈbækstriːt] adj [underhanded]
clandestino(na).

back street n **UK** callejuela *f* de barrio.

backstroke [ˈbækstrəʊk] n espalda *f* (en natación) ▸ **to do the backstroke** nadar a espalda.

backup [ˈbækʌp] ◆ adj 1. [plan] de emergencia ; [team] de apoyo 2. COMPUT de seguridad.
◆ n 1. [support] apoyo *m* 2. COMPUT copia *f*
de seguridad.

backward [ˈbækwəd] ◆ adj 1. [movement,
look] hacia atrás 2. [country, person] atrasado(da).
◆ adv **US** = backwards.

backwards [ˈbækwədz], **backward** **US** adv
1. [move, go] hacia atrás ▸ **backwards and forwards** [movement] de un lado a otro 2. [back to
front] al OR del revés.

backwater [ˈbækˌwɔːtə] n *fig* páramo *m*, lugar *m* atrasado.

backyard [ˌbækˈjɑːd] n 1. **UK** [yard] patio *m*
2. **US** [garden] jardín *m* (trasero).

bacon [ˈbeɪkən] n bacon *m*, tocino *m*.

bacteria [bækˈtɪərɪə] *pl* n bacterias *fpl*.

bad [bæd] (*compar* worse, *superl* worst) adj
1. [gen] malo(la) ▸ **he's bad at French** se le da
mal el francés **/** ▸ **to have a bad back** estar mal
de la espalda ▸ **to go bad** [food] echarse a perder
▸ **too bad!** ¡mala suerte! ▸ **it's not bad (at all)**
no está nada mal ▸ **how are you? — not bad**
¿qué tal? — bien 2. [illness] grave 3. [guilty]
▸ **to feel bad about sthg** sentirse mal por algo.

badge [bædʒ] n 1. [for decoration - metal, plastic]
chapa *f* ; [- sewn-on] insignia *f* 2. [for identifica-
tion] distintivo *m* ▸ **blue badge** **UK** [for disabled
drivers] tarjeta de conductor con discapacidad.

badger [ˈbædʒə] ◆ n tejón *m*. ◆ vt ▸ **to
badger sb (to do sthg)** ponerse pesado(da) con
alguien (para que haga algo).

badly [ˈbædlɪ] (*compar* worse, *superl* worst)
adv 1. [not well] mal ▸ **to think badly of sb**
pensar mal de alguien 2. [seriously] gravemente ▸ **I'm badly in need of help** necesito ayuda
urgentemente.

badly-off adj 1. [poor] apurado(da) de dinero
2. [lacking] ▸ **to be badly-off for sthg** estar OR
andar mal de algo.

bad-mannered [-ˈmænəd] adj maleducado(da).

badminton [ˈbædmɪntən] n bádminton *m*.

bad-tempered [-ˈtempəd] adj 1. [by na-
ture] : *to be bad-tempered* tener mal genio
2. [in a bad mood] : *to be bad-tempered* estar
malhumorado(da).

baffle [ˈbæfl] vt desconcertar.

bag [bæg] ◆ n 1. [container, bagful] bolsa *f*
▸ **garbage bag** **US** bolsa *f* de basura ▸ **messenger bag** bolsa *f* de bandolera ▸ **to pack one's bags**
fig hacer las maletas 2. [handbag] bolso *m*, cartera *f* **ANDES** **RP**. ◆ vt **UK** *inf* [reserve] pedirse, reservarse. ◆ **bags** *pl* n 1. [under eyes] ▸ **to have
bags under one's eyes** *inf* tener ojeras 2. [lots]
▸ **bags of** *inf* un montón de.

bagboy [ˈbægbɔɪ] n **US** dependiente *m* (que ayuda a los clientes a meter las compras en las bolsas).

bagel [ˈbeɪgəl] n bollo de pan en forma de rosca.

baggage [ˈbægɪdʒ] n **US** *(U)* equipaje *m* ▸ **baggage control** control *m* de equipajes.

baggage reclaim n recogida *f* de equipajes.

baggy [ˈbægɪ] adj holgado(da).

bagpipes [ˈbægpaɪps] *pl* n gaita *f*.

Bahamas [bəˈhɑːməz] *pl* n ▸ **the Bahamas** las
Bahamas.

bail [beɪl] n (U) fianza f ▸ **on bail** bajo fianza. ◆ **bail out** ◈ vt sep **1.** [pay bail for] obtener la libertad bajo fianza de **2.** [rescue] sacar de apuros. ◈ vi [from plane] tirarse en paracaídas (antes de que se estrelle el avión).

bailiff ['beɪlɪf] n alguacil m.

bait [beɪt] ◈ n lit & fig cebo m ▸ **to rise to** or **take the bait** fig picarse, morder el anzuelo. ◈ vt **1.** [put bait on] cebar **2.** [tease, torment] hacer sufrir, cebarse con.

bake [beɪk] ◈ vt [food] cocer al horno. ◈ vi [food] cocerse al horno.

baked beans [beɪkt-] pl n alubias fpl cocidas en salsa de tomate.

baked potato [beɪkt-] n patata f asada or al horno.

baker ['beɪkər] n panadero m ▸ **baker's (shop)** panadería f.

bakery ['beɪkərɪ] n panadería f.

baking ['beɪkɪŋ] n cocción f.

balaclava (helmet) [ˌbælə'klɑːvə-] n pasamontañas m inv.

balance ['bæləns] ◈ n **1.** [equilibrium] equilibrio m ▸ **to keep / lose one's balance** mantener / perder el equilibrio ▸ **it caught me off balance** me pilló desprevenido(da) **2.** fig [counterweight] contrapunto m **3.** [of evidence etc] peso m **4.** [scales] balanza f ▸ **to be** or **hang in the balance** estar en el aire **5.** [of account] saldo m. ◈ vt **1.** [keep in balance] poner en equilibrio **2.** [compare] sopesar. ◈ vi **1.** [maintain equilibrium] sostenerse en equilibrio **2.** [in accounting] cuadrar. ◆ **on balance** adv tras pensarlo detenidamente.

balanced diet n dieta f equilibrada.

balance of payments n balanza f de pagos.

balance of trade n balanza f comercial.

balance sheet n balance m.

balcony ['bælkənɪ] n **1.** [on building - big] terraza f; [- small] balcón m **2.** [in theatre] anfiteatro m, galería f.

bald [bɔːld] adj **1.** [without hair] calvo(va) **2.** [tyre] desgastado(da) **3.** fig [blunt] escueto(ta).

bale [beɪl] n bala f. ◆ **bale out** vi UK **1.** [remove water] achicar agua **2.** [from plane] tirarse en paracaídas (antes de que se estrelle el avión).

Balearic Islands [ˌbælɪ'ærɪk-], **Balearics** [ˌbælɪ'ærɪks] pl n : the Balearic Islands las Baleares.

baleful ['beɪlfʊl] adj maligno(na).

balk, baulk [bɔːk] vi ▸ **to balk (at doing sthg)** resistirse (a hacer algo).

Balkans ['bɔːlkənz], **Balkan States** pl n ▸ the Balkans los Balcanes.

ball [bɔːl] n **1.** [for tennis, cricket] pelota f; [for golf, billiards] bola f; [for football, basketball, rugby] balón m **2.** [round shape] bola f ▸ **ball pit**

piscina f de bolas **3.** [of foot] pulpejo m **4.** [dance] baile m. ◆ **balls** v inf ◈ pl n [testicles] pelotas fpl. ◈ n (U) [nonsense] gilipolleces fpl.

ballad ['bæləd] n balada f.

ballast ['bæləst] n lastre m.

ball bearing n cojinete m de bolas.

ball boy n recogepelotas m inv.

ballerina [ˌbælə'riːnə] n bailarina f.

ballet ['bæleɪ] n ballet m.

ballet dancer n bailarín m, -ina f.

ball game n US [baseball match] partido m de béisbol.

balloon [bə'luːn] n **1.** [toy] globo m **2.** [hot-air balloon] globo m (aerostático) **3.** [in cartoon] bocadillo m.

ballot ['bælət] ◈ n [voting process] votación f. ◈ vt : to ballot the members on an issue someter un asunto a votación entre los afiliados.

ballot box n [container] urna f / to decide sthg at the ballot box decidir algo en las urnas.

ballot paper n voto m, papeleta f, balota f PERÚ, boleta f electoral MÉX RP.

ballpark ['bɔːlpɑːk] n campo m de béisbol.

ballpoint (pen) ['bɔːlpɔɪnt-] n bolígrafo m, pluma f atómica MÉX, esfero m COL, birome m RP, lápiz m de pasta CHILE.

ballroom ['bɔːlrum] n salón m de baile.

ballroom dancing n (U) baile m de salón.

ballsy ['bɔːlzɪ] adj US v inf con huevos.

balm [bɑːm] n bálsamo m.

balmy ['bɑːmɪ] adj apacible.

balsamic [bɔːl'sæmɪk] adj : balsamic reduction reducción f balsámica / balsamic vinaigrette vinagreta f de balsámico.

balsamic vinegar [bɔːl'sæmɪk-] n vinagre m (balsámico) de Módena.

balti ['bɔːltɪ] n [pan] cacerola utilizada en la cocina india ; [food] plato indio sazonado con especias y preparado en un balti.

Baltic ['bɔːltɪk] ◈ adj báltico(ca). ◈ n : the Baltic (Sea) el (mar) Báltico.

Baltic Republic n ▸ the Baltic Republics las repúblicas bálticas.

bamboo [bæm'buː] n bambú m.

bamboozle [bæm'buːzl] vt inf camelar, engatusar.

ban [bæn] ◈ n ▸ **ban (on)** prohibición f (de). ◈ vt ▸ **to ban (sb from doing sthg)** prohibir (a alguien hacer algo).

banal [bə'nɑːl] adj pej banal.

banana [bə'nɑːnə] n plátano m, banana f AM.

band [bænd] n **1.** [musical group - pop] grupo m ; [- jazz, military] banda f **2.** [of thieves etc] banda f **3.** [strip] cinta f, tira f **4.** [stripe, range] franja f. ◆ **band together** vi juntarse.

bandage ['bændɪdʒ] ❖ n venda f. ❖ vt vendar.
Band-Aid® n [US] ≃ tirita® f [Esp]; ≃ curita f [AM].

b and b, B and B n abbr of **bed and breakfast**.

bandit ['bændɪt] n bandido m, -da f.

bandstand ['bændstænd] n quiosco m de música.

bandwagon ['bændwægən] n ▸ **to jump on the bandwagon** subirse OR apuntarse al carro.

bandy ['bændɪ] adj [legs] arqueado(da). ❖ **bandy about, bandy around** vt sep sacar a relucir.

bandy-legged [-ˌlegd] adj de piernas arqueadas.

bang [bæŋ] ❖ n 1. [blow] golpe m 2. [loud noise] estampido m, estruendo m. ❖ vt 1. [hit -drum, desk] golpear; [-knee, head] golpearse 2. [door] cerrar de golpe. ❖ vi golpear. ❖ adv [exactly] ▸ **bang in the middle of** justo en mitad de ▸ **bang on** [correct] muy acertado(da). ❖ **bangs** pl n [US] flequillo m.

banger ['bæŋər] n [UK] 1. inf [sausage] salchicha f 2. inf [old car] carraca f, cacharro m 3. [firework] petardo m.

Bangladesh [ˌbæŋglə'deʃ] n Bangladesh.

bangle ['bæŋgl] n brazalete m.

banish ['bænɪʃ] vt lit & fig desterrar.

banister ['bænɪstər] n barandilla f, pasamanos inv.

banjo ['bændʒəʊ] (pl **banjos**) n banjo m.

bank [bæŋk] ❖ n 1. [gen & FIN] banco m 2. [by river, lake] ribera f, orilla f 3. [slope] loma f 4. [of clouds etc] masa f. ❖ vi 1. FIN ▸ **to bank with** tener una cuenta en 2. [plane] ladearse. ❖ **bank on** vt insep contar con.

bank account n cuenta f bancaria.

bank balance n saldo m bancario.

bank card = banker's card.

bank charges pl n comisiones fpl bancarias.

bank details pl n datos mpl bancarios.

bank draft n giro m bancario.

banker ['bæŋkər] n banquero m, -ra f.

banker's card, bank card n [UK] tarjeta f de identificación bancaria.

bank holiday n [UK] día m festivo.

banking ['bæŋkɪŋ] n banca f.

bank manager n director m, -ra f de banco.

bank note n billete m de banco.

bank rate n tipo m de interés bancario.

bankrupt ['bæŋkrʌpt] ❖ adj [financially] quebrado(da), en quiebra ▸ **to go bankrupt** quebrar. ❖ vt llevar a la quiebra.

bankruptcy ['bæŋkrəptsɪ] n quiebra f, bancarrota f; fig [of ideas] falta f total.

bank statement n extracto m de cuenta.

banner ['bænər] n 1. [carrying slogan] pancarta f 2. [comput] banner m, pancarta f publicitaria ▸ **banner ad** banner publicitario.

banoffee [bə'nɒfiː] n (U) postre hecho con galletas, plátano, mantequilla y leche condensada.

banquet ['bæŋkwɪt] n banquete m.

banter ['bæntər] n (U) bromas fpl.

bap [bæp] n [UK] bollo m de pan.

baptism ['bæptɪzm] n bautismo m.

Baptist ['bæptɪst] n bautista mf.

baptize, baptise [UK] bæp'taɪz, [US] 'bæptaɪz] vt bautizar.

bar [baːr] ❖ n 1. [of soap] pastilla f; [of gold] lingote m; [of wood] barrote m; [of metal] barra f ▸ **a bar of chocolate** una chocolatina ▸ **to be behind bars** estar entre rejas 2. [drinking place] bar m 3. [counter] barra f 4. fig [obstacle] barrera f; [ban] prohibición f 5. MUS compás m. ❖ vt 1. [close with a bar] atrancar 2. [block] ▸ **to bar sb's way** impedir el paso a alguien 3. [ban] ▸ **to bar sb (from doing sthg)** prohibir a alguien (hacer algo) ▸ **to bar sb from somewhere** prohibir a alguien la entrada en un sitio. ❖ prep [except] menos, salvo ▸ **bar none** sin excepción. ❖ **Bar** n LAW ▸ **the Bar** a) [UK] conjunto de los abogados que ejercen en tribunales superiores b) [US] la abogacía.

barbaric [baː'bærɪk] adj salvaje.

barbecue ['baːbɪkjuː] n barbacoa f.

barbed [baːbd] adj 1. [pointed, spiked] con púa OR púas 2. [unkind] envenenado(da), afilado(da).

barbed wire [baːbd-] n alambre m de espino.

barber ['baːbər] n barbero m ▸ **barber's** peluquería f.

barbershop ['baːbəʃɒp] n [US] barbería f.

barbiturate [baː'bɪtjʊrət] n barbitúrico m.

bar code n código m de barras.

bare [beər] ❖ adj 1. [without covering -legs, trees, hills] desnudo(da); [-feet] descalzo(za) 2. [absolute, minimum] esencial 3. [empty] vacío(a). ❖ vt descubrir ▸ **to bare one's teeth** enseñar los dientes.

bareback ['beəbæk] adj & adv a pelo.

barefaced ['beəfeɪst] adj descarado(da).

barefoot(ed) [ˌbeə'fʊt(ɪd)] adj & adv descalzo(za).

barely ['beəlɪ] adv [scarcely] apenas.

bargain ['baːgɪn] ❖ n 1. [agreement] trato m, acuerdo m ▸ **into the bargain** además 2. [good buy] ganga f. ❖ vi ▸ **to bargain (with sb for sthg)** negociar (con alguien para obtener algo). ❖ **bargain for, bargain on** vt insep contar con.

barge [baːdʒ] ❖ n barcaza f. ❖ vi inf ▸ **to barge into** a) [person] chocarse con b) [room] irrumpir en. ❖ **barge in** vi inf ▸ **to barge in (on)** [conversation etc] entrometerse (en).

baritone ['bærɪtəʊn] n barítono m.

bark [bɑːk] ❖ n **1.** [of dog] ladrido m **2.** [on tree] corteza f. ❖ vi ▶ **to bark (at)** ladrar (a).

barley ['bɑːlɪ] n cebada f.

barley sugar n UK azúcar m o f cande.

barley water n UK hordiate m.

barmaid ['bɑːmeɪd] n camarera f.

barman ['bɑːmən] (pl **-men**) n camarero m, barman m.

barn [bɑːn] n granero m.

barnyard ['bɑːnjɑːd] n corral m.

barometer [bə'rɒmɪtər] n barómetro m ; fig [of public opinion etc] piedra f de toque.

baron ['bærən] n barón m ▶ **press/oil baron** fig magnate m de la prensa/del petróleo.

baroness ['bærənɪs] n baronesa f.

barrack ['bærək] vt UK abroncar. ◆ **barracks** pl n cuartel m.

barrage ['bærɑːʒ] n **1.** [of firing] descarga f, fuego m intenso de artillería **2.** [of questions] aluvión m, alud m **3.** UK [dam] presa f, dique m.

barrel ['bærəl] n **1.** [for beer, wine, oil] barril m **2.** [of gun] cañón m.

barren ['bærən] adj estéril.

barricade [,bærɪ'keɪd] ❖ n barricada f. ❖ vt levantar barricadas en.

barrier ['bærɪər] n lit & fig barrera f.

barring ['bɑːrɪŋ] prep salvo **/ barring a miracle** a menos que ocurra un milagro.

barrister ['bærɪstər] n UK abogado m, -da f (de tribunales superiores).

barrow ['bærəʊ] n carrito m.

bartender ['bɑːtendər] n US camarero m, -ra f.

barter ['bɑːtər] ❖ n trueque m. ❖ vt ▶ **to barter (sthg for sthg)** trocar (algo por algo).

base [beɪs] ❖ n base f. ❖ vt **1.** [place, establish] emplazar ▶ **he's based in Paris** vive en París **2.** [use as starting point] : **to base sthg on** OR **upon** basar algo en. ❖ adj pej bajo(ja), vil.

baseball ['beɪsbɔːl] n béisbol m.

baseball cap n gorra f de visera.

base-jump ['beɪs'dʒʌmp] vi hacer salto base.

basement ['beɪsmənt] n sótano m.

base rate n tipo m de interés base.

bases ['beɪsiːz] pl n ⟶ **basis**.

bash [bæʃ] inf ❖ n **1.** [attempt] ▶ **to have a bash at sthg** intentar algo **2.** [party] juerga f. ❖ vt [hit - person, thing] darle un porrazo a ; [- one's head, knee] darse un porrazo en.

bashful ['bæʃfʊl] adj [person] vergonzoso(sa) ; [smile] tímido(da).

basic ['beɪsɪk] adj básico(ca). ◆ **basics** pl n **1.** [rudiments] principios mpl básicos **2.** [essentials] lo imprescindible.

basically ['beɪsɪklɪ] adv **1.** [essentially] esencialmente **2.** [really] en resumen.

basil ['bæzl] n albahaca f.

basin ['beɪsn] n **1.** UK [bowl] balde m, barreño m **2.** [wash basin] lavabo m **3.** GEOG cuenca f.

basis ['beɪsɪs] (pl **bases**) n base f ▶ **on the basis of** de acuerdo con, a partir de ▶ **on a weekly basis** semanalmente ▶ **on a monthly basis** mensualmente.

bask [bɑːsk] vi [sunbathe] ▶ **to bask in the sun** tostarse al sol.

basket ['bɑːskɪt] n **1.** [container] cesta f **2.** [in basketball] canasta f.

basketball ['bɑːskɪtbɔːl] n baloncesto m.

basmati (rice) [bæz'mɑːtɪ] n (U) CULIN arroz m basmati.

Basque [bɑːsk] ❖ adj vasco(ca). ❖ n **1.** [person] vasco m, -ca f **2.** [language] vascuence m, euskera m.

bass [beɪs] ❖ adj bajo(ja). ❖ n **1.** [singer, bass guitar] bajo m **2.** [double bass] contrabajo m **3.** [on hi-fi, amplifier] graves mpl.

bass drum [beɪs-] n bombo m.

bass guitar [beɪs-] n bajo m.

bassoon [bə'suːn] n fagot m.

bastard ['bɑːstəd] n **1.** [illegitimate child] bastardo m, -da f **2.** v inf & pej cabrón m, -ona f.

bastion ['bæstɪən] n bastión m.

bat [bæt] n **1.** [animal] murciélago m **2.** [for cricket, baseball] bate m **3.** [for table-tennis] pala f, paleta f.

batch [bætʃ] n **1.** [of bread] hornada f **2.** [of letters etc] remesa f **3.** [of work] montón m **4.** [of products] lote m.

bated ['beɪtɪd] adj ▶ **with bated breath** con el aliento contenido.

bath [bɑːθ] ❖ n **1.** [bathtub] bañera f, bañadera f Arg, tina f Am **2.** [act of washing] baño m, bañada f Am ▶ **to have** OR **take a bath** darse un baño, bañarse. ❖ vt bañar. ◆ **baths** pl n UK [public swimming pool] piscina f municipal, alberca f municipal Méx, pileta f municipal RP.

bathe [beɪð] ❖ vt [wound] lavar. ❖ vi bañarse.

bathing ['beɪðɪŋ] n (U) baños mpl.

bathing cap n gorro m de baño.

bathing costume, bathing suit n traje m de baño, bañador m, malla f Am.

bathrobe ['bɑːrəʊb] n **1.** [made of towelling] albornoz m **2.** [dressing gown] batín m, bata f.

bathroom ['bɑːθrʊm] n **1.** UK [room with bath] (cuarto m de) baño m **2.** [toilet] servicio m.

bath towel n toalla f de baño.

bathtub ['bɑːθtʌb] n bañera f.

baton ['bætən] n **1.** [of conductor] batuta f **2.** [in relay race] testigo m **3.** UK [of policeman] porra f.

batshit ['bætʃɪt] adj inf pirado(da).

batsman ['bætsmən] (pl **-men**) n bateador m.

battalion [bəˈtæljən] n batallón m.

batten [ˈbætn] n listón m (de madera).

batter [ˈbætər] ◆ n pasta f para rebozar; US [for cakes] mezcla f pastelera. ◆ vt **1.** [child, woman] pegar **2.** [door, ship] golpear. ◆ **batter down** vt sep echar abajo.

battered [ˈbætəd] adj **1.** [child, woman] maltratado(da) **2.** [car, hat] abollado(da) **3.** [fish, vegetables etc] rebozado(da).

battery [ˈbætəri] n [of radio, toy] pila f; [of car, guns] batería f.

battle [ˈbætl] ◆ n **1.** [in war] batalla f **2.** [struggle] ▶ **battle (for / against / with)** lucha f (por / contra / con). ◆ vi ▶ **to battle (for / against / with)** luchar (por / contra / con).

battlefield [ˈbætlfiːld], **battleground** [ˈbætlgraʊnd] n lit & fig campo m de batalla.

battlements [ˈbætlmənts] pl n almenas fpl.

battleship [ˈbætlʃɪp] n acorazado m.

bauble [ˈbɔːbl] n **1.** [ornament] baratija f **2.** [for Christmas tree] bola f de Navidad.

baulk [bɔːk] = **balk**.

bawdy [ˈbɔːdɪ] adj verde, picante.

bawl [bɔːl] vi **1.** [shout] vociferar **2.** [cry] berrear.

bay [beɪ] ◆ n **1.** [of coast] bahía f **2.** [for loading] zona f de carga y descarga **3.** [for parking] plaza f ▶ **to keep sthg / sb at bay** mantener algo / a alguien a raya. ◆ vi aullar.

bay leaf n (hoja f de) laurel m.

bayonet [ˈbeɪənɪt] n bayoneta f.

bay window n ventana f salediza.

bazaar [bəˈzɑːr] n **1.** [market] bazar m **2.** UK [charity sale] mercadillo m benéfico.

BBC (abbr of British Broadcasting Corporation) n BBC f; compañía estatal británica de radiotelevisión.

BC (abbr of before Christ) a.C.

Bcc [ˌbiːsiːˈsiː] (abbr of blind carbon copy) n Cco.

be [biː] (pt was or were, pp been) ◆ aux vb **1.** (in combination with present participle: to form cont tense) estar ▶ what is he doing? ¿qué hace or está haciendo? / it's snowing está nevando / I'm leaving tomorrow me voy mañana / they've been promising it for years han estado prometiéndolo durante años **2.** (in combination with pp: to form passive) ser ▶ to be loved ser amado / there was no one to be seen no se veía a nadie / ten people were killed murieron diez personas **3.** (in question tags): you're not going now, are you? no irás a marcharte ya ¿no? / the meal was delicious, wasn't it? la comida fue deliciosa ¿verdad? **4.** (followed by 'to' + infinitive): I'm to be promoted me van a ascender / you're not to tell anyone no debes decírselo a nadie. ◆ cop vb **1.** (with adj, n) [indicating innate quality, permanent condition] ser; [indicating state, temporary condition] estar / snow is white la nieve es blanca / she's intelligent / tall es inteligente / alta / to be a doctor / plumber ser médico / fontanero / I'm Welsh soy galés / 1 and 1 are 2 1 y 1 son 2 / your hands are cold tus manos están frías / I'm tired / angry estoy cansado / enfadado / he's in a difficult position está en una situación difícil **2.** [referring to health] estar / she's ill / better está enferma / mejor ▶ how are you? ¿cómo estás?, ¿qué tal? **3.** [referring to age] ▶ how old are you? ¿qué edad or cuántos años tienes? / I'm 20 (years old) tengo 20 años **4.** [cost] ser, costar / how much is it? ¿cuánto es? / that will be £10, please son 10 libras / apples are only 40p a kilo today hoy las manzanas están a tan sólo 40 peniques el kilo. ◆ vi **1.** [exist] ser, existir / the worst prime minister that ever was el peor primer ministro de todos los tiempos ▶ be that as it may aunque así sea ▶ there is / are hay / is there life on Mars? ¿hay vida en Marte? **2.** [referring to place] estar / Valencia is in Spain Valencia está en España / he will be here tomorrow estará aquí mañana **3.** [referring to movement] estar / where have you been? ¿dónde has estado? ◆ impers vb **1.** [referring to time, dates] ser / it's two o'clock son las dos / it's the 17th of February estamos a 17 de febrero **2.** [referring to distance]: it's 3 km to the next town hay 3 kms hasta el próximo pueblo **3.** [referring to the weather]: it's hot / cold / windy hace calor / frío / viento **4.** [for emphasis] ser / it's me soy yo.

beach [biːtʃ] ◆ n playa f. ◆ vt varar.

beacon [ˈbiːkən] n **1.** [warning fire] almenara f **2.** [lighthouse] faro m **3.** [radio beacon] radiofaro m.

bead [biːd] n **1.** [of wood, glass] cuenta f, abalorio m **2.** [of sweat] gota f.

beagle [ˈbiːgl] n beagle m.

beak [biːk] n pico m.

beaker [ˈbiːkər] n taza f (sin asa).

beam [biːm] ◆ n **1.** [of wood, concrete] viga f **2.** [of light] rayo m. ◆ vt transmitir. ◆ vi **1.** [smile] sonreír resplandeciente **2.** [shine] resplandecer.

bean [biːn] n CULIN [haricot] judía f, habichuela f, frijol m AM, poroto m ANDES, caraota f VEN; [of coffee] grano m.

beanbag [ˈbiːnbæg] n cojín grande relleno de bolitas de polietileno.

beanshoot [ˈbiːnʃuːt], **beansprout** [ˈbiːnsprəʊt] n brote m de soja.

bear [beər] ◆ n [animal] oso m, -sa f. ◆ vt (pt bore, pp borne) **1.** [carry] llevar **2.** [support] soportar **3.** [responsibility] cargar con **4.** [marks, signs] llevar **5.** [endure] aguantar **6.** [fruit,

crop] dar **7.** [feeling] guardar, albergar. ❖ vi
▶ **to bear left** torcer **or** doblar a la izquierda ▶ **to
bring pressure /influence to bear on** ejercer
presión/influencia sobre. ◆ **bear down** vi ▶ **to
bear down on** echarse encima de. ◆ **bear out**
vt sep corroborar. ◆ **bear up** vi resistir. ◆ **bear
with** vt insep tener paciencia con ▶ **if you could
just bear with me a moment ...** si no le importa
esperar un momento ...

bearable ['beərəbl] adj soportable.

beard [bɪəd] n barba f.

bearer ['beərər] n **1.** [of stretcher, news, cheque]
portador m, -ra f **2.** [of passport] titular mf.

bearing ['beərɪŋ] n **1.** [connection] ▶ **bearing
(on) 2.** [deportment] porte m
3. [for shaft] cojinete m **4.** [on compass] rumbo m
▶ **to get one's bearings** orientarse ▶ **to lose one's
bearings** desorientarse.

beast [biːst] n lit & fig bestia f.

beastly ['biːstlɪ] adj dated atroz.

beat [biːt] ❖ n **1.** [of drum] golpe m **2.** [of
heart, pulse] latido m **3.** MUS [rhythm] ritmo m;
[individual unit of time] golpe m (de compás)
4. [of policeman] ronda f. ❖ vt (pt **beat**, pp
beaten) **1.** [hit - person] pegar ; [- thing] golpear ; [- carpet] sacudir **2.** [wings, eggs, butter]
batir **3.** [defeat] ▶ **to beat sb (at sthg)** ganar
a alguien (a algo) ▶ **it beats me** no me lo
explico **4.** [be better than] ser mucho mejor que
▶ **beat it!** inf ¡largo! ❖ vi (pt **beat**, pp **beaten**)
1. [rain] golpear **2.** [heart, pulse] latir ; [drums]
redoblar. ◆ **beat down** vt sep [seller]
▶ **I managed to beat him down** conseguí que
me hiciera una rebaja. ❖ vi **1.** [sun] pegar fuerte
2. [rain] descargar. ◆ **beat off** vt sep [attackers]
repeler. ◆ **beat up** vt sep inf dar una paliza a
/ **to beat o.s. up (about sth)** castigarse (por algo).
◆ **beat up on** vt sep US inf dar una paliza a.

beater ['biːtər] n **1.** [for eggs] batidora f **2.** [for
carpet] sacudidor m **3.** [of wife, child] ▶ **he's a
wife beater** pega a su mujer.

beating ['biːtɪŋ] n **1.** [hitting] paliza f **2.** [de-
feat] derrota f.

beautician [bjuːˈtɪʃn] n esteticista mf, esteti-
cienne f.

beautiful ['bjuːtɪfʊl] adj **1.** [person] guapo(pa)
2. [thing, animal] precioso(sa) **3.** inf [very good
- shot, weather] espléndido(da).

beautifully ['bjuːtəflɪ] adv **1.** [attractively]
bellamente **2.** inf [very well] espléndidamente.

beauty ['bjuːtɪ] n belleza f.

beauty parlour, beauty salon n salón m
de belleza.

beauty salon = beauty parlour.

beauty spot n **1.** [picturesque place] bello
paraje m **2.** [on skin] lunar m.

beaver ['biːvər] n castor m.

became [bɪˈkeɪm] pt ⟶ become.

because [bɪˈkɒz] conj porque. ◆ **because of**
prep por, a causa de.

beck [bek] n ▶ **to be at sb's beck and call** estar
siempre a disposición de alguien.

beckon ['bekən] ❖ vt [signal to] llamar (con un
gesto). ❖ vi [signal] ▶ **to beckon to sb** llamar
(con un gesto) a alguien.

become [bɪˈkʌm] (pt **became**, pp **become**) vi
hacerse ▶ **to become happy** ponerse contento
▶ **to become suspicious** volverse receloso / **to
become angry** enfadarse / **he became Prime
Minister in 1991** en 1991 se convirtió en primer
ministro.

becoming [bɪˈkʌmɪŋ] adj **1.** [attractive] favore-
cedor(ra) **2.** [appropriate] apropiado(da).

bed [bed] n **1.** [to sleep on] cama f ▶ **to go to bed**
irse a la cama ▶ **to make the bed** hacer la cama
/ **to put sb to bed** acostar a alguien **2.** [flow-
erbed] macizo m ▶ **a bed of roses** fig un lecho
de rosas **3.** [of sea] fondo m ; [of river] lecho m.

bed and breakfast n [service] cama f y desayuno ; [hotel] ≃ pensión f.

bedclothes ['bedkləʊðz] pl n ropa f de cama.

bedding ['bedɪŋ] n ropa f de cama.

bedlam ['bedləm] n jaleo m, alboroto m.

bed linen n ropa f de cama.

bedraggled [bɪˈdrægld] adj mojado y sucio
(mojada y sucia).

bedridden ['bedˌrɪdn] adj postrado(da) en cama.

bedroom ['bedrʊm] n **1.** [at home] dormitorio m, recámara f CAM Méx **2.** [in hotel] habitación f, recámara f CAM Méx.

bedside ['bedsaɪd] n [side of bed] lado m de la
cama ; [of ill person] lecho m ▶ **bedside table**
mesita f de noche.

bedsit ['bedsɪt] inf, **bedsitter** [bed'sɪtər] n
UK estudio m.

bedsore ['bedsɔːr] n úlcera f por decúbito.

bedspread ['bedspred] n colcha f.

bedtime ['bedtaɪm] n hora f de irse a la cama.

bee [biː] n abeja f.

beech [biːtʃ] n haya f.

beef [biːf] n carne f de vaca, carne f de res Am.
◆ **beef up** vt sep inf reforzar.

beefburger ['biːf,bɜːgər] n hamburguesa f.

beehive ['biːhaɪv] n colmena f.

beeline ['biːlaɪn] n ▶ **to make a beeline for** inf
irse derechito(ta) hacia.

been [biːn] pp ⟶ be.

beep [biːp] inf ❖ n pitido m. ❖ vi pitar.

beeper ['biːpər] n buscapersonas m inv.

beer [bɪər] n cerveza f.

427

below

beet [biːt] n **1.** [sugar beet] remolacha f azucarera **2.** US [beetroot] remolacha f, betabel m Méx, betarraga f Chile.

beetle ['biːtl] n escarabajo m.

beetroot ['biːtruːt] n remolacha f, betabel m Méx, betarraga f Chile.

before [bɪ'fɔːr] ⟷ adv antes / *we went the year before* fuimos el año anterior. ⟷ prep **1.** [in time] antes de / *they arrived before us* llegaron antes que nosotros **2.** [in space - facing] ante, delante de. ⟷ conj antes de / *before it's too late* antes de que sea demasiado tarde.

beforehand [bɪ'fɔːhænd] adv con antelación, de antemano.

befriend [bɪ'frend] vt hacer OR entablar amistad con.

beg [beg] ⟷ vt **1.** [money, food] mendigar, pedir **2.** [favour, forgiveness] suplicar ▶ *to beg sb to do sthg* rogar a alguien que haga algo ▶ *to beg sb for sthg* rogar algo a alguien. ⟷ vi **1.** [for money, food] ▶ *to beg (for sthg)* pedir OR mendigar (algo) **2.** [for favour, forgiveness] ▶ *to beg (for sthg)* suplicar OR rogar (algo).

began [bɪ'gæn] pt ⟶ **begin**.

beggar ['begər] n [poor person] mendigo m, -ga f.

begin [bɪ'gɪn] (pt **began**, pp **begun**, cont **-ning**) ⟷ vt ▶ *to begin (doing OR to do sthg)* empezar OR comenzar (a hacer algo). ⟷ vi empezar, comenzar ▶ *to begin with* para empezar, de entrada.

beginner [bɪ'gɪnər] n principiante mf.

beginning [bɪ'gɪnɪŋ] n comienzo m, principio m / *at the beginning of the month* a principios de mes.

begrudge [bɪ'grʌdʒ] vt **1.** [envy] ▶ *to begrudge sb sthg* envidiar a alguien algo **2.** [give, do unwillingly] ▶ *to begrudge doing sthg* hacer algo de mala gana OR a regañadientes.

begun [bɪ'gʌn] pp ⟶ **begin**.

behalf [bɪ'hɑːf] n ▶ *on behalf of* UK, *in behalf of* US en nombre OR en representación de.

behave [bɪ'heɪv] ⟷ vt ▶ *to behave o.s.* portarse bien. ⟷ vi **1.** [in a particular way] comportarse, portarse **2.** [in an acceptable way] comportarse OR portarse bien.

behaviour UK, **behavior** US [bɪ'heɪvjər] n comportamiento m, conducta f.

behead [bɪ'hed] vt decapitar.

beheld [bɪ'held] pt & pp ⟶ **behold**.

behind [bɪ'haɪnd] ⟷ prep **1.** [in space] detrás de **2.** [causing, responsible for] detrás de **3.** [in support of] : *we're behind you* nosotros te apoyamos **4.** [in time] ▶ *to be behind schedule* ir retrasado(da) **5.** [less successful than] por detrás de. ⟷ adv **1.** [in space] detrás **2.** [in time] ▶ *to be behind (with)* ir atrasado(da) (con) **3.** [less successful] por detrás. ⟷ n inf trasero m.

behold [bɪ'həʊld] (pt & pp **beheld**) vt liter contemplar.

beige [beɪʒ] adj beige.

Beijing [,beɪ'dʒɪŋ] n Pekín.

being ['biːɪŋ] n **1.** [creature] ser m **2.** [state of existing] ▶ *it is no longer in being* ya no existe ▶ *to come into being* ver la luz, nacer.

belated [bɪ'leɪtɪd] adj tardío(a).

belch [beltʃ] ⟷ vt arrojar. ⟷ vi **1.** [person] eructar **2.** [smoke, fire] brotar.

beleaguered [bɪ'liːgəd] adj **1.** MIL asediado(da) **2.** fig [harassed] acosado(da).

Belgian ['beldʒən] ⟷ adj belga. ⟷ n belga mf.

Belgium ['beldʒəm] n Bélgica.

Belgrade [,bel'greɪd] n Belgrado.

belie [bɪ'laɪ] (cont **belying**) vt **1.** [disprove] desmentir **2.** [give false idea of] encubrir.

belief [bɪ'liːf] n **1.** [faith, principle] ▶ *belief (in)* creencia f (en) **2.** [opinion] opinión f.

believable [bɪ'liːvəbl] adj creíble.

believe [bɪ'liːv] ⟷ vt creer ▶ *believe it or not* lo creas o no. ⟷ vi [know to exist, be good] ▶ *to believe in* creer en.

believer [bɪ'liːvər] n **1.** [religious person] creyente mf **2.** [in idea, action] ▶ *believer in sthg* partidario m, -ria f de algo.

belittle [bɪ'lɪtl] vt menospreciar.

bell [bel] n [of church] campana f; [handbell] campanilla f; [handbell, on door, bike] timbre m ▶ *bell work* US SCH trabajo m de timbre (*breve tarea que realizan los alumnos antes de que suene el timbre de comienzo de la clase*).

bellhop ['belhɒp] n US botones m inv.

belligerent [bɪ'lɪdʒərənt] adj **1.** [at war] beligerante **2.** [aggressive] belicoso(sa).

bellow ['beləʊ] vi **1.** [person] rugir **2.** [bull] bramar.

bellows ['beləʊz] n pl fuelle m.

belly ['belɪ] n **1.** [of person] barriga f **2.** [of animal] vientre m.

bellyache ['belɪeɪk] inf ⟷ n dolor m de barriga. ⟷ vi gruñir.

belly button n inf ombligo m.

belong [bɪ'lɒŋ] vi **1.** [be property] ▶ *to belong to* pertenecer a **2.** [be member] ▶ *to belong to* ser miembro de **3.** [be situated in right place] : *where does this book belong?* ¿dónde va este libro? / *he felt he didn't belong there* sintió que no encajaba allí.

belongings [bɪ'lɒŋɪŋz] n pl pertenencias fpl.

beloved [bɪ'lʌvd] ⟷ adj querido(da). ⟷ n amado m, -da f.

below [bɪ'ləʊ] ⟷ adv **1.** [gen] abajo / *the flat below* el piso de abajo **2.** [in text] más abajo ▶ *see below* véase más abajo **3.** [with temperatures] ▶ *thirty degrees below* treinta grados bajo cero.

❖ prep **1.** [lower than in position] (por) debajo de, bajo **2.** [lower than in rank, number] por debajo de **3.** [with temperatures] ❱ **thirty degrees below zero** treinta grados bajo cero.

below-average adj por debajo de la media.

belt [belt] ❖ n **1.** [for clothing] cinturón m **2.** TECH [wide] cinta f; [narrow] correa f **3.** [of land, sea] franja f. ❖ vt inf arrear. ❖ vi **UK** inf ir a toda mecha. ◆ **belt out** vt sep inf cantar a voz en grito. ◆ **belt up** vi **UK** inf cerrar el pico.

beltway ['belt,weɪ] n **US** carretera f de circunvalación.

bemused [bɪ'mju:zd] adj perplejo(ja).

bench [bentʃ] ❖ n **1.** [seat] banco m **2.** [in lab, workshop] mesa f de trabajo **3.** [in sport] banquillo m. ❖ vt SPORT mandar al banquillo.

benchmark ['bentʃ,mɑ:k] n [for comparison] punto m de referencia ❱ **benchmark test** COMPUT prueba m comparativa OR de referencia.

benchmarking ['bentʃmɑ:kɪŋ] n evaluación f comparativa, benchmarking m.

benchwarmer ['bentʃ,wɔ:mər] n **US** inf SPORT calientabanquillos mf inv.

bend [bend] ❖ n curva f ❱ **round the bend** inf majareta, majara. ❖ vt (pt & pp **bent**) doblar. ❖ vi (pt & pp **bent**) [person] agacharse ; [tree] doblarse ❱ **to bend over backwards for** hacer todo lo humanamente posible por.

bender ['bendər] n inf [drinking binge] juerga f, borrachera f ❱ **to go on a bender** irse de juerga.

beneath [bɪ'ni:θ] ❖ adv debajo. ❖ prep **1.** [under] debajo de, bajo **2.** [unworthy of] indigno(na) de.

benefactor ['benɪfæktər] n benefactor m.

beneficial [,benɪ'fɪʃl] adj ❱ **beneficial (to)** beneficioso(sa) (para).

beneficiary [,benɪ'fɪʃərɪ] n **1.** LAW [of will] beneficiario m, -ria f **2.** [of change in law, new rule] beneficiado m, -da f.

benefit ['benɪfɪt] ❖ n **1.** [advantage] ventaja f ❱ **for the benefit of** en atención a ❱ **to be to sb's benefit, to be of benefit to sb** ir en beneficio de alguien **2.** ADMIN [allowance of money] subsidio m ❱ **to be on benefit** **UK** estar cobrando un subsidio estatal. ❖ vt beneficiar. ❖ vi ❱ **to benefit from** beneficiarse de.

Benelux ['benɪlʌks] n (el) Benelux / the Benelux countries los países del Benelux.

benevolent [bɪ'nevələnt] adj benevolente.

benign [bɪ'naɪn] adj **1.** [person] bondadoso(sa) **2.** MED benigno(na).

bent [bent] ❖ pt & pp ⟶ **bend.** ❖ adj **1.** [wire, bar] torcido(da) **2.** [person, body] encorvado(da) **3.** **UK** inf [dishonest] corrupto(ta) **4.** [determined] ❱ **to be bent on sthg / on doing**

sthg estar empeñado(da) en algo / en hacer algo. ❖ n [natural tendency] inclinación f ❱ **bent for** don m OR talento m para.

bento ['bentəu] n bento m.

bento box n plato en forma de caja con varios compartimentos típico de la comida japonesa.

bequeath [bɪ'kwi:ð] vt lit & fig ❱ **to bequeath sb sthg, to bequeath sthg to sb** legar algo a alguien.

bequest [bɪ'kwest] n legado m.

berate [bɪ'reɪt] vt regañar.

bereaved [bɪ'ri:vd] (pl inv) n ❱ **the bereaved** la familia del difunto.

bereavement [bɪ'ri:vmənt] n pérdida f (de ser querido).

beret ['bereɪ] n boina f.

berk [bɜ:k] n **UK** inf imbécil mf.

Berlin [bɜ:'lɪn] n Berlín.

berm [bɜ:m] n **US** arcén m.

Bermuda [bə'mju:də] n las Bermudas.

Bern [bɜ:n] n Berna.

berry ['berɪ] n baya f.

berserk [bə'zɜ:k] adj ❱ **to go berserk** ponerse hecho(cha) una fiera.

berth [bɜ:θ] ❖ n **1.** [in harbour] amarradero m, atracadero m **2.** [in ship, train] litera f. ❖ vt & vi atracar.

beseech [bɪ'si:tʃ] (pt & pp **besought** or **beseeched**) vt liter ❱ **to beseech (sb to do sthg)** suplicar (a alguien que haga algo).

beset [bɪ'set] (pt & pp **beset**) adj ❱ **beset with** OR **by** a) [subj: person] acosado(da) por b) [subj: plan] plagado(da) de.

beside [bɪ'saɪd] prep **1.** [next to] al lado de, junto a **2.** [compared with] comparado(da) con ❱ **that's beside the point** eso no importa, eso no viene al caso ❱ **to be beside o.s. with rage** estar fuera de sí ❱ **to be beside o.s. with joy** estar loco(ca) de alegría.

besides [bɪ'saɪdz] ❖ adv además. ❖ prep aparte de.

besiege [bɪ'si:dʒ] vt lit & fig asediar.

besotted [bɪ'sɒtɪd] adj ❱ **besotted with** embobado(da) con.

besought [bɪ'sɔ:t] pt & pp ⟶ **beseech.**

best [best] ❖ adj mejor / **best before ...** [on packaging] consumir preferentemente antes de ... ❖ adv mejor / **which did you like best?** ¿cuál te gustó más? ❖ n ❱ **she's the best** es la mejor ❱ **we're the best** somos los mejores ❱ **to do one's best** hacerlo lo mejor que uno puede ❱ **to make the best of sthg** sacarle el mayor partido posible a algo ❱ **for the best** para bien. ◆ **at best** adv en el mejor de los casos.

best-before adj ❱ **best-before date** fecha f de consumo preferente.

best man n ≃ padrino m de boda.

bestow [bɪ'stəʊ] vt fml ▶ **to bestow sthg on sb a)** [gift] otorgar OR conceder algo a alguien **b)** [praise] dirigir algo a alguien **c)** [title] conferir algo a alguien.

best-seller n [book] best seller m, éxito m editorial.

bet [bet] ❖ n **1.** [gen] ▶ **bet (on)** apuesta f (a) **2.** fig [prediction] predicción f ▶ **to hedge one's bets** cubrirse, guardarse las espaldas. ❖ vt (pt & pp **bet** or **-ted**) apostar. ❖ vi (pt & pp **bet** or **-ted**) **1.** [gamble] ▶ **to bet (on)** apostar (a) **2.** [predict] ▶ **to bet on sthg** contar con (que pase) algo ▶ **you bet!** inf ¡ya lo creo!

betray [bɪ'treɪ] vt **1.** [person, trust, principles] traicionar **2.** [secret] revelar **3.** [feeling] delatar.

betrayal [bɪ'treɪəl] n **1.** [of person, trust, principles] traición f **2.** [of secret] revelación f.

better ['betər] ❖ adj (compar of good) mejor ▶ **to get better** mejorar. ❖ adv (compar of well) **1.** [in quality] mejor **2.** [more] : I like it better me gusta más **3.** [preferably] ▶ **we had better be going** más vale que nos vayamos ya. ❖ n [best one] mejor mf ▶ **to get the better of sb** poder con alguien. ❖ vt mejorar ▶ **to better o.s.** mejorarse.

better off adj **1.** [financially] mejor de dinero **2.** [in better situation] : you'd be better off going by bus sería mejor si vas en autobús.

betting ['betɪŋ] n (U) apuestas fpl.

betting shop n UK casa f de apuestas.

between [bɪ'twi:n] ❖ prep entre ▶ closed between 1 and 2 cerrado de 1 a 2. ❖ adv ▶ (in) between en medio, entremedio.

beverage ['bevərɪdʒ] n fml bebida f.

beware [bɪ'weər] vi ▶ **to beware (of)** tener cuidado (con).

bewildered [bɪ'wɪldəd] adj desconcertado(da).

bewitching [bɪ'wɪtʃɪŋ] adj hechizante.

beyond [bɪ'jɒnd] ❖ prep más allá de ▶ beyond midnight pasada la medianoche. ❖ adv más allá.

bias ['baɪəs] n **1.** [prejudice] prejuicio m **2.** [tendency] tendencia f, inclinación f.

biased ['baɪəst] adj parcial ▶ **to be biased towards / against** tener prejuicios en favor / en contra de.

bib [bɪb] n [for baby] babero m.

Bible ['baɪbl] n ▶ the Bible la Biblia.

biblical ['bɪblɪkl] adj bíblico(ca).

bibliography [,bɪblɪ'ɒɡrəfɪ] (pl -ies) n bibliografía f.

bicarbonate of soda [baɪ'kɑ:bənət-] n bicarbonato m sódico.

biceps ['baɪseps] (pl inv) n bíceps m inv.

bicker ['bɪkər] vi reñir.

bicycle ['baɪsɪkl] ❖ n bicicleta f. ❖ comp de bicicleta.

bicycle-friendly adj = bike-friendly.

bicycle path n camino m para bicicletas.

bicycle pump n bomba f de bicicleta.

bicycler ['baɪsɪklər] n US ciclista mf.

bid [bɪd] ❖ n **1.** [attempt] ▶ bid (for) intento m (de hacerse con) **2.** [at auction] puja f **3.** [financial offer] ▶ bid (for sthg) oferta f (para adquirir algo). ❖ vt (pt & pp **bid**) [money] ofrecer ; [at auction] pujar.

bidder ['bɪdər] n postor m, -ra f.

bidding ['bɪdɪŋ] n (U) [at auction] puja f.

bide [baɪd] vt ▶ **to bide one's time** esperar el momento oportuno.

bifocals [,baɪ'fəʊklz] pl n gafas fpl bifocales.

big [bɪɡ] adj **1.** [large, important] grande, gran (before singular nouns) ▶ a big problem un gran problema / big problems grandes problemas **2.** [older] mayor **3.** [successful] popular.

bigamy ['bɪɡəmɪ] n bigamia f.

big-budget adj de gran presupuesto.

big deal inf ❖ n ▶ **it's no big deal** no tiene (la menor) importancia. ❖ excl ¡y a mí qué!

Big Dipper [-'dɪpər] n UK [rollercoaster] montaña f rusa.

bighead ['bɪɡhed] n inf & pej creído m, -da f.

bigheaded [,bɪɡ'hedɪd] adj inf & pej creído(da).

bigot ['bɪɡət] n intolerante mf.

bigoted ['bɪɡətɪd] adj intolerante.

bigotry ['bɪɡətrɪ] n intolerancia f.

big time n inf ▶ **the big time** el éxito, la fama.

big toe n dedo m gordo (del pie).

big top n carpa f.

big wheel n UK [at fairground] noria f.

bigwig ['bɪɡwɪɡ] n inf & pej pope m, pez m gordo.

bike [baɪk] n inf [bicycle] bici f ; [motorcycle] moto f.

bike-friendly, bicycle-friendly adj [area, city] en la que es fácil andar en bicicleta.

bikeway ['baɪkweɪ] n US [lane] carril-bici m.

bikini [bɪ'ki:nɪ] n biquini m, bikini m.

bile [baɪl] n [fluid] bilis f inv.

bilingual [baɪ'lɪŋɡwəl] adj bilingüe.

bill [bɪl] ❖ n **1.** [statement of cost] ▶ bill (for) **a)** [meal] cuenta f (de) **b)** [electricity, phone] factura f (de) **2.** [in parliament] proyecto m de ley **3.** [of show, concert] programa m **4.** US [banknote] billete m **5.** [poster] ▶ 'post OR stick no bills' 'prohibido fijar carteles' **6.** [beak] pico m. ❖ vt [send a bill] ▶ **to bill sb for** mandar la factura a alguien por. ◆ **Bill** n UK inf [police] ▶ the Bill la pasma.

billboard ['bɪlbɔ:d] n cartelera f.

billet ['bɪlɪt] n acantonamiento m.

billfold ['bɪlfəʊld] n US billetera f.

billiards ['bɪljədz] n billar m.

billion ['bɪljən] num **1.** [thousand million] millar m de millones ▸ **three billion** tres mil millones **2.** [UK] dated [million million] billón m.

Bill of Rights n : *the Bill of Rights las diez primeras enmiendas de la Constitución estadounidense.*

billow ['bɪləʊ] ✧ n nube f. ✧ vi **1.** [smoke, steam] brotar en nubes **2.** [sail, skirt] hincharse.

bimbo ['bɪmbəʊ] *(pl -s or -es)* n inf & pej niña f mona.

bin [bɪn] n **1.** [UK] [for rubbish] cubo m de la basura ; [for paper] papelera f **2.** [for grain, coal] depósito m.

binary ['baɪnərɪ] adj binario(ria).

bind [baɪnd] vt *(pt & pp* **bound)** **1.** [tie up] atar **2.** [unite - people] unir **3.** [bandage] vendar **4.** [book] encuadernar **5.** [constrain] obligar. ◆ **bind over** vt sep conminar, obligar legalmente.

binder ['baɪndər] n [cover] carpeta f.

binding ['baɪndɪŋ] ✧ adj obligatorio(ria). ✧ n [on book] cubierta f, tapa f.

binge [bɪndʒ] inf n ▸ **to go on a binge** irse de juerga ▸ **binge drinking** *consumo excesivo de alcohol de forma esporádica* ▸ **binge eating** consumo m compulsivo de alimentos, atracones mpl compulsivos.

bingo ['bɪŋgəʊ] n bingo m.

binner ['bɪnər] n [US] inf buscabasuras mf inv.

binoculars [bɪ'nɒkjʊləz] pl n prismáticos mpl, gemelos mpl.

bio ['baɪəʊ] adj bio *(inv).*

biochemistry [,baɪəʊ'kemɪstrɪ] n bioquímica f.

biodegradable [,baɪəʊdɪ'greɪdəbl] adj biodegradable.

biodiesel ['baɪəʊdi:zəl] n biodiésel m.

bioethics [,baɪəʊ'eθɪks] n *(U)* bioética f.

biofuel ['baɪəʊfju:l] n biocarburante m.

biography [baɪ'ɒgrəfɪ] n biografía f.

biological [,baɪə'lɒdʒɪkl] adj biológico(ca).

biological mother n madre f biológica.

biological weapon n arma f biológica.

biology [baɪ'ɒlədʒɪ] n biología f.

biometric [,baɪəʊ'metrɪk] adj biométrico(ca).

bionic [baɪ'ɒnɪk] adj biónico(ca).

bionics [baɪ'ɒnɪks] n *(sg)* biónica f.

bioterrorism [,baɪəʊ'terərɪzm] n bioterrorismo m.

biowarfare [,baɪəʊ'wɔ:feər] n guerra f biológica.

bioweapon ['baɪəʊwepən] n arma f biológica.

bipolar disorder [baɪ'pəʊlədɪs,ɔ:dər] n MED trastorno m bipolar.

birch [bɜ:tʃ] n [tree] abedul m.

bird [bɜ:d] n **1.** [animal -large] ave f ; [-small] pájaro m ▸ **to be an early bird** inf & fig ser madrugador(ra) ▸ **it's the early bird that catches the worm** prov a quien madruga Dios le ayuda **2.** [UK] inf [woman] tía f.

birdie ['bɜ:dɪ] n [in golf] birdie m.

bird's-eye view n vista f panorámica.

bird-watcher [-,wɒtʃər] n observador m, -ra f de pájaros.

birth [bɜ:θ] n [gen] nacimiento m ; [delivery] parto m ▸ **birth sign** signo m del zodíaco / *what's your birth sign?* ¿de qué signo eres? ▸ **by birth** de nacimiento ▸ **to give birth (to)** dar a luz (a).

birth certificate n partida f de nacimiento.

birth control n control m de natalidad.

birthday ['bɜ:θdeɪ] n cumpleaños m inv.

birthmark ['bɜ:θmɑ:k] n antojo m.

birth mother n madre f biológica.

birthparent ['bɜ:θpeərənt] n [father] padre m biológico ; [mother] madre f biológica.

birthplace ['bɜ:θpleɪs] n lugar m de nacimiento.

birthrate ['bɜ:θreɪt] n índice m de natalidad.

Biscay ['bɪskɪ] n ▸ **the Bay of Biscay** el golfo de Vizcaya.

biscuit ['bɪskɪt] n [in UK] galleta f ; [US] [scone] masa cocida al horno que se suele comer con salsa de carne.

bisect [baɪ'sekt] vt [gen] dividir en dos ; MATH bisecar.

bishop ['bɪʃəp] n **1.** [in church] obispo m **2.** [in chess] alfil m.

bison ['baɪsn] *(pl inv or -s)* n bisonte m.

bit [bɪt] ✧ pt ⟶ **bite.** ✧ n **1.** [piece] trozo m ▸ **a bit of** un poco de ▸ **a bit of advice** un consejo ▸ **a bit of news** una noticia ▸ **to take sthg to bits** desmontar algo **2.** [amount] ▸ **a bit of** un poco de / *a bit of shopping* algunas compras ▸ **quite a bit of** bastante **3.** [short time] ▸ (for) **a bit** un rato **4.** [of drill] broca f **5.** [of bridle] bocado m, freno m **6.** COMPUT bit m. ◆ **a bit** adv un poco / *a bit easier* un poco más fácil. ◆ **bit by bit** adv poco a poco.

bitch [bɪtʃ] ✧ n **1.** [female dog] perra f **2.** v inf & pej [unpleasant woman] bruja f. ✧ vi inf [talk unpleasantly] ▸ **to bitch about** poner a parir a.

bitchy ['bɪtʃɪ] adj inf malicioso(sa).

bite [baɪt] ✧ n **1.** [by dog, person] mordisco m ; [by insect, snake] picotazo m **2.** inf [food] ▸ **to have a bite (to eat)** comer algo **3.** [wound - from dog] mordedura f ; [- from insect, snake] picadura f. ✧ vt *(pt* **bit,** *pp* **bitten)** **1.** [subj: person, animal] morder **2.** [subj: insect, snake] picar. ✧ vi *(pt* **bit,** *pp* **bitten)** **1.** [animal, person]

▶ **to bite (into sthg)** morder (algo) **2.** [insect, snake] picar **3.** [grip] agarrar.

biting ['baɪtɪŋ] adj **1.** [very cold] gélido(da), cortante **2.** [caustic] mordaz.

bitten ['bɪtn] pp ⟶ **bite**.

bitter ['bɪtər] ⬦ adj **1.** [coffee, chocolate] amargo(ga) **2.** [icy] gélido(da) **3.** [causing pain] amargo(ga) **4.** [acrimonious] enconado(da) **5.** [resentful] amargado(da). ⬦ n **UK** [beer] tipo de cerveza amarga.

bitter lemon n bíter m de limón.

bitterly ['bɪtəlɪ] adv : it's bitterly cold hace un frío de muerte / to criticise bitterly criticar duramente.

bitterness ['bɪtənɪs] n **1.** [of taste] amargor m **2.** [of wind, weather] gelidez f **3.** [resentment] amargura f.

bizarre [bɪ'zɑːr] adj [behaviour, appearance] extravagante ; [machine, remark] singular, extraordinario(ria).

biz(z)arro [bɪ'zɑːrəʊ] adj **US** inf extraño(ña).

blab [blæb] vi inf irse de la lengua.

black [blæk] ⬦ adj **1.** [gen] negro(gra) ▶ **black and blue** amoratado(da) ▶ **black and white** [films, photos] en blanco y negro ; [clear-cut] extremadamente nítido(da) **2.** [coffee] solo ; [milk] sin leche **3.** [angry] furioso(sa). ⬦ n **1.** [colour] negro m **2.** [person] negro m, -gra f ▶ **in black and white** [in writing] por escrito ▶ **to be in the black** tener saldo positivo. ⬦ vt **UK** [boycott] boicotear. ◆ **black out** vi desmayarse.

blackberry ['blækbərɪ] n **1.** [fruit] mora f **2.** [bush] zarzamora f.

blackbird ['blækbɜːd] n mirlo m.

blackboard ['blækbɔːd] n pizarra f, pizarrón m **Am**.

blackcurrant [,blæk'kʌrənt] n grosella f negra, casis m.

blacken ['blækn] vt **1.** [make dark] ennegrecer **2.** [tarnish] manchar.

black eye n ojo m morado.

blackhead ['blækhed] n barrillo m.

black ice n hielo transparente en las carreteras.

blackleg ['blækleg] n pej esquirol m.

blacklist ['blæklɪst] n lista f negra.

blackmail ['blækmeɪl] lit & fig ⬦ n chantaje m. ⬦ vt lit & fig chantajear.

black market n mercado m negro.

blackout ['blækaʊt] n **1.** [in wartime, power cut] apagón m **2.** [of news] censura f **3.** [fainting fit] desmayo m.

black pudding n **UK** morcilla f.

Black Sea n : the Black Sea el mar Negro.

black sheep n oveja f negra.

blacksmith ['blæksmɪθ] n herrero m.

black spot n punto m negro.

bladder ['blædər] n ANAT vejiga f.

blade [bleɪd] n **1.** [of knife, saw] hoja f **2.** [of propeller] aleta f, paleta f **3.** [of grass] brizna f, hoja f.

blame [bleɪm] ⬦ n culpa f ▶ **to take the blame for** hacerse responsable de ▶ **to be to blame for** ser el culpable de. ⬦ vt echar la culpa a, culpar.

blameless ['bleɪmlɪs] adj inocente.

blamestorm ['bleɪmstɔːm] ⬦ n lluvia f de culpas ; reunión para determinar a quién atribuir la culpa de un fracaso. ⬦ vt : the group blamestormed to work out who was responsible for the failure of the product el grupo se reunió para determinar a quién atribuir el fracaso del producto.

blanch [blɑːntʃ] ⬦ vt blanquear. ⬦ vi palidecer.

bland [blænd] adj soso(sa).

blank [blæŋk] ⬦ adj **1.** [sheet of paper] en blanco ; [wall] liso(sa) **2.** [cassette] virgen **3.** fig [look] vacío(a). ⬦ n **1.** [empty space] espacio m en blanco **2.** MIL [cartridge] cartucho m de fogueo.

blank cheque n cheque m en blanco ; fig carta f blanca.

blanket ['blæŋkɪt] n **1.** [bed cover] manta f, frazada f **Am** **2.** [layer] manto m.

blare [bleər] vi resonar, sonar. ◆ **blare out** vi retumbar, resonar.

blasé **UK** 'blɑːzeɪ, **US** ,blɑː'zeɪ] adj ▶ **to be blasé about** estar de vuelta de.

blasphemous ['blæsfəməs] adj blasfemo(ma).

blasphemy ['blæsfəmɪ] n blasfemia f.

blast [blɑːst] ⬦ n **1.** [of bomb] explosión f **2.** [of wind] ráfaga f ▶ **we had a blast US** lo pasamos genial. ⬦ vt [hole, tunnel] perforar (con explosivos). ⬦ excl **UK** inf ¡maldita sea! ◆ **(at) full blast** adv a todo trapo.

blasted ['blɑːstɪd] adj inf maldito(ta).

blast-off n despegue m.

blatant ['bleɪtənt] adj descarado(da).

blaze [bleɪz] ⬦ n **1.** [fire] incendio m **2.** fig [of colour] explosión f ; [of light] resplandor m ▶ **a blaze of publicity** una ola de publicidad. ⬦ vi lit & fig arder.

blazer ['bleɪzər] n chaqueta de sport generalmente con la insignia de un equipo, colegio etc.

blazing ['bleɪzɪŋ] adj **1.** [sun, heat] abrasador(ra) **2.** [row] encendido(da), acalorado(da).

bleach [bliːtʃ] ⬦ n lejía f. ⬦ vt [hair] blanquear ; [clothes] desteñir.

bleached [bliːtʃt] adj [hair] teñido(da) de rubio ; [jeans] desteñido(da).

bleachers ['bliːtʃəz] pl n **US** SPORT graderío m descubierto.

bleak [bliːk] adj **1.** [future] negro(gra) **2.** [place, person, face] sombrío(a) **3.** [weather] desapacible.

bleary-eyed [,blɪərɪ'aɪd] adj con los ojos nublados.

bleat [bli:t] vi **1.** [sheep] balar **2.** *fig* [person] quejarse.

bleed [bli:d] (*pt & pp* **bled**) ❖ vt [radiator etc] purgar. ❖ vi sangrar.

bleep [bli:p] ❖ n pitido *m*. ❖ vt llamar con el busca. ❖ vi pitar.

bleeper ['bli:pər] n busca *m*.

blemish ['blemɪʃ] n [mark] señal *f*, marca *f*; *fig* mancha *f*.

blend [blend] ❖ n **1.** [mix] mezcla *f* **2.** COMPUT degradado *m*. ❖ vt ▸ **to blend (sthg with sthg)** mezclar (algo con algo). ❖ vi ▸ **to blend (with)** combinarse (con).

blender ['blendər] n licuadora *f*.

bless [bles] (*pt & pp* **-ed** *or* **blest**) vt RELIG bendecir ▸ **bless you!** a) [after sneezing] ¡jesús! b) [thank you] ¡gracias!

blessed ['blesɪd] adj **1.** RELIG bendito(ta) **2.** [desirable] feliz, maravilloso(sa) **3.** *inf* [blasted] dichoso(sa).

blessing ['blesɪŋ] n **1.** RELIG bendición *f* **2.** *fig* [good wishes] aprobación *f*.

blest [blest] pt & pp ⟶ **bless**.

blew [blu:] pt ⟶ **blow**.

blight [blaɪt] vt [hopes, prospects] malograr, arruinar.

blimey ['blaɪmɪ] excl UK *inf* ¡ostias!

blind [blaɪnd] ❖ adj [unsighted, irrational] ciego(ga) ▸ **a blind man** un ciego ▸ **to go blind** quedarse ciego ▸ **blind testing** pruebas a ciegas. ❖ n [for window] persiana *f*. ❖ pl n ▸ **the blind** los ciegos. ❖ vt [permanently] dejar ciego(ga); [temporarily] cegar ▸ **to blind sb to sthg** *fig* no dejar a alguien ver algo.

blind alley n *lit & fig* callejón *m* sin salida.

blind corner n curva *f* sin visibilidad.

blind date n cita *f* a ciegas.

blinders ['blaɪndəz] pl n US anteojeras *fpl*.

blindfold ['blaɪndfəʊld] ❖ adv con los ojos vendados. ❖ n venda *f*. ❖ vt vendar los ojos a.

blindly ['blaɪndlɪ] adv **1.** [unable to see] a ciegas **2.** *fig* [guess] a boleo; [accept] ciegamente.

blindness ['blaɪndnɪs] n *lit & fig* ▸ **blindness (to)** ceguera *f* (ante).

blind spot n **1.** [when driving] ángulo *m* muerto **2.** *fig* [inability to understand] punto *m* débil.

bling(-bling) ['blɪŋ'(blɪŋ)] *inf* ❖ adj **1.** [jewellery] aparatoso(sa) **2.** [approach, attitude] de ostentación ▸ **the bling-bling generation** *la generación obsesionada por el dinero y la apariencia*. ❖ n [jewellery] joyas *fpl* aparatosas.

blink [blɪŋk] ❖ vt **1.** [eyes] ▸ **to blink one's eyes** parpadear **2.** US AUTO ▸ **to blink one's lights** dar las luces (intermitentemente). ❖ vi parpadear.

blinkers ['blɪŋkəz] pl n UK anteojeras *fpl*.

bliss [blɪs] n gloria *f*, dicha *f*.

blissful ['blɪsfʊl] adj dichoso(sa), feliz.

blister ['blɪstər] ❖ n ampolla *f*. ❖ vi ampollarse.

blithely ['blaɪðlɪ] adv alegremente.

blitz [blɪts] n MIL bombardeo *m* aéreo.

blizzard ['blɪzəd] n ventisca *f* (de nieve).

bloated ['bləʊtɪd] adj hinchado(da).

blob [blɒb] n **1.** [drop] gota *f* **2.** [indistinct shape] bulto *m* borroso.

bloc [blɒk] n bloque *m*.

block [blɒk] ❖ n **1.** [gen] bloque *m* **2.** US [of buildings] manzana *f* **3.** [obstruction - physical or mental] bloqueo *m*. ❖ vt **1.** [road] cortar; [pipe] obstruir; [sink, toilet] atascar ▸ **my nose is blocked** tengo la nariz tapada **2.** [view] tapar **3.** [prevent] bloquear, obstaculizar **4.** COMPUT ▸ **to block a stretch of text** seleccionar un bloque de texto. ◆ **block up** ❖ vt sep obstruir. ❖ vi atascarse, taparse Am.

blockade [blɒ'keɪd] ❖ n bloqueo *m*. ❖ vt bloquear.

blockage ['blɒkɪdʒ] n obstrucción *f*.

blockbuster ['blɒkbʌstər] n *inf* [book] (gran) éxito *m* editorial; [film] (gran) éxito de taquilla.

block capitals pl n mayúsculas *fpl* (de imprenta).

block letters pl n mayúsculas *fpl* (de imprenta).

blog ❖ n INTERNET blog *m*, bitácora *f*. ❖ vt INTERNET bloguear.

blogger ['blɒgər] n INTERNET bloguero *m*, -ra *f*.

bloke [bləʊk] n UK *inf* tío *m*, tipo *m*.

blond [blɒnd] adj rubio(bia).

blonde [blɒnd] ❖ adj rubia, catira Col Ven. ❖ n [woman] rubia *f*.

blood [blʌd] n sangre *f* ▸ **in cold blood** a sangre fría ▸ **new** or **fresh blood** savia *f* nueva.

bloodbath ['blʌdbɑːθ] (*pl* [-bɑːðz]) n matanza *f*, carnicería *f*.

blood cell n glóbulo *m*.

blood donor n donante *mf* de sangre.

blood group n grupo *m* sanguíneo.

bloodhound ['blʌdhaʊnd] n sabueso *m*.

blood poisoning n septicemia *f*.

blood pressure n tensión *f* arterial **/ to have high/low blood pressure** tener la tensión alta/baja.

bloodshed ['blʌdʃed] n derramamiento *m* de sangre.

bloodshot ['blʌdʃɒt] adj inyectado(da) (de sangre).

bloodstream ['blʌdstriːm] n flujo *m* sanguíneo.

blood test n análisis *m inv* de sangre.

bloodthirsty ['blʌdˌθɜːstɪ] adj sanguinario(ria).

blood transfusion n transfusión *f* de sangre.

bloody ['blʌdɪ] ✦ adj **1.** [war, conflict] sangriento(ta) **2.** [face, hands] ensangrentado(da) **3.** UK v inf maldito(ta), pinche Méx / *bloody hell!* ¡hostia! ✦ adv UK v inf : *he's bloody useless* es un puto inútil / *it's bloody brilliant* es de puta madre.

bloody-minded [-'maɪndɪd] adj UK inf puñetero(ra).

bloom [blu:m] ✦ n flor f) **in bloom** en flor. ✦ vi florecer.

blooming ['blu:mɪŋ] ✦ adj UK inf [to show annoyance] condenado(da). ✦ adv UK inf: *he's blooming useless* es un inútil del copón.

blossom ['blɒsəm] ✦ n flor f) **in blossom** en flor. ✦ vi lit & fig florecer.

blot [blɒt] ✦ n [of ink] borrón m ; fig mancha f. ✦ vt **1.** [paper] emborronar **2.** [ink] secar. ✦ **blot out** vt sep [gen] cubrir, ocultar ; [memories] borrar.

blotch [blɒtʃ] n [on skin] mancha f, enrojecimiento m.

blotchy ['blɒtʃɪ] adj lleno(na) de manchas.

blotting paper ['blɒtɪŋ-] n (U) papel m secante.

blouse [blauz] n blusa f.

blow [bləʊ] ✦ vi (pt blew, pp blown) **1.** [gen] soplar **2.** [in wind] salir volando, volar **3.** [fuse] fundirse. ✦ vt (pt blew, pp blown) **1.** [subj: wind] hacer volar **2.** [whistle, horn] tocar, hacer sonar **3.** [bubbles] hacer **4.** [kiss] mandar **5.** [fuse] fundir **6.** [clear]) **to blow one's nose** sonarse la nariz **7.** inf [money] ventilarse ; inf [chance] echar a perder. ✦ n [hit, shock] golpe m. ✦ **blow out** ✦ vt sep apagar. ✦ vi **1.** [candle] apagarse **2.** [tyre] reventar. ✦ **blow over** vi **1.** [storm] amainar **2.** [scandal] calmarse. ✦ **blow up** ✦ vt sep **1.** [inflate] inflar **2.** [destroy] volar **3.** [photograph] ampliar. ✦ vi saltar por los aires.

blow-dry n secado m (con secador).

blowlamp UK ['bləʊlæmp], **blowtorch** US ['bləʊtɔ:tʃ] n soplete m.

blown [bləʊn] pp ⟶ **blow**.

blowout ['bləʊaʊt] n [of tyre] pinchazo m, reventón m.

blowtorch US = **blowlamp**.

blubber ['blʌbər] vi pej lloriquear.

bludgeon ['blʌdʒən] vt apalear.

blue [blu:] ✦ adj **1.** [colour] azul **2.** inf [sad] triste **3.** [pornographic - film] equis (inv), porno ; [- joke] verde. ✦ n azul m) **out of the blue** en el momento menos pensado. ✦ **blues** pl n) **the blues** a) MUS el blues b) inf [sad feeling] la depre.

bluebell ['blu:bel] n campanilla f.

blueberry ['blu:bərɪ] n arándano m.

bluebottle ['blu:,bɒtl] n moscardón m, moscón m.

blue cheese n queso m azul.

blue-collar adj) **blue-collar worker** obrero m, -ra f.

blue jeans pl n US vaqueros mpl, tejanos mpl.

blueprint ['blu:prɪnt] n **1.** CONSTR cianotipo m **2.** fig [description] proyecto m.

Bluetooth® ['blu:tu:θ] n TELEC Bluetooth® m.

bluff [blʌf] ✦ adj brusco(ca). ✦ n [deception] farol m. ✦ vi tirarse un farol.

blunder ['blʌndər] ✦ n metedura f de pata. ✦ vi **1.** [make mistake] meter la pata **2.** [move clumsily] ir tropezando) **to blunder into sthg** tropezar con algo.

blunt [blʌnt] adj **1.** [knife, pencil] desafilado(da) **2.** [point, edge] romo(ma) **3.** [forthright] directo(ta), franco(ca).

blur [blɜ:r] ✦ n imagen f borrosa. ✦ vt **1.** [vision] nublar **2.** [distinction] desdibujar.

blurb [blɜ:b] n inf texto publicitario en la cubierta o solapa de un libro.

blurred [blɜ:d] adj **1.** [photograph] movido(da) **2.** [vision, distinction] borroso(sa).

blurt [blɜ:t] ✦ **blurt out** vt sep espetar, decir de repente.

blush [blʌʃ] ✦ n rubor m. ✦ vi ruborizarse.

blusher ['blʌʃər] n colorete m.

blustery ['blʌstərɪ] adj borrascoso(sa).

BMX (abbr of bicycle motorcross) n ciclocross m.

BO n (abbr of body odour) olor a sudor.

boar [bɔ:r] n **1.** [male pig] verraco m **2.** [wild pig] jabalí m.

board [bɔ:d] ✦ n **1.** [plank] tabla f **2.** [for notices] tablón m **3.** [for games] tablero m) **board sports** deportes mpl de tabla **4.** [blackboard] pizarra f **5.** COMPUT placa f **6.** [of company]) **board (of directors)** consejo m de administración **7.** [committee] comité m, junta f **8.** UK [at hotel, guesthouse]) **board and lodging** comida y habitación) **full board** pensión completa) **half board** media pensión **9.**) **on board** a) [ship, plane] a bordo b) [bus, train] dentro) **above board** en regla. ✦ vt [ship, plane] embarcar en ; [train, bus] subirse a.

boarder ['bɔ:dər] n **1.** [lodger] huésped mf **2.** [at school] interno m, -na f.

boarding card, boarding pass ['bɔ:dɪŋ-] n tarjeta f de embarque.

boardinghouse ['bɔ:dɪŋhaʊs] (pl [-haʊzɪz]) n casa f de huéspedes.

boarding school ['bɔ:dɪŋ-] n internado m.

Board of Trade n UK) **the Board of Trade** ≃ el Ministerio de Comercio.

boardroom ['bɔ:drʊm] n sala f de juntas.

boast [bəʊst] ❖ vt disfrutar de. ❖ vi ▸ **to boast (about)** alardear OR jactarse (de), compadrear (de) Am.

boastful ['bəʊstful] adj fanfarrón(ona).

boat [bəʊt] n [large] barco m ; [small] barca f ▸ **by boat** en barco.

boater ['bəʊtər] n [hat] canotié m.

boatswain ['bəʊsn], **bosun** n NAUT contramaestre m.

bob [bɒb] ❖ n **1.** [hairstyle] corte m de chico **2.** UK inf & dated [shilling] chelín m **3.** = **bobsleigh.** ❖ vi [boat] balancearse.

bobbin ['bɒbɪn] n bobina f.

bobby ['bɒbɪ] n UK inf poli m.

bobsleigh ['bɒbsleɪ], **bob** n bobsleigh m.

bode [bəʊd] vi liter ▸ **to bode ill/well for** traer malos/buenos presagios para.

bodily ['bɒdɪlɪ] ❖ adj corporal. ❖ adv ▸ **to lift/move sb bodily** levantar/mover a alguien por la fuerza.

body ['bɒdɪ] n **1.** [gen] cuerpo m **2.** [corpse] cadáver m **3.** [organization] entidad f ▸ **a body of thought/opinion** una corriente de pensamiento/ opinión **4.** [of car] carrocería f ; [of plane] fuselaje m **5.** [item of clothing] body m.

body building n culturismo m.

bodyguard ['bɒdɪgɑːd] n guardaespaldas mf inv, guarura m Méx.

body language n lenguaje m corporal.

body odour n olor m corporal.

body piercing n piercing m.

bodysurf ['bɒdɪsɜːf] vi SPORT hacer surf sin tabla.

bodywork ['bɒdɪwɜːk] n carrocería f.

bog [bɒg] n **1.** [marsh] cenagal m **2.** UK v inf [toilet] baño m.

bogged down [,bɒgd-] adj **1.** [in details, work] ▸ **bogged down (in)** empantanado(da) (en) **2.** [in mud, snow] ▸ **bogged down in** atascado(da) en.

boggle ['bɒgl] vi ▸ **the mind boggles!** ¡es increíble!

bogus ['bəʊgəs] adj falso(sa).

boil [bɔɪl] ❖ n **1.** MED pústula f **2.** [boiling point] ▸ **to bring sthg to the boil** hacer que algo hierva ▸ **to come to the boil** romper a hervir. ❖ vt **1.** [water] hervir ▸ **to boil the kettle** poner el agua a hervir **2.** [food] cocer. ❖ vi hervir. ◆ **boil down to** vt insep reducirse a. ◆ **boil over** vi fig [feelings] desbordarse.

boiled [bɔɪld] adj cocido(da) ▸ **boiled egg a)** [hard-boiled] huevo m duro **b)** [soft-boiled] huevo m pasado por agua ▸ **boiled sweets** UK caramelos mpl (duros).

boiler ['bɔɪlər] n caldera f.

boiler room n sala f de calderas.

boiler suit n UK mono m.

boiling ['bɔɪlɪŋ] adj inf [hot] : I'm boiling estoy asado(da) de calor ▸ **it's boiling** hace un calor de muerte.

boiling point n punto m de ebullición.

boisterous ['bɔɪstərəs] adj ruidoso(sa), alborotador(ra).

bold [bəʊld] adj **1.** [brave, daring] audaz **2.** [lines, design] marcado(da) **3.** [colour] vivo(va) **4.** TYPO ▸ **bold type** OR **print** negrita f.

Bolivia [bə'lɪvɪə] n Bolivia.

Bolivian [bə'lɪvɪən] ❖ adj boliviano(na). ❖ n boliviano m, -na f.

bollard ['bɒlɑːd] n [on road] poste m.

bollocks ['bɒləks] UK v inf pl n cojones mpl.

bolster ['bəʊlstər] vt reforzar. ◆ **bolster up** vt insep reforzar.

bolt [bəʊlt] ❖ n **1.** [on door, window] cerrojo m **2.** [type of screw] perno m. ❖ adv ▸ **bolt upright** muy derecho(cha). ❖ vt **1.** [fasten together] atornillar **2.** [door, window] echar el cerrojo a **3.** [food] tragarse. ❖ vi salir disparado(da).

bomb [bɒm] ❖ n **1.** bomba f **2.** US inf [failure] desastre m. ❖ vt bombardear. ❖ vi US inf [fail] fracasar estrepitosamente.

bombard [bɒm'bɑːd] vt fig MIL ▸ **to bombard (with)** bombardear (a).

bombastic [bɒm'bæstɪk] adj grandilocuente, rimbombante.

bomb disposal squad n equipo m de artificieros.

bomber ['bɒmər] n **1.** [plane] bombardero m **2.** [person] terrorista mf que pone bombas.

bombing ['bɒmɪŋ] n bombardeo m.

bombshell ['bɒmʃel] n fig bombazo m ▸ **a blonde bombshell** inf una rubia explosiva.

bona fide ['bəʊnə'faɪdɪ] adj auténtico(ca).

bond [bɒnd] ❖ n **1.** [between people] lazo m, vínculo m **2.** [binding promise] compromiso m **3.** FIN bono m. ❖ vt [glue] adherir ; fig [people] unir.

bone [bəʊn] ❖ n [gen] hueso m ; [of fish] raspa f, espina f ▸ **to make no bones about doing sthg** no tener ningún reparo en hacer algo. ❖ vt [fish] quitar las espinas a ; [meat] deshuesar.

bone-dry adj completamente seco(ca).

bone-idle adj haragán(ana), gandul(la).

bonfire ['bɒn,faɪər] n hoguera f.

bonkers ['bɒŋkəz] adj ▸ **to be bonkers** UK inf estar chiflado(da) OR majareta Esp.

Bonn [bɒn] n Bonn.

bonnet ['bɒnɪt] n **1.** UK [of car] capó m **2.** [hat] toca f.

bonny ['bɒnɪ] adj Scot majo(ja).

bonus ['bəʊnəs] (pl -es) n [extra money] prima f ; [for increased productivity] plus m ; fig beneficio m adicional.

bony ['bəʊnɪ] adj **1.** [person, hand] huesudo(da) **2.** [meat] lleno(na) de huesos ; [fish] espinoso(sa).

boo [bu:] ❖ excl ¡bu! ❖ n (pl -s) abucheo m. ❖ vt & vi abuchear.

boob [bu:b] n inf **1.** UK [mistake] metedura f de pata f. **2.** US [injury] pupa f. ◆ **boobs** pl n UK v inf [woman's breasts] tetas fpl.

booby trap ['bu:bɪ-] n [bomb] bomba f camuflada. ◆ **booby-trap** vt poner una trampa explosiva en.

book [bʊk] ❖ n **1.** [for reading] libro m ▶ **to throw the book at sb** castigar duramente a alguien **2.** [of stamps] librillo m ; [of tickets, cheques] talonario m ; [of matches] caja f (de solapa). ❖ vt **1.** [reserve] reservar ▶ **to be fully booked** estar completo **2.** inf [subj: police] multar **3.** UK FOOT mostrar una tarjeta amarilla a. ❖ vi hacer reserva. ◆ **books** pl n COMM libros mpl ▶ **to be in sb's good /bad books** estar a bien /a mal con alguien. ◆ **book up** vt sep ▶ **to be booked up** estar completo.

bookcase ['bʊkkeɪs] n estantería f.

bookie ['bʊkɪ] n inf corredor m, -ra f de apuestas.

booking ['bʊkɪŋ] n **1.** UK [reservation] reserva f **2.** UK FOOT tarjeta f amarilla.

booking office n UK taquilla f.

bookkeeping ['bʊk,ki:pɪŋ] n contabilidad f.

booklet ['bʊklɪt] n folleto m.

bookmaker ['bʊk,meɪkər] n corredor m, -ra f de apuestas.

bookmark ['bʊkmɑ:k] n **1.** separador m **2.** COMPUT marcador m.

bookseller ['bʊk,selər] n librero m, -ra f.

bookshelf ['bʊkʃelf] (pl -shelves) n [shelf] estante m ; [bookcase] estantería f, librero m CHILE MÉX.

bookshop UK ['bʊkʃɒp], **bookstore** US ['bʊkstɔ:r] n librería f.

book token n UK vale m para comprar libros.

bookworm ['bʊkwɜ:m] n ratón m de biblioteca.

boom [bu:m] ❖ n **1.** [loud noise] estampido m **2.** [increase] auge m, boom m **3.** [for TV camera, microphone] jirafa f. ❖ vi **1.** [make noise] tronar **2.** ECON estar en auge.

boon [bu:n] n gran ayuda f.

boor [bʊər] n patán m.

boost [bu:st] ❖ n **1.** [in profits, production] incremento m **2.** [to popularity, spirits] empujón m. ❖ vt **1.** [increase] incrementar **2.** [improve] levantar.

booster ['bu:stər] n MED inyección f de refuerzo.

boot [bu:t] ❖ n **1.** [item of footwear] bota f ; [ankle boot] botín m **2.** UK [of car] maletero m, cajuela f MÉX, baúl m COL RP, maletera f PERÚ. ❖ vt **1.** inf [kick] dar una patada a **2.** COMPUT arrancar. ◆ **to boot** adv además. ◆ **boot out** vt sep inf echar, poner (de patitas) en la calle. ◆ **boot up** vt sep COMPUT arrancar.

booth [bu:ð] n **1.** [at fair] puesto m **2.** [for phoning, voting] cabina f.

booty ['bu:tɪ] n **1.** botín m **2.** US inf [sexual intercourse] ▶ **to get some booty** mojar el churro ESP OR bizcocho RP, echarse un caldito MÉX.

booze [bu:z] inf ❖ n (U) priva f. ❖ vi privar, empinar el codo.

bop [bɒp] inf ❖ n **1.** [disco] disco f **2.** [dance] baile m. ❖ vi bailar.

border ['bɔ:dər] ❖ n **1.** [between countries] frontera f **2.** [edge] borde m **3.** [in garden] arriate m. ❖ vt **1.** [country] limitar con **2.** [edge] bordear. ◆ **border on** vt insep rayar en.

borderline ['bɔ:dəlaɪn] ❖ adj ▶ **a borderline case** un caso dudoso. ❖ n fig límite m.

bore [bɔ:r] ❖ pt ➤ **bear**. ❖ n **1.** pej [person] pelmazo m, -za f ; [situation, event] rollo m, lata f **2.** [of gun] calibre m. ❖ vt **1.** [not interest] aburrir ▶ **to bore sb stiff** OR **to tears** OR **to death** aburrir a alguien un montón **2.** [drill] horadar.

bored [bɔ:d] adj aburrido(da) ▶ **to be bored stiff** OR **to tears** OR **to death** aburrirse como una ostra.

boredom ['bɔ:dəm] n aburrimiento m.

boring ['bɔ:rɪŋ] adj aburrido(da).

born [bɔ:n] adj **1.** [given life] nacido(da) ▶ **to be born** nacer **2.** [natural] nato(ta).

borne [bɔ:n] pp ➤ **bear**.

borough ['bʌrə] n [area of town] distrito m ; [town] municipio m.

borrow ['bɒrəʊ] vt ▶ **to borrow sthg from sb** coger OR tomar algo prestado a alguien / can I borrow your bike? ¿me prestas tu bici?

Bosnia ['bɒznɪə] n Bosnia f.

Bosnia-Herzegovina [-,hɜ:tsəgə'vi:nə] n Bosnia-Herzegovina.

Bosnian ['bɒznɪən] ❖ adj bosnio(nia). ❖ n bosnio m, -nia f.

bosom ['bʊzəm] n [of woman] busto m, pecho m.

boss [bɒs] ❖ n jefe m, -fa f. ❖ vt pej mangonear, dar órdenes a. ◆ **boss about**, **boss around** vt sep pej mangonear, dar órdenes a.

bossy ['bɒsɪ] adj mandón(ona).

bosun ['bəʊsn] = **boatswain**.

bot [bɒt] n COMPUT bot m.

botany ['bɒtənɪ] n botánica f.

botch [bɒtʃ] ◆ **botch up** vt sep inf estropear, hacer chapuceramente.

both [bəʊθ] ❖ adj los dos, las dos, ambos(bas). ❖ pron ▶ **both (of them)** los dos (las dos), ambos mpl, -bas f / both of us are coming vamos los dos. ❖ adv : she is both pretty and intelligent es guapa e inteligente.

bother ['bɒðər] ❖ vt **1.** [worry] preocupar; [irritate] fastidiar ▸ **I / she can't be bothered to do it** no tengo/tiene ganas de hacerlo **2.** [pester] molestar. ❖ vi ▸ **to bother (doing OR to do sthg)** molestarse (en hacer algo) ▸ **to bother about** preocuparse por. ❖ n (U) **1.** [inconvenience] problemas mpl **2.** [pest, nuisance] molestia f.

botnet ['bɒtnet] n COMPUT botnet f.

bottle ['bɒtl] ❖ n **1.** [gen] botella f **2.** [of shampoo, medicine - plastic] bote m; [- glass] frasco m **3.** [for baby] biberón m **4.** (U) UK inf [courage] agallas fpl. ❖ vt [wine] embotellar.
◆ **bottle out** vi UK inf achantarse, arrugarse.
◆ **bottle up** vt sep reprimir.

bottle bank n contenedor m de vidrio.

bottleneck ['bɒtlnek] n **1.** [in traffic] embotellamiento m **2.** [in production] atasco m.

bottle-opener n abrebotellas m inv.

bottom ['bɒtəm] ❖ adj **1.** [lowest] más bajo(ja), de abajo del todo **2.** [least successful] peor. ❖ n **1.** [lowest part - of glass, bottle] culo m; [- of bag, mine, sea] fondo m; [- of ladder, hill] pie m; [- of page, list] final m **2.** [farthest point] final m, fondo m **3.** [of class etc] parte f más baja **4.** [buttocks] trasero m **5.** [root] ▸ **to get to the bottom of** llegar al fondo de. ◆ **bottom out** vi tocar fondo.

bottomless ['bɒtəmlɪs] adj **1.** [very deep] sin fondo, insondable **2.** [endless] inagotable.

bottom line n fig ▸ **the bottom line is ...** a fin de cuentas ...

bottom-of-the-range adj de gama baja.

bough [baʊ] n rama f.

bought [bɔ:t] pt & pp ⟶ **buy**.

boulder ['bəʊldər] n roca f grande y de forma redonda.

bounce [baʊns] ❖ vi **1.** [gen] rebotar **2.** [person] ▸ **to bounce (on sthg)** dar botes en (algo) **3.** [cheque] ser rechazado(da) por el banco. ❖ vt botar. ❖ n bote m. ◆ **bounce back** vi recuperarse.

bouncer ['baʊnsər] n inf matón m, gorila m (de un local).

bound [baʊnd] ❖ pt & pp ⟶ **bind**. ❖ adj **1.** [certain] : *it's bound to happen* seguro que va a pasar **2.** [obliged] ▸ **bound (by sthg / to do sthg)** obligado(da) (por algo/a hacer algo) ▸ **I'm bound to say** OR **admit** tengo que decir OR admitir **3.** [for place] ▸ **to be bound for** ir rumbo a. ❖ n salto m. ❖ vi ir dando saltos.
◆ **bounds** pl n [limits] límites mpl ▸ **out of bounds** (en) zona prohibida.

boundary ['baʊndərɪ] n [gen] límite m; [between countries] frontera f.

bouquet [bəʊ'keɪ] n [of flowers] ramo m.

bourbon ['bɜ:bən] n bourbon m, whisky m americano.

bourgeois ['bɔ:ʒwɑ:] adj burgués(esa).

bout [baʊt] n **1.** [attack] ataque m, acceso m **2.** [session] racha f **3.** [boxing match] combate m.

boutique [bu:'ti:k] n boutique f.

bow¹ [baʊ] ❖ n **1.** [act of bowing] reverencia f **2.** [of ship] proa f. ❖ vt inclinar. ❖ vi **1.** [make a bow] inclinarse **2.** [defer] ▸ **to bow to sthg** ceder OR doblegarse ante algo. ◆ **bow out** vi retirarse.

bow² [bəʊ] n **1.** [weapon, for musical instrument] arco m **2.** [knot] lazo m.

bowels ['baʊəlz] pl n lit & fig entrañas fpl.

bowl [bəʊl] ❖ n [gen] cuenco m, bol m; [for soup] plato m; [for washing clothes] barreño m, balde m. ❖ vi lanzar la bola. ◆ **bowls** n (U) juego similar a la petanca que se juega sobre césped. ◆ **bowl over** vt sep **1.** [knock over] atropellar **2.** fig [surprise, impress] dejar atónito(ta).

bow-legged [ˌbəʊ'legɪd] adj de piernas arqueadas, estevado(da).

bowler ['bəʊlər] n **1.** CRICKET lanzador m **2.** ▸ **bowler (hat)** bombín m, sombrero m hongo.

bowling ['bəʊlɪŋ] n (U) bolos mpl.

bowling alley n **1.** [building] bolera f **2.** [alley] calle f.

bowling green n campo de césped para jugar a los **bowls**.

bow tie [bəʊ-] n pajarita f.

box [bɒks] ❖ n **1.** [container, boxful] caja f; [for jewels] estuche m **2.** THEAT palco m **3.** UK inf [television] ▸ **the box** la tele **4.** [in printed questionnaire etc] casilla f. ❖ vt [put in boxes] encajonar. ❖ vi boxear.

boxer ['bɒksər] n **1.** [fighter] boxeador m, púgil m **2.** [dog] boxer m.

boxer shorts pl n calzoncillos mpl, boxers mpl.

boxing ['bɒksɪŋ] n boxeo m.

Boxing Day n fiesta nacional en Inglaterra y Gales el 26 de diciembre (salvo domingos) en que tradicionalmente se da el aguinaldo.

boxing glove n guante m de boxeo, guante m de box CAM Méx.

box office n taquilla f, boletería f AM.

boxroom ['bɒksrʊm] n UK trastero m.

boy [bɔɪ] ❖ n **1.** [male child] chico m, niño m, pibe m RP **2.** inf [young man] chaval m. ❖ excl ▸ **(oh) boy!** US inf ¡jolín!, ¡vaya, vaya!

boycott ['bɔɪkɒt] ❖ n boicot m. ❖ vt boicotear.

boyfriend ['bɔɪfrend] n novio m.

boyish ['bɔɪʃ] adj [man] juvenil.

bra [brɑ:] n sujetador m, sostén m.

brace [breɪs] ❖ n **1.** [on teeth] aparato m corrector **2.** [pair] par m. ❖ vt [steady] tensar ▸ **to brace o.s. (for)** lit & fig prepararse (para).

◆ **braces** pl n `UK` tirantes *mpl*, tiradores *mpl* `Bol` `RP`.

bracelet ['breıslıt] n brazalete *m*, pulsera *f*.

bracing ['breısıŋ] adj tonificante.

bracken ['brækn] n helechos *mpl*.

bracket ['brækıt] ◆ n **1.** [support] soporte *m*, palomilla *f* **2.** [parenthesis - round] paréntesis *m inv*; [- square] corchete *m* ▶ **in brackets** entre paréntesis **3.** [group] sector *m*, banda *f*. ◆ vt [enclose in brackets] poner entre paréntesis.

brag [bræg] vi fanfarronear, jactarse.

braid [breıd] ◆ n **1.** [on uniform] galón *m* **2.** [hairstyle] trenza *f*. ◆ vt trenzar.

brain [breın] n *lit & fig* cerebro *m*. ◆ **brains** pl n cerebro *m*, seso *m*.

brainchild ['breıntʃaıld] n *inf* invención *f*, idea *f*.

brainiac ['breınıæk] n `US` *inf* cerebrito *mf*.

brainstorm ['breınstɔ:m] n **1.** `UK` [moment of aberration] momento *m* de atontamiento **OR** estupidez **2.** `US` [brilliant idea] idea *f* genial, genialidad *f*.

brainwash ['breınwɒʃ] vt lavar el cerebro a.

brainwave ['breınweıv] n idea *f* genial.

brainy ['breını] adj *inf* listo(ta).

brake [breık] ◆ n *lit & fig* freno *m*. ◆ vi frenar.

brake light n luz *f* de freno.

bramble ['bræmbl] n [bush] zarza *f*, zarzamora *f*; [fruit] mora *f*.

bran [bræn] n salvado *m*.

branch [brɑ:ntʃ] ◆ n **1.** [of tree, subject] rama *f* **2.** [of river] afluente *m*; [of railway] ramal *m* **3.** [of company, bank] sucursal *f*. ◆ vi bifurcarse. ◆ **branch off** vi desviarse. ◆ **branch out** vi [person] ampliar horizontes; [firm] expandirse, diversificarse.

brand [brænd] ◆ n **1.** [of product] marca *f* **2.** *fig* [type] tipo *m*, estilo *m* **3.** [mark] hierro *m*. ◆ vt **1.** [cattle] marcar (con hierro) **2.** *fig* [classify] ▶ **to brand sb (as sthg)** tildar a alguien (de algo).

brandish ['brændıʃ] vt [weapon] blandir; [letter etc] agitar.

brand name n marca *f*.

brand-new adj flamante.

brandy ['brændı] n coñac *m*.

brash [bræʃ] adj *pej* enérgico e insolente.

brass [brɑ:s] n **1.** [metal] latón *m* **2.** MUS ▶ **the brass** el metal.

brass band n banda *f* de metal.

brassiere [`UK` 'bræsıə, `US` brə'zır] n sostén *m*, sujetador *m*.

brat [bræt] n *inf & pej* mocoso *m*, -sa *f*.

bravado [brə'vɑ:dəʊ] n bravuconería *f*.

brave [breıv] ◆ adj valiente. ◆ vt [weather, storm] desafiar; [sb's anger] hacer frente a.

bravery ['breıvərı] n valentía *f*.

brawl [brɔ:l] n gresca *f*, reyerta *f*.

brawn [brɔ:n] n *(U)* **1.** [muscle] musculatura *f*, fuerza *f* física **2.** `UK` [meat] carne de cerdo en gelatina.

bray [breı] vi [donkey] rebuznar.

brazen ['breızn] adj [person] descarado(da); [lie] burdo(da).

brazier ['breızjə] n brasero *m*.

Brazil [brə'zıl] n (el) Brasil.

Brazilian [brə'zıljən] ◆ adj brasileño(ña), brasilero(ra) `AM`. ◆ n brasileño *m*, -ña *f*, brasilero *m*, -ra *f* `AM`.

brazil nut n nuez *f* de Pará.

breach [bri:tʃ] ◆ n **1.** [act of disobedience] incumplimiento *m* ▶ **breach of confidence** abuso *m* de confianza ▶ **to be in breach of sthg** incumplir algo ▶ **breach of contract** incumplimiento de contrato **2.** [opening, gap] brecha *f* **3.** *fig* [in friendship, marriage] ruptura *f*. ◆ vt **1.** [disobey] incumplir **2.** [make hole in] abrir (una) brecha en.

breach of the peace n alteración *f* del orden público.

bread [bred] n **1.** [food] pan *m* ▶ **bread and butter** [buttered bread] pan con mantequilla; *fig* [main income] sustento *m* diario **2.** *inf* [money] pasta *f*.

bread bin `UK`, **bread box** `US` n panera *f*.

breadboard ['bredbɔ:d] n tabla *f* (de cortar el pan).

breadcrumbs ['bredkrʌmz] pl n migas *fpl* (de pan); CULIN pan *m* rallado.

breadline ['bredlaın] n ▶ **to be on the breadline** vivir en la miseria.

breadth [bretθ] n **1.** [in measurements] anchura *f* **2.** *fig* [scope] amplitud *f*.

breadwinner ['bred,wınə] n ▶ **he's the breadwinner** es el que mantiene a la familia.

break [breık] ◆ n **1.** [gap - in clouds] claro *m*; [- in transmission] corte *m* **2.** [fracture] fractura *f* **3.** [pause] ▶ **break (from)** descanso *m* (de) ▶ **to have OR take a break** tomarse un descanso **4.** [playtime] recreo *m* **5.** *inf* [chance] oportunidad *f* ▶ **a lucky break** un golpe de suerte. ◆ vt *(pt* broke, *pp* broken) **1.** [gen] romper; [arm, leg etc] romperse ▶ **to break sb's hold** escaparse **OR** liberarse de alguien **2.** [machine] estropear **3.** [journey, contact] interrumpir **4.** [habit, health] acabar con; [strike] reventar **5.** [law, rule] violar; [appointment, word] faltar a **6.** [record] batir **7.** [tell] ▶ **to break the news (of sthg to sb)** dar la noticia (de algo a alguien). ◆ vi *(pt* broke, *pp* broken) **1.** [come to pieces] romperse **2.** [stop working] estropearse **3.** [pause] parar; [weather] cambiar **4.** [start - day] romper

[- storm] estallar **5.** [escape] ▶ **to break loose**
OR **free** escaparse **6.** [voice] cambiar **7.** [news]
divulgarse ▶ **to break even** salir sin pérdidas ni
beneficios. ◆ **break away** vi escaparse ▶ **to
break away (from)** a) [end connection] separarse (de) b) POL escindirse (de). ◆ **break
down** ❖ vt sep **1.** [destroy - gen] derribar ;
[- resistance] vencer **2.** [analyse] descomponer.
❖ vi **1.** [collapse, disintegrate, fail] venirse abajo
2. [stop working] estropearse **3.** [lose emotional
control] perder el control **4.** [decompose] descomponerse. ◆ **break in** ❖ vi **1.** [enter by force]
entrar por la fuerza **2.** [interrupt] ▶ **to break
in (on sthg / sb)** interrumpir (algo/a alguien).
❖ vt sep **1.** [horse, shoes] domar **2.** [person]
amoldar. ◆ **break into** vt insep **1.** [house,
shop] entrar (por la fuerza) en ; [box, safe] forzar
2. [begin suddenly] : *to break into song / a run*
echarse a cantar/correr. ◆ **break off** ❖ vt sep
1. [detach] partir **2.** [end] romper ; [holiday] interrumpir. ❖ vi **1.** [become detached] partirse
2. [stop talking] interrumpirse. ◆ **break out** vi
1. [fire, fighting, panic] desencadenarse ; [war]
estallar **2.** [escape] ▶ **to break out (of)** escapar
(de). ◆ **break through** vt insep abrirse paso a
través de. ◆ **break up** ❖ vt sep **1.** [ice] hacer
pedazos ; [car] desguazar **2.** [relationship] romper ;
[talks] poner fin a ; [fight] poner fin a ; [crowd]
disolver. ❖ vi **1.** [into smaller pieces] hacerse
pedazos **2.** [relationship] deshacerse ; [conference]
concluir ; [school, pupils] terminar ▶ **to break up
with sb** romper con alguien **3.** [crowd] disolverse.
◆ **break with** vt insep romper con.

breakage ['breɪkɪdʒ] n rotura f.

breakdown ['breɪkdaʊn] n **1.** [of car, train] avería f ; [of talks, in communications] ruptura f ; [of
law and order] colapso m **2.** [analysis] desglose m.

breakfast ['brekfəst] n desayuno m ▶ **to have
breakfast** desayunar.

breakfast television n [UK] programación f
matinal de televisión.

break-in n robo m (con allanamiento de morada).

breaking ['breɪkɪŋ] n ▶ **breaking and entering**
LAW allanamiento m de morada.

breakneck ['breɪknek] adj ▶ **at breakneck
speed** a (una) velocidad de vértigo.

breakthrough ['breɪkθruː] n avance m.

breakup ['breɪkʌp] n ruptura f.

breast [brest] n **1.** [of woman] pecho m, seno m ;
[of man] pecho **2.** [meat of bird] pechuga f.

breast-feed vt & vi amamantar.

breast milk n (U) leche f materna.

breaststroke ['breststrəʊk] n braza f.

breath [breθ] n **1.** [act of breathing] respiración f
▶ **breath freshener** spray m bucal ▶ **to take a
deep breath** respirar hondo ▶ **to get one's breath
back** recuperar el aliento ▶ **to say sthg under**

one's breath decir algo en voz baja **2.** [air from
mouth] aliento m ▶ **out of breath** sin aliento.

breathalyse [UK], **breathalyze** [US] ['breθ-
əlaɪz] vt hacer la prueba del alcohol a.

Breathalyser® [UK], **Breathalyzer®** [US]
['breθəlaɪzər] n alcoholímetro m.

breathe [briːð] ❖ vi respirar. ❖ vt **1.** [in-
hale] respirar **2.** [exhale] despedir. ◆ **breathe
in** vt sep & vi aspirar. ◆ **breathe out** vi espirar.

breather ['briːðər] n inf respiro m.

breathing ['briːðɪŋ] n respiración f.

breathless ['breθlɪs] adj **1.** [out of breath] ja-
deante **2.** [with excitement] sin aliento (por la
emoción).

breathtaking ['breθ,teɪkɪŋ] adj sobrecoge-
dor(ra), impresionante.

bred [bred] ❖ ⟶ **breed**. ❖ adj criado(da).
-bred adj (in compounds) educado(da), criado(da)
▶ **ill / well-bred** mal/bien educado(da).

breed [briːd] ❖ n **1.** [of animal] raza f **2.** fig
[sort] especie f. ❖ vt (pt & pp **bred** [bred])
[animals] criar ; [plants] cultivar. ❖ vi (pt & pp
bred [bred]) procrear.

breeding ['briːdɪŋ] n **1.** [of animals] cría f ; [of
plants] cultivo m **2.** [manners] educación f.

breeze [briːz] ❖ n brisa f. ❖ vi ▶ **to breeze
in / out** entrar/salir como si tal cosa.

breezy ['briːzɪ] adj **1.** [windy] ▶ **it's breezy**
hace aire **2.** [cheerful] jovial, despreocupado(da).

brevity ['brevɪtɪ] n brevedad f.

brew [bruː] ❖ vt [beer] elaborar ; [tea, coffee]
preparar. ❖ vi **1.** [tea] reposar **2.** [trouble]
fraguarse.

brewer ['bruːər] n cervecero m, -ra f.

brewery ['bruərɪ] n fábrica f de cerveza.

bribe [braɪb] ❖ n soborno m. ❖ vt ▶ **to
bribe (sb to do sthg)** sobornar (a alguien para
que haga algo), coimear (a alguien para que haga
algo) [ANDES] [RDom], mordar (a alguien para que
haga algo) [Méx].

bribery ['braɪbərɪ] n soborno m.

brick [brɪk] n ladrillo m.

bricklayer ['brɪk,leɪər] n albañil m.

bridal ['braɪdl] adj nupcial ▶ **bridal dress** traje m de novia.

bride [braɪd] n novia f.

bridegroom ['braɪdgrʊm] n novio m.

bridesmaid ['braɪdzmeɪd] n dama f de honor.

bridge [brɪdʒ] ❖ n **1.** [gen] puente m **2.** [on
ship] puente m de mando **3.** [of nose] caballete m
4. [card game] bridge m. ❖ vt fig [gap] llenar.

bridle ['braɪdl] n brida f.

bridle path n camino m de herradura.

brief [briːf] ❖ adj **1.** [short, to the point] breve ▶ **in brief** en resumen **2.** [clothes] corto(ta).

❖ n **1.** LAW [statement] sumario *m*, resumen *m* **2.** UK [instructions] instrucciones *fpl*. ❖ vt ▶ **to brief sb (on)** informar a alguien (acerca de). ◆ **briefs** pl n [underpants] calzoncillos *mpl* ; [knickers] bragas *fpl*.

briefcase ['bri:fkeɪs] n maletín *m*, portafolios *m inv*.

briefing ['bri:fɪŋ] n [meeting] reunión *f* informativa ; [instructions] instrucciones *fpl*.

briefly ['bri:flɪ] adv **1.** [for a short time] brevemente **2.** [concisely] en pocas palabras.

brigade [brɪ'geɪd] n brigada *f*.

brigadier [ˌbrɪgə'dɪəʳ] n brigadier *m*, general *m* de brigada.

bright [braɪt] adj **1.** [light] brillante ; [day, room] luminoso(sa) ; [weather] despejado(da) **2.** [colour] vivo(va) **3.** [lively - eyes] brillante ; [- smile] radiante **4.** [intelligent - person] listo(ta) ; [- idea] genial **5.** [hopeful] prometedor(ra).

brighten ['braɪtn] vi **1.** [become lighter] despejarse **2.** [become more cheerful] alegrarse. ◆ **brighten up** ❖ vt sep animar, alegrar. ❖ vi **1.** [become more cheerful] animarse **2.** [weather] despejarse.

brightly ['braɪtlɪ] adv **1.** [shine] de forma resplandeciente **2.** [coloured] vivamente **3.** [cheerfully] alegremente.

brightly-coloured adj de colores vivos.

brilliance ['brɪljəns] n **1.** [cleverness] brillantez *f* **2.** [of colour, light] brillo *m*.

brilliant ['brɪljənt] adj **1.** [clever] genial **2.** [colour] vivo(va) **3.** [light, career, future] brillante **4.** *inf* [wonderful] fenomenal, genial.

Brillo pad® ['brɪləʊ-] n estropajo *m* (jabonoso) de aluminio.

brim [brɪm] ❖ n **1.** [edge] borde *m* **2.** [of hat] ala *f*. ❖ vi *lit & fig* ▶ **to brim with** rebosar de. ◆ **brim over** vi *lit & fig* ▶ **to brim over (with)** rebosar (de).

brine [braɪn] n **1.** [for food] salmuera *f* **2.** [sea water] agua *f* de mar.

bring [brɪŋ] (*pt & pp* **brought**) vt [gen] traer ▶ **to bring sthg to an end** poner fin a algo. ◆ **bring about** vt sep producir. ◆ **bring along** vt sep traer. ◆ **bring around, bring round, bring to** vt sep [make conscious] reanimar. ◆ **bring back** vt sep **1.** [books etc] devolver ; [person] traer de vuelta **2.** [memories] traer (a la memoria) **3.** [practice, hanging] volver a introducir ; [fashion] recuperar. ◆ **bring down** vt sep **1.** [from upstairs] bajar **2.** [plane, bird] derribar ; [government, tyrant] derrocar **3.** [prices] reducir. ◆ **bring forward** vt sep **1.** [meeting, elections etc] adelantar **2.** [in bookkeeping] sumar a la siguiente columna. ◆ **bring in** vt sep **1.** [introduce - law] implantar ; [- bill]

presentar **2.** [earn] ganar. ◆ **bring off** vt sep [plan] sacar adelante ; [deal] cerrar. ◆ **bring on** vt sep producir, ocasionar. ◆ **bring out** vt sep **1.** [new product, book] sacar **2.** [the worst etc. in sb] revelar, despertar. ◆ **bring round, bring to** vt sep = **bring around**. ◆ **bring up** vt sep **1.** [raise - children] criar **2.** [mention] sacar a relucir **3.** [vomit] devolver.

brink [brɪŋk] n ▶ **on the brink of** al borde de.

brisk [brɪsk] adj **1.** [quick] rápido(da) **2.** [trade, business] boyante, activo(va) **3.** [efficient, confident - manner] enérgico(ca) ; [- person] eficaz.

bristle ['brɪsl] ❖ n [gen] cerda *f* ; [of person] pelillo *m*. ❖ vi **1.** [stand up] erizarse, ponerse de punta **2.** [react angrily] ▶ **to bristle (at)** enfadarse (por). ◆ **bristle with** vt insep estar sembrado(da) de.

Brit [brɪt] n *inf* británico *m*, -ca *f*.

Britain ['brɪtn] n Gran Bretaña.

British ['brɪtɪʃ] ❖ adj británico(ca). ❖ pl n ▶ **the British** los británicos.

British Isles pl n : *the British Isles* las Islas Británicas.

Briton ['brɪtn] n británico *m*, -ca *f*.

Brittany ['brɪtənɪ] n Bretaña.

brittle ['brɪtl] adj quebradizo(za), frágil.

broach [brəʊtʃ] vt abordar.

broad [brɔ:d] ❖ adj **1.** [shoulders, river, street] ancho(cha) ; [grin] amplio(plia) **2.** [range, interests] amplio(plia) **3.** [description, outline] general **4.** [hint] claro(ra) **5.** [accent] cerrado(da) ▶ **in broad daylight** a plena luz del día. ❖ n US *inf* tía *f*, tipa *f*.

B road n UK ≃ carretera *f* comarcal.

broadband ['brɔ:dbænd] ❖ adj COMPUT de banda ancha. ❖ n COMPUT banda *f* ancha.

broad bean n haba *f*.

broadcast ['brɔ:dkɑ:st] ❖ n emisión *f*. ❖ vt (*pt & pp* **broadcast**) emitir.

broaden ['brɔ:dn] ❖ vt **1.** [road, pavement] ensanchar **2.** [scope, appeal] ampliar. ❖ vi [river, road] ensancharse ; [smile] hacerse más amplia.

broadly ['brɔ:dlɪ] adv **1.** [gen] en general **2.** [smile] abiertamente.

broad-minded [brɔ:d'maɪndɪd] adj liberal, tolerante.

broadsheet ['brɔ:dʃi:t] n periódico *m* de calidad (*con hojas de gran tamaño*).

broccoli ['brɒkəlɪ] n brécol *m*.

brochure ['brəʊʃəʳ] n folleto *m*.

broil [brɔɪl] vt US asar a la parrilla.

broke [brəʊk] ❖ pt ← **break**. ❖ adj *inf* sin blanca, sin un duro.

broken ['brəʊkn] ❖ pp ⟶ **break**. ❖ adj **1.** [gen] roto(ta) **2.** [not working] estropeado(da)

3. [interrupted -sleep] entrecortado(da); [-journey] discontinuo(nua).

brokenhearted [ˌbrəʊknˈhɑːtɪd] adj con el corazón roto.

broker [ˈbrəʊkə*] n [of stock] corredor m; [of insurance] agente mf.

brolly [ˈbrɒlɪ] n UK inf paraguas m inv.

bromance [ˈbrəʊmæns] n inf amistad f íntima entre hombres / *there's definitely nothing gay between Jack and Mike, it's more like just bromance* no hay una relación sexual entre Jack y Mike, son solo amigos íntimos.

bronchitis [brɒŋˈkaɪtɪs] n (U) bronquitis f inv.

bronze [brɒnz] n [metal, sculpture] bronce m.

brooch [brəʊtʃ] n broche m, alfiler m.

brood [bruːd] ◇ n **1.** [of birds] nidada f **2.** inf [of children] prole f. ◇ vi ▸ **to brood (over** OR **about)** dar vueltas (a).

broody [ˈbruːdɪ] (compar **-ier**, superl **-iest**) adj **1.** [sad] apesadumbrado(da) **2.** [bird] clueco(ca).

brook [brʊk] n arroyo m.

broom [bruːm] n **1.** [brush] escoba f **2.** [plant] retama f.

broomstick [ˈbruːmstɪk] n palo m de escoba.

Bros., bros. (abbr of **brothers**) Hnos.

broth [brɒθ] n caldo m.

brothel [ˈbrɒθl] n burdel m.

brother [ˈbrʌðə*] n [relative, monk] hermano m.

brother-in-law (pl **brothers-in-law**) n cuñado m.

brought [brɔːt] pt & pp ⟶ **bring**.

brow [braʊ] n **1.** [forehead] frente f **2.** [eyebrow] ceja f **3.** [of hill] cima f.

brown [braʊn] ◇ adj **1.** [gen] marrón; [hair, eyes] castaño(ña) **2.** [tanned] moreno(na). ◇ n marrón m. ◇ vt [food] dorar.

brown bread n pan m integral.

brownie [ˈbraʊnɪ-] n US bizcocho de chocolate y nueces.

brown paper n (U) papel m de embalar.

brown rice n arroz m integral.

brown sugar n azúcar m moreno.

browse [braʊz] ◇ vi **1.** [person] echar un ojo, mirar ▸ **to browse through** hojear **2.** COMPUT navegar. ◇ vt COMPUT navegar por.

browser [ˈbraʊzə*] n COMPUT navegador m.

bruise [bruːz] ◇ n cardenal m. ◇ vt **1.** [person, arm] magullar; [fruit] magullar **2.** fig [feelings] herir.

brunch [brʌntʃ] n brunch m (combinación de desayuno y almuerzo que se toma tarde por la mañana).

brunette [bruːˈnet] n morena f.

brunt [brʌnt] n ▸ **to bear** OR **take the brunt of** aguantar lo peor de.

brush [brʌʃ] ◇ n **1.** [for hair, teeth] cepillo m; [for shaving, decorating] brocha f; [of artist] pincel m; [broom] escoba f **2.** [encounter] roce m. ◇ vt **1.** [clean with brush] cepillar ▸ **to brush one's hair** cepillarse el pelo **2.** [move with hand] quitar, apartar **3.** [touch lightly] rozar. ◆ **brush aside** vt sep [dismiss] hacer caso omiso de. ◆ **brush off** vt sep [dismiss] hacer caso omiso de. ◆ **brush up** ◇ vt sep fig [revise] repasar. ◇ vi ▸ **to brush up on** repasar.

brush-off n inf ▸ **to give sb the brush-off** mandar a alguien a paseo.

brushwood [ˈbrʌʃwʊd] n leña f.

brusque [bruːsk] adj brusco(ca).

Brussels [ˈbrʌslz] n Bruselas.

brussels sprout n col f de Bruselas.

brutal [ˈbruːtl] adj brutal.

brute [bruːt] ◇ adj bruto(ta). ◇ n **1.** [large animal] bestia f, bruto m **2.** [bully] bestia mf.

BS US (abbr of **Bachelor of Science**) n (titular de una) licenciatura de ciencias.

BSc (abbr of **Bachelor of Science**) n (titular de una) licenciatura de ciencias.

BSE (abbr of **bovine spongiform encephalopathy**) n EEB f (encefalopatía espongiforme bovina).

BTW (abbr of **by the way**) adv por cierto.

bubble [ˈbʌbl] ◇ n [gen] burbuja f; [of soap] pompa f. ◇ vi **1.** [produce bubbles] burbujear **2.** [make a bubbling sound] borbotar.

bubble bath n espuma f de baño.

bubble gum n chicle m (de globo).

bubblejet printer [ˈbʌbldʒet-] n COMPUT impresora f de inyección.

bubbly [ˈbʌblɪ] ◇ adj (compar **-ier**, superl **-iest**) **1.** [full of bubbles] con burbujas **2.** [lively] alegre, vivo(va). ◇ n inf champán m.

buck [bʌk] ◇ n (pl inv or **-s**) **1.** [male animal] macho m **2.** US [dollar] dólar m **3.** inf [responsibility] ▸ **to pass the buck to sb** echarle el muerto a alguien. ◇ vt inf [oppose] oponerse a, ir en contra de. ◇ vi corcovear. ◆ **buck up** inf ◇ vt sep [improve] mejorar ▸ **buck your ideas up** más vale que espabiles. ◇ vi **1.** [hurry up] darse prisa **2.** [cheer up] animarse.

bucket [ˈbʌkɪt] n [container, bucketful] cubo m.

buckle [ˈbʌkl] ◇ n hebilla f. ◇ vt **1.** [fasten] abrochar con hebilla **2.** [bend] combar. ◇ vi [wheel] combarse; [knees] doblarse.

bud [bʌd] ◇ n [shoot] brote m; [flower] capullo m. ◇ vi brotar, echar brotes.

Buddha [ˈbʊdə] n Buda m.

Buddhism [ˈbʊdɪzm] n budismo m.

Buddhist [ˈbʊdɪst] ◇ adj budista. ◇ n budista mf.

budding [ˈbʌdɪŋ] adj en ciernes.

buddy ['bʌdɪ] n US *inf* [friend] amigue-te m, -ta f, colega mf.

budge [bʌdʒ] ◆ vt mover. ◆ vi [move] moverse ; [give in] ceder.

budgerigar ['bʌdʒərɪgɑːʳ] n periquito m.

budget ['bʌdʒɪt] ◆ adj económico(ca). ◆ n presupuesto m. ◆ **budget for** vt insep contar con.

budgie ['bʌdʒɪ] n *inf* periquito m.

buff [bʌf] ◆ adj color de ante. ◆ n *inf* [expert] aficionado m, -da f.

buffalo ['bʌfələʊ] (pl inv or **-s** or **-es**) n búfalo m.

buffer ['bʌfəʳ] n **1.** UK [for trains] tope m **2.** US [of car] parachoques m inv **3.** [protection] defensa f, salvaguarda f **4.** COMPUT búfer m.

buffet[1] [UK 'bʊfeɪ, US bəˈfeɪ] n **1.** [meal] bufé m **2.** [cafeteria] cafetería f.

buffet[2] ['bʌfɪt] vt [physically] golpear.

buffet car ['bʊfeɪ-] n coche m restaurante.

bug [bʌg] ◆ n **1.** US [small insect] bicho m **2.** *inf* [illness] virus m **3.** *inf* [listening device] micrófono m oculto **4.** COMPUT error m **5.** [enthusiasm] manía f. ◆ vt **1.** *inf* [spy on - room] poner un micrófono oculto en ; [- phone] pinchar **2.** US *inf* [annoy] fastidiar, jorobar.

bugger ['bʌgəʳ] UK v *inf* n **1.** [unpleasant person] cabrón m, -ona f **2.** [difficult, annoying task] coñazo m. ◆ **bugger off** vi v *inf* ▸ **bugger off!** ¡vete a tomar por culo!

buggy ['bʌgɪ] n **1.** [carriage] calesa f **2.** [pushchair] sillita f de ruedas ; US [pram] cochecito m de niño.

bugle ['bjuːgl] n corneta f, clarín m.

build [bɪld] ◆ vt (pt & pp **built**) **1.** [construct] construir **2.** *fig* [form, create] crear. ◆ n complexión f, constitución f. ◆ **build (up)on** ◆ vt insep [further] desarrollar. ◆ vt sep [base on] fundar en. ◆ **build up** ◆ vt sep **1.** [business - establish] poner en pie ; [- promote] fomentar **2.** [person] fortalecer. ◆ vi acumularse.

builder ['bɪldəʳ] n constructor m, -ra f.

building ['bɪldɪŋ] n **1.** [structure] edificio m **2.** [profession] construcción f.

building and loan association n US ≃ caja f de ahorros.

building site n obra f.

building society n UK ≃ caja f de ahorros.

buildup ['bɪldʌp] n [increase] acumulación f ; [of troops] concentración f.

built [bɪlt] pt & pp ⟶ **build**.

built-in adj **1.** [physically integrated] empotrado(da) **2.** [inherent] incorporado(da).

built-up adj urbanizado(da).

bulb [bʌlb] n **1.** [for lamp] bombilla f **2.** [of plant] bulbo m **3.** [bulb-shaped part] parte f redondeada.

Bulgaria [bʌlˈgeərɪə] n Bulgaria.

Bulgarian [bʌlˈgeərɪən] ◆ adj búlgaro(ra). ◆ n **1.** [person] búlgaro m, -ra f **2.** [language] búlgaro m.

bulge [bʌldʒ] ◆ n [lump] protuberancia f, bulto m. ◆ vi ▸ **to bulge (with)** rebosar (de), estar atestado(da) (de).

bulimia [bjʊˈlɪmɪə] n MED bulimia f.

bulk [bʌlk] ◆ n **1.** [mass] bulto m, volumen m **2.** [large quantity] ▸ **in bulk** a granel **3.** [majority, most of] ▸ **the bulk of** la mayor parte de. ◆ adj a granel.

bulky ['bʌlkɪ] adj voluminoso(sa).

bull [bʊl] n **1.** [male cow] toro m **2.** [male animal] macho m (de).

bulldog ['bʊldɒg] n buldog m.

bulldozer ['bʊldəʊzəʳ] n bulldozer m.

bullet ['bʊlɪt] n **1.** [of gun] bala f **2.** [typo] topo m.

bulletin ['bʊlətɪn] n **1.** [news] boletín m ; [medical report] parte m **2.** [regular publication] boletín m, gaceta f.

bullet-proof ['bʊlɪtpruːf] adj a prueba de balas ▸ **bullet-proof vest** chaleco m antibalas.

bullfight ['bʊlfaɪt] n corrida f (de toros).

bullfighter ['bʊlˌfaɪtəʳ] n torero m, -ra f.

bullfighting ['bʊlˌfaɪtɪŋ] n toreo m.

bullion ['bʊljən] n (U) lingotes mpl.

bullock ['bʊlək] n buey m, toro m castrado.

bullring ['bʊlrɪŋ] n **1.** [stadium] plaza f (de toros) **2.** [arena] ruedo m.

bull's-eye n diana f.

bully ['bʊlɪ] ◆ n abusón m, matón m. ◆ vt intimidar ▸ **to bully sb into doing sthg** obligar a alguien con amenazas a hacer algo.

bum [bʌm] n **1.** UK v *inf* [bottom] cola f AM, poto m CHILE PERÚ, traste m **2.** US *inf* & *pej* [tramp] vagabundo m, -da f. ◆ **bum around** US vi US *inf* **1.** [waste time] haraganear, flojear AM **2.** [travel aimlessly] vagabundear.

bumblebee ['bʌmblbiː] n abejorro m.

bump [bʌmp] ◆ n **1.** [lump - on head] chichón m ; [- on road] bache m **2.** [knock, blow, noise] golpe m. ◆ vt [car] chocar con or contra ; [head, knee] golpearse en / I bumped my head on the door me di con la cabeza en la puerta. ◆ **bump into** vt insep [meet by chance] toparse con. ◆ **bump off** vt sep *inf* cargarse a.

bumper ['bʌmpəʳ] ◆ adj abundante ▸ **bumper edition** edición especial. ◆ n **1.** AUTO parachoques m inv ▸ **bumper car** auto m de choque **2.** US RAIL tope m.

bumptious ['bʌmpʃəs] adj *pej* engreído(da).

bumpy ['bʌmpɪ] adj **1.** [road] lleno(na) de baches **2.** [ride, journey] con muchas sacudidas.

bun [bʌn] n **1.** [cake, bread roll] bollo m **2.** [hairstyle] moño m. ◆ **buns** pl n US inf trasero m, culo m.

bunch [bʌntʃ] ◇ n [of people] grupo m ; [of flowers] ramo m ; [of fruit] racimo m ; [of keys] manojo m. ◇ vi agruparse. ◆ **bunches** pl n [hairstyle] coletas fpl.

bundle ['bʌndl] ◇ n **1.** [of clothes] lío m, bulto m ; [of notes, papers] fajo m ; [of wood] haz m ▶ **to be a bundle of nerves** fig ser un manojo de nervios **2.** COMPUT paquete m. ◇ vt [clothes] empaquetar de cualquier manera ; [person] empujar. ◆ **bundle up** vt sep [put into bundles] liar.

bung [bʌŋ] ◇ n tapón m. ◇ vt UK inf **1.** [throw] tirar **2.** [pass] alcanzar.

bungalow ['bʌŋgələʊ] n bungalow m.

bungle ['bʌŋgl] vt chapucear.

bunion ['bʌnjən] n juanete m.

bunk [bʌŋk] n [bed] litera f.

bunk bed n litera f.

bunker ['bʌŋkəʳ] n **1.** [shelter, in golf] búnker m **2.** [for coal] carbonera f.

bunny ['bʌnɪ] n ▶ **bunny (rabbit)** conejito m, -ta f.

bunting ['bʌntɪŋ] n (U) [flags] banderitas fpl.

buoy [UK bɔɪ, US 'buːɪ] n boya f. ◆ **buoy up** vt sep [encourage] alentar.

buoyant ['bɔɪənt] adj **1.** [able to float] boyante **2.** [optimistic - gen] optimista ; [- market] con tendencia alcista.

burden ['bɜːdn] ◇ n **1.** [heavy load] carga f **2.** fig [heavy responsibility] ▶ **burden on** carga f para. ◇ vt ▶ **to burden sb with** cargar a alguien con.

bureau ['bjʊərəʊ] (pl -x) n **1.** [government department] departamento m **2.** [office] oficina f **3.** UK [desk] secreter m ; US [chest of drawers] cómoda f.

bureaucracy [bjʊə'rɒkrəsɪ] n burocracia f.

bureaucrat ['bjʊərəkræt] n pej burócrata mf.

bureaux ['bjʊərəʊz] pl n ⟶ **bureau**.

burger ['bɜːgəʳ] n hamburguesa f.

burglar ['bɜːgləʳ] n ladrón m, -ona f.

burglar alarm n alarma f antirrobo.

burglarize US = **burgle**.

burglary ['bɜːglərɪ] n robo m (de una casa).

burgle ['bɜːgl], **burglarize** ['bɜːgləraɪz] US vt robar, desvalijar (una casa).

burial ['berɪəl] n entierro m.

burly ['bɜːlɪ] adj fornido(da).

Burma ['bɜːmə] n Birmania.

burn [bɜːn] ◇ vt (pt & pp **burnt** or **-ed**) **1.** [gen] quemar **2.** [injure - by heat, fire] quemarse **3.** COMPUT tostar, grabar. ◇ vi (pt & pp burnt or **-ed**) **1.** [gen] arder **2.** [be alight] estar encendido(da) **3.** [food] quemarse **4.** [cause

burning sensation] escocer **5.** [become sunburnt] quemarse. ◇ n quemadura f. ◆ **burn down** ◇ vt sep incendiar. ◇ vi [be destroyed by fire] incendiarse. ◆ **burn out** vi apagarse, consumirse. ◆ **burn up** ◇ vt sep quemar. ◇ vi quemarse.

burner ['bɜːnəʳ] n quemador m.

burning ['bɜːnɪŋ] adj **1.** [on fire] en llamas **2.** [heat, passion, interest] ardiente **3.** [cheeks, face] colorado(da) **4.** [controversial] ▶ **burning question** pregunta f candente.

Burns' Night n fiesta celebrada en Escocia el 25 de enero en honor del poeta escocés Robert Burns.

burnt [bɜːnt] pt & pp ⟶ **burn**.

burp [bɜːp] inf vi eructar.

burqa [bɜːkə] n burqa m.

burrow ['bʌrəʊ] ◇ n madriguera f. ◇ vi **1.** [dig] escarbar (un agujero) **2.** fig [in order to search] hurgar.

bursar ['bɜːsəʳ] n tesorero m, -ra f.

bursary ['bɜːsərɪ] n UK beca f.

burst [bɜːst] ◇ vi (pt & pp **burst**) **1.** [gen] reventarse ; [bag] romperse ; [tyre] pincharse **2.** [explode] estallar. ◇ vt (pt & pp **burst**) [gen] reventar ; [tyre] pinchar. ◇ n [of gunfire, enthusiasm] estallido m. ◆ **burst into** vt insep **1.** [tears, song] : **to burst into tears / song** romper a llorar/cantar **2.** [flames] estallar en. ◆ **burst out** vi [begin suddenly] ▶ **to burst out laughing / crying** echarse a reír/llorar.

bursting ['bɜːstɪŋ] adj **1.** [full] lleno(na) a estallar **2.** [with emotion] ▶ **bursting with** rebosando de **3.** [eager] ▶ **to be bursting to do sthg** estar deseando hacer algo.

bury ['berɪ] vt **1.** [in ground] enterrar **2.** [hide - face, memory] ocultar.

bus [bʌs] ◇ n autobús m ▶ **bendy bus** autobús m articulado, autobús m oruga ▶ **bus pass** UK tarjeta de autobús para la tercera edad / **I haven't got my bus pass yet!** UK fig ≃ ¡todavía no tengo el carnet de jubilado! ▶ **by bus** en autobús. ◇ vt US ▶ **to bus tables** [in restaurant] recoger mesas.

busboy ['bʌsbɔɪ] n US ayudante m de camarero.

bush [bʊʃ] n **1.** [plant] arbusto m **2.** [open country] ▶ **the bush** el campo abierto, el monte ▶ **to beat about the bush** andarse por las ramas.

bushy ['bʊʃɪ] adj poblado(da), espeso(sa).

business ['bɪznɪs] n **1.** (U) [commerce, amount of trade] negocios mpl ▶ **to be away on business** estar en viaje de negocios ▶ **to mean business** inf ir en serio ▶ **to go out of business** quebrar **2.** [company] negocio m, empresa f ▶ **business angel** padrino m inversor, mentor m empresarial ▶ **business incubator** incubadora f de empresas, vivero m de empresas ▶ **business model** modelo m de negocio ▶ **business park** parque m

empresarial ▸ **business partner** socio *m*, -cia *f*
3. [concern, duty] oficio *m*, ocupación *f* ▸ **to have
no business doing** OR **to do sthg** no tener derecho a hacer algo ▸ **mind your own business!** *inf*
¡no te metas donde no te llaman! ▸ **that's none
of your business** eso no es asunto tuyo **4.** *(U)*
[affair, matter] asunto *m*.

business class n clase *f* preferente.

businesslike ['bɪznɪslaɪk] adj formal y eficiente.

businessman ['bɪznɪsmæn] (*pl* -**men**) n empresario *m*, hombre *m* de negocios.

business studies pl n empresariales *mpl*.

business trip n viaje *m* de negocios.

businesswoman ['bɪznɪs,wʊmən] (*pl* -**women**) n empresaria *f*, mujer *f* de negocios.

busker ['bʌskər] n UK músico *m* ambulante OR callejero.

bus-shelter n marquesina *f* *(de parada de autobús)*.

bus station n estación *f* OR terminal *f* de autobuses.

bus stop n parada *f* de autobús, paradero *m* CAM ANDES MÉX.

bust [bʌst] (*pt & pp* -**ed** *or* bust) ❖ adj *inf*
1. [broken] fastidiado(da), roto(ta) **2.** [bankrupt]
▸ **to go bust** quebrar. ❖ n [bosom, statue] busto *m*. ❖ vt *inf* [break] fastidiar, estropear.

buster ['bʌstər] n US *inf* [pal] : *thanks, buster*
gracias, tío.

-buster suffix *inf* : *crime-busters* agentes *mpl*
contra la delincuencia.

bustle ['bʌsl] ❖ n bullicio *m*. ❖ vi apresurarse.

busy ['bɪzɪ] ❖ adj **1.** [occupied] ocupado(da)
▸ **to be busy doing sthg** estar ocupado haciendo
algo **2.** [hectic - life, week] ajetreado(da) ; [- town,
office] concurrido(da) ; [- road] con mucho tráfico
3. [active] activo(va). ❖ vt ▸ **to busy o.s. (doing
sthg)** ocuparse (haciendo algo).

busybody ['bɪzɪ,bɒdɪ] n *pej* entrometido *m*, -da *f*.

busy signal n US TELEC señal *f* de comunicando.

but [bʌt] ❖ conj pero ▸ *we were poor but
happy* éramos pobres pero felices ▸ *she owns
not one but two houses* tiene una no sina dos
casas. ❖ prep menos, excepto ▸ *everyone but
Jane was there* todos estaban allí, menos Jane
▸ *we've had nothing but bad weather* no hemos
tenido más que mal tiempo ▸ *he has no one but
himself to blame* la culpa no es de otro más que
él OR sino de él. ❖ adv *fml* : *had I but known*
de haberlo sabido ▸ *we can but try* por intentarlo
que no quede. ❖ **but for** conj de no ser por.

butcher ['bʊtʃər] ❖ n **1.** [occupation] carnicero *m*, -ra *f* ▸ **butcher's (shop)** carnicería *f*
2. [indiscriminate killer] carnicero *m*, -ra *f*, asesino *m*, -na *f*. ❖ vt [animal - for meat] matar; *fig*
[kill indiscriminately] hacer una carnicería con.

butler ['bʌtlər] n mayordomo *m*.

butt [bʌt] ❖ n **1.** [of cigarette, cigar] colilla *f*
2. [of rifle] culata *f* **3.** [for water] tina *f* **4.** [of
joke, remark] blanco *m* **5.** US *inf* [bottom] trasero *m*, culo *m*. ❖ vt topetar. ❖ **butt in** vi
[interrupt] ▸ **to butt in on sb** cortar a alguien.
❖ **butt out** vi US dejar de entrometerse.

butter ['bʌtər] ❖ n mantequilla *f*. ❖ vt untar
con mantequilla.

buttercup ['bʌtəkʌp] n ranúnculo *m*.

butter dish n mantequera *f*.

butterfly ['bʌtəflaɪ] n **1.** [insect] mariposa *f*
2. [swimming style] (estilo *m*) mariposa *f*.

buttery ['bʌtərɪ] adj [smell, taste] a mantequilla.

buttocks ['bʌtəks] pl n nalgas *fpl*.

button ['bʌtn] ❖ n **1.** [gen & COMPUT] botón *m*
2. US [badge] chapa *f*. ❖ vt = **button up.**
❖ **button up** vt sep abotonar, abrochar.

buttonhole ['bʌtnhəʊl] ❖ n **1.** [hole] ojal *m*
2. UK [flower] flor *f* para el ojal. ❖ vt *inf* enganchar, coger por banda.

button mushroom n champiñón *m* pequeño.

buttress ['bʌtrɪs] n contrafuerte *m*.

buxom ['bʌksəm] adj [woman] maciza, pechugona.

buy [baɪ] ❖ vt (*pt & pp* bought) *lit & fig* comprar ▸ *to buy sthg from sb* comprar algo a alguien
▸ *to buy sb sthg* comprar algo a alguien, comprar
algo para alguien. ❖ n compra *f*. ❖ **buy off**
vt sep sobornar, comprar. ❖ **buy out** vt sep
1. [in business] comprar la parte de **2.** [from
army] : *to buy o.s. out* pagar dinero para salirse
del ejército. ❖ **buy up** vt sep acaparar.

buyer ['baɪər] n [purchaser] comprador *m*, -ra *f*.

buyout ['baɪaʊt] n adquisición *f* de la mayoría de
las acciones de una empresa.

buzz [bʌz] ❖ n [of insect, machinery] zumbido *m* ; [of conversation] rumor *m* ▸ **to give sb
a buzz** *inf* [on phone] dar un toque OR llamar a
alguien. ❖ vi **1.** [make noise] zumbar **2.** *fig* [be
active] ▸ **to buzz (with)** bullir (de).

buzzer ['bʌzər] n timbre *m*.

buzzword ['bʌzwɜːd] n *inf* palabra *f* de moda.

by [baɪ] prep **1.** [indicating cause, agent] por
▸ *caused /written by* causado/escrito por ▸ *a
book by Joyce* un libro de Joyce **2.** [indicating
means, method, manner] : *to travel by bus /
train /plane /ship* viajar en autobús/tren/avión/
barco ▸ *to pay by cheque* pagar con cheque ▸ *he
got rich by buying land* se hizo rico comprando
terrenos ▸ **by profession /trade** de profesión/
oficio **3.** [beside, close to] junto a ▸ *by the sea*
junto al mar **4.** [past] por delante de ▸ *to walk
by sb /sthg* pasear por delante de alguien/algo
▸ *we drove by the castle* pasamos por el castillo
(conduciendo) **5.** [via, through] por ▸ *we entered*

by the back door entramos por la puerta trasera **6.** [with time - at or before, during] para / *I'll be there by eight* estaré allí para las ocho ▶ **by now** ya ▶ **by day/night** de día/noche **7.** [according to] según / *by law/my standards* según la ley/mis criterios **8.** [in division] entre ; [in multiplication, measurements] por / *to divide 20 by 2* dividir 20 entre 2 / *to multiply 20 by 2* multiplicar 20 por 2 / *twelve feet by ten* doce pies por diez **9.** [in quantities, amounts] por / *by the day/hour* por día/horas / *prices were cut by 50 %* los precios fueron rebajados (en) un 50 % **10.** [indicating gradual change] ▶ **day by day** día a día ▶ **one by one** uno a uno **11.** [to explain a word or expression] : *what do you mean by `all right'?* ¿qué quieres decir con 'bien'? / *what do you understand by the word `subsidiarity'?* ¿qué entiendes por 'subsidiariedad'? ▶ **(all) by oneself** solo(la) / *did you do it all by yourself?* ¿lo hiciste tú solo? ▶ **that's by the by** eso no viene a cuento.

bye(-bye) [baɪ(baɪ)] excl *inf* ¡hasta luego!

bye-election = **by-election**.

byelaw [ˈbaɪlɔ:] = **bylaw**.

by-election, bye-election n elección f parcial.

bygone [ˈbaɪgɒn] adj pasado(da). ◆ **bygones** pl n ▶ **let bygones be bygones** lo pasado, pasado está.

bylaw, byelaw [ˈbaɪlɔ:] n reglamento m OR estatuto m local.

bypass [ˈbaɪpɑ:s] ⬥ n **1.** [road] carretera f de circunvalación **2.** MED ▶ **bypass (operation)** (operación f de) by-pass m. ⬥ vt evitar.

by-product n **1.** [product] subproducto m **2.** [consequence] consecuencia f.

bystander [ˈbaɪˌstændər] n espectador m, -ra f.

byte [baɪt] n COMPUT byte m.

byword [ˈbaɪwɜ:d] n ▶ **to be a byword (for)** ser sinónimo de.

c¹ (pl **c's** or **cs**), **C** (pl **C's** or **Cs**) [si:] n [letter] c f, C f. ◆ **C** n **1.** MUS do m **2.** (*abbr of* **celsius, centigrade**) C.

c² (*written abbr of* **cent(s)**) cént.

c. (*abbr of* **circa**) h.

c/a (*abbr of* **current account**) c/c.

cab [kæb] n **1.** [taxi] taxi m ▶ **black cab** taxi negro (*típico taxi británico*) **2.** [of lorry] cabina f.

cabaret [ˈkæbəreɪ] n cabaret m.

cabbage [ˈkæbɪdʒ] n col f, repollo m.

cabin [ˈkæbɪn] n **1.** [on ship] camarote m **2.** [in aircraft] cabina f **3.** [house] cabaña f.

cabinet [ˈkæbɪnɪt] n **1.** [cupboard] armario m ; [with glass pane] vitrina f **2.** POL consejo m de ministros, gabinete m.

cable [ˈkeɪbl] ⬥ n **1.** [rope, wire] cable m **2.** [telegram] cablegrama m. ⬥ vt cablegrafiar.

cable car n teleférico m.

cablecast [ˈkeɪblkɑ:st] vt US TV transmitir por cable.

cable television, cable TV n televisión f por cable.

cache [kæʃ] n **1.** [store] alijo m **2.** COMPUT caché f.

cache memory n COMPUT memoria f caché.

cackle [ˈkækl] vi **1.** [hen] cacarear **2.** [person] reírse.

cactus [ˈkæktəs] (pl **-tuses** or **-ti**) n cactus m inv.

caddie [ˈkædi] ⬥ n cadi mf. ⬥ vi ▶ **to caddie (for)** hacer de cadi (para).

cadet [kəˈdet] n cadete m.

cadge [kædʒ] UK *inf* vt ▶ **to cadge sthg (off** OR **from sb)** gorronear algo (a alguien).

caesarean (section) UK, **cesarean (section)** US [sɪˈzeərɪən-] n cesárea f.

cafe, café [ˈkæfeɪ] n café m, cafetería f.

cafeteria [ˌkæfɪˈtɪərɪə] n (restaurante m) autoservicio m, cantina f.

caffeine [ˈkæfi:n] n cafeína f.

cage [keɪdʒ] n jaula f.

cagey [ˈkeɪdʒi] (compar **-ier**, superl **-iest**) adj *inf* reservado(da).

cagoule [kəˈgu:l] n UK chubasquero m.

cajole [kəˈdʒəʊl] vt ▶ **to cajole sb (into doing sthg)** engatusar a alguien (para que haga algo).

cake [keɪk] n **1.** [sweet food] pastel m, tarta f, torta f AM **2.** [of fish, potato] medallón m empanado **3.** [of soap] pastilla f.

caked [keɪkt] adj ▶ **caked with mud** cubierto(ta) de barro seco.

CAL (*abbr of* **computer assisted learning**) (*abbr of* **computer aided learning**) n enseñanza f asistida por ordenador.

calamity [kəˈlæmɪti] (pl **-ies**) n *fml* calamidad f.

calcium [ˈkælsɪəm] n calcio m.

calculate [ˈkælkjʊleɪt] vt **1.** [work out] calcular **2.** [plan] : *to be calculated to do sthg* estar pensado(da) para hacer algo.

calculated [ˈkælkjʊleɪtɪd] adj [murder, deception] premeditado(da) ; [risk] calculado(da), medido(da).

calculating [ˈkælkjʊleɪtɪŋ] adj *pej* calculador(ra).

calculation [ˌkælkjʊˈleɪʃn] n cálculo m.

calculator [ˈkælkjʊleɪtər] n calculadora f.

calendar [ˈkælɪndər] n calendario m.

calendar month n mes m civil.

calendar year n año m civil.

calf [kɑ:f] (pl **calves**) n **1.** [young animal - of cow] ternero m, -ra f, becerro m, -rra f; [- of other animals] cría f **2.** [leather] piel f de becerro **3.** [of leg] pantorrilla f.

calibre, caliber US ['kælɪbər] n **1.** [quality] nivel m **2.** [size] calibre m.

California [,kælɪ'fɔ:njə] n California.

calipers US = **callipers**.

call [kɔ:l] ◆ n **1.** [cry, attraction, vocation] llamada f, llamado m Am; [cry of bird] reclamo m **2.** TELEC llamada f, llamado m Am / to give sb a call llamar a alguien **3.** [visit] visita f / to pay a call on sb hacerle una visita a alguien **4.** [demand] : call for llamamiento m a **5.** [summons] : on call de guardia. ◆ vt **1.** [gen & TELEC] llamar / I'm called Joan me llamo Joan / what is it called? ¿cómo se llama? / he called my name me llamó por el nombre / we'll call it £10 dejémoslo en 10 libras **2.** [announce - flight] anunciar ; [- strike, meeting, election] convocar. ◆ vi **1.** [gen & TELEC] llamar ▶ who's calling? ¿quién es? **2.** [visit] pasar. ◆ **call at** vt insep [subj: train] efectuar parada en. ◆ **call back** ◆ vt sep **1.** [on phone] volver a llamar **2.** [ask to return] hacer volver. ◆ vi **1.** [on phone] volver a llamar **2.** [visit again] volver a pasarse. ◆ **call for** vt insep **1.** [collect] ir a buscar **2.** [demand] pedir. ◆ **call in** vt sep **1.** [send for] llamar **2.** [recall - product, banknotes] retirar ; [- loan] exigir pago de. ◆ **call off** vt sep **1.** [meeting, party] suspender ; [strike] desconvocar **2.** [dog etc] llamar (para deje de atacar). ◆ **call on** vt insep [visit] visitar. ◆ **call out** ◆ vt sep **1.** [order to help - troops] movilizar ; [- police, firemen] hacer intervenir **2.** [cry out] gritar. ◆ vi gritar. ◆ **call round** vi pasarse. ◆ **call up** vt sep **1.** MIL llamar a filas **2.** US [on telephone] llamar (por teléfono).

CALL (abbr of **computer assisted (or aided) language learning**) n enseñanza f de idiomas asistida por ordenador.

call box n UK cabina f telefónica.

call centre n call center m, centro m de llamadas, centro m de atención telefónica.

caller ['kɔ:lər] n **1.** [visitor] visita f **2.** [on telephone] persona f que llama.

caller (ID) display n [on telephone] identificador m de llamada.

call-in n US RADIO & TV programa m a micrófono abierto.

calling ['kɔ:lɪŋ] n **1.** [profession] profesión f **2.** [vocation] vocación f.

calling card n US tarjeta f de visita.

callipers UK, **calipers** US ['kælɪpəz] pl n **1.** MED aparato m ortopédico **2.** [for measuring] calibrador m.

callous ['kæləs] adj despiadado(da).

calm [kɑ:m] ◆ adj **1.** [not worried or excited] tranquilo(la) **2.** [evening, weather] apacible **3.** [sea] en calma. ◆ n calma f. ◆ vt calmar. ◆ **calm down** ◆ vt sep calmar. ◆ vi calmarse.

Calor gas® ['kælər-] n UK (gas m) butano m.

calorie, calory ['kælərı] n caloría f.

calorie-conscious adj : she's very calorie-conscious tiene mucho cuidado con las calorías.

calorie-controlled adj [diet] de control de calorías.

calorie-free adj sin calorías.

calves [kɑ:vz] pl n ⟶ **calf**.

camber ['kæmbər] n [of road] peralte m.

Cambodia [kæm'bəudjə] n Camboya.

camcorder ['kæm,kɔ:dər] n camcorder m, videocámara f.

came [keɪm] pt ⟶ **come**.

camel ['kæml] n camello m.

cameo ['kæmɪəu] (pl -s) n **1.** [jewellery] camafeo m **2.** [in acting] actuación f breve y memorable ; [in writing] excelente descripción f.

camera ['kæmərə] n cámara f ▶ **camera phone** teléfono m con cámara. ◆ **in camera** adv fml a puerta cerrada.

cameraman ['kæmərəmæn] (pl -**men**) n cámara m.

camouflage ['kæməflɑ:ʒ] ◆ n camuflaje m. ◆ vt camuflar.

camp [kæmp] ◆ n **1.** [gen & MIL] campamento m **2.** [temporary mass accommodation] campo m ▶ **(summer) camp** US colonia f, campamento m de verano **3.** [faction] bando m. ◆ vi acampar. ◆ adj inf amanerado(da). ◆ **camp out** vi acampar (al aire libre).

campaign [kæm'peɪn] ◆ n campaña f. ◆ vi ▶ **to campaign (for/against)** hacer campaña (a favor de/en contra de).

campaigner [kæm'peɪnər] n **1.** [supporter of cause] defensor m, -ra f **2.** [experienced person] ▶ **an experienced campaigner** un veterano.

camp bed n cama f plegable.

camper ['kæmpər] n **1.** [person] campista mf **2.** ▶ **camper (van)** autocaravana f.

campground ['kæmpgraund] n US camping m.

camphone ['kæmfəun] n teléfono m con cámara.

camping ['kæmpɪŋ] n camping m ▶ **to go camping** ir de acampada.

camping site, campsite ['kæmpsaɪt] n camping m.

campus ['kæmpəs] (pl -es) n campus m inv, ciudad f universitaria.

can¹ [kæn] ◆ n [for drink, food] lata f, bote m ; [for oil, paint] lata ; US [for garbage] cubo m. ◆ vt (pt & pp -**ned**, cont -**ning**) enlatar.

can² *(weak form* [kən]*, strong form* [kæn]*, conditionnal and preterite form* **could***; negative form* **cannot** *and* **can't)** modal vb **1.** [be able to] poder / *can you come to lunch?* ¿puedes venir a comer? / *I can't* OR *cannot afford it* no me lo puedo permitir / *can you see/hear something?* ¿ves/oyes algo? **2.** [know how to] saber / *I can speak French* hablo francés, sé hablar francés / *I can play the piano* sé tocar el piano / *can you drive/cook?* ¿sabes conducir/cocinar? **3.** [indicating permission, in polite requests] poder / *you can use my car if you like* puedes utilizar mi coche si quieres / *can I speak to John, please?* ¿puedo hablar con John, por favor? **4.** [indicating disbelief, puzzlement] ▶ **you can't be serious** estás de broma ¿no? / *what can they have done with it?* ¿qué puede haber hecho con ello? **5.** [indicating possibility] poder / *you could have done it* podrías haberlo hecho / *I could see you tomorrow* podríamos vernos mañana.

Canada ['kænədə] n (el) Canadá.

Canadian [kə'neɪdjən] ❖ adj canadiense. ❖ n [person] canadiense mf.

canal [kə'næl] n canal m.

canary [kə'neərɪ] n canario m.

Canary Islands, Canaries [kə'neərɪz] pl n : *the Canary Islands* las (islas) Canarias.

cancel ['kænsl] (UK pt & pp **-led**, cont **-ling**, US pt & pp **-ed**, cont **-ing**) vt **1.** [call off] cancelar, suspender **2.** [invalidate - cheque, debt] cancelar; [- order] anular. ◆ **cancel out** vt sep anular.

cancellation [,kænsə'leɪʃn] n suspensión f.

cancer ['kænsər] n [disease] cáncer m. ◆ **Cancer** n Cáncer m.

candelabra [,kændɪ'lɑːbrə] n candelabro m.

candid ['kændɪd] adj franco(ca).

candidate ['kændɪdət] n ▶ **candidate (for)** candidato m, -ta f (a).

candle ['kændl] n vela f.

candlelight ['kændllaɪt] n ▶ **by candlelight** a la luz de una vela.

candlelit ['kændllɪt] adj [dinner] a la luz de las velas.

candlestick ['kændlstɪk] n candelero m.

candour UK, **candor** ['kændər] US n franqueza f, sinceridad f.

candy ['kændɪ] n US **1.** (U) [confectionery] golosinas fpl ▶ **candy bar a)** [chocolate] barra f de chocolate **b)** [muesli] barra f de cereales **2.** [sweet] caramelo m.

candyfloss UK ['kændɪflɒs], **cotton candy** US n azúcar m hilado, algodón m.

cane [keɪn] n **1.** (U) [for making furniture, supporting plant] caña f, mimbre m **2.** [walking stick] bastón m **3.** [for punishment] ▶ **the cane** la vara.

canine ['keɪnaɪn] ❖ adj canino(na). ❖ n ▶ **canine (tooth)** (diente m) canino m, colmillo m.

canister ['kænɪstər] n [for tea] bote m; [for film] lata f; [for gas] bombona f ▶ **smoke canister** bote de humo.

cannabis ['kænəbɪs] n cannabis m.

canned [kænd] adj [food, drink] enlatado(da), en lata.

cannibal ['kænɪbl] n caníbal mf.

cannon ['kænən] n (pl inv or **-s**) cañón m.

cannonball ['kænənbɔːl] n bala f de cañón.

cannot ['kænɒt] fml (abbr of can not) ⟶ **can**.

canny ['kænɪ] adj [shrewd] astuto(ta).

canoe [kə'nuː] n [gen] canoa f; SPORT piragua f.

canoeing [kə'nuːɪŋ] n piragüismo m.

canon ['kænən] n **1.** [clergyman] canónigo m **2.** [general principle] canon m.

can opener n US abrelatas m inv.

canopy ['kænəpɪ] n [over bed, seat] dosel m.

can't [kɑːnt] (abbr of can not) ⟶ **can**.

cantankerous [kæn'tæŋkərəs] adj [person] refunfuñón(ona), cascarrabias (inv).

canteen [kæn'tiːn] n **1.** [restaurant] cantina f **2.** [set of cutlery] (juego m de) cubertería f.

canter ['kæntər] ❖ n medio galope m. ❖ vi ir a medio galope.

cantilever ['kæntɪliːvər] n voladizo m.

Cantonese [,kæntə'niːz] ❖ adj cantonés(esa). ❖ n **1.** [person] cantonés m, -esa f **2.** [language] cantonés m.

canvas ['kænvəs] n **1.** [cloth] lona f **2.** [for painting on, finished painting] lienzo m.

canvass ['kænvəs] ❖ vt **1.** POL [person] solicitar el voto a **2.** [opinion] pulsar. ❖ vi solicitar votos yendo de puerta en puerta.

canyon ['kænjən] n cañón m.

cap [kæp] ❖ n **1.** [hat - peaked] gorra f; [- with no peak] gorro m ▶ **to go cap in hand to sb** acudir a alguien en actitud humilde **2.** [on bottle] tapón m; [on jar] tapa f; [on pen] capuchón m **3.** [limit] tope m **4.** UK [contraceptive device] diafragma m. ❖ vt **1.** [top] ▶ **to be capped with** estar coronado(da) de **2.** [outdo] ▶ **to cap it all** para colmo.

capability [,keɪpə'bɪlətɪ] n capacidad f.

capable ['keɪpəbl] adj **1.** [able] ▶ **to be capable of sthg/of doing sthg** ser capaz de algo/de hacer algo **2.** [competent] competente.

capacity [kə'pæsɪtɪ] n **1.** [gen] ▶ **capacity (for)** capacidad f (de) ▶ **seating capacity** aforo m **2.** [position] calidad f.

cape [keɪp] n **1.** GEOG cabo m **2.** [cloak] capa f.

capeesh [kə'piːʃ] n US inf [understand] entender / *I'm not going, capeesh?* que no voy a ir, ¿entiendes?

caper ['keɪpə'] n **1.** [food] alcaparra f **2.** inf [escapade] treta f.

capita = per capita.

capital ['kæpɪtl] ◆ adj **1.** [letter] mayúscula **2.** [punishable by death] capital. ◆ n **1.** [of country, main centre] capital f **2.** ▶ **capital (letter)** mayúscula f **3.** [money] capital m ▶ **to make capital (out) of** fig sacar partido de.

capital expenditure n (U) inversión f de capital.

capital gains tax n impuesto m sobre plusvalías.

capital goods pl n bienes mpl de capital.

capitalism ['kæpɪtəlɪzm] n capitalismo m.

capitalist ['kæpɪtəlɪst] ◆ adj capitalista. ◆ n capitalista mf.

capitalize, capitalise ['kæpɪtəlaɪz] vi ▶ **to capitalize on sthg** aprovechar algo, capitalizar algo.

capital punishment n (U) pena f capital.

Capitol Hill ['kæpɪtl-] n el Capitolio.

capitulate [kə'pɪtjʊleɪt] vi ▶ **to capitulate (to)** capitular (ante).

Capricorn ['kæprɪkɔːn] n Capricornio m.

capris [kə'priːz] pl n US pantalón m pirata.

capsize [kæp'saɪz] ◆ vt hacer volcar OR zozobrar. ◆ vi volcar, zozobrar.

capsule ['kæpsjuːl] n cápsula f.

captain ['kæptɪn] n [gen] capitán m, -ana f; [of aircraft] comandante mf.

caption ['kæpʃn] n [under picture etc] leyenda f; [heading] encabezamiento m.

captivate ['kæptɪveɪt] vt cautivar.

captivating ['kæptɪveɪtɪŋ] adj cautivador(ra).

captive ['kæptɪv] ◆ adj **1.** [imprisoned] en cautividad **2.** fig [market] asegurado(da). ◆ n cautivo m, -va f.

captivity [kæp'tɪvətɪ] n ▶ **in captivity** en cautividad, en cautiverio.

captor ['kæptə'] n apresador m, -ra f.

capture ['kæptʃə'] ◆ vt **1.** [gen] capturar **2.** [audience, share of market] hacerse con; [city] tomar **3.** [scene, mood, attention] captar **4.** [comput] introducir. ◆ n [of person] captura f; [of city] toma f.

car [kɑː'] ◆ n **1.** [motorcar] coche m, automóvil m, carro m AM, auto m **2.** [on train] vagón m, coche m. ◆ comp [door, tyre etc] del coche; [INDUST del automóvil; [accident] de automóvil.

carafe [kə'ræf] n garrafa f.

car alarm n alarma f de coche.

caramel ['kærəmel] n **1.** [burnt sugar] caramelo m (líquido), azúcar m quemado **2.** [sweet] tofe m.

carat ['kærət] n UK quilate m.

caravan ['kærəvæn] n caravana f, roulotte f.

caravan site n UK camping m para caravanas OR roulottes.

carbohydrate [ˌkɑːbəʊ'haɪdreɪt] n CHEM hidrato m de carbono. ◆ **carbohydrates** pl n [in food] féculas fpl.

carbon ['kɑːbən] n **1.** [element] carbono m **2.** copia en papel carbón.

carbonated ['kɑːbəneɪtɪd] adj con gas.

carbon copy n [document] copia f en papel carbón; fig [exact copy] calco m.

carbon dioxide [-daɪ'ɒksaɪd] n bióxido m OR dióxido m de carbono.

carbon footprint n ECOL huella f de carbono.

carbon monoxide [-mɒ'nɒksaɪd] n monóxido m de carbono.

carbon-neutral adj ECOL carbono neutro.

carbon offset vt ECOL compensar la huella de carbono.

carbon paper, carbon n (U) papel m carbón.

car-boot sale n venta de objetos usados colocados en el portaequipajes del coche.

carburettor UK, **carburetor** US [ˌkɑːbə'retə'] n carburador m.

carcass ['kɑːkəs] n [gen] cadáver m (de animal); [of bird] carcasa f; [at butcher's] canal m.

card [kɑːd] ◆ n **1.** [playing card] carta f, naipe m ▶ **card game** juego m de cartas **2.** [for information, greetings, computers] tarjeta f; [for identification] carné m **3.** [postcard] postal f **4.** [cardboard] cartulina f. ◆ vt US [ask for ID] pedir el carné a. ◆ **cards** pl n las cartas, los naipes. ◆ **on the cards** UK, **in the cards** US adv inf más que probable.

cardboard ['kɑːdbɔːd] ◆ n (U) cartón m. ◆ comp de cartón.

cardboard box n caja f de cartón.

cardiac ['kɑːdɪæk] adj cardíaco(ca).

cardigan ['kɑːdɪgən] n rebeca f.

cardinal ['kɑːdɪnl] ◆ adj capital. ◆ n RELIG cardenal m.

card index n UK fichero m.

cardphone ['kɑːdfəʊn] n tarjeta f telefónica.

card table n mesita f plegable (para jugar a cartas).

care [keə'] ◆ n **1.** [gen] cuidado m ▶ **care worker** cuidador m, -ra f profesional ▶ **day care a)** [for elderly, disabled] servicio m de asistencia de día **b)** [for children] servicio m de guardería ▶ **medical care** asistencia f médica ▶ **in sb's care** al cargo OR cuidado de alguien ▶ **to be in/be taken into care** estar/ser internado en un centro de protección de menores ▶ **to take care of a)** [person] cuidar de **b)** [animal, machine] cuidar **c)** [deal with] encargarse de ▶ **take care!** [goodbye] ¡nos vemos!, ¡cuídate! ▶ **to take care (to do sthg)** tener cuidado (de hacer algo) **2.** [cause of worry] preocupación f. ◆ vi **1.** [be concerned] ▶ **to care (about)** preocuparse (de OR por) **2.** [mind] :

I don't care no me importa. ◆ **care of** prep al cuidado de, en casa de. ◆ **care for** vt insep *dated* [like] : *I don't care for cheese* no me gusta el queso.

career [kə'rɪər] ❖ n carrera f. ❖ vi ir a toda velocidad.

career-minded adj ambicioso(sa).

careers adviser n asesor m, -ra f de orientación profesional.

carefree ['keəfri:] adj despreocupado(da).

careful ['keəfʊl] adj [gen] cuidadoso(sa) ; [driver] prudente ; [work] esmerado(da) ▶ **be careful!** ¡ten cuidado! ▶ **to be careful with money** ser mirado OR cuidadoso con el dinero ▶ **to be careful to do sthg** tener cuidado de hacer algo.

carefully ['keəflɪ] adv **1.** [cautiously] cuidadosamente, con cuidado ; [drive] con cuidado **2.** [thoroughly] detenidamente.

caregiver ['keəgɪvər] n cuidador m, -ra f ▶ **primary caregiver** cuidador m, -ra f principal.

careless ['keəlɪs] adj **1.** [inattentive] descuidado(da) **2.** [unconcerned] despreocupado(da).

carer ['keərə] n persona que cuida de un familiar impedido o enfermo ▶ **primary carer** cuidador m, -ra f principal.

caress [kə'res] ❖ n caricia f. ❖ vt acariciar.

caretaker ['keə,teɪkər] n UK conserje mf.

car ferry n transbordador m OR ferry m de coches.

cargo ['kɑ:gəʊ] (pl **-es** or **-s**) n carga f, cargamento m.

car hire n UK alquiler m OR renta f MEX de coches, arrendamiento m de autos.

Caribbean [UK kærɪ'bɪən, US kə'rɪbɪən] n ▶ **the Caribbean (Sea)** el (mar) Caribe.

caricature ['kærɪkə,tjʊər] ❖ n lit & fig caricatura f. ❖ vt caricaturizar.

caring ['keərɪŋ] adj solícito(ta), dedicado(da).

carlot [kɑ:lɒt] n US aparcamiento m.

carnage ['kɑ:nɪdʒ] n carnicería f.

carnal ['kɑ:nl] adj liter carnal.

carnation [kɑ:'neɪʃn] n clavel m.

carnival ['kɑ:nɪvl] n carnaval m.

carnivorous [kɑ:'nɪvərəs] adj carnívoro(ra).

carol ['kærəl] n villancico m.

carousel [,kærə'sel] n **1.** US [at fair] tiovivo m **2.** [at airport] cinta f transportadora.

carp [kɑ:p] ❖ n (pl inv or **-s**) carpa f. ❖ vi ▶ **to carp (about)** refunfuñar OR renegar (de).

car park n UK aparcamiento m, parqueadero m COL PAN, estacionamiento m AM.

carpenter ['kɑ:pəntər] n carpintero m, -ra f.

carpentry ['kɑ:pəntrɪ] n carpintería f.

carpet ['kɑ:pɪt] ❖ n lit & fig alfombra f ▶ **fitted carpet** moqueta f ▶ **to sweep sthg under the**

carpet fig echar tierra a algo. ❖ vt [fit with carpet] enmoquetar.

carpet slipper n zapatilla f.

carpet sweeper [-'swi:pər] n cepillo m mecánico (de alfombras).

car pool n UK [of company] parque m móvil **2.** [car-sharing scheme] uso m compartido del coche.

carport ['kɑ:,pɔ:t] n US cochera f.

car rental n US alquiler m OR renta f MEX de coches, arrendamiento m de autos.

carriage ['kærɪdʒ] n **1.** [horsedrawn vehicle] carruaje m **2.** UK [railway coach] vagón m **3.** [transport of goods] transporte m ▶ **carriage forward** UK porte a cuenta del destinatario **4.** [on typewriter] carro m.

carriage return n retorno m de carro.

carriageway ['kærɪdʒweɪ] n UK calzada f.

carrier ['kærɪər] n **1.** COMM transportista mf **2.** [airline] aerolínea f **3.** [of disease] portador m, -ra f **4.** = **carrier bag**.

carrier bag n bolsa f (de papel o plástico).

carrot ['kærət] n **1.** [vegetable] zanahoria f **2.** inf [incentive] aliciente m.

carry ['kærɪ] ❖ vt **1.** [transport] llevar **2.** [have about one's person] llevar encima **3.** [disease] ser portador de **4.** [involve] acarrear, conllevar **5.** [motion, proposal] aprobar **6.** [be pregnant with] estar embarazada de **7.** MATH llevarse. ❖ vi [sound] oírse. ◆ **carry away** vt insep ▶ **to get carried away** exaltarse. ◆ **carry forward, carry over** vt sep llevar a la página siguiente. ◆ **carry off** vt sep **1.** [make a success of] llevar a cabo **2.** [win] llevarse. ◆ **carry on** ❖ vt insep **1.** [continue] continuar, seguir ▶ **to carry on doing sthg** continuar OR seguir haciendo algo **2.** [conversation] mantener. ❖ vi inf [make a fuss] exagerar la nota. ◆ **carry out** vt insep **1.** [perform] llevar a cabo **2.** [fulfil] cumplir. ◆ **carry through** vt sep [accomplish] llevar a cabo.

carryall ['kærɔ:l] n US bolsa f de viaje.

carrycot ['kærɪkɒt] n UK moisés m.

carry-out n US Scot comida f para llevar.

carsick ['kɑ:,sɪk] adj mareado(da) (al ir en coche).

cart [kɑ:t] ❖ n **1.** [for horse] carro m, carreta f **2.** US [trolley] carrito m. ❖ vt inf acarrear.

carton ['kɑ:tn] n **1.** [strong cardboard box] caja f de cartón **2.** [for liquids] cartón m, envase m.

cartoon [kɑ:'tu:n] n **1.** [satirical drawing] chiste m (en viñeta) **2.** [comic strip] tira f cómica **3.** [film] dibujos mpl animados ▶ **cartoon character** personaje m de dibujos animados.

cartridge ['kɑ:trɪdʒ] n **1.** [for gun, camera & COMPUT] cartucho m **2.** [for pen] recambio m.

cartwheel ['kɑ:twi:l] n voltereta f lateral.

carve [kɑ:v] ❖ vt **1.** [wood] tallar; [stone] esculpir **2.** [meat] trinchar **3.** [name, message] grabar. ❖ vi trinchar. ◆ **carve out** vt sep [niche, place] conquistar. ◆ **carve up** vt sep repartir.

carving ['kɑ:vɪŋ] n **1.** [art, work - wooden] tallado m; [- stone] labrado m **2.** [object - wooden, stone] talla f.

carving knife n cuchillo m de trinchar.

car wash n lavado m de coches.

cascade [kæ'skeɪd] ❖ n cascada f. ❖ vi caer en cascada.

case [keɪs] n **1.** [gen & GRAM] caso m ▶ **to be the case** ser el caso ▶ **in that/which case** en ese/cuyo caso ▶ **as** OR **whatever the case may be** según sea el caso ▶ **in case of** en caso de **2.** [argument] argumentos mpl ▶ **the case for/against (sthg)** los argumentos a favor/en contra (de algo) **3.** LAW [trial, inquiry] pleito m, causa f **4.** [container - of leather] funda f; [- of hard material] estuche m **5.** UK [suitcase] maleta f, petaca f Méx, valija f RP. ◆ **in any case** adv en cualquier caso. ◆ **in case** conj & adv por si acaso ▶ **in case she doesn't come** por si no viene.

case-sensitive adj : *this password is case-sensitive* esta contraseña distingue entre mayúsculas y minúsculas.

cash [kæʃ] ❖ n **1.** [notes and coins] (dinero m) efectivo m ▶ **to pay (in) cash** pagar al contado OR en efectivo **2.** inf [money] dinero m **3.** [payment] ▶ **cash in advance** pago m al contado por adelantado ▶ **cash on delivery** entrega f contra reembolso. ❖ vt cobrar, hacer efectivo. ◆ **cash in** vi ▶ **to cash in on** inf sacar partido de.

cash and carry n almacén de venta al por mayor.

cashback ['kæʃbæk] n UK [in supermarket] dinero en efectivo retirado de la cuenta cuando se paga con tarjeta en un supermercado.

cashbook ['kæʃbʊk] n libro m de caja.

cash box n caja f con cerradura (para el dinero).

cash card n US tarjeta f de cajero automático.

cash desk n UK caja f.

cash dispenser [-dɪ'spensər], **cash point** n US cajero m automático.

cashew (nut) ['kæʃu:-] n (nuez f de) anacardo m.

cashier [kæ'ʃɪər] n cajero m, -ra f.

cashless ['kæʃlɪs] adj sin dinero en efectivo.

cash machine = **cash dispenser**.

cashmere [kæʃ'mɪər] n cachemira f.

cash point ['kæʃpɔɪnt] = **cash dispenser**.

cash register n caja f (registradora).

casing ['keɪsɪŋ] n [of electric cable] revestimiento m.

casino [kə'si:nəʊ] (pl -s) n casino m.

cask [kɑ:sk] n tonel m, barril m.

casket ['kɑ:skɪt] n **1.** [for jewels] estuche m **2.** US [coffin] ataúd m.

casserole ['kæsərəʊl] n **1.** [stew] guiso m **2.** [pan] cazuela f, cacerola f.

cassette [kæ'set] n cinta f, casete f.

cassette player n casete m, magnetófono m.

cassette recorder n casete m, magnetófono m.

cast [kɑ:st] ❖ n [of play, film] reparto m. ❖ vt (pt & pp cast) **1.** [look] echar, lanzar **2.** [light] irradiar; [shadow] proyectar **3.** [throw] arrojar, lanzar **4.** [vote] emitir **5.** [metal, statue] fundir. ◆ **cast aside** vt sep [person] abandonar; [idea] rechazar. ◆ **cast off** vi NAUT soltar amarras.

castanets [,kæstə'nets] pl n castañuelas fpl.

castaway ['kɑ:stəweɪ] n náufrago m, -ga f.

caste [kɑ:st] n casta f.

caster, castor ['kɑ:stər] n [wheel] ruedecilla f.

caster sugar, castor sugar n UK azúcar m extrafino.

casting vote n voto m de calidad.

cast iron n hierro m fundido. ◆ **cast-iron** adj **1.** [made of cast iron] de hierro fundido **2.** [alibi, excuse] irrebatible, indiscutible; [will] férreo(a), de hierro.

castle ['kɑ:sl] n **1.** [building] castillo m **2.** [in chess] torre f.

castor ['kɑ:stər] = **caster**.

castor oil n aceite m de ricino.

castor sugar = **caster sugar**.

castrate [kæ'streɪt] vt castrar.

casual ['kæʒʊəl] adj **1.** [relaxed, indifferent] despreocupado(da) **2.** pej [offhand] descuidado(da), informal **3.** [chance - visitor] ocasional; [- remark] casual **4.** [informal clothes] de sport, informal **5.** [irregular - labourer etc] eventual.

casually ['kæʒʊəlɪ] adv **1.** [in a relaxed manner, indifferently] con aire despreocupado **2.** [informally] informalmente.

casualty ['kæʒjʊəltɪ] n **1.** [gen] víctima f; MIL baja f **2.** (U) [ward] urgencias fpl.

casualty department n unidad f de urgencias.

cat [kæt] n **1.** [domestic] gato m, -ta f ▶ **to think that one is the cat's whiskers** UK creerse que uno es el oro y el moro **2.** [wild] felino m.

Catalan ['kætə,læn] ❖ adj catalán(ana). ❖ n **1.** [person] catalán m, -ana f **2.** [language] catalán m.

catalogue UK, **catolog** US ['kætəlɒg] ❖ n **1.** [of items] catálogo m **2.** fig [series] serie f. ❖ vt **1.** [make official list of] catalogar **2.** fig [list] enumerar.

Catalonia [,kætə'ləʊnɪə] n Cataluña.

Catalonian [,kætə'ləʊnɪən] ❖ adj catalán(ana). ❖ n [person] catalán m, -ana f.

catalyst ['kætəlɪst] n lit & fig catalizador m.

catalytic convertor [ˌkætəˈlɪtɪk kənˈvɜːtər] n catalizador m.

catapult [ˈkætəpʌlt] UK n **1.** HIST [hand-held] tirachinas m inv **2.** HIST [machine] catapulta f.

cataract [ˈkætərækt] n [waterfall, in eye] catarata f.

catarrh [kəˈtɑːr] n (U) catarro m.

catastrophe [kəˈtæstrəfɪ] n catástrofe f.

catch [kætʃ] ⋄ vt (pt & pp caught) **1.** [gen] coger, agarrar AM ; [ball] atrapar **2.** [fish] pescar ; [stop - person] parar **3.** [be in time for] ▶ **I've got a train to catch** tengo que coger un tren ▶ **to catch the (last) post** UK llegar a la (última) recogida del correo **4.** [hear clearly] entender, llegar a oír **5.** [interest, imagination] despertar **6.** [see] ▶ **to catch sight** or **a glimpse of** alcanzar a ver **7.** [hook - shirt etc] engancharse ; [shut in door - finger] pillarse **8.** [strike] golpear. ⋄ vi (pt & pp caught) **1.** [become hooked, get stuck] engancharse **2.** [start to burn] prenderse. ⋄ n **1.** [of ball etc] parada f **2.** [of fish] pesca f, captura f **3.** [fastener - on door] pestillo m ; [- on necklace] cierre m **4.** [snag] trampa f. ◆ **catch on** vi **1.** [become popular] hacerse popular **2.** inf [understand] ▶ **to catch on (to)** caer en la cuenta (de). ◆ **catch out** vt sep [trick] pillar. ◆ **catch up** ⋄ vt sep alcanzar. ⋄ vi : we'll soon catch up pronto nos pondremos a la misma altura ▶ **to catch up on a)** [sleep] recuperar **b)** [work, reading] ponerse al día con. ◆ **catch up with** vt insep **1.** [group etc] alcanzar **2.** [criminal] pillar, descubrir.

catching [ˈkætʃɪŋ] adj contagioso(sa).

catchment area [ˈkætʃmənt-] n UK zona f de captación.

catchphrase [ˈkætʃfreɪz] n muletilla f.

catchy [ˈkætʃɪ] adj pegadizo(za).

categorically [ˌkætɪˈgɒrɪklɪ] adv [state] categóricamente ; [deny] rotundamente.

category [ˈkætəgərɪ] n categoría f.

cater [ˈkeɪtər] ⋄ vi proveer comida. ⋄ vt US [party, event] dar el servicio de comida y bebida de. ◆ **cater for** vt insep UK [tastes, needs] atender a ; [social group] estar destinado(da) a ▶ **I hadn't catered for** no había contado con eso. ◆ **cater to** vt insep complacer.

caterer [ˈkeɪtərər] n [firm] empresa f de hostelería.

catering [ˈkeɪtərɪŋ] n [at wedding etc] servicio m de banquetes ; [trade] hostelería f.

caterpillar [ˈkætəpɪlər] n oruga f.

caterpillar tracks pl n [rodado m de) oruga f.

cathedral [kəˈθiːdrəl] n catedral f.

Catholic [ˈkæθlɪk] ⋄ adj católico(ca). ⋄ n católico m, -ca f. ◆ **catholic** adj diverso(sa).

Catseyes® [ˈkætsaɪz] pl n UK catafaros mpl.

cattle [ˈkætl] pl n ganado m (vacuno).

cattle grid UK, **cattleguard** US n [on a road] paso m canadiense (reja que impide el paso al ganado).

catty [ˈkætɪ] adj inf & pej [spiteful] malintencionado(da).

catwalk [ˈkætwɔːk] n pasarela f.

caucus [ˈkɔːkəs] n [political group] comité m. ◆ **Caucus** n US congreso de los principales partidos estadounidenses.

caught [kɔːt] pt & pp ⟶ **catch**.

cauliflower [ˈkɒlɪˌflaʊər] n coliflor f.

cause [kɔːz] ⋄ n **1.** [gen] causa f **2.** [grounds] ▶ **cause (for)** motivo m (para) ▶ **cause for complaint** motivo de queja ▶ **cause to do sthg** motivo para hacer algo. ⋄ vt causar ▶ **to cause sb to do sthg** hacer que alguien haga algo.

caustic [ˈkɔːstɪk] adj **1.** CHEM cáustico(ca) **2.** [comment] mordaz, hiriente.

caution [ˈkɔːʃn] ⋄ n **1.** (U) [care] precaución f, cautela f **2.** [warning] advertencia f. ⋄ vt **1.** [warn - against danger] prevenir ; [- against behaving rudely etc] advertir **2.** UK [subj: policeman] ▶ **to caution sb (for)** amonestar a alguien (por).

cautious [ˈkɔːʃəs] adj prudente, cauto(ta).

cavalier [ˌkævəˈlɪər] adj arrogante, desdeñoso(sa).

cavalry [ˈkævlrɪ] n caballería f.

cave [keɪv] n cueva f. ◆ **cave in** vi [roof, ceiling] hundirse.

caveman [ˈkeɪvmæn] (pl -men) n cavernícola mf.

cavern [ˈkævən] n caverna f.

caviar(e) [ˈkævɪɑːr] n caviar m.

cavity [ˈkævətɪ] n **1.** [in object, structure] cavidad f **2.** [in tooth] caries f inv.

cavort [kəˈvɔːt] vi retozar, brincar.

CB n abbr of Citizens' Band.

CBI abbr of Confederation of British Industry.

cc n **1.** (abbr of cubic centimetre) cc **2.** (written abbr of carbon copy) cc.

CD n **1.** (abbr of compact disc) CD m **2.** (abbr of Corps Diplomatique) CD.

CD burner n grabadora f de CD.

CD player n reproductor m de CD.

CD-R (abbr of compact disc recordable) n CD-R m.

CD-R drive n grabadora f de CD-R.

CD-ROM [siːdiːˈrɒm] (abbr of compact disc read-only memory) n COMPUT CD-ROM m.

CD-ROM burner n estampadora f de CD.

CD-RW (abbr of compact disc rewritable) n CD-RW m.

CD tower n torre f de almacenamiento de CDs.

cease [siːs] fml ⋄ vt cesar. ⋄ vi cesar.

cease-fire n alto m el fuego.

ceaseless ['si:slɪs] adj *fml* incesante.

cedar (tree) ['si:dər-] n cedro *m*.

ceiling ['si:lɪŋ] n **1.** [of room] techo *m* **2.** [limit] tope *m*, límite *m*.

celeb [sɪ'leb] n *inf* famoso *m*, -sa *f*.

celebrate ['selɪbreɪt] vt & vi celebrar.

celebrated ['selɪbreɪtɪd] adj célebre.

celebration [,selɪ'breɪʃn] n **1.** *(U)* [activity, feeling] celebración *f* **2.** [event] fiesta *f*, festejo *m*.

celebrity [sɪ'lebrətɪ] n celebridad *f*.

celery ['selərɪ] n apio *m*.

celibate ['selɪbət] adj célibe.

cell [sel] n **1.** BIOL & POL célula *f* **2.** COMPUT celda *f* **3.** [prisoner's, nun's or monk's room] celda *f* **4.** ELEC pila *f*.

cellar ['selər] n **1.** [basement] sótano *m* **2.** [stock of wine] bodega *f*.

cello ['tʃeləʊ] *(pl* **-s)** n violoncelo *m*.

Cellophane® ['seləfeɪn] n celofán® *m*.

cellphone ['selfəʊn], **cellular phone** ['səljʊlər-] n US teléfono *m* móvil, celular *m* Am.

Celsius ['selsɪəs] adj centígrado(da) ╱ *20 degrees Celsius* 20 grados centígrados.

Celt [kelt] n celta *mf*.

Celtic ['keltɪk] ❖ adj celta. ❖ n celta *m*.

cement [sɪ'ment] ❖ n **1.** [for concrete] cemento *m* **2.** [glue] cola *f*. ❖ vt **1.** [glue] encolar **2.** [agreement, relationship] cimentar, fortalecer.

cement mixer n hormigonera *f*.

cemetery ['semɪtrɪ] n cementerio *m*.

censor ['sensər] ❖ n censor *m*, -ra *f*. ❖ vt censurar.

censorship ['sensəʃɪp] n censura *f*.

censure ['senʃər] vt censurar.

census ['sensəs] *(pl* **-uses)** n censo *m*.

cent [sent] n centavo *m* ▶ **euro cent** céntimo *m* de euro.

centenary UK [sen'ti:nərɪ], **centennial** US [sen'tenjəl] n centenario *m*.

center US = **centre**.

centigrade ['sentɪɡreɪd] adj centígrado(da) ╱ *20 degrees centigrade* 20 grados centígrados.

centilitre UK, **centiliter** US ['sentɪ,li:tər] n centilitro *m*.

centimetre UK, **centimeter** US ['sentɪ,mi:tər] n centímetro *m*.

centipede ['sentɪpi:d] n ciempiés *m inv*.

central ['sentrəl] adj **1.** [gen] central ╱ *in central Spain* en el centro de España **2.** [easily reached] céntrico(ca).

Central America n Centroamérica.

Central Europe n Europa Central.

central heating n calefacción *f* central.

centralize, **centralise** ['sentrəlaɪz] vt centralizar.

central locking [-'lɒkɪŋ] n cierre *m* centralizado.

central reservation n UK mediana *f*.

centre UK, **center** US ['sentər] ❖ n centro *m* ▶ **activity center** US centro *m* de actividades ▶ **centre of attention/gravity** centro de atención/gravedad ▶ **center strip** US mediana *f* ▶ **the centre** POL el centro. ❖ adj **1.** [middle] central **2.** POL centrista. ❖ vt centrar.

centre back, **centre half** n defensa *mf* central.

centre forward n delantero *m*, -ra *f* centro *(inv)*.

centre half = **centre back**.

century ['sentʃʊrɪ] n siglo *m*.

CEO *(abbr of chief executive officer)* n presidente *m*, -ta *f*.

ceramic [sɪ'ræmɪk] adj de cerámica, cerámico(ca). ❖ **ceramics** n cerámica *f*.

cereal ['sɪərɪəl] n **1.** [crop] cereal *m* **2.** [breakfast food] cereales *mpl*.

ceremonial [,serɪ'məʊnjəl] adj ceremonial.

ceremony ['serɪmənɪ] n ceremonia *f* ▶ **to stand on ceremony** andarse con cumplidos OR ceremonias.

certain ['sɜ:tn] adj **1.** [gen] seguro(ra) ╱ *he's certain to be late* (es) seguro que llega tarde ▶ **to be certain (of)** estar seguro (de) ▶ **to make certain (of)** asegurarse (de) ▶ **for certain** con toda seguridad **2.** [particular, some] cierto(ta) ▶ **to a certain extent** hasta cierto punto **3.** [named person] ▶ **a certain ...** un (una) tal ...

certainly ['sɜ:tnlɪ] adv desde luego ╱ *certainly not!* ¡claro que no!

certainty ['sɜ:tntɪ] n seguridad *f*.

certificate [sə'tɪfɪkət] n [gen] certificado *m*; SCH & UNIV diploma *m*, título *m*; [of birth, death] partida *f*.

certified ['sɜ:tɪfaɪd] adj [document] certificado(da); [person] diplomado(da).

certified mail n US correo *m* certificado.

certified public accountant n US contable diplomado *m*, contable diplomada *f*, contador público *m*, contadora pública *f* Am.

certify ['sɜ:tɪfaɪ] vt **1.** [declare true] certificar **2.** [declare insane] declarar demente.

cervical [sə'vaɪkl] adj cervical.

cervical smear n citología *f*, frotis *f* cervical.

cervix ['sɜ:vɪks] *(pl* **-ices)** n [of womb] cuello *m* del útero.

cesarean (section) = **caesarean (section)**.

cesspit ['sespɪt], **cesspool** ['sespu:l] n pozo *m* negro.

cf. *(abbr of confer)* cf., cfr.

CFC *(abbr of chlorofluorocarbon)* n CFC *m*.

Chad [tʃæd] n el Chad.

chafe [tʃeɪf] vt [rub] rozar.

chaffinch ['tʃæfɪntʃ] n pinzón *m*.

chain [tʃeɪn] ❖ n cadena f ▶ **chain of mountains** cordillera f, cadena f montañosa ▶ **chain of events** serie f or cadena f de acontecimientos. ❖ vt [person, object] encadenar.

chain reaction n reacción f en cadena.

chain saw n motosierra f, sierra f mecánica.

chain-smoke vi fumar un cigarrillo tras otro.

chain store n tienda f (de una cadena).

chair [tʃeər] ❖ n **1.** [gen] silla f; [armchair] sillón m **2.** [university post] cátedra f **3.** [of meeting] presidencia f. ❖ vt presidir.

chair lift n telesilla m.

chairman ['tʃeəmən] (pl -men) n presidente m.

chairperson ['tʃeə,pɜ:sn] (pl -s) n presidente m, -ta f.

chalet ['ʃæleɪ] n chalé m, chalet m.

chalk [tʃɔ:k] n **1.** [for drawing] tiza f, gis m Méx **2.** [type of rock] creta f. ◆ **chalk up** vt sep [attain] apuntarse, anotarse AM.

chalkboard ['tʃɔ:kbɔ:d] n US pizarra f.

challenge ['tʃælɪndʒ] ❖ n desafío m, reto m. ❖ vt **1.** [to fight, competition] ▶ **to challenge sb (to sthg / to do sthg)** desafiar a alguien (a algo / a que haga algo) **2.** [question] poner en tela de juicio.

challenger ['tʃælɪndʒər] n [for title, leadership] aspirante mf; [opponent] contrincante mf.

challenging ['tʃælɪndʒɪŋ] adj **1.** [task, job] estimulante, que supone un reto **2.** [look, tone of voice] desafiante.

chamber ['tʃeɪmbər] n [room] cámara f.

chambermaid ['tʃeɪmbəmeɪd] n [at hotel] camarera f.

chamber music n música f de cámara.

chamber of commerce n cámara f de comercio.

chameleon [kə'mi:ljən] n camaleón m.

champagne [,ʃæm'peɪn] n champán m.

champion ['tʃæmpjən] ❖ n **1.** [of competition] campeón m, -ona f **2.** [of cause] defensor m, -ra f. ❖ vt defender.

championship ['tʃæmpjənʃɪp] n campeonato m.

chance [tʃɑ:ns] ❖ n **1.** [luck] azar m, suerte f ▶ **by chance** por casualidad **2.** [likelihood] posibilidad f ▶ **not to stand a chance (of)** no tener ninguna posibilidad (de) ▶ **by any chance** por casualidad, acaso **3.** [opportunity] oportunidad f **4.** [risk] riesgo m ▶ **to take a chance (on)** correr un riesgo or arriesgarse (con). ❖ adj fortuito(ta), casual. ❖ vt arriesgar ▶ **to chance it** arriesgarse.

chancellor ['tʃɑ:nsələr] n **1.** [chief minister] canciller m. **2.** US UNIV ≃ rector m.

Chancellor of the Exchequer n UK Ministro m, -tra f de Economía y Hacienda.

chandelier [,ʃændə'lɪər] n (lámpara f de) araña f.

change [tʃeɪndʒ] ❖ n **1.** [gen] cambio m ▶ **change of clothes** muda f ▶ **for a change** para variar **2.** [from payment] vuelta f, cambio m, vuelto m AM **3.** [coins] suelto m, calderilla f, sencillo m ANDES, feria f MÉX, menudo m COL **4.** [money in exchange] : *have you got change for £5?* ¿tienes cambio de 5 libras? ❖ vt **1.** [gen] cambiar ▶ **to change sthg into** transformar algo en / *to change pounds into francs* cambiar libras en ESP or a francos ▶ **to change direction** cambiar de rumbo ▶ **to change one's mind** cambiar de idea or opinión **2.** [goods in shop] cambiar **3.** [switch - job, gear, train] cambiar de ▶ **to change hands** COMM cambiar de mano ▶ **to change one's shirt** cambiarse de camisa ▶ **to get changed** cambiarse de ropa. ❖ vi **1.** [alter] cambiar ▶ **to change into sthg** transformarse en algo **2.** [change clothes] cambiarse **3.** [change trains, buses] hacer transbordo. ◆ **change over** vi [convert] ▶ **to change over to** cambiar a.

changeable ['tʃeɪndʒəbl] adj variable.

change machine n máquina f de cambio.

changeover ['tʃeɪndʒ,əʊvər] n ▶ **changeover (to)** cambio m (a).

changing ['tʃeɪndʒɪŋ] adj cambiante.

changing room n **1.** SPORT vestuario m **2.** [in clothes shop] probador m.

channel ['tʃænl] ❖ n canal m. ❖ vt (UK pt & pp -led, cont -ling, US pt & pp -ed, cont -ing) lit & fig canalizar. ◆ **Channel** n ▶ **the (English) Channel** el Canal de la Mancha. ◆ **channels** pl n [procedure] conductos mpl, medios mpl.

Channel Islands pl n : *the Channel Islands* las islas del Canal de la Mancha.

Channel tunnel n ▶ **the Channel tunnel** el túnel del Canal de la Mancha.

chant [tʃɑ:nt] ❖ n **1.** RELIG canto m **2.** [of demonstrators] consigna f; [at sports match] cántico m. ❖ vt **1.** RELIG cantar **2.** [words] corear.

chaos ['keɪɒs] n caos m inv.

chaotic [keɪ'ɒtɪk] adj caótico(ca).

chap [tʃæp] n UK inf tipo m, tío m.

chapel ['tʃæpl] n capilla f.

chaperon(e) ['ʃæpərəʊn] ❖ n carabina f, acompañanta f. ❖ vt acompañar.

chaplain ['tʃæplɪn] n capellán m.

chapped [tʃæpt] adj agrietado(da).

chapter ['tʃæptər] n lit & fig capítulo m.

char [tʃɑ:r] ❖ n UK [cleaner] mujer f de la limpieza. ❖ vt [burn] carbonizar, calcinar.

character ['kærəktər] n **1.** [nature, quality, letter] carácter m ▶ **to be out of / in character (for)** no ser / ser típico (de) **2.** [in film, book, play] personaje m **3.** inf [person of stated kind] tipo m **4.** inf [person with strong personality] ▶ **to be a character** ser todo un carácter.

characteristic [ˌkærəktə'rɪstɪk] ◆ adj característico(ca). ◆ n característica f.

characterize, characterise ['kærəktəraɪz] vt [typify] caracterizar.

charade [ʃə'rɑːd] n farsa f. ◆ **charades** n (U) charadas fpl.

char-broil vt US CULIN asar a la parrilla (con carbón vegetal).

charcoal ['tʃɑːkəʊl] n [for barbecue etc] carbón m (vegetal); [for drawing] carboncillo m.

charge [tʃɑːdʒ] ◆ n 1. [cost] precio m ▶ **free of charge** gratis ▶ **will that be cash or charge?** US ¿pagará en efectivo o con tarjeta? 2. LAW cargo m, acusación f 3. [responsibility] ▶ **to have charge of sthg** tener algo al cargo de uno ▶ **to take charge (of)** hacerse cargo (de) ▶ **to be in charge** ser el encargado (la encargada) ▶ **in charge of** encargado(da) de 4. ELEC carga f 5. MIL [of cavalry] carga f. ◆ vt 1. [customer, sum] cobrar ▶ **to charge sthg to sb** cargar algo en la cuenta de alguien 2. [attack] cargar contra 3. [battery] cargar. ◆ vi [rush] cargar ▶ **to charge in / out** entrar / salir en tromba.

charge card n tarjeta de compra.

charger ['tʃɑːdʒər] n [for batteries] cargador m.

chariot ['tʃærɪət] n carro m, cuadriga f.

charisma [kə'rɪzmə] n carisma m.

charitable ['tʃærətəbl] adj 1. [person, remark] caritativo(va) 2. [organization] benéfico(ca).

charity ['tʃærətɪ] n 1. [kindness, money] caridad f 2. [organization] institución f benéfica.

charity shop n UK tienda de una entidad benéfica en la que se venden productos de segunda mano donados por simpatizantes.

charm [tʃɑːm] ◆ n 1. [appeal, attractiveness] encanto m 2. [spell] hechizo m 3. [on bracelet] dije m, amuleto m. ◆ vt dejar encantado(da).

charming ['tʃɑːmɪŋ] adj encantador(ra).

chart [tʃɑːt] ◆ n 1. [diagram] gráfico m 2. [map] carta f. ◆ vt 1. [plot, map] representar en un mapa 2. fig [describe] trazar. ◆ **charts** pl n ▶ **the charts** la lista de éxitos.

charter ['tʃɑːtər] ◆ n [document] carta f. ◆ comp chárter (inv). ◆ vt [plane, boat] fletar.

chartered accountant ['tʃɑːtəd-] n UK contable colegiado m, contable colegiada f, contador colegiado m, contadora colegiada f Am.

charter flight n vuelo m chárter.

chase [tʃeɪs] ◆ n [pursuit] persecución f. ◆ vt 1. [pursue] perseguir 2. [drive away] ahuyentar 3. [money, jobs] ir detrás de.

chasm ['kæzm] n [deep crack] sima f; fig [divide] abismo m.

chassis ['ʃæsɪ] (pl inv) n [of vehicle] chasis m inv.

chaste [tʃeɪst] adj casto(ta).

chat [tʃæt] ◆ n [gen & COMPUT] charla f. ◆ vi [gen & COMPUT] charlar. ◆ **chat up** vt sep UK inf intentar ligar con, tirarse un lance con.

chat line n línea f compartida.

chat room n INTERNET sala f de conversación, chat m.

chatter ['tʃætər] ◆ n 1. [of person] cháchara f 2. [of bird] gorjeo m; [of monkey] chillidos mpl. ◆ vi 1. [person] parlotear 2. [teeth] castañetear.

chatterbox ['tʃætəbɒks] n inf parlanchín m, -ina f.

chatty ['tʃætɪ] adj 1. [person] dicharachero(ra) 2. [letter] informal.

chauffeur ['ʃəʊfər] n chófer mf.

chauvinist ['ʃəʊvɪnɪst] n 1. [sexist] sexista mf ▶ **male chauvinist** machista m 2. [nationalist] chovinista mf.

cheap [tʃiːp] ◆ adj 1. [inexpensive] barato(ta) 2. [low-quality] de mala calidad 3. [vulgar-joke etc] de mal gusto 4. US [stingy] mezquino(na). ◆ adv barato.

cheapen ['tʃiːpn] vt [degrade] rebajar.

cheaply ['tʃiːplɪ] adv barato.

cheat [tʃiːt] ◆ n tramposo m, -sa f. ◆ vt engañar, estafar. ◆ vi [in exam] copiar; [at cards] hacer trampas.

check [tʃek] ◆ n 1. [inspection, test] ▶ **check box** casilla f ▶ **check (on)** inspección f OR control m (de) ▶ **to keep a check on** controlar 2. [restraint] ▶ **check (on)** restricción f (en) 3. US [cheque] cheque m 4. US [bill] cuenta f 5. US [tick] señal f de visto bueno 6. [pattern] cuadros mpl 7. [in chess] jaque m. ◆ vt 1. [test, verify] comprobar 2. [inspect-machine, product] inspeccionar; [-ticket, passport] revisar, controlar 3. [restrain, stop] refrenar. ◆ vi comprobar ▶ **to check (for/on) sthg** comprobar (algo). ◆ **check in** ◆ vt sep [luggage, coat] facturar. ◆ vi 1. [at hotel] inscribirse, registrarse 2. [at airport] facturar. ◆ **check into** vt insep : to check into a hotel registrarse en un hotel. ◆ **check out** ◆ vt sep 1. [luggage, coat] recoger 2. [investigate] comprobar 3. inf [look at] mirar. ◆ vi [from hotel] dejar el hotel. ◆ **check up** vi ▶ **to check up (on sthg)** informarse (acerca de algo) ▶ **to check up on sb** hacer averiguaciones sobre alguien.

checkbook US = chequebook.

checked [tʃekt] adj a cuadros.

checkered US = chequered.

checkers ['tʃekəz] n (U) US damas fpl.

check-in n facturación f.

check-in desk n mostrador m de facturación.

checking account ['tʃekɪŋ-] n US cuenta f corriente.

checkmate ['tʃekmeɪt] n jaque m mate.

checkout ['tʃekaʊt] n caja f.

checkpoint ['tʃekpɔɪnt] n control m.

checkroom ['tʃekru:m] n **US** [for coats, hats] guardarropa m ; [for luggage] consigna f.

checkup ['tʃekʌp] n chequeo m.

Cheddar (cheese) ['tʃedə-] n (queso m) cheddar m.

cheek [tʃi:k] n **1.** [of face] mejilla f **2.** inf [impudence] cara f, descaro m.

cheekbone ['tʃi:kbəʊn] n pómulo m.

cheeky ['tʃi:kɪ] adj descarado(da).

cheer [tʃɪər] ❖ n [shout] aclamación f ▶ **cheers** vítores mpl. ❖ vt **1.** [shout approval, encouragement at] aclamar **2.** [gladden] animar. ❖ vi gritar con entusiasmo. ◆ **cheers** excl [when drinking] ¡salud! ; **UK** inf [thank you] ¡gracias! ; inf [goodbye] ¡hasta luego! ◆ **cheer up** ❖ vt sep animar. ❖ vi animarse.

cheerful ['tʃɪəfʊl] adj [gen] alegre.

cheerio [,tʃɪərɪ'əʊ] excl **UK** inf ¡hasta luego!

cheerleader ['tʃɪə,li:dər] n animadora f (de un equipo).

cheese [tʃi:z] n queso m.

cheeseboard ['tʃi:zbɔ:d] n tabla f de quesos.

cheeseburger ['tʃi:z,bɜ:gər] n hamburguesa f con queso.

cheesecake ['tʃi:zkeɪk] n pastel m OR tarta f de queso.

cheesy ['tʃi:zɪ] (compar **-ier**, superl **-iest**) adj **1.** [tasting of cheese] con sabor a queso **2.** [smell] a queso.

cheetah ['tʃi:tə] n guepardo m, onza f.

chef [ʃef] n chef m, jefe m de cocina.

chemical ['kemɪkl] ❖ adj químico(ca). ❖ n sustancia f química.

chemist ['kemɪst] n **1.** **UK** [pharmacist] farmacéutico m, -ca f ▶ **chemist's (shop)** farmacia f **2.** [scientist] químico m, -ca f.

chemistry ['kemɪstrɪ] n [science] química f.

cheque **UK**, **check** **US** [tʃek] n cheque m, talón m.

chequebook **UK**, **checkbook** **US** ['tʃekbʊk] n talonario m de cheques, chequera f **AM**.

cheque card n **UK** tarjeta f de identificación bancaria.

chequered **UK** ['tʃekəd], **checkered** **US** ['tʃekerd] adj **1.** [patterned] a cuadros **2.** [varied] lleno(na) de altibajos.

cherish ['tʃerɪʃ] vt **1.** [hope, memory] abrigar **2.** [privilege, right] apreciar **3.** [person, thing] tener mucho cariño a.

cherry ['tʃerɪ] n [fruit] cereza f ▶ **cherry (tree)** cerezo m.

chess [tʃes] n ajedrez m.

chessboard ['tʃesbɔ:d] n tablero m de ajedrez.

chest [tʃest] n **1.** ANAT pecho m ▶ **to get sthg off one's chest** inf contar algo para desahogarse **2.** [box, trunk - gen] arca f, cofre m ; [- for tools] caja f.

chestnut ['tʃesnʌt] ❖ adj [colour] castaño(ña). ❖ n [nut] castaña f ▶ **chestnut (tree)** castaño m.

chest of drawers (pl chests of drawers) n cómoda f.

chew [tʃu:] vt **1.** [food] masticar **2.** [nails] morderse ; [carpet] morder. ◆ **chew up** vt sep [food] masticar ; [slippers] mordisquear ; [tape] destrozar.

chewing gum ['tʃu:ɪŋ-] n chicle m.

chewy ['tʃu:ɪ] (compar **-ier**, superl **-iest**) adj [meat, pasta] correoso(sa) ; [toffee, sweets] gomoso(sa).

chic [ʃi:k] adj chic (inv), elegante.

chick [tʃɪk] n **1.** [baby bird] polluelo m **2.** inf [woman] nena f ▶ **chick flick** película f para chicas ▶ **chick lit** literatura ligera para mujeres.

chicken ['tʃɪkɪn] n **1.** [bird] gallina f **2.** [food] pollo m **3.** inf [coward] gallina mf. ◆ **chicken out** vi inf ▶ **to chicken out (of sthg / of doing sthg)** rajarse (a la hora de algo / de hacer algo).

chickenpox ['tʃɪkɪnpɒks] n varicela f.

chickpea ['tʃɪkpi:] n garbanzo m.

chicory ['tʃɪkərɪ] n achicoria f.

chief [tʃi:f] ❖ adj principal. ❖ n jefe m, -fa f.

Chief Executive n **US** [US president] presidente m, -ta f.

chief executive officer n **US** [head of company] director m, -ra f general.

chiefly ['tʃi:flɪ] adv **1.** [mainly] principalmente **2.** [especially, above all] por encima de todo.

chiffon ['ʃɪfɒn] n gasa f.

chilblain ['tʃɪlbleɪn] n sabañón m.

child [tʃaɪld] (pl children) n **1.** [boy, girl] niño m, -ña f **2.** [son, daughter] hijo m, -ja f.

child benefit n (U) **UK** subsidio pagado a todas las familias por cada hijo.

childbirth ['tʃaɪldbɜ:θ] n (U) parto m.

childcare ['tʃaɪldkeər] n cuidado m de los niños.

childhood ['tʃaɪldhʊd] n infancia f, niñez f.

childish ['tʃaɪldɪʃ] adj pej infantil.

childlike ['tʃaɪldlaɪk] adj [person] como un niño ; [smile, trust] de niño.

childminder ['tʃaɪld,maɪndər] n **UK** niñera f (durante el día).

childproof ['tʃaɪldpru:f] adj a prueba de niños.

children ['tʃɪldrən] pl n ⟶ **child**.

children's home n hogar m infantil.

Chile ['tʃɪlɪ] n Chile.

Chilean ['tʃɪlɪən] ❖ adj chileno(na). ❖ n chileno m, -na f.

chili ['tʃɪlɪ] = **chilli**.

chill [tʃɪl] ❖ n **1.** [illness] resfriado m **2.** [in temperature] ▶ **there's a chill in the air** hace un poco de fresco. ❖ vt **1.** [drink, food] (dejar) enfriar

2. [person - with cold] enfriar ; [- with fear] hacer sentir escalofríos. ◆ **chill out** vi inf relajarse.

chillax [tʃɪˈlæks] vi inf & hum : *we're going to chillax at my place after the movie* nos vamos de relax a mi casa después de la peli.

chilli [ˈtʃɪlɪ] (pl -ies), **chili** n guindilla f, chile m, ají m ᴬᴺᴰᴱˢ ᴿᴾ.

chilling [ˈtʃɪlɪŋ] adj [frightening] escalofriante.

chilly [ˈtʃɪlɪ] adj frío(a).

chime [tʃaɪm] ◆ n [of clock] campanada f ; [of bells] repique m. ◆ vi [bell] repicar ; [clock] sonar.

chimney [ˈtʃɪmnɪ] n chimenea f.

chimneypot [ˈtʃɪmnɪpɒt] n cañón m de chimenea.

chimneysweep [ˈtʃɪmnɪswiːp] n deshollinador m, -ra f.

chimp [tʃɪmp], **chimpanzee** [ˌtʃɪmpənˈziː] n chimpancé mf.

chin [tʃɪn] n barbilla f.

china [ˈtʃaɪnə] n porcelana f.

China [ˈtʃaɪnə] n la China.

Chinese [ˌtʃaɪˈniːz] ◆ adj chino(na). ◆ n **1.** [person] chino m, -na f **2.** [language] chino m. ◆ pl n ▶ **the Chinese** los chinos.

Chinese leaves pl n ᴜᴷ (hojas fpl de) col f china.

chink [tʃɪŋk] ◆ n **1.** [narrow opening] grieta f ; [of light] resquicio m **2.** [sound] tintineo m. ◆ vi tintinear.

chip [tʃɪp] ◆ n **1.** ᴜᴷ [fried potato chip] patata f frita ▶ **oven chips** patatas fpl fritas para horno ; ᴜˢ [potato crisp] patata f frita (de bolsa o de churrería) **2.** [fragment - gen] pedacito m ; [- of wood] viruta f ; [- of stone] lasca f **3.** [flaw - in cup, glass] desportilladura f **4.** COMPUT chip m **5.** [token] ficha f. ◆ vt [damage] desportillar. ◆ **chip in** vi **1.** [pay money] poner dinero **2.** [in conversation] intervenir. ◆ **chip off** vt sep desconchar.

chip-and-pin n ᴜᴷ pago con tarjeta usando el PIN.

chipboard [ˈtʃɪpbɔːd] n aglomerado m.

chip shop n ᴜᴷ tienda en la que se vende pescado y patatas fritas.

chiropodist [kɪˈrɒpədɪst] n podólogo m, -ga f, pedicuro m, -ra f.

chirp [tʃɜːp] vi [bird] piar ; [insect] chirriar.

chirpy [ˈtʃɜːpɪ] adj ᴜᴷ inf alegre.

chisel [ˈtʃɪzl] n [for wood] formón m, escoplo m ; [for stone] cincel m.

chit [tʃɪt] n [note] nota f.

chitchat [ˈtʃɪttʃæt] n (U) inf cháchara f.

chivalry [ˈʃɪvlrɪ] n **1.** liter [of knights] caballería f **2.** [good manners] caballerosidad f.

chives [tʃaɪvz] pl n cebollana f.

chlorine [ˈklɔːriːn] n cloro m.

choc-ice [ˈtʃɒkaɪs] n ᴜᴷ bombón m helado.

chock [tʃɒk] n cuña f, calzo m.

chock-a-block, chock-full adj inf ▶ **chock-a-block (with)** hasta los topes (de).

chocoholic [ˈtʃɒkəˌhɒlɪk] n inf adicto m, -ta f al chocolate, chocoadicto m, -ta f.

chocolate [ˈtʃɒkələt] ◆ n **1.** [food, drink] chocolate m **2.** [sweet] bombón m. ◆ comp de chocolate.

choice [tʃɔɪs] ◆ n **1.** [gen] elección f ▶ **to do sthg by** ᴏʀ **from choice** elegir hacer algo **2.** [person chosen] preferido m, -da f ; [thing chosen] alternativa f preferida **3.** [variety, selection] surtido m. ◆ adj de primera calidad.

choir [ˈkwaɪər] n coro m.

choirboy [ˈkwaɪəbɔɪ] n niño m de coro.

choke [tʃəʊk] ◆ n AUTO estárter m. ◆ vt **1.** [subj: person] estrangular **2.** [subj: fumes] asfixiar ; [subj: fishbone etc] hacer atragantarse **3.** [block - pipes, gutter] atascar. ◆ vi [on fishbone etc] atragantarse ; [to death] asfixiarse. ◆ **choke back** vt insep contener, reprimir.

cholera [ˈkɒlərə] n cólera m.

cholesterol [kəˈlestərɒl] n colesterol m.

choose [tʃuːz] (pt chose, pp chosen) ◆ vt **1.** [select] elegir, escoger ▶ **there's little** ᴏʀ **not much to choose between them** no se sabe cuál es mejor **2.** [decide] ▶ **to choose to do sthg** decidir hacer algo / **do whatever you choose** haz lo que quieras. ◆ vi elegir, escoger.

choos(e)y [ˈtʃuːzɪ] (compar -ier, superl -iest) adj [gen] quisquilloso(sa) ; [about food] exigente, remilgado(da).

chop [tʃɒp] ◆ n **1.** CULIN chuleta f **2.** [blow - with axe] hachazo m. ◆ vt [vegetables, meat] picar ; [wood] cortar. ◆ vi ▶ **to chop and change** cambiar cada dos por tres. ◆ **chops** pl n inf morros mpl, jeta f. ◆ **chop down** vt sep talar. ◆ **chop up** vt sep [vegetables, meat] picar ; [wood] cortar.

chopper [ˈtʃɒpər] n **1.** [for wood] hacha f ; [for meat] cuchillo m de carnicero **2.** inf [helicopter] helicóptero m.

choppy [ˈtʃɒpɪ] adj picado(da).

chopsticks [ˈtʃɒpstɪks] pl n palillos mpl.

choral [ˈkɔːrəl] adj coral.

chord [kɔːd] n MUS acorde m.

chore [tʃɔːr] n **1.** [task] tarea f, faena f **2.** inf [boring thing] lata f.

chortle [ˈtʃɔːtl] vi reírse con satisfacción.

chorus [ˈkɔːrəs] n **1.** [part of song, refrain] estribillo m **2.** [choir, group of singers or dancers] coro m.

chose [tʃəʊz] pt ⟶ **choose**.

chosen [ˈtʃəʊzn] pp ⟶ **choose**.

Christ [kraɪst] n Cristo m.

christen [ˈkrɪsn] vt bautizar.

christening ['krɪsnɪŋ] n bautizo m.

Christian ['krɪstʃən] ❖ adj cristiano(na). ❖ n cristiano m, -na f.

Christianity [ˌkrɪstɪ'ænətɪ] n cristianismo m.

Christian name n nombre m de pila.

Christmas ['krɪsməs] n Navidad f ▶ **happy** OR **merry Christmas!** ¡Feliz Navidad!

Christmas card n crismas m inv.

Christmas carol n villancico m.

Christmas Day n día m de Navidad.

Christmas Eve n Nochebuena f.

Christmas pudding n UK pudin de frutas que se come caliente el día de Navidad.

Christmas tree n árbol m de Navidad.

chrome [krəʊm], **chromium** ['krəʊmɪəm] ❖ n cromo m. ❖ comp cromado(da).

chronic ['krɒnɪk] adj **1.** [illness, unemployment] crónico(ca) **2.** [liar, alcoholic] empedernido(da).

chronicle ['krɒnɪkl] n crónica f.

chronological [ˌkrɒnə'lɒdʒɪkl] adj cronológico(ca).

chrysanthemum [krɪ'sænθəməm] (pl -s) n crisantemo m.

chubby ['tʃʌbɪ] adj [person, hands] rechoncho(cha) ▶ **to have chubby cheeks** ser mofletudo(da).

chuck [tʃʌk] vt inf **1.** [throw] tirar, arrojar ▶ **to chuck sb out** echar a alguien **2.** [job, girlfriend] dejar. ◆ **chuck away, chuck out** vt sep inf tirar.

chuckle ['tʃʌkl] vi reírse entre dientes.

chug [tʃʌg] vi [train] traquetear; [car] resoplar.

chum [tʃʌm] n inf [gen] amiguete m, -ta f, manito m Méx; [at school] compañero m, -ra f.

chunk [tʃʌŋk] n [piece] trozo m.

church [tʃɜːtʃ] n iglesia f ▶ **to go to church** ir a misa.

Church of England n ▶ **the Church of England** la Iglesia Anglicana.

churchyard ['tʃɜːtʃjɑːd] n cementerio m, camposanto m.

churlish ['tʃɜːlɪʃ] adj descortés.

churn [tʃɜːn] ❖ n **1.** [for making butter] mantequera f **2.** [for transporting milk] lechera f. ❖ vt [stir up] agitar. ◆ **churn out** vt sep inf hacer como churros OR en cantidades industriales.

chute [ʃuːt] n [for water] vertedor m; [slide] tobogán m; [for waste] rampa f.

chutney ['tʃʌtnɪ] n salsa agridulce y picante de fruta y semillas.

CIA (abbr of Central Intelligence Agency) n CIA f.

CID (abbr of Criminal Investigation Department) n UK ≃ Brigada f de Policía Judicial.

cider ['saɪdər] n **1.** sidra f **2.** US [non-alcoholic] zumo m Esp OR jugo m Am de manzana.

cigar [sɪ'gɑː] n puro m.

cigarette [ˌsɪgə'ret] n cigarrillo m.

cigarette paper n papel m de fumar.

cinch [sɪntʃ] n inf ▶ **it's a cinch** está tirado, es pan comido.

cinder ['sɪndər] n ceniza f.

Cinderella [ˌsɪndə'relə] n Cenicienta f.

cine-camera ['sɪnɪ-] n cámara f cinematográfica.

cine-film ['sɪnɪ-] n película f cinematográfica.

cinema ['sɪnəmə] n cine m.

cinnamon ['sɪnəmən] n canela f.

cipher, cypher ['saɪfər] n [secret writing system] código m, cifra f.

circa ['sɜːkə] prep hacia.

circle ['sɜːkl] ❖ n **1.** [gen] círculo m ▶ **to go round in circles** darle (mil) vueltas al mismo tema **2.** [in theatre] anfiteatro m; [in cinema] entresuelo m. ❖ vt **1.** [draw a circle round] rodear con un círculo **2.** [move round] describir círculos alrededor de. ❖ vi dar vueltas.

circuit ['sɜːkɪt] n **1.** [gen] circuito m **2.** [of track] vuelta f.

circuitous [sə'kjuːɪtəs] adj tortuoso(sa).

circular ['sɜːkjʊlər] ❖ adj [gen] circular. ❖ n circular f.

circulate ['sɜːkjʊleɪt] ❖ vi **1.** [gen] circular **2.** [socialize] alternar. ❖ vt [rumour, document] hacer circular.

circulation [ˌsɜːkjʊ'leɪʃn] n **1.** [of blood, money] circulación f **2.** [of magazine, newspaper] tirada f.

circumcise ['sɜːkəmsaɪz] vt circuncidar.

circumference [sə'kʌmfərəns] n circunferencia f.

circumspect ['sɜːkəmspekt] adj circunspecto(ta).

circumstance ['sɜːkəmstəns] n circunstancia f ▶ **circumstances** circunstancias fpl ▶ **under** OR **in no circumstances** bajo ningún concepto ▶ **in** OR **under the circumstances** dadas las circunstancias.

circumvent [ˌsɜːkəm'vent] vt fml burlar.

circus ['sɜːkəs] n **1.** [for entertainment] circo m **2.** [in place names] glorieta f.

CIS (abbr of Commonwealth of Independent States) n CEI f.

cistern ['sɪstən] n **1.** UK [in roof] depósito m de agua **2.** [in toilet] cisterna f.

cite [saɪt] vt citar.

citizen ['sɪtɪzn] n ciudadano m, -na f.

Citizens' Advice Bureau n oficina británica de información y asistencia al ciudadano.

Citizens' Band n banda de radio reservada para radioaficionados y conductores.

citizenship ['sɪtɪznʃɪp] n ciudadanía f.

citrus fruit ['sɪtrəs-] n cítrico m.

city ['sɪtɪ] n ciudad f. ◆ **City** n **UK** ▸ **the City** la City *(barrio financiero de Londres)*.

city centre n centro m de la ciudad.

city hall n **US** ayuntamiento m.

city technology college n **UK** centro de *formación profesional financiado por la industria.*

civic ['sɪvɪk] adj **1.** [duty, pride] cívico(ca) **2.** [leader, event] público(ca).

civic centre n **UK** zona de la ciudad donde se *encuentran los edificios públicos.*

civics ['sɪvɪks] n (U) SCH educación f cívica.

civil ['sɪvl] adj **1.** [involving ordinary citizens] civil **2.** [polite] cortés.

civil engineering n ingeniería f civil.

civilian [sɪ'vɪljən] ◆ n civil mf. ◆ comp [organization] civil; [clothes] de paisano.

civilization [,sɪvɪlaɪ'zeɪʃn] n civilización f.

civilized ['sɪvɪlaɪzd] adj civilizado(da).

civil law n derecho m civil.

civil liberties pl n libertades fpl civiles.

civil partner n pareja f de hecho.

civil partnership n unión legal de parejas del *mismo sexo.*

civil rights pl n derechos mpl civiles.

civil servant n funcionario m, -ria f público(ca).

civil service n administración f pública.

civil union n unión f civil.

civil war n guerra f civil.

CJD (abbr of **Creutzfeldt-Jakob disease**) n enfermedad f de Creutzfeldt-Jakob.

clad [klæd] adj liter ▸ **clad in** vestido(da) de.

claim [kleɪm] ◆ n **1.** [for pay, insurance, expenses] reclamación f **2.** [of right] reivindicación f ▸ **to have a claim on sb** tener un derecho sobre alguien ▸ **to lay claim to sthg** reclamar algo **3.** [assertion] afirmación f. ◆ vt **1.** [allowance, expenses, lost property] reclamar **2.** [responsibility, credit] atribuirse **3.** [maintain] ▸ **to claim (that)** mantener que. ◆ vi ▸ **to claim on one's insurance** reclamar al seguro.

claimant ['kleɪmənt] n [to throne] pretendiente mf; [of unemployment benefit] solicitante mf; LAW demandante mf.

clairvoyant [kleə'vɔɪənt] n clarividente mf.

clam [klæm] n almeja f. ◆ **clam up** vi inf cerrar la boca OR el pico.

clamber ['klæmbər] vi trepar.

clammy ['klæmɪ] adj [hands] húmedo(da), pegajoso(sa); [weather] bochornoso(sa).

clamour **UK**, **clamor** **US** ['klæmər] ◆ n (U) **1.** [noise] clamor m **2.** [demand] ▸ **clamour (for)** demandas fpl (de). ◆ vi ▸ **to clamour for sthg** exigir a voces algo.

clamp [klæmp] ◆ n [gen] abrazadera f; [for car wheel] cepo m. ◆ vt **1.** [with clamp] sujetar (con una abrazadera) **2.** [with wheel clamp] poner un cepo a. ◆ **clamp down** vi ▸ **to clamp down on** poner freno a.

clan [klæn] n clan m.

clandestine [klæn'destɪn] adj clandestino(na).

clang [klæŋ] vi hacer un ruido metálico.

clap [klæp] ◆ vt ▸ **to clap one's hands** dar palmadas. ◆ vi aplaudir.

clapping ['klæpɪŋ] n (U) aplausos mpl.

claret ['klærət] n burdeos m inv.

clarification [,klærɪfɪ'keɪʃn] n aclaración f.

clarify ['klærɪfaɪ] vt aclarar.

clarinet [,klærə'net] n clarinete m.

clarity ['klærətɪ] n claridad f.

clash [klæʃ] ◆ n **1.** [difference - of interests] conflicto m; [- of personalities] choque m **2.** [fight, disagreement] ▸ **clash (with)** conflicto m (con) **3.** [noise] estruendo m. ◆ vi **1.** [fight, disagree] ▸ **to clash (with)** enfrentarse (con) **2.** [opinions, policies] estar en desacuerdo **3.** [date, event] ▸ **to clash (with)** coincidir (con) **4.** [colour] ▸ **to clash (with)** desentonar (con).

clasp [klɑːsp] ◆ n [on necklace, bracelet] broche m; [on belt] cierre m. ◆ vt [person] abrazar; [thing] agarrar.

class [klɑːs] ◆ n **1.** [gen] clase f **2.** [category] clase f, tipo m. ◆ vt ▸ **to class sb (as)** clasificar a alguien (de).

classic ['klæsɪk] ◆ adj [typical] clásico(ca). ◆ n clásico m.

classical ['klæsɪkl] adj clásico(ca).

classification [,klæsɪfɪ'keɪʃn] n clasificación f.

classified ['klæsɪfaɪd] adj [secret] reservado(da), secreto(ta).

classified ad n anuncio m por palabras.

classify ['klæsɪfaɪ] vt clasificar.

classmate ['klɑːsmeɪt] n compañero m, -ra f de clase.

classroom ['klɑːsrʊm] n aula f, clase f.

classroom assistant n SCH ayudante mf del profesor.

classy ['klɑːsɪ] adj inf con clase.

clatter ['klætər] n [gen] estrépito m; [of pots, pans, dishes] ruido m (de cacharros); [of hooves] chacoloteo m.

clause [klɔːz] n **1.** [in legal document] cláusula f **2.** GRAM oración f.

claustrophobic [,klɔːstrə'fəʊbɪk] adj claustrofóbico(ca).

claw [klɔː] ◆ n **1.** [of animal, bird] garra f; [of cat] uña f **2.** [of crab, lobster] pinza f. ◆ vi ▸ **to claw at sthg a)** [cat] arañar algo **b)** [person] intentar agarrarse a algo.

clay [kleɪ] n arcilla f.

clean [kli:n] ◆ adj **1.** [gen] limpio(pia) **2.** [page] en blanco **3.** [environmentally-friendly] no contaminante **4.** [record, reputation] impecable; [driving licence] sin multas **5.** [joke] inocente **6.** [outline] nítido(da). ◆ vt & vi limpiar. ◆ **clean out** vt sep **1.** [clear out] limpiar el interior de **2.** inf [take everything from]: *the burglars cleaned us out* (los ladrones) nos limpiaron la casa. ◆ **clean up** vt sep [clear up] ordenar, limpiar ▶ to clean **o.s. up** asearse.

clean-burning adj [fuel] de combustión limpia.

cleaner ['kli:nə'] n **1.** [person] limpiador m, -ra f **2.** [substance] producto m de limpieza.

cleaning ['kli:nɪŋ] n limpieza f.

cleanliness ['klenlɪnɪs] n limpieza f.

cleanse [klenz] vt [gen] limpiar; [soul] purificar ▶ to cleanse sthg /sb of sthg limpiar algo/a alguien de algo.

cleanser ['klenzə'] n crema f OR loción f limpiadora.

clean-shaven [-'ʃeɪvn] adj [never growing a beard] barbilampiño(ña); [recently shaved] bien afeitado(da).

clean technology n COMPUT tecnología f limpia.

clear [klɪə'] ◆ adj **1.** [gen] claro(ra); [day, road, view] despejado(da) ▶ to make sthg clear (to) dejar algo claro (a) ▶ it's clear that ... está claro que ... ▶ are you clear about it? ¿lo entiendes? ▶ to make o.s. clear explicarse con claridad **2.** [transparent] transparente **3.** [well-defined] [sound, picture] nítido(da) **4.** [free of blemishes - skin] terso(sa) **5.** [free - time] libre **6.** [not touching] ▶ to be clear of the ground no tocar el suelo **7.** [complete - day, week] entero(ra); [- profit] neto(ta). ◆ adv [out of the way] ▶ stand clear! ¡aléjense! ▶ to jump /step clear saltar/dar un paso para hacerse a un lado. ◆ vt **1.** [remove objects, obstacles from] despejar; [forest] talar; [pipe] desatascar ▶ they cleared the area of mines limpiaron el área de minas ▶ to clear a space hacer sitio ▶ to clear the table quitar la mesa **2.** [remove] quitar **3.** [jump] saltar **4.** [pay] liquidar **5.** [authorize] aprobar **6.** [prove not guilty] declarar inocente ▶ to be cleared of sthg salir absuelto de algo. ◆ vi despejarse. ◆ **clear away** vt sep poner en su sitio. ◆ **clear off** vi UK inf largarse. ◆ **clear out** vt sep limpiar a fondo. ◆ **clear up** ◆ vt sep **1.** [room, mess] limpiar; [toys, books] recoger **2.** [disagreement] aclarar; [mystery] resolver. ◆ vi **1.** [weather] despejarse **2.** [infection] desaparecer **3.** [tidy up] ordenar, recoger.

clearance ['klɪərəns] n **1.** [removal - of rubbish, litter] despeje m, limpieza f; [of slums, houses] eliminación f **2.** [permission] autorización f, permiso m **3.** [free space] distancia f libre.

clear-cut adj [issue, plan] bien definido(da); [division] nítido(da).

clearing ['klɪərɪŋ] n claro m.

clearing bank n UK banco m de compensación.

clearly ['klɪəlɪ] adv **1.** [gen] claramente **2.** [plainly] obviamente.

clearway ['klɪəweɪ] n UK carretera donde no se puede parar.

cleavage ['kli:vɪdʒ] n [between breasts] escote m.

cleaver ['kli:və'] n cuchillo m OR cuchilla f de carnicero.

clef [klef] n clave f.

cleft [kleft] n grieta f.

clench [klentʃ] vt apretar.

clergy ['klɜ:dʒɪ] pl n ▶ the clergy el clero.

clergyman ['klɜ:dʒɪmən] (pl -men) n clérigo m.

clerical ['klerɪkl] adj **1.** [work] de oficina; [worker] administrativo(va) **2.** [in church] clerical.

clerk [UK klɑ:k, US klɜ:rk] n **1.** [in office] oficinista mf **2.** [in court] secretario m **3.** US [shop assistant] dependiente m, -ta f.

clever ['klevə'] adj **1.** [intelligent] listo(ta), inteligente **2.** [idea, invention] ingenioso(sa); [with hands] hábil.

cliché ['kli:ʃeɪ] n cliché m.

click [klɪk] ◆ vt [fingers, tongue] chasquear. ◆ vi **1.** [heels] sonar con un taconazo; [camera] hacer clic **2.** inf [fall into place]: *suddenly, it clicked* de pronto, caí en la cuenta.

client ['klaɪənt] n cliente m, -ta f.

clientele [,kli:ɒn'tel] n clientela f.

cliff [klɪf] n [on coast] acantilado m; [inland] precipicio m.

climate ['klaɪmɪt] n [weather] clima m **/** *climate change* cambio m climático; fig [atmosphere] ambiente m.

climax ['klaɪmæks] n [culmination] clímax m, culminación f.

climb [klaɪm] ◆ n [gen] subida f; [up mountain] escalada f. ◆ vt [stairs, ladder] subir; [tree] trepar a; [mountain] escalar. ◆ vi **1.** [clamber] ▶ to climb over sthg trepar por algo ▶ to climb into sthg meterse en algo **2.** [plant] trepar; [road, plane] subir **3.** [increase] subir. ◆ **climb down** vi apearse del burro.

climb-down n vuelta f atrás.

climber ['klaɪmə'] n [mountaineer] alpinista mf, andinista mf AM; [rock climber] escalador m, -ra f.

climbing ['klaɪmɪŋ] n montañismo m, andinismo m AM.

clinch [klɪntʃ] vt [deal] cerrar.

cling [klɪŋ] (pt & pp **clung**) vi **1.** [hold tightly] ▶ to cling (to) agarrarse (a) **2.** [clothes, person] ▶ to cling (to) pegarse (a).

clingfilm ['klɪŋfɪlm] n UK film m de plástico adherente.

clinic ['klɪnɪk] n clínica f.

clinical ['klɪnɪkl] adj 1. MED clínico(ca) 2. [cold] frío(a).

clink [klɪŋk] vi tintinear.

clip [klɪp] ❖ n 1. [for paper] clip m; [for hair] horquilla f; [on earring] cierre m 2. [of film] fragmento m, secuencias fpl 3. [cut] ▸ to give sb's hair a clip cortarle el pelo a alguien. ❖ vt 1. [fasten] sujetar 2. [cut - lawn, newspaper cutting] recortar; [punch - tickets] picar.

clipboard ['klɪpbɔːd] n 1. [for writing] tabloncillo m con pinza sujetapapeles 2. COMPUT portapapeles m inv.

clippers ['klɪpəz] pl n [for nails] cortaúñas m inv; [for hair] maquinilla f para cortar el pelo; [for hedges, grass] tijeras fpl de podar.

clipping ['klɪpɪŋ] n 1. [from newspaper] recorte m 2. [of nails] pedazo m.

clique [kliːk] n pej camarilla f.

cloak [kləʊk] n [garment] capa f.

cloakroom ['kləʊkrʊm] n 1. [for clothes] guardarropa m 2. UK [toilets] servicios mpl.

clock [klɒk] n 1. [timepiece] reloj m ▸ **round the clock** día y noche, las 24 horas 2. [milometer] cuentakilómetros m inv. ◆ **clock in, clock on** vi UK fichar (a la entrada). ◆ **clock off, clock out** vi UK fichar (a la salida). ◆ **clock up** vt insep [miles etc] recorrer.

clockface ['klɒkfeɪs] n esfera f del reloj.

clockwise ['klɒkwaɪz] adj & adv en el sentido de las agujas del reloj.

clockwork ['klɒkwɜːk] comp de cuerda.

clog [klɒg] vt atascar, obstruir. ◆ **clogs** pl n zuecos mpl. ◆ **clog up** ❖ vt sep [drain, pipe] atascar; [eyes, nose] congestionar. ❖ vi atascarse.

cloister ['klɔɪstər] n claustro m.

close¹ [kləʊs] ❖ adj 1. [near] cercano(na) ▸ **close to** cerca de ▸ **close to tears/laughter** a punto de llorar/reír ▸ **close up, close to** de cerca ▸ **close by, close at hand** muy cerca ▸ **we arrived on time, but it was a close shave** OR **thing** llegamos a tiempo, pero por los pelos 2. [relationship, friend] íntimo(ma) ▸ **to be close to sb** estar muy unido(da) a alguien 3. [relative, family] cercano(na); [resemblance] ▸ **to bear a close resemblance to sb** parecerse mucho a alguien; [link, tie, cooperation] estrecho(cha) 4. [questioning] minucioso(sa); [examination] detallado(da); [look] de cerca ▸ **to keep a close watch on** vigilar de cerca 5. [room, air] cargado(da); [weather] bochornoso(sa) 6. [contest, race] reñido(da); [result] apretado(da). ❖ adv cerca ▸ **close to** cerca de. ◆ **close on, close to** prep [almost] cerca de.

close² [kləʊz] ❖ vt 1. [gen] cerrar 2. [meeting, conference] clausurar; [discussion, speech] terminar 3. [gap] reducir 4. COMPUT [window, application] cerrar. ❖ vi 1. [gen] cerrarse 2. [shop] cerrar 3. [meeting, film, day] terminar. ❖ n final m. ◆ **close down** ❖ vt sep cerrar (definitivamente). ❖ vi [factory etc] cerrarse (definitivamente). ◆ **close in** vi acercarse ▸ **to close in on sthg/sb** rodear OR cercar algo/a alguien.

closed [kləʊzd] adj cerrado(da).

close-knit [,kləʊs-] adj muy unido(da).

closely ['kləʊslɪ] adv 1. [of connection, relation etc] estrechamente ▸ **to be closely involved in sthg** estar muy metido en algo; [resemble] mucho 2. [carefully] atentamente.

closet ['klɒzɪt] ❖ adj inf en secreto. ❖ n US armario m ▸ **to come out of the closet** salir del armario.

close-up ['kləʊs-] n primer plano m.

closing time n hora f de cierre.

closure ['kləʊʒər] n cierre m.

clot [klɒt] ❖ n 1. [in blood] coágulo m 2. UK inf [fool] bobo m, -ba f. ❖ vi [blood] coagularse.

cloth [klɒθ] n 1. (U) [fabric] tela f 2. [piece of cloth] trapo m.

clothe [kləʊð] vt fml vestir.

clothes [kləʊðz] pl n ropa f ▸ **to put one's clothes on** ponerse la ropa, vestirse ▸ **to take one's clothes off** quitarse la ropa, desvestirse.

clothes brush n cepillo m para la ropa.

clothesline ['kləʊðzlaɪn] n cuerda f para tender la ropa.

clothes peg UK, **clothespin** US ['kləʊðzpɪn] n pinza f (para la ropa).

clothing ['kləʊðɪŋ] n ropa f.

cloud [klaʊd] n [gen & COMPUT] nube f. ◆ **cloud over** vi lit & fig nublarse.

cloud computing n INTERNET computación f en la nube.

cloudy ['klaʊdɪ] adj 1. [overcast] nublado(da) 2. [murky] turbio(bia).

clout [klaʊt] inf n 1. [blow] tortazo m 2. (U) [influence] influencia f.

clove [kləʊv] n ▸ **a clove of garlic** un diente de ajo. ◆ **cloves** pl n [spice] clavos mpl.

clover ['kləʊvər] n trébol m.

clown [klaʊn] n [performer] payaso m.

cloying ['klɔɪɪŋ] adj empalagoso(sa).

club [klʌb] ❖ n 1. [organization, place] club m 2. [nightclub] discoteca f 3. [weapon] porra f, garrote m 4. ▸ **(golf) club** palo m de golf. ❖ vt apalear, aporrear. ◆ **clubs** pl n [cards] tréboles mpl. ◆ **club together** vi UK recolectar dinero.

clubbing ['klʌbɪŋ] n : *she loves clubbing* le encanta ir a bailar *(a discotecas)* ▶ **to go clubbing** ir a bailar *(a discotecas).*

club car n US RAIL vagón m OR coche m club.

clubhouse ['klʌbhaʊs] *(pl* [-haʊzɪz]*)* n [for golfers] (edificio m del) club m.

cluck [klʌk] vi [hen] cloquear.

clue [kluː] n **1.** [in crime] pista f ▶ **not to have a clue (about)** no tener ni idea (de) **2.** [in crossword] pregunta f, clave f.

clued-up [kluːd-] adj UK inf al tanto.

clump [klʌmp] n [of bushes] mata f; [of trees, flowers] grupo m.

clumsy ['klʌmzɪ] adj **1.** [ungraceful] torpe **2.** [unwieldy] difícil de manejar **3.** [tactless] torpe, sin tacto.

clung [klʌŋ] pt & pt ⟶ **cling**.

clunky ['klʌŋkɪ] adj **1.** [shoes] basto(ta) **2.** [furniture] voluminoso(sa).

cluster ['klʌstər] ⬧ n [group] grupo m; [of grapes] racimo m. ⬧ vi agruparse.

clusterfuck ['klʌstəfʌk] n US vulg : *it was a complete clusterfuck* fue una megacagada / *we're in the middle of an economic clusterfuck* estamos en plena jodienda económica.

clutch [klʌtʃ] ⬧ n AUTO embrague m. ⬧ vt [hand] estrechar; [arm, baby] agarrar. ⬧ vi ▶ **to clutch at sthg** tratar de agarrarse a algo.

clutter ['klʌtər] ⬧ n desorden m. ⬧ vt cubrir desordenadamente.

cm *(written abbr of* **centimetre)** cm.

CND *(abbr of* **Campaign for Nuclear Disarmament)** n *organización británica contra el armamento nuclear.*

CNG *(abbr of* **compressed natural gas)** n GNC m, gas m natural comprimido.

c/o *(written abbr of* **care of)** c/d.

Co. 1. *(abbr of* **Company)** Cía. **2.** *(abbr of* **County)** *written abbr of* **county**.

coach [kəʊtʃ] ⬧ n **1.** [bus] autocar m **2.** RAIL vagón m **3.** [horsedrawn] carruaje m **4.** SPORT entrenador m, -ra f **5.** [tutor] profesor m, -ra f particular **6.** ▶ **coach (class)** US clase f turista. ⬧ vt **1.** SPORT entrenar **2.** [tutor] dar clases particulares a.

coal [kəʊl] n carbón m.

coalfield ['kəʊlfiːld] n yacimiento m de carbón.

coalition [ˌkəʊə'lɪʃn] n coalición f.

coalman ['kəʊlmæn] *(pl* **-men)** n UK carbonero m.

coalmine ['kəʊlmaɪn] n mina f de carbón.

coarse [kɔːs] adj **1.** [skin, hair, sandpaper] áspero(ra); [fabric] basto(ta) **2.** [person, joke] ordinario(ria).

coast [kəʊst] ⬧ n costa f. ⬧ vi **1.** [in car] ir en punto muerto **2.** [progress easily] ▶ **they**

coasted into the semifinals se metieron en las semifinales sin ningún esfuerzo.

coastal ['kəʊstl] adj costero(ra).

coaster ['kəʊstər] n [small mat] posavasos m inv.

coastguard ['kəʊstgɑːd] n [person] guardacostas mf inv.

coastline ['kəʊstlaɪn] n litoral m.

coat [kəʊt] ⬧ n **1.** [overcoat] abrigo m, sobretodo m RP; [for women] tapado m RP; [jacket] chaqueta f **2.** [of animal] pelo m, pelaje m **3.** [layer] capa f. ⬧ vt ▶ **to coat sthg (with)** cubrir algo (de).

-coated [kəʊtɪd] suffix : *plastic-coated* plastificado(da) / *silver-coated* plateado(da).

coat hanger n percha f, gancho m CAM ANDES MÉX.

coating ['kəʊtɪŋ] n [of dust etc] capa f; [of chocolate, silver] baño m.

coat of arms *(pl* **coats of arms)** n escudo m de armas.

coax [kəʊks] vt ▶ **to coax sb (to do** OR **into doing sthg)** engatusar a alguien (para que haga algo).

cob [kɒb] ⟶ **corn**.

cobbled ['kɒbld] adj adoquinado(da).

cobbler ['kɒblər] n zapatero (remendón) m, zapatera (remendona) f.

cobbles ['kɒblz], **cobblestones** ['kɒblstəʊnz] pl n adoquines mpl.

cobweb ['kɒbweb] n telaraña f *(abandonada).*

Coca-Cola® [ˌkəʊkə'kəʊlə] n Coca-Cola® f.

cocaine [kəʊ'keɪn] n cocaína f.

cock [kɒk] ⬧ n **1.** [male chicken] gallo m **2.** [male bird] macho m **3.** vulg [penis] polla f. ⬧ vt **1.** [gun] amartillar **2.** [head] ladear.

◆ **cock up** vt sep UK v inf jorobar.

cockerel ['kɒkrəl] n gallo m joven.

cockeyed ['kɒkaɪd] adj inf **1.** [lopsided] torcido(da) **2.** [foolish] disparatado(da).

cockle ['kɒkl] n berberecho m.

Cockney ['kɒknɪ] *(pl* **Cockneys)** n **1.** [person] *persona procedente del este de Londres* **2.** [dialect, accent] *dialecto del este de Londres.*

cockpit ['kɒkpɪt] n [in civil aviation] cabina f.

cockroach ['kɒkrəʊtʃ] n cucaracha f.

cocksure [ˌkɒk'ʃʊər] adj presuntuoso(sa).

cocktail ['kɒkteɪl] n cóctel m.

cock-up n v inf pifia f.

cocky ['kɒkɪ] adj inf chulo(la).

cocoa ['kəʊkəʊ] n **1.** [powder] cacao m **2.** [drink] chocolate m.

coconut ['kəʊkənʌt] n coco m.

cod [kɒd] *(pl inv* OR **-s)** n bacalao m.

COD *(abbr of* **cash on delivery)** *entrega contra reembolso.*

code [kəʊd] ◆ n **1.** [gen] código m **2.** [for telephone] prefijo m. ◆ vt [encode] codificar, cifrar.

cod-liver oil n aceite m de hígado de bacalao.

coed [ˌkəʊ'ed] adj (abbr of **coeducational**) mixto(ta).

coerce [kəʊ'ɜːs] vt ▸ **to coerce sb (into doing sthg)** coaccionar a alguien (para que haga algo).

coexist [ˌkəʊɪg'zɪst] vi coexistir.

coffee ['kɒfɪ] n café m.

coffee bar n UK cafetería f.

coffee break n descanso m para el café.

coffee maker n cafetera f.

coffee morning n UK reunión matinal, generalmente benéfica, en la que se sirve café.

coffeepot ['kɒfɪpɒt] n cafetera f (para servir).

coffee shop n **1.** UK [shop] cafetería f **2.** US [restaurant] café m.

coffee table n mesita f baja (de salón).

coffin ['kɒfɪn] n ataúd m.

cog [kɒg] n [tooth on wheel] diente m; [wheel] rueda f dentada.

cognac ['kɒnjæk] n coñac m.

coherent [kəʊ'hɪərənt] adj coherente.

cohesive [kəʊ'hiːsɪv] adj [group] unido(da).

coil [kɔɪl] ◆ n **1.** [of rope, wire] rollo m; [of hair] tirabuzón m; [of smoke] espiral f **2.** ELEC bobina f **3.** UK [contraceptive device] DIU m, espiral f. ◆ vi enrollarse, enroscarse. ◆ vt enrollar, enroscar. ◆ **coil up** vt sep enrollar.

coin [kɔɪn] ◆ n moneda f. ◆ vt [invent] acuñar.

coinage ['kɔɪnɪdʒ] n [currency] moneda f.

coin-box n depósito m de monedas.

coincide [ˌkəʊɪn'saɪd] vi ▸ **to coincide (with)** coincidir (con).

coincidence [kəʊ'ɪnsɪdəns] n coincidencia f.

coincidental [kəʊˌɪnsɪ'dentl] adj fortuito(ta).

Coke® [kəʊk] n Coca-Cola® f.

coke [kəʊk] n [fuel] coque m.

cola ['kəʊlə] n (bebida f de) cola f.

colander ['kʌləndər] n colador m, escurridor m.

cold [kəʊld] ◆ adj frío(a) / it's cold hace frío / my hands are cold tengo las manos frías / I'm cold tengo frío ▸ **to get cold** enfriarse ▸ **cold case** caso m sin resolver. ◆ n **1.** [illness] resfriado m, constipado m ▸ **to catch (a) cold** resfriarse, coger un resfriado **2.** [low temperature] frío m.

cold-blooded [-'blʌdɪd] adj **1.** [animal] de sangre fría **2.** [person] despiadado(da); [killing] a sangre fría.

coldness ['kəʊldnɪs] n frialdad f.

cold sore n calentura f.

cold war n ▸ **the cold war** la guerra fría.

coleslaw ['kəʊlslɔː] n ensalada de col, zanahoria, cebolla y mayonesa.

colic ['kɒlɪk] n cólico m.

collaborate [kə'læbəreɪt] vi ▸ **to collaborate (with)** colaborar (con).

collaboration [kəˌlæbə'reɪʃn] n **1.** [teamwork] ▸ **collaboration (with)** colaboración f (con) **2.** pej [with enemy] ▸ **collaboration (with)** colaboracionismo m (con).

collapse [kə'læps] ◆ n **1.** [of building] derrumbamiento m; [of roof] hundimiento m **2.** [of marriage, system] fracaso m; [of government, currency] caída f; [of empire] derrumbamiento m **3.** MED colapso m. ◆ vi **1.** [building, person] derrumbarse; [roof, prices] hundirse ▸ **to collapse with laughter** partirse de risa **2.** [plan, business] venirse abajo **3.** MED sufrir un colapso.

collapsible [kə'læpsəbl] adj plegable.

collar ['kɒlər] n **1.** [on clothes] cuello m **2.** [for dog] collar m **3.** TECH collar m.

collarbone ['kɒləbəʊn] n clavícula f.

collate [kə'leɪt] vt **1.** [compare] cotejar **2.** [put in order] poner en orden.

collateral [kɒ'lætərəl] n garantía f subsidiaria, seguridad f colateral.

colleague ['kɒliːg] n colega mf.

collect [kə'lekt] ◆ vt **1.** [gather together] reunir, juntar ▸ **to collect o.s.** concentrarse **2.** [as a hobby] coleccionar **3.** [go to get - person, parcel] recoger **4.** [money, taxes] recaudar. ◆ vi **1.** [gather] congregarse, reunirse **2.** [accumulate] acumularse **3.** [for charity, gift] hacer una colecta. ◆ adv US TELEC ▸ **to call (sb) collect** llamar (a alguien) a cobro revertido.

collection [kə'lekʃn] n **1.** [of stamps, art etc] colección f **2.** [of poems, stories etc] recopilación f **3.** [of rubbish, mail] recogida f; [of taxes] recaudación f **4.** [of money] colecta f.

collective [kə'lektɪv] ◆ adj colectivo(va). ◆ n colectivo m.

collector [kə'lektər] n **1.** [as a hobby] coleccionista mf **2.** [of taxes] recaudador m, -ra f **3.** [of debts, rent] cobrador m, -ra f.

college ['kɒlɪdʒ] n **1.** [for further education] instituto m, escuela f **2.** US [university] universidad f **3.** UK [of university] colegio universitario que forma parte de ciertas universidades **4.** [organized body] colegio m.

college of education n UK escuela de formación de profesores de enseñanza primaria y secundaria.

collide [kə'laɪd] vi ▸ **to collide (with)** a) [gen] chocar (con) b) [vehicles] colisionar OR chocar (con).

collie ['kɒlɪ] n collie m.

colliery ['kɒljərɪ] n mina f de carbón.

collision [kə'lɪʒn] n lit & fig ▸ **to be on a collision course (with)** fig estar al borde del enfrentamiento (con).

colloquial [kə'ləʊkwɪəl] adj coloquial.

collude [kə'lu:d] vi ▸ **to collude with** estar en connivencia con.

Colombia [kə'lɒmbɪə] n Colombia.

Colombian [kə'lɒmbɪən] ❖ adj colombiano(na). ❖ n colombiano m, -na f.

colon ['kəʊlən] n **1.** ANAT colon m **2.** [punctuation mark] dos puntos mpl.

colonel ['kɜ:nl] n coronel mf.

colonial [kə'ləʊnjəl] adj colonial.

colonize, colonise ['kɒlənaɪz] vt colonizar.

colony ['kɒlənɪ] n colonia f.

color US = **colour**.

colossal [kə'lɒsl] adj colosal.

colour UK, **color** US ['kʌlər] ❖ n color m. ❖ adj en color. ❖ vt **1.** [give colour to] dar color a ; [with pen, crayon] colorear **2.** [dye] teñir **3.** [affect] influenciar. ❖ vi [blush] ruborizarse.

colour bar n discriminación f racial.

colour-blind adj daltónico(ca).

coloured UK, **colored** US ['kʌləd] adj **1.** [pens, sheets etc] de colores **2.** [with stated colour] : maroon-coloured de color granate / brightly-coloured de vivos colores **3.** [person - black] de color.

colourful UK, **colorful** US ['kʌləfʊl] adj **1.** [brightly coloured] de vivos colores **2.** [story] animado(da) **3.** [person] pintoresco(ca) **4.** [language] expresivo(va).

colouring UK, **coloring** US ['kʌlərɪŋ] n **1.** [in food] colorante m **2.** [complexion, hair] tez f **3.** [of animal's skin] color m.

colour scheme n combinación f de colores.

colt [kəʊlt] n potro m.

column ['kɒləm] n **1.** [gen] columna f **2.** [of people, vehicles] hilera f.

columnist ['kɒləmnɪst] n columnista mf.

coma ['kəʊmə] n coma m.

comb [kəʊm] ❖ n peine m. ❖ vt lit & fig peinar.

combat ['kɒmbæt] ❖ n combate m. ❖ vt combatir.

combination [,kɒmbɪ'neɪʃn] n combinación f.

combine ❖ vt [kəm'baɪn] ▸ **to combine sthg (with)** combinar algo (con). ❖ vi [kəm'baɪn] combinarse. ❖ n ['kɒmbaɪn] **1.** [group] grupo m **2.** = **combine harvester**.

combine harvester [-'hɑ:vɪstər], **combine** n cosechadora f.

combustion [kəm'bʌstʃn] n combustión f.

come [kʌm] vi (pt **came**, pp **come**) **1.** [move] venir ; [arrive] llegar ▸ **coming!** ¡ahora voy! / the news came as a shock la noticia constituyó un duro golpe ▸ he doesn't know whether he's coming or going fig no sabe si va o viene **2.** [happen] pasar ▸ **come what may** pase lo

que pase **3.** [become] ▸ **to come true** hacerse realidad ▸ **to come unstuck** despegarse / my shoelaces have come undone se me han desatado los cordones **4.** [begin gradually] ▸ **to come to do sthg** llegar a hacer algo **5.** [be placed in order] : to come first/last in a race llegar el primero/el último en una carrera / she came second in the exam quedó segunda en el examen / P comes before Q la P viene antes de la Q. ◆ **to come** adv ▸ **in (the) days/years to come** en días/años venideros. ◆ **come about** vi [happen] pasar, ocurrir. ◆ **come across** vt insep [find] encontrar. ◆ **come along** vi **1.** [arrive by chance - opportunity] surgir ; [-bus] aparecer, llegar **2.** [progress] ir / the project is coming along nicely el proyecto va muy bien. ◆ **come apart** vi deshacerse. ◆ **come at** vt insep [attack] atacar. ◆ **come back** vi **1.** [in talk, writing] ▸ **to come back to sthg** volver a algo **2.** [memory] ▸ **to come back to sb** volverle a la memoria a alguien. ◆ **come by** vt insep [get, obtain] conseguir. ◆ **come down** vi **1.** [from upstairs] bajar **2.** [decrease] bajar **3.** [descend - plane, parachutist] aterrizar ; [-rain] caer. ◆ **come down to** vt insep reducirse a. ◆ **come down with** vt insep coger, agarrar (enfermedad). ◆ **come forward** vi presentarse. ◆ **come from** vt insep [noise etc] venir de ; [person] ser de. ◆ **come in** vi **1.** [enter] entrar, pasar ▸ **come in!** ¡pase! **2.** [arrive - train, letters, donations] llegar. ◆ **come in for** vt insep [criticism etc] recibir, llevarse. ◆ **come into** vt insep **1.** [inherit] heredar **2.** [begin to be] ▸ **to come into being** nacer, ver la luz. ◆ **come off** ❖ vi **1.** [button] descoserse ; [label] despegarse ; [lid] soltarse ; [stain] quitarse **2.** [plan, joke] salir bien. ❖ vt insep [medicine] dejar de tomar ▸ **come off it!** inf ¡venga ya! ◆ **come on** vi **1.** [start] empezar **2.** [start working - lights, heating] encenderse **3.** [progress] ir / it's coming on nicely va muy bien ▸ **come on!** a) [expressing encouragement, urging haste] ¡vamos! b) [expressing disbelief] ¡venga ya! ◆ **come out** vi **1.** [screw, tooth] caerse **2.** [stain] quitarse **3.** [become known] salir a la luz **4.** [appear - product, book, sun] salir ; [-film] estrenarse **5.** [go on strike] ponerse en huelga **6.** [as homosexual] declararse homosexual. ◆ **come over** ❖ vt insep [subj: feeling] sobrevenir / I don't know what has come over her no sé qué le pasa. ❖ vi [to visit] pasarse. ◆ **come round** vi **1.** [to visit] pasarse **2.** [change opinion] ▸ **to come round (to sthg)** terminar por aceptar (algo) **3.** [regain consciousness] volver en sí. ◆ **come through** vt insep [difficult situation, period] pasar por ; [operation, war] sobrevivir a. ◆ **come to** ❖ vt insep **1.** [reach] ▸ **to come to an end** tocar a su fin ▸ **to come to a decision** alcanzar una decisión **2.** [amount to] ascender a

/ **the plan came to nothing** el plan se quedó en nada. **◆ vi** [regain consciousness] volver en sí. **◆ come under** vt insep **1.** [be governed by] estar bajo **2.** [suffer] ▶ **to come under attack** ser atacado. **◆ come up** vi **1.** [name, topic, opportunity] surgir **2.** [be imminent] estar al llegar **3.** [sun, moon] salir. **◆ come up against** vt insep tropezarse OR toparse con. **◆ come upon** vt insep [find] cruzarse con, encontrar. **◆ come up with** vt insep [idea] salir con ; [solution] encontrar.

comeback ['kʌmbæk] n [return] reaparición f ▶ **to make a comeback a)** [fashion] volver (a ponerse de moda) **b)** [actor] hacer una reaparición **c)** [in match] recuperarse.

comedian [kə'miːdjən] n cómico m.

comedown ['kʌmdaʊn] n inf degradación f.

comedy ['kɒmədɪ] n **1.** [film, play] comedia f; [on television] serie f de humor **2.** [humorous entertainment] humorismo m **3.** [amusing nature] comicidad f.

comet ['kɒmɪt] n cometa m.

come-uppance [,kʌm'ʌpəns] n ▶ **to get one's come-uppance** inf llevarse uno su merecido.

comfort ['kʌmfət] **◆ n 1.** [gen] comodidad f **2.** [solace] consuelo m. **◆ vt** consolar, confortar.

comfortable ['kʌmftəbl] adj **1.** [gen] cómodo(da) **2.** [financially secure] acomodado(da) **3.** [victory, job, belief] fácil ; [lead, majority] amplio(plia).

comfortably ['kʌmftəblɪ] adv **1.** [sit, sleep] cómodamente **2.** [without financial difficulty] sin aprietos **3.** [easily] fácilmente.

comforter ['kʌmfətər] n **1.** [for baby] chupete m **2.** US [quilt] edredón m.

comfort station n US euph aseos mpl.

comic ['kɒmɪk] **◆ adj** cómico(ca). **◆ n 1.** [comedian] cómico m, -ca f **2.** [magazine -for children] tebeo m ; [-for adults] cómic m.

comical ['kɒmɪkl] adj cómico(ca).

comic strip n tira f cómica.

coming ['kʌmɪŋ] **◆ adj** [future] próximo(ma). **◆ n ▶ comings and goings** idas fpl y venidas.

comma ['kɒmə] n coma f.

command [kə'mɑːnd] **◆ n 1.** [order] orden f **2.** (U) [control] mando m **3.** [of language, skill] dominio m ▶ **to have sthg at one's command** dominar algo **4.** COMPUT comando m. **◆ vt 1.** [order] ▶ **to command sb (to do sthg)** ordenar OR mandar a alguien (que haga algo) **2.** MIL [control] comandar **3.** [deserve -respect, attention] hacerse acreedor(ra) de.

commandeer [,kɒmən'dɪər] vt requisar.

commander [kə'mɑːndər] n **1.** [in army] comandante mf **2.** [in navy] capitán m, -ana f de fragata.

commandment [kə'mɑːndmənt] n RELIG mandamiento m.

commando [kə'mɑːndəʊ] (pl -s or -es) n comando m.

commemorate [kə'meməreɪt] vt conmemorar.

commemoration [kə,memə'reɪʃn] n conmemoración f.

commence [kə'mens] fml **◆ vt ▶ to commence (doing sthg)** comenzar OR empezar (a hacer algo). **◆ vi** comenzar, empezar.

commend [kə'mend] vt **1.** [praise] alabar **2.** [recommend] ▶ **to commend sthg (to)** recomendar algo (a).

commendable [kə'mendəbl] adj admirable, loable.

commensurate [kə'menʃərət] adj fml ▶ **commensurate with** acorde OR en proporción con.

comment ['kɒment] **◆ n** comentario m ▶ **no comment** sin comentarios. **◆ vi** comentar ▶ **to comment on** hacer comentarios sobre.

commentary ['kɒməntrɪ] n **1.** [on match, event] comentarios mpl **2.** [analysis] comentario m.

commentator ['kɒmənteɪtər] n comentarista mf.

commerce ['kɒmɜːs] n (U) comercio m.

commercial [kə'mɜːʃl] **◆ adj** comercial. **◆ n** anuncio m (televisivo o radiofónico).

commercial break n pausa f publicitaria.

commercialize, commercialise [kə'mɜːʃəlaɪz] vt comercializar.

commiserate [kə'mɪzəreɪt] vi ▶ **I commiserated with her** le dije cuánto lo sentía.

commission [kə'mɪʃn] **◆ n 1.** [money, investigative body] comisión f **2.** [piece of work] encargo m. **◆ vt** encargar ▶ **to commission sb (to do sthg)** encargar a alguien (que haga algo).

commissionaire [kə,mɪʃə'neər] n UK portero m (uniformado).

commissioner [kə'mɪʃnər] n comisario m, -ria f.

commit [kə'mɪt] vt **1.** [crime, sin etc] cometer **2.** [pledge - money, resources] destinar ▶ **to commit o.s. (to)** comprometerse (a) **3.** [consign - to mental hospital] ingresar ▶ **to commit sb to prison** encarcelar a alguien ▶ **to commit sthg to memory** aprender algo de memoria.

commitment [kə'mɪtmənt] n compromiso m.

committee [kə'mɪtɪ] n comisión f, comité m.

commodity [kə'mɒdətɪ] n producto m básico.

common ['kɒmən] **◆ adj 1.** [gen] ▶ **common (to)** común (a) **2.** [ordinary - man, woman] corriente, de la calle **3.** UK pej [vulgar] vulgar, ordinario(ria). **◆ n** campo m común. **◆ in common** adv en común.

common law n derecho m consuetudinario. **◆ common-law** adj [wife, husband] de hecho.

commonly ['kɒmənlɪ] adv generalmente, co-
múnmente.

Common Market n ▸ **the Common Market**
el Mercado Común.

commonplace ['kɒmənpleɪs] adj corriente, común.

common room n [for pupils] sala f de estudiantes ; [for teachers] sala f de profesores.

Commons ['kɒmənz] pl n 🇬🇧 ▸ **the Commons**
la Cámara de los Comunes.

common sense n sentido m común.

Commonwealth ['kɒmənwelθ] n ▸ **the Commonwealth** la Commonwealth.

Commonwealth of Independent States n :
the Commonwealth of Independent States la
Comunidad de Estados Independientes.

commotion [kə'məʊʃn] n alboroto m.

communal ['kɒmjʊnl] adj comunal.

commune ◆ n ['kɒmju:n] comuna f. ◆ vi
[kə'mju:n] ▸ **to commune with** estar en comunión OR comulgar con.

communicate [kə'mju:nɪkeɪt] ◆ vt transmitir, comunicar. ◆ vi ▸ **to communicate (with)**
comunicarse (con).

communication [kə,mju:nɪ'keɪʃn] n **1.** [con-
tact] comunicación f **2.** [letter, phone call] comunicado m.

communication cord n 🇬🇧 alarma f *(de un
tren o metro)*.

communion [kə'mju:njən] n [communica-
tion] comunión f. ◆ **Communion** n *(U)* RELIG
comunión f.

communiqué [kə'mju:nɪkeɪ] n comunicado m.

Communism ['kɒmjʊnɪzm] n comunismo m.

Communist ['kɒmjʊnɪst] ◆ adj comunista.
◆ n comunista mf.

community [kə'mju:nətɪ] n comunidad f.

community centre n centro m social.

commutation ticket [,kɒmju:'teɪʃn-] n 🇺🇸
abono m, boleto m de abono 🇦🇲.

commute [kə'mju:t] ◆ vt LAW conmutar.
◆ vi [to work] viajar diariamente al lugar de
trabajo.

commuter [kə'mju:tər] n *persona que viaja
diariamente al lugar de trabajo.*

compact ◆ adj [kəm'pækt] [small and neat]
compacto(ta). ◆ n ['kɒmpækt] **1.** [for face pow-
der] polvera f **2.** 🇺🇸 [car] utilitario m.

compact disc n compact disc m.

compact disc player n compact m (disc), reproductor m de discos compactos.

companion [kəm'pænjən] n compañero m, -ra f.

companionship [kəm'pænjənʃɪp] n [friendly
relationship] compañerismo m.

company ['kʌmpənɪ] n [gen] compañía f ;
[business] empresa f, compañía f ▸ **to keep sb**
company hacer compañía a alguien ▸ **to part
company (with)** separarse (de).

company secretary n *secretario del consejo
de administración.*

comparable ['kɒmprəbl] adj ▸ **comparable
(to** OR **with)** comparable (a).

comparative [kəm'pærətɪv] ◆ adj **1.** [rela-
tive] relativo(va) **2.** [study] comparado(da) **3.** GRAM
comparativo(va). ◆ n GRAM comparativo m.

comparatively [kəm'pærətɪvlɪ] adv relativamente.

compare [kəm'peər] ◆ vt ▸ **to compare sthg /
sb (with), to compare sthg / sb (to)** comparar
algo / a alguien (con) ▸ **compared with** OR **to a)** [as
opposed to] comparado con **b)** [in comparison
with] en comparación con. ◆ vi ▸ **to compare
(with)** compararse (con) ▸ **to compare favourably / unfavourably with** ser mejor / peor que.

comparison [kəm'pærɪsn] n comparación f ▸ **in
comparison (with** OR **to)** en comparación (con).

compartment [kəm'pɑ:tmənt] n **1.** [con-
tainer] compartimento m **2.** RAIL departamento m, compartimento m.

compass ['kʌmpəs] n [magnetic] brújula f.
◆ **compasses** pl n compás m.

compassion [kəm'pæʃn] n compasión f.

compassionate [kəm'pæʃənət] adj compa-
sivo(va).

compatible [kəm'pætəbl] adj ▸ **compatible
(with)** compatible (con).

compatriot [kəm'pætrɪət] n compatriota mf.

compel [kəm'pel] vt [force] obligar ▸ **to compel sb to do sthg** forzar OR obligar a alguien a
hacer algo.

compelling [kəm'pelɪŋ] adj **1.** [argument,
reason] convincente **2.** [book, film] absorbente.

compensate ['kɒmpenseɪt] ◆ vt ▸ **to compensate sb for sthg** [financially] compensar OR
indemnizar a alguien por algo. ◆ vi ▸ **to compensate for sthg** compensar algo.

compensation [,kɒmpen'seɪʃn] n **1.** [money]
▸ **compensation (for)** indemnización f (por)
2. [way of compensating] ▸ **compensation
(for)** compensación f (por).

compere ['kɒmpeər] 🇬🇧 ◆ n presentador m, -ra f. ◆ vt presentar.

compete [kəm'pi:t] vi **1.** [gen] ▸ **to compete
(for / in)** competir (por / en) ▸ **to compete (with**
OR **against)** competir (con) **2.** [be in conflict] rivalizar.

competence ['kɒmpɪtəns] n [proficiency]
competencia f.

competent ['kɒmpɪtənt] adj competente, capaz.

competition [,kɒmpɪ'tɪʃn] n **1.** [rivalry] competencia f **2.** [competitors, rivals] ▸ **the compe-**

tition la competencia **3.** [race, sporting event] competición f **4.** [contest] concurso m.

competitive [kəmˈpetətɪv] adj **1.** [match, exam, prices] competitivo(va) **2.** [person, spirit] competidor(ra).

competitor [kəmˈpetɪtər] n competidor m, -ra f.

compile [kəmˈpaɪl] vt recopilar.

complacency [kəmˈpleɪsnsɪ] n autocomplacencia f.

complacent [kəmˈpleɪsnt] adj autocomplaciente.

complain [kəmˈpleɪn] vi **1.** [moan] ▸ to complain (about) quejarse (de) **2.** MED ▸ to complain of sthg sufrir algo.

complaint [kəmˈpleɪnt] n **1.** [gen] queja f **2.** MED problema m, dolencia f.

complement ❖ n [ˈkɒmplɪmənt] **1.** [gen & GRAM] complemento m **2.** [number] ▸ we offer a full complement of services ofrecemos una gama completa de servicios. ❖ vt [ˈkɒmplɪˌment] complementar.

complementary [ˌkɒmplɪˈmentərɪ] adj **1.** [gen] complementario(ria) **2.** [medicine] alternativo(va).

complete [kəmˈpliːt] ❖ adj **1.** [total] total **2.** [lacking nothing] completo(ta) **/** *bathroom complete with shower* baño con ducha **3.** [finished] terminado(da). ❖ vt **1.** [finish] terminar **2.** [form] rellenar **3.** [make whole - collection] completar ; [- disappointment, amazement] colmar.

completely [kəmˈpliːtlɪ] adv completamente.

completion [kəmˈpliːʃn] n finalización f, terminación f.

complex [ˈkɒmpleks] ❖ adj complejo(ja). ❖ n complejo m.

complexion [kəmˈplekʃn] n [of face] tez f, cutis m inv.

compliance [kəmˈplaɪəns] n [obedience] ▸ compliance (with) cumplimiento m (de), acatamiento m (de).

compliant [kəmˈplaɪənt] adj dócil, sumiso(sa).

complicate [ˈkɒmplɪkeɪt] vt complicar.

complicated [ˈkɒmplɪkeɪtɪd] adj complicado(da).

complication [ˌkɒmplɪˈkeɪʃn] n complicación f.

compliment ❖ n [ˈkɒmplɪmənt] cumplido m ▸ my compliments to the cook felicitaciones a la cocinera. ❖ vt [ˈkɒmplɪment] ▸ to compliment sb (on) felicitar a alguien (por). ❖ compliments pl n fml saludos mpl.

complimentary [ˌkɒmplɪˈmentərɪ] adj **1.** [remark] elogioso(sa) ; [person] halagador(ra) **2.** [drink, seats] gratis (inv).

complimentary ticket n entrada f gratuita.

comply [kəmˈplaɪ] vi ▸ to comply with sthg **a)** [standards] cumplir (con) algo **b)** [request] acceder a algo **c)** [law] acatar algo.

component [kəmˈpəʊnənt] n TECH pieza f ; [element] elemento m.

compose [kəmˈpəʊz] vt **1.** [constitute] componer ▸ to be composed of estar compuesto OR componerse de **2.** [music, poem, letter] componer **3.** [calm] ▸ to compose o.s. calmarse.

composed [kəmˈpəʊzd] adj tranquilo(la).

composer [kəmˈpəʊzər] n compositor m, -ra f.

composition [ˌkɒmpəˈzɪʃn] n **1.** [gen] composición f **2.** [essay] redacción f.

compost [UK ˈkɒmpɒst, US ˈkɒmpəʊst] n compost m, abono m.

composure [kəmˈpəʊʒər] n compostura f, calma f.

compound n [ˈkɒmpaʊnd] **1.** [gen & CHEM] compuesto m **2.** [enclosed area] recinto m.

compound fracture n fractura f complicada.

comprehend [ˌkɒmprɪˈhend] vt comprender.

comprehension [ˌkɒmprɪˈhenʃn] n comprensión f.

comprehensive [ˌkɒmprɪˈhensɪv] ❖ adj **1.** [wide-ranging] completo(ta) **2.** [defeat, victory] rotundo(da) **3.** [insurance] a todo riesgo. ❖ n UK = comprehensive school.

comprehensive school, comprehensive n instituto de enseñanza media no selectiva en Gran Bretaña.

compress [kəmˈpres] vt **1.** [squeeze, press & COMPUT] comprimir **2.** [shorten] reducir.

comprise [kəmˈpraɪz] vt **1.** [consist of] comprender **2.** [form] constituir.

compromise [ˈkɒmprəmaɪz] ❖ n arreglo m, término m medio. ❖ vt comprometer. ❖ vi llegar a un arreglo, transigir.

compulsion [kəmˈpʌlʃn] n **1.** [strong desire] ganas fpl irrefrenables **2.** (U) [force] obligación f.

compulsive [kəmˈpʌlsɪv] adj **1.** [gambler] empedernido(da) ; [liar] compulsivo(va) **2.** [fascinating, compelling] absorbente.

compulsory [kəmˈpʌlsərɪ] adj [gen] obligatorio(ria) ; [redundancy, retirement] forzoso(sa).

computer [kəmˈpjuːtər] n ordenador m, computadora f Am.

computer game n juego m de ordenador.

computer-generated [kəmˌpjuːtəˈdʒenəreɪtɪd] adj generado(da) por ordenador.

computer graphics pl n infografía f.

computerize, computerise [kəmˈpjuːtəraɪz] vt informatizar.

computerized [kəmˈpjuːtəraɪzd] adj informatizado(da), computerizado(da).

computing [kəmˈpjuːtɪŋ], **computer science** n informática f.

comrade [ˈkɒmreɪd] n camarada mf.

con [kɒn] inf ❖ n [trick] timo m. ❖ vt timar, estafar ▸ to con sb out of sthg timarle algo a alguien ▸ to con sb into doing sthg engañar a alguien para que haga algo.

concave [ˌkɒnˈkeɪv] adj cóncavo(va).

conceal [kən'si:l] vt [object, substance, information] ocultar ; [feelings] disimular ▶ **to conceal sthg from sb** ocultarle algo a alguien.

concede [kən'si:d] ❖ vt **1.** [defeat, a point] admitir, reconocer **2.** [goal] encajar. ❖ vi [gen] ceder ; [in sports, chess] rendirse.

conceit [kən'si:t] n engreimiento m.

conceited [kən'si:tɪd] adj engreído(da).

conceivable [kən'si:vəbl] adj concebible, imaginable.

conceive [kən'si:v] ❖ vt concebir. ❖ vi **1.** MED concebir **2.** [imagine] ▶ **to conceive of sthg** imaginarse algo.

concentrate ['kɒnsəntreɪt] ❖ vt concentrar. ❖ vi ▶ **to concentrate (on)** concentrarse (en).

concentration [ˌkɒnsən'treɪʃn] n concentración f.

concentration camp n campo m de concentración.

concept ['kɒnsept] n concepto m.

concern [kən'sɜːn] ❖ n **1.** [worry, anxiety] preocupación f **2.** [company] negocio m, empresa f. ❖ vt **1.** [worry] preocupar ▶ **to be concerned about** preocuparse por **2.** [involve] concernir ▶ **those concerned** los interesados ▶ **to be concerned with** [subj: person] ocuparse de ▶ **to concern o.s. with sthg** preocuparse por algo ▶ **as far as... is concerned** por lo que a... respecta.

concerned [kən'sɜːnd] adj [person] preocupado(da) ; [expression] de preocupación.

concerning [kən'sɜːnɪŋ] prep en relación con.

concert ['kɒnsət] n concierto m.

concerted [kən'sɜːtɪd] adj conjunto(ta).

concert hall n sala f de conciertos.

concertina [ˌkɒnsə'ti:nə] n concertina f.

concerto [kən'tʃeətəʊ] (pl -s) n concierto m.

concession [kən'seʃn] n **1.** [allowance, franchise] concesión f **2.** [UK] [special price] descuento m, rebaja f **3.** [UK] [reduced ticket - for cinema, theatre] entrada f con descuento ; [- for public transport] billete m con descuento.

conciliatory [kən'sɪlɪətrɪ] adj conciliador(ra).

concise [kən'saɪs] adj conciso(sa).

conclude [kən'klu:d] ❖ vt **1.** [bring to an end] concluir, terminar **2.** [deduce] ▶ **to conclude (that)** concluir que **3.** [agreement] llegar a ; [business deal] cerrar ; [treaty] firmar. ❖ vi terminar, concluir.

conclusion [kən'klu:ʒn] n **1.** [decision] conclusión f **2.** [ending] conclusión f, final m **3.** [of business deal] cierre m ; [of treaty, agreement] firma f.

conclusive [kən'klu:sɪv] adj concluyente.

concoct [kən'kɒkt] vt **1.** [excuse, story] ingeniar **2.** [food] confeccionar ; [drink] preparar.

concoction [kən'kɒkʃn] n [drink] brebaje m ; [food] mezcla f.

concourse ['kɒnkɔ:s] n [of station etc] vestíbulo m.

concrete ['kɒnkri:t] ❖ adj [definite, real] concreto(ta). ❖ n hormigón m, concreto m [Am]. ❖ comp [made of concrete] de hormigón.

concur [kən'kɜːr] vi [agree] ▶ **to concur (with)** estar de acuerdo con, coincidir (con).

concurrently [kən'kʌrəntlɪ] adv simultáneamente, al mismo tiempo.

concussion [kən'kʌʃn] n conmoción f cerebral.

condemn [kən'dem] vt **1.** [gen] ▶ **to condemn sb (for/to)** condenar a alguien (por/a) **2.** [building] declarar en ruinas.

condensation [ˌkɒnden'seɪʃn] n [on walls] condensación f ; [on glass] vaho m.

condense [kən'dens] ❖ vt condensar. ❖ vi condensarse.

condensed milk [kən'denst-] n leche f condensada.

condescending [ˌkɒndɪ'sendɪŋ] adj altivo(va), condescendiente.

condition [kən'dɪʃn] ❖ n **1.** [state] estado m ▶ **in good/bad condition** en buen/mal estado ▶ **to be out of condition** no estar en forma **2.** MED [disease, complaint] afección f **3.** [provision] condición f ▶ **on condition that** a condición de que ▶ **on one condition** con una condición. ❖ vt [gen] condicionar.

conditional [kən'dɪʃənl] ❖ adj condicional ▶ **to be conditional on or upon** depender de. ❖ n ▶ **the conditional** el condicional.

conditioner [kən'dɪʃnər] n suavizante m.

condolences [kən'dəʊlənsɪz] pl n pésame m ▶ **to offer one's condolences** dar el pésame.

condom ['kɒndəm] n preservativo m, condón m.

condominium [ˌkɒndə'mɪnɪəm] n [US] **1.** [apartment] piso m, apartamento m **2.** [apartment block] bloque m de pisos or apartamentos.

condone [kən'dəʊn] vt perdonar.

conducive [kən'dju:sɪv] adj ▶ **conducive to** favorable para.

conduct ❖ n ['kɒndʌkt] **1.** [behaviour] conducta f **2.** [carrying out] dirección f. ❖ vt [kən'dʌkt] **1.** [carry out] dirigir, llevar a cabo **2.** [behave] ▶ **to conduct o.s. well/badly** comportarse bien/mal **3.** MUS dirigir **4.** PHYS conducir.

conducted tour [kən'dʌktɪd-] n visita f con guía.

conductor [kən'dʌktər] n **1.** [of orchestra, choir] director m, -ra f **2.** [on bus] cobrador m **3.** [US] [on train] revisor m, -ra f.

conductress [kən'dʌktrɪs] n [on bus] cobradora f.

cone [kəʊn] n **1.** [shape] cono *m* **2.** [for ice cream] cucurucho *m* **3.** [from tree] piña *f*.

confectioner [kən'fekʃnər] n confitero *m*, -ra *f* ▸ **confectioner's (shop)** confitería *f*.

confectionery [kən'fekʃnərɪ] n *(U)* dulces *mpl*, golosinas *fpl*.

confederation [kən,fedə'reɪʃn] n confederación *f*.

confer [kən'fɜːr] ⬦ vt *fml* ▸ **to confer sthg (on)** otorgar OR conferir algo (a). ⬦ vi ▸ **to confer (with)** consultar (con).

conference ['kɒnfərəns] n congreso *m*, conferencia *f*.

confess [kən'fes] ⬦ vt confesar. ⬦ vi **1.** [to crime & RELIG] confesarse ▸ **to confess to sthg** confesar algo **2.** [admit] ▸ **to confess to sthg** admitir algo.

confession [kən'feʃn] n confesión *f*.

confetti [kən'fetɪ] n confeti *m*.

confide [kən'faɪd] vi ▸ **to confide (in)** confiarse (a).

confidence ['kɒnfɪdəns] n **1.** [self-assurance] confianza *f* OR seguridad *f* (en sí mismo/misma) **2.** [trust] confianza *f* ▸ **to have confidence in sb** tener confianza en alguien **3.** [secrecy] ▸ **in confidence** en secreto **4.** [secret] intimidad *f*, secreto *m*.

confidence trick n timo *m*, estafa *f*.

confident ['kɒnfɪdənt] adj **1.** [self-assured - person] seguro de sí mismo (segura de sí misma); [- smile, attitude] confiado(da) **2.** [sure] ▸ **confident (of)** seguro(ra) (de).

confidential [,kɒnfɪ'denʃl] adj [gen] confidencial; [secretary, clerk] de confianza.

confidently ['kɒnfɪdəntlɪ] adv **1.** [with self-assurance] con seguridad **2.** [trustingly] con toda confianza.

configure [kən'fɪgə] vt [gen & COMPUT] configurar.

confine [kən'faɪn] vt **1.** [limit, restrict] limitar, restringir ▸ **to be confined to** limitarse a **2.** [shut up] recluir, encerrar.

confined [kən'faɪnd] adj [space] reducido(da).

confinement [kən'faɪnmənt] n [imprisonment] reclusión *f*.

confines ['kɒnfaɪnz] pl n confines *mpl*.

confirm [kən'fɜːm] vt confirmar.

confirmation [,kɒnfə'meɪʃn] n confirmación *f*.

confirmed [kən'fɜːmd] adj [non-smoker] inveterado(da); [bachelor] empedernido(da).

confiscate ['kɒnfɪskeɪt] vt confiscar.

conflict ⬦ n ['kɒnflɪkt] conflicto *m*. ⬦ vi [kən'flɪkt] ▸ **to conflict (with)** estar en desacuerdo (con).

conflicting [kən'flɪktɪŋ] adj contrapuesto(ta).

conform [kən'fɔːm] vi **1.** [behave as expected] amoldarse a las normas sociales **2.** [be in accord-

ance] ▸ **to conform (to** OR **with)** a) [expectations] corresponder (a) b) [rules] ajustarse (a).

confound [kən'faʊnd] vt [confuse, defeat] confundir, desconcertar.

confront [kən'frʌnt] vt **1.** [problem, task] hacer frente a **2.** [subj: problem, task] presentarse a **3.** [enemy etc] enfrentarse con **4.** [challenge] ▸ **to confront sb (with)** poner a alguien cara a cara (con).

confrontation [,kɒnfrʌn'teɪʃn] n enfrentamiento *m*, confrontación *f*.

confuse [kən'fjuːz] vt **1.** [bewilder] desconcertar, confundir **2.** [mix up] ▸ **to confuse (with)** confundir (con) **3.** [complicate, make less clear] complicar.

confused [kən'fjuːzd] adj **1.** [person] confundido(da), desconcertado(da) **2.** [reasoning, situation] confuso(sa).

confusing [kən'fjuːzɪŋ] adj confuso(sa).

confusion [kən'fjuːʒn] n **1.** [gen] confusión *f* **2.** [of person] desconcierto *m*.

congeal [kən'dʒiːl] vi [fat] solidificarse; [blood] coagularse.

congenial [kən'dʒiːnjəl] adj ameno(na), agradable.

congested [kən'dʒestɪd] adj **1.** [road] congestionado(da); [area] superpoblado(da) **2.** MED congestionado(da).

congestion [kən'dʒestʃn] n [of traffic & MED] congestión *f* ▸ **congestion zone** <small>UK</small> *zona del centro de Londres en la que se aplica la tasa de congestión al tráfico*.

conglomerate [kən'glɒmərət] n COMM conglomerado *m*.

congratulate [kən'grætʃʊleɪt] vt ▸ **to congratulate sb (on)** felicitar a alguien (por).

congratulations [kən,grætʃʊ'leɪʃənz] ⬦ pl n felicitaciones *fpl*. ⬦ excl ¡enhorabuena!

congregate ['kɒŋgrɪgeɪt] vi [people] congregarse; [animals] juntarse.

congregation [,kɒŋgrɪ'geɪʃn] n RELIG feligreses *mpl*.

congress ['kɒŋgres] n congreso *m*. ⬥ **Congress** n [in US] ▸ **(the) Congress** el Congreso.

congressman ['kɒŋgresmən] (*pl* **-men**) n <small>US</small> congresista *m*.

congresswoman ['kɒŋgres,wʊmən] (*pl* **-women**) n <small>US</small> congresista *f*.

conifer ['kɒnɪfər] n conífera *f*.

conjugate ['kɒndʒʊgeɪt] vt conjugar.

conjugation [,kɒndʒʊ'geɪʃn] n conjugación *f*.

conjunction [kən'dʒʌŋkʃn] n **1.** GRAM conjunción *f* **2.** [combination] ▸ **in conjunction with** juntamente con.

conjunctivitis [kən,dʒʌŋktɪ'vaɪtɪs] n conjuntivitis *f inv*.

conjure ['kʌndʒər] vi hacer juegos de manos.
◆ **conjure up** vt sep [evoke] evocar.

conjurer, conjuror ['kʌndʒərər] n prestidigitador m, -ra f.

conk [kɒŋk] n inf [nose] napia f. ◆ **conk out** vi inf **1.** [break down] escacharrarse **2.** [fall asleep] quedarse roque.

conker ['kɒŋkər] n **UK** castaña f (del castaño de Indias).

conman ['kɒnmæn] (pl -men) n estafador m, timador m.

connect [kə'nekt] ◆ vt **1.** [join] **▶ to connect sthg (to)** conectar algo (a) **▶ to get connected** conectarse **2.** [on telephone] : I'll connect you now ahora le paso OR pongo **3.** [associate] **▶ to connect sthg/sb (with)** asociar algo/a alguien (con) **4.** ELEC **▶ to connect sthg to** conectar algo a. ◆ vi [train, plane, bus] **▶ to connect (with)** enlazar (con).

connected [kə'nektɪd] adj [related] **▶ connected (with)** relacionado(da) (con).

connection, connexion [kə'nekʃn] n **1.** [gen, ELEC & COMPUT] **▶ connection (between/with)** conexión f (entre/con) **▶ in connection with** con relación OR respecto a **2.** [plane, train, bus] enlace m **3.** [professional acquaintance] contacto m **▶ to have good connections** tener mucho enchufe.

connive [kə'naɪv] vi **1.** [plot] **▶ to connive (with)** confabularse (con) **2.** [allow to happen] **▶ to connive at sthg** hacer la vista gorda con algo.

connoisseur [ˌkɒnə'sɜːr] n entendido m, -da f.

connotation [ˌkɒnə'teɪʃn] n connotación f.

conquer ['kɒŋkər] vt **1.** [take by force] conquistar **2.** [gain control of, overcome] vencer.

conqueror ['kɒŋkərər] n conquistador m, -ra f.

conquest ['kɒŋkwest] n conquista f.

cons [kɒnz] pl n **1.** **UK** inf **▶ all mod cons** con todas las comodidades **2.** ⟶ **pro.**

conscience ['kɒnʃəns] n conciencia f.

conscientious [ˌkɒnʃɪ'enʃəs] adj concienzudo(da).

conscious ['kɒnʃəs] adj **1.** [gen] consciente **▶ to be conscious of** ser consciente de **▶ to become conscious of** darse cuenta de **2.** [intentional] deliberado(da).

consciousness ['kɒnʃəsnɪs] n **1.** [gen] conciencia f **2.** [state of being awake] conocimiento m **▶ to lose/regain consciousness** perder/recobrar el conocimiento.

conscript n recluta mf.

conscription [kən'skrɪpʃn] n servicio m militar obligatorio.

consecutive [kən'sekjʊtɪv] adj consecutivo(va) / on three consecutive days tres días seguidos.

consensus [kən'sensəs] n consenso m.

consent [kən'sent] ◆ n (U) **1.** [permission] consentimiento m **2.** [agreement] **▶ by general OR common consent** de común acuerdo. ◆ vi **▶ to consent (to)** consentir (en).

consequence ['kɒnsɪkwəns] n **1.** [result] **▶ in consequence** por consiguiente **2.** [importance] importancia f.

consequently ['kɒnsɪkwəntlɪ] adv por consiguiente.

conservation [ˌkɒnsə'veɪʃn] n [gen] conservación f; [environmental protection] protección f del medio ambiente.

conservative [kən'sɜːvətɪv] adj **1.** [not modern] conservador(ra) **2.** [estimate, guess] moderado(da). ◆ **Conservative** ◆ adj POL conservador(ra). ◆ n POL conservador m, -ra f.

Conservative Party n **▶ the Conservative Party** el Partido Conservador.

conservatory [kən'sɜːvətrɪ] n pequeña habitación acristalada adosada a una casa.

conserve ◆ n ['kɒnsɜːv] compota f. ◆ vt [kən'sɜːv] [energy, supplies] ahorrar; [nature, wildlife] conservar.

consider [kən'sɪdər] vt **1.** [gen] considerar **▶ to consider doing sthg** considerar hacer algo **▶ to consider whether to do sthg** pensarse si hacer algo **▶ to consider o.s. lucky** considerarse afortunado(da) **2.** [take into account] tener en cuenta **▶ all things considered** teniéndolo todo en cuenta.

considerable [kən'sɪdrəbl] adj considerable.

considerably [kən'sɪdrəblɪ] adv considerablemente, sustancialmente.

considerate [kən'sɪdərət] adj considerado(da).

consideration [kənˌsɪdə'reɪʃn] n **1.** [gen] consideración f **2.** [factor] factor m **3.** [amount of money] retribución f.

considering [kən'sɪdərɪŋ] ◆ prep habida cuenta de. ◆ conj después de todo.

consign [kən'saɪn] vt **▶ to consign sthg/sb to** relegar algo/a alguien a.

consignment [ˌkən'saɪnmənt] n remesa f.

consist [kən'sɪst] ◆ **consist in** vt insep consistir en. ◆ **consist of** vt insep constar de.

consistency [kən'sɪstənsɪ] n **1.** [coherence - of behaviour, policy] consecuencia f, coherencia f; [of work, performances] regularidad f **2.** [texture] consistencia f.

consistent [kən'sɪstənt] adj **1.** [regular] constante **2.** [coherent] **▶ consistent (with)** consecuente (con).

consolation [ˌkɒnsə'leɪʃn] n consuelo m.

console ◆ n ['kɒnsəʊl] COMPUT & MUS [control panel] consola f. ◆ vt [kən'səʊl] consolar.

consolidate [kən'splɪdeɪt] ❖ vt **1.** [strengthen] consolidar **2.** [merge] fusionar. ❖ vi [merge] fusionarse.

consonant ['kɒnsənənt] n consonante f.

consortium [kən'sɔːtjəm] (pl -tiums or -tia) n consorcio m.

conspicuous [kən'spɪkjuəs] adj [building] visible ; [colour] llamativo(va).

conspiracy [kən'spɪrəsɪ] n conspiración f.

conspire [kən'spaɪəʳ] ❖ vt ▶ to conspire to do sthg conspirar para hacer algo. ❖ vi **1.** [plan secretly] ▶ to conspire (against/with) conspirar (contra/con) **2.** [combine] confabularse.

constable ['kʌnstəbl] n policía mf.

constabulary [kən'stæbjʊlərɪ] n policía f (de una zona determinada).

constant ['kɒnstənt] ❖ adj [gen] constante. ❖ n constante f.

constantly ['kɒnstəntlɪ] adv [forever] constantemente.

constellation [ˌkɒnstə'leɪʃn] n constelación f.

consternation [ˌkɒnstə'neɪʃn] n consternación f.

constipated ['kɒnstɪpeɪtɪd] adj estreñido(da).

constipation [ˌkɒnstɪ'peɪʃn] n estreñimiento m.

constituency [kən'stɪtjuənsɪ] n [area] distrito m electoral.

constituent [kən'stɪtjuənt] n **1.** [element] componente m o f **2.** [voter] votante m f.

constitute ['kɒnstɪtjuːt] vt constituir.

constitution [ˌkɒnstɪ'tjuːʃn] n constitución f.

constraint [kən'streɪnt] n **1.** [restriction] ▶ constraint (on) limitación f (de) **2.** [coercion] coacción f.

construct vt [kən'strʌkt] lit & fig construir.

construction [kən'strʌkʃn] n construcción f.

constructive [kən'strʌktɪv] adj constructivo(va).

construe [kən'struː] vt fml ▶ to construe sthg as interpretar algo como.

consul ['kɒnsəl] n cónsul mf.

consulate ['kɒnsjʊlət] n consulado m.

consult [kən'sʌlt] ❖ vt consultar. ❖ vi ▶ to consult with sb consultar a con alguien.

consultant [kən'sʌltənt] n **1.** [expert] asesor m, -ra f **2.** UK [hospital doctor] (médico) especialista m, (médica) especialista f.

consultation [ˌkɒnsəl'teɪʃn] n **1.** [gen] consulta f **2.** [discussion] discusión f.

consulting adj ▶ consulting fee honorarios mpl de asesoría.

consulting room [kən'sʌltɪŋ-] n consultorio m, consulta f.

consume [kən'sjuːm] vt lit & fig consumir.

consumer [kən'sjuːməʳ] n consumidor m, -ra f.

consumer goods pl n bienes mpl de consumo.

consumer society n sociedad f de consumo.

consummate ❖ adj [kən'sʌmət] **1.** [skill, ease] absoluto(ta) **2.** [liar, politician, snob] consumado(da). ❖ vt ['kɒnsəmeɪt] [marriage] consumar.

consumption [kən'sʌmpʃn] n [use] consumo m.

contact ['kɒntækt] ❖ n contacto m ▶ in contact (with) en contacto (con) ▶ to lose contact with perder (el) contacto con ▶ to make contact with ponerse en contacto con. ❖ vt ponerse en contacto con.

contact lens n lentilla f, lente f de contacto.

contagious [kən'teɪdʒəs] adj contagioso(sa).

contain [kən'teɪn] vt contener ▶ to contain o.s. contenerse.

container [kən'teɪnəʳ] n **1.** [box, bottle etc] recipiente m, envase m **2.** [for transporting goods] contenedor m.

contaminate [kən'tæmɪneɪt] vt contaminar.

cont'd (written abbr of continued) / 'cont'd page 30' 'sigue en la página 30'.

contemplate ['kɒntempleɪt] ❖ vt **1.** [consider] considerar, pensar en ▶ to contemplate doing sthg contemplar la posibilidad de hacer algo **2.** fml [look at] contemplar. ❖ vi reflexionar.

contemporary [kən'tempərərɪ] ❖ adj contemporáneo(a). ❖ n contemporáneo m, -a f.

contempt [kən'tempt] n **1.** [scorn] ▶ contempt (for) desprecio m or desdén m (por) ▶ to hold sb in contempt despreciar a alguien **2.** LAW desacato m.

contemptuous [kən'temptʃuəs] adj despreciativo(va) ▶ to be contemptuous of sthg despreciar algo.

contend [kən'tend] ❖ vi **1.** [deal] ▶ to contend with enfrentarse a **2.** [compete] ▶ to contend for/against competir por/contra. ❖ vt fml ▶ to contend that sostener or afirmar que.

contender [kən'tendəʳ] n [gen] contendiente mf ; [for title] aspirante mf.

content ❖ adj [kən'tent] ▶ content (with) contento(ta) or satisfecho(cha) (con). ❖ n ['kɒntent] contenido m. ❖ vt [kən'tent] ▶ to content o.s. with sthg/with doing sthg contentarse con algo/con hacer algo. ◆ **contents** pl n **1.** [of container, letter etc] contenido m **2.** [heading in book] índice m.

contented [kən'tentɪd] adj satisfecho(cha), contento(ta).

contention [kən'tenʃn] n fml **1.** [argument, assertion] argumento m **2.** (U) [disagreement] disputas fpl.

contest ❖ n ['kɒntest] **1.** [competition] concurso m ; [in boxing] combate m **2.** [for power, control] lucha f. ❖ vt [kən'test] **1.** [seat, election] presentarse como candidato(ta) a **2.** [dispute -statement] disputar; [-decision] impugnar.

contestant [kən'testənt] n [in quiz show] concursante *mf*; [in race] participante *mf*; [in boxing match] contrincante *mf*.

context ['kɒntekst] n contexto *m*.

context-sensitive adj COMPUT dependiente del contexto.

continent ['kɒntɪnənt] n continente *m*. ◆ **Continent** n UK ▸ **the Continent** Europa continental.

continental [,kɒntɪ'nentl] adj **1.** GEOG continental **2.** UK [European] de Europa continental.

continental breakfast n desayuno *m* continental.

continental quilt n UK edredón *m*.

contingency [kən'tɪndʒənsɪ] n contingencia *f*.

contingency plan n plan *m* de emergencia.

contingent [kən'tɪndʒənt] ◆ adj *fml* ▸ **contingent on** OR **upon** supeditado(da) a. ◆ n **1.** MIL contingente *m* **2.** [group] representación *f*.

continual [kən'tɪnjʊəl] adj continuo(nua), constante.

continually [kən'tɪnjʊəlɪ] adv continuamente, constantemente.

continuation [kən,tɪnjʊ'eɪʃn] n continuación *f*.

continue [kən'tɪnjuː] ◆ vt ▸ **to continue (doing** OR **to do sthg)** continuar (haciendo algo) ▸ **'to be continued'** 'continuará'. ◆ vi ▸ **to continue (with sthg)** continuar (con algo).

continuous [kən'tɪnjʊəs] adj continuo(nua).

continuously [kən'tɪnjʊəslɪ] adv continuamente, ininterrumpidamente.

contort [kən'tɔːt] vt retorcer.

contortion [kən'tɔːʃn] n contorsión *f*.

contour ['kɒn,tʊər] n **1.** [outline] contorno *m* **2.** [on map] curva *f* de nivel.

contraband ['kɒntrəbænd] ◆ adj de contrabando. ◆ n contrabando *m*.

contraception [,kɒntrə'sepʃn] n anticoncepción *f*.

contraceptive [,kɒntrə'septɪv] ◆ adj anticonceptivo(va). ◆ n anticonceptivo *m*.

contract ◆ n ['kɒntrækt] contrato *m*. ◆ vt [kən'trækt] **1.** [through legal agreement] ▸ **to contract sb (to do sthg)** contratar a alguien (para hacer algo) **2.** *fml* [illness, disease] contraer. ◆ vi [kən'trækt] [decrease in size, length] contraerse.

contraction [kən'trækʃn] n contracción *f*.

contractor [kən'træktər] n contratista *mf*.

contradict [,kɒntrə'dɪkt] vt contradecir.

contradiction [,kɒntrə'dɪkʃn] n contradicción *f*.

contradictory [,kɒntrə'dɪktərɪ] adj contradictorio(ria).

contraflow ['kɒntrəfləʊ] n habilitación del carril contrario.

contraption [kən'træpʃn] n chisme *m*, artilugio *m*.

contrary ['kɒntrərɪ] ◆ adj **1.** [opposite] contrario(ria) ▸ **contrary to** en contra de **2.** [kən'treərɪ] [awkward] puñetero(ra). ◆ n : *the contrary* lo contrario ▸ **on the contrary** al contrario. ◆ **contrary to** prep en contra de.

contrast ◆ n ['kɒntrɑːst] ▸ **contrast (between)** contraste *m* (entre) ▸ **by** OR **in contrast** en cambio ▸ **to be a contrast (to** OR **with)** contrastar (con). ◆ vt [kən'trɑːst] ▸ **to contrast sthg with** contrastar algo con. ◆ vi [kən'trɑːst] ▸ **to contrast (with)** contrastar (con).

contravene [,kɒntrə'viːn] vt contravenir.

contribute [kən'trɪbjuːt] ◆ vt [give] contribuir, aportar. ◆ vi **1.** [gen] ▸ **to contribute (to)** contribuir (a) **2.** [write material] ▸ **to contribute to** colaborar con.

contribution [,kɒntrɪ'bjuːʃn] n **1.** [gen] ▸ **contribution (to)** contribución *f* (a) **2.** [article] colaboración *f* **3.** [to social security] cotización *f*.

contributor [kən'trɪbjʊtər] n **1.** [of money] contribuyente *mf* **2.** [to magazine, newspaper] colaborador *m*, -ra *f*.

contrive [kən'traɪv] *fml* vt [engineer] maquinar, idear.

contrived [kən'traɪvd] adj inverosímil.

control [kən'trəʊl] ◆ n **1.** [gen & COMPUT] control *m*; [on spending] restricción *f* ▸ **beyond** OR **outside one's control** fuera del control de uno ▸ **in control of** al mando de ▸ **to be in control of the situation** dominar la situación **2.** [of emotions] dominio *m*. ◆ vt **1.** [gen] controlar ▸ **to control o.s.** dominarse, controlarse **2.** [operate -machine, plane] manejar; [-central heating] regular. ◆ **controls** pl n [of machine, vehicle] mandos *mpl*.

controller [kən'trəʊlər] n FIN interventor *m*, -ra *f*; RADIO & TV director *m*, -ra *f*.

control panel n tablero *m* de instrumentos OR de mandos.

control tower n torre *f* de control.

controversial [,kɒntrə'vɜːʃl] adj polémico(ca).

controversy ['kɒntrəvɜːsɪ, UK kən'trɒvəsɪ] n polémica *f*, controversia *f*.

convalesce [,kɒnvə'les] vi convalecer.

convalescence [,kɒnvə'lesns] n convalecencia *f*.

convene [kən'viːn] ◆ vt convocar. ◆ vi reunirse.

convenience [kən'viːnjəns] n comodidad *f*, conveniencia *f* ▸ *do it at your convenience* hágalo cuando le venga bien ▸ *at your earliest convenience* en cuanto le sea posible.

convenience store n tienda f de ultramarinos *(que abre hasta tarde)*.

convenient [kən'vi:njənt] adj **1.** [suitable] conveniente / *is Monday convenient?* ¿te viene bien el lunes? **2.** [handy - size] práctico(ca) ; [- position] adecuado(da) ▶ **convenient for** [well-situated] bien situado(da) para.

convent ['kɒnvənt] n convento m.

convention [kən'venʃn] n convención f.

conventional [kən'venʃənl] adj convencional.

converge [kən'vɜ:dʒ] vi *lit & fig* ▶ **to converge (on)** converger (en).

conversant [kən'vɜ:sənt] adj *fml* ▶ **conversant with** familiarizado(da) con.

conversation [,kɒnvə'seɪʃn] n conversación f.

conversational [,kɒnvə'seɪʃənl] adj coloquial.

converse ❖ n ['kɒnvɜ:s] ▶ **the converse** lo contrario OR opuesto. ❖ vi [kən'vɜ:s] *fml* ▶ **to converse (with)** conversar (con).

conversely [kən'vɜ:slɪ] adv *fml* a la inversa.

conversion [kən'vɜ:ʃn] n [gen, COMPUT & RELIG] conversión f.

convert ❖ vt [kən'vɜ:t] **1.** [gen & COMPUT] ▶ **to convert sthg (to OR into)** convertir algo (en) **2.** [change belief of] ▶ **to convert sb (to)** convertir a alguien (a). ❖ n ['kɒnvɜ:t] converso m, -sa f.

convertible [kən'vɜ:təbl] ❖ adj **1.** [sofa] ▶ **convertible sofa** sofá-cama m **2.** [currency] convertible **3.** [car] descapotable. ❖ n (coche m) descapotable m.

convex [kɒn'veks] adj convexo(xa).

convey [kən'veɪ] vt **1.** *fml* [transport] transportar **2.** [express] ▶ **to convey sthg (to)** transmitir algo (a).

conveyor [kən'veɪər] n ▶ **conveyor belt** cinta f transportadora.

convict ❖ n ['kɒnvɪkt] presidiario m, -ria f. ❖ vt [kən'vɪkt] ▶ **to convict sb of** condenar a alguien por.

conviction [kən'vɪkʃn] n **1.** [belief, fervour] convicción f **2.** LAW condena f.

convince [kən'vɪns] vt ▶ **to convince sb (of sthg/to do sthg)** convencer a alguien (de algo/para que haga algo).

convincing [kən'vɪnsɪŋ] adj convincente.

convoluted ['kɒnvəlu:tɪd] adj [tortuous] enrevesado(da).

convoy ['kɒnvɔɪ] n convoy m.

convulse [kən'vʌls] vt ▶ **to be convulsed with a)** [pain] retorcerse de **b)** [laughter] troncharse de.

convulsion [kən'vʌlʃn] n MED convulsión f.

coo [ku:] vi arrullar.

cook [kʊk] ❖ n cocinero m, -ra f. ❖ vt [gen] cocinar, guisar ; [prepare] preparar. ❖ vi **1.** [prepare food] cocinar, guisar **2.** [subj: food] cocerse.

◆ **cook up** vt sep [plan, deal] tramar, urdir ; [excuse] inventarse.

cookbook ['kʊk,bʊk] = **cookery book**.

cooker ['kʊkər] n UK cocina f *(aparato)*.

cookery ['kʊkərɪ] n cocina f *(arte)*.

cookery book, cookbook n libro m de cocina.

cookie ['kʊkɪ] n **1.** US [biscuit] galleta f **2.** COMPUT cookie m.

cooking ['kʊkɪŋ] n [food] cocina f.

cool [ku:l] ❖ adj **1.** [not warm] fresco(ca) ; [lukewarm] tibio(bia) ▶ **it's cool** hace fresco **2.** [calm] tranquilo(la) **3.** [unfriendly] frío(a) **4.** *inf* [hip] guay, chachi. ❖ vt refrescar. ❖ vi [become less warm] enfriarse. ❖ n ▶ **to keep/lose one's cool** mantener/perder la calma. ◆ **cool down** vi **1.** [become less warm] enfriarse **2.** [become less angry] calmarse. ◆ **cool off** vi **1.** [become less warm] refrescarse **2.** [become less angry] calmarse.

cool box n nevera f portátil.

cooler ['ku:lər] n US nevera f portátil.

coop [ku:p] n gallinero m. ◆ **coop up** vt sep *inf* encerrar.

co-op ['kəʊɒp] n cooperativa f.

cooperate [kəʊ'ɒpəreɪt] vi ▶ **to cooperate (with)** cooperar (con).

cooperation [kəʊ,ɒpə'reɪʃn] n cooperación f.

cooperative [kəʊ'ɒpərətɪv] ❖ adj **1.** [helpful] servicial **2.** [collective] cooperativo(va). ❖ n cooperativa f.

coordinate ❖ n [kəʊ'ɔ:dɪnət] coordenada f. ❖ vt [kəʊ'ɔ:dɪneɪt] coordinar. ◆ **coordinates** pl n [clothes] conjuntos mpl.

coordination [kəʊ,ɔ:dɪ'neɪʃn] n coordinación f.

cop [kɒp] n *inf* poli mf ▶ **the cops** la poli. ◆ **cop out** vi *inf* ▶ **to cop out (of)** escaquearse (de).

co-parenting n coparentalidad f.

cope [kəʊp] vi arreglárselas ▶ **to cope with a)** [work] poder con **b)** [problem, situation] hacer frente a.

copier ['kɒpɪər] n fotocopiadora f.

cop-out n *inf* escaqueo m.

copper ['kɒpər] n **1.** [metal] cobre m **2.** UK *inf* [policeman] poli mf, paco m, -ca f Andes.

coppice ['kɒpɪs], **copse** [kɒps] n bosquecillo m.

copy ['kɒpɪ] ❖ n **1.** [imitation, duplicate] copia f **2.** [of book, magazine] ejemplar m. ❖ vt **1.** [imitate & COMPUT] copiar **2.** [photocopy] fotocopiar.

copyright ['kɒpɪraɪt] n (U) derechos mpl de autor.

coral ['kɒrəl] n coral m.

cord [kɔ:d] n **1.** [string] cuerda f ; [for tying clothes] cordón m **2.** [cable] cable m, cordón m **3.** [fabric] pana f. ◆ **cords** pl n pantalones mpl de pana.

cordial ['kɔ:djəl] ❖ adj cordial. ❖ n refresco m *(hecho a base de concentrado de fruta)*.

cordon ['kɔ:dn] n cordón m. ◆ **cordon off** vt sep acordonar.

corduroy ['kɔ:dərɔɪ] n pana f.

core [kɔ:r] ◆ n **1.** [of fruit] corazón m **2.** [of Earth, nuclear reactor, group] núcleo m **3.** [of issue, matter] meollo m. ◆ vt quitar el corazón de.

Corfu [kɔ:'fu:] n Corfú.

corgi ['kɔ:gɪ] (pl -s) n corgi mf.

coriander [,kɒrɪ'ændər] n cilantro m.

cork [kɔ:k] n corcho m.

corkscrew ['kɔ:kskru:] n sacacorchos m inv.

corn [kɔ:n] n **1.** UK [wheat, barley, oats] cereal m **2.** US [maize] maíz m, choclo m ANDES RP ▸ **corn on the cob** mazorca f **3.** [callus] callo m.

cornea ['kɔ:nɪə] (pl -s) n córnea f.

corned beef [kɔ:nd-] n fiambre de carne de vaca cocinada y enlatada.

corner ['kɔ:nər] ◆ n **1.** [angle - of street, page, screen] esquina f; [- of room, cupboard] rincón m; [- of mouth] comisura f ▸ **just around the corner** a la vuelta de la esquina **2.** [bend - in street, road] curva f **3.** [faraway place] rincón m **4.** [in football] córner m. ◆ vt **1.** [trap] arrinconar **2.** [monopolize] acaparar.

corner shop n pequeña tienda de barrio que vende comida, artículos de limpieza etc.

cornerstone ['kɔ:nəstəʊn] n fig piedra f angular.

cornet ['kɔ:nɪt] n **1.** [instrument] corneta f **2.** UK [ice-cream cone] cucurucho m.

cornfed ['kɔ:nfed] adj US inf paleto(ta), de pueblo ▸ it's about a cornfed girl who makes it big in Manhattan trata de una chica de pueblo que triunfa en Manhattan.

cornflakes ['kɔ:nfleɪks] pl n copos mpl de maíz, cornflakes mpl.

cornflour UK ['kɔ:nflaʊər], **cornstarch** US ['kɔ:nstɑ:tʃ] n harina f de maíz, maicena® f.

Cornwall ['kɔ:nwɔ:l] n Cornualles.

corny ['kɔ:nɪ] adj inf trillado(da).

coronary ['kɒrənrɪ], **coronary thrombosis** [-θrɒm'bəʊsɪs] (pl coronary thromboses [-θrɒm'bəʊsi:z]) n trombosis f inv coronaria, infarto m.

coronation [,kɒrə'neɪʃn] n coronación f.

coroner ['kɒrənər] n juez de instrucción que investiga los casos de muerte sospechosa.

Corp. (abbr of corporation) Corp.

corporal ['kɔ:pərəl] n cabo mf.

corporal punishment n castigo m corporal.

corporate ['kɔ:pərət] adj **1.** [business] corporativo(va); [strategy, culture] empresarial **2.** [collective] colectivo(va).

corporation [,kɔ:pə'reɪʃn] n **1.** [company] ≃ sociedad f anónima **2.** UK [council] ayuntamiento m.

corps [kɔ:r] (pl inv) n cuerpo m.

corpse [kɔ:ps] n cadáver m.

correct [kə'rekt] ◆ adj **1.** [accurate - time, amount, forecast] exacto(ta); [- answer, spelling, information] correcto(ta) **2.** [socially acceptable] correcto(ta) **3.** [appropriate, required] apropiado(da). ◆ vt corregir.

correction [kə'rekʃn] n corrección f.

correctly [kə'rektlɪ] adv **1.** [gen] correctamente ▸ I don't think I can have heard you correctly no estoy segura de haberte oído bien **2.** [appropriately, as required] apropiadamente.

correlation [,kɒrə'leɪʃn] n ▸ **correlation (between)** correlación f (entre).

correspond [,kɒrɪ'spɒnd] vi **1.** [correlate] ▸ **to correspond (with OR to)** corresponder (con OR a) **2.** [match] ▸ **to correspond (with OR to)** coincidir (con) **3.** [write letters] ▸ **to correspond (with)** cartearse (con).

correspondence [,kɒrɪ'spɒndəns] n ▸ **correspondence (with / between)** correspondencia f (con/entre).

correspondence course n curso m por correspondencia.

correspondent [,kɒrɪ'spɒndənt] n [reporter] corresponsal mf.

corresponding [,kɒrɪ'spɒndɪŋ] adj correspondiente.

corridor ['kɒrɪdɔ:r] n pasillo m.

corroborate [kə'rɒbəreɪt] vt corroborar.

corrode [kə'rəʊd] ◆ vt corroer. ◆ vi corroerse.

corrosion [kə'rəʊʒn] n corrosión f.

corrugated ['kɒrəgeɪtɪd] adj ondulado(da).

corrugated iron n chapa f ondulada.

corrupt [kə'rʌpt] ◆ adj [gen & COMPUT] corrupto(ta). ◆ vt [gen & COMPUT] corromper ▸ **to corrupt a minor** pervertir a un menor.

corruption [kə'rʌpʃn] n corrupción f.

corset ['kɔ:sɪt] n corsé m.

Corsica ['kɔ:sɪkə] n Córcega.

cortege, cortège [kɔ:'teɪʒ] n cortejo m.

cos¹ [kɒz] UK inf abbr of because.

cos² [kɒs] = cos lettuce.

cosh [kɒʃ] ◆ n porra f. ◆ vt aporrear.

cos lettuce [kɒs-'letɪs], **cos** n UK lechuga f romana.

cosmetic [kɒz'metɪk] ◆ n cosmético m. ◆ adj fig superficial.

cosmopolitan [kɒzmə'pɒlɪtn] adj cosmopolita.

cosset ['kɒsɪt] vt mimar.

cost [kɒst] ◆ n coste m, costo m ▸ **administrative costs** gastos mpl de administración OR de gestión ▸ **at cost** [comm] a precio de coste ▸ **at no extra cost** sin costo adicional ▸ **at the cost of** a costa de ▸ **at all costs** a toda costa. ◆ vt (pt & pp cost or -ed) **1.** [gen] costar / it cost us £20 / a *lot of effort* nos costó 20 libras/mucho esfuerzo **/** *how much does it cost?* ¿cuánto cuesta **OR** vale? **2.** [estimate] presupuestar, preparar un presupuesto de. ◆ **costs** pl n LAW litisexpensas *fpl*.

co-star ['kəʊ-] n coprotagonista *mf*.

Costa Rica [,kɒstə'riːkə] n Costa Rica.

Costa Rican [,kɒstə'riːkən] ◇ adj costarricense. ◇ n costarricense *mf*.

cost-effective adj rentable.

costing ['kɒstɪŋ] n cálculo *m* del coste.

costly ['kɒstlɪ] adj costoso(sa).

cost of living n ▸ **the cost of living** el coste de la vida.

costume ['kɒstjuːm] n **1.** [gen] traje *m* **2.** [swimming costume] traje *m* de baño.

costume jewellery n *(U)* bisutería *f*.

cosy UK, **cozy** US ['kəʊzɪ] ◇ adj **1.** [warm and comfortable - room] acogedor(ra) **2.** [intimate] agradable, amigable. ◇ n funda *f* para tetera.

cot [kɒt] n **1.** UK [for child] cuna *f* **2.** US [folding bed] cama *f* plegable.

cottage ['kɒtɪdʒ] n casa *f* de campo, chalé *m*.

cottage cheese n queso *m* fresco.

cottage pie n UK *pastel de carne picada con una capa de puré de patatas.*

cotton ['kɒtn] n **1.** [fabric, plant] algodón *m* **2.** [thread] hilo *m* (de algodón). ◆ **cotton on** vi *inf* ▸ **to cotton on (to)** caer en la cuenta (de).

cotton candy n US azúcar *m* hilado, algodón *m*.

cotton wool n algodón *m* (hidrófilo).

couch [kaʊtʃ] ◇ n **1.** [sofa] sofá *m* **2.** [in doctor's surgery] diván *m*. ◇ vt ▸ **to couch sthg in** formular algo en.

couchette [kuːˈʃet] n UK litera *f*.

cough [kɒf] ◇ n tos *f* ▸ **to have a cough** tener tos. ◇ vi toser. ◆ **cough up** vt sep **1.** [bring up] escupir **2.** *v inf* [pay up] soltar.

cough mixture, cough syrup n UK jarabe *m* para la tos.

cough sweet n UK caramelo *m* para la tos.

cough syrup = **cough mixture**.

could [kʊd] pt ⟶ **can**.

couldn't ['kʊdnt] *(abbr of* **could not***)* = **can**.

could've ['kʊdəv] *(abbr of* **could have***)* = **can**.

council ['kaʊnsl] n **1.** [of a town] ayuntamiento *m* ; [of a county] ≃ diputación *f* **2.** [group, organization] consejo *m* **3.** [meeting] junta *f*, consejo *m*.

council estate n UK barrio *m* de viviendas sociales ; *urbanización de viviendas de protección oficial.*

council house n UK ≃ casa *f* de protección oficial.

councillor ['kaʊnsələr] n concejal *m*, -la *f*.

council tax n UK *impuesto municipal basado en el valor de la propiedad* ; ≃ contribución *f* urbana.

counsel ['kaʊnsəl] n **1.** *(U) fml* [advice] consejo *m* ▸ **to keep one's own counsel** reservarse su opinión **2.** [lawyer] abogado *m*, -da *f*.

counselling UK, **counseling** US ['kaʊnsəlɪŋ] n *(U)* ayuda *f* psicológica.

counsellor UK, **counselor** US ['kaʊnsələr] n **1.** [gen] consejero *m*, -ra *f* **2.** [therapist] psicólogo *m*, -ga *f* **3.** US [lawyer] abogado *m*, -da *f*.

count [kaʊnt] ◇ n **1.** [total] total *m* ; [of votes] recuento *m* ▸ **to keep/lose count of** llevar/perder la cuenta de **2.** [aristocrat] conde *m*. ◇ vt **1.** [add up] contar ; [total, cost] calcular **2.** [consider] ▸ **to count sb as** considerar a alguien como **3.** [include] incluir, contar. ◇ vi contar ▸ **to count (up) to** contar hasta ▸ **to count for nothing** no contar para nada. ◆ **count against** vt insep perjudicar. ◆ **count (up)on** vt insep contar con. ◆ **count up** vt insep contar.

countdown ['kaʊntdaʊn] n cuenta *f* atrás.

counter ['kaʊntər] ◇ n **1.** [in shop] mostrador *m* ▸ **over the counter** sin receta médica ; [in bank] ventanilla *f* **2.** [in board game] ficha *f*. ◇ vt ▸ **to counter sthg with** responder a algo mediante ▸ **to counter sthg by doing sthg** contrarrestar algo haciendo algo. ◆ **counter to** adv contrario a.

counteract [,kaʊntəˈrækt] vt contrarrestar.

counterattack [ˈkaʊntərəˌtæk] ◇ n contraataque *m*. ◇ vt & vi contraatacar.

counterclockwise [,kaʊntəˈklɒkwaɪz] adv US en sentido opuesto a las agujas del reloj.

counterfeit ['kaʊntəfɪt] ◇ adj falsificado(da). ◇ vt falsificar.

counterfoil ['kaʊntəfɔɪl] n matriz *f*.

countermand [,kaʊntəˈmɑːnd] vt revocar.

counterpart ['kaʊntəpɑːt] n homólogo *m*, -ga *f*.

counterproductive [,kaʊntəprəˈdʌktɪv] adj contraproducente.

counterproposal ['kaʊntəprəˌpəʊzl] n contrapropuesta *f*.

countess ['kaʊntɪs] n condesa *f*.

countless ['kaʊntlɪs] adj innumerables.

country ['kʌntrɪ] ◇ n **1.** [nation] país *m* **2.** [population] ▸ **the country** el pueblo **3.** [countryside] ▸ **the country** el campo **4.** [terrain] terreno *m*. ◇ comp campestre.

country dancing n *(U)* baile *m* tradicional.

country house n casa *f* solariega.

countryman ['kʌntrɪmən] *(pl* **-men***)* n [from same country] compatriota *m*.

country park n UK *parque natural abierto al público.*

countryside ['kʌntrɪsaɪd] n [land] campo *m* ; [landscape] paisaje *m*.

county ['kaʊntɪ] n condado *m*.

county council n [UK] *organismo que gobierna un condado* ; ≃ *diputación f provincial.*

coup [ku:] n **1.** [rebellion] ▸ **coup (d'état)** golpe m (de estado) **2.** [masterstroke] éxito m.

couple ['kʌpl] ⬥ n **1.** [two people in relationship] pareja f **2.** [two objects, people] ▸ **a couple (of)** un par (de) **3.** [a few - objects, people] ▸ **a couple (of)** un par (de), unos(unas). ⬥ vt [join] ▸ **to couple sthg (to)** enganchar algo (con).

coupon ['ku:pɒn] n [gen] vale m, cupón m ; [for pools] boleto m.

courage ['kʌrɪdʒ] n valor m.

courageous [kə'reɪdʒəs] adj valiente.

courgette [kɔː'ʒet] n [UK] calabacín m, calabacita f [Mex], zapallito m (italiano).

courier ['kʊrɪəʳ] n **1.** [on holiday] guía mf **2.** [to deliver letters, packages] mensajero m, -ra f.

course [kɔːs] n **1.** [gen] curso m ; [of lectures] ciclo m ; UNIV carrera f ▸ **course of treatment** MED tratamiento m ▸ **to change course** cambiar de rumbo ▸ **to run** OR **take its course** seguir su curso ▸ **off course** fuera de su rumbo ▸ **course (of action)** camino m (a seguir) ▸ **in the course of** a lo largo de **2.** [of meal] plato m **3.** SPORT [for golf] campo m ; [for race] circuito m. ⬥ **of course** adv **1.** [inevitably, not surprisingly] naturalmente **2.** [certainly] claro ▸ **of course not** claro que no.

coursebook ['kɔːsbʊk] n libro m de texto.

coursework ['kɔːswɜːk] n (U) trabajo m realizado durante el curso.

court [kɔːt] ⬥ n **1.** [place of trial, judge, jury etc] tribunal m **2.** SPORT cancha f, pista f **3.** [of king, queen etc] corte f. ⬥ vi dated [go out together] cortejarse.

courteous ['kɜːtjəs] adj cortés.

courtesy ['kɜːtɪsɪ] n cortesía f. ⬥ comp de cortesía. ⬥ **(by) courtesy of** prep [the author] con permiso de ; [a company] por cortesía OR gentileza de.

courtesy car n coche m de cortesía, carro m de cortesía [Am], auto m de cortesía.

courthouse ['kɔːthaʊs] (pl [-haʊzɪz]) n [US] palacio m de justicia.

courtier ['kɔːtjəʳ] n cortesano m.

court-martial n (pl court-martials or courts-martial) consejo m de guerra.

courtroom ['kɔːtrʊm] n sala f del tribunal.

courtyard ['kɔːtjɑːd] n patio m.

cousin ['kʌzn] n primo m, -ma f.

cove [kəʊv] n cala f, ensenada f.

covenant ['kʌvənənt] n **1.** [of money] compromiso escrito para el pago regular de una contribución especialmente con fines caritativos **2.** [agreement] convenio m.

cover ['kʌvəʳ] ⬥ n **1.** [covering] cubierta f ; [lid] tapa f ; [for seat, typewriter] funda f **2.** [blanket]

manta f ▸ **under the covers** debajo de las sábanas **3.** [of book] tapa f, cubierta f ; [of magazine - at the front] portada f ; [-at the back] contraportada f **4.** [protection, shelter] refugio m ▸ **under cover** [from weather] a cubierto **5.** [concealment] tapadera f ▸ **under cover of** al amparo OR abrigo de **6.** [insurance] cobertura f. ⬥ vt **1.** [gen] ▸ **to cover sthg (with)** a) cubrir algo (de) b) [with lid] tapar algo (con) **2.** [include] abarcar **3.** [report on] informar sobre **4.** [discuss, deal with] abarcar. ⬥ **cover up** vt sep **1.** [place sthg over] tapar **2.** [conceal] encubrir.

coverage ['kʌvərɪdʒ] n [of news] cobertura f informativa.

coveralls ['kʌvərɔːlz] pl n [US] mono m.

cover charge n cubierto m.

covering ['kʌvərɪŋ] n **1.** [for floor etc] cubierta f **2.** [of snow, dust] capa f.

covering letter [UK], **cover letter** [US] n [with CV] carta f de presentación ; [with parcel, letter] nota f aclaratoria.

cover note n [UK] póliza f provisional.

covert ['kʌvət] adj [operation] encubierto(ta), secreto(ta) ; [glance] furtivo(va).

cover-up n encubrimiento m.

covet ['kʌvɪt] vt codiciar.

cow [kaʊ] ⬥ n **1.** [female type of cattle] vaca f **2.** [female elephant, whale, seal] hembra f **3.** [UK] inf & pej [woman] bruja f. ⬥ vt acobardar, intimidar.

coward ['kaʊəd] n cobarde mf.

cowardly ['kaʊədlɪ] adj cobarde.

cowboy ['kaʊbɔɪ] n [cattlehand] vaquero m, tropero m [RP].

cower ['kaʊəʳ] vi encogerse.

cox [kɒks], **coxswain** ['kɒksən] n timonel mf.

coy [kɔɪ] adj tímido(da).

cozy [US] = **cosy**.

c/p (written abbr of **carriage paid**) pp.

crab [kræb] n cangrejo m.

crab apple n manzana f silvestre.

crack [kræk] ⬥ n **1.** [split - in wood, ground] grieta f ; [-in glass, pottery] raja f **2.** [gap] rendija f **3.** [sharp noise - of whip] chasquido m ; [-of twigs] crujido m **4.** inf [attempt] ▸ **to have a crack at sthg** intentar algo **5.** [cocaine] crack m. ⬥ adj de primera. ⬥ vt **1.** [cause to split] romper, partir **2.** [egg, nut] cascar **3.** [whip etc] chasquear **4.** [bang] ▸ **to crack one's head** golpearse la cabeza **5.** [code] dar con la clave de ; [problem] resolver **6.** inf [tell - joke] contar. ⬥ vi **1.** [split - skin, wood, ground] agrietarse ; [-pottery, glass] partirse **2.** [break down] hundirse **3.** [make sharp noise - whip] chasquear ; [-twigs] crujir **4.** [UK] [act quickly] ▸ **to get cracking** ponerse manos a la obra. ⬥ **crack down** vi ▸ **to crack down**

(on) tomar medidas severas (contra). ◆ **crack up** vi **1.** [under pressure] venirse abajo **2.** inf [laugh] partirse de risa.

cracker ['krækər] n **1.** [biscuit] galleta f (salada) **2.** UK [for Christmas] cilindro de papel que produce un estallido al abrirlo y que lleva dentro un regalito de Navidad.

crackers ['krækəz] adj UK inf majareta.

crackle ['krækl] vi [fire] crujir, chasquear; [radio] sonar con interferencias.

cradle ['kreidl] ◆ n [baby's bed, birthplace] cuna f. ◆ vt acunar, mecer.

craft [krɑːft] n **1.** [trade] oficio m; [skill] arte m **2.** (pl inv) [boat] embarcación f. ◆ **crafts** pl n artesanía f.

craftsman ['krɑːftsmən] (pl -men) n artesano m.

craftsmanship ['krɑːftsmənʃip] n (U) **1.** [skill] destreza f, habilidad f **2.** [skilled work] artesanía f.

craftsmen pl n ⟶ craftsman.

crafty ['krɑːftɪ] adj astuto(ta).

crag [kræg] n peñasco m.

cram [kræm] ◆ vt **1.** [push - books, clothes] embutir; [people] apiñar **2.** [overfill] ▶ to cram sthg with atiborrar OR atestar algo de ▶ to be crammed (with) estar repleto(ta) (de). ◆ vi [study] empollar.

cramp [kræmp] n calambre m ▶ stomach cramps retortijones mpl de vientre.

cramped [kræmpt] adj [flat, conditions] estrecho(cha).

cram school n US SCH colegio privado especializado en preparar a los alumnos para los exámenes.

cranberry ['krænbərɪ] n arándano m (agrio).

crane [kreɪn] n **1.** [machine] grúa f **2.** [bird] grulla f.

crank [kræŋk] ◆ n **1.** [handle] manivela f **2.** inf [eccentric] majareta mf. ◆ vt [wind] girar.

crankshaft ['kræŋkʃɑːft] n cigüeñal m.

cranny ['krænɪ] ⟶ nook.

crap [kræp] ◆ n (U) mierda f. ◆ adj UK de mierda, muy chungo(ga).

crapfest ['kræpfest] n v inf porquería f de fiesta / it was a crapfest fue una porquería de fiesta.

crapware ['kræpweər] n v inf COMPUT programas mpl basura.

crash [kræʃ] ◆ n **1.** [accident] choque m **2.** [loud noise] estruendo m **3.** FIN crac m. ◆ vt [plane] estrellar. ◆ vi **1.** [collide - two vehicles] chocar; [one vehicle - into wall etc] estrellarse **2.** FIN quebrar **3.** COMPUT colgarse, bloquearse. ◆ **crash out** vi dormir.

crash course n curso m acelerado, cursillo m intensivo de introducción.

crash helmet n casco m protector.

crash-land vi realizar un aterrizaje forzoso.

crass [kræs] adj burdo(da) ▶ a crass error un craso error.

crate [kreɪt] n caja f (para embalaje o transporte).

crater ['kreɪtər] n cráter m.

cravat [krə'væt] n pañuelo m (de hombre).

crave [kreɪv] ◆ vt ansiar. ◆ vi ▶ to crave for sthg ansiar algo.

craving ['kreɪvɪŋ] n [gen] ▶ craving (for sthg/ to do sthg) anhelo m (de algo/de hacer algo); [of pregnant woman] ▶ craving (for sthg) antojo m (de algo).

crawl [krɔːl] ◆ vi **1.** [baby] andar a gatas **2.** [insect, person] arrastrarse **3.** [move slowly, with difficulty] avanzar lentamente. ◆ n [swimming stroke] ▶ the crawl el crol.

crayon ['kreɪɒn] n (barra f de) cera f.

craze [kreɪz] n moda f.

crazy ['kreɪzɪ] adj inf **1.** [mad - person] loco(ca); [- idea] disparatado(da) ▶ like crazy como un loco **2.** [enthusiastic] ▶ to be crazy about estar loco(ca) por.

creak [kriːk] vi [floorboard, bed] crujir; [door, hinge] chirriar.

cream [kriːm] ◆ adj [in colour] (color) crema (inv). ◆ n **1.** [food] nata f **2.** [cosmetic, mixture for food] crema f **3.** [colour] (color m) crema m **4.** [elite] ▶ the cream la flor y nata, la crema.

cream cake n UK pastel m de nata, pastel m de crema Am, masa f de crema RP.

cream cheese n queso m cremoso OR blanco.

cream cracker n UK galleta f sin azúcar (que generalmente se come con queso).

cream tea n UK merienda f a base de de té con bollos con nata y mermelada.

creamy ['kriːmɪ] (compar -ier, superl -iest) adj **1.** [taste, texture] cremoso(sa) **2.** [colour] (color) crema (inv).

crease [kriːs] ◆ n [deliberate - in shirt] pliegue m; [- in trousers] raya f; [accidental] arruga f. ◆ vt arrugar. ◆ vi [gen] arrugarse; [forehead] fruncirse.

create [kriː'eɪt] vt [gen] crear; [interest] producir.

creation [kriː'eɪʃn] n creación f.

creative [kriː'eɪtɪv] adj [gen] creativo(va); [energy] creador(ra) ▶ creative writing creación f literaria.

creator [kriː'eɪtər] n creador m, -ra f.

creature ['kriːtʃər] n criatura f ▶ a creature of habit un animal de costumbres.

crèche [kreʃ] n UK guardería f (infantil).

credence ['kriːdns] n ▶ to give OR lend credence to dar crédito a.

credentials [krɪ'denʃlz] pl n credenciales fpl.

credibility [,kredə'bɪlətɪ] n credibilidad f.

credible ['kredəbl] adj creíble, digno(na) de crédito.

credit ['kredıt] ❖ n **1.** [financial aid] crédito *m*
▶ **to be in credit** tener saldo acreedor **OR** positivo
▶ **on credit** a crédito **2.** *(U)* [praise] reconocimiento *m* ▶ **to do sb credit** decir mucho en favor
de alguien ▶ **to give sbcredit for** reconocer a
alguien el mérito de **3.** [towards qualification,
degree] crédito *m* **4.** [money credited] saldo *m*
acreedor **OR** positivo. ❖ vt **1.** FIN [add] abonar
/ **we'll credit your account** lo abonaremos en
su cuenta **2.** [believe] creer **3.** [give the credit to]
▶ **to credit sb with** atribuir a alguien el mérito de.
◆ **credits** pl n [on film] títulos *mpl*.

credit card n tarjeta *f* de crédito.

credit crunch n crisis *f* del crédito.

credit note n [from shop] vale *m* de compra.

creditor ['kredıtər] n acreedor *m*, -ra *f*.

creed [kri:d] n credo *m*.

creek [kri:k] n **1.** [inlet] cala *f* **2.** **US** [stream]
riachuelo *m*.

creep [kri:p] ❖ vi *(pt & pp* **crept**) **1.** [person]
deslizarse, andar con sigilo **2.** [insect] arrastrarse ;
[traffic etc] avanzar lentamente **3.** *inf* [grovel] ▶ **to
creep (to sb)** hacer la pelota (a alguien). ❖ n *inf*
1. [unctuous person] pelotillero *m*, -ra *f* **2.** [hor-
rible person] asqueroso *m*, -sa *f*. ◆ **creeps** pl n
▶ **to give sb the creeps** *inf* ponerle a alguien la
piel de gallina.

creeper ['kri:pər] n enredadera *f*.

creepy ['kri:pı] adj *inf* horripilante.

creepy-crawly [-'krɔ:lı] *(pl* **-ies)** n *inf* bicho *m*.

cremate [krı'meıt] vt incinerar.

cremation [krı'meıʃn] n incineración *f*.

crematorium [,kremə'tɔ:rıəm] *(pl* **-riums**
or **-ria) UK**, **crematory** ['kremətrı] **US** n
crematorio *m*.

crepe [kreıp] n **1.** [cloth] crespón *m* **2.** [rubber]
crepé *m* **3.** [thin pancake] crep *f*.

crepe bandage n **UK** venda *f* de gasa.

crepe paper n *(U)* papel *m* crespón.

crept [krept] pt & pp ⟶ **creep**.

crescendo [krı'ʃendəʊ] *(pl* **-s)** n crescendo *m*.

crescent ['kresnt] n **1.** [shape] medialuna *f*
2. [street] *calle en forma de medialuna*.

cress [kres] n berro *m*.

crest [krest] n **1.** [on bird's head, of wave] cresta *f* **2.** [of hill] cima *f*, cumbre *f* **3.** [on coat of
arms] blasón *m*.

crestfallen ['krest,fɔ:ln] adj alicaído(da).

Crete [kri:t] n Creta.

cretin ['kretın] n *inf* [idiot] cretino *m*, -na *f*.

Creutzfeldt-Jakob disease [,krɔıtsfelt'jækɒb-]
n enfermedad *f* de Creutzfeldt-Jakob.

crevasse [krı'væs] n grieta *f*, fisura *f*.

crevice ['krevıs] n grieta *f*, hendidura *f*.

crew [kru:] n **1.** [of ship, plane] tripulación *f*
2. [on film set etc] equipo *m*.

crew cut n rapado *m*, corte *m* al cero.

crew-neck(ed) [-nek(t)] adj con cuello redondo.

crib [krıb] n **1.** [cot] cuna *f* **2.** **US** *inf* [place]
casa *f*, cantón *f* **Méx**.

crick [krık] n [in neck] tortícolis *f inv*.

cricket ['krıkıt] n **1.** [game] cricket *m* **2.** [in-
sect] grillo *m*.

crime [kraım] ❖ n **1.** [serious offence] crimen *m* ; [less serious offence] delito *m* **2.** [crim-
inal behaviour - serious] criminalidad *f* ; [- less ser-
ious] delincuencia *f* **3.** [immoral act] crimen *m*.
❖ comp ▶ **crime novel** novela *f* policíaca
/ **crimes against humanity** crímenes contra
la humanidad.

criminal ['krımınl] ❖ adj LAW [act, behaviour]
criminal, delictivo(va) ; [law] penal ; [lawyer] crimi-
nalista. ❖ n [serious] criminal *mf* ; [less serious]
delincuente *mf*.

crimson ['krımzn] ❖ adj [in colour] carmesí.
❖ n carmesí *m*.

cringe [krındʒ] vi **1.** [out of fear] encogerse **2.** *inf*
[with embarrassment] sentir vergüenza ajena.

crinkle ['krıŋkl] vt arrugar.

cripple ['krıpl] ❖ n *dated & offens* tullido *m*, -da *f*. ❖ vt **1.** MED dejar inválido(da)
2. [country, industry] paralizar.

crisis ['kraısıs] *(pl* **crises** ['kraısi:z])** n crisis *f inv*.

crisp [krısp] adj **1.** [pastry, bacon, snow] crujiente ; [banknote, vegetables, weather] fresco(ca)
2. [brisk] directo(ta). ◆ **crisps** pl n **UK** patatas *fpl* fritas *(de bolsa)*.

crisscross ['krıskrɒs] adj entrecruzado(da).

criterion [kraı'tıərıən] *(pl* **-ria** *or* **-rions)** n
criterio *m*.

critic ['krıtık] n crítico *m*, -ca *f*.

critical ['krıtıkl] adj [gen] crítico(ca) ; [illness]
grave ▶ **to be critical of** criticar.

critically ['krıtıklı] adv [gen] críticamente / *critically important* de vital importancia / *critically acclaimed* aclamado(da) por la crítica ; [ill]
gravemente.

criticism ['krıtısızm] n crítica *f*.

criticize, criticise ['krıtısaız] vt & vi criticar.

croak [krəʊk] vi **1.** [frog] croar ; [raven] graznar
2. [person] ronquear.

Croat ['krəʊæt], **Croatian** [krəʊ'eıʃn] ❖ adj
croata. ❖ n **1.** [person] croata *mf* **2.** [language]
croata *m*.

Croatia [krəʊ'eıʃə] n Croacia.

Croatian = Croat.

crochet ['krəʊʃeı] n ganchillo *m*.

crockery ['krɒkərı] n loza *f*, vajilla *f*.

crocodile ['krɒkədaıl] *(pl inv or* **-s)** n cocodrilo *m*.

crocus ['krəʊkəs] *(pl* **-es)** n azafrán *m (planta)*.

croft [krɒft] n **UK** *pequeña granja que proporciona sustento a la familia propietaria*.

cromulent ['krɒmjʊlənt] adj : *it's a perfectly cromulent word hum* es una palabra perfectamente válida.

crony ['krəʊnɪ] n *inf* amiguete m.

crook [krʊk] n **1.** [criminal] ratero m, -ra f **2.** *inf* [dishonest person] ladrón m, -ona f, sinvergüenza mf **3.** [shepherd's staff] cayado m.

crooked ['krʊkɪd] adj **1.** [teeth, tie] torcido(da) **2.** [back] encorvado(da) ; [path] sinuoso(sa) **3.** *inf* [dishonest - person, policeman] corrupto(ta).

crop [krɒp] ⋙ n **1.** [kind of plant] cultivo m **2.** [harvested produce] cosecha f **3.** [whip] fusta f. ⋙ vt [cut short] cortar (muy corto). ◆ **crop up** vi surgir.

cropped ['krɒpt] adj : *cropped hair* pelo m corto ▶ *cropped trousers* pantalones mpl pesqueros OR piratas.

croquette [krɒ'ket] n croqueta f.

cross [krɒs] ⋙ adj enfadado(da) ▶ **to get cross (with)** enfadarse (con). ⋙ n **1.** [gen] cruz f **2.** [hybrid] cruce m ▶ **a cross between** [combination] una mezcla de **3.** SPORT centro m. ⋙ vt **1.** [gen & FIN] cruzar **2.** [face - subj: expression] reflejarse en **3.** SPORT centrar **4.** [oppose] contrariar **5.** RELIG ▶ **to cross o.s.** santiguarse. ⋙ vi [intersect] cruzarse. ◆ **cross off, cross out** vt sep tachar.

crossbar ['krɒsbɑːʳ] n **1.** [on goal] travesaño m **2.** [on bicycle] barra f.

cross-Channel adj [ferry] que hace la travesía del Canal de la Mancha ; [route] a través del Canal de la Mancha.

cross-country ⋙ adj & adv a campo traviesa. ⋙ n cross m.

cross-examine vt interrogar *(para comprobar veracidad)*.

cross-eyed ['krɒsaɪd] adj bizco(ca).

crossfire ['krɒs,faɪəʳ] n fuego m cruzado.

crossing ['krɒsɪŋ] n **1.** [on road] cruce m, paso m de peatones ; [on railway line] paso a nivel **2.** [sea journey] travesía f.

crossing guard n US *persona encargada de ayudar a cruzar la calle a los colegiales* ; [on railway line] paso a nivel **2.** [sea journey] travesía f.

cross-legged ['krɒslegd] adv con las piernas cruzadas.

cross-platform adj multiplataforma *(inv)*.

cross-purposes pl n ▶ **I think we're at cross-purposes** creo que estamos hablando de cosas distintas.

cross-reference n remisión f, referencia f.

crossroads ['krɒsrəʊdz] *(pl inv)* n cruce m.

cross-section n **1.** [drawing] sección f transversal **2.** [sample] muestra f representativa.

crosstown adj : *crosstown street* calle f transversal.

crosswalk ['krɒswɔːk] n US paso m de peatones.

crosswind ['krɒswɪnd] n viento m de costado.

crosswise ['krɒswaɪz], **crossways** adv en diagonal.

crossword (puzzle) ['krɒswɜːd-] n crucigrama m.

crotch [krɒtʃ] n entrepierna f.

crotchety ['krɒtʃɪtɪ] adj UK *inf* refunfuñón(ona).

crouch [kraʊtʃ] vi [gen] agacharse ; [ready to spring] agazaparse.

crow [krəʊ] ⋙ n corneja f. ⋙ vi **1.** [cock] cantar **2.** *inf* [gloat] darse pisto.

crowbar ['krəʊbɑːʳ] n palanca f.

crowd [kraʊd] ⋙ n **1.** [mass of people] multitud f, muchedumbre f ; [at football match etc] público m **2.** [particular group] gente f. ⋙ vi agolparse, apiñarse ▶ **to crowd in /out** entrar/ salir en tropel. ⋙ vt **1.** [room, theatre etc] llenar **2.** [people] meter, apiñar.

crowded ['kraʊdɪd] adj ▶ **crowded (with)** repleto(ta) OR abarrotado(da) (de).

crowdsourcing n INTERNET tercerización f masiva.

crown [kraʊn] ⋙ n **1.** [of royalty, on tooth] corona f **2.** [of hat] copa f ; [of head] coronilla f ; [of hill] cumbre f, cima f. ⋙ vt [gen] coronar ▶ **to crown it all** para colmo. ◆ **Crown** n ▶ **the Crown** [monarchy] la Corona.

crown jewels pl n joyas fpl de la corona.

crown prince n príncipe m heredero.

crow's feet pl n patas fpl de gallo.

crucial ['kruːʃl] adj crucial.

crucifix ['kruːsɪfɪks] n crucifijo m.

Crucifixion [,kruːsɪ'fɪkʃn] n ▶ **the Crucifixion** la Crucifixión.

crucify ['kruːsɪfaɪ] *(pt & pp -ied)* vt *lit & fig* crucificar.

crude [kruːd] adj **1.** [rubber, oil, joke] crudo(da) **2.** [person, behaviour] basto(ta) **3.** [drawing, sketch] tosco(ca).

crude oil n crudo m.

cruel [krʊəl] adj [gen] cruel ; [blow] duro(ra) ; [winter] crudo(da).

cruelty ['krʊəltɪ] n (U) crueldad f.

cruet ['kruːɪt] n vinagreras fpl.

cruise [kruːz] ⋙ n crucero m. ⋙ vi **1.** [sail] hacer un crucero **2.** [drive, fly] ir a velocidad de crucero.

cruiser ['kruːzəʳ] n **1.** [warship] crucero m **2.** [cabin cruiser] yate m *(para cruceros)*.

crumb [krʌm] n **1.** [of food] miga f, migaja f **2.** [of information] pizca f.

crumble ['krʌmbl] ⋙ n postre a base de compota de fruta con masa quebrada dulce por encima. ⋙ vt desmigajar. ⋙ vi **1.** [building, cliff] desmoronarse; [plaster] caerse **2.** fig [relationship, hopes] venirse abajo.

crumbly ['krʌmblɪ] adj que se desmigaja con facilidad.

crummy ['krʌmɪ] (compar **-mier**, superl **-miest**) adj inf [bad] chungo(ga).

crumpet ['krʌmpɪt] n **1.** [food] bollo que se come tostado **2.** (U) inf [women] tías fpl.

crumple ['krʌmpl] vt [dress, suit] arrugar; [letter] estrujar.

crunch [krʌntʃ] ◆ n crujido m. ◆ vt [with teeth] ronzar.

crunchy ['krʌntʃɪ] adj crujiente.

crusade [kru:'seɪd] n lit & fig cruzada f.

crush [krʌʃ] ◆ n **1.** [crowd] gentío m **2.** inf [infatuation] ▸ **to have a crush on sb** estar colado(da) ᴏʀ loco(ca) por alguien. ◆ vt **1.** [squash] aplastar **2.** [grind - garlic, grain] triturar; [- ice] picar; [- grapes] exprimir **3.** [destroy] demoler.

crust [krʌst] n **1.** [on bread, of snow, earth] corteza f **2.** [on pie] parte f dura.

crutch [krʌtʃ] n **1.** [stick] muleta f; fig [support] apoyo m **2.** [crotch] entrepierna f.

crux [krʌks] n ▸ **the crux of the matter** el quid de la cuestión.

cry [kraɪ] ◆ n **1.** [weep] llorera f **2.** [shout] grito m. ◆ vi **1.** [weep] llorar **2.** [shout] gritar. ◆ **cry off** vi volverse atrás. ◆ **cry out** ◆ vt gritar. ◆ vi [call out] gritar.

cryogenics [,kraɪə'dʒenɪks] n (sg) criogenia f.

crypt [krɪpt] n cripta f.

crystal ['krɪstl] n cristal m.

crystal clear adj **1.** [transparent] cristalino(na) **2.** [clearly stated] claro(ra) como el agua.

CSR (abbr of Corporate Social Responsibility) n RSC f (Responsabilidad Social Corporativa).

CTC n abbr of city technology college.

cub [kʌb] n **1.** [young animal] cachorro m **2.** [boy scout] lobato m; boy scout de entre 8 y 11 años.

Cuba ['kju:bə] n Cuba.

Cuban ['kju:bən] ◆ adj cubano(na). ◆ n [person] cubano m, -na f.

cubbyhole ['kʌbɪhəʊl] n [room] cuchitril m; [cupboard] armario m.

cube [kju:b] ◆ n **1.** [gen] cubo m; [of sugar] terrón m. ◆ vt **1.** MATH elevar al cubo **2.** [cut up] cortar en dados.

cubic ['kju:bɪk] adj cúbico(ca).

cubicle ['kju:bɪkl] n [at swimming pool] caseta f; [in shop] probador m; [in toilets] cubículo m.

Cub Scout n lobato m; boy scout de entre 8 y 11 años.

cuckoo ['kʊku:] n cuco m, cuclillo m.

cuckoo clock n reloj m de cuco.

cucumber ['kju:kʌmbəʳ] n pepino m.

cuddle ['kʌdl] ◆ n abrazo m. ◆ vt abrazar. ◆ vi abrazarse.

cuddly toy ['kʌdlɪ-] n muñeco m de peluche.

cue [kju:] n **1.** RADIO, THEAT & TV entrada f ▸ **on cue** justo en aquel instante **2.** fig [stimulus, signal] señal f **3.** [in snooker, pool] taco m.

cuff [kʌf] n **1.** [of sleeve] puño m ▸ **off the cuff** [speech, remarks] improvisado(da), sacado(da) de la manga **2.** ᴜs [of trouser leg] vuelta f **3.** [blow] cachete m.

cuff link n gemelo m, collera f ᴀɴᴅᴇs.

cuisine [kwɪ'zi:n] n cocina f.

cul-de-sac ['kʌldəsæk] n callejón m sin salida.

culinary ['kʌlɪnərɪ] adj culinario(ria).

cull [kʌl] vt **1.** [animals] sacrificar (selectivamente) **2.** fml [information, facts] recoger.

culminate ['kʌlmɪneɪt] vi ▸ **to culminate in** culminar en.

culmination [,kʌlmɪ'neɪʃn] n culminación f.

culottes [kju:'lɒts] pl n falda f pantalón.

culpable ['kʌlpəbl] adj fml ▸ **culpable (of)** culpable (de) ▸ **culpable homicide** homicidio m involuntario.

culprit ['kʌlprɪt] n culpable mf.

cult [kʌlt] ◆ n RELIG culto m. ◆ comp [series, movie] de culto.

cultivate ['kʌltɪveɪt] vt **1.** [gen] cultivar **2.** [get to know - person] hacer amistad con.

cultivated ['kʌltɪveɪtɪd] adj **1.** [cultured] culto(ta) **2.** [land] cultivado(da).

cultivation [,kʌltɪ'veɪʃn] n (U) cultivo m.

cultural ['kʌltʃərəl] adj cultural.

culture ['kʌltʃəʳ] n **1.** [gen] cultura f **2.** [of bacteria] cultivo m.

cultured ['kʌltʃəd] adj culto(ta).

cumbersome ['kʌmbəsəm] adj **1.** [package] abultado(da); [machinery] aparatoso(sa) **2.** [system] torpe.

cunning ['kʌnɪŋ] ◆ adj [gen] astuto(ta); [device, idea] ingenioso(sa). ◆ n (U) astucia f.

cup [kʌp] ◆ n **1.** [gen] taza f **2.** [prize, of bra] copa f. ◆ vt ahuecar.

cupboard ['kʌbəd] n armario m.

cupcake ['kʌpkeɪk] n ᴜs magdalena f.

cup tie n ᴜᴋ partido m de copa.

curable ['kjʊərəbl] adj curable.

curate ['kjʊərət] n coadjutor m, -ra f.

curator [kjʊə'reɪtəʳ] n conservador m, -ra f.

curb [kɜ:b] ◆ n **1.** [control] ▸ **curb (on)** control m ᴏʀ restricción f (de) ▸ **to put a curb on sthg** poner freno a algo **2.** ᴜs [in road] bordillo m, bordo m de la banqueta ᴍᴇx, cordón m de la vereda ʀᴘ, cuneta f ᴄʜɪʟᴇ, sardinel m ᴄᴏʟ. ◆ vt controlar, contener.

curdle ['kɜːdl] vi [milk] cuajarse ; *fig* [blood] helarse.

cure [kjʊəʳ] ❖ n **1.** MED ▶ **cure (for)** cura *f* (para) **2.** [solution] ▶ **cure (for)** remedio *m* (a). ❖ vt **1.** MED curar **2.** [problem, inflation] remediar **3.** [food, tobacco] curar ; [leather] curtir.

cure-all n panacea *f.*

curfew ['kɜːfjuː] n toque *m* de queda.

curio ['kjʊərɪəʊ] (*pl* -s) n curiosidad *f.*

curiosity [ˌkjʊərɪ'ɒsətɪ] n curiosidad *f.*

curious ['kjʊərɪəs] adj curioso(sa) ▶ **to be curious about** sentir curiosidad por.

curl [kɜːl] ❖ n [of hair] rizo *m.* ❖ vt **1.** [hair] rizar **2.** [twist] enroscar. ❖ vi **1.** [hair] rizarse **2.** [paper] abarquillarse. ◆ **curl up** vi [person, animal] acurrucarse ; [leaf, paper] abarquillarse.

curler ['kɜːləʳ] n rulo *m.*

curling tongs pl n tenacillas *fpl* de rizar.

curly ['kɜːlɪ] adj [hair] rizado(da) ; [pig's tail] enroscado(da).

currant ['kʌrənt] n pasa *f* de Corinto.

currency ['kʌrənsɪ] n **1.** FIN moneda *f* ▶ **foreign currency** divisa *f* **2.** *fml* [acceptability] ▶ **to gain currency** ganar aceptación.

current ['kʌrənt] ❖ adj [price, method, girlfriend] actual ; [year] en curso ; [issue] último(ma) ; [ideas, expressions, customs] corriente. ❖ n corriente *f.*

current account n UK cuenta *f* corriente.

current affairs pl n temas *mpl* de actualidad.

currently ['kʌrəntlɪ] adv actualmente.

curriculum [kə'rɪkjələm] (*pl* -**lums** *or* -**la**) n [course of study] plan *m* de estudios, temario *m.*

curriculum vitae [-'viːtaɪ] (*pl* **curricula vitae**) n UK currículum *m* (vitae).

curry ['kʌrɪ] n curry *m.*

curry powder n curry *m* en polvo.

curse [kɜːs] ❖ n **1.** [evil charm] maldición *f* **2.** [swearword] taco *m*, palabrota *f* ▶ **curse word** US juramento *m.* ❖ vt maldecir. ❖ vi [swear] soltar tacos.

cursor ['kɜːsəʳ] n COMPUT cursor *m.*

cursory ['kɜːsərɪ] adj superficial.

curt [kɜːt] adj brusco(ca), seco(ca).

curtail [kɜː'teɪl] vt **1.** [visit] acortar **2.** [expenditure] reducir ; [rights] restringir.

curtain ['kɜːtn] n **1.** [gen] cortina *f* / *shower curtain* cortina *f* de ducha **2.** [in theatre] telón *m.*

curts(e)y ['kɜːtsɪ] ❖ n reverencia *f* (de mujer). ❖ vi (*pt & pp* **curtsied**) hacer una reverencia (*una mujer*).

curve [kɜːv] ❖ n curva *f* ▶ **curve grading** US SCH evaluación por campana de Gauss. ❖ vi [river] hacer una curva ; [surface] curvarse.

cushion ['kʊʃn] ❖ n **1.** [for sitting on] cojín *m* **2.** [protective layer] colchón *m.* ❖ vt *lit & fig* amortiguar.

cushy ['kʊʃɪ] adj *inf* cómodo(da) ▶ **a cushy job** OR **number** un chollo (de trabajo).

custard ['kʌstəd] n *(U)* natillas *fpl.*

custodian [kʌ'stəʊdjən] n **1.** [of building, museum] conservador *m*, -ra *f* **2.** [of tradition, values] guardián *m*, -ana *f.*

custody ['kʌstədɪ] n custodia *f* ▶ **to take sb into custody** detener a alguien ▶ **in custody** bajo custodia.

custom ['kʌstəm] ❖ n **1.** [tradition, habit] costumbre *f* **2.** *(U) fml* [trade] clientela *f.* ❖ adj hecho(cha) de encargo. ◆ **customs** n [place] aduana *f.*

customary ['kʌstəmrɪ] adj acostumbrado(da), habitual.

custom-designed adj : *custom-designed vacations* vacaciones *fpl* a medida.

customer ['kʌstəməʳ] n **1.** [client] cliente *mf* **2.** *inf* [person] tipo *m.*

customize, customise ['kʌstəmaɪz] vt [gen & COMPUT] personalizar.

Customs and Excise n *(U)* UK oficina del gobierno encargada de la recaudación de derechos arancelarios.

customs duty n *(U)* derechos *mpl* de aduana, aranceles *mpl.*

customs officer n agente *mf* de aduanas.

cut [kʌt] ❖ n **1.** [gen] corte *m* **2.** [reduction] ▶ **cut (in)** reducción *f* (de) ▶ **wage cut** recorte *m* salarial **3.** *inf* [share] parte *f.* ❖ vt (*pt & pp* **cut**) **1.** [gen & COMPUT] cortar ▶ **to cut sb's hair** cortarle el pelo a alguien ▶ **to cut a hole** hacer un agujero ▶ **to cut class** US faltar a clase ; [one's finger etc] cortarse ▶ **to cut o.s.** cortarse **2.** [spending, staff etc] reducir, recortar ; [text] acortar **3.** *inf* [lecture] fumarse. ❖ vi (*pt & pp* **cut**) [gen & COMPUT] cortar. ◆ **cut back** ❖ vt sep **1.** [plant] podar **2.** [expenditure, budget] recortar. ❖ vi ▶ **to cut back (on sthg)** reducir OR recortar (algo). ◆ **cut down** ❖ vt sep **1.** [chop down] cortar, talar **2.** [reduce] reducir. ❖ vi ▶ **to cut down on smoking** OR **cigarettes** fumar menos. ◆ **cut in** vi **1.** [interrupt] ▶ **to cut in (on sb)** cortar OR interrumpir (a alguien) **2.** [in car] colarse. ◆ **cut off** vt sep **1.** [gen] cortar **2.** [interrupt] interrumpir **3.** [town, village] quedarse incomunicado(da) (de). ◆ **cut out** vt sep **1.** [remove] recortar **2.** [dress, pattern etc] cortar ▶ **to be cut out for sthg** *fig* [person] estar hecho(cha) para algo **3.** [stop] ▶ **to cut out smoking** OR **cigarettes** dejar de fumar ▶ **cut it out!** *inf* ¡basta ya! **4.** [exclude - light etc] eliminar ▶ **to cut sb out of one's will** desheredar a alguien. ◆ **cut up** vt sep [chop up] cortar, desmenuzar.

cutback ['kʌtbæk] n ▶ **cutback (in)** recorte *m* OR reducción *f* (en).

cute [kjuːt] adj [appealing] mono(na), lindo(da).

cuticle ['kjuːtɪkl] n cutícula *f*.

cutlery ['kʌtlərɪ] n (U) cubertería *f*.

cutlet ['kʌtlɪt] n chuleta *f*.

cutout ['kʌtaʊt] n **1.** [on machine] cortacircuitos *m inv* **2.** [shape] recorte *m*.

cut-price, cut-rate US adj de oferta.

cutthroat ['kʌtθrəʊt] adj [ruthless] encarnizado(da).

cutting ['kʌtɪŋ] ❖ adj [sarcastic] cortante, hiriente. ❖ n **1.** [of plant] esqueje *m* **2.** [from newspaper] recorte *m* **3.** UK [for road, railway] desmonte *m*.

cutting board n US tabla *f* de cortar.

cutting-edge adj [technology] punta *(inv)*.

CV *(abbr of* **curriculum vitae)** n UK CV *m*.

cwt. *written abbr of* **hundredweight**.

cyanide ['saɪənaɪd] n cianuro *m*.

cyberattack n INTERNET ciberataque *m*.

cyberbully ['saɪbəˌbʊlɪ] n INTERNET ciberacosador *m*, -ra *f*.

cyberbullying ['saɪbəbʊlɪŋ] n INTERNET ciberacoso *m*.

cybercafe ['saɪbəˌkæfeɪ] n INTERNET cibercafé *m*.

cybercrime n INTERNET cibercrimen *m*.

cybersecurity n INTERNET ciberseguridad *f*.

cybershop n INTERNET cibertienda *f*.

cybershopping ['saɪbəʃɒpɪŋ] n INTERNET compras *fpl* por internet.

cyberspace ['saɪbəspeɪs] n INTERNET ciberespacio *m*.

cyberstalk ['saɪbəˌstɔːk] vt INTERNET ciberacosar.

cycle ['saɪkl] ❖ n **1.** [series of events, poems, songs] ciclo *m* **2.** [bicycle] bicicleta *f*. ❖ comp ▶ **cycle lane** carril *m* bici ▶ **cycle path** carril *m* bici. ❖ vi ir en bicicleta.

cycling ['saɪklɪŋ] n ciclismo *m* ▶ **to go cycling** ir en bicicleta.

cyclist ['saɪklɪst] n ciclista *mf*.

cygnet ['sɪgnɪt] n pollo *m* de cisne.

cylinder ['sɪlɪndə*r*] n **1.** [shape, engine component] cilindro *m* **2.** [container - for gas] bombona *f*.

cymbal ['sɪmbəl] n címbalo *m*, platillo *m*.

cynic ['sɪnɪk] n cínico *m*, -ca *f*.

cynical ['sɪnɪkl] adj cínico(ca).

cynicism ['sɪnɪsɪzm] n cinismo *m*.

cypress ['saɪprəs] n ciprés *m*.

Cypriot ['sɪprɪət] ❖ adj chipriota. ❖ n chipriota *mf*.

Cyprus ['saɪprəs] n Chipre.

cyst [sɪst] n quiste *m*.

cystitis [sɪs'taɪtɪs] n cistitis *f inv*.

czar [zɑː*r*] n zar *m* ▶ **the government drugs czar** UK jefe *m*, -fa *f* de la lucha contra el narcotráfico.

Czech [tʃek] ❖ adj checo(ca). ❖ n **1.** [person] checo *m*, -ca *f* **2.** [language] checo *m*.

Czech Republic n ▶ **the Czech Republic** la República Checa.

d *(pl* **d's** *or* **ds)**, **D** [diː] *(pl* **D's** *or* **Ds)** n [letter] d *f*, D *f*. ◆ **D** n **1.** MUS re *m* **2.** SCH ≃ suspenso *m* **3.** US *abbr of* **Democrat, Democratic**.

D.A. n US *abbr of* **district attorney**.

dab [dæb] ❖ n [small amount] toque *m*, pizca *f*; [of powder] pizca *f*. ❖ vt **1.** [skin, wound] dar ligeros toques en **2.** [cream, ointment] ▶ **to dab sthg on** OR **onto** aplicar algo sobre.

dabble ['dæbl] vi ▶ **to dabble (in)** pasar el tiempo OR entretenerse (con).

dachshund ['dækshʊnd] n perro *m* salchicha.

dad [dæd], **daddy** ['dædɪ] n *inf* papá *m*.

dadager ['dædədʒə*r*] n US *inf* padre *m* y mánager.

daddy longlegs [-'lɒŋlegz] *(pl inv)* n típula *f*.

daffodil ['dæfədɪl] n narciso *m*.

daft [dɑːft] adj UK *inf* tonto(ta).

dagger ['dægə*r*] n daga *f*, puñal *m*.

daily ['deɪlɪ] ❖ adj diario(ria). ❖ adv diariamente ▶ **twice daily** dos veces al día. ❖ n [newspaper] diario *m*.

dainty ['deɪntɪ] adj delicado(da), fino(na).

dairy ['deərɪ] n **1.** [on farm] vaquería *f* **2.** [shop] lechería *f* **3.** [factory] central *f* lechera.

dairy farm n vaquería *f*.

dairy products pl n productos *mpl* lácteos.

dais ['deɪɪs] n tarima *f*, estrado *m*.

daisy ['deɪzɪ] n margarita *f* *(flor)*.

daisy wheel n margarita *f* *(de máquina de escribir)*.

dale [deɪl] n valle *m*.

dam [dæm] ❖ n [across river] presa *f*. ❖ vt represar. ◆ **dam up** vt sep [feelings] reprimir.

damage ['dæmɪdʒ] ❖ n **1.** [physical harm] ▶ **damage (to)** daño *m* (a) ▶ **to cause damage to sthg** ocasionar daños a algo **2.** [harmful effect] ▶ **damage (to)** perjuicio *m* (a). ❖ vt dañar. ◆ **damages** pl n LAW daños *mpl* y perjuicios.

damaging ['dæmɪdʒɪŋ] adj ▶ **damaging (to)** perjudicial (para).

damn [dæm] ❖ adj inf maldito(ta). ❖ adv inf tela de, muy ▸ **don't be so damn stupid** no seas tan rematadamente estúpido. ❖ n inf ▸ **I don't give** OR **care a damn (about it)** me importa un bledo. ❖ vt **1.** [gen & RELIG] condenar **2.** v inf [curse] ▸ **damn it!** ¡maldita sea!

damned [dæmd] inf ❖ adj maldito(ta) ▸ **I'm damned if I know why she did it** que me maten si sé por qué lo hizo ▸ **well I'll be** OR **I'm damned!** ¡ostras! ❖ adv tela de, muy.

damning ['dæmɪŋ] adj condenatorio(ria).

damp [dæmp] ❖ adj húmedo(da). ❖ n humedad f. ❖ vt [make wet] humedecer.

dampen ['dæmpən] vt **1.** [make wet] humedecer **2.** fig [emotion] apagar.

damson ['dæmzn] n (ciruela f) damascena f.

dance [dɑːns] ❖ n baile m. ❖ vt bailar. ❖ vi **1.** [to music] bailar **2.** [move quickly and lightly] agitarse, moverse.

dancer ['dɑːnsəʳ] n bailarín m, -ina f.

dancesport ['dɑːnspɔːt] n baile m deportivo, baile m de competición.

dancing ['dɑːnsɪŋ] n (U) baile m ▸ **pole dancing** baile m en barra.

dandelion ['dændɪlaɪən] n diente m de león.

dandruff ['dændrʌf] n caspa f.

Dane [deɪn] n danés m, -esa f.

danger ['deɪndʒəʳ] n ▸ **danger (to)** peligro m (para) ▸ **in/out of danger** en/fuera de peligro ▸ **to be in danger of doing sthg** correr el riesgo de hacer algo.

dangerous ['deɪndʒərəs] adj peligroso(sa).

dangle ['dæŋgl] ❖ vt colgar; fig ▸ **to dangle sthg before sb** tentar a alguien con algo. ❖ vi colgar, pender.

Danish ['deɪnɪʃ] ❖ adj danés(esa). ❖ n **1.** [language] danés m **2.** US = Danish pastry. ❖ pl n [people] ▸ **the Danish** los daneses.

Danish pastry, Danish n pastel de hojaldre con crema o manzana o almendras etc.

dank [dæŋk] adj húmedo(da) e insalubre.

dapper ['dæpəʳ] adj pulcro(cra).

dappled ['dæpld] adj **1.** [light] moteado(da) **2.** [horse] rodado(da).

dare [deəʳ] ❖ vt **1.** [be brave enough] ▸ **to dare to do sthg** atreverse a hacer algo, osar hacer algo **2.** [challenge] ▸ **to dare sb to do sthg** desafiar a alguien a hacer algo ▸ **I dare say (...)** supongo OR me imagino (que...). ❖ vi atreverse, osar ▸ **how dare you!** ¿cómo te atreves? ❖ n desafío m, reto m.

daredevil ['deə,devl] n temerario m, -ria f.

daring ['deərɪŋ] ❖ adj atrevido(da), audaz. ❖ n audacia f.

dark [dɑːk] ❖ adj **1.** [night, colour, hair] oscuro(ra) ▸ **it's getting dark** está oscureciendo ▸ **it was already dark** ya era de noche **2.** [person, skin] moreno(na) **3.** [thoughts, days, mood] sombrío(a), triste **4.** [look, comment, side of character etc] siniestro(tra). ❖ n **1.** [darkness] ▸ **the dark** la oscuridad ▸ **to be in the dark about sthg** estar a oscuras sobre algo **2.** [night] ▸ **before/after dark** antes/después del anochecer.

darken ['dɑːkn] ❖ vt oscurecer. ❖ vi [become darker] oscurecerse.

dark glasses pl n gafas fpl oscuras, anteojos mpl OR lentes mpl oscuros AM.

darkness ['dɑːknɪs] n oscuridad f.

darkroom ['dɑːkrum] n PHOT cuarto m oscuro.

darling ['dɑːlɪŋ] ❖ adj [dear] querido(da). ❖ n **1.** [loved person] encanto m **2.** inf [addressing any woman] maja f.

darn [dɑːn] ❖ adj inf maldito(ta), condenado(da) ❖ adv inf tela de, muy ▸ **don't be so darn stupid** no seas tan rematadamente estúpido. ❖ vt zurcir. ❖ excl inf ¡maldita sea!

dart [dɑːt] ❖ n [arrow] dardo m. ❖ vi precipitarse. ◆ **darts** n (U) [game] dardos mpl.

dartboard ['dɑːtbɔːd] n blanco m, diana f.

dash [dæʃ] ❖ n **1.** [of liquid] gotas fpl, chorrito m; [of colour] toque m **2.** [in punctuation] guión m. ❖ vt **1.** liter [throw] arrojar **2.** [hopes] frustrar, malograr. ❖ vi ir de prisa. ◆ **dash off** vt sep [write quickly] escribir de prisa.

dashboard ['dæʃbɔːd] n salpicadero m.

dashing ['dæʃɪŋ] adj gallardo(da).

data ['deɪtə] n (U) datos mpl.

database ['deɪtəbeɪs] n COMPUT base f de datos.

data cap n TELEC límite m de consumo de datos (en móvil).

data management n COMPUT gestión f de datos.

data processing n proceso m de datos.

data protection n COMPUT protección f de datos.

date [deɪt] ❖ n **1.** [in time] fecha f ▸ **to date** hasta la fecha **2.** [appointment] cita f **3.** US [person] pareja f (con la que se sale) **4.** [performance] actuación f **5.** [fruit] dátil m. ❖ vt **1.** [establish the date of] datar **2.** [mark with the date] fechar **3.** US [go out with] salir con. ◆ **date back to**, **date from** vt insep [object, building] datar de ; [custom] remontarse a.

datebook ['deɪtbuk] n US agenda f.

dated ['deɪtɪd] adj anticuado(da).

date of birth n fecha f de nacimiento.

daub [dɔːb] vt ▸ **to daub sthg with** embadurnar algo con.

daughter ['dɔːtəʳ] n hija f.

daughter-in-law (pl **daughters-in-law**) n nuera f.

daunting ['dɔːntɪŋ] adj amedrantador(ra).

dawdle ['dɔːdl] vi remolonear.

dawn [dɔːn] ◆ n **1.** [of day] amanecer *m*, alba *f* **2.** [of era, period] albores *mpl*. ◆ vi [day] amanecer. ◆ **dawn (up)on** vt insep : *it dawned on me that...* caí en la cuenta de que...

day [deɪ] ◆ n **1.** [gen] día *m* ▶ **I work an eight-hour day** trabajo una jornada de ocho horas ▶ **the day before / after** el día anterior /siguiente ▶ **the day before yesterday** anteayer ▶ **the day after tomorrow** pasado mañana ▶ **any day now** cualquier día de estos ▶ **from day to day** de un día para otro **2.** [period in history] ▶ **in those days** en aquellos tiempos ▶ **these days** hoy día. ◆ **days** adv de día.

daybreak ['deɪbreɪk] n amanecer *m*, alba *f* ▶ **at daybreak** al amanecer.

day-care adj **1.** [for elderly, disabled] de asistencia de día **2.** [for children] de guardería.

daydream ['deɪdriːm] ◆ n sueño *m*, ilusión *f*. ◆ vi soñar despierto(ta).

daylight ['deɪlaɪt] n **1.** [light] luz *f* del día ▶ **in broad daylight** a plena luz del día ▶ **it was still daylight** todavía era de día **2.** [dawn] amanecer *m*.

day off (*pl* **days off**) n día *m* libre.

daypack ['deɪpæk] n mochila *m* pequeña.

day return n [UK] billete *m* de ida y vuelta (*en el día*).

daytime ['deɪtaɪm] ◆ n (*U*) día *m*. ◆ comp de día, diurno(na).

day-to-day adj cotidiano(na).

daytrader ['deɪtreɪdə*r*] n [St Ex] operador *m*, -ra *f* de posiciones diarias.

day trip n excursión *f* (*de un día*).

daze [deɪz] ◆ n ▶ **in a daze** aturdido(da). ◆ vt *lit & fig* aturdir.

dazzle ['dæzl] vt *lit & fig* deslumbrar.

DC n **1.** (*abbr of* **direct current**) CC *f* **2.** *abbr of* **District of Columbia**.

D-day ['diːdeɪ] n el día D.

DEA (*abbr of* **Drug Enforcement Administration**) n organismo estadounidense para la lucha contra la droga.

deacon ['diːkn] n diácono *m*.

deactivate [ˌdiːˈæktɪveɪt] vt desactivar.

dead [ded] ◆ adj **1.** [person, animal, plant] muerto(ta) ▶ **a dead body** un cadáver ▶ **to be dead on arrival** ingresar cadáver **2.** [numb - leg, arm] entumecido(da) ▶ **my arm has gone dead** se me ha dormido el brazo **3.** [telephone] cortado(da) ; [car battery] descargado(da) **4.** [silence] absoluto(ta) **5.** [lifeless - town, party] sin vida. ◆ adv **1.** [directly, precisely] justo **2.** [completely] totalmente, completamente ▶ **to be dead set on sthg** estar decidido a hacer algo ▶ **'dead slow'** 'al paso' **3.** *inf* [very] la mar de, muy **4.** [sudden-

ly] ▶ **to stop dead** parar en seco. ◆ *pl* n ▶ **the dead** los muertos.

deaden ['dedn] vt atenuar.

dead end n *lit & fig* callejón *m* sin salida.

dead heat n empate *m*.

deadline ['dedlaɪn] n [period] plazo *m* ; [date] fecha *f* tope.

deadlock ['dedlɒk] n punto *m* muerto.

dead loss n *inf* **1.** [person] inútil *mf* **2.** [thing] inutilidad *f*.

deadly ['dedlɪ] ◆ adj **1.** [gen] mortal **2.** [accuracy] absoluto(ta). ◆ adv [boring] mortalmente, terriblemente ; [serious] totalmente.

deadpan ['dedpæn] adj [expression] inexpresivo(va), serio(ria) ; [humour] socarrón(ona).

deaf [def] ◆ adj [unable to hear] sordo(da). ◆ *pl* n ▶ **the deaf** los sordos.

deaf-and-dumb adj sordomudo(da).

deafen ['defn] vt ensordecer.

deaf-mute n sordomudo *m*, -da *f*.

deafness ['defnɪs] n sordera *f*.

deal [diːl] (*pt & pp* **dealt**) ◆ n **1.** [quantity] ▶ **a good** OR **great deal (of)** mucho **2.** [agreement] acuerdo *m* ; [business agreement] trato *m* ▶ **to do** OR **strike a deal with sb** hacer un trato con alguien ▶ **it's a deal!** ¡trato hecho! **3.** *inf* [treatment] trato *m* ▶ **big deal!** ¡vaya cosa! **4.** [price] ▶ **to get a good deal on sthg** conseguir algo a un precio barato. ◆ vt **1.** [strike] ▶ **to deal sb / sthg a blow, to deal a blow to sb / sthg** *lit & fig* asestar un golpe a alguien /algo **2.** [cards] repartir, dar. ◆ vi **1.** [in cards] repartir, dar **2.** [in drugs] traficar con droga. ◆ **deal in** vt insep COMM comerciar en. ◆ **deal out** vt sep repartir. ◆ **deal with** vt insep **1.** [handle - situation, problem] hacer frente a, resolver ; [- customer] tratar con **2.** [be about] tratar de **3.** [be faced with] enfrentarse a.

dealer ['diːlə*r*] n **1.** [trader] comerciante *mf* **2.** [in drugs, arms] traficante *mf* **3.** [in cards] repartidor *m*, -ra *f*.

dealing ['diːlɪŋ] n comercio *m*. ◆ **dealings** *pl* n [personal] trato *m* ; [in business] tratos *mpl*.

dealt [delt] pt & pp ⟶ **deal**.

dean [diːn] n **1.** [of university] ≃ decano *m* **2.** [of church] deán *m*.

dear [dɪə*r*] ◆ adj **1.** [loved] querido(da) ▶ **dear to sb** preciado(da) para alguien **2.** [expensive] caro(ra) **3.** [in letter] ▶ **Dear Sir** Estimado señor, Muy señor mío ▶ **Dear Madam** Estimada señora ▶ **Dear Daniela** Querida Daniela. ◆ n ▶ **my dear** cariño *m*, -ña *f*. ◆ excl ▶ **oh dear!** ¡vaya por Dios!

dearly ['dɪəlɪ] adv [very much] ▶ **I love you dearly** te quiero muchísimo ▶ **I would dearly love to...** me encantaría...

death [deθ] n muerte f ▸ **to frighten sb to death** dar un susto de muerte a alguien.

death certificate n partida f OR certificado m de defunción.

death duty UK, **death tax** US n impuesto m de sucesiones.

deathly ['deθlɪ] ❖ adj [silence] sepulcral. ❖ adv : *he was deathly pale* estaba pálido como un muerto.

death penalty n pena f de muerte.

death rate n índice m OR tasa f de mortalidad.

death tax US = **death duty**.

death trap n inf trampa f mortal, sitio m muy peligroso.

debar [di:'bɑ:r] vt ▸ **to debar sb from** [place] prohibir a alguien la entrada en ▸ **to debar sb from doing sthg** prohibir a alguien hacer algo.

debase [dɪ'beɪs] vt ▸ **to debase o.s.** rebajarse.

debatable [dɪ'beɪtəbl] adj discutible.

debate [dɪ'beɪt] ❖ n debate m ▸ **that's open to debate** eso es discutible. ❖ vt **1.** [issue] discutir, debatir **2.** [what to do] ▸ **to debate (whether to do sthg)** pensarse (si hacer algo). ❖ vi discutir, debatir.

debating society [dɪ'beɪtɪŋ-] n asociación que organiza debates en una universidad.

debauchery [dɪ'bɔ:tʃərɪ] n depravación f, libertinaje m.

debit ['debɪt] ❖ n debe m, débito m. ❖ vt ▸ **to debit sb** OR **sb's account with an amount, to debit an amount to sb** adeudar OR cargar una cantidad en la cuenta de alguien.

debit card n tarjeta f de débito.

debit note n nota f de cargo.

debris ['deɪbri:] n (U) [of building] escombros mpl ; [of aircraft] restos mpl.

debt [det] n deuda f ▸ **to be in debt (to sb)** tener una deuda (con alguien) ▸ **to get into debt** endeudarse ▸ **to be in sb's debt** fig estar en deuda con alguien.

debt collector n cobrador m, -ra f de morosos.

debtor ['detər] n deudor m, -ra f.

debug [,di:'bʌg] vt COMPUT depurar.

debunk [,di:'bʌŋk] vt desmentir.

debut ['deɪbju:] n debut m.

decade ['dekeɪd] n década f.

decadent ['dekədənt] adj decadente.

decaffeinated [dɪ'kæfɪneɪtɪd] adj descafeinado(da).

decamp [dɪ'kæmp] vi inf escabullirse.

decanter [dɪ'kæntər] n licorera f.

decathlon [dɪ'kæθlɒn] n decatlón m.

decay [dɪ'keɪ] ❖ n (U) **1.** [of tooth] caries f inv ; [of body, plant] descomposición f **2.** fig [of building] deterioro m ; [of society] degradación f.

❖ vi **1.** [tooth] picarse ; [body, plant] pudrirse **2.** fig [building] deteriorarse ; [society] degradarse.

deceased [dɪ'si:st] fml n (pl inv) ▸ **the deceased** el difunto (la difunta).

deceit [dɪ'si:t] n engaño m.

deceitful [dɪ'si:tful] adj [person, smile] embustero(ra) ; [behaviour] falso(sa).

deceive [dɪ'si:v] vt engañar ▸ **to deceive o.s.** engañarse (a uno mismo/una misma).

December [dɪ'sembər] n diciembre m. *See also* **September**.

decency ['di:snsɪ] n **1.** [respectability] decencia f **2.** [consideration] ▸ **to have the decency to do sthg** tener la delicadeza de hacer algo.

decent ['di:snt] adj **1.** [gen] decente **2.** [considerate] ▸ **that's very decent of you** es muy amable de tu parte.

deception [dɪ'sepʃn] n engaño m.

deceptive [dɪ'septɪv] adj engañoso(sa).

decide [dɪ'saɪd] ❖ vt **1.** [gen] ▸ **to decide (to do sthg)** decidir (hacer algo) ▸ **to decide (that)** decidir que **2.** [person] hacer decidirse **3.** [issue, case] resolver. ❖ vi decidir ▸ **I couldn't decide** no me decidía ▸ **I decided against doing it** decidí no hacerlo. ◆ **decide (up)on** vt insep decidirse por.

decided [dɪ'saɪdɪd] adj **1.** [advantage, improvement] indudable **2.** [person] decidido(da) ; [opinion] categórico(ca).

decidedly [dɪ'saɪdɪdlɪ] adv **1.** [clearly] decididamente **2.** [resolutely] con decisión.

deciduous [dɪ'sɪdjuəs] adj de hoja caduca.

decimal ['desɪml] ❖ adj decimal. ❖ n (número m) decimal m.

decimal point n coma f decimal.

decimate ['desɪmeɪt] vt diezmar.

decipher [dɪ'saɪfər] vt descifrar.

decision [dɪ'sɪʒn] n decisión f ▸ **to make a decision** tomar una decisión.

decisive [dɪ'saɪsɪv] adj **1.** [person] decidido(da) **2.** [factor, event] decisivo(va).

deck [dek] n **1.** [of ship] cubierta f ; [of bus] piso m **2.** [of cards] baraja f **3.** US [of house] entarimado m (junto a una casa).

deckchair ['dektʃeər] n tumbona f.

decking ['dekɪŋ] n terraza f entarimada OR de madera.

declaration [,deklə'reɪʃn] n declaración f.

Declaration of Independence n : *the Declaration of Independence* la declaración de independencia estadounidense de 1776.

declare [dɪ'kleər] vt declarar.

decline [dɪ'klaɪn] ❖ n declive m ▸ **in decline** en decadencia ▸ **on the decline** en declive. ❖ vt [offer] declinar ; [request] denegar ▸ **to decline**

to do sthg rehusar hacer algo. ❖ vi **1.** [number, importance] disminuir **2.** [refuse] negarse.

decode [,di:'kəʊd] vt descodificar.

decompose [,di:kəm'pəʊz] vi descomponerse.

decongestant [,di:kən'dʒestənt] n descongestionante m.

décor ['deɪkɔ:r] n decoración f.

decorate ['dekəreɪt] vt **1.** [make pretty] ❱ to decorate sthg (with) decorar algo (de) **2.** [with paint] pintar ; [with wallpaper] empapelar **3.** [with medal] condecorar.

decoration [,dekə'reɪʃn] n **1.** [gen] decoración f **2.** [ornament] adorno m **3.** [medal] condecoración f.

decorative ['dekərətɪv] adj decorativo(va).

decorator ['dekəreɪtər] n [painter] pintor m, -ra f; [paperhanger] empapelador m, -ra f.

decorum [dɪ'kɔ:rəm] n decoro m.

decoy ❖ n ['di:kɔɪ] señuelo m. ❖ vt [dɪ'kɔɪ] atraer (mediante un señuelo).

decrease ❖ n ['di:kri:s] ❱ decrease (in) disminución f (de), reducción f (de). ❖ vt & vi [dɪ'kri:s] disminuir.

decree [dɪ'kri:] ❖ n **1.** [order, decision] decreto m **2.** [US] [judgment] sentencia f, fallo m. ❖ vt decretar.

decree nisi [-'naɪsaɪ] (pl decrees nisi) n [UK] LAW sentencia f provisional de divorcio.

decrepit [dɪ'krepɪt] adj **1.** [person] decrépito(ta) **2.** [thing] deteriorado(da).

dedicate ['dedɪkeɪt] vt **1.** dedicar ❱ to dedicate o.s. to sthg consagrarse OR dedicarse a algo **2.** [US] [open for public use] inaugurar.

dedicated ['dedɪkeɪtɪd] adj [person & COMPUT] dedicado(da).

dedication [,dedɪ'keɪʃn] n **1.** [commitment] dedicación f **2.** [in book] dedicatoria f.

deduce [dɪ'dju:s] vt ❱ to deduce (sthg from sthg) deducir (algo de algo).

deduct [dɪ'dʌkt] vt ❱ to deduct (from) deducir (de), descontar (de).

deduction [dɪ'dʌkʃn] n deducción f.

deed [di:d] n **1.** [action] acción f, obra f **2.** LAW escritura f.

deem [di:m] vt fml estimar ❱ to deem it wise to do sthg estimar prudente hacer algo.

deep [di:p] ❖ adj **1.** [gen] profundo(da) / to be 10 feet deep tener 10 pies de profundidad **2.** [sigh, breath, bowl] hondo(da) / to take a deep breath respirar hondo **3.** [colour] intenso(sa) **4.** [sound, voice] grave. ❖ adv [dig, cut] hondo ❱ to go OR run deep estar muy arraigado(da).

deepen ['di:pn] ❖ vt [hole, channel] ahondar. ❖ vi **1.** [river, sea] ahondarse **2.** [crisis, recession] agudizarse ; [emotion, darkness] hacerse más intenso(sa).

deep freeze n congelador m. ❖ **deep-freeze** vt congelar.

deep-fry vt freír (con aceite abundante).

deeply ['di:plɪ] adv [gen] profundamente ; [dig, breathe, sigh] hondo.

deep-sea adj ❱ deep-sea diving buceo m de profundidad.

deer [dɪər] (pl inv) n ciervo m.

deface [dɪ'feɪs] vt pintarrajear.

defamatory [dɪ'fæmətrɪ] adj fml difamatorio(ria).

default [dɪ'fɔ:lt] ❖ n **1.** [on payment, agreement] incumplimiento m ; [failure to attend] incomparecencia f (del contrario) ❱ by default [win] por incomparecencia **2.** COMPUT ❱ default (setting) configuración f por defecto. ❖ vi incumplir un compromiso ❱ to default on sthg incumplir algo.

defeat [dɪ'fi:t] ❖ n derrota f ❱ to admit defeat darse por vencido(da). ❖ vt [team, opponent] derrotar ; [motion] rechazar ; [plans] frustrar.

defeatist [dɪ'fi:tɪst] adj derrotista.

defect ❖ n ['di:fekt] [fault] defecto m. ❖ vi [dɪ'fekt] POL desertar ❱ to defect to the other side pasarse al otro bando.

defective [dɪ'fektɪv] adj defectuoso(sa).

defence [UK], **defense** [US] [dɪ'fens] n defensa f.

defenceless [UK], **defenseless** [US] [dɪ'fenslɪs] adj indefenso(sa).

defend [dɪ'fend] vt defender.

defendant [dɪ'fendənt] n acusado m, -da f.

defender [dɪ'fendər] n **1.** [gen] defensor m, -ra f **2.** SPORT defensa mf.

defense [US] = **defence**.

defenseless [US] = **defenceless**.

defensive [dɪ'fensɪv] ❖ adj **1.** [weapons, tactics] defensivo(va) **2.** [person] ❱ to be defensive ponerse a la defensiva. ❖ n ❱ on the defensive a la defensiva.

defer [dɪ'fɜ:r] ❖ vt aplazar. ❖ vi ❱ to defer to sb deferir con OR a alguien.

deferential [,defə'renʃl] adj deferente.

defiance [dɪ'faɪəns] n desafío m ❱ in defiance of en desafío de, a despecho de.

defiant [dɪ'faɪənt] adj desafiante.

defibrillator [di:'fɪbrɪleɪtər] n MED desfibrilador m.

deficiency [dɪ'fɪʃnsɪ] n **1.** [lack] escasez f **2.** [inadequacy] deficiencia f.

deficient [dɪ'fɪʃnt] adj **1.** [lacking] ❱ to be deficient in ser deficitario(ria) en, estar falto(ta) de **2.** [inadequate] deficiente.

deficit ['defɪsɪt] n déficit m.

defile [dɪ'faɪl] vt [desecrate] profanar ; fig [mind, purity] corromper.

define [dɪ'faɪn] vt definir.

definite ['defɪnɪt] adj **1.** [plan, date, answer] definitivo(va) **2.** [improvement, difference] indudable **3.** [sure - person] seguro(ra) / *I am quite definite (about it)* estoy bastante seguro (de ello) **4.** [categorical] tajante, concluyente.

definitely ['defɪnɪtlɪ] adv **1.** [without doubt] sin duda **2.** [for emphasis] desde luego, con (toda) seguridad ▶ **definitely not** desde luego que no.

definition [defɪ'nɪʃn] n **1.** [gen] definición f ▶ **by definition** por definición **2.** [clarity] nitidez f.

deflate [dɪ'fleɪt] ❖ vt [balloon] desinflar; fig [person] bajar los humos a. ❖ vi desinflarse.

deflation [dɪ'fleɪʃn] n ECON deflación f.

deflect [dɪ'flekt] vt [gen] desviar; [criticism] soslayar.

defogger [di:'fɒgər] n US AUTO dispositivo m antivaho, luneta f térmica.

deformed [dɪ'fɔ:md] adj deforme.

defragment [di:fræg'ment] vt COMPUT desfragmentar.

defraud [dɪ'frɔ:d] vt defraudar, estafar.

defriend [di:'frend] vt inf INTERNET [in social network] borrar (de los amigos).

defrost [di:'frɒst] ❖ vt **1.** [gen] descongelar **2.** US AUTO [demist] desempañar. ❖ vi descongelarse.

deft [deft] adj habilidoso(sa), diestro(tra).

defunct [dɪ'fʌŋkt] adj [body, organization] desaparecido(da); [plan] desechado(da).

defuse [di:'fju:z] vt UK **1.** [bomb] desactivar **2.** [situation] distender.

defy [dɪ'faɪ] vt **1.** [disobey - person, authority] desobedecer; [law, rule] violar **2.** [challenge] ▶ **to defy sb to do sthg** retar OR desafiar a alguien a hacer algo **3.** [attempts, efforts] hacer inútil ▶ **to defy description** ser indescriptible ▶ **to defy explanation** ser inexplicable.

degenerate ❖ adj [dɪ'dʒenərət] degenerado(da). ❖ vi [dɪ'dʒenəreɪt] ▶ **to degenerate (into)** degenerar (en).

degrading [dɪ'greɪdɪŋ] adj denigrante.

degree [dɪ'gri:] n **1.** [unit of measurement, amount] grado m ▶ **a degree of risk** un cierto riesgo ▶ **by degrees** paulatinamente, poco a poco **2.** [qualification] título m universitario; ≃ licenciatura f ▶ **to have / take a degree (in sthg)** tener / hacer una licenciatura (en algo) ▶ **bachelor's degree** UK ≃ grado m **3.** [course] ≃ carrera f.

dehydrated [di:haɪ'dreɪtɪd] adj deshidratado(da).

de-ice [di:'aɪs] vt quitar el hielo de.

deign [deɪn] vt ▶ **to deign to do sthg** dignarse a hacer algo.

deity ['di:ɪtɪ] n deidad f.

dejected [dɪ'dʒektɪd] adj abatido(da).

delay [dɪ'leɪ] ❖ n retraso m. ❖ vt retrasar ▶ **to delay starting sthg** retrasar el comienzo de algo. ❖ vi ▶ **to delay (in doing sthg)** retrasarse (en hacer algo).

delayed [dɪ'leɪd] adj : *to be delayed* a) [person] retrasarse b) [train, flight] llevar retraso.

delectable [dɪ'lektəbl] adj **1.** [food] deleitable **2.** [person] apetecible.

delegate ❖ n ['delɪgət] delegado m, -da f. ❖ vt ['delɪgeɪt] ▶ **to delegate sthg (to sb)** delegar algo (en alguien) ▶ **to delegate sb to do sthg** delegar a alguien para hacer algo.

delegation [delɪ'geɪʃn] n delegación f.

delete [dɪ'li:t] vt [gen & COMPUT] borrar, suprimir; [cross out] tachar.

delete key n COMPUT tecla f de borrado.

deli ['delɪ] n inf abbr of delicatessen.

deliberate ❖ adj [dɪ'lɪbərət] **1.** [intentional] deliberado(da) **2.** [slow] pausado(da). ❖ vi [dɪ'lɪbəreɪt] fml deliberar.

deliberately [dɪ'lɪbərətlɪ] adv **1.** [on purpose] adrede **2.** [slowly] pausadamente.

delicacy ['delɪkəsɪ] n **1.** [gracefulness, tact] delicadeza f **2.** [food] exquisitez f, manjar m.

delicate ['delɪkət] adj **1.** [gen] delicado(da) **2.** [subtle - colour, taste] suave, sutil **3.** [tactful] delicado(da), prudente; [instrument] sensible.

delicatessen [delɪkə'tesn] n ≃ charcutería f; ≃ (tienda f de) ultramarinos m inv.

delicious [dɪ'lɪʃəs] adj delicioso(sa).

delight [dɪ'laɪt] ❖ n [great pleasure] gozo m, regocijo m ▶ **to our delight** para gran alegría nuestra ▶ **to take delight in doing sthg** disfrutar haciendo algo. ❖ vt encantar. ❖ vi ▶ **to delight in sthg / in doing sthg** disfrutar con algo / haciendo algo.

delighted [dɪ'laɪtɪd] adj encantado(da), muy contento(ta) ▶ **delighted by** OR **with** encantado con ▶ **to be delighted to do sthg / that** estar encantado de hacer algo / de que / *I'd be delighted (to come)* me encantaría (ir).

delightful [dɪ'laɪtfʊl] adj [gen] encantador(ra); [meal] delicioso(sa); [view] muy agradable.

delinquent [dɪ'lɪŋkwənt] ❖ adj [behaviour] delictivo(va); [child] delincuente. ❖ n delincuente mf.

delirious [dɪ'lɪrɪəs] adj [with fever] delirante; fig [ecstatic] enfervorizado(da).

deliver [dɪ'lɪvər] vt **1.** [hand over] entregar; [distribute] repartir ▶ **to deliver sthg to sb** entregar algo a alguien **2.** [give - speech, verdict, lecture] pronunciar; [- message, warning, ultimatum] transmitir; [- blow, kick] asestar **3.** [service] prestar **4.** [baby] traer al mundo **5.** fml [free] liberar, libertar **6.** US POL [votes] captar.

delivery [dɪ'lɪvərɪ] n **1.** [handing over] entrega f; [distribution] reparto m ▶ **delivery vehicle** vehículo m de reparto **2.** [goods delivered] partida f **3.** [way of speaking] (estilo m de) discurso m **4.** [birth] parto m.

delude [dɪ'lu:d] vt engañar ▶ **to delude o.s.** engañarse (a uno mismo/una misma).

deluge ['delju:dʒ] n [flood] diluvio m; fig [huge number] aluvión m.

delusion [dɪ'lu:ʒn] n espejismo m, engaño m.

de luxe [də'lʌks] adj de lujo.

delve [delv] vi ▶ **to delve (into)** [bag, cupboard] hurgar (en); fig [mystery] profundizar (en).

demand [dɪ'mɑ:nd] ❖ n **1.** [claim, firm request] exigencia f, reclamación f ▶ **on demand** a petición **2.** [need & ECON] ▶ **demand for** demanda f de ▶ **in demand** solicitado(da). ❖ vt [gen] exigir; [pay rise] reivindicar, demandar ▶ **to demand to do sthg** exigir hacer algo.

demanding [dɪ'mɑ:ndɪŋ] adj **1.** [exhausting] que exige mucho esfuerzo **2.** [not easily satisfied] exigente.

demean [dɪ'mi:n] vt ▶ **to demean o.s.** humillarse, rebajarse.

demeaning [dɪ'mi:nɪŋ] adj denigrante.

demeanour UK, **demeanor** US [dɪ'mi:nər] n (U) fml comportamiento m.

demented [dɪ'mentɪd] adj demente.

demise [dɪ'maɪz] n fml **1.** [death] defunción f **2.** [end] desaparición f.

demister [,di:'mɪstər] n UK AUTO dispositivo m antivaho, luneta f térmica.

demo ['demoʊ] (abbr of demonstration) n inf **1.** mani f **2.** MUS maqueta f.

democracy [dɪ'mɒkrəsɪ] n democracia f.

democrat ['deməkræt] n demócrata mf. ◆ **Democrat** n US demócrata mf.

democratic [demə'krætɪk] adj democrático(ca). ◆ **Democratic** adj US demócrata.

Democratic Party n US Partido m Demócrata.

demolish [dɪ'mɒlɪʃ] vt [building] demoler; [argument, myth] destrozar.

demon ['di:mən] n demonio m.

demonstrate ['demənstreɪt] ❖ vt **1.** [prove] demostrar **2.** [show] hacer una demostración de. ❖ vi manifestarse ▶ **to demonstrate for / against sthg** manifestarse a favor/en contra de algo.

demonstration [demən'streɪʃn] n **1.** [of machine, product] demostración f **2.** [public meeting] manifestación f.

demonstrator ['demənstreɪtər] n **1.** [in march] manifestante mf **2.** [of machine, product] demostrador m, -ra f comercial.

demoralize, demoralise [dɪ'mɒrəlaɪz] vt desmoralizar.

demoralized [dɪ'mɒrəlaɪzd] adj desmoraliza-do(da).

demote [,di:'məʊt] vt descender de categoría.

demure [dɪ'mjʊər] adj recatado(da).

den [den] n [lair] guarida f.

denial [dɪ'naɪəl] n **1.** [refutation] negación f, rechazo m / **she's in denial about her drink problem** se niega a aceptar que tiene un problema con la bebida **2.** [of rumour] desmentido m **3.** [refusal] denegación f.

denier ['denɪər] n denier m.

denigrate ['denɪgreɪt] vt fml desacreditar.

denim ['denɪm] n tela f vaquera. ◆ **denims** pl n (pantalones mpl) vaqueros mpl.

denim jacket n cazadora f vaquera.

Denmark ['denmɑ:k] n Dinamarca.

denomination [dɪ,nɒmɪ'neɪʃn] n **1.** [religious group] confesión f **2.** [of money] valor m.

denounce [dɪ'naʊns] vt denunciar.

dense [dens] adj **1.** [gen] denso(sa); [trees] tupido(da) **2.** inf [stupid] bruto(ta).

density ['densətɪ] n densidad f.

dent [dent] ❖ n [on car] abolladura f. ❖ vt [car] abollar.

dental ['dentl] adj dental.

dental floss n hilo n OR seda f dental.

dental surgeon n odontólogo m, -ga f.

dentist ['dentɪst] n dentista mf ▶ **to go to the dentist's** ir al dentista.

dentures ['dentʃəz] pl n dentadura f postiza.

deny [dɪ'naɪ] vt **1.** [refute] negar, rechazar ▶ **to deny doing sthg** negar haber hecho algo **2.** [rumour] desmentir **3.** fml [refuse] ▶ **to deny sb sthg** denegar algo a alguien.

deodorant [di:'əʊdərənt] n desodorante m.

deodorizer [di:'əʊdəraɪzər] n [for home] desodorizante m.

depart [dɪ'pɑ:t] vi fml **1.** [leave] ▶ **to depart (from)** salir (de) / **this train will depart from Platform 2** este tren efectuará su salida por la vía 2 **2.** [differ] ▶ **to depart from sthg** apartarse de algo.

department [dɪ'pɑ:tmənt] n **1.** [gen] departamento m **2.** [in government] ministerio m.

department store n grandes almacenes mpl.

departure [dɪ'pɑ:tʃər] n **1.** [of train, plane] salida f; [of person] marcha f, partida f **2.** [change] ▶ **departure (from)** abandono m (de) ▶ **a new departure** un nuevo enfoque.

departure lounge n [in airport] sala f de embarque; [in coach station] vestíbulo m de salidas.

depend [dɪ'pend] vi ▶ **to depend on** depender de / **you can depend on me** puedes confiar en mí ▶ **it depends** depende ▶ **depending on** según, dependiendo de.

dependable [dɪ'pendəbl] adj fiable.

dependant [dɪ'pendənt] n ▸ **my dependants** las personas a mi cargo.

dependent [dɪ'pendənt] adj **1.** [gen] ▸ **to be dependent (on)** depender (de) **2.** [addicted] adicto(ta).

depict [dɪ'pɪkt] vt [in picture] retratar.

deplete [dɪ'pli:t] vt mermar, reducir.

deplorable [dɪ'plɔ:rəbl] adj deplorable.

deplore [dɪ'plɔ:ʳ] vt deplorar.

deploy [dɪ'plɔɪ] vt desplegar.

depopulation [di:,pɒpju'leɪʃn] n despoblación f.

deport [dɪ'pɔ:t] vt deportar.

depose [dɪ'pəuz] vt deponer.

deposit [dɪ'pɒzɪt] ◆ n **1.** GEOL yacimiento m **2.** [sediment] poso m, sedimento m **3.** [payment into bank] ingreso m **4.** [down payment - on house, car] entrada f; [- on hotel room] señal f, adelanto m ; [- on hired goods] fianza f ; [- on bottle] dinero m del envase OR casco. ◆ vt **1.** [put down] depositar **2.** [in bank] ingresar.

deposit account n UK cuenta f de ahorro a plazo fijo.

depot ['depəu] n **1.** [storage facility] almacén m ; [for weapons] depósito m **2.** [for buses] cochera f **3.** US [bus or train terminus] terminal f.

depreciate [dɪ'pri:ʃɪeɪt] vi depreciarse.

depress [dɪ'pres] vt **1.** [person] deprimir **2.** [economy] desactivar **3.** [price, share value] reducir.

depressed [dɪ'prest] adj deprimido(da).

depressing [dɪ'presɪŋ] adj deprimente.

depression [dɪ'preʃn] n **1.** [gen & ECON] depresión f ▸ **to suffer from depression** sufrir depresiones **2.** fml [in pillow] hueco m.

deprivation [,deprɪ'veɪʃn] n **1.** [poverty] miseria f **2.** [lack] privación f.

deprive [dɪ'praɪv] vt ▸ **to deprive sb of sthg** privar a alguien de algo.

deprived [dɪ'praɪvd] adj [children, childhood] necesitado(da) ; [area] desfavorecido(da).

depth [depθ] n profundidad f ▸ **in depth** a fondo ▸ **to be out of one's depth** [in water] no hacer pie ▸ **he was out of his depth with that job** ese trabajo le venía grande. ◆ **depths** pl n ▸ **in the depths of winter** en pleno invierno ▸ **to be in the depths of despair** estar en un abismo de desesperación.

deputation [,depjʊ'teɪʃn] n delegación f.

deputize, deputise ['depjʊtaɪz] vi ▸ **to deputize (for)** actuar en representación (de).

deputy ['depjʊtɪ] ◆ adj ▸ **deputy head** subdirector m, -ra f ▸ **deputy prime minister** vicepresidente m, -ta f del gobierno. ◆ n **1.** [second-in-command] asistente mf, suplente mf

2. POL diputado m, -da f **3.** US [deputy sheriff] ayudante mf del sheriff.

derail [dɪ'reɪl] vt & vi [train] descarrilar.

deranged [dɪ'reɪndʒd] adj perturbado(da), trastornado(da).

derby [UK 'dɑ:bɪ, US 'dɜ:bɪ] n **1.** [sports event] derby m (local) **2.** US [hat] sombrero m hongo.

deregulate [,di:'regjʊleɪt] vt liberalizar.

derelict ['derəlɪkt] adj abandonado(da), en ruinas.

deride [dɪ'raɪd] vt mofarse de.

derisory [də'raɪzərɪ] adj **1.** [puny, trivial] irrisorio(ria) **2.** [derisive] burlón(ona).

derivative [dɪ'rɪvətɪv] n derivado m.

derive [dɪ'raɪv] ◆ vt **1.** [draw, gain] ▸ **to derive sthg from sthg** encontrar algo en algo **2.** [come] ▸ **to be derived from** derivar de. ◆ vi ▸ **to derive from** derivar de.

derogatory [dɪ'rɒgətrɪ] adj despectivo(va).

derrick ['derɪk] n **1.** [crane] grúa f **2.** [over oil well] torre f de perforación.

derv [dɜ:v] n UK gasóleo m, gasoil m.

descend [dɪ'send] ◆ vt fml [go down] descender por. ◆ vi **1.** fml [go down] descender **2.** [subj: silence, gloom] ▸ **to descend (on sb)** invadir (algo/a alguien) **3.** [stoop] ▸ **to descend to sthg/to doing sthg** rebajarse a algo/a hacer algo.

descendant [dɪ'sendənt] n descendiente mf.

descended [dɪ'sendɪd] adj ▸ **to be descended from** ser descendiente de, descender de.

descent [dɪ'sent] n **1.** [downwards movement] descenso m, bajada f **2.** [origin] ascendencia f.

describe [dɪ'skraɪb] vt describir ▸ **to describe o.s. as** definirse como.

description [dɪ'skrɪpʃn] n **1.** [account] descripción f **2.** [type] ▸ **of all descriptions** de todo tipo.

desecrate ['desɪkreɪt] vt profanar.

desert ◆ n ['dezət] GEOG desierto m. ◆ vt [dɪ'zɜ:t] abandonar. ◆ vi MIL desertar.

deserted [dɪ'zɜ:tɪd] adj [place] desierto(ta).

deserter [dɪ'zɜ:tər] n desertor m, -ra f.

desert island ['dezət-] n isla f desierta.

deserve [dɪ'zɜ:v] vt merecer.

deserving [dɪ'zɜ:vɪŋ] adj encomiable ▸ **deserving of** fml merecedor(ra) de.

design [dɪ'zaɪn] ◆ n **1.** [gen] diseño m ; [of garment] corte m **2.** [pattern] dibujo m **3.** fml [intention] designio m ▸ **by design** adrede ▸ **to have designs on** tener las miras puestas en. ◆ vt **1.** [gen] diseñar **2.** [conceive, intend] concebir.

designate ◆ adj ['dezɪgnət] designado(da). ◆ vt ['dezɪgneɪt] designar ▸ **to designate sb as sthg/to do sthg** designar a alguien algo/para hacer algo.

designer [dɪ'zaɪnəʳ] ❖ adj [clothes, drugs] de diseño ; [glasses] de marca. ❖ n [gen] diseñador m, -ra f ; THEAT escenógrafo m, -fa f.

desirable [dɪ'zaɪərəbl] adj **1.** fml [appropriate] deseable, conveniente **2.** [attractive] atractivo(va), apetecible.

desire [dɪ'zaɪəʳ] ❖ n ▶ desire (for sthg / to do sthg) deseo m (de algo/de hacer algo). ❖ vt desear.

desk [desk] n **1.** [gen] mesa f, escritorio m ; [in school] pupitre m **2.** [service area] ▶ information desk (mostrador m de) información f.

desktop ['desk,tɒp] adj COMPUT ▶ desktop (computer) ordenador m de sobremesa.

desktop publishing n COMPUT autoedición f.

desolate ['desələt] adj [place, person] desolado(da) ; [feeling] desolador(ra).

despair [dɪ'speəʳ] ❖ n desesperación f ▶ to do sthg in despair hacer algo desesperadamente. ❖ vi desesperarse ▶ to despair of sb desesperarse con alguien ▶ to despair of sthg / doing sthg perder la esperanza de algo/hacer algo.

despairing [dɪ'speərɪŋ] adj [attempt] desesperado(da) ; [look, cry] de desesperación.

despatch [dɪ'spætʃ] = dispatch.

desperate ['despərət] adj desesperado(da) ▶ to be desperate for sthg necesitar algo desesperadamente.

desperately ['despərətlɪ] adv **1.** [want, fight, love] desesperadamente **2.** [ill] gravemente ; [poor, unhappy, shy] tremendamente.

desperation [,despə'reɪʃn] n desesperación f ▶ in desperation con desesperación.

despicable [dɪ'spɪkəbl] adj despreciable.

despise [dɪ'spaɪz] vt despreciar.

despite [dɪ'spaɪt] prep a pesar de, pese a.

despondent [dɪ'spɒndənt] adj descorazonado(da).

dessert [dɪ'zɜ:t] n postre m.

dessertspoon [dɪ'zɜ:tspu:n] n [spoon] cuchara f de postre.

destination [,destɪ'neɪʃn] n destino m.

destined ['destɪnd] adj **1.** [fated, intended] ▶ destined for sthg / to do sthg destinado(da) a algo/a hacer algo **2.** [bound] ▶ destined for con destino a.

destiny ['destɪnɪ] n destino m.

destitute ['destɪtju:t] adj indigente.

de-stress [di:'stres] vi desestresarse.

destroy [dɪ'strɔɪ] vt **1.** [ruin] destruir **2.** [defeat] aplastar **3.** [put down] matar, sacrificar.

destruction [dɪ'strʌkʃn] n destrucción f.

destructive [dɪ'strʌktɪv] adj [gen] destructivo(va) ; [influence] pernicioso(sa).

detach [dɪ'tætʃ] vt **1.** [pull off] ▶ to detach sthg (from) quitar OR separar algo (de) **2.** [disassociate] ▶ to detach o.s. from sthg distanciarse de algo.

detachable [dɪ'tætʃəbl] adj [handle etc] de quita y pon ; [collar] postizo(za).

detached [dɪ'tætʃt] adj [objective] objetivo(va) ; [aloof] distante.

detached house n casa f OR chalé m individual.

detachment [dɪ'tætʃmənt] n **1.** [objectivity] objetividad f ; [aloofness] distanciamiento m **2.** MIL destacamento m.

detail ['di:teɪl] ❖ n **1.** [small point] detalle m **2.** (U) [facts, points] detalles mpl ▶ to go into detail entrar en detalles ▶ in detail con detalle **3.** MIL destacamento m. ❖ vt [list] detallar. ◆ details pl n [information] información f ; [personal] datos mpl.

detailed ['di:teɪld] adj detallado(da).

detailing ['di:teɪlɪŋ] n US [thorough cleaning] limpieza f completa.

detain [dɪ'teɪn] vt [gen] retener ; [in police station] detener.

detect [dɪ'tekt] vt [gen] detectar ; [difference] notar, percibir.

detection [dɪ'tekʃn] (U) n **1.** [gen] detección f **2.** [of crime] investigación f ; [of drugs] descubrimiento m.

detective [dɪ'tektɪv] n [private] detective mf ; [policeman] agente mf.

detective novel n novela f policíaca.

detector [dɪ'tektəʳ] n detector m.

détente [deɪ'tɒnt] n POL distensión f.

detention [dɪ'tenʃn] n **1.** [of suspect, criminal] detención f, arresto m **2.** [at school] castigo consistente en tener que quedarse en la escuela después de clase.

deter [dɪ'tɜ:ʳ] vt ▶ to deter sb (from doing sthg) disuadir a alguien (de hacer algo).

detergent [dɪ'tɜ:dʒənt] n detergente m.

deteriorate [dɪ'tɪərɪəreɪt] vi [health, economy] deteriorarse ; [weather] empeorar.

determination [dɪ,tɜ:mɪ'neɪʃn] n determinación f.

determine [dɪ'tɜ:mɪn] vt determinar ▶ to determine to do sthg fml decidir OR resolver hacer algo.

determined [dɪ'tɜ:mɪnd] adj decidido(da) ▶ determined to do sthg decidido(da) OR resuelto(ta) a hacer algo.

deterrent [dɪ'terənt] n elemento m de disuasión ▶ to serve as a deterrent tener un efecto disuasorio ▶ nuclear deterrent armas fpl nucleares disuasorias.

detest [dɪ'test] vt detestar.

detonate ['detəneɪt] ❖ vt hacer detonar. ❖ vi detonar.

detour ['di:,tuər] n desvío m ▶ **to make a detour** dar un rodeo.

detox ['di:tɒks] n desintoxicación f.

detract [dɪ'trækt] vi ▶ **to detract from sthg** a) [gen] mermar algo, aminorar algo b) [achievement] restar importancia a algo.

detriment ['detrɪmənt] n ▶ **to the detriment of** en detrimento de.

detrimental [,detrɪ'mentl] adj perjudicial.

deuce [dju:s] n (U) TENNIS deuce m, cuarenta f.

devaluation [,di:vælju'eɪʃn] n devaluación f.

devastate ['devəsteɪt] vt [area, city] devastar, asolar ; fig [person] desolar.

devastated ['devəsteɪtɪd] adj [area, city] asolado(da) ; fig [person] desolado(da).

devastating ['devəsteɪtɪŋ] adj **1.** [destructive - hurricane etc] devastador(ra) **2.** [effective - remark, argument] abrumador(ra) **3.** [upsetting - news, experience] desolador(ra) **4.** [attractive] imponente, irresistible.

develop [dɪ'veləp] ❖ vt **1.** [idea, argument, product, method] desarrollar **2.** [land] urbanizar ; [region] desarrollar **3.** [illness] contraer ; [habit] adquirir ▶ **to develop a fault** estropearse **4.** PHOT revelar. ❖ vi **1.** [grow] desarrollarse ▶ **to develop into sthg** transformarse en algo **2.** [appear] presentarse.

developer [dɪ'veləpər] n **1.** [of land] promotor m, -ra f **2.** [person] ▶ **early / late developer** niño m, -ña f con desarrollo precoz / tardío **3.** PHOT [chemical] líquido m de revelado, revelador m.

developing country [dɪ'veləpɪŋ-] n país m en vías de desarrollo.

development [dɪ'veləpmənt] (U) n **1.** [growth] desarrollo m **2.** [of design] elaboración f ; [of product] desarrollo m **3.** [developed land] urbanización f **4.** [new event] (nuevo) acontecimiento m ▶ **recent developments** la evolución reciente **5.** [advance - in science etc] avance m.

deviate ['di:vɪeɪt] vi ▶ **to deviate from sthg** apartarse OR desviarse de algo.

device [dɪ'vaɪs] n **1.** [gen] dispositivo m **2.** COMPUT dispositivo m periférico.

devil ['devl] n diablo m, demonio m ▶ **poor devil** pobre diablo ▶ **you lucky devil!** ¡vaya suerte que tienes! ▶ **who / where / why the devil...?** ¿quién / dónde / por qué demonios...? ◆ **Devil** n [Satan] ▶ **the Devil** el Diablo, el Demonio.

devious ['di:vjəs] adj **1.** [person, scheme] retorcido(da) ; [means] enrevesado(da) **2.** [route] sinuoso(sa).

devise [dɪ'vaɪz] vt [instrument, system] diseñar ; [plan] concebir.

devoid [dɪ'vɔɪd] adj fml ▶ **devoid of** desprovisto(ta) de.

devolution [,di:və'lu:ʃn] n POL ≃ autonomía f ; ≃ traspaso m de competencias.

devote [dɪ'vəʊt] vt ▶ **to devote sthg to** dedicar OR consagrar algo a.

devoted [dɪ'vəʊtɪd] adj [lovers] unido(da) ; [follower, admirer] ferviente ▶ **to be devoted to sb** tenerle mucho cariño a alguien.

devotee [,devə'ti:] n [fan] devoto m, -ta f, admirador m, -ra f.

devotion [dɪ'vəʊʃn] (U) n **1.** [commitment] ▶ **devotion (to)** dedicación f (a) **2.** [to family, lover & RELIG] devoción f.

devour [dɪ'vaʊər] vt lit & fig devorar.

devout [dɪ'vaʊt] adj RELIG devoto(ta).

dew [dju:] n rocío m.

dexterity [dek'sterətɪ] n destreza f.

diabetes [,daɪə'bi:ti:z] n diabetes f inv.

diabetic [,daɪə'betɪk] ❖ adj [person] diabético(ca). ❖ n diabético m, -ca f.

diabolic(al) [,daɪə'bɒlɪk(l)] adj inf [very bad] pésimo(ma).

diagnose ['daɪəgnəʊz] vt MED diagnosticar ▶ **she was diagnosed as having cancer** le diagnosticaron cáncer.

diagnosis [,daɪəg'nəʊsɪs] (pl **-oses**) n MED [verdict] diagnóstico m ; [science, activity] diagnosis f inv.

diagonal [daɪ'ægənl] ❖ adj diagonal. ❖ n diagonal f.

diagonally [daɪ'ægənəlɪ] adv diagonalmente, en diagonal.

diagram ['daɪəgræm] n diagrama m.

dial ['daɪəl] ❖ n **1.** [of watch, clock] esfera f **2.** [of meter] cuadrante m **3.** [of telephone] disco m ; [of radio] dial m. ❖ vt (UK pt & pp **-led**, cont **-ling**, US pt & pp **-ed**, cont **-ing**) [number] marcar.

dialect ['daɪəlekt] n dialecto m.

dialling code ['daɪəlɪŋ-] n UK prefijo m (telefónico).

dialling tone UK ['daɪəlɪŋ-], **dial tone** US n señal f de llamada.

dialogue UK, **dialog** US ['daɪəlɒg] n diálogo m.

dial tone US = **dialling tone**.

dialysis [daɪ'ælɪsɪs] n diálisis f inv.

diameter [daɪ'æmɪtər] n diámetro m.

diamond ['daɪəmənd] n **1.** [gem, playing card, in baseball] diamante m **2.** [shape] rombo m. ◆ **diamonds** pl n diamantes mpl.

diaper ['daɪpər] n US pañal m.

diaphragm ['daɪəfræm] n diafragma m.

diarrh(o)ea [,daɪə'rɪə] n diarrea f.

diary ['daɪərɪ] n **1.** [appointment book] agenda f **2.** [journal] diario m.

dice [daɪs] ❖ n (pl inv) dado m. ❖ vt cortar en cuadraditos.

dictate vt [dɪk'teɪt] ▸ **to dictate sthg (to sb)** dictar algo (a alguien).

dictation [dɪk'teɪʃn] n dictado m.

dictator [dɪk'teɪtər] n dictador m, -ra f.

dictatorship [dɪk'teɪtəʃɪp] n dictadura f.

dictionary ['dɪkʃənrɪ] n diccionario m.

did [dɪd] pt ⟶ **do**.

diddle ['dɪdl] vt inf timar.

didn't ['dɪdnt] (abbr of **did not**) = **do**.

die [daɪ] ❖ vi (pt & pp **died**, cont **dying**) **1.** [gen] morir ▸ **to be dying** estar muriéndose ▸ **to be dying for sthg / to do sthg** morirse por algo / por hacer algo **2.** liter [feeling, fire] extinguirse. ❖ n (pl **dice**) US [dice] dado m. ◆ **die away** vi desvanecerse. ◆ **die down** vi [wind] amainar; [sound] apaciguarse; [fire] remitir; [excitement, fuss] calmarse. ◆ **die out** vi extinguirse.

diehard ['daɪhɑːd] n intransigente mf.

diesel ['diːzl] n **1.** [fuel] gasóleo m, gasoil m **2.** [vehicle] vehículo m diésel.

diesel engine n AUTO motor m diésel; RAIL locomotora f diésel.

diesel fuel, diesel oil n gasóleo m.

diet ['daɪət] ❖ n **1.** [eating pattern] dieta f **2.** [to lose weight] régimen m ▸ **to be on a diet** estar a régimen. ❖ comp [low-calorie] light (inv). ❖ vi estar a régimen.

differ ['dɪfər] vi **1.** [be different] ser diferente ▸ **to differ from sthg** distinguirse OR diferir de algo **2.** [disagree] ▸ **to differ with sb (about sthg)** disentir OR discrepar de alguien (en algo).

difference ['dɪfrəns] n diferencia f ▸ **it didn't make any difference** [changed nothing] no cambió nada.

different ['dɪfrənt] adj ▸ **different (from)** diferente OR distinto(ta) (de).

differentiate [ˌdɪfə'renʃɪeɪt] ❖ vt ▸ **to differentiate (sthg from sthg)** diferenciar OR distinguir (algo de algo). ❖ vi ▸ **to differentiate between** diferenciar OR distinguir entre.

differently ['dɪfrəntlɪ] adv de forma diferente, de otra forma ▸ **differently abled** discapacitado(da).

difficult ['dɪfɪkəlt] adj difícil.

difficulty ['dɪfɪkəltɪ] n dificultad f ▸ **to have difficulty in doing sthg** tener dificultad en OR para hacer algo.

diffident ['dɪfɪdənt] adj retraído(da).

diffuse vt [dɪ'fjuːz] difundir.

OR hundirse en. ◆ n **1.** [unkind remark] pulla f **2.** ARCHEOL excavación f. ◆ **dig out** vt sep inf [find - letter, object] desempolvar; [- information] encontrar. ◆ **dig up** vt sep [body, treasure, information] desenterrar; [plant, tree] arrancar.

digest ❖ n ['daɪdʒest] compendio m. ❖ vt [dɪ'dʒest] lit & fig digerir.

digestion [dɪ'dʒestʃn] n digestión f.

digestive biscuit [dɪ'dʒestɪv-] n UK galleta f integral.

digibox ['dɪdʒɪbɒks] n UK TV decodificador m.

digit ['dɪdʒɪt] n **1.** [figure] dígito m **2.** [finger, toe] dedo m.

digital ['dɪdʒɪtl] adj digital.

digital camcorder n videocámara f digital.

digital camera n cámara f digital.

digital divide, digital gap n brecha f digital.

digital footprint n INTERNET huella f digital.

digital radio n radio f digital.

digital signature n firma f digital.

digital television, digital TV n televisión f digital.

dignified ['dɪgnɪfaɪd] adj [gen] digno(na); [ceremonious] ceremonioso(sa).

dignity ['dɪgnətɪ] n dignidad f.

digress [daɪ'gres] vi apartarse del tema ▸ **to digress from** apartarse OR desviarse de.

digs [dɪgz] pl n UK inf alojamiento m ▸ **to live in digs** vivir en un cuarto de alquiler.

dike [daɪk] n [wall, bank] dique m.

dilapidated [dɪ'læpɪdeɪtɪd] adj [building] derruido(da); [car] destartalado(da).

dilate [daɪ'leɪt] vi dilatarse.

dilemma [dɪ'lemə] n dilema m.

diligent ['dɪlɪdʒənt] adj diligente.

dilute [daɪ'luːt] vt diluir.

dim [dɪm] ❖ adj **1.** [light] tenue; [room] sombrío(bría) **2.** [eyesight] débil **3.** [memory] vago(ga) **4.** inf [stupid] tonto(ta), torpe. ❖ vt atenuar. ❖ vi [light] atenuarse.

dime [daɪm] n US moneda de diez centavos.

dimension [dɪ'menʃn] n dimensión f.

diminish [dɪ'mɪnɪʃ] vt & vi disminuir.

diminutive [dɪ'mɪnjʊtɪv] fml ❖ adj diminuto(ta). ❖ n GRAM diminutivo m.

dimmer ['dɪmər] n : dimmer (switch) potenciómetro m, regulador m OR modulador m de (potencia de) luz.

dimmers ['dɪməz] pl n US [dipped headlights] luces fpl cortas OR de cruce; [parking lights] luces fpl de posición OR situación.

dimmer switch = **dimmer**.

dimple ['dɪmpl] n hoyuelo m.

din [dɪn] n inf estrépito m.

dine [daɪn] vi *fml* cenar. ◆ **dine out** vi cenar fuera.

diner ['daɪnəʳ] n **1.** [person] comensal *mf* **2.** US [restaurant - cheap] restaurante *m* barato; [- on the road] ≃ restaurante *m* OR parador *m* de carretera.

dinghy ['dɪŋɪ] n [sailing boat] bote *m*; [made of rubber] lancha *f* neumática.

dingy ['dɪndʒɪ] adj [room, street] lóbrego(ga); [clothes, carpet] deslustrado(da).

dining car ['daɪnɪŋ-] n vagón *m* restaurante, coche *m* comedor Am.

dining room ['daɪnɪŋ-] n comedor *m*.

dinner ['dɪnəʳ] n **1.** [evening meal] cena *f*; [midday meal] comida *f*, almuerzo *m* ▶ **to have dinner a)** [in the evening] cenar **b)** [at lunchtime] comer, almorzar **2.** [formal event] cena *f* de gala, banquete *m*.

dinner jacket n esmoquin *m*.

dinner party n cena *f (en casa con amigos)*.

dinnertime ['dɪnətaɪm] n [in the evening] la hora de la cena; [at midday] la hora del almuerzo OR de la comida.

dinosaur ['daɪnəsɔːʳ] n [reptile] dinosaurio *m*.

dint [dɪnt] n *fml* ▶ **by dint of** a base de.

dip [dɪp] ◆ n **1.** [in road, ground] pendiente *f* **2.** [sauce] salsa *f* **3.** [swim] chapuzón *m* ▶ **to go for/take a dip** ir a darse/darse un chapuzón. ◆ vt **1.** [into liquid] ▶ **to dip sthg in** OR **into sthg** mojar algo en algo **2.** UK [headlights] ▶ **to dip one's lights** poner las luces de cruce. ◆ vi descender suavemente.

diploma [dɪ'pləʊmə] (pl **-s**) n diploma *m*.

diplomacy [dɪ'pləʊməsɪ] n diplomacia *f*.

diplomat ['dɪpləmæt] n **1.** [official] diplomático *m*, -ca *f* **2.** [tactful person] persona *f* diplomática.

diplomatic [ˌdɪplə'mætɪk] adj diplomático(ca).

dipstick ['dɪpstɪk] n AUTO varilla *f* del aceite *(para medir el nivel)*.

dire ['daɪəʳ] adj **1.** [consequences] grave; [warning] serio(ria); [need, poverty] extremo(ma) **2.** UK *inf* [terrible] fatal.

direct [dɪ'rekt] ◆ adj directo(ta). ◆ vt **1.** [gen] ▶ **to direct sthg at sb** dirigir algo a alguien **2.** [person to place] ▶ **to direct sb (to)** indicar a alguien el camino (a) **3.** [order] ▶ **to direct sb to do sthg** mandar a alguien hacer algo. ◆ adv directamente.

direct current n corriente *f* continua.

direct debit n UK domiciliación *f* (de pago).

direction [dɪ'rekʃn] n dirección *f* ▶ **sense of direction** sentido *m* de la orientación. ◆ **directions** pl n **1.** [instructions to place] señas *fpl*, indicaciones *fpl* **2.** [instructions for use] modo *m* de empleo.

directly [dɪ'rektlɪ] adv **1.** [gen] directamente **2.** [immediately] inmediatamente **3.** [very soon] pronto, en breve.

director [dɪ'rektəʳ] n director *m*, -ra *f*.

directory [dɪ'rektərɪ] n **1.** [gen] guía *f* (alfabética) **2.** COMPUT directorio *m*.

directory assistance n US (servicio *m* de) información *f* telefónica.

directory enquiries n UK (servicio *m* de) información *f* telefónica.

dirt [dɜːt] n (U) **1.** [mud, dust] suciedad *f* **2.** [earth] tierra *f*.

dirty ['dɜːtɪ] ◆ adj **1.** [gen] sucio(cia) ▶ **to get dirty** ensuciarse **2.** [joke] verde; [film] pornográfico(ca); [book, language] obsceno(na) ▶ **dirty word** palabrota *f*. ◆ vt ensuciar.

dis [dɪs] US *inf* vt = **diss**.

disability [ˌdɪsə'bɪlətɪ] n discapacidad *f*, minusvalía *f* ▶ **people with disabilities** los discapacitados, los minusválidos.

disabled [dɪs'eɪbld] ◆ adj [person] discapacitado(da), minusválido(da) ▶ **disabled toilet** servicio *m* para discapacitados OR minusválidos. ◆ pl n ▶ **the disabled** los minusválidos, los discapacitados.

disadvantage [ˌdɪsəd'vɑːntɪdʒ] n desventaja *f* ▶ **to be at a disadvantage** estar en desventaja.

disagree [ˌdɪsə'griː] vi **1.** [have different opinions] ▶ **to disagree (with)** no estar de acuerdo (con) **2.** [conflict] contradecirse, no concordar **3.** [subj: food, drink] ▶ **to disagree with sb** sentar mal a alguien.

disagreeable [ˌdɪsə'griːəbl] adj desagradable.

disagreement [ˌdɪsə'griːmənt] n **1.** [fact of disagreeing] desacuerdo *m* **2.** [argument] discusión *f*.

disallow [ˌdɪsə'laʊ] vt **1.** *fml* [appeal, claim] rechazar **2.** [goal] anular.

disappear [ˌdɪsə'pɪəʳ] vi desaparecer.

disappearance [ˌdɪsə'pɪərəns] n desaparición *f*.

disappoint [ˌdɪsə'pɔɪnt] vt [person] decepcionar; [expectations, hopes] defraudar.

disappointed [ˌdɪsə'pɔɪntɪd] adj **1.** [person] ▶ **disappointed (in** OR **with sthg)** decepcionado(da) (con algo) **2.** [expectations, hopes] defraudado(da).

disappointing [ˌdɪsə'pɔɪntɪŋ] adj decepcionante.

disappointment [ˌdɪsə'pɔɪntmənt] n decepción *f*, desilusión *f* ▶ **to be a disappointment** ser decepcionante.

disapproval [ˌdɪsə'pruːvl] n desaprobación *f*.

disapprove [ˌdɪsə'pruːv] vi estar en contra ▶ **to disapprove of sthg** desaprobar algo; ▶ **to disapprove of sb** no ver con buenos ojos a alguien.

disarm [dɪs'ɑːm] ◆ vt *lit & fig* desarmar. ◆ vi desarmarse.

disarmament [dɪs'ɑːməmənt] n desarme *m*.

disarray [ˌdɪsəˈreɪ] n ▸ **in disarray a)** [clothes, hair] en desorden **b)** [army, political party] sumido(da) en el desconcierto.

disaster [dɪˈzɑːstər] n [gen] desastre m ; [earthquake, eruption] catástrofe f.

disastrous [dɪˈzɑːstrəs] adj desastroso(sa).

disband [dɪsˈbænd] ❖ vt disolver, disgregar. ❖ vi disolverse, disgregarse.

disbelief [ˌdɪsbɪˈliːf] n ▸ **in** OR **with disbelief** con incredulidad.

disc UK, **disk** US [dɪsk] n disco m.

discard [dɪˈskɑːd] vt [old clothes etc] desechar ; [possibility] descartar.

discern [dɪˈsɜːn] vt **1.** [gen] discernir ; [improvement] percibir **2.** [figure, outline] distinguir.

discerning [dɪˈsɜːnɪŋ] adj refinado(da) ; [audience] entendido(da).

discharge ❖ n [ˈdɪstʃɑːdʒ] **1.** [of patient] alta f ; [of prisoner, defendant] puesta f en libertad ; [of soldier] licencia f **2.** [of gas, smoke] emisión f ; [of sewage] vertido m **3.** [MED - from wound] supuración f **4.** ELEC descarga f. ❖ vt [dɪsˈtʃɑːdʒ] **1.** [patient] dar de alta ; [prisoner, defendant] poner en libertad ; [soldier] licenciar **2.** fml [duty etc] cumplir **3.** [gas, smoke] despedir ; [sewage] verter ; [cargo] descargar.

disciple [dɪˈsaɪpl] n [follower & RELIG] discípulo m, -la f.

discipline [ˈdɪsɪplɪn] ❖ n disciplina f. ❖ vt **1.** [control] disciplinar **2.** [punish] castigar.

disc jockey n pinchadiscos mf inv.

disclaim [dɪsˈkleɪm] vt fml negar.

disclose [dɪsˈkləʊz] vt revelar.

disclosure [dɪsˈkləʊʒər] n revelación f.

disco [ˈdɪskəʊ] (pl -s) (abbr of discotheque) n **1.** [place] discoteca f ; [event] baile m **2.** [type of music] música f disco.

discomfort [dɪsˈkʌmfət] n **1.** [uncomfortableness] incomodidad f **2.** [pain] molestia f.

disconcert [ˌdɪskənˈsɜːt] vt desconcertar.

disconcerting [ˌdɪskənˈsɜːtɪŋ] adj [worrying] desconcertante ; [embarrassing] enojoso(sa).

disconnect [ˌdɪskəˈnekt] ❖ vt **1.** [detach] quitar, separar **2.** [from gas, electricity - appliance] desconectar ; [- house, subscriber] cortar el suministro a **3.** [on phone - person] cortar la línea a. ❖ vi [from Internet] desconectarse.

disconsolate [dɪsˈkɒnsələt] adj desconsolado(da).

discontent [ˌdɪskənˈtent] n ▸ **discontent (with)** descontento m, -ta f (con).

discontented [ˌdɪskənˈtentɪd] adj descontento(ta).

discontinue [ˌdɪskənˈtɪnjuː] vt interrumpir.

discord [ˈdɪskɔːd] n **1.** [disagreement] discordia f **2.** MUS disonancia f.

discotheque [ˈdɪskəʊtek] n discoteca f.

discount ❖ n [ˈdɪskaʊnt] descuento m ▸ **at a discount** con descuento. ❖ vt [UK dɪsˈkaʊnt, US ˈdɪskaʊnt] [report, claim] descartar.

discourage [dɪˈskʌrɪdʒ] vt **1.** [dispirit] desanimar **2.** [crime, behaviour] impedir ; [thieves, tourists] ahuyentar ▸ **to discourage sb from doing sthg** disuadir a alguien de hacer algo.

discover [dɪˈskʌvər] vt descubrir.

discovery [dɪˈskʌvəri] n descubrimiento m.

discredit [dɪsˈkredɪt] ❖ n descrédito m. ❖ vt **1.** [person, organization] desacreditar **2.** [idea, report] refutar.

discreet [dɪˈskriːt] adj discreto(ta).

discrepancy [dɪˈskrepənsi] n ▸ **discrepancy (in/between)** discrepancia f (en/entre).

discretion [dɪˈskreʃn] (U) n **1.** [tact] discreción f **2.** [judgment] criterio m ▸ **at the discretion of** a voluntad de.

discriminate [dɪˈskrɪmɪneɪt] vi **1.** [distinguish] ▸ **to discriminate (between)** discriminar OR distinguir (entre) **2.** [treat unfairly] ▸ **to discriminate against sb** discriminar a alguien.

discriminating [dɪˈskrɪmɪneɪtɪŋ] adj refinado(da) ; [audience] entendido(da).

discrimination [dɪˌskrɪmɪˈneɪʃn] n **1.** [prejudice] ▸ **discrimination (against)** discriminación f (hacia) **2.** [judgment] (buen) gusto m.

discus [ˈdɪskəs] (pl -es) n [object] disco m (en atletismo) ▸ **the discus** [competition] el lanzamiento de disco.

discuss [dɪˈskʌs] vt [subj: book, lecture] tratar de.

discussion [dɪˈskʌʃn] n discusión f.

discussion forum n INTERNET foro m de discusión.

discussion group n INTERNET grupo m de discusión.

discussion thread n INTERNET hilo m de discusión.

disdain [dɪsˈdeɪn] fml ❖ n ▸ **disdain (for)** desdén m OR desprecio m (hacia). ❖ vt desdeñar, despreciar.

disease [dɪˈziːz] n lit & fig enfermedad f.

disembark [ˌdɪsɪmˈbɑːk] vi desembarcar.

disenchanted [ˌdɪsɪnˈtʃɑːntɪd] adj ▸ **disenchanted (with)** desencantado(da) (con).

disengage [ˌdɪsɪnˈgeɪdʒ] vt TECH [gears] quitar ; [clutch] soltar.

disfavour UK, **disfavor** US [dɪsˈfeɪvər] n **1.** [disapproval] desaprobación f **2.** [state of being disapproved of] desgracia f.

disfigure [dɪsˈfɪgər] vt desfigurar.

disgrace [dɪsˈgreɪs] ❖ n vergüenza f ▸ **he's a disgrace to his family** es una deshonra para su familia ; [child, pet] estar castigado(da). ❖ vt deshonrar.

disgraceful [dɪsˈgreɪsfʊl] adj vergonzoso(sa) ▶ **it's disgraceful** es una vergüenza.

disgruntled [dɪsˈgrʌntld] adj disgustado(da).

disguise [dɪsˈgaɪz] ❖ n disfraz m. ❖ vt disfrazar.

disgust [dɪsˈgʌst] ❖ n ▶ **disgust (at)** [physical] asco m (hacia) ; [moral] indignación f (ante). ❖ vt [physically] repugnar ; [morally] indignar.

disgusting [dɪsˈgʌstɪŋ] adj [physically] asqueroso(sa) ; [morally] indignante.

dish [dɪʃ] n 1. [container] fuente f 2. US [plate] plato m 3. [course] plato m. ❖ **dishes** pl n platos mpl ▶ **to do** or **wash the dishes** fregar (los platos). ❖ **dish out** vt sep inf repartir. ❖ **dish up** vt sep inf servir.

dish aerial UK, **dish antenna** US n (antena f) parabólica f.

dishcloth [ˈdɪʃklɒθ] n [for washing, wiping] bayeta f ; [for drying] paño m (de cocina).

disheartened [dɪsˈhɑːtnd] adj descorazonado(da).

dishevelled UK, **disheveled** US [dɪˈʃevəld] adj desaliñado(da) ; [hair] despeinado(da).

dishonest [dɪsˈɒnɪst] adj deshonesto(ta), nada honrado(da).

dishonesty [dɪsˈɒnɪstɪ] n falta f de honradez.

dishonor US = **dishonour**.

dishonour UK, **dishonor** US [dɪsˈɒnər] fml ❖ n deshonra f. ❖ vt deshonrar.

dishonourable UK, **dishonorable** US [dɪsˈɒnərəbl] adj deshonroso(sa).

dish soap n US lavavajillas m inv (detergente).

dish towel n US paño m (de cocina), secador m CAM, trapón m MEX, repasador m RP.

dishwasher [ˈdɪʃˌwɒʃər] n 1. [machine] lavavajillas m inv (electrodoméstico) 2. [person] lavaplatos mf inv.

dishwashing liquid n US lavavajillas m inv (detergente).

dishwater [ˈdɪʃˌwɔːtər] n agua f de fregar (los platos).

disillusion [dɪsɪˈluːʒən] vt desilusionar.

disillusioned [dɪsɪˈluːʒnd] adj desilusionado(da).

disincentive [dɪsɪnˈsentɪv] n traba f.

disinclined [dɪsɪnˈklaɪnd] adj ▶ **to be disinclined to do sthg** no tener ganas de hacer algo.

disinfect [dɪsɪnˈfekt] vt desinfectar.

disinfectant [dɪsɪnˈfektənt] n desinfectante m.

disintegrate [dɪsˈɪntɪgreɪt] vi lit & fig desintegrarse.

disinterested [dɪsˈɪntrəstɪd] adj 1. [objective] desinteresado(da) 2. inf [uninterested] ▶ **disinterested (in)** indiferente (a).

disjointed [dɪsˈdʒɔɪntɪd] adj deslabazado(da).

disk [dɪsk] n 1. COMPUT disco m ; [diskette] disquete m 2. US = **disc**.

disk drive n COMPUT disquetera f, unidad f de disco.

diskette [dɪskˈet] n disquete m.

disk space n COMPUT espacio m en disco.

dislike [dɪsˈlaɪk] ❖ n 1. [feeling] ▶ **dislike (for) a)** [things] aversión f (a) **b)** [people] antipatía f (por) ▶ **to take a dislike to** cogerle manía a 2. [thing not liked] ▶ **her likes and dislikes** las cosas que le gustan y las que no le gustan 3. INTERNET no me gusta. ❖ vt 1. ▶ **I dislike her** no me gusta ; ▶ **I dislike them** no me gustan 2. INTERNET hacer click en no me gusta.

dislocate [ˈdɪsləkeɪt] vt MED dislocar ▶ **to dislocate one's shoulder** dislocarse el hombro.

dislodge [dɪsˈlɒdʒ] vt ▶ **to dislodge sthg / sb (from)** sacar algo / a alguien de).

disloyal [dɪsˈlɔɪəl] adj ▶ **disloyal (to)** desleal (a).

dismal [ˈdɪzml] adj 1. [weather, future] sombrío(a) ; [place, atmosphere] deprimente 2. [attempt, failure] lamentable.

dismantle [dɪsˈmæntl] vt [machine] desmontar ; [organization] desmantelar.

dismay [dɪsˈmeɪ] ❖ n (U) consternación f ▶ **to my / his etc. dismay** para mi/su etc. consternación. ❖ vt consternar.

dismiss [dɪsˈmɪs] vt 1. [refuse to take seriously] desechar 2. [from job] ▶ **to dismiss sb (from)** despedir a alguien (de) 3. [allow to leave] ▶ **to dismiss sb** dar a alguien permiso para irse.

dismissal [dɪsˈmɪsl] n [from job] despido m.

dismount [dɪsˈmaʊnt] vi ▶ **to dismount (from sthg)** desmontar (de algo).

disobedience [dɪsəˈbiːdjəns] n desobediencia f.

disobedient [dɪsəˈbiːdjənt] adj ▶ **disobedient (to)** desobediente (con).

disobey [dɪsəˈbeɪ] vt & vi desobedecer.

disorder [dɪsˈɔːdər] n 1. [disarray] ▶ **in disorder** en desorden 2. (U) [rioting] disturbios mpl 3. MED [physical] afección f, dolencia f ; [mental] trastorno m.

disorderly [dɪsˈɔːdəlɪ] adj 1. [untidy] desordenado(da) 2. [unruly - behaviour] incontrolado(da).

disorganized, disorganised [dɪsˈɔːgənaɪzd] adj desorganizado(da).

disorientate UK [dɪsˈɔːrɪənteɪt], **disorient** US [dɪsˈɔːrɪənt] vt desorientar.

disorientated UK [dɪsˈɔːrɪənteɪtd], **disoriented** US [dɪsˈɔːrɪəntɪd] adj desorientado(da).

disown [dɪsˈəʊn] vt [gen] renegar de ; [statement] no reconocer como propio(pia).

disparaging [dɪˈspærɪdʒɪŋ] adj menospreciativo(va).

dispassionate [dɪˈspæʃnət] adj desapasiona-do(da).

dispatch, despatch [dɪˈspætʃ] ⋙ n 1. [message] despacho m 2. [sending] envío m. ⋙ vt [goods, parcel] expedir ; [message, messenger, troops] enviar.

dispel [dɪˈspel] vt disipar.

dispensary [dɪˈspensərɪ] n dispensario m.

dispense [dɪˈspens] vt 1. [advice] ofrecer ; [justice] administrar 2. [drugs, medicine] despachar.
➤ **dispense with** vt insep prescindir de.

dispenser [dɪˈspensər] n [machine, container] máquina f expendedora.

disperse [dɪˈspɜːs] ⋙ vt dispersar. ⋙ vi dispersarse.

dispirited [dɪˈspɪrɪtɪd] adj desanimado(da).

displace [dɪsˈpleɪs] vt [supplant] reemplazar, sustituir.

display [dɪˈspleɪ] ⋙ n 1. [arrangement - in shop window] escaparate m ; [- in museum] exposición f ; [- on stall, pavement] muestrario m 2. [demonstration, public event] demostración f 3. [sporting] exhibición f 4. COMPUT pantalla f. ⋙ vt 1. [arrange] exponer 2. [show] demostrar 3. [on screen] mostrar.

displease [dɪsˈpliːz] vt [annoy] disgustar ; [anger] enfadar.

displeasure [dɪsˈpleʒər] n [annoyance] disgusto m ; [anger] enfado m.

disposable [dɪˈspəʊzəbl] adj desechable ▶ **disposable income** poder m adquisitivo ▶ **disposable camera** cámara f deshechable OR de usar y tirar.

disposal [dɪˈspəʊzl] n 1. [removal] eliminación f 2. [US] trituradora f de basuras 3. [availability] ▶ **to have sthg at one's disposal** disponer de algo.

dispose [dɪˈspəʊz] ➤ **dispose of** vt insep [rubbish] deshacerse de ; [problem] quitarse de encima OR de en medio.

disposed [dɪˈspəʊzd] adj [willing] ▶ **to be disposed to do sthg** estar dispuesto(ta) a hacer algo.

disposition [ˌdɪspəˈzɪʃn] n [temperament] carácter m.

dispossess [ˌdɪspəˈzes] vt fml ▶ **to dispossess sb of sthg** desposeer a alguien de algo.

disproportionate [ˌdɪsprəˈpɔːʃnət] adj ▶ **disproportionate (to)** desproporcionado(da) (a).

disprove [ˌdɪsˈpruːv] vt refutar.

dispute [dɪˈspjuːt] ⋙ n 1. [quarrel] disputa f 2. (U) [disagreement] conflicto m, desacuerdo m ▶ **in dispute a)** [people] en desacuerdo **b)** [matter] en litigio, en entredicho 3. INDUST conflicto m laboral. ⋙ vt cuestionar.

disqualify [ˌdɪsˈkwɒlɪfaɪ] vt 1. [subj: authority, illness etc] ▶ **to disqualify sb (from doing sthg)** incapacitar a alguien (para hacer algo) 2. SPORT

descalificar 3. [UK] [from driving] retirar el permiso de conducir a.

disquiet [dɪsˈkwaɪət] n inquietud f.

disregard [ˌdɪsrɪˈgɑːd] ⋙ n ▶ **disregard (for)** indiferencia f (a), despreocupación f (por). ⋙ vt hacer caso omiso de.

disrepair [ˌdɪsrɪˈpeər] n ▶ **in a state of disrepair** deteriorado(da).

disreputable [dɪsˈrepjʊtəbl] adj [person, company] de mala fama ; [behaviour] vergonzante.

disrepute [ˌdɪsrɪˈpjuːt] n ▶ **to bring sthg into disrepute** desprestigiar OR desacreditar algo.

disrespectful [ˌdɪsrɪˈspektfʊl] adj irrespetuoso(sa).

disrupt [dɪsˈrʌpt] vt [meeting] interrumpir ; [transport system] trastornar, perturbar ; [class] revolucionar, enredar en.

disruption [dɪsˈrʌpʃn] n [of meeting] interrupción f ; [of transport system] trastorno m.

disruptive [dɪsˈrʌptɪv] adj [effect] perjudicial ; [child, behaviour] revoltoso(sa).

diss, dis [US] [dɪs] vt 1. [US] inf pasar de / she dissed me pasó de mí 2. (abbr of disrespect) insultar, ofender / she dissed me me trató con desdén.

dissatisfaction [ˈdɪsˌsætɪsˈfækʃn] n descontento m.

dissatisfied [ˌdɪsˈsætɪsfaɪd] adj ▶ **dissatisfied (with)** insatisfecho(cha) OR descontento(ta) (con).

dissect [dɪˈsekt] vt MED disecar ; fig [study] analizar minuciosamente.

disseminate [dɪˈsemɪneɪt] vt difundir.

dissent [dɪˈsent] ⋙ n [gen] disconformidad f, disentimiento m ; SPORT : he was booked for dissent lo amonestaron por protestar. ⋙ vi ▶ **to dissent (from)** disentir (de).

dissertation [ˌdɪsəˈteɪʃn] n 1. [US] [doctoral] tesis f inv 2. [UK] [lower degree] tesina f.

disservice [ˌdɪsˈsɜːvɪs] n ▶ **to do sb a disservice** hacer un flaco servicio a alguien.

dissident [ˈdɪsɪdənt] n disidente mf.

dissimilar [ˌdɪsˈsɪmɪlər] adj ▶ **dissimilar (to)** distinto(ta) (de).

dissipate [ˈdɪsɪpeɪt] vt 1. [heat, fears] disipar 2. [efforts, money] desperdiciar.

dissociate [dɪˈsəʊʃɪeɪt] vt disociar.

dissolute [ˈdɪsəluːt] adj disoluto(ta).

dissolve [dɪˈzɒlv] ⋙ vt disolver. ⋙ vi 1. [substance] disolverse 2. fig [disappear] desvanecerse, desaparecer.

dissuade [dɪˈsweɪd] vt ▶ **to dissuade sb (from doing sthg)** disuadir a alguien (de hacer algo).

distance [ˈdɪstəns] n distancia f ▶ **at a distance** a distancia ▶ **from a distance** desde lejos ▶ **in the distance** a lo lejos.

distance learning n enseñanza f a distancia.

495

divinity

distant ['dɪstənt] adj **1.** [place, time, relative] lejano(na) ▸ **distant from** distante de **2.** [person, manner] frío(a), distante.

distaste [dɪs'teɪst] n ▸ **distaste (for)** desagrado m (por).

distasteful [dɪs'teɪstfʊl] adj desagradable.

distended [dɪ'stendɪd] adj dilatado(da).

distil UK, **distill** US [dɪ'stɪl] vt [liquid] destilar.

distillery [dɪ'stɪlərɪ] n destilería f.

distinct [dɪ'stɪŋkt] adj **1.** [different] ▸ **distinct (from)** distinto(ta) (de) ▸ **as distinct from** a diferencia de **2.** [clear - improvement] notable, visible ; [- possibility] claro(ra).

distinction [dɪ'stɪŋkʃn] n **1.** [difference, excellence] distinción f **2.** [in exam result] sobresaliente m.

distinctive [dɪ'stɪŋktɪv] adj característico(ca), particular.

distinctly [dɪ'stɪŋktlɪ] adv **1.** [see, remember] claramente **2.** [improve] notablemente **3.** [very] ▸ **it is distinctly possible that...** es muy posible que...

distinguish [dɪ'stɪŋgwɪʃ] vt [gen] ▸ **to distinguish sthg (from)** distinguir algo (de).

distinguished [dɪ'stɪŋgwɪʃt] adj distinguido(da).

distinguishing [dɪ'stɪŋgwɪʃɪŋ] adj distintivo(va).

distort [dɪ'stɔːt] vt **1.** [shape, face] deformar ; [sound] distorsionar **2.** [truth, facts] tergiversar.

distract [dɪ'strækt] vt [person, attention] ▸ **to distract sb (from)** distraer a alguien (de).

distracted [dɪ'stræktɪd] adj ausente.

distraction [dɪ'strækʃn] n [interruption, diversion] distracción f.

distraught [dɪ'strɔːt] adj consternado(da).

distress [dɪ'stres] ◆ n **1.** [anxiety] angustia f ; [pain] dolor m **2.** [danger, difficulty] peligro m. ◆ vt afligir, apenar.

distressing [dɪ'stresɪŋ] adj angustioso(sa).

distribute [dɪ'strɪbjuːt] vt distribuir, repartir.

distribution [,dɪstrɪ'bjuːʃn] n distribución f.

distributor [dɪ'strɪbjʊtər] n **1.** COMM distribuidor m, -ra f **2.** AUTO delco® m.

district ['dɪstrɪkt] n **1.** [area - of country] zona f, región f ; [- of town] barrio m **2.** [administrative area] distrito m.

district attorney n US fiscal mf (del distrito).

district council n UK ADMIN ≃ municipio m.

district nurse n UK enfermera encargada de atender a domicilio a los pacientes de una zona.

District of Columbia n distrito m de Columbia.

distrust [dɪs'trʌst] ◆ n desconfianza f. ◆ vt desconfiar de.

disturb [dɪ'stɜːb] vt **1.** [interrupt - person] molestar ; [- concentration, sleep] perturbar **2.** [upset, worry] inquietar **3.** [alter - surface, arrangement] alterar ; [- papers] desordenar.

disturbance [dɪ'stɜːbəns] n **1.** [fight] tumulto m ▸ **there were a number of minor disturbances throughout the night** se produjeron algunos disturbios durante la noche **2.** [interruption] interrupción f **3.** [of mind, emotions] trastorno m.

disturbed [dɪ'stɜːbd] adj **1.** [upset, ill] trastornado(da) **2.** [worried] inquieto(ta).

disturbing [dɪ'stɜːbɪŋ] adj inquietante.

disuse [,dɪs'juːs] n ▸ **to fall into disuse a)** [regulation] caer en desuso **b)** [building, mine] verse paulatinamente abandonado(da).

disused [,dɪs'juːzd] adj abandonado(da).

ditch [dɪtʃ] ◆ n [gen] zanja f ; [by road] cuneta f. ◆ vt inf **1.** [end relationship with] romper con **2.** [get rid of] deshacerse de.

dither ['dɪðər] vi vacilar.

ditto ['dɪtəʊ] adv ídem.

dive [daɪv] ◆ vi (UK pt & pp **-d**, US pt **-d** or **dove**, pp **-d**) **1.** [into water - person] zambullirse, tirarse al agua ; [- submarine, bird, fish] sumergirse **2.** [with breathing apparatus] bucear **3.** [through air - person] lanzarse ; [- plane] caer en picado **4.** [into bag, cupboard] ▸ **to dive into** meter la mano en. ◆ n **1.** [of person - into water] zambullida f **2.** [of submarine] inmersión f **3.** [of person - through air] salto m ; [- SPORT - by goalkeeper] estirada f ▸ **it was a dive** se ha tirado **4.** [of plane] picado m **5.** inf & pej [bar, restaurant] garito m, antro m.

diver ['daɪvər] n [underwater] buceador m, -ra f ; [professional] buzo m ; [from diving board] saltador m, -ra f (de trampolín).

diverge [daɪ'vɜːdʒ] vi **1.** [gen] ▸ **to diverge (from)** divergir (de) **2.** [disagree] discrepar.

diverse [daɪ'vɜːs] adj diverso(sa).

diversify [daɪ'vɜːsɪfaɪ] ◆ vt diversificar. ◆ vi diversificarse.

diversion [daɪ'vɜːʃn] n **1.** [of traffic, river, funds] desvío m **2.** [distraction] distracción f.

diversity [daɪ'vɜːsətɪ] n diversidad f.

divert [daɪ'vɜːt] vt **1.** [traffic, river, funds] desviar **2.** [person, attention] distraer.

divide [dɪ'vaɪd] ◆ vt ▸ **to divide sthg (between OR among)** dividir algo (entre) ▸ **to divide sthg into** dividir algo en ▸ **to divide sthg by** dividir algo entre OR por / divide 3 into 89 divide 89 entre 3. ◆ vi **1.** [river, road, wall] bifurcarse **2.** [group] dividirse.

dividend ['dɪvɪdend] n FIN dividendo m ; [profit] beneficio m.

divine [dɪ'vaɪn] adj divino(na).

diving ['daɪvɪŋ] n (U) n **1.** [into water] salto m **2.** [with breathing apparatus] buceo m.

divingboard ['daɪvɪŋbɔːd] n trampolín m.

divinity [dɪ'vɪnətɪ] n **1.** [godliness, deity] divinidad f **2.** [study] teología f.

division [dɪ'vɪʒn] n **1.** [gen] división f **2.** [of labour, responsibility] reparto m.

divorce [dɪ'vɔːs] ❖ n divorcio m. ❖ vt [husband, wife] divorciarse de. ❖ vi divorciarse.

divorcé [dɪ'vɔːseɪ] n divorciado m.

divorced [dɪ'vɔːst] adj divorciado(da).

divorcee [dɪvɔː'siː] n divorciado m, -da f.

divulge [daɪ'vʌldʒ] vt divulgar, revelar.

DIY abbr of **do-it-yourself**.

dizzy ['dɪzɪ] adj **1.** [because of illness etc] mareado(da) **2.** [because of heights] ▸ **to feel dizzy** sentir vértigo.

DJ n abbr of **disc jockey**.

DNA (abbr of **deoxyribonucleic acid**) n ADN m.

DNS (abbr of **Domain Name System**) n COMPUT DNS m.

do [duː] ❖ aux vb (pt **did**) **1.** (in negatives) : don't leave it there no lo dejes ahí **2.** (in questions) : what did he want? ¿qué quería? / do you think she'll come? ¿crees que vendrá? **3.** (referring back to previous vb) : do you think so? — yes, I do ¿tú crees? — sí / she reads more than I do lee más que yo ▸ so do I/they yo/ ellos también **4.** (in question tags) : you know her, don't you? la conoces, ¿no? / so you think you can dance, do you? así que te crees que sabes bailar, ¿no? **5.** (for emphasis) : I did tell you but you've forgotten sí que te lo dije, pero te has olvidado / do come in ¡pase, por favor! ❖ vt (pt **did**, pp **done**) **1.** [gen] hacer / she does aerobics/gymnastics hace aerobic/gimnasia ▸ to do the cooking/cleaning hacer la comida/limpieza ▸ to do one's hair peinarse ▸ to do one's teeth lavarse los dientes / he did his duty cumplió con su deber / what can I do for you? ¿en qué puedo servirle? / what can we do? ¿qué le vamos a hacer? **2.** [referring to job] ▸ what do you do? ¿a qué te dedicas? **3.** [study] hacer / I did physics at school hice física en la escuela **4.** [travel at a particular speed] ir a / the car can do 110 mph el coche alcanza las 110 millas por hora **5.** [be good enough for] : will that do you? ¿te vale eso? ❖ vi (pt **did**, pp **done**) **1.** [gen] hacer / do as she says haz lo que te dice / they're doing really well les va muy bien / he could do better lo podría hacer mejor / how did you do in the exam? ¿qué tal te salió el examen? **2.** [be good enough, sufficient] servir, valer / this kind of behaviour won't do ese tipo de comportamiento no es aceptable ▸ that will do (nicely) con eso vale / that will do! [showing annoyance] ¡basta ya! ▸ how do you do? a) [greeting] ¿cómo está usted? b) [answer] mucho gusto. ❖ n [party] fiesta f. ❖ dos pl n (pl dos or do's) ▸ dos and don'ts normas fpl básicas. ❖ do away with vt insep [disease, poverty] acabar con; [law, reforms] suprimir. ❖ do down

vt sep inf ▸ to do sb down menospreciar a alguien ▸ to do o.s. down menospreciarse. ❖ do for vt insep inf : these kids will do for me estos críos van a terminar conmigo. ❖ do in vt sep inf [kill] cargarse, cepillarse; [beat up] inflar a palos. ❖ do out of vt sep ▸ to do sb out of sthg estafar algo a alguien. ❖ do over vt sep US volver a hacer. ❖ do up vt sep **1.** [fasten - shoelaces, tie] atar; [- coat, buttons] abrochar / do your shoes up átate los zapatos / do your coat up abróchate el abrigo **2.** [decorate] renovar, redecorar / to do o.s. up arreglarse **3.** [wrap up] envolver. ❖ do with vt insep **1.** [need] : I could do with a drink/new car no me vendría mal una copa/un coche nuevo **2.** [have connection with] : that has nothing to do with it eso no tiene nada que ver (con ello). ❖ do without ❖ vt insep pasar sin / I can do without your sarcasm podrías ahorrarte tu sarcasmo. ❖ vi apañárselas.

Doberman ['dəʊbəmən] (pl -s) n ▸ **Doberman (pinscher)** dóberman m.

docile [UK 'dəʊsaɪl, US 'dɒsəl] adj dócil.

dock [dɒk] ❖ n **1.** [in harbour] dársena f, muelle m **2.** [in court] banquillo m de los acusados. ❖ vi [ship] atracar; [spacecraft] acoplarse.

docker ['dɒkər], **dockworker** n estibador m.

docking ['dɒkɪŋ] n **1.** [in space] acoplamiento m **2.** COMPUT ▸ **docking station** estación m base.

docklands ['dɒkləndz] pl n UK barrio m portuario.

dockyard ['dɒkjɑːd] n astillero m.

doctor ['dɒktər] ❖ n **1.** [of medicine] médico m, -ca f ▸ **to go to the doctor's** ir al médico **2.** [holder of PhD] doctor m, -ra f. ❖ vt **1.** [results, text] amañar **2.** [food, drink] adulterar.

doctorate ['dɒktərət], **doctor's degree** n doctorado m.

doctrine ['dɒktrɪn] n doctrina f.

document n ['dɒkjʊmənt] [gen & COMPUT] documento m.

documentary [,dɒkjʊ'mentərɪ] ❖ adj documental. ❖ n documental m.

dodge [dɒdʒ] ❖ n inf [fraud] artimaña f. ❖ vt esquivar. ❖ vi echarse a un lado.

dodgy ['dɒdʒɪ] adj UK inf [business, plan] arriesgado(da); [brakes, weather, situation] chungo(ga).

doe [dəʊ] n **1.** [female deer] gama f **2.** [female rabbit] coneja f.

does (weak form [dəz], strong form [dʌz]) vb ⟶ **do**.

doesn't ['dʌznt] (abbr of **does not**) = **do**.

dog [dɒg] ❖ n **1.** [animal] perro m ▸ **assistance dog** perro m guía ▸ **attack dog** perro m de ataque **2.** US [hot dog] perrito m caliente ▸ **corn dog** perrito caliente envuelto en harina de maíz y frito.

❖ vt **1.** [subj: person] seguir **2.** [subj: problems, bad luck] perseguir.

dog collar n **1.** [of dog] collar m de perro **2.** [of priest] alzacuello m.

dog-eared [-ɪəd] adj manoseado(da).

dogged ['dɒgɪd] adj tenaz.

doggone ['dɒ.gɑ:n] interj US inf ▸ **doggone (it)!** ¡maldita sea!

dogsbody ['dɒgz,bɒdɪ] n UK inf último mono m, burro m de carga.

doing ['du:ɪŋ] n ▸ **this is all your doing** es de tu entera responsabilidad. ❖ **doings** pl n actividades fpl.

do-it-yourself n bricolaje m.

doldrums ['dɒldrəmz] pl n fig ▸ **to be in the doldrums** [trade] estar estancado(da); [person] estar abatido(da).

dole [dəʊl] n (subsidio m de) paro m ▸ **to be on the dole** estar parado(da). ❖ **dole out** vt sep distribuir, repartir.

doleful ['dəʊlfʊl] adj lastimero(ra).

doll [dɒl] n [toy] muñeca f.

dollar ['dɒlər] n dólar m ▸ **to pay top dollar for sthg** pagar una pasta por algo.

dolphin ['dɒlfɪn] n delfín m.

domain [də'meɪn] n **1.** [sphere of interest] campo m, ámbito m **2.** [land] dominios mpl **3.** COMPUT dominio m.

dome [dəʊm] n [roof] cúpula f; [ceiling] bóveda f.

domestic [də'mestɪk] ❖ adj **1.** [internal - policy, flight] nacional **2.** [chores, water supply, animal] doméstico(ca) **3.** [home-loving] hogareño(ña), casero(ra). ❖ n [servant] criado m, -da f.

domestic appliance n electrodoméstico m.

dominant ['dɒmɪnənt] adj dominante.

dominate ['dɒmɪneɪt] vt dominar.

domineering [,dɒmɪ'nɪərɪŋ] adj dominante.

dominion [də'mɪnjən] n **1.** (U) [power] dominio m **2.** [land] dominios mpl.

domino ['dɒmɪnəʊ] (pl -es) n dominó m. ❖ **dominoes** pl n dominó m.

don [dɒn] n UK UNIV profesor m, -ra f de universidad.

donate [də'neɪt] vt donar.

donation [də'neɪʃn] n **1.** [act of donating] donación f **2.** [sum] donativo m.

done [dʌn] ❖ pp ⟶ **do.** ❖ adj **1.** [finished] listo(ta) **2.** [cooked] hecho(cha) ▸ **well-done** muy hecho. ❖ adv [to conclude deal] ▸ **done!** ¡trato hecho!

dongle n COMPUT pincho m.

donkey ['dɒŋkɪ] (pl donkeys) n burro m.

donor ['dəʊnər] n donante mf.

donor card n carné m de donante.

don't [dəʊnt] (abbr of do not) = do.

donut ['dəʊnʌt] n US [with hole] donut® m.

doodle ['du:dl] vi garabatear.

doom [du:m] n perdición f, fatalidad f.

doomed [du:md] adj [plan, mission] condenado(da) al fracaso.

door [dɔ:r] n **1.** [gen] puerta f ▸ **to open the door to** fig abrir la puerta a **2.** [doorway] entrada f.

doorbell ['dɔ:bel] n timbre m (de la puerta).

doorknob ['dɔ:nɒb] n pomo m.

doorman ['dɔ:mən] (pl -men) n portero m.

doormat ['dɔ:mæt] n [mat] felpudo m.

doorstep ['dɔ:step] n peldaño m de la puerta.

door-to-door adj a domicilio.

doorway ['dɔ:weɪ] n entrada f.

doozy ['du:zɪ] n US inf : wow, that bruise is a real doozy! ¡hala! ¡vaya pasada de moratón! / I'm having a doozy of a problem with this camera tengo un problemazo con esta cámara / it's a doozy of a challenge es una pasada de reto.

dope [dəʊp] ❖ n inf **1.** [cannabis] maría f **2.** [for athlete, horse] estimulante m **3.** [fool] bobo m, -ba f. ❖ vt drogar, dopar.

dopey ['dəʊpɪ] (compar -ier, superl -iest) adj inf **1.** [groggy] atontado(da), grogui **2.** [stupid] bobo(ba).

dork [dɔ:k] n US inf [idiot] pazguato m, -ta f; [studious person] gafapasta mf, nerd mf.

dormant ['dɔ:mənt] adj [volcano] inactivo(va).

dormitory ['dɔ:mətrɪ] n dormitorio m (colectivo).

Dormobile® ['dɔ:mə,bi:l] n combi m.

DOS [dɒs] (abbr of disk operating system) n DOS m.

dosage ['dəʊsɪdʒ] n dosis f inv.

dose [dəʊs] n lit & fig dosis f inv.

dosser ['dɒsər] n UK inf gandul m, -la f.

dosshouse ['dɒshaʊs] (pl [-haʊzɪz]) n UK inf pensión f de mala muerte.

dossier ['dɒsɪeɪ] n expediente m, dosier m.

dot [dɒt] ❖ n punto m ▸ **on the dot** en punto. ❖ vt salpicar.

dotcom ['dɒtkɒm] adj puntocom.

dote [dəʊt] ❖ **dote (up)on** vt insep adorar.

dot-matrix printer n COMPUT impresora f matricial.

double ['dʌbl] ❖ adj **1.** [gen] doble **2.** [repeated] repetido(da) ▸ **it's double the price** cuesta el doble / **double three eight two** treinta y tres, ochenta y dos. ❖ adv **1.** [twice] doble ▸ **to cost double** costar el doble **2.** [in two - fold] en dos ▸ **to bend double** doblarse, agacharse. ❖ n **1.** [twice as much] el doble **2.** [drink] doble m **3.** [lookalike] doble mf. ❖ vt doblar. ❖ vi [increase twofold] doblarse. ❖ **doubles** pl n

TENNIS dobles *mpl*. ◆ **double up** vt sep ▶ **to be doubled up** doblarse.

double-barrelled [UK], **double-bar-relled** [US] [-'bærəld] adj **1.** [shotgun] de dos cañones **2.** [name] *con dos apellidos unidos con guión*.

double bass [-beɪs] n contrabajo *m*.

double bed n cama *f* de matrimonio.

double-breasted [-'brestɪd] adj cruzado(da).

double-check vt & vi verificar dos veces.

double chin n papada *f*.

double-click ◆ n COMPUT doble clic *m*. ◆ vt COMPUT hacer doble clic en. ◆ vi COMPUT hacer doble clic.

double cream n nata *f* enriquecida.

double-cross vt traicionar.

double-decker [-'dekər] n autobús *m* de dos pisos.

double-dutch n [UK] *hum* : *it's double-dutch to me* me suena a chino.

double-glazing [-'gleɪzɪŋ] n doble acristalamiento *m*.

double room n habitación *f* doble.

double vision n visión *f* doble.

doubly ['dʌblɪ] adv doblemente.

doubt [daʊt] ◆ n duda *f* ▶ **there is no doubt that** no hay OR cabe duda de que ▶ **without (a) doubt** sin duda (alguna) ▶ **to be in doubt about sthg** estar dudando acerca de algo ▶ **to cast doubt on** poner en duda ▶ **no doubt** sin duda. ◆ vt **1.** [not trust] dudar de **2.** [consider unlikely] dudar ▶ **I doubt it** lo dudo ▶ **to doubt whether** OR **if** dudar que.

doubtful ['daʊtfʊl] adj **1.** [gen] dudoso(sa) **2.** [unsure] incierto(ta) ▶ **to be doubtful about** OR **of** tener dudas acerca de.

doubtless ['daʊtlɪs] adv sin duda.

dough [dəʊ] n *(U)* **1.** [for baking] masa *f*, pasta *f* **2.** *v inf* [money] pasta *f*.

doughnut ['dəʊnʌt] n [without hole] buñuelo *m* ; [with hole] donut® *m*.

douse [daʊs] vt **1.** [put out] apagar **2.** [drench] mojar, empapar.

dove[1] [dʌv] n paloma *f*.

dove[2] [dəʊv] [US] pt ⟶ **dive**.

dovetail ['dʌvteɪl] vt & vi encajar.

dowdy ['daʊdɪ] adj poco elegante.

down [daʊn] ◆ adv **1.** [downwards] (hacia) abajo ▶ **to fall down** caer ▶ **to bend down** agacharse ▶ **down here/there** aquí/allí abajo **2.** [along] : *I'm walking down the pub* voy a acercarme al pub **3.** [southwards] hacia el sur / *we're going down to Brighton* vamos a bajar a Brighton **4.** [lower in amount] : *prices are coming down* los precios van bajando **5.** [including] ▶ **down to the last detail** hasta el último detalle **6.** [as deposit] : *to pay £5 down* pagar 5 libras ahora (y el resto después). ◆ prep **1.** [downwards] : *they ran down the hill* corrieron cuesta abajo / *he walked down the stairs* bajó la escalera / *rain poured down the window* la lluvia resbalaba por la ventana **2.** [along] : *she was walking down the street* iba andando por la calle. ◆ adj **1.** [depressed] deprimido(da) **2.** [not in operation] : *the computer is down again* el ordenador se ha estropeado otra vez. ◆ n [feathers] plumón *m* ; [hair] pelusa *f*, vello *m* ; [US] [in American football] *cada uno de los cuatro intentos de avance que tiene el equipo atacante.* ◆ vt **1.** [knock over] derribar **2.** [swallow] beberse de un trago. ◆ **downs** pl n [UK] montes, especialmente los del sur de Inglaterra. ◆ **down with** excl : *down with the King!* ¡abajo el rey!

down-and-out n vagabundo *m*, -da *f*.

down-at-heel adj [UK] desastrado(da).

downbeat ['daʊnbiːt] adj *inf* pesimista.

downcast ['daʊnkɑːst] adj *fml* [sad] alicaído(da), triste.

downfall ['daʊnfɔːl] n [of person] ruina *f* ; [of regime] caída *f*.

downhearted [,daʊn'hɑːtɪd] adj desanimado(da).

downhill [,daʊn'hɪl] ◆ adj cuesta abajo. ◆ adv **1.** [downwards] cuesta abajo **2.** [worse] ▶ **to be going downhill** ir cuesta abajo. ◆ n [skiing] descenso *m*.

Downing Street ['daʊnɪŋ-] n *calle londinense donde se encuentran las residencias del Primer Ministro y del ministro de Finanzas; por extensión designa al gobierno británico.*

download [,daʊn'ləʊd] ◆ n COMPUT descarga *f*. ◆ vt COMPUT descargar, bajar.

downloadable [,daʊn'ləʊdəbl] adj COMPUT descargable.

down payment n entrada *f*.

downpour ['daʊnpɔːr] n chaparrón *m*.

downright ['daʊnraɪt] ◆ adj patente, manifiesto(ta). ◆ adv completamente.

downstairs [,daʊn'steəz] ◆ adj de abajo. ◆ adv abajo ▶ **to come/go downstairs** bajar (la escalera).

downstream [,daʊn'striːm] adv río OR aguas abajo.

downtime ['daʊntaɪm] n tiempo *m* de inactividad, paro *m* técnico.

down-to-earth adj realista.

downtown [,daʊn'taʊn] [US] ◆ adj del centro (de la ciudad). ◆ n centro *m* (urbano). ◆ adv [live] en el centro ; [go] al centro / *he gave me a lift downtown* me llevó OR me dio [CAm] [MÉx] [PERÚ] un aventón al centro.

downturn ['daʊntɜːn] n bajón *m*.

down under adv en/a Australia o Nueva Zelanda.

downward ['daʊnwəd] ❖ adj **1.** [towards the ground] hacia abajo **2.** [decreasing] descendente. ❖ adv US = **downwards**.

downwards ['daʊnwədz], **downward** adv [gen] hacia abajo ▶ **face downwards** boca abajo.

dowry ['daʊərɪ] n dote f.

doze [dəʊz] ❖ n sueñecito m ▶ **to have a doze** echar una cabezada. ❖ vi dormitar. ◆ **doze off** vi quedarse adormilado(da).

dozen ['dʌzn] ❖ num adj : a dozen eggs una docena de huevos. ❖ n docena f / 50p a dozen 50 peniques la docena. ◆ **dozens** pl n inf ▶ **dozens of** montones mpl de.

dozy ['dəʊzɪ] adj **1.** [sleepy] soñoliento(ta), amodorrado(da) **2.** UK inf [stupid] tonto(ta).

Dr. 1. (written abbr of **Doctor**) Dr **2.** (abbr of **Drive**) ≃ c/.

drab [dræb] adj [colour] apagado(da) ; [building, clothes] soso(sa) ; [lives] monótono(na).

draft [drɑːft] ❖ n **1.** [early version] borrador m **2.** [money order] letra f de cambio, giro m **3.** US MIL ▶ **the draft** la llamada a filas **4.** US = **draught**. ❖ vt **1.** [write] redactar, hacer un borrador de **2.** US MIL llamar a filas **3.** [transfer - staff etc] transferir.

draftsman US = **draughtsman**.

drafty US = **draughty**.

drag [dræg] ❖ vt **1.** [gen & COMPUT] arrastrar / **to drag and drop** sthg arrastrar y soltar algo **2.** [lake, river] dragar. ❖ vi **1.** [dress, coat] arrastrarse **2.** [time, play] ir muy despacio. ❖ n inf **1.** [bore - thing] rollo m ; [- person] pesado m, -da f **2.** [on cigarette] calada f **3.** [cross-dressing] ▶ **in drag** vestido de mujer. ◆ **drag on** vi ser interminable. ◆ **drag out** vt sep **1.** [protract] prolongar **2.** [extract - fact, information] sacar.

dragon ['drægən] n **1.** [beast] dragón m **2.** inf [woman] bruja f.

dragonfly ['drægnflaɪ] n libélula f.

drain [dreɪn] ❖ n [for water] desagüe m ; [for sewage] alcantarilla f ; [grating] sumidero m. ❖ vt **1.** [marsh, field] drenar ; [vegetables] escurrir **2.** [energy, resources] agotar **3.** [drink, glass] apurar. ❖ vi **1.** [dishes] escurrirse **2.** [colour, blood, tension] desaparecer poco a poco.

drainage ['dreɪnɪdʒ] n **1.** [pipes, ditches] alcantarillado m **2.** [of land] drenaje m.

draining board UK ['dreɪnɪŋ-], **drainboard** US ['dreɪnbɔːrd] n escurridero m.

drainpipe ['dreɪnpaɪp] n tubo m de desagüe.

dram [dræm] n chupito m.

drama ['drɑːmə] n **1.** [gen] drama m **2.** [subject] teatro m **3.** [excitement] dramatismo m.

dramatic [drə'mætɪk] adj **1.** [concerned with theatre] dramático(ca) **2.** [gesture, escape, improvement] espectacular.

dramatist ['dræmətɪst] n dramaturgo m, -ga f.

dramatize, dramatise ['dræmətaɪz] vt **1.** [rewrite as play] adaptar **2.** pej [make exciting] dramatizar.

drank [dræŋk] pt ⟶ **drink**.

drape [dreɪp] vt ▶ **to drape sthg over sthg** cubrir algo con algo ▶ **draped with** OR **in** cubierto con. ◆ **drapes** pl n US cortinas fpl.

draper ['dreɪpər] n pañero m, -ra f.

drastic ['dræstɪk] adj [extreme, urgent, noticeable] drástico(ca).

draught UK, **draft** US [drɑːft] n **1.** [air current] corriente f de aire **2.** [beer] ▶ **on draught** de barril. ◆ **draughts** pl n UK (U) damas fpl.

draught beer n UK cerveza f de barril.

draughtboard ['drɑːftbɔːd] n UK tablero m de damas.

draughtsman UK, **draftsman** US ['drɑːftsmən] (pl **-men**) n delineante mf.

draughty UK, **drafty** US ['drɑːftɪ] adj que tiene corrientes de aire ▶ **it's draughty** hay corriente.

draw [drɔː] ❖ vt (pt **drew**, pp **drawn**) **1.** [sketch] dibujar ; [line, circle] trazar ; [a picture] hacer **2.** [pull - cart etc] tirar de / she drew the comb through her hair se pasó el peine por el pelo **3.** [curtains - open] descorrer ; [- close] correr **4.** [gun, sword] sacar **5.** [pension, benefit] percibir **6.** [cheque] librar **7.** [conclusion] sacar, llegar a **8.** [distinction, comparison] establecer **9.** [attract - criticism, praise, person] atraer ▶ **to be** OR **feel drawn to** sentirse atraído(da) a OR por. ❖ vi (pt **drew**, pp **drawn**) **1.** [sketch] dibujar **2.** [move] moverse ▶ **to draw away** alejarse ▶ **to draw closer** acercarse ▶ **to draw to an end** OR **a close** llegar a su fin **3.** SPORT ▶ **to draw (with)** empatar (con). ❖ n **1.** SPORT empate m **2.** [lottery] sorteo m. ◆ **draw in** vi [days] acortarse. ◆ **draw on** vt insep **1.** [reserves, experience] recurrir a ; [statistics, facts] barajar **2.** [cigarette] dar una calada a. ◆ **draw out** vt sep **1.** [encourage to talk] hacer hablar **2.** [prolong] prolongar **3.** [money] sacar. ◆ **draw up** ❖ vt sep [draft] preparar, redactar. ❖ vi [stop] pararse.

drawback ['drɔːbæk] n inconveniente m, desventaja f.

drawbridge ['drɔːbrɪdʒ] n puente m levadizo.

drawer [drɔːr] n [in desk, chest] cajón m.

drawing ['drɔːɪŋ] n dibujo m.

drawing board n tablero m de delineante.

drawing pin n UK chincheta f.

drawing room n salón m.

drawl [drɔːl] n manera lenta y poco clara de hablar, alargando las vocales.

drawn [drɔ:n] pp ⟶ **draw**.

dread [dred] ❖ n pavor m. ❖ vt ▸ **to dread (doing sthg)** temer (hacer algo).

dreadful ['dredfʊl] adj **1.** [very unpleasant - pain, weather] terrible **2.** [poor - play, English] horrible, fatal **3.** [for emphasis - waste, bore] espantoso(sa).

dreadfully ['dredfʊli] adv terriblemente.

dream [dri:m] ❖ n lit & fig sueño m ▸ **bad dream** pesadilla f. ❖ adj ideal. ❖ vt (pt & pp -ed or dreamt) ▸ **to dream (that)** soñar que ▸ **I never dreamt this would happen** jamás creí or imaginé que esto pudiera suceder. ❖ vi (pt & pp -ed or dreamt) lit & fig ▸ **to dream of doing sthg** soñar con hacer algo ▸ **to dream (of or about)** soñar (con) ▸ **I wouldn't dream of it** ¡ni hablar!, ¡de ninguna manera! ◆ **dream up** vt sep inventar, idear.

dreamt [dremt] pp ⟶ **dream**.

dreamy ['dri:mi] adj **1.** [distracted] soñador(ra) **2.** [peaceful, dreamlike] de ensueño.

dreary ['drɪəri] adj **1.** [weather, day] triste **2.** [job, life] monótono(na); [persona] gris.

dredge [dredʒ] vt dragar. ◆ **dredge up** vt sep **1.** [with dredger] sacar del agua (al dragar) **2.** fig [from past] sacar a relucir.

dregs [dregz] pl n **1.** [of liquid] posos mpl **2.** fig [of society] escoria f.

drench [drentʃ] vt empapar ▸ **drenched to the skin** calado(da) hasta los huesos ▸ **to be drenched in** or **with** estar empapado(da) en.

dress [dres] ❖ n **1.** [woman's garment] vestido m **2.** (U) [clothing] traje m. ❖ vt **1.** [clothe] vestir ▸ **to be dressed in** ir vestido(da) de ▸ **to be dressed** estar vestido(da) ▸ **to get dressed** vestirse **2.** [bandage] vendar **3.** CULIN aliñar. ❖ vi **1.** [put on clothing] vestirse **2.** [wear clothes] vestir ▸ **to dress well / badly** vestir bien / mal. ◆ **dress up** vt sep disfrazar.

dress circle n palco m de platea.

dresser ['dresər] n **1.** [for dishes] aparador m **2.** US [chest of drawers] cómoda f.

dressing ['dresɪŋ] n **1.** [bandage] vendaje m **2.** [for salad] aliño m **3.** US [for turkey etc] relleno m.

dressing gown n bata f.

dressing room n THEAT camerino m; SPORT vestuario m.

dressing table n tocador m.

dressmaker ['dres,meɪkər] n costurero m, -ra f, modisto m, -ta f.

dressmaking ['dres,meɪkɪŋ] n costura f.

dress rehearsal n ensayo m general.

dressy ['dresi] adj elegante.

drew [dru:] pt ⟶ **draw**.

dribble ['drɪbl] ❖ n **1.** [saliva] baba f **2.** [trickle] hilo m. ❖ vt SPORT [ball] regatear. ❖ vi **1.** [drool] babear **2.** [spill] gotear, caer gota a gota.

dried [draɪd] adj [gen] seco(ca); [milk, eggs] en polvo.

drier ['draɪər] = **dryer**.

drift [drɪft] ❖ n **1.** [trend, movement] movimiento m, tendencia f; [of current] flujo m **2.** [meaning] sentido m **3.** [mass - of snow] ventisquero m; [- of sand, leaves] montículo m. ❖ vi **1.** [boat] ir a la deriva **2.** [snow, sand, leaves] amontonarse.

driftwood ['drɪftwʊd] n madera f de deriva.

drill [drɪl] ❖ n **1.** [tool - gen] taladro m; [- bit] broca f; [- dentist's] fresa f; [- in mine, oilfield] perforadora f **2.** [exercise - for fire, battle] simulacro m. ❖ vt **1.** [tooth, wood, oil well] perforar **2.** [instruct - people, pupils] adiestrar, entrenar; [- soldiers] instruir ▸ **to drill sthg into sb** inculcar algo en alguien. ❖ vi ▸ **to drill into / for** perforar en / en busca de.

drilling ['drɪlɪŋ] n ▸ **drilling platform** plataforma f de perforación (petrolífera) ▸ **drilling rig** torre f de perforación (petrolífera).

drink [drɪŋk] ❖ n **1.** [gen] bebida f ▸ **a drink of water** un trago de agua **2.** [alcoholic beverage] copa f ▸ **would you like a drink?** ¿quieres tomar algo (de beber)? ▸ **to have a drink** tomar algo, tomar una copa. ❖ vt (pt **drank**, pp **drunk**) beber. ❖ vi (pt **drank**, pp **drunk**) beber ▸ **to drink to sb / sb's success** beber a la salud de alguien / por el éxito de alguien.

drink-driver n UK conductor m borracho, conductora f borracha.

drink-driving UK, **drunk-driving** US n conducción f en estado de embriaguez.

drinker ['drɪŋkər] n **1.** [of alcohol] bebedor m, -ra f **2.** [of tea, coffee] : **tea / coffee drinker** persona que bebe té / café.

drinking ['drɪŋkɪŋ] n (U) bebida f.

drinking water ['drɪŋkɪŋ-] n agua f potable.

drip [drɪp] ❖ n **1.** [drop] gota f; [drops] goteo m **2.** MED gota a gota m inv. ❖ vi [liquid, tap, nose] gotear.

drip-dry adj de lava y pon.

drive [draɪv] ❖ n **1.** [outing] paseo m (en coche) ▸ **to go for a drive** ir a dar una vuelta en coche **2.** [journey] viaje m (en coche) **3.** [urge] instinto m **4.** [campaign] campaña f **5.** [energy] vigor m, energía f **6.** [road to house] camino m (de entrada) **7.** [street] calle f **8.** [in golf, tennis] drive m **9.** COMPUT unidad f de disco. ❖ vt (pt **drove**, pp **driven**) **1.** [vehicle] conducir, manejar Am **2.** [passenger] llevar (en coche) **3.** [fuel, power] impulsar **4.** [force to move - gen] arrastrar ; [-cattle] arrear **/** *it drove people from their homes* obligó a la gente a abandonar sus hogares **5.** [motivate] motivar **6.** [force] **▶ to drive sb to do sthg** conducir OR llevar a alguien a hacer algo **▶ to drive sb to despair** hacer desesperar a alguien **▶ to drive sb mad** OR **crazy** volver loco a alguien **7.** [hammer] clavar. **❖** vi (*pt* **drove**, *pp* **driven**) AUTO conducir, manejar **AM ▶ I don't drive** no sé conducir **▶ I drove there** fui en coche.

drive-by n (*pl* **drive-bys**) *tiroteo* OR *asesinato desde un vehículo.*

drivel ['drɪvl] n (*U*) *inf* tonterías *fpl*.

driven ['drɪvn] *pp* ⟶ **drive**.

driver ['draɪvər] n [gen] conductor *m*, -ra *f* ; RAIL maquinista *mf* ; [of racing car] piloto *mf*.

driver's license US = **driving licence**.

drive shaft n [eje *m* de] transmisión *f*.

driveway ['draɪvweɪ] n camino *m* (de entrada).

driving ['draɪvɪŋ] **❖** adj [rain] torrencial ; [wind] huracanado(da). **❖** n (*U*) conducción *f*, el conducir.

driving instructor n profesor *m*, -ra *f* de autoescuela.

driving lesson n clase *f* de conducir OR conducción.

driving licence UK, **driver's license US** n carné *m* OR permiso *m* de conducir.

driving mirror n retrovisor *m*.

driving school n autoescuela *f*.

driving test n examen *m* de conducir.

drizzle ['drɪzl] **❖** n llovizna *f*. **❖** *impers vb* lloviznar.

droll [drəʊl] adj gracioso(sa).

drone [drəʊn] n **1.** [hum] zumbido *m* **2.** [bee] zángano *m*.

drool [dru:l] vi **1.** [dribble] babear **2.** *fig* [admire] **▶** *he was drooling over her* se le caía la baba con ella.

droop [dru:p] vi [shoulders] encorvarse ; [eyelids] cerrarse ; [head] inclinarse ; [flower] marchitarse.

drop [drɒp] **❖** n **1.** [of liquid, milk, whisky] gota *f* **2.** [sweet] pastilla *f* **3.** [decrease] **▶ drop (in)** a) [price] caída *f* (de) b) [temperature] descenso *m* (de) c) [demand, income] disminución *f* (en) **4.** [distance down] caída *f*. **❖** vt **1.** [let fall - gen] dejar caer ; [- bomb] lanzar **2.** [decrease] reducir **3.** [voice] bajar **4.** [abandon - subject, course] dejar ; [- charges] retirar ; [- person, lover] abandonar ; [- player] excluir, no seleccionar **5.** [utter - hint, remark] lanzar, soltar **6.** [write] **▶** *to drop sb a line* mandar unas líneas a alguien **7.** [let out of car] dejar. **❖** vi **1.** [fall down] caer **▶** *it dropped onto the ground* se cayó al suelo **▶ to drop to one's knees** arrodillarse **▶ we walked until we dropped** estuvimos andando hasta no poder más **2.** [fall away - ground] ceder

3. [decrease - temperature, price, voice] bajar ; [- attendance, demand, unemployment] disminuir ; [- wind] amainar. **❖ drops** pl n MED gotas *fpl*. **❖ drop in** vi *inf* **▶ to drop in on** pasarse por casa de. **❖ drop off ❖** vt sep [person, letter] dejar. **❖** vi **1.** [fall asleep] quedarse dormido(da) **2.** [grow less] bajar. **❖ drop out** vi **▶ to drop out (of** OR **from)** a) [school, college] dejar de asistir (a) b) [competition] retirarse (de).

drop-off n **1.** [decrease] descenso *m* **/** *a drop-off in sales* un descenso de las ventas **2.** US [descent] descenso *m*, pendiente *f* **/** *there's a sharp drop-off in the road* la carretera desciende abruptamente, hay una pendiente abrupta en la carretera.

dropout ['drɒpaʊt] n [from society] marginado *m*, -da *f* ; [from university] persona *f* que ha dejado los estudios.

droppings ['drɒpɪŋz] pl n excrementos *mpl* (de animal).

drought [draʊt] n sequía *f*.

drove [drəʊv] pt ⟶ **drive**.

drown [draʊn] **❖** vt [kill] ahogar. **❖** vi ahogarse.

drowsy ['draʊzɪ] adj [person] somnoliento(ta).

drudgery ['drʌdʒərɪ] n *trabajo pesado y monótono.*

drug [drʌg] **❖** n **1.** [medicine] medicamento *m* **2.** [narcotic] droga *f* **▶ to be on** OR **take drugs** drogarse. **❖** vt **1.** [person] drogar **2.** [food, drink] echar droga a.

drug abuse n consumo *m* de drogas.

drug addict n drogadicto *m*, -ta *f*.

druggist ['drʌgɪst] n **US** farmacéutico *m*, -ca *f*.

drugstore ['drʌgstɔ:r] n **US** farmacia *f* (que también vende productos de perfumería, cosméticos, periódicos etc).

drum [drʌm] **❖** n **1.** [instrument, of machine] tambor *m* **▶ drums** batería *f* **2.** [container, cylinder] bidón *m*. **❖** vt [fingers] tamborilear con. **❖** vi [rain, hoofs] golpetear. **❖ drum up** vt sep intentar conseguir.

drummer ['drʌmər] n [in orchestra] tambor *mf* ; [in pop group] batería *mf*.

drumstick ['drʌmstɪk] n **1.** [for drum] palillo *m* **2.** [food] muslo *m*.

drunk [drʌŋk] **❖** pp ⟶ **drink**. **❖** adj [on alcohol] borracho(cha) **▶ to get drunk** emborracharse **▶ to be drunk** estar borracho(cha). **❖** n borracho *m*, -cha *f*.

drunkard ['drʌŋkəd] n borracho *m*, -cha *f*.

drunk-driving US = **drink-driving**.

drunken ['drʌŋkn] adj **1.** [person] borracho(cha) **2.** [talk, steps, stupor] de borracho(cha).

drunken driving = **drink-driving**.

dry [draɪ] **❖** adj **1.** [gen] seco(ca) **2.** [day] sin lluvia **3.** [earth, soil] árido(da). **❖** vt [gen] secar ;

[hands, hair] secarse ▸ **to dry o.s.** secarse ▸ **to dry one's eyes** secarse las lágrimas. ❖ vi secarse. ◆ **dry up** ❖ vt sep secar. ❖ vi **1.** [river, well] secarse **2.** [stop - supply] agotarse **3.** [stop speaking] quedarse en blanco **4.** [dry dishes] secar.

dry-clean vt limpiar en seco.

dry cleaner n ▸ **dry cleaner's (shop)** tintorería f.

dryer, drier ['draɪər] n [for clothes] secadora f.

dry land n tierra f firme.

dry rot n putrefacción f de la madera.

dry ski slope n pista f de esquí artificial.

drysuit ['draɪsuːt] n traje m de neopreno.

DSS (abbr of **Department of Social Security**) n ministerio británico de la seguridad social.

DTI (abbr of **Department of Trade and Industry**) n ministerio británico de comercio e industria.

DTP (abbr of **desktop publishing**) n autoed. f.

dual ['djuːəl] adj doble.

dual carriageway n UK carretera de dos sentidos y doble vía separados; ≃ autovía f.

dual-core adj ▸ **dual-core processor** procesador m de doble núcleo.

dub [dʌb] vt [subtitle] doblar.

dubbed [dʌbd] adj **1.** CIN doblado(da) **2.** [nicknamed] apodado(da).

dubious ['djuːbjəs] adj **1.** [questionable - person, deal, reasons] sospechoso(sa); [- honour, distinction] paradójico(ca) **2.** [uncertain, undecided] dudoso(sa).

Dublin ['dʌblɪn] n Dublín.

duchess ['dʌtʃɪs] n duquesa f.

duck [dʌk] ❖ n **1.** [bird] pato m, -ta f ▸ **to take to sthg like a duck to water** encontrarse en seguida en su salsa con algo **2.** [food] pato m. ❖ vt **1.** [lower] agachar, bajar **2.** [try to avoid - duty] esquivar. ❖ vi [lower head] agacharse.

duckling ['dʌklɪŋ] n patito m.

duct [dʌkt] n conducto m.

dud [dʌd] ❖ adj [gen] falso(sa); [mine] que no estalla; [cheque] sin fondos. ❖ n persona o cosa inútil.

dude [djuːd] n US inf [man] tipo m, tío m ESP; [term of address] colega m ESP, tío m ESP, mano m ANDES CAM MÉX, flaco m RP.

due [djuː] ❖ adj **1.** [expected] esperado(da) / it's due out in May saldrá en mayo / she's due back soon volverá dentro de poco / the train's due in half an hour el tren debe llegar dentro de media hora **2.** [appropriate] debido(da) ▸ **with all due respect** sin ganas de ofender ▸ **in due course a)** [at appropriate time] a su debido tiempo **b)** [eventually] al final **3.** [owed, owing] pagadero(ra) / I'm due a bit of luck ya sería hora que tuviera un poco de suerte ▸ **to be due**

to deberse a. ❖ n [deserts] ▸ **to give sb their due** hacer justicia a alguien. ❖ adv : due north / south derecho hacia el norte/sur. ◆ **dues** pl n cuota f. ◆ **due to** prep debido a.

duel ['djuːəl] n duelo m.

duet [djuː'et] n dúo m.

duffel bag, duffle bag ['dʌfl-] n morral m.

duffel coat ['dʌfl-] n trenca f.

duffle bag ['dʌfl-] = **duffel bag**.

duffle coat ['dʌfl-] = **duffel coat**.

dug [dʌg] pt & pp ⟶ **dig**.

duke [djuːk] n duque m.

dull [dʌl] ❖ adj **1.** [boring] aburrido(da) **2.** [listless] torpe **3.** [dim] apagado(da) **4.** [cloudy] gris, triste **5.** [thud, boom, pain] sordo(da). ❖ vt [senses] embotar, entorpecer; [pain] aliviar; [pleasure, memory] enturbiar.

duly ['djuːlɪ] adv **1.** [properly] debidamente **2.** [as expected] como era de esperar.

dumb [dʌm] adj **1.** [unable to speak] mudo(da) ▸ **to be struck dumb** quedarse de una pieza **2.** US inf [stupid] estúpido(da).

dumbstruck ['dʌmstrʌk] adj mudo(da) de asombro.

dummy ['dʌmɪ] ❖ adj falso(sa). ❖ n **1.** [of ventriloquist] muñeco m; [in shop window] maniquí m **2.** [copy] imitación f **3.** UK [for baby] chupete m **4.** SPORT amago m **5.** inf [idiot] imbécil mf.

dump [dʌmp] ❖ n **1.** [for rubbish] basurero m, vertedero m **2.** [for ammunition] depósito m **3.** COMPUT volcado m de memoria **4.** inf [ugly place - house] casucha f. ❖ vt **1.** [put down - sand, load] descargar; [- bags, washing] dejar **2.** [dispose of] deshacerse de. ❖ vi vulg jiñar.

dumper (truck) UK ['dʌmpər-], **dump truck** US n volquete m.

dumping ['dʌmpɪŋ] n [of rubbish] vertido m ▸ 'no dumping' 'prohibido verter basura'.

dumpling ['dʌmplɪŋ] n bola de masa que se guisa al vapor con carne y verduras.

dump truck US = **dumper (truck)**.

dumpy ['dʌmpɪ] adj inf bajito y regordete (bajita y regordeta).

dunce [dʌns] n zoquete mf.

dune [djuːn] n duna f.

dung [dʌŋ] n [of animal] excremento m; [used as manure] estiércol m.

dungarees [,dʌŋgə'riːz] pl n UK [for work] mono m, overol m AM; [fashion garment] pantalones mpl de peto, mameluco m.

dungeon ['dʌndʒən] n calabozo m.

duo ['djuːəʊ] n dúo m.

dupe [djuːp] ❖ n primo m, -ma f, inocente mf. ❖ vt ▸ **to dupe sb (into doing sthg)** embaucar a alguien (para que haga algo).

duplex ['dju:pleks] n **US 1.** [apartment] dúplex m **2.** [house] casa f adosada.

duplicate ♦ adj ['dju:plɪkət] duplicado(da). ♦ n ['dju:plɪkət] copia f, duplicado m ▶ **in duplicate** por duplicado. ♦ vt ['dju:plɪkeɪt] [copy] duplicar.

durable ['djʊərəbl] adj duradero(ra).

duration [djʊ'reɪʃn] n duración f ▶ **for the duration of** durante.

duress [djʊ'res] n ▶ **under duress** bajo coacción.

Durex® ['djʊəreks] n [condom] preservativo m, condón m.

during ['djʊərɪŋ] prep durante.

dusk [dʌsk] n crepúsculo m, anochecer m.

dust [dʌst] ♦ n polvo m ▶ **to gather dust** a) [get dusty] cubrirse de polvo b) fig [be ignored] quedar arrinconado(da). ♦ vt **1.** [clean] quitar el polvo a, limpiar **2.** [cover with powder] ▶ **to dust sthg (with)** espolvorear algo (con).

dustbin ['dʌstbɪn] n **UK** cubo m de la basura.

dustcart ['dʌstkɑ:t] n **UK** camión m de la basura.

dustcloth ['dʌstklɒθ] n **US** trapo m del polvo.

duster ['dʌstər] n [cloth] bayeta f, trapo m (del polvo).

dust jacket, dust cover n sobrecubierta f.

dustman ['dʌstmən] (pl -men) n **UK** basurero m.

dustpan ['dʌstpæn] n recogedor m.

dusty ['dʌstɪ] adj [covered in dust] polvoriento(ta).

Dutch [dʌtʃ] ♦ adj holandés(esa). ♦ n [language] holandés m. ♦ pl n ▶ **the Dutch** los holandeses.

Dutch elm disease n hongo que ataca los olmos.

dutiful ['dju:tɪfʊl] adj obediente, sumiso(sa).

duty ['dju:tɪ] n **1.** (U) [moral, legal responsibility] deber m ▶ **to do one's duty** cumplir con su deber **2.** [work] servicio m **3.** [tax] impuesto m. ♦ **duties** pl n tareas fpl.

duty-free ♦ adj libre de impuestos. ♦ n (U) inf artículos mpl libres de impuestos.

duvet ['dju:veɪ] n **UK** edredón m.

duvet cover n **UK** funda f del edredón.

DVD (abbr of Digital Versatile Disk) n DVD m.

DVD burner n grabadora f de DVD.

DVD player n reproductor m de DVD.

DVD recorder n grabador m de DVD.

DVD ROM (abbr of Digital Versatile Disk read only memory) n DVD ROM m.

DVR (abbr of digital video recorder) n DVR m.

dwarf [dwɔ:f] ♦ n (pl -s or dwarves [dwɔ:vz]) enano m, -na f. ♦ vt achicar, empequeñecer.

dwell [dwel] vi (pt & pp -ed or dwelt) liter morar, habitar. ♦ **dwell on** vt insep darle vueltas a.

dwelling ['dwelɪŋ] n liter morada f.

dwelt [dwelt] pt & pp ⟶ **dwell**.

dwindle ['dwɪndl] vi ir disminuyendo.

dye [daɪ] ♦ n tinte m. ♦ vt teñir ▶ **to dye one's hair** teñirse el pelo.

dying ['daɪɪŋ] ♦ cont ⟶ **die**. ♦ adj **1.** [person, animal] moribundo(da) **2.** [activity, practice] en vías de desaparición.

dyke [daɪk] = **dike**.

dynamic [daɪ'næmɪk] adj dinámico(ca).

dynamite ['daɪnəmaɪt] n lit & fig dinamita f.

dynamo ['daɪnəməʊ] (pl -s) n dinamo f.

dynasty [**UK** 'dɪnəstɪ, **US** 'daɪnəstɪ] n dinastía f.

dysfunctional [dɪs'fʌŋkʃənəl] adj disfuncional.

dyslexia [dɪs'leksɪə] n dislexia f.

dyslexic [dɪs'leksɪk] adj disléxico(ca).

e (pl **e's** or **es**), **E** (pl **E's** or **Es**) [i:] n [letter] e f, E f.
◆ **E** n **1.** MUS mi m **2.** SCH [mark] ≃ suspenso m **3.** (abbr of east) E m **4.** inf [drug] (abbr of ecstasy) extasis m inv.

e-account n cuenta f electrónica.

each [i:tʃ] ♦ adj cada. ♦ pron cada uno m, una f ▶ **one each** uno cada uno ▶ **each of us/the boys** cada uno de nosotros/los niños ▶ **two of each** dos de cada (uno) ▶ **each other** el uno al otro / they kissed each other se besaron / we know each other nos conocemos.

eager ['i:gər] adj [pupil] entusiasta; [smile, expression] de entusiasmo ▶ **to be eager for sthg/to do sthg** estar ansioso(sa) por algo/por hacer algo.

eagerly ['i:gəlɪ] adv con entusiasmo ▶ **eagerly awaited** largamente esperado(da).

eagle ['i:gl] n águila f.

ear [ɪər] n **1.** [outer part] oreja f; [inner part] oído m ▶ **to have or keep one's ear to the ground** inf mantenerse al corriente **2.** [of corn] espiga f.

earache ['ɪəreɪk] n dolor m de oídos.

eardrum ['ɪədrʌm] n tímpano m.

earl [ɜ:l] n conde m.

earlier ['ɜ:lɪər] ♦ adj anterior. ♦ adv antes ▶ **earlier on** antes.

earliest ['ɜ:lɪəst] ♦ adj primero(ra). ♦ n ▶ **at the earliest** como muy pronto.

earlobe ['ɪələʊb] n lóbulo m (de la oreja).

early ['ɜ:lɪ] ♦ adj **1.** [before expected time, in day] temprano(na) / she was early llegó temprano

▶ **I'll take an early lunch** almorzaré pronto OR temprano ▶ **to get up early** madrugar 2. [at beginning] ▶ **early morning** la madrugada / *in the early 1950s* a principios de los años 50. ❖ adv 1. [before expected time] temprano, pronto ▶ **we got up early** nos levantamos temprano / *it arrived ten minutes early* llegó con diez minutos de adelanto 2. [at beginning] ▶ **as early as 1920** ya en 1920 ▶ **early this morning** esta mañana temprano ▶ **early in the year** a principios de año ▶ **early on** temprano.

early retirement n prejubilación f, jubilación f anticipada.

earmark ['ɪəmɑːk] vt ▶ **to be earmarked for** estar destinado(da) a.

earn [ɜːn] vt 1. [be paid] ganar 2. [generate - subj: business, product] generar 3. *fig* [gain - respect, praise] ganarse.

earnest ['ɜːnɪst] adj [gen] serio(ria); [wish] sincero(ra). ◆ **in earnest** adv [seriously] en serio.

earnings ['ɜːnɪŋz] pl n [of person] ingresos *mpl*; [of company] ganancias *fpl*.

earphones ['ɪəfəʊnz] pl n auriculares *mpl*.

earplugs ['ɪəplʌgz] pl n tapones *mpl* para los oídos.

earring ['ɪərɪŋ] n pendiente *m*, arete *m* AM.

earshot ['ɪəʃɒt] n ▶ **within / out of earshot** al alcance / fuera del alcance del oído.

earth [ɜːθ] ❖ n 1. [gen] tierra f ▶ **to cost the earth** UK costar un dineral 2. [in electric plug, appliance] toma f de tierra. ❖ vt UK ▶ **to be earthed** estar conectado(da) a tierra.

earthenware ['ɜːθnweə'] n loza f.

earthquake ['ɜːθkweɪk] n terremoto *m*.

earthworm ['ɜːθwɜːm] n lombriz f (de tierra).

earthy ['ɜːθɪ] adj 1. [rather crude] natural, desinhibido(da) 2. [of, like earth] terroso(sa).

earwig ['ɪəwɪg] n tijereta f.

ease [iːz] ❖ n (U) 1. [lack of difficulty] facilidad f ▶ **with ease** con facilidad 2. [comfort] comodidad f ▶ **at ease** cómodo(da) ▶ **ill at ease** incómodo(da). ❖ vt 1. [pain, grief] calmar, aliviar; [problems, tension] atenuar 2. [move carefully] ▶ **to ease sthg open** abrir algo con cuidado ▶ **to ease o.s. out of sthg** levantarse despacio de algo. ❖ vi [problem] atenuarse; [pain] calmarse; [rain, wind] amainar; [grip] relajarse. ◆ **ease off** vi [problem] atenuarse; [pain] calmarse; [rain, wind] amainar. ◆ **ease up** vi 1. *inf* [treat less severely] ▶ **to ease up on sb** no ser tan duro(ra) con alguien 2. [rain, wind] amainar 3. [relax - person] tomarse las cosas con más calma.

easel ['iːzl] n caballete *m*.

easily ['iːzɪlɪ] adv 1. [without difficulty] fácilmente 2. [without doubt] sin lugar a dudas 3. [in a relaxed manner] tranquilamente, relajadamente.

east [iːst] ❖ n 1. [direction] este *m* 2. [region] ▶ **the east** el este. ❖ adj oriental; [wind] del este. ❖ adv ▶ **east (of)** al este (de). ◆ **East** n ▶ **the East a)** POL el Este **b)** [Asia] el Oriente.

East End n ▶ **the East End** el este de Londres.

Easter ['iːstə'] n 1. [period] Semana f Santa 2. [festival] Pascua f.

Easter egg n huevo *m* de Pascua.

easterly ['iːstəlɪ] adj del este.

eastern ['iːstən] adj del este, oriental. ◆ **Eastern** adj [gen & POL] del Este; [from Asia] oriental.

East German ❖ adj de Alemania Oriental. ❖ n [person] alemán *m*, -ana f oriental.

East Germany n : *(the former) East Germany* (la antigua) Alemania Oriental.

eastward ['iːstwəd] ❖ adj hacia el este. ❖ adv = eastwards.

eastwards ['iːstwədz], **eastward** adv hacia el este.

easy ['iːzɪ] adj 1. [not difficult] fácil 2. [life, time] cómodo(da) 3. [manner] relajado(da).

easy chair n [armchair] sillón *m*.

easygoing [,iːzɪ'gəʊɪŋ] adj [person] tolerante; [manner] relajado(da).

easy-peasy n *inf* & *hum* chupado(da).

eat [iːt] (*pt* ate, *pp* eaten) vt & vi comer. ◆ **eat away, eat into** vt sep 1. [corrode] corroer 2. [deplete] mermar. ◆ **eat out** vi comer fuera. ◆ **eat up** vt sep 1. [food] comerse 2. [money, time] consumir un montón de.

eaten ['iːtn] pp ⟶ eat.

eating disorder ['iːtɪŋ-] n trastorno *m* alimenticio.

eating habits ['iːtɪŋ-] pl n hábitos *mpl* alimenticios.

eating place ['iːtɪŋ-], **eating house** ['iːtɪŋ-] n restaurante *m*, casa f de comidas.

eau de cologne [,əʊdəkə'ləʊn] n (agua f de) colonia f.

eaves ['iːvz] pl n alero *m*.

eavesdrop ['iːvzdrɒp] vi ▶ **to eavesdrop (on)** escuchar secretamente (a).

e-banking n INTERNET banca f electrónica.

ebb [eb] ❖ n reflujo *m*. ❖ vi [tide, sea] bajar.

ebola n ébola *m*.

ebony ['ebənɪ] n ébano *m*.

e-book n libro *m* electrónico, e-book *m* ▶ **e-book reader** lector *m* de libros electrónicos OR de e-books.

e-business n 1. [company] empresa f electrónica 2. [electronic commerce] comercio *m* electrónico.

EC (*abbr of* European Community) n CE f.

e-card n tarjeta f electrónica.

e-cash n dinero *m* electrónico.

eccentric [ɪkˈsentrɪk] ❖ adj excéntrico(ca). ❖ n excéntrico m, -ca f.

echo [ˈekəʊ] ❖ n lit & fig eco m. ❖ vt [words] repetir; [opinion] hacerse eco de. ❖ vi resonar.

e-cigarette n cigarrillo m electrónico.

eclipse [ɪˈklɪps] ❖ n lit & fig eclipse m ▶ **a total / partial eclipse** un eclipse total / parcial. ❖ vt fig eclipsar.

eco- [ˈiːkəʊ] (abbr of ecology or ecological) pref eco-.

eco-friendly [ˈiːkəʊˈfrendlɪ] adj ecológico(ca).

eco-house n casa f ecológica.

ecological [ˌiːkəˈlɒdʒɪkl] adj **1.** [pattern, balance, impact] ecológico(ca) **2.** [group, movement, person] ecologista.

ecology [ɪˈkɒlədʒɪ] n ecología f.

e-commerce n comercio m electrónico.

economic [ˌiːkəˈnɒmɪk] adj **1.** [of money, industry] económico(ca) **2.** [profitable] rentable.

economical [ˌiːkəˈnɒmɪkl] adj económico(ca) ▶ **to be economical with the truth** no decir toda la verdad.

Economic and Monetary Union n Unión f Económica y Monetaria.

economics [ˌiːkəˈnɒmɪks] ❖ n (U) economía f. ❖ pl n [of plan, business] aspecto m económico.

economize, economise [ɪˈkɒnəmaɪz] vi ▶ **to economize (on)** economizar (en).

economy [ɪˈkɒnəmɪ] n economía f.

economy class n clase f turista.

economy-class syndrome n síndrome m de la clase turista.

ecorefill [ˌiːkəʊˈriːˌfɪl] n ecorrecarga f.

ecotax [ˈiːkəʊtæks] n ecotasa f.

ecotourism [ˌiːkəʊˈtʊərɪzm] n ecoturismo m.

eco-town n ciudad f ecológica, ecociudad f.

ecstasy [ˈekstəsɪ] n **1.** [great happiness] éxtasis m inv **2.** [drug] éxtasis m inv.

ecstatic [ekˈstætɪk] adj extático(ca).

Ecuador [ˈekwədɔːr] n (el) Ecuador.

Ecuadoran [ˌekwəˈdɔːrən], **Ecuadorian** [ˌekwəˈdɔːrɪən] ❖ adj ecuatoriano(na). ❖ n ecuatoriano m, -na f.

eczema [ˈeksɪmə] n eczema m.

Eden [ˈiːdn] n ▶ **(the Garden of) Eden** (el jardín del) Edén m.

edge [edʒ] ❖ n **1.** [of cliff, table, garden] borde m ▶ **to be on the edge of** estar al borde de **2.** [of coin] canto m; [of knife] filo m. ❖ vi ▶ **to edge away / closer** ir alejándose / acercándose poco a poco. ◆ **edge ahead** vi ponerse por delante poco a poco. ◆ **edge out** vt sep fig derrotar por muy poco. ❖ vi salirse con cuidado. ◆ **on edge** adj con los nervios de punta.

edgeways [ˈedʒweɪz], **edgewise** [ˈedʒwaɪz] adv de lado.

edgy [ˈedʒɪ] adj nervioso(sa).

edible [ˈedɪbl] adj comestible.

edict [ˈiːdɪkt] n edicto m.

Edinburgh [ˈedɪnbrə] n Edimburgo.

edit [ˈedɪt] vt **1.** [correct - text] corregir, revisar **2.** COMPUT editar **3.** [select material for - book] editar **4.** CIN, RADIO & TV montar **5.** [run - newspaper, magazine] dirigir.

edition [ɪˈdɪʃn] n edición f ▶ **dead tree edition** inf edición f en papel, edición f impresa.

editor [ˈedɪtər] n **1.** [of newspaper, magazine] director m, -ra f **2.** [of section of newspaper, programme, text] redactor m, -ra f **3.** [compiler - of book] editor m, -ra f **4.** CIN, RADIO & TV montador m, -ra f **5.** COMPUT editor m.

editorial [ˌedɪˈtɔːrɪəl] ❖ adj editorial ▶ **editorial staff** redacción f. ❖ n editorial m.

educate [ˈedʒʊkeɪt] vt **1.** [at school, college] educar **2.** [inform] informar.

educated [ˈedʒʊkeɪtɪd] adj **1.** [person] culto(ta) **2.** [guess] bien fundado(da).

education [ˌedʒʊˈkeɪʃn] n (U) **1.** [activity, sector] enseñanza f **2.** [process or result of teaching] educación f.

educational [ˌedʒʊˈkeɪʃənl] adj educativo(va); [establishment] docente.

EEA (abbr of European Economic Area) n EEE m (Espacio Económico Europeo).

EEC (abbr of European Economic Community) n CEE f.

eel [iːl] n anguila f.

eerie [ˈɪərɪ] (compar eerier, superl eeriest) adj siniestro(ra).

efface [ɪˈfeɪs] vt borrar.

effect [ɪˈfekt] ❖ n efecto m ▶ **to have an effect on** tener OR surtir efecto en ▶ **to do sthg for effect** hacer algo para causar efecto ▶ **to take effect a)** [law, rule] entrar en vigor **b)** [drug] hacer efecto ▶ **words to that effect** palabras por el estilo. ❖ vt efectuar, llevar a cabo. ◆ **effects** pl n ▶ **(special) effects** efectos mpl especiales.

effective [ɪˈfektɪv] adj **1.** [successful] eficaz **2.** [actual, real] efectivo(va) **3.** [law, ceasefire] operativo(va).

effectively [ɪˈfektɪvlɪ] adv **1.** [well, successfully] eficazmente **2.** [in fact] de hecho.

effectiveness [ɪˈfektɪvnɪs] n eficacia f.

effeminate [ɪˈfemɪnət] adj pej afeminado(da).

effervescent [ˌefəˈvesənt] adj efervescente.

efficiency [ɪˈfɪʃənsɪ] n [gen] eficiencia f; [of machine] rendimiento m.

efficient [ɪˈfɪʃənt] adj [gen] eficiente; [machine] de buen rendimiento.

effluent [ˈefluənt] n aguas fpl residuales.

effort ['efət] n **1.** [gen] esfuerzo m ▶ **to be worth the effort** merecer la pena ▶ **to make the effort to do sthg** hacer el esfuerzo de hacer algo ▶ **to make an/no effort to do sthg** hacer un esfuerzo/no hacer ningún esfuerzo por hacer algo **2.** inf [result of trying] tentativa f.

effortless ['efətlɪs] adj sin gran esfuerzo.

effusive [ɪ'fjuːsɪv] adj efusivo(va).

e.g. (abbr of exempli gratia) adv p. ej.

egg [eg] n [gen] huevo m. ◆ **egg on** vt sep incitar.

eggcup ['egkʌp] n huevera f.

eggplant ['egplɑːnt] n US berenjena f.

eggshell ['egʃel] n cáscara f de huevo.

egg white n clara f (de huevo).

eggy ['egɪ] adj : an eggy taste/smell un sabor/olor a huevo ▶ **eggy bread** ≃ torrijas (sin azúcar).

egg yolk [-jəʊk] n yema f (de huevo).

ego ['iːgəʊ] (pl -s) n **1.** [opinion of self] amor m propio **2.** [psych] ego m.

egoism ['iːgəʊɪzm] n egoísmo m.

egoist ['iːgəʊɪst] n egoísta mf.

egoistic [,iːgəʊ'ɪstɪk] adj egoísta.

egotistic(al) [,iːgə'tɪstɪk(l)] adj egotista.

Egypt ['iːdʒɪpt] n Egipto.

Egyptian [ɪ'dʒɪpʃn] ◆ adj egipcio(cia). ◆ n [person] egipcio m, -cia f.

eiderdown ['aɪdədaʊn] n UK edredón m.

eight [eɪt] num ocho. See also **six**.

eighteen [,eɪ'tiːn] num dieciocho. See also **six**.

eighteenth [,eɪ'tiːnθ] num decimoctavo(va). See also **sixth**.

eighth [eɪtθ] num octavo(va). See also **sixth**.

eighty ['eɪtɪ] num ochenta. See also **sixty**.

Eire ['eərə] n Eire.

either ['aɪðər, 'iːðər] ◆ adj **1.** [one or the other] cualquiera de los dos / she couldn't find either jumper no podía encontrar ninguno de los dos jerseys ▶ **you can do it either way** lo puedes hacer como quieras ▶ **I don't care either way** me da igual **2.** [each] cada ▶ **on either side** a ambos lados. ◆ pron [either (of them)] cualquiera de ellos (ellas) / I don't like either (of them) no me gusta ninguno de ellos (ninguna de ellas). ◆ adv (in negatives) tampoco / she can't and I can't either ella no puede y yo tampoco. ◆ conj ▶ **either... or** o... o / either you or me o tú o yo / I don't like either him or his wife no me gusta ni él ni su mujer.

eject [ɪ'dʒekt] vt **1.** [object] expulsar **2.** [person] ▶ **to eject sb (from)** expulsar a alguien (de).

eke [iːk] ◆ **eke out** vt sep [money, supply] estirar.

elaborate ◆ adj [ɪ'læbrət] [ceremony] complicado(da) ; [carving] trabajado(da) ; [explanation, plan] detallado(da). ◆ vi [ɪ'læbəreɪt] ▶ **to elab-**orate on sthg ampliar algo, explicar algo con más detalle.

elapse [ɪ'læps] vi transcurrir.

elastic [ɪ'læstɪk] ◆ adj **1.** [gen] elástico(ca) **2.** fig [flexible] flexible. ◆ n elástico m.

elasticated [ɪ'læstɪkeɪtɪd] adj elástico(ca).

elastic band n UK gomita f.

elated [ɪ'leɪtɪd] adj eufórico(ca).

elbow ['elbəʊ] n codo m.

elder ['eldər] ◆ adj mayor. ◆ n **1.** [older person] mayor mf **2.** [of tribe, church] anciano m **3.** ▶ **elder (tree)** n saúco m.

elderly ['eldəlɪ] ◆ adj mayor, anciano(na). ◆ pl n ▶ **the elderly** los ancianos.

eldest ['eldɪst] adj mayor.

elect [ɪ'lekt] ◆ adj electo(ta) ▶ **the president elect** el presidente electo. ◆ vt **1.** [by voting] elegir ▶ **to elect sb (as) sthg** elegir a alguien (como) algo **2.** fml [choose] ▶ **to elect to do sthg** optar por OR decidir hacer algo.

election [ɪ'lekʃn] n elección f.

electioneering [ɪ,lekʃə'nɪərɪŋ] n pej electoralismo m.

elector [ɪ'lektər] n elector m, -ra f.

electorate [ɪ'lektərət] n ▶ **the electorate** el electorado.

electric [ɪ'lektrɪk] adj [gen] eléctrico(ca). ◆ **electrics** pl n UK inf sistema m eléctrico.

electrical [ɪ'lektrɪkl] adj eléctrico(ca).

electrical shock US = **electric shock**.

electric blanket n manta f eléctrica, frazada f eléctrica AM, cobija f eléctrica AM.

electric cooker n cocina f eléctrica.

electric fire n estufa f eléctrica.

electrician [,ɪlek'trɪʃn] n electricista mf.

electricity [,ɪlek'trɪsətɪ] n electricidad f.

electric shock UK, **electrical shock** US n descarga f eléctrica.

electrify [ɪ'lektrɪfaɪ] vt **1.** [rail line] electrificar **2.** fig [excite] electrizar.

electrocute [ɪ'lektrəkjuːt] vt electrocutar ▶ **to electrocute o.s., to be electrocuted** electrocutarse.

electrolysis [,ɪlek'trɒləsɪs] n electrólisis f inv.

electron [ɪ'lektrɒn] n electrón m.

electronic [,ɪlek'trɒnɪk] adj electrónico(ca). ◆ **electronics** ◆ n (U) [technology] electrónica f. ◆ pl n [equipment] sistema m electrónico.

electronic banking n banca f electrónica.

electronic cigarette n cigarrillo m electrónico.

electronic data processing n proceso m electrónico de datos.

electronic mail n correo m electrónico.

electronic mailbox n buzón m electrónico.

electronic tag n brazalete m electrónico *(que permite conocer la localización de presos en libertad condicional)*.

electronic tagging n *sistema electrónico que permite conocer la localización de presos en libertad condicional gracias al brazalete electrónico que están obligados a llevar.*

elegant ['eligənt] adj elegante.

element ['elimənt] n **1.** [gen] elemento m **2.** [amount, proportion] toque m **3.** [in heater, kettle] resistencia f. ◆ **elements** pl n **1.** [basics] elementos mpl **2.** [weather] ▶ **the elements** los elementos.

elementary [,eli'mentəri] adj elemental ▶ **elementary education** enseñanza f primaria.

elementary school n US escuela f primaria.

elephant ['elifənt] (pl inv or -s) n elefante m.

elevate ['eliveit] vt ▶ **to elevate sthg/sb (to or into)** elevar algo/a alguien (a la categoría de).

elevator ['eliveitər] n US ascensor m, elevador m Méx.

eleven [i'levn] num once m. *See also* six.

elevenses [i'levnziz] n (U) UK tentempié m *(que se toma sobre las once de la mañana)*.

eleventh [i'levnθ] num undécimo(ma). *See also* sixth.

elicit [i'lisit] vt fml **1.** [response, reaction] ▶ **to elicit sthg (from sb)** provocar algo (en alguien) **2.** [information] ▶ **to elicit sthg (from sb)** sacar algo (a alguien).

eligible ['elidʒəbl] adj [suitable, qualified] elegible ▶ **to be eligible for sthg/to do sthg** reunir los requisitos para algo/para hacer algo.

eliminate [i'limineit] vt eliminar ▶ **to be eliminated from sthg** ser eliminado(da) de algo.

elite [i'li:t] ◆ adj selecto(ta). ◆ n élite f.

elitist [i'li:tist] pej adj elitista.

elk [elk] (pl inv or -s) n **1.** [in Europe] alce m **2.** [in North America] ciervo m canadiense.

elm [elm] n ▶ **elm (tree)** olmo m.

elocution [,elə'kju:ʃn] n dicción f.

elongated ['i:lɒŋgeitid] adj alargado(da).

elope [i'ləup] vi ▶ **to elope (with)** fugarse (con).

eloquent ['eləkwənt] adj elocuente.

El Salvador [,el'sælvədɔ:r] n El Salvador.

else [els] adv ▶ **anything else?** ¿algo más? / *I don't need anything else* no necesito nada más ▶ **everyone else** todos los demás (todas las demás) ▶ **everywhere else** en or a cualquier otra parte ▶ **little else** poco más ▶ **nothing/nobody else** nada/nadie más ▶ **someone/something else** otra persona/cosa ▶ **somewhere else** en or a otro sitio ▶ **who else?** ¿quién si no? ▶ **who else came?** ¿quién más vino? ▶ **what else?** ¿qué más? ▶ **where else?** ¿en or a qué otro sitio? ◆ **or else** conj [or if not] si no, de lo contrario.

elsewhere [els'weər] adv a or en otro sitio.

elude [i'lu:d] vt [gen] escaparse de, eludir a; [blow] esquivar.

elusive [i'lu:siv] adj [person, success] esquivo(va); [quality] difícil de encontrar.

emaciated [i'meisieitid] adj demacrado(da).

e-mail (abbr of **electronic mail**) n COMPUT correo m electrónico ▶ **e-mail account** cuenta f de correo electrónico ▶ **e-mail address** dirrección f electrónica ▶ **e-mail phone** teléfono m con correo electrónico.

emanate ['emaneit] fml vi ▶ **to emanate from** emanar de.

emancipate [i'mænsipeit] vt ▶ **to emancipate sb (from)** emancipar a alguien (de).

embankment [im'bæŋkmənt] n **1.** RAIL terraplén m **2.** [of river] dique m.

embargo [em'bɑ:gəu] n (pl -es) ▶ **embargo (on)** embargo m or prohibición f (de).

embark [im'bɑ:k] vi embarcar ▶ **to embark on** fig embarcarse en.

embarkation [,embɑ:'keiʃn] n [gen] embarque m; [of troops] embarco m.

embarrass [im'bærəs] vt **1.** [gen] avergonzar / *it embarrasses me* me da vergüenza **2.** [financially] poner en un aprieto.

embarrassed [im'bærəst] adj [ashamed] avergonzado(da); [uneasy] violento(ta).

embarrassing [im'bærəsiŋ] adj embarazoso(sa), violento(ta) ▶ **how embarrassing!** ¡qué vergüenza!

embarrassment [im'bærəsmənt] n [feeling] vergüenza f, pena f Andes Cam Méx.

embassy ['embəsi] n embajada f.

embedded [im'bedid] adj [buried & COMPUT] ▶ **embedded (in)** incrustado(da) (en).

embellish [im'beliʃ] vt ▶ **to embellish sthg (with)** adornar algo (con).

embers ['embəz] pl n rescoldos mpl.

embezzle [im'bezl] vt malversar.

embittered [im'bitəd] adj amargado(da), resentido(da).

emblem ['embləm] n emblema m.

embody [im'bɒdi] vt personificar, encarnar ▶ **to be embodied in sthg** estar plasmado en algo.

embossed [im'bɒst] adj **1.** [heading, design] ▶ **embossed (on)** [paper] estampado(da) (en); [leather, metal] repujado(da) (en) **2.** [paper] ▶ **embossed (with)** estampado(da) (con) **3.** [leather, metal] ▶ **embossed (with)** repujado(da) (con).

embrace [im'breis] n abrazo m. ◆ vt **1.** [hug] abrazar, dar un abrazo a **2.** fml [convert to] convertirse a **3.** fml [include] abarcar. ◆ vi abrazarse.

embroider [im'brɔidər] vt **1.** SEW bordar **2.** pej [embellish] adornar.

embroidery [ɪm'brɔɪdərɪ] n *(U)* bordado m.

embroil [ɪm'brɔɪl] vt ▶ **to get /be embroiled (in)** enredarse /estar enredado(da) (en).

embryo ['embrɪəʊ] *(pl -s)* n embrión m.

emerald ['emərəld] ❖ adj [colour] esmeralda m inv ▶ *the Emerald Isle* Irlanda. ❖ n [stone] esmeralda f.

emerge [ɪ'mɜːdʒ] ❖ vi **1.** [gen] ▶ **to emerge (from)** salir (de) **2.** [come into existence, become known] surgir, emerger. ❖ vt ▶ **it emerged that...** resultó que...

emergence [ɪ'mɜːdʒəns] n surgimiento m, aparición f.

emergency [ɪ'mɜːdʒənsɪ] ❖ adj [case, exit] de emergencia ; [ward, services] de urgencia ▶ **emergency telephone** teléfono m de urgencias ; [supplies] de reserva ; [meeting] extraordinario(ria). ❖ n emergencia f.

emergency brake n freno m de emergencia ; **US** [handbrake] freno m de mano.

emergency exit n salida f de emergencia.

emergency landing n aterrizaje m forzoso.

emergency services pl n servicios mpl de urgencia.

emery board ['emərɪ-] n lima f de uñas.

emigrant ['emɪɡrənt] n emigrante mf.

emigrate ['emɪɡreɪt] vi ▶ **to emigrate (to / from)** emigrar (a /de).

eminent ['emɪnənt] adj eminente.

emission [ɪ'mɪʃn] n emisión f.

emit [ɪ'mɪt] vt [gen] emitir ; [smell, smoke] despedir.

emoji n COMPUT emoji m.

e-money n dinero m electrónico.

emoticon [ɪ'məʊtɪkɒn] n COMPUT emoticono m, emoticón m.

emotion [ɪ'məʊʃn] n emoción f.

emotional [ɪ'məʊʃənl] adj **1.** [gen] emotivo(va) **2.** [needs, problems] emocional ▶ **to get emotional** emocionarse.

emotive [ɪ'məʊtɪv] adj emotivo(va) ; [issue] que despierta pasiones.

empathize, empathise ['empəθaɪz] vi ▶ **to empathize (with)** identificarse (con).

empathy ['empəθɪ] n ▶ **empathy (with)** empatía f (con).

emperor ['empərər] n emperador m.

emphasis ['emfəsɪs] *(pl -ases)* n ▶ **emphasis (on)** énfasis m inv (en) ▶ **to lay** OR **place emphasis on** poner énfasis en, hacer hincapié en.

emphasize, emphasise ['emfəsaɪz] vt [word, syllable] acentuar ; [point, fact, feature] subrayar, hacer hincapié en ▶ **to emphasize that...** subrayar que...

emphatic [ɪm'fætɪk] adj [denial] rotundo(da), categórico(ca) ; [victory] convincente.

emphatically [ɪm'fætɪklɪ] adv **1.** [deny] rotundamente, enfáticamente ; [win] convincentemente **2.** [certainly] ciertamente.

empire ['empaɪər] n imperio m.

employ [ɪm'plɔɪ] vt **1.** [give work to] emplear ▶ **to be employed as** estar empleado(da) de **2.** fml [use] utilizar, emplear ▶ **to employ sthg as sthg / to do sthg** utilizar algo de algo /para hacer algo.

employee [ɪm'plɔɪiː] n empleado m, -da f.

employer [ɪm'plɔɪər] n **1.** [individual] patrono m, -na f, empresario m, -ria f **2.** [company] : *one of the country's biggest employers* una de las empresas que más trabajadores tiene en el país.

employment [ɪm'plɔɪmənt] n empleo m ▶ **to be in employment** tener trabajo.

employment agency n agencia f de trabajo.

empower [ɪm'paʊər] vt fml ▶ **to be empowered to do sthg** estar autorizado(da) a OR para hacer algo.

empress ['emprɪs] n emperatriz f.

emptiness ['emptɪnɪs] *(U)* n **1.** [of place] soledad f, vacuidad f **2.** [feeling] vacío m.

empty ['emptɪ] ❖ adj **1.** [gen] vacío(a) ; [town] desierto(ta) **2.** pej [words, threat, promise] vano(na). ❖ vt vaciar. ❖ vi vaciarse. ❖ n inf casco m.

empty-handed [-'hændɪd] adv con las manos vacías.

EMS *(abbr of* European Monetary System) n SME m.

EMU *(abbr of* Economic and Monetary Union) n UEM f.

emulate ['emjʊleɪt] vt emular.

emulsion [ɪ'mʌlʃn] n ▶ **emulsion (paint)** pintura f al agua.

enable [ɪ'neɪbl] vt COMPUT ejecutar.

enabled [ɪ'neɪbəld] adj COMPUT [option] activado(da).

enact [ɪ'nækt] vt **1.** LAW promulgar **2.** [act] representar.

enamel [ɪ'næml] n **1.** [gen] esmalte m **2.** [paint] pintura f de esmalte.

encampment [ɪn'kæmpmənt] n campamento m.

encapsulate [ɪn'kæpsjʊleɪt] vt ▶ **to encapsulate sthg (in)** sintetizar algo (en).

encase [ɪn'keɪs] vt ▶ **encased in** revestido(da) de.

enchanted [ɪn'tʃɑːntɪd] adj ▶ **enchanted (by** OR **with)** encantado(da) (con).

enchanting [ɪn'tʃɑːntɪŋ] adj encantador(ra).

encircle [ɪn'sɜːkl] vt rodear.

enclose [ɪn'kləʊz] vt **1.** [surround, contain] rodear ▶ **enclosed by** OR **with** rodeado de / *an enclosed space* un espacio cerrado **2.** [put in envelope] adjuntar ▶ **'please find enclosed...'** 'envío adjunto...'.

enclosure [ɪnˈkləʊʒəʳ] n **1.** [place] recinto m (vallado) **2.** [in letter] anexo m.

encompass [ɪnˈkʌmpəs] vt fml [include] abarcar.

encore [ˈɒŋkɔːʳ] ❖ n bis m. ❖ excl ¡otra!

encounter [ɪnˈkaʊntəʳ] ❖ n encuentro m. ❖ vt fml encontrarse con.

encourage [ɪnˈkʌrɪdʒ] vt **1.** [give confidence to] ▸ **to encourage sb (to do sthg)** animar a alguien (a hacer algo) **2.** [foster] fomentar.

encouragement [ɪnˈkʌrɪdʒmənt] n [confidence boosting] aliento m ; [fostering] fomento m.

encroach [ɪnˈkrəʊtʃ] vi ▸ **to encroach on** OR **upon** [rights, territory] usurpar ; [privacy, time] invadir.

encrypt [ɪnˈkrɪpt] vt COMPUT encriptar.

encryption [enˈkrɪpʃn] n COMPUT encriptación f, codificación f.

encyclop(a)edia [ɪn,saɪklə'piːdjə] n enciclopedia f.

end [end] ❖ n **1.** [last part, finish] fin m, final m ╱ *at the end of May/2002* a finales de mayo/2002 ╱ *at the end of the week* al final de la semana ▸ **my patience is at an end** se me está agotando la paciencia ╱ *to be at the end of one's tether* UK OR *rope* US estar hasta la coronilla ▸ **to bring sthg to an end** poner fin a algo ▸ **to come to an end** llegar a su fin ▸ **'the end'** [in films] 'FIN' ▸ **at the end of the day** fig a fin de cuentas, al fin y al cabo ▸ **in the end** al final **2.** [of two-ended thing] extremo m ; [of pointed thing] punta f ; [of stadium] fondo m ; [of phone line] lado m ▸ **end to end** extremo con extremo ╱ *from end to end* de un extremo al otro ▸ **to turn sthg on its end** poner algo boca abajo ▸ **cigarette end** colilla f **3.** fml [purpose] fin m. ❖ vt ▸ **to end sthg (with)** terminar algo (con). ❖ vi [finish] acabarse, terminarse. ◆ **on end** adv **1.** [upright - hair] de punta ; [- object] de pie **2.** [continuously] : *for days on end* durante días y días. ◆ **end up** vi acabar, terminar ▸ **to end up doing sthg** acabar OR terminar por hacer algo/haciendo algo ▸ **to end up in** ir a parar a.

endanger [ɪnˈdeɪndʒəʳ] vt poner en peligro.

endearing [ɪnˈdɪərɪŋ] adj simpático(ca).

endeavour UK, **endeavor** US [ɪnˈdevəʳ] fml ❖ n esfuerzo m. ❖ vt ▸ **to endeavour to do sthg** procurar hacer algo.

ending [ˈendɪŋ] n final m, desenlace m.

endive [ˈendaɪv] n **1.** [curly lettuce] escarola f **2.** [chicory] endibia f, achicoria f.

endless [ˈendlɪs] adj [gen] interminable ; [patience, resources] inagotable.

end-of-year adj de fin de año.

endorse [ɪnˈdɔːs] vt **1.** [approve] apoyar, respaldar **2.** [cheque] endosar.

endorsement [ɪnˈdɔːsmənt] n **1.** [approval] apoyo m, respaldo m **2.** UK [on driving licence] nota de sanción que consta en el carné de conducir.

endoscope [ˈendəskəʊp] n MED endoscopio m.

endow [ɪnˈdaʊ] vt **1.** fml [equip] ▸ **to be endowed with** estar dotado(da) de **2.** [donate money to] donar fondos a.

endurance [ɪnˈdjʊərəns] n resistencia f.

endure [ɪnˈdjʊəʳ] ❖ vt soportar, aguantar. ❖ vi fml perdurar.

endways [ˈendweɪz] adv **1.** [not sideways] de frente **2.** [with ends touching] extremo con extremo.

enemy [ˈenɪmɪ] n enemigo m, -ga f.

energetic [,enəˈdʒetɪk] adj **1.** [lively, physically taxing] enérgico(ca) **2.** [enthusiastic] activo(va), vigoroso(sa).

energy [ˈenədʒɪ] n energía f.

energy drink n bebida f energética.

energy-saving adj ahorrador(ra) de energía.

enforce [ɪnˈfɔːs] vt [law] hacer cumplir, aplicar ; [standards] imponer.

enforced [ɪnˈfɔːst] adj forzoso(sa).

engage [ɪnˈgeɪdʒ] ❖ vt **1.** [attract] atraer ▸ **to engage sb in conversation** entablar conversación con alguien **2.** [TECH - clutch] pisar ; [- gear] meter **3.** fml [employ] contratar ▸ **to be engaged in** OR **on** dedicarse a. ❖ vi [be involved] ▸ **to engage in** [gen] dedicarse a ; [conversation] entablar.

engaged [ɪnˈgeɪdʒd] adj **1.** [to be married] ▸ **engaged (to)** prometido(da) (con) ▸ **to get engaged** prometerse **2.** [busy, in use] ocupado(da) ▸ **engaged in sthg** ocupado en algo **3.** TELEC comunicando.

engaged tone n UK señal f de comunicando.

engagement [ɪnˈgeɪdʒmənt] n **1.** [to be married] compromiso m ; [period] noviazgo m **2.** [appointment] cita f.

engagement ring n anillo m de compromiso.

engaging [ɪnˈgeɪdʒɪŋ] adj atractivo(va).

engender [ɪnˈdʒendəʳ] vt fml engendrar.

engine [ˈendʒɪn] n **1.** [of vehicle] motor m **2.** RAIL locomotora f, máquina f.

engine driver n UK maquinista mf.

engineer [,endʒɪˈnɪəʳ] ❖ n **1.** [gen] ingeniero m, -ra f **2.** US [engine driver] maquinista mf. ❖ vt **1.** [construct] construir **2.** [contrive] tramar.

engineering [,endʒɪˈnɪərɪŋ] n ingeniería f.

England [ˈɪŋglənd] n Inglaterra f.

English [ˈɪŋglɪʃ] ❖ adj inglés(esa). ❖ n [language] inglés m. ❖ pl n [people] ▸ **the English** los ingleses.

English breakfast n desayuno m inglés.

English Channel n : *the English Channel* el canal de la Mancha.

Englishman ['ɪŋglɪʃmən] (pl **-men**) n inglés m.

English-speaking ['ɪŋglɪʃspiːkɪŋ] adj de habla inglesa.

Englishwoman ['ɪŋglɪʃˌwumən] (pl **-women**) n inglesa f.

engrave [ɪn'greɪv] vt lit & fig ▶ **to engrave sthg (on)** grabar algo (en).

engraving [ɪn'greɪvɪŋ] n grabado m.

engrossed [ɪn'grəʊst] adj ▶ **to be engrossed (in)** estar absorto(ta) (en).

engulf [ɪn'gʌlf] vt ▶ **to be engulfed in a)** [flames etc] verse devorado(da) por **b)** [fear, despair] verse sumido(da) en.

enhance [ɪn'hɑːns] vt [gen] aumentar; [status, position] elevar; [beauty] realzar.

enigma [ɪ'nɪgmə] n enigma m.

enjoy [ɪn'dʒɔɪ] vt **1.** [like] disfrutar de **/** did you enjoy the film / book? ¿te gustó la película/el libro? ▶ **she enjoys reading** le gusta leer ▶ **enjoy your meal!** ¡que aproveche!, ¡buen provecho! ▶ **to enjoy o.s.** pasarlo bien, divertirse **2.** fml [possess] gozar or disfrutar de.

enjoyable [ɪn'dʒɔɪəbl] adj agradable.

enjoyment [ɪn'dʒɔɪmənt] n [pleasure] placer m.

enlarge [ɪn'lɑːdʒ] vt [gen, PHOT & POL] ampliar.

enlargement [ɪn'lɑːdʒmənt] n [gen, PHOT & POL] ampliación f.

enlighten [ɪn'laɪtn] vt fml iluminar.

enlightened [ɪn'laɪtnd] adj amplio(plia) de miras.

enlightenment [ɪn'laɪtnmənt] n (U) aclaración f. ◆ **Enlightenment** n ▶ **the Enlightenment** la Ilustración.

enlist [ɪn'lɪst] ❖ vt **1.** [person] alistar, reclutar **2.** [support] obtener. ❖ vi MIL ▶ **to enlist (in)** alistarse (en).

enmity ['enmətɪ] n enemistad f.

enormity [ɪ'nɔːmətɪ] n [extent] enormidad f.

enormous [ɪ'nɔːməs] adj enorme.

enormously [ɪ'nɔːməslɪ] adv enormemente.

enough [ɪ'nʌf] ❖ adj bastante, suficiente ▶ **do you have enough glasses?** ¿tienes suficientes vasos? ❖ pron bastante ▶ **is this enough?** ¿basta con eso? ▶ **more than enough** más que suficiente ▶ **to have had enough (of)** [expressing annoyance] estar harto(ta) (de). ❖ adv bastante, suficientemente ▶ **I was stupid enough to believe her** fui lo bastante tonto como para creerla ▶ **he was good enough to lend me his car** fml tuvo la bondad de dejarme su coche ▶ **strangely enough** curiosamente.

enquire [ɪn'kwaɪər] vi [ask for information] informarse ▶ **to enquire about sthg** informarse de algo ▶ **to enquire when / how / whether...** preguntar cuándo/cómo/si... ◆ **enquire into** vt insep investigar.

enquiry [ɪn'kwaɪərɪ] n **1.** [question] pregunta f ▶ **`Enquiries'** 'Información' **2.** [investigation] investigación f.

enrage [ɪn'reɪdʒ] vt enfurecer.

enraged [ɪn'reɪdʒd] adj enfurecido(da).

enrich [ɪn'rɪtʃ] vt enriquecer; [soil] fertilizar.

enrol UK, **enroll** US [ɪn'rəʊl] ❖ vt matricular. ❖ vi ▶ **to enrol (on)** matricularse (en).

enrolment UK, **enrollment** US [ɪn'rəʊlmənt] n (U) matrícula f, inscripción f.

en route [ˌɒn'ruːt] adv ▶ **en route (from / to)** en el camino (de/a).

ensign ['ensaɪn] n **1.** [flag] bandera f **2.** US [sailor] ≃ alférez m de fragata.

ensue [ɪn'sjuː] vi fml seguir; [war] sobrevenir.

ensure [ɪn'ʃʊər] vt ▶ **to ensure (that)** asegurar que.

ENT (abbr of Ear, Nose & Throat) n otorrinolaringología f.

entail [ɪn'teɪl] vt [involve] conllevar, suponer.

entangle [ɪn'tæŋgl] vt enredar.

enter ['entər] ❖ vt **1.** [gen] entrar en **2.** [join - profession, parliament] ingresar en; [- university] matricularse en; [- army, navy] alistarse en **3.** [become involved in - politics etc] meterse en; [- race, examination etc] inscribirse en **4.** [register] ▶ **to enter sthg / sb for sthg** inscribir algo/a alguien en algo **5.** [write down] apuntar **6.** [appear in] presentarse or aparecer en. ❖ vi **1.** [come or go in] entrar **2.** [participate] ▶ **to enter (for sthg)** inscribirse (en algo). ◆ **enter into** vt insep entrar en; [agreement] comprometerse a; [conversation, negotiations] entablar.

enter key n COMPUT tecla f enter.

enterprise ['entəpraɪz] n **1.** [project, company] empresa f **2.** [initiative] iniciativa f.

enterprise zone n zona del Reino Unido donde se fomenta la actividad industrial y empresarial.

enterprising ['entəpraɪzɪŋ] adj emprendedor(ra).

entertain [ˌentə'teɪn] vt **1.** [amuse] divertir, entretener **2.** [invite] recibir (en casa) **3.** fml [idea, proposal] considerar.

entertainer [ˌentə'teɪnər] n artista mf.

entertaining [ˌentə'teɪnɪŋ] adj divertido(da), entretenido(da).

entertainment [ˌentə'teɪnmənt] n **1.** (U) [amusement] diversión f **2.** [show] espectáculo m.

enthral UK, **enthrall** US [ɪn'θrɔːl] vt embelesar.

enthusiasm [ɪn'θjuːzɪæzm] n **1.** [passion, eagerness] ▶ **enthusiasm (for)** entusiasmo m (por) **2.** [interest] pasión f, interés m.

enthusiast [ɪn'θjuːzɪæst] n entusiasta mf.

enthusiastic [ɪnˌθjuːzɪ'æstɪk] adj [person] entusiasta; [cry, response] entusiástico(ca).

entice [ɪn'taɪs] vt seducir, atraer ▶ **nothing could entice me to do that** no haría eso de ninguna manera.

entire [ɪn'taɪə'] adj entero(ra) ∕ *the entire evening* toda la noche.

entirely [ɪn'taɪəlɪ] adv completamente ∕ *I'm not entirely sure* no estoy del todo seguro.

entirety [ɪn'taɪrətɪ] n *fml* ▶ **in its entirety** en su totalidad.

entitle [ɪn'taɪtl] vt [allow] ▶ **to entitle sb to sthg** dar a alguien derecho a algo ▶ **to entitle sb to do sthg** autorizar a alguien a hacer algo.

entitled [ɪn'taɪtld] adj **1.** [allowed] ▶ **to be entitled to sthg/to do sthg** tener derecho a algo/a hacer algo **2.** [book, song, film] titulado(da).

entourage [,ɒntu'rɑ:ʒ] n séquito *m*.

entrails ['entreɪlz] pl n entrañas *fpl.*

entrance ❖ n ['entrəns] ▶ **entrance (to)** entrada *f* (a OR de) ▶ **to gain entrance to** a) *fml* [building] lograr acceso a b) [society, university] lograr el ingreso en. ❖ vt [ɪn'trɑ:ns] encantar, hechizar.

entrance examination n examen *m* de ingreso.

entrance fee n [for museum] (precio *m* de) entrada *f.*

entrant ['entrənt] n participante *mf.*

entreat [ɪn'tri:t] vt ▶ **to entreat sb (to do sthg)** suplicar OR rogar a alguien (que haga algo).

entrée ['ɒntreɪ] n UK [first course] entrada *f*, primer plato *m*; US [main course] plato principal.

entrepreneur [,ɒntrəprə'nɜ:'] n empresario *m*, -ria *f.*

entrust [ɪn'trʌst] vt ▶ **to entrust sthg to sb, to entrust sb with sthg** confiar algo a alguien.

entry ['entrɪ] n **1.** [gen] ▶ **entry (into)** entrada *f* (en) ▶ **'no entry'** 'se prohibe la entrada', 'prohibido el paso' **2.** *fig* [joining - of group, society] ingreso *m* **3.** [in competition] participante *mf* **4.** [in diary] anotación *f*; [in ledger] partida *f.*

entry form n boleto *m* OR impreso *m* de inscripción.

envelop [ɪn'veləp] vt ▶ **to envelop sthg/sb in** envolver algo/a alguien en.

envelope ['envələʊp] n sobre *m.*

envious ['envɪəs] adj [person] envidioso(sa); [look] de envidia ▶ **to be envious of** tener envidia de.

environment [ɪn'vaɪərənmənt] n **1.** [natural world] ▶ **the environment** el medio ambiente ▶ **Department of the Environment** UK ministerio *m* del medio ambiente **2.** [surroundings] entorno *m* **3.** [atmosphere] ambiente *m.*

environmental [ɪn,vaɪərən'mentl] adj **1.** [gen] medioambiental ▶ **environmental pollution**

contaminación *f* del medio ambiente **2.** [group, campaigner] ecologista.

environmentally [ɪn,vaɪərən'mentəlɪ] adv ecológicamente ▶ **environmentally friendly** ecológico(ca).

envisage [ɪn'vɪzɪdʒ], **envision** US [ɪn'vɪʒn] vt prever.

envoy ['envɔɪ] n enviado *m*, -da *f.*

envy ['envɪ] ❖ n envidia *f.* ❖ vt ▶ **to envy (sb sthg)** envidiar (algo a alguien).

ephemeral [ɪ'femərəl] adj efímero(ra).

epic ['epɪk] ❖ adj épico(ca). ❖ n [poem, work] epopeya *f*; [film] película *f* épica.

epidemic [,epɪ'demɪk] n epidemia *f.*

epilepsy ['epɪlepsɪ] n epilepsia *f.*

epileptic [,epɪ'leptɪk] ❖ adj epiléptico(ca). ❖ n epiléptico *m*, -ca *f.*

episode ['epɪsəʊd] n **1.** [event] episodio *m* **2.** [of story, TV series] capítulo *m.*

epistle [ɪ'pɪsl] n epístola *f.*

epitaph ['epɪtɑ:f] n epitafio *m.*

epitome [ɪ'pɪtəmɪ] n ▶ **the epitome of a)** [person] la personificación de b) [thing] el vivo ejemplo de.

epitomize, epitomise [ɪ'pɪtəmaɪz] vt [subj: person] personificar; [subj: thing] representar el paradigma de.

epoch ['i:pɒk] n época *f.*

equable ['ekwəbl] adj [calm, reasonable] ecuánime.

equal ['i:kwəl] ❖ adj igual ▶ **equal to** [sum] igual a ▶ **to be equal to** [task etc] estar a la altura de. ❖ n igual *mf* ▶ **to treat sb as an equal** tratar a alguien de igual a igual. ❖ vt (UK *pt & pp* -led, *cont* -ling, US *pt & pp* -ed, *cont* -ing) **1.** MATH ser igual a **2.** [person, quality] igualar.

equality [i:'kwɒlətɪ] n igualdad *f.*

equalize, equalise ['i:kwəlaɪz] vi SPORT empatar.

equalizer ['i:kwəlaɪzə'] n SPORT gol *m* del empate.

equally ['i:kwəlɪ] adv **1.** [gen] igualmente ∕ *equally important* de igual importancia **2.** [share, divide] a partes iguales, por igual **3.** [just as likely] de igual modo.

equal opportunities pl n igualdad *f* de oportunidades.

equanimity [,ekwə'nɪmətɪ] n ecuanimidad *f.*

equate [ɪ'kweɪt] vt ▶ **to equate sthg with** equiparar algo con.

equation [ɪ'kweɪʒn] n ecuación *f.*

equator [ɪ'kweɪtə'] n ▶ **the Equator** el Ecuador.

equilibrium [,i:kwɪ'lɪbrɪəm] n equilibrio *m.*

equip [ɪ'kwɪp] vt **1.** [provide with equipment] ▶ **to equip sthg (with)** equipar algo (con) ▶ **to**

equip sb (with) proveer a alguien (de) **2.** [prepare] ▸ **to be equipped for** estar preparado(da) para.

equipment [ɪ'kwɪpmənt] n (U) equipo m.

equitable ['ekwɪtəbl] adj equitativo(va).

equity ['ekwətɪ] n (U) FIN [of company] capital m social ; [of shareholders] fondos mpl propios. ◆ **equities** pl n FIN acciones fpl ordinarias.

equivalent [ɪ'kwɪvələnt] ◆ adj equivalente ▸ **to be equivalent to** equivaler a. ◆ n equivalente m.

equivocal [ɪ'kwɪvəkl] adj equívoco(ca).

er [ɜːʳ] excl ¡ejem!

era ['ɪərə] (pl -s) n era f, época f.

eradicate [ɪ'rædɪkeɪt] vt erradicar.

erase [ɪ'reɪz] vt lit & fig borrar.

eraser [ɪ'reɪzəʳ] n US goma f de borrar.

e-reader n lector m electrónico.

erect [ɪ'rekt] ◆ adj [person, posture] erguido(da). ◆ vt **1.** [building, statue] erigir, levantar **2.** [tent] montar.

erection [ɪ'rekʃn] n **1.** (U) [of building, statue] construcción f **2.** [erect penis] erección f.

ERM (abbr of **Exchange Rate Mechanism**) n mecanismo de tipos de cambio del SME.

ermine ['ɜːmɪn] n armiño m.

erode [ɪ'rəʊd] vt **1.** [rock, soil] erosionar; [metal] desgastar **2.** [confidence, rights] mermar.

erosion [ɪ'rəʊʒn] n **1.** [of rock, soil] erosión f; [of metal] desgaste m **2.** [of confidence, rights] merma f.

erotic [ɪ'rɒtɪk] adj erótico(ca).

err [ɜːʳ] vi equivocarse, errar.

errand ['erənd] n recado m, mandado m ▸ **to go on** OR **run an errand** hacer un recado.

erratic [ɪ'rætɪk] adj irregular.

error ['erəʳ] n error m ▸ **to make an error** cometer un error ▸ **spelling error** falta f de ortografía ▸ **in error** por equivocación.

erupt [ɪ'rʌpt] vi [volcano] entrar en erupción; fig [violence, war] estallar.

eruption [ɪ'rʌpʃn] n **1.** [of volcano] erupción f **2.** [of violence, war] estallido m.

escalate ['eskəleɪt] vi **1.** [conflict] intensificarse **2.** [costs] ascender.

escalator ['eskəleɪtəʳ] n escalera f mecánica.

escapade [,eskə'peɪd] n aventura f.

escape [ɪ'skeɪp] ◆ n **1.** [gen] fuga f **2.** [leakage - of gas, water] escape m. ◆ vt **1.** [avoid] escapar a, eludir **2.** [subj: fact, name] : her name escapes me right now ahora mismo no me sale su nombre. ◆ vi **1.** [gen] ▸ **to escape (from)** escaparse (de) **2.** [survive] escapar.

escape lane n vía f de frenado.

escapism [ɪ'skeɪpɪzm] n (U) evasión f.

escort ◆ n ['eskɔːt] **1.** [guard] escolta f **2.** [companion] acompañante mf. ◆ vt [ɪ'skɔːt] escoltar.

ESF [iːesˈef] (abbr of **European Social Fund**) n FSE m.

e-signature n firma f electrónica.

Eskimo ['eskɪməʊ] n (pl -s) [person] esquimal mf.

ESOL ['iːsɒl] (abbr of **English for Speakers of Other Languages**) n US SCH inglés m como segunda lengua.

espadrille [,espə'drɪl] n alpargata f.

especially [ɪ'speʃəlɪ] adv **1.** [more than usually, specifically] especialmente **2.** [in particular] sobre todo.

espionage ['espɪə,nɑːʒ] n espionaje m.

esplanade [,esplə'neɪd] n paseo m marítimo.

espresso [e'spresəʊ] (pl -s) n café m exprés.

Esquire [ɪ'skwaɪəʳ] n Sr. Don / B. Jones Esquire Sr. Don B. Jones.

essay ['eseɪ] n **1.** SCH redacción f; UNIV trabajo m **2.** LITER ensayo m.

essence ['esns] n esencia f.

essential [ɪ'senʃl] adj **1.** [absolutely necessary] ▸ **essential (to** OR **for)** esencial OR indispensable (para) **2.** [basic] fundamental, esencial. ◆ **essentials** pl n [most important elements] los elementos esenciales.

essentially [ɪ'senʃəlɪ] adv [basically] esencialmente.

establish [ɪ'stæblɪʃ] vt **1.** [gen] establecer **2.** [facts, cause] verificar.

established [ɪ'stæblɪʃt] adj **1.** [custom] arraigado(da) **2.** [company] establecido(da), consolidado(da).

establishment [ɪ'stæblɪʃmənt] n establecimiento m. ◆ **Establishment** n ▸ **the Establishment** el sistema.

estate [ɪ'steɪt] n **1.** [land, property] finca f **2.** ▸ **(housing) estate** urbanización f **3.** ▸ **(industrial) estate** polígono m industrial **4.** LAW [inheritance] herencia f.

estate agency n UK agencia f inmobiliaria.

estate agent n UK agente inmobiliario m, agente inmobiliaria f.

estate car n UK ranchera f.

esteem [ɪ'stiːm] ◆ n estima f. ◆ vt estimar, apreciar.

esthetic US = **aesthetic**.

estimate ◆ n ['estɪmət] **1.** [calculation, judgment] cálculo m, estimación f **2.** [written quote] presupuesto m. ◆ vt ['estɪmeɪt] estimar.

estimation [,estɪ'meɪʃn] n **1.** [opinion] juicio m **2.** [calculation] cálculo m.

Estonia [e'stəʊnɪə] n Estonia.

estranged [ɪ'streɪndʒd] adj [from husband, wife] separado(da) / his estranged son su hijo, con el que no se habla.

estuary ['estjʊərɪ] n estuario m.

e-tailer ['i:teɪlər] n tienda f electrónica.

etc. (abbr of etcetera) etc.

etching ['etʃɪŋ] n aguafuerte m o f.

eternal [ɪ'tɜ:nl] adj [gen] eterno(na); fig [complaints, whining] perpetuo(tua).

eternity [ɪ'tɜ:nətɪ] n eternidad f.

ethic ['eθɪk] n ética f. ◆ **ethics** ◇ n (U) [study] ética f. ◇ npl [morals] moralidad f.

ethical ['eθɪkl] adj ético(ca).

Ethiopia [,i:θɪ'əʊpɪə] n Etiopía.

ethnic ['eθnɪk] adj **1.** [traditions, groups, conflict] étnico(ca) **2.** [food] típico de una cultura distinta a la occidental.

ethos ['i:θɒs] n código m de valores.

e-ticket n billete m electrónico.

etiquette ['etɪket] n etiqueta f.

e-trade n (U) comercio m electrónico.

EU (abbr of European Union) n UE f.

euphemism ['ju:fəmɪzm] n eufemismo m.

euphoria [ju:'fɔ:rɪə] n euforia f.

euro ['jʊərəʊ] n [currency] euro m.

Eurocheque ['jʊərəʊ,tʃek] n eurocheque m.

Eurogroup n pr n países mpl en la zona euro.

Europe ['jʊərəp] n Europa f.

European [,jʊərə'pi:ən] ◇ adj europeo(a). ◇ n europeo m, -a f.

European Central Bank n ▶ the European Central Bank el Banco Central Europeo.

European Commission n ▶ the European Commission la Comisión Europea.

European Community n ▶ the European Community la Comunidad Europea.

European Monetary System n ▶ the European Monetary System el Sistema Monetario Europeo.

European Union n ▶ the European Union la Unión Europea.

Eurosceptic ['jʊərəʊ,skeptɪk] ◇ adj euroescéptico(ca). ◇ n euroescéptico m, -ca f.

Eurostar ['jʊərəʊstɑ:r] n Eurostar m.

euro zone n FIN zona f euro.

euthanasia [,ju:θə'neɪzjə] n eutanasia f.

evacuate [ɪ'vækjʊeɪt] vt evacuar.

evade [ɪ'veɪd] vt [gen] eludir; [taxes] evadir.

evaluate [ɪ'væljʊeɪt] vt evaluar.

evangelical [,i:væn'dʒelɪkl] adj evangélico(ca).

evaporate [ɪ'væpəreɪt] vi [liquid] evaporarse; fig [feeling] desvanecerse.

evaporated milk [ɪ'væpəreɪtɪd-] n leche f evaporada.

evasion [ɪ'veɪʒn] n **1.** [of responsibility, payment etc] evasión f **2.** [lie] evasiva f.

evasive [ɪ'veɪsɪv] adj evasivo(va).

eve [i:v] n ▶ **on the eve of** en la víspera de.

even ['i:vn] ◇ adj **1.** [regular] uniforme, constante **2.** [calm] sosegado(da) **3.** [flat, level] llano(na), liso(sa) **4.** [equal - contest, teams] igualado(da); [- chance] igual ▶ **to get even with** ajustarle las cuentas a **5.** [number] par. ◇ adv **1.** [gen] incluso, hasta ▶ **even now/then** incluso ahora/entonces ▶ **not even** ni siquiera **2.** [in comparisons] aun ▶ **even more** aun más. ◆ **even if** conj aunque, así [AM]. ◆ **even so** conj aun así. ◆ **even though** conj aunque. ◆ **even out** vi igualarse.

evening ['i:vnɪŋ] n **1.** [end of day - early part] tarde f; [- later part] noche f ▶ **in the evening** por la tarde/noche **2.** [event, entertainment] velada f. ◆ **evenings** adv [early] por la tarde; [late] por la noche.

evening class n clase f nocturna.

evening dress n **1.** [worn by man] traje m de etiqueta **2.** [worn by woman] traje m de noche.

evenly ['i:vnlɪ] adv **1.** [regularly] de modo uniforme **2.** [equally] igualmente, equitativamente ▶ **evenly matched** muy igualados(das) **3.** [calmly] sosegadamente.

event [ɪ'vent] n **1.** [happening] acontecimiento m, suceso m ▶ **in the event of** en caso de ▶ **in the event that it rains** (en) caso de que llueva **2.** SPORT prueba f. ◆ **in any event** adv en todo caso. ◆ **in the event** adv [UK] al final.

eventful [ɪ'ventfʊl] adj accidentado(da).

eventual [ɪ'ventʃʊəl] adj final.

eventuality [ɪ,ventʃʊ'ælətɪ] n eventualidad f.

eventually [ɪ'ventʃʊəlɪ] adv finalmente.

ever ['evər] adv **1.** [at any time] alguna vez / have you ever done it? ¿lo has hecho alguna vez? ▶ **the best ever** el mejor de todos los tiempos ▶ **hardly ever** casi nunca **2.** [all the time] siempre ▶ **all he ever does is complain** no hace más que quejarse ▶ **as ever** como siempre ▶ **for ever** para siempre **3.** [for emphasis] ▶ **ever so big** muy grande / **ever such a mess** un lío tan grande ▶ **why/how ever did you do it?** ¿por qué/cómo diablos lo hiciste? ▶ **what ever can it be?** ¿qué diablos puede ser? ◆ **ever since** adv desde entonces. ◇ conj desde que. ◇ prep desde.

evergreen ['evəgri:n] ◇ adj de hoja perenne. ◇ n árbol m de hoja perenne.

everlasting [,evə'lɑ:stɪŋ] adj eterno(na).

every ['evrɪ] adj cada / **every day** cada día, todos los días / **every week** todas las semanas. ◆ **every now and then, every so often** adv de vez en cuando. ◆ **every other** adj : **every other day** un día sí y otro no, cada dos días.

everybody ['evrɪ,bɒdɪ] = everyone.

everyday ['evrɪdeɪ] adj diario(ria), cotidiano(na).

everyone ['evrɪwʌn], **everybody** pron todo el mundo, todos(das).

everyplace US = everywhere.

everything ['evrɪθɪŋ] pron todo / *money isn't everything* el dinero no lo es todo.

everywhere ['evrɪweəʳ], **everyplace** US ['evrɪ,pleɪs] adv en OR por todas partes; [with verbs of motion] a todas partes / *everywhere you go* dondequiera que vayas.

evict [ɪ'vɪkt] vt ▸ to evict sb from desahuciar a alguien de.

evidence ['evɪdəns] *(U)* n 1. [proof] pruebas *fpl* 2. LAW [of witness] declaración *f* ▸ to give evidence dar testimonio.

evident ['evɪdənt] adj evidente, manifiesto(ta).

evidently ['evɪdəntlɪ] adv 1. [seemingly] por lo visto, al parecer 2. [obviously] evidentemente.

evil ['i:vl] ⬦ adj [person] malo(la), malvado(da); [torture, practice] perverso(sa), vil. ⬦ n 1. [evil quality] maldad *f* 2. [evil thing] mal *m*.

evocative [ɪ'vɒkətɪv] adj evocador(ra).

evoke [ɪ'vəʊk] vt 1. [memory, emotion] evocar 2. [response] producir.

evolution [,i:və'lu:ʃn] n 1. BIOL evolución *f* 2. [development] desarrollo *m*.

evolve [ɪ'vɒlv] ⬦ vt desarrollar. ⬦ vi 1. BIOL ▸ to evolve (into/from) evolucionar (en/de) 2. [develop] desarrollarse.

e-wallet n monedero *m* electrónico.

ewe [ju:] n oveja *f*.

ex [eks] n *inf* [former spouse, lover etc] ex *mf*.

ex- [eks] pref ex-.

exacerbate [ɪg'zæsəbeɪt] vt exacerbar.

exact [ɪg'zækt] ⬦ adj exacto(ta) ▸ to be exact para ser exactos. ⬦ vt ▸ to exact sthg (from) arrancar algo (a).

exacting [ɪg'zæktɪŋ] adj 1. [job, work] arduo(dua) 2. [standards] severo(ra); [person] exigente.

exactly [ɪg'zæktlɪ] ⬦ adv [precisely] exactamente / *it's exactly ten o'clock* son las diez en punto ▸ not exactly a) [not really] no precisamente b) [as reply] no exactamente. ⬦ excl ¡exacto!

exaggerate [ɪg'zædʒəreɪt] vt & vi exagerar.

exaggeration [ɪg,zædʒə'reɪʃn] n exageración *f*.

exalted [ɪg'zɔ:ltɪd] adj [person, position] elevado(da).

exam [ɪg'zæm] *(abbr of examination)* n examen *m*.

examination [ɪg,zæmɪ'neɪʃn] n 1. = exam 2. [inspection] inspección *f*, examen *m* 3. MED reconocimiento *m* 4. [consideration] estudio *m*.

examine [ɪg'zæmɪn] vt 1. [gen] examinar 2. MED reconocer 3. [consider - idea, proposal] estudiar 4. LAW interrogar.

examiner [ɪg'zæmɪnəʳ] n examinador *m*, -ra *f*.

example [ɪg'zɑːmpl] n ejemplo *m* ▸ for example por ejemplo ▸ to make an example of sb imponer un castigo ejemplar a alguien.

exasperate [ɪg'zæspəreɪt] vt exasperar.

exasperation [ɪg,zæspə'reɪʃn] n exasperación *f*.

excavate ['ekskəveɪt] vt excavar.

exceed [ɪk'si:d] vt 1. [amount, number] exceder, sobrepasar 2. [limit, expectations] rebasar.

exceedingly [ɪk'si:dɪŋlɪ] adv extremadamente.

excel [ɪk'sel] ⬦ vi ▸ to excel (in OR at) sobresalir (en). ⬦ vt ▸ to excel o.s. US lucirse.

excellence ['eksələns] n excelencia *f*.

excellent ['eksələnt] adj excelente.

except [ɪk'sept] ⬦ prep & conj ▸ except (for) excepto, salvo. ⬦ vt ▸ to except sb (from) exceptuar OR excluir a alguien (de).

excepting [ɪk'septɪŋ] prep excepto, salvo.

exception [ɪk'sepʃn] n 1. [exclusion] ▸ exception (to) excepción *f* (a) ▸ with the exception of a excepción de 2. [offence] ▸ to take exception to ofenderse por.

exceptional [ɪk'sepʃənl] adj excepcional.

excerpt ['eksɜ:pt] n ▸ excerpt (from) extracto *m* (de).

excess ⬦ adj [ɪk'ses] excedente. ⬦ n ['ekses] exceso *m*.

excess baggage, excess luggage n exceso *m* de equipaje.

excess fare n US suplemento *m*.

excessive [ɪk'sesɪv] adj excesivo(va).

exchange [ɪks'tʃeɪndʒ] ⬦ n 1. [gen] intercambio *m* ▸ in exchange (for) a cambio (de) 2. FIN cambio *m* 3. TELEC ▸ (telephone) exchange central *f* telefónica 4. *fml* [conversation] : *a heated exchange* una acalorada discusión. ⬦ vt [swap] intercambiar; [goods in shop] cambiar ▸ to exchange sthg for sthg cambiar algo por algo ▸ to exchange sthg with sb intercambiar algo con alguien.

exchange rate n FIN tipo *m* de cambio.

Exchequer [ɪks'tʃekəʳ] n US ▸ the Exchequer ≃ Hacienda.

excise ['eksaɪz] n *(U)* impuestos *mpl* sobre el consumo interior.

excitable [ɪk'saɪtəbl] adj excitable.

excite [ɪk'saɪt] vt [suspicion, interest] despertar.

excited [ɪk'saɪtɪd] adj emocionado(da).

excitement [ɪk'saɪtmənt] n emoción *f*.

exciting [ɪk'saɪtɪŋ] adj emocionante.

exclaim [ɪk'skleɪm] ⬦ vt exclamar. ⬦ vi ▸ to exclaim (ante).

exclamation [,eksklə'meɪʃn] n exclamación *f*.

exclamation mark US, **exclamation point** US n signo *m* de admiración.

exclude [ɪk'sklu:d] vt ▶ **to exclude sthg / sb (from)** excluir algo/a alguien (de).

excluding [ɪk'sklu:dɪŋ] prep sin incluir, con excepción de.

exclusive [ɪk'sklu:sɪv] ◆ adj **1.** [sole] exclusivo(va) **2.** [high-class] selecto(ta). ◆ n [news story] exclusiva f. ◆ **exclusive of** prep excluyendo.

excrement ['ekskrɪmənt] n excremento m.

excruciating [ɪk'skru:ʃɪeɪtɪŋ] adj insoportable.

excursion [ɪk'skɜ:ʃn] n excursión f.

excuse ◆ n [ɪk'skju:s] excusa f ▶ **to make an excuse** dar una excusa, excusarse. ◆ vt [ɪk'skju:z] **1.** [gen] ▶ **to excuse o.s. (for doing sthg)** excusarse OR disculparse (por haber hecho algo) **2.** [let off] ▶ **to excuse sb (from)** dispensar a alguien (de) ▶ **excuse me a)** [to attract attention] oiga (por favor) **b)** [when coming past] con permiso **c)** [apologizing] perdone **d)** US [pardon me?] ¿perdón?, ¿cómo?

ex-directory adj UK que no figura en la guía telefónica.

execute ['eksɪkju:t] vt [gen & COMPUT] ejecutar.

execution [,eksɪ'kju:ʃn] n ejecución f.

executioner [,eksɪ'kju:ʃnər] n verdugo m.

executive [ɪg'zekjutɪv] ◆ adj [decision-making] ejecutivo(va). ◆ n **1.** [person] ejecutivo m, -va f ▶ **account executive** responsable mf de grandes cuentas **2.** [committee] ejecutiva f, órgano m ejecutivo.

executive director n director ejecutivo m, directora ejecutiva f.

executor [ɪg'zekjutər] n albacea m.

exemplify [ɪg'zemplɪfaɪ] vt ejemplificar.

exempt [ɪg'zempt] ◆ adj ▶ **exempt (from)** exento(ta) (de). ◆ vt ▶ **to exempt sthg / sb (from)** eximir algo/a alguien (de).

exemption [ɪg'zempʃn] n exención f.

exercise ['eksəsaɪz] ◆ n **1.** [gen] ejercicio m **2.** MIL maniobra f. ◆ vt **1.** [dog] llevar de paseo; [horse] entrenar **2.** fml [power, right] ejercer; [caution, restraint] mostrar. ◆ vi hacer ejercicio.

exercise book n cuaderno m de ejercicios.

exert [ɪg'zɜ:t] vt ejercer ▶ **to exert o.s.** esforzarse.

exertion [ɪg'zɜ:ʃn] n esfuerzo m.

exhale [eks'heɪl] ◆ vt exhalar, despedir. ◆ vi espirar.

exhaust [ɪg'zɔ:st] ◆ n (U) [fumes] gases mpl de combustión ▶ **exhaust (pipe)** tubo m de escape. ◆ vt agotar.

exhausted [ɪg'zɔ:stɪd] adj [person] agotado(da).

exhausting [ɪg'zɔ:stɪŋ] adj agotador(ra).

exhaustion [ɪg'zɔ:stʃn] n agotamiento m.

exhaustive [ɪg'zɔ:stɪv] adj exhaustivo(va).

exhibit [ɪg'zɪbɪt] ◆ n **1.** ART objeto m expuesto; US [exhibition] exposición f **2.** LAW prueba f (instrumental). ◆ vt **1.** fml [feeling] mostrar, manifestar **2.** ART exponer.

exhibition [,eksɪ'bɪʃn] n **1.** ART exposición f **2.** [of feeling] manifestación f.

exhilarating [ɪg'zɪləreɪtɪŋ] adj estimulante.

exile ['eksaɪl] ◆ n **1.** [condition] exilio m ▶ **in exile** en el exilio **2.** [person] exiliado m, -da f. ◆ vt ▶ **to exile sb (from/to)** exiliar a alguien (de/a).

exist [ɪg'zɪst] vi existir.

existence [ɪg'zɪstəns] n existencia f ▶ **to be in existence** existir ▶ **to come into existence** nacer.

existing [ɪg'zɪstɪŋ] adj existente, actual.

exit ['eksɪt] ◆ n salida f. ◆ vi [gen & COMPUT] salir ; THEAT hacer mutis.

exodus ['eksədəs] n éxodo m.

exonerate [ɪg'zɒnəreɪt] vt ▶ **to exonerate sb (from)** exonerar a alguien (de).

exorbitant [ɪg'zɔ:bɪtənt] adj [cost] excesivo(va) ; [demand, price] exorbitante.

exotic [ɪg'zɒtɪk] adj exótico(ca).

expand [ɪk'spænd] ◆ vt ampliar. ◆ vi extenderse, ampliarse ; [materials, fluids] expandirse, dilatarse. ◆ **expand (up)on** vt insep desarrollar.

expanse [ɪk'spæns] n extensión f.

expansion [ɪk'spænʃn] n expansión f.

expatriate [eks'pætrɪət] ◆ adj expatriado(da). ◆ n expatriado m, -da f.

expect [ɪk'spekt] ◆ vt **1.** [gen] esperar ▶ **to expect sb to do sthg** esperar que alguien haga algo ▶ **to expect sthg (from sb)** esperar algo (de alguien) ▶ **to expect the worst** esperarse lo peor ▶ **as expected** como era de esperar **2.** [suppose] imaginarse, suponer ▶ **I expect so** supongo que sí. ◆ vi **1.** [anticipate] ▶ **to expect to do sthg** esperar hacer algo **2.** [be pregnant] ▶ **to be expecting** estar embarazada OR en estado.

expectancy = life expectancy.

expectant [ɪk'spektənt] adj expectante.

expectant mother n futura madre f.

expectation [,ekspek'teɪʃn] n esperanza f ▶ **against all expectation** OR **expectations, contrary to all expectation** OR **expectations** contrariamente a lo que se esperaba ▶ **to live up to / fall short of expectations** estar/no estar a la altura de lo esperado.

expedient [ɪk'spi:djənt] fml ◆ adj conveniente. ◆ n recurso m.

expedition [,ekspɪ'dɪʃn] n **1.** [journey] expedición f **2.** [outing] salida f.

expel [ɪk'spel] vt **1.** [person] ▶ **to expel sb (from)** expulsar a alguien (de) **2.** [gas, liquid] ▶ **to expel sthg (from)** expeler algo (de).

expend [ɪk'spend] vt ▶ **to expend sthg (on)** emplear algo (en).

expendable [ɪk'spendəbl] adj reemplazable.

expenditure [ɪk'spendɪtʃər] n (U) gasto m.

expense [ɪk'spens] n (U) gasto m ▶ **to go to great expense (to do sthg)** incurrir en grandes gastos (para hacer algo) ▶ **at the expense of** [sacrificing] a costa de ▶ **at sb's expense** lit & fig a costa de alguien ▶ **to spare no expense** no repararse en gastos. ◆ **expenses** pl n COMM gastos mpl.

expense account n cuenta f de gastos.

expensive [ɪk'spensɪv] adj caro(ra).

experience [ɪk'spɪərɪəns] ◆ n experiencia f. ◆ vt experimentar.

experienced [ɪk'spɪərɪənst] adj ▶ **experienced (at OR in)** experimentado(da) (en).

experiment [ɪk'sperɪmənt] ◆ n experimento m. ◆ vi ▶ **to experiment (with/on)** experimentar (con), hacer experimentos (con).

expert ['ekspɜ:t] ◆ adj ▶ **expert (at sthg/at doing sthg)** experto(ta) (en algo/en hacer algo) ▶ **expert advice** la opinión de un experto. ◆ n experto m, -ta f.

expertise [,ekspɜ:'ti:z] n (U) pericia f.

expire [ɪk'spaɪər] vi [licence, membership] caducar; [lease, deadline] vencer.

expiry [ɪk'spaɪərɪ] n [of licence, membership] caducidad f; [of lease, deadline] vencimiento m.

explain [ɪk'spleɪn] ◆ vt ▶ **to explain sthg (to sb)** explicar algo (a alguien). ◆ vi explicar ▶ **to explain to sb about sthg** explicarle algo a alguien.

explanation [,eksplə'neɪʃn] n ▶ **explanation (for)** explicación f (de).

explanatory [ɪk'splænətrɪ] adj explicativo(va), aclaratorio(ria).

explicit [ɪk'splɪsɪt] adj explícito(ta).

explode [ɪk'spləʊd] ◆ vt [bomb] hacer explotar; [building etc] volar; fig [theory] reventar. ◆ vi lit & fig estallar.

exploit ◆ n ['eksplɔɪt] proeza f, hazaña f. ◆ vt [ɪk'splɔɪt] explotar.

exploitation [,eksplɔɪ'teɪʃn] n (U) explotación f.

exploration [,eksplə'reɪʃn] n exploración f.

explore [ɪk'splɔ:r] vt & vi lit & fig explorar.

explorer [ɪk'splɔ:rər] n explorador m, -ra f.

explosion [ɪk'spləʊʒn] n explosión f.

explosive [ɪk'spləʊsɪv] ◆ adj explosivo(va). ◆ n explosivo m.

exponent [ɪk'spəʊnənt] n **1.** [supporter] partidario m, -ria f **2.** [expert] experto m, -ta f.

export ◆ n ['ekspɔ:t] **1.** [act] exportación f **2.** [exported product] artículo m de exportación. ◆ comp de exportación. ◆ vt [ɪk'spɔ:t] COMM & COMPUT exportar.

exporter [ek'spɔ:tər] n exportador m, -ra f.

expose [ɪk'spəʊz] vt **1.** [to sunlight, danger etc & PHOT] exponer ▶ **to be exposed to sthg** estar OR verse expuesto a algo **2.** [reveal, uncover] descubrir.

exposed [ɪk'spəʊzd] adj [land, house, position] expuesto(ta), al descubierto.

exposure [ɪk'spəʊʒər] n **1.** [to light, radiation] exposición f **2.** MED hipotermia f **3.** PHOT [time] (tiempo m de) exposición f; [photograph] fotografía f **4.** [publicity] publicidad f.

exposure meter n fotómetro m.

expound [ɪk'spaʊnd] fml vt exponer.

express [ɪk'spres] ◆ adj **1.** UK [letter, delivery] urgente **2.** [train, coach] rápido(da) **3.** fml [specific] expreso(sa). ◆ adv urgente. ◆ n [train] expreso m. ◆ vt expresar ▶ **to express o.s.** expresarse.

expression [ɪk'spreʃn] n expresión f.

expressive [ɪk'spresɪv] adj [full of feeling] expresivo(va).

expressly [ɪk'preslɪ] adv [specifically] expresamente.

expressway [ɪk'spresweɪ] n US autopista f.

expulsion [ɪk'spʌlʃn] n ▶ **expulsion (from)** expulsión f (de).

exquisite [ɪk'skwɪzɪt] adj exquisito(ta).

ext., extn. (written abbr of **extension**) ext.

extend [ɪk'stend] ◆ vt **1.** [gen] extender; [house] ampliar; [road, railway] prolongar; [visa, deadline] prorrogar **2.** [offer - welcome, help] brindar; [- credit] conceder. ◆ vi **1.** [become longer] extenderse **2.** [from surface, object] sobresalir.

extension [ɪk'stenʃn] n **1.** [gen & TELEC] extensión f **2.** [to building] ampliación f **3.** [of visit] prolongación f; [of deadline, visa] prórroga f **4.** ELEC ▶ **extension (lead)** alargador m.

extension cable n alargador m.

extensive [ɪk'stensɪv] adj [gen] extenso(sa); [changes] profundo(da); [negotiations] amplio(plia).

extensively [ɪk'stensɪvlɪ] adv [gen] extensamente; [change] profundamente ▶ **to use sthg extensively** hacer (un) gran uso de algo.

extent [ɪk'stent] n **1.** [size] extensión f **2.** [of problem, damage] alcance m **3.** [degree] ▶ **to what extent...?** ¿hasta qué punto...? ▶ **to the extent that a)** [in that, in so far as] en la medida en que **b)** [to the point where] hasta tal punto que ▶ **to some/a certain extent** hasta cierto punto ▶ **to a large OR great extent** en gran medida.

extenuating circumstances [ɪk'stenjueɪtɪŋ-] pl n circunstancias fpl atenuantes.

exterior [ɪk'stɪərɪər] ◆ adj exterior. ◆ n exterior m.

exterminate [ɪk'stɜ:mɪneɪt] vt exterminar.

external [ɪk'stɜ:nl] adj externo(na).

extinct [ɪk'stɪŋkt] adj extinto(ta).

extinguish [ik'stiŋgwiʃ] vt fml [gen] extinguir ; [cigarette] apagar.

extinguisher [ik'stiŋgwiʃər] n extintor m.

extn. = ext.

extol [US], **extoll** [US] [ik'stəʊl] vt [merits, values] ensalzar.

extort [ik'stɔːt] vt ▶ **to extort sthg from sb a)** [confession, promise] arrancar algo a alguien **b)** [money] sacar algo a alguien.

extortionate [ik'stɔːʃnət] adj desorbitado(da), exorbitante.

extra ['ekstrə] ◈ adj [additional] adicional ; [spare] de más / take extra care pon sumo cuidado. ◈ n **1.** [addition] extra m **2.** [additional charge] suplemento m **3.** CIN & THEAT extra mf. ◈ adv extra / to pay / charge extra pagar / cobrar un suplemento / be extra careful pon sumo cuidado.

extra- ['ekstrə] pref extra-.

extract ◈ n ['ekstrækt] **1.** [from book, piece of music] fragmento m **2.** CHEM extracto m. ◈ vt [ik'strækt] ▶ **to extract sthg (from) a)** [gen] extraer algo (de) **b)** [confession] arrancar algo (de).

extracurricular [ˌekstrəkə'rikjʊlər] adj SCH extraescolar.

extradite ['ekstrədait] vt ▶ **to extradite sb (from / to)** extraditar a alguien (de / a).

extramarital [ˌekstrə'mæritl] adj extramatrimonial.

extramural [ˌekstrə'mjʊərəl] adj UNIV fuera de la universidad pero organizado por ella.

extraordinary [ik'strɔːdnri] adj extraordinario(ria).

extraordinary general meeting n junta f (general) extraordinaria.

extravagance [ik'strævəgəns] n **1.** (U) [excessive spending] derroche m, despilfarro m **2.** [luxury] extravagancia f.

extravagant [ik'strævəgənt] adj **1.** [wasteful] derrochador(ra) **2.** [expensive] caro(ra) **3.** [exaggerated] extravagante.

extreme [ik'striːm] ◈ adj extremo(ma). ◈ n [furthest limit] extremo m.

extremely [ik'striːmli] adv [very] sumamente, extremadamente.

extremist [ik'striːmist] ◈ adj extremista. ◈ n extremista mf.

extreme sport n deporte m extremo.

extricate ['ekstrikeit] vt ▶ **to extricate sthg from** lograr sacar algo de ▶ **to extricate o.s. from** lograr salirse de.

extrovert ['ekstrəvɜːt] ◈ adj extrovertido(da). ◈ n extrovertido m, -da f.

exuberant [ig'zjuːbərənt] adj eufórico(ca).

exultant [ig'zʌltənt] adj [person] jubiloso(sa) ; [cry] de júbilo.

eye [ai] ◈ n ojo m ▶ **before my etc. (very) eyes** ante mis etc. propios ojos ▶ **to have an eye for sthg** tener buen ojo para algo ▶ **to keep one's eyes open for, to keep an eye out for** estar atento(ta) a. ◈ vt (cont **eyeing** OR **eying**) mirar.

eyeball ['aibɔːl] n globo m ocular.

eyebath ['aibɑːθ] n lavaojos m inv.

eyebrow ['aibrau] n ceja f.

eyebrow pencil n delineador m de cejas.

eye candy n (U) inf, hum & pej persona o cosa atractiva superficialmente pero sin mucho contenido.

eyedrops ['aidrops] pl n colirio m.

eyelash ['ailæʃ] n pestaña f.

eyelid ['ailid] n párpado m.

eyeliner ['ai,lainər] n lápiz m de ojos.

eye-opener n inf [revelation] revelación f ; [surprise] sorpresa f.

eye-opening adj inf revelador(ra).

eye shadow n sombra f de ojos.

eyesight ['aisait] n vista f.

eyesore ['aisɔːr] n monstruosidad f.

eyestrain ['aistrein] n vista f cansada.

eye test n revisión f ocular.

eyewitness [ˌai'witnis] n testigo mf ocular.

e-zine ['iːziːn] n fanzine m electrónico.

f (pl **f's** or **fs**), **F** (pl **F's** or **Fs**) [ef] n [letter] f f, F f. ◆ **F** ◈ n **1.** MUS fa m **2.** SCH ≃ muy deficiente m. ◈ adj (abbr of **Fahrenheit**) F.

fab [fæb] adj inf genial.

fable ['feibl] n [traditional story] fábula f.

fabric ['fæbrik] n **1.** [cloth] tela f, tejido m **2.** [of building, society] estructura f.

fabrication [ˌfæbri'keiʃn] n **1.** [lying, lie] invención f **2.** [manufacture] fabricación f.

fabulous ['fæbjʊləs] adj inf [excellent] fabuloso(sa).

facade [fə'sɑːd] n fachada f.

face [feis] ◈ n **1.** [of person] cara f, rostro m ▶ **face to face** cara a cara ▶ **to look sb in the face** mirar a alguien a la cara ▶ **to lose face** quedar mal ▶ **to save face** salvar las apariencias ▶ **face time** [US] [meeting] tiempo m de contacto personal / in your face inf atrevido(da) **2.** [expression] semblante m **3.** [person] cara f **4.** [of cliff, mountain, coin] cara f ; [of building] fachada f **5.** [of clock, watch] esfera f **6.** [appearance, nature] aspecto m **7.** [surface] superficie f ▶ **on**

the face of it a primera vista. ❖ vt **1.** [point towards] mirar a **2.** [confront, accept, deal with] hacer frente a ▶ **let's face it** no nos engañemos **3.** *inf* [cope with] aguantar, soportar. ❖ vi : *to face forwards / south* mirar hacia delante/al sur. ◆ **face down** adv boca abajo. ◆ **face up** adv boca arriba. ◆ **in the face of** prep [in spite of] ante. ◆ **face up to** vt insep hacer frente a.

facecloth ['feɪsklɒθ] n UK toallita f (para lavarse).

face cream n crema f facial.

faceless ['feɪslɪs] adj anónimo(ma), sin rostro.

face-lift n [on face] lifting m ▶ **to have a face-lift** hacerse un lifting ; *fig* [on building etc] lavado m de cara.

facepalm ['feɪspɑ:m] *inf* ❖ n : *it was a bit of a facepalm moment* en ese momento habría querido que me tragara la tierra. ❖ interj ¡tierra, trágame!

face powder n (U) polvos mpl (para la cara).

face-saving [-'seɪvɪŋ] adj para salvar las apariencias.

facet ['fæsɪt] n faceta f.

facetious [fə'si:ʃəs] adj guasón(ona).

face value n [of coin, stamp] valor m nominal ▶ **to take sthg at face value** tomarse algo literalmente.

facial ['feɪʃl] ❖ adj facial ; [expression] de la cara. ❖ n limpieza f de cutis.

facilitate [fə'sɪlɪteɪt] vt *fml* facilitar.

facility [fə'sɪlətɪ] n [feature] prestación f. ◆ **facilities** pl n [amenities] instalaciones fpl ; [services] servicios mpl.

facing ['feɪsɪŋ] adj opuesto(ta).

facsimile [fæk'sɪmɪlɪ] n facsímil m.

fact [fækt] n **1.** [piece of information] dato m ; [established truth] hecho m ▶ **to know sthg for a fact** saber algo a ciencia cierta **2.** (U) [truth] realidad f. ◆ **in fact** conj & adv de hecho, en realidad.

faction ['fækʃn] n [group] facción f.

fact of life n : *it's a fact of life* es un hecho indiscutible. ◆ **facts of life** pl n *euph* : *to tell sb (about) the facts of life* contar a alguien cómo nacen los niños.

factor ['fæktə'] n factor m.

factory ['fæktərɪ] n fábrica f.

fact sheet n UK hoja f informativa.

factual ['fæktʃʊəl] adj basado(da) en hechos reales.

faculty ['fækltɪ] n **1.** [gen] facultad f **2.** US [in college] ▶ **the faculty** el profesorado.

fad [fæd] n [of society] moda f pasajera ; [of person] capricho m.

fade [feɪd] ❖ vt descolorar, desteñir. ❖ vi **1.** [jeans, curtains, paint] descolorarse, desteñirse ; [flower] marchitarse **2.** [light, sound, smile] irse apagando **3.** [memory, feeling, interest] desvanecerse. ◆ **fade away** vi desvanecerse. ◆ **fade out** ❖ vt CIN fundir en negro. ❖ vi CIN fundirse en negro ; MUS apagarse.

faeces UK, **feces** US ['fi:si:z] pl n heces fpl.

fag [fæg] n *inf* **1.** UK [cigarette] pitillo m **2.** US pej [homosexual] marica m, joto m Mex.

Fahrenheit ['færənhaɪt] adj Fahrenheit (inv).

fail [feɪl] ❖ vt **1.** [exam, test, candidate] suspender **2.** [not succeed] ▶ **to fail to do sthg** no lograr hacer algo **3.** [neglect] ▶ **to fail to do sthg** no hacer algo **4.** [let down] fallar. ❖ vi **1.** [not succeed] fracasar ▶ **if all else fails** en último extremo **2.** [not pass exam] suspender **3.** [stop functioning] fallar **4.** [weaken] debilitarse.

failing ['feɪlɪŋ] n [weakness] fallo m. ❖ prep a falta de ▶ **failing that** en su defecto.

failure ['feɪljə'] n **1.** [lack of success, unsuccessful thing] fracaso m **2.** [person] fracasado m, -da f **3.** [in exam] suspenso m **4.** [act of neglecting] : *her failure to do it* el que no lo hiciera **5.** [breakdown, malfunction] avería f, fallo m.

faint [feɪnt] ❖ adj **1.** [weak, vague] débil ; [outline] impreciso(sa) ; [memory, longing] vago(ga) ; [trace, hint, smell] leve **2.** [chance] reducido(da) **3.** [dizzy] mareado(da). ❖ vi desmayarse.

fair [feə'] ❖ adj **1.** [just] justo(ta) ▶ **it's not fair!** ¡no hay derecho! **2.** [quite large] considerable **3.** [quite good] bastante bueno(na) ▶ **'fair'** SCH 'regular' **4.** [hair] rubio(bia) **5.** [skin, complexion] claro(ra) **6.** [weather] bueno(na) **7.** *liter* [beautiful] hermoso(sa). ❖ n **1.** UK [funfair] feria f **2.** [trade fair] feria f. ❖ adv [fairly] limpio. ◆ **fair enough** UK *inf* vale.

fairground ['feəgraʊnd] n feria f.

fair-haired [-'heəd] adj rubio(bia).

fairly ['feəlɪ] adv **1.** [moderately] bastante **2.** [justly] justamente.

fairness ['feənɪs] n [justness] justicia f.

fair play n juego m limpio.

fair trade n comercio m justo.

fairy ['feərɪ] n hada f.

fairy tale n cuento m de hadas.

faith [feɪθ] n fe f ▶ **in good / bad faith** de buena/mala fe.

faithful ['feɪθfʊl] ❖ adj fiel. ❖ pl n RELIG ▶ **the faithful** los fieles.

faithfully ['feɪθfʊlɪ] adv fielmente ▶ **'Yours faithfully'** UK [in letter] 'le saluda atentamente'.

fake [feɪk] ❖ adj falso(sa). ❖ n **1.** [object, painting] falsificación f **2.** [person] impostor m, -ra f. ❖ vt **1.** [results, signature] falsificar **2.** [illness, emotions] fingir. ❖ vi [pretend] fingir.

falcon ['fɔ:lkən] n halcón m.

Falkland Islands ['fɔːklənd-], **Falklands** ['fɔːklɒndz] pl n : *the Falkland Islands* las (islas) Malvinas.

fall [fɔːl] ❖ vi (pt **fell**, pp **fallen**) **1.** [gen] caer / *he fell off the chair* se cayó de la silla / *she fell backwards* se cayó hacia atrás ▸ **to fall to bits or pieces** hacerse pedazos ▸ **to fall flat** *fig* no causar el efecto deseado **2.** [decrease] bajar **3.** [become] ▸ **to fall asleep** dormirse ▸ **to fall ill** ponerse enfermo(ma) ▸ **to fall in love** enamorarse. ❖ n **1.** [gen] caída f **2.** [meteor] ▸ **a fall of snow** una nevada **3.** [MIL - of city] caída f **4.** [decrease] ▸ **fall (in)** descenso m (de) **5.** US [autumn] otoño m. ❖ **falls** pl n cataratas fpl.
◆ **fall apart** vi [book, chair] romperse ; *fig* [country, person] desmoronarse. ◆ **fall back** vi [person, crowd] echarse atrás, retroceder. ◆ **fall back on** vt insep [resort to] recurrir a. ◆ **fall behind** vi **1.** [in race] quedarse atrás **2.** [with rent, work] retrasarse. ◆ **fall down** vi **1.** [to ground] caerse **2.** [fail] fallar. ◆ **fall for** vt insep **1.** *inf* [fall in love with] enamorarse de **2.** [trick, lie] tragarse. ◆ **fall in** vi **1.** [roof, ceiling] desplomarse, hundirse **2.** MIL formar filas. ◆ **fall off** vi **1.** [branch, handle] desprenderse **2.** [demand, numbers] disminuir. ◆ **fall out** vi **1.** [hair, tooth] : *his hair is falling out* se le está cayendo el pelo **2.** [argue] pelearse, discutir **3.** MIL romper filas. ◆ **fall over** vi [person, chair etc] caerse. ◆ **fall through** vi [plan, deal] fracasar.

fallacy ['fæləsɪ] n concepto m erróneo, falacia f.

fallen ['fɔːln] pp ⟶ **fall**.

fallible ['fæləbl] adj falible.

fallout ['fɔːlaʊt] n (U) **1.** [radiation] lluvia f radiactiva **2.** [consequences] secuelas fpl.

fallout shelter n refugio m atómico.

fallow ['fæləʊ] adj en barbecho.

false [fɔːls] adj [gen] falso(sa) ; [eyelashes, nose] postizo(za).

false alarm n falsa alarma f.

false teeth pl n dentadura f postiza.

falsify ['fɔːlsɪfaɪ] vt [facts, accounts] falsificar.

falter ['fɔːltər] vi vacilar.

fame [feɪm] n fama f.

familiar [fə'mɪljər] adj **1.** [known] familiar, conocido(da) ▸ **to be familiar to sb** serle familiar a alguien **2.** [conversant] ▸ **familiar with** familiarizado(da) con ▸ **to be on familiar terms with sb** tener trato informal con alguien **3.** *pej* [too informal - tone, manner] demasiado amistoso(sa).

familiarity [fə,mɪlɪ'ærətɪ] n (U) [knowledge] ▸ **familiarity with** conocimiento m de.

familiarize, familiarise [fə'mɪljəraɪz] vt ▸ **to familiarize o.s./sb with sthg** familiarizarse / familiarizar a alguien con algo.

family ['fæmlɪ] n familia f.

family credit n (U) UK ≃ prestación f or ayuda f familiar.

family doctor n médico m de cabecera.

family-friendly adj [pub, hotel, campsite] familiar ; [policy, proposal] de apoyo a las familias ; [show, entertainment] para toda la familia.

family leave n permiso m parental.

family planning n planificación f familiar.

family-size(d) adj [jar, packet] (de tamaño) familiar.

famine ['fæmɪn] n hambruna f.

famished ['fæmɪʃt] adj *inf* [very hungry] muerto(ta) de hambre, famélico(ca).

famous ['feɪməs] adj ▸ **famous (for)** famoso(sa) (por).

fan [fæn] ❖ n **1.** [of paper, silk] abanico m **2.** [electric or mechanical] ventilador m **3.** [of musician, artist etc] fan mf, admirador m, -ra f ; [of music, art etc] aficionado m, -da f ; FOOT hincha mf. ❖ vt **1.** [cool] abanicar **2.** [stimulate - fire, feelings] avivar. ◆ **fan out** vi desplegarse en abanico.

fanatic [fə'nætɪk] n fanático m, -ca f.

fan belt n correa f del ventilador.

fanciful ['fænsɪfʊl] adj [odd] rocambolesco(ca).

fancy ['fænsɪ] ❖ vt **1.** *inf* [feel like] : *I fancy a cup of tea / going to the cinema* me apetece una taza de té / ir al cine **2.** *inf* [desire] : *do you fancy her?* ¿te gusta? **3.** [imagine] ▸ **fancy that!** ¡imagínate!, ¡mira por donde! **4.** *dated* [think] creer. ❖ n [desire, liking] capricho m ▸ **to take a fancy to** encapricharse con. ❖ adj **1.** [elaborate] elaborado(da) **2.** [expensive] de lujo, caro(ra) ; [prices] exorbitante.

fancy dress n (U) disfraz m.

fancy-dress party n fiesta f de disfraces.

fanfare ['fænfeər] n fanfarria f.

fang [fæŋ] n colmillo m.

fan heater n convector m.

fanny ['fænɪ] n US *inf* [buttocks] culo m.

fan-shaped adj en abanico.

fantasize, fantasise ['fæntəsaɪz] vi fantasear ▸ **to fantasize about sthg / about doing sthg** soñar con algo / con hacer algo.

fantastic [fæn'tæstɪk] adj [gen] fantástico(ca).

fantasy ['fæntəsɪ] n fantasía f.

fantasy football n (U) ≃ la liga fantástica®.

fao (abbr of **for the attention of**) a/a.

FAQ ❖ (abbr of **free alongside quay**) muelle franco. ❖ n COMPUT (abbr of **frequently asked questions**) PMF fpl.

far [faːr] ❖ adv **1.** [in distance, time] lejos / *is it far?* ¿está lejos? ▸ **how far is it?** ¿a qué distancia está? ▸ **how far is it to Prague?** ¿cuánto hay de aquí a Praga? ▸ **so far** por ahora, hasta ahora ▸ **far and wide** por todas partes ▸ **as far as** hasta **2.** [in degree or extent] ▸ **how far have you got?** ¿hasta dónde has llegado? ▶ **he's not far wrong** OR **out** OR **off** no anda del todo descaminado ▶ **as far as I know** que yo sepa ▶ **as far as I'm concerned** por OR en lo que a mí respecta ▶ **as far as possible** en (la medida de) lo posible ▶ **far and away, by far** con mucho ▶ **far from it** en absoluto, todo lo contrario ▶ **so far a)** [until now] hasta el momento **b)** [to a certain extent] hasta un cierto punto. ❖ adj (*compar* **farther** *or* **further,** *superl* **farthest** *or* **furthest**) [extreme] extremo(ma).

faraway ['fɑːrəweɪ] adj **1.** [land etc] lejano(na) **2.** [look, expression] ausente.

farce [fɑːs] n *lit & fig* farsa f.

farcical ['fɑːsɪkl] adj absurdo(da).

fare [feəʳ] n **1.** [payment] (precio m del) billete m; [in taxi] tarifa f; [passenger] pasajero m, -ra f (*de taxi*) **2.** (U) *fml* [food] comida f.

Far East n ▶ **the Far East** el Extremo Oriente.

farewell [,feə'wel] ❖ n despedida f. ❖ excl *liter* ¡vaya con Dios!

farm [fɑːm] ❖ n [smaller] granja f, chacra f Am; [larger] hacienda f. ❖ vt [land] cultivar; [livestock] criar. ◆ **farm out** vt sep subcontratar.

farmer ['fɑːməʳ] n [on smaller farm] granjero m, -ra f, chacarero m, -ra f Am; [on larger farm] agricultor m, -ra f.

farmhand ['fɑːmhænd], **farm labourer, farm worker** n peón m.

farmhouse ['fɑːmhaus] (*pl* [-hauzɪz]) n granja f, caserío m.

farming ['fɑːmɪŋ] (U) n **1.** AGRIC & INDUST agricultura f **2.** [act -of crops] cultivo m; [-of animals] cría f, crianza f.

farm labourer = **farmhand.**

farmland ['fɑːmlænd] n (U) tierras fpl de labranza.

farmstead ['fɑːmsted] n US granja f.

farm worker = **farmhand.**

farmyard ['fɑːmjɑːd] n corral m.

far-reaching [-'riːtʃɪŋ] adj trascendental, de amplio alcance.

farsighted [,fɑː'saɪtɪd] adj **1.** [gen] con visión de futuro; [plan] con miras al futuro **2.** US [longsighted] présbita.

fart [fɑːt] *v inf* ❖ n [flatulence] pedo m. ❖ vi tirarse un pedo.

farther ['fɑːðəʳ] compar —→ **far.**

farthest ['fɑːðəst] superl —→ **far.**

fascinate ['fæsɪneɪt] vt fascinar.

fascinating ['fæsɪneɪtɪŋ] adj fascinante.

fascination [,fæsɪ'neɪʃn] n fascinación f.

fascism ['fæʃɪzm] n fascismo m.

fascist ['fæʃɪst] ❖ adj fascista. ❖ n fascista mf.

fashion ['fæʃn] ❖ n **1.** [clothing, style, vogue] moda f **2.** [manner] manera f. ❖ vt *fml* **1.** [make] elaborar **2.** *fig* [mould] forjar.

fashionable ['fæʃnəbl] adj de moda.

fashion show n pase m OR desfile m de modelos.

fast [fɑːst] ❖ adj **1.** [rapid] rápido(da) **2.** [clock, watch] ▶ **her watch is two minutes fast** su reloj va dos minutos adelantado **3.** [dye, colour] que no destiñe. ❖ adv **1.** [rapidly] rápido, rápidamente ▶ **how fast were they going?** ¿a qué velocidad conducían? **2.** [firmly] ▶ **stuck fast** bien pegado(da) ▶ **to hold fast to sthg a)** [person, object] agarrarse fuerte a algo **b)** [principles] mantenerse fiel a algo ▶ **fast asleep** profundamente dormido. ❖ n ayuno m. ❖ vi ayunar.

fasten ['fɑːsn] vt **1.** [gen] sujetar; [clothes, belt] abrochar / *he fastened his coat* se abrochó el abrigo **2.** [attach] ▶ **to fasten sthg to sthg** fijar algo a algo.

fastener ['fɑːsnəʳ] n cierre m; [zip] cremallera f.

fastening ['fɑːsnɪŋ] n [of door, window] cerrojo m, pestillo m.

fast food n (U) comida f rápida.

fastidious [fə'stɪdɪəs] adj [fussy] quisquilloso(sa).

fast-paced [fɑːst 'peɪst] adj [novel, film, TV show] de ritmo trepidante.

fat [fæt] ❖ adj **1.** [gen] gordo(da) ▶ **to get fat** engordar **2.** [meat] con mucha grasa **3.** [book, package] grueso(sa). ❖ n **1.** [gen] grasa f **2.** [for cooking] manteca f.

fatal ['feɪtl] adj **1.** [mortal] mortal **2.** [serious] fatal, funesto(ta).

fatality [fə'tælətɪ] n [accident victim] víctima f mortal.

fatally ['feɪtəlɪ] adv **1.** [mortally] mortalmente **2.** [seriously] gravemente.

fate [feɪt] n **1.** [destiny] destino m ▶ **to tempt fate** tentar a la suerte **2.** [result, end] suerte f, final m.

fateful ['feɪtfʊl] adj fatídico(ca).

fat-free adj sin grasas.

father ['fɑːðəʳ] n *lit & fig* padre m.

Father Christmas n UK Papá m Noel.

fatherhood ['fɑːðəhʊd] n paternidad f.

father-in-law (*pl* father-in-laws *or* fathers-in-law) n suegro m.

fatherly ['fɑːðəlɪ] adj paternal.

fathom ['fæðəm] ❖ n braza f. ❖ vt ▶ **to fathom sthg /sb (out)** llegar a comprender algo/a alguien.

fatigue [fə'tiːg] n fatiga f.

fatten ['fætn] vt engordar.

fattening ['fætnɪŋ] adj que engorda.

fatty ['fætɪ] ❖ adj graso(sa). ❖ n *inf & pej* gordinflón m, -ona f.

fatuous ['fætjʊəs] adj necio(cia).

faucet ['fɔːsɪt] n 🇺🇸 grifo m, llave f 🇦🇲, canilla f 🇷🇵, paja f 🇨🇦🇲, caño m 🇵🇪🇷🇺

fault [fɔːlt] ❖ n **1.** [responsibility] culpa f ▸ **it's my fault** es culpa mía ▸ **to be at fault** tener la culpa **2.** [mistake, imperfection] defecto m ▸ **to find fault with** encontrar defectos a **3.** GEOL falla f **4.** [in tennis] falta f. ❖ vt ▸ **to fault sb (on sthg)** criticar a alguien (en OR por algo).

faultless ['fɔːltlɪs] adj impecable.

faulty ['fɔːltɪ] adj [machine, system] defectuoso(sa); [reasoning, logic] imperfecto(ta).

fauna ['fɔːnə] n fauna f.

faux pas [,fəʊ'pɑː] (pl inv) n plancha f.

favour 🇬🇧, **favor** 🇺🇸 ['feɪvər] ❖ n [gen] favor m ▸ **in sb's favour** a favor de alguien ▸ **to be in/out of favour (with)** ser/dejar de ser popular (con) ▸ **to rule in sb's favour** fallar a favor de alguien. ❖ vt **1.** [prefer] decantarse por, preferir **2.** [treat better, help] favorecer. ◆ **in favour** adv [in agreement] a favor. ◆ **in favour of** prep **1.** [in preference to] en favor de **2.** [in agreement with] ▸ **to be in favour of sthg/of doing sthg** estar a favor de algo/de hacer algo.

favourable 🇬🇧, **favorable** 🇺🇸 ['feɪvrəbl] adj [positive] favorable.

favourite 🇬🇧, **favorite** 🇺🇸 ['feɪvrɪt] ❖ adj favorito(ta). ❖ n **1.** [gen] favorito m, -ta f **2.** INTERNET favorito m. ❖ vt INTERNET añadir a favoritos. ◆ **favorites** pl n COMPUT favoritos mpl.

favouritism 🇬🇧, **favoritism** 🇺🇸 ['feɪvrɪtɪzm] n favoritismo m.

fawn [fɔːn] ❖ adj beige (inv). ❖ n [animal] cervato m, cervatillo m. ❖ vi ▸ **to fawn on sb** adular a alguien.

fax [fæks] ❖ n fax m. ❖ vt **1.** [send fax to] mandar un fax a **2.** [send by fax] enviar por fax.

fax machine, **facsimile machine** n fax m.

FBI (abbr of Federal Bureau of Investigation) n FBI m.

fear [fɪər] ❖ n **1.** [gen] miedo m, temor m ▸ **for fear of** por miedo a **2.** [risk] peligro m. ❖ vt **1.** [be afraid of] temer **2.** [anticipate] temerse ▸ **to fear (that)...** temerse que...

fearful ['fɪəfʊl] adj **1.** fml [frightened] temeroso(sa) **2.** [frightening] terrible.

fearless ['fɪəlɪs] adj intrépido(da).

feasible ['fiːzəbl] adj factible, viable.

feast [fiːst] ❖ n [meal] banquete m, festín m. ❖ vi ▸ **to feast on** OR **off sthg** darse un banquete a base de algo.

feat [fiːt] n hazaña f.

feather ['feðər] n pluma f.

feature ['fiːtʃər] ❖ n **1.** [characteristic] característica f **2.** [of face] rasgo m **3.** GEOG accidente m geográfico **4.** [article] artículo m de fondo **5.** RADIO & TV [programme] programa m especial **6.** CIN = feature film. ❖ vt [subj: film] tener como protagonista a; [subj: exhibition] tener como atracción principal a. ❖ vi ▸ **to feature (in)** aparecer OR figurar (en).

feature film n largometraje m.

February ['februəri] n febrero m. See also **September**.

feces 🇺🇸 = faeces.

fed [fed] pt & pp ⟶ feed.

federal ['fedrəl] adj federal ▸ **Federal Agent** 🇺🇸 agente mf federal.

federation [,fedə'reɪʃn] n federación f.

fed up adj ▸ **fed up (with)** harto(ta) (de).

fee [fiː] n [to lawyer, doctor etc] honorarios mpl ▸ **membership fee** cuota f de socio ▸ **entrance fee** entrada f ▸ **school fees** (precio m de) matrícula f.

feeble ['fiːbl] adj **1.** [weak] débil **2.** [poor, silly] pobre, flojo(ja).

feed [fiːd] ❖ vt (pt & pp fed) [gen] alimentar; [animal] dar de comer a. ❖ vi comer. ❖ n **1.** [of baby] toma f **2.** [animal food] pienso m.

feedback ['fiːdbæk] n (U) **1.** [reaction] reacciones fpl **2.** COMPUT & ELEC realimentación f; [on guitar etc] feedback m.

feeding bottle ['fiːdɪŋ-] n 🇬🇧 biberón m.

feel [fiːl] ❖ vt (pt & pp felt) **1.** [touch] tocar **2.** [sense, notice, experience] sentir ▸ **I felt myself blushing** noté que me ponía colorado(da) **3.** [believe] creer ▸ **to feel (that)** creer OR pensar que ▸ **not to feel o.s.** no encontrarse bien. ❖ vi (pt & pp felt) **1.** [have sensation] ▸ **to feel hot/cold/sleepy** tener calor/frío/sueño ▸ **how do you feel?** ¿cómo te encuentras? **2.** [have emotion] : to feel safe/happy sentirse seguro/feliz **3.** [seem] parecer (al tacto) **4.** [by touch] ▸ **to feel for sthg** buscar algo a tientas **5.** [be in mood] ▸ **do you feel like a drink/eating out?** ¿te apetece OR te provoca 🇦🇳🇩🇪🇸 🇲🇪🇽 beber algo/comer fuera? ❖ n **1.** [sensation, touch] tacto m, sensación f **2.** [atmosphere] atmósfera f.

feeler ['fiːlər] n antena f.

feeling ['fiːlɪŋ] n **1.** [emotion] sentimiento m **2.** [sensation] sensación f **3.** [intuition] presentimiento m **4.** [opinion] opinión f **5.** [understanding] apreciación f, entendimiento m. ◆ **feelings** pl n sentimientos mpl.

feet [fiːt] pl n ⟶ foot.

feign [feɪn] vt fml fingir, aparentar.

feline ['fiːlaɪn] ❖ adj felino(na). ❖ n fml felino m.

fell [fel] ❖ pt ⟶ fall. ❖ vt [tree] talar. ◆ **fells** pl n GEOG monte m.

fellow ['feləʊ] ❖ adj ▸ **fellow students/prisoners** compañeros de clase/celda ▸ **fellow citizens** conciudadanos. ❖ n **1.** dated [man] tipo m **2.** [comrade, peer] camarada mf **3.** [of a society] miembro m **4.** [of college] miembro m del claustro de profesores.

fellowship ['feləʊʃɪp] n **1.** [comradeship] camaradería f **2.** [society] asociación f **3.** [grant] beca f de investigación.

felony ['felənɪ] n US LAW crimen m, delito m grave.

felt [felt] ◆ pt & pp ⟶ **feel.** ◆ n (U) fieltro m.

felt-tip pen n rotulador m.

female ['fi:meɪl] ◆ adj [animal, plant, connector] hembra; [figure, sex] femenino(na). ◆ n **1.** [female animal] hembra f **2.** [woman] mujer f.

femidom n preservativo m femenino.

feminine ['femɪnɪn] ◆ adj femenino(na). ◆ n GRAM femenino m.

feminist ['femɪnɪst] n feminista mf.

fence [fens] ◆ n valla f ▶ **to sit on the fence** fig nadar entre dos aguas. ◆ vt [surround] cercar.

fencing ['fensɪŋ] n SPORT esgrima f.

fend [fend] vi ▶ **to fend for o.s.** valerse por sí mismo(ma). ◆ **fend off** vt sep [blows] defenderse de, desviar; [questions, reporters] eludir.

fender ['fendər] n **1.** [round fireplace] guardafuego m **2.** [on boat] defensa f **3.** US [on car] guardabarros m inv.

ferment ◆ n ['fɜ:ment] [unrest] agitación f. ◆ vi [fə'ment] fermentar.

fern [fɜ:n] n helecho m.

ferocious [fə'rəʊʃəs] adj feroz.

ferret ['ferɪt] n hurón m. ◆ **ferret about, ferret around** vi inf rebuscar. ◆ **ferret out** vt sep inf conseguir descubrir.

ferris wheel ['ferɪs-] n US noria f.

ferry ['ferɪ] ◆ n [large, for cars] transbordador m, ferry m; [small] barca f. ◆ vt llevar, transportar.

ferryboat ['ferɪbəʊt] n transbordador m, ferry m.

fertile ['fɜ:taɪl] adj fértil.

fertilizer ['fɜ:tɪlaɪzər] n abono m.

fervent ['fɜ:vənt] adj ferviente.

fest [fest] n inf : crazy shopping fest locura f de compras.

fester ['festər] vi lit & fig enconarse.

festival ['festəvl] n **1.** [event, celebration] festival m **2.** [holiday] día m festivo.

festive ['festɪv] adj festivo(va).

festive season n ▶ **the festive season** las Navidades.

festivities [fes'tɪvətɪz] pl n festividades fpl.

festoon [fe'stu:n] vt engalanar.

fetch [fetʃ] vt **1.** [go and get] ir a buscar **2.** inf [raise - money] venderse por.

fetching ['fetʃɪŋ] adj atractivo(va).

fete, fête [feɪt] n fiesta f benéfica.

fetish ['fetɪʃ] n **1.** [object of sexual obsession] fetiche m **2.** [mania] obsesión f, manía f.

fetus ['fi:təs] US = foetus.

feud [fju:d] ◆ n enfrentamiento m duradero. ◆ vi pelearse.

feudal ['fju:dl] adj feudal.

fever ['fi:vər] n lit & fig fiebre f / **to have a fever** tener fiebre.

feverish ['fi:vərɪʃ] adj lit & fig febril.

few [fju:] ◆ adj pocos(cas) ▶ **the next few weeks** las próximas semanas ▶ **a few** algunos(nas) / a few more potatoes algunas patatas más ▶ **quite a few, a good few** bastantes ▶ **few and far between** escasos, contados. ◆ pron pocos mpl, -cas f ▶ **a few (of them)** algunos mpl, -nas f / quite a few bastantes mpl & fpl.

fewer ['fju:ər] ◆ adj menos. ◆ pron menos.

fewest ['fju:əst] adj menos.

fiancé [fɪ'ɒnseɪ] n prometido m.

fiancée [fɪ'ɒnseɪ] n prometida f.

fiasco [fɪ'æskəʊ] (UK pl -s, US pl -es) n fiasco m.

fib [fɪb] inf n bola f, trola f.

fibre UK, **fiber** US ['faɪbər] n fibra f.

fibreglass UK, **fiberglass** US ['faɪbəglɑ:s] n (U) fibra f de vidrio.

fickle ['fɪkl] adj voluble.

fiction ['fɪkʃn] n **1.** [stories] (literatura f de) ficción f **2.** [fabrication] ficción f.

fictional ['fɪkʃənl] adj **1.** [literary] novelesco(ca) **2.** [invented] ficticio(cia).

fictitious [fɪk'tɪʃəs] adj [false] ficticio(cia).

fiddle ['fɪdl] n **1.** [violin] violín m **2.** UK inf [fraud] timo m. ◆ **fiddle about, fiddle around** vi [play around] ▶ **to fiddle about (with sthg)** juguetear (con algo).

fiddly ['fɪdlɪ] adj UK [job] delicado(da); [gadget] intrincado(da).

fidget ['fɪdʒɪt] vi no estarse quieto(ta).

field [fi:ld] n [gen & COMPUT] campo m ▶ **in the field** sobre el terreno ▶ **to play left field** US SPORT jugar de exterior izquierdo ▶ **to be out in left field** inf & fig ser un excéntrico, ser una excéntrica.

field day n ▶ **to have a field day** disfrutar de lo lindo.

field glasses pl n prismáticos mpl.

field marshal n mariscal m de campo.

field trip n salida f para realizar trabajo de campo.

fieldwork ['fi:ldwɜ:k] n (U) trabajo m de campo.

fiend [fi:nd] n [cruel person] malvado m, -da f.

fiendish ['fi:ndɪʃ] adj **1.** [evil] malévolo(la) **2.** [very difficult] endiablado(da).

fierce [fɪəs] adj [gen] feroz; [temper] endiablado(da); [loyalty] ferviente; [heat] asfixiante.

fiery ['faɪərɪ] adj **1.** [burning] ardiente **2.** [volatile - temper] endiablado(da) ; [-speech] encendido(da) ; [-person] apasionado(da).

fifteen [fɪf'ti:n] num quince. *See also* **six**.

fifteenth [ˌfɪf'ti:nθ] num decimoquinto(ta). *See also* **sixth**.

fifth [fɪfθ] num quinto(ta). *See also* **sixth**.

fifty ['fɪftɪ] num cincuenta. *See also* **sixty**.

fifty-fifty ❖ adj al cincuenta por ciento ▶ a **fifty-fifty chance** unas posibilidades del cincuenta por ciento. ❖ adv ▶ **to go fifty-fifty** ir a medias.

fig [fɪg] n higo m.

fight [faɪt] ❖ n [physical, verbal] pelea f; fig [struggle] lucha f ▶ **to have a fight (with)** pelearse (con) ▶ **to put up a fight** oponer resistencia. ❖ vt (pt & pp **fought**) [gen] luchar contra ; [in punch-up] pelearse con ; [battle, campaign] librar ; [war] luchar en. ❖ vi (pt & pp **fought**) **1.** [in punch-up] pelearse ; [in war] luchar **2.** fig [battle, struggle] ▶ **to fight (for / against)** luchar (por / contra) **3.** [argue] ▶ **to fight (about** OR **over)** pelearse OR discutir (por). ◆ **fight back** ❖ vt insep [tears, feelings] reprimir, contener. ❖ vi defenderse. ◆ **fight off** vt sep **1.** [deter] rechazar **2.** [overcome] ahuyentar, sobreponerse a. ◆ **fight out** vt sep ▶ **they are left fighting it out for second place** van a tener que disputarse el segundo puesto.

fighter ['faɪtər] n **1.** [plane] caza m **2.** [soldier] combatiente mf **3.** [boxer] púgil mf **4.** [combative person] luchador m, -ra f.

fighting ['faɪtɪŋ] n (U) [on streets, terraces] peleas fpl ; [in war] combates mpl.

figment ['fɪgmənt] n ▶ **to be a figment of sb's imagination** ser producto de la imaginación de alguien.

figurative ['fɪgərətɪv] adj figurado(da).

figure [UK 'fɪgər, US 'fɪgjər] ❖ n **1.** [statistic, number] cifra f ▶ **to put a figure on sthg** dar un número exacto de algo ▶ **to be in single / double figures** no sobrepasar / sobrepasar la decena **2.** [shape of person, personality] figura f **3.** [diagram] figura f. ❖ vt US [suppose] figurarse, suponer. ❖ vi [feature] figurar. ◆ **figure out** vt sep [reason, motives] figurarse ; [problem etc] resolver ; [amount, quantity] calcular ▶ **to figure out how to do sthg** dar con la manera de hacer algo.

figurehead ['fɪgəhed] n [leader without real power] testaferro m.

figure of speech n forma f de hablar.

Fiji ['fi:dʒi:] n Fiji.

file [faɪl] ❖ n **1.** [folder] carpeta f **2.** [report] expediente m ▶ **on file, on the files** archivado **3.** COMPUT archivo m ▶ **box file** archivador m ▶ **native file** archivo m nativo **4.** [tool] lima f **5.** [line]

▶ **in single file** en fila india. ❖ vt **1.** [put in file] archivar **2.** LAW presentar **3.** [shape, smooth] limar. ❖ vi [walk in single file] ir en fila.

filename ['faɪl,neɪm] n COMPUT nombre m de archivo.

filet US = **fillet**.

filing ['faɪlɪŋ] n clasificación f.

filing cabinet ['faɪlɪŋ-] n archivador m.

Filipino [ˌfɪlɪ'pi:nəʊ] ❖ adj filipino(na). ❖ n (pl -s) filipino m, -na f.

fill [fɪl] ❖ vt **1.** [gen] ▶ **to fill sthg (with)** llenar algo (de) **2.** [gap, hole, crack] rellenar ; [tooth] empastar **3.** [need, vacancy etc] cubrir ; [time] ocupar. ❖ n ▶ **to eat one's fill** comer hasta hartarse ▶ **to have had one's fill of sthg** estar hasta la coronilla de algo. ◆ **fill in** vt sep **1.** [complete] rellenar **2.** [inform] ▶ **to fill sb in (on)** poner a alguien al corriente (de). ◆ **fill out** vt sep [complete] rellenar. ◆ **fill up** ❖ vt sep llenar (hasta arriba). ❖ vi **1.** [gen] llenarse **2.** [buy petrol] repostar.

fillet UK, **filet** US ['fɪlɪt] ❖ n filete m. ❖ vt cortar en filetes.

fillet steak n filete m, bife m de lomo RP.

filling ['fɪlɪŋ] ❖ adj [satisfying] que llena mucho. ❖ n **1.** [in tooth] empaste m Esp **2.** [in cake, sandwich] relleno m.

filling station n estación f de servicio OR de nafta RP.

film [fɪlm] ❖ n **1.** [gen] película f **2.** (U) [art of cinema] cine m. ❖ vt & vi filmar, rodar.

film noir n CIN cine m negro.

film star n estrella f de cine.

Filofax® ['faɪləʊfæks] n agenda f de anillas.

filter ['fɪltər] ❖ n filtro m. ❖ vt [purify] filtrar. ◆ **filter through** vi filtrarse.

filter coffee n café m de filtro.

filter lane n UK carril m de giro.

filter-tipped [-'tɪpt] adj con filtro.

filth [fɪlθ] n (U) **1.** [dirt] suciedad f **2.** [obscenity] obscenidades fpl.

filthy ['fɪlθɪ] adj **1.** [very dirty] mugriento(ta), sucísimo(ma) **2.** [obscene] obsceno(na).

fin [fɪn] n [on fish] aleta f.

final ['faɪnl] ❖ adj **1.** [last] último(ma) **2.** [at end] final **3.** [definitive] definitivo(va). ❖ n final f. ◆ **finals** pl n UNIV exámenes mpl finales.

finale [fɪ'nɑ:lɪ] n final m.

finalist ['faɪnəlɪst] n finalista mf.

finalize, finalise ['faɪnəlaɪz] vt ultimar.

finally ['faɪnəlɪ] adv **1.** [at last] por fin **2.** [lastly] finalmente, por último.

finance ❖ n ['faɪnæns] (U) **1.** [money management] finanzas fpl **2.** [money] fondos mpl. ❖ vt [faɪ'næns] financiar. ◆ **finances** pl n finanzas fpl.

financial [fɪ'nænʃl] adj financiero(ra).

financier [fɪ'nænsɪəʳ] n ⓤⓚ financiero m, -ra f, financista mf ⓐⓜ.

find [faɪnd] ⬥ vt (pt & pp **found**) **1.** [gen] encontrar **2.** [realize - fact] darse cuenta de, descubrir **3.** LAW ▶ **to be found guilty / not guilty (of)** ser declarado(da) culpable/inocente (de). ◆ n hallazgo m, descubrimiento m. ◆ **find out** vi **1.** [become aware] enterarse **2.** [obtain information] informarse. ◆ vt insep [truth] descubrir ; [fact] averiguar. ◆ vt sep [person] descubrir.

findings ['faɪndɪŋz] pl n conclusiones fpl.

fine [faɪn] ◆ adj **1.** [excellent] excelente **2.** [perfectly satisfactory] ▶ **it's/that's fine** está bien ▶ **how are you? — fine thanks** ¿qué tal? — muy bien **3.** [weather] bueno(na) / **it will be fine tomorrow** mañana hará buen día **4.** [thin, smooth, delicate] fino(na) **5.** [minute - detail, distinction] sutil ; [- adjustment, tuning] milimétrico(ca). ◆ adv [well] bien ; [very well] muy bien. ◆ n multa f. ◆ vt multar.

fine arts pl n bellas artes fpl.

finery ['faɪnərɪ] n (U) galas fpl.

finesse [fɪ'nes] n finura f, delicadeza f.

fine-tune ['faɪntjuːn] vt poner a punto.

finger ['fɪŋɡəʳ] ◆ n dedo m. ◆ vt acariciar con los dedos.

fingerless ['fɪŋɡələs] adj ▶ **fingerless glove** mitón m.

fingernail ['fɪŋɡəneɪl] n uña f (de las manos).

fingerprint ['fɪŋɡəprɪnt] n huella f dactilar oʀ digital.

fingertip ['fɪŋɡətɪp] n punta f del dedo.

finicky ['fɪnɪkɪ] adj pej [person] melindroso(sa) ; [task] delicado(da).

finish ['fɪnɪʃ] ◆ n **1.** [end] final m ; [in race] meta f **2.** [surface texture] acabado m. ◆ vt ▶ **to finish sthg / doing sthg** acabar oʀ terminar algo/de hacer algo. ◆ vi terminar. ◆ **finish off** vt sep [food, task] acabar oʀ terminar del todo. ◆ **finish up** vi acabar, terminar.

finished ['fɪnɪʃt] adj **1.** [ready, over] acabado(da), terminado(da) **2.** [no longer interested] ▶ **to be finished with sthg** no querer tener nada que ver con algo **3.** inf [done for] acabado(da).

finishing line ['fɪnɪʃɪŋ-] n línea f de meta.

finishing school ['fɪnɪʃɪŋ-] n colegio privado donde se prepara a las alumnas de clase alta para entrar en sociedad.

finite ['faɪnaɪt] adj **1.** [limited] finito(ta) **2.** GRAM conjugado(da). .

Finland ['fɪnlənd] n Finlandia f.

Finn [fɪn] n [person] finlandés m, -esa f.

Finnish ['fɪnɪʃ] ◆ adj finlandés(esa). ◆ n [language] finlandés m.

fir [fɜːʳ], **fir tree** n abeto m.

fire ['faɪəʳ] ◆ n **1.** [gen] fuego m ▶ **on fire** en llamas ▶ **to catch fire** prender ▶ **to open fire (on sb)** abrir fuego (contra alguien) ▶ **to set fire to** prender fuego a **2.** [blaze] incendio m **3.** ⓤⓚ [heater] ▶ **(electric / gas) fire** estufa f (eléctrica/ de gas). ◆ vt **1.** [shoot] disparar ▶ **to fire a shot** disparar **2.** [dismiss] despedir. ◆ vi ▶ **to fire (on oʀ at)** disparar (contra).

fire alarm n alarma f antiincendios.

firearm ['faɪrɑːm] n arma f de fuego.

firebomb ['faɪəbɒm] n bomba f incendiaria.

fire brigade ⓤⓚ, **fire department** ⓤⓢ n cuerpo m de bomberos.

fire door n puerta f cortafuegos.

fire engine n coche m de bomberos.

fire escape n escalera f de incendios.

fire exit n salida f de incendios.

fire extinguisher n extintor m.

fireguard ['faɪəɡɑːd] n pantalla f (de chimenea).

firehouse ['faɪəhaʊs] n ⓤⓢ cuartel m de bomberos.

firelighter ['faɪəlaɪtəʳ] n pastilla f para encender el fuego.

fireman ['faɪəmən] (pl -men) n bombero m.

fireplace ['faɪəpleɪs] n chimenea f.

fireproof ['faɪəpruːf] adj ignífugo(ga), resistente al fuego.

fire-retardant adj ignífugo(ga).

fireside ['faɪəsaɪd] n ▶ **by the fireside** al calor de la chimenea.

fire station n parque m de bomberos.

firewall ['faɪəwɔːl] n COMPUT cortafuego m.

firewood ['faɪəwʊd] n leña f.

firework ['faɪəwɜːk] n fuego m de artificio. ◆ **fireworks** pl n fuegos mpl artificiales.

firing ['faɪərɪŋ] n (U) MIL disparos mpl.

firing squad n pelotón m de ejecución oʀ fusilamiento.

firm [fɜːm] ◆ adj **1.** [gen] firme ▶ **to stand firm** mantenerse firme **2.** FIN [steady] estable. ◆ n empresa f.

firmly ['fɜːmlɪ] adv firmemente.

first [fɜːst] ◆ adj primero(ra) ▶ **the first day** el primer día ▶ **for the first time** por primera vez ▶ **first thing (in the morning)** a primera hora (de la mañana). ◆ adv **1.** [gen] primero ▶ **to come first** quedar primero(ra) ▶ **first of all** en primer lugar **2.** [for the first time] por primera vez. ◆ n **1.** [person] primero m, -ra f **2.** [unprecedented event] acontecimiento m sin precedentes **3.** ⓤⓚ UNIV ≃ sobresaliente m. ◆ **at first** adv al principio. ◆ **at first hand** adv de primera mano.

first aid n (U) [treatment] primeros auxilios mpl ; [technique] socorrismo m.

first-aid kit n botiquín m de primeros auxilios.

first-class ◈ adj **1.** [excellent] de primera **2.** [letter, ticket] de primera clase. ◈ adv [travel] en primera clase.

first floor n **1.** 🇬🇧 [above ground level] primer piso m **2.** 🇺🇸 [at ground level] planta f baja.

firsthand [,fɜ:st'hænd] ◈ adj de primera mano. ◈ adv directamente.

first lady n primera dama f.

firstly ['fɜ:stlɪ] adv en primer lugar.

first name n nombre m de pila.

first-rate adj de primera.

firtree ['fɜ:tri:] = **fir**.

fish [fɪʃ] ◈ n (pl inv) **1.** [animal] pez m **2.** (U) [food] pescado m. ◈ vt pescar en. ◈ vi [for fish] ▶ **to fish (for sthg)** pescar (algo).

fish and chips pl n pescado m frito con patatas fritas.

fish and chip shop n 🇬🇧 tienda f de pescado frito con patatas fritas.

fishbowl ['fɪʃbəʊl] n pecera f.

fishcake ['fɪʃkeɪk] n pastelillo m de pescado.

fisherman ['fɪʃəmən] (pl -men) n pescador m.

fish farm n piscifactoría f.

fish fingers 🇬🇧, **fish sticks** 🇺🇸 pl n palitos mpl de pescado.

fishing ['fɪʃɪŋ] n pesca f ▶ **to go fishing** ir de pesca.

fishing boat n barco m pesquero.

fishing line n sedal m.

fishing net n red f de pesca.

fishing rod n caña f de pescar.

fishmonger ['fɪʃ,mʌŋgəʳ] n 🇬🇧 pescadero m, -ra f ▶ **fishmonger's (shop)** pescadería f.

fish sticks 🇺🇸 = **fish fingers**.

fishy ['fɪʃɪ] adj **1.** [smell, taste] a pescado **2.** inf [suspicious] sospechoso(sa).

fist [fɪst] n puño m.

fit [fɪt] ◈ adj **1.** [suitable] ▶ **to see** OR **think fit to do sthg** creer conveniente hacer algo ▶ **do as you think fit** haz lo que te parezca conveniente **2.** [healthy] en forma ▶ **to keep fit** mantenerse en forma. ◈ n **1.** [of clothes, shoes etc] ▶ **it's a good fit** le/te etc. sienta OR va bien **2.** [bout, seizure] ataque m ▶ **he had a fit** lit & fig le dio un ataque ▶ **in fits and starts** a trompicones. ◈ vt **1.** [be correct size for] sentar bien a, ir bien a **2.** [place] ▶ **to fit sthg into** encajar algo en **3.** [provide] ▶ **to fit sthg with** equipar algo con ▶ **to have an alarm fitted** poner una alarma **4.** [be suitable for] corresponder a. ◈ vi **1.** [clothes, shoes] estar bien de talla **2.** [part - when assembling etc] / this bit fits in here esta pieza encaja aquí **3.** [have enough room] caber.
◆ **fit in** ◈ vt sep [accommodate] hacer un hueco a. ◈ vi **1.** [subj: person] ▶ **to fit in (with)**

adaptarse (a) **2.** [be compatible] : it doesn't fit in with our plans no encaja con nuestros planes.

fitful ['fɪtfʊl] adj irregular, intermitente.

fitment ['fɪtmənt] n accesorio m.

fitness ['fɪtnɪs] (U) n **1.** [health] buen estado m físico **2.** [suitability] ▶ **fitness (for)** idoneidad f (para).

fitted ['fɪtəd] adj **1.** [suited] ▶ **to be fitted to do sthg** ser idóneo para hacer algo **2.** 🇬🇧 [built-in] empotrado(da).

fitted carpet ['fɪtəd-] n moqueta f.

fitted kitchen ['fɪtəd-] n 🇬🇧 cocina f amueblada a medida.

fitter ['fɪtəʳ] n [mechanic] (mecánico m) ajustador m.

fitting ['fɪtɪŋ] ◈ adj fml adecuado(da). ◈ n **1.** [part] accesorio m **2.** [for clothing] prueba f.
◆ **fittings** pl n accesorios mpl.

fitting room n probador m.

five [faɪv] num cinco. See also **six**.

fiver ['faɪvəʳ] n 🇬🇧 inf (billete de) cinco libras.

fix [fɪks] ◈ vt **1.** [attach, decide on] fijar ▶ **to fix sthg (to)** fijar algo (a) **2.** [repair] arreglar, refaccionar 🇦🇲 **3.** inf [rig] amañar **4.** 🇺🇸 [prepare - food, drink] preparar. ◈ n **1.** inf [difficult situation] ▶ **to be in a fix** estar en un aprieto **2.** drugs sl dosis f inv. ◆ **fix up** vt sep **1.** [provide] ▶ **to fix sb up with** proveer a alguien de **2.** [arrange] organizar, preparar.

fixation [fɪk'seɪʃn] n ▶ **fixation (on** OR **about)** fijación f (con).

fixed [fɪkst] adj fijo(ja) ▶ **fixed price** precio m fijo.

fixture ['fɪkstʃəʳ] n **1.** [furniture] instalación f fija **2.** [permanent feature] rasgo m característico **3.** [sports event] encuentro m.

fizz [fɪz] vi burbujear.

fizzle ['fɪzl] ◆ **fizzle out** vi [firework, fire] apagarse ; [enthusiasm] disiparse.

fizzy ['fɪzɪ] adj [gen] gaseoso(sa) ; [water, soft drink] con gas.

flabbergasted ['flæbəgɑːstɪd] adj pasmado(da).

flabby ['flæbɪ] adj fofo(fa).

flag [flæg] ◈ n [banner] bandera f. ◈ vi decaer. ◆ **flag down** vt sep [taxi] parar.

flagpole ['flægpəʊl] n asta f (de bandera).

flagrant ['fleɪgrənt] adj flagrante.

flagstone ['flægstəʊn] n losa f.

flair [fleəʳ] n **1.** [ability] don m ▶ **to have a flair for sthg** tener un don para algo **2.** [style] estilo m.

flak [flæk] n (U) **1.** [gunfire] fuego m antiaéreo **2.** inf [criticism] críticas fpl.

flake [fleɪk] ◈ n [of skin] escama f ; [of snow] copo m ; [of paint] desconchón m. ◈ vi [skin] descamarse ; [paint, plaster] desconcharse.

flamboyant [flæm'bɔɪənt] adj **1.** [person, behaviour] extravagante **2.** [clothes, design] vistoso(sa).

flame [fleɪm] n llama f ▶ **in flames** en llamas.

flamingo [flə'mɪŋgəʊ] (pl -s or -es) n flamenco m.

flammable ['flæməbl] adj inflamable.

flan [flæn] n tarta f (de fruta etc).

flank [flæŋk] ❖ n **1.** [of animal] costado m, ijada f **2.** [of army] flanco m. ❖ vt ▶ **to be flanked by** estar flanqueado(da) por.

flannel ['flænl] n **1.** [fabric] franela f **2.** UK [facecloth] toallita f (de baño para lavarse).

flap [flæp] ❖ n [of pocket, book, envelope] solapa f; [of skin] colgajo m. ❖ vt agitar; [wings] batir. ❖ vi [flag, skirt] ondear; [wings] aletear.

flapjack ['flæpdʒæk] n **1.** UK [biscuit] galleta f de avena **2.** US [pancake] torta f, crepe f.

flare [fleəʳ] ❖ n [signal] bengala f. ❖ vi **1.** [burn brightly] ▶ **to flare (up)** llamear **2.** [intensify] ▶ **to flare (up)** estallar. ❖ **flares** pl n UK pantalones mpl de campana.

flared [fleəd] adj acampanado(da).

flash [flæʃ] ❖ n **1.** [of light] destello m ▶ **a flash of lightning** un relámpago, un refucilo RP **2.** PHOT flash m **3.** [of genius, inspiration etc] momento m; [of anger] acceso m ▶ **in a flash** en un instante. ❖ vt **1.** [shine in specified direction] dirigir; [switch on briefly] encender intermitentemente **2.** [a smile, look] lanzar **3.** [show - picture, image] mostrar; [- information, news] emitir. ❖ vi **1.** [light] destellar **2.** [eyes] brillar **3.** [rush] ▶ **to flash** by or **past** pasar como un rayo.

flashback ['flæʃbæk] n flashback m.

flashbulb ['flæʃbʌlb] n flash m.

flash drive ['flæʃkjuːb] n memoria f USB.

flashgun ['flæʃgʌn] n disparador m de flash.

flashlight ['flæʃlaɪt] n US [torch] linterna f.

flashy ['flæʃɪ] adj inf chulo(la); pej ostentoso(sa).

flask [flɑːsk] n **1.** [thermos flask] termo® m **2.** [used in chemistry] matraz m **3.** [hip flask] petaca f.

flat [flæt] ❖ adj **1.** [surface, ground] llano(na); [feet] plano(na) **2.** [shoes] bajo(ja), de piso Méx **3.** [tyre] desinflado(da), ponchado(da) Méx **4.** [refusal, denial] rotundo(da) **5.** [business, trade] flojo(ja); [voice, tone] monótono(na); [colour] soso(sa); [performance, writing] desangelado(da) **6.** MUS [lower than correct note] desafinado(da); [lower than stated note] bemol (inv) **7.** [fare, price] único(ca) **8.** [beer, lemonade] muerto(ta) **9.** [battery] descargado(da). ❖ adv **1.** [level] ▶ **to lie flat** estar totalmente extendido(da) ▶ **to fall flat on one's face** [person] caerse de bruces **2.** [of time] : *in five minutes flat* en cinco minutos justos. ❖ n **1.** UK [apartment] piso m, apartamento m, departamento m Am **2.** US [tyre] pinchazo m **3.** MUS bemol m. ❖ **flat out** adv a toda velocidad.

flatline ['flætlaɪn] vi US inf [die] morir.

flatly ['flætlɪ] adv **1.** [refuse, deny] de plano, rotundamente **2.** [speak, perform] monótonamente.

flatmate ['flætmeɪt] n UK compañero m, -ra f de piso.

flat-pack ❖ n mueble m en kit, mueble m en paquete plano / *it comes as a flat-pack* lo mandan en kit or en paquete plano. ❖ adj : *flat-pack furniture* muebles mpl en kit, muebles m en paquete plano.

flat rate n tarifa f plana.

flatscreen adj pantalla f plana.

flatten ['flætn] vt **1.** [surface, paper, bumps] allanar, aplanar; [paper] alisar **2.** [building, city] arrasar. ❖ **flatten out** ❖ vi allanarse, nivelarse. ❖ vt sep allanar.

flatter ['flætəʳ] vt **1.** [subj: person, report] adular, halagar **2.** [subj: clothes, colour, photograph] favorecer.

flattering ['flætərɪŋ] adj **1.** [remark, interest] halagador(ra) **2.** [clothes, colour, photograph] favorecedor(ra).

flattery ['flætərɪ] n (U) halagos mpl.

flaunt [flɔːnt] vt ostentar, hacer gala de.

flavour UK, **flavor** US ['fleɪvəʳ] ❖ n **1.** [taste] sabor m **2.** fig [atmosphere] aire m, sabor m. ❖ vt condimentar.

flavouring UK, **flavoring** US ['fleɪvərɪŋ] n (U) condimento m ▶ **artificial flavouring** aromatizante m artificial.

flaw [flɔː] n [fault] desperfecto m.

flawed [flɔːd] adj imperfecto(ta), defectuoso(sa).

flawless ['flɔːlɪs] adj impecable.

flax [flæks] n lino m.

flea [fliː] n pulga f ▶ **to send sb away with a flea in his/her ear** echar una buena reprimenda a alguien.

flea market n rastro m.

fleck [flek] n mota f.

fled [fled] pt & pp ⟶ **flee**.

flee [fliː] (pt & pp **fled**) ❖ vt huir de. ❖ vi ▶ **to flee (from/to)** huir (de/a).

fleece [fliːs] ❖ n **1.** [wool] vellón m **2.** [garment] forro m polar. ❖ vt inf [cheat] desplumar.

fleet [fliːt] n **1.** [of ships] flota f **2.** [of cars, buses] parque m (móvil).

fleeting ['fliːtɪŋ] adj fugaz.

Fleet Street n calle londinense que antiguamente era el centro de la prensa británica y cuyo nombre todavía se utiliza para referirse a ésta.

Flemish ['flemɪʃ] ❖ adj flamenco(ca). ❖ n [language] flamenco m. ❖ pl n ▶ **the Flemish** los flamencos.

flesh [fleʃ] n **1.** [of body] carne f ▶ **in the flesh** en persona **2.** [of fruit, vegetable] pulpa f.

flesh wound n herida f superficial.

flew [flu:] pt ⟶ **fly**.

flex [fleks] ◆ n ELEC cable m, cordón m. ◆ vt flexionar.

flexible ['fleksəbl] adj flexible.

flexitime ['fleksɪtaɪm], **flextime** US ['flekstaɪm] n (U) horario m flexible.

flick [flɪk] ◆ n **1.** [of whip, towel] golpe m rápido **2.** [with finger] toba f. ◆ vt [switch] apretar, pulsar. ◆ **flick through** vt insep hojear.

flicker ['flɪkə*r*] vi [eyes, flame] parpadear.

flick knife n UK navaja f automática.

flier ['flaɪə*r*] n **1.** [pilot] aviador m, -ra f **2.** US [advertising leaflet] folleto m publicitario.

flight [flaɪt] n **1.** [gen] vuelo m ▶ **flight of fancy** OR **of the imagination** vuelo de la imaginación **2.** [of steps, stairs] tramo m **3.** [of birds] bandada f **4.** [escape] huida f, fuga f.

flight attendant n auxiliar mf de vuelo.

flight crew n tripulación f de vuelo.

flight deck n **1.** [of plane] cabina f del piloto **2.** [of aircraft carrier] cubierta f de vuelo.

flight recorder n caja f negra.

flimsy ['flɪmzɪ] adj **1.** [dress, material] muy ligero(ra) **2.** [structure] débil, poco sólido(da) **3.** [excuse] flojo(ja).

flinch [flɪntʃ] vi **1.** [shudder] estremecerse ▶ **without flinching** sin pestañear **2.** [be reluctant] ▶ **to flinch (from sthg / from doing sthg)** retroceder (ante algo / ante hacer algo) ▶ **without flinching** sin inmutarse.

fling [flɪŋ] ◆ n [affair] aventura f (amorosa). ◆ vt (pt & pp **flung**) arrojar.

flint [flɪnt] n **1.** [rock] sílex m **2.** [in lighter] piedra f.

flip [flɪp] vt **1.** [turn] dar la vuelta a ▶ **to flip sthg open** abrir algo de golpe **2.** [switch] pulsar. ◆ **flip through** vt insep hojear.

flip-flop n [shoe] chancleta f.

flippant ['flɪpənt] adj frívolo(la).

flipper ['flɪpə*r*] n aleta f.

flirt [flɜ:t] ◆ n coqueto m, -ta f. ◆ vi [with person] ▶ **to flirt (with)** flirtear OR coquetear (con).

flirtatious [flɜ:'teɪʃəs] adj coqueto(ta).

flit [flɪt] vi [bird] revolotear.

float [fləʊt] ◆ n **1.** [for fishing line] corcho m **2.** [for swimming] flotador m **3.** [in procession] carroza f **4.** [supply of change] cambio m. ◆ vt [on water] hacer flotar. ◆ vi flotar.

floaty ['fləʊtɪ] adj : floaty dress / skirt vestido m vaporoso / falda f vaporosa.

flock [flɒk] n **1.** [of sheep] rebaño m ; [of birds] bandada f **2.** fig [of people] multitud f, tropel m.

flog [flɒg] vt **1.** [whip] azotar **2.** UK inf [sell] vender.

flood [flʌd] n **1.** [of water] inundación f **2.** [of letters, people] aluvión m, riada f.

flooding ['flʌdɪŋ] n (U) inundación f.

floodlight ['flʌdlaɪt] n foco m.

floor [flɔ:*r*] ◆ n **1.** [of room, forest] suelo m ; [of club, disco] pista f **2.** [of sea, valley] fondo m **3.** [of building] piso m, planta f. ◆ vt **1.** [knock down] derribar **2.** [baffle] desconcertar, dejar perplejo(ja).

floorboard ['flɔ:bɔ:d] n tabla f (del suelo).

floor show n espectáculo m de cabaré.

flop [flɒp] inf n [failure] fracaso m.

floppy ['flɒpɪ] adj caído(da), flojo(ja).

floppy (disk) n disco m flexible.

flora ['flɔ:rə] n flora f.

florid ['flɒrɪd] adj **1.** [extravagant] florido(da) **2.** [red] rojizo(za).

florist ['flɒrɪst] n florista mf ▶ **florist's (shop)** floristería f.

flotsam ['flɒtsəm] n (U) ▶ **flotsam and jetsam a)** restos mpl de un naufragio **b)** fig desechos mpl de la humanidad.

flounce [flaʊns] ◆ n SEW volante m. ◆ vi ▶ **to flounce out** salir airadamente.

flouncy ['flaʊnsɪ] adj [dress, skirt] con mucho vuelo.

flounder ['flaʊndə*r*] vi **1.** [move with difficulty] debatirse **2.** [when speaking] titubear.

flour ['flaʊə*r*] n harina f.

flourish ['flʌrɪʃ] vi florecer. ◆ vt agitar. ◆ n ▶ **to do sthg with a flourish** hacer algo exageradamente.

flout [flaʊt] vt desobedecer.

flow [fləʊ] ◆ n flujo m ▶ **traffic flow** circulación f. ◆ vi **1.** [gen] fluir, correr **2.** [hair, clothes] ondear.

flow chart, flow diagram n organigrama m, cuadro m sinóptico.

flower ['flaʊə*r*] ◆ n lit & fig flor f. ◆ vi lit & fig florecer.

flowerbed ['flaʊəbed] n arriate m.

flowerpot ['flaʊəpɒt] n tiesto m.

flowery ['flaʊərɪ] adj **1.** [patterned] de flores, floreado(da) **2.** pej [elaborate] florido(da).

flowing ['fləʊɪŋ] adj [movement, writing, style] fluido(da) ; [water] corriente ; [hair, clothes] suelto(ta).

flown [fləʊn] pp ⟶ **fly**.

flu [flu:] n gripe f ▶ **bird flu** gripe aviar.

fluctuate ['flʌktʃʊeɪt] vi fluctuar.

fluency ['flu:ənsɪ] n soltura f, fluidez f.

fluent ['flu:ənt] adj **1.** [in foreign language] ▶ **to be fluent in French, to speak fluent French** dominar el francés **2.** [style] fluido(da).

fluff [flʌf] n pelusa f.

fluffy ['flʌfɪ] adj [jumper] de pelusa ; [toy] de peluche.

fluid ['flu:ɪd] ❖ n fluido m, líquido m. ❖ adj **1.** [flowing] fluido(da) **2.** [situation, opinion] incierto(ta).

fluid ounce n onza f líquida *(unos 30 ml)*.

fluke [flu:k] n *inf* chiripa f ▶ **by a fluke** por OR de chiripa.

flummox ['flʌməks] vt **UK** *inf* desconcertar.

flung [flʌŋ] pt & pp ⟶ **fling**.

flunk [flʌŋk] vt & vi **US** *inf* catear. ◆ **flunk out** vi **US** *inf* ser expulsado(a).

fluorescent [fluə'resnt] adj fluorescente.

fluoride ['fluəraɪd] n fluoruro m.

flurry ['flʌrɪ] n **1.** [shower] ráfaga f **2.** [burst] torbellino m.

flush [flʌʃ] ❖ adj [level] ▶ **flush with** nivelado(da) con. ❖ n **1.** [lavatory mechanism] cadena f **2.** [blush] rubor m **3.** [sudden feeling] arrebato m. ❖ vt [force out of hiding] ▶ **to flush sb out** hacer salir a alguien. ❖ vi [blush] ruborizarse.

flushed [flʌʃt] adj **1.** [red-faced] encendido(da) **2.** [excited] ▶ **flushed (with)** enardecido(da) (por).

fluster ['flʌstər] ❖ n ▶ **to get in a fluster** aturullarse. ❖ vt aturullar.

flustered ['flʌstəd] adj aturullado(da).

flute [flu:t] n MUS flauta f.

flutter ['flʌtər] ❖ n **1.** [of wings] aleteo m ; [of eyelashes] pestañeo m **2.** *inf* [of excitement] arranque m. ❖ vi **1.** [bird] aletear **2.** [flag, dress] ondear.

flux [flʌks] n [change] ▶ **to be in a state of flux** cambiar constantemente.

fly [flaɪ] ❖ n **1.** [insect] mosca f **2.** [of trousers] bragueta f. ❖ vt (*pt* flew, *pp* flown) **1.** [plane] pilotar ; [kite, model aircraft] hacer volar **2.** [passengers, supplies] transportar en avión **3.** [flag] ondear. ❖ vi (*pt* flew, *pp* flown) **1.** [bird, plane] volar ▶ **to send sthg / sb flying, to knock sthg / sb flying** *inf* mandar algo/a alguien por los aires **2.** [travel by plane] ir en avión **3.** [pilot a plane] pilotar **4.** [flag] ondear. ◆ **fly away** vi irse volando.

fly-fishing n pesca f con mosca.

flying ['flaɪɪŋ] ❖ adj [able to fly] volador(ra), volante. ❖ n : *I hate / love flying* odio/me encanta ir en avión ∕ *her hobby is flying* es aficionada a la aviación.

flying colours pl n ▶ **to pass (sthg) with flying colours** salir airoso(sa) (de algo).

flying picket n piquete m volante.

flying saucer n platillo m volante.

flying squad n brigada f volante.

flying start n ▶ **to get off to a flying start** empezar con muy buen pie.

flying visit n visita f relámpago.

flyover ['flaɪ,əʊvər] n **UK** paso m elevado.

flysheet ['flaɪʃi:t] n doble techo m.

fly spray n matamoscas m inv *(en aerosol)*.

FM (*abbr of* **frequency modulation**) FM f.

foal [fəʊl] n potro m.

foam [fəʊm] ❖ n **1.** [bubbles] espuma f **2.** ▶ **foam (rubber)** gomaespuma f. ❖ vi hacer espuma.

fob [fɒb] ◆ **fob off** vt sep ▶ **to fob sb off (with sthg)** quitarse a alguien de encima (con algo) ▶ **to fob sthg off on sb** endosar a alguien algo.

focal point ['fəʊkl-] n punto m focal OR central.

focus ['fəʊkəs] ❖ n (*pl* -cuses *or* -ci) [gen] foco m ▶ **in focus** enfocado ▶ **out of focus** desenfocado. ❖ vt **1.** [eyes, lens, rays] enfocar **2.** [attention] fijar, centrar. ❖ vi **1.** [eyes, lens] ▶ **to focus (on sthg)** enfocar (algo) **2.** [attention] ▶ **to focus on sthg** centrarse en algo.

fodder ['fɒdər] n forraje m.

foe [fəʊ] n *liter* enemigo m, -ga f.

foetus, fetus ['fi:təs] n feto m.

fog [fɒg] n niebla f.

foggy ['fɒgɪ] adj [day] de niebla ▶ **it's foggy** hay niebla.

foghorn ['fɒghɔ:n] n sirena f *(de niebla)*.

fog lamp ['fɒglæmp], **foglight** **US** ['fɒglaɪt] n faro m antiniebla.

foible ['fɔɪbl] n manía f.

foil [fɔɪl] ❖ n (*U*) [metal sheet] papel m de aluminio OR de plata. ❖ vt frustrar.

fold [fəʊld] ❖ vt [sheet, blanket] doblar ; [chair, pram] plegar ▶ **to fold one's arms** cruzar los brazos. ❖ vi **1.** [table, chair etc] plegarse **2.** *inf* [collapse] venirse abajo. ❖ n **1.** [in material, paper] pliegue m **2.** [for animals] redil m. ◆ **fold up** ❖ vt sep **1.** [bend] doblar **2.** [close up] plegar. ❖ vi **1.** [bend] doblarse **2.** [close up] plegarse **3.** [collapse] venirse abajo.

fold-down adj plegable.

folder ['fəʊldər] n [gen & COMPUT] carpeta f.

folding ['fəʊldɪŋ] adj plegable ; [ladder] de tijera.

foliage ['fəʊlɪɪdʒ] n follaje m.

folk [fəʊk] ❖ adj popular. ❖ pl n [people] gente f. ❖ n = **folk music**. ◆ **folks** pl n *inf* [parents] padres mpl.

folklore ['fəʊklɔ:r] n folclore m.

folk music n **1.** [traditional] música f folclórica OR popular **2.** [contemporary] música f folk.

folk song n **1.** [traditional] canción f popular **2.** [contemporary] canción f folk.

follow ['fɒləʊ] ❖ vt **1.** [gen] seguir **2.** [understand] comprender. ❖ vi **1.** [gen & INTERNET] seguir **2.** [be logical] ser lógico(ca) ▶ **it follows that** se deduce que **3.** [understand] comprender. ◆ **follow up** vt sep **1.** [monitor] hacer un seguimiento de **2.** [continue] ▶ **to follow sthg up with** proseguir algo con.

follower ['fɒləʊər] n **1.** partidario m, -ria f **2.** INTERNET seguidor m.

following ['fɒləʊɪŋ] ❖ adj siguiente. ❖ n partidarios mpl ; [of team] afición f. ❖ prep tras.

follow-up ❖ adj de seguimiento. ❖ n **1.** [service] seguimiento m **2.** [continuation] continuación f.

folly ['fɒlɪ] n (U) [foolishness] locura f.

fond [fɒnd] adj **1.** [affectionate] afectuoso(sa), cariñoso(sa) **2.** [having a liking] ▶ **to be fond of sb** tener cariño a alguien ▶ **to be fond of sthg / of doing sthg** ser aficionado(da) a algo / a hacer algo.

fondle ['fɒndl] vt acariciar.

fondly ['fɒndlɪ] adv **1.** [affectionately] afectuosamente, con cariño **2.** [naively] inocentemente.

font [fɒnt] n **1.** [in church] pila f bautismal **2.** COMPUT fuente f.

food [fuːd] n comida f ▶ **food hall** departamento m de alimentación ▶ **food safety** seguridad f alimentaria.

food mixer n batidora f eléctrica.

food poisoning [-ˈpɔɪznɪŋ] n intoxicación f alimenticia.

food processor [-ˌprəʊsesər] n robot m de cocina.

foodstuffs ['fuːdstʌfs] pl n comestibles mpl.

fool [fuːl] ❖ n **1.** [idiot] idiota mf, imbécil mf ▶ **to act** OR **play the fool** hacer el tonto **2.** UK [dessert] mousse de fruta con nata. ❖ vt [deceive] engañar ▶ **to fool sb into doing sthg** embaucar a alguien para que haga algo. ❖ vi bromear. ◆ **fool about, fool around** vi **1.** [behave foolishly] ▶ **to fool about (with sthg)** hacer el tonto (con algo) **2.** [be unfaithful] ▶ **to fool about (with sb)** tontear (con alguien).

foolhardy ['fuːlˌhɑːdɪ] adj temerario(ria).

foolish ['fuːlɪʃ] adj tonto(ta).

foolproof ['fuːlpruːf] adj infalible.

foot [fʊt] n **1.** (pl inv) [gen] pie m ; [of bird, animal] pata f ▶ **to be on one's feet** estar de pie ▶ **to get to one's feet** levantarse ▶ **on foot** a pie, andando ▶ **to put one's foot in it** meter la pata ▶ **to put one's feet up** descansar **2.** (pl feet) [unit of measurement] = 30,48 cm, pie m.

footage ['fʊtɪdʒ] n (U) secuencias fpl.

football ['fʊtbɔːl] n **1.** [game - soccer] fútbol m ; [- American football] fútbol m americano **2.** [ball] balón m.

footballer ['fʊtbɔːlər], **football player** n UK futbolista mf.

football field n US campo m de fútbol americano.

football ground n UK estadio m de fútbol.

football pitch n UK campo m de fútbol.

football player = footballer.

footbrake ['fʊtbreɪk] n freno m de pedal.

footbridge ['fʊtbrɪdʒ] n puente m peatonal, pasarela f.

foothills ['fʊthɪlz] pl n estribaciones fpl.

foothold ['fʊthəʊld] n punto m de apoyo para el pie ▶ **to get a foothold a)** [on mountain, rockface] encontrar un punto de apoyo **b)** [in organization, company] afianzarse.

footing ['fʊtɪŋ] n **1.** [foothold] equilibrio m ▶ **to lose one's footing** perder el equilibrio **2.** [basis] base f ▶ **on an equal footing (with)** en pie de igualdad (con).

footlights ['fʊtlaɪts] pl n candilejas fpl.

footnote ['fʊtnəʊt] n nota f a pie de página.

footpath ['fʊtpɑːθ] (pl [-pɑːðz]) n senda f.

footprint ['fʊtprɪnt] n huella f, pisada f.

footstep ['fʊtstep] n **1.** [sound] paso m **2.** [footprint] pisada f ▶ **to follow in sb's footsteps** seguir los pasos de alguien.

footwear ['fʊtweər] n calzado m.

for [fɔːr] ❖ prep **1.** [indicating intention, destination, purpose] para / this is for you esto es para ti / I'm going for the paper voy (a) por el periódico / the plane for Paris el avión para OR de París / it's time for bed es hora de irse a la cama / to go for a walk ir a dar un paseo / what's it for? ¿para qué es OR sirve? **2.** [representing, on behalf of] por / the MP for Barnsley el diputado por Barnsley / let me do it for you deja que lo haga por ti / he plays for England juega en la selección inglesa ▶ **to work for sb** trabajar para **3.** [because of] por / a prize for bravery un premio por la valentía / to jump for joy dar saltos de alegría / for fear of failing por miedo al fracaso **4.** [with regard to] para ▶ **to be ready for sthg** estar listo(ta) para algo / it's not for me to say no me toca a mí decidir ▶ **he looks young for his age** parece más joven de lo que es ▶ **to feel sorry / glad for sb** sentirlo / alegrarse por alguien **5.** [indicating amount of time, space] para / there's no time / room for it no hay tiempo / sitio para eso **6.** [indicating period of time - during] durante ; [- by, in time for] para / she cried for two hours estuvo llorando durante dos horas / I've lived here for three years llevo tres años viviendo aquí, he vivido aquí (durante) tres años / I've worked here for years trabajo aquí desde hace años / I'll do it for tomorrow lo tendré hecho para mañana **7.** [indicating distance] en / there were roadworks for 50 miles había obras en 50 millas / *we walked for miles* andamos millas y millas **8.** [indicating particular occasion] para / *I got it for my birthday* me lo regalaron para **or** por mi cumpleaños / *for the first time* por vez primera **9.** [indicating amount of money, price] por / *I bought / sold it for £10* lo compré / vendí por 10 libras / *they're 50p for ten* son 50 peniques los diez **10.** [in favour of, in support of] a favor de / *to vote for sthg / sb* votar por algo **o** a alguien **11.** [in ratios] por **12.** [indicating meaning] : *P for Peter* P de Pedro / *what's the Greek for 'mother'?* ¿cómo se dice 'madre' en griego? ◆ conj *fml* [as, since] ya que.

◆ **for all** ◆ prep **1.** [in spite of] a pesar de / *for all your moaning* a pesar de lo mucho que te quejas **2.** [considering how little] para / *for all the good it has done me* para lo que me ha servido. ◆ conj : *for all I care, she could be dead* por mí, como si se muere / *for all I know* por lo que yo sé, que yo sepa.

forage ['fɒrɪdʒ] vi [search] **▶ to forage (for sthg)** buscar (algo).

foray ['fɒreɪ] n *lit & fig* **▶ foray (into)** incursión *f* (en).

forbad [fə'bæd], **forbade** [fə'beɪd] pt **→ forbid**.

forbid [fə'bɪd] (*pt* **-bade** *or* **-bad**, *pp* **forbid** *or* **-bidden**) vt **▶ to forbid sb (to do sthg)** prohibir a alguien (hacer algo).

forbidden [fə'bɪdn] adj prohibido(da).

forbidding [fə'bɪdɪŋ] adj [building, landscape] inhóspito(ta) ; [person, expression] severo(ra), austero(ra).

force [fɔːs] ◆ n fuerza *f* **▶ sales force** personal *m* de ventas **▶ security forces** fuerzas *fpl* de seguridad **▶ by force** a la fuerza **▶ to be in / come into force** estar / entrar en vigor **▶ in force** [in large numbers] en masa, en gran número. ◆ vt forzar **▶ to force one's way through / into** abrirse paso a la fuerza a través de / para entrar en.

◆ **forces** pl n **▶ the forces** las fuerzas armadas **▶ to join forces (with)** unirse (con).

force-feed vt alimentar a la fuerza.

forceful ['fɔːsful] adj [person, impression] fuerte ; [support, recommendation] enérgico(ca) ; [speech, idea, argument] contundente.

forceps ['fɔːseps] pl n fórceps *m inv*.

forcibly ['fɔːsəblɪ] adv **1.** [using physical force] por la fuerza **2.** [remind] vivamente ; [express, argue] convincentemente.

ford [fɔːd] n vado *m*.

fore [fɔːr] n **▶ to come to the fore** emerger, empezar a destacar.

forearm ['fɔːrɑːm] n antebrazo *m*.

foreboding [fɔː'bəʊdɪŋ] n **1.** [presentiment] presagio *m* **2.** [apprehension] desasosiego *m*.

forecast ['fɔːkɑːst] ◆ n [prediction] predicción *f*, previsión *f* ; [of weather] pronóstico *m*. ◆ vt (*pt & pp* **forecast** *or* **-ed**) [predict] predecir ; [weather] pronosticar.

foreclose [fɔː'kləʊz] ◆ vi **▶ to foreclose on sb** privar a alguien del derecho a redimir su hipoteca. ◆ vt ejecutar.

forecourt ['fɔːkɔːt] n patio *m*.

forefinger ['fɔː,fɪŋɡər] n (dedo *m*) índice *m*.

forefront ['fɔːfrʌnt] n **▶ in** *or* **at the forefront of** en **or** a la vanguardia de.

forego [fɔː'ɡəʊ] = **forgo**.

foregone conclusion ['fɔːɡɒn-] n **▶ it's a foregone conclusion** es un resultado conocido de antemano.

foreground ['fɔːɡraʊnd] n primer plano *m*.

forehand ['fɔːhænd] n [stroke] golpe *m* natural, drive *m*.

forehead ['fɔːhed] n frente *f*.

foreign ['fɒrən] adj **1.** [from abroad] extranjero(ra) **2.** [external - policy, trade] exterior ; [- correspondent, holiday] en el extranjero **3.** [unwanted, harmful] extraño(ña) **4.** [alien, untypical] **▶ foreign (to sb / sthg)** ajeno(na) (a alguien / algo).

foreign affairs pl n asuntos *mpl* exteriores.

foreign currency n (*U*) divisa *f*.

foreigner ['fɒrənər] n extranjero *m*, -ra *f*.

foreign minister n ministro *m*, -tra *f* de asuntos exteriores.

Foreign Office n **UK ▶ the Foreign Office** el Ministerio de Asuntos Exteriores británico.

Foreign Secretary n **UK** Ministro *m*, -tra *f* de Asuntos Exteriores.

foreleg ['fɔːleg] n pata *f* delantera.

foreman ['fɔːmən] (*pl* **-men**) n **1.** [of workers] encargado *m* **2.** [of jury] presidente *m*.

foremost ['fɔːməʊst] ◆ adj primero(ra). ◆ adv **▶ first and foremost** ante todo, por encima de todo.

forensic [fə'rensɪk] adj forense.

forerunner ['fɔː,rʌnər] n [precursor] precursor *m*, -ra *f*.

foresee [fɔː'siː] (*pt* **-saw**, *pp* **-seen**) vt prever.

foreseeable [fɔː'siːəbl] adj previsible **▶ for** *or* **in the foreseeable future** en un futuro próximo.

foreseen [fɔː'siːn] pp **→ foresee**.

foreshadow [fɔː'ʃædəʊ] vt presagiar.

foresight ['fɔːsaɪt] n (*U*) previsión *f*.

forest ['fɒrɪst] n bosque *m*.

forestall [fɔː'stɔːl] vt anticiparse a.

forestry ['fɒrɪstrɪ] n silvicultura *f*.

foretaste ['fɔːteɪst] n anticipo *m*.

foretell [fɔː'tel] (*pt & pp* **-told**) vt predecir.

forever [fə'revər] adv **1.** [eternally] para siempre **2.** *inf* [incessantly] siempre, continuamente.

forewarn [fɔːˈwɔːn] vt prevenir.

forewarning [ˌfɔːˈwɔːnɪŋ] n advertencia f anticipada.

foreword [ˈfɔːwɜːd] n prefacio m.

forfeit [ˈfɔːfɪt] ◆ n [penalty] precio m ; [in game] prenda f. ◆ vt renunciar a, perder.

forgave [fəˈɡeɪv] pt ⟶ **forgive**.

forge [fɔːdʒ] ◆ n fragua f. ◆ vt **1.** [gen] fraguar **2.** [falsify] falsificar. ◆ **forge ahead** vi hacer grandes progresos.

forged [fɔːdʒd] adj [banknote, letter] falso(sa), falsificado(da).

forger [ˈfɔːdʒər] n falsificador m, -ra f.

forgery [ˈfɔːdʒərɪ] n falsificación f.

forget [fəˈɡet] (pt -got, pp -gotten) ◆ vt ▸ to **forget (to do sthg)** olvidar (hacer algo). ◆ vi ▸ to **forget (about sthg)** olvidarse (de algo).

forgetful [fəˈɡetfʊl] adj olvidadizo(za).

forget-me-not n nomeolvides m inv.

forgive [fəˈɡɪv] (pt -gave, pp -given) vt ▸ to **forgive sb (for sthg / for doing sthg)** perdonar a alguien (algo/por haber hecho algo).

forgiveness [fəˈɡɪvnɪs] n perdón m.

forgo, forego [fɔːˈɡəʊ] (pt -went, pp -gone) vt sacrificar, renunciar a.

forgot [fəˈɡɒt] pt ⟶ **forget**.

forgotten [fəˈɡɒtn] pp ⟶ **forget**.

fork [fɔːk] ◆ n **1.** [for food] tenedor m **2.** [for gardening] horca f **3.** [in road etc] bifurcación f. ◆ vi bifurcarse. ◆ **fork out** inf vi ▸ to **fork out for sthg** soltar pelas para algo.

forklift truck [ˈfɔːklɪft-] n carretilla f elevadora.

forlorn [fəˈlɔːn] adj **1.** [person, expression] consternado(da) **2.** [place, landscape] desolado(da) **3.** [hope, attempt] desesperado(da).

form [fɔːm] ◆ n **1.** [shape, type] forma f ▸ **in the form of** en forma de **2.** [fitness] ▸ **on form UK, in form US** en forma ▸ **off form** en baja forma **3.** [document] impreso m, formulario m **4.** [figure - of person] figura f **5.** UK [class] clase f. ◆ vt formar ; [plan] concebir ; [impression, idea] formarse. ◆ vi formarse.

formal [ˈfɔːml] adj **1.** [gen] formal ; [education] convencional **2.** [clothes, wedding, party] de etiqueta.

formality [fɔːˈmælətɪ] n formalidad f.

formally [ˈfɔːməlɪ] adv formalmente ; [dressed] de etiqueta.

format [ˈfɔːmæt] ◆ n [gen & COMPUT] formato m ; [of meeting] plan m. ◆ vt COMPUT formatear.

formation [fɔːˈmeɪʃn] n formación f.

formative [ˈfɔːmətɪv] adj formativo(va).

former [ˈfɔːmər] ◆ adj **1.** [previous] antiguo(gua) ▸ **in former times** antiguamente

2. [first of two] primero(ra). ◆ n ▸ **the former** el primero (la primera)/los primeros (las primeras).

formerly [ˈfɔːməlɪ] adv antiguamente.

formidable [ˈfɔːmɪdəbl] adj **1.** [frightening] imponente, temible **2.** [impressive] formidable.

formula [ˈfɔːmjʊlə] (pl -as or -ae) n **1.** [gen] fórmula f **2.** [baby milk] leche f maternizada.

formulate [ˈfɔːmjʊleɪt] vt formular.

forsake [fəˈseɪk] (pt forsook, pp forsaken) vt liter abandonar.

forsaken [fəˈseɪkn] adj abandonado(da).

forsook [fəˈsʊk] pt ⟶ **forsake**.

fort [fɔːt] n fuerte m, fortaleza f ▸ **to hold the fort (for sb)** quedarse al cargo (en lugar de alguien).

forte [ˈfɔːtɪ] n fuerte m.

forth [fɔːθ] adv liter **1.** [outwards, onwards] hacia adelante ▸ **to go forth** partir **2.** [into future] ▸ **from that day forth** desde aquel día en adelante.

forthcoming [fɔːθˈkʌmɪŋ] adj **1.** [election, events] próximo(ma) ; [book] de próxima aparición **2.** [person] abierto(ta).

forthright [ˈfɔːθraɪt] adj [person, manner, opinions] directo(ta), franco(ca) ; [opposition] rotundo(da).

forthwith [ˌfɔːθˈwɪθ] adv fml inmediatamente.

fortieth [ˈfɔːtɪɪθ] ◆ num adj cuadragésimo(ma). ◆ num n **1.** [in order] cuadragésimo m, -ma f **2.** [fraction] cuarenta m. See also **sixth**.

fortification [ˌfɔːtɪfɪˈkeɪʃn] n fortificación f.

fortified wine [ˈfɔːtɪfaɪd-] n vino m licoroso.

fortify [ˈfɔːtɪfaɪ] vt **1.** MIL fortificar **2.** [person, resolve] fortalecer.

fortnight [ˈfɔːtnaɪt] n quincena f ▸ **in a fortnight** en quince días.

fortnightly [ˈfɔːtˌnaɪtlɪ] ◆ adj quincenal. ◆ adv quincenalmente.

fortress [ˈfɔːtrɪs] n fortaleza f.

fortunate [ˈfɔːtʃnət] adj afortunado(da).

fortunately [ˈfɔːtʃnətlɪ] adv afortunadamente.

fortune [ˈfɔːtʃuːn] n **1.** [money, luck] fortuna f **2.** [future] ▸ **to tell sb's fortune** decir a alguien la buenaventura.

fortune-teller [-ˌtelər] n adivino m, -na f.

forty [ˈfɔːtɪ] num cuarenta. See also **sixty**.

forum [ˈfɔːrəm] (pl -s) n lit & fig foro m.

forward [ˈfɔːwəd] ◆ adj **1.** [towards front - movement] hacia adelante ; [near front - position etc] delantero(ra) **2.** [towards future] ▸ **forward planning** planificación f (de futuro) **3.** [advanced] ▸ **we're no further forward** no hemos adelantado (nada) **4.** [impudent] atrevido(da). ◆ adv [ahead] hacia adelante ▸ **to go OR move forward** avanzar. ◆ n SPORT delantero m, -ra f. ◆ vt [letter, e-mail] remitir ▸ **'please forward'** 'remítase al destinatario'.

forwarding address ['fɔːwədɪŋ-] n nueva dirección f (para reenvío de correo).

forwards ['fɔːwədz] = forward.

forward slash n TYPO barra f inclinada.

forwent [fɔː'went] pt ⟶ **forgo**.

fossil ['fɒsl] n fósil m.

foster ['fɒstə] vt **1.** [child] acoger **2.** [idea, arts, relations] promover.

foster child n menor mf en régimen de acogida.

foster parents pl n familia f de acogida.

fought [fɔːt] pt & pp ⟶ **fight**.

foul [faʊl] ❖ adj **1.** [unclean - smell] fétido(da); [- taste] asqueroso(sa); [- water, language] sucio(cia) **2.** [very unpleasant] horrible ▶ **to fall foul of sb** ponerse a mal con alguien. ❖ n falta f. ❖ vt **1.** [make dirty] ensuciar **2.** SPORT cometer una falta contra.

found [faʊnd] ❖ pt & pp ⟶ **find**. ❖ vt ▶ **to found sthg (on)** fundar algo (en).

foundation [faʊn'deɪʃn] n **1.** [organization, act of establishing] fundación f **2.** [basis] fundamento m, base f **3.** [make-up] ▶ **foundation (cream)** crema f base. ◆ **foundations** pl n fig CONSTR cimientos mpl.

founder ['faʊndə] ❖ n fundador m, -ra f. ❖ vi lit & fig hundirse, irse a pique.

foundry ['faʊndrɪ] n fundición f.

fountain ['faʊntɪn] n **1.** [structure] fuente f **2.** [jet] chorro m.

fountain pen n (pluma f) estilográfica f.

four [fɔːr] num cuatro ▶ **on all fours** a gatas. See also **six**.

four-by-four n cuatro por cuatro m.

four-letter word n palabrota f, taco m.

four-poster (bed) n cama f de columnas.

foursome ['fɔːsəm] n grupo m de cuatro personas.

fourteen [ˌfɔː'tiːn] num catorce. See also **six**.

fourteenth [ˌfɔː'tiːnθ] ❖ num adj decimocuarto(ta). ❖ num n **1.** [in order] decimocuarto m, -ta f **2.** [fraction] catorceavo m. See also **sixth**.

fourth [fɔːθ] num cuarto(ta). See also **sixth**.

Fourth of July n : the Fourth of July el cuatro de julio, día de la independencia de los Estados Unidos.

four-wheel drive n [system] tracción f a las cuatro ruedas; [car] todoterreno m.

fowl [faʊl] (pl inv or -s) n ave f de corral.

fox [fɒks] ❖ n zorro m. ❖ vt [perplex] dejar perplejo(ja).

foxglove ['fɒksglʌv] n dedalera f.

foyer ['fɔɪeɪ] n vestíbulo m.

fracas [UK 'frækɑː, US 'freɪkəs] (UK pl inv, US pl fracases) n fml riña f, gresca f.

fraction ['frækʃn] n **1.** MATH quebrado m, fracción f **2.** [small part] fracción f.

fractionally ['frækʃnəlɪ] adv ligeramente.

fracture ['fræktʃə] ❖ n fractura f. ❖ vt fracturar.

fragile ['frædʒaɪl] adj frágil.

fragment n ['frægmənt] [of glass, text] fragmento m; [of paper, plastic] trozo m.

fragrance ['freɪgrəns] n fragancia f.

fragrance-free adj sin perfume.

fragrant ['freɪgrənt] adj fragante.

frail [freɪl] adj frágil.

frame [freɪm] ❖ n **1.** [of picture, door] marco m ▶ **photo frame** marco m para foto; [of glasses] montura f; [of chair, bed] armadura f; [of bicycle] cuadro m; [of boat] armazón m o f **2.** [physique] cuerpo m. ❖ vt **1.** [put in a frame] enmarcar **2.** [express] formular, expresar **3.** inf [set up] tender una trampa a, amañar la culpabilidad de.

frame of mind n estado m de ánimo.

framework ['freɪmwɜːk] n **1.** [physical structure] armazón m o f, esqueleto m **2.** [basis] marco m.

franc [fræŋk] n franco m.

France [frɑːns] n Francia.

franchise ['fræntʃaɪz] n **1.** POL sufragio m, derecho m de voto **2.** COMM concesión f, licencia f exclusiva.

frank [fræŋk] ❖ adj franco(ca). ❖ vt franquear.

frankly ['fræŋklɪ] adv francamente.

frantic ['fræntɪk] adj frenético(ca).

frape [freɪp] vt inf usar la cuenta de Facebook de otra persona colgando algo en su perfil o cambiando su información.

fraternity [frə'tɜːnətɪ] n **1.** fml [community] cofradía f **2.** US [in university] asociación de estudiantes que suele funcionar como club social **3.** (U) fml [friendship] fraternidad f.

fraternize, fraternise ['frætənaɪz] vi ▶ **to fraternize (with)** fraternizar (con).

fraud [frɔːd] n **1.** (U) [deceit] fraude m **2.** pej [impostor] farsante mf.

fraught [frɔːt] adj **1.** [full] ▶ **fraught with** lleno(na) OR cargado(da) de **2.** UK [frantic] tenso(sa).

fray [freɪ] ❖ vt fig [nerves] crispar, poner de punta. ❖ vi **1.** [sleeve, cuff] deshilacharse **2.** fig [temper, nerves] crisparse. ❖ n liter ▶ **to enter the fray** saltar a la palestra.

frayed [freɪd] adj [sleeve, cuff] deshilachado(da).

freak [friːk] ❖ adj imprevisible. ❖ n **1.** [strange creature - in appearance] monstruo m; [- in behaviour] estrafalario m, -ria f **2.** [unusual event] anormalidad f, caso m insólito **3.** inf [fanatic] ▶ **film / fitness freak** fanático m, -ca f del cine / ejercicio. ◆ **freak out** inf vi flipar, alucinar.

freckle ['frekl] n peca f.

free [fri:] ❖ adj (compar **freer**, superl **freest**) **1.** [gen] ▶ **free (from** OR **of)** libre (de) ▶ **to be free to do sthg** ser libre de hacer algo ▶ **feel free!** ¡adelante!, ¡cómo no! ▶ **to set free** liberar **2.** [not paid for] gratis (inv), gratuito(ta) ▶ **free of charge** gratis (inv) **3.** [unattached] suelto(ta) **4.** [generous] ▶ **to be free with sthg** no regatear algo. ❖ adv **1.** [without payment] ▶ **(for) free** gratis **2.** [run] libremente **3.** [loose] ▶ **to pull / cut sthg free** soltar algo tirando / cortando. ❖ vt (pt & pp **freed**) **1.** [release] liberar, libertar ▶ **to free sb of sthg** librar a alguien de algo **2.** [make available] dejar libre **3.** [extricate - person] rescatar ; [- one's arm, oneself] soltar.

freedom ['fri:dəm] n libertad f ▶ **freedom from** indemnidad f ante OR de.

Freefone®, **freephone** ['fri:fəun] n (U) 匚匸 teléfono m OR número m gratuito.

free-for-all n refriega f.

free gift n obsequio m.

freehand ['fri:hænd] adj & adv a pulso.

freehold ['fri:həuld] n propiedad f absoluta.

free house n pub no controlado por una compañía cervecera.

free kick n tiro m libre.

freelance ['fri:lɑ:ns] ❖ adj free-lance. ❖ adv como free-lance. ❖ n free-lance mf.

freely ['fri:li] adv **1.** [readily - admit, confess] sin reparos ; [- available] fácilmente **2.** [openly] abiertamente, francamente **3.** [without restrictions] libremente **4.** [generously] liberalmente.

Freemason ['fri:,meɪsn] n francmasón m, masón m.

freemium ['fri:mɪəm] adj : a freemium business model un (modelo de negocio) freemium.

freephone ['fri:fəun] = **freefone**.

Freepost® ['fri:pəust] n franqueo m pagado.

free-range adj de granja.

freestyle ['fri:staɪl] n [in swimming] estilo m libre.

free trade n libre cambio m.

freeway ['fri:weɪ] n 匚匸 autopista f.

freewheel [,fri:'wi:l] vi [on bicycle] andar sin pedalear ; [in car] ir en punto muerto.

free will n libre albedrío m ▶ **to do sthg of one's own free will** hacer algo por voluntad propia.

freeze [fri:z] ❖ vt (pt **froze**, pp **frozen**) **1.** [gen] helar **2.** [food, wages, prices] congelar **3.** [assets] bloquear. ❖ vi (pt **froze**, pp **frozen**) **1.** [gen] helarse **2.** COMPUT bloquearse. ❖ impers vb METEOR helar. ❖ n **1.** [cold weather] helada f **2.** [of wages, prices] congelación f.

freeze-dried [-'draɪd] adj liofilizado(da).

freezer ['fri:zər] n congelador m.

freezing ['fri:zɪŋ] ❖ adj **1.** [gen] helado(da) **2.** [weather] muy frío(a) ▶ **it's freezing in here** hace un frío espantoso aquí. ❖ n = **freezing point**.

freezing point n punto m de congelación.

freight [freɪt] n (U) **1.** [goods] mercancías fpl, flete m **2.** [transport] transporte m.

freight train n (tren m de) mercancías m inv.

French [frentʃ] ❖ adj francés(esa). ❖ n [language] francés m. ❖ pl n ▶ **the French** los franceses.

French bean n judía f verde, ejote m 匚匸 匚匸, chaucha f 匚匸, poroto m verde 匚匸, habichuela f 匚匸, vainita f 匚匸.

French bread n (U) pan m de barra.

French dressing n [vinaigrette] vinagreta f.

French fries, fries pl n 匚匸 patatas fpl fritas (de sartén).

Frenchman ['frentʃmən] (pl **-men**) n francés m.

French stick n 匚匸 barra f de pan.

French windows pl n puertaventanas fpl.

Frenchwoman ['frentʃ,wumən] (pl **-women**) n francesa f.

frenemy ['frenəmɪ] n : Emily and Susan are frenemies; they like each other but they're working on competing products inf Emily y Susan son amigas y rivales; se tienen cariño pero trabajan en productos que compiten entre sí.

frenetic [frə'netɪk] adj frenético(ca).

frenzy ['frenzɪ] n frenesí m.

frequency ['fri:kwənsɪ] n frecuencia f.

frequent ❖ adj ['fri:kwənt] frecuente. ❖ vt [frɪ'kwent] frecuentar.

frequently ['fri:kwəntlɪ] adv a menudo.

fresh [freʃ] adj **1.** [gen] fresco(ca) ; [flavour, taste] refrescante **2.** [bread] del día **3.** [not canned] natural **4.** [water] dulce **5.** [pot of tea, fighting] nuevo(va).

freshen ['freʃn] ❖ vt [air] refrescar. ❖ vi [wind] soplar más fuerte. ◆ **freshen up** vi [person] refrescarse.

fresher ['freʃər] n 匚匸 estudiante mf de primer año.

freshly ['freʃlɪ] adv recién.

freshman ['freʃmən] (pl **-men**) n estudiante mf de primer año.

freshness ['freʃnɪs] n (U) **1.** [of food] frescura f **2.** [originality] novedad f, originalidad f **3.** [brightness] pulcritud f **4.** [refreshing quality] frescor m.

freshwater ['freʃ,wɔ:tər] adj de agua dulce.

fret [fret] vi preocuparse.

friar ['fraɪər] n fraile m.

friction ['frɪkʃn] n fricción f.

Friday ['fraɪdɪ] n viernes m inv. See also Saturday.

fridge [frɪdʒ] n 🇬🇧 nevera f, refrigerador m 🇦🇲, heladera f 🇷🇵, refrigeradora f 🇨🇴🇵🇪.

fridge-freezer n 🇬🇧 combi m, nevera f congeladora.

fried [fraɪd] adj frito(ta).

friend [frend] n [close acquaintance] amigo m, -ga f ▶ **to be friends with sb** ser amigo de alguien ▶ **to make friends (with)** hacerse amigo (de), trabar amistad (con).

friendly ['frendlɪ] adj 1. [person] amable, simpático(ca) ; [attitude, manner, welcome] amistoso(sa) ▶ **to be friendly with sb** llevarse bien con alguien 2. [nation] amigo(ga) 3. [argument, game] amistoso(sa).

friendship ['frendʃɪp] n amistad f.

friendzone ['frendzəʊn] inf ❖ n zona f de amistad / Alan really likes Emily but he's been stuck in the friendzone for way too long a Alan le gusta mucho Emily pero llevan demasiado tiempo siendo solo amigos. ❖ vt ▶ **to friendzone sb** poner a alguien en la zona de amistad, hacer comprender a alguien que solo se desea ser su amigo.

fries [fraɪz] = French fries.

frieze [fri:z] n friso m.

fright [fraɪt] n 1. [fear] miedo m ▶ **to take fright** espantarse, asustarse 2. [shock] susto m.

frighten ['fraɪtn] vt asustar ▶ **to frighten sb into doing sthg** atemorizar a alguien para que haga algo.

frightened ['fraɪtnd] adj asustado(da) ▶ **to be frightened of sthg /of doing sthg** tener miedo a algo/a hacer algo.

frightening ['fraɪtnɪŋ] adj aterrador(ra), espantoso(sa).

frightful ['fraɪtfʊl] adj dated terrible.

frigid ['frɪdʒɪd] adj [sexually] frígido(da).

frill [frɪl] n 1. [decoration] volante m 2. inf [extra] adorno m.

fringe [frɪndʒ] ❖ n 1. [decoration] flecos mpl 2. 🇬🇧 [of hair] flequillo m 3. [edge] periferia f 4. [extreme] margen m. ❖ vt [edge] bordear.

fringe benefit n beneficio m complementario.

frisk [frɪsk] vt cachear, registrar.

frisky ['frɪskɪ] adj inf retozón(ona), juguetón(ona).

fritter ['frɪtər] n buñuelo m. ◆ **fritter away** vt sep ▶ **to fritter money /time away on sthg** malgastar dinero/tiempo en algo.

frivolous ['frɪvələs] adj frívolo(la).

frizzy ['frɪzɪ] adj crespo(pa), ensortijado(da).

fro [frəʊ] ⟶ **to**.

frock [frɒk] n dated vestido m.

frog [frɒg] n [animal] rana f.

frogman ['frɒgmən] (pl -men) n hombre m rana.

frogmen ['frɒgmən] pl n ⟶ **frogman**.

frolic ['frɒlɪk] vi (pt & pp -ked, cont -king) retozar, triscar.

from (weak form [frəm], strong form [frɒm]) prep 1. [indicating source, origin, removal] de / where are you from? ¿de dónde eres? / I got a letter from her today hoy me ha llegado una carta suya / a flight from Paris un vuelo de París / to translate from Spanish into English traducir del español al inglés / he's not back from work yet aún no ha vuelto del trabajo / to take sthg away from sb quitar algo a alguien 2. [indicating a deduction] : take 15 (away) from 19 quita 15 a 19 ▶ **to deduct sthg from sthg** deducir oR descontar algo de algo 3. [indicating escape, separation] de / he ran away from home huyó de casa 4. [indicating position] desde / seen from above /below visto desde arriba/abajo / a light bulb hung from the ceiling una bombilla colgaba del techo 5. [indicating distance] de / it's 60 km from here está a 60 kms de aquí 6. [indicating material object is made out of] de / it's made from wood /plastic está hecho(cha) de madera/plástico 7. [starting at a particular time] desde / closed from 1 pm to 2 pm cerrado de 13h a 14h / from now on de ahora en adelante / from then on desde entonces, a partir de entonces / from the moment I saw him desde el momento en que lo vi 8. [indicating difference, change] de ▶ **to be different from** ser diferente de ▶ **from... to** de... a / the price went up from £100 to £150 el precio subió de 100 a 150 libras 9. [because of, as a result of] de / to die from cold morir de frío / to suffer from cold /hunger padecer frío/hambre 10. [on the evidence of] por / to speak from personal experience hablar por propia experiencia 11. [indicating lowest amount] : prices range from £5 to £500 los precios oscilan entre 5 y 500 libras / it could take anything from 15 to 20 weeks podría llevar de 15 a 20 semanas.

front [frʌnt] ❖ n 1. [gen] parte f delantera ▶ **front yard** 🇺🇸 jardín m delantero ; [of building] fachada f ; [of queue] principio m ; [of dress, shirt] parte f de delante 2. METEOR, MIL & POL frente m 3. [on coast] ▶ **(sea) front** paseo m marítimo 4. [outward appearance] fachada f. ❖ adj [gen] delantero(ra) ; [page] primero(ra). ◆ **in front** adv 1. [further forward] delante 2. [winning] ganando. ◆ **in front of** prep delante de. ◆ **front onto** vt insep [be opposite] dar a.

front bench [,frʌnt'bentʃ] n 🇬🇧 en la Cámara de los Comunes, cada una de las dos filas de escaños ocupadas respectivamente por los ministros del gobierno y los principales líderes de la oposición mayoritaria.

front door n puerta f principal.

frontier [UK] ˈfrʌn,tɪər, [US] frʌnˈtɪər] n *lit & fig* frontera *f*.

front man n **1.** [of group] portavoz *mf* **2.** [of programme] presentador *m* **3.** [of rock band] líder *m*.

front room n sala *f* de estar.

front-runner n favorito *m*, -ta *f*.

front-wheel drive n [vehicle] vehículo *m* de tracción delantera.

frost [frɒst] n **1.** [layer of ice] escarcha *f* **2.** [weather] helada *f*.

frostbite [ˈfrɒstbaɪt] n *(U)* MED congelación *f*.

frosted [ˈfrɒstɪd] adj **1.** [glass] esmerilado(da) **2.** [US] CULIN escarchado(da).

frosting [ˈfrɒstɪŋ] n [US] glaseado *m*, betún *m* [Mex].

frosty [ˈfrɒstɪ] adj **1.** [very cold] de helada **2.** [covered with frost] escarchado(da) **3.** *fig* [unfriendly] glacial.

froth [frɒθ] ⬥ n espuma *f*. ⬥ vi hacer espuma.

frothy [ˈfrɒθɪ] (*compar* -ier, *superl* -iest) adj espumoso(sa).

frown [fraʊn] vi fruncir el ceño. ⬥ **frown (up) on** vt insep desaprobar.

froyo [ˈfrəʊˌjəʊ] n *inf* yogur *m* helado.

froze [frəʊz] pt ⟶ freeze.

frozen [ˈfrəʊzn] ⬥ pp ⟶ freeze. ⬥ adj **1.** [gen] helado(da) **2.** [foodstuffs] congelado(da).

fructose [ˈfrʌktəʊs] n fructosa *f*.

frugal [ˈfruːgl] adj frugal.

fruit [fruːt] n (*pl inv* or **fruits**) **1.** [food] fruta *f* **2.** [result] fruto *m*.

fruitcake [ˈfruːtkeɪk] n pastel *m* de frutas.

fruiterer [ˈfruːtərər] n [UK] frutero *m*, -ra *f* ▸ **fruiterer's (shop)** frutería *f*.

fruitful [ˈfruːtfʊl] adj [successful] fructífero(ra).

fruition [fruːˈɪʃn] n ▸ **to come to fruition** a) [plan] realizarse b) [hope] cumplirse.

fruit juice n zumo *m* de fruta.

fruitless [ˈfruːtlɪs] adj infructuoso(sa).

fruit machine n [UK] máquina *f* tragaperras.

fruit salad n macedonia *f* (de frutas).

frumpy [ˈfrʌmpɪ] adj anticuado(da) en la manera de vestir.

frustrate [frʌˈstreɪt] vt frustrar.

frustrated [frʌˈstreɪtɪd] adj frustrado(da).

frustrating [frʌˈstreɪtɪŋ] adj frustrante.

frustration [frʌˈstreɪʃn] n frustración *f*.

fry [fraɪ] ⬥ vt [food] freír. ⬥ vi [food] freírse.

frying pan [ˈfraɪŋpæn], **fry-pan** [US] [ˈfraɪpæn] n sartén *f*.

FSA [ˌefesˈeɪ] (*abbr of* food standards agency) n [UK] agencia gubernamental encargada de la seguridad alimentaria.

ft. *abbr of* foot.

FTP (*abbr of* File Transfer Protocol) n COMPUT FTP *m*.

fuck [fʌk] *vulg* vt & vi joder, follar, chingar [Mex]. ⬥ **fuck off** vi *vulg* ▸ **fuck off!** ¡vete a tomar por culo!

fudge [fʌdʒ] n (*U*) [sweet] dulce de azúcar, leche y mantequilla.

fuel [fjʊəl] ⬥ n combustible *m*. ⬥ vt ([UK] pt & pp -led, *cont* -ling, [US] pt & pp -ed, *cont* -ing) **1.** [supply with fuel] alimentar **2.** [increase] agravar.

fuel tank n depósito *m* de gasolina.

fugitive [ˈfjuːdʒətɪv] n fugitivo *m*, -va *f*

fugly [ˈfʌglɪ] (*abbr of* fucking ugly) adj *v inf* feo (fea) de la hostia / **she's really fugly** es más fea que pegar a un padre.

fulfil, fulfill [US] [fʊlˈfɪl] vt [promise, duty, threat] cumplir; [hope, ambition] realizar; [obligation] cumplir con; [role] desempeñar; [requirement] satisfacer.

fulfilment, fulfillment [US] [fʊlˈfɪlmənt] n **1.** [satisfaction] satisfacción *f*, realización *f* (*de uno mismo*) **2.** [of promise, duty, threat] cumplimiento *m*; [of hope, ambition] realización *f*; [of role] desempeño *m*; [of requirement] satisfacción *f*.

full [fʊl] ⬥ adj **1.** [filled] ▸ **full (of)** lleno(na) (de) ▸ **I'm full!** [after meal] ¡no puedo más! **2.** [schedule] completo(ta) **3.** [complete - recovery, employment, control] pleno(na); [- name, price, fare] completo(ta); [- explanation, information] detallado(da); [- member, professor] numerario(ria) ▸ **three full weeks** tres semanas enteras **4.** [maximum - volume, power etc] máximo(ma) ▸ **at full speed** a toda velocidad **5.** [plump] grueso(sa) **6.** [wide] holgado(da), amplio(plia). ⬥ adv [very] ▸ **to know sthg full well** saber algo perfectamente. ⬥ n ▸ **to pay in full** pagar el total ▸ **write your name in full** escriba su nombre y apellidos.

full-blown [-ˈbləʊn] adj [gen] auténtico(ca); [AIDS] : **to have full-blown AIDS** haber desarrollado el SIDA por completo.

full board n pensión *f* completa.

full-fat adj entero(ra).

full-fledged [US] = fully-fledged.

full moon n luna *f* llena.

full-scale adj **1.** [life-size] de tamaño natural **2.** [complete] a gran escala.

full stop n punto *m*.

full time n [UK] SPORT final *m* del (tiempo reglamentario del) partido. ⬥ **full-time** adj & adv a tiempo completa.

full up adj lleno(na).

fully [ˈfʊlɪ] adv **1.** [completely] completamente **2.** [thoroughly] detalladamente.

fully-equiped adj totalmente equipado(da).

fully-fitted adj [kitchen] integral.

fully-fledged 🇬🇧, **full-fledged** 🇺🇸 [-'fledʒd] adj fig hecho(cha) y derecho(cha) ; [member] de pleno derecho.

fulsome ['fʊlsəm] adj exagerado(da) ▶ **to be fulsome in one's praise (of sthg / sb)** colmar de elogios (algo/a alguien).

fumble ['fʌmbl] vi hurgar.

fume [fju:m] vi [with anger] rabiar. ◆ **fumes** pl n humo m.

fumigate ['fju:mɪgeɪt] vt fumigar.

fun [fʌn] n (U) **1.** [pleasure, amusement] diversión f / my uncle / parachuting is great fun mi tío/el paracaidismo es muy divertido ▶ **to have fun** divertirse ▶ **have fun!** ¡que te diviertas! ▶ **for fun, for the fun of it** por diversión **2.** [playfulness] : he's full of fun le encanta todo lo que sea diversión **3.** [at sb else's expense] ▶ **to make fun of sb, to poke fun at sb** reírse OR burlarse de alguien.

function ['fʌŋkʃn] ◆ n **1.** [gen & MATH] función f ▶ **function key** COMPUT tecla f de función **2.** [formal social event] acto m. ◆ vi funcionar ▶ **to function as** hacer de.

functional ['fʌŋkʃnəl] adj **1.** [practical] funcional **2.** [operational] en funcionamiento.

fund [fʌnd] ◆ n fondo m. ◆ vt financiar. ◆ **funds** pl n fondos mpl.

fundamental [,fʌndə'mentl] adj ▶ **fundamental (to)** fundamental (para).

funding ['fʌndɪŋ] n **1.** [financing] financiación f **2.** [funds] fondos mpl.

funeral ['fju:nərəl] n funeral m.

funeral parlour n funeraria f.

funfair ['fʌnfeəʳ] n feria f.

fun-filled adj divertido(da).

fungus ['fʌŋgəs] (pl -gi or -guses) n hongo m.

funnel ['fʌnl] n **1.** [for pouring] embudo m **2.** [on ship] chimenea f.

funny ['fʌnɪ] adj **1.** [amusing] divertido(da) ▶ **I don't think that's funny** no me hace gracia **2.** [odd] raro(ra) **3.** [ill] pachucho(cha).

fun-packed adj divertido(da).

fur [fɜːʳ] n **1.** [on animal] pelaje m, pelo m **2.** [garment] (prenda f de) piel f.

fur coat n abrigo m de piel OR pieles.

furious ['fjʊərɪəs] adj **1.** [very angry] furioso(sa) **2.** [frantic] frenético(ca).

furlong ['fɜːlɒŋ] n 201,17 metros.

furnace ['fɜːnɪs] n horno m.

furnish ['fɜːnɪʃ] vt **1.** [fit out] amueblar **2.** fml [provide - goods, explanation] proveer ; [-proof] aducir ▶ **to furnish sb with sthg** proporcionar algo a alguien.

furnished ['fɜːnɪʃt] adj amueblado(da).

furnishings ['fɜːnɪʃɪŋz] pl n mobiliario m.

furniture ['fɜːnɪtʃəʳ] n (U) muebles mpl, mobiliario m ▶ **a piece of furniture** un mueble.

furrow ['fʌrəʊ] n lit & fig surco m.

furry ['fɜːrɪ] adj **1.** [animal] peludo(da) **2.** [toy] de peluche.

further ['fɜːðəʳ] ◆ compar ⟶ **far.** ◆ adv **1.** [in distance] más lejos / how much further is it? ¿cuánto queda? ▶ **further on** más adelante **2.** [in degree, extent, time] más ▶ **further on / back** más adelante/atrás **3.** [in addition] además. ◆ adj otro(tra) ▶ **until further notice** hasta nuevo aviso ▶ **nothing further** nada más. ◆ vt promover, fomentar.

further education n 🇬🇧 estudios postescolares no universitarios.

furthermore [,fɜːðə'mɔːʳ] adv lo que es más.

furthest ['fɜːðɪst] ◆ superl ⟶ **far.** ◆ adj **1.** [in distance] más lejano(na) **2.** [greatest - in degree, extent] extremo(ma). ◆ adv **1.** [in distance] más lejos **2.** [to greatest degree, extent] más.

furtive ['fɜːtɪv] adj furtivo(va).

fury ['fjʊərɪ] n furia f.

fuse 🇬🇧, **fuze** 🇺🇸 [fju:z] ◆ n **1.** ELEC fusible m **2.** [of firework] mecha f. ◆ vt fundir. ◆ vi [gen & ELEC] fundirse.

fuse-box n caja f de fusibles.

fused [fju:zd] adj [fitted with a fuse] con fusible.

fuselage ['fju:zəlɑ:ʒ] n fuselaje m.

fusion ['fju:ʒn] n fusión f.

fuss [fʌs] ◆ n (U) **1.** [excitement, anxiety] jaleo m ▶ **to make a fuss** armar un escándalo **2.** [complaints] protestas fpl. ◆ vi apurarse, angustiarse.

fussy ['fʌsɪ] adj **1.** [fastidious] quisquilloso(sa) ▶ **I'm not fussy** me da lo mismo **2.** [over-decorated] recargado(da).

futile ['fju:taɪl] adj inútil, vano(na).

futon ['fu:tɒn] n futón m.

future ['fju:tʃəʳ] ◆ n futuro m ▶ **in future** de ahora en adelante ▶ **in the future** en el futuro ▶ **in the not too distant future** en un futuro próximo ▶ **future (tense)** futuro m. ◆ adj futuro(ra).

fuzzy ['fʌzɪ] adj **1.** [hair] crespo(pa) **2.** [photo, image] borroso(sa).

FWIW n [in messaging] written abbr of **for what it's worth**.

g[1] (pl g's or gs), **G** (pl G's or Gs) [dʒi:] n [letter] g f, G f. ◆ **G** n **1.** MUS sol m **2.** (written abbr of good) B.

g[2] n (written abbr of **gram**) g. m.

gab [gæb] ⟶ **gift**.

gabble ['gæbl] ❖ vt & vi farfullar, balbucir. ❖ n farfulleo m.

gable ['geɪbl] n aguilón m.

gadget ['gædʒɪt] n artilugio m.

Gaelic ['geɪlɪk] n [language] gaélico m.

gaffe [gæf] n metedura f de pata.

gag [gæg] ❖ n **1.** [for mouth] mordaza f **2.** inf [joke] chiste m. ❖ vt amordazar.

gaiety ['geɪətɪ] n alegría f, regocijo m.

gaily ['geɪlɪ] adv alegremente.

gain [geɪn] ❖ n **1.** [profit] beneficio m, ganancia f **2.** [improvement] mejora f **3.** [increase] aumento m. ❖ vt [gen] ganar. ❖ vi **1.** [advance] **▶ to gain in sthg** ganar algo **2.** [benefit] **▶ to gain (from OR by)** beneficiarse (de) **3.** [watch, clock] adelantarse. ◆ **gain on** vt insep ganar terreno a.

gait [geɪt] n forma f de andar.

gal. written abbr of **gallon**.

gala ['gɑːlə] n [celebration] fiesta f.

galaxy ['gæləksɪ] n galaxia f.

gale [geɪl] n vendaval m.

gall [gɔːl] n [nerve] **▶ to have the gall to do sthg** tener el descaro de hacer algo.

gallant adj **1.** ['gælənt] [courageous] valiente, valeroso(sa) **2.** [gə'lænt, 'gælənt] [polite to women] galante.

gall bladder n vesícula f biliar.

gallery ['gælərɪ] n **1.** [for exhibiting art] museo m ; [for selling art] galería f **2.** [in courtroom, parliament] tribuna f **3.** [in theatre] paraíso m.

galley ['gælɪ] (pl galleys) n **1.** [ship] galera f **2.** [kitchen] cocina f.

galling ['gɔːlɪŋ] adj indignante.

gallivant [ˌgælɪ'vænt] vi inf andar por ahí holgazaneando.

gallon ['gælən] n [in UK] = 4,546 litros, galón m ; [in US] = 3,785 litros, galón m.

gallop ['gæləp] ❖ n galope m. ❖ vi lit & fig galopar.

gallows ['gæləʊz] (pl inv) n horca f.

gallstone ['gɔːlstəʊn] n cálculo m biliar.

galore [gə'lɔːʳ] adj en abundancia.

galvanize, galvanise ['gælvənaɪz] vt **1.** TECH galvanizar **2.** [impel] **▶ to galvanize sb into action** impulsar a alguien a la acción.

gambit ['gæmbɪt] n táctica f.

gamble ['gæmbl] ❖ n [calculated risk] riesgo m. ❖ vi **1.** [bet] jugar **▶ to gamble on a)** [race etc] apostar a **b)** [stock exchange] jugar a **2.** [take risk] **▶ to gamble on** contar de antemano con que.

gambler ['gæmbləʳ] n jugador m, -ra f.

gambling ['gæmblɪŋ] n (U) juego m.

game [geɪm] ❖ n **1.** [gen] juego m **2.** [of football, rugby etc] partido m ; [of snooker, chess, cards] partida f **3.** [hunted animals] caza f. ❖ adj **1.** [brave] valiente **2.** [willing] **▶ game (for sthg/to do sthg)** dispuesto(ta) (a algo/a hacer algo). ◆ **games** ❖ n (U) [at school] deportes mpl. ❖ pl n [sporting contest] juegos mpl.

game-changer n punto m de inflexión.

gamekeeper ['geɪmˌkiːpəʳ] n guarda mf de caza.

gamer ['geɪməʳ] n **1.** [who plays computer games] aficionado a los juegos de ordenador **2.** US [athlete, sportsperson] jugador m competitivo, jugadora f competitiva.

game reserve n coto m de caza.

games console n consola f de juegos.

gaming ['geɪmɪŋ] n (U) juegos mpl.

gammon ['gæmən] n jamón m.

gamut ['gæmət] n gama f **▶ to run the gamut of sthg** recorrer toda la gama de algo.

gang [gæŋ] n **1.** [of criminals] banda f **2.** [of young people] pandilla f. ◆ **gang up** vi inf **▶ to gang up (on sb)** confabularse (contra alguien).

gangland ['gæŋlænd] n (U) mundo m del hampa.

gangplank ['gæŋplæŋk], **gangway** n pasarela f, plancha f.

gangrene ['gæŋgriːn] n gangrena f.

gangsta ['gæŋstə] n **1.** [music] **▶ gangsta (rap)** gangsta rap m **2.** [rapper] rapero m, -ra f gangsta **3.** US [gang member] miembro m de un gang.

gangster ['gæŋstəʳ] n gángster m.

gangway ['gæŋweɪ] n UK [aisle] pasillo m.

gantry ['gæntrɪ] n pórtico m (para grúas).

gaol [dʒeɪl] UK = **jail**.

gap [gæp] n **1.** [empty space, in market] hueco m ; [in traffic, trees, clouds] claro m ; [in text] espacio m en blanco **2.** [interval] intervalo m **3.** fig [in knowledge, report] laguna f **4.** fig [great difference] desfase m.

gape [geɪp] vi [person] mirar boquiabierto(ta).

gaping ['geɪpɪŋ] adj **1.** [open-mouthed] boquiabierto(ta) **2.** [wound] abierto(ta) ; [hole] enorme.

gap year n SCH & UNIV año que muchos jóvenes utilizan para viajar por el mundo o trabajar cuando terminan la educación secundaria y antes de ingresar a la universidad **/ I spent my gap year in Australia** pasé un año en Australia antes de ir a la universidad.

garage [UK 'gærɑːʒ,, 'gærɪdʒ, US gə'rɑːʒ] n **1.** [for keeping car] garaje m **2.** UK [for fuel] gasolinera f **3.** [for car repair] taller m **4.** UK [for selling cars] concesionario m de automóviles.

garage sale n US mercadillo en casa de un particular.

garbage ['gɑːbɪdʒ] n (U) US **1.** [refuse] basura f **2.** inf [nonsense] tonterías fpl.

garbage can n US cubo m de la basura.

garbage truck n US camión m de la basura.

garbanzo [gɑ:ˈbɑ:nzəʊ] (pl **garbanzos**) n
▸ **garbanzo (bean)** US garbanzo m.

garbled [ˈgɑ:bld] adj confuso(sa).

garden [ˈgɑ:dn] n jardín m.

garden centre n centro m de jardinería.

gardener [ˈgɑ:dnər] n jardinero m, -ra f.

gardening [ˈgɑ:dnɪŋ] n jardinería f ▸ **to do some gardening** trabajar en el jardín.

gargle [ˈgɑ:gl] vi hacer gárgaras.

gargoyle [ˈgɑ:gɔɪl] n gárgola f.

garish [ˈgeərɪʃ] adj chillón(ona).

garland [ˈgɑ:lənd] n guirnalda f.

garlic [ˈgɑ:lɪk] n ajo m.

garlic bread n pan m de ajo.

garment [ˈgɑ:mənt] n prenda f (de vestir).

garnish [ˈgɑ:nɪʃ] vt guarnecer.

garrison [ˈgærɪsn] n guarnición f.

garrulous [ˈgærələs] adj parlanchín(ina).

garter [ˈgɑ:tər] n **1.** [band round leg] liga f **2.** US [suspender] portaligas m inv.

gas [gæs] ❖ n (pl **-es** or **-ses**) **1.** [gen] gas m ▸ **gas refill** cartucho m de gas **2.** US [petrol] gasolina f, bencina f CHILE, nafta f RP. ❖ vt asfixiar con gas.

gas cooker, gas stove n UK cocina f de gas, estufa f de gas CAM COL MÉX.

gas cylinder n bombona f de gas, garrafa f de gas RP, balón m de gas CHILE.

gas fire n UK estufa f de gas.

gas gauge n US indicador m del nivel de gasolina OR bencina CHILE OR nafta RP.

gash [gæʃ] ❖ n raja f. ❖ vt rajar.

gasket [ˈgæskɪt] n junta f.

gasman [ˈgæsmæn] (pl **-men**) n hombre m del gas.

gas mask n máscara f antigás.

gas meter n contador m OR medidor m Am del gas.

gasoline [ˈgæsəli:n] n US gasolina f.

gasp [gɑ:sp] ❖ n **1.** [pant] resuello m **2.** [of shock, surprise] grito m ahogado. ❖ vi **1.** [breathe quickly] resollar, jadear **2.** [in shock, surprise] ahogar un grito.

gas pedal n US acelerador m.

gas station n US gasolinera f, grifo m PERÚ, bomba f CHILE COL VEN, estación f de nafta RP.

gas stove = **gas cooker**.

gassy [ˈgæsɪ] (compar **-ier**, superl **-iest**) adj pej con mucho gas.

gas tank n US depósito m de gasolina, tanque m de gasolina PERÚ OR bencina CHILE OR de nafta RP.

gas tap n llave f del gas.

gastric [ˈgæstrɪk] adj gástrico(ca).

gastroenteritis [ˈgæstrəʊˌentəˈraɪtɪs] n (U) gastroenteritis f inv.

gastronomy [gæsˈtrɒnəmɪ] n gastronomía f.

gasworks [ˈgæswɜ:ks] (pl inv) n fábrica f de gas.

gate [geɪt] n **1.** [gen] puerta f; [metal] verja f **2.** SPORT [takings] taquilla f; [attendance] entrada f.

gateau [ˈgætəʊ] (pl **gateaux** [ˈgætəʊz]) n pastel m con nata.

gatecrash [ˈgeɪtkræʃ] inf vi colarse.

gateway [ˈgeɪtweɪ] n **1.** [entrance] puerta f, pórtico m **2.** COMPUT pasarela f.

gather [ˈgæðər] ❖ vt **1.** [collect] recoger ▸ **to gather together** reunir **2.** [dust] llenarse de **3.** [increase - speed, strength] ganar, cobrar **4.** [understand] ▸ **to gather (that)** deducir que **5.** [cloth] fruncir. ❖ vi [people, animals] reunirse; [clouds] acumularse.

gathering [ˈgæðərɪŋ] n [meeting] reunión f.

gauche [gəʊʃ] adj torpe.

gaudy [ˈgɔ:dɪ] adj chillón(ona), llamativo(va).

gauge, gage [geɪdʒ] ❖ n **1.** [for fuel, temperature] indicador m; [for width of tube, wire] calibrador m **2.** [calibre] calibre m **3.** RAIL ancho m de vía. ❖ vt lit & fig calibrar.

gaunt [gɔ:nt] adj **1.** [person, face] demacrado(da) **2.** [building, landscape] adusto(ta).

gauntlet [ˈgɔ:ntlɪt] n guante m ▸ **to run the gauntlet of sthg** exponerse a algo ▸ **to throw down the gauntlet (to sb)** arrojar el guante (a alguien).

gauze [gɔ:z] n gasa f.

gave [geɪv] pt ⟶ **give**.

gawky [ˈgɔ:kɪ] adj desgarbado(da).

gawp [gɔ:p] vi ▸ **to gawp (at sthg/sb)** mirar boquiabierto(ta) (algo/a alguien).

gay [geɪ] ❖ adj **1.** [homosexual] gay, homosexual **2.** [cheerful, lively, bright] alegre. ❖ n gay mf.

gaze [geɪz] ❖ n mirada f fija. ❖ vi ▸ **to gaze (at sthg/sb)** mirar fijamente (algo/a alguien).

gazelle [gəˈzel] (pl inv or **-s**) n gacela f.

gazetteer [ˌgæzɪˈtɪər] n índice m geográfico.

gazump [gəˈzʌmp] vt UK inf ▸ **to gazump sb** acordar vender una casa a alguien y luego vendérsela a otro a un precio más alto.

GB n **1.** (abbr of **Great Britain**) GB f **2.** COMPUT (abbr of **gigabyte**) GB m.

GCSE (abbr of **General Certificate of Secondary Education**) n examen final de enseñanza secundaria en Gran Bretaña.

GDP (abbr of **gross domestic product**) n PIB m.

gear [gɪər] ❖ n **1.** [mechanism] engranaje m **2.** [speed - of car, bicycle] marcha f ▸ **in gear** con una marcha metida ▸ **out of gear** en punto muerto ▸ **to change gear** cambiar de marcha

3. *(U)* [equipment, clothes] equipo *m* **4.** *(U) inf* [stuff, possessions] bártulos *mpl*. ❖ vt ▸ **to gear sthg to** orientar OR encaminar algo hacia. ◆ **gear up** vi ▸ **to gear up for sthg/to do sthg** hacer preparativos para algo/para hacer algo.

gearbox ['gɪəbɒks] n caja *f* de cambios.

gear lever, gear stick UK, **gear shift** US n palanca *f* de cambios.

gear wheel n rueda *f* dentada.

geek [giːk], **geekazoid** US ['giːkəzɔɪd] n *inf* geek *mf*, friki *m* informático, friki *f* informática.

geeky [giːki], **geekazoid** US ['giːkəzɔɪd] adj *inf* fanático(ca) de los ordenadores OR de las computadoras AM.

geese [giːs] pl n ⟶ **goose**.

gel [dʒel] ❖ n [for shower] gel *m* ; [for hair] gomina *f*. ❖ vi **1.** [thicken] aglutinarse **2.** [plan] cuajar ; [idea, thought] tomar forma.

gelatin ['dʒelətɪn], **gelatine** [,dʒelə'tiːn] n gelatina *f*.

gelignite ['dʒelɪgnaɪt] n gelignita *f*.

gem [dʒem] n [precious stone] gema *f* ; [jewel, special person, thing] joya *f*.

Gemini ['dʒemɪnaɪ] n Géminis *m inv*.

gender ['dʒendər] n **1.** GRAM género *m* **2.** [sex] sexo *m*.

gene [dʒiːn] n gen *m*.

general ['dʒenərəl] ❖ adj general. ❖ n general *m*. ◆ **in general** adv **1.** [as a whole] en general **2.** [usually] por lo general.

general anaesthetic n anestesia *f* general.

general delivery n US lista *f* de correos.

general election n elecciones *fpl* generales.

generalization [,dʒenərəlaɪ'zeɪʃn] n generalización *f*.

generalize, generalise ['dʒenərəlaɪz] vi ▸ **to generalize (about)** generalizar (sobre).

general knowledge n cultura *f* general.

generally ['dʒenərəlɪ] adv en general.

general practitioner n médico *m*, -ca *f* de cabecera.

general public n ▸ **the general public** el gran público.

generate ['dʒenəreɪt] vt generar.

generation [,dʒenə'reɪʃn] n generación *f*.

generator ['dʒenəreɪtər] n generador *m*.

generic [dʒɪ'nerɪk] adj genérico(ca).

generosity [,dʒenə'rɒsətɪ] n generosidad *f*.

generous ['dʒenərəs] adj generoso(sa) ; [cut of clothes] amplio(plia).

genetic [dʒɪ'netɪk] adj genético(ca). ◆ **genetics** *(U)* genética *f*.

genetically modified [dʒɪ'netɪkəlɪ'mɒdɪfaɪd] adj modificado(da) genéticamente, transgénico(ca).

gengineering [,dʒendʒɪ'nɪərɪŋ] n ingeniería *f* genética.

genial ['dʒiːnjəl] adj cordial, afable.

genitals ['dʒenɪtlz] pl n genitales *mpl*.

genius ['dʒiːnjəs] *(pl* **-es)** n genio *m*.

gent [dʒent] n *inf* caballero *m*. ◆ **gents** n UK [toilets] servicio *m* de caballeros.

genteel [dʒen'tiːl] adj fino(na), refinado(da).

gentle ['dʒentl] adj **1.** [kind] tierno(na), dulce **2.** [breeze, movement, slope] suave **3.** [scolding] ligero(ra) ; [hint] sutil.

gentleman ['dʒentlmən] *(pl* **-men)** n **1.** [well-behaved man] caballero *m* **2.** [man] señor *m*, caballero *m*.

gently ['dʒentlɪ] adv **1.** [kindly] dulcemente **2.** [softly, smoothly] suavemente **3.** [carefully] con cuidado.

gentry ['dʒentrɪ] n alta burguesía *f*.

genuine ['dʒenjuɪn] adj **1.** [real] auténtico(ca) **2.** [sincere] sincero(ra).

genuinely ['dʒenjuɪnlɪ] adv **1.** [really] auténticamente **2.** [sincerely] sinceramente.

geographical [,dʒɪə'græfɪkl] adj geográfico(ca).

geography [dʒɪ'ɒgrəfɪ] n geografía *f*.

geological [,dʒɪə'lɒdʒɪkl] adj geológico(ca).

geology [dʒɪ'ɒlədʒɪ] n geología *f*.

geometric(al) [,dʒɪə'metrɪk(l)] adj geométrico(ca).

geometry [dʒɪ'ɒmətrɪ] n geometría *f*.

geotag ['dʒiːəʊ,tæg] vt [photo, video] geolocalizar.

geranium [dʒɪ'reɪnjəm] *(pl* **-s)** n geranio *m*.

gerbil ['dʒɜːbɪl] n jerbo *m*, gerbo *m*.

geriatric [,dʒerɪ'ætrɪk] ❖ adj [of old people] geriátrico(ca). ❖ n **1.** MED anciano *m*, -na *f* **2.** *inf* [very old person] vejestorio *m*.

germ [dʒɜːm] n *fig* BIOL germen *m* ; MED microbio *m*.

German ['dʒɜːmən] ❖ adj alemán(ana). ❖ n **1.** [person] alemán *m*, -ana *f* **2.** [language] alemán *m*.

German measles n rubéola *f*.

Germany ['dʒɜːmənɪ] n Alemania.

germinate ['dʒɜːmɪneɪt] vt & vi *lit* & *fig* germinar.

gerund ['dʒerənd] n gerundio *m*.

gesticulate [dʒes'tɪkjʊleɪt] vi gesticular.

gesture ['dʒestʃər] ❖ n gesto *m*. ❖ vi ▸ **to gesture to** OR **towards sb** hacer gestos a alguien.

get [get] (UK *pt* & *pp* **got**, US *pt* **got**, *pp* **gotten**) ❖ vt **1.** [bring, fetch] traer / *can I get you something to eat/drink?* ¿te traigo algo de comer/beber? / *I'll get my coat* voy a por el abrigo / *could you get me the boss, please?* [when phoning] póngame con el jefe **2.** [door, phone] contestar a **3.** [obtain] conseguir / *she got top marks* sacó las mejores notas **4.** [buy] comprar **5.** [receive] recibir / *what did you get for your birthday?* ¿qué te regalaron para tu cumpleaños? / *she gets a good salary* gana un buen sueldo / *we don't get much rain* no llueve mucho **6.** [catch - bus, criminal, illness] coger, agarrar **Am** / *I've got a cold* estoy resfriado / *he got cancer* contrajo cáncer **7.** [cause to do] **▶ to get sb to do sthg** hacer que alguien haga algo / *I'll get my sister to help* le pediré a mi hermana que ayude **8.** [cause to be done] **▶ to get sthg done** mandar hacer algo / *have you got the car fixed yet?* ¿te han arreglado ya el coche? **9.** [cause to become] : *to get sthg ready* preparar algo / *to get sthg dirty* ensuciar algo **10.** [cause to move] : *can you get it through the gap?* ¿puedes meterlo por el hueco? **▶ to get sthg / sb out of sthg** conseguir sacar algo/a alguien de algo **11.** [experience - a sensation] / *do you get the feeling he doesn't like us?* ¿no te da la sensación de que no le gustamos? **12.** [understand] entender **▶ I don't get it** *inf* no me aclaro, no lo entiendo / *he didn't seem to get the point* no pareció captar el sentido **13.** *inf* [annoy] poner negro(gra) **14.** [find] : *you get a lot of artists here* hay mucho artista por aquí. ◆ vi **1.** [become] ponerse / *to get angry /pale* ponerse furioso/pálido / *to get ready* prepararse / *to get dressed* vestirse / *I'm getting cold / bored* me estoy enfriando/aburriendo / *it's getting late* se está haciendo tarde **2.** [arrive] llegar / *how do I get there?* ¿cómo se llega (allí)? / *to get home* llegar a casa / *I only got back yesterday* regresé justo ayer **3.** [eventually succeed] **▶ to get to do sthg** llegar a hacer algo / *did you get to see him?* ¿conseguiste verlo? **4.** [progress] llegar / *how far have you got?* ¿cuánto llevas?, ¿hasta dónde has llegado? / *now we're getting somewhere* ahora sí que vamos por buen camino / *we're getting nowhere* así no llegamos a ninguna parte. ◆ aux vb : *to get excited* emocionarse / *someone could get hurt* alguien podría resultar herido / *I got beaten up* me zurraron **▶ let's get going** OR **moving** pongámonos en marcha. ◆ **get about** vi **1.** [move from place to place] salir a menudo **2.** [circulate - news etc] difundirse. = **get around** ◆ **get across** vt sep **▶ to get sthg across to sb** hacerle comprender algo a alguien. ◆ **get ahead** vi [in life] abrirse camino. ◆ **get along** vi **1.** [manage] arreglárselas **2.** [progress] : *how are you getting along?* ¿cómo te va? **3.** [have a good relationship] **▶ to get along (with sb)** llevarse bien (con alguien). ◆ **get around, get round** vt insep [overcome - problem] evitar ; [- obstacle] sortear. ◆ vi [circulate - news etc] difundirse. = **get about** ◆ **get at** vt insep **1.** [reach] llegar a, alcanzar

2. [imply] referirse a **3.** *inf* [criticize] : *stop getting at me!* ¡deja ya de meterte conmigo! ◆ **get away** vi **1.** [leave] salir, irse **2.** [go on holiday] : *I really need to get away* necesito unas buenas vacaciones **3.** [escape] escaparse. ◆ **get away with** vt insep salir impune de / *she lets him get away with everything* ella se lo consiente todo. ◆ **get back** ◆ vt sep [recover, regain] recuperar. ◆ vi **1.** [move away] echarse atrás, apartarse **2.** [return] volver. ◆ **get back to** vt insep **1.** [return to previous state, activity] volver a **2.** **US** *inf* [phone back] : *I'll get back to you later* te llamo de vuelta más tarde. ◆ **get by** vi apañárselas. ◆ **get down** vt sep **1.** [depress] deprimir **2.** [fetch from higher level] bajar **3.** [write down] anotar. ◆ **get down to** vt insep **▶ to get down to doing sthg** ponerse a hacer algo. ◆ **get in** vi **1.** [enter] entrar **2.** [arrive] llegar. ◆ **get into** vt insep **1.** [car] subir a **2.** [become involved in] meterse en **3.** [enter into a particular situation, state] : *to get into a panic* OR *state* ponerse nerviosísimo(ma) **▶ to get into trouble** meterse en líos **▶ to get into the habit of doing sthg** adquirir el hábito OR coger la costumbre de hacer algo **4.** [be accepted as a student at] : *she managed to get into Oxford* consiguió entrar en Oxford. ◆ **get off** ◆ vt sep **1.** [remove] quitar **2.** [prevent from being punished] librar. ◆ vt insep **1.** [go away from] irse OR salirse de / *get off my land!* ¡fuera de mis tierras! **2.** [train, bus, table] bajarse de. ◆ vi **1.** [leave bus, train] bajarse, desembarcarse **Am 2.** [escape punishment] escaparse **▶ he got off lightly** salió bien librado **3.** [depart] irse, salir. ◆ **get off with** vt insep **UK** *inf* ligar con. ◆ **get on** ◆ vt insep [bus, train, horse] subirse a. ◆ vi **1.** [enter bus, train] subirse, montarse **2.** [have good relationship] llevarse bien **3.** [progress] : *how are you getting on?* ¿cómo te va? **4.** [proceed] **▶ to get on with sthg** seguir OR continuar con algo **5.** [be successful professionally] triunfar. ◆ **get on to** vt insep **1.** [begin talking about] ponerse a hablar de **2.** [contact] ponerse en contacto con. ◆ **get out** ◆ vt sep [remove - object, prisoner] sacar ; [- stain etc] quitar / *she got a pen out of her bag* sacó un bolígrafo del bolso. ◆ vi **1.** [leave] salir **▶ get out!** ¡vete de aquí! **2.** [leave car, bus, train] bajarse **3.** [become known - news] difundirse, filtrarse. ◆ **get out of** vt insep **1.** [car, bus, train] bajar de ; [bed] levantarse de **2.** [escape from] escapar OR huir de **3.** [avoid] **▶ to get out of (doing) sthg** librarse de (hacer) algo. ◆ **get over** ◆ vt insep **1.** [recover from] recuperarse de **2.** [overcome] superar. ◆ vt sep [communicate] hacer comprender. ◆ **get round** vt insep = **get around**. ◆ **get through** ◆ vt insep **1.** [job, task] terminar **2.** [exam] aprobar **3.** [food, drink] consumir **4.** [unpleasant situation] sobrevivir a. **◈** vi TELEC conseguir comunicar. **◆ get to ◈** vt insep *inf* [annoy] fastidiar, molestar. **◈** vi [end up] ir a parar. **◆ get together ◈** vt sep [organize - project, demonstration] organizar, montar ; [- team] juntar ; [- report] preparar. **◈** vi juntarse, reunirse. **◆ get up ◈** vi levantarse. **◈** vt insep [organize - petition etc] preparar, organizar. **◆ get up to** vt insep *inf* hacer, montar.

getaway ['getəweɪ] n fuga *f*, huida *f* **▸ to make one's getaway** darse a la fuga.

get-together n *inf* reunión *f*.

geyser ['giːzər] n **1.** [hot spring] géiser *m* **2.** UK [water heater] calentador *m* de agua.

Ghana ['gɑːnə] n Ghana.

ghastly ['gɑːstlɪ] adj **1.** *inf* [very bad, unpleasant] horrible, espantoso(sa) **2.** [horrifying] horripilante **3.** [ill] fatal.

gherkin ['gɜːkɪn] n pepinillo *m*.

ghetto ['getəʊ] (*pl* **-s** *or* **-es**) n gueto *m*.

ghetto blaster [-'blɑːstər] n *inf* radiocasete portátil de gran tamaño y potencia.

ghost [gəʊst] n [spirit] fantasma *m*.

giant ['dʒaɪənt] **◈** adj gigantesco(ca). **◈** n gigante *m*.

gibberish ['dʒɪbərɪʃ] n galimatías *m inv*.

gibe [dʒaɪb] **◈** n pulla *f*. **◈** vi **▸ to gibe (at)** mofarse (de).

giblets ['dʒɪblɪts] pl n menudillos *mpl*.

Gibraltar [dʒɪ'brɔːltər] n Gibraltar **/** *the Rock of Gibraltar* el Peñón.

giddy ['gɪdɪ] adj mareado(da) **/** *to be giddy* [have vertigo] tener vértigo.

gift [gɪft] n **1.** [present] regalo *m*, obsequio *m* **2.** [talent] don *m* **▸ to have a gift for sthg / for doing sthg** tener un don especial para algo / para hacer algo **▸ to have the gift of the gab** tener un pico de oro.

gift certificate US = **gift token**.

gifted ['gɪftɪd] adj **1.** [talented] dotado(da) **2.** [extremely intelligent] superdotado(da).

gift token, gift certificate, gift voucher UK vale *m* *or* cupón *m* para regalo.

gig [gɪg] n *inf* [concert] concierto *m*.

gigabyte ['gaɪgəbaɪt] n COMPUT gigabyte *m*.

gigantic [dʒaɪ'gæntɪk] adj gigantesco(ca).

giggle ['gɪgl] **◈** n **1.** [laugh] risita *f*, risa *f* tonta **2.** UK *inf* [fun] **▸ it's a real giggle** es la mar de divertido **▸ to do sthg for a giggle** hacer algo por puro cachondeo. **◈** vi [laugh] soltar risitas.

gilded ['gɪldɪd] = **gilt**.

gill [dʒɪl] n [unit of measurement] = *0,142 litros*.

gills [gɪlz] pl n [of fish] agallas *fpl*.

gilt [gɪlt], **gilded ◈** adj dorado(da). **◈** n dorado *m*.

gilt-edged adj FIN de máxima garantía.

gimmick ['gɪmɪk] n *pej* artilugio *m* innecesario **▸ advertising gimmick** reclamo *m* publicitario.

gimp [gɪmp] n US *inf* **1.** *pej* [person] cojo *m*, -ja *f* **2.** [object] trencilla *f*.

gin [dʒɪn] n ginebra *f* **▸ gin and tonic** gin-tonic *m*.

ginger ['dʒɪndʒər] **◈** adj UK [hair] bermejo(ja) **▸ to have ginger hair** ser pelirrojo(ja) ; [cat] de color bermejo. **◈** n jengibre *m*.

ginger ale n [mixer] ginger-ale *m*.

ginger beer n [slightly alcoholic] refresco *m* de jengibre.

gingerbread ['dʒɪndʒəbred] n **1.** [cake] pan *m* de jengibre **2.** [biscuit] galleta *f* de jengibre.

ginger-haired [-'heəd] adj pelirrojo(ja).

gingerly ['dʒɪndʒəlɪ] adv con mucho tiento.

gipsy, gypsy ['dʒɪpsɪ] **◈** adj gitano(na). **◈** n UK gitano *m*, -na *f*.

giraffe [dʒɪ'rɑːf] (*pl inv* or **-s**) n jirafa *f*.

girder ['gɜːdər] n viga *f*.

girdle ['gɜːdl] n [corset] faja *f*.

girl [gɜːl] n **1.** [child] niña *f* **2.** [young woman] chica *f* **3.** [daughter] niña *f*, chica *f* **4.** *inf* [female friend] **▸ the girls** las amigas, las chicas.

girlfriend ['gɜːlfrend] n **1.** [female lover] novia *f* **2.** [female friend] amiga *f*.

girl guide UK, **girl scout** US n [individual] exploradora *f*.

girlish ['gɜːlɪʃ] adj de niña.

giro ['dʒaɪrəʊ] (*pl* **-s**) n UK **1.** (*U*) [system] giro *m* **2. ▸ giro (cheque)** cheque *m* para giro bancario.

girth [gɜːθ] n **1.** [circumference] circunferencia *f* **2.** [of horse] cincha *f*.

gist [dʒɪst] n **▸ the gist of** lo esencial de **▸ to get the gist (of sthg)** entender el sentido (de algo).

give [gɪv] **◈** vt (*pt* **gave**, *pp* **given**) **1.** [gen] dar ; [time, effort] dedicar ; [attention] prestar **▸ to give sb / sthg sthg, to give sthg to sb / sthg** dar algo a alguien / algo **▸ he was given twenty years** [sentenced to] le cayeron veinte años **2.** [as present] **▸ to give sb sthg, to give sthg to sb** regalar algo a alguien **3.** [hand over] **▸ to give sb sthg, to give sthg to sb** entregar OR dar algo a alguien. **◈** vi (*pt* **gave**, *pp* **given**) [collapse, break] romperse, ceder ; [stretch] dar de sí. **◆ give or take** prep más o menos **/** *in half an hour give or take five minutes* dentro de media hora, cinco minutos más o cinco minutos menos. **◆ give away** vt sep **1.** [as present] regalar **2.** [reveal] revelar, descubrir **3.** [bride] llevar al altar. **◆ give back** vt sep [return] devolver, regresar Méx. **◆ give in** vi **1.** [admit defeat] rendirse, darse por vencido(da) **2.** [agree unwillingly] **▸ to give in to sthg** ceder ante algo. **◆ give off** vt insep [produce, emit] despedir. **◆ give out ◈** vt sep [distribute] repartir, distribuir. **◈** vi [supply, strength] agotarse, acabarse ; [legs, machine] fallar. ◆ **give over** ◇ vt sep [dedicate] ▶ **to be given over to sthg** dedicarse a algo. ◇ vi **UK** *inf* [stop] ▶ **give over!** ¡basta **or** vale ya! ◆ **give up** ◇ vt sep **1.** [stop] abandonar / *to give up chocolate* dejar de comer chocolate **2.** [job] dejar. ◇ vi rendirse, darse por vencido(da). ◆ **give up on** vt insep [abandon] dejar por imposible.

given ['gɪvn] ◇ adj **1.** [set, fixed] dado(da) **2.** [prone] ▶ **to be given to sthg/to doing sthg** ser dado(da) a algo/a hacer algo. ◇ prep [taking into account] dado(da) ▶ **given that** dado que.

given name n **US** nombre m de pila.

glacier ['glæsjər] n glaciar m.

glad [glæd] adj **1.** [happy, pleased] alegre, contento(ta) ▶ **to be glad about/that** alegrarse de/de que **2.** [willing] ▶ **to be glad to do sthg** tener gusto en hacer algo.

glad-hand ['glædhænd] vt *inf & pej* dar la mano efusivamente a.

gladly ['glædlɪ] adv **1.** [happily, eagerly] alegremente **2.** [willingly] con mucho gusto.

glamor **US** = **glamour**.

glamorous ['glæmərəs] adj atractivo(va), lleno(na) de encanto.

glamour **UK**, **glamor** **US** ['glæmər] n encanto m, atractivo m, sofisticación f.

glance [glɑːns] ◇ n [quick look] mirada f, vistazo m ▶ **to cast or take a glance at sthg** echar un vistazo a algo ▶ **at a glance** de un vistazo ▶ **at first glance** a primera vista. ◇ vi [look quickly] ▶ **to glance at sb** lanzar una mirada a alguien ▶ **to glance at or through sthg** hojear algo. ◆ **glance off** vt insep rebotar en.

glancing ['glɑːnsɪŋ] adj de refilón.

gland [glænd] n glándula f.

glandular fever ['glændjʊlər-] n mononucleosis f *inv* infecciosa.

glare [gleər] ◇ n **1.** [scowl] mirada f asesina **2.** [blaze, dazzle] resplandor m, deslumbramiento m **3.** (U) *fig* [of publicity] foco m. ◇ vi [blaze, dazzle] brillar.

glaring ['gleərɪŋ] adj **1.** [very obvious] flagrante **2.** [blazing, dazzling] deslumbrante.

glasnost ['glæznɒst] n glasnost f.

glass [glɑːs] ◇ n **1.** [material] vidrio m, cristal m **2.** [drinking vessel, glassful] vaso m ; [with stem] copa f. ◇ comp de vidrio **or** cristal. ◆ **glasses** pl n [spectacles] gafas fpl.

glassware ['glɑːsweər] n (U) cristalería f.

glassy ['glɑːsɪ] adj **1.** [smooth, shiny] cristalino(na) **2.** [blank, lifeless] vidrioso(sa).

glaze [gleɪz] ◇ n [on pottery] vidriado m ; [on food] glaseado m. ◇ vt **1.** [pottery] vidriar ; [food] glasear **2.** [window] acristalar.

glazier ['gleɪzjər] n vidriero m, -ra f.

gleam [gliːm] ◇ n destello m ; [of hope] rayo m. ◇ vi relucir.

gleaming ['gliːmɪŋ] adj reluciente.

glean [gliːn] vt [gather] recoger ; [information] extraer.

glee [gliː] n (U) [joy, delight] alegría f, regocijo m.

glen [glen] n **Scot** cañada f.

glib [glɪb] adj *pej* de mucha labia.

glide [glaɪd] vi **1.** [move smoothly] deslizarse **2.** [fly] planear.

glider ['glaɪdər] n [plane] planeador m.

gliding ['glaɪdɪŋ] n [sport] vuelo m sin motor.

glimmer ['glɪmər] n **1.** [faint light] luz f tenue **2.** *fig* [trace, sign] atisbo m ; [of hope] rayo m.

glimpse [glɪmps] ◇ n **1.** [look, sight] vislumbre f ▶ **to catch a glimpse of sthg/sb** entrever algo/a alguien **2.** [idea, perception] asomo m, atisbo m. ◇ vt entrever, vislumbrar.

glint [glɪnt] ◇ n **1.** [flash] destello m **2.** [in eyes] brillo m. ◇ vi destellar.

glisten ['glɪsn] vi relucir, brillar.

glitter ['glɪtər] vi relucir, brillar.

gloat [gləʊt] vi ▶ **to gloat (over sthg)** regodearse (con algo).

global ['gləʊbl] adj [worldwide] mundial, global ▶ **global market** mercado m mundial **or** global ▶ **the global village** la aldea global.

globalization [,gləʊbəlaɪ'zeɪʃn] n globalización f.

global warming [-'wɔːmɪŋ] n calentamiento m global.

globe [gləʊb] n **1.** [gen] globo m **2.** [spherical map] globo m (terráqueo).

gloom [gluːm] n (U) **1.** [darkness] penumbra f **2.** [unhappiness] pesimismo m, melancolía f.

gloomy ['gluːmɪ] adj **1.** [dark, cloudy] oscuro(ra) **2.** [unhappy] melancólico(ca) **3.** [without hope - report, forecast] pesimista ; [- situation, prospects] desalentador(ra).

glorious ['glɔːrɪəs] adj magnífico(ca).

glory ['glɔːrɪ] n **1.** [gen] gloria f **2.** [beauty, splendour] esplendor m. ◆ **glory in** vt insep [relish] disfrutar de, regocijarse con.

gloss [glɒs] n **1.** [shine] lustre m, brillo m **2.** ▶ **gloss (paint)** pintura f esmalte. ◆ **gloss over** vt insep tocar muy por encima.

glossary ['glɒsərɪ] n glosario m.

glossy ['glɒsɪ] adj **1.** [smooth, shiny] lustroso(sa) **2.** [on shiny paper] de papel satinado.

glove [glʌv] n guante m.

glove compartment n guantera f.

glow [gləʊ] ◇ n [light] fulgor m. ◇ vi [gen] brillar.

glower ['glaʊər] vi ▶ **to glower (at sthg/sb)** mirar con furia (algo/a alguien).

glowing ['gləʊɪŋ] adj [very favourable] entusiasta.

glucose ['glu:kəʊs] n glucosa f.

glue [glu:] ❖ n [paste] pegamento m; [for glueing wood, metal etc] cola f. ❖ vt (cont **glueing** OR **gluing**) [paste] pegar (con pegamento); [wood, metal etc] encolar ▸ **to be glued to sthg** [absorbed by] estar pegado(da) a algo.

glug [glʌg] inf ❖ n ▸ **glug (glug)** gluglú m / he took a long glug of lemonade dio un largo trago de limonada. ❖ vi (pt & pp **glugged**, cont **glugging**) tragar.

glum [glʌm] adj [unhappy] sombrío(a).

glut [glʌt] n superabundancia f.

glutton ['glʌtn] n [greedy person] glotón m, -ona f ▸ **to be a glutton for punishment** ser un masoquista.

GM [dʒi:'em] adj transgénico(ca), modificado(da) genéticamente / **GM foods** alimentos transgénicos / **GM products** productos modificados genéticamente.

GM foods pl n alimentos mpl transgénicos.

GMO (abbr of **genetically modified organism**) n OMG m.

GMT (abbr of **Greenwich Mean Time**) hora GMT del meridiano de Greenwich.

gnarled [nɑ:ld] adj nudoso(sa).

gnash [næʃ] vt ▸ **to gnash one's teeth** hacer rechinar los dientes.

gnat [næt] n mosquito m.

gnaw [nɔ:] vt [chew] roer ▸ **to gnaw (away) at sb** corroer a alguien.

gnome [nəʊm] n gnomo m.

GNP (abbr of **gross national product**) n PNB m.

GNVQ (abbr of **General National Vocational Qualification**) n SCH curso de formación profesional de dos años de duración para los mayores de 16 años en Inglaterra y Gales.

go [gəʊ] ❖ vi (pt **went**, pp **gone**) **1.** [move, travel, attend] ir / where are you going? ¿adónde vas? / he's gone to Portugal se ha ido a Portugal / we went by bus/train fuimos en autobús/tren ▸ **to go and do sthg** ir a hacer algo / where does this path go? ¿adónde lleva este camino? / to go right/left girar a la derecha/izquierda ▸ **to go swimming/shopping** ir a nadar/de compras ▸ **to go for a walk/run** ir a dar un paseo/a correr **2.** [depart - person] irse, marcharse; [- bus] salir / I must go, I have to go tengo que irme / it's time we went es hora de irse OR marcharse ▸ **let's go!** ¡vámonos! **3.** [pass - time] pasar / the time went slowly/quickly el tiempo pasaba lentamente/rápido **4.** [progress] ir ▸ **to go well/badly** ir bien/mal ▸ **how's it going?** inf [how are you?] ¿qué tal? **5.** [belong, fit] ir / the plates go in the cupboard los platos van en el

armario / it won't go into the suitcase no cabe en la maleta **6.** [become] ponerse ▸ **to go grey** ponerse gris ▸ **to go mad** volverse loco(c a) ▸ **to go blind** quedarse ciego(ga) **7.** [indicating intention, certainty, expectation]: what are you going to do now? ¿qué vas a hacer ahora? / he said he was going to be late dijo que llegaría tarde / it's going to rain/snow va a llover/nevar **8.** [match, be compatible] ▸ **to go (with)** ir bien (con) / this blouse goes well with the skirt esta blusa va muy bien OR hace juego con la falda **9.** [function, work] funcionar **10.** [bell, alarm] sonar **11.** [start] empezar **12.** [stop working] estropearse / the fuse must have gone se ha debido de fundir el fusible **13.** [deteriorate]: her sight/hearing is going está perdiendo la vista/el oído **14.** [be disposed of]: he'll have to go habrá que despedirlo ▸ **everything must go!** ¡gran liquidación! **15.** inf [expressing irritation, surprise]: now what's he gone and done? ¿qué leches ha hecho ahora? **16.** [in division]: three into two won't go tres no es divisible por dos. ❖ n (pl **goes**) [turn] turno m / it's my go me toca a mí ▸ **to have a go at sb** inf echar una bronca a alguien ▸ **to be on the go** inf no parar, estar muy liado(da). ❖ **to go** adv [remaining]: there are only three days to go sólo quedan tres días. ◆ **go about** ❖ vt insep **1.** [perform] hacer, realizar ▸ **to go about one's business** ocuparse uno de sus asuntos **2.** [tackle] ▸ **to go about doing sthg** apañárselas para hacer algo / how do you intend going about it? ¿cómo piensas hacerlo? ❖ vi = **go around**. ◆ **go after** vt insep ir a por OR detrás de. ◆ **go against** vt insep **1.** [conflict with, be unfavourable to] ir en contra de **2.** [act contrary to] actuar en contra de. ◆ **go ahead** vi **1.** [begin] ▸ **to go ahead (with sthg)** seguir adelante (con algo) ▸ **go ahead!** ¡adelante! **2.** [take place] celebrarse **3.** [in match, contest] ponerse por delante. ◆ **go along** vi [proceed]: as you go along a medida que lo vayas haciendo. ◆ **go along with** vt insep estar de acuerdo con. ◆ **go around, go round, go about** vi [joke, illness, story] correr (por ahí). ◆ **go away** vi **1.** [person, animal] irse ▸ **go away!** ¡vete! **2.** [pain] desaparecer. ◆ **go back** vi **1.** [return] volver **2.** [clocks] atrasarse. ◆ **go back on** vt insep [one's word, promise] faltar a. ◆ **go back to** vt insep **1.** [return to activity] continuar OR seguir con ▸ **to go back to sleep** volver a dormir **2.** [date from] remontarse a. ◆ **go by** ❖ vi [time, people, vehicles] pasar. ❖ vt insep **1.** [be guided by] guiarse por **2.** [judge from]: going by her accent, I'd say she was French a juzgar por su acento yo diría que es francesa. ◆ **go down** ❖ vi **1.** [descend] bajar **2.** [get lower - prices, temperature, swelling] bajar **3.** [be accepted] ▸ **to go down well/badly** tener una buena/mala acogida **4.** [sun] ponerse

5. [tyre, balloon] deshincharse **6.** [be relegated] descender. ◆ vt insep bajar. ◆ **go for** vt insep **1.** [choose] decidirse por **2.** [be attracted to] : *I don't really go for men like him* no me gustan mucho los hombres como él **3.** [attack] lanzarse sobre, atacar **4.** [try to obtain - record, job] ir a por. ◆ **go forward** vi [clocks] adelantarse. ◆ **go in** vi entrar. ◆ **go in for** vt insep **1.** [competition, exam] presentarse a **2.** inf [enjoy] : *I don't really go in for classical music* no me va la música clásica. ◆ **go into** vt insep **1.** [enter] entrar en **2.** [investigate] investigar **3.** [take up as a profession] dedicarse a. ◆ **go off** ◆ vi **1.** [explode - bomb] estallar ; [- gun] disparase **2.** [alarm] sonar **3.** [go bad - food] estropearse ; [- milk] cortarse **4.** [lights, heating] apagarse. ◆ vt insep inf [lose interest in] perder el gusto a OR el interés en OR por. ◆ **go on** ◆ vi **1.** [take place] pasar, ocurrir **2.** [continue] ▶ **to go on (doing sthg)** seguir (haciendo algo) **3.** [heating etc] encenderse **4.** [talk for too long] ▶ **to go on (about)** no parar de hablar (de). ◆ vt insep **1.** [be guided by] guiarse por **2.** [start] : *to go on a diet* ponerse a régimen. ◆ excl ¡venga!, ¡vamos! ◆ **go on at** vt insep [nag] dar la lata a. ◆ **go out** vi **1.** [leave house] salir / *to go out for a meal* cenar fuera **2.** [tide] bajar **3.** [light, fire, cigarette] apagarse. ◆ **go over** vt insep **1.** [examine] repasar **2.** [repeat] repetir. ◆ **go over to** vt insep **1.** [change to] cambiar OR pasar a **2.** [change sides to] pasarse a **3.** RADIO & TV conectar con. ◆ **go round** vi [revolve] girar, dar vueltas ; = **go around**. ◆ **go through** vt insep **1.** [penetrate] atravesar **2.** [experience] pasar por, experimentar **3.** [study, search through] registrar / *she went through his pockets* le miró en los bolsillos. ◆ **go through with** vt insep llevar a cabo. ◆ **go towards** vt insep contribuir a. ◆ **go under** vi *lit* & *fig* hundirse. ◆ **go up** ◆ vi **1.** [rise - person, prices, temperature, balloon] subir **2.** [be built] levantarse, construirse. ◆ vt insep subir. ◆ **go with** vt insep [be included with] ir con. ◆ **go without** ◆ vt insep prescindir de. ◆ vi apañárselas.

goad [gəʊd] vt [provoke] aguijonear, incitar.

go-ahead ◆ adj [dynamic] dinámico(ca). ◆ n (U) [permission] luz f verde.

goal [gəʊl] n **1.** SPORT [point scored] gol m ; [area between goalposts] portería f, arco m 𝐀𝐦 **2.** [aim] objetivo m, meta f.

goalkeeper ['gəʊl,kiːpə'] n portero m, -ra f, arquero m, -ra f 𝐀𝐦.

goalmouth ['gəʊlmaʊθ] (pl [-maʊðz]) n portería f, meta f, arco m 𝐀𝐦.

goalpost ['gəʊlpəʊst] n poste m (de la portería).

goat [gəʊt] n [animal] cabra f.

goatee [gəʊ'tiː] n perilla f.

gob [gɒb] v inf 𝐔𝐊 [mouth] pico m.

gobble ['gɒbl] vt [food] engullir, tragar. ◆ **gobble down**, **gobble up** vt sep engullir, tragar.

go-between n intermediario m, -ria f.

goblet ['gɒblɪt] n copa f.

gobsmacked ['gɒbsmækt] adj 𝐔𝐊 inf alucinado(da), flipado(da).

go-cart = **go-kart.**

god [gɒd] n dios m. ◆ **God** ◆ n Dios m ▶ **God knows** sabe Dios ▶ **for God's sake** ¡por el amor de Dios! ▶ **thank God** ¡gracias a Dios! ◆ excl ▶ **(my) God!** ¡Dios (mío)!

godchild ['gɒdtʃaɪld] (pl **-children**) n ahijado m, -da f.

goddammit [,gɒd'dæmɪt] interj v inf ¡maldita sea!

goddam(n) ['gɒdæm] 𝐔𝐒 ◆ adj maldito(ta). ◆ excl ¡maldita sea!

goddaughter ['gɒd,dɔːtə'] n ahijada f.

goddess ['gɒdɪs] n diosa f.

godfather ['gɒd,fɑːðə'] n padrino m.

godforsaken ['gɒdfə,seɪkn] adj dejado(da) de la mano de Dios.

godmother ['gɒd,mʌðə'] n madrina f.

godsend ['gɒdsend] n ▶ **to be a godsend** venir como agua de mayo.

godson ['gɒdsʌn] n ahijado m.

goes [gəʊz] ⟶ **go.**

go-getting [-'getɪŋ] adj inf [person] dispuesto(ta), resuelto(ta).

goggles ['gɒglz] pl n [for swimming] gafas fpl submarinas ; [for skiing] gafas de esquí ; [for welding] gafas de protección.

going ['gəʊɪŋ] ◆ adj **1.** 𝐔𝐊 [available] disponible **2.** [rate] actual. ◆ n (U) **1.** [rate of advance] marcha f **2.** [conditions] condiciones fpl.

going-away adj [party, present] de despedida.

going-over (pl goings-over) n inf **1.** [checkup] revisión f, comprobación f ; [cleanup] limpieza f / *the house needs a good going-over* la casa necesita una buena limpieza **2.** ▶ **to give sb a (good) going-over a)** [scolding] echar a alguien una (buena) bronca **b)** [beating] dar a alguien una (buena) paliza.

goings-on pl n inf tejemanejes mpl.

go-kart, **go-cart** [-kɑːt] n kart m.

gold [gəʊld] ◆ adj [gold-coloured] dorado(da). ◆ n [gen] oro m. ◆ comp [made of gold] de oro.

golden ['gəʊldən] adj **1.** [made of gold] de oro **2.** [gold-coloured] dorado(da).

goldfish ['gəʊldfɪʃ] (pl inv) n pez m de colores.

gold leaf n pan m de oro.

gold medal n medalla f de oro.

goldmine ['gəʊldmaɪn] n *lit* & *fig* mina f de oro.

gold-plated [-'pleɪtɪd] adj chapado(da) en oro.
goldsmith ['ɡəʊldsmɪθ] n orfebre mf.
golf [ɡɒlf] n golf m.
golf ball n [for golf] pelota f de golf.
golf club n **1.** [society, place] club m de golf **2.** [stick] palo m de golf.
golf course n campo m de golf.
golfer ['ɡɒlfər] n golfista mf.
gone [ɡɒn] ❖ pp → **go**. ❖ adj : *those days are gone* esos tiempos ya pasaron. ❖ prep [past] : *it was gone six already* ya eran las seis pasadas.
gong [ɡɒŋ] n gong m.
good [ɡʊd] ❖ adj (compar **better**, superl **best**) **1.** [gen] bueno(na) ⟋ *it's good to see you* me alegro de verte ▶ **she's good at it** se le da bien ▶ **he's a very good singer** canta muy bien ▶ **to be good with** saber manejárselas con ▶ **she's good with her hands** es muy mañosa ▶ **it's good for you** es bueno, es beneficioso ▶ **to feel good** sentirse fenomenal ▶ **it's good that...** está bien que... ▶ **to look good** a) [attractive] estar muy guapo(pa) b) [appetizing, promising] tener buena pinta ▶ **it looks good on you** te queda bien ▶ **good looks** atractivo m ▶ **be good!** ¡sé bueno!, ¡pórtate bien! ▶ **good!** ¡muy bien!, ¡estupendo! **2.** [kind] amable ▶ **to be good to sb** ser amable con alguien ▶ **to be good enough to do sthg** ser tan amable de hacer algo ▶ **that was very good of him** fue muy amable de su parte. ❖ n **1.** (U) [benefit] bien m ▶ **it will do him good** le hará bien **2.** [use] beneficio m, provecho m ▶ **what's the good of...?** ¿de or para qué sirve...? ▶ **it's no good** no sirve para nada **3.** [morally correct behaviour] el bien ▶ **to be up to no good** estar tramando algo malo. ❖ adv **1.** [expresses approval] estupendo **2.** US inf [well] bien. ❖ **goods** pl n **1.** [COMM - for sale] productos mpl ; [- when transported] mercancías fpl ▶ **goods vehicle** vehículo m de mercancías ▶ **to come up with** or **deliver the goods** UK inf cumplir (lo prometido) **2.** ECON bienes mpl. ❖ **as good as** adv casi, prácticamente ▶ **it's as good as new** está como nuevo. ❖ **for good** adv [forever] para siempre. ❖ **good afternoon** excl ¡buenas tardes! ❖ **good evening** excl [in the evening] ¡buenas tardes! ; [at night] ¡buenas noches! ❖ **good morning** excl ¡buenos días!, ¡buen día! AM. ❖ **good night** excl ¡buenas noches!
goodbye [ˌɡʊd'baɪ] ❖ excl ¡adiós! ▶ **to say goodbye** despedirse. ❖ n adiós m.
good-for-nothing ❖ adj inútil. ❖ n inútil mf.
Good Friday n Viernes m Santo.
good-humoured [-'hjuːməd] adj jovial.
good-looking [-'lʊkɪŋ] adj [person] guapo(pa).
good-natured [-'neɪtʃəd] adj bondadoso(sa).

goodness ['ɡʊdnɪs] ❖ n (U) **1.** [kindness] bondad f **2.** [nutritive quality] alimento m. ❖ excl ▶ **(my) goodness!** ¡Dios mío! ▶ **for goodness' sake!** ¡por Dios! ▶ **thank goodness** ¡gracias a Dios!
goods train [ɡʊdz-] n UK mercancías m inv.
goodwill [ˌɡʊd'wɪl] n **1.** [kind feelings] buena voluntad f **2.** COMM fondo m de comercio.
goody ['ɡʊdɪ] inf n [person] bueno m, -na f.
goof [ɡuːf] US inf ❖ n [mistake] metedura f de pata. ❖ vi meter la pata.
Google® ['ɡuːɡl] vt [look up using Google] buscar en Google® ⟋ *I'll Google that* ya lo busco en Google.
goose [ɡuːs] (pl **geese**) n [bird] ganso m, oca f.
gooseberry ['ɡʊzbərɪ] n [fruit] grosella f silvestre, uva f espina.
goosebumps US ['ɡuːsbʌmps] inf pl n = **gooseflesh**.
gooseflesh ['ɡuːsfleʃ] n carne f de gallina.
gore [ɡɔːr] ❖ n liter [blood] sangre f (derramada). ❖ vt cornear.
gorge [ɡɔːdʒ] ❖ n cañón m. ❖ vt ▶ **to gorge o.s. on** or **with** atracarse de.
gorgeous ['ɡɔːdʒəs] adj **1.** [lovely] magnífico(ca), espléndido(da) **2.** inf [good-looking] : *to be gorgeous* estar como un tren.
gorilla [ɡə'rɪlə] n gorila m.
gormless ['ɡɔːmlɪs] adj UK inf memo(ma), lerdo(da).
gorse [ɡɔːs] n (U) tojo m.
gory ['ɡɔːrɪ] adj [death, scene] sangriento(ta) ; [details, film] escabroso(sa).
gosh [ɡɒʃ] excl inf ¡joroba!, ¡caray!
go-slow n UK huelga f de celo.
gospel ['ɡɒspl] n [doctrine] evangelio m. ❖ **Gospel** n [in Bible] Evangelio m.
gossip ['ɡɒsɪp] ❖ n **1.** [conversation] cotilleo m **2.** [person] cotilla mf, chismoso m, -sa f. ❖ vi cotillear.
gossip column n ecos mpl de sociedad.
got [ɡɒt] pt & pp → **get**.
go-to adj US inf : *he's your go-to guy* él es la persona a quien acudir.
gotten ['ɡɒtn] pp US → **get**.
goulash ['ɡuːlæʃ] n gulasch m.
gourmet ['ɡʊəmeɪ] ❖ n gastrónomo m, -ma f. ❖ comp para or de gastrónomos.
gout [ɡaʊt] n gota f.
govern ['ɡʌvən] ❖ vt **1.** POL gobernar **2.** [control] dictar. ❖ vi POL gobernar.
governess ['ɡʌvənɪs] n institutriz f.
government ['ɡʌvnmənt] ❖ n gobierno m. ❖ comp gubernamental.

governor ['gʌvənəʳ] n **1.** US POL gobernador m, -ra f **2.** [of school, bank, prison] director m, -ra f.

gown [gaʊn] n **1.** [dress] vestido m, traje m **2.** [of judge etc] toga f.

GP (*abbr of* **general practitioner**) n médico m, -ca f de cabecera.

GPS [,dʒi:pi:'es] (*abbr of* **Global Positioning System**) n GPS m.

grab [græb] ⋄ vt **1.** [snatch away] arrebatar ▶ **to grab sthg off sb** arrebatar algo a alguien; [grip] agarrar, asir **2.** *inf* [appeal to] seducir. ⋄ vi ▶ **to grab at sthg** intentar agarrar algo.

grace [greɪs] ⋄ n **1.** (U) [elegance] elegancia f, gracia f **2.** (U) [delay] prórroga f **3.** [prayer] ▶ **to say grace** bendecir la mesa. ⋄ vt fml **1.** [honour] honrar **2.** [decorate] adornar, embellecer.

graceful ['greɪsfʊl] adj **1.** [beautiful] elegante **2.** [gracious] cortés.

gracious ['greɪʃəs] ⋄ adj **1.** [polite] cortés **2.** [elegant] elegante. ⋄ excl ▶ **(good) gracious!** ¡Dios mío!

grade [greɪd] ⋄ n **1.** [level, quality] clase f, calidad f **2.** US [class] curso m, clase f ▶ **first grade** primer curso de enseñanza primaria en Estados Unidos ▶ **second grade** segundo curso de enseñanza primaria en Estados Unidos ▶ **third grade** tercer curso de enseñanza primaria en Estados Unidos ▶ **fourth grade** cuarto curso de enseñanza primaria en Estados Unidos ▶ **fifth grade** quinto curso de enseñanza primaria en Estados Unidos ▶ **sixth grade** sexto curso de enseñanza primaria en Estados Unidos ▶ **seventh grade** séptimo curso de enseñanza primaria en Estados Unidos ▶ **eighth grade** octavo curso de enseñanza primaria en Estados Unidos ▶ **ninth grade** primer curso de enseñanza secundaria en Estados Unidos ▶ **tenth grade** segundo curso de enseñanza secundaria en Estados Unidos ▶ **eleventh grade** tercer curso de enseñanza secundaria en Estados Unidos ▶ **twelfth grade** cuarto curso de enseñanza secundaria en Estados Unidos **3.** [mark] nota f. ⋄ vt **1.** [classify] clasificar **2.** [mark, assess] calificar.

grade crossing n US paso m a nivel.

grade school n US escuela f primaria.

gradient ['greɪdjənt] n pendiente f.

grad school n US escuela f de posgrado.

gradual ['grædʒʊəl] adj gradual.

gradually ['grædʒʊəlɪ] adv gradualmente.

graduate ⋄ n ['grædʒʊət] **1.** [person with a degree] licenciado m, -da f, egresado m, -da f Am **2.** US [of high school] ≃ bachiller mf. ⋄ vi ['grædʒʊeɪt] **1.** [with a degree] ▶ **to graduate (from)** licenciarse (por), licensiarse (en) Am, egresar (de) Am **2.** US [from high school] ▶ **to graduate (from)** ≃ obtener el título de bachiller (en).

graduation [,grædʒʊ'eɪʃn] n graduación f, egreso m Am.

graffiti [grə'fi:tɪ] n (U) pintada f.

graft [grɑ:ft] n **1.** MED & BOT injerto m **2.** UK inf [hard work] curro m muy duro **3.** US inf [corruption] chanchullos mpl.

graham ['greɪəm] adj US : **graham cracker** galleta integral.

grain [greɪn] n **1.** [seed, granule] grano m **2.** (U) [crop] cereales mpl **3.** fig [small amount] pizca f **4.** [pattern] veta f.

gram, gramme [græm] n gramo m.

grammar ['græməʳ] n gramática f.

grammar checker n COMPUT corrector m de gramática.

grammar school n [in UK] colegio subvencionado para mayores de once años con un programa de asignaturas tradicional; [in US] escuela f primaria.

grammatical [grə'mætɪkl] adj **1.** [of grammar] gramatical **2.** [correct] (gramaticalmente) correcto(ta).

gramme [græm] UK = **gram**.

gramophone ['græməfəʊn] dated n gramófono m.

gran [græn] n UK inf abuelita f, yaya f, mamá f grande Méx.

grand [grænd] ⋄ adj **1.** [impressive] grandioso(sa) **2.** [ambitious] ambicioso(sa) **3.** [important] distinguido(da) **4.** inf & dated [excellent] fenomenal. ⋄ n inf [thousand pounds or dollars] ▶ **a grand** mil libras/dólares ▶ **five grand** cinco mil libras/dólares.

grandad ['grændæd] n inf abuelo m.

grandchild ['grænʧaɪld] (pl -children) n nieto m, -ta f.

grand(d)ad ['grændæd] n inf abuelito m, yayo m, papá m grande Méx.

granddaughter ['græn,dɔ:təʳ] n nieta f.

grandeur ['grændʒəʳ] n **1.** [splendour] grandiosidad f **2.** [status] grandeza f.

grandfather ['grænd,fɑ:ðəʳ] n abuelo m.

grandma ['grænmɑ:] n inf abuelita f, yaya f, mamá f grande Méx.

grandmother ['græn,mʌðəʳ] n abuela f.

grandpa ['grænpɑ:] n inf abuelito m, yayo m, papá m grande Méx.

grandparents ['græn,peərənts] pl n abuelos mpl.

grand piano n piano m de cola.

grand slam n SPORT [in tennis] gran slam m; [in rugby] gran slam m.

grandson ['grænsʌn] n nieto m.

grandstand ['grændstænd] n tribuna f.

grand total n [total number] cantidad f total; [total sum, cost] importe m total.

granite ['grænɪt] n granito m.

granny ['grænɪ] n inf abuelita f, yaya f, mamá f grande MÉX.

grant [grɑːnt] ❖ n subvención f; [for study] beca f. ❖ vt fml **1.** [gen] conceder ▶ **to take sthg/sb for granted** no apreciar algo/a alguien en lo que vale ▶ **it is taken for granted that...** se da por sentado que... **2.** [admit - truth, logic] admitir, aceptar.

granulated sugar ['grænjuleɪtɪd-] n azúcar m granulado.

granule ['grænjuːl] n gránulo m.

grape [greɪp] n uva f.

grapefruit ['greɪpfruːt] (pl inv or -s) n pomelo m, toronja f AM.

grapevine ['greɪpvaɪn] n **1.** [plant] vid f; [against wall] parra f **2.** [information channel] ▶ **I heard on the grapevine that...** me ha dicho un pajarito que...

graph [grɑːf] n gráfico m, gráfica f.

graphic ['græfɪk] adj lit & fig gráfico(ca). ◆ **graphics** pl n **1.** [pictures] ilustraciones fpl **2.** COMPUT gráficos mpl.

graphite ['græfaɪt] n grafito m.

graph paper n (U) papel m cuadriculado.

grapple ['græpl] ◆ **grapple with** vt insep **1.** [person] forcejear con **2.** [problem] esforzarse por resolver.

grasp [grɑːsp] ❖ n **1.** [grip] agarre m, asimiento m **2.** [understanding] comprensión f ▶ **to have a good grasp of sthg** dominar algo. ❖ vt **1.** [grip, seize] agarrar, asir **2.** [understand] comprender **3.** [opportunity] aprovechar.

grasping ['grɑːspɪŋ] adj pej avaro(ra).

grass [grɑːs] n **1.** [plant] hierba f, pasto m AM, zacate f MÉX; [lawn] césped m; [pasture] pasto m, pasto m AM, grama f CAM VEN ▶ **'keep off the grass'** 'prohibido pisar el césped' **2.** inf [marijuana] hierba f, maría f.

grasshopper ['grɑːs,hɒpər] n saltamontes m inv.

grass roots ❖ pl n bases fpl. ❖ comp de base.

grass snake n culebra f.

grassy ['grɑːsɪ] (compar -ier, superl -iest) adj cubierto(ta) de hierba.

grate [greɪt] ❖ n parrilla f, rejilla f. ❖ vt rallar. ❖ vi rechinar, chirriar ▶ **to grate on sb's nerves** poner a alguien los nervios de punta.

grateful ['greɪtfʊl] adj [gen] agradecido(da); [smile, letter] de agradecimiento ▶ **to be grateful to sb (for sthg)** estar agradecido a alguien (por algo) / I'm very grateful to you te lo agradezco mucho / I'd be grateful if you could do it by tomorrow te agradecería que lo hicieras para mañana.

grater ['greɪtər] n rallador m.

gratify ['grætɪfaɪ] vt **1.** [please - person] ▶ **to be gratified** estar satisfecho(cha) **2.** [satisfy - wish] satisfacer.

gratifying ['grætɪfaɪɪŋ] adj satisfactorio(ria), gratificante.

grating ['greɪtɪŋ] ❖ adj chirriante. ❖ n [grille] reja f, enrejado m.

gratitude ['grætɪtjuːd] n (U) ▶ **gratitude (to sb for)** agradecimiento m OR gratitud f (a alguien por).

gratuitous [grə'tjuːɪtəs] adj fml gratuito(ta).

grave [greɪv] ❖ adj grave. ❖ n sepultura f, tumba f.

gravel ['grævl] n grava f, gravilla f.

gravestone ['greɪvstəʊn] n lápida f (sepulcral).

graveyard ['greɪvjɑːd] n cementerio m.

gravity ['grævətɪ] n gravedad f.

gravy ['greɪvɪ] n (U) [meat juice] salsa f OR jugo m de carne.

gray US = **grey**.

graze [greɪz] ❖ vt **1.** [feed on] pacer OR pastar en **2.** [skin, knee etc] rasguñar **3.** [touch lightly] rozar. ❖ vi pacer, pastar. ❖ n rasguño m.

grease [griːs] ❖ n grasa f. ❖ vt engrasar.

greaseproof paper [,griːspruːf-] n (U) UK papel m de cera (para envolver).

greasy ['griːzɪ] adj grasiento(ta); [inherently] graso(sa).

great [greɪt] ❖ adj **1.** [gen] grande; [heat] intenso(sa) ▶ **with great care** con mucho cuidado ▶ **a great deal of...** un montón de... **2.** inf [splendid] estupendo(da), fenomenal ▶ **we had a great time** lo pasamos en grande ▶ **great!** ¡estupendo! ❖ adv ▶ **great big** enorme. ❖ n grande mf.

Great Britain n Gran Bretaña.

greatcoat ['greɪtkəʊt] n gabán m.

Great Dane n gran danés m.

great-grandchild n bisnieto m, -ta f.

great-grandfather n bisabuelo m.

great-grandmother n bisabuela f.

greatly ['greɪtlɪ] adv enormemente.

greatness ['greɪtnɪs] n grandeza f.

Greece [griːs] n Grecia.

greed [griːd], **greediness** ['griːdɪnɪs] n (U) ▶ **greed (for)** a) [food] glotonería f (con) b) [money] codicia f (de) c) [power] ambición f (de).

greedy ['griːdɪ] adj **1.** [for food] glotón(ona) **2.** [for money, power] ▶ **greedy for** codicioso(sa) OR ávido(da) de.

Greek [griːk] ❖ adj griego(ga). ❖ n **1.** [person] griego m, -ga f **2.** [language] griego m.

green [griːn] ❖ adj **1.** [gen] verde **2.** [environmentalist] verde, ecologista **3.** inf [inexperienced] novato(ta) **4.** *inf* [ill, pale] pálido(da). ❖ n **1.** [colour] verde m **2.** [in village] parque m comunal **3.** [in golf] green m. ◆ **Green** n POL verde mf, ecologista mf ▶ **the Greens** los verdes. ◆ **greens** pl n [vegetables] verdura f.

greenback ['gri:nbæk] n US *inf* billete m (*dólar estadounidense*).

green belt n UK cinturón m verde.

green card n **1.** UK [for vehicle] *seguro que cubre a los conductores en el extranjero* **2.** US [work permit] permiso m de trabajo.

greenery ['gri:nərɪ] n vegetación f.

greenfly ['gri:nflaɪ] (pl inv or -**ies**) n pulgón m.

greengrocer ['gri:n,grəʊsər] n verdulero m, -ra f ▶ **greengrocer's (shop)** verdulería f.

greenhouse ['gri:nhaʊs] (pl [-haʊzɪz]) n invernadero m.

greenhouse effect n ▶ **the greenhouse effect** el efecto invernadero.

greenhouse gas n gas m invernadero.

Greenland ['gri:nlənd] n Groenlandia.

green salad n ensalada f verde.

green tax n impuesto m ecológico.

greet [gri:t] vt **1.** [say hello to] saludar **2.** [receive] recibir.

greeting ['gri:tɪŋ] n saludo m. ◆ **greetings** pl n ▶ **Christmas / birthday greetings!** ¡feliz navidad/cumpleaños! ▶ **greetings from...** recuerdos de...

greetings card UK ['gri:tɪŋz-], **greeting card** US n tarjeta f de felicitación.

grenade [grə'neɪd] n ▶ **(hand) grenade** granada f (de mano).

grew [gru:] pt ⟶ **grow**.

grey UK, **gray** US [greɪ] ❖ adj *lit* & *fig* gris ▶ **a grey hair** una cana. ❖ n gris m.

grey-haired [-'heəd] adj canoso(sa).

greyhound ['greɪhaʊnd] n galgo m.

grid [grɪd] n **1.** [grating] reja f, enrejado m **2.** [system of squares] cuadrícula f.

griddle ['grɪdl] n plancha f.

gridlock ['grɪdlɒk] n US embotellamiento m, atasco m.

grief [gri:f] n (U) **1.** [sorrow] dolor m, pesar m **2.** *inf* [trouble] problemas mpl ▶ **to come to grief a)** [person] sufrir un percance **b)** [plans] irse al traste ▶ **good grief!** ¡madre mía!

grievance ['gri:vns] n (motivo m de) queja f.

grieve [gri:v] vi ▶ **to grieve (for)** llorar (por).

grievous ['gri:vəs] adj *fml* grave.

grievous bodily harm n (U) lesiones fpl graves.

grill [grɪl] ❖ n **1.** [on cooker] grill m ; [for barbecue] parrilla f **2.** [food] parrillada f. ❖ vt **1.** [on cooker] asar al grill ; [on barbecue] asar a

la parrilla **2.** *inf* [interrogate] someter a un duro interrogatorio.

grille [grɪl] n [on radiator, machine] rejilla f ; [on window, door] reja f.

grilling ['grɪlɪŋ] n UK [of food] cocina f a la parrilla.

grim [grɪm] adj **1.** [expression] adusto(ta) ; [determination] inexorable **2.** [place, facts, prospect] desolador(ra).

grimace [grɪ'meɪs] ❖ n mueca f. ❖ vi hacer una mueca.

grime [graɪm] n mugre f.

grimy ['graɪmɪ] adj mugriento(ta).

grin [grɪn] ❖ n sonrisa f (abierta). ❖ vi ▶ **to grin (at)** sonreír (a).

grind [graɪnd] ❖ vt (pt & pp ground) [crush] moler. ❖ vi (pt & pp ground) [scrape] rechinar, chirriar. ❖ n [hard, boring work] rutina f. ◆ **grind down** vt sep [oppress] oprimir, acogotar. ◆ **grind up** vt sep pulverizar.

grinder ['graɪndər] n molinillo m.

grip [grɪp] ❖ n **1.** [grasp, hold] ▶ **to have a grip (on sthg / sb)** tener (algo/a alguien) bien agarrado **2.** [control, domination] ▶ **grip on** control m de, dominio m de ▶ **in the grip of sthg** en las garras de algo, dominado(da) por algo ▶ **to get to grips with** llegar a controlar ▶ **to get a grip on o.s.** calmarse, controlarse ▶ **to lose one's grip** fig perder el control **3.** [adhesion] sujeción f, adherencia f **4.** [handle] asidero m **5.** [bag] bolsa f de viaje. ❖ vt **1.** [grasp] agarrar, asir ; [hand] apretar ; [weapon] empuñar **2.** [seize] apoderarse de. ❖ vi adherirse.

gripe [graɪp] *inf* ❖ n [complaint] queja f. ❖ vi ▶ **to gripe (about)** quejarse (de).

gripping ['grɪpɪŋ] adj apasionante.

grisly ['grɪzlɪ] adj [horrible, macabre] espeluznante.

gristle ['grɪsl] n cartílago m, ternilla f.

grit [grɪt] ❖ n **1.** [stones] grava f ; [sand, dust] arena f **2.** *inf* [courage] valor m. ❖ vt echar arena en (*las calles*).

gritty ['grɪtɪ] adj *inf* [brave] valiente.

groan [grəʊn] ❖ n gemido m. ❖ vi **1.** [moan] gemir **2.** [creak] crujir.

grocer ['grəʊsər] n tendero m, -ra f, abarrotero m, -ra f AM ▶ **grocer's (shop)** tienda f de comestibles OR ultramarinos, supermercado m, abarrotería f CAM.

groceries ['grəʊsərɪz] pl n [foods] comestibles mpl, abarrotes mpl AM.

grocery ['grəʊsərɪ] n US [shop] tienda f de comestibles OR ultramarinos, supermercado m, abarrotería f AM.

groggy ['grɒgɪ] adj atontado(da).

groin [grɔɪn] n ingle f.

groom [gru:m] ❖ n **1.** [of horses] mozo *m* de cuadra **2.** [bridegroom] novio *m*. ❖ vt **1.** [brush] cepillar, almohazar **2.** [prepare] ▶ **to groom sb (for sthg)** preparar a alguien (para algo).

groove [gru:v] n [deep line] ranura *f*; [in record] surco *m*.

grope [grəʊp] ❖ vt **1.** [try to find] ▶ **to grope one's way** andar a tientas **2.** [fondle] meter mano a. ❖ vi ▶ **to grope (about) for sthg a)** [object] buscar algo a tientas **b)** [solution, remedy] buscar algo a ciegas.

gross [grəʊs] ❖ adj **1.** [total] bruto(ta) **2.** *fml* [serious, inexcusable] grave **3.** [coarse, vulgar] basto(ta), vulgar **4.** *inf* [obese] obeso(sa) **5.** *inf* [revolting] asqueroso(sa). ❖ n (*pl inv or* **-es**) gruesa *f*. ❖ vt ganar en bruto.

grossly ['grəʊsli] adv [seriously] enormemente.

grotesque [grəʊ'tesk] adj grotesco(ca).

grotto ['grɒtəʊ] (*pl* **-es** *or* **-s**) n gruta *f*.

grotty ['grɒti] adj **UK** *inf* asqueroso(sa).

ground [graʊnd] ❖ pt & pp ⟶ **grind**. ❖ n **1.** [surface of earth] suelo *m*; [soil] tierra *f* ▶ **above/below ground** sobre/bajo tierra ▶ **on the ground** en el suelo **2.** [area of land] terreno *m*; SPORT campo *m* **3.** [subject area] terreno *m* ▶ **to break fresh** OR **new ground** abrir nuevas fronteras **4.** [advantage] ▶ **to gain/lose ground** ganar/perder terreno. ❖ vt **1.** [base] ▶ **to be grounded on** OR **in sthg** basarse en algo **2.** [aircraft, pilot] hacer permanecer en tierra **3.** **US** *inf* [child] castigar sin salir **4.** **US** ELEC ▶ **to be grounded** estar conectado(da) a tierra. ❖ **grounds** pl n **1.** [reason] ▶ **grounds (for sthg/for doing sthg)** motivos *mpl* (para algo/para hacer algo) ▶ **on the grounds that** aduciendo que, debido a que **2.** [around house] jardines *mpl*; [of public building] terrenos *mpl* **3.** [of coffee] posos *mpl*.

ground crew, ground staff n personal *m* de tierra.

grounded ['graʊndɪd] adj **1.** [emotionally stable] ▶ **to be grounded** tener los pies en la tierra **2.** [confined] castigado(da) sin salir.

ground floor n planta *f* baja ▶ **ground floor flat** (piso *m*) bajo *m*.

grounding ['graʊndɪŋ] n ▶ **grounding (in)** base *f* (de), conocimientos *mpl* básicos (de).

groundless ['graʊndlɪs] adj infundado(da).

groundsheet ['graʊndʃi:t] n lona *f* impermeable *(para camping etc)*.

groundskeeper ['graʊnzki:pər] n SPORT jardinero *m*, -ra *f*.

ground staff n **1.** [at sports ground] personal *m* al cargo de las instalaciones **2.** **UK** = **ground crew**.

groundwork ['graʊndwɜ:k] n (*U*) trabajo *m* preliminar.

group [gru:p] ❖ n grupo *m*. ❖ vt agrupar. ❖ vi ▶ **to group (together)** agruparse.

groupie ['gru:pɪ] n *inf* groupie *mf*.

grouse [graʊs] ❖ n (*pl inv or* **-s**) [bird] urogallo *m*. ❖ vi *inf* quejarse.

grove [grəʊv] n [of trees] arboleda *f*.

grovel ['grɒvl] (**UK** *pt & pp* **-led**, *cont* **-ling**, **US** *pt & pp* **-ed**, *cont* **-ing**) vi *lit & fig* ▶ **to grovel (to)** arrastrarse (ante).

grow [grəʊ] ❖ vi (*pt* grew, *pp* grown) **1.** [gen] crecer **2.** [become] volverse, ponerse ▶ **to grow dark** oscurecer ▶ **to grow old** envejecer. ❖ vt (*pt* grew, *pp* grown) **1.** [plants] cultivar **2.** [hair, beard] dejarse crecer. ❖ **grow on** vt insep *inf* ▶ **it's growing on me** me gusta cada vez más. ❖ **grow out of** vt insep **1.** [become too big for] : *he has grown out of his clothes* se le ha quedado pequeña la ropa **2.** [lose - habit] perder ▶ **he'll grow out of it** ya se le pasará. ❖ **grow up** vi crecer ▶ **when I grow up** cuando sea mayor ▶ **I grew up in Ireland** me crié en Irlanda ▶ **grow up!** ¡no seas niño!

grower ['grəʊər] n cultivador *m*, -ra *f*.

growl [graʊl] vi [dog, person] gruñir; [engine] rugir.

grown [grəʊn] ❖ pp ⟶ **grow**. ❖ adj adulto(ta).

grown-up n persona *f* mayor.

growth [grəʊθ] n **1.** [gen] ▶ **growth (of** OR **in)** crecimiento *m* (de) **2.** MED tumor *m*.

grub [grʌb] n **1.** [insect] larva *f*, gusano *m* **2.** *inf* [food] manduca *f*, papeo *m*.

grubby ['grʌbi] adj sucio(cia), mugriento(ta).

grudge [grʌdʒ] ❖ n rencor *m* ▶ **to bear sb a grudge, to bear a grudge against sb** guardar rencor a alguien. ❖ vt ▶ **to grudge sb sthg** conceder algo a alguien a regañadientes ▶ **to grudge doing sthg** hacer algo a regañadientes.

grudgingly ['grʌdʒɪŋli] adv a regañadientes, de mala gana.

gruelling **UK**, **grueling** **US** ['grʊəlɪŋ] adj agotador(ra).

gruesome ['gru:səm] adj horripilante.

gruff [grʌf] adj **1.** [hoarse] bronco(ca) **2.** [rough, unfriendly] hosco(ca).

grumble ['grʌmbl] vi **1.** [complain] quejarse, refunfuñar **2.** [stomach] gruñir, hacer ruido.

grumpy ['grʌmpi] adj *inf* gruñón(ona).

grunt [grʌnt] vi gruñir.

G-string n taparrabos *m inv*, tanga *m*.

guarantee [,gærən'ti:] ❖ n garantía *f*. ❖ vt garantizar.

guard [gɑ:d] ❖ n **1.** [person] guardia *mf*; [in prison] carcelero *m*, -ra *f* **2.** [group of guards, operation] guardia f ▶ **to be on /stand guard** estar de/hacer guardia ▶ **to catch sb off guard** coger a alguien desprevenido **3.** UK RAIL jefe *m* de tren **4.** [protective device - for body] protector *m* ; [- for machine] cubierta *f* protectora. ❖ vt **1.** [protect, hide] guardar **2.** [prevent from escaping] vigilar.

guard dog n perro *m* guardián.

guarded ['gɑːdɪd] adj cauteloso(sa).

guardian ['gɑːdjən] n **1.** [of child] tutor *m*, -ra *f* **2.** [protector] guardián *m*, -ana *f*, protector *m*, -ra *f*.

guardrail ['gɑːdreɪl] n US [on road] barrera *f* de protección.

guard's van n UK furgón *m* de cola.

Guatemala [ˌgwɑːtəˈmɑːlə] n Guatemala.

Guatemalan [ˌgwɑːtəˈmɑːlən] ❖ adj guatemalteco(ca). ❖ n guatemalteco *m*, -ca *f*.

guerilla [gəˈrɪlə] = **guerrilla**.

Guernsey ['gɜːnzɪ] n [place] Guernsey.

guerrilla, guerilla [gəˈrɪlə] n guerrillero *m*, -ra *f*.

guerrilla warfare n (U) guerra *f* de guerrillas.

guess [ges] ❖ n suposición *f*, conjetura *f* ▶ **to take a guess** intentar adivinar. ❖ vt adivinar ▶ **guess what?** ¿sabes qué? ❖ vi **1.** [conjecture] adivinar ▶ **to guess at sthg** tratar de adivinar algo ▶ **to guess right** acertar ▶ **to guess wrong** equivocarse ▶ **to keep sb guessing** tener a alguien en la incertidumbre **2.** [suppose] ▶ **I guess (so)** supongo or me imagino que sí.

guesswork ['geswɜːk] n (U) conjeturas *fpl*, suposiciones *fpl*.

guest [gest] n **1.** [at home, on programme] invitado *m*, -da *f* **2.** [at hotel] huésped *mf*.

guesthouse ['gesthaus] (pl [-hauzɪz]) n casa *f* de huéspedes.

guestroom ['gestrum] n cuarto *m* de los invitados.

guffaw [gʌˈfɔː] ❖ n carcajada *f*. ❖ vi reírse a carcajadas.

guidance ['gaɪdəns] n (U) **1.** [help] orientación *f* **2.** [leadership] dirección *f*.

guide [gaɪd] ❖ n **1.** [person] guía *mf* **2.** [book] guía *f*. ❖ vt **1.** [show by leading] guiar **2.** [control] conducir, dirigir **3.** [influence] ▶ **to be guided by** guiarse por.

guide book n guía *f*.

guided ['gaɪdɪd] adj dirigido(da) ▶ **guided tour** visita con guía.

guide dog n perro *m* lazarillo.

guidelines ['gaɪdlaɪnz] pl n directrices *fpl*.

guild [gɪld] n **1.** HIST gremio *m* **2.** [association] corporación *f*.

guile [gaɪl] n (U) astucia *f*.

guillotine ['gɪləˌtiːn] n [gen] guillotina *f*.

guilt [gɪlt] n **1.** [remorse] culpa *f* **2.** LAW culpabilidad *f*.

guilty ['gɪltɪ] adj [gen] ▶ **guilty (of)** culpable (de).

guinea ['gɪnɪ] n guinea *f*.

guinea pig n lit & fig conejillo *m* de Indias.

guise [gaɪz] n fml apariencia *f*.

guitar [gɪˈtɑːr] n guitarra *f*.

guitarist [gɪˈtɑːrɪst] n guitarrista *mf*.

gulf [gʌlf] n **1.** [sea] golfo *m* **2.** [chasm] sima *f*, abismo *m* **3.** [big difference] ▶ **gulf (between)** abismo *m* (entre). ◆ **Gulf** n ▶ **the Gulf** el Golfo.

gull [gʌl] n gaviota *f*.

gullet ['gʌlɪt] n esófago *m*.

gullible ['gʌləbl] adj crédulo(la).

gully ['gʌlɪ] n barranco *m*.

gulp [gʌlp] ❖ n trago *m*. ❖ vt [liquid] tragarse ; [food] engullir. ❖ vi tragar saliva. ◆ **gulp down** vt sep [liquid] tragarse ; [food] engullir.

gum [gʌm] ❖ n **1.** [chewing gum] chicle *m* **2.** [adhesive] pegamento *m* **3.** ANAT encía *f*. ❖ vt pegar, engomar.

gumboots ['gʌmbuːts] pl n UK botas *fpl* de agua or de goma.

gun [gʌn] n **1.** [pistol] pistola *f* ; [rifle] escopeta *f*, fusil *m* ; [artillery] cañón *m* **2.** [tool] pistola *f*. ◆ **gun down** vt sep abatir (a tiros).

gunboat ['gʌnbəut] n cañonero *m*.

gunfire ['gʌnfaɪər] n (U) disparos *mpl*, tiroteo *m*.

gunman ['gʌnmən] (pl **-men**) n pistolero *m*.

gunpoint ['gʌnpɔɪnt] n ▶ **at gunpoint** a punta de pistola.

gunpowder ['gʌnˌpaudər] n pólvora *f*.

gunshot ['gʌnʃɒt] n tiro *m*, disparo *m*.

gunsmith ['gʌnsmɪθ] n armero *m*.

gurgle ['gɜːgl] vi **1.** [water] gorgotear **2.** [baby] gorjear.

guru ['guruː] n lit & fig gurú *m*.

gush [gʌʃ] ❖ n chorro *m*. ❖ vi **1.** [flow out] chorrear, manar **2.** pej [enthuse] ser muy efusivo(va).

gusset ['gʌsɪt] n escudete *m*.

gust [gʌst] n ráfaga *f*, racha *f*.

gusto ['gʌstəu] n ▶ **with gusto** con deleite.

gut [gʌt] ❖ n **1.** MED intestino *m* **2.** [strong thread] sedal *m*. ❖ vt **1.** [animal] destripar ; [fish] limpiar **2.** [subj: fire] destruir el interior de. ◆ **guts** pl n inf **1.** [intestines] tripas *fpl* **2.** [courage] agallas *fpl*.

gutter ['gʌtər] n **1.** [ditch] cuneta *f* **2.** [on roof] canalón *m*.

gutter press n pej prensa *f* amarilla or sensacionalista.

guy [gaɪ] n **1.** inf [man] tipo *m*, tío *m*, chavo *m* Mex **2.** UK [dummy] muñeco que se quema la noche de Guy Fawkes.

Guyana [gaɪˈænə] n Guyana.

Guy Fawkes' Night n UK *fiesta que se celebra el 5 de noviembre en que se encienden hogueras y se lanzan fuegos artificiales.*

guy rope n viento *m*, cuerda *f (de tienda de campaña).*

guzzle ['gʌzl] ❖ vt zamparse. ❖ vi zampar.

gym [dʒɪm] n inf **1.** [gymnasium] gimnasio *m* **2.** [exercises] gimnasia *f*.

gymnasium [dʒɪm'neɪzjəm] *(pl* -siums *or* -sia*)* n gimnasio *m*.

gymnast ['dʒɪmnæst] n gimnasta *mf*.

gymnastics [dʒɪm'næstɪks] n *(U)* gimnasia *f*.

gym shoes pl n zapatillas *fpl* de gimnasia.

gymslip ['dʒɪm,slɪp] n UK bata *f* de colegio.

gynaecologist UK, **gynecologist** US [,gaɪnə'kɒlədʒɪst] n ginecólogo *m*, -ga *f*.

gynaecology UK, **gynecology** US [,gaɪnə-'kɒlədʒɪ] n ginecología *f*.

gypsy ['dʒɪpsɪ] = gipsy.

gyrate [dʒaɪ'reɪt] vi girar.

h *(pl* h's *or* hs*)*, **H** *(pl* H's *or* Hs*)* [eɪtʃ] n [letter] h *f*, H *f*.

haberdashery ['hæbədæʃərɪ] n **1.** UK [selling sewing materials] mercería *f* **2.** US [selling men's clothing] tienda *f* de ropa para caballeros.

habit ['hæbɪt] n **1.** [custom] costumbre *f*, hábito *m* ▶ **to make a habit of sthg** tomar algo por costumbre ▶ **to make a habit of doing sthg** tener por costumbre hacer algo ▶ **to have a drug habit** ser drogadicto(ta) **2.** [garment] hábito *m*.

habitat ['hæbɪtæt] n hábitat *m*.

habitual [hə'bɪtʃʊəl] adj **1.** [usual] habitual, acostumbrado(da) **2.** [smoker, gambler] empedernido(da).

hack [hæk] ❖ n pej [writer] escritorzuelo *m*, -la *f*; [journalist] gacetillero *m*, -ra *f*. ❖ vt [cut] cortar en tajos, acuchillar. ◆ **hack into** vt insep piratear.

hacker ['hækər] n ▶ **(computer) hacker** pirata *mf* informático ▶ **ethical hacker** hacker *mf*, ético-ca *f*.

hackneyed ['hæknɪd] adj pej trillado(da), gastado(da).

hacksaw ['hæksɔ:] n sierra *f* para metales.

hacktivism ['hæktɪ,vɪzəm] n hacktivismo *m*.

hacktivist ['hæktɪ,vɪst] n hacktivista *mf*.

had *(weak form* [həd], *strong form* [hæd]*)* pt & pp ⟶ **have**.

haddock ['hædək] *(pl inv)* n eglefino *m*.

hadn't ['hædnt] ⟶ **had not**.

haemophiliac [,hi:mə'fɪliæk] = **hemophiliac**.

haemorrhage ['hemərɪdʒ] = **hemorrhage**.

haemorrhoids ['hemərɔɪdz] = **hemorrhoids**.

hag [hæg] n pej bruja *f*, arpía *f*.

haggard ['hægəd] adj ojeroso(sa).

haggis ['hægɪs] n *plato típico escocés hecho con las asaduras del cordero.*

haggle ['hægl] vi ▶ **to haggle (with sb over** OR **about sthg)** regatear (algo con alguien).

Hague [heɪg] n ▶ **The Hague** La Haya.

hail [heɪl] ❖ n **1.** METEOR granizo *m*, pedrisco *m* **2.** fig [large number] lluvia *f*. ❖ vt **1.** [call] llamar; [taxi] parar **2.** [acclaim] ▶ **to hail sb as sthg** aclamar a alguien algo ▶ **to hail sthg as sthg** ensalzar algo catalogándolo de algo. ❖ impers vb ▶ **it's hailing** está granizando.

hailstone ['heɪlstəʊn] n granizo *m*, piedra *f*.

hair [heər] n **1.** *(U)* [gen] pelo *m* ▶ **to do one's hair** arreglarse el pelo ▶ **hair conditioner** acondicionador *m* ▶ **hair wax** cera *f* para el pelo **2.** [on person's skin] vello *m*.

hairbrush ['heəbrʌʃ] n cepillo *m* (para el pelo).

haircut ['heəkʌt] n corte *m* de pelo.

hairdo ['heədu:] *(pl* -s*)* n inf peinado *m*.

hairdresser ['heə,dresər] n peluquero *m*, -ra *f* ▶ **hairdresser's (salon)** peluquería *f*.

hairdryer, hairdrier ['heə,draɪər] n secador *m* (de pelo).

hair gel n gomina *f*.

hairgrip ['heəgrɪp] n UK horquilla *f*.

hairpin ['heəpɪn] n horquilla *f* de moño.

hairpin bend n curva *f* muy cerrada.

hair-raising [-,reɪzɪŋ] adj espeluznante.

hair remover [-rɪ,mu:vər] n depilatorio *m*.

hair slide n UK pasador *m*.

hairspray ['heəspreɪ] n laca *f* (para el pelo).

hairstyle ['heəstaɪl] n peinado *m*.

hairy ['heərɪ] adj **1.** [covered in hair] peludo(da) **2.** inf [scary] espeluznante, espantoso(sa).

Haiti ['heɪtɪ] n Haití.

hake [heɪk] *(pl inv* or -s*)* n merluza *f*.

half [UK hɑ:f, US hæf] ❖ adj medio(dia) / **half a dozen/mile** media docena/milla / **half an hour** media hora. ❖ adv **1.** [gen] : *half naked/ Spanish* medio desnudo/español / **half full / open** medio lleno/abierto ▶ **half and half** mitad y mitad ▶ **not half!** UK inf ¡y cómo! **2.** [by half] ▶ **half as big (as)** la mitad de grande (que) **3.** [in telling the time] ▶ **half past nine, half after nine** US las nueve y media / **it's half past** son y media. ❖ n **1.** *(pl* halves*)* [one of two parts] mitad *f* / **one half of the group** una mitad del grupo ▶ **in half** por la mitad, en dos ▶ **to go halves**

(with sb) ir a medias (con alguien) **2.** (pl **halfs**) [fraction, halfback, child's ticket] medio m **3.** (pl **halves**) [of sports match] tiempo m, mitad f **4.** (pl **halfs**) [of beer] media pinta f. ❖ pron la mitad ▶ **half of it/them** la mitad.

halfback ['hɑːfbæk] n [in rugby] medio m.

half-baked [-'beɪkt] adj descabalado(da).

half board n media pensión f.

half-bottle n media botella f.

half-breed ❖ adj mestizo(za). ❖ n mestizo m, -za f (atención: el término `half-breed' se considera racista).

half-brother n hermanastro m.

half-caste [-kɑːst] ❖ adj mestizo(za). ❖ n mestizo m, -za f (atención: el término `half-caste' se considera racista).

half-hearted [-'hɑːtɪd] adj poco entusiasta.

half hour n media hora f.

half-mast n ▶ **at half-mast** [flag] a media asta.

half moon n media luna f. ·

half note n US MUS blanca f.

halfpenny ['heɪpnɪ] (pl **-pennies** or **-pence**) n medio penique m.

half-price adj a mitad de precio.

half-sister n hermanastra f.

half term n UK cortas vacaciones escolares a mitad de trimestre.

half time n (U) descanso m.

halfway [hɑːf'weɪ] ❖ adj intermedio(dia). ❖ adv **1.** [in space] : I was halfway down the street llevaba la mitad de la calle andada **2.** [in time] : the film was halfway through la película iba por la mitad.

halibut ['hælɪbət] (pl inv or **-s**) n fletán m.

hall [hɔːl] n **1.** [entrance to house] vestíbulo m ; [corridor] pasillo m **2.** [public building, large room] sala f **3.** UK UNIV colegio m mayor **4.** [country house] mansión f, casa f solariega.

hallmark ['hɔːlmɑːk] n **1.** [typical feature] sello m distintivo **2.** [on metal] contraste m.

hallo [hə'ləʊ] = **hello**.

hall of residence (pl **halls of residence**) n UK residencia f universitaria, colegio m mayor.

Hallowe'en [,hæləʊ'iːn] n fiesta celebrada la noche del 31 de octubre.

hallucinate [hə'luːsɪneɪt] vi alucinar.

hallucination [,həluːsɪ'neɪʃn] n alucinación f.

hallway ['hɔːlweɪ] n [entrance to house] vestíbulo m ; [corridor] pasillo m.

halo ['heɪləʊ] (pl **-es** or **-s**) n halo m, aureola f.

halt [hɔːlt] ❖ n [stop] ▶ **to grind to a halt a)** [vehicle] ir parando lentamente **b)** [process] paralizarse ▶ **to call a halt to** poner fin a. ❖ vt [person] parar, detener ; [development, activity]

interrumpir. ❖ vi [person, train] pararse, detenerse ; [development, activity] interrumpirse.

halterneck ['hɔːltənek] adj escotado(da) por detrás.

halve [UK hɑːv, US hæv] vt **1.** [reduce by half] reducir a la mitad **2.** [divide] partir en dos.

halves [UK hɑːvz, US hævz] pl n ⟶ **half**.

ham [hæm] ❖ n [meat] jamón m. ❖ comp de jamón.

hamburger ['hæmbɜːgə] n **1.** [burger] hamburguesa f **2.** (U) US [mince] carne f picada.

hamlet ['hæmlɪt] n aldea f.

hammer ['hæmə] ❖ n [gen & SPORT] martillo m. ❖ vt **1.** [with tool] martillear **2.** [with fist] aporrear **3.** inf [defeat] dar una paliza a. ❖ vi [with fist] ▶ **to hammer (on sth)** aporrear (algo).
◆ **hammer out** vt insep [solution, agreement] alcanzar con esfuerzo.

hammock ['hæmək] n hamaca f, chinchorro m Méx.

hamper ['hæmpə] ❖ n **1.** [for food] cesta f **2.** US [for laundry] cesto m de la ropa sucia. ❖ vt obstaculizar.

hamster ['hæmstə] n hámster m.

hamstring ['hæmstrɪŋ] n tendón m de la corva.

hand [hænd] ❖ n **1.** [gen] mano f ▶ **to hold hands** ir cogidos de la mano ▶ **hand in hand** [people] (cogidos) de la mano ▶ **by hand** a mano ▶ **in the hands of** en manos de ▶ **to force sb's hand** apretar las tuercas a alguien ▶ **to get or lay one's hands on sth** hacerse con algo ▶ **to get or lay one's hands on sb** pillar a alguien ▶ **to give sb a free hand** dar carta blanca a alguien ▶ **to go hand in hand** [things] ir de la mano ▶ **to have one's hands full** estar muy ocupado(da) ▶ **to have time in hand** tener tiempo de sobra ▶ **to overplay one's hand** fig extralimitarse ▶ **to take sb in hand** hacerse cargo or ocuparse de alguien **2.** [influence] influencia f ▶ **to have a hand in sth/in doing sth** intervenir en algo/al hacer algo **3.** [worker - on farm] bracero m, peón m ; [- on ship] tripulante mf **4.** [of clock, watch] manecilla f, aguja f **5.** [handwriting] letra f **6.** [applause] ▶ **a big hand** un gran aplauso. ❖ vt ▶ **to hand sth to sb, to hand sb sth** dar or entregar algo a alguien. ◆ **(close) at hand** adv cerca.
◆ **on hand** adv al alcance de la mano. ◆ **on the other hand** conj por otra parte. ◆ **out of hand** adv [completely] terminantemente. ◆ **to hand** adv a mano. ◆ **hand back** vt sep devolver. ◆ **hand down** vt sep [heirloom] dejar en herencia ; [knowledge] transmitir. ◆ **hand in** vt sep [essay, application] entregar ; [resignation] presentar. ◆ **hand out** vt sep repartir, distribuir.
◆ **hand over** ❖ vt sep **1.** [baton, money] entregar **2.** [responsibility, power] ceder. ❖ vi ▶ **to hand over (to)** dar paso (a).

handbag ['hændbæg] n bolso m, bolsa f Méx, cartera f Andes.

handball ['hændbɔːl] n balonmano m.

handbook ['hændbʊk] n manual m.

handbrake ['hændbreɪk] n freno m de mano.

handcuffs ['hændkʌfs] pl n esposas fpl.

handful ['hændfʊl] n [gen] puñado m.

handgun ['hændgʌn] n pistola f.

hand-held [hænd'held] adj de mano, portátil ▶ **hand-held computer** ordenador m Esp or computadora f Am de bolsillo.

handicap ['hændɪkæp] ◆ n 1. [disability] discapacidad f, minusvalía f 2. [disadvantage] desventaja f, obstáculo m 3. SPORT hándicap m. ◆ vt estorbar.

handicapped ['hændɪkæpt] ◆ adj discapacitado(da), minusválido(da). ◆ pl n ▶ **the handicapped** los discapacitados, los minusválidos.

handicraft ['hændɪkrɑːft] n [skill] artesanía f.

handiwork ['hændɪwɜːk] n (U) [doing, work] obra f.

handkerchief ['hæŋkətʃɪf] (pl -chiefs or -chieves) n pañuelo m.

handle ['hændl] ◆ n [of tool, broom, knife] mango m; [of door, window] manilla f; [of suitcase, cup, jug] asa f; [of racket] empuñadura f. ◆ vt [gen] manejar; [order, complaint, application] encargarse de; [negotiations, takeover] conducir; [people] tratar.

handlebars ['hændlbɑːz] pl n manillar m, manubrio m Am.

handler ['hændlə'] n 1. [of animal] adiestrador m, -ra f 2. [at airport] ▶ **(baggage) handler** mozo m de equipajes.

hand luggage n UK equipaje m de mano.

handmade [,hænd'meɪd] adj hecho(cha) a mano.

handout ['hændaʊt] n 1. [gift] donativo m 2. [leaflet] hoja f (informativa); [in class] notas fpl.

handrail ['hændreɪl] n pasamano m.

handset ['hændset] n auricular m (de teléfono) ▶ **to lift / replace the handset** descolgar/colgar (el teléfono).

hands free kit n kit m manos libres.

handshake ['hændʃeɪk] n apretón m de manos.

handsome ['hænsəm] adj 1. [man] guapo, atractivo 2. [literary] [woman] bella 3. [reward, profit] considerable.

handstand ['hændstænd] n pino m.

handwriting ['hænd,raɪtɪŋ] n letra f, caligrafía f.

handwritten ['hænd,rɪtn] adj escrito(ta) a mano.

handy ['hændɪ] adj inf 1. [useful] práctico(ca) ▶ **to come in handy** venir bien 2. [skilful] mañoso(sa) 3. [near] a mano, cerca ▶ **to keep sthg handy** tener algo a mano.

handyman ['hændɪmæn] (pl -men) n : a good handyman un manitas.

hang [hæŋ] ◆ vt 1. (pt & pp hung) [fasten] colgar; [washing] tender; [wallpaper] poner 2. (pt & pp hung or hanged) [execute] ahorcar ▶ **to hang o.s.** ahorcarse. ◆ vi 1. (pt & pp hung) [be fastened] colgar, pender 2. (pt & pp hung or hanged) [be executed] ser ahorcado(da) 3. (pt & pp hung) US inf : I'm going to hang with my friends tonight voy a ir por ahí esta noche con los amigos 4. COMPUT colgarse. ◆ n ▶ **to get the hang of sthg** inf coger el tranquillo a algo. ◆ **hang about, hang around, hang round** vi 1. [spend time] pasar el rato / they didn't hang about se pusieron en marcha sin perder un minuto 2. [wait] esperar / hang about! ¡un momento! ◆ **hang on** vi 1. [keep hold] ▶ **to hang on (to)** agarrarse (a) 2. inf [continue waiting] esperar, aguardar 3. [persevere] resistir. ◆ **hang out** vi inf [spend time] pasar el rato. ◆ **hang round** vi = hang about. ◆ **hang together** vi [alibi, argument] sostenerse, tenerse en pie. ◆ **hang up** ◆ vt sep colgar. ◆ vi colgar. ◆ **hang up on** vt insep ▶ **to hang up on sb** colgarle a alguien.

hangar ['hæŋə'] n hangar m.

hanger ['hæŋə'] n percha f.

hanger-on (pl hangers-on) n lapa f, parásito m.

hang gliding n vuelo m con ala delta.

hangover ['hæŋ,əʊvə'] n [from drinking] resaca f.

hang-up n inf complejo m.

hanker ['hæŋkə'] ◆ **hanker after, hanker for** vt insep anhelar.

hankie, hanky ['hæŋkɪ] (abbr of handkerchief) n inf pañuelo m.

haphazard [,hæp'hæzəd] adj [arrangement] caótico(ca).

hapless ['hæplɪs] adj liter desventurado(da).

happen ['hæpən] vi 1. [occur] pasar, ocurrir ▶ **to happen to sb** pasarle o sucederle a alguien 2. [chance] ▶ **I happened to be looking out of the window...** dio la casualidad de que estaba mirando por la ventana... / do you happen to have a pen on you? ¿no tendrás un boli por casualidad? ▶ **as it happens...** da la casualidad de que...

happening ['hæpənɪŋ] n suceso m, acontecimiento m.

happily ['hæpɪlɪ] adv 1. [with pleasure] alegremente, felizmente 2. [willingly] con mucho gusto 3. [fortunately] afortunadamente.

happiness ['hæpɪnɪs] n [state] felicidad f; [feeling] alegría f.

happy ['hæpɪ] adj 1. [gen contented] feliz; [pleased] contento(ta); [cheerful] alegre ▶ **happy Christmas / birthday!** ¡feliz navidad/cumpleaños! ▶ **to be happy with / about sthg** estar contento con algo 2. [causing contentment] feliz, alegre 3. [fortunate] feliz, oportuno(na)

4. [willing] ▶ **to be happy to do sthg** estar más que dispuesto(ta) a hacer algo / *I'd be happy to do it* yo lo haría con gusto.

happy-go-lucky adj despreocupado(da).

happy medium n término m medio.

harangue [həˈræŋ] ◆ n arenga f. ◆ vt arengar.

harass [ˈhærəs] vt acosar.

harassment [ˈhærəsmənt] n acoso m.

harbour 🇬🇧, **harbor** 🇺🇸 [ˈhɑːbəʳ] ◆ n puerto m. ◆ vt **1.** [feeling] abrigar **2.** [person] dar refugio a, encubrir.

hard [hɑːd] ◆ adj **1.** [gen] duro(ra); [frost] fuerte ▶ **to go hard** endurecerse ▶ **to be hard on sb / sthg a)** [subj: person] ser duro con alguien/algo **b)** [subj: work, strain] perjudicar a alguien/algo **c)** [subj: result] ser inmerecido(da) para alguien/algo **2.** [difficult] difícil ▶ **hard of hearing** duro de oído **3.** [forceful - push, kick etc] fuerte **4.** [fact, news] concreto(ta) **5.** 🇬🇧 [extreme] ▶ **hard left / right** extrema izquierda/derecha. ◆ adv **1.** [try, rain] mucho; [work] duro; [listen] atentamente; [think] detenidamente **2.** [push, kick] fuerte, con fuerza ▶ **to be hard pushed** OR **put** OR **pressed to do sthg** vérselas y deseárselas para hacer algo ▶ **to feel hard done by** sentirse tratado injustamente.

hardback [ˈhɑːdbæk], **hardcover** [ˈhɑːd-ˌkʌvəʳ] n edición f en pasta dura.

hardball [ˈhɑːdbɔːl] n 🇺🇸 béisbol m / *to play hardball (with sb)* ponerse duro(ra) (con alguien), adoptar una línea dura (con alguien).

hardboard [ˈhɑːdbɔːd] n madera f conglomerada.

hard-boiled adj *lit & fig* duro(ra).

hard cash n dinero m contante y sonante.

hard copy n COMPUT copia f impresa.

hard disk n COMPUT disco m duro.

hard drive n COMPUT unidad f de disco duro.

harden [ˈhɑːdn] ◆ vt **1.** [gen] endurecer **2.** [resolve, opinion] reforzar. ◆ vi **1.** [gen] endurecerse **2.** [resolve, opinion] reforzarse.

hard-headed [-ˈhedɪd] adj realista.

hard-hearted [-ˈhɑːtɪd] adj insensible.

hard-hit adj muy afectado(da), muy perjudicado(da).

hard labour n (U) trabajos mpl forzados.

hard-liner n partidario m, -ria f de la línea dura.

hardly [ˈhɑːdlɪ] adv apenas ▶ **hardly ever / anything** casi nunca/nada ▶ **that's hardly fair** eso no es justo / *I'm hardly a communist, am I?* ¡pues sí que tengo yo mucho que ver con el comunismo!

hardness [ˈhɑːdnɪs] n **1.** [firmness] dureza f **2.** [difficulty] dificultad f.

hardship [ˈhɑːdʃɪp] n **1.** (U) [difficult conditions] privaciones fpl **2.** [difficult circumstance] infortunio m.

hard shoulder n 🇬🇧 AUTO arcén m, acotamiento m 🇲🇽, berma f 🇨🇴, banquina f 🇦🇷, hombrillo m 🇻🇪.

hard up adj inf ▶ **to be hard up** andar mal de dinero ▶ **to be hard up for sthg** andar escaso(sa) de algo.

hardware [ˈhɑːdweəʳ] (U) n **1.** [tools, equipment] artículos mpl de ferretería **2.** COMPUT hardware m.

hardware store n 🇺🇸 ferretería f.

hardwearing [ˌhɑːdˈweərɪŋ] adj 🇬🇧 resistente.

hardworking [ˌhɑːdˈwɜːkɪŋ] adj trabajador(ra).

hardy [ˈhɑːdɪ] adj **1.** [person, animal] fuerte, robusto(ta) **2.** [plant] resistente.

hare [heəʳ] n liebre f.

harebrained [ˈheəˌbreɪnd] adj inf atolondrado(da).

harelip [ˌheəˈlɪp] n labio m leporino.

haricot (bean) [ˈhærɪkəʊ-] n judía f, alubia f, frijol m 🇲🇽, poroto m 🇦🇷, caraota f 🇻🇪.

Harley Street [ˈhɑːlɪ-] n *calle londinense famosa por sus médicos especialistas*.

harm [hɑːm] ◆ n daño m; fig perjudicar algo/a alguien / *there's no harm in trying / asking* no se pierde nada por intentarlo/preguntar ▶ **to be out of harm's way** estar a salvo ▶ **to come to no harm a)** [person] salir sano y salvo **b)** [thing] no dañarse. ◆ vt [gen] hacer daño a, dañar; [reputation, chances, interests] dañar.

harmful [ˈhɑːmfʊl] adj ▶ **harmful (to) a)** perjudicial OR dañino(na) (para) **b)** [substance] nocivo(va) (para).

harmless [ˈhɑːmlɪs] adj inofensivo(va).

harmonica [hɑːˈmɒnɪkə] n armónica f.

harmonious [hɑːˈməʊnjəs] adj armonioso(sa).

harmonize, harmonise [ˈhɑːmənaɪz] ◆ vi ▶ **to harmonize (with)** armonizar (con). ◆ vt armonizar.

harmony [ˈhɑːmənɪ] n armonía f.

harness [ˈhɑːnɪs] ◆ n [for horse] arreos mpl, guarniciones fpl. ◆ vt **1.** [horse] enjaezar **2.** [use] aprovechar.

harp [hɑːp] n arpa f. ◆ **harp on** vi ▶ **to harp on (about sthg)** dar la matraca (con algo).

harpoon [hɑːˈpuːn] n arpón m.

harpsichord [ˈhɑːpsɪkɔːd] n clavicémbalo m.

harrowing [ˈhærəʊɪŋ] adj pavoroso(sa).

harsh [hɑːʃ] adj **1.** [life, conditions, winter] duro(ra) **2.** [punishment, decision, person] severo(ra) **3.** [texture, voice] áspero(ra); [light, sound] violento(ta).

harvest [ˈhɑːvɪst] ◆ n [gen] cosecha f, pizca f 🇲🇽; [of grapes] vendimia f. ◆ vt cosechar.

has (weak form [həz], strong form [hæz]) (3rd pers sg) ⟶ **have**.

has-been n inf & pej vieja gloria f.

hash [hæʃ] n [meat] picadillo m (de carne).

hashish ['hæʃiːʃ] n hachís m.

hash key n tecla f (de) almohadilla.

hashtag n INTERNET hashtag m.

hasn't ['hæznt] ⟶ **has not**.

hassle ['hæsl] inf ❖ n (U) [annoyance] rollo m, lío m. ❖ vt dar la lata a.

haste [heɪst] n prisa f ▶ **to make haste** dated darse prisa, apresurarse.

hasten ['heɪsn] fml ❖ vt acelerar. ❖ vi ▶ **to hasten (to do sthg)** apresurarse (a hacer algo).

hastily ['heɪstɪlɪ] adv **1.** [quickly] de prisa, precipitadamente **2.** [rashly] a la ligera, sin reflexionar.

hasty ['heɪstɪ] adj **1.** [quick] apresurado(da), precipitado(da) **2.** [rash] irreflexivo(va).

hat [hæt] n sombrero m.

hatch [hætʃ] ❖ vi [chick] romper el cascarón, salir del huevo. ❖ vt **1.** [chick, egg] incubar **2.** fig [scheme, plot] tramar. ❖ n [for serving food] ventanilla f.

hatchback ['hætʃ,bæk] n coche m con puerta trasera.

hatchet ['hætʃɪt] n hacha f.

hatchway ['hætʃ,weɪ] n escotilla f.

hate [heɪt] ❖ n odio m. ❖ vt odiar ▶ **to hate doing sthg** odiar hacer algo.

hateful ['heɪtfʊl] adj odioso(sa).

hatred ['heɪtrɪd] n odio m.

hat trick n SPORT tres tantos marcados por un jugador en el mismo partido.

haughty ['hɔːtɪ] adj altanero(ra), altivo(va).

haul [hɔːl] ❖ n **1.** [of stolen goods] botín m ; [of drugs] alijo m **2.** [distance] ▶ **long haul** largo camino m, largo trayecto m. ❖ vt [pull] tirar, arrastrar.

haulage ['hɔːlɪdʒ] n transporte m.

haulier [UK] ['hɔːlɪər], **hauler** [US] ['hɔːlər] n transportista mf.

haunch [hɔːntʃ] n **1.** [of person] asentaderas fpl ▶ **to squat on one's haunches** ponerse en cuclillas **2.** [of animal] pernil m.

haunt [hɔːnt] ❖ n sitio m favorito. ❖ vt **1.** [subj: ghost - house] aparecer en ; [- person] aparecerse a **2.** [subj: memory, fear, problem] atormentar.

haunted ['hɔːntɪd] adj **1.** [house, castle] encantado(da) **2.** [look] atormentado(da).

have [hæv] ❖ aux vb (pt & pp **had**) (to form perfect tenses) haber / **to have eaten** haber comido / **he hasn't gone yet, has he?** no se habrá ido ya ¿no? / **I've finished — have you?** he terminado — ¿ah sí? / **no, he hasn't (done it)** no, no lo ha hecho / **yes, he has (done it)** sí, lo ha hecho / **I was out of breath, having run all the way** estaba sin aliento después de haber corrido todo el camino. ❖ vt (pt & pp

had) **1.** [possess, receive] ▶ **to have (got)** tener / **I have no money, I haven't got any money** no tengo dinero / **he has big hands** tiene las manos grandes / **do you have a car?** / **have you got a car?** ¿tienes coche? **2.** [experience, suffer] tener / **I had an accident** tuve un accidente / **to have a cold** tener un resfriado **3.** (referring to an action, instead of another vb) ▶ **to have a look** mirar, echar una mirada ▶ **to have a swim** darse un baño, nadar / **to have breakfast** desayunar / **to have lunch** comer / **to have dinner** cenar / **to have a cigarette** fumarse un cigarrillo / **to have an operation** operarse **4.** [give birth to] ▶ **to have a baby** tener un niño **5.** [cause to be done] ▶ **to have sb do sthg** hacer que alguien haga algo ▶ **to have sthg done** hacer que se haga algo ▶ **to have one's hair cut** (ir a) cortarse el pelo **6.** [be treated in a certain way] : **I had my car stolen** me robaron el coche **7.** inf [cheat] : **you've been had** te han timado ▶ **to have had it** [car, machine] estar para el arrastre. ❖ modal vb (pt & pp **had**) [be obliged] ▶ **to have (got) to do sthg** tener que hacer algo. ◆ **have off** vt sep [as holiday] tener libre. ◆ **have on** vt sep **1.** [be wearing] llevar (puesto) **2.** [tease] tomar el pelo a **3.** [have to do] : **have you got anything on Friday?** ¿estás libre or haces algo el viernes? ◆ **have out** vt sep [have removed] : **to have one's tonsils out** operarse de las amígdalas.

haven ['heɪvn] n fig refugio m, asilo m.

haven't ['hævnt] ⟶ **have not**.

haversack ['hævəsæk] n mochila f.

havoc ['hævək] n (U) estragos mpl.

Hawaii [hə'waiiː] n Hawai.

hawk [hɔːk] n lit & fig halcón m ▶ **to watch sb like a hawk** observar a alguien con ojos de lince.

hawker ['hɔːkər] n vendedor m, -ra f ambulante.

hay [heɪ] n heno m.

hay fever n (U) fiebre f del heno.

haystack ['heɪ,stæk] n almiar m.

haywire ['heɪ,waɪər] adj inf ▶ **to go haywire** a) [person] volverse majareta b) [plan] liarse, embrollarse c) [computer, TV etc] changarse.

hazard ['hæzəd] ❖ n riesgo m, peligro m. ❖ vt [guess, suggestion] aventurar.

hazardous ['hæzədəs] adj peligroso(sa).

hazard warning lights pl n [UK] luces fpl de emergencia.

haze [heɪz] n neblina f.

hazel ['heɪzl] adj color avellana (inv).

hazelnut ['heɪzl,nʌt] n avellana f.

Hazmat ['hæzmæt] (abbr of **hazardous material**) n [US] : **Hazmat suit** [US] traje m de protección química.

hazy ['heɪzɪ] adj **1.** [misty] neblinoso(sa) **2.** [vague] vago(ga), confuso(sa).

HD adj **1.** COMPUT (*abbr of* high density) HD **2.** (*abbr of* high definition) HD.

HDTV n (*abbr of* high-definition television) televisión f de alta definición.

HDV (*abbr of* high definition video) n HDV m.

he [hi:] ❖ pers pron él / *he's tall /happy* es alto/feliz / *HE can't do it* ÉL no puede hacerlo ▶ **there he is** allí está. ❖ comp : *he-goat* macho cabrío m.

head [hed] ❖ n **1.** ANAT & COMPUT cabeza f ▶ **a** OR **per head** por persona, por cabeza ▶ **to be soft in the head** estar mal de la sesera ▶ **to be off one's head** UK, **to be out of one's head** US estar como una cabra ▶ **it was over my head** no me enteré de nada ▶ **it went to her head** se le subió a la cabeza ▶ **to keep /lose one's head** no perder/perder la cabeza ▶ **to laugh one's head off** reír a mandíbula batiente **2.** [mind, brain] talento m, aptitud f ▶ **she has a head for figures** se le dan bien las cuentas **3.** [top - gen] cabeza f; [- of bed] cabecera f **4.** [of flower] cabezuela f; [of cabbage] cogollo m **5.** [on beer] espuma f **6.** [leader] jefe m, -fa f **7.** [head teacher] director m, -ra f (de colegio). ❖ vt **1.** [procession, convoy, list, page] encabezar **2.** [organization, delegation] dirigir **3.** FOOT cabecear. ❖ vi : *to head north / for home* dirigirse hacia el norte/a casa. ◆ **heads** pl n [on coin] cara f ▶ **heads or tails?** ¿cara o cruz? ◆ **head for** vt insep **1.** [place] dirigirse a **2.** *fig* [trouble, disaster] ir camino de. ◆ **head off** ❖ vt sep **1.** [intercept] interceptar **2.** *fig* [forestall] anticiparse a. ❖ vi [go] marcharse.

headache ['hedeɪk] n **1.** MED dolor m de cabeza ▶ **I have a headache** me duele la cabeza **2.** *fig* [problem] quebradero m de cabeza.

headband ['hedbænd] n cinta f, banda f (para el pelo).

head boy n UK [at school] alumno delegado principal que suele representar a sus condiscípulos en actos escolares.

headdress ['hed,dres] n tocado m.

headed ['hedɪd] adj ▶ **headed notepaper** UK papel m con membrete.

header ['hedər] n **1.** FOOT cabezazo m **2.** TYPO encabezamiento m.

headfirst [,hed'fɜ:st] adv de cabeza.

head girl n UK [in school] alumna delegada principal que suele representar a sus condiscípulas en actos escolares.

heading ['hedɪŋ] n encabezamiento m.

headlamp ['hedlæmp] n UK faro m.

headland ['hedlənd] n cabo m, promontorio m.

headlight ['hedlaɪt] n faro m ▶ **dipped headlights** luces fpl de cruce.

headline ['hedlaɪn] n titular m.

headlong ['hedlɒŋ] adv **1.** [headfirst] de cabeza **2.** [quickly, unthinkingly] precipitadamente.

headmaster [,hed'mɑ:stər] n director m (de colegio).

headmistress [,hed'mɪstrɪs] n directora f (de colegio).

head office n oficina f central.

head of state n jefe m de Estado.

head-on ❖ adj de frente, frontal. ❖ adv de frente.

headphone ['hedfəʊn] n auricular m ▶ **headphone jack** conector m de auriculares, jack m de auriculares.

headquarter [hed'kwɔ:tər] vt : *to be headquartered in* tener la sede en.

headquarters [,hed'kwɔ:təz] pl n (oficina f) central f, sede f; MIL cuartel m general.

headrest ['hedrest] n reposacabezas m inv.

headroom ['hedrum] n (U) [in car] espacio m entre la cabeza y el techo ; [below bridge] altura f libre, gálibo m.

headscarf ['hedskɑ:f] (pl -scarves or -scarfs) n pañuelo m (para la cabeza).

headset ['hedset] n auriculares mpl con micrófono.

head start n ▶ **head start (on** OR **over)** ventaja f (con respecto a).

headstrong ['hedstrɒŋ] adj obstinado(da).

head waiter n maître m, capitán m de meseros Méx.

headway ['hedweɪ] n ▶ **to make headway** avanzar, hacer progresos.

headwind ['hedwɪnd] n viento m de proa.

heady ['hedɪ] adj **1.** [exciting] emocionante **2.** [causing giddiness] embriagador(ra).

heal [hi:l] ❖ vt **1.** [person] curar ; [wound] cicatrizar **2.** *fig* [troubles, discord] remediar. ❖ vi [wound] cicatrizar.

healing ['hi:lɪŋ] n curación f.

health [helθ] n **1.** [gen] salud f **2.** *fig* [of country, organization] buen estado m.

health care n asistencia f sanitaria.

health centre n ambulatorio m, centro m sanitario.

health club n gimnasio m.

health food n comida f dietética.

health food shop n tienda f de dietética.

health service n servicio m sanitario de la Seguridad Social ; ≃ INGS m.

healthy ['helθɪ] adj **1.** [gen] sano(na), saludable **2.** [profit] pingüe **3.** [attitude, respect] natural, sano(na).

heap [hi:p] ❖ n montón m, pila f. ❖ vt [pile up] ▶ **to heap sthg (on** OR **onto sthg)** amontonar algo (sobre algo). ◆ **heaps** pl n inf montones fpl.

hear [hɪəʳ] (pt & pp **heard** [hɜːd]) ◆ vt **1.** [gen] oír ▶ **I hear (that...)** me dicen que... **2.** LAW ver. ◆ vi [gen] oír / *have you heard about that job yet?* ¿sabes algo del trabajo ese? ▶ **to hear from sb** tener noticias de alguien ▶ **to have heard of** haber oído hablar de ▶ **I won't hear of it!** ¡de eso ni hablar!

hearing ['hɪərɪŋ] n **1.** [sense] oído m ▶ **in** OR **within sb's hearing** al alcance del oído de alguien ▶ **hard of hearing** duro de oído **2.** LAW vista f ▶ **to give sb a fair hearing** fig dar a alguien la oportunidad de que se exprese.

hearing aid n audífono m.

hearsay ['hɪəseɪ] n (U) habladurías fpl.

hearse [hɜːs] n coche m fúnebre.

heart [hɑːt] n **1.** [gen] corazón m ▶ **from the heart** con toda sinceridad **2.** [courage] ▶ **I didn't have the heart to tell her** no tuve valor para decírselo ▶ **to lose heart** descorazonarse **3.** [centre - of issue, problem] quid m ; [- of city etc] centro m ; [- of lettuce] cogollo m. ◆ **hearts** pl n corazones mpl. ◆ **at heart** adv en el fondo. ◆ **by heart** adv de memoria.

heartache ['hɑːteɪk] n dolor m.

heart attack n infarto m.

heartbeat ['hɑːtbiːt] n latido m.

heartbroken ['hɑːt,brəʊkn] adj desolado(da), abatido(da) / *he's heartbroken* tiene el corazón destrozado.

heartburn ['hɑːtbɜːn] n ardor m de estómago.

heart disease n MED enfermedades fpl cardíacas OR del corazón, cardiopatía f.

heartening ['hɑːtnɪŋ] adj alentador(ra).

heart failure n paro m cardíaco.

heartfelt ['hɑːtfelt] adj sincero(ra), de todo corazón.

hearth [hɑːθ] n hogar m.

heartless ['hɑːtlɪs] adj cruel.

heart transplant n transplante m de corazón.

heartwarming ['hɑːt,wɔːmɪŋ] adj gratificante, grato(ta).

hearty ['hɑːtɪ] adj **1.** [laughter] bonachón(ona) ; [welcome, congratulations, thanks] cordial ; [person] fuertote(ta) **2.** [meal] abundante ; [appetite] bueno(na) **3.** [dislike, distrust] profundo(da).

heat [hiːt] ◆ n **1.** [gen] calor m **2.** [specific temperature] temperatura f **3.** fig [pressure] tensión f ▶ **in the heat of the moment** en el calor del momento **4.** [eliminating round] serie f, prueba f eliminatoria. ◆ vt calentar. ◆ **heat up** ◆ vt sep calentar. ◆ vi calentarse.

heated ['hiːtɪd] adj **1.** [swimming pool] climatizado(da) **2.** [debate, argument] acalorado(da).

heater ['hiːtəʳ] n calentador m, estufa f.

heath [hiːθ] n [place] brezal m.

heathen ['hiːðn] n pagano m, -na f.

heather ['heðəʳ] n brezo m.

heating ['hiːtɪŋ] n calefacción f.

heatstroke ['hiːtstrəʊk] n (U) insolación f.

heat wave n ola f de calor.

heave [hiːv] ◆ vt **1.** [pull] tirar de, arrastrar ; [push] empujar **2.** inf [throw] tirar. ◆ vi **1.** [pull] tirar **2.** [rise and fall - waves] ondular ; [- chest] palpitar.

heaven ['hevn] n [Paradise] cielo m ▶ **it was heaven** [delightful] fue divino. ◆ **heavens** pl n ▶ **the heavens** liter los cielos ▶ **(good) heavens!** ¡cielos!

heavenly ['hevnlɪ] adj inf & dated [delightful] divino(na).

heavily ['hevɪlɪ] adv **1.** [smoke, drink] mucho ; [rain] con fuerza / *heavily in debt* con muchas deudas **2.** [solidly] ▶ **heavily built** corpulento(ta) **3.** [breathe, sigh] profundamente **4.** [sit, move, fall] pesadamente **5.** [speak] pesarosamente.

heavy ['hevɪ] adj **1.** [gen] pesado(da) ; [solid] sólido(da) ▶ **how heavy is it?** ¿cuánto pesa? ▶ **heavy build** corpulencia f **2.** [traffic, rain, fighting] intenso(sa) ▶ **to be a heavy smoker/ drinker** ser un fumador/bebedor empedernido **3.** [losses, responsibility] grande **4.** [soil, mixture] denso(sa) **5.** [blow] duro(ra) ; [fine, defeat] duro(ra) **6.** [busy - schedule, day] apretado(da) **7.** [work] duro(ra) **8.** [weather, air, day] cargado(da).

heavy cream n US nata f para montar.

heavy goods vehicle n UK vehículo m (de transporte) pesado.

heavyweight ['hevɪweɪt] ◆ adj SPORT de los pesos pesados. ◆ n SPORT peso m pesado.

Hebrew ['hiːbruː] ◆ adj hebreo(a). ◆ n **1.** [person] hebreo m, -a f **2.** [language] hebreo m.

Hebrides ['hebrɪdiːz] pl n : *the Hebrides* las Hébridas.

heck [hek] excl ▶ **what/where/why the heck...?** ¿qué/dónde/por qué demonios...? ▶ **a heck of a lot of** la mar de.

heckle ['hekl] vt & vi interrumpir con exabruptos.

hectic ['hektɪk] adj ajetreado(da).

he'd [hiːd] **1.** ⟶ **he had 2.** ⟶ **he would**.

hedge [hedʒ] ◆ n seto m. ◆ vi [prevaricate] contestar con evasivas.

hedgehog ['hedʒhɒg] n erizo m.

hedgerow ['hedʒrəʊ] n seto m (en el campo).

heed [hiːd] ◆ n ▶ **to pay heed to sb** hacer caso a alguien ▶ **to take heed of sthg** tener algo en cuenta. ◆ vt fml tener en cuenta.

heedless ['hiːdlɪs] adj ▶ **to be heedless of sthg** no hacer caso de algo.

heel [hiːl] n **1.** [of foot] talón m **2.** [of shoe] tacón m, taco m Am.

hefty ['heftɪ] adj inf **1.** [person] fornido(da) **2.** [salary, fee, fine] considerable, importante.

heifer ['hefər] n vaquilla f.

height [haɪt] n **1.** [gen] altura f; [of person] estatura f ▶ **5 metres in height** 5 metros de altura ▶ **to gain / lose height** ganar / perder altura **2.** [zenith] ▶ **the height of a)** [gen] el punto álgido de **b)** [ignorance, bad taste] el colmo de.

heighten ['haɪtn] ❖ vt intensificar, aumentar. ❖ vi intensificarse, aumentar.

heir [eər] n heredero m.

heiress ['eərɪs] n heredera f.

heirloom ['eəluːm] n reliquia f de familia.

heist [haɪst] n inf golpe m, robo m.

held [held] pt & pp ⟶ **hold**.

helicopter ['helɪkɒptər] n helicóptero m.

helium ['hiːlɪəm] n helio m.

hell [hel] ❖ n infierno m ▶ **one OR a hell of a mess** inf un lío de mil demonios / **it was hell** inf fue un infierno ▶ **to do sthg for the hell of it** inf hacer algo porque sí ▶ **to give sb hell** inf hacérselas pasar canutas a alguien ▶ **go to hell!** v inf ¡vete al infierno! / **neighbours from hell** inf vecinos infernales / **boyfriend from hell** inf novio infernal. ❖ excl inf ¡hostias!

he'll [hiːl] **1.** ⟶ **he will 2.** ⟶ **he shall**.

hellish ['helɪʃ] adj inf diabólico(ca).

hello [hə'ləʊ], **hallo**, **hullo** excl **1.** [as greeting] ¡hola!; [on phone - when answering] ¡diga!, ¡bueno! MEX, ¡holá! RP, ¡aló! ANDES; [- when calling] ¡oiga!, ¡holá! RP, ¡aló! ANDES **2.** [to attract attention] ¡oiga!

helm [helm] n lit & fig timón m.

helmet ['helmɪt] n casco m.

help [help] ❖ n **1.** [gen & COMPUT] ayuda f ▶ **with the help of** con la ayuda de ▶ **to be a help** ser una ayuda ▶ **to be of help** ayudar **2.** (U) [emergency aid] socorro m, ayuda f. ❖ vt **1.** [assist] ▶ **to help sb (to) do sthg / with sthg** ayudar a alguien (a hacer algo / con algo) ▶ **can I help you?** [in shop, bank] ¿en qué puedo servirle? **2.** [avoid] ▶ **I can't help it / feeling sad** no puedo evitarlo / evitar que me dé pena ▶ **it can't be helped** ¿qué se le va a hacer? **3.** [with food, drink] ▶ **to help o.s. (to sthg)** servirse (algo). ❖ vi ▶ **to help (with)** ayudar (con). ❖ excl ¡socorro!, ¡auxilio! ◆ **help out** ❖ vt sep echar una mano a. ❖ vi echar una mano.

help button n COMPUT tecla f de ayuda.

helper ['helpər] n **1.** [gen] ayudante mf **2.** US [to do housework] mujer f OR señora f de la limpieza.

helpful ['helpfʊl] adj **1.** [willing to help] servicial, atento(ta) **2.** [providing assistance] útil.

helping ['helpɪŋ] n ración f / **would you like a second helping?** ¿quiere repetir?

helpless ['helplɪs] adj [child] indefenso(sa); [look, gesture] impotente.

helpline ['helplaɪn] n servicio m de asistencia telefónica.

help menu n COMPUT menú m de ayuda.

Helsinki ['helsɪŋkɪ] n Helsinki.

hem [hem] n dobladillo m. ◆ **hem in** vt sep rodear, cercar.

hemisphere ['hemɪˌsfɪər] n [of earth & ANAT] hemisferio m.

hemline ['hemlaɪn] n bajo m (de falda etc).

hemophiliac, haemophiliac [ˌhiːmə'fɪlɪæk] n hemofílico m, -ca f.

hemorrhage, haemorrhage ['hemərɪdʒ] n hemorragia f.

hemorrhoids, haemorrhoids ['hemərɔɪdz] pl n hemorroides fpl.

hen [hen] n **1.** [female chicken] gallina f **2.** [female bird] hembra f.

hence [hens] adv fml **1.** [therefore] por lo tanto, así pues **2.** [from now] : **five years hence** de aquí a cinco años.

henceforth [ˌhens'fɔːθ] adv fml de ahora en adelante.

henchman ['hentʃmən] (pl -men) n pej esbirro m.

henpecked ['henpekt] adj pej : **a henpecked husband** un calzonazos.

hepatitis [ˌhepə'taɪtɪs] n hepatitis f inv.

her [hɜːr] ❖ pers pron **1.** (direct - unstressed) la; (- stressed) ella ; [referring to ship, car etc) lo / **I know her** la conozco / **I like her** me gusta / **it's her** es ella / **if I were OR was her** si (yo) fuera ella / **you can't expect her to do it** no esperarás que ella lo haga ▶ **fill her up!** AUTO ¡llénemelo!, ¡lleno, por favor! **2.** (indirect - gen) le ; (- with other 3rd pers pronouns) se / **he sent her a letter** le mandó una carta / **we spoke to her** hablamos con ella / **I gave it to her** se lo di **3.** (after prep, in comparisons etc.) ella / **I'm shorter than her** yo soy más bajo que ella. ❖ poss adj su, sus (pl) / **her coat** su abrigo / **her children** sus niños / **her name is Sarah** se llama Sarah / **it wasn't her fault** no fue culpa suya OR su culpa / **she washed her hair** se lavó el pelo.

herald ['herəld] ❖ vt fml **1.** [signify, usher in] anunciar **2.** [proclaim] proclamar. ❖ n **1.** [messenger] heraldo m **2.** [sign] anuncio m.

herb [UK hɜːb, US ɜːrb] n hierba f (aromática o medicinal).

herbal [UK 'hɜːbl, US 'ɜːrbl] adj [remedy, medicine] a base de hierbas.

herd [hɜːd] ❖ n [of cattle, goats] rebaño m ; [of elephants] manada f. ❖ vt fig [push] conducir (en grupo) bruscamente.

here [hɪər] adv aquí ▶ **here he is / they are** aquí está / están ▶ **here it is** aquí está ▶ **here is the book** aquí tienes el libro ▶ **here are the keys** aquí tienes las llaves ▶ **here you are** [when giving] aquí tienes ▶ **here and there** aquí y allá.

hereabouts UK ['hɪərəˌbaʊts], **hereabout** US [ˌhɪərə'baʊt] adv por aquí.

hereafter [ˌhɪər'ɑːftər] ◆ adv fml [from now on] de ahora en adelante ; [later on] más tarde. ◆ n ▶ **the hereafter** el más allá, la otra vida.

hereby [ˌhɪə'baɪ] adv fml **1.** [in documents] por la presente **2.** [when speaking] : *I hereby declare you the winner* desde este momento te declaro vencedor.

hereditary [hɪ'redɪtrɪ] adj hereditario(ria).

heresy ['herəsɪ] n fig RELIG herejía f.

herewith [ˌhɪə'wɪð] adv fml [with letter] : *'please find herewith...'* 'le mando adjunto...'.

heritage ['herɪtɪdʒ] n patrimonio m.

hermetically [hɜː'metɪklɪ] adv ▶ **hermetically sealed** cerrado(da) herméticamente.

hermit ['hɜːmɪt] n ermitaño m, -ña f.

hernia ['hɜːnjə] n hernia f.

hero ['hɪərəʊ] (pl -es) n **1.** [gen] héroe m **2.** [idol] ídolo m **3.** US [sandwich] bocadillo hecho con una barra de pan larga y estrecha, relleno de varios ingredientes.

heroic [hɪ'rəʊɪk] adj heroico(ca).

heroin ['herəʊɪn] n heroína f (droga) ▶ **heroin addict** heroinómano m, -na f.

heroine ['herəʊɪn] n heroína f.

heron ['herən] (pl inv or -s) n garza f real.

herring ['herɪŋ] (pl inv or -s) n arenque m.

hers [hɜːz] poss pron suyo (suya) / *that money is hers* ese dinero es suyo / *those keys are hers* esas llaves son suyas / *it wasn't his fault, it was hers* no fue culpa de él sino de ella / *a friend of hers* un amigo suyo, un amigo de ella / *mine is good, but hers is bad* el mío es bueno pero el suyo es malo.

herself [hɜː'self] pron **1.** (reflexive) se ; (after prep) sí misma / *with herself* consigo misma **2.** (for emphasis) ella misma / *she did it herself* lo hizo ella sola.

he's [hiːz] **1.** ⟶ **he is 2.** ⟶ **he has**.

hesitant ['hezɪtənt] adj **1.** [unsure of oneself] indeciso(sa), inseguro(ra) **2.** [faltering, slow to appear] vacilante.

hesitate ['hezɪteɪt] vi vacilar, dudar.

hesitation [ˌhezɪ'teɪʃn] n vacilación f.

heterogeneous [ˌhetərə'dʒiːnjəs] adj fml heterogéneo(a).

heterosexual [ˌhetərəʊ'sekʃʊəl] ◆ adj heterosexual. ◆ n heterosexual mf.

hexagon ['heksəgən] n hexágono m.

hey [heɪ] excl ¡eh!, ¡oye!

heyday ['heɪdeɪ] n apogeo m, auge m.

HGV (abbr of heavy goods vehicle) n : *an HGV licence* un carné de vehículo de gran tonelaje.

hi [haɪ] excl inf [hello] ¡hola!

hiatus [haɪ'eɪtəs] (pl -es) n fml [pause] interrupción f.

hibernate ['haɪbəneɪt] vi hibernar.

hiccough, hiccup ['hɪkʌp] ◆ n **1.** [caused by wind] hipo m ▶ **to have (the) hiccoughs** tener hipo **2.** fig [difficulty] contratiempo m. ◆ vi hipar.

hid [hɪd] pt ⟶ hide.

hidden ['hɪdn] ◆ pp ⟶ hide. ◆ adj oculto(ta).

hide [haɪd] ◆ vt (pt hid, pp hidden) **1.** [conceal] esconder, ocultar ▶ **to hide sthg (from sb)** esconder or ocultar algo (a alguien) **2.** [cover] tapar, ocultar. ◆ vi (pt hid, pp hidden) esconderse. ◆ n **1.** [animal skin] piel f **2.** [for watching birds, animals] puesto m.

hide-and-seek n escondite m.

hideaway ['haɪdəweɪ] n inf escondite m.

hideous ['hɪdɪəs] adj horrible.

hiding ['haɪdɪŋ] n **1.** [concealment] ▶ **in hiding** escondido(da) **2.** inf [beating] ▶ **to give sb / get a (good) hiding** darle a alguien / recibir una (buena) paliza.

hiding place n escondite m.

hierarchy ['haɪərɑːkɪ] n jerarquía f.

hi-fi ['haɪfaɪ] ◆ adj de alta fidelidad. ◆ n equipo m de alta fidelidad.

high [haɪ] ◆ adj **1.** [gen] alto(ta) ; [altitude] grande ▶ *it's 6 metres high* tiene 6 metros de alto or altura ▶ *how high is it?* ¿cuánto mide? / *temperatures in the high 20s* temperaturas cercanas a los 30 grados ▶ **at high speed** a gran velocidad **2.** [wind] fuerte **3.** [risk, quality] grande **4.** [ideals, principles, tone] elevado(da) **5.** [high-pitched] agudo(da) **6.** inf colocado(da). ◆ adv alto / *he threw the ball high in the air* lanzó la pelota muy alto. ◆ n **1.** [highest point] punto m álgido **2.** [weather front] anticiclón m ; [top temperature] máxima f.

highbrow ['haɪbraʊ] adj culto(ta), intelectual.

high chair n trona f.

high-class adj [superior] de (alta) categoría.

High Court n UK tribunal m supremo.

high-definition adj de alta definición.

higher ['haɪər] adj [exam, qualification] superior. ◆ **Higher** n ▶ **Higher (Grade)** en Escocia, examen realizado al final de la enseñanza secundaria.

higher education n enseñanza f superior.

high-fibre adj [food, diet] rico(ca) en fibra.

high-handed [-'hændɪd] adj despótico(ca).

high jump n salto m de altura ▶ *you're or you'll be for the high jump* UK inf te la vas a cargar.

Highlands ['haɪləndz] pl n ▶ **the Highlands** [of Scotland] las Tierras Altas de Escocia.

highlight ['haɪlaɪt] ❖ n [of event, occasion] punto m culminante. ❖ vt **1.** [visually] resaltar, marcar **2.** [emphasize] destacar, resaltar. ◆ **highlights** pl n **1.** [in hair] reflejos mpl **2.** [of match] mejores momentos mpl.

highlighter (pen) ['haɪlaɪtər-] n rotulador m, marcador m.

highly ['haɪlɪ] adv **1.** [very, extremely] muy ▶ **highly paid** bien pagado(da) **2.** [favourably] ▶ **to speak highly of sb** hablar muy bien de alguien ▶ **to think highly of sb** tener a alguien en mucha estima.

highly-strung adj muy nervioso(sa).

Highness ['haɪnɪs] n ▶ **His/Her/Your (Royal) Highness** Su Alteza f (Real) ▶ **their (Royal) Highnesses** Sus Altezas (Reales).

high-pitched [-'pɪtʃt] adj agudo(da).

high point n [of occasion] momento m OR punto m culminante.

high-powered [-'pauəd] adj **1.** [powerful] de gran potencia **2.** [prestigious - activity, place] prestigioso(sa) ; [- person] de altos vuelos.

high-ranking [-'ræŋkɪŋ] adj [in army etc] de alta graduación ; [in government] ▶ **high-ranking official** alto cargo m.

high-res [haɪrez] adj inf abbr of **high-resolution**.

high-resolution adj COMPUT de alta resolución.

high-rise adj ▶ **high-rise building** torre f.

high school n ≃ instituto m de bachillerato.

high season n temporada f alta.

high-speed adj de alta velocidad.

high street ❖ adj [UK] [bank] comercial. ❖ n calle f mayor OR principal.

high tech, hi-tech [-'tek] adj de alta tecnología.

high tide n [of sea] marea f alta.

highway ['haɪweɪ] n **1.** [US] [main road between cities] autopista f **2.** [UK] [any main road] carretera f.

Highway Code n [UK] ▶ **the Highway Code** el código de la circulación.

hijack ['haɪdʒæk] vt [aircraft] secuestrar.

hijacker ['haɪdʒækər] n secuestrador m, -ra f (de un avión).

hike [haɪk] ❖ n [long walk] caminata f ▶ **to go for** OR **on a hike** ir de excursión. ❖ vi [go for walk] ir de excursión.

hiker ['haɪkər] n excursionista mf.

hiking ['haɪkɪŋ] n excursionismo m ▶ **to go hiking** ir de excursión.

hilarious [hɪ'leərɪəs] adj desternillante.

hill [hɪl] n **1.** [mound] colina f **2.** [slope] cuesta f.

hillside ['hɪlsaɪd] n ladera f.

hilly ['hɪlɪ] adj montañoso(sa).

hilt [hɪlt] n puño m, empuñadura f.

him [hɪm] pers pron **1.** (direct - unstressed) lo, le ; (- stressed) él ▶ **I know him** lo OR le conozco ▶ **I like him** me gusta ▶ **it's him** es él ▶ **if I were** OR **was him** si (yo) fuera él ▶ **you can't expect him to do it** no esperarás que él lo haga **2.** (indirect - gen) le ; (- with other 3rd pers pronouns) se ▶ **she sent him a letter** le mandó una carta ▶ **we spoke to him** hablamos con él ▶ **I gave it to him** se lo di **3.** (after prep, in comparisons etc.) él ▶ **I'm shorter than him** yo soy más bajo que él.

Himalayas [ˌhɪmə'leɪəz] pl n : **the Himalayas** el Himalaya.

himself [hɪm'self] pron **1.** (reflexive) se ; (after prep) sí mismo ▶ **with himself** consigo mismo **2.** (for emphasis) él mismo ▶ **he did it himself** lo hizo él solo.

hind [haɪnd] ❖ adj trasero(ra). ❖ n (pl inv or **-s**) cierva f.

hinder ['hɪndər] vt [gen] estorbar ; [progress, talks, attempts] entorpecer.

Hindi ['hɪndɪ] n [language] hindi m.

hindrance ['hɪndrəns] n [obstacle] obstáculo m, impedimento m ; [person] estorbo m.

hindsight ['haɪndsaɪt] n ▶ **with the benefit of hindsight** ahora que se sabe lo que pasó.

Hindu ['hɪnduː] ❖ adj hindú. ❖ n (pl **-s**) hindú mf.

hinge [hɪndʒ] n [on door, window] bisagra f. ◆ **hinge (up)on** vt insep [depend on] depender de.

hint [hɪnt] ❖ n **1.** [indication] indirecta f ▶ **to drop a hint** lanzar una indirecta **2.** [piece of advice] consejo m **3.** [small amount, suggestion] asomo m ; [of colour] pizca f. ❖ vi ▶ **to hint at sthg** insinuar algo. ❖ vt ▶ **to hint that** insinuar que.

hip [hɪp] ❖ n ANAT cadera f. ❖ adj inf moderno(na).

hippie, hippy ['hɪpɪ] n hippy mf.

hippopotamus [ˌhɪpə'pɒtəməs] (pl **-muses** or **-mi**) n hipopótamo m.

hippy ['hɪpɪ] = **hippie**.

hire ['haɪər] ❖ n (U) [of car, equipment] alquiler m ▶ **for hire** [taxi] libre ▶ **'boats for hire'** 'se alquilan barcos'. ❖ vt **1.** [rent] alquilar **2.** [employ] contratar. ◆ **hire out** vt sep [car, equipment] alquilar ; [one's services] ofrecer.

hire car n [UK] coche m de alquiler.

hired ['haɪəd] adj alquilado(da) ▶ **hired help** [for housework] asistente m, -ta f.

hire purchase n (U) [UK] compra f a plazos ▶ **to buy sthg on hire purchase** comprar algo a plazos.

his [hɪz] ❖ poss adj su, sus (pl) ▶ **his house** su casa ▶ **his children** sus niños ▶ **his name is Joe** se llama Joe ▶ **it wasn't his fault** no fue culpa suya OR su culpa ▶ **he washed his hair** se lavó el pelo. ❖ poss pron suyo (suya) / *that money is his* ese dinero es suyo / *those keys are his* esas llaves son suyas / *it wasn't her fault, it was his* no fue culpa de ella sino de él / *a friend of his* un amigo suyo, un amigo de él / *mine is good, but his is bad* el mío es bueno pero el suyo es malo.

Hispanic [hɪ'spænɪk] ❖ adj hispánico(ca). ❖ n **US** hispano *m*, -na *f*.

hiss [hɪs] ❖ n **1.** [of person] bisbiseo *m*, siseo *m* **2.** [of steam, gas, snake] silbido *m*. ❖ vi **1.** [person] bisbisear, sisear ; [to express disapproval] silbar, abuchear **2.** [steam, gas, snake] silbar.

hissy ['hɪsɪ] *inf* ❖ n rabieta *f*. ❖ adj ▶ **to have a hissy fit** coger OR agarrar **AM** una rabieta.

historian [hɪ'stɔːrɪən] n historiador *m*, -ra *f*.

historic [hɪ'stɒrɪk] adj [significant] histórico(ca).

historical [hɪ'stɒrɪkəl] adj histórico(ca).

history ['hɪstərɪ] ❖ n **1.** [gen] historia *f* **2.** [past record & COMPUT] historial *m*. ❖ comp [book, teacher, programme] de historia.

hit [hɪt] ❖ n **1.** [blow] golpe *m* **2.** [successful strike] impacto *m* **3.** [success, record] éxito *m* **4.** COMPUT visita *f*. ❖ comp de éxito. ❖ vt (*pt & pp* hit) **1.** [subj: person] pegar, golpear **2.** [crash into] chocar contra OR con **3.** [reach] alcanzar ; [bull's-eye] dar en **4.** [affect badly] afectar **5.** [occur to] ▶ **the solution hit me** se me ocurrió la solución. ◆ **hit back** vi ▶ **to hit back (at sb)** devolver la pelota (a alguien) ▶ **to hit back (at sthg)** responder (a algo). ◆ **hit on** vt insep **1.** = hit upon **2.** **US** *inf* [chat up] ligar con. ◆ **hit out** vi ▶ **to hit out at** a) [physically] tratar de golpear b) [criticize] condenar. ◆ **hit upon, hit on** vt insep [think of] dar con.

hit-and-miss = hit-or-miss.

hit-and-run adj [driver] que se da a la fuga después de causar un accidente ; [accident] en que el conductor se da a la fuga.

hitch [hɪtʃ] ❖ n [problem, snag] problema *m*, pega *f*. ❖ vt **1.** [catch] ▶ **to hitch a lift** conseguir que le lleven a uno en coche **2.** [fasten] ▶ **to hitch sthg on** OR **onto sthg** enganchar algo a algo. ❖ vi [hitchhike] hacer autoestop. ◆ **hitch up** vt sep [clothes] subirse.

hitchhike ['hɪtʃhaɪk] vi hacer autoestop.

hitchhiker ['hɪtʃhaɪkər] n autoestopista *mf*.

hi-tech [,haɪ'tek] = high tech.

hitherto [,hɪðə'tuː] adv *fml* hasta ahora.

hit-or-miss, hit-and-miss adj azaroso(sa).

HIV (*abbr of* human immunodeficiency virus) n VIH *m* ▶ **to be HIV-positive** ser seropositivo(va).

hive [haɪv] n [for bees] colmena *f* ▶ **a hive of activity** un enjambre, un centro de actividad. ◆ **hive off** vt sep [separate] transferir.

HNC (*abbr of* Higher National Certificate) n diploma técnico en Gran Bretaña.

HND (*abbr of* Higher National Diploma) n diploma técnico superior en Gran Bretaña.

hoard [hɔːd] ❖ n [store] acopio *m*. ❖ vt [collect, save] acumular ; [food] acaparar.

hoarding ['hɔːdɪŋ] n **UK** [for advertisements, posters] valla *f* publicitaria.

hoarfrost ['hɔːfrɒst] n escarcha *f*.

hoarse [hɔːs] adj **1.** [voice] ronco(ca) **2.** [person] afónico(ca).

hoax [həʊks] n engaño *m* ▶ **hoax call** falsa alarma telefónica.

hob [hɒb] n **UK** [on cooker] encimera *f*.

hobble ['hɒbl] vi [limp] cojear. ◆ **hobble along** vi arreglárselas.

hobby ['hɒbɪ] n [leisure activity] hobby *m*, afición *f*.

hobbyhorse ['hɒbɪhɔːs] n **1.** [toy] caballo *m* de juguete **2.** [favourite topic] caballo *m* de batalla.

hobo ['həʊbəʊ] (*pl* -es *or* -s) n **US** [tramp] vagabundo *m*, -da *f*.

hockey ['hɒkɪ] n **1.** [on grass] ▶ (field) hockey **US** hockey *m* sobre hierba **2.** **US** [ice hockey] hockey *m* sobre hielo.

hockey mum n **US** madre que dedica gran parte de su tiempo a llevar a sus hijos a jugar al hockey sobre hielo.

hoe [həʊ] ❖ n azada *f*. ❖ vt remover con la azada.

hog [hɒg] ❖ n **US** [pig] cerdo *m*, puerco *m* ▶ **to go the whole hog** *fig* tirar la casa por la ventana. ❖ vt *inf* [monopolize] acaparar.

Hogmanay ['hɒgməneɪ] n denominación escocesa de la Nochevieja.

ho-hum [həʊ'hʌm] adj **US** *inf* **1.** [mediocre] mediocre / *it's a pretty ho-hum affair* un asunto bastante mediocre **2.** [unenthusiastic] poco entusiasta / *I was pretty ho-hum about it* no me emocionaba el tema.

hoist [hɔɪst] ❖ n [pulley, crane] grúa *f* ; [lift] montacargas *m inv*. ❖ vt izar.

hold [həʊld] ❖ vt (*pt & pp* held) **1.** [have hold of] tener cogido(da) **2.** [keep in position] sujetar **3.** [sustain, support] sostener, aguantar **4.** [embrace] abrazar **5.** [as prisoner] detener **6.** [keep] guardar **7.** [maintain - interest etc] mantener **8.** [have, possess] poseer **9.** [contain - gen] contener ; [- number of people] tener cabida para ; [- fears, promise etc] guardar **10.** [conduct, stage - event] celebrar ; [- conversation] mantener ; [- inquiry] realizar **11.** *fml* [consider] considerar ▶ **to hold sthg dear** apreciar mucho algo **12.** [on telephone] ▶ **please hold the line** no le cuelgue por favor **13.** MIL ocupar, tener ▶ **hold it** OR **everything!** ¡para!, ¡espera! ▶ **to hold one's own** defenderse. ❖ vi (*pt & pp* held) **1.** [luck, weather] continuar así ; [promise, offer] seguir en pie ▶ **to hold still**

OR **steady** estarse quieto **2.** [on phone] esperar. ❖ n **1.** [grasp, grip] : *to have a firm hold on sthg* tener algo bien agarrado ▸ **to take** OR **lay hold of sthg** agarrar algo ▸ **to get hold of sthg** [obtain] hacerse con algo **2.** [of ship, aircraft] bodega *f* **3.** [control, influence] dominio *m*. ◆ **hold back** vt sep **1.** [tears, anger] contener, reprimir **2.** [secret] ocultar. ◆ **hold down** vt sep [job] conservar. ◆ **hold off** vt sep [fend off] rechazar. ◆ **hold on** vi **1.** [wait] esperar ; [on phone] no colgar **2.** [grip] ▸ **to hold on (to sthg)** agarrarse (a algo). ◆ **hold out** ❖ vt sep [hand] tender ; [arms] extender. ❖ vi [last] durar. ◆ **hold up** ❖ vt sep **1.** [raise] levantar, alzar **2.** [delay] retrasar. ❖ vi [theory, facts] tenerse en pie.

holdall ['həʊldɔːl] n 🇬🇧 bolsa *f* de viaje.

holder ['həʊldər] n **1.** [container] soporte *m* ; [for candle] candelero *m* ; [for cigarette] boquilla *f* **2.** [owner] titular *mf* ▸ **account holder** titular *mf* ; [of ticket, record, title] poseedor *m*, -ra *f*.

holding ['həʊldɪŋ] n **1.** [investment] participación *f* **2.** [farm] propiedad *f*, terreno *m* de cultivo.

holdup ['həʊldʌp] n **1.** [delay] retraso *m* **2.** [robbery] atraco *m* a mano armada.

hole [həʊl] n **1.** [gen] agujero *m* ; [in ground, road etc] hoyo *m* ; [of animal] madriguera *f* **2.** [in golf] hoyo *m* **3.** [horrible place] cuchitril *m*.

holiday ['hɒlɪdeɪ] n **1.** [vacation] vacaciones *fpl* ▸ **holiday let** alquiler *m* de vacaciones ▸ **to be / go on holiday** estar / ir de vacaciones **2.** [public holiday] fiesta *f*, día *m* festivo. ◆ **holidays** n 🇺🇸 : *the holidays* las fiestas OR vacaciones (de Navidad) / *happy holidays!* ¡felices fiestas!

holiday camp n 🇬🇧 colonia *f* veraniega.

holiday home n 🇬🇧 casa *f* para las vacaciones.

holidaymaker ['hɒlɪdeɪ,meɪkər] n 🇬🇧 turista *mf*.

holistic [həʊ'lɪstɪk] adj holístico(ca).

Holland ['hɒlənd] n Holanda.

holler ['hɒlər] vt & vi 🇺🇸 *inf* gritar.

hollow ['hɒləʊ] ❖ adj **1.** [not solid] hueco(ca) **2.** [cheeks, eyes] hundido(da) **3.** [resonant] sonoro(ra), resonante **4.** [false, meaningless] vano(na) ; [laugh] falso(sa). ❖ n hueco *m* ; [in ground] depresión *f*, hondonada *f*. ◆ **hollow out** vt sep **1.** [make hollow] dejar hueco(ca) **2.** [make by hollowing] hacer ahuecando.

holly ['hɒlɪ] n acebo *m*.

holocaust ['hɒləkɔːst] n holocausto *m*. ◆ **Holocaust** n ▸ **the Holocaust** el Holocausto.

holster ['həʊlstər] n pistolera *f*.

holy ['həʊlɪ] adj **1.** [sacred] sagrado(da) ; [water] bendito(ta) **2.** [pure and good] santo(ta).

Holy Ghost n : *the Holy Ghost* el Espíritu Santo.

Holy Spirit n ▸ **the Holy Spirit** el Espíritu Santo.

homage ['hɒmɪdʒ] n (U) *fml* homenaje *m* ▸ **to pay homage to** rendir homenaje a.

home [həʊm] ❖ n **1.** [house, flat] casa *f* ▸ **away from home** [not in & SPORT] fuera de casa ▸ **to make one's home somewhere** establecerse en algún sitio ▸ **it's a home from home** 🇬🇧 OR **home away from home** 🇺🇸 me siento como en mi propia casa **2.** [own country] tierra *f* ; [own city] ciudad *f* natal **3.** [family] hogar *m* ▸ **to leave home** independizarse, irse de casa **4.** [place of origin] cuna *f* **5.** [institution] residencia *f*. ❖ adj **1.** [not foreign] nacional **2.** [in one's own home - cooking] casero(ra) ; [- life] familiar ; [- improvements] en la casa ; [- delivery] a domicilio **3.** SPORT de casa. ❖ adv [to one's house] a casa ; [at one's house] en casa. ◆ **at home** adv **1.** [in one's house, flat] en casa **2.** [comfortable] ▸ **to be home (with)** a gusto (con) ▸ **to make o.s. at home** acomodarse ▸ **make yourself at home** estás en tu casa **3.** [in one's own country] en mi país. ◆ **home in** vi ▸ **to home in on sthg a)** dirigirse hacia algo **b)** *fig* centrarse en algo.

home address n domicilio *m* particular.

home brew n [beer] cerveza *f* casera.

home computer n ordenador *m* doméstico.

home economics n (U) economía *f* doméstica.

home help n 🇬🇧 *asistente empleado por el ayuntamiento para ayudar en las tareas domésticas a enfermos y ancianos.*

homeland ['həʊmlænd] n **1.** [country of birth] tierra *f* natal, patria *f* **2.** [in South Africa] homeland *m* ; *territorio donde se confinaba a la población negra.*

homeless ['həʊmlɪs] adj sin hogar.

homely ['həʊmlɪ] adj **1.** [simple] sencillo(lla) **2.** [unattractive] feúcho(cha).

homemade [,həʊm'meɪd] adj [food] casero(ra) ; [clothes] de fabricación casera.

Home Office n 🇬🇧 ▸ **the Home Office** el Ministerio del Interior británico.

homeopathy [,həʊmɪ'ɒpəθɪ] n homeopatía *f*.

home page n [on Internet] página *f* inicial OR de inicio.

homeschooling ['həʊm,skuːlɪŋ] n 🇺🇸 SCH educación *f* en casa.

Home Secretary n 🇬🇧 ▸ **the Home Secretary** el Ministro del Interior británico.

homesick ['həʊmsɪk] adj nostálgico(ca) ▸ **to be homesick** tener morriña.

hometown ['həʊmtaʊn] n pueblo *m* /ciudad *f* natal.

homeward ['həʊmwəd] ❖ adj de regreso OR vuelta (a casa). ❖ adv = **homewards**.

homewards ['həʊmwədz], **homeward** adv hacia casa.

homeware ['həʊmweəʳ] n artículos mpl para el hogar.

homework ['həʊmwɜːk] n (U) lit & fig deberes mpl.

homeworking ['həʊm,wɜːkɪŋ] n trabajo m en casa.

homey, homy ['həʊmi] US ⬩ adj confortable, agradable. ⬩ n inf [friend] amiguete m, -ta f.

homicide ['hɒmɪsaɪd] n homicidio m.

homogeneous [,hɒmə'dʒiːnjəs] adj homogéneo(a).

homosexual [,hɒmə'sekʃʊəl] ⬩ adj homosexual. ⬩ n homosexual mf.

homy = homey.

honcho ['hɒntʃəʊ] n US inf [boss] jefe m.

Honduran [hɒn'djʊərən] ⬩ adj hondureño(ña). ⬩ n hondureño m, -ña f.

Honduras [hɒn'djʊərəs] n Honduras.

hone [həʊn] vt 1. [sharpen] afilar 2. [develop, refine] afinar.

honest ['ɒnɪst] ⬩ adj 1. [trustworthy, legal] honrado(da) 2. [frank] franco(ca), sincero(ra) ▶ to be honest... si he de serte franco... ⬩ adv inf = honestly.

honestly ['ɒnɪstlɪ] ⬩ adv 1. [truthfully] honradamente 2. [expressing sincerity] de verdad, en serio. ⬩ excl [expressing impatience, disapproval] ¡será posible!

honesty ['ɒnɪstɪ] n 1. [trustworthiness] honradez f 2. [frankness] sinceridad f ▶ in all honesty... si he de serte franco...

honey ['hʌnɪ] n 1. [food] miel f 2. US [form of address] cielo m, mi vida f.

honeycomb ['hʌnɪkəʊm] n panal m.

honeymoon ['hʌnɪmuːn] n luna f de miel; fig periodo m idílico.

honeysuckle ['hʌnɪ,sʌkl] n madreselva f.

Hong Kong [,hɒŋ'kɒŋ] n Hong Kong.

honk [hɒŋk] ⬩ vi 1. [motorist] tocar el claxon 2. [goose] graznar. ⬩ vt tocar.

honking ['hɒŋkɪŋ] adj inf 1. [huge] enorme / he's bought a honking great plasma screen ha comprado una pantalla de plasma enorme 2. [brilliant] enorme / that's a honking great idea es una idea enorme.

honor US = honour.

honorary [UK 'ɒnərərɪ, US ɒnə'reərɪ] adj 1. [given as an honour] honorario(ria) 2. [unpaid] honorífico(ca).

honour UK, **honor** US ['ɒnəʳ] ⬩ n 1. [gen] honor m, honra f ▶ in honour of en honor de 2. [source of pride - person] honra f. ⬩ vt 1. [promise, agreement] cumplir; [debt] satisfacer; [cheque] pagar, aceptar 2. fml [bring honour to] honrar. ◆ **honours** pl n 1. [tokens of respect] honores mpl 2. UK UNIV ▶ honours degree li-

cenciatura de cuatro años necesaria para acceder a un máster.

honourable UK, **honorable** US ['ɒnrəbl] adj 1. [proper] honroso(sa) 2. [morally upright] honorable.

hood [hʊd] n 1. [on cloak, jacket] capucha f 2. [of pram, convertible car] capota f; [of cooker] campana f 3. US [car bonnet] capó m.

hoodlum ['huːdləm] n US inf matón m.

hoof [huːf, hʊf] (pl -s or **hooves**) n [of horse] casco m; [of cow etc] pezuña f.

hook [hʊk] ⬩ n 1. [gen] gancho m ▶ off the hook [phone] descolgado(da) 2. [for catching fish] anzuelo m 3. [fastener] corchete m. ⬩ vt 1. [attach with hook] enganchar 2. [fish] pescar, coger. ◆ **hook up** vt sep ▶ to hook sthg up to sthg conectar algo a algo / to hook with sb reunirse or juntarse con alguien, ligar con alguien.

hooked [hʊkt] adj 1. [nose] aguileño(ña) 2. inf [addicted] ▶ to be hooked (on) estar enganchado(da) (a).

hook(e)y ['hʊkɪ] n US inf ▶ to play hookey hacer novillos.

hooligan ['huːlɪgən] n gamberro m.

hoop [huːp] n aro m.

hooray [hʊ'reɪ] = hurray.

hoot [huːt] ⬩ n [of owl] grito m, ululato m; [of horn] bocinazo m ▶ a hoot of laughter una carcajada. ⬩ vi [owl] ulular; [horn] sonar ▶ to hoot with laughter reírse a carcajadas. ⬩ vt tocar.

hooter ['huːtəʳ] n [horn] claxon® m, bocina f.

Hoover® ['huːvəʳ] n UK aspiradora f. ◆ **hoover** vt pasar la aspiradora por.

hooves [huːvz] pl n ⟶ hoof.

hop [hɒp] vi 1. [person] saltar a la pata coja 2. [bird etc] dar saltitos 3. [move nimbly] ponerse de un brinco. ◆ **hops** pl n lúpulo m.

hope [həʊp] ⬩ vi ▶ to hope (for sthg) esperar (algo). ⬩ vt ▶ to hope (that) esperar que. ⬩ n esperanza f ▶ in the hope of con la esperanza de ▶ to raise sb's hopes dar esperanzas a alguien.

hopeful ['həʊpfʊl] adj 1. [optimistic] optimista ▶ to be hopeful of sthg / of doing sthg tener esperanzas de algo / hacer algo 2. [promising] prometedor(ra).

hopefully ['həʊpfəlɪ] adv 1. [in a hopeful way] esperanzadamente 2. [with luck] con suerte ▶ hopefully not espero que no.

hopeless ['həʊplɪs] adj 1. [despairing] desesperado(da) 2. [impossible] imposible 3. inf [useless] inútil.

hopelessly ['həʊplɪslɪ] adv 1. [despairingly] desesperadamente 2. [completely] totalmente.

horde [hɔːd] n horda f.

horizon [hə'raɪzn] n [of sky] horizonte m ▸ **on the horizon** a) en el horizonte b) *fig* a la vuelta de la esquina.

horizontal [ˌhɒrɪ'zɒntl] adj horizontal.

hormone ['hɔːməʊn] n hormona f.

horn [hɔːn] n **1.** [of animal] cuerno m **2.** MUS [instrument] trompa f **3.** [on car] claxon® m, bocina f; [on ship] sirena f **4.** US inf [telephone] teléfono m.

hornet ['hɔːnɪt] n avispón m.

horny ['hɔːnɪ] adj **1.** [scale, body, armour] córneo(a); [hand] calloso(sa) **2.** v inf [sexually excited] cachondo(da), caliente.

horoscope ['hɒrəskəʊp] n horóscopo m.

horrendous [hɒ'rendəs] adj horrendo(da).

horrible ['hɒrəbl] adj **1.** [gen] horrible **2.** [nasty, mean] malo(la).

horrid ['hɒrɪd] adj UK [person] antipático(ca); [idea, place] horroroso(sa).

horrific [hɒ'rɪfɪk] adj horrendo(da).

horrify ['hɒrɪfaɪ] vt horrorizar.

horror ['hɒrə] n horror m ▸ **to have a horror of sthg** tener horror a algo.

horror film n película f de terror OR de miedo.

hors d'oeuvre [ɔː'dɜːvr] (pl **hors d'oeuvres** [ɔː'dɜːvr]) n entremeses mpl.

horse [hɔːs] n [animal] caballo m ▸ **to get on one's high horse** inf & fig echar un sermón.

horseback ['hɔːsbæk] ❖ adj ▸ **horseback riding** equitación f. ❖ n ▸ **on horseback** a caballo.

horse chestnut n [nut] castaña f de Indias ▸ **horse chestnut (tree)** castaño m de Indias.

horseman ['hɔːsmən] (pl -men) n jinete m.

horsepower ['hɔːsˌpaʊər] n (U) caballos mpl de vapor.

horse racing n (U) carreras fpl de caballos.

horseradish ['hɔːsˌrædɪʃ] n rábano m silvestre.

horserider ['hɔːsraɪdər] n US jinete m, amazona f.

horse riding n equitación f ▸ **to go horse riding** montar a caballo.

horseshoe ['hɔːsʃuː] n herradura f.

horsewoman ['hɔːsˌwʊmən] (pl -women) n amazona f.

horticulture ['hɔːtɪkʌltʃə'] n horticultura f.

hose [həʊz] n [hosepipe] manguera f.

hosepipe ['həʊzpaɪp] n manguera f.

hosiery ['həʊzɪərɪ] n (U) medias fpl y calcetines m.

hospice ['hɒspɪs] n hospital m para enfermos terminales.

hospitable [hɒ'spɪtəbl] adj hospitalario(ria).

hospital ['hɒspɪtl] n hospital m.

hospitality [ˌhɒspɪ'tælətɪ] n hospitalidad f.

host [həʊst] ❖ n **1.** [person, place, organization] anfitrión m, -ona f **2.** [compere] presenta-

dor m, -ra f **3.** liter [large number] ▸ **a host of** una multitud de **4.** RELIG hostia f **5.** COMPUT host m, anfitrión m. ❖ vt **1.** [show] presentar; [event] ser el anfitrión de **2.** COMPUT albergar, hospedar.

hostage ['hɒstɪdʒ] n rehén m ▸ **to be taken / held hostage** ser cogido(da)/mantenido(da) como rehén.

hostel ['hɒstl] n albergue m.

hostess ['həʊstes] n **1.** [at party] anfitriona f **2.** [in club etc] chica f de alterne.

host family n familia f de acogida.

hostile [UK 'hɒstaɪl, US 'hɒstl] adj **1.** [antagonistic, enemy] ▸ **hostile (to)** hostil (hacia) **2.** [unfavourable] adverso(sa).

hostility [hɒ'stɪlətɪ] n [antagonism] hostilidad f. ❖ **hostilities** pl n hostilidades fpl.

hosting ['həʊstɪŋ] n COMPUT [of web site] alojamiento m, hosting m ▸ **hosting charge** costes mpl de alojamiento.

hot [hɒt] adj **1.** [gen] caliente ▸ **I'm hot** tengo calor **2.** [weather, climate] caluroso(sa) ▸ **it's (very) hot** hace (mucho) calor **3.** [spicy] picante, picoso(sa) Méx **4.** inf [expert] ▸ **hot on OR at** experto(ta) en **5.** [recent] caliente, último(ma) **6.** [temper] vivo(va). ❖ **hot up** vi inf animarse, calentarse.

hot-air balloon n aeróstato m, globo m.

hotbed ['hɒtbed] n semillero m.

hotcake ['hɒtkeɪk] n US crepe f, panqueque m, tortita f Esp.

hot-cross bun n bollo a base de especias y pasas con una cruz dibujada en una cara que se come en Semana Santa.

hot dog n perrito m caliente.

hotel [həʊ'tel] n hotel m.

hot flush UK, **hot flash** US n sofoco m.

hotheaded [ˌhɒt'hedɪd] adj irreflexivo(va).

hothouse ['hɒthaʊs] (pl -hauzɪz]) n [greenhouse] invernadero m.

hot line n **1.** [for information, help etc] línea f directa **2.** [for politician] teléfono m rojo.

hotly ['hɒtlɪ] adv **1.** [passionately] acaloradamente **2.** [closely] ▸ **we were hotly pursued** nos pisaban los talones.

hotplate ['hɒtpleɪt] n **1.** [for cooking] placa f **2.** [for keeping food warm] calientaplatos m inv.

hot-tempered adj iracundo(da).

hot-water bottle n bolsa f de agua caliente.

hound [haʊnd] ❖ n [dog] perro m de caza, sabueso m. ❖ vt **1.** [persecute] acosar **2.** [drive] ▸ **to hound sb out (of somewhere)** conseguir echar a alguien (de algún sitio) acosándolo.

hour ['aʊər] n **1.** [gen] hora f ▸ **half an hour** media hora ▸ **70 miles per OR an hour** 70 millas por hora ▸ **to pay by the hour** pagar por horas ▸ **on the hour** a la hora en punto cada hora **2.** liter [important time] momento *m*. ◆ **hours** pl n [of business] horas *fpl*.

hourly ['auəlɪ] adj & adv **1.** [every hour] cada hora **2.** [per hour] por hora.

house ◆ n [haus] (*pl* ['hauzɪz]) **1.** [gen] casa *f* ▸ **it's on the house** la casa invita, es cortesía de la casa ▸ **to put** OR **set one's house in order** poner las cosas en orden **2.** POL cámara *f* **3.** [in theatre] audiencia *f* ▸ **to bring the house down** *inf* ser un exitazo, ser muy aplaudido(da). ◆ vt [hauz] [person, family] alojar; [department, library, office] albergar. ◆ adj **1.** [within business] de la empresa **2.** [wine] de la casa.

house arrest n ▸ **under house arrest** bajo arresto domiciliario.

houseboat ['hausbəut] n casa *f* flotante.

housebound ['hausbaund] adj confinado(da) en casa.

housebreaking ['haus,breɪkɪŋ] n allanamiento *m* de morada.

housecoat ['hauskəut] n bata *f*.

household ['haushəuld] ◆ adj **1.** [domestic] doméstico(ca), de la casa **2.** [word, name] conocido(da) por todos. ◆ n hogar *m*.

housekeeper ['haus,ki:pər] n ama *f* de llaves.

housekeeping ['haus,ki:pɪŋ] n (*U*) **1.** [work] quehaceres *mpl* domésticos **2.** ▸ **housekeeping (money)** dinero *m* para los gastos de la casa.

house music n música *f* house.

House of Commons n UK ▸ **the House of Commons** la Cámara de los Comunes.

House of Lords n UK ▸ **the House of Lords** la Cámara de los Lores.

House of Representatives n US ▸ **the House of Representatives** la Cámara de los Representantes.

houseplant ['hauspla:nt] n planta *f* interior.

house-sitter n *persona que cuida una casa en ausencia de sus ocupantes.*

Houses of Parliament n ▸ **the Houses of Parliament** el Parlamento británico.

house-train vt UK enseñar dónde hacer sus necesidades a *(perro, gato)*.

housewarming (party) ['haus,wɔ:mɪŋ-] n fiesta *f* de inauguración de una casa.

housewife ['hauswaɪf] (*pl* -wives) n ama *f* de casa.

housework ['hauswɜ:k] n (*U*) quehaceres *mpl* domésticos.

housing ['hauzɪŋ] n [houses] vivienda *f*; [act of accommodating] alojamiento *m*.

housing association n UK cooperativa *f* de viviendas.

housing benefit n (*U*) subsidio estatal para *ayudar al pago del alquiler y de otros gastos.*

housing development n urbanización *f*.

housing estate UK, **housing project** US n *urbanización de protección oficial*; ≃ fraccionamiento *m* Méx.

hovel ['hɒvl] n casucha *f*, tugurio *m*.

hover ['hɒvər] vi [fly] cernerse.

hovercraft ['hɒvəkra:ft] (*pl inv* or -s) n aerodeslizador *m*.

how [hau] adv **1.** [gen] cómo / **how do you do it?** ¿cómo se hace? / **I found out how he did it** averigüé cómo lo hizo ▸ **how are you?** ¿cómo estás? ▸ **how do you do?** mucho gusto **2.** [referring to degree, amount] : **how high is it?** ¿cuánto mide de alto OR de altura? / **he asked how high it was** preguntó cuánto medía de alto / **how expensive is it?** ¿qué precio tiene?, ¿es muy caro? / **how far is it to Paris?** ¿a qué distancia está París de aquí? / **how long have you been waiting?** ¿cuánto llevas esperando? / **how many people came?** ¿cuánta gente vino? / **how many days?** ¿cuántos días? / **how many nights?** ¿cuántas noches? ▸ **how old are you?** ¿qué edad OR cuántos años tienes? / **how nice/awful!** ¡qué bonito/horrible! / **how I hate doing it!** ¡cómo OR cuánto odio tener que hacerlo! ◆ **how about** adv : **how about a drink?** ¿qué tal una copa? / **how about you?** ¿qué te parece?, ¿y tú? ◆ **how much** ◆ pron cuánto(ta) / **how much does it cost?** ¿cuánto cuesta? ◆ adj cuánto(ta) / **how much bread?** ¿cuánto pan?

however [hau'evər] ◆ adv **1.** [nevertheless] sin embargo, no obstante **2.** [no matter how] : **however difficult it may be** por (muy) difícil que sea ▸ **however many times** OR **much I told her** por mucho que se lo dijera **3.** [how] cómo / **however did you know?** ¿cómo lo sabías? ◆ conj comoquiera que / **however you want** como quieras.

howl [haul] ◆ n **1.** [of animal] aullido *m* **2.** [of person - in pain, anger] alarido *m*, grito *m* / **a howl of laughter** una carcajada. ◆ vi **1.** [animal] aullar **2.** [person - in pain, anger] gritar / **to howl with laughter** reírse a carcajadas **3.** [wind] bramar.

hp (*abbr of* horsepower) CV *m*, CV *m*.

HP n **1.** (*written abbr of* hire purchase) UK : **to buy sthg on HP** comprar algo a plazos **2.** = **hp**.

HQ n *abbr of* headquarters.

HR n (*abbr of* human resources) n RRHH *(recursos humanos)*.

HTML (*abbr of* hypertext markup language) n COMPUT HTML *m*.

hub [hʌb] n **1.** [of wheel] cubo *m* **2.** [of activity] centro *m*, eje *m*.

hubbub ['hʌbʌb] n alboroto *m*.

hubcap ['hʌbkæp] n tapacubos *m inv*.

huddle ['hʌdl] vi **1.** [crouch, curl up] acurrucarse **2.** [cluster] apretarse unos contra otros, apiñarse.

hue [hju:] n **1.** [shade] tono m, matiz m **2.** [colour] color m.

huff [hʌf] n ▶ **in a huff** mosqueado(da).

hug [hʌg] ❖ n abrazo m ▶ **free hugs** abrazos mpl gratis. ❖ vt **1.** [embrace, hold] abrazar ▶ **to hug sthg to o.s.** abrazar algo fuertemente **2.** [stay close to] ceñirse OR ir pegado a.

huge [hju:dʒ] adj enorme.

hulk [hʌlk] n **1.** [of ship] casco m abandonado **2.** [person] tiarrón m, -ona f.

hull [hʌl] n casco m.

hullo [hə'ləʊ] = **hello.**

hum [hʌm] ❖ vi **1.** [buzz] zumbar **2.** [sing] canturrear, tararear **3.** [be busy] bullir, hervir. ❖ vt tararear, canturrear.

human ['hju:mən] ❖ adj humano(na). ❖ n ▶ **human (being)** ser m) humano.

humane [hju:'meɪn] adj humano(na).

humanitarian [hju:,mænɪ'teərɪən] adj humanitario(ria).

humanity [hju:'mænətɪ] n humanidad f. ◆ **humanities** pl n ▶ **the humanities** las humanidades.

human race n ▶ **the human race** la raza humana.

human rights pl n derechos mpl humanos.

humble ['hʌmbl] ❖ adj humilde. ❖ vt fml humillar.

humbug ['hʌmbʌg] n **1.** (U) dated [hypocrisy] farsa f, hipocresía f **2.** UK [sweet] caramelo m de menta.

humdrum ['hʌmdrʌm] adj rutinario(ria), aburrido(da).

humid ['hju:mɪd] adj húmedo(da).

humidity [hju:'mɪdətɪ] n humedad f.

humiliate [hju:'mɪlɪeɪt] vt humillar.

humiliation [hju:,mɪlɪ'eɪʃn] n humillación f.

humility [hju:'mɪlətɪ] n humildad f.

humongous [hju:'mʌŋgəs] adj US inf enorme.

humor US = **humour.**

humorous ['hju:mərəs] adj **1.** [remark, situation] gracioso(sa) **2.** [play, publication] humorístico(ca).

humour UK, **humor** US ['hju:mər] ❖ n **1.** [sense of fun, mood] humor m ▶ **in good / bad humour** fml de buen / mal humor **2.** [funny side] gracia f. ❖ vt complacer.

hump [hʌmp] n **1.** [hill] montículo m **2.** [on back] joroba f, giba f.

humpbacked bridge ['hʌmpbækt-] n puente m peraltado.

hunch [hʌntʃ] ❖ n inf presentimiento m. ❖ vt encorvar.

hunchback ['hʌntʃbæk] n jorobado m, -da f.

hunched [hʌntʃt] adj encorvado(da).

hundred ['hʌndrəd] num cien ▶ **a** OR **one hundred** cien ▶ **a** OR **one hundred and eighty** ciento ochenta ▶ **three hundred** trescientos ▶ **five hundred** quinientos. See also **six.** ◆ **hundreds** pl n centenares mpl.

hundredth ['hʌndrətθ] ❖ num adj centésimo(ma). ❖ num n [fraction] centésimo m ▶ **a hundredth of a second** una centésima. See also **sixth.**

hundredweight ['hʌndrədweɪt] n [in UK] = 50,8 kg ; [in US] = 45,3 kg.

hung [hʌŋ] pt & pp ⟶ **hang.**

Hungarian [hʌŋ'geərɪən] ❖ adj húngaro(ra). ❖ n **1.** [person] húngaro m, -ra f **2.** [language] húngaro m.

Hungary ['hʌŋgərɪ] n Hungría.

hunger ['hʌŋgər] n **1.** [for food] hambre f **2.** liter [for change, knowledge etc] sed f. ◆ **hunger after, hunger for** vt insep liter anhelar, ansiar.

hunger strike n huelga f de hambre.

hung over adj inf : **to be hung over** tener resaca.

hungry ['hʌŋgrɪ] adj [for food] hambriento(ta) ▶ **to be / go hungry** tener / pasar hambre.

hung up adj inf acomplejado(da).

hunk [hʌŋk] n **1.** [large piece] pedazo m, trozo m **2.** inf [attractive man] tío m bueno, macizo m.

hunt [hʌnt] ❖ n **1.** [of animals, birds] caza f ; UK [foxhunting party] partida f de caza **2.** [for person, clue etc] busca f, búsqueda f. ❖ vi **1.** [for animals, birds] cazar. ❖ vt **1.** [animals, birds] cazar **2.** [person] perseguir. ◆ **hunt down** vt sep atrapar.

hunter ['hʌntər] n [of animals, birds] cazador m, -ra f.

hunting ['hʌntɪŋ] n **1.** [of animals] caza f ▶ **to go hunting** ir de caza OR cacería **2.** UK [of foxes] caza f del zorro.

hurdle ['hɜːdl] ❖ n **1.** [in race] valla f **2.** [obstacle] obstáculo m. ❖ vt saltar.

hurl [hɜːl] vt **1.** [throw] lanzar, arrojar **2.** [shout] proferir, soltar.

hurrah [hʊ'rɑː], **hurray, hooray** [hʊ'reɪ] excl ¡hurra! / **hurrah for John!** ¡viva John!

hurricane ['hʌrɪkən] n huracán m.

hurried ['hʌrɪd] adj [hasty] apresurado(da).

hurriedly ['hʌrɪdlɪ] adv apresuradamente.

hurry ['hʌrɪ] ❖ n prisa f ▶ **to be in a hurry** tener prisa ▶ **to be in no hurry to do sthg** [unwilling] no tener ningunas ganas de hacer algo. ❖ vt [person] meter prisa a ; [work, speech] apresurar. ❖ vi ▶ **to hurry (to do sthg)** apresurarse (a hacer algo). ◆ **hurry up** vi darse prisa.

hurt [hɜːt] ❖ vt (pt & pp hurt) **1.** [physically - person] hacer daño a ; [- one's leg, arm] hacerse daño en ▸ **nobody was hurt** nadie resultó herido ▸ **to hurt o.s.** hacerse daño **2.** [emotionally] herir **3.** [harm] perjudicar. ❖ vi (*pt & pp* **hurt**) **1.** [gen] doler / *my head hurts* me duele la cabeza **2.** [cause physical pain, do harm] hacer daño. ❖ adj **1.** [injured] herido(da) **2.** [offended] dolido(da) ; [feelings] herido(da).

hurtful ['hɜːtfʊl] adj hiriente.

hurtle ['hɜːtl] vi : *to hurtle past* pasar como un rayo.

husband ['hʌzbənd] n marido *m*.

hush [hʌʃ] ❖ n silencio *m*. ❖ excl ¡silencio!, ¡a callar!

husk [hʌsk] n [of seed, grain] cáscara *f*.

husky ['hʌski] ❖ adj [hoarse] ronco(ca). ❖ n husky *m*, perro *m* esquimal.

hustle ['hʌsl] ❖ vt [hurry] meter prisa a. ❖ n ▸ **hustle (and bustle)** bullicio *m*, ajetreo *m*.

hustler ['hʌslər] n *inf* [swindler] estafador *m*, -ra *f*.

hut [hʌt] n **1.** [rough house] cabaña *f*, choza *f* **2.** [shed] cobertizo *m*.

hutch [hʌtʃ] n conejera *f*.

huzzah [hə'zɑː] interj ¡hurra!

hyacinth ['haɪəsɪnθ] n jacinto *m*.

hybrid ['haɪbrɪd] ❖ adj híbrido(da). ❖ n híbrido *m*.

hydrant ['haɪdrənt] n boca *f* de riego ; [for fire] boca *f* de incendio.

hydraulic [haɪ'drɔːlɪk] adj hidráulico(ca).

hydroelectric [ˌhaɪdrəʊ'lektrɪk] adj hidroeléctrico(ca).

hydrofoil ['haɪdrəfɔɪl] n embarcación *f* con hidroala.

hydrogen ['haɪdrədʒən] n hidrógeno *m*.

hyena [haɪ'iːnə] n hiena *f*.

hygiene ['haɪdʒiːn] n higiene *f*.

hygienic [haɪ'dʒiːnɪk] adj higiénico(ca).

hymn [hɪm] n himno *m*.

hype [haɪp] *inf* n bombo *m*, publicidad *f* exagerada.

hyperactive [ˌhaɪpər'æktɪv] adj hiperactivo(va).

hyperlink ['haɪpəˌlɪŋk] n COMPUT hiperenlace *m*.

hypermarket ['haɪpəˌmɑːkɪt] n hipermercado *m*.

hyphen ['haɪfn] n guión *m*.

hypnosis [hɪp'nəʊsɪs] n hipnosis *f inv*.

hypnotic [hɪp'nɒtɪk] adj hipnótico(ca).

hypnotize, hypnotise ['hɪpnətaɪz] vt hipnotizar.

hypochondriac [ˌhaɪpə'kɒndriæk] n hipocondríaco *m*, -ca *f*.

hypocrisy [hɪ'pɒkrəsɪ] n hipocresía *f*.

hypocrite ['hɪpəkrɪt] n hipócrita *mf*.

hypocritical [ˌhɪpə'krɪtɪkl] adj hipócrita.

hypothesis [haɪ'pɒθɪsɪs] (*pl* **-theses**) n hipótesis *f inv*.

hypothetical [ˌhaɪpə'θetɪkl] adj hipotético(ca).

hysteria [hɪs'tɪərɪə] n histeria *f*.

hysterical [hɪs'terɪkl] adj **1.** [frantic] histérico(ca) **2.** *inf* [very funny] tronchante.

hysterics [hɪs'terɪks] pl n **1.** [panic, excitement] histeria *f*, histerismo *m* **2.** *inf* [fits of laughter] ▸ **to be in hysterics** troncharse OR partirse de risa.

i (*pl* **i's** or **is**), **I** (*pl* **I's** or **Is**) [aɪ] n [letter] i *f*, I *f*.

I [aɪ] pers pron yo / *I'm happy* soy feliz / *I'm leaving* me voy / *she and I were at college together* ella y yo fuimos juntos a la universidad / *it is I fml* soy yo / *I can't do that* yo no puedo hacer eso.

ice [aɪs] ❖ n **1.** [frozen water] hielo *m* **2.** UK [ice cream] helado *m*. ❖ vt CULIN glasear, alcorzar. ◆ **ice over, ice up** vi helarse.

iceberg ['aɪsbɜːg] n iceberg *m*.

iceberg lettuce n lechuga *f* iceberg.

icebox ['aɪsbɒks] n **1.** UK [in refrigerator] congelador *m* **2.** US [refrigerator] refrigerador *m*.

ice cream n helado *m*.

ice cube n cubito *m* de hielo.

ice hockey n hockey *m* sobre hielo.

Iceland ['aɪslənd] n Islandia.

Icelandic [aɪs'lændɪk] ❖ adj islandés(esa). ❖ n [language] islandés *m*.

ice lolly n UK polo *m*.

ice pick n pico *m* para el hielo.

ice rink n pista *f* de (patinaje sobre) hielo.

ice skate n patín *m* de cuchilla. ◆ **ice-skate** vi patinar sobre hielo.

ice-skating n patinaje *m* sobre hielo.

icicle ['aɪsɪkl] n carámbano *m*.

icing ['aɪsɪŋ] n glaseado *m*.

icing sugar n UK azúcar *m* glas.

icon, ikon ['aɪkɒn] n COMPUT & RELIG icono *m*.

ICT (*abbr of* **Information and Communications Technology**) n COMPUT TIC *fpl* (*Tecnologías de la información y la comunicación*).

icy ['aɪsɪ] adj **1.** [gen] helado(da) **2.** *fig* [unfriendly] glacial.

ID ❖ n *abbr of* **identification.** ❖ *abbr of* **Idaho.**

I'd [aɪd] **1.** ⟶ I had **2.** ⟶ I would.

idea [aɪ'dɪə] n **1.** [gen] idea *f* ▸ **to have an idea of sthg** tener (alguna) idea de algo ▸ **to have no**

idea no tener ni idea ▸ **to get the idea** *inf* captar la idea, hacerse una idea **2.** [intuition, feeling] sensación *f*, impresión *f* ▸ **to have an idea (that)...** tener la sensación de que...

ideal [aɪˈdɪəl] ❖ adj ▸ **ideal (for)** ideal (para). ❖ n ideal *m*.

idealistic [aɪdɪəˈlɪstɪk] adj idealista.

ideally [aɪˈdɪəlɪ] adv **1.** [perfectly] idealmente ; [suited] perfectamente **2.** [preferably] a ser posible.

identical [aɪˈdentɪkl] adj idéntico(ca).

identification [aɪ,dentɪfɪˈkeɪʃn] n **1.** [gen] ▸ **identification (with)** identificación *f* (con) **2.** [documentation] documentación *f*.

identify [aɪˈdentɪfaɪ] ❖ vt identificar ▸ **to identify sb with sthg** relacionar a alguien con algo. ❖ vi ▸ **to identify with sb / sthg** identificarse con alguien/algo.

Identikit picture® [aɪˈdentɪkɪt-] n fotorrobot *f*.

identity [aɪˈdentətɪ] n identidad *f* ▸ **identity theft** robo *m* de identidad.

identity card, ID card n carné *m* OR documento *m* de identidad, cédula *f* de identidad AM.

ideology [,aɪdɪˈɒlədʒɪ] n ideología *f*.

idiom [ˈɪdɪəm] n **1.** [phrase] locución *f*, modismo *m* **2.** *fml* [style] lenguaje *m*.

idiomatic [,ɪdɪəˈmætɪk] adj natural.

idiosyncrasy [,ɪdɪəˈsɪŋkrəsɪ] n rareza *f*, manía *f*.

idiot [ˈɪdɪət] n [fool] idiota *mf*.

idiotic [,ɪdɪˈɒtɪk] adj idiota.

idle [ˈaɪdl] ❖ adj **1.** [lazy] perezoso(sa), vago(ga) **2.** [not working - machine, factory] parado(da) ; [- person] desocupado(da), sin trabajo **3.** [rumour] infundado(da) ; [threat, boast] vano(na) ; [curiosity] que no viene a cuento. ❖ vi estar en punto muerto. ◆ **idle away** vt sep desperdiciar.

idol [ˈaɪdl] n ídolo *m*.

idolize, idolise [ˈaɪdəlaɪz] vt idolatrar.

idyllic [ɪˈdɪlɪk] adj idílico(ca).

i.e. (*abbr of* **id est**) i.e., es decir.

if [ɪf] conj **1.** [gen] si ▸ **if I were you** yo que tú, yo en tu lugar **2.** [though] aunque ▸ **he's clever, if a little arrogant** es listo, aunque algo arrogante. ◆ **if not** conj **1.** [otherwise] si no, de lo contrario **2.** [not to say] por no decir ▸ **it was cheeky, if not downright rude of him** fue mucha caradura de su parte, por no decir grosería. ◆ **if only** ❖ conj **1.** [naming a reason] aunque sólo sea / **at least he got me a present, if only a little one** por lo menos me han comprado un regalo, aunque sea pequeño **2.** [expressing regret] si / **if only I'd been quicker!** ¡ojalá hubiera sido más rápido! ❖ excl ¡ojalá!

igloo [ˈɪgluː] (*pl* **-s**) n iglú *m*.

ignite [ɪgˈnaɪt] ❖ vt encender. ❖ vi encenderse.

ignition [ɪgˈnɪʃn] n **1.** [act of igniting] ignición *f* **2.** [in car] encendido *m* / **to switch on the ignition** arrancar (el motor).

ignition key n llave *f* de contacto.

ignorance [ˈɪgnərəns] n ignorancia *f*.

ignorant [ˈɪgnərənt] adj **1.** [uneducated, rude] ignorante **2.** *fml* [unaware] ▸ **to be ignorant of sthg** ignorar algo.

ignore [ɪgˈnɔːr] vt [thing] no hacer caso de, ignorar ; [person] no hacer caso a, ignorar.

ilk [ɪlk] n ▸ **of that ilk** [of that sort] de ese tipo.

ill [ɪl] ❖ adj **1.** [unwell] enfermo(ma) ▸ **to feel ill** encontrarse mal ▸ **to be taken** OR **to fall ill** caer OR ponerse enfermo(ma) **2.** [bad] malo(la). ❖ adv [badly] mal.

I'll [aɪl] ⟶ **I will** ; ⟶ **I shall**.

ill-advised [-ədˈvaɪzd] adj [action] poco aconsejable ; [person] imprudente.

ill at ease adj incómodo(da).

illegal [ɪˈliːgl] adj ilegal.

illegible [ɪˈledʒəbl] adj ilegible.

illegitimate [,ɪlɪˈdʒɪtɪmət] adj ilegítimo(ma).

ill-equipped [-ɪˈkwɪpt] adj ▸ **to be ill-equipped to do sthg** estar mal preparado(da) para hacer algo.

ill-fated [-ˈfeɪtɪd] adj infausto(ta).

ill feeling n resentimiento *m*.

ill-fitting adj [garment, lid, window] que no ajusta bien.

ill health n mala salud *f*.

ill-humoured, ill-humored US adj malhumorado(da).

illicit [ɪˈlɪsɪt] adj ilícito(ta).

ill-intentioned [-ɪnˈtenʃənd] adj malintencionado(da).

illiteracy [ɪˈlɪtərəsɪ] n analfabetismo *m*.

illiterate [ɪˈlɪtərət] ❖ adj analfabeto(ta). ❖ n analfabeto *m*, -ta *f*.

ill-matched adj que no pega.

illness [ˈɪlnɪs] n enfermedad *f*.

illogical [ɪˈlɒdʒɪkl] adj ilógico(ca).

ill-suited adj ▸ **ill-suited (for)** poco adecuado(da) (para).

ill-timed [-ˈtaɪmd] adj inoportuno(na).

ill-treat vt maltratar.

illuminate [ɪˈluːmɪneɪt] vt **1.** [light up] iluminar **2.** [explain] ilustrar, aclarar.

illumination [ɪ,luːmɪˈneɪʃn] n [lighting] alumbrado *m*, iluminación *f*. ◆ **illuminations** pl n UK iluminaciones *fpl*, alumbrado *m* decorativo.

illusion [ɪˈluːʒn] n **1.** [gen] ilusión *f* ▸ **to be under the illusion that** creer equivocadamente que **2.** [magic trick] truco *m* de ilusionismo.

illustrate [ˈɪləstreɪt] vt ilustrar.

illustration [ˌɪləˈstreɪʃn] n ilustración f.

illustrious [ɪˈlʌstrɪəs] adj fml ilustre.

ill will n rencor m, animadversión f ▸ **to bear sb ill will** guardar rencor a alguien.

I'm [aɪm] ⟶ **I am**.

image [ˈɪmɪdʒ] n imagen f.

imagery [ˈɪmɪdʒrɪ] n (U) imágenes fpl.

imaginary [ɪˈmædʒɪnrɪ] adj imaginario(ria).

imagination [ɪˌmædʒɪˈneɪʃn] n imaginación f.

imaginative [ɪˈmædʒɪnətɪv] adj imaginativo(va).

imagine [ɪˈmædʒɪn] vt **1.** [gen] imaginar ▸ **imagine never having to work!** ¡imagina que nunca tuvieras que trabajar! ▸ **imagine (that)!** ¡imagínate! ▸ **I can't imagine what he means** no tengo ni idea de qué quiere decir **2.** [suppose] ▸ **to imagine (that)** imaginarse que.

imbalance [ˌɪmˈbæləns] n desequilibrio m.

imbecile [ˈɪmbɪsiːl] n imbécil mf.

IMF (abbr of **International Monetary Fund**) n FMI m.

IMHO (abbr of **in my humble opinion**) adv inf en mi humilde opinión.

imitate [ˈɪmɪteɪt] vt imitar.

imitation [ˌɪmɪˈteɪʃn] ✧ n imitación f. ✧ adj de imitación / **imitation jewellery** bisutería f.

immaculate [ɪˈmækjʊlət] adj **1.** [clean and tidy] inmaculado(da); [taste] exquisito(ta) **2.** [performance, timing] impecable.

immaterial [ˌɪməˈtɪərɪəl] adj [irrelevant, unimportant] irrelevante.

immature [ˌɪməˈtjʊər] adj inmaduro(ra); [animal] joven.

immediate [ɪˈmiːdjət] adj **1.** [gen] inmediato(ta) ▸ **in the immediate future** en un futuro inmediato ▸ **in the immediate vicinity** en las inmediaciones **2.** [family] más cercano(na).

immediately [ɪˈmiːdjətlɪ] ✧ adv **1.** [at once] inmediatamente **2.** [directly] directamente. ✧ conj en cuanto.

immense [ɪˈmens] adj inmenso(sa).

immensely [ɪˈmenslɪ] adv [gen] inmensamente; [enjoyable, difficult] enormemente.

immerse [ɪˈmɜːs] vt **1.** [plunge] ▸ **to immerse sth in sth** sumergir algo en algo **2.** [involve] ▸ **to immerse o.s. in sth** enfrascarse en algo.

immersion heater [ɪˈmɜːʃn-] n calentador m de inmersión.

immigrant [ˈɪmɪgrənt] n inmigrante mf.

immigrate [ˈɪmɪgreɪt] vi inmigrar.

immigration [ˌɪmɪˈgreɪʃn] n inmigración f.

imminent [ˈɪmɪnənt] adj inminente.

immobile [ɪˈməʊbaɪl] adj inmóvil.

immobilize, **immobilise** [ɪˈməʊbɪlaɪz] vt inmovilizar.

immobilizer [ɪˈməʊbɪlaɪzər] n AUTO inmovilizador m.

immoral [ɪˈmɒrəl] adj inmoral.

immortal [ɪˈmɔːtl] adj inmortal.

immortalize, **immortalise** [ɪˈmɔːtəlaɪz] vt inmortalizar.

immune [ɪˈmjuːn] adj **1.** [gen & MED] ▸ **immune (to)** inmune (a) **2.** [exempt] ▸ **immune (from)** exento(ta) (de).

immune system n sistema m inmunológico.

immunity [ɪˈmjuːnətɪ] n **1.** [gen & MED] ▸ **immunity (to)** inmunidad f (a) **2.** [exemption] ▸ **immunity (from)** exención f (de).

immunize, **immunise** [ˈɪmjuːnaɪz] vt ▸ **to immunize sb (against sth)** inmunizar a alguien (contra algo).

imp [ɪmp] n **1.** [creature] duendecillo m **2.** [naughty child] diablillo m.

impact ✧ n [ˈɪmpækt] impacto m ▸ **to make an impact on** OR **upon** causar impacto en. ✧ vt [ɪmˈpækt] [influence] influenciar.

impair [ɪmˈpeər] vt [sight, hearing] dañar, debilitar; [movement] entorpecer; [ability, efficiency] mermar; [prospects] perjudicar.

impart [ɪmˈpɑːt] vt fml **1.** [information] ▸ **to impart sth (to sb)** comunicar algo (a alguien) **2.** [feeling, quality] ▸ **to impart sth (to sth)** conferir algo (a algo).

impartial [ɪmˈpɑːʃl] adj imparcial.

impassable [ɪmˈpɑːsəbl] adj intransitable, impracticable.

impasse [æmˈpɑːs] n impasse m, callejón m sin salida.

impassive [ɪmˈpæsɪv] adj impasible.

impatience [ɪmˈpeɪʃns] n impaciencia f.

impatient [ɪmˈpeɪʃnt] adj impaciente ▸ **to be impatient to do sth** estar impaciente por hacer algo ▸ **to be impatient for sth** esperar algo con impaciencia ▸ **to get impatient** impacientarse.

impeccable [ɪmˈpekəbl] adj impecable.

impede [ɪmˈpiːd] vt dificultar.

impediment [ɪmˈpedɪmənt] n **1.** [obstacle] impedimento m, obstáculo m **2.** [disability] defecto m.

impel [ɪmˈpel] vt ▸ **to impel sb to do sth** impulsar a alguien a hacer algo.

impending [ɪmˈpendɪŋ] adj inminente.

imperative [ɪmˈperətɪv] ✧ adj [need] apremiante ▸ **it is imperative that...** es imprescindible que... ✧ n imperativo m.

imperfect [ɪmˈpɜːfɪkt] ✧ adj [not perfect] imperfecto(ta). ✧ n GRAM ▸ **imperfect (tense)** (pretérito m) imperfecto m.

imperial [ɪmˈpɪərɪəl] adj **1.** [of an empire or emperor] imperial **2.** [system of measurement] ▸ **imperial system** sistema anglosajón de medidas.

imperialism [ɪm'pɪərɪəlɪzm] n imperialismo m.

impersonal [ɪm'pɜːsnl] adj impersonal.

impersonate [ɪm'pɜːsəneɪt] vt [try to pass as] hacerse pasar por ; [do impression of] imitar.

impersonation [ɪm,pɜːsə'neɪʃn] n 1. [pretending to be] : *charged with impersonation of a policeman* acusado de hacerse pasar por policía 2. [impression] imitación f ▶ **to do impersonations (of)** imitar (a), hacer imitaciones (de).

impertinent [ɪm'pɜːtɪnənt] adj impertinente, insolente.

impervious [ɪm'pɜːvjəs] adj [not influenced] ▶ **impervious to** insensible a.

impetuous [ɪm'petʃʊəs] adj impetuoso(sa).

impetus ['ɪmpɪtəs] n (U) 1. [momentum] ímpetu m 2. [stimulus] impulso m.

impinge [ɪm'pɪndʒ] vi ▶ **to impinge on sthg / sb** afectar algo/a alguien.

implant ⟷ n ['ɪmplɑːnt] implante m. ⟷ vt [ɪm'plɑːnt] 1. [fix - idea etc] ▶ **to implant sthg in** OR **into** inculcar algo en 2. MED ▶ **to implant sthg in** OR **into** implantar algo en.

implausible [ɪm'plɔːzəbl] adj inverosímil.

implement ⟷ n ['ɪmplɪmənt] herramienta f. ⟷ vt ['ɪmplɪment] llevar a cabo, poner en práctica.

implicate ['ɪmplɪkeɪt] vt ▶ **to implicate sb in** implicar OR involucrar a alguien en.

implication [,ɪmplɪ'keɪʃn] n 1. [involvement] implicación f 2. [inference] consecuencia f ▶ **by implication** de forma indirecta.

implicit [ɪm'plɪsɪt] adj 1. [gen] ▶ **implicit (in)** implícito(ta) (en) 2. [complete - belief] absoluto(ta) ; [- faith] incondicional.

implore [ɪm'plɔːr] vt ▶ **to implore sb (to do sthg)** suplicar a alguien (que haga algo).

imply [ɪm'plaɪ] vt 1. [suggest] insinuar, dar a entender 2. [involve] implicar, suponer.

impolite [,ɪmpə'laɪt] adj maleducado(da), descortés.

import ⟷ n ['ɪmpɔːt] 1. [act of importing, product] importación f 2. *fml* [meaning] sentido m, significado m. ⟷ vt [ɪm'pɔːt] [gen & COMPUT] importar.

importance [ɪm'pɔːtns] n importancia f.

important [ɪm'pɔːtnt] adj ▶ **important (to)** importante (para) ▶ **it's not important** no importa.

importer [ɪm'pɔːtər] n importador m, -ra f.

impose [ɪm'pəʊz] ⟷ vt ▶ **to impose sthg (on)** imponer algo (a). ⟷ vi ▶ **to impose (on)** abusar (de), molestar (a).

imposing [ɪm'pəʊzɪŋ] adj imponente, impresionante.

imposition [,ɪmpə'zɪʃn] n 1. [enforcement] imposición f 2. [cause of trouble] molestia f.

impossibility [ɪm,pɒsə'bɪlətɪ] (pl -ies) n imposibilidad f.

impossible [ɪm'pɒsəbl] adj 1. [gen] imposible 2. [person, behaviour] inaguantable, insufrible.

impostor, imposter [US] [ɪm'pɒstər] n impostor m, -ra f.

impotent ['ɪmpətənt] adj impotente.

impound [ɪm'paʊnd] vt incautarse.

impoverished [ɪm'pɒvərɪʃt] adj [country, people, imagination] empobrecido(da).

impracticable [ɪm'præktɪkəbl] adj impracticable, irrealizable.

impractical [ɪm'præktɪkl] adj poco práctico(ca).

imprecise [ɪmprɪ'saɪs] adj impreciso(sa).

impregnable [ɪm'pregnəbl] adj *lit & fig* incontestable.

impregnate ['ɪmpregneɪt] vt 1. [introduce substance into] ▶ **to impregnate sthg (with)** impregnar o empapar algo (de) 2. *fml* [fertilize] fecundar.

impress [ɪm'pres] ⟷ vt 1. [produce admiration in] impresionar ▶ **I was favourably impressed** me causó buena impresión 2. [stress] ▶ **to impress sthg on sb** hacer comprender a alguien la importancia de algo. ⟷ vi [create good impression] causar buena impresión ; [show off] impresionar.

impression [ɪm'preʃn] n 1. [gen] impresión f ▶ **to make an impression** impresionar ▶ **to make a good / bad impression** causar una buena/mala impresión ▶ **to be under the impression that** tener la impresión de que 2. [imitation] imitación f.

impressive [ɪm'presɪv] adj impresionante.

imprint ['ɪmprɪnt] n 1. [mark] huella f, impresión f 2. [publisher's name] pie m de imprenta.

imprison [ɪm'prɪzn] vt encarcelar.

imprisonment [ɪm'prɪznmənt] n encarcelamiento m.

improbable [ɪm'prɒbəbl] adj [event] improbable ; [story, excuse] inverosímil ; [clothes, hat] estrafalario(ria) ; [contraption] extraño(ña).

impromptu [ɪm'prɒmptjuː] adj improvisado(da).

improper [ɪm'prɒpər] adj 1. [unsuitable] impropio(pia) 2. [incorrect, illegal] indebido(da) 3. [rude] indecoroso(sa).

improve [ɪm'pruːv] ⟷ vi mejorar ▶ **to improve on** OR **upon sthg** mejorar algo. ⟷ vt mejorar.

improvement [ɪm'pruːvmənt] n 1. [gen] ▶ **improvement (in / on)** mejora f (en/con respecto a) **/ to be an improvement on sthg** ser mejor que algo 2. [in health] mejoría f 3. [to home] reforma f.

improvise ['ɪmprəvaɪz] vt & vi improvisar.

impudent ['ɪmpjʊdənt] adj insolente.

impulse ['ɪmpʌls] n impulso m ▶ **on impulse** sin pensar.

impulsive [ɪm'pʌlsɪv] adj impulsivo(va).

impunity [ɪm'pjuːnətɪ] n ▸ **with impunity** impunemente.

impurity [ɪm'pjʊərətɪ] n impureza f.

in [ɪn] ❖ prep **1.** [indicating place, position] en / *in a box / the garden / the lake* en una caja/el jardín/el lago ▸ **to be in hospital / prison** estar en el hospital/la cárcel ▸ **in here/there** aquí / allí dentro **2.** [wearing] : *she was still in her nightclothes* todavía llevaba su ropa de dormir **3.** [at a particular time] : *at four o'clock in the morning / afternoon* a las cuatro de la mañana/ tarde / *in the morning / afternoon* por la mañana/tarde / *in 2006 / May / the spring* en 2006/ mayo/primavera **4.** [within] en / *he learned to type in two weeks* aprendió a escribir a máquina en dos semanas / *I'll be ready in five minutes* estoy listo en cinco minutos **5.** [during] desde hace / *it's my first decent meal in weeks* es lo primero decente que como desde hace OR en semanas **6.** [indicating situation, circumstances] : *to live / die in poverty* vivir/morir en la pobreza / *in danger / difficulty* en peligro/dificultades / *in the sun* al sol / *in the rain* bajo la lluvia / *a rise in prices* un aumento de los precios **7.** [indicating manner, condition] en / *in a loud / soft voice* en voz alta/baja / *in pencil / ink* a lápiz/ bolígrafo / *in this way* de este modo **8.** [indicating emotional state] con **9.** [specifying area of activity] : *advances in medicine* avances en la medicina / *he's in computers* se dedica a informática **10.** [with numbers - showing quantity, age] / *in large / small quantities* en grandes/ pequeñas cantidades ▸ **in (their) thousands** a OR por millares / *she's in her sixties* anda por los sesenta **11.** [describing arrangement] : *in a line / circle* en línea/círculo / *to stand in twos* estar en pares OR dos **12.** [as regards] en / *in these matters* en estos temas / *two metres in length / width* dos metros de largo/ancho / *a change in direction* un cambio de dirección **13.** [in ratios] : *one in ten* uno de cada diez / *five pence in the pound* cinco peniques por libra **14.** (after superl) de / *the best in the world* el mejor del mundo **15.** (+ present participle) ▸ **in doing sthg** al hacer algo ▸ **there's nothing in it for us** no tiene ninguna ventaja para nosotros. ❖ adv **1.** [inside] dentro / *to jump in* saltar adentro / *do come in* pasa por favor **2.** [at home, work] : *is Judith in?* ¿está Judith? / *I'm staying in tonight* esta noche no salgo **3.** [of train, boat, plane] : *is the train in yet?* ¿ha llegado el tren? **4.** [of tide] : *the tide's in* la marea está alta ▸ **you're in for a surprise** te vas a llevar una sorpresa. ❖ adj *inf* de moda. ❖ **ins** pl n ▸ **the ins and outs** los detalles, los pormenores.

in. *abbr of* **inch**.

inability [ˌɪnə'bɪlətɪ] n ▸ **inability (to do sthg)** incapacidad f (de hacer algo).

inaccessible [ˌɪnək'sesəbl] adj inaccesible.

inaccurate [ɪn'ækjʊrət] adj inexacto(ta).

inadequate [ɪn'ædɪkwət] adj **1.** [insufficient] insuficiente **2.** [person] incapaz.

inadvertently [ˌɪnəd'vɜːtəntlɪ] adv sin querer, accidentalmente.

inadvisable [ˌɪnəd'vaɪzəbl] adj poco aconsejable.

inane [ɪ'neɪn] adj necio(cia).

inanimate [ɪn'ænɪmət] adj inanimado(da).

inappropriate [ˌɪnə'prəʊprɪət] adj [remark, clothing] impropio(pia) ; [time] inoportuno(na).

inarticulate [ˌɪnɑː'tɪkjʊlət] adj [person] que no se expresa bien ; [speech] mal pronunciado(da) OR expresado(da).

inasmuch [ˌɪnəz'mʌtʃ] ◆ **inasmuch as** conj en la medida en que.

inaudible [ɪ'nɔːdɪbl] adj inaudible.

inauguration [ɪˌnɔːgjʊ'reɪʃn] n **1.** [of leader, president] investidura f **2.** [of building, system] inauguración f.

in-between adj intermedio(dia).

inborn [ˌɪn'bɔːn] adj innato(ta).

inbound ['ɪnbaʊnd] adj de llegada.

in-box n [for e-mail] buzón m de entrada.

inbred [ˌɪn'bred] adj **1.** [closely related] endogámico(ca) **2.** [inborn] innato(ta).

inbuilt [ˌɪn'bɪlt] adj [in person] innato(ta) ; [in thing] inherente.

inc. (*written abbr of* **inclusive**) inclus.

Inc. [ɪŋk] (*abbr of* **incorporated**) US ≃ S.A.

incalculable [ɪn'kælkjʊləbl] adj [very great] incalculable.

incapable [ɪn'keɪpəbl] adj **1.** [unable] ▸ **to be incapable of sthg / of doing sthg** ser incapaz de algo/de hacer algo **2.** [useless] incompetente.

incapacitated [ˌɪnkə'pæsɪteɪtɪd] adj incapacitado(da).

incarcerate [ɪn'kɑːsəreɪt] vt *fml* encarcelar.

incarnation [ˌɪnkɑː'neɪʃn] n **1.** [personification] personificación f **2.** [existence] encarnación f.

incendiary device [ɪn'sendjərɪ-] n artefacto m incendiario.

incense ❖ n ['ɪnsens] incienso m. ❖ vt [ɪn'sens] enfurecer, indignar.

incentive [ɪn'sentɪv] n incentivo m.

incentive-based adj basado(da) en incentivos.

incentive scheme n plan m de incentivos.

incentivize [ɪn'sentɪvaɪz] vt incentivar.

inception [ɪn'sepʃn] n *fml* inicio m.

incessant [ɪn'sesnt] adj incesante, constante.

incessantly [ɪn'sesntlɪ] adv incesantemente, constantemente.

incest ['ɪnsest] n incesto m.

inch [ɪntʃ] ❖ n = *2,54 cm*, pulgada *f* ▶ **to be within an inch of doing sthg** estar en un tris de hacer algo. ❖ vi ▶ **to inch forward** avanzar poco a poco.

incidence ['ɪnsɪdəns] n [of disease, theft] índice *m*.

incident ['ɪnsɪdənt] n incidente *m*, suceso *m*.

incidental [,ɪnsɪ'dentl] adj accesorio(ria).

incidentally [,ɪnsɪ'dentəlɪ] adv por cierto, a propósito.

incinerate [ɪn'sɪnəreɪt] vt incinerar.

incinerator [ɪn'sɪnəreɪtə'] n incinerador *m*.

incipient [ɪn'sɪpɪənt] adj *fml* incipiente.

incision [ɪn'sɪʒn] n incisión *f*.

incisive [ɪn'saɪsɪv] adj [comment, person] incisivo(va) ; [mind] penetrante.

incite [ɪn'saɪt] vt incitar ▶ **to incite sb to do sthg** incitar a alguien a que haga algo.

inclination [,ɪnklɪ'neɪʃn] n **1.** (U) [liking, preference] inclinación *f*, propensión *f* **2.** [tendency] ▶ **inclination to do sthg** tendencia *f* a hacer algo.

incline ❖ n ['ɪnklaɪn] pendiente *f.* ❖ vt [ɪn'klaɪn] [head] inclinar, ladear.

inclined [ɪn'klaɪnd] adj **1.** [tending] ▶ **to be inclined to sthg** ser propenso(sa) oʀ tener tendencia a algo ▶ **to be inclined to do sthg** tener tendencia a hacer algo ▶ **I'm inclined to agree** creo que estoy de acuerdo **2.** *fml* [wanting] ▶ **to be inclined to do sthg** estar dispuesto(ta) a hacer algo **3.** [sloping] inclinado(da).

include [ɪn'kluːd] vt **1.** [gen] incluir **2.** [with letter] adjuntar.

included [ɪn'kluːdɪd] adj incluido(da).

including [ɪn'kluːdɪŋ] prep incluyendo / *six died, including a child* murieron seis personas, incluyendo a un niño.

inclusive [ɪn'kluːsɪv] adj **1.** [including everything] inclusivo(va) / *one to nine inclusive* una a nueve inclusive **2.** [including all costs] ▶ **inclusive of VAT** con el IVA incluido / *£150 inclusive* 150 libras todo incluido.

inclusivity [,ɪnkluː'sɪvɪtɪ] n política *f* de inclusión.

incoherent [,ɪnkəʊ'hɪərənt] adj incoherente.

income ['ɪŋkʌm] n (U) [gen] ingresos *mpl* ▶ **annual income** ingresos *mpl* anuales ; [from property] renta *f* ; [from investment] réditos *mpl*.

income support n (U) [UK] *subsidio para personas con muy bajos ingresos o desempleados sin derecho a subsidio de paro* ; ≃ *salario m* social.

income tax n impuesto *m* sobre la renta.

incomparable [ɪn'kɒmpərəbl] adj incomparable, sin par.

incompatible [,ɪnkəm'pætɪbl] adj [gen & COMPUT] ▶ **incompatible (with)** incompatible (con).

incompetent [ɪn'kɒmpɪtənt] adj incompetente, incapaz.

incomplete [,ɪnkəm'pliːt] adj incompleto(ta).

incomprehensible [ɪn,kɒmprɪ'hensəbl] adj incomprensible.

inconceivable [,ɪnkən'siːvəbl] adj inconcebible.

inconclusive [,ɪnkən'kluːsɪv] adj [evidence, argument] poco convincente ; [meeting, outcome] sin conclusión clara.

incongruous [ɪn'kɒŋgruəs] adj incongruente.

inconsequential [,ɪnkɒnsɪ'kwenʃl] adj intrascendente, de poca importancia.

inconsiderable [,ɪnkən'sɪdərəbl] adj ▶ **not inconsiderable** nada insignificante oʀ despreciable.

inconsiderate [,ɪnkən'sɪdərət] adj desconsiderado(da).

inconsistency [,ɪnkən'sɪstənsɪ] n **1.** [between theory and practice] inconsecuencia *f* ; [between statements etc] falta *f* de correspondencia **2.** [contradictory point] contradicción *f*.

inconsistent [,ɪnkən'sɪstənt] adj **1.** [translation, statement] ▶ **inconsistent (with)** incoherente oʀ incongruente (con) **2.** [group, government, person] inconsecuente **3.** [erratic] irregular, desigual.

inconspicuous [,ɪnkən'spɪkjuəs] adj discreto(ta).

inconvenience [,ɪnkən'viːnjəns] ❖ n **1.** [difficulty, discomfort] molestia *f*, incomodidad *f* / *we apologize for any inconvenience caused* disculpen las molestias **2.** [inconvenient thing] inconveniente *m*. ❖ vt incomodar.

inconvenient [,ɪnkən'viːnjənt] adj [time] inoportuno(na) ; [location] incómodo(da) / *that date is inconvenient* esa fecha no me viene bien.

incorporate [ɪn'kɔːpəreɪt] vt **1.** [integrate] ▶ **to incorporate sthg / sb (in oʀ into)** incorporar algo/a alguien (en) **2.** [include] incluir, comprender.

incorporated [ɪn'kɔːpəreɪtɪd] adj COMM ▶ **incorporated company** sociedad *f* anónima.

incorrect [,ɪnkə'rekt] adj incorrecto(ta).

incorrigible [ɪn'kɒrɪdʒəbl] adj incorregible.

increase ❖ n ['ɪnkriːs] ▶ **increase (in)** a) [gen] aumento *m* (de) b) [in price, temperature] subida *f* (de) ▶ **to be on the increase** ir en aumento. ❖ vt [ɪn'kriːs] **1.** [gen] aumentar, incrementar **2.** [price] subir. ❖ vi [ɪn'kriːs] [gen] aumentar ; [price, temperature] subir.

increasing [ɪn'kriːsɪŋ] adj creciente.

increasingly [ɪn'kriːsɪŋlɪ] adv cada vez más.

incredible [ɪn'kredəbl] adj increíble.

incredibly [ɪn'kredəblɪ] adv increíblemente.

incredulous [ɪn'kredjʊləs] adj incrédulo(la).

increment ['ɪnkrɪmənt] n incremento *m*.

incriminate [ɪn'krɪmɪneɪt] vt incriminar ▶ **to incriminate o.s.** incriminarse a sí mismo.

incriminating [ɪn'krɪmɪneɪtɪŋ] adj comprometedor(ra).

incubator ['ɪnkjʊbeɪtə'] n [for baby] incubadora f.

incumbent [ɪn'kʌmbənt] fml ❖ adj ▶ **to be incumbent on** OR **upon sb to do sthg** incumbir a alguien hacer algo. ❖ n titular mf.

incur [ɪn'kɜːr] vt [wrath, criticism] incurrir en, atraerse ; [debt] contraer ; [expenses] incurrir en.

incurable [ɪn'kjʊərəbl] adj lit & fig incurable.

indebted [ɪn'detɪd] adj **1.** [grateful] ▶ **indebted (to)** en deuda (con) **2.** [owing money] ▶ **indebted (to)** endeudado(da) (con).

indecent [ɪn'diːsnt] adj **1.** [improper] indecente **2.** [unreasonable, excessive] desmedido(da).

indecent assault n abusos mpl deshonestos.

indecent exposure n exhibicionismo m.

indecisive [ˌɪndɪ'saɪsɪv] adj **1.** [person] indeciso(sa) **2.** [result] no decisivo(va).

indeed [ɪn'diːd] adv **1.** [certainly] ciertamente / are you coming? — indeed I am ¿vienes tú? — por supuesto que sí **2.** [in fact] de hecho **3.** [for emphasis] realmente / very big indeed grandísimo(ma) / very few indeed poquísimos(mas) **4.** [to express surprise, disbelief] ▶ **indeed?** ¿ah sí? **5.** [what is more] es más.

indefinite [ɪn'defɪnɪt] adj **1.** [time, number] indefinido(da) **2.** [answer, opinion] impreciso(sa) **3.** GRAM indeterminado(da), indefinido(da).

indefinitely [ɪn'defɪnətlɪ] adv **1.** [for unfixed period] indefinidamente **2.** [imprecisely] de forma imprecisa.

indemnity [ɪn'demnətɪ] n **1.** [insurance] indemnidad f **2.** [compensation] indemnización f.

indent [ɪn'dent] ❖ n [in text] sangrado m. ❖ vt **1.** [dent] mellar **2.** [text] sangrar.

independence [ˌɪndɪ'pendəns] n independencia f ▶ **to gain independence** independizarse.

Independence Day n el Día de la Independencia.

independent [ˌɪndɪ'pendənt] adj ▶ **independent (of)** independiente (de).

independent school n UK colegio m privado.

in-depth adj a fondo, exhaustivo(va).

indescribable [ˌɪndɪ'skraɪbəbl] adj indescriptible.

indestructible [ˌɪndɪ'strʌktəbl] adj indestructible.

index ['ɪndeks] n (pl -es or indices) índice m.

index card n ficha f.

index finger n (dedo m) índice m.

index-linked [-lɪŋkt] adj indexado(da).

India ['ɪndjə] n (la) India.

Indian ['ɪndjən] ❖ adj **1.** [from India] indio(dia), hindú **2.** [from the Americas] indio(dia). ❖ n **1.** [from India] indio m, -dia f, hindú mf **2.** [from the Americas] indio m, -dia f.

Indian Ocean n ▶ **the Indian Ocean** el océano Índico.

indicate ['ɪndɪkeɪt] ❖ vt indicar. ❖ vi [when driving] ▶ **to indicate left / right** indicar a la izquierda/derecha.

indication [ˌɪndɪ'keɪʃn] n **1.** [suggestion, idea] indicación f **2.** [sign] indicio m.

indicative [ɪn'dɪkətɪv] ❖ adj ▶ **indicative of sthg** indicativo(va) de algo. ❖ n GRAM indicativo m.

indicator ['ɪndɪkeɪtə'] n **1.** [sign, criterion] indicador m **2.** [on car] intermitente m.

indices ['ɪndɪsiːz] pl n ⟶ **index**.

indict [ɪn'daɪt] vt ▶ **to indict sb (for)** acusar a alguien (de).

indictment [ɪn'daɪtmənt] n **1.** LAW acusación f **2.** [criticism] crítica f severa.

indifference [ɪn'dɪfrəns] n indiferencia f.

indifferent [ɪn'dɪfrənt] adj **1.** [uninterested] ▶ **indifferent (to)** indiferente (a) **2.** [mediocre] mediocre.

indigenous [ɪn'dɪdʒɪnəs] adj indígena.

indigestion [ˌɪndɪ'dʒestʃn] n (U) indigestión f.

indignant [ɪn'dɪgnənt] adj ▶ **indignant (at)** indignado(da) (por).

indignity [ɪn'dɪgnətɪ] n indignidad f.

indigo ['ɪndɪgəʊ] ❖ adj (color) añil. ❖ n añil m.

indirect [ˌɪndɪ'rekt] adj indirecto(ta).

indiscreet [ˌɪndɪ'skriːt] adj indiscreto(ta).

indiscriminate [ˌɪndɪ'skrɪmɪnət] adj indiscriminado(da).

indispensable [ˌɪndɪ'spensəbl] adj indispensable, imprescindible.

indisputable [ˌɪndɪ'spjuːtəbl] adj incuestionable.

indistinct [ˌɪndɪ'stɪŋkt] adj [memory] confuso(sa) ; [words] imperceptible ; [picture, marking] borroso(sa).

indistinguishable [ˌɪndɪ'stɪŋgwɪʃəbl] adj ▶ **indistinguishable (from)** indistinguible (de).

individual [ˌɪndɪ'vɪdʒʊəl] ❖ adj **1.** [gen] individual **2.** [tuition] particular **3.** [approach, style] personal. ❖ n individuo m.

individually [ˌɪndɪ'vɪdʒʊəlɪ] adv [separately] individualmente, por separado.

indoctrinate [ɪn'dɒktrɪneɪt] vt adoctrinar.

indoctrination [ɪn,dɒktrɪ'neɪʃn] n adoctrinamiento m.

Indonesia [ˌɪndə'niːzjə] n Indonesia.

indoor ['ɪndɔːr] adj [gen] interior ; [shoes] de andar por casa ; [plant] de interior ; [sports] en pista cubierta ▶ **indoor swimming pool** piscina f cubierta.

indoors [ˌɪn'dɔːz] adv [gen] dentro ; [at home] en casa.

induce [ɪn'djuːs] vt **1.** [persuade] ▸ **to induce sb to do sthg** inducir OR persuadir a alguien a que haga algo **2.** [labour, sleep, anger] provocar.

inducement [ɪn'djuːsmənt] n [incentive] incentivo m, aliciente m.

induction [ɪn'dʌkʃn] n **1.** [into official position] ▸ **induction into** introducción f OR inducción f a **2.** ELEC & MED inducción f **3.** [introduction to job] introducción f.

induction course n cursillo m introductorio.

indulge [ɪn'dʌldʒ] ❖ vt **1.** [whim, passion] satisfacer **2.** [child, person] consentir. ❖ vi ▸ **to indulge in sthg** permitirse algo.

indulgence [ɪn'dʌldʒəns] n **1.** [act of indulging] indulgencia f **2.** [special treat] capricho m.

indulgent [ɪn'dʌldʒənt] adj indulgente.

industrial [ɪn'dʌstrɪəl] adj industrial.

industrial action n huelga f ▸ **to take industrial action** declararse en huelga.

industrial estate UK, **industrial park** US n polígono m industrial.

industrialist [ɪn'dʌstrɪəlɪst] n industrial mf.

industrialize, industrialise [ɪn'dʌstrɪəlaɪz] ❖ vt industrializar. ❖ vi industrializarse.

industrial park US = **industrial estate**.

industrial relations pl n relaciones fpl laborales.

industrial revolution n revolución f industrial.

industrious [ɪn'dʌstrɪəs] adj diligente, trabajador(ra).

industry ['ɪndəstrɪ] n **1.** [gen] industria f ▸ **the tourist industry** el sector turístico **2.** fml [hard work] laboriosidad f.

inebriated [ɪ'niːbrɪeɪtɪd] adj fml ebrio (ebria).

inedible [ɪn'edɪbl] adj **1.** [that cannot be eaten] no comestible **2.** [bad-tasting] incomible.

ineffective [ˌɪnɪ'fektɪv] adj ineficaz, inútil.

ineffectual [ˌɪnɪ'fektʃʊəl] adj inútil.

inefficiency [ˌɪnɪ'fɪʃnsɪ] n ineficiencia f.

inefficient [ˌɪnɪ'fɪʃnt] adj ineficiente.

ineligible [ɪn'elɪdʒəbl] adj inelegible ▸ **to be ineligible for** no tener derecho a.

inept [ɪ'nept] adj inepto(ta) ▸ **inept at** incapaz para.

inequality [ˌɪnɪ'kwɒlətɪ] n desigualdad f.

inert [ɪ'nɜːt] adj inerte.

inertia [ɪ'nɜːʃə] n inercia f.

inescapable [ˌɪnɪ'skeɪpəbl] adj ineludible.

inevitable [ɪn'evɪtəbl] adj inevitable.

inevitably [ɪn'evɪtəblɪ] adv inevitablemente.

inexcusable [ˌɪnɪk'skjuːzəbl] adj inexcusable, imperdonable.

inexpensive [ˌɪnɪk'spensɪv] adj barato(ta), económico(ca).

inexperienced [ˌɪnɪk'spɪərɪənst] adj inexperto(ta).

inexplicable [ˌɪnɪk'splɪkəbl] adj inexplicable.

infallible [ɪn'fæləbl] adj infalible.

infamous ['ɪnfəməs] adj infame.

infancy ['ɪnfənsɪ] n primera infancia f ▸ **to be in its infancy** fig dar sus primeros pasos.

infant ['ɪnfənt] n **1.** [baby] bebé m **2.** [young child] niño pequeño m, niña pequeña f.

infantry ['ɪnfəntrɪ] n infantería f.

infant school n UK colegio m preescolar (para niños de entre 4 y 7 años).

infatuated [ɪn'fætjʊeɪtɪd] adj ▸ **infatuated (with)** encaprichado(da) (con).

infatuation [ɪnˌfætjʊ'eɪʃn] n ▸ **infatuation (with)** encaprichamiento m (con).

infect [ɪn'fekt] vt [wound] infectar.

infection [ɪn'fekʃn] n **1.** [disease] infección f **2.** [spreading of germs] contagio m.

infectious [ɪn'fekʃəs] adj **1.** [disease] infeccioso(sa) **2.** [laugh, attitude] contagioso(sa).

infer [ɪn'fɜːr] vt **1.** [deduce] ▸ **to infer (that)** deducir OR inferir que ▸ **to infer sthg (from sthg)** deducir OR inferir algo (de algo) **2.** inf [imply] insinuar.

inferior [ɪn'fɪərɪər] ❖ adj ▸ **inferior (to)** inferior (a). ❖ n [in status] inferior mf.

inferiority [ɪnˌfɪərɪ'ɒrətɪ] n inferioridad f.

inferiority complex n complejo m de inferioridad.

inferno [ɪn'fɜːnəʊ] (pl -s) n [hell] infierno m ▸ **the building was an inferno** el edificio sufrió un pavoroso incendio.

infertile [ɪn'fɜːtaɪl] adj estéril.

infest [ɪn'fest] vt infestar, plagar.

infested [ɪn'festɪd] adj ▸ **infested with** infestado(da) de.

infidelity [ˌɪnfɪ'delətɪ] n [of partner] infidelidad f.

infighting ['ɪnˌfaɪtɪŋ] n (U) disputas fpl internas.

infiltrate ['ɪnfɪltreɪt] vt infiltrar.

infinite ['ɪnfɪnət] adj infinito(ta).

infinitive [ɪn'fɪnɪtɪv] n infinitivo m ▸ **in the infinitive** en infinitivo.

infinity [ɪn'fɪnətɪ] n **1.** MATH infinito m **2.** [incalculable number] ▸ **an infinity (of)** infinidad f (de).

infirm [ɪn'fɜːm] ❖ adj achacoso(sa). ❖ pl n ▸ **the infirm** los enfermos.

infirmary [ɪn'fɜːmərɪ] n **1.** [hospital] hospital m **2.** [room] enfermería f.

infirmity [ɪn'fɜːmətɪ] n **1.** [illness] dolencia f **2.** [state] enfermedad f.

inflamed [ɪn'fleɪmd] adj MED inflamado(da).

inflammable [ɪn'flæməbl] adj [burning easily] inflamable.

inflammation [ˌɪnfləˈmeɪʃn] n MED inflamación f.

inflatable [ɪnˈfleɪtəbl] adj inflable, hinchable.

inflate [ɪnˈfleɪt] ❖ vt **1.** [gen] inflar, hinchar **2.** [prices] inflar. ❖ vi inflarse, hincharse.

inflation [ɪnˈfleɪʃn] n ECON inflación f.

inflationary [ɪnˈfleɪʃnrɪ] adj ECON inflacionista.

inflexible [ɪnˈfleksəbl] adj **1.** [material, person, attitude] inflexible **2.** [decision, arrangement] fijo(ja).

inflict [ɪnˈflɪkt] vt ▸ **to inflict sthg on sb** infligir algo a alguien.

influence [ˈɪnfluəns] ❖ n ▸ **influence (on** OR **over sb)** influencia f (sobre alguien) ▸ **influence (on sthg)** influencia (en algo) ▸ **to be a bad influence on sb** tener mala influencia en alguien ▸ **under the influence of a)** [person, group] bajo la influencia de **b)** [alcohol, drugs] bajo los efectos de. ❖ vt influenciar.

influential [ˌɪnfluˈenʃl] adj influyente.

influenza [ˌɪnfluˈenzə] n fml gripe f.

influx [ˈɪnflʌks] n afluencia f.

info [ˈɪnfəʊ] n (U) inf información f.

inform [ɪnˈfɔːm] vt ▸ **to inform sb (of /about sthg)** informar a alguien (de/sobre algo). ◆ **inform on** vt insep delatar.

informal [ɪnˈfɔːml] adj informal ; [language] familiar.

informality [ɪnfɔːˈmælɪt] n [of occasion, behaviour] sencillez f ; [of treatment] familiaridad f.

informant [ɪnˈfɔːmənt] n **1.** [informer] delator m, -ra f **2.** [of researcher] informante mf.

information [ˌɪnfəˈmeɪʃn] n (U) ▸ **information (on** OR **about)** información f OR datos mpl (sobre) ▸ **a piece of information** un dato ▸ **for your information** para tu información.

information desk n (mostrador m de) información f.

information technology n informática f.

informative [ɪnˈfɔːmətɪv] adj informativo(va).

informer [ɪnˈfɔːmər] n delator m, -ra f.

infrared [ˌɪnfrəˈred] adj infrarrojo(ja).

infrastructure [ˈɪnfrəˌstrʌktʃər] n infraestructura f.

infrequent [ɪnˈfriːkwənt] adj infrecuente.

infringe [ɪnˈfrɪndʒ] ❖ vt **1.** [rule] infringir **2.** [right] vulnerar. ❖ vi ▸ **to infringe on sthg** vulnerar algo.

infringement [ɪnˈfrɪndʒmənt] n **1.** [of rule] infracción f **2.** [of right] violación f.

infuriating [ɪnˈfjʊərɪeɪtɪŋ] adj exasperante.

ingenious [ɪnˈdʒiːnjəs] adj ingenioso(sa).

ingenuity [ˌɪndʒɪˈnjuːətɪ] n ingenio m, inventiva f.

ingenuous [ɪnˈdʒenjuəs] adj fml ingenuo(nua).

ingot [ˈɪŋgət] n lingote m.

ingrained [ˌɪnˈgreɪnd] adj **1.** [ground in] incrustado(da) **2.** [deeply rooted] arraigado(da).

ingratiating [ɪnˈgreɪʃɪeɪtɪŋ] adj obsequioso(sa), lisonjero(ra).

ingredient [ɪnˈgriːdjənt] n ingrediente m.

inhabit [ɪnˈhæbɪt] vt habitar.

inhabitant [ɪnˈhæbɪtənt] n habitante mf.

inhale [ɪnˈheɪl] ❖ vt inhalar. ❖ vi [gen] inspirar ; [smoker] tragarse el humo.

inhaler [ɪnˈheɪlər] n MED inhalador m.

inherent [ɪnˈhɪərənt, ɪnˈherənt] adj ▸ **inherent (in)** inherente (a).

inherently [ɪnˈhɪərəntlɪ, ɪnˈherəntlɪ] adv intrínsecamente.

inherit [ɪnˈherɪt] vt ▸ **to inherit sthg (from sb)** heredar algo (de alguien).

inheritance [ɪnˈherɪtəns] n herencia f.

inhibit [ɪnˈhɪbɪt] vt **1.** [restrict] impedir **2.** [person] cohibir.

inhibition [ˌɪnhɪˈbɪʃn] n inhibición f.

inhospitable [ˌɪnhɒˈspɪtəbl] adj **1.** [unwelcoming] inhospitalario(ria) **2.** [harsh] inhóspito(ta).

in-house ❖ adj [journal, report] de circulación interna ; [worker] de plantilla ; [training] en el lugar de trabajo. ❖ adv en la misma empresa.

inhuman [ɪnˈhjuːmən] adj **1.** [cruel] inhumano(na) **2.** [not human] infrahumano(na).

inhumane [ˌɪnhjuːˈmeɪn] adj inhumano(na).

initial [ɪˈnɪʃl] ❖ adj inicial. ❖ vt (UK pt & pp -led, cont -ling, US pt & pp -ed, cont -ing) poner las iniciales a. ◆ **initials** pl n [of person] iniciales fpl.

initially [ɪˈnɪʃəlɪ] adv inicialmente.

initiate [ɪˈnɪʃɪeɪt] vt iniciar.

initiative [ɪˈnɪʃətɪv] n iniciativa f.

inject [ɪnˈdʒekt] vt **1.** MED ▸ **to inject sb with sthg, to inject sthg into sb** inyectarle algo a alguien **2.** [life, excitement etc] ▸ **to inject sthg into sthg** infundir algo a algo **3.** [funds, capital] ▸ **to inject sthg into sthg** inyectar algo en OR a algo.

injection [ɪnˈdʒekʃn] n inyección f.

injunction [ɪnˈdʒʌŋkʃn] n interdicto m.

injure [ˈɪndʒər] vt [gen] herir ; SPORT lesionar ; [reputation] dañar ; [chances] perjudicar.

injured [ˈɪndʒəd] adj [gen] herido(da) ; SPORT lesionado(da) ; [reputation] dañado(da).

injury [ˈɪndʒərɪ] n **1.** [wound] herida f ; [to muscle, broken bone] lesión f **2.** (U) [physical harm] lesiones fpl.

injury time n (tiempo m de) descuento m.

injustice [ɪnˈdʒʌstɪs] n injusticia f ▸ **to do sb an injustice** ser injusto(ta) con alguien.

ink [ɪŋk] n tinta f.

ink-jet printer n COMPUT impresora f de chorro de tinta.

inkling ['ɪŋklɪŋ] n ▶ **to have an inkling of sthg** tener una vaga idea de algo.

inlaid [,ɪn'leɪd] adj incrustado(da) ▶ **inlaid with** [jewels] con incrustaciones de.

inland ❖ adj ['ɪnlənd] interior. ❖ adv [ɪn'lænd] [go] hacia el interior ; [remain] en el interior.

Inland Revenue n UK ▶ **the Inland Revenue** ≃ Hacienda f.

in-laws pl n suegros mpl.

inlet ['ɪnlet] n **1.** [stretch of water] entrante m **2.** [way in] entrada f, admisión f.

in-line skating n SPORT patinaje m en línea.

inmate ['ɪnmeɪt] n [of prison] preso m, -sa f ; [of mental hospital] interno m, -na f.

inmost ['ɪnməʊst], **innermost** adj liter [deepest] más íntimo(ma), más profundo(da).

inn [ɪn] n fonda f ; [pub] pub decorado a la vieja usanza.

innate [ɪ'neɪt] adj innato(ta).

inner ['ɪnər] adj **1.** [gen] interior **2.** [feelings] íntimo(ma) ; [fears, doubts, meaning] interno(na).

inner city n núcleo m urbano deprimido.

innermost ['ɪnəməʊst] = **inmost**.

inner tube n cámara f (de aire).

inning ['ɪnɪŋ] n [in baseball] entrada f, inning m.

innings ['ɪnɪŋz] (pl inv) n [in cricket] entrada f, turno m ▶ **to have had a good innings** fig haber tenido una vida larga y provechosa.

innocence ['ɪnəsəns] n inocencia f.

innocent ['ɪnəsənt] ❖ adj ▶ **innocent (of)** inocente (de). ❖ n [naive person] inocente mf.

innocuous [ɪ'nɒkjʊəs] adj inocuo(cua).

innovate ['ɪnəveɪt] vi & vt innovar.

innovation [,ɪnə'veɪʃn] n innovación f.

innovative ['ɪnəvətɪv] adj innovador(ra).

innuendo [,ɪnjuː'endəʊ] (pl -es or -s) n **1.** [individual remark] insinuación f, indirecta f **2.** (U) [style of speaking] insinuaciones fpl, indirectas fpl.

innumerable [ɪ'njuːmərəbl] adj innumerable.

inoculate [ɪ'nɒkjʊleɪt] vt ▶ **to inoculate sb (against sthg)** inocular a alguien (contra algo).

inoculation [ɪ,nɒkjʊ'leɪʃn] n inoculación f.

in-patient n paciente interno m, paciente interna f.

input ['ɪnpʊt] ❖ n **1.** [contribution] aportación f, contribución f **2.** COMPUT & ELEC entrada f. ❖ vt (pt & pp input or -ted) COMPUT introducir.

inquest ['ɪnkwest] n investigación f judicial.

inquire [ɪn'kwaɪər] ❖ vi [ask for information] informarse, preguntar ▶ **to inquire about sthg** informarse de algo. ❖ vt ▶ **to inquire when / if / how...** preguntar cuándo / si / cómo... ◆ **inquire after** vt insep preguntar por. ◆ **inquire into** vt insep investigar.

inquiry [ɪn'kwaɪərɪ] n **1.** [question] consulta f, pregunta f ▶ **'Inquiries'** 'Información' **2.** [investigation] investigación f.

inquiry desk n (mostrador m de) información f.

inquisitive [ɪn'kwɪzətɪv] adj curioso(sa).

inroads ['ɪnrəʊdz] pl n ▶ **to make inroads into** [savings, supplies] mermar ; [market, enemy territory] abrirse paso en.

insane [ɪn'seɪn] adj [mad] demente ; fig [jealousy, person] loco(ca) ▶ **to drive sb insane** volver loco a alguien.

insanity [ɪn'sænətɪ] n MED demencia f ; [craziness] locura f.

insatiable [ɪn'seɪʃəbl] adj insaciable.

inscription [ɪn'skrɪpʃn] n **1.** [engraved] inscripción f **2.** [written] dedicatoria f.

inscrutable [ɪn'skruːtəbl] adj inescrutable.

insect ['ɪnsekt] n insecto m.

insecticide [ɪn'sektɪsaɪd] n insecticida m.

insect repellent n loción f antiinsectos.

insecure [,ɪnsɪ'kjʊər] adj **1.** [not confident] inseguro(ra) **2.** [not safe] poco seguro(ra).

insensible [ɪn'sensəbl] adj fml **1.** [unconscious] inconsciente **2.** [unaware] ▶ **to be insensible of sthg** no ser consciente de algo **3.** [unable to feel] ▶ **to be insensible to sthg** ser insensible a algo.

insensitive [ɪn'sensətɪv] adj ▶ **insensitive (to)** insensible (a).

inseparable [ɪn'seprəbl] adj ▶ **inseparable (from)** inseparable (de).

insert ❖ vt [ɪn'sɜːt] ▶ **to insert sthg (in or into)** a) [hole] introducir algo (en) b) [text] insertar algo (en). ❖ n ['ɪnsɜːt] PRESS encarte m.

insertion [ɪn'sɜːʃn] n inserción f.

inshore ❖ adj ['ɪnʃɔːr] costero(ra). ❖ adv [ɪn'ʃɔːr] hacia la orilla or la costa.

inside [ɪn'saɪd] ❖ prep dentro de / inside three months en menos de tres meses. ❖ adv **1.** [be, remain] dentro ; [go, move, look] adentro ▶ **come inside!** ¡metéos dentro! **2.** fig [feel, hurt etc] por dentro. ❖ adj interior ▶ **inside leg measurement** medida f de la entrepierna. ❖ n interior m ▶ **from the inside** desde dentro ▶ **to overtake on the inside** [of road] adelantar por dentro ▶ **inside out** [wrong way] al revés ▶ **to turn sthg inside out** [clothing] dar la vuelta a algo ▶ **to know sthg inside out** conocer algo de arriba abajo or al dedillo. ◆ **insides** pl n inf tripas fpl. ◆ **inside of** prep US [building, object] dentro de.

inside lane n AUTO carril m de dentro ; SPORT calle f de dentro.

insider [,ɪn'saɪdər] n persona f con información confidencial (dentro de una organización).

insight ['ɪnsaɪt] n **1.** (U) [power of understanding] perspicacia f **2.** [understanding] idea f.

insignificant [ˌɪnsɪɡˈnɪfɪkənt] adj insignificante.

insincere [ˌɪnsɪnˈsɪər] adj insincero(ra).

insinuate [ɪnˈsɪnjueɪt] vt pej ▸ **to insinuate (that)** insinuar (que).

insipid [ɪnˈsɪpɪd] adj pej soso(sa), insípido(da).

insist [ɪnˈsɪst] ⬧ vt ▸ **to insist that** insistir en que. ⬧ vi ▸ **to insist on sthg** exigir algo ▸ **to insist (on doing sthg)** insistir (en hacer algo).

insistence [ɪnˈsɪstəns] n insistencia f ▸ **insistence on sthg / on doing sthg** empeño m en algo/en hacer algo.

insistent [ɪnˈsɪstənt] adj **1.** [determined] insistente ▸ **to be insistent on sthg** insistir en algo **2.** [continual] persistente.

insofar [ˌɪnsəʊˈfɑːr] ⬧ **insofar as** conj en la medida en que.

insole [ˈɪnsəʊl] n plantilla f.

insolent [ˈɪnsələnt] adj insolente.

insoluble UK [ɪnˈsɒljubl], **insolvable** US [ɪnˈsɒlvəbl] adj insoluble.

insolvent [ɪnˈsɒlvənt] adj insolvente.

insomnia [ɪnˈsɒmnɪə] n insomnio m.

inspect [ɪnˈspekt] vt inspeccionar ; [troops] pasar revista a.

inspection [ɪnˈspekʃn] n inspección f ; [of troops] revista f ▸ **on closer inspection** tras un examen más detallado.

inspector [ɪnˈspektər] n inspector m, -ra f ; [on bus, train] revisor m, -ra f.

inspiration [ˌɪnspəˈreɪʃn] n **1.** [gen] inspiración f **2.** [source of inspiration] ▸ **inspiration (for)** fuente f de inspiración (para).

inspirational [ˌɪnspəˈreɪʃnl] adj inspirador(ra).

inspire [ɪnˈspaɪər] vt **1.** [stimulate, encourage] ▸ **to inspire sb (to do sthg)** alentar OR animar a alguien (a hacer algo) **2.** [fill] ▸ **to inspire sb with sthg, to inspire sthg in sb** inspirar algo a alguien.

instability [ˌɪnstəˈbɪlətɪ] n inestabilidad f.

instagram® n INTERNET Instagram® m.

install UK, **instal** US [ɪnˈstɔːl] vt [gen & COMPUT] instalar.

installation [ˌɪnstəˈleɪʃn] n [gen & COMPUT] instalación f.

installment US = instalment.

installment plan n US compra f a plazos.

instalment UK, **installment** US [ɪnˈstɔːlmənt] n **1.** [payment] plazo m ▸ **in instalments** a plazos **2.** TV & RADIO episodio m ; [of novel] entrega f.

instance [ˈɪnstəns] n [example, case] ejemplo m ▸ **for instance** por ejemplo ▸ **in the first instance** fml en primer lugar ▸ **in this instance** en este caso.

instant [ˈɪnstənt] ⬧ adj instantáneo(a). ⬧ n [moment] instante m ▸ **at that** OR **the same in-**stant en aquel mismo instante ▸ **the instant (that)...** en cuanto... ▸ **this instant** ahora mismo.

instant access n de acceso inmediato.

instantaneous [ˌɪnstənˈteɪnjəs] adj instantáneo(a).

instantly [ˈɪnstəntlɪ] adv en el acto.

instant message n INTERNET mensaje m instantáneo.

instant messaging n INTERNET mensajería f instantánea.

instead [ɪnˈsted] adv en cambio ▸ **I came instead** yo vine en su lugar ▸ **if you haven't got any sugar, you can use honey instead** si no tiene azúcar, utilice miel en su lugar. ⬧ **instead of** prep en lugar de, en vez de ▸ **I came instead of her** yo vine en su lugar.

instep [ˈɪnstep] n [of foot] empeine m.

instigate [ˈɪnstɪɡeɪt] vt iniciar ▸ **to instigate sb to do sthg** instigar a alguien a hacer algo.

instil UK, **instill** US [ɪnˈstɪl] vt ▸ **to instil sthg in** OR **into sb** inculcar algo a alguien.

instinct [ˈɪnstɪŋkt] n instinto m / **my first instinct was...** mi primer impulso fue...

instinctive [ɪnˈstɪŋktɪv] adj instintivo(va).

institute [ˈɪnstɪtjuːt] ⬧ n instituto m. ⬧ vt [proceedings] iniciar, entablar ; [system] instituir.

institution [ˌɪnstɪˈtjuːʃn] n **1.** [gen] institución f **2.** [home - for children, old people] asilo m ; [- for mentally-handicapped] hospital m psiquiátrico.

institutional racism, institutionalized racism n racismo m institucional.

instruct [ɪnˈstrʌkt] vt **1.** [tell, order] ▸ **to instruct sb to do sthg** mandar OR ordenar a alguien que haga algo **2.** [teach] ▸ **to instruct sb (in sthg)** instruir a alguien (en algo).

instruction [ɪnˈstrʌkʃn] n [gen & COMPUT] instrucción f. ⬧ **instructions** pl n [for use] instrucciones fpl.

instructor [ɪnˈstrʌktər] n **1.** [gen] instructor m **2.** [in skiing] monitor m **3.** [in driving] profesor m **4.** US [at college] profesor m, -ra f.

instrument [ˈɪnstrʊmənt] n instrumento m.

instrumental [ˌɪnstrʊˈmentl] adj [important, helpful] ▸ **to be instrumental in sthg** jugar un papel fundamental en algo.

instrument panel n tablero m de instrumentos.

insubordinate [ˌɪnsəˈbɔːdɪnət] adj insubordinado(da).

insubstantial [ˌɪnsəbˈstænʃl] adj [frame, structure] endeble ; [meal] poco sustancioso(sa).

insufficient [ˌɪnsəˈfɪʃnt] adj ▸ **insufficient (for)** insuficiente (para).

insular [ˈɪnsjʊlər] adj [narrow-minded] estrecho(cha) de miras.

insulate [ˈɪnsjʊleɪt] vt aislar.

insulating tape ['ɪnsjʊleɪtɪŋ-] n **UK** cinta f aislante.

insulation [,ɪnsjʊ'leɪʃn] n [electrical] aislamiento m; [against the cold] aislamiento m térmico.

insulin ['ɪnsjʊlɪn] n insulina f.

insult ◆ vt [ɪn'sʌlt] [with words] insultar; [with actions] ofender. ◆ n ['ɪnsʌlt] [remark] insulto m; [action] ofensa f.

insuperable [ɪn'su:prəbl] adj fml insalvable, insuperable.

insurance [ɪn'ʃʊərəns] n **1.** [against fire, accident, theft] ▶ **insurance (against)** seguro m (contra) **2.** fig [safeguard, protection] ▶ **insurance (against)** prevención f (contra).

insurance policy n póliza f de seguros.

insure [ɪn'ʃʊər] ◆ vt **1.** [against fire, accident, theft] ▶ **to insure sthg/sb (against)** asegurar algo/a alguien (contra) **2.** **US** [make certain] asegurar. ◆ vi [prevent] ▶ **to insure (against)** prevenir OR prevenirse (contra).

insurer [ɪn'ʃʊərər] n asegurador m, -ra f.

insurmountable [,ɪnsə'maʊntəbl] adj fml infranqueable, insuperable.

intact [ɪn'tækt] adj intacto(ta).

intake ['ɪnteɪk] n **1.** [of food, drink] ingestión f; [of air] inspiración f **2.** [in army] reclutamiento m; [in organization] número m de ingresos.

integral ['ɪntɪgrəl] adj integrante ▶ **to be integral to** ser parte integrante de.

integrate ['ɪntɪgreɪt] ◆ vi ▶ **to integrate (with OR into)** integrarse (en). ◆ vt ▶ **to integrate sthg/sb with sthg, to integrate sthg/sb into sthg** integrar algo/a alguien en algo.

integrity [ɪn'tegrətɪ] n integridad f.

intellect ['ɪntəlekt] n [mind, cleverness] intelecto m, inteligencia f.

intellectual [,ɪntə'lektjʊəl] ◆ adj intelectual. ◆ n intelectual mf.

intelligence [ɪn'telɪdʒəns] n (U) **1.** [ability to think] inteligencia f **2.** [information] información f secreta **3.** [information service] servicio m secreto OR de espionaje.

intelligent [ɪn'telɪdʒənt] adj [gen & COMPUT] inteligente.

intelligible [ɪn'telɪdʒəbl] adj inteligible.

intend [ɪn'tend] vt pretender ▶ **to intend doing OR to do sthg** tener la intención de hacer algo ⁄ **what do you intend to do?** ¿qué piensas hacer? ⁄ **later than I had intended** más tarde de lo que había pensado ▶ **to be intended for/as sthg** [project, book] estar pensado para/como algo ⁄ **the flowers were intended for you** las flores eran para ti.

intended [ɪn'tendɪd] adj [effect, result] pretendido(da).

intense [ɪn'tens] adj **1.** [extreme, profound] intenso(sa) **2.** [serious - person] muy serio(ria).

intensely [ɪn'tenslɪ] adv **1.** [very - boring, irritating] enormemente **2.** [very much - suffer] intensamente; [- dislike] profundamente.

intensify [ɪn'tensɪfaɪ] ◆ vt intensificar. ◆ vi intensificarse.

intensity [ɪn'tensətɪ] n intensidad f.

intensive [ɪn'tensɪv] adj [concentrated] intensivo(va).

intensive care n (U) ▶ **(in) intensive care** (bajo) cuidados mpl intensivos.

intent [ɪn'tent] ◆ adj **1.** [absorbed] atento(ta) **2.** [determined] ▶ **to be intent on OR upon doing sthg** estar empeñado(da) en hacer algo. ◆ n fml intención f ▶ **to all intents and purposes** para todos los efectos.

intention [ɪn'tenʃn] n intención f ▶ **to have no intention of** no tener la menor intención de.

intentional [ɪn'tenʃənl] adj deliberado(da), intencionado(da) ▶ **it wasn't intentional** fue sin querer.

intently [ɪn'tentlɪ] adv atentamente.

interact [,ɪntər'ækt] vi **1.** [communicate, work together] ▶ **to interact (with sb)** relacionarse (con alguien) **2.** [react] ▶ **to interact (with sthg)** interaccionar (con algo).

interactive [,ɪntər'æktɪv] adj COMPUT interactivo(va) ▶ **interactive whiteboard** pizarra f interactiva.

interactivity [,ɪntəræk'tɪvɪtɪ] n interactividad f.

intercede [,ɪntə'si:d] vi fml ▶ **to intercede (with/for)** interceder (ante/por).

intercept [,ɪntə'sept] vt interceptar.

interchange ◆ n ['ɪntətʃeɪndʒ] **1.** [exchange] intercambio m **2.** [on motorway] enlace m. ◆ vt [,ɪntə'tʃeɪndʒ] intercambiar.

interchangeable [,ɪntə'tʃeɪndʒəbl] adj ▶ **interchangeable (with)** intercambiable (con).

intercity [,ɪntə'sɪtɪ] n [train] tren m interurbano.

intercom ['ɪntəkɒm] n [for block of flats] portero m automático; [within a building] interfono m.

intercourse ['ɪntəkɔ:s] n (U) ▶ **sexual intercourse** relaciones fpl sexuales, coito m.

interest ['ɪntrəst] ◆ n **1.** [gen] ▶ **interest (in)** interés m (en OR por) ▶ **that's of no interest** eso no tiene interés ▶ **in the interest OR interests of** a) [in order to benefit] en interés de b) [in order to achieve] en pro de ▶ **to take an interest in sthg** interesarse por algo. FIN interés m ⁄ **to pay the interest on a loan** pagar los intereses de un préstamo **3.** [hobby] afición f. ◆ vt interesar ▶ **to interest sb in sthg/in doing sthg** interesar a alguien en algo/en hacer algo.

interested ['ɪntrəstɪd] adj interesado(da) ▶ **I'm not interested** no me interesa ▶ **to be interested**

in sthg / in doing sthg estar interesado en algo / en hacer algo ▸ **I'm interested in that subject** me interesa el tema.

interesting ['ɪntrəstɪŋ] adj interesante.

interest rate n tipo m de interés.

interface n COMPUT interfaz f, interface m.

interfere [,ɪntə'fɪər] vi **1.** [meddle] ▸ **to interfere (with OR in sthg)** entrometerse OR interferir (en algo) **2.** [damage] interferir ▸ **to interfere with sthg a)** [career, routine] interferir en algo **b)** [work, performance] interrumpir algo.

interference [,ɪntə'fɪərəns] n *(U)* **1.** [meddling] ▸ **interference (with OR in)** intromisión f OR interferencia f (en) **2.** [on radio, TV, telephone] interferencia f.

interim ['ɪntərɪm] ⬧ adj [report] parcial ; [measure] provisional ; [government] interino(na). ⬧ n ▸ **in the interim** entre tanto.

interior [ɪn'tɪərɪər] ⬧ adj **1.** [inner] interior **2.** POL [minister, department] del Interior. ⬧ n interior m.

interior decorator, interior designer n interiorista mf.

interlock [,ɪntə'lɒk] vi [fingers] entrelazarse ; [cogs] engranar.

interloper ['ɪntələupər] n intruso m, -sa f.

interlude ['ɪntəluːd] n **1.** [pause] intervalo m **2.** [interval] intermedio m.

intermediary [,ɪntə'miːdjərɪ] n intermediario m, -ria f.

intermediate [,ɪntə'miːdjət] adj intermedio(dia).

interminable [ɪn'tɜːmɪnəbl] adj interminable.

intermission [,ɪntə'mɪʃn] n [of film] descanso m ; [of play, opera, ballet] entreacto m.

intermittent [,ɪntə'mɪtənt] adj intermitente.

intern ⬧ vt [ɪn'tɜːn] recluir, internar. ⬧ n ['ɪntɜːn] US médico m interno residente.

internal [ɪn'tɜːnl] adj **1.** [gen] interno(na) **2.** [within a country] interior, nacional ▸ **internal flight** vuelo m nacional.

internally [ɪn'tɜːnəlɪ] adv **1.** [gen] internamente **2.** [within a country] a nivel nacional.

Internal Revenue Service n US ▸ **the Internal Revenue Service** ≃ la Agencia Tributaria Esp ; ≃ la Dirección General Impositiva AM.

international [,ɪntə'næʃənl] ⬧ adj internacional. ⬧ n UK **1.** SPORT [match] encuentro m internacional **2.** SPORT [player] internacional mf.

Internet ['ɪntənet] n ▸ **the Internet** Internet f ▸ **Internet address** dirección f de internet ▸ **on the Internet** en Internet.

Internet access n acceso m a Internet.

Internet access provider n proveedor m de acceso a Internet.

Internet café n cibercafé m.

Internet connection n conexión f a Internet.

Internet radio n radio f por Internet.

Internet Service Provider n proveedor m de servicios Internet.

Internet start-up company n empresa f electrónica aparecida con Internet.

Internet television, Internet TV n televisión f por Internet.

interpret [ɪn'tɜːprɪt] ⬧ vt interpretar. ⬧ vi hacer de intérprete.

interpretation [ɪn,tɜːprɪ'teɪʃn] n interpretación f.

interpreter [ɪn'tɜːprɪtər] n [person] intérprete mf.

interrelate [,ɪntərɪ'leɪt] vi ▸ **to interrelate (with)** interrelacionarse (con).

interrogate [ɪn'terəgeɪt] vt [gen & COMPUT] interrogar.

interrogation [ɪn,terə'geɪʃn] n interrogatorio m.

interrogation mark n US signo m de interrogación.

interrogative [,ɪntə'rɒgətɪv] adj GRAM interrogativo(va).

interrupt [,ɪntə'rʌpt] vt & vi interrumpir.

interruption [,ɪntə'rʌpʃn] n interrupción f.

intersect [,ɪntə'sekt] ⬧ vi cruzarse. ⬧ vt cruzar.

intersection [,ɪntə'sekʃn] n US [of roads] cruce m, intersección f.

intersperse [,ɪntə'spɜːs] vt ▸ **to be interspersed with OR by** estar entremezclado con.

interstate ['ɪntəsteɪt] n US autopista f interestatal.

interval ['ɪntəvl] n **1.** [gen & MUS] ▸ **interval (between)** intervalo m (entre) ▸ **at intervals** [now and again] a ratos ▸ **at regular intervals** a intervalos regulares ▸ **at monthly / yearly intervals** a intervalos de un mes / un año **2.** UK [at play, concert] intermedio m, descanso m.

intervene [,ɪntə'viːn] vi **1.** [gen] ▸ **to intervene (in)** intervenir (en) **2.** [prevent thing from happening] interponerse ▸ **the war intervened** sobrevino la guerra **3.** [pass] transcurrir.

intervention [,ɪntə'venʃn] n intervención f.

interview ['ɪntəvjuː] ⬧ n [gen] entrevista f ; [with police] interrogatorio m. ⬧ vt [gen] entrevistar ; [subj: policeman] interrogar.

interviewer ['ɪntəvjuːər] n entrevistador m, -ra f.

intestine [ɪn'testɪn] n intestino m.

intimacy ['ɪntɪməsɪ] n ▸ **intimacy (between / with)** intimidad f (entre / con).

intimate ⬧ adj ['ɪntɪmət] **1.** [gen] íntimo(ma) **2.** [knowledge] profundo(da). ⬧ vt ['ɪntɪmeɪt] fml ▸ **to intimate (that)** dar a entender (que).

intimidate [ɪn'tɪmɪdeɪt] vt intimidar.

into ['ɪntʊ] prep **1.** [inside] en / *to go into a room* entrar en una habitación / *to put sthg into sthg* meter algo en algo / *to get into a car* subir a un coche **2.** [against] con / *to bump / crash into* tropezar / chocar con **3.** [referring to change in condition etc] : *to turn* OR *develop into* convertirse en / *to translate sthg into Spanish* traducir algo al español **4.** [concerning] en relación con / *research into electronics* investigación en relación a la electrónica **5.** [in expressions of time] : *fifteen minutes into the game* a los quince minutos de empezar el partido / *well into the spring* hasta bien entrada la primavera **6.** MATH ▸ **to divide 4 into 8** dividir 8 entre 4.

intolerable [ɪn'tɒlrəbl] adj *fml* [position, conditions] intolerable ; [boredom, pain] inaguantable.

intolerance [ɪn'tɒlərəns] n intolerancia f.

intolerant [ɪn'tɒlərənt] adj intolerante.

intonation [,ɪntə'neɪʃn] n entonación f.

intoxicated [ɪn'tɒksɪkeɪtɪd] adj **1.** [drunk] embriagado(da) **2.** *fig* [excited] ▸ **intoxicated (by** OR **with)** ebrio (ebria) (de).

intractable [ɪn'træktəbl] adj *fml* **1.** [stubborn] intratable **2.** [insoluble] inextricable, insoluble.

intransitive [ɪn'trænzətɪv] adj intransitivo(va).

intravenous [,ɪntrə'viːnəs] adj intravenoso(sa).

in-tray n bandeja f de entrada.

intricate ['ɪntrɪkət] adj intrincado(da).

intrigue [ɪn'triːg] ✧ n intriga f. ✧ vt intrigar.

intriguing [ɪn'triːgɪŋ] adj intrigante.

intrinsic [ɪn'trɪnsɪk] adj intrínseco(ca).

introduce [,ɪntrə'djuːs] vt **1.** [present - person, programme] presentar ▸ **to introduce sb (to sb)** presentar a alguien (a alguien) ▸ **to introduce o.s.** presentarse **2.** [bring in] ▸ **to introduce sthg (to** OR **into)** introducir algo (en) **3.** [show for first time] ▸ **to introduce sb to sthg** iniciar a alguien en algo.

introduction [,ɪntrə'dʌkʃn] n **1.** [gen] ▸ **introduction (to sthg)** introducción f (a algo) **2.** [of people] ▸ **introduction (to sb)** presentación f (a alguien).

introductory [,ɪntrə'dʌktrɪ] adj [chapter] introductorio(ria) ; [remarks] preliminar ; [price, offer] de lanzamiento.

introvert ['ɪntrəvɜːt] n introvertido m, -da f.

introverted ['ɪntrəvɜːtɪd] adj introvertido(da).

intrude [ɪn'truːd] vi [interfere] ▸ **to intrude (on** OR **upon sb)** inmiscuirse (en los asuntos de alguien) ▸ **to intrude (on** OR **upon sthg)** inmiscuirse (en algo) ; [disturb] molestar.

intruder [ɪn'truːdər] n intruso m, -sa f.

intrusion [ɪn'truːʒn] n [into sb's business] intromisión f ; [into a place] intrusión f.

intrusive [ɪn'truːsɪv] adj [interfering] entrometido(da) ; [unwanted] indeseado(da).

intuition [,ɪntjuː'ɪʃn] n intuición f.

inundate ['ɪnʌndeɪt] vt **1.** *fml* [flood] inundar **2.** [overwhelm] desbordar ▸ **to be inundated with** verse desbordado por.

invade [ɪn'veɪd] vt invadir.

invader [ɪn'veɪdər] n invasor m, -ra f.

invalid ✧ adj [ɪn'vælɪd] **1.** [marriage, vote, ticket] nulo(la) **2.** [argument, result] que no es válido(da). ✧ n ['ɪnvəlɪd] inválido m, -da f.

invalidate [ɪn'vælɪdeɪt] vt [theory] refutar ; [rule] invalidar ; [marriage, election] anular, invalidar.

invaluable [ɪn'væljʊəbl] adj ▸ **invaluable (to)** a) [information, advice] inestimable (para) b) [person] valiosísimo(ma) (para).

invariably [ɪn'veərɪəblɪ] adv siempre, invariablemente.

invasion [ɪn'veɪʒn] n invasión f.

invent [ɪn'vent] vt inventar.

invention [ɪn'venʃn] n **1.** [gen] invención f **2.** [ability to invent] inventiva f.

inventive [ɪn'ventɪv] adj [person, mind] inventivo(va) ; [solution] ingenioso(sa).

inventor [ɪn'ventər] n inventor m, -ra f.

inventory ['ɪnvəntrɪ] n **1.** [list] inventario m **2.** [goods] existencias fpl.

invert [ɪn'vɜːt] vt invertir.

inverted commas [ɪn'vɜːtɪd-] pl n [UK] comillas fpl ▸ **in inverted commas** entre comillas.

invest [ɪn'vest] ✧ vt [money, time, energy] ▸ **to invest sthg (in)** invertir algo (en). ✧ vi *lit* & *fig* ▸ **to invest (in)** invertir (en).

investigate [ɪn'vestɪgeɪt] vt & vi investigar.

investigation [ɪn,vestɪ'geɪʃn] n [enquiry, examination] ▸ **investigation (into)** investigación f (en).

investigator [ɪn'vestɪgeɪtər] n investigador m, -ra f.

investment [ɪn'vestmənt] n inversión f.

investor [ɪn'vestər] n inversor m, -ra f.

inveterate [ɪn'vetərət] adj [liar] incorregible ; [reader, smoker] empedernido(da).

invidious [ɪn'vɪdɪəs] adj [task, role] desagradable ; [comparison] odioso(sa).

invigilate [ɪn'vɪdʒɪleɪt] vt & vi [UK] vigilar (en un examen).

invigorating [ɪn'vɪgəreɪtɪŋ] adj [bath, walk] vigorizante ; [experience] estimulante.

invincible [ɪn'vɪnsɪbl] adj **1.** [unbeatable] invencible **2.** [determination] inalterable.

invisible [ɪn'vɪzɪbl] adj invisible.

invitation [,ɪnvɪ'teɪʃn] n invitación f ▸ **an invitation to sthg / to do sthg** una invitación a algo / a hacer algo.

invite [ɪn'vaɪt] vt **1.** [gen] ▶ **to invite sb (to sthg/to do sthg)** invitar a alguien (a algo/a hacer algo) **2.** [ask for, provoke] buscarse.

inviting [ɪn'vaɪtɪŋ] adj tentador(ra).

invoice ['ɪnvɔɪs] ❖ n factura f. ❖ vt **1.** [send invoice to] mandar la factura a **2.** [prepare invoice for] facturar.

invoke [ɪn'vəʊk] vt fml [quote as justification] acogerse a.

involuntary [ɪn'vɒləntrɪ] adj involuntario(ria).

involve [ɪn'vɒlv] vt **1.** [entail, require] ▶ **to involve sthg/doing sthg** conllevar algo/hacer algo / *it involves working weekends* supone OR implica trabajar los fines de semana **2.** [concern, affect] afectar a ▶ **to be involved in sthg** [accident, crash] verse envuelto en algo.

involved [ɪn'vɒlvd] adj **1.** [complex] enrevesado(da) **2.** [participating] ▶ **to be involved in** estar metido(da) en ▶ **he didn't want to get involved** no quería tener nada que ver **3.** [in a relationship] ▶ **to be/get involved with sb** estar liado(da)/ liarse con alguien.

involvement [ɪn'vɒlvmənt] n **1.** ▶ **involvement (in)** a) [crime] implicación f (en) b) [running sthg] participación f (en) **2.** [concern, enthusiasm] ▶ **involvement (in)** compromiso m (con) **3.** (U) [relationship] relación f sentimental.

invulnerable [ɪn'vʌlnərəbl] adj ▶ **to be invulnerable (to)** ser invulnerable (a).

inward ['ɪnwəd] ❖ adj **1.** [inner] interno(na) **2.** [towards the inside] hacia el interior. ❖ adv US = inwards.

inwards, inward ['ɪnwədz] adv hacia dentro.

in-your-face adj inf impactante.

iodine [UK 'aɪədiːn, US 'aɪədaɪn] n yodo m.

iota [aɪ'əʊtə] n pizca f, ápice m.

IOU (abbr of I owe you) n pagaré.

IP (abbr of Internet Protocol) n ▶ **IP address** dirección f IP.

iPod® ['aɪpɒd] n iPod® m.

iPodder ['aɪpɒdə'] n usuario m, -ria f de iPod.

IQ (abbr of intelligence quotient) n C.I. m.

IRA ❖ n (abbr of Irish Republican Army) IRA m. ❖ n US (abbr of Individual Retirement Account) cuenta f de retiro OR jubilación individual.

Iran [ɪ'rɑːn] n (el) Irán.

Iranian [ɪ'reɪnjən] ❖ adj iraní. ❖ n [person] iraní mf.

Iraq [ɪ'rɑːk] n (el) Irak.

Iraqi [ɪ'rɑːkɪ] ❖ adj iraquí. ❖ n [person] iraquí mf.

irate [aɪ'reɪt] adj iracundo(da), airado(da).

IRC (abbr of Internet Relay Chat) n IRC m (charla en tiempo real).

Ireland ['aɪələnd] n Irlanda.

iris ['aɪərɪs] (pl -es) n **1.** [flower] lirio m **2.** [of eye] iris m inv.

Irish ['aɪrɪʃ] ❖ adj irlandés(esa). ❖ n [language] irlandés m. ❖ pl n [people] ▶ **the Irish** los irlandeses.

Irishman ['aɪrɪʃmən] (pl -men) n irlandés m.

Irish Sea n : *the Irish Sea* el mar de Irlanda.

Irishwoman ['aɪrɪʃ,wʊmən] (pl -women) n irlandesa f.

irksome ['ɜːksəm] adj fastidioso(sa).

iron ['aɪən] ❖ adj lit & fig de hierro. ❖ n **1.** [metal, nutrient] hierro m **2.** [for clothes] plancha f **3.** [golf club] hierro m. ❖ vt & vi planchar. ◆ **iron out** vt sep fig [overcome] resolver.

Iron Curtain n ▶ **the Iron Curtain** el telón de acero.

ironic(al) [aɪ'rɒnɪk(l)] adj irónico(ca).

ironing ['aɪənɪŋ] n **1.** [work] planchado m **2.** [clothes to be ironed] ropa f para planchar.

ironing board n tabla f de planchar.

ironmonger ['aɪən,mʌŋgə'] n UK ferretero m, -ra f ▶ **ironmonger's (shop)** ferretería f.

irony ['aɪrənɪ] n ironía f.

irrational [ɪ'ræʃənl] adj irracional.

irreconcilable [ɪ,rekən'saɪləbl] adj [completely different] irreconciliable.

irregular [ɪ'regjʊlə'] adj [gen & GRAM] irregular.

irrelevant [ɪ'reləvənt] adj irrelevante, que no viene al caso / *that's irrelevant* eso no viene al caso.

irreparable [ɪ'repərəbl] adj irreparable.

irreplaceable [,ɪrɪ'pleɪsəbl] adj irreemplazable, insustituible.

irrepressible [,ɪrɪ'presəbl] adj [enthusiasm] irreprimible ; [person] imparable.

irresistible [,ɪrɪ'zɪstəbl] adj irresistible.

irrespective [,ɪrɪ'spektɪv] ◆ **irrespective of** prep independientemente de.

irresponsible [,ɪrɪ'spɒnsəbl] adj irresponsable.

irreverent [ɪ'revərənt] adj irreverente, irrespetuoso(sa).

irrigate ['ɪrɪgeɪt] vt regar, irrigar.

irrigation [,ɪrɪ'geɪʃn] n riego m.

irritable ['ɪrɪtəbl] adj [person] irritable ; [answer, tone] irritado(da).

irritate ['ɪrɪteɪt] vt irritar.

irritating ['ɪrɪteɪtɪŋ] adj irritante.

irritation [ɪrɪ'teɪʃn] n **1.** [anger, soreness] irritación f **2.** [cause of anger] motivo m de irritación.

IRS (abbr of Internal Revenue Service) n US : *the IRS* ≃ Hacienda f.

is [ɪz] vb ⟶ **be.**

ISDN (abbr of Integrated Services Delivery Network) n COMPUT RDSI f.

Islam ['ɪzlɑːm] n [religion] islam m.

Islamic fundamentalist n fundamentalista *mf*, islámico-ca *f*.

Islamist ['ɪzləmɪst] adj & n islamista *mf*.

island ['aɪlənd] n **1.** [in water] isla *f* **2.** [in traffic] isleta *f*, refugio *m*.

islander ['aɪləndər] n isleño *m*, -ña *f*.

isle [aɪl] n [as part of name] isla *f*; *liter* [island] ínsula *f*.

Isle of Man n : *the Isle of Man* la isla de Man.

Isle of Wight [-waɪt] n : *the Isle of Wight* la isla de Wight.

isn't ['ɪznt] (*abbr of* is not) ⟶ **be**.

isobar ['aɪsəbɑːr] n isobara *f*.

isolate ['aɪsəleɪt] vt ▶ **to isolate sb (from)** a) [physically] aislar a alguien (de) b) [socially] marginar a alguien (de).

isolated ['aɪsəleɪtɪd] adj aislado(da).

isolation [aɪsə'leɪʃn] n [solitariness] aislamiento *m* ▶ **in isolation** a) [alone] en soledad b) [separately] aisladamente.

ISP (*abbr of* **Internet Service Provider**) n PSI *m*.

Israel ['ɪzreɪəl] n Israel.

Israeli [ɪz'reɪlɪ] ◆ adj israelí. ◆ n israelí *mf*.

ISS ['aɪ'es'es] (*abbr of* **In School Suspension**) n US SCH expulsión *f* temporal de clase (*pero permaneciendo en el centro*).

issue ['ɪʃuː] ◆ n **1.** [important subject] cuestión *f*, tema *m* ▶ **at issue** en cuestión ▶ **to avoid the issue** evitar el tema ▶ **to make an issue of sthg** darle demasiada importancia a algo **2.** [of newspaper, magazine] número *m* **3.** [of stamps, shares, banknotes] emisión *f*. ◆ vt **1.** [statement, warning] hacer público(ca); [decree] promulgar **2.** [stamps, shares, banknotes] emitir **3.** [give] ▶ **to issue sthg to sb, to issue sb with sthg** a) [passport, document] expedir algo a alguien b) [ticket] proporcionar algo a alguien.

isthmus ['ɪsməs] n istmo *m*.

it [ɪt] pron **1.** [referring to specific thing or person - subj] él *m*, ella *f*; [- direct object] lo *m*, la *f*; [- indirect object] le *f it is in my hand* está en mi mano */ did you find it?* ¿lo encontraste? */ give it to me* dámelo */ he gave it a kick* le dio una patada **2.** (*with prepositions*) él *m*, ella *f*; [meaning `this matter' etc] ello */ as if his life depended on it* como si le fuera la vida en ello ▶ **in it** dentro */ have you been to it before?* ¿has estado antes? ▶ **on it** encima ▶ **to talk about it** hablar de él/ella/ello ▶ **under/beneath it** debajo ▶ **beside it** al lado ▶ **from/of it** de él/ella/ello ▶ **over it** por encima **3.** (*impersonal use*): *it was raining* llovía */ it is cold today* hace frío hoy */ it's two o'clock* son las dos */ who is it?* - *it's Mary/me* ¿quién es? - soy Mary/yo */ what day is it?* ¿a qué (día) estamos hoy? */ it's Monday* es lunes */ it says here that* ... aquí dice que ...

IT n *abbr of* **information technology**.

Italian [ɪ'tæljən] ◆ adj italiano(na). ◆ n **1.** [person] italiano *m*, -na *f* **2.** [language] italiano *m*.

italic [ɪ'tælɪk] adj cursiva. ◆ **italics** pl n cursiva *f*.

Italy ['ɪtəlɪ] n Italia.

itch [ɪtʃ] ◆ n picor *m*, picazón *f*. ◆ vi **1.** [be itchy - person] tener picazón; [- arm, leg etc] picar ▶ **my arm is itching** me pica el brazo **2.** *fig* [be impatient] ▶ **to be itching to do sthg** estar deseando hacer algo.

itchy ['ɪtʃɪ] adj [garment, material] que pica ▶ **I've got an itchy arm** me pica el brazo.

it'd ['ɪtəd] **1.** (*abbr of* it had) ⟶ **have** **2.** (*abbr of* it would) ⟶ **would**.

item ['aɪtəm] n **1.** [in collection] artículo *m*; [on list, agenda] punto *m* **2.** [article in newspaper] artículo *m* ▶ **news item** noticia *f*.

itemize, itemise ['aɪtəmaɪz] vt detallar.

it-girl n *inf* joven cuya ocupación es ser famosa */ she's the it-girl* es la chica de la que habla todo el mundo.

itinerary [aɪ'tɪnərərɪ] n itinerario *m*.

it'll [ɪtl] **1.** (*abbr of* it will) ⟶ **will 2.** (*abbr of* it shall) ⟶ **shall**.

its [ɪts] poss adj su, sus (*pl*) */ the dog broke its leg* el perro se rompió la pata.

it's [ɪts] **1.** (*abbr of* it is) ⟶ **be 2.** (*abbr of* it has) ⟶ **have**.

itself [ɪt'self] pron **1.** (*reflexive*) se; (*after prep*) sí mismo(ma) */ with itself* consigo mismo(ma) **2.** (*for emphasis*) : *the town itself is lovely* el pueblo en sí es muy bonito ▶ **in itself** en sí ▶ **it's simplicity itself** es la sencillez misma.

I've [aɪv] (*abbr of* I have) ⟶ **have**.

ivory ['aɪvərɪ] n marfil *m*.

ivy ['aɪvɪ] n hiedra *f*.

Ivy League n US grupo de ocho prestigiosas universidades del este de los EE.UU.

IWB n = **interactive whiteboard**.

J (*pl* **j's** *or* **js**), **J** (*pl* **J's** *or* **Js**) [dʒeɪ] n [letter] j *f*, J *f*.

jab [dʒæb] ◆ n **1.** [with elbow] codazo *m*; [in boxing] golpe *m* corto **2.** UK *inf* [injection] pinchazo *m*. ◆ vt ▶ **to jab sthg into** clavar algo en ▶ **to jab sthg at** apuntarle algo a.

jabber ['dʒæbər] vi charlotear.

jack [dʒæk] n **1.** [device] gato m **2.** ELEC [plug] clavija f; [socket] clavijero m **3.** [French deck playing card] ≃ jota f; [Spanish deck playing card] ≃ sota f. ◆ **jack in** vt sep **UK** inf mandar a paseo, dejar. ◆ **jack up** vt sep **1.** [lift with a jack] levantar con gato **2.** [force up] subir.

jackal ['dʒækəl] n chacal m.

jackdaw ['dʒækdɔ:] n grajilla f.

jacket ['dʒækɪt] n **1.** [garment] chaqueta f, americana f, saco m **AM** **2.** [potato skin] piel f **3.** [book cover] sobrecubierta f **4.** **US** [of record] cubierta f.

jacket potato n patata f asada con piel.

jackhammer ['dʒæk,hæmər] n **US** martillo m neumático.

jack knife n navaja f. ◆ **jack-knife** vi : the lorry jack-knifed derrapó la parte delantera del camión.

jack plug n clavija f.

jackpot ['dʒækpɒt] n (premio m) gordo m.

jaded ['dʒeɪdɪd] adj [tired] agotado(da); [bored] hastiado(da).

jagged ['dʒægɪd] adj dentado(da).

jail, gaol [dʒeɪl] ◆ n cárcel f ▶ **in jail** en la cárcel. ◆ vt encarcelar.

jailer ['dʒeɪlər] n carcelero m, -ra f.

jam [dʒæm] ◆ n **1.** [preserve] mermelada f **2.** [of traffic] embotellamiento m, atasco m **3.** MUS sesión improvisada de jazz o rock **4.** inf [difficult situation] ▶ **to get into /be in a jam** meterse/ estar en un apuro. ◆ vt **1.** [place roughly] meter a la fuerza **2.** [fix] sujetar / jam the door shut atranca la puerta **3.** [pack tightly] apiñar **4.** [fill] abarrotar, atestar **5.** TELEC bloquear **6.** [cause to stick] atascar / it's jammed se ha atascado **7.** RADIO interferir. ◆ vi **1.** [stick] atascarse **2.** MUS improvisar.

Jamaica [dʒə'meɪkə] n Jamaica.

jammin' ['dʒæmɪn] adj **US** inf [doing well] : we're jammin' vamos super bien.

jam-packed [-'pækt] adj inf a tope.

jangle ['dʒæŋgl] vi tintinear.

janitor ['dʒænɪtər] n **US** **Scot** conserje m, portero m.

January ['dʒænjʊərɪ] n enero m. See also **September**.

Japan [dʒə'pæn] n (el) Japón.

Japanese [,dʒæpə'ni:z] ◆ adj japonés(esa). ◆ n (pl inv) [language] japonés m. ◆ pl n ▶ **the Japanese** los japoneses.

jar [dʒɑ:r] ◆ n tarro m. ◆ vt [shake] sacudir. ◆ vi **1.** [upset] ▶ **to jar (on sb)** poner los nervios de punta (a alguien) **2.** [clash - opinions] discordar; [- colours] desentonar.

jargon ['dʒɑ:gən] n jerga f.

jaundice ['dʒɔ:ndɪs] n ictericia f.

jaundiced ['dʒɔ:ndɪst] adj fig [attitude, view] desencantado(da).

jaunt [dʒɔ:nt] n excursión f.

jaunty ['dʒɔ:ntɪ] adj [hat, wave] airoso(sa); [person] vivaz, desenvuelto(ta).

javelin ['dʒævlɪn] n jabalina f.

jaw [dʒɔ:] n [of person, animal] mandíbula f.

jawbone ['dʒɔ:bəʊn] n [of person, animal] mandíbula f, maxilar m.

jay [dʒeɪ] n arrendajo m.

jaywalker ['dʒeɪwɔ:kər] n peatón m imprudente.

jaywalking ['dʒeɪwɔ:kɪŋ] n imprudencia f peatonal.

jazz [dʒæz] n MUS jazz m. ◆ **jazz up** vt sep inf alegrar, avivar.

jazzy ['dʒæzɪ] adj [bright] llamativo(va).

jealous ['dʒeləs] adj **1.** [envious] ▶ **to be jealous (of)** tener celos OR estar celoso(sa) (de) **2.** [possessive] ▶ **to be jealous (of)** ser celoso(sa) (de).

jealousy ['dʒeləsɪ] n (U) celos mpl.

jeans [dʒi:nz] pl n vaqueros mpl.

jeep [dʒi:p] n jeep m, campero m **AM**.

jeer [dʒɪər] ◆ vt [boo] abuchear; [mock] mofarse de. ◆ vi ▶ **to jeer (at sb)** a) [boo] abuchear (a alguien) b) [mock] mofarse (de alguien).

jeering ['dʒɪərɪŋ] adj burlón(ona).

jeez [dʒi:z] interj **US** inf ¡caray!

Jehovah's Witness [dʒɪ'həʊvəz-] n testigo mf de Jehová.

Jell-O® ['dʒeləʊ] n **US** jalea f, gelatina f.

jelly ['dʒelɪ] n **1.** [dessert] jalea f, gelatina f **2.** [jam] mermelada f.

jellyfish ['dʒelɪfɪʃ] (pl inv o -es) n medusa f.

jeopardize, jeopardise ['dʒepədaɪz] vt poner en peligro, arriesgar.

jeopardy ['dʒepədɪ] n ▶ **in jeopardy** en peligro.

jerk [dʒɜ:k] ◆ n **1.** [of head] movimiento m brusco; [of arm] tirón m; [of vehicle] sacudida f **2.** v inf [fool] idiota mf, majadero m, -ra f. ◆ vi [person] saltar; [vehicle] dar sacudidas.

jersey ['dʒɜ:zɪ] (pl jerseys) n **1.** [sweater] jersey m **2.** [in cycling] maillot m.

Jersey ['dʒɜ:zɪ] n Jersey.

jest [dʒest] n ▶ **in jest** en broma.

Jesus (Christ) ['dʒi:zəs-] ◆ n Jesús m, Jesucristo m. ◆ excl inf ¡Santo Dios!

jet [dʒet] n **1.** [aircraft] reactor m **2.** [stream] chorro m **3.** [nozzle, outlet] boquilla f.

jet-black adj negro(gra) azabache.

jet engine n reactor m.

jetfoil ['dʒetfɔɪl] n hidroplano m.

jet lag n desfase m horario.

jetsam ['dʒetsəm] ⟶ **flotsam**.

jettison ['dʒetɪsən] vt [cargo] deshacerse de; fig [ideas] desechar.

jetty ['dʒetɪ] n embarcadero m.

Jew [dʒuː] n judío m, -a f.

jewel ['dʒuːəl] n **1.** [gemstone] piedra f preciosa **2.** [jewellery] joya f.

jewel case n US caja f (de CD).

jeweller UK, **jeweler** US ['dʒuːələr] n joyero m, -ra f ▶ **jeweller's (shop)** joyería f.

jewellery UK, **jewelry** US ['dʒuːəlrɪ] n (U) joyas fpl, alhajas fpl.

Jewess ['dʒuːɪs] n judía f.

Jewish ['dʒuːɪʃ] adj judío(a).

jib [dʒɪb] n **1.** [beam] aguilón m **2.** [sail] foque m.

jibe [dʒaɪb] n pulla f, burla f.

jiffy ['dʒɪfɪ] n inf ▶ **in a jiffy** en un segundo.

Jiffy bag® n sobre m acolchado.

jig [dʒɪg] n giga f.

jigsaw (puzzle) ['dʒɪgsɔː-] n rompecabezas m inv, puzzle m.

jilt [dʒɪlt] vt dejar plantado(da).

jingle ['dʒɪŋgl] ❖ n **1.** [sound] tintineo m **2.** [song] sintonía f (de anuncio publicitario). ❖ vi tintinear.

jinx [dʒɪŋks] n gafe m.

JIT (abbr of just in time) adj justo a tiempo, JAT.

jitters ['dʒɪtəz] pl n inf ▶ **to have the jitters** estar como un flan.

job [dʒɒb] n **1.** [paid employment] trabajo m, empleo m **2.** [task & COMPUT] tarea f ▶ **to make a good job of sthg** hacer un buen trabajo con algo **3.** [difficult task] ▶ **we had a job doing it** nos costó mucho hacerlo **4.** [function] cometido m **5.** UK phr ▶ **it's a good job that ...** inf menos mal que ... ▶ **that's just the job** inf eso me viene de perilla.

Jobcentre n UK oficina f de empleo.

jobless ['dʒɒblɪs] adj desempleado(da).

Job Seekers Allowance n UK subsidio m de desempleo.

job-share ❖ n trabajo m compartido. ❖ vi compartir el trabajo.

jobsharing ['dʒɒbʃeərɪŋ] n (U) empleo m compartido.

jockey ['dʒɒkɪ] ❖ n (pl -s) jockey m, jinete m. ❖ vi ▶ **to jockey for position** competir por colocarse en mejor posición.

jocular ['dʒɒkjʊlər] adj **1.** [cheerful] bromista **2.** [funny] jocoso(sa).

jodhpurs ['dʒɒdpəz] pl n pantalón m de montar.

jog [dʒɒg] ❖ n trote m ▶ **to go for a jog** hacer footing. ❖ vt golpear ligeramente. ❖ vi hacer footing.

jogging ['dʒɒgɪŋ] n footing m.

john [dʒɒn] n US inf [toilet] wáter m.

join [dʒɔɪn] ❖ n juntura f. ❖ vt **1.** [unite] unir, juntar **2.** [get together with] reunirse con

3. [become a member of - political party, trade union] afiliarse a; [- club] hacerse socio de; [- army] alistarse en **4.** [take part in] unirse a ▶ **to join the queue** UK, **to join the line** US meterse en la cola. ❖ vi **1.** [rivers] confluir; [edges, pieces] unirse, juntarse **2.** [become a member - of political party, trade union] afiliarse; [- of club] hacerse socio; [- of army] alistarse. ❖ **join in** ❖ vt insep participar en, tomar parte en. ❖ vi participar, tomar parte. ❖ **join up** vi MIL alistarse.

joiner ['dʒɔɪnər] n carpintero m.

joinery ['dʒɔɪnərɪ] n carpintería f.

joint [dʒɔɪnt] ❖ adj [responsibility] compartido(da); [effort] conjunto(ta) ▶ **joint owner** copropietario m, -ria f. ❖ n **1.** ANAT articulación f **2.** [place where things are joined] juntura f **3.** UK [of meat - uncooked] corte m para asar; [- cooked] asado m **4.** inf & pej [place] antro m **5.** inf [cannabis cigarette] porro m.

joint account n cuenta f conjunta.

jointly ['dʒɔɪntlɪ] adv conjuntamente.

joist [dʒɔɪst] n vigueta f.

joke [dʒəʊk] ❖ n [funny story] chiste m; [funny action] broma f ▶ **to be a joke a)** [person] ser un inútil **b)** [situation] ser una tomadura de pelo ▶ **it's no joke** [not easy] no es (nada) fácil. ❖ vi bromear / **you're joking** estás de broma / **I'm not joking** hablo en serio.

joker ['dʒəʊkər] n **1.** [funny person] bromista mf **2.** [useless person] inútil mf **3.** [playing card] comodín m.

jolly ['dʒɒlɪ] ❖ adj [person, laugh] alegre; [time] divertido(da). ❖ adv UK inf muy.

jolt [dʒəʊlt] ❖ n **1.** liter sacudida f **2.** fig susto m. ❖ vt [jerk] sacudir, zarandear.

Jordan ['dʒɔːdn] n Jordania.

jostle ['dʒɒsl] ❖ vt empujar, dar empujones a. ❖ vi empujar, dar empujones.

jot [dʒɒt] n pizca f. ❖ **jot down** vt sep apuntar, anotar.

jotter ['dʒɒtər] n bloc m.

journal ['dʒɜːnl] n **1.** [magazine] revista f, boletín m **2.** [diary] diario m.

journalism ['dʒɜːnəlɪzm] n periodismo m.

journalist ['dʒɜːnəlɪst] n periodista mf.

journey ['dʒɜːnɪ] ❖ n (pl -s) viaje m. ❖ vi viajar.

jovial ['dʒəʊvjəl] adj jovial.

jowls [dʒaʊlz] pl n carrillos mpl.

joy [dʒɔɪ] n **1.** [happiness] alegría f, regocijo m **2.** [cause of joy] placer m.

joyful ['dʒɔɪful] adj alegre.

joyous ['dʒɔɪəs] adj jubiloso(sa).

joyride ['dʒɔɪraɪd] ❖ n vuelta f en un coche robado. ❖ vi (pt -rode, pp -ridden) darse una vuelta en un coche robado.

joystick ['dʒɔɪstɪk] n [of aircraft] palanca f de mando ; [for video games, computers] joystick m.

JP n abbr of **Justice of the Peace**.

JPEG (abbr of **joint picture expert group**) n COMPUT (formato m) JPEG m.

Jr. US (written abbr of **Junior**) jr ▸ **Mark Andrews Jr.** Mark Andrews, hijo.

jubilant ['dʒuːbɪlənt] adj [person] jubiloso(sa) ; [shout] alborozado(da).

jubilee ['dʒuːbɪliː] n aniversario m.

judge [dʒʌdʒ] ❖ n [gen & LAW] juez mf **/** to be a good judge of character tener buen ojo para la gente. ❖ vt **1.** [gen & LAW] juzgar **2.** [age, distance] calcular. ❖ vi juzgar.

judg(e)ment ['dʒʌdʒmənt] n **1.** LAW fallo m, sentencia f ▸ to pass judgement (on sb) pronunciar sentencia (sobre alguien) **2.** [opinion] juicio m **3.** [ability to form opinion] juicio m ▸ against my better judgement en contra de lo que me dicta el juicio].

judicial [dʒuː'dɪʃl] adj judicial.

judiciary [dʒuː'dɪʃərɪ] n ▸ the judiciary a) [part of government] el poder judicial b) [judges] la judicatura.

judicious [dʒuː'dɪʃəs] adj juicioso(sa).

judo ['dʒuːdəʊ] n judo m.

jug [dʒʌg] n jarra f.

juggernaut ['dʒʌgənɔːt] n camión m grande.

juggle ['dʒʌgl] ❖ vt **1.** [throw] hacer juegos malabares con **2.** [rearrange] jugar con. ❖ vi hacer juegos malabares.

juggler ['dʒʌglər] n malabarista mf.

jugular (vein) ['dʒʌgjʊlər-] n yugular f.

juice [dʒuːs] n **1.** [from fruit, vegetables] zumo m **2.** [from meat] jugo m.

juicer ['dʒuːsər] n exprimidor m.

juicy ['dʒuːsɪ] adj **1.** [gen] jugoso(sa) **2.** inf [scandalous] picante.

jukebox ['dʒuːkbɒks] n máquina f de discos.

July [dʒuː'laɪ] n julio m. See also **September**.

jumble ['dʒʌmbl] ❖ n [mixture] revoltijo m. ❖ vt ▸ to jumble (up) revolver.

jumble sale n UK rastrillo m benéfico.

jumbo jet ['dʒʌmbəʊ-] n jumbo m.

jumbo-sized ['dʒʌmbəʊsaɪzd] adj gigante.

jump [dʒʌmp] ❖ n **1.** [act of jumping] salto m **2.** [start, surprised movement] sobresalto m **3.** [fence in horsejumping] obstáculo m **4.** [rapid increase] incremento m, salto m. ❖ vt **1.** [cross by jumping] saltar **2.** [attack] asaltar **3.** [miss out] saltarse. ❖ vi **1.** [spring] saltar **2.** [make a sudden movement] sobresaltarse **3.** [increase rapidly] aumentar de golpe. ❖ **jump at** vt insep no dejar escapar.

jumper ['dʒʌmpər] n **1.** UK [pullover] jersey m **2.** US [dress] pichi m.

jumper cables pl n US cables mpl de empalme (de batería).

jump leads pl n cables mpl de empalme (de batería).

jump-start vt [by pushing] arrancar empujando ; [using jump leads] arrancar haciendo un puente.

jumpsuit ['dʒʌmpsuːt] n mono m.

jumpy ['dʒʌmpɪ] adj inquieto(ta).

junction ['dʒʌŋkʃn] n [of roads] cruce m ; UK [on motorway] salida f ; [of railway lines] empalme m.

June [dʒuːn] n junio m. See also **September**.

jungle ['dʒʌŋgl] n lit & fig selva f.

junior ['dʒuːnjər] ❖ adj **1.** [partner, member] de menor antigüedad, júnior (inv) ; [officer] subalterno(na) **2.** [after name] ▸ **Mark Andrews junior** Mark Andrews, hijo. ❖ n **1.** [person of lower rank] subalterno m, -na f **2.** [younger person] : he's my junior soy mayor que él **3.** US SCH & UNIV alumno de penúltimo año.

junior high school n US ≃ instituto m de bachillerato (13-15 años).

junior school n UK ≃ escuela f primaria.

junk [dʒʌŋk] inf n (U) [unwanted things] trastos mpl.

junk food n pej comida f basura.

junkie ['dʒʌŋkɪ] n inf yonqui mf.

junk mail n (U) [e-mail] correo m basura ; [postal] propaganda f (por correo).

junk shop n tienda f de objetos usados.

Jupiter ['dʒuːpɪtər] n Júpiter m.

jurisdiction [,dʒʊərɪs'dɪkʃn] n jurisdicción f.

juror ['dʒʊərər] n jurado m.

jury ['dʒʊərɪ] n jurado m **/** the jury is still out on that eso está por ver.

just [dʒʌst] ❖ adv **1.** [recently] : he has just left /moved acaba de salir/mudarse **2.** [at that moment] : we were just leaving when … justo íbamos a salir cuando … **/** I'm just about to do it voy a hacerlo ahora **/** I couldn't do it just then no lo podía hacer en aquel momento **/** just as I was leaving justo en el momento en que salía **/** just recently hace muy poco **/** just yesterday ayer mismo **3.** [only, simply] sólo, solamente **/** he's just a child no es más que un niño **/** 'just add water' 'simplemente añada un poco de agua' **/** if you need help, just ask si necesitas ayuda, no tienes más que pedirla ▸ just a minute OR moment OR second un momento **4.** [almost not] apenas **/** I (only) just did it conseguí hacerlo por muy poco **5.** [for emphasis] : I just know it! ¡estoy seguro! **/** just imagine! ¡imagínate! **/** just look what you've done! ¡mira lo que has hecho! **6.** [exactly, precisely] exactamente, precisamente **/** just what I need justo lo que necesito **/** just here /there aquí/allí mismo **7.** [in requests] :

could you just open your mouth? ¿podrías abrir la boca un momento, por favor? ❖ adj justo(ta). ◆ **just about** adv **1.** [nearly] casi **2.** [more or less] más o menos. ◆ **just as** adv ▶ **just as ... as** tan ... como, igual de ... que. ◆ **just now** adv **1.** [a short time ago] hace un momento **2.** [at this moment] justo ahora, ahora mismo.

justice ['dʒʌstɪs] n justicia f ▶ **to do justice to sthg** a) [to a job] estar a la altura de algo b) [to a meal] hacerle los honores a algo.

Justice of the Peace (pl **Justices of the Peace**) n juez mf de paz.

justifiable ['dʒʌstɪfaɪəbl] adj justificable.

justification [,dʒʌstɪfɪ'keɪʃn] n justificación f.

justify ['dʒʌstɪfaɪ] vt **1.** [explain] ▶ **to justify (sthg/doing sthg)** justifica (algo/el haber hecho algo) **2.** TYPO justificar.

justly ['dʒʌstlɪ] adv justamente.

jut [dʒʌt] vi ▶ **to jut (out)** sobresalir.

juvenile ['dʒuːvənaɪl] ❖ adj **1.** LAW juvenil **2.** pej [childish] infantil. ❖ n LAW menor mf (de edad).

juxtapose [,dʒʌkstə'pəʊz] vt ▶ **to juxtapose sthg (with)** yuxtaponer algo (a).

k (pl **k's** or **ks**), **K** (pl **K's** or **Ks**) [keɪ] n [letter] k f, K f. ◆ **K** n **1.** (abbr of **kilobyte(s)**) K **2.** abbr of **thousand**.

kahuna [kə'huːnə] n US inf : *the big kahuna* el capo.

kaleidoscope [kə'laɪdəskəʊp] n lit & fig caleidoscopio m.

kangaroo [,kæŋgə'ruː] n canguro m.

kaput [kə'pʊt] adj inf escacharrado(da).

karaoke [kɑːrə'əʊkɪ] n karaoke m.

karat ['kærət] n US quilate m.

karate [kə'rɑːtɪ] n kárate m.

Katmandu [,kætmæn'duː] n Katmandú.

kayak ['kaɪæk] n kayac m.

Kb n [comput] Kb.

kcal (written abbr of **kilocalorie**) kcal.

kebab [kɪ'bæb] n pincho m moruno.

keel [kiːl] n quilla f ▶ **on an even keel** en equilibrio estable. ◆ **keel over** vi [ship] zozobrar ; [person] desplomarse.

keen [kiːn] adj **1.** [enthusiastic] entusiasta ▶ **to be keen on sthg** ser aficionado(da) a algo ▶ **she is keen on you** tú le gustas ▶ **I'm not keen on the idea** no me entusiasma la idea ▶ **to be keen**

to do or **on doing sthg** tener ganas de hacer algo **2.** [intense - interest, desire] profundo(da) ; [- competition] reñido(da) **3.** [sharp - sense of smell, hearing, vision] agudo(da) ; [- eye, ear] fino(na) ; [- mind] agudo.

keep [kiːp] ❖ vt (pt & pp **kept**) **1.** [maintain in a particular place or state or position] mantener ▶ **to keep sb waiting/awake** tener a alguien esperando/despierto ▶ **to keep sb talking** darle conversación a alguien **2.** [retain] quedarse con ▶ **keep the change** quédese con la vuelta. **3.** [put aside, store] guardar ▶ **to keep sthg for sb** guardar algo para alguien **4.** [detain] detener **5.** [fulfil, observe - appointment] acudir a ; [- promise, vow] cumplir **6.** [not disclose] ▶ **to keep sthg from sb** ocultar algo a alguien ▶ **to keep sthg to o.s.** no contarle algo a nadie **7.** [in writing - record, account] llevar ; [- diary] escribir ; [- note] tomar **8.** [own - animals, shop] tener. ❖ vi (pt & pp **kept**) **1.** [remain] mantenerse ▶ **to keep quiet** callarse ▶ **to keep still** estarse quieto **2.** [continue] ▶ **to keep doing sthg** a) [repeatedly] no dejar de hacer algo b) [without stopping] continuar or seguir haciendo algo ▶ **to keep going** seguir adelante **3.** [continue in a particular direction] continuar, seguir ▶ **to keep left/right** circular por la izquierda/derecha **4.** [food] conservarse **5.** UK [be in a particular state of health] estar, andar. ❖ n [food, board etc] ▶ **to earn one's keep** ganarse el pan. ◆ **keeps** n ▶ **for keeps** para siempre. ◆ **keep at** vt insep ▶ **to keep at it** perseverar. ◆ **keep back** ❖ vt sep [information] ocultar ; [money, salary] retener. ❖ vi no acercarse. ◆ **keep down** vt sep **1.** [repress] contener **2.** [food] ▶ **she can't keep anything down** lo vomita todo. ◆ **keep off** vt insep [subject] 'evitar' ▶ **'keep off the grass'** 'no pisar la hierba'. ◆ **keep on** ❖ vi **1.** [continue] ▶ **to keep on doing sthg** a) [continue to do] continuar or seguir haciendo algo b) [do repeatedly] no dejar de hacer algo **2.** [talk incessantly] ▶ **to keep on (about)** seguir dale que te pego (con). ❖ vt sep [not sack] mantener en el puesto. ◆ **keep out** ❖ vt sep no dejar pasar. ❖ vi ▶ **'keep out'** 'prohibida la entrada'. ◆ **keep to** vt insep **1.** [follow] ceñirse a **2.** [fulfil, meet] cumplir. ◆ **keep up** ❖ vt sep mantener. ❖ vi [maintain pace, level etc] mantener el ritmo ▶ **to keep up with sb/sthg** seguir el ritmo de alguien/algo.

keeper ['kiːpər] n **1.** [of park, zoo] guarda mf **2.** UK [goalkeeper] guardameta m.

keep-fit UK n (U) ejercicios mpl de mantenimiento.

keeping ['kiːpɪŋ] n **1.** [care] ▶ **in sb's keeping** al cuidado de alguien ▶ **in safe keeping** en lugar seguro **2.** [conformity, harmony] ▶ **in/out of keeping (with)** de acuerdo/en desacuerdo (con).

keepsake ['ki:pseɪk] n recuerdo m.

keg [keg] n barrilete m.

kennel ['kenl] n **1.** [for dog] caseta f del perro **2.** US = kennels. ◆ **kennels** pl n UK residencia f para perros.

Kenya ['kenjə] n Kenia.

Kenyan ['kenjən] ◆ adj keniano(na). ◆ n keniano m, -na f.

kept [kept] pt & pp ⟶ **keep**.

kerb [kɜ:b] n UK bordillo m, cuneta f CHILE.

kernel ['kɜ:nl] n [of nut, fruit] pepita f.

kerosene, kerosine ['kerəsi:n] n queroseno m.

kestrel ['kestrəl] n cernícalo m.

ketchup ['ketʃəp] n catsup m.

kettle ['ketl] n tetera f para hervir ▸ **to put the kettle on** poner el agua a hervir.

kewl adj US inf cool.

key [ki:] ◆ n **1.** [for lock] llave f **2.** [of typewriter, computer, piano] tecla f **3.** [explanatory list] clave f **4.** [solution, answer] ▸ **the key (to)** la clave (de) **5.** MUS [scale of notes] tono m ▸ **off key** desafinado(da). ◆ adj clave (inv). ◆ **key in** vt sep teclear.

keyboard ['ki:bɔ:d] n teclado m.

keyboard shortcut n atajo m de teclado.

key card n tarjeta f de acceso.

keyed up [ki:d-] adj nervioso(sa).

keyguard ['ki:gɑ:d] n [on mobile phone] bloqueo m del teclado.

keyhole ['ki:həʊl] n ojo m de la cerradura.

keyhole surgery n cirugía f endoscópica.

keynote ['ki:nəʊt] comp ▸ **keynote speech** discurso m principal.

keypad ['ki:pæd] n teclado m numérico.

keypal ['ki:pæl] n INTERNET amigo m, -ga f por internet.

key ring n llavero m.

key skill n SCH competencia f de base.

kg (written abbr of **kilogram**) kg m.

khaki ['kɑ:kɪ] ◆ adj caqui. ◆ n caqui m. ◆ **khakis** pl n US pantalones mpl de soldado.

kick [kɪk] ◆ n **1.** [from person] patada f, puntapié m; [from animal] coz f **2.** inf [excitement] ▸ **to do sthg for kicks** hacer algo para divertirse. ◆ vt **1.** [hit once with foot] dar una patada OR un puntapié a; [hit repeatedly with foot] dar patadas OR puntapiés a **2.** inf [give up] dejar. ◆ vi [person] dar patadas; [animal] dar coces, cocear. ◆ **kick about, kick around** vi UK inf andar rondando por ahí. ◆ **kick back** vi US [relax] relajarse. ◆ **kick in** vi [drug] surtir efecto. ◆ **kick off** vi [football] hacer el saque inicial. ◆ **kick out** vt sep inf echar, poner de patitas en la calle. ◆ **kick up** vt insep inf [a fuss, racket] armar.

kickboxing ['kɪkbɒksɪŋ] n kick boxing m.

kid [kɪd] ◆ n **1.** inf [child] crío m, -a f **2.** inf [young person] chico m, -ca f, chaval m, -la f **3.** [young goat] cabrito m **4.** [leather] cabritilla f. ◆ comp inf [brother, sister] menor. ◆ vt inf **1.** [tease] tomar el pelo a **2.** [delude] ▸ **to kid o.s.** hacerse ilusiones. ◆ vi inf ▸ **to be kidding** estar de broma.

kidnap ['kɪdnæp] (UK pt & pp -**ped**, cont -**ping**, US pt & pp -**ed**, cont -**ing**) vt secuestrar, raptar, plagiar AM.

kidnapper ['kɪdnæpər] n secuestrador m, -ra f.

kidnapping UK, **kidnaping** US ['kɪdnæpɪŋ] n secuestro m, rapto m, plagio m AM.

kidney ['kɪdnɪ] (pl **kidneys**) n ANAT & CULIN riñón m.

kidney bean n judía f pinta, frijol m AM OR poroto m ANDES rojo (con forma de riñón), caraota f roja (con forma de riñón) VEN.

kidult ['kɪdʌlt] n inf niño m, -ña f grande.

kill [kɪl] ◆ vt **1.** [gen] matar ▸ **he was killed in an accident** murió en un accidente **2.** fig [cause to end, fail] poner fin a **3.** [occupy] ▸ **to kill time** matar el tiempo. ◆ vi matar. ◆ n [killing] ▸ **we watched the wolves move in for the kill** vimos cómo los lobos se preparaban para caer sobre su presa. ◆ **kill off** vt sep **1.** [cause death of] acabar con **2.** fig [cause to end] poner fin a.

killer ['kɪlər] n [person, animal] asesino m, -na f.

killing ['kɪlɪŋ] n asesinato m.

killjoy ['kɪldʒɔɪ] n aguafiestas mf inv.

kiln [kɪln] n horno m.

kilo ['ki:ləʊ] (pl -s) (abbr of **kilogram**) n kilo m.

kilobyte ['kɪləbaɪt] n kilobyte m.

kilogram(me) ['kɪləgræm] n kilogramo m.

kilohertz ['kɪləhɜ:tz] (pl inv) n kilohercio m.

kilometre UK ['kɪlə,mi:tər], **kilometer** US [kɪ'lɒmɪtər] n kilómetro m.

kilowatt ['kɪləwɒt] n kilovatio m.

kilt [kɪlt] n falda f escocesa.

kin [kɪn] n familiares mpl, parientes mpl.

kind [kaɪnd] ◆ adj [person, gesture] amable; [thought] considerado(da). ◆ n tipo m, clase f ▸ **a kind of** una especie de ▸ **all kinds of** todo tipo de ▸ **kind of** US inf bastante ▸ **nothing of the kind** nada por el estilo ▸ **they're two of a kind** son tal para cual.

kindergarten ['kɪndə,gɑ:tn] n jardín m de infancia.

kind-hearted [-'hɑ:tɪd] adj bondadoso(sa).

kindle ['kɪndl] vt **1.** [fire] encender **2.** fig [idea, feeling] despertar.

kindly ['kaɪndlɪ] ◆ adj amable, bondadoso(sa). ◆ adv **1.** [gently, favourably] amablemente ▸ **to look kindly on sthg/sb** mirar algo/a alguien con buenos ojos **2.** [please] : will you kindly ...? ¿sería tan amable de ...?

kindness ['kaɪndnɪs] n **1.** [gentleness] amabilidad f **2.** [helpful act] favor m.

kindred ['kɪndrɪd] adj [similar] afín ▶ **kindred spirit** alma f gemela.

king [kɪŋ] n rey m.

kingdom ['kɪŋdəm] n reino m.

kingfisher ['kɪŋ,fɪʃəʳ] n martín m pescador.

king-size(d) [-saɪz(d)] adj [cigarette] extralargo ; [pack] gigante ; [bed] extragrande.

kinky ['kɪŋkɪ] adj inf morboso(sa), pervertido(da).

kiosk ['ki:ɒsk] n **1.** [small shop] quiosco m **2.** 𝗨𝗞 [telephone box] cabina f telefónica.

kip [kɪp] 𝗨𝗞 inf ⬥ n sueñecito m. ⬥ vi dormir.

kipper ['kɪpəʳ] n arenque m ahumado.

kiss [kɪs] ⬥ n beso m. ⬥ vt besar ▶ **to kiss sb goodbye** dar un beso de despedida a alguien. ⬥ vi besarse.

kiss of life n [to resuscitate sb] ▶ **the kiss of life** la respiración boca a boca.

kit [kɪt] n **1.** [set of implements] equipo m **2.** 𝗨𝗞 [clothes] equipo m **3.** [to be assembled] modelo m para armar, kit m. ⬥ **kit out** vt sep 𝗨𝗞 equipar.

kit bag n macuto m, petate m.

kitchen ['kɪtʃɪn] n cocina f.

kitchen sink n fregadero m.

kitchen unit n módulo m de cocina.

kite [kaɪt] n [toy] cometa f.

kitesurfing ['kaɪtsɜ:fɪŋ] n kitesurf m.

kith [kɪθ] n ▶ **kith and kin** parientes mpl y amigos.

kitten ['kɪtn] n gatito m.

kitty ['kɪtɪ] n **1.** [for bills, drinks] fondo m común ; [in card games] bote m, puesta f.

kiwi ['ki:wi:] n **1.** [bird] kiwi m **2.** inf [New Zealander] neocelandés m, -esa f.

kiwi (fruit) n kiwi m.

klutz [klʌts] n 𝗨𝗦 inf [stupid person] bobo m, -ba f, chorra mf 𝗘𝘀𝗽 ; [clumsy person] torpe, patoso m, -sa f 𝗘𝘀𝗽.

km (written abbr of **kilometre**) km.

km/h (written abbr of **kilometres per hour**) km/h.

knack [næk] n ▶ **it's easy once you've got the knack** es fácil cuando le coges el tranquillo / **he has the knack of appearing at the right moment** tiene el don de aparecer en el momento adecuado.

knackered ['nækəd] adj 𝗨𝗞 inf **1.** [exhausted] hecho(cha) polvo **2.** [broken] cascado(da).

knapsack ['næpsæk] n mochila f.

knead [ni:d] vt amasar.

knee [ni:] ⬥ n rodilla f. ⬥ vt dar un rodillazo a.

kneecap ['ni:kæp] n rótula f.

kneel [ni:l] vi (𝗨𝗞 pt & pp **knelt**, 𝗨𝗦 pt & pp **-ed** or **knelt**) [go down on knees] arrodillarse ; [be on knees] estar de rodillas. ⬥ **kneel down** vi arrodillarse.

knelt [nelt] pt & pp ⟶ **kneel**.

knew [nju:] pt ⟶ **know**.

knickers ['nɪkəz] pl n **1.** 𝗨𝗞 [underwear] bragas fpl, calzones mpl 𝗔𝗺, pantaletas fpl 𝗖𝗔𝗺 𝗠é𝘅, bombacha f 𝗥𝗣, blúmer m 𝗖𝗔𝗺 **2.** 𝗨𝗦 [knickerbockers] bombachos mpl.

knick-knack ['nɪknæk] n baratija f.

knife [naɪf] ⬥ n (pl **knives**) cuchillo m. ⬥ vt acuchillar.

knight [naɪt] ⬥ n **1.** HIST caballero m **2.** [knighted man] hombre con el título de 'Sir' **3.** [in chess] caballo m. ⬥ vt conceder el título de 'Sir' a.

knighthood ['naɪthʊd] n **1.** [present-day title] título m de 'Sir' **2.** HIST título m de caballero.

knit [nɪt] ⬥ vt (pt & pp **knit** or **-ted**) [make with wool] tejer, tricotar. ⬥ vi (pt & pp **knit** or **-ted**) **1.** [with wool] hacer punto **2.** [join] soldarse.

knitting ['nɪtɪŋ] n (U) **1.** [activity] labor f de punto **2.** [work produced] punto m, calceta f.

knitting needle n aguja f de hacer punto.

knitwear ['nɪtweəʳ] n (U) género m or ropa f de punto.

knives [naɪvz] pl n ⟶ **knife**.

knob [nɒb] n **1.** [on door, drawer, bedstead] pomo m **2.** [on TV, radio etc] botón m.

knock [nɒk] ⬥ n **1.** [hit] golpe m **2.** inf [piece of bad luck] revés m. ⬥ vt **1.** [hit hard] golpear ▶ **to knock sb over** [gen] hacer caer a alguien ; AUTO atropellar a alguien **2.** [make by hitting] hacer, abrir **3.** inf [criticize] poner por los suelos. ⬥ vi **1.** [on door] ▶ **to knock (at or on)** llamar (a) **2.** [car engine] golpetear. ⬥ **knock down** vt sep **1.** [subj: car, driver] atropellar **2.** [building] derribar. ⬥ **knock off** vi inf [stop working] parar de currar. ⬥ **knock out** vt sep **1.** [subj: person, punch] dejar sin conocimiento ; [subj: boxer] dejar fuera de combate ; [subj: drug] dejar dormido a **2.** [eliminate from competition] eliminar.

knocker ['nɒkəʳ] n [on door] aldaba f.

knock-kneed [-'ni:d] adj patizambo(ba).

knock-on effect n 𝗨𝗞 reacción f en cadena ▶ **to have a knock-on effect on sthg** repercutir en algo.

knockout ['nɒkaʊt] n K.O. m.

knot [nɒt] ⬥ n **1.** [gen] nudo m ▶ **to tie/untie a knot** hacer/deshacer un nudo ▶ **to tie the knot** inf [marry] casarse **2.** [of people] corrillo m. ⬥ vt anudar.

knotty ['nɒtɪ] adj intrincado(da).

know [nəʊ] ⬥ vt (pt **knew**, pp **known**) **1.** [gen] ▶ **to know (that)** saber (que) ; [language] saber hablar ▶ **to know sthg backwards** saberse algo al dedillo ▶ **to get to know sthg** enterarse de algo ▶ **to let sb know (about)** avisar a alguien (de) **2.** [be familiar with - person, place] conocer ▶ **to get to know sb** llegar a conocer a alguien. ❖ vi (pt **knew**, pp **known**) **1.** [have knowledge] saber **2.** [be knowledgeable] ▶ **to know about sthg** saber de algo. ❖ n ▶ **to be in the know** estar enterado(da).

know-all, know-it-all n UK sabelotodo mf.

know-how n conocimientos mpl, know-how m.

knowing ['nəʊɪŋ] adj cómplice.

knowingly ['nəʊɪŋlɪ] adv **1.** [in knowing manner] con complicidad **2.** [intentionally] a sabiendas.

know-it-all = **know-all**.

knowledge ['nɒlɪdʒ] n (U) **1.** [awareness] conocimiento m ▶ **to the best of my knowledge** por lo que yo sé **2.** [facts known by individual] conocimientos mpl.

knowledgeable ['nɒlɪdʒəbl] adj entendido(da).

known [nəʊn] pp ⟶ **know**.

knuckle ['nʌkl] n **1.** [on hand] nudillo m **2.** [of pork] codillo m. ◆ **knuckle down** vi ponerse seriamente a trabajar ▶ **to knuckle down to sthg / to doing sthg** dedicarse seriamente a algo / a hacer algo.

koala (bear) [kəʊˈɑːlə-] n koala m.

Koran [kɒˈrɑːn] n ▶ **the Koran** el Corán.

Korea [kəˈrɪə] n Corea.

Korean [kəˈrɪən] ❖ adj coreano(na). ❖ n **1.** [person] coreano m, -na f **2.** [language] coreano m.

kosher ['kəʊʃər] adj **1.** [meat] kosher, permitido(da) por la religión judía **2.** inf [reputable] limpio(pia), legal.

Kosovo ['kɒsəvəʊ] n Kosovo m.

kung fu [ˌkʌŋˈfuː] n kung-fu m.

Kurd [kɜːd] n kurdo m, -da f.

Kuwait [kjuːˈweɪt] n Kuwait.

l¹ (pl **l's** or **ls**), **L** (pl **L's** or **Ls**) [el] n [letter] l f, L f.

l² (written abbr of litre) l.

lab [læb] inf = **laboratory**.

label ['leɪbl] ❖ n **1.** [identification] etiqueta f **2.** [of record] sello m discográfico. ❖ vt (UK pt & pp -**led**, cont -**ling**, US pt & pp -**ed**, cont -**ing**) [fix label to] etiquetar.

labor US = **labour**.

laboratory [UK ləˈbɒrətrɪ, US ˈlæbrəˌtɔːrɪ], **lab** n laboratorio m.

laborious [ləˈbɔːrɪəs] adj laborioso(sa).

labor union n US sindicato m.

labour UK, **labor** US ['leɪbər] ❖ n **1.** [work] trabajo m **2.** [piece of work] esfuerzo m **3.** [workers] mano f de obra **4.** [giving birth] parto m. ❖ vi **1.** [work] trabajar **2.** [work with difficulty] ▶ **to labour at** or **over** trabajar afanosamente en. ◆ **Labour** ❖ adj POL laborista. ❖ n (U) UK POL los laboristas.

laboured UK, **labored** US ['leɪbəd] adj [style] trabajoso(sa) ; [gait, breathing] penoso(sa), fatigoso(sa).

labourer UK, **laborer** US ['leɪbərər] n obrero m, -ra f.

Labour Party n UK ▶ **the Labour Party** el partido Laborista.

Labrador ['læbrədɔːr] n [dog] labrador m.

labyrinth ['læbərɪnθ] n laberinto m.

lace [leɪs] ❖ n **1.** [fabric] encaje m **2.** [shoelace] cordón m. ❖ vt **1.** [shoe, boot] atar **2.** [drink, food] : coffee laced with brandy café con unas gotas de coñac. ◆ **lace up** vt sep atar.

lack [læk] ❖ n falta f ▶ **for** or **through lack of** por falta de ▶ **there was no lack of excitement** no faltó emoción. ❖ vt carecer de. ❖ vi ▶ **to be lacking in** carecer de ▶ **to be lacking** faltar.

lackadaisical [ˌlækəˈdeɪzɪkl] adj pej apático(ca).

lacklustre UK, **lackluster** US ['lækˌlʌstər] adj pej soso(sa), apagado(da).

laconic [ləˈkɒnɪk] adj lacónico(ca).

lacquer ['lækər] n laca f.

lad [læd] n inf [boy] chaval m ▶ **come on lads!** ¡vamos chicos!

ladder ['lædər] ❖ n **1.** [for climbing] escalera f **2.** UK [in tights] carrera f. ❖ vt UK [tights] hacerse una carrera en.

laddish ['lædɪʃ] adj UK referente a un estilo de vida en el que abundan las salidas con los amigos, el alcohol y las actitudes machistas.

laden ['leɪdn] adj ▶ **laden (with)** cargado(da) (de).

ladies UK ['leɪdɪz], **ladies' room** US n lavabo m de señoras.

ladle ['leɪdl] ❖ n cucharón m. ❖ vt servir con cucharón.

lady ['leɪdɪ] ❖ n **1.** [woman] señora f **2.** [woman of high status] dama f. ❖ comp mujer ▶ **lady doctor** doctora f. ◆ **Lady** n [woman of noble rank] lady f.

ladybird UK ['leɪdɪbɜːd], **ladybug** US ['leɪdɪbʌg] n mariquita f.

ladyfinger ['leɪdɪfɪŋgər] n US [biscuit] bizcocho m de soletilla.

lady-in-waiting [-ˈweɪtɪŋ] (pl **ladies-in-waiting**) n dama f de honor.

ladylike ['leɪdɪlaɪk] adj elegante, propio(pia) de una señora.

lag [læg] ◇ vi **1.** [move more slowly] ▶ **to lag (behind)** rezagarse **2.** [develop more slowly] ▶ **to lag (behind)** andar a la zaga. ◇ vt [pipes] revestir. ◇ n [delay] retraso *m*, demora *f*.

lager ['lɑːgər] n cerveza *f* rubia.

lagoon [lə'guːn] n laguna *f*.

laid [leɪd] pt & pp —→ **lay**.

laid-back adj *inf* relajado(da).

lain [leɪn] pp —→ **lie**.

lair [leər] n guarida *f*.

laity ['leɪətɪ] n RELIG ▶ **the laity** los seglares, los legos.

lake [leɪk] n lago *m*.

Lake District n ▶ **the Lake District** el *Distrito de los Lagos al noroeste de Inglaterra.*

lamb [læm] n cordero *m*.

lambswool ['læmzwʊl] ◇ n lana *f* de cordero. ◇ comp de lana de cordero.

lame [leɪm] adj **1.** [person, horse] cojo(ja) **2.** [excuse, argument] pobre.

lament [lə'ment] ◇ n lamento *m*. ◇ vt lamentar.

lamentable ['læməntəbl] adj lamentable.

laminated ['læmɪneɪtɪd] adj **1.** [gen] laminado(da) **2.** [ID card] plastificado(da).

lamp [læmp] n lámpara *f*.

lampoon [læm'puːn] ◇ n pasquín *m*, sátira *f*. ◇ vt satirizar.

lamppost ['læmppəʊst] n farol *m*.

lampshade ['læmpfeɪd] n pantalla *f* (*de lámpara*).

lance [lɑːns] ◇ n lanza *f*. ◇ vt abrir con lanceta.

lance corporal n soldado *m* de primera.

land [lænd] ◇ n **1.** [gen] tierra *f* **2.** [property] tierras *fpl*, finca *f*. ◇ vt **1.** [unload] desembarcar **2.** [plane] hacer aterrizar **3.** [catch - fish] pescar **4.** *inf* [obtain] conseguir, pillar **5.** *inf* [place] ▶ **to land sb in sthg** meter a alguien en algo ▶ **to land sb with sb / sthg** cargar a alguien con alguien / algo. ◇ vi **1.** [by plane] aterrizar, tomar tierra **2.** [from ship] desembarcar **3.** [fall] caer **4.** [end up] ir a parar. ◆ **land up** vi *inf* ▶ **to land up (in)** ir a parar (a).

landfill site ['lændfɪl-] n vertedero *m* de basuras.

landing ['lændɪŋ] n **1.** [of stairs] rellano *m* **2.** [of aeroplane] aterrizaje *m* **3.** [of person] desembarco *m*.

landing card n tarjeta *f* de desembarque.

landing gear n (*U*) tren *m* de aterrizaje.

landing stage n desembarcadero *m*.

landing strip n pista *f* de aterrizaje.

landlady ['lænd,leɪdɪ] n **1.** [of rented room or building] casera *f* **2.** [of hotel, pub] patrona *f*.

landlord ['lændlɔːd] n **1.** [of rented room or building] dueño *m*, casero *m* **2.** [of pub] patrón *m*.

landmark ['lændmɑːk] n **1.** [prominent feature] punto *m* de referencia **2.** *fig* [in history] hito *m*.

landowner ['lænd,əʊnər] n terrateniente *mf*.

landscape ['lændskeɪp] n paisaje *m*.

landslide ['lændslaɪd] n **1.** [of earth, rocks] desprendimiento *m* de tierras **2.** POL victoria *f* arrolladora OR aplastante.

lane [leɪn] n **1.** [road in country] camino *m* **2.** [road in town] callejuela *f*, callejón *m* **3.** [for traffic] carril *m* ▶ **bike** OR **cycle lane** carril *m* bici ▶ **'keep in lane'** *cartel que prohíbe el cambio de carril* **4.** [in swimming pool, race track] calle *f* **5.** [for shipping, aircraft] ruta *f*.

language ['læŋgwɪdʒ] n **1.** [gen] idioma *m*, lengua *f* **2.** [faculty or style of communication & COMPUT] lenguaje *m*.

language laboratory n laboratorio *m* de idiomas.

languid ['læŋgwɪd] adj lánguido(da).

languish ['læŋgwɪʃ] vi [in misery] languidecer; [in prison] pudrirse.

lank [læŋk] adj lacio(cia).

lanky ['læŋkɪ] adj larguirucho(cha).

lantern ['læntən] n farol *m* / **paper lantern** farolillo *m* de papel.

lap [læp] ◇ n **1.** [of person] regazo *m* **2.** [of race] vuelta *f*. ◇ vt **1.** [subj: animal] beber a lengüetadas **2.** [overtake in race] doblar. ◇ vi [water, waves] romper con suavidad.

lapel [lə'pel] n solapa *f*.

Lapland ['læplænd] n Laponia.

lapse [læps] ◇ n **1.** [slip-up] fallo *m*, lapsus *m inv* **2.** [in behaviour] desliz *m* **3.** [of time] lapso *m*, período *m*. ◇ vi **1.** [membership] caducar; [treatment, agreement] cumplir, expirar **2.** [standards, quality] bajar momentáneamente; [tradition] extinguirse **3.** [subj: person] ▶ **to lapse into** terminar cayendo en.

laptop ['læptɒp] n ▶ **laptop (computer)** COMPUT ordenador *m* **Esp** OR computadora *f* **Am** portátil.

larceny ['lɑːsənɪ] n (*U*) latrocinio *m*.

lard [lɑːd] n manteca *f* de cerdo.

larder ['lɑːdər] n despensa *f*.

large [lɑːdʒ] adj [gen] grande; [family] numeroso(sa); [sum] importante. ◆ **at large** adv **1.** [as a whole] en general **2.** [escaped prisoner, animal] suelto(ta). ◆ **by and large** adv en general.

largely ['lɑːdʒlɪ] adv [mostly] en gran parte; [chiefly] principalmente.

large-scale adj a gran escala.

lark [lɑːk] n **1.** [bird] alondra *f* **2.** *inf* [joke] broma *f* ◆ **lark about** vi hacer el tonto.

laryngitis [,lærɪn'dʒaɪtɪs] n (*U*) laringitis *f inv*.

larynx ['lærɪŋks] n laringe *f*.

lasagna, lasagne [lə'zænjə] n (*U*) lasaña *f*.

laser ['leɪzər] n láser *m* ▶ **laser weapon** arma *f* láser.

laser printer n COMPUT impresora *f* láser.

lash [læʃ] ❖ n **1.** [eyelash] pestaña *f* **2.** [blow with whip] latigazo *m*. ❖ vt **1.** *lit & fig* [whip] azotar **2.** [tie] ▶ **to lash sthg (to)** amarrar algo (a). ◆ **lash out** vi **1.** [attack] ▶ **to lash out at sb a)** [physically] soltar un golpe a alguien **b)** [verbally] arremeter contra alguien **2.** **UK** *inf* [spend money] ▶ **to lash out (on sthg)** tirar la casa por la ventana (con algo).

lass [læs] n chavala *f*, muchacha *f*.

lasso [læ'su:] n (*pl* **-s**) lazo *m*.

last [lɑ:st] ❖ adj último(ma) **/** *last month* **/** *Tuesday* el mes/martes pasado ▶ **last March** en marzo del año pasado ▶ **last but one** penúlti-mo(ma) ▶ **last but two** antepenúltimo(ma) ▶ **last night** anoche ▶ **down to the last detail** hasta el último detalle. ❖ adv **1.** [most recently] por última vez **/** *when I last called him* la última vez que lo llamé **2.** [finally, in final position] en últi-mo lugar **/** *he arrived last* llegó el último **/** *last but not least* por último, pero no por ello menos importante. ❖ pron : *the year / Saturday be-fore last* no el año/sábado pasado, sino el anterior ▶ **the last but one** el penúltimo (la penúltima) ▶ **the night before last** anteanoche ▶ **the time before last** la vez anterior a la pasada ▶ **to leave sthg till last** dejar algo para el final. ❖ n ▶ **the last I saw / heard of him** la última vez que lo vi/que oí de él. ❖ vi durar ; [food] conservarse. ◆ **at (long) last** adv por fin.

last-ditch adj último(ma), desesperado(da).

lasting ['lɑ:stɪŋ] adj [peace, effect] duradero(ra).

lastly ['lɑ:stlɪ] adv **1.** [to conclude] por último **2.** [at the end] al final.

last-minute adj de última hora.

latch [lætʃ] n pestillo *m*. ◆ **latch onto** vt insep *inf* [person] pegarse OR engancharse a ; [idea] pillar.

late [leɪt] ❖ adj **1.** [not on time] con retraso ▶ **to be late (for)** llegar tarde (a) ▶ **the flight is twenty minutes late** el vuelo lleva veinte minutos de retraso ▶ **the bus was an hour late** el autobús llegó con una hora de retraso **2.** [near end of] : *in the late afternoon* al final de la tarde **/** *in late December* a finales de diciembre **/** *it's getting late* se está haciendo tarde **3.** [later than nor-mal] tardío(a) **/** *we had a late breakfast* desa-yunamos tarde **4.** [former] : *the late president* el ex-presidente **5.** [dead] difunto(ta). ❖ adv **1.** [gen] tarde **/** *they are open late* abren hasta tarde **2.** [near end of period] : *late in the day* al final del día **/** *late in August* a finales de agosto. ◆ **of late** adv últimamente.

latecomer ['leɪt,kʌmər] n persona *f* que llega tarde.

lately ['leɪtlɪ] adv últimamente.

latent ['leɪtənt] adj latente.

later ['leɪtər] ❖ adj **1.** [date, edition] posterior **2.** [near end of] : *in the later 15th century* a finales del siglo XV. ❖ adv [at a later time] ▶ **later (on)** más tarde ▶ **no later than Friday** el viernes como muy tarde.

lateral ['lætərəl] adj lateral.

latest ['leɪtɪst] ❖ adj [most recent] último(ma). ❖ n ▶ **at the latest** a más tardar, como muy tarde.

lathe [leɪð] n torno *m*.

lather ['lɑ:ðər] ❖ n espuma *f* (de jabón). ❖ vt enjabonar.

Latin ['lætɪn] ❖ adj **1.** [temperament, blood] latino(na) **2.** [studies] de latín. ❖ n [language] latín *m*.

Latin America n Latinoamérica *f*, América *f* Latina.

Latin American ❖ adj latinoamericano(na). ❖ n [person] latinoamericano *m*, -na *f*.

latitude ['lætɪtju:d] n GEOG latitud *f*.

latter ['lætər] ❖ adj **1.** [near to end] últi-mo(ma) **2.** [second] segundo(da). ❖ n ▶ **the latter** éste *m*, ésta *f*.

latterly ['lætəlɪ] adv últimamente.

lattice ['lætɪs] n enrejado *m*, celosía *f*.

Latvia ['lætvɪə] n Letonia.

laudable ['lɔ:dəbl] adj loable.

laugh [lɑ:f] ❖ n **1.** [sound] risa *f* **2.** *inf* [fun, joke] ▶ **to have a laugh** divertirse ▶ **to do sthg for laughs** OR **a laugh** hacer algo para divertirse OR en cachondeo. ❖ vi reírse. ◆ **laugh at** vt insep [mock] reírse de. ◆ **laugh off** vt sep [dismiss] tomarse a risa.

laughable ['lɑ:fəbl] adj *pej* [absurd] ridícu-lo(la), risible.

laughing stock ['lɑ:fɪŋ-] n hazmerreír *m*.

laugh lines pl n líneas *fpl* de la sonrisa.

laughter ['lɑ:ftər] n (*U*) risa *f*.

launch [lɔ:ntʃ] ❖ n **1.** [of boat, ship] botadura *f* **2.** [of rocket, missile, product] lanzamiento *m* **3.** [boat] lancha *f*. ❖ vt **1.** [boat, ship] botar **2.** [missile, attack, product & COMPUT] lanzar **3.** [company] fundar.

launch(ing) pad ['lɔ:ntʃ(ɪŋ)-] n plataforma *f* de lanzamiento.

launder ['lɔ:ndər] vt **1.** [wash] lavar **2.** *inf* [money] blanquear.

laund(e)rette [lɔ:n'dret], **Laundromat®** **US** ['lɔ:ndrəmæt] n lavandería *f* (automática).

laundry ['lɔ:ndrɪ] n **1.** [clothes - about to be washed] colada *f*, ropa *f* sucia ; [- newly washed] ropa *f* limpia **2.** [business, room] lavandería *f*.

laureate ['lɔ:rɪət] = **poet laureate**.

lava ['lɑ:və] n lava *f*.

lavatory ['lævətrɪ] n **1.** [receptacle] wáter m ▶ **lavatory seat** UK tapa f del inodoro **2.** [room] servicio m.

lavender ['lævəndə'] n **1.** [plant] lavanda f **2.** [colour] color m lavanda.

lavish ['lævɪʃ] ❖ adj **1.** [person] pródigo(ga); [gifts, portions] muy generoso(sa) ▶ **to be lavish with a)** [praise, attention] ser pródigo en **b)** [money] ser desprendido(da) con **2.** [sumptuous] espléndido(da), suntuoso(sa). ❖ vt ▶ **to lavish sthg on a)** [praise, care] prodigar algo a **b)** [time, money] gastar algo en.

law [lɔː] n **1.** [gen] ley f ▶ **against the law** ilegal ▶ **to break the law** infringir OR violar la ley ▶ **law and order** el orden público **2.** [set of rules, study, profession] derecho m.

law-abiding [-ə,baɪdɪŋ] adj observante de la ley.

law court n tribunal m de justicia.

law enforcement officer n agente mf de policía.

law firm n bufete m de abogados.

lawful ['lɔːful] adj fml legal, lícito(ta).

lawn [lɔːn] n [grass] césped m, pasto m AM, grama f CAM VEN.

lawnmower ['lɔːn,məʊə'] n cortacésped mf.

lawn tennis n tenis m sobre hierba.

law school n facultad f de derecho ▶ *he went to law school* estudió derecho.

lawsuit ['lɔːsuːt] n pleito m.

lawyer ['lɔːjə'] n abogado m, -da f.

lax [læks] adj [discipline, morals] relajado(da); [person] negligente; [security] poco riguroso(sa).

laxative ['læksətɪv] n laxante m.

lay [leɪ] ❖ pt ⟶ **lie**. ❖ vt (pt & pp **laid**) **1.** [put, place] colocar, poner ▶ **to lay o.s. open to sthg** exponerse a algo **2.** [prepare - plans] hacer **3.** [put in position - bricks] poner; [- cable, trap] tender; [- foundations] echar ▶ **to lay the table** poner la mesa **4.** [egg] poner **5.** [blame, curse] ▶ **to lay sthg on sb** echar algo a alguien. ❖ adj **1.** [not clerical] laico(ca) **2.** [untrained, unqualified] lego(ga). ◆ **lay aside** vt sep **1.** [store for future - food] guardar; [- money] ahorrar **2.** [prejudices, reservations] dejar a un lado. ◆ **lay down** vt sep **1.** [set out] imponer, establecer **2.** [put down - arms] deponer, entregar; [- tools] dejar. ◆ **lay into** vt insep inf arremeter contra. ◆ **lay off** ❖ vt sep [make redundant] despedir. ❖ vt insep inf [stop, give up] ▶ **to lay off (doing sthg)** dejar (de hacer algo). ❖ vi inf ▶ **lay off!** ¡déjame en paz! ◆ **lay on** vt sep [transport, entertainment] organizar; [food] preparar. ◆ **lay out** vt sep **1.** [arrange, spread out] disponer **2.** [plan, design] diseñar el trazado de.

layabout ['leɪəbaʊt] n UK inf holgazán m, -ana f, gandul m, -la f.

lay-by (pl **lay-bys**) n UK área f de descanso.

layer ['leɪə'] ❖ n **1.** [of substance, material] capa f **2.** fig [level] nivel m. ❖ vt [hair] cortar a capas.

layman ['leɪmən] (pl **-men**) n **1.** [untrained, unqualified person] lego m, -ga f **2.** RELIG laico m, -ca f.

layout ['leɪaʊt] n [of building, garden] trazado m, diseño m; [of text] presentación f, composición f; [of page & COMPUT] diseño m.

laze [leɪz] vi ▶ **to laze (about** OR **around)** gandulear, holgazanear.

lazy ['leɪzɪ] adj **1.** [person] perezoso(sa), vago(ga) **2.** [stroll, gesture] lento(ta); [afternoon] ocioso(sa).

lazybones ['leɪzɪbəʊnz] (pl inv) n inf gandul m, -la f.

lb (written abbr of **pound**) lb.

LCD n abbr of **liquid crystal display**.

L-driver n UK conductor que lleva la L.

lead¹ [liːd] ❖ n **1.** [winning position] delantera f ▶ **to be in** OR **have the lead** llevar la delantera, ir en cabeza ▶ **to take the lead** ponerse a la cabeza **2.** [amount ahead] ▶ **to have a lead of ...** llevar una ventaja de ... **3.** [initiative, example] ejemplo m ▶ **to take the lead** [do sthg first] tomar la delantera **4.** THEAT ▶ **(to play) the lead** (hacer) el papel principal **5.** [clue] pista f **6.** [for dog] correa f **7.** [wire, cable] cable m. ❖ adj [singer, actor] principal; [guitar, guitarist] solista; [story in newspaper] más destacado(da). ❖ vt (pt & pp **led**) **1.** [be in front of] encabezar **2.** [take, guide, direct] conducir **3.** [be in charge of, take the lead in] dirigir; [debate] moderar **4.** [life] llevar **5.** [cause] ▶ **to lead sb to do sthg** llevar a alguien a hacer algo ▶ **we were led to believe that ...** nos dieron a entender que ... ❖ vi (pt & pp **led**) **1.** [go] ▶ **to lead (to)** conducir OR llevar (a) **2.** [give access to] ▶ **to lead (to** OR **into)** dar (a) **3.** [be winning] ir en cabeza **4.** [result in] ▶ **to lead to** conducir a **5.** [in cards] salir. ◆ **lead away** vt sep ▶ **to lead sb away** llevarse a alguien. ◆ **lead on** vt sep [pretend to be attracted to] dar esperanzas a. ◆ **lead up to** vt insep **1.** [build up to] conducir a, preceder **2.** [plan to introduce] apuntar a.

lead² [led] n **1.** [metal] plomo m **2.** [in pencil] mina f.

leaded ['ledɪd] adj **1.** [petrol] con plomo **2.** [window] emplomado(da).

leader ['liːdə'] n **1.** [of party etc, in competition] líder mf **2.** UK [in newspaper] editorial m, artículo m de fondo.

leadership ['liːdəʃɪp] n (U) **1.** [people in charge] ▶ **the leadership** los líderes **2.** [position of leader] liderazgo m **3.** [qualities of leader] dotes fpl de mando.

lead-free [led-] adj sin plomo.

lead guitar n guitarra f solista.

leading ['li:dɪŋ] adj **1.** [major - athlete, writer] destacado(da) ; [- company] principal **2.** [at front] que va en cabeza.

leading lady n primera actriz f.

leading light n figura f destacada.

leading man n primer actor m.

leaf [li:f] n (pl **leaves**) **1.** [of tree, book] hoja f **2.** [of table] hoja f abatible. ◆ **leaf through** vt insep hojear.

leaflet ['li:flɪt] n [small brochure] folleto m ; [piece of paper] octavilla f.

league [li:g] n [gen & SPORT] liga f ▶ **to be in league with** [work with] estar confabulado con.

leak [li:k] ◆ n **1.** [hole - in tank, bucket] agujero m ; [- in roof] gotera f **2.** [escape] escape m, fuga f **3.** [of information] filtración f. ◆ vt [information] filtrar. ◆ vi **1.** [bucket] tener un agujero ; [roof] tener goteras ; [boot] calar **2.** [water, gas] salirse, escaparse ▶ **to leak (out) from** salirse de. ◆ **leak out** vi [liquid] escaparse.

leakage ['li:kɪdʒ] n fuga f, escape m.

leaky ['li:kɪ] (compar -**ier**, superl -**iest**) adj [tank, bucket] con agujeros ; [roof] con goteras ; [tap] que gotea.

lean [li:n] ◆ adj **1.** [person] delgado(da) **2.** [meat] magro(gra) **3.** [winter, year] de escasez. ◆ vt (pt & pp **leant** or -**ed**) [support, prop] ▶ **to lean sthg against** apoyar algo contra. ◆ vi (pt & pp **leant** or -**ed**) **1.** [bend, slope] inclinarse ▶ **to lean out of the window** asomarse a la ventana **2.** [rest] ▶ **to lean on / against** apoyarse en / contra.

leaning ['li:nɪŋ] n ▶ **leaning (towards)** inclinación f (hacia or por).

leant [lent] pt & pp ⟶ **lean**.

lean-to (pl **lean-tos**) n cobertizo m.

leap [li:p] ◆ n salto m. ◆ vi (pt & pp **leapt** or -**ed**) [gen] saltar ; [prices] dispararse. ◆ **leap at** vt insep [opportunity] no dejar escapar.

leapfrog ['li:pfrɒg] ◆ n pídola f, rango m **RP**. ◆ vt saltar.

leapt [lept] pt & pp ⟶ **leap**.

leap year n año m bisiesto.

learn [lɜ:n] (pt & pp -**ed** or **learnt**) ◆ vt **1.** [acquire knowledge of, memorize] aprender ▶ **to learn (how) to do sthg** aprender a hacer algo **2.** [hear] ▶ **to learn (that)** enterarse de (que). ◆ vi [acquire knowledge] aprender.

learned ['lɜ:nɪd] adj erudito(ta).

learner ['lɜ:nər] n [beginner] principiante mf ; [student] estudiante mf.

learner (driver) n conductor m principiante or en prácticas.

learner's permit n **US** carné m de conducir provisional.

learning ['lɜ:nɪŋ] n saber m, erudición f.

learning disability n discapacidad f para el aprendizaje.

learnt [lɜ:nt] pt & pp ⟶ **learn**.

lease [li:s] ◆ n LAW contrato m de arrendamiento, arriendo m ▶ **to give sb a new lease of life US OR on life US** darle nueva vida a alguien. ◆ vt arrendar ▶ **to lease sthg from / to sb** arrendar algo de / a alguien.

leasehold ['li:shəʊld] ◆ adj arrendado(da). ◆ adv en arriendo.

leash [li:ʃ] n [for dog] correa f.

least [li:st] (superl of little) ◆ adj [smallest in amount, degree] menor / he earns the least money es el que menos dinero gana. ◆ pron [smallest amount] ▶ **the least** lo menos ▶ **it's the least (that) he can do** es lo menos que puede hacer ▶ **not in the least** en absoluto ▶ **to say the least** por no decir otra cosa. ◆ adv [to the smallest amount, degree] menos. ◆ **at least** adv por lo menos. ◆ **least of all** adv y menos (todavía). ◆ **not least** adv sobre todo.

leather ['leðər] ◆ n piel f, cuero m. ◆ comp [jacket, trousers] de cuero ; [shoes, bag] de piel.

leave [li:v] ◆ vt (pt & pp **left**) **1.** [gen] dejar / he left it to her to decide dejó que ella decidiera ▶ **to leave sb alone** dejar a alguien en paz **2.** [go away from - place] irse de ; [- house, room, work] salir de ; [- wife] abandonar ▶ **to leave home** irse de casa **3.** [do not take, forget] dejarse **4.** [bequeath] ▶ **to leave sb sthg, to leave sthg to sb** dejarle algo a alguien. ◆ vi (pt & pp **left**) [bus, train, plane] salir ; [person] irse, marcharse. ◆ n [time off, permission] permiso m ▶ **to be on leave** estar de permiso. ◆ **leave behind** vt sep **1.** [abandon] dejar **2.** [forget] dejarse **3.** [walking, in race] ▶ **to get left behind** quedarse atrás. ◆ **leave out** vt sep **1.** [omit] omitir **2.** [exclude] excluir. ◆ **leave over** vt sep ▶ **to be left over** sobrar.

leave of absence n excedencia f.

leaves [li:vz] pl n ⟶ **leaf**.

Lebanon ['lebənən] n ▶ **(the) Lebanon** (el) Líbano.

lecherous ['letʃərəs] adj lascivo(va).

lecture ['lektʃər] ◆ n **1.** [talk - at university] clase f ; [- at conference] conferencia f ▶ **to give a lecture (on)** a) [at university] dar una clase (sobre) b) [at conference] dar una conferencia (sobre) **2.** [criticism, reprimand] sermón m. ◆ vt [scold] echar un sermón a. ◆ vi [give talk] ▶ **to lecture (on / in)** a) [at university] dar clases (de / en) b) [at conference] dar una conferencia (sobre / en).

lecturer ['lektʃərər] n [at university] profesor m, -ra f de universidad.

led [led] pt & pp ⟶ **lead**.

ledge [ledʒ] n **1.** [of window] alféizar m **2.** [of mountain] saliente m.

ledger ['ledʒər] n libro m mayor.

leech [liːtʃ] n lit & fig sanguijuela f.

leek [liːk] n puerro m.

leer [lɪər] vi ▶ **to leer at sb** mirar lascivamente a alguien.

leeway ['liːweɪ] n [room to manoeuvre] libertad f (de acción OR movimientos).

left [left] ❖ adj **1.** [remaining] : **to be left** quedar / **there's no wine left** no queda vino **2.** [not right] izquierdo(da). ❖ adv a la izquierda. ❖ n izquierda f ▶ **on** OR **to the left** a la izquierda. ◆ **Left** n POL ▶ **the Left** la izquierda.

left-hand adj izquierdo(da) ▶ **the left-hand side** el lado izquierdo, la izquierda.

left-handed [-'hændɪd] adj **1.** [person] zurdo(da) **2.** [implement] para zurdos.

left luggage (office) n UK consigna f.

leftover ['leftəʊvər] adj sobrante. ◆ **leftovers** pl n sobras fpl.

left wing n POL izquierda f. ◆ **left-wing** adj izquierdista.

leg [leg] n **1.** [of person] pierna f ▶ **to pull sb's leg** tomarle el pelo a alguien **2.** [of animal] pata f **3.** [of trousers] pernera f, pierna f **4.** CULIN [of lamb, pork] pierna f; [of chicken] muslo m **5.** [of furniture] pata f **6.** [of journey] etapa f; [of cup tie] partido m.

legacy ['legəsɪ] n lit & fig legado m.

legal ['liːgl] adj **1.** [lawful] legal **2.** [concerning the law] jurídico(ca), legal.

legalize, legalise ['liːgəlaɪz] vt legalizar.

legally ['liːgəlɪ] adv legalmente ▶ **legally responsible** responsable ante la ley ▶ **legally binding** con fuerza de ley.

legal tender n moneda f de curso legal.

legend ['ledʒənd] n lit & fig leyenda f.

legendary ['ledʒəndrɪ] adj legendario(ria).

leggings ['legɪŋz] pl n mallas fpl.

legible ['ledʒəbl] adj legible.

legionella [ˌliːdʒɪsˈnelə] n legionelosis f.

legislation [ˌledʒɪsˈleɪʃn] n legislación f.

legislative ['ledʒɪslətɪv] adj legislativo(va).

legislature ['ledʒɪsleɪtʃər] n asamblea f legislativa.

legitimate [lɪˈdʒɪtɪmət] adj legítimo(ma).

legless ['leglɪs] adj UK inf [drunk] trompa, como una cuba.

legroom ['legrʊm] n (U) espacio m para las piernas.

leg-warmers [-ˌwɔːməz] pl n calentadores mpl.

leisure [UK 'leʒər, US 'liːʒər] n ocio m ▶ **do it at your leisure** hazlo cuando tengas tiempo.

leisure centre n centro m deportivo y cultural.

leisurely [UK 'leʒəlɪ, US 'liːʒərlɪ] adj lento(ta).

leisure time n tiempo m libre.

lemon ['lemən] n [fruit] limón m.

lemonade [ˌleməˈneɪd] n **1.** UK [fizzy drink] gaseosa f **2.** [made with fresh lemons] limonada f.

lemongrass ['lemənɡrɑːs] n (U) hierba f limonera.

lemon juice n zumo m de limón.

lemon sole n mendo m limón.

lemon squeezer [-'skwiːzər] n exprimidor m, exprimelimones m inv.

lemon tea n té m con limón.

lend [lend] (pt & pp lent) vt **1.** [loan] prestar, dejar ▶ **to lend sb sthg, to lend sthg to sb** prestarle algo a alguien **2.** [offer] ▶ **to lend sthg (to sb)** prestar algo (a alguien) ▶ **to lend sb a hand** echar una mano a alguien ▶ **to lend itself to sthg** prestarse a algo **3.** [add] ▶ **to lend sthg to** prestar algo a.

lender ['lendər] n prestamista mf.

lending rate ['lendɪŋ-] n tipo m de interés (en un crédito).

length [leŋθ] n **1.** [measurement] longitud f, largo m / **what length is it?** ¿cuánto mide de largo? ▶ **it's a metre in length** tiene un metro de largo **2.** [whole distance, size] extensión f **3.** [duration] duración f **4.** [of swimming pool] largo m **5.** [piece of string, wood] trozo m ; [- of cloth] largo m. ◆ **at length** adv **1.** [eventually] por fin **2.** [in detail -speak] largo y tendido ; [-discuss] con detenimiento.

lengthen ['leŋθən] ❖ vt alargar. ❖ vi alargarse.

lengthways ['leŋθweɪz] adv a lo largo.

lengthy ['leŋθɪ] adj [stay, visit] extenso(sa) ; [discussions, speech] prolongado(da).

lenient ['liːnjənt] adj indulgente.

lens [lenz] n **1.** [in glasses] lente f ; [in camera] objetivo m **2.** [contact lens] lentilla f, lente f de contacto.

lent [lent] pt & pp ⟶ **lend**.

Lent [lent] n Cuaresma f.

lentil ['lentɪl] n lenteja f.

Leo ['liːəʊ] n Leo m.

leopard ['lepəd] n leopardo m.

leotard ['liːətɑːd] n malla f.

leper ['lepər] n leproso m, -sa f.

leprosy ['leprəsɪ] n lepra f.

lesbian ['lezbɪən] n lesbiana f.

less [les] (compar of little) ❖ adj menos ▶ **less ... than** menos ... que ▶ **less and less ...** cada vez menos ... ❖ pron menos ▶ **the less you work, the less you earn** cuanto menos trabajas, menos ganas ▶ **it costs less than you think** cuesta menos de lo que piensas ▶ **no less than** nada menos que. ❖ adv menos / **less than five** menos de cinco ▶ **less often** menos ▶ **less and less** cada vez menos. ❖ prep [minus] menos.

less-developed adj ▶ **less-developed country** país m menos desarrollado.

lessen ['lesn] ❖ vt aminorar, reducir. ❖ vi aminorarse, reducirse.

lesser ['lesər] adj menor.

lesson ['lesn] n **1.** [class] clase f **2.** [warning experience] lección f ▶ **to teach sb a lesson** darle una buena lección a alguien.

less-than adj : *less-than sign* signo m inferior a.

lest [lest] conj fml para que no / *lest we forget* no sea que nos olvidemos.

let [let] vt (pt & pp let) **1.** [allow] ▶ **to let sb do sthg** dejar a alguien hacer algo ▶ **to let sb know sthg** avisar a alguien de algo ▶ **to let go of sthg / sb** soltar algo/a alguien ▶ **to let sthg / sb go** [release] liberar a algo/alguien, soltar a algo/alguien ▶ **to let o.s. go a)** [relax] soltarse el pelo **b)** [become slovenly] abandonarse **2.** [in verb forms] ▶ **let's go!** ¡vamos! ▶ **let's see** veamos / *let him wait!* ¡déjale que espere! **3.** [rent out - house, room] alquilar ; [- land] arrendar ▶ **'to let'** 'se alquila'. ◆ **let alone** adv ni mucho menos. ◆ **let down** vt sep **1.** [deflate] desinflar **2.** [disappoint] fallar, defraudar. ◆ **let in** vt sep **1.** [admit] dejar entrar **2.** [leak] dejar pasar. ◆ **let off** vt sep **1.** [excuse] ▶ **to let sb off sthg** eximir a alguien de algo **2.** [not punish] perdonar **3.** [cause to explode - bomb] hacer estallar ; [- gun] disparar **4.** [gas] despedir. ◆ **let on** vi ▶ **don't let on!** ¡no cuentes nada! ◆ **let out** vt sep **1.** [allow to go out] dejar salir **2.** [emit - sound] soltar. ◆ **let up** vi **1.** [heat, rain] amainar **2.** [person] parar.

letdown ['letdaʊn] n inf chasco m.

lethal ['li:θl] adj letal, mortífero(ra).

lethargic [lə'θɑ:dʒɪk] adj **1.** [mood] letárgico(ca) ; [person] aletargado(da) **2.** [apathetic] apático(ca).

let's [lets] (abbr of let us) ⟶ **let**.

letter ['letər] n **1.** [written message] carta f **2.** [of alphabet] letra f ▶ **to the letter** fig al pie de la letra.

letter bomb n carta f bomba.

letterbox ['letəbɒks] n UK buzón m.

letter carrier n US [postman] cartero m, -ra f.

letter of credit n carta f de crédito.

lettuce ['letɪs] n lechuga f.

letup ['letʌp] n tregua f, respiro m.

leuk(a)emia [lu:'ki:mɪə] n leucemia f.

level ['levl] ❖ adj **1.** [equal in speed, score] igualado(da) ▶ **they are level** van igualados ; [equal in height] nivelado(da) ▶ **to be level (with sthg)** estar al mismo nivel (que algo) **2.** [flat - floor, surface] liso(sa), llano(na). ❖ n **1.** [gen] nivel m ▶ **to be on the level** inf ser de fiar **2.** [storey] piso m **3.** US [spirit level] nivel m de burbuja de aire.

❖ vt (UK pt & pp -led, cont -ling, US pt & pp -ed, cont -ing) **1.** [make flat] allanar **2.** [demolish - building] derribar ; [- forest] arrasar. ◆ **level off, level out** vi **1.** [stabilize, slow down] estabilizarse **2.** [ground] nivelarse ; [plane] enderezarse. ◆ **level with** vt insep inf ser sincero(ra) con.

level crossing n UK paso m a nivel.

level-headed [-'hedɪd] adj sensato(ta).

lever [UK 'li:vər, US 'levər] n **1.** [handle, bar] palanca f **2.** fig [tactic] resorte m.

leverage [UK 'li:vərɪdʒ, US 'levərɪdʒ] n (U) **1.** [force] fuerza f de apalanque **2.** fig [influence] influencia f.

levy ['levɪ] ❖ n ▶ **levy (on) a)** [financial contribution] contribución f (a OR para) **b)** [tax] tasa f OR impuesto m (sobre). ❖ vt **1.** [impose] imponer **2.** [collect] recaudar.

lewd [lju:d] adj [person, look] lascivo(va) ; [behaviour, song] obsceno(na) ; [joke] verde.

liability [,laɪə'bɪlətɪ] n **1.** [legal responsibility] ▶ **liability (for)** responsabilidad f (de OR por) **2.** [hindrance] estorbo m. ◆ **liabilities** pl n FIN pasivo m.

liable ['laɪəbl] adj **1.** [likely] ▶ **that's liable to happen** eso pueda que ocurra **2.** [prone] ▶ **to be liable to** ser propenso(sa) a **3.** [legally responsible] ▶ **to be liable (for)** ser responsable (de).

liaise [lɪ'eɪz] vi ▶ **to liaise (with)** estar en contacto (con).

liaison [lɪ'eɪzɒn] n [contact, co-operation] ▶ **liaison (with / between)** coordinación f (con / entre), enlace m (con/entre).

liar ['laɪər] n mentiroso m, -sa f.

libel ['laɪbl] ❖ n libelo m. ❖ vt (UK pt & pp -led, cont -ling, US pt & pp -ed, cont -ing) calumniar.

liberal ['lɪbərəl] ❖ adj **1.** [tolerant] liberal **2.** [generous, abundant] generoso(sa). ❖ n liberal mf. ◆ **Liberal** ❖ adj POL liberal. ❖ n POL liberal mf.

Liberal Democrat UK ❖ adj demócrata liberal. ❖ n demócrata liberal mf.

liberate ['lɪbəreɪt] vt liberar.

liberation [,lɪbə'reɪʃn] n liberación f.

liberty ['lɪbətɪ] n libertad f ▶ **at liberty** en libertad ▶ **to be at liberty to do sthg** ser libre de hacer algo.

Libra ['li:brə] n Libra f.

librarian [laɪ'breərɪən] n bibliotecario m, -ria f.

library ['laɪbrərɪ] (pl -ies) n [public institution] biblioteca f.

libretto [lɪ'bretəʊ] (pl -s) n libreto m.

Libya ['lɪbɪə] n Libia f.

lice [laɪs] pl n ⟶ **louse**.

licence, license US ❖ n **1.** [gen] permiso m, licencia f ▶ **under license** con autorización

OR permiso oficial **2.** AUTO carné *m* **OR** permiso *m* de conducir. ❖ vt **US** = **license**.

licence fee n **UK** TV impuesto anual que tienen que pagar todos los hogares con un televisor y que se usa para financiar la televisión pública.

licence number n AUTO matrícula *f*.

license US, licence ['laɪsəns] ❖ vt [person, organization] dar licencia a ; [activity] autorizar. ❖ n **US** = **licence**.

licensed ['laɪsənst] adj **1.** [person] ▶ **to be licensed to do sthg** estar autorizado(da) para hacer algo **2.** [object] registrado(da), con licencia **3.** **UK** [premises] autorizado(da) a vender alcohol.

license plate n **US** (placa *f* de) matrícula *f*.

lick [lɪk] ❖ n inf [small amount] ▶ **a lick of paint** una mano de pintura. ❖ vt lit & fig lamer.

licorice ['lɪkərɪs] = **liquorice**.

lid [lɪd] n **1.** [cover] tapa *f* **2.** [eyelid] párpado *m*.

lie [laɪ] ❖ n mentira *f* ▶ **to tell lies** contar mentiras, mentir. ❖ vi **1.** (pt **lied**, pp **lied**, cont **lying**) [tell lie] mentir ▶ **to lie to sb** mentirle a alguien **2.** (pt **lay**, pp **lain**, cont **lying**) [lie down] tumbarse, echarse ; [be buried] yacer ▶ **to be lying** estar tumbado(da) **3.** (pt **lay**, pp **lain**, cont **lying**) [be situated] hallarse ▶ **there is snow lying on the ground** hay nieve en el suelo ▶ **he is lying in fourth place** se encuentra en cuarto lugar **4.** (pt **lay**, pp **lain**, cont **lying**) [be - solution, attraction] hallarse, encontrarse **5.** (pt **lay**, pp **lain**, cont **lying**) ▶ **to lie low** permanecer escondido(da). ◆ **lie about, lie around** vi estar **OR** andar tirado(da). ◆ **lie down** vi tumbarse, echarse ▶ **not to take sthg lying down** no quedarse cruzado de brazos ante algo. ◆ **lie in** vi **UK** quedarse en la cama hasta tarde.

Liechtenstein ['lɪktən͵staɪn] n Liechtenstein.

lie-down n **UK** ▶ **to have a lie-down** echarse un rato.

lie-in n **UK** ▶ **to have a lie-in** quedarse en la cama hasta tarde.

lieu [lju:, lu:] ◆ **in lieu** adv ▶ **in lieu of** en lugar de.

lieutenant [**UK** lefˈtenənt, **US** lu:ˈtenənt] n **1.** MIL teniente *m* **2.** [deputy] lugarteniente *mf* **3.** **US** [police officer] oficial *mf* de policía.

life [laɪf] (pl **lives**) n [gen] vida *f* ▶ **that's life!** ¡así es la vida! ▶ **for life** de por vida, para toda la vida ▶ **to breathe life into sthg** infundir una nueva vida a algo.

life assurance = **life insurance**.

life belt n flotador *m*, salvavidas *m inv*.

lifeboat ['laɪfbəʊt] n [on a ship] bote *m* salvavidas ; [on shore] lancha *f* de salvamento.

life buoy n flotador *m*, salvavidas *m inv*.

life cycle n ciclo *m* vital.

life expectancy n expectativa *f* de vida.

lifeguard ['laɪfgɑːd] n socorrista *mf*.

life imprisonment [-ɪmˈprɪznmənt] n cadena *f* perpetua.

life insurance, life assurance n (U) seguro *m* de vida.

life jacket n chaleco *m* salvavidas.

lifeless ['laɪflɪs] adj **1.** [dead] sin vida **2.** [listless] insulso(sa).

lifelike ['laɪflaɪk] adj realista, natural.

lifeline ['laɪflaɪn] n **1.** [rope] cuerda *f* **OR** cable *m* (de salvamento) **2.** [something vital for survival] cordón *m* umbilical.

lifelong ['laɪflɒŋ] adj de toda la vida.

life preserver [-prɪˌzɜːvər] n **US 1.** [life jacket] chaleco *m* salvavidas **2.** [life belt] flotador *m*, salvavidas *m inv*.

life raft n balsa *f* salvavidas.

lifesaver ['laɪfˌseɪvər] n [person] socorrista *mf*.

life-saving adj ▶ **life-saving apparatus** aparatos *mpl* de salvamento ▶ **life-saving vaccine** vacuna *f* que salva muchas vidas.

life sentence n (condena *f* a) cadena *f* perpetua.

life-size(d) [-saɪz(d)] adj (de) tamaño natural.

lifespan ['laɪfspæn] n vida *f*.

lifestyle ['laɪfstaɪl] n estilo *m* **OR** modo *m* de vida.

life-support system n aparato *m* de respiración artificial.

lifetime ['laɪftaɪm] n vida *f*.

lift [lɪft] ❖ n **1.** [ride - in car etc] ▶ **to give sb a lift (somewhere)** acercar **OR** llevar a alguien (a algún sitio), dar (un) aventón a alguien (a algún sitio) **Col** **Méx 2.** **UK** [elevator] ascensor *m*, elevador *m* **Méx**. ❖ vt **1.** [gen] levantar ▶ **to lift sthg down** bajar algo ▶ **to lift sthg out of sthg** sacar algo de algo **2.** [plagiarize] copiar. ❖ vi [disappear - mist] disiparse.

lift-off n despegue *m*.

ligament ['lɪgəmənt] n ligamento *m*.

light [laɪt] ❖ adj **1.** [gen] ligero(ra) ; [rain] fino(na) ; [traffic] ligero(ra) **2.** [not strenuous - duties, responsibilities] simple ; [- work] suave ; [- punishment] leve **3.** [low-calorie, low-alcohol] light **4.** [bright] luminoso(sa), lleno(na) de luz ▶ **it's growing light** se hace de día **5.** [pale - colour] claro(ra). ❖ n **1.** [brightness, source of light] luz *f* **2.** [for cigarette, pipe] fuego *m*, lumbre *f* ▶ **have you got a light?** ¿tienes fuego? **3.** [perspective] ▶ **to see sthg/sb in a different light** ver algo/a alguien de otra manera distinta ▶ **to bring sthg to light** sacar algo a la luz ▶ **to come to light** salir a la luz (pública) ▶ **to set light to** prender fuego a ▶ **to throw OR cast OR shed light on** arrojar luz sobre. ❖ vt (pt & pp **lit** or **-ed**) **1.** [ignite] encender **2.** [illuminate] iluminar. ❖ vi prenderse. ❖ adv [travel] con poco equipaje. ◆ **light up** ❖ vt sep (pt & pp **lit** or **-ed**) [illuminate] iluminar. ❖ vi **1.** [look happy] iluminarse, encenderse **2.** inf [start smoking] encender un cigarrillo.

light bulb n bombilla f, foco m `Méx`, bombillo m `Cam` `Col`, bombita f `RP`, bujía f `Cam`, ampolleta f `Chile`

lighten ['laɪtn] ❖ vt **1.** [make brighter -room] iluminar **2.** [make less heavy] aligerar. ❖ vi [brighten] aclararse.

lighter ['laɪtər] n [cigarette lighter] encendedor m, mechero m.

light-headed [-'hedɪd] adj [dizzy] mareado(da); [emotionally] exaltado(da).

light-hearted [-'hɑːtɪd] adj **1.** [cheerful] alegre **2.** [amusing] frívolo(la).

lighthouse ['laɪthaʊs] (pl [-haʊzɪz]) n faro m.

lighting ['laɪtɪŋ] n iluminación f ▶ **street lighting** alumbrado m público.

lightly ['laɪtlɪ] adv **1.** [gently] suavemente **2.** [slightly] ligeramente **3.** [frivolously] a la ligera.

light meter n fotómetro m.

lightning ['laɪtnɪŋ] n (U) ▶ **a flash of lightning** un relámpago ▶ **a bolt of lightning** un rayo ▶ **it was struck by lightning** lo alcanzó un rayo.

lightweight ['laɪtweɪt] ❖ adj [object] ligero(ra). ❖ n [boxer] peso m ligero.

likable, likeable ['laɪkəbl] adj simpático(ca).

like [laɪk] ❖ prep **1.** [gen] como ; *(in questions or indirect questions)* cómo ▶ **what did it taste like?** ¿a qué sabía? ▶ **what did it look like?** ¿cómo era? ▶ **tell me what it's like** dime cómo es / *something like £100* algo así como cien libras ▶ **something like that** algo así, algo por el estilo **2.** [in the same way as] como, igual que ▶ **like this/that** así **3.** [typical of] propio(pia) or típico(ca) de ▶ **it's not like them** no es su estilo. ❖ vt **1.** [find pleasant, approve of] : *I like cheese* me gusta el queso / *I like it/them* me gusta/gustan / *I don't like it/them* no me gusta/gustan ▶ **he likes doing** or **to do sthg** (a él) le gusta hacer algo **2.** [want] querer / *would you like some more?* ¿quieres un poco más? ▶ **I'd like to come tomorrow** querría or me gustaría venir mañana ▶ **I'd like you to come to dinner** me gustaría que vinieras a cenar / *whenever you like* cuando quieras / *I don't like to bother her* no quiero molestarla ; [in shops, restaurants] : *I'd like a kilo of apples/the soup* póngame un kilo de manzanas/la sopa **3.** INTERNET hacer click en me gusta, gustar. ❖ n **1.** [type] ▶ **the like of sb/sthg** alguien/algo del estilo **2.** INTERNET me gusta. ❖ **likes** pl n [things one likes] gustos mpl, preferencias fpl.

likeable ['laɪkəbl] = **likable**.

likelihood ['laɪklɪhʊd] n probabilidad f.

likely ['laɪklɪ] adj **1.** [probable] probable / *rain is likely* es probable que llueva ▶ **he's likely to come** es probable que venga **2.** [suitable] indicado(da).

liken ['laɪkn] vt ▶ **to liken sthg/sb to** comparar algo/a alguien con.

likeness ['laɪknɪs] n **1.** [resemblance] ▶ **likeness (to)** parecido m (con) **2.** [portrait] retrato m.

likewise ['laɪkwaɪz] adv [similarly] de la misma forma ▶ **to do likewise** hacer lo mismo.

liking ['laɪkɪŋ] n ▶ **to have a liking for sthg** tener afición f por or a algo ▶ **to take a liking to sb** tomar or coger cariño m a alguien ▶ **to be to sb's liking** ser del gusto de alguien ▶ **for my/his liking etc.** para mi/su gusto etc.

lilac ['laɪlək] ❖ n **1.** [tree, flower] lila f **2.** [colour] lila m.

Lilo® ['laɪləʊ] (pl -s) n `UK` colchoneta f, colchón m hinchable.

lily ['lɪlɪ] n lirio m, azucena f.

lily of the valley (pl lilies of the valley) n lirio m de los valles.

limb [lɪm] n **1.** [of body] miembro m **2.** [of tree] rama f.

limber ['lɪmbər] ❖ **limber up** vi desentumecerse.

limbo ['lɪmbəʊ] (pl -s) n (U) [uncertain state] ▶ **to be in limbo** estar en un estado de incertidumbre.

lime [laɪm] n **1.** [fruit] lima f **2.** [drink] ▶ **lime (juice)** lima f **3.** CHEM cal f.

limelight ['laɪmlaɪt] n ▶ **in the limelight** en (el) candelero.

limerick ['lɪmərɪk] n copla humorística de cinco versos.

limestone ['laɪmstəʊn] n (U) (piedra f) caliza f.

limey ['laɪmɪ] (pl limeys) n `US` inf término peyorativo que designa a un inglés.

limit ['lɪmɪt] ❖ n [gen] límite m ▶ **off limits** en zona prohibida ▶ **within limits** dentro de un límite. ❖ vt limitar.

limitation [ˌlɪmɪ'teɪʃn] n limitación f.

limited ['lɪmɪtɪd] adj [restricted] limitado(da) ▶ **to be limited to** estar limitado a.

limited (liability) company n sociedad f limitada.

limousine ['lɪməziːn] n limusina f.

limp [lɪmp] ❖ adj flojo(ja). ❖ vi cojear.

limpet ['lɪmpɪt] n lapa f.

line [laɪn] ❖ n **1.** [gen & MIL] línea f **2.** [row] fila f ▶ **in a line** en fila **3.** `US` [queue] cola f **4.** [course - direction] línea f ; [- of action] camino m ▶ **what's his line of business?** ¿a qué negocios se dedica? **5.** [length - of rope, for washing] cuerda f ; [- for fishing] sedal m ; [- of wire] hilo m **6.** TELEC ▶ **(telephone) line** línea f (telefónica) ▶ **hold the line, please** no cuelgue, por favor ▶ **the line is busy** está comunicando

‣ **it's a bad line** hay interferencias ‣ **your wife is on the line for you** su mujer al teléfono **7.** [on page] línea *f*, renglón *m* ; [of poem, song] verso *m* ; [letter] ‣ **to drop sb a line** *inf* mandar unas letras a alguien **8.** [wrinkle] arruga *f* **9.** [borderline] límite *m* **10.** COMM línea *f* **/ line of credit** línea *f* de crédito. ❖ vt [coat, curtains] forrar ; [drawer] cubrir el interior de. ◆ **out of line** adv ‣ **to be out of line** estar fuera de lugar. ◆ **line up** ❖ vt sep **1.** [make into a row or queue] alinear **2.** [arrange] programar, organizar. ❖ vi [form a queue] alinearse.

lined [laɪnd] adj **1.** [of paper] de rayos **2.** [wrinkled] arrugado(da).

line dancing n *baile en el que los participantes se colocan en fila y se mueven al mismo tiempo que los otros.*

linen ['lɪnɪn] n **1.** [cloth] lino *m* **2.** [tablecloths, sheets] ropa *f* blanca OR de hilo ‣ **bed linen** ropa *f* de cama.

liner ['laɪnə^r] n [ship] transatlántico *m*.

linesman ['laɪnzmən] (*pl* -men) n juez *m* de línea.

lineup ['laɪnʌp] n **1.** [of players, competitors] alineación *f* **2.** US [identification parade] rueda *f* de identificación.

linger ['lɪŋgə^r] vi **1.** [remain - over activity] entretenerse ; [- in a place] rezagarse **2.** [persist] persistir.

lingerie ['læŋʒərɪ] n ropa *f* interior femenina.

lingo ['lɪŋgəʊ] (*pl* -es) n *inf* [foreign language] idioma *m* ; [jargon] jerga *f*.

linguist ['lɪŋgwɪst] n **1.** [someone good at languages] : *he's a good linguist* tiene facilidad para las lenguas **2.** [student or teacher of linguistics] lingüista *mf*.

linguistic [lɪŋ'gwɪstɪk] adj lingüístico(ca).

linguistics [lɪŋ'gwɪstɪks] n (*U*) lingüística *f*.

lining ['laɪnɪŋ] n **1.** [gen & AUTO] forro *m* **2.** [of stomach, nose] paredes *fpl* interiores.

link [lɪŋk] ❖ n **1.** [of chain] eslabón *m* **2.** [connection] conexión *f*, enlace *m* ‣ **links** (**between / with**) lazos *mpl* (entre/con), vínculos *mpl* (entre/con). ❖ vt **1.** [connect - cities] comunicar ; [- computers] conectar ; [- facts] relacionar ‣ **to link sthg with** OR **to** relacionar OR asociar algo con **2.** [join - arms] enlazar. ❖ vi COMPUT : *to link to sth* enlazar con algo. ◆ **link up** vt sep ‣ **to link sthg up (with)** conectar algo (con).

links [lɪŋks] (*pl inv*) n campo *m* de golf *(cerca del mar).*

lino ['laɪnəʊ], **linoleum** [lɪ'nəʊljəm] n linóleo *m*.

lint [lɪnt] n (*U*) **1.** [dressing] hilas *fpl* **2.** US [fluff] pelusa *f*.

lintel ['lɪntl] n dintel *m*.

lion ['laɪən] n león *m*.

lioness ['laɪənes] n leona *f*.

lip [lɪp] n **1.** [of mouth] labio *m* **2.** [of cup] borde *m* ; [of jug] pico *m*.

liposuction ['lɪpəʊˌsʌkʃən] n liposucción *f*.

lip-read vi leer los labios.

lip salve [-sælv] n UK vaselina® *f*, cacao *m*.

lip service n ‣ **to pay lip service to sthg** hablar en favor de algo sin hacer nada al respeto.

lipstick ['lɪpstɪk] n **1.** [container] lápiz *m* OR barra *f* de labios **2.** [substance] carmín *m*.

liqueur [lɪ'kjʊə^r] n licor *m*.

liquid ['lɪkwɪd] ❖ adj líquido(da). ❖ n líquido *m*.

liquidate ['lɪkwɪdeɪt] vt liquidar.

liquidation [ˌlɪkwɪ'deɪʃn] n liquidación *f* ‣ **to go into liquidation** ir a la quiebra.

liquid crystal display n pantalla *f* de cristal líquido.

liquidize, liquidise ['lɪkwɪdaɪz] vt UK licuar.

liquidizer ['lɪkwɪdaɪzə^r] n UK licuadora *f*.

liquor ['lɪkə^r] n (*U*) US alcohol *m*, bebida *f* alcohólica.

liquorice, licorice ['lɪkərɪʃ, 'lɪkərɪs] n (*U*) regaliz *m*.

liquor store n US *tienda donde se venden bebidas alcohólicas para llevar.*

lisp [lɪsp] ❖ n ceceo *m*. ❖ vi cecear.

list [lɪst] ❖ n lista *f*. ❖ vt **1.** [in writing] hacer una lista de **2.** [in speech] enumerar. ❖ vi NAUT escorar.

listed building [ˌlɪstɪd-] n UK *edificio declarado de interés histórico y artístico.*

listen ['lɪsn] vi **1.** [give attention] ‣ **to listen (to sthg / sb)** escuchar (algo/a alguien) ‣ **to listen for** estar atento a **2.** [heed advice] ‣ **to listen (to sb / sthg)** hacer caso (a alguien/de algo) ‣ **to listen to reason** atender a razones.

listener ['lɪsnə^r] n [to radio] radioyente *mf*.

listeria [lɪs'tiːərɪə] n **1.** [illness] listeriosis *f inv* **2.** [bacteria] listeria *f*.

listless ['lɪstlɪs] adj apático(ca).

lit [lɪt] pt & pp ⟶ **light**.

litany ['lɪtənɪ] (*pl* -ies) n *lit & fig* letanía *f*.

liter US = **litre**.

literacy ['lɪtərəsɪ] n alfabetización *f*.

literal ['lɪtərəl] adj literal.

literally ['lɪtərəlɪ] adv literalmente.

literary ['lɪtərərɪ] adj [gen] literario(ria).

literate ['lɪtərət] adj **1.** [able to read and write] alfabetizado(da) **2.** [well-read] culto(ta), instruido(da).

literature ['lɪtrətʃə^r] n **1.** [novels, plays, poetry] literatura *f* **2.** [books on a particular subject] publicaciones *fpl* **3.** [printed information] documentación *f*.

lithe [laɪð] adj ágil.

Lithuania [ˌlɪθjʊ'eɪnɪə] n Lituania.

litigation [ˌlɪtɪ'geɪʃn] n *fml* litigio *m*.

litre UK, **liter** US ['liːtər] n litro *m*.

litter ['lɪtər] ◆ n **1.** [waste material] basura *f* **2.** [newborn animals] camada *f* **3.** [material for animals] ▶ **cat litter** arena *f* para gatos. ◆ vt ▶ **to litter sthg (with)** ensuciar algo (de) / *papers littered the floor* había papeles esparcidos por el suelo.

litterbin ['lɪtəˌbɪn] n UK papelera *f*.

little ['lɪtl] ◆ adj **1.** [small in size, younger] pequeño(ña) ▶ **a little dog** un perrito ▶ **you poor little thing!** ¡pobrecillo! **2.** [short in length] corto(ta) ▶ **a little while** un ratito **3.** (*compar* less, *superl* least) [not much] poco(ca) / *a little money* un poco de dinero ▶ **a little bit** un poco / *he speaks little English* habla poco inglés / *he speaks a little English* habla un poco de inglés. ◆ pron : *I understood very little* entendí muy poco ▶ **a little** un poco / *a little under half* algo menos de la mitad. ◆ adv poco ▶ **little by little** poco a poco / *I'm a little tired* estoy un poco cansado.

little finger n dedo *m* meñique.

live¹ [lɪv] ◆ vi [gen] vivir. ◆ vt vivir / *to live a quiet life* llevar una vida tranquila. ◆ **live down** vt sep lograr hacer olvidar. ◆ **live off** vt insep [savings, land] vivir de ; [people] vivir a costa de. ◆ **live on** vt insep **1.** [survive on] vivir con OR de **2.** [eat] vivir de. ◆ vi [memory, feeling] permanecer, perdurar. ◆ **live together** vi vivir juntos. ◆ **live up to** vt insep estar a la altura de. ◆ **live with** vt insep **1.** [live in same house as] vivir con **2.** [accept - situation, problem] aceptar.

live² [laɪv] adj **1.** [living] vivo(va) **2.** [coals] encendido(da) **3.** [bomb] sin explotar ; [ammunition] real **4.** ELEC cargado(da) **5.** [broadcast, performance] en directo.

livelihood ['laɪvlɪhʊd] n sustento *m*, medio *m* de vida.

lively ['laɪvlɪ] adj **1.** [person, debate, time] animado(da) **2.** [mind] agudo(da), perspicaz **3.** [colours] vivo(va).

liven ['laɪvn] ◆ **liven up** ◆ vt sep animar. ◆ vi animarse.

liver ['lɪvər] n hígado *m*.

livery ['lɪvərɪ] n [of servant] librea *f* ; [of company] uniforme *m*.

lives [laɪvz] pl n ⟶ **life**.

livestock ['laɪvstɒk] n ganado *m*.

livestream n INTERNET retransmisión *f* en directo. ◆ vt INTERNET retransmitir en directo.

livid ['lɪvɪd] adj **1.** [angry] furioso(sa) **2.** [blue-grey] lívido(da).

living ['lɪvɪŋ] ◆ adj [relatives, language] vivo(va) ; [artist etc] contemporáneo(a). ◆ n **1.** [means of earning money] ▶ **what do you do for a living?** ¿cómo te ganas la vida? ▶ **to earn a living** ganarse la vida **2.** [lifestyle] vida *f*.

living conditions pl n condiciones *fpl* de vida.

living room n sala *f* de estar, salón *m*.

living standards pl n nivel *m* de vida.

lizard ['lɪzəd] n [small] lagartija *f* ; [big] lagarto *m*.

llama ['lɑːmə] (*pl inv* OR **-s**) n llama *f*.

load [ləʊd] ◆ n **1.** [thing carried] carga *f* **2.** [amount of work] : *a heavy /light load* mucho/poco trabajo **3.** [large amount] ▶ **loads /a load of** *inf* montones OR un montón de ▶ **it was a load of rubbish** *inf* fue una porquería. ◆ vt **1.** [gen & COMPUT] ▶ **to load sthg /sb (with)** cargar algo/a alguien (de) **2.** [camera, video recorder] ▶ **he loaded the camera with a film** cargó la cámara con una película. ◆ **load up** vt sep & vi cargar.

loaded ['ləʊdɪd] adj **1.** [dice] trucado(da) ; [question, statement] con doble sentido OR intención **2.** *inf* [rich] forrado(da).

loading ['ləʊdɪŋ] n [of lorry] carga *f*.

loading bay ['ləʊdɪŋ-] n zona *f* de carga y descarga.

loaf [ləʊf] (*pl* **loaves**) n [of bread] pan *m* ▶ **a loaf of bread** un pan.

loafer ['ləʊfər] n [shoe] mocasín *m*.

loan [ləʊn] ◆ n préstamo *m* ▶ **on loan** prestado(da). ◆ vt prestar ▶ **to loan sthg to sb, to loan sb sthg** prestar algo a alguien.

loath, loth [ləʊθ] adj ▶ **to be loath to do sthg** ser reacio(cia) a hacer algo.

loathe [ləʊð] vt ▶ **to loathe (doing sthg)** aborrecer OR detestar (hacer algo).

loathsome ['ləʊðsəm] adj [person, behaviour] odioso(sa) ; [smell] repugnante.

loaves [ləʊvz] pl n ⟶ **loaf**.

lob [lɒb] n TENNIS lob *m*.

lobby ['lɒbɪ] ◆ n **1.** [hall] vestíbulo *m* **2.** [pressure group] grupo *m* de presión, lobby *m*. ◆ vt (*pt* & *pp* **-ied**) ejercer presión (política) sobre.

lobe [ləʊb] n lóbulo *m*.

lobster ['lɒbstər] n langosta *f*.

local ['ləʊkl] ◆ adj local. ◆ n *inf* **1.** [person] ▶ **the locals a)** [in village] los lugareños **b)** [in town] los vecinos del lugar **2.** UK [pub] bar *m* del barrio **3.** US [bus, train] omnibús *m*.

local authority n UK autoridad *f* local.

local call n llamada *f* local.

local government n gobierno *m* municipal.

locality [ləʊ'kælətɪ] n localidad *f*.

localization, localisation UK [ˌləʊkəlaɪ'zeɪʃn] n COMPUT localización *f*.

locally [ˈləʊkəlɪ] adv **1.** [on local basis] en el lugar **2.** [nearby] por la zona.

locate [UK] ləʊˈkeɪt, [US] ˈləʊkeɪt] vt **1.** [find] localizar **2.** [situate] ubicar.

location [ləʊˈkeɪʃn] n **1.** [place] ubicación f, situación f **2.** [finding] localización f **3.** CIN ▸ **on location** en exteriores.

loch [lɒk, lɒx] [Scot] lago m.

lock [lɒk] ◆ n **1.** [of door] cerradura f; [of bicycle] candado m **2.** [on canal] esclusa f **3.** AUTO [steering lock] ángulo m de giro **4.** liter [of hair] mechón m. ◆ vt **1.** [with key] cerrar con llave; [with padlock] cerrar con candado **2.** [keep safely] poner bajo llave **3.** [immobilize] bloquear. ◆ vi **1.** [with key, padlock] cerrarse **2.** [become immobilized] bloquearse. ◆ **lock in** vt sep encerrar. ◆ **lock out** vt sep **1.** [accidentally] dejar fuera al cerrar accidentalmente la puerta ▸ **to lock o.s. out** quedarse fuera (por olvidarse la llave dentro) **2.** [deliberately] dejar fuera a. ◆ **lock up** vt sep **1.** [person - in prison] encerrar; [- in asylum] internar **2.** [house] cerrar (con llave).

locker [ˈlɒkər] n taquilla f, armario m.

locker room n [US] vestuario m con taquillas.

locket [ˈlɒkɪt] n guardapelo m.

locksmith [ˈlɒksmɪθ] n cerrajero m, -ra f.

locomotive [ˌləʊkəˈməʊtɪv] n locomotora f.

locum [ˈləʊkəm] (pl -s) n interino m, -na f.

locust [ˈləʊkəst] n langosta f (insecto).

lodge [lɒdʒ] ◆ n **1.** [caretaker's etc. room] portería f **2.** [of manor house] casa f del guarda **3.** [for hunting] refugio m **4.** [of freemasons] logia f. ◆ vi **1.** [stay] ▸ **to lodge (with sb)** alojarse (con alguien) **2.** [become stuck] alojarse. ◆ vt fml [appeal, complaint] presentar.

lodger [ˈlɒdʒər] n huésped mf.

lodging [ˈlɒdʒɪŋ] n —▸ **board**. ◆ **lodgings** pl n habitación f (alquilada).

loft [lɒft] n [in house] desván m, entretecho m [Chile] [Col]; [for hay] pajar m; [US] [warehouse apartment] almacén reformado y convertido en apartamento.

lofty [ˈlɒftɪ] adj **1.** [noble] noble, elevado(da) **2.** pej [haughty] arrogante, altanero(ra) **3.** liter [high] elevado(da).

log [lɒg] ◆ n **1.** [of wood] tronco m; [for fire] leño m **2.** [written record - of ship] diario m de a bordo; [- COMPUT] registro m. ◆ vt registrar. ◆ **log in** vi COMPUT entrar. ◆ **log off** vi COMPUT salir. ◆ **log on** vi COMPUT entrar. ◆ **log out** vi COMPUT salir.

logbook [ˈlɒgbʊk] n **1.** [of ship] diario m de a bordo; [of plane] diario m de vuelo **2.** [of car] documentación f.

loggerheads [ˈlɒgəhedz] n ▸ **to be at loggerheads** estar a matar.

logic [ˈlɒdʒɪk] n lógica f.

logical [ˈlɒdʒɪkl] adj lógico(ca).

logistics [ləˈdʒɪstɪks] ◆ n (U) logística f. ◆ pl n logística f.

logo [ˈləʊgəʊ] (pl -s) n logotipo m.

loin [lɔɪn] n lomo m.

loiter [ˈlɔɪtər] vi [for bad purpose] merodear; [hang around] vagar.

loll [lɒl] vi **1.** [sit, lie about] repantigarse **2.** [hang down] colgar.

lollipop [ˈlɒlɪpɒp] n pirulí m.

lollipop lady n [UK] mujer encargada de parar el tráfico en un paso de cebra para que crucen los niños.

lollipop man n [UK] hombre encargado de parar el tráfico en un paso de cebra para que crucen los niños.

lolly [ˈlɒlɪ] n inf **1.** [lollipop] pirulí m **2.** [UK] [ice lolly] polo m.

London [ˈlʌndən] n Londres.

Londoner [ˈlʌndənər] n londinense mf.

lone [ləʊn] adj solitario(ria).

loneliness [ˈləʊnlɪnɪs] n soledad f.

lonely [ˈləʊnlɪ] adj **1.** [person] solo(la) **2.** [time, childhood, place] solitario(ria).

lonesome [ˈləʊnsəm] adj [US] inf **1.** [person] solo(la) **2.** [place] solitario(ria).

long [lɒŋ] ◆ adj largo(ga) ▸ the table is 5m long la mesa mide OR tiene 5m de largo ▸ two days long de dos días de duración ▸ the journey is 50km long el viaje es de 50 km ▸ the book is 500 pages long el libro tiene 500 páginas ▸ a long time mucho tiempo ▸ a long way from muy lejos de. ◆ adv mucho tiempo ▸ how long will it take? ¿cuánto se tarda? ▸ how long will you be? ¿cuánto tardarás? ▸ how long have you been waiting? ¿cuánto tiempo llevas esperando? ▸ how long have you known them? ¿cuánto hace que los conoces? ▸ how long is the journey? ¿cuánto hay de viaje? ▸ I'm no longer young ya no soy joven ▸ I can't wait any longer no puedo esperar más ▸ as long as a week hasta una semana ▸ so long inf hasta luego OR pronto ▸ before long pronto ▸ for long mucho tiempo. ◆ vt ▸ to long to do sthg desear ardientemente hacer algo. ◆ **as long as, so long as** conj mientras ▸ as long as you do it, so will I siempre y cuando tú lo hagas, yo también lo haré. ◆ **long for** vt insep desear ardientemente.

long-distance adj [runner] de fondo; [lorry driver] para distancias grandes.

long-distance call n conferencia f (telefónica) [Esp], llamada f de larga distancia.

longhand [ˈlɒŋhænd] n escritura f a mano.

long-haul adj de larga distancia.

longing ['lɒŋɪŋ] ❖ adj anhelante. ❖ n **1.** [desire] anhelo m, deseo m ; [nostalgia] nostalgia f, añoranza f **2.** [strong wish] ▶ **(a) longing (for)** (un) ansia f (de).

longitude ['lɒndʒɪtjuːd] n longitud f.

long jump n salto m de longitud.

long-life adj de larga duración.

longlist ['lɒŋlɪst] n selección f inicial.

long-playing record [-'pleɪɪŋ-] n elepé m.

long-range adj **1.** [missile, bomber] de largo alcance **2.** [plan, forecast] a largo plazo.

long shot n posibilidad f remota.

longsighted [,lɒŋ'saɪtɪd] adj **1.** [farsighted] présbita **2.** fig previsor(ra).

long-standing adj antiguo(gua).

longsuffering [,lɒŋ'sʌfərɪŋ] adj sufrido(da).

long term n ▶ **in the long term** a largo plazo. ◆ **long-term** adj [gen] a largo plazo ; [unemployed] de larga duración.

long wave n (U) onda f larga.

long weekend n puente m.

longwinded [,lɒŋ'wɪndɪd] adj prolijo(ja).

loo [luː] n (pl -s) n [UK] inf wáter m.

look [lʊk] ❖ n **1.** [with eyes] mirada f ▶ **to give sb a look** mirar a alguien ▶ **to take** OR **have a look (at sthg)** mirar algo ▶ **let her have a look** déjale ver ▶ **to have a look through sthg** ojear algo **2.** [search] ▶ **to have a look (for sthg)** buscar (algo) **3.** [appearance] aspecto m ▶ **his new look** su nuevo look ▶ **I don't like the look of it** no me gusta nada ▶ **by the look** OR **looks of it, it has been here for ages** parece que hace años que está aquí. ❖ vi **1.** [with eyes] mirar **(at sthg/sb)** mirar (algo/a alguien) **2.** [search] ▶ **to look (for sthg/sb)** buscar (algo/a alguien) **3.** [building, window] ▶ **to look (out) onto** dar a **4.** [have stated appearance] verse ; [seem] parecer. ❖ vt **1.** [look at] mirar **2.** [appear] ▶ **to look one's age** representar la edad que se tiene. ◆ **looks** pl n belleza f. ◆ **look after** vt insep **1.** [take care of] cuidar **2.** [be responsible for] encargarse de. ◆ **look at** vt insep **1.** [see, glance at] mirar ; [examine] examinar ; [check over] echar un vistazo a **2.** [judge, evaluate] ver. ◆ **look back** vt [reminisce] ▶ **to look back on sthg** recordar algo. ◆ **look down on** vt insep [condescend to] despreciar. ◆ **look for** vt insep buscar. ◆ **look forward to** vt insep esperar (con ilusión) ▶ **to be looking forward to doing sthg** estar deseando hacer algo. ◆ **look into** vt insep [problem, possibility] estudiar ; [issue] investigar. ◆ **look on** ❖ vt insep = **look upon.** ❖ vi mirar, observar. ◆ **look out** vi [be careful] tener cuidado ▶ **look out!** ¡cuidado! ◆ **look out for** vt insep estar atento(ta) a. ◆ **look over** vt sep mirar por encima. ◆ **look round** ❖ vt insep

[shop] echar un vistazo a ; [castle, town] visitar. ❖ vi **1.** [turn head] volver la cabeza **2.** [in shop] mirar. ◆ **look through** vt insep **1.** [look at briefly - book, paper] hojear ; [- collection, pile] echar un vistazo a **2.** [check] revisar. ◆ **look to** vt insep **1.** [turn to] recurrir a **2.** [think about] pensar en. ◆ **look up** ❖ vt sep **1.** [in book] buscar **2.** [visit - person] ir a ver OR visitar. ❖ vi [improve] mejorar. ◆ **look upon** vt insep ▶ **to look upon sthg/sb as** considerar algo/a alguien como. ◆ **look up to** vt insep respetar, admirar.

lookout ['lʊkaʊt] n **1.** [place] puesto m de observación **2.** [person] centinela mf **3.** [search] ▶ **to be on the lookout for** estar al acecho de.

lookup ['lʊkʌp] n COMPUT búsqueda f, consulta f.

loom [luːm] ❖ n telar m. ❖ vi [rise up] surgir OR aparecer amenazante. ◆ **loom up** vi divisarse sombríamente.

loony ['luːnɪ] inf ❖ adj majara. ❖ n majara mf.

loop [luːp] n **1.** [shape] lazo m **2.** COMPUT bucle m.

loophole ['luːphəʊl] n laguna f.

loose [luːs] adj **1.** [not firmly fixed] flojo(ja) **2.** [unattached - paper, sweets, hair, knot] suelto(ta) **3.** [clothes, fit] holgado(da) **4.** dated [promiscuous] promiscuo(cua) **5.** [inexact - translation] impreciso(sa).

loose change n (dinero m) suelto m.

loose end n ▶ **to be at a loose end** [UK], **to be at loose ends** [US] no tener nada que hacer.

loosely ['luːslɪ] adv **1.** [not firmly] holgadamente, sin apretar **2.** [inexactly] vagamente.

loosen ['luːsn] vt aflojar. ◆ **loosen up** vi **1.** [before game, race] desentumecerse **2.** inf [relax] relajarse.

loot [luːt] ❖ n botín m. ❖ vt saquear.

looting ['luːtɪŋ] n saqueo m.

lop [lɒp] vt podar. ◆ **lop off** vt sep cortar.

lop-sided [-'saɪdɪd] adj **1.** [uneven] ladeado(da), torcido(da) **2.** fig [biased] desequilibrado(da).

lord [lɔːd] n [UK] [man of noble rank] noble m. ◆ **Lord** n **1.** RELIG ▶ **the Lord** [God] el Señor ▶ **good Lord!** [UK] ¡Dios mío! **2.** [in titles] lord m ; [as form of address] ▶ **my Lord a)** [bishop] su Ilustrísima **b)** [judge] su Señoría. ◆ **Lords** pl n [UK] POL ▶ **the Lords** la Cámara de los Lores.

Lordship ['lɔːdʃɪp] n ▶ **your/his Lordship** su Señoría f.

lore [lɔːr] n (U) saber m OR tradición f popular.

lorry ['lɒrɪ] n [UK] camión m.

lorry driver n [UK] camionero m, -ra f.

lose [luːz] (pt & pp lost) ❖ vt perder ▶ **to lose one's way** perderse ▶ **my watch has lost ten minutes** mi reloj se ha atrasado diez minutos ▶ **to lose o.s. in sthg** fig quedarse absorto(ta) en algo. ❖ vi [fail to win] perder.

loser ['luːzəʳ] n **1.** [of competition] perdedor m, -ra f **2.** inf & pej [unsuccessful person] desgraciado m, -da f.

loss [lɒs] n **1.** [gen] pérdida f ▸ **to make a loss** sufrir pérdidas **2.** [failure to win] derrota f.

lost [lɒst] ⇌ pt & pp ⟶ **lose.** ⇌ adj **1.** [unable to find way] perdido(da) ▸ **to get lost** perderse ▸ **get lost!** inf ¡vete a la porra! **2.** [that cannot be found] extraviado(da), perdido(da).

lost-and-found office n US oficina f de objetos perdidos.

lost property office n UK oficina f de objetos perdidos.

lot [lɒt] n **1.** [large amount] ▸ **a lot of, lots of** mucho(cha) / a lot of people mucha gente, muchas personas / a lot of problems muchos problemas ▸ **the lot** todo **2.** [group, set] lote m **3.** [destiny] destino m, suerte f **4.** US [of land] terreno m ; [car park] aparcamiento m **5.** [at auction] partida f, lote m ▸ **to draw lots** echar a suerte. ◆ **a lot** adv mucho ▸ **quite a lot** bastante ▸ **such a lot** tanto.

lotion ['ləʊʃn] n loción f.

lottery ['lɒtərɪ] n lotería f.

lottery ticket n billete m de lotería.

loud [laʊd] ⇌ adj **1.** [voice, music] alto(ta) ; [bang, noise] fuerte ; [person] ruidoso(sa) **2.** [emphatic] ▸ **to be loud in one's criticism of** ser enérgico(ca) en la crítica de **3.** [too bright] chillón(ona). ⇌ adv fuerte ▸ **out loud** en voz alta.

loudhailer [ˌlaʊd'heɪləʳ] n UK megáfono m.

loudly ['laʊdlɪ] adv **1.** [shout] a voz en grito ; [talk] en voz alta **2.** [gaudily] con colores chillones OR llamativos.

loudspeaker [ˌlaʊd'spiːkəʳ] n altavoz m.

lounge [laʊndʒ] ⇌ n **1.** [in house] salón m **2.** [in airport] sala f de espera. ⇌ vi repantigarse.

lounge bar n UK salón-bar m.

louse [laʊs] n (pl **lice**) [insect] piojo m.

lousy ['laʊzɪ] adj inf [poor quality] fatal, pésimo(ma).

lout [laʊt] n gamberro m.

louvre UK, **louver** US ['luːvəʳ] n persiana f.

lovable ['lʌvəbl] adj adorable.

love [lʌv] ⇌ n **1.** [gen] amor m ▸ **give her my love** dale un abrazo de mi parte ▸ **she sends her love** te manda recuerdos ▸ **love from** [at end of letter] un abrazo de ▸ **to be in love** (with) estar enamorado(a) (de) ▸ **to fall in love with sb** enamorarse de alguien ▸ **to make love** hacer el amor **2.** [liking, interest] pasión f ▸ **a love of** OR **for** una pasión por **3.** inf [form of address] cariño m **4.** TENNIS : 30 love 30 a nada. ⇌ vt **1.** [sexually, sentimentally] amar, querer **2.** [son, daughter, parents, friend] querer **3.** [like] : I love

football me encanta el fútbol / I love going to OR to go to the theatre me encanta ir al teatro.

love affair n aventura f amorosa.

love life n vida f amorosa.

lovely ['lʌvlɪ] adj **1.** [beautiful - person] encantador(ra) ; [- dress, place] precioso(sa) **2.** [pleasant] estupendo(da).

lover ['lʌvəʳ] n **1.** [sexual partner] amante mf **2.** [enthusiast] amante mf, aficionado m, -da f.

loving ['lʌvɪŋ] adj cariñoso(sa).

low [ləʊ] ⇌ adj **1.** [gen] bajo(ja) / in the low twenties 20 y algo ▸ **a low trick** una mala jugada **2.** [little remaining] escaso(sa) **3.** [unfavourable - opinion] malo(la) ; [- esteem] poco(ca) **4.** [dim] tenue **5.** [dress, neckline] escotado(da) **6.** [depressed] deprimido(da). ⇌ adv **1.** [gen] bajo / the batteries are running low las pilas están acabándose / morale is running very low la moral está por los suelos ▸ **low paid** mal pagado **2.** [speak] en voz baja. ⇌ n **1.** [low point] punto m más bajo **2.** METEOR [low pressure area] área f de bajas presiones ; [lowest temperature] mínima f.

low-calorie adj light (inv), bajo(ja) en calorías.

low-carbon adj ECOL de bajo carbono.

low-cut adj escotado(da).

low-energy adj de bajo consumo ▸ **low-energy light bulb** bombilla f de bajo consumo.

lower ['ləʊəʳ] ⇌ adj inferior. ⇌ vt **1.** [gen] bajar ; [flag] arriar **2.** [reduce] reducir.

low-fat adj bajo(ja) en grasas.

low-income adj de bajos ingresos ▸ **lower-income group** grupo m de ingresos más bajos.

low-interest adj FIN [credit, loan] a bajo interés.

low-key adj discreto(ta).

lowly ['ləʊlɪ] adj humilde.

low-lying adj bajo(ja).

low-maintenance adj que da poco trabajo.

low-octane adj de bajo octanaje.

low-resolution adj de baja resolución.

low-risk adj [investment, strategy] de bajo riesgo.

low-voltage adj de bajo voltaje.

loyal ['lɔɪəl] adj leal, fiel.

loyalty ['lɔɪəltɪ] n lealtad f ▸ **loyalty card** tarjeta f de fidelidad.

lozenge ['lɒzɪndʒ] n **1.** [tablet] pastilla f **2.** [shape] rombo m.

LP (abbr of long-playing record) n LP m.

LPG [ˌelpiː'dʒiː] (abbr of liquified petroleum gas) n GLP m.

L-plate n UK placa f L (de prácticas).

Ltd, ltd (written abbr of limited) S.L.

lubricant ['luːbrɪkənt] n lubricante m.

lubricate ['luːbrɪkeɪt] vt lubricar.

lucid ['luːsɪd] adj **1.** [clear] claro(ra) **2.** [not confused] lúcido(da).

luck [lʌk] n suerte f ▶ **good /bad luck** [good, bad fortune] buena/mala suerte ▶ **good luck!** [said to express best wishes] ¡suerte! ▶ **bad OR hard luck!** ¡mala suerte! ▶ **to be in luck** estar de suerte ▶ **to try one's luck at sthg** probar suerte a OR con algo ▶ **with (any) luck** con un poco de suerte.

luckily ['lʌkɪlɪ] adv afortunadamente.

lucky ['lʌkɪ] adj **1.** [fortunate - person] afortunado(da) ; [- event] oportuno(na) ▶ **to be lucky** [person] tener suerte ▶ **it's lucky he came** fue una suerte que llegara **2.** [bringing good luck] que trae buena suerte.

lucrative ['lu:krətɪv] adj lucrativo(va).

ludicrous ['lu:dɪkrəs] adj absurdo(da).

lug [lʌg] vt inf arrastrar.

luggage ['lʌgɪdʒ] n (U) [UK] equipaje m ▶ **luggage allowance** límite m de equipaje.

luggage rack n [UK] [of car] baca f ; [in train] portaequipajes m inv.

lukewarm ['lu:kwɔ:m] adj **1.** [tepid] tibio(bia), templado(da) **2.** [unenthusiastic] indiferente.

lull [lʌl] ⇆ n ▶ **the lull before the storm** fig la calma antes de la tormenta. ⇆ vt ▶ **to lull sb into a false sense of security** infundir una sensación de falsa seguridad a alguien ▶ **to lull sb to sleep** adormecer OR hacer dormir a alguien.

lullaby ['lʌləbaɪ] n nana f, canción f de cuna.

lumber ['lʌmbər] ⇆ n (U) **1.** [US] [timber] maderos mpl **2.** [UK] [bric-a-brac] trastos mpl. ◆ **lumber with** vt sep [UK] inf ▶ **to lumber sb with sthg** cargar a alguien con algo.

lumberjack ['lʌmbədʒæk] n leñador m, -ra f.

lumberyard ['lʌmbəjɑ:d] n almacén m de madera.

luminous ['lu:mɪnəs] adj luminoso(sa).

lump [lʌmp] ⇆ n **1.** [of coal, earth] trozo m ; [of sugar] terrón m ; [in sauce] grumo m **2.** [on body] bulto m **3.** fig [in throat] nudo m. ⇆ vt ▶ **to lump sthg together a)** [things] amontonar algo **b)** [people, beliefs] agrupar OR juntar algo.

lump sum n suma f OR cantidad f global.

lumpy ['lʌmpɪ] (compar **-ier**, superl **-iest**) adj [sauce] grumoso(sa) ; [mattress] lleno(na) de bultos.

lunacy ['lu:nəsɪ] n locura f.

lunar ['lu:nər] adj lunar.

lunatic ['lu:nətɪk] n **1.** pej [fool] idiota mf **2.** [insane person] loco m, -ca f.

lunch [lʌntʃ] ⇆ n comida f, almuerzo m ▶ **to have lunch** almorzar, comer ▶ **why don't we do lunch some time?** ¿por qué no almorzamos juntos algún día de estos? ⇆ vi almorzar, comer.

luncheon ['lʌntʃən] n comida f, almuerzo m.

luncheon meat n carne de cerdo en lata troceada.

luncheon voucher n [UK] vale m del almuerzo.

lunch hour n hora f del almuerzo.

lunchtime ['lʌntʃtaɪm] n hora f del almuerzo.

lung [lʌŋ] n pulmón m.

lunge [lʌndʒ] vi lanzarse ▶ **to lunge at sb** arremeter contra alguien.

lurch [lɜ:tʃ] ⇆ n [of boat] bandazo m ; [of person] tumbo m ▶ **to leave sb in the lurch** dejar a alguien en la estacada. ⇆ vi [boat] dar bandazos ; [person] tambalearse.

lure [ljuər] ⇆ n atracción f. ⇆ vt atraer.

lurid ['ljuərɪd] adj **1.** [brightly coloured] chillón(ona) **2.** [shockingly unpleasant] espeluznante **3.** [sensational] escabroso(sa).

lurk [lɜ:k] vi **1.** [person] estar al acecho **2.** [memory, danger, fear] ocultarse.

luscious ['lʌʃəs] adj lit & fig apetitoso(sa).

lush [lʌʃ] adj [luxuriant] exuberante.

lust [lʌst] n **1.** [sexual desire] lujuria f **2.** [strong desire] ▶ **lust for sthg** ansia f de algo. ◆ **lust after, lust for** vt insep **1.** [desire - wealth, success] codiciar **2.** [desire sexually] desear.

lusty ['lʌstɪ] adj vigoroso(sa).

Luxembourg ['lʌksəm,bɜ:g] n Luxemburgo.

luxuriant [lʌg'zuərɪənt] adj exuberante.

luxurious [lʌg'zuərɪəs] adj [gen] lujoso(sa) ; [lifestyle] de lujo.

luxury ['lʌkʃərɪ] ⇆ n lujo m. ⇆ comp de lujo ▶ **luxury hotel** hotel m de lujo.

LW (abbr of long wave) n OL f.

Lycra® ['laɪkrə] n lycra® f.

lying ['laɪɪŋ] ⇆ adj mentiroso(sa). ⇆ n (U) mentiras fpl.

lynch [lɪntʃ] vt linchar.

lyric ['lɪrɪk] adj lírico(ca).

lyrical ['lɪrɪkl] adj [poetic] lírico(ca).

lyrics ['lɪrɪks] pl n letra f.

M

m¹ (pl **m's** or **ms**), **M** (pl **M's** or **Ms**) [em] n [letter] m f, M f. ◆ **M** abbr of **motorway**.

m² **1.** (written abbr of metre) m **2.** (written abbr of million) m **3.** written abbr of **mile**.

MA n abbr of **Master of Arts**.

mac [mæk] (abbr of **mackintosh**) n [UK] inf [coat] impermeable m.

macabre [mə'kɑ:brə] adj macabro(bra).

macaroni [,mækə'rəʊnɪ] n (U) macarrones mpl.

mace [meɪs] n **1.** [ornamental rod] maza f **2.** [spice] macis f inv.

machine [mə'ʃiːn] ◆ n **1.** [power-driven device] máquina f **2.** [organization] aparato m. ◆ vt **1.** SEW coser a máquina **2.** TECH producir a máquina.

machinegun [mə'ʃiːngʌn] n [with tripod] ametralladora f ; [hand-held] metralleta f.

machine language n COMPUT lenguaje m máquina.

machinery [mə'ʃiːnərɪ] n lit & fig maquinaria f.

macho ['mætʃəu] adj inf macho.

mackerel ['mækrəl] (pl inv or -s) n caballa f.

mackintosh ['mækɪntɒʃ] n [UK] impermeable m.

mad [mæd] adj **1.** [gen] loco(ca) ; [attempt, idea] disparatado(da) ▶ **to be mad about sb / sthg** estar loco(ca) por alguien/algo ▶ **to go mad** volverse loco **2.** [furious] furioso(sa) **3.** [hectic] desenfrenado(da).

Madagascar [,mædə'gæskər] n Madagascar.

madam ['mædəm] n **1.** [woman] señora f **2.** [in brothel] madam f.

madcap ['mædkæp] adj descabellado(da).

mad cow disease n el mal de las vacas locas.

madden ['mædn] vt volver loco(ca).

made [meɪd] pt & pp ⟶ **make**.

Madeira [mə'dɪərə] n **1.** [wine] madeira m, madera m **2.** GEOG Madeira.

made-to-measure adj hecho(cha) a la medida.

made-up adj **1.** [with make-up - face, person] maquillado(da) ; [- lips, eyes] pintado(da) **2.** [invented] inventado(da).

madly ['mædlɪ] adv [frantically] enloquecidamente ▶ **madly in love** locamente enamorado.

madman ['mædmən] (pl -men) n loco m.

madness ['mædnɪs] n locura f.

madrasah, madrassa, madrasa [mə'dræsə] n madrasa f.

Madrid [mə'drɪd] n Madrid.

Mafia ['mæfɪə] n ▶ **the Mafia** la mafia.

magazine [,mægə'ziːn] n **1.** [periodical] revista f **2.** [news programme] magazín m **3.** [on a gun] recámara f.

maggot ['mægət] n gusano m, larva f.

magic ['mædʒɪk] ◆ adj [gen] mágico(ca). ◆ n magia f.

magical ['mædʒɪkl] adj lit & fig mágico(ca).

magician [mə'dʒɪʃn] n **1.** [conjuror] prestidigitador m, -ra f **2.** [wizard] mago m.

magistrate ['mædʒɪstreɪt] n juez mf de primera instancia.

magistrates' court n [UK] juzgado m de primera instancia.

magnanimous [mæg'nænɪməs] adj magnánimo(ma).

magnate ['mægneɪt] n magnate mf.

magnesium [mæg'niːzɪəm] n magnesio m.

magnet ['mægnɪt] n imán m.

magnetic [mæg'netɪk] adj **1.** [attracting iron] magnético(ca) **2.** fig [appealingly forceful] carismático(ca).

magnetic tape n cinta f magnética.

magnificent [mæg'nɪfɪsənt] adj [building, splendour] grandioso(sa) ; [idea, book, game] magnífico(ca).

magnify ['mægnɪfaɪ] vt **1.** [in vision] aumentar, ampliar **2.** [in the mind] exagerar.

magnifying glass ['mægnɪfaɪɪŋ-] n lupa f.

magnitude ['mægnɪtjuːd] n magnitud f.

magpie ['mægpaɪ] n urraca f.

mahogany [mə'hɒgənɪ] n **1.** [wood] caoba f **2.** [colour] caoba m.

maid [meɪd] n [in hotel] camarera f ; [domestic] criada f.

maiden ['meɪdn] ◆ adj inaugural. ◆ n liter doncella f.

maiden aunt n tía f soltera.

maiden name n nombre m de soltera.

mail [meɪl] ◆ n **1.** [system] correo m ▶ **by mail** por correo **2.** [letters, parcels received] correspondencia f. ◆ vt [US] [send] mandar por correo ; [put in mail box] echar al buzón.

mailbox ['meɪlbɒks] n **1.** [US] [letterbox] buzón m **2.** COMPUT buzón m.

mailing n COMM [posting] mailing m.

mailing list ['meɪlɪŋ-] n [for mailshots] lista f de distribución de publicidad or información ; COMPUT lista f de correo.

mailman ['meɪlmən] (pl -men) n [US] cartero m.

mail order n venta f por correo.

mailshot ['meɪlʃɒt] n folleto m de publicidad (por correo).

maim [meɪm] vt mutilar.

main [meɪn] ◆ adj principal. ◆ n [pipe] tubería f principal ; [wire] cable m principal. ◆ **mains** pl n ▶ **the mains a)** [gas, water] la tubería principal **b)** [electricity] la red eléctrica. ◆ **in the main** adv por lo general.

main course n plato m fuerte.

mainframe (computer) ['meɪnfreɪm-] n unidad f central.

mainland ['meɪnlənd] ◆ adj continental ▶ **mainland Spain** la Península. ◆ n ▶ **on the mainland** en tierra firme.

mainly ['meɪnlɪ] adv principalmente.

main road n carretera f principal.

mainstay ['meɪnsteɪ] n fundamento m.

mainstream ['meɪnstriːm] ◆ adj [gen] predominante ; [taste] corriente ; [political party] convencional. ◆ n ▶ **the mainstream** la tendencia general.

maintain [meɪn'teɪn] vt **1.** [gen] mantener **2.** [support, provide for] sostener **3.** [assert] ▶ **to maintain (that)** sostener que.

maintenance ['meɪntənəns] n **1.** [gen] mantenimiento m **2.** [money] pensión f alimenticia.

maize [meɪz] n maíz m.

majestic [mə'dʒestɪk] adj majestuoso(sa).

majesty ['mædʒəsti] n [grandeur] majestad f. ◆ **Majesty** n ▶ **His / Her / Your Majesty** Su Majestad.

major ['meɪdʒər] ◆ adj **1.** [important] importante ; [main] principal ▶ **of major importance** de gran importancia **2.** MUS mayor. ◆ n MIL comandante m ; US [subject] especialidad f.

Majorca [mə'jɔːkə,, mə'dʒɔːkə] n Mallorca.

majority [mə'dʒɒrəti] n mayoría f.

make [meɪk] ◆ vt (pt & pp **made**) **1.** [produce] hacer / **she makes her own clothes** se hace su propia ropa **2.** [perform - action] hacer / **to make a speech** pronunciar **OR** dar un discurso / **to make a decision** tomar una decisión / **to make a mistake** cometer un error / **to make a payment** efectuar un pago **3.** [cause to be, cause to do] hacer / **it makes me sick** me pone enfermo / **it makes me want to ...** me da ganas de ... / **it made him angry** hizo que se enfadara ▶ **you made me jump!** ¡vaya susto que me has dado! ▶ **to make sb happy** hacer a alguien feliz ▶ **to make sb sad** entristecer a alguien **4.** [force] ▶ **to make sb do sthg** hacer que alguien haga algo, obligar a alguien a hacer algo **5.** [construct] : **it's made of wood / metal** está hecho de madera/metal ▶ **made in Spain** fabricado en España **6.** [add up to] hacer / **2 and 2 make 4** 2 y 2 hacen **OR** son 4 **7.** [calculate] calcular ▶ **I make it 50 / six o'clock** calculo que serán 50/las seis ▶ **what time do you make it?** ¿qué hora tienes? **8.** [earn] ganar ▶ **to make a profit** obtener beneficios ▶ **to make a loss** sufrir pérdidas **9.** [have the right qualities for] ser / **she'd make a good doctor** seguro que sería una buena doctora **10.** [reach] llegar a **11.** [gain - friend, enemy] hacer ▶ **to make friends with sb** hacerse amigo de alguien ▶ **to make it a)** [arrive in time] conseguir llegar a tiempo **b)** [be a success] alcanzar el éxito **c)** [be able to attend] venir/ir **d)** [survive] vivir. ◆ n [brand] marca f. ◆ **make for** vt insep **1.** [move towards] dirigirse a **OR** hacia **2.** [contribute to] contribuir a. ◆ **make into** vt sep : **to make sthg into sthg** convertir algo en algo. ◆ **make of** vt sep **1.** [understand] entender / **what do you make of this word?** ¿qué entiendes tú por esta palabra? **2.** [have opinion of] opinar de. ◆ **make off** vi darse a la fuga. ◆ **make out** vt sep **1.** inf [see] distinguir ; [hear] entender, oír **2.** inf [understand - word, number] descifrar ; [- person, attitude] comprender **3.** [fill out - form]

rellenar ; [- cheque, receipt] extender ; [- list] hacer **4.** US inf [sexually] darse el lote, fajar Mex **5.** inf [pretend] : **to make o.s. out to be sthg** dárselas de algo. ◆ **make up** ◆ vt sep **1.** [compose, constitute] componer, constituir **2.** [invent] inventar **3.** [apply cosmetics to] maquillar **4.** [prepare - parcel, prescription, bed] preparar **5.** [make complete - amount] completar ; [- difference] cubrir ; [- deficit, lost time] recuperar. ◆ vi [become friends again] ▶ **to make up (with sb)** hacer las paces (con alguien). ◆ n US [test] examen que se realiza más tarde si no se pude hacer en su día. ◆ **make up for** vt insep compensar. ◆ **make up to** vt sep ▶ **to make it up to sb (for sthg)** recompensar a alguien (por algo).

make-believe n (U) fantasías fpl.

makeover ['meɪkəʊvər] n [of person] cambio m de imagen ; [of home, garden] reforma f completa.

maker ['meɪkər] n [of film, programme] creador m, -ra f ; [of product] fabricante mf.

makeshift ['meɪkʃɪft] adj [temporary] provisional ; [improvized] improvisado(da).

make-up n **1.** [cosmetics] maquillaje m ▶ **make-up remover** loción f **OR** leche f desmaquilladora **2.** [person's character] carácter m **3.** [structure] estructura f ; [of team] composición f.

making ['meɪkɪŋ] n [of product] fabricación f ; [of film] rodaje m ; [of decision] toma f ▶ **this is history in the making** esto pasará a la historia ▶ **your problems are of your own making** tus problemas te los has buscado tú mismo ▶ **to be the making of sb / sthg** ser la causa del éxito de alguien/algo ▶ **to have the makings of** tener madera de.

malaise [mə'leɪz] n fml malestar m.

malaria [mə'leərɪə] n malaria f.

Malaya [mə'leɪə] n Malaya.

Malaysia [mə'leɪzɪə] n Malaisia.

male [meɪl] ◆ adj **1.** [animal] macho **2.** [human] masculino(na), varón **3.** [concerning men] masculino(na). ◆ n **1.** [animal] macho m **2.** [human] varón m.

male nurse n enfermero m.

malevolent [mə'levələnt] adj malévolo(la).

malfunction [mæl'fʌŋkʃn] ◆ n fallo m. ◆ vi averiarse.

malice ['mælɪs] n malicia f.

malicious [mə'lɪʃəs] adj malicioso(sa).

malign [mə'laɪn] ◆ adj maligno(na), perjudicial. ◆ vt fml difamar.

malignant [mə'lɪgnənt] adj **1.** MED maligno(na) **2.** fml [full of hate] malvado(da).

mall [mɔːl] n US ▶ **(shopping) mall** centro m comercial peatonal.

mallet ['mælɪt] n mazo m.

mallrat ['mɔːlræt] n [US] *joven que se pasa el tiempo en los centros comerciales.*

malnutrition [,mælnjuː'trɪʃn] n malnutrición *f.*

malpractice [,mæl'præktɪs] n *(U)* LAW negligencia *f.*

malt [mɔːlt] n **1.** [grain] malta *f* **2.** [whisky] whisky *m* de malta. **3.** [US] *leche malteada con helado.*

Malta ['mɔːltə] n Malta.

malware ['mælweə'] n software malicioso, programas *mpl* maliciosos.

mammal ['mæml] n mamífero *m.*

mammogram ['mæməgræm] n MED mamografía *f.*

mammoth ['mæməθ] ❖ adj descomunal. ❖ n mamut *m.*

man [mæn] ❖ n (*pl* men) **1.** [gen] hombre *m* ▶ **the man in the street** el hombre de la calle, el ciudadano a pie ▶ **to be man enough to do sthg** ser lo suficientemente hombre para hacer algo **2.** [humankind] el hombre. ❖ vt [gen] manejar; [ship, plane] tripular / *manned 24 hours a day* [telephone] en servicio las 24 horas del día.

manage ['mænɪdʒ] ❖ vi **1.** [cope] poder **2.** [survive] apañárselas. ❖ vt **1.** [succeed] ▶ **to manage to do sthg** conseguir hacer algo **2.** [company] dirigir, llevar; [money] administrar, manejar; [pop star] representar; [time] organizar **3.** [cope with] poder con / *can you manage that box?* ¿puedes con la caja?

manageable ['mænɪdʒəbl] adj [task] factible, posible; [children] dominable; [inflation, rate] controlable.

management ['mænɪdʒmənt] n **1.** [control, running] gestión *f* **2.** [people in control] dirección *f.*

manager ['mænɪdʒə'] n **1.** [of company] director *m,* -ra *f*; [of shop] jefe *m,* -fa *f*; [of pop star] manager *mf* **2.** SPORT ≃ entrenador *m.*

manageress [,mænɪdʒə'res] n [of company] directora *f*; [of shop] jefa *f.*

managerial [,mænɪ'dʒɪərɪəl] adj directivo(va).

managing director ['mænɪdʒɪŋ-] n director *m,* -ra *f* gerente.

mandarin ['mændərɪn] n [fruit] mandarina *f.*

mandate ['mændeɪt] n **1.** [elected right or authority] mandato *m* ▶ **to have a mandate to do sthg** tener autoridad para hacer algo **2.** [task] misión *f.*

mandatory ['mændətrɪ] adj obligatorio(ria).

mane [meɪn] n [of horse] crin *f*; [of lion] melena *f.*

maneuver [US] = manoeuvre.

manfully ['mænfʊlɪ] adv valientemente.

manga ['mæŋgə] n manga *m.*

mangle ['mæŋgl] vt [crush] aplastar; [tear to pieces] despedazar.

mango ['mæŋgəʊ] (*pl* -es or -s) n mango *m.*

mangy ['meɪndʒɪ] adj sarnoso(sa).

manhandle ['mæn,hændl] vt [person] ▶ **they manhandled her into the van** la metieron en el camión a empujones.

manhole ['mænhəʊl] n boca *f* (del alcantarillado).

manhood ['mænhʊd] n **1.** [state] virilidad *f* **2.** [time] edad *f* adulta.

manhour ['mæn,aʊə'] n hora *f* hombre.

mania ['meɪnjə] n **1.** [excessive liking] ▶ **mania (for)** pasión *f* (por) **2.** PSYCHOL manía *f.*

maniac ['meɪnɪæk] n **1.** [madman] maníaco *m,* -ca *f* **2.** [fanatic] fanático *m,* -ca *f.*

manic ['mænɪk] adj maníaco(ca).

manicure ['mænɪ,kjʊə'] n manicura *f.*

manifest ['mænɪfest] *fml* ❖ adj manifiesto(ta). ❖ vt manifestar.

manifesto [,mænɪ'festəʊ] (*pl* -s or -es) n manifiesto *m.*

manipulate [mə'nɪpjʊleɪt] vt **1.** [control for personal benefit] manipular **2.** [controls, lever] manejar.

mankind [mæn'kaɪnd] n la humanidad.

manly ['mænlɪ] adj varonil, viril.

man-made adj [environment, problem, disaster] producido(da) por el hombre; [fibre, lake, goods] artificial.

manner ['mænə'] n **1.** [method] manera *f,* forma *f* **2.** [bearing, attitude] actitud *f* **3.** *liter* [type, sort] tipo *m,* clase *f.* ❖ **manners** *pl* n modales *mpl* ▶ **it's good / bad manners to do sthg** es de buena / mala educación hacer algo.

mannerism ['mænərɪzm] n costumbre *f* (típica de uno).

mannish ['mænɪʃ] adj [woman] hombruno(na).

manoeuvre [UK], **maneuver** [US] [mə'nuːvə'] ❖ n *lit & fig* maniobra *f.* ❖ vt maniobrar. ❖ vi maniobrar.

manor ['mænə'] n [house] casa *f* solariega.

manpower ['mæn,paʊə'] n [manual workers] mano *f* de obra; [white-collar workers] personal *m.*

mansion ['mænʃn] n [manor] casa *f* solariega; [big house] casa grande.

manslaughter ['mæn,slɔːtə'] n homicidio *m* involuntario.

mantelpiece ['mæntlpiːs] n repisa *f* (de la chimenea).

manual ['mænjʊəl] ❖ adj manual. ❖ n manual *m.*

manual worker n obrero *m,* -ra *f.*

manufacture [,mænjʊ'fæktʃə'] ❖ n fabricación *f.* ❖ vt [make] fabricar.

manufacturer [,mænjʊ'fæktʃərə'] n fabricante *mf.*

manure [mə'njʊə'] n estiércol *m.*

manuscript ['mænjʊskrɪpt] n **1.** [gen] manuscrito m **2.** [in exam] hoja f de examen.

many ['menɪ] ❖ adj (compar **more**, superl **most**) muchos(chas) **/** many people muchas personas, mucha gente **»** how many? ¿cuántos(tas) ? **/** I wonder how many people went me pregunto cuánta gente fue **»** too many demasiados(das) **/** there weren't too many students no había muchos estudiantes **» as many ... as** tantos(tas) ... como **»** they have three times as many soldiers as us tienen el triple de soldados que nosotros **»** so many tantos(tas) **/** I've never seen so many people nunca había visto tanta gente **» a good** OR **great many** muchísimos(mas). ❖ pron muchos(chas) **»** twice as many el doble **»** four times as many cuatro veces esa cantidad.

map n mapa m. ◆ **map out** vt sep [map] planear, planificar.

maple ['meɪpl] n arce m.

mar [maːr] vt deslucir.

marathon ['mærəθn] n maratón m.

marauder [mə'rɔːdər] n merodeador m, -ra f.

marble ['maːbl] n **1.** [stone] mármol m **2.** [for game] canica f.

march [maːtʃ] ❖ n **1.** MIL marcha f **2.** [of demonstrators] marcha f (de protesta) **3.** [steady progress] avance m. ❖ vi **1.** [in formation, in protest] marchar **2.** [speedily] **»** to march up to sb abordar a alguien decididamente. ❖ vt llevar por la fuerza.

March [maːtʃ] n marzo m. See also **September**.

marcher ['maːtʃər] n [protester] manifestante mf.

mare [meər] n yegua f.

margarine [ˌmaːdʒə'riːn, ˌmaːgə'riːn] n margarina f.

marge [maːdʒ] n inf margarina f.

margin ['maːdʒɪn] n [gen] margen m.

marginal ['maːdʒɪnl] adj **1.** [unimportant] marginal **2.** UK POL **» marginal seat** OR **constituency** escaño vulnerable a ser perdido en las elecciones por tener una mayoría escasa.

marginally ['maːdʒɪnəlɪ] adv ligeramente.

marigold ['mærɪgəʊld] n caléndula f.

marihuana, marijuana [ˌmærɪ'waːnə] n marihuana f.

marinate ['mærɪneɪt] vt & vi [fish] marinar ; [meat] adobar.

marine [mə'riːn] ❖ adj marino(na). ❖ n soldado m de infantería de marina.

marital ['mærɪtl] adj matrimonial.

marital status n estado m civil.

maritime ['mærɪtaɪm] adj marítimo(ma).

mark [maːk] ❖ n **1.** [stain] mancha f; [scratch] marca f **2.** [written symbol - on paper] marca f; [- in the sand] señal f **3.** [in exam] nota f; [point] punto m **/** to get good marks sacar buenas no-

tas **4.** [stage, level] : once past the halfway mark una vez llegado a medio camino **5.** [sign - of respect] señal f; [- of illness, old age] huella f **6.** [currency] marco m. ❖ vt **1.** [stain] manchar ; [scratch] marcar **2.** [label - with initials etc] señalar **3.** [exam, essay] puntuar, calificar **4.** [identify - place] señalar ; [- beginning, end] marcar **5.** [commemorate] conmemorar **6.** [characterize] caracterizar **7.** SPORT marcar. ◆ **mark off** vt sep [cross off] poner una marca en.

marked [maːkt] adj [improvement] notable ; [difference] acusado(da).

marker ['maːkər] n **1.** [sign] señal f **2.** SPORT marcador m, -ora f.

marker pen n rotulador m.

market ['maːkɪt] ❖ n mercado m. ❖ vt comercializar.

market garden n UK [small] huerto m ; [large] huerta f.

marketing ['maːkɪtɪŋ] n [subject] marketing m ; [selling] comercialización f.

marketplace ['maːkɪtpleɪs] n lit & fig mercado m.

market research n estudio m de mercados.

market value n valor m actual OR en venta.

marking ['maːkɪŋ] n **1.** [of exams etc] corrección f **2.** SPORT marcaje m. ◆ **markings** pl n [of flower, animal] pintas fpl ; [on road] señales fpl.

marksman ['maːksmən] (pl -men) n tirador m.

marmalade ['maːməleɪd] n mermelada f (de cítricos).

maroon [mə'ruːn] adj granate.

marooned [mə'ruːnd] adj incomunicado(da), aislado(da).

marquee [maː'kiː] n carpa f, toldo m grande ; US [of building] marquesina f.

marriage ['mærɪdʒ] n **1.** [act] boda f **2.** [state, institution] matrimonio m.

marriage bureau n UK agencia f matrimonial.

marriage certificate n certificado m de matrimonio.

marriage guidance n asesoría f matrimonial.

married ['mærɪd] adj **1.** [person] casado(da) **» a married couple** un matrimonio **2.** [life] matrimonial.

marrow ['mærəʊ] n **1.** UK [vegetable] calabacín m grande **2.** [in bones] médula f.

marry ['mærɪ] ❖ vt **1.** [take as husband or wife] casarse con **»** to get married casarse **2.** [sanction marriage of] casar. ❖ vi casarse.

Mars [maːz] n Marte m.

marsh [maːʃ] n **1.** [area of land] zona f pantanosa **2.** [type of land] pantano m.

marshal ['maːʃl] ❖ n **1.** MIL mariscal m **2.** [steward] oficial mf, miembro mf del servicio de orden **3.** US [officer] jefe m, -fa f de policía.

❖ vt (UK *pt & pp* **-led**, *cont* **-ling**, US *pt & pp* **-ed**, *cont* **-ing**) [people] dirigir, conducir ; [thoughts] ordenar.

martial ['mɑːʃl] adj [music, discipline] militar.

martial arts [,mɑːʃl-] pl n artes *fpl* marciales.

martial law [,mɑːʃl-] n ley *f* marcial.

martyr ['mɑːtər] n mártir *mf*.

martyrdom ['mɑːtədəm] n martirio *m*.

marvel ['mɑːvl] ❖ n maravilla *f*. ❖ vi (UK *pt & pp* **-led**, *cont* **-ling**, US *pt & pp* **-ed**, *cont* **-ing**) ▶ **to marvel (at)** maravillarse OR asombrarse (ante).

marvellous UK, **marvelous** US ['mɑːvələs] adj maravilloso(sa).

Marxism ['mɑːksɪzm] n marxismo *m*.

Marxist ['mɑːksɪst] ❖ adj marxista. ❖ n marxista *mf*.

marzipan ['mɑːzɪpæn] n mazapán *m*.

mascara [mæs'kɑːrə] n rímel *m*.

masculine ['mæskjʊlɪn] adj [gen] masculino(na); [woman, appearance] hombruno(na).

mash [mæʃ] ❖ n *inf* puré *m* de patatas. ❖ vt hacer puré.

mask [mɑːsk] ❖ n *lit & fig* máscara *f*. ❖ vt **1.** [to hide] enmascarar **2.** [cover up] ocultar, disfrazar.

masochist ['mæsəkɪst] n masoquista *mf*.

mason ['meɪsn] n **1.** [stonemason] cantero *m* **2.** [freemason] masón *m*.

masonry ['meɪsnrɪ] n [stones] albañilería *f*.

masquerade [,mæskə'reɪd] vi ▶ **to masquerade as** hacerse pasar por.

mass [mæs] ❖ n **1.** [gen] masa *f* **2.** [large amount] montón *m* **3.** [religious ceremony] misa *f*. ❖ adj [unemployment] masivo(va); [communication] de masas. ❖ vi agruparse, concentrarse. ◆ **masses** pl n **1.** *inf* [lots] montones *mpl* **2.** [workers] ▶ **the masses** las masas.

massacre ['mæsəkər] ❖ n matanza *f*, masacre *f*. ❖ vt masacrar.

massage [UK 'mæsɑːʒ, US mə'sɑːʒ] ❖ n masaje *m*. ❖ vt dar un masaje a.

massive ['mæsɪv] adj [gen] enorme ; [majority] aplastante.

mass media n & pl n ▶ **the mass media** los medios de comunicación de masas.

mass-produced adj fabricado(da) en serie.

mass production n producción *f* OR fabricación *f* en serie.

mast [mɑːst] n **1.** [on boat] mástil *m* **2.** RADIO & TV poste *m*, torre *f* ▶ **mobile phone mast** antena *f* de telefonía móvil.

master ['mɑːstər] ❖ n **1.** [of people, animals] amo *m*, dueño *m*; [of house] señor *m* **2.** *fig* [of situation] dueño *m*, -ña *f* **3.** UK [teacher - primary school] maestro *m*; [- secondary school]

profesor *m* **4.** [of recording] original *m*. ❖ adj maestro(tra). ❖ vt **1.** [situation] dominar, controlar; [difficulty] superar **2.** [technique etc] dominar.

master key n llave *f* maestra.

masterly ['mɑːstəlɪ] adj magistral.

mastermind ['mɑːstəmaɪnd] ❖ n cerebro *m*. ❖ vt ser el cerebro de, dirigir.

Master of Arts (*pl* **Masters of Arts**) n **1.** [degree] máster *m* en Letras **2.** [person] licenciado *m*, -da *f* con máster en Letras.

Master of Science (*pl* **Masters of Science**) n **1.** [degree] máster *m* en Ciencias **2.** [person] licenciado *m*, -da *f* con máster en Ciencias.

masterpiece ['mɑːstəpiːs] n *lit & fig* obra *f* maestra.

master's degree n máster *m*.

mastery ['mɑːstərɪ] n dominio *m*.

masturbate ['mæstəbeɪt] vi masturbarse.

mat [mæt] n **1.** [rug] alfombrilla *f*; [beer mat] posavasos *m inv*; [tablemat] salvamanteles *m inv* **2.** [doormat] felpudo *m*.

match [mætʃ] ❖ n **1.** [game] partido *m* **2.** [for lighting] cerilla *f* **3.** [equal] ▶ **to be a match for** estar a la altura de ▶ **to be no match for** no poder competir con. ❖ vt **1.** [be the same as] coincidir con **2.** [pair off] ▶ **to match sthg (to)** emparejar algo (con) **3.** [be equal with] competir con **4.** [go well with] hacer juego con. ❖ vi **1.** [be the same] coincidir **2.** [go together well] hacer juego, combinar.

matchbox ['mætʃbɒks] n caja *f* de cerillas.

matching ['mætʃɪŋ] adj a juego.

matchstick ['mætʃstɪk] n cerilla *f*.

mate [meɪt] ❖ n **1.** *inf* [friend] amigo *m*, -ga *f*, compañero *m*, -ra *f* **2.** US [spouse] esposo *m*, -sa *f* **3.** UK *inf* [term of address] colega *m* **4.** [of animal] macho *m*, hembra *f* **5.** NAUT ▶ **(first) mate** (primer) oficial *m*. ❖ vi [animals] ▶ **to mate (with)** aparearse (con).

material [mə'tɪərɪəl] ❖ adj **1.** [physical] material **2.** [important] sustancial. ❖ n **1.** [substance] material *m* **2.** [type of substance] materia *f* **3.** [fabric] tela *f*, tejido *m* **4.** [type of fabric] tejido *m* **5.** (U) [ideas, information] información *f*, documentación *f*. ◆ **materials** pl n ▶ **building materials** materiales *mpl* de construcción ▶ **writing materials** objetos *mpl* de escritorio ▶ **cleaning materials** productos *mpl* de limpieza.

materialistic [mə,tɪərɪə'lɪstɪk] adj materialista.

materialize, materialise [mə'tɪərɪəlaɪz] vi **1.** [happen] materializarse, producirse **2.** [appear] aparecer.

maternal [mə'tɜːnl] adj [gen] maternal ; [grandparent] materno(na).

maternity [mə'tɜːnətɪ] n maternidad *f*.

maternity dress n vestido *m* premamá.

maternity hospital n hospital *m* de maternidad.

maternity leave n baja *f* por maternidad.

math US = maths.

mathematical [ˌmæθə'mætɪkl] adj matemático(ca).

mathematics [ˌmæθə'mætɪks] n *(U)* matemáticas *fpl*.

maths UK [mæθs], **math** US [mæθ] *(abbr of mathematics)* inf n *(U)* mates *fpl*.

matinée ['mætɪneɪ] n [at cinema] primera sesión *f*; [at theatre] función *f* de tarde.

mating season ['meɪtɪŋ-] n época *f* de celo.

matrices ['meɪtrɪsi:z] pl n → **matrix**.

matriculation [məˌtrɪkju'leɪʃn] n matrícula *f*.

matrimonial [ˌmætrɪ'məʊnjəl] adj matrimonial.

matrimony ['mætrɪmənɪ] n *(U)* matrimonio *m*.

matrix ['meɪtrɪks] *(pl* matrices *or* -es) n matriz *f*.

matron ['meɪtrən] n **1.** UK [in hospital] enfermera *f* jefa **2.** [in school] mujer a cargo de la enfermería.

matronly ['meɪtrənlɪ] adj *euph* [figure] corpulenta y de edad madura.

matt UK, **matte** US [mæt] adj mate.

matted ['mætɪd] adj enmarañado(da).

matter ['mætər] ❖ n **1.** [question, situation] asunto *m* ▸ **the fact** OR **truth of the matter is (that)** ... la verdad es que ... ▸ **that's another** OR **a different matter** es otra cuestión OR cosa ▸ **as a matter of course** automáticamente ▸ **to make matters worse** para colmo de desgracias ▸ **a matter of opinion** una cuestión de opiniones **2.** [trouble, cause of pain] ▸ **what's the matter (with it/her)?** ¿qué (le) pasa? ▸ **something's the matter with my car** algo le pasa a mi coche **3.** PHYS materia *f* **4.** *(U)* [material] material *m*. ❖ vi [be important] importar ▸ **it doesn't matter** no importa. ◆ **as a matter of fact** adv en realidad. ◆ **for that matter** adv de hecho. ◆ **no matter** adv ▸ **no matter how hard I try** por mucho que lo intente ▸ **no matter what he does** haga lo que haga ▸ **we must win, no matter what** tenemos que ganar como sea.

Matterhorn ['mætəˌhɔːn] n : **the Matterhorn** el monte Cervino.

matter-of-fact adj pragmático(ca).

mattress ['mætrɪs] n colchón *m*.

mature [mə'tjʊər] ❖ adj [person, wine] maduro(ra); [cheese] curado(da). ❖ vi **1.** [gen] madurar **2.** [wine] envejecer.

mature student n UK UNIV estudiante *mf*, adulto-ta *f*.

maul [mɔːl] vt [savage] herir gravemente.

mauve [məʊv] adj malva.

max [mæks] adv *inf* como máximo.

max. [mæks] *(written abbr of* maximum*)* máx.

maxim ['mæksɪm] *(pl* -s) n máxima *f*.

maximum ['mæksɪməm] ❖ adj máximo(ma). ❖ n *(pl* maxima *or* -s) máximo *m* ▸ **at the maximum** como máximo.

max out vt sep US : **I maxed out my credit card** he llegado al límite de mi tarjeta de crédito.

may [meɪ] modal vb poder ▸ **the coast may be seen** se puede ver la costa ▸ **you may like it** puede OR es posible que te guste ▸ **I may come, I may not** puede que venga, puede que no ▸ **will you do it?** — **I may do** ¿lo harás? — puede que sí ▸ **it may be done in two different ways** puede hacerse de dos maneras (distintas) ▸ **may I come in?** ¿se puede (pasar)? ▸ **may I?** ¿me permite? ▸ **if I may** si me permite ▸ **it may be cheap, but it's good** puede que sea barato, pero es bueno ▸ **may all your dreams come true!** ¡que todos tus sueños se hagan realidad! ▸ **be that as it may** aunque así sea ▸ **come what may** pase lo que pase.

May [meɪ] n mayo *m*. *See also* **September**.

maybe ['meɪbiː] adv **1.** [perhaps] quizás, tal vez ▸ **maybe she'll come** tal vez venga **2.** [approximately] más o menos.

May Day n Primero *m* de Mayo.

mayhem ['meɪhem] n alboroto *m*.

mayonnaise [ˌmeɪə'neɪz] n mayonesa *f*.

mayor [meər] n alcalde *m*, -esa *f*.

mayoress ['meərɪs] n alcaldesa *f*.

maze [meɪz] n *lit & fig* laberinto *m*.

MB *(written abbr of* megabyte*)* MB *m*.

MBA [embiː'eɪ] *(abbr of* Master of Business Administration*)* n UNIV MBA *m*, máster *m* en administración de empresas.

MD n *abbr of* managing director.

me [miː] pers pron **1.** *(direct, indirect)* me ▸ **can you see/hear me?** ¿me ves/oyes? ▸ **it's me** soy yo ▸ **they spoke to me** hablaron conmigo ▸ **she gave it to me** me lo dio ▸ **give it to me!** ¡dámelo! **2.** *(stressed)* : **you can't expect ME to do it** no esperarás que yo lo haga **3.** *(after prep)* mí ▸ **they went with/without me** fueron conmigo/sin mí **4.** *(in comparisons)* yo ▸ **she's shorter than me** (ella) es más baja que yo.

meadow ['medəʊ] n prado *m*, pradera *f*.

meagre UK, **meager** US ['miːgər] adj miserable, escaso(sa).

meal [miːl] n comida *f*.

mealtime ['miːltaɪm] n hora *f* de la comida.

mean [miːn] ❖ vt *(pt & pp* meant*)* **1.** [signify] significar, querer decir ▸ **what does that word mean?** ¿qué quiere decir esa palabra? ▸ **it means nothing to me** no significa nada para mí **2.** [have in mind] querer decir, referirse a ▸ **what do you mean?** ¿qué quieres decir? ▸ **do you know what I mean?** ¿sabes? ▸ **to be meant**

for estar destinado(da) a ▶ **to be meant to do sthg** deber hacer algo / *that's not meant to be there* eso no debería estar allí / *it was meant to be a surprise* se suponía que era una sorpresa / *it was meant to be a joke* era solamente una broma ▶ **to mean well** tener buenas intenciones **3.** [be serious about] : *I mean it* hablo OR lo digo en serio **4.** [be important, matter] significar ▶ **it means a lot to us** significa mucho para nosotros **5.** [entail] suponer, implicar ▶ **I mean** quiero decir, o sea. ❖ adj **1.** [miserly] tacaño(ña) **2.** [unkind] mezquino(na), malo(la) ▶ **to be mean to sb** ser malo con alguien **3.** [average] medio(dia). ❖ n [average] promedio *m*, media *f*.

meander [mɪˈændər] vi **1.** [river, road] serpentear **2.** [walk aimlessly] vagar ; [write, speak aimlessly] divagar.

meaning [ˈmiːnɪŋ] n **1.** [sense - of a word etc] significado *m* **2.** [significance] intención *f*, sentido *m* **3.** [purpose, point] propósito *m*, razón *f* de ser.

meaningful [ˈmiːnɪŋfʊl] adj **1.** [expressive] significativo(va) **2.** [profound] profundo(da).

meaningless [ˈmiːnɪŋlɪs] adj **1.** [without meaning, purpose] sin sentido **2.** [irrelevant, unimportant] irrelevante.

means [miːnz] ❖ n [method, way] medio *m* / *we have no means of doing it* no tenemos manera de hacerlo ▶ **by means of** por medio de ▶ **by legal means** legalmente. ❖ pl n [money] recursos *mpl*. ◆ **by all means** adv por supuesto. ◆ **by no means** adv en absoluto.

meant [ment] pt & pp ⟶ **mean**.

meantime [ˈmiːntaɪm] n ▶ **in the meantime** mientras tanto.

meanwhile [ˈmiːnwaɪl] adv mientras tanto.

measles [ˈmiːzlz] n ▶ **(the) measles** sarampión *m*.

measly [ˈmiːzlɪ] adj inf raquítico(ca).

measure [ˈmeʒər] ❖ n **1.** [step, action] medida *f* **2.** [of alcohol] medida *f* **3.** [indication, sign] ▶ **a measure of** una muestra de **4.** US MUS compás *m*. ❖ vt [object] medir ; [damage, impact etc] determinar, evaluar. ❖ vi medir. ◆ **measure up** vi dar la talla.

measurement [ˈmeʒəmənt] n medida *f*.

meat [miːt] n **1.** [foodstuff] carne *f* ▶ **cold meat** fiambre *m* **2.** [substance, content] sustancia *f*.

meatball [ˈmiːtbɔːl] n albóndiga *f*.

meat pie n UK empanada *f* de carne.

meaty [ˈmiːtɪ] adj fig sustancioso(sa).

Mecca [ˈmekə] n GEOG La Meca ; fig meca *f*.

mechanic [mɪˈkænɪk] n mecánico *m*, -ca *f*. ◆ **mechanics** ❖ n (U) [study] mecánica *f*. ❖ pl n fig mecanismos *mpl*.

mechanical [mɪˈkænɪkl] adj [worked by machinery, routine] mecánico(ca).

mechanism [ˈmekənɪzm] n lit & fig mecanismo *m*.

medal [ˈmedl] n medalla *f*.

medallion [mɪˈdæljən] n medallón *m*.

meddle [ˈmedl] vi ▶ **to meddle (in)** entrometerse (en) ▶ **to meddle with sthg** manosear algo.

media [ˈmiːdjə] ❖ pl n ⟶ **medium**. ❖ n & pl n ▶ **the media** los medios de comunicación ▶ **the new media** los nuevos medios ▶ **dead tree media** inf medios *mpl* impresos.

mediaeval [ˌmedɪˈiːvl] = **medieval**.

median [ˈmiːdjən] ❖ adj mediano(na). ❖ n US [of road] mediana *f*.

media player n lector *m* multimedia.

mediate [ˈmiːdɪeɪt] vi ▶ **to mediate (for/between)** mediar (por/entre).

mediator [ˈmiːdɪeɪtər] n mediador *m*, -ra *f*.

Medicaid [ˈmedɪkeɪd] n US sistema estatal de ayuda médica.

medical [ˈmedɪkl] ❖ adj médico(ca). ❖ n reconocimiento *m* médico.

Medicare [ˈmedɪkeər] n US ayuda médica estatal para ancianos.

medicated [ˈmedɪkeɪtɪd] adj medicinal.

medication [ˌmedɪˈkeɪʃn] n medicación *f* ▶ **to be on medication** tomar medicación.

medicine [ˈmedsɪn] n **1.** [treatment of illness] medicina *f* ▶ **Doctor of Medicine** UNIV doctor *m*, -ra *f* en medicina **2.** [substance] medicina *f*, medicamento *m*.

medieval, mediaeval [ˌmedɪˈiːvl] adj medieval.

mediocre [ˌmiːdɪˈəʊkər] adj mediocre.

meditate [ˈmedɪteɪt] vi ▶ **to meditate (on OR upon)** meditar (sobre).

meditation [ˌmedɪˈteɪʃn] n meditación *f*.

Mediterranean [ˌmedɪtəˈreɪnjən] ❖ n [sea] ▶ **the Mediterranean (Sea)** el (mar) Mediterráneo. ❖ adj mediterráneo(a).

medium [ˈmiːdjəm] ❖ adj mediano(na). ❖ n **1.** (pl **media**) [way of communicating] medio *m* **2.** (pl **mediums**) [spiritualist] médium *mf*.

medium-sized [-saɪzd] adj de tamaño mediano.

medium wave n onda *f* media.

medley [ˈmedlɪ] (pl **medleys**) n **1.** [mixture] mezcla *f* **2.** [selection of music] popurrí *m*.

meek [miːk] adj sumiso(sa), dócil.

meet [miːt] ❖ vt (pt & pp **met**) **1.** [by chance] encontrarse con ; [for first time, come across] conocer ; [by arrangement, for a purpose] reunirse con **2.** [go to meet - person] ir/venir a buscar **3.** [need, demand, condition] satisfacer ; [target] cumplir con ; [deadline] cumplir **4.** [deal with - problem, challenge] hacer frente a **5.** [costs, debts] pagar **6.** [experience - problem, situation] encontrarse con **7.** [hit, touch] darse OR chocar contra **8.** [join] juntarse OR unirse con **9.** [play against] enfrentarse con. ❖ vi (pt & pp **met**) **1.** [by chance] encontrarse; [by arrangement] verse; [for a purpose] reunirse **2.** [get to know sb] conocerse ▶ **shall we meet at eight?** ¿quedamos a las ocho? **3.** [hit in collision] chocar; [touch] tocar **4.** [eyes] ▶ **their eyes met** sus miradas se cruzaron **5.** [join - roads etc] juntarse **6.** [play each other] enfrentarse. ❖ n US [meeting] encuentro m. ◆ **meet up** vi ▶ **to meet up (with sb)** quedar (con alguien) ▶ **we're meeting up for lunch** hemos quedado para comer. ◆ **meet with** vt insep **1.** [problems, resistance] : *meet with refusal* ser rechazado(da) ▶ **to meet with success** tener éxito ▶ **to meet with failure** fracasar **2.** US [by arrangement] reunirse con.

meeting ['mi:tɪŋ] n **1.** [for discussions, business] reunión f **2.** [by chance, in sport] encuentro m; [by arrangement] cita f; [formal] entrevista f.

meeting place n lugar m de encuentro.

megabucks ['megəbʌks] n *inf* pasta f (gansa) / *her job pays megabucks* gana una pasta (gansa) en ese trabajo.

megabyte ['megəbaɪt] n COMPUT megabyte m, mega m.

megaphone ['megəfəʊn] n megáfono m.

megastore ['megəstɔ:ʳ] n macrotienda f.

melancholy ['melənkəlɪ] ❖ adj melancólico(ca). ❖ n melancolía f.

mellow ['meləʊ] ❖ adj [sound, colour, light] suave; [wine] añejo(ja). ❖ vi [sound, light] suavizarse; [person] ablandarse.

melody ['melədɪ] n melodía f.

melon ['melən] n melón m.

melt [melt] ❖ vt **1.** [make liquid] derretir **2.** fig [soften] ablandar. ❖ vi **1.** [become liquid] derretirse **2.** fig [soften] ablandarse **3.** [disappear] ▶ **to melt away a)** [savings] esfumarse **b)** [anger] desvanecerse. ◆ **melt down** vt sep fundir.

meltdown ['meltdaʊn] n **1.** [act of melting] fusión f **2.** [incident] fuga f radiactiva.

melting pot ['meltɪŋ-] n fig crisol m.

member ['membəʳ] n **1.** [of social group] miembro mf **2.** [of party, union] afiliado m, -da f; [of organization, club] socio m, -cia f **3.** [limb, penis] miembro m.

Member of Congress (pl **Members of Congress**) n miembro mf del Congreso (de los Estados Unidos).

Member of Parliament (pl **Members of Parliament**) n UK diputado m, -da f (del parlamento británico).

membership ['membəʃɪp] n **1.** [of party, union] afiliación f; [of club] calidad f de socio **2.** [number of members - of party, union] número m de afiliados **3.** [people themselves] ▶ **the membership**

a) [of organization] los miembros **b)** [of party, union] los afiliados **c)** [of club] los socios.

membership card n [of party, union] carnet m, de afiliado-da f; [of club] carnet m, de socio-cia f.

memento [mɪ'mentəʊ] (pl **-s**) n recuerdo m.

memo ['meməʊ] (pl **-s**) n memorándum m.

memoirs ['memwɑ:z] pl n memorias fpl.

memorable ['memərəbl] adj memorable.

memorandum [,memə'rændəm] (pl **-da** or **-dums**) n fml memorándum m.

memorial [mɪ'mɔ:rɪəl] ❖ adj conmemorativo(va). ❖ n monumento m conmemorativo.

memorize, memorise ['meməraɪz] vt memorizar, aprender de memoria.

memory ['memərɪ] n **1.** [faculty, of computer] memoria f ▶ **memory module** COMPUT módulo m de memoria **2.** [thing or things remembered] recuerdo m ▶ **from memory** de memoria.

memory stick n memoria f USB, lápiz m de memoria.

men [men] pl n ⟶ **man**.

menace ['menəs] ❖ n **1.** [threat] amenaza f; [danger] peligro m **2.** inf [nuisance, pest] pesadez f. ❖ vt amenazar.

menacing ['menəsɪŋ] adj amenazador(ra).

mend [mend] ❖ n inf ▶ **to be on the mend** ir recuperándose. ❖ vt [shoes, toy] arreglar; [socks] zurcir; [clothes] remendar.

menial ['mi:njəl] adj servil, de baja categoría.

meningitis [,menɪn'dʒaɪtɪs] n (U) meningitis f inv.

menopause ['menəpɔ:z] n ▶ **the menopause** la menopausia.

men's room n US ▶ **the men's room** los servicios de caballeros.

menstruation [,menstrʊ'eɪʃn] n menstruación f.

menswear ['menzweəʳ] n ropa f de caballeros.

mental ['mentl] adj mental.

mental hospital n hospital m psiquiátrico.

mentality [men'tælətɪ] n mentalidad f.

mentally ['mentəlɪ] adv mentalmente ▶ **to be mentally ill / retarded** ser un enfermo / retrasado mental.

mentally handicapped ['mentəlɪ-] pl n ▶ **the mentally handicapped** los disminuidos psíquicos.

mention ['menʃn] ❖ vt ▶ **to mention sthg (to)** mencionar algo (a) ▶ **not to mention** sin mencionar, además de ▶ **don't mention it!** ¡de nada!, ¡no hay de qué! ❖ n mención f.

menu ['menju:] n **1.** [in restaurant] carta f **2.** COMPUT menú m.

meow US = miaow.

MEP (abbr of **Member of the European Parliament**) n eurodiputado m, -da f.

mercenary ['mɜːsɪnrɪ] ❖ adj mercenario(ria). ❖ n mercenario m, -ria f.

merchandise ['mɜːtʃəndaɪz] n (U) mercancías fpl, géneros mpl.

merchant ['mɜːtʃənt] ❖ adj [seaman, ship] mercante. ❖ n comerciante mf.

merchant bank n UK banco m mercantil.

merchant navy UK, **merchant marine** US n marina f mercante.

merciful ['mɜːsɪfʊl] adj 1. [showing mercy] compasivo(va) 2. [fortunate] afortunado(da).

merciless ['mɜːsɪlɪs] adj despiadado(da).

mercury ['mɜːkjʊrɪ] n mercurio m.

Mercury ['mɜːkjʊrɪ] n Mercurio m.

mercy ['mɜːsɪ] n 1. [kindness, pity] compasión f ▶ **to have mercy on** apiadarse de ▶ **to beg for mercy** pedir clemencia ▶ **at the mercy of** fig a merced de 2. [blessing] suerte f.

mere [mɪər] adj simple, mero(ra) / she's a mere child no es más que una niña.

merely ['mɪəlɪ] adv simplemente, sólo.

merge [mɜːdʒ] ❖ vt 1. [gen] mezclar 2. COMM & COMPUT fusionar. ❖ vi 1. [join, combine] ▶ **to merge (with)** a) [company] fusionarse (con) b) [roads, branches] unirse OR convergir (con) 2. [blend - colours] fundirse ▶ **to merge into** confundirse con.

merger ['mɜːdʒər] n COMM fusión f.

meringue [mə'ræŋ] n merengue m.

merit ['merɪt] ❖ n mérito m. ❖ vt merecer, ser digno(na) de. ◆ **merits** npl n ventajas fpl ▶ **to judge sthg on its merits** evaluar OR juzgar algo según sus méritos.

mermaid ['mɜːmeɪd] n sirena f.

merry ['merɪ] adj 1. [gen] alegre 2. [party] animado(da) ▶ **Merry Christmas!** ¡feliz Navidad! 3. inf [tipsy] achispado(da).

merry-go-round n tiovivo m.

mesh [meʃ] ❖ n malla f. ❖ vi fig encajar.

mesmerize, mesmerise ['mezməraɪz] vt ▶ **to be mesmerized (by)** estar fascinado(da) (por).

mess [mes] n 1. [untidy state] desorden m ▶ **to make a mess of sthg** hacer algo muy mal ▶ **dog mess** UK a) [excrement] caca f de perro b) [referred to in official notices] deposiciones fpl caninas 2. [muddle, problematic situation] lío m 3. MIL [room] comedor m ; [food] rancho m. ◆ **mess about, mess around** inf ❖ vt sep vacilar. ❖ vi 1. [waste time] pasar el rato ; [fool around] hacer el tonto 2. [interfere] ▶ **to mess about with sthg** manosear algo. ◆ **mess up** vt sep inf 1. [clothes] ensuciar ; [room] desordenar 2. [plan, evening] echar a perder.

message ['mesɪdʒ] n 1. [piece of information] mensaje m, recado m ▶ **bounce message** mensaje m rebotado 2. [of book etc] mensaje m.

messaging ['mesɪdʒɪŋ] n COMPUT mensajería f.

messenger ['mesɪndʒər] n mensajero m, -ra f.

Messrs, Messrs. ['mesəz] (abbr of messieurs) Sres.

messy ['mesɪ] adj 1. [dirty] sucio(cia) ; [untidy] desordenado(da).

met [met] pt & pp ⟶ **meet**.

metadata ['metədeɪtə] pl n metadatos mpl.

metal ['metl] ❖ n metal m. ❖ comp de metal, metálico(ca).

metallic [mɪ'tælɪk] adj 1. [gen] metálico(ca) 2. [paint, finish] metalizado(da).

metalwork ['metəlwɜːk] n [craft] metalistería f.

metaphor ['metəfər] n metáfora f.

mete [miːt] ◆ **mete out** vt sep ▶ **to mete sthg out to sb** imponer algo a alguien.

meteor ['miːtɪər] n bólido m.

meteorology [ˌmiːtjə'rɒlədʒɪ] n meteorología f.

meter ['miːtər] n 1. [device] contador m 2. US = **metre**.

method ['meθəd] n método m.

methodical [mɪ'θɒdɪkl] adj metódico(ca).

Methodist ['meθədɪst] ❖ adj metodista. ❖ n metodista mf.

meths [meθs] n UK inf alcohol m metilado OR desnaturalizado.

methylated spirits ['meθɪleɪtɪd-] n alcohol m metilado OR desnaturalizado.

meticulous [mɪ'tɪkjʊləs] adj meticuloso(sa), minucioso(sa).

metre UK, **meter** US ['miːtər] n metro m.

metric ['metrɪk] adj métrico(ca).

metronome ['metrənəʊm] n metrónomo m.

metropolitan [ˌmetrə'pɒlɪtn] adj [of a metropolis] metropolitano(na).

mettle ['metl] n ▶ **to be on one's mettle** estar dispuesto(ta) a hacer lo mejor posible ▶ **he showed OR proved his mettle** mostró su valor.

mew [mjuː] = **miaow**.

mews [mjuːz] (pl inv) n UK callejuela de antiguas caballerizas convertidas en viviendas de lujo.

Mexican ['meksɪkn] ❖ adj mexicano(na), mejicano(na). ❖ n mexicano m, -na f, mejicano m, -na f.

Mexico ['meksɪkəʊ] n México, Méjico.

MI5 (abbr of Military Intelligence 5) n organismo británico de contraespionaje.

MI6 (abbr of Military Intelligence 6) n organismo británico de espionaje.

miaow UK [miː'aʊ], **meow** US [mɪ'aʊ] ❖ n maullido m. ❖ vi maullar.

mice [maɪs] pl n ⟶ **mouse**.

mickey ['mɪkɪ] n UK inf ▶ **to take the mickey out of sb** tomar el pelo a alguien ▶ **to take the mickey out of sthg** burlarse de algo.

microblog ['maɪkrəʊ,blɒg] n INTERNET microblog m.

microblogger ['maɪkrəʊ,blɒgər] n INTERNET microblogero m, -ra f.

microblogging ['maɪkrəʊ,blɒgɪŋ] n INTERNET microblogging m.

microchip ['maɪkrəʊtʃɪp] n COMPUT microchip m.

microcomputer [,maɪkrəʊkəm'pju:tər] n microordenador m, microcomputadora f [Am].

microfilm ['maɪkrəʊfɪlm] n microfilm m.

microphone ['maɪkrəfəʊn] n micrófono m.

micropublishing ['maɪkrəʊ,pʌblɪʃɪŋ] n microedición f.

micro scooter n patinete m.

microscope ['maɪkrəskəʊp] n microscopio m.

microscopic [,maɪkrə'skɒpɪk] adj lit & fig microscópico(ca).

microwave ['maɪkrəweɪv] ❖ n ▶ **microwave (oven)** microondas m inv. ❖ vt cocinar en el microondas.

mid- [mɪd] pref medio(dia) ▶ **(in) mid-morning** a media mañana ▶ **(in) mid-August** a mediados de agosto ▶ **(in) mid-winter** en pleno invierno ▶ **she's in her mid-twenties** tiene unos 25 años.

midair [mɪd'eər] n ▶ **in midair** en el aire.

midday ['mɪddeɪ] n mediodía m.

middle ['mɪdl] ❖ adj [gen] del medio. ❖ n **1.** [of room, town etc] medio m, centro m ▶ **in the middle of the month / the 19th century** a mediados del mes / del siglo XIX ▶ **in the middle of the week** a mitad de semana ▶ **to be in the middle of doing sthg** estar haciendo algo ▶ **in the middle of the night** en plena noche **2.** [waist] cintura f.

middle-aged adj de mediana edad.

Middle Ages pl n ▶ **the Middle Ages** la Edad Media.

middle-class adj de clase media.

middle classes pl n ▶ **the middle classes** la clase media.

Middle East n ▶ **the Middle East** el Oriente Medio.

middleman ['mɪdlmæn] (pl **-men**) n intermediario m.

middle name n segundo nombre m (en un nombre compuesto).

middleweight ['mɪdlweɪt] n peso m medio.

middling ['mɪdlɪŋ] adj regular.

midfield [,mɪd'fi:ld] n FOOT centro m del campo.

midge [mɪdʒ] n (tipo m de) mosquito m.

midget ['mɪdʒɪt] n enano m, -na f.

midi system ['mɪdɪ-] n minicadena f.

Midlands ['mɪdləndz] pl n ▶ **the Midlands** la región central de Inglaterra.

midnight ['mɪdnaɪt] n medianoche f.

midriff ['mɪdrɪf] n diafragma m.

midst [mɪdst] n ▶ **in the midst of** en medio de.

midsummer ['mɪd,sʌmər] n pleno verano m.

midway [,mɪd'weɪ] adv **1.** [in space] ▶ **midway (between)** a medio camino (entre) **2.** [in time] ▶ **midway (through)** a la mitad (de).

midweek ❖ adj [mɪd'wi:k] de entre semana. ❖ adv ['mɪdwi:k] entre semana.

midwife ['mɪdwaɪf] (pl **-wives**) n comadrona f.

midwifery ['mɪd,wɪfərɪ] n obstetricia f.

might [maɪt] ❖ modal vb **1.** [expressing possibility] : he might be armed podría estar armado / I might do it puede que OR quizás lo haga / I might come, I might not puede que venga, puede que no / will you do it? — I might do ¿lo harás? — puede que sí / we might have been killed, had we not been careful si no hubiéramos tenido cuidado, podríamos haber muerto / will you tell them? — I might as well ¿se lo dirás? — ¿por qué no? **2.** [expressing suggestion] : you might have told me! ¡podrías habérmelo dicho! / it might be better to wait quizás sea mejor esperar **3.** fml [asking permission] : he asked if he might leave the room pidió permiso para salir **4.** [expressing concession] : you might well be right, but ... puede que tengas razón, pero ... ▶ **I might have known** OR **guessed** podría haberlo sospechado. ❖ n (U) fuerza f, poder m.

mighty ['maɪtɪ] ❖ adj [strong] fuerte ; [powerful] poderoso(sa). ❖ adv [US] muy.

migraine ['mi:greɪn, 'maɪgreɪn] n jaqueca f.

migrant ['maɪgrənt] ❖ adj [workers] inmigrante. ❖ n [person] emigrante mf.

migrate [[UK] maɪ'greɪt, [US] 'maɪgreɪt] vi emigrar.

mike [maɪk] (abbr of microphone) n inf micro m.

mild [maɪld] adj **1.** [taste, disinfectant, wind] suave ; [effect, surprise, illness, punishment] leve **2.** [person, nature] apacible ; [tone of voice] sereno(na) **3.** [climate] templado(da).

mildew ['mɪldju:] n [gen] moho m ; [on plants] añublo m.

mildly ['maɪldlɪ] adv **1.** [gen] ligeramente, levemente ▶ **to put it mildly** por no decir más **2.** [talk] suavemente.

mile [maɪl] n milla f ▶ **it's miles away** [place] está muy lejos ▶ **to be miles away** fig estar en la luna.

mileage ['maɪlɪdʒ] n distancia f en millas.

mileometer, milometer [maɪ'lɒmɪtər] n cuentamillas m inv ; ≃ cuentakilómetros m inv.

milestone ['maɪlstəʊn] n **1.** [marker stone] mojón m **2.** fig [event] hito m.

militant ['mɪlɪtənt] ❖ adj militante. ❖ n militante mf.

military ['mɪlɪtrɪ] ❖ adj militar. ❖ n ▸ **the military** los militares, las fuerzas armadas.

militia [mɪ'lɪʃə] n milicia f.

milk [mɪlk] ❖ n leche f. ❖ vt **1.** [cow etc] ordeñar **2.** [use to own ends] sacar todo el jugo a / *they milked him for every penny he had* le chuparon hasta el último centavo.

milk chocolate n chocolate m con leche.

milkman ['mɪlkmən] (pl **-men**) n lechero m.

milk shake n batido m.

milky ['mɪlkɪ] adj **1.** 𝗨𝗞 [with milk] con mucha leche **2.** [pale white] lechoso(sa).

Milky Way n ▸ **the Milky Way** la Vía Láctea.

mill [mɪl] ❖ n **1.** [flour-mill] molino m **2.** [factory] fábrica f **3.** [grinder] molinillo m. ❖ vt moler. ◆ **mill about, mill around** vi arremolinarse.

millennium [mɪ'lenɪəm] (pl **-nnia**) n milenio m.

miller ['mɪlə'] n molinero m, -ra f.

millet ['mɪlɪt] n mijo m.

milligram(me) ['mɪlɪɡræm] n miligramo m.

millimetre 𝗨𝗞, **millimeter** 𝗨𝗦 ['mɪlɪ,miːtə'] n milímetro m.

millinery ['mɪlɪnrɪ] n sombrerería f (de señoras).

million ['mɪljən] n millón m ▸ **four million dollars** cuatro millones de dólares.

millionaire [,mɪljə'neə'] n millonario m.

millstone ['mɪlstəʊn] n piedra f de molino, muela f.

milometer [maɪ'lɒmɪtə'] = **mileometer**.

mime [maɪm] ❖ n [acting] mímica f. ❖ vt describir con gestos. ❖ vi hacer mímica.

mimic ['mɪmɪk] ❖ n imitador m, -ra f. ❖ vt (pt & pp **-ked**, cont **-king**) imitar.

mimicry ['mɪmɪkrɪ] n imitación f.

min. [mɪn] **1.** (written abbr of minute) min **2.** (written abbr of minimum) mín.

mince [mɪns] ❖ n 𝗨𝗞 carne f picada. ❖ vt picar. ❖ vi andar con afectación.

mincemeat ['mɪnsmiːt] n [fruit] mezcla de fruta confitada y especias.

mince pie n [sweet cake] pastelillo navideño de fruta confitada y frutos secos.

mincer ['mɪnsə'] n máquina f de picar carne.

mind [maɪnd] ❖ n **1.** [gen] mente f ▸ **state of mind** estado m de ánimo ▸ **to calculate sthg in one's mind** calcular algo mentalmente ▸ **to come into** OR **to cross sb's mind** pasársele a alguien por la cabeza ▸ **the first thing that came into my mind** lo primero que me vino a la mente ▸ **to have sthg on one's mind** estar preocupado por algo ▸ **to keep an open mind** tener una actitud abierta ▸ **that was a load** OR **weight off my mind** me quité un peso de encima ▸ **are you out of your mind?** ¿estás loco? ▸ **to make one's mind up** decidirse **2.** [attention] atención f ▸ **to put one's**

mind to sthg poner empeño en algo **3.** [opinion] ▸ **to change one's mind** cambiar de opinión ▸ **to my mind** en mi opinión ▸ **to be in two minds about sthg** no estar seguro(ra) de algo ▸ **to speak one's mind** hablar sin rodeos **4.** [memory] memoria f **5.** [intention] ▸ **to have sthg in mind** tener algo en mente ▸ **to have a mind to do sthg** estar pensando en hacer algo ▸ **nothing could be further from my mind** nada más lejos de mis intenciones. ❖ vi [be bothered] : *do you mind?* ¿te importa? / *I don't mind ...* no me importa ... / *which do you want? — I don't mind* ¿cuál prefieres? — me da igual ▸ **never mind a)** [don't worry] no te preocupes **b)** [it's not important] no importa. ❖ vt **1.** [be bothered about, dislike] : *do you mind if I leave?* ¿te molesta si me voy? / *I don't mind waiting* no me importa esperar ▸ **I wouldn't mind a ...** no me vendría mal un ... **2.** [pay attention to] tener cuidado con ▸ **mind you don't fall** ten cuidado no te vayas a caer **3.** [take care of] cuidar **4.** [concentrate on] : *mind your own business!* ¡métete en tus asuntos! ◆ **mind you** adv : *he's a bit deaf; mind you, he is old* está un poco sordo; te advierto que es ya mayor.

minder ['maɪndə'] n 𝗨𝗞 inf [bodyguard] guardaespaldas m & f inv.

mindful ['maɪndfʊl] adj ▸ **mindful of** consciente de.

mindless ['maɪndlɪs] adj **1.** [stupid] absurdo(da), sin sentido **2.** [not requiring thought] aburrido(da).

mind-numbing [-nʌmɪŋ] adj embrutecedor(ra).

mindset ['maɪndset] n mentalidad f.

mine¹ [maɪn] poss pron mío (mía) / *that money is mine* ese dinero es mío / *his car hit mine* su coche chocó contra el mío / *it wasn't your fault, it was* MINE la culpa no fue tuya sino mía / *a friend of mine* un amigo mío.

mine² [maɪn] ❖ n mina f. ❖ vt **1.** [excavate -coal] extraer **2.** [lay mines in] minar.

minefield ['maɪnfiːld] n lit & fig campo m de minas.

miner ['maɪnə'] n minero m, -ra f.

mineral ['mɪnərəl] ❖ adj mineral. ❖ n mineral m.

mineral water n agua f mineral.

minesweeper ['maɪn,swiːpə'] n dragaminas m inv.

mingle ['mɪŋɡl] vi **1.** [combine] ▸ **to mingle (with)** mezclarse (con) **2.** [socially] ▸ **to mingle (with)** alternar (con).

miniature ['mɪnətʃə'] ❖ adj en miniatura. ❖ n **1.** [painting] miniatura f **2.** [of alcohol] botellín f de licor en miniatura.

mini-break n mini vacaciones fpl.

minibus ['mɪnɪbʌs] (pl **-es**) n microbús m.

minicab ['mɪnɪkæb] n UK taxi que se puede pedir por teléfono, pero no se puede parar en la calle.

minidish ['mɪnɪdɪʃ] n miniparabólica f.

minigolf ['mɪnɪgɒlf] n minigolf m.

minima ['mɪnɪmə] pl n — **minimum**.

minimal ['mɪnɪml] adj mínimo(ma).

minimum ['mɪnɪməm] ◆ adj mínimo(ma) ▶ **minimum charge** tarifa f mínima. ◆ n (pl **-mums** or **-ma**) mínimo m.

mining ['maɪnɪŋ] ◆ n minería f. ◆ adj minero(ra).

mini-roundabout [mɪnɪ'raʊndəbaʊt] n UK mini rotonda f.

miniskirt ['mɪnɪskɜːt] n minifalda f.

minister ['mɪnɪstər] n **1.** POL ▶ **minister (for)** ministro m, -tra f (de) **2.** RELIG pastor m, -ra f. ◆ **minister to** vt insep [needs] atender a.

ministerial [mɪnɪ'stɪərɪəl] adj ministerial.

minister of state n ▶ **minister of state (for)** secretario m, -ria f de estado (para).

ministry ['mɪnɪstrɪ] n **1.** POL ministerio m **2.** RELIG ▶ **the ministry** el clero.

mink [mɪŋk] (pl inv) n visón m.

minnow ['mɪnəʊ] n **1.** [fish] pececillo m (de agua dulce) **2.** [team] comparsa f.

minor ['maɪnər] ◆ adj [gen] menor; [injury] leve. ◆ n menor mf (de edad); US [subject] subespecialidad f.

minority [maɪ'nɒrətɪ] n minoría f ▶ **to be in a** OR **the minority** estar en la minoría, ser minoría.

mint [mɪnt] ◆ n **1.** [herb] menta f, hierbabuena f **2.** [peppermint] pastilla f de menta **3.** [for coins] ▶ **the mint** la Casa de la Moneda ▶ **in mint condition** en perfecto estado, como nuevo(va). ◆ vt acuñar.

minus ['maɪnəs] ◆ prep **1.** MATH [less] ▶ **4 minus 2 is 2** 4 menos 2 es 2 **2.** [in temperatures] : it's minus 5°C estamos a 5 grados bajo cero. ◆ n (pl **-es**) **1.** MATH signo m (de) menos **2.** [disadvantage] desventaja f.

minus sign n signo m (de) menos.

minute[1] ['mɪnɪt] n minuto m ▶ **at any minute** en cualquier momento ▶ **at the minute** en este momento ▶ **just a minute** un momento ▶ **this minute** ahora mismo. ◆ **minutes** pl n acta f ▶ **to take (the) minutes** levantar OR tomar acta.

minute[2] [maɪ'njuːt] adj [very small] diminuto(ta).

miracle ['mɪrəkl] n lit & fig milagro m.

miraculous [mɪ'rækjʊləs] adj milagroso(sa).

mirage [mɪ'rɑːʒ] n lit & fig espejismo m.

mire [maɪər] n fango m, lodo m.

mirror ['mɪrər] ◆ n espejo m. ◆ vt reflejar.

mirror site n COMPUT sitio m espejo.

mirth [mɜːθ] n risa f.

misadventure [mɪsəd'ventʃər] n desgracia f ▶ **death by misadventure** LAW muerte f accidental.

misapprehension ['mɪsæprɪ'henʃn] n **1.** [misunderstanding] malentendido m **2.** [mistaken belief] creencia f errónea.

misappropriation ['mɪsəprəʊprɪ'eɪʃn] n ▶ **misappropriation (of)** malversación f (de).

misbehave [mɪsbɪ'heɪv] vi portarse mal.

miscalculate [mɪs'kælkjʊleɪt] vt & vi calcular mal.

miscarriage [mɪs'kærɪdʒ] n [at birth] aborto m (natural).

miscarriage of justice n error m judicial.

miscellaneous [mɪsə'leɪnjəs] adj diverso(sa).

mischief ['mɪstʃɪf] n (U) **1.** [playfulness] picardía f **2.** [naughty behaviour] travesuras fpl **3.** [harm] daño m.

mischievous ['mɪstʃɪvəs] adj **1.** [playful] lleno(na) de picardía **2.** [naughty] travieso(sa).

misconception [mɪskən'sepʃn] n concepto m erróneo.

misconduct [mɪs'kɒndʌkt] n mala conducta f.

misconstrue [mɪskən'struː] vt fml malinterpretar.

miscount [mɪs'kaʊnt] vt & vi contar mal.

misdeed [mɪs'diːd] n liter fechoría f.

misdemeanour UK, **misdemeanor** US [mɪsdɪ'miːnər] n fml delito m menor.

miser ['maɪzər] n avaro m, -ra f.

miserable ['mɪzrəbl] adj **1.** [unhappy] infeliz, triste **2.** [wretched, poor] miserable **3.** [weather] horrible **4.** [pathetic] lamentable.

miserly ['maɪzəlɪ] adj miserable, mezquino(na).

misery ['mɪzərɪ] n **1.** [unhappiness] desdicha f **2.** [suffering] sufrimiento m.

misery-guts adj inf amargado(da).

misfire [mɪs'faɪər] vi **1.** [car engine] no arrancar **2.** [plan] fracasar.

misfit ['mɪsfɪt] n inadaptado m, -da f.

misfortune [mɪs'fɔːtʃuːn] n **1.** [bad luck] mala suerte f **2.** [piece of bad luck] desgracia f.

misgivings [mɪs'gɪvɪŋz] pl n recelos mpl.

misguided [mɪs'gaɪdɪd] adj [person] descaminado(da); [attempt] equivocado(da).

mishandle [mɪs'hændl] vt **1.** [person, animal] maltratar **2.** [affair] llevar mal.

mishap ['mɪshæp] n contratiempo m.

misinform [mɪsɪn'fɔːm] vt informar mal.

misinterpret [mɪsɪn'tɜːprɪt] vt malinterpretar.

misjudge [mɪs'dʒʌdʒ] vt **1.** [guess wrongly] calcular mal **2.** [appraise wrongly] juzgar mal.

mislay [mɪs'leɪ] (pt & pp **-laid**) vt extraviar.

mislead [mɪs'liːd] (pt & pp **-led**) vt engañar.

misleading [mɪs'liːdɪŋ] adj engañoso(sa).

misled [ˌmɪsˈled] pt & pp ⟶ **mislead**.

mismanagement [ˌmɪsˈmænɪdʒmənt] n mala administración f.

misnomer [ˌmɪsˈnəʊmər] n término m equivocado.

misplace [ˌmɪsˈpleɪs] vt extraviar.

misprint [ˈmɪsprɪnt] n errata f, error m de imprenta.

miss [mɪs] ❖ vt **1.** [fail to see - TV programme, film] perderse ; [- error, person in crowd] no ver **2.** [fail to hear] no oír **3.** [omit] saltarse **4.** [shot] fallar ; [ball] no dar a **5.** [feel absence of] echar de menos OR en falta **6.** [opportunity] perder, dejar pasar ; [turning] pasarse **7.** [train, bus] perder **8.** [appointment] faltar a ; [deadline] no cumplir **9.** [avoid] evitar. ❖ vi fallar. ❖ n fallo m ▸ to give sthg a miss inf pasar de algo. ◆ **miss out** ❖ vt sep pasar por alto. ❖ vi ▸ to miss out (on sthg) perderse (algo).

Miss [mɪs] n señorita f ▸ **Miss Brown** la señorita Brown.

misshapen [ˌmɪsˈʃeɪpn] adj deforme.

missile [UK 'mɪsaɪl, US 'mɪsəl] n **1.** [weapon] misil m **2.** [thrown object] proyectil m.

missing [ˈmɪsɪŋ] adj **1.** [lost] perdido(da), extraviado(da) **2.** [not present] ausente ▸ to be missing faltar.

mission [ˈmɪʃn] n misión f.

missionary [ˈmɪʃənrɪ] n misionero m, -ra f.

mist [mɪst] n [gen] neblina f ; [at sea] bruma f. ◆ **mist over, mist up** vi [windows, spectacles] empañarse ; [eyes] llenarse de lágrimas.

mistake [mɪˈsteɪk] ❖ n error m ▸ to make a mistake equivocarse, cometer un error ▸ by mistake por error. ❖ vt (pt -took, pp -taken) [misunderstand] entender mal.

mistaken [mɪˈsteɪkn] ❖ pp ⟶ **mistake**. ❖ adj equivocado(da) ▸ to be mistaken about sb / sthg estar equivocado respecto a alguien / algo.

mister [ˈmɪstər] n inf amigo m. ◆ **Mister** n señor m ▸ **mister Brown** el señor Brown.

mistletoe [ˈmɪsltəʊ] n muérdago m.

mistook [mɪˈstʊk] pt ⟶ **mistake**.

mistreat [ˌmɪsˈtriːt] vt maltratar.

mistress [ˈmɪstrɪs] n **1.** [female lover] amante f **2.** UK [school teacher - primary] maestra f ; [- secondary] profesora f **3.** [woman in control] señora f.

mistrust [ˌmɪsˈtrʌst] ❖ n desconfianza f, recelo m. ❖ vt desconfiar de.

misty [ˈmɪstɪ] adj [gen] neblinoso(sa) ; [at sea] brumoso(sa).

misunderstand [ˌmɪsʌndəˈstænd] (pt & pp -stood) vt & vi entender mal.

misunderstanding [ˌmɪsʌndəˈstændɪŋ] n malentendido m.

misunderstood [ˌmɪsʌndəˈstʊd] pt & pp ⟶ **misunderstand**.

misuse ❖ n [ˌmɪsˈjuːs] uso m indebido. ❖ vt [ˌmɪsˈjuːz] hacer uso indebido de.

miter US = **mitre**.

mitigate [ˈmɪtɪgeɪt] vt fml mitigar.

mitre UK, **miter** US [ˈmaɪtər] n [hat] mitra f.

mitt [mɪt] n manopla f ; US [for baseball] guante m.

mitten [ˈmɪtn] n manopla f.

mix [mɪks] ❖ vt ▸ to mix sthg (with) mezclar algo (con). ❖ vi **1.** [substances] mezclarse ; [activities] ir bien juntos(tas) **2.** [socially] ▸ to mix with alternar con. ❖ n mezcla f. ◆ **mix up** vt sep **1.** [confuse] confundir **2.** [disorder] mezclar.

mixed [mɪkst] adj **1.** [of different kinds] surtido(da), variado(da) **2.** [of different sexes] mixto(ta).

mixed-ability adj UK [class, group] con alumnos de varios niveles.

mixed grill n parrillada f mixta.

mixed up adj **1.** [confused] confuso(sa) ▸ to get mixed up confundirse **2.** [involved] ▸ mixed up in [fight, crime] involucrado(da) en.

mixer [ˈmɪksər] n **1.** [for food] batidora f ; [for cement] hormigonera f **2.** [for music] mesa f de mezclas **3.** [non-alcoholic drink] bebida no alcohólica para mezclar con bebidas alcohólicas.

mixture [ˈmɪkstʃər] n [gen] mezcla f ; [of sweets] surtido m.

mix-up n inf confusión f.

mm (written abbr of **millimetre**) mm.

MMR [ˌemem'ɑːr] (abbr of measles, mumps & rubella) n MED sarampión, paperas y rubeola.

moan [məʊn] ❖ n [of pain, sadness] gemido m. ❖ vi **1.** [in pain, sadness] gemir **2.** inf [complain] ▸ to moan (about) quejarse (de).

moat [məʊt] n foso m.

mob [mɒb] ❖ n muchedumbre f. ❖ vt asediar.

mobile [ˈməʊbaɪl] ❖ adj [able to move] móvil. ❖ n móvil m.

mobile home n caravana f.

mobile phone n teléfono m móvil.

mobilize, mobilise [ˈməʊbɪlaɪz] vt movilizar.

mock [mɒk] ❖ adj fingido(da) ▸ mock (exam) simulacro m de examen. ❖ vt burlarse de. ❖ vi burlarse.

mockery [ˈmɒkərɪ] n burlas fpl ▸ to make a mockery of sthg poner en ridículo algo.

mod cons [ˌmɒd-] (abbr of modern conveniences) pl n UK inf ▸ all mod cons con todas las comodidades.

mode [məʊd] n modo m.

model [ˈmɒdl] ❖ n **1.** [gen] modelo m **2.** [small copy] maqueta f **3.** [for painter, in fashion] modelo mf. ❖ adj **1.** [exemplary] modelo (inv) **2.** [reduced-scale) en miniatura. ❖ vt (UK pt & pp -led, cont -ling, US pt & pp -ed, cont -ing) **1.** [shape] modelar **2.** [wear] lucir (en pase de modelos) **3.** [copy] ▶ **to model o.s. on sb** tener a alguien como modelo **4.** COMPUT simular por ordenador. ❖ vi (UK pt & pp -led, cont -ling, US pt & pp -ed, cont -ing) trabajar de modelo.

modem ['məʊdem] n COMPUT módem m.

moderate ❖ adj ['mɒdərət] moderado(da). ❖ n ['mɒdərət] POL moderado m, -da f. ❖ vt ['mɒdəreɪt] moderar. ❖ vi ['mɒdəreɪt] [in debate] hacer de moderador.

moderately ['mɒdərətlɪ] adv moderadamente.

moderation [,mɒdə'reɪʃn] n moderación f ▶ **in moderation** con moderación.

modern ['mɒdən] adj moderno(na).

modernize, modernise ['mɒdənaɪz] ❖ vt modernizar. ❖ vi modernizarse.

modern languages pl n lenguas fpl modernas.

modest ['mɒdɪst] adj **1.** [gen] modesto(ta) **2.** [improvement] ligero(ra); [price] módico(ca).

modesty ['mɒdɪstɪ] n modestia f.

modicum ['mɒdɪkəm] n fml ▶ **a modicum of** un mínimo de.

modification [,mɒdɪfɪ'keɪʃn] n modificación f.

modify ['mɒdɪfaɪ] vt modificar.

module ['mɒdjuːl] n módulo m.

mogul ['məʊgl] n magnate mf.

mohair ['məʊheər] n mohair m.

moist [mɔɪst] adj húmedo(da).

moisten ['mɔɪsn] vt humedecer.

moisture ['mɔɪstʃər] n humedad f.

moisturizer ['mɔɪstʃəraɪzər] n (crema f) hidratante m.

mojo ['məʊdʒəʊ] n US inf [energy] duende m.

molar ['məʊlər] n muela f.

molasses [mə'læsɪz] n (U) melaza f.

mold US = mould.

mole [məʊl] n **1.** [animal, spy] topo m **2.** [spot] lunar m.

molecule ['mɒlɪkjuːl] n molécula f.

molest [mə'lest] vt **1.** [sexually] abusar sexualmente de **2.** [annoy] molestar.

mollusc, mollusk US ['mɒləsk] n molusco m.

mollycoddle ['mɒlɪ,kɒdl] vt inf mimar.

molt US = moult.

molten ['məʊltn] adj fundido(da).

mom [mɒm] n US inf mamá f.

moment ['məʊmənt] n momento m ▶ **at any moment** de un momento a otro ▶ **at the moment** en este momento ▶ **for the moment** de momento.

momentarily ['məʊməntərɪlɪ] adv **1.** [for a short time] momentáneamente **2.** US [soon] pronto.

momentary ['məʊməntrɪ] adj momentáneo(a).

momentous [mə'mentəs] adj trascendental.

momentum [mə'mentəm] n (U) **1.** PHYS momento m **2.** fig [speed, force] ímpetu m, impulso m ▶ **to gather momentum** cobrar intensidad.

momma ['mɒmə], **mommy** ['mɒmɪ] n US mamá f.

Monaco ['mɒnəkəʊ] n Mónaco.

monarch ['mɒnək] n monarca mf.

monarchy ['mɒnəkɪ] n **1.** [gen] monarquía f **2.** [royal family] ▶ **the monarchy** la familia real.

monastery ['mɒnəstrɪ] n monasterio m.

Monday ['mʌndɪ] n lunes m inv. See also **Saturday**.

monetary ['mʌnɪtrɪ] adj monetario(ria).

monetize vt monetizar.

money ['mʌnɪ] n dinero m ▶ **to make money** hacer dinero ▶ **to make big money** inf hacer mucho dinero / advertising is where the big money is inf en publicidad se hace mucho dinero ▶ **to earn big money** inf ganar mucho / you can earn big money selling carpets inf se puede ganar mucho vendiendo alfombras ▶ **we got our money's worth** sacamos provecho a nuestro dinero ▶ **for my money** en mi opinión.

money belt n cinturón m monedero.

moneybox ['mʌnɪbɒks] n hucha f.

moneylender ['mʌnɪ,lendər] n prestamista mf.

money order n giro m postal.

money-spinner [-,spɪnər] n UK inf mina f (de dinero).

mongol ['mɒŋgəl] dated & offens n mongólico m, -ca f.

Mongolia [mɒŋ'gəʊlɪə] n Mongolia.

mongrel ['mʌŋgrəl] n perro m cruzado.

monitor ['mɒnɪtər] ❖ n [gen & COMPUT] monitor m. ❖ vt **1.** [check] controlar **2.** [listen in to] escuchar.

monk [mʌŋk] n monje m.

monkey ['mʌŋkɪ] n (pl monkeys) n mono m.

monkey bars n US barras fpl trepadoras.

monkey nut n cacahuete m.

monkey wrench n llave f inglesa.

mono ['mɒnəʊ] adj mono (inv).

monochrome ['mɒnəkrəʊm] adj monocromo(ma).

monocle ['mɒnəkl] n monóculo m.

monologue, monolog US ['mɒnəlɒg] n monólogo m.

monopolize, monopolise [mə'nɒpəlaɪz] vt FIN monopolizar; [attention etc] acaparar.

monopoly [mə'nɒpəlɪ] n ▶ **monopoly (on or of)** monopolio m (de).

monotone ['mɒnətəʊn] n ▶ **in a monotone** con voz monótona.

monotonous [mə'nɒtənəs] adj monótono(na).

monotony [mə'nɒtənɪ] n monotonía f.
monsoon [mɒn'su:n] n monzón m.
monster ['mɒnstər] n [imaginary creature, cruel person] monstruo m.
monstrosity [mɒn'strɒsətɪ] n monstruosidad f.
monstrous ['mɒnstrəs] adj **1.** [very unfair, frightening, ugly] monstruoso(sa) **2.** [very large] gigantesco(ca).
month [mʌnθ] n mes m.
monthly ['mʌnθlɪ] ◆ adj mensual. ◆ adv mensualmente.
monument ['mɒnjʊmənt] n monumento m.
monumental [,mɒnjʊ'mentl] adj **1.** [gen] monumental **2.** [error] descomunal.
moo [mu:] vi mugir.
mood [mu:d] n [of individual] humor m; [of public, voters] disposición f ▶ in a (bad) mood de mal humor ▶ in a good mood de buen humor.
moody ['mu:dɪ] adj pej **1.** [changeable] de humor variable **2.** [bad-tempered] malhumorado(da).
moon [mu:n] n luna f.
moonlight ['mu:nlaɪt] n luz f de la luna.
moonlighting ['mu:nlaɪtɪŋ] n pluriempleo m.
moonlit ['mu:nlɪt] adj [night] de luna; [landscape] iluminado(da) por la luna.
moor [mɔ:r] ◆ n UK páramo m. ◆ vt amarrar. ◆ vi echar las amarras.
Moor [mɔ:r] n moro m, -ra f.
Moorish ['mɔ:rɪʃ] adj moro(ra), morisco(ca).
moorland ['mɔ:lənd] n UK páramo m, brezal m.
moose [mu:s] (pl inv) n [North American] alce m.
mop [mɒp] ◆ n **1.** [for cleaning] fregona f **2.** inf [of hair] pelambrera f. ◆ vt **1.** [clean with mop] pasar la fregona por **2.** [dry with cloth-sweat] enjugar. ◆ **mop up** vt sep [clean up] limpiar.
mope [məʊp] vi pej estar deprimido(da).
moped ['məʊped] n ciclomotor m, motoneta f Am.
moral ['mɒrəl] ◆ adj moral. ◆ n [lesson] moraleja f. ◆ **morals** pl n [principles] moral f.
morale [mə'rɑ:l] n (U) moral f.
morality [mə'rælətɪ] n **1.** [gen] moralidad f **2.** [system of principles] moral f.
morass [mə'ræs] n cenagal m.
morbid ['mɔ:bɪd] adj morboso(sa).
more [mɔ:r] ◆ adv **1.** (with adj and adverbs) más / more important (than) más importante (que) **2.** [to a greater degree] más / we were more hurt than angry más que enfadados estábamos heridos / I couldn't agree more estoy completamente de acuerdo. ◆ adj más / more food than drink más comida que bebida / more than 70 people died más de 70 personas murieron / have some more tea toma un poco más de té / I finished two more chapters today acabé otros dos capí-

tulos hoy. ◆ pron más / more than five más de cinco / he's got more than I have él tiene más que yo / I don't want any more no quiero más ▶ there's no more (left) no queda nada (más) ▶ (and) what's more (y lo que) es más. ◆ **any more** adv ▶ not ... any more ya no ... ▶ she doesn't live here any more ya no vive aquí. ◆ **more and more** adv, adj & pron cada vez más. ◆ **more or less** adv más o menos.
moreish ['mɔ:rɪʃ] adj UK inf irresistible, adictivo(va).
moreover [mɔ:'rəʊvər] adv fml además.
morgue [mɔ:g] n depósito m de cadáveres.
Mormon ['mɔ:mən] n mormón m, -ona f.
morning ['mɔ:nɪŋ] n **1.** [first part of day] mañana f ▶ in the morning por la mañana / six o'clock in the morning las seis de la mañana ▶ on Monday morning el lunes por la mañana **2.** [between midnight and dawn] madrugada f **3.** [tomorrow morning] ▶ in the morning mañana por la mañana. ◆ **mornings** adv US por la mañana.
Moroccan [mə'rɒkən] ◆ adj marroquí. ◆ n marroquí mf.
Morocco [mə'rɒkəʊ] n Marruecos.
moron ['mɔ:rɒn] n inf imbécil mf.
morose [mə'rəʊs] adj malhumorado(da).
morph [mɔ:f] vi transformarse / the car morphs into a robot el coche se transforma en robot.
morphine ['mɔ:fi:n] n morfina f.
Morse (code) [mɔ:s-] n (código m) morse m.
morsel ['mɔ:sl] n bocado m.
mortal ['mɔ:tl] ◆ adj [gen] mortal. ◆ n mortal mf.
mortality [mɔ:'tælətɪ] n mortalidad f.
mortar ['mɔ:tər] n **1.** [cement mixture] argamasa f **2.** [gun, bowl] mortero m.
mortgage ['mɔ:gɪdʒ] ◆ n hipoteca f. ◆ vt hipotecar.
mortified ['mɔ:tɪfaɪd] adj muerto(ta) de vergüenza.
mortuary ['mɔ:tʃʊərɪ] n depósito m de cadáveres.
mosaic [mə'zeɪɪk] n mosaico m.
Moscow ['mɒskəʊ, US 'mɒskaʊ] npr Moscú.
mosey ['məʊzɪ] vi US inf [amble] ir dando un paseo ▶ to mosey along ir dando un paseo / let's mosey over to the pond vamos hasta el estanque dando un paseo.
Moslem ['mɒzləm] = Muslim.
mosque [mɒsk] n mezquita f.
mosquito [mə'ski:təʊ] (pl -es or -s) n mosquito m, zancudo m Am.
moss [mɒs] n musgo m.
most [məʊst] (superl of many) ◆ adj **1.** [the majority of] la mayoría de ▶ most people la mayoría de la gente **2.** [largest amount of] ▶ (the) most

más / *who has got (the) most money?* ¿quién es el que tiene más dinero? ❖ pron **1.** [the majority] ▶ **most (of)** la mayoría (de) ▶ **most are women** la mayoría son mujeres ▶ **most of the time** la mayor parte del tiempo **2.** [largest amount] ▶ **I earn (the) most** soy el que más dinero gana ▶ **the most I've ever won** lo máximo que he ganado ▶ **most of the time** la mayor parte del tiempo ▶ **at most** como mucho ▶ **to make the most of sthg** sacarle el mayor partido a algo. ❖ adv **1.** [to the greatest extent] ▶ **(the) most** el/la/lo más ▶ **the most handsome man** el hombre más guapo ▶ **what I like most** lo que más me gusta ▶ **most often** más a menudo **2.** *fml* [very] muy ▶ **most certainly** con toda seguridad **3.** *US* [almost] casi.

mostly ['məustlı] adv [in the main part] principalmente ; [usually] normalmente.

MOT (*abbr of* Ministry of Transport test) n ≃ ITV f.

motel [məʊ'tel] n motel m.

moth [mɒθ] n polilla f.

mothball ['mɒθbɔːl] n bola f de naftalina.

mother ['mʌðər] ❖ n madre f. ❖ vt *pej* [spoil] mimar.

motherhood ['mʌðəhʊd] n maternidad f.

mother-in-law (*pl* **mothers-in-law** *or* **mother-in-laws**) n suegra f.

motherly ['mʌðəlɪ] adj maternal.

mother-of-pearl n nácar m.

mother-to-be (*pl* **mothers-to-be**) n futura madre f.

mother tongue n lengua f materna.

motif [məʊ'tiːf] n ART & MUS motivo m.

motion ['məʊʃn] ❖ n **1.** [gen] movimiento m ▶ **to go through the motions (of doing sthg)** (hacer algo para) cubrir el expediente **2.** [proposal] moción f. ❖ vt ▶ **to motion sb to do sthg** indicar a alguien con un gesto que haga algo. ❖ vi ▶ **to motion to sb** hacer una señal (con la mano) a alguien.

motionless ['məʊʃənlɪs] adj inmóvil.

motion picture n *US* película f.

motivate ['məʊtɪveɪt] vt motivar.

motivated ['məʊtɪveɪtɪd] adj motivado(da).

motivation [,məʊtɪ'veɪʃn] n motivación f.

motive ['məʊtɪv] n [gen] motivo m ; [for crime] móvil m.

motley ['mɒtlɪ] adj *pej* variopinto(ta).

motor ['məʊtər] ❖ adj *UK* [industry, accident] automovilístico(ca) ; [mechanic] de automóviles. ❖ n **1.** [engine] motor m **2.** *UK inf* [car] coche m.

motorbike ['məʊtəbaɪk] n moto f.

motorboat ['məʊtəbəʊt] n lancha f motora.

motorcar ['məʊtəkɑːr] n automóvil m.

motorcycle ['məʊtə,saɪkl] n motocicleta f.

motorcyclist ['məʊtə,saɪklɪst] n motociclista mf.

motor home n autocaravana f, rulot f.

motoring ['məʊtərɪŋ] n automovilismo m.

motorist ['məʊtərɪst] n automovilista mf, conductor m, -ra f.

motor racing n (U) carreras fpl de coches, automovilismo m deportivo.

motor scooter n Vespa® f, escúter m.

motorsport ['məʊtəspɔːt] n carreras fpl de coches.

motor vehicle n vehículo m de motor.

motorway ['məʊtəweɪ] *UK* n autopista f.

mottled ['mɒtld] adj moteado(da).

motto ['mɒtəʊ] (*pl* -s *or* -es) n lema m.

mould, mold *US* [məʊld] ❖ n **1.** [growth] moho m **2.** [shape] molde m. ❖ vt *lit & fig* moldear.

moulding, molding *US* ['məʊldɪŋ] n [decoration] moldura f.

mouldy, moldy *US* ['məʊldɪ] adj mohoso(sa).

moult *UK*, **molt** *US* [məʊlt] vi [bird] mudar la pluma ; [dog] mudar el pelo.

mound [maʊnd] n **1.** [small hill] montículo m **2.** [untidy pile] montón m.

mount [maʊnt] ❖ n **1.** [gen] montura f ; [for photograph] marco m ; [for jewel] engaste m **2.** [mountain] monte m. ❖ vt **1.** [horse, bike] subirse a, montar en **2.** [attack] lanzar **3.** [exhibition] montar **4.** [jewel] engastar ; [photograph] enmarcar. ❖ vi [increase] aumentar.

mountain ['maʊntɪn] n *lit & fig* montaña f.

mountain bike n bicicleta f de montaña.

mountaineer [,maʊntɪ'nɪər] n montañero m, -ra f, andinista mf *Am*.

mountaineering [,maʊntɪ'nɪərɪŋ] n montañismo m, andinismo m *Am*.

mountainous ['maʊntɪnəs] adj montañoso(sa).

mourn [mɔːn] ❖ vt [person] llorar por ; [thing] lamentarse de. ❖ vi ▶ **to mourn for sb** llorar la muerte de alguien.

mourner ['mɔːnər] n doliente mf.

mournful ['mɔːnfʊl] adj [face, voice] afligido(da), lúgubre ; [sound] lastimero(ra).

mourning ['mɔːnɪŋ] n luto m ▶ **in mourning** de luto.

mouse [maʊs] (*pl* **mice**) n ZOOL & COMPUT ratón m.

mousetrap ['maʊstræp] n ratonera f.

mousse [muːs] n **1.** [food] mousse m **2.** [for hair] espuma f.

moustache *UK* [mə'stɑːʃ], **mustache** *US* ['mʌstæʃ] n bigote m.

mouth n [mauθ] [gen] boca *f*; [of river] desembocadura *f*.

mouthful ['mauθful] n [of food] bocado *m*; [of drink] trago *m*.

mouthorgan ['mauθ,ɔ:gən] n armónica *f*.

mouthpiece ['mauθpi:s] n **1.** [of telephone] micrófono *m* **2.** [of musical instrument] boquilla *f* **3.** [spokesperson] portavoz *mf*.

mouthwash ['mauθwɒʃ] n elixir *m* bucal.

mouth-watering [-,wɔ:tərɪŋ] adj muy apetitoso(sa).

movable ['mu:vəbl] adj movible.

move [mu:v] ❖ n **1.** [movement] movimiento *m* ▶ **on the move a)** [travelling around] viajando **b)** [beginning to move] en marcha ▶ **to get a move on** *inf* espabilarse, darse prisa **2.** [change - of house] mudanza *f*; [- of job] cambio *m* **3.** [in board game] jugada *f* **4.** [course of action] medida *f*. ❖ vt **1.** [shift] mover ▶ **to move sthg closer** acercar algo **2.** [change - house] mudarse de; [-job] cambiar de **3.** [transfer, postpone] trasladar **4.** [affect] conmover **5.** [in debate - motion] proponer **6.** [cause] ▶ **to move sb to do sthg** mover **or** llevar a alguien a hacer algo. ❖ vi **1.** [gen] moverse; [events] cambiar ▶ **move closer** acércate **2.** [change house] mudarse; [change job] cambiar de trabajo. ❖ **move about, move around** vi **1.** [fidget] ir de aquí para allá **2.** [travel] viajar. ❖ **move along** ❖ vt sep dispersar. ❖ vi **1.** [move towards front or back] hacerse a un lado **2.** [move away - crowd, car] circular. ❖ **move around** vi = **move about.** ❖ **move away** vi **1.** [walk away] apartarse **2.** [go to live elsewhere] marcharse. ❖ **move in** vi **1.** [to new house] instalarse **2.** [take control, attack] intervenir. ❖ **move off** vi [vehicle, procession] ponerse en marcha. ❖ **move on** vi **1.** [go away] marcharse **2.** [progress] avanzar. ❖ **move out** vi mudarse ▶ **my girlfriend moved out yesterday** mi novia se fue a vivir a otra casa ayer. ❖ **move over** vi hacer sitio. ❖ **move up** vi [on bench etc] hacer sitio.

moveable = **movable.**

movement ['mu:vmənt] n [gen] movimiento *m*.

movie ['mu:vɪ] n US película *f*.

movie camera n cámara *f* cinematográfica.

moving ['mu:vɪŋ] adj **1.** [touching] conmovedor(ra) **2.** [not fixed] móvil.

mow [məu] vt (*pt* -ed, *pp* -ed *or* mown) [grass, lawn] cortar; [corn] segar. ❖ **mow down** vt sep acribillar.

mower ['məuər] n cortacésped *mf*.

mown [məun] pp ⟶ **mow.**

MP n **1.** (*abbr of* Military Police) PM *f* **2.** UK *abbr of* Member of Parliament.

MP3 [,empi:'θri:] (*abbr of* moving picture experts group audio layer 3) n COMPUT MP3 *m* ▶ **MP3 player** lector *m* de MP3.

MP4 (*abbr of* moving picture experts group audio layer 4) n COMPUT MP4 *m* ▶ **MP4 player** lector *m* de MP4.

MPEG (*abbr of* Moving Pictures Expert Group) n [comput] MPEG *m*.

mpg (*abbr of* miles per gallon) millas/galón.

mph (*abbr of* miles per hour) mph.

Mr ['mɪstər] n Sr. / **Mr Jones** el Sr. Jones.

Mrs ['mɪsɪz] n Sra. / **Mrs Jones** la Sra. Jones.

MRSA [,emɑ:res'eɪ] (*abbr of* methicillin resistant Staphylococcus aureus) n MED estafilococo *m* áureo resistente a la meticilina.

Ms [mɪz] n *abreviatura utilizada delante de un apellido de mujer cuando no se quiere especificar si está casada o no.*

MS, ms n *abbr of* multiple sclerosis.

MSc (*abbr of* Master of Science) n (titular *mf* de un) máster *m* en Ciencias.

msg [emes'dʒi:] (*abbr of* message) n msj.

much [mʌtʃ] ❖ adj (*compar* more, *superl* most) mucho(cha) / **there isn't much rice left** no queda mucho arroz / **after much thought** tras mucho reflexionar ▶ **as much time as ...** tanto tiempo como ... / **twice as much flour** el doble de harina ▶ **how much ...?** ¿cuánto(ta) ...? ▶ **so much** tanto(ta) ▶ **too much** demasiado(da). ❖ pron mucho / **have you got much?** ¿tienes mucho? / **I don't see much of him** no lo veo mucho / **much of the time** una buena parte del tiempo / **I don't think much of it** no me parece gran cosa ▶ **this isn't much of a party** esta fiesta no es nada del otro mundo ▶ **as much as** tanto como / **twice as much** el doble ▶ **I thought as much** ya me lo imaginaba ▶ **how much?** ¿cuánto? ▶ **so much for** tanto con ▶ **too much** demasiado. ❖ adv mucho / **I don't go out much** no salgo mucho ▶ **much too cold** demasiado frío ▶ **they are much the same** son muy parecidos ▶ **thank you very much** muchas gracias ▶ **as much as** tanto como ▶ **so much** tanto ▶ **he is not so much stupid as lazy** más que tonto es vago ▶ **without so much as ...** sin siquiera ... ▶ **too much** demasiado. ❖ **much as** conj ▶ **much as (I like him)** por mucho **or** más que (me guste).

muck [mʌk] *inf* n (U) **1.** [dirt] mugre *f*, porquería *f* **2.** [manure] estiércol *m*. ❖ **muck about, muck around** UK *inf* vi hacer el indio **or** tonto. ❖ **muck up** vt sep UK *inf* fastidiar.

mucky ['mʌkɪ] adj mugriento(ta).

mucus ['mju:kəs] n mucosidad *f*.

mud [mʌd] n barro *m*, lodo *m*.

muddle ['mʌdl] ❖ n **1.** [disorder] desorden *m* **2.** [confusion] lío *m*, confusión *f* ▶ **to be**

in a muddle estar hecho un lío ▸ **to get into a muddle** hacerse un lío. ❖ vt **1.** [put into disorder] desordenar **2.** [confuse] liar, confundir. ◆ **muddle along** vi apañárselas más o menos. ◆ **muddle through** vi arreglárselas. ◆ **muddle up** vt sep [put into disorder] desordenar ; [confuse] liar, confundir.

muddy ['mʌdɪ] adj [gen] lleno(na) de barro ; [river] cenagoso(sa).

mudguard ['mʌdgɑːd] n guardabarros m inv, tapabarro m ᴀɴᴅᴇs.

mudslinging ['mʌd,slɪŋɪŋ] n (U) fig insultos mpl, improperios mpl.

muesli ['mjuːzlɪ] n ᴜᴋ muesli m.

muff [mʌf] ❖ n manguito m. ❖ vt inf [catch] fallar ; [chance] dejar escapar.

muffin ['mʌfɪn] n **1.** ᴜᴋ [eaten with butter] especie de bollo de pan que se come caliente **2.** ᴜs [cake] especie de magdalena que se come caliente.

muffle ['mʌfl] vt [sound] amortiguar.

muffler ['mʌflər] n ᴜs [for car] silenciador m.

mug [mʌg] ❖ n **1.** [cup] taza f (alta) **2.** inf [fool] primo m, -ma f **3.** inf [face] jeta f. ❖ vt asaltar, atracar.

mugger ['mʌgər] n atracador m, -ra f.

mugging ['mʌgɪŋ] n [attack] atraco m.

muggy ['mʌgɪ] adj bochornoso(sa).

mule [mjuːl] n mula f.

mull [mʌl] ◆ **mull over** vt sep reflexionar sobre.

mulled [mʌld] adj ▸ **mulled wine** vino caliente con azúcar y especias.

multicoloured ᴜᴋ, **multicolored** ᴜs [,mʌltɪˈkʌləd] adj multicolor.

multifaith ['mʌltɪfeɪθ] adj [society, organization] multiconfesional.

multifunction [,mʌltɪˈfʌŋkʃən] adj multifunción (inv).

multigym [mʌltɪˈdʒɪm] n multiestación f (de musculación).

multilateral [,mʌltɪˈlætərəl] adj multilateral.

multimedia [,mʌltɪˈmiːdjə] adj COMPUT multimedia (inv).

multimillionaire ['mʌltɪ,mɪljəˈneər] n multimillonario m, -ria f.

multinational [,mʌltɪˈnæʃənl] n multinacional f.

multiple ['mʌltɪpl] ❖ adj múltiple. ❖ n múltiplo m.

multiple-choice adj tipo test (inv).

multiple sclerosis [-sklɪˈrəʊsɪs] n esclerosis f inv múltiple.

multiplex cinema ['mʌltɪpleks-] n (cine m) multisalas m inv.

multiplication [,mʌltɪplɪˈkeɪʃn] n multiplicación f.

multiply ['mʌltɪplaɪ] ❖ vt multiplicar. ❖ vi [increase, breed] multiplicarse.

multi-speed adj de varias velocidades.

multistorey ᴜᴋ, **multistory** ᴜs [,mʌltɪˈstɔːrɪ] adj de varias plantas.

multitask vi realizar varias tareas de forma simultánea.

multitude ['mʌltɪtjuːd] n multitud f.

multi-user adj COMPUT multiusuario.

mum [mʌm] ᴜᴋ inf ❖ n mamá f. ❖ adj ▸ **to keep mum** no decir ni pío.

mumble ['mʌmbl] ❖ vt mascullar. ❖ vi musitar, hablar entre dientes.

mummy ['mʌmɪ] n **1.** ᴜᴋ inf [mother] mamá f **2.** [preserved body] momia f.

mumps [mʌmps] n (U) paperas fpl.

munch [mʌntʃ] vt & vi masticar.

mundane [mʌnˈdeɪn] adj prosaico(ca).

municipal [mjuːˈnɪsɪpl] adj municipal.

municipality [mjuː,nɪsɪˈpælətɪ] n municipio m.

mural ['mjuːərəl] n mural m.

murder ['mɜːdər] ❖ n asesinato m. ❖ vt **1.** [kill] asesinar **2.** inf [defeat] dar una paliza a.

murderer ['mɜːdərər] n asesino m.

murderous ['mɜːdərəs] adj asesino(na).

murky ['mɜːkɪ] adj **1.** [water, past] turbio(bia) **2.** [night, street] sombrío(a), lúgubre.

murmur ['mɜːmər] ❖ n [low sound] murmullo m. ❖ vt & vi murmurar.

muscle ['mʌsl] n **1.** MED músculo m **2.** fig [power] poder m. ◆ **muscle in** vi entrometerse.

muscular ['mʌskjʊlər] adj **1.** [of muscles] muscular **2.** [strong] musculoso(sa).

muse [mjuːz] ❖ n musa f. ❖ vi meditar.

museum [mjuːˈziːəm] n museo m.

mushroom ['mʌʃrʊm] ❖ n [button] champiñón m ; [field] seta f ; BOT hongo m, callampa f ᴄʜɪʟᴇ. ❖ vi extenderse rápidamente.

music ['mjuːzɪk] n música f.

musical ['mjuːzɪkl] ❖ adj **1.** [gen] musical **2.** [talented in music] con talento para la música. ❖ n musical m.

musical instrument n instrumento m musical.

music centre n cadena f (musical).

music hall n ᴜᴋ [building] teatro m de variedades ᴏʀ de revista ; [genre] music-hall m.

musician [mjuːˈzɪʃn] n músico m, -ca f.

Muslim, Moslem ['mʊzlɪm] ❖ adj musulmán(ana). ❖ n musulmán m, -ana f.

muslin ['mʌzlɪn] n muselina f.

mussel ['mʌsl] n mejillón m.

must [mʌst] ❖ aux vb **1.** [have to, intend to] deber, tener que / I must go tengo que ᴏʀ debo irme / if I must si no hay más remedio **2.** [as suggestion] tener que / you must come and see us tienes que venir a vernos **3.** [to express likelihood] deber (de) **/** *it must be true* debe (de) ser verdad **/** *they must have known* deben de haberlo sabido. ❖ n *inf* ▸ **binoculars are a must** unos prismáticos son imprescindibles.

mustache US = **moustache**.

mustard ['mʌstəd] n mostaza *f*.

muster ['mʌstər] vt reunir ▸ **to muster the courage to do sthg** armarse de valor para hacer algo.

must-have n algo *m* indispensable.

must-see n : *that film is a must-see* esta película hay que verla.

must've ['mʌstəv] (*abbr of* **must have**) ⟶ **must**.

musty ['mʌstɪ] adj [room] que huele a cerrado ; [book] que huele a viejo.

mute [mju:t] ❖ adj mudo(da). ❖ n [person] mudo *m*, -da *f*.

muted ['mju:tɪd] adj **1.** [not bright] apagado(da) **2.** [subdued] contenido(da).

mutilate ['mju:tɪleɪt] vt mutilar.

mutiny ['mju:tɪnɪ] ❖ n motín *m*. ❖ vi amotinarse.

mutter ['mʌtər] ❖ vt musitar, mascullar. ❖ vi murmurar.

mutton ['mʌtn] n (carne *f* de) carnero *m*.

mutual ['mju:tʃʊəl] adj **1.** [reciprocal] mutuo(tua) **2.** [common] común.

mutually ['mju:tʃʊəlɪ] adv mutuamente.

muzzle ['mʌzl] ❖ n **1.** [animal's nose and jaws] hocico *m*, morro *m* **2.** [wire guard] bozal *m* **3.** [of gun] boca *f*. ❖ vt [put muzzle on] poner bozal a.

MW (*written abbr of* **medium wave**) OM *f*.

my [maɪ] poss adj **1.** [gen] mi, mis *(pl)* **/** *my house / sister* mi casa/hermana **/** *my children* mis hijos **/** *my name is Sarah* me llamo Sarah **/** *it wasn't MY fault* no fue culpa mía OR mi culpa **/** *I washed my hair* me lavé el pelo **2.** [in titles] : *my Lord* milord **/** *my Lady* milady.

myriad ['mɪrɪəd] *liter* adj innumerables.

myself [maɪ'self] pron **1.** (*reflexive*) me ; (*after prep*) mí mismo(ma) ▸ **with myself** conmigo mismo **2.** (*for emphasis*) yo mismo(ma) **/** *I did it myself* lo hice yo solo(la).

mysterious [mɪ'stɪərɪəs] adj misterioso(sa).

mystery ['mɪstərɪ] n misterio *m*.

mystery shopping n compra *f* oculta.

mystical ['mɪstɪkl] adj místico(ca).

mystified ['mɪstɪfaɪd] adj desconcertado(da), perplejo(ja).

mystify ['mɪstɪfaɪ] vt dejar perplejo(ja).

mystifying ['mɪstɪfaɪɪŋ] adj desconcertante.

mystique [mɪ'sti:k] n misterio *m*.

myth [mɪθ] n mito *m*.

mythical ['mɪθɪkl] adj **1.** [imaginary] mítico(ca) **2.** [untrue] falso(sa).

mythology [mɪ'θɒlədʒɪ] n [collection of myths] mitología *f*.

n (*pl* **n's** *or* **ns**), **N** (*pl* **N's** *or* **Ns**) [en] n [letter] n *f*, N *f*. ❖ **N** (*written abbr of* **north**) N.

n /a, N /A (*written abbr of* **not applicable**) no corresponde.

nab [næb] vt *inf* **1.** [arrest] pillar **2.** [get quickly] coger.

nag [næg] vt [subj: person] dar la lata a.

nagging ['nægɪŋ] adj **1.** [thought, doubt] persistente **2.** [person] gruñón(ona).

nail [neɪl] ❖ n **1.** [for fastening] clavo *m* **2.** [of finger, toe] uña *f*. ❖ vt ▸ **to nail sthg to sthg** clavar algo en OR a algo. ◆ **nail down** vt sep **1.** [fasten] clavar **2.** [person] : *I couldn't nail him down* no pude hacerle concretar.

nailbrush ['neɪlbrʌʃ] n cepillo *m* de uñas.

nail file n lima *f* de uñas.

nail polish n esmalte *m* para las uñas.

nail scissors pl n tijeras *fpl* para las uñas.

nail varnish n esmalte *m* para las uñas.

nail varnish remover [-rɪ'mu:vər] n quitaesmaltes *m inv*.

naive, naïve [naɪ'i:v] adj ingenuo(nua).

naked ['neɪkɪd] adj **1.** [gen] desnudo(da) ▸ **naked flame** llama *f* sin protección **2.** [blatant - hostility, greed] abierto(ta) ; [- facts] sin tapujos **3.** [unaided] ▸ **with the naked eye** a simple vista.

name [neɪm] ❖ n [gen] nombre *m* ; [surname] apellido *m* ▸ **what's your name?** ¿cómo te llamas? ▸ **my name is John** me llamo John ▸ **by name** por el nombre ▸ **it's in my wife's name** estáa nombre de mi mujer ▸ **in the name of** en nombre de ▸ **to call sb names** llamar de todo a alguien ▸ **to have a good name** tener buena fama. ❖ vt **1.** [christen] poner nombre a ▸ **we named him Jim** le llamamos Jim ▸ **to name sb after sb** UK, **to name sb for sb** US poner a alguien el nombre de alguien **2.** [identify] nombrar **3.** [date, price] poner, decir **4.** [appoint] nombrar.

nameless ['neɪmlɪs] adj [unknown - person, author] anónimo(ma).

namely ['neɪmlɪ] adv a saber.

namesake ['neɪmseɪk] n tocayo *m*, -ya *f*.

nanny ['nænɪ] n niñera *f*.

nanometre ['nænəʊˌmi:tər], **nanometer** US n nanómetro *m*.

nap [næp] ❖ n siesta *f* ▸ **to take** OR **have a nap** echar una siesta. ❖ vi ▸ **we were caught napping** *inf* nos pillaron desprevenidos.

nape [neɪp] n ▸ **nape of the neck** nuca *f*.

napkin ['næpkɪn] n servilleta *f*.

nappy ['næpɪ] n UK pañal *m*.

nappy liner n *parte desechable de un pañal de gasa*.

narcissi [nɑːˈsɪsaɪ] pl n ⟶ **narcissus**.

narcissus [nɑːˈsɪsəs] (*pl* -**cissuses** or -**cissi**) n narciso *m*.

narcotic [nɑːˈkɒtɪk] ❖ adj narcótico(ca). ❖ n narcótico *m*.

narrative ['nærətɪv] ❖ adj narrativo(va). ❖ n **1.** [account] narración *f* **2.** [art of narrating] narrativa *f*.

narrator UK nəˈreɪtə*r*, US 'næreɪtə*r* n narrador *m*, -ra *f*.

narrow ['nærəʊ] ❖ adj **1.** [not wide] estrecho(cha) **2.** [limited] estrecho(cha) de miras **3.** [victory, defeat] por un estrecho margen ; [majority] escaso(sa) ; [escape, miss] por muy poco. ❖ vi **1.** [become less wide] estrecharse **2.** [eyes] entornarse **3.** [gap] reducirse. ◆ **narrow down** vt sep reducir.

narrowly ['nærəʊlɪ] adv [barely] por muy poco.

narrow-minded [-'maɪndɪd] adj estrecho(cha) de miras.

nasal ['neɪzl] adj nasal.

nasty ['nɑːstɪ] adj **1.** [unkind] malintencionado(da) **2.** [smell, taste, feeling] desagradable ; [weather] horrible **3.** [problem, decision] peliagudo(da) **4.** [injury, disease] doloroso(sa) ; [accident] grave ; [fall] malo(la).

nation ['neɪʃn] n nación *f*.

national ['næʃənl] ❖ adj nacional. ❖ n súbdito *m*, -ta *f*.

national anthem n himno *m* nacional.

national dress n traje *m* típico (de un país).

National Health Service n UK ▸ **the National Health Service** *organismo gestor de la salud pública* ; ≃ INGS.

National Insurance n UK ≃ Seguridad *f* Social.

nationalism ['næʃnəlɪzm] n nacionalismo *m*.

nationalist ['næʃnəlɪst] ❖ adj nacionalista. ❖ n nacionalista *mf*.

nationality [ˌnæʃəˈnælətɪ] n nacionalidad *f*.

nationalize, nationalise ['næʃnəlaɪz] vt nacionalizar.

national park n parque *m* nacional.

national service n UK MIL servicio *m* militar.

National Trust n UK ▸ **the National Trust** *organización británica encargada de la preservación de edificios históricos y lugares de interés* ; ≃ el Patrimonio Nacional.

nationwide ['neɪʃənwaɪd] ❖ adj de ámbito nacional. ❖ adv [travel] por todo el país ; [be broadcast] a todo el país.

native ['neɪtɪv] ❖ adj **1.** [country, area] natal **2.** [speaker] nativo(va) ▸ **native language** lengua *f* materna **3.** [plant, animal] ▸ **native (to)** originario(ria) (de). ❖ n [of country, area] natural *mf*, nativo *m*, -va *f*.

Native American n indio americano *m*, india americana *f*.

Nativity [nəˈtɪvətɪ] n ▸ **the Nativity** la Natividad.

NATO ['neɪtəʊ] (*abbr of* **North Atlantic Treaty Organization**) n la OTAN.

natural ['nætʃrəl] adj **1.** [gen] natural **2.** [comedian, musician] nato(ta).

natural disaster n desastre *m* natural.

natural gas n gas *m* natural.

naturalize, naturalise ['nætʃrəlaɪz] vt naturalizar ▸ **to be naturalized** naturalizarse.

naturalized ['nætʃrəlaɪzd] adj UK [person] naturalizado(da), nacionalizado(da).

naturally ['nætʃrəlɪ] adv **1.** [as expected, understandably] naturalmente **2.** [unaffectedly] con naturalidad **3.** [instinctively] por naturaleza ▸ **to come naturally to sb** ser innato en alguien.

natural wastage n (U) reducción de plantilla por jubilación escalonada.

nature ['neɪtʃə*r*] n **1.** [gen] naturaleza *f* ▸ **matters of this nature** asuntos de esta índole **2.** [disposition] modo *m* de ser, carácter *m* ▸ **by nature** por naturaleza.

nature reserve n reserva *f* natural.

naught [nɔːt] US num = **nought** .

naughty ['nɔːtɪ] adj **1.** [badly behaved] travieso(sa), malo(la) **2.** [rude] verde.

nausea ['nɔːsjə] n náuseas *fpl*.

nauseam ['nɔːzɪæm] = **ad nauseam**.

nauseating ['nɔːsɪeɪtɪŋ] adj *lit* & *fig* nauseabundo(da).

nautical ['nɔːtɪkl] adj náutico(ca), marítimo(ma).

naval ['neɪvl] adj naval.

nave [neɪv] n nave *f*.

navel ['neɪvl] n ombligo *m*.

navigate ['nævɪɡeɪt] ❖ vt **1.** [steer] pilotar, gobernar **2.** [travel safely across] surcar, navegar por. ❖ vi [in plane, ship] dirigir, gobernar ; [in car] dar direcciones.

navigation [ˌnævɪˈɡeɪʃn] n navegación *f*.

navigator ['nævɪɡeɪtə*r*] n oficial *mf* de navegación, navegante *mf*.

navvy ['nævɪ] n UK *inf* peón *m* caminero.

navy ['neɪvɪ] ❖ n armada *f*. ❖ adj [in colour] azul marino (inv).

navy blue adj azul marino (inv).

Nazi ['nɑːtsɪ] ❖ adj nazi. ❖ n (*pl* -**s**) nazi *mf*.

NB (*abbr of* **nota bene**) N.B.

near [nɪəˈ] ⬦ adj **1.** [close in distance, time] cercano(na) ▶ **the near side** el lado más cercano ▶ **in the near future** en un futuro próximo **2.** [related] cercano(na), próximo(ma) **3.** [almost happened] ▶ **it was a near thing** poco le faltó. ⬦ adv **1.** [close in distance, time] cerca ▶ **nowhere near** ni de lejos, ni mucho menos ▶ **to draw** OR **come near** acercarse **2.** [almost] casi. ⬦ prep **1.** [close in position] ▶ **near (to)** cerca de ▶ **to go near sthg** acercarse a algo **2.** [close in time] ▶ **it's getting near (to) Christmas** ya estamos casi en Navidades ▶ **near the end** casi al final ▶ **nearer the time** cuando se acerque la fecha **3.** [on the point of] ▶ **near (to)** al borde de **4.** [similar to] ▶ **near (to)** cerca de. ⬦ vt acercarse OR aproximarse a. ⬦ vi acercarse, aproximarse.

nearby [nɪəˈbaɪ] ⬦ adj cercano(na). ⬦ adv cerca.

nearly [ˈnɪəlɪ] adv casi / *I nearly fell* por poco me caigo.

near miss n **1.** [nearly a hit] ▶ **it was a near miss** falló por poco **2.** [nearly a collision] incidente *m* aéreo (sin colisión).

nearside [ˈnɪəsaɪd] ⬦ adj [right-hand drive] del lado izquierdo ; [left-hand drive] del lado derecho. ⬦ n [right-hand drive] lado *m* izquierdo ; [left-hand drive] lado derecho.

nearsighted [ˌnɪəˈsaɪtɪd] adj US miope, corto(ta) de vista.

neat [niːt] adj **1.** [tidy, precise - gen] pulcro(cra) ; [- room, house] arreglado(da) ; [- handwriting] esmerado(da) **2.** [smart] arreglado(da), pulcro(cra) **3.** [skilful] hábil **4.** [undiluted] solo(la) **5.** US inf [very good] guay.

neatly [ˈniːtlɪ] adv **1.** [tidily, smartly] con pulcritud ; [write] con esmero **2.** [skilfully] hábilmente.

nebulous [ˈnebjʊləs] adj fml nebuloso(sa).

necessarily [UK ˈnesəsrəlɪ, ˌnesəˈserəlɪ] adv necesariamente.

necessary [ˈnesəsrɪ] adj **1.** [required] necesario(ria) **2.** [inevitable] inevitable.

necessity [nɪˈsesətɪ] n necesidad *f* ▶ **of necessity** por fuerza, por necesidad. ◆ **necessities** pl n artículos *mpl* de primera necesidad.

neck [nek] ⬦ n [of person, bottle, dress] cuello *m* ; [of animal] pescuezo *m*, cuello. ⬦ vi inf pegarse el lote.

necklace [ˈneklɪs] n collar *m*.

neckline [ˈneklaɪn] n escote *m*.

necktie [ˈnektaɪ] n US corbata *f*.

nectarine [ˈnektərɪn] n nectarina *f*.

née [neɪ] adj de soltera.

need [niːd] ⬦ n ▶ **need (for sthg/to do sthg)** necesidad *f* (de algo/de hacer algo) ▶ **there's no need for you to cry** no hace falta que llores

▶ **if need be** si hace falta ▶ **in need** necesitado(da). ⬦ vt **1.** [require] necesitar / *I need a haircut* me hace falta un corte de pelo / *the floor needs cleaning* hay que limpiar el suelo / *that's all we need!* ¡sólo nos faltaba eso! **2.** [be obliged] ▶ **to need to do sthg** tener que hacer algo. ⬦ modal vb ▶ **to need to do sthg** necesitar hacer algo / *need we go?* ¿tenemos que irnos? / *it need not happen* no tiene por qué ser así. ◆ **needs** adv ▶ **if needs must** si es menester.

needle [ˈniːdl] ⬦ n aguja *f*. ⬦ vt inf pinchar.

needless [ˈniːdlɪs] adj innecesario(ria) ▶ **needless to say ...** está de más decir que ...

needlessly [ˈniːdlɪslɪ] adv innecesariamente.

needlework [ˈniːdlwɜːk] n **1.** [embroidery] bordado *m* **2.** (U) [activity] costura *f*.

needn't [ˈniːdnt] (*abbr of* **need not**) ⟶ **need**.

needy [ˈniːdɪ] adj necesitado(da).

negative [ˈnegətɪv] ⬦ adj negativo(va). ⬦ n **1.** PHOT negativo *m* **2.** LING negación *f* ▶ **to answer in the negative** decir que no.

negatory [nɪˈgeɪtərɪ] adj US inf negativo(va) / *I guess that's negatory* supongo que eso quiere decir no / *did you fix it? — negatory* ¿lo arreglaste? — negativo.

neglect [nɪˈglekt] ⬦ n [of garden, work] descuido *m* ; [of duty] incumplimiento *m* ▶ **a state of neglect** un estado de abandono. ⬦ vt **1.** [ignore] desatender **2.** [duty, work] no cumplir con.

neglectful [nɪˈglektfʊl] adj descuidado(da), negligente ▶ **to be neglectful of sthg/sb** desatender algo/a alguien.

negligee [ˈneglɪʒeɪ] n salto *m* de cama.

negligence [ˈneglɪdʒəns] n negligencia *f*.

negligent [ˈneglɪdʒənt] adj negligente.

negligible [ˈneglɪdʒəbl] adj insignificante.

negotiate [nɪˈgəʊʃɪeɪt] ⬦ vt **1.** [obtain through negotiation] negociar **2.** [obstacle] salvar, franquear ; [bend] tomar. ⬦ vi ▶ **to negotiate (with sb for sthg)** negociar (con alguien algo).

negotiation [nɪˌgəʊʃɪˈeɪʃn] n negociación *f*. ◆ **negotiations** pl n negociaciones *fpl*.

Negress [ˈniːgrɪs] n negra *f*.

Negro [ˈniːgrəʊ] ⬦ adj negro(gra). ⬦ n (pl -es) negro *m*, -gra *f*.

neigh [neɪ] vi relinchar.

neighbour UK, **neighbor** US [ˈneɪbəˈ] n vecino *m*, -na *f*.

neighbourhood UK, **neighborhood** US [ˈneɪbəhʊd] n **1.** [of town] barrio *m*, vecindad *f* **2.** [approximate figure] ▶ **in the neighbourhood of** alrededor de.

neighbouring UK, **neighboring** US [ˈneɪbərɪŋ] adj vecino(na).

neighbourly UK, **neighborly** US [ˈneɪbəlɪ] adj [advice] de buen vecino.

neither ['naɪðər,, 'ni:ðər] ❖ adv : *I don't drink - me neither* no bebo - yo tampoco ▶ **the food was neither good nor bad** la comida no era ni buena ni mala ▶ **to be neither here nor there** no tener nada que ver. ❖ pron ninguno(na) ▶ **neither of us/them** ninguno de nosotros/ellos. ❖ adj : *neither cup is blue* ninguna de las dos tazas es azul. ❖ conj ▶ **neither ... nor ...** ni ... ni ... / *she could neither eat nor sleep* no podía ni comer ni dormir.

neon ['ni:ɒn] n neón m.

neon light n luz f de neón.

nephew ['nefju:] n sobrino m.

Neptune ['neptju:n] n Neptuno m.

nerd [nɜ:d] n *inf* & *pej* petardo m, -da f ▶ **computer nerd** obsesionado m, -da f con la informática, nerd mf.

nerve [nɜ:v] n **1.** ANAT nervio m **2.** [courage] valor m ▶ **to keep one's nerve** mantener la calma, no perder los nervios ▶ **to lose one's nerve** echarse atrás, perder el valor **3.** [cheek] cara f ▶ **to have the nerve to do sthg** tener la cara de hacer algo. ❖ **nerves** pl n nervios mpl.

nerve-racking [-ˌrækɪŋ] adj crispante.

nervous ['nɜ:vəs] adj **1.** ANAT & PSYCHOL nervioso(sa) **2.** [apprehensive] inquieto(ta), aprensivo(va).

nervous breakdown n crisis f inv nerviosa.

nest [nest] ❖ n nido m ▶ **wasps' nest** avispero m ▶ **nest of tables** mesas fpl nido. ❖ vi anidar.

nest egg n ahorros mpl.

nestle ['nesl] vi [settle snugly - in chair] arrellanarse; [- in bed] acurrucarse.

net [net] ❖ adj [weight, price, loss] neto(ta). ❖ n red f. ❖ vt **1.** [catch] coger con red **2.** [acquire] embolsarse.

Net [net] n COMPUT ▶ **the Net** la Red ▶ **to surf the Net** navegar por la Red.

netball ['netbɔ:l] n *deporte parecido al baloncesto femenino*.

net curtains pl n visillos mpl.

Netherlands ['neðələndz] pl n : *the Netherlands* los Países Bajos.

netiquette ['netɪket] n COMPUT netiqueta f.

netting ['netɪŋ] n red f, malla f.

nettle ['netl] n ortiga f.

network ['netwɜ:k] ❖ n **1.** [gen & COMPUT] red f **2.** RADIO & TV [station] cadena f. ❖ vt COMPUT conectar a la red.

neurosis [ˌnjʊəˈrəʊsɪs] (pl -ses) n neurosis f inv.

neurotic [ˌnjʊəˈrɒtɪk] ❖ adj neurótico(ca). ❖ n neurótico m, -ca f.

neuter ['nju:tər] ❖ adj neutro(tra). ❖ vt castrar.

neutral ['nju:trəl] ❖ adj **1.** [gen] neutro(tra) **2.** [non-allied] neutral. ❖ n AUTO punto m muerto.

neutrality [nju:ˈtrælətɪ] n neutralidad f.

neutralize, neutralise ['nju:trəlaɪz] vt neutralizar.

never ['nevər] adv **1.** [at no time] nunca, jamás ▶ **I've never done it** no lo he hecho nunca ▶ **never again** nunca más ▶ **never ever** nunca jamás, nunca en la vida ▶ **well I never!** ¡vaya!, ¡caramba! **2.** *inf* [as negative] no / *I never knew* no lo sabía / *you never did!* ¡no (me digas)!

never-ending adj inacabable.

nevertheless [ˌnevəðəˈles] adv sin embargo, no obstante.

new [nju:] adj nuevo(va); [baby] recién nacido (recién nacida) ▶ **to be new to sthg** ser nuevo(va) en algo ▶ **as good as new** como nuevo. ❖ **news** n (U) noticias fpl ▶ **a piece of news** una noticia ▶ **the news a)** [gen] las noticias **b)** [on TV] el telediario ▶ **that's news to me** me coge de nuevas ▶ **to break the news to sb** dar la noticia a alguien.

newbie ['nju:bɪ] n *inf* & *pej* COMPUT cibernovato m, -ta f, nuevito m, -ta f, newbie mf.

newborn ['nju:bɔ:n] adj recién nacido (recién nacida).

newcomer ['nju:ˌkʌmər] n ▶ **newcomer (to)** recién llegado m, recién llegada f (a).

New Delhi n Nueva Delhi.

newfangled [ˌnju:ˈfæŋgld] adj *inf* & *pej* moderno(na).

new-found adj [gen] recién descubierto (recién descubierta); [friend] reciente.

newly ['nju:lɪ] adv recién.

newlyweds ['nju:lɪwedz] pl n recién casados mpl.

new moon n luna f nueva.

news agency n agencia f de noticias.

newsagent UK ['nju:zeɪdʒənt], **newsdealer** US ['nju:zdi:lər] n [person] vendedor m, -ra f de periódicos ▶ **newsagent's (shop)** tienda en la que se vende prensa así como tabaco y chucherías.

newscaster ['nju:zkɑːstər] n presentador m, -ra f, locutor m, -ra f.

newsdealer US = newsagent.

newsflash ['nju:zflæʃ] n noticia f de última hora.

newsletter ['nju:zˌletər] n boletín m.

newspaper ['nju:zˌpeɪpər] n **1.** [publication, company] periódico m; [daily] diario m **2.** [paper] papel m de periódico.

newsprint ['nju:zprɪnt] n papel m de periódico.

newsreader ['nju:zˌri:dər] n presentador m, -ra f, locutor m, -ra f.

newsreel ['nju:zri:l] n noticiario m cinematográfico.

newsstand ['nju:zstænd] n US quiosco m de periódicos.

newt [nju:t] n tritón m.

new technology n nueva tecnología f.

new town n [UK] ciudad nueva construida por el gobierno.

New Year n Año m Nuevo ▶ **Happy New Year!** ¡Feliz Año Nuevo!

New Year's Day n el día de Año Nuevo.

New Year's Eve n Nochevieja f.

New York [-'jɔ:k] n **1.** [city] : *New York (City)* Nueva York **2.** [state] : *New York (State)* (el estado de) Nueva York.

New Zealand [-'zi:lənd] n Nueva Zelanda.

New Zealander [-'zi:ləndəʳ] n neozelandés m, -esa f.

next [nekst] ❖ adj **1.** [in time] próximo(ma) / *the next day* el día siguiente ▶ **next Tuesday / year** el martes/el año que viene ▶ **next week** la semana próxima or que viene ▶ **the next week** los próximos siete días **2.** [in space - page etc] siguiente ; [- room, house] de al lado. ❖ pron el siguiente (la siguiente) ▶ **who's next?** ¿quién es el siguiente? ▶ **next, please!** ¡el siguiente, por favor! ▶ **the day after next** pasado mañana ▶ **the week after next** la semana que viene no, la otra. ❖ adv **1.** [afterwards] después ▶ **what should I do next?** ¿qué hago ahora? ▶ **it's my go next** ahora me toca a mí **2.** [again] de nuevo ▶ **when do they play next?** ¿cuándo vuelven a jugar? **3.** [with superlatives] ▶ **next best /biggest etc.** el segundo mejor/más grande etc.. ❖ prep [US] al lado, junto a. ◆ **next to** prep al lado de, junto a ▶ **next to nothing** casi nada ▶ **in next to no time** en un abrir y cerrar de ojos.

next door adv (en la casa de) al lado. ◆ **next-door** adj ▶ **next-door neighbour** vecino m, -na f de al lado.

next of kin n pariente más cercano m, pariente más cercana f.

NHS (abbr of **National Health Service**) n ▶ **the National Health Service** organismo gestor de la salud pública ; ≈ INGS.

NI ❖ n abbr of **National Insurance.** ❖ written abbr of **Northern Ireland.**

nib [nɪb] n plumilla f.

nibble ['nɪbl] vt mordisquear.

Nicaragua [ˌnɪkəˈrægjuə] n Nicaragua.

Nicaraguan [ˌnɪkəˈrægjuən] ❖ adj nicaragüense. ❖ n nicaragüense mf.

nice [naɪs] adj **1.** [attractive] bonito(ta) ▶ **you look nice** estás guapa ; [good] bueno(na) ▶ **it smells nice** huele bien **2.** [kind] amable ; [friendly] agradable, simpático(ca), dije [Am] ▶ **that was nice of you** fue muy amable de tu parte ▶ **to be nice to sb** ser bueno con alguien **3.** [pleasant] agradable ▶ **to have a nice time** pasarlo bien.

nice-looking [-'lʊkɪŋ] adj [person] guapo(pa) ; [car, room] bonito(ta).

nicely ['naɪslɪ] adv **1.** [well, attractively] bien **2.** [politely] educadamente, con educación **3.** [satisfactorily] bien ▶ **that will do nicely** esto irá de perlas.

niche [ni:ʃ] n **1.** [in wall] nicho m, hornacina f **2.** [in life] hueco m **3.** COMM nicho m.

nick [nɪk] ❖ n [cut] cortecito m ; [notch] muesca f ▶ **in the nick of time** justo a tiempo. ❖ vt **1.** [cut] cortar ; [make notch in] mellar **2.** [UK] inf [steal] birlar.

nickel ['nɪkl] n **1.** [metal] níquel m **2.** [US] [coin] moneda f de cinco centavos.

nickname ['nɪkneɪm] ❖ n apodo m. ❖ vt apodar.

nicotine ['nɪkəti:n] n nicotina f.

niece [ni:s] n sobrina f.

Nigeria [naɪˈdʒɪərɪə] n Nigeria.

Nigerian [naɪˈdʒɪərɪən] ❖ adj nigeriano(na). ❖ n nigeriano m, -na f.

niggle ['nɪgl] vt [UK] **1.** [worry] inquietar **2.** [criticize] meterse con.

night [naɪt] ❖ adj nocturno(na). ❖ n noche f ; [evening] tarde f ▶ **last night** anoche, ayer por la noche ▶ **tomorrow night** mañana por la noche ▶ **on Monday night** el lunes por la noche ▶ **at night** por la noche, de noche ▶ **night and day, day and night** noche y día, día y noche ▶ **to have an early /a late night** irse a dormir pronto/tarde. ◆ **nights** adv **1.** [US] [at night] por las noches **2.** [UK] [nightshift] ▶ **to work nights** hacer el turno de noche.

nightcap ['naɪtkæp] n [drink] bebida que se toma antes de ir a dormir.

nightclub ['naɪtklʌb] n club m nocturno.

nightdress ['naɪtdres] n camisón m.

nightfall ['naɪtfɔ:l] n anochecer m.

nightgown ['naɪtgaʊn] n camisón m.

nightie ['naɪtɪ] n inf camisón m.

nightingale ['naɪtɪŋgeɪl] n ruiseñor m.

nightlife ['naɪtlaɪf] n vida f nocturna.

nightly ['naɪtlɪ] ❖ adj nocturno(na), de cada noche. ❖ adv cada noche.

nightmare ['naɪtmeəʳ] n lit & fig pesadilla f.

night porter n recepcionista mf del turno de noche.

night school n (U) escuela f nocturna.

night shift n turno m de noche.

nightshirt ['naɪtʃɜ:t] n camisa f de dormir (masculina).

nighttime ['naɪttaɪm] n noche f.

nil [nɪl] n **1.** [nothing] nada f **2.** [UK] SPORT cero m / *five nil* cinco a cero.

Nile [naɪl] n : *the Nile* el Nilo.

nimble ['nɪmbl] adj **1.** [person, fingers] ágil **2.** [mind] rápido(da).

nine [naɪn] num nueve. *See also* **six.**

nineteen [,naɪn'tiːn] num diecinueve. *See also* **six**.

ninety ['naɪntɪ] num noventa. *See also* **sixty**.

ninth [naɪnθ] num noveno(na). *See also* **sixth**.

nip [nɪp] ◈ n [of drink] trago m. ◈ vt [pinch] pellizcar ; [bite] mordisquear.

nipple ['nɪpl] n **1.** [of woman] pezón m **2.** [of baby's bottle, man] tetilla f.

nit [nɪt] n [in hair] liendre f.

nitpicking ['nɪtpɪkɪŋ] inf n (U) : *that's just nit-picking* no son más que nimiedades.

nitrogen ['naɪtrədʒən] n nitrógeno m.

nitty-gritty [,nɪtɪ'grɪtɪ] n inf ▶ **to get down to the nitty-gritty** ir al grano.

no [nəʊ] ◈ adv [gen] no / *to say no* decir que no / *you're no better than me* tú no eres mejor que yo. ◈ adj no / *I have no time* no tengo tiempo / *there are no taxis* no hay taxis / *a woman with no money* una mujer sin dinero / *that's no excuse* esa no es excusa que valga / *he's no fool* no es ningún tonto / *she's no friend of mine* no es amiga mía ▶ 'no smoking / parking / cameras' 'prohibido fumar / aparcar / hacer fotos'. ◈ n (pl -es) no m ▶ **he / she won't take no for an answer** no acepta una respuesta negativa.

No., **no.** (written abbr of **number**) n.º

nobility [nə'bɪlətɪ] n nobleza f.

noble ['nəʊbl] ◈ adj noble. ◈ n noble mf.

nobody ['nəʊbədɪ], **no one** ◈ pron nadie. ◈ n pej don nadie m.

no-brainer ['nəʊ'breɪnər] n US inf : *it's a no-brainer* es pan comido.

nocturnal [nɒk'tɜːnl] adj nocturno(na).

nod [nɒd] ◈ vt ▶ **to nod one's head a)** [in agreement] asentir con la cabeza **b)** [to indicate sthg] indicar con la cabeza **c)** [as greeting] saludar con la cabeza. ◈ vi **1.** [in agreement] asentir con la cabeza **2.** [to indicate sthg] indicar con la cabeza **3.** [as greeting] saludar con la cabeza. ◆ **nod off** vi quedarse dormido(da).

no-fault adj US LAW ▶ **no-fault divorce** divorcio m de mutuo acuerdo ▶ **no-fault insurance** seguro m a todo riesgo.

no-frills ['nəʊ,frɪlz] adj sencillo(lla).

no-holds-barred adj [report, documentary] sin restricciones.

noise [nɔɪz] n ruido m ▶ **to make a noise** hacer ruido.

noisy ['nɔɪzɪ] adj ruidoso(sa) ▶ *it was very noisy* había mucho ruido.

no-man's-land n tierra f de nadie.

nominal ['nɒmɪnl] adj nominal.

nominate ['nɒmɪneɪt] vt **1.** [propose] ▶ **to nominate sb (for OR as)** proponer a alguien (por OR como) **2.** [appoint] ▶ **to nominate sb (to sthg)** nombrar a alguien (algo).

nomination [,nɒmɪ'neɪʃn] n **1.** [proposal] nominación f **2.** [appointment] ▶ **nomination (to sthg)** nombramiento m (a algo).

nominee [,nɒmɪ'niː] n candidato m, -ta f.

non- [nɒn] pref no.

nonalcoholic [,nɒnælkə'hɒlɪk] adj sin alcohol.

nonaligned [,nɒnə'laɪnd] adj no alineado(da).

nonchalant UK 'nɒnʃələnt, US ,nɒnʃə'lɑːnt] adj despreocupado(da).

noncommittal [,nɒnkə'mɪtl] adj evasivo(va).

nonconformist [,nɒnkən'fɔːmɪst] ◈ adj inconformista. ◈ n inconformista mf.

nondescript UK 'nɒndɪskrɪpt, US ,nɒndɪ-'skrɪpt] adj anodino(na), soso(sa).

none [nʌn] ◈ pron **1.** [not any] nada / *there is none left* no queda nada ▶ **it's none of your business** no es asunto tuyo **2.** [not one - object, person] ninguno(na) / *none of us / the books* ninguno de nosotros / de los libros / *I had none* no tenía ninguno. ◈ adv ▶ **I'm none the worse / better** no me ha perjudicado / ayudado en nada ▶ **I'm none the wiser** no me ha aclarado nada. ◆ **none too** adv no demasiado ▶ **none too soon** justo a tiempo.

nonentity [nɒ'nentətɪ] n cero m a la izquierda.

nonetheless [,nʌnðə'les] adv sin embargo, no obstante.

non-event n chasco m.

nonexistent [,nɒnɪg'zɪstənt] adj inexistente.

nonfiction [,nɒn'fɪkʃn] n no ficción f.

no-nonsense adj práctico(ca).

nonpayment [,nɒn'peɪmənt] n impago m.

nonplussed, **nonplused** US [,nɒn'plʌst] adj perplejo(ja).

nonreturnable [,nɒnrɪ'tɜːnəbl] adj no retornable, sin retorno.

nonsense ['nɒnsəns] ◈ n (U) **1.** [gen] tonterías fpl ▶ **it is nonsense to suggest that ...** es absurdo sugerir que ... **2.** [incomprehensible words] galimatías m inv. ◈ excl ¡tonterías!

nonsensical [nɒn'sensɪkl] adj disparatado(da), absurdo(da).

nonsmoker [,nɒn'sməʊkər] n no fumador m, no fumadora f.

nonstick [,nɒn'stɪk] adj antiadherente.

nonstop [,nɒn'stɒp] ◈ adj [activity, rain] continuo(nua), incesante ; [flight] sin escalas. ◈ adv sin parar.

noob [nuːb] n inf novato m, -ta f.

noodles ['nuːdlz] pl n tallarines mpl chinos.

nook [nʊk] n [of room] ▶ **every nook and cranny** todos los recovecos.

noon [nuːn] n mediodía m.

no one pron = nobody.

noose [nu:s] n [loop] nudo *m* corredizo ; [for hanging] soga *f*.

no-place US = nowhere.

nor [nɔ:ʳ] conj **1.** ⟶ neither **2.** [and not] ni / *I don't smoke — nor do I* no fumo — yo tampoco / *I don't know, nor do I care* ni lo sé, ni me importa.

norm [nɔ:m] n norma *f* ▸ **the norm** lo normal.

normal ['nɔ:ml] ❖ adj normal. ❖ n : *above normal* por encima de lo normal / *to return to normal* volver a la normalidad.

normality [nɔ:'mælɪtɪ], **normalcy** US ['nɔ:mlsɪ] n normalidad *f*.

normally ['nɔ:məlɪ] adv normalmente.

north [nɔ:θ] ❖ n **1.** [direction] norte *m* **2.** [region] ▸ **the North** el norte. ❖ adj del norte ▸ **North London** el norte de Londres. ❖ adv ▸ **north (of)** al norte (de).

North Africa n África del Norte.

North America n Norteamérica.

North American ❖ adj norteamericano(na). ❖ n norteamericano *m*, -na *f*.

northeast [,nɔ:θi'i:st] ❖ n **1.** [direction] nordeste *m* **2.** [region] ▸ **the Northeast** el nordeste. ❖ adj del nordeste. ❖ adv ▸ **northeast (of)** al nordeste (de).

northerly ['nɔ:ðəlɪ] adj del norte.

northern ['nɔ:ðən] adj del norte, norteño(ña) ▸ **northern France** el norte de Francia.

Northern Ireland n Irlanda del Norte.

northernmost ['nɔ:ðənmost] adj más septentrional OR al norte.

North Korea n Corea del Norte.

North Pole n ▸ **the North Pole** el Polo Norte.

North Sea n ▸ **the North Sea** el Mar del Norte.

northward ['nɔ:θwəd] ❖ adj hacia el norte. ❖ adv = northwards.

northwards ['nɔ:θwədz], **northward** adv hacia el norte.

northwest [,nɔ:θ'west] ❖ n **1.** [direction] noroeste *m* **2.** [region] ▸ **the Northwest** el noroeste. ❖ adj del noroeste. ❖ adv ▸ **northwest (of)** al noroeste (de).

Norway ['nɔ:weɪ] n Noruega.

Norwegian [nɔ:'wi:dʒən] ❖ adj noruego(ga). ❖ n **1.** [person] noruego *m*, -ga *f* **2.** [language] noruego *m*.

nose [nəʊz] n [of person] nariz *f*; [of animal] hocico *m*; [of plane, car] morro *m* ▸ **to keep one's nose out of sthg** no meter las narices en algo ▸ **to poke** OR **stick one's nose in** *inf* meter las narices ▸ **to turn up one's nose at sthg** hacerle ascos a algo. ◆ **nose about, nose around** vi curiosear.

nosebleed ['nəʊzbli:d] n hemorragia *f* nasal.

nosedive ['nəʊzdaɪv] ❖ n [of plane] picado *m*. ❖ vi *lit & fig* bajar en picado.

nosey ['nəʊzɪ] = nosy.

no-smoking adj [area, carriage] para no fumadores ▸ **no-smoking area** zona *f* de no fumadores ; [flight] de no fumadores.

nostalgia [nɒ'stældʒə] n ▸ **nostalgia (for)** nostalgia *f* (de).

nostalgic [nɒ'stældʒɪk] adj nostálgico(ca).

nostril ['nɒstrəl] n ventana *f* de la nariz.

no-strings adj **1.** *inf* [contract, agreement] sin compromiso **2.** [relationship] sin ataduras / *looking for no-strings hookups* busca una relación sin ataduras.

nosy ['nəʊzɪ], **nosey** adj fisgón(ona), entrometido(da).

not [nɒt] adv no / *this is not the first time* no es la primera vez / *it's green, isn't it?* es verde, ¿no? / *not me* yo no ▸ **I hope/think not** espero/ creo que no ▸ **not a chance** de ninguna manera ▸ **not even a ...** ni siquiera un (una) ... ▸ **not all** OR **every** no todos(das) ▸ **not always** no siempre ▸ **not that ...** no es que ... ▸ **not at all a)** [no] en absoluto **b)** [to acknowledge thanks] de nada.

notable ['nəʊtəbl] adj notable ▸ **to be notable for sthg** destacar por algo.

notably ['nəʊtəblɪ] adv **1.** [in particular] especialmente **2.** [noticeably] marcadamente.

notary ['nəʊtərɪ] n ▸ **notary (public)** notario *m*, -ria *f*.

notch [nɒtʃ] n [cut] muesca *f*. ◆ **notch up** vt insep apuntarse.

note [nəʊt] ❖ n **1.** [gen] nota *f* ▸ **to make a note of sthg** tomar nota de algo **2.** [paper money] billete *m* **3.** [tone] tono *m*. ❖ vt **1.** [observe] notar ▸ **please note that ...** tenga en cuenta que ... **2.** [mention] mencionar. ◆ **notes** pl n [written record] apuntes *mpl* ▸ **to take notes** tomar apuntes ; [in book] notas *fpl*. ◆ **note down** vt sep anotar, apuntar.

notebook ['nəʊtbʊk] n **1.** [for taking notes] libreta *f*, cuaderno *m* **2.** COMPUT ▸ **notebook (computer)** ordenador *m* portátil.

noted ['nəʊtɪd] adj destacado(da) ▸ **to be noted for** distinguirse por.

notepad ['nəʊtpæd] n bloc *m* de notas.

notepaper ['nəʊtpeɪpəʳ] n papel *m* de escribir OR de cartas.

noteworthy ['nəʊt,wɜ:ðɪ] adj digno(na) de mención.

not-for-profit adj US sin fines lucrativos.

nothing ['nʌθɪŋ] ❖ pron nada / *I've got nothing to do* no tengo nada que hacer ▸ **for nothing a)** [free] gratis **b)** [for no purpose] en vano, en balde ▸ **he's nothing if not generous** otra cosa no será pero desde luego generoso sí que es ▶ **nothing but** tan sólo. ❖ adv ▶ **to be nothing like sb / sthg** no parecerse en nada a alguien/algo ▶ **I'm nothing like finished** no he terminado ni mucho menos.

notice ❖ n **1.** [on wall, door] cartel m ; [in newspaper] anuncio m **2.** [attention] atención f ▶ **to take notice (of)** hacer caso (de), prestar atención (a) ▶ **he /she didn't take a blind bit of notice** no hizo ni el más mínimo caso **3.** [warning] aviso m ▶ **at short notice** casi sin previo aviso ▶ **until further notice** hasta nuevo aviso ▶ **without notice** sin previo aviso **4.** [at work] ▶ **to be given one's notice** ser despedido(da) ▶ **to hand in one's notice** presentar la dimisión. ❖ vt **1.** [sense, smell] notar ; [see] fijarse en, ver ▶ **to notice sb doing sthg** fijarse en alguien que está haciendo algo **2.** [realize] darse cuenta de. ❖ vi darse cuenta.

noticeable ['nəʊtɪsəbl] adj notable.

notice board n tablón m de anuncios.

notification [ˌnəʊtɪfɪ'keɪʃn] n notificación f.

notify ['nəʊtɪfaɪ] vt ▶ **to notify sb (of sthg)** notificar o comunicar (algo) a alguien.

notion ['nəʊʃn] n noción f. ◆ **notions** pl n US artículos mpl de mercería.

notorious [nəʊ'tɔ:rɪəs] adj famoso(sa), célebre.

notwithstanding [ˌnɒtwɪθ'stændɪŋ] fml ❖ prep a pesar de. ❖ adv sin embargo.

nougat ['nu:gɑ:] n dulce hecho a base de nueces y frutas.

nought, naught US [nɔ:t] num cero.

noun [naʊn] n nombre m, sustantivo m.

nourish ['nʌrɪʃ] vt **1.** [feed] nutrir **2.** [entertain] alimentar, albergar.

nourishing ['nʌrɪʃɪŋ] adj nutritivo(va).

nourishment ['nʌrɪʃmənt] n alimento m, sustento m.

novel ['nɒvl] ❖ adj original. ❖ n novela f.

novelist ['nɒvəlɪst] n novelista mf.

novelty ['nɒvltɪ] n **1.** [gen] novedad f **2.** [cheap object] baratija f (poco útil).

November [nə'vembər] n noviembre m. See also September.

novice ['nɒvɪs] n **1.** [inexperienced person] principiante mf **2.** RELIG novicio m, -cia f.

now [naʊ] ❖ adv **1.** [at this time, at once] ahora / do it now hazlo ahora / he's been away for two weeks now lleva dos semanas fuera ▶ **any day now** cualquier día de éstos ▶ **any time now** en cualquier momento ▶ **for now** por ahora, por el momento ▶ **now and then** OR **again** de vez en cuando **2.** [nowadays] hoy día **3.** [at a particular time in the past] entonces **4.** [to introduce statement] vamos a ver. ❖ conj ▶ **now (that)** ahora que, ya que. ❖ n ahora ▶ **five days from now** de aquí a cinco días ▶ **from now on** a partir de

ahora ▶ **they should be here by now** ya deberían estar aquí ▶ **up until now** hasta ahora.

nowadays ['naʊədeɪz] adv hoy en día, actualmente.

nowhere UK ['nəʊweər], **no-place** US adv [be] en ninguna parte ; [go] a ninguna parte ▶ **nowhere else** en ninguna otra parte ▶ **to appear out of** OR **from nowhere** salir de la nada ▶ **to be getting nowhere** no estar avanzando nada, no ir a ninguna parte ▶ **(to be) nowhere near (as ... as ...)** (no ser) ni mucho menos (tan ... como ...).

nozzle ['nɒzl] n boquilla f.

nuance [nju:'ɑ:ns] n matiz m.

nuclear ['nju:klɪər] adj nuclear.

nuclear bomb n bomba f atómica.

nuclear disarmament n desarme m nuclear.

nuclear energy n energía f nuclear.

nuclear power n energía f nuclear.

nuclear power station n central f nuclear.

nuclear reactor n reactor m nuclear.

nucleus ['nju:klɪəs] (pl -lei) n lit & fig núcleo m.

nude [nju:d] ❖ adj desnudo(da). ❖ n ART desnudo m ▶ **in the nude** desnudo(da).

nudge [nʌdʒ] vt [with elbow] dar un codazo a.

nudist ['nju:dɪst] n nudista mf.

nudity ['nju:dətɪ] n desnudez f.

nugget ['nʌgɪt] n [of gold] pepita f.

nuisance ['nju:sns] n [thing] fastidio m, molestia f ; [person] pesado m ▶ **to make a nuisance of o.s.** dar la lata.

nuke [nju:k] inf ❖ n bomba f atómica. ❖ vt **1.** MIL atacar con arma nuclear **2.** [cook in microwave] cocinar en el microondas.

null [nʌl] adj ▶ **null and void** nulo(la) y sin efecto.

numb [nʌm] ❖ adj entumecido(da) ▶ **to be numb with cold** estar helado(da) de frío ▶ **to be numb with fear** estar paralizado(da) de miedo. ❖ vt entumecer.

number ['nʌmbər] ❖ n **1.** [gen] número m ▶ **a number of** varios(rias) ▶ **a large number of** gran número de ▶ **large numbers of** grandes cantidades de ▶ **any number of** la mar de **2.** [of car] matrícula f. ❖ vt **1.** [amount to] ascender a **2.** [give a number to] numerar **3.** [include] ▶ **to be numbered among** figurar entre.

number one ❖ adj principal, número uno. ❖ n inf [oneself] uno mismo (una misma).

numberplate ['nʌmbəpleɪt] n matrícula f (de vehículo).

number portability n TELEC portabilidad f numérica.

number shop n US ≃ despacho m de lotería.

Number Ten n el número 10 de Downing Street, residencia oficial del primer ministro británico.

numeral ['nju:mərəl] n número m, cifra f.

numerate ['nju:mərət] adj UK competente en aritmética.

numerical [nju:'merɪkl] adj numérico(ca).

numerous ['nju:mərəs] adj numeroso(sa).

nun [nʌn] n monja f.

nurse [nɜ:s] ❖ n MED enfermero m, -ra f; [nanny] niñera f. ❖ vt **1.** [care for] cuidar, atender **2.** [try to cure - a cold] curarse **3.** fig [nourish] abrigar **4.** [subj: mother] amamantar.

nursery ['nɜ:sərɪ] n **1.** [at home] cuarto m de los niños; [away from home] guardería f **2.** [for plants] semillero m, vivero m.

nursery rhyme n poema m OR canción f infantil.

nursery school n parvulario m.

nursery slopes pl n pista f para principiantes.

nursing ['nɜ:sɪŋ] n [profession] profesión f de enfermera; [of patient] asistencia f, cuidado m.

nursing home n [for old people] clínica f de reposo (privada); [for childbirth] clínica f (privada) de maternidad.

nurture ['nɜ:tʃər] vt **1.** [child, plant] criar **2.** [plan, feelings] alimentar.

nut [nʌt] n **1.** [to eat] nuez f **2.** [of metal] tuerca f ▸ **the nuts and bolts** fig lo esencial, lo básico **3.** inf [mad person] chiflado m, -da f. ❖ **nuts** inf ❖ adj ▸ **to be nuts** estar chalado(da). ❖ excl US ¡maldita sea!

nutcase ['nʌtkeɪs] n inf pirado m, -da f.

nutcrackers ['nʌt,krækəz] pl n cascanueces m inv.

nutmeg ['nʌtmeg] n nuez f moscada.

nutrition [nju:'trɪʃn] n nutrición f, alimentación f.

nutritious [nju:'trɪʃəs] adj nutritivo(va).

nutshell ['nʌtʃel] n ▸ **in a nutshell** en una palabra.

nutty ['nʌtɪ] (compar **nuttier**, superl **nuttiest**) adj **1.** [tasting of nuts] con sabor a frutos secos; [containing nuts] con frutos secos / a nutty flavour un sabor a frutos secos **2.** inf [crazy] chiflado(da), majara Esp ▸ **as nutty as a fruitcake** como una regadera.

nuzzle ['nʌzl] ❖ vt rozar con el hocico. ❖ vi ▸ **to nuzzle (up) against** arrimarse a.

NVQ (abbr of **National Vocational Qualification**) n título de formación profesional en Inglaterra y Gales.

nylon ['naɪlɒn] ❖ n nylon m. ❖ comp de nylon.

NYPD [,enwaɪpi:'di:] n (abbr of **New York Police Department**) n policía f de Nueva York.

o (pl **o's** or **os**), **O** (pl **O's** or **Os**) [əʊ] n **1.** [letter] o f, O f **2.** [zero] cero m.

oaf [əʊf] n zoquete mf, lerdo m, -da f.

oak [əʊk] ❖ n roble m. ❖ comp de roble.

OAP n abbr of **old age pensioner**.

oar [ɔ:r] n remo m ▸ **to put** OR **stick one's oar in** entrometerse.

oasis [əʊ'eɪsɪs] (pl **oases** [əʊ'eɪsi:z]) n lit & fig oasis m inv.

oat [əʊt] n avena f / rolled oats copos mpl de avena.

oatcake ['əʊtkeɪk] n galleta f de avena.

oath [əʊθ] n **1.** [promise] juramento m ▸ **on** OR **under oath** bajo juramento **2.** [swearword] palabrota f.

oatmeal ['əʊtmi:l] US n [flakes] copos mpl de avena; [porridge] avena f.

oats [əʊts] pl n [grain] avena f.

obedience [ə'bi:djəns] n ▸ **obedience (to sb)** obediencia f (a alguien).

obedient [ə'bi:djənt] adj obediente.

obese [əʊ'bi:s] adj fml obeso(sa).

obey [ə'beɪ] vt & vi obedecer.

obituary [ə'bɪtʃʊərɪ] n nota f necrológica, necrología f.

object ❖ n ['ɒbdʒɪkt] **1.** [gen & COMPUT] objeto m **2.** [aim] objeto m, propósito m **3.** GRAM complemento m. ❖ vt [əb'dʒekt] objetar. ❖ vi ▸ **to object (to sthg/to doing sthg)** oponerse (a algo/a hacer algo) ▸ **I object to that comment** me parece muy mal ese comentario.

objection [əb'dʒekʃn] n objeción f, reparo m ▸ **to have no objection (to sthg/to doing sthg)** no tener inconveniente (en algo/en hacer algo).

objectionable [əb'dʒekʃənəbl] adj [person] desagradable; [behaviour] censurable.

objective [əb'dʒektɪv] ❖ adj objetivo(va). ❖ n objetivo m.

obligation [,ɒblɪ'geɪʃn] n **1.** [compulsion] obligación f ▸ **to be under an obligation to do sthg** tener la obligación de hacer algo **2.** [duty] deber m.

obligatory [ə'blɪɡətrɪ] adj obligatorio(ria).

oblige [ə'blaɪdʒ] vt **1.** [force] ▸ **to oblige sb to do sthg** obligar a alguien a hacer algo **2.** fml [do a favour to] hacer un favor a ▸ **I would be much obliged if ...** le estaría muy agradecido si ...

obliging [ə'blaɪdʒɪŋ] adj servicial, atento(ta).

oblique [əˈbliːk] ⇔ adj **1.** [indirect - reference] indirecto(ta) **2.** [slanting] oblicuo(cua). ⇔ n TYPO barra f.

obliterate [əˈblɪtəreɪt] vt arrasar.

oblivion [əˈblɪvɪən] n olvido m.

oblivious [əˈblɪvɪəs] adj inconsciente ▸ **to be oblivious to** OR **of sthg** no ser consciente de algo.

oblong [ˈɒblɒŋ] ⇔ adj rectangular, oblongo(ga). ⇔ n rectángulo m.

obnoxious [əbˈnɒkʃəs] adj detestable.

oboe [ˈəʊbəʊ] n oboe m.

obscene [əbˈsiːn] adj obsceno(na).

obscenity [əbˈsenətɪ] (pl -ies) n obscenidad f.

obscure [əbˈskjʊə] ⇔ adj lit & fig oscuro(ra). ⇔ vt **1.** [make difficult to understand] oscurecer **2.** [hide] esconder.

obsequious [əbˈsiːkwɪəs] adj fml & pej servil.

observance [əbˈzɜːvns] n observancia f, cumplimiento m.

observant [əbˈzɜːvnt] adj observador(ra).

observation [ˌɒbzəˈveɪʃn] n **1.** [by police] vigilancia f; [by doctor] observación f **2.** [comment] comentario m.

observatory [əbˈzɜːvətrɪ] n observatorio m.

observe [əbˈzɜːv] vt **1.** [gen] observar **2.** [obey] cumplir con, observar.

observer [əbˈzɜːvə] n observador m, -ra f.

obsess [əbˈses] vt obsesionar ▸ **to be obsessed by** OR **with** estar obsesionado con.

obsession [əbˈseʃn] n obsesión f.

obsessive [əbˈsesɪv] adj obsesivo(va).

obsolescent [ˌɒbsəˈlesnt] adj obsolescente.

obsolete [ˈɒbsəliːt] adj obsoleto(ta).

obstacle [ˈɒbstəkl] n **1.** [object] obstáculo m **2.** [difficulty] estorbo m.

obstetrics [ɒbˈstetrɪks] n obstetricia f.

obstinate [ˈɒbstənət] adj **1.** [stubborn] obstinado(da), terco(ca) **2.** [persistent] tenaz.

obstruct [əbˈstrʌkt] vt **1.** [block] obstruir, bloquear **2.** [hinder] estorbar.

obstruction [əbˈstrʌkʃn] n [gen & SPORT] obstrucción f; [blockage] atasco m.

obtain [əbˈteɪn] vt obtener, conseguir.

obtainable [əbˈteɪnəbl] adj que se puede conseguir, disponible.

obtrusive [əbˈtruːsɪv] adj [smell] penetrante ; [colour] chillón(ona); [person] entrometido(da).

obtuse [əbˈtjuːs] adj lit & fig obtuso(sa).

obvious [ˈɒbvɪəs] adj obvio(via), evidente.

obviously [ˈɒbvɪəslɪ] adv **1.** [of course] evidentemente, obviamente ▸ **obviously not** claro que no **2.** [clearly] claramente.

occasion [əˈkeɪʒn] n **1.** [time] vez f, ocasión f ▸ **on one occasion** una vez, en una ocasión ▸ **on several occasions** varias veces, en varias ocasiones ▸ **on occasion** fml de vez en cuando **2.** [important event] acontecimiento m ▸ **to rise to the occasion** ponerse a la altura de las circunstancias **3.** fml [opportunity] ocasión f.

occasional [əˈkeɪʒənl] adj [trip, drink] esporádico(ca); [showers] ocasional.

occasionally [əˈkeɪʒnəlɪ] adv de vez en cuando.

occult [ɒˈkʌlt] adj oculto(ta).

occupant [ˈɒkjʊpənt] n **1.** [of building, room] inquilino m, -na f **2.** [of chair, vehicle] ocupante mf.

occupation [ˌɒkjʊˈpeɪʃn] n **1.** [job] empleo m, ocupación f **2.** [pastime] pasatiempo m **3.** MIL [of country, building] ocupación f.

occupational hazard n ▸ **occupational hazards** gajes mpl del oficio.

occupational therapy n terapia f ocupacional.

occupier [ˈɒkjʊpaɪə] n inquilino m, -na f.

occupy [ˈɒkjʊpaɪ] vt **1.** [gen] ocupar **2.** [live in] habitar **3.** [entertain] ▸ **to occupy o.s.** entretenerse.

occur [əˈkɜːr] vi **1.** [happen] ocurrir, suceder **2.** [be present] encontrarse.

occurrence [əˈkʌrəns] n [event] acontecimiento m.

OCD (abbr of obsessive-compulsive disorder) n PSYCHOL TOC m (trastorno obsesivo-compulsivo).

ocean [ˈəʊʃn] n océano m.

oceangoing [ˈəʊʃnˌɡəʊɪŋ] adj marítimo(ma).

ochre UK, **ocher** US [ˈəʊkə] adj ocre.

o'clock [əˈklɒk] adv ▸ **it's one o'clock** es la una ▸ **it's two / three o'clock** son las dos/las tres ▸ **at one / two o'clock** a la una/las dos.

octave [ˈɒktɪv] n octava f.

October [ɒkˈtəʊbər] n octubre m. See also **September**.

octopus [ˈɒktəpəs] (pl -pi or -puses) n pulpo m.

OD 1. abbr of **overdose 2.** written abbr of **overdrawn**.

odd [ɒd] adj **1.** [strange] raro(ra), extraño(ña) **2.** [not part of pair] sin pareja **3.** [number] impar **4.** inf [leftover] sobrante **5.** inf [occasional] : *I play the odd game* juego alguna que otra vez **6.** inf [approximately] : *30 odd years* 30 y tantos OR y pico años. ⬥ **odds** pl n **1.** ▸ **the odds** a) [probability] las probabilidades b) [in betting] las apuestas ▸ **the odds are that ...** lo más probable es que ... ▸ **against all odds** contra viento y marea **2.** [bits] ▸ **odds and ends** chismes mpl, cosillas fpl ▸ **to be at odds with sthg** no concordar con algo ▸ **to be at odds with sb** estar reñido con alguien.

oddity [ˈɒdɪtɪ] (pl -ies) n rareza f.

odd jobs pl n chapuzas fpl.

oddly [ˈɒdlɪ] adv extrañamente ▸ **oddly enough** aunque parezca mentira.

oddments [ˈɒdmənts] pl n retales mpl.

odds-on ['ɒdz-] adj inf ▸ **the odds-on favourite** el favorito indiscutible.

odious ['əʊdjəs] adj odioso(sa), detestable.

odometer [əʊ'dɒmɪtəʳ] n US cuentakilómetros m inv.

odour UK, **odor** US ['əʊdəʳ] n [gen] olor m ; [of perfume] fragancia f.

of (unstressed [əv], stressed [ɒv]) prep **1.** [gen] de / *the cover of a book* la portada de un libro / *a cousin of mine* un primo mío / *both of us* nosotros dos, los dos / *the worst of them* el peor de ellos / *to die of sthg* morir de algo **2.** [expressing quantity, referring to container] de / *thousands of people* miles de personas / *there are three of us* somos tres / *a cup of coffee* un café, una taza de café **3.** [indicating amount, age, time] de / *a child of five* un niño de cinco (años) / *at the age of five* a los cinco años / *an increase of 6 %* un incremento del 6 % / *the 12th of February* el 12 de febrero **4.** [made from] de / *a dress of silk* un vestido de seda / *to be made of sthg* estar hecho de algo **5.** [with emotions, opinions] : *fear of ghosts* miedo a los fantasmas / *love of good food* amor tu la buena mesa / *it was very kind of you* fue muy amable de OR por tu parte.

off [ɒf] ◆ adv **1.** [away] : *to drive off* alejarse conduciendo ▸ I'm off! ¡me voy! **2.** [at a distance - in time] / *it's two days off* quedan dos días / *that's a long time off* aún queda mucho para eso ; [in space] / *it's ten miles off* está a diez millas ▸ **far off** lejos **3.** [so as to remove] : *to take sthg off* a) [gen] quitar algo b) [one's clothes] quitarse algo / *to cut sthg off* cortar algo / *could you help me off with my coat?* ¿me ayudas a quitarme el abrigo? **4.** [so as to complete] ▸ **to finish off** terminar, acabar ▸ **to kill off** rematar **5.** [not at work] libre / *a day off* un día libre ▸ **time off** tiempo m libre **6.** [so as to separate] ▸ **to fence off** vallar ▸ **to wall off** tapiar **7.** [so as to stop working] ▸ **to turn off** a) [light, radio] apagar b) [water, tap] cerrar **8.** [discounted] : *£10 off* 10 libras de descuento **9.** [having money] ▸ **to be well / badly off** andar bien / mal de dinero. ◆ prep **1.** [away from] : *to get off sthg* bajarse de algo / *to keep off sthg* mantenerse alejado de algo ▸ 'keep off the grass' 'prohibido pisar el césped' **2.** [close to] : *just off the coast* muy cerca de la costa / *it's off Oxford Street* está al lado de Oxford Street **3.** [removed from] : *to cut a slice off sthg* cortar un pedazo de algo ▸ **take your hands off me!** ¡quítame las manos de encima! **4.** [not attending] ▸ **to be off work / duty** no estar trabajando / de servicio ▸ **a day off work** un día de vacaciones **5.** inf [no longer liking] : *she's off coffee / her food* no le apetece café / comer **6.** [deducted from] : *there's 10 % off the price* hay un 10 %

de rebaja sobre el precio **7.** inf [from] : *I bought it off him* se lo compré a él. ◆ adj **1.** [gone bad - meat, cheese] pasado(da), estropeado(da) ; [- milk] cortado(da) **2.** [light, radio, device] apagado(da) ; [water, electricity] desconectado(da) ; [tap] cerrado(da) **3.** [cancelled] suspendido(da).

off-air adj fuera de antena.

offal ['ɒfl] n (U) asaduras fpl.

off-chance n ▸ **on the off-chance** por si acaso.

off colour adj indispuesto(ta).

off duty adj [policeman] fuera de servicio ; [soldier] de permiso.

offence UK, **offense** US [ə'fens] n **1.** [crime] delito m **2.** [cause of upset] ofensa f ▸ **to cause sb offence** ofender a alguien ▸ **to take offence** ofenderse.

offend [ə'fend] vt ofender.

offender [ə'fendəʳ] n **1.** [criminal] delincuente mf **2.** [culprit] culpable mf.

offense US n **1.** = **offence 2.** ['ɒfens] SPORT ataque m.

offensive [ə'fensɪv] ◆ adj **1.** [remark, behaviour] ofensivo(va) ; [smell] repugnante **2.** [aggressive] atacante. ◆ n MIL ofensiva f.

offer ['ɒfəʳ] ◆ n oferta f ▸ **on offer** a) [available] disponible b) [at a special price] en oferta. ◆ vt ofrecer ▸ **to offer sthg to sb, to offer sb sthg** ofrecer algo a alguien ; [be willing] ▸ **to offer to do sthg** ofrecerse a hacer algo. ◆ vi [volunteer] ofrecerse.

offering ['ɒfərɪŋ] n **1.** [thing offered] ofrecimiento m ; [gift] regalo m **2.** [sacrifice] ofrenda f.

off-guard adj desprevenido(da).

offhand [ˌɒf'hænd] ◆ adj frío(a), indiferente. ◆ adv de improviso.

office ['ɒfɪs] n **1.** [gen] oficina f **2.** [room] despacho m, oficina f **3.** US [of doctor, dentist] consulta f, consultorio m **4.** [position of authority] cargo m ▸ **in office** a) [political party] en el poder b) [person] en el cargo ▸ **to take office** a) [political party] subir al poder b) [person] asumir el cargo.

office automation n ofimática f.

office block n bloque m de oficinas.

office hours pl n horas fpl de oficina.

officer ['ɒfɪsəʳ] n **1.** MIL oficial mf **2.** [in organization, trade union] delegado m, -da f **3.** [in police force] agente mf.

office worker n oficinista mf.

official [ə'fɪʃl] ◆ adj oficial. ◆ n [of government] funcionario m, -ria f ; [of trade union] representante mf.

officialdom [ə'fɪʃəldəm] n burocracia f.

officially [ə'fɪʃəlɪ] adv oficialmente.

offing ['ɒfɪŋ] n ▸ **to be in the offing** estar al caer OR a la vista.

off-licence n [UK] *tienda donde se venden bebidas alcohólicas para llevar.*

off-line, offline ❖ adj **1.** COMPUT desconectado(da) **2.** [operation] fuera de línea. ❖ adv COMPUT sin estar conectado(da) ▸ **to go off-line** desconectarse.

off-peak adj [electricity, phone call, travel] de tarifa reducida ; [period] económico(ca).

off-putting [-,putɪŋ] adj **1.** [unpleasant] repelente **2.** [distracting] ▸ **it's very off-putting** me distrae mucho.

off-road adj [driving] fuera de pista ▸ **off-road vehicle** vehículo m todoterreno.

off season n ▸ **the off season** la temporada baja.

offset ['ɒfset] (pt & pp **offset**) vt compensar, contrarrestar.

offshoot ['ɒfʃu:t] n retoño m.

offshore ['ɒfʃɔ:r] ❖ adj [wind] costero(ra) ; [fishing] de bajura ; [oil rig] marítimo(ma) ; [banking] en bancos extranjeros. ❖ adv mar adentro / *two miles offshore* a dos millas de la costa.

offside ❖ adj [,ɒf'saɪd] **1.** [part of vehicle - right-hand drive] izquierdo(da) ; [- left-hand drive] derecho(cha) **2.** SPORT fuera de juego. ❖ adv [,ɒf'saɪd] SPORT fuera de juego.

offspring ['ɒfsprɪŋ] (pl inv) n **1.** [of people fml & hum - child] descendiente mf ; [- children] descendencia f **2.** [of animals] crías fpl.

offstage [,ɒf'steɪdʒ] adj & adv entre bastidores.

off-the-peg adj [UK] confeccionado(da).

off-the-record ❖ adj extraoficial. ❖ adv extraoficialmente.

off-white adj blancuzco(ca).

often ['ɒfn, 'ɒftn] adv [many times] a menudo / *how often do you go?* ¿cada cuánto OR con qué frecuencia vas? / *I don't often see him* no lo veo mucho / *I don't do it as often as I used to* no lo hago tanto como antes. ➤ **as often as not** adv muchas veces. ➤ **every so often** adv cada cierto tiempo. ➤ **more often than not** adv la mayoría de las veces.

ogle ['əʊgl] vt pej comerse con los ojos.

oh [əʊ] excl **1.** [to introduce comment] ¡ah! ▸ **oh really?** ¿de verdad? **2.** [expressing joy, surprise, fear] ¡oh! ▸ **oh no!** ¡no!

oil [ɔɪl] ❖ n **1.** [gen] aceite m **2.** [petroleum] petróleo m. ❖ vt engrasar.

oilcan ['ɔɪlkæn] n aceitera f.

oil-dependent adj petrodependiente.

oilfield ['ɔɪlfi:ld] n yacimiento m petrolífero.

oil filter n filtro m del aceite.

oil-fired [-,faɪəd] adj de fuel-oil.

oil painting n (pintura f al) óleo m.

oilrig ['ɔɪlrɪg] n plataforma f petrolífera.

oilskins ['ɔɪlskɪnz] pl n [coat] impermeable m, chubasquero m.

oil slick n marea f negra.

oil tanker n **1.** [ship] petrolero m **2.** [lorry] camión m cisterna.

oil well n pozo m petrolífero OR de petróleo.

oily ['ɔɪlɪ] adj [food] aceitoso(sa) ; [rag, cloth] grasiento(ta) ; [skin, hair] graso(sa).

ointment ['ɔɪntmənt] n pomada f, ungüento m.

OK, okay [,əʊ'keɪ] inf ❖ adj ▸ **I'm OK** estoy bien ▸ **the food was OK** la comida no estuvo mal ▸ **is it OK with you?** ¿te parece bien? ❖ excl **1.** [gen] vale, de acuerdo **2.** [to introduce new topic] bien, vale. ❖ vt (pt & pp **OKed**, cont **OKing**) dar el visto bueno a.

old [əʊld] ❖ adj **1.** [gen] viejo(ja) ▸ **how old are you?** ¿cuántos años tienes?, ¿qué edad tienes? ▸ **I'm 20 years old** tengo 20 años ▸ **an old woman** una vieja ▸ **old people** las personas mayores ▸ **when I'm older** cuando sea mayor **2.** [former] antiguo(gua) **3.** inf [as intensifier] ▸ **any old thing** cualquier cosa. ❖ pl n ▸ **the old** los ancianos.

old age n la vejez.

old age pensioner n [UK] pensionista mf, jubilado m, -da f.

Old Bailey [-'beɪlɪ] n ▸ **the Old Bailey** el juzgado criminal central de Inglaterra.

old-fashioned [-'fæʃnd] adj **1.** [outmoded] pasado(da) de moda, anticuado(da) **2.** [traditional] tradicional.

old people's home n residencia f OR hogar m de ancianos.

old-timer n **1.** [veteran] veterano m, -na f **2.** [US] [old man] viejo m, -ja f.

O level n [UK] examen y calificación sobre una asignatura concreta que se pasaba a los 16 años.

olive ['ɒlɪv] n [fruit] aceituna f, oliva f.

olive oil n aceite m de oliva.

Olympic [ə'lɪmpɪk] adj olímpico(ca). ➤ **Olympics** pl n ▸ **the Olympics** los Juegos Olímpicos.

Olympic Games pl n ▸ **the Olympic Games** los Juegos Olímpicos.

ombudsman ['ɒmbʊdzmən] (pl -men) n ≈ defensor m del pueblo.

omelet(te) ['ɒmlɪt] n tortilla f.

omen ['əʊmen] n presagio m.

ominous ['ɒmɪnəs] adj siniestro(tra), de mal agüero.

omission [ə'mɪʃn] n omisión f.

omit [ə'mɪt] vt omitir ; [name - from list] pasar por alto ▸ **to omit to do sthg** no hacer algo.

omnibus ['ɒmnɪbəs] n **1.** [book] antología f **2.** [UK] RADIO & TV programa que emite todos los capítulos de la semana seguidos.

on [ɒn] ❖ prep **1.** [indicating position - gen] en ; [- on top of] sobre, en / *on a chair* en OR sobre una silla / *on the wall/ground* en la pared/el suelo / *he was lying on his side/back* estaba tumbado de costado/de espaldas ▸ **on the left/ right** a la izquierda/derecha / *I haven't got any money on me* no llevo nada de dinero encima **2.** [indicating means] : *it runs on diesel* funciona con diesel / *on TV/the radio* en la tele/la radio / *she's on the telephone* está al teléfono / *he lives on fruit* vive (a base) de fruta / *to hurt o.s. on sthg* hacerse daño con algo **3.** [indicating mode of transport] : *to travel on a bus/train/ ship* viajar en autobús/tren/barco / *I was on the bus* iba en el autobús / *to get on a bus/train/ ship* subirse a un autobús/tren/barco ▸ **on foot** a pie ▸ **on horseback** a caballo **4.** [indicating time, activity] : *on Thursday* el jueves / *on Thursdays* los jueves / *on my birthday* el día de mi cumpleaños / *on the 10th of February* el 10 de febrero / *on the 10th* el día 10 ▸ **on my return, on returning** al volver ▸ **on business/holiday** de negocios/vacaciones **5.** [concerning] sobre, acerca de / *a book on astronomy* un libro acerca de OR sobre astronomía **6.** [indicating influence] en, sobre / *the impact on the environment* el impacto en OR sobre el medio ambiente **7.** [using, supported by] : *to be on social security* cobrar dinero de la seguridad social / *he's on tranquillizers* está tomando tranquilizantes ▸ **to be on drugs** [addicted] drogarse **8.** [earning] : *she's on £25,000 a year* gana 25.000 libras al año **9.** [referring to musical instrument] con ▸ **on the violin** con el violín ▸ **on the piano** al piano **10.** *inf* [paid by] : *the drinks are on me* yo pago las copas, a las copas invito yo. ❖ *adv* **1.** [indicating covering, clothing] : *put the lid on* pon la tapa / *what did she have on?* ¿qué llevaba encima OR puesto? / *put your coat on* ponte el abrigo **2.** [being shown] : *what's on at the cinema?* ¿qué echan OR ponen en el cine? **3.** [working - machine] funcionando ; [- radio, TV, light] encendido(da) ; [- tap] abierto(ta) ; [- brakes] puesto(ta) / *turn on the power* pulse el botón de encendido **4.** [indicating continuing action] : *we talked/worked on into the night* seguimos hablando/trabajando hasta bien entrada la noche / *he kept on walking* siguió caminando **5.** [forward] : *send my mail on (to me)* reenvíame el correo ▸ **later on** más tarde, después ▸ **earlier on** antes **6.** *inf* [referring to behaviour] ▸ **it's just not on!** ¡es una pasada! ◆ **from ... on** *adv* ▸ **from now on** de ahora en adelante / *from that moment/time on* desde aquel momento. ◆ **on and off** *adv* de vez en cuando. ◆ **on to, onto** *(only written as onto for senses 4 and 5) prep* **1.** [to a position on top of] encima de, sobre / *she jumped on to the chair* saltó encima de OR sobre la silla **2.** [to a position on a vehicle] : *to get on to a bus/train/plane* subirse a un autobús/tren/avión **3.** [to a position attached to] a / *stick the photo on to the page*

pega la foto a la hoja **4.** [aware of wrongdoing] ▸ **to be onto sb** andar detrás de alguien **5.** [into contact with] : *get onto the factory* ponte en contacto con la fábrica.

on-air *adj & adv* TV & RADIO en antena.

on-camera *adj & adv* TV ante la cámara.

once [wʌns] ❖ *adv* **1.** [on one occasion] una vez ▸ **once a week** una vez a la semana ▸ **once again** OR **more** otra vez ▸ **for once** por una vez ▸ **more than once** más de una vez ▸ **once and for all** de una vez por todas ▸ **once or twice** alguna que otra vez ▸ **once in a while** de vez en cuando **2.** [previously] en otro tiempo, antiguamente ▸ **once upon a time** érase una vez. ❖ *conj* una vez que / *once you have done it* una vez que lo hayas hecho. ◆ **at once** *adv* **1.** [immediately] en seguida, inmediatamente **2.** [at the same time] a la vez, al mismo tiempo ▸ **all at once** de repente, de golpe.

once-only *adj* : *a once-only offer* una oferta única.

oncoming ['ɒn,kʌmɪŋ] *adj* [traffic] que viene en dirección contraria.

one [wʌn] ❖ *num* [the number 1] un (una) / *I only want one* sólo quiero uno / *one fifth* un quinto, una quinta parte / *one of my friends* uno de mis amigos ▸ **(number) one** el uno. ❖ *adj* **1.** [only] único(ca) / *it's her one ambition* es su única ambición **2.** [indefinite] : *one of these days* un día de éstos. ❖ *pron* **1.** [referring to a particular thing or person] uno (una) / *I want the red one* yo quiero el rojo / *the one with the blond hair* la del pelo rubio / *which one do you want?* ¿cuál quieres? ▸ **this one** éste (ésta) ▸ **that one** ése (ésa) / *another one* otro (otra) / *she's the one I told you about* es (ésa) de la que te hablé **2.** *fml* [you, anyone] uno (una) / *to do one's duty* cumplir uno con su deber. ◆ **for one** *adv* : *I for one remain unconvinced* yo, por lo menos OR por mi parte, sigo poco convencido.

one-armed bandit *n* (máquina *f*) tragaperras *f inv*.

one-man *adj* individual, en solitario.

one-man band *n* [musician] hombre *m* orquesta.

one-off *inf* ❖ *adj* excepcional. ❖ *n* caso *m* excepcional.

one-on-one US = one-to-one

one-parent family *n* familia *f* monoparental.

oneself [wʌn'self] *pron* **1.** *(reflexive, after prep)* uno mismo (una misma) / *to buy presents for oneself* hacerse regalos a sí mismo / *to take care of oneself* cuidarse **2.** *(for emphasis)* ▸ **by oneself** [without help] solo(la).

one-sided [-'saɪdɪd] *adj* **1.** [unequal] desigual **2.** [biased] parcial.

onesie n mono m.

one-size adj de talla única.

one-to-one UK, **one-on-one** US adj [relationship] entre dos ; [discussion] cara a cara ; [tuition] individual.

one-touch dialling UK, **one-touch dialing** US n marcación f automática.

one-upmanship [,wʌn'ʌpmənʃɪp] n habilidad para colocarse en una situación de ventaja.

one-way adj **1.** [street] de dirección única **2.** [ticket] de ida.

ongoing ['ɒn,gəʊɪŋ] adj [gen] en curso ; [problem, situation] pendiente.

onion ['ʌnjən] n cebolla f.

online ['ɒnlaɪn] ◆ adj COMPUT en línea / to be online estar conectado a Internet. ◆ adv en línea / to go online conectarse a Internet.

online banking n banca f en línea.

online dating n INTERNET citas fpl en línea.

online presence n INTERNET presencia f en línea.

online shopping n compras fpl en línea.

onlooker ['ɒn,lʊkə*] n espectador m, -ra f.

only ['əʊnlɪ] ◆ adj único(ca) ▶ to be an only child ser hijo único. ◆ adv [exclusively] sólo, solamente / I was only too willing to help estaba encantado de poder ayudar / I only wish I could! ¡ojalá pudiera! / it's only natural es completamente normal / it's only to be expected no es de sorprender ▶ not only ... but no sólo ... sino ▶ only just apenas. ◆ conj sólo que / I would go, only I'm too tired iría, lo que pasa es que estoy muy cansado.

onset ['ɒnset] n comienzo m.

onshore ['ɒnʃɔː*] adj [wind] procedente del mar ; [oil production] en tierra firme.

onslaught ['ɒnslɔːt] n lit & fig acometida f.

onto (unstressed before consonant ['ɒntə], unstressed before vowel ['ɒntʊ], stressed ['ɒntuː]) = **on to**.

on-trend adj que es la tendencia del momento.

onus ['əʊnəs] n responsabilidad f.

onward ['ɒnwəd] ◆ adj [in space] hacia delante ; [in time] progresivo(va). ◆ adv = **onwards**.

onwards, onward ['ɒnwədz] adv [in space] adelante, hacia delante ; [in time] ▶ from now / then onwards de ahora/allí en adelante.

ooze [uːz] ◆ vt fig rebosar. ◆ vi ▶ to ooze (from OR out of) rezumar (de) ▶ to ooze with sthg fig rebosar OR irradiar algo.

opaque [əʊ'peɪk] adj **1.** [not transparent] opaco(ca) **2.** fig [obscure] oscuro(ra).

open ['əʊpn] ◆ adj **1.** [gen] abierto(ta) ; [curtains] descorrido(da) ; [view, road] despejado(da) **2.** [receptive] ▶ to be open to a) [ideas, suggestions] estar abierto a b) [blame, criticism, question] prestarse a **3.** [frank] sincero(ra), franco(ca)

4. [uncovered - car] descubierto(ta) **5.** [available - subj: choice, chance] ▶ to be open to sb estar disponible para alguien. ◆ n **1.** ▶ in the open [fresh air] al aire libre ▶ to bring sthg out into the open sacar a luz algo **2.** SPORT open m, abierto m. ◆ vt **1.** [gen] abrir ▶ to open fire abrir fuego **2.** [curtains] correr **3.** [inaugurate - public area, event] inaugurar **4.** [negotiations] entablar. ◆ vi **1.** [door, flower] abrirse **2.** [shop, office] abrir **3.** [event, play] dar comienzo. ◆ **open on to** vt insep dar a. ◆ **open out** vi extenderse. ◆ **open up** ◆ vt sep abrir. ◆ vi **1.** [become available] surgir **2.** [unlock door] abrir.

opener ['əʊpnə*] n [gen] abridor m ; [for tins] abrelatas m inv ; [for bottles] abrebotellas m inv.

opening ['əʊpnɪŋ] ◆ adj inicial. ◆ n **1.** [beginning] comienzo m, principio m **2.** [gap - in fence] abertura f **3.** [opportunity] oportunidad f **4.** [job vacancy] puesto m vacante.

opening hours pl n horario m (de apertura).

opening time n UK hora f de abrir.

openly ['əʊpənlɪ] adv abiertamente.

open-minded [-'maɪndɪd] adj sin prejuicios.

open-plan adj de planta abierta.

open-toe, open-toed [-təʊd] adj [shoe] abierto(ta).

open-top adj descapotable.

Open University n UK ▶ the Open University ≃ la Universidad Nacional de Educación a Distancia.

opera ['ɒpərə] n ópera f.

opera house n teatro m de la ópera.

operate ['ɒpəreɪt] ◆ vt **1.** [machine] hacer funcionar **2.** [business, system] dirigir ; [service] proporcionar. ◆ vi **1.** [carry out trade, business] operar, actuar **2.** [function] funcionar **3.** MED ▶ to operate (on sb / sthg) operar (a alguien/de algo).

operating system ['ɒpəreɪtɪŋ-] n COMPUT sistema m operativo.

operating theatre UK, **operating room** US ['ɒpəreɪtɪŋ-] n quirófano m.

operation [,ɒpə'reɪʃn] n **1.** [planned activity - police, rescue, business] operación f ; [- military] maniobra f **2.** [running - of business] administración f **3.** [functioning - of machine] funcionamiento m ▶ to be in operation a) [machine] estar funcionando b) [law, system] estar en vigor **4.** MED operación f, intervención f quirúrgica ▶ to have an operation (for / on) operarse (de).

operational [,ɒpə'reɪʃənl] adj [ready for use] en funcionamiento.

operative ['ɒprətɪv] ◆ adj en vigor, vigente. ◆ n [worker] operario m, -ria f ; [spy] agente mf.

operator ['ɒpəreɪtə*] n **1.** TELEC operador m, -ra f, telefonista mf **2.** [worker] operario m, -ria f **3.** [company] operadora f.

opinion [ə'pɪnjən] n opinión f ▸ **to be of the opinion that** opinar **or** creer que ▸ **in my opinion** a mi juicio, en mi opinión ▸ **what is her opinion of ...?** ¿qué opina de ...?

opinionated [ə'pɪnjəneɪtɪd] adj *pej* dogmático(ca).

opinion poll n sondeo m, encuesta f.

opponent [ə'pəʊnənt] n **1.** POL adversario m, -ria f; [of system, approach] opositor m, -ora f **2.** SPORT contrincante mf.

opportune ['ɒpətjuːn] adj oportuno(na).

opportunist [,ɒpə'tjuːnɪst] n oportunista mf.

opportunity [,ɒpə'tjuːnətɪ] n oportunidad f, ocasión f ▸ **to take the opportunity to do or of doing sthg** aprovechar la ocasión de **or** para hacer algo.

oppose [ə'pəʊz] vt oponerse a.

opposed [ə'pəʊzd] adj opuesto(ta) ▸ **to be opposed to** oponerse a ▸ **as opposed to** en vez de, en lugar de **/** I like beer as opposed to wine me gusta la cerveza y no el vino.

opposing [ə'pəʊzɪŋ] adj opuesto(ta), contrario(ria).

opposite ['ɒpəzɪt] ❖ adj **1.** [facing - side, house] de enfrente; [- end] opuesto(ta) **2.** [very different] ▸ **opposite (to)** opuesto(ta) **or** contrario(ria) (a). ❖ adv enfrente. ❖ prep enfrente de. ❖ n contrario m.

opposite number n homólogo m, -ga f.

opposition [,ɒpə'zɪʃn] n **1.** [gen] oposición f **2.** [opposing team] ▸ **the opposition** los contrincantes. ◆ **Opposition** n UK POL ▸ **the Opposition** la oposición.

oppress [ə'pres] vt **1.** [persecute] oprimir **2.** [depress] agobiar.

oppression [ə'preʃn] n opresión f.

oppressive [ə'presɪv] adj **1.** [unjust] tiránico(ca), opresivo(va) **2.** [stifling] agobiante, sofocante **3.** [causing unease] opresivo(va), agobiante.

opt [ɒpt] ❖ vt ▸ **to opt to do sthg** optar por **or** elegir hacer algo. ❖ vi ▸ **to opt for sthg** optar por **or** elegir algo. ◆ **opt in** vi ▸ **to opt in (to sthg)** decidir participar (en algo). ◆ **opt out** vi ▸ **to opt out (of sthg)** decidir no participar (en algo).

optical ['ɒptɪkl] adj óptico(ca).

optician [ɒp'tɪʃn] n óptico m, -ca f ▸ **the optician's (shop)** la óptica.

optimism ['ɒptɪmɪzm] n optimismo m.

optimist ['ɒptɪmɪst] n optimista mf.

optimistic [,ɒptɪ'mɪstɪk] adj optimista.

optimum ['ɒptɪməm] adj óptimo(ma).

option ['ɒpʃn] n opción f ▸ **to have the option to do or of doing sthg** tener la opción **or** la posibilidad de hacer algo ▸ **to have no option** no tener otra opción.

optional ['ɒpʃənl] adj facultativo(va), optativo(va) ▸ **optional extra** extra m opcional.

or [ɔːr] conj **1.** [gen] o; (before 'o' or 'ho') u ▸ **or (else)** de lo contrario, si no **2.** (after neg) : he cannot read or write no sabe ni leer ni escribir.

oral ['ɔːrəl] ❖ adj **1.** [spoken] oral **2.** [relating to the mouth] bucal. ❖ n examen m oral.

orally ['ɔːrəlɪ] adv **1.** [in spoken form] oralmente **2.** [via the mouth] por vía oral.

orange ['ɒrɪndʒ] ❖ adj naranja (inv). ❖ n [fruit] naranja f.

orator ['ɒrətər] n orador m, -ra f.

orbit ['ɔːbɪt] ❖ n órbita f ▸ **to put sthg into orbit (around)** poner algo en órbita (alrededor de). ❖ vt girar alrededor de.

orchard ['ɔːtʃəd] n huerto m.

orchestra ['ɔːkɪstrə] n **1.** orquesta f **2.** [in theatre] platea f **or** patio m de butacas.

orchestral [ɔː'kestrəl] adj orquestal.

orchid ['ɔːkɪd] n orquídea f.

ordain [ɔː'deɪn] vt **1.** fml [decree] decretar **2.** RELIG ▸ **to be ordained** ordenarse (sacerdote).

ordeal [ɔː'diːl] n calvario m.

order ['ɔːdər] ❖ n **1.** [instruction] orden f **2.** COMM [request] pedido m ▸ **to order** por encargo **3.** [in restaurant] ración f **4.** [sequence, discipline, system] orden m ▸ **in order** en orden ▸ **out of order** desordenado(da) ▸ **in order of importance** por orden de importancia **5.** [fitness for use] ▸ **in working order** en funcionamiento ▸ **'out of order'** 'no funciona' ▸ **to be out of order** a) [not working] estar estropeado(da) b) [incorrect behaviour] ser improcedente ▸ **in order** [correct] en regla **6.** RELIG orden f. ❖ vt **1.** [command] ▸ **to order sb (to do sthg)** ordenar a alguien (que haga algo) ▸ **to order that** ordenar que **2.** [request - drink, taxi] pedir **3.** COMM pedir, encargar **4.** [put in order] ordenar. ◆ **in the order of** UK, **on the order of** US prep del orden de. ◆ **in order that** conj para que. ◆ **in order to** conj para. ◆ **order about, order around** vt sep mangonear.

order form n hoja f de pedido.

orderly ['ɔːdəlɪ] ❖ adj [person, crowd] disciplinado(da); [room] ordenado(da). ❖ n **1.** [in hospital] auxiliar mf sanitario **2.** [in army] ordenanza mf.

ordinance ['ɔːdɪnəns] n fml [decree] ordenanza f, decreto m.

ordinarily ['ɔːdənrəlɪ] adv ordinario f.

ordinary ['ɔːdənrɪ] ❖ adj **1.** [normal] corriente, normal **2.** pej [unexceptional] mediocre, ordinario(ria). ❖ n ▸ **out of the ordinary** fuera de lo común.

ordnance ['ɔːdnəns] n (U) **1.** [military supplies] pertrechos mpl de guerra **2.** [artillery] artillería f.

ore [ɔːʳ] n mineral m.

oregano [ˌɒrɪˈgɑːnəʊ] n orégano m.

organ [ˈɔːgən] n [gen, ANAT & MUS] órgano m.

organic [ɔːˈgænɪk] adj **1.** [gen] orgánico(ca)
2. [food] ecológico(ca), orgánico(ca).

organism [ˈɔːgənɪzm] n organismo m.

organization [ˌɔːgənaɪˈzeɪʃn] n organización f.

organize, organise [ˈɔːgənaɪz] vt organizar.

organizer [ˈɔːgənaɪzəʳ] n organizador m, -ra f.

orgasm [ˈɔːgæzm] n orgasmo m.

orgy [ˈɔːdʒɪ] n lit & fig orgía f.

Orient [ˈɔːrɪənt] n ▶ **the Orient** el Oriente.

oriental [ˌɔːrɪˈentl] ◆ adj oriental. ◆ n oriental mf (atención: el término `oriental' se considera racista).

orientate [ˈɔːrɪenteɪt], **orient** vt orientar.

orienteering [ˌɔːrɪənˈtɪərɪŋ] n deporte m de orientación.

origami [ˌɒrɪˈgɑːmɪ] n papiroflexia f.

origin [ˈɒrɪdʒɪn] n origen m ▶ **country of origin** país m de origen. ◆ **origins** npl n origen.

original [əˈrɪdʒənl] ◆ adj original ▶ the original owner el primer propietario. ◆ n original m.

originally [əˈrɪdʒənəlɪ] adv [at first] originariamente ; [with originality] originalmente.

originate [əˈrɪdʒəneɪt] ◆ vt originar, producir. ◆ vi ▶ **to originate (in)** nacer OR surgir (de) ▶ **to originate from** nacer OR surgir de.

Orkney Islands [ˈɔːknɪ-], **Orkneys** [ˈɔːknɪz] pl n : the Orkney Islands las Orcadas.

ornament [ˈɔːnəmənt] n adorno m.

ornamental [ˌɔːnəˈmentl] adj ornamental, decorativo(va).

ornate [ɔːˈneɪt] adj [style] recargado(da) ; [decoration, vase] muy vistoso(sa).

ornithology [ˌɔːnɪˈθɒlədʒɪ] n ornitología f.

orphan [ˈɔːfn] ◆ n huérfano m, -na f. ◆ vt ▶ **to be orphaned** quedarse huérfano.

orphanage [ˈɔːfənɪdʒ] n orfelinato m.

orthodox [ˈɔːθədɒks] adj ortodoxo(xa).

orthopaedic, orthopedic [ˌɔːθəˈpiːdɪk] adj ortopédico(ca).

orthopedic [ˌɔːθəˈpiːdɪk] = orthopaedic.

oscillate [ˈɒsɪleɪt] vi lit & fig ▶ **to oscillate (between)** oscilar (entre).

Oslo [ˈɒzləʊ] n Oslo.

ostensible [ɒˈstensəbl] adj aparente.

ostentatious [ˌɒstenˈteɪʃəs] adj ostentoso(sa).

osteopath [ˈɒstɪəpæθ] n osteópata mf.

ostracize, ostracise [ˈɒstrəsaɪz] vt [colleague etc] marginar, hacer el vacío a ; POL condenar al ostracismo.

ostrich [ˈɒstrɪtʃ] n avestruz m.

other [ˈʌðəʳ] ◆ adj otro (otra) ▶ **the other one** el otro (la otra) ▶ **the other three** los otros tres ▶ **the other day** el otro día ▶ **the other week** hace unas semanas. ◆ pron **1.** [different one] ▶ **others** otros (otras) **2.** [remaining, alternative one] ▶ **the other** el otro (la otra) ▶ **the others** los otros (las otras), los demás (las demás) ▶ **one after the other** uno tras otro ▶ **one or other** uno u otro ▶ **to be none other than** no ser otro sino. ◆ **something or other** pron una cosa u otra. ◆ **somehow or other** adv de una u otra forma. ◆ **other than** conj excepto, salvo ▶ **other that** por lo demás.

otherwise [ˈʌðəwaɪz] ◆ adv **1.** [or else] si no **2.** [apart from that] por lo demás **3.** [differently] de otra manera ▶ **deliberately or otherwise** adrede o no. ◆ conj si no, de lo contrario.

otter [ˈɒtəʳ] n nutria f.

ouch [aʊtʃ] excl ¡ay!

ought [ɔːt] aux vb deber / you ought to go / to be nicer deberías irte/ser más amable / she ought to pass the exam debería aprobar el examen / it ought to be fun promete ser divertido.

ounce [aʊns] n [unit of measurement] = 28,35 g ; ≃ onza f.

our [aʊəʳ] poss adj nuestro(tra), nuestros(tras) (pl) / our money nuestro dinero / our house nuestra casa / our children nuestros hijos / it wasn't **our** fault no fue culpa nuestra **or** nuestra culpa / we washed our hair nos lavamos el pelo.

ours [aʊəz] poss pron nuestro(tra) / that money is ours ese dinero es nuestro / those keys are ours esas llaves son nuestras / it wasn't their fault, it was OURS no fue culpa de ellos sino de nosotros / a friend of ours un amigo nuestro / their car hit ours suyo coche chocó contra el nuestro.

ourselves [aʊəˈselvz] pron **1.** (reflexive) nos mpl & fpl ; (after prep) nosotros mpl, nosotras f **2.** (for emphasis) nosotros mismos mpl, nosotras mismas f / we did it by ourselves lo hicimos nosotros solos.

oust [aʊst] vt fml ▶ **to oust sb (from)** a) [job] desbancar a alguien (de) b) [land] desalojar a alguien (de).

out [aʊt] ◆ adv **1.** [not inside, out of doors] fuera / we all went out todos salimos fuera / I'm going out for a walk voy a salir a dar un paseo / they ran out salieron corriendo / he poured the water out sirvió el agua **2.** [away from home, office] fuera / John's out at the moment John está fuera ahora mismo **3.** [extinguished] apagado(da) / the fire went out el fuego se apagó **4.** [of tide] : the tide had gone out la marea estaba baja **5.** [out of fashion] pasado(da) de moda **6.** [published, released - book] publicado(da) / they've a new record out han sacado un nuevo disco **7.** [in flower] en flor **8.** inf [on strike] en huelga. ◆ **out of** prep **1.** [away from, outside] fuera de / to go out of the room salir de la habitación **2.** [indicating cause] por **/** *out of spite* / *love* por rencor/amor **3.** [indicating origin, source] de **/** *a page out of a book* una página de un libro **/** *to get information out of sb* sacar información a alguien **4.** [without] sin **/** *we're out of sugar* estamos sin azúcar, se nos ha acabado el azúcar **5.** [made from] de **/** *it's made out of plastic* está hecho de plástico **6.** [sheltered from] a resguardo de **7.** [to indicate proportion] : *one out of ten people* una de cada diez personas **/** *ten out of ten* [mark] diez de **or** sobre diez.

out-and-out adj [disgrace, lie] infame ; [liar, crook] redomado(da).

outback ['aʊtbæk] n **▶ the outback** los llanos del interior de Australia.

outboard (motor) ['aʊtbɔːd-] n (motor **m**) fueraborda **m**.

outbox [aʊtbɒks] n [for e-mail] buzón **m** de salida.

outbreak ['aʊtbreɪk] n [of war] comienzo **m** ; [of crime] ola **f** ; [of illness] epidemia **f** ; [of spots] erupción **f**.

outburst ['aʊtbɜːst] n **1.** [sudden expression of emotion] explosión **f**, arranque **m 2.** [sudden occurrence] estallido **m**.

outcast ['aʊtkɑːst] n marginado **m**, -da **f**, paria **mf**.

outcome ['aʊtkʌm] n resultado **m**.

outcrop ['aʊtkrɒp] n afloramiento **m**.

outcry ['aʊtkraɪ] n protestas **fpl**.

outdated [,aʊt'deɪtɪd] adj anticuado(da), pasado(da) de moda.

outdid [,aʊt'dɪd] pt **⟶ outdo**.

outdo [,aʊt'duː] (pt **-did**, pp **-done**) vt aventajar, superar.

outdoor ['aʊtdɔːr] adj [life, swimming pool] al aire libre ; [clothes] de calle.

outdoors [aʊt'dɔːz] adv al aire libre.

outer ['aʊtər] adj exterior, externo(na).

outer space n espacio **m** exterior.

outfit ['aʊtfɪt] n **1.** [clothes] conjunto **m**, traje **m 2.** inf [organization] equipo **m**.

outfitters ['aʊt,fɪtəz] n dated tienda **f** de confección.

outgoing ['aʊt,ɡəʊɪŋ] adj **1.** [chairman] saliente **2.** [sociable] extrovertido(da). **◆ outgoings** pl n **UK** gastos **mpl**.

outgrow [,aʊt'ɡrəʊ] (pt **-grew**, pp **-grown**) vt **1.** [grow too big for] : *he has outgrown his shirts* las camisas se le han quedado pequeñas **2.** [grow too old for] ser demasiado mayor para.

outhouse ['aʊthaʊs] n (pl [-haʊzɪz]) n dependencia **f**.

outing ['aʊtɪŋ] n [trip] excursión **f**.

outlandish [aʊt'lændɪʃ] adj estrafalario(ria).

outlaw ['aʊtlɔː] **◆** n proscrito **m**, -ta **f**. **◆** vt [make illegal] ilegalizar.

outlay ['aʊtleɪ] n desembolso **m**.

outlet ['aʊtlet] n **1.** [for emotions] salida **f 2.** [for water] desagüe **m** ; [for gas] salida **f 3.** [shop] punto **m** de venta **4. US** ELEC toma **f** de corriente.

outline ['aʊtlaɪn] **◆** n **1.** [brief description] esbozo **m**, resumen **m ▶ in outline** en líneas generales **2.** [silhouette] contorno **m**. **◆** vt [describe briefly] esbozar, resumir.

outlive [,aʊt'lɪv] vt [subj: person] sobrevivir a.

outlook ['aʊtlʊk] n **1.** [attitude, disposition] enfoque **m**, actitud **f 2.** [prospect] perspectiva **f** (de futuro).

outlying ['aʊt,laɪɪŋ] adj [remote] lejano(na), remoto(ta) ; [on edge of town] periférico(ca).

outmoded [,aʊt'məʊdɪd] adj anticuado(da), pasado(da) de moda.

outnumber [,aʊt'nʌmbər] vt exceder en número.

out-of-date adj **1.** [clothes, belief] anticuado(da), pasado(da) de moda **2.** [passport, season ticket] caducado(da).

out of doors adv al aire libre.

out-of-hand adj **US** inf [extraordinary] gigantesco(ca).

out-of-sync adj desincronizado(da).

out-of-the-box adj en cuanto se saca de la caja.

out-of-the-way adj [far away] remoto(ta) ; [unusual] poco común.

out-of-town adj [shopping centre, retail park] de las afueras (de la ciudad).

outpatient ['aʊt,peɪʃnt] n paciente externo **m**, paciente externa **f**.

outpost ['aʊtpəʊst] n puesto **m** avanzado.

output ['aʊtpʊt] n **1.** [production] producción **f**, rendimiento **m 2.** [COMPUT - printing out] salida **f** ; [- printout] impresión **f**.

outrage ['aʊtreɪdʒ] **◆** n **1.** [anger] indignación **f 2.** [atrocity] atrocidad **f**, escándalo **m**. **◆** vt ultrajar, atropellar.

outrageous [aʊt'reɪdʒəs] adj **1.** [offensive, shocking] indignante, escandaloso(sa) **2.** [very unusual] extravagante.

outright ◆ adj ['aʊtraɪt] **1.** [categoric] categórico(ca) **2.** [total - disaster] completo(ta) ; [- victory, winner] indiscutible. **◆** adv [,aʊt'raɪt] **1.** [ask] abiertamente ; [deny] categóricamente **2.** [win, ban] totalmente ; [be killed] en el acto.

outset ['aʊtset] n **▶ at the outset** al principio **▶ from the outset** desde el principio.

outside ◆ adj ['aʊtsaɪd] **1.** [gen] exterior **2.** [opinion, criticism] independiente **3.** [chance] remoto(ta). **◆** adv [,aʊt'saɪd] exterior **▶ to go / run / look outside** ir/correr/mirar fuera. **◆** prep ['aʊtsaɪd] fuera de **▶ we live half an hour out-**

side **London** vivimos a media hora de Londres.
❖ n [ˈaʊtsaɪd] [exterior] exterior *m*. ◆ **outside of** prep US [apart from] aparte de.

outside lane n carril *m* de adelantamiento.

outside line n línea *f* exterior.

outsider [ˌaʊtˈsaɪdər] n **1.** [stranger] forastero *m*, -ra *f* **2.** [in horse race] *caballo que no es uno de los favoritos*.

outsize [ˈaʊtsaɪz] adj **1.** [bigger than usual] enorme **2.** [clothes] de talla muy grande.

outsized [ˈaʊtsaɪzd] adj enorme.

outskirts [ˈaʊtskɜːts] pl n ▶ **the outskirts** las afueras.

outsource [ˈaʊtsɔːs] vt COMM subcontratar.

outspoken [ˌaʊtˈspəʊkn] adj franco(ca).

outstanding [ˌaʊtˈstændɪŋ] adj **1.** [excellent] destacado(da) **2.** [not paid, unfinished] pendiente.

outstay [ˌaʊtˈsteɪ] vt ▶ **to outstay one's welcome** quedarse más tiempo de lo debido.

outstretched [ˌaʊtˈstretʃt] adj extendido(da).

outstrip [ˌaʊtˈstrɪp] vt lit & fig aventajar, dejar atrás.

outward [ˈaʊtwəd] ❖ adj **1.** [journey] de ida **2.** [composure, sympathy] aparente **3.** [sign, proof] visible, exterior. ❖ adv US = **outwards**.

outwardly [ˈaʊtwədlɪ] adv [apparently] aparentemente, de cara al exterior.

outwards UK [ˈaʊtwədz], **outward** US adv hacia fuera.

outweigh [ˌaʊtˈweɪ] vt pesar más que.

outwit [ˌaʊtˈwɪt] vt ser más listo(ta) que.

oval [ˈəʊvl] ❖ adj oval, ovalado(da). ❖ n óvalo *m*.

Oval Office n ▶ **the Oval Office** el Despacho Oval ; *oficina que tiene el presidente de Estados Unidos en la Casa Blanca*.

ovary [ˈəʊvərɪ] n ovario *m*.

ovation [əʊˈveɪʃn] n ovación *f* ▶ **a standing ovation** una ovación de gala (con el público en pie).

oven [ˈʌvn] n horno *m* ▶ **oven fries** patatas *fpl* fritas para horno.

ovenproof [ˈʌvnpruːf] adj refractario(ria).

over [ˈəʊvər] ❖ prep **1.** [directly above, on top of] encima de / *a fog hung over the river* una espesa niebla flotaba sobre el río / *put your coat over the chair* pon el abrigo encima de la silla **2.** [to cover] sobre / *she wore a veil over her face* un velo le cubría el rostro **3.** [on other side of] al otro lado de / *he lives over the road* vive enfrente **4.** [across surface of] por encima de / *they sailed over the ocean* cruzaron el océano en barco **5.** [more than] más de ▶ **over and above** además de **6.** [senior to] por encima de **7.** [with regard to] por / *a fight over a woman* una pelea por una mujer **8.** [during] durante / *over the weekend* (en) el fin de semana. ❖ adv **1.** [short distance away] ▶ **over here**

aquí ▶ **over there** allí **2.** [across] ▶ **to cross over** cruzar ▶ **to go over** ir **3.** [down] ▶ **to fall over** caerse ▶ **to push over** empujar, tirar **4.** [round] ▶ **to turn sthg over** dar la vuelta a algo ▶ **to roll over** darse la vuelta **5.** [more] más **6.** [remaining] ▶ **to be (left) over** quedar, sobrar **7.** [at sb's house] : *invite them over* invítalos a casa **8.** RADIO ▶ **over (and out)!** ¡cambio (y cierro)! **9.** [involving repetitions] ▶ **(all) over again** otra vez desde el principio ▶ **over and over (again)** una y otra vez. ❖ adj [finished] terminado(da). ◆ **all over** ❖ prep por todo(da). ❖ adv [everywhere] por todas partes. ❖ adj [finished] terminado(da).

overall adj [ˈəʊvərɔːl] [general] global, total. ❖ adv [ˌəʊvərˈɔːl] en conjunto. ❖ n [ˈəʊvərɔːl] **1.** [gen] guardapolvo *m* **2.** US [for work] mono *m*. ◆ **overalls** pl n **1.** [for work] mono *m* **2.** US [dungarees] pantalones *mpl* de peto.

overawe [ˌəʊvərˈɔː] vt intimidar.

overbalance [ˌəʊvəˈbæləns] vi perder el equilibrio.

overbearing [ˌəʊvəˈbeərɪŋ] adj pej despótico(ca).

overboard [ˈəʊvəbɔːd] adv ▶ **to fall overboard** caer al agua OR por la borda ▶ **to go overboard (about sb / sthg)** inf [be over-enthusiastic about] ponerse como loco(ca) (con alguien / algo).

overbook [ˌəʊvəˈbʊk] vi hacer overbooking.

overcame [ˌəʊvəˈkeɪm] pt ⟶ **overcome**.

overcast [ˈəʊvəkɑːst] adj cubierto(ta), nublado(da).

overcharge [ˌəʊvəˈtʃɑːdʒ] vt ▶ **to overcharge sb (for sthg)** cobrar a alguien en exceso (por algo).

overcoat [ˈəʊvəkəʊt] n abrigo *m*.

overcome [ˌəʊvəˈkʌm] (pt -came, pp -come) vt [deal with] vencer, superar.

overcrowded [ˌəʊvəˈkraʊdɪd] adj [room] atestado(da) de gente ; [country] superpoblado(da).

overcrowding [ˌəʊvəˈkraʊdɪŋ] n [of country] superpoblación *f* ; [of prison] hacinamiento *m*.

overdo [ˌəʊvəˈduː] (pt -did, pp -done) vt **1.** pej [exaggerate] exagerar **2.** [overcook] hacer demasiado.

overdone [ˌəʊvəˈdʌn] ❖ pp ⟶ **overdo**. ❖ adj muy hecho(cha).

overdose n [ˈəʊvədəʊs] sobredosis *f inv*.

overdraft [ˈəʊvədrɑːft] n [sum owed] saldo *m* deudor ; [loan arranged] (giro *m* OR crédito *m* en) descubierto *m*.

overdrawn [ˌəʊvəˈdrɔːn] adj ▶ **to be overdrawn** tener un saldo deudor.

overdue [ˌəʊvəˈdjuː] adj **1.** [late] ▶ **to be overdue a)** [train] ir con retraso **b)** [library book] estar con el plazo de préstamo caducado ▶ **I'm overdue (for) a bit of luck** va siendo hora de tener un poco de suerte **2.** [awaited] ▶ **(long) overdue**

(largamente) esperado(da), ansiado(da) **3.** [unpaid] vencido(da) y sin pagar.

overestimate [,əʊvər'estɪmeɪt] vt sobreestimar.

overfish [,əʊvə'fɪʃ] vt [fishing ground] sobreexplotar.

overfishing [,əʊvə(r)'fɪʃɪŋ] n sobrepesca f.

overflow ◆ vi [,əʊvə'fləʊ] **1.** [spill over] rebosar ; [river] desbordarse **2.** [go beyond limits] ▶ **to overflow (into)** rebosar (hacia) **3.** [be very full] ▶ **to be overflowing (with)** rebosar (de). ◆ n ['əʊvəfləʊ] [pipe] cañería f de desagüe.

overgrown [,əʊvə'grəʊn] adj cubierto(ta) de matojos.

overhaul ◆ n ['əʊvəhɔ:l] **1.** [of car, machine] revisión f **2.** [of method, system] repaso m general. ◆ vt [,əʊvə'hɔ:l] revisar.

overhead ◆ adj ['əʊvəhed] aéreo(a) ▶ **overhead light** luz f de techo. ◆ adv [,əʊvə'hed] por lo alto, por encima. ◆ n ['əʊvəhed] (U) US gastos mpl generales. ◆ **overheads** pl n gastos mpl generales.

overhead projector n retroproyector m.

overhear [,əʊvə'hɪər] (pt & pp -**heard**) vt oír por casualidad.

overheat [,əʊvə'hi:t] vi recalentarse.

overjoyed [,əʊvə'dʒɔɪd] adj ▶ **to be overjoyed (at sthg)** estar encantado(da) (con algo).

overkill ['əʊvəkɪl] n exageración f, exceso m.

overladen [,əʊvə'leɪdn] pp ⟶ **overload**.

overland ['əʊvəlænd] ◆ adj terrestre. ◆ adv por tierra.

overlap vi [,əʊvə'læp] [cover each other] superponerse.

overleaf [,əʊvə'li:f] adv al dorso.

overload [,əʊvə'ləʊd] (pp -**loaded** or -**laden**) vt sobrecargar.

overlook [,əʊvə'lʊk] vt **1.** [look over] mirar OR dar a **2.** [disregard, miss] pasar por alto **3.** [forgive] perdonar.

overnight ◆ adj ['əʊvənaɪt] **1.** [for all of night] de noche, nocturno(na) **2.** [for a night's stay - clothes] para una noche **3.** [very sudden] súbito(ta). ◆ adv [,əʊvə'naɪt] **1.** [for all of night] durante la noche **2.** [very suddenly] de la noche a la mañana.

overpass ['əʊvəpɑːs] n US paso m elevado.

overpower [,əʊvə'paʊər] vt **1.** [in fight] vencer, subyugar **2.** fig [overwhelm] sobreponerse a, vencer.

overpowering [,əʊvə'paʊərɪŋ] adj arrollador(ra), abrumador(ra).

overpriced [,əʊvə'praɪst] adj de precio excesivo.

overran [,əʊvə'ræn] pt ⟶ **overrun**.

overrate [əʊvə'reɪt] vt sobreestimar, supervalorar.

overrated [,əʊvə'reɪtɪd] adj sobreestimado(da).

overreact [,əʊvərɪ'ækt] vi ▶ **to overreact (to sthg)** reaccionar demasiado (a algo).

override [,əʊvə'raɪd] (pt -**rode**, pp -**ridden**) vt **1.** [be more important than] predominar sobre **2.** [overrule] desautorizar.

overriding [,əʊvə'raɪdɪŋ] adj predominante.

overrode [,əʊvə'rəʊd] pt ⟶ **override**.

overrule [,əʊvə'ru:l] vt [person] desautorizar ; [decision] anular ; [request] denegar.

overrun [,əʊvə'rʌn] ◆ vt (pt -**ran**, pp -**run**) **1.** MIL [enemy, army] apabullar, arrasar ; [country] ocupar, invadir **2.** fig [cover] ▶ **to be overrun with** estar invadido(da) de. ◆ vi (pt -**ran**, pp -**run**) rebasar el tiempo previsto.

oversaw [,əʊvə'sɔː] pt ⟶ **oversee**.

overseas ◆ adj [,əʊvə'si:z] **1.** [in or to foreign countries - market] exterior ; [- sales, aid] al extranjero ; [- network, branches] en el extranjero **2.** [from abroad] extranjero(ra). ◆ adv [,əʊvə'si:z] [go, travel] al extranjero ; [study, live] en el extranjero.

oversee [,əʊvə'si:] (pt -**saw**, pp -**seen**) vt supervisar.

overseer ['əʊvə,si:ər] n supervisor m, -ra f.

overshadow [,əʊvə'ʃædəʊ] vt **1.** [be more important than] ▶ **to be overshadowed by** ser eclipsado(da) por **2.** [mar] ▶ **to be overshadowed by sthg** ser ensombrecido(da) por algo.

overshoot [,əʊvə'ʃu:t] (pt & pp -**shot**) vt [go past] pasarse.

oversight ['əʊvəsaɪt] n descuido m.

oversize(d) [,əʊvə'saɪz(d)] adj [very big] enorme, descomunal.

oversleep [,əʊvə'sli:p] (pt & pp -**slept**) vi no despertarse a tiempo, quedarse dormido(da).

overspill ['əʊvəspɪl] n exceso m de población.

overstep [,əʊvə'step] vt pasar de ▶ **to overstep the mark** pasarse de la raya.

overstretched [əʊvə'stretʃt] adj [person] desbordado(da) ; [budget] muy ajustado(da).

overt ['əʊvɜ:t] adj abierto(ta), evidente.

overtake [,əʊvə'teɪk] vt (pt -**took**, pp -**taken**) **1.** AUTO adelantar **2.** [subj: event] coger de improviso.

overthrow vt [,əʊvə'θrəʊ] (pt -**threw**, pp -**thrown**) [oust] derrocar.

overtime ['əʊvətaɪm] ◆ n (U) **1.** [extra work] horas fpl extra **2.** US SPORT (tiempo m de) descuento m. ◆ adv ▶ **to work overtime** trabajar horas extra.

overtones ['əʊvətəʊnz] pl n matiz m.

overtook [,əʊvə'tʊk] pt ⟶ **overtake**.

overture ['əʊvə,tjʊə] n MUS obertura f.

overturn [,əʊvə'tɜ:n] ◆ vt **1.** [turn over] volcar **2.** [overrule] rechazar **3.** [overthrow] derrocar, derrumbar. ❖ vi [vehicle] volcar ; [boat] zozobrar.

overweight [,əʊvə'weɪt] adj grueso(sa), gordo(da).

overwhelm [,əʊvə'welm] vt **1.** [make helpless] abrumar **2.** [defeat] aplastar.

overwhelming [,əʊvə'welmɪŋ] adj **1.** [despair, kindness] abrumador(ra) **2.** [defeat, majority] aplastante.

overwork [,əʊvə'wɜːk] ❖ n trabajo m excesivo. ❖ vt [give too much work to] hacer trabajar demasiado.

overwrought [,əʊvə'rɔːt] adj fml nerviosísimo(ma), sobreexcitado(da).

owe [əʊ] vt ▶ to owe sthg to sb, to owe sb sthg deber algo a alguien.

owing ['əʊɪŋ] adj que se debe. ◆ **owing to** prep debido a.

owl [aʊl] n búho m, lechuza f.

own [əʊn] ❖ adj ▶ my /your /his etc. own car mi/tu/su etc. propio coche. ❖ pron ▶ my own el mío (la mía) ▶ his /her own el suyo (la suya) ▶ a house of my /his own mi/su propia casa ▶ on one's own solo(la) ▶ to get one's own back inf tomarse la revancha, desquitarse. ❖ vt poseer, tener. ◆ **own up** vi ▶ to own up (to sthg) confesar (algo).

ownage ['əʊnɪdʒ] n inf paliza f ▶ ownage! ¡qué paliza!

owner ['əʊnə'] n propietario m, -ria f.

ownership ['əʊnəʃɪp] n propiedad f.

ox [ɒks] (pl **oxen**) n buey m.

Oxbridge ['ɒksbrɪdʒ] n (U) las universidades de Oxford y Cambridge.

oxen ['ɒksn] pl n → **ox**.

oxtail soup ['ɒksteɪl-] n sopa f de rabo de buey.

oxygen ['ɒksɪdʒən] n oxígeno m.

oxygen mask n máscara f de oxígeno.

oxygen tent n tienda f de oxígeno.

oyster ['ɔɪstə'] n ostra f.

oz. written abbr of ounce.

ozone ['əʊzəʊn] n ozono m.

ozone-friendly adj que no daña a la capa de ozono.

ozone layer n capa f de ozono.

p¹ (pl **p's** or **ps**), **P** (pl **P's** or **Ps**) [piː] n [letter] p f, P f.

p² **1.** (written abbr of page) p., pág. **2.** UK abbr of penny, pence.

p & p abbr of postage and packing.

pa [pɑː] n US inf papá m.

p.a. (written abbr of per annum) p.a.

PA ❖ n **1.** UK abbr of personal assistant **2.** abbr of public-address system. ❖ written abbr of Pennsylvania.

pace [peɪs] ❖ n paso m, ritmo m ▶ to keep pace (with sthg) [change, events] mantenerse al corriente (de algo) ▶ to keep pace (with sb) seguir el ritmo (a alguien). ❖ vi ▶ to pace (up and down) pasearse de un lado a otro.

pacemaker ['peɪs,meɪkə'] n **1.** MED marcapasos m inv **2.** [in race] liebre f.

Pacific [pə'sɪfɪk] ❖ adj del Pacífico. ❖ n ▶ **the Pacific (Ocean)** el (océano) Pacífico.

pacifier ['pæsɪfaɪə'] n US [for child] chupete m.

pacifist ['pæsɪfɪst] n pacifista mf.

pacify ['pæsɪfaɪ] vt [person, mob] calmar, apaciguar.

pack [pæk] ❖ n **1.** [bundle] lío m, fardo m ; [rucksack] mochila f **2.** US [packet] paquete m **3.** [of cards] baraja f **4.** [of dogs] jauría f ; [of wolves] manada f ; pej [of people] banda f ▶ a pack of lies una sarta de mentira. ❖ vt **1.** [for journey - bags, suitcase] hacer ; [- clothes etc] meter (en la maleta) **2.** [put in parcel] empaquetar ; [put in container] envasar **3.** [fill] llenar, abarrotar ▶ to be packed into sthg estar apretujados dentro de algo. ❖ vi hacer las maletas. ◆ **pack in** inf ❖ vt sep UK [stop] dejar ▶ pack it in! ¡déjalo!, ¡ya basta! ❖ vi [break down] escacharrarse. ◆ **pack off** vt sep inf enviar, mandar. ◆ **pack up** vt sep **1.** [for journey] meter en la maleta **2.** UK [stop] dejar.

package ['pækɪdʒ] ❖ n [gen & COMPUT] paquete m. ❖ vt [wrap up] envasar.

package deal n convenio m OR acuerdo m global.

package tour n vacaciones fpl con todo incluido.

packaging ['pækɪdʒɪŋ] n [wrapping] envasado m.

packed [pækt] adj ▶ **packed (with)** repleto(ta) (de).

packed lunch n UK almuerzo preparado de antemano que se lleva uno al colegio, la oficina etc.

packed-out adj UK inf a tope.

packet ['pækɪt] n [gen] paquete m ; [of crisps, sweets] bolsa f.

packing ['pækɪŋ] n **1.** [protective material] embalaje m **2.** [for journey] ▶ **to do the packing** hacer el equipaje.

packing case n cajón m de embalaje.

pact [pækt] n pacto m.

pad [pæd] ❖ n **1.** [of material] almohadilla f **2.** [of cotton wool] tampón m **3.** [of paper] bloc m

4. [of spacecraft] ▶ **(launch) pad** plataforma f (de lanzamiento) **5.** inf & dated [home] casa f. ❖ vt acolchar, rellenar. ❖ vi [walk softly] andar con suavidad. ◆ **pad out** vt sep [fill out] meter paja en.

padded ['pædɪd] adj [shoulders] con hombreras; [chair] acolchado(da).

padding ['pædɪŋ] n (U) **1.** [in jacket, chair] relleno m **2.** [in speech] paja f.

paddle ['pædl] ❖ n **1.** [for canoe, dinghy] pala f, canalete m; [US] [for table tennis] pala f **2.** [walk in sea] paseo m por la orilla. ❖ vt [US] remar en. ❖ vi **1.** [in canoe] remar **2.** [person - in sea] pasear por la orilla.

paddle boat, **paddle steamer** n vapor m de paletas OR ruedas.

paddling pool ['pædlɪŋ-] n [UK] [inflatable] piscina f inflable.

paddock ['pædək] n **1.** [small field] potrero m, corral m **2.** [at racecourse] paddock m.

paddy field ['pædɪ-] n arrozal m.

padlock ['pædlɒk] ❖ n candado m. ❖ vt cerrar con candado.

paediatrician [,pi:dɪə'trɪʃn] n [UK] = **pediatrician**.

paediatrics [,pi:dɪ'ætrɪks] [UK] = **pediatrics**.

pagan ['peɪgən] ❖ adj pagano(na). ❖ n pagano m, -na f.

page [peɪdʒ] ❖ n [of book, newspaper] página f. ❖ vt **1.** [in hotel, airport] llamar por megafonía **2.** [using an electronic pager] llamar por el busca.

pageant ['pædʒənt] n desfile m.

pageantry ['pædʒəntrɪ] n boato m.

pager ['peɪdʒər] n busca m, buscapersonas m inv.

page-turner n inf libro m absorbente.

paid [peɪd] ❖ pt & pp ⟶ **pay.** ❖ adj [holiday, leave] pagado(da); [work, staff] remunerado(da) ▶ **badly/well paid** mal/bien pagado.

pail [peɪl] n cubo m.

pain [peɪn] n **1.** [ache] dolor m ▶ **to be in pain** sufrir dolor **2.** [mental suffering] pena f, sufrimiento m **3.** inf [annoyance - person] pesado m, -da f; [- thing] pesadez f. ◆ **pains** pl n [effort, care] esfuerzos mpl ▶ **to be at pains to do sthg** afanarse por hacer algo.

pained [peɪnd] adj apenado(da).

painful ['peɪnful] adj [back, eyes] dolorido(da); [injury, exercise, memory] doloroso(sa).

painfully ['peɪnfulɪ] adv **1.** [causing pain] dolorosamente **2.** [extremely] terriblemente.

painkiller ['peɪn,kɪlər] n analgésico m.

painless ['peɪnlɪs] adj **1.** [physically] indoloro(ra) **2.** [emotionally] sin complicaciones.

painstaking ['peɪnz,teɪkɪŋ] adj meticuloso(sa), minucioso(sa).

paint [peɪnt] ❖ n pintura f. ❖ vt pintar **/** to paint the ceiling white pintar el techo de blanco **/** to paint one's lips/nails pintarse los labios/las uñas. ❖ vi pintar.

paintball ['peɪntbɔ:l] n paintball m.

paintbrush ['peɪntbrʌʃ] n **1.** ART pincel m **2.** [of decorator] brocha f.

painter ['peɪntər] n pintor m, -ra f **/** painter and decorator pintor m, -ra f y decorador(ra).

painting ['peɪntɪŋ] n **1.** [picture] cuadro m, pintura f **2.** (U) [art form, trade] pintura f.

paint stripper n quitapinturas f inv.

paintwork ['peɪntwɜ:k] n (U) pintura f.

pair [peər] n **1.** [of shoes, socks, wings] par m; [of aces] pareja f **2.** [two-part object] ▶ **a pair of scissors** unas tijeras ▶ **a pair of trousers** unos pantalones **3.** [couple - of people] pareja f.

pajamas [pə'dʒɑ:məz] [US] = **pyjamas**.

Pakistan [UK] [,pɑ:kɪ'stɑ:n], [US] [,pækɪ'stæn] n (el) Paquistán.

Pakistani [UK] [,pɑ:kɪ'stɑ:nɪ], [US] [,pækɪ'stænɪ] ❖ adj paquistaní. ❖ n paquistaní mf.

pal [pæl] n inf [friend] amiguete m, -ta f, colega mf.

palace ['pælɪs] n palacio m.

palatable ['pælətəbl] adj **1.** [pleasant to taste] sabroso(sa) **2.** [acceptable] aceptable.

palate ['pælət] n paladar m.

palaver [pə'lɑ:vər] n [UK] inf [fuss] follón m.

pale [peɪl] ❖ adj **1.** [colour, clothes, paint] claro(ra); [light] tenue **2.** [person, skin] pálido(da) ▶ **to turn pale** palidecer. ❖ vi palidecer.

pale-skinned adj de piel clara.

Palestine ['pælɪ,staɪn] n Palestina.

Palestinian [,pælə'stɪnɪən] ❖ adj palestino(na). ❖ n [person] palestino m, -na f.

palette ['pælət] n paleta f.

palings ['peɪlɪŋz] pl n empalizada f.

pall [pɔ:l] ❖ n **1.** [of smoke] nube f, cortina f **2.** [US] [coffin] féretro m. ❖ vi hacerse pesado(da).

pallet ['pælɪt] n palet m.

palliative care n (U) MED cuidados mpl paliativos.

pallor ['pælər] n liter palidez f.

palm [pɑ:m] n **1.** [tree] palmera f **2.** [of hand] palma f ▶ **to read sb's palm** leerle la mano a alguien. ◆ **palm off** vt sep inf ▶ **to palm sthg off on sb** endosar OR encasquetar algo a alguien ▶ **to palm sthg off as** hacer pasar algo por.

Palm Sunday n Domingo m de Ramos.

palm tree n palmera f.

palpable ['pælpəbl] adj palpable.

paltry ['pɔ:ltrɪ] adj mísero(ra).

pamper ['pæmpər] vt mimar.

pamphlet ['pæmflɪt] n [publicity, information] folleto m; [political] panfleto m.

pan [pæn] ❖ n **1.** [saucepan] cazuela f, cacerola f; [frying pan] sartén f **2.** US [for bread, cakes etc] molde m. ❖ vt inf [criticize] poner por los suelos. ❖ vi CIN ▸ **the camera pans right/left** la cámara se mueve hacia la derecha/la izquierda. ◆ **pan out** vi inf [happen successfully] resultar, salir.

panacea [,pænə'sɪə] n ▸ **a panacea (for)** la panacea (de).

Panama ['pænə,mɑː] n Panamá.

Panama Canal n : the Panama Canal el canal de Panamá.

Panamanian [,pænə'meɪnɪən] ❖ adj panameño(ña). ❖ n panameño m, -ña f.

pancake ['pæŋkeɪk] n torta f, crepe f, panqueque m, panqué m CAM Col, crepa f MÉX, panqueca f VEN.

Pancake Day n UK ≃ Martes m inv de Carnaval.

panda ['pændə] (pl inv or -s) n panda m.

Panda car n UK coche m patrulla, auto m patrulla CAM MÉX CHILE, patrullero m, patrulla f Col MÉX.

pandemonium [,pændɪ'məʊnjəm] n pandemónium m, jaleo m ▸ **it was pandemonium** fue un auténtico pandemónium.

pander ['pændər] vi ▸ **to pander to** complacer a.

pane [peɪn] n (hoja f de) cristal m.

panel ['pænl] n **1.** [group of people] equipo m; [in debates] mesa f **2.** [of wood, metal] panel m **3.** [of a machine] tablero m, panel m.

panelling UK, **paneling** US ['pænəlɪŋ] n (U) [on a ceiling] artesonado m; [on a wall] paneles mpl.

pang [pæŋ] n punzada f.

panic ['pænɪk] ❖ n pánico m ▸ **to be in a panic about sthg** ponerse muy nervioso por algo. ❖ vi (pt & pp **-ked**, cont **-king**) aterrarse ▸ **don't panic** que no cunda el pánico.

panicky ['pænɪkɪ] adj ▸ **he feels panicky** tiene pánico ▸ **she got panicky** le entró el pánico.

panic-stricken adj preso(sa) or víctima del pánico.

panorama [,pænə'rɑːmə] n panorama m.

pant [pænt] vi jadear.

panther ['pænθər] (pl inv or -s) n pantera f.

panties ['pæntɪz] pl n US bragas fpl, calzones mpl AM, pantaletas fpl CAM MÉX, bombacha f RP, blúmer m CAM.

pantihose ['pæntɪhəʊz] = panty hose.

pantomime ['pæntəmaɪm], **panto** n **1.** UK obra musical humorística para niños celebrada en Navidad **2.** [mime] pantomima f.

pantry ['pæntrɪ] n despensa f.

pants [pænts] ❖ pl n **1.** UK [underpants] calzoncillos mpl **2.** US [trousers] pantalones mpl. ❖ adj UK inf [bad] ▸ **to be pants** ser un churro.

pantsuit ['pæntsuːt] n traje m pantalón.

panty hose, pantihose ['pæntɪ-] pl n US medias fpl, pantis mpl.

papa [UK pə'pɑː, US 'pæpə] n papá m.

paper ['peɪpər] ❖ n **1.** [material] papel m ▸ **piece of paper** a) [sheet] hoja f de papel b) [scrap] trozo m de papel **2.** [newspaper] periódico m ▸ **free paper** UK periódico m gratuito **3.** UK [in exam] examen m **4.** [essay - gen] estudio m, ensayo m; [- for conference] ponencia f. ❖ adj [made of paper] de papel. ❖ vt empapelar. ◆ **papers** pl n [official documents] documentación f.

paperback ['peɪpəbæk] n libro m en rústica.

paper clip n clip m, sujetapapeles m inv.

paper handkerchief n pañuelo m de papel, klínex® m inv.

paper knife n abrecartas m inv.

paper shop n UK quiosco m de periódicos.

paper towel n toallita f de papel.

paper tray n bandeja f de papel.

paperweight ['peɪpəweɪt] n pisapapeles m inv.

paperwork ['peɪpəwɜːk] n papeleo m.

papier-mâché [,pæpjeɪ'mæʃeɪ] n cartón m piedra.

paprika ['pæprɪkə] n pimentón m.

Pap smear, Pap test n US citología f.

par [pɑːr] n **1.** [parity] ▸ **on a par with** al mismo nivel que **2.** GOLF par m ▸ **under/over par** bajo/sobre par.

parable ['pærəbl] n parábola f.

paracetamol [,pærə'siːtəmɒl] n UK paracetamol m.

parachute ['pærəʃuːt] n paracaídas m inv.

parade [pə'reɪd] ❖ n [procession] desfile m ▸ **on parade** MIL pasando revista. ❖ vt **1.** [soldiers] hacer desfilar; [criminals, captives] pasear **2.** fig [flaunt] hacer alarde de. ❖ vi desfilar.

paradise ['pærədaɪs] n fig paraíso m.

paradox ['pærədɒks] n paradoja f.

paradoxical [,pærə'dɒksɪkl] adj paradójico(ca).

paradoxically [,pærə'dɒksɪklɪ] adv paradójicamente.

paraffin ['pærəfɪn] n parafina f.

paraglider ['pærəglaɪdər] n **1.** [person] parapentista mf **2.** [parachute] parapente m.

paragliding ['pærə,glaɪdɪŋ] n parapente m.

paragraph ['pærəgrɑːf] n párrafo m.

Paraguay ['pærəgwaɪ] n (el) Paraguay.

Paraguayan [,pærə'gwaɪən] ❖ adj paraguayo(ya). ❖ n paraguayo m, -ya f.

paralegal [ˌpærəˈliːgl] n **US** *ayudante de un abogado*.

parallel [ˈpærəlel] ❖ adj ▸ **parallel (to** OR **with)** paralelo(la) (a). ❖ n **1.** [parallel line, surface] paralela f **2.** [something, someone similar] ▸ **to have no parallel** no tener precedente **3.** [similarity] semejanza f **4.** GEOG paralelo m.

Paralympics [ˌpærəˈlɪmpɪks] pl n ▸ **the Para-lympics** los juegos mpl paralímpicos.

paralyse **UK**, **paralyze** **US** [ˈpærəlaɪz] vt *lit* & *fig* paralizar.

paralysis [pəˈræləsɪs] (pl **-lyses**) n parálisis f inv.

paramedic [ˌpærəˈmedɪk] n **US** auxiliar sanitario m, auxiliar sanitaria f.

parameter [pəˈræmɪtər] n parámetro m.

paramount [ˈpærəmaʊnt] adj vital, fundamental ▸ **of paramount importance** de suma importancia.

paranoid [ˈpærənɔɪd] adj paranoico(ca).

paraphernalia [ˌpærəfəˈneɪljə] n parafernalia f.

paraphrase [ˈpærəfreɪz] ❖ n paráfrasis f inv. ❖ vt parafrasear.

parasite [ˈpærəsaɪt] n parásito m, -ta f.

parasol [ˈpærəsɒl] n sombrilla f.

paratrooper [ˈpærətruːpər] n paracaidista mf (del ejército).

parcel [ˈpɑːsl] n paquete m. ❖ **parcel up** vt sep (**UK** pt & pp **-led**, cont **-ling**, **US** pt & pp **-ed**, cont **-ing**) **UK** empaquetar.

parcel post n (servicio m de) paquete m postal.

parched [pɑːtʃt] adj **1.** [throat, mouth] muy seco(ca); [lips] quemado(da) **2.** inf [very thirsty] seco(ca).

parchment [ˈpɑːtʃmənt] n [paper] pergamino m.

pardon [ˈpɑːdn] ❖ n **1.** LAW perdón m, indulto m **2.** [forgiveness] perdón m ▸ **I beg your pardon?** [showing surprise, asking for repetition] ¿perdón?, ¿cómo (dice)? ▸ **I beg your pardon** [to apologize] le ruego me disculpe, perdón. ❖ vt **1.** [forgive] ▸ **to pardon sb (for sthg)** perdonar a alguien (por algo) ▸ **pardon?** ¿perdón?, ¿cómo (dice)? ▸ **pardon me a)** [touching sb accidentally, belching] discúlpeme, perdón **b)** [excuse me] con permiso **2.** LAW indultar.

parent [ˈpeərənt] n [father] padre m; [mother] madre f. ❖ **parents** pl n padres mpl.

parental [pəˈrentl] adj de los padres.

parenthesis [pəˈrenθɪsɪs] (pl **-theses**) n paréntesis m inv ▸ **in parenthesis** entre paréntesis.

Paris [ˈpærɪs] npr París.

parish [ˈpærɪʃ] n **1.** [of church] parroquia f **2.** **UK** [area of local government] ≃ municipio m.

Parisian [pəˈrɪzjən] ❖ adj parisino(na). ❖ n parisino m, -na f.

parity [ˈpærətɪ] n ▸ **parity (with/between)** igualdad f (con/entre).

park [pɑːk] ❖ n parque m. ❖ vt & vi aparcar, estacionar **AM**, parquear **AM**.

park-and-ride n aparcamiento m disuasorio **Esp**.

parking [ˈpɑːkɪŋ] n aparcamiento m **Esp**, estacionamiento m **AM** ▸ **'no parking'** 'prohibido aparcar'.

parking lot n **US** aparcamiento m (al aire libre).

parking meter n parquímetro m.

parking ticket n multa f por aparcamiento indebido, multa f por estacionamiento indebido **AM**.

parlance [ˈpɑːləns] n ▸ **in common/legal parlance** en el habla común/legal, en el lenguaje común/legal.

parliament [ˈpɑːləmənt] n **1.** [assembly, institution] parlamento m **2.** [session] legislatura f.

parliamentary [ˌpɑːləˈmentərɪ] adj parlamentario(ria).

parlour **UK**, **parlor** **US** [ˈpɑːlər] n dated salón m.

parochial [pəˈrəʊkjəl] adj **1.** pej de miras estrechas **2.** : *parochial school* **US** colegio m privado religioso.

parody [ˈpærədɪ] ❖ n parodia f. ❖ vt parodiar.

parole [pəˈrəʊl] n libertad f condicional (bajo palabra) ▸ **on parole** en libertad condicional.

parquet [ˈpɑːkeɪ] n parqué m.

parrot [ˈpærət] n loro m.

parry [ˈpærɪ] vt [blow] parar; [attack] desviar.

parsimonious [ˌpɑːsɪˈməʊnjəs] adj fml & pej mezquino(na), tacaño(ña).

parsley [ˈpɑːslɪ] n perejil m.

parsnip [ˈpɑːsnɪp] n chirivía f.

parson [ˈpɑːsn] n párroco m.

part [pɑːt] ❖ n **1.** [gen] parte f ▸ **the best** OR **better part of** la mayor parte de ▸ **for the most part** en su mayoría **2.** [component] pieza f **3.** THEAT papel m **4.** [involvement] ▸ **part (in)** participación f (en) ▸ **to play an important part (in)** desempeñar OR jugar un papel importante (en) ▸ **to take part (in)** tomar parte (en) **5.** **US** [hair parting] raya f. ❖ adv en parte. ❖ vt **1.** [lips, curtains] abrir **2.** [hair] peinar con raya. ❖ vi **1.** [leave one another] separarse **2.** [separate - lips, curtains] abrirse. ❖ **parts** pl n [place] ▸ **in these parts** por estas tierras. ❖ **part with** vt insep separarse de.

part exchange n **UK** sistema de pagar parte de algo con un artículo usado ▸ **in part exchange** como parte del pago.

partial [ˈpɑːʃl] adj **1.** [incomplete, biased] parcial **2.** [fond] ▸ **partial to** amigo(ga) de, aficionado(da) a.

participant [pɑːˈtɪsɪpənt] n participante mf.

participate [pɑːˈtɪsɪpeɪt] vi ▸ **to participate (in)** participar (en).

participation [pɑːˌtɪsɪˈpeɪʃn] n participación f.

participle ['pɑːtɪsɪpl] n participio m.

particle ['pɑːtɪkl] n partícula f.

particular [pə'tɪkjʊlə'] adj **1.** [specific, unique] en particular OR especial ▸ did you want any particular colour? ¿quería algún color en particular? **2.** [extra, greater] especial **3.** [difficult] exigente. ◆ **particulars** pl n [of person] datos mpl; [of thing] detalles mpl. ◆ **in particular** adv en particular.

particularly [pə'tɪkjʊlələlɪ] adv especialmente.

parting ['pɑːtɪŋ] n **1.** [separation] despedida f **2.** UK [in hair] raya f.

partisan [,pɑːtɪ'zæn] ◆ adj partidista. ◆ n [freedom fighter] partisano m, -na f.

partition [pɑː'tɪʃn] ◆ n **1.** [wall] tabique m; [screen] separación f **2.** COMPUT partición f. ◆ vt **1.** [room] dividir con tabiques **2.** [country] dividir **3.** COMPUT crear particiones en.

partly ['pɑːtlɪ] adv en parte.

partner ['pɑːtnə'] n **1.** [spouse, lover] pareja f **2.** [in an activity] compañero m, -ra f **3.** [in a business] socio m, -cia f **4.** [ally] colega mf.

partnership ['pɑːtnəʃɪp] n **1.** [relationship] asociación f **2.** [business] sociedad f.

partridge ['pɑːtrɪdʒ] n perdiz f.

part-time ◆ adj a tiempo parcial. ◆ adv a tiempo parcial.

party ['pɑːtɪ] n **1.** POL partido m **2.** [social gathering] fiesta f **3.** [group] grupo m **4.** LAW parte f.

partying ['pɑːtɪŋ] n: she's a great one for partying inf le encanta ligar con alguien.

party line n **1.** POL línea f (política) del partido **2.** TELEC línea f (telefónica) compartida.

pass [pɑːs] ◆ n **1.** [in football, rugby, hockey] pase m; [in tennis] passing-shot m **2.** [document, permit] pase m ▸ travel pass tarjeta f OR abono m de transportes **3.** UK [successful result] aprobado m **4.** [route between mountains] puerto m ▸ to make a pass at sb intentar ligar con alguien. ◆ vt **1.** [gen] pasar **2.** [move past - thing] pasar por (delante de); [- person] pasar delante de ▸ to pass sb in the street cruzarse con alguien **3.** AUTO adelantar **4.** [exceed] sobrepasar **5.** [exam, candidate, law] aprobar **6.** [opinion, judgement] formular; [sentence] dictar. ◆ vi **1.** [gen] pasar **2.** AUTO adelantar **3.** [in exam] aprobar **4.** [occur] transcurrir. ◆ **pass as, pass for** vt insep pasar por. ◆ **pass away, pass on** vi fallecer. ◆ **pass by** ◆ vt sep [subj: people] hacer caso omiso a; [subj: events, life] pasar desapercibido(da) a. ◆ vi pasar cerca. ◆ **pass for** vt insep = pass as. ◆ **pass off** vt sep ▸ to pass sthg/sb off as sthg hacer pasar algo/a alguien por algo. ◆ **pass on** ◆ vt sep ▸ to pass sthg on (to) pasar algo (a). ◆ vi **1.** [move on] continuar **2.** = pass away. ◆ **pass out** vi **1.** [faint] desmayarse **2.** UK MIL

graduarse. ◆ **pass over** vt insep pasar por alto. ◆ **pass up** vt sep dejar pasar OR escapar.

passable ['pɑːsəbl] adj **1.** [satisfactory] pasable **2.** [not blocked] transitable.

passage ['pæsɪdʒ] n **1.** [corridor - between houses] pasadizo m, pasaje m; [- between rooms] pasillo m **2.** [of music, speech] pasaje m **3.** fml [of vehicle, person, time] paso m **4.** [sea journey] travesía f.

passageway ['pæsɪdʒweɪ] n [between houses] pasadizo m, pasaje m; [between rooms] pasillo m.

passbook ['pɑːsbʊk] n ≃ cartilla f OR libreta f de banco.

passenger ['pæsɪndʒə'] n pasajero m, -ra f / passenger door [of car] puerta f del pasajero.

passerby [,pɑːsə'baɪ] (pl passersby [,pɑːsəz-'baɪ]) n transeúnte mf.

passing ['pɑːsɪŋ] ◆ adj [fad] pasajero(ra); [remark] de pasada. ◆ n transcurso m. ◆ **in passing** adv de pasada.

passion ['pæʃn] n ▸ passion (for) pasión f (por).

passionate ['pæʃənət] adj apasionado(da).

passive ['pæsɪv] adj pasivo(va).

Passover ['pɑːs,əʊvə'] n ▸ (the) Passover (la) Pascua judía.

passport ['pɑːspɔːt] n pasaporte m ▸ passport to sthg fig pasaporte a algo.

passport control n UK control m de pasaportes.

password ['pɑːswɜːd] n [gen & COMPUT] contraseña f.

past [pɑːst] ◆ adj **1.** [former] anterior **2.** [most recent] último(ma) / over the past week durante la última semana **3.** [finished] terminado(da). ◆ adv **1.** [telling the time]: it's ten past son y diez **2.** [beyond, in front] por delante ▸ to walk/run past pasar andando/corriendo. ◆ n **1.** [time] ▸ the past el pasado **2.** [personal history] pasado m. ◆ prep **1.** [telling the time]: it's five/half/a quarter past ten son las diez y cinco/media/cuarto **2.** [alongside, in front of] por delante de ▸ to walk/run past sthg pasar algo andando/corriendo **3.** [beyond] más allá de / it's past the bank está pasado el banco.

pasta ['pæstə] n (U) pasta f.

paste [peɪst] ◆ n **1.** [smooth mixture] pasta f **2.** [food] paté m **3.** [glue] engrudo m. ◆ vt [labels, stamps] pegar; [surface] engomar, engrudar; COMPUT pegar.

pastel ['pæstl] ◆ adj pastel (inv). ◆ n ART [crayon] pastel m.

pasteurize, pasteurise ['pɑːstʃəraɪz] vt pasteurizar.

pasteurized ['pæstʃəraɪzd] adj pasteurizado(da).

pastille ['pæstɪl] n UK pastilla f.

pastime ['pɑːstaɪm] n pasatiempo m.

pastor ['pɑːstər] n RELIG pastor m.

past participle n participio m pasado.

pastry ['peɪstrɪ] n **1.** [mixture] pasta f, masa f **2.** [cake] pastel m.

past tense n ▶ **the past tense** el pasado.

pasture ['pɑːstʃər] n pasto m.

pasty¹ ['peɪstɪ] adj pálido(da).

pasty² ['pæstɪ] n UK empanada f.

pat [pæt] ❖ n [of butter etc] porción f. ❖ vt [gen] golpear ligeramente ; [dog] acariciar ▶ **to pat sb on the back/hand** darle a alguien una palmadita en la espalda/la mano.

patch [pætʃ] ❖ n **1.** [for mending] remiendo m ; [on elbow] codera f ; [to cover eye] parche m **2.** [part of surface] área f **3.** [area of land] bancal m, parcela f **4.** [period of time] periodo m **5.** COMPUT parche m. ❖ vt remendar. ◆ **patch up** vt sep **1.** [mend] reparar **2.** [resolve - relationship] salvar ▶ **we have patched things up** hemos hecho las paces.

patchwork ['pætʃwɜːk] adj de trozos de distintos colores y formas.

patchy ['pætʃɪ] adj **1.** [uneven - fog, sunshine] irregular ; [- colour] desigual **2.** [incomplete] deficiente, incompleto(ta) **3.** [good in parts] irregular.

pâté ['pæteɪ] n paté m.

patent UK 'peɪtənt, US 'pætənt ❖ adj [obvious] patente, evidente. ❖ n patente f. ❖ vt patentar.

patent leather n charol m.

patently UK 'peɪtntlɪ, US 'pætntlɪ adv evidentemente, patentemente.

paternal [pəˈtɜːnl] adj [love, attitude] paternal ; [grandmother, grandfather] paterno(na).

paternity [pəˈtɜːnətɪ] n paternidad f.

path [pɑːθ] (pl [pɑːðz]) n **1.** [track, way ahead] camino m **2.** COMPUT camino m **3.** [trajectory - of bullet] trayectoria f ; [- of flight] rumbo m **4.** [course of action] curso m.

path-breaking adj revolucionario(ria).

pathetic [pəˈθetɪk] adj **1.** [causing pity] patético(ca), lastimoso(sa) **2.** [attempt, person] inútil ; [actor, film] malísimo(ma).

pathname ['pɑːθneɪm] n camino m.

pathological [ˌpæθəˈlɒdʒɪkl] adj patológico(ca).

pathology [pəˈθɒlədʒɪ] n patología f.

pathos ['peɪθɒs] n patetismo m.

pathway ['pɑːθweɪ] n camino m, sendero m.

patience ['peɪʃns] n **1.** [quality] paciencia f **2.** UK [card game] solitario m.

patient ['peɪʃnt] ❖ adj paciente. ❖ n paciente mf.

patio ['pætɪəʊ] (pl -s) n [paved] área pavimentada al lado de una casa utilizada para el esparcimiento.

patriot UK 'pætrɪət, US 'peɪtrɪət n patriota mf.

patriotic UK ˌpætrɪˈɒtɪk, US ˌpeɪtrɪˈɒtɪk adj patriótico(ca).

patrol [pəˈtrəʊl] ❖ n patrulla f. ❖ vt patrullar.

patrol car n coche m patrulla, auto m patrulla CAm Méx CHILE, patrullero m, patrulla f COL Méx.

patrolman [pəˈtrəʊlmən] (pl -men) n US policía m, guardia m.

patron ['peɪtrən] n **1.** [of arts] mecenas mf inv **2.** UK [of charity, campaign] patrocinador m, -ra f **3.** fml [customer] cliente mf.

patronize, patronise ['pætrənaɪz] vt **1.** pej [talk down to] tratar con aire paternalista OR condescendiente **2.** fml [back financially] patrocinar.

patronizing ['pætrənaɪzɪŋ] adj pej paternalista, condescendiente.

patter ['pætər] ❖ n **1.** [of raindrops] repiqueteo m ; [of feet] pasitos mpl **2.** [sales talk] charlatanería f. ❖ vi [dog, feet] corretear ; [rain] repiquetear.

pattern ['pætən] n **1.** [design] dibujo m, diseño m **2.** [of life, work] estructura f ; [of illness, events] desarrollo m, evolución f **3.** [for sewing, knitting] patrón m **4.** [model] modelo m.

paunch [pɔːntʃ] n barriga f, panza f.

pauper ['pɔːpər] n indigente mf.

pause [pɔːz] ❖ n pausa f. ❖ vi **1.** [stop speaking] hacer una pausa **2.** [stop moving, doing sthg] detenerse.

pave [peɪv] vt pavimentar ▶ **to pave the way for** preparar el terreno para.

pavement ['peɪvmənt] n **1.** UK [at side of road] acera f, andén m CAm COL, vereda f Perú, banqueta f CAm Méx **2.** US [roadway] calzada f.

pavilion [pəˈvɪljən] n **1.** UK [at sports field] vestuarios mpl **2.** [at exhibition] pabellón m.

paving ['peɪvɪŋ] n (U) pavimento m.

paving stone n losa f.

paw [pɔː] n [of dog] pata f ; [of lion, cat] zarpa f.

pawn [pɔːn] ❖ n **1.** [chesspiece] peón m **2.** [unimportant person] marioneta f. ❖ vt empeñar.

pawnbroker ['pɔːnˌbrəʊkər] n prestamista mf.

pawnshop ['pɔːnʃɒp] n monte m de piedad.

pay [peɪ] ❖ vt (pt & pp paid) **1.** [gen] pagar ▶ **to pay sb for sthg** pagar a alguien por algo ▶ **he paid £20 for it** pagó 20 libras por ello **2.** [compliment, visit] hacer ; [respects] ofrecer ; [attention] prestar ; [homage] rendir. ❖ vi (pt & pp paid) **1.** [gen] pagar ▶ **to pay by credit card** pagar con tarjeta de crédito ▶ **it pays well** está bien pagado ▶ **to pay dearly for sthg** pagar caro (por) algo **2.** [be profitable] ser rentable. ❖ n sueldo m, paga f. ◆ **pay back** vt sep **1.** [money] devolver, reembolsar ; [person] devolver el dinero a **2.** [revenge oneself] ▶ **to pay sb back (for sthg)** hacer pagar a alguien (por algo). ◆ **pay for**

vt insep pagar. ◆ **pay off** ❖ vt sep **1.** [repay -debt] liquidar, saldar **2.** [dismiss] despedir con indemnización **3.** [bribe] comprar, pagar. ❖ vi [efforts] dar fruto. ◆ **pay out** vt sep **1.** [spend] pagar, desembolsar **2.** [rope] ir soltando. ◆ **pay up** vi pagar.

payable ['peɪəbl] adj **1.** [to be paid] pagadero(ra) **2.** [on cheque] ▶ **payable to** a favor de.

pay-as-you-go n pago m por uso.

pay channel n canal m de pago.

paycheck ['peɪtʃek] n US paga f.

payday ['peɪdeɪ] n día m de paga.

payee [peɪ'iː] n beneficiario m, -ria f.

pay envelope n US sobre m de paga.

payment ['peɪmənt] n pago m.

pay packet n UK **1.** [envelope] sobre m de paga **2.** [wages] paga f.

pay-per-click n INTERNET pago m por clic.

pay-per-view n pago m por visión.

pay phone, pay station n teléfono m público.

pay rise n aumento m de sueldo.

payroll ['peɪrəʊl] n nómina f.

payslip ['peɪslɪp] n UK hoja f de paga.

pay station US = **pay phone**.

pay TV n televisión f de pago.

paywall n INTERNET barrera f de pago, suscripción f por contenido / *the newspaper has put some of its best articles behind a paywall* algunos de los mejores artículos del periódico son de pago.

pc (*written abbr of* per cent) p.c.

PC n **1.** (*abbr of* personal computer) PC m **2.** UK abbr of police constable.

PDF (abbr of portable document format) n COMPUT PDF m.

PE (abbr of physical education) n educación f física.

pea [piː] n guisante m, arveja f ANDES COL VEN, chícharo m CAM MÉX, petipuá m VEN.

peace [piːs] n **1.** [gen] paz f **2.** [quiet] calma f, tranquilidad f **3.** [freedom from disagreement] orden m ▶ **to make (one's) peace (with)** hacer las paces (con).

peaceable ['piːsəbl] adj [not aggressive] pacífico(ca).

peaceful ['piːsfʊl] adj **1.** [quiet, calm] tranquilo(la) **2.** [not aggressive] pacífico(ca).

peacetime ['piːstaɪm] n (U) tiempos mpl de paz.

peach [piːtʃ] ❖ adj [in colour] de color melocotón OR durazno AM. ❖ n **1.** [fruit] melocotón m, durazno m AM **2.** [colour] color m melocotón OR durazno AM.

peacock ['piːkɒk] n pavo m real.

peak [piːk] ❖ n **1.** [mountain top] pico m, cima f **2.** [highest point] apogeo m **3.** [of cap] visera f.

❖ adj [season] alto(ta); [condition] perfecto(ta). ❖ vi alcanzar el máximo.

peaked [piːkt] adj con visera.

peak period n UK [of electricity etc] periodo m de tarifa máxima; [of traffic] horas fpl punta.

peak rate n tarifa f máxima.

peal [piːl] ❖ n [of bells] repique m ▶ **peal (of laughter)** carcajada f. ❖ vi repicar.

peanut ['piːnʌt] n cacahuete m, maní m AM, cacahuate m MÉX.

peanut butter n manteca f de cacahuete OR de maní RP, mantequilla f de maní AM OR de cacahuate MÉX.

pear [peər] n pera f.

pearl [pɜːl] n perla f.

pear-shaped adj ▶ **to go pear-shaped** irse a paseo.

peasant ['peznt] n [in countryside] campesino m, -na f.

peat [piːt] n turba f.

pebble ['pebl] n guijarro m.

pecan [UK 'piːkən, US pɪ'kæn] n pacana f.

peck [pek] ❖ n **1.** [with beak] picotazo m **2.** [kiss] besito m. ❖ vt [with beak] picotear. ❖ vi picotear.

pecking order ['pekɪŋ-] n jerarquía f.

peckish ['pekɪʃ] adj UK inf ▶ **to feel peckish** estar algo hambriento(ta).

peculiar [pɪ'kjuːljər] adj **1.** [odd] singular, extraño(ña) **2.** UK [slightly ill] raro(ra), indispuesto(ta) **3.** [characteristic] ▶ **to be peculiar to** ser propio(pia) de.

peculiarity [pɪˌkjuːlɪ'ærətɪ] n **1.** [eccentricity] extravagancia f **2.** [characteristic] peculiaridad f.

pedal ['pedl] ❖ n pedal m. ❖ vi (UK pt & pp -led, cont -ling, US pt & pp -ed, cont -ing) pedalear.

pedal bin n UK cubo m de basura con pedal.

pedantic [pɪ'dæntɪk] adj pej puntilloso(sa).

peddle ['pedl] vt [drugs] traficar con; [wares] vender de puerta en puerta.

pedestal ['pedɪstl] n pedestal m.

pedestrian [pɪ'destrɪən] ❖ adj pej pedestre. ❖ n peatón m.

pedestrian crossing n UK paso m de peatones.

pediatrician, paediatrician [ˌpiːdɪə'trɪʃn] n pediatra mf.

pediatrics, paediatrics [ˌpiːdɪ'ætrɪks] n pediatría f.

pedigree ['pedɪɡriː] ❖ adj de raza. ❖ n **1.** [of animal] pedigrí m **2.** [of person] linaje m.

pedlar UK, **peddler** US ['pedlər] n vendedor m, -ra f ambulante.

pee [piː] inf ❖ n pis m. ❖ vi mear.

peek [pi:k] *inf* ❖ n mirada *f*, ojeada *f*. ❖ vi mirar a hurtadillas.

peel [pi:l] ❖ n [gen] piel *f*; [of orange, lemon] corteza *f*; [once removed] mondaduras *fpl*. ❖ vt pelar. ❖ vi [walls, paint] desconcharse; [wallpaper] despegarse; [skin, nose] pelarse.

peeler ['pi:lə'] n mondador *m*.

peelings ['pi:lɪŋz] pl n peladuras *fpl*.

peep [pi:p] ❖ n **1.** [look] mirada *f*, ojeada *f* **2.** *inf* [sound] pío *m*. ❖ vi [look] mirar furtivamente. ◆ **peep out** vi asomar.

peephole ['pi:phəʊl] n mirilla *f*.

peer [pɪə'] ❖ n **1.** [noble] par *m* **2.** [equal] igual *m*. ❖ vi mirar con atención.

peerage ['pɪərɪdʒ] n **1.** [rank] rango *m* de par **2.** [group] ▶ **the peerage** la nobleza.

peeress ['pɪərɪs] n paresa *f*.

peer group n grupo generacional o social.

peer-to-peer adj cliente a cliente.

peeved [pi:vd] adj *inf* disgustado(da).

peevish ['pi:vɪʃ] adj malhumorado(da).

peg [peg] n **1.** UK [for washing line] pinza *f* **2.** [on tent] estaca *f* **3.** [hook] gancho *m*.

pejorative [pɪ'dʒɒrətɪv] adj peyorativo(va), despectivo(va).

pekinese [,pi:kə'ni:z], **pekingese** [,pi:kɪŋ'i:z] n (pl inv) [dog] pekinés *m*.

pelican ['pelɪkən] (pl inv o -s) n pelícano *m*.

pelican crossing n UK paso de peatones con semáforo accionado por el usuario.

pellet ['pelɪt] n **1.** [small ball] bolita *f* **2.** [for gun] perdigón *m*.

pelmet ['pelmɪt] n UK galería *f* (de cortinas).

pelt [pelt] ❖ n [animal skin] piel *f*. ❖ vt ▶ **to pelt sb with sthg** acribillar a alguien con algo, arrojar algo a alguien. ❖ vi **1.** [rain] ▶ **it was pelting down** OR **with rain** llovía a cántaros **2.** [run very fast] correr a toda pastilla.

pelvis ['pelvɪs] (pl -vises o -ves) n pelvis *f*.

pen [pen] ❖ n **1.** [ballpoint] bolígrafo *m*, lapicera *f* RP CHILE; [fountain pen] pluma *f*; [felt-tip] rotulador *m* **2.** [enclosure] redil *m*, corral *m*. ❖ vt [enclose] encerrar.

penal ['pi:nl] adj penal.

penalize, penalise UK ['pi:nəlaɪz] vt [gen] penalizar; SPORT penalizar, castigar.

penalty ['penltɪ] n **1.** [punishment] pena *f* ▶ **to pay the penalty (for sthg)** *fig* pagar las consecuencias (de algo) **2.** [fine] multa *f* **3.** SPORT penalty *m* ▶ **penalty (kick) a)** FOOT penalty *m* **b)** RUGBY golpe *m* de castigo.

penance ['penəns] n penitencia *f*.

pence [pens] UK pl ➝ **penny**.

penchant UK [pɑ̃ʃɑ̃, US 'pentʃənt] n ▶ **to have a penchant for sthg** tener debilidad por algo ▶ **to**

have a penchant for doing sthg tener propensión a hacer algo.

pencil ['pensl] n lápiz *m* ▶ **in pencil** a lápiz. ◆ **pencil in** vt sep [date, appointment] apuntar provisionalmente.

pencil case n estuche *m*, plumero *m* ESP.

pencil sharpener n sacapuntas *m inv*.

pendant ['pendənt] n [jewel on chain] colgante *m*.

pending ['pendɪŋ] *fml* ❖ adj **1.** [waiting to be dealt with] pendiente **2.** [about to happen] inminente. ❖ prep a la espera de.

pendulum ['pendjʊləm] (pl -s) n [of clock] péndulo *m*.

penetrate ['penɪtreɪt] vt **1.** [barrier] atravesar; [subj: wind, rain, sharp object] penetrar en **2.** [infiltrate - organization] infiltrarse en.

pen friend n UK amigo *m*, -ga *f* por correspondencia.

penguin ['peŋgwɪn] n pingüino *m*.

penicillin [,penɪ'sɪlɪn] n penicilina *f*.

peninsula [pə'nɪnsjʊlə] (pl -s) n península *f*.

penis ['pi:nɪs] (pl penises ['pi:nɪsɪz]) n pene *m*.

penitentiary [,penɪ'tenʃərɪ] n US penitenciaría *f*.

penknife ['pennaɪf] (pl -knives) n navaja *f*.

pen name n seudónimo *m*.

pennant ['penənt] n banderín *m*.

penniless ['penɪlɪs] adj sin dinero.

penny ['penɪ] n **1.** (pl -ies) UK [coin] penique *m*; US centavo *m* **2.** (pl pence) UK [value] penique *m*.

pen pal n *inf* amigo *m*, -ga *f* por correspondencia.

pension ['penʃn] n **1.** [gen] pensión *f* **2.** [disability pension] subsidio *m*.

pensioner ['penʃənə'] n ▶ **(old-age) pensioner** pensionista *mf*.

pensive ['pensɪv] adj pensativo(va).

pentagon ['pentəgən] n pentágono *m*. ◆ **Pentagon** [US] ▶ **the Pentagon** el Pentágono; sede del ministerio de Defensa estadounidense.

Pentecost ['pentɪkɒst] n Pentecostés *m*.

penthouse ['penthaʊs] (pl [-haʊzɪz]) n ático *m*.

pent up ['pent-] adj reprimido(da).

penultimate [pe'nʌltɪmət] adj penúltimo(ma).

people ['pi:pl] ❖ n [nation, race] pueblo *m*. ❖ pl n **1.** [gen] gente *f*; [individuals] personas *fpl* / a table for eight people una mesa para ocho personas ▶ **people say that ...** dice la gente que ... ▶ **young people** los jóvenes **2.** [inhabitants] habitantes *mpl* **3.** POL ▶ **the people** el pueblo. ❖ vt ▶ **to be peopled by** OR **with** estar poblado(da) de.

pep [pep] n *inf* vitalidad *f*. ◆ **pep up** vt sep [person] animar; [food] alegrar.

pepper ['pepər] n **1.** [spice] pimienta f ▶ **pepper pot** UK OR **shaker** US pimentero m **2.** [vegetable] pimiento m ▶ **red / green pepper** pimiento rojo / verde ▶ **bell pepper** US pimiento morrón.

pepperbox ['pepəbɒks] n US pimentero m.

peppermint ['pepəmɪnt] n **1.** [sweet] pastilla f de menta **2.** [herb] menta f.

pepper pot UK, **peppershaker** US n pimentero m.

pep talk n inf palabras fpl de ánimo.

per [pɜːr] prep [expressing rate, ratio] por ▶ **per hour / kilo / person** por hora / kilo / persona ▶ **per day** al día ▶ **as per instructions** de acuerdo con OR según las instrucciones ▶ **as per usual** como de costumbre.

per annum adv al OR por año.

per capita [pə'kæpɪtə] ⬧ adj per cápita. ⬧ adv por cabeza.

perceive [pə'siːv] vt **1.** [notice] percibir, apreciar **2.** [understand, realize] advertir, apreciar **3.** [see] ▶ **to perceive sthg / sb** as ver algo / a alguien como.

per cent adv por ciento ▶ **fifty per cent of the population** el cincuenta por ciento de la población.

percentage [pə'sentɪdʒ] n porcentaje m.

perception [pə'sepʃn] n **1.** [noticing] percepción f **2.** [insight] perspicacia f **3.** [opinion] idea f.

perceptive [pə'septɪv] adj perspicaz.

perch [pɜːtʃ] ⬧ n **1.** [for bird] percha f, vara f **2.** (pl inv) [fish] perca f. ⬧ vi ▶ **to perch (on)** a) [bird] posarse (en) b) [person] sentarse (en).

percolator ['pɜːkəleɪtər] n cafetera f eléctrica.

percussion [pə'kʌʃn] n MUS percusión f.

perennial [pə'renjəl] ⬧ adj [gen & BOT] perenne. ⬧ n BOT planta f perenne.

perfect ⬧ adj ['pɜːfɪkt] perfecto(ta) ▶ **he's a perfect stranger to me** me es completamente desconocido. ⬧ n ['pɜːfɪkt] GRAM ▶ **the perfect (tense)** el perfecto. ⬧ vt [pə'fekt] perfeccionar.

perfection [pə'fekʃn] n perfección f ▶ **to perfection** a la perfección.

perfectionist [pə'fekʃənɪst] n perfeccionista mf.

perfectly ['pɜːfɪktlɪ] adv **1.** [for emphasis] absolutamente ▶ **perfectly well** perfectamente bien **2.** [to perfection] perfectamente.

perforate ['pɜːfəreɪt] vt perforar.

perforation [pɜːfə'reɪʃn] n perforación f; [on stamps etc] perforado m.

perform [pə'fɔːm] ⬧ vt **1.** [carry out] llevar a cabo, realizar; [duty] cumplir **2.** [music, dance] interpretar; [play] representar. ⬧ vi **1.** [function - car, machine] funcionar; [- person, team] desenvolverse **2.** [actor] actuar; [singer, dance] interpretar.

performance [pə'fɔːməns] n **1.** [carrying out] realización f; [of duty] cumplimiento m **2.** [show] representación f **3.** [of actor, singer etc] interpretación f, actuación f **4.** [of car, engine] rendimiento m.

performance-enhancing adj : *performance-enhancing drug* potenciador m del rendimiento.

performer [pə'fɔːmər] n [actor, singer etc] intérprete mf.

perfume ['pɜːfjuːm] n perfume m.

perfunctory [pə'fʌŋktərɪ] adj superficial.

perhaps [pə'hæps] adv **1.** [maybe] quizás, quizá / *perhaps she'll do it* quizás ella lo haga ▶ **perhaps so / not** tal vez sí / no **2.** [in polite requests, suggestions, remarks] : *perhaps you could help?* ¿te importaría ayudar? / *perhaps you should start again* ¿por qué no empiezas de nuevo? **3.** [approximately] aproximadamente.

peril ['perɪl] n liter peligro m.

perimeter [pə'rɪmɪtər] n perímetro m ▶ **perimeter fence** OR **wall** cerca f.

period ['pɪərɪəd] ⬧ n **1.** [of time] período m, periodo m **2.** HIST época f **3.** SCH clase f, hora f **4.** [menstruation] período m / *to be on one's period* tener el período **5.** US [full stop] punto m **6.** SPORT tiempo m. ⬧ comp de época.

periodic [pɪərɪ'ɒdɪk], **periodical** adj periódico(ca).

periodical [pɪərɪ'ɒdɪkl] ⬧ adj = **periodic**. ⬧ n [magazine] revista f.

periodically [pɪərɪ'ɒdɪklɪ] adv de vez en cuando.

peripheral [pə'rɪfərəl] ⬧ adj **1.** [of little importance] marginal **2.** [at edge] periférico(ca). ⬧ n COMPUT periférico m.

perish ['perɪʃ] vi **1.** [die] perecer **2.** [decay] deteriorarse.

perishable ['perɪʃəbl] ⬧ adj perecedero(ra). ◆ **perishables** pl n productos mpl perecederos.

perjury ['pɜːdʒərɪ] n LAW perjurio m.

perk [pɜːk] n inf extra m, beneficio m adicional. ◆ **perk up** vi animarse.

perky ['pɜːkɪ] adj inf alegre, animado(da).

perm [pɜːm] n permanente f.

permanent ['pɜːmənənt] ⬧ adj **1.** [gen] permanente ; [job, address] fijo(ja) **2.** [continuous, constant] constante. ⬧ n US [perm] permanente f.

permeate ['pɜːmɪeɪt] vt impregnar.

permissible [pə'mɪsəbl] adj permisible.

permission [pə'mɪʃn] n ▶ **permission (to do sthg)** permiso m (para hacer algo).

permissive [pə'mɪsɪv] adj permisivo(va).

permit ⬧ vt [pə'mɪt] permitir ▶ **to permit sb sthg / to do sthg** permitir a alguien algo / hacer algo. ⬧ vi [pə'mɪt] ▶ **if time permits** si hay tiempo. ⬧ n ['pɜːmɪt] permiso m.

pernicious [pə'nɪʃəs] adj *fml* pernicioso(sa).

pernickety [pə'nɪkəti] adj *inf* quisquilloso(sa).

perpendicular [ˌpɜːpən'dɪkjʊlər] ❖ adj **1.** MATH ▸ **perpendicular (to)** perpendicular (a) **2.** [upright] vertical. ❖ n MATH perpendicular f.

perpetrate ['pɜːpɪtreɪt] vt *fml* perpetrar.

perpetrator ['pɜːpɪtreɪtər] n *fml* perpetrador m, -ra f, autor m, -ra f.

perpetual [pə'petʃʊəl] adj **1.** *pej* [constant] constante **2.** [everlasting] perpetuo(tua).

perplex [pə'pleks] vt dejar perplejo(ja).

perplexing [pə'pleksɪŋ] adj desconcertante.

persecute ['pɜːsɪkjuːt] vt perseguir.

persecution [ˌpɜːsɪ'kjuːʃn] n persecución f.

perseverance [ˌpɜːsɪ'vɪərəns] n perseverancia f.

persevere [ˌpɜːsɪ'vɪər] vi ▸ **to persevere (with sthg/in doing sthg)** perseverar (en algo/en hacer algo).

Persian ['pɜːʃn] adj persa.

persist [pə'sɪst] vi **1.** [problem, rain] persistir **2.** [person] ▸ **to persist in doing sthg** empeñarse en hacer algo.

persistence [pə'sɪstəns] n **1.** [continuation] persistencia f **2.** [determination] perseverancia f.

persistent [pə'sɪstənt] adj **1.** [constant] continuo(nua) **2.** [determined] persistente.

person ['pɜːsn] (pl **people** or **persons**) *fml* n **1.** [man, woman] persona f ▸ **in person** en persona **2.** [body] ▸ **to have sthg about one's person** llevar algo encima **3.** GRAM persona f ▸ **in the first person** en primera persona.

personable ['pɜːsnəbl] adj agradable.

personal ['pɜːsənl] adj **1.** [gen] personal **2.** [private - life, problem] privado(da) **3.** *pej* [rude] ofensivo(va) ▸ **to be personal** hacer alusiones personales.

personal assistant n secretario m, -ria f personal.

personal column n sección f de asuntos personales.

personal computer n ordenador m personal.

personal details n [name, address] datos mpl personales.

personality [ˌpɜːsə'næləti] n personalidad f.

personal loan n crédito m personal.

personally ['pɜːsnəli] adv **1.** [gen] personalmente **2.** [in person] en persona.

personal organizer n agenda f (personal).

personal property n (U) bienes mpl muebles.

personal stereo n walkman® m inv.

personify [pə'sɒnɪfaɪ] vt personificar.

personnel [ˌpɜːsə'nel] ❖ n (U) [department] departamento m de personal. ❖ pl n [staff] personal m.

perspective [pə'spektɪv] n perspectiva f ▸ **to get sthg in perspective** *fig* poner algo en perspectiva.

Perspex® ['pɜːspeks] n UK ≃ plexiglás® m.

perspiration [ˌpɜːspə'reɪʃn] n transpiración f.

perspire [pə'spaɪər] vi transpirar.

persuade [pə'sweɪd] vt ▸ **to persuade sb (of sthg/to do sthg)** persuadir a alguien (de algo/a hacer algo) ▸ **to persuade sb that** convencer a alguien (de) que.

persuasion [pə'sweɪʒn] n **1.** [act of persuading] persuasión f **2.** [belief] creencia f.

persuasive [pə'sweɪsɪv] adj persuasivo(va).

pert [pɜːt] adj **1.** [person] vivaracho(cha) **2.** [part of body] respingón(ona).

pertain [pə'teɪn] vi *fml* ▸ **pertaining to** relacionado(da) con.

pertinent ['pɜːtɪnənt] adj pertinente.

perturb [pə'tɜːb] vt *fml* perturbar.

perturbing [pə'tɜːbɪŋ] adj inquietante.

Peru [pə'ruː] n (el) Perú.

peruse [pə'ruːz] vt [read carefully] leer detenidamente; [browse through] leer por encima.

Peruvian [pə'ruːvjən] ❖ adj peruano(na). ❖ n [person] peruano m, -na f.

pervade [pə'veɪd] vt impregnar.

perverse [pə'vɜːs] adj [delight, enjoyment] perverso(sa); [contrary] puñetero(ra).

perversion [UK pə'vɜːʃn, US pə'vɜːrʒn] n **1.** [sexual deviation] perversión f **2.** [of justice, truth] tergiversación f.

pervert ❖ n ['pɜːvɜːt] pervertido m, -da f. ❖ vt [pə'vɜːt] **1.** [course of justice] tergiversar **2.** [corrupt sexually] pervertir.

pessimism ['pesɪmɪzm] n pesimismo m.

pessimist ['pesɪmɪst] n pesimista mf.

pessimistic [ˌpesɪ'mɪstɪk] adj pesimista.

pest [pest] n **1.** [insect] insecto m nocivo; [animal] animal m nocivo **2.** *inf* [annoying person] pesado m, -da f; [annoying thing] lata f.

pester ['pestər] vt dar la lata a.

pesticide ['pestɪsaɪd] n pesticida m.

pet [pet] ❖ adj [subject, theory] preferido(da) ▸ **pet hate** gran fobia f. ❖ n **1.** [domestic animal] animal m doméstico **2.** [favourite person] preferido m, -da f. ❖ vt acariciar. ❖ vi pegarse el lote.

petal ['petl] n pétalo m.

peter ['piːtər] ◆ **peter out** vi [supplies, interest] agotarse; [path] desaparecer.

petite [pə'tiːt] adj [woman] chiquita.

petition [pɪ'tɪʃn] ❖ n petición f. ❖ vi LAW ▸ **to petition for divorce** pedir el divorcio.

petrified ['petrɪfaɪd] adj [terrified] petrificado(da).

petrify ['petrifai] (*pt & pp* **-ied**) vt [terrify] petrificar.

petrol ['petrəl] n 🇬🇧 gasolina f, nafta f 🇷🇵, bencina f 🇨🇭.

petrol bomb n 🇬🇧 bomba f de gasolina.

petrol can n 🇬🇧 lata f de gasolina OR de nafta 🇷🇵 OR de bencina 🇨🇭.

petroleum [pɪ'trəʊljəm] n petróleo m.

petrol pump n 🇬🇧 surtidor m de gasolina OR de nafta 🇷🇵 OR de bencina 🇨🇭, bomba f 🇨🇭 🇨🇴🇱 🇻🇪🇳.

petrol station n 🇬🇧 gasolinera f, grifo m 🇵🇪🇷, bomba f 🇨🇭 🇨🇴🇱 🇻🇪🇳, estación f de nafta 🇷🇵.

petrol tank n 🇬🇧 depósito m de gasolina, tanque m de gasolina 🇦🇲 OR de bencina 🇨🇭 OR de nafta 🇷🇵.

pet shop n pajarería f.

petticoat ['petikəʊt] n [underskirt] enaguas fpl; [full-length] combinación f.

petty ['peti] adj **1.** [small-minded] mezquino(na) **2.** [trivial] insignificante **3.** ▶ **petty criminal** pequeño(ña) delincuente mf.

petty cash n dinero m para gastos menores.

petty officer n sargento m de la marina.

petulant ['petjʊlənt] adj cascarrabias (inv).

pew [pju:] n banco m.

pewter ['pju:tə*r*] n peltre m.

phantom ['fæntəm] ◆ adj ilusorio(ria). ◆ n [ghost] fantasma m.

pharmaceutical [,fɑ:mə'sju:tɪkl] adj farmacéutico(ca).

pharmacist ['fɑ:məsɪst] n farmacéutico m, -ca f.

pharmacy ['fɑ:məsɪ] n [shop] farmacia f.

phase [feɪz] ◆ n fase f. ◆ vt escalonar.
◆ **phase in** vt sep introducir progresivamente.
◆ **phase out** vt sep retirar progresivamente.

PhD (*abbr of* Doctor of Philosophy) n **1.** [qualification] doctorado m **2.** [person] doctor m, -ra f.

pheasant ['feznt] (pl inv or -**s**) n faisán m.

phenomena [fɪ'nɒmɪnə] pl n ⟶ **phenomenon**.

phenomenal [fɪ'nɒmɪnl] adj extraordinario(ria).

phenomenon [fɪ'nɒmɪnən] (pl **-mena**) n lit & fig fenómeno m.

phial ['faɪəl] n frasco m (pequeño).

philanthropist [fɪ'lænθrəpɪst] n filántropo m, -pa f.

philately [fɪ'lætəlɪ] n filatelia f.

Philippine ['fɪlɪpi:n] adj filipino(na). ◆ **Philippines** pl n ▶ **the Philippines** las Filipinas.

philosopher [fɪ'lɒsəfə*r*] n filósofo m, -fa f.

philosophical [,fɪlə'sɒfɪkl] adj filosófico(ca).

philosophy [fɪ'lɒsəfɪ] n filosofía f.

phishing ['fɪʃɪŋ] n COMPUT phishing m, fraude m por internet.

phlegm [flem] n [mucus, composure] flema f.

phlegmatic [fleg'mætɪk] adj flemático(ca).

phobia ['fəʊbjə] n fobia f ▶ **to have a phobia about sthg** tener fobia a algo.

phone [fəʊn] ◆ n teléfono m ▶ **to be on the phone a)** [speaking] estar al teléfono **b)** 🇬🇧 [connected to network] tener teléfono ▶ **to talk about sthg on the phone** discutir algo por teléfono.
◆ vt & vi llamar, telefonear. ◆ **phone in** vi llamar. ◆ **phone up** vt sep & vi llamar.

phone book n guía f telefónica.

phone booth n teléfono m público.

phone box n 🇬🇧 cabina f telefónica.

phone call n llamada f telefónica ▶ **to make a phone call** hacer una llamada.

phonecard ['fəʊnkɑ:d] n tarjeta f telefónica.

phone-in n RADIO & TV programa con llamadas de los oyentes.

phone number n número m de teléfono.

phonetic [fə'netɪk] adj fonético(ca).

phonetics [fə'netɪks] n (U) fonética f.

phoney 🇬🇧, **phony** 🇺🇸 ['fəʊnɪ] ◆ adj (compar **-ier**, superl **-iest**) inf falso(sa). ◆ n farsante mf.

phosphorus ['fɒsfərəs] n fósforo m.

photo ['fəʊtəʊ] n foto f ▶ **to take a photo (of)** sacar una foto (de).

photocopier ['fəʊtəʊ,kɒpɪə*r*] n fotocopiadora f.

photocopy ['fəʊtəʊ,kɒpɪ] ◆ n fotocopia f. ◆ vt fotocopiar.

photograph ['fəʊtəgrɑ:f] ◆ n fotografía f ▶ **to take a photograph (of)** sacar una fotografía (de). ◆ vt fotografiar.

photographer [fə'tɒgrəfə*r*] n fotógrafo m, -fa f.

photography [fə'tɒgrəfɪ] n (U) fotografía f.

photoshoot ['fəʊtəʊʃu:t] n sesión f fotográfica.

phrasal verb ['freɪzl-] n verbo m con preposición.

phrase [freɪz] ◆ n **1.** [group of words] locución f, frase f **2.** [expression] expresión f. ◆ vt [apology, refusal] expresar; [letter] redactar.

phrasebook ['freɪzbʊk] n guía f de conversación.

physical ['fɪzɪkl] ◆ adj físico(ca). ◆ n [examination] examen m médico.

physical education n educación f física.

physically ['fɪzɪklɪ] adv físicamente.

physically handicapped pl n ▶ **the physically handicapped** los discapacitados físicos.

physician [fɪ'zɪʃn] n médico mf.

physicist ['fɪzɪsɪst] n físico m, -ca f.

physics ['fɪzɪks] n (U) física f.

physiology [,fɪzɪ'ɒlədʒɪ] n fisiología f.

physiotherapist [,fɪzɪəʊ'θerəpɪst] n fisioterapeuta mf.

physiotherapy [,fɪzɪəʊ'θerəpɪ] n fisioterapia f.

physique [fɪ'ziːk] n físico m.

pianist ['pɪənɪst] n pianista mf.

piano [pɪ'ænəʊ] (pl -s) n [instrument] piano m.

piccolo ['pɪkələʊ] (pl -s) n flautín m.

pick [pɪk] ◆ n 1. [tool] piqueta f 2. [for guitar] púa f 3. [selection] ▸ **take your pick** escoge el que quieras 4. [best] ▸ **the pick of** lo mejor de. ◆ vt 1. [team, winner] seleccionar; [time, book, dress] elegir ▸ **to pick one's way across OR through** andar con tiento por 2. [fruit, flowers] coger 3. [remove - hairs etc] ▸ **to pick sthg off sthg** quitar algo de algo 4. [nose] hurgarse; [teeth] mondarse; [scab, spot] arrancarse 5. [provoke] ▸ **to pick a fight/quarrel (with)** buscar pelea/bronca (con) 6. [open - lock] forzar (con ganzúa). ◆ **pick on** vt insep meterse con. ◆ **pick out** vt sep 1. [recognize] reconocer 2. [identify] identificar 3. [select] escoger. ◆ **pick up** ◆ vt sep 1. [gen] recoger ▸ **to pick up the pieces** fig volver a la normalidad 2. [lift up] levantar; [the phone] descolgar 3. [buy, acquire] adquirir ▸ **to pick up speed** cobrar velocidad 4. [illness, bug] contraer 5. [learn - tips, language] aprender; [- habit] adquirir 6. inf [find partner] ligar con 7. RADIO & TELEC captar 8. [start again] reanudar. ◆ vi 1. [improve] mejorar 2. [start again] seguir 3. [wind] aumentar.

pickaxe UK, **pickax** US ['pɪkæks] n piqueta f.

picket ['pɪkɪt] ◆ n piquete m. ◆ vt formar piquetes en.

picket line n piquete m (de huelga).

pickle ['pɪkl] ◆ n 1. [vinegar preserve] encurtido m; [sweet vegetable sauce] salsa espesa agridulce con trozos de cebolla etc; US [cucumber] pepinillos mpl en vinagre 2. inf [difficult situation] ▸ **to be in a pickle** estar en un lío. ◆ vt encurtir.

pickpocket ['pɪk,pɒkɪt] n carterista mf.

pick-up n 1. [of record player] fonocaptor m 2. [truck] furgoneta f.

picnic ['pɪknɪk] ◆ n comida f campestre, picnic m. ◆ vi (pt & pp -ked, cont -king) ir de merienda al campo.

pictorial [pɪk'tɔːrɪəl] adj ilustrado(da).

picture ['pɪktʃər] ◆ n 1. [painting] cuadro m; [drawing] dibujo m 2. [photograph] foto f; [illustration] ilustración f 3. [on TV] imagen f 4. [cinema film] película f 5. [in mind] idea f, imagen f 6. [situation] situación f ▸ **to get the picture** inf entenderlo ▸ **to be in/out of the picture** estar/no estar en el ajo. ◆ vt 1. [in mind] imaginarse 2. [in media] ▸ **to be pictured** aparecer en la foto. ◆ **pictures** pl n UK ▸ **the pictures** el cine.

picture book n libro m ilustrado.

picturesque [,pɪktʃə'resk] adj pintoresco(ca).

pie [paɪ] n [sweet] tarta f (cubierta de hojaldre); [savoury] empanada f, pastel m.

piece [piːs] n 1. [individual part or portion] trozo m, pedazo m ▸ **to come to pieces** deshacerse ▸ **to take sthg to pieces** desmontar algo ▸ **to tear sthg to pieces** hacer trizas algo ▸ **in pieces** en pedazos ▸ **to go to pieces** fig venirse abajo 2. (with U) [individual object] ▸ **piece of furniture** mueble m ▸ **piece of clothing** prenda f de vestir ▸ **piece of fruit** fruta f ▸ **piece of luggage** bulto m de equipaje ▸ **piece of advice** consejo m ▸ **piece of news** noticia f ▸ **a piece of information** una información ▸ **piece of luck** golpe m de suerte 3. [in board game] pieza f; [in draughts] ficha f 4. [of journalism] artículo m 5. [coin] moneda f. ◆ **piece together** vt sep [discover] componer.

piecemeal ['piːsmiːl] ◆ adj poco sistemático(ca). ◆ adv [gradually] por etapas.

piecework ['piːswɜːk] n (U) trabajo m a destajo.

pie chart n gráfico m de sectores.

pier [pɪər] n 1. [at seaside] paseo marítimo en un malecón 2. [for landing boat] embarcadero m.

pierce [pɪəs] vt 1. [subj: bullet, needle] perforar ▸ **to have one's ears pierced** hacerse agujeros en las orejas 2. [subj: voice, scream] romper.

piercing ['pɪəsɪŋ] adj 1. [scream] desgarrador(ra); [sound, voice] agudo(da) 2. [wind] cortante 3. [look, eyes] penetrante.

piety ['paɪətɪ] n piedad f.

pig [pɪg] n 1. [animal] cerdo m, puerco m, chancho m AM 2. inf & pej [greedy eater] tragón m, -ona f 3. inf & pej [unkind person] cerdo m, -da f, chancho m, -cha f AM 4. inf & pej [policeman] madero m.

pigeon ['pɪdʒɪn] (pl inv or -s) n paloma f.

pigeonhole ['pɪdʒɪnhəʊl] ◆ n [compartment] casilla f. ◆ vt [classify] encasillar.

piggybank ['pɪgɪbæŋk] n hucha f con forma de cerdito.

pigheaded [,pɪg'hedɪd] adj cabezota f.

pigment ['pɪgmənt] n pigmento m.

pigpen US = **pigsty**.

pigskin ['pɪgskɪn] n piel f de cerdo.

pigsty ['pɪgstaɪ], **pigpen** US ['pɪgpen] n lit & fig pocilga f.

pigtail ['pɪgteɪl] n [girl's] trenza f; [Chinese, bullfighter's] coleta f.

pike [paɪk] n 1. (pl inv or -s) [fish] lucio m 2. (pl -s) [weapon] pica f.

Pilates [pɪ'lɑːtiːz] n Pilates m.

pilchard ['pɪltʃəd] n sardina f.

pile [paɪl] ◆ n 1. [heap] montón m 2. [neat stack] pila f 3. [of carpet, fabric] pelo m. ◆ vt amontonar. ◆ **piles** pl n MED almorranas fpl. ◆ **pile into** vt insep inf meterse atropellada-

mente en. ◆ **pile up** ❖ vt sep amontonar.
❖ vi **1.** [form a heap] amontonarse **2.** [mount
up] acumularse.

pileup ['paɪlʌp] n accidente *m* en cadena.

pilfer ['pɪlfər] ❖ vt sisar. ❖ vi ▸ **to pilfer
(from)** sisar (de).

pilgrim ['pɪlgrɪm] n peregrino *m*, -na *f*.

pilgrimage ['pɪlgrɪmɪdʒ] n peregrinación *f*.

pill [pɪl] n **1.** MED píldora *f*, pastilla *f* **2.** [contra-
ceptive] ▸ **the pill** la píldora (anticonceptiva) ▸ **to
be on the pill** tomar la píldora.

pillage ['pɪlɪdʒ] vt saquear.

pillar ['pɪlər] n *lit & fig* pilar *m*.

pillar box n UK buzón *m*.

pillion ['pɪljən] n ▸ **to ride pillion** ir en el asiento
trasero *(de una moto).*

pillow ['pɪləʊ] n **1.** [for bed] almohada *f* **2.** US
[on sofa, chair] cojín *m*.

pillowcase ['pɪləʊkeɪs], **pillowslip** ['pɪləʊslɪp] n
funda *f* de almohada.

pilot ['paɪlət] ❖ n **1.** AERON & NAUT piloto *m*
2. TV programa *m* piloto. ❖ comp [project, study]
piloto *(inv)*, de prueba. ❖ vt AERON & NAUT pilotar.

pilot burner, pilot light n piloto *m*, luz *f*
indicadora.

pilot study n estudio *m* piloto.

pimp [pɪmp] n *inf* chulo *m*, padrote *m* Méx.

pimple ['pɪmpl] n grano *m*.

pin [pɪn] ❖ n **1.** [for sewing] alfiler *m* ▸ **pins
and needles** hormigueo *m* / *I've got pins and
needles in my arm inf* tengo el brazo entumecido
▸ **to be on pins and needles** US *inf & fig* estar
sobre ascuas **2.** [of plug] clavija *f* ; COMPUT pin *m*
3. TECH clavija *f*. ❖ vt **1.** [fasten] ▸ **to pin sthg
to** OR **on a)** [sheet of paper] clavar con alfileres
algo en **b)** [medal, piece of cloth] prender algo en
2. [trap] ▸ **to pin sb against** OR **to** inmovilizar a
alguien contra **3.** [apportion] ▸ **to pin sthg on**
OR **upon sb** cargar algo a alguien. ◆ **pin down**
vt sep [identify] determinar, identificar.

pinafore ['pɪnəfɔːr] n **1.** [apron] delantal *m*
2. UK [dress] pichi *m*.

pinball ['pɪnbɔːl] n millón *m*, flípper *m*.

pincers ['pɪnsəz] pl n **1.** [tool] tenazas *fpl*
2. [front claws] pinzas *fpl*.

pinch [pɪntʃ] ❖ n **1.** [nip] pellizco *m* **2.** [small
quantity] pizca *f*. ❖ vt **1.** [nip] pellizcar ; [subj:
shoes] apretar **2.** *inf* [steal] mangar. ❖ vi [shoes]
apretar. ◆ **at a pinch** UK, **in a pinch** US adv
si no hay más remedio.

pincushion ['pɪn,kʊʃn] n acerico *m*.

pine [paɪn] ❖ n pino *m*. ❖ vi ▸ **to pine for**
suspirar por. ◆ **pine away** vi morirse de pena.

pineapple ['paɪnæpl] n piña *f*, ananá *m* RP.

pinetree ['paɪntriː] n pino *m*.

ping [pɪŋ] n [of metal] sonido *m* metálico.

Ping-Pong® [-pɒŋ] n ping-pong® *m*.

pink [pɪŋk] ❖ adj rosa ▸ **hot pink** rosa *m* fucsia.
❖ n **1.** [colour] rosa *m* ▸ **hot pink** rosa fucsia
(inv) **2.** [flower] clavel *m*.

pink pound UK, **pink dollar** US n ▸ **the
pink pound** el poder adquisitivo de *los* homo-
sexuales.

pinnacle ['pɪnəkl] n **1.** [high point] cumbre *f*
2. [mountain peak] cima *f*ꓼ [spire] pináculo *m*.

pinpoint ['pɪnpɔɪnt] vt determinar, identificar.

pin-striped [-ˌstraɪpt] adj a rayas.

pint [paɪnt] n **1.** UK [unit of measurement] =
*0,568 litros*ꓼ US = *0,473 litros*ꓼ ≃ pinta *f* **2.** UK
[beer] ▸ **to go for a pint** salir a tomar una caña.

pioneer [ˌpaɪəˈnɪər] n pionero *m*, -ra *f*.

pious ['paɪəs] adj **1.** [religious] piadoso(sa) **2.** *pej*
[sanctimonious] mojigato(ta).

pip [pɪp] n **1.** [seed] pepita *f* **2.** UK [bleep]
señal *f*.

pipe [paɪp] ❖ n **1.** [for gas, water] tubería *f*
2. [for smoking] pipa *f*. ❖ vt [transport via
pipes] conducir por tuberías. ◆ **pipes** pl n MUS
gaita *f*. ◆ **pipe down** vi *inf* cerrar la boca.
◆ **pipe up** vi *inf* : *to pipe up with a suggestion* saltar con una sugerencia.

pipe cleaner n limpiapipas *m inv*.

pipe dream n sueño *m* imposible.

pipeline ['paɪplaɪn] n tubería *f* ; [for gas] ga-
soducto *m* ; [for oil] oleoducto *m*.

piper ['paɪpər] n gaitero *m*, -ra *f*.

piping ['paɪpɪŋ] n [for water, gas etc] tubería *f*, cañería *f*.

piping hot ['paɪpɪŋ-] adj humeante, calentito(ta).

piquant ['piːkənt] adj **1.** [food] picante
2. [story] intrigante ; [situation] que suscita un
placer mordaz.

pique [piːk] ❖ n resentimiento *m*. ❖ vt
1. [upset] ofender **2.** [arouse] despertar.

pirate ['paɪrət] ❖ adj [gen & COMPUT] pirata.
❖ n [sailor] pirata *mf*. ❖ vt piratear.

pirate radio n UK radio *f* pirata.

pirouette [ˌpɪruˈet] n pirueta *f*.

Pisces ['paɪsiːz] n Piscis *m inv*.

piss [pɪs] *v inf* ❖ n [urine] meada *f*. ❖ vi
mear. ◆ **piss about, piss around** UK *v inf*
❖ vt sep vacilar. ❖ vi [waste time] tocarse los
huevos ; [fool around] hacer el gilipollas.

pissed [pɪst] adj *vulg* **1.** UK [drunk] pedo *(inv)*
2. US [annoyed] cabreado(da).

pissed off adj *vulg* ▸ **to be** OR **to feel pissed off**
estar cabreado(da).

pistachio [pɪˈstɑːʃɪəʊ] n (*pl* **-s**) n pistacho *m*.

pistol ['pɪstl] n pistola *f*.

piston ['pɪstən] n pistón *m*, émbolo *m*.

pit [pɪt] ❖ n **1.** [large hole] hoyo *m* **2.** [small
hole - in metal, glass] señal *f*, marca *f* ; [-on face] pi-

cadura f, piquete m Méx **3.** [for orchestra] foso m de la orquesta **4.** [mine] mina f **5.** US [of fruit] hueso m, cuesco m, carozo m RP, pepa f Col. ❖ vt ▶ **to be pitted against** ser enfrentado(da) con. ❖ **pits** pl n [in motor racing] ▶ **the pits** el box.

pitch [pɪtʃ] ❖ n **1.** SPORT campo m **2.** MUS tono m **3.** [level, degree] grado m, punto m **4.** UK [selling place] puesto m **5.** inf [sales talk] labia f de comerciante. ❖ vt **1.** [throw] lanzar, arrojar **2.** [design] ▶ **to be pitched in order to do sthg** estar diseñado para hacer algo **3.** [speech] dar un tono a **4.** [tent] montar, poner. ❖ vi **1.** [ball] tocar el suelo ▶ **to pitch forwards** [person] precipitarse hacia delante **2.** [ship, plane] dar un bandazo.

pitch-black adj negro(gra) como boca de lobo.

pitched battle [ˌpɪtʃt-] n HIST batalla f campal ; fig [bitter struggle] lucha f encarnizada.

pitcher ['pɪtʃər] n [jug] cántaro m.

pitchfork ['pɪtʃfɔːk] n horca f.

piteous ['pɪtɪəs] adj lastimero(ra).

pitfall ['pɪtfɔːl] n peligro m, escollo m.

pith [pɪθ] n piel f blanca.

pithy ['pɪθɪ] adj conciso(sa) y contundente.

pitiful ['pɪtɪful] adj [condition, excuse, effort] lamentable ; [person, appearance] lastimoso(sa).

pitiless ['pɪtɪlɪs] adj [person] despiadado(da).

pit stop n [in motor racing] parada f en boxes.

pittance ['pɪtəns] n miseria f.

pity ['pɪtɪ] ❖ n [compassion] compasión f ; [shame] pena f, lástima f ▶ **what a pity!** ¡qué pena! ▶ **to take OR have pity on** compadecerse de. ❖ vt compadecerse de, sentir pena por.

pivot ['pɪvət] n **1.** TECH pivote m, eje m **2.** fig [person] eje m.

pixel ['pɪksl] n COMPUT & TV píxel m.

pixellate, **pixelate** ['pɪksəleɪt], **pixelize**, **pixelise** ['pɪksəlaɪz] vt pixelar, pixelizar.

pixellated, **pixelated** ['pɪksəleɪtɪd] adj COMPUT [image] pixelado(da), pixelizado(da).

pizza ['piːtsə] n pizza f.

placard ['plækɑːd] n pancarta f.

placate [plə'keɪt] vt aplacar, apaciguar.

place [pleɪs] ❖ n **1.** [gen] lugar m, sitio m ▶ **place of birth** lugar de nacimiento ∕ **it's good in places** tiene algunas partes buenas **2.** [proper position] sitio m ▶ **to put sb in their place** poner a alguien en su sitio **3.** [suitable occasion, time] momento m **4.** [home] casa f **5.** [specific seat] asiento m ; [in queue] sitio m ; THEAT localidad f **6.** [setting at table] cubierto m **7.** [on course, at university] plaza f **8.** [on committee, in team] puesto m **9.** [role, function] papel m ▶ **to have an important place in** desempeñar un papel importante en ▶ **put yourself in my place** ponte en mi lugar **10.** [position, rank] lugar m, posición f

11. [in book] página f ; [in speech] ▶ **to lose one's place** no saber (uno) dónde estaba **12.** MATH ▶ **decimal place** punto m decimal **13.** [instance] ▶ **in the first place** [from the start] desde el principio ▶ **in the first place ... and in the second place ...** [firstly, secondly] en primer lugar ... y en segundo lugar ... ▶ **to take place** tener lugar ▶ **to take the place of** sustituir a. ❖ vt **1.** [position, put] colocar, poner **2.** [lay, apportion] ▶ **to place emphasis on** poner énfasis en ▶ **to place pressure on** ejercer presión sobre **3.** [identify] ▶ **I recognize the face, but I can't place her** me suena su cara, pero no sé de qué **4.** [bet, order etc] hacer **5.** [in horse racing] ▶ **to be placed** llegar entre los tres primeros. ❖ **all over the place** adv por todas partes. ❖ **in place** adv **1.** [in proper position] en su sitio **2.** [established, set up] en marcha OR funcionamiento ▶ **everything is now in place** los preparativos ya están finalizados. ❖ **in place of** prep en lugar de. ❖ **out of place** adv **1.** [in wrong position] ▶ **to be out of place** no estar en su sitio **2.** [inappropriate, unsuitable] fuera de lugar.

place mat n mantel m individual.

placement ['pleɪsmənt] n colocación f.

placid ['plæsɪd] adj **1.** [even-tempered] apacible **2.** [peaceful] tranquilo(la).

plagiarize, **plagiarise** ['pleɪdʒəraɪz] vt plagiar.

plague [pleɪg] ❖ n **1.** [attack of disease] peste f **2.** [disease] ▶ **(the) plague** la peste ▶ **to avoid sb / sthg like the plague** huir de alguien / algo como de la peste **3.** [of rats, insects] plaga f. ❖ vt ▶ **to plague sb with a)** [complaints, requests] acosar a alguien con b) [questions] acribillar a alguien a ▶ **to be plagued by a)** [ill health] estar acosado de b) [doubts] estar atormentado de.

plaice [pleɪs] (pl inv) n platija f.

plaid [plæd] n tejido m escocés.

Plaid Cymru [ˌplaɪd'kʌmrɪ] n UK POL partido nacionalista galés.

plain [pleɪn] ❖ adj **1.** [not patterned] liso(sa) **2.** [simple - gen] sencillo(lla) ; [- yoghurt] natural **3.** [clear] evidente, claro(ra) ▶ **to make sthg plain to sb** dejar algo bien claro a alguien **4.** [speaking, statement] franco(ca) **5.** [absolute - madness etc] auténtico(ca) **6.** [not pretty] sin atractivo. ❖ adv inf completamente. ❖ n GEOG llanura f, planicie f.

plain chocolate n UK chocolate m amargo.

plain-clothes adj vestido(da) de paisano.

plain flour n UK harina f (sin levadura).

plainly ['pleɪnlɪ] adv **1.** [upset, angry] evidentemente **2.** [visible, audible] claramente **3.** [frankly] francamente **4.** [simply] sencillamente.

plaintiff ['pleɪntɪf] n demandante mf.

plait [plæt] ❖ n trenza f. ❖ vt trenzar.

plan [plæn] ❖ n **1.** [strategy] plan m ▸ to go **according to plan** salir según lo previsto **2.** [of story, essay] esquema m **3.** [of building etc] plano m. ❖ vt **1.** [organize] planear **2.** [career, future, economy] planificar **3.** [design, devise] trazar un esquema OR boceto de. ❖ vi hacer planes. ◆ **plans** pl n planes mpl ▸ to have plans for tener planes para. ◆ **plan on** vt insep ▸ to plan on doing sthg pensar hacer algo.

plane [pleɪn] ❖ adj plano(na). ❖ n **1.** [aircraft] avión m **2.** GEOM [flat surface] plano m **3.** fig [level - intellectual] plano m **4.** [tool] cepillo m **5.** [tree] plátano m.

planet ['plænɪt] n planeta m.

plank [plæŋk] n [piece of wood] tablón m, tabla f.

planned [plænd] adj [crime] planeado(da) ; [economy] planificado(da).

planning ['plænɪŋ] n [gen] planificación f.

planning permission n permiso m de construcción OR de obras.

plant [plɑːnt] ❖ n **1.** BOT planta f **2.** [factory] planta f, fábrica f **3.** [heavy machinery] maquinaria f. ❖ vt **1.** [seed, tree, vegetable] ▸ to plant sthg (in) plantar algo (en) **2.** [bomb, bug] colocar secretamente.

plantation [plæn'teɪʃn] n plantación f.

plaque [plɑːk] n [gen & MED] placa f.

plasma ['plæzmə] n plasma m.

plaster ['plɑːstər] ❖ n **1.** [for wall, ceiling] yeso m **2.** [for broken bones] escayola f **3.** UK [bandage] tirita® f. ❖ vt [put plaster on] enyesar.

plaster cast n **1.** [for broken bones] escayola f **2.** [model, statue] vaciado m en yeso.

plastered ['plɑːstəd] adj inf [drunk] cocido(da).

plasterer ['plɑːstərər] n yesero m, -ra f.

plastic ['plæstɪk] ❖ adj [made from plastic] de plástico. ❖ n plástico m.

Plasticine® ['plæstɪsiːn] n UK plastilina® f.

plastic surgery n cirugía f plástica.

plate [pleɪt] ❖ n **1.** [dish, plateful] plato m ▸ to hand sthg on a plate to sb ponerle algo a alguien en bandeja de plata **2.** [on machinery, wall, door] placa f **3.** (U) [metal covering] ▸ gold / silver plate chapa f de oro/plata **4.** [photograph] lámina f **5.** [in dentistry] dentadura f postiza. ❖ vt ▸ to be plated (with) estar chapado(da) (en OR de).

plateau ['plætəʊ] (pl -s or -x) n [high, flat land] meseta f.

plate glass n vidrio m cilindrado.

platform ['plætfɔːm] n **1.** [gen & COMPUT] plataforma f ; [stage] estrado m ; [at meeting] tribuna f **2.** RAIL andén m / **platform 12** la vía 12 **3.** POL programa m electoral.

platinum ['plætɪnəm] n platino m.

platitude ['plætɪtjuːd] n tópico m.

platoon [plə'tuːn] n pelotón m.

platter ['plætər] n [dish] fuente f.

plausible ['plɔːzəbl] adj plausible, admisible.

play [pleɪ] ❖ n **1.** (U) [amusement] juego m ▸ at play jugando **2.** [piece of drama] obra f **3.** [game] ▸ play on words juego m de palabras **4.** TECH juego m. ❖ vt **1.** [game, sport] jugar a ; [match] jugar ; [in specific position] jugar de **2.** [play game against] ▸ to play sb (at sthg) jugar contra alguien (a algo) **3.** [perform for amusement] ▸ to play a joke on gastar una broma a ▸ to play a dirty trick on jugar una mala pasada a **4.** [act - part, character] ▸ to play a part ▸ to play a role in fig desempeñar un papel en ▸ to play the fool hacer el tonto **5.** [instrument, tune] tocar ; [record, cassette] poner ▸ to play it safe actuar sobre seguro. ❖ vi **1.** [gen] ▸ to play (with / against) jugar (con/contra) ▸ to play for sb / a team jugar para alguien/con un equipo **2.** [be performed, shown - play] representarse ; [- film] exhibirse **3.** [MUS - person] tocar ; [- music] sonar. ◆ **play along** vi ▸ to play along (with) seguir la corriente (a). ◆ **play down** vt sep quitar importancia a. ◆ **play up** ❖ vt sep [emphasize] hacer resaltar. ❖ vi [machine, part of body, child] dar guerra.

play-act vi fingir, hacer comedia.

playboy ['pleɪbɔɪ] n playboy m.

player ['pleɪər] n **1.** [of sport, game] jugador m, -ra f **2.** MUS intérprete mf **3.** THEAT actor m, actriz f **4.** [important person or organization] protagonista mf.

playful ['pleɪfʊl] adj juguetón(ona).

playground ['pleɪgraʊnd] n **1.** [at school] patio m de recreo **2.** [in park] zona f de juegos.

playgroup ['pleɪgruːp] n jardín m de infancia, guardería f.

playing card ['pleɪɪŋ-] n naipe m, carta f.

playing field ['pleɪɪŋ-] n campo m de juego.

playmate ['pleɪmeɪt] n compañero m, -ra f de juego.

play-off n partido m de desempate.

playpen ['pleɪpen] n parque m (de niños) (tipo cuna).

playschool ['pleɪskuːl] n jardín m de infancia, guardería f.

plaything ['pleɪθɪŋ] n lit & fig juguete m.

playtime ['pleɪtaɪm] n recreo m.

playwright ['pleɪraɪt] n dramaturgo m, -ga f.

PLC, plc [ˌpiːel'siː] (abbr of public limited company) n UK ≃ S.A.

plea [pliː] n **1.** [appeal] súplica f, petición f **2.** LAW declaración por parte del acusado de culpabilidad o inocencia.

plead [pliːd] ❖ vt (pt & pp -ed or pled) **1.** LAW [one's cause] defender **2.** [give as excuse] pretender. ❖ vi (pt & pp **-ed** or **pled**) **1.** [beg] ▶ **to plead (with sb to do sthg)** rogar o**r** implorar (a alguien que haga algo) ▶ **to plead for sthg** pedir algo **2.** LAW declarar.

pleasant ['pleznt] adj **1.** [smell, taste, view] agradable ; [surprise, news] grato(ta) **2.** [person, smile, face] simpático(ca).

pleasantry ['plezntrɪ] n ▶ **to exchange pleasantries** intercambiar cumplidos.

please [pli:z] ❖ vt complacer, agradar ▶ **he always pleases himself** él siempre hace lo que le da la gana ▶ **please yourself!** ¡como quieras! ❖ vi **1.** [give satisfaction] satisfacer, agradar **2.** [think appropriate] ▶ **to do as one pleases** hacer como a uno le parezca. ❖ adv por favor.

pleased [pli:zd] adj ▶ **to be pleased (about / with)** estar contento(ta) (por / con) ▶ **to be pleased for sb** alegrarse por alguien ▶ **to be very pleased with o.s.** estar muy satisfecho de sí mismo ▶ **pleased to meet you!** ¡encantado(da) de conocerle!, ¡mucho gusto!

pleasing ['pli:zɪŋ] adj agradable, grato(ta).

pleasure ['pleʒəʳ] n **1.** [feeling of happiness] gusto m **2.** [enjoyment] diversión f **3.** [delight] placer m ▶ **it's a pleasure, my pleasure** no hay de qué.

pleat [pli:t] ❖ n pliegue m. ❖ vt plisar.

pled [pled] pt & pp ⟶ **plead**.

pledge [pledʒ] ❖ n **1.** [promise] promesa f **2.** [token] señal f, prenda f. ❖ vt **1.** [promise] prometer **2.** [commit] ▶ **to pledge sb to sthg** hacer jurar a alguien algo ▶ **to pledge o.s. to** comprometerse a **3.** [pawn] empeñar.

plentiful ['plentɪful] adj abundante.

plenty ['plentɪ] ❖ n (U) abundancia f. ❖ pron ▶ **we've got plenty** tenemos de sobra / **that's plenty** es más que suficiente ▶ **plenty of** mucho(cha).

pliable ['plaɪəbl], **pliant** ['plaɪənt] adj flexible.

pliers ['plaɪəz] pl n alicates mpl.

plight [plaɪt] n grave situación f.

plimsolls ['plɪmsəlz] pl n **UK** zapatos mpl de tenis.

plinth [plɪnθ] n [for statue] peana f ; [for pillar] plinto m.

PLO (abbr of **Palestine Liberation Organization**) n OLP f.

plod [plɒd] vi **1.** [walk slowly] caminar con paso cansino **2.** [work steadily] ▶ **to plod away at sthg** trabajar pacientemente en algo.

plodder ['plɒdəʳ] n pej persona f mediocre pero voluntariosa (en el trabajo).

plonk [plɒŋk] n (U) **UK** inf [wine] vino m peleón. ◆ **plonk down** vt sep inf dejar caer.

plot [plɒt] ❖ n **1.** [plan] complot m, conspiración f **2.** [story] argumento m, trama f **3.** [of land]

parcela f. ❖ vt **1.** [plan] tramar, urdir **2.** [on map, graph] trazar. ❖ vi ▶ **to plot (to do sthg)** tramar (hacer algo) ▶ **to plot against** conspirar contra.

plotter ['plɒtəʳ] n **1.** [schemer] conspirador m, -ra f **2.** COMPUT plotter m.

plough UK, plow US [plaʊ] ❖ n arado m. ❖ vt arar. ◆ **plough into** ❖ vt sep [invest] invertir. ❖ vt insep [hit] chocar contra.

ploughman's ['plaʊmənz] (pl inv) n **UK** ▶ **ploughman's (lunch)** queso, cebolletas y ensalada con pan.

plow US = plough.

ploy [plɔɪ] n táctica f, estratagema f.

pls (abbr of **please**) adv xfa, pf.

pluck [plʌk] ❖ vt **1.** [fruit, flower] coger **2.** [pull sharply] arrancar **3.** [bird] desplumar **4.** [eyebrows] depilar **5.** [instrument] puntear. ❖ n dated valor m. ◆ **pluck up** vt insep ▶ **to pluck up the courage to do sthg** armarse de valor para hacer algo.

plucky ['plʌkɪ] adj dated valiente.

plug [plʌg] ❖ n **1.** ELEC enchufe m **2.** [for bath or sink] tapón m. ❖ vt **1.** [hole, leak] tapar **2.** inf [mention favourably] dar publicidad a. ◆ **plug in** vt sep enchufar.

plug-and-play adj COMPUT de enchufar y usar.

plughole ['plʌghəʊl] n desagüe m.

plug-in n COMPUT plug-in m.

plum [plʌm] ❖ adj **1.** [colour] de color ciruela **2.** [choice] ▶ **plum job** chollo m. ❖ n [fruit] ciruela f.

plumb [plʌm] ❖ adv **1.** **UK** [exactly] ▶ **plumb in the middle** justo en medio **2.** **US** [completely] completamente. ❖ vt ▶ **to plumb the depths of** alcanzar las cotas más bajas de.

plumber ['plʌməʳ] n fontanero m, -ra f **Esp**, plomero m, -ra f **Am**, gásfiter mf **Chile**, gásfitero m, -ra f **Perú**.

plumbing ['plʌmɪŋ] n (U) **1.** [fittings] tuberías fpl **2.** [work] fontanería f, plomería f **Am**.

plume [plu:m] n **1.** [feather] pluma f **2.** [decoration, of smoke] penacho m.

plummet ['plʌmɪt] vi caer en picado.

plump [plʌmp] adj regordete(ta). ◆ **plump for** vt insep optar o**r** decidirse por. ◆ **plump up** vt sep ahuecar.

plum pudding n budín navideño con pasas.

plunder ['plʌndəʳ] ❖ n **1.** [stealing, raiding] saqueo m, pillaje m **2.** [stolen goods] botín m. ❖ vt saquear.

plunge [plʌndʒ] ❖ n [dive] zambullida f ▶ **to take the plunge a)** [get married] dar el paso decisivo **b)** [take risk] lanzarse. ❖ vt **1.** [knife etc] ▶ **to plunge sthg into** hundir algo en **2.** [into darkness, water] ▶ **to plunge sthg into** sumergir algo en. ❖ vi **1.** [dive] zambullirse **2.** [decrease] bajar vertiginosamente.

plunger ['plʌndʒər] n [for blocked pipes] desatascador m.

pluperfect [,pluː'pɜːfɪkt] n ▶ **pluperfect (tense)** (pretérito m) pluscuamperfecto m.

plural ['plʊərəl] ❖ adj [gen] plural. ❖ n plural m ▶ **in the plural** en plural.

plus [plʌs] ❖ adj [or more] : *35-plus* 35 o más. ❖ n (pl **-es** or **-ses**) **1.** MATH [sign] signo m más **2.** [bonus] ventaja f. ❖ prep más. ❖ conj además.

plush [plʌʃ] adj lujoso(sa).

plus sign n signo m más.

Pluto ['pluːtəʊ] n [planet] Plutón m.

plutonium [pluː'təʊnɪəm] n plutonio m.

ply [plaɪ] ❖ vt **1.** [trade] ejercer **2.** [supply, provide] ▶ **to ply sb with sthg a)** [questions] acosar a alguien con algo **b)** [food, drink] no parar de ofrecer a alguien algo. ❖ vi navegar.

plywood ['plaɪwʊd] n contrachapado m.

p.m., pm (abbr of post meridiem) : *at 3 p.m.* a las tres de la tarde.

PM n abbr of prime minister.

PMT, PMS (abbr of premenstrual tension, premenstrual syndrome) n tensión f premenstrual.

pneumatic [njuː'mætɪk] adj [tyre, chair] neumático(ca).

pneumatic drill n martillo m neumático.

pneumonia [njuː'məʊnjə] n (U) pulmonía f.

PO¹ n abbr of Post Office.

PO², po n abbr of postal order.

poach [pəʊtʃ] ❖ vt **1.** [game] cazar furtivamente ; [fish] pescar furtivamente **2.** [copy] plagiar **3.** CULIN [salmon] cocer ; [egg] escalfar. ❖ vi [for game] cazar furtivamente ; [for fish] pescar furtivamente.

poacher ['pəʊtʃər] n [hunter] cazador furtivo m, cazadora furtiva f ; [fisherman] pescador furtivo m, pescadora furtiva f.

poaching ['pəʊtʃɪŋ] n [for game] caza f furtiva ; [for fish] pesca f furtiva.

PO Box (abbr of Post Office Box) n apdo. m, casilla f (de correos) ANDES.

pocket ['pɒkɪt] ❖ n **1.** [in clothes] bolsillo m ▶ **to be £10 out of pocket** salir perdiendo 10 libras ▶ **to pick sb's pocket** vaciar a alguien el bolsillo **2.** [in car door etc] bolsa f, bolsillo m **3.** [of resistance] foco m ; [of air] bolsa f ; [on pool, snooker table] tronera f. ❖ vt **1.** [place in pocket] meterse en el bolsillo **2.** [steal] birlar. ❖ adj de bolsillo.

pocketbook ['pɒkɪtbʊk] n **1.** [notebook] libreta f **2.** US [handbag] bolso m ; [wallet] cartera f.

pocketknife ['pɒkɪtnaɪf] (pl **-knives**) n navaja f (de bolsillo).

pocket money n **1.** [from parents] propina f **2.** [for minor expenses] dinero m para gastar.

pockmark ['pɒkmɑːk] n marca f, señal f.

pod [pɒd] n [of plants] vaina f.

podcast ['pɒdkæst] n COMPUT podcast m.

podgy ['pɒdʒɪ], **pudgy** adj inf gordinflón(ona).

podiatrist [pə'daɪətrɪst] n US podólogo m, -ga f.

podium ['pəʊdɪəm] (pl **-diums** or **-dia**) n podio m.

poem ['pəʊɪm] n poema m, poesía f.

poet ['pəʊɪt] n poeta mf.

poetic [pəʊ'etɪk] adj poético(ca).

poet laureate n poeta de la corte británica que escribe poemas para ocasiones oficiales.

poetry ['pəʊɪtrɪ] n poesía f.

poignant ['pɔɪnjənt] adj patético(ca), conmovedor(ra).

point [pɔɪnt] ❖ n **1.** [gen] punto m ▶ **a sore point** fig un asunto espinoso OR delicado **2.** [in time] momento m ▶ **at that point** en ese momento **3.** [tip] punta f **4.** [detail, argument] ▶ **to make a point** hacer una observación ▶ **to have a point** tener razón **5.** [main idea] ▶ **the point is ...** lo fundamental es ... ▶ **that's the whole point** de eso se trata ▶ **to miss the point** of no coger la idea de ▶ **to get** OR **come to the point** ir al grano ▶ **it's beside the point** no viene al caso **6.** [feature] aspecto m ▶ **weak / strong point** punto m débil/fuerte **7.** [purpose] sentido m ▶ **what's the point?** ¿para qué? ▶ **there's no point in it** no tiene sentido **8.** [decimal point] coma f **/** *two point six* dos coma seis **9.** UK ELEC toma f de corriente **10.** GEOG punta f ▶ **to make a point of doing sthg** preocuparse de hacer algo. ❖ vt ▶ **to point a gun at sthg / sb** apuntar a algo/ alguien con una pistola ▶ **to point one's finger at sthg / sb** señalar algo/a alguien con el dedo. ❖ vi **1.** [indicate with finger] ▶ **to point at sthg / sb, to point to sthg / sb** señalar algo/a alguien con el dedo **2.** fig [suggest] : *everything points to her guilt* todo indica que ella es la culpable. ❖ **points** pl n **1.** UK RAIL agujas fpl **2.** AUTO platinos mpl. ❖ **up to a point** adv hasta cierto punto. ❖ **on the point of** prep ▶ **to be on the point of doing sthg** estar a punto de hacer algo. ❖ **point out** vt sep [person, object, fact] señalar, indicar ; [mistake] hacer notar.

point-blank adv **1.** [refuse, deny] categóricamente **2.** [at close range] a quemarropa.

pointed ['pɔɪntɪd] adj **1.** [sharp, angular] en punta, puntiagudo(da) **2.** [cutting, incisive] intencionado(da).

pointer ['pɔɪntər] n **1.** [piece of advice] consejo m **2.** [needle] aguja f **3.** COMPUT puntero m.

pointless ['pɔɪntlɪs] adj sin sentido ▶ **it's pointless** no tiene sentido.

point of view (*pl* **points of view**) n **1.** [opinion] punto *m* de vista **2.** [aspect, perspective] perspectiva *f*.

poise [pɔɪz] n [self-assurance] aplomo *m*, serenidad *f*; [elegance] elegancia *f*.

poised [pɔɪzd] adj **1.** [ready] ▶ **to be poised for sthg** estar preparado(da) para algo **2.** [calm and dignified] sereno(na).

poison ['pɔɪzn] ◆ n veneno *m*. ◆ vt [generally - intentionally] envenenar; [- unintentionally] intoxicar.

poisoning ['pɔɪznɪŋ] n [intentional] envenenamiento *m*; [unintentional] intoxicación *f*.

poisonous ['pɔɪznəs] adj **1.** [substance, gas] tóxico(ca) **2.** [snake] venenoso(sa).

poke [pəʊk] ◆ vt **1.** [with finger, stick] empujar; [with elbow] dar un codazo a; [fire] atizar / **to poke sb in the eye** meter el dedo en el ojo de alguien **2.** [push, stuff] ▶ **to poke sthg into** meter algo en. ◆ vi [protrude] ▶ **to poke out of sthg** sobresalir por algo. ◆ **poke about, poke around** vi *inf* fisgonear, hurgar.

poker ['pəʊkə^r] n **1.** [game] póker *m* **2.** [for fire] atizador *m*.

poker-faced [-,feɪst] adj con cara inexpresiva.

poky ['pəʊkɪ] adj *pej*: *a poky little room* un cuartucho.

Poland ['pəʊlənd] n Polonia.

polar ['pəʊlə^r] adj polar.

polar bear n pan *m* polar.

Polaroid® ['pəʊlərɔɪd] n **1.** [camera] polaroid® *f* **2.** [photograph] fotografía *f* polaroid.

pole [pəʊl] n **1.** [rod, post] poste *m*; [for tent, flag] mástil *m* ▶ **telegraph pole** poste *m* telegráfico **2.** ELEC & GEOG polo *m* ▶ **to be poles apart** *fig* ser polos opuestos.

Pole [pəʊl] n polaco *m*, -ca *f*.

pole vault n ▶ **the pole vault** el salto con pértiga.

police [pə'liːs] ◆ *pl* n [police force] ▶ **the police** la policía. ◆ vt mantener el orden en, vigilar.

police car n coche *m* patrulla, auto *m* patrulla CAM CHILE MÉX, patrullero *m*, patrulla *f* COL MÉX.

police constable n UK policía *mf*.

police department n US jefatura *f* de policía.

police force n cuerpo *m* de policía.

policeman [pə'liːsmən] (*pl* -men) n policía *m*.

police officer n agente *mf* de policía.

police record n ▶ **(to have a) police record** (tener) antecedentes *mpl* policiales.

police station n comisaría *f* (de policía).

policewoman [pə'liːs,wʊmən] (*pl* -women) n (mujer *f*) policía *f*.

policy ['pɒləsɪ] n **1.** [plan, practice] política *f* **2.** [document, agreement] póliza *f*.

polio ['pəʊlɪəʊ] n polio *f*.

polish ['pɒlɪʃ] ◆ n **1.** [for floor, furniture] cera *f*; [for shoes] betún *m*; [for metal] abrillantador *m*; [for nails] esmalte *m* **2.** [shine] brillo *m*, lustre *m* **3.** *fig* [refinement] refinamiento *m*. ◆ vt [stone, wood] pulir; [floor] encerar; [shoes, car] limpiar; [cutlery, silver, glasses] sacar brillo a. ◆ **polish off** vt sep *inf* [food] zamparse; [job] despachar.

Polish ['pəʊlɪʃ] ◆ adj polaco(ca). ◆ n [language] polaco *m*. ◆ *pl* n ▶ **the Polish** los polacos.

polished ['pɒlɪʃt] adj **1.** [person, manner] refinado(da) **2.** [performance, speech] esmerado(da).

polite [pə'laɪt] adj educado(da), cortés.

politic ['pɒlətɪk] adj *fml* oportuno(na), conveniente.

political [pə'lɪtɪkl] adj [concerning politics] político(ca).

politically correct [pə,lɪtɪkl-] adj políticamente correcto(ta).

politician [,pɒlɪ'tɪʃn] n político *m*, -ca *f*.

politics ['pɒlətɪks] ◆ n (*U*) política *f*. ◆ *pl* n **1.** [personal beliefs] ideas *fpl* políticas **2.** [of a group, area] política *f*.

polka ['pɒlkə] n polca *f*.

polka dot n lunar *m* (en un vestido).

poll [pəʊl] ◆ n [vote] votación *f*; [of opinion] encuesta *f*. ◆ vt **1.** [people] sondear **2.** [votes] obtener. ◆ **polls** *pl* n ▶ **the polls** los comicios.

pollen ['pɒlən] n polen *m*.

polling ['pəʊlɪŋ] n (*U*) [votes] votación *f*.

polling booth ['pəʊlɪŋ-] n cabina *f* electoral.

polling day ['pəʊlɪŋ-] n UK día *m* de las elecciones.

polling station ['pəʊlɪŋ-] n colegio *m* OR centro *m* electoral.

pollute [pə'luːt] vt contaminar.

pollution [pə'luːʃn] n (*U*) **1.** [process of polluting] contaminación *f* **2.** [impurities] sustancias *fpl* contaminantes.

polo ['pəʊləʊ] n polo *m*.

polo neck UK n **1.** [neck] cuello *m* alto **2.** [jumper] jersey *m* de cuello alto.

polyester [,pɒlɪ'estə^r] n poliéster *m*.

polyethylene US = **polythene**.

Polynesia [,pɒlɪ'niːʒə] n Polinesia.

polystyrene [,pɒlɪ'staɪriːn] n poliestireno *m*.

polytechnic [,pɒlɪ'teknɪk] n UK escuela *f* politécnica.

polythene UK ['pɒlɪθiːn], **polyethylene** US ['pɒlɪ'eθɪliːn] n polietileno *m*.

polythene bag n UK bolsa *f* de plástico.

pomegranate ['pɒmɪ,grænɪt] n granada *f*.

pomp [pɒmp] n pompa *f*.

pompom ['pɒmpɒm] n borla f, pompón m.

pompous ['pɒmpəs] adj **1.** [self-important] presumido(da) **2.** [style] pomposo(sa); [building] ostentoso(sa).

pond [pɒnd] n estanque m.

ponder ['pɒndər] vt considerar.

ponderous ['pɒndərəs] adj **1.** [speech, book] pesado(da) **2.** [action, walk] lento(ta) y torpe.

pong [pɒŋ] UK inf n (olor m a) peste f.

pontoon [pɒn'tuːn] n **1.** [bridge] pontón m **2.** UK [game] veintiuna f.

pony ['pəʊnɪ] n poni m.

ponyride ['pəʊnɪraɪd] n paseo m en pony.

ponytail ['pəʊnɪteɪl] n coleta f (de caballo).

pony-trekking [-,trekɪŋ] n (U) ▸ **to go pony-trekking** hacer una excursión en poni.

poodle ['puːdl] n caniche m.

pool [puːl] ◆ n **1.** [of water, blood, ink] charco m; [pond] estanque m **2.** [swimming pool] piscina f **3.** [of light] foco m **4.** COMM [fund] fondo m común **5.** [of people, things] ▸ **typing pool** servicio m de mecanografía ▸ **car pool** parque m móvil **6.** [game] billar m americano. ◆ vt [resources, funds] juntar; [knowledge] poner en común. ◆ **pools** pl n UK ▸ **the pools** las quinielas.

poor [pɔːr] ◆ adj **1.** [gen] pobre ╱ *poor old John!* ¡el pobre de John! ╱ *you poor thing!* ¡pobrecito! **2.** [quality, result] malo(la) **3.** [prospects, chances] escaso(sa). ◆ pl n ▸ **the poor** los pobres.

poorly ['pɔːlɪ] ◆ adj UK pachucho(cha). ◆ adv mal ╱ *poorly off* pobre.

pop [pɒp] ◆ n **1.** [music] (música f) pop m **2.** (U) inf [fizzy drink] gaseosa f **3.** US inf [father] papá m **4.** [sound] pequeña explosión f. ◆ vt [balloon, bubble] pinchar. ◆ vi **1.** [balloon] reventar; [cork, button] saltar **2.** [eyes] salirse de las órbitas **3.** [ears]: *her ears popped* se le destaparon los oídos **4.** [go quickly]: *I'm just popping round to the shop* voy un momento a la tienda. ◆ **pop in** vi entrar un momento. ◆ **pop up** vi aparecer de repente.

pop concert n concierto m de música pop.

popcorn ['pɒpkɔːn] n palomitas fpl (de maíz).

pope [pəʊp] n papa m.

pop group n grupo m (de música) pop.

poplar ['pɒplər] n álamo m.

poppy ['pɒpɪ] n amapola f.

Popsicle® ['pɒpsɪkl] n US polo m.

populace ['pɒpjʊləs] n ▸ **the populace** a) [masses] el populacho b) [people] el pueblo.

popular ['pɒpjʊlər] adj **1.** [gen] popular; [person] estimado(da) **2.** [belief, attitude, discontent] generalizado(da) **3.** [newspaper, politics] para las masas.

popularity [,pɒpjʊ'lærətɪ] n popularidad f.

popularize, popularise ['pɒpjʊləraɪz] vt **1.** [make popular] popularizar **2.** [simplify] vulgarizar.

populate ['pɒpjʊleɪt] vt poblar.

population [,pɒpjʊ'leɪʃn] n población f.

porcelain ['pɔːsəlɪn] n porcelana f.

porch [pɔːtʃ] n **1.** [entrance] porche m, pórtico m **2.** US [verandah] porche m.

porcupine ['pɔːkjʊpaɪn] n puerco m espín.

pore [pɔːr] n poro m. ◆ **pore over** vt insep estudiar esmeradamente.

pork [pɔːk] n carne f de cerdo.

pork pie n empanada f de carne de cerdo.

porky ['pɔːkɪ] (compar **porkier**, superl **porkiest**) ◆ adj inf & pej [fat] rechoncho(cha). ◆ n UK inf [lie] trola f.

pornography [pɔː'nɒgrəfɪ] n pornografía f.

porous ['pɔːrəs] adj poroso(sa).

porridge ['pɒrɪdʒ] n papilla f OR gachas fpl de avena.

port [pɔːt] n **1.** [coastal town, harbour] puerto m **2.** NAUT [left-hand side] babor m **3.** [drink] oporto m **4.** COMPUT puerto m.

portable ['pɔːtəbl] adj portátil.

portent ['pɔːtənt] n liter presagio m.

porter ['pɔːtər] n **1.** UK [in block of flats] portero m, -ra f; [in public building, hotel] conserje mf **2.** [for luggage] mozo m.

portfolio [,pɔːt'fəʊljəʊ] (pl -s) n **1.** ART, FIN & POL cartera f **2.** [sample of work] carpeta f.

porthole ['pɔːthəʊl] n portilla f.

portion ['pɔːʃn] n **1.** [part, section] porción f **2.** [of chips, vegetables etc] ración f.

portly ['pɔːtlɪ] adj corpulento(ta).

port of call n **1.** NAUT puerto m de escala **2.** fig [on journey] escala f.

portrait ['pɔːtrɪt] n **1.** [picture] retrato m **2.** COMPUT formato m vertical.

portray [pɔː'treɪ] vt **1.** [represent - in a play, film] representar **2.** [describe] describir **3.** [paint] retratar.

Portugal ['pɔːtʃʊgl] n Portugal.

Portuguese [,pɔːtʃʊ'giːz] ◆ adj portugués(esa). ◆ n [language] portugués m. ◆ pl n ▸ **the Portuguese** los portugueses.

pose [pəʊz] ◆ vt [problem] plantear; [threat] representar. ◆ vi [for painting] posar; pej [behave affectedly] hacer pose ▸ **to pose as** hacerse pasar por. ◆ n [stance] postura f; pej [affectation] pose f.

posh [pɒʃ] adj inf **1.** [hotel, area etc] de lujo, elegante **2.** UK [person, accent] afectado(da).

position [pə'zɪʃn] ◆ n **1.** [gen] posición f **2.** [right place] sitio m, lugar m **3.** [status] rango m **4.** [job] puesto m **5.** [in a race, competition] lugar m **6.** [state, situation] situación f ▸ **to be in a / no position to do sthg** estar/no estar en condiciones de hacer algo **7.** [stance, opinion] ▸ **position on** postura f respecto a. ❖ vt colocar.

positive ['pɒzətɪv] adj **1.** [gen] positivo(va) ▸ **the test was positive** la prueba dio positivo **2.** [sure] ▸ **to be positive (about)** estar seguro(ra) (de) **3.** [optimistic, confident] ▸ **to be positive (about)** ser optimista (respecto a) **4.** [definite - action] decisivo(va) ; [- decision] categórico(ca) **5.** [irrefutable - evidence, fact] irrefutable ; [- proof] concluyente.

posse ['pɒsɪ] n 𝖚𝖘 **1.** [to pursue criminal] grupo m de hombres a caballo **2.** [group] grupo m.

possess [pə'zes] vt **1.** [gen] poseer **2.** [subj: emotion] adueñarse de.

possession [pə'zeʃn] n posesión f ▸ **to have sthg in one's possession, to be in possession of sthg** tener (posesión de) algo. ❖ **possessions** pl n bienes mpl.

possessive [pə'zesɪv] adj **1.** [gen] posesivo(va) **2.** pej [selfish] egoísta.

possibility [,pɒsə'bɪlətɪ] n posibilidad f ▸ **there's a possibility that ...** es posible que ...

possible ['pɒsəbl] adj **1.** [gen] posible ▸ **as soon as possible** cuanto antes ▸ **as much as possible a)** [quantity] todo lo posible **b)** [to the greatest possible extent] en la medida de lo posible / *I go as often as possible* voy siempre que puedo / *it's possible that she'll come* es posible que venga **2.** [viable - plan etc] viable, factible.

possibly ['pɒsəblɪ] adv **1.** [perhaps] posiblemente, quizás **2.** [within one's power] : *could you possibly help me?* ¿te importaría ayudarme? **3.** [to show surprise] : *how could he possibly do that?* ¿cómo demonios pudo hacer eso? **4.** [for emphasis] : *I can't possibly do it* no puedo hacerlo de ninguna manera.

post [pəʊst] ❖ n **1.** [service] ▸ **the post** el correo ▸ **by post** por correo **2.** (U) [letters etc] cartas fpl **3.** [delivery] reparto m **4.** 𝖚𝖐 [collection] colecta f **5.** [pole] poste m **6.** [position, job] puesto m **7.** MIL puesto m. ❖ vt **1.** [put in letterbox] echar al correo ; [send by mail] mandar por correo **2.** [transfer] enviar, destinar **3.** COMPUT [message, query] enviar.

postage ['pəʊstɪdʒ] n franqueo m, porte m ▸ **postage and packing** gastos mpl de envío.

postal ['pəʊstl] adj postal.

postal order n giro m postal.

postal vote n voto m por correo.

postbox ['pəʊstbɒks] n 𝖚𝖐 buzón m.

postcard ['pəʊstkɑːd] n postal f.

postcode ['pəʊstkəʊd] n 𝖚𝖐 código m postal.

postdate [,pəʊst'deɪt] vt poner posfecha a / *a postdated cheque* extender un cheque con fecha posterior.

poster ['pəʊstər] n cartel m, póster m.

poste restante [,pəʊst'rɑːnt] n 𝖚𝖐 lista f de correos.

posterior [pɒ'stɪərɪər] n hum trasero m.

postgraduate [,pəʊst'grædʒʊət] n posgraduado m, -da f.

posthumous ['pɒstjʊməs] adj póstumo(ma).

postman ['pəʊstmən] (pl -men) n cartero m.

postmark ['pəʊstmɑːk] n matasellos m inv.

postmortem [,pəʊst'mɔːtəm] n [autopsy] autopsia f.

post office n **1.** [organization] ▸ **the Post Office** ≃ Correos m inv **2.** [building] oficina f de correos.

post office box n apartado m de correos, casilla f de correos 𝗔𝗡𝗗𝗘𝗦 𝗥𝗣.

postpone [,pəʊst'pəʊn] vt posponer.

postscript ['pəʊstskrɪpt] n [additional message] posdata f ; fig [additional information] nota f final.

posture ['pɒstʃər] n lit & fig postura f ▸ **posture on sthg** postura hacia algo.

postwar [,pəʊst'wɔːr] adj de (la) posguerra.

postwoman ['pəʊst,wʊmən] (pl postwomen ['wɪmɪn]) n cartera f.

posy ['pəʊzɪ] n ramillete m.

pot [pɒt] ❖ n **1.** [for cooking] olla f **2.** [for tea] tetera f ; [for coffee] cafetera f **3.** [for paint] bote m ; [for jam] tarro m **4.** [flowerpot] tiesto m, maceta f **5.** (U) inf [cannabis] maría f, hierba f ▸ **to go to pot** ir al traste. ❖ vt plantar (en un tiesto).

potassium [pə'tæsɪəm] n potasio m.

potato [pə'teɪtəʊ] (pl -es) n patata f.

potato crisps 𝖚𝖐, **potato chips** 𝖚𝖘 n patatas fpl fritas (de bolsa).

potato peeler [-,piːlər] n pelapatatas m inv 𝗘𝘀𝗽, pelapapas m inv 𝗔𝗺.

potent ['pəʊtənt] adj **1.** [powerful, influential] poderoso(sa) **2.** [drink, drug] fuerte **3.** [sexually capable] potente.

potential [pə'tenʃl] ❖ adj potencial, posible. ❖ n (U) potencial m ▸ **to have potential** tener posibilidades, prometer.

potentially [pə'tenʃəlɪ] adv en potencia.

pothole ['pɒthəʊl] n **1.** [in road] bache m **2.** [underground] cueva f.

potholing ['pɒt,həʊlɪŋ] n 𝖚𝖐 espeleología f.

potion ['pəʊʃn] n poción f.

potluck [,pɒt'lʌk] n ▸ **to take potluck a)** [gen] elegir a ojo **b)** [at meal] conformarse con lo que haya.

potshot ['pɒt,ʃɒt] n ▸ **to take a potshot (at sthg /sb)** disparar (a algo/alguien) sin apuntar.

potsticker ['pɒtstɪkə^r] n [US] CULIN empanaditas *fpl* chinas.

potted ['pɒtɪd] adj **1.** [plant] en tiesto **2.** [meat, fish] en conserva.

potter ['pɒtə^r] n alfarero *m*, -ra *f*. ◆ **potter about, potter around** vi [UK] entretenerse.

pottery ['pɒtərɪ] n **1.** [gen] cerámica *f*, alfarería *f* **2.** [factory] fábrica *f* de cerámica.

potty ['pɒtɪ] [UK] *inf* ◆ adj [person] chalado(da). ◆ n orinal *m*.

pouch [paʊtʃ] n **1.** [small bag] bolsa *f* pequeña; [for tobacco] petaca *f* **2.** [on animal's body] bolsa *f* (abdominal).

poultry ['pəʊltrɪ] ◆ n [meat] carne *f* de pollería. ◆ pl n [birds] aves *fpl* de corral.

pounce [paʊns] vi [leap] ▸ **to pounce (on** OR **upon)** abalanzarse (sobre).

pound [paʊnd] ◆ n **1.** [unit of money, weight] libra *f* **2.** [for cars] depósito *m* (de coches); [for dogs] perrera *f*. ◆ vt **1.** [hammer on] golpear, aporrear **2.** [pulverize] machacar. ◆ vi **1.** [hammer] ▸ **to pound on sthg** golpear OR aporrear algo **2.** [beat, throb] palpitar / *her heart was pounding* le palpitaba el corazón.

pound sterling n libra *f* esterlina.

pour [pɔː^r] ◆ vt [cause to flow] ▸ **to pour sthg (into)** echar OR verter algo (en) / *to pour sthg down the sink* tirar algo por el fregadero ▸ **to pour sb a drink, to pour a drink for sb** servirle una copa a alguien / *can I pour you a cup of tea?* ¿quieres que te sirva una taza de té? ◆ vi [liquid] chorrear; [smoke] salir a borbotones. ◆ impers vb [rain hard] llover a cántaros / *it's pouring (down)* está lloviendo a cántaros. ◆ **pour in** vi llegar a raudales. ◆ **pour out** ◆ vt sep **1.** [empty] echar, vaciar **2.** [serve] servir. ◆ vi [rush out] salir en manada.

pouring ['pɔːrɪŋ] adj [rain] torrencial.

pout [paʊt] vi [showing displeasure] hacer pucheros; [being provocative] hacer un gesto provocador con los labios.

poverty ['pɒvətɪ] n *lit* & *fig* pobreza *f*.

poverty-stricken adj necesitado(da).

powder ['paʊdə^r] ◆ n polvo *m*; [make-up] polvos *mpl*. ◆ vt poner polvos en ▸ **to powder o.s.** darse polvos, empolvarse.

powder compact n polvera *f*.

powdered ['paʊdəd] adj [in powder form] en polvo.

powdered milk n leche *f* en polvo.

powder puff n borla *f*.

powder room n servicios *mpl* de señoras.

power ['paʊə^r] ◆ n **1.** (*U*) [authority, control] poder *m* ▸ **to have power over sb** tener poder sobre alguien ▸ **to come to /take power** llegar al/hacerse con el poder ▸ **to be in power** estar en el poder **2.** [ability] facultad *f* ▸ **it isn't within my power to do it** no está dentro de mis posibilidades hacerlo / *I'll do everything in my power to help* haré todo lo que pueda por ayudar **3.** [legal authority] autoridad *f*, competencia *f* ▸ **to have the power to do sthg** tener autoridad para hacer algo **4.** [physical strength] fuerza *f* **5.** [energy - solar, steam etc] energía *f* **6.** [electricity] corriente *f* **7.** [powerful nation, person, group] potencia *f* **8.** [phr] : *to do sb a power of good* sentar de maravilla a alguien. ◆ vt impulsar.

powerboat ['paʊəbəʊt] n motora *f*.

power cut n apagón *m*.

power failure n corte *m* de corriente.

powerful ['paʊəfʊl] adj **1.** [gen] poderoso(sa) **2.** [blow, voice, drug] potente **3.** [speech, film] conmovedor(ra).

powerless ['paʊəlɪs] adj **1.** [helpless] impotente **2.** [unable] ▸ **to be powerless to do sthg** no poder hacer algo.

power plant n central *f* eléctrica.

power point n [UK] toma *f* (de corriente).

power station n central *f* eléctrica.

power steering n dirección *f* asistida.

pp (*written abbr of* per procurationem) p.p.

PR n **1.** *abbr of* proportional representation **2.** *abbr of* public relations.

practicable ['præktɪkəbl] adj factible.

practical ['præktɪkl] ◆ adj **1.** [gen] práctico(ca) **2.** [skilled with hands] hábil, mañoso(sa). ◆ n práctica *f*.

practicality [,præktɪ'kælətɪ] n viabilidad *f*.

practical joke n broma *f* pesada.

practically ['præktɪklɪ] adv **1.** [in a practical way] de manera práctica **2.** [almost] prácticamente, casi.

practice ['præktɪs] n **1.** [training, training session] práctica *f*; SPORT entrenamiento *m*; MUS ensayo *m* ▸ **I'm out of practice** me falta práctica ▸ **practice makes perfect** se aprende a base de práctica **2.** [reality] ▸ **to put sthg into practice** llevar algo a la práctica **3.** [habit, regular activity] costumbre *f* **4.** [of profession] ejercicio *m* **5.** [business - of doctor] consulta *f*; [- of lawyer] bufete *m*, despacho *m*.

practicing [US] = **practising**.

practise, practice [US] ['præktɪs] ◆ vt **1.** SPORT entrenar; MUS & THEAT ensayar **2.** [religion, economy, safe sex] practicar **3.** [medicine, law] ejercer. ◆ vi **1.** [train - gen] practicar; [- SPORT] entrenarse **2.** [as doctor] practicar; [as lawyer] ejercer.

practising, practicing US ['præktɪsɪŋ] adj **1.** [Catholic, Jew etc] practicante **2.** [doctor, lawyer] en ejercicio **3.** [homosexual] activo(va).

practitioner [præk'tɪʃnə] n ▶ **medical practitioner** médico m, -ca f.

pragmatic [præg'mætɪk] adj pragmático(ca).

prairie ['preərɪ] n pradera f, prado m.

praise [preɪz] ◆ n (U) elogio m, alabanza f. ◆ vt elogiar, alabar.

praiseworthy ['preɪz,wɜːðɪ] adj encomiable.

pram [præm] n cochecito m de niño.

prance [prɑːns] vi **1.** [person] ir dando brincos **2.** [horse] hacer cabriolas.

prank [præŋk] n travesura f ▶ **to play a prank on sb** gastarle una broma pesada a alguien.

prawn [prɔːn] n gamba f.

prawn cracker n corteza f de gambas.

pray [preɪ] vi rezar, orar ▶ **to pray to sb** rogar a alguien.

prayer [preə] n **1.** RELIG oración f **2.** fig [strong hope] ruego m, súplica f.

prayer book n misal m.

preach [priːtʃ] ◆ vt [gen] predicar; [sermon] dar. ◆ vi **1.** RELIG ▶ **to preach (to)** predicar (a) **2.** pej [pontificate] ▶ **to preach (at)** sermonear (a).

preacher ['priːtʃə] n **1.** predicador m, -ra f **2.** US [minister] pastor m, -ra f.

precarious [prɪ'keərɪəs] adj precario(ria).

precaution [prɪ'kɔːʃn] n precaución f.

precede [prɪ'siːd] vt preceder.

precedence ['presɪdəns] n ▶ **to take precedence over** tener prioridad sobre.

precedent ['presɪdənt] n precedente m.

precinct ['priːsɪŋkt] n **1.** UK [shopping area] zona f comercial **2.** US [district] distrito m. ◆ **precincts** pl n recinto m.

precious ['preʃəs] adj **1.** [gen] precioso(sa) **2.** [memories, possessions] preciado(da) **3.** [affected] afectado(da) **4.** iro : I've heard enough about your precious dog! ¡ya estoy cansado de tu dichoso perro!

precipice ['presɪpɪs] n lit & fig precipicio m.

precipitate vt [prɪ'sɪpɪteɪt] precipitar.

precise [prɪ'saɪs] adj preciso(sa), exacto(ta).

precisely [prɪ'saɪslɪ] adv **1.** [with accuracy] exactamente **2.** [exactly, literally] precisamente **3.** [as confirmation] ▶ **precisely!** ¡eso es!, ¡exactamente!

precision [prɪ'sɪʒn] n precisión f.

preclude [prɪ'kluːd] vt fml evitar, impedir; [possibility] excluir ▶ **to preclude sthg/sb from doing sthg** impedir que algo/alguien haga algo.

precocious [prɪ'kəʊʃəs] adj precoz.

preconceived [,priːkən'siːvd] adj preconcebido(da).

precondition [,priːkən'dɪʃn] n fml ▶ **precondition (for)** requisito m previo (para).

predator ['predətə] n depredador m, -ra f; fig buitre mf.

predecessor ['priːdɪsesə] n antecesor m, -ra f.

predicament [prɪ'dɪkəmənt] n apuro m.

predict [prɪ'dɪkt] vt predecir, pronosticar.

predictable [prɪ'dɪktəbl] adj **1.** [result etc] previsible **2.** [film, book, person] poco original.

prediction [prɪ'dɪkʃn] n pronóstico m.

predictive [prɪ'dɪktɪv] adj indicador(ra), profético(ca) ▶ **predictive text(ing)** TELEC escritura f predictiva, T9 m.

predispose [,priːdɪs'pəʊz] vt ▶ **to be predisposed to sthg/to do sthg** [by nature] estar predispuesto(ta) a algo/a hacer algo.

predominant [prɪ'dɒmɪnənt] adj predominante.

predominantly [prɪ'dɒmɪnəntlɪ] adv fundamentalmente.

predominate [prɪ'dɒmɪneɪt] vi predominar.

preempt [,priː'empt] vt [make ineffective] adelantarse a.

preemptive [,priː'emptɪv] adj preventivo(va).

preen [priːn] vt **1.** [subj: bird] arreglar (con el pico) / to preen itself atusarse las plumas **2.** fig [subj: person] ▶ **to preen o.s.** acicalarse.

prefab ['priːfæb] n inf casa f prefabricada.

preface ['prefɪs] n ▶ **preface (to)** prólogo m OR prefacio m (a).

prefect ['priːfekt] n UK [pupil] delegado m, -da f de curso.

prefer [prɪ'fɜː] vt ▶ **to prefer sthg (to)** preferir algo (a) ▶ **to prefer to do sthg** preferir hacer algo.

preferable ['prefrəbl] adj ▶ **to be preferable (to)** ser preferible (a).

preferably ['prefrəblɪ] adv preferentemente.

preference ['prefərəns] n ▶ **preference (for)** preferencia f (por) ▶ **to give sb preference, to give preference to sb** dar preferencia a alguien.

preferential [,prefə'renʃl] adj preferente.

prefix ['priːfɪks] n prefijo m.

pregnancy ['pregnənsɪ] n embarazo m.

pregnant ['pregnənt] adj **1.** [woman] embarazada **2.** [animal] preñada.

prehistoric [,priːhɪ'stɒrɪk] adj prehistórico(ca).

pre-installed [,priːɪn'stɔːld] adj [software] preinstalado(da).

prejudge [,priː'dʒʌdʒ] vt prejuzgar, juzgar de antemano.

prejudice ['predʒʊdɪs] ◆ n ▶ **prejudice (against)** prejuicio m (contra) ▶ **prejudice in favour of** predisposición f a favor de. ◆ vt **1.** [bias] ▶ **to prejudice sb (in favour of /**

against) predisponer a alguien (a favor de/en contra de) **2.** [harm] perjudicar.

prejudiced ['predʒʊdɪst] adj parcial ▸ **to be prejudiced in favour of/against** estar predispuesto a favor de/en contra de.

preliminary [prɪ'lɪmɪnərɪ] adj preliminar.

prelude ['prelju:d] n [event] ▸ **prelude (to)** preludio m (a).

premarital [,priː'mærɪtl] adj prematrimonial.

premature ['premə,tjʊər] adj prematuro(ra).

premeditate [prɪ'medɪteɪt] vt [crime] premeditar.

premeditated [,priː'medɪteɪtɪd] adj premeditado(da).

premenstrual syndrome, premenstrual tension [priː'menstrʊəl-] n síndrome m premenstrual.

premier ['premjər] ❖ adj primero(ra). ❖ n primer ministro m, primera ministra f.

premiere ['premɪeər] n estreno m.

premise ['premɪs] n premisa f. ◆ **premises** pl n local m ▸ **on the premises** en el local.

premium ['priː:mjəm] n prima f ▸ **to put** OR **place a high premium on sthg** dar gran importancia a algo.

premium bond n UK boleto numerado emitido por el Estado que autoriza a participar en sorteos mensuales de dinero hasta su amortización.

premonition [,premə'nɪʃn] n premonición f.

pre-nup (abbr of pre-nuptual contract) n inf acuerdo m prenupcial.

preoccupied [prɪ'ɒkjʊpaɪd] adj ▸ **preoccupied (with)** preocupado(da) (por).

pre-owned adj usado(da).

prep [prep] (abbr of preparation) n (U) UK inf tarea f, deberes mpl.

prepaid ['priː:peɪd] adj [post paid] porte pagado.

preparation [,prepə'reɪʃn] n [act of preparing] preparación f. ◆ **preparations** pl n preparativos mpl ▸ **to make preparations for** hacer los preparativos para.

preparatory [prɪ'pærətrɪ] adj preparatorio(ria), preliminar.

preparatory school n [in UK] colegio de pago para niños de 7 a 12 años; [in US] escuela privada de enseñanza secundaria y preparación para estudios superiores.

prepare [prɪ'peər] ❖ vt preparar. ❖ vi ▸ **to prepare for sthg/to do sthg** prepararse para algo/para hacer algo.

prepared [prɪ'peəd] adj **1.** [gen] preparado(da) ▸ **to be prepared for sthg** estar preparado para algo **2.** [willing] ▸ **to be prepared to do sthg** estar dispuesto(ta) a hacer algo.

preposition [,prepə'zɪʃn] n preposición f.

preposterous [prɪ'pɒstərəs] adj absurdo(da).

preppy ['prepɪ] US inf ❖ adj pijo(ja). ❖ n (pl -ies) niño m, -ña f bien.

prep school n inf abbr of **preparatory school**.

prerequisite [,priː'rekwɪzɪt] n ▸ **prerequisite (for)** requisito m (para).

prerogative [prɪ'rɒgətɪv] n prerrogativa f.

Presbyterian [,prezbɪ'tɪərɪən] ❖ adj presbiteriano(na). ❖ n presbiteriano m, -na f.

preschool ['priː:,skuː:l] ❖ adj preescolar. ❖ n US parvulario m.

prescribe [prɪ'skraɪb] vt **1.** MED recetar **2.** [order] ordenar, mandar.

prescription [prɪ'skrɪpʃn] n receta f ▸ **on prescription** con receta médica.

presence ['prezns] n presencia f ▸ **to make one's presence felt** hacer sentir la presencia de uno.

presence of mind n aplomo m.

present ❖ adj ['preznt] **1.** [current] actual **2.** [in attendance] presente ▸ **to be present at sthg** asistir a algo, estar presente en algo. ❖ n ['preznt] **1.** [current time] ▸ **the present** el presente ▸ **at present** actualmente **2.** LING ▸ **present (tense)** (tiempo m) presente m **3.** [gift] regalo m f ▸ **to give sb a present** dar un regalo a alguien. ❖ vt [prɪ'zent] **1.** [gen] presentar ▸ **to present sb with sthg, to present sthg to sb** [challenge, opportunity] representar algo para alguien ▸ **to present sb to sb** presentar a alguien a alguien ▸ **to present o.s.** [arrive] presentarse **2.** [give] ▸ **to present sb with sthg, to present sthg to sb a)** [as present] obsequiar algo a alguien **b)** [at ceremony] entregar algo a alguien **3.** [play etc] representar.

presentable [prɪ'zentəbl] adj presentable f ▸ **to look presentable** tener un aspecto presentable ▸ **to make o.s. presentable** arreglarse.

presentation [,prezn'teɪʃn] n **1.** [gen] presentación f **2.** [ceremony] entrega f **3.** [performance] representación f.

present day n ▸ **the present day** el presente. ◆ **present-day** adj de hoy en día.

presenter [prɪ'zentər] n UK presentador m, -ra f.

presently ['prezntlɪ] adv **1.** [soon] dentro de poco **2.** [now] actualmente.

preservation [,prezə'veɪʃn] n preservación f, conservación f.

preservative [prɪ'zɜː:vətɪv] n conservante m.

preserve [prɪ'zɜː:v] ❖ vt conservar. ❖ n [jam] mermelada f. ◆ **preserves** pl n [jam] confituras fpl; [vegetables] conserva f.

preset [,priː:'set] (pt & pp preset) vt programar.

preside [prɪ'zaɪd] vi ▸ **to preside (over** OR **at sthg)** presidir (algo).

presidency ['prezɪdənsɪ] (pl -ies) n presidencia f.

president ['prezɪdənt] n presidente m, -ta f.

presidential [,prezɪ'denʃl] adj presidencial.

President's Day n *el tercer lunes de febrero, día de fiesta en Estados Unidos en el que se conmemoran los cumpleaños de los presidentes Washington y Lincoln.*

press [pres] ❖ n **1.** [push] ▸ **to give sthg a press** apretar algo **2.** [newspapers, reporters] ▸ **the press** la prensa ▸ **to get a good /bad press** tener buena /mala prensa **3.** [machine] prensa *f* / **to go to press** entrar en prensa **4.** [with iron] planchado *m* / **to give sthg a press** dar un planchado a algo. ❖ vt **1.** [gen] apretar ▸ **to press sthg against sthg** apretar algo contra algo **2.** [grapes, flowers] prensar **3.** [iron] planchar **4.** [urge] ▸ **to press sb for sthg** presionar a alguien en busca de algo **5.** [pursue - claim] insistir en ▸ **to press charges against sb** LAW demandar a alguien. ❖ vi **1.** [gen] ▸ **to press (on sthg)** apretar (algo) **2.** [crowd] ▸ **to press forward** empujar hacia adelante. ◆ **press for** vt insep exigir, reclamar. ◆ **press on** vi [continue] ▸ **to press on (with)** seguir adelante (con).

press agency n agencia *f* de prensa.

press conference n rueda *f* de prensa.

pressed [prest] adj ▸ **to be pressed (for time / money)** andar escaso(sa) (de tiempo /de dinero).

pressing ['presɪŋ] adj apremiante.

press officer n jefe *m*, -fa *f* de prensa.

press release n comunicado *m* de prensa.

press-stud n UK automático *m*.

press-up n UK flexión *f*.

pressure ['preʃər] n presión *f*.

pressure cooker n olla *f* a presión.

pressure gauge n manómetro *m*.

pressure group n grupo *m* de presión.

pressurize, pressurise ['preʃəraɪz] vt **1.** TECH presurizar **2.** UK [force] ▸ **to pressurize sb to do OR into doing sthg** presionar a alguien para que haga algo.

prestige [pre'stiːʒ] n prestigio *m*.

prestigious [pre'stɪdʒəs] adj prestigioso(sa).

presumably [prɪ'zjuːməblɪ] adv : *presumably you've read it* supongo que lo has leído.

presume [prɪ'zjuːm] vt suponer ▸ **he is presumed dead** se supone que está muerto.

presumption [prɪ'zʌmpʃn] n **1.** [assumption] suposición *f*; [of innocence] presunción *f* **2.** (U) [audacity] presunción *f*, osadía *f*.

presumptuous [prɪ'zʌmptʃʊəs] adj presuntuoso(sa).

pretence, pretense US [prɪ'tens] n fingimiento *m*, simulación *f* ▸ **to make a pretence of doing sthg** fingir hacer algo ▸ **under false pretences** con engaños, con falsos pretextos.

pretend [prɪ'tend] ❖ vt ▸ **to pretend to do sthg** fingir hacer algo / *she pretended not to notice* hizo como si no se hubiera dado cuenta

/ *don't pretend you didn't know!* ¡no finjas que no lo sabías! ❖ vi fingir, simular. ❖ adj *inf* de mentira.

pretense US = pretence.

pretension [prɪ'tenʃn] n pretensión *f* ▸ **to have pretensions to sthg** tener pretensiones de algo.

pretentious [prɪ'tenʃəs] adj pretencioso(sa).

pretext ['priːtekst] n pretexto *m* ▸ **on OR under the pretext that .../of doing sthg** con el pretexto de que .../de hacer algo.

pretty ['prɪtɪ] ❖ adj bonito(ta). ❖ adv bastante ▸ **pretty much** más o menos ▸ **pretty well** [almost] casi.

prevail [prɪ'veɪl] vi **1.** [be widespread] predominar, imperar **2.** [triumph] ▸ **to prevail (over)** prevalecer (sobre) **3.** [persuade] ▸ **to prevail on OR upon sb to do sthg** persuadir a alguien para que haga algo.

prevailing [prɪ'veɪlɪŋ] adj predominante.

prevalent ['prevələnt] adj predominante.

prevent [prɪ'vent] vt impedir; [event, illness, accident] evitar ▸ **to prevent sthg (from) happening** impedir OR evitar que algo pase ▸ **to prevent sb (from) doing sthg** impedir a alguien que haga algo.

prevention [prɪ'venʃn] n prevención *f*.

preventive [prɪ'ventɪv], **preventative** adj preventivo(va).

preview ['priːvjuː] n **1.** [film] avance *m* **2.** [exhibition] preestreno *m*.

previous ['priːvjəs] adj previo(via), anterior.

previously ['priːvjəslɪ] adv **1.** [formerly] anteriormente **2.** [before] : *two years previously* dos años antes.

prewar [ˌpriːˈwɔːr] adj de preguerra.

prey [preɪ] n presa *f*, víctima *f*. ◆ **prey on** vt insep **1.** [live off] cazar, alimentarse de **2.** [trouble] ▸ **to prey on sb's mind** atormentar a alguien.

price [praɪs] ❖ n *lit & fig* precio *m* ▸ **to go up / down in price** subir/bajar de precio / *you can't put a price on health* la salud no tiene precio ▸ **to pay the price for sthg** pagar el precio de algo ▸ **at any price** a toda costa, a cualquier precio ▸ **at a price** a un alto precio ▸ **to pay a high price for sthg** pagar algo caro ▸ **price bracket** gama *f* de precios ▸ **price bubble** burbuja *f* de precios ▸ **price increase** alza *f* OR aumento *m* de precios. ❖ vt poner precio a / **to be wrongly priced** tener el precio equivocado / **to price o.s. out of the market** salirse del mercado por vender demasiado caro.

priceless ['praɪslɪs] adj *lit & fig* que no tiene precio, inestimable.

price list n lista *f* OR tarifa *f* de precios.

price tag n [label] etiqueta *f* (del precio).

pricey ['praɪsɪ] (*compar* **-ier**, *superl* **-iest**) adj caro(ra).

prick [prɪk] ❖ n **1.** [wound] pinchazo *m* **2.** *vulg* [penis] polla *f* **3.** *vulg* [stupid person] gilipollas *mf inv*. ❖ vt **1.** [gen] pinchar **2.** [sting] picar. ◆ **prick up** vt insep ▶ **to prick up one's ears a)** [subj: animal] levantar las orejas **b)** [subj: person] aguzar el oído.

prickle ['prɪkl] ❖ n **1.** [thorn] espina *f* **2.** [sensation] comezón *f*. ❖ vi picar.

prickly ['prɪklɪ] adj **1.** [thorny] espinoso(sa) **2.** *fig* [touchy] susceptible, enojadizo(za).

prickly heat n (U) sarpullido por causa del calor.

pride [praɪd] ❖ n orgullo *m*. ❖ vt ▶ **to pride o.s. on sthg** enorgullecerse de algo.

priest [priːst] n sacerdote *m*.

priestess ['priːstɪs] n sacerdotisa *f*.

priesthood ['priːsthʊd] n **1.** [position, office] ▶ **the priesthood** el sacerdocio **2.** [priests collectively] ▶ **the priesthood** el clero.

prig [prɪg] n mojigato *m*, -ta *f*.

prim [prɪm] adj remilgado(da) ▶ **prim and proper** remilgado(da).

primarily ['praɪmərɪlɪ] adv principalmente.

primary ['praɪmərɪ] ❖ adj **1.** [main] principal **2.** SCH primario(ria). ❖ n [US] POL primaria *f*.

primary school n escuela *f* primaria.

primate ['praɪmeɪt] n ZOOL primate *m*.

prime [praɪm] ❖ adj **1.** [main] primero(ra), principal **2.** [excellent] excelente ; [quality] primero(ra). ❖ n ▶ **to be in one's prime** estar en la flor de la vida. ❖ vt **1.** [surface] preparar **2.** [gun, pump] cebar.

prime minister n primer ministro *m*, primera ministra *f*.

primer ['praɪmər] n **1.** [paint] imprimación *f* **2.** [textbook] cartilla *f*.

primeval, primaeval [praɪ'miːvl] adj [ancient] primitivo(va).

primitive ['prɪmɪtɪv] adj [tribe, species etc] primitivo(va) ; [accommodation, sense of humour] rudimentario(ria).

primrose ['prɪmrəʊz] n primavera *f*, prímula *f*.

Primus stove® ['praɪməs-] n hornillo *m* de camping.

prince [prɪns] n príncipe *m*.

princess [prɪn'ses] n princesa *f*.

principal ['prɪnsəpl] ❖ adj principal. ❖ n SCH director *m*, -ra *f*.

principle ['prɪnsəpl] n **1.** [gen] principio *m* ▶ **to be against sb's principles** ir contra los principios de alguien **2.** (U) [integrity] principios *mpl* ▶ **on principle, as a matter of principle** por principio. ◆ **in principle** adv en principio.

print [prɪnt] ❖ n **1.** (U) [type] caracteres *mpl* (de imprenta) ▶ **in print a)** [available] disponible

b) [in printed characters] en letra impresa ▶ **to be out of print** estar agotado **2.** [piece of artwork] grabado *m* **3.** [reproduction] reproducción *f* **4.** [photograph] fotografía *f* **5.** [fabric] estampado *m* **6.** [mark - of foot etc] huella *f*. ❖ vt **1.** TYPO imprimir **2.** [produce by printing - book, newspaper] tirar **3.** [publish] publicar **4.** [decorate - cloth etc] estampar **5.** [write in block letters] escribir con letra de imprenta. ❖ vi imprimir. ◆ **print out** vt sep COMPUT imprimir.

printer ['prɪntər] n **1.** [person] impresor *m*, -ra *f* ; [firm] imprenta *f* **2.** [machine] impresora *f*.

printer cable n cable *m* de impresora.

printing ['prɪntɪŋ] n **1.** (U) [act of printing] impresión *f* **2.** [trade] imprenta *f*.

printout ['prɪntaʊt] n COMPUT impresión *f* ; [copy] copia impresa.

prior ['praɪər] ❖ adj [previous] previo(via) / **without prior notice** sin previo aviso / **to have prior commitments** tener compromisos previos / **to have a prior engagement** tener un compromiso previo. ❖ n [monk] prior *m*. ◆ **prior to** prep antes de / **prior to doing sthg** con anterioridad a hacer algo.

priority [praɪ'ɒrətɪ] n prioridad *f* ▶ **to have OR take priority (over)** tener prioridad (sobre).

prise [praɪz] vt ▶ **to prise sthg open / away** abrir / separar algo haciendo palanca.

prison ['prɪzn] ❖ n cárcel *f*, prisión *f* / **to be in prison** estar en la cárcel / **to be sentenced to 5 years in prison** ser condenado a cinco años de cárcel. ❖ comp ▶ **to be given a prison sentence** ser condenado a una pena de cárcel / **a prison officer** un funcionario de prisiones.

prisoner ['prɪznər] n **1.** [convict] preso *m*, -sa *f* **2.** [captive] prisionero *m*, -ra *f*.

prisoner of war (*pl* **prisoners of war**) n prisionero *m*, -ra *f* de guerra.

privacy [[UK] 'prɪvəsɪ, [US] 'praɪvəsɪ] n intimidad *f*.

private ['praɪvɪt] ❖ adj **1.** [gen] privado(da) ; [class] particular ; [telephone call, belongings] personal **2.** [thoughts, plans] secreto(ta) / **a private joke** un chiste que entienden unos pocos **3.** [secluded] retirado(da) **4.** [unsociable - person] reservado(da). ❖ n **1.** [soldier] soldado *m* raso **2.** ▶ **(to do sthg) in private** [in secret] (hacer algo) en privado.

private education n (U) enseñanza *f* privada.

private enterprise n (U) empresa *f* privada.

private eye n detective privado *m*, -da *f*.

privately ['praɪvɪtlɪ] adv **1.** [not by the state] de forma privada ▶ **privately owned** de propiedad privada **2.** [confidentially] en privado.

private property n propiedad *f* privada.

private school n colegio *m* privado.

privatize, privatise ['praɪvɪtaɪz] vt privatizar.
privet ['prɪvɪt] n alheña f.
privilege ['prɪvɪlɪdʒ] n privilegio m.
privileged ['prɪvɪlɪdʒd] adj privilegiado(da).
privy ['prɪvɪ] adj ▸ **to be privy to sthg** estar enterado(da) de algo.
Privy Council n UK ▸ **the Privy Council** en Gran Bretaña, consejo privado que asesora al monarca.
prize [praɪz] ❖ adj de primera. ❖ n premio m. ❖ vt ▸ **to be prized** ser apreciado(da).
prize-giving [-ˌgɪvɪŋ] n UK entrega f de premios.
prizewinner ['praɪzˌwɪnər] n premiado m, -da f.
pro [prəʊ] (pl -s) n **1.** inf [professional] profesional mf **2.** [advantage] ▸ **the pros and cons** los pros y los contras.
PRO [ˌpiːɑːrˈəʊ] n **1.** UK (abbr of Public Record Office) registro m del Reino Unido **2.** (abbr of public relations officer) jefe de relaciones públicas.
probability [ˌprɒbəˈbɪlətɪ] n probabilidad f.
probable ['prɒbəbl] adj probable / it is not very probable that it will happen no es muy probable que ocurra.
probably ['prɒbəblɪ] adv probablemente.
probation [prəˈbeɪʃn] n **1.** [of prisoner] libertad f condicional ▸ **to put sb on probation** poner a alguien en libertad condicional **2.** [trial period] periodo m de prueba ▸ **to be on probation** estar en periodo de prueba.
probe [prəʊb] ❖ n **1.** [investigation] ▸ **probe (into)** investigación f (sobre) **2.** MED & AERON sonda f. ❖ vt **1.** [investigate] investigar **2.** [with tool] sondar ; [with finger, stick] hurgar en.
problem ['prɒbləm] n problema m ▸ **no problem!** inf ¡por supuesto!, ¡desde luego!
problematic(al) [ˌprɒbləˈmætɪk(l)] adj problemático(ca), difícil.
problem-free adj sin problemas.
procedure [prəˈsiːdʒər] n procedimiento m.
proceed vi [prəˈsiːd] **1.** [do subsequently] ▸ **to proceed to do sthg** proceder a hacer algo **2.** fml [advance] avanzar. ❖ **proceeds** pl n ['prəʊsiːdz] ganancias fpl, beneficios mpl.
proceedings [prəˈsiːdɪŋz] pl n **1.** [series of events] acto m **2.** [legal action] proceso m ▸ **to start proceedings against sb** entablar proceso contra alguien.
process ['prəʊses] ❖ n proceso m ▸ **in the process** en el intento. ❖ vt **1.** [gen & COMPUT] procesar **2.** [application] tramitar.
processing ['prəʊsesɪŋ] n **1.** [gen & COMPUT] procesamiento m **2.** [of applications etc] tramitación f.

procession [prəˈseʃn] n desfile m ; [religious] procesión f.
processor ['prəʊsesər] n **1.** COMPUT unidad f central (de procesamiento) **2.** CULIN procesador m.
proclaim [prəˈkleɪm] vt [gen] proclamar ; [law] promulgar.
procrastinate [prəˈkræstɪneɪt] vi andarse con dilaciones.
procure [prəˈkjʊər] vt [obtain] obtener.
prod [prɒd] vt [push, poke] dar empujoncitos a.
prodigal ['prɒdɪgl] adj [son, daughter] pródigo(ga).
prodigy ['prɒdɪdʒɪ] n [person] prodigio m / a child prodigy un niño prodigio.
produce ❖ n ['prɒdjuːs] (U) productos mpl agrícolas ▸ **'produce of France'** 'producto de Francia'. ❖ vt [prəˈdjuːs] **1.** [gen] producir ; [offspring, flowers] engendrar **2.** [bring out] mostrar, enseñar **3.** THEAT poner en escena.
producer [prəˈdjuːsər] n **1.** [gen] productor m, -ra f **2.** THEAT director m, -ra f de escena.
product ['prɒdʌkt] n producto m.
production [prəˈdʌkʃn] n **1.** [gen] producción f ▸ **to put / go into production** empezar a fabricar/fabricarse **2.** (U) THEAT puesta f en escena.
production line n cadena f de producción.
productive [prəˈdʌktɪv] adj **1.** [efficient] productivo(va) **2.** [rewarding] provechoso(sa).
productivity [ˌprɒdʌkˈtɪvətɪ] n productividad f.
profane [prəˈfeɪn] adj [disrespectful] obsceno(na).
profession [prəˈfeʃn] n profesión f ▸ **by profession** de profesión.
professional [prəˈfeʃnl] ❖ adj profesional. ❖ n profesional mf.
professor [prəˈfesər] n **1.** UK [head of department] catedrático m, -ca f **2.** US CAN [lecturer] profesor m, -ra f (de universidad).
proficiency [prəˈfɪʃənsɪ] n ▸ **proficiency (in)** competencia f (en).
proficient [prəˈfɪʃənt] adj ▸ **proficient (in OR at)** competente (en).
profile ['prəʊfaɪl] n perfil m ▸ **high profile** notoriedad f.
profit ['prɒfɪt] ❖ n **1.** [financial gain] beneficio m, ganancia f ▸ **to make a profit** sacar un beneficio ▸ **to sell sthg at a profit** vender algo con beneficios **2.** [advantage] provecho m. ❖ vi ▸ **to profit (from OR by)** sacar provecho (de).
profitability [ˌprɒfɪtəˈbɪlətɪ] n rentabilidad f.
profitable ['prɒfɪtəbl] adj **1.** [making a profit] rentable **2.** [beneficial] provechoso(sa).
profiteering [ˌprɒfɪˈtɪərɪŋ] n especulación f.
profit-related pay n remuneración f vinculada a los beneficios.
profound [prəˈfaʊnd] adj profundo(da).

profusely [prə'fju:slɪ] adv profusamente / *to apologise profusely* pedir disculpas cumplidamente.

profusion [prə'fju:ʒn] n profusión f.

progeny ['prɒdʒənɪ] n progenie f.

prognosis [prɒg'nəʊsɪs] (pl -**noses**) n pronóstico m.

program ['prəʊgræm] ❖ n **1.** COMPUT programa m **2.** US = **programme**. ❖ vt (pt & pp -med or -ed, cont -ming or -ing) **1.** COMPUT programar **2.** US = **programme**. ❖ vi (pt & pp -med or -ed, cont -ming or -ing) COMPUT programar.

programer US = **programmer**.

programme UK, **program** US ['prəʊgræm] ❖ n programa m. ❖ vt ▶ to **programme sthg (to do sthg)** programar algo (para que haga algo).

programmer UK, **programer** US ['prəʊgræmər] n COMPUT programador m, -ra f.

programming ['prəʊgræmɪŋ] n programación f.

progress ❖ n ['prəʊgres] **1.** [gen] progreso m ▶ in **progress** en curso ▶ to make **progress** hacer progresos **2.** [forward movement] avance m. ❖ vi [prə'gres] **1.** [gen] progresar / *as the year progressed* conforme avanzaba el año ; [pupil etc] hacer progresos **2.** [move forward] avanzar.

progressive [prə'gresɪv] adj **1.** [enlightened] progresista **2.** [gradual] progresivo(va).

prohibit [prə'hɪbɪt] vt prohibir ▶ to **prohibit sb from doing sthg** prohibirle a alguien hacer algo / *fishing is prohibited* prohibido pescar.

prohibitive [prə'hɪbɪtɪv] adj prohibitivo(va).

project ❖ n ['prɒdʒekt] **1.** [plan, idea] proyecto m **2.** SCH ▶ **project (on)** estudio m or trabajo m (sobre) **3.** US : *the projects* urbanización con viviendas de protección oficial. ❖ vt [prə'dʒekt] **1.** [gen] proyectar **2.** [estimate - statistic, costs] estimar **3.** [company, person] dar una imagen de ; [image] proyectar. ❖ vi [prə'dʒekt] proyectarse.

projectile [prə'dʒektaɪl] n proyectil m.

projection [prə'dʒekʃn] n **1.** [gen] proyección f **2.** [protrusion] saliente m.

projector [prə'dʒektər] n proyector m.

proletariat [,prəʊlɪ'teərɪət] n proletariado m.

prolific [prə'lɪfɪk] adj prolífico(ca).

prologue, prolog US ['prəʊlɒg] n prólogo m ▶ to be the or a **prologue to sthg** fig ser el prólogo a algo.

prolong [prə'lɒŋ] vt prolongar.

prom [prɒm] n **1.** abbr of **promenade concert** **2.** UK inf [road by sea] (abbr of **promenade**) paseo m marítimo **3.** US [ball] baile m de gala (en la escuela).

promenade [,prɒmə'nɑ:d] n UK [by sea] paseo m marítimo.

promenade concert n UK concierto sinfónico en donde parte del público está de pie.

prominent ['prɒmɪnənt] adj **1.** [important] destacado(da), importante **2.** [noticeable] prominente.

promiscuous [prə'mɪskjʊəs] adj promiscuo(cua).

promise ['prɒmɪs] ❖ n promesa f. ❖ vt ▶ to **promise (to do sthg)** prometer (hacer algo) ▶ to **promise sb sthg** prometer a alguien algo. ❖ vi : *I promise* te lo prometo.

promising ['prɒmɪsɪŋ] adj prometedor(ra).

promontory ['prɒməntrɪ] (pl -**ies**) n promontorio m.

promote [prə'məʊt] vt **1.** [foster] fomentar, promover **2.** [push, advertise] promocionar **3.** [in job] ▶ to **promote sb (to sthg)** ascender a alguien (a algo) **4.** SPORT ▶ to be **promoted** subir.

promoter [prə'məʊtər] n **1.** [organizer] organizador m, -ra f **2.** [supporter] promotor m, -ra f.

promotion [prə'məʊʃn] n **1.** [in job] ascenso m ▶ to get or be given **promotion** conseguir un ascenso **2.** [advertising] promoción f **3.** [campaign] campaña f de promoción.

prompt [prɒmpt] ❖ adj rápido(da) / *the injury requires prompt treatment* las heridas requieren un tratamiento inmediato / *to be prompt in doing sthg* hacer algo con prontitud. ❖ adv en punto / *at 2 o'clock prompt* a las dos en punto. ❖ vt **1.** [motivate] ▶ to **prompt sb (to do sthg)** inducir or impulsar a alguien (a hacer algo) **2.** THEAT apuntar. ❖ n THEAT [line] apunte m.

promptly ['prɒmptlɪ] adv **1.** [reply, react, pay] inmediatamente, rápidamente **2.** [arrive, leave] puntualmente.

prone [prəʊn] adj **1.** [susceptible] ▶ to be **prone to sthg/to do sthg** ser propenso(sa) a algo/a hacer algo **2.** [lying flat] boca abajo.

prong [prɒŋ] n diente m, punta f.

pronoun ['prəʊnaʊn] n pronombre m.

pronounce [prə'naʊns] ❖ vt **1.** [gen] pronunciar **2.** [declare] declarar. ❖ vi ▶ to **pronounce on sthg** pronunciarse sobre algo.

pronounced [prə'naʊnst] adj pronunciado(da), marcado(da).

pronouncement [prə'naʊnsmənt] n declaración f.

pronunciation [prə,nʌnsɪ'eɪʃn] n pronunciación f.

proof [pru:f] ❖ n **1.** [gen & TYPO] prueba f **2.** [of alcohol] ▶ to be 10 % **proof** tener 10 grados. ❖ adj [secure] ▶ **proof against** a prueba de.

prop [prɒp] ❖ n **1.** [physical support] puntal m, apoyo m **2.** fig [supporting thing, person] sostén m. ❖ vt ▶ to **prop sthg on** or **against sthg** apoyar algo contra algo. ◆ **props** pl n accesorios *mpl.* ◆ **prop up** vt sep **1.** [physically support] apuntalar **2.** *fig* [sustain] apoyar.

propaganda [,prɒpə'gændə] n propaganda *f.*

propel [prə'pel] vt propulsar, impulsar.

propeller [prə'pelər] n hélice *f.*

propelling pencil [prə'pelɪŋ-] n **UK** portaminas *m inv.*

propensity [prə'pensətɪ] n *fml* ▸ **to have a propensity to do sthg** tener propensión a hacer algo.

proper ['prɒpər] adj **1.** [real] de verdad **2.** [correct - gen] correcto(ta) ; [- time, place, equipment] adecuado(da).

properly ['prɒpəlɪ] adv **1.** [satisfactorily, correctly] bien **2.** [decently] correctamente.

proper noun n nombre *m* propio.

property ['prɒpətɪ] n **1.** [gen] propiedad *f* **2.** [estate] finca *f* **3.** *fml* [house] inmueble *m.*

property owner n propietario *m*, -ria *f* de un inmueble.

prophecy ['prɒfɪsɪ] n profecía *f.*

prophesy ['prɒfɪsaɪ] vt profetizar.

prophet ['prɒfɪt] n profeta *mf.*

proportion [prə'pɔːʃn] n **1.** [part] parte *f* **2.** [ratio, comparison] proporción *f* **3.** [correct relationship] ▸ **out of proportion** desproporcionado(da) ▸ **to get things out of proportion** *fig* sacar las cosas fuera de quicio / **to keep things in proportion** *fig* no exagerar ▸ **sense of proportion** *fig* sentido *m* de la medida.

proportional [prə'pɔːʃənl] adj ▸ **proportional (to)** proporcional (a), en proporción (a).

proportional representation n representación *f* proporcional.

proportionate [prə'pɔːʃnət] adj ▸ **proportionate (to)** proporcional (a).

proposal [prə'pəʊzl] n **1.** [plan, suggestion] propuesta *f* **2.** [offer of marriage] proposición *f.*

propose [prə'pəʊz] ◆ vt **1.** [suggest] proponer ; [motion] presentar / **to propose doing sthg** proponer hacer algo **2.** [intend] ▸ **to propose doing** OR **to do sthg** tener la intención de hacer algo. ◆ vi [make offer of marriage] declararse.

proposition [,prɒpə'zɪʃn] n [suggestion] propuesta *f* ▸ **to make sb a proposition** hacer una propuesta a alguien.

proprietor [prə'praɪətər] n propietario *m*, -ria *f.*

propriety [prə'praɪətɪ] n *(U) fml* **1.** [moral correctness] propiedad *f* **2.** [rightness] conveniencia *f*, oportunidad *f.*

pro rata [-'rɑːtə] adj & adv a prorrata.

prose [prəʊz] n **1.** *(U)* LITER prosa *f* **2.** SCH traducción *f* inversa.

prosecute ['prɒsɪkjuːt] ◆ vt procesar, enjuiciar. ◆ vi **1.** [bring a charge] entablar una acción judicial **2.** [represent in court] representar al demandante.

prosecution [,prɒsɪ'kjuːʃn] n **1.** [gen] procesamiento *m* **2.** [lawyers] ▸ **the prosecution** la acusación.

prosecutor ['prɒsɪkjuːtər] n **US** fiscal *mf.*

prospect ◆ n ['prɒspekt] **1.** [gen] perspectiva *f* / **it was a pleasant prospect** era una perspectiva agradable / **they were faced with the prospect of losing their jobs** tenían que hacer frente a la perspectiva de perder sus trabajos **2.** [possibility] posibilidad *f.* ◆ vi [prə'spekt] ▸ **to prospect (for)** hacer prospecciones (de). ◆ **prospects** pl n ▸ **prospects (for)** perspectivas *fpl* (de) / **job prospects** perspectivas laborales.

prospecting [prə'spektɪŋ] n *(U)* prospecciones *fpl.*

prospective [prə'spektɪv] adj posible.

prospector [prə'spektər] n prospector *m*, -ra *f.*

prospectus [prə'spektəs] (*pl* -es) n prospecto *m*, folleto *m* informativo.

prosper ['prɒspər] vi prosperar.

prosperity [prɒ'sperətɪ] n prosperidad *f.*

prosperous ['prɒspərəs] adj próspero(ra).

prostitute ['prɒstɪtjuːt] n prostituta *f.*

prostrate adj ['prɒstreɪt] postrado(da).

protagonist [prə'tægənɪst] n **1.** *fml* [supporter] partidario *m*, -ria *f* **2.** [main character] protagonista *mf.*

protect [prə'tekt] vt ▸ **to protect sthg / sb (against / from)** proteger algo / a alguien (contra / de).

protection [prə'tekʃn] n ▸ **protection (against / from)** protección *f* (contra / de).

protective [prə'tektɪv] adj protector(ra) ▸ **to feel protective towards sb** tener sentimientos protectores hacia alguien.

protégé ['prɒteʒeɪ] n protegido *m.*

protein ['prəʊtiːn] n proteína *f.*

protest ◆ n ['prəʊtest] protesta *f* / **under protest** bajo protesta / **without protest** sin protestar. ◆ vt [prə'test] **1.** [complain] : **to protest that** quejarse de **2.** [state] manifestar, aseverar / **he protested his innocence** declaró su inocencia **3.** **US** [oppose] protestar en contra de. ◆ vi [prə'test] ▸ **to protest (about / against / at)** protestar (por / en contra de / por).

Protestant ['prɒtɪstənt] ◆ adj protestante. ◆ n protestante *mf.*

protester [prə'testər] n manifestante *mf.*

protest march n manifestación *f.*

protocol ['prəʊtəkɒl] n protocolo *m.*

prototype ['prəʊtətaɪp] n prototipo *m.*

protracted [prə'træktɪd] adj prolongado(da).

protrude [prə'truːd] vi ▸ **to protrude (from)** sobresalir (de).

protruding [prə'truːdɪŋ] adj [chin] prominente ; [teeth] salido(da) ; [eyes] saltón(ona).

protuberance [prə'tju:bərəns] *n* protuberancia *f*.

proud [praud] *adj* **1.** [gen] orgulloso(sa) ▶ **to be proud of** estar orgulloso(sa) de / *that's nothing to be proud of!* ¡yo no estaría orgulloso de eso! / *to be proud of o.s.* estar orgulloso de uno mismo ▶ **to be proud to do sthg** tener el honor de hacer algo **2.** *pej* [arrogant] soberbio(bia), arrogante.

prove [pru:v] ❖ *vt* (*pp* **-d** *or* **proven**) **1.** [show to be true] probar, demostrar **2.** [show oneself to be] ▶ **to prove sb/sthg to be sthg** resultar ser algo ▶ **to prove o.s.** demostrar (uno) sus cualidades. ❖ *vi* (*pp* **-d** *or* **proven**) resultar / *to prove (to be) interesting/difficult* resultar interesante/difícil.

proven ['pru:vn, 'prəuvn] ❖ *pp* ⟶ **prove**. ❖ *adj* probado(da).

proverb ['prɒvɜ:b] *n* refrán *m*.

provide [prə'vaid] *vt* proporcionar, proveer ▶ **to provide sb with sthg** proporcionar a alguien algo ▶ **to provide sthg for sb** ofrecer algo a alguien. ◆ **provide for** *vt insep* **1.** [support] mantener **2.** *fml* [make arrangements for] tomar medidas para.

provided [prə'vaidid], **providing** ◆ **provided (that)** *conj* con tal (de) que / *you should pass, provided you work hard* aprobarás, con tal de que trabajes duro.

provider [prə'vaidər] *n* proveedor *m*, -ra *f*.

providing [prə'vaidiŋ] ◆ **providing (that)** *conj* = **provided**.

province ['prɒvins] *n* **1.** [part of country] provincia *f* **2.** [speciality] campo *m*, competencia *f*.

provincial [prə'vinʃl] *adj* **1.** [of a province] provincial **2.** *pej* [narrow-minded] provinciano(na).

provision [prə'viʒn] *n* **1.** [gen] suministro *m* **2.** [in agreement, law] disposición *f*. ◆ **provisions** *pl n* [supplies] víveres *mpl*.

provisional [prə'viʒənl] *adj* provisional.

proviso [prə'vaizəu] (*pl* **-s**) *n* condición *f* ▶ **with the proviso that ...** con la condición de que ...

provocative [prə'vɒkətiv] *adj* **1.** [controversial] provocador(ra) **2.** [sexy] provocativo(va).

provoke [prə'vəuk] *vt* provocar ▶ **to provoke sb to do sthg** OR **into doing sthg** provocar a alguien a que haga algo.

prow [prau] *n* proa *f*.

prowess ['prauis] *n* *fml* proezas *fpl*.

prowl [praul] ❖ *n* ▶ **on the prowl** merodeando. ❖ *vt* merodear por. ❖ *vi* merodear.

prowler ['praulər] *n* merodeador *m*, -ra *f*.

proxy ['prɒksi] *n* ▶ **by proxy** por poderes.

prudent ['pru:dnt] *adj* prudente.

prudish ['pru:dɪʃ] *adj* mojigato(ta).

prune [pru:n] ❖ *n* [fruit] ciruela *f* pasa. ❖ *vt* podar.

pry [prai] *vi* fisgonear.

PS (*abbr of* **postscript**) *n* P.D.

psalm [sɑ:m] *n* salmo *m*.

pseudonym ['sju:dənim] *n* seudónimo *m*.

psyche ['saiki] *n* psique *f*.

psychiatric [,saiki'ætrik] *adj* psiquiátrico(ca).

psychiatrist [sai'kaiətrist] *n* psiquiatra *mf*.

psychiatry [sai'kaiətri] *n* psiquiatría *f*.

psychic ['saikik] *adj* **1.** [clairvoyant] clarividente **2.** [mental] psíquico(ca).

psychoanalysis [,saikəuə'næləsis] *n* psicoanálisis *m inv*.

psychoanalyst [,saikəu'ænəlist] *n* psicoanalista *mf*.

psychological [,saikə'lɒdʒikl] *adj* psicológico(ca).

psychologist [sai'kɒlədʒist] *n* psicólogo *m*, -ga *f*.

psychology [sai'kɒlədʒi] *n* psicología *f*.

psychopath ['saikəpæθ] *n* psicópata *mf*.

psychotic [sai'kɒtik] ❖ *adj* psicótico(ca). ❖ *n* psicótico *m*, -ca *f*.

pt 1. *written abbr of* **pint 2.** *written abbr of* **point**.

PTO (*abbr of* **please turn over**) sigue.

pub [pʌb] (*abbr of* **public house**) *n* pub *m* (británico).

puberty ['pju:bəti] *n* pubertad *f*.

pubic ['pju:bik] *adj* púbico(ca).

public ['pʌblik] ❖ *adj* público(ca) ▶ **to go public** COMM constituirse en sociedad anónima (con cotización en Bolsa). ❖ *n* público *m* ▶ **in public** en público ▶ **the public** el gran público.

public-address system *n* sistema *m* de megafonía.

publican ['pʌblikən] *n* UK patrón *m*, -ona *f* de un 'pub'.

publication [,pʌbli'keiʃn] *n* publicación *f*.

public bar *n* UK en ciertos pubs y hoteles, bar de sencilla decoración con precios más bajos que los del 'saloon bar'.

public company *n* sociedad *f* anónima (con cotización en Bolsa).

public convenience *n* UK aseos *mpl* públicos.

public holiday *n* fiesta *f* nacional, (día *m*) feriado *m* AM.

public house *n* UK *fml* pub *m* (británico).

publicity [pʌb'lisiti] *n* publicidad *f*.

publicize, publicise ['pʌblisaiz] *vt* divulgar.

public limited company *n* sociedad *f* anónima (con cotización en Bolsa).

public opinion *n* (*U*) opinión *f* pública.

public property *n* [land, etc.] bien *m* público.

public prosecutor *n* fiscal *mf* del Estado.

public relations ❖ n (U) relaciones fpl públicas. ❖ pl n relaciones fpl públicas.

public school n **1.** 🇬🇧 [private school] colegio m privado **2.** 🇺🇸 [state school] escuela f pública.

public-spirited adj con sentido cívico.

public transport n transporte m público.

publish ['pʌblɪʃ] vt **1.** [gen] publicar **2.** [make known] hacer público(ca).

publisher ['pʌblɪʃər] n [person] editor m, -ra f; [firm] editorial f.

publishing ['pʌblɪʃɪŋ] n (U) industria f editorial.

pub lunch n almuerzo servido en un 'pub'.

pucker ['pʌkər] vt fruncir.

pudding ['pudɪŋ] n **1.** [sweet] pudín m; [savoury] pastel m **2.** (U) 🇬🇧 [course] postre m.

puddle ['pʌdl] n charco m.

Puerto Rico [,pwɜ:təʊ'ri:kəʊ] n Puerto Rico.

puff [pʌf] ❖ n **1.** [of cigarette, pipe] calada f **2.** [gasp] jadeo m **3.** [of air] soplo m; [of smoke] bocanada f. ❖ vt echar. ❖ vi **1.** [smoke] ▶ to puff at OR on dar caladas a **2.** [pant] jadear. ◆ puff out vt sep **1.** [cheeks, chest] hinchar; [feathers] ahuecar **2.** [smoke] echar. ◆ puff up vi hincharse.

puffed [pʌft] adj [swollen] ▶ puffed (up) hinchado(da).

puffin ['pʌfɪn] n frailecillo m.

puff pastry, puff paste 🇺🇸 n hojaldre m.

puffy ['pʌfɪ] adj hinchado(da).

pugnacious [pʌg'neɪʃəs] adj fml pugnaz.

puke [pju:k] vi v inf devolver, echar la papilla.

pull [pʊl] ❖ vt **1.** [gen] tirar de; [trigger] apretar **2.** [tooth, cork] sacar, extraer **3.** [muscle] sufrir un tirón en **4.** [attract] atraer **5.** [gun] sacar y apuntar. ❖ vi tirar. ❖ n **1.** [tug with hand] tirón m **2.** (U) [influence] influencia f. ◆ pull apart vt sep **1.** [machine etc] desmontar **2.** [toy, book etc] hacer pedazos. ◆ pull at vt insep dar tirones de. ◆ pull away vi [from roadside] alejarse (de la acera). ◆ pull down vt sep [building] derribar. ◆ pull in vi [train] pararse (en el andén). ◆ pull off vt sep [succeed in] conseguir llevar a cabo. ◆ pull out ❖ vt sep **1.** [troops] retirar **2.** [tooth] sacar. ❖ vi **1.** [vehicle] alejarse (de la acera) **2.** [withdraw] retirarse. ◆ pull over vi AUTO hacerse a un lado. ◆ pull through vi recobrarse. ◆ pull together vt sep ▶ to pull o.s. together calmarse, serenarse. ◆ pull up vt sep [move closer] acercar. ❖ vi pararse, detenerse.

pulley ['pʊlɪ] (pl pulleys) n polea f.

pullover ['pʊl,əʊvər] n jersey m.

pulp [pʌlp] n **1.** [soft mass] papilla f **2.** [of fruit] pulpa f **3.** [of wood] pasta f de papel.

pulpit ['pʊlpɪt] n púlpito m.

pulsate [pʌl'seɪt] vi palpitar.

pulse [pʌls] ❖ n **1.** [in body] pulso m ▶ to take sb's pulse tomarle el pulso a alguien **2.** TECH impulso m. ❖ vi latir. ◆ pulses pl n [food] legumbres fpl.

puma ['pju:mə] (pl inv or -s) n puma m.

pumice (stone) ['pʌmɪs-] n piedra f pómez.

pummel ['pʌml] (🇬🇧 pt & pp -led, cont -ling, 🇺🇸 pt & pp -ed, cont -ing) vt aporrear.

pump [pʌmp] ❖ n **1.** [machine] bomba f **2.** [for petrol] surtidor m ▶ pump prices precios mpl en surtidor. ❖ vt [convey by pumping] bombear. ◆ pumps pl n [shoes] zapatillas fpl de tenis. ◆ pump up vt [inflate] inflar.

pumped [pʌmpt] adj 🇺🇸 inf excitado(da), emocionado(da).

pumpkin ['pʌmpkɪn] n calabaza f, zapallo m 🇵🇪, auyama f 🇨🇴.

pun [pʌn] n juego m de palabras.

punch [pʌntʃ] ❖ n **1.** [blow] puñetazo m **2.** [tool - for leather etc] punzón m; [- for tickets] máquina f para picar billetes **3.** [drink] ponche m. ❖ vt **1.** [hit] dar un puñetazo a **2.** [ticket] picar **3.** [hole] perforar.

Punch-and-Judy show [-'dʒu:dɪ-] n teatro de guiñol para niños con personajes arquetípicos y representado normalmente en la playa.

punch(ed) card [pʌntʃ(t)-] n tarjeta f perforada.

punch line n remate m (de un chiste).

punch-up n 🇬🇧 inf pelea f.

punchy ['pʌntʃɪ] adj inf efectista, resultón(ona).

punctual ['pʌŋktʃʊəl] adj puntual.

punctuation [,pʌŋktʃʊ'eɪʃn] n puntuación f.

punctuation mark n signo m de puntuación.

puncture ['pʌŋktʃər] ❖ n pinchazo m ▶ to have a puncture pinchar; [in skin] punción f. ❖ vt pinchar.

pundit ['pʌndɪt] n experto m, -ta f.

pungent ['pʌndʒənt] adj [strong-smelling] penetrante, fuerte.

punish ['pʌnɪʃ] vt ▶ to punish sb (for sthg / for doing sthg) castigar a alguien (por algo/por haber hecho algo).

punishing ['pʌnɪʃɪŋ] adj penoso(sa).

punishment ['pʌnɪʃmənt] n [for crime] castigo m.

punk [pʌŋk] ❖ adj punk. ❖ n **1.** [music] ▶ punk (rock) punk m **2.** [person] ▶ punk (rocker) punki mf **3.** 🇺🇸 inf [lout] gamberro m.

punt [pʌnt] n batea f.

punter ['pʌntər] n 🇬🇧 **1.** [gambler] apostante mf **2.** inf [customer] cliente m, -ta f.

puny ['pju:nɪ] adj [person, limbs] enclenque, raquítico(ca); [effort] penoso(sa), lamentable.

pup [pʌp] n **1.** [young dog] cachorro m **2.** [young seal, otter] cría f.

pupil ['pju:pl] n **1.** [student] alumno m, -na f **2.** [follower] pupilo m, -la f **3.** [of eye] pupila f.

puppet ['pʌpɪt] n lit & fig títere m.

puppy ['pʌpɪ] n cachorro m, perrito m.

purchase ['pɜ:tʃəs] fml ◆ n compra f, adquisición f. ◆ vt comprar, adquirir.

purchaser ['pɜ:tʃəsər] n comprador m, -ra f.

purchasing power ['pɜ:tʃəsɪŋ-] n poder m adquisitivo.

pure [pjʊər] adj puro(ra).

puree, purée ['pjʊəreɪ] n puré m **/** tomato purée concentrado m de tomate.

purely ['pjʊəlɪ] adv puramente **/** purely and simply pura y simplemente.

purge [pɜ:dʒ] ◆ n POL purga f. ◆ vt **/ to purge sthg (of)** purgar algo (de).

purify ['pjʊərɪfaɪ] vt purificar.

purist ['pjʊərɪst] n purista mf.

puritan ['pjʊərɪtən] ◆ adj puritano(na). ◆ n puritano m, -na f.

puritanical [,pjʊərɪ'tænɪkl] adj pej puritano(na).

purity ['pjʊərətɪ] n pureza f.

purl [pɜ:l] n (U) punto m del revés.

purple ['pɜ:pl] adj morado(da).

purport [pə'pɔ:t] vi fml **/ to purport to do / be sthg** pretender hacer/ser algo.

purpose ['pɜ:pəs] n [gen] propósito m **/** what is the purpose of your visit? ¿cuál es el objeto de tu visita? **/** for one's own purposes por su propio interés **/ it serves no purpose** carece de sentido **/** it has served its purpose ha servido **/ to no purpose** en vano. ◆ **on purpose** adv a propósito, adrede.

purposeful ['pɜ:pəsfʊl] adj resuelto(ta).

purr [pɜ:r] vi **1.** [cat, person] ronronear **2.** [engine, machine] zumbar.

purse [pɜ:s] ◆ n **1.** [for money] monedero m **2.** [US] [handbag] bolso m, bolsa f [MÉX], cartera f [ANDES]. ◆ vt fruncir (con desagrado) **/** she pursed her lips frunció los labios.

purser ['pɜ:sər] n contador m, -ra f.

pursue [pə'sju:] vt **1.** [follow] perseguir **2.** fml [policy] llevar a cabo; [aim, pleasure etc] ir en pos de, buscar; [topic, question] profundizar en; [hobby, studies] dedicarse a.

pursuer [pə'sju:ər] n perseguidor m, -ra f.

pursuit [pə'sju:t] n **1.** (U) fml [attempt to achieve] búsqueda f **2.** [chase, in cycling] persecución f **3.** [occupation, activity] ocupación f **/ leisure pursuit** pasatiempo m.

pus [pʌs] n pus m.

push [pʊʃ] ◆ vt **1.** [shove] empujar **/ to push sthg into sthg** meter algo en algo **/ to push sthg open / shut** abrir/cerrar algo empujándolo **2.** [press - button] apretar, pulsar **3.** [encourage] **/ to push sb (to do sthg)** empujar a alguien (a

hacer algo) **4.** [force] **/ to push sb (into doing sthg)** obligar a alguien (a hacer algo) **5.** inf [promote] promocionar. ◆ vi **1.** [press forward] empujar; [on button] apretar, pulsar. ◆ n lit & fig empujón m **/ at the push of a button** con sólo apretar un botón **/ to give sb the push a)** inf [end relationship] dar calabazas a alguien **b)** [from job] dar la patada a alguien **/ at a push** apurando mucho. ◆ **push around** vt sep inf mandonear. ◆ **push for** vt insep [demand] reclamar. ◆ **push in** vi [in queue] colarse. ◆ **push off** vi inf largarse. ◆ **push on** vi seguir adelante sin parar. ◆ **push through** vt sep [law etc] conseguir que se apruebe.

pushchair ['pʊʃtʃeər] n [UK] silla f (de paseo).

pushed [pʊʃt] adj inf **/ to be pushed for sthg** andar corto(ta) de algo **/ to be hard pushed to do sthg** tenerlo difícil para hacer algo.

pusher ['pʊʃər] n inf camello m.

pushover ['pʊʃ,əʊvər] n inf **/ it's a pushover** está chupado.

push-up n [US] flexión f.

pushy ['pʊʃɪ] adj pej agresivo(va), insistente.

puss [pʊs], **pussy (cat)** ['pʊsɪ-] n inf gatito m, minino m.

put [pʊt] (pt & pp put) vt **1.** [gen] poner **/ to put sthg into sthg** meter algo en algo **2.** [place exactly] colocar **3.** [send - to prison etc] meter **/ to put the children to bed** acostar a los niños **4.** [express] expresar, formular **/ to put it bluntly** hablando claro **5.** [ask - question] hacer; [-proposal] presentar **/ to put it to sb that ...** sugerir a alguien que ... **6.** [estimate] **/ to put sthg at** calcular algo en **7.** [invest] **/ to put money into a project** invertir dinero en un proyecto **/ to put money into an account** ingresar dinero en una cuenta **/ to put a lot of effort into sthg** esforzarse mucho con algo **8.** [apply] **/ to put pressure on** presionar a. ◆ **put across, put over** vt sep transmitir **/ to put o.s. across** hacerse entender. ◆ **put aside** vt sep **1.** [money] ahorrar **2.** [book, work, differences] dejar a un lado. ◆ **put away** vt sep [tidy away] poner en su sitio, guardar. ◆ **put back** vt sep **1.** [replace] devolver a su sitio **2.** [postpone] aplazar **3.** [schedule] retrasar **3.** [clock, watch] atrasar. ◆ **put by** vt sep ahorrar. ◆ **put down** vt sep **1.** [lay down] dejar **2.** [phone] colgar **3.** [quell] sofocar, reprimir **4.** [UK] [animal] sacrificar **5.** [write down] apuntar. ◆ **put down to** vt sep achacar a. ◆ **put forward** vt sep **1.** [plan, theory, name] proponer; [proposal] presentar **2.** [clock, meeting, event] adelantar. ◆ **put in** vt sep **1.** [spend - time] dedicar **2.** [submit] presentar **3.** [install] instalar. ◆ **put off** vt sep **1.** [postpone] posponer, aplazar **2.** [cause to wait] hacer esperar **3.** [distract] distraer **4.** [discourage] disuadir **5.** [cause to dislike] ▶ **to put sb off sthg** quitarle a alguien las ganas de algo. ◆ **put on** vt sep **1.** [wear] ponerse **2.** [show, play] representar ; [exhibition] hacer ; [transport] organizar **3.** [gain] ▶ **to put on weight** engordar **4.** [radio, light] encender ▶ **to put on the brakes** frenar **5.** [record, tape] poner **6.** [start cooking] empezar a hacer OR cocinar ▶ **to put the kettle on** poner el agua a hervir **7.** [bet] apostar por **8.** [add] añadir **9.** [feign - air, accent] fingir. ◆ **put out** vt sep **1.** [place outside] sacar **2.** [issue - statement] hacer público **3.** [extinguish, switch off] apagar **4.** [prepare for use - clothes] sacar **5.** [extend - hand, leg] extender ; [- tongue] sacar **6.** [upset] ▶ **to be put out** estar disgustado(da) **7.** [inconvenience] causar molestias a. ◆ **put through** vt sep TELEC [call] poner ▶ **to put sb through to sb** poner a alguien con alguien. ◆ **put together** vt sep **1.** [machine, tool] ensamblar ; [team] reunir ; [report, strategy] elaborar **2.** [combine] mezclar **3.** [organize - event] organizar. ◆ **put up** ❖ vt sep **1.** [build] construir ; [tent] montar **2.** [umbrella] abrir ; [flag] izar **3.** [raise - hand] levantar **4.** [poster] fijar ; [painting] colgar **5.** [provide - money] poner **6.** [propose - candidate] proponer **7.** [increase] subir, aumentar **8.** [provide accommodation for] alojar. ❖ vt insep [resistance] ofrecer ▶ **to put up a fight** ofrecer resistencia. ◆ **put up to** vt sep ▶ **to put sb up to sthg** incitar a alguien a hacer algo. ◆ **put up with** vt insep aguantar.

putrid ['pjuːtrɪd] adj fml putrefacto(ta).

putt [pʌt] n putt m.

putting green ['pʌtɪŋ-] n césped abierto al público en el que se puede jugar a golf con el putter.

putty ['pʌti] n masilla f.

puzzle ['pʌzl] ❖ n **1.** [toy, game] rompecabezas m inv **2.** [mystery] misterio m, enigma m. ❖ vt dejar perplejo, desconcertar. ❖ vi ▶ **to puzzle over sthg** romperse la cabeza con algo. ◆ **puzzle out** vt sep descifrar.

puzzling ['pʌzlɪŋ] adj desconcertante.

PVC (abbr of polyvinyl chloride) n PVC m.

pwn [pəʊn] vb inf dar una paliza a (durante un juego de internet).

pyjamas, pajamas [pə'dʒɑːməz] pl n pijama m ▶ **a pair of pyjamas** un pijama.

pylon ['paɪlən] n torre f (de conducción eléctrica).

pyramid ['pɪrəmɪd] n pirámide f.

Pyrenees [ˌpɪrə'niːz] pl n : **the Pyrenees** los Pirineos.

Pyrex® ['paɪreks] n pírex® m.

python ['paɪθn] n (pl inv or -s) n pitón m.

q (pl **q's** or **qs**), **Q** (pl **Q's** or **Qs**) [kjuː] n [letter] q f, Q f.

quack [kwæk] n **1.** [noise] graznido m (de pato) **2.** inf [doctor] matasanos m inv.

quad [kwɒd] n abbr of quadrangle.

quadrangle ['kwɒdræŋgl] n **1.** [figure] cuadrángulo m **2.** [courtyard] patio m.

quadruple [kwɒ'druːpl] ❖ vt cuadruplicar. ❖ vi cuadruplicarse.

quadruplets ['kwɒdrʊplɪts] pl n cuatrillizos mpl, -zas f.

quads [kwɒdz] pl n inf cuatrillizos mpl, -zas f.

quagmire ['kwægmaɪə] n lodazal m.

quail [kweɪl] ❖ n (pl inv or -s) codorniz f. ❖ vi liter amedrentarse.

quaint [kweɪnt] adj **1.** [picturesque] pintoresco(ca) **2.** [odd] singular.

quake [kweɪk] ❖ n inf terremoto m. ❖ vi temblar, estremecerse.

Quaker ['kweɪkə'] n cuáquero m, -ra f.

qualification [ˌkwɒlɪfɪ'keɪʃn] n **1.** [examination, certificate] título m **2.** [ability, skill] aptitud f **3.** [qualifying statement] condición f.

qualified ['kwɒlɪfaɪd] adj **1.** [trained] cualificado(da) ▶ **to be qualified to do sthg** estar cualificado para hacer algo **2.** [limited] limitado(da).

qualify ['kwɒlɪfaɪ] ❖ vt **1.** [modify] matizar **2.** [entitle] ▶ **to qualify sb to do sthg** capacitar a alguien para hacer algo. ❖ vi **1.** [pass exams] sacar el título **2.** [be entitled] ▶ **to qualify (for)** tener derecho (a) **3.** SPORT clasificarse.

quality ['kwɒləti] ❖ n **1.** [standard] calidad f **2.** [characteristic] cualidad f. ❖ comp de calidad.

qualm [kwɑːm] n **1.** [scruple] escrúpulo m, reparo m **2.** [pang of nausea] náusea f.

quandary ['kwɒndərɪ] n ▶ **to be in a quandary about** OR **over sthg** estar en un dilema sobre algo.

quantify ['kwɒntɪfaɪ] vt cuantificar.

quantity ['kwɒntətɪ] n cantidad f.

quantity surveyor n aparejador m, -ra f.

quarantine ['kwɒrəntiːn] n cuarentena f.

quark [kwɑːk] n CULIN tipo de queso blando bajo en grasas.

quarrel ['kwɒrəl] ❖ n pelea f ▶ **to have no quarrel with sb/sthg** no tener nada en contra de alguien/algo. ❖ vi (UK pt & pp **-led**, cont **-ling**, US pt & pp **-ed**, cont **-ing**) pelearse ▶ **to**

quarrel with sb pelearse con alguien ▸ **to quarrel with sthg** no estar de acuerdo con algo.

quarrelsome ['kwɒrəlsəm] adj pendenciero(ra).

quarry ['kwɒrɪ] n **1.** [place] cantera f **2.** [prey] presa f.

quart [kwɔːt] n cuarto m de galón.

quarter ['kwɔːtər] n **1.** [fraction] cuarto m **2.** [in telling time] ▸ **a quarter past two** UK, **quarter after two** US las dos y cuarto **3.** [of year] trimestre m **4.** US [coin] moneda f de 25 centavos **5.** [four ounces] cuatro onzas fpl **6.** [area in town] barrio m **7.** [group of people] lugar m, parte f. ◆ **quarters** pl n [rooms] residencia f, alojamiento m. ◆ **at close quarters** adv muy de cerca.

quarterback ['kwɔːtəbæk] n US jugador de fútbol americano que lanza la pelota en las jugadas ofensivas.

quarterfinal [,kwɔːtə'faɪnl] n cuarto m de final.

quarterly ['kwɔːtəlɪ] ❖ adj trimestral. ❖ adv trimestralmente. ❖ n trimestral f.

quartermaster ['kwɔːtə,mɑːstər] n oficial m de intendencia.

quartet [kwɔː'tet] n cuarteto m.

quartz [kwɔːts] n cuarzo m.

quartz watch n reloj m de cuarzo.

quash [kwɒʃ] vt **1.** [reject] anular, invalidar **2.** [quell] reprimir, sofocar.

quasi- ['kweɪzaɪ] pref cuasi-.

quaver ['kweɪvər] ❖ n MUS corchea f. ❖ vi temblar.

quay [kiː] n muelle m.

quayside ['kiːsaɪd] n muelle m.

queasy ['kwiːzɪ] adj mareado(da).

queen [kwiːn] n **1.** [gen] reina f **2.** [playing card] dama f.

Queen Mother n ▸ **the Queen Mother** la reina madre.

queer [kwɪər] ❖ adj **1.** [odd] raro(ra), extraño(ña) **2.** inf & pej [homosexual] marica. ❖ n inf & pej marica m.

quell [kwel] vt **1.** [rebellion] sofocar, reprimir **2.** [feelings] dominar, contener.

quench [kwentʃ] vt apagar.

querulous ['kwerʊləs] adj fml quejumbroso(sa).

query ['kwɪərɪ] ❖ n pregunta f, duda f. ❖ vt poner en duda.

quest [kwest] n liter ▸ **quest (for)** búsqueda f (de).

question ['kwestʃn] ❖ n **1.** [query, problem in exam] pregunta f **2.** [doubt] duda f ▸ **to bring sthg into question** hacer reflexionar sobre algo ▸ **to call sthg into question** poner algo en duda ▸ **without question** sin duda ▸ **beyond question** fuera de toda duda **3.** [issue, matter] cuestión f, asunto m ▸ **it is a question of staying calm** se trata de mantener la calma ▸ **there's no question of ...** es imposible que ... ❖ vt **1.** [ask

questions to] preguntar ; [interrogate] interrogar **2.** [express doubt about] cuestionar. ◆ **in question** adv ▸ **the matter in question** el asunto en cuestión. ◆ **out of the question** adv imposible ▸ **that's out of the question!** ¡ni hablar!

questionable ['kwestʃənəbl] adj [gen] cuestionable ; [taste] dudoso(sa).

question mark n (signo m de) interrogación f.

questionnaire [,kwestʃə'neər] n cuestionario m.

queue [kjuː] UK ❖ n cola f. ❖ vi ▸ **to queue (up for sthg)** hacer cola (para algo).

quibble ['kwɪbl] pej vi quejarse por tonterías ▸ **to quibble over** OR **about** quejarse tontamente por OR de.

quiche [kiːʃ] n quiche f.

quick [kwɪk] ❖ adj **1.** [gen] rápido(da) ▸ **be quick!** ¡date prisa! ▸ **could we have a quick word?** ¿podríamos hablar un momento? **2.** [clever - person] espabilado(da) ; [-wit] agudo(da) **3.** [irritable] ▸ **a quick temper** un genio vivo. ❖ adv rápidamente.

quick-drying adj [paint, concrete] de secado rápido.

quicken ['kwɪkn] ❖ vt [one's pace] apretar, acelerar. ❖ vi acelerarse.

quickfire ['kwɪkfaɪər] adj : *he directed quickfire questions at me* me ametralló a preguntas / *a series of quickfire questions* una ráfaga de preguntas.

quickie ['kwɪkɪ] n inf [gen] uno m rápido.

quickly ['kwɪklɪ] adv **1.** [rapidly] rápidamente, de prisa **2.** [without delay] rápidamente, en seguida.

quicksand ['kwɪksænd] n arenas fpl movedizas.

quick-setting adj [cement] de endurecimiento rápido ; [jelly] de cuajado rápido.

quick-witted [-'wɪtɪd] adj agudo(da).

quid [kwɪd] (pl inv) n UK inf libra f (esterlina).

quiet ['kwaɪət] ❖ adj **1.** [silent - gen] silencioso(sa) ; [-room, place] tranquilo(la) ▸ **to be quiet** [make no noise] no hacer ruido ▸ **be quiet!** ¡cállate! ▸ **in a quiet voice** en voz baja ▸ **to keep quiet about sthg** guardar silencio sobre algo **2.** [not talkative] callado(da) ▸ **to go quiet** callarse **3.** [tranquil, uneventful] tranquilo(la) **4.** [unpublicized - wedding etc] privado(da), íntimo(ma). ❖ n tranquilidad f, silencio m ▸ **on the quiet** a escondidas. ❖ vt US tranquilizar. ◆ **quiet down** ❖ vt sep tranquilizar. ❖ vi tranquilizarse.

quieten ['kwaɪətn] vt tranquilizar. ◆ **quieten down** ❖ vt sep tranquilizar. ❖ vi tranquilizarse.

quietly ['kwaɪətlɪ] adv **1.** [without noise] silenciosamente, sin hacer ruido ▸ **to speak quietly** hablar en voz baja **2.** [without moving] sin moverse **3.** [without excitement] tranquilamente **4.** [without fuss] discretamente.

quilt [kwɪlt] n edredón m.

quinine [kwɪˈniːn] n quinina f.

quins [kwɪnz], **quints** US pl n inf quintillizos mpl, -zas f.

quintet [kwɪnˈtet] n quinteto m.

quints US = quins.

quintuplets [kwɪnˈtjuːplɪts] pl n quintillizos mpl, -zas f.

quip [kwɪp] n ocurrencia f, salida f.

quirk [kwɜːk] n **1.** [habit] manía f, rareza f **2.** [strange event] extraña coincidencia f.

quit [kwɪt] ◆ vt (UK pt & pp quit or -ted, US pt & pp quit) **1.** [resign from] dejar, abandonar **2.** [stop] ▶ to quit doing sthg dejar de hacer algo **3.** COMPUT salir de. ◆ vi (UK pt & pp quit or -ted, US pt & pp quit) **1.** [resign] dimitir **2.** COMPUT salir.

quite [kwaɪt] adv **1.** [completely] totalmente, completamente **2.** [fairly] bastante ▶ quite a lot of people bastante gente **3.** [after negative] : it's not quite big enough no es todo lo grande que tendría que ser / I'm not quite sure no estoy del todo seguro / I don't quite understand / know no entiendo/sé muy bien **4.** [to emphasize] ▶ quite a ... todo un (toda una) ... ▶ quite the opposite todo lo contrario **5.** [to express agreement] ▶ quite (so)! ¡efectivamente!, ¡desde luego!

quits [kwɪts] adj inf ▶ to be quits (with sb) estar en paz (con alguien) ▶ to call it quits dejarlo así.

quiver [ˈkwɪvər] ◆ n [for arrows] carcaj m. ◆ vi temblar, estremecerse.

quiz [kwɪz] ◆ n (pl -zes) **1.** [gen] concurso m **2.** US SCH control m. ◆ vt ▶ to quiz sb (about) interrogar a alguien (sobre).

quizzical [ˈkwɪzɪkl] adj burlón(ona).

quota [ˈkwəʊtə] n cuota f.

quotation [kwəʊˈteɪʃn] n **1.** [citation] cita f **2.** COMM presupuesto m.

quotation marks pl n comillas fpl.

quote [kwəʊt] ◆ n **1.** [citation] cita f **2.** COMM presupuesto m. ◆ vt **1.** [cite] citar **2.** [figures, example, price] dar ▶ he quoted £100 fijó un precio de 100 libras. ◆ vi **1.** [cite] ▶ to quote (from) citar (de) **2.** COMM ▶ to quote for dar un presupuesto por.

quotient [ˈkwəʊʃnt] n cociente m.

R

r (pl r's or rs), **R** (pl R's or Rs) [ɑːr] n [letter] r f, R f.

R & D (abbr of research and development) n I + D f.

rabbi [ˈræbaɪ] n rabino m.

rabbit [ˈræbɪt] n conejo m.

rabbit hutch n conejera f.

rabble [ˈræbl] n chusma f, populacho m.

rabies [ˈreɪbiːz] n rabia f.

RAC (abbr of Royal Automobile Club) n asociación británica del automóvil ; ≃ RACE m.

raccoon [rəˈkuːn] n mapache m.

race [reɪs] ◆ n **1.** lit & fig [competition] carrera f **2.** [people, descent] raza f. ◆ vt **1.** [compete against] competir con (corriendo) ▶ they raced each other to the door echaron una carrera hasta la puerta **2.** [cars, pigeons] hacer carreras de ; [horses] hacer correr. ◆ vi **1.** [rush] ir corriendo **2.** [beat fast] acelerarse.

race bike n moto f de carreras.

race car US = racing car.

racecourse [ˈreɪskɔːs] n hipódromo m.

race driver US = racing driver.

racehorse [ˈreɪshɔːs] n caballo m de carreras.

racetrack [ˈreɪstræk] n [for horses] hipódromo m ; [for cars] autódromo m.

racewalking [ˈreɪswɔːkɪŋ] n marcha f atlética.

racial [ˈreɪʃl] adj racial.

racial discrimination n discriminación f racial.

racing [ˈreɪsɪŋ] n carreras fpl ▶ motor racing carreras de coches.

racing car UK, **race car** US n coche m de carreras, auto m de carrera AM.

racing driver UK, **race driver** US n piloto m/f de carreras.

racism [ˈreɪsɪzm], **racialism** n racismo m.

racist [ˈreɪsɪst] ◆ adj racista. ◆ n racista mf.

rack [ræk] ◆ n **1.** [for magazines] revistero m ; [for bottles] botellero m ; [for plates] escurreplatos m inv ; [for clothes] percha f **2.** [for luggage] portaequipajes m inv. ◆ vt ▶ to be racked by or with liter estar transido(da) de ▶ to rack one's brains UK devanarse los sesos.

racket, racquet [ˈrækɪt] n **1.** SPORT raqueta f **2.** [noise] jaleo m, alboroto m **3.** [swindle] timo m **4.** [illegal activity] negocio m sucio.

racquet [ˈrækɪt] n = racket.

racy [ˈreɪsɪ] adj entretenido(da) y picante.

radar [ˈreɪdɑːr] n radar m ▶ radar speed check control m por radar.

radiant [ˈreɪdjənt] adj **1.** [happy] radiante **2.** liter [brilliant] resplandeciente.

radiate [ˈreɪdɪeɪt] ◆ vt lit & fig irradiar. ◆ vi **1.** [be emitted] ser irradiado(da) **2.** [spread from centre] salir, extenderse.

radiation [ˌreɪdɪˈeɪʃn] n radiación f.

radiator [ˈreɪdɪeɪtər] n radiador m.

radical [ˈrædɪkl] ◆ adj radical. ◆ n POL radical mf.

radically ['rædɪklɪ] adv radicalmente.

radii ['reɪdɪaɪ] pl n ⟶ **radius.**

radio ['reɪdɪəʊ] ❖ n (pl -s) radio f. ❖ comp de radio, radiofónico(ca).

radioactive [,reɪdɪəʊ'æktɪv] adj radiactivo(va).

radio alarm n radiodespertador m.

radio-controlled [-kən'trəʊld] adj teledirigido(da).

radiography [,reɪdɪ'ɒgrəfɪ] n radiografía f.

radiology [,reɪdɪ'ɒlədʒɪ] n radiología f.

radiotherapy [,reɪdɪəʊ'θerəpɪ] n radioterapia f.

radish ['rædɪʃ] n rábano m.

radius ['reɪdɪəs] (pl **radii**) n [gen & ANAT] radio m.

RAF [ɑːreɪ'ef, ræf] n abbr of **Royal Air Force.**

raffle ['ræfl] ❖ n rifa f, sorteo m. ❖ comp ▶ **raffle ticket** boleto m. ❖ vt rifar.

raft [rɑːft] n [craft] balsa f.

rafter ['rɑːftər] n viga f (de armadura de tejado).

rag [ræg] n **1.** [piece of cloth] trapo m **2.** pej [newspaper] periodicucho m. ◆ **rags** pl n [clothes] trapos mpl.

rag-and-bone man n trapero m.

rag doll n muñeca f de trapo.

rage [reɪdʒ] ❖ n **1.** [fury] rabia f, ira f **2.** inf [fashion] ▶ **it's all the rage** es la última moda. ❖ vi **1.** [behave angrily] estar furioso(sa) **2.** [subj: storm, sea] enfurecerse ; [subj: disease] hacer estragos ; [subj: argument, controversy] continuar con violencia.

ragged ['rægɪd] adj **1.** [wearing torn clothes] andrajoso(sa), harapiento(ta) **2.** [torn] hecho(cha) jirones.

ragtop ['rægtɒp] n 🇺🇸 inf AUTO descapotable m.

rag week n 🇬🇧 semana en que los universitarios organizan actividades divertidas con fines benéficos.

raid [reɪd] ❖ n **1.** [attack] incursión f **2.** [forced entry - by robbers] asalto m ; [- by police] redada f. ❖ vt **1.** [attack] atacar por sorpresa **2.** [subj: robbers] asaltar ; [subj: police] hacer una redada en.

raider ['reɪdər] n [attacker] invasor m, -ra f.

rail [reɪl] n **1.** [on staircase] barandilla f **2.** [bar] barra f ▶ **towel rail** toallero m **3.** (U) [form of transport] ferrocarril m ▶ **by rail** por ferrocarril **4.** [of railway line] carril m, riel m.

railcard ['reɪlkɑːd] n 🇬🇧 tarjeta que permite algunos descuentos al viajar en tren.

railing ['reɪlɪŋ] n reja f.

railway 🇬🇧 ['reɪlweɪ], **railroad** 🇺🇸 ['reɪlrəʊd] n **1.** [company] ferrocarril m **2.** [route] línea f de ferrocarril.

railway line n [route] línea f de ferrocarril ; [track] vía f férrea.

railwayman ['reɪlweɪmən] (pl -men) n 🇬🇧 ferroviario m.

railway station n estación f de ferrocarril.

railway track n vía f férrea.

rain [reɪn] ❖ n lluvia f ▶ **in the rain** bajo la lluvia. ❖ impers vb METEOR llover. ❖ vi caer.

rainbow ['reɪnbəʊ] n arco m iris.

rain check n 🇺🇸 ▶ **I'll take a rain check (on that)** no lo quiero ahora, pero igual me apunto la próxima vez.

raincoat ['reɪnkəʊt] n impermeable m.

raindrop ['reɪndrɒp] n gota f de lluvia.

rainfall ['reɪnfɔːl] n pluviosidad f.

rain forest n bosque m tropical.

rainy ['reɪnɪ] adj lluvioso(sa).

raise [reɪz] ❖ vt **1.** [lift up] levantar ; [flag] izar **2.** [increase - level] aumentar ▶ **to raise one's voice** levantar la voz **3.** [improve] elevar **4.** [obtain - from donations] recaudar ; [- by selling, borrowing] conseguir **5.** [memory, thoughts] traer ; [doubts, fears] levantar **6.** [bring up, breed] criar **7.** [crops] cultivar **8.** [mention] plantear **9.** [build] construir. ❖ n 🇺🇸 aumento m.

raisin ['reɪzn] n pasa f.

rake [reɪk] ❖ n [implement] rastrillo m. ❖ vt [smooth] rastrillar.

rally ['rælɪ] ❖ n **1.** [meeting] mitin m **2.** [car race] rally m **3.** [in tennis etc] peloteo m. ❖ vt reunir. ❖ vi **1.** [come together] reunirse **2.** [recover] recuperarse. ◆ **rally round** ❖ vt insep formar una piña con. ❖ vi inf formar una piña.

ram [ræm] ❖ n carnero m. ❖ vt **1.** [crash into] embestir **2.** [force] embutir.

RAM [ræm] (abbr of **random access memory**) n COMPUT RAM f.

ramble ['ræmbl] ❖ n paseo m por el campo. ❖ vi **1.** [walk] pasear **2.** [talk] divagar. ◆ **ramble on** vi divagar sin parar.

rambler ['ræmblər] n [walker] excursionista mf.

rambling ['ræmblɪŋ] adj **1.** [building, house] laberíntico(ca) **2.** [speech, writing] incoherente.

ramp [ræmp] n **1.** [slope] rampa f **2.** AUTO [in road] rompecoches m inv.

rampage [ræm'peɪdʒ] n ▶ **to go on the rampage** desbandarse.

rampant ['ræmpənt] adj desenfrenado(da).

ramparts ['ræmpɑːts] pl n murallas fpl.

ramshackle ['ræm,ʃækl] adj destartalado(da).

ran [ræn] pt ⟶ **run.**

ranch [rɑːntʃ] n rancho m.

rancher ['rɑːntʃər] n ranchero m, -ra f.

rancid ['rænsɪd] adj rancio(cia).

rancour 🇬🇧, **rancor** 🇺🇸 ['ræŋkər] n rencor m.

random ['rændəm] ❖ adj **1.** [arbitrary] hecho(cha) al azar **2.** TECH aleatorio(ria). ❖ n ▶ **at random** al azar.

random access memory n COMPUT memoria f de acceso aleatorio.

R and R (*abbr of* rest and recreation) n US permiso militar.

randy ['rændɪ] adj *inf* cachondo(da), caliente.

rang [ræŋ] pt ⟶ ring.

range [reɪndʒ] ❖ n **1.** [of missile, telescope] alcance m ; [of ship, plane] autonomía f ▶ **to be out of / within range** estar fuera del/al alcance ▶ **at close range** de cerca **2.** [variety] gama f **3.** [of prices, salaries] escala f **4.** [of mountains] cordillera f **5.** [shooting area] campo m de tiro **6.** [of voice] registro m. ❖ vt alinear. ❖ vi (vary) ▶ **to range from ... to ..., to range between ... and ...** oscilar OR fluctuar entre ... y ... ▶ **prices ranging from $20 to $100** precios que van desde veinte hasta cien dólares.

ranger ['reɪndʒər] n guardabosques mf inv.

rank [ræŋk] ❖ adj **1.** [utter, absolute - bad luck, outsider] absoluto(ta) ; [- disgrace, injustice] flagrante **2.** [foul] pestilente. ❖ n **1.** [position, grade] grado m, rango m **2.** [social class] clase f, categoría f ▶ **the rank and file** las bases **3.** [row] fila f. ❖ vt [class] ▶ **to be ranked** estar clasificado(da). ❖ vi ▶ **to rank as** estar considerado(da) (como) ▶ **to rank among** encontrarse entre. ◆ **ranks** pl n **1.** MIL ▶ **the ranks** los soldados rasos **2.** *fig* [members] filas fpl.

rankle ['ræŋkl] vi doler.

ransack ['rænsæk] vt [search] registrar a fondo ; [plunder] saquear.

ransom ['rænsəm] n rescate m ▶ **to hold sb to ransom** *fig* hacer chantaje a alguien.

rant [rænt] vi despotricar.

rap [ræp] ❖ n **1.** [knock] golpecito m **2.** [type of music] rap m **3.** US [legal charge] acusación f / **rap sheet** antecedentes mpl penales. ❖ vt dar un golpecito en.

rape [reɪp] ❖ n **1.** [crime] violación f **2.** BOT colza f. ❖ vt [person] violar.

rapeseed oil ['reɪpsi:d-] n aceite m de colza.

rapid ['ræpɪd] adj rápido(da). ◆ **rapids** pl n rápidos mpl.

rapidly ['ræpɪdlɪ] adv rápidamente.

rapist ['reɪpɪst] n violador m, -ra f.

rapport [ræ'pɔːr] n compenetración f.

rapture ['ræptʃər] n arrobamiento m ▶ **to go into raptures over** OR **about** deshacerse en elogios a.

rapturous ['ræptʃərəs] adj muy entusiasta.

rare [reər] adj **1.** [scarce] poco común, raro(ra) **2.** [infrequent] poco frecuente, raro(ra) **3.** [exceptional] raro(ra), excepcional **4.** CULIN poco hecho(cha).

rarely ['reəlɪ] adv raras veces.

raring ['reərɪŋ] adj ▶ **to be raring to go** estar ansioso(sa) por empezar.

rarity ['reərətɪ] n rareza f.

rascal ['rɑːskl] n pícaro m, -ra f.

rash [ræʃ] ❖ adj precipitado(da). ❖ n **1.** MED erupción f (cutánea), sarpullido m **2.** [spate] aluvión m.

rasher ['ræʃər] n loncha f.

rasp [rɑːsp] n **1.** [harsh sound] chirrido m **2.** [tool] lima f gruesa.

raspberry ['rɑːzbərɪ] n [fruit] frambuesa f.

rat [ræt] n [animal] rata f.

rate [reɪt] ❖ n **1.** [speed] ritmo m ▶ **at this rate** a este paso **2.** [of birth, death] índice m ; [of unemployment, inflation] tasa f **3.** [price] precio m, tarifa f ; [of interest] tipo m. ❖ vt **1.** [consider] ▶ **to rate sthg / sb (as / among)** considerar algo/a alguien (como/entre) **2.** UK *inf* [have good opinion of] valorar mucho **3.** [deserve] merecer. ◆ **rates** pl n UK ≃ contribución f urbana. ◆ **at any rate** adv **1.** [at least] al menos **2.** [anyway] de todos modos.

ratepayer ['reɪt,peɪər] n UK contribuyente mf.

rather ['rɑːðər] adv **1.** [to quite a large extent] bastante **2.** [to a great extent] muy **3.** [to a limited extent] algo / **he's rather like you** se parece (en) algo a ti **4.** [as preference] ▶ **I would rather wait** preferiría esperar ▶ **I'd rather not stay** prefiero no quedarme ▶ **would you like to come? — I'd rather not** ¿quieres venir? — mejor no **5.** [more exactly] ▶ **or rather ...** o más bien ..., o mejor dicho ... **6.** [on the contrary] ▶ **(but) rather ...** (sino) más bien OR por el contrario ... ◆ **rather than** conj en vez de.

ratify ['rætɪfaɪ] vt ratificar.

rating ['reɪtɪŋ] n [standing] clasificación f.

ratio ['reɪʃɪəʊ] (pl -s) n proporción f, relación f.

ration ['ræʃn] ❖ n ración f. ❖ vt racionar. ◆ **rations** pl n [supplies] víveres mpl.

rational ['ræʃənl] adj racional.

rationale [,ræʃə'nɑːl] n lógica f, razones fpl.

rationalize, rationalise ['ræʃənəlaɪz] vt racionalizar.

rat race n mundo despiadadamente competitivo de los negocios.

rattle ['rætl] ❖ n **1.** [of engine, metal] traqueteo m ; [of chains] crujido m ; [of glass] tintineo m ; [of typewriter] repiqueteo m **2.** [for baby] sonajero m. ❖ vt **1.** [make rattle] hacer sonar **2.** [unsettle] desconcertar. ❖ vi golpetear ; [chains] crujir ; [glass] tintinear.

rattlesnake ['rætlsneɪk], **rattler** US ['rætlər] n serpiente f de cascabel.

raucous ['rɔːkəs] adj ronco(ca) y estridente.

ravage ['rævɪdʒ] vt estragar, asolar. ◆ **ravages** pl n estragos mpl.

rave [reɪv] ❖ n [party] macrofiesta f tecno. ❖ vi **1.** [talk angrily] ▶ **to rave at sb** increpar a alguien ▶ **to rave against sb / sthg** despotricar contra alguien/algo **2.** [talk enthusiastically]

▶ **to rave about sthg** deshacerse en alabanzas sobre algo.

raven ['reɪvn] n cuervo m.

ravenous ['rævənəs] adj [person, animal] famélico(ca); [appetite] voraz.

ravine [rə'viːn] n barranco m.

raving ['reɪvɪŋ] adj [lunatic] de atar; [fantasy] delirante.

ravioli [,rævɪ'əʊlɪ] n (U) raviolis mpl.

ravishing ['rævɪʃɪŋ] adj [sight, beauty] de ensueño; [person] bellísimo(ma).

raw [rɔː] adj 1. [uncooked] crudo(da) 2. [untreated - silk] crudo(da); [- sewage] sin tratar; [- cane sugar] sin refinar 3. [painful - wound] en carne viva 4. [inexperienced] novato(ta) 5. [cold] crudo(da).

raw deal n ▶ **to get a raw deal** recibir un trato injusto.

raw material n materia f prima.

ray [reɪ] n rayo m ▶ **ray of hope** resquicio m de esperanza.

rayon ['reɪɒn] n rayón m.

raze [reɪz] vt arrasar.

razor ['reɪzər] n [wet shaver] navaja f; [electric machine] maquinilla f de afeitar.

razor blade n hoja f de afeitar.

RC abbr of **Roman Catholic**.

Rd written abbr of **road**.

re [riː] prep Ref.

RE n (abbr of **religious education**) religión f.

reach [riːtʃ] ❖ n alcance m / he has a long reach tiene los brazos largos ▶ **within (sb's) reach a)** [easily touched] al alcance (de alguien) **b)** [easily travelled to] a poco distancia (de alguien) ▶ **out of** OR **beyond sb's reach** fuera del alcance de alguien. ❖ vt 1. [gen] alcanzar, llegar a 2. [arrive at - place etc] llegar a 3. [get by stretching - object, shelf] alcanzar 4. [contact] localizar. ❖ vi ▶ **I can't reach** no llego ▶ **to reach out/across** alargar la mano ▶ **to reach down** agacharse.

react [rɪ'ækt] vi 1. [respond] ▶ **to react (to)** reaccionar (a OR ante) 2. [rebel] ▶ **to react against** reaccionar en contra de 3. CHEM ▶ **to react with** reaccionar con.

reaction [rɪ'ækʃn] n ▶ **reaction (to/against)** reacción f (a/contra).

reactionary [rɪ'ækʃənrɪ] ❖ adj reaccionario(ria). ❖ n reaccionario m, -ria f.

reactor [rɪ'æktər] n reactor m.

read [riːd] ❖ vt (pt & pp read [red]) 1. [gen & COMPUT] leer ▶ **she can't read my writing** no entiende mi letra 2. [subj: sign, words] poner, decir 3. [subj: thermometer, meter etc] marcar 4. [interpret] interpretar 5. **UK** UNIV estudiar. ❖ vi (pt & pp read [red]) 1. [person] leer 2. [read aloud] ▶ **to read to sb** leerle a alguien 3. [piece of writing] ▶ **to read well** estar

bien escrito. ◆ **read out** vt sep leer en voz alta. ◆ **read through** vt sep leer. ◆ **read up on** vt insep leer OR documentarse sobre.

readable ['riːdəbl] adj ameno(na).

reader ['riːdər] n 1. [person who reads] lector m, -ra f 2. COMPUT lector m.

readership ['riːdəʃɪp] n [total number of readers] lectores mpl.

readily ['redɪlɪ] adv 1. [willingly] de buena gana 2. [easily] fácilmente.

reading ['riːdɪŋ] n 1. [gen] lectura f 2. [recital] recital m.

readjust [,riːə'dʒʌst] ❖ vt reajustar. ❖ vi ▶ **to readjust (to)** volverse a adaptar (a).

readout ['riːdaʊt] n COMPUT visualización f.

ready ['redɪ] ❖ adj 1. [prepared] listo(ta), preparado(da) ▶ **to be ready for sthg/to do sthg** estar listo para algo/para hacer algo ▶ **to get ready a)** [prepare] prepararse **b)** [for going out] arreglarse 2. [willing] ▶ **to be ready to do sthg** estar dispuesto(ta) a hacer algo 3. [in need of] ▶ **to be ready for sthg** necesitar algo 4. [likely] ▶ **to be ready to do sthg** estar a punto de hacer algo 5. [smile] pronto(ta). ❖ vt preparar ▶ **to ready o.s. for sthg** prepararse para algo.

ready cash n dinero m contante.

ready-made adj [products] hecho(cha); [clothes] confeccionado(da).

ready money n dinero m contante.

ready-to-wear adj confeccionado(da).

reafforestation ['riːə,fɒrɪ'steɪʃn], **reforestation** n repoblación f forestal.

real ['rɪəl] ❖ adj 1. [not imagined, actual] real ▶ **the real thing** lo auténtico ▶ **for real** de verdad ▶ **in real terms** en términos reales 2. [genuine, proper] auténtico(ca) ▶ **a real friend** un amigo de verdad. ❖ adv **US** muy.

real estate n propiedad f inmobiliaria.

real estate agent n **US** agente inmobiliario m, agente inmobiliaria f.

realign [,riːə'laɪn] vt volver a alinear.

realism ['rɪəlɪzm] n realismo m.

realistic [,rɪə'lɪstɪk] adj realista.

reality [rɪ'ælətɪ] n realidad f.

reality show n reality show m.

reality TV n (U) telerrealidad f.

realization [,rɪəlaɪ'zeɪʃn] n 1. [recognition] comprensión f 2. [achievement] consecución f.

realize, realise ['rɪəlaɪz] vt 1. [become aware of] darse cuenta de 2. [produce, achieve, make profit of] realizar.

really ['rɪəlɪ] ❖ adv 1. [for emphasis] de verdad ▶ **really good** buenísimo ▶ **did you like it?** — **not really** ¿te gustó? — la verdad es que no 2. [actually, honestly] realmente 3. [to sound less negative] en realidad. ❖ excl 1. [express-

ing doubt] ▶ **really? a)** [in affirmatives] ¿ah sí?
b) [in negatives] ¿ah no? **2.** [expressing surprise,
disbelief] ▶ **really?** ¿de verdad?, ¿seguro?

realm [relm] n **1.** [field] campo m, esfera f
2. [kingdom] reino m.

realtor ['rɪɔltər] n US agente inmobiliario m, agente inmobiliaria f.

reap [riːp] vt lit & fig cosechar.

reappear [ˌriːəˈpɪər] vi reaparecer.

rear [rɪər] ❖ adj trasero(ra), de atrás. ❖ n
[back] parte f de atrás ▶ **to bring up the rear**
cerrar la marcha. ❖ vt criar. ❖ vi ▶ **to rear
(up)** encabritarse.

rearm [riːˈɑːm] vi rearmarse.

rearmost ['rɪəməʊst] adj último(ma).

rearrange [ˌriːəˈreɪndʒ] vt **1.** [room, furniture]
colocar de otro modo; [system, plans] reorganizar
2. [meeting] volver a concertar.

rearview mirror ['rɪəvjuː-] n (espejo m) retrovisor m.

reason ['riːzn] ❖ n **1.** [cause] ▶ **reason (for)**
razón f (de) ▶ **I don't know the reason why** no
sé por qué ▶ **by reason of** fml a causa de ▶ **for
some reason** por alguna razón **2.** [justification]
▶ **to have reason to do sthg** tener motivos para
hacer algo **3.** [rationality] razón f ▶ **it stands to
reason** es lógico ▶ **to listen to reason** avenirse
a razones. ❖ vt & vi razonar. ❖ **reason with**
vt insep razonar con.

reasonable ['riːznəbl] adj razonable.

reasonably ['riːznəblɪ] adv razonablemente.

reasoned ['riːznd] adj razonado(da).

reasoning ['riːznɪŋ] n razonamiento m.

reassess [ˌriːəˈses] vt reconsiderar.

reassurance [ˌriːəˈʃʊərəns] n **1.** (U) [comfort] palabras fpl tranquilizadoras **2.** [promise]
promesa f.

reassure [ˌriːəˈʃʊər] vt tranquilizar.

reassuring [ˌriːəˈʃʊərɪŋ] adj tranquilizador(ra).

rebate ['riːbeɪt] n **1.** [refund] devolución f
2. [discount] bonificación f.

rebel ❖ n ['rebl] rebelde mf. ❖ vi [rɪˈbel] ▶ **to
rebel (against)** rebelarse (contra), alebrestarse
(contra) Col Méx Ven.

rebellion [rɪˈbeljən] n rebelión f.

rebellious [rɪˈbeljəs] adj rebelde.

reboot [ˌriːˈbuːt] vt COMPUT reinicializar.

rebound ❖ n ['riːbaʊnd] ▶ **on the rebound**
[ball] de rebote m. ❖ vi [ˌriːˈbaʊnd] [bounce
back] rebotar.

re-brand vt relanzar con otra marca.

rebuff [rɪˈbʌf] n [slight] desaire m; [refusal]
negativa f.

rebuild [ˌriːˈbɪld] (pt & pp -built) vt reconstruir.

rebuke [rɪˈbjuːk] ❖ n reprimenda f. ❖ vt
▶ **to rebuke sb (for)** reprender a alguien (por).

rebuttal [riːˈbʌtl] n refutación f.

recalcitrant [rɪˈkælsɪtrənt] adj recalcitrante.

recall [rɪˈkɔːl] ❖ n [memory] memoria f. ❖ vt
1. [remember] recordar, acordarse de **2.** [ambassador] retirar; [goods] retirar del mercado.

recant [rɪˈkænt] vi [deny statement] retractarse;
[deny religion] renegar de la fe.

recap ['riːkæp] inf ❖ n resumen m, recapitulación f. ❖ vt [summarize] recapitular, resumir.
❖ vi recapitular, resumir.

recapitulate [ˌriːkəˈpɪtjʊleɪt] vt & vi recapitular, resumir.

recd, rec'd (written abbr of **received**) rbdo.

recede [rɪˈsiːd] vi **1.** [person, car] alejarse;
[coastline] retroceder **2.** fig [disappear] esfumarse.

receding [rɪˈsiːdɪŋ] adj [chin, forehead] hundida
▶ **to have a receding hairline** tener entradas.

receipt [rɪˈsiːt] n recibo m / **to acknowledge
receipt** acusar recibo. ❖ **receipts** pl n recaudación f.

receive [rɪˈsiːv] vt **1.** [gen] recibir ▶ **I received
a fine** me pusieron una multa **2.** [reaction] tener;
[injury, setback] sufrir **3.** [greet] ▶ **to be well /
badly received** tener una buena/mala acogida.

receiver [rɪˈsiːvər] n **1.** [of telephone] auricular m **2.** [radio, TV set] receptor m **3.** [criminal]
perista mf **4.** FIN síndico m, -ca f.

recent ['riːsnt] adj reciente.

recently ['riːsntlɪ] adv recientemente.

receptacle [rɪˈseptəkl] n receptáculo m.

reception [rɪˈsepʃn] n **1.** [gen] recepción f
2. [welcome] recibimiento m.

reception desk n recepción f.

receptionist [rɪˈsepʃənɪst] n recepcionista mf.

receptive [rɪˈseptɪv] adj receptivo(va) ▶ **to be
receptive to sthg** estar abierto a algo.

recess ['riːses, UK rɪˈses] n **1.** [vacation] periodo m vacacional ▶ **to be in recess** estar clausurado(da) **2.** [alcove] nicho m, hueco m **3.** US
SCH recreo m. ❖ **recesses** pl n [of mind, heart]
recovecos mpl; [of building] escondrijos mpl.

recession [rɪˈseʃn] n recesión f.

recharge [ˌriːˈtʃɑːdʒ] vt recargar.

recipe ['resɪpɪ] n fig CULIN receta f.

recipient [rɪˈsɪpɪənt] n [of letter, cheque] destinatario m, -ria f.

reciprocal [rɪˈsɪprəkl] adj recíproco(ca).

reciprocate [rɪˈsɪprəkeɪt] ❖ vt corresponder
a. ❖ vi corresponder.

recital [rɪˈsaɪtl] n recital m.

recite [rɪˈsaɪt] vt **1.** [poem] recitar **2.** [list] enumerar.

reckless ['reklɪs] adj [gen] imprudente; [driver,
driving] temerario(ria).

reckon ['rekn] vt **1.** inf [think] ▶ **to reckon
(that)** pensar que **2.** [consider, judge] ▶ **to be**

reckoned to be sthg ser considerado(da) algo **3.** [calculate] calcular. **reckon on** vt insep contar con. **reckon with** vt insep [expect] contar con.

reckoning ['rekənɪŋ] n [calculation] cálculo m.

reclaim [rɪ'kleɪm] vt **1.** [claim back] reclamar **2.** [recover] recuperar **to reclaim land from the sea** ganarle tierra al mar.

recline [rɪ'klaɪn] vi reclinarse.

recliner [rɪ'klaɪnər] n [for sunbathing] tumbona f; [armchair] sillón m reclinable.

reclining [rɪ'klaɪnɪŋ] adj [seat] reclinable.

recluse [rɪ'kluːs] n solitario m, -ria f.

recognition [,rekəg'nɪʃn] n reconocimiento m **to have changed beyond OR out of all recognition** estar irreconocible **in recognition of** en reconocimiento a.

recognizable ['rekəgnaɪzəbl] adj reconocible.

recognize, recognise ['rekəgnaɪz] vt reconocer.

recoil ◆ vi [rɪ'kɔɪl] **1.** [draw back] retroceder, echarse atrás **2.** fig [shrink from] **to recoil from OR at sthg a)** [truth, bad news] esquivar OR rehuir algo **b)** [idea, suggestion] estremecerse ante algo. ◆ n ['riːkɔɪl] [of gun] retroceso m.

recollect [,rekə'lekt] vt & vi recordar.

recollection [,rekə'lekʃn] n recuerdo m.

recommend [,rekə'mend] vt recomendar.

recommendation [,rekəmən'deɪʃn] n recomendación f.

recommended adj recomendado(da) **recommended daily allowance OR intake** consumo m diario recomendado.

recompense ['rekəmpens] ◆ n **recompense (for)** compensación f OR indemnización f (por). ◆ vt **to recompense sb (for)** recompensar a alguien (por).

reconcile ['rekənsaɪl] vt **1.** [find agreement between] conciliar **2.** [make friendly again] reconciliar **to be reconciled with sb** reconciliarse con alguien **3.** [accept] **to reconcile o.s. to** resignarse a.

reconditioned [,riːkən'dɪʃnd] adj reparado(da).

reconnaissance [rɪ'kɒnɪsəns] n reconocimiento m.

reconnoitre UK, **reconnoiter** US [,rekə'nɔɪtər] ◆ vt reconocer. ◆ vi hacer un reconocimiento.

reconsider [,riːkən'sɪdər] vt & vi reconsiderar.

reconstruct [,riːkən'strʌkt] vt [building, crime] reconstruir.

record ◆ n ['rekɔːd] **1.** [of event, piece of information & COMPUT] registro m; [of meeting] actas fpl **to go on record as saying that ...** declarar/haber declarado públicamente que ... **to keep sthg on record** dejar constancia escrita de algo **off the record** confidencial **2.** [vinyl disc]

disco m **3.** [best achievement] récord m **4.** [past results] resultados mpl **5.** HIST historial m **criminal OR police record** antecedentes mpl penales **6.** [archives] **records** archivos fpl **records office** archivo m nacional. ◆ vt [rɪ'kɔːd] **1.** [write down] anotar **2.** [document] documentar **3.** [put on tape] grabar. ◆ vi [rɪ'kɔːd] grabar. ◆ adj ['rekɔːd] récord (inv).

recorded [rɪ'kɔːdɪd] adj **recorded message** mensaje grabado.

recorded delivery [rɪ'kɔː-dɪd-] n correo m certificado.

recorder [rɪ'kɔːdər] n [musical instrument] flauta f.

record holder n plusmarquista mf.

recording [rɪ'kɔːdɪŋ] n grabación f.

record player n tocadiscos m inv.

recount ◆ n ['riːkaʊnt] segundo recuento m. ◆ vt **1.** [rɪ'kaʊnt] [narrate] narrar **2.** [,riː'kaʊnt] [count again] volver a contar.

recoup [rɪ'kuːp] vt recuperar.

recourse [rɪ'kɔːs] n fml **to have recourse to** recurrir a.

recover [rɪ'kʌvər] ◆ vt **1.** [retrieve, recoup] recuperar **2.** [regain - calm etc] recobrar. ◆ vi **to recover (from)** recuperarse (de).

recovery [rɪ'kʌvərɪ] n recuperación f.

recreation [,rekrɪ'eɪʃn] n [leisure] esparcimiento m, recreo m.

recrimination [rɪ,krɪmɪ'neɪʃn] n recriminación f.

recruit [rɪ'kruːt] ◆ n recluta mf. ◆ vt **1.** [gen] reclutar **to recruit sb (for sthg/to do sthg)** reclutar a alguien (para algo/para hacer algo) **2.** [find, employ] contratar. ◆ vi buscar empleados nuevos.

recruitment [rɪ'kruːtmənt] n [gen] reclutamiento m; [of staff] contratación f.

rectangle ['rek,tæŋgl] n rectángulo m.

rectangular [rek'tæŋgjʊlər] adj rectangular.

rectify ['rektɪfaɪ] vt rectificar.

rector ['rektər] n **1.** [priest] párroco m **2.** Scot [head - of school] director m, -ra f; [- of college, university] rector m, -ra f.

rectory ['rektərɪ] n rectoría f.

recuperate [rɪ'kuːpəreɪt] ◆ vt recuperar. ◆ vi **to recuperate (from)** recuperarse (de).

recur [rɪ'kɜː] vi repetirse.

recurrence [rɪ'kʌrəns] n repetición f.

recurrent [rɪ'kʌrənt] adj que se repite.

recycle [,riː'saɪkl] vt reciclar.

recycle bin n COMPUT papelera f.

red [red] ◆ adj rojo(ja) **to go red** [with embarrassment] ponerse colorado(da). ◆ n [colour] rojo m **to be in the red** inf estar en números rojos.

red card n FOOT ▶ **to show sb the red card** mostrarle a alguien (la) tarjeta roja.

red carpet n ▶ **to roll out the red carpet for sb** recibir a alguien con todos los honores. ◆ **red-carpet** adj ▶ **to give sb the red-carpet treatment** dispensar a alguien un gran recibimiento.

Red Cross n ▶ **the Red Cross** la Cruz Roja.

redcurrant ['redkʌrənt] n **1.** [fruit] grosella f **2.** [bush] grosellero m.

redden ['redn] ❖ vt [make red] teñir de rojo. ❖ vi [flush] enrojecer.

redecorate [ˌriːˈdekəreɪt] vt & vi volver a pintar (o empapelar).

redeem [rɪ'diːm] vt **1.** [save, rescue] salvar, rescatar **2.** RELIG redimir **3.** fml [at pawnbroker's] desempeñar.

redeeming [rɪ'diːmɪŋ] adj ▶ **his only redeeming feature** lo único que le salva.

redeploy [ˌriːdɪ'plɔɪ] vt reorganizar.

red-faced [-'feɪst] adj **1.** [flushed] rojo(ja), colorado(da) **2.** [with embarrassment] rojo(ja) de vergüenza.

red-haired [-'heəd] adj pelirrojo(ja).

red-handed [-'hændɪd] adj ▶ **to catch sb red-handed** coger a alguien con las manos en la masa.

redhead ['redhed] n pelirrojo m, -ja f.

red herring n fig [unhelpful clue] pista f falsa; [means of distracting attention] ardid m para distraer la atención.

red-hot adj [metal, person, passion] al rojo (vivo).

redid [ˌriː'dɪd] pt → **redo**.

redirect [ˌriːdɪ'rekt] vt **1.** [retarget] redirigir **2.** [divert] desviar **3.** [forward] reexpedir.

rediscover [ˌriːdɪs'kʌvə] vt **1.** [re-experience] volver a descubrir **2.** [make popular, famous again] ▶ **to be rediscovered** ser descubierto(ta) de nuevo.

red light n [traffic signal] semáforo m rojo.

red-light district n barrio m chino.

redo [ˌriː'duː] (pt -**did**, pp -**done**) vt **1.** [do again] volver a hacer **2.** COMPUT rehacer.

redolent ['redələnt] adj liter [reminiscent] ▶ **to be redolent of sthg** evocar algo.

redouble [ˌriː'dʌbl] vt ▶ **to redouble one's efforts (to do sthg)** redoblar esfuerzos (para hacer algo).

redraft [ˌriː'drɑːft] vt volver a redactar.

redress [rɪ'dres] fml ❖ n (U) reparación f. ❖ vt ▶ **to redress the balance (between)** equilibrar la balanza (entre).

red tape n fig papeleo m.

reduce [rɪ'djuːs] ❖ vt reducir ▶ **to be reduced to doing sthg** verse rebajado o forzado a hacer algo ▶ **it reduced me to tears** me hizo llorar. ❖ vi US [diet] (intentar) adelgazar.

reduction [rɪ'dʌkʃn] n **1.** [gen] ▶ **reduction (in)** reducción f (de) **2.** COMM ▶ **reduction (of)** descuento m (de).

redundancy [rɪ'dʌndənsɪ] n UK [job loss] despido m.

redundant [rɪ'dʌndənt] adj **1.** UK [jobless] ▶ **to be made redundant** perder el empleo ▶ **to make sb redundant** despedir a alguien **2.** [not required - equipment, factory] innecesario(ria); [- comment] redundante.

reed [riːd] n **1.** [plant] carrizo m, cañavera f **2.** [of musical instrument] lengüeta f.

reef [riːf] n arrecife m.

reek [riːk] vi ▶ **to reek (of)** apestar (a).

reel [riːl] ❖ n **1.** [of cotton, on fishing rod] carrete m **2.** [of film] rollo m. ❖ vi **1.** [stagger] tambalearse **2.** [be stunned] ▶ **to reel from sthg** quedarse atónito(ta) por algo. ◆ **reel in** vt sep sacar enrollando el carrete (en pesca). ◆ **reel off** vt sep recitar al corrido.

reenact [ˌriːɪn'ækt] vt representar de nuevo.

ref [ref] n **1.** inf SPORT (abbr of referee) árbitro m **2.** ADMIN (written abbr of reference) ref.

refectory [rɪ'fektərɪ] n refectorio m.

refer [rɪ'fɜːr] vt **1.** [send, direct] ▶ **to refer sb to a)** [place] enviar a alguien a **b)** [source of information] remitir a alguien a **2.** [report, submit] ▶ **to refer sthg to** remitir algo a. ◆ **refer to** vt insep **1.** [mention, speak about] referirse a **2.** [consult] consultar.

referee [ˌrefə'riː] ❖ n **1.** SPORT árbitro m **2.** UK [for job application] persona que proporciona referencias de alguien para un trabajo. ❖ vt & vi SPORT arbitrar.

reference ['refrəns] n **1.** [mention, reference number] ▶ **to make reference to** hacer referencia a ▶ **with reference to** fml con referencia a **2.** (U) [for advice, information] ▶ **reference (to)** consulta f (a) **3.** [for job - letter] referencia f; [- person] persona que proporciona referencias de alguien para un trabajo.

reference book n libro m de consulta.

reference number n número m de referencia.

referendum [ˌrefə'rendəm] (pl -s or -da) n referéndum m.

refill ❖ n ['riːfɪl] [for pen] recambio m; inf [of drink] : would you like a refill? ¿te apetece otra copa? ❖ vt [ˌriː'fɪl] volver a llenar.

refine [rɪ'faɪn] vt **1.** [oil, food] refinar **2.** [plan, speech] pulir.

refined [rɪ'faɪnd] adj **1.** [oil, food, person] refinado(da) **2.** [equipment, theory] perfeccionado(da).

refinement [rɪ'faɪnmənt] n **1.** [improvement] ▶ **refinement (on)** mejora f (de) **2.** (U) [gentility] refinamiento m.

reflect [rɪ'flekt] ❖ vt **1.** [gen] reflejar **2.** [think, consider] ▸ **to reflect that ...** considerar que ... ❖ vi ▸ **to reflect (on** OR **upon)** reflexionar (sobre).

reflection [rɪ'flekʃn] n **1.** [gen] reflejo m **2.** [criticism] ▸ **reflection on** crítica f de **3.** [thinking] reflexión f ▸ **on reflection** pensándolo bien.

reflector [rɪ'flektər] n reflector m.

reflex ['ri:fleks] n ▸ **reflex (action)** (acto m) reflejo m.

reflexive [rɪ'fleksɪv] adj GRAM reflexivo(va).

reforestation [ri:,fɒrɪ'steɪʃn] = **reafforestation**.

reform [rɪ'fɔ:m] ❖ n reforma f. ❖ vt reformar. ❖ vi reformarse.

Reformation [,refə'meɪʃn] n ▸ **the Reformation** la Reforma.

reformatory [rɪ'fɔ:mətrɪ] n US reformatorio m.

reformer [rɪ'fɔ:mər] n reformador m, -ra f.

refrain [rɪ'freɪn] n [chorus] estribillo m.

refresh [rɪ'freʃ] vt [gen & COMPUT] refrescar ▸ **to refresh sb's memory** refrescarle la memoria a alguien.

refreshed [rɪ'freʃt] adj descansado(da).

refresher course [rɪ'freʃər-] n cursillo m de reciclaje *(en el mismo trabajo).*

refreshing [rɪ'freʃɪŋ] adj [change, honesty, drink] refrescante ; [sleep] vigorizante.

refreshment [rɪ'freʃmənt] n refresco m. ◆ **refreshments** [rɪ'freʃmənts] pl n refrigerio m.

refrigerator [rɪ'frɪdʒəreɪtər] n nevera f, refrigerador m Am, heladera f RP, refrigeradora f Col Perú.

refuel [,ri:'fjʊəl] ❖ vt (UK pt & pp -**led**, cont -**ling**, US pt & pp -**ed**, cont -**ing**) llenar de carburante. ❖ vi (UK pt & pp -**led**, cont -**ling**, US pt & pp -**ed**, cont -**ing**) repostar.

refuge ['refju:dʒ] n refugio m ▸ **to seek** OR **take refuge (in)** *fig* buscar refugio (en).

refugee [,refju'dʒi:] n refugiado m, -da f.

refund ❖ n ['ri:fʌnd] reembolso m. ❖ vt [rɪ'fʌnd] ▸ **to refund sthg to sb, to refund sb sthg** reembolsar algo a alguien.

refurbish [,ri:'fɜ:bɪʃ] vt [building] restaurar ; [office, shop] renovar.

refusal [rɪ'fju:zl] n **1.** [disagreement, saying no] ▸ **refusal (to do sthg)** negativa f (a hacer algo) **2.** [withholding, denial] denegación f **3.** [non-acceptance] ▸ **to meet with refusal** ser rechazado(da).

refuse[1] [rɪ'fju:z] ❖ vt **1.** [withhold, deny] ▸ **to refuse sb sthg, to refuse sthg to sb** denegar a alguien algo **2.** [decline, reject] rechazar **3.** [not agree, be completely unwilling] ▸ **to refuse to do sthg** negarse a hacer algo. ❖ vi negarse.

refuse[2] ['refju:s] n [rubbish] basura f.

refuse collection ['refju:s-] n recogida f de basuras.

refute [rɪ'fju:t] vt *fml* refutar.

regain [rɪ'geɪn] vt [leadership, first place] recuperar ; [health, composure] recobrar.

regal ['ri:gl] adj regio(gia).

regalia [rɪ'geɪljə] n (U) ropaje m.

regard [rɪ'gɑ:d] ❖ n **1.** *fml* [respect, esteem] ▸ **regard (for)** estima f OR respeto m (por) ▸ **to hold sthg/sb in high regard** tener algo/a alguien en gran estima **2.** [aspect] ▸ **in this/that regard** a este/ese respecto **3.** [consideration] ▸ **with no regard for** sin ninguna consideración por. ❖ vt **1.** [consider] ▸ **to regard o.s. as sthg** considerarse algo **2.** [look at, view] ▸ **to regard sb/sthg with** ver a alguien/algo con ▸ **to be highly regarded** estar muy bien considerado. ◆ **regards** pl n [in greetings] recuerdos mpl ▸ **give them my regards** salúdales de mi parte. ◆ **as regards** prep en cuanto a, por lo que se refiere a. ◆ **in regard to, with regard to** prep respecto a, en cuanto a.

regarding [rɪ'gɑ:dɪŋ] prep respecto a, en cuanto a.

regardless [rɪ'gɑ:dlɪs] adv a pesar de todo. ◆ **regardless of** prep sin tener en cuenta / *regardless of the cost* cueste lo que cueste.

regime [reɪ'ʒi:m] n régimen m.

regiment ['redʒɪmənt] n MIL regimiento m.

region ['ri:dʒən] n región f ▸ **in the region of** alrededor de.

regional ['ri:dʒənl] adj regional.

register ['redʒɪstər] ❖ n [gen] registro m ; [at school] lista f. ❖ vt **1.** [record - gen] registrar ; [- car] matricular **2.** [express] mostrar, reflejar. ❖ vi **1.** [be put on official list] ▸ **to register (as/for)** inscribirse (como/para) **2.** [book in - at hotel] registrarse ; [- at conference] inscribirse **3.** *inf* [be noticed] : *I told him but it didn't seem to register* se lo dije, pero no pareció que lo captara.

registered ['redʒɪstəd] adj **1.** [officially listed] inscrito(ta) oficialmente **2.** [letter, parcel] certificado(da).

registered trademark n marca f registrada.

registrar ['redʒɪstrɑ:r] n **1.** [keeper of records] registrador m, -ra f oficial **2.** UNIV secretario m, -ria f general **3.** [doctor] médico m, -ca f de hospital.

registration [,redʒɪ'streɪʃn] n **1.** [gen] registro m **2.** AUTO = **registration number**.

registration number, registration n AUTO número m de matrícula ; COMPUT número m de registro.

registry ['redʒɪstrɪ] n registro m.

registry office n registro m civil.

regret [rɪ'gret] n **1.** *fml* [sorrow] pesar m **2.** [sad feeling] : *I've no regrets about it* no lo lamento en absoluto.

regretfully [rɪ'gretfʊlɪ] adv con pesar / *regretfully, we have to announce ...* lamentamos tener que anunciar ...

regrettable [rɪ'gretəbl] adj lamentable.

regroup [,riː'gruːp] vi reagruparse.

regular ['regjʊlər] ◆ adj **1.** [gen] regular **2.** [customer] habitual **3.** [time, place] acostumbrado(da) ; [problem] usual, normal **4.** US [size] normal, mediano(na) **5.** US [pleasant] legal. ◆ n cliente m habitual.

regularly ['regjʊləlɪ] adv **1.** [gen] con regularidad **2.** [equally spaced] de manera uniforme.

regulate ['regjʊleɪt] vt regular.

regulation [,regjʊ'leɪʃn] n **1.** [rule] regla f, norma f **2.** (U) [control] regulación f.

rehabilitate [,riːə'bɪlɪteɪt] vt rehabilitar.

rehearsal [rɪ'hɜːsl] n ensayo m.

rehearse [rɪ'hɜːs] vt ensayar.

reign [reɪn] *lit & fig* ◆ n reinado m. ◆ vi ▶ **to reign (over)** reinar (sobre).

reimburse [,riːɪm'bɜːs] vt ▶ **to reimburse sb (for sthg)** reembolsar a alguien (algo).

rein [reɪn] n *fig* ▶ **to keep a tight rein on sb / sthg** tener muy controlado(da) a alguien/algo. ◆ **reins** pl n [for horse] riendas *fpl*.

reindeer ['reɪn,dɪər] (*pl inv*) n reno m.

reinforce [,riːɪn'fɔːs] vt reforzar.

reinforced concrete [,riːɪn'fɔːst-] n cemento m OR hormigón m armado.

reinforcement [,riːɪn'fɔːsmənt] n refuerzo m. ◆ **reinforcements** pl n refuerzos *mpl*.

re-install vt COMPUT reinstalar.

reinstate [,riːɪn'steɪt] vt **1.** [give job back to] restituir OR reintegrar en su puesto a **2.** [bring back] restablecer.

reissue [riː'ɪʃuː] vt [gen] reeditar ; [film] reestrenar.

reiterate [riː'ɪtəreɪt] vt *fml* reiterar.

reject ◆ n ['riːdʒekt] **1.** [thing] ▶ **rejects** artículos *mpl* defectuosos **2.** *inf* [person] desecho m. ◆ vt [rɪ'dʒekt] rechazar.

rejection [rɪ'dʒekʃn] n rechazo m.

rejoice [rɪ'dʒɔɪs] vi ▶ **to rejoice (at OR in)** alegrarse OR regocijarse (con).

rejuvenate [rɪ'dʒuːvəneɪt] vt rejuvenecer.

rekindle [,riː'kɪndl] vt reavivar.

relapse [rɪ'læps] ◆ n recaída f. ◆ vi ▶ **to relapse into** volver a caer en.

relate [rɪ'leɪt] ◆ vt **1.** [connect] ▶ **to relate sthg (to)** relacionar algo (con) **2.** [tell] contar, relatar. ◆ vi **1.** [be connected] ▶ **to relate to** estar relacionado(da) con **2.** [concern] ▶ **to relate to** referirse a **3.** [empathize] ▶ **to relate (to sb)** tener

mucho en común (con alguien). ◆ **relating to** prep concerniente OR referente a.

related [rɪ'leɪtɪd] adj **1.** [in same family] emparentado(da) ▶ **to be related to sb** ser pariente de alguien **2.** [connected] relacionado(da).

relation [rɪ'leɪʃn] n **1.** [connection] ▶ **relation (to / between)** relación f (con/entre) ▶ **to bear no relation to** no tener nada que ver con **2.** [family member] pariente *mf*, familiar *mf*. ◆ **relations** pl n [family, race, industrial] relaciones *fpl*.

relationship [rɪ'leɪʃnʃɪp] n **1.** [gen] relación f / *a good relationship* buenas relaciones **2.** [to family member] parentesco m.

relative ['relətɪv] ◆ adj relativo(va). ◆ n pariente *mf*, familiar *mf*. ◆ **relative to** prep *fml* con relación a.

relatively ['relətɪvlɪ] adv relativamente.

relax [rɪ'læks] ◆ vt **1.** [gen] relajar **2.** [loosen - grip] aflojar. ◆ vi **1.** [gen] relajarse **2.** [loosen] aflojarse.

relaxation [,riːlæk'seɪʃn] n **1.** [recreation] relajación f, esparcimiento m **2.** [slackening - of discipline] relajación f.

relaxed [rɪ'lækst] adj relajado(da).

relaxing [rɪ'læksɪŋ] adj relajante.

relay ['riːleɪ] ◆ n **1.** SPORT ▶ **relay (race)** carrera f de relevos ▶ **in relays** *fig* por turnos **2.** RADIO & TV retransmisión f. ◆ vt (*pt & pp* -ed) [broadcast] retransmitir.

release [rɪ'liːs] ◆ n **1.** [setting free] puesta f en libertad, liberación f **2.** [relief] alivio m **3.** [statement] comunicado m **4.** [emitting - of gas] escape m ; [- of heat, pressure] emisión f **5.** [thing issued - of film] estreno m ; [- of record] publicación f. ◆ vt **1.** [lift restriction on] ▶ **to release sb from** liberar a alguien de **2.** [make available - funds, resources] entregar **3.** [let go - rope, reins, brake, person] soltar ; [- grip] aflojar ; [- mechanism, trigger] disparar **4.** [emit - gas, heat] despedir **5.** [issue - film] estrenar ; [- record] sacar.

relegate ['relɪgeɪt] vt **1.** [demote] ▶ **to relegate sthg / sb (to)** relegar algo/a alguien (a) **2.** UK FOOT ▶ **to be relegated** descender *(a una división inferior)*.

relent [rɪ'lent] vi [person] ablandarse ; [wind, storm] remitir, aminorar.

relentless [rɪ'lentlɪs] adj implacable.

relevance ['reləvəns] n pertinencia f.

relevant ['reləvənt] adj **1.** [connected] ▶ **relevant (to)** pertinente (a) **2.** [important] ▶ **relevant (to)** importante OR relevante (para) **3.** [appropriate] pertinente, oportuno(na).

reliability [rɪ,laɪə'bɪlətɪ] n fiabilidad f.

reliable [rɪ'laɪəbl] adj **1.** [dependable] fiable **2.** [information] fidedigno(na).

reliably [rɪ'laɪəblɪ] adv **1.** [dependably] sin fallar **2.** [correctly] ▸ **to be reliably informed about sthg** saber algo de fuentes fidedignas.

reliant [rɪ'laɪənt] adj ▸ **to be reliant on sb / sthg** depender de alguien/de algo.

relic ['relɪk] n **1.** [gen] reliquia f **2.** [custom still in use] vestigio m.

relief [rɪ'liːf] n **1.** [comfort] alivio m **2.** [for poor, refugees] ayuda f **3.** (U) US [social security] subsidio m.

relieve [rɪ'liːv] vt **1.** [ease, lessen] aliviar **2.** [take away from] ▸ **to relieve sb of sthg** liberar a alguien de algo.

religion [rɪ'lɪdʒn] n religión f.

religious [rɪ'lɪdʒəs] adj religioso(sa).

relinquish [rɪ'lɪŋkwɪʃ] vt [power, claim] renunciar a ▸ **to relinquish one's hold on sthg** soltar algo.

relish ['relɪʃ] ⬥ n **1.** [enjoyment] ▸ **with (great) relish** con (gran) deleite **2.** [pickle] salsa rojiza agridulce con pepinillo etc. ⬥ vt disfrutar con.

relocate [ˌriːləʊ'keɪt] ⬥ vt trasladar. ⬥ vi trasladarse.

reluctance [rɪ'lʌktəns] n reticencia f.

reluctant [rɪ'lʌktənt] adj reacio(cia) ▸ **to be reluctant to do sthg** estar poco dispuesto a hacer algo.

reluctantly [rɪ'lʌktəntlɪ] adv con desgana.

rely [rɪ'laɪ] ⬥ **rely on** vt insep **1.** [count on] contar con ▸ **to be able to rely on sb / sthg to do sthg** poder estar seguro de que alguien/algo hará algo **2.** [be dependent on] ▸ **to rely on sb / sthg for sthg** depender de alguien/algo para algo.

remain [rɪ'meɪn] ⬥ vt continuar como / **to remain the same** continuar siendo igual. ⬥ vi **1.** [stay] quedarse, permanecer **2.** [survive - custom, problem] quedar, continuar. ⬥ **remains** pl n restos mpl.

remainder [rɪ'meɪndər] n **1.** [rest] ▸ **the remainder** el resto **2.** MATH resto m.

remaining [rɪ'meɪnɪŋ] adj restante.

remand [rɪ'mɑːnd] ⬥ n LAW ▸ **on remand** detenido(da) en espera de juicio. ⬥ vt LAW ▸ **to be remanded in custody** estar bajo custodia.

remark [rɪ'mɑːk] ⬥ n [comment] comentario m. ⬥ vt ▸ **to remark (that)** comentar que.

remarkable [rɪ'mɑːkəbl] adj **1.** [fantastic] extraordinario(ria) **2.** [surprising] sorprendente.

remarry [ˌriː'mærɪ] vi volver a casarse.

remedial [rɪ'miːdjəl] adj **1.** SCH [class, teacher] de refuerzo ; [pupil] atrasado(da) **2.** [corrective] correctivo(va).

remedy ['remədɪ] ⬥ n lit & fig ▸ **remedy (for)** remedio m (para). ⬥ vt remediar.

remember [rɪ'membər] ⬥ vt [gen] recordar, acordarse de ▸ **to remember to do sthg** acordarse de hacer algo ▸ **to remember doing sthg** recordar OR acordarse de haber hecho algo ▸ **he remembered me in his will** me dejó algo en su testamento. ⬥ vi [gen] recordar, acordarse.

remembrance [rɪ'membrəns] n fml ▸ **in remembrance of** en conmemoración de.

Remembrance Day n en Gran Bretaña, día en conmemoración de los caídos en las dos guerras mundiales.

remind [rɪ'maɪnd] vt ▸ **to remind sb (about sthg / to do sthg)** recordar a alguien (algo/que haga algo) / **she reminds me of my sister** me recuerda a mi hermana.

reminder [rɪ'maɪndər] n **1.** [to jog memory] recordatorio m, recuerdo m **2.** [letter, note] notificación f, aviso m.

reminisce [ˌremɪ'nɪs] vi ▸ **to reminisce (about sthg)** rememorar (algo).

reminiscent [ˌremɪ'nɪsnt] adj [similar to] ▸ **to be reminiscent of** evocar, recordar a.

remiss [rɪ'mɪs] adj negligente, remiso(sa) ▸ **it was remiss of me** fue una negligencia por mi parte.

remit¹ [rɪ'mɪt] vt [money] remitir.

remit² ['riːmɪt] n [responsibility] misión f.

remittance [rɪ'mɪtns] n giro m.

remnant ['remnənt] n **1.** [remaining part] resto m **2.** [of cloth] retal m.

remold n & vt US = **remould**.

remorse [rɪ'mɔːs] n (U) remordimientos mpl.

remorseful [rɪ'mɔːsfʊl] adj lleno(na) de remordimientos.

remorseless [rɪ'mɔːslɪs] adj **1.** [pitiless] despiadado(da) **2.** [unstoppable] implacable.

remote [rɪ'məʊt] adj **1.** [place, time possibility] remoto(ta) **2.** [from reality etc] ▸ **remote (from)** apartado(da) OR alejado(da) de (de).

remote access n acceso m remoto.

remote control n telemando m, mando m a distancia.

remotely [rɪ'məʊtlɪ] adv **1.** [in the slightest] ▸ **not remotely** ni remotamente, en lo más mínimo **2.** [far off] muy lejos.

remould UK, **remold** US ['riːməʊld] n neumático m recauchutado.

removable [rɪ'muːvəbl] adj **1.** [detachable] separable **2.** [hard disk] extraíble.

removal [rɪ'muːvl] n **1.** (U) [act of removing] separación f, extracción f; [of threat, clause] supresión f **2.** UK [change of house] mudanza f.

removal van n UK camión m de mudanzas.

remove [rɪ'muːv] vt **1.** [take away, clean away] ▸ **to remove sthg (from)** quitar algo (de) **2.** [clothing, shoes] quitarse **3.** [from a job, post]

▸ **to remove sb (from)** destituir a alguien (de) **4.** [problem, controls] eliminar ; [suspicion] disipar.

remuneration [rɪ,mju:nə'reɪʃn] n *fml* remuneración f.

render ['rendər] vt **1.** [make] ▸ **to render sb speechless** dejar a alguien boquiabierto **2.** [give - help, service] prestar.

rendering ['rendərɪŋ] n **1.** [rendition] interpretación f **2.** [of carcass] transformación f.

rendezvous ['rɒndɪvu:] (pl inv) n [meeting] cita f.

renegade ['renɪgeɪd] ◆ adj renegado(da). ◆ n renegado m, -da f.

renew [rɪ'nju:] vt **1.** [attempt, attack] reemprender **2.** [relationship] reanudar **3.** [licence, contract, passport] renovar **4.** [strength, interest] reavivar.

renewable [rɪ'nju:əbl] adj renovable.

renewal [rɪ'nju:əl] n **1.** [of activity] reanudación f **2.** [of contract, licence, passport] renovación f.

renounce [rɪ'naʊns] vt renunciar a.

renovate ['renəveɪt] vt reformar, renovar.

renown [rɪ'naʊn] n renombre m.

renowned [rɪ'naʊnd] adj ▸ **renowned (for)** célebre (por).

rent [rent] ◆ n alquiler m. ◆ vt alquilar, rentar ᴍᴱˣ. ◆ vi ᴜˢ [property] alquilarse / *this apartment rents for $300 a month* este departamento se alquila por 300 dólares al mes.

rental ['rentl] ◆ adj de alquiler. ◆ n alquiler m.

renunciation [rɪ,nʌnsɪ'eɪʃn] n renuncia f.

reorganize, reorganise [,ri:'ɔ:gənaɪz] vt reorganizar.

rep [rep] n **1.** *abbr of* representative **2.** *abbr of* repertory.

repaid [ri:'peɪd] pt & pp ⟶ **repay**.

repair [rɪ'peər] ◆ n reparación f, refacción f ᴀᴹ. ◆ vt reparar, refaccionar ᴀᴹ.

repair kit n *caja de herramientas de una bicicleta*.

repartee [,repɑ:'ti:] n intercambio m de réplicas ingeniosas.

repatriate [,ri:'pætrɪeɪt] vt repatriar.

repay [ri:'peɪ] (pt & pp **repaid**) vt **1.** [money] devolver ; [debt, person] pagar **2.** [thank] devolver el favor a.

repayment [ri:'peɪmənt] n **1.** [act of paying back] devolución f **2.** [sum] pago m.

repeal [rɪ'pi:l] ◆ n revocación f, abrogación f. ◆ vt revocar, abrogar.

repeat [rɪ'pi:t] ◆ vt **1.** [gen] repetir **2.** [TV, radio programme] volver a emitir. ◆ n **1.** [recurrence] repetición f **2.** [of programme] reposición f.

repeated [rɪ'pi:tɪd] adj repetido(da).

repeatedly [rɪ'pi:tɪdlɪ] adv repetidamente.

repel [rɪ'pel] vt repeler.

repellent [rɪ'pelənt] ◆ adj repelente. ◆ n espray m antiinsectos.

repent [rɪ'pent] ◆ vt arrepentirse de. ◆ vi ▸ **to repent of** arrepentirse de.

repentance [rɪ'pentəns] n arrepentimiento m.

repercussions [,ri:pə'kʌʃnz] pl n repercusiones fpl.

repertoire ['repətwɑ:] n repertorio m.

repertory ['repətrɪ] n repertorio m.

repetition [,repɪ'tɪʃn] n repetición f.

repetitious [,repɪ'tɪʃəs], **repetitive** [rɪ'petɪtɪv] adj repetitivo(va).

repetitive strain injury n (U) lesión f por movimiento repetitivo.

replace [rɪ'pleɪs] vt **1.** [take the place of] sustituir **2.** [change for something else] ▸ **to replace sthg (with)** cambiar algo (por) **3.** [change for somebody else] ▸ **to replace sb (with)** sustituir a alguien (por) **4.** [supply another] ▸ **they replaced it** me dieron otro **5.** [put back] poner en su sitio.

replacement [rɪ'pleɪsmənt] n **1.** [act of substituting] sustitución f **2.** [something new] ▸ **replacement (for)** sustituto m, -ta f (para) **3.** [somebody new] ▸ **replacement (for)** sustituto m, -ta f ᴏʀ suplente mf (de) **4.** [another one] ▸ **they gave me a replacement** me dieron otro.

replay ◆ n ['ri:pleɪ] repetición f. ◆ vt [,ri:'pleɪ] [film, tape] volver a poner.

replenish [rɪ'plenɪʃ] vt ▸ **to replenish sthg (with)** reaprovisionar ᴏʀ reponer algo (de).

replica ['replɪkə] n réplica f.

reply [rɪ'plaɪ] ◆ n ▸ **reply (to)** respuesta f (a). ◆ vt responder, contestar. ◆ vi ▸ **to reply (to sb/sthg)** responder (a alguien/algo).

reply coupon n cupón m de respuesta.

report [rɪ'pɔ:t] ◆ n **1.** [gen] informe m ; PRESS & TV reportaje m ; [shorter] información f **2.** ᴜᴷ SCH boletín m de evaluación, boletín m de calificaciones ᴏʀ notas. ◆ vt **1.** [say, make known] ▸ **to report that** informar que, reportar que ᴀᴹ ▸ **to report sthg (to)** informar de algo (a), reportar algo (a) ᴀᴹ **2.** [losses] anunciar **3.** [complain about] denunciar ▸ **to report sb (to sb for sthg)** denunciar a alguien (a alguien por algo), reportar a alguien (a alguien por algo) ᴀᴹ. ◆ vi [give account] ▸ **to report on** informar sobre.

report card n ᴜˢ boletín m de evaluación, boletín m de calificaciones ᴏʀ notas.

reportedly [rɪ'pɔ:tɪdlɪ] adv según se afirma.

reporter [rɪ'pɔ:tər] n reportero m, -ra f.

repose [rɪ'pəʊz] n *liter* reposo m.

repossess [,ri:pə'zes] vt requisar la posesión de.

reprehensible [,reprɪ'hensəbl] adj *fml* reprensible.

represent [ˌreprɪˈzent] vt [gen] representar; [person, country] representar a ▶ **to be well** OR **strongly represented** estar bien representado(da).

representation [ˌreprɪzenˈteɪʃn] n representación f. ◆ **representations** pl n fml ▶ **to make representations to** presentar una queja a.

representative [ˌreprɪˈzentətɪv] ◆ adj ▶ **representative (of)** representativo(va) (de). ◆ n representante mf.

repress [rɪˈpres] vt reprimir.

repression [rɪˈpreʃn] n represión f.

repressive [rɪˈpresɪv] adj represivo(va).

reprieve [rɪˈpriːv] n **1.** [delay] tregua f **2.** [of death sentence] indulto m.

reprimand [ˈreprɪmɑːnd] ◆ n reprensión f. ◆ vt reprender.

reprint ◆ n [ˈriːprɪnt] reimpresión f. ◆ vt [ˌriːˈprɪnt] reimprimir.

reprisal [rɪˈpraɪzl] n represalia f.

reproach [rɪˈprəʊtʃ] ◆ n reproche m. ◆ vt ▶ **to reproach sb (for** OR **with sthg)** reprochar a alguien (algo).

reproachful [rɪˈprəʊtʃfʊl] adj de reproche.

reproduce [ˌriːprəˈdjuːs] ◆ vt reproducir. ◆ vi BIOL reproducirse.

reproduction [ˌriːprəˈdʌkʃn] n reproducción f.

reproof [rɪˈpruːf] n fml **1.** [words of blame] reprobación f **2.** [disapproval] reproche m.

reptile [ˈreptaɪl] n reptil m.

republic [rɪˈpʌblɪk] n república f.

republican [rɪˈpʌblɪkən] ◆ adj republicano(na). ◆ n republicano m, -na f. ◆ **Republican** ◆ adj [in US, Northern Ireland] republicano(na) ▶ **the Republican Party** [in US] el partido republicano. ◆ n [in US, Northern Ireland] republicano m, -na f.

repudiate [rɪˈpjuːdɪeɪt] vt fml [person, violence] repudiar; [accusation] rechazar.

repugnant [rɪˈpʌɡnənt] adj repugnante.

repulse [rɪˈpʌls] vt rechazar.

repulsive [rɪˈpʌlsɪv] adj repulsivo(va).

reputable [ˈrepjʊtəbl] adj de buena fama OR reputación.

reputation [ˌrepjʊˈteɪʃn] n reputación f ▶ **to have a reputation for sthg/for being sthg** tener fama de algo/de ser algo.

repute [rɪˈpjuːt] n fml ▶ **of good/ill repute** de buena/mala fama ▶ **of repute** de reputación.

reputed [rɪˈpjuːtɪd] adj supuesto(ta) ▶ **to be reputed to be/do sthg** tener fama de ser/hacer algo.

reputedly [rɪˈpjuːtɪdlɪ] adv según se dice.

request [rɪˈkwest] ◆ n ▶ **request (for)** petición f (de) ▶ **on request** a petición del interesado ▶ **at sb's request** a petición de alguien. ◆ vt

solicitar, pedir ▶ **to request sb to do sthg** rogar a alguien que haga algo.

request stop n UK parada f discrecional.

require [rɪˈkwaɪər] vt **1.** [need] necesitar, requerir **2.** [demand] requerir ▶ **to require sb to do sthg** exigir a alguien que haga algo.

requirement [rɪˈkwaɪəmənt] n requisito m.

requisite [ˈrekwɪzɪt] adj fml preciso(sa).

requisition [ˌrekwɪˈzɪʃn] vt requisar.

rerun n [ˈriːrʌn] **1.** [film, programme] reposición f **2.** [repeated situation] repetición f.

resat [ˌriːˈsæt] pt & pp ⟶ **resit**.

rescind [rɪˈsɪnd] vt LAW [contract] rescindir; [law] revocar.

rescue [ˈreskjuː] ◆ n rescate m ▶ **to go** OR **come to sb's rescue** ir OR acudir al rescate de alguien. ◆ vt ▶ **to rescue sb/sthg (from)** rescatar a alguien/algo (de).

rescuer [ˈreskjʊər] n rescatador m, -ra f.

research [ˌrɪˈsɜːtʃ] ◆ n (U) ▶ **research (on** OR **into)** investigación f (de OR sobre) ▶ **research and development** investigación y desarrollo. ◆ vt investigar.

researcher [rɪˈsɜːtʃər] n investigador m, -ra f.

resemblance [rɪˈzembləns] n parecido m, semejanza f.

resemble [rɪˈzembl] vt parecerse a.

resend vt INTERNET reenviar.

resent [rɪˈzent] vt ▶ **to resent sb** tener celos de alguien.

resentful [rɪˈzentfʊl] adj [person] resentido(da); [look] de resentimiento.

resentment [rɪˈzentmənt] n resentimiento m.

reservation [ˌrezəˈveɪʃn] n **1.** [booking] reserva f **2.** [uncertainty] ▶ **without reservation** sin reserva **3.** US [for Native Americans] reserva f. ◆ **reservations** pl n [doubts] reservas fpl.

reserve [rɪˈzɜːv] ◆ n **1.** [gen] reserva f ▶ **in reserve** en reserva **2.** SPORT suplente mf. ◆ vt **1.** [save, book] reservar **2.** [retain] ▶ **to reserve the right to do sthg** reservarse el derecho a hacer algo.

reserved [rɪˈzɜːvd] adj reservado(da).

reservoir [ˈrezəvwɑːr] n [lake] pantano m, embalse m.

reset [ˌriːˈset] (pt & pp reset) vt [clock] poner en hora; [meter, controls, computer] reinicializar.

reshape [ˌriːˈʃeɪp] vt [policy, thinking] reformar, rehacer.

reshuffle [ˌriːˈʃʌfl] n remodelación f ▶ **cabinet reshuffle** remodelación del gabinete.

reside [rɪˈzaɪd] vi fml [live] residir.

residence [ˈrezɪdəns] n **1.** fml [house] residencia f **2.** [state of residing] ▶ **to be in residence (at)** residir (a).

residence permit n permiso m de residencia.

resident ['rezɪdənt] ◆ adj **1.** [settled, living] residente **2.** [on-site, live-in] que vive en su lugar de trabajo. ◆ n residente *mf*.

residential [,rezɪ'denʃl] adj [live-in] en régimen de internado.

residential area n zona *f* residencial.

residue ['rezɪdju:] n residuo *m*.

resign [rɪ'zaɪn] ◆ vt **1.** [give up] dimitir de, renunciar a **2.** [accept calmly] ▶ **to resign o.s. to sthg** resignarse a algo. ◆ vi [quit] ▶ **to resign (from)** dimitir (de).

resignation [,rezɪg'neɪʃn] n **1.** [from job] dimisión *f* **2.** [calm acceptance] resignación *f*.

resigned [rɪ'zaɪnd] adj ▶ **resigned (to)** resignado(da) (a).

resilient [rɪ'zɪlɪənt] adj [person] resistente, fuerte; [rubber] elástico(ca).

resin ['rezɪn] n resina *f*.

resist [rɪ'zɪst] vt **1.** [refuse to give in to - temptation] resistir **2.** [refuse to accept] resistir, oponerse a **3.** [fight against] resistir a.

resistance [rɪ'zɪstəns] n ▶ **resistance (to)** resistencia *f* (a).

resistant [rɪ'zɪstənt] adj **1.** [opposed] ▶ **to be resistant to sthg** resistirse a algo **2.** [immune] ▶ **resistant (to sthg)** resistente (a algo).

resit [UK] ◆ n ['ri:sɪt] (examen *m* de) repesca *f*. ◆ vt [,ri:'sɪt] (*pt & pp* **-sat**) volver a presentarse a.

resolute ['rezəlu:t] adj resuelto(ta), determinado(da).

resolution [,rezə'lu:ʃn] n **1.** [gen] resolución *f* **2.** [vow, promise] propósito *m*.

resolve [rɪ'zɒlv] ◆ n (U) resolución *f*. ◆ vt **1.** [vow, promise] ▶ **to resolve that** resolver que ▶ **to resolve to do sthg** resolver hacer algo **2.** [solve] resolver.

resort [rɪ'zɔ:t] n **1.** [for holidays] lugar *m* de vacaciones **2.** [solution] ▶ **as a** OR **in the last resort** como último recurso. ◆ **resort to** vt insep recurrir a.

resound [rɪ'zaʊnd] vi **1.** [noise] resonar **2.** [place] ▶ **the room resounded with laughter** la risa resonaba por la habitación.

resounding [rɪ'zaʊndɪŋ] adj **1.** [loud - noise, knock] retumbante; [- crash] estruendoso(sa) **2.** [very great] clamoroso(sa).

resource [rɪ'sɔ:s] n recurso *m*.

resourceful [rɪ'sɔ:sfʊl] adj [person] de recursos; [solution] ingenioso(sa).

respect [rɪ'spekt] ◆ n **1.** [gen] ▶ **respect (for)** respeto *m* (por) ▶ **with respect** con respeto **2.** [aspect] aspecto *m* ▶ **in this respect** a este respecto ▶ **in that respect** en cuanto a eso. ◆ vt [admire] respetar ▶ **to respect sb for sthg** respetar a alguien por algo. ◆ **respects** pl n ▶ **to pay one's respects (to)** presentar uno sus respetos (a). ◆ **with respect to** prep con respecto a.

respectable [rɪ'spektəbl] adj respetable.

respectful [rɪ'spektfʊl] adj respetuoso(sa).

respective [rɪ'spektɪv] adj respectivo(va).

respectively [rɪ'spektɪvlɪ] adv respectivamente.

respite ['respaɪt] n **1.** [lull] respiro *m* **2.** [delay] aplazamiento *m*.

resplendent [rɪ'splendənt] adj resplandeciente.

respond [rɪ'spɒnd] vi ▶ **to respond (to)** responder (a).

response [rɪ'spɒns] n respuesta *f*.

responsibility [rɪ,spɒnsə'bɪlətɪ] n ▶ **responsibility (for)** responsabilidad *f* (de) ▶ **to claim responsibility for sthg** reivindicar algo.

responsible [rɪ'spɒnsəbl] adj **1.** [gen] responsable ▶ **responsible (for)** responsable (de) **2.** [answerable] ▶ **responsible to sb** responsable ante alguien **3.** [job, position] de responsabilidad.

responsibly [rɪ'spɒnsəblɪ] adv de manera responsable.

responsive [rɪ'spɒnsɪv] adj **1.** [quick to react] ▶ **to be responsive** responder muy bien **2.** [aware] ▶ **responsive (to)** sensible OR perceptivo(va) (a).

rest [rest] ◆ n **1.** [remainder] ▶ **the rest (of)** el resto (de) ▶ **the rest of us** los demás **2.** [relaxation, break] descanso *m* ▶ **to have a rest** descansar **3.** [support - for feet] descanso *m*; [- for head] respaldo *m*. ◆ vt **1.** [relax - eyes, feet] descansar **2.** [support] apoyar, descansar. ◆ vi **1.** [relax, be still] descansar **2.** [depend] ▶ **to rest on** OR **upon** depender de **3.** [be supported] apoyarse, descansar ▶ **rest assured that ...** tenga la seguridad de que ...

restaurant ['restərɒnt] n restaurante *m*.

restaurant car n [UK] coche *m* OR vagón *m* restaurante, coche *m* comedor.

restful ['restfʊl] adj tranquilo(la), apacible.

rest home n [for the elderly] asilo *m* de ancianos; [for the sick] casa *f* de reposo.

restive ['restɪv] adj inquieto(ta).

restless ['restlɪs] adj **1.** [bored, dissatisfied] impaciente, desasosegado(da) **2.** [fidgety] inquieto(ta), agitado(da) **3.** [sleepless] agitado(da).

restoration [,restə'reɪʃn] n restauración *f*.

restore [rɪ'stɔ:r] vt **1.** [reestablish] restablecer **2.** [to a previous position or condition] ▶ **to restore sb to sthg** restaurar a alguien en algo ▶ **to restore sthg to sthg** volver a poner algo en algo **3.** [renovate] restaurar **4.** [give back] devolver.

restrain [rɪ'streɪn] vt controlar ▶ **to restrain o.s. from doing sthg** contenerse para no hacer algo.

restrained [rɪ'streɪnd] adj comedido(da).

restraint [rɪ'streɪnt] n **1.** [rule, check] restricción *f* **2.** [control] control *m*.

restrict [rɪ'strɪkt] vt [limit] restringir, limitar ▶ **to restrict o.s. to sthg** limitarse a algo.

restriction [rɪ'strɪkʃn] n restricción f.

restrictive [rɪ'strɪktɪv] adj restrictivo(va).

rest room n US aseos mpl.

result [rɪ'zʌlt] ❖ n resultado m ▶ **as a result** como resultado. ❖ vi **1.** [cause] ▶ **to result (in sthg)** tener como resultado (algo) **2.** [be caused] ▶ **to result (from)** resultar (de).

resume [rɪ'zju:m] ❖ vt [start again] reanudar. ❖ vi volver a empezar.

résumé ['rezju:meɪ] n **1.** [summary] resumen m **2.** US [of career, qualifications] currículum m (vitae).

resumption [rɪ'zʌmpʃn] n reanudación f.

resurgence [rɪ'sɜ:dʒəns] n resurgimiento m.

resurrection [,rezə'rekʃn] n resurrección f.

resuscitate [rɪ'sʌsɪteɪt] vt resucitar.

retail ['ri:teɪl] ❖ n venta f al por menor OR al detalle ▶ **to do some retail therapy** inf ir de compras para levantar el ánimo. ❖ vt vender al por menor. ❖ vi ▶ **to retail for** tener un precio de venta al público de. ❖ adv al por menor.

retailer ['ri:teɪlə'] n minorista mf, detallista mf.

retail park n UK centro m comercial.

retail price n precio m de venta al público.

retain [rɪ'teɪn] vt retener.

retainer [rɪ'teɪnə'] n [fee] anticipo m.

retaliate [rɪ'tælɪeɪt] vi **1.** [react] responder **2.** [take reprisals] tomar represalias.

retaliation [rɪ,tælɪ'eɪʃn] n (U) represalias fpl.

retarded [rɪ'tɑ:dɪd] adj retrasado(da).

retch [retʃ] vi tener arcadas.

retentive [rɪ'tentɪv] adj retentivo(va).

reticent ['retɪsənt] adj reservado(da).

retina ['retɪnə] (pl -nas or -nae) n retina f.

retinue ['retɪnju:] n séquito m.

retire [rɪ'taɪə'] vi **1.** [from work] jubilarse **2.** fml [to another place, to bed] retirarse.

retired [rɪ'taɪəd] adj jubilado(da).

retirement [rɪ'taɪəmənt] n [act] jubilación f; [time] retiro m.

retiring [rɪ'taɪərɪŋ] adj [shy] retraído(da).

retort [rɪ'tɔ:t] ❖ n [sharp reply] réplica f. ❖ vt ▶ **to retort (that)** replicar (que).

retrace [rɪ'treɪs] vt ▶ **to retrace one's steps** desandar lo andado.

retract [rɪ'trækt] ❖ vt **1.** [withdraw, take back] retractarse de **2.** [pull in - claws] retraer. ❖ vi [subj: claws] meterse, retraerse; [subj: wheels] replegarse.

retrain [,ri:'treɪn] vt reciclar.

retraining [,ri:'treɪnɪŋ] n reciclaje m.

retread ['ri:tred] n neumático m recauchutado.

retreat [rɪ'tri:t] ❖ n **1.** MIL ▶ **retreat (from)** retirada f (de) **2.** [peaceful place] refugio m. ❖ vi [move away] ▶ **to retreat (from)** a) [gen] retirarse (de) b) [from a person] apartarse (de).

retribution [,retrɪ'bju:ʃn] n (U) castigo m merecido.

retrieval [rɪ'tri:vl] n [gen & COMPUT] recuperación f.

retrieve [rɪ'tri:v] vt **1.** [get back] recobrar **2.** COMPUT recuperar **3.** [rescue - situation] salvar.

retriever [rɪ'tri:və'] n perro m cobrador.

retrograde ['retrəgreɪd] adj fml [gen] retrógrado(da); [step] hacia atrás.

retrospect ['retrəspekt] n ▶ **in retrospect** retrospectivamente, mirando hacia atrás.

retrospective [,retrə'spektɪv] adj **1.** [gen] retrospectivo(va) **2.** [law, pay rise] con efecto retroactivo.

return [rɪ'tɜ:n] ❖ n **1.** (U) [arrival back] vuelta f, regreso m **2.** UK [ticket] billete m de ida y vuelta **3.** [profit] ganancia f, rendimiento m. ❖ vt **1.** [book, visit, compliment, call] devolver **2.** [reciprocate] corresponder a **3.** [replace] devolver a su sitio **4.** LAW [verdict] pronunciar **5.** POL [candidate] elegir. ❖ vi ▶ **to return (from/to)** volver (de/a). ◆ **returns** pl n COMM réditos mpl ▶ **many happy returns (of the day)!** ¡feliz cumpleaños! ◆ **in return** adv a cambio. ◆ **in return for** prep a cambio de.

return (key) n COMPUT tecla f de retorno.

return ticket n UK billete m de ida y vuelta Esp, boleto m de ida y vuelta Am, boleto m redondo Mex.

retweet ❖ n INTERNET retuit m. ❖ vt & vi INTERNET retuitear.

reunification [,ri:ju:nɪfɪ'keɪʃn] n reunificación f.

reunion [,ri:'ju:njən] n reunión f.

reunite [,ri:ju:'naɪt] vt [people] ▶ **to be reunited with a)** volver a encontrarse con **b)** [factions, parts] reunir.

reuse ❖ n [,ri:'ju:s] reutilización f. ❖ vt [,ri:'ju:z] reutilizar.

rev [rev] inf ❖ n (abbr of revolution) revolución f (motriz). ❖ vt ▶ **to rev sthg (up)** acelerar algo. ❖ vi [subj: person] ▶ **to rev (up)** acelerar el motor.

revamp [,ri:'væmp] vt inf renovar.

reveal [rɪ'vi:l] vt revelar.

revealing [rɪ'vi:lɪŋ] adj **1.** [comment, silence] revelador(ra) **2.** [garment] atrevido(da).

reveille [UK rɪ'vælɪ, US 'revəlɪ] n toque m de diana.

revel ['revl] (UK pt & pp -led, cont -ling, US pt & pp -ed, cont -ing) vi ▶ **to revel in** deleitarse en.

revelation [,revə'leɪʃn] n revelación f.

revenge [rɪ'vendʒ] n venganza f ▸ **to take revenge (on sb)** vengarse (de alguien).

revenue ['revənjuː] n ingresos mpl.

reverberate [rɪ'vɜːbəreɪt] vi **1.** [reecho] resonar **2.** [have repercussions] repercutir.

reverberations [rɪ,vɜːbə'reɪʃnz] pl n **1.** [echoes] reverberaciones fpl **2.** [repercussions] repercusiones fpl.

revere [rɪ'vɪəʳ] vt venerar.

reverence ['revərəns] n reverencia f.

Reverend ['revərənd] n reverendo m.

reverie ['revərɪ] n ensueño m.

reversal [rɪ'vɜːsl] n **1.** [turning around] cambio m total **2.** [ill fortune] contratiempo m.

reverse [rɪ'vɜːs] ◆ adj inverso(sa). ◆ n **1.** AUTO ▸ **reverse (gear)** marcha f atrás **2.** [opposite] ▸ **the reverse** lo contrario **3.** [opposite side, back] ▸ **the reverse a)** [gen] el revés **b)** [of coin] el reverso **c)** [of piece of paper] el dorso. ◆ vt **1.** AUTO dar marcha atrás a **2.** [change usual order] invertir **3.** [change to opposite] cambiar completamente **4.** UK TELEC ▸ **to reverse the charges** llamar a cobro revertido. ◆ vi AUTO dar marcha atrás.

reverse-charge call n UK llamada f a cobro revertido, llamada f por cobrar CHILE MÉX.

reversing light [rɪ'vɜːsɪŋ-] n UK luz f de marcha atrás.

revert [rɪ'vɜːt] vi ▸ **to revert to** volver a.

review [rɪ'vjuː] ◆ n **1.** [examination] revisión f **2.** [critique] reseña f. ◆ vt **1.** [reexamine] revisar **2.** [consider] reconsiderar **3.** [write an article on] reseñar **4.** US [study again] repasar.

reviewer [rɪ'vjuːəʳ] n crítico m, -ca f.

revile [rɪ'vaɪl] vt liter injuriar.

revise [rɪ'vaɪz] ◆ vt **1.** [reconsider] revisar **2.** [rewrite] modificar, corregir **3.** UK [study] repasar. ◆ vi UK ▸ **to revise (for sthg)** repasar (para algo).

revision [rɪ'vɪʒn] n **1.** [alteration] corrección f, modificación f **2.** UK [study] repaso m.

revitalize, revitalise [,riː'vaɪtəlaɪz] vt revivificar.

revival [rɪ'vaɪvl] n **1.** [of person] resucitación f; [of economy] reactivación f **2.** [of play] reposición f.

revive [rɪ'vaɪv] ◆ vt **1.** [person, plant, hopes] resucitar; [economy] reactivar **2.** [tradition, memories] restablecer; [play] reponer. ◆ vi reponerse.

revolt [rɪ'vəʊlt] ◆ n rebelión f. ◆ vt repugnar. ◆ vi ▸ **to revolt (against)** rebelarse OR sublevarse (contra).

revolting [rɪ'vəʊltɪŋ] adj repugnante, asqueroso(sa).

revolution [,revə'luːʃn] n revolución f.

revolutionary [,revə'luːʃnərɪ] ◆ adj revolucionario(ria). ◆ n revolucionario m, -ria f.

revolve [rɪ'vɒlv] vi [go round] girar ▸ **to revolve around** OR **round** lit & fig girar en torno a.

revolver [rɪ'vɒlvəʳ] n revólver m.

revolving [rɪ'vɒlvɪŋ] adj giratorio(ria).

revolving door n puerta f giratoria.

revue [rɪ'vjuː] n revista f (teatral).

revulsion [rɪ'vʌlʃn] n asco m, repugnancia f.

reward [rɪ'wɔːd] ◆ n recompensa f. ◆ vt ▸ **to reward sb (for/with)** recompensar a alguien (por/con).

rewarding [rɪ'wɔːdɪŋ] adj gratificador(ra).

rewind [,riː'waɪnd] (pt & pp **rewound**) vt rebobinar.

rewire [,riː'waɪəʳ] vt cambiar la instalación eléctrica de.

reword [,riː'wɜːd] vt expresar de otra forma.

rewound [,riː'waʊnd] pt & pp ⟶ **rewind**.

rewritable [,riː'raɪtəbl] adj COMPUT regrabable.

rewrite [,riː'raɪt] (pt **rewrote** [,riː'rəʊt], pp **rewritten** [,riː'rɪtn]) vt volver a escribir.

rhapsody ['ræpsədɪ] n MUS rapsodia f.

rhetoric ['retərɪk] n retórica f.

rhetorical [rɪ'tɒrɪkəl] adj retórico(ca).

rhetorical question n pregunta f retórica (a la que no se espera contestación).

rheumatism ['ruːmətɪzm] n reumatismo m.

Rhine [raɪn] n ▸ **the Rhine** el Rin.

rhino ['raɪnəʊ] (pl inv or -s), **rhinoceros** [raɪ'nɒsərəs] (pl **rhinoceros** or -es) n rinoceronte m.

Rhode Island [rəʊd-] n Rhode Island.

rhododendron [,rəʊdə'dendrən] n rododendro m.

Rhône [rəʊn] n : the (River) Rhône el (río) Ródano.

rhubarb ['ruːbɑːb] n ruibarbo m.

rhyme [raɪm] ◆ n **1.** [gen] rima f **2.** [poem] poesía f, versos mpl. ◆ vi ▸ **to rhyme (with)** rimar (con).

rhythm ['rɪðm] n ritmo m.

rib [rɪb] n **1.** ANAT costilla f **2.** [of umbrella] varilla f.

ribbed [rɪbd] adj [sweater] de canalé.

ribbon ['rɪbən] n cinta f.

rice [raɪs] n arroz m.

rice pudding n arroz m con leche.

rich [rɪtʃ] ◆ adj **1.** [gen] rico(ca) **2.** [full] ▸ **to be rich in** abundar en **3.** [fertile] fértil **4.** [indigestible] pesado(da). ◆ pl n ▸ **the rich** los ricos. ◆ **riches** pl n **1.** [natural resources] riquezas fpl **2.** [wealth] riqueza f.

richly ['rɪtʃlɪ] adv **1.** [rewarded] muy generosamente **2.** [plentifully] copiosamente.

richness ['rɪtʃnɪs] n **1.** [gen] riqueza f **2.** [fertility] fertilidad f **3.** [indigestibility] pesadez f.

rickety ['rɪkəti] adj desvencijado(da).

rickshaw ['rɪkʃɔ:] n jinrikisha f.

ricochet ['rɪkəʃeɪ] ◆ n rebote m. ◆ vi (pt & pp -ed or -ted, cont -ing or -ting) ▶ **to ricochet (off)** rebotar (de).

rid [rɪd] vt (pt rid or -ded, pp rid, cont -ding) ▶ **to get rid of** deshacerse de.

ridden ['rɪdn] pp ⟶ ride.

riddle ['rɪdl] n **1.** [verbal puzzle] acertijo m **2.** [mystery] enigma m.

riddled ['rɪdld] adj ▶ **to be riddled with** [mistakes] estar plagado(da) de.

ride [raɪd] ◆ n **1.** [gen] paseo m ▶ **to go for a ride a)** [on horseback] darse un paseo a caballo **b)** [on bike] darse un paseo en bicicleta **c)** [in car] darse una vuelta en coche ▶ **to take sb for a ride** inf & fig embaucar a alguien **2.** [journey] viaje m ▶ **it's a short car ride away** está a poca distancia en coche **3.** [at fair] atracción f. ◆ vt (pt rode, pp ridden) **1.** [horse] montar a **2.** [bicycle, motorbike] montar en / he rode his bike to the station fue a la estación en bici **3.** US [bus, train] ir en; [elevator] subir/bajar en **4.** [distance] recorrer. ◆ vi (pt rode, pp ridden) **1.** [on horseback] montar a caballo / she rode over to see me vino a verme a caballo **2.** [on bicycle] ir en bici; [on motorbike] ir en moto **3.** [in car] ▶ **we rode to London in a jeep** fuimos a Londres en jeep. ◆ **ride out** vt sep aguantar.

rider ['raɪdə'] n **1.** [on horseback] jinete m, amazona f **2.** [on bicycle] ciclista mf; [on motorbike] motorista mf.

ridge [rɪdʒ] n **1.** [on mountain] cresta f **2.** [on flat surface] rugosidad f.

ridicule ['rɪdɪkju:l] ◆ n (U) burlas fpl. ◆ vt burlarse de.

ridiculous [rɪ'dɪkjʊləs] adj ridículo(la).

riding ['raɪdɪŋ] n equitación f ▶ **to go riding** ir a montar a caballo.

riding school n escuela f de equitación.

rife [raɪf] adj extendido(da) ▶ **to be rife with** estar lleno de.

riffraff ['rɪfræf] n gentuza f.

rifle ['raɪfl] ◆ n fusil m, rifle m. ◆ vt desvalijar.

rifle range n campo m de tiro.

rift [rɪft] n **1.** GEOL hendidura f, grieta f **2.** [quarrel] desavenencia f **3.** POL ▶ **rift between/in** escisión f entre/en.

rig [rɪg] ◆ n **1.** ▶ (oil) rig a) [onshore] torre f de perforación b) [offshore] plataforma f petrolífera **2.** US [truck] camión m. ◆ vt [falsify] amañar, falsificar. ◆ **rig up** vt sep construir, armar.

rigging ['rɪgɪŋ] n cordaje m.

right [raɪt] ◆ adj **1.** [correct] correcto(ta) ▶ **to be right (about)** tener razón (respecto a) ▶ **that's right** sí ▶ **to get sthg right** acertar en algo **2.** [morally correct, satisfactory, well] bien ▶ **to be right to do sthg** hacer bien en hacer algo ▶ **something isn't right with it** le pasa algo **3.** [appropriate] apropiado(da) ▶ **it's just right** es perfecto ▶ **the right moment** el momento oportuno **4.** [uppermost] ▶ **right side** cara f anterior or de arriba **5.** [on right-hand side] derecho(cha). ◆ n **1.** (U) [moral correctness] el bien ▶ **to be in the right** tener razón **2.** [entitlement, claim] derecho m ▶ **by rights** en justicia / I know my rights conozco mis derechos **3.** [right-hand side] derecha f ▶ **on the right** a la derecha. ◆ adv **1.** [correctly] bien, correctamente **2.** [to right-hand side] a la derecha **3.** [emphatic use] ▶ **right here** aquí mismo ▶ **right at the top** arriba del todo ▶ **right down/up** hasta arriba/abajo ▶ **right in the middle** justo en el medio / she crashed right into the tree chocó de frente contra el árbol / go right to the end of the street vaya hasta el final de la calle **4.** [completely] completamente **5.** [immediately] ▶ **I'll be right back** ahora mismo vuelvo ▶ **right before/after (sthg)** justo antes/después (de algo) ▶ **right now** ahora mismo, ahorita CAm Méx ▶ **right away** en seguida, luego Am. ◆ vt **1.** [correct] corregir, rectificar **2.** [make upright] enderezar. ◆ excl ¡bien! ◆ **Right** n POL ▶ **the Right** la derecha.

right angle n ángulo m recto ▶ **at right angles (to)** en ángulo recto (con).

right-click ◆ vt COMPUT hacer clic derecho en. ◆ vi COMPUT hacer clic derecho.

righteous ['raɪtʃəs] adj [anger] justo(ta); [person] honrado(da).

rightful ['raɪtfʊl] adj legítimo(ma).

right-hand adj derecho(cha) ▶ **the right-hand side** el lado derecho, la derecha.

right-hand drive n vehículo f con el volante a la derecha.

right-handed [-'hændɪd] adj diestro(tra).

right-hand man n brazo m derecho.

rightly ['raɪtlɪ] adv **1.** [correctly] correctamente **2.** [appropriately] debidamente, bien **3.** [morally] con razón.

right of way n **1.** AUTO prioridad f **2.** [access] derecho m de paso.

right-on adj inf progre.

right wing n ▶ **the right wing** la derecha. ◆ **right-wing** adj derechista.

rigid ['rɪdʒɪd] adj **1.** [stiff] rígido(da) **2.** [harsh, unbending] inflexible.

rigmarole ['rɪgmərəʊl] n inf & pej **1.** [process] ritual m **2.** [story] galimatías m inv.

rigor US = rigour.

rigorous ['rɪgərəs] adj riguroso(sa).

rigour UK, **rigor** US ['rɪgər] n [firmness] rigor m.

rile [raɪl] vt irritar, sacar de quicio.

rim [rɪm] n **1.** [of container] borde m **2.** [of spectacles] montura f.

rind [raɪnd] n [of bacon, cheese] corteza f; [of orange, lemon] cáscara f.

ring [rɪŋ] ◈ n **1.** [telephone call] ▶ **to give sb a ring** llamar a alguien (por teléfono) **2.** [sound of doorbell] timbrazo m **3.** [on finger, around planet] anillo m **4.** [metal hoop] aro m; [for curtains, drinks can] anilla f **5.** [circle - of trees] círculo m; [- of people] corro m **6.** [for boxing] cuadrilátero m; [at circus] pista f **7.** [illegal group] red f. ◈ vt **1.** (pt rang, pp rung) UK [phone] llamar por teléfono, telefonear **2.** (pt rang, pp rung) [bell] tocar **3.** (pt & pp ringed) [draw a circle round] señalar con un círculo **4.** (pt rang, pp rung) [surround] rodear. ◈ vi (pt rang, pp rung) **1.** UK [phone] llamar por teléfono, telefonear **2.** [bell] sonar **3.** [to attract attention] ▶ **to ring (for)** llamar (para) **4.** [resound] ▶ **to ring with** resonar con. ◆ **ring back** vt sep & vi UK llamar más tarde. ◆ **ring off** vi UK colgar. ◆ **ring out** vi **1.** [sound] sonar **2.** UK TELEC llamar. ◆ **ring up** vt sep UK [telec] llamar (por teléfono).

ring binder n carpeta f de anillas.

ringing ['rɪŋɪŋ] n [of bell] repique m, tañido m; [in ears] zumbido m.

ringing tone n tono m de llamada.

ringleader ['rɪŋ,liːdər] n cabecilla mf.

ringlet ['rɪŋlɪt] n rizo m, tirabuzón m.

ring-pull n anilla f.

ring road n UK carretera f de circunvalación.

ring tone n [for mobile phone] melodía f.

rink [rɪŋk] n pista f.

rinse [rɪns] vt **1.** [dishes, vegetables] enjuagar; [clothes] aclarar **2.** [wash out] ▶ **to rinse one's mouth out** enjuagarse la boca.

riot ['raɪət] ◈ n disturbio m ▶ **to run riot** desbocarse. ◈ vi amotinarse.

rioter ['raɪətər] n amotinado m, -da f.

riotous ['raɪətəs] adj desenfrenado(da).

riot police pl n brigada f antidisturbios.

rip [rɪp] ◈ n rasgón m. ◈ vt **1.** [tear] rasgar, desgarrar **2.** [remove violently] quitar de un tirón. ◈ vi rasgarse, romperse. ◆ **rip off** vt sep inf **1.** [person] clavar **2.** [product, idea] copiar. ◆ **rip up** vt sep hacer pedazos.

RIP (abbr of rest in peace) RIP.

ripe [raɪp] adj maduro(ra) ▶ **to be ripe (for sthg)** estar listo (para algo).

ripen ['raɪpn] vt & vi madurar.

rip-off n inf estafa f.

ripped [rɪpt] adj US inf ▶ **to be ripped, to have a ripped body** ser todo músculo.

ripple ['rɪpl] ◈ n **1.** [in water] onda f, rizo m **2.** [of laughter, applause] murmullo m. ◈ vt rizar.

rise ◈ n **1.** UK [increase in salary] aumento m **2.** [to fame, power, of practice] ascenso m ▶ **to give rise to sthg** dar origen a algo. ◈ vi [raɪz] (pt rose, pp risen ['rɪzn]) **1.** [gen] elevarse **2.** [price, wage, temperature] subir **3.** [sun, moon] salir **4.** [stand up, get out of bed] levantarse **5.** [street, ground] subir **6.** [respond] ▶ **to rise to** reaccionar ante **7.** [rebel] sublevarse **8.** [move up in status] ascender ▶ **to rise to power / fame** ascender al poder/a la gloria. ◆ **rise above** vt insep **1.** [handicap, difficulty] superar **2.** [jealousy, resentment] estar por encima de.

rising ['raɪzɪŋ] ◈ adj **1.** [sloping upwards] ascendente **2.** [number, rate] creciente; [temperature, prices] en aumento **3.** [increasingly successful] en alza. ◈ n rebelión f.

risk [rɪsk] ◈ n [gen] riesgo m; [danger] peligro m ▶ **a health risk** un peligro para la salud ▶ **to run the risk of sthg / of doing sthg** correr el riesgo de algo/de hacer algo ▶ **to take a risk** arriesgarse ▶ **at your own risk** bajo tu cuenta y riesgo ▶ **at risk** en peligro. ◈ vt **1.** [put in danger] arriesgar **2.** [take the chance of] ▶ **to risk doing sthg** correr el riesgo de hacer algo.

risky ['rɪskɪ] adj peligroso(sa), arriesgado(da).

risqué ['riːskeɪ] adj subido(da) de tono.

rissole ['rɪsəʊl] n UK especie de albóndiga de carne o verduras.

rite [raɪt] n rito m.

ritual ['rɪtʃʊəl] ◈ adj ritual. ◈ n ritual m.

rival ['raɪvl] ◈ adj rival. ◈ n rival mf. ◈ vt (UK pt & pp -led, cont -ling, US pt & pp -ed, cont -ing) rivalizar con.

rivalry ['raɪvlrɪ] n rivalidad f.

river ['rɪvər] n río m.

river bank n orilla f OR margen f del río.

riverbed ['rɪvəbed] n cauce m OR lecho m del río.

riverside ['rɪvəsaɪd] n ▶ **the riverside** la ribera OR orilla del río.

rivet ['rɪvɪt] ◈ n remache m. ◈ vt **1.** [fasten] remachar **2.** fig [fascinate] ▶ **to be riveted by sthg** estar fascinado(da) con algo.

riveting ['rɪvɪtɪŋ] adj fascinante.

Riviera [,rɪvɪ'eərə] n : the French Riviera la Riviera francesa.

road [rəʊd] n [major] carretera f; [street] calle f; [path, minor thoroughfare] camino m ▶ **to be on the road to recovery** estar en vías de recuperación ▶ **on the road a)** [car] en circulación **b)** [person] viajando **c)** [rock band] de gira.

roadblock ['rəʊdblɒk] n control m.

road hog n inf & pej conductor rápido y negligente.

road map n mapa m de carreteras.

road rage n violencia f en carretera.

road safety n seguridad f en carretera.

roadside ['rəʊdsaɪd] n ▶ **the roadside** el borde de la carretera.

road sign n señal f de tráfico.

road tax n impuesto m de circulación.

roadtrip ['rəʊdtrɪp] n US [short] vuelta f en coche; [longer] viaje m en coche.

roadway ['rəʊdweɪ] n calzada f.

road works pl n obras fpl.

roadworthy ['rəʊd,wɜːðɪ] adj apto(ta) para circular.

roam [rəʊm] ◆ vt vagar por. ◆ vi vagar.

roar [rɔːr] ◆ vi [make a loud noise] rugir ▶ **to roar with laughter** reírse a carcajadas. ◆ vt rugir, decir a voces. ◆ n **1.** [of traffic] fragor m **2.** [of lion, person] rugido m.

roaring ['rɔːrɪŋ] adj **1.** [loud] clamoroso(sa) **2.** [fire] muy vivo **3.** [as emphasis] ▶ **to do a roaring trade in sthg** vender algo como rosquillas.

roast [rəʊst] ◆ adj asado(da). ◆ n asado m. ◆ vt **1.** [potatoes, meat] asar **2.** [nuts, coffee beans] tostar.

roast beef n rosbif m.

rob [rɒb] vt robar; [bank] atracar ▶ **to rob sb of sthg** lit & fig robar a alguien algo.

robber ['rɒbər] n ladrón m, -ona f; [of bank] atracador m, -ra f.

robbery ['rɒbərɪ] n robo m; [of bank] atraco m.

robe [rəʊb] n **1.** [towelling] albornoz m **2.** [of student] toga f **3.** [of priest] sotana f **4.** US [dressing gown] bata f.

robin ['rɒbɪn] n petirrojo m.

robot ['rəʊbɒt] n robot m.

robust [rəʊ'bʌst] adj robusto(ta), fuerte.

rock [rɒk] ◆ n **1.** (U) [substance, boulder] roca f **2.** [stone] piedra f **3.** [crag] peñasco m **4.** [music] rock m **5.** UK [sweet] palo m de caramelo. ◆ comp [concert, group, singer] de rock. ◆ vt [cause to move] mecer, balancear. ◆ vi mecerse. ◆ **Rock** n inf [Gibraltar] ▶ **the Rock** el Peñón. ◆ **on the rocks** adv **1.** [drink] con hielo **2.** [marriage, relationship] que va mal.

rock and roll, rock'n'roll n rock and roll m.

rock bottom n ▶ **to hit rock bottom** tocar fondo. ◆ **rock-bottom** adj : rock-bottom prices precios muy bajos.

rockery ['rɒkərɪ] n jardín m de rocas.

rocket ['rɒkɪt] n **1.** [vehicle, weapon, firework] cohete m **2.** [plant] roqueta f.

rocket launcher [-,lɔːntʃər] n lanzacohetes m inv.

rocking chair ['rɒkɪŋ-] n mecedora f.

rocking horse ['rɒkɪŋ-] n caballo m de balancín.

rock'n'roll [,rɒkən'rəʊl] = **rock and roll**.

rocky ['rɒkɪ] adj [full of rocks] rocoso(sa).

Rocky Mountains pl n : the Rocky Mountains las montañas Rocosas.

rod [rɒd] n [wooden] vara f; [metal] barra f; [for fishing] caña f.

rode [rəʊd] pt ⟶ **ride**.

rodent ['rəʊdənt] n roedor m.

roe [rəʊ] n hueva f / **hard roe** hueva f / **soft roe** lecha f.

roe deer n corzo m.

rogue [rəʊg] n [likeable rascal] picaruelo m, -la f.

role [rəʊl], **rôle** n fig THEAT papel m ▶ **to play a role** desempeñar un papel.

role model n modelo m a seguir.

roll [rəʊl] ◆ n **1.** [gen] rollo m; [of paper, banknotes] fajo m; [of cloth] pieza f **2.** [of bread] panecillo m **3.** [list] lista f; [payroll] nómina f **4.** [of drums] redoble m; [of thunder] retumbo m. ◆ vt **1.** [turn over] hacer rodar **2.** [roll up] enrollar **3.** [cigarette] liar. ◆ vi **1.** [ball, barrel] rodar **2.** [vehicle] ir, avanzar **3.** [ship] balancearse **4.** [thunder] retumbar; [drum] redoblar.

◆ **roll about, roll around** vi ▶ **to roll about OR around (on)** rodar (por). ◆ **roll in** vi inf llegar a raudales. ◆ **roll over** vi darse la vuelta.

◆ **roll up** ◆ vt sep **1.** [make into roll] enrollar **2.** [sleeves] remangarse. ◆ vi **1.** [vehicle] llegar **2.** inf [person] presentarse, aparecer.

roll call n ▶ **to take a roll call** pasar lista.

roller ['rəʊlər] n **1.** [cylinder] rodillo m **2.** [curler] rulo m.

rollerblade ['rəʊləbleɪd] vi patinar (con patines en línea).

Rollerblades® ['rəʊlə,bleɪdz] pl n patines mpl en línea.

rollerblading ['rəʊlə,bleɪdɪŋ] n patinaje m (con patines en línea) ▶ **to go rollerblading** ir a patinar (con patines en línea).

roller coaster n montaña f rusa.

roller skate n patín m de ruedas.

rolling ['rəʊlɪŋ] adj [undulating] ondulante ▶ **to be rolling in it** inf nadar en la abundancia.

rolling pin n rodillo m (de cocina).

rolling stock n material m rodante.

roll-on adj [deodorant etc] de bola.

ROM [rɒm] (abbr of read only memory) n ROM f.

Roman ['rəʊmən] ◆ adj romano(na). ◆ n romano m, -na f.

Roman Catholic ◆ adj católico (romano) (católica (romana)). ◆ n católico (romano) m, católica (romana) f.

romance [rəʊˈmæns] ❖ n **1.** [romantic quality] lo romántico **2.** [love affair] amorío m **3.** [in fiction - modern] novela f romántica. ❖ adj : *Romance Languages* lenguas fpl romance.

Romania, Rumania [ru:ˈmeɪnjə] n Rumanía.

Romanian, Rumanian [ru:ˈmeɪnjən] ❖ adj rumano(na). ❖ n **1.** [person] rumano m, -na f **2.** [language] rumano m.

Roman numerals pl n números mpl romanos.

romantic [rəʊˈmæntɪk] adj romántico(ca).

romp [rɒmp] ❖ n retozo m, jugueteo m. ❖ vi retozar, juguetear.

rompers [ˈrɒmpəz] pl n pelele m.

romper suit [ˈrɒmpə-] n UK = rompers.

roof [ru:f] n **1.** [of building] tejado m ; [of vehicle] techo m ▶ **to go through or hit the roof** [person] subirse por las paredes **2.** [of mouth] paladar m.

roofing [ˈru:fɪŋ] n techumbre f.

roof rack n baca f, portaequipajes m inv.

rooftop [ˈru:ftɒp] n tejado m.

rook [rʊk] n **1.** [bird] grajo m **2.** [chess piece] torre f.

rookie [ˈrʊkɪ] n **1.** US inf [novice] novato m, -ta f **2.** US inf [military recruit] novato m, -ta f.

room [ru:m, rʊm] ❖ n **1.** [in house, building] habitación f **2.** [for conferences etc] sala f **3.** [bedroom] habitación f, cuarto m **4.** (U) [space] sitio m, espacio m. ❖ vi US : *room with* compartir alojamiento con.

room fragrance n fragancia f para el hogar.

roomie [ˈru:mɪ] n US inf compañero m, -ra f de habitación.

rooming house [ˈru:mɪŋ-] n US casa f de huéspedes, pensión f.

roommate [ˈru:mmeɪt] n compañero m, -ra f de habitación.

room service n servicio m de habitación.

roomy [ˈru:mɪ] adj espacioso(sa), amplio(plia).

roost [ru:st] n percha f, palo m.

rooster [ˈru:stər] n gallo m.

root [ru:t] ❖ n lit & fig raíz f. ❖ vi [pig etc] hozar ; [person] hurgar, escarbar. ◆ **roots** pl n [origins] raíces fpl. ◆ **root for** vt insep US inf apoyar a. ◆ **root out** vt sep [eradicate] desarraigar.

rope [rəʊp] ❖ n [thin] cuerda f ; [thick] soga f ; NAUT maroma f, cable m ▶ **to know the ropes** saber de qué va el asunto ▶ **to show sb the ropes** poner a alguien al tanto. ❖ vt atar con cuerda. ◆ **rope in** vt sep inf arrastrar or enganchar a / *to rope sb in to do sthg* liar a alguien para hacer algo. ◆ **rope off** vt sep acordonar.

rosary [ˈrəʊzərɪ] n rosario m.

rose [rəʊz] ❖ pt ⟶ **rise**. ❖ adj [pink] rosa, color de rosa. ❖ n [flower] rosa f.

rosé [ˈrəʊzeɪ] n rosado m.

rosebud [ˈrəʊzbʌd] n capullo m de rosa.

rose bush n rosal m.

rosemary [ˈrəʊzmərɪ] n romero m.

rosette [rəʊˈzet] n [badge] escarapela f.

roster [ˈrɒstər] n lista f.

rostrum [ˈrɒstrəm] (pl -**trums** or -**tra**) n tribuna f.

rosy [ˈrəʊzɪ] adj **1.** [pink] sonrosado(da) **2.** [hopeful] prometedor(ra).

rot [rɒt] ❖ n (U) **1.** [of wood, food] podredumbre f ; [in society, organization] decadencia f **2.** UK dated [nonsense] tonterías fpl. ❖ vt pudrir. ❖ vi pudrirse.

rota [ˈrəʊtə] n lista f (de turnos).

rotary [ˈrəʊtərɪ] ❖ adj giratorio(ria), rotativo(va). ❖ n US [roundabout] glorieta f, cruce m de circulación giratoria.

rotate [rəʊˈteɪt] ❖ vt [turn] hacer girar, dar vueltas a. ❖ vi [turn] girar, dar vueltas.

rotation [rəʊˈteɪʃn] n [gen] rotación f.

rote [rəʊt] n ▶ **by rote** de memoria.

rotten [ˈrɒtn] adj **1.** [decayed] podrido(da) **2.** inf [poor-quality] malísimo(ma), fatal **3.** inf [unpleasant] despreciable **4.** inf [unwell] ▶ **to feel rotten** sentirse fatal or muy mal.

rouge [ru:ʒ] n colorete m.

rough [rʌf] ❖ adj **1.** [not smooth - surface, skin] áspero(ra) ; [- ground, road] desigual **2.** [not gentle] bruto(ta) **3.** [crude, not refined - person, manner] grosero(ra), tosco(ca) ; [- shelter] precario(ria) ; [- living conditions] duro(ra) **4.** [approximate - plan, sketch] a grandes rasgos ; [- estimate, translation] aproximado(da) / *to write a rough draft of sthg* escribir un borrador de algo ▶ **rough sketch** bosquejo m **5.** [unpleasant] duro(ra), difícil ▶ **to have a rough time** pasarlo mal **6.** [wind] violento(ta) ; [sea] picado(da) ; [weather, day] tormentoso(sa) **7.** [harsh - wine, voice] áspero(ra) **8.** [violent - area] peligroso(sa) ; [- person] violento(ta). ❖ adv ▶ **to sleep rough** dormir al raso. ❖ n **1.** GOLF ▶ **the rough** el rough **2.** [undetailed form] ▶ **in rough** en borrador. ❖ vt ▶ **to rough it** vivir sin comodidades. ◆ **rough up** vt sep inf [person] dar una paliza a.

roughage [ˈrʌfɪdʒ] n (U) fibra f.

rough and ready adj tosco(ca).

roughen [ˈrʌfn] vt poner áspero(ra).

roughly [ˈrʌflɪ] adv **1.** [approximately] más o menos **2.** [not gently] brutalmente **3.** [crudely] toscamente.

roulette [ru:ˈlet] n ruleta f.

round [raʊnd] ❖ adj redondo(da). ❖ prep **1.** [surrounding] alrededor de / *the reeds round the pond* las cañas alrededor del estanque / *she put her arm round his shoulder* le puso el brazo al hombro **2.** [near] cerca de ▶ **round here** por aquí **3.** [all over - the world etc] por todo(da) **/** *we went round the museum* dimos una vuelta por el museo **4.** [in circular movement] **▶ round (and round)** alrededor de **5.** [in measurements] : *she's 30 inches round the waist* mide 30 pulgadas de cintura **6.** [at or to the other side of] : *they were waiting round the corner* esperaban a la vuelta de la esquina **▶ to drive round the corner** doblar la esquina **▶ we went round the lake** rodeamos el lago **7.** [so as to avoid] : *he drove round the pothole* condujo esquivando el bache. **◆ adv 1.** [on all sides] **▶ all round** por todos lados **2.** [near] **▶ round about** alrededor, en las proximidades **3.** [all over] : *to travel round* viajar por ahí **4.** [in circular movement] : *she passed round a plate of biscuits* pasó un plato de galletas **▶ round (and round)** en redondo **▶ to go or spin round** girar **5.** [to the other side] al otro lado **/** *we went round to the back of the house* dimos una vuelta hasta la parte de atrás de la casa **6.** [at or to nearby place] : *he came round to see us* vino a vernos. **◆ n 1.** [of talks, drinks, sandwiches] ronda *f* **/** *a round of toast* una tostada **▶ a round of applause** una salva de aplausos **2.** [in championship] vuelta *f* **3.** [of doctor] visitas *fpl* ; [of milkman, postman] recorrido *m* **4.** [of ammunition] cartucho *m* **5.** [in boxing] asalto *m* **6.** [in golf] vuelta *f*. **◆ vt** doblar. **◆ rounds** pl n [of doctor] visitas *fpl* **/** *he's out on his rounds* está visitando pacientes ; [of postman] recorrido *m* **▶ to do or go the rounds** a) [joke, rumour] divulgarse b) [illness] estar rodando. **◆ round off** vt sep terminar. **◆ round up** vt sep **1.** [sheep] recoger ; [people] reunir **2.** MATH redondear al alza.

roundabout ['raʊndəbaʊt] n **UK 1.** [on road] glorieta *f*, rotonda *f* **2.** [at fairground] tiovivo *m*.

rounders ['raʊndəz] n **UK** *juego parecido al béisbol.*

roundly ['raʊndlɪ] adv rotundamente.

round-shouldered [-'ʃəʊldəd] adj cargado(da) de espaldas.

round table n mesa *f* redonda.

round trip n viaje *m* de ida y vuelta.

roundup ['raʊndʌp] n **1.** [summary] resumen *m* **/** *news roundup* resumen *m* informativo **2.** [of criminals] redada *f*.

rouse [raʊz] vt **1.** fml [wake up] despertar **2.** [impel] **▶ to rouse sb /o.s. to do sthg** animar a alguien/animarse a hacer algo **3.** [excite] excitar **/** *it roused his interest* le despertó el interés.

rousing ['raʊzɪŋ] adj [speech] conmovedor(ra) ; [cheer] entusiasta.

rout [raʊt] **◆ n** derrota *f* aplastante. **◆ vt** derrotar, aplastar.

route [ru:t] n [gen] ruta *f* ; [of bus] línea *f*, recorrido *m* ; [of ship] rumbo *m* ; [for deliveries] recorrido *m*, itinerario *m* ; [main road] carretera *f* principal.

route map n plano *m* (del camino).

router [**UK** 'ru:tə, **US** 'raʊtər] n COMPUT enrutador *m*, direccionador *m*, router *m*.

routine [ru:'ti:n] **◆ adj** rutinario(ria) **/** *(to have) a routine checkup* (hacerse) un reconocimiento médico rutinario. **◆ n** rutina *f*.

roving ['rəʊvɪŋ] adj itinerante **/** *a roving reporter* un periodista ambulante.

row¹ [rəʊ] **◆ n 1.** [line] fila *f*, hilera *f* **2.** [succession] serie *f* **▶ three in a row** tres seguidos. **◆ vt** [boat] remar. **◆ vi** remar.

row² [raʊ] **◆ n 1.** [quarrel] pelea *f*, bronca *f* **2.** inf [noise] estruendo *m*, ruido *m*. **◆ vi** [quarrel] reñir, pelearse.

rowboat ['rəʊbəʊt] n **US** bote *m* de remos.

rowdy ['raʊdɪ] adj [noisy] ruidoso(sa) ; [quarrelsome] pendenciero(ra).

row house [rəʊ-] n **US** casa *f* adosada.

rowing ['rəʊɪŋ] n remo *m*.

rowing boat n **UK** bote *m* de remo.

royal ['rɔɪəl] **◆ adj** real. **◆ n** inf miembro *m* de la familia real.

Royal Air Force n **▶ the Royal Air Force** las Fuerzas Aéreas de Gran Bretaña.

royal family n familia *f* real.

Royal Mail n **UK** **▶ the Royal Mail** ≃ Correos *m*.

Royal Navy n **▶ the Royal Navy** la Armada de Gran Bretaña.

royalty ['rɔɪəltɪ] n realeza *f*. **◆ royalties** pl n derechos *mpl* de autor.

rpm (abbr of revolutions per minute) r.p.m. *fpl*.

RSPCA (abbr of Royal Society for the Prevention of Cruelty to animals) n *sociedad británica protectora de animales* ; ≃ SPA *f*.

RSVP (abbr of répondez s'il vous plaît) s.r.c.

Rt Hon (written abbr of Right Honourable) su Sría.

rub [rʌb] **◆ vt** **▶ to rub sthg (against or on)** frotar algo (en or contra) **▶ to rub sthg on or onto** frotar algo en **▶ to rub sb up the wrong way UK, to rub sb the wrong way US** sacar a alguien de quicio. **◆ vi** **▶ to rub (against sthg)** rozar (algo) **▶ to rub (together)** rozarse. **◆ rub off on** vt insep [subj: quality] influir en. **◆ rub out** vt sep [erase] borrar.

rubber ['rʌbər] n **1.** [substance] goma *f*, caucho *m* **2.** **UK** [eraser] goma *f* de borrar **3.** **US** inf [condom] goma *f* **4.** [in bridge] partida *f*.

rubber band n **US** goma *f* elástica.

rubber plant n ficus *m* inv.

rubber stamp n estampilla *f* **Esp**, sello *m* de goma, timbre *m* de goma **CHILE**. **◆ rubber-stamp** vt aprobar oficialmente.

rubbish ['rʌbɪʃ] n (U) **1.** [refuse] basura *f* **2.** inf & fig [worthless matter] porquería *f* **3.** inf [nonsense] tonterías *fpl* **/** *don't talk rubbish* no digas tonterías.

rubbish bin n UK cubo m de la basura.

rubbish dump n UK vertedero m, basurero m.

rubble ['rʌbl] n (U) escombros mpl.

ruby ['ruːbɪ] n rubí m.

rucksack ['rʌksæk] n mochila f.

ructions ['rʌkʃnz] pl n inf bronca f.

rudder ['rʌdə'] n timón m.

ruddy ['rʌdɪ] adj [reddish] rojizo(za).

rude [ruːd] adj **1.** [impolite - person, manners, word] grosero(ra), liso(sa) ARG PERU ; [- joke] verde **2.** [shocking] violento(ta), brusco(ca).

rudimentary [,ruːdɪ'mentərɪ] adj rudimentario(ria).

rueful ['ruːfʊl] adj arrepentido(da).

ruffian ['rʌfjən] n rufián m.

ruffle ['rʌfl] vt **1.** [hair] despeinar ; [water] agitar ; [feathers] encrespar **2.** [composure, nerves] encrespar **3.** [person] poner nervioso(sa) a.

rug [rʌg] n **1.** [carpet] alfombra f **2.** [blanket] manta f de viaje.

rugby ['rʌgbɪ] n rugby m.

rugged ['rʌgɪd] adj **1.** [wild, inhospitable] escabroso(sa) **2.** [sturdy] fuerte **3.** [roughly handsome] duro y atractivo (dura y atractiva) / his rugged good looks sus rasgos recios.

rugger ['rʌgə'] n UK inf rugby m.

rugrat ['rʌgræt] n US inf [child] renacuajo m, -ja f.

ruin ['ruːɪn] ⬥ n ruina f. ⬥ vt **1.** [destroy] estropear **2.** [spoil] arruinar **3.** [bankrupt] arruinar.
➤ **in ruin(s)** adv en ruinas.

ruined ['ruːɪnd] adj [building] en ruinas.

rule [ruːl] ⬥ n **1.** [regulation, guideline] regla f, norma f / to break the rules violar las normas / to obey the rules obedecer las normas **2.** [norm] ▸ **the rule** la regla, la norma ▸ **as a rule** por regla general **3.** [government] dominio m / to be under Roman rule estar bajo dominio romano **4.** [ruler] regla f. ⬥ vt **1.** [control] regir **2.** [govern] gobernar **3.** [decide] ▸ **to rule that** decidir OR ordenar que. ⬥ vi **1.** [give decision] decidir, fallar **2.** fml [be paramount] ser primordial **3.** [govern] gobernar. ➤ **rule out** vt sep descartar.

ruled [ruːld] adj rayado(da).

ruler ['ruːlə'] n **1.** [for measurement] regla f **2.** [monarch] soberano m, -na f.

ruling ['ruːlɪŋ] ⬥ adj en el poder. ⬥ n fallo m, decisión f.

rum [rʌm] n ron m.

Rumania [ruː'meɪnjə] = **Romania**.

Rumanian [ruː'meɪnjən] = **Romanian**.

rumble ['rʌmbl] ⬥ n [gen] estruendo m ; [of stomach] ruido m. ⬥ vi [gen] retumbar ; [stomach] hacer ruido.

rummage ['rʌmɪdʒ] vi hurgar, rebuscar / to rummage around in sthg revolver en algo.

rumour UK, **rumor** US ['ruːmə'] n rumor m / there's a rumour going around that ... se rumorea que...

rumoured UK, **rumored** US ['ruːməd] adj ▸ **to be rumoured** rumorearse / she is rumoured to be very rich se rumorea que es muy rica.

rump [rʌmp] n **1.** [of animal] grupa f, ancas fpl **2.** inf [of person] trasero m.

rump steak n filete m de lomo, churrasco m de cuadril RP.

rumpus ['rʌmpəs] n inf lío m, jaleo m.

run [rʌn] ⬥ n **1.** [on foot] carrera f ▸ **to go for a run** ir a correr ▸ **on the run** en fuga **2.** [journey - in car] paseo m OR vuelta f (en coche) / to go for a run ir a dar una vuelta ; [in plane, ship] viaje m **3.** [series - of wins, disasters] serie f ; [- of luck] racha f **4.** THEAT : the play had a 6-week run la obra estuvo en cartelera 6 semanas **5.** [great demand] ▸ **a run on sthg** una gran demanda de algo **6.** [in tights] carrera f **7.** [in cricket, baseball] carrera f **8.** [for skiing etc] pista f. ⬥ vt (pt ran, pp run) **1.** [on foot] correr **2.** [manage - business] dirigir, administrar ; [- life, event] organizar **3.** [operate - computer program, machine, film] poner **4.** [have and use - car etc] hacer funcionar / it runs on diesel / off the mains funciona con diesel / electricidad **5.** [open - tap] abrir ▸ **to run a bath** llenar la bañera **6.** [publish] publicar. ⬥ vi (pt ran, pp run) **1.** [on foot] correr **2.** US [in election] ▸ **to run (for)** presentarse como candidato(ta) (a) / he's running for president se presenta a la presidencia **3.** [factory, machine] funcionar ; [engine] estar encendido(da) ▸ **to run on** OR **off sthg** funcionar con algo ▸ **to run smoothly** ir bien **4.** [bus, train] ir **5.** [flow] correr **6.** [tap] gotear ; / somebody has left the tap running alguien se ha dejado el grifo abierto ; [nose] moquear / my nose is running me moquea la nariz ; [eyes] llorar **7.** [colour] desteñir.
➤ **run across** vt insep [meet] encontrarse con.
➤ **run away** vi [flee] ▸ **to run away (from)** huir OR fugarse (de). ➤ **run down** ⬥ vt sep **1.** [run over] atropellar **2.** [criticize] hablar mal de. ⬥ vi [battery] acabarse ; [clock] pararse ; [project, business] debilitarse. ➤ **run into** vt insep **1.** [problem] encontrar ; [person] tropezarse con **2.** [in vehicle] chocar con. ➤ **run off** ⬥ vt sep [copies, photocopies] sacar. ⬥ vi ▸ **to run off (with)** fugarse (con). ➤ **run on** vi [continue] continuar. ➤ **run out** vi **1.** [become used up] acabarse **2.** [expire] caducar. ➤ **run out of** vt insep quedarse sin. ➤ **run over** vt sep atropellar. ➤ **run through** vt insep **1.** [be present in] recorrer, atravesar / the vein of humour which

ran through her work el tono de humor que está presente en su trabajo **2.** [practise] ensayar **3.** [read through] echar un vistazo a. ◆ **run to** vt insep [amount to] ascender a / *the bill ran to thousands* la cuenta subía a varios miles. ◆ **run up** vt insep [amass] incurrir en / *he ran up a huge bill* acumuló una factura enorme. ◆ **run up against** vt insep tropezar con.

runaway ['rʌnəweɪ] ◆ adj **1.** [gen] fugitivo(va); [horse] desbocado(da); [train] fuera de control; [inflation] desenfrenado(da) **2.** [victory] fácil. ◆ n fugitivo m, -va f.

rundown ['rʌndaʊn] n [report] informe m, resumen m / *to give sb a rundown on sthg* poner a alguien al tanto de algo. ◆ **run-down** adj **1.** [dilapidated] en ruinas **2.** [tired] agotado(da) / *to feel rundown* sentirse débil.

rung [rʌŋ] ◆ pp —→ **ring.** ◆ n lit & fig peldaño m.

runner ['rʌnər] n **1.** [athlete] corredor m, -ra f **2.** [smuggler] contrabandista mf **3.** [on sledge] carril m; [of drawer, sliding seat] carro m.

runner bean n UK judía f verde, chaucha f RP, vainita f VEN, ejote m CAM MÉX, poroto m verde CHILE.

runner-up (pl **runners-up**) n subcampeón m, -ona f.

running ['rʌnɪŋ] ◆ adj **1.** [continuous] continuo(nua) **2.** [consecutive] seguidos(das) / *four days running* cuatro días consecutivos **3.** [water] corriente. ◆ n **1.** [act of running] el correr ▸ *to go running* hacer footing **2.** SPORT carreras fpl **3.** [management] dirección f, organización f **4.** [operation] funcionamiento m ▸ *to be in / out of the running (for sthg)* tener/no tener posibilidades (de algo).

runny ['rʌnɪ] adj **1.** [sauce, gravy] derretido(da) **2.** [nose] que moquea; [eyes] llorosos(as).

run-of-the-mill adj normal y corriente.

runt [rʌnt] n **1.** [animal] cría f más pequeña y débil **2.** pej [person] renacuajo m.

run-up n **1.** [preceding time] periodo m previo / *the run-up to the elections* el periodo previo a las elecciones **2.** SPORT carrerilla f.

runway ['rʌnweɪ] n pista f.

rupture ['rʌptʃər] ◆ n MED hernia f. ◆ vt romper.

rural ['rʊərəl] adj rural.

ruse [ruːz] n ardid m.

rush [rʌʃ] ◆ n **1.** [hurry] prisa f ▸ *to be in a rush* tener prisa **2.** [busy period] hora f punta **3.** [surge - of air] ráfaga f; [- of water] torrente m; [- mental] arrebato m ▸ *to make a rush for sthg* ir en desbandada hacia algo / *there was a rush for the exit* la gente salió apresuradamente. ◆ vt **1.** [hurry] apresurar ▸ *to rush sb into doing sthg* apresurar a alguien para que haga algo

2. [send quickly] llevar rápidamente / *he was rushed to hospital* lo llevaron al hospital a toda prisa. ◆ vi **1.** [hurry] ir de prisa, correr ▸ *to rush into sthg* meterse de cabeza en algo / *there's no need to rush* no hay ninguna prisa / *he rushed to help her* corrió a ayudarla **2.** [surge] precipitarse. ◆ **rushes** pl n BOT juncos mpl.

rush hour n hora f punta, hora f pico AM, hora f peack CHILE.

rusk [rʌsk] n galleta que se da a los niños pequeños para que se acostumbran a masticar.

Russia ['rʌʃə] n Rusia.

Russian ['rʌʃn] ◆ adj ruso(sa). ◆ n **1.** [person] ruso m, -sa f **2.** [language] ruso m.

rust [rʌst] ◆ n óxido m. ◆ vi oxidarse.

rustic ['rʌstɪk] adj rústico(ca).

rustle ['rʌsl] ◆ vt **1.** [paper] hacer crujir **2.** US [cattle] robar. ◆ vi [wind, leaves] susurrar; [paper] crujir.

rusty ['rʌstɪ] adj lit & fig oxidado(da) / *my French is a bit rusty* hace mucho que no practico el francés.

rut [rʌt] n [track] rodada f ▸ *to get into / be in a rut* fig caer/estar metido en una rutina / *to get out of a rut* salir de la rutina.

ruthless ['ruːθlɪs] adj despiadado(da).

RV n US (abbr of recreational vehicle) casaremolque f.

rye [raɪ] n [grain] centeno m.

rye bread n pan m de centeno.

s (pl **ss** or **s's**), **S** (pl **Ss** or **S's**) [es] n [letter] s f, S f. ◆ **S** (written abbr of **south**) S.

Sabbath ['sæbəθ] n ▸ **the Sabbath a)** [for Christians] el domingo **b)** [for Jews] el sábado.

sabbatical [sə'bætɪkl] n sabático m ▸ **on sabbatical** de sabático.

sabotage ['sæbətɑːʒ] ◆ n sabotaje m. ◆ vt sabotear.

saccharin(e) ['sækərɪn] n sacarina f.

sachet ['sæʃeɪ] n bolsita f.

sack [sæk] ◆ n **1.** [bag] saco m **2.** UK inf [dismissal] ▸ *to get* OR *be given the sack* ser despedido(da) / *to give sb the sack* despedir a alguien. ◆ vt UK inf despedir.

sacking ['sækɪŋ] n **1.** [fabric] harpillera f **2.** [dismissal] despido m.

sacred ['seɪkrɪd] adj lit & fig sagrado(da).

sacrifice ['sækrɪfaɪs] *fig* ✧ n RELIG sacrificio *m*
/ **to make sacrifices** sacrificarse. ✧ vt RELIG
sacrificar.

sacrilege ['sækrɪlɪdʒ] *n fig* RELIG sacrilegio *m*.

sacrosanct ['sækrəʊsæŋkt] adj sacrosanto(ta).

sad [sæd] adj triste.

sadden ['sædn] vt entristecer.

saddle ['sædl] ✧ n **1.** [for horse] silla *f* (de montar) **2.** [of bicycle, motorcycle] sillín *m*, asiento *m*.
✧ vt **1.** [horse] ensillar **2.** *fig* [burden] ▶ **to**
saddle sb with sthg cargar a alguien con algo
/ **she was saddled with an elderly patient** le
encajaron un pariente anciano.

saddlebag ['sædlbæg] n alforja *f*.

sadistic [sə'dɪstɪk] adj sádico(ca).

sadly ['sædlɪ] adv tristemente.

sadness ['sædnɪs] n tristeza *f*.

s.a.e., **sae** n *abbr of* **stamped addressed**
envelope.

safari [sə'fɑːrɪ] n safari *m*.

safe [seɪf] ✧ adj **1.** [gen] seguro(ra) / *a safe*
place un lugar seguro / *is this ladder safe?* ¿es
segura esta escalera? / *you're safe now* ahora
estás seguro ▶ **safe and sound** sano y salvo (sana
y salva) **2.** [without harm] sano y salvo (sana y
salva) **3.** [not causing disagreement] ▶ **it's safe to**
say that ... se puede afirmar con seguridad que ...
▶ **to be on the safe side** por mayor seguridad
4. [reliable] digno(na) de confianza. ✧ n caja *f*
(de caudales).

safe-conduct n salvoconducto *m*.

safe-deposit box, **safety-deposit box** n
caja *f* de seguridad.

safeguard ['seɪfɡɑːd] ✧ n salvaguardia *f*, protección *f* / *as a safeguard* como protección ▶ **a**
safeguard against sthg una protección contra
algo. ✧ vt ▶ **to safeguard sthg/sb (against**
sthg) salvaguardar OR proteger algo/a alguien
(contra algo).

safekeeping [ˌseɪf'kiːpɪŋ] n : *she gave me the*
letter for safekeeping me dio la carta para que
se la guardara en un lugar seguro.

safely ['seɪflɪ] adv **1.** [with no danger] con seguridad **2.** [not in danger] seguramente **3.** [un-
harmed] sano y salvo (sana y salva) **4.** [for certain]
▶ **I can safely say that...** puedo decir con toda
confianza que ...

safe sex n sexo *m* sin riesgo.

safety ['seɪftɪ] n seguridad *f*.

safety belt n cinturón *m* de seguridad.

safety lock n cierre *f* de seguridad.

safety pin n imperdible *m*, seguro *m* Méx.

saffron ['sæfrən] n [spice] azafrán *m*.

sag [sæg] vi [sink downwards] hundirse, combarse.

saga ['sɑːɡə] n **1.** LITER saga *f* **2.** *pej* [drawn-out
account] historia *f*.

sage [seɪdʒ] ✧ adj sabio(bia). ✧ n **1.** [herb]
salvia *f* **2.** [wise man] sabio *m*.

Sagittarius [ˌsædʒɪ'teərɪəs] n Sagitario *m*.

Sahara [sə'hɑːrə] n : *the Sahara (Desert)* el
(desierto del) Sáhara.

said [sed] pt & pp ⟶ **say**.

sail [seɪl] ✧ n **1.** [of boat] vela *f* ▶ **to set sail**
zarpar **2.** [journey by boat] paseo *m* en barco de
vela / *to go for a sail* salir a hacer una excursión
en barco de vela. ✧ vt **1.** [boat, ship] gobernar
2. [sea] cruzar. ✧ vi **1.** [travel by boat] navegar
2. [move - boat] / *the ship sailed across the*
ocean el barco cruzó el océano **3.** [leave by boat]
zarpar / *we sail at 10 am* zarpamos a las 10 am.
◆ **sail through** vt insep hacer con facilidad.

sailboat US = **sailing boat**.

sailing ['seɪlɪŋ] n **1.** (U) SPORT vela *f* **2.** [trip by
ship] travesía *f*.

sailing boat UK, **sailboat** US ['seɪlbəʊt] n
barco *m* de vela.

sailing ship n (buque *m*) velero *m*.

sailor ['seɪlər] n marinero *m*, -ra *f*.

saint [seɪnt] n *fig* RELIG santo *m*, -ta *f* / *he's no*
saint no es ningún santo / *to have the patience*
of a saint tener más paciencia que un santo.

saintly ['seɪntlɪ] adj santo(ta), piadoso(sa).

sake [seɪk] n ▶ **for the sake of** por (el bien de)
▶ **for God's** OR **heaven's sake** ¡por el amor de
Dios!

salad ['sæləd] n ensalada *f*.

salad bowl n ensaladera *f*.

salad cream n UK *salsa parecida a la mahonesa*
para aderezar la ensalada.

salad dressing n aliño *m* (para la ensalada).

salami [sə'lɑːmɪ] n salami *m*.

salary ['sælərɪ] n sueldo *m*.

sale [seɪl] n **1.** [gen] venta *f* ▶ **on sale** en venta
▶ **(up) for sale** en venta ▶ **'for sale'** 'se vende'
2. [at reduced prices] liquidación *f*, saldo *m*.
◆ **sales** pl n **1.** ECON ventas *fpl* **2.** [at reduced
prices] ▶ **the sales** las rebajas.

saleroom UK ['seɪlrʊm], **salesroom** US
['seɪlzrʊm] n sala *f* de subastas.

sales assistant ['seɪlz-], **salesclerk** US
['seɪlzklɜːrk] n dependiente *m*, -ta *f*.

salesman ['seɪlzmən] (*pl* **-men**) n [in shop]
dependiente *m*, vendedor *m* ; [travelling] viajante *m*.

sales rep n *inf* representante *mf*.

salesroom US = **saleroom**.

sales slip n US [receipt] recibo *m*.

saleswoman ['seɪlzˌwʊmən] (*pl* **-women**) n
[in shop] dependienta *f*, vendedora *f* ; [travelling]
viajante *f*.

salient ['seɪljənt] adj *fml* sobresaliente.

saliva [sə'laɪvə] n saliva *f*.

sallow ['sæləʊ] adj cetrino(na).

salmon ['sæmən] (pl inv or -s) n salmón m.

salmonella [,sælmə'nelə] n salmonelosis f inv.

salon ['sælɒn] n salón m.

saloon [sə'lu:n] n **1.** UK [car] (coche m) utilitario m **2.** US [bar] bar m **3.** UK [in pub] ▸ **saloon (bar)** en ciertos pubs y hoteles, bar elegante con precios más altos que los del `public bar' **4.** [in ship] salón m.

salt [sɔ:lt, sɒlt] ❖ n sal f ▸ **to take sthg with a pinch of salt** considerar algo con cierta reserva. ❖ vt [food] salar ; [roads] echar sal en (las carreteras etc para evitar que se hielen). ◆ **salt away** vt sep inf ahorrar.

salt cellar UK, **salt shaker** US [-,ʃeɪkər] n salero m.

saltwater ['sɔ:lt,wɔ:tər] adj de agua salada.

salty ['sɔ:ltɪ] adj salado(da), salobre.

salutary ['sæljʊtrɪ] adj saludable.

salute [sə'lu:t] ❖ n **1.** [with hand] saludo m **2.** MIL [firing of guns] salva f, saludo m. ❖ vt **1.** MIL [with hand] saludar **2.** [acknowledge formally] reconocer.

Salvadorean, Salvadorian [,sælvə'dɔ:rɪən] ❖ adj salvadoreño(ña). ❖ n salvadoreño m, -ña f.

salvage ['sælvɪdʒ] ❖ n (U) **1.** [rescue of ship] salvamento m **2.** [property rescued] objetos mpl recuperados OR rescatados. ❖ vt lit & fig ▸ **to salvage sthg (from)** salvar algo (de).

salvation [sæl'veɪʃn] n salvación f.

Salvation Army n ▸ **the Salvation Army** el Ejército de Salvación.

same [seɪm] ❖ adj mismo(ma) / the same colour as his el mismo color que el suyo ▸ **at the same time a)** [simultaneously] al mismo tiempo **b)** [yet] aún así ▸ **one and the same** el mismo (la misma). ❖ pron ▸ **the same** el mismo (la misma) ▸ **she did the same** hizo lo mismo / the ingredients are the same los ingredientes son los mismos OR iguales / his car is the same as yours su coche es el mismo que el tuyo ▸ **I'll have the same (again)** tomaré lo mismo (que antes) ▸ **all OR just the same** [nevertheless, anyway] de todos modos ▸ **it's all the same to me** me da igual ▸ **it's not the same** no es lo mismo / happy Christmas! — the same to you! ¡feliz Navidad! — ¡igualmente! ❖ adv ▸ **the same** lo mismo.

sample ['sɑ:mpl] ❖ n muestra f / a free sample una muestra gratuita. ❖ vt [food, wine, attractions] probar.

sanatorium (pl -riums or -ria), **sanitorium** US (pl -riums or -ria) [,sænə'tɔ:rɪəm] n sanatorio m.

sanctimonious [,sæŋktɪ'məʊnjəs] adj pej santurrón(ona).

sanction ['sæŋkʃn] ❖ n sanción f. ❖ vt sancionar.

sanctity ['sæŋktətɪ] n santidad f.

sanctuary ['sæŋktʃʊərɪ] n **1.** [for wildlife] reserva f / a bird sanctuary una reserva de aves **2.** [refuge] refugio m **3.** [holy place] santuario m.

sand [sænd] ❖ n arena f. ❖ vt lijar / to sand down a surface lijar una superficie.

sandal ['sændl] n sandalia f / a pair of sandals unas sandalias.

sandalwood ['sændlwʊd] n sándalo m.

sandbox US = **sandpit**.

sandcastle ['sænd,kɑ:sl] n castillo m de arena.

sand dune n duna f.

sandpaper ['sænd,peɪpər] ❖ n (U) papel m de lija. ❖ vt lijar.

sandpit UK ['sændpɪt], **sandbox** US ['sændbɒks] n cuadro m de arena.

sandstone ['sændstəʊn] n piedra f arenisca.

sandwich ['sænwɪdʒ] ❖ n [made with roll etc] bocadillo m ; [made with sliced bread] sandwich m frío / a cheese sandwich un sandwich de queso. ❖ vt fig apretujar / she was sandwiched between two businessmen quedó atrapada entre dos hombres de negocios.

sandwich board n cartelón m (de hombre-anuncio).

sandwich course n UK curso universitario que incluye un cierto tiempo de experiencia profesional.

sandy ['sændɪ] adj **1.** [covered in sand] arenoso(sa) **2.** [sand-coloured] rojizo(za).

sane [seɪn] adj **1.** [not mad] cuerdo(da) **2.** [sensible] prudente, sensato(ta).

sang [sæŋ] pt ⟶ **sing**.

sanitary ['sænɪtrɪ] adj **1.** [connected with health] sanitario(ria) **2.** [clean, hygienic] higiénico(ca).

sanitary towel, sanitary napkin US n [disposable] compresa f, toalla f higiénica Am.

sanitation [,sænɪ'teɪʃn] n sanidad f.

sanitorium US = **sanatorium**.

sanity ['sænɪtɪ] n **1.** [saneness] cordura f **2.** [good sense] sensatez f.

sank [sæŋk] pt ⟶ **sink**.

Santa (Claus) ['sæntə(,klɔ:z)] n Papá m Noel.

sap [sæp] ❖ n [of plant] savia f. ❖ vt [weaken] minar.

sapling ['sæplɪŋ] n árbol m nuevo, arbolito m.

sapphire ['sæfaɪər] n zafiro m.

Saran wrap® [sə'ræn-] n US plástico m transparente (para envolver alimentos).

sarcastic [sɑː'kæstɪk] adj sarcástico(ca).

sardine [sɑː'diːn] n sardina f / to be packed in like sardines ir como sardinas en lata.

Sardinia [sɑː'dɪnjə] n Cerdeña.

sardonic [sɑː'dɒnɪk] adj sardónico(ca).

SARS ['særz] (abbr of severe acute respiratory syndrome) n SRAS m (síndrome respiratorio agudo severo).

SAS (abbr of Special Air Service) n unidad especial del ejército británico encargada de operaciones de sabotaje.

SASE n US abbr of self-addressed stamped envelope.

sash [sæʃ] n faja f.

sat [sæt] pt & pp —→ sit.

SAT [sæt] n **1.** (abbr of Standard Assessment Test) examen de aptitud que se realiza a los siete, once y catorce años en Inglaterra y Gales **2.** (abbr of Scholastic Aptitude Test) examen de ingreso a la universidad en Estados Unidos.

Satan ['seɪtn] n Satanás m.

satchel ['sætʃəl] n cartera f.

satellite ['sætəlaɪt] n lit & fig satélite m.

satellite TV n televisión f por satélite.

satin ['sætɪn] ⇨ n satén m, raso m. ⇨ comp de satén, de raso.

satire ['sætaɪər] n sátira f.

satirical [sə'tɪrɪkl] adj satírico(ca).

satisfaction [,sætɪs'fækʃn] n satisfacción f ▶ **to do sth to sb's satisfaction** hacer algo a la satisfacción or al gusto de alguien.

satisfactory [,sætɪs'fæktərɪ] adj satisfactorio(ria).

satisfied ['sætɪsfaɪd] adj satisfecho(cha) / **you're never satisfied!** ¡nunca te conformas con nada! / **a satisfied smile** una sonrisa de satisfacción.

satisfy ['sætɪsfaɪ] vt **1.** [gen] satisfacer **2.** [convince] convencer **3.** [requirements] cumplir, satisfacer.

satisfying ['sætɪsfaɪɪŋ] adj **1.** [pleasant] satisfactorio(ria) **2.** [filling] sustancioso(sa) / **a satisfying meal** una comida sustanciosa.

satnav ['sætnæv] n GPS m.

satsuma [,sæt'suːmə] n satsuma f.

saturate ['sætʃəreɪt] vt **1.** [drench] ▶ **to saturate sthg (with)** empapar algo (de) / **he was saturated with sweat** estaba empapado de sudor **2.** [fill completely] saturar.

Saturday ['sætədɪ] ⇨ n sábado m / **what day is it? — it's Saturday** ¿a qué estamos hoy? — estamos a sábado ▶ **on Saturday** el sábado ▶ **on Saturdays** los sábados ▶ **last Saturday** el sábado pasado ▶ **this Saturday** este sábado, el sábado que viene ▶ **next Saturday** el sábado de la semana que viene ▶ **every Saturday** todos los sábados ▶ **every other Saturday** un sábado sí y otro no ▶ **the Saturday before** el sábado anterior ▶ **the Saturday after next** no este sábado sino el siguiente ▶ **the Saturday before last** hace dos sábados. ⇨ comp del sábado ▶ **Saturday girl** dependienta f para los sábados.

Saturn ['sætən] n Saturno m.

sauce [sɔːs] n CULIN salsa f.

saucepan ['sɔːspən] n [with two handles] cacerola f; [with one long handle] cazo m.

saucer ['sɔːsər] n platillo m.

saucy ['sɔːsɪ] adj inf descarado(da), fresco(ca).

Saudi Arabia [,saʊdɪə'reɪbjə] n Arabia Saudí.

Saudi (Arabian) ['saʊdɪ-] ⇨ adj saudí, saudita. ⇨ n [person] saudí mf, saudita mf.

sauna ['sɔːnə] n sauna f.

saunter ['sɔːntər] vi pasearse (tranquilamente) / **he sauntered into the room** entró desenfadadamente en la habitación.

sausage ['sɒsɪdʒ] n salchicha f.

sausage roll n UK salchicha envuelta en masa como de empanadilla.

sauté [UK 'səʊteɪ, US səʊ'teɪ] vt (pt & pp **sautéed** or **sautéd**) saltear.

savage ['sævɪdʒ] ⇨ adj [cruel, fierce] feroz, salvaje. ⇨ n pej salvaje mf. ⇨ vt **1.** [subj: animal] embestir, atacar **2.** [subj: person] atacar con ferocidad.

save [seɪv] ⇨ vt **1.** [rescue] salvar, rescatar ▶ **to save sb from sthg** salvar a alguien de algo **2.** [prevent waste of - time, money, energy] ahorrar **3.** [set aside - money] ahorrar ; [- food, strength] guardar / **why don't you save some of your sweets for later?** ¿por qué no te guardas algunos caramelos para más tarde? / **will you save me some soup?** ¿me guardarás algo de sopa? / **save your strength for later** ahorra fuerzas para más tarde **4.** [avoid] evitar / **it saves having to go to the bank** ahorra tener que ir al banco ▶ **to save sb from doing sthg** evitar a alguien (el) hacer algo **5.** SPORT parar **6.** COMPUT guardar / **to save face** salvar las apariencias. ⇨ vi ahorrar. ⇨ n SPORT parada f. ⇨ prep fml ▶ **save (for)** excepto. ⬩ **save up** vi ahorrar.

saving grace ['seɪvɪŋ-] n lo único positivo.

savings ['seɪvɪŋz] pl n ahorros mpl.

savings account n cuenta f de ahorros.

savings bank n ≃ caja f de ahorros.

saviour UK, **savior** US ['seɪvjər] n salvador m, -ra f.

savour UK, **savor** US ['seɪvər] vt lit & fig saborear.

savoury UK, **savory** US ['seɪvərɪ] ⇨ adj **1.** [not sweet] salado(da) **2.** US [tasty] sabroso(sa) **3.** [respectable, pleasant] agradable / **not a very savoury character** un personaje no muy honesto. ⇨ n comida f de aperitivo.

saw [sɔː] ⇨ pt —→ see. ⇨ n sierra f. ⇨ vt (UK pt -ed, pp sawn, US pt & pp -ed) serrar.

sawdust ['sɔːdʌst] n serrín m.

sawed-off shotgun US = sawn-off shotgun.

sawmill ['sɔ:mɪl] n aserradero m.

sawn [sɔ:n] pp UK ⟶ saw.

sawn-off shotgun UK, **sawed-off shotgun** US [sɔ:d-] n arma f de cañones recortados.

saxophone ['sæksəfəʊn] n saxofón m.

say [seɪ] ❖ vt (pt & pp said) **1.** [gen] decir / she said that ... dijo que ... / you should have said so! ¡haberlo dicho! ▶ **to say sthg again** repetir algo / you can say that again! ¡ya lo creo! ▶ **to say yes** decir que sí ▶ **he's said to be good** se dice que es bueno ▶ **let's say you were to win** pongamos que ganaras / shall we say 9.30? ¿qué tal a las 9.30? ▶ **that goes without saying** ni que decir tiene / to say the least por no decir otra cosa ▶ **I'll say this for him/her...** hay que decir OR admitir que él/ella ... ▶ **it has a lot to be said for it** tiene muy buenos puntos en su favor **2.** [indicate - clock, meter] marcar. ❖ n ▶ **to have a/no say in sthg** tener/no tener voz y voto en algo ▶ **let me have my say** déjame decir lo que pienso. ◆ **that is to say** adv es decir.

saying ['seɪɪŋ] n dicho m.

scab [skæb] n **1.** MED costra f **2.** pej [non-striker] esquirol m.

scaffold ['skæfəʊld] n **1.** [around building] andamio m **2.** [for execution] cadalso m.

scaffolding ['skæfəldɪŋ] n (U) andamios mpl, andamiaje m.

scald [skɔ:ld] vt escaldar.

scale [skeɪl] ❖ n **1.** [of map] escala f ▶ **to scale** a escala / not drawn to scale no hecho(cha) a escala **2.** [size, extent] tamaño m, escala f / on a large scale a gran escala **3.** [on measuring equipment] escala f **4.** [music] escala f **5.** [of fish, snake] escama f. ❖ vt **1.** [climb] escalar **2.** [remove scales from] escamar. ◆ **scales** pl n **1.** [for weighing food] balanza f **2.** [for weighing person] báscula f / bathroom scales báscula de baño. ◆ **scale down** vt insep reducir.

scale model n maqueta f.

scallop ['skɒləp] ❖ n ZOOL vieira f. ❖ vt [decorate edge of] festonear.

scalp [skælp] ❖ n cuero m cabelludo. ❖ vt cortar la cabellera a.

scalpel ['skælpəl] n bisturí m.

scaly ['skeɪlɪ] adj [skin] escamoso(sa).

scamper ['skæmpər] vi corretear.

scampi ['skæmpɪ] n (U) ▶ **(breaded) scampi** gambas fpl a la gabardina.

scan [skæn] ❖ n exploración f ultrasónica. ❖ vt **1.** [examine carefully] examinar **2.** [glance at] dar un vistazo a **3.** ELECTRON & TV registrar.

scandal ['skændl] n **1.** [scandalous event, outrage] escándalo m **2.** [scandalous talk] habladurías fpl.

scandalize, scandalise ['skændəlaɪz] vt escandalizar.

scandalous ['skændələs] adj escandaloso(sa).

Scandinavia [,skændɪ'neɪvjə] n Escandinavia.

Scandinavian [,skændɪ'neɪvjən] ❖ adj escandinavo(va). ❖ n [person] escandinavo m, -va f.

scanner ['skænər] n COMPUT & MED escáner m.

scant [skænt] adj escaso(sa).

scanty ['skæntɪ] adj [amount, resources] escaso(sa); [dress] ligero(ra); [meal] insuficiente.

scapegoat ['skeɪpgəʊt] n cabeza f de turco.

scar [skɑ:r] n **1.** [physical] cicatriz f **2.** fig [mental] señal f.

scarce ['skeəs] adj escaso(sa).

scarcely ['skeəslɪ] adv apenas ▶ **scarcely anyone/ever** casi nadie/nunca.

scare [skeər] ❖ n **1.** [sudden fear] susto m, sobresalto m **2.** [public fear] temor m **3.** [panic] : there was a bomb scare hubo una amenaza de bomba. ❖ vt asustar, sobresaltar. ◆ **scare away, scare off** vt sep ahuyentar.

scarecrow ['skeəkrəʊ] n espantapájaros m inv.

scared ['skeəd] adj **1.** [frightened] asustado(da) / don't be scared no te asustes ▶ **to be scared stiff** OR **to death** estar muerto de miedo **2.** [worried] ▶ **to be scared that** tener miedo que.

scare story n historia f alarmista.

scarf [skɑ:f] ❖ n (pl -s or scarves) [for neck] bufanda f; [for head] pañuelo m de cabeza. ❖ vt US [eat] : scarf (down) zamparse.

scarlet ['skɑ:lət] adj color escarlata.

scarlet fever n escarlatina f.

scarves [skɑ:vz] pl n ⟶ scarf.

scary ['skeərɪ] (compar -ier, superl -iest), **scarey** adj inf espeluznante.

scathing ['skeɪðɪŋ] adj mordaz ▶ **to be scathing about sthg/sb** criticar duramente algo/a alguien.

scatter ['skætər] ❖ vt esparcir, desparramar. ❖ vi dispersarse.

scatterbrain ['skætəbreɪn] n cabeza f de chorlito, despistado m, -da f.

scatterbrained ['skætəbreɪnd] adj inf atolondrado(da).

scavenger ['skævɪndʒər] n **1.** [animal] carroñero m, -ra f **2.** [person] persona f que rebusca en las basuras.

scenario [sɪ'nɑ:rɪəʊ] (pl -s) n **1.** [possible situation] situación f hipotética **2.** [of film, play] resumen m del argumento.

scene [si:n] n **1.** [gen, theatre] escena f ▶ **behind the scenes** entre bastidores **2.** [painting of place] panorama m, paisaje m **3.** [location] sitio m / the scene of the crime la escena del crimen **4.** [show of emotion] jaleo *m*, escándalo *m* ▸ **to set the scene a)** [for person] describir la escena **b)** [for event] crear el ambiente propicio.

scenery ['si:nərı] n *(U)* **1.** [of countryside] paisaje *m* **2.** THEAT decorado *m*.

scenic ['si:nık] adj [view] pintoresco(ca) ; [tour] turístico(ca).

scent [sent] n **1.** [smell - of flowers] fragancia *f*; [- of animal] rastro *m* **2.** *fig* [track] pista *f* ▸ **to lose the scent** perder la pista ▸ **to throw sb off the scent** burlar a alguien **3.** [perfume] perfume *m*.

scepter US = sceptre.

sceptic UK, **skeptic** US ['skeptık] n escéptico *m*, -ca *f*.

sceptical UK, **skeptical** US ['skeptıkl] adj escéptico(ca) ▸ **to be sceptical about** tener muchas dudas acerca de.

sceptre UK, **scepter** US ['septər] n cetro *m*.

schedule UK ['ʃedju:l, US 'skedʒʊl] ◆ n **1.** [plan] programa *m*, plan *m* ▸ **on schedule** sin retraso ▸ **ahead of schedule** con adelanto ▸ **behind schedule** con retraso **2.** [of prices, contents] lista *f*; [of times] horario *m*. ◆ vt ▸ **to schedule sthg (for)** fijar algo (para).

scheduled UK ['ʃedju:ld, US 'skedʒʊəld] adj previsto(ta), fijo(ja).

scheduled flight UK ['ʃedju:ld-, US 'skedʒʊld-] n vuelo *m* regular.

scheme [ski:m] ◆ n **1.** [plan] plano *m*, proyecto *m* ▸ **pension scheme** plan *m* de pensiones **2.** *pej* [dishonest plan] intriga *f* **3.** [arrangement, decoration - of room] disposición *f* ▸ **colour scheme** combinación *f* de colores. ◆ vi *pej* ▸ **to scheme (to do sthg)** intrigar (para hacer algo).

scheming ['ski:mıŋ] adj intrigante.

schism ['sızm, 'skızm] n cisma *f*.

schizophrenic [,skıtsə'frenık] adj esquizofrénico(ca).

schmuck [ʃmʌk] n US *inf* tonto *m*, -ta *f*.

scholar ['skɒlər] n **1.** [expert] erudito *m*, -ta *f* **2.** *dated* [student] alumno *m*, -na *f*.

scholarly ['skɒləlı] adj erudito(ta).

scholarship ['skɒləʃıp] n **1.** [grant] beca *f* **2.** [learning] erudición *f*.

school [sku:l] n **1.** [for children] colegio *m*, escuela *f* ▸ **to go to school** ir al colegio, ir a la escuela ▸ **the children are at school** los niños están en el colegio ▸ **art school** escuela *f* de arte ▸ **driving school** autoescuela *f* ▸ **law / medical school** facultad *f* de derecho/medicina **2.** US [university] universidad *f*.

school age n edad *f* escolar.

schoolbook ['sku:lbʊk] n libro *m* de texto.

schoolboy ['sku:lbɔı] n colegial *m*.

schoolchild ['sku:ltʃaıld] (*pl* **-children**) n colegial *m*, -la *f*.

schooldays ['sku:ldeız] pl n años *mpl* de colegio.

schoolgirl ['sku:lgɜ:l] n colegiala *f*.

schooling ['sku:lıŋ] n educación *f* escolar.

school-leaver [-,li:vər] n UK *joven que ha terminado la enseñanza*.

schoolmaster ['sku:l,mɑ:stər] n *dated* [at primary school] maestro *m*; [at secondary school] profesor *m*.

schoolmistress ['sku:l,mıstrıs] n *dated* [at primary school] maestra *f*; [at secondary school] profesora *f*.

school of thought n corriente *f* de opinión.

schoolteacher ['sku:l,ti:tʃər] n [primary] maestro *m*, -tra *f*; [secondary] profesor *m*, -ra *f*.

school year n año *m* escolar.

schooner ['sku:nər] n **1.** [ship] goleta *f* **2.** UK [sherry glass] copa *f* larga (para jerez).

schtum [ʃtʊm] adj UK *inf* ▸ **to keep schtum** no decir ni pío.

sciatica [saı'ætıkə] n ciática *f*.

science ['saıəns] n ciencia *f* ▸ **his best subject is science** su mejor asignatura son las ciencias.

science fiction n ciencia *f* ficción.

scientific [,saıən'tıfık] adj científico(ca).

scientist ['saıəntıst] n científico *m*, -ca *f*.

sci-fi ['saı'faı] (*abbr of* **science fiction**) n *inf* ciencia *f* ficción.

scintillating ['sıntıleıtıŋ] adj brillante, chispeante.

scissors ['sızəz] pl n tijeras *fpl* ▸ **a pair of scissors** unas tijeras.

sclerosis = multiple sclerosis.

scoff [skɒf] ◆ vt UK *inf* zamparse, tragarse. ◆ vi ▸ **to scoff (at sb / sthg)** mofarse OR burlarse (de alguien / de algo).

scold [skəʊld] vt regañar, reñir.

scone [skɒn] n *bollo tomado con té a la hora de la merienda*.

scoop [sku:p] ◆ n **1.** [utensil - for sugar] cucharita *f* plana; [- for ice cream] pinzas *fpl* (de helado); [- for flour] paleta *f* **2.** PRESS exclusiva *f* ▸ **to make a scoop** conseguir una exclusiva. ◆ vt **1.** [with hands] recoger **2.** [with utensil] recoger con cucharilla. ◆ **scoop out** vt sep sacar con cuchara.

scooter ['sku:tər] n **1.** [toy] patinete *m* **2.** [motorcycle] Vespa® *f*, motoneta *f* Am.

scope [skəʊp] n *(U)* **1.** [opportunity] posibilidades *fpl* ▸ **there is scope for improvement** se puede mejorar **2.** [range] alcance *m*.

scorch [skɔ:tʃ] vt [dress, fabric, grass] chamuscar; [face, skin] quemar.

scorching ['skɔ:tʃıŋ] adj *inf* abrasador(ra).

score [skɔ:r] ◆ n **1.** [in test] calificación *f*, nota *f*; [in competition, game] puntuación *f* ▸ **are you keeping (the) score?** ¿llevas el tanteo? **2.** SPORT resultado *m* ▸ **what's the score?** ¿cómo van?

/ *the final score was 2 all* el resultado final fue empate a dos **3.** dated [twenty] veintena f **4.** MUS partitura f **5.** [subject] ▶ **on that score** a ese respecto, por lo que se refiere a eso / *to have a score to settle with sb* tener una cuenta que saldar con alguien / *to know the score* conocer el percal. ❖ vt **1.** SPORT marcar **2.** [achieve - success, victory] obtener **3.** [cut] grabar. ❖ vi **1.** SPORT marcar **2.** [in test etc] obtener una puntuación / *you scored well in part one* obtuviste una buena puntuación en la primera parte. ◆ **score out** vt sep **UK** tachar.

scoreboard ['skɔ:bɔ:d] n marcador m.

scorer ['skɔ:rəʳ] n **1.** [official] tanteador m, -ra f **2.** [player - in football] goleador m, -ra f ; [- in other sports] marcador m, -ra f.

scorn [skɔ:n] ❖ n menosprecio m, desdén m ▶ **to pour scorn on sthg/sb** despreciar algo/a alguien. ❖ vt menospreciar, desdeñar.

scornful ['skɔ:nfʊl] adj despectivo(va).

Scorpio ['skɔ:pɪəʊ] (pl -s) n Escorpión m.

scorpion ['skɔ:pjən] n alacrán m.

Scot [skɒt] n escocés m, -esa f.

scotch [skɒtʃ] vt [rumour] desmentir ; [idea] desechar.

Scotch [skɒtʃ] n whisky m escocés.

Scotch tape® n **US** cinta f Scotch® **AM**.

scot-free adj inf ▶ **to get off scot-free** salir impune.

Scotland ['skɒtlənd] n Escocia.

Scots [skɒts] ❖ adj escocés(esa). ❖ n [dialect] escocés m.

Scotsman ['skɒtsmən] (pl -men) n escocés m.

Scotswoman ['skɒtswʊmən] (pl -women) n escocesa f.

Scottish ['skɒtɪʃ] adj escocés(esa).

Scottish National Party n ▶ **the Scottish National Party** el Partido Nacionalista Escocés.

scoundrel ['skaʊndrəl] n dated sinvergüenza m, canalla m.

scour [skaʊəʳ] vt **1.** [clean] fregar, restregar **2.** [search] registrar, batir / *they scoured the countryside looking for the little girl* peinaron el campo en busca de la niña.

scourge [skɜ:dʒ] n [cause of suffering] azote m.

scout [skaʊt] n MIL explorador m. ◆ **Scout** n [boy scout] explorador m. ◆ **scout around** vi ▶ **to scout around (for)** explorar el terreno (en busca de).

scowl [skaʊl] vi fruncir el ceño.

Scrabble® ['skræbl] n Scrabble® m.

scrabble ['skræbl] vi **1.** [scramble, scrape] escarbar ▶ **to scrabble up/down** subir/bajar escarbando **2.** [feel around] ▶ **to scrabble around for sthg** hurgar en busca de algo.

scraggy ['skrægɪ] adj inf flaco(ca).

scram [skræm] (pt & pp -med, cont -ming) vi inf largarse / *scram!* ¡lárgate!

scramble ['skræmbl] ❖ n [rush] pelea f / *he got hurt in the scramble for the door* resultó herido en la desbandada que hubo hacia la puerta. ❖ vi **1.** [climb] trepar **2.** [move clumsily] ▶ **to scramble to one's feet** levantarse rápidamente y tambaleándose.

scrambled eggs ['skræmbld-] pl n huevos mpl revueltos.

scrap [skræp] ❖ n **1.** [small piece] trozo m, pedazo m **2.** (U) [metal] chatarra f / *he sold it for scrap* lo vendió para chatarra **3.** inf [fight, quarrel] pelotera f / *to have a scrap* pelearse. ❖ vt desechar, descartar. ◆ **scraps** pl n [food] sobras fpl.

scrapbook ['skræpbʊk] n álbum m de recortes.

scrap dealer n chatarrero m, -ra f.

scrape [skreɪp] ❖ n **1.** [noise] chirrido m **2.** dated [difficult situation] apuro m. ❖ vt **1.** [remove] ▶ **to scrape sthg off sthg** raspar algo de algo **2.** [vegetables] raspar **3.** [car, bumper, glass] rayar ; [knee, elbow, skin] rasguñar. ❖ vi [rub] ▶ **to scrape against/on sthg** rozar contra/en algo. ◆ **scrape through** vt insep [exam] aprobar por los pelos. ◆ **scrape together**, **scrape up** vt sep juntar (a duras penas).

scraper ['skreɪpəʳ] n raspador m.

scrap merchant n **UK** chatarrero m, -ra f.

scrap paper **UK**, **scratch paper** **US** n (U) papel m usado.

scrapyard ['skræpjɑ:d] n [gen] depósito m de chatarra ; [for cars] cementerio m de coches.

scratch [skrætʃ] ❖ n **1.** [wound] arañazo m, rasguño m **2.** [mark] raya f, surco m ▶ **to do sthg from scratch** hacer algo partiendo desde el principio ▶ **to be up to scratch** estar a la altura requerida. ❖ vt **1.** [wound] arañar, rasguñar **2.** [mark] rayar **3.** [rub - head, leg] rascar / *he scratched his head* se rascó la cabeza. ❖ vi [rub] rascarse.

scratch card n tarjeta con una zona que hay que rascar para ver si contiene premio.

scratch paper **US** = **scrap paper**.

scrawl [skrɔ:l] ❖ n garabatos mpl. ❖ vt garabatear.

scrawny ['skrɔ:nɪ] adj flaco(ca).

scream [skri:m] ❖ n **1.** [cry, shout] grito m, chillido m **2.** [noise] chirrido m. ❖ vt vociferar. ❖ vi [person] chillar / *to scream at sb* gritar a alguien.

scree [skri:] n montón de piedras desprendidas de la ladera de una montaña.

screech [skri:tʃ] ❖ n **1.** [of person] chillido m ; [of bird] chirrido m **2.** [of car, tyres] chirrido m, rechinar m. ❖ vt gritar. ❖ vi **1.** [person, bird] chillar **2.** [car, tyres] chirriar, rechinar.

screen [skri:n] ❖ n **1.** TV, CIN & COMPUT pantalla f **2.** [panel] biombo m. ❖ vt **1.** [show in cinema] proyectar **2.** [broadcast on TV] emitir **3.** [candidate, patient] examinar ▸ **to screen sb for sthg** hacer un chequeo a alguien para algo.

screenager ['skri:neɪdʒəʳ] n joven mf, adicto-ta f al ordenador.

screen break n COMPUT salto m de pantalla.

screening ['skri:nɪŋ] n **1.** [of film] proyección f **2.** [of TV programme] emisión f **3.** [for security] examen m **4.** MED [examination] chequeo m.

screenplay ['skri:npleɪ] n guión m.

screenshot ['skri:nʃɒt] n pantallazo m, captura f de pantalla.

screw [skru:] ❖ n [for fastening] tornillo m. ❖ vt **1.** [fix] ▸ **to screw sthg to** atornillar algo a **2.** [twist] enroscar / **to screw a lid on** poner la tapa de rosca **3.** vulg [woman] follar, coger **Am** / **screw you!** ¡que te den por culo! ❖ vi : the lid screws on/off la tapa se abre/cierra enroscándola. ◆ **screw up** vt sep **1.** [sheet of paper etc] arrugar **2.** [eyes] entornar; [face] arrugar **3.** v inf [ruin] jorobar.

screwdriver ['skru:,draɪvəʳ] n destornillador m.

scribble ['skrɪbl] ❖ n garabato m. ❖ vt & vi garabatear.

script [skrɪpt] n **1.** [of play, film etc] guión m **2.** [system of writing] escritura f **3.** [handwriting] letra f.

Scriptures ['skrɪptʃəz] pl n ▸ **the Scriptures** las Sagradas Escrituras.

scriptwriter ['skrɪpt,raɪtəʳ] n guionista mf.

scroll [skrəʊl] ❖ n rollo m de pergamino/papel. ❖ vt COMPUT desplazar.

scrounge [skraʊndʒ] inf vt gorronear.

scrounger ['skraʊndʒəʳ] n inf gorrón m, -ona f.

scrub [skrʌb] ❖ n **1.** [rub] restregón m / **give it a good scrub** dale un buen fregado **2.** [undergrowth] maleza f. ❖ vt restregar.

scruff [skrʌf] n ▸ **by the scruff of the neck** por el pescuezo.

scruffy ['skrʌfɪ] adj [person] dejado(da); [clothes] andrajoso(sa); [room] desordenado(da).

scrum(mage) ['skrʌm(ɪdʒ)] n RUGBY melé f.

scrunchie ['skrʌntʃɪ], **scrunchy** n coletero m.

scruples ['skru:plz] pl n escrúpulos mpl.

scrupulous ['skru:pjʊləs] adj escrupuloso(sa).

scrutinize, scrutinise ['skru:tɪnaɪz] vt escudriñar.

scrutiny ['skru:tɪnɪ] n (U) escrutinio m, examen m / **to be open to public scrutiny** estar expuesto(ta) al examen del público / **to come under the scrutiny of** ser cuidadosamente examinado(da) por.

scuba diving ['sku:bə-] n buceo m con botellas de oxígeno.

scuff [skʌf] vt [damage - shoes] pelar; [- furniture, floor] rayar.

scuffle ['skʌfl] n refriega f, reyerta f / **there were scuffles between the police and demonstrators** hubo enfrentamientos entre la policía y los manifestantes.

scullery ['skʌlərɪ] n trascocina f.

sculptor ['skʌlptəʳ] n escultor m, -ra f.

sculpture ['skʌlptʃəʳ] n escultura f.

scum [skʌm] n (U) **1.** [froth] espuma f **2.** v inf & pej [worthless people] escoria f / **to be the scum of the earth** ser la escoria de la sociedad.

scupper ['skʌpəʳ] vt fig NAUT hundir.

scurrilous ['skʌrələs] adj fml injurioso(sa), difamatorio(ria).

scurry ['skʌrɪ] vi ▸ **to scurry off** OR **away** escabullirse.

scuttle ['skʌtl] ❖ n cubo m del carbón. ❖ vi [rush] ▸ **to scuttle off** OR **away** escabullirse.

scythe [saɪð] n guadaña f.

SDLP (abbr of Social Democratic and Labour Party) n partido político norirlandés que defiende la integración pacífica en la república de Irlanda.

sea [si:] n **1.** [not land] mar m o f ▸ **at sea** en el mar ▸ **by sea** en barco ▸ **by the sea** a orillas del mar ▸ **out to sea** a) [away from shore] mar adentro b) [across the water] hacia el mar **2.** [not ocean] mar m ▸ **to be all at sea** estar totalmente perdido(da).

sea bass n lubina f.

seabed ['si:bed] n ▸ **the seabed** el lecho marino.

seaboard ['si:bɔ:d] n fml litoral m.

sea breeze n brisa f marina.

seafood ['si:fu:d] n (U) mariscos mpl.

seafront ['si:frʌnt] n paseo m marítimo.

seagull ['si:gʌl] n gaviota f.

seal [si:l] ❖ n (pl inv or -s) **1.** [animal] foca f **2.** [official mark] sello m / **she has given it her seal of approval** le ha dado el visto bueno ▸ **to put** OR **set the seal on sthg** sellar algo **3.** [on bottle, meter] precinto m; [on letter] sello m. ❖ vt **1.** [envelope] sellar, cerrar **2.** [opening, tube, crack] tapar, cerrar. ◆ **seal off** vt sep [entrance, exit] cerrar; [area] acordonar.

sealable ['si:lɪbl] adj precintable.

sea level n nivel m del mar.

sea lion (pl inv or -s) n león m marítimo.

seam [si:m] n **1.** SEW costura f **2.** [of coal] veta f.

seaman ['si:mən] (pl -men) n marinero m.

seamless ['si:mlɪs] adj SEW sin costura.

seamy ['si:mɪ] adj sórdido(da).

séance ['seɪɒns] n sesión f de espiritismo.

seaplane ['si:pleɪn] n hidroavión m.

seaport ['si:pɔ:t] n puerto m de mar.

search [sɜ:tʃ] ❖ n [gen] búsqueda f ▶ **search result** resultado m de búsqueda ; [of room, drawer] registro m ; [of person] cacheo m ▶ **search for sthg** búsqueda de algo ▶ **in search of** en busca de. ❖ vt [gen] registrar ; [one's mind] escudriñar ▶ **to search sthg for sthg** buscar algo en algo. ❖ vi ▶ **to search (for sthg / sb)** buscar (algo / a alguien) / *he was searched at the airport* lo registraron en el aeropuerto.

search engine n COMPUT motor m de búsqueda.

searching ['sɜ:tʃɪŋ] adj [question] agudo(da) ; [look] penetrante.

searchlight ['sɜ:tʃlaɪt] n reflector m.

search party n equipo m de búsqueda.

search warrant n mandamiento m de registro.

seashell ['si:ʃel] n concha f (marina).

seashore ['si:ʃɔːr] n ▶ **the seashore** la orilla del mar.

seasick ['si:sɪk] adj mareado(da) / *to be / feel seasick* estar / sentirse mareado(da).

seaside ['si:saɪd] n ▶ **the seaside** la playa.

seaside resort n lugar m de veraneo (en la playa).

season ['si:zn] ❖ n **1.** [of year] estación f / *the four seasons* las cuatro estaciones **2.** [particular period] época f / *the planting season* la época de plantar / *the football season* la temporada futbolística / *the holiday season* la temporada de vacaciones / *to book a holiday out of season* reservar unas vacaciones fuera de temporada **3.** [of fruit etc] ▶ **out of / in season** fuera de / en sazón / *plums are in season* las ciruelas están en temporada **4.** [of talks, films] temporada f **5.** ZOOL : *to be in season* estar en celo. ❖ vt sazonar / *season to taste* sazonar a gusto / *season with salt and pepper* salpimentar.

seasonal ['si:zənl] adj [work] temporal ; [change] estacional.

seasoned ['si:znd] adj [experienced] veterano(na) / *to be a seasoned traveller* ser un viajero experimentado.

seasoning ['si:znɪŋ] n condimento m.

season ticket n abono m.

seat [si:t] ❖ n **1.** [in room, on train] asiento m / *is this seat taken?* ¿está ocupado este asiento? / *take a seat, please* siéntese, por favor / *there only are a few seats left* sólo quedan unos pocos asientos **2.** [of trousers, skirt] trasero m **3.** POL [in parliament] escaño m **4.** [centre] sede f / *the seat of government* la sede del gobierno. ❖ vt **1.** [sit down] sentar ▶ **be seated!** ¡siéntese! **2.** [subj: building, vehicle] tener cabida para.

seat belt n cinturón m de seguridad.

seating ['si:tɪŋ] n (U) [capacity] asientos mpl.

seawater ['si:,wɔːtər] n agua f de mar.

seaweed ['si:wi:d] n (U) alga f marina.

seaworthy ['si:,wɜ:ðɪ] adj en condiciones de navegar.

sec. (abbr of second) seg.

secede [sɪ'si:d] vi fml ▶ **to secede (from sthg)** separarse (de algo).

secluded [sɪ'klu:dɪd] adj apartado(da).

seclusion [sɪ'klu:ʒn] n aislamiento m / *to live in seclusion* vivir aislado(da).

second ['sekənd] ❖ n **1.** [of time] segundo m / *can you wait a second?* ¿podrías esperar un momento? ; [second gear] segunda f **2.** UK UNIV ≃ licenciatura f con notable. ❖ num segundo(da) / *to ask for a second chance / opinion* pedir una segunda oportunidad / opinión / *Elizabeth the Second* Isabel II. ❖ vt secundar. *See also* **sixth.** ❖ **seconds** pl n **1.** COMM artículos mpl defectuosos **2.** [of food] ▶ **to have seconds** repetir (en una comida) / *are there any seconds?* ¿se puede repetir?

secondary ['sekəndrɪ] adj **1.** [SCH - school] secundario(ria) ; [- education] medio(dia) **2.** [less important] ▶ **to be secondary to** ser secundario(ria) a.

secondary school n escuela f de enseñanza media.

second-class ['sekənd-] ❖ adj **1.** [gen] de segunda clase / *to be a second-class citizen* ser un ciudadano de segunda (clase) / *second-class mail* servicio postal más barato y lento que el de primera clase **2.** UK UNIV : *second-class degree* nota global de licenciatura equivalente a un notable o un aprobado alto. ❖ adv : *to travel second-class* viajar en segunda / *to send a letter second-class* enviar una carta utilizando el correo de segunda clase.

second hand ['sekənd-] n [of clock] segundero m.

second-hand ['sekənd-] ❖ adj [goods, information] de segunda mano. ❖ adv [not new] de segunda mano.

secondly ['sekəndlɪ] adv en segundo lugar.

secondment [sɪ'kɒndmənt] n UK traslado m temporal.

second-rate ['sekənd-] adj pej de segunda categoría, mediocre.

second thought ['sekənd-] n ▶ **to have second thoughts about sthg** tener dudas acerca de algo ▶ **on second thoughts** UK, **on second thought** US pensándolo bien.

secrecy ['si:krəsɪ] n (U) secreto m / *to be shrouded in secrecy* estar rodeado de un gran secreto.

secret ['si:krɪt] ❖ adj secreto(ta). ❖ n secreto m ▶ **in secret** en secreto / *to keep a secret* guardar un secreto / *to tell sb a secret* contar a alguien un secreto / *to make no secret of sthg* no ocultar algo / *the secret of happiness* la clave de la felicidad.

secretarial [,sekrə'teəriəl] adj [course, training] de secretariado ; [staff] administrativo(va).

secretary [UK 'sekrətrı, US 'sekrə,terı] n **1.** [gen] secretario *m*, -ria *f* **2.** POL [minister] ministro *m*.

Secretary of State n **1.** UK ▸ Secretary of State (for) ministro *m* (de) **2.** US ministro *m* estadounidense de Asuntos Exteriores.

secretive ['si:krətıv] adj [person] reservado(da) ; [organization] secreto(ta).

secretly ['si:krıtlı] adv [hope, think] secretamente ; [tell] en secreto / *she was secretly pleased* aunque no lo expresara, estaba contenta.

sect [sekt] n secta *f*.

sectarian [sek'teəriən] adj sectario(ria).

section ['sekʃn] n sección *f*.

sector ['sektər] n sector *m*.

secular ['sekjυlər] adj [education, life] laico(ca), secular ; [music] profano(na).

secure [sı'kjυər] ⟐ adj [gen] seguro(ra). ⟐ vt **1.** [obtain] conseguir, obtener **2.** [make safe] proteger **3.** [fasten] cerrar bien.

security [sı'kjυərətı] n **1.** seguridad *f* ▸ security check(point) control *m* de seguridad ▸ security gate [at airport] control *m* de seguridad **2.** [for loan] garantía *f*. ◆ securities pl n FIN valores *mpl*.

security guard n guardia *m* jurado OR de seguridad.

sedan [sı'dæn] n US (coche *m*) utilitario *m*.

sedate [sı'deıt] ⟐ adj sosegado(da). ⟐ vt sedar.

sedation [sı'deıʃn] n (U) sedación *f* / *to be under sedation* estar sedado(da).

sedative ['sedətıv] n sedante *m*.

sediment ['sedımənt] n sedimento *m*.

seduce [sı'dju:s] vt ▸ to seduce sb (into doing sthg) seducir a alguien (a hacer algo).

seductive [sı'dʌktıv] adj seductor(ra).

see [si:] (*pt* saw, *pp* seen) ⟐ vt **1.** [gen] ver **2.** [visit - friend, doctor] ir a ver, visitar ▸ see you soon / later / tomorrow! ¡hasta pronto/luego/ mañana! ▸ see you! ¡hasta luego! ▸ see below / p 10 véase más abajo/pág. 10 **3.** [accompany] : *to see sb to the door* acompañar a alguien a la puerta **4.** [make sure] ▸ to see (to it) that ... encargarse de que ... ⟐ vi [gen] ver ; [understand] entender / *I can't see* no veo ▸ let's see if one can do sthg ver si uno puede hacer algo ▸ let's see, let me see vamos a ver, veamos ▸ you see ... verás, es que ... ▸ I see ya veo. ◆ seeing as, seeing that conj *inf* como ▸ see about vt insep [arrange] encargarse de. ◆ see off vt sep **1.** [say goodbye to] despedir **2.** UK [chase away] ahuyentar.

◆ see through vt insep [person] ver claramente las intenciones de / *I can see right through her* veo claramente sus intenciones. ◆ see to vt insep ocuparse de.

seed [si:d] n [of plant] semilla *f* / *to go to seed* fig venirse abajo. ◆ seeds pl n fig [of doubt] semilla *f*; [of idea] germen *m*.

seedling ['si:dlıŋ] n plantón *m*.

seedy ['si:dı] adj [room, area] sórdido(da) ; [person] desaliñado(da).

seek [si:k] (*pt & pp* sought) *fml* vt **1.** [look for, try to obtain] buscar **2.** [ask for] solicitar.

seem [si:m] ⟐ vi parecer / *it seems (to be) good* parece (que es) bueno / *I can't seem to do it* no puedo hacerlo (por mucho que lo intente). ⟐ impers vb ▸ it seems (that) parece que / *it seems to me that* me parece que.

seemingly ['si:mıŋlı] adv aparentemente.

seen [si:n] pp ⟶ see.

seep [si:p] vi rezumar, filtrarse.

seesaw ['si:sɔ:] n balancín *m*.

seethe [si:ð] vi **1.** [person] rabiar **2.** [place] ▸ to be seething with estar a rebosar de.

see-through adj transparente.

segment ['segmənt] n **1.** [proportion, section] segmento *m* **2.** [of fruit] gajo *m*.

segregate ['segrıgeıt] vt segregar.

segregation [,segrı'geıʃn] n segregación *f*.

Seine [seın] n : *the (River) Seine* el (río) Sena.

seize [si:z] vt **1.** [grab] agarrar, coger **2.** [capture - control, power, town] tomar, hacerse con **3.** [arrest] detener **4.** [take advantage of] aprovechar. ◆ seize (up)on vt insep valerse de. ◆ seize up vi agarrotarse.

seizure ['si:ʒər] n **1.** MED ataque *m* **2.** [taking, capturing] toma *f*.

seldom ['seldəm] adv raramente.

select [sı'lekt] ⟐ adj selecto(ta). ⟐ vt **1.** [gen] elegir, escoger **2.** [team & COMPUT] seleccionar.

selection [sı'lekʃn] n **1.** [gen] selección *f* **2.** [fact of being selected] elección *f* **3.** [in shop] surtido *m* / *we have a wide selection of ties* tenemos una amplia selección de corbatas.

selective [sı'lektıv] adj selectivo(va).

self [self] (*pl* selves) n uno mismo *m*, una misma *f* / *she's not her usual self* no estaba como de costumbre ▸ the self el yo.

self-addressed envelope [-ə'drest-] n *sobre con la dirección de uno mismo*.

self-addressed stamped envelope [-ə,drest-'stæmpt-] n US *sobre con sus señas y franqueo*.

self-assured adj seguro de sí mismo (segura de sí misma).

self-belief n confianza *f* en sí mismo/sí misma ▸ to have self-belief creer en sí mismo(ma).

self-catering adj sin pensión / *a self-catering holiday* / *chalet* unas vacaciones / un chalet sin servicio de comidas.

self-centred, **self-centered** US [-'sentəd] adj egocéntrico(ca).

self-checkout n caja f automática, caja f autoservicio.

self-confessed [-kən'fest] adj confeso(sa).

self-confidence n confianza f en sí mismo / sí misma.

self-confident adj [person] seguro de sí mismo (segura de sí misma); [attitude, remark] lleno(na) de seguridad.

self-conscious adj cohibido(da).

self-contained [-kən'teɪnd] adj independiente / *a self-contained flat* un apartamento independiente.

self-control n control m de sí mismo / misma.

self-defence, **self-defense** US [selfdɪ'fens] n defensa f propia ▶ **in self-defence** en defensa propia.

self-discipline n autodisciplina f.

self-employed [-ɪm'plɔɪd] adj autónomo(ma), que trabaja por cuenta propia.

self-esteem n amor m propio.

self-evident adj evidente, patente.

self-explanatory adj evidente.

self-government n autogobierno m.

selfie n selfi m.

self-important adj pej engreído(da).

self-indulgent adj pej : *a self-indulgent person* una persona autocomplaciente / *to be self-indulgent* ser autocomplaciente.

self-injury n automutilación f.

self-interest n (U) pej interés m propio.

selfish ['selfɪʃ] adj egoísta.

selfishness ['selfɪʃnɪs] n egoísmo m.

selfless ['selflɪs] adj desinteresado(da).

self-loathing n desprecio m de uno mismo / una misma.

self-made adj : *a self-made man* un hombre hecho a sí mismo.

self-obsessed adj egocéntrico(ca).

self-opinionated adj pej que siempre tiene que decir la suya.

self-pity n pej lástima f de uno mismo / una misma.

self-portrait n autorretrato m.

self-possessed [-pə'zest] adj dueño de sí mismo (dueña de sí misma).

self-raising flour UK [-,reɪzɪŋ-], **self-rising flour** US [-,raɪzɪŋ-] n harina f con levadura.

self-reliant adj independiente.

self-respect n amor m propio.

self-respecting [-rɪs'pektɪŋ] adj que se precie, digno(na) / *no self-respecting person would eat this rubbish* nadie con un mínimo de dignidad se comería esa basura.

self-restraint n dominio m de sí mismo / misma.

self-righteous adj pej santurrón(ona).

self-rising flour US = **self-raising flour**.

self-sacrifice n abnegación f.

self-satisfaction n autosatisfacción f.

self-satisfied adj pej [person] satisfecho de sí mismo (satisfecha de sí misma); [smile] lleno(na) de suficiencia.

self-service comp de autoservicio / *a self-service restaurant* un autoservicio.

self-sufficient adj ▶ **self-sufficient (in)** autosuficiente (en).

self-taught adj autodidacta.

sell [sel] ❖ vt (pt & pp sold) [gen] vender ▶ **to sell sthg to sb**, **to sell sb sthg** vender algo a alguien ▶ **to sell sthg for** vender algo por. ❖ vi (pt & pp sold) **1.** [subj: businessman, firm] vender **2.** [subj: merchandise] venderse / *this model sells well* este modelo se vende muy bien ▶ **to sell (for or at)** venderse (a). ◆ **sell off** vt sep liquidar. ◆ **sell out** ❖ vt sep [performance] ▶ **to have sold out** estar agotado(da). ❖ vi **1.** [shop] ▶ **to sell out (of sthg)** agotar las existencias (de algo) **2.** [be disloyal, unprincipled] venderse.

sell-by date n UK fecha f de caducidad / *to be past its sell-by date* haber caducado.

seller ['selər] n vendedor m, -ra f.

selling price n precio m de venta.

Sellotape® ['seləteɪp] n UK celo® m, cinta f Scotch® AM.

sell-out n [performance, match] lleno m.

selves [selvz] pl n ⟶ **self**.

semaphore ['seməfɔːr] n (U) semáforo m.

semblance ['sembləns] n fml apariencia f.

semen ['siːmen] n semen m.

semester [sɪ'mestər] n semestre m.

semi- ['semɪ] pref semi-.

semicircle ['semɪ,sɜːkl] n semicírculo m / *arranged in a semicircle* poner en semicírculo.

semicolon [,semɪ'kəʊlən] n punto m y coma.

semidetached [,semɪdɪ'tætʃt] ❖ adj adosado(da). ❖ n UK casa f adosada (a otra).

semifinal [,semɪ'faɪnl] n semifinal f.

seminar ['semɪnɑːr] n seminario m.

seminary ['semɪnərɪ] n RELIG seminario m.

semiskilled [,semɪ'skɪld] adj semicualificado(da).

semi-skimmed [-'skɪmd] adj semidesnatado(da).

semolina [,semə'liːnə] n sémola f.

Senate ['senɪt] n POL : *the (United States) Senate* el Senado (de los Estados Unidos).

senator ['senətər] n senador m, -ra f.

send [send] vt **1.** [gen] mandar ▶ **to send sb sthg**, **to send sthg to sb** mandar a alguien algo

/ send me a postcard! ¡mándame una postal!
/ send them my best wishes envíales saludos
2. [tell to go] enviar, mandar */ she sent her son
to the shop for a newspaper* envió a su hijo a
comprar un periódico en la tienda */ he was sent
to prison* fue encarcelado. **◆ send for** vt insep
[person] mandar llamar a. **◆ send in** vt sep
mandar, enviar. **◆ send off** vt sep **1.** [by post]
mandar (por correo) **2.** SPORT expulsar. **◆ send
off for** vt insep [goods, information] pedir, encargar. **◆ send up** vt sep **UK** *inf* [imitate] parodiar.
sender ['sendər] n remitente *mf*.
send-off n despedida *f*.
senile ['si:naɪl] adj senil.
senior ['si:njər] **◇** adj **1.** [highest-ranking]
superior, de rango superior **2.** SCH [pupil] mayor ;
[class, common room] de los mayores **◆ senior
year US** *último curso de la enseñanza secundaria y de la universidad en Estados Unidos.* **◇** n
1. [older person] : *I'm five years his senior* le
llevo cinco años **2.** SCH mayor *mf*.
senior citizen n ciudadano *m*, -na *f* de la tercera edad.
sensation [sen'seɪʃn] n sensación *f / to cause
a sensation* causar sensación.
sensational [sen'seɪʃənl] adj [gen] sensacional.
sensationalist [sen'seɪʃnəlɪst] adj *pej* sensacionalista.
sense [sens] **◇** n **1.** [faculty, meaning] sentido *m* ▶ **to make sense of sthg** entender algo
/ I can't make any sense of this no entiendo
esto **2.** [feeling - of guilt, terror] sentimiento *m* ;
[- of urgency] sensación *f* ; [- of honour, duty]
sentido *m* **3.** [natural ability] ▶ **business sense**
talento *m* para los negocios ▶ **sense of humour /
style** sentido *m* del humor/estilo **4.** [wisdom,
reason] juicio *m*, sentido *m* común ▶ **there's no** OR
little sense in arguing no tiene sentido discutir.
◇ vt sentir, percibir ▶ **to sense (that)** percibir OR
sentir que. **◆ in a sense** adv en cierto sentido.
senseless ['senslɪs] adj **1.** [stupid] sin sentido
2. [unconscious] inconsciente */ the blow knocked him senseless* el golpe lo dejó inconsciente.
sensibilities [,sensɪ'bɪlətɪz] pl n [delicate feel-
ings] sensibilidad *f / to offend sb's sensibilities*
herir la sensibilidad de alguien.
sensible ['sensəbl] adj [person, decision] sen-
sato(ta) ; [clothes] práctico(ca).
sensitive ['sensɪtɪv] adj **1.** [understanding]
▶ **sensitive (to)** comprensivo(va) (hacia) **2.** [easily
hurt, touchy] ▶ **sensitive (to /about)** susceptible (a/acerca de) **3.** [controversial] delicado(da)
4. [easily damaged, tender] sensible */ to have
sensitive skin* tener la piel sensible ▶ **sensitive to
heat /light** sensible al calor/la luz **5.** [responsive
- instrument] sensible.

sensitivity [,sensɪ'tɪvətɪ] n **1.** [understand-
ing] comprensión *f* **2.** [tenderness - of eyes, skin]
sensibilidad *f*.
sensual ['sensjʊəl] adj sensual.
sensuous ['sensjʊəs] adj sensual.
sent [sent] pt & pp ⟶ **send**.
sentence ['sentəns] **◇** n **1.** [group of words]
frase *f*, oración *f* **2.** LAW sentencia *f / a prison
sentence* una condena de cárcel. **◇** vt ▶ **to sentence sb (to)** condenar a alguien (a) */ he was
sentenced to death /3 years* lo condenaron a
muerte/tres años de cárcel.
sentiment ['sentɪmənt] n **1.** [feeling] sentimiento *m* **2.** [opinion] opinión *f*.
sentimental [,sentɪ'mentl] adj sentimental.
sentry ['sentrɪ] n centinela *m*.
separate **◇** adj ['seprət] **1.** [not joined, apart]
▶ **separate (from)** separado(da) (de) **2.** [indi-
vidual, distinct] distinto(ta). **◇** vt ['sepəreɪt]
1. [keep or move apart] ▶ **to separate sthg /sb
(from)** separar algo/a alguien (de) **2.** [distinguish]
▶ **to separate sthg /sb from** diferenciar algo/a
alguien de **3.** [divide] ▶ **to separate sthg /sb
into** dividir algo/a alguien en. **◇** vi ['sepəreɪt]
1. [gen] ▶ **to separate (from)** separarse (de)
2. [divide] ▶ **to separate (into)** dividirse (en).
◆ separates pl n **UK** piezas *fpl* (de vestir que
combinan).
separately ['seprətlɪ] adv **1.** [on one's own]
independientemente **2.** [one by one] por separado.
separation [,sepə'reɪʃn] n separación *f*.
September [sep'tembər] n septiembre *m*, setiembre *m / 1 September 1992* [in letters etc] 1 de
septiembre de 1992 ▶ **by /in September** para/
en septiembre ▶ **last /this /next September** en
septiembre del año pasado/de este año/del año
que viene ▶ **every September** todos los años en
septiembre ▶ **during September** en septiembre, durante el mes de septiembre ▶ **at the beginning /end of September** a principios/finales
de septiembre ▶ **in the middle of September** a
mediados de septiembre.
septic ['septɪk] adj séptico(ca).
septic tank n fosa *f* séptica.
sequel ['si:kwəl] n **1.** [book, film] ▶ **sequel (to)**
continuación *f* (de) **2.** [consequence] ▶ **sequel
(to)** secuela *f* (de).
sequence ['si:kwəns] n **1.** [series] sucesión *f*
2. [order, of film] secuencia *f*.
Serb = **Serbian**.
Serbia ['sɜ:bjə] n Serbia.
Serbian ['sɜ:bjən], **Serb** [sɜ:b] **◇** adj ser-
bio(bia). **◇** n **1.** [person] serbio *m*, -bia *f* **2.** [dia-
lect] serbio *m*.
serenade [,serə'neɪd] **◇** n serenata *f*. **◇** vt
dar una serenata a.

serene [sɪ'riːn] adj sereno(na).

sergeant ['sɑːdʒənt] n **1.** MIL sargento m **2.** [in police] ≃ subinspector m de policía.

sergeant major n sargento m mayor.

serial ['sɪərɪəl] n serial m.

serial cable n COMPUT cable m de serie.

serialize, serialise ['sɪərɪəlaɪz] vt publicar por entregas.

serial number n número m de serie.

series ['sɪəriːz] (pl inv) n serie f **/ a series of disasters** una serie de catástrofes **/ a TV series** una serie televisiva.

serious ['sɪərɪəs] adj **1.** [gen] serio(ria) **▶ are you serious?** ¿hablas en serio? **2.** [very bad] grave.

seriously ['sɪərɪəslɪ] adv **1.** [honestly] en serio **2.** [very badly] gravemente **/ to be seriously ill** estar gravemente enfermo **3.** [in a considered, earnest, solemn manner] seriamente **▶ to take sthg/sb seriously** tomar algo/a alguien en serio.

seriousness ['sɪərɪəsnɪs] n **1.** [gravity] gravedad f **2.** [solemnity] seriedad f.

sermon ['sɜːmən] n pej RELIG sermón m.

serrated [sɪ'reɪtɪd] adj dentado(da).

servant ['sɜːvənt] n sirviente m, -ta f.

serve [sɜːv] ⬧ vt **1.** [work for] servir **2.** [have effect] **▶ to serve to do sthg** servir para hacer algo **3.** [fulfil] **▶ to serve a purpose** cumplir un propósito **4.** [provide for] abastecer **5.** [food, drink] **▶ to serve sthg to sb, to serve sb sthg** servir algo a alguien **/ dinner will be served at 8** la cena será servida a las 8 **6.** [customer] despachar, servir **/ are you being served?** ¿lo atienden? **7.** LAW **▶ to serve sb with sthg, to serve sthg on sb** entregar a alguien algo **8.** [prison sentence] cumplir ; [apprenticeship] hacer ; [term of office] ejercer **9.** SPORT servir, sacar **▶ that serves you right!** ¡bien merecido lo tienes! ⬧ vi **1.** [work, give food or drink] servir **2.** [function] **▶ to serve as** servir de **3.** [in shop, bar etc] despachar **4.** SPORT sacar. ⬧ n saque m. ◆ **serve out, serve up** vt sep servir.

server ['sɜːvər] n COMPUT servidor m.

service ['sɜːvɪs] ⬧ n **1.** [gen] servicio m **▶ in service** en funcionamiento **▶ out of service** fuera de servicio **/ bus/train service** servicio de autobús/tren **2.** [mechanical check] revisión f **3.** RELIG oficio m, servicio m **/ to hold a service** celebrar un oficio **4.** [set - of plates etc] servicio m, juego m **/ dinner service** servicio de mesa **5.** SPORT saque m **6.** [use] **▶ to be of service (to sb)** servir (a alguien) **/ to do sb a service** hacer un favor a alguien. ⬧ vt [car, machine] revisar. ◆ **services** pl n **1.** [on motorway] área f de servicios **2.** [armed forces] **▶ the services** las fuerzas armadas **3.** [efforts, work] servicios mpl,

serviceable ['sɜːvɪsəbl] adj útil, práctico(ca).

service area n área f de servicios.

service charge n servicio m.

serviceman ['sɜːvɪsmən] (pl -men) n militar m.

service provider n proveedor m de servicios.

service station n estación f de servicio.

serviette [,sɜːvɪ'et] n servilleta f.

servile ['sɜːvaɪl] adj servil.

serving ['sɜːvɪŋ] n porción f.

serving dish n fuente f.

serving spoon n cuchara f de servir.

sesame ['sesəmɪ] n sésamo m.

session ['seʃn] n **1.** [gen] sesión f **▶ in session** en sesión **2.** US [school term] trimestre m.

set [set] ⬧ adj **1.** [fixed - expression, amount] fijo(ja) ; [- pattern, method] establecido(da) **2.** UK SCH [text etc] asignado(da) **3.** [ready, prepared] **▶ set (for sthg/to do sthg)** listo(ta) (para algo/para hacer algo). ⬧ n **1.** [collection - gen] juego m ; [- of stamps] serie f **2.** [TV, radio] aparato m **3.** THEAT decorado m ; CIN plató m **4.** TENNIS set m **5.** [hairdressing] marcado m. ⬧ vt (pt & pp set) **1.** [position, place] poner, colocar **2.** [fix, insert] **▶ to set sthg in OR into** montar algo en **3.** [cause to be or start] **▶ to set free** poner en libertad **▶ to set fire to** prender fuego a **▶ to set sb thinking** hacer pensar a alguien **4.** [trap, table, essay] poner **5.** [alarm, meter] poner **6.** [time, wage] fijar **7.** [example] dar **/ to set a good example** dar ejemplo ; [precedent] sentar ; [trend] imponer, dictar **8.** [target] fijar **9.** MED [bones, leg] componer **10.** [book, play, film] situar, ambientar **/ the series is set in London** la serie está ambientada en Londres. ⬧ vi (pt & pp set) **1.** [sun] ponerse **2.** [jelly] cuajarse ; [glue, cement] secarse. ◆ **set about** vt insep [start - task] comenzar ; [- problem] atacar **▶ to set about doing sthg** ponerse a hacer algo. ◆ **set aside** vt sep **1.** [keep, save] reservar **2.** [dismiss - enmity, differences] dejar de lado. ◆ **set back** vt sep [delay] retrasar. ◆ **set down** vt sep **1.** [write down] poner por escrito **2.** [drop off] dejar. ◆ **set in** vi [depression] afianzarse ; [winter, infection] comenzar. ◆ **set off** ⬧ vt sep **1.** [initiate, cause] provocar **2.** [ignite - bomb] hacer estallar. ⬧ vi ponerse en camino. ◆ **set out** ⬧ vt sep **1.** [arrange] disponer **2.** [explain] exponer. ⬧ vi **1.** [on journey] ponerse en camino **2.** [intend] **▶ to set out to do sthg** proponerse a hacer algo. ◆ **set up** vt sep **1.** [business] poner, montar ; [committee, organization] crear ; [procedure] establecer ; [interview, meeting] organizar **▶ to set up house OR home** instalarse **2.** [statue, roadblock] levantar **3.** [prepare for use] preparar **4.** inf [frame] tender una trampa a.

setback ['setbæk] n revés m, contratiempo m.

set menu n menú m del día.

settee [se'tiː] n sofá m.

setting ['setɪŋ] n **1.** [surroundings] escenario m **2.** [of dial, control] posición f.

settle ['setl] ❖ vt **1.** [conclude, decide] resolver / *that settles it, she can move out!* ¡no se hable más, que se vaya! **2.** [pay] ajustar, saldar **3.** [calm - nerves] tranquilizar / *this should settle your stomach* esto te asentará el estómago. ❖ vi **1.** [stop travelling] instalarse **2.** [make o.s. comfortable] acomodarse **3.** [dust, sediment] depositarse / *the snow has settled* la nieve ha cuajado **4.** [calm down - person] calmarse. ◆ **settle down** vi **1.** [concentrate on] ▶ **to settle down (for sthg)** prepararse (para algo) **2.** [become respectable] sentar la cabeza **3.** [calm oneself] calmarse. ◆ **settle for** vt insep conformarse con. ◆ **settle in** vi [in new home] instalarse ; [in new job] adaptarse. ◆ **settle on** vt insep [choose] decidirse por. ◆ **settle up** vi ▶ **to settle up (with sb)** ajustar las cuentas (con alguien).

settlement ['setlmənt] n **1.** [agreement] acuerdo m **2.** [village] poblado m.

settler ['setlər] n colono m.

set-up n inf **1.** [system, organization] sistema m **2.** [frame, trap] trampa f.

seven ['sevn] num siete. *See also* **six**.

seventeen [,sevn'ti:n] num diecisiete. *See also* **six**.

seventeenth [,sevn'ti:nθ] num decimoséptimo(ma). *See also* **sixth**.

seventh ['sevnθ] num séptimo(ma). *See also* **sixth**.

seventy ['sevntɪ] num setenta. *See also* **sixty**.

sever ['sevər] vt **1.** [cut through] cortar **2.** [finish completely] romper.

several ['sevrəl] ❖ adj varios(rias). ❖ pron varios mpl, -rias f.

severance ['sevrəns] n fml ruptura f.

severance pay n despido m.

severe [sɪ'vɪər] adj [gen] severo(ra) ; [pain] fuerte, agudo(da).

severity [sɪ'verətɪ] n [gen] gravedad f ; [of shortage, problem] severidad f.

sew [səʊ] vt & vi (UK pp **sewn**, US pp **sewed** or **sewn**) coser. ◆ **sew up** vt sep [cloth] coser.

sewage ['su:ɪdʒ] n (U) aguas fpl residuales.

sewer ['suər] n alcantarilla f, cloaca f.

sewing ['səʊɪŋ] n (U) **1.** [activity] labor f de costura **2.** [items] costura f.

sewing machine n máquina f de coser.

sewn [səʊn] pp ⟶ **sew**.

sex [seks] n sexo m ▶ **to have sex** tener relaciones sexuales.

sexist ['seksɪst] ❖ adj sexista. ❖ n sexista mf.

sex offender n agresor m, -ra f sexual.

sexting ['sekstɪŋ] n US envío de SMS de carácter sexual.

sexual ['seksʊəl] adj sexual.

sexual harassment n acoso m sexual.

sexual intercourse n (U) relaciones fpl sexuales.

sexuality [,seksjʊ'ælətɪ] n sexualidad f.

sexy ['seksɪ] adj inf sexi (inv).

shabby ['ʃæbɪ] adj **1.** [clothes, briefcase] desastrado(da) ; [street] de aspecto abandonado **2.** [person] andrajoso(sa).

shack [ʃæk] n chabola f.

shackle ['ʃækl] vt [enchain] poner grilletes a. ◆ **shackles** pl n [metal rings] grilletes mpl.

shade [ʃeɪd] ❖ n **1.** (U) [shadow] sombra f / *in the shade* a la sombra **2.** [lampshade] pantalla f **3.** [of colour, meaning] matiz m **4.** US [blind] persiana f **5.** [little bit] : *a shade too big* un poquito grande. ❖ vt [from light] dar sombra a / *the car was shaded from the sun* el coche estaba protegido del sol. ◆ **shades** pl n inf [sunglasses] gafas fpl de sol.

shadow ['ʃædəʊ] ❖ n **1.** [dark shape, form] sombra f **2.** [darkness] oscuridad f ▶ **there's not a** OR **the shadow of a doubt** no hay la menor duda / *to be scared of your own shadow* tener miedo hasta de su propia sombra. ❖ vt [subj: detective] seguir.

shadow cabinet n gobierno m en la sombra (*directiva del principal partido de la oposición en Gran Bretaña*).

shadowy ['ʃædəʊɪ] adj **1.** [dark] sombrío(a) **2.** [hard to see] vago(ga).

shady ['ʃeɪdɪ] adj **1.** [sheltered from sun] sombreado(da) **2.** inf [dishonest - businessman] sospechoso(sa) ; [- deal] turbio(bia).

shaft [ʃɑ:ft] n **1.** [vertical passage] pozo m **2.** [of lift] hueco m **3.** [tech - rod] eje m **4.** [of light] rayo m **5.** [of spear] asta f.

shaggy ['ʃægɪ] adj [dog] peludo(da).

shake [ʃeɪk] ❖ vt (pt **shook**, pp **shaken** ['ʃeɪkən]) **1.** [move vigorously] sacudir ▶ **to shake sb's hand** dar OR estrechar la mano a alguien ▶ **to shake hands** darse OR estrecharse la mano ▶ **he shook hands with her** le dio la mano ▶ **to shake one's head a)** [in refusal] negar con la cabeza **b)** [in disbelief] mover la cabeza mostrando incredulidad / *he shook his fist at them* amenazar a alguien con el puño **2.** [bottle, aerosol] agitar / *shake well before using* agitar antes de usar **3.** [shock] trastornar, conmocionar / *the disaster which shook the city* el desastre que sacudió la ciudad. ❖ vi (pt **shook**, pp **shaken** ['ʃeɪkən]) **1.** [tremble] temblar / *to shake with fear* temblar de miedo **2.** inf [shake hands] : *let's shake on it* venga esa mano. ◆ **shake off** vt sep [pursuer] deshacerse de ; [cold] quitarse de encima ; [illness] superar. ◆ **shake up** vt sep [contents of bottle etc] agitar ; [organisation] restructurar, reorganizar ;

[person] : *she wasn't hurt, just a bit shaken up* no resultó herida, sólo un poco conmocionada.

shaken ['ʃeɪkn] pp ⟶ shake.

shaky ['ʃeɪkɪ] adj **1.** [weak, nervous] tembloroso(sa) / *to feel shaky* encontrarse nervioso **2.** [unconfident, insecure - start] incierto(ta) ; [- argument] poco sólido(da) **3.** [wobbly - chair, table] inestable ; [- handwriting] tembloroso(sa).

shall (weak form [ʃəl], strong form [ʃæl]) aux vb **1.** (1st pers sg, 1st pers pl) [to express future tense] : *we shall be there tomorrow* mañana estaremos ahí / *I shan't be home till ten* no estaré en casa hasta las diez **2.** (esp 1st pers sg & 1st pers pl) [in questions] : *shall we go for a walk?* ¿vamos a dar una vuelta? / *shall I give her a ring?* ¿la llamo? / *I'll do that, shall I?* hago esto, ¿vale? **3.** [in orders] : *you shall do as I tell you!* ¡harás lo que yo te diga! / *no one shall leave until I say so* que nadie salga hasta que yo lo diga.

shallow ['ʃæləʊ] adj **1.** [in size] poco profundo(da) **2.** pej [superficial] superficial.

sham [ʃæm] ◆ n farsa f. ◆ vi fingir.

shambles ['ʃæmblz] n desbarajuste m, follón m.

shame [ʃeɪm] ◆ n **1.** (U) [remorse] vergüenza f, pena f Andes Cam Méx **2.** [dishonour] ▶ *to bring shame on* OR *upon sb* deshonrar a alguien **3.** [pity] ▶ *what a shame!* ¡qué pena OR lástima! ▶ *it's a shame* es una pena OR lástima. ◆ vt **1.** [fill with shame] avergonzar, apenar Andes Cam Méx **2.** [force by making ashamed] ▶ *to shame sb into doing sthg* conseguir que alguien haga algo avergonzándole OR avergonzándolo Am.

shamefaced [,ʃeɪm'feɪst] adj avergonzado(da).

shameful ['ʃeɪmfʊl] adj vergonzoso(sa).

shameless ['ʃeɪmlɪs] adj desvergonzado(da).

shampoo [ʃæm'puː] ◆ n (pl -s) [liquid] champú m. ◆ vt lavar (con champú).

shamrock ['ʃæmrɒk] n trébol m.

shandy ['ʃændɪ] n cerveza f con gaseosa, clara f.

shan't [ʃɑːnt] (abbr of shall not) ⟶ shall.

shantytown ['ʃæntɪtaʊn] n barrio m de chabolas, cantegril m Am.

shape [ʃeɪp] ◆ n **1.** [form] forma f / *it's oval in shape* tenía forma ovalada / *biscuits in the shape of stars* galletas con forma de estrellas **2.** [silhouette] figura f **3.** [structure] configuración f ▶ *to take shape* tomar forma **4.** [form, health] ▶ *to be in good / bad shape* [person] estar / no estar en forma ; [business etc] estar en buen / mal estado / *to get back in shape* ponerse en forma ▶ *to lick* OR *knock sb into shape* poner a alguien a punto. ◆ vt **1.** [mould] ▶ *to shape sthg (into)* dar a algo forma (de) **2.** [cause to develop] desarrollar. ◆ **shape up** vi [develop] desarrollarse.

-shaped ['ʃeɪpt] suffix ▶ *egg / star-shaped* en forma de huevo / estrella.

shapeless ['ʃeɪplɪs] adj sin forma.

shapely ['ʃeɪplɪ] adj bien hecho(cha).

share [ʃeər] ◆ n **1.** [portion] ▶ *share (of* OR *in)* parte f (de) **2.** [contribution, quota] ▶ *to have / do one's share of sthg* tener / hacer la parte que a uno le toca de algo. ◆ vt [gen] ▶ *to share sthg (with)* compartir algo (con) / *we share a love of opera* nos une la pasión por la ópera. ◆ vi compartir. ◆ **shares** pl n acciones fpl. ◆ **share out** vt sep repartir, distribuir.

shareholder ['ʃeə,həʊldər] n accionista mf.

shark [ʃɑːk] (pl inv or -s) n tiburón m ; fig estafador m, -ra f.

sharp [ʃɑːp] ◆ adj **1.** [not blunt] afilado(da) **2.** [well-defined - outline] definido(da) ; [- photograph] nítido(da) ; [- contrast] marcado(da) **3.** [intelligent, keen - person] listo(ta) ; [- eyesight] penetrante ; [- hearing] fino(na) ; [- intelligence] vivo(va) **4.** [abrupt, sudden] brusco(ca) **5.** [quick, firm - blow] seco(ca) **6.** [angry, severe] cortante **7.** [piercing, acute - sound, cry, pain] agudo(da) ; [- cold, wind] penetrante **8.** [acid] ácido(da) **9.** MUS desafinado(da) / *F sharp* fa m sostenido. ◆ adv **1.** [punctually] : *at seven o'clock sharp* a las siete en punto **2.** [quickly, suddenly] bruscamente. ◆ n MUS sostenido m.

sharpen ['ʃɑːpn] vt **1.** [make sharp] afilar ; [pencil] sacar punta a **2.** [make keener, quicker, greater] agudizar.

sharpener ['ʃɑːpnər] n [for pencils] sacapuntas m inv ; [for knives] afilador m.

sharp-eyed [-'aɪd] adj perspicaz.

Sharpie® ['ʃɑːpɪ] n US marcador m permanente.

sharply ['ʃɑːplɪ] adv **1.** [distinctly] claramente **2.** [suddenly] repentinamente **3.** [harshly] duramente.

shat [ʃæt] pt & pp ⟶ shit.

shatter ['ʃætər] ◆ vt **1.** [smash] hacer añicos **2.** [hopes etc] echar por tierra. ◆ vi hacerse añicos.

shattered ['ʃætəd] adj **1.** [shocked, upset] destrozado(da) **2.** UK inf [very tired] hecho(cha) polvo.

shave [ʃeɪv] ◆ n afeitado m ▶ *to have a shave* afeitarse. ◆ vt **1.** [face, body] afeitar **2.** [cut pieces off] raspar. ◆ vi afeitarse.

shaver ['ʃeɪvər] n maquinilla f (de afeitar) eléctrica.

shaving brush ['ʃeɪvɪŋ-] n brocha f de afeitar.

shaving cream ['ʃeɪvɪŋ-] n crema f de afeitar.

shaving foam ['ʃeɪvɪŋ-] n espuma f de afeitar.

shavings ['ʃeɪvɪŋz] pl n virutas fpl.

shawl [ʃɔːl] n chal m.

she [ʃiː] ◆ pers pron **1.** [referring to woman, girl, animal] ella / *she's tall* es alta / *I don't like* *it, but she does* no me gusta, pero a ella sí **/ SHE can't do it** ELLA no puede hacerlo ▸ **there she is** allí está **2.** [referring to boat, car, country] : *she's a fine ship* es un buen barco. ❖ *comp* : *she-elephant* elefanta *f* / *she bear* osa *f*.

sheaf [ʃiːf] (*pl* **sheaves**) n **1.** [of papers, letters] fajo *m* **2.** [of corn, grain] gavilla *f*.

shear [ʃɪəʳ] vt (*pp* -**ed** *or* **shorn**) [sheep] esquilar. ◆ **shears** pl n [for garden] tijeras *fpl* de podar. ◆ **shear off** vi romperse.

sheath [ʃiːθ] (*pl* -s) n **1.** [covering for knife] vaina *f* **2.** [UK] [condom] preservativo *m*.

sheaves [ʃiːvz] pl n ⟶ **sheaf**.

shed [ʃed] ❖ n cobertizo *m* ▸ **bike shed** cobertizo *m* para bicicletas. ❖ vt (*pt & pp* **shed**) **1.** [skin] mudar de ; [leaves] despojarse de **2.** [discard] deshacerse de **3.** [accidentally lose] : *a lorry has shed its load on the M1* un camión ha perdido su carga en la M1 **4.** [tears, blood] derramar.

she'd [weak form [ʃɪd], strong form [ʃiːd]] **1.** (*abbr of* **she had**) ⟶ **have 2.** (*abbr of* **she would**) ⟶ **would**.

sheen [ʃiːn] n brillo *m*, lustre *m*.

sheep [ʃiːp] (*pl inv*) n [animal] oveja *f*.

sheepdog [ʃiːpdɒg] n perro *m* pastor.

sheepish [ˈʃiːpɪʃ] adj avergonzado(da).

sheepskin [ˈʃiːpskɪn] n piel *f* de carnero.

sheer [ʃɪəʳ] adj **1.** [absolute] puro(ra) **2.** [very steep - cliff] escarpado(da) ; [- drop] vertical **3.** [tights] transparente.

sheet [ʃiːt] n **1.** [for bed] sábana *f* **2.** [of paper] hoja *f* **3.** [of glass, metal, wood] lámina *f*.

sheik(h) [ʃeɪk] n jeque *m*.

shelf [ʃelf] (*pl* **shelves**) n estante *m* ▸ *it's on the top shelf* está en el estante de arriba.

shell [ʃel] ❖ n **1.** [of egg, nut] cáscara *f* **2.** [of tortoise, crab] caparazón *m* ; [of snail, mussels] concha *f* **3.** [on beach] concha *f* **4.** [of building] esqueleto *m* ; [of boat] casco *m* ; [of car] armazón *m*, chasis *m inv* **5.** MIL [missile] proyectil *m*. ❖ vt **1.** [peas] desvainar ; [nuts, eggs] quitar la cáscara a **2.** MIL [fire shells at] bombardear.

she'll [ʃiːl] **1.** (*abbr of* **she will**) ⟶ **will 2.** (*abbr of* **she shall**) ⟶ **shall**.

shellfish [ˈʃelfɪʃ] (*pl inv*) n **1.** [creature] crustáceo *m* **2.** (*U*) [food] mariscos *mpl*.

shell suit n [UK] chandal *m* (de nailon).

shelter [ˈʃeltəʳ] ❖ n [building, protection] refugio *m* ▸ *to seek shelter* buscar refugio / *to take shelter (from)* refugiarse (de) / *to run for shelter* correr a refugiarse / *nuclear shelter* refugio nuclear / *bus shelter* marquesina *f*. ❖ vt **1.** [protect] ▸ **to be sheltered by/from** estar protegido(da) por/de **2.** [provide place to live for] dar asilo OR cobijo a **3.** [hide] proteger, esconder.

❖ vi ▸ **to shelter from/in** resguardarse de/en, protegerse de/en.

sheltered [ˈʃeltəd] adj [place, existence] protegido(da).

shelve [ʃelv] vt dar carpetazo a.

shelves [ʃelvz] pl n ⟶ **shelf**.

shelving [ˈʃelvɪŋ] n (*U*) estantería *f*.

shepherd [ˈʃepəd] ❖ n pastor *m*. ❖ vt *fig* acompañar.

shepherd's pie [ˈʃepədz-] n *carne picada cubierta de puré de patatas*.

sheriff [ˈʃerɪf] n sheriff *m*.

sherry [ˈʃerɪ] n jerez *m*.

she's [ʃiːz] **1.** (*abbr of* **she is**) ⟶ **be 2.** (*abbr of* **she has**) ⟶ **have**.

Shetland [ˈʃetlənd] n : (*the*) *Shetland (Islands)* las islas Shetland.

shield [ʃiːld] ❖ n [armour, sports trophy] escudo *m*. ❖ vt ▸ **to shield sb (from)** proteger a alguien (de).

shift [ʃɪft] ❖ n **1.** [slight change] cambio *m* / *a shift in sthg* un cambio en algo **2.** [period of work, workers] turno *m* / *the night shift* el turno de noche. **2.** **1.** [furniture etc] cambiar de sitio, mover **2.** [attitude, belief] cambiar de. ❖ vi **1.** [person] moverse ; [wind, opinion] cambiar **2.** [US] AUTO cambiar de marcha.

shiftless [ˈʃɪftlɪs] adj vago(ga).

shifty [ˈʃɪftɪ] adj *inf* [person] con pinta deshonesta ; [behaviour] sospechoso(sa) ; [look] huidizo(za).

shilling [ˈʃɪlɪŋ] n chelín *m*.

shilly-shally [ˈʃɪlɪˌʃælɪ] (*pt & pp* -**ied**) vi titubear, vacilar.

shimmer [ˈʃɪməʳ] vi rielar, brillar con luz trémula.

shin [ʃɪn] n espinilla *f*.

shinbone [ˈʃɪnbəʊn] n espinilla *f*.

shine [ʃaɪn] ❖ n brillo *m*. ❖ vt (*pt & pp* **shone**) [torch, lamp] dirigir / *she shone a torch into his eyes* la enfocó en los ojos con una linterna. ❖ vi (*pt & pp* **shone**) [gen] brillar.

shingle [ˈʃɪŋgl] n **1.** (*U*) [on beach] guijarros *mpl* **2.** [US] [nameplate] placa *f* con el nombre / *to hang out one's shingle* abrir un despacho/consultorio. ◆ **shingles** n (*U*) herpes *m inv*.

shin pad n espinillera *f*.

shiny [ˈʃaɪnɪ] (*compar* -**ier**, *superl* -**iest**) adj brillante.

ship [ʃɪp] ❖ n barco *m*, buque *m*. ❖ vt enviar por barco.

shipbuilding [ˈʃɪpˌbɪldɪŋ] n construcción *f* naval.

shipment [ˈʃɪpmənt] n envío *m*.

shipper [ˈʃɪpəʳ] n compañía *f* naviera.

shipping [ˈʃɪpɪŋ] n (*U*) **1.** [transport] envío *m*, transporte *m* **2.** [ships] barcos *mpl*, buques *mpl*.

shipshape ['ʃɪpʃeɪp] adj en orden.

shipwreck ['ʃɪprek] ⬦ n **1.** [destruction of ship] naufragio m **2.** [wrecked ship] barco m náufrago. ⬦ vt ▸ **to be shipwrecked** naufragar.

shipyard ['ʃɪpjɑːd] n astillero m.

shire [ʃaɪər] n [county] condado m.

shirk [ʃɜːk] vt eludir.

shirt [ʃɜːt] n camisa f.

shirtsleeves ['ʃɜːtsliːvz] pl n ▸ **to be in (one's) shirtsleeves** ir en mangas de camisa.

shit [ʃɪt] vulg ⬦ n **1.** [excrement] mierda f **2.** (U) [nonsense] gilipolleces fpl. ⬦ vi (pt & pp **shit** or -**ted** or **shat**) cagar. ⬦ excl ¡mierda!

shiver ['ʃɪvər] ⬦ n escalofrío m ▸ **to give sb the shivers** dar escalofríos a alguien / it sent shivers down her spine le puso los pelos de punta. ⬦ vi ▸ **to shiver (with)** a) [fear] temblar OR estremecerse (de) b) [cold] tiritar (de).

shoal [ʃəʊl] n banco m.

shock [ʃɒk] ⬦ n **1.** [unpleasant surprise, reaction, emotional state] susto m ▸ **it came as a shock** fue un duro golpe **2.** (U) MED ▸ **to be suffering from shock, to be in shock** estar en un estado de choque **3.** [impact] choque m **4.** [electric shock] descarga f OR sacudida f (eléctrica) / to get a shock from sthg recibir una descarga de algo. ⬦ vt **1.** [upset] conmocionar **2.** [offend] escandalizar.

shock absorber [-əb,zɔːbər] n amortiguador m.

shock-horror adj inf [story, headline] sensacionalista.

shocking ['ʃɒkɪŋ] adj **1.** [very bad] pésimo(ma) **2.** [behaviour, film] escandaloso(sa); [price] de escándalo.

shock resistent adj resistente a los golpes.

shod [ʃɒd] ⬦ pt & pp ⟶ **shoe.** ⬦ adj calzado(da).

shoddy ['ʃɒdɪ] adj [work] chapucero(ra); [goods] de pacotilla; fig [treatment] vil, despreciable.

shoe [ʃuː] ⬦ n zapato m. ⬦ vt (pt & pp **shod** or **shoed**) (cont **shoeing**) herrar.

shoebrush ['ʃuːbrʌʃ] n cepillo m para los zapatos.

shoehorn ['ʃuːhɔːn] n calzador m.

shoelace ['ʃuːleɪs] n cordón m del zapato.

shoe polish n betún m.

shoe shop n zapatería f.

shoestring ['ʃuːstrɪŋ] n fig ▸ **on a shoestring** con cuatro cuartos, con muy poco dinero.

shone [ʃɒn] pt & pp ⟶ **shine.**

shoo [ʃuː] ⬦ vt [animal] espantar, ahuyentar / he shooed the cat away echó al gato; [person] mandar a otra parte. ⬦ excl ¡fuera!

shook [ʃʊk] pt ⟶ **shake.**

shoot [ʃuːt] ⬦ n **1.** UK [hunting expedition] cacería f **2.** [new growth] brote m, retoño m. ⬦ vt (pt & pp **shot**) **1.** [fire gun at] disparar

contra, abalear ANDES CAM VEN; [injure] herir a tiros; [kill] matar a tiros ▸ **to shoot o.s.** pegarse un tiro / he was shot in the leg le dispararon en la pierna / to shoot the breeze US estar de cháchara **2.** UK [hunt] cazar **3.** [arrow] disparar **4.** CIN rodar, filmar. ⬦ vi (pt & pp **shot**) **1.** [fire gun] ▸ **to shoot (at)** disparar (contra) / don't shoot! ¡no dispare! **2.** UK [hunt] cazar **3.** [move quickly] ▸ **to shoot in/out/past** entrar/salir/pasar disparado(da) **4.** CIN rodar, filmar **5.** SPORT chutar / he shot at goal chutó a puerta. ◆ **shoot down** vt sep **1.** [plane] derribar **2.** [person] matar a tiros. ◆ **shoot up** vi **1.** [child, plant] crecer rápidamente **2.** [prices] dispararse.

shoot-em-up n videojuego m violento.

shooting ['ʃuːtɪŋ] n **1.** [killing] asesinato m (a tiros) **2.** (U) [hunting] caza f, cacería f.

shooting star n estrella f fugaz.

shop [ʃɒp] ⬦ n [store] tienda f. ⬦ vi comprar ▸ **to go shopping** ir de compras.

shop assistant n UK dependiente m, -ta f.

shop floor n ▸ **the shop floor** el personal, los obreros.

shopkeeper ['ʃɒp,kiːpər] n tendero m, -ra f.

shoplifter ['ʃɒp,lɪftər] n ladrón m, -ona f en una tienda.

shoplifting ['ʃɒp,lɪftɪŋ] n (U) robo m en una tienda.

shopper ['ʃɒpər] n comprador m, -ra f.

shopping ['ʃɒpɪŋ] n (U) **1.** [purchases] compras fpl **2.** [act of shopping] compra f / to do some/the shopping hacer algunas compras/la compra ▸ **to go on a shopping spree** salir a comprar a lo loco.

shopping bag n bolsa f de la compra.

shopping basket n UK **1.** [in supermarket] cesta f **2.** [for online shopping] cesta f de la compra.

shopping cart n US **1.** [in supermarket] carrito m de la compra **2.** [for online shopping] cesta f de la compra.

shopping centre UK, **shopping mall** US, **shopping plaza** US [-,plɑːzə] n centro m comercial.

shopping channel n TV canal m de compras, teletienda f.

shopsoiled UK ['ʃɒpsɔɪld], **shopworn** US ['ʃɒpwɔːn] adj deteriorado(da).

shop steward n enlace mf sindical.

shopwindow [,ʃɒp'wɪndəʊ] n escaparate m.

shopworn US = **shopsoiled.**

shore [ʃɔːr] n **1.** [of sea, lake, river] orilla f **2.** [land] ▸ **on shore** en tierra. ◆ **shore up** vt sep apuntalar.

shorn [ʃɔːn] ⬦ pp ⟶ **shear.** ⬦ adj [grass, hair] corto(ta); [head] rapado(da).

short [ʃɔːt] ❖ adj **1.** [gen] corto(ta) **/** *a short time ago* hace poco **2.** [not tall] bajo(ja) **3.** [curt] ▶ *to be short (with sb)* ser seco(ca) (con alguien) **/** *to have a short temper* tener mal genio **4.** [lacking] escaso(sa) ▶ *to be short on sthg* no andar sobrado de algo ▶ *to be short of* estar or andar mal de **5.** [be shorter form] ▶ *to be short for* ser el diminutivo de. ❖ adv **1.** [out of] ▶ *we are running short of water* se nos está acabando el agua **2.** [suddenly, abruptly] ▶ *to cut sthg short* interrumpir algo **/** *we had to cut short our trip to Cyprus* tuvimos que interrumpir nuestro viaje a Chipre ▶ *to stop short* parar en seco or de repente ▶ *to bring* or *pull sb up short* hacer a alguien parar en seco. ❖ n **1.** **UK** [alcoholic drink] chupito *m* **2.** [film] cortometraje *m.* ◆ **shorts** pl n **1.** [gen] pantalones *mpl* cortos **2.** **US** [underwear] calzoncillos *mpl.* ◆ **for short** adv para abreviar. ◆ **in short** adv en resumen. ◆ **nothing short of** prep : *it was nothing short of madness / a disgrace* fue una auténtica locura/vergüenza. ◆ **short of** prep **1.** [just before] cerca de **2.** [without] : *short of asking, I can't see how you'll find out* salvo que preguntes, no sé cómo lo vas a averiguar.

shortage [ʃɔːtɪdʒ] n falta *f*, escasez *f* **/** *there was a paper shortage* había falta or escasez de papel.

shortbread [ʃɔːtbred] n *especie de torta hecha de azúcar, harina y mantequilla.*

short-change vt [in shop] dar mal el cambio a ; *fig* [reward unfairly] estafar.

short circuit n cortocircuito *m.* ◆ **short-circuit** ❖ vt provocar un cortocircuito en. ❖ vi tener un cortocircuito.

shortcomings [ʃɔːtˌkʌmɪŋz] pl n defectos *mpl.*

shortcrust pastry [ʃɔːtkrʌst-] n pasta *f* quebrada.

short cut n **1.** [quick way] atajo *m* **/** *to take a short cut* tomar un atajo **2.** [quick method] método *m* rápido.

shorten [ʃɔːtn] ❖ vt acortar. ❖ vi acortarse.

shortfall [ʃɔːtfɔːl] n ▶ **shortfall (in** or **of)** déficit *m* (de).

shorthand [ʃɔːthænd] n [writing system] taquigrafía *f.*

shorthand typist n **UK** taquimecanógrafo *m*, -fa *f.*

short list n **UK** [for job] lista *f* de candidatos seleccionados.

shortly [ʃɔːtlɪ] adv [soon] dentro de poco ▶ *shortly before / after* poco antes/después de.

shortsighted [ˌʃɔːtˈsaɪtɪd] adj [myopic] miope, corto(ta) de vista ; *fig* [lacking foresight] corto de miras.

short-staffed [-ˈstɑːft] adj ▶ *to be short-staffed* estar falto(ta) de personal.

shortstop [ʃɔːtstɒp] n **US** [baseball] *jugador que intenta interceptar bolas entre la segunda y tercera base.*

short story n cuento *m.*

short-tempered [-ˈtempəd] adj de mal genio.

short-term adj a corto plazo.

short wave n (U) onda *f* corta.

shot [ʃɒt] ❖ pt & pp ⟶ **shoot.** ❖ n **1.** [gunshot] tiro *m*, disparo *m* **/** *he fired two shots* disparó dos tiros ▶ **like a shot** [quickly] disparado(da) **2.** [marksman] tirador *m*, -ra *f* **/** *to be a good shot* ser un buen tirador **3.** [in football] chut *m*, tiro *m* ; [in golf, tennis] golpe *m* **/** *good shot!* ¡buen golpe! **4.** [photograph] foto *f* **5.** CIN plano *m*, toma *f* **6.** *inf* [try, go] intento *m* **/** *go on, have a shot* venga, inténtalo **/** *to have a shot at (doing) sthg* intentar (hacer) algo **7.** [injection] inyección *f.*

shotgun [ʃɒtgʌn] n escopeta *f.*

should [ʃʊd] aux vb **1.** [be desirable] : *we should leave now* deberíamos irnos ya or ahora **2.** [seeking advice, permission] : *should I go too?* ¿voy yo también? **3.** [as suggestion] : *I should deny everything* yo lo negaría todo **4.** [indicating probability] : *she should be home soon* tiene que llegar a casa pronto **5.** [have been expected] : *they should have won the match* tendrían que or deberían haber ganado el partido **6.** [indicating intention, wish] : *I should like to come with you* me gustaría ir contigo **7.** *(as conditional)* : *if you should see Mary, could you ask her to phone me?* si vieras a Mary, ¿le podrías pedir que me llamara? **/** *should you decide to accept the job...* si decide aceptar el trabajo... **8.** *(in 'that' clauses)* : *we decided that you should do it* decidimos que lo hicieras tú **9.** [expressing uncertain opinion] : *I should think he's about 50 (years old)* yo diría que tiene unos 50 (años) **10.** [expressing indignation] : *he tidied up afterwards — so he should!* después lo limpió — ¡era lo menos que podía hacer! **/** *I should hope so!* ¡eso espero! **/** *I should think so, too!* ¡es lo mínimo que podía hacer!

shoulder [ʃəʊldər] ❖ n **1.** [part of body, clothing] hombro *m* **2.** CULIN espaldilla *f*, paleta *f* **Am**. ❖ vt [accept - responsibility] cargar con **/** *to shoulder the blame* asumir la responsabilidad.

shoulder blade n omóplato *m.*

shoulder strap n **1.** [on dress] tirante *m*, bretel *m* **2.** [on bag] correa *f*, bandolera *f.*

shouldn't [ʃʊdnt] *(abbr of should not)* ⟶ **should.**

should've [ʃʊdəv] *(abbr of should have)* ⟶ **should.**

shout [ʃaʊt] ❖ n grito *m* **/** *to let out a shout* lanzar un grito. ❖ vt gritar. ❖ vi ▶ *to shout (at)* gritar (a). ◆ **shout down** vt sep acallar a gritos.

shouting [ʃaʊtɪŋ] n (U) gritos *mpl.*

shove [ʃʌv] ⟷ n ▸ (to give sthg/sb) a shove (dar a algo/a alguien) un empujón. ⟷ vt empujar ▸ to shove sthg/sb in meter algo/a alguien a empujones. ◆ **shove off** vi inf [go away] largarse.

shovel [ʃʌvl] ⟷ n pala f. ⟷ vt (UK pt & pp -led, cont -ling, US pt & pp -ed, cont -ing) remover con la pala OR a paletadas ▸ to shovel food into one's mouth fig zamparse la comida.

show [ʃəʊ] ⟷ n 1. [display, demonstration] demostración f / a show of strength una demostración de fuerte 2. [piece of entertainment - at theatre] espectáculo m; [- on radio, TV] programa m 3. [performance] función f 4. [of dogs, flowers, art] exposición f. ⟷ vt (pp shown or -ed) 1. [gen] mostrar 2. [escort] ▸ to show sb to the door llevar OR acompañar a alguien hasta algo / he showed us to our seats nos llevó a nuestros asientos 3. [make visible, reveal] dejar ver / white clothes show the dirt la ropa blanca deja ver la suciedad / come on, show yourself! venga, ¡déjate ver! 4. [indicate - increase, profit, loss] arrojar, registrar 5. [broadcast - film] poner; [- TV programme] poner, emitir. ⟷ vi (pp shown or -ed) 1. [indicate, make clear] indicar, mostrar 2. [be visible] verse / does it show? ¿se ve? 3. [film] : it is showing at the Odeon lo ponen en el Odeon. ◆ **show off** ⟷ vt sep lucir, presumir de. ⟷ vi presumir. ◆ **show out** vt sep acompañar hasta la puerta / show the gentlemen out, please acompañe a los caballeros hasta la puerta, por favor. ◆ **show up** ⟷ vt sep poner en evidencia. ⟷ vi 1. [stand out] resaltar 2. [turn up] aparecer.

show business n (U) mundo m del espectáculo.

showcase [ʃəʊkeɪs] n 1. [glass case] vitrina f 2. fig [advantageous setting] escaparate m, plataforma f.

showdown [ʃəʊdaʊn] n ▸ to have a showdown with enfrentarse abiertamente a OR con.

shower [ʃaʊər] ⟷ n 1. [device] ducha f 2. [wash] ▸ to have OR take a shower ducharse 3. [of rain] chubasco m, chaparrón m. ⟷ vt 1. [sprinkle] rociar 2. [bestow] ▸ to shower sb with sthg, to shower sthg on OR upon sb a) [presents, compliments] colmar a alguien de algo b) [insults] acribillar a alguien a algo. ⟷ vi [wash] ducharse.

shower cap n gorro m de ducha.

shower room n baño m con ducha.

showery [ʃaʊərɪ] adj lluvioso(sa).

show flat n UK piso m piloto.

showing [ʃəʊɪŋ] n [of film] pase m, proyección f; [of paintings] exposición f.

show jumping [-ˌdʒʌmpɪŋ] n concurso m hípico de salto.

shown [ʃəʊn] pp ⟶ **show**.

show-off n inf presumido m, -da f.

showpiece [ʃəʊpiːs] n pieza f de mayor interés.

showroom [ʃəʊrʊm] n salón m OR sala f de exposición.

show-stopping adj sensacional.

showy [ʃəʊɪ] (compar -ier, superl -iest) adj [person] ostentoso(sa); [clothes, colour] llamativo(va).

shrank [ʃræŋk] pt ⟶ **shrink**.

shrapnel [ʃræpnl] n metralla f.

shred [ʃred] ⟷ n [small piece - of material] jirón m; [- of paper] pedacito m; fig [scrap] pizca f / there isn't a shred of truth in what he says no hay una pizca de verdad en lo que dice / to be in shreds lit & fig estar hecho(cha) pedazos. ⟷ vt [paper] hacer trizas; [food] rallar.

shredder [ʃredər] n [for paper] destructora f; [for food] rallador m.

shrewd [ʃruːd] adj astuto(ta).

shriek [ʃriːk] ⟷ n chillido m, grito m. ⟷ vi ▸ to shriek (with OR in) chillar (de).

shrill [ʃrɪl] adj [high-pitched] estridente, agudo(da).

shrimp [ʃrɪmp] n US gamba f, camarón m Am.

shrine [ʃraɪn] n santuario m.

shrink [ʃrɪŋk] ⟷ vt (pt shrank, pp shrunk) encoger. ⟷ vi (pt shrank, pp shrunk) 1. [become smaller] encoger 2. fig [contract, diminish] disminuir 3. [recoil] ▸ to shrink away from retroceder OR arredrarse ante 4. [be reluctant] ▸ to shrink from sthg eludir algo.

shrinkage [ʃrɪŋkɪdʒ] n [loss in size] encogimiento m; fig [contraction] reducción f.

shrink-wrap vt precintar o envasar con plástico termoretráctil.

shrivel [ʃrɪvl] (UK pt & pp -led, cont -ling, US pt & pp -ed, cont -ing) ⟷ vt ▸ to shrivel (up) secar, marchitar. ⟷ vi ▸ to shrivel (up) secarse, marchitarse.

shroud [ʃraʊd] ⟷ n [cloth] mortaja f, sudario m. ⟷ vt ▸ to be shrouded in sthg estar envuelto(ta) en algo.

Shrove Tuesday [ʃrəʊv-] n martes m inv de carnaval.

shrub [ʃrʌb] n arbusto m.

shrubbery [ʃrʌbərɪ] n (zona f de) arbustos mpl.

shrug [ʃrʌg] ⟷ vt ▸ to shrug one's shoulders encogerse de hombros. ⟷ vi encogerse de hombros. ◆ **shrug off** vt sep quitar importancia a.

shrunk [ʃrʌŋk] pp ⟶ **shrink**.

shrunken [ʃrʌŋkn] adj [person] encogido(da).

shudder [ʃʌdər] vi [tremble] ▸ to shudder (with) estremecerse (de).

shuffle [ʃʌfl] vt 1. [feet] arrastrar 2. [cards] barajar 3. [sheets of paper] revolver.

shun [ʃʌn] vt rehuir, esquivar.

shunt [ʃʌnt] vt RAIL cambiar de vía; fig [move] llevar (de un sitio a otro).

shut [ʃʌt] ❖ adj cerrado(da). ❖ vt (pt & pp shut) cerrar. ❖ vi (pt & pp shut) **1.** [close] cerrarse **2.** [close for business] cerrar. ◆ **shut away** vt sep guardar bajo llave. ◆ **shut down** vt sep & vi cerrar. ◆ **shut out** vt sep [person, cat] dejar fuera a ; [light, noise] no dejar entrar. ◆ **shut up** inf ❖ vt sep [silence] hacer callar. ❖ vi callarse **/** shut up! ¡cállate!

shutter ['ʃʌtə*] n* **1.** [on window] postigo *m* **2.** [in camera] obturador *m.*

shuttle ['ʃʌtl] ❖ adj ▶ **shuttle service a)** [of planes] puente *m* aéreo **b)** [of buses, trains] servicio *m* regular. ❖ n [plane] avión *m* (de puente aéreo).

shuttlecock ['ʃʌtlkɒk] *n* volante *m.*

shy [ʃaɪ] ❖ adj [timid] tímido(da). ❖ vi espantarse.

Siberia [saɪ'bɪərɪə] *n* Siberia.

sibling ['sɪblɪŋ] *n* hermano *m*, -na *f.*

Sicily ['sɪsɪlɪ] *n* Sicilia.

sick [sɪk] adj **1.** [ill] enfermo(ma) **2.** [nauseous] ▶ to feel sick marearse **3.** [vomiting] ▶ to be sick UK devolver, vomitar **4.** [fed up] ▶ to be sick of sthg / of doing sthg estar harto(ta) de algo / de hacer algo **/** to be sick and tired of (doing) sthg estar hasta la coronilla de (hacer) algo **5.** [joke] de mal gusto.

sickbay ['sɪkbeɪ] *n* enfermería *f.*

sicken ['sɪkn] ❖ vt poner enfermo(ma), asquear. ❖ vi UK ▶ to be sickening for sthg estar cogiendo algo.

sickening ['sɪknɪŋ] adj **1.** [disgusting] asqueroso(sa) **2.** [infuriating] exasperante.

sickle ['sɪkl] *n* hoz *f.*

sick leave *n* (U) baja *f* por enfermedad.

sickly ['sɪklɪ] adj **1.** [unhealthy] enfermizo(za) **2.** [unpleasant] nauseabundo(da).

sickness ['sɪknɪs] *n* **1.** [illness] enfermedad *f* **2.** (U) UK [nausea, vomiting] mareo *m.*

sick pay *n* (U) paga *f* por enfermedad.

side [saɪd] ❖ n **1.** [gen] lado *m* ▶ at or by one's side al lado de uno ▶ on every side, on all sides por todos los lados ▶ from side to side de un lado a otro ▶ side by side juntos, uno al lado de otro ▶ to put sthg to or on one side poner algo a un lado **2.** [of person] costado *m* ; [of animal] ijada *f* **3.** [edge] lado *m*, borde *m* **4.** [of hill, valley] falda *f*, ladera *f* **5.** [bank] orilla *f* **6.** [page] cara *f* **7.** [participant - in war, game] lado *m*, bando *m* ; [- in sports match] equipo *m* **8.** [viewpoint] punto *m* de vista **/** you should try to see both sides deberías considerar las dos caras de la situación ▶ to take sb's side ponerse del lado or de parte de alguien **/** to take sides tomar partido ▶ to be on sb's side estar del lado or de parte de alguien **/** whose side are you on? ¿de parte de quién

estás? **9.** [aspect] aspecto *m* / it does have its comical side tiene su lado cómico ▶ to be on the safe side para estar seguro. ❖ adj lateral. ◆ **side with** vt insep ponerse de parte de.

sideboard ['saɪdbɔːd] *n* aparador *m.*

sideboards UK ['saɪdbɔːdz], **sideburns** US ['saɪdbɜːnz] pl n patillas *fpl.*

side effect *n* fig MED efecto *m* secundario.

sidelight ['saɪdlaɪt] *n* luz *f* lateral.

sideline ['saɪdlaɪn] *n* **1.** [extra business] negocio *m* suplementario **2.** [on tennis court] línea *f* lateral ; [on football pitch] línea de banda.

sidelong ['saɪdlɒŋ] adj & adv de reojo or soslayo **/** to give sb a sidelong glance mirar a alguien de reojo or soslayo.

sidesaddle ['saɪd,sædl] adv ▶ to ride sidesaddle montar a sentadillas or mujeriegas.

sideshow ['saɪdʃəʊ] *n* barraca *f* or caseta *f* de feria.

sidestep ['saɪdstep] vt **1.** [in football, rugby] regatear **2.** fig [problem, question] esquivar.

side street *n* calle *f* lateral.

sidetrack ['saɪdtræk] vt ▶ to be sidetracked desviarse or salirse del tema / I keep getting sidetracked me distraigo continuamente.

sidewalk ['saɪdwɔːk] *n* US acera *f*, andén *m* CAm Col, vereda *f* Perú, banqueta *f* Méx.

sideways ['saɪdweɪz] ❖ adj [movement] hacia un lado ; [glance] de soslayo. ❖ adv [move] de lado ; [look] de reojo.

siding ['saɪdɪŋ] *n* vía *f* muerta.

sidle ['saɪdl] ◆ **sidle up** vi ▶ to sidle up to acercarse furtivamente a.

siege [siːdʒ] *n* **1.** [by army] sitio *m*, cerco *m* **2.** [by police] cerco *m* policial.

sieve [sɪv] ❖ n [utensil] colador *m* ▶ to have a head or memory like a sieve tener muy mala memoria. ❖ vt [soup] colar ; [flour, sugar] tamizar.

sift [sɪft] ❖ vt **1.** [sieve] tamizar **2.** fig [examine carefully] examinar cuidadosamente. ❖ vi ▶ to sift through sthg examinar cuidadosamente algo.

sigh [saɪ] ❖ n suspiro *m.* ❖ vi suspirar.

sight [saɪt] ❖ n **1.** [vision] vista *f* **2.** [act of seeing] : her first sight of the sea la primera vez que vio el mar ▶ in sight a la vista ▶ to disappear out of sight perderse de vista ▶ at first sight a primera vista / it was love at first sight fue un flechazo **3.** [something seen] espectáculo *m* **4.** [on gun] mira *f* ▶ to set one's sights on sthg echarle el ojo a algo / it's not a pretty sight no es muy agradable de ver. ❖ vt divisar, avistar. ◆ **sights** pl n atracciones *fpl* turísticas.

sight-read (pt & pp sight-read [-red]) vi & vt MUS repentizar.

sightseeing ['saɪt,siːɪŋ] *n* (U) recorrido *m* turístico / to go sightseeing hacer turismo.

sightseer ['saɪt,si:əʳ] n turista mf.

sign [saɪn] ❖ n **1.** [written symbol] signo m **2.** [horoscope] : *sign of the zodiac* signo del zodiaco **3.** [gesture] señal f **4.** [of pub, shop] letrero m ; [on road] señal f ; [notice] cartel m **5.** [indication] señal f, indicio m / *it's a good sign* es una buena señal. ❖ vt firmar. ❖ vi firmar. ◆ **sign on** vi **1.** [enrol, register] ▸ **to sign on (for) a)** [army] alistarse (en) **b)** [job] firmar el contrato (de) **c)** [course] matricularse (en) **2.** [register as unemployed] firmar para cobrar el paro. ◆ **sign off** vi **1.** RADIO & TV despedir la emisión **2.** [in letter] : *I'll sign off now* ya me despido. ◆ **sign up** ❖ vt sep [employee] contratar ; [recruit] alistar. ❖ vi ▸ **to sign up (for) a)** [army] alistarse (en) **b)** [job] firmar el contrato (de) **c)** [course] matricularse (en).

signal ['sɪgnl] ❖ n señal f. ❖ vt (UK pt & pp -led, cont -ling; US pt & pp -ed, cont -ing) **1.** [indicate] indicar **2.** [tell] ▸ **to signal sb (to do sthg)** hacer señas a alguien (para que haga algo). ❖ vi (UK pt & pp -led, cont -ling; US pt & pp -ed, cont -ing) **1.** AUTO señalizar **2.** [indicate] ▸ **to signal for sthg** pedir algo por señas.

signalman ['sɪgnlmən] (pl -men) n RAIL guardavía m.

signature ['sɪgnətʃəʳ] n firma f.

signature tune n sintonía f.

signet ring ['sɪgnɪt-] n (anillo m de) sello m.

significance [sɪg'nɪfɪkəns] n trascendencia f, importancia f / *to attach significance to sthg* atribuir importancia a algo / *to be of little / great / no significance* ser de poca/mucha/ninguna importancia.

significant [sɪg'nɪfɪkənt] adj **1.** [considerable, meaningful] significativo(va) **2.** [important] trascendente.

significantly [sɪg'nɪfɪkəntlɪ] adv **1.** [considerably, meaningfully] de manera significativa **2.** [importantly] : *significantly, he was absent* fue significativo el hecho de su ausencia.

signify ['sɪgnɪfaɪ] vt significar.

sign language n lenguaje m por señas.

signpost ['saɪnpəʊst] n letrero m indicador.

Sikh [si:k] ❖ adj sij. ❖ n [person] sij mf.

silence ['saɪləns] ❖ n silencio m / *to do sthg in silence* hacer algo en silencio. ❖ vt [person, critic] acallar ; [gun] silenciar.

silencer ['saɪlənsəʳ] n silenciador m.

silent ['saɪlənt] adj **1.** [gen] silencioso(sa) **2.** [not revealing anything] ▸ **to be silent about** quedar en silencio respecto a / *to remain silent* permanecer callado(da) **3.** CIN & LING mudo(da) / *a silent movie* una película muda / *a silent b* una b muda.

silently ['saɪləntlɪ] adv **1.** [without speaking] en silencio **2.** [noiselessly] silenciosamente.

silhouette [,sɪlu:'et] n silueta f.

silicon ['sɪlɪkən] n silicio m.

silicon chip [,sɪlɪkən-] n chip m de silicio.

silk [sɪlk] ❖ n seda f. ❖ comp de seda / *a silk blouse* una blusa de seda.

silky ['sɪlkɪ] adj [hair, dress, skin] sedoso(sa) ; [voice] aterciopelado(da).

sill [sɪl] n [of window] alféizar m.

silly ['sɪlɪ] adj estúpido(da) / *that was a silly thing to say* qué tontería has dicho.

silo ['saɪləʊ] (pl -s) n silo m.

silt [sɪlt] n cieno m, légamo m.

silver ['sɪlvəʳ] ❖ adj **1.** [in colour] plateado(da) **2.** [made of silver] de plata. ❖ n (U) **1.** [metal, silverware] plata f **2.** [coins] monedas fpl plateadas.

silver foil, silver paper n (U) papel m de plata.

silver-plated [-'pleɪtɪd] adj plateado(da).

silversmith ['sɪlvəsmɪθ] n platero m, -ra f.

silver surfer n inf internauta mf de la tercera edad.

silverware ['sɪlvəweəʳ] n (U) **1.** [dishes etc] plata f **2.** US [cutlery] cubertería f de plata.

similar ['sɪmɪləʳ] adj ▸ **similar (to)** parecido(da) OR similar (a).

similarity [,sɪmɪ'lærətɪ] (pl -ies) n ▸ **similarity (between / to)** parecido m (entre/con), semejanza f (entre/con).

similarly ['sɪmɪləlɪ] adv [likewise] asimismo ; [equally] igualmente.

simmer ['sɪməʳ] vt & vi hervir a fuego lento. ◆ **simmer down** vi inf calmarse.

simpering ['sɪmpərɪŋ] adj [person] que sonríe con cara de tonto(ta) ; [smile] bobo(ba).

simple ['sɪmpl] adj **1.** [gen] sencillo(lla) **2.** dated [mentally retarded] simple **3.** [plain - fact] mero(ra) ; [- truth] puro(ra).

simple-minded [-'maɪndɪd] adj simple.

simplicity [sɪm'plɪsətɪ] n sencillez f.

simplify ['sɪmplɪfaɪ] vt simplificar.

simply ['sɪmplɪ] adv **1.** [merely] sencillamente, simplemente **2.** [for emphasis] : *simply dreadful / wonderful* francamente terrible/maravilloso / *I simply can't believe it!* ¡no me lo puedo creer! **3.** [in a simple way] de manera sencilla.

simulate ['sɪmjʊleɪt] vt simular.

simultaneous [UK ,sɪmʊl'teɪnjəs, US ,saɪməl-'teɪnjəs] adj simultáneo(a).

sin [sɪn] ❖ n pecado m. ❖ vi ▸ **to sin (against)** pecar (contra).

since [sɪns] ❖ adv desde entonces / *we haven't been there since* no hemos vuelto allí desde entonces. ❖ prep desde / *since last Tuesday* desde el último martes / *since then* desde entonces / *he has worked here since 1975* trabaja aquí desde 1975. ❖ conj **1.** [in time] desde que / *she's* *been miserable ever since she married him* desde que se casó con él ha sido desdichada / *it's ages since I saw you* hace siglos que no te veo **2.** [because] ya que, puesto que.

sincere [sɪn'sɪər] adj sincero(ra).

sincerely [sɪn'sɪəlɪ] adv sinceramente ▸ **Yours sincerely** [at end of letter] atentamente.

sincerity [sɪn'serətɪ] n sinceridad f.

sinew ['sɪnju:] n tendón m.

sinful ['sɪnful] adj **1.** [person] pecador(ra) **2.** [thought, act] pecaminoso(sa).

sing [sɪŋ] (pt **sang**, pp **sung**) vt & vi cantar / *to sing along with sb* cantar a coro con alguien.

Singapore [,sɪŋə'pɔːr] n Singapur.

singe [sɪndʒ] vt chamuscar.

singer ['sɪŋər] n cantante mf / *she's a good singer* canta muy bien.

singing ['sɪŋɪŋ] n (U) canto m.

single ['sɪŋgl] ⬥ adj **1.** [only one] solo(la) / *not a single person was there* no había ni una sola persona **2.** [individual] ▸ *every single penny* todos y cada uno de los peniques **3.** [unmarried] soltero(ra) / *he's single* está soltero **4.** UK [one-way] de ida. ⬥ n **1.** UK [one-way ticket] billete m de ida **2.** MUS [record] sencillo m, single m. ⬥ **singles** pl n TENNIS [partido m] individual m. ⬥ **single out** vt sep ▸ **to single sb out (for)** escoger a alguien (para).

single bed n cama f individual.

single-breasted [-'brestɪd] adj recto(ta).

single-click ⬥ n clic m. ⬥ vi hacer clic. ⬥ vt hacer clic en.

single cream n UK nata f líquida.

single file n ▸ **in single file** en fila india.

single-handed [-'hændɪd] adv sin ayuda.

single-minded [-'maɪndɪd] adj resuelto(ta).

single mother, single mum n madre f soltera.

single parent n padre m soltero, madre f soltera / *he's a single parent* es padre soltero.

single-parent family n familia f monoparental.

single room n habitación f individual.

singlet ['sɪŋglɪt] n UK camiseta f sin mangas.

single-use adj de un único uso.

singly ['sɪŋglɪ] adv [individually] por separado ; [one by one] uno por uno.

singular ['sɪŋgjʊlər] ⬥ adj singular. ⬥ n singular m / *in the singular* en singular.

sinister ['sɪnɪstər] adj siniestro(tra).

sink [sɪŋk] ⬥ n **1.** [in kitchen] fregadero m **2.** [in bathroom] lavabo m. ⬥ vt (pt **sank**, pp **sunk**) **1.** [cause to go under water] hundir **2.** [cause to penetrate] ▸ **to sink sthg into** a) [knife, claws] clavar algo en b) [teeth] hincar algo en / *he sank his teeth into the steak* le hincó los

dientes al filete. ⬥ vi (pt **sank**, pp **sunk**) **1.** [go down - ship, sun] hundirse **2.** [slump - person] hundirse / *she sank into a chair* se desplomó en una silla **3.** [decrease] bajar. ⬥ **sink in** vi hacer mella / *it hasn't sunk in yet* todavía no lo tiene asumido.

sink unit n fregadero m (con mueble debajo).

sinner ['sɪnər] n pecador m, -ra f.

sinus ['saɪnəs] (pl -es) n seno m.

sip [sɪp] ⬥ n sorbo m. ⬥ vt beber a sorbos.

siphon, syphon ['saɪfn] n sifón m. ⬥ **siphon off** vt sep **1.** [liquid] sacar con sifón **2.** fig [funds] desviar.

sir [sɜːr] n **1.** [form of address] señor m / *thank you, sir* gracias, señor ; [in letter] : *Dear sir*, Estimado Señor **2.** [in titles] : *Sir Philip Holden* Sir Philip Holden.

siren ['saɪərən] n [alarm] sirena f.

sirloin (steak) ['sɜːlɔɪn] n solomillo m, (filete m) de lomo m ANDES COL VEN.

sissy ['sɪsɪ] n inf mariquita m.

sister ['sɪstər] n **1.** [gen] hermana f **2.** UK [senior nurse] enfermera f jefe.

sister-in-law (pl **sisters-in-law** or **sister-in-laws**) n cuñada f.

sit [sɪt] (pt & pp **sat**) ⬥ vi **1.** [be seated, sit down] sentarse **2.** [be member] ▸ **to sit on** ser miembro de **3.** [be in session] reunirse. ⬥ vt UK [exam] presentarse a. ⬥ **sit about, sit around** vi estar sentado(da) sin hacer nada. ⬥ **sit back** vi cruzarse de brazos / *to sit back and do nothing* quedarse de brazos cruzados y no hacer nada. ⬥ **sit down** vi sentarse / *sit down, please* siéntese, por favor / *she was sitting down* estaba sentada. ⬥ **sit in on** vt insep estar presente en (sin tomar parte). ⬥ **sit out** vt sep **1.** [tolerate] aguantar (hasta el final) **2.** [not participate in game, discussion] no tomar parte en / *I think I'll sit this one out* [dance] creo que voy a saltarme ésta. ⬥ **sit through** vt insep aguantar (hasta el final). ⬥ **sit up** vi **1.** [sit upright] incorporarse / *sit up straight!* ¡siéntate derecho! **2.** [stay up] quedarse levantado(da) / *we sat up until midnight* nos quedamos levantados hasta la medianoche.

sitcom ['sɪtkɒm] n inf comedia f de situación.

site [saɪt] ⬥ n [place] sitio m, lugar m ; [of construction work] obra f. ⬥ vt situar.

sit-in n sentada f / *to stage a sit-in* protagonizar una sentada.

sitting ['sɪtɪŋ] n **1.** [serving of meal] turno m (para comer) **2.** [session] sesión f.

sitting room n sala f de estar.

situated ['sɪtjʊeɪtɪd] adj [located] ▸ **to be situated** estar situado(da).

situation [ˌsɪtjʊ'eɪʃn] n **1.** [gen] situación f **2.** [job] ▶ **'Situations Vacant' UK** 'Ofertas de trabajo'.

six [sɪks] ❖ num adj seis *(inv)* / *she's six (years old)* tiene seis años. ❖ num n **1.** [the number six] seis *m inv* / *two hundred and six* doscientos seis / *six comes before seven* el seis va antes que el siete **2.** [in times] : *it's six (thirty)* son las seis (y media) / *we arrived at six* llegamos a las seis **3.** [in addresses] : *six Peyton Place* Peyton Place número seis **4.** [in scores] : *six-nil* seis a cero. ❖ num pron seis *mf* ▶ **there are six of us** somos seis.

sixteen [ˌsɪks'tiːn] num dieciséis. *See also* **six**.

sixteenth [ˌsɪks'tiːnθ] num decimosexto(ta). *See also* **sixth**.

sixth [sɪksθ] ❖ num adj sexto(ta). ❖ num adv sexto(ta). ❖ num pron sexto *m*, -ta f. ❖ n **1.** [fraction] ▶ **a sixth** OR **one sixth of** un sexto de, la sexta parte de **2.** [in dates] ▶ **the sixth** el (día) seis / *the sixth of September* el seis de septiembre.

sixth form n **UK** SCH curso optativo de dos años de enseñanza secundaria con vistas al examen de ingreso a la universidad ; ≃ COU *m*.

sixth form college n **UK** centro público para alumnos de 16 a 18 años donde se preparan para los 'A levels' o para exámenes de formación profesional.

sixty ['sɪkstɪ] num sesenta. *See also* **six**. ◆ **sixties** pl n **1.** [decade] ▶ **the sixties** los años setenta **2.** [in ages] ▶ **to be in one's sixties** estar en los sesenta.

size [saɪz] n **1.** [gen] tamaño *m* / *what size do you take?* ¿cuál es su talla? / *what size shoes do you take?* ¿qué número calza? **2.** [of clothes] talla f ; [of shoes] número *m*. ◆ **size up** vt sep [situation] evaluar ; [person] calar.

sizeable ['saɪzəbl] adj considerable.

sizzle ['sɪzl] vi chisporrotear.

skanky ['skæŋkɪ] adj **US** inf asqueroso(sa).

skate [skeɪt] ❖ n **1.** *(pl* **-s**) [ice skate, roller skate] patín *m* **2.** *(pl inv)* [fish] raya f. ❖ vi [on skates] patinar.

skateboard ['skeɪtbɔːd] n monopatín *m*.

skater ['skeɪtər] n patinador *m*, -ra f.

skating ['skeɪtɪŋ] n patinaje *m*.

skating rink n pista f de patinaje.

skeleton ['skelɪtn] n ANAT esqueleto *m* ▶ **to have a skeleton in the cupboard** fig guardar un secreto vergonzante.

skeleton key n llave f maestra.

skeleton staff n personal *m* mínimo.

skeptic US = **sceptic**.

sketch [sketʃ] ❖ n **1.** [drawing, brief outline] esbozo *m*, bosquejo *m* **2.** [humorous scene] sketch *m*. ❖ vt esbozar.

sketchbook ['sketʃbʊk] n cuaderno *m* de dibujo.

sketchpad ['sketʃpæd] n bloc *m* de dibujo.

sketchy ['sketʃɪ] adj incompleto(ta).

skewer ['skjuːər] n brocheta f.

ski [skiː] ❖ n esquí *m*. ❖ vi *(pt & pp* **skied**, cont **skiing)** esquiar.

ski boots pl n botas *fpl* de esquí.

skid [skɪd] ❖ n patinazo *m*. ❖ vi patinar.

skier ['skiːər] n esquiador *m*, -ra f.

skies [skaɪz] pl n ⟶ **sky**.

ski jump n **1.** [slope] pista f para saltos de esquí **2.** [event] saltos *mpl* de esquí.

skilful, skillful US ['skɪlfʊl] adj hábil.

ski lift n telesilla *m*.

skill [skɪl] n **1.** *(U)* [expertise] habilidad f, destreza f **2.** [craft, technique] técnica f.

skilled [skɪld] adj **1.** [skilful] habilidoso(sa) ▶ **to be skilled (in** OR **at doing sthg)** ser experto(ta) (en hacer algo) **2.** [trained] cualificado(da).

skillful US = **skilful**.

skim [skɪm] ❖ vt **1.** [remove - cream] desnatar **2.** [fly above] volar rozando. ❖ vi ▶ **to skim through sthg** hojear algo, leer algo por encima.

skimm(ed) milk [skɪm(d)-mɪlk] n leche f desnatada.

skimp [skɪmp] ❖ vt [gen] escatimar ; [work] hacer de prisa y corriendo. ❖ vi ▶ **to skimp on sthg** a) [gen] escatimar algo b) [work] hacer algo de prisa y corriendo.

skimpy ['skɪmpɪ] adj [clothes] muy corto y estrecho (muy corta y estrecha) ; [meal, facts] escaso(sa).

skin [skɪn] ❖ n **1.** [gen] piel f ; [on face] cutis *m* ▶ **to save** OR **protect one's own skin** salvar el pellejo **2.** [on milk, pudding] nata f ; [on paint] capa f, película f. ❖ vt **1.** [animal] despellejar **2.** [knee, elbow etc] rasguñarse.

skincare ['skɪnkeər] n *(U)* cuidado *m* de la piel.

skin-deep adj superficial.

skin diving n buceo *m*, submarinismo *m* (sin traje ni escafandra).

skinny ['skɪnɪ] ❖ adj inf flaco(ca). ❖ n **US** : *the skinny* información f confidencial.

skin-tight adj muy ajustado(da).

skip [skɪp] ❖ n **1.** [little jump] brinco *m*, saltito *m* **2.** **UK** [large container] contenedor *m*, container *m*. ❖ vt [miss out] saltarse. ❖ vi **1.** [move in little jumps] ir dando brincos **2.** **UK** [jump over rope] saltar a la comba.

ski pants pl n pantalones *mpl* de esquí.

ski pole n bastón *m* para esquiar.

skipper ['skɪpər] n NAUT & SPORT capitán m, -ana f.

skipping rope ['skɪpɪŋ-] n UK comba f, cuerda f de saltar.

skirmish ['skɜːmɪʃ] n lit & fig escaramuza f.

skirt [skɜːt] ⬥ n 1. falda f 2. US : (bed) skirt volante m. ⬥ vt 1. [border] rodear, bordear 2. [go round - obstacle] sortear ; [- person, group] esquivar 3. [avoid dealing with] eludir. ◆ **skirt round** vt insep 1. [obstacle] sortear 2. [issue, problem] evitar, eludir.

skit [skɪt] n ▶ skit (on) parodia f (de).

skittle ['skɪtl] n UK bolo m. ◆ **skittles** n (U) bolos mpl.

skive [skaɪv] vi UK inf ▶ to skive (off) escaquearse.

skulk [skʌlk] vi esconderse.

skull [skʌl] n [gen] calavera f ; ANAT cráneo m.

skunk [skʌŋk] n mofeta f.

sky [skaɪ] n cielo m.

skydiving ['skaɪˌdaɪvɪŋ] n paracaidismo m de estilo.

skylight ['skaɪlaɪt] n claraboya f.

skyline ['skaɪlaɪn] n perfil m de la ciudad.

sky marshal n US policía destinado en un avión para evitar secuestros.

skyscraper ['skaɪˌskreɪpər] n rascacielos m inv.

slab [slæb] n [of stone] losa f ; [of cheese] pedazo m ; [of chocolate] tableta f.

slack [slæk] ⬥ adj 1. [rope, cable] flojo(ja) 2. [business] inactivo(va) 3. [person - careless] descuidado(da). ⬥ n [in rope] parte f floja / to take up the slack tensar la cuerda.

slacken ['slækn] ⬥ vt [speed, pace] reducir ; [rope] aflojar. ⬥ vi [speed, pace] reducirse.

slag [slæg] n [waste material] escoria f.

slagheap ['slæghiːp] n escorial m.

slain [sleɪn] pp ⟶ slay.

slam [slæm] ⬥ vt 1. [shut] cerrar de golpe / she slammed the door dio un portazo 2. [place with force] ▶ to slam sthg on OR onto sthg dar un golpe con algo contra algo violentamente / he slammed his fist on the table dio un puñetazo en la mesa. ⬥ vi [shut] cerrarse de golpe.

slander ['slɑːndər] ⬥ n calumnia f, difamación f. ⬥ vt calumniar, difamar.

slang [slæŋ] n argot m, jerga f.

slant [slɑːnt] ⬥ n 1. [diagonal angle] inclinación f 2. [perspective] enfoque m. ⬥ vi inclinarse.

slanting ['slɑːntɪŋ] adj inclinado(da).

slap [slæp] ⬥ n [in face] bofetada f ; [on back] palmada f ▶ it was a slap in the face fig fue una bofetada / he gave him a slap on the back le dio una palmadita en la espalda. ⬥ vt 1. [person, face] abofetear / she slapped him round the face lo abofeteó, le dio una bofetada ; [back] dar

una palmada a 2. [place with force] : he slapped the folder on the desk dejó la carpeta en la mesa dando un golpetazo / she slapped some paste on the wallpaper embadurnó el papel pintado con cola. ⬥ adv inf [directly] de narices / he walked slap into a lamp post se dio de lleno con una farola.

slapdash ['slæpdæʃ] adj inf descuidado(da) ; [work] chapucero(ra).

slapstick ['slæpstɪk] n (U) payasadas fpl / slapstick comedy astracanada f.

slap-up adj UK inf ▶ slap-up meal comilona f.

slash [slæʃ] ⬥ n 1. [long cut] raja f, tajo m 2. US [oblique stroke] barra f oblicua / forward slash barra inclinada. ⬥ vt 1. [material, tyre] rasgar / she slashed her wrists se cortó las venas 2. inf [prices etc] recortar drásticamente.

slasher movie n inf película f sanguinaria.

slat [slæt] n tablilla f.

slate [sleɪt] ⬥ n pizarra f. ⬥ vt [criticize] poner por los suelos.

slaughter ['slɔːtər] ⬥ n lit & fig matanza f. ⬥ vt matar.

slaughterhouse ['slɔːtəhaʊs] (pl [-haʊzɪz]) n matadero m.

slave [sleɪv] ⬥ n esclavo m, -va f ▶ to be a slave to fig ser un esclavo de. ⬥ vi [work hard] trabajar como un negro / to slave over a hot stove hum pasarse el día bregando en la cocina.

slavery ['sleɪvərɪ] n lit & fig esclavitud f.

Slavic ['slɑːvɪk] adj eslavo m, -va f.

slay [sleɪ] (pt slew, pp slain) vt liter asesinar, matar.

sleazebag ['sliːzbæg], **sleazeball** ['sliːzbɔːl] n inf [despicable person] sinvergüenza mf.

sleazy ['sliːzɪ] adj [disreputable] de mala muerte.

sledge [sledʒ], **sled** US [sled] n trineo m.

sledgehammer ['sledʒˌhæmər] n almádena f.

sleek [sliːk] adj 1. [hair] suave y brillante ; [fur] lustroso(sa) 2. [shape] de línea depurada.

sleep [sliːp] ⬥ n sueño m. ⬥ vi (pt & pp slept) dormir. ◆ **sleep in** vi levantarse tarde. ◆ **sleep with** vt insep euph acostarse con.

sleeper ['sliːpər] n 1. [person] ▶ to be a heavy/light sleeper tener el sueño profundo/ligero 2. [sleeping compartment] coche-cama m 3. [train] tren m nocturno (con literas) 4. UK [on railway track] traviesa f.

sleeping bag ['sliːpɪŋ-] n saco m de dormir.

Sleeping Beauty n la Bella Durmiente.

sleeping car ['sliːpɪŋ-] n coche-cama m, coche m dormitorio.

sleeping pill ['sliːpɪŋ-] n pastilla f para dormir.

sleepless ['sliːplɪs] adj [night] en blanco.

sleepwalk ['sli:pwɔ:k] vi [be a sleepwalker] ser somnámbulo(la) ; [walk in one's sleep] andar mientras uno duerme.

sleepy ['sli:pɪ] adj [person] soñoliento(ta).

sleet [sli:t] ◆ n aguanieve f. ◆ impers vb ▶ **it's sleeting** cae aguanieve.

sleeve [sli:v] n **1.** [of garment] manga f ▶ **to have sthg up one's sleeve** guardar una carta en la manga **2.** [for record] cubierta f.

sleigh [sleɪ] n trineo m.

sleight of hand [,slaɪt-] n (U) lit & fig juego m de manos.

slender ['slendər] adj **1.** [thin] esbelto(ta) **2.** [scarce] escaso(sa).

slept [slept] pt & pp ⟶ **sleep**.

S-level (abbr of **Special level**) n 🇬🇧 SCH examen que se realiza al mismo tiempo que el A-level, pero de un nivel superior.

slew [slu:] ◆ pt ⟶ **slay**. ◆ vi girar bruscamente.

slice [slaɪs] ◆ n **1.** [of bread] rebanada f ; [of cheese] loncha f ; [of sausage] raja f ; [of lemon] rodaja f ; [of meat] tajada f **2.** [of market, glory] parte f. ◆ vt [gen] cortar ; [bread] rebanar.

slick [slɪk] adj **1.** [smooth, skilful] logrado(da) **2.** pej [superficial - talk] aparentemente brillante ; [- person] de labia fácil.

slide [slaɪd] ◆ n **1.** [decline] descenso m **2.** PHOT diapositiva f **3.** [in playground] tobogán m **4.** 🇬🇧 [for hair] pasador m. ◆ vt (pt & pp **slid** [slɪd]) deslizar. ◆ vi (pt & pp **slid** [slɪd]) **1.** [slip] resbalar **2.** [glide] deslizarse **3.** [decline gradually] caer.

sliding door [,slaɪdɪŋ-] n puerta f corredera.

sliding scale [,slaɪdɪŋ-] n escala f móvil.

slight [slaɪt] ◆ adj **1.** [improvement, hesitation etc] ligero(ra) ; [wound] superficial ▶ **not in the slightest** fml en absoluto **2.** [slender] menudo(da). ◆ n desaire m. ◆ vt menospreciar, desairar.

slightly ['slaɪtlɪ] adv [to small extent] ligeramente.

slim [slɪm] ◆ adj **1.** [person, object] delgado(da) **2.** [chance, possibility] remoto(ta). ◆ vi (intentar) adelgazar.

slime [slaɪm] n [in pond etc] lodo m, cieno m ; [of snail, slug] baba f.

slimeball ['slaɪmbɔ:l] 🇺🇸 v inf n = **sleazebag**.

slimming ['slɪmɪŋ] n adelgazamiento m.

slimy ['slaɪmɪ] (compar **-ier**, superl **-iest**) adj **1.** [pond etc] fangoso(sa) ; [snail] baboso(sa) **2.** pej [servile] empalagoso(sa), zalamero(ra).

sling [slɪŋ] ◆ n **1.** [for injured arm] cabestrillo m **2.** [for carrying things] braga f, honda f. ◆ vt (pt & pp **slung**) **1.** [hang roughly] colgar descuidadamente **2.** inf [throw] tirar.

slip [slɪp] ◆ n **1.** [mistake] descuido m, desliz m ▶ **a slip of the pen / tongue** un lapsus **2.** [of paper - gen] papelito m ; [- form] hoja f **3.** [underskirt] enaguas fpl ▶ **to give sb the slip** inf dar esquinazo a alguien. ◆ vt ▶ **to slip sthg into** meter algo rápidamente en. ◆ vi **1.** [lose one's balance] resbalar, patinar **2.** [slide] escurrirse, resbalar **3.** [decline] empeorar. ◆ **slip up** vi cometer un error (poco importante).

slipped disc [,slɪpt-] n hernia f discal.

slipper ['slɪpər] n zapatilla f.

slippery ['slɪpərɪ] adj resbaladizo(za).

slippy ['slɪpɪ] (compar **slippier**, superl **slippiest**) adj resbaladizo(za).

slip road n 🇬🇧 [for joining motorway] acceso m ; [for leaving motorway] salida f.

slipshod ['slɪpʃɒd] adj chapucero(ra).

slip-up n inf desliz m / **to make a slip-up** cometer un desliz.

slipway ['slɪpweɪ] n grada f.

slit [slɪt] ◆ n ranura f, hendidura f. ◆ vt (pt & pp **slit**) abrir, cortar (a lo largo).

slither ['slɪðər] vi deslizarse / **it slithered away** se marchó deslizándose.

sliver ['slɪvər] n [of glass] esquirla f ; [of wood] astilla f ; [of cheese, ham] tajada f muy fina.

slob [slɒb] n inf guarro m, -rra f.

slog [slɒg] inf ◆ n [work] curro m, trabajo m pesado. ◆ vi [work] ▶ **to slog (away) at** trabajar sin descanso en.

slogan ['sləʊgən] n eslogan m.

slop [slɒp] ◆ vt derramar. ◆ vi derramarse.

slope [sləʊp] ◆ n cuesta f, pendiente f. ◆ vi inclinarse / the road slopes down to the beach la carretera desciende hasta la playa.

sloping ['sləʊpɪŋ] adj [gen] inclinado(da) ; [ground] en pendiente.

sloppy ['slɒpɪ] adj [person] descuidado(da) ; [work] chapucero(ra) ; [appearance] dejado(da).

slot [slɒt] n **1.** [opening] ranura f **2.** [groove] muesca f **3.** [place in schedule] espacio m.

slot machine n **1.** [vending machine] máquina f automática (de bebidas, cigarrillos etc) **2.** [arcade machine] máquina f tragaperras.

slouch [slaʊtʃ] vi ir con los hombros caídos.

Slovakia [slə'vækɪə] n Eslovaquia.

Slovenia [slə'vi:njə] n Eslovenia.

slovenly ['slʌvnlɪ] adj [unkempt] desaliñado(da) ; [careless] descuidado(da).

slow [sləʊ] ◆ adj **1.** [not fast] lento(ta) / to be a slow reader leer despacio **2.** [not prompt] ▶ **to be slow to do sthg** tardar en hacer algo / to be slow to anger tarda en enfadarse **3.** [clock etc] atrasado(da) / my watch is a few minutes slow mi reloj va atrasado unos cuantos minutos **4.** [not intelligent] corto(ta) (de alcances) **5.** [not hot] : *bake in a slow oven* cocinar a horno moderado. ❖ vt aminorar, ralentizar. ❖ vi ir más despacio. ❖ **slow down, slow up** ❖ vt sep [growth] retrasar ; [car] reducir la velocidad de. ❖ vi **1.** [walker] ir más despacio ; [car] reducir la velocidad **2.** [take it easy] tomarse las cosas con calma.

slow-cook vt cocinar a fuego lento.

slowdown ['sləʊdaʊn] n **1.** [slackening off] ralentización f **2.** US [go-slow] huelga f de celo.

slowly ['sləʊlɪ] adv despacio, lentamente.

slow motion n ▸ **in slow motion** a cámara lenta.

sludge [slʌdʒ] n (U) [mud] fango m, lodo m ; [sewage] aguas fpl residuales.

slug [slʌg] n **1.** [insect] babosa f **2.** US inf [bullet] bala f.

sluggish ['slʌgɪʃ] adj [movement, activity] lento(ta) ; [feeling] aturdido(da).

sluice [slu:s] n [passage] canal m de desagüe ; [gate] compuerta f.

slum [slʌm] n [area] barrio m bajo.

slumber ['slʌmbər] liter vi dormir.

slump [slʌmp] ❖ n **1.** [decline] ▸ **slump (in)** bajón m (en) **2.** ECON crisis f económica. ❖ vi **1.** [fall in value] dar un bajón **2.** [fall heavily - person] desplomarse, dejarse caer / *they found him slumped on the floor* lo encontraron desplomado en el suelo.

slung [slʌŋ] pt & pp ⟶ **sling**.

slur [slɜ:r] ❖ n [insult] agravio m / *to cast a slur on sb* manchar la reputación de alguien. ❖ vt mascullar.

slush [slʌʃ] n nieve f medio derretida.

slush fund, slush money US n fondos utilizados para actividades corruptas.

slut [slʌt] n **1.** inf [dirty or untidy woman] marrana f **2.** v inf [sexually immoral woman] ramera f.

sly [slaɪ] adj (*compar* **slyer** *or* **slier**, *superl* **slyest** *or* **sliest**) **1.** [look, smile] furtivo(va) **2.** [person] astuto(ta).

smack [smæk] ❖ n **1.** [slap] cachete m **2.** [impact] golpe m. ❖ vt **1.** [slap] pegar, dar un cachete a **2.** [place violently] tirar de golpe. ❖ vi : *to smack of sthg* oler a algo.

small [smɔ:l] adj [gen] pequeño(ña) ; [person] bajo(ja) ; [matter, attention] de poca importancia ; [importance] poco(ca) / *to make sb feel small* hacer que alguien se sienta muy poca cosa / *to get smaller* empequeñecer.

small ads [-ædz] pl n UK anuncios mpl clasificados.

small change n cambio m, suelto m, calderilla f ESP, sencillo m ANDES, feria f MÉX, menudo m COL.

smallholder ['smɔ:l,həʊldər] n UK minifundista mf.

small hours pl n primeras horas fpl de la madrugada / *in the small hours* en la madrugada.

small-minded [smɔ:l'maɪndɪd] adj mezquino(na).

smallpox ['smɔ:lpɒks] n viruela f.

small print n ▸ **the small print** la letra pequeña.

small talk n (U) conversación f trivial.

smarmy ['smɑ:mɪ] adj cobista.

smart [smɑ:t] ❖ adj **1.** [neat, stylish] elegante **2.** US [clever] inteligente **3.** [fashionable, exclusive] elegante **4.** [quick, sharp] rápido(da). ❖ vi **1.** [eyes, wound] escocer **2.** [person] sentir resquemor. ❖ **smarts** n US [intelligence] mollera f.

smart drug n droga f inteligente, nootrópico m.

smarten ['smɑ:tn] ❖ **smarten up** vt sep arreglar / *to smarten o.s. up* arreglarse.

smartly ['smɑ:tlɪ] adv **1.** [elegantly] elegantemente **2.** [quickly] rápidamente, con rapidez.

smartphone ['smɑ:tfəʊn] n smartphone m / *the smartphone market* el mercado de los smartphones.

smash [smæʃ] ❖ n **1.** [sound] estrépito m **2.** inf [car crash] accidente m **3.** TENNIS mate m, smash m. ❖ vt **1.** [break into pieces] romper, hacer pedazos **2.** fig [defeat] aplastar. ❖ vi **1.** [break into pieces] romperse, hacerse pedazos **2.** [crash, collide] ▸ **to smash through sthg** romper algo atravesándolo ▸ **to smash into sthg** chocar violentamente con algo. ❖ **smash up** vt sep romper, hacer pedazos.

smashing ['smæʃɪŋ] adj inf fenomenal.

smattering ['smætərɪŋ] n nociones fpl ▸ **he has a smattering of Spanish** tiene nociones de español.

smear [smɪər] ❖ n **1.** [dirty mark] mancha f **2.** [smear test] citología f, Papanicolau m Am **3.** [slander] calumnia f, difamación f. ❖ vt **1.** [smudge] manchar **2.** [spread] ▸ **to smear sthg onto sthg** untar algo con algo / *the screen was smeared with grease* la pantalla estaba embadurnada de grasa **3.** [slander] calumniar, difamar.

smell [smel] ❖ n **1.** [odour] olor m **2.** [sense of smell] olfato m. ❖ vt (pt & pp **-ed** *or* **smelt**) lit & fig oler. ❖ vi (pt & pp **-ed** *or* **smelt**) **1.** [gen] oler ▸ **to smell of /like** oler a/como ▸ **to smell good /bad** oler bien/mal **2.** [smell unpleasantly] apestar.

smelly ['smelɪ] adj maloliente.

smelt [smelt] ❖ pt & pp ⟶ **smell**. ❖ vt fundir.

smile [smaɪl] ❖ n sonrisa f. ❖ vi sonreír / *to smile at sb* sonreírle a algn.

smirk [smɜ:k] n sonrisa f desdeñosa.

smock [smɒk] n blusón m.

smog [smɒg] n niebla f baja, smog m.

smoke [sməʊk] ❖ n [gen] humo *m* / *to go up in smoke* ser consumido(da) por las llamas ▸ **smoke alarm** detector *m* de humos. ❖ vt **1.** [cigarette, cigar] fumar / *to smoke a pipe* fumar en pipa **2.** [fish, meat, cheese] ahumar. ❖ vi **1.** [smoke tobacco] fumar / *I don't smoke* no fumo **2.** [give off smoke] echar humo.

smoked [sməʊkt] adj ahumado(da).

smoker ['sməʊkəʳ] n **1.** [person] fumador *m*, -ra *f* **2.** RAIL [compartment] compartimiento *m* de fumadores.

smokescreen ['sməʊkskri:n] n *fig* cortina *f* de humo.

smoke shop n US estanco *m*.

smoke signal n señal *f* de humo.

smoking ['sməʊkɪŋ] n : *smoking is bad for you* fumar es malo / *to give up smoking* dejar de fumar ▸ **'no smoking'** 'prohibido fumar'.

smoking gun n *fig* [clue] pista *f*.

smoky ['sməʊkɪ] adj **1.** [full of smoke] lleno(na) de humo **2.** [taste, colour] ahumado(da).

smolder US = smoulder

smooth [smu:ð] ❖ adj **1.** [surface] liso(sa); [skin] terso(sa) **2.** [mixture, gravy] sin grumos **3.** [movement, taste] suave **4.** [flight, ride] tranquilo(la) **5.** *pej* [person, manner] meloso(sa) **6.** [trouble-free] sin problemas. ❖ vt alisar. ◆ **smooth out** vt sep **1.** [table cloth, crease] alisar **2.** [difficulties] allanar. ◆ **smooth over** vt insep ▸ **to smooth things over** limar asperezas.

smoothie ['smu:ðɪ] n CULIN batido *m* de frutas *(en ocasiones con yogur o leche).*

smoothly ['smu:ðlɪ] adv **1.** [evenly] suavemente **2.** [suavely] sin alterarse **3.** [without problems] sin problemas / *everything went smoothly* todo transcurrió sin contratiempos.

smother ['smʌðəʳ] vt **1.** [cover thickly] ▸ **to smother sthg in** OR **with** cubrir algo de **2.** [kill] asfixiar **3.** [extinguish] sofocar, apagar **4.** *fig* [control] contener / *to smother a yawn* contener un bostezo.

smoulder UK, **smolder** US ['sməʊldəʳ] vi **1.** [fire] arder sin llama **2.** *fig* [person, feelings] arder ▸ **smouldering hatred** odio latente.

SMS *(abbr of* short message service*)* n COMPUT servicio *m* de mensajes cortos.

smudge [smʌdʒ] ❖ n [dirty mark] mancha *f*; [ink blot] borrón *m*. ❖ vt [by blurring] emborronar; [by dirtying] manchar.

smug [smʌg] adj *pej* pagado(da) OR satisfecho(cha) de sí mismo(ma).

smuggle ['smʌgl] vt [across frontiers] pasar de contrabando.

smuggler ['smʌgləʳ] n contrabandista *mf*.

smuggling ['smʌglɪŋ] n *(U)* contrabando *m*.

smutty ['smʌtɪ] adj *inf* & *pej* guarro(rra).

snack [snæk] n bocado *m*, piscolabis *m inv*.

snack bar n bar *m*, cafetería *f*.

snacking ['snækɪŋ] n el picar entre comidas / *is snacking healthy?* ¿es sano picar entre comidas?

snag [snæg] ❖ n [problem] pega *f*. ❖ vi ▸ **to snag (on)** engancharse (en).

snail [sneɪl] n caracol *m* / *at a snail's pace* a paso de tortuga.

snail mail n *inf* correo *m* ordinario OR común.

snake [sneɪk] n [large] serpiente *f*; [small] culebra *f*.

snap [snæp] ❖ adj repentino(na) / *a snap decision* una decisión repentina. ❖ n **1.** [act or sound] crujido *m*, chasquido *m* **2.** *inf* [photograph] foto *f*. ❖ vt **1.** [break] partir (en dos) **2.** [move with a snap] ▸ **to snap sthg open** abrir algo de golpe. ❖ vi **1.** [break] partirse (en dos) **2.** [attempt to bite] ▸ **to snap at sthg/sb** intentar morder algo/a alguien **3.** [speak sharply] ▸ **to snap (at sb)** contestar bruscamente OR de mala manera a alguien. ◆ **snap up** vt sep no dejar escapar.

snappy ['snæpɪ] adj *inf* **1.** [stylish] con estilo **2.** [quick] rápido(da) ▸ **make it snappy!** ¡date prisa! **3.** [irritable] arisco(ca).

snapshot ['snæpʃɒt] n foto *f*.

snare [sneəʳ] n trampa *f*.

snarky ['snɑːkɪ] adj *inf* mordaz.

snarl [snɑːl] vi gruñir.

snatch [snætʃ] ❖ n [of conversation, song] fragmento *m*. ❖ vt [grab] agarrar ▸ **to snatch sthg from sb** arrancarle OR arrebatarle algo a alguien.

sneak [sni:k] ❖ n *UK inf* acusica *mf*, chivato *m*, -ta *f*. ❖ vt (US *pt* snuck) pasar a escondidas / *she tried to sneak the cakes out of the cupboard* intentó sacar los pasteles del armario a hurtadillas / *she sneaked him into her bedroom* lo coló en su dormitorio. ❖ vi (US *pt* snuck) ▸ **to sneak in/out** entrar/salir a escondidas / *he sneaked in without paying* se coló sin pagar / *don't try and sneak off!* ¡no intentes escabullirte!

sneaker ['sni:kəʳ] n US playera *f*.

sneaky ['sni:kɪ] adj *inf* solapado(da).

sneer [snɪəʳ] vi [smile unpleasantly] sonreír con desprecio.

sneeze [sni:z] vi estornudar.

snickerdoodle ['snɪkədu:dl] n US CULIN galleta de canela.

snide [snaɪd] adj sarcástico(ca).

sniff [snɪf] ❖ vt **1.** [smell] oler **2.** [drug] esnifar. ❖ vi [to clear nose] sorber por la nariz.

snigger ['snɪgəʳ] ❖ n risa *f* disimulada. ❖ vi reírse por lo bajo.

snip [snɪp] ❖ n *inf* [bargain] ganga *f*. ❖ vt cortar con tijeras.

sniper ['snaɪpəʳ] n francotirador *m*, -ra *f*.

snippet ['snɪpɪt] n retazo *m* / *snippet of information* un dato aislado.

snivel ['snɪvl] (**UK** *pt & pp* -**led**, *cont* -**ling**, **US** *pt & pp* -**ed**, *cont* -**ing**) vi lloriquear.

snob [snɒb] n esnob *mf*.

snobbish ['snɒbɪʃ], **snobby** ['snɒbɪ] adj esnob.

snooker ['snu:kə^r] n snooker *m* ; *juego parecido al billar.*

snoop [snu:p] vi *inf* : *to snoop (around)* fisgonear.

snooty ['snu:tɪ] adj engreído(da).

snooze [snu:z] ❖ n cabezada *f* / *to have a snooze* echar una cabezada. ❖ vi dormitar.

snore [snɔ:^r] ❖ n ronquido *m*. ❖ vi roncar.

snoring ['snɔ:rɪŋ] n (*U*) ronquidos *mpl*.

snorkel ['snɔ:kl] n tubo *m* respiratorio.

snorkelling **UK**, **snorkeling** **US** ['snɔ:klɪŋ] n buceo *m* con tubo / *to go snorkelling* bucear con tubo.

snort [snɔ:t] ❖ n resoplido *m*. ❖ vi resoplar.

snot [snɒt] n *inf* mocos *mpl*.

snout [snaʊt] n hocico *m*.

snow [snəʊ] ❖ n nieve *f*. ❖ impers vb nevar / *it's snowing* está nevando.

snowball ['snəʊbɔ:l] ❖ n bola *f* de nieve. ❖ vi *fig* aumentar rápidamente.

snowboard ['snəʊbɔ:d] n snowboard *m*.

snowboarding ['snəʊbɔ:dɪŋ] n snowboard *m* ▶ *to go snowboarding* hacer snowboard.

snowbound ['snəʊbaʊnd] adj bloqueado(da) por la nieve.

snowdrift ['snəʊdrɪft] n montón *m* de nieve.

snowdrop ['snəʊdrɒp] n campanilla *f* blanca.

snowfall ['snəʊfɔ:l] n nevada *f*.

snowflake ['snəʊfleɪk] n copo *m* de nieve.

snowman ['snəʊmæn] (*pl* -**men**) n muñeco *m* de nieve.

snowplough **UK**, **snowplow** **US** ['snəʊplaʊ] n quitanieves *m inv*.

snowshoe ['snəʊʃu:] n raqueta *f* de nieve.

snowstorm ['snəʊstɔ:m] n tormenta *f* de nieve.

SNP n *abbr of* **Scottish National Party**.

Snr, snr (*abbr of* **senior**) sén.

snub [snʌb] ❖ n desaire *m*. ❖ vt desairar.

snuck [snʌk] **US** *pt* ⟶ **sneak**.

snuff [snʌf] n [tobacco] rapé *m*.

snug [snʌg] adj **1.** [person] cómodo y calentito (cómoda y calentita) ; [feeling] de bienestar **2.** [place] acogedor(ra) **3.** [close-fitting] ajustado(da).

snuggle ['snʌgl] vi ▶ *to snuggle up to sb* arrimarse a alguien acurrucándose.

so [səʊ] ❖ adv **1.** [to such a degree] tan / *so difficult (that)* tan difícil (que) / *don't be so stupid!* ¡no seas bobo! / *I wish he wouldn't talk*

so much ojalá no hablara tanto / *I've never seen so much money / many cars* en mi vida he visto tanto dinero/tantos coches / *thank you so much* muchísimas gracias / *it's about so high* es así de alto **2.** [in referring back to previous statement, event etc] : *so what's the point then?* entonces ¿qué sentido tiene? / *so you knew already?* ¿así que ya lo sabías? ▶ **I don't think so** no creo, me parece que no ▶ **I'm afraid so** me temo que sí ▶ **if so** si es así, de ser así ▶ **is that so?** ¿es cierto?, ¿es así? **3.** [also] también ▶ **so can I** y yo (también puedo) ▶ **so do I** y yo (también) / *she speaks French and so does her husband* ella habla francés y su marido también **4.** [in such a way] ▶ **(like) so** así, de esta forma **5.** [in expressing agreement] ▶ **so there is!** ¡pues (sí que) es verdad!, ¡sí que lo hay, sí! ▶ **so I see** ya lo veo **6.** [unspecified amount, limit] : *they pay us so much a week* nos pagan tanto a la semana / *it's not so much the money as the time involved* no es tanto el dinero como el tiempo que conlleva / *they didn't so much as say thank you* ni siquiera dieron las gracias ▶ **or so** o así. ❖ conj **1.** [with the result that, therefore] así que, por lo tanto **2.** [to introduce a statement] (bueno) pues / *so what have you been up to?* bueno, ¿y qué has estado haciendo? / *so that's who she is!* ¡anda! ¡o sea que ella! ▶ **so what?** *inf* ¿y qué? ▶ **so there** *inf* ¡(y si no te gusta,) te chinchas! ◆ **and so on, and so forth** adv y cosas por el estilo. ◆ **so as** conj para / *we didn't knock so as not to disturb them* no llamamos para no molestarlos. ◆ **so far** conj [up to now] hasta ahora / *so far, so good* por ahora todo bien. ◆ **so that** conj para que / *he lied so that she would go free* mintió para que ella saliera en libertad.

soak [səʊk] ❖ vt **1.** [leave immersed] poner en remojo **2.** [wet thoroughly] empapar. ❖ vi **1.** [become thoroughly wet] ▶ *to leave sthg to soak, to let sthg soak* dejar algo en remojo **2.** [spread] ▶ *to soak into* OR *through sthg* calar algo. ◆ **soak up** vt sep [liquid] absorber.

soaking ['səʊkɪŋ] adj empapado(da) / *to be soaking wet* estar empapado.

so-and-so n *inf* **1.** [to replace a name] fulano *m*, -na *f* de tal **2.** [annoying person] hijo *m*, -ja *f* de tal.

soap [səʊp] n **1.** (*U*) [for washing] jabón *m* **2.** TV culebrón *m*.

soap flakes pl n escamas *fpl* de jabón.

soap opera n culebrón *m*.

soap powder n jabón *m* en polvo.

soapsuds ['səʊpsʌdz] pl n espuma *f* de jabón, jabonaduras *fpl*.

soapy ['səʊpɪ] adj [full of soap] jabonoso(sa).

soar [sɔːʳ] vi **1.** [bird] remontar el vuelo **2.** [rise into the sky] elevarse **3.** [increase rapidly] alcanzar cotas muy altas.

sob [sɒb] ❖ n sollozo *m*. ❖ vi sollozar.

sober ['səʊbəʳ] adj **1.** [gen] sobrio(bria) **2.** [serious] serio(ria). ◆ **sober up** vi pasársele a uno la borrachera.

sobering ['səʊbərɪŋ] adj que hace reflexionar / *it was a sobering thought* dio mucho que pensar.

so-called [-kɔːld] adj **1.** [expressing scepticism] mal llamado(da), supuesto(ta) **2.** [widely known as] así llamado(da).

soccer ['sɒkəʳ] n (*U*) fútbol *m*.

sociable ['səʊʃəbl] adj sociable.

social ['səʊʃl] adj social.

social club n club *m* social.

socialism ['səʊʃəlɪzm] n socialismo *m*.

socialist ['səʊʃəlɪst] ❖ adj socialista. ❖ n socialista *mf*.

socialize, socialise ['səʊʃəlaɪz] vi ▸ **to socialize (with)** alternar (con).

socially ['səʊʃəlɪ] adv **1.** [relating to society] socialmente **2.** [outside business] fuera del trabajo / *we don't meet socially* no tenemos relación fuera del trabajo.

social media n INTERNET medios *mpl* sociales.

social network n INTERNET red *f* social.

social networking n INTERNET redes *fpl* sociales.

social security n seguridad *f* social.

social services pl n servicios *mpl* sociales.

social welfare, social work n (*U*) trabajo *m* social, asistencia *f* social.

social worker n asistente *m*, -ta *f* social.

society [sə'saɪətɪ] n **1.** [gen] sociedad *f* **2.** [club, organization] sociedad *f*, asociación *f*.

sociology [ˌsəʊsɪ'ɒlədʒɪ] n sociología *f*.

sock [sɒk] n calcetín *m*, media *f* Amé.

socket ['sɒkɪt] n **1.** ELEC enchufe *m* **2.** [of eye] cuenca *f*; [of joint] glena *f*.

sod [sɒd] n **1.** [of turf] tepe *m* **2.** *v inf* [person] cabroncete *m*.

soda ['səʊdə] n **1.** [gen] soda *f* **2.** US [fizzy drink] gaseosa *f*.

soda water n soda *f*.

sodden ['sɒdn] adj empapado(da).

sodium ['səʊdɪəm] n sodio *m*.

sofa ['səʊfə] n sofá *m*.

soft [sɒft] adj **1.** [pliable, not stiff, not strict] blando(da) / *to go soft* ablandarse **2.** [smooth, gentle, not bright] suave.

softball ['sɒftbɔːl] n *juego parecido al béisbol jugado en un campo más pequeño y con una pelota más blanda.*

soft drink n refresco *m*.

soften ['sɒfn] ❖ vt suavizar. ❖ vi **1.** [substance] ablandarse **2.** [expression] suavizarse.

softhearted [ˌsɒft'hɑːtɪd] adj de buen corazón.

softly ['sɒftlɪ] adv **1.** [gently] con delicadeza **2.** [quietly, not brightly] suavemente **3.** [leniently] con indulgencia.

soft-spoken adj de voz suave.

software ['sɒftweəʳ] n COMPUT software *m*.

software licence n COMPUT licencia *f* de software.

soggy ['sɒgɪ] adj *inf* empapado(da).

soil [sɔɪl] ❖ n [earth] tierra *f*, suelo *m*. ❖ vt ensuciar.

soiled [sɔɪld] adj sucio(cia).

solace ['sɒləs] n *liter* consuelo *m*.

solar ['səʊləʳ] adj solar / *solar eclipse* eclipse de sol.

solar power n energía *f* solar.

sold [səʊld] pt & pp ⟶ **sell**.

solder ['səʊldəʳ] ❖ n (*U*) soldadura *f*. ❖ vt soldar.

soldier ['səʊldʒəʳ] n soldado *m*. ◆ **soldier on** vi UK seguir adelante a pesar de las dificultades.

sold out adj agotado(da) / *the theatre was sold out* se agotaron las localidades / *all the shops were sold out of lemons* se habían agotado los limones en todas las tiendas.

sole [səʊl] ❖ adj **1.** [only] único(ca) **2.** [exclusive] exclusivo(va). ❖ n **1.** (*pl* -s) [of foot] planta *f*; [of shoe] suela *f* **2.** (*pl inv*) [fish] lenguado *m*.

solely ['səʊllɪ] adv únicamente.

solemn ['sɒləm] adj solemne.

solicit [sə'lɪsɪt] ❖ vt *fml* [request] solicitar. ❖ vi [prostitute] ofrecer sus servicios.

solicitor [sə'lɪsɪtəʳ] n UK LAW *abogado que lleva casos administrativos y legales, pero que no acude a los tribunales superiores.*

solid ['sɒlɪd] ❖ adj **1.** [gen] sólido(da) **2.** [rock, wood, gold] macizo(za) **3.** [reliable, respectable] serio(ria), formal **4.** [without interruption] sin interrupción / *it rained for two solid weeks* llovió sin parar durante dos semanas. ❖ n sólido *m* / *to be on solids* [baby] estar tomando alimentos sólidos.

solidarity [ˌsɒlɪ'dærətɪ] n solidaridad *f*.

solitaire [ˌsɒlɪ'teəʳ] n **1.** [jewel, board game] solitario *m* **2.** US [card game] solitario *m*.

solitary ['sɒlɪtrɪ] adj solitario(ria).

solitary confinement n ▸ **to be in solitary confinement** estar incomunicado(da) (en la cárcel).

solitude ['sɒlɪtjuːd] n soledad *f*.

solo ['səʊləʊ] ❖ adj & adv a solas ▸ **solo parent** a) [father] padre *m* soltero b) [mother] madre *f* soltera. ❖ n (*pl* -s) solo *m*.

soloist ['səʊləʊɪst] n solista *mf*.

soluble ['sɒljʊbl] adj soluble.

solution [sə'lu:ʃn] n ▸ **solution (to)** solución f (a).

solve [sɒlv] vt resolver.

solvent ['sɒlvənt] ◈ adj FIN solvente. ◈ n disolvente m.

Somalia [sə'mɑːlɪə] n Somalia.

sombre UK, **somber** US ['sɒmbər] adj sombrío(a).

some [sʌm] ◈ adj **1.** [a certain amount, number of] : *would you like some coffee?* ¿quieres café? / *give me some money* dame algo de dinero / *there are some good articles in it* tiene algunos artículos buenos / *I bought some socks* **a)** [one pair] me compré unos calcetines **b)** [more than one pair] me compré calcetines **2.** [fairly large number or quantity of] : *I've known him for some years* lo conozco desde hace bastantes años / *I had some difficulty getting here* me costó lo mío llegar aquí **3.** *(contrastive use)* [certain] algunos(as) / *some jobs are better paid than others* algunos trabajos están mejor pagados que otros / *some people say that ...* los hay que dicen que ... / *in some ways* en cierto modo **4.** [in imprecise statements] algún(una) / *there must be some mistake* debe haber un OR algún error / *she married some writer or other* se casó con no sé qué escritor / *someday* algún día **5.** inf [very good] menudo(da) / *that's some car he's got* ¡menudo coche tiene! / *some help you are!* iro [not very good] ¡menuda OR valiente ayuda me das! ◈ pron **1.** [a certain amount] : *can I have some?* [money, milk, coffee etc] ¿puedo coger un poco? ▸ **some of** parte de **2.** [a certain number] algunos(as) / *can I have some?* [books, potatoes etc] ¿puedo coger algunos? / *some (of them) left early* algunos se fueron temprano / *some say he lied* hay quien dice que mintió. ◈ adv **1.** unos(as) / *there were some 7,000 people there* había unas 7.000 personas **2.** US [slightly] algo, un poco / *shall I turn it up some?* ¿lo subo algo or un poco?

somebody ['sʌmbədɪ] pron alguien / *somebody or other* alguien.

someday ['sʌmdeɪ] adv algún día.

somehow ['sʌmhaʊ], **someway** US ['sʌmweɪ] adv **1.** [by some action] de alguna manera / *somehow or other* de un modo u otro **2.** [for some reason] por alguna razón.

someone ['sʌmwʌn] pron alguien ▸ *someone or other* alguien, no sé quién.

someplace US = **somewhere**.

somersault ['sʌməsɔːlt] n [in air] salto m mortal ; [on ground] voltereta f.

something ['sʌmθɪŋ] ◈ pron algo ▸ *or something* algo así / *something or other* alguna cosa. ◈ adv ▸ *something like, something in the region of* algo así como.

sometime ['sʌmtaɪm] adv en algún momento / *sometime or other* en algún momento / *sometime next week* durante la semana que viene.

sometimes ['sʌmtaɪmz] adv a veces.

someway US = **somehow**.

somewhat ['sʌmwɒt] adv fml algo.

somewhere UK ['sʌmweər], **someplace** US ['sʌmpleɪs] adv **1.** [unknown place - with verbs of position] en alguna parte ; [- with verbs of movement] a alguna parte ▸ *it's somewhere else* está en otra parte / *it's somewhere in the kitchen* está en alguna parte de la cocina ▸ *shall we go somewhere else?* ¿nos vamos a otra parte? / *I need somewhere to spend the night* necesito un lugar donde pasar la noche **2.** [in approximations] : *somewhere between five and ten* entre cinco y diez / *somewhere around 20* alrededor de 20 / *he's somewhere in his fifties* tiene cincuenta años y pico.

son [sʌn] n hijo m.

song [sɒŋ] n **1.** [gen] canción f ▸ *to make a song and dance about sthg* inf armar la de Dios es Cristo sobre algo **2.** [of bird] canto m.

sonic ['sɒnɪk] adj sónico(ca).

son-in-law (*pl* sons-in-law *or* son-in-laws) n yerno m.

sonnet ['sɒnɪt] n soneto m.

sonny ['sʌnɪ] n inf hijo m, chico m.

soon [su:n] adv pronto / *how soon will it be ready?* ¿para cuándo estará listo? ▸ *soon after* poco después ▸ *as soon as* tan pronto como ▸ *as soon as possible* cuanto antes / *see you soon* hasta pronto.

sooner ['su:nər] adv **1.** [in time] antes ▸ *no sooner did he arrive than ...* apenas había llegado cuando ... / *no sooner said than done* dicho y hecho ▸ *sooner or later* (más) tarde o (más) temprano ▸ *the sooner the better* cuanto antes mejor **2.** [expressing preference] ▸ *I'd sooner (not) ...* preferiría (no) ...

soot [sʊt] n hollín m.

soothe [su:ð] vt **1.** [pain] aliviar **2.** [nerves etc] calmar.

sophisticated [sə'fɪstɪkeɪtɪd] adj [gen] sofisticado(da).

sophomore ['sɒfəmɔːr] n US estudiante mf del segundo curso.

soporific [ˌsɒpə'rɪfɪk] adj soporífico(ca).

sopping ['sɒpɪŋ] adj ▸ *sopping (wet)* chorreando.

soppy ['sɒpɪ] adj inf & pej sentimentaloide.

soprano [sə'prɑːnəʊ] (*pl* -s) n soprano f.

sorbet ['sɔːbeɪ] n sorbete m / *lemon sorbet* sorbete de limón.

sorcerer ['sɔːsərər] n brujo m, -ja f.

sordid ['sɔːdɪd] adj **1.** [immoral] obsceno(na) **2.** [dirty, unpleasant] sórdido(da).

sore [sɔːʳ] ❖ adj **1.** [painful] dolorido(da) ▶ to have a sore throat tener dolor de garganta **2.** US [upset] enfadado(da) / to get sore enfadarse. ❖ n llaga f, úlcera f.

sorely ['sɔːlɪ] adv liter enormemente.

sorrow ['sɒrəʊ] n pesar m, pena f.

sorry ['sɒrɪ] ❖ adj **1.** [expressing apology] ▶ to be sorry about sthg sentir OR lamentar algo ▶ I'm sorry for what I did siento lo que hice ▶ I'm sorry lo siento ▶ I'm sorry if I'm disturbing you OR to disturb you siento molestarte **2.** [expressing shame, disappointment] ▶ to be sorry that sentir que ▶ we were sorry about his resignation sentimos que dimitiera ▶ to be sorry for arrepentirse de **3.** [expressing regret] : I'm sorry to have to say that ... siento tener que decir que ... **4.** [expressing pity] ▶ to be OR feel sorry for o.s. sentir lástima de uno mismo (una misma) **5.** [expressing polite disagreement] ▶ I'm sorry, but ... perdón, pero ... **6.** [poor, pitiable] lamentable, penoso(sa) / it was a sorry sight tenía un aspecto horrible. ❖ excl **1.** [I apologise] : sorry! ¡perdón! **2.** [pardon] ▶ sorry? ¿perdón? **3.** [to correct oneself] : a girl, sorry, a woman una chica, perdón, una mujer.

sort [sɔːt] ❖ n tipo m, clase f / what sort of computer have you got? ¿qué tipo de ordenador tienes? ▶ all sorts of todo tipo de ▶ sort of más o menos, así así ▶ a sort of una especie de / she did nothing of the sort no hizo nada por el estilo. ❖ vt clasificar. ◆ sort out vt sep **1.** [classify] clasificar **2.** [solve] solucionar, resolver.

sorting office ['sɔːtɪŋ-] n oficina de clasificación del correo.

SOS (abbr of save our souls) n SOS m / to send an SOS lanzar un SOS.

so-so adj & adv inf así así.

soufflé ['suːfleɪ] n suflé m / a cheese soufflé un suflé de queso.

sought [sɔːt] pt & pp ⟶ seek.

soul [səʊl] n **1.** [gen] alma f **2.** [music] música f soul.

soul-destroying [-dɪˌstrɔɪɪŋ] adj desmoralizador(ra).

soulful ['səʊlfʊl] adj lleno(na) de sentimiento.

sound [saʊnd] ❖ adj **1.** [healthy] sano(na) **2.** [sturdy] sólido(da) **3.** [reliable] fiable, seguro(ra). ❖ adv ▶ to be sound asleep estar profundamente dormido(da). ❖ n **1.** [gen] sonido m **2.** [particular noise] ruido m **3.** [impression] ▶ by the sound of it por lo que parece. ❖ vt [bell etc] hacer sonar, tocar. ❖ vi **1.** [gen] sonar **2.** [give impression] : it sounds interesting parece interesante ▶ it sounds like fun suena divertido.

◆ **sound out** vt sep ▶ to sound sb out (on OR about) sondear a alguien (sobre).

sound barrier n barrera f del sonido.

sound card n COMPUT tarjeta f de sonido.

sound effects pl n efectos mpl sonoros.

sounding ['saʊndɪŋ] n NAUT sondeo m marino.

soundly ['saʊndlɪ] adv **1.** [severely - beat] totalmente **2.** [deeply] profundamente.

soundproof ['saʊndpruːf] adj insonorizado(da).

soundtrack ['saʊndtræk] n banda f sonora.

soup [suːp] n [thick] sopa f; [clear] caldo m.

soup plate n plato m hondo OR sopero.

soup spoon n cuchara f sopera.

sour [saʊəʳ] ❖ adj **1.** [acidic] ácido(da) **2.** [milk, person, reply] agrio(gria). ❖ vt agriar.

source [sɔːs] n **1.** [gen] fuente f **2.** [cause] origen m.

sour grapes n (U) inf ▶ it's sour grapes! ¡están verdes!

south [saʊθ] ❖ n **1.** [direction] sur m **2.** [region] ▶ the South el sur ▶ the Deep South [in the US] el Sur profundo (Alabama, Florida, Georgia, Luisiana, Misisipi, Carolina del Sur y la zona este de Texas). ❖ adj del sur. ❖ adv ▶ south (of) al sur (de).

South Africa n ▶ (the Republic of) South Africa (la República de) Suráfrica.

South African ❖ adj surafricano(na). ❖ n [person] surafricano m, -na f.

South America n Sudamérica.

South American ❖ adj sudamericano(na). ❖ n [person] sudamericano m, -na f.

southeast [ˌsaʊθˈiːst] ❖ n **1.** [direction] sudeste m **2.** [region] ▶ the Southeast el sudeste. ❖ adj del sudeste. ❖ adv ▶ southeast (of) hacia el sudeste (de).

southerly ['sʌðəlɪ] adj del sur.

southern ['sʌðən] adj del sur, sureño(ña) / the southern hemisphere el hemisferio sur.

South Korea n Corea del Sur.

South Pole n ▶ the South Pole el polo Sur.

southward ['saʊθwəd] ❖ adj sur. ❖ adv = southwards.

southwards ['saʊθwədz], **southward** adv hacia el sur.

southwest [ˌsaʊθˈwest] ❖ n **1.** [direction] suroeste m **2.** [region] ▶ the Southwest el suroeste. ❖ adj del suroeste. ❖ adv ▶ southwest (of) hacia el suroeste (de).

souvenir [ˌsuːvəˈnɪəʳ] n recuerdo m.

sovereign ['sɒvrɪn] ❖ adj soberano(na). ❖ n **1.** [ruler] soberano m, -na f **2.** [coin] soberano m.

sovereignty ['sɒvrɪntɪ] n soberanía f.

Soviet ['səʊvɪət] ❖ adj soviético(ca). ❖ n [person] soviético m, -ca f.

Soviet Union n ▶ **the (former) Soviet Union** la (antigua) Unión Soviética.

sow[1] [səʊ] (pt -ed, pp sown or -ed) vt lit & fig sembrar.

sow[2] [saʊ] n cerda f, puerca f, chancha f Am.

sown [səʊn] pp → sow.

soya ['sɔɪə] n soja f.

soy(a) bean ['sɔɪ(ə)-] n US semilla f de soja, frijol m de soja Am, porot m de soja Andes.

spa [spɑː] n balneario m.

spa bath n bañera f de hidromasaje.

space [speɪs] ❖ n espacio m / there isn't enough space for it no hay suficiente espacio para ello / in the space of 30 minutes en el espacio de 30 minutos. ❖ vt espaciar. ◆ **space out** vt sep [arrange with spaces between] espaciar.

spacecraft ['speɪskrɑːft] (pl inv) n nave f espacial.

spaceman ['speɪsmæn] (pl -men) n inf astronauta m.

spaceship ['speɪsʃɪp] n nave f espacial.

space shuttle n transbordador m espacial.

spacesuit ['speɪssuːt] n traje m espacial.

space tourism n turismo m espacial.

spacing ['speɪsɪŋ] n TYPO espacio m / double spacing doble espacio.

spacious ['speɪʃəs] adj espacioso(sa).

spade [speɪd] n [tool] pala f.
◆ **spades** pl n picas fpl.

spaghetti [spə'getɪ] n (U) espaguetis mpl.

Spain [speɪn] n España.

spam [spæm] ❖ n COMPUT correo m basura. ❖ vt COMPUT enviar correo basura a.

spammer ['spæmər] n COMPUT spammer m.

spamming ['spæmɪŋ] n (U) COMPUT spamming m, envío m de correo basura.

span [spæn] ❖ pt → spin. ❖ n 1. [in time] lapso m, periodo m 2. [range] gama f 3. [of wings] envergadura f 4. [of bridge, arch] ojo m. ❖ vt 1. [in time] abarcar 2. [bridge etc] cruzar, atravesar.

Spaniard ['spænjəd] n español m, -la f.

spaniel ['spænjəl] n perro m de aguas.

Spanish ['spænɪʃ] ❖ adj español(la). ❖ n [language] español m, castellano m. ❖ pl n [people] ▶ **the Spanish** los españoles.

spank [spæŋk] vt zurrar.

spanner ['spænər] n llave f inglesa.

spar [spɑːr] ❖ n palo m, verga f. ❖ vi [in boxing] ▶ **to spar (with)** entrenarse (con).

spare [speər] ❖ adj 1. [surplus] de sobra 2. [free - chair, time] libre / I've got a spare pen you can borrow tengo un bolígrafo de sobra que te puedo prestar / have you got a spare minute? ¿tienes un minuto? / there's one going spare

sobra uno 3. inf [crazy] : to go spare volverse loco(ca). ❖ n 1. [extra one] : I always carry a spare siempre llevo uno de sobra 2. inf [part] pieza f de recambio OR repuesto. ❖ vt 1. [time] conceder; [money] dejar / we can't spare any time / money no tenemos tiempo / dinero ▶ **to spare** de sobra 2. [not harm - person, life] perdonar / they spared his life le perdonaron la vida; [company, city] salvar 3. [not use, need help] ▶ **to spare no expense / effort** no escatimar gastos / esfuerzos 4. [save from] ▶ **to spare sb sthg** ahorrarle a alguien algo / you've spared me the trouble me has ahorrado la molestia.

spare part n AUTO pieza f de recambio OR repuesto.

spare time n tiempo m libre.

spare wheel n rueda f de recambio.

sparing ['speərɪŋ] adj ▶ **to be sparing with** OR **of** ser parco(ca) en.

sparingly ['speərɪŋlɪ] adv con moderación.

spark [spɑːk] n lit & fig chispa f. ◆ **spark up** vt sep inf desatar.

sparkle ['spɑːkl] ❖ n (U) [of diamond] destello m; [of eyes] brillo m. ❖ vi [star, jewels] centellear; [eyes] brillar.

sparkling ['spɑːklɪŋ] adj 1. [diamond, glass] centelleante; [eyes] brillante 2. fig [person, conversation] vivaz.

sparkling wine ['spɑːklɪŋ-] n vino m espumoso.

spark plug n bujía f.

sparrow ['spærəʊ] n gorrión m.

sparse [spɑːs] adj escaso(sa).

spasm ['spæzm] n 1. MED [state] espasmo m 2. MED [attack] acceso m.

spastic ['spæstɪk] n MED espástico m, -ca f.

spat [spæt] pt & pp → spit.

spate [speɪt] n cadena f, serie f.

spatter ['spætər] vt salpicar.

spawn [spɔːn] ❖ n (U) huevas fpl. ❖ vt fig engendrar. ❖ vi desovar, frezar.

speak [spiːk] ❖ vt (pt spoke, pp spoken) 1. [say] decir / to speak one's mind decir lo que se piensa 2. [language] hablar / can you speak French? ¿hablas francés? ❖ vi (pt spoke, pp spoken) hablar ▶ **to speak to** OR **with** hablar con ▶ **to speak to sb (about)** hablar con alguien (de) ▶ **to speak about** hablar de ▶ **nobody / nothing to speak of** nadie / nada especial / we aren't speaking [we aren't friends] no nos hablamos. ◆ **so to speak** adv por así decirlo. ◆ **speak for** vt insep [represent] hablar en nombre de. ◆ **speak out** vi ▶ **to speak out (against / in favour of)** hablar claro (en contra de / a favor de). ◆ **speak up** vi 1. [speak out] ▶ **to speak up for** salir en defensa de 2. [speak louder] hablar más alto.

speaker ['spi:kər] n **1.** [person talking] persona f que habla **2.** [person making a speech -at meal etc] orador m, -ra f ; [-at conference] conferenciante mf **3.** [of a language] hablante mf / English speakers angloparlantes **4.** [of radio] altavoz m.

speaking ['spi:kɪŋ] ◇ adv : generally speaking en general / legally speaking desde una perspectiva legal. ◇ adj : we are not on speaking terms no nos dirigimos la palabra.

spear [spɪər] ◇ n [gen] lanza f ; [for hunting] jabalina f. ◇ vt [animal] atravesar ; [piece of food] pinchar.

spearhead ['spɪəhed] vt encabezar.

spec [spek] n UK inf ▶ to buy on spec comprar sin garantías.

special ['speʃl] adj **1.** [gen] especial **2.** [particular, individual] particular.

special delivery n correo m urgente.

specialist ['speʃəlɪst] ◇ adj [doctor] especialista ; [literature] especializado(da). ◇ n especialista mf.

speciality [,speʃɪ'ælətɪ], **specialty** US ['speʃltɪ] n especialidad f.

specialize, **specialise** ['speʃəlaɪz] vi ▶ to specialize (in) especializarse (en).

specially ['speʃəlɪ] adv especialmente.

special needs pl n : special needs children niños con necesidades especiales.

specialty US = **speciality**.

species ['spi:ʃiːz] (pl inv) n especie f.

specific [spə'sɪfɪk] adj **1.** [particular] determinado(da) **2.** [precise] específico(ca) **3.** [unique] ▶ specific to específico(ca) de.

specifically [spə'sɪfɪklɪ] adv **1.** [particularly] expresamente **2.** [precisely] específicamente.

specify ['spesɪfaɪ] vt ▶ to specify (that) especificar (que).

specimen ['spesɪmən] n **1.** [example] espécimen m, ejemplar m **2.** [sample] muestra f.

speck [spek] n **1.** [small stain] manchita f **2.** [small particle] mota f.

speckled ['spekld] adj ▶ speckled (with) moteado(da) (de), con manchas (de).

specs [speks] pl n UK inf [glasses] gafas fpl.

spectacle ['spektəkl] n **1.** [sight] espectáculo m / to make a spectacle of o.s. dar el espectáculo. ◆ **spectacles** pl n UK gafas fpl.

spectacular [spek'tækjʊlər] adj espectacular.

spectator [spek'teɪtər] n espectador m, -ra f.

spectre UK, **specter** US ['spektər] n lit & fig fantasma m.

spectrum ['spektrəm] (pl -tra) n **1.** [gen] espectro m **2.** fig [variety] gama f.

speculate ['spekjʊleɪt] vi especular.

speculation [,spekjʊ'leɪʃn] n especulación f.

sped [sped] pt & pp —→ **speed**.

speech [spi:tʃ] n **1.** [gen] habla f **2.** [formal talk] discurso m ▶ to give OR make a speech (on sthg to sb) pronunciar un discurso (sobre algo a alguien) **3.** [manner of speaking] manera f de hablar **4.** [dialect] dialecto m, habla f.

speechless ['spi:tʃlɪs] adj ▶ to be speechless (with) enmudecer (de).

speed [spi:d] ◇ n **1.** [rate of movement] velocidad f ▶ at top speed a toda velocidad / at a speed of 30 mph a una velocidad de 30 millas por hora **2.** [rapidity] rapidez f. ◇ vi (pt & pp -ed or sped) **1.** [move fast] ▶ to speed (along / away / by) ir / alejarse / pasar a toda velocidad / to speed by [hours, years] pasar volando **2.** AUTO [go too fast] conducir con exceso de velocidad. ◆ **speed up** ◇ vt sep [gen] acelerar ; [person] meter prisa a. ◇ vi [gen] acelerarse ; [person] darse prisa.

speedboat ['spi:dbəʊt] n lancha f motora.

speed bump n badén m, resalto m.

speed camera n radar m.

speed dating n citas fpl rápidas, speed dating m.

speed-dial button n [on phone, fax] botón m de marcado abreviado.

speed-dialling UK, **speed-dialing** US n (U) TELEC marcado m rápido.

speeding ['spi:dɪŋ] n (U) exceso m de velocidad.

speed limit n límite m de velocidad.

speedometer [spɪ'dɒmɪtər] n velocímetro m.

speedway ['spi:dweɪ] n **1.** (U) SPORT carreras fpl de moto **2.** US [road] autopista f.

speedy ['spi:dɪ] adj rápido(da).

spell [spel] ◇ n **1.** [of time] temporada f ; [of weather] racha f / sunny spells intervalos de sol ▶ to go through a good / bad spell pasar una buena / mala racha **2.** [enchantment] hechizo m ▶ to cast OR put a spell on sb hechizar a alguien **3.** [magic words] conjuro m. ◇ vt (UK pt & pp spelt or -ed, US pt & pp -ed) **1.** [form by writing] deletrear / how do you spell that? ¿cómo se escribe eso? **2.** fig [signify] significar / to spell trouble augurar problemas. ◇ vi (UK pt & pp spelt or -ed, US pt & pp -ed) escribir correctamente / I can't spell cometo muchas faltas de ortografía. ◆ **spell out** vt sep **1.** [read aloud] deletrear **2.** [explain] ▶ to spell sthg out (for OR to sb) decir algo por las claras (a alguien).

spellbound ['spelbaʊnd] adj hechizado(da), embelesado(da) / to hold sb spellbound tener hechizado(da) a alguien.

spellcheck ['speltʃek] vt COMPUT pasar el corrector ortográfico a.

spellchecker ['speltʃekər] n COMPUT corrector m ortográfico.

spelling ['spelɪŋ] n ortografía f / the right / wrong spelling la grafía correcta / incorrecta

728

/ **to be good at spelling** tener buena ortografía
▸ **spelling mistake** falta *f* de ortografía.

spelt [spelt] UK pt & pp ⟶ **spell**.

spend [spend] (*pt & pp* **spent**) vt **1.** [gen] gastar
▸ **to spend sthg on** gastar algo en **2.** [time, life]
pasar / **to spend one's time doing sthg** pasar el
tiempo haciendo algo.

spending ['spendɪŋ] n (*U*) gasto *m*.

spendthrift ['spendθrɪft] n derrochador *m*, -ra *f*.

spent [spent] ⬥ pt & pp ⟶ **spend**. ⬥ adj
[matches, ammunition] usado(da) ; [patience]
agotado(da).

sperm [spɜ:m] (*pl inv or* -s) n esperma *m*.

spew [spju:] vt arrojar, escupir.

sphere [sfɪər] n **1.** [gen] esfera *f* **2.** [of people]
círculo *m*.

spice [spaɪs] n CULIN especia *f*.

spick-and-span [ˌspɪkən'spæn] adj inmacu-
lado(da).

spicy ['spaɪsɪ] adj *fig* [hot and peppery] picante ;
[with spices] con muchas especias.

spider ['spaɪdər] n araña *f*.

spike [spaɪk] n **1.** [on railing etc] punta *f* ; [on
wall] clavo *m* **2.** [on plant] pincho *m* ; [of hair]
pelo *m* de punta.

spiky ['spaɪkɪ] (*compar* -**ier**, *superl* -**iest**) adj
puntiagudo(da) ; [hair] erizado(da), en punta.

spill [spɪl] ⬥ vt (UK *pt & pp* **spilt** *or* -**ed**, US
pt & pp -**ed**) derramar, verter. ⬥ vi (UK *pt &
pp* **spilt** *or* -**ed**, US *pt & pp* -**ed**) [flow] derramarse, verterse.

spilt [spɪlt] UK pt & pp ⟶ **spill**.

spin [spɪn] ⬥ n **1.** [turn] vuelta *f* **2.** AERON
barrena *f* **3.** *inf* [in car] vuelta *f* / **to go for a spin**
ir a dar una vuelta. ⬥ vt (*pt* **span** *or* **spun**, *pp*
spun) **1.** [cause to rotate] girar, dar vueltas a
2. [clothes, washing] centrifugar **3.** [wool, yarn]
hilar. ⬥ vi (*pt* **span** *or* **spun**, *pp* **spun**) [ro-
tate] girar, dar vueltas / **to spin out of control**
[vehicle] comenzar a dar trompos. ◆ **spin out**
vt sep [story] alargar, prolongar ; [money] estirar.

spinach ['spɪnɪdʒ] n (*U*) espinacas *fpl*.

spinal column n columna *f* vertebral.

spinal cord n médula *f* espinal.

spindly ['spɪndlɪ] adj larguirucho(cha).

spin-dryer n UK centrifugadora *f*.

spine [spaɪn] n **1.** ANAT espina *f* dorsal **2.** [of
book] lomo *m* **3.** [spike, prickle] espina *f*, púa *f*.

spinning ['spɪnɪŋ] n hilado *m*.

spinning top n peonza *f*.

spin-off n [by-product] resultado *m* OR efecto *m*
indirecto.

spinster ['spɪnstər] n soltera *f*.

spiral ['spaɪərəl] ⬥ adj en espiral. ⬥ n [curve]
espiral *f*. ⬥ vi (UK *pt & pp* -**led**, *cont* -**ling**, US

pt & pp -**ed**, *cont* -**ing**) [move in spiral curve]
moverse en espiral.

spiral staircase n escalera *f* de caracol.

spire [spaɪər] n aguja *f*.

spirit ['spɪrɪt] n **1.** [gen] espíritu *m* **2.** [vigour]
vigor *m*, valor *m*. ◆ **spirits** pl n **1.** [mood] humor *m* ▸ **to be in high / low spirits** estar exul-
tante/alicaído **2.** [alcohol] licores *mpl*.

spirited ['spɪrɪtɪd] adj enérgico(ca).

spirit level n nivel *m* de burbuja de aire.

spiritual ['spɪrɪtʃʊəl] adj espiritual.

spit [spɪt] ⬥ n **1.** [saliva] saliva *f* **2.** [skewer]
asador *m*. ⬥ vi (UK *pt & pp* **spat**, US *pt & pp*
spit) escupir. ⬥ impers vb UK [rain lightly] ▸ **it's
spitting** está chispeando.

spite [spaɪt] ⬥ n rencor *m*. ⬥ vt fastidiar, molestar. ◆ **in spite of** prep a pesar de.

spiteful ['spaɪtfʊl] adj [person, behaviour] ren-
coroso(sa) ; [action, remark] malintencionado(da).

spittle ['spɪtl] n saliva *f*.

splash [splæʃ] ⬥ n **1.** [sound] chapoteo *m*
2. [of colour, light] mancha *f*. ⬥ vt salpicar.
⬥ vi **1.** [person] ▸ **to splash about** OR **around**
chapotear **2.** [water, liquid] ▸ **to splash on** OR
against sthg salpicar algo. ◆ **splash out** vi
inf ▸ **to splash out (on sthg)** gastar un dineral
(en algo).

spleen [spli:n] n ANAT bazo *m* ; *fig* [anger] cólera *f*.

splendid ['splendɪd] adj **1.** [marvellous] esplén-
dido(da) **2.** [magnificent, beautiful] magnífico(ca).

splendour UK, **splendor** US ['splendər] n
esplendor *m*.

splint [splɪnt] n tablilla *f*.

splinter ['splɪntər] ⬥ n [of wood] astilla *f* ;
[of glass, metal] fragmento *m*. ⬥ vi astillarse.

split [splɪt] ⬥ n **1.** [crack - in wood] grieta *f* ; [- in garment] desgarrón *m* **2.** [division]
▸ **split (in)** escisión *f* (en) **3.** [difference] ▸ **split
(between)** diferencia *f* (entre). ⬥ vt (*pt & pp*
split) **1.** [tear] desgarrar, rasgar ; [crack] agrietar
2. [break in two] partir **3.** [party, organization]
escindir **4.** [share] repartir. ⬥ vi (*pt & pp* **split**)
1. [break up - road] bifurcarse ; [- object] partirse **2.** [party, organization] escindirse **3.** [wood]
agrietarse ; [fabric] desgarrarse. ◆ **split up** vi
separarse.

split second n fracción *f* de segundo / **for a
split second** por una fracción de segundo.

splutter ['splʌtər] vi **1.** [person] balbucear
2. [fire, oil] chisporrotear.

spoil [spɔɪl] vt (*pt & pp* -**ed** *or* **spoilt**) **1.** [ruin]
estropear, echar a perder **2.** [child etc] mimar.
◆ **spoils** pl n botín *m*.

spoiled [spɔɪld] = **spoilt**.

spoilsport ['spɔɪlspɔ:t] n aguafiestas *m & f inv*.

spoilt [spɔɪlt] ❖ pt & pp ⟶ **spoil.**
❖ adj mimado(da), consentido(da), regalón(ona) **RP** **CHILE**.

spoke [spəʊk] ❖ pt ⟶ **speak.** ❖ n radio m.

spoken [ˈspəʊkn] pp ⟶ **speak.**

spokesman [ˈspəʊksmən] (pl -men) n portavoz m.

spokeswoman [ˈspəʊksˌwʊmən] (pl -women) n portavoz f.

sponge [spʌndʒ] ❖ n **1.** [for cleaning, washing] esponja f **2.** [cake] bizcocho m. ❖ vt (**UK** cont **spongeing**, **US** cont **sponging**) limpiar con una esponja. ❖ vi (**UK** cont **spongeing**, **US** cont **sponging**) inf ▶ **to sponge off** vivir a costa de.

sponge bag n **UK** neceser m.

sponge cake n bizcocho m, bizcochuelo m **VEN**.

sponger [ˈspʌndʒər] n inf & pej gorrón m, -ona f.

sponsor [ˈspɒnsər] ❖ n patrocinador m, -ra f. ❖ vt **1.** [gen] patrocinar **2.** [support] respaldar.

sponsored walk [ˌspɒnsəd-] n marcha f benéfica.

sponsorship [ˈspɒnsəʃɪp] n patrocinio m.

spontaneous [spɒnˈteɪnjəs] adj espontáneo(a).

spooky [ˈspuːkɪ] adj inf escalofriante.

spool [spuːl] n [gen & COMPUT] bobina f.

spoon [spuːn] n **1.** [piece of cutlery] cuchara f **2.** [spoonful] cucharada f.

spoon-feed vt [feed with spoon] dar de comer con cuchara a.

spoonful [ˈspuːnfʊl] (pl -s or **spoonsful** [ˈspuːnzfʊl]) n cucharada f.

sporadic [spəˈrædɪk] adj esporádico(ca).

sport [spɔːt] n [game] deporte m. ◆ **sports** comp deportivo(va).

sporting [ˈspɔːtɪŋ] adj lit & fig deportivo(va) ▶ **to give sb a sporting chance** dar a alguien la oportunidad de ganar.

sports car [ˈspɔːts-] n coche m deportivo, auto m sport, carro m sport **AM**.

sports jacket [ˈspɔːts-] n chaqueta f de esport.

sportsman [ˈspɔːtsmən] (pl -men) n deportista m.

sportsmanship [ˈspɔːtsmənʃɪp] n deportividad f.

sports utility vehicle n **US** todoterreno m utilitario.

sportswear [ˈspɔːtsweər] n ropa f deportiva.

sportswoman [ˈspɔːtsˌwʊmən] (pl -women) n deportista f.

sporty [ˈspɔːtɪ] adj inf [fond of sports] aficionado(da) a los deportes.

spot [spɒt] ❖ n **1.** [stain] mancha f, mota f; [dot] punto m **2.** [pimple] grano m **3.** [drop] gota f **4.** inf [bit, small amount] pizca f **5.** [place] lugar m ▶ **on the spot** en el lugar ▶ **to do sthg**

on the spot hacer algo en el acto **6.** RADIO & TV espacio m. ❖ vt [notice] notar, ver.

spot check n control m aleatorio.

spotless [ˈspɒtlɪs] adj [thing] inmaculado(da); [reputation] intachable.

spotlight [ˈspɒtlaɪt] n [of car] faro m auxiliar; [in theatre, home] foco m, reflector m de luz ▶ **to be in the spotlight** fig ser el centro de atención.

spotted [ˈspɒtɪd] adj de lunares.

spotty [ˈspɒtɪ] adj **UK** [skin] con granos.

spouse [spaʊs] n cónyuge mf.

spout [spaʊt] ❖ n [of teapot] pitorro m; [of jug] pico m. ❖ vi ▶ **to spout from** OR **out of a)** [liquid] salir a chorros de **b)** [smoke, flames] salir incesantemente de.

sprain [spreɪn] ❖ n torcedura f. ❖ vt torcerse.

sprang [spræŋ] pt ⟶ **spring.**

sprawl [sprɔːl] vi [sit] repantigarse, arrellanarse; [lie] echarse, tumbarse.

spray [spreɪ] ❖ n **1.** [small drops - of liquid] rociada f; [- of sea] espuma f; [- of aerosol] pulverización f **2.** [pressurized liquid] espray m **3.** [can, container - gen] atomizador m; [- for garden] pulverizador m **4.** [of flowers] ramo m. ❖ vt rociar, vaporizar.

spread [spred] ❖ n **1.** [soft food] ▶ **cheese spread** queso m para untar **2.** [of fire, disease] propagación f. ❖ vt (pt & pp **spread**) **1.** [rug, tablecloth] extender; [map] desplegar **2.** [legs, fingers etc] estirar **3.** [butter, jam] untar; [glue] repartir ▶ **to spread sthg over sthg** extender algo por algo **4.** [disease] propagar; [news] difundir, diseminar **5.** [wealth, work] repartir equitativamente. ❖ vi (pt & pp **spread**) **1.** [disease, fire, news] extenderse, propagarse **2.** [gas, cloud] esparcirse. ◆ **spread out** vi diseminarse, dispersarse.

spread-eagled [-ˌiːɡld] adj despatarrado(da).

spreadsheet [ˈspredʃiːt] n COMPUT hoja f de cálculo electrónica.

spree [spriː] n : a killing spree una matanza / **to go on a shopping spree** salir a comprar a lo loco.

sprightly [ˈspraɪtlɪ] adj ágil, activo(va).

spring [sprɪŋ] ❖ n **1.** [season] primavera f **2.** [coil] muelle m **3.** [jump] salto m **4.** [water source] manantial m, vertiente f **RP**. ❖ vi (pt **sprang**, pp **sprung**) **1.** [jump] saltar **2.** [move suddenly] moverse de repente ▶ **to spring into action** OR **to life** entrar inmediatamente en acción. ◆ **spring up** vi surgir de repente.

springboard [ˈsprɪŋbɔːd] n lit & fig trampolín m.

spring-clean vt limpiar a fondo.

spring onion n **UK** cebolleta f.

springtime [ˈsprɪŋtaɪm] n ▶ **in (the) springtime** en primavera.

springy [ˈsprɪŋɪ] adj [carpet, mattress, grass] mullido(da); [rubber] elástico(ca).

sprinkle ['sprɪŋkl] vt rociar, salpicar ▸ **to sprinkle sthg over** OR **on sthg, to sprinkle sthg with sthg** rociar algo sobre algo.

sprinkler ['sprɪŋklə'] n aspersor m.

sprint [sprɪnt] ❖ n **1.** SPORT esprint m **2.** [fast run] carrera f. ❖ vi SPORT esprintar ; [run fast] correr a toda velocidad.

sprout [spraut] ❖ n **1.** CULIN ▸ **(Brussels) sprouts** coles fpl de Bruselas **2.** [shoot] brote m, retoño m. ❖ vt [plant] echar. ❖ vi **1.** [plants, vegetables] crecer **2.** [leaves, shoots] brotar.

spruce [spru:s] ❖ adj pulcro(cra). ❖ n picea f. ◆ **spruce up** vt sep arreglar.

sprung [sprʌŋ] pp ⟶ **spring**.

spry [spraɪ] adj ágil, activo(va).

spun [spʌn] pt & pp ⟶ **spin**.

spur [spɜ:r] ❖ n **1.** [incentive] ▸ **spur (to sthg)** estímulo m (para conseguir algo) **2.** [on rider's boot] espuela f. ❖ vt [encourage] ▸ **to spur sb to do sthg** animar a alguien a hacer algo. ◆ **on the spur of the moment** adv sin pensarlo dos veces. ◆ **spur on** vt sep ▸ **to spur sb on** animar a alguien.

spurious ['spʊərɪəs] adj falso(sa).

spurn [spɜ:n] vt rechazar.

spurt [spɜ:t] ❖ n **1.** [of water] chorro m ; [of flame] llamarada f **2.** [of activity, effort] arranque m **3.** [of speed] acelerón m. ❖ vi [gush] ▸ **to spurt out of** OR **from) a)** [liquid] salir a chorros de **b)** [flame] salir incesantemente de.

spy [spaɪ] ❖ n espía mf. ❖ vt inf divisar. ❖ vi ▸ **to spy (on)** espiar (a), aguaitar (a) Am.

spying ['spaɪɪŋ] n espionaje m.

Sq., sq. written abbr of square.

squabble ['skwɒbl] ❖ n riña f. ❖ vi ▸ **to squabble (about** OR **over)** reñir (por).

squad [skwɒd] n **1.** [of police] brigada f **2.** MIL pelotón m **3.** [SPORT - of club] plantilla f, equipo m completo ; [- of national team] seleccionado m / the England squad el equipo inglés.

squadron ['skwɒdrən] n [of planes] escuadrilla f ; [of warships] escuadra f ; [of soldiers] escuadrón m.

squalid ['skwɒlɪd] adj [filthy] miserable, sórdido(da).

squall [skwɔ:l] n [storm] turbión m.

squalor ['skwɒlə'] n (U) miseria f.

squander ['skwɒndə'] vt [opportunity] desaprovechar ; [money] despilfarrar ; [resources] malgastar.

square [skweə'] ❖ adj **1.** [gen] cuadrado(da) / 4 square metres 4 metros cuadrados / the kitchen is 4 metres square la cocina mide 4 metros por 4 **2.** [not owing money] : we're square now ya estamos en paz. ❖ n **1.** [shape] cuadrado m

2. [in town, city] plaza f **3.** inf [unfashionable person] carroza mf. ❖ vt **1.** MATH elevar al cuadrado **2.** [balance, reconcile] : how can you square that with your principles? ¿cómo encajas esto con tus principios? ◆ **square up** vi [settle up] ▸ **to square up with** saldar cuentas con.

squarely ['skweəlɪ] adv [directly] justo, exactamente.

square meal n comida f satisfactoria.

squash [skwɒʃ] ❖ n **1.** [game] squash m **2.** UK [drink] zumo m **3.** US [vegetable] cucurbitácea f. ❖ vt [squeeze, flatten] aplastar.

squat [skwɒt] ❖ adj achaparrado(da). ❖ vi [crouch] ▸ **to squat (down)** agacharse, ponerse en cuclillas.

squatter ['skwɒtə'] n UK ocupante mf ilegal, squatter mf.

squawk [skwɔ:k] n [of bird] graznido m.

squeak [skwi:k] n **1.** [of animal] chillido m **2.** [of hinge] chirrido m.

squeal [skwi:l] vi **1.** [person, animal] chillar, gritar **2.** [brakes] chirriar.

squeamish ['skwi:mɪʃ] adj aprensivo(va).

squeeze [skwi:z] ❖ n [pressure] apretón m. ❖ vt **1.** [press firmly] apretar **2.** [force out - toothpaste] sacar (estrujando) ; [- juice] exprimir **3.** [cram] ▸ **to squeeze sthg into sthg a)** [into place] conseguir meter algo en algo **b)** [into time] arreglárselas para hacer algo en algo.

squelch [skweltʃ] vi ▸ **to squelch through mud** cruzar el barro chapoteando.

squid [skwɪd] n (pl inv or -s) n **1.** ZOOL calamar m **2.** (U) [food] calamares mpl.

squiggle ['skwɪgl] n garabato m.

squint [skwɪnt] ❖ n estrabismo m, bizquera f. ❖ vi ▸ **to squint at** mirar con los ojos entrecerrados.

squire ['skwaɪə'] n [landowner] terrateniente mf.

squirm [skwɜ:m] vi [wriggle] retorcerse.

squirrel [UK 'skwɪrəl, US 'skwɜ:rəl] n ardilla f.

squirt [skwɜ:t] ❖ vt [force out] sacar a chorro de. ❖ vi ▸ **to squirt out of** salir a chorro.

Sr written abbr of senior.

Sri Lanka [,sri:'læŋkə] n Sri Lanka.

St 1. (written abbr of saint) Sto. (Sta.) **2.** (written abbr of Street) c/.

stab [stæb] ❖ n **1.** [with knife] puñalada f **2.** inf [attempt] ▸ **to have a stab (at sthg)** probar (a hacer algo) **3.** [twinge] punzada f. ❖ vt **1.** [with knife] apuñalar **2.** [jab] pinchar.

stability [stə'bɪlətɪ] n estabilidad f.

stabilize, stabilise ['steɪbəlaɪz] ❖ vt estabilizar. ❖ vi estabilizarse.

stable ['steɪbl] ❖ adj **1.** [unchanging] estable **2.** [not moving] fijo(ja) **3.** MED [condition] estacionario(ria); [mental health] equilibrado(da). ❖ n [building] cuadra f.

stack [stæk] ❖ n [pile] pila m. ❖ vt [pile up] apilar.

stackable ['stækəbl] adj apilable.

stadium ['steɪdjəm] (pl -diums or -dia) n estadio m.

staff [stɑːf] ❖ n [employees] empleados mpl, personal m. ❖ vt : the shop is staffed by women la tienda está llevada por una plantilla de mujeres.

stag [stæg] (pl inv or -s) n ciervo m, venado m.

stage [steɪdʒ] ❖ n **1.** [part of process, phase] etapa f **2.** [in theatre, hall] escenario m, escena f **3.** [acting profession] ▶ the stage el teatro. ❖ vt **1.** THEAT representar **2.** [event, strike] organizar.

stagecoach ['steɪdʒkəʊtʃ] n diligencia f.

stage fright n miedo m al público.

stage-manage vt **1.** THEAT dirigir **2.** fig [orchestrate] urdir, maquinar.

stagger ['stægər] ❖ vt **1.** [astound] dejar atónito(ta) / to be staggered by sthg quedarse pasmado(da) por algo **2.** [arrange at different times] escalonar. ❖ vi tambalearse.

stagnant ['stægnənt] adj lit & fig estancado(da).

stagnate [stæg'neɪt] vi estancarse.

stag party n despedida f de soltero.

staid [steɪd] adj recatado y conservador (recatada y conservadora).

stain [steɪn] ❖ n mancha f. ❖ vt manchar.

stained [steɪnd] adj **1.** [marked] manchado(da) **2.** [coloured - wood] teñido(da).

stained glass [,steɪnd-] n (U) vidrio m de color / stained glass window vidriera f.

stainless steel [,steɪnlɪs-] n acero m inoxidable.

stain remover [-rɪ,muːvər] n quitamanchas m inv.

stair [steər] n peldaño m, escalón m. ◆ **stairs** pl n escaleras fpl, escalera f.

staircase ['steəkeɪs] n escalera f.

stairway ['steəweɪ] n escalera f.

stairwell ['steəwel] n hueco m or caja f de la escalera.

stake [steɪk] ❖ n **1.** [share] ▶ to have a stake in tener intereses en **2.** [wooden post] estaca f **3.** [in gambling] apuesta f. ❖ vt **1.** [risk] ▶ to stake sthg (on or upon) arriesgar or jugarse algo (en) **2.** [in gambling] apostar. ◆ **at stake** adv ▶ to be at stake estar en juego.

stale [steɪl] adj [bread] duro(ra); [food] pasado(da); [air] viciado(da).

stalemate ['steɪlmeɪt] n **1.** [deadlock] punto m muerto **2.** CHESS tablas fpl.

stalk [stɔːk] ❖ n **1.** [of flower, plant] tallo m **2.** [of leaf, fruit] pecíolo m, rabillo m. ❖ vt [hunt]

acechar, seguir sigilosamente. ❖ vi ▶ to stalk in / out entrar/salir con paso airado.

stalker ['stɔːkər] n acosador m, -ra f (que persigue a su víctima de forma obsesiva), acechador m, -ra f.

stall [stɔːl] ❖ n [in market, at exhibition] puesto m, caseta f. ❖ vt AUTO calar. ❖ vi **1.** AUTO calarse **2.** [delay] andar con evasivas. ◆ **stalls** pl n **UK** platea f.

stallion ['stæljən] n semental m.

stalwart ['stɔːlwət] n partidario m, -ria f incondicional.

stamina ['stæmɪnə] n resistencia f.

stammer ['stæmər] ❖ n tartamudeo m. ❖ vi tartamudear.

stamp [stæmp] ❖ n **1.** [gen] sello m, estampilla f **Am**, timbre m **Méx** **2.** [tool] tampón m. ❖ vt **1.** [mark by stamping] timbrar, sellar **2.** [stomp] ▶ to stamp one's feet patear. ❖ vi **1.** [stomp] patalear **2.** [tread heavily] ▶ to stamp on sthg pisotear or pisar algo. ◆ **stamp out** vt sep [custom] erradicar; [fire, revolution] sofocar.

stamp album n álbum m de sellos or de estampillas **Am** or de timbres **Méx**.

stamp collecting [-kə,lektɪŋ] n filatelia f.

stamped addressed envelope ['stæmptə,drest-] n **UK** sobre con sus señas y franqueo.

stampede [stæm'piːd] ❖ n lit & fig estampida f. ❖ vi salir de estampida.

stamping-ground ['stæmpɪŋɡraʊnd] n inf lugar m predilecto.

stance [stæns] n **1.** [way of standing] postura f **2.** [attitude] ▶ stance (on) postura f (ante).

stand [stænd] ❖ n **1.** [stall] puesto m; [selling newspapers] quiosco m **2.** [supporting object] soporte m ▶ coat stand perchero m **3.** SPORT tribuna f / the stands las gradas **4.** [act of defence] ▶ to make a stand resistir al enemigo **5.** [publicly stated view] postura f **6.** **US** LAW estrado m. ❖ vt (pt & pp stood) **1.** [place upright] colocar (verticalmente) **2.** [withstand, tolerate] soportar / I can't stand that woman no soporto a esa mujer / he can't stand being beaten odia perder. ❖ vi (pt & pp stood) **1.** [be upright - person] estar de pie; [- object] estar (en posición vertical) / try to stand still procura no moverte / he doesn't let anything stand in his way no deja que nada se interponga en su camino **2.** [get to one's feet] ponerse de pie, levantarse **3.** [liquid] reposar **4.** [still be valid] seguir vigente or en pie **5.** [be in particular state] ▶ as things stand tal como están las cosas **6.** **UK** POL [be a candidate] presentarse / to stand for Parliament presentarse para las elecciones al Parlamento **7.** **US** AUTO ▶ 'no standing' 'prohibido aparcar'. ◆ **stand back** vi echarse para atrás. ◆ **stand by** ❖ vt insep **1.** [person] seguir al lado de **2.** [promise, decision] mantener. ❖ vi

1. [in readiness] ▸ **to stand by (for sthg / to do sthg)** estar preparado(da) (para algo / para hacer algo) **2.** [remain inactive] quedarse sin hacer nada.

◆ **stand down** vi [resign] retirarse. ◆ **stand for** vt insep **1.** [signify] significar / *PTO stands for 'please turn over'* PTO quiere decir 'sigue en la página siguiente' **2.** [tolerate] aguantar, tolerar / *I won't stand for it!* ¡no pienso aguantarlo!

◆ **stand in** vi ▸ **to stand in for sb** sustituir a alguien. ◆ **stand out** vi sobresalir, destacarse.

◆ **stand up** ⬧ vt sep *inf* [boyfriend etc] dejar plantado(da). ⬧ vi [rise from seat] levantarse.

◆ **stand up for** vt insep salir en defensa de.

◆ **stand up to** vt insep **1.** [weather, heat etc] resistir **2.** [person] hacer frente a.

standard ['stændəd] ⬧ adj **1.** [normal] corriente, estándar **2.** [accepted] establecido(da). ⬧ n **1.** [acceptable level] nivel *m* / *to be of a high standard* ser de un excelente nivel / *it's below standard* está por debajo del nivel exigido **2.** [point of reference - moral] criterio *m* ; [- technical] norma *f* **3.** [flag] estandarte *m*. ◆ **standards** pl n [principles] valores *mpl* morales.

standardize, standardise ['stændədaɪz] vt normalizar, estandarizar.

standard lamp n 𝐔𝐊 lámpara *f* de pie.

standard of living (*pl* **standards of living**) n nivel *m* de vida.

standby ['stændbaɪ] (*pl* **standbys**) ⬧ n recurso *m* ▸ **to be on standby** estar preparado(da). ⬧ comp ▸ **standby ticket** billete *m* en lista de espera.

stand-in n [stuntman] doble *mf* ; [temporary replacement] sustituto *m*, -ta *f*.

standing ['stændɪŋ] ⬧ adj [permanent] permanente. ⬧ n **1.** [reputation] reputación *f* **2.** [duration] duración *f* / *friends of 20 years' standing* amigos desde hace 20 años.

standing charges pl n gastos *mpl* fijos.

standing order n domiciliación *f* de pago 𝐄𝐬𝐩, débito *m* bancario 𝐀𝐦.

standing room n (*U*) [on bus] sitio *m* para estar de pie, sitio *m* para ir parado 𝐀𝐦 ; [at theatre, sports ground] localidades *fpl* de pie.

standoffish [,stænd'ɒfɪʃ] adj distante.

standpoint ['stændpɔɪnt] n punto *m* de vista.

standstill ['stændstɪl] n ▸ **at a standstill a)** [not moving] parado(da) **b)** *fig* [not active] en un punto muerto ▸ **to come to a standstill a)** [stop moving] pararse **b)** *fig* [cease] llegar a un punto muerto.

stand-up adj 𝐔𝐒 [decent, honest] : *a stand-up guy* un tipo decente.

stank [stæŋk] pt ⟶ **stink**.

staple ['steɪpl] ⬧ adj [principal] básico(ca), de primera necesidad. ⬧ n **1.** [item of stationery] grapa *f* **2.** [principal commodity] producto *m*

básico **o** de primera necesidad. ⬧ vt grapar, corchetear 𝐂𝐇𝐈𝐋𝐄.

stapler ['steɪplə'] n grapadora *f*.

star [stɑːʳ] ⬧ n [gen] estrella *f*. ⬧ comp estelar. ⬧ vi ▸ **to star (in)** hacer de protagonista en.

◆ **stars** pl n horóscopo *m*.

starboard ['stɑːbəd] ⬧ adj de estribor. ⬧ n ▸ **to starboard** a estribor.

starch [stɑːtʃ] n **1.** [gen] almidón *m* **2.** [in potatoes etc] fécula *f*.

stardom ['stɑːdəm] n estrellato *m*.

stare [steəʳ] ⬧ n mirada *f* fija. ⬧ vi ▸ **to stare (at sthg / sb)** mirar fijamente (algo / a alguien).

stark [stɑːk] ⬧ adj **1.** [landscape, decoration, room] austero(ra) **2.** [harsh - reality] crudo(da). ⬧ adv ▸ **stark naked** en cueros.

starling ['stɑːlɪŋ] n estornino *m*.

starry ['stɑːrɪ] adj estrellado(da).

starry-eyed [-'aɪd] adj [optimism etc] iluso(sa) ; [lovers] encandilado(da).

Stars and Stripes n ▸ **the Stars and Stripes** la bandera de las barras y estrellas.

start [stɑːt] ⬧ n **1.** [beginning] principio *m*, comienzo *m* ▸ **at the start of the year** a principios de año **2.** [jerk, jump] sobresalto *m* **3.** [starting place] salida *f* **4.** [time advantage] ventaja *f* ▸ **to have a start on sb** llevar ventaja a alguien. ⬧ vt **1.** [begin] empezar, comenzar ▸ **to start doing o to do sthg** empezar a hacer algo **2.** [turn on - machine, engine] poner en marcha ; [- vehicle] arrancar **3.** [set up] formar, crear ; [business] montar. ⬧ vi **1.** [begin] empezar, comenzar ▸ **to start with sb / sthg** empezar por alguien / algo ▸ **don't start!** *inf* ¡no empieces! **2.** [machine, tape] ponerse en marcha ; [vehicle] arrancar **3.** [begin journey] ponerse en camino **4.** [jerk, jump] sobresaltarse.

◆ **start off** ⬧ vt sep [discussion, rumour] desencadenar ; [meeting] empezar ; [person] : *this should be enough to start you off* con esto tienes suficiente para empezar. ⬧ vi **1.** [begin] empezar, comenzar **2.** [leave on journey] salir, ponerse en camino. ◆ **start out** vi **1.** [originally be] empezar, comenzar / *she started out as a journalist* empezó como periodista **2.** [leave on journey] salir / ponerse en camino. ◆ **start up** ⬧ vt sep **1.** [business] montar ; [shop] poner ; [association] crear **2.** [car, engine] arrancar. ⬧ vi **1.** [begin] empezar **2.** [car, engine] arrancar.

starter ['stɑːtəʳ] n **1.** 𝐔𝐊 [of meal] primer plato *m*, entrada *f* **2.** AUTO (motor *m* de) arranque *m* **3.** [person participating in race] participante *mf*.

starting point ['stɑːtɪŋ-] n *lit* & *fig* punto *m* de partida.

starting post ['stɑːtɪŋ-] n línea *f* de salida.

startle ['stɑːtl] vt asustar.

startling ['stɑːtlɪŋ] adj asombroso(sa).

start-up n nueva empresa f.

starvation [stɑː'veɪʃn] n hambre f, inanición f.

starve [stɑːv] ❖ vt [deprive of food] privar de comida. ❖ vi **1.** [have no food] pasar hambre / to starve to death morirse de hambre **2.** inf [be hungry] ▶ I'm starving! ¡me muero de hambre!

state [steɪt] ❖ n estado m ▶ not to be in a fit state to do sthg no estar en condiciones de hacer algo ▶ to be in a state a) [nervous] tener los nervios de punta b) [untidy] estar hecho un asco. ❖ comp [ceremony] oficial, de Estado ▶ state pension pensión f del Estado ; [control, ownership] estatal. ❖ vt **1.** [gen] indicar ; [reason, policy] plantear ; [case] exponer **2.** [time, date, amount] fijar. ◆ **State** n ▶ the State el Estado ▶ blue state US Estado m demócrata ▶ red state US Estado m republicano. ◆ **States** pl n ▶ the States los Estados Unidos.

State Department n US ≃ Ministerio m de Asuntos Exteriores.

stately ['steɪtlɪ] adj majestuoso(sa).

statement ['steɪtmənt] n **1.** [gen] declaración f **2.** [from bank] extracto m OR estado m de cuenta.

state of mind (pl states of mind) n estado m de ánimo.

state-run adj del estado.

statesman ['steɪtsmən] (pl -men) n estadista m.

static ['stætɪk] ❖ adj estático(ca). ❖ n (U) interferencias fpl, parásitos mpl.

static electricity n electricidad f estática.

station ['steɪʃn] ❖ n **1.** [gen] estación f **2.** RADIO emisora f **3.** [centre of activity] centro m, puesto m **4.** fml [rank] rango m. ❖ vt **1.** [position] situar, colocar **2.** MIL estacionar, apostar.

stationary ['steɪʃnərɪ] adj inmóvil.

stationer ['steɪʃənər] n papelero m, -ra f.

stationer's (shop) ['steɪʃnəz] n papelería f.

stationery ['steɪʃnərɪ] n (U) objetos mpl de escritorio.

stationmaster ['steɪʃn,mɑːstər] n jefe m de estación.

station wagon n US ranchera f.

statistic [stə'tɪstɪk] n estadística f. ◆ **statistics** n (U) estadística f.

statistical [stə'tɪstɪkl] adj estadístico(ca).

statue ['stætʃuː] n estatua f.

stature ['stætʃər] n **1.** [height] estatura f, talla f **2.** [importance] categoría f.

status ['steɪtəs] n (U) **1.** [position, condition] condición f, estado m **2.** [prestige] prestigio m, estatus m inv.

status bar n COMPUT barra f de estado.

status symbol n símbolo m de posición social.

statute ['stætjuːt] n estatuto m.

statutory ['stætjʊtrɪ] adj reglamentario(ria).

staunch [stɔːntʃ] ❖ adj fiel, leal. ❖ vt restañar.

stave [steɪv] n MUS pentagrama m. ◆ **stave off** vt sep (pt & pp -d or stove) [disaster, defeat] retrasar ; [hunger, illness] aplacar temporalmente.

stay [steɪ] ❖ vi **1.** [not move away] quedarse, permanecer ▶ to stay put permanecer en el mismo sitio **2.** [as visitor] alojarse **3.** [continue, remain] permanecer ▶ to stay out of sthg mantenerse al margen de algo. ❖ n estancia f. ◆ **stay in** vi quedarse en casa. ◆ **stay on** vi permanecer, quedarse. ◆ **stay out** vi [from home] quedarse fuera. ◆ **stay up** vi quedarse levantado(da).

staying power ['steɪɪŋ-] n resistencia f.

stead [sted] n ▶ to stand sb in good stead servir de mucho a alguien.

steadfast ['stedfɑːst] adj [supporter] fiel ; [gaze] fijo(ja) ; [resolve] inquebrantable.

steadily ['stedɪlɪ] adv **1.** [gradually] constantemente **2.** [regularly - breathe, move] normalmente **3.** [calmly - look] fijamente ; [- speak] con tranquilidad.

steady ['stedɪ] ❖ adj **1.** [gradual] gradual **2.** [regular, constant] constante, continuo(nua) **3.** [not shaking] firme **4.** [voice] sereno(na) ; [stare] fijo(ja) **5.** [relationship] estable, serio(ria) ; [boyfriend, girlfriend] formal ▶ a steady job un trabajo fijo **6.** [reliable, sensible] sensato(ta). ❖ vt **1.** [stop from shaking] mantener firme ▶ to steady o.s. dejar de temblar **2.** [nerves, voice] dominar, controlar ▶ to steady o.s. controlar los nervios.

steak [steɪk] n **1.** (U) [meat] bistec m, filete m, bife m Andes RDom **2.** [piece of meat, fish] filete m.

steal [stiːl] ❖ vt (pt stole, pp stolen) [gen] robar ; [idea] apropiarse de. ❖ vi (pt stole, pp stolen) [move secretly] moverse sigilosamente / he stole into the bedroom entró sigilosamente en el dormitorio.

stealthy ['stelθɪ] adj cauteloso(sa), sigiloso(sa).

steam [stiːm] ❖ n (U) vapor m, vaho m. ❖ vt CULIN cocer al vapor. ❖ vi [water, food] echar vapor. ◆ **steam up** ❖ vt sep [mist up] empañar. ❖ vi empañarse.

steamboat ['stiːmbəʊt] n buque m de vapor.

steam engine n máquina f de vapor.

steamer ['stiːmər] n [ship] buque m de vapor.

steamroller ['stiːm,rəʊlər] n apisonadora f.

steamy ['stiːmɪ] adj **1.** [full of steam] lleno(na) de vaho **2.** inf [erotic] caliente, erótico(ca).

steel [stiːl] n acero m.

steelworks ['stiːlwɜːks] (pl inv) n fundición f de acero.

steep [stiːp] ❖ adj **1.** [hill, road] empinado(da) **2.** [considerable - increase, fall] considerable **3.** inf [expensive] muy caro(ra), abusivo(va). ❖ vt remojar.

steeple ['sti:pl] n aguja f (de un campanario).

steeplechase ['sti:pltʃeɪs] n carrera f de obstáculos.

steer ['stɪər] ❖ n buey m. ❖ vt **1.** [vehicle] conducir **2.** [person, discussion etc] dirigir. ❖ vi : *the car steers well* el coche se conduce bien ▶ **to steer clear of sthg/sb** evitar algo/a alguien.

steering ['stɪərɪŋ] n (U) dirección f.

steering wheel n volante m, timón m **Andes**.

stem [stem] ❖ n **1.** [of plant] tallo m **2.** [of glass] pie m **3.** GRAM raíz f. ❖ vt [flow] contener; [blood] restañar. ❖ **stem from** vt insep derivarse de.

stem cell n MED célula f madre.

stench [stentʃ] n hedor m.

stencil ['stensl] ❖ n plantilla f. ❖ vt (**UK** pt & pp **-led**, cont **-ling**, **US** pt & pp **-ed**, cont **-ing**) estarcir.

stenographer [stə'nɒɡrəfər] n **US** taquígrafo m, -fa f.

step [step] ❖ n **1.** [gen] paso m ▶ **step by step** paso a paso **2.** [action] medida f **3.** [stair, rung] peldaño m. ❖ vi **1.** [move foot] dar un paso ▶ *he stepped off the bus* se bajó del autobús **2.** [tread] ▶ **to step on sthg** pisar algo ▶ **to step in sthg** meter el pie en algo. ❖ **steps** pl n **1.** escaleras fpl **2.** **UK** [stepladder] escalera f de tijera. ❖ **step down** vi [leave job] renunciar. ❖ **step in** vi intervenir. ❖ **step up** vt sep aumentar.

stepbrother ['step,brʌðər] n hermanastro m.

stepdaughter ['step,dɔ:tər] n hijastra f.

stepfather ['step,fɑ:ðər] n padrastro m.

stepladder ['step,lædər] n escalera f de tijera.

stepmother ['step,mʌðər] n madrastra f.

stepping-stone ['stepɪŋ-] n [in river] pasadera f.

stepsister ['step,sɪstər] n hermanastra f.

stepson ['stepsʌn] n hijastro m.

stereo ['sterɪəʊ] ❖ adj estéreo (inv). ❖ n (pl -s) **1.** [record player] equipo m estereofónico **2.** [stereo sound] estéreo m.

stereotype ['sterɪətaɪp] n estereotipo m.

sterile ['steraɪl] adj **1.** [germ-free] esterilizado(da) **2.** [unable to produce offspring] estéril.

sterilize, sterilise ['sterəlaɪz] vt esterilizar.

sterling ['stɜ:lɪŋ] ❖ adj **1.** FIN esterlina **2.** [excellent] excelente. ❖ n (U) libra f esterlina.

sterling silver n plata f de ley.

stern [stɜ:n] ❖ adj severo(ra). ❖ n popa f.

steroid ['stɪərɔɪd] n esteroide m.

stethoscope ['steθəskəʊp] n estetoscopio m.

stew [stju:] ❖ n estofado m, guisado m. ❖ vt [meat, vegetables] estofar, guisar; [fruit] hacer una compota de.

steward ['stjʊəd] n [on plane] ▶ **air steward** auxiliar m de vuelo; [on ship, train] camarero m.

stewardess ['stjʊədɪs] n : *air stewardess* dated auxiliar f de vuelo, azafata f, aeromoza f **Am**.

stick [stɪk] ❖ n **1.** [of wood, for playing sport] palo m **2.** [of dynamite] cartucho m; [of rock] barra f **3.** [walking stick] bastón m. ❖ vt (pt & pp **stuck**) **1.** [push] ▶ **to stick sthg through sthg** atravesar algo con algo **2.** inf [put] meter **3.** **UK** inf [tolerate] soportar, aguantar. ❖ vi (pt & pp **stuck**) **1.** [adhere] ▶ **to stick (to)** pegarse (a) **2.** [jam] atrancarse. ❖ **stick at** vt insep perseverar en. ❖ **stick by** vt insep [person] ser fiel a; [what one has said] reafirmarse en. ❖ **stick out** ❖ vt sep **1.** [make protrude] sacar ▶ *to stick one's tongue out* sacar la lengua **2.** [endure] aguantar. ❖ vi [protrude] sobresalir. ❖ **stick to** vt insep **1.** [follow closely] seguir **2.** [principles] ser fiel a; [promise, agreement] cumplir con; [decision] atenerse a. ❖ **stick up** vi salir, sobresalir. ❖ **stick up for** vt insep defender.

sticker ['stɪkər] n [piece of paper] pegatina f.

sticking plaster ['stɪkɪŋ-] n **1.** [individual] curita® f, tirita® f **2.** [tape] esparadrapo m **Am**, tela f emplástica.

stickler ['stɪklər] n ▶ **stickler for sthg** maniático m, -ca f de algo.

stick shift n **US** palanca f de cambios.

stick-up n inf atraco m a mano armada.

sticky ['stɪkɪ] adj **1.** [tacky] pegajoso(sa) **2.** [adhesive] adhesivo(va) **3.** inf [awkward] engorroso(sa).

stiff [stɪf] ❖ adj **1.** [inflexible] rígido(da) **2.** [door, drawer] atascado(da) **3.** [aching] agarrotado(da) ▶ *to have a stiff neck* tener tortícolis ▶ **to be stiff** tener agujetas **4.** [formal - person, manner] estirado(da); [- smile] rígido(da) **5.** [severe, intense] severo(ra) **6.** [difficult - task] duro(ra). ❖ adv inf ▶ **bored/frozen stiff** muerto(ta) de aburrimiento/frío.

stiffen ['stɪfn] vi **1.** [become inflexible] endurecerse **2.** [bones] entumecerse; [muscles] agarrotarse **3.** [become more severe, intense] intensificarse.

stifle ['staɪfl] vt **1.** [prevent from breathing] ahogar, sofocar **2.** [yawn etc] reprimir.

stifling ['staɪflɪŋ] adj sofocante.

stigma ['stɪɡmə] n estigma m.

stile [staɪl] n escalones mpl para pasar una valla.

stiletto [stɪ'letəʊ] (pl **stilettos**) n **1.** [shoe] zapato m de tacón OR taco m **Am** de aguja ▶ **stilettos** tacones mpl OR tacos mpl **Am** de aguja **2.** [dagger] estilete m.

stiletto heel [stɪ'letəʊ-] n **UK** tacón m fino OR de aguja.

still [stɪl] ❖ adv **1.** [up to now, up to then, even now] todavía **2.** [to emphasize remaining amount] aún ▶ *I've still got two left* aún me quedan dos **3.** [nevertheless, however] sin embargo, no obstante **4.** [with comparatives] aún **5.** [motionless] sin moverse. ❖ adj **1.** [not moving] inmóvil **2.** [calm, quiet] tranquilo(la), sosegado(da) **3.** [not windy] apacible **4.** [not fizzy] sin gas. ❖ n **1.** PHOT vista f fija **2.** [for making alcohol] alambique m.

stillborn ['stɪlbɔːn] adj nacido muerto (nacida muerta).

still life (pl -s) n bodegón m, naturaleza f muerta.

stilt [stɪlt] n **1.** [for walking] zanco m **2.** [in architecture] poste m, pilote m.

stilted ['stɪltɪd] adj forzado(da).

stilts [stɪlts] pl n **1.** [for person] zancos mpl **2.** [for building] pilotes mpl.

stimulant ['stɪmjʊlənt] n estimulante m.

stimulate ['stɪmjʊleɪt] vt [gen] estimular ; [interest] excitar.

stimulating ['stɪmjʊleɪtɪŋ] adj [physically] estimulante ; [mentally] interesante.

stimulus ['stɪmjʊləs] (pl -li) n estímulo m.

sting [stɪŋ] ❖ n **1.** [by bee] picadura f **2.** [of bee] aguijón m **3.** [sharp pain] escozor m ▸ **to take the sting out of sthg** suavizar algo. ❖ vt (pt & pp **stung**) **1.** [bee, nettle] picar **2.** [cause sharp pain to] escocer. ❖ vi (pt & pp **stung**) picar.

stingy ['stɪndʒɪ] adj inf tacaño(ña), roñoso(sa).

stink [stɪŋk] ❖ n peste f, hedor m. ❖ vi (pt **stank** or **stunk**, pp **stunk**) [have unpleasant smell] apestar, heder.

stinking ['stɪŋkɪŋ] inf & fig ❖ adj asqueroso(sa). ❖ adv : **to have a stinking cold** tener un resfriado horrible.

stint [stɪnt] ❖ n periodo m. ❖ vi ▸ **to stint on sthg** escatimar algo.

stipulate ['stɪpjʊleɪt] vt estipular.

stir [stɜːr] ❖ n [public excitement] revuelo m ▸ **to cause a stir** causar revuelo. ❖ vt **1.** [mix] remover **2.** [move gently] agitar, mover **3.** [move emotionally] conmover. ❖ vi [move gently] moverse, agitarse. ◆ **stir up** vt sep **1.** [water, sediment] levantar **2.** [cause] [excitement, hatred etc] provocar.

stirrup ['stɪrəp] n estribo m.

stitch [stɪtʃ] ❖ n **1.** SEW puntada f **2.** [in knitting] punto m **3.** MED punto m (de sutura). **4.** [stomach pain] ▸ **to have a stitch** sentir pinchazos (en el estómago). ❖ vt **1.** SEW coser **2.** MED suturar.

stoat [stəʊt] n armiño m.

stock [stɒk] ❖ n **1.** [supply] reserva f **2.** (U) COMM [reserves] existencias fpl ; [selection] surtido m ▸ **in stock** en existencia, en almacén ▸ **out of stock** agotado(da) **3.** FIN [of company] capital m ▸ **stocks and shares** acciones fpl, valores mpl **4.** [ancestry] linaje m, estirpe f **5.** CULIN caldo m **6.** [livestock] ganado m, ganadería f ▸ **to take stock (of sthg)** evaluar (algo). ❖ adj estereoti-

pado(da). ❖ vt **1.** COMM abastecer de, tener en el almacén **2.** [shelves] llenar ; [lake] repoblar. ◆ **stock up** vi ▸ **to stock up (with)** abastecerse (de).

stockbroker ['stɒk,brəʊkər] n corredor m, -ra f de bolsa.

stock cube n UK pastilla f de caldo.

stock exchange n bolsa f.

stockholder ['stɒk,həʊldər] n US accionista mf.

stocking ['stɒkɪŋ] n [for woman] media f.

stockist ['stɒkɪst] n UK distribuidor m, -ra f.

stock market n bolsa f, mercado m de valores.

stock phrase n frase f estereotipada.

stockpile ['stɒkpaɪl] ❖ n reservas fpl. ❖ vt almacenar, acumular.

stocktaking ['stɒk,teɪkɪŋ] n (U) inventario m, balance m.

stocky ['stɒkɪ] adj corpulento(ta), robusto(ta).

stodgy ['stɒdʒɪ] adj [indigestible] indigesto(ta).

stoical ['stəʊɪkl] adj estoico(ca).

stoke [stəʊk] vt [fire] avivar, alimentar.

stoked [stəkd] adj US inf ▸ **to be stoked about sthg** [excited] estar ilusionado(da) con algo.

stole [stəʊl] ❖ pt ⟶ **steal.** ❖ n estola f.

stolen ['stəʊln] pp ⟶ **steal.**

stolid ['stɒlɪd] adj impasible.

stomach ['stʌmək] ❖ n **1.** [organ] estómago m **/ to do sthg on an empty stomach** hacer algo con el estómago vacío **2.** [abdomen] vientre m. ❖ vt tragar, aguantar **/ I can't stomach him** no lo trago.

stomachache ['stʌməkeɪk] n dolor m de estómago.

stomach upset [-'ʌpset] n trastorno m gástrico.

stone [stəʊn] (pl -s) ❖ n **1.** [mineral] piedra f **2.** [jewel] piedra f preciosa **3.** [seed] hueso m **4.** (pl inv) UK [unit of measurement] = 6,35 kilos. ❖ vt apedrear.

stone-cold adj helado(da).

stoned [stəʊnd] adj v inf **1.** [drunk] mamado(da) **2.** [affected by drugs] colocado(da), puesto(ta).

stone-deaf [stəʊn'def] adj sordo(da) como una tapia.

stonewashed ['stəʊnwɒʃt] adj lavado(da) a la piedra.

stonework ['stəʊnwɜːk] n mampostería f.

stony ['stəʊnɪ] (compar -ier, superl -iest) adj **1.** [covered with stones] pedregoso(sa) **2.** [unfriendly] muy frío(a), glacial.

stood [stʊd] pt & pp ⟶ **stand.**

stool [stuːl] n [seat] taburete m.

stoop [stuːp] ❖ n [bent back] ▸ **to walk with a stoop** caminar encorvado(da). ❖ vi **1.** [bend] inclinarse, agacharse **2.** [hunch shoulders] encorvarse.

stop [stɒp] ⬦ n [gen] parada f ▸ **to put a stop to sthg** poner fin a algo. ⬦ vt **1.** [gen] parar ▸ **to stop doing sthg** dejar de hacer algo **2.** [prevent] impedir **3.** [cause to stop moving] detener. ⬦ vi [gen] pararse ; [rain, music] cesar ▸ **to stop at nothing (to do sthg)** no reparar en nada (para hacer algo). ◆ **stop off** vi hacer una parada. ◆ **stop over** vi pasar la noche. ◆ **stop up** vt sep [block] taponar, tapar.

stop-and-search n registros mpl policiales (en la calle).

stopgap ['stɒpgæp] n [thing] recurso m provisional ; [person] sustituto m, -ta f.

stopover ['stɒp,əʊvər] n [gen] parada f ; [of plane] escala f.

stoppage ['stɒpɪdʒ] n **1.** [strike] paro m, huelga f **2.** UK [deduction] retención f.

stopper ['stɒpər] n tapón m.

stop press n noticias fpl de última hora.

stopwatch ['stɒpwɒtʃ] n cronómetro m.

storage ['stɔːrɪdʒ] n **1.** [act, state] almacenamiento m ▸ **storage room** trastero m **2.** COMPUT almacenamiento m.

storage heater n UK calentador por almacenamiento térmico.

store [stɔːr] ⬦ n **1.** US [shop] tienda f **2.** [supply] provisión f, reserva f **3.** [place of storage] almacén m. ⬦ vt **1.** [gen & COMPUT] almacenar **2.** [keep] guardar. ◆ **store up** vt sep [provisions, goods] almacenar ; [information] acumular.

storekeeper ['stɔː,kiːpər] n US tendero m, -ra f.

storeroom ['stɔːruːm] n [gen] almacén m ; [for food] despensa f.

storey UK (pl **storeys**), **story** US n planta f.

stork [stɔːk] n cigüeña f.

storm [stɔːm] ⬦ n **1.** [bad weather] tormenta f **2.** [violent reaction] torrente m. ⬦ vt MIL asaltar. ⬦ vi **1.** [go angrily] ▸ **to storm out** salir echando pestes **2.** [say angrily] vociferar.

stormy ['stɔːmɪ] adj **1.** [weather] tormentoso(sa) **2.** [meeting] acalorado(da) ; [relationship] tempestuoso(sa).

story ['stɔːrɪ] n **1.** [tale] cuento m **2.** [history] historia f **3.** [news article] artículo m **4.** US = storey.

storybook ['stɔːrɪbʊk] adj de cuento.

storyteller ['stɔːrɪ,telər] n [teller of story] narrador m, -ra f, cuentista mf.

storytelling ['stɔːrɪ,telɪŋ] n **1.** [art] cuentacuentos m inv / **to be good at storytelling** saber contar historias **2.** euph [telling lies] cuentos mpl.

stout [staʊt] ⬦ adj **1.** [rather fat] corpulento(ta) **2.** [strong, solid] fuerte, sólido(da) **3.** [resolute] firme. ⬦ n (U) cerveza f negra.

stove [stəʊv] ⬦ pt & pp ⟶ **stave**. ⬦ n [for heating] estufa f ; [for cooking] cocina f.

stow [stəʊ] vt ▸ **to stow sthg (away)** guardar algo. ◆ **stow away** vi viajar de polizón.

stowaway ['stəʊəweɪ] n polizón m.

straddle ['strædl] vt [person] sentarse a horcajadas sobre.

straggle ['strægl] vi **1.** [sprawl] desparramarse **2.** [dawdle] rezagarse.

straggler ['stræglər] n rezagado m, -da f.

straight [streɪt] ⬦ adj **1.** [not bent] recto(ta) / **sit up straight!** ¡siéntate derecho! **2.** [hair] liso(sa) **3.** [honest, frank] sincero(ra) **4.** [tidy] arreglado(da) **5.** [choice, swap] simple, fácil **6.** [alcoholic drink] solo(la). ⬦ adv **1.** [in a straight line - horizontally] directamente ; [- vertically] recto(ta) ▸ **straight ahead** todo recto / **it was heading straight for me** venía directo hacia mí **2.** [directly] directamente ; [immediately] inmediatamente / **come straight home** ven directamente a casa **3.** [frankly] francamente **4.** [tidy] en orden **5.** [undiluted] solo(la) ▸ **let's get things straight** vamos a aclarar las cosas ▸ **to go straight** [criminal] dejar la mala vida. ◆ **straight off** adv en el acto. ◆ **straight out** adv sin tapujos.

straight away [,streɪtə'weɪ] adv en seguida.

straighten ['streɪtn] vt **1.** [tidy - room] ordenar ; [- hair, dress] poner bien **2.** [make straight - horizontally] poner recto(ta) ; [- vertically] enderezar. ◆ **straighten out** vt sep [mess] arreglar ; [problem] resolver.

straight face n ▸ **to keep a straight face** aguantar la risa.

straight-faced adj con la cara seria.

straightforward [,streɪt'fɔːwəd] adj **1.** [easy] sencillo(lla) **2.** [frank - answer] directo(ta) ; [- person] sincero(ra).

strain [streɪn] ⬦ n **1.** [weight] peso m ; [pressure] presión f **2.** [mental stress] tensión f nerviosa / **to be under a lot of strain** estar muy agobiado(da) **3.** [physical injury] torcedura f. ⬦ vt **1.** [overtax - budget] estirar **2.** [use hard] ▸ **to strain one's eyes/ears** aguzar la vista/el oído **3.** [injure - eyes] cansar ; [- muscle, back] torcerse **4.** [drain] colar. ⬦ vi ▸ **to strain to do sthg** esforzarse por hacer algo. ◆ **strains** pl n liter [of music] acordes mpl.

strained [streɪnd] adj **1.** [worried] preocupado(da) **2.** [unfriendly] tirante, tenso(sa) **3.** [insincere] forzado(da).

strainer ['streɪnər] n colador m.

strait [streɪt] n estrecho m. ◆ **straits** pl n ▸ **in dire OR desperate straits** en un serio aprieto.

straitjacket ['streɪt,dʒækɪt] n [garment] camisa f de fuerza.

straitlaced [,streɪt'leɪst] adj pej mojigato(ta).

strand [strænd] n [thin piece] hebra f ▸ **a strand of hair** un pelo del cabello.

stranded ['strændɪd] adj [ship] varado(da); [person] colgado(da).

strange [streɪndʒ] adj **1.** [unusual] raro(ra), extraño(ña) **2.** [unfamiliar] desconocido(da).

stranger ['streɪndʒəʳ] n **1.** [unfamiliar person] extraño m, -ña f, desconocido m, -da f ▸ **to be a / no stranger to sthg** no estar/estar familiarizado con algo **2.** [outsider] forastero m, -ra f.

strangle ['stræŋgl] vt [kill] estrangular.

stranglehold ['stræŋglhəʊld] n fig [strong influence] dominio m absoluto.

strap [stræp] ❖ n [of handbag, watch, case] correa f; [of dress, bra] tirante m, bretel m. ❖ vt [fasten] atar con correa.

strapping ['stræpɪŋ] adj robusto(ta).

strategic [strəˈtiːdʒɪk] adj estratégico(ca).

strategy ['strætɪdʒɪ] n estrategia f.

straw [strɔː] n **1.** AGRIC paja f **2.** [for drinking] pajita f, paja f ▸ **the last straw** el colmo.

strawberry ['strɔːbərɪ] ❖ n fresa f, frutilla f BOL ECUAD ANDES RDOM. ❖ comp de fresa, de frutilla f BOL ECUAD ANDES RDOM.

stray [streɪ] ❖ adj **1.** [animal - without owner] callejero(ra); [- lost] extraviado(da) **2.** [bullet] perdido(da). ❖ vi **1.** [from path] desviarse; [from group] extraviarse **2.** [thoughts, mind] perderse.

streak [striːk] ❖ n **1.** [of hair] mechón m / **to have streaks in one's hair** tener un mechón en el pelo; [of lightning] rayo m **2.** [in character] vena f. ❖ vi [move quickly] ir como un rayo.

stream [striːm] ❖ n **1.** [small river] riachuelo m **2.** [of liquid, smoke] chorro m; [of light] raudal m **3.** [current] corriente f **4.** [of people, cars] torrente m **5.** [continuous series] sarta f, serie f **6.** UK SCH grupo m. ❖ vi **1.** [liquid, smoke, light] ▸ **to stream into** entrar a raudales en ▸ **to stream out of** brotar de **2.** [people, cars] ▸ **to stream into** entrar atropelladamente en ▸ **to stream out of** salir atropelladamente de **3.** [phr] : **to have a streaming cold** tener un resfriado horrible. ❖ vt UK SCH agrupar de acuerdo con el rendimiento escolar.

streamer ['striːməʳ] n [for party] serpentina f.

streaming ['striːmɪŋ] ❖ n **1.** UK SCH división f por niveles de aptitud **2.** COMPUT streaming m. ❖ adj [surface, window] chorreante / **I've got a streaming cold** tengo un catarro muy fuerte.

streamlined ['striːmlaɪnd] adj **1.** [aerodynamic] aerodinámico(ca) **2.** [efficient] racional.

street [striːt] n calle f ▸ **to be streets ahead of sb** UK estar muy por delante de alguien / **to be on the streets** estar en la calle.

streetcar ['striːtkɑːʳ] n US tranvía m.

street lamp, **street light** n farola f.

street plan n plano m (de la ciudad).

streetwise ['striːtwaɪz] adj inf espabilado(da).

strength [streŋθ] n **1.** [physical or mental power] fuerza f **2.** [power, influence] poder m **3.** [quality] punto m fuerte **4.** [solidity - of material structure] solidez f **5.** [intensity - of feeling, smell, wind] intensidad f; [- of accent, wine] fuerza f; [- of drug] potencia f **6.** [credibility, weight] peso m, fuerza f.

strengthen ['streŋθn] vt **1.** [gen] fortalecer **2.** [reinforce - argument, bridge] reforzar **3.** [intensify] acentuar, intensificar **4.** [make closer] estrechar.

strenuous ['strenjʊəs] adj agotador(ra).

stress [stres] ❖ n **1.** [emphasis] ▸ **stress (on)** hincapié m, OR énfasis m inv (en) **2.** [tension, anxiety] estrés m **3.** [physical pressure] ▸ **stress (on)** presión f (en) **4.** LING [on word, syllable] acento m. ❖ vt **1.** [emphasize] recalcar, subrayar **2.** inf estresar **3.** LING [word, syllable] acentuar. ❖ vi inf estresarse. ◆ **stress out** vt inf estresar.

stress-buster n inf eliminador m de estrés.

stressful ['stresfʊl] adj estresante.

stress management n control m del estrés.

stress-related adj relacionado(da) con el estrés.

stretch [stretʃ] ❖ n **1.** [of land, water] extensión f; [of road, river] tramo m, trecho m **2.** [of time] periodo m **3.** [to move one's body] : **to have a stretch** estirarse. ❖ vt **1.** [gen] estirar / **I'm going to stretch my legs** voy a estirar las piernas **2.** [overtax - person] extender **3.** [challenge] hacer rendir al máximo. ◆ **stretch out** ❖ vt sep [foot, leg] estirar; [hand, arm] alargar. ❖ vi **1.** [lie down] tumbarse **2.** [reach out] estirarse.

stretcher ['stretʃəʳ] n camilla f.

stretch limo ['stretʃˈlɪməʊ] n inf limusina f ampliada.

strew [struː] (pp strewn [struːn] or -ed) vt ▸ **to be strewn on / over** estar esparcido(da) sobre / por ▸ **to be strewn with** estar cubierto(ta) de.

stricken ['strɪkn] adj ▸ **to be stricken by** OR **with** a) [illness] estar aquejado(da) de b) [drought, famine] estar asolado(da) por c) [grief] estar afligido(da) por d) [doubts, horror] estar atenazado(da) por / **she was stricken with remorse** le remordía la conciencia.

strict [strɪkt] adj **1.** [gen] estricto(ta) **2.** [precise] exacto(ta), estricto(ta).

strictly ['strɪktlɪ] adv **1.** [severely] severamente **2.** [absolutely - prohibited] terminantemente; [- confidential] absolutamente **3.** [exactly] exactamente ▸ **strictly speaking** en el sentido estricto de la palabra **4.** [exclusively] exclusivamente / **this is strictly between you and me** esto debe quedar exclusivamente entre tú y yo.

stride [straɪd] ❖ n zancada f ▸ **to take sthg in one's stride** tomarse algo con calma. ❖ vi (pt strode, pp stridden ['strɪdn]) : **to stride**

along andar a zancadas / *he strode off down the road* marchó calle abajo dando grandes zancadas.

strident ['straɪdnt] adj **1.** [harsh] estridente **2.** [vociferous] exaltado(da).

strife [straɪf] n (U) *fml* conflictos *mpl*.

strike [straɪk] ⟷ n **1.** [refusal to work etc] huelga f ▶ **to be (out) on strike** estar en huelga ▶ **to go on strike** declararse en huelga **2.** MIL ataque m **3.** [find] descubrimiento m. ⟷ vt (pt & pp **struck**) **1.** *fml* [hit - deliberately] golpear, pegar ; [- accidentally] chocar contra **2.** [disaster, earthquake] asolar ; [lightning] fulminar / *she was struck by lightning* le alcanzó un rayo **3.** [thought, idea] ocurrírsele a **4.** [deal, bargain] cerrar **5.** [match] encender. ⟷ vi (pt & pp **struck**) **1.** [stop working] estar en huelga **2.** *fml* [hit accidentally] ▶ **to strike against** chocar contra **3.** [hurricane, disaster] sobrevenir ; [lightning] caer **4.** *fml* [attack] atacar **5.** [chime] dar la hora ▶ **the clock struck six** el reloj dio las seis. ◆ **strike back** vi devolver el golpe. ◆ **strike down** vt sep fulminar. ◆ **strike out** vt sep tachar. ◆ **strike up** vt insep **1.** [friendship] trabar ; [conversation] entablar **2.** [tune] empezar a tocar.

striker ['straɪkər] n **1.** [person on strike] huelguista mf **2.** FOOT delantero m, -ra f.

striking ['straɪkɪŋ] adj **1.** [noticeable, unusual] chocante, sorprendente **2.** [attractive] llamativo(va), atractivo(va).

string [strɪŋ] n **1.** [thin rope] cuerda f ▶ **a (piece of) string** un cordón ▶ **to pull strings** utilizar uno sus influencias **2.** [of beads, pearls] sarta f **3.** [series] serie f, sucesión f **4.** [of musical instrument] cuerda f. ◆ **strings** pl n MUS ▶ **the strings** los instrumentos de cuerda. ◆ **string out** vt insep ▶ **to be strung out** alinearse. ◆ **string together** vt sep [words] encadenar.

string bean n judía f verde, chaucha f [RP], vainita f [VEN], poroto m verde [CHILE], habichuela f [COL].

stringed instrument ['strɪŋd-] n instrumento m de cuerda.

stringent ['strɪndʒənt] adj estricto(ta), severo(ra).

strip [strɪp] ⟷ n **1.** [narrow piece] tira f ▶ **to tear a strip off sb, to tear sb off a strip** [UK] echarle una bronca a alguien **2.** [narrow area] franja f **3.** [UK] SPORT camiseta f, colores mpl. ⟷ vt **1.** [undress] desnudar **2.** [paint, wallpaper] quitar. ⟷ vi [undress] desnudarse. ◆ **strip off** vi desnudarse.

strip cartoon n [UK] historieta f, tira f cómica.

stripe [straɪp] n **1.** [band of colour] raya f, franja f **2.** [sign of rank] galón m.

striped [straɪpt] adj a rayas.

strip lighting n alumbrado m fluorescente.

stripper ['strɪpər] n **1.** [performer of striptease] artista mf de striptease **2.** [for paint] disolvente m.

striptease ['striptiːz] n striptease m.

strive [straɪv] (pt strove, pp striven ['strɪvn]) vi *fml* ▶ **to strive for sthg** luchar por algo ▶ **to strive to do sthg** esforzarse por hacer algo.

strode [strəʊd] pt ⟶ **stride**.

stroke [strəʊk] ⟷ n **1.** MED apoplejía f, derrame m cerebral **2.** [of pen] trazo m ; [of brush] pincelada f **3.** [style of swimming] estilo m **4.** [in tennis, golf etc] golpe m **5.** [of clock] campanada f **6.** [UK] TYPO [oblique] barra f **7.** [piece] ▶ **a stroke of genius** una genialidad ▶ **a stroke of luck** un golpe de suerte ▶ **at a stroke** de una vez, de golpe. ⟷ vt acariciar.

stroll [strəʊl] ⟷ n paseo m / **to go for a stroll** dar un paseo. ⟷ vi pasear.

stroller ['strəʊlər] n [US] [for baby] sillita f (de niño).

strong [strɒŋ] adj **1.** [gen] fuerte ▶ **to be still going strong a)** [person] conservarse bien **b)** [group] seguir en la brecha **c)** [object] estar todavía en forma **2.** [material, structure] sólido(da), resistente **3.** [feeling, belief] profundo(da) ; [opposition, denial] firme ; [support] acérrimo(ma) ; [accent] marcado(da) **4.** [discipline, policy] estricto(ta) **5.** [argument] convincente **6.** [in numbers] ▶ **the crowd was 2,000 strong** la multitud constaba de 2.000 personas **7.** [good, gifted] ▶ **one's strong point** el punto fuerte de uno **8.** [concentrated] concentrado(da).

strongbox ['strɒŋbɒks] n caja f fuerte.

stronghold ['strɒŋhəʊld] n *fig* [bastion] bastión m, baluarte m.

strongly ['strɒŋli] adv **1.** [sturdily] fuertemente **2.** [in degree] intensamente **3.** [fervently] ▶ **to support/oppose sthg strongly** apoyar/oponerse a algo totalmente / *I feel very strongly about that* eso me preocupa muchísimo.

strong room n cámara f acorazada.

strove [strəʊv] pt ⟶ **strive**.

struck [strʌk] pt & pp ⟶ **strike**.

structure ['strʌktʃər] n **1.** [arrangement] estructura f **2.** [building] construcción f.

struggle ['strʌgl] ⟷ n **1.** [great effort] ▶ **struggle (for sthg/to do sthg)** lucha f (por algo/por hacer algo) **2.** [fight, tussle] forcejeo m. ⟷ vi **1.** [make great effort] ▶ **to struggle (for sthg/ to do sthg)** luchar (por algo/por hacer algo) **2.** [to free o.s.] ▶ **to struggle free** forcejear para soltarse.

strum [strʌm] vt & vi rasguear.

strung [strʌŋ] pt & pp ⟶ **string**.

strut [strʌt] ⟷ n CONSTR puntal m. ⟷ vi andar pavoneándose.

stub [stʌb] ⟷ n **1.** [of cigarette] colilla f ; [of pencil] cabo m **2.** [of ticket] resguardo m ; [of cheque] matriz f. ❖ vt ▸ **to stub one's toe on** darse con el pie en. ◆ **stub out** vt sep apagar.

stubble ['stʌbl] n **1.** (U) [in field] rastrojo m **2.** [on chin] barba f incipiente or de tres días.

stubborn ['stʌbən] adj [person] terco(ca), testarudo(da).

stuck [stʌk] ❖ pt & pp ⟶ **stick.** ❖ adj **1.** [jammed - lid, window] atascado(da) **2.** [unable to progress] atascado(da) **3.** [stranded] colgado(da) **4.** [in a meeting, at home] encerrado(da).

stuck-up adj inf & pej engreído(da).

stud [stʌd] n **1.** [metal decoration] tachón m **2.** [earring] pendiente m **3.** 🇬🇧 [on boot, shoe] taco m **4.** [horse] semental m.

studded ['stʌdɪd] adj ▸ **studded (with)** tachonado(da) (con).

student ['stjuːdnt] ❖ n **1.** [at college, university] estudiante mf **2.** [scholar] estudioso m, -sa f. ❖ comp estudiantil.

studio ['stjuːdɪəʊ] (pl -s) n estudio m.

studio flat 🇬🇧, **studio apartment** 🇺🇸 n estudio m.

studious ['stjuːdjəs] adj estudioso(sa).

studiously ['stjuːdjəslɪ] adv cuidadosamente.

study ['stʌdɪ] ❖ n estudio m. ❖ vt **1.** [learn] estudiar **2.** [examine - report, sb's face] examinar, estudiar. ❖ vi estudiar. ◆ **studies** pl n estudios mpl.

stuff [stʌf] ❖ n (U) inf **1.** [things, belongings] cosas fpl **2.** [substance] : *what's that stuff in your pocket?* ¿qué es eso que llevas en el bolsillo? ❖ vt **1.** [push, put] meter **2.** [fill, cram] ▸ **to stuff sthg (with)** a) [box, room] llenar algo (de) b) [pillow, doll] rellenar algo (de) **3.** CULIN rellenar.

stuffed [stʌft] adj **1.** [filled, crammed] ▸ **stuffed with** atestado(da) de **2.** inf [person - with food] lleno(na), inflado(na) **3.** CULIN relleno(na) **4.** [preserved - animal] disecado(da).

stuffing ['stʌfɪŋ] n (U) relleno m.

stuffy ['stʌfɪ] adj **1.** [atmosphere] cargado(da) ; [room] mal ventilado(da) **2.** [old-fashioned] retrógrado(da), carca.

stumble ['stʌmbl] vi [trip] tropezar. ◆ **stumble across, stumble on** vt insep [thing] dar con ; [person] encontrarse con.

stumbling block ['stʌmblɪŋ-] n obstáculo m, escollo m.

stump [stʌmp] ❖ n [of tree] tocón m ; [of limb] muñón m. ❖ vt **1.** [question, problem] dejar perplejo(ja) ▸ *I'm stumped* no tengo ni idea ▸ *he was stumped for an answer* no sabía qué contestar **2.** 🇺🇸 POL [constituency, state] recorrer en campaña electoral.

stumpy ['stʌmpɪ] (compar **stumpier**, superl **stumpiest**) adj [person] achaparrado(da).

stun [stʌn] vt lit & fig aturdir.

stung [stʌŋ] pt & pp ⟶ **sting.**

stunk [stʌŋk] pt & pp ⟶ **stink.**

stunned [stʌnd] adj **1.** [knocked out] sin sentido **2.** fig atónito(ta).

stunning ['stʌnɪŋ] adj **1.** [very beautiful] imponente **2.** [shocking] pasmoso(sa).

stunt [stʌnt] ❖ n **1.** [for publicity] truco m publicitario **2.** CIN escena f arriesgada or peligrosa. ❖ vt atrofiar.

stunted ['stʌntɪd] adj esmirriado(da).

stunt man n especialista m, doble m.

stupefy ['stjuːpɪfaɪ] vt **1.** [tire, bore] aturdir, atontar **2.** [surprise] dejar estupefacto(ta).

stupendous [stjuːˈpendəs] adj inf [wonderful] estupendo(da) ; [very large] enorme.

stupid ['stjuːpɪd] adj **1.** [foolish] estúpido(da) **2.** inf [annoying] puñetero(ra).

stupidity [stjuːˈpɪdətɪ] n (U) estupidez f.

sturdy ['stɜːdɪ] adj [person, shoulders] fuerte ; [furniture, bridge] firme, sólido(da).

stutter ['stʌtər] ❖ vi tartamudear. ❖ vt decir tartamudeando.

sty [staɪ] n [pigsty] pocilga f.

stye [staɪ] n orzuelo m.

style [staɪl] ❖ n **1.** [characteristic manner] estilo m **2.** (U) [smartness, elegance] clase f **3.** [design] modelo m. ❖ vt [hair] peinar.

stylish ['staɪlɪʃ] adj elegante, con estilo.

stylist ['staɪlɪst] n [hairdresser] peluquero m, -ra f.

stylus ['staɪləs] (pl -es) n [on record player] aguja f.

suave [swɑːv] adj [well-mannered] afable, amable ; [obsequious] zalamero(ra).

sub [sʌb] n inf SPORT (abbr of **substitute**) reserva mf.

sub- [sʌb] pref sub-.

subconscious [ˌsʌbˈkɒnʃəs] adj subconsciente.

subcontract [ˌsʌbkənˈtrækt] vt subcontratar.

subdivide [ˌsʌbdɪˈvaɪd] vt subdividir.

subdue [səbˈdjuː] vt **1.** [enemy, nation] sojuzgar **2.** [feelings] contener.

subdued [səbˈdjuːd] adj **1.** [person] apagado(da) **2.** [colour, light] tenue.

subject ❖ adj ['sʌbdʒekt] [affected] ▸ **subject to** a) [taxes, changes, law] sujeto(ta) a b) [illness] proclive a. ❖ n ['sʌbdʒekt] **1.** [topic] tema m ▸ *don't change the subject* no cambies de tema **2.** GRAM sujeto m **3.** SCH & UNIV asignatura f **4.** [citizen] súbdito m, -ta f. ❖ vt [səbˈdʒekt] [bring under control] someter, dominar. ◆ **subject to** prep dependiendo de.

subjective [səbˈdʒektɪv] adj subjetivo(va).

subject matter ['sʌbdʒekt-] n (U) tema m, contenido m.

subjunctive [səb'dʒʌŋktɪv] n GRAM ▶ **subjunctive (mood)** (modo m) subjuntivo m.

sublet [ˌsʌb'let] (pt & pp **sublet**) vt & vi subarrendar.

sublime [sə'blaɪm] adj [wonderful] sublime.

submachine gun [ˌsʌbmə'ʃiːn-] n metralleta f.

submarine [ˌsʌbmə'riːn] n **1.** submarino m **2.** US [sandwich] bocadillo OR sandwich hecho con una barra de pan larga y estrecha.

submerge [səb'mɜːdʒ] ⬦ vt **1.** [in water] sumergir **2.** fig [in activity] ▶ **to submerge o.s. in sthg** dedicarse de lleno a algo. ⬦ vi sumergirse.

submission [səb'mɪʃn] n **1.** [capitulation] sumisión f **2.** [presentation] presentación f.

submissive [səb'mɪsɪv] adj sumiso(sa).

submit [səb'mɪt] ⬦ vt presentar. ⬦ vi ▶ **to submit (to sb)** rendirse (a alguien) ▶ **to submit (to sthg)** someterse (a algo).

subnormal [ˌsʌb'nɔːml] adj subnormal.

subordinate ⬦ adj [sə'bɔːdɪnət] fml [less important] ▶ **subordinate (to)** subordinado(da) (a). ⬦ n subordinado m, -da f.

subpoena [sə'piːnə] ⬦ n LAW citación f. ⬦ vt LAW citar.

subprime ['sʌbpraɪm] n US FIN ▶ **subprime (loan OR mortgage)** subprime m (hipoteca de alto riesgo).

subscribe [səb'skraɪb] vi **1.** [to magazine, newspaper] ▶ **to subscribe (to)** suscribirse (a) **2.** [to belief] ▶ **to subscribe to** estar de acuerdo con.

subscriber [səb'skraɪbəʳ] n **1.** [to magazine, newspaper] suscriptor m, -ra f **2.** [to service] abonado m, -da f.

subscription [səb'skrɪpʃn] n [to magazine] suscripción f ▶ **to take out a subscription to sthg** suscribirse a algo; [to service] abono m; [to society, club] cuota f.

subsequent ['sʌbsɪkwənt] adj subsiguiente, posterior ▶ **subsequent to this** con posterioridad a esto.

subsequently ['sʌbsɪkwəntlɪ] adv posteriormente.

subservient [səb'sɜːvjənt] adj [servile] ▶ **subservient (to sb)** servil (ante alguien).

subside [səb'saɪd] vi **1.** [anger] apaciguarse; [pain] calmarse; [grief] pasarse; [storm, wind] amainar **2.** [noise] apagarse **3.** [river] bajar, descender; [building, ground] hundirse.

subsidence [səb'saɪdns, 'sʌbsɪdns] n CONSTR hundimiento m.

subsidiary [səb'sɪdjərɪ] ⬦ adj secundario(ria). ⬦ n ▶ **subsidiary (company)** filial f.

subsidize, subsidise ['sʌbsɪdaɪz] vt subvencionar.

subsidy ['sʌbsɪdɪ] n subvención f.

substance ['sʌbstəns] n **1.** [gen] sustancia f **2.** [essence] esencia f.

substantial [səb'stænʃl] adj **1.** [large, considerable] sustancial, considerable; [meal] abundante **2.** [solid] sólido(da).

substantially [səb'stænʃəlɪ] adv **1.** [quite a lot] sustancialmente, considerablemente **2.** [fundamentally] esencialmente; [for the most part] en gran parte.

substantiate [səb'stænʃɪeɪt] vt fml justificar.

substitute ['sʌbstɪtjuːt] ⬦ n **1.** [replacement] ▶ **substitute (for)** sustituto m, -ta f (de) **2.** SPORT suplente mf, reserva mf. ⬦ vt ▶ **to substitute sthg / sb for** sustituir algo/a alguien por.

substitution [ˌsʌbstɪ'tjuːʃn] n sustitución f.

subtext ['sʌbˌtekst] n mensaje m subyacente.

subtitle ['sʌbˌtaɪtl] n subtítulo m.

subtle ['sʌtl] adj **1.** [gen] sutil; [taste, smell] delicado(da) **2.** [plan, behaviour] ingenioso(sa).

subtlety ['sʌtltɪ] n **1.** [gen] sutileza f; [of taste, smell] delicadeza f **2.** [of plan, behaviour] ingenio m.

subtotal ['sʌbˌtəʊtl] n subtotal m.

subtract [səb'trækt] vt ▶ **to subtract sthg (from)** restar algo (de).

subtraction [səb'trækʃn] n resta f.

suburb ['sʌbɜːb] n barrio m residencial. ⬦ **suburbs** pl n ▶ **the suburbs** las afueras.

suburban [sə'bɜːbn] adj **1.** [of suburbs] de los barrios residenciales **2.** pej [boring] convencional, burgués(esa).

suburbia [sə'bɜːbɪə] n (U) barrios mpl residenciales.

subversive [səb'vɜːsɪv] ⬦ adj subversivo(va). ⬦ n subversivo m, -va f.

subway ['sʌbweɪ] n **1.** UK [underground walkway] paso m subterráneo **2.** US [underground railway] metro m, subte(rráneo) m RP.

succeed [sək'siːd] ⬦ vt suceder a ▶ **to succeed sb to the throne** suceder a alguien en el trono. ⬦ vi **1.** [gen] tener éxito **2.** [achieve desired result] ▶ **to succeed in sthg / in doing sthg** conseguir algo/hacer algo **3.** [plan, tactic] salir bien **4.** [go far in life] triunfar.

succeeding [sək'siːdɪŋ] adj fml siguiente.

success [sək'ses] n **1.** [gen] éxito m ▶ **to be a success** tener éxito **2.** [in career, life] triunfo m.

successful [sək'sesfʊl] adj [gen] de éxito; [attempt] logrado(da).

successfully [sək'sesfʊlɪ] adv con éxito.

succession [sək'seʃn] n sucesión f ▶ **to follow in quick OR close succession** sucederse rápidamente.

successive [sək'sesɪv] adj sucesivo(va) / **he won on 3 successive years** ganó durante tres años consecutivos.

successor [sək'sesər] n sucesor m, -ra f.

succinct [sək'sɪŋkt] adj sucinto(ta).

succumb [sə'kʌm] vi ▶ **to succumb (to)** sucumbir (a).

such [sʌtʃ] ❖ adj **1.** [like that] semejante, tal / *such stupidity* o*r* semejante estupidez / *there's no such thing* no existe nada semejante **2.** [like this] : *have you got such a thing as a tin opener?* ¿tendrías acaso un abrelatas? / *such words as 'duty' and 'honour'* palabras (tales) como 'deber' y 'honor' **3.** [whatever] ▶ **I've spent such money as I had** he gastado el poco dinero que tenía **4.** [so great, so serious] : *there are such differences that ...* las diferencias son tales que ... ▶ **such ... that** tal ... que. ❖ adv tan / *such a lot of books* tantos libros / *such nice people* una gente tan amable / *such a good car* un coche tan bueno / *such a long time* tanto tiempo. ❖ pron ▶ **and such (like)** y otros similares o*r* por el estilo. ◆ **as such** pron propiamente dicho(cha). ◆ **such and such** adj : *at such and such a time* a tal hora.

suck [sʌk] ❖ vt **1.** [by mouth] chupar **2.** [machine] aspirar. ❖ vi 🇺🇸 *v inf* [be bad] [book, film] : *that really sucks!* ¡es una mierda!

sucker ['sʌkər] n **1.** [of animal] ventosa f **2.** *inf* [gullible person] primo m, -ma f, ingenuo m, -nua f / *to be a sucker for punishment* ser un masoquista.

suckle ['sʌkl] ❖ vt amamantar. ❖ vi mamar.

suction ['sʌkʃn] n [gen] succión f; [by machine] aspiración f.

Sudan [su:'dɑːn] n (el) Sudán.

sudden ['sʌdn] adj [quick] repentino(na); [unforeseen] inesperado(da) ▶ **all of a sudden** de repente.

suddenly ['sʌdnlɪ] adv de repente.

suds [sʌdz] pl n espuma f del jabón.

sue [su:] vt ▶ **to sue sb (for)** demandar a alguien (por).

suede [sweɪd] n [for jacket, shoes] ante m; [for gloves] cabritilla f.

suet ['soɪt] n sebo m.

suffer ['sʌfər] ❖ vt sufrir. ❖ vi **1.** [gen] sufrir **2.** [experience negative effects] salir perjudicado(da) **3.** MED ▶ **to suffer from** [illness] sufrir o*r* padecer de.

sufferer ['sʌfrər] n enfermo m, -ma f / *cancer sufferer* enfermo de cáncer / *hay fever sufferer* persona que padece fiebre del heno.

suffering ['sʌfrɪŋ] n [gen] sufrimiento m; [pain] dolor m.

suffice [sə'faɪs] vi *fml* ser suficiente, bastar.

sufficient [sə'fɪʃnt] adj *fml* suficiente, bastante.

sufficiently [sə'fɪʃntlɪ] adv *fml* suficientemente, bastante.

suffix ['sʌfɪks] n sufijo m.

suffocate ['sʌfəkeɪt] ❖ vt asfixiar, ahogar. ❖ vi asfixiarse, ahogarse.

suffrage ['sʌfrɪdʒ] n sufragio m.

suffuse [sə'fju:z] vt ▶ **suffused with** bañado de.

sugar ['ʃʊɡər] ❖ n azúcar m o f. ❖ vt echar azúcar a.

sugar beet n remolacha f (azucarera).

sugarcane ['ʃʊɡəkeɪn] n (U) caña f de azúcar.

sugary ['ʃʊɡərɪ] adj [high in sugar] azucarado(da), dulce.

suggest [sə'dʒest] vt **1.** [propose] sugerir / *to suggest doing sthg* sugerir hacer algo **2.** [imply] insinuar.

suggestion [sə'dʒestʃn] n **1.** [proposal] sugerencia f **2.** [implication] insinuación f / *there was no suggestion of murder* no había nada que indicara que fue un asesinato.

suggestive [sə'dʒestɪv] adj [implying sexual connotation] provocativo(va), insinuante.

suicide ['su:ɪsaɪd] n *lit* & *fig* suicidio m ▶ **to commit suicide** suicidarse.

suit [su:t] ❖ n **1.** [clothes - for men] traje m; [- for women] traje de chaqueta **2.** [in cards] palo m **3.** LAW pleito m. ❖ vt **1.** [look attractive on] favorecer, sentar bien a / *it suits you* te favorece, te sienta bien **2.** [be convenient or agreeable to] convenir / *that suits me fine* por mí, estupendo **3.** [be appropriate to] ser adecuado(da) para / *that job suits you perfectly* ese trabajo te va de perlas.

suitable ['su:təbl] adj adecuado(da) / *the most suitable person* la persona más indicada.

suitably ['su:təblɪ] adv adecuadamente.

suitcase ['su:tkeɪs] n maleta f, petaca f 🇲🇽, valija f 🇷🇵.

suite [swi:t] n **1.** [of rooms] suite f **2.** [of furniture] juego m ▶ **dining-room suite** comedor m.

suited ['su:tɪd] adj ▶ **suited to / for** adecuado(da) para ▶ **the couple are ideally suited** forman una pareja perfecta.

suitor ['su:tər] n *dated* pretendiente m.

sulfur 🇺🇸 = **sulphur**.

sulk [sʌlk] vi estar de mal humor.

sulky ['sʌlkɪ] adj malhumorado(da).

sullen ['sʌlən] adj hosco(ca), antipático(ca).

sulphur 🇬🇧, **sulfur** 🇺🇸 ['sʌlfər] n azufre m.

sultana [səl'tɑːnə] n 🇬🇧 [dried grape] pasa f de Esmirna.

sultry ['sʌltrɪ] adj [hot] bochornoso(sa), sofocante.

sum [sʌm] n suma f. ◆ **sum up** vt sep & vi [summarize] resumir.

summarize, summarise ['sʌməraɪz] vt & vi resumir.

summary ['sʌmərɪ] n resumen m.

summer ['sʌmər] ❖ n verano m. ❖ comp de verano.

summerhouse ['sʌməhaʊs] (pl [-haʊzɪz]) n cenador m.

summer school n escuela f de verano.

summertime ['sʌmətaɪm] n ▸ (the) summertime (el) verano.

summit ['sʌmɪt] n **1.** [mountain-top] cima f, cumbre f **2.** [meeting] cumbre f.

summon ['sʌmən] vt [person] llamar; [meeting] convocar. ❖ summon up vt sep [courage] armarse de ▸ to summon up the strength to do sthg reunir fuerzas para hacer algo.

summons ['sʌmənz] ❖ n (pl summonses) LAW citación f. ❖ vt LAW citar.

sump [sʌmp] n cárter m.

sumptuous ['sʌmptʃʊəs] adj suntuoso(sa).

sun [sʌn] n sol m ▸ in the sun al sol / everything under the sun todo lo habido y por haber.

sunbathe ['sʌnbeɪð] vi tomar el sol.

sunbed ['sʌnbed] n camilla f de rayos ultravioletas.

sunburn ['sʌnbɜːn] n (U) quemadura f de sol.

sunburned ['sʌnbɜːnd], **sunburnt** ['sʌnbɜːnt] adj quemado(da) por el sol.

sun cream n crema f solar.

Sunday ['sʌndɪ] n domingo m ▸ Sunday lunch comida del domingo que generalmente consiste en carne asada, patatas asadas etc. See also Saturday.

Sunday school n catequesis f inv.

sundial ['sʌndaɪəl] n reloj m de sol.

sundown ['sʌndaʊn] n anochecer m.

sundries ['sʌndrɪz] pl n fml [gen] artículos mpl diversos; FIN gastos mpl diversos.

sundry ['sʌndrɪ] adj fml diversos(sas) ▸ all and sundry todos sin excepción.

sunflower ['sʌn,flaʊər] n girasol m.

sung [sʌŋ] pp ⟶ sing.

sunglasses ['sʌn,glɑːsɪz] pl n gafas fpl de sol.

sunk [sʌŋk] pp ⟶ sink.

sunlamp ['sʌnlæmp] n lámpara f de rayos ultravioletas.

sunlight ['sʌnlaɪt] n luz f del sol / in direct sunlight a la luz directa del sol.

sunny ['sʌnɪ] adj **1.** [day] de sol; [room] soleado(da) **2.** [cheerful] alegre.

sunrise ['sʌnraɪz] n **1.** (U) [time of day] amanecer m **2.** [event] salida f del sol.

sunroof ['sʌnruːf] n [on car] techo m corredizo; [on building] azotea f.

sunset ['sʌnset] n **1.** (U) [time of day] anochecer m **2.** [event] puesta f del sol.

sunshade ['sʌnʃeɪd] n sombrilla f.

sunshine ['sʌnʃaɪn] n (luz f del) sol m.

sunstroke ['sʌnstrəʊk] n (U) insolación f / to get sunstroke coger una insolación.

suntan ['sʌntæn] ❖ n bronceado m / to have a suntan estar bronceado(da) / to get a suntan broncearse. ❖ comp [lotion, cream] bronceador(ra).

suntrap ['sʌntræp] n lugar m muy soleado.

sup [sʌp] (abbr of what's up?) interj US inf ¿qué pasa?

super ['suːpər] ❖ adj **1.** inf [wonderful] estupendo(da), fenomenal **2.** [better than normal - size etc] superior. ❖ n US inf [of apartment building] portero m, -ra f.

super- ['suːpər] pref super-, sobre-.

superannuation ['suːpə,rænjʊ'eɪʃn] n (U) jubilación f, pensión f.

superb [suː'pɜːb] adj excelente, magnífico(ca).

supercilious [,suːpə'sɪlɪəs] adj altanero(ra).

superficial [,suːpə'fɪʃl] adj superficial.

superfluous [suː'pɜːflʊəs] adj superfluo(flua).

superhuman [,suːpə'hjuːmən] adj sobrehumano(na).

superimpose [,suːpərɪm'pəʊz] vt ▸ to superimpose sthg on superponer or sobreponer algo a.

superintendent [,suːpərɪn'tendənt] n **1.** UK [of police] ≃ subjefe m (de policía) **2.** fml [of department] supervisor m, -ra f **3.** US inf [of apartment building] portero m, -ra f.

superior [suː'pɪərɪər] ❖ adj **1.** [gen] ▸ superior (to) superior (a) **2.** pej [arrogant] altanero(ra), arrogante. ❖ n superior mf.

superiority [suː,pɪərɪ'ɒrətɪ] n **1.** [gen] superioridad f **2.** pej [arrogance] altanería f, arrogancia f.

superlative [suː'pɜːlətɪv] ❖ adj [of the highest quality] supremo(ma). ❖ n GRAM superlativo m.

supermarket ['suːpə,mɑːkɪt] n supermercado m.

supermodel ['suːpəmɒdl] n top model f.

supernatural [,suːpə'nætʃrəl] adj sobrenatural.

superpower ['suːpə,paʊər] n superpotencia f.

supersede [,suːpə'siːd] vt suplantar.

supersize ['suːpəsaɪz] ❖ adj gigante. ❖ vt aumentar (de forma considerable) el tamaño de / the company has supersized itself la empresa ha aumentado de tamaño de forma considerable.

supersonic [,suːpə'sɒnɪk] adj supersónico(ca).

superstition [,suːpə'stɪʃn] n superstición f.

superstitious [,suːpə'stɪʃəs] adj supersticioso(sa).

superstore ['suːpəstɔːr] n hipermercado m.

supertanker ['suːpə,tæŋkər] n superpetrolero m.

supervise ['suːpəvaɪz] vt [person] vigilar; [activity] supervisar.

supervisor ['suːpəvaɪzər] n [gen] supervisor m, -ra f; [of thesis] director m, -ra f.

supper ['sʌpər] n [evening meal] cena f.

supple ['sʌpl] adj flexible.

supplement ❖ n ['sʌplɪmənt] suplemento m. ❖ vt ['sʌplɪment] complementar.

supplementary [,sʌplɪ'mentərɪ] adj suplementario(ria).

supplier [sə'plaɪər] n proveedor m, -ra f.

supply [sə'plaɪ] ❖ n **1.** [gen] suministro m ; [of jokes etc] surtido m **2.** (U) ECON oferta f / supply and demand la oferta y la demanda. ❖ vt ▶ to supply sthg (to) suministrar OR proveer algo (a) ▶ to supply sthg with sthg suministrar a algo de algo. ❖ **supplies** pl n MIL pertrechos mpl ; [food] provisiones fpl ; [for office etc] material m.

support [sə'pɔ:t] ❖ n **1.** (U) [physical, moral, emotional] apoyo m / in support of en apoyo de **2.** (U) [financial] ayuda f **3.** (U) [intellectual] respaldo m **4.** TECH soporte m. ❖ vt **1.** [physically] sostener **2.** [emotionally, morally, intellectually] apoyar **3.** [financially - oneself, one's family] mantener ; [- company, organization] financiar / to support o.s. ganarse la vida **4.** SPORT seguir.

supporter [sə'pɔ:tər] n **1.** [gen] partidario m, -ria f **2.** SPORT hincha mf.

support group n grupo m de apoyo.

supportive [sə'pɔ:tɪv] adj comprensivo(va) / she has been very supportive to her la ha ayudado mucho.

suppose [sə'pəʊz] ❖ vt suponer. ❖ vi suponer ▶ I suppose (so) supongo (que sí) ▶ I suppose not supongo que no.

supposed [sə'pəʊzd] adj **1.** [doubtful] supuesto(ta) **2.** [intended] ▶ he was supposed to be here at eight debería haber estado aquí a las ocho **3.** [reputed] ▶ it's supposed to be very good se supone OR se dice que es muy bueno.

supposedly [sə'pəʊzɪdlɪ] adv según cabe suponer.

supposing [sə'pəʊzɪŋ] conj : supposing your father found out? ¿y si se entera tu padre?

suppress [sə'pres] vt **1.** [uprising] reprimir **2.** [emotions] contener.

supreme [sʊ'pri:m] adj supremo(ma).

Supreme Court n ▶ the Supreme Court [in US] el Tribunal Supremo (de los Estados Unidos).

surcharge ['sɜ:tʃɑ:dʒ] n ▶ surcharge (on) recargo m (en).

sure [ʃʊər] ❖ adj **1.** [gen] seguro(ra) / I'm not sure why he said that no estoy seguro de por qué dijo eso **2.** [certain - of outcome] ▶ to be sure of poder estar seguro(ra) de ▶ make sure (that) you do it asegúrate de que lo haces **3.** [confident] ▶ to be sure of o.s. estar seguro(ra) de uno mismo. ❖ adv **1.** US inf [yes] por supuesto, pues claro **2.** US [really] realmente. ❖ **for sure** adv a ciencia cierta / I don't know for sure no lo

sé con total seguridad. ❖ **sure enough** adv efectivamente.

surely ['ʃʊəlɪ] adv sin duda / surely you remember him? ¡no me digas que no te acuerdas de él!

surety ['ʃʊərətɪ] n (U) fianza f.

surf [sɜ:f] ❖ n espuma f (de las olas). ❖ vt COMPUT ▶ to surf the Net navegar por Internet.

surface ['sɜ:fɪs] ❖ n **1.** [gen] superficie f **2.** fig [immediately visible part] ▶ on the surface a primera vista ▶ below OR beneath the surface debajo de las apariencias. ❖ vi [gen] salir a la superficie.

surface mail n correo m por vía terrestre/marítima.

surfboard ['sɜ:fbɔ:d] n plancha f OR tabla f de surf.

surfeit ['sɜ:fɪt] n fml exceso m.

surfing ['sɜ:fɪŋ] n surf m.

surge [sɜ:dʒ] ❖ n **1.** [of waves, people] oleada f ; [of electricity] sobrecarga f momentánea **2.** [of emotion] arrebato m **3.** [of interest, support, sales] aumento m súbito. ❖ vi [people, vehicles] avanzar en masa ; [sea] encresparse / the angry mob surged forward la multitud encolerizada avanzó en tropel.

surgeon ['sɜ:dʒən] n cirujano m, -na f.

surgery ['sɜ:dʒərɪ] n **1.** (U) MED [performing operations] cirugía f **2.** UK MED [place] consultorio m ; [consulting period] consulta f.

surgical ['sɜ:dʒɪkl] adj [gen] quirúrgico(ca).

surgical spirit n UK alcohol m de 90°.

surly ['sɜ:lɪ] adj hosco(ca), malhumorado(da).

surmount [sɜ:'maʊnt] vt [overcome] superar, vencer.

surname ['sɜ:neɪm] n apellido m.

surpass [sə'pɑ:s] vt fml [exceed] superar, sobrepasar.

surplus ['sɜ:pləs] ❖ adj excedente, sobrante. ❖ n [gen] excedente m, sobrante m ; [in budget] superávit m.

surprise [sə'praɪz] ❖ n sorpresa f ▶ to take sb by surprise coger a alguien desprevenido. ❖ vt sorprender.

surprised [sə'praɪzd] adj [person, expression] asombrado(da) / we were really surprised nos quedamos sorprendidos / I'm surprised you're still here me sorprende que todavía estés aquí / she was surprised to find the house empty se sorprendió al encontrar la casa vacía.

surprising [sə'praɪzɪŋ] adj sorprendente.

surrender [sə'rendər] ❖ n rendición f. ❖ vi lit & fig ▶ to surrender (to) rendirse OR entregarse (a).

surreptitious [,sʌrəp'tɪʃəs] adj subrepticio(cia).

surrogate ['sʌrəgeɪt] ❖ adj sustitutorio(ria). ❖ n sustituto m, -ta f.

surrogate mother n madre f de alquiler.

surround [sə'raʊnd] vt *lit & fig* rodear **/** *to be surrounded by* estar rodeado(da) de.

surrounding [sə'raʊndɪŋ] adj **1.** [area, countryside] circundante **2.** [controversy, debate] relacionado(da).

surroundings [sə'raʊndɪŋz] pl n [physical] alrededores mpl; [social] entorno m.

surveillance [sɜː'veɪləns] n vigilancia f.

survey ❖ n ['sɜːveɪ] **1.** [of public opinion, population] encuesta f **2.** [of land] medición f; [of building] inspección f. ❖ vt [sə'veɪ] **1.** [contemplate] contemplar **2.** [investigate statistically] hacer un estudio de **3.** [examine - land] medir; [- building] inspeccionar.

surveyor [sə'veɪə] n [of property] perito m tasador de la propiedad; [of land] agrimensor m, -ra f.

survival [sə'vaɪvl] n [gen] supervivencia f.

survive [sə'vaɪv] ❖ vt sobrevivir a. ❖ vi **1.** [person] sobrevivir **/** *how are you? — surviving* ¿cómo estás? — voy tirando **2.** [custom, project] perdurar.

survivor [sə'vaɪvə] n [person who escapes death] superviviente mf **/** *there were no survivors* no hubo supervivientes.

susceptible [sə'septəbl] adj **1.** [to pressure, flattery] ▸ **susceptible (to)** sensible (a) **2.** MED ▸ **susceptible (to)** propenso(sa) (a).

suspect ❖ adj ['sʌspekt] sospechoso(sa). ❖ n ['sʌspekt] sospechoso m, -sa f. ❖ vt [sə'spekt] **1.** [distrust] sospechar **2.** [think likely] imaginar **/** *I suspect he's right* imagino que tiene razón **3.** [consider guilty] ▸ **to suspect sb (of)** considerar a alguien sospechoso(sa) (de). ❖ **suspected** pp : *to have a suspected heart attack* haber sufrido un posible infarto **/** *the suspected culprits* los presuntos culpables.

suspend [sə'spend] vt [gen] suspender; [payments, work] interrumpir; [schoolchild] expulsar temporalmente.

suspended sentence [sə'spendɪd-] n condena f condicional.

suspender belt [sə'spendə-] n [UK] liguero m.

suspenders [sə'spendəz] pl n **1.** [UK] [for stockings] ligas fpl **2.** [US] [for trousers] tirantes mpl, tiradores mpl [Bol] [RP], suspensores mpl [Andes] [Arg].

suspense [sə'spens] n [gen] incertidumbre f; CIN suspense m ▸ **to keep sb in suspense** mantener a alguien en vilo.

suspension [sə'spenʃn] n **1.** [gen & AUTO] suspensión f **2.** [from job, school] expulsión f temporal.

suspension bridge n puente m colgante.

suspicion [sə'spɪʃn] n **1.** [gen] sospecha f; [distrust] recelo m **/** *on suspicion of* bajo sospecha de **/** *to be under suspicion* estar bajo sospecha **/** *to*

arouse suspicion levantar sospechas **2.** [small amount] pizca f.

suspicious [sə'spɪʃəs] adj **1.** [having suspicions] receloso(sa) **2.** [causing suspicion] sospechoso(sa).

sustain [sə'steɪn] vt **1.** [gen] sostener **2.** *fml* [injury, damage] sufrir.

sustainability [sə,steɪnə'bɪlɪtɪ] n sostenibilidad f.

sustainable [səs'teɪnəbl] adj sostenible ▸ **sustainable resources** recursos mpl sostenibles.

sustenance ['sʌstɪnəns] n (U) *fml* sustento m.

SUV n (*abbr of Sport Utility Vehicle*) todoterreno m utilitario.

SW (*written abbr of short wave*) OC.

swab [swɒb] n (trozo m de) algodón m.

swagger ['swægə] vi pavonearse.

Swahili [swɑ:'hi:lɪ] n suahili m.

swallow ['swɒləʊ] ❖ n [bird] golondrina f. ❖ vt [food, drink] tragar. ❖ **swallow up** vt sep [salary, time] tragarse.

swam [swæm] pt ⟶ **swim**.

swamp [swɒmp] ❖ n pantano m, ciénaga f ❖ vt **1.** [flood - boat] hundir; [- land] inundar **2.** [overwhelm] ▸ **to swamp sthg (with)** [office] inundar algo (de) ▸ **to swamp sb (with)** agobiar a alguien (con) **/** *we were swamped with applications* nos vimos inundados de solicitudes.

swan [swɒn] n cisne m.

swanky ['swæŋkɪ] (*compar* **swankier**, *superl* **swankiest**) adj *inf* pijo(ja).

swap [swɒp], **swop** vt **1.** [of one thing] ▸ **to swap sthg (for/with)** cambiar algo (por/con) **2.** *fig* [stories, experiences] intercambiar.

swarm [swɔ:m] ❖ n [of bees] enjambre m; *fig* [of people] multitud f. ❖ vi **1.** *fig* [people] ir en tropel **2.** *fig* [place] ▸ **to be swarming (with)** estar abarrotado(da) (de).

swarthy ['swɔ:ðɪ] adj moreno(na).

swastika ['swɒstɪkə] n esvástica f, cruz f gamada.

swat [swɒt] vt aplastar.

sway [sweɪ] ❖ vt [influence] convencer. ❖ vi balancearse.

swear [sweə] ❖ vt (*pt* **swore**, *pp* **sworn**) : *I could have sworn I saw him* juraría que lo vi. ❖ vi (*pt* **swore**, *pp* **sworn**) **1.** [state emphatically] jurar **/** *I couldn't swear to it* no me atrevería a jurarlo **2.** [use swearwords] decir tacos, jurar **/** *to swear at sb* insultar a alguien.

swearing ['sweərɪŋ] n [use of swear words] palabrotas fpl.

swearword ['sweəwɜ:d] n palabrota f.

sweat [swet] ❖ n [perspiration] sudor m. ❖ vi [perspire] sudar. ❖ vt MED : *to sweat out a cold* quitarse un resfriado sudando **2.** [in difficult situation] : *to sweat it out* aguantar.

sweater ['swetə] n suéter m, jersey m.

sweatshirt ['swetʃɜ:t] n sudadera f.

sweaty ['swetɪ] adj [skin] sudoroso(sa); [clothes] sudado(da).

swede [swi:d] n UK nabo m sueco.

Swede [swi:d] n sueco m, -ca f.

Sweden ['swi:dn] n Suecia.

Swedish ['swi:dɪʃ] ◆ adj sueco(ca). ◆ n [language] sueco m. ◆ pl n ▶ **the Swedish** los suecos.

sweep [swi:p] ◆ n [movement - of broom] barrido m; [- of arm, hand] movimiento m OR gesto m amplio. ◆ vt (pt & pp **swept**) **1.** [with brush] barrer **2.** [with light-beam] rastrear; [with eyes] recorrer. ◆ vi (pt & pp **swept**) **1.** [wind, rain] ▶ **to sweep over** OR **across sthg** azotar algo **2.** [person] ▶ **to sweep past** pasar como un rayo. ◆ **sweep aside** vt sep [objections] rechazar. ◆ **sweep away** vt sep [destroy] destruir completamente. ◆ **sweep up** vt sep & vi barrer.

sweeping ['swi:pɪŋ] adj **1.** [effect, change] radical **2.** [statement] demasiado general **3.** [curve] amplio(plia) **4.** [gesture] amplio(plia).

sweet [swi:t] ◆ adj **1.** [gen] dulce; [sugary] azucarado(da) **2.** [smell - of flowers, air] fragante, perfumado(da) **3.** [sound] melodioso(sa) **4.** [character, person] amable **5.** US inf genial. ◆ n UK **1.** [candy] caramelo m, golosina f **2.** [dessert] postre m. ◆ excl US inf genial.

sweetcorn ['swi:tkɔ:n] n maíz tierno, choclo m ANDES RP, elote m MÉX.

sweeten ['swi:tn] vt endulzar.

sweetheart ['swi:tha:t] n **1.** [term of endearment] cariño m **2.** [boyfriend or girlfriend] amor m, novio m, -via f.

sweetie ['swi:tɪ] n inf **1.** [darling] cariño m / he's a real sweetie es un encanto **2.** (baby talk) UK [sweet] chuche m.

sweetness ['swi:tnɪs] n **1.** [gen] dulzura f **2.** [of taste] dulzor m.

sweet pea n guisante m de olor, alverjilla f ANDES COL VEN, chícharo m de olor CAM MÉX, arvejilla f RP, clarín m CHILE.

sweet-tempered adj apacible.

swell [swel] ◆ vi (pp **swollen** or **-ed**) **1.** [become larger]: to swell (up) hincharse **2.** [population, sound] aumentar. ◆ vt (pp **swollen** or **-ed**) [numbers etc] aumentar. ◆ n [of sea] oleaje m. ◆ adj US inf estupendo(da).

swelling ['swelɪŋ] n hinchazón f / the swelling has gone down ha bajado la hinchazón.

sweltering ['sweltərɪŋ] adj **1.** [weather] abrasador(ra), sofocante **2.** [person] achicharrado(da).

swept [swept] pt & pp ⟶ **sweep**.

swerve [swɜ:v] vi virar bruscamente.

swift [swɪft] ◆ adj **1.** [fast] rápido(da) **2.** [prompt] pronto(ta). ◆ n [bird] vencejo m.

swig [swɪg] inf n trago m / to take a swig of sthg tomar un trago de algo.

swill [swɪl] ◆ n [pig food] bazofia f. ◆ vt UK [wash] enjuagar.

swim [swɪm] ◆ n baño m ▶ to go for a swim ir a nadar OR a darse un baño. ◆ vi (pt **swam**, pp **swum**) **1.** [in water] nadar **2.** [head, room] dar vueltas. ◆ vt (pt **swam**, pp **swum**): to swim the English Channel cruzar el canal de la Mancha a nado / I swam 20 lengths nadé veinte largos.

swimmer ['swɪmər] n nadador m, -ra f / she's a good swimmer nada bien.

swimming ['swɪmɪŋ] n natación f / to go swimming ir a nadar.

swimming cap n gorro m de baño.

swimming costume n UK bañador m, traje m de baño.

swimming pool n piscina f, alberca f MÉX, pileta f RP.

swimming trunks pl n bañador m.

swimsuit ['swɪmsu:t] ◆ n bañador m ESP, traje m de baño, malla f RP, vestido m de baño COL.

swindle ['swɪndl] ◆ n estafa f, timo m. ◆ vt estafar, timar ▶ to swindle sb out of sthg estafar a alguien algo.

swindler ['swɪndlər] n estafador m, -ra f.

swine [swaɪn] n inf & pej [person] cerdo m, -da f, canalla mf.

swing [swɪŋ] ◆ n **1.** [child's toy] columpio m **2.** [change] viraje m / a swing towards the Conservatives un giro hacia los conservadores **3.** [sway] meneo m, balanceo m ▶ to be in full swing estar en plena marcha. ◆ vt (pt & pp **swung**) **1.** [move back and forth] balancear **2.** [move in a curve - car etc] hacer virar bruscamente. ◆ vi (pt & pp **swung**) **1.** [move back and forth] balancearse, oscilar **2.** [move in a curve] girar **3.** [turn] ▶ to swing (round) volverse, girarse **4.** [change] virar, cambiar.

swing bridge n puente m giratorio.

swing door n puerta f oscilante.

swingeing ['swɪndʒɪŋ] adj UK severo(ra).

swipe [swaɪp] ◆ vt inf [steal] birlar. ◆ vi ▶ to swipe at sthg intentar golpear algo.

swipe card n tarjeta f magnética.

swirl [swɜ:l] vi arremolinarse.

swish [swɪʃ] vt [tail] agitar, menear.

Swiss [swɪs] ◆ adj suizo(za). ◆ n [person] suizo m, -za f. ◆ pl n ▶ **the Swiss** los suizos.

Switch® ['swɪtʃ] n UK tarjeta f de débito Switch®.

switch [swɪtʃ] ◆ n **1.** [control device] interruptor m **2.** [change] cambio m completo, viraje m. ◆ vt **1.** [change] cambiar de ▶ to switch one's attention to sthg dirigir la atención a OR hacia algo **2.** [swap] intercambiar. ◆ **switch off** vt sep [light, radio etc] apagar; [engine] parar.

◆ **switch on** vt sep [light, radio etc] encender ; [engine] poner en marcha.

switchboard ['swɪtʃbɔːd] n centralita f, conmutador m **Am**.

Switzerland ['swɪtsələnd] n Suiza.

swivel ['swɪvl] (**UK** pt & pp -led, cont -ling, **US** pt & pp -ed, cont -ing) ◆ vt hacer girar. ◆ vi girar.

swivel chair n silla f giratoria.

swollen ['swəʊln] ◆ pp ⟶ **swell**. ◆ adj **1.** [ankle, leg etc] hinchado(da) / my eyes were swollen tenía los ojos hinchados **2.** [river] crecido(da).

swoop [swuːp] ◆ n [raid] redada f / a swoop on a flat una redada en un apartamento. ◆ vi **1.** [move downwards] caer en picado **2.** [move quickly] atacar por sorpresa.

swop [swɒp] = **swap**.

sword [sɔːd] n espada f.

swordfish ['sɔːdfɪʃ] (pl inv or -es) n pez m espada.

swore [swɔːr] pt ⟶ **swear**.

sworn [swɔːn] ◆ pp ⟶ **swear**. ◆ adj LAW jurado(da).

swot [swɒt] **UK** inf ◆ n pej empollón m, -ona f. ◆ vi ▶ **to swot (for)** empollar (para).

swum [swʌm] pp ⟶ **swim**.

swung [swʌŋ] pt & pp ⟶ **swing**.

sycamore ['sɪkəmɔːr] n **1.** sicomoro m **2.** **US** [plane tree] plátano m.

syllable ['sɪləbl] n sílaba f.

syllabus ['sɪləbəs] (pl -buses or -bi) n programa m (de estudios).

symbol ['sɪmbl] n símbolo m.

symbolic [sɪm'bɒlɪk] adj simbólico(ca) ▶ **to be symbolic of** ser un símbolo de.

symbolize, symbolise ['sɪmbəlaɪz] vt simbolizar.

symmetry ['sɪmətrɪ] n simetría f.

sympathetic [,sɪmpə'θetɪk] adj **1.** [understanding] comprensivo(va) **2.** [willing to support] favorable ▶ **sympathetic to** bien dispuesto(ta) hacia.

sympathize, sympathise ['sɪmpəθaɪz] vi **1.** [feel sorry] ▶ **to sympathize (with)** compadecerse (de) **2.** [understand] ▶ **to sympathize (with sthg)** comprender (algo) **3.** [support] ▶ **to sympathize with sthg** apoyar algo.

sympathizer, sympathiser ['sɪmpəθaɪzər] n simpatizante mf.

sympathy ['sɪmpəθɪ] n **1.** [understanding] ▶ **sympathy (for)** a) comprensión f (hacia) b) [compassion] compasión f (por) **2.** [agreement] solidaridad f. ◆ **sympathies** pl n [to bereaved person] pésame m.

symphony ['sɪmfənɪ] n sinfonía f.

symposium [sɪm'pəʊzjəm] (pl -siums or -sia) n fml simposio m.

symptom ['sɪmptəm] n lit & fig síntoma m.

synagogue ['sɪnəgɒg] n sinagoga f.

synchronize, synchronise ['sɪŋkrənaɪz] ◆ vt ▶ **to synchronize sthg (with)** sincronizar algo (con). ◆ vi ser sincrónico.

syndicate n ['sɪndɪkət] sindicato m.

syndrome ['sɪndrəʊm] n síndrome m.

synonym ['sɪnənɪm] n ▶ **synonym (for or of)** sinónimo m (de).

synonymous [sɪ'nɒnɪməs] adj ▶ **synonymous (with)** sinónimo(ma) (de).

synopsis [sɪ'nɒpsɪs] (pl -ses) n sinopsis f inv.

syntax ['sɪntæks] n sintaxis f inv.

synthesis ['sɪnθəsɪs] (pl -ses) n síntesis f inv.

synthetic [sɪn'θetɪk] adj **1.** [man-made] sintético(ca) **2.** pej [insincere] artificial.

syphilis ['sɪfɪlɪs] n sífilis f inv.

syphon ['saɪfn] = **siphon**.

Syria ['sɪrɪə] n Siria.

syringe [sɪ'rɪndʒ] n jeringa f, jeringuilla f.

syrup ['sɪrəp] n (U) **1.** CULIN almíbar m **2.** MED jarabe m / cough syrup jarabe para la tos.

system ['sɪstəm] n [gen] sistema m ; [of central heating etc] instalación f ▶ **to get sthg out of one's system** inf sacarse algo de encima.

systematic [,sɪstə'mætɪk] adj sistemático(ca).

system disk n COMPUT disco m del sistema.

systems analyst [,sɪstəmz-] n COMPUT analista mf de sistemas.

ta [tɑː] excl **UK** inf ¡gracias!

tab [tæb] n **1.** [of cloth] etiqueta f **2.** [of metal, card etc] lengüeta f **3.** **US** [bill] cuenta f / to pick up the tab inf pagar la cuenta ▶ **to keep tabs on sb** vigilar de cerca a alguien.

tabby ['tæbɪ] n ▶ **tabby (cat)** gato m atigrado.

table ['teɪbl] ◆ n **1.** [piece of furniture] mesa f ; [small] mesilla f **2.** [diagram] tabla f. ◆ vt **UK** [propose] presentar.

tablecloth ['teɪblklɒθ] n mantel m.

table lamp n lámpara f de mesa.

tablemat ['teɪblmæt] n salvamanteles m inv.

tablespoon ['teɪblspuːn] n **1.** [spoon] cuchara f grande **2.** [spoonful] cucharada f (grande).

tablespoonful ['teɪbəlspuːnfʊl] n cucharada f grande.

tablet ['tæblɪt] n 1. [pill, piece of soap] pastilla f 2. [piece of stone] lápida f 3. COMPUT tablet f.

table tennis n tenis m de mesa.

table wine n vino m de mesa.

tabloid ['tæblɔɪd] n ▶ **the tabloids** los periódicos sensacionalistas ▶ **tabloid (newspaper)** tabloide m.

taboo [təˈbuː] ⬧ adj tabú. ⬧ n (pl -s) tabú m.

tabulate ['tæbjʊleɪt] vt tabular.

tacit ['tæsɪt] adj fml tácito(ta).

taciturn ['tæsɪtɜːn] adj fml taciturno(na).

tack [tæk] ⬧ n 1. [nail] tachuela f 2. fig [course of action] táctica f. ⬧ vt 1. [fasten with nail] fijar con tachuelas 2. [in sewing] hilvanar. ⬧ vi NAUT virar. ◆ **tack on** vt sep inf añadir.

tackle ['tækl] ⬧ n 1. FOOT entrada f 2. RUGBY placaje m 3. (U) [equipment] equipo m, aparejos mpl 4. [for lifting] aparejo m. ⬧ vt 1. [deal with - job] emprender ; [- problem] abordar 2. FOOT entrar 3. RUGBY placar 4. [attack] atacar, arremeter.

tacky ['tækɪ] adj 1. inf [cheap and nasty] cutre ; [ostentatious and vulgar] hortera 2. [sticky] pegajoso(sa).

tact [tækt] n (U) tacto m, discreción f.

tactful ['tæktfʊl] adj discreto(ta).

tactic ['tæktɪk] n táctica f. ◆ **tactics** n (U) MIL táctica f.

tactical ['tæktɪkl] adj estratégico(ca) ; [weapons] táctico(ca).

tactless ['tæktlɪs] adj indiscreto(ta).

tadpole ['tædpəʊl] n renacuajo m.

tag [tæg] n [of cloth, paper] etiqueta f ▶ price tag etiqueta del precio. ◆ **tag question** n cláusula f final interrogativa. ◆ **tag along** vi inf : to tag along (with) pegarse a), engancharse a).

tagging ['tægɪŋ] n COMPUT etiquetado m.

tail [teɪl] ⬧ n [gen] cola f ; [of coat, shirt] faldón m. ⬧ vt inf [follow] seguir de cerca. ◆ **tails** pl n 1. [formal dress] frac m 2. [side of coin] cruz f. ◆ **tail off** vi [voice] debilitándose ; [sound] ir disminuyendo.

tailback ['teɪlbæk] n UK cola f.

tailcoat ['teɪlˌkəʊt] n frac m.

tail end n parte f final.

tailgate ['teɪlgeɪt] ⬧ n US [of car] puerta f trasera de un vehículo. ⬧ vt conducir pegado a, pisar los talones a.

taillight ['teɪllaɪt] n AUTO luz f trasera, piloto m.

tailor ['teɪlər] ⬧ n sastre m. ⬧ vt adaptar / it can be tailored to your needs se puede adaptar a sus necesidades.

tailor-made adj hecho(cha) a la medida.

tailwind ['teɪlwɪnd] n viento m de cola.

tainted ['teɪntɪd] adj 1. [reputation] manchado(da) 2. US [food] estropeado(da).

Taiwan [ˌtaɪˈwɑːn] n Taiwán.

take [teɪk] ⬧ vt (pt took, pp taken) 1. [gen] tomar / do you take sugar? ¿tomas azúcar? ▶ to take control/command tomar control/el mando ▶ to take a photo hacer OR tomar una foto ▶ to take a walk dar un paseo ▶ to take a bath bañarse ▶ to take a test hacer un examen ▶ to take pity on sb compadecerse de alguien ▶ to take offence ofenderse / to be taken ill ponerse enfermo / take the second turning on the right toma el segundo giro a la derecha 2. [bring, carry, accompany] llevar 3. [steal] quitar, robar 4. [buy] coger, quedarse con ; [rent] alquilar / I'll take the red one me quedo con el rojo 5. [hold of] coger ▶ to take sb prisoner capturar a alguien 6. [accept - offer, cheque, criticism] aceptar ; [- advice] seguir ; [- responsibility, blame] asumir / the machine only takes 50p pieces la máquina sólo admite monedas de 50 peniques ▶ take my word for it, take it from me créeme 7. [have room for - passengers, goods] tener cabida para 8. [bear - pain etc] soportar, aguantar / some people can't take a joke hay gente que no sabe aguantar una broma 9. [require - time, courage] requerir ; [- money] costar / it will take a week / three hours llevará una semana/tres horas / it only took me 5 minutes sólo me llevó cinco minutos / it takes guts to do that hay que tener agallas para hacer eso / it took 5 people to move the piano hicieron falta 5 personas para mover el piano 10. [travel by - means of transport, route] tomar, coger 11. [wear - shoes] calzar ; [- clothes] usar 12. [consider] considerar / now, take John for instance... tomemos a John, por ejemplo... / to take sb for a fool/a policeman tomar a alguien por tonto/por un policía 13. [assume] ▶ I take it (that) ... supongo que ... ⬧ n CIN toma f. ◆ **take after** vt insep parecerse a. ◆ **take apart** vt sep [dismantle] desmontar. ◆ **take away** vt sep 1. [remove] quitar 2. [deduct] restar, sustraer. ◆ **take back** vt sep 1. [return] devolver 2. [accept - faulty goods] aceptar la devolución de 3. [admit as wrong] retirar 4. [in memories] : it takes me back to when I was a teenager me hace volver a mi adolescencia. ◆ **take down** vt sep 1. [dismantle] desmontar 2. [write down] tomar nota de. ◆ **take in** vt sep 1. [deceive] engañar / to be taken in by sb ser engañado por alguien 2. [understand] comprender, asimilar / I can't take it all in no consigo asimilarlo todo 3. [include] incluir, abarcar 4. [provide accommodation for] acoger. ◆ **take off** ⬧ vt sep 1. [clothes, glasses] quitarse 2. [have as holiday] tomarse 3. UK inf [imitate] imitar. ⬧ vi 1. [plane] despegar

2. [go away suddenly] irse, marcharse. ◆ **take on** vt sep **1.** [accept - work, job] aceptar ; [- responsibility] asumir **2.** [employ] emplear, coger **3.** [confront] desafiar. ◆ **take out** vt sep [from container, pocket] sacar. ◆ **take over** ⬦ vt sep **1.** [company, business] absorber, adquirir ; [country, government] apoderarse de **2.** [job] asumir. ⬦ vi **1.** [take control] tomar el poder **2.** [in job] entrar en funciones. ◆ **take to** vt insep **1.** [feel a liking for - person] coger cariño a ; [- activity] aficionarse a **2.** [begin] ▸ **to take to doing sthg** empezar a hacer algo. ◆ **take up** vt sep **1.** [begin] : *to take up singing* dedicarse a cantar ; [job] aceptar, tomar **2.** [use up - time, space] ocupar ; [- effort] requerir. ◆ **take up on** vt sep [accept] ▸ **to take sb up on an offer** aceptar una oferta de alguien.

takeaway UK ['teɪkə,weɪ], **takeout** US ['teɪkaʊt] n [food] comida f para llevar.

taken ['teɪkn] pp ⟶ **take**.

takeoff ['teɪkɒf] n [of plane] despegue m.

takeout US = **takeaway**.

takeover ['teɪk,əʊvər] n [of company] adquisición f.

taking ['teɪkɪŋ] ⬦ adj atractivo(va). ⬦ n [of city, power, blood, sample] toma f ; [of criminal] arresto m. ◆ **takings** pl n [of shop] venta f ; [of show] recaudación f.

talc [tælk], **talcum (powder)** ['tælkəm-] n talco m.

tale [teɪl] n **1.** [fictional story] cuento m **2.** [anecdote] anécdota f.

talent ['tælənt] n ▸ **talent (for sthg)** talento m (para algo).

talented ['tæləntɪd] adj con talento.

talk [tɔːk] ⬦ n **1.** [conversation] conversación f, plática f CAm Méx / *to have a talk* conversar **2.** (U) [gossip] habladurías fpl **3.** [lecture] charla f, conferencia f, plática f CAm Méx / *to give a talk on sthg* dar una charla sobre algo. ⬦ vi **1.** [gen] hablar ▸ **to talk to/of** hablar OR platicar CAm Méx con/de / *talking of Sarah, I met her mum yesterday* hablando de Sarah, ayer me encontré a su madre ▸ **to talk on** OR **about** hablar OR platicar CAm Méx acerca de OR sobre / *they aren't talking to each other* no se hablan **2.** [gossip] chismorrear. ⬦ vt hablar de. ◆ **talks** pl n conversaciones fpl. ◆ **talk into** vt sep ▸ **to talk sb into doing sthg** convencer a alguien para que haga algo. ◆ **talk out of** vt sep ▸ **to talk sb out of doing sthg** disuadir a alguien de que haga algo. ◆ **talk over** vt sep discutir, hablar de.

talkative ['tɔːkətɪv] adj hablador(ra).

talking ['tɔːkɪŋ] ⬦ n conversación f / *he did all the talking* él se encargó de hablar. ⬦ adj [film] sonoro(ra) ; [bird] que habla.

talk radio n tertulia f radiofónica.

talk show US n programa m de entrevistas.

talk time n (U) [on mobile phone] tiempo m de conversación.

tall [tɔːl] adj alto(ta) ▸ **she's 2 metres tall** mide 2 metros / *how tall is he?* ¿cuánto mide?

tall story n cuento m (increíble).

tally ['tælɪ] ⬦ n cuenta f ▸ **to keep a tally** llevar la cuenta. ⬦ vi concordar.

talon ['tælən] n garra f.

tambourine [,tæmbə'riːn] n pandereta f.

tame [teɪm] ⬦ adj **1.** [domesticated] doméstico(ca) **2.** pej [unexciting] soso(sa). ⬦ vt **1.** [domesticate] domesticar **2.** [bring under control] dominar.

tamper ['tæmpər] ◆ **tamper with** vt insep [lock] intentar forzar ; [records, file] falsear ; [machine] manipular.

tampon ['tæmpɒn] n tampón m.

tan [tæn] ⬦ adj de color marrón claro. ⬦ n bronceado m / *to get a tan* broncearse. ⬦ vi broncearse.

tang [tæŋ] n [smell] olor m fuerte ; [taste] sabor m fuerte.

tangent ['tændʒənt] n GEOM tangente f ▸ **to go off at a tangent** salirse por la tangente.

tangerine [,tændʒə'riːn] n mandarina f.

tangible ['tændʒəbl] adj tangible.

tangle ['tæŋgl] n [mass] maraña f ; fig [mess] enredo m, embrollo m.

tangled ['tæŋgld] adj lit & fig enredado(da).

tank [tæŋk] n **1.** [container] depósito m, tanque m **2.** MIL tanque m, carro m de combate.

tanker ['tæŋkər] n **1.** [ship - gen] barco m cisterna, tanque m ; [- for oil] petrolero m **2.** [truck] camión m cisterna.

tanned [tænd] adj bronceado(da).

Tannoy® ['tænɔɪ] n (sistema m de) altavoces mpl / *his name was called out over the Tannoy* su nombre sonó por megafonía.

tantalizing ['tæntəlaɪzɪŋ] adj tentador(ra).

tantamount ['tæntəmaʊnt] adj ▸ **tantamount to** equivalente a.

tantrum ['tæntrəm] (pl -s) n rabieta f / *to throw a tantrum* coger una rabieta.

Tanzania [,tænzə'nɪə] n Tanzania.

tap [tæp] ⬦ n **1.** [device] grifo m, llave f Am, canilla f RP, paja f CAm, caño f Perú **2.** [light blow] golpecito m **3.** [phr] : *to be on tap* [beer, water] ser de barril. ⬦ vt **1.** [hit] golpear ligeramente **2.** [strength, resources] utilizar, usar **3.** [phone] intervenir. ◆ **taps** n US MIL [at funeral] toque m de difuntos.

tap dancing n claqué m.

tape [teɪp] ⬦ n **1.** [cassette, magnetic tape, strip of cloth] cinta f **2.** [adhesive plastic] cinta f adhesiva. ❖ vt **1.** [on tape recorder, video recorder] grabar **2.** [with adhesive tape] pegar con cinta adhesiva.

tape measure n cinta f métrica.

taper ['teɪpər] ❖ n [candle] vela f. ❖ vi afilarse. ◆ **taper off** vi ir disminuyendo.

tape recorder n magnetófono m.

tapestry ['tæpɪstrɪ] n **1.** [piece of work] tapiz m **2.** [craft] tapicería f.

tar [tɑ:r] n alquitrán m.

tardy ['tɑ:dɪ] (compar **tardier**, superl **tardiest**) ❖ adj **1.** US SCH con retraso escolar **2.** fml & liter [late] tardío(día) **3.** fml & liter [slow] lento(ta). ❖ n US SCH alumno m, -na f con retraso escolar.

target ['tɑ:gɪt] n **1.** [of missile, goal, aim] objetivo m **2.** [in archery, shooting, of criticism] blanco m ▶ **to be on target to do sthg** llevar el ritmo adecuado para hacer algo.

tariff ['tærɪf] n tarifa f.

Tarmac® ['tɑ:mæk] n [material] alquitrán m. ◆ **tarmac** n AERON ▶ **the tarmac** la pista.

tarnish ['tɑ:nɪʃ] vt [make dull] deslustrar ; fig [damage] empañar, manchar.

tarpaulin [tɑ:'pɔ:lɪn] n lona f alquitranada.

tart [tɑ:t] ❖ adj [bitter] agrio (agria). ❖ n **1.** [sweet pastry] tarta f **2.** v inf [prostitute] furcia f, fulana f. ◆ **tart up** vt sep UK inf & pej emperejilar.

tartan ['tɑ:tn] ❖ n tartán m. ❖ comp de tartán.

tartar(e) sauce ['tɑ:tər-] n salsa f tártara.

tase [teɪz] vt ▶ **to tase sb** usar una pistola Taser® contra alguien.

taser ['teɪzər] n (pistola f)Taser® m.

task [tɑ:sk] n tarea f.

task force n MIL destacamento m de fuerzas.

tassel ['tæsl] n borla f.

taste [teɪst] ❖ n **1.** [physical sense, discernment] gusto m ▶ **in bad/good taste** de mal/buen gusto **2.** [flavour] sabor m **3.** [try] : have a taste pruébalo **4.** fig [for success, fast cars etc] ▶ **taste (for)** afición f (a), gusto m (por) **5.** fig [experience] experiencia f. ❖ vt **1.** [notice flavour of] notar un sabor a / I can't taste the lemon in it no noto el sabor a limón **2.** [test, try] probar **3.** fig [experience] conocer. ❖ vi saber ▶ **to taste of** OR **like** saber a.

tasteful ['teɪstfʊl] adj de buen gusto.

tasteless ['teɪstlɪs] adj **1.** [offensive, cheap and unattractive] de mal gusto **2.** [without flavour] insípido(da), soso(sa).

tasty ['teɪstɪ] adj sabroso(sa).

tatters ['tætəz] pl n ▶ **in tatters a)** [clothes] andrajoso(sa) **b)** fig [confidence, reputation] por los suelos.

tattoo [tə'tu:] ❖ n (pl **-s**) **1.** [design] tatuaje m **2.** UK [military display] desfile m militar. ❖ vt tatuar.

tatty ['tætɪ] adj UK inf & pej desastrado(da).

taught [tɔ:t] pt & pp ⟶ **teach**.

taunt [tɔ:nt] ❖ vt zaherir a. ❖ n pulla f.

Taurus ['tɔ:rəs] n Tauro m.

taut [tɔ:t] adj tenso(sa).

tawdry ['tɔ:drɪ] adj pej de oropel.

tax [tæks] ❖ n impuesto m. ❖ vt **1.** [goods, profits] gravar **2.** [business, person] imponer contribuciones a **3.** [strain, test] poner a prueba.

taxable ['tæksəbl] adj imponible.

tax allowance n desgravación f fiscal.

taxation [tæk'seɪʃn] n (U) **1.** [system] sistema m tributario **2.** [amount] impuestos mpl.

tax avoidance [-ə'vɔɪdəns] n evasión f fiscal.

tax collector n recaudador m, -ra f de impuestos.

tax disc n UK pegatina del impuesto de circulación.

tax evasion n fraude m fiscal, evasión f de impuestos.

tax-exempt US = **tax-free**.

tax-free UK, **tax-exempt** US adj exento(ta) de impuestos.

taxi ['tæksɪ] ❖ n taxi m. ❖ vi [plane] rodar por la pista.

taxi driver n taxista m.

tax inspector n ≃ inspector m de Hacienda.

taxi rank UK, **taxi stand** n parada f de taxis.

taxpayer ['tæks,peɪər] n contribuyente mf.

tax relief n (U) desgravación f fiscal.

tax return n declaración f de renta.

TB n abbr of **tuberculosis**.

tea [ti:] n **1.** [drink, leaves] té m **2.** UK [afternoon snack] té m, merienda f **3.** UK [evening meal] merienda cena f.

teabag ['ti:bæg] n bolsita f de té.

tea break n UK descanso m (durante la jornada laboral).

teach [ti:tʃ] ❖ vt (pt & pp **taught**) **1.** [give lessons to] [student] dar clases a ▶ **to teach sb sthg** enseñar algo a alguien ▶ **to teach (sb) that** inculcar a alguien que / that will teach you a lesson! ¡eso te enseñará! **2.** [give lessons in] [subject] dar clases de. ❖ vi (pt & pp **taught**) ser profesor(ra).

teacher ['ti:tʃər] n [at primary school] maestro m, -tra f; [at secondary school] profesor m, -ra f.

teacher training college UK, **teachers college** US n escuela f normal.

teaching ['ti:tʃɪŋ] n enseñanza f.

tea cloth n UK [tea towel] paño m de cocina.

tea cosy UK, **tea cozy** US n cubretetera f.

teacup ['ti:kʌp] n taza f de té.

teak [ti:k] n teca f.

team [ti:m] n equipo m.

teammate ['ti:mmeɪt] n compañero m, -ra f de equipo.

teamwork ['ti:mwɜ:k] n (U) trabajo m en equipo.

teapot ['ti:pɒt] n tetera f.

tear¹ [tɪər] n lágrima f ▶ **in tears** llorando.

tear² [teər] ⬦ vt (pt **tore**, pp **torn**) **1.** [rip] rasgar, romper ▶ **to tear sthg to pieces** fig poner algo por los suelos **2.** [remove roughly] arrancar / she tore a page out of her exercise book arrancó una página de su libro de ejercicios. ⬦ vi (pt **tore**, pp **torn**) **1.** [rip] romperse, rasgarse **2.** inf [move quickly] : he tore out of the house salió de la casa a toda pastilla / they were tearing along iban a toda pastilla. ⬦ n rasgón m, desgarrón m. ◆ **tear apart** vt sep **1.** [rip up] despedazar **2.** [upset greatly] desgarrar. ◆ **tear down** vt sep [building, statue] echar abajo. ◆ **tear off** vt sep [clothes] quitarse precipitadamente. ◆ **tear up** vt sep hacer pedazos.

teardrop ['tɪədrɒp] n lágrima f.

tearful ['tɪəfʊl] adj [person] lloroso(sa).

tear gas [tɪər-] n (U) gas m lacrimógeno.

tearoom ['ti:rʊm] n salón m de té.

tease [ti:z] vt **1.** [mock] ▶ **to tease sb (about)** tomar el pelo a alguien (acerca de) **2.** US [hair] cardarse.

tea service, tea set n servicio m OR juego m de té.

teaspoon ['ti:spu:n] n **1.** [utensil] cucharilla f **2.** [amount] cucharadita f.

teaspoonful ['ti:spu:nfʊl] n cucharadita f.

teat [ti:t] n **1.** [of animal] tetilla f **2.** [of bottle] tetina f.

teatime ['ti:taɪm] n UK hora f del té.

tea towel n paño m de cocina.

technical ['teknɪkl] adj técnico(ca).

technical college n UK ≃ centro m de formación profesional.

technicality [,teknɪ'kælətɪ] n detalle m técnico.

technically ['teknɪklɪ] adv **1.** [gen] técnicamente **2.** [theoretically] teóricamente, en teoría.

technician [tek'nɪʃn] n técnico m, -ca f.

technique [tek'ni:k] n técnica f.

techno ['teknəʊ] n MUS tecno m.

technological [,teknə'lɒdʒɪkl] adj tecnológico(ca).

technology [tek'nɒlədʒɪ] n tecnología f.

technophobe ['teknəfəʊb] n tecnófobo m, -ba f.

teddy ['tedɪ] n ▶ **teddy (bear)** oso m de peluche.

tedious ['ti:djəs] adj tedioso(sa).

tee [ti:] n tee m.

teem [ti:m] vi **1.** [rain] llover a cántaros **2.** [be busy] ▶ **to be teeming with** estar inundado(da) de.

teen [ti:n] adj inf adolescente.

teenage ['ti:neɪdʒ] adj adolescente.

teenager ['ti:n,eɪdʒər] n adolescente mf, quinceañero m, -ra f.

teens [ti:nz] pl n adolescencia f / he's in his teens es adolescente.

tee-shirt, teeshirt ['ti:ʃɜ:t] n camiseta f, playera f MEX, remera f RP.

teeter ['ti:tər] vi lit & fig tambalearse.

teeth [ti:θ] pl n ⟶ **tooth**.

teethe [ti:ð] vi echar los dientes.

teething troubles ['ti:ðɪŋ-] pl n fig problemas mpl iniciales.

teetotaller UK, **teetotaler** US [ti:'təʊtlər] n abstemio m, -mia f.

TEFL ['tefl] (abbr of teaching of English as a foreign language) n enseñanza de inglés para extranjeros.

tel. (written abbr of telephone) tfno.

telebanking ['telɪbæŋkɪŋ] n FIN banca f telefónica.

telecommunications ['telɪkə,mju:nɪ'keɪʃnz] pl n telecomunicaciones fpl.

telegram ['telɪgræm] n telegrama m.

telegraph ['telɪgrɑ:f] n telégrafo m.

telegraph pole, telegraph post UK n poste m de telégrafos.

telepathy [tɪ'lepəθɪ] n telepatía f.

telephone ['telɪfəʊn] ⬦ n teléfono m. ⬦ vt & vi telefonear.

telephone banking n banca f telefónica.

telephone book n guía f telefónica.

telephone booth n teléfono m público.

telephone box n UK cabina f (telefónica).

telephone call n llamada f telefónica, llamado m telefónico AM.

telephone directory n guía f telefónica.

telephone number n número m de teléfono.

telephonist [tɪ'lefənɪst] n UK telefonista mf.

telephoto lens [,telɪ'fəʊtəʊ-] n teleobjetivo m.

telescope ['telɪskəʊp] n telescopio m.

teletext ['telɪtekst] n teletexto m.

televideo [telɪ'vɪdɪəʊ] n televídeo m.

televise ['telɪvaɪz] vt televisar.

television ['telɪ,vɪʒn] n televisión f / **to watch television** ver la televisión.

television set n televisor m, (aparato m de) televisión f.

teleworker ['telɪwɜ:kər] n teletrabajador m, -ra f.

telex ['teleks] ⬦ n télex m. ⬦ vt [message] transmitir por télex; [person] mandar un télex a.

tell [tel] ❖ vt (pt & pp **told**) **1.** [gen] decir ▸ to **tell sb (that)** decir a alguien que ▸ **to tell sb sthg, to tell sthg to sb** decir a alguien algo **2.** [joke, story] contar **3.** [judge, recognize] ▸ **to tell what sb is thinking** saber en qué está pensando alguien ▸ **to tell the time** decir la hora **4.** [differentiate] : to tell the difference between A and B distinguir entre A y B / it's hard to tell one from another son difíciles de distinguir. ❖ vi (pt & pp **told**) [have effect] surtir efecto. ❖ **tell apart** vt sep distinguir / I can't tell them apart no consigo distinguirlos. ❖ **tell off** vt sep US reñir, reprender.

telling ['telɪŋ] adj [remark, incident] revelador(ra).

telling-off (pl **tellings-off**) n bronca f.

telltale ['telteɪl] ❖ adj revelador(ra). ❖ n chivato m, -ta f, acusica mf.

telly ['telɪ] (abbr of **television**) n UK inf tele f.

temp [temp] ❖ n UK inf (abbr of **temporary (employee)**) trabajador m, -ra f temporal. ❖ vi : she's temping tiene un trabajo temporal.

temper ['tempər] ❖ n **1.** [state of mind, mood] humor m / to keep one's temper mantener la calma ▸ **to lose one's temper** enfadarse, perder la paciencia **2.** [angry state] ▸ **to be in a temper** estar de mal humor **3.** [temperament] temperamento m. ❖ vt fml templar, suavizar.

temperament ['tempramant] n temperamento m.

temperamental [,temprə'mentl] adj [volatile] temperamental.

temperate ['temprət] adj templado(da).

temperature ['temprətʃər] n temperatura f ▸ to **take sb's temperature** tomarle a alguien la temperatura ▸ **to have a temperature** tener fiebre.

tempestuous [tem'pestjʊəs] adj lit & fig tempestuoso(sa).

template ['templɪt] n plantilla f.

temple ['templ] n **1.** RELIG templo m **2.** ANAT sien f.

tempo ['tempəʊ] (pl -**pos** or -**pi**) n **1.** MUS ritmo m **2.** [of an event] tempo m.

temporarily [,tempə'rerəlɪ] adv temporalmente, provisionalmente.

temporary ['tempərərɪ] adj [gen] temporal, temporario AM, provisional, provisorio ANDES COL VEN ; [improvement, problem] pasajero(ra).

tempt [tempt] vt [entice] ▸ **to be** or **feel tempted to do sthg** estar or sentirse tentado de hacer algo.

temptation [temp'teɪʃn] n tentación f.

tempting ['temptɪŋ] adj tentador(ra).

ten [ten] num diez. See also **six**.

tenable ['tenəbl] adj [reasonable, credible] sostenible.

tenacious [tɪ'neɪʃəs] adj tenaz.

tenancy ['tenənsɪ] n [period - of house] alquiler m ; [- of land] arrendamiento m.

tenant ['tenənt] n [of house] inquilino m, -na f ; [of pub] arrendatario m, -ria f.

tend [tend] vt **1.** [look after] cuidar **2.** US : to tend bar atender en el bar.

tendency ['tendənsɪ] n [leaning, inclination] inclinación f.

tender ['tendər] ❖ adj [gen] tierno(na) ; [sore] dolorido(da). ❖ n **1.** COMM propuesta f, oferta f **2.** : (legal) tender moneda f de curso legal. ❖ vt fml [resignation] presentar.

tendon ['tendən] n tendón m.

tenement ['tenəmənt] n bloque de viviendas modestas.

tenet ['tenɪt] n fml principio m.

tennis ['tenɪs] n tenis m.

tennis ball n pelota f de tenis.

tennis court n pista f de tenis.

tennis match n partido m de tenis.

tennis player n tenista mf.

tennis racket n raqueta f de tenis.

tenor ['tenər] n [singer] tenor m.

tense [tens] ❖ adj tenso(sa). ❖ n tiempo m. ❖ vt tensar.

tension ['tenʃn] n tensión f.

tent [tent] n tienda f (de campaña), carpa f AM.

tentacle ['tentəkl] n tentáculo m.

tentative ['tentətɪv] adj **1.** [person] indeciso(sa) ; [step, handshake] vacilante **2.** [suggestion, conclusion etc] provisional.

tenterhooks ['tentəhʊks] pl n ▸ **to be on tenterhooks** estar sobre ascuas.

tenth [tenθ] num décimo(ma). See also **sixth**.

tent peg n estaca f.

tent pole n mástil m de tienda.

tenuous ['tenjʊəs] adj [argument] flojo(ja) ; [evidence, connection] débil, insignificante ; [hold] ligero(ra).

tenure ['tenjər] n **1.** (U) fml [of property] arrendamiento m **2.** [of job] ocupación f, ejercicio m.

tepid ['tepɪd] adj [liquid] tibio(bia).

term [tɜːm] ❖ n **1.** [word, expression] término m **2.** SCH & UNIV trimestre m **3.** POL mandato m / term of office mandato **4.** [period of time] período m ▸ **in the long / short term** a largo / corto plazo. ❖ vt ▸ **to term sthg sthg** calificar algo de algo. ❖ **terms** pl n **1.** [of contract, agreement] condiciones fpl **2.** [basis] ▸ **on equal** or **the same terms** en condiciones de igualdad ▸ **to be on speaking terms (with sb)** hablarse (con alguien) ▸ **to come to terms with sthg** aceptar algo. ❖ **in terms of** prep por lo que se refiere a.

terminal ['tɜːmɪnl] ❖ adj MED incurable, terminal. ❖ n **1.** [transport] terminal f **2.** COMPUT terminal m.

terminate ['tɜːmɪneɪt] ◈ vt *fml* [gen] poner fin a ; [pregnancy] interrumpir. ◈ vi **1.** [bus, train] finalizar el trayecto **2.** [contract] terminarse.

termini ['tɜːmɪnaɪ] pl n ⟶ **terminus**.

terminus ['tɜːmɪnəs] (*pl* **-ni** *or* **-nuses**) n (estación *f*) terminal *f*.

terrace ['terəs] n **1.** [gen] terraza *f* **2.** UK [of houses] hilera *f* de casas adosadas. ◆ **terraces** pl n FOOT ▸ **the terraces** las gradas.

terraced ['terəst] adj **1.** [hillside] a terrazas **2.** [house, housing] adosado(da).

terraced house n UK casa *f* adosada.

terrain [te'reɪn] n terreno *m*.

terrestrial [tə'restrɪəl] adj *fml* terrestre.

terrible ['terəbl] adj **1.** [crash, mess, shame] terrible, espantoso(sa) **2.** [unwell, unhappy, very bad] fatal.

terribly ['terəblɪ] adv [sing, play, write] malísimamente ; [injured, sorry, expensive] terriblemente.

terrier ['terɪə'] n terrier *m*.

terrific [tə'rɪfɪk] adj **1.** [wonderful] estupendo(da) **2.** [enormous] enorme.

terrified ['terɪfaɪd] adj aterrorizado(da) ▸ **to be terrified (of)** tener terror (a).

terrify ['terɪfaɪ] (*pt & pp* **-ied**) vt aterrorizar.

terrifying ['terɪfaɪŋ] adj aterrador(ra).

territory ['terətrɪ] n **1.** [political area] territorio *m* **2.** [terrain] terreno *m* **3.** [area of knowledge] esfera *f*.

terror ['terə'] n [fear] terror *m* ▸ **to live in terror** vivir aterrorizado(da) / **they ran out of the house in terror** salieron de la casa aterrorizados ▸ **terror attack** atentado *m* terrorista.

terrorism ['terərɪzm] n terrorismo *m*.

terrorist ['terərɪst] n terrorista *mf*.

terrorize, terrorise ['terəraɪz] vt aterrorizar.

terse [tɜːs] adj seco(ca).

Terylene® ['terəliːn] n terylene® *m*.

test [test] ◈ n **1.** [trial] prueba *f* ▸ **to put sthg to the test** poner algo a prueba **2.** [examination] examen *m*, prueba *f* **3.** MED [of blood, urine] análisis *m inv* ; [of eyes] revisión *f*. ◈ vt **1.** [try out] probar, poner a prueba **2.** [examine] examinar ▸ **to test sb on** examinar a alguien de.

testament ['testəmənt] n [will] testamento *m*.

test-drive vt someter a prueba de carretera.

testicles ['testɪklz] pl n testículos *mpl*.

testify ['testɪfaɪ] ◈ vi **1.** LAW prestar declaración **2.** [be proof] ▸ **to testify to sthg** dar fe de *or* atestiguar algo. ◈ vt ▸ **to testify that** declarar que.

testimony [UK 'testɪmənɪ, US 'testəməʊnɪ] n LAW testimonio *m*, declaración *f*.

testing ['testɪŋ] adj duro(ra).

test match n UK SPORT partido *m* internacional.

test pilot n piloto *mf* de pruebas.

test tube n probeta *f*.

test-tube baby n bebé *mf* probeta.

tetanus ['tetənəs] n tétanos *m inv*.

tether ['teðə'] ◈ vt atar. ◈ n ▸ **to be at the end of one's tether** estar uno que ya no puede más.

text [tekst] ◈ n **1.** [gen] texto *m* **2.** [textbook] libro *m* de texto **3.** [sent by mobile phone] mensaje *m* de texto, SMS *m*. ◈ vt enviar un mensaje de texto a. ◈ vi enviar mensajes de texto.

textbook ['tekstbʊk] n libro *m* de texto.

textile ['tekstaɪl] n textil *m*, tejido *m*.

texting ['tekstɪŋ] n *inf* mensajes *fpl* de texto.

text message n [on mobile phone] mensaje *m* de texto.

text messaging [-'mesɪdʒɪŋ] n [on mobile phone] mensajería *f* de texto.

texture ['tekstʃə'] n textura *f*.

Thai [taɪ] ◈ adj tailandés(esa). ◈ n **1.** [person] tailandés *m*, -esa *f* **2.** [language] tailandés *m*.

Thailand ['taɪlænd] n Tailandia.

Thames [temz] n : *the Thames* el Támesis.

than (*weak form* [ðən], *strong form* [ðæn]) ◈ prep que / *you're older than me* eres mayor que yo / *you're older than I thought* eres mayor de lo que pensaba. ◈ conj que / *I'd sooner read than sleep* prefiero leer que dormir / *no sooner did he arrive than she left* tan pronto llegó él, ella se fue / *more than three / once* más de tres/de una vez / *rather than stay*, he chose to go en vez de quedarse, prefirió irse.

thank [θæŋk] vt ▸ **to thank sb (for sthg)** dar las gracias a alguien (por algo), agradecer a alguien (algo) ▸ **thank God** OR **goodness** OR **heavens!** ¡gracias a Dios!, ¡menos mal! ◆ **thanks** ◈ pl n agradecimiento *m* / *they left without a word of thanks* se marcharon sin dar las gracias. ◈ excl ¡gracias! / *thanks a lot* muchas gracias / *would you like a biscuit? — no thanks* ¿quieres una galleta? — no, gracias / *thanks for* gracias por. ◆ **thanks to** prep gracias a.

thankful ['θæŋkfʊl] adj **1.** [relieved] aliviado(da) **2.** [grateful] ▸ **thankful (for)** agradecido(da) (por).

thankless ['θæŋklɪs] adj ingrato(ta).

Thanksgiving ['θæŋks,gɪvɪŋ] n US Día *m* de Acción de Gracias (*el cuarto jueves de noviembre*).

thank you excl ¡gracias! / *thank you very much* muchas gracias ▸ **thank you for** gracias por / *to say thank you (for sthg)* dar gracias (por algo) / *tea? — no thank you* ¿té? — no, gracias.

that [ðæt] (*weak form of pron and conj* [ðət]) ◈ pron (*pl* **those**) **1.** (*demonstrative use: pl 'those'*) ése m, ésa f, ésos *mpl*, ésas *fpl* ; (*indefinite*) eso / *that sounds familiar* eso me resulta familiar ▸ **who's that?** [who is it?] ¿quién es? ▸ **what's**

that? ¿qué es eso? ▶ **that's a shame** es una pena ▶ **is that Maureen?** a) [asking someone else] ¿es ésa Maureen? b) [asking person in question] ¿eres Maureen? ▶ *I like that así* / *do you like these or those?* ¿te gustan éstos o ésos? **2.** [further away in distance, time] aquél *m*, aquélla *f*, aquéllos *mpl*, aquéllas *fpl* ; (indefinite) aquello / *that was the life!* ¡aquello sí que era vida! / *all those who helped me* todos aquellos que me ayudaron **3.** (to introduce relative clauses) que / *a path that led into the woods* un sendero que conducía al bosque / *everything that I have done* todo lo que he hecho / *the room that I sleep in* el cuarto donde *or* en (el) que duermo / *the day that he arrived* el día en que llegó / *the firm that he's applying to* la empresa a la que solicita trabajo. ❖ adj (demonstrative: pl 'those') ese (esa), esos (esas) (pl) ; [further away in distance, time] aquel (aquella), aquellos (aquellas) (pl) / *those chocolates are delicious* esos bombones están exquisitos / *I'll have that book at the back* yo cogeré aquel libro del fondo / *later that day* más tarde ese / aquel mismo día. ❖ adv tan / *it wasn't that bad* no estuvo tan mal / *it doesn't cost that much* no cuesta tanto / *it was that big* fue así de grande. ❖ conj que / *he recommended that I phone you* aconsejó que te telefoneara / *it's time that we were leaving* deberíamos irnos ya, ya va siendo hora de irse. ◆ **that is** adv es decir.

thatched [θætʃt] adj con techo de paja.

that's [ðæts] (abbr of that is) = **that**.

thaw [θɔ:] ❖ vt [snow, ice] derretir ; [frozen food] descongelar. ❖ vi [snow, ice] derretirse ; [frozen food] descongelarse ; fig [people, relations] distenderse. ❖ n deshielo *m*.

the (weak form [ðə], before vowel [ðɪ], strong form [ðiː]) def art **1.** [gen] el (la) ; (pl) los (las) ; (before f nouns beginning with stressed 'a' or 'ha' = **el**; 'a' + 'el' = **al**; 'de' + 'el' = **del**) : *the boat* el barco / *the Queen* la reina / *the men* los hombres / *the women* las mujeres / *the water* el agua / *to the end of the world* al fin del mundo ▶ **to play the piano** tocar el piano / *the Joneses are coming to supper* los Jones vienen a cenar **2.** (with an adj to form a n) : *the old/young* los viejos/jóvenes / *the impossible* lo imposible **3.** [in dates] : *the twelfth of May* el doce de mayo / *the forties* los cuarenta **4.** (in comparisons) : *the more I see her, the less I like her* cuanto más la veo, menos me gusta ▶ **the sooner the better** cuanto antes mejor **5.** [in titles] ▶ **Catherine the Great** Catalina la Grande ▶ **George the First** Jorge Primero.

theatre, theater US ['θɪətər] n **1.** [for plays etc] teatro *m* **2.** UK [in hospital] quirófano *m* **3.** US [cinema] cine *m*.

theatregoer, theatergoer US ['θɪətə,gəʊər] n aficionado *m*, -da *f* al teatro.

theatrical [θɪ'ætrɪkl] adj lit & fig teatral.

theft [θeft] n [more serious] robo *m* ; [less serious] hurto *m*.

their [ðeər] poss adj su, sus (pl) / *their house* su casa / *their children* sus hijos / *it wasn't THEIR fault* no fue culpa suya *or* su culpa / *they washed their hair* se lavaron el pelo.

theirs [ðeəz] poss pron suyo (suya) / *that money is theirs* ese dinero es suyo / *our car hit theirs* nuestro coche chocó contra el suyo / *it wasn't our fault, it was THEIRS* no fue culpa nuestra sino suya *or* de ellos / *a friend of theirs* un amigo suyo *or* de ellos.

them (weak form [ðəm], strong form [ðem]) pers pron pl **1.** (direct) los *mpl*, las *fpl* / *I know them* los conozco / *I like them* me gustan / *if I were or was them* si (yo) fuera ellos **2.** (indirect - gen) les ; (- with other 3rd pers pronouns) se *mpl* & *fpl* / *she sent them a letter* les mandó una carta / *we spoke to them* hablamos con ellos / *I gave it to them* se lo di (a ellos) **3.** (stressed, after prep, in comparisons etc.) ellos *mpl*, ellas *fpl* / *you can't expect THEM to do it* no esperarás que ELLOS lo hagan / *with/without them* con/sin ellos / *a few of them* unos pocos / *some of them* algunos / *all of them* todos ellos / *we're not as wealthy as them* no somos tan ricos como ellos.

theme [θiːm] n **1.** [gen] tema *m* **2.** [signature tune] sintonía *f*.

theme pub n UK pub *m* temático.

theme tune n tema *m* musical.

themselves [ðem'selvz] pron **1.** (reflexive) se ; (after prep) sí / *they enjoyed themselves* se divirtieron / *they were talking amongst themselves* hablaban entre ellos **2.** (for emphasis) ellos mismos *mpl*, ellas mismas *fpl* / *they did it themselves* lo hicieron ellos mismos **3.** [alone] solos(las) / *they organized it (by) themselves* lo organizaron ellas solas **4.** [their usual selves] : *the boys aren't themselves today* hoy los chicos no se están portando como de costumbre.

then [ðen] ❖ adv **1.** [not now] entonces / *it starts at 8 — I'll see you then* empieza a las 8 — hasta las 8, entonces / *up until then he had always trusted her* hasta entonces siempre había confiado en ella / *from then on* desde entonces **2.** [next, afterwards] luego, después **3.** [in that case] entonces / *I'll do it straight away then* entonces lo voy a hacer ahora mismo ▶ **all right then** de acuerdo, pues **4.** [therefore] entonces, por lo tanto / *then it must have been her!* ¡entonces tiene que haber sido ella! **5.** [furthermore, also] además. ❖ adj entonces / *the then headmistress* la entonces directora ▶ **then again** pero por otra parte.

theology [θɪ'ɒlədʒɪ] n teología *f*.

theoretical [θɪə'retɪkl] adj teórico(ca).

theorize, theorise ['θɪəraɪz] vi ▸ **to theorize (about sthg)** teorizar (sobre algo).

theory ['θɪərɪ] n teoría f ▸ **in theory** en teoría.

therapeutic [,θerə'pju:tɪk] adj terapéutico(ca).

therapeutic cloning n MED clonación f terapéutica.

therapist ['θerəpɪst] n terapeuta mf.

therapy ['θerəpɪ] n terapia f.

there [ðeər] ⬥ pron [indicating existence] ▸ **there is / are** hay / *there's someone at the door* hay alguien en la puerta / *there must be some mistake* debe (de) haber un error / *there are five of us* somos cinco. ⬥ adv **1.** [referring to place - near speaker] ahí ; [-further away] allí, allá / *I'm going there next week* voy para allá OR allí la semana que viene / *there it is* ahí está ▸ **over there** por allí / *it's six miles there and back* hay seis millas entre ir y volver / *we're nearly there* ya casi hemos llegado **2.** [in existence, available] ahí / *is anybody there?* ¿hay alguien ahí? / *is John there, please?* [when telephoning] ¿está John? ⬥ excl : *there, I knew he'd turn up* ¡mira!, sabía que aparecería ▸ **there, there (don't cry)** ¡venga, venga (no llores)! ⬥ **there and then, then and there** adv en el acto.

thereabouts [,ðeərə'bauts], **thereabout** US [,ðeərə'baut] adv ▸ **or thereabouts** o por ahí.

thereafter [,ðeər'ɑ:ftər] adv fml después, a partir de entonces.

thereby [,ðeər'baɪ] adv fml de ese modo.

therefore ['ðeəfɔ:r] adv por lo tanto.

there's [ðeəz] (abbr of there is) ⟶ **there**.

thermal ['θɜ:ml] adj térmico(ca).

thermometer [θə'mɒmɪtər] n termómetro m.

Thermos (flask)® ['θɜ:məs-] n termo m.

thermostat ['θɜ:məstæt] n termostato m.

thesaurus [θɪ'sɔ:rəs] (pl -es) n diccionario m de sinónimos y voces afines.

these [ði:z] pron pl ⟶ **this**.

thesis ['θi:sɪs] (pl theses ['θi:si:z]) n tesis f inv.

they [ðeɪ] pers pron pl **1.** [gen] ellos mpl, ellas fpl / *they're pleased* (ellos) están satisfechos / *they're pretty earrings* son unos pendientes bonitos / *they can't do it* ellos no pueden hacerlo ▸ **there they are** allí están **2.** [unspecified people] : *they say it's going to snow* dicen que va a nevar.

they'd [ðeɪd] **1.** (abbr of they had) ⟶ **have 2.** (abbr of they would) ⟶ **would**.

they'll [ðeɪl] **1.** (abbr of they will) ⟶ **will 2.** (abbr of they shall) ⟶ **shall**.

they're [ðeər] (abbr of they are) ⟶ **be**.

they've [ðeɪv] (abbr of they have) ⟶ **have**.

thick [θɪk] ⬥ adj **1.** [not thin] grueso(sa) / *it's 3 cm thick* tiene 3 cm de grueso / *how thick is it?* ¿qué espesor tiene? **2.** [dense - hair, liquid, fog]

espeso(sa) **3.** inf [stupid] necio(cia). ⬥ n ▸ **to be in the thick of** estar en el centro OR meollo de.

thicken ['θɪkn] ⬥ vt espesar. ⬥ vi [gen] espesarse.

thicket ['θɪkɪt] n matorral m.

thickness ['θɪknɪs] n espesor m.

thickset [,θɪk'set] adj fornido(da).

thick-skinned [-'skɪnd] adj insensible.

thief [θi:f] (pl thieves) n ladrón m, -ona f.

thieve [θi:v] vt & vi robar, hurtar.

thieves [θi:vz] pl n ⟶ **thief**.

thigh [θaɪ] n muslo m.

thimble ['θɪmbl] n dedal m.

thin [θɪn] adj **1.** [not thick] delgado(da), fino(na) **2.** [skinny] delgado(da), flaco(ca) **3.** [watery] claro(ra), aguado(da) **4.** [sparse - crowd, vegetation, mist] poco denso (poco densa) ; [-hair] ralo(la). ⬥ **thin down** vt sep [liquid] aclarar.

thing [θɪŋ] n **1.** [gen] cosa f / *the next thing on the list* lo siguiente de la lista ▸ **the (best) thing to do would be ...** lo mejor sería ... / *first thing in the morning* a primer hora de la mañana / *last thing at night* a última hora de la noche / *the main thing* lo principal / *the whole thing is a shambles* es un auténtico desastre / *it's a good thing you were there* menos mal que estabas allí / *I thought the same thing* lo mismo pensé yo ▸ **the thing is ...** el caso es que ... ▸ **to make a thing (out) of sthg** inf exagerar algo **2.** [anything] ▸ **not a thing** nada / *I didn't do a thing* no hice nada **3.** [person] ▸ **poor thing!** ¡pobrecito! m, -ta f. ⬥ **things** pl n **1.** [clothes, possessions] cosas fpl / *things aren't what they used to be* las cosas ya no son lo que eran **2.** inf [life] ▸ **how are things?** ¿qué tal (van las cosas)?

think [θɪŋk] ⬥ vt (pt & pp thought) **1.** [believe] ▸ **to think (that)** creer OR pensar que / *I think so* creo que sí / *I don't think so* creo que no **2.** [have in mind] pensar / *what are you thinking?* ¿en qué piensas? / *I didn't think to ask her* no se me ocurrió preguntárselo **3.** [imagine] entender, hacerse una idea de / *I can't think what might have happened to them* no quiero ni pensar lo que les podría haber ocurrido / *I thought so* ya me lo imaginaba **4.** [in polite requests] creer / *do you think you could help me?* ¿cree que podría ayudarme? ⬥ vi (pt & pp thought) **1.** [use mind] pensar / *to think aloud* pensar en voz alta **2.** [have stated opinion] : *what do you think of OR about his new film?* ¿qué piensas de su nueva película? ▸ **to think a lot of sthg / sb** tener en mucha estima algo/a alguien ▸ **to think twice** pensárselo dos veces. ⬥ **think about** vt insep pensar en / *I'll have to think about it* tendré que pensarlo. ⬥ **think of** vt insep **1.** [consider] ▸ **to think of doing sthg** pensar en hacer algo **2.** [remember] acordarse de

3. [conceive] pensar en */ how did you think of (doing) that?* ¿cómo se te ocurrió (hacer) esto? ◆ **think out, think through** vt sep [plan] elaborar ; [problem] examinar. ◆ **think over** vt sep pensarse. ◆ **think up** vt sep idear.

think tank n grupo de expertos convocados por una organización para aconsejar sobre un tema determinado.

thinly ['θɪnlɪ] adv **1.** [slice food] a rebanadas finas ; [spread] : *he spread the butter thinly* untó una ligera capa de mantequilla **2.** [sparsely - forested] escasamente ; [- populated] poco.

third [θɜːd] ◆ num adj tercer(ra). ◆ num n **1.** [fraction] tercio m **2.** [in order] tercero m, -ra f **3.** UNIV ≃ aprobado m (en un título universitario). *See also* **sixth**.

third-generation adj COMPUT & TELEC de tercera generación.

thirdly ['θɜːdlɪ] adv en tercer lugar.

third party insurance n seguro m a terceros.

third-rate adj pej de poca categoría.

Third World n ▶ **the Third World** el Tercer Mundo.

thirst [θɜːst] n *lit & fig* ▶ **thirst (for)** sed f (de).

thirst-quenching [-kwentʃɪŋ] adj que quita la sed.

thirsty ['θɜːstɪ] adj [parched] ▶ **to be** OR **feel thirsty** tener sed.

thirteen [ˌθɜːˈtiːn] num trece. *See also* **six**.

thirteenth [ˌθɜːˈtiːnθ] ◆ num adj decimotercero(ra). ◆ num n **1.** [fraction] treceavo m **2.** [in order] decimotercero m, -ra f. *See also* **sixth**.

thirtieth ['θɜːtɪəθ] num trigésimo(ma). *See also* **sixth**.

thirty ['θɜːtɪ] num treinta. *See also* **sixty**.

this [ðɪs] ◆ pron (pl **these**) [gen] éste m, ésta f, éstos mpl, éstas fpl ; (indefinite) esto */ this is / these are for you* esto es/éstos son para ti */ this can't be true* esto no puede ser cierto */ do you prefer these or those?* ¿prefieres éstos o aquéllos? */ this is Daphne Logan* a) [introducing another person] ésta es OR te presento a Daphne Logan b) [introducing oneself on phone] soy Daphne Logan ▶ **what's this?** ¿qué es eso? ◆ adj **1.** [gen] este (esta), estos (estas) (pl) */ this country* este país */ these thoughts* estos pensamientos */ I prefer this one* prefiero éste ▶ **this morning/week** esta mañana/semana ▶ **this Sunday/ summer** este domingo/verano **2.** inf [a certain] un (una) */ there's this woman I know* hay una tía que conozco. ◆ adv : *it was this big* era así de grande */ you'll need about this much* te hará falta un tanto así.

thistle ['θɪsl] n cardo m.

thong [θɒŋ] n **1.** [of leather] correa f **2.** [underwear] tanga f.

thorn [θɔːn] n [prickle] espina f.

thorough ['θʌrə] adj **1.** [investigation etc] exhaustivo(va) **2.** [person, work] minucioso(sa).

thoroughbred ['θʌrəbred] n pura sangre mf.

thoroughfare ['θʌrəfeəʳ] n fml calle f mayor.

thoroughly ['θʌrəlɪ] adv **1.** [fully, in detail] a fondo **2.** [completely, utterly] completamente.

those [ðəʊz] pron pl ⟶ **that**.

though, tho' [ðəʊ] ◆ conj aunque ▶ **even though** aunque ▶ **as though** como si. ◆ adv sin embargo */ she still likes him though* y sin embargo le sigue gustando.

thought [θɔːt] ◆ pt & pp ⟶ **think**. ◆ n **1.** [notion, idea] idea f **2.** [act of thinking] : *after much thought* después de pensarlo mucho **3.** [philosophy, thinking] pensamiento m. ◆ **thoughts** pl n **1.** [reflections] reflexiones fpl **2.** [views] opiniones fpl */ what are your thoughts on the subject?* ¿qué piensas sobre el tema?

thoughtful ['θɔːtfʊl] adj **1.** [pensive] pensativo(va) **2.** [considerate] considerado(da) */ that was thoughtful of her* fue muy considerada.

thoughtless ['θɔːtlɪs] adj desconsiderado(da).

thousand ['θaʊznd] num mil ▶ **a** OR **one thousand** mil ▶ **two thousand** dos mil ▶ **thousands of** miles de */ they came in their thousands* vinieron miles de ellos. *See also* **six**.

thousandth ['θaʊznθ] ◆ num adj milésimo(ma). ◆ num n [fraction] milésima f. *See also* **sixth**.

thrash [θræʃ] vt *lit & fig* dar una paliza a. ◆ **thrash about, thrash around** vi agitarse violentamente. ◆ **thrash out** vt sep darle vueltas a, discutir.

thrashing ['θræʃɪŋ] n *lit & fig* paliza f */ to give sb a thrashing* darle una paliza a alguien.

thread [θred] ◆ n **1.** [of cotton, argument] hilo m **2.** [of screw] rosca f, filete m. ◆ vt [needle] enhebrar.

threadbare ['θredbeəʳ] adj raído(da).

threat [θret] n ▶ **threat (to/of)** amenaza f (para/ de) */ they were just empty threats* no eran más que amenazas vanas.

threaten ['θretn] ◆ vt amenazar ▶ **to threaten sb (with)** amenazar a alguien (con). ◆ vi amenazar.

threatening ['θretnɪŋ] adj amenazador(ra).

three [θriː] num tres. *See also* **six**.

three-course adj [meal] de tres platos.

three-dimensional [-dɪˈmenʃənl] adj tridimensional.

threefold ['θriːfəʊld] ◆ adj triple. ◆ adv tres veces.

three-piece adj de tres piezas ▶ **three-piece suite** tresillo m.

three-ply adj [wood] de tres capas ; [rope, wool] de tres hebras.

three-quarter length adj : *three-quarter length jacket* tres cuartos *m*.

thresh [θreʃ] vt trillar.

threshold ['θreʃhəʊld] n **1.** [doorway] umbral *m* **2.** [level] límite *m* / *the pain threshold* el umbral del dolor.

threw [θru:] pt ⟶ **throw**.

thrifty ['θrɪftɪ] adj [person] ahorrativo(va) ; [meal] frugal.

thrill [θrɪl] ❖ n **1.** [sudden feeling] estremecimiento *m* **2.** [exciting experience] : *it was a thrill to see it* fue emocionante verlo. ❖ vt entusiasmar.

thrilled [θrɪld] adj ▸ **thrilled (with sthg/to do sthg)** encantado(da) (de algo/de hacer algo).

thriller ['θrɪlər] n novela *f*/película *f*/obra *f* de suspense.

thrilling ['θrɪlɪŋ] adj emocionante.

thrive [θraɪv] (*pt* **throve**) vi [plant] crecer mucho ; [person] rebosar de salud ; [business] prosperar.

thriving ['θraɪvɪŋ] adj [plant] que crece bien.

throat [θrəʊt] n garganta *f* / *to have a sore throat* tener dolor de garganta.

throb [θrɒb] vi **1.** [heart, pulse] latir ; [head] palpitar **2.** [engine, music] vibrar, resonar.

throes [θrəʊz] pl n ▸ **to be in the throes of** estar en medio de.

throne [θrəʊn] n trono *m* / *to be on the throne* ocupar el trono.

throng [θrɒŋ] ❖ n multitud *f*. ❖ vt llegar en tropel a.

throttle ['θrɒtl] ❖ n válvula *f* reguladora. ❖ vt [strangle] estrangular.

through, thru [θru:] ❖ adj [finished] ▸ **to be through with sthg** haber terminado algo. ❖ adv **1.** [in place] de parte a parte, de un lado a otro ▸ **they let us through** nos dejaron pasar ▸ **I read it through** lo leí hasta el final **2.** [in time] hasta el final. ❖ prep **1.** [relating to place, position] a través de / *to cut/travel through sthg* cortar/viajar por algo **2.** [during] durante / *all through the night* durante toda la noche / *to go through an experience* pasar por una experiencia **3.** [because of] a causa de, por **4.** [by means of] gracias a, por medio de ▸ **I got it through a friend** lo conseguí a través de un amigo **5.** US [up to and including] : *Monday through Friday* de lunes a viernes. ◆ **through and through** adv de pies a cabeza.

throughout [θru:'aʊt] ❖ prep **1.** [during] a lo largo de, durante todo (durante toda) **2.** [everywhere in] por todo(da). ❖ adv **1.** [all the time] todo el tiempo **2.** [everywhere] por todas partes.

throve [θrəʊv] pt ⟶ **thrive**.

throw [θrəʊ] ❖ vt (*pt* **threw**, *pp* **thrown**) **1.** [gen] tirar ; [ball, hammer, javelin] lanzar ▸ **to throw o.s. into sthg** fig meterse de lleno en algo **2.** [horse] derribar, desmontar **3.** fig [confuse] desconcertar. ❖ n lanzamiento *m*, tiro *m*. ◆ **throw away** vt sep [discard] tirar ; fig [waste] desperdiciar. ◆ **throw in** vt sep [extra item] incluir. ◆ **throw out** vt sep **1.** [discard] tirar **2.** [force to leave] echar. ◆ **throw up** vi inf [vomit] vomitar.

throwaway ['θrəʊə,weɪ] adj **1.** [bottle, product] desechable **2.** [remark, gesture] hecho(cha) como quien no quiere la cosa.

throw-in n UK FOOT saque *m* de banda.

thrown [θrəʊn] pp ⟶ **throw**.

thru [θru:] US inf = **through**.

thrush [θrʌʃ] n **1.** [bird] tordo *m* **2.** MED [vaginal] candidiasis *f*.

thrust [θrʌst] ❖ n **1.** [of sword] estocada *f* ; [of knife] cuchillada *f* ; [of troops] arremetida *f* **2.** TECH (fuerza *f* de) propulsión *f* **3.** [main meaning] esencia *f*. ❖ vt (*pt & pp* **thrust**) [shove] : *he thrust the knife into his enemy* hundió el cuchillo en el cuerpo de su enemigo.

thud [θʌd] vi dar un golpe seco.

thug [θʌg] n matón *m*.

thumb [θʌm] ❖ n [of hand] pulgar *m* ; fig tocarse OR rascarse la barriga. ❖ vt inf [hitch] ▸ **to thumb a lift** hacer dedo. ◆ **thumb through** vt insep hojear.

thumbs down [,θʌmz-] n ▸ **to get OR be given the thumbs down a)** [plan] ser rechazado(da) **b)** [play] ser recibido(da) con descontento.

thumbs up [,θʌmz-] n ▸ **we got OR were given the thumbs up** nos dieron luz verde OR el visto bueno.

thumbtack ['θʌmtæk] n US chincheta *f*.

thump [θʌmp] ❖ n **1.** [blow] puñetazo *m* **2.** [thud] golpe *m* seco. ❖ vt [punch] dar un puñetazo a. ❖ vi [heart, head] latir con fuerza.

thunder ['θʌndər] ❖ n (U) **1.** METEOR truenos *mpl* **2.** fig [loud sound] estruendo *m*. ❖ impers vb METEOR tronar. ❖ vi [make loud sound] retumbar.

thunderbolt ['θʌndəbəʊlt] n rayo *m*.

thunderclap ['θʌndəklæp] n trueno *m*.

thunderstorm ['θʌndəstɔ:m] n tormenta *f*.

thundery ['θʌndərɪ] adj tormentoso(sa).

Thursday ['θɜ:zdɪ] n jueves *m inv*. *See also* **Saturday**.

thus [ðʌs] adv fml **1.** [therefore] por consiguiente, así que **2.** [in this way] así, de esta manera.

thwart [θwɔ:t] vt frustrar.

thyme [taɪm] n tomillo *m*.

thyroid ['θaɪrɔɪd] n tiroides *m inv*.

tiara [tɪ'ɑ:rə] n tiara *f*.

Tibet [tɪ'bet] n (el) Tibet.

tic [tɪk] n tic m.

tick [tɪk] ❖ n **1.** [written mark] marca f OR señal f de visto bueno **2.** [sound] tictac m **3.** *inf* [credit] : *on tick* a crédito. ❖ vt marcar (con una señal). ❖ vi [make ticking sound] hacer tictac. ◆ **tick off** vt sep **1.** [mark off] marcar (con una señal de visto bueno) **2.** [tell off] ▶ **to tick sb off (for sthg)** echar una bronca a alguien (por algo) **3.** US *inf* [irritate] fastidiar. ◆ **tick over** vi funcionar al ralentí.

ticket ['tɪkɪt] n **1.** [for bus, train etc] billete m, boleto m Am; [for cinema, football match] entrada f **2.** [for traffic offence] multa f, parte m Chile **3.** *phr* ▶ **to be a hot ticket** *inf* tener mucha demanda.

ticket collector n UK revisor m, -ra f.

ticket inspector n UK revisor m, -ra f.

ticket machine n máquina f automática para la venta de billetes OR boletos Am.

ticket office n taquilla f, boletería f Am.

tickle ['tɪkl] vt **1.** [touch lightly] hacer cosquillas a **2.** *fig* [amuse] divertir.

ticklish ['tɪklɪʃ] adj [sensitive to touch] ▶ **to be ticklish** tener cosquillas.

tick-tack-toe n US tres fpl en raya.

tidal ['taɪdl] adj de la marea.

tidal wave n maremoto m.

tidbit US = **titbit**.

tiddlywinks ['tɪdlɪwɪŋks], **tiddledywinks** US ['tɪdldɪwɪŋks] n juego m de la pulga.

tide [taɪd] n **1.** [of sea] marea f / *high / low tide* marea alta/baja / *the tide is in / out* ha subido/ bajado la marea / *the tide is coming in / going out* la marea está subiendo/bajando **2.** *fig* [of protest, feeling] oleada f / *the rising tide of crime* la creciente oleada de crímenes.

tidy ['taɪdɪ] ❖ adj **1.** [room, desk etc] ordenado(da) **2.** [person, dress, hair] arreglado(da). ❖ vt ordenar, arreglar. ◆ **tidy up** vt sep ordenar, arreglar.

tie [taɪ] ❖ n **1.** [necktie] corbata f **2.** [string, cord] atadura f **3.** [bond, link] vínculo m, lazo m **4.** SPORT [draw] empate m. ❖ vt (*pt & pp* tied, *cont* tying) **1.** [attach, fasten] ▶ **to tie sthg (to OR onto sthg)** atar algo (a algo) ▶ **to tie sthg round / with sthg** atar algo a/con algo **2.** [do up - shoelaces] atar ; [- knot] hacer **3.** *fig* [link] ▶ **to be tied to** estar ligado(da) a. ❖ vi (*pt & pp* tied, *cont* tying) [draw] ▶ **to tie (with)** empatar (con). ◆ **tie down** vt sep *fig* atar. ◆ **tie in with** vt insep concordar con. ◆ **tie up** vt sep **1.** [gen] atar **2.** *fig* [money, resources] inmovilizar **3.** *fig* [link] ▶ **to be tied up with** estar ligado(da) a.

tiebreak(er) ['taɪbreɪk(ə[r])] n **1.** TENNIS muerte f súbita, tiebreak m **2.** [in game, competition] pregunta adicional para romper un empate.

tiepin ['taɪpɪn] n alfiler m de corbata.

tier [tɪə[r]] n [of seats] hilera f ; [of cake] piso m.

tiff [tɪf] n pelea f (de poca importancia).

tiger ['taɪgə[r]] n tigre m.

tight [taɪt] ❖ adj **1.** [gen] apretado(da) ; [shoes] estrecho(cha) **2.** [string, skin] tirante **3.** [budget, schedule] ajustado(da) **4.** [rules, restrictions] riguroso(sa) **5.** [corner, bend] cerrado(da) **6.** [match, finish] reñido(da) **7.** *inf* [drunk] cocido(da) **8.** *inf* [miserly] agarrado(da). ❖ adv **1.** [hold, squeeze] con fuerza ▶ **to hold tight** agarrarse (fuerte) ▶ **to shut OR close sthg tight** cerrar algo bien **2.** [pull, stretch] de modo tirante. ◆ **tights** pl n medias fpl.

tighten ['taɪtn] ❖ vt **1.** [hold, grip] ▶ **to tighten one's hold OR grip on sthg** coger con más fuerza algo **2.** [rope, chain] tensar **3.** [knot] apretar ; [belt] apretarse **4.** [rules, system] intensificar. ❖ vi [rope, chain] tensarse.

tightfisted [,taɪt'fɪstɪd] adj *inf & pej* agarrado(da).

tightly ['taɪtlɪ] adv **1.** [hold, squeeze] con fuerza ; [fasten] bien **2.** [pack] apretadamente.

tightrope ['taɪtrəʊp] n cuerda f floja ▶ **to be on OR walking a tightrope** andar OR bailar en la cuerda floja.

tile [taɪl] n **1.** [on roof] teja f **2.** [on floor] baldosa f ; [on wall] azulejo m.

tiled [taɪld] adj [roof] tejado(da) ; [floor] embaldosado(da) ; [wall] alicatado(da).

till [tɪl] ❖ prep hasta ▶ **till now / then** hasta ahora/entonces. ❖ conj hasta que / *wait till he arrives* espera hasta que llegue. ❖ n caja f (registradora).

tiller ['tɪlə[r]] n NAUT caña f del timón.

tilt [tɪlt] ❖ vt inclinar. ❖ vi inclinarse.

timber ['tɪmbə[r]] n **1.** (U) [wood] madera f (para la construcción) **2.** [beam - of ship] cuaderna f ; [- of house] viga f.

time [taɪm] ❖ n **1.** [gen] tiempo m ▶ **ahead of time** temprano ▶ **in good time** con tiempo ▶ **on time** puntualmente ▶ **to take time** llevar tiempo ▶ **it's (about) time to ...** ya es hora de ... ▶ **to have no time for** no poder con, no aguantar ▶ **to pass the time** pasar el rato ▶ **to play for time** intentar ganar tiempo ▶ **time waster** vago m, -ga f / *'no time wasters please'* 'por favor, abstenerse curiosos' **2.** [as measured by clock] hora f ▶ **what time is it?, what's the time?** ¿qué hora es? ▶ **the time is three o'clock** son las tres ▶ **in a week's / year's time** dentro de una semana/un año **3.** [length of time] rato m / *it was a long time before he came* pasó mucho tiempo antes de que viniera ▶ **for a time** durante un tiempo **4.** [point in time in past, era] época f ▶ **at that time** en aquella época **5.** [occasion] vez f ▶ **three times a week** tres veces a la semana ▶ **from time to time**

de vez en cuando **6.** MUS compás *m* **/ to keep time** llevar el compás. ❖ vt **1.** [schedule] programar **2.** [race, runner] cronometrar **3.** [arrival, remark] elegir el momento oportuno para. ◆ **times** ❖ n : *four times as much as me* cuatro veces más que yo. ❖ prep MATH : *4 times 5* 4 por 5. ◆ **about time** adv ▶ *it's about time* ya va siendo hora. ◆ **at a time** adv ▶ **for months at a time** durante meses seguidos ▶ **one at a time** de uno en uno. ◆ **at times** adv a veces. ◆ **at the same time** adv al mismo tiempo. ◆ **for the time being** adv de momento. ◆ **in time** adv **1.** [not late] ▶ **in time (for)** a tiempo (para) **2.** [eventually] con el tiempo.

time bomb n [bomb] bomba *f* de relojería ; *fig* [dangerous situation] bomba *f*.

time lag n intervalo *m*.

timeless ['taɪmlɪs] adj eterno(na).

time limit n plazo *m*.

timeline ['taɪm,laɪn] n línea *f* cronológica.

timely ['taɪmlɪ] adj oportuno(na).

time off n tiempo *m* libre.

time out n US SPORT tiempo *m* muerto.

timer ['taɪmər] n temporizador *m*.

time scale n tiempo *m* de ejecución.

time-share n UK multipropiedad *f*.

timespan ['taɪmspæn] n plazo *m*.

time switch n interruptor *m* de reloj.

timetable ['taɪm,teɪbl] n **1.** [of buses, trains, school] horario *m* **2.** [schedule of events] programa *m*.

time zone n huso *m* horario.

timid ['tɪmɪd] adj tímido(da).

timing ['taɪmɪŋ] n (U) **1.** [judgment] : *she made her comment with perfect timing* su comentario fue hecho en el momento más oportuno **2.** [scheduling] : *the timing of the election is crucial* es crucial que las elecciones se celebren en el momento oportuno **3.** [measuring] cronometraje *m*.

timpani ['tɪmpənɪ] pl n timbales *mpl*.

tin [tɪn] n **1.** [metal] estaño *m* ▶ **tin plate** hojalata *f* **2.** UK [can, container] lata *f*.

tin can n lata *f*.

tinfoil ['tɪnfɔɪl] n (U) papel *m* de aluminio.

tinge [tɪndʒ] n **1.** [of colour] matiz *m* **2.** [of feeling] ligera sensación *f*.

tinged [tɪndʒd] adj ▶ **tinged with** con un toque de.

tingle ['tɪŋgl] vi : *my feet are tingling* siento hormigueo en los pies.

tinker ['tɪŋkər] vi hacer chapuzas ▶ **to tinker with** enredar con.

tinkle ['tɪŋkl] vi [ring] tintinear.

tinned [tɪnd] adj UK enlatado(da), en conserva.

tin opener n UK abrelatas *m inv*.

tinsel ['tɪnsl] n (U) oropel *m*.

tint [tɪnt] n tinte *m*, matiz *m*.

tinted ['tɪntɪd] adj [glasses, windows] tintado(da), ahumado(da).

tiny ['taɪnɪ] adj diminuto(ta), pequeñito(ta).

tip [tɪp] ❖ n **1.** [end] punta *f* **2.** UK [dump] vertedero *m* **3.** [gratuity] propina *f* **4.** [piece of advice] consejo *m*. ❖ vt **1.** [tilt] inclinar, ladear **2.** [spill, pour] vaciar, verter **3.** [give a gratuity to] dar una propina a. ❖ vi **1.** [tilt] inclinarse, ladearse **2.** [spill] derramarse. ◆ **tip off** vt sep informar (confidencialmente). ◆ **tip over** ❖ vt sep volcar. ❖ vi volcarse.

tip-off n información *f* (confidencial).

tipped [tɪpt] adj [cigarette] con filtro.

tipsy ['tɪpsɪ] adj *inf & dated* piripi.

tiptoe ['tɪptəʊ] n ▶ **on tiptoe** de puntillas.

tip-top adj *inf & dated* de primera.

tire ['taɪər] ❖ n US = **tyre**. ❖ vt cansar. ❖ vi ▶ **to tire (of)** cansarse (de).

tired ['taɪəd] adj ▶ **tired (of sthg / of doing sthg)** cansado(da) (de algo / de hacer algo).

tiredness ['taɪədnɪs] n cansancio *m*.

tireless ['taɪəlɪs] adj incansable.

tiresome ['taɪəsəm] adj pesado(da).

tiring ['taɪərɪŋ] adj cansado(da).

tissue ['tɪʃuː] n **1.** [paper handkerchief] pañuelo *m* de papel **2.** (U) BIOL tejido *m* **3.** [paper] papel *m* de seda.

tissue paper n (U) papel *m* de seda.

tit [tɪt] n **1.** [bird] herrerillo *m* **2.** *vulg* [breast] teta *f*.

titbit UK ['tɪtbɪt], **tidbit** US ['tɪdbɪt] n **1.** [of food] golosina *f* **2.** *fig* [of news] noticia *f* breve e interesante.

tit for tat [-'tæt] n ▶ *it's tit for tat* donde las dan las toman.

titillate ['tɪtɪleɪt] vt & vi excitar.

title ['taɪtl] n título *m*.

title deed n título *m* de propiedad.

title role n papel *m* principal.

titter ['tɪtər] vi reírse por lo bajo.

TM *written abbr of* **trademark**.

to (*unstressed before consonant* [tə], *unstressed before vowel* [tʊ], *stressed* [tuː]) ❖ prep **1.** [indicating place, direction] a **/** *to go to Liverpool / Spain / school* ir a Liverpool / España / la escuela **/** *to go to the doctor's / John's* ir al médico / a casa de John **/** *the road to Glasgow* la carretera de Glasgow ▶ **to the left / right** a la izquierda / derecha ▶ **to the east / west** hacia el este / oeste **2.** (*to express indirect object*) a ▶ **to give sthg to sb** darle algo a alguien **/** **to talk to sb** hablar con alguien **/** *a threat to sb* una amenaza para alguien **/** *we were listening to the radio* escuchábamos la radio **3.** [as far as] hasta, a **/** *to count to ten* contar hasta diez / *we work from nine to five* trabajamos de nueve a cinco **4.** [in expressions of time] : *it's ten / a quarter to three* son las tres menos diez/cuarto **5.** [per] por / *40 miles to the gallon* un galón (por) cada 40 millas **6.** [of] de / *the key to the car* la llave del coche **7.** [for] para / *a letter to my daughter* una carta para OR a mi hija **8.** [indicating reaction, effect] : *to my surprise* para sorpresa mía **9.** [in stating opinion] : *it seemed quite unnecessary to me / him etc.* para mí/él etc. aquello parecía del todo innecesario **10.** [indicating state, process] ▶ *to lead to trouble* traer problemas. ❖ adv [shut] : *push the door to* cierra la puerta. ❖ with infin **1.** (forming simple infinitive) : *to walk* andar **2.** (following another vb) ▶ *to begin to do sthg* empezar a hacer algo ▶ **to try / want to do sthg** intentar/querer hacer algo ▶ **to hate to have to do sthg** odiar tener que hacer algo **3.** (following an adj) : *difficult to do* difícil de hacer / *ready to go* listos para marchar **4.** (indicating purpose) para / *I'm doing it to help you* lo hago para ayudarte / *he came to see me* vino a verme **5.** (substituting for a relative clause) : *I have a lot to do* tengo mucho que hacer / *he told me to leave* me dijo que me fuera **6.** (to avoid repetition of infinitive) : *I meant to call him but I forgot to* tenía intención de llamarle pero se me olvidó **7.** [in comments] ▶ **to be honest ...** para ser honesto ... ▶ **to sum up ...** para resumir ..., resumiendo ... ❖ **to and fro** adv de un lado para otro, de aquí para allá.

toad [təʊd] n sapo m.

toadstool ['təʊdstuːl] n seta f venenosa.

toast [təʊst] ❖ n **1.** (U) [bread] pan m tostado ▶ **a slice of toast** una tostada **2.** [drink] brindis m. ❖ vt **1.** [bread] tostar **2.** [person] brindar por.

toasted sandwich [ˌtəʊstɪd-] n sándwich m tostado.

toaster ['təʊstər] n tostador m, -ra f.

toastie ['təʊstɪ] n inf sándwich m caliente.

toasty ['təʊstɪ] inf ❖ adj US [warm] : *it's toasty in here* se está calentito aquí. ❖ n [sandwich] = **toastie**.

tobacco [təˈbækəʊ] n tabaco m.

tobacconist [təˈbækənɪst] n UK estanquero m, -ra f ▶ **tobacconist's (shop)** UK estanco m, quiosco m CSur, estanquillo m Méx.

toboggan [təˈbɒgən] n tobogán m, trineo m.

today [təˈdeɪ] ❖ n **1.** [this day] hoy m / *today's date* la fecha de hoy / *what is today's date?* ¿qué día es hoy? / *today's paper* el periódico de hoy / *as from today* a partir de hoy **2.** [nowadays] hoy (en día). ❖ adv **1.** [this day] hoy / *what's the date today?, what date is it today* ¿qué fecha es hoy? / *today is the 6th of January* hoy es el 6 de enero / *what day is it today?* ¿qué día es hoy? / *it's Sunday today* hoy es domingo / *a*

week ago today hoy hace una semana / *a week (from) today* de aquí a una semana **2.** [nowadays] hoy (en día).

toddler ['tɒdlər] n niño pequeño m, niña pequeña f (que empieza a andar).

toddy ['tɒdɪ] n ponche m.

to-do (pl -s) n inf jaleo m.

toe [təʊ] ❖ n **1.** [of foot] dedo m (del pie) **2.** [of sock] punta f; [of shoe] puntera f. ❖ vt ▶ **to toe the line** acatar las normas.

TOEFL ['təʊfl] (abbr of Test of English as a Foreign Language) n examen de inglés reconocido internacionalmente por instituciones oficiales y centros educativos.

toenail ['təʊneɪl] n uña f del dedo del pie.

toffee ['tɒfɪ] n caramelo m.

toga ['təʊgə] n toga f.

together [təˈgeðər] adv **1.** [gen] juntos(tas) ▶ **all together** todos juntos ▶ **to stick together** pegar ▶ **to go (well) together** combinar bien **2.** [at the same time] a la vez, juntos(tas). ❖ **together with** prep junto con.

toggle ['tɒgl] n botón m de una trenca.

toil [tɔɪl] fml ❖ n trabajo m duro. ❖ vi trabajar sin descanso.

toilet ['tɔɪlɪt] n [at home] wáter m, lavabo m; [in public place] servicios mpl, lavabo m ▶ **to go to the toilet** ir al wáter ▶ **toilet facilities** aseos mpl, servicio(s) m(pl), toilette f CSur.

toilet bag n neceser m.

toilet paper n (U) papel m higiénico.

toiletries ['tɔɪlɪtrɪz] pl n artículos mpl de tocador.

toilet roll n [roll] rollo m de papel higiénico.

toilet water n (agua f de) colonia f.

token ['təʊkn] ❖ adj simbólico(ca). ❖ n **1.** [voucher] vale m; [disk] ficha f **2.** [symbol] muestra f, símbolo m ▶ **as a token of our appreciation** como muestra de nuestro agradecimiento. ❖ **by the same token** adv del mismo modo.

told [təʊld] pt & pp ⟶ **tell**.

tolerable ['tɒlərəbl] adj tolerable, pasable.

tolerance ['tɒlərəns] n tolerancia f.

tolerant ['tɒlərənt] adj tolerante.

tolerate ['tɒləreɪt] vt **1.** [put up with] soportar, tolerar **2.** [permit] tolerar.

toll [təʊl] ❖ n **1.** [number] ▶ **death toll** número m de víctimas **2.** [fee] peaje m ▶ **to take its toll** hacer mella. ❖ vi tocar, doblar.

toll-free US adv ▶ **to call a number toll-free** llamar a un número gratis.

tomato [UK təˈmɑːtəʊ, US təˈmeɪtəʊ] (pl -es) n tomate m, jitomate m CAm Méx.

tomb [tuːm] n tumba f, sepulcro m.

tomboy ['tɒmbɔɪ] n niña f poco feminina.

tombstone ['tuːmstəʊn] n lápida f.

tomcat ['tɒmkæt] n gato m (macho).

tomorrow [tə'mɒrəʊ] ❖ n *lit & fig* mañana f / *tomorrow is Sunday* mañana es domingo ▸ **the day after tomorrow** pasado mañana ▸ **tomorrow night** mañana por la noche / *he was drinking like there was no tomorrow* bebía como si se fuera a acabar el mundo / *tomorrow's world* el futuro. ❖ adv mañana / *see you tomorrow* hasta mañana / *a week (from) tomorrow* dentro de una semana, a partir de mañana / *it happened a year ago tomorrow* mañana hará un año que ocurrió.

ton [tʌn] (pl inv or -s) n **1.** UK [imperial] = 1016 kg; US = 907,2 kg; ≃ tonelada f. **2.** [metric] = 1000 kg, tonelada f. ◆ **tons** pl n *inf* ▸ **tons (of)** un montón (de).

tone [təʊn] n **1.** [gen] tono m **2.** [on phone] señal f. ◆ **tone down** vt sep suavizar, moderar. ◆ **tone up** vt sep poner en forma.

tone-deaf adj que no tiene (buen) oído.

tongs [tɒŋz] pl n [for coal] tenazas fpl; [for sugar] pinzas fpl, tenacillas fpl.

tongue [tʌŋ] n **1.** [gen] lengua f **2.** [of shoe] lengüeta f.

tongue-in-cheek adj : *it was only tongue-in-cheek* no iba en serio.

tongue-tied [-,taɪd] adj incapaz de hablar (por timidez o nervios).

tongue twister [-,twɪstə'] n trabalenguas m inv.

tonic ['tɒnɪk] n **1.** [gen] tónico m **2.** [tonic water] tónica f.

tonic water n agua f tónica.

tonight [tə'naɪt] ❖ n esta noche f. ❖ adv esta noche.

tonnage ['tʌnɪdʒ] n tonelaje m.

tonne [tʌn] (pl inv or -s) n tonelada f métrica.

tonsil ['tɒnsl] n amígdala f / *to have one's tonsils out* operarse de las amígdalas.

tonsil(l)itis [,tɒnsɪ'laɪtɪs] n (U) amigdalitis f inv.

too [tu:] adv **1.** [also] también / *me too* yo también **2.** [excessively] demasiado ▸ **too much** demasiado ▸ **too many things** demasiadas cosas ▸ **it finished all** OR **only too soon** terminó demasiado pronto / *I'd be only too happy to help* me encantaría ayudarte ▸ **not too ...** no muy ...

took [tʊk] pt ⟶ take.

tool [tu:l] n [implement] herramienta f ▸ **garden tools** útiles mpl del jardín.

tool bar n COMPUT barra f de herramientas.

tool box n caja f de herramientas.

tool kit n juego m de herramientas.

toot [tu:t] ❖ n bocinazo m. ❖ vi tocar la bocina.

tooth [tu:θ] (pl teeth) n [in mouth, of saw, gear wheel] diente m / *to brush one's teeth* cepillarse

OR lavarse los dientes / *he had a tooth out* le sacaron un diente.

toothache ['tu:θeɪk] n dolor m de muelas.

toothbrush ['tu:θbrʌʃ] n cepillo m de dientes.

toothpaste ['tu:θpeɪst] n pasta f de dientes.

toothpick ['tu:θpɪk] n palillo m.

top [tɒp] ❖ adj **1.** [highest - step, floor] de arriba; [- object on pile] de encima **2.** [most important, successful] importante / *to be a top model* ser top model / *she got the top mark* sacó la mejor nota **3.** [maximum] máximo(ma) / *at top speed* a máxima velocidad / *to be top secret* ser altamente confidencial. ❖ n **1.** [highest point] parte f superior OR de arriba; [of list] cabeza f, principio m; [of tree] copa f; [of hill, mountain] cumbre f, cima f / *at the top of the stairs* en lo alto de la escalera / *from top to bottom* de pies a cabeza ▸ **on top** encima ▸ **to go over the top** UK pasarse (de la raya) ▸ **at the top of one's voice** a voz en grito **2.** [lid, cap - of jar, box] tapa f; [- of bottle, tube] tapón m; [- of pen] capuchón m **3.** [upper side] superficie f **4.** [blouse] blusa f; [T-shirt] camiseta f; [of pyjamas] parte f de arriba **5.** [toy] peonza f **6.** [most important level] cúpula f **7.** [of league, table, scale] cabeza f. ❖ vt **1.** [be first in] estar a la cabeza de **2.** [better] superar **3.** [exceed] exceder. ◆ **on top of** prep **1.** [in space] encima de / *to be feeling on top of the world* estar en la gloria **2.** [in addition to] además de. ◆ **top up** UK, **top off** US vt sep volver a llenar.

top copy n original m.

top floor n último piso m.

top hat n sombrero m de copa.

top-heavy adj demasiado pesado(da) en la parte de arriba.

topic ['tɒpɪk] n tema m, asunto m.

topical ['tɒpɪkl] adj actual.

topless ['tɒplɪs] adj en topless.

top-level adj de alto nivel.

topmost ['tɒpməʊst] adj más alto(ta).

topping ['tɒpɪŋ] n capa f / *with a topping of cream* cubierto de nata.

topple ['tɒpl] ❖ vt [government, pile] derribar; [president] derrocar. ❖ vi venirse abajo.

top-quality adj de calidad superior.

top-secret adj sumamente secreto (sumamente secreta).

topsy-turvy [,tɒpsɪ'tɜ:vɪ] ❖ adj [messy] patas arriba (inv). ❖ adv [messily] en desorden, de cualquier manera.

top-up n : *can I give you a top-up?* ¿quieres que te ponga más?

top-up card n [for mobile phone] tarjeta f de recarga.

torch [tɔ:tʃ] n **1.** UK [electric] linterna f **2.** [burning] antorcha f.

tore [tɔːʳ] pt ⟶ **tear**.

torment ❖ n ['tɔːment] tormento *m* / *she waited in torment* esperaba atormentada. ❖ vt [tɔː'ment] **1.** [worry greatly] atormentar **2.** [annoy] fastidiar.

torn [tɔːn] pp ⟶ **tear**.

tornado [tɔː'neɪdəʊ] (*pl* -es *o* -s) n tornado *m*.

torpedo [tɔː'piːdəʊ] n (*pl* -es) torpedo *m*.

torrent ['tɒrənt] n torrente *m*.

torrid ['tɒrɪd] adj [hot] tórrido(da) ; *fig* [passionate] apasionado(da).

tortoise ['tɔːtəs] n tortuga *f* (de tierra).

tortoiseshell ['tɔːtəʃel] ❖ adj ▸ **tortoiseshell cat** gato *m* pardo atigrado. ❖ n (*U*) [material] carey *m*, concha *f*.

tortuous ['tɔːtʃʊəs] adj **1.** [twisting] tortuoso(sa) **2.** [over-complicated] enrevesado(da), retorcido(da).

torture ['tɔːtʃəʳ] ❖ n tortura *f*. ❖ vt torturar.

Tory ['tɔːrɪ] ❖ adj tory, del partido conservador (británico). ❖ n tory *mf*, miembro *m* del partido conservador (británico).

toss [tɒs] ❖ vt **1.** [throw carelessly] tirar **2.** [move from side to side - head, boat] sacudir **3.** [salad] remover ; [pancake] dar la vuelta en el aire **4.** [coin] ▸ **to toss a coin** echar a cara o cruz. ❖ vi [move rapidly] ▸ **to toss and turn** dar vueltas (en la cama). ◆ **toss up** vi jugar a cara o cruz.

tot [tɒt] n **1.** *inf* [small child] nene *m*, nena *f* **2.** [of drink] trago *m*.

total ['təʊtl] ❖ adj total. ❖ n total *m*. ❖ vt (UK pt & pp -led, cont -ling, US pt & pp -ed, cont -ing) [add up] sumar. ❖ vi (UK pt & pp -led, cont -ling, US pt & pp -ed, cont -ing) [amount to] ascender a.

totalitarian [ˌtəʊtælɪ'teərɪən] adj totalitario(ria).

totally ['təʊtəlɪ] adv [entirely] totalmente.

totter ['tɒtəʳ] vi *lit* & *fig* tambalearse.

touch [tʌtʃ] ❖ n **1.** [sense, act of feeling] tacto *m* **2.** [detail, skill, knack] toque *m* ▸ **to put the finishing touches to sthg** dar el último toque a algo **3.** [contact] ▸ **to get / keep in touch (with)** ponerse / mantenerse en contacto (con) ▸ **to lose touch (with)** perder el contacto (con) ▸ **to be out of touch with** no estar al tanto de **4.** SPORT ▸ **in touch** fuera de banda **5.** [small amount] ▸ **a touch (of)** un poquito (de). ❖ vt **1.** [gen] tocar / *you haven't touched your food* no has tocado la comida **2.** [emotionally] conmover **3.** [equal] igualar / *nobody can touch her for professionalism* nadie la iguala en profesionalismo. ❖ vi [be in contact] tocarse. ◆ **touch down** vi [plane] aterrizar. ◆ **touch on** vt insep tratar por encima.

touch-and-go adj dudoso(sa), poco seguro (poco segura).

touchdown ['tʌtʃdaʊn] n **1.** [of plane] aterrizaje *m* **2.** [in American football] ensayo *m*.

touched [tʌtʃt] adj [grateful] emocionado(da).

touching ['tʌtʃɪŋ] adj conmovedor(ra).

touchline ['tʌtʃlaɪn] n línea *f* de banda.

touchpad ['tʌtʃpæd] n panel *m* táctil ▸ **touchpad mouse** ratón *m* táctil.

touchscreen ['tʌtʃskriːn] n pantalla *f* táctil.

touch-sensitive adj táctil.

touchy ['tʌtʃɪ] adj **1.** [person] ▸ **touchy (about)** susceptible (con) **2.** [subject, question] delicado(da).

tough [tʌf] adj **1.** [resilient] fuerte **2.** [hardwearing] resistente **3.** [meat, regulations, policies] duro(ra) **4.** [difficult to deal with] difícil **5.** [rough - area] peligroso(sa).

toughen ['tʌfn] vt endurecer.

toupee ['tuːpeɪ] n peluquín *m*.

tour [tʊəʳ] ❖ n **1.** [long journey] viaje *m* largo / *to go on a tour of Germany* hacer un recorrido por Alemania **2.** [of pop group etc] gira *f* **3.** [for sightseeing] recorrido *m*, visita *f*. ❖ vt [museum] visitar ; [country] recorrer, viajar por. ❖ vi estar de gira.

Tourette's Syndrome, Tourette syndrome n MED síndrome *m* de Tourette.

tour guide n [person] guía *mf*.

touring ['tʊərɪŋ] n viajes *mpl* turísticos.

tourism ['tʊərɪzm] n turismo *m*.

tourist ['tʊərɪst] n turista *mf* ▸ **tourist attraction** atracción *f* turística.

tourist (information) office n oficina *f* de turismo.

tournament ['tɔːnəmənt] n torneo *m*.

tour operator n touroperador *m*.

tousled ['taʊzl] adj despeinado(da), alborotado(da).

tout [taʊt] ❖ n revendedor *m*, -ra *f*. ❖ vt revender. ❖ vi ▸ **to tout for sthg** solicitar algo / *to tout for business* tratar de captar clientes.

tow [təʊ] ❖ n ▸ **to give sb a tow** remolcar a alguien ▸ **in tow with sb** acompañado de alguien. ❖ vt remolcar.

towards UK [tə'wɔːdz], **toward** US [tə'wɔːd] prep **1.** [gen] hacia **2.** [for the purpose or benefit of] para.

towel ['taʊəl] n toalla *f*.

towelling UK, **toweling** US ['taʊəlɪŋ] n (*U*) (tejido *m* de) toalla *f*.

towel rail n toallero *m*.

tower ['taʊəʳ] ❖ n torre *f* ▸ **a tower of strength** UK un firme apoyo OR pilar. ❖ vi ▸ **to tower over sb** ser mucho más alto(ta) que alguien.

tower block n UK bloque *m* (de pisos u oficinas).

towering ['taʊərɪŋ] adj altísimo(ma).

town [taʊn] n **1.** [gen] ciudad f; [smaller] pueblo m **2.** [centre of town, city] centro m de la ciudad ▸ **to go out on the town** irse de juerga ▸ **to go to town a)** fig [to put in a lot of effort] emplearse a fondo **b)** [spend a lot of money] tirar la casa por la ventana.

town centre n centro m (de la ciudad).

town council n ayuntamiento m.

town hall n ayuntamiento m.

town house n [fashionable house] casa f lujosa (de un barrio alto).

town plan n plano m de la ciudad.

town planning n [study] urbanismo m.

township ['taʊnʃɪp] n **1.** [in South Africa] zona urbana asignada por el gobierno para la población negra **2.** [in US] ≃ municipio m.

towpath ['taʊpɑːθ] (pl [-pɑːðz]) n camino m de sirga.

towrope ['taʊrəʊp] n cable m de remolque.

tow truck n [US] (coche m) grúa f.

toxic ['tɒksɪk] adj tóxico(ca) ▸ **toxic waste** residuos mpl tóxicos.

toy [tɔɪ] n juguete m. ◆ **toy with** vt insep [idea] acariciar; [food, coin etc] jugetear con.

toy shop n juguetería f.

trace [treɪs] ◆ n **1.** [evidence, remains] rastro m, huella f **/** there's no trace of her no hay rastro de ella **2.** [small amount] pizca f. ◆ vt **1.** [find] localizar, encontrar **2.** [follow progress of] describir **3.** [on paper] calcar.

tracing ['treɪsɪŋ] n [on paper] calco m.

tracing paper ['treɪsɪŋ-] n (U) papel m de calcar.

track [træk] ◆ n **1.** [path] sendero m **2.** SPORT pista f **3.** RAIL vía f **4.** [mark, trace] rastro m, huella f **5.** [on record, tape] canción f ▸ **to be on the right / wrong track** ir por el buen/mal camino. ◆ vt [follow tracks of] seguir la pista de. ◆ **track down** vt sep localizar.

track record n historial m **/** to have a good track record tener un buen historial.

tracksuit ['træksuːt] [UK] n chándal m, equipo m de deportes, buzo m [CHILE] [PERÚ], pants mpl [MÉX], sudadera f [COL], jogging m [RP].

tract [trækt] n **1.** [pamphlet] artículo m breve **2.** [of land, forest] extensión f.

traction ['trækʃn] n tracción f ▸ **to have one's leg in traction** tener la pierna escayolada en alto.

tractor ['træktər] n tractor m.

trade [treɪd] ◆ n **1.** (U) [commerce] comercio m **2.** [job] oficio m ▸ **by trade** de oficio. ◆ vt [exchange] ▸ **to trade sthg (for)** cambiar algo (por). ◆ vi COMM ▸ **to trade (with)** comerciar (con). ◆ **trade in** vt sep [exchange] dar como entrada.

trade fair n feria f de muestras.

trade-in n artículo usado que se entrega como entrada al comprar un artículo nuevo.

trademark ['treɪdmɑːk] n COMM marca f comercial.

trade name n COMM nombre m comercial.

trader ['treɪdər] n comerciante mf.

tradesman ['treɪdzmən] (pl -men) n [trader] comerciante m; [shopkeeper] tendero m.

trade(s) union n [UK] sindicato m.

trade(s) unionist n [UK] sindicalista mf.

trading ['treɪdɪŋ] n (U) comercio m ▸ **trading hours** horario m comercial.

trading estate n [UK] polígono m industrial.

trading standards officer n funcionario del organismo británico que vela por el cumplimiento de las normas comerciales.

tradition [trə'dɪʃn] n tradición f.

traditional [trə'dɪʃənl] adj tradicional.

traffic ['træfɪk] ◆ n **1.** [vehicles] tráfico m **2.** [illegal trade] ▸ **traffic (in)** tráfico m (de). ◆ vi (pt & pp -ked, cont -king) ▸ **to traffic in** traficar con.

traffic circle n [US] glorieta f.

traffic jam n embotellamiento m.

trafficker ['træfɪkər] n ▸ **trafficker (in)** traficante mf (de).

trafficking ['træfɪkɪŋ] n tráfico m ▸ **human trafficking** tráfico de seres humanos.

traffic lights pl n semáforos mpl.

traffic warden n [UK] ≃ guardia mf de tráfico.

tragedy ['trædʒədɪ] n tragedia f.

tragic ['trædʒɪk] adj trágico(ca).

trail [treɪl] ◆ n **1.** [path] sendero m, camino m ▸ **to blaze a trail** fig marcar la pauta **2.** [trace, track] rastro m, huellas fpl **/** a trail of smoke un rastro de humo **/** they left a trail of clues dejaron un rastro de pistas ▸ **to be on the trail of sb / sthg** seguir la pista de alguien/algo **/** they are hot on his trail le están pisando los talones. ◆ vt **1.** [drag] arrastrar **2.** [lose to] ir por detrás de. ◆ vi **1.** [drag] arrastrarse **2.** [move slowly] andar con desgana **3.** [lose] ir perdiendo. ◆ **trail away, trail off** vi apagarse.

trailer ['treɪlər] n **1.** [vehicle for luggage] remolque m **2.** [US] [for living in] roulotte m, caravana f **3.** CIN trailer m.

train [treɪn] ◆ n **1.** RAIL tren m **/** to go by train ir en tren **2.** [of dress] cola f. ◆ vt **1.** [teach] ▸ **to train sb (to do sthg)** enseñar a alguien (a hacer algo) ▸ **to train sb in sthg** preparar a alguien para algo **2.** [for job] ▸ **to train sb (as sthg)** formar or preparar a alguien (como algo) **3.** [animal] amaestrar **4.** SPORT ▸ **to train sb (for)** entrenar a alguien (para) **5.** [aim - gun] apuntar. ◆ vi **1.** [for job] estudiar ▸ **to train as** formarse or prepararse como **/** to train to be a teacher estudiar para ser profesor **2.** SPORT ▸ **to train (for)** entrenarse (para).

trained [treɪnd] adj cualificado(da).

trainee [treɪ'niː] n aprendiz *m*, -za *f*.

trainer ['treɪnə*r*] n **1.** [of animals] amaestrador *m*, -ra *f* **2.** SPORT entrenador *m*, -ra *f*. ◆ **trainers** pl n UK zapatillas *fpl* de deporte.

training ['treɪnɪŋ] n (U) **1.** [for job] ▶ **training (in)** formación *f* OR preparación *f* (para) **2.** SPORT entrenamiento *m* / **to be in training (for sthg)** estar entrenando para algo.

training college n UK [gen] centro *m* de formación especializada ; [for teachers] escuela *f* normal.

training course n cursillo *m* de formación.

training shoes pl n UK zapatillas *fpl* de deporte.

train of thought n hilo *m* del razonamiento.

train station n US estación *f* de ferrocarril.

traipse [treɪps] vi andar con desgana.

trait [treɪt] n rasgo *m*, característica *f*.

traitor ['treɪtə*r*] n ▶ **traitor (to)** traidor *m*, -ra *f*(a).

trajectory [trə'dʒektərɪ] n trayectoria *f*.

tram [træm], **tramcar** ['træmkɑː*r*] n UK tranvía *m*.

tramp [træmp] ◆ n **1.** [homeless person] vagabundo *m*, -da *f* **2.** US inf [woman] fulana *f*. ◆ vi andar pesadamente.

trample ['træmpl] vt pisar, pisotear / **to be trampled underfoot** ser pisoteado(da).

trampoline ['træmpəliːn] n cama *f* elástica.

trance [trɑːns] n trance *m* / **to go into a trance** entrar en trance.

tranquil ['træŋkwɪl] adj *liter* tranquilo(la), apacible.

tranquillizer UK, **tranquilizer** US ['træŋkwɪlaɪzə*r*] n tranquilizante *m*.

transaction [træn'zækʃn] n transacción *f* / **money transactions** transacciones de dinero.

transatlantic [,trænzət'læntɪk] adj transatlántico(ca).

transcend [træn'send] vt *fml* ir más allá de.

transcript ['trænskrɪpt] n US expediente *m* académico.

transfer ◆ n ['trænsfɜː*r*] **1.** [gen] transferencia *f* **2.** [for job] traslado *m* **3.** SPORT traspaso *m* **4.** [design] calcomanía *f*. ◆ vt [træns'fɜː*r*] **1.** [from one place to another] trasladar **2.** [from one person to another] transferir. ◆ vi [træns'fɜː*r*] [to different job etc] : **he transferred to a different department** lo trasladaron a otro departamento.

transfix [træns'fɪks] vt [immobilize] paralizar / **transfixed with** paralizado(da) por.

transform [træns'fɔːm] vt ▶ **to transform sthg/sb (into)** transformar algo/a alguien (en).

transformation [,trænsfə'meɪʃn] n transformación *f*.

transformer [træns'fɔːmə*r*] n ELEC transformador *m*.

transfusion [træns'fjuːʒn] n transfusión *f*.

transient ['trænzɪənt] adj *fml* [fleeting] transitorio(ria), pasajero(ra).

transistor [træn'zɪstə*r*] n transistor *m*.

transistor radio n *dated* transistor *m*.

transit ['trænsɪt] n US transporte *m* ▶ **in transit** en tránsito.

transition [træn'zɪʃn] n ▶ **transition (from sthg to sthg)** transición *f* (de algo a algo).

transitive ['trænzɪtɪv] adj GRAM transitivo(va).

transitory ['trænzɪtrɪ] adj transitorio(ria).

translate [træns'leɪt] vt [languages] traducir.

translation [træns'leɪʃn] n traducción *f*.

translator [træns'leɪtə*r*] n traductor *m*, -ra *f*.

transmission [trænz'mɪʃn] n transmisión *f*.

transmit [trænz'mɪt] vt transmitir.

transmitter [trænz'mɪtə*r*] n ELECTRON transmisor *m*.

transparency [trans'pærənsɪ] n **1.** [quality] transparencia *f* **2.** [slide] diapositiva *f*.

transparent [træns'pærənt] adj **1.** [see-through] transparente **2.** [obvious] claro(ra).

transpire [træn'spaɪə*r*] *fml* ◆ vt ▶ **it transpires that ...** resulta que ... ◆ vi [happen] ocurrir.

transplant n ['trænsplɑːnt] trasplante *m* / **he had a heart transplant** le hicieron un transplante de corazón.

transport ◆ n ['trænspɔːt] transporte *m*. ◆ vt [træn'spɔːt] transportar.

transportation [,trænspɔː'teɪʃn] n US transporte *m*.

transport cafe ['trænspɔːt-] n UK bar *m* de camioneros.

transpose [træns'pəʊz] vt [change round] invertir.

transvestite [trænz'vestaɪt] n travestido *m*, -da *f*, travestí *mf*.

trap [træp] ◆ n trampa *f* / **to lay a trap (for)** tender una trampa (a). ◆ vt **1.** [catch - animals, birds] coger con trampa **2.** [trick] atrapar, engañar **3.** [finger] : **she trapped her fingers in the door** se pilló los dedos en la puerta.

trapdoor [,træp'dɔː*r*] n [gen] trampilla *f*, trampa ; THEAT escotillón *m*.

trapeze [trə'piːz] n trapecio *m*.

trappings ['træpɪŋz] pl n atributos *mpl*.

trash [træʃ] n US *lit* & *fig* basura *f* ▶ **trash collector** US basurero *m*, -ra *f*.

trashcan ['træʃkæn] n US cubo *m* de la basura.

trashed [træʃt] adj US *inf* [drunk] pedo *(inv)* ▶ **to get trashed** ponerse pedo.

trashy ['træʃɪ] (*compar* **-ier**, *superl* **-iest**) adj *inf* malísimo(ma), infame.

traumatic [trɔː'mætɪk] adj traumático(ca).

travel ['trævl] ❖ n (U) viajes mpl ▸ **travel documents** documentación f para el viaje. ❖ vt (UK pt & pp -led, cont -ling, US pt & pp -ed, cont -ing) [place] viajar por; [distance] recorrer. ❖ vi (UK pt & pp -led, cont -ling, US pt & pp -ed, cont -ing) viajar.

travel agency n agencia f de viajes.

travel agent n empleado m, -da f de una agencia de viajes ▸ **travel agent's** agencia f de viajes.

traveller UK, **traveler** US ['trævlər] n [person on journey] viajero m, -ra f ▸ UK **(new age) traveller** persona que vive en un vehículo y lleva un estilo de vida itinerante.

traveller's cheque n cheque m de viajero.

travelling UK, **traveling** US ['trævlɪŋ] adj [theatre, showman] ambulante.

travelsick ['trævəlsɪk] adj que se marea al viajar / **to be OR feel travelsick** estar mareado(da).

travel-size(d) adj [shampoo etc] de viaje.

travesty ['trævəstɪ] n burda parodia f.

trawler ['trɔːlər] n trainera f.

tray [treɪ] n bandeja f.

treacherous ['tretʃərəs] adj **1.** [plan, action] traicionero(ra); [person] traidor(ra) **2.** [dangerous] peligroso(sa).

treachery ['tretʃərɪ] n traición f.

treacle ['triːkl] n UK melaza f.

tread [tred] ❖ n **1.** [on tyre, shoe] banda f **2.** [sound of walking] pasos mpl. ❖ vi (pt trod, pp trodden) [walk] andar ▸ **to tread carefully** fig andar con pies de plomo.

treadmill ['tredmɪl] n **1.** [wheel] rueda f de molino **2.** fig [dull routine] rutina f.

treason ['triːzn] n traición f.

treasure ['treʒər] ❖ n lit & fig tesoro m. ❖ vt guardar como oro en paño.

treasurer ['treʒərər] n tesorero m, -ra f.

treasury ['treʒərɪ] n [room] habitación donde se guarda el tesoro de un castillo, de una catedral etc. ▸ **Treasury** n ▸ **the Treasury** ≃ el Ministerio de Hacienda.

treat [triːt] ❖ vt **1.** [gen] tratar / **to treat sb well/badly** tratar bien/mal a alguien ▸ **to treat sthg as a joke** tomarse algo como si fuera broma / **to treat sb for sthg** MED tratar a alguien de algo **2.** [give sthg special] ▸ **to treat sb (to)** invitar a alguien (a). ❖ n [something special] regalo m / **he took me out to dinner as a treat** me invitó a cenar.

treatise ['triːtɪs] n fml ▸ **treatise (on)** tratado m (sobre).

treatment ['triːtmənt] n **1.** MED : **treatment (for)** tratamiento m (para) **2.** [manner of dealing] trato m.

treaty ['triːtɪ] n tratado m.

treble ['trebl] ❖ adj **1.** MUS de tiple **2.** [with numbers] triple. ❖ vt triplicar. ❖ vi triplicarse.

treble clef n clave f de sol.

tree [triː] n BOT & COMPUT árbol m.

tree-hugger n inf, hum & pej ecologista mf.

treetop ['triːtɒp] n copa f (de árbol).

tree-trunk n tronco m (de árbol).

trek [trek] n viaje m largo y difícil.

trekking ['trekɪŋ] n senderismo m.

trellis ['trelɪs] n enrejado m, espaldera f.

tremble ['trembl] vi temblar / **to tremble with cold/fear** temblar de frío/miedo.

tremendous [trɪ'mendəs] adj **1.** [impressive, large] enorme, tremendo(da) **2.** inf [really good] estupendo(da).

tremor ['tremər] n **1.** [of person, body, voice] estremecimiento m **2.** [small earthquake] temblor m.

trench [trentʃ] n **1.** [narrow channel] zanja f **2.** MIL trinchera f.

trench coat n trinchera f, gabardina f, impermeable m.

trend [trend] n [tendency] tendencia f; [fashion] moda f / **to set a trend** establecer una moda.

trendy ['trendɪ] inf adj [person] moderno(na); [clothes] de moda.

trepidation [ˌtrepɪ'deɪʃn] n fml ▸ **in OR with trepidation** con ansiedad OR agitación.

trespass ['trespəs] vi entrar ilegalmente / **to trespass on** entrar ilegalmente en ▸ **'no trespassing'** 'prohibido el paso'.

trespasser ['trespəsər] n intruso m, -sa f ▸ **'trespassers will be prosecuted'** 'los intrusos serán sancionados por la ley'.

trestle ['tresl] n caballete m.

trestle table n mesa f de caballete.

trial ['traɪəl] n **1.** LAW juicio m, proceso m ▸ **to be on trial (for)** ser procesado(da) (por) / **to be brought to trial** ser llevado(da) a juicio **2.** [test, experiment] prueba f ▸ **on trial** de prueba ▸ **by trial and error** a base de probar **3.** [unpleasant experience] suplicio m, fastidio m.

triangle ['traɪæŋgl] n GEOM & MUS triángulo m.

triangular [traɪ'æŋgjʊlər] adj triangular.

tribe [traɪb] n tribu f.

tribunal [traɪ'bjuːnl] n tribunal m.

tributary ['trɪbjʊtrɪ] n afluente m.

tribute ['trɪbjuːt] n **1.** [credit] tributo m ▸ **to be a tribute to** hacer honor a **2.** (U) [respect, admiration] ▸ **to pay tribute (to)** rendir homenaje (a).

trice [traɪs] n ▸ **in a trice** en dos por tres.

trick [trɪk] ❖ n **1.** [to deceive] truco m; [to trap] trampa f; [joke] broma f ▸ **to play a trick on sb** gastarle una broma a alguien **2.** [in magic] juego m (de manos) **3.** [knack] truco m ▸ **that should do the trick** eso es lo que necesitamos.

❖ vt engañar ▶ **to trick sb into doing sthg** engañar a alguien para que haga algo.

trickery ['trɪkərɪ] n (U) engaño m.

trickle ['trɪkl] ❖ n [of liquid] hilo m. ❖ vi **1.** [liquid] resbalar (formando un hilo) **2.** [people, things] ▶ **to trickle in/out** llegar/salir poco a poco.

tricky ['trɪkɪ] adj [difficult] difícil.

tricycle ['traɪsɪkl] n triciclo m.

tried [traɪd] adj ▶ **tried and tested** probado(da).

trifle ['traɪfl] n **1.** 🇬🇧 CULIN postre de bizcocho con gelatina, crema, frutas y nata **2.** [unimportant thing] nadería f. ◆ **a trifle** adv fml un poco, ligeramente.

trifling ['traɪflɪŋ] adj pej trivial.

trigger ['trɪgər] n [on gun] gatillo m. ◆ **trigger off** vt sep desencadenar.

trill [trɪl] n trino m.

trilogy ['trɪlədʒɪ] (pl **-ies**) n trilogía f.

trim [trɪm] ❖ adj **1.** [neat and tidy] limpio y arreglado (limpia y arreglada) **2.** [slim] esbelto(ta). ❖ n [of hair] recorte m. ❖ vt **1.** [nails, moustache] recortar **2.** [decorate] ▶ **to trim sthg (with)** adornar algo (con).

trimmings ['trɪmɪŋz] pl n **1.** [on clothing] adornos mpl **2.** [with food] guarnición f.

trinket ['trɪŋkɪt] n baratija f.

trio ['triːəʊ] (pl **-s**) n trío m.

trip [trɪp] ❖ n drugs sl [gen] viaje m ▶ **to be (away) on a trip** estar de viaje ▶ **a trip to London/the seaside** un viaje a Londres/la costa. ❖ vt [make stumble] hacer la zancadilla a. ❖ vi [stumble] tropezar ▶ **to trip over sthg** tropezar con algo. ◆ **trip up** vt sep [make stumble] hacer tropezar, hacer la zancadilla a.

tripe [traɪp] (U) n **1.** CULIN callos mpl **2.** inf [nonsense] tonterías fpl.

triple ['trɪpl] ❖ adj triple. ❖ adv : **triple the quantity** el triple. ❖ vt triplicar. ❖ vi triplicarse.

triple jump n ▶ **the triple jump** el triple salto.

triplets ['trɪplɪts] pl n trillizos mpl, -zas.

triplicate ['trɪplɪkət] n ▶ **in triplicate** por triplicado.

tripod ['traɪpɒd] n trípode m.

trite [traɪt] adj pej trillado(da).

triumph ['traɪəmf] ❖ n triunfo m. ❖ vi ▶ **to triumph (over)** triunfar (sobre).

triumphant [traɪ'ʌmfənt] adj [exultant] triunfante.

trivia ['trɪvɪə] n (U) trivialidades fpl.

trivial ['trɪvɪəl] adj pej trivial.

trod [trɒd] pt ⟶ **tread**.

trodden ['trɒdn] pp ⟶ **tread**.

trolley ['trɒlɪ] (pl **trolleys**) n **1.** 🇬🇧 [for shopping, food, drinks] carrito m **2.** 🇺🇸 [tram] tranvía m.

trolley case n maleta f tipo carrito.

trombone [trɒm'bəʊn] n trombón m.

troop [truːp] ❖ n [of people] grupo m, banda-da f. ❖ vi ir en grupo. ◆ **troops** pl n tropas fpl. ◆ **troop in** vi entrar en tropel. ◆ **troop out** vi salir en tropel.

trooper ['truːpər] n **1.** MIL soldado m de caballería **2.** 🇺🇸 [policeman] miembro de la policía estatal.

trophy ['trəʊfɪ] n SPORT trofeo m.

tropic ['trɒpɪk] n trópico m.

tropical ['trɒpɪkl] adj tropical.

tropics ['trɒpɪks] pl n ▶ **the tropics** el trópico.

trot [trɒt] ❖ n **1.** [of horse] trote m **2.** [of person] paso m rápido. ❖ vi **1.** [horse] trotar **2.** [person] andar con pasos rápidos. ◆ **on the trot** adv inf ▶ **three times on the trot** tres veces seguidas.

trouble ['trʌbl] ❖ n (U) **1.** [bother] molestia f; [difficulty, main problem] problema m ▶ **to tell sb one's troubles** contarle a alguien sus problemas ▶ **would it be too much trouble to ask you to ...?** ¿tendría inconveniente en ...? ▶ **to be in trouble** tener problemas ▶ **to have trouble doing sthg** tener problemas haciendo algo ▶ **what seems to be the trouble?** ¿cuál es el problema? **2.** (U) [pain] dolor m; [illness] enfermedad f ▶ **heart trouble** problemas cardiacos ▶ **back trouble** problemas de espalda ▶ **I'm having trouble with my leg** me está molestando la pierna **3.** (U) [violence, unpleasantness] problemas mpl. ❖ vt **1.** [worry, upset] preocupar **2.** [disturb, give pain to] molestar. ◆ **troubles** pl n **1.** [problems, worries] problemas mpl **2.** POL conflicto m.

troubled ['trʌbld] adj **1.** [worried, upset] pre-ocupado(da) **2.** [disturbed, problematic] agita-do(da), turbulento(ta).

troublemaker ['trʌbl,meɪkər] n alborota-dor m, -ra f.

troubleshooter ['trʌbl,ʃuːtər] n [in organizations] persona contratada para resolver problemas.

troublesome ['trʌblsəm] adj molesto(ta).

trough [trɒf] n **1.** [for drinking] abrevadero m; [for eating] comedero m **2.** [low point] punto m más bajo.

troupe [truːp] n compañía f.

trousers ['traʊzəz] pl n pantalones mpl ▶ **combat trousers** pantalones mpl de camuflaje.

trousseau ['truːsəʊ] (pl **-x** or **-s**) n ajuar m.

trout [traʊt] (pl inv or **-s**) n trucha f.

trowel ['traʊəl] n **1.** [for the garden] desplanta-dor m **2.** [for cement, plaster] paleta f, palustre m.

truant ['truːənt] n [child] alumno m, -na f que hace novillos ▶ **to play truant** hacer novillos.

truce [truːs] n ▶ **truce (between)** tregua f (entre).

truck [trʌk] n **1.** [lorry] camión m **2.** RAIL vagón m de mercancías.

truck driver n US camionero m, -ra f.

trucker ['trʌkər] n US camionero m, -ra f.

truck farm n US puesto de verduras y frutas para la venta.

truculent ['trʌkjʊlənt] adj agresivo(va), pendenciero(ra).

trudge [trʌdʒ] vi caminar con dificultad.

true [truː] adj **1.** [gen] verdadero(ra) ▶ **it's true** es verdad ▶ **to come true** hacerse realidad **2.** [genuine] auténtico(ca); [friend] de verdad **3.** [exact] exacto(ta).

truffle ['trʌfl] n trufa f.

truly ['truːlɪ] adv verdaderamente ▶ **yours truly** le saluda atentamente.

trump [trʌmp] n triunfo m (en cartas).

trumped-up ['trʌmpt-] adj pej inventado(da).

trumpet ['trʌmpɪt] n trompeta f.

truncheon ['trʌntʃən] n porra f.

trundle ['trʌndl] vi rodar lentamente / he trundled along to the post office se arrastró lentamente hasta correos.

trunk [trʌŋk] n **1.** [of tree, person] tronco m **2.** [of elephant] trompa f **3.** [box] baúl m **4.** US [of car] maletero m, cajuela f Méx, baúl m Col RP, maletera f Perú. ◆ **trunks** pl n bañador m (de hombre) Esp, traje m de baño (de hombre).

trunk call n UK conferencia f Esp, llamada f interurbana.

trunk road n ≃ carretera f nacional.

truss [trʌs] ◆ n MED braguero m. ◆ vt : **truss (up)** atar.

trust [trʌst] ◆ vt **1.** [believe in] confiar en **2.** [have confidence in] ▶ **to trust sb to do sthg** confiar en alguien para que haga algo **3.** [entrust] ▶ **to trust sb with sthg** confiar algo a alguien **4.** [accept as safe, reliable] fiarse de. ◆ n **1.** (U) [faith, responsibility] confianza f (en) ▶ **to put** OR **place one's trust in** confiar en **2.** FIN trust m ▶ **in trust** en fideicomiso.

trusted ['trʌstɪd] adj de confianza.

trustee [trʌs'tiː] n FIN & LAW fideicomisario m, -ria f.

trust fund n fondo m de fideicomiso.

trusting ['trʌstɪŋ] adj confiado(da).

trustworthy ['trʌst,wɜːðɪ] adj digno(na) de confianza.

truth [truːθ] n verdad f ▶ **in (all) truth** en verdad, verdaderamente.

truthful ['truːθfʊl] adj **1.** [person] sincero(ra) **2.** [story] verídico(ca).

try [traɪ] ◆ vt **1.** [attempt] intentar ▶ **to try to do sthg** tratar de OR intentar hacer algo **2.** [sample, test] probar **3.** LAW [case] ver; [criminal] juzgar, procesar **4.** [put to the test - person] acabar con la paciencia de; [- patience] acabar con. ◆ vi intentar. ◆ n **1.** [attempt] intento m, tentativa f ▶ **to have a try at sthg** intentar hacer algo **2.** [sample, test] ▶ **to give sthg a try** probar algo **3.** RUGBY ensayo m. ◆ **try on** vt sep probarse. ◆ **try out** vt sep [car, machine] probar; [plan] poner a prueba / **to try sthg out on sb** probar algo con alguien / **to try out for** US presentarse a una prueba de selección para.

trying ['traɪɪŋ] adj difícil, pesado(da).

T-shirt n camiseta f, remera f RP, playera f Méx, polera f Chile.

T-square n escuadra f en forma de T.

tub [tʌb] n **1.** [container - small] bote m; [- large] tina f **2.** inf [bath] bañera f.

tuba ['tjuːbə] n tuba f.

tubby ['tʌbɪ] adj inf regordete(ta).

tube [tjuːb] n **1.** [cylinder, container] tubo m **2.** ANAT conducto m **3.** UK inf RAIL metro m, subte m ▶ **by tube** en metro.

tuberculosis [tjuː,bɜːkjʊ'ləʊsɪs] n tuberculosis f.

tubing ['tjuːbɪŋ] n (U) tubos mpl.

tubular ['tjuːbjʊlər] adj tubular.

tuck [tʌk] vt [place neatly] meter. ◆ **tuck away** vt sep [money etc] guardar. ◆ **tuck in** ◆ vt sep **1.** [person - in bed] arropar **2.** [clothes] meterse. ◆ vi inf comer con apetito. ◆ **tuck up** vt sep arropar / **to tuck sb up in bed** arropar a alguien en la cama.

tuck shop n UK confitería f (emplazada cerca de un colegio).

Tuesday ['tjuːzdɪ] n martes m inv. See also Saturday.

tuft [tʌft] n [of hair] mechón m; [of grass] manojo m.

tug [tʌg] ◆ n **1.** [pull] tirón m **2.** [boat] remolcador m. ◆ vt tirar de. ◆ vi ▶ **to tug (at)** tirar (de).

tug-of-war n juego m de la cuerda (en el que dos equipos compiten tirando de ella).

tuition [tjuː'ɪʃn] n enseñanza f ▶ **private tuition** clases fpl particulares.

tulip ['tjuːlɪp] n tulipán m.

tumble ['tʌmbl] ◆ vi [person] caerse (rodando). ◆ n caída f. ◆ **tumble to** vt insep UK inf caer en la cuenta de.

tumbledown ['tʌmbldaʊn] adj ruinoso(sa).

tumble-dryer, tumble-drier [-,draɪər] n secadora f.

tumbler ['tʌmblər] n [glass] vaso m.

tummy ['tʌmɪ] n inf barriga f.

tumour UK, **tumor** US ['tjuːmər] n tumor m.

tuna UK ['tjuːnə], US ['tuːnə] n (pl inv or -s) atún m.

tune [tju:n] ⬥ n **1.** [song, melody] melodía f **2.** [harmony] ▶ **in tune** MUS afinado(da) ▶ **out of tune** MUS desafinado(da). ⬥ vt **1.** MUS afinar **2.** RADIO & TV sintonizar **3.** [engine] poner a punto. ◆ **tune in** vi RADIO & TV ▶ **to tune in (to sthg)** sintonizar (algo). ◆ **tune up** vi MUS concertar OR afinar los instrumentos.

tuneful ['tju:nfʊl] adj melodioso(sa).

tuner ['tju:nər] n **1.** RADIO & TV sintonizador m **2.** MUS afinador m, -ra f.

tunic ['tju:nɪk] n túnica f.

tuning fork ['tju:nɪŋ-] n diapasón m.

Tunisia [tju:'nɪzɪə] n Túnez.

tunnel ['tʌnl] ⬥ n túnel m. ⬥ vi (UK pt & pp -led, cont -ling, US pt & pp -ed, cont -ing) hacer un túnel.

turban ['tɜ:bən] n turbante m.

turbine ['tɜ:baɪn] n turbina f.

turbocharged ['tɜ:bəʊtʃɑ:dʒd] adj provisto(ta) de turbina ; [car] turbo (inv).

turbodiesel [,tɜ:bəʊ'di:zl] n turbodiésel m.

turbulence ['tɜ:bjʊləns] n (U) lit & fig turbulencia f.

turbulent ['tɜ:bjʊlənt] adj lit & fig turbulento(ta).

tureen [tə'ri:n] n sopera f.

turf [tɜ:f] ⬥ n (pl -s or **turves**) **1.** [grass surface] césped m **2.** [clod] tepe m. ⬥ vt encespedar. ◆ **turf out** vt sep UK inf [person] dar la patada a, echar ; [old clothes] tirar.

turgid ['tɜ:dʒɪd] adj fml [over-solemn] ampuloso(sa).

Turk [tɜ:k] n turco m, -ca f.

turkey ['tɜ:kɪ] (pl **turkeys**) n **1.** pavo m **2.** drugs sl ▶ **cold turkey** mono m ▶ **to go cold turkey a)** [stop taking drugs] dejar las drogas de golpe **b)** [suffer withdrawal symptoms] tener el mono.

Turkey ['tɜ:kɪ] n Turquía.

Turkish ['tɜ:kɪʃ] ⬥ adj turco(ca). ⬥ n [language] turco m. ⬥ pl n [people] ▶ **the Turkish** los turcos.

Turkish delight n rahat lokum m ; dulce de una sustancia gelatinosa, cubierto de azúcar glas.

turmoil ['tɜ:mɔɪl] n confusión f, alboroto m ▶ the country was in turmoil reinaba la confusión en el país.

turn [tɜ:n] ⬥ n **1.** [in road, river] curva f **2.** [of knob, wheel] vuelta f **3.** [change] cambio m **4.** [in game] turno m ▶ **it's my turn** me toca a mí ▶ **in turn** sucesivamente, uno tras otro ▶ **to take (it in) turns (to do sthg)** turnarse (en hacer algo) **5.** [performance] número m **6.** MED ataque m ▶ **to do sb a good turn** hacerle un favor a alguien. ⬥ vt **1.** [chair, page, omelette] dar la vuelta a **2.** [knob, wheel] girar **3.** [corner] doblar **4.** [thoughts, attention] ▶ **to turn sthg to** dirigir

algo hacia **5.** [change] ▶ **to turn sthg into** convertir OR transformar algo en **6.** [cause to become] : the cold turned his fingers blue se le pusieron los dedos azules por el frío ▶ **to turn sthg inside out** volver algo del revés. ⬥ vi **1.** [car] girar ; [road] torcer ; [person] volverse, darse la vuelta **2.** [wheel] dar vueltas **3.** [turn page over] ▶ **turn to page two** pasen a la página dos **4.** [thoughts, attention] ▶ **to turn to** dirigirse hacia **5.** [seek consolation] ▶ **to turn to sb/sthg** buscar consuelo en alguien/algo / she has nobody to turn to no tiene a quien acudir **6.** [change] ▶ **to turn into** convertirse OR transformarse en **7.** [become] : it turned black se volvió negro **8.** [go sour] cortarse. ◆ **turn around** vt sep = turn round. ◆ **turn away** vt sep [refuse entry to] no dejar entrar. ◆ **turn back** vt sep [person, vehicle] hacer volver. ⬥ vi volver, volverse. ◆ **turn down** vt sep **1.** [offer, person] rechazar **2.** [volume, heating] bajar. ◆ **turn in** vi inf [go to bed] irse a dormir. ◆ **turn off** ⬥ vt insep [road, path] desviarse de. ⬥ vt sep [radio, heater] apagar ; [engine] parar ; [gas, tap] cerrar. ⬥ vi [leave road] desviarse. ◆ **turn on** ⬥ vt sep **1.** [radio, TV, engine] encender ; [gas, tap] abrir **2.** inf [excite sexually] poner cachondo(da). ⬥ vt insep [attack] atacar. ◆ **turn out** ⬥ vt sep **1.** [extinguish] apagar **2.** [empty - pockets, bag] vaciar. ⬥ vt insep ▶ **to turn out to be** resultar ser. ⬥ vi **1.** [end up] salir **2.** [arrive] ▶ **to turn out (for)** venir OR presentarse (a). ◆ **turn over** ⬥ vt sep **1.** [turn upside down] dar la vuelta a ; [page] volver **2.** [consider] darle vueltas a **3.** UK RADIO & TV cambiar **4.** [hand over] ▶ **to turn sthg/sb over (to)** entregar algo/a alguien (a). ⬥ vi [roll over] darse la vuelta. ◆ **turn round, turn around** ⬥ vt sep **1.** [gen] dar la vuelta a **2.** [knob, key] hacer girar. ⬥ vi [person] darse la vuelta, volverse. ◆ **turn up** ⬥ vt sep [volume, heating] subir. ⬥ vi inf aparecer.

turned [tɜ:nd] adj [milk] costado(da).

turning ['tɜ:nɪŋ] n [in road] bocacalle f.

turning point n momento m decisivo.

turnip ['tɜ:nɪp] n nabo m.

turnout ['tɜ:naʊt] n número m de asistentes, asistencia f.

turnover ['tɜ:n,əʊvər] n (U) **1.** [of personnel] movimiento m de personal **2.** UK FIN volumen m de ventas, facturación f.

turnpike ['tɜ:npaɪk] n US autopista f de peaje.

turnstile ['tɜ:nstaɪl] n torniquete m.

turntable ['tɜ:n,teɪbl] n plato m giratorio.

turn-up n UK [on trousers] vuelta f ▶ **a turn-up for the books** inf una auténtica sorpresa.

turpentine ['tɜ:pəntaɪn] n trementina f.

turquoise ['tɜ:kwɔɪz] ⬥ adj turquesa. ⬥ n [mineral, gem] turquesa f.

turret ['tʌrɪt] n torreta f, torrecilla f.

turtle ['tɜ:tl] (pl inv or -s) n tortuga f (marina).

turtleneck ['tɜ:tlnek] n cuello m (de) cisne.

turves [tɜ:vz] **UK** pl n ⟶ **turf**.

tusk [tʌsk] n colmillo m.

tussle ['tʌsl] ❖ n lucha f, pelea f. ❖ vi ▶ **to tussle (over)** pelearse (por).

tutor ['tju:tər] n **1.** [private] profesor particular m, profesora particular f, tutor m, -ra f **2.** UNIV profesor universitario m, profesora universitaria f (de un grupo pequeño).

tutorial [tju:'tɔ:rɪəl] n tutoría f, clase f con grupo reducido.

tuxedo [tʌk'si:dəʊ] (pl -s) n esmoquin m.

TV (abbr of television) ❖ n televisión f ▶ **on TV** en la televisión. ❖ comp de televisión.

TV movie n telefilm m.

twang [twæŋ] n **1.** [of guitar] tañido m; [of string, elastic] sonido m vibrante **2.** [accent] gangueo m, acento m nasal.

tweed [twi:d] n tweed m.

tweenage ['twi:neɪdʒ] adj inf preadolescente.

tweeps [twi:ps] pl n inf: my tweeps mis seguidores mpl en Twitter®.

Tweet® [twi:t] n tuit m.

tweet [twi:t] ❖ vi inf piar, hacer pío pío. ❖ vt INTERNET tuitear.

tweezers ['twi:zəz] pl n pinzas fpl.

twelfth [twelfθ] num duodécimo(ma). See also **sixth**.

twelve [twelv] num doce. See also **six**.

twentieth ['twentɪəθ] num vigésimo(ma). See also **sixth**.

twenty ['twentɪ] num veinte. See also **sixty**.

twenty-four/seven adv inf las veinticuatro horas del día.

twenty-one [twentɪ'wʌn] n US [game] veintiuna f.

twice [twaɪs] num adv dos veces ▶ **twice a week** dos veces por semana ▶ **it costs twice as much** cuesta el doble ▶ **twice as big** el doble de grande / he's twice her age la dobla en edad / think twice piénsalo dos veces.

twiddle ['twɪdl] ❖ vt dar vueltas a / to twiddle one's thumbs fig holgazanear. ❖ vi ▶ **to twiddle with** juguetear con.

twig [twɪg] n ramita f.

twilight ['twaɪlaɪt] n crepúsculo m.

twin [twɪn] ❖ adj gemelo(la) ▶ **twin pack** pack m doble. ❖ n gemelo m, -la f.

twin-bedded [-'bedɪd] adj de dos camas.

twine [twaɪn] ❖ n (U) bramante m. ❖ vt ▶ **to twine sthg round sthg** enrollar algo en algo.

twinge [twɪndʒ] n [of pain] punzada f; [of guilt] remordimiento m.

twinkle ['twɪŋkl] vi **1.** [star] centellear, parpadear **2.** [eyes] brillar.

twin room n habitación f con dos camas.

twin town n ciudad f hermanada.

twirl [twɜ:l] ❖ vt dar vueltas a. ❖ vi dar vueltas rápidamente.

twist [twɪst] ❖ n **1.** [in road] vuelta f, recodo m; [in river] meandro m **2.** [of head, lid, knob] giro m **3.** [shape] espiral f **4.** fig [in plot] giro m imprevisto. ❖ vt **1.** [cloth, rope] retorcer; [hair] enroscar **2.** [face etc] torcer **3.** [dial, lid] dar vueltas a; [head] volver **4.** [ankle, knee etc] torcerse **5.** [misquote] tergiversar. ❖ vi **1.** [person] retorcerse; [road, river] serpentear **2.** [face] contorsionarse; [frame, rail] torcerse **3.** [turn - head, hand] volverse.

twit [twɪt] n UK inf imbécil mf.

twitch [twɪtʃ] ❖ n contorsión f ▶ **nervous twitch** tic m (nervioso). ❖ vi contorsionarse.

twitter ['twɪtər] vi **1.** [bird] gorjear **2.** pej [person] parlotear, cotorrear.

two [tu:] num dos ▶ **to break in two** partirse en dos / to do sthg in twos hacer algo en pares / to put two and two together atar cabos. See also **six**.

two-door adj [car] de dos puertas.

twofaced [,tu:'feɪst] adj pej hipócrita.

twofold ['tu:fəʊld] ❖ adj doble / a twofold increase un incremento del doble. ❖ adv ▶ **to increase twofold** duplicarse.

two-piece adj [suit] de dos piezas.

twosome ['tu:səm] n inf pareja f.

two-way adj [traffic] en ambas direcciones; [agreement, cooperation] mutuo(tua).

two-way street n calle f de doble sentido.

tycoon [taɪ'ku:n] n magnate m / an oil tycoon un magnate del petróleo.

type [taɪp] ❖ n **1.** [gen] tipo m **2.** (U) TYPO tipo m, letra f ▶ **in bold/italic type** en negrita/cursiva. ❖ vt **1.** [on typewriter] escribir a máquina, mecanografiar **2.** [on computer] escribir en el ordenador ▶ **to type sthg into sthg** entrar algo en algo. ❖ vi escribir a máquina.

typecast ['taɪpkɑ:st] (pt & pp typecast) vt ▶ **to typecast sb (as)** encasillar a alguien (como).

typeface ['taɪpfeɪs] n tipo m, letra f.

typescript ['taɪpskrɪpt] n copia f mecanografiada.

typeset ['taɪpset] (pt & pp typeset) vt componer.

typewriter ['taɪp,raɪtər] n máquina f de escribir.

typhoid (fever) ['taɪfɔɪd-] n fiebre f tifoidea.

typhoon [taɪ'fu:n] n tifón m.

typical ['tɪpɪkl] adj ▶ **typical (of)** típico(ca) (de).

typing ['taɪpɪŋ] n mecanografía f.

typist ['taɪpɪst] n mecanógrafo m, -fa f.

typography [taɪˈpɒɡrəfɪ] n [process, job] tipografía f.

tyranny [ˈtɪrənɪ] n tiranía f.

tyrant [ˈtaɪrənt] n tirano m, -na f.

tyre UK, **tire** US [ˈtaɪəʳ] n neumático m, llanta f AM.

tyre pressure n presión f de los neumáticos.

u (pl **u's** or **us**), **U** (pl **U's** or **Us**) [juː] n [letter] u f, U f.

U-bend n sifón m.

UCAS [ˈjuːkæs] (abbr of **Universities and Colleges Admissions Service**) n UK UNIV & SCH organización que coordina las admisiones y matrículas en las universidades británicas.

udder [ˈʌdəʳ] n ubre f.

UFO (abbr of **unidentified flying object**) n OVNI m.

Uganda [juːˈɡændə] n Uganda.

ugh [ʌɡ] excl ¡puf!

ugly [ˈʌɡlɪ] adj **1.** [unattractive] feo(a) **2.** fig [unpleasant] desagradable.

UHF (abbr of **ultra-high frequency**) UHF.

UK (abbr of **United Kingdom**) n RU m ▸ the **UK** el Reino Unido.

Ukraine [juːˈkreɪn] n ▸ the **Ukraine** Ucrania.

ulcer [ˈʌlsəʳ] n úlcera f.

ulcerated [ˈʌlsəreɪtɪd] adj ulceroso(sa).

Ulster [ˈʌlstəʳ] n (el) Úlster.

ulterior [ʌlˈtɪərɪəʳ] adj ▸ **ulterior motive** motivo m oculto.

ultimata [ˌʌltɪˈmeɪtə] pl n ⟶ **ultimatum**.

ultimate [ˈʌltɪmət] ◇ adj **1.** [final, long-term] final, definitivo(va) **2.** [most powerful] máximo(ma). ◇ n ▸ the **ultimate in** el colmo de.

ultimately [ˈʌltɪmətlɪ] adv finalmente, a la larga.

ultimatum [ˌʌltɪˈmeɪtəm] (pl **-s** or **-ta**) n ultimátum m / to issue an ultimatum to sb dar un ultimátum a alguien.

ultramodern [ˌʌltrəˈmɒdən] adj ultramoderno(na).

ultrasound [ˈʌltrəsaʊnd] n ultrasonido m.

ultraviolet [ˌʌltrəˈvaɪələt] adj ultravioleta.

umbilical cord [ʌmˈbɪlɪkl-] n cordón m umbilical.

umbrella [ʌmˈbrelə] ◇ n **1.** [for rain] paraguas m inv **2.** [on beach] parasol m **3.** : under the umbrella of fig bajo la protección de. ◇ adj que engloba a otros (otras).

umpire [ˈʌmpaɪəʳ] n árbitro m.

umpteen [ˌʌmpˈtiːn] num adj inf : umpteen times la tira de veces.

umpteenth [ˌʌmpˈtiːnθ] num adj inf enésimo(ma) ▸ for the umpteenth time por enésima vez.

UN (abbr of **United Nations**) n ▸ the **UN** la ONU.

unabated [ˌʌnəˈbeɪtɪd] adj incesante / to continue unabated continuar sin cesar.

unable [ʌnˈeɪbl] adj ▸ to be unable to do sthg no poder hacer algo.

unacceptable [ˌʌnəkˈseptəbl] adj inaceptable.

unaccompanied [ˌʌnəˈkʌmpənɪd] adj **1.** [child] que no va acompañado(da) ; [luggage] desatendido(da) **2.** [song] sin acompañamiento.

unaccountably [ˌʌnəˈkaʊntəblɪ] adv inexplicablemente.

unaccounted [ˌʌnəˈkaʊntɪd] adj ▸ **12 people are unaccounted for** hay 12 personas aún sin localizar.

unaccustomed [ˌʌnəˈkʌstəmd] adj [unused] ▸ to be unaccustomed to no estar acostumbrado(da) a.

unadulterated [ˌʌnəˈdʌltəreɪtɪd] adj **1.** [unspoilt] sin adulterar **2.** [absolute] completo(ta), absoluto(ta).

unanimous [juːˈnænɪməs] adj unánime.

unanimously [juːˈnænɪməslɪ] adv unánimemente.

unanswered [ˌʌnˈɑːnsəd] adj sin contestar.

unappetizing, unappetising [ˌʌnˈæpɪtaɪzɪŋ] adj poco apetitoso(sa).

unarmed [ˌʌnˈɑːmd] adj desarmado(da).

unarmed combat n lucha f OR combate m a brazo partido.

unashamed [ˌʌnəˈʃeɪmd] adj descarado(da).

unassuming [ˌʌnəˈsjuːmɪŋ] adj sin pretensiones.

unattached [ˌʌnəˈtætʃt] adj **1.** [not fastened, linked] independiente ▸ **unattached to** que no está ligado a **2.** [without partner] libre, sin compromiso.

unattainable [ˌʌnəˈteɪnəbl] adj inalcanzable, inasequible.

unattended [ˌʌnəˈtendɪd] adj desatendido(da) / to leave sthg unattended dejar algo desatendido.

unattractive [ˌʌnəˈtræktɪv] adj poco atractivo(va).

unauthorized, unauthorised [ˌʌnˈɔːθəraɪzd] adj **1.** [person] no autorizado(da) **2.** [trade etc] ilícito(ta), ilegal.

unavailable [ˌʌnəˈveɪləbl] adj : to be unavailable no estar disponible / he was unavailable for comment no quiso hacer ningún comentario.

unavoidable [ˌʌnə'vɔɪdəbl] adj inevitable, ineludible / *unavoidable delays* retrasos inevitables.

unaware [ˌʌnə'weər] adj inconsciente ▸ **to be unaware of** no ser consciente de.

unawares [ˌʌnə'weəz] adv ▸ **to catch** or **take sb unawares** coger a alguien desprevenido(da).

unbalanced [ˌʌn'bælənst] adj desequilibrado(da).

unbearable [ʌn'beərəbl] adj insoportable, inaguantable.

unbeatable [ˌʌn'bi:təbl] adj [gen] insuperable; [prices, value] inmejorable.

unbeknown(st) [ˌʌnbɪ'nəʊn(st)] adv ▸ **unbeknown(st) to** sin conocimiento de.

unbelievable [ˌʌnbɪ'li:vəbl] adj increíble.

unbending [ˌʌn'bendɪŋ] adj resoluto(ta).

unbias(s)ed [ˌʌn'baɪəst] adj imparcial.

unblock [ˌʌn'blɒk] vt [pipe] desobstruir, desatascar; [road, tunnel] desbloquear, abrir.

unborn [ˌʌn'bɔ:n] adj [child] no nacido(da) aún.

unbreakable [ˌʌn'breɪkəbl] adj irrompible.

unbridled [ˌʌn'braɪdld] adj desmesurado(da), desenfrenado(da).

unbroken [ʌn'brəʊkən] adj **1.** [whole] intacto(ta) **2.** [uninterrupted] continuo(nua) **3.** [record] imbatido(da).

unbutton [ˌʌn'bʌtn] vt desabrochar.

uncalled-for [ˌʌn'kɔ:ld-] adj injusto(ta), inmerecido(da).

uncanny [ʌn'kæni] adj extraño(ña).

unceasing [ˌʌn'si:sɪŋ] adj fml incesante.

unceremonious ['ʌnˌserɪ'məʊnjəs] adj [curt] brusco(ca).

uncertain [ʌn'sɜ:tn] adj [gen] incierto(ta); [undecided, hesitant] indeciso(sa) / *it's uncertain whether they will accept the proposals* no se sabe si aceptarán las propuestas ▸ **in no uncertain terms** de forma vehemente.

uncertainty [ʌn'sɜ:tənti] n incertidumbre f.

unchanged [ˌʌn'tʃeɪndʒd] adj sin alterar.

uncheck [ʌn'tʃek] vt [box] desmarcar.

unchecked [ˌʌn'tʃekt] ❖ adj [unrestrained] desenfrenado(da). ❖ adv [unrestrained] libremente, sin restricciones.

uncivilized, uncivilised [ˌʌn'sɪvɪlaɪzd] adj [society] incivilizado(da); [person] inculto(ta).

uncle ['ʌŋkl] n tío m.

unclear [ˌʌn'klɪər] adj poco claro(ra) ▸ **to be unclear about sthg** no tener claro algo.

uncomfortable [ˌʌn'kʌmftəbl] adj **1.** [gen] incómodo(da) **2.** fig [fact, truth] inquietante, desagradable.

uncommon [ʌn'kɒmən] adj [rare] poco común, raro(ra).

uncompromising [ˌʌn'kɒmprəmaɪzɪŋ] adj inflexible, intransigente.

unconcerned [ˌʌnkən'sɜ:nd] adj [not anxious] indiferente.

unconditional [ˌʌnkən'dɪʃənl] adj incondicional.

unconnected [ˌʌnkə'nektɪd] adj inconexo(xa), sin relación.

unconscious [ʌn'kɒnʃəs] ❖ adj inconsciente ▸ **to be unconscious of sthg** ser inconsciente de or ignorar algo / *he was knocked unconscious by a falling brick* un ladrillo que caía lo dejó inconsciente. ❖ n inconsciente m.

unconsciously [ʌn'kɒnʃəsli] adv inconscientemente.

unconstitutional ['ʌnˌkɒnstɪ'tju:ʃənl] adj inconstitucional.

uncontrollable [ˌʌnkən'trəʊləbl] adj [gen] incontrolable; [desire, hatred] irrefrenable; [laughter] incontenible.

unconventional [ˌʌnkən'venʃənl] adj poco convencional.

unconvinced [ˌʌnkən'vɪnst] adj ▸ **to remain unconvinced** seguir sin convencerse.

unconvincing [ˌʌnkən'vɪnsɪŋ] adj poco convincente.

uncooperative [ˌʌnkəʊ'ɒpərətɪv] adj nada servicial, no dispuesto(ta) a ayudar.

uncouth [ʌn'ku:θ] adj grosero(ra).

uncover [ʌn'kʌvər] vt [gen] descubrir; [jar, tin etc] destapar.

undecided [ˌʌndɪ'saɪdɪd] adj **1.** [person] indeciso(sa) **2.** [issue] pendiente.

undeniable [ˌʌndɪ'naɪəbl] adj innegable.

under ['ʌndər] ❖ prep **1.** [beneath] debajo de, abajo de Am **2.** [with movement] bajo / *put it under the table* ponlo debajo de or bajo la mesa / *they walked under the bridge* pasaron bajo or por debajo del puente **3.** [subject to, undergoing, controlled by] bajo ▸ **under the circumstances** dadas las circunstancias ▸ **under discussion** en proceso de discusión / *he has 20 men under him* tiene 20 hombres a su cargo **4.** [less than] menos de / *children under the age of 14* niños menores de 14 años **5.** [according to] según **6.** [in headings, classifications]: *he filed it under 'D'* lo archivó en la 'D' **7.** [name, title]: *under an alias* bajo nombre supuesto. ❖ adv **1.** [gen] debajo ▸ **to go under** [business] irse a pique **2.** [less]: *children of 12 years and under* niños menores de 13 años / *£5 or under* cinco libras o menos **3.** [under water] bajo el agua.

underage [ˌʌndər'eɪdʒ] adj [person] menor de edad; [sex, drinking] en menores de edad.

undercarriage ['ʌndəˌkærɪdʒ] n tren m de aterrizaje.

undercharge [ˌʌndə'tʃɑːdʒ] vt cobrar menos del precio estipulado a.

underclothes ['ʌndəkləʊðz] pl n ropa f interior.

undercoat ['ʌndəkəʊt] n [of paint] primera mano f or capa f.

undercooked [ʌndər'kʊkt] adj poco cocinado(da).

undercover ['ʌndə,kʌvər] adj secreto(ta).

undercurrent ['ʌndə,kʌrənt] n fig sentimiento m oculto.

undercut [ˌʌndə'kʌt] (pt & pp **undercut**) vt [in price] vender más barato que.

underdeveloped [ˌʌndədɪ'veləpt] adj subdesarrollado(da).

underdog ['ʌndədɒg] n ▶ **the underdog** el que lleva las de perder.

underdone [ˌʌndə'dʌn] adj poco hecho(cha).

underestimate vt [ˌʌndər'estɪmeɪt] subestimar.

underexposed [ˌʌndərɪk'spəʊzd] adj PHOT subexpuesto(ta).

underfed ['ʌndə'fed] adj desnutrido(da).

underfoot [ˌʌndə'fʊt] adv debajo de los pies / it's wet underfoot el suelo está mojado.

undergo [ˌʌndə'gəʊ] (pt **-went**, pp **-gone**) vt [pain, change, difficulties] sufrir, experimentar ; [operation, examination] someterse a.

undergraduate [ˌʌndə'grædʒʊət] n estudiante universitario no licenciado m, estudiante universitaria no licenciada f.

underground ⟵⟶ adj ['ʌndəgraʊnd] **1.** [below the ground] subterráneo(a) **2.** fig [secret, illegal] clandestino(na). ⟵⟶ adv [ˌʌndə'graʊnd] ▶ **to go underground** pasar a la clandestinidad. ⟵⟶ n ['ʌndəgraʊnd] **1.** [UK] [railway system] metro m, subte(rráneo) m [RP] **2.** [activist movement] movimiento m clandestino.

undergrowth ['ʌndəgrəʊθ] n (U) maleza f.

underhand [ˌʌndə'hænd] adj turbio(bia), poco limpio(pia).

underline [ˌʌndə'laɪn] vt subrayar.

underlying [ˌʌndə'laɪɪŋ] adj subyacente.

undermine [ˌʌndə'maɪn] vt fig minar, socavar / to undermine sb's confidence /authority minar la confianza /autoridad de alguien.

underneath [ˌʌndə'niːθ] ⟵⟶ prep **1.** [beneath] debajo de **2.** [with movement] bajo. ⟵⟶ adv [under, below] debajo. ⟵⟶ adj inf inferior, de abajo. ⟵⟶ n [underside] ▶ **the underneath** la superficie inferior.

underpaid adj ['ʌndəpeɪd] mal pagado(da).

underpants ['ʌndəpænts] pl n calzoncillos mpl.

underpass ['ʌndəpɑːs] n paso m subterráneo.

underprivileged [ˌʌndə'prɪvɪlɪdʒd] adj desvalido(da), desamparado(da).

underrate [ˌʌndə'reɪt] vt subestimar, infravalorar.

underrated [ˌʌndə'reɪtɪd] adj subestimado(da), infravalorado(da).

undershirt [ˌʌndəʃɜːt] n [US] camiseta f.

underside ['ʌndəsaɪd] n ▶ **the underside** la superficie inferior.

underskirt ['ʌndəskɜːt] n enaguas fpl.

understand [ˌʌndə'stænd] (pt & pp **-stood**) ⟵⟶ vt **1.** [gen] comprender, entender / is that understood? ¿queda claro? **2.** [know all about] entender de **3.** fml [be informed] ▶ **to understand that** tener entendido que **4.** [assume] : it is understood that... se entiende que... ⟵⟶ vi comprender, entender.

understandable [ˌʌndə'stændəbl] adj comprensible.

understanding [ˌʌndə'stændɪŋ] ⟵⟶ n **1.** [knowledge] entendimiento m, comprensión f **2.** [sympathy] comprensión f mutua **3.** [informal agreement] acuerdo m / we have a little understanding tenemos un pequeño acuerdo. ⟵⟶ adj comprensivo(va).

understatement [ˌʌndə'steɪtmənt] n **1.** [inadequate statement] atenuación f / it's an understatement to say he's fat decir que es gordo es quedarse corto **2.** (U) [quality of understating] : he's a master of understatement puede quitarle importancia a cualquier cosa.

understood [ˌʌndə'stʊd] pt & pp ⟶ **understand**.

understudy ['ʌndə,stʌdɪ] n suplente mf.

undertake [ˌʌndə'teɪk] (pt **-took**, pp **-taken**) vt **1.** [task] emprender ; [responsibility, control] asumir, tomar **2.** [promise] ▶ **to undertake to do sthg** comprometerse a hacer algo.

undertaker ['ʌndə,teɪkər] n director m, -ra f de pompas fúnebres.

undertaking [ˌʌndə'teɪkɪŋ] n **1.** [task] tarea f, empresa f **2.** [promise] promesa f.

undertone ['ʌndətəʊn] n **1.** [quiet voice] voz f baja / in an undertone en voz baja **2.** [vague feeling] matiz m.

undertook [ˌʌndə'tʊk] pt ⟶ **undertake**.

underwater [ˌʌndə'wɔːtər] ⟵⟶ adj submarino(na). ⟵⟶ adv bajo el agua.

underwear ['ʌndəweər] n ropa f interior.

underwent [ˌʌndə'went] pt ⟶ **undergo**.

underworld ['ʌndə,wɜːld] n [criminal society] ▶ **the underworld** el hampa, los bajos fondos.

underwriter ['ʌndə,raɪtər] n asegurador m, -ra f.

undeserving [ˌʌndɪ'zɜːvɪŋ] adj [person] : to be undeserving of sthg no merecer algo.

undesirable [ˌʌndɪ'zaɪərəbl] adj indeseable.

undid [ˌʌn'dɪd] pt ⟶ **undo**.

undies ['ʌndɪz] pl n inf paños mpl menores.

undisclosed [ˌʌndɪs'kləʊzd] adj no revelado(da).

undiscovered [ˌʌndɪˈskʌvəd] adj no descubierto(ta) ⫽ *it remained undiscovered for years* permaneció sin descubrir durante años.

undisputed [ˌʌndɪˈspjuːtɪd] adj indiscutible.

undistinguished [ˌʌndɪˈstɪŋgwɪʃt] adj mediocre.

undo [ˌʌnˈduː] (*pt* -**did**, *pp* -**done**) vt **1.** [unfasten - knot] desatar, desanudar ; [- button, clasp] desabrochar ; [- parcel] abrir **2.** [nullify] anular, deshacer **3.** COMPUT deshacer.

undoing [ˌʌnˈduːɪŋ] n (*U*) *fml* ruina f, perdición f ⫽ *it was his undoing* fue su perdición.

undone [ˌʌnˈdʌn] ⬥ *pp* ⟶ **undo**. ⬥ adj **1.** [coat] desabrochado(da) ; [shoes] desatado(da) ⫽ *to come undone* desatarse **2.** *fml* [not done] por hacer.

undoubted [ʌnˈdaʊtɪd] adj indudable.

undoubtedly [ʌnˈdaʊtɪdlɪ] adv *fml* indudablemente, sin duda (alguna).

undress [ˌʌnˈdres] ⬥ vt desnudar. ⬥ vi desnudarse.

undue [ˌʌnˈdjuː] adj *fml* indebido(da).

undulate [ˈʌndjʊleɪt] vi *fml* ondular.

unduly [ˌʌnˈdjuːlɪ] adv *fml* indebidamente.

unearth [ˌʌnˈɜːθ] vt [dig up] desenterrar ; *fig* [discover] descubrir.

unearthly [ʌnˈɜːθlɪ] adj *inf* [hour] intempestivo(va).

unease [ʌnˈiːz] n malestar m.

uneasy [ʌnˈiːzɪ] adj **1.** [person, feeling] intranquilo(la) **2.** [peace] inseguro(ra).

uneconomic(al) [ˈʌnˌiːkəˈnɒmɪk(əl)] adj poco rentable, poco económico(ca).

uneducated [ˌʌnˈedjʊkeɪtɪd] adj ignorante, inculto(ta).

unemployed [ˌʌnɪmˈplɔɪd] ⬥ adj parado(da), desempleado(da). ⬥ pl n ⫽ **the unemployed** los parados.

unemployment [ˌʌnɪmˈplɔɪmənt] n desempleo m, paro m.

unemployment benefit UK, **unemployment compensation** US n subsidio m de desempleo OR paro.

unequal [ˌʌnˈiːkwəl] adj desigual.

unerring [ˌʌnˈɜːrɪŋ] adj infalible.

uneven [ˌʌnˈiːvn] adj **1.** [not flat - road] lleno(na) de baches ; [- land] escabroso(sa) **2.** [inconsistent, unfair] desigual.

uneventful [ˌʌnɪˈventfʊl] adj tranquilo(la), sin incidentes.

unexpected [ˌʌnɪkˈspektɪd] adj inesperado(da).

unexpectedly [ˌʌnɪkˈspektɪdlɪ] adv inesperadamente.

unexplained [ˌʌnɪkˈspleɪnd] adj inexplicado(da).

unexplored [ˌʌnɪkˈsplɔːd] adj inexplorado(da).

unfailing [ʌnˈfeɪlɪŋ] adj indefectible.

unfair [ˌʌnˈfeər] adj injusto(ta).

unfaithful [ˌʌnˈfeɪθfʊl] adj [sexually] infiel.

unfamiliar [ˌʌnfəˈmɪljər] adj **1.** [not well-known] desconocido(da) **2.** [not acquainted] ⫽ **to be unfamiliar with sthg / sb** desconocer algo/a alguien.

unfashionable [ˌʌnˈfæʃnəbl] adj [clothes, ideas] pasado(da) de moda ; [area of town] poco popular.

unfasten [ˌʌnˈfɑːsn] vt [garment, buttons] desabrochar ; [rope, tie] desatar, soltar ; [door] abrir.

unfavourable UK, **unfavorable** US [ˌʌnˈfeɪvrəbl] adj desfavorable.

unfeeling [ʌnˈfiːlɪŋ] adj insensible.

unfilled [ˌʌnˈfɪld] adj [post, vacancy] por cubrir.

unfinished [ˌʌnˈfɪnɪʃt] adj sin terminar.

unfit [ˌʌnˈfɪt] adj **1.** [injured] lesionado(da) ; [in poor shape] que no está en forma **2.** [not suitable - thing] impropio(pia) ; [- person] ⫽ **unfit to** incapaz de ⫽ **unfit for** no apto para.

unfold [ʌnˈfəʊld] ⬥ vt **1.** [open out] desplegar, desdoblar **2.** [explain] revelar. ⬥ vi [become clear] revelarse.

unforeseeable [ˌʌnfɔːˈsiːəbl] adj imprevisible.

unforeseen [ˌʌnfɔːˈsiːn] adj imprevisto(ta).

unforgettable [ˌʌnfəˈgetəbl] adj inolvidable.

unforgivable [ˌʌnfəˈgɪvəbl] adj imperdonable.

unfortunate [ʌnˈfɔːtʃnət] adj **1.** [unlucky] desgraciado(da), desdichado(da) **2.** [regrettable] inoportuno(na).

unfortunately [ʌnˈfɔːtʃnətlɪ] adv desgraciadamente, desafortunadamente.

unfounded [ˌʌnˈfaʊndɪd] adj infundado(da).

unfriend [ʌnˈfrend] vt INTERNET [in social network] ⫽ **to unfriend sb** borrar a alguien de la lista de amigos.

unfriendly [ˌʌnˈfrendlɪ] adj poco amistoso(sa).

unfulfilled [ˌʌnfʊlˈfɪld] adj **1.** [not yet realized] incumplido(da), sin realizar **2.** [unsatisfied] insatisfecho(cha).

unfurnished [ˌʌnˈfɜːnɪʃt] adj desamueblado(da).

ungainly [ʌnˈgeɪnlɪ] adj desgarbado(da).

ungodly [ʌnˈgɒdlɪ] adj *inf* [hour] intempestivo(va) ⫽ *at an ungodly hour* a una hora intempestiva.

ungrateful [ʌnˈgreɪtfʊl] adj desagradecido(da), ingrato(ta).

unhappy [ʌnˈhæpɪ] adj **1.** [sad] triste ; [wretched] desdichado(da), infeliz **2.** [uneasy] ⫽ **to be unhappy (with OR about)** estar inquieto(ta) (por) **3.** *fml* [unfortunate] desafortunado(da).

unharmed [ˌʌnˈhɑːmd] adj [person] ileso(sa) ; [thing] indemne ⫽ *he escaped unharmed* salió ileso.

unhealthy [ʌn'helθɪ] adj **1.** [in bad health] enfermizo(za) **2.** [causing bad health] insalubre **3.** fig [interest etc] morboso(sa).

unheard-of [ʌn'hɜ:d-] adj **1.** [unknown, completely absent] inaudito(ta) **2.** [unprecedented] sin precedente.

unhelpful [ʌn'helpfʊl] adj **1.** [unwilling to help] poco servicial **2.** [not useful] inútil.

unhook [ʌn'hʊk] vt **1.** [unfasten hooks of] desabrochar **2.** [remove from hook] descolgar, desenganchar.

unhurt [ʌn'hɜ:t] adj ileso(sa).

unhygienic [ʌnhaɪ'dʒi:nɪk] adj antihigiénico(ca).

unidentified flying object n objeto m volador no identificado.

unification [ˌju:nɪfɪ'keɪʃn] n unificación f.

uniform ['ju:nɪfɔ:m] ◆ adj uniforme, constante. ◆ n uniforme m.

unify ['ju:nɪfaɪ] vt unificar, unir.

unilateral [ˌju:nɪ'lætərəl] adj unilateral.

unimaginative [ˌʌnɪ'mædʒɪnətɪv] adj poco imaginativo(va).

unimportant [ˌʌnɪm'pɔ:tənt] adj sin importancia, insignificante.

uninhabited [ˌʌnɪn'hæbɪtɪd] adj deshabitado(da).

uninhibited [ˌʌnɪn'hɪbɪtɪd] adj desinhibido(da).

uninjured [ˌʌn'ɪndʒəd] adj ileso(sa).

uninspiring [ˌʌnɪn'spaɪrɪŋ] adj nada inspirador(ra).

uninstall [ˌʌnɪn'stɔ:l] vt desinstalar.

unintelligent [ˌʌnɪn'telɪdʒənt] adj poco inteligente.

unintelligible [ˌʌnɪn'telɪdʒəbəl] adj ininteligible, incomprensible.

unintended [ˌʌnɪn'tendɪd] adj involuntario(ria).

unintentional [ˌʌnɪn'tenʃənl] adj involuntario(ria).

uninterested [ˌʌn'ɪntrəstɪd] adj no interesado(da).

uninteresting [ˌʌn'ɪntrɪstɪŋ] adj poco interesante.

uninterrupted ['ʌnˌɪntə'rʌptɪd] adj ininterrumpido(da) **/** to continue uninterrupted continuar sin interrupción.

union ['ju:njən] ◆ n **1.** [trade union] sindicato m **2.** [alliance] unión f, alianza f. ◆ comp sindical.

Union Jack n ▶ **the Union Jack** la bandera del Reino Unido.

unique [ju:'ni:k] adj **1.** [gen] único(ca) **2.** fml [peculiar, exclusive] ▶ **unique to** peculiar de.

unison ['ju:nɪzn] n unísono m.

unit ['ju:nɪt] n **1.** [gen] unidad f **2.** [piece of furniture] módulo m, elemento m.

unite [ju:'naɪt] ◆ vt [gen] unir; [country] unificar. ◆ vi unirse, juntarse.

united [ju:'naɪtɪd] adj unido(da).

United Kingdom n ▶ **the United Kingdom** el Reino Unido.

United Nations n ▶ **the United Nations** las Naciones Unidas.

United States n ▶ **the United States (of America)** los Estados Unidos (de América).

unit trust n UK fondo m de inversión mobiliaria.

unity ['ju:nətɪ] n (U) unidad f, unión f.

universal [ˌju:nɪ'vɜ:sl] adj universal.

universe ['ju:nɪvɜ:s] n ▶ **the universe** el universo.

university [ˌju:nɪ'vɜ:sətɪ] ◆ n universidad f. ◆ comp universitario(ria) ▶ **university student** (estudiante) universitario m, (estudiante) universitaria f.

unjust [ˌʌn'dʒʌst] adj injusto(ta).

unkempt [ˌʌn'kempt] adj [person] desaseado(da); [hair] despeinado(da); [clothes] descuidado(da).

unkind [ʌn'kaɪnd] adj [uncharitable] poco amable, cruel.

unknowingly [ʌn'nəʊɪŋlɪ] adv inconscientemente, inadvertidamente.

unknown [ʌn'nəʊn] adj desconocido(da) **/** unknown to him sin que él lo supiera.

unlawful [ˌʌn'lɔ:fʊl] adj ilegal, ilícito(ta).

unleaded [ˌʌn'ledɪd] adj sin plomo.

unleash [ˌʌn'li:ʃ] vt liter desatar.

unless [ən'les] conj a menos que **/** unless I say so a menos que yo lo diga **/** unless I'm mistaken si no me equivoco.

unlike [ˌʌn'laɪk] prep **1.** [different from] distinto(ta) a, diferente a **2.** [differently from] a diferencia de **3.** [not typical of] poco característico(ca) de **/** that's unlike him no es propio de él.

unlikely [ʌn'laɪklɪ] adj **1.** [not probable] poco probable **/** it's unlikely that he'll come now, he's unlikely to come now ahora es poco probable que venga **/** to be highly unlikely ser muy poco probable **2.** [bizarre] inverosímil.

unlimited [ʌn'lɪmɪtɪd] adj ilimitado(da), sin límites.

unlisted [ʌn'lɪstɪd] adj US [phone number] que no figura en la guía telefónica.

unload [ˌʌn'ləʊd] vt [goods, car] descargar.

unlock [ˌʌn'lɒk] vt abrir (con llave).

unlucky [ʌn'lʌkɪ] adj **1.** [unfortunate] desgraciado(da) **/** to be unlucky tener mala suerte **2.** [number, colour etc] de la mala suerte **/** to be unlucky traer mala suerte.

unmade ['ʌnmeɪd] adj [bed] deshecho(cha), sin hacer.

unmanageable [ˌʌnˈmænɪdʒəbl] adj [vehicle, parcel] difícil de manejar ; [situation] muy difícil, incontrolable.

unmarried [ˌʌnˈmærɪd] adj que no se ha casado.

unmetered [ˌʌnˈmiːtəd] adj ilimitado(da).

unmistakable [ˌʌnmɪˈsteɪkəbl] adj inconfundible.

unmitigated [ʌnˈmɪtɪgeɪtɪd] adj absoluto(ta).

unmoved [ˌʌnˈmuːvd] adj ▸ **to be unmoved by** permanecer impasible ante.

unnatural [ʌnˈnætʃrəl] adj **1.** [unusual, strange] anormal **2.** [affected] afectado(da).

unnecessary [ʌnˈnesəsərɪ] adj innecesario(ria).

unnerving [ˌʌnˈnɜːvɪŋ] adj desconcertante.

unnoticed [ˌʌnˈnəʊtɪst] adj inadvertido(da), desapercibido(da) / **to go unnoticed** pasar desapercibido(da).

UNO (abbr of United Nations Organization) n ONU f.

unobtainable [ˌʌnəbˈteɪnəbl] adj inasequible.

unobtrusive [ˌʌnəbˈtruːsɪv] adj discreto(ta).

unoccupied [ˌʌnˈɒkjʊpaɪd] adj **1.** [place, seat] libre ; [area] despoblado(da) ; [house] deshabitado(da) **2.** [person] desocupado(da).

unofficial [ˌʌnəˈfɪʃl] adj extraoficial.

unorthodox [ˌʌnˈɔːθədɒks] adj poco ortodoxo(xa).

unpack [ˌʌnˈpæk] ❖ vt **1.** [box] desempaquetar, desembalar ; [suitcases] deshacer **2.** [clothes] sacar (de la maleta). ❖ vi deshacer las maletas.

unpaid [ˌʌnˈpeɪd] adj **1.** [person, job, leave] no retribuido(da) **2.** [not yet paid] por pagar.

unpalatable [ʌnˈpælətəbl] adj [food] incomible ; [drink] imbebible ; fig [difficult to accept] desagradable.

unparalleled [ʌnˈpærəleld] adj incomparable, sin precedente.

unpleasant [ʌnˈpleznt] adj **1.** [disagreeable] desagradable **2.** [unfriendly, rude - person] antipático(ca) ; [- remark] mezquino(na).

unplug [ʌnˈplʌg] vt desenchufar, desconectar.

unpopular [ˌʌnˈpɒpjʊlər] adj poco popular / **she was unpopular with the other girls** las otras chicas no le tenían mucho aprecio.

unprecedented [ʌnˈpresɪdəntɪd] adj sin precedentes, inaudito(ta).

unpredictable [ˌʌnprɪˈdɪktəbl] adj imprevisible.

unprepared [ˌʌnprɪˈpeəd] adj ▸ **to be unprepared (for)** no estar preparado(da) (para).

unprofessional [ˌʌnprəˈfeʃənl] adj poco profesional.

unpublished [ˌʌnˈpʌblɪʃt] adj inédito(ta), no publicado(da).

unqualified [ˌʌnˈkwɒlɪfaɪd] adj **1.** [not qualified] sin título, no cualificado(da) **2.** [total, complete] incondicional.

unquestionable [ʌnˈkwestʃənəbl] adj incuestionable, indiscutible.

unquestioning [ʌnˈkwestʃənɪŋ] adj incondicional.

unravel [ʌnˈrævl] (UK pt & pp **-led**, cont **-ling**, US pt & pp **-ed**, cont **-ing**) vt lit & fig desenmarañar.

unreal [ˌʌnˈrɪəl] adj irreal.

unrealistic [ˌʌnrɪəˈlɪstɪk] adj [person] poco realista ; [idea, plan] impracticable.

unreasonable [ʌnˈriːznəbl] adj **1.** [person, behaviour, decision] poco razonable **2.** [demand, price] excesivo(va).

unrecognizable [ˌʌnˈrekəgnaɪzəbl] adj irreconocible.

unrelated [ˌʌnrɪˈleɪtɪd] adj ▸ **to be unrelated (to)** no tener conexión (con).

unrelenting [ˌʌnrɪˈlentɪŋ] adj implacable, inexorable.

unreliable [ˌʌnrɪˈlaɪəbl] adj que no es de fiar.

unremitting [ˌʌnrɪˈmɪtɪŋ] adj incesante.

unrepentant [ˌʌnrɪˈpentənt] adj impenitente.

unrequited [ˌʌnrɪˈkwaɪtɪd] adj no correspondido(da).

unreserved [ˌʌnrɪˈzɜːvd] adj [wholehearted] incondicional, absoluto(ta).

unresolved [ˌʌnrɪˈzɒlvd] adj sin resolver, pendiente.

unrest [ˌʌnˈrest] n (U) malestar m, inquietud f.

unrivalled UK, **unrivaled** US [ʌnˈraɪvld] adj incomparable, sin par.

unroll [ˌʌnˈrəʊl] vt desenrollar.

unruly [ʌnˈruːlɪ] adj **1.** [person, behaviour] revoltoso(sa) **2.** [hair] rebelde.

unsafe [ˌʌnˈseɪf] adj [gen] inseguro(ra) ; [risky] arriesgado(da).

unsaid [ˌʌnˈsed] adj ▸ **to leave sthg unsaid** dejar algo sin decir.

unsatisfactory [ˈʌnˌsætɪsˈfæktərɪ] adj insatisfactorio(ria).

unsavoury, **unsavory** US [ˌʌnˈseɪvərɪ] adj desagradable.

unscathed [ˌʌnˈskeɪðd] adj ileso(sa).

unscrew [ˌʌnˈskruː] vt **1.** [lid, top] abrir **2.** [sign, hinge] desatornillar.

unscrupulous [ʌnˈskruːpjʊləs] adj desaprensivo(va), poco escrupuloso(sa).

unseemly [ʌnˈsiːmlɪ] adj indecoroso(sa).

unseen [ˌʌnˈsiːn] adj [person, escape] inadvertido(da).

unselfish [ˌʌnˈselfɪʃ] adj altruista.

unsettle [ˌʌnˈsetl] vt perturbar.

unsettled [ˌʌnˈsetld] adj **1.** [person] nervioso(sa), intranquilo(la) **2.** [weather] variable **3.** [argument, matter, debt] pendiente **4.** [situation] inestable.

unshak(e)able [ʌnˈʃeɪkəbl] adj inquebrantable.

unshaven [ˌʌnˈʃeɪvn] adj sin afeitar.

unsightly [ʌnˈsaɪtlɪ] adj [building] feo (a) ; [scar, bruise] desagradable.

unskilled [ʌnˈskɪld] adj [person] no cualificado(da) ; [work] no especializado(da).

unsociable [ʌnˈsəʊʃəbl] adj poco sociable.

unsocial [ˌʌnˈsəʊʃl] adj ▸ **to work unsocial hours** trabajar a horas intempestivas.

unsophisticated [ˌʌnsəˈfɪstɪkeɪtɪd] adj **1.** [person] ingenuo(nua) **2.** [method, device] rudimentario(ria).

unsound [ˌʌnˈsaʊnd] adj **1.** [conclusion, method] erróneo(a) **2.** [building, structure] defectuoso(sa).

unspeakable [ʌnˈspiːkəbl] adj [crime] incalificable ; [pain] indecible.

unspent [ʌnˈspent] ◆ adj no gastado(da). ◆ adv : *the money went unspent* el dinero no se gastó.

unstable [ʌnˈsteɪbl] adj inestable.

unsteady [ʌnˈstedɪ] adj [gen] inestable ; [hands, voice] tembloroso(sa) ; [footsteps] vacilante.

unstoppable [ʌnˈstɒpəbl] adj irrefrenable.

unstuck [ʌnˈstʌk] adj ▸ **to come unstuck a)** [notice, stamp, label] despegarse, desprenderse **b)** *fig* [plan, system, person] fracasar.

unsubscribe [ˌʌnsəbˈskraɪb] vi : *to unsubscribe (from sth)* cancelar la suscripción (de algo).

unsuccessful [ˌʌnsəkˈsesfʊl] adj [person] fracasado(da) ; [attempt, meeting] infructuoso(sa) / *to be unsuccessful* [person] no tener éxito.

unsuccessfully [ˌʌnsəkˈsesfʊlɪ] adv sin éxito, en vano.

unsuitable [ʌnˈsuːtəbl] adj inadecuado(da), inapropiado(da) ▸ **he is unsuitable for the job** no es la persona indicada para el trabajo ▸ **I'm afraid 3 o'clock would be unsuitable** lo siento, pero no me va bien a las 3.

unsuited [ʌnˈsuːtɪd] adj **1.** [not appropriate] ▸ **to be unsuited to** OR **for** ser inepto(ta) para **2.** [not compatible] ▸ **to be unsuited (to each other)** ser incompatibles (uno con el otro).

unsupervised [ʌnˈsuːpəvaɪzd] adj sin supervisar ▸ 'unsupervised minors not admitted' 'no se admiten menores sin la supervisión de un adulto'.

unsure [ˌʌnˈʃɔːr] adj **1.** [not confident] ▸ **to be unsure of o.s.** sentirse inseguro(ra) **2.** [not certain] ▸ **to be unsure (about** OR **of)** no estar muy seguro (de).

unsuspecting [ˌʌnsəˈspektɪŋ] adj desprevenido(da), confiado(da).

unsustainable [ˌʌnsəˈsteɪnəbl] adj insostenible.

unsympathetic [ˈʌnˌsɪmpəˈθetɪk] adj ▸ **unsympathetic to** indiferente a.

untangle [ˌʌnˈtæŋgl] vt desenmarañar.

untapped [ˌʌnˈtæpt] adj sin explotar.

untenable [ˌʌnˈtenəbl] adj insostenible.

unthinkable [ʌnˈθɪŋkəbl] adj impensable, inconcebible.

untidy [ʌnˈtaɪdɪ] adj [room, desk] desordenado(da) ; [person, appearance] desaliñado(da).

untie [ˌʌnˈtaɪ] (cont **untying**) vt desatar.

until [ənˈtɪl] ◆ prep hasta ▸ **until now/then** hasta ahora/entonces. ◆ conj **1.** [gen] hasta que / *wait until everybody is there* espera a que haya llegado todo el mundo **2.** *(after neg)* : *don't leave until you've finished* no te vayas hasta que hayas terminado.

untimely [ʌnˈtaɪmlɪ] adj **1.** [premature] prematuro(ra) **2.** [inappropriate] inoportuno(na).

untold [ʌnˈtəʊld] adj [incalculable, vast] incalculable ; [suffering, joy] indecible.

untoward [ˌʌntəˈwɔːd] adj [event] adverso(sa) ; [behaviour] fuera de lugar.

untrue [ˌʌnˈtruː] adj [not true] falso(sa).

untruthful [ʌnˈtruːθfʊl] adj falso(sa), mentiroso(sa).

unused adj **1.** [ˌʌnˈjuːzd] [not previously used] nuevo(va), sin usar **2.** [ʌnˈjuːst] [unaccustomed] ▸ **to be unused to sth /to doing sth** no estar acostumbrado(da) a algo /a hacer algo.

unusual [ʌnˈjuːʒl] adj [rare] insólito(ta), poco común.

unusually [ʌnˈjuːʒəlɪ] adv **1.** [exceptionally] extraordinariamente / *the exam was unusually difficult* el examen fue extraordinariamente difícil **2.** [surprisingly] sorprendentemente.

unveil [ˌʌnˈveɪl] vt **1.** [statue, plaque] descubrir **2.** *fig* [plans, policy] revelar.

unwanted [ʌnˈwɒntɪd] adj [clothes, furniture] superfluo(flua) ; [child, pregnancy] no deseado(da).

unwarranted [ʌnˈwɒrəntɪd] adj injustificado(da).

unwavering [ʌnˈweɪvərɪŋ] adj [determination, feeling] firme, inquebrantable ; [concentration] constante ; [gaze] fijo(ja).

unwelcome [ʌnˈwelkəm] adj inoportuno(na).

unwell [ˌʌnˈwel] adj ▸ **to be /feel unwell** estar /sentirse mal.

unwieldy [ʌnˈwiːldɪ] adj **1.** [object] abultado(da) ; [tool] poco manejable **2.** *fig* [system, organization] poco eficiente.

unwilling [ˌʌnˈwɪlɪŋ] adj ▸ **to be unwilling to do sth** no estar dispuesto a hacer algo.

unwind [ˌʌnˈwaɪnd] (pt & pp **unwound**) ◆ vt desenrollar. ◆ vi *fig* [person] relajarse.

unwise [ˌʌnˈwaɪz] adj imprudente.

unwitting [ʌnˈwɪtɪŋ] adj *fml* inconsciente.

unworkable [ˌʌn'wɜ:kəbl] adj impracticable.

unworthy [ʌn'wɜ:ði] adj [undeserving] ▸ **to be unworthy of** no ser digno(na) de.

unwound [ˌʌn'waund] pt & pp → **unwind**.

unwrap [ˌʌn'ræp] vt [present] desenvolver ; [parcel] desempaquetar.

unwritten law [ˌʌn'rɪtn-] n ley f no escrita.

unzip [ˌʌn'zɪp] (pt & pp **-ped**, cont **-ping**) vt abrir la cremallera de.

up [ʌp] ◆ adv **1.** [towards a higher position] hacia arriba ; [in a higher position] arriba ▸ **to throw sthg up** lanzar algo hacia arriba / **she's up in her room** está arriba en su cuarto / **we'll be up in just a moment** subiremos en un minuto / **we walked up to the top** subimos hasta arriba del todo / **put it up there** ponlo ahí arriba **2.** [northwards] : **I'm going up to York next week** voy a subir a York la semana próxima ▸ **up north** en el norte **3.** [along a road or river] adelante / **their house is 100 metres further up** su casa está 100 metros más adelante. ◆ prep **1.** [towards a higher position] : **we went up the mountain** subimos por la montaña / **let's go up this road** vamos por esta carretera / **I went up the stairs** subí las escaleras **2.** [in a higher position] en lo alto de / **up a tree** en un árbol **3.** [at far end of] al final de / **they live up the road from us** viven más adelante en nuestra misma calle **4.** [against current of river] : **up the Amazon** Amazonas arriba. ◆ adj **1.** [out of bed] levantado(da) / **I was up at six today** hoy me levanté a las seis **2.** [at an end] terminado(da) **3.** inf [wrong] : **is something up?** ¿pasa algo?, ¿algo va mal? ▸ **what's up?** ¿qué pasa? ◆ n ▸ **ups and downs** altibajos mpl.
◆ **up and down** ◆ adv : **to jump up and down** saltar para arriba y para abajo / **to walk up and down** andar para un lado y para otro. ◆ prep : **we walked up and down the avenue** estuvimos caminando arriba y abajo de la avenida.
◆ **up to** prep **1.** [indicating level] hasta / **it could take up to six weeks** podría tardar hasta seis semanas / **it's not up to standard** no tiene el nivel necesario **2.** [well or able enough for] ▸ **to be up to doing sthg** sentirse con fuerzas (como) para hacer algo / **my French isn't up to much** mi francés no es gran cosa **3.** inf [secretly doing something] : **what are you up to?** ¿qué andas tramando? **4.** [indicating responsibility] : **it's not up to me to decide** no depende de mí el decidir.
◆ **up until** prep hasta.

up-and-coming adj prometedor(ra).

upbringing ['ʌp,brɪŋɪŋ] n educación f.

upcoming ['ʌp,kʌmɪŋ] adj [event] próximo(ma) ; [book, film] de próxima aparición ▸ **'upcoming attractions'** 'próximamente'.

update [ˌʌp'deɪt] vt actualizar.

upgrade [ˌʌp'greɪd] ◆ vt [job, status] ascender, subir de categoría ; [facilities] implementar mejoras a ; COMPUT actualizar. ◆ vi implementar mejoras.

upheaval [ʌp'hi:vl] n trastorno m, agitación f.

upheld [ʌp'held] pt & pp → **uphold**.

uphill [ˌʌp'hɪl] ◆ adj [rising] empinado(da), cuesta arriba ; fig [difficult] arduo(dua), difícil. ◆ adv cuesta arriba.

uphold [ʌp'həuld] (pt & pp **-held**) vt sostener, apoyar.

upholstery [ʌp'həulstərɪ] n tapicería f.

upkeep ['ʌpki:p] n mantenimiento m.

uplifting [ʌp'lɪftɪŋ] adj inspirador(ra).

upload ['ʌpləud] ◆ n COMPUT carga f, subida f inf. ◆ vt COMPUT cargar, subir inf, colgar inf. ◆ vi COMPUT cargarse.

up-market adj de clase superior.

upon [ə'pɒn] prep fml en, sobre ▸ **upon entering the room** al entrar en el cuarto ▸ **question upon question** pregunta tras pregunta ▸ **summer is upon us** ya tenemos el verano encima.

upper ['ʌpər] ◆ adj superior. ◆ n [of shoe] pala f.

upper class n ▸ **the upper class** la clase alta.
◆ **upper-class** adj de clase alta.

upper hand n ▸ **to have / gain the upper hand (in)** llevar/empezar a llevar la ventaja (en).

uppermost ['ʌpəməust] adj **1.** [highest] más alto(ta) **2.** [most important] ▸ **to be uppermost in one's mind** ser lo más importante para uno.

upright ['ʌpraɪt] ◆ adj **1.** [erect - person, chair] derecho(cha) **2.** [standing vertically - object] vertical **3.** fig [honest] recto(ta), honrado(da). ◆ adv erguidamente. ◆ n poste m.

uprising ['ʌp,raɪzɪŋ] n sublevación f.

uproar ['ʌprɔ:r] n **1.** (U) [commotion] alboroto m **2.** [protest] escándalo m.

uproot [ʌp'ru:t] vt **1.** [person] desplazar, mudar **2.** BOT [plant] desarraigar.

upset [ʌp'set] ◆ adj **1.** [distressed] disgustado(da) / **to get upset** disgustarse **2.** MED ▸ **to have an upset stomach** sentirse mal del estómago. ◆ n ▸ **to have a stomach upset** sentirse mal del estómago. ◆ vt (pt & pp **upset**) **1.** [distress] disgustar, perturbar **2.** [mess up] dar al traste con **3.** [overturn, knock over] volcar.

upshot ['ʌpʃɒt] n resultado m.

upside down [ˌʌpsaɪd-] ◆ adj al revés. ◆ adv al revés ▸ **to turn sthg upside down** revolver algo, desordenar algo.

upstairs [ˌʌp'steəz] ◆ adj de arriba. ◆ adv arriba. ◆ n el piso de arriba.

upstart ['ʌpstɑ:t] n advenedizo m, -za f.

upstream [ˌʌp'stri:m] adv río arriba.

upsurge [ˈʌpsɜːdʒ] n ▶ **upsurge of** or **in** aumento m considerable de.

uptake [ˈʌpteɪk] n ▶ **to be quick on the uptake** cogerlas al vuelo ▶ **to be slow on the uptake** ser un poco torpe.

uptight [ʌpˈtaɪt] adj inf tenso(sa), nervioso(sa).

up-to-date adj **1.** [modern] moderno(na) **2.** [most recent] actual, al día **3.** [informed] ▶ **to keep up-to-date with** mantenerse al día de.

uptown [ˌʌpˈtaʊn] US ◆ adj alejado(da) del centro. ◆ adv [live, work] en las afueras ; [go] a las afueras.

upturn [ˈʌptɜːn] n ▶ **upturn (in)** mejora f (de).

upward [ˈʌpwəd] ◆ adj hacia arriba.
◆ adv US = **upwards**.

upwards [ˈʌpwədz], **upward** adv hacia arriba.
◆ **upwards of** prep más de.

uranium [jʊˈreɪnjəm] n uranio m.

Uranus [ˈjʊərənəs] n Urano m.

urban [ˈɜːbən] adj urbano(na).

urbane [ɜːˈbeɪn] adj cortés, urbano(na).

urchin [ˈɜːtʃɪn] n dated pilluelo m, -la f.

Urdu [ˈʊədu:] n urdu m.

urge [ɜːdʒ] ◆ n impulso m, deseo m ▶ **to have an urge to do sthg** desear ardientemente hacer algo. ◆ vt **1.** [try to persuade] ▶ **to urge sb to do sthg** instar a alguien a hacer algo **2.** [advocate] recomendar encarecidamente.

urgency [ˈɜːdʒənsɪ] n (U) urgencia f.

urgent [ˈɜːdʒənt] adj **1.** [pressing] urgente **2.** [desperate] apremiante.

urinal [ˌjʊəˈraɪnl] n [place] urinario m ; [vessel] orinal m.

urinate [ˈjʊərɪneɪt] vi orinar.

urine [ˈjʊərɪn] n orina f.

URL (abbr of **uniform resource locator**) n COMPUT URL m.

urn [ɜːn] n **1.** [for ashes] urna f **2.** [for tea, coffee] cilindro o barril con grifo para servir té o café en grandes cantidades.

Uruguay [ˈjʊərəgwaɪ] n Uruguay.

Uruguayan [ˌjʊərəˈgwaɪən] ◆ adj uruguayo(ya). ◆ n uruguayo m, -ya f.

us [ʌs] pers pron **1.** (direct, indirect) nos / can you see/hear us? ¿puedes vernos/oírnos? / it's us somos nosotros / he sent us a letter nos mandó una carta / she gave it to us nos lo dio **2.** (stressed, after prep, in comparisons etc.) nosotros(tras) / you can't expect us to do it no esperarás que lo hagamos NOSOTROS / with/without us con/sin nosotros / they are more wealthy than us son más ricos que nosotros / all of us todos (nosotros) / some of us algunos de nosotros.

US (abbr of **United States**) n EEUU mpl.

USA n (abbr of **United States of America**) EEUU mpl.

usage [ˈjuːzɪdʒ] n uso m.

USB n COMPUT USB m ▶ **USB key** or **pen** memoria f USB, lápiz m de memoria ▶ **USB port** puerto m USB.

use ◆ n [juːs] uso m ▶ **to be in use** usarse ▶ **to be out of use** no usarse ▶ **'out of use'** 'no funciona' ▶ **to let sb have the use of sthg** dejar a alguien usar algo ▶ **to be of/no use** ser útil/inútil ▶ **what's the use (of doing sthg)?** ¿de qué sirve (hacer algo)? ◆ aux vb [juːs] soler, acostumbrar / I used to go swimming solía or acostumbraba ir a nadar / he used to be fat antes estaba gordo. ◆ vt [juːz] **1.** [utilize, employ] usar, emplear **2.** [exploit] usar, manejar. ◆ **use up** vt sep agotar.

use-by date [ˈjuːzbaɪdeɪt] n COMM fecha f de caducidad.

used adj **1.** [juːzd] [dirty, second-hand] usado(da) **2.** [juːst] [accustomed] ▶ **to be used to** estar acostumbrado(da) a ▶ **to get used to** acostumbrarse a.

useful [ˈjuːsfʊl] adj **1.** [handy] útil **2.** [helpful -person] valioso(sa).

useless [ˈjuːslɪs] adj **1.** [gen] inútil **2.** inf [hopeless] incompetente.

user [ˈjuːzər] n usuario m, -ria f ▶ **Internet user** internauta mf.

user-friendly adj fácil de utilizar.

user ID, **user name** n COMPUT nombre m de usuario.

user profile n COMPUT perfil m de usuario.

usher [ˈʌʃər] ◆ n [at wedding] ujier m ; [at theatre, concert] acomodador m, -ra f. ◆ vt ▶ **to usher sb in** hacer pasar a alguien ▶ **to usher sb out** acompañar a alguien hasta la puerta.

usherette [ˌʌʃəˈret] n acomodadora f.

USPS (abbr of **United States Postal Service**) n servicio de correos estadounidense.

USSR (abbr of **Union of Soviet Socialist Republics**) n ▶ **the (former) USSR** la (antigua) URSS.

usual [ˈjuːʒəl] adj habitual ▶ **as usual** a) [as normal] como de costumbre b) [as often happens] como siempre.

usually [ˈjuːʒəlɪ] adv por regla general / we usually go to church on Sunday solemos ir a misa el domingo.

usurp [juːˈzɜːp] vt fml usurpar.

utensil [juːˈtensl] n utensilio m.

uterus [ˈjuːtərəs] (pl -ri or -ruses) n útero m.

utility [juːˈtɪlətɪ] n **1.** [gen] utilidad f **2.** [public service] servicio m público. ◆ **utilities** n US [service charges] empresa f de servicios públicos.

utility room n trascocina f.

utilize, **utilise** [ˈjuːtəlaɪz] vt utilizar.

utmost ['ʌtməʊst] ⋄ adj mayor, supremo(ma). ⋄ n ▸ **to do one's utmost** hacer lo imposible ▸ **to the utmost** al máximo, a más no poder.

utter ['ʌtər] ⋄ adj puro(ra), completo(ta). ⋄ vt [word] pronunciar ; [sound, cry] emitir.

utterly ['ʌtəlɪ] adv completamente.

U-turn n lit & fig giro m de 180° ▸ **to do a U-turn a)** [in car] cambiar de sentido **b)** fig dar un giro radical.

v¹ (pl **v's** or **vs**), **V** (pl **V's** or **Vs**) [vi:] n [letter] v f, V f.

v² **1.** (written abbr of verse) v **2.** (written abbr of volt) v **3.** [cross-reference] (written abbr of vide) v. **4.** abbr of versus.

vacancy ['veɪkənsɪ] n **1.** [job, position] vacante f **2.** [room available] habitación f libre ▸ **'no vacancies'** 'completo'.

vacant ['veɪkənt] adj **1.** [room, chair, toilet] libre **2.** [job, post] vacante **3.** [look, expression] distraído(da).

vacant lot n terreno m disponible.

vacate [vəˈkeɪt] vt **1.** [job, post] dejar vacante **2.** [room, seat, premises] desocupar.

vacation [vəˈkeɪʃn] ꓤꓢ ⋄ n vacaciones fpl ▸ **to be on vacation** estar de vacaciones. ⋄ vi pasar las vacaciones.

vacationer [vəˈkeɪʃənər] n ꓤꓢ ▸ **summer vacationer** veraneante mf.

vaccinate ['væksɪneɪt] vt ▸ **to vaccinate sb (against sthg)** vacunar a alguien (de or contra algo).

vaccination [ˌvæksɪˈneɪʃn] n vacunación f.

vaccine [ꓤꓗ 'væksi:n, ꓤꓢ vækˈsi:n] n vacuna f.

vacuum ['vækjʊəm] ⋄ n **1.** fig TECH vacío m **2.** [cleaner] aspiradora f. ⋄ vt pasar la aspiradora por.

vacuum cleaner n aspiradora f.

vacuum-packed adj envasado(da) al vacío.

vagina [vəˈdʒaɪnə] n vagina f.

vagrant ['veɪgrənt] n vagabundo m, -da f.

vague [veɪg] adj **1.** [imprecise] vago(ga), impreciso(sa) **2.** [person] poco claro(ra) **3.** [feeling] leve **4.** [evasive] evasivo(va) **5.** [absent-minded] distraído(da) **6.** [outline] borroso(sa).

vaguely ['veɪglɪ] adv **1.** [imprecisely] vagamente **2.** [slightly, not very] levemente.

vain [veɪn] adj **1.** pej [conceited] vanidoso(sa) **2.** [futile] vano(na). ⋄ **in vain** adv en vano.

valentine ['væləntaɪn] n **1.** [card] tarjeta que se manda el Día de los Enamorados **2.** [sweetheart] novio m, -via f.

valentine card ['væləntaɪn-] n tarjeta que se manda el Día de los Enamorados.

valet ['væleɪ, 'væleɪt] n ayuda m de cámara.

valiant ['væljənt] adj valeroso(sa).

valid ['vælɪd] adj **1.** [argument, explanation] válido(da) **2.** [ticket, driving licence] en vigor ▸ **to be valid for six months** ser válido(da) durante seis meses.

validate ['vælɪdeɪt] vt validar, dar validez a.

valley ['vælɪ] (pl **valleys**) n valle m.

valour ꓤꓗ, **valor** ꓤꓢ ['vælər] n (U) fml & liter valor m.

valuable ['væljʊəbl] adj valioso(sa). ⋄ **valuables** pl n objetos mpl de valor.

valuation [ˌvæljʊˈeɪʃn] n **1.** [pricing, estimated price] valuación f **2.** [opinion, judging of worth] valoración f.

value ['vælju:] ⋄ n valor m ▸ **to be good value** estar muy bien de precio ▸ **to be value for money** estar muy bien de precio ▸ **to take sthg / sb at face value** tomarse algo / a alguien en su sentido literal. ⋄ vt **1.** [estimate price of] valorar, tasar **/ a necklace valued at £300** un collar valorado en 300 libras **2.** [cherish] apreciar. ⋄ **values** pl n [morals] valores mpl morales.

value-added tax [-ædɪd-] n impuesto m sobre el valor añadido.

valued ['vælju:d] adj apreciado(da).

valve [vælv] n [in pipe, tube] válvula f.

van [væn] n **1.** AUTO furgoneta f, camioneta f **2.** ꓤꓗ RAIL furgón m.

vandal ['vændl] n vándalo m, gamberro m, -rra f.

vandalism ['vændəlɪzm] n vandalismo m, gamberrismo m.

vandalize, vandalise ['vændəlaɪz] vt destruir, destrozar.

vanguard ['vængɑ:d] n vanguardia f ▸ **in the vanguard of** a la vanguardia de.

vanilla [vəˈnɪlə] n vainilla f.

vanish ['vænɪʃ] vi desaparecer.

vanity ['vænɪtɪ] n pej vanidad f.

vantage point ['vɑ:ntɪdʒˌpɔɪnt] n posición f ventajosa.

vapour ꓤꓗ, **vapor** ꓤꓢ ['veɪpər] n (U) vapor m.

variable ['veərɪəbl] adj variable.

variance ['veərɪəns] n fml ▸ **at variance (with)** en desacuerdo (con).

variant ['veərɪənt] ⋄ adj variante. ⋄ n variante f.

variation [ˌveərɪˈeɪʃn] n ▸ **variation (in / on)** variación f (en / sobre).

varicose veins ['værɪkəʊs-] pl n varices fpl.

varied ['veərɪd] adj variado(da).

variety [və'raɪətɪ] n **1.** [gen] variedad f ▸ **for a variety of reasons** por razones varias **2.** (U) THEAT variedades fpl.

variety show n espectáculo m de variedades.

various ['veərɪəs] adj **1.** [several] varios(rias) **2.** [different] diversos(sas).

varnish ['vɑːnɪʃ] ❖ n barniz m. ❖ vt [with varnish] barnizar ; [with nail varnish] pintar.

vary ['veərɪ] ❖ vt variar. ❖ vi ▸ **to vary (in / with)** variar (de/con).

vase [UK vɑːz, US veɪz] n florero m.

Vaseline® ['væsəliːn] n vaselina® f.

vast [vɑːst] adj enorme, inmenso(sa).

vat [væt] n cuba f, tina f.

VAT [væt, viːeɪˈtiː] (abbr of value added tax) n IVA m.

Vatican ['vætɪkən] n ▸ **the Vatican** el Vaticano.

vault [vɔːlt] ❖ n **1.** [in bank] cámara f acorazada **2.** [in church] cripta f **3.** [roof] bóveda f. ❖ vt saltar. ❖ vi ▸ **to vault over sthg** saltar por encima de algo.

VCR (abbr of video cassette recorder) n US aparato m de vídeo.

VD (abbr of venereal disease) n ETS f.

VDU (abbr of visual display unit) n monitor m.

veal [viːl] n (U) ternera f.

veer [vɪər] vi virar.

vegan ['viːgən] n vegetariano que no consume ningún producto que provenga de un animal, como huevos, leche etc.

vegetable ['vedʒtəbl] ❖ n **1.** BOT vegetal m **2.** [food] hortaliza f, legumbre f ▸ **vegetables** verduras fpl. ❖ adj vegetal.

vegetarian [,vedʒɪ'teərɪən] ❖ adj vegetariano(na). ❖ n vegetariano m, -na f.

vegetation [,vedʒɪ'teɪʃn] n vegetación f.

veggieburger ['vedʒɪbɜːgər] n hamburguesa f vegetariana.

vehement ['viːəmənt] adj [person, denial] vehemente ; [attack, gesture] violento(ta).

vehicle ['viːəkl] n [for transport] vehículo m.

veil [veɪl] ❖ n lit & fig velo m. ❖ vt cubrir con un velo.

vein [veɪn] n **1.** ANAT & BOT vena f **2.** [of mineral] filón m, veta f.

velocity [vɪ'lɒsətɪ] n velocidad f.

velvet ['velvɪt] n terciopelo m.

vendetta [ven'detə] n enemistad f mortal.

vending machine ['vendɪŋ-] n máquina f de venta.

vendor ['vendɔːr] n vendedor m, -ra f.

veneer [və'nɪər] n [of wood] chapa f; fig [appearance] apariencia f ▸ **a veneer of** una apariencia de.

venereal disease [vɪ'nɪərɪəl-] n enfermedad f venérea.

venetian blind n persiana f veneciana.

Venezuela [,venɪz'weɪlə] n Venezuela.

Venezuelan [,venɪz'weɪlən] ❖ adj venezolano(na). ❖ n venezolano m, -na f.

vengeance ['vendʒəns] n venganza f ▸ **with a vengeance** con creces.

venison ['venɪzn] n carne f de venado.

venom ['venəm] n [poison] veneno m ; fig [spite] malevolencia f.

vent [vent] ❖ n [opening] abertura f de escape ; [grille] rejilla f de ventilación ▸ **to give vent to sthg** dar rienda suelta a algo. ❖ vt ▸ **to vent sthg (on)** desahogar algo (contra).

ventilate ['ventɪleɪt] vt ventilar.

ventilation [,ventɪ'leɪʃn] n ventilación f.

ventilator ['ventɪleɪtər] n ventilador m.

ventriloquist [ven'trɪləkwɪst] n ventrílocuo m, -cua f.

venture ['ventʃər] ❖ n empresa f. ❖ vt aventurar / **to venture an opinion** aventurarse a dar una opinión ▸ **to venture to do sthg** aventurarse a hacer algo. ❖ vi **1.** [go somewhere dangerous] : she ventured outside se atrevió a salir **2.** [take a risk] ▸ **to venture into** lanzarse a.

venue ['venjuː] n lugar m (en que se celebra algo).

Venus ['viːnəs] n [planet] Venus m.

veranda(h) [və'rændə] n veranda f.

verb [vɜːb] n verbo m.

verbal ['vɜːbl] adj verbal.

verbatim [vɜː'beɪtɪm] ❖ adj literal. ❖ adv literalmente, palabra por palabra.

verbose [vɜː'bəʊs] adj fml [person] verboso(sa) ; [report] prolijo(ja).

verdict ['vɜːdɪkt] n **1.** LAW veredicto m, fallo m / **a verdict of guilty / not guilty** un veredicto de culpabilidad/inocencia **2.** [opinion] ▸ **verdict (on)** juicio m OR opinión f (sobre).

verge [vɜːdʒ] n **1.** [edge, side] borde m **2.** [brink] ▸ **on the verge of sthg** al borde de algo ▸ **to be on the verge of doing sthg** estar a punto de hacer algo. ❖ **verge (up)on** vt insep rayar en.

verify ['verɪfaɪ] vt **1.** [check] verificar, comprobar **2.** [confirm] confirmar.

veritable ['verɪtəbl] adj hum & fml verdadero(ra).

vermin ['vɜːmɪn] pl n [insects] bichos mpl ; [animals] alimañas fpl.

vermouth ['vɜːməθ] n vermut m.

versa = vice versa.

versatile ['vɜːsətaɪl] adj **1.** [person] polifacético(ca) **2.** [machine, tool] que tiene muchos usos.

verse [vɜːs] n **1.** (U) [poetry] versos mpl, poesía f **2.** [stanza] estrofa f **3.** [in Bible] versículo m.

versed [vɜːst] adj ▸ **well versed in** versado(da) en.

version ['vɜ:ʃn] n versión f.

versus ['vɜ:səs] prep SPORT contra.

vertebra ['vɜ:tıbrə] (pl **-brae**) n vértebra f.

vertical ['vɜ:tıkl] adj vertical.

vertigo ['vɜ:tıgəʊ] n vértigo m.

verve [vɜ:v] n brío m, entusiasmo m.

very ['verı] ◆ adv **1.** [as intensifier] muy ▶ he's not very intelligent no es muy inteligente ▶ very much mucho ▶ I don't go out very often OR much no salgo mucho ▶ is it good? — not very ¿es bueno? — no mucho **2.** [emphatic] : the very same/next day justo ese mismo día/al día siguiente / the very first el primero de todos ▶ the very best el mejor (de todos) ▶ at the very least como muy poco ▶ a house of my very own mi propia casa. ◆ adj : in the very middle of the picture en el mismísimo centro del cuadro / the very thing I was looking for justo lo que estaba buscando / the very thought makes me ill sólo con pensarlo me pongo enfermo / fighting for his very life luchando por su propia vida / the very idea! ¡vaya idea! ◆ very well adv muy bien ▶ you can't very well stop him now es un poco tarde para impedírselo.

vessel ['vesl] n fml **1.** [boat] nave f **2.** [container] vasija f, recipiente m.

vest [vest] n **1.** UK [undershirt] camiseta f **2.** US [waistcoat] chaleco m.

vested interest ['vestıd-] n ▶ vested interests LAW & FIN a) derechos adquiridos b) fig intereses n,pl personales.

vestibule ['vestıbju:l] n fml [entrance hall] vestíbulo m.

vestige ['vestıdʒ] n fml vestigio m.

vestry ['vestrı] n sacristía f.

vet [vet] ◆ n UK (abbr of veterinary surgeon) veterinario m, -ria f. ◆ vt someter a una investigación.

veteran ['vetrən] n veterano m, -na f.

veterinarian [,vetərı'neərıən] n US veterinario m, -ria f.

veterinary surgeon ['vetərınrı-] n UK fml veterinario m, -ria f.

veto ['vi:təʊ] ◆ n (pl **-es**) veto m. ◆ vt vetar.

vex [veks] vt fml molestar.

vexed question [,vekst-] n manzana f de la discordia.

vg (written abbr of **very good**) MB.

VGA (abbr of **video graphics array**) n COMPUT VGA m.

VHF (abbr of **very high frequency**) VHF.

VHS (abbr of **video home system**) n VHS m.

via ['vaıə] prep **1.** [travelling through] vía **2.** [by means of] a través de, por.

viable ['vaıəbl] adj viable.

viaduct ['vaıədʌkt] n viaducto m.

vibrant ['vaıbrənt] adj **1.** [colour, light] fuerte, vivo(va) **2.** [voice] vibrante ; [person] dinámico(ca) ; [city, atmosphere] animado(da).

vibrate [vaı'breıt] vi vibrar.

vibration [vaı'breıʃn] n vibración f.

vicar ['vıkər] n [in Church of England] párroco m ; [in Roman Catholic Church] vicario m.

vicarage ['vıkərıdʒ] n casa f del párroco.

vicarious [vı'keərıəs] adj indirecto(ta).

vice [vaıs] n **1.** [immorality, moral fault] vicio m **2.** [tool] torno m de banco.

vice- [vaıs] pref vice-.

vice-chairman n vicepresidente m.

vice-chancellor n UNIV rector m, -ra f.

vice-president n vicepresidente m, -ta f.

vice versa [,vaısı'vɜ:sə] adv viceversa.

vicinity [vı'sınətı] n ▶ in the vicinity (of) cerca (de).

vicious ['vıʃəs] adj [dog] furioso(sa) ; [person, ruler] cruel ; [criticism, attack] despiadado(da).

vicious circle n círculo m vicioso.

victim ['vıktım] n víctima f.

victimize, victimise ['vıktımaız] vt [retaliate against] tomar represalias contra ; [pick on] mortificar.

victor ['vıktər] n liter vencedor m, -ra f.

victorious [vık'tɔ:rıəs] adj victorioso(sa).

victory ['vıktərı] n ▶ victory (over) victoria f (sobre).

vidcast ['vıdkɑ:st] n vidcast m.

video ['vıdıəʊ] ◆ n (pl **-s**) **1.** [recording, medium, machine] vídeo m **2.** [cassette] videocasete m. ◆ vt **1.** [using video recorder] grabar en vídeo **2.** [using camera] hacer un vídeo de.

videoblog n INTERNET videoblog m.

videocall n TELEC videollamada f.

video camera n videocámara f.

video cassette n videocasete m.

videocast ['vıdıəʊkɑ:st] n videocast m.

video chat n INTERNET chat m de vídeo.

videoconference ['vıdıəʊ,kɒnfərəns] n videoconferencia f.

videoconferencing ['vıdıəʊ,kɒnfərənsıŋ] n (U) videoconferencias fpl.

video game n videojuego m.

video on demand n (U) TV vídeo m a la carta.

video projector n videoproyector m.

videorecorder ['vıdıəʊrı,kɔ:dər] n vídeo m.

video shop n tienda f de vídeos.

videotape ['vıdıəʊteıp] n videocinta f.

video-tape ['vıdıəʊteıp] vt grabar (en vídeo OR vídeo Am).

vie [vaı] (pt & pp **vied**, cont **vying**) vi ▶ to vie (with sb for sthg/to do sthg) competir (con alguien por algo/para hacer algo).

Vietnam [UK] ,vjet'næm, [US] ,vjet'nɑ:m] n (el) Vietnam.

Vietnamese [,vjetnə'mi:z] ⬧ adj vietnamita. ⬧ n **1.** [person] vietnamita mf **2.** [language] vietnamita m.

view [vju:] ⬧ n **1.** [opinion] parecer m, opinión f **▶ in my view** en mi opinión **2.** [attitude] **▶ view of** actitud f (frente a) **3.** [scene] vista f, panorama m **4.** [field of vision] vista f **▶ to come into view** aparecer. ⬧ vt **1.** [consider] ver, considerar **2.** fml [examine, look at - stars etc] observar ; [- house, flat] visitar, ver. ⬧ **in view of** prep en vista de. ⬧ **with a view to** conj con miras OR vistas a.

viewer ['vju:ə'] n **1.** [person] espectador m, -ra f **2.** [apparatus] visionador m.

viewfinder ['vju:,faɪndə'] n visor m.

viewpoint ['vju:pɔɪnt] n **1.** [opinion] punto m de vista **2.** [place] mirador m.

vigil ['vɪdʒɪl] n **1.** [watch] vigilia f **▶ to keep (a) vigil** observar vigilia **2.** RELIG Vigilia f.

vigilant ['vɪdʒɪlənt] adj vigilante.

vigilante [,vɪdʒɪ'læntɪ] n persona que extraoficialmente patrulla un área para protegerla ; tomándose la justicia en sus manos.

vigorous ['vɪɡərəs] adj enérgico(ca).

vile [vaɪl] adj [person, act] vil, infame ; [food, smell] repugnante ; [mood] de perros.

villa ['vɪlə] n [in country] villa f ; [in town] chalet m.

village ['vɪlɪdʒ] n aldea f, pueblecito m.

villager ['vɪlɪdʒə'] n aldeano m, -na f.

villain ['vɪlən] n **1.** [of film, book] malo m, -la f **2.** dated [criminal] criminal mf.

vinaigrette [,vɪnɪ'ɡret] n vinagreta f.

vindicate ['vɪndɪkeɪt] vt justificar.

vindictive [vɪn'dɪktɪv] adj vengativo(va).

vine [vaɪn] n [on ground] vid f ; [climbing plant] parra f.

vinegar ['vɪnɪɡə'] n vinagre m.

vineyard ['vɪnjəd] n viña f, viñedo m.

vintage ['vɪntɪdʒ] ⬧ adj **1.** [wine] añejo(ja) **2.** [classic] clásico(ca) **3.** [outstanding] : a vintage year un año excepcional. ⬧ n cosecha f (de vino).

vintage wine n vino m añejo.

vinyl ['vaɪnɪl] n vinilo m.

viola [vɪ'əʊlə] n viola f.

violate ['vaɪəleɪt] vt **1.** [law, treaty, rights] violar, infringir **2.** [peace, privacy] invadir.

violence ['vaɪələns] n violencia f.

violent ['vaɪələnt] adj **1.** [gen] violento(ta) **2.** [emotion, anger] intenso(sa) **/ to have a violent dislike for sb** sentir una enorme antipatía hacia alguien.

violet ['vaɪələt] ⬧ adj violeta, violado(da). ⬧ n [flower] violeta f.

violin [,vaɪə'lɪn] n violín m.

violinist [,vaɪə'lɪnɪst] n violinista mf.

VIP (abbr of very important person) n VIP mf.

viper ['vaɪpə'] n víbora f.

viral ['vaɪrəl] adj **1.** MED vírico(ca) **2.** INTERNET viral **▶ to go viral** viralizarse.

virgin ['vɜ:dʒɪn] ⬧ adj liter **1.** [spotless] virgen **2.** [olive oil] virgen. ⬧ n virgen mf.

Virgo ['vɜ:ɡəʊ] (pl -s) n Virgo m.

virile ['vɪraɪl] adj viril.

virtual ['vɜ:tʃʊəl] adj : it's a virtual certainty es casi seguro.

virtually ['vɜ:tʃʊəlɪ] adv prácticamente.

virtual reality n realidad f virtual.

virtue ['vɜ:tju:] n **1.** [morality, good quality] virtud f **2.** [benefit] ventaja f. ⬧ **by virtue of** prep fml en virtud de.

virtuous ['vɜ:tʃʊəs] adj virtuoso(sa).

virus ['vaɪrəs] n COMPUT & MED virus m.

virus-free adj COMPUT sin virus.

visa ['vi:zə] n visado m, visa f [AM].

vis-à-vis [,vi:zɑ:'vi:] prep fml con relación a.

viscose ['vɪskəʊs] n viscosa f.

visibility [,vɪzɪ'bɪlətɪ] n visibilidad f.

visible ['vɪzəbl] adj visible.

vision ['vɪʒn] n **1.** (U) [ability to see] visión f, vista f **2.** fig [foresight] clarividencia f **3.** [impression, dream] visión f.

visit ['vɪzɪt] ⬧ n visita f **/ to pay sb a visit** hacer una visita a alguien **▶ on a visit** de visita. ⬧ vt visitar.

visiting hours ['vɪzɪtɪŋ-] pl n horas fpl de visita.

visitor ['vɪzɪtə'] n **1.** [to one's home, hospital] visita f **/ we've got visitors** [at home] tenemos visitas **2.** [to museum, town etc] visitante mf.

visitors' book n libro m de visitas.

visor ['vaɪzə'] n visera f.

vista ['vɪstə] n [view] vista f, perspectiva f ; fig [wide range] perspectiva.

visual ['vɪʒʊəl] adj [gen] visual ; [of the eyes] ocular.

visual aids pl n medios mpl visuales.

visual display unit n monitor m.

visualize, visualise ['vɪʒʊəlaɪz] vt visualizar **▶ to visualize (sb) doing sthg** imaginar (a alguien) haciendo algo.

vital ['vaɪtl] adj **1.** [essential] vital, esencial **2.** [full of life] enérgico(ca).

vitality [vaɪ'tælətɪ] n vitalidad f.

vitally ['vaɪtəlɪ] adv sumamente.

vital statistics pl n inf medidas fpl (del cuerpo de la mujer).

vitamin [UK] 'vɪtəmɪn, [US] 'vaɪtəmɪn] n vitamina f **/ vitamin C** vitamina C.

vitamin pill n pastilla f vitamínica.

vivacious [vɪˈveɪʃəs] adj vivaz.

vivid [ˈvɪvɪd] adj **1.** [colour] vivo(va) **2.** [description, memory] vívido(da).

vividly [ˈvɪvɪdlɪ] adv **1.** [brightly] con colores muy vivos **2.** [clearly] vívidamente.

vixen [ˈvɪksn] n zorra f.

VLF (abbr of **very low frequency**) VLF.

vlog n INTERNET vlog m.

V-neck n [sweater, dress] jersey m con cuello de pico.

vocabulary [vəˈkæbjʊlərɪ] n vocabulario m.

vocal [ˈvəʊkl] adj **1.** [outspoken] vociferante **2.** [of the voice] vocal.

vocal cords pl n cuerdas fpl vocales.

vocalist [ˈvəʊkəlɪst] n [in orchestra] vocalista mf; [in pop group] cantante mf.

vocation [vəʊˈkeɪʃn] n vocación f.

vocational [vəʊˈkeɪʃənl] adj profesional.

vociferous [vəˈsɪfərəs] adj fml ruidoso(sa).

vodka [ˈvɒdkə] n [drink] vodka m.

vogue [vəʊg] n moda f ▶ **in vogue** en boga, de moda.

voice [vɔɪs] ◆ n voz f ▶ **to give voice to** expresar. ◆ vt [opinion, emotion] expresar.

voice dialling n TELEC marcación f vocal.

voice mail n correo m de voz / **to send/receive voice mail** mandar/recibir un mensaje de correo de voz / **to check one's voice mail** verificar el correo de voz.

void [vɔɪd] ◆ adj **1.** [invalid] inválido(da); ⟶ **null 2.** fml [empty] ▶ **void of** falto(ta) de. ◆ n liter vacío m.

volatile [UK ˈvɒlətaɪl, US ˈvɒlətl] adj [situation] volátil; [person] voluble.

vol-au-vent [ˈvɒləʊvɑ̃] n volován m.

volcano [vɒlˈkeɪnəʊ] (pl -es or -s) n volcán m.

volition [vəˈlɪʃn] n fml ▶ **of one's own volition** por voluntad propia.

volley [ˈvɒlɪ] ◆ n (pl **volleys**) **1.** [of gunfire] ráfaga f **2.** fig [rapid succession] torrente m **3.** SPORT volea f. ◆ vt volear.

volleyball [ˈvɒlɪbɔːl] n voleibol m.

volt [vəʊlt] n voltio m.

voltage [ˈvəʊltɪdʒ] n voltaje m.

voluble [ˈvɒljʊbl] adj fml locuaz.

volume [ˈvɒljuːm] n volumen m / **to speak volumes** decir mucho.

voluntarily [UK ˈvɒləntrɪlɪ, US ˌvɒlənˈterəlɪ] adv voluntariamente.

voluntary [ˈvɒləntrɪ] adj voluntario(ria) ▶ **voluntary organization** organización f benéfica.

volunteer [ˌvɒlənˈtɪər] ◆ n [person who volunteers] voluntario m, -ria f. ◆ vt **1.** [offer of one's free will] ▶ **to volunteer to do sthg** ofrecerse para hacer algo **2.** [information, advice] dar, ofrecer. ◆ vi **1.** [freely offer one's services] ▶ **to volunteer (for)** ofrecerse (para) **2.** MIL alistarse.

vomit [ˈvɒmɪt] ◆ n vómito m. ◆ vi vomitar.

vote [vəʊt] ◆ n **1.** [gen] voto m **2.** [session, ballot, result] votación f ▶ **to put sthg to the vote, to take a vote on sthg** someter algo a votación **3.** [votes cast] ▶ **the vote** los votos. ◆ vt **1.** [person, leader] elegir **2.** [choose] ▶ **to vote to do sthg** votar hacer algo. ◆ vi ▶ **to vote (for/against)** votar (a favor de/en contra de).

vote of thanks (pl **votes of thanks**) n palabras fpl de agradecimiento.

voter [ˈvəʊtər] n votante mf.

voting [ˈvəʊtɪŋ] n votación f.

vouch [vaʊtʃ] ◆ **vouch for** vt insep **1.** [person] responder por **2.** [character, accuracy] dar fe de.

voucher [ˈvaʊtʃər] n vale m.

vow [vaʊ] ◆ n RELIG voto m; [solemn promise] promesa f solemne. ◆ vt ▶ **to vow to do sthg** jurar hacer algo ▶ **to vow that** jurar que.

vowel [ˈvaʊəl] n vocal f.

voyage [ˈvɔɪdʒ] n viaje m.

vs written abbr of **versus**.

VSO (abbr of **Voluntary Service Overseas**) n organización f británica de voluntarios que ayuda a países en vías de desarrollo.

vulgar [ˈvʌlgər] adj **1.** [in bad taste] ordinario(ria) **2.** [offensive] grosero(ra).

vulnerable [ˈvʌlnərəbl] adj ▶ **vulnerable (to)** vulnerable (a).

vulture [ˈvʌltʃər] n lit & fig buitre m.

w (pl **w's** or **ws**), **W** (pl **W's** or **Ws**) [ˈdʌblju:] n [letter] w f, W f. ◆ **W 1.** (abbr of **west**) O **2.** (abbr of **watt**) w.

wacko [ˈwækəʊ] (pl **wackos**) n & adj inf pirado m, -da f.

wad [wɒd] n **1.** [of paper] taco m **2.** [of banknotes, documents] fajo m **3.** [of cotton, cotton wool, tobacco] bola f.

waddle [ˈwɒdl] vi caminar como un pato.

wade [weɪd] vi caminar por el agua. ◆ **wade through** vt insep fig: he was wading through the documents le costaba mucho leer los documentos.

wading pool [ˈweɪdɪŋ-] n US piscina f para niños.

wafer [ˈweɪfər] n [thin biscuit] barquillo m.

waffle ['wɒfl] ❖ n **1.** CULIN gofre m **2.** UK inf [vague talk] paja f. ❖ vi enrollarse **/ to waffle on about sthg** enrollarse sobre algo.

waft [wɑːft, wɒft] vi flotar.

wag [wæg] ❖ vt menear **/ the dog was wagging its tail** el perro meneaba la cola. ❖ vi menearse.

wage [weɪdʒ] ❖ n [gen] salario m ; [daily] jornal m. ❖ vt ▸ **to wage war** hacer la guerra. ◆ **wages** pl n [gen] salario m ; [daily] jornal m.

wage earner [-,ɜːnəʳ] n asalariado m, -da f.

wage packet n UK **1.** [envelope] sobre m de pago **2.** fig [pay] paga f.

wager ['weɪdʒəʳ] n apuesta f.

waggle ['wægl] inf vt menear.

waggon ['wægən] UK = wagon.

wagon, waggon ['wægən] n **1.** [horse-drawn vehicle] carro m **2.** UK RAIL vagón m.

wail [weɪl] ❖ n lamento m, gemido m. ❖ vi lamentarse, gemir.

waist [weɪst] n cintura f.

waistcoat ['weɪskəʊt] n US chaleco m.

waistline ['weɪstlaɪn] n cintura f, talle m.

wait [weɪt] ❖ n espera f **/ to lie in wait for sb** estar al acecho de alguien. ❖ vi ▸ **to wait (for sthg/sb)** esperar (algo/a alguien) ▸ **to wait and see** esperar y ver lo que pasa ▸ **wait a minute OR second OR moment! a)** [interrupting sb] ¡espera un minuto OR segundo OR momento! **b)** [interrupting o.s.] ¡espera! ▸ **keys cut while you wait** se hacen llaves en el acto. ◆ **wait about, wait around** vi esperar. ◆ **wait for** vt insep esperar. ◆ **wait on** vt insep [serve food to] servir. ◆ **wait up** vi **1.** quedarse despierto(ta) esperando **2.** US : wait up! ¡un momento!

waiter ['weɪtəʳ] n camarero m.

waiting list ['weɪtɪŋ-] n lista f de espera.

waiting room ['weɪtɪŋ-] n sala f de espera.

waitlist ['weɪtlɪst] vt US poner en lista de espera **/ I'm waitlisted for the next flight** estoy en lista de espera para el próximo vuelo.

waitress ['weɪtrɪs] n camarera f.

waive [weɪv] vt fml [rule] no aplicar.

wake [weɪk] ❖ n [of ship, boat] estela f ▸ **in the wake of** fig tras. ❖ vt (pt woke or -d, pp woken or -d) despertar. ❖ vi (pt woke or -d, pp woken or -d) despertarse. ◆ **wake up** ❖ vt sep despertar. ❖ vi [wake] despertarse.

waken ['weɪkən] fml ❖ vt despertar. ❖ vi despertarse.

wake-up call n servicio m despertador.

Wales [weɪlz] n (el país de) Gales.

walk [wɔːk] ❖ n **1.** [way of walking] andar m, paso m **2.** [journey on foot] paseo m ▸ **to go for a walk** dar un paseo **/ it's ten minutes' walk away** está a diez minutos andando. ❖ vt **1.** [dog] pasear **2.** [streets] andar por ; [distance] recorrer, andar. ❖ vi **1.** [move on foot] andar, caminar **2.** [for pleasure] pasear. ◆ **walk out** vi **1.** [leave suddenly] salirse **2.** [go on strike] declararse en huelga. ◆ **walk out on** vt insep abandonar.

walker ['wɔːkəʳ] n caminante mf, paseante mf.

walkie-talkie [,wɔːkɪ'tɔːkɪ] n walki-talki m.

walking ['wɔːkɪŋ] ❖ n (U) [for sport] marcha f ; [for pleasure] andar m **/ he does a lot of walking** camina mucho. ❖ adj : **he's a walking disaster** hum es un desastre andante.

walking shoes pl n zapatos mpl para caminar.

walking stick n bastón m.

Walkman® ['wɔːkmən] n walkman® m.

walk of life (pl **walks of life**) n ▸ **people from all walks of life** gente de toda condición.

walkout ['wɔːkaʊt] n huelga f.

walkover ['wɔːk,əʊvəʳ] n victoria f fácil.

walk-up US ❖ adj [apartment, building] sin ascensor. ❖ n [apartment] piso m sin ascensor ; [office] oficina f sin ascensor ; [building] edificio m sin ascensor.

walkway ['wɔːkweɪ] n [on ship, machine] pasarela f ; [between buildings] paso m.

wall [wɔːl] n **1.** [inside building, of cell, stomach] pared f **2.** [outside] muro m ▸ **to drive sb up the wall** volverle loco a alguien **/ it's like talking to a brick wall** le entra por un oído y le sale por el otro.

wallchart ['wɔːltʃɑːt] n (gráfico m) mural m.

walled [wɔːld] adj amurallado(da).

wallet ['wɒlɪt] n cartera f, billetera f.

wallflower ['wɔːl,flaʊəʳ] n **1.** [plant] alhelí m **2.** inf & fig [person] persona tímida que queda al margen de una fiesta.

wallop ['wɒləp] inf vt [child] pegar una torta a ; [ball] golpear fuerte.

wallow ['wɒləʊ] vi [in liquid] revolcarse.

wallpaper ['wɔːl,peɪpəʳ] ❖ n **1.** [on walls] papel m pintado **2.** COMPUT papel m tapiz. ❖ vt empapelar.

Wall Street n Wall Street f ; zona financiera neoyorquina.

wally ['wɒlɪ] n UK inf imbécil mf.

walnut ['wɔːlnʌt] n **1.** [nut] nuez f **2.** [wood, tree] nogal m.

walrus ['wɔːlrəs] (pl inv or **-es**) n morsa f.

waltz [wɔːls] ❖ n vals m. ❖ vi [dance] bailar el vals.

wan [wɒn] adj pálido(da).

wand [wɒnd] n : (magic) wand varita f mágica.

wander ['wɒndəʳ] vi vagar **/ my mind kept wandering** se me iba la mente en otras cosas.

wane [weɪn] vi [influence, interest] disminuir, decrecer.

wangle ['wæŋgl] vt *inf* agenciarse.

want [wɒnt] ❖ n *fml* **1.** [need] necesidad *f* **2.** [lack] falta *f* ▸ **for want of** por OR a falta de **3.** [deprivation] indigencia *f*, miseria *f*. ❖ vt [desire] querer ▸ **to want to do sthg** querer hacer algo.

wanted ['wɒntɪd] adj ▸ **to be wanted (by the police)** ser buscado(da) (por la policía).

wanton ['wɒntən] adj *fml* gratuito(ta), sin motivo.

WAP [wæp] (*abbr of* **wireless application protocol**) n WAP *m*.

war [wɔ:ʳ] ❖ n *lit & fig* guerra *f* ▸ **to be at war** estar en guerra ▸ **the war on drugs** la guerra contra las drogas ▸ **to have been in the wars** UK estar maltrecho. ❖ vi estar en guerra.

ward [wɔ:d] n **1.** [in hospital] sala *f* **2.** UK POL distrito *m* electoral **3.** LAW pupilo *m*, -la *f*. ◆ **ward off** vt insep protegerse de.

warden ['wɔ:dn] n **1.** [of park] guarda *mf* **2.** UK [of youth hostel, hall of residence] encargado *m*, -da *f* **3.** : *(traffic) warden* ≃ guardia *mf* de tráfico. **4.** US [prison governor] director *m*, -ra *f*.

warder ['wɔ:dəʳ] n [in prison] carcelero *m*, -ra *f*.

wardrobe ['wɔ:drəʊb] n **1.** [piece of furniture] armario *m*, guardarropa *m* **2.** [collection of clothes] guardarropa *m*, vestuario *m*.

warehouse ['weəhaʊs] (*pl* [-haʊzɪz]) n almacén *m*.

wares [weəz] pl n *liter* mercancías *fpl*.

warfare ['wɔ:feəʳ] n (U) guerra *f*.

warhead ['wɔ:hed] n ojiva *f*, cabeza *f*.

warily ['weərəlɪ] adv con cautela.

warm [wɔ:m] ❖ adj **1.** [pleasantly hot - gen] caliente ; [- weather, day] caluroso(sa) ; [lukewarm] tibio(bia), templado(da) ▸ **it's / I'm warm** hace / tengo calor ▸ **to get warm** [person, room] calentarse ▸ **they tried to keep warm** intentaron mantenerse calientes **2.** [clothes etc] que abriga **3.** [colour, sound] cálido(da) **4.** [friendly - person, atmosphere, smile] afectuoso(sa) ; [- congratulations] efusivo(va). ❖ vt calentar. ◆ **warm up** ❖ vt sep calentar. ❖ vi **1.** [gen] entrar en calor ; [weather, room, engine] calentarse **2.** [sportsperson] calentar.

warm-hearted [-'hɑ:tɪd] adj afectuoso(sa).

warmly ['wɔ:mlɪ] adv **1.** [in warm clothes] ▸ **to dress warmly** vestirse con ropa de abrigo **2.** [in a friendly way] calurosamente.

warmth [wɔ:mθ] n **1.** [heat] calor *m* **2.** [of clothes] abrigo *m* **3.** [friendliness] cordialidad *f*.

warn [wɔ:n] vt prevenir, advertir ▸ **to warn sb of sthg** prevenir a alguien algo ▸ **to warn sb not to do sthg, warn sb against doing sthg** advertir a alguien que no haga algo.

warning ['wɔ:nɪŋ] n aviso *m*, advertencia *f* ▸ **to give sb a warning** hacer una advertencia a alguien ▸ **without warning** sin previo aviso.

warning light n piloto *m*.

warning triangle n UK triángulo *m* de avería.

warp [wɔ:p] vi alabearse.

warrant ['wɒrənt] ❖ n orden *f* OR mandamiento *m* judicial. ❖ vt *fml* merecer.

warranty ['wɒrəntɪ] n garantía *f* ▸ **to be under warranty** estar en garantía.

warren ['wɒrən] n red *f* de madrigueras.

warrior ['wɒrɪəʳ] n guerrero *m*, -ra *f*.

warship ['wɔ:ʃɪp] n buque *m* de guerra.

wart [wɔ:t] n verruga *f*.

wartime ['wɔ:taɪm] n tiempos *mpl* de guerra.

wary ['weərɪ] adj ▸ **wary (of)** receloso(sa) (de).

was (*weak form* [wəz], *strong form* [wɒz]) pt ⟶ **be**.

wash [wɒʃ] ❖ n **1.** [act of washing] lavado *m* ▸ **to have a wash** lavarse ▸ **to give sthg a wash** lavar algo **2.** [things to wash] ropa sucia **3.** [from boat] estela *f*. ❖ vt **1.** [gen] lavar ; [hands, face] lavarse ▸ **she's washing her hair** se está lavando el pelo **2.** [carry - subj: waves etc] arrastrar, llevarse ▸ **it was washed ashore** el mar lo arrastró hasta la costa. ❖ vi **1.** [clean oneself] lavarse **2.** [waves, oil] ▸ **to wash over sthg** bañar algo. ◆ **wash away** vt sep **1.** [water, waves] llevarse, barrer **2.** [dirt] quitar. ◆ **wash out** vt sep **1.** [stain, dye] quitar lavando **2.** [container] enjuagar. ◆ **wash up** ❖ vt sep UK [dishes] lavar, fregar. ❖ vi **1.** UK [wash the dishes] fregar OR lavar los platos **2.** US [wash o.s.] lavarse.

washable ['wɒʃəbl] adj lavable.

washbasin UK ['wɒʃ,beɪsn], **washbowl** US ['wɒʃbəʊl] n lavabo *m*.

washcloth ['wɒʃ,klɒθ] n US toallita *f* para lavarse la cara.

washer ['wɒʃəʳ] n TECH arandela *f*.

washing ['wɒʃɪŋ] n (U) **1.** [operation] colada *f* ▸ **to do the washing** hacer la colada **2.** [clothes - dirty] ropa *f* sucia OR para lavar ; [- clean] colada *f* ▸ **to hang up the washing** tender la colada.

washing line n tendedero *m*.

washing machine n lavadora *f*.

washing powder n UK detergente *m*, jabón *m* en polvo.

Washington ['wɒʃɪŋtən] n [town] : *Washington D.C.* ciudad *f* de Washington.

washing-up n **1.** UK [crockery, pans etc] platos *mpl* para fregar **2.** [operation] fregado *m* ▸ **to do the washing-up** fregar los platos.

washing-up liquid n UK lavavajillas *m inv*.

washout ['wɒʃaʊt] n *inf* desastre *m*.

washroom ['wɒʃrʊm] n US aseos *mpl*.

wasn't ['wɒznt] (*abbr of* **was not**) ⟶ **be**.

wasp [wɒsp] n [insect] avispa f.

wastage ['weɪstɪdʒ] n desperdicio m.

waste [weɪst] ◆ adj [land] yermo(ma); [material, fuel] de desecho. ◆ n **1.** [misuse, incomplete use] desperdicio m, derroche m ▸ **a waste of time** una pérdida de tiempo **2.** (U) [refuse] desperdicios mpl; [chemical, toxic etc] residuos mpl. ◆ vt [time] perder; [money] malgastar, derrochar; [food, energy, opportunity] desperdiciar. ◆ **wastes** pl n liter yermos mpl.

wastebasket US = **wastepaper basket**.

waste carrier n transportador m de residuos.

waste disposal unit n triturador m de basuras.

wasteful ['weɪstfʊl] adj derrochador(ra).

waste ground n (U) descampados mpl.

waste management n gestión f de los residuos.

wastepaper basket, **wastepaper bin** [,weɪst-'peɪpə-], **wastebasket** US ['weɪst,bɑ:skɪt] n papelera f, bote m Méx.

watch [wɒtʃ] ◆ n **1.** [timepiece] reloj m **2.** [act of watching] ▸ **to keep watch** estar de guardia ▸ **to keep watch on sthg/sb** vigilar algo/a alguien **3.** MIL [group of people] guardia f. ◆ vt **1.** [look at - gen] mirar; [- sunset] contemplar; [- football match, TV] ver **2.** [spy on] vigilar **3.** [be careful about] tener cuidado con, vigilar / watch what you say ten cuidado con lo que dices. ◆ vi mirar, observar. ◆ **watch out** vi tener cuidado.

watchdog ['wɒtʃdɒg] n **1.** [dog] perro m guardián **2.** fig [organization] comisión f de vigilancia.

watchful ['wɒtʃfʊl] adj atento(ta).

watchmaker ['wɒtʃ,meɪkə'] n relojero m, -ra f.

watchman ['wɒtʃmən] (pl -men) n vigilante m.

watchstrap ['wɒtʃstræp] n UK correa f (de reloj).

water ['wɔ:tə'] ◆ n [gen] agua f. ◆ vt regar. ◆ vi **1.** [eyes]: my eyes are watering me lloran los ojos **2.** [mouth]: my mouth is watering se me hace la boca agua. ◆ **waters** pl n aguas fpl. ◆ **water down** vt sep [dilute] diluir, aguar.

water bottle n cantimplora f.

watercolour, **watercolor** US ['wɔ:tə,kʌlə'] n acuarela f.

watercress ['wɔ:təkres] n berro m.

waterfall ['wɔ:təfɔ:l] n cascada f, salto m de agua.

water heater n calentador m de agua.

waterhole ['wɔ:təhəʊl] n balsa f (donde acuden a beber los animales).

watering can ['wɔ:tərɪŋ-] n regadera f.

water level n nivel m del agua.

water lily n nenúfar m.

waterline ['wɔ:təlaɪn] n NAUT línea f de flotación.

waterlogged ['wɔ:təlɒgd] adj inundado(da).

water main n cañería f principal.

watermark ['wɔ:təmɑ:k] n **1.** [in paper] filigrana f **2.** [showing water level] marca f del nivel del agua.

watermelon ['wɔ:tə,melən] n sandía f.

waterpark ['wɔ:təpɑ:k] n parque m acuático.

water polo n water-polo m.

waterproof ['wɔ:təpru:f] ◆ adj impermeable. ◆ n impermeable m.

watershed ['wɔ:təʃed] n fig momento m decisivo.

waterside ['wɔ:təsaɪd] ◆ adj ribereño(ña). ◆ n ▸ **the waterside** la orilla.

water-ski vi hacer esquí acuático.

water skiing n esquí m acuático.

water tank n reserva f de agua.

watertight ['wɔ:tətaɪt] adj [waterproof] hermético(ca).

waterway ['wɔ:təweɪ] n vía f navegable.

waterworks ['wɔ:təwɜ:ks] (pl inv) n [building] central f de agua.

watery ['wɔ:tərɪ] adj **1.** [food] soso(sa); [drink] aguado(da) **2.** [pale] desvaído(da).

watt [wɒt] n vatio m.

wave [weɪv] ◆ n **1.** [of hand] ademán m OR señal f (con la mano) **2.** [of water] ola f **3.** [of emotion, nausea, panic] arranque m; [of immigrants, crime etc] oleada f **4.** [of light, sound, heat] onda f **5.** [in hair] ondulación f. ◆ vt **1.** [move about as signal] agitar **2.** [signal to] hacer señales OR señas a / she waved them in les hizo una señal para que entraran. ◆ vi **1.** [with hand - in greeting] saludar con la mano; [- to say goodbye] decir adiós con la mano ▸ **to wave at** OR **to sb** saludar a alguien con la mano / he waved hello to us nos saludó con la mano **2.** [flag] ondear; [trees] agitarse.

wave farm n granja f de olas, planta f undimotriz.

wavefile ['weɪvfaɪl] n COMPUT archivo m WAVE.

wavelength ['weɪvleŋθ] n longitud f de onda ▸ **to be on the same wavelength** fig estar en la misma onda.

wave pool n piscina f de olas.

waver ['weɪvə'] vi **1.** [falter - resolution, confidence] flaquear **2.** [hesitate] dudar, vacilar **3.** [fluctuate] oscilar.

wavy ['weɪvɪ] adj ondulado(da).

wax [wæks] ◆ n cera f. ◆ vt encerar.

wax paper n US papel m de cera.

waxworks ['wækswɜ:ks] (pl inv) n museo m de cera.

way [weɪ] ◆ n **1.** [manner, method] manera f, modo m ▸ **in the same way** del mismo modo, igualmente ▸ **this/that way** así ▸ **in a way** en cierto modo / **to be in a bad way** estar bastante mal **2.** [route, path] camino m ▸ **to lose one's way** perderse / to find one's way around orientarse

/ *the way back* OR *home* el camino de vuelta a casa **▶ way in** entrada *f* **▶ way out** salida *f* **▶ it's out of my way** no me pilla de camino **▶ it's out of the way** [place] está algo aislado **▶ on the** OR **on one's way** de camino **▶ I'm on my way** voy de camino **▶ across** OR **over the way** enfrente **▶ to be under way** *fig* [meeting] estar en marcha **▶ to get under way** [meeting] ponerse en marcha **▶ to be in the way** estar en medio **/** *to get in the way* ponerse en medio **/** *to get out of the way* quitarse de en medio **▶ to get sthg out of the way** [task] quitarse algo de encima **▶ to go out of one's way to do sthg** tomarse muchas molestias para hacer algo **▶ to keep out of the way** mantenerse alejado **▶ to make way for** dar paso a **3.** [direction] dirección *f* **/** *come this way* ven por aquí **/** *go that way* ve por ahí **/** *which way do we go?* ¿hacia dónde vamos? **/** *which way is it to the cathedral?* ¿por dónde se va a la catedral? **▶ the wrong way up** OR **round** al revés **▶ the right way up** OR **round** del derecho **4.** [distance] **▶ all the way** todo el camino OR trayecto **/** *it's a long way away* está muy lejos **/** *we have a long way to go* queda mucho camino por recorrer **▶ to go a long way towards doing sthg** *fig* contribuir enormemente a hacer algo **/** *we've come a long way since then fig* hemos avanzado mucho desde entonces **▶ to give way** [under weight, pressure] ceder **▶ 'give way'** 🇬🇧 AUTO 'ceda el paso' **▶ no way!** ¡ni hablar! **◆** *adv inf* [far] mucho **/** *it's way too big* es tela de grande. **◆ ways** *pl n* [customs, habits] costumbres *fpl*, hábitos *mpl*. **◆ by the way** *adv* por cierto.

waylay [ˌweɪˈleɪ] (*pt & pp* **-laid**) *vt* abordar.

wayward [ˈweɪwəd] *adj* [person, behaviour] incorregible.

WC (*abbr of water closet*) WC, váter *m*.

we [wiː] *pers pron* nosotros *mpl*, -tras *f* **/** *we can't do it* nosotros no podemos hacerlo **/** *here we are* aquí estamos **/** *as we say in France* como decimos en Francia **/** *we British* nosotros los británicos.

weak [wiːk] *adj* **1.** [gen] débil **/** *to grow weak* debilitarse **2.** [material, structure] frágil **3.** [argument, tea etc] flojo(ja).

weaken [ˈwiːkn] **◆** *vt* debilitar. **◆** *vi* **1.** [become less determined] ceder, flaquear **2.** [physically] debilitarse.

weakling [ˈwiːklɪŋ] *n pej* enclenque *mf*.

weakness [ˈwiːknɪs] *n* **1.** [gen] debilidad *f* **▶ to have a weakness for sthg** tener debilidad por algo **2.** [imperfect point] defecto *m*.

wealth [welθ] *n* **1.** [riches] riqueza *f* **2.** [abundance] profusión *f* **/** *a wealth of sthg* abundancia de algo.

wealthy [ˈwelθɪ] *adj* rico(ca).

wean [wiːn] *vt* [from mother's milk] destetar.

weapon [ˈwepən] *n* arma *f*.

weaponry [ˈwepənrɪ] *n* (*U*) armamento *m*.

weapons of mass destruction *pl n* armas *fpl* de destrucción masiva.

wear [weər] **◆** *n* (*U*) **1.** [use] uso *m* **/** *I've had a lot of wear out of this jacket* le he sacado mucho partido a esta chaqueta **▶ to be the worse for wear a)** [thing] estar deteriorado **b)** [person] estar hecho un trapo **2.** [damage] desgaste *m* **▶ wear and tear** desgaste **3.** [type of clothes] ropa *f* **/** *children's wear* ropa de niños **/** *evening wear* ropa de noche. **◆** *vt* (*pt* **wore**, *pp* **worn**) **1.** [clothes, hair, perfume] llevar ; [shoes] calzar **/** *to wear red* vestirse de rojo **2.** [damage] desgastar **/** *to wear a hole in sthg* acabar haciendo un agujero en algo. **◆** *vi* (*pt* **wore**, *pp* **worn**) **1.** [deteriorate] desgastarse **2.** [last] **▶ to wear well/badly** durar mucho/poco. **◆ wear away ◆** *vt sep* desgastar. **◆** *vi* desgastarse. **◆ wear down** *vt sep* **1.** [reduce size of] desgastar **2.** [weaken] agotar. **◆ wear off** *vi* desaparecer, disiparse. **◆ wear out ◆** *vt sep* **1.** [shoes, clothes] gastar **2.** [person] agotar. **◆** *vi* gastarse.

wearable technology *n* INTERNET tecnología *f* ponible.

weary [ˈwɪərɪ] *adj* fatigado(da), cansado(da) **▶ to be weary of sthg/of doing sthg** estar cansado de algo/de hacer algo.

weasel [ˈwiːzl] *n* comadreja *f*.

weather [ˈweðər] **◆** *n* tiempo *m* **/** *what's the weather like?* ¿qué tal tiempo hace? **▶ to make heavy weather of sthg** complicar algo innecesariamente **▶ to be under the weather** no encontrarse muy bien. **◆** *vt* [crisis etc] superar.

weather-beaten [-ˌbiːtn] *adj* [face, skin] curtido(da).

weathercock [ˈweðəkɒk] *n* veleta *f*.

weather forecast *n* parte *m* meteorológico.

weather girl *n* presentadora *f* del tiempo.

weatherman [ˈweðəmæn] (*pl* **-men**) *n* hombre OR presentador *m* del tiempo.

weather vane [-veɪn] *n* veleta *f*.

weave [wiːv] **◆** *vt* (*pt* **wove**, *pp* **woven**) [using loom] tejer. **◆** *vi* (*pt* **wove**, *pp* **woven**) [move] **▶ to weave through** colarse por entre **/** *to weave in and out of the traffic* avanzar zigzagueando en el tráfico.

weaver [ˈwiːvər] *n* tejedor *m*, -ra *f*.

weaving [ˈwiːvɪŋ] *n* tejeduría *f*.

web [web] *n* **1.** [cobweb] telaraña *f* **2.** *fig* [of lies etc] urdimbre *f* **3.** INTERNET **▶ the Web** la Web.

web access *n* INTERNET acceso *m* a internet.

web address *n* INTERNET dirección *f* de internet.

web administrator *n* INTERNET administrador *m*, -ra *f* de páginas web.

web browser n INTERNET navegador m, explorador m, browser m.

webcam ['webkæm] n cámara f web.

webcast ['webka:st] ❖ n COMPUT webcast m. ❖ vt COMPUT difundir en la Red.

webcasting ['webka:stɪŋ] n COMPUT webcasting m.

web designer n INTERNET diseñador m, -ra f de páginas Web.

web developer n INTERNET desarrollador m, -ra f web.

web feed n INTERNET fuente f web.

web host n INTERNET alojador m web.

web hosting n INTERNET alojamiento m de páginas web.

weblog ['weblɒg] n COMPUT bitácora f, weblog m.

web page n INTERNET página f web.

webphone ['webfəʊn] n INTERNET teléfono m web.

web site n INTERNET página f web, sitio m Web.

web space n INTERNET espacio m web.

web user n INTERNET internauta mf.

webzine ['webzi:n] n COMPUT webzine m.

wed [wed] (pt & pp **-ded** or **wed**) liter ❖ vt desposar. ❖ vi desposarse.

we'd [wi:d] **1.** (abbr of we had) ⟶ **have 2.** (abbr of we would) ⟶ **would**.

wedding ['wedɪŋ] n boda f, casamiento m.

wedding anniversary n aniversario m de boda.

wedding cake n tarta f nupcial.

wedding dress n traje m de novia.

wedding ring n anillo m de boda, argolla f Am.

wedge [wedʒ] ❖ n **1.** [for steadying or splitting] cuña f **2.** [triangular slice] porción f, trozo m. ❖ vt ▶ **to wedge sthg open / shut** dejar algo abierto/cerrado con una cuña.

Wednesday ['wenzdɪ] n miércoles m inv. See also **Saturday**.

wee [wi:] ❖ adj Scot pequeño(ña). ❖ n v inf pipí m / **to do a wee** hacer pipí. ❖ vi v inf hacer pipí.

weed [wi:d] ❖ n **1.** [wild plant] mala hierba f **2.** UK inf [feeble person] canijo m, -ja f. ❖ vt desherbar, escardar.

weedkiller ['wi:d,kɪlər] n herbicida m.

weedy ['wi:dɪ] adj UK inf [feeble] enclenque.

week [wi:k] n [gen] semana f ▶ **a week on Saturday, Saturday week** del sábado en ocho días / **this / next week** esta/la próxima semana / **in 2 weeks' time** en dos semanas / **we haven't seen him for weeks** hace semanas que no lo vemos.

weekday ['wi:kdeɪ] n día m laborable.

weekend [,wi:k'end] n fin m de semana.

weekly ['wi:klɪ] ❖ adj semanal. ❖ adv semanalmente. ❖ n semanario m.

weep [wi:p] ❖ vt (pt & pp **wept**) derramar. ❖ vi (pt & pp **wept**) llorar.

weeping willow [,wi:pɪŋ-] n sauce m llorón.

weigh [weɪ] vt **1.** [gen] pesar **2.** [consider carefully] sopesar / **she weighed her words** sopesó sus palabras. ❖ **weigh down** vt sep **1.** [physically] sobrecargar **2.** [mentally] ▶ **to be weighed down by** or **with** estar abrumado(da) de or por. ❖ **weigh up** vt sep **1.** [consider carefully] sopesar **2.** [size up] hacerse una idea de.

weight [weɪt] n **1.** [gen] peso m ▶ **to put on** or **gain weight** engordar ▶ **to lose weight** adelgazar ▶ **to pull one's weight** poner (uno) de su parte **2.** [metal object] pesa f.

weighted ['weɪtɪd] adj ▶ **to be weighted in favour of / against** inclinarse a favor/en contra de.

weighting ['weɪtɪŋ] n prima por vivir en una ciudad con alto coste de vida.

weightlifting ['weɪt,lɪftɪŋ] n levantamiento m de pesos, halterofilia f.

weighty ['weɪtɪ] adj [serious] de peso.

weir [wɪər] n presa f, dique m.

weird [wɪəd] adj raro(ra), extraño(ña).

welcome ['welkəm] ❖ adj **1.** [guest] bienvenido(da) ▶ **to make sb welcome** acoger bien a alguien **2.** [free] : **you're welcome to come** si quieres, puedes venir **3.** [appreciated] ▶ **to be welcome** ser de agradecer **4.** [in reply to thanks] ▶ **you're welcome** de nada. ❖ n bienvenida f / **to give sb a warm welcome** dar una calurosa bienvenida a alguien. ❖ vt **1.** [receive] dar la bienvenida a **2.** [approve, support] recibir bien. ❖ excl ¡bienvenido(da) !

weld [weld] ❖ n soldadura f. ❖ vt soldar.

welfare ['welfeər] ❖ adj de asistencia social. ❖ n **1.** [state of wellbeing] bienestar m **2.** US [income support] subsidio m de la seguridad social / **to be on welfare** recibir un subsidio.

welfare state n estado m del bienestar.

well [wel] ❖ adj (compar **better**, superl **best**) bien ▶ **to be well** [healthy] estar bien (de salud) / **I don't feel well** no me siento bien ▶ **to get well** mejorarse ▶ **all is well** todo va bien ▶ **(it's) just as well** menos mal / **it would be as well to check first** sería mejor comprobar primero. ❖ adv **1.** [satisfactorily, thoroughly] bien ▶ **to go well** ir bien / **he's doing very well at his new school** le va muy bien en el nuevo colegio ▶ **well done!** ¡muy bien! ▶ **well and truly** completamente ▶ **to be well out of sthg** inf tener la suerte de haberse salido de algo **2.** [definitely, certainly] claramente, definitivamente / **it was well worth it** sí que valió la pena **3.** [as emphasis] ▶ **you know perfectly well (that)** sabes de sobra (que) **4.** [very possibly] : **it could well rain** es muy posible que llueva. ❖ n pozo m. ❖ excl **1.** [gen] bueno ▶ **oh well!** ¡en fin! **2.** [in surprise] ¡vaya! ❖ **as well**

adv **1.** [in addition] también **2.** [with same result] **▶ you may** OR **might as well (do it)** ¿y por qué no (lo haces)? **◆ as well as** conj además de. **◆ well up** vi brotar.

we'll [wiːl] **1.** (*abbr of* we will) ⟶ **will** **2.** (*abbr of* we shall) ⟶ **shall**.

well-advised [-əd'vaɪzd] adj sensato(ta) **▶ you would be well-advised to do it** sería aconsejable que lo hicieras.

well-behaved [-bɪ'heɪvd] adj formal, bien educado(da) **/ to be well-behaved** portarse bien.

wellbeing [,wel'biːɪŋ] n bienestar m.

well-built adj fornido(da).

well-done adj [thoroughly cooked] muy hecho(cha).

well-dressed [-'drest] adj bien vestido(da).

well-earned [-'ɜːnd] adj bien merecido(da).

well-heeled [-hiːld] adj inf ricachón(ona).

well-informed (about OR **on)** estar bien informado(da) (sobre).

wellington boots ['welɪŋtən-], **wellingtons** ['welɪŋtənz] pl n botas fpl de agua.

well-kept adj **1.** [neat, tidy] bien cuidado(da) **2.** [not revealed] bien guardado(da).

well-known adj conocido(da).

well-mannered [-'mænəd] adj de buenos modales.

well-meaning adj bienintencionado(da).

wellness ['welnɪs] n bienestar m **▶ wellness centre** centro m de bienestar.

well-nigh [-naɪ] adv casi.

well-off adj [rich] acomodado(da), rico(ca).

well-prepared adj bien preparado(da).

well-read [-'red] adj instruido(da), culto(ta).

well-respected adj respetado(da).

well-rounded [-'raʊndɪd] adj [varied] completo(ta).

well-stocked [-stɒkt] adj [shop] bien provisto(ta).

well-timed adj oportuno(na).

well-to-do adj adinerado(da).

wellwisher ['wel,wɪʃər] n simpatizante mf (que da muestras de apoyo).

Welsh [welʃ] ◆ adj galés(esa). ◆ n [language] galés m. ◆ pl n **▶ the Welsh** los galeses.

Welshman ['welʃmən] (pl -men) n galés m.

Welshwoman ['welʃ,wʊmən] (pl -women) n galesa f.

went [went] pt ⟶ **go**.

wept [wept] pt & pp ⟶ **weep**.

were [wɜːr] pt ⟶ **be**.

we're [wɪər] (*abbr of* we are) ⟶ **be**.

weren't [wɜːnt] (*abbr of* were not) = **be**.

west [west] ◆ n **1.** [direction] oeste m **2.** [region] **▶ the West** el Oeste. ◆ adj del oeste.

◆ adv **▶ west (of)** al oeste (de). **◆ West** n POL **▶ the West** el Occidente.

West Bank n **▶ the West Bank** Cisjordania.

West Country n UK **▶ the West Country** el sudoeste de Inglaterra.

West End n UK **▶ the West End** zona central de Londres, famosa por sus teatros, tiendas etc.

westerly ['westəlɪ] adj [wind] del oeste.

western ['westən] ◆ adj occidental. ◆ n [film] película f del oeste, western m.

West German ◆ adj de la Alemania Occidental. ◆ n [person] alemán m, -ana f occidental.

West Germany n **▶ (the former) West Germany** (la antigua) Alemania Occidental.

West Indian ◆ adj antillano(na). ◆ n [person] antillano m, -na f.

West Indies [-'ɪndiːz] pl n **▶ the West Indies** las Antillas.

Westminster ['westmɪnstər] n barrio londinense en que se encuentra el parlamento británico.

westward ['westwəd] ◆ adj hacia el oeste. ◆ adv = **westwards**.

westwards ['westwədz], **westward** adv hacia el oeste.

wet [wet] ◆ adj **1.** [soaked] mojado(da); [damp] húmedo(da) **/ to get wet** mojarse **2.** [rainy] lluvioso(sa) **3.** [paint, cement] fresco(ca) **▶ wet paint** recién pintado(da). **◆** UK inf & pej [weak, feeble] ñoño(ña). **◆** n inf POL político conservador moderado. **◆** vt (pt & pp **wet** or -**ted**) [soak] mojar; [dampen] humedecer.

wet blanket n inf & pej aguafiestas mf.

wet suit n traje m de submarinista.

we've [wiːv] (*abbr of* we have) = **have**.

whack [wæk] inf n [hit] castañazo m.

whale [weɪl] n [animal] ballena f.

wharf [wɔːf] (pl -s or **wharves** [wɔːvz]) n muelle m, embarcadero m.

whassup [wɒ'sʌp] interj US inf [hello, what's going on] ¿qué pasa?

what [wɒt] ◆ adj **1.** (in direct, indirect questions) qué **/ what kind of car has she got?** ¿qué coche tiene? **/ what shape is it?** ¿qué forma tiene? **/ he asked me what shape it was** me preguntó qué forma tenía **/ what colour is it?** ¿de qué color es? **2.** (in exclamations) qué **/ what a surprise!** ¡qué sorpresa! **/ what a stupid idea!** ¡qué idea más tonta! ◆ pron **1.** (interrogative) qué **/ what are they doing?** ¿qué hacen? **/ she asked me what they were doing** me preguntó qué estaban haciendo **/ what are they talking about?** ¿de qué están hablando? **/ what is it called?** ¿cómo se llama? **/ what does it cost?** ¿cuánto cuesta? **/ what is it like?** ¿cómo es? **/ what's the Spanish for `book'?** ¿cómo se dice `book' en español? **/ what is this for?** ¿para qué es esto? ▶ **what about another drink/going out for a meal?** ¿qué tal otra copa/si salimos a comer? / *what about me?* ¿y yo qué? / *what if nobody comes?* ¿y si no viene nadie, qué? **2.** *(relative)* lo que / *I saw what happened/he did* yo vi lo que ocurrió/hizo / *I don't know what to do* no sé qué hacer / *what we need is...* lo que nos hace falta es... ◆ excl [expressing disbelief] ¿qué? / *what, no milk!* ¿cómo? ¿que no hay leche?

whatever [wɒt'evər] ◆ adj cualquier / *eat whatever food you find* come lo que encuentres / *no chance whatever* ni la más remota posibilidad / *nothing whatever* nada en absoluto. ◆ pron **1.** [no matter what] : *whatever they may offer* ofrezcan lo que ofrezcan / *whatever you like* lo que (tú) quieras / *don't touch this, whatever you do* hagas lo que hagas, no toques esto ▶ **whatever happens** pase lo que pase / *whatever the weather* haga el tiempo que haga **2.** [indicating surprise] : *whatever do you mean?* ¿qué quieres decir? **3.** [indicating ignorance] : *he told me to get a D.R.V., whatever that is* OR *may be* me dijo que consiguiera un D.R.V., sea lo que sea eso ▶ **or whatever** o lo que sea.

whatsoever [,wɒtsəʊ'evər] adj : *nothing whatsoever* nada en absoluto / *none whatsoever* ni uno.

wheat [wiːt] n trigo *m*.

wheedle ['wiːdl] vt decir con zalamería ▶ **to wheedle sb into doing sthg** camelar OR engatusar a alguien para que haga algo ▶ **to wheedle sthg out of sb** sonsacarle algo a alguien.

wheel [wiːl] ◆ n **1.** [gen] rueda *f*. **2.** [steering wheel] volante *m* / *to be at the wheel* estar al volante. ◆ vt empujar *(algo sobre ruedas).* ◆ vi **1.** [move in circle] dar vueltas **2.** [turn round] ▶ **to wheel round** darse la vuelta.

wheelbarrow ['wiːl,bærəʊ] n carretilla *f*.

wheelchair ['wiːl,tʃeər] n silla *f* de ruedas.

wheelclamp ['wiːl,klæmp] n cepo *m*.

wheeze [wiːz] vi resollar.

whelk [welk] n buccino *m*.

when [wen] ◆ adv *(in direct, indirect questions)* cuándo / *when does the plane arrive?* ¿cuándo llega el avión? / *he asked me when I would be in London* me preguntó cuándo estaría en Londres / *I don't know when I'll be back* no sé cuándo volveré / *that was when I knew for sure that...* fue entonces cuando me di cuenta que... / *say when!* ¡di basta! ◆ conj cuando / *tell me when you've read it* avísame cuando lo hayas leído / *on the day when it happened* el día (en) que pasó / *use less oil when frying food* utiliza menos aceite al freír comida / *how*

can I buy it when I can't afford it? ¿cómo voy a comprarlo si no tengo dinero?

whenever [wen'evər] ◆ conj [no matter when] cuando ; [every time] cada vez que / *whenever you like* cuando quieras / *whenever I call him he runs away* siempre que le llamo se marcha corriendo. ◆ adv cuando sea.

where [weər] ◆ adv *(in direct, indirect questions)* dónde / *where do you live?* ¿dónde vives? / *do you know where he lives?* ¿sabes dónde vive? / *where are you from?* ¿de dónde eres? / *where are we going?* ¿adónde vamos? / *I don't know where to start* no sé por dónde empezar. ◆ conj **1.** [referring to place, situation] donde / *this is where ...* es aquí donde ... / *go where you like* vete (a) donde quieras **2.** [if] : *where possible* siempre que sea posible.

whereabouts ◆ adv [,weərə'baʊts] (por) dónde. ◆ pl n ['weərəbaʊts] paradero *m* / *to know sb's whereabouts* conocer el paradero de alguien.

whereas [weər'æz] conj mientras que.

whereby [weə'baɪ] conj fml por el/la cual.

whereupon [,weərə'pɒn] conj fml tras OR con lo cual.

wherever [weər'evər] ◆ conj [no matter where] dondequiera que / *wherever you go* dondequiera que vayas / *sit wherever you like* siéntate donde quieras. ◆ adv **1.** [no matter where] en cualquier parte **2.** [indicating surprise] : *wherever did you hear that?* ¿dónde habrás oído eso?

wherewithal ['weəwɪðɔːl] n fml ▶ **to have the wherewithal to do sthg** disponer de los medios para hacer algo.

whet [wet] vt ▶ **to whet sb's appetite (for sthg)** despertar el interés de alguien (por algo).

whether ['weðər] conj **1.** [indicating choice, doubt] si / *she doesn't know whether to go or stay* no sabe si quedarse o marcharse / *I doubt whether she'll do it* dudo que lo haga **2.** [no matter if] : *whether I want to or not* tanto si quiero como si no, quiera o no quiera.

which [wɪtʃ] ◆ adj **1.** *(in direct, indirect questions)* qué / *which house is yours?* ¿cuál es tu casa?, ¿qué casa es la tuya? / *which one?* ¿cuál? / *which ones?* ¿cuáles? **2.** [to refer back to] ▶ **in which case** en cuyo caso / *we won't arrive until 6, by which time it will be dark* no llegaremos hasta la 6, hora a la cual ya será de noche. ◆ pron **1.** *(in direct, indirect questions)* cuál, cuáles *(pl)* / *which do you prefer?* ¿cuál prefieres? / *I can't decide which to have* no sé cuál coger **2.** *(in relative clause replacing n)* que / *the table, which was made of wood, ...* la mesa, que OR la cual era de madera, ... / *the world in which we live* el mundo en que OR en el cual vivimos **3.** *(to refer back to a clause)* lo cual / *she*

denied it, which surprised me lo negó, lo cual
me sorprendió / *before which* antes de lo cual.

whichever [wɪtʃ'evər] ❖ adj **1.** [no matter
which] : *whichever route you take* vayas por
donde vayas **2.** [the one which] : *whichever colour you prefer* el color que prefieras. ❖ pron el
que (la que), los que (las que) (pl) / *take whichever you like* coge el que quieras.

whiff [wɪf] n [smell] olorcillo m / *she caught
a whiff of his aftershave* le llegó el olorcillo de
su aftershave.

while [waɪl] ❖ n rato m / *it's a long while
since I did that* hace mucho que no hago eso
▸ **for a while** un rato ▸ **after a while** después de
un rato ▸ **in a while** dentro de poco ▸ **once in
a while** de vez en cuando. ❖ conj **1.** [during
the time that] mientras **2.** [whereas] mientras que
3. [although] aunque. ◆ **while away** vt sep
pasar / *to while away the time* pasar el rato.

whilst [waɪlst] conj *fml* **1.** [during the time that]
mientras **2.** [whereas] mientras que **3.** [although]
aunque.

whim [wɪm] n capricho m.

whimper ['wɪmpər] vt & vi gimotear.

whimsical ['wɪmzɪkl] adj [idea, story] fantasio-
so(sa) ; [look] juguetón(ona).

whine [waɪn] vi [child, dog] gemir ; [siren] ular.

whinge [wɪndʒ] vi [UK] *inf* ▸ **to whinge (about)**
quejarse de.

whip [wɪp] ❖ n **1.** [for hitting] látigo m ; [for
horse] fusta f **2.** [UK] POL miembro de un partido
encargado de asegurar que otros miembros voten
en el parlamento. ❖ vt **1.** [gen] azotar **2.** [take
quickly] ▸ **to whip sthg out/off** sacar/quitar algo
rápidamente **3.** [whisk] batir. ◆ **whip up** vt sep
[provoke] levantar.

whipped cream [wɪpt-] n nata f montada.

whip-round n [UK] *inf* ▸ **to have a whip-round**
hacer una colecta.

whirl [wɜːl] ❖ n *fig* [of activity, events] torbellino m. ❖ vt ▸ **to whirl sb/sthg round** hacer
dar vueltas a alguien/algo. ❖ vi [move around]
arremolinarse ; [dancers] girar vertiginosamente.

whirlpool ['wɜːlpuːl] n remolino m.

whirlpool bath n bañera f de hidromasaje.

whirlwind ['wɜːlwɪnd] n torbellino m.

whirr [wɜːr] vi zumbar.

whisk [wɪsk] ❖ n CULIN varilla f. ❖ vt
1. [move quickly] ▸ **to whisk sthg away/out** lle-
varse/sacar algo rápidamente / *we were whisked
off to visit the museum* nos llevaron rápidamente
a visitar el museo **2.** CULIN batir.

whisker ['wɪskər] n [pelo m del] bigote m.
◆ **whiskers** pl n [of person] patillas fpl ; [of
cat] bigotes mpl.

whisky [UK], **whiskey** (pl -s) [US] [Ir] ['wɪskɪ] n
whisky m.

whisper ['wɪspər] ❖ vt susurrar. ❖ vi cuchichear.

whistle ['wɪsl] ❖ n **1.** [sound] silbido m, pitido m **2.** [device] silbato m, pito m. ❖ vt silbar.
❖ vi [person] silbar, chiflar [Am] ; [referee] pitar ;
[bird] piar.

white [waɪt] ❖ adj **1.** [gen] blanco(ca) ▸ **to
go** OR **turn white** ponerse blanco **2.** [coffee, tea]
con leche. ❖ n **1.** [colour] blanco m **2.** [per-
son] blanco m, -ca f **3.** [of egg] clara f **4.** [of
eye] blanco m.

white-collar adj de oficina ▸ **white-collar
worker** oficinista mf.

white elephant n *fig* mamotreto m *(caro e
inútil).*

Whitehall ['waɪthɔːl] n *calle londinense en que
se encuentra la Administración británica; por extensión ésta.*

white-hot adj incandescente.

White House n ▸ **the White House** la Casa
Blanca.

white lie n mentira f piadosa.

whiteness ['waɪtnɪs] n blancura f.

white paper n POL libro m blanco.

white sauce n (salsa f) bechamel f.

white spirit n [UK] especie de aguarrás.

whitewash ['waɪtwɒʃ] ❖ n **1.** (U) [paint]
blanqueo m, lechada f (de cal) **2.** *pej* [cover-up]
encubrimiento m. ❖ vt [paint] blanquear.

whiting ['waɪtɪŋ] (pl inv or -s) n pescadilla f.

Whitsun ['wɪtsn] n [day] Pentecostés m.

whittle ['wɪtl] vt [reduce] ▸ **to whittle down**
OR **away** reducir gradualmente.

whiz, whizz [wɪz] vi ▸ **to whiz past** OR **by** pasar
muy rápido OR zumbando.

whiz(z) kid n *inf* genio m, prodigio m.

who [huː] pron **1.** (in direct, indirect questions)
quién, quiénes (pl) ▸ **who are you?** ¿quién eres
tú? / *who is it?* [at door etc] ¿quién es? / *who
did you see?* ¿a quién viste? / *I didn't know
who she was* no sabía quién era **2.** (in relative
clauses) que / *he's the doctor who treated me*
es el médico que me atendió / *those who are in
favour* los que están a favor.

who'd [huːd] **1.** (abbr of who had) = **have**
2. (abbr of who would) = **would**.

whodun(n)it [ˌhuːˈdʌnɪt] n *inf* historia f policíaca de misterio.

whoever [huːˈevər] pron **1.** [unknown person]
quienquiera ; quienesquiera (pl) / *whoever finds it*
quienquiera que lo encuentre / *tell whoever you
like* díselo a quien quieras **2.** [indicating surprise,
astonishment] : *whoever can that be?* ¿quién

podrá ser? **3.** [no matter who] : *come in, who-ever you are* pasa, seas quién seas.

whole [həʊl] ❖ adj **1.** [entire, complete] ente-ro(ra) / *we've had enough of the whole thing* ya estamos hartos de todo esto **2.** [for emphasis] ▶ **a whole lot taller** muchísimo más alto ▶ **a whole new idea** una idea totalmente nueva. ❖ n **1.** [all] ▶ **the whole of the school / summer** el colegio/verano entero **2.** [unit, complete thing] todo *m*. ◆ **as a whole** adv en conjunto. ◆ **on the whole** adv en general.

wholefood ['həʊlfuːd] n UK comida f integral.

whole grain ['həʊlmiːl] adj [bread, flour] in-tegral.

whole-hearted [-'hɑːtɪd] adj incondicional.

wholemeal ['həʊlmiːl], **whole wheat** adj UK integral.

wholesale ['həʊlseɪl] ❖ adj **1.** COMM por mayor **2.** pej [indiscriminate] indiscriminado(da). ❖ adv **1.** COMM por mayor **2.** pej [indiscrim-inately] indiscriminadamente.

wholesaler ['həʊl,seɪlər] n mayorista *mf*.

wholesome ['həʊlsəm] adj sano(na).

whole wheat US = wholemeal.

who'll [huːl] **1.** (abbr of who will) = will **2.** (abbr of who shall) = shall.

wholly ['həʊlɪ] adv completamente.

whom [huːm] pron **1.** (in direct, indirect ques-tions) fml quién, quiénes (pl) / *from whom did you receive it?* ¿de quién lo recibiste? ▶ **for/of/ to whom** por/de/a quién **2.** (in relative clauses) que / *the man whom I saw* el hombre que vi / *the man to whom I gave it* el hombre al que se lo di / *several people came, none of whom I knew* vinieron varias personas, de las que no conocía a ninguna.

whooping cough ['huːpɪŋ-] n tos f ferina.

whopping ['wɒpɪŋ] inf ❖ adj enorme. ❖ adv ▶ **a whopping great lorry/lie, a whopping big lorry/lie** un camión/una mentira enorme.

whore [hɔːr] n pej puta f.

who're ['huːər] (abbr of who are) = be.

whose [huːz] ❖ pron (in direct, indirect ques-tions) de quién, de quiénes (pl) / *whose is this?* ¿de quién es esto? / *I wonder whose they are* me pregunto de quién serán. ❖ adj **1.** (in direct, indirect questions) de quién ▶ **whose car is that?** ¿de quién es ese coche? **2.** (in relative clauses) cuyo(ya), cuyos(yas) (pl) / *that's the boy whose father's an MP* ese es el chico cuyo padre es diputado / *the woman whose daughters are twins* la mujer cuyas hijas son gemelas.

who's who [huːz-] n [book] Quién es Quién *m*.

who've [huːv] (abbr of who have) = have.

why [waɪ] ❖ adv por qué / *why did you lie to me?* ¿por qué me mentiste? / *why don't you all*

come? ¿por qué no venís todos? ▶ **why not?** ¿por qué no? ❖ conj por qué / *I don't know why he said that* no sé por qué dijo eso. ❖ pron : *there are several reasons why he left* hay varias razones por las que se marchó / *that's why she did it* por eso es por lo que lo hizo / *I don't know the reason why* no se por qué razón. ❖ excl ¡hombre!, ¡vaya! ◆ **why ever** adv : *why ever did you do that?* ¿pero por qué has hecho eso?

wick [wɪk] n mecha f ▶ **to get on sb's wick** UK inf & fig sacar de quicio a alguien.

wicked ['wɪkɪd] adj **1.** [evil] malvado(da) **2.** [mischievous, devilish] travieso(sa).

wicker ['wɪkər] adj de mimbre.

wickerwork ['wɪkəwɜːk] n (U) artículos mpl de mimbre.

wicket ['wɪkɪt] n CRICKET [stumps] palos mpl.

wide [waɪd] ❖ adj **1.** [broad] ancho(cha) / *how wide is it?* ¿cuánto mide de ancho? / *it's 50 cm wide* tiene 50 cm de ancho **2.** [range, choice etc] amplio(plia) **3.** [gap, difference, implications] grande, considerable **4.** [off-target] desviado(da). ❖ adv **1.** [broadly] ▶ **to open/spread sthg wide** abrir/desplegar algo completamente **2.** [off target] ▶ **to go on be wide** salir desviado.

wide-angle lens n gran angular *m*.

wide awake adj completamente despierto(ta).

widely ['waɪdlɪ] adv **1.** [travel, read] extensamen-te / *to be widely read/travelled* haber leído/ viajado mucho **2.** [believed, known, loved] gene-ralmente / *there is a widely held view that ...* existe la creencia generalizada de que... **3.** [differ, vary] mucho.

widen ['waɪdn] vt [gen] ampliar ; [road, bridge] ensanchar.

wide open adj **1.** [window, door] abierto(ta) de par en par **2.** [eyes] completamente abierto(ta).

wide-ranging [-'reɪndʒɪŋ] adj [changes, survey, consequences] de gran alcance ; [discussion, inter-ests] de gran variedad ; [selection] amplio(plia).

widescreen ['waɪdskriːn] adj [television] de pantalla ancha.

widescreen TV ['waɪdskriːn-] n televisor *m* panorámico, televisor *m* de pantalla ancha.

widespread ['waɪdspred] adj extendido(da), ge-neral.

widow ['wɪdəʊ] n [woman] viuda f.

widowed ['wɪdəʊd] adj viudo(da).

widower ['wɪdəʊər] n viudo *m*.

width [wɪdθ] n **1.** [breadth] anchura f ▶ **it's 50 cm in width** tiene 50 cm de ancho **2.** [in swimming pool] ancho *m*.

wield [wiːld] vt **1.** [weapon] esgrimir ; [imple-ment] manejar **2.** [power] ejercer.

wife [waɪf] (pl **wives**) n mujer f, esposa f.

WiFi ['waɪfaɪ] (*abbr of* **wireless fidelity**) *n* COMPUT wifi *m inv*, wi-fi *m inv* ▶ **Wifi hotspot** punto *m* de acceso wifi.

wig [wɪg] *n* peluca *f*.

wiggle ['wɪgl] *inf* vt menear; [hips etc] contonear.

wild [waɪld] *adj* **1.** [gen] salvaje; [plant, flower] silvestre; [bull] bravo(va) **2.** [landscape, scenery] agreste **3.** [weather, sea] borrascoso(sa) **4.** [crowd, laughter, applause] frenético(ca) **5.** [hair] alborotado(da) **6.** [hope, idea, plan] descabellado(da) **7.** [guess, exaggeration] extravagante. ◆ **wilds** *pl n* ▶ **the wilds** las tierras remotas.

wilderness ['wɪldənɪs] *n* **1.** [barren land] yermo *m*, desierto *m* **2.** [overgrown land] jungla *f*.

wild-goose chase *n inf* búsqueda *f* infructuosa.

wildlife ['waɪldlaɪf] *n* (*U*) fauna *f*.

wildly ['waɪldlɪ] *adv* **1.** [enthusiastically] frenéticamente **2.** [without discipline, inaccurately] a lo loco **3.** [very] extremadamente.

wilful US, **willful** US ['wɪlfʊl] *adj* **1.** [stubborn] que siempre se tiene que salir con la suya **2.** [deliberate] deliberado(da).

will¹ [wɪl] ◆ *n* **1.** [gen] voluntad *f* **2.** [document] testamento *m* / **to make a will** hacer testamento. ◆ *vt* ▶ **to will sthg to happen** desear mucho que ocurra algo ▶ **to will sb to do sthg** desear mucho que alguien haga algo.

will² [wɪl] *modal vb* **1.** [to express future tense] : *they say it will rain tomorrow* dicen que lloverá OR va a llover mañana / *we will have arrived by midday* habremos llegado a mediodía / *when will we get paid?* ¿cuándo nos pagarán? / *will they come?* — *yes, they will /no, they won't* ¿vendrán? — sí/no / *you will come, won't you?* (emphatic) vas a venir, ¿no? **2.** [indicating willingness] : *will you have some more tea?* ¿te apetece más té? / *I won't do it* no lo haré **3.** [in commands, requests] : *you will leave this house at once* vas a salir de esta casa ahora mismo / *close that window, will you?* cierra la ventana, ¿quieres? / *will you be quiet!* ¿queréis hacer el favor de callaros? **4.** [indicating possibility, what usually happens] : *the hall will hold up to 1,000 people* la sala tiene cabida para 1.000 personas **5.** [expressing an assumption] : *that'll be your father* ese va a ser OR será tu padre **6.** [indicating irritation] : *well, if you will leave your toys everywhere ...* normal, si vais dejando los juguetes por todas partes ... / *she will keep phoning me* ¡y venga a llamarme!

willful US = **wilful**.

willing ['wɪlɪŋ] *adj* [eager] servicial.

willingly ['wɪlɪŋlɪ] *adv* de buena gana.

willingness ['wɪlɪŋnɪs] *n* ▶ **willingness (to do sthg)** disposición *f* (para hacer algo).

willow (tree) ['wɪləʊ-] *n* sauce *m*.

willpower ['wɪl,paʊər] *n* fuerza *f* de voluntad.

willy-nilly [,wɪlɪ'nɪlɪ] *adv* [carelessly] a la buena de Dios.

wilt [wɪlt] *vi* [plant] marchitarse; [person] desfallecer, extenuarse.

wily ['waɪlɪ] *adj* astuto(ta).

wimp [wɪmp] *n inf & pej* blandengue *mf*.

win [wɪn] ◆ *n* victoria *f*, triunfo *m*. ◆ *vt* (*pt & pp* **won**) ganar. ◆ *vi* (*pt & pp* **won**) ganar ▶ **you/I etc. can't win** no hay manera. ◆ **win over**, **win round** *vt sep* convencer.

wince [wɪns] *vi* hacer una mueca de dolor ▶ **to wince at/with sthg** estremecerse ante/de algo.

winch [wɪntʃ] *n* torno *m*.

wind¹ [wɪnd] ◆ *n* **1.** METEOR viento *m* **2.** [breath] aliento *m*, resuello *m* **3.** (*U*) [in stomach] gases *mpl* ▶ **to break wind** *euph* ventosear. ◆ *vt* [knock breath out of] dejar sin aliento.

wind² [waɪnd] ◆ *vt* (*pt & pp* **wound**) **1.** [string, thread] enrollar ▶ **to wind sthg around sthg** enrollar algo alrededor de algo **2.** [clock, watch] dar cuerda a. ◆ *vi* (*pt & pp* **wound**) serpentear. ◆ **wind down** ◆ *vt sep* **1.** [car window] bajar **2.** [business] cerrar poco a poco. ◆ *vi* [person] relajarse, descansar. ◆ **wind up** *vt sep* **1.** [finish - activity] finalizar, concluir; [business] liquidar **2.** [clock, watch] dar cuerda a **3.** [car window] subir **4.** US *inf* [annoy] vacilar, tomar el pelo a. ◆ *vi inf* [end up] terminar, acabar ▶ **to wind up doing sthg** acabar haciendo algo.

windfall ['wɪndfɔːl] *n* [unexpected gift] dinero *m* llovido del cielo.

wind farm [wɪnd-] *n* parque *m* eólico.

winding ['waɪndɪŋ] *adj* tortuoso(sa).

wind instrument [wɪnd-] *n* instrumento *m* de viento.

windmill ['wɪndmɪl] *n* molino *m* de viento.

window ['wɪndəʊ] *n* **1.** [gen & COMPUT] ventana *f* **2.** AUTO ventanilla *f* **3.** [of shop] escaparate *m*.

window box *n* jardinera *f* (de ventana).

window cleaner *n* **1.** [person] limpiacristales *m & f inv* **2.** [product] limpiacristales *m inv*.

window ledge *n* alféizar *m*.

window pane *n* cristal *m* (de la ventana).

window-shopping *n* ▶ **to go window-shopping** ir de escaparates.

windowsill ['wɪndəʊsɪl] *n* alféizar *m*.

windpipe ['wɪndpaɪp] *n* tráquea *f*.

windscreen US ['wɪndskriːn], **windshield** US ['wɪndʃiːld] *n* parabrisas *m inv*.

windscreen washer *n* lavaparabrisas *m inv*.

windscreen wiper *n* limpiaparabrisas *m inv*.

windshield US = **windscreen**.

windsurfing ['wɪnd,sɜːfɪŋ] *n* windsurf *m*.

windswept ['wɪndswept] *adj* [scenery] azotado(da) por el viento.

wind turbine [wɪnd-] n aerogenerador m.

windy ['wɪndɪ] adj [day, weather] ventoso(sa), de mucho viento ; [place] expuesto(ta) al viento ▸ **it's windy** hace viento.

wine [waɪn] n vino m ▸ **red / white wine** vino tinto/blanco.

wine bar n UK bar de cierta elegancia especializado en vinos y que a veces suele servir comidas.

wine cellar n bodega f.

wineglass ['waɪnɡlɑːs] n copa f OR vaso m (de vino).

wine list n lista f de vinos.

wine merchant n UK vinatero m, -ra f.

wine tasting [-ˌteɪstɪŋ] n cata f de vinos.

wine waiter n sommelier m.

wing [wɪŋ] n **1.** [gen] ala f **2.** AUTO guardabarros m inv **3.** SPORT [side of pitch] banda f ; [winger] extremo m. ◆ **wings** pl n THEAT ▸ **the wings** los bastidores.

winger ['wɪŋər] n SPORT extremo m.

wing mirror n retrovisor m.

wink [wɪŋk] n guiño m ▸ **not to sleep a wink, not to get a wink of sleep** inf no pegar ojo.

winkle ['wɪŋkl] n bígaro m.

Winnebago® [ˌwɪnɪ'beɪɡəʊ] n autocaravana f.

winner ['wɪnər] n ganador m, -ra f.

winning ['wɪnɪŋ] adj **1.** [team, competitor] vencedor(ra) ; [goal, point] de la victoria ; [ticket, number] premiado(da) **2.** [smile, ways] atractivo(va). ◆ **winnings** pl n ganancias fpl.

winning post n meta f.

winter ['wɪntər] ◆ n (U) invierno m. ◆ comp de invierno, invernal.

winter sports pl n deportes mpl de invierno.

wintertime ['wɪntətaɪm] n (U) invierno m.

wint(e)ry ['wɪntrɪ] adj [gen] de invierno, invernal ; [showers] con nieve.

win-win adj ▸ **it's a win-win situation** es una situación en la que todos ganan.

wipe [waɪp] ◆ n ▸ **give the table a wipe** pásale un trapo a la mesa. ◆ vt [rub to clean] limpiar, pasar un trapo a ; [rub to dry] secar. ◆ **wipe away** vt sep [tears, sweat] enjugar. ◆ **wipe out** vt sep **1.** [erase] borrar **2.** [eradicate] aniquilar. ◆ **wipe up** vt sep empapar, limpiar.

wiper ['waɪpər] n [windscreen wiper] limpiaparabrisas m inv.

wire ['waɪər] ◆ n **1.** [gen] alambre m ; ELEC cable m **2.** US [telegram] telegrama m. ◆ vt **1.** [ELEC - house] poner la instalación eléctrica de ; [- plug] conectar el cable a **2.** US [send telegram to] enviar un telegrama a.

wirefree ['waɪəfriː] adj inalámbrico(ca).

wireless ['waɪəlɪs] ◆ n dated radio f. ◆ adj INTERNET inalámbrico(ca).

wiring ['waɪərɪŋ] n (U) instalación f eléctrica.

wiry ['waɪərɪ] adj **1.** [hair] estropajoso(sa) **2.** [body, man] nervudo(da).

wisdom ['wɪzdəm] n **1.** [learning] sabiduría f **2.** [good sense] sensatez f.

wisdom tooth n muela f del juicio.

wise [waɪz] adj **1.** [learned] sabio(bia) ▸ **she's no wiser** OR **none the wiser** sigue sin entender **2.** [sensible] prudente.

wisecrack ['waɪzkræk] n pej broma f, chiste m.

wish [wɪʃ] ◆ n : to do sthg against sb's wishes hacer algo en contra de los deseos de alguien. ◆ vt ▸ **to wish to do sthg** fml desear hacer algo ▸ **to wish sb sthg** desear a alguien algo ▸ **I wish (that) you had told me before!** ¡ojalá me lo hubieras dicho antes! ▸ **I wish (that) you would shut up** ¿por qué no te callas? ◆ vi [by magic] ▸ **to wish for sthg** pedir (como deseo) algo. ◆ **wishes** pl n ▸ **(with) best wishes** [in letter] muchos recuerdos.

wishful thinking [ˌwɪʃful-] n (U) : it's just wishful thinking no son más que (vanas) ilusiones.

wishy-washy ['wɪʃɪ,wɒʃɪ] adj inf & pej soso(sa), insípido(da).

wisp [wɪsp] n **1.** [of hair] mechón m ; [of grass] brizna f **2.** [cloud] nubecilla f ; [of smoke] voluta f.

wistful ['wɪstful] adj melancólico(ca).

wit [wɪt] n **1.** [humour] ingenio m, agudeza f **2.** [intelligence] ▸ **to have the wit to do sthg** tener el buen juicio de hacer algo. ◆ **wits** pl n ▸ **to be scared out of one's wits** inf estar muerto de miedo.

witch [wɪtʃ] n bruja f.

with [wɪð] prep **1.** [in company of] con / we stayed with them for a week estuvimos con ellos una semana ▸ **with me** conmigo ▸ **with you** contigo **2.** [indicating opposition] con **3.** [indicating means, manner, feelings] con / I washed it with detergent lo lavé con detergente / he filled it with wine lo llenó de vino / covered with mud cubierto de barro / she was trembling with fear temblaba de miedo / ``all right", she said with a smile "vale", dijo con una sonrisa **4.** [having - gen] con / a man with a beard un hombre con barba / the woman with the black hair / big dog la señora del pelo negro/perro grande / I'm married with six children estoy casado con seis hijos **5.** [regarding] con / he's very mean with money es muy tacaño con el dinero **6.** [because of] con / with the weather as it is, we have decided to stay at home con el tiempo como está hemos decidido quedarnos en casa / with my luck, I'll probably lose con la suerte que tengo seguro que pierdo **7.** [indicating understanding] : are you with me? ¿me sigues? **8.** [indicating support] con / I'm with Dad on this en eso estoy con papá.

withdraw [wɪð'drɔː] ❖ vt (pt **-drew**, pp **-drawn**) **1.** [gen] ▶ **to withdraw sthg (from)** retirar algo (de) **2.** [money] sacar. ❖ vi (pt **-drew**, pp **-drawn**) ▶ **to withdraw (from/to)** retirarse (de/a) / **to withdraw into o.s.** encerrarse en uno mismo.

withdrawal [wɪð'drɔːəl] n **1.** [gen & MIL] retirada f **2.** [retraction] retractación f **3.** FIN reintegro m.

withdrawal symptoms pl n síndrome m de abstinencia.

withdrawn [wɪð'drɔːn] ❖ pp ⟶ **withdraw**. ❖ adj [shy, quiet] reservado(da).

withdrew [wɪð'druː] pt ⟶ **withdraw**.

wither ['wɪðər] vi **1.** [dry up] marchitarse **2.** [become weak] debilitarse.

withhold [wɪð'həʊld] (pt & pp **-held**) vt [gen] retener ; [consent, permission] negar.

within [wɪ'ðɪn] ❖ prep **1.** [gen] dentro de ▶ **within reach** al alcance de la mano / **within sight of** a la vista **2.** [less than - distance] a menos de ; [- time] en menos de / **it's within walking distance** se puede ir andando / **he was within five seconds of the leader** estaba a cinco segundos del líder / **within the next six months** en los próximos seis meses / **it arrived within a week** llegó en menos de una semana. ❖ adv dentro.

without [wɪð'aʊt] ❖ prep sin ▶ **without sthg / doing sthg** sin algo/hacer algo / **without making any mistakes** sin cometer ningún error / **it happened without my realizing** pasó sin que me diera cuenta. ❖ adv ▶ **to go** OR **do without sthg** pasar sin algo.

withstand [wɪð'stænd] (pt & pp **-stood**) vt resistir, aguantar.

witness ['wɪtnɪs] ❖ n **1.** [person] testigo mf ▶ **to be witness to sthg** ser testigo de algo **2.** [testimony] ▶ **to bear witness to sthg** atestiguar algo, dar fe de algo. ❖ vt **1.** [see] presenciar **2.** [countersign] firmar (como testigo).

witness box `UK`, **witness stand** `US` n tribuna f (de los testigos).

witticism ['wɪtɪsɪzm] n ocurrencia f.

wittily ['wɪtɪlɪ] adv ingeniosamente.

witty ['wɪtɪ] adj ingenioso(sa), ocurrente.

wives [waɪvz] pl n ⟶ **wife**.

wizard ['wɪzəd] n **1.** [magician] mago m (en cuentos) **2.** [skilled person] genio m.

WMD (abbr of **weapons of mass destruction**) pl n ADM fpl.

wobble ['wɒbl] vi [gen] tambalearse ; [furniture] cojear ; [legs] temblar.

wobbly ['wɒblɪ] (compar **-ier**, superl **-iest**) adj inf [jelly, flesh] bamboleante ; [handwriting, legs] tembloroso(sa) ; [furniture] cojo(ja).

woe [wəʊ] n liter aflicción f.

woke [wəʊk] pt ⟶ **wake**.

woken ['wəʊkn] pp ⟶ **wake**.

wolf [wʊlf] n (pl **wolves**) ZOOL lobo m.

wolves ['wʊlvz] pl n ⟶ **wolf**.

woman ['wʊmən] (pl **women**) ❖ n **1.** [female] mujer f **2.** [womanhood] la mujer. ❖ comp : **woman doctor** médica f.

womanly ['wʊmənlɪ] adj femenino(na).

womb [wuːm] n matriz f, útero m.

women ['wɪmɪn] pl n ⟶ **woman**.

women's lib [-'lɪb] n liberación f de la mujer.

women's liberation n liberación f de la mujer.

won [wʌn] pt & pp ⟶ **win**.

wonder ['wʌndər] ❖ n **1.** [amazement] asombro m, admiración f **2.** [cause for surprise] ▶ **it's a wonder (that) ...** es un milagro que ... **3.** [amazing thing, person] maravilla f ▶ **to work** OR **do wonders** hacer maravillas OR milagros. ❖ vt **1.** [speculate] ▶ **to wonder (if** OR **whether)** preguntarse (si) **2.** [in polite requests] : **I wonder if** OR **whether I could ask you a question?** ¿le importaría que le hiciera una pregunta? **3.** [be surprised] : **I wonder (that) she hasn't left him** me pregunto cómo es que todavía no lo ha dejado. ❖ vi [speculate] : **I was only wondering** preguntaba sólo por curiosidad ▶ **to wonder about sthg** preguntarse por algo.

wonderful ['wʌndəfʊl] adj maravilloso(sa), estupendo(da).

wonderfully ['wʌndəfʊlɪ] adv **1.** [very well] estupendamente **2.** [very] extremadamente.

won't [wəʊnt] (abbr of **will not**) = **will**.

woo [wuː] vt **1.** liter [court] cortejar **2.** [try to win over] granjearse el apoyo de.

wood [wʊd] n **1.** [timber] madera f ; [for fire] leña f **2.** [group of trees] bosque m ▶ **I can't see the wood for the trees** `UK` los árboles no me dejan ver el bosque. ◆ **woods** pl n bosque m.

wooded ['wʊdɪd] adj arbolado(da).

wooden ['wʊdn] adj **1.** [of wood] de madera **2.** pej [actor] envarado(da).

woodpecker ['wʊd,pekər] n pájaro m carpintero.

woodwind ['wʊdwɪnd] n ▶ **the woodwind** los instrumentos de viento de madera.

woodwork ['wʊdwɜːk] n carpintería f.

woodworm ['wʊdwɜːm] n carcoma f.

wool [wʊl] n lana f ▶ **to pull the wool over sb's eyes** inf & fig dar a alguien gato por liebre.

woollen `UK`, **woolen** `US` ['wʊlən] adj de lana. ◆ **woollens** pl n géneros mpl de lana.

woolly ['wʊlɪ] adj **1.** [woollen] de lana **2.** inf [fuzzy, unclear] confuso(sa).

word [wɜːd] ❖ n **1.** LING palabra f / **we couldn't understand a word he said** no entendimos ni una sola palabra de lo que dijo ▶ **word for**

word palabra por palabra ▶ **in other words** en otras palabras ▶ **in a word** en una palabra ▶ **too ... for words** de lo más ... ▶ **she doesn't mince her words** no tiene pelos en la lengua ▶ **I couldn't get a word in edgeways** no pude meter baza **2.** (U) [news] noticia f / **there is no word from them** no hemos tenido noticias de ellos / **word has it that ...** se rumorea que... **3.** [promise] palabra f ▶ **to be as good as one's word, to be true to one's word** cumplir lo prometido. ❖ vt redactar, expresar.

wording ['wɜːdɪŋ] n (U) términos mpl, forma f (de expresión).

word processing n (U) proceso m de textos.

word processor [-'prəʊsesər] n procesador m de textos.

wordy ['wɜːdɪ] (compar **-ier**, superl **-iest**) adj pej prolijo(ja).

wore [wɔːr] pt ⟶ **wear**.

work [wɜːk] ❖ n **1.** (U) [employment] trabajo m, empleo m ▶ **to be out of work** estar desempleado ▶ **at work** en el trabajo **2.** [activity, tasks] trabajo m ▶ **at work** trabajando ▶ **to have one's work cut out doing sthg** OR **to do sthg** tenerlo muy difícil para hacer algo **3.** [of art, literature etc] obra f **4.** [handiwork] obra f / **it was the work of a psychopath** fue obra de un psicópata. ❖ vt **1.** [employees, subordinates] hacer trabajar / **she works herself too hard** trabaja demasiado **2.** [machine] manejar, operar **3.** [wood, metal, land] trabajar. ❖ vi **1.** [person] ▶ **to work (on sthg)** trabajar (en algo) / **he works as a gardener** trabaja de jardinero / **to work for sb** trabajar para alguien **2.** [machine, system, idea] funcionar **3.** [drug] surtir efecto **4.** [become by movement] ▶ **to work loose** soltarse ▶ **to work free** desprenderse. ◆ **works** ❖ n [factory] fábrica f. ❖ pl n **1.** [mechanism] mecanismo m **2.** [digging, building] obras fpl. ◆ **work off** vt sep [anger, frustration] desahogar. ◆ **work on** vt insep **1.** [pay attention to] trabajar en **2.** [take as basis] partir de. ◆ **work out** ❖ vt sep **1.** [plan, schedule] elaborar **2.** [total, amount] calcular ; [answer] dar con. ❖ vi **1.** [figure etc] ▶ **to work out at** salir a **2.** [turn out] resolverse **3.** [be successful] salir bien **4.** [train, exercise] hacer ejercicio. ◆ **work up** vt sep **1.** [excite] ▶ **to work o.s. up into a frenzy** ponerse frenético(ca) **2.** [generate] despertar / **I can't work up much enthusiasm** no consigo entusiasmarme / **to work up an appetite** abrir el apetito.

workable ['wɜːkəbl] adj factible, viable.

workaholic [,wɜːkə'hɒlɪk] n adicto m, -ta f al trabajo.

workday ['wɜːkdeɪ], **working day** n [not weekend] día m laborable.

worked up [,wɜːkt-] adj nervioso(sa) / **to get worked up** alterarse.

worker ['wɜːkər] n [person who works] trabajador m, -ra f ; [manual worker] obrero m, -ra f ▶ **a hard / fast worker** una persona que trabaja mucho/a prisa / **office worker** oficinista mf.

workforce ['wɜːkfɔːs] n mano f de obra.

working ['wɜːkɪŋ] adj **1.** [in operation] funcionando **2.** [having employment] empleado(da) / **a working mother** una madre trabajadora **3.** [relating to work - gen] laboral ; [- day] laborable. ◆ **workings** pl n mecanismo m.

working class n ▶ **the working class** la clase obrera. ◆ **working-class** adj obrero(ra).

working order n ▶ **to be in (good) working order** funcionar (bien).

working week n semana f laboral.

workload ['wɜːkləʊd] n cantidad f de trabajo.

workman ['wɜːkmən] (pl **-men**) n obrero m.

workmanship ['wɜːkmənʃɪp] n artesanía f.

workmate ['wɜːkmeɪt] n compañero m, -ra f de trabajo, colega mf.

work permit [-,pɜːmɪt] n permiso m de trabajo.

workplace ['wɜːkpleɪs] n lugar m de trabajo.

workshop ['wɜːkʃɒp] n taller m.

workspace ['wɜːkspeɪs] n COMPUT espacio m de trabajo.

workstation ['wɜːk,steɪʃn] n COMPUT estación f de trabajo.

worktop ['wɜːktɒp] n UK mármol m, encimera f.

work-to-rule n UK huelga f de celo.

workweek n US semana f laboral.

world [wɜːld] ❖ n mundo m ▶ **the best in the world** el mejor del mundo / **the highest mountain in the world** la montaña más alta del mundo / **all over the world** por todo el mundo ▶ **to think the world of sb** querer a alguien con locura ▶ **a world of difference** una diferencia enorme / **to see the world** ver mundo / **it's a small world** el mundo es un pañuelo / **the antique world** el mundo antiguo / **what is the world coming to?** ¿a dónde vamos a ir a parar? / **they are worlds apart** hay un abismo entre ellos / **to have all the time in the world** tener todo el tiempo del mundo. ❖ comp mundial.

world-class adj de primera categoría.

world-famous adj famoso(sa) en el mundo entero.

worldly ['wɜːldlɪ] adj liter mundano(na).

World Trade Organization n Organización f Mundial del Comercio.

World War I n la Primera Guerra Mundial.

World War II n la Segunda Guerra Mundial.

worldwide ['wɜːldwaɪd] ❖ adj mundial. ❖ adv en todo el mundo.

World Wide Web n ▶ **the World Wide Web** la (World Wide) Web.

worm [wɜːm] n [animal] gusano m ; [earthworm] lombriz f (de tierra).

worn [wɔːn] ❖ pp ⟶ **wear**. ❖ adj **1.** [threadbare] gastado(da) **2.** [tired] ajado(da).

worn-out adj **1.** [old, threadbare] ❱ to be worn-out estar ya para tirar **2.** [tired] agotado(da).

worried ['wʌrɪd] adj preocupado(da).

worry ['wʌrɪ] ❖ n preocupación f. ❖ vt [trouble] preocupar. ❖ vi ❱ to worry (about) preocuparse (por) ❱ not to worry! ¡no importa!

worrying ['wʌrɪɪŋ] adj preocupante.

worrywort ['wɜːriwɔːrt] n 🇺🇸 inf angustias mf inv 🇪🇸, angustiado m, -da f.

worse [wɜːs] ❖ adj peor ❱ to get worse empeorar ❱ to get worse and worse ir cada vez peor ❱ to go from bad to worse ir de mal en peor ❱ to make things worse empeorar las cosas / they are none the worse for their adventure se sienten perfectamente a pesar de su aventura. ❖ adv peor ❱ worse off a) [gen] en peor situación b) [financially] peor económicamente ❱ you could do worse than marry him no harías tan mal casándote con él. ❖ n ❱ worse was to come lo peor estaba aún por venir ❱ a change for the worse un cambio para peor / to take a turn for the worse empeorar.

worsen ['wɜːsn] vt & vi empeorar.

worship ['wɜːʃɪp] ❖ vt (🇬🇧 pt & pp -ped, cont -ping, 🇺🇸 pt & pp -ed, cont -ing) lit & fig adorar. ❖ n lit & fig ❱ worship (of) culto m (a), adoración f (por). ❖ **Worship** n ❱ Your / Her / His Worship su señoría ❱ his Worship the Mayor el Excelentísimo Señor alcalde.

worst [wɜːst] ❖ adj peor / the worst thing is ... lo peor es que ... / worst of all lo peor de todo. ❖ adv peor / the worst affected area la región más afectada. ❖ n ❱ the worst a) [thing] lo peor b) [person] el peor m, la peor f / this is communism at its worst esto es la peor manifestación del comunismo / to fear the worst temer lo peor ❱ if the worst comes to the worst en último extremo ❱ to bring out the worst in sb sacar lo peor de alguien. ❖ at (the) worst adv en el peor de los casos.

worth [wɜːθ] ❖ prep **1.** [having the value of] ❱ it's worth £50 vale 50 libras ❱ how much is it worth? ¿cuánto vale? / it isn't worth that much no vale tanto **2.** [deserving of] digno(na) de / the museum is worth visiting o a visit, it's worth visiting the museum el museo merece una visita / it's not worth it no vale la pena / it's worth a try vale la pena intentarlo / for what it's worth, I think that ... por si mi opinión sirve de algo, creo que... ❖ n **1.** [amount] ❱ £50,000 worth of antiques antigüedades por valor de 50.000 libras ❱ a month's worth of groceries provisiones para un mes **2.** fml [value] valor m.

worthless ['wɜːθlɪs] adj **1.** [object] sin valor **2.** [person] despreciable.

worthwhile [ˌwɜːθ'waɪl] adj que vale la pena ; [cause] noble, digno(na).

worthy ['wɜːði] adj **1.** [gen] digno(na) **2.** [good but unexciting] encomiable.

would [wʊd] modal vb **1.** (in reported speech) : she said she would come dijo que vendría **2.** (in conditional phrases) : if she couldn't come she would tell us si no pudiera venir nos lo diría / what would you do? ¿qué harías? / if he had known, he would have resigned si lo hubiera sabido, habría dimitido **3.** (indicating willingness) : she wouldn't go no quiso/quería ir / he would do anything for her haría cualquier cosa por ella **4.** (in polite questions) ❱ would you like a drink? ¿quieres beber algo? ❱ would you mind closing the window? ¿le importaría cerrar la ventana? ❱ help me shut this suitcase, would you? ayúdame a cerrar esta maleta, ¿quieres? **5.** [indicating inevitability] ❱ he WOULD say that, wouldn't he? hombre, era de esperar que dijera eso, ¿no? **6.** [expressing opinions] ❱ I would have thought (that) it would be easy hubiera pensado que sería fácil / I would prefer ... preferiría ... ❱ I would like ... quisiera ..., quiero ... **7.** [giving advice] : I would report it if I were you yo en tu lugar lo denunciaría **8.** [indicating habit] : he would smoke a cigar after dinner solía fumar un puro después de la cena / she would often complain about the neighbours se quejaba a menudo de los vecinos **9.** [in conjectures] : it would have been around 2 o'clock serían las dos.

would-be adj : a would-be author un aspirante a literato.

wouldn't ['wʊdnt] (abbr of would not) = would.

would've ['wʊdəv] (abbr of would have) = would.

wound¹ [wuːnd] ❖ n herida f. ❖ vt lit & fig herir.

wound² [waʊnd] pt & pp ⟶ **wind**.

wove [wəʊv] pt ⟶ **weave**.

woven ['wəʊvn] pp ⟶ **weave**.

wow [waʊ] excl inf ¡anda!, ¡caramba!

WP 1. abbr of word processing **2.** abbr of word processor.

wrangle ['ræŋgl] ❖ n disputa f. ❖ vi ❱ to wrangle (with sb over sthg) discutir OR pelearse (con alguien por algo).

wrap [ræp] ❖ vt **1.** [cover] envolver ❱ to wrap sthg in sthg envolver algo en algo ❱ to wrap sthg around OR round sthg liar algo alrededor de algo **2.** [encircle] ❱ he wrapped his hands around it lo rodeó con sus manos. ❖ n **1.** [garment] echarpe m / to keep sthg under wraps fig mantener algo en secreto **2.** 🇺🇸 [food] tipo de bocadillo servido en una torta de maíz y doblado por la mitad. ❖ **wrap up** ❖ vt sep [cover] envolver. ◆ vi [put warm clothes on] ▶ **wrap up well** OR **warmly** abrígate bien.

wrapped [ræpt] adj [bread, cheese] envuelto(ta).

wrapper ['ræpər] n envoltorio m.

wrapping ['ræpɪŋ] n envoltorio m.

wrapping paper n (U) papel m de envolver.

wrath [rɒθ] n liter ira f, cólera f.

wreak [ri:k] vt causar / **to wreak havoc** hacer estragos.

wreath [ri:θ] n corona f (de flores).

wreck [rek] ◆ n **1.** [of car, plane] restos mpl del siniestro ; [of ship] restos del naufragio **2.** inf [person] guiñapo m / **to be a nervous wreck** estar hecho(cha) un manojo de nervios. ◆ vt **1.** [destroy] destrozar **2.** NAUT hacer naufragar ▶ **to be wrecked** naufragar **3.** [spoil] dar al traste con ; [health] acabar con.

wreckage ['rekɪdʒ] n (U) [of plane, car] restos mpl ; [of building] escombros mpl.

wren [ren] n chochín m.

wrench [rentʃ] ◆ n **1.** US [tool] llave f inglesa **2.** [injury] torcedura f. ◆ vt **1.** [pull violently] ▶ **to wrench sthg (off)** arrancar algo ▶ **to wrench sthg open** abrir algo de un tirón **2.** [twist and injure] torcer.

wrestle ['resl] vi lit & fig ▶ **to wrestle (with)** luchar (con).

wrestler ['reslər] n luchador m, -ra f.

wrestling ['reslɪŋ] n lucha f libre.

wretch [retʃ] n desgraciado m, -da f.

wretched ['retʃɪd] adj **1.** [miserable] miserable **2.** inf [damned] maldito(ta).

wriggle ['rɪgl] vi **1.** [move about] menearse **2.** [twist] escurrirse, deslizarse.

wring [rɪŋ] (pt & pp wrung) vt **1.** [wet clothes etc] estrujar, escurrir **2.** [neck] retorcer.

wringing ['rɪŋɪŋ] adj ▶ **wringing (wet)** empapado(da).

wrinkle ['rɪŋkl] ◆ n arruga f. ◆ vt arrugar. ◆ vi arrugarse.

wrist [rɪst] n muñeca f.

wristwatch ['rɪstwɒtʃ] n reloj m de pulsera.

writ [rɪt] n mandato m judicial.

write [raɪt] (pt wrote, pp written) ◆ vt **1.** [gen & COMPUT] escribir ▶ **to write sb a letter** escribirle una carta a alguien **2.** US [person] escribir a. ◆ vi [gen & COMPUT] escribir ▶ **to write (to sb)** US escribir (a alguien). ◆ **write away** vi : **to write away for sthg** escribir pidiendo algo. ◆ **write back** vt sep & vi contestar. ◆ **write down** vt sep apuntar. ◆ **write in** vi escribir, mandar cartas. ◆ **write off** vt sep **1.** [plan, hopes] abandonar **2.** [debt] cancelar, anular **3.** [person - as failure] considerar un fracaso **4.** UK inf [wreck] cargarse. ◆ **write up** vt sep redactar.

write-off n : the car was a write-off el coche quedó totalmente destrozado.

writer ['raɪtər] n **1.** [as profession] escritor m, -ra f **2.** [of letter, article, story] autor m, -ra f.

writhe [raɪð] vi retorcerse.

writing ['raɪtɪŋ] n **1.** (U) [handwriting] letra f, caligrafía f **2.** [something written] escrito m ▶ **to put sthg in writing** poner algo por escrito **3.** [activity] escritura f.

writing paper n (U) papel m de carta.

written ['rɪtn] ◆ pp ⟶ **write.** ◆ adj **1.** [not oral] escrito(ta) **2.** [official] por escrito.

wrong [rɒŋ] ◆ adj **1.** [not normal, not satisfactory] malo(la) / **the clock's wrong** el reloj anda mal ▶ **what's wrong?** ¿qué pasa? / **there's nothing wrong** no pasa nada ▶ **there's nothing wrong with me** no me pasa nada **2.** [not suitable, not correct] equivocado(da) ; [moment, time] inoportuno(na) ; [answer] incorrecto(ta) / **he has given me the wrong change** me ha dado el cambio equivocado / **I think we've gone the wrong way** creo que nos hemos equivocado de camino / **I always seem to say the wrong thing** parece que siempre digo lo que no debo ▶ **to be wrong** [person] equivocarse / **to be wrong about sthg / sb** equivocarse con respecto a algo/alguien ▶ **to be wrong to do sthg** cometer un error al hacer algo **3.** [morally bad] malo(la) / **it's wrong to steal / lie** robar/mentir está mal / **what's wrong with being a communist?** ¿qué tiene de malo ser comunista? ◆ adv [incorrectly] mal ▶ **to get sthg wrong** entender mal algo. ◆ n **1.** [evil] mal m ▶ **to be in the wrong** haber hecho mal **2.** [injustice] injusticia f. ◆ vt ser injusto(ta) con, agraviar.

wrongful ['rɒŋfʊl] adj [dismissal] improcedente ; [arrest, imprisonment] ilegal.

wrongly ['rɒŋlɪ] adv equivocadamente.

wrote [rəʊt] pt ⟶ **write.**

wrought iron [rɔ:t-] n hierro m forjado.

wrung [rʌŋ] pt & pp ⟶ **wring.**

wry [raɪ] adj [amused] irónico(ca).

WTO [ˌdʌblju:ti:'əʊ] (abbr of **World Trade Organization**) n OMC f.

wuss [wʌs] n inf **1.** [physically] debilucho m, -cha f **2.** [lacking character] blandengue mf.

WWW (abbr of **World Wide Web**) n WWW f.

x (pl x's or xs), **X** (pl X's or Xs) [eks] n [letter] x f inv, X f inv.

xenophobia [ˌzenəˈfəʊbjə] n xenofobia f.

Xerox® [ˈzɪərɒks] ❖ n fotocopia f, xerocopia f. ❖ vt fotocopiar.

Xmas [ˈeksməs] n Navidad f.

XML [ˌeksemˈel] (abbr of Extensible Markup Language) n COMPUT XML m.

X-ray ❖ n **1.** [ray] rayo m X **2.** [picture] radiografía f / to have a chest X-ray hacerse una radiografía. ❖ vt examinar con rayos X, radiografiar.

xylophone [ˈzaɪləfəʊn] n xilofón m.

y (pl y's or ys), **Y** (pl Y's or Ys) [waɪ] n [letter] y f, Y f.

yacht [jɒt] n yate m; [for racing] balandro m.

yachting [ˈjɒtɪŋ] n balandrismo m.

yachtsman [ˈjɒtsmən] (pl -men) n balandrista m.

Yank [jæŋk] n inf & pej [estadounidense] yanqui mf.

Yankee [ˈjæŋkɪ] n US término usado para designar a una persona del noreste de los EEUU.

yap [jæp] vi [dog] ladrar.

yard [jɑːd] n **1.** [unit of measurement] = 91,44 cm, yarda f **2.** [walled area] patio m **3.** [shipyard] astillero m ▶ builder's/goods yard depósito m de materiales/de mercancías **4.** US [attached to house] jardín m.

yardman [ˈjɑːdmæn] n US jardinero m.

yardstick [ˈjɑːdstɪk] n criterio m, pauta f.

yarn [jɑːn] n [thread] hilo m, hilaza f.

yawn [jɔːn] ❖ n [when tired] bostezo m. ❖ vi **1.** [when tired] bostezar **2.** [gap, chasm] abrirse.

yd written abbr of **yard**.

yeah [jeə] adv inf sí.

year [jɪər] n **1.** [gen] año m ▶ he's 25 years old tiene 25 años ▶ all (the) year round todo el año / over the years con los años **2.** SCH curso m / he's in (his) first year está en primero. ❖ years pl n [ages] años mpl ▶ it's years since I last saw you hace siglos que no te veo.

yearly [ˈjɪəlɪ] ❖ adj anual. ❖ adv **1.** [once a year] una vez al año **2.** [every year] cada año.

yearn [jɜːn] vi ▶ to yearn for sthg/to do sthg ansiar algo/hacer algo.

yearning [ˈjɜːnɪŋ] n ▶ yearning (for sb/sthg) anhelo m (de alguien/algo).

yeast [jiːst] n levadura f.

yell [jel] ❖ n grito m, alarido m. ❖ vt & vi vociferar.

yellow [ˈjeləʊ] ❖ adj [in colour] amarillo(lla). ❖ n amarillo m.

yellow card n FOOT tarjeta f amarilla.

yelp [jelp] ❖ n aullido m. ❖ vi aullar.

yenta [ˈjentə] n US inf [gossip] cotilla mf, chismoso m, -sa f / she's a yenta es una cotilla, es una chismosa.

yes [jes] ❖ adv sí ▶ to say yes decir que sí ▶ to say yes to sthg consentir algo / does he speak English? — yes, he does ¿habla inglés? — sí / he doesn't speak English — yes he does! no habla inglés — sí, sí que habla. ❖ n sí m.

yesterday [ˈjestədɪ] ❖ n ayer m. ❖ adv ayer ▶ yesterday afternoon ayer por la tarde ▶ the day before yesterday antes de ayer, anteayer.

yet [jet] ❖ adv **1.** [gen] todavía, aún / have you had lunch yet? ¿has comido ya? ▶ their worst defeat yet la mayor derrota que han sufrido hasta la fecha ▶ as yet de momento, hasta ahora ▶ not yet todavía or aún no **2.** [even] : yet another car otro coche más ▶ yet again otra vez más ▶ yet more aún más. ❖ conj pero, sin embargo.

yew [juː] n tejo m.

Yiddish [ˈjɪdɪʃ] ❖ adj yídish (inv). ❖ n yídish m.

yield [jiːld] ❖ n **1.** AGRIC cosecha f **2.** FIN rédito m. ❖ vt **1.** [gen] producir, dar **2.** [give up] ceder. ❖ vi **1.** [shelf, lock etc] ceder **2.** fml [person, enemy] rendirse ▶ to yield to sb/sthg claudicar ante alguien/algo **3.** US AUTO [give way] ▶ 'yield' 'ceda el paso'.

yikes [jaɪks] interj ¡caray!

YMCA (abbr of Young Men's Christian Association) n asociación internacional de jóvenes cristianos.

yoga [ˈjəʊgə] n yoga m.

yoghourt, yoghurt, yogurt [UK ˈjɒgət, US ˈjəʊgərt] n yogur m.

yoke [jəʊk] n lit & fig yugo m.

yolk [jəʊk] n yema f.

yolo [ˈjəʊləʊ] (abbr of you only live once) interj inf solo se vive una vez.

yonks [jɒŋks] n UK inf : I haven't been there for yonks hace siglos que no voy allí.

you [juː] pers pron **1.** (subject - sg) tú, vos (+ pl vb) CAm RP; (- formal use) usted; (- pl) vosotros mpl, -tras f Esp; (- formal use) ustedes (pl) / you're a good cook eres/usted es un buen cocinero / are you French? ¿eres/es usted francés? ▶ you idiot! ¡imbécil! ▶ there you are a) [you've appeared] ¡ya estás/está usted aquí! b) [have this] ahí tienes/tiene / that jacket isn't really you esa chaqueta no te/le pega **2.** (direct object - unstressed - sg) te; (- pl) os or los/las Am; (- formal use) le m or lo Am, la f; (- pl) les mpl or los Am, las fpl / I can see you te/os or los/las Am veo / yes, Madam, I understand you sí, señora, la comprendo **3.** *(direct object - stressed)* : *I don't expect YOU to do it* no te voy a pedir que TÚ lo hagas **4.** *(indirect object - unstressed - sg)* te ; *(- pl)* os OR los **Am** ; *(- formal use)* le ; *(- pl)* les ✱ *she gave it to you* te/os OR se **Am** lo dio ✱ *can I get you a chair, sir?* ¿le traigo una silla, señor? **5.** *(after prep, in comparisons etc. - sg)* ti OR vos **Am** ; *(- pl)* vosotros *mpl*, -tras *f* OR ustedes **Am** ; *(- formal use)* usted ; *(- pl)* ustedes ✱ *we shall go with/without you* iremos contigo/sin ti OR vos **Am** **RP**, iremos con/sin vosotros OR ustedes **Am** *(pl)* ✱ *I'm shorter than you* soy más bajo que tú OR vos **Am** **RP**/ vosotros OR ustedes **Am** **6.** [anyone, one] uno ✱ *you wouldn't have thought so* uno no lo habría pensado ✱ *exercise is good for you* el ejercicio es bueno.

you'd [ju:d] **1.** *(abbr of you had)* —➤ have **2.** *(abbr of you would)* —➤ would.

you'll [ju:l] **1.** *(abbr of you will)* —➤ will **2.** *(abbr of you shall)* —➤ shall.

young [jʌŋ] ✱ adj [not old] joven ✱ *his younger sister* su hermana pequeña ✱ *I'm younger than her* soy más joven que ella ✱ *I'm two years younger than her* soy dos años menor que ella ✱ *the younger generation* la generación más joven. ✱ pl n **1.** [young people] ➤ the young los jóvenes **2.** [baby animals] crías *fpl*.

young offender n delincuente *mf* juvenil.

youngster ['jʌŋstər] n joven *mf*.

your [jɔːr] poss adj **1.** *(everyday use - referring to one person)* tu ; *(- referring to more than one person)* vuestro(tra) ✱ *your dog* tu/vuestro perro ✱ *your children* tus/vuestros niños ✱ *what's your name?* ¿cómo te llamas? ✱ *it wasn't YOUR fault* no fue culpa tuya/vuestra ✱ *you didn't wash your hair* no te lavaste/os lavasteis el pelo **2.** *(formal use)* su ✱ *your dog* su perro ✱ *what are your names?* ¿cuáles son sus nombres? **3.** *(impersonal - one's)* : *your attitude changes as you get older* la actitud de uno cambia con la vejez ✱ *it's good for your teeth/hair* es bueno para los dientes/el pelo ✱ *your average Englishman* el inglés medio.

you're [jɔːr] *(abbr of you are)* —➤ be.

yours [jɔːz] poss pron **1.** *(everyday use - referring to one person)* tuyo (tuya) ; *(- referring to more than one person)* vuestro (vuestra) ✱ *that money is yours* ese dinero es tuyo/vuestro ✱ *those keys are yours* esas llaves son tuyas/vuestras ✱ *my car hit yours* mi coche chocó contra el tuyo/el vuestro ✱ *it wasn't her fault, it was YOURS* no fue culpa de ella sino TUYA/VUESTRA ✱ *a friend of yours* un amigo tuyo/vuestro **2.** *(formal use)* suyo (suya).
◆ **Yours** adv : *Yours faithfully/sincerely* [in letter] atentamente.

yourself [jɔː'self] *(pl* -selves*)* pron **1.** *(as reflexive - sg)* te ; *(- pl)* os ; *(- formal use)* se ✱ *did you hurt yourself?* ¿te hiciste/se hizo daño? **2.** *(after prep - sg)* ti mismo (ti misma) ; *(- pl)* vosotros mismos (vosotras mismas) ; *(- formal use)* usted mismo (usted misma) ➤ **with yourself** contigo mismo/misma **3.** *(for emphasis)* ➤ **you yourself** tú mismo (tú misma) ; *(formal use)* usted mismo(ma) ➤ **you yourselves** vosotros mismos (vosotras mismas) ; *(formal use)* ustedes mismos(mas) **4.** [without help] solo(la) ✱ *did you do it (by) yourself?* ¿lo hiciste solo ?

youth [ju:θ] n **1.** [gen] juventud *f* ✱ *in his youth* en su juventud **2.** [boy, young man] joven *m*.

youth club n club *m* juvenil.

youthful ['ju:θful] adj juvenil.

youth hostel n albergue *m* juvenil.

YouTube® ['ju:,tju:b] ✱ n INTERNET YouTube® *m*. ✱ vb INTERNET colgar en YouTube®.

you've [ju:v] *(abbr of you have)* —➤ have.

Yugoslav adj = Yugoslavian.

Yugoslavia [,ju:gə'slɑːvɪə] n Yugoslavia.

Yugoslavian [,ju:gə'slɑːvɪən], **Yugoslav** [,ju:gə'slɑːv] ✱ adj yugoslavo(va). ✱ n yugoslavo *m*, -va *f*.

yuppie, yuppy ['jʌpɪ] *(abbr of young upwardly mobile professional)* n yupi *mf* ✱ *a yuppie restaurant* un restaurante de yupis.

YWCA *(abbr of Young Women's Christian Association)* n asociación internacional de jóvenes cristianas.

Z

z *(pl z's or zs)*, **Z** *(pl Z's or Zs)* [**UK** zed, **US** zi:] n [letter] z *f*, Z *f*.

Zambia ['zæmbɪə] n Zambia.

zany ['zeɪnɪ] adj *inf* [humour, trick] disparatado(da) ; [person] loco(ca).

zeal [zi:l] n *fml* celo *m*.

zealous ['zeləs] adj *fml* entusiasta.

zebra [**UK** 'zebrə, **US** 'zi:brə] *(pl inv or -s)* n cebra *f*.

zebra crossing n **UK** paso *m* cebra.

zenith [**UK** 'zenɪθ, **US** 'zi:nəθ] n *fig* ASTRON cenit *m*.

zero [**UK** 'zɪərəu, **US** 'zi:rəu] ✱ adj cero *(inv)*, nulo(la). ✱ n *(pl inv or -es)* cero *m* ➤ **below zero** bajo cero.

zero-carbon adj ECOL cero carbono, con cero emisiones netas.

zest [zest] n *(U)* **1.** [enthusiasm] entusiasmo *m* ✱ *her zest for life* su entusiasmo por vivir **2.** [of orange, lemon] cáscara *f*.

zigzag ['zɪgzæg] ❖ n zigzag *m*. ❖ vi zigzaguear.

Zimbabwe [zɪm'bɑːbwɪ] n Zimbabue.

zinc [zɪŋk] n cinc *m*, zinc *m*.

zinger ['zɪŋər] n US *inf* **1.** [pointed remark] pulla *f* **2.** [impressive thing] : *it was a real zinger* fue impresionante **/** *a real zinger of a black eye* un ojo morado impresionante.

zip [zɪp] n **1.** UK [fastener] cremallera *f*, cierre *m* AM, zíper *m* CAM Méx Ven, cierre *m* relámpago Perú or eclair Chile **2.** COMPUT comprimir. ❖ **zip up** vt sep cerrar la cremallera or el cierre AM or zíper CAM Nic Ven de.

zip code n US código *m* postal.

zipdisk® n COMPUT disco *m* Zip®.

zip fastener UK n cremallera *f*.

zipper ['zɪpər] n US cremallera *f*.

zit [zɪt] n US *inf* grano *m*.

zodiac ['zəʊdɪæk] n ▶ **the zodiac** el zodiaco.

zone [zəʊn] n zona *f*.

zoo [zuː] n zoo *m*.

zoology [zəʊ'ɒlədʒɪ] n zoología *f*.

zoom [zuːm] vi *inf* [move quickly] ▶ **to zoom past** pasar zumbando. ❖ **zoom in** vi ▶ **to zoom in (on)** enfocar en primer plano (a).

zoom lens n zoom *m*.

zucchini [zuː'kiːnɪ] n (*pl inv*) US calabacín *m*, calabacita *f* Méx, zapallito *m* (italiano).

Achevé d'imprimer en octobre 2017 chez Maury Imprimeur
45330 Malesherbes (France)
N° d'imprimeur : 221690
Dépôt légal : mars 2015
N° de projet : 11037149 – 315063/03